SAISIE-CONTREFAÇON

DALLOZ RÉFÉRENCE

SAISIE-CONTREFAÇON

2013-2014
TROISIÈME ÉDITION

sous la direction de

PIERRE VÉRON
Président d'honneur de
l'European Patent Lawyers Association
Avocat à la Cour

SABINE AGÉ
NICOLAS BOUCHE
THOMAS BOUVET
ISABELLE ROMET
FERNAND DE VISSCHER

CO-AUTEURS DE LA 1re ÉDITION :
YVES BIZOLLON
BLANDINE FINAS-TRONEL
JEAN-GUILLAUME MONIN

DALLOZ

ISBN 978-2-247-07925-4
31-35, rue Froidevaux
75685 PARIS CEDEX 14

SERVICE CLIENTÈLE
tél. 0 820 800 017
fax 33(0)1 41 48 47 92

www.editions-DALLOZ.fr

ŒUVRE COLLECTIVE SOUS LA DIRECTION DE

PIERRE VÉRON
Président d'honneur de l'European Patent Lawyers Association
Avocat à la Cour

CET OUVRAGE A ÉTÉ RÉDIGÉ PAR

SABINE AGÉ *Avocat à la Cour, Véron & Associés*
Co-auteur des Livres 0, 1 et 3

YVES BIZOLLON *Avocat à la Cour, Bird & Bird*
Co-auteur de la 1re édition du Livre 2

NICOLAS BOUCHE *Maître de conférences Université Jean Moulin – Lyon 3*
Co-auteur de la 3e édition

THOMAS BOUVET *Avocat à la Cour, Véron & Associés*
Co-auteur des Livres 0, 1, 3 et 4

BLANDINE FINAS-TRONEL *Avocat à la Cour, Bird & Bird*
Co-auteur de la 1re édition du Livre 1

JEAN-GUILLAUME MONIN *Avocat à la Cour, CMS Bureau Francis Lefebvre*
Co-auteur de la 1re édition du Livre 2

ISABELLE ROMET *Avocat à la Cour, Véron & Associés*
Co-auteur des Livres 0, 1 et 3

FERNAND DE VISSCHER *Avocat à la Cour (Bruxelles), Simont Braun*
Auteur du Livre 5

PIERRE VÉRON *Avocat à la Cour, Véron & Associés*
Co-auteur des Livres 0, 1, 2, 3 et 4

Les auteurs et l'éditeur
remercient :

• l'Institut national
de la propriété industrielle
et la Documentation
française
(*Propriété Industrielle
Bulletin Documentaire*),

• le Professeur
Jacques Raynard
(*Dossiers Propriété
intellectuelle*),

de les avoir aimablement
autorisés à reproduire
des extraits
de leurs publications.

Les auteurs remercient
Margerie Véron,
Avocat à la Cour,
DESS de propriété industrielle,
qui a sélectionné
les passages pertinents
des décisions de l'annexe 2
Jurisprudence citée.

Le présent ouvrage est à jour
de la législation,
de la doctrine
et de la jurisprudence
connue des auteurs
au 1er janvier 2012

À la mémoire
de Jean Foyer.

La troisième édition
de cet ouvrage est dédiée
au souvenir
de ce grand homme d'État,
à l'érudition sans limite,
qui a façonné,
en tant qu'auteur
et en tant que législateur,
le droit moderne
de la propriété industrielle.

Sommaire

Table des matières

0. INTRODUCTION GÉNÉRALE

0.02 Jurisprudence citée.

> Caractère facultatif de la saisie-contrefaçon

• **Paris, 3 mars 2004,** *Propr. industr.* juill.-août 2004, comm. 65, note P. Greffe.

• **Paris, 4e ch., sect. A, 18 mai 2005,** RG n° 03/13550, *PIBD* 2005, n° 814, III, 496.

• **Aix-en-Provence, 2e ch., 26 juin 2006,** RG n° 04/10951, *JurisData,* n° 2006-305921 ; *Expertises* déc. 2007, p. 433 s.

• **Com. 19 déc. 2006,** n° 05-14.431, *Bull. civ.* IV, n° 265, *PIBD* 2007, n° 846, III, 112.

• **Paris, 4e ch., sect. B, 22 déc. 2006,** RG n° 06/11234, *Jurinpi* B20060204.

• **Aix-en-Provence, 2e ch., 28 juin 2007,** RG n° 05/23911, *JurisData*, n° 2007-345186.

• **Paris, 4e ch., sect. B, 28 sept. 2007,** RG n° 05/11912, *Jurinpi* B20070129.

• **TGI Paris, 3e ch., 3e sect., 7 janv. 2009,** RG n° 2006/15309, *Jurinpi* M20090086, *PIBD* 2009, n° 896, III, 1070.

• **Crim. 13 janv. 2009,** n° 08-84.088, *Bull. crim.* n° 13 ; *Comm. com. électr.* 2009, comm. 31, note C. Caron.

• **TGI Paris, 3e ch., 4e sect., 26 nov. 2009,** RG n° 2009/00813, *PIBD* 2010, n° 915, III, 195 ; *Jurinpi* B20090209.

• **Limoges, ch. civ., 17 mars 2010,** RG n° 2009/00136, *Jurinpi* M20100107, *PIBD* 2010, n° 921, III, 445.

• **Rennes, ch. 2, 23 mars 2010,** RG n° 09/01645, *JurisData* n° 2010-009404.

• **TGI Paris, 3e ch., 2e sect., 1er oct. 2010,** RG n° 2008/16991, *Jurinpi* D20100245 ; *PIBD* 2011, n° 935, III, 201 ; *Propr. intell.* oct. 2011, p. 436, obs. crit. de Haas.

• **TGI Paris, 3e ch., 4e sect., 10 juin 2010,** *Propr. industr.* 2011, comm. 34, note crit. Tréfigny-Goy ; *Propr. intell.* oct. 2011, p. 436, obs. crit. de Haas.

* V. ss n° 0.12

> Caractère exclusif de la saisie-contrefaçon : nullité des saisies-contrefaçon « déguisées »

• **TGI Lyon, 10e ch., 20 mars 1995,** *PIBD* 1995, n° 590, III, 310.

• **TGI Paris, 3e ch., 3e sect., 9 sept. 2003,** *PIBD* 2004, n° 782, III, 178.

• **TGI Paris, 3e ch., 3e sect., ord. JME, 8 nov. 2006,** RG n° 05/15516, *Jurinpi* B20060200.

• **Paris, 14e ch., sect. B, 1er févr. 2008,** RG n° 07/13483.

• **Nancy, 1re ch. civ., 4 févr. 2008,** RG n° 05/01603, *JurisData* n° 2008-367786.

• **Chambéry, ch. com., 16 déc. 2008,** RG n° 08/02310, *JurisData* n° 2008-008030.

• **TGI Paris, 3e ch., 4e sect., 30 avr. 2009,** RG n° 2009/03662, *Jurinpi* M20090248 ; *PIBD* 2009, n° 900, III, 1243.

• **TGI Paris, 3e ch., 1re sect., 5 mai 2009,** RG n° 2007/06254, *Jurinpi* B20090070 ; *PIBD* 2009, n° 900, III, 1205.

• **TGI Paris, 3e ch., 1re sect., 8 juin 2010,** RG n° 08/16283.

• **TGI Paris, 3e ch., 4e sect., 10 juin 2010,** RG n° 09/09853 ; *JurisData* n° 2010-028661.

• **Paris, pôle 5, ch. 2, 4 févr. 2011,** RG n° 09/22712.

• **Paris, pôle 5, ch. 2, 11 mars 2011,** RG n° 09/29067

• **Paris, pôle 1, ch. 4, 28 oct. 2011,** RG n° 10/19375.

* V. ss n° 0.13

> Droit à l'information

• **TGI Paris, ord. réf., 12 déc. 2007,** RG n° 07/59572, *Comm. com. électr.* nov. 2008, comm. n° 124, obs. C. Caron, *Propr. intell.* oct. 2008, p. 457, obs. C. de Haas.

• **TGI Paris, 3e ch., 2e sect., ord. JME, 11 janv. 2008,** RG n° 06/17985, *Jurinpi* D20080013.

• **TGI Paris, 3e ch., 2e sect., ord. JME, 21 mars 2008,** RG n° 2006/09722, *PIBD* 2008, n° 876, III, 380, *Propr. intell.* oct. 2008, p. 479, obs. J.-C. Galloux, *Comm. com. électr.* 2008, comm. 66, note Caron.

• **TGI Paris, 3e ch., 1re sect., ord. JME, 21 mars 2008,** RG n° 2006/09830.

• **TGI Paris, 3e ch., 3e sect., ord. JME, 26 mars 2008,** RG n° 2007/07495, *Jurinpi* M20080179.

• **TGI Paris, 3e ch., 2e sect., ord. JME, 18 avr. 2008,** RG n° 2007/09543, *PIBD* 2008, n° 878, III, 448.

• **TGI Paris, 3e ch., 2e sect., ord. JME, 6 juin 2008,** RG n° 07/10181, *Propr. industr.* nov. 2008, comm. n° 89, p. 40.
• **TGI Paris, 3e ch., 3e sect., ord. JME, 25 juin 2008,** RG n° 2008/06929, *PIBD* 2008, n° 882, III, 576.
• **TGI Paris, 3e ch., 2e sect., ord. JME, 25 juin 2008,** RG n° 2007/13929, *PIBD* 2008, n° 883, III, 607.
• **TGI Paris, 3e ch., 2e sect., ord. JME, 10 oct. 2008,** RG n° 2007/04623, *PIBD* 2008, n° 888, III, 778.
• **TGI Paris, 3e ch., 1re sect., ord. JME, 12 nov. 2008,** RG n° 2008/03028, *Jurinpi* B20080152, *PIBD* 2009, n° 888, III, 756.
• **TGI Paris, 3e ch., 2e sect., ord. JME, 23 janv. 2009,** RG n° 2008/06015, *Jurinpi* B20090026.
• **TGI Paris, 3e ch., 1re sect., ord. JME, 28 janv. 2009,** RG n° 2008/04502, *Jurinpi* M20090067.
• **TGI Paris, 3e ch., 2e sect., ord. JME, 3 avr. 2009,** RG n° 2008/08681, *Jurinpi* M20090274; *PIBD* 2009, n° 901, III, 1282.
• **TGI Paris, 3e ch., 2e sect., ord. JME, 4 sept. 2009,** RG n° 2008/09863, *Jurinpi* M20090404; *PIBD* 2009, n° 905, III, 1444.
• **TGI Paris, 3e ch., 2e sect., ord. JME, 18 sept. 2009,** RG n° 2008/09785, *Jurinpi* D20090105; *PIBD* 2009, n° 908, III, 1560.
• **Paris, pôle 1, ch. 1, 23 sept. 2009,** RG n° 2009/06584, *Jurinpi* M20090514.
• **TGI Paris, 3e ch., 2e sect., ord. JME, 25 sept. 2009,** RG n° 07/13634.
• **TGI Paris, 3e ch., 4e sect., ord. JME, 29 oct. 2009,** RG n° 09/06598, *Jurinpi* B20090180.
• **TGI Paris, 3e ch., 4e sect., ord. JME, 29 oct. 2009,** RG n° 09/03827, *Jurinpi* D20090126, *PIBD* 2010, n° 911, III, 98.
• **Paris, pôle 5, ch. 2, 6 nov. 2009,** RG n° 08/21238, *Jurinpi* D20090142; *PIBD* 2010, n° 913, III, 158, *Propr. intell.* oct. 2010, p. 1014, obs. de Candé.
• **TGI Paris, 3e ch., 4e sect., ord. JME, 26 nov. 2009,** RG n° 09/05011.
• **TGI Paris, 3e ch., 1re sect., ord. JME, 20 janv. 2010,** RG n° 08/17921, *Gaz. Pal.* 18, 19 juin 2010, p. 45.
• **Paris, pôle 1, ch. 2, 17 févr. 2010,** RG n° 2009/15065, *Jurinpi* M20100234; *PIBD* 2010, n° 921, III, 449.
• **TGI Paris, 3e ch., 4e sect., ord. JME, 11 mars 2010,** RG n° 2009/05634, *Jurinpi* D20100076.
• **Rennes, ch. 2, 23 mars 2010,** RG n° 09/01645, *Juris-Data* n° 2010-009404.
• **TGI Paris, 3e ch., 1re sect., ord. JME, 4 mai 2010,** RG n° 2009/09978, *Jurinpi* D20100091; *PIBD* 2010, n° 924, III, 598.
• **TGI Paris, 3e ch., 1re sect., 8 juin 2010,** RG n° 2008/16811, *Jurinpi* D20100190; *PIBD* 2010, n° 928, III, 752.
• **Paris, pôle 5, ch. 2, 18 juin 2010,** RG n° 09/16330, *Jurinpi* D20100131.
• **TGI Paris, 3e ch., 1re sect., ord. JME, 2 nov. 2010,** RG n° 09/14081.
• **Paris, pôle 1, ch. 2, 27 avr. 2011,** RG n° 11/02758.
• **TGI Paris, 3e ch., 3e sect., 3 juin 2011,** RG n° 10/05501.
• **Com. 13 déc. 2011,** n° 10-28.088, *Bull. crim.*, n° 13.
* V. ss n° 0.14

> Qu'est-ce que la contrefaçon ?
• **Paris, 4e ch. A, 17 mai 1993,** *RD propr. int.* 1993, n° 49, 78.
* V. ss n° 0.15

0.03 Bibliographie.

Ouvrages généraux. Azéma, « Marques, brevets, dessins et modèles » in *Lamy Droit commercial,* 2011, nos 2403 s. – Bertrand, *Droit d'auteur,* Dalloz Action, 2011-2012 – Caron, *Droit d'auteur et droits voisins*, 2e éd. Litec, 2010 – Chavanne, Burst, Azéma et Galloux, *Droit de la propriété industrielle,* 7e éd., Précis Dalloz, 2012 – Cohen, *Le droit des dessins et modèles*, 3e éd. Economica, 2009 – Colombet, *Propriété littéraire et artistique et droits voisins,* 9e éd., Précis Dalloz, 1999 – Edelman, *Droits d'auteur, droits voisins,* Dalloz, 1993 – Foyer et Vivant, *Le droit des brevets,* PUF, 1991 – Françon, *Cours de propriété littéraire, artistique et industrielle,* Litec, 1999 – Galloux, *Droit de la propriété industrielle,* 2e éd., Cours Dalloz, 2003 – Gautier, *Propriété littéraire et artistique,* 7e éd., PUF, 2010 – Greffe et Greffe, *Traité des dessins et des modèles,* 8e éd., Litec, 2008 – Lucas et Lucas, *Traité de la propriété littéraire et artistique,* 3e éd., Litec, 2006 – Mathély, *Le nouveau droit français des brevets d'invention,* Journ. not. 1991 – Mathély, *Le droit français des signes distinctifs,* Journ. not. 1984 – Mathély, *Le nouveau droit français des marques,* Journ. not. 1994 – Passa, *Droit de la propriété industrielle*, t. I, 2e éd. LGDJ, 2009 – Pollaud-Dulian, *La propriété industrielle,* Economica, 2011 – Pollaud-Dulian, *Droit d'auteur*, Economica, 2005 – Schmidt-Szalewski et Pierre, *Droit de la propriété industrielle,* 4e éd., Litec, 2007 – Schmidt-Szalewski, *Le droit des marques,* Dalloz, 1997 – Vivant et Bruguière, *Droit d'auteur*, Dalloz, 2009.

Ouvrages collectifs. *Rép. civ.* Dalloz, V° Propriété littéraire et artistique (1° Propriété des créateurs), Gaudrat, n° 562 s. – *Rép. com.* Dalloz, V° Brevet d'invention, Schmidt-Szalewski et Mousseron, nos 487s.; V° Dessins et modèles, Passa, nos 149 s.; V° Marques de fabrique, de commerce ou de service, Schmidt-Szalewski, nos 598 s.; V° Obtentions végétales, Bouche, n° 188-189 – *Rép. proc. civ.* Dalloz, V° Saisie-contrefaçon, Nicod – *J.-Cl. Civil*, Propriété littéraire et artistique, fasc. 1612, Contrefaçon. Preuve. Procédure. Sanction, Dreyer, nos 9 s. – *J.-Cl. Commercial*, Brevets, fasc. 4631, Saisie-contrefaçon. Introduction. Ordonnance autorisant la saisie-contrefaçon, Stenger, fasc. 4631-10, Saisie-contrefaçon. Formules, Stenger, fasc. 4632, Saisie-contrefaçon. Exécution de la saisie-contrefaçon, Stenger, fasc. 4633, Saisie-contrefaçon. Effets de la saisie-contrefaçon, Stenger, fasc. 4634, Saisie-contrefaçon. Recours après saisie-contrefaçon, Stenger – *J.-Cl. Commercial*, Brevets, fasc. 4635, Retenue en douane, Rogé, fasc. 4636, Retenue en douane. Marchandises arguées de contrefaçon. Formules, Rogé – *J.-Cl. Commercial*, Dessins et Modèles, fasc. 3470, Saisie-contrefaçon, Greffe – *J.-Cl. Commercial*, Marques, fasc. 7500, Contrefaçon de marques, Carreau, nos 60 s. – *J.-Cl. Commercial*, Marques, fasc. 7530, Rôle des douanes en matière de contrefaçon, Sigrist et Vilmart – *J.-Cl. Commercial*, Marques, fasc. 7540, L'action en contrefaçon de marque, Verneret et Lenoir, n°s 52 s. – Sirinelli *et alii*, *code de la propriété intellectuelle*, Dalloz, 2011 – Vivant et Navarro, *code de la propriété intellectuelle*, Litec, 2007 – Lamy *Droit de l'informatique et des réseaux*, 2011.

Ouvrage spécial. Marcellin, *La saisie-contrefaçon*, 3e éd., Cedat, 2001.

0.11 Définition. Le nom de « *saisie-contrefaçon* » est trompeur, car cette mesure n'est pas une saisie comme les autres. C'est d'ailleurs pourquoi les textes modernes ne l'emploient plus, mais utilisent la périphrase, moins évocatrice mais plus exacte, de « *description détaillée, avec ou sans saisie réelle* ». Il s'agit d'une **mesure probatoire spécifique aux divers domaines de la propriété intellectuelle** (propriété industrielle et propriété littéraire et artistique). Elle permet au titulaire d'un droit de propriété intellectuelle de faire pratiquer par un officier public des investigations, comprenant, en général, la description de la contrefaçon alléguée, de ses circonstances et de son étendue ou la saisie d'objets qui se rapportent à la contrefaçon (produits argués de contrefaçon, documents se rapportant à la contrefaçon ou matériels et instruments servant à la réalisation de la contrefaçon). Il peut donc s'agir d'une mesure exceptionnellement contraignante, analogue à une perquisition, pour celui qui en est l'objet. En raison de ce caractère, elle est soigneusement réglementée par la loi que la jurisprudence interprète avec vigilance.

0.12 Caractère facultatif de la saisie-contrefaçon. Le recours à la procédure de saisie-contrefaçon n'est pas obligatoire. En effet, la contrefaçon étant un fait juridique, elle peut être prouvée par tous moyens. Et si la saisie-contrefaçon est l'un de ces moyens, une procédure spécifiquement destinée au recueil et à la conservation des éléments de preuve de la contrefaçon des droits de propriété intellectuelle, cette procédure spécifique n'exclut pas pour autant tous les autres moyens de preuve admis en droit civil[1] (ou en droit pénal, lorsque les poursuites sont engagées par la voie pénale) : témoignages, présomptions, constats d'huissiers[2], constats effectués par des agents assermentés au sens de l'article L. 331-2 du code de la propriété intellectuelle[3], rapport technique établi par un conseil en propriété industrielle[4], etc.

Rien n'empêche donc d'apporter la preuve sans recourir à la saisie-contrefaçon. La Cour de cassation a d'ailleurs eu l'occasion de rappeler que la nullité des procès-verbaux de saisie-contrefaçon ne dispensait pas la juridiction du fond « *d'examiner les autres éléments produits par le demandeur afin d'établir les faits de contrefaçon, qui se prouvent par tous moyens* »[5]. De même, il est tout à fait possible de compléter la preuve rapportée par la saisie-contrefaçon par d'autres éléments de preuve recueillis selon les mécanismes du droit commun.

Si la saisie-contrefaçon est ainsi facultative, il n'en reste pas moins qu'en pratique, compte tenu de son efficacité et de sa commodité, la procédure de saisie-contrefaçon est d'un emploi extrêmement fréquent : à titre d'illustration, la troisième cham-

1. À PROPOS du droit d'auteur : P. Gosselin, rapport Ass. Nat., n° 178, 26 sept. 2007, spéc. p. 148.

2. Limoges, ch. civ., 17 mars 2010, RG n° 2009/00136, *Jurinpi* M20100107, *PIBD* 2010, n° 921, III, 445 – Aix-en-Provence, 2e ch., 26 juin 2006, RG n° 04/10951, *Juris-Data* n° 2006-305921; *Expertises* déc. 2007, p. 433 s. et note de A. Le Carré, « La saisie-contrefaçon est-elle toujours opportune ? », *ibidem*, p. 422 s. – Paris, 4e ch., sect. B, 28 sept. 2007, RG n° 05/11912, *Jurinpi* B20070129 – Paris, 4e ch., sect. A, 18 mai 2005, RG n° 03/13550, *PIBD* 2005, n° 814, III, 496 – Paris, 3 mars 2004. *Propr. industr.* juill.-août 2004, comm. 65, note P. Greffe – REFUSANT toute force probante à un constat d'achat dressé par un huissier qui n'avait pas assisté de visu à l'achat, Aix-en-Provence, 10 janv. 2005, *Propr. intell.* oct. 2005, p. 459, obs. de Haas – CONTRA : reconnaissant force probante à un constat d'achat dressé par un huissier qui n'avait pas assisté de visu à l'achat, Paris, 4e ch., sect. A, 29 nov. 2006, RG n° 05/23987, *Propr. intell.* oct. 2007, p. 477, obs de Haas – Paris, 4e ch., sect. B, 22 déc. 2006, RG n° 06/11234, *Jurinpi* B20060204 – AUSSI la ligne d'interprétation rigoureuse adoptée par des décisions récentes dès lors que l'huissier ne se contente pas d'un rôle de constatation passive mais, notamment, procède lui-même à un achat en ligne, TGI Paris, 3e ch., 2e sect., 1er oct. 2010, RG n° 2008/16991, *Jurinpi* D20100245; *PIBD* 2011, n° 935, III, 201; *Propr. intell.* oct. 2011, p. 436, obs. crit. de Haas – TGI Paris, 3e ch., 4e sect., 10 juin 2010, *Propr. industr.* 2011, comm. 34, note crit. Tréfigny-Goy; *Propr. intell.* oct. 2011, p. 436, obs. crit. de Haas – SUR LES CONSTATS INTERNET : Norme AFNOR NF Z 67-147, « Mode opératoire de procès-verbal de constat sur internet effectué par huissier de justice », sept. 2010; J. Legrain, « Pratique contentieuse – Les constats Internet », *Comm. com. électr.* 2010, prat. 10.

3. Crim. 13 janv. 2009, n° 08-84.088, *Bull. crim.* n° 13; *Comm. com. électr.* 2009, comm. 31, note C. Caron – TGI Paris, 3e ch., 3e sect., 7 janv. 2009, RG n° 2006/15309, *Jurinpi* M20090086, *PIBD* 2009, n° 896, III, 1070 – P. Fargeaud, « La validité des constats de l'Agence pour la Protection des Programmes en matière de marques », *Comm. com. électr.* 2008, étude n° 26.

4. TGI Paris, 3e ch., 4e sect., 26 nov. 2009, RG n° 2009/00813, *PIBD* 2010, n° 915, III, 195; *Jurinpi* B20090209 – Rennes, ch. 2, 23 mars 2010, RG n° 09/01645, *Juris-Data* n° 2010-009404, si les agents de l'Agence de la protection des programmes (APP) sont habilités à dresser des constats de contrefaçon de droit d'auteur mettant en œuvre des logiciels, rien n'interdit d'utiliser ces constats comme moyens de preuve de la contrefaçon d'autres droits de propriété intellectuelle tels que le droit de marque, alors même que le constat serait intervenu dans un litige ne relevant pas du champ de compétence de l'agence, la preuve de la contrefaçon pouvant être rapportée par tous moyens.

5. Com. 19 déc. 2006, n° 05-14.431, *Bull. civ.* IV, n° 265, *PIBD* 2007, n° 846, III, 112.

bre du tribunal de grande instance de Paris a autorisé, en 2007, environ 600 saisies-contrefaçon (chiffre indiqué par Mme Élisabeth Belfort, alors président de la 3e section de la 3e chambre de ce tribunal, lors d'une intervention en 2008 dans le cadre des Sixièmes rencontres internationales de la propriété industrielle, Contentieux de l'immatériel).

0.13 Caractère exclusif de la saisie-contrefaçon : nullité des saisies-contrefaçon « *déguisées* ». Alors même qu'il ne s'agit que d'un moyen de preuve facultatif, il n'est pas possible de faire pratiquer des opérations analogues à une saisie-contrefaçon en dehors des formes légales prévues pour cette mesure, toutes les fois qu'elle pourrait être pratiquée. Ainsi, il est possible de faire pratiquer, sur ordonnance du président du tribunal de commerce, un constat destiné à établir des faits de concurrence déloyale dans des conditions analogues à une saisie-contrefaçon. En revanche, il n'est pas possible de solliciter un constat sur ordonnance ou la voie ordinaire du référé expertise[1] pour établir des faits de contrefaçon de tout titre de propriété industrielle pour lequel la loi organise la procédure de saisie-contrefaçon. C'est pourquoi la jurisprudence considère comme nulles des opérations autorisées par des ordonnances sur requête de droit commun (C. pr. civ., art. 493, 812 et 874) toutes les fois qu'elles s'analysent, en fait, comme des saisies-contrefaçon déguisées qui auraient pu être requises dans les cas et conditions prévues par les textes spéciaux en matière de propriété intellectuelle[2] et, réciproquement, reconnaît la validité du procès-verbal que l'huissier a dressé sans user des pouvoirs exorbitants propres à la saisie-contrefaçon et en se bornant à procéder à des constatations qui entrent dans sa mission générale[3].

0.14 Droit d'information. La loi n° 2007-1544 du 29 octobre 2007 de lutte contre la contrefaçon a mis en place, conformément aux exigences de la directive n° 2004/48/CE du 29 avril 2004 relative au respect des droits de propriété intellectuelle (art. 8), un mécanisme afin d'obtenir des documents ou des informations destinés à remonter les filières de la contrefaçon, en vue, le cas échéant, d'engager d'autres poursuites, mais qui sera aussi un nouveau moyen d'obtenir des preuves relatives à l'ampleur du préjudice de la contrefaçon[4] et ainsi un complément utile de la saisie-contrefaçon[5] (qui, depuis la réforme de 2007, peut déjà porter sur des documents se rapportant à la contrefaçon, v. s^s^ n° 122.101) notamment lorsque les informations recherchées ne se trouvent pas chez le saisi : le droit d'information (CPI, art. L. 331-1-2, L. 521-5, L. 522-1, L. 615-5-2, L. 622-7, L. 623-27-2, L. 716-7-1, L. 722-5). La juridiction saisie d'une procédure civile peut, si la demande lui en est faite (et donc pas d'office), ordonner au défendeur ou à certains tiers impliqués, en quelque manière, dans la réalisation ou la diffusion de la contrefaçon, au besoin sous astreinte, la production de tous documents ou informations relatifs aux coordonnées de toutes les personnes susceptibles de constituer l'un des maillons de la chaîne de la contrefaçon (y compris les grossistes ou détaillants), mais aussi relatifs aux quantités produites, commercialisées, livrées, reçues, commandées, sans oublier leurs prix (à moins que ne soit invoqué un « *empêchement légitime* »). Si ce mécanisme doit permettre de recueillir de précieux renseignements sur les filières, l'étendue de la contrefaçon et d'en évaluer le préjudice, les juridictions se sont opposées sur l'époque où le droit d'information peut fonctionner. Pour certaines décisions[6], de loin les plus nombreuses, le droit

1. Paris, 14e ch., sect. B, 1er févr. 2008, RG n° 07/13483 – Nancy, 1re ch. civ., 4 févr. 2008, RG n° 05/01603, *JurisData* n° 2008-367786 – Paris, pôle 1, ch. 4, 28 oct. 2011, RG n° 10/19375.
2. PAR EXEMPLE : TGI Lyon, 10e ch., 20 mars 1995, *PIBD* 1995, n° 590, III, 310 – TGI Paris, 3e ch., 3e sect., 9 sept. 2003, *PIBD* 2004, n° 782, III, 178 – TGI Paris, 3e ch., 1re sect., 5 mai 2009, RG n° 2007/06254, *Jurinpi* B20090070; *PIBD* 2009, n° 900, III, 1205 – Chambéry, ch. com., 16 déc. 2008, RG n° 08/02310, *JurisData* n° 2008-008030 – TGI Paris, 3e ch., 1re sect., 8 juin 2010, RG n° 08/16283 – TGI Paris, 3e ch., 4e sect., 10 juin 2010, RG n° 09/09853; *JurisData* n° 2010-028661 – Paris, pôle 5, ch. 2, 11 mars 2011, RG n° 09/29067.
3. TGI Paris, 3e ch., 3e sect., ord. JME, 8 nov. 2006, RG n° 05/15516, *Jurinpi* B20060200 – TGI Paris, 3e ch., 4e sect., 30 avr. 2009, RG n° 2009/03662, *Jurinpi* M20090248; *PIBD* 2009, n° 900, III, 1243 – Paris, pôle 5, ch. 2, 4 févr. 2011, RG n° 09/22712.
4. CONTRA : TGI Paris, 3e ch., 3e sect., 3 juin 2011, RG n° 10/05501 qui estime que « *le droit à l'information défini par l'article précité* (L. 615-5-2 du code de la propriété intellectuelle) *est limité à la recherche de l'origine et des réseaux de distribution des produits contrefaisants et ne peut servir à établir l'ampleur du préjudice subi par la société demanderesse* »; on se demandera toutefois pourquoi alors les différents articles relatifs au droit d'information, dont l'article L. 615-5-2 du code de la propriété intellectuelle, indiquent que « *les documents ou informations recherchés portent sur : [...] b) les quantités produites, commercialisées, livrées, reçues ou commandées, ainsi que sur le prix obtenu pour les produits, procédés ou services en cause* » si ce n'est pour permettre de récupérer précisément des informations sur l'ampleur du préjudice de contrefaçon; en outre, demander des informations au défendeur à l'action au fond en contrefaçon, n'est-ce pas rechercher justement des informations sur « *l'origine* » de la contrefaçon ?
5. M. Schaffner, R. Viret, « Un début d'éclaircissement sur l'articulation entre saisie-contrefaçon et droit d'information », *RLDI* mars 2010, p. 9.
6. TGI Paris, 3e ch., 2e sect., ord. JME, 21 mars 2008, RG n° 2006/09722, *PIBD* 2008, n° 876, III, 380, *Propr. intell.* ▶

d'information peut être mis en œuvre dès la mise en état pour contribuer à la preuve d'une contrefaçon qui n'est encore qu'alléguée, tandis que, pour d'autres[1], il ne peut être mis en œuvre que relativement à des actes de contrefaçon qui ont été préalablement judiciairement reconnus et donc pas au stade de la mise en état ou en référé[2], pour contribuer à la preuve de l'ampleur d'une contrefaçon reconnue et à l'évaluation de sa réparation. La chambre commerciale de la Cour de cassation s'est finalement prononcée dans cette controverse, le 13 décembre 2011, en faveur de la première interprétation : « *Mais attendu, en premier lieu, que les dispositions de l'article L. 716-7-1 du code de la propriété intellectuelle permettent au juge de la mise en état d'ordonner les mesures qu'il prévoit, avant toute décision sur la matérialité de la contrefaçon* »[3]. Plus récemment, certaines décisions ont refusé le droit d'information au motif que les parties n'avaient pas auparavant réalisé de saisie-contrefaçon[4]. Cette exigence, qui ne découle d'aucun texte est excessive. Il n'est d'ailleurs pas certain que le mécanisme de la saisie-contrefaçon aboutisse nécessairement à l'obtention des mêmes éléments que le droit d'information dès lors notamment que le droit d'information permet de s'adresser au défendeur mais aussi à tout tiers impliqué, en quelque manière, dans la réalisation ou la diffusion de la contrefaçon.

Il convient de noter finalement qu'une proposition de loi « *tendant à renforcer la lutte contre la contrefaçon* », telle que modifiée le 12 juillet 2011 au Sénat (art. 11 à 16), entend poser clairement que le droit d'information peut être mis en œuvre avant la condamnation au fond pour contrefaçon, y compris par le juge des référés. Elle entend également faire apparaître (par la suppression du troisième et dernier alinéa des articles concernés du code de la propriété intellectuelle) que la liste des documents ou informations susceptibles d'être appréhendés dans le cadre du droit d'information n'a pas de caractère exhaustif.

0.15 Qu'est-ce que la contrefaçon ? Le terme « *contrefaçon* » désigne, en la matière, **différentes formes d'atteintes à un droit patrimonial de pro-**

► oct. 2008, p. 479, obs. J.-C. Galloux, *Comm. com. électr.* 2008, comm. 66, note Caron – TGI Paris, 3e ch., 1re sect., ord. JME, 26 mars 2008, *Comm. com. électr.* 2008, comm. 66, note C. Caron – TGI Paris, 3e ch., 2e sect., ord. JME, 18 avr. 2008, RG no 2007/09543, *PIBD* 2008, no 878, III, 448 – TGI Paris, 3e ch., 3e sect., ord. JME, 25 juin 2008, RG no 2007/13929, *PIBD* 2008, no 883, III, 607 – TGI Paris, 3e ch., 3e sect., ord. JME, 25 juin 2008, RG no 2008/06929, *PIBD* 2008, no 882, III, 576; *D.* 2008. 2069, 1e esp., obs. C. Manara – TGI Paris, 3e ch., 2e sect., ord. JME, 10 oct. 2008, RG no 2007/04623, *PIBD* 2009, no 888, III, 779 – TGI Paris, 3e ch., 2e sect., ord. JME, 3 avr. 2009, RG no 2008/08681, *Jurinpi* M20090274; *PIBD* 2009, no 901, III, 1282 – TGI Paris, 3e ch., 2e sect., ord. JME, 4 sept. 2009, RG no 2008/09863, *Jurinpi* M20090404; *PIBD* 2009, no 905, III, 1444 – TGI Paris, 3e ch., 2e sect., ord. JME, 18 sept. 2009, RG no 08/09785, *Jurinpi* D20090105; *PIBD* 2009, no 908, III, 1560 – TGI Paris, 3e ch., 2e sect., ord. JME, 25 sept. 2009, RG no 07/13634 – TGI Paris, 3e ch., 4e sect., ord. JME, 29 oct. 2009, RG no 09/06598, *Jurinpi* B20090180 – TGI Paris, 3e ch., 4e sect., ord. JME, 29 oct. 2009, RG no 09/03827, *Jurinpi* D20090126; *PIBD* 2010, no 911, III, 98 – TGI Paris, 3e ch., 4e sect., ord. JME, 26 nov. 2009, RG no 09/05011 – TGI Paris, 3e ch., 4e sect., ord. JME, 11 mars 2010, RG no 2009/05634, *Jurinpi* D20100076 – Paris, pôle 1, ch. 1, 23 sept. 2009, RG no 2009/06584, *Jurinpi* M20090514 – Paris, pôle 1, ch. 2, 17 févr. 2010, RG no 2009/15065, *Jurinpi* M20100234; *PIBD* 2010, no 921, III, 449. EN CE SENS ÉGALt, J.-P. Gasnier, « Quelques observations à propos de la loi de lutte contre la contrefaçon », *Propr. industr.* déc. 2007, étude 25, spéc. no 21, p. 13; F. Dumont, « La preuve de la contrefaçon après la loi du 29 octobre 2007 », *RLDI* avr. 2008, dossier spécial p. 57 s., spéc. p. 65; J.-M. Bruguière, « Loi du 29 octobre 2007 de lutte contre la contrefaçon », *Propr. intell.* avr. 2008, chr. p. 227 s., spéc. p. 229. – EN MATIÈRE DE droit d'auteur, TGI Paris, 3e ch., 2e sect., ord. JME, 23 janv. 2009, RG no 2008/06015, *Jurinpi* B20090026 – TGI Paris, 3e ch., 2e sect., ord. JME, 10 oct. 2008, RG no 2007/04623, *PIBD* 2008, no 888, III, 778 – TGI Paris, ord. réf., 18 août 2008, RG no 08/56395, *Propr. intell.* oct. 2008, p. 457, obs. de Haas – TGI Paris, 3e ch., 3e sect., ord. JME, 25 juin 2008, RG no 2008/06929, *PIBD* 2008, no 882, III, 576 – TGI Paris, 3e ch., 2e sect., ord. JME, 25 juin 2008, RG no 2007/13929, *PIBD* 2008, no 883, III, 607 – TGI Paris, 3e ch., 2e sect., ord. JME, 6 juin 2008, RG no 07/10181, *Propr. industr.* nov. 2008, comm. no 89, p. 40 – TGI Paris, 3e ch., 2e sect., ord. JME, 18 avr. 2008, RG no 2007/09543, *PIBD* 2008, no 878, III, 448 – TGI Paris, 3e ch., 3e sect., ord. JME, 26 mars 2008, RG no 2007/07495, *Jurinpi* M20080179 – TGI Paris, 3e ch., 2e sect., ord. JME, 21 mars 2008, RG no 2006/09722, *PIBD* 2008, no 876, III, 380, *Propr. intell.* oct. 2008, p. 479, obs. J.-C. Galloux – TGI Paris, ord. réf., 12 déc. 2007, RG no 07/59572, *Comm. com. électr.* nov. 2008, comm. no 124, obs. C. Caron, *Propr. intell.* oct. 2008, p. 457, obs. de Haas.

1. TGI Paris, 3e ch., 1re sect., ord. JME, 12 nov. 2008, RG no 2008/03028, *Jurinpi* B20080152; *PIBD* 2009, no 888, III, 756 – TGI Paris, 3e ch., 1re sect., ord. JME, 28 janv. 2009, RG no 2008/04502, *Jurinpi* M20090067 – TGI Paris, 3e ch., 1re sect., ord. JME, 4 mai 2010, RG no 2009/09978, *Jurinpi* D20100091; *PIBD* 2010, no 924, III, 598 – TGI Paris, 3e ch., 1re sect., 8 juin 2010, RG no 2008/16811, *Jurinpi* D20100190; *PIBD* 2010, no 928, III, 752 – TGI Paris, 3e ch., 1re sect., ord. JME, 2 nov. 2010, RG no 09/14081.
2. TGI Paris, 3e ch., 1re sect., ord. JME, 12 nov. 2008, RG no 2008/03028, *PIBD* 2008, no 888, III, 756 – TGI Paris, 3e ch., 1re sect., ord. JME, 26 mars 2008, RG no 2006/09830 – TGI Paris, 3e ch., 2e sect., ord. JME, 11 janv. 2008, RG no 06/17985, *Jurinpi* D20080013 – Paris, pôle 1, ch. 2, 27 avr. 2011, RG no 11/02758.
3. Com. 13 déc. 2011, no 10-28.088, P.
4. TGI Paris, 3e ch., 1re sect., ord. JME, 20 janv. 2010, RG no 08/17921, *Gaz. Pal.* 18, 19 juin 2010, p. 45.

priété intellectuelle. Plus précisément, il s'agit d'atteintes au droit exclusif conféré par la loi de reproduire, utiliser, mettre en œuvre, fabriquer, etc., un produit ou un procédé (brevet), une variété végétale (certificat d'obtention végétale), un signe distinctif (marque), un dessin ou un modèle ornemental, la topographie d'un produit semi-conducteur, une indication géographique, une œuvre de l'esprit (droit d'auteur), une création objet d'un droit voisin du droit d'auteur ou une base de données. L'atteinte aux droits moraux de l'auteur n'est pas en elle-même une contrefaçon au sens juridique du terme, bien que la jurisprudence ait admis le recours à la saisie-contrefaçon pour en rapporter la preuve[1]. Le mot « *contrefaçon* » est utilisé, en pratique, pour désigner collectivement plusieurs sortes d'atteinte aux droits patrimoniaux. Ainsi était-il classique, en matière de marques, de distinguer la contrefaçon *stricto sensu* de l'imitation et de distinguer encore l'imitation frauduleuse de l'imitation illicite. De même, le vocabulaire de la propriété littéraire et artistique utilise le concept de *plagiat* pour désigner une contrefaçon qui n'est pas servile. Par suite, notamment, de la dépénalisation de certaines formes de contrefaçon et de refontes des textes répressifs en la matière, ces différences s'estompent aujourd'hui. Le mot « *contrefaçon* » sera donc employé, dans la présente partie, dans son acception générale d'atteinte à un droit patrimonial de propriété intellectuelle. Ce concept général d'atteinte ou d'infraction à un droit de propriété est aussi celui du droit anglo-saxon qui utilise le terme d'« *infringement* » pour désigner la contrefaçon *lato sensu*, réservant le verbe « *counterfeit* » à la copie servile ou à la contrefaçon de moyens de paiements.

0.16 Avertissement. L'étude de la contrefaçon déborde évidemment le cadre d'un ouvrage consacré à la saisie-contrefaçon. Avant d'envisager la mise en œuvre d'une telle mesure, le praticien sera bien avisé de vérifier que les faits dont il se préoccupe sont bien constitutifs, s'ils sont avérés, de contrefaçon (ainsi, l'usage d'une marque déposée pour désigner des produits différents de ceux visés au dépôt n'est pas une contrefaçon; la mise en œuvre des enseignements d'un brevet d'invention à des fins expérimentales n'est pas, non plus, une contrefaçon).

0.17 Historique. La saisie-contrefaçon a été introduite dans le droit français par la loi des 19-24 juillet 1793, la première loi sur le droit des auteurs d'œuvres de l'esprit, pour la sauvegarde du droit de reproduction (elle n'était pas applicable en cas d'atteinte au droit de représentation). Son exécution était, à l'époque, confiée aux commissaires de police et aux « *juges de paix* » ancêtres des tribunaux d'instance. Elle était davantage conçue comme une sorte de saisie conservatoire (au rang desquelles la doctrine ancienne la rangeait) que comme une mesure probatoire. La saisie-contrefaçon avait donc un caractère policier, voire pénal, et conservatoire dont elle a gardé, dans la pratique, certains traits (usage du dépôt au greffe du tribunal des objets saisis, par exemple). La remarquable efficacité de la saisie-contrefaçon lui a valu d'être adoptée (avec des modifications) dans les lois du XIXe siècle et du début du XXe siècle qui ont créé le régime moderne de la propriété industrielle (5 juillet 1844 pour les brevets d'invention, 23 juin 1857 pour les marques de fabrique, 14 juillet 1909 pour les dessins et modèles). Elle a été maintenue et améliorée par les lois de la deuxième moitié du XXe siècle (loi du 31 décembre 1964 puis du 4 janvier 1991 sur les marques de fabrique, loi du 2 janvier 1968 sur les brevets d'invention) codifiées par la loi du 1er juillet 1992 portant code de la propriété intellectuelle. Les modifications qu'elle a subies récemment ont tendu à la diminution de son caractère pénal et conservatoire au profit d'un caractère probatoire. La loi n° 2007-1544 du 29 octobre 2007 sur la lutte contre la contrefaçon[2], qui transpose pour l'essentiel la directive n° 2004/48/CE du 29 avril 2004 relative au respect des droits de pro-

1. Paris, 4e ch. A, 17 mai 1993, *RD propr. int.* 1993, n° 49, 78.

2. V. les commentaires de cette loi, C. Caron, « La loi du 29 octobre 2007 dite "de lutte contre la contrefaçon" », *JCP G* 2007. I 205; C. Derambure, « Premiers commentaires sur la "loi contrefaçon" du 29 octobre 2007 », *RLDI* nov. 2007, p. 67; J.-M. Bruguière, P. Deprez, « De l'art et de la manière de bien faire les lois et de bien penser la compétence des juges en matière de propriété intellectuelle », *JCP E* 2007. Actualités n° 565; J. Azéma, « La lutte contre la contrefaçon », *in* L'entreprise, ses risques et ses contraintes, Réformes 2008, suppl. *RLDI* 2008, p. 86; A. Girardet, « La loi sur la lutte contre la contrefaçon : le point de vue d'un magistrat », *in* L'entreprise, ses risques et ses contraintes, Réformes 2008, suppl. *RLDI* 2008, p. 92; J.-P. Gasnier, « Quelques observations à propos de la loi de lutte contre la contrefaçon », *Propr. industr.* déc. 2007, étude 25; C. Le Stanc, « La loi nouvelle de lutte contre la contrefaçon : premières vues », *Propr. industr.* déc. 2007, Repère 11; F. Chaltiel, « Les avancées de la lutte contre la contrefaçon : la loi du 29 octobre 2007 », *Contrats, conc. consom.* janv. 2008, étude 1; H. Croze, « Dispositions procédurales introduites par la loi de lutte contre la contrefaçon », *Procédures* janv. 2008, comm. 16; J.-C. Galloux, « À propos de l'application dans le temps de la loi de lutte contre la contrefaçon », *D.* 2008. 302; P. de Candé, G. Marchais, « La loi n° 2007-1544 du 29 octobre 2007 de lutte contre la contrefaçon : une harmonisation bienvenue des moyens de lutte contre la contrefaçon », *Propr. intell.* janv. 2008, p. 52; T. Azzi, J.-C. Galloux, P.-Y. Gautier, W. Bourdon et H. Gaudemet-Tallon, « Dossier : La lutte contre la contrefaçon », *D.* 2008. 699; E. Hoffman-Atias, H. Pajot, ▶

priété intellectuelle, s'est attachée, s'agissant spécifiquement de la saisie-contrefaçon, à en généraliser et uniformiser le mécanisme, dont il est souligné qu'il est exclusivement probatoire. La loi s'est en effet, d'une part, attachée à étendre le mécanisme de la saisie-contrefaçon aux quelques droits de propriété intellectuelle pour lesquels il n'existait pas encore (topographies de produits semi-conducteurs, indications géographiques, droit *sui generis* du producteur de bases de données). Elle confirme également l'extension du bénéfice de la saisie-contrefaçon aux différents droits de propriété industrielle communautaires (dessins et modèles communautaires, indications géographiques communautaires), encourageant par analogie une extension du bénéfice de la saisie-contrefaçon à d'autres droits de propriété industrielle communautaires non expressément visés (marques communautaires, obtentions végétales communautaires). D'autre part, elle s'est attachée simultanément à doter les différents droits de propriété intellectuelle d'un régime uniforme quant à la saisie-contrefaçon. Néanmoins, le législateur n'a pas opté pour l'élaboration d'un droit commun de la saisie-contrefaçon, c'est-à-dire d'un unique corps de règles générales, applicables à toute saisie-contrefaçon, quel que soit le droit de propriété intellectuelle considéré[1]. Le législateur en est resté à l'idée d'une déclinaison, pour chaque droit de propriété intellectuelle, d'un ensemble de principes communs qui sont destinés à accroître l'efficacité de la saisie-contrefaçon en tant qu'instrument de lutte contre la contrefaçon (notamment en élargissant l'accès de la saisie-contrefaçon à toute personne ayant qualité pour agir en contrefaçon et en élargissant systématiquement l'objet même de la saisie-contrefaçon, au-delà des produits de la contrefaçon, aux instruments de la contrefaçon), mais qui n'excluent toutefois pas la subsistance voire l'apparition de quelques disparités sur des détails du mécanisme de la saisie-contrefaçon, en particulier sur la liste des personnes qui ont qualité pour requérir la saisie-contrefaçon. Notamment, la saisie-contrefaçon en matière de propriété littéraire et artistique reste marquée par des spécificités qui continuent de la distinguer de la saisie-contrefaçon en matière de propriété industrielle, et les droits communautaires de propriété industrielle, régis par des règlements communautaires et hors de portée du législateur français, se révèlent souvent être une source de disparité avec les solutions retenues pour les droits nationaux de propriété industrielle. La loi du 29 octobre 2007 a été complétée par deux décrets d'application, le décret n° 2008-624 du 27 juin 2008 « *pris pour l'application de la loi n° 2007-1544 du 29 octobre 2007 de lutte contre la contrefaçon et portant modification du code de la propriété intellectuelle* » qui intéresse les mesures provisoires, conservatoires et probatoires (saisie-contrefaçon), et le décret n° 2008-625 du 27 juin 2008 « *modifiant le code de la propriété intellectuelle* » qui intéresse la licence obligatoire pour les brevets visant la fabrication de produits pharmaceutiques destinés à l'exportation vers des pays connaissant des problèmes de santé publique, ainsi que la retenue en douane.

0.18 Aperçu de droit comparé. Avant la directive n° 2004/48/CE, la saisie-contrefaçon n'était connue, comme telle, qu'en France et en Belgique où il était plutôt question de « *saisie-description* ». Certains pays connaissaient des mesures pouvant avoir un effet pratique à peu près similaire (Italie, Espagne, voire Royaume-Uni avec les « *Anton Piller orders* »)[2]. Par contre, d'autres pays ne connaissaient aucune mesure probatoire spécifique à la matière de la contrefaçon, ce qui constituait un sérieux handicap pour la mise en œuvre des droits de propriété intellectuelle. La mesure probatoire qu'est la saisie-contrefaçon a désormais vocation à exister dans l'ensemble des pays membres de l'Union européenne du fait de la directive n° 2004/48/CE. Le législateur communautaire s'est inspiré de la saisie-contrefaçon française et également des « *Anton Piller orders* » anglais pour inviter, par le biais de cette directive, les États membres à introduire dans leur droit des « *mesures de conservation des preuves* » rapides et efficaces, et notamment de permettre d'obtenir sur requête « *la description détaillée avec ou sans prélèvement d'échantillons, ou la saisie réelle des marchandises litigieuses et, dans les cas appropriés, des*

► « La mise en œuvre de la loi du 29 octobre 2007 relative à la lutte contre la contrefaçon », *Gaz. Pal.* 23-27 mars 2008, p. 16; F. Pollaud-Dulian, « La loi n° 2007-1544 du 29 octobre 2007 de lutte contre la contrefaçon », *RTD com.* 2008, chron. 70; J.-M. Bruguière, F. Dumont, A. Buisson, P. Deprez, « La loi du 29 octobre 2007 de lutte contre la contrefaçon », *RLDI* avr. 2008, dossier spécial p. 57; J. Azéma, J.-C. Galloux, « La loi n° 2007-1544 du 29 octobre 2007 de lutte contre la contrefaçon », *RTD com.* 2008, chron. 278; J.-C. Galloux, « Premier bilan de l'application de la loi 2007-1544 du 27 octobre 2007 dite "de lutte contre la contrefaçon" », *Propr. intell.* oct. 2009, p. 342; E. Hoffmann, « Dommages-intérêts, publication, destruction : la réparation intégrale est-elle un mirage en droit français ? », *RIPIA* 2010, n° 240, p. 36.

1. POUR UNE PROPOSITION EN CE SENS : I. Romet, « La saisie-contrefaçon, unité et diversité – Neuf propositions pour harmoniser la saisie-contrefaçon », *JCP E*, Cahiers de droit de l'entreprise, 2004, n° 4, p. 29 s.

2. J. Bühling, « Obtaining evidence when preparing patent litigation », in *IP Value 2006 – Building and enforcing intellectual property value*, Globe White Page, 2006, p. 172 s., pour un apercu de droit comparé, avant la transposition de la directive n° 2004/48, entre l'Allemagne, la France, la Belgique, l'Italie et le Royaume-Uni.

matériels et instruments utilisés pour produire et/ou distribuer ces marchandises ainsi que des documents s'y rapportant » (art. 7). Pour donner quelques idées de droit comparé sur l'effet de la directive[1], il sera renvoyé pour la Belgique à l'étude de F. de Visscher, placée au Livre 5 de cet ouvrage. Aux Pays-Bas, la transposition de la directive n° 2004/48/CE a eu notamment pour effet d'introduire dans le code de procédure civile néerlandais un nouveau titre 15 dont les articles 1019 à 1019j transcrivent fidèlement l'article 7 concernant les mesures de conservation des preuves et mettent en place un mécanisme jusqu'alors inconnu de saisie-contrefaçon. Désormais, le juge peut ordonner sur requête, afin d'assurer la conservation des éléments de preuve de la contrefaçon, la saisie réelle, la description détaillée ou le prélèvement d'échantillons de biens meubles présumés contrefaisants, de matériels et instruments utilisés pour produire ces marchandises ainsi que de documents s'y rapportant (art. 1019b). En Italie, il existait déjà, à l'article 161 de la loi du 22 avril 1941 relative aux droit d'auteur et droits voisins (Legge 22 aprile 1941, n. 633) et aux articles 128 à 130 du code de la propriété industrielle (Codice della proprieta'industriale, Decreto Legislativo 10 febbraio 2005, n. 30), des mécanismes de saisie-contrefaçon pour les différents droits de propriété intellectuelle. Dans ce contexte, le décret-loi du 16 mars 2006 (Decreto Legislativo 16 marzo 2006, n. 140) qui a transposé la directive n° 2004/48/CE n'a donc rien apporté aux mécanismes de saisie-contrefaçon existants, si ce n'est quelques modifications très mineures du texte de l'article 161 de la loi du 22 avril 1941. En Espagne, un effet similaire à celui de la saisie-contrefaçon pouvait déjà être obtenu notamment grâce à l'article 297 du code de procédure civile espagnol qui donne au tribunal la possibilité d'ordonner toute mesure susceptible d'assurer la préservation des éléments de preuve. La transposition de la directive n° 2004/48/CE, réalisée par la loi 19/2006 du 5 juin 2006, a donc eu simplement pour effet d'introduire dans le code de procédure civile espagnol (Ley 1/2000, de 7 de enero, de Enjuiciamiento Civil) un nouvel alinéa à l'article 297 § 2 précisant les conditions et les modalités spécifiques (conformes à l'article 7 de la directive) d'une mesure destinée à assurer la conservation des preuves dans le domaine des droits de propriété intellectuelle et un nouveau § 4 à l'article 297 précisant notamment que le requérant devait ensuite agir au fond dans un délai de 20 jours à compter de l'adoption effective de la mesure. Au Royaume-Uni, la directive n° 2004/48/CE a été transposée par le texte intitulé Intellectual Property (Enforcement, etc.) Regulations 2006 (Statutory Instrument 2006 n° 1028), du 5 avril 2006, entré en vigueur le 29 avril 2006. S'agissant spécialement de l'article 7 de la directive, sur les mesures de conservation des preuves, la transposition n'a nécessité aucune modification de la législation déjà existante dès lors que l'article 7 de la directive était lui-même aussi largement inspiré de la pratique des ordonnances britanniques « *Anton Piller* ». Enfin, en Allemagne[2], la loi du 7 juin 2008, publiée au journal officiel allemand le 11 juin 2008[3], entrée en vigueur le 1er septembre 2008, a introduit des dispositions spécifiques à la collecte et la préservation des preuves de la contrefaçon, uniformes pour tous les droits de propriété intellectuelle (§ 140 c de la loi sur les brevets – PatG –, § 24 c de la loi sur les modèles d'utilité – GebrauMG –, § 19 a de la loi sur les marques – MarkenG –, § 101 a de la loi sur le droit d'auteur – UrhG –, § 46 a de la loi sur les dessins et modèles – GeschmMG –, § 37 c de la loi sur les obtentions végétales – SortSchG –, § 9 de la loi sur les semi-conducteurs – HalbleiterlSchG). Pour prendre une vue de ce qui se pratique aussi en dehors de l'Union européenne, il sera noté particulièrement qu'en Suisse l'article 77 de la loi fédérale sur les brevets du 25 juin 1954 a été remanié, à l'occasion de l'adoption du code de procédure civile suisse le 19 décembre 2008 entré en vigueur le 1er janvier 2011, afin d'introduire la saisie-contrefaçon dans l'arsenal juridique[4], et qu'aux États-Unis d'Amérique, la pratique de la *discovery* a atteint un degré de sophistication jugé excessif par certains, mais qui permet d'obtenir par d'autres moyens les mêmes informations qu'une saisie-contrefaçon.

0.19 Division. La saisie-contrefaçon en matière de propriété industrielle obéit à des règles sensiblement communes, qu'il s'agisse de brevets d'invention, de marques, de dessins et modèles, d'obtentions végétales ou de topographies de produits semi-conducteurs ou d'indications géographiques (livre 1 : la saisie-contrefaçon en matière de propriété industrielle). Les règles applicables en matière de propriété littéraire et artistique, sont sensiblement différentes, qu'il s'agisse de droits d'auteur *stricto*

1. ÉGALt pour un aperçu de droit comparé concernant la saisie-contrefaçon : C. Steinitz, J.-F. Gaultier, « Avantages compétitifs du système judiciaire français au sein de l'Union européenne (1er volet) », *Propr. industr.* 2008, étude n° 12.

2. C. Steinitz, J.-F. Gaultier, « Avantages compétitifs du système judiciaire français au sein de l'Union européenne (1er volet) », *Propr. industr.* 2008, étude n° 12, spéc. p. 11.
3. *BGBl.* I, du 11 juillet 2008, p. 1991 s.
4. B. Bolli et R. Schalch, « Saisie contrefaçon introduced into Patent Law », *Managing Intellectual Property*, juill.-août 2010, p. 114.

sensu, de logiciels, de bases de données ou des droits *sui generis* des producteurs de bases de données (livre 2 : la saisie-contrefaçon en matière de propriété littéraire et artistique). Les développements précédents n'envisageant la saisie-contrefaçon qu'en tant que moyen de preuve dans le cadre d'un procès purement interne, il faudra aussi examiner la saisie-contrefaçon dans la perspective d'un contentieux international (livre 3 : la saisie-contrefaçon, perspective internationale). Pour terminer, il conviendra d'examiner une mesure autorisant les services douaniers à retenir des marchandises soupçonnées de contrefaçon, mesure qui constitue, parfois une antichambre de la saisie-contrefaçon (livre 4 : la retenue en douane de marchandises contrefaisantes).

LIVRE

1. LA SAISIE-CONTREFAÇON EN MATIÈRE DE PROPRIÉTÉ INDUSTRIELLE

SECTION 0

ORIENTEUR

1.00 Plan du livre.

1.03 Bibliographie.

Ouvrages généraux. Azéma, « Marques, brevets, dessins et modèles » in *Lamy Droit commercial, 2011* – Chavanne, Burst, Azéma et Galloux, *Droit de la propriété industrielle,* 7e éd., Précis Dalloz, 2012 – Cohen, *Le droit des dessins et modèles*, 3e éd. Economica, 2009 – Foyer et Vivant, *Le droit des brevets,* PUF, 1991 – Françon, *Cours de propriété littéraire, artistique et industrielle,* Litec, 1999 – Galloux, *Droit de la propriété industrielle,* 2e éd., Cours Dalloz, 2003 – Greffe et Greffe, *Traité des dessins et des modèles,* 8e éd., Litec, 2008 – Mathély, *Le nouveau droit français des brevets d'invention,* Journ. not. 1991 – Mathély, *Le droit français des signes distinctifs,* Journ. not. 1984 – Mathély, *Le nouveau droit français des marques,* Journ. not. 1994 – Passa, *Droit de la propriété industrielle*, t. I, 2e éd. LGDJ, 2009 – Pollaud-Dulian, *La propriété industrielle,* Economica, 2011 – Schmidt-Szalewski et Pierre, *Droit de la propriété industrielle,* 4e éd., Litec, 2007 – Schmidt-Szalewski, *Le droit des marques,* Dalloz, 1997.

Ouvrages collectifs. *Rép. com.* Dalloz, V° Brevet d'invention, Schmidt-Szalewski et Mousseron, nos 487 s.; V° Dessins et modèles, Passa, nos 149 s.; V° Marques de fabrique, de commerce ou de service, Schmidt-Szalewski, nos 598 s.; V° Obtentions végétales, Bouche, n° 188-189 – *Rép. proc. civ.* Dalloz, V° Saisie-contrefaçon, Nicod – *J.-Cl. Commercial*, Brevets, fasc. 4631, Saisie-contrefaçon. Introduction. Ordonnance autorisant la saisie-contrefaçon, Stenger, fasc. 4631-10, Saisie-contrefaçon. Formules, Stenger, fasc. 4632, Saisie-contrefaçon. Exécution de la saisie-contrefaçon, Stenger, fasc. 4633, Saisie-contrefaçon. Effets de la saisie-contrefaçon, Stenger, fasc. 4634, Saisie-contrefaçon. Recours après saisie-contrefaçon, Stenger – *J.-Cl. Commercial*, Dessins et Modèles, fasc. 3470, Saisie-contrefaçon, Greffe – *J.-Cl. Commercial*, Marques, fasc. 7500, Contrefaçon de marques, Carreau, nos 60 s. – *J.-Cl. Commercial*, Marques, fasc. 7540, L'action en contrefaçon de marque, Verneret et Lenoir, nos 52 s.

1.09 Division. Une saisie-contrefaçon ne peut être valablement requise que si un certain nombre de conditions préalables sont remplies (titre 11). Elle ne peut être pratiquée qu'en vertu d'une ordonnance sur requête du magistrat compétent (titre 12). L'exécution de cette ordonnance répond à des règles strictes (titre 13). Enfin, la saisie-contrefaçon connaît généralement des suites, notamment à l'initiative du demandeur, par l'engagement d'une procédure au fond (titre 14). Elle peut susciter un contentieux délicat (titre 15).

TITRE

11. Les conditions de fond de la saisie-contrefaçon

SECTION 0

ORIENTEUR

11.00 **Plan du titre.**

Chap. 111 Titre de propriété industrielle
Sect. 1 Conditions de la saisie-contrefaçon en matière de brevets d'invention
Sous-sect. 1 Demande de brevet et brevet d'invention
Sous-sect. 2 Autres titres de propriété industrielle protégeant les inventions
Sect. 2 Conditions de la saisie-contrefaçon en matière de droits d'obtention végétale
Sous-sect. 1 Certificat d'obtention végétale français et demande de certificat
Sous-sect. 2 Certificat de protection communautaire des obtentions végétales et demande de protection
Sous-sect. 3 Cumul de titres français et communautaire d'obtention végétale
Sect. 3 Conditions de la saisie-contrefaçon en matière de marques
Sous-sect. 1 Demande d'enregistrement ou enregistrement d'une marque française
Sous-sect. 2 Enregistrement international de marques
Sous-sect. 3 Marque communautaire
Sect. 4 Conditions de la saisie-contrefaçon en matière de dessins et modèles déposés
Sous-sect. 1 Modèle déposé en France
Sous-sect. 2 Modèle international
Sous-sect. 3 Modèle communautaire
Sect. 5 Conditions de la saisie-contrefaçon en matière de topographies de produits semi-conducteurs
Sect. 6 Conditions de la saisie-contrefaçon en matière d'indications géographiques
Sous-sect. 1 Appellations d'origine françaises
Sous-sect. 2 Indications géographiques communautaires

Chap. 112 Parties
Sect. 1 Demandeur à la saisie-contrefaçon
Sous-sect. 1 Brevets d'invention
Sous-sect. 2 Droits d'obtention végétale
Sous-sect. 3 Marques
Sous-sect. 4 Dessins et modèles
Sous-sect. 5 Topographies de produits semi-conducteurs
Sous-sect. 6 Indications géographiques
Sect. 2 Le saisi

11.01 **Textes applicables.**

CPI, art. L. 511-9, L. 512-2, L. 513-1, L. 513-3, L. 513-7, L. 521-1, L. 521-2, L. 521-4, L. 522-1, L. 611-2, L. 611-5, L. 612-15, L. 612-21, L. 613-9 à L. 613-19, L. 613-29 à L. 613-32, L. 614-7, L. 614-9, L. 614-11, L. 614-13 à L. 614-15, L. 615-2, L. 615-4 à L. 615-6, L. 615-10, L. 615-17, L. 622-1, L. 622-3, L. 622-5 à L. 622-7, L. 623-1, L. 623-14, L. 623-17, L. 623-18, L. 623-20, L. 623-24 à L. 623-27-1, L. 713-5, L. 714-7, L. 716-2, L. 716-5, L. 716-7, L. 722-1 à L. 722-7, R. 512-4, R. 512-6, R. 512-10, R. 612-2, R. 612-38, R. 612-39, R. 613-45, R. 613-53 à R. 613-59, R. 614-11, R. 615-1 à R. 615-4, R. 622-2, R. 622-3, R. 622-6, R. 623-29, R. 623-42, R. 623-51 à R. 623-54, R. 712-8, R. 716-2.

C. consom., art. L. 115-2 à L. 115-7, L. 115-8 à L. 115-15.

COJ, art. R. 211-7.

C. civ., art. 815 à 815-3, 1873-1.

CBE, art. 64, 65, 67, 93, 99, 142.

Règl. CE n° 2100/94 du 27 juill. 1994, art. 23, 24, 29, 87, 92, 94 à 107.

Règl. CE n° 1239/95 du 31 mai 1995, art. 82.

Règl. CE n° 2868/95 du 13 déc. 1995, règle 84.

Règl. CE n° 6/2002 du 12 déc. 2001, art. 11, 19, 20, 32, 33, 90.

Règl. CE n° 2245/2002 du 21 oct. 2002, art. 69.

Règl. CE n° 510/2006 du 20 mars 2006, art. 7.

Règl. CE n° 207/2009 du 26 févr. 2009, art. 9, 22, 23, 103.
Dir. n° 2004/48/CE du 29 avr. 2004, art. 7.

11.02 **Jurisprudence citée.**
* V. s[s] n°s 111.02 et 112.02.

11.09 **Division.** Il convient de présenter les titres de propriété industrielle susceptibles de fonder une saisie-contrefaçon (chapitre 111) puis les parties à la saisie (chapitre 112).

CHAPITRE

111. Titre de propriété industrielle

SECTION 0

ORIENTEUR

111.00 **Plan du chapitre.**

111.01 **Textes applicables.**

* V. s^s n° 11.01

111.02 **Jurisprudence citée.**

> Division

• **Paris, pôle 5, ch. 1, 3 mars 2010,** RG n° 07/14488.

• **Com. 14 déc. 2010,** n° 09-72.946, *Bull. civ.* IV, n° 196; *Propr. industr.* 2011, comm. 22, note Raynard; *Propr. industr.* 2011, comm. 28, note Bouche; *CCE* 2011, comm. 19, note Caron; *Propr. intell.* avr. 2011, p. 247, obs. Warusfel.

* V. s^s n° 111.11

> Justificatifs à produire

• **Paris, 4e ch., sect. A, 12 mai 2004,** *PIBD* 2004, n° 792, III, 470; *Ann. propr. ind.* 2/2004, p. 196.

• **Com. 29 janv. 2008,** n° 07-14.709, *Bull. civ.* IV, n° 18, *PIBD* 2008, n° 871, III, 203.

* V. s^s n° 111.41

> Saisie-contrefaçon sur le fondement d'un brevet expiré

• **TGI Paris, 3e ch., 2e sect., 6 juill. 2006,** *PIBD* 2006, n° 839, III, 692.

• **Paris, pôle 1, ch. 2, 18 nov. 2009,** RG n° 09/10280.

• **Com. 14 déc. 2010,** n° 09-72.946, *Bull. civ.* IV, n° 196; *Propr. industr.* 2011, comm. 22, note Raynard; *Propr. industr.* 2011, comm. 28, note Bouche; *CCE* 2011, comm. 19, note Caron; *Propr. intell.* avr. 2011, p. 247, obs. Warusfel.

• **TGI Paris, 3e ch., 3e sect., 8 avr. 2011,** RG n° 11/02062, *Jurinpi* B20110126.

* V. ss n° 111.42

> Effet de la limitation du brevet sur la saisie-contrefaçon ?

• **Lyon, 1re ch. civ. A, 13 juill. 2011,** RG n° 2009/02302, *Jurinpi* B20110123; *PIBD* 2012, n° 955, III, 84.

* V. ss n° 111.43

> Une demande publiée ou, à défaut, notifiée

• **TGI Paris, 28 juin 1983,** *Dossiers Brevets* 1984, II, 5.

• **TGI Lille, 25 avr. 1984,** *Dossiers Brevets* 1985, III, 2.

• **Bordeaux, 1re ch., 27 mai 1998,** *PIBD* 1998, n° 663, III, 508.

• **Paris, 4e ch. A, 25 avr. 2001,** *Propr. industr.* 2002, comm. n° 41, obs. J. Raynard.

* V. ss n° 111.52

> Forme et contenu de la notification

• **TGI Toulouse, 31 oct. 1996,** *PIBD* 1997, n° 626, III, 90.

* V. ss n° 111.54

> Cas d'une demande de brevet modifiée après sa publication ou sa notification

• **Nancy, 28 déc. 1982,** *Ann. propr. ind.* 1982. 237.

• **Com. 26 mars 1985,** n° 83-12.290, *Bull. civ.* IV, n° 106, *PIBD* 1985, n° 375, III, 243.

• **Paris, 4e ch., 3 nov. 1993,** *PIBD* 1994, n° 559, III, 45.

• **TGI Paris, 3e ch., 2e sect., 6 avr. 2007,** *PIBD* 2007, n° 855, III, 427.

* V. ss n° 111.55

> Conclusion sur les justificatifs à fournir pour une demande de brevet français

• **Com. 16 juill. 1991,** n° 89-20.521, *Bull. civ.* IV, n° 260; *Dossiers Brevets* 1992, III, 5.

* V. ss n° 111.56

> Principe de la substitution du brevet européen au brevet français

• **TGI Paris, 3e ch., 5 mai 1999,** *PIBD* 2000, n° 689, III, 6.

• **TGI Paris, 3e ch., 1re sect., 27 mars 2002,** RG n° 96/25285, *Jurinpi* B20020099.

• **Paris, pôle 5, ch. 2, 2 juill. 2010,** RG n° 09/01000.

* V. ss n° 111.62

> Poursuite des procédures en contrefaçon en cas de renonciation à la partie française du brevet européen

• **TGI Paris, 3e ch., 21 déc. 1995,** *PIBD* 1996, n° 609, III, 209.

• **TGI Paris, ord. réf., 3e ch., 23 mai 1997,** *PIBD* 1997, n° 637, III, 430.

• **TGI Paris, 3e ch., 2e sect., 13 oct. 2000,** RG n° 98/06779, *Jurinpi* B20000199.

• **TGI Paris, 3e ch., 2e sect., 28 janv. 2005,** RG n° 02/07076.

• **TGI Paris, 3e ch., 1re sect., 3 mai 2006,** RG n° 03/18792.

• **TGI Paris, 3e ch., 2e sect., ord. JME, 27 oct. 2006,** RG n° 05/10830.

* V. ss n° 111.64

> Avertissement : cas du brevet européen soumis à opposition; risque de sursis à statuer sur l'action en contrefaçon

• **TGI Rennes, 23 juin 1986,** *PIBD* 1988, n° 437, III, 303.

• **TGI Paris, 3e ch., 16 févr. 1989,** *PIBD* 1989, n° 456, III, 288.

• **TGI Paris, 3e ch., 22 mars 1989,** *PIBD* 1989, n° 460, III, 402.

• **TGI Paris, 3e ch., 20 avr. 1989,** *PIBD* 1989, n° 462, III, 472.

• **TGI Paris, 3e ch., 15 juin 1989,** *PIBD* 1989, n° 465, III, 556.

• **TGI Paris, 3e ch., 28 sept. 1989,** *PIBD* 1990, n° 470, III, 43.

• **TGI Paris, 3e ch., 17 déc. 1990,** *PIBD* 1991, n° 501, III, 334.

• **TGI Paris, 3e ch., 18 avr. 1991,** *PIBD* 1991, n° 509, III, 603.

• **TGI Paris, 3e ch., 10 juill. 1991,** *PIBD* 1992, n° 515, III, 67.

• **TGI Paris, 3e ch., 19 déc. 1991,** *PIBD* 1992, n° 523, III, 309.

• **TGI Paris, 3e ch., 2e sect., 1er avr. 1993,** *RD propr. int.* 1993, n° 46, 28.

• **TGI Paris, 3e ch., 28 avr. 1993,** *PIBD* 1993, n° 550, III, 513.

• **TGI Paris, 3e ch., 25 mars 1994,** *PIBD* 1994, n° 570, III, 374.

• **TGI Paris, 3e ch., 23 févr. 1995,** *PIBD* 1995, n° 587, III, 243.

• **TGI Paris, 3e ch., 5 mai 1995,** *PIBD* 1995, n° 595, III, 412.

• **Paris, 4e ch., 17 mai 1995,** *PIBD* 1995, n° 592, III, 343.

• **TGI Paris, 3e ch., 2e sect., 12 mars 1997,** *PIBD* 1997, n° 636, III, 391.

• **TGI Paris, 3e ch., 1re sect., 19 mars 1997,** RG n° 95/20758, *Jurinpi* B19970052.

• **Paris, 4e ch., 14 janv. 2000,** *PIBD* 2000, n° 699, III, 273.

• **TGI Paris, 3e ch., 1re sect., ord. JME, 31 mai 2011,** RG n° 10/16632.

• **TGI Paris, 3e ch., 1re sect., ord. JME, 31 mai 2011,** RG n° 10/16631.

• **TGI Paris, 3e ch., 4e sect., ord. JME, 8 sept. 2011,** RG n° 11/00993.

• **TGI Paris, 3e ch., 4e sect., ord. JME, 8 sept. 2011,** RG n° 09/16403.

• **TGI Paris, 3e ch., 1re sect., 6 avr. 2010,** RG n° 09/04384.

• **TGI Paris, 3e ch., 1re sect., 8 juin 2010,** RG n° 09/08871.

• **TGI Paris, 3e ch., 1re sect., 6 juill. 2010,** RG n° 08/10439.

• **TGI Paris, 3e ch., 4e sect., 7 juill. 2011,** RG n° 10/08993.

• **TGI Paris, 3e ch., 2e sect., 18 nov. 2011,** RG n° 11/06308.

* V. ss n° 111.71

> Une demande publiée

• **Paris, 4e ch., sect. B, 19 oct. 2007,** *PIBD* 2007, n° 864, III, 715.

* V. ss n° 111.82

> En cas de demande en langue étrangère, obligation de publication ou de notification préalable d'une traduction en langue française

• **Paris, 4e ch., sect. B, 15 sept. 2000,** *Ann. propr. ind.* 2001. 8.

* V. ss n° 111.83

> Cas de la simple demande d'enregistrement

• **TGI Lille, 16 juin 1994,** *PIBD* 1994, n° 575, III, 513.

* V. ss n° 111.183

> Saisie-contrefaçon sur le fondement d'une marque communautaire

• **TGI Paris, 3e ch., 3e sect., 31 oct. 2007,** *PIBD* 2008, n° 865, III, 12.

• **TGI Paris, 3e ch., 3e sect., 10 juin 2009,** RG n° 08/01051.

* V. ss n° 111.202

> Nécessité d'un dépôt

• **Com. 10 janv. 1995,** n° 92-17.616, *Bull. civ.* IV, n° 9, p. 8, *Ann. propr. ind.* 1995. 321.

• **Paris, 4e ch., 12 mai 2000,** *JCP E* 2000. I. 1286; *PIBD* 2000, n° 705, III, 451.

* V. ss n° 111.221

> Dessin ou modèle déposé mais non publié : nécessité d'une notification au présumé contrefacteur

• **TGI Paris, 3e ch., 3e sect., 9 juill. 2010,** RG n° 2010/05636, *Jurinpi* D20100154, *PIBD* 2010, n° 929, III, 798.

* V. ss n° 111.223

> Dépôt international de modèle

• **Paris, 4e ch., 7 juill. 1994,** *PIBD* 1994, n° 576, III, 550.

• **TGI Paris, 3e ch., 1er déc. 1994,** *PIBD* 1995, n° 583, III, 137.

• **Paris, 4e ch., 23 janv. 1995,** *PIBD* 1995, n° 586, III, 231.

• **Nîmes, 14 mai 1998,** *PIBD* 1998, n° 662, III, 496.

• **Paris, pôle 5, ch. 2, 3 juin 2011,** RG n° 10/09884, *PIBD* 2011, n° 945, III, 544.

* V. ss n° 111.231

> Justificatifs à produire

• **Com. 29 janv. 2008,** n° 07-14.709, *Bull. civ.* IV, n° 18, *PIBD* 2008, n° 871, III, 203.

* V. ss n° 111.253

• **TGI Paris, 3e ch., 1re sect., 27 janv. 2009,** RG n° 2008/15962, *PIBD* 2009, n° 897, III, 1110.

* V. ss n° 111.272

111.11 Division. Les titres de propriété industrielle susceptibles de fonder une saisie-contrefaçon seront présentés par matière (brevets, certificats d'obtention végétale, marques, dessins et modèles, topographies des produits semi-conducteurs et indications géographiques) du fait de la prédominance des règles particulières attachées à chaque domaine. Par un arrêt du 14 décembre 2010, la chambre commerciale de la Cour de cassation a décidé qu'il n'était pas possible de requérir l'autorisation de procéder à une saisie-contrefaçon sur le fondement d'un brevet ou d'un titre assimilé (CCP ou certificat d'utilité) expiré (v. ss n° 111.42). Cette solution discutable et regrettable semble généralisable à tout autre titre de propriété intellectuelle[1].

SECTION 1
CONDITIONS DE LA SAISIE-CONTREFAÇON EN MATIÈRE DE BREVETS D'INVENTION

111.21 Liste des titres. La procédure de saisie-contrefaçon permet d'apporter la preuve de la contrefaçon de tous les titres de propriété industrielle protégeant les inventions, à savoir les titres énumérés par l'article L. 611-2 du code de la propriété intellectuelle :

« *1° Les brevets d'invention, délivrés pour une durée de vingt ans à compter du jour du dépôt de la demande;*

« *2° Les certificats d'utilité, délivrés pour une durée de six ans à compter du jour du dépôt de la demande;*

« *3° Les certificats complémentaires de protection rattachés à un brevet dans les conditions prévues à l'article L. 611-3, prenant effet au terme légal du brevet auquel ils se rattachent pour une durée ne pouvant excéder sept ans à compter de ce terme et dix-sept ans à compter de la délivrance de l'autorisation de mise sur le marché mentionnée à ce même article* ».

La saisie-contrefaçon peut également être mise en œuvre pour apporter la preuve de la contrefaçon des certificats d'addition demandés antérieurement à l'entrée en vigueur de la loi n° 90-1052 du 26 novembre 1990, relative à la propriété industrielle, qui a supprimé ce titre, ces certificats étant en vigueur jusqu'au terme du brevet principal auquel ils se rattachent.

111.22 Textes. La saisie-contrefaçon relativement aux brevets d'inventions et aux autres titres qui y sont assimilés trouve son fondement essentiel dans les articles L. 615-5 et R. 615-1 à R. 615-4 du code de la propriété intellectuelle. L'article L. 615-5, selon une formule désormais commune (depuis l'uniformisation opérée par la loi du 29 octobre 2007) à tous les droits de propriété industrielle, énonce : « *La contrefaçon peut être prouvée par tous moyens. À cet effet, toute personne ayant qualité pour agir en contrefaçon est en droit de faire procéder en tout lieu et par tous huissiers, assistés d'experts dési-*

1. Com. 14 déc. 2010, n° 09-72.946, *Bull. civ.* IV, n° 196; *Propr. industr.* 2011, comm. 22, note Raynard; *Propr. industr.* 2011, comm. 28, note Bouche; *Comm. com. électr.* 2011, comm. 19, note Caron; *Propr. intell.* avr. 2011, p. 247, obs. Warusfel – CONTRA : Paris, pôle 5, ch. 1, 3 mars 2010, RG n° 07/14488.

gnés par le demandeur, en vertu d'une ordonnance rendue sur requête par la juridiction civile compétente, soit à la description détaillée [...], soit à la saisie réelle [...] ».

111.23 **Plan.** Il convient donc d'examiner les particularités attachées aux différents titres, pris à l'état de demande et après délivrance. En effet, les titres de propriété industrielle protégeant les inventions sont délivrés au terme d'une procédure plus ou moins complexe. Entre le jour du dépôt de la demande et celui de la délivrance du titre, il s'agit seulement de demandes. Les demandes ne sont pas protégées de la même manière que les titres délivrés.

SOUS-SECTION 1
DEMANDE DE BREVET ET BREVET D'INVENTION

§ 1.
Vers un « brevet unitaire » ?

111.31 **Brevet français et brevet européen.** Une invention peut être protégée en France, au choix du demandeur, soit par un brevet français, délivré par l'Institut national de la propriété industrielle, soit par un brevet dit « *européen* », délivré par l'Office européen des brevets et désignant la France. Le brevet européen couvre ceux des États contractants de la Convention sur le brevet européen que le déposant a désignés dans sa demande (Convention sur la délivrance de brevets européens, signée à Munich le 5 octobre 1973 et révisée par l'acte de révision du 29 novembre 2000, version dite « *CBE 2000* » entrée en vigueur le 13 décembre 2007). Le brevet européen est délivré à l'issue d'une procédure centralisée par l'Office européen des brevets. Après cette délivrance, le brevet européen produit, dans chacun des États contractants désignés par le breveté, les mêmes effets qu'un brevet national.

Le brevet dit « *communautaire* » tel que prévu par la convention de Luxembourg du 15 décembre 1975, destiné à produire ses effets sur l'ensemble du territoire de l'Union européenne, n'entrera jamais en vigueur. Un règlement communautaire devait se substituer à la convention de Luxembourg pour créer un brevet communautaire mais n'a jamais été adopté. La question a toutefois connu un net rebondissement ces derniers temps et naîtra peut-être enfin un « *brevet unitaire* » valant non pas encore pour l'ensemble du territoire de l'Union européenne mais, du moins, pour un ensemble formé par 25 États membres de l'Union européenne (les 27 États membres de l'Union moins l'Italie et l'Espagne)[1]. En effet, le 14 décembre 2010, à la demande de 12 États membres, la Commission a proposé de lancer une coopération renforcée dans le domaine de la protection unitaire par brevet. La procédure ayant trait aux coopérations renforcées est inscrite dans le Traité sur l'Union européenne (art. 20 TUE) ; elle permet à un groupe de pays d'adopter une nouvelle réglementation commune lorsqu'il s'avère impossible de parvenir à un accord pour l'ensemble de l'Union européenne dans un délai raisonnable. Le principal obstacle à la création d'un brevet unitaire valable dans toute l'Union européenne (à savoir dans l'ensemble des vingt-sept États membres) est l'absence d'unanimité sur le nombre de langues dans lesquelles le futur brevet unitaire sera valable, d'où le recours à une coopération renforcée. À la suite de la décision de la Commission, 13 autres États membres ont demandé à se joindre à cette coopération renforcée. Le Parlement européen a donné son accord le 15 février et, le 10 mars 2011, le Conseil « *Compétitivité* » a autorisé le lancement d'une coopération renforcée avec la participation des 25 États membres. La mise en œuvre de la décision du Conseil autorisant la coopération renforcée nécessite l'adoption de deux règlements :

- un premier pour créer une protection unitaire par brevet ; l'idée est de s'appuyer sur le système existant du brevet européen, la CBE (art. 142) autorisant un groupe d'États membres de l'OEB à prévoir que les brevets européens délivrés pour ce groupe d'États membres auront un caractère unitaire ; il deviendrait ainsi possible de solliciter et obtenir auprès de l'Office européen des brevets, outre le brevet européen classique qui se décompose en autant de brevets nationaux que de pays désignés dans la demande, un « *brevet européen à effet unitaire* », c'est-à-dire un brevet européen auquel serait conféré un effet unitaire sur le territoire des 25 États membres participants ;
- un second sur les dispositions applicables à la traduction pour le brevet européen avec effet unitaire.

Le 13 avril 2011, la Commission a adopté les propositions de règlements sur les modalités de mise en œuvre de cette coopération. Le 23 juin 2011, le Conseil de l'Union européenne est encore parvenu à un accord sur des orientations générales concernant les deux projets de règlements mettant en œuvre la coopération renforcée dans le domaine de la création d'une protection par brevet unitaire. La procédure suit son cours...

Dans l'attente de la naissance du « *brevet unitaire* », il ne pourra être examinée successivement que la possibilité de faire constater la contrefaçon d'un brevet français puis d'un brevet européen.

1. V. N. Binctin, « Le projet de brevet européen à effet unitaire : en attendant un brevet de l'Union ? », *Propr. intell.* juill. 2011, n° 40, p. 270 s.

§ 2.
Demande de brevet français et brevet français

A.
Brevet français délivré

111.41 Justificatifs à produire. L'article R. 615-2 alinéa 2 du code de la propriété intellectuelle n'exige pas d'autre pièce, à l'appui d'une requête aux fins de saisie-contrefaçon sur le fondement d'un brevet délivré, que le brevet[1]. Le fait que ce même article n'exige la présentation d'une copie certifiée conforme que pour la demande de brevet non publiée permet de se demander si le requérant titulaire d'un brevet délivré peut se contenter de produire une copie simple, non certifiée conforme, de son brevet. Il reste cependant prudent de produire une **copie certifiée conforme délivrée par l'Institut national de la propriété industrielle.** En effet, l'article R. 615-2 du code de la propriété intellectuelle exige la « *représentation du brevet* », c'est-à-dire, en pratique, une copie certifiée conforme délivrée par l'Institut national de la propriété industrielle. En outre, il paraît normal que le président saisi d'une requête aux fins de saisie-contrefaçon exige du requérant qu'il produise également, à l'appui de sa requête, **l'état de paiement des annuités** qui prouve que le brevet est maintenu en vigueur par le paiement des redevances annuelles, ainsi qu'un **extrait récent du Registre national des brevets** afférent à ce brevet, qui prouve que le brevet n'a pas fait l'objet d'une décision définitive d'annulation et que le requérant est bien, à l'égard des tiers, le titulaire des droits qu'il invoque. Ces consignes de prudence ont été clairement confirmées par la Cour de cassation qui, le 29 janvier 2008, a décidé que « *la faculté de faire procéder à une saisie-contrefaçon en matière de brevet n'étant ouverte qu'aux personnes énumérées à l'article L. 615-5 du code de la propriété intellectuelle, il résulte de la combinaison de ce texte et des articles L. 613-9 et R. 615-1 du même code que le requérant est tenu, non seulement de présenter le brevet sur lequel il se fonde, mais aussi de justifier que ce titre est en vigueur et, s'il n'en est pas le propriétaire initial, qu'il est en droit d'en invoquer le bénéfice, en indiquant précisément, conformément à l'article 494 du nouveau code de procédure civile, les pièces invoquées à l'appui de sa requête* »[2]. Cette décision rendue au regard des articles L. 615-5 et R. 615-1 du code de la propriété intellectuelle dans leur rédaction antérieure à la loi du 29 octobre 2007 et à son décret d'application du 27 juin 2008 n'a nullement perdu de sa pertinence du fait de cette réforme et peut même être considérée comme fixant un principe général dont il est souhaitable de s'inspirer pour la requête aux fins de saisie-contrefaçon relativement à tout droit de propriété intellectuelle.

111.42 Saisie-contrefaçon sur le fondement d'un brevet expiré. La question se pose toutefois de savoir s'il est possible d'obtenir l'autorisation de réaliser une saisie-contrefaçon alors que le brevet est expiré au jour de la requête. Confrontés à cette situation, le tribunal de grande instance de Paris, le 6 juillet 2006, a répondu par la négative[3] alors que la cour d'appel de Paris, dans la même affaire le 3 mars 2010[4], et dans une autre affaire le 18 novembre 2009[5], a répondu par l'affirmative, cette dernière décision ayant été finalement cassée par la Cour de cassation.

Le tribunal de grande instance s'était appuyé sur l'idée que « *les dispositions de l'article L. 615-5 du code de la propriété intellectuelle qui prévoient la possibilité pour le propriétaire d'un brevet de faire diligenter une procédure de saisie-contrefaçon sur autorisation du président du tribunal de grande instance, supposent que le titre soit en vigueur au moment où ladite autorisation est sollicitée* ». Et il ajoutait alors « *que la circonstance que l'action en contrefaçon puisse encore être engagée postérieurement à l'expiration du titre pour les faits antérieurs non couverts par la prescription est sans incidence sur la perte de la possibilité de faire la preuve de ces faits par voie de saisie-contrefaçon* ».

Au contraire, la cour d'appel de Paris en 2009 a clairement ouvert la voie à une saisie-contrefaçon postérieure à l'expiration du titre pour la preuve de faits antérieurs non couverts par la prescription, en précisant qu'il convenait d'établir que le titre invoqué était en vigueur « *à l'époque des faits allégués de contrefaçon* » visés par la demande, et non « *à l'époque de la requête* » qui était indifférente dès lors que cette époque n'était pas concernée par la demande, et en prenant soin de relever qu'en l'espèce tant la requête que l'ordonnance avaient clairement restreint le champ d'investigation de la saisie-contrefaçon à des faits antérieurs à l'expiration du titre.

1. NULLITÉ de l'ordonnance et de la saisie-contrefaçon pour défaut de représentation du brevet : Paris, 4e ch., sect. A, 12 mai 2004, *PIBD* 2004, n° 792, III, 470; *Ann. propr. ind.* 2/2004, p. 196.
2. Com. 29 janv. 2008, n° 07-14.709, *Bull. civ.* IV, n° 18; *PIBD* 2008, n° 871, III, 203; *Comm. com. électr.* 2008, comm. 34, note Caron; *Propr. intell.* juill. 2008, p. 276, note Abello; *JCP E* 2009. I. 1020, spéc. p. 15, obs. Caron.
3. TGI Paris, 3e ch., 2e sect., 6 juill. 2006, *PIBD* 2006, n° 839, III, 692 : qui avait prononcé la nullité d'une saisie-contrefaçon sollicitée le lendemain de l'expiration du brevet.
4. Paris, pôle 5, ch. 1, 3 mars 2010, RG n° 07/14488.
5. Paris, pôle 1, ch. 2, 18 nov. 2009, RG n° 09/10280, *Propr. industr.* 2010, comm. n° 57, note Schaffner et Viret – DÉJÀ EN CE SENS : Paris, 25 janv. 1966, *Ann. propr. ind.* 1966. 128-129.

Toutefois, dans cette même affaire, par un arrêt du 14 décembre 2010, la chambre commerciale de la Cour de cassation a cassé l'arrêt de la cour d'appel de Paris de 2009 au motif que « *la faculté de procéder à une saisie-contrefaçon en matière de brevet ou de certificat complémentaire de protection n'est ouverte qu'aux personnes énumérées à l'article L. 615-2 du code de la propriété intellectuelle qui justifient non seulement de l'existence du titre sur lequel elles se fondent mais également de ce que celui-ci est toujours en vigueur à la date de présentation de la requête* »[1]. Cette solution repose sur une lecture littérale des articles L. 615-5, L. 615-2 et R. 615-2 visés par l'arrêt. Peut solliciter une ordonnance aux fins de procéder à une saisie-contrefaçon toute personne ayant qualité pour agir en contrefaçon (CPI, art. L. 615-5), c'est-à-dire notamment le « *propriétaire du brevet* » ou du CCP (CPI, art. L. 615-2) qui doit, lors du dépôt de sa requête, représenter le brevet ou le CCP (CPI, art. R. 615-2). La Cour de cassation en déduit que, dès lors que le titre est expiré, l'ex-titulaire n'est plus en mesure de solliciter une ordonnance aux fins de saisie-contrefaçon.

Il est toutefois possible de se demander si la réforme législative intervenue le 29 octobre 2007 n'est pas venue saper cette argumentation[2]. En effet, dans la mesure où le législateur, à l'occasion de la réforme du 29 octobre 2007, a formalisé expressément le lien existant entre la qualité pour solliciter une saisie-contrefaçon et la qualité pour agir en contrefaçon, par une formule commune à tous les articles relatifs à la saisie-contrefaçon en matière de propriété industrielle (« *À cet effet, toute personne ayant qualité pour agir en contrefaçon est en droit de faire procéder en tout lieu et par tous huissiers...* »), il est permis de penser que, s'il est possible d'engager une action en contrefaçon postérieurement à l'expiration du titre pour les faits antérieurs non couverts par la prescription, il doit être également possible de solliciter et d'obtenir une ordonnance aux fins de saisie-contrefaçon, afin de constituer la preuve utile au procès en contrefaçon. Cette passerelle entre deux textes de valeur législative (CPI, art. L. 615-5 et L. 615-2) est prioritaire sur les dispositions de l'article de valeur réglementaire qu'est l'article R. 615-2; la nécessité d'une représentation du brevet ou du CCP posée par ce dernier texte ne doit pas peser plus lourd, dans le raisonnement, que la passerelle textuelle de valeur législative. La solution de la chambre commerciale ne trouve également aucun appui dans le droit de l'Union européenne, en particulier la directive n° 2004/48. Plus généralement, dans le contexte de lutte renforcée contre la contrefaçon, il n'y a aucune logique à admettre l'action en contrefaçon postérieure à l'expiration du titre en privant simultanément le titulaire-demandeur de l'efficacité, raisonnablement encadrée, de la saisie-contrefaçon pour l'obtention des preuves de la contrefaçon prétendue. Si bien que reconnaître au titulaire d'un brevet expiré la possibilité d'agir en contrefaçon implique nécessairement de lui donner accès également, en amont, à la saisie-contrefaçon qui lui permettra de juger de l'opportunité de son action en contrefaçon. Mais l'ordonnance aux fins de saisie-contrefaçon peut être aussi sollicitée au cours d'un procès en contrefaçon (v. s^s^ n° 121.33). Dans cette dernière hypothèse, il est difficile de voir quels termes de l'article L. 615-5 du code de la propriété intellectuelle peuvent donner appui à une solution aussi rigoureuse que celle adoptée par la chambre commerciale en 2010. L'alinéa 1er de l'article L. 615-5 pose le principe que « *La contrefaçon peut être prouvée par tous moyens* » et ce principe général s'impose à tout juge saisi d'une action en contrefaçon, peu importe qu'il s'agisse de faire la preuve d'une contrefaçon encore actuelle ou d'une contrefaçon passée non encore prescrite, le droit de brevet litigieux étant entre-temps expiré. Les autres dispositions de l'article L. 615-5 n'imposent également pas que le titre litigieux soit encore en vigueur lorsque l'ordonnance aux fins de saisie-contrefaçon est sollicitée. Il semble donc qu'il faille approuver la solution inverse retenue par la cour d'appel de Paris. La saisie-contrefaçon pourrait ainsi servir à faire la preuve d'actes de contrefaçon d'un titre de propriété industrielle, même si ce dernier est entre-temps venu à expiration, dès lors que les actes qu'il s'agit ainsi de prouver étaient au jour de leur commission des actes de contrefaçon et, malgré l'écoulement du temps, ne sont pas encore prescrits.

111.43 Effet de la limitation du brevet sur la saisie-contrefaçon ? La cour d'appel de Lyon a eu l'occasion de préciser que la saisie-contrefaçon réalisée n'était pas affectée par la limitation subséquente du brevet, par application de l'article L. 613-25 du code de la propriété intellectuelle, en dépit du caractère rétroactif de cette limitation[3]. En effet, les opérations de saisie-contrefaçon, en l'espèce les constatations et descriptions de l'huissier instrumentaire,

1. Com. 14 déc. 2010, n° 09-72.946, *Bull. civ.* IV, n° 196; *Propr. industr.* 2011, comm. 22, note Raynard; *Propr. industr.* 2011, comm. 28, note Bouche; *Comm. com. électr.* 2011, comm. 19, note Caron; *Propr. intell.* avr. 2011, p. 247, obs. Warusfel – FAISANT APPLICATION DE CETTE SOLUTION : TGI Paris, 3e ch., 3e sect., 8 avr. 2011, RG n° 11/02062, *Jurinpi* B20110126.
2. POUR PLUS D'ARGUMENTS EN CE SENS : N. Bouche, note sous Com. 14 déc. 2010, n° 09-72.946, *Bull. civ.* IV, n° 196; *Propr. industr.* 2011, comm. 28.
3. Lyon, 1re ch. civ. A, 13 juill. 2011, RG n° 2009/02302, *Jurinpi* B20110123; *PIBD* 2012, n° 955, III, 84.

ont peut-être été menées en contemplation des revendications dans leur état initial, non encore limitées, elles ne sont pour autant que la relation d'une situation de fait réellement et dûment constatée par l'huissier que la modification ultérieure et même rétroactive du texte des revendications ne peut remettre en cause. Au pire, les constatations et descriptions de l'huissier instrumentaire réalisées en contemplation des revendications initiales perdront-elles en pertinence pour démontrer la contrefaçon du brevet ensuite rétroactivement limité mais cette limitation ne peut remettre en cause, à elle seule, la sincérité et l'exactitude des constatations et descriptions réalisées par l'huissier instrumentaire au jour des opérations de saisie-contrefaçon.

B.
Demande de brevet français

111.51 Avertissement : sursis à statuer sur l'action en contrefaçon fondée sur une demande de brevet. La loi permet de faire constater les atteintes portées à une demande de brevet, mais ces atteintes ne pourront pas être sanctionnées avant la délivrance du brevet. En effet, l'article L. 615-4, dernier alinéa, du code de la propriété intellectuelle impose au tribunal saisi d'une action en contrefaçon sur le fondement d'une demande de brevet de surseoir à statuer jusqu'à la délivrance du brevet.

111.52 Une demande publiée ou, à défaut, notifiée. Si la demande de brevet n'a pas encore été publiée par l'Institut national de la propriété industrielle au *Bulletin officiel de la propriété industrielle* (cette publication intervenant, selon les articles L. 612-21 et R. 612-39 du code de la propriété intellectuelle, dix-huit mois après le dépôt de la demande de brevet ou, le cas échéant, après la date de priorité, sauf requête du demandeur en vue d'une publication anticipée), les articles R. 615-2 et L. 615-4 du code de la propriété intellectuelle font obligation au titulaire de la demande de brevet de justifier, au soutien de sa requête aux fins de saisie-contrefaçon, avoir notifié une copie certifiée de sa demande de brevet aux tiers à l'encontre desquels il entend procéder à une saisie-contrefaçon[1] : l'obligation pour le titulaire d'une demande de brevet non publiée de procéder à la notification préalable d'une copie officielle de sa demande est considérée comme une formalité substantielle, touchant à l'existence du droit de saisir, dont la méconnaissance justifie l'annulation de l'ordonnance sans que le saisi ait à rapporter la preuve d'un grief[2].

1. TGI Paris, 28 juin 1983, *Dossiers Brevets* 1984, II, 5 – TGI Lille, 25 avr. 1984, *Dossiers Brevets* 1985, III, 2.

111.53 Préalable obligé à la notification d'une demande de brevet. Si le titulaire de la demande de brevet, usant de la faculté offerte par l'article L. 612-15 du code de la propriété intellectuelle, a sollicité le report de l'établissement du rapport de recherche, il doit, avant de procéder à la notification de la demande de brevet au présumé contrefacteur, renoncer à sa demande de report.

111.54 Forme et contenu de la notification. Une demande de brevet non publiée peut être notifiée par **acte d'huissier** mais également par **lettre recommandée avec accusé de réception**[3]. La remise d'une copie officieuse de la demande de brevet pouvant être considérée insuffisante[4], il convient de notifier une **copie officielle de la demande.** Il est inutile d'énoncer les revendications que le titulaire de la demande de brevet estime contrefaites. Une notification sous forme de mise en garde serait soumise aux règles habituelles de prudence, à peine d'être considérée comme un acte de concurrence déloyale.

111.55 Cas d'une demande de brevet modifiée après sa publication ou sa notification. L'article L. 615-4, alinéa 2 du code de la propriété intellectuelle dispose que, entre la date de la publication de la demande de brevet – ou de sa notification individuelle anticipée à l'initiative du titulaire – et la date de publication de la délivrance du brevet, « *le brevet n'est opposable que dans la mesure où les revendications n'ont pas été étendues après la première de ces dates* ». Cet article vise le cas d'une demande de brevet modifiée entre sa publication – ou sa notification individuelle – et sa délivrance : toute extension des revendications pendant cette période serait inopposable, sauf à ce que la demande modifiée soit elle-même notifiée à l'initiative de son titulaire[5]. Afin d'éviter toute discussion sur la question de savoir si les modifications constituent une extension ou non des revendications initiales[6], il est prudent de notifier toute demande modifiée avant de pratiquer une saisie-contrefaçon[7].

111.56 Conclusion sur les justificatifs à fournir pour une demande de brevet français. Les justificatifs à fournir pour une demande de brevet français sont donc :

2. Bordeaux, 1re ch., 27 mai 1998, *PIBD* 1998, n° 663, III, 508 – Paris, 4e ch. A, 25 avr. 2001, *Propr. industr.* 2002, comm. n° 41.
3. TGI Toulouse, 31 oct. 1996, *PIBD* 1997, n° 626, III, 90.
4. Paris, 4e ch. A, 12 déc. 1990, *Ann. propr. ind.* 1992. 61 – TGI Toulouse, 31 oct. 1996, préc.
5. Nancy, 28 déc. 1982, *Ann. propr. ind.* 1982. 237.
6. POUR DES EXEMPLES de discussions : Paris, 4e ch., 3 nov. 1993, *PIBD* 1994, n° 559, III, 45 – Com. 26 mars 1985, n° 83-12.290, *Bull. civ.* IV, n° 106 ; *PIBD* 1985, n° 375, III, 243.
7. TGI Paris, 3e ch., 2e sect., 6 avr. 2007, *PIBD* 2007, n° 855, III, 427.

– pour une demande de brevet **non publiée**, l'article R. 615-2 alinéa 2 du code de la propriété intellectuelle exige la production d'une **copie certifiée conforme de la demande**, ainsi que la preuve de la **notification individuelle** d'une copie officielle de cette demande, telle qu'elle est prévue par l'article L. 615-4 du code de la propriété intellectuelle. Il paraît également normal que le président saisi d'une requête aux fins de saisie-contrefaçon demande la preuve de ce que les conditions de l'article L. 612-15 du code de la propriété intellectuelle soient satisfaites, c'est-à-dire que le requérant n'ait pas sollicité un report de l'établissement du rapport de recherche ou ait renoncé à cette demande avant d'avoir notifié sa demande;

– pour une demande de brevet publiée, la Cour de cassation[1] a jugé que la production d'une **copie simple** était suffisante. Il reste cependant prudent de produire une **copie certifiée conforme** de la demande. Dans la mesure où le requérant peut se procurer un **extrait du registre national des brevets** dès la publication de sa demande de brevet, il paraît normal qu'il produise cet extrait au soutien de sa requête, afin de prouver qu'il est bien, à l'égard des tiers, le titulaire des droits qu'il invoque.

Dans les deux cas, il paraît également normal que le président auquel est soumis la requête exige la production d'un état de paiement des annuités, qui prouve le maintien en vigueur de la demande.

En cas d'urgence, par exemple, lorsqu'il s'agit de constater une contrefaçon par exposition dans une foire ou dans un salon professionnel, il n'est matériellement pas possible de se procurer en quelques jours des copies officielles des documents. Conscients de ces difficultés, de nombreux magistrats acceptent, en lieu et place, une attestation du conseil en propriété industrielle chargé de la surveillance du brevet, certifiant qu'il a régulièrement payé les annuités et qu'il n'a pas transcrit d'acte translatif de droit (ou qu'il a transcrit tel ou tel acte).

C.
Intérêt de vérifier si l'invention couverte par le brevet français – ou la demande de brevet français – est également couverte par un brevet européen – ou une demande de brevet européen – désignant la France

111.61 Cas de coexistence d'un titre français et d'un titre européen. Il est fréquent que le titulaire d'une demande de brevet français dépose une demande de brevet européen sous priorité de sa demande de brevet français.

111.62 Principe de la substitution du brevet européen au brevet français. Si le brevet européen désigne la France et s'il couvre la même invention que le brevet français, il est destiné à se substituer au brevet français qui « *cesse de produire ses effets soit à la date à laquelle le délai prévu pour la formation de l'opposition au brevet européen est expiré* (délai de 9 mois à compter de publication de la délivrance du brevet européen, selon l'article 99 (1) de la Convention sur le brevet européen) *sans qu'une opposition ait été formée, soit à la date à laquelle la procédure d'opposition est close, le brevet européen ayant été maintenu* » (CPI, art. L. 614-13).

Il a ainsi été jugé qu'une ordonnance, de même que la saisie-contrefaçon subséquente, était nulle car obtenue sur le fondement d'un brevet français ayant cessé de produire ses effets, le brevet européen correspondant ayant été délivré et le délai de 9 mois s'étant écoulé sans qu'aucune opposition n'ait été formée au jour de la présentation de la requête[2].

Ce mécanisme de substitution ne concerne que les parties communes au brevet français et au brevet européen, de sorte que, sous réserve du paiement de ses annuités, le brevet français peut continuer à produire effet pour ses parties non communes avec le brevet européen.

Par application de l'article L. 615-17 dernier alinéa du code de la propriété intellectuelle, le mécanisme instauré par l'article L. 614-13 joue de plein droit et automatiquement, indépendamment de toute initiative du breveté, et quand bien même ce dernier poursuivrait le paiement des annuités : « *La perte d'effet du brevet français à la date fixée par la loi [est] simplement constatée par le tribunal en application de l'article L. 615-17 dernier alinéa à l'occasion généralement d'un litige* »[3].

Cette même décision a également retenu que, à compter de la substitution du brevet européen au brevet français, ces deux brevets n'ont, par hypothèse, plus aucune partie commune, de sorte que l'article L. 614-14 alinéa 1 du code de la propriété intellectuelle (« *Une demande de brevet français ou un brevet français et une demande de brevet européen ou un brevet européen ayant la même date de dépôt ou la même date de priorité, couvrant la même invention et appartenant au même inventeur ou à son ayant cause, ne peuvent, pour les parties communes, faire l'objet indépendamment l'une de l'autre d'un transfert,*

1. Com. 16 juill. 1991, n° 89-20.521, *Bull. civ.* IV, n° 260; *Dossiers Brevets* 1992, III, 5.

2. TGI Paris, 3e ch., 5 mai 1999, *PIBD* 2000, n° 689, III, 6 – Paris, pôle 5, ch. 2, 2 juill. 2010, RG n° 09/01000.
3. TGI Paris, 3e ch., 27 mars 2002, RG n° 96/25285, *Jurinpi* B20020099.

gage, nantissement ou d'une concession de droits d'exploitation, à peine de nullité ») n'est plus applicable : « *L'interdiction édictée par l'article L. 614-14 [...] de céder indépendamment les parties communes des titres français et européen ne trouve donc à s'appliquer que pendant la période de cumul des titres* ».

111.63 Obligation de surseoir à statuer sur les demandes en contrefaçon fondées sur le brevet français. Si le breveté agit en contrefaçon sur le fondement du brevet français pendant que celui-ci est encore en vigueur, le tribunal sera contraint de surseoir à statuer sur ses demandes soit jusqu'à la date d'expiration du délai d'opposition à l'encontre du brevet européen, si aucune procédure d'opposition n'est engagée dans ce délai, soit jusqu'à une décision définitive de l'Office européen des brevets sur la validité et la teneur du brevet européen, sous réserve que le brevet européen soit maintenu. L'article L. 614-15 du code de la propriété intellectuelle prévoit en ce sens que : « *Le tribunal saisi d'une action en contrefaçon d'un brevet français qui couvre la même invention qu'un brevet européen demandé par le même inventeur ou délivré à celui-ci ou à son ayant cause avec la même date de priorité surseoit à statuer jusqu'à la date à laquelle le brevet français cesse de produire ses effets aux termes de l'article L. 614-13 ou jusqu'à la date à laquelle la demande de brevet européen est rejetée, retirée ou réputée retirée, ou le brevet européen révoqué. Si l'action en contrefaçon a été engagée sur la base du seul brevet français, le demandeur peut, à la reprise de l'instance, poursuivre celle-ci en substituant le brevet européen au brevet français pour les faits postérieurs à la date à laquelle le brevet français cesse de produire ses effets et pour les parties communes [...]* ».

111.64 Poursuite des procédures en contrefaçon en cas de renonciation à la partie française du brevet européen. Plusieurs décisions ont considéré que le demandeur en contrefaçon sur le fondement d'un brevet français dont l'action se trouve susceptible d'être paralysée jusqu'à l'issue de la procédure relative au brevet européen, par application de l'article L. 614-15 du code de la propriété intellectuelle, peut sortir de cette impasse en renonçant à la partie française de son brevet européen. Ainsi, le tribunal de grande instance de Paris, a-t-il décidé, le 21 décembre 1995 [1] : « *Rien n'interdit au breveté français de renoncer à la protection du titre européen, tant que le titre français est en vigueur. En conséquence, la renonciation à la partie française du brevet européen, par laquelle le breveté entend revendiquer, exclusivement, en France, la protection du titre français, opposable aux tiers depuis le 25 juillet 1994, est valable. L'issue de l'opposition au brevet européen n'étant plus de nature à avoir d'incidence sur le titre français, les dispositions de l'article L. 614-15 du code de la propriété intellectuelle ne trouvent plus à s'appliquer* ». Cette solution a également été appliquée dans une ordonnance d'interdiction provisoire du 23 mai 1997 du tribunal de grande instance de Paris [2] : « *Attendu que les demandeurs ont agi au fond sur la base du seul brevet français et non pas du brevet européen dont ils sont également titulaires; qu'il sera seulement indiqué que la délivrance de ce brevet qui s'applique au même agent d'hygiène en hémodialyse, a fait l'objet d'une opposition, devant la chambre des recours; que les raisons pour lesquelles (le breveté) a renoncé à la partie française de ce brevet européen sont indifférentes à la solution du litige* ». Enfin, un jugement du tribunal de grande instance de Paris du 13 octobre 2000 [3], rendu dans un cas identique, a décidé : « *Attendu qu'il suit que, la demanderesse ayant valablement renoncé à la partie française du brevet 0 508 909, délivré mais frappé d'opposition, et à la demande divisionnaire 0 924 299, le moyen de l'obligation de surseoir à statuer par application des dispositions impératives de l'article L. 614-15 du code de la propriété intellectuelle n'est pas fondé* ».

§ 3. Brevet européen et demande de brevet européen désignant la France

A. Brevet européen délivré

111.71 Avertissement : cas du brevet européen soumis à opposition; risque de sursis à statuer sur l'action en contrefaçon. L'article L. 614-15 du code de la propriété intellectuelle n'impose pas au tribunal de surseoir à statuer lorsque l'action en contrefaçon est engagée sur le fondement d'un brevet européen encore susceptible ou objet d'une procédure d'opposition devant l'Office européen des brevets (v. s[s] n° 111.63). Dans cette hypothèse, il appartient au tribunal d'apprécier s'il relève d'une bonne administration de la justice de surseoir à statuer sur l'action en contrefaçon jusqu'à l'expiration du délai imparti pour former opposition et, en cas d'opposition, jusqu'à une décision définitive de l'Office européen des brevets sur la validité et la teneur exacte du

1. TGI Paris, 3e ch., 21 déc. 1995, *PIBD* 1996, n° 609, III, 209.

2. TGI Paris, 3e ch., 23 mai 1997, *PIBD* 1997, n° 637, III, 430.
3. TGI Paris, 3e ch., 2e sect., 13 oct. 2000, RG n° 98/06779, *Jurinpi* B20000199 – AUSSI : TGI Paris, 3e ch., 2e sect., 28 janv. 2005, RG n° 02/07076 – TGI Paris, 3e ch., 1re sect., 3 mai 2006, RG n° 03/18792 – TGI Paris, 3e ch., 2e sect., ord. JME, 27 oct. 2006, RG n° 05/10830.

brevet. La jurisprudence s'est partagée; il existe en effet des décisions ayant décidé de surseoir à statuer[1] comme des décisions ayant rejeté la demande de sursis à statuer[2]. Il semblerait que la jurisprudence soit désormais moins favorable au sursis à statuer en l'attente de l'issue d'une procédure d'opposition pendante devant l'Office européen des brevets.

111.72 **Justificatifs à produire.** Quelle qu'en soit la langue de rédaction, le demandeur doit remettre une copie du brevet européen. Pour les mêmes raisons, *mutatis mutandis*, que pour la requête aux fins de saisie-contrefaçon fondée sur un brevet français délivré (v. s[s] n° 111.41), il est nécessaire de produire une copie certifiée conforme du brevet européen, mais aussi un état de paiement des annuités, un extrait du registre national des brevets et encore un extrait du registre européen des brevets. En effet, en matière de brevet européen, les articles L. 614-14 et L. 614-11 du code de la propriété intellectuelle imposent la production, outre d'un extrait du registre national des brevets, d'un extrait du registre européen des brevets. Enfin, si le brevet européen est rédigé dans une langue autre que le français et à la demande de la juridiction compétente, conformément à l'article L. 614-7 alinéa 2 du code de la propriété intellectuelle (modifié par la loi n° 2007-1544 du 29 octobre 2007 et l'entrée en vigueur, le 1er mai 2008, de l'Accord de Londres sur l'application de l'article 65 CBE), le demandeur devra fournir également, à ses frais, une traduction complète du brevet en français. En pratique, il est vivement recommandé, sauf urgence particulière, d'anticiper une telle demande de la juridiction com-

1. TGI Rennes, 23 juin 1986, *PIBD* 1988, n° 437, III, 303 : demande de sursis non contestée par le demandeur en contrefaçon – TGI Paris, 3e ch., 16 févr. 1989, *PIBD* 1989, n° 456, III, 288 – TGI Paris, 3e ch., 22 mars 1989, *PIBD* 1989, n° 460, III, 402 : « *Le bien-fondé de l'action en contrefaçon est lié à la validité du brevet européen [...] qui fait l'objet d'une opposition formée devant l'Office européen des brevets. Il convient en conséquence de surseoir à statuer jusqu'à décision définitive rendue par l'Office européen des brevets* » – TGI Paris, 3e ch., 20 avr. 1989, *PIBD* 1989, n° 462, III, 472 : demande de sursis non contestée par le demandeur – TGI Paris, 3e ch., 15 juin 1989, *PIBD* 1989, n° 465, III, 556 – TGI Paris, 3e ch., 28 sept. 1989, *PIBD* 1990, n° 470, III, 43 : demande de sursis non contestée par le demandeur en contrefaçon – TGI Paris, 3e ch., 18 avr. 1991, *PIBD* 1991, n° 509, III, 603 : « *Toute opposition est susceptible d'être déclarée fondée et d'entraîner la révocation d'un brevet ou une modification de ses revendications; [...] [le breveté] n'a fait aucune diligence pour accélérer la procédure d'opposition* » – TGI Paris, 3e ch., 19 déc. 1991, *PIBD* 1992, n° 523, III, 309 – TGI Paris, 3e ch., 2e sect., 1er avr. 1993, *RD propr. int.* 1993, n° 46, 28 : « *toute opposition est susceptible d'être déclarée fondée* » – TGI Paris, 3e ch., 25 mars 1994, *PIBD* 1994, n° 570, III, 374 – TGI Paris, 3e ch., 23 févr. 1995, *PIBD* 1995, n° 587, III, 243 : « *les brevets invoqués font l'objet d'une procédure d'opposition dont le tribunal, qui n'en est pas saisi, ne saurait préjuger du sort* »; CONFIRMÉ PAR : Paris, 4e ch., 17 mai 1995, *PIBD* 1995, n° 592, III, 343 – TGI Paris, 3e ch., 5 mai 1995, *PIBD* 1995, n° 595, III, 412 – TGI Paris, 3e ch., 1re sect., 2 févr. 2000, RG n° 99/129 – TGI Paris, 3e ch., 1re sect., 15 mars 2000, RG n° 97/8194 – TGI Paris, 3e ch., 1re sect., 24 mai 2000, RG n° 99/12351 – TGI Paris, 3e ch., 3e sect., 18 déc. 2001, RG n° 00/15670 – TGI Paris, 3e ch., 1re sect., 10 avr. 2002, RG n° 00/18718 – TGI Paris, 3e ch., 2e sect., 24 mai 2002, RG n° 00/13768 – TGI Paris, 3e ch., 3e sect., 11 févr. 2003, RG n° 00/15021, n° 00/15177 – TGI Paris, 3e ch., 3e sect., 17 févr. 2004, RG n° 01/18991 – TGI Paris, 3e ch., 3e sect., 18 mai 2004, RG n° 01/13132 – TGI Paris, 3e ch., 3e sect., 28 sept. 2004, RG n° 03/13125 – TGI Paris, 3e ch., 3e sect., 15 juin 2005, RG n° 04/04156 – TGI Paris, 3e ch., 3e sect., 1er févr. 2006, RG n° 05/05374 – TGI Paris, 3e ch., 3e sect., 22 févr. 2006, RG n° 05/05386 – TGI Paris, 3e ch., 1re sect., ord. JME, 28 mars 2006, RG n° 05/07396 – TGI Paris, 3e ch., 2e sect., 6 avr. 2006, RG n° 05/06892 – TGI Paris, 3e ch., 1re sect., ord. JME, 29 nov. 2006, RG n° 06/00626 – TGI Paris, 3e ch., 2e sect., 15 déc. 2006, RG n° 02/02019 – TGI Paris, 3e ch., 2e sect., 22 déc. 2006, RG n° 05/16785 – TGI Paris, 3e ch., 1re sect., 18 déc. 2007, RG n° 05/02003 – TGI Paris, 3e ch., 2e sect., 21 mars 2008, RG n° 07/07000 – TGI Paris, 3e ch., 3e sect., 2 avr. 2008, RG n° 07/09303 – TGI Paris, 3e ch., 3e sect., 16 avr. 2008, RG n° 06/18186 – TGI Paris, 3e ch., 3e sect., 9 juill. 2008, RG n° 07/12660 – TGI Paris, 3e ch., 3e sect., 3 sept. 2008, RG n° 07/16040 – TGI Paris, 3e ch., 2e sect., 13 févr. 2009, RG n° 07/07193 – TGI Paris, 3e ch., 2e sect., 13 févr. 2009, RG n° 08/13778 – TGI Paris, 3e ch., 2e sect., 13 févr. 2009, RG n° 07/07194 – TGI Paris, 3e ch., 2e sect., 13 févr. 2009, RG n° 07/09715 – TGI Paris, 3e ch., 3e sect., 18 mars 2011, RG n° 10/09902 – ► TGI Paris, 3e ch., 3e sect., 13 mai 2011, RG n° 10/02494 – TGI Paris, 3e ch., 1re sect., ord. JME, 31 mai 2011, RG n° 10/16632 – TGI Paris, 3e ch., 1re sect., ord. JME, 31 mai 2011, RG n° 10/16631 – TGI Paris, 3e ch., 4e sect., ord. JME, 8 sept. 2011, RG n° 11/00993 – TGI Paris, 3e ch., 4e sect., ord. JME, 8 sept. 2011, RG n° 09/16403.
2. TGI Paris, 3e ch., 17 déc. 1990, *PIBD* 1991, n° 501, III, 334 – TGI Paris, 3e ch., 10 juill. 1991, *PIBD* 1992, n° 515, III, 67 – TGI Paris, 3e ch., 28 avr. 1993, *PIBD* 1993, n° 550, III, 513 – TGI Paris, 3e ch., 2e sect., 12 mars 1997, *PIBD* 1997, n° 636, III, 391 – TGI Paris, 3e ch., 1re sect., 19 mars 1997, RG n° 95/20758, *Jurinpi* B19970052 – Paris, 4e ch., 14 janv. 2000, *PIBD* 2000, n° 699, III, 273 : « *il n'est pas démontré que l'opposition a de fortes chances d'aboutir à une révocation des revendications fondant l'action en contrefaçon* » – Paris, 4e ch., sect. B, 14 janv. 2000, RG n° 1999/19633 – TGI Paris, 3e ch., 1re sect., 19 avr. 2000, RG n° 99/09942 – TGI Paris, 3e ch., 1re sect., ord. JME, 18 sept. 2006, RG n° 04/02152 – TGI Paris, 3e ch., 4e sect., 14 mai 2009, RG n° 09/03665 – TGI Paris, 3e ch., 1re sect., 30 mars 2010, RG n° 06/04493 – TGI Paris, 3e ch., 1re sect., 6 avr. 2010, RG n° 09/04384 – TGI Paris, 3e ch., 1re sect., 8 juin 2010, RG n° 09/08871 – TGI Paris, 3e ch., 1re sect., 6 juill. 2010, RG n° 08/10439 – TGI Paris, 3e ch., 4e sect., 7 juill. 2011, RG n° 10/08993.

pétente et, sans attendre, de fournir avec la requête la traduction complète du brevet en français.

B.
Demande de brevet européen

111.81 Avertissement : sursis à statuer sur l'action en contrefaçon. L'article L. 615-4 du code de la propriété intellectuelle s'applique également à une demande de brevet européen désignant la France[1], en vertu de l'article L. 614-9 du code de la propriété intellectuelle qui renvoie expressément à cet article (v. s[s] n° 111.51).

111.82 Une demande publiée. L'article L. 614-9 du code de la propriété intellectuelle prévoit que les droits définis à l'article L. 615-5 peuvent être exercés dès la publication de la demande de brevet européen[2] conformément aux dispositions de l'article 93 de la Convention sur le brevet européen. Ces textes ne prévoient pas expressément la possibilité, pour le titulaire d'une demande de brevet européen non publiée, de procéder à une notification individuelle de sa demande au présumé contrefacteur. Il est à noter que, aux termes des articles 67 (1) et 64 (1) de la Convention sur le brevet européen, une demande européenne ne bénéficie du même régime qu'une demande nationale qu'à compter de sa publication en vertu de l'article 93 de la même Convention. Il existe donc un doute sur la question de savoir si le titulaire d'une demande européenne non publiée peut procéder à une saisie-contrefaçon après avoir procédé à une notification individuelle de sa demande. Le titulaire d'une demande européenne non publiée pourra, à tout le moins, solliciter une publication anticipée de sa demande, en vertu de l'article 93 (1b) de la Convention sur le brevet européen.

111.83 En cas de demande en langue étrangère, obligation de publication ou de notification préalable d'une traduction en langue française. Si la demande de brevet européen publiée n'est pas rédigée en français, l'article L. 614-9 alinéa 2 du code de la propriété intellectuelle subordonne la pratique d'une saisie-contrefaçon à la publication, par l'Institut national de la propriété industrielle, d'une traduction des revendications ou à la notification de cette traduction au présumé contrefacteur. Seuls les faits postérieurs à la date de cette publication ou notification sont considérés comme ayant porté atteinte aux droits attachés au brevet (CPI, art. L. 615-4) et peuvent justifier la requête aux fins de saisie-contrefaçon. L'article R. 614-11 du code de la propriété intellectuelle précise que la traduction des revendications en langue française exigée par l'article L. 614-9 est établie par le demandeur et doit être remise à l'Institut national de la propriété industrielle, accompagnée d'une réquisition de publication et, à peine d'irrecevabilité de la réquisition, de la justification du paiement de la redevance exigible (CPI, art. R. 614-11, al. 1 et 2). Une mention de la remise de la traduction des revendications doit être alors publiée au *Bulletin officiel de la propriété industrielle* dans le délai d'un mois à compter de la date à laquelle elle a été fournie. Cette mention comporte les indications nécessaires à l'identification de la demande de brevet (CPI, art. R. 614-11, al. 3). À compter du jour de la publication de cette mention, toute personne peut prendre connaissance gratuitement à l'Institut national de la propriété industrielle du texte de la traduction et en obtenir reproduction à ses frais (CPI, art. R. 614-11, al. 4). Il a été jugé que la remise à l'Institut national de la propriété industrielle d'une traduction gravement erronée (en l'occurrence, la traduction française de la description et des 49 revendications de la demande initiale, alors que le brevet européen délivré ne comportait que 15 revendications) ne satisfaisait pas à l'exigence de l'article précité L. 614-7 et qu'elle était insusceptible d'être corrigée par la remise d'une traduction révisée, au motif que la remise d'une traduction autre que celle du brevet délivré « *portant atteinte à la sécurité des tiers et ne leur permettrait pas de prendre utilement connaissance de la portée du brevet délivré* »[3].

111.84 Forme et contenu de la notification de la traduction en langue française. (V. s[s] n° 111.72.)

111.85 Opposabilité des extensions des revendications. Au cas où des modifications auraient été apportées aux revendications après la publication de la demande de brevet, une notification du texte modifié peut être nécessaire (CPI, art. L. 615-4; v. s[s] n° 111.55).

111.86 Justificatifs à produire. Le requérant doit produire, au soutien d'une requête aux fins de saisie-contrefaçon sur le fondement d'une demande de brevet européen, une copie de sa demande telle que publiée par l'Office européen des brevets et, si celle-ci est en langue étrangère, copie de la traduction des revendications en langue française dont la mention aura été publiée par l'Institut national de la propriété industrielle ou telle qu'il l'aura notifiée individuellement au présumé contrefacteur. Il sem-

1. PAR EXEMPLE : TGI Paris, 3e ch., 2e sect., 18 nov. 2011, RG n° 11/06308.
2. Paris, 4e ch., sect. B, 19 oct. 2007, *PIBD* 2007, n° 864, III, 715.
3. Paris, 4e ch., sect. B, 15 sept. 2000, *Ann. propr. ind.* 2001. 8.

ble également nécessaire que le requérant produise les justificatifs susceptibles d'établir la réalité et la date de la publication ou de la notification car seuls les faits postérieurs à la date de cette publication ou notification sont considérés comme ayant porté atteinte aux droits attachés au brevet (art. L. 615-4) et peuvent justifier la requête aux fins de saisie-contrefaçon. Pour les mêmes raisons, mutatis mutandis, que pour la requête aux fins de saisie-contrefaçon fondée sur un brevet français délivré (v. s[s] n° 111.41), il semble nécessaire, ou tout au moins prudent, de produire des copies certifiées conformes, mais aussi un état de paiement des annuités et encore un extrait du registre européen des brevets. Il est à noter que les inscriptions relatives à la demande de brevet européen figurent exclusivement sur le registre européen des brevets.

SOUS-SECTION 2

AUTRES TITRES DE PROPRIÉTÉ INDUSTRIELLE PROTÉGEANT LES INVENTIONS

111.91 Certificat complémentaire de protection et demande de certificat complémentaire de protection. L'article R. 615-2 du code de la propriété intellectuelle mentionne la saisie-contrefaçon fondée sur un certificat complémentaire de protection délivré ou une demande de certificat complémentaire de protection. Dans la mesure où l'article L. 615-5 du code de la propriété intellectuelle fait, selon l'article L. 611-2 du même code, partie des dispositions applicables au certificat complémentaire de protection, les règles énoncées pour les saisies-contrefaçon en matière de brevet restent, *mutatis mutandis*, valables. Sont ainsi couverts les certificats complémentaires de protection en matière de médicaments (CPI, art. L. 611-3), nés en application de la loi n° 90-510 du 25 juin 1990 ou en application du règlement (CE) n° 469/2009 du 6 mai 2009 qui est la version consolidée du règlement (CEE) n° 1768/92 du 18 juin 1992 qui s'est lui-même substitué à la loi française à compter du 2 janvier 1993, mais aussi les certificats complémentaires de protection en matière de produits phytopharmaceutiques, créés par le règlement (CE) n° 1610/96 du 23 juillet 1996, entré en vigueur le 8 février 1997.

111.92 Certificat d'utilité. Dans la mesure où l'article L. 615-5 du code de la propriété intellectuelle fait, selon l'article L. 611-2 du même code, partie des dispositions applicables au certificat d'utilité, les règles énoncées pour les saisies-contrefaçon en matière de brevet restent, *mutatis mutandis*, valables. De plus, l'article R. 615-2 du code de la propriété intellectuelle mentionne la saisie-contrefaçon fondée sur un certificat d'utilité délivré ou une demande de certificat d'utilité. Ce titre est habituellement dispensé de rapport de recherche. Cependant, en vertu de l'article L. 615-6 du code de la propriété intellectuelle, le demandeur en contrefaçon dont l'action est fondée sur une demande de certificat d'utilité doit solliciter l'établissement d'un rapport de recherche et le produire.

111.93 Certificat d'addition. Ce titre ayant été supprimé par la loi n° 90-1052 du 26 novembre 1990 relative à la propriété industrielle, il n'en reste plus en vigueur désormais. L'article L. 611-5 du code de la propriété intellectuelle énonce cependant toujours que l'exercice des droits résultant des certificats d'addition demandés avant l'entrée en vigueur de la loi du 26 novembre 1990 reste soumis aux dispositions du code de la propriété intellectuelle. L'article R. 615-2 prévoit encore expressément la saisie-contrefaçon fondée sur un certificat d'addition délivré ou une demande de certificat d'addition.

SECTION 2

CONDITIONS DE LA SAISIE-CONTREFAÇON EN MATIÈRE DE DROITS D'OBTENTION VÉGÉTALE

111.101 Présentation des deux titres ayant effet en France. Deux titres distincts produisent des effets en France. Il s'agit, en premier lieu, du certificat d'obtention végétale créé par la loi n° 70-489 du 11 juin 1970, codifiée sous les articles L. 623-1 et suivants du code de la propriété intellectuelle. Il s'agit, en second lieu, du certificat de protection communautaire des obtentions végétales[1] institué par le règlement (CE) n° 2100/94 du 27 juillet 1994[2].

111.102 Textes. La saisie-contrefaçon relativement aux certificats d'obtention végétale trouve son fondement essentiel dans les articles L. 623-27-1 et R. 623-51 à R. 623-54 du code de la propriété intellectuelle. L'article L. 623-27-1, selon une formule désormais commune (depuis l'uniformisation opérée par la loi du 29 octobre 2007) à tous les droits de propriété industrielle, énonce : « *La contrefaçon peut être prouvée par tous moyens. À cet effet, toute personne ayant qualité pour agir en contrefaçon est en droit de faire procéder en tout lieu et par tous huissiers,*

1. TERMINOLOGIE ISSUE de l'art. 54 du Règl. n° 1239/95 du 31 mai 1995 établissant les règles d'exécution du règlement (CE) n° 2100/94 du Conseil en ce qui concerne la procédure devant l'Office communautaire des variétés végétales.
2. Règl. (CE) n° 2100/94 du 27 juill. 1994 instituant un régime de protection communautaire des obtentions végétales, *JOCE* L 227 du 1er sept. 1994, p. 1-30.

assistés d'experts désignés par le demandeur, en vertu d'une ordonnance rendue sur requête par la juridiction civile compétente, soit à la description détaillée [...], soit à la saisie réelle [...] ». La saisie-contrefaçon relativement à la protection communautaire des obtentions végétales peut trouver son fondement (v. ss no 111.131) dans l'article 24 du règlement (CE) no 2100/94 du 27 juillet 1994.

111.103 **Plan.** Il convient d'examiner les particularités attachées à ces différents titres, pris à l'état de demande et après délivrance.

SOUS-SECTION 1
CERTIFICAT D'OBTENTION VÉGÉTALE FRANÇAIS ET DEMANDE DE CERTIFICAT

§ 1. Certificat d'obtention végétale français délivré

111.111 **Justificatifs à produire.** L'article R. 623-51 du code de la propriété intellectuelle dispose simplement que l'ordonnance est rendue sur présentation du certificat d'obtention végétale. Toutefois, il semble nécessaire (v. ss no 111.41), pour justifier encore du maintien du certificat d'obtention végétale et de l'opposabilité aux tiers du droit du requérant, de produire en outre :

– un extrait du registre des certificats d'obtention végétale (CPI, art. R. 623-29) lequel mentionne notamment la situation de paiement des annuités;

– un état des inscriptions au registre des certificats d'obtention végétale, lequel prend la forme, soit d'une reproduction des inscriptions complémentaires portées au registre, soit d'un certificat constatant qu'il n'existe pas d'inscription (CPI, art. R. 623-42).

§ 2. Demande de certificat d'obtention végétale français

111.121 **Justificatifs à produire.** L'article R. 623-51 du code de la propriété intellectuelle dispose que l'ordonnance est rendue sur simple présentation d'une copie conforme de la demande de certificat d'obtention végétale.

111.122 **Obligation de notifier la demande.** La procédure de délivrance d'un certificat d'obtention végétale est très différente de celle d'un brevet d'invention. Sous réserve d'une mise au secret de la demande de certificat d'obtention végétale par les services de défense nationale, la demande est publiée au *Bulletin officiel des obtentions végétales*. La délivrance du titre est également publiée. L'article L. 623-26 du code de la propriété intellectuelle dispose que les faits antérieurs à la publication de la délivrance du certificat ne peuvent être constatés et poursuivis qu'après la notification au responsable présumé d'une copie conforme de la demande de certificat. Cette obligation est souvent jugée excessive car elle ôte toute efficacité à la publication de la demande de certificat. D'autant plus que depuis la loi no 2011-1843 du 8 décembre 2011 relative aux certificats d'obtention végétale [1], l'article L. 623-14 a été modifié pour préciser expressément que « *les demandes de certificats d'obtention végétale* [...] *ne sont opposables aux tiers que* [si elles] *ont été régulièrement publiées* ». Faut-il en conclure, désormais, que la notification prévue dans la deuxième phrase de l'article L. 623-26 n'a d'intérêt que pour la période (extrêmement courte en pratique) qui s'écoule entre la demande de certificat et la publication de cette demande ?

111.123 **Forme et contenu de la notification.** À cet égard, il n'existe aucune spécificité en matière d'obtention végétale. Les explications données sur ce point en matière de brevet d'invention doivent donc trouver application (v. ss no 111.54).

111.124 **Sursis à statuer non obligatoire.** Contrairement au droit des brevets d'invention, la loi n'oblige pas le tribunal à surseoir à statuer dans l'attente de la délivrance du certificat d'obtention végétale. Mais la délivrance du certificat d'obtention végétale dépend pour une grande partie de considérations purement techniques très complexes (distinction, homogénéité et stabilité de la variété) qui nécessitent des investigations longues et poussées (mise en culture sur plusieurs cycles végétatifs d'un nombre suffisant de spécimens de la variété, détermination de la « *distance variétale* »). En pratique, lorsqu'il s'élèvera une discussion sérieuse sur la validité du titre en instance, la juridiction, usant de ses pouvoirs généraux, pourra décider de surseoir à statuer dans l'attente de la délivrance du certificat d'obtention végétale.

SOUS-SECTION 2
CERTIFICAT DE PROTECTION COMMUNAUTAIRE DES OBTENTIONS VÉGÉTALES ET DEMANDE DE PROTECTION

111.131 **Possibilité de réaliser une saisie-contrefaçon en France sur le fondement d'un titre communautaire.** Le certificat de protection com-

1. L. no 2011-1843, 8 déc. 2011 relative aux certificats d'obtention végétale, *JO* 10 déc. 2011.

munautaire d'obtention végétale est un titre unitaire valable dans tous les États de l'Union européenne. Le règlement communautaire n° 2100/94 qui institue le régime de protection communautaire des obtentions végétales ne contient aucune disposition spécifique relative à la saisie-contrefaçon. Le code de la propriété intellectuelle ne contient, lui non plus, aucune disposition spécifique à la réalisation d'une saisie-contrefaçon en vertu de ce titre communautaire. Et il semble d'ailleurs regrettable que le législateur français n'ait pas profité de l'occasion procurée par la réforme du 29 octobre 2007 pour introduire dans le code de la propriété intellectuelle une simple disposition qui étende clairement la saisie-contrefaçon en matière de certificat français d'obtention végétale à la protection communautaire des obtentions végétales – alors pourtant que le nouvel article L. 522-1, tel qu'issu de la loi du 29 octobre 2007, opère bien cette extension en matière de dessins et modèles.

Ceci étant, l'article 24 du règlement communautaire dispose que : « *Une protection communautaire des obtentions végétales peut faire l'objet de mesures d'exécution forcée et faire l'objet de mesures provisoires et conservatoires au sens de l'article 24 de la convention concernant la compétence judiciaire et l'exécution des décisions en matières civile et commerciale, signée à Lugano, le 16 septembre 1988, ci-après dénommée "convention de Lugano"* ». En outre, l'article 103 du même règlement tend, par principe, à étendre à la protection communautaire des obtentions végétales les règles de procédure nationales que chaque État membre met en place pour la protection de ses propres titres nationaux d'obtentions végétales. Également, l'article 107 du règlement, en ce qu'il invite les États membres à prendre « *toutes les mesures nécessaires pour veiller à ce que les dispositions visant à sanctionner les cas de contrefaçon des droits nationaux soient applicables également aux cas de contrefaçon d'une protection communautaire des obtentions végétales* », pourrait être lu largement comme bénéficiant à tous les mécanismes, y compris le mécanisme probatoire de la saisie-contrefaçon, qui contribuent indubitablement à la sanction de la contrefaçon. Une saisie-contrefaçon devrait donc pouvoir être réalisée en vertu d'un titre communautaire, non seulement pour les besoins d'une action en contrefaçon ultérieurement menée devant une juridiction française mais également, le cas échéant, pour les besoins d'une action menée devant une juridiction d'un autre État membre de l'Union européenne (v. s[s] n° 321.12). Cette saisie serait alors réalisée selon les règles de procédure française, sauf dispositions spécifiques prévues dans le règlement communautaire et notamment l'article 104 du règlement n° 2100/94 qui définit les personnes habilitées à exercer l'action en contrefaçon de la protection communautaire des obtentions végétales et donc, selon le principe commun désormais consacré en droit français depuis la loi du 29 octobre 2007, ayant qualité pour présenter une requête aux fins de saisie-contrefaçon de l'article L. 623-27-1.

§ 1. Certificat de protection communautaire des obtentions végétales

111.141 Justificatifs à produire. La saisie-contrefaçon obéit aux règles du droit français. La saisie pourra donc être ordonnée uniquement sur présentation du certificat de protection communautaire d'obtention végétale, sous la forme originale ou d'une copie certifiée conforme par l'Office communautaire des variétés végétales. Des extraits du registre de protection communautaire des obtentions végétales pourront également être produits (règl. n° 1239/95 du 31 mai 1995, art. 82). Il convient par ailleurs de signaler que le règlement communautaire ne prévoit pas la délivrance d'un état de paiement des annuités. Le service comptable de l'Office communautaire des variétés végétales accepte cependant de délivrer des attestations de paiement des taxes annuelles.

111.142 Traduction du titre communautaire. Le certificat de protection communautaire est délivré dans la ou les langue(s) officielle(s) des Communautés choisie(s) par le titulaire, lors du dépôt de la demande de certificat de protection communautaire. Aucune traduction dans les autres langues n'est exigée au moment de la délivrance du titre. En conséquence, lorsque le certificat de protection communautaire n'aura pas été délivré en français, il appartiendra au demandeur d'en faire réaliser une traduction avant de l'invoquer devant les juridictions françaises.

111.143 Hypothèse du certificat de protection communautaire des obtentions végétales soumis à une procédure en annulation ou en déchéance. Lorsque l'action en contrefaçon est engagée sur le fondement d'un certificat de protection communautaire des obtentions végétales qui fait l'objet d'une procédure en annulation ou en déchéance (procédure qui relève de la compétence exclusive de l'Office communautaire des variétés végétales), la juridiction nationale pourra surseoir à statuer dans l'attente de la décision de l'Office (règl. n° 2100/94 du 27 juillet 1994, art. 106 § 2). Le sursis n'est pas obligatoire, il s'agit d'une décision laissée à la discrétion des juridictions nationales.

§ 2. Demande de certificat de protection communautaire des obtentions végétales

111.151 Justificatifs à produire. L'article R. 623-51 du code de la propriété intellectuelle dispose que l'ordonnance est rendue sur simple présentation d'une copie conforme de la demande de certificat d'obtention végétale. En conséquence, lorsque la saisie est fondée sur une demande de certificat de protection communautaire des obtentions végétales, il conviendra de présenter le document officiel attestant de la demande de certificat.

111.152 Notification de la demande de certificat de protection communautaire. L'article 95 du règlement communautaire du 27 juillet 1994 dispose que : « *Le titulaire peut exiger une rémunération équitable de la part de toute personne ayant accompli, pendant la période comprise entre la publication de la demande de protection communautaire des obtentions végétales et l'octroi de ladite protection, un acte qui lui aurait été interdit après ladite période au titre de la protection communautaire* ».

Ce texte ne fait donc pas obligation de notifier la demande de protection. Cette notification est cependant recommandée car elle permet d'obtenir une meilleure indemnisation du préjudice. En effet, l'article 95 du règlement précité ne permet que la condamnation du contrefacteur à payer une rémunération équitable, c'est-à-dire une redevance, et non la réparation de l'entier préjudice subi par le titulaire. Pour obtenir réparation du préjudice, il est en effet nécessaire de démontrer que le contrefacteur a agi de propos délibéré ou par négligence. C'est pour faciliter la démonstration de la connaissance de cause que la notification préalable se justifie.

111.153 Sursis à statuer non obligatoire. Le règlement communautaire ne contient aucune disposition spécifique au sursis à statuer. Le droit français ne rendant pas ce sursis obligatoire, la décision est laissée à la discrétion du tribunal.

SOUS-SECTION 3 CUMUL DE TITRES FRANÇAIS ET COMMUNAUTAIRE D'OBTENTION VÉGÉTALE

111.161 Énoncé du problème. Le titre communautaire prime sur les titres nationaux portant sur une même variété. Mais les rapports entre le titre communautaire et le titre national diffèrent selon que le titre national a été délivré avant le titre communautaire ou après. En effet, lorsque le titre national a été délivré avant le titre communautaire, son efficacité est suspendue aussi longtemps que le titre communautaire est maintenu en vigueur. En revanche, lorsque le titre national est délivré après le titre communautaire, il est dépourvu d'effet. Ce mécanisme a des conséquences sur le choix du titre à invoquer au soutien de la saisie-contrefaçon.

111.162 Hypothèse du titre national délivré avant le titre communautaire. Lorsque le certificat de protection communautaire n'a pas encore été délivré, il est théoriquement possible de procéder à la saisie-contrefaçon sur le fondement du titre français délivré ou d'une demande de titre français ou de la demande de certificat de protection communautaire. Comme indiqué précédemment, l'article 92 alinéa 2 du règlement du 27 juillet 1994 dispose que, à compter de l'octroi de la protection communautaire, les droits conférés par le titre national ne peuvent plus être invoqués. Donc, une fois la protection communautaire octroyée, la saisie-contrefaçon ne peut plus être sollicitée que sur le fondement de cette protection communautaire et non plus du titre national. Aucune disposition spécifique ne prévoit toutefois la possibilité de poursuivre, sur le fondement de la contrefaçon du titre communautaire à compter de sa délivrance, une instance qui aurait été engagée sur le fondement d'un titre national. Pour éviter toute difficulté, il est donc préférable de faire procéder à la saisie-contrefaçon, puis d'engager l'action en contrefaçon sur le fondement des deux titres en mentionnant que les droits découlant du titre national ne seront plus invoqués à compter de la délivrance du titre communautaire.

111.163 Hypothèse du titre national délivré après le titre communautaire. L'article 92 alinéa 1 du règlement communautaire dispose que « *toute variété faisant l'objet d'une protection communautaire des obtentions végétales ne peut faire l'objet d'une protection nationale des variétés végétales ni d'un brevet. Tout droit accordé contrairement à cette disposition est dépourvu d'effet* ». C'est la raison pour laquelle, dans cette hypothèse, la saisie-contrefaçon et l'action en contrefaçon ne pourront être engagées que sur le seul fondement du titre communautaire.

SECTION 3 CONDITIONS DE LA SAISIE-CONTREFAÇON EN MATIÈRE DE MARQUES

111.171 Présentation des deux titres ayant effet en France. Deux titres distincts produisent, en matière de marques, des effets en France. Il s'agit, en premier lieu, de la marque française (qu'elle soit issue d'une demande française ou d'une demande dite « *internationale* ») ; il s'agit encore de la marque communautaire régie par le règlement (CE) n° 207/2009 du 26 février 2009[1].

111.172 Plan. Il convient d'examiner les conditions particulières de la saisie-contrefaçon en matière de marques, en fonction de chacun de ces titres.

SOUS-SECTION 1
DEMANDE D'ENREGISTREMENT OU ENREGISTREMENT D'UNE MARQUE FRANÇAISE

111.181 Textes. L'article L. 716-7 du code de la propriété intellectuelle, selon une formule désormais commune (depuis l'uniformisation opérée par la loi du 29 octobre 2007) à tous les droits de propriété industrielle, énonce : « *La contrefaçon peut être prouvée par tous moyens. À cet effet, toute personne ayant qualité pour agir en contrefaçon est en droit de faire procéder en tout lieu et par tous huissiers, assistés d'experts désignés par le demandeur, en vertu d'une ordonnance rendue sur requête par la juridiction civile compétente, soit à la description détaillée [...], soit à la saisie réelle [...]* ».

111.182 Titres exigés. Contrairement à l'ancien article L. 716-7 du code de la propriété intellectuelle, le nouvel article L. 716-7 dans sa formulation résultant de la loi du 29 octobre 2007 n'indique pas expressément si la saisie-contrefaçon peut être demandée et obtenue sur le fondement :

– d'une marque française enregistrée, ou

– d'une simple demande d'enregistrement de marque.

En revanche, le nouvel article L. 716-7 donne implicitement la réponse à cette question en réservant la voie de la saisie-contrefaçon à « *toute personne ayant qualité pour agir en contrefaçon* ». Il convient alors de se tourner vers l'article L. 716-5 qui reconnaît explicitement à diverses personnes la qualité pour agir en contrefaçon sur le fondement d'une marque enregistrée mais aussi et surtout vers l'article L. 716-2 qui explique que, à certaines conditions, les faits contemporains d'une simple demande d'enregistrement de marque peuvent être des actes de contrefaçon, qui peuvent être constatés et poursuivis en tant que tels, et qui fonde ainsi la qualité à agir en contrefaçon du titulaire d'une simple demande d'enregistrement de marque.

111.183 Cas de la simple demande d'enregistrement. La saisie-contrefaçon constitue une phase préliminaire à l'action en contrefaçon. De ce fait, les conditions nécessaires à l'engagement de l'instance en contrefaçon sont transposables à celle présidant à l'autorisation de la saisie. Ceci est désormais explicitement confirmé par l'article L. 716-7 – et plus généralement par toutes les dispositions relatives à la saisie-contrefaçon en propriété industrielle – qui réserve la voie de la saisie-contrefaçon à « *toute personne ayant qualité pour agir en contrefaçon* ». Aussi, l'article L. 716-2 du code de la propriété intellectuelle, prévoyant que les faits antérieurs à la publication de la demande d'enregistrement ne peuvent être considérés comme portant atteinte à la marque, sauf notification au présumé contrefacteur, amène à considérer que la saisie-contrefaçon peut être autorisée et diligentée sur la base d'une demande d'enregistrement sous réserve :

– de sa notification au présumé contrefacteur, ou

– de la publication de la demande d'enregistrement.

La jurisprudence considère qu'à défaut de respecter l'une ou l'autre de ces conditions, non seulement l'action en contrefaçon est infondée puisque les faits sont réputés ne pas porter atteinte à la marque, mais encore que la saisie-contrefaçon est nulle[2].

111.184 Modalités de la notification de la demande d'enregistrement. Les modalités de la notification de la demande d'enregistrement de marque ne sont pas expressément prévues par les textes. Aucune forme sacramentelle n'est donc exigée. Il s'agit cependant de bien notifier au présumé contrefacteur la demande d'enregistrement de marque, c'est-à-dire de faire en sorte qu'une copie effective de la demande d'enregistrement soit remise au présumé contrefacteur. La simple information du présumé contrefacteur de l'existence d'une demande d'enregistrement de marque est insuffisante, même par télex[3]. La forme la plus courante consiste donc à adresser au présumé contrefacteur un pli recommandé avec accusé de réception comportant copie de la demande d'enregistrement ou à faire signifier, par huissier, ladite demande d'enregistrement.

111.185 Justificatifs à produire. Dans l'hypothèse d'une marque enregistrée, le demandeur à la saisie-contrefaçon devra fournir un certificat d'identité récent de la marque délivré par l'Institut national de la propriété industrielle. Et, comme pour les autres titres de propriété industrielle, il sera prudent de présenter en sus un état des inscriptions portées au registre national des marques. Cet état figure d'ailleurs aujourd'hui sur le certificat d'identité de la marque que délivre l'Institut national de la

1. Règl. (CE) n° 207/2009 du 26 févr. 2009 sur la marque communautaire, *JOUE* L 78 du 24 mars 2009, p. 1-42 qui codifie et abroge le précédent règl. (CE) n° 40/94 du 20 déc. 1993 sur la marque communautaire, *JOCE* L 11 du 14 janv. 1994, p. 1-36.

2. Colmar, 13 mai 1994, *Ann. propr. ind.* 1995. 275 – TGI Lille, 16 juin 1994, *PIBD* 1994, n° 575, III, 513.

3. Paris, 7 avr. 1987, *RD propr. ind.* 1987, 147.

propriété industrielle. En cas de simple demande d'enregistrement, le demandeur à la saisie produira le récépissé de sa demande d'enregistrement et une copie de la publication au *Bulletin officiel de la propriété industrielle* (*BOPI*) de ladite demande ou, si celle-ci n'est pas encore publiée, le document prouvant la notification au présumé contrefacteur.

SOUS-SECTION 2
ENREGISTREMENT INTERNATIONAL DE MARQUES

111.191 Saisie-contrefaçon opérée sur le fondement d'un enregistrement international de marques. La procédure dite d'enregistrement international d'une marque - en application notamment de l'Arrangement de Madrid du 14 avril 1891 concernant l'enregistrement international des marques - consiste en réalité, au moyen d'une demande unique opérée auprès de l'Organisation mondiale de la propriété intellectuelle (OMPI) et d'une procédure d'enregistrement unique, à obtenir une série de marques nationales. Dès lors, la saisie-contrefaçon de l'article L. 716-7 du code de la propriété intellectuelle peut être mise en œuvre sur la base de la partie française d'une marque enregistrée internationalement, et ce dans les mêmes conditions que sur la base d'une marque française.

111.192 Justificatifs à produire. Le requérant produira le certificat d'enregistrement de la marque internationale adressé au titulaire par le Bureau international de l'OMPI (v. Règlement d'exécution commun à l'Arrangement de Madrid concernant l'enregistrement international des marques et au protocole relatif à cet Arrangement, règle 14). Comme pour les autres titres de propriété industrielle, il sera prudent de présenter en sus une copie des mentions inscrites dans le registre international relativement à la marque concernée, copie délivrée par le Bureau international à toute personne qui en fait la demande et moyennant l'acquittement d'une taxe (v. Arrangement de Madrid du 14 avril 1891, art. 5 *ter*). En cas de simple demande, il conviendra de produire une copie de la publication au bulletin de l'OMPI « Les marques internationales » ou le document prouvant la notification au présumé contrefacteur.

SOUS-SECTION 3
MARQUE COMMUNAUTAIRE

111.201 Marque communautaire. Le règlement communautaire n° 40/94 du 20 décembre 1993 [1] a instauré la marque communautaire; ce règlement initial ayant été modifié à de nombreuses reprises, le Conseil de l'Union européenne a éprouvé le besoin, dans un souci de clarté, de l'abroger pour le remplacer par un nouveau règlement (CE) n° 207/2009 du 26 février 2009 sur la marque communautaire [2], qui n'est qu'une « *version codifiée* » c'est-à-dire une version consolidée, à jour des différentes modifications. La marque communautaire constitue un titre unitaire ayant les mêmes effets dans l'ensemble de l'Union européenne. La marque communautaire est déposée auprès de l'Office de l'harmonisation dans le marché intérieur (OHMI) dont le siège est à Alicante, en Espagne. L'OHMI est chargé de la réception des demandes d'enregistrement, de la procédure d'examen et de la délivrance de la marque communautaire.

111.202 Saisie-contrefaçon sur le fondement d'une marque communautaire. Il est possible d'obtenir l'autorisation de faire procéder à une saisie-contrefaçon pour constater la contrefaçon d'une marque communautaire, sur le fondement de l'article L. 716-7 du code de la propriété intellectuelle, non seulement pour les besoins d'une action en contrefaçon ultérieurement menée devant une juridiction française mais également, le cas échéant, pour les besoins d'une action menée devant une juridiction d'un autre État membre de l'Union européenne (v. s^{s} n° 321.12).

Comme l'a expliqué un jugement du tribunal de grande instance de Paris du 31 octobre 2007, il est possible de s'appuyer pour ce faire sur l'article 99 du règlement du 20 décembre 1993 (actuel art. 103 du règlement (CE) n° 207/2009 du 26 février 2009) qui énonce que les mesures provisoires et conservatoires prévues par la loi d'un État membre à propos d'une marque nationale peuvent être également requises sur le fondement d'une marque communautaire.

Par la même occasion, le tribunal de grande instance de Paris a indiqué que le tribunal des marques communautaires ne tenait pas de l'article 99 du règlement (actuel art. 103) une compétence exclusive et qu'en conséquence la saisie-contrefaçon pouvait également « *être demandée au président de n'importe quel tribunal national territorialement compétent* » [3]. En effet, l'article 99 énonce que les mesures provisoires et conservatoires peuvent être demandées, à propos d'une marque communautaire ou d'une demande de marque communautaire, « *aux autorités judiciaires, y compris aux tribunaux des marques communautaires, de cet État* ». Ce

1. Règl. (CE) n° 40/94 du 20 déc. 1993 sur la marque communautaire, *JOCE* L 11 du 14 janv. 1994, p. 1-36.
2. Règl. (CE) n° 207/2009 du 26 févr. 2009 sur la marque communautaire, *JOUE* L 78 du 24 mars 2009, p. 1-42.
3. TGI Paris, 3e ch., 3e sect., 31 oct. 2007, *PIBD* 2008, n° 865, III, 12.

n'est toutefois plus le cas depuis le décret n° 2008-624 du 27 juin 2008 qui a créé l'article R. 716-2 du code de la propriété intellectuelle selon lequel la saisie-contrefaçon « *est ordonnée par le président du tribunal de grande instance compétent pour connaître du fond* ». Or le tribunal de grande instance compétent pour connaître des actions en matière de marques communautaire est exclusivement celui de Paris, comme l'indique désormais l'article R. 211-7 du code de l'organisation judiciaire [1].

Cette analyse de la saisie-contrefaçon comme mesure provisoire ou conservatoire est confirmée, d'une part, par l'article 50 de l'Accord ADPIC et, d'autre part, par l'article 7 de la directive n° 2004/48 qui a été transposée dans la loi du 29 octobre 2007 de lutte contre la contrefaçon.

L'article 50 de l'Accord ADPIC constitue à lui seul la section III intitulée « Mesures provisoires » et énonce que « *1. Les autorités judiciaires seront habilitées à ordonner l'adoption de mesures provisoires rapides et efficaces : a) pour empêcher qu'un acte portant atteinte à un droit de propriété intellectuelle ne soit commis et, en particulier, pour empêcher l'introduction, dans les circuits commerciaux relevant de leur compétence, de marchandises, y compris des marchandises importées immédiatement après leur dédouanement; b) pour sauvegarder les éléments de preuve pertinents relatifs à cette atteinte alléguée* ». La saisie-contrefaçon qui est bien une mesure destinée à sauvegarder les éléments de preuve pertinents relatifs à la contrefaçon alléguée rentre donc bien, en ce sens, dans la notion des mesures provisoires de l'article 50.

La directive n° 2004/48 commence par rappeler dans ses quatrième et cinquième considérants sa fidélité aux règles de l'Accord ADPIC : « *sur le plan international, tous les États membres ainsi que la Communauté elle-même, pour les questions relevant de sa compétence, sont liés par l'accord sur les aspects des droits de propriété intellectuelle qui touchent au commerce ("accord sur les ADPIC"), approuvé, dans le cadre des négociations multilatérales du cycle de l'Uruguay, par la décision 94/800/CE du Conseil et conclu dans le cadre de l'Organisation mondiale du commerce* »; « *L'accord sur les ADPIC contient notamment des dispositions relatives aux moyens de faire respecter les droits de propriété intellectuelle, qui constituent des normes communes applicables sur le plan international et mises en œuvre dans tous les États membres. La présente directive ne devrait pas affecter les obligations internationales des États membres y compris celles résultant de l'accord sur les ADPIC* ». Aussi, alors qu'une première lecture des dispositions de la directive inquiète, puisque la saisie-contrefaçon rentre dans les « *mesures de conservation des preuves* » de l'article 7 qui sont bien distinctes des « *mesures provisoires et conservatoires* » de l'article 9, une lecture plus attentive de l'article 7 rassure, puisque les mesures de conservation des preuves y sont décrites, en écho au texte de l'article 50 de l'Accord ADPIC, comme la possibilité donnée au juge « *d'ordonner des mesures provisoires rapides et efficaces pour conserver les éléments de preuve pertinents* ». Il est donc possible d'en conclure que la directive n° 2004/48 a bien envisagé, en conformité avec l'article 50 de l'Accord ADPIC dont elle reprend la formule presque mot pour mot, les mesures de conservation des preuves, telles que la saisie-contrefaçon française, comme des mesures provisoires [2]. Et puisque, selon la formule désormais consacrée par les diverses dispositions du code de la propriété intellectuelle relatives à la saisie-contrefaçon, cette mesure est à la disposition de toute personne ayant qualité pour agir en contrefaçon, il faudra encore se référer à l'article 22 § 3 dans lequel le règlement communautaire définit ces personnes.

En pratique, il conviendra de présenter à la juridiction un justificatif de l'enregistrement, du maintien, de la titularité et de l'opposabilité de la marque communautaire sous la forme d'un extrait certifié conforme du registre des marques communautaires délivré par l'Office (v. règle 84 § 2 et § 6 Règlement (CE) n° 2868/95 du 13 décembre 1995 portant modalités d'application du règlement (CE) n° 40/94) ou un justificatif de son dépôt avec preuve de la publication ou de la notification.

SECTION 4
CONDITIONS DE LA SAISIE-CONTREFAÇON EN MATIÈRE DE DESSINS ET MODÈLES DÉPOSÉS

111.211 **Plan.** La saisie-contrefaçon en matière de dessins ou modèles déposés trouve son fonde-

1. TGI Paris, 3e ch., 3e sect., 10 juin 2009, RG n° 08/01051.

2. L'interprétation donnée par la CJCE à la notion de « *mesures provisoires ou conservatoires* » au sens de l'article 24 de la convention de Bruxelles (actuel art. 31 du Règlement Bruxelles, I), dans le contexte très particulier de la compétence judiciaire internationale, n'est pas à prendre en compte ici car l'article 24 est une règle de compétence exceptionnelle, dérogatoire à la règle de compétence de principe (elle peut donner compétence à une juridiction qui n'est pas celle compétente pour connaître le fond du litige), dont il convient de retenir une interprétation « *restrictive* » (sic); ce qui explique qu'une procédure néerlandaise d'audition de témoins, pourtant proche de la saisie-contrefaçon, ait pu être rejetée de la notion de « *mesures provisoires ou conservatoires* » ainsi entendue, dans le contexte particulier de l'article 24 de la convention de Bruxelles : CJCE 28 avr. 2005, *St. Paul Dairy Industries*, C-104/03, *RJ com.* 2005. 500, obs. Raynouard; *Rev. crit. DIP* 2006. 193, note Pataut; *D.* 2006. 1502, obs. Jault-Seseke.

ment essentiel dans l'article L. 521-4 du code de la propriété intellectuelle qui, selon une formule désormais commune (depuis l'uniformisation opérée par la loi du 29 octobre 2007) à tous les droits de propriété industrielle, énonce : « *La contrefaçon peut être prouvée par tous moyens. À cet effet, toute personne ayant qualité pour agir en contrefaçon est en droit de faire procéder en tout lieu et par tous huissiers, assistés d'experts désignés par le demandeur, en vertu d'une ordonnance rendue sur requête par la juridiction civile compétente, soit à la description détaillée [...], soit à la saisie réelle [...]* ». La saisie-contrefaçon est ainsi à la disposition du titulaire d'un dessin ou modèle déposé en France et publié, voire simplement déposé. La saisie-contrefaçon est également ouverte au titulaire d'un titre international ayant effet en France, ou d'un dessin ou modèle communautaire.

SOUS-SECTION 1

MODÈLE DÉPOSÉ EN FRANCE

111.221 Nécessité d'un dépôt. L'article L. 511-9 du code de la propriété intellectuelle réserve le bénéfice des dispositions du Livre V de ce code aux seuls dessins et modèles régulièrement déposés. Il s'ensuit que la contrefaçon présumée d'un dessin ou d'un modèle n'ayant pas fait l'objet d'un dépôt ne peut pas être constatée suivant la procédure de saisie-contrefaçon organisée par l'article L. 521-4 du code de la propriété intellectuelle. La sanction est la nullité de la saisie-contrefaçon qui aurait été pratiquée en visant uniquement un modèle non déposé[1]. Aussi, si le dessin ou le modèle contrefait n'a pas fait l'objet d'un dépôt, seule la saisie-contrefaçon en matière de propriété littéraire et artistique pourra être mise en œuvre (livre 1 : la saisie-contrefaçon en matière de propriété littéraire et artistique; titres 21 et 22).

111.222 Dessin ou modèle déposé, publié et en vigueur. La saisie-contrefaçon prévue par l'article L. 521-4 du code de la propriété intellectuelle est ouverte à « *toute personne ayant qualité pour agir en contrefaçon* », c'est-à-dire, au premier chef, au titulaire d'un dessin ou d'un modèle déposé et publié. Encore faut-il que le dessin ou le modèle revendiqué bénéficie toujours de la protection des dessins et modèles. L'article L. 513-1 du code de la propriété intellectuelle précise à cet égard que la durée de la protection est de 5 ans à compter de la date de dépôt. Elle peut être prorogée sur déclarations du titulaire, par périodes de 5 ans, jusqu'à un maximum de 25 ans. Une fois la durée de protection expirée, seule une saisie-contrefaçon en matière de propriété littéraire et artistique pourra être sollicitée, sur le fondement du droit d'auteur et ce jusqu'à l'expiration de ce droit (en principe, 70 ans à compter du décès de l'auteur ou de la publication de l'œuvre collective, anonyme ou pseudonyme). Sous le régime précédent, fixée par la loi du 26 novembre 1990, la durée de protection initiale était de 25 ans et pouvait être prorogée de 25 ans, conduisant donc à une durée maximum de 50 ans. Sous l'ancien régime issu de la loi du 14 juillet 1909, la durée maximum de protection était également de 50 ans à partir de la date du dépôt, mais décomptée en une première période de 5 ans pouvant être prorogée une première fois pendant 20 ans, et une seconde fois pendant 25 ans (loi du 14 juillet 1909, art. 7).

111.223 Dessin ou modèle déposé mais non publié : nécessité d'une notification au prétendu contrefacteur. L'article L. 521-1 alinéa 3 du code de la propriété intellectuelle indique que commet une contrefaçon, par exception, celui dont les actes sont antérieurs à la publication de l'enregistrement mais postérieurs à la date à laquelle le déposant lui a notifié la demande d'enregistrement. Dès lors, l'article L. 521-4, en réservant la saisie-contrefaçon à « *toute personne ayant qualité pour agir en contrefaçon* », autorise expressément le recours à la saisie-contrefaçon même avant la publicité du dépôt, à condition, d'une part, que la demande d'enregistrement ait été notifiée au tiers prétendu contrefacteur et, d'autre part, que ce tiers ait après cette notification poursuivi l'activité litigieuse de mauvaise foi, c'est-à-dire notamment à l'issue d'un délai raisonnable suffisant pour lui permettre d'amender son comportement[2]. Cette combinaison permet notamment au titulaire d'un **dépôt simplifié** de dessin ou modèle prévu par les articles L. 512-2 et R. 512-4 du code de la propriété intellectuelle de solliciter l'autorisation de pratiquer une saisie-contrefaçon bien que, par définition, le dépôt simplifié entraîne l'ajournement de plein droit de la publication (CPI, art. R. 512-10), à condition de notifier sa demande d'enregistrement au prétendu contrefacteur.

111.224 Justificatifs à produire. Lorsque le requérant agit sur le fondement d'un dessin ou modèle déposé mais non publié, il devra justifier de sa qualité à agir par le récépissé de dépôt, remis au déposant, prévu par l'article R. 512-6 du code de la propriété intellectuelle. Le dépôt pouvant être effectué soit à l'Institut national de la propriété indus-

1. Com. 10 janv. 1995, n° 92-17.616, *Bull. civ.* IV, n° 9; *Ann. propr. ind.* 1995. 321 – Paris, 4e ch., 12 mai 2000, *PIBD* 2000, n° 705, III, 451; chr. Greffe, *JCP E* 2000. I. 1286.

2. TGI Paris, 3e ch., 3e sect., 9 juill. 2010, RG n° 2010/05636, *Jurinpi* D20100154, *PIBD* 2010, n° 929, III, 798.

trielle, soit au greffe du tribunal de commerce du domicile du déposant, le récépissé de dépôt à prendre en compte est celui délivré le cas échéant par l'Institut national de la propriété industrielle, par le greffe du tribunal de commerce voire celui du tribunal de grande instance en tenant lieu. En revanche, lorsque le modèle est enregistré, il convient de produire un certificat d'identité du modèle, le plus récent possible, et un état des inscriptions au registre national des dessins et modèles pour établir la réalité du droit invoqué. Le certificat d'identité permet en outre de disposer sur un même document officiel d'une reproduction du dessin ou modèle contrefait et des références du modèle (date et numéro de dépôt, numéro national).

SOUS-SECTION 2 MODÈLE INTERNATIONAL

111.231 Dépôt international de modèle. Le titulaire d'un dépôt international de modèle à l'Organisation mondiale de la propriété intellectuelle visant la France peut agir en contrefaçon dans ce pays et donc solliciter l'autorisation d'y pratiquer une saisie-contrefaçon[1]. En effet, l'article 4 § 2 de l'Arrangement de La Haye du 6 novembre 1925 concernant l'enregistrement international des dessins et modèles industriels prévoit que le dépôt international effectué au Bureau international de la propriété intellectuelle produit « *dans tous les pays contractants les mêmes effets que si les dessins ou modèles y avaient été directement déposés à la date du dépôt international* ». Cette faculté n'est toutefois ouverte que sous la condition que ce dépôt ait, à tout le moins, fait l'objet d'une publication au *Bulletin des dessins et modèles internationaux* diffusé par l'OMPI. En effet, la jurisprudence décide que la publication du dépôt au *Bulletin des dessins et modèles internationaux* de l'OMPI est à elle seule suffisante à réaliser la publicité requise pour l'opposabilité du modèle par l'article L. 521-2 du code de la propriété intellectuelle[2]. Par assimilation avec la possibilité offerte de requérir une saisie-contrefaçon uniquement sur le fondement d'un modèle déposé mais non publié, le titulaire d'un dépôt de modèle international non publié devrait pouvoir solliciter l'autorisation de pratiquer une saisie-contrefaçon en justifiant de son dépôt international visant la France et de la notification de la demande d'enregistrement international au présumé contrefacteur (conformément à l'article L. 521-1 al. 3 du code de la propriété intellectuelle). Pour la suite de la procédure, le justificatif de la publicité faite au *Bulletin des dessins et modèles internationaux* de l'OMPI ou le certificat d'enregistrement supposant cette publicité devra cependant être produit à peine d'irrecevabilité de la demande.

111.232 Justificatifs à produire. Le requérant devra produire, au soutien de sa demande de saisie, le certificat délivré par l'OMPI complété d'une copie certifiée conforme des inscriptions faites au registre international ou un extrait du registre international, voire le justificatif de dépôt et de la notification faite au présumé contrefacteur.

SOUS-SECTION 3 MODÈLE COMMUNAUTAIRE

111.241 Modèle communautaire. Il est possible d'obtenir l'autorisation de faire procéder à une saisie-contrefaçon pour constater la contrefaçon d'un dessin ou modèle communautaire, sur le fondement de l'article L. 521-4 du code de la propriété intellectuelle, non seulement pour les besoins d'une action en contrefaçon ultérieurement menée devant une juridiction française mais également, le cas échéant, pour les besoins d'une action menée devant une juridiction d'un autre État membre de l'Union européenne (v. s[s] n° 321.12). En effet, la loi du 29 octobre 2007 a inséré dans le code de la propriété intellectuelle un nouveau chapitre consacré spécialement au « *contentieux des dessins ou modèles communautaires* » dont l'article L. 522-1 prévoit expressément que toutes les dispositions du chapitre précédent consacré aux dessins ou modèles nationaux, et donc y compris la saisie-contrefaçon de l'article L. 521-4, sont applicables aux atteintes portées aux droits du propriétaire d'un dessin ou modèle communautaire. Les dessins ou modèles communautaires peuvent ainsi fonder une saisie-contrefaçon menée en France conformément aux règles de l'article L. 521-4 du code de la propriété intellectuelle. Le nouvel article L. 522-1 étend expressément la saisie-contrefaçon des dessins et modèles nationaux de l'article L. 521-4 aux dessins ou modèles communautaires, et concrétise ainsi, en droit français, une possibilité qui découlait déjà auparavant de l'article 90 du règlement (CE) n° 6/2002 du 12 décembre 2001 sur les dessins ou modèles communautaires, selon lequel les mesures provisoires et conservatoires prévues par la loi d'un

1. *A CONTRARIO*, pour n'avoir pas renouvelé l'enregistrement international, la personne qui n'est plus titulaire n'est plus en droit de solliciter une ordonnance l'autorisant à faire procéder à des opérations de saisie-contrefaçon, Paris, pôle 5, ch. 2, 3 juin 2011, RG n° 10/09884, *PIBD* 2011, n° 945, III, 544.
2. EN CE SENS : Paris, 4e ch., 7 juill. 1994, *PIBD* 1994, n° 576, III, 550 – TGI Paris, 3e ch., 1er déc. 1994, *PIBD* 1995, n° 583, III, 137 – Paris, 4e ch., 23 janv. 1995, *PIBD* 1995, n° 586, III, 231 – CONTRA : mais de façon critiquable : Nîmes, 14 mai 1998, *PIBD* 1998, n° 662, III, 496.

État membre à propos des dessins ou modèles nationaux peuvent être également requises sur le fondement d'un dessin ou modèle communautaire (par analogie le raisonnement mené à partir de l'article 99 du règlement du 20 décembre 1993 sur la marque communautaire, actuel article 103 du règlement du 26 février 2009, v. s[s] n°s 111.202, 111.272). Ce principe d'ouverture de la saisie-contrefaçon aux dessins ou modèles communautaires étant admis, il est ensuite beaucoup plus délicat de déterminer s'il vaut indifféremment pour les dessins ou modèles communautaires enregistrés (DMCE), pour les dessins ou modèles communautaires enregistrés mais dont la publication a été ajournée, pour les demandes d'enregistrement de dessins ou modèles communautaires, ou pour les dessins ou modèles communautaires non enregistrés (DMCNE). La réponse doit s'orienter d'après le principe désormais commun à toutes les saisies-contrefaçon : la saisie-contrefaçon peut être requise dès lors qu'il est possible d'agir en contrefaçon. Ce principe découle de la formule désormais commune à la saisie-contrefaçon de tout droit de propriété industrielle, par exemple en matière de dessins ou modèles par l'article L. 521-4 du code de la propriété intellectuelle, et qui réserve la saisie-contrefaçon à « *toute personne ayant qualité pour agir en contrefaçon* ». L'article 19 § 1 du règlement n° 6/2002 indique que le titulaire d'un DMCE est protégé et implique ainsi logiquement qu'il puisse solliciter une saisie-contrefaçon à compter de la publication de l'enregistrement. S'agissant ensuite d'un DMCNE, il n'est protégé, conformément à l'article 11 du règlement n° 6/2002, qu'à compter de la date à laquelle il a été divulgué au public pour la première fois au sein de la Communauté. La saisie-contrefaçon sera donc possible mais seulement pour constater des faits accomplis après cette première divulgation du dessin ou modèle au public dans la Communauté. S'agissant encore d'un DMCE mais dont la publication a été ajournée, il résulte de l'article 19 § 3 du règlement n° 6/2002 que l'action en contrefaçon est possible contre certains actes, les « *copies* » du dessin ou modèle protégé et le titulaire doit avoir préalablement communiqué au présumé contrefacteur l'ensemble des informations contenues dans le registre et dans le dossier d'enregistrement. La saisie-contrefaçon est donc également possible, à ces conditions, sur la base d'un tel DMCE dont la publication est ajournée. S'agissant enfin d'une simple demande de dessin ou modèle communautaire – s'il n'est pas possible d'invoquer la protection assurée au DMCNE, par exemple faute pour le dessin ou modèle d'avoir été déjà divulgué dans la Communauté – il ne semble pas possible d'agir en contrefaçon, ni corrélativement de présenter une requête aux fins de saisie-contrefaçon.

111.242 Justificatifs à produire. Ces justificatifs varieront nécessairement selon le titre qui fonde la saisie-contrefaçon. Si la saisie-contrefaçon est fondée sur un DMCE (même celui dont la publication a été ajournée), il conviendra de présenter à la juridiction un justificatif de l'enregistrement, du maintien, de la titularité et de l'opposabilité du dessin ou modèle communautaire sous la forme d'un extrait certifié conforme du registre des dessins ou modèles communautaires délivré par l'Office (v. art. 69 § 2 et § 6 du Règlement [CE] n° 2245/2002 du 21 octobre 2002 portant modalités d'application du règlement [CE] n° 6/2002). S'agissant d'un DMCNE, il conviendra de produire tout indice tendant à démontrer l'existence et le point de départ d'un tel droit. Il pourra s'agir du modèle lui-même, de sa reproduction, de catalogues, de photographies, etc. Il sera utile d'exhiber également des pièces attestant de la date de la première divulgation (attestation, facture de commercialisation, etc.).

SECTION 5
CONDITIONS DE LA SAISIE-CONTREFAÇON EN MATIÈRE DE TOPOGRAPHIES DE PRODUITS SEMI-CONDUCTEURS

111.251 Un titre discret. Ce titre de propriété industrielle particulier ne suscite pas un contentieux notable puisque, depuis sa création en 1987 (L. n° 87/890, 4 nov. 1987 relative à la protection des topographies de produits semi-conducteurs et à l'organisation de l'Institut national de la propriété industrielle, *JO* 5 nov. 1987, p. 12920), aucune décision de justice le concernant n'a été rapportée.

111.252 Texte. Jusqu'à la loi n° 2007-1544 du 29 octobre 2007, la saisie-contrefaçon n'existait pas pour les topographies de produits semi-conducteurs. Dans le chapitre du code de la propriété intellectuelle spécialement consacré à la protection des « *produits semi-conducteurs* », aucune disposition propre à cette protection particulière n'y faisait référence et même l'article L. 622-7 du code de la propriété intellectuelle, qui opérait renvoi à certaines dispositions du droit des brevets, ne visait précisément pas l'article L. 615-5 du même code régissant la saisie-contrefaçon en matière de brevets. Cette lacune a été comblée par la loi du 29 octobre 2007 et, sur le fondement du nouvel article L. 622-7, qui désormais renvoie expressément à l'article L. 615-5, il est désormais possible de recourir à la saisie-contrefaçon telle qu'organisée en matière de brevets d'invention pour obtenir la preuve d'une atteinte à des droits sur la topographie d'un produit semi-conducteur. La saisie-contrefaçon en matière de topographies de produits semi-conducteurs trouve donc aujourd'hui son fondement essentiel dans la combinaison des articles L. 622-7 et L. 615-5, ce dernier texte énonçant, selon une formule désormais commune (depuis l'uniformisation opérée par la loi du 29 octobre 2007) à tous les droits de propriété industrielle : « *La contrefaçon peut être prouvée par tous moyens. À cet effet, toute personne ayant qualité pour agir en contrefaçon est en droit de faire procéder en tout lieu et par tous huissiers, assistés d'experts désignés par le demandeur, en vertu d'une ordonnance rendue sur requête par la juridiction civile compétente, soit à la description détaillée [...], soit à la saisie réelle [...]* ». La saisie-contrefaçon est ainsi à la disposition du titulaire du droit sur la topographie d'un produit semi-conducteur.

111.253 Justificatifs à produire. Conformément au principe général qui se dégage de l'arrêt du 29 janvier 2008 de la chambre commerciale de la Cour de cassation[1], le requérant doit produire, au soutien de sa demande de saisie-contrefaçon, le titre sur lequel il se fonde mais doit aussi justifier, par les pièces nécessaires, que ce titre est en vigueur et, s'il n'en est pas le propriétaire initial, qu'il est en droit d'en invoquer le bénéfice. S'agissant de la protection des topographies de produits semi-conducteurs, il pourra suffire de produire un extrait récent du registre national des dépôts de topographies de produits semi-conducteurs (qui n'est qu'une section particulière du registre national des brevets) puisque ce registre renferme les dates et références du dépôt et de son enregistrement et garde la trace des actes modifiant la propriété des droits attachés au dépôt (CPI, art. R. 622-6 et art. R. 613-53 à R. 613-59). Il semble également possible d'effectuer une saisie-contrefaçon sur le fondement d'un simple dépôt non encore enregistré. En effet, l'article L. 622-6 du code de la propriété intellectuelle prévoit que le droit exclusif, dont le contenu est défini à l'article L. 622-5 du même code, prend effet au jour du dépôt. Or, l'article R. 622-3 indique que « *le bénéfice de la date de dépôt est acquis au déposant à la date de remise des pièces prévues à l'article* (R. 622-2) [...] *même si les pièces sont irrégulières en la forme* » (sous réserve que leur régularisation n'entraîne aucun changement dans la représentation de la topographie déposée). C'est dire qu'entre la date de remise des pièces et la date de l'enregistrement, il peut s'écouler un certain délai (le temps nécessaire à la régularisation des pièces) pendant lequel le déposant est néanmoins déjà en mesure d'agir en contrefaçon (CPI, art. L. 622-5 *in fine*) et de requérir une saisie-contrefaçon. Certes, l'article L. 622-6 prévoit de faire remonter l'effet du droit exclusif jusqu'à la date de la première exploitation commerciale si cette dernière est antérieure au dépôt, mais cette rétroactivité de la protection ne signifie pas pour autant qu'il soit possible de requérir une saisie-contrefaçon avant même le dépôt. Déjà, l'article L. 622-1 indique bien que la protection prévue au chapitre II « *Produits semi-conducteurs* » est subordonnée au dépôt. De plus, l'article L. 622-6 lui-même laisse bien entendre que ce n'est que si la première exploitation a commencé **avant le dépôt** que la protection peut prendre ce caractère rétroactif. La saisie-contrefaçon ne peut donc être demandée, au plus tôt, que sur le fondement d'un simple dépôt non encore enregistré. Et devant le juge statuant au fond (qui aura si nécessaire sursis à statuer jusqu'à l'enregistrement de la topographie), il pourra alors être fait état de la rétroactivité de la protection au jour de la première exploitation commerciale pour élargir l'assiette des dommages et intérêts destinés à réparer la contrefaçon[2].

SECTION 6
CONDITIONS DE LA SAISIE-CONTREFAÇON EN MATIÈRE D'INDICATIONS GÉOGRAPHIQUES

111.261 Texte. Jusqu'à la loi n° 2007-1544 du 29 octobre 2007, la saisie-contrefaçon n'existait pas pour les indications géographiques. Cette lacune a été comblée par la loi de 2007, grâce au nouvel article L. 722-4 du code de la propriété intellectuelle qui, selon une formule similaire à celle employée pour les autres droits de propriété industrielle, énonce que « *l'atteinte à une indication géographique peut être prouvée par tous moyens. À cet effet, toute personne ayant qualité pour agir en vertu du présent titre est en droit de faire procéder en tout lieu et par tous huissiers, assistés d'experts désignés par le demandeur, en vertu d'une ordonnance rendue sur requête par la juridiction civile compétente, soit à la description détaillée [...], soit à la saisie réelle [...]* »[3]. Il peut être noté simplement qu'il n'est formellement pas question de « *contrefaçon* » des

1. Com. 29 janv. 2008, n° 07-14.709, *Bull. civ.* IV, n° 18, *PIBD* 2008, n° 871, III, 203; *Comm. com. électr.* 2008, comm. 34, note Caron; *Propr. intell.* juill. 2008, p. 276, note Abello.

2. SUR L'INCIDENCE de la loi du 29 octobre 2007 sur la sanction pécuniaire de la contrefaçon : J. Schmidt-Szalewski, « La détermination des conséquences civiles de la contrefaçon selon le projet de loi de lutte contre la contrefaçon », *Propr. industr.* nov. 2007, p. 9 – S. Roux-Vaillard, « La sanction pécuniaire de la contrefaçon de brevet : comparaison des termes de la directive 2004/48 transposée en France et de la loi fédérale américaine », *Propr. intell.* juill. 2008, p. 308.

3. POUR CE QUI SEMBLE ÊTRE LE PREMIER EXEMPLE pratique d'une saisie-contrefaçon ordonnée en matière d'indication géographique : TGI Paris, 3e ch., 1re sect., 27 janv. 2009, RG n° 2008/15962, *PIBD* 2009, n° 897, III, 1110.

indications géographiques ou d'« *agir en contrefaçon* » mais d'« *atteinte à une indication géographique* » ou d'agir « *pour atteinte à une indication géographique* » (CPI, art. L. 722-2 et L. 722-3). Cette différence de terminologie n'empêche toutefois pas l'ensemble des mécanismes de lutte contre la contrefaçon et notamment la saisie-contrefaçon de s'appliquer également en matière d'indications géographiques (CPI, art. L. 722-2 à L. 722-7).

111.262 Plan. La catégorie nouvelle des « *indications géographiques* », telle qu'elle est définie à l'article L. 722-1 du code de la propriété intellectuelle, regroupe des titres nationaux, tels que « *a) Les appellations d'origine définies à l'article L. 115-1 du code de la consommation* », mais également des titres communautaires, tels que « *b) Les appellations d'origine protégées et les indications géographiques protégées prévues par la réglementation communautaire relative à la protection des indications géographiques et des appellations d'origine des produits agricoles et des denrées alimentaires* », « *c) Les noms des vins de qualité produits dans une région déterminée et les indications géographiques prévues par la réglementation communautaire portant organisation commune du marché vitivinicole* » et « *d) Les dénominations géographiques prévues par la réglementation communautaire établissant les règles générales relatives à la définition, à la désignation et à la présentation des boissons spiritueuses* ».

SOUS-SECTION 1
APPELLATIONS D'ORIGINE FRANÇAISES

111.271 Nécessité d'une protection acquise. L'article L. 722-4 du code de la propriété intellectuelle, selon le principe désormais commun, ouvre la voie de la saisie-contrefaçon à « *toute personne ayant qualité pour agir en vertu du présent titre* », c'est-à-dire agir pour une atteinte à une indication géographique. Or, l'article L. 722-2 du même code énonce en réponse que « *L'action civile pour atteinte à une indication géographique est exercée par toute personne autorisée à utiliser cette indication géographique ou tout organisme auquel la législation donne pour mission la défense des indications géographiques* ». Il en résulte implicitement que la saisie-contrefaçon ne peut être requise qu'une fois que le principe de la protection de l'indication géographique concernée est acquis, judiciairement (C. consom., art. L. 115-8 à L. 115-15) ou administrativement (C. consom., art. L. 115-2 à L. 115-7), qu'une fois que sont connues la délimitation de l'aire géographique et les conditions des qualités et caractéristiques du produit, et qu'ainsi sont connus les personnes autorisées à l'utiliser ou les organismes ayant pour mission de la défendre.

111.272 Justificatifs à produire. À la différence des autres droits de propriété industrielle, les appellations d'origine n'appartiennent pas à un titulaire enregistré mais peuvent être librement utilisées par tous les producteurs qui remplissent les conditions posées, judiciairement (par un jugement ou arrêt) ou administrativement (par un décret), relativement à l'aire géographique de production et aux qualités et caractéristiques que doivent présenter les produits. Pour justifier de son droit à requérir une saisie-contrefaçon relativement à une appellation d'origine déterminée, l'intéressé devra tout d'abord justifier de l'existence de la protection, c'est-à-dire justifier de la décision judiciaire (le jugement ou l'arrêt) ou administrative (le décret) qui aura donné naissance à la protection de l'appellation d'origine, et justifier également qu'il a qualité pour agir pour atteinte à cette indication géographique, conformément à l'exigence qui résulte de la combinaison des articles L. 722-4 et L. 722-2 du code de la propriété intellectuelle. S'il s'agit d'un producteur, il devra convaincre le juge qu'il répond personnellement aux conditions posées pour l'utilisation de l'appellation d'origine, notamment relativement à l'aire géographique concernée et aux conditions de qualité et de caractéristiques de ses produits. S'il s'agit d'un organisme (tel que l'INAO[1]), il devra justifier du texte qui lui donne mission de défendre l'indication géographique concernée.

SOUS-SECTION 2
INDICATIONS GÉOGRAPHIQUES COMMUNAUTAIRES

111.281 AOP et IGP. Il est possible d'obtenir l'autorisation de faire procéder à une saisie-contrefaçon pour constater la contrefaçon d'une indication géographique communautaire, sur le fondement de l'article L. 722-4 du code de la propriété intellectuelle, non seulement pour les besoins d'une action en contrefaçon ultérieurement menée devant une juridiction française mais également, le cas échéant, pour les besoins d'une action menée devant une juridiction d'un autre État membre de l'Union européenne (v. s[s] n° 321.12). L'article L. 722-1 du code de la propriété intellectuelle évoque enfin « *b) Les appellations d'origine protégée et les indications géographiques protégées prévues par la réglementation communautaire relative à la protection des indications géographiques et des appellations d'origine des produits agricoles et des denrées alimentaires* »; « *c) Les noms des vins de qualité produits dans une région*

1. ADMETTANT l'intérêt à agir de l'INAO : TGI Paris, 3e ch., 1re sect., 27 janv. 2009, RG n° 2008/15962, *PIBD* 2009, n° 897, III, 1110.

déterminée et les indications géographiques prévues par la réglementation communautaire portant organisation commune du marché vitivinicole » et « *d) Les dénominations géographiques prévues par la réglementation communautaire établissant les règles générales relatives à la définition, à la désignation et à la présentation des boissons spiritueuses* ». Il s'agit cette fois-ci de dénominations géographiques communautaires, protégées à l'échelle du territoire de l'Union européenne à l'issue d'une procédure d'enregistrement par la Commission sur un registre communautaire. Cette protection communautaire est régie, s'agissant des produits agricoles et des denrées alimentaires, autres que les vins et spiritueux, par le règlement (CE) n° 510/2006 du Conseil du 20 mars 2006 relatif à la protection des indications géographiques et des appellations d'origine des produits agricoles et des denrées alimentaires. Elle est régie, s'agissant des vins, par le règlement (CE) n° 1234/2007 du 22 octobre 2007 portant organisation commune des marchés dans le secteur agricole et dispositions spécifiques en ce qui concerne certains produits de ce secteur. Elle est régie, s'agissant des spiritueux par le règlement (CE) n° 110/2008 du 15 janvier 2008 concernant la définition, la désignation, la présentation, l'étiquetage et la protection des indications géographiques des boissons spiritueuses et abrogeant le règlement (CEE) n° 1576/89 du Conseil.

111.282 Justificatifs à produire. Il résulte de la combinaison des articles L. 722-4 et L. 722-2 du code de la propriété intellectuelle que la personne requérant une saisie-contrefaçon relativement à une AOP ou IGP devra, comme pour les appellations d'origine (v. s[s] n° 111.272), justifier de l'existence de la protection, par la production de la publication de la décision d'enregistrement au Journal officiel de l'Union européenne (Règl. n° 510/2006, art. 7 § 4; règl. n° 110/2008, art. 17 § 8) ou par la production d'un extrait du registre des appellations d'origine protégées et des indications géographiques protégées tenu à jour par la Commission (Règl. n° 510/2006, art. 7 § 6; règl. n° 1234/2007, art. 118 *quindecies*), et justifier également qu'il a qualité pour agir pour atteinte à cette indication géographique, c'est-à-dire qu'il est en droit d'utiliser l'indication, remplissant les conditions posées relativement à l'aire géographique de production et aux qualités et caractéristiques que doivent présenter les produits, ou qu'il s'agit d'un « organisme auquel la législation donne pour mission la défense *des indications géographiques* » (tel que l'INAO).

CHAPITRE

112. Parties

SECTION 0
ORIENTEUR

112.00 **Plan du chapitre.**

Sect. 1 Demandeur à la saisie-contrefaçon

Sous-sect. 1 Brevets d'invention

§ 1. Capacité pour requérir une saisie-contrefaçon en matière de brevets d'invention

§ 2. Qualité pour requérir une saisie-contrefaçon en matière de brevets d'invention

A. Droit de propriété

B. Titularité d'une demande de brevet

C. Droit de licence exclusive

D. Droit de licence non exclusive

§ 3. Opposabilité des droits du requérant en matière de brevets d'invention

A. Principe de l'inscription obligatoire

B. Exception au principe de l'inscription obligatoire lorsque le tiers a connaissance de l'acte

Sous-sect. 2 Droits d'obtention végétale

§ 1. Qualité pour requérir une saisie-contrefaçon en matière d'obtentions végétales

§ 2. Opposabilité des droits du requérant en matière d'obtentions végétales

A. Inscription du droit du demandeur au registre national des certificats d'obtention végétale

B. Inscription du droit du demandeur au registre de la protection communautaire des obtentions végétales

Sous-sect. 3 Marques

§ 1. Qualité pour requérir une saisie-contrefaçon en matière de marques

§ 2. Opposabilité des droits du requérant en matière de marques

Sous-sect. 4 Dessins et modèles

§ 1. Qualité pour requérir une saisie-contrefaçon en matière de dessins et modèles

§ 2. Opposabilité des droits du requérant en matière de dessins et modèles

Sous-sect. 5 Topographies de produits semi-conducteurs

§ 1. Qualité pour requérir une saisie-contrefaçon en matière de topographies de produits semi-conducteurs

A. Droit de propriété

B. Titularité d'un dépôt non encore enregistré

C. Droit de licence exclusive

D. Droit de licence non exclusive

§ 2. Opposabilité des droits du requérant en matière de topographies de produits semi-conducteurs

A. Principe de l'inscription obligatoire

B. Exception au principe de l'inscription obligatoire lorsque le tiers a connaissance de l'acte

Sous-sect. 6 Indications géographiques

Sect. 2 Le saisi

112.01 **Textes applicables.**

* V. ss n° 11.01

112.02 **Jurisprudence citée.**

> Qualité pour agir

• **Com. 29 janv. 2008,** n° 07-14.709, *Bull. civ.* IV, n° 18, *PIBD* 2008, n° 871, III, 203; *Comm. com. électr.* 2008, comm. 34, note Caron; *Propr. intell.*, juill. 2008, p. 276, note Abello.

* V. ss n° 112.31

> Capacité d'ester en justice

• **TGI Paris, 10e ch. corr., 25 févr. 1977,** *Ann. propr. ind.* 1978. 143.

• **TGI Paris, ord. réf., 5 avr. 2006,** RG n° 06/04814, *Jurinpi* B20060055.

• **TGI Paris, 3e ch., 2e sect., 6 avr. 2007,** *PIBD* 2007, n° 855, III, 427.

* V. ss n° 112.41

> Propriétaire

• **Colmar, ch. civ. 1, sect. A, 2 nov. 2010,** RG n° 08/02966.

• **TGI Paris, 3e ch., 4e sect., 3 mars 2011,** RG no 09/02212.

* V. ss no 112.51

> Nécessité d'une publication ou notification de la demande de brevet français

• **TGI Paris, 28 juin 1983,** *Dossiers Brevets* 1984, II, 5.

• **TGI Lille, 25 avr. 1984,** *Dossiers Brevets* 1985, III, 2.

• **Bordeaux, 1re ch., 27 mai 1998,** *PIBD* 1998, no 663, III, 508.

• **Paris, 4e ch. A, 25 avr. 2001,** *Propr. industr.* 2002, comm. no 41, obs. J. Raynard.

* V. ss no 112.61

> Principe de l'obligation de mise en demeure du breveté

• **Paris, 4e ch., sect. B, 15 févr. 2008,** RG no 06/06627, *Jurinpi* B20080017.

* V. ss no 112.71

> Aménagements conventionnels

• **TGI Paris, 3e ch., 2e sect., 13 mars 1998,** *RD propr. int.* 1998, no 85, 29.

• **TGI Paris, 3e ch., 2e sect., 28 juin 2000,** *RD propr. int.* 2002, no 134, 9.

• **TGI Paris, 3e ch., 2e sect., 15 avr. 2005,** RG no 2004/04206, *PIBD* 2005, no 816, III, 563.

• **TGI Paris, 3e ch., 1re sect., 24 oct. 2007,** RG no 04/07778.

* V. ss no 112.72

> Inaptitude du licencié non-exclusif

• **TGI Strasbourg, 7 févr. 1989,** *PIBD* 1989, no 460, III, 406.

• **TGI Paris, 3e ch., 2e sect., 12 févr. 2010,** RG no 2008/09753, *Jurinpi* B20100007, *PIBD* 2010, no 919, III, 339.

* V. ss no 112.81

> Principe jurisprudentiel

• **Paris, pôle 5, ch. 1, 5 oct. 2011,** RG no 09/02423.

• **Paris, pôle 5, ch. 1, 21 oct. 2009,** RG no 08/04715.

• **TGI Paris, 3e ch., 3e sect., 7 janv. 2009,** RG no 2008/00116, *Jurinpi* B20090019, *PIBD* 2009, no 894, III, 951.

• **Paris, 4e ch., sect. A, 3 déc. 2008,** RG no 2007/13569, *Jurinpi* B20080166, *PIBD* 2009, no 892, III, 878.

• **Paris, 4e ch., sect. A, 19 déc. 2007,** RG no 2006/07510, *PIBD* 2008, no 870, III, 171.

• **TGI Paris, 3e ch., 1re sect., 21 nov. 2006,** RG no 2005/07419, *PIBD* 2007, no 846, III, 101.

• **Com. 31 oct. 2006,** no 05-11.149, *Bull. civ.* IV, no 206; *PIBD* 2007, no 843, III, 1.

• **TGI Paris, 3e ch., 3e sect., 18 nov. 2003,** RG no 2001/06528, *PIBD* 2004, no 783, III, 188.

• **Com. 11 janv. 2000,** no 97-10.838, *Bull. civ.* IV, no 6, *PIBD* 2000, no 697, III, 217.

* V. ss no 112.91

> Brevet ou demande de brevet français

• **Com. 14 mars 2006,** 03-16.872, NP, *PIBD* 2006, no 830, III, 347; *Propr. industr.*, juill.-août 2006, comm. 46, note Raynard.

• **Paris, 4e ch., sect. A, 19 déc. 2007,** *PIBD* 2008, no 870, III, 171, *Propr. industr.*, oct. 2008, comm. 73, note Raynard.

* V. ss no 112.92

> Demande de brevet ou brevet européen

• **Com. 15 sept. 2009,** no 08-18.524, NP, *PIBD* 2009, no 906, III, 1457; *Jurinpi* B20090138.

* V. ss no 112.93

> Cas où l'invention fait l'objet d'un brevet français et d'un brevet européen

• **Paris, 4e ch., 29 nov. 1995,** *PIBD* 1996, no 606, III, 109.

• **TGI Paris, 3e ch., 23 févr. 2000,** *RD propr. int.* 2002, no 137, p. 38.

• **Com. 31 oct. 2006,** no 05-11.149, *Bull. civ.* IV, no 206; *PIBD* 2007, no 843, III, 1.

* V. ss no 112.94

> Modifications dont l'inscription est facultative

• **Paris, 4e ch., 5 févr. 1992,** *PIBD* 1992, no 524, III, 330.

* V. ss no 112.96

> Moment de l'inscription

• **Paris, 4e ch. B, 31 oct. 1991,** *Ann. propr. ind.* 1992. 144.

• **Paris, 4e ch., sect. A, 29 mai 2002,** RG no 01/05850, *PIBD* 2002, no 752, III, 499.

* V. ss no 112.97

> Irrecevabilité des tiers à s'immiscer dans les rapports juridiques entre les différents titulaires de droits

• **Paris, 4e ch., 15 mai 1985,** *Ann. propr. ind.* 1987. 26.

• **Crim. 27 oct. 1987,** no 85-96.036, NP, *D.* 1988. Somm., 395.

• **TGI Paris, 3e ch., 15 juin 1990,** *PIBD* 1990, no 486, III, 569.

• **Com. 6 nov. 1990,** no 88-18.007, *Bull. civ.* IV, no 263, *PIBD* 1991, no 502, III, 389.

• **Paris, 4e ch., 4 nov. 1992,** *PIBD* 1993, no 538, III, 111.

• **TGI Paris, 3e ch., 4 nov. 1992,** *PIBD* 1993, no 539, III, 180.

• **Paris, 21 juin 1994,** *PIBD* 1994, no 577, III, 583.

• **Com. 10 juin 1997,** no 95-15.862, NP.

* V. ss no 112.98

> Portée de l'inscription

• **Com. 24 mai 1994,** no 92-14.435, *Bull. civ.* IV, no 188.

• **Paris, 4e ch. A, 29 mai 1996,** *PIBD* 1996, no 618, III, 481.

• **Paris, 4e ch. A, 30 oct. 1996,** *PIBD* 1997, no 626, III, 78.

• **TGI Paris, 3e ch., 2e sect., 15 avr. 2005,** *PIBD* 2005, no 816, III, 563.

• **TGI Toulouse, 1re ch., 19 janv. 2006,** *PIBD* 2006, no 827, III, 247.

• **Paris, pôle 5, ch. 1, 21 oct. 2009,** RG no 08/04715.

* V. ss no 112.99

> Jurisprudence

• **TGI Paris, 3e ch., 15 mai 1991,** *PIBD* 1991, no 510, III, 638.

• **Paris, 4e ch., sect. A, 10 mai 2000,** RG no 1998/27017, *Jurinpi* B20000079.

• **TGI Paris, 3e ch., 2e sect., 27 juin 2003,** *PIBD* 2003, no 775, III, 567.

* V. ss no 112.102

> **Aménagements conventionnels**
• **TGI Paris, 3e ch., 1re sect., 10 janv. 2001,** RG n° 99/3854.
* V. s[s] n° 112.125
> **Propriétaire**
• **Com. 20 févr. 2007,** n° 04-16.712, NP, *Propr. industr.* mai 2007, comm. 39, note crit. P. Tréfigny; *Propr. industr.* juin 2007, comm. 58, note approb. J. Larrieu.
* V. s[s] n° 112.171
> **Copropriétaire**
• **Paris, 4e ch., 24 mai 2000,** *PIBD* 2000, n° 705, III, 439.
* V. s[s] n° 112.172
> **Titulaire d'une demande d'enregistrement**
• **TGI Lille, 16 juin 1994,** *PIBD* 1994, n° 575, III, 513.
* V. s[s] n° 112.173
> **Le bénéficiaire d'un droit exclusif d'usage**
• **Paris, 4e ch., sect. A, 25 mai 2005,** RG n° 03/21687, *JurisData* n° 2005-272051.
• **Montpellier, 5e ch., sect. A, 11 sept. 2006,** RG n° 05/02575, *JurisData* n° 2006-330754.
• **TGI Paris, 3e ch., 2e sect., 27 nov. 2009,** RG n° 2008/15672, *PIBD* 2010, n° 915, III, 218.
* V. s[s] n° 112.174
> **Licencié non exclusif**
• **TGI Paris, 6 avr. 1981,** *PIBD* 1981. III. 208.
* V. s[s] n° 112.175
> **Sanction**
• **TGI Paris, 3e ch., 2e sect., 6 avr. 2007,** RG n° 2004/15727, *PIBD* 2007, n° 855, III, 427.
* V. s[s] n° 112.176
> **Le principe**
• **Com. 16 mai 1984,** n° 82-13.277, *Bull. civ.* IV, n° 171; *RIPIA* 1985. 3.
• **TGI Bobigny, 22 févr. 1985,** *RIPIA* 1985. 55.
* V. s[s] n° 112.182
> **Licencié, distributeur**
• **Paris, 4e ch., 25 sept. 1996,** *PIBD* 1997, n° 624, III, 52.
* V. s[s] n° 112.202
> **Nécessité de l'inscription au registre national des dessins et modèles**
• **Paris, 4e ch., 28 mars 2001,** *PIBD* 2001, n° 728, III, 509.
* V. s[s] n° 112.212
> **Copropriétaire**
• **Paris, 4e ch., 24 mai 2000,** *PIBD* 2000, n° 705, III, 439.
* V. s[s] n° 112.242
> **Tout détenteur de preuve de la contrefaçon alléguée**
• **TGI Paris, 3e ch., 5 juin 1996,** *PIBD* 1996, n° 619, III, 515.
• **TGI Bobigny, ch. 5, sect. 1, 13 déc. 1996,** RG n° 17486/96.
• **TGI Bobigny, ch. 1, 24 févr. 1997,** RG n° 361/97.
• **Paris, 4e ch. A, 23 sept. 1998,** *PIBD* 1999, n° 671, III, 79.
• **TGI Paris, 3e ch., 30 sept. 1998,** RG n° 96/25285, *PIBD* 1999, n° 673, III, 133.
• **Paris, 4e ch., sect. A, 14 mars 2001,** RG n° 1998/24199.
• **TGI Bobigny, 1re ch., sect. 5, 17 mars 2004,** RG n° 03/02744.
• **TGI Paris, 3e ch., 2e sect., 2 juill. 2004,** RG n° 02/18798, *PIBD* 2004, n° 796, III, 615.
• **Paris, 4e ch., sect. A, 24 nov. 2004,** RG n° 03/14212, *PIBD* 2005, n° 803, III, 131; *D.* 2005. 967, obs. Raynard; *Gaz. Pal.* 2006, jur. p. 5, note Le Tarnec.
• **Paris, 4e ch., sect. B, 30 juin 2006,** RG n° 04/18890.
• **TGI Paris, 3e ch., 2e sect., 9 févr. 2007,** RG n° 02/18798.
• **TGI Paris, 3e ch., 4e sect., 1er juin 2011,** RG n° 11/07690.
• **TGI Paris, 3e ch., 3e sect., 8 juill. 2011,** RG n° 11/08209.
• **Paris, pôle 1, ch. 3, 6 déc. 2011,** RG n° 11/11455.
* V. s[s] n° 112.312
> **Lieux**
• **TGI Paris, 3e ch., 3 mai 1990,** *PIBD* 1990, n° 489, III, 686.
• **Com. 4 juill. 1995,** n° 93-15.575, NP.
• **TGI Paris, ch. civ. 3, 5 mars 2008,** RG n° 07/02652.
• **TGI Paris, 3e ch., 4e sect., 27 janv. 2011,** RG n° 2009/15874, *Jurinpi* D20110044, *PIBD* 2011, n° 940, III, 370.
* V. s[s] n° 112.314

112.11 **Division.** Il faut examiner successivement les deux parties à la saisie-contrefaçon que sont le demandeur à la saisie et le saisi.

SECTION 1
DEMANDEUR À LA SAISIE-CONTREFAÇON

112.21 **Division.** Les spécificités liées à la qualité du demandeur à la saisie doivent être examinées matière par matière (brevets d'invention, droits d'obtention végétale, marques, dessins et modèles déposés, topographies de produits semi-conducteurs, indications géographiques).

SOUS-SECTION 1
BREVETS D'INVENTION

112.31 **Plan.** Selon la formule désormais commune (depuis l'uniformisation opérée par la loi du 29 octobre 2007) à tous les droits de propriété industrielle, le demandeur à la saisie-contrefaçon doit avoir qualité pour agir en contrefaçon. Il est ainsi procédé à un renvoi aux autres dispositions du code de la propriété intellectuelle et des règlements communautaires qui définissent les personnes pouvant exercer l'action en contrefaçon. C'est dire que le demandeur doit, tout d'abord, jouir de la capacité d'ester en justice (§ 1) mais qu'il doit, en outre, avoir qualité pour agir en contrefaçon[1] (§ 2). Enfin,

1. Com. 29 janv. 2008, n° 07-14.709, *Bull. civ.* IV, n° 18; *PIBD* 2008, n° 871, III, 203; *Comm. com. électr.* 2008, comm. 34, note Caron; *Propr. intell.* juill. 2008, p. 276, note Abello.

l'acte lui conférant le droit en vertu duquel il agit doit être opposable aux tiers (§ 3).

§ 1. Capacité pour requérir une saisie-contrefaçon en matière de brevets d'invention

112.41 Capacité d'ester en justice. Quiconque requiert l'autorisation de faire pratiquer une saisie-contrefaçon doit être capable d'ester en justice, selon les règles générales de procédure civile. Il a été ainsi jugé qu'une société non encore immatriculée, ou immatriculée mais absorbée, dépourvue de ce fait de la personnalité morale, n'est pas recevable à faire procéder à une saisie-contrefaçon, celle-ci devant être annulée[1] ou l'ordonnance rétractée[2].

§ 2. Qualité pour requérir une saisie-contrefaçon en matière de brevets d'invention

A. Droit de propriété

112.51 Propriétaire. L'article L. 615-2 du code de la propriété intellectuelle énonce que « *L'action en contrefaçon est exercée par le propriétaire du brevet* » et ne distingue pas selon le mode d'acquisition de la propriété du brevet (dépôt de la demande de brevet[3], acquisition du brevet par contrat de cession, absorption à titre de fusion, apport en nature, apport partiel d'actif). Il convient de rappeler aussi que l'article L. 614-14 du code de la propriété intellectuelle édicte l'interdiction de céder, à peine de nullité de la cession, indépendamment les « *parties communes* » d'une demande de brevet français ou d'un brevet français et d'une demande de brevet européen ou d'un brevet européen ayant la même date de dépôt ou la même date de priorité, couvrant la même invention et appartenant au même inventeur ou à son ayant cause (v. s^s n° 111.62). Le tribunal de grande instance de Paris, le 3 mars 2011, a ainsi déclaré nulles les deux saisies-contrefaçon réalisées par le cessionnaire, au motif que « *les cessions du brevet français réalisées en 2005 étant nulles en raison de la violation de l'article L. 614-14 du code de la propriété intellectuelle, la société Sanimat, faute d'être devenue régulièrement titulaire du brevet en cause, n'avait pas qualité à agir en contrefaçon dudit brevet et les saisies-contrefaçon qu'elle a fait diligenter en 2007, doivent donc être déclarées nulles* »[4].

112.52 Copropriétaire. Bien que l'article L. 615-2 du code de la propriété intellectuelle ne vise pas spécifiquement ce cas, la possibilité pour un copropriétaire de faire procéder à une saisie-contrefaçon, indépendamment des autres copropriétaires, découle de l'article L. 613-29 du même code qui permet à chaque copropriétaire d'agir à son seul profit et n'impose que la notification de l'assignation aux autres copropriétaires, le tribunal devant surseoir à statuer jusqu'à justification de cette notification.

B. Titularité d'une demande de brevet

112.61 Nécessité d'une publication ou notification de la demande de brevet français. Il ressort du dernier alinéa de l'article L. 615-4 du code de la propriété intellectuelle que, même si le tribunal saisi est tenu de surseoir à statuer jusqu'à la délivrance du brevet, une action en contrefaçon est possible sur le fondement d'une simple demande de brevet français (v. s^s n°s 111.51 s.). Il est possible d'en déduire que le titulaire d'une demande de brevet a nécessairement qualité pour agir en contrefaçon et que, par conséquent, il a également qualité pour requérir une saisie-contrefaçon. Néanmoins, comme tous les actes contemporains d'une demande de brevet ne sont pas nécessairement des contrefaçons, le titulaire de la demande ne pourra requérir une saisie-contrefaçon que relativement aux actes qui peuvent être « *considérés comme ayant porté atteinte aux droits attachés au brevet* » (CPI, art. L. 615-4 al. 1er) tels que définis par l'article L. 615-4 du code de la propriété intellectuelle. Il résulte de cet article que le titulaire d'une demande n'a ainsi qualité pour agir en contrefaçon, et par conséquent de requérir une saisie-contrefaçon, qu'à compter de la publication de la demande de brevet par l'Institut national de la propriété industrielle au *Bulletin officiel de la propriété industrielle* ou, si la demande de brevet n'a pas encore été publiée, après avoir notifié une copie certifiée de sa demande de brevet aux tiers à l'encontre desquels il entend procéder à une saisie-contrefaçon[5]. L'obligation pour

1. TGI Paris, 10e ch. corr., 25 févr. 1977, *Ann. propr. ind.* 1978. 143 – TGI Paris, 3e ch., 2e sect., 6 avr. 2007, *PIBD* 2007, n° 855, III, 427.
2. TGI Paris, ord. réf., 5 avr. 2006, RG n° 06/04814, *Jurinpi* B20060055 : « *Il s'agit d'une erreur intellectuelle et non matérielle : elle ne peut pas être rectifiée* ».
3. ANNULATION d'une saisie-contrefaçon réalisée sur requête d'une société qui n'était pas titulaire du brevet revendiqué : Colmar, ch. civ. 1, sect. A, 2 nov. 2010, RG n° 08/02966.
4. TGI Paris, 3e ch., 4e sect., 3 mars 2011, RG n° 09/02212.
5. TGI Paris, 28 juin 1983, *Dossiers Brevets* 1984, II, 5 – TGI Lille, 25 avr. 1984, *Dossiers Brevets* 1985, III, 2.

le titulaire d'une demande de brevet non publiée de procéder à la notification préalable d'une copie officielle de sa demande est considérée comme une formalité substantielle, touchant à l'existence du droit de saisir, dont le non respect justifie l'annulation de l'ordonnance sans que le saisi ait à rapporter la preuve d'un grief[1]. Enfin, si le titulaire de la demande de brevet, usant de la faculté offerte par l'article L. 612-15 du code de la propriété intellectuelle, a sollicité le report de l'établissement du rapport de recherche, il doit, avant de procéder à la notification de la demande de brevet au présumé contrefacteur, renoncer à sa demande de report.

112.62 Nécessité d'une publication de la demande de brevet européen. Il résulte également de l'article L. 614-9 du code de la propriété intellectuelle, qui renvoie notamment à l'article L. 615-4 du même code, que, même si le tribunal saisi est tenu de surseoir à statuer jusqu'à la délivrance du brevet, une action en contrefaçon, et par conséquent une requête aux fins de saisie-contrefaçon, est possible sur le fondement d'une simple demande de brevet européen (v. s[s] n°s 111.81 s.). Mais s'il est certain, aux termes de l'article L. 614-9, que la saisie-contrefaçon (les droits définis à l'article L. 615-5 du même code) peut être sollicitée dès la publication de la demande de brevet européen, il semble en revanche douteux que le titulaire d'une demande européenne non publiée puisse procéder à une saisie-contrefaçon après avoir procédé à une notification individuelle de sa demande (v. s[s] n° 111.82). Le titulaire d'une demande européenne non publiée pourra, à tout le moins, solliciter une publication anticipée de sa demande, en vertu de l'article 93 (1) de la Convention sur le brevet européen, pour s'ouvrir l'accès à la saisie-contrefaçon.

C
Droit de licence exclusive

112.71 Principe de l'obligation de mise en demeure du breveté. L'article L. 615-2 alinéa 2 du code de la propriété intellectuelle accorde au licencié exclusif[2] la qualité pour agir en contrefaçon et, par conséquent, pour faire procéder à une saisie-contrefaçon, sous réserve cependant d'avoir auparavant vainement mis en demeure le propriétaire du brevet d'exercer lui-même cette action (« *le bénéficiaire d'un droit exclusif d'exploitation peut, sauf stipulation contraire du contrat de licence, exercer l'action en contrefaçon si, après mise en demeure, le propriétaire du brevet n'exerce pas cette action* »). Sur la question de l'application de l'article L. 614-14 du code de la propriété intellectuelle qui édicte l'interdiction de concéder en licence, à peine de nullité de la licence, les « *parties communes* » d'une demande de brevet français ou d'un brevet français et d'une demande de brevet européen ou d'un brevet européen ayant la même date de dépôt ou la même date de priorité, couvrant la même invention et appartenant au même inventeur ou à son ayant cause, v. s[s] n° 111.62.

112.72 Aménagements conventionnels. Il résulte toutefois des termes de l'article L. 615-2 alinéa 2 du code de la propriété intellectuelle (« *sauf stipulation contraire du contrat de licence* ») que ce schéma n'est que supplétif et que les parties au contrat de licence exclusive peuvent le modifier. Le contrat de licence peut ainsi exclure expressément toute possibilité pour le licencié exclusif d'agir en contrefaçon, excluant du même coup toute possibilité pour ce licencié de prendre l'initiative procédurale d'une saisie-contrefaçon, même après mise en demeure restée infructueuse du breveté. Inversement, dans l'hypothèse où le contrat dispense le licencié exclusif de l'obligation de mise en demeure préalable, lui permettant ainsi de prendre seul l'initiative d'une action en contrefaçon, le respect de la procédure organisée contractuellement dispense encore ce licencié de l'obligation de mise en demeure préalable à la requête aux fins de saisie-contrefaçon[3]. La procédure de mise en demeure est également inutile dans le cas où le licencié exclusif agit avec l'accord exprès du breveté[4] (« *Attendu qu'il résulte ainsi et à l'évidence, que non seulement les termes de l'article 10 du contrat ont été respectés (sur les conditions d'une action en contrefaçon par le licencié exclusif), mais encore ceux de l'article L. 615-2 du code de la propriété intellectuelle, lequel exige du licencié d'adresser une mise en demeure au breveté dans l'hypothèse d'une absence de réaction de celui-ci; qu'en l'espèce, le breveté ayant été invité à agir et ayant clairement fait connaître qu'il y renonçait, une mise en demeure aurait alors été dépourvue d'objet; qu'exiger du licencié en ce cas de justifier d'une mise en demeure serait ajouté au texte de l'article L. 615-2 du code de la propriété intel-*

1. Bordeaux, 1re ch., 27 mai 1998, *PIBD* 1998, n° 663, III, 508 – Paris, 4e ch. A, 25 avr. 2001, *Propr. industr.* 2002, comm. n° 41.
2. Paris, 4e ch., sect. B, 15 févr. 2008, RG n° 06/06627, *Jurinpi* B20080017 : nullité des saisies réalisées à la requête d'une personne qui avait auparavant perdu sa qualité de licencié exclusif du fait de la résiliation du contrat de licence.
3. POUR UN EXEMPLE d'une telle stipulation du contrat de licence, qui n'a toutefois été enregistré au registre national des brevets qu'après la réalisation de la saisie-contrefaçon et n'a ainsi pas pu régulariser le défaut de qualité à agir : TGI Paris, 3e ch., 2e sect., 15 avr. 2005, RG n° 2004/04206, *PIBD* 2005, n° 816, III, 563.
4. TGI Paris, 3e ch., 1re sect., 24 oct. 2007, RG n° 04/07778.

lectuelle »[1]. De même, l'article L. 615-2 alinéa 2 est sans application lorsque la requête aux fins de saisie-contrefaçon est présentée conjointement par le breveté et par le licencié exclusif[2].

112.73 Forme et contenu de la mise en demeure. En l'absence de dispositions spécifiques, la forme et le contenu de la mise en demeure préalable doivent être considérés comme libres : il suffit que la mise en demeure soit établie de manière certaine.

112.74 Obligation de justifier du respect de l'article L. 615-2. L'article R. 615-2 alinéa 3 du code de la propriété intellectuelle impose de joindre à la requête aux fins de saisie-contrefaçon la justification du respect de la condition de mise en demeure préalable posée par l'alinéa 2 de l'article L. 615-2 du code de la propriété intellectuelle.

D.
Droit de licence non exclusive

112.81 Inaptitude du licencié non-exclusif. Conformément à l'alinéa 5 de l'article L. 615-2 du code de la propriété intellectuelle, le licencié simple n'a pas qualité pour agir en contrefaçon et n'est que « *recevable à intervenir dans l'instance en contrefaçon engagée par le breveté, afin d'obtenir réparation du préjudice qui lui est propre* »[3]. Il a ainsi été jugé que le licencié non-exclusif n'a pas qualité pour demander l'autorisation et faire pratiquer une saisie-contrefaçon même aux côtés du titulaire du brevet (annulation de la saisie à l'égard du licencié)[4]. Il semble que le licencié non exclusif resterait irrecevable à requérir une saisie-contrefaçon même si le breveté l'y autorisait expressément. En effet, si le breveté l'autorise spécialement à requérir une saisie-contrefaçon, le licencié simple ne dispose pour autant pas de la qualité à agir en contrefaçon, l'action au fond en contrefaçon étant ensuite indispensable pour préserver la validité de la saisie-contrefaçon. En revanche, la question peut se poser de savoir si le licencié simple pourrait se faire autoriser, contractuellement, à agir en contrefaçon et donc, corrélativement, à requérir une saisie. La question ne semble pas avoir reçu de réponse jurisprudentielle tranchée.

1. TGI Paris, 3e ch., 2e sect., 13 mars 1998, *RD propr. int.* 1998, no 85, 29.
2. TGI Paris, 3e ch., 2e sect., 28 juin 2000, *RD propr. int.* 2002, no 134, 9.
3. PAR EXEMPLE : TGI Paris, 3e ch., 2e sect., 12 févr. 2010, RG no 2008/09753, *Jurinpi* B20100007, *PIBD* 2010, no 919, III, 339.
4. TGI Strasbourg, 7 févr. 1989, *PIBD* 1989, no 460, III, 406.

112.82 Titulaire d'une licence non contractuelle. Il s'agit du titulaire d'une **licence obligatoire** (selon CPI, art. L. 613-11 à L. 613-14 et L. 613-17-1 à L. 613-17-2), d'une **licence de perfectionnement ou de dépendance** (selon CPI, art. L. 613-15 et L. 613-15-1) ou d'une **licence d'office** (selon CPI, art. L. 613-16 à L. 613-19). Bien que toutes ces licences soient non-exclusives (*cf.* CPI, art. L. 613-13), par exception au principe évoqué ci-dessus, l'article L. 615-2 alinéa 4 du code de la propriété intellectuelle confère à leurs titulaires le droit de faire procéder à une saisie-contrefaçon sous réserve d'une mise en demeure adressée sans succès au propriétaire du brevet d'exercer l'action en contrefaçon. La preuve du respect de cette condition de mise en demeure préalable doit être apportée lors de la présentation de la requête aux fins de saisie-contrefaçon (CPI, art. R. 615-2 al. 3).

§ 3.
Opposabilité des droits du requérant en matière de brevets d'invention

A.
Principe de l'inscription obligatoire

112.91 Principe jurisprudentiel. Selon la jurisprudence dominante[5], le requérant doit avoir accompli les formalités nécessaires pour rendre son titre d'acquisition ou de licence opposable aux tiers. Selon cette jurisprudence, ces formalités ne sont pas seulement destinées à régler les conflits entre acquéreurs successifs. Elles constituent aussi une condition préalable à l'exercice des droits vis-à-vis des contrefacteurs[6].

112.92 Brevet ou demande de brevet français. L'article L. 613-9 alinéa 1 du code de la propriété intellectuelle énonce que : « *Tous les actes transmettant ou modifiant les droits attachés à une demande de brevet ou à un brevet doivent, pour être opposables aux tiers, être inscrits sur un registre, dit registre national*

5. TOUTEFOIS CONTRA : Paris, pôle 5, ch. 1, 5 oct. 2011, RG no 09/02423.
6. Paris, pôle 5, ch. 1, 21 oct. 2009, RG no 08/04715 – TGI Paris, 3e ch., 3e sect., 7 janv. 2009, RG no 2008/00116, *Jurinpi* B20090019, *PIBD* 2009, no 894, III, 951 – Paris, 4e ch., sect. A, 3 déc. 2008, RG no 2007/13569, *Jurinpi* B20080166, *PIBD* 2009, no 892, III, 878 – Paris, 4e ch., sect. A, 19 déc. 2007, RG no 2006/07510, *PIBD* 2008, no 870, III, 171 – TGI Paris, 3e ch., 1re sect., 21 nov. 2006, RG no 2005/07419, *PIBD* 2007, no 846, III, 101 – Com. 31 oct. 2006, no 05-11.149, *PIBD* 2007, no 843, III, 1 – TGI Paris, 3e ch., 3e sect., 18 nov. 2003, RG no 2001/06528, *PIBD* 2004, no 783, III, 188 – Com. 11 janv. 2000, no 97-10.838, *Bull. civ.* IV, no 6, *PIBD* 2000, no 697, III, 217.

des brevets, tenu par l'Institut national de la propriété industrielle »[1]. Il est à noter que selon l'article R. 613-53, dernier alinéa du même code, aucune inscription n'est portée au registre avant la publication de la demande de brevet.

112.93 Demande de brevet ou brevet européen. L'article L. 614-11 du code de la propriété intellectuelle prévoit que : « *L'inscription au registre européen des brevets des actes transmettant ou modifiant les droits attachés à une demande de brevet européen ou à un brevet européen rend ces actes opposables aux tiers* ».

Il échet cependant de souligner qu'une inscription au registre européen des brevets n'est plus possible après expiration du délai d'opposition en l'absence d'opposition ou achèvement de la procédure d'opposition en cas d'opposition : à compter de cette date, les inscriptions concernant un brevet européen doivent être effectuées, en ce qui concerne la France, au registre national des brevets[2].

112.94 Cas où l'invention fait l'objet d'un brevet français et d'un brevet européen. L'article L. 614-14 alinéa 2 du code de la propriété intellectuelle prévoit que, si la demande de brevet français ou le brevet français et une demande de brevet européen ou un brevet européen ont la même date de dépôt ou la même date de priorité, couvrent la même invention et appartiennent au même inventeur ou à son ayant cause, « *le transfert ou la modification des droits attachés à la demande de brevet français ou au brevet français n'est rendu opposable aux tiers par son inscription au registre national des brevets que dans la mesure où le même transfert ou la même modification des droits attachés à la demande de brevet européen ou au brevet européen a été inscrit au registre européen des brevets* ». Ainsi, en cas de coexistence d'un titre français et d'un titre européen, il convient de procéder à l'inscription des actes transmettant ou modifiant les droits non seulement au registre national des brevets tenu par l'Institut national de la propriété industrielle, mais également au registre européen des brevets tenu par l'Office européen des brevets (une cession de demande de brevet européen désignant la France a ainsi été déclarée inopposable aux motifs qu'elle n'a été inscrite qu'au registre national des brevets, alors que le transfert aurait dû également être inscrit au registre européen des brevets[3]). La Cour de cassation a ainsi décidé, conformément à l'article L. 614-14 du code de la propriété intellectuelle, que l'effet de l'inscription régulière au registre national des brevets de la cession d'un brevet français « *était suspendu jusqu'à transcription de la demande de brevet européen ou du brevet européen au registre européen des brevets* »[4]. Elle en a déduit que la saisie-contrefaçon pratiquée par le cessionnaire avant cette transcription n'était pas valable, le cessionnaire n'ayant pas encore qualité pour demander et faire pratiquer la saisie-contrefaçon.

Il a été jugé que l'article L. 614-14 alinéa 2 précité a trait aux conditions d'opposabilité de la transmission des droits attachés au brevet en litige et non à la validité de la cession du titre[5]. La même décision a également retenu que, après expiration du délai d'opposition ou achèvement de la procédure d'opposition, la cession d'un brevet européen est rendue opposable, pour ce qui concerne la France, par son inscription au registre national des brevets, conformément aux dispositions de l'article L. 613-9 du code de la propriété intellectuelle, « *qui est applicable dès lors que la procédure d'opposition était close* », et ce même si la cession du brevet français, qui avait déjà cessé de produire ses effets à la date de l'inscription précitée, n'a pas été simultanément inscrite au registre national des brevets (sur le mécanisme de substitution du brevet français par le brevet européen v. ss nº 111.62).

112.95 Modifications devant être inscrites. Doivent être inscrits, pour être opposables aux tiers, tous les actes ayant une incidence sur l'identité de la personne physique ou morale qui est propriétaire ou licenciée du brevet ou de la demande de brevet : cession du brevet, en totalité ou en partie, fusion-absorption du titulaire de droits, apport en nature des droits, apport partiel d'actif, donation, dévolution successorale, licence ou tout contrat incluant un contrat de licence (contrat de franchise, contrat de location-gérance, contrat de distribution).

112.96 Modifications dont l'inscription est facultative. La loi n'imposant que la publication des modifications touchant la personne titulaire des droits, il n'est pas indispensable d'inscrire un changement de dénomination de l'entité juridique

1. POUR UN EXEMPLE pratique d'une publication au registre national des brevets irrégulière et qui n'a donc pas rendu la cession opposable aux tiers : Paris, 4e ch., sect. A, 19 déc. 2007, *PIBD* 2008, nº 870, III, 171, *Propr. industr.* oct. 2008, comm. 73, note Raynard – publication au registre national des brevets du transfert par fusion absorption, irrégulière pour avoir été effectuée à la demande de la société absorbée qui n'avait plus d'existence légale, Com. 14 mars 2006, nº 03-16.872, NP, *PIBD* 2006, nº 830, III, 347; *Propr. industr.* juill.-août 2006, comm. 46, note Raynard.
2. Com. 15 sept. 2009, nº 08-18.524, NP, *PIBD* 2009, nº 906, III, 1457; *Jurinpi* B20090138.
3. Paris, 4e ch., 29 nov. 1995, *PIBD* 1996, nº 606, III, 109.
4. Com. 31 oct. 2006, nº 05-11.149, *Bull. civ.* IV, nº 206; *PIBD* 2007, nº 843, III, 1.
5. TGI Paris, 3e ch., 23 févr. 2000, *RD propr. int.* 2002, nº 137, p. 38.

titulaire de droits ou un changement d'adresse. C'est ainsi qu'un licencié exclusif qui n'avait pas inscrit au registre national des brevets son changement de dénomination a été déclaré recevable à intervenir dans une procédure en contrefaçon[1]. Cependant, l'inscription de ces modifications reste conseillée pour éviter toute difficulté.

112.97 Moment de l'inscription. L'inscription doit intervenir avant la saisie-contrefaçon, sous peine de nullité de cette dernière. Un arrêt a prononcé la nullité d'une saisie effectuée sur la base d'une ordonnance rendue avant inscription des droits du requérant : « *Considérant qu'en vain (le saisissant) invoque les dispositions de l'article 126 du nouveau code de procédure civile, l'irrecevabilité n'ayant pas disparu à la date du 2 avril 1987, date à laquelle il a été statué sur l'autorisation de saisie-contrefaçon, ni à la date de la saisie-contrefaçon qui n'est pas un acte de la procédure de première instance; que la saisie-contrefaçon sera annulée* »[2]. Deux autres décisions ont prononcé la nullité d'une saisie demandée par un titulaire de droits non encore inscrits au registre national des brevets[3].

112.98 Irrecevabilité des tiers à s'immiscer dans les rapports juridiques entre les différents titulaires de droits. Il est relativement fréquent que le défendeur en contrefaçon tente de contester la validité des actes publiés au registre national des brevets (cession, absorption, licences...). La jurisprudence tend à considérer que le défendeur n'a pas qualité pour s'immiscer dans les rapports juridiques entre les différents titulaires de droits, tant en matière de brevet[4] que de droit d'auteur[5] ou de marques (un arrêt a notamment énoncé que, à partir de son inscription, un contrat devient opposable « *pour le contenu qui est le sien* »[6]).

112.99 Portée de l'inscription. Il arrive fréquemment, en pratique, qu'un acte transmettant ou modifiant les droits attachés à un brevet d'invention ou à un autre titre de propriété industrielle, ne soit inscrit sur le registre national que longtemps après sa signature. Le délai peut atteindre plusieurs mois, voire plusieurs années et créer un laps de temps durant lequel les parties à l'acte non publié sont tenues par lui, mais durant lequel les tiers ne peuvent, en général, connaître l'acte en question. La situation *inter partes* est donc différente de celle *erga omnes*. La question est alors de savoir si l'une des parties à l'acte non publié peut s'en prévaloir vis-à-vis des tiers et si, réciproquement, les tiers peuvent le lui opposer. La jurisprudence majoritaire estime que les parties à l'acte non publié ne peuvent pas s'en prévaloir mais que, au contraire, elles peuvent se les voir opposer par des tiers[7]. La Cour de cassation a cependant jugé que le titulaire d'une marque, qui l'avait cédée, demeurait recevable, jusqu'à la publication au registre national des marques de l'acte de cession, à requérir puis à faire pratiquer une saisie-contrefaçon[8], alors même qu'il n'était plus propriétaire de la marque. Une solution identique a été retenue par le tribunal de grande instance de Toulouse, le 19 janvier 2006[9]. Ces décisions méconnaissent la règle fondamentale selon laquelle seul le **véritable** propriétaire ou bénéficiaire de droits sur un titre de propriété industrielle peut valablement faire pratiquer une saisie-contrefaçon. L'ancien propriétaire n'a plus qualité pour agir dès l'instant où il cède ses droits[10].

B. Exception au principe de l'inscription obligatoire lorsque le tiers a connaissance de l'acte

112.101 Texte. L'article L. 613-9 alinéa 2 du code de la propriété intellectuelle énonce que : « *Toutefois, avant son inscription, un acte est opposable aux tiers qui ont acquis des droits après la date de cet acte, mais qui avaient connaissance de celui-ci lors de l'acquisition de ces droits.* »

112.102 Jurisprudence. Alors même que le texte ne paraît, à la lettre, concerner que les conflits entre acquéreurs successifs de droits (« *tiers qui ont*

1. Paris, 4e ch., 5 févr. 1992, *PIBD* 1992, no 524, III, 330.
2. Paris, 4e ch. B, 31 oct. 1991, *Ann. propr. ind.* 1992. 144.
3. TGI Paris, 3e ch., 20 mars 1992, *Jurinpi* B19920049 – Paris, 4e ch., sect. A, 29 mai 2002, RG no 01/05850, *PIBD* 2002, no 752, III, 499.
4. TGI Paris, 3e ch., 15 juin 1990, *PIBD* 1990, no 486, III, 569 – CONFIRMÉ PAR : Paris, 4e ch., 4 nov. 1992, *PIBD* 1993, no 538, III, 111 – Paris, pôle 5, ch. 1, 21 oct. 2009, RG no 08/04715.
5. Crim. 27 oct. 1987, *D.* 1988. Somm., 395 – Com. 6 nov. 1990, no 88-18.007, *Bull. civ.* IV, no 263, *PIBD* 1991, no 502, III, 389 – TGI Paris, 3e ch., 4 nov. 1992, *PIBD* 1993, no 539, III, 180 – Paris, 21 juin 1994, *PIBD* 1994, no 577, III, 583 – Com. 10 juin 1997, no 95-15.862, NP.
6. Paris, 4e ch., 15 mai 1985, *Ann. propr. ind.* 1987. 26.
7. Paris, 4e ch. A, 29 mai 1996, *PIBD* 1996, no 618, III, 481 – Paris, 4e ch. A, 30 oct. 1996, *PIBD* 1997, no 626, III, 78.
8. Com. 24 mai 1994, no 92-14.435, *Bull. civ.* IV, no 188.
9. TGI Toulouse, 1re ch., 19 janv. 2006, *PIBD* 2006, no 827, III, 247.
10. EN CE SENS : TGI Paris, 3e ch., 2e sect., 15 avr. 2005, *PIBD* 2005, no 816, III, 563, nullité de la saisie-contrefaçon sollicitée par une société qui, au jour de la requête, a déjà cédé depuis quatre ans sa demande de brevet européen et dont le contrat de licence ne sera enregistré au registre national des brevets que plusieurs mois plus tard.

acquis des droits »)[1], la jurisprudence a étendu l'exception de connaissance acquise aux contrefacteurs. Des actes de cession ou de licence de brevet sont jugés opposables aux tiers contrefacteurs avant leur inscription s'il est prouvé que ces tiers en ont eu connaissance avant cette inscription[2].

SOUS-SECTION 2
DROITS D'OBTENTION VÉGÉTALE

112.111 **Plan.** Le demandeur à la saisie-contrefaçon doit jouir de la capacité d'ester en justice (v. n° 112.41). Il doit, également, bénéficier de certains droits (§ 1). Mais l'acquisition de ces droits doit, enfin, être opposable aux tiers (§ 2).

§ 1.
Qualité pour requérir une saisie-contrefaçon en matière d'obtentions végétales

112.121 **Propriétaire.** Selon la formule consacrée, l'article L. 623-27-1 du code de la propriété intellectuelle lie la qualité pour requérir une saisie-contrefaçon à la qualité pour agir en contrefaçon, opérant ainsi un renvoi à l'article L. 623-25 du même code. À la différence de l'article L. 615-2 du code de la propriété intellectuelle qui, en matière de brevets d'invention, énonce explicitement que « *L'action en contrefaçon est exercée par le propriétaire du* brevet », l'article L. 623-25 définit les titulaires de l'action en contrefaçon sans jamais indiquer directement que le titulaire du certificat d'obtention végétale peut agir en contrefaçon. Ce droit d'action du titulaire ne fait cependant pas de doute et peut être déduit indirectement des alinéas 3 et 5 de l'article L. 623-25 qui énoncent respectivement que le titulaire d'une licence d'office, d'une licence obligatoire ou d'une licence exclusive peut agir en contrefaçon après avoir vainement mis en demeure le titulaire du certificat d'exercer lui-même cette action et que le titulaire d'une licence peut intervenir à l'instance engagée par le titulaire du certificat pour obtenir la réparation du préjudice qui lui est propre. L'article L. 623-25 du code de la propriété intellectuelle ne vise jamais que le « *titulaire* » et ne distingue donc pas selon le mode d'acquisition de la propriété du certificat d'obtention végétale. Pourront donc agir indifféremment, le propriétaire déposant ou celui qui a acquis la titularité du droit ultérieurement par cession, apport en société, etc. (v. s^{s} n° 112.51).

112.122 **Copropriétaire.** L'article L. 623-24 du code de la propriété intellectuelle prévoit que les dispositions des articles L. 613-29 à L. 613-32 relatives à la copropriété des brevets sont applicables aux demandes de certificats d'obtention végétale et aux certificats délivrés. Les indications données précédemment en matière de brevets d'invention sont donc applicables (v. s^{s} n° 112.52).

112.123 **Titulaire d'une demande de certificat d'obtention végétale.** L'article R. 623-51 du code de la propriété intellectuelle dispose que l'ordonnance est rendue sur simple présentation d'une copie conforme de la demande de certificat d'obtention végétale. Le titulaire d'une simple demande de COV peut donc faire pratiquer une saisie-contrefaçon. Dans la mesure où l'article L. 623-26 du code de la propriété intellectuelle dispose que les faits antérieurs à la publication de la délivrance du certificat ne peuvent être **constatés** et poursuivis qu'après la notification au responsable présumé d'une copie conforme de la demande de certificat, cette possibilité de présenter une requête aux fins de saisie-contrefaçon n'est ouverte qu'à compter de cette notification et à l'encontre de son seul destinataire (v. s^{s} n°s 111.121 s.). Il convient toutefois d'ajouter que depuis la loi de réforme n° 2011-1843 du 8 décembre 2011 relative aux certificats d'obtention végétale, l'article L. 623-14 prévoit désormais que la demande de certificat d'obtention végétale est opposable aux tiers à compter de sa publication. Il est en conséquence possible de se demander si la notification prévue dans la deuxième phrase de l'article L. 623-26 n'a désormais d'intérêt que pour la période (extrêmement courte en pratique) qui s'écoule entre la demande de certificat et la publication de cette demande.

112.124 **Le licencié exclusif ou le titulaire d'une licence d'office ou obligatoire doivent préalablement mettre le titulaire en demeure d'agir.** L'article L. 623-25 alinéa 3 du code de la propriété intellectuelle reconnaît expressément au licencié exclusif la qualité pour faire procéder à une saisie-contrefaçon, sous réserve cependant d'avoir vainement mis en demeure le titulaire du certificat d'exercer lui-même l'action en contrefaçon. La même qualité pour requérir une saisie-contrefaçon, subordonnée à la même condition d'une vaine mise en demeure du titulaire du certificat, est encore reconnue au titulaire d'une licence d'office conforme à l'article L. 623-17, qui est une licence non exclusive (CPI art. L. 623-18), au titulaire d'une licence obligatoire conforme à l'article L. 623-22-3,

1. POUR UN EXEMPLE d'application de cet article entre acquéreurs successifs de droits : TGI Paris, 3e ch., 2e sect., 27 juin 2003, *PIBD* 2003, n° 775, III, 567.
2. Paris, 24 avr. 1986, *RD propr. ind.* 1986, n° 5, 146 – TGI Paris, 3e ch., 15 mai 1991, *PIBD* 1991, n° 510, III, 638 – Paris, 4e ch., sect. A, 10 mai 2000, RG n° 1998/27017, *Jurinpi* B20000079 (pourvoi rejeté par Com. 19 nov. 2002, n° 00-18.189).

qui est également une licence non exclusive (CPI art. L. 623-22-3, al. 4), et d'autre part, à l'État titulaire, pour les besoins de la défense nationale, d'une licence d'office conformément à l'article L. 623-20, qui est également une licence non exclusive même si l'article L. 623-20 est silencieux sur la question. Il est en effet possible de constater que l'article L. 623-20 est la copie quasi-conforme de l'article L. 613-19 du code de la propriété intellectuelle relatif aux licences d'office pour les besoins de la défense nationale en matière de brevets d'invention si bien que la doctrine et la jurisprudence dégagée en matière de brevets d'invention doivent donc être applicables aux certificats d'obtention végétale[1]. Or, si la question du caractère exclusif ou non de la licence accordée à l'État pour les besoins de la défense nationale a été longtemps controversée en doctrine, depuis la loi nº 96-1106 du 18 décembre 1996 qui a modifié l'article L. 613-13 du code de la propriété intellectuelle pour une mise en application de l'article 31 d) de l'Accord ADPIC, la question est définitivement tranchée : les licences d'offices, même accordées à l'État pour les besoins de la défense nationale, sont non exclusives[2]. L'article R. 623-51, alinéa 3, du code de la propriété intellectuelle impose de joindre à la requête aux fins de saisie-contrefaçon la justification du respect de la condition précitée. Cette disposition est identique à celle prévue en matière de brevets d'invention (v. ss nº 112.74). Il est à signaler que, assez étonnamment, le nouvel article L. 623-25 (tel que modifié par la loi nº 2011-1843 du 8 décembre 2011) ne mentionne que le cas de la licence obligatoire conforme au nouvel article L. 623-22-3 (créé par la loi nº 2011-1843 du 8 décembre 2011). Il ne vise pas l'autre cas de licence obligatoire possible, celui prévu aux articles L. 623-22-1 et L. 623-22-2 (institué par la loi nº 2004-1338 du 8 décembre 2004), qui est pourtant également un cas de licence obligatoire non exclusive. Faut-il vraiment y voir un refus délibéré de donner qualité à agir au titulaire de cette licence obligatoire de l'article L. 623-22-1 ou, plus simplement, une omission du législateur ?

112.125 Aménagements conventionnels. L'article L. 623-25 du code de la propriété intellectuelle réserve pour le cas du titulaire d'une licence exclusive toute « *stipulation contraire* ». Comme en matière de brevet (v. ss nº 112.72), le schéma subordonnant la saisie-contrefaçon du licencié exclusif à une vaine mise en demeure du titulaire du certificat de présenter lui-même une requête aux fins de saisie-contrefaçon n'est donc que supplétif et les parties au contrat de licence exclusive peuvent le modifier dans un sens plus sévère ou plus favorable au licencié. Ainsi le contrat de licence peut interdire purement et simplement au licencié exclusif de requérir la saisie-contrefaçon ou, au contraire, l'autoriser à requérir la saisie-contrefaçon sans avoir à mettre en demeure le titulaire du certificat[3].

112.126 Défaut de qualité des autres licenciés non-exclusifs. L'article L. 623-25 du code de la propriété intellectuelle est libellé de manière semblable à l'article L. 615-2 du même code, relatif aux brevets d'invention. Il ne reconnaît pas au licencié non-exclusif, autre que le titulaire d'une licence d'office ou d'une licence obligatoire, qualité pour agir en contrefaçon, et par conséquence de requérir une saisie-contrefaçon. Il ne lui reconnaît que qualité à intervenir à l'instance engagée par le titulaire du certificat, afin d'obtenir la réparation du préjudice qui lui est propre. Et, par analogie avec les brevets, il semble donc que le licencié non-exclusif, autre que le titulaire d'une licence d'office, n'ait la qualité ni de demander seul une saisie-contrefaçon, ni même de le faire aux côtés du titulaire du brevet (v. ss nº 112.81). La question peut se poser de savoir si le licencié simple pourrait se faire autoriser, contractuellement, à agir en contrefaçon et donc, corrélativement, à requérir une saisie. La question ne semble pas avoir reçu de réponse jurisprudentielle tranchée.

112.127 Règles particulières en matière de certificat de protection communautaire des obtentions végétales. L'article 104 § 1 du règlement nº 2100/94 du 27 juillet 1994 prévoit que, outre le titulaire du certificat de protection communautaire des obtentions végétales : « *Un licencié peut exercer l'action en contrefaçon, sauf si cette possibilité a été expressément exclue par un accord avec le titulaire dans le cas d'une licence d'exploitation exclusive ou par l'Office conformément à l'article 29 ou à l'article 100 paragraphe 2* ». Littéralement, cet article ouvre l'action en contrefaçon à un licencié même non-exclusif. Il ne soumet jamais l'exercice de l'action en contrefaçon du licencié à une vaine mise en demeure du titulaire du certificat de protection communautaire d'exercer lui-même l'action en contrefaçon. Et s'il envisage la possibilité de stipulation contraire, ce n'est que pour retirer la possibilité d'agir en contrefaçon aux seuls titulaires de

1. T. Bouvet, *La protection juridique de l'innovation végétale*, thèse Versailles Saint-Quentin-en-Yvelines, 2000, spéc. p. 430.
2. N. Wuylens, *Défense nationale et brevet d'invention*, CEDAT 1999, spéc. nº 368, p. 225-227.
3. POUR UN EXEMPLE d'un tel aménagement contractuel, autorisant le licencié exclusif à agir en contrefaçon sans une vaine mise en demeure du titulaire du certificat : TGI Paris, 3e ch., 1re sect., 10 janv. 2001, RG nº 99/3854.

licences exclusives ou de licences obligatoires (non exclusives, *cf.* art. 100 § 2 du règlement) concédées par l'Office communautaire des variétés végétales (conformément aux articles 29 et 100 § 2 du règlement). Le contraste ainsi formé avec les solutions traditionnelles du droit français (v. s[s] n°s 112.124 s.) mais surtout avec celles des autres règlements communautaires est frappant. La question est de savoir s'il s'agit d'un régime spécifique consciemment voulu ou d'une simple maladresse de rédaction (il ne s'agit d'ailleurs pas d'une maladresse de traduction car les différentes versions linguistiques du règlement portent le même sens). L'importance du contraste avec les solutions développées par les autres règlements communautaires, surtout avec la disparition complète de cette idée que le licencié exclusif ne peut agir en contrefaçon qu'après une vaine mise en demeure du titulaire d'agir lui-même, inciterait à penser qu'il y a eu là un choix délibéré. Toutefois, il semble peu logique qu'un licencié non-exclusif soit traité plus favorablement qu'un licencié exclusif; or, c'est précisément ce que permet la lettre de l'article 104 en prévoyant que le contrat de licence peut retirer au licencié exclusif (et non pas au licencié simple) la possibilité d'agir en contrefaçon. De plus, le contraste saisissant des solutions de l'article 104 avec les autres dispositions similaires des autres règlements communautaires (l'article 22 § 3 du règlement n° 207/2009 sur les marques communautaires et l'article 32 § 3 du règlement n° 6/2002 sur les dessins ou modèles communautaires) reste assez inexplicable. La protection des obtentions végétales et les relations entre titulaire et licencié dans ce domaine ne sont pas si spécifiques par rapport aux autres protections communautaires, telles que la marque communautaire ou les dessins et modèles communautaires, qu'elles puissent justifier une solution aussi radicalement différente. Il est donc raisonnable d'interpréter l'article 104 du règlement n° 2100/94 de telle manière qu'il ne s'applique qu'aux licenciés exclusifs et aux titulaires de licences d'office. À l'instar de ce que prévoient le droit français et les autres règlements communautaires comparables (art. 22 § 3 du règlement n° 207/2009, art. 32 § 3 du règlement n° 6/2002), le licencié non exclusif ne doit jamais pouvoir prendre l'initiative des poursuites : il ne peut que se joindre à l'action engagée par le titulaire des droits. C'est d'ailleurs ce que dit expressément le § 2 de l'article 104 du règlement en visant bien à cette occasion « *tout* » licencié : « *Tout licencié a le droit d'intervenir dans l'instance en contrefaçon engagée par le titulaire, afin d'obtenir réparation du préjudice qu'il subi* ». Par contraste, le § 1 de l'article 104 qui ne vise que « *un* » licencié semble n'avoir voulu viser que le licencié exclusif ou le titulaire d'une licence obligatoire qui, respectivement, peuvent se voir retirer cette possibilité d'action en contrefaçon par deux personnes différentes, le titulaire du certificat ou l'Office communautaire des variétés végétales[1].

§ 2. Opposabilité des droits du requérant en matière d'obtentions végétales

112.131 **Principe jurisprudentiel.** Selon la jurisprudence dominante, le requérant doit avoir accompli les formalités nécessaires pour rendre son titre d'acquisition ou de licence opposable aux tiers. Selon cette jurisprudence, ces formalités ne sont pas seulement destinées à régler les conflits entre acquéreurs successifs. Elles constituent aussi une condition préalable à l'exercice des droits vis-à-vis des contrefacteurs.

112.132 **Plan.** Il convient d'aborder distinctement le cas du titre national (A) et du titre communautaire (B), en renvoyant, pour tout ce qui n'est pas spécifiquement traité ci-dessous, aux règles en matière de brevets d'invention (v. s[s] n°s 112.91 s.) qui sont applicables *mutatis mutandis*.

A. Inscription du droit du demandeur au registre national des certificats d'obtention végétale

112.141 **Principe de l'inscription obligatoire.** L'article L. 623-14 du code de la propriété intellectuelle dispose que les actes portant transmission de propriété ou concession d'un droit d'exploitation ne sont opposables aux tiers que s'ils ont été régulièrement publiés au registre national des certificats d'obtention végétale. Il en va notamment ainsi des actes de cession, licence, absorption à titre de fusion, apport en nature, apport partiel d'actif, etc. L'action du cessionnaire ou licencié n'est donc recevable que si l'acte constitutif de ses droits a été inscrit au registre national des certificats d'obtention végétale.

112.142 **Exception lorsque le contrefacteur est en connaissance de cause.** L'article L. 623-24 du code de la propriété intellectuelle indique que les dispositions de l'article L. 613-9 relatives au droit

1. La décision rendue par la CJUE, 20 oct. 2011, aff. C-140/10, *Greenstar-Kanzi Europe*, reste malheureusement ambiguë car si elle emploie certes une formule générale soulignant que « *l'article 104, paragraphe 1, du règlement n° 2100/94 prévoit la possibilité, pour le licencié, d'exercer l'action en contrefaçon à la place du titulaire* » (p[t]. 30), en l'espèce, il s'agissait toutefois d'un licencié exclusif.

des brevets d'invention sont applicables au certificat d'obtention végétale. Or, l'article L. 613-9 alinéa 2 du code de la propriété intellectuelle prévoit que « *avant son inscription, un acte est opposable aux tiers qui ont acquis des droits après la date de cet acte, mais qui avaient connaissance de celui-ci lors de l'acquisition de ces droits* ». Il est possible d'en déduire que la preuve de la connaissance du droit par le poursuivi en contrefaçon peut suppléer l'absence de publicité sur les registres (v. s^s n°s 112.101 s.). La notification préalable d'un acte portant transmission de propriété ou concession d'un droit d'exploitation suffit également à le rendre opposable au destinataire de ladite notification.

B.
Inscription du droit du demandeur au registre de la protection communautaire des obtentions végétales

112.151 Principe de l'inscription obligatoire des transferts de propriété. L'article 23 § 4 du règlement n° 2100/94 du 27 juillet 1994 prévoit que le transfert d'un certificat de protection communautaire n'est opposable aux tiers qu'après son inscription au registre de la protection communautaire des obtentions végétales.

112.152 Exception lorsque le contrefacteur est en connaissance de cause. Le même article 23 § 4 précise cependant que « *toutefois, un transfert qui ne fait pas encore l'objet d'une inscription est opposable aux tiers qui ont acquis des droits après la date du transfert, mais qui avaient connaissance de celui-ci lors de l'acquisition de ces droits* ». Cette formule est très proche de celle de l'article L. 613-9 du code de la propriété intellectuelle en matière de brevets d'invention. La jurisprudence et la doctrine rappelées ci-avant peuvent servir à interpréter l'article 23 § 4 du règlement communautaire (v. s^s n°s 112.111 s. et s^s n° 112.142).

112.153 Silence du texte s'agissant de l'opposabilité des contrats de licence d'un certificat de protection communautaire. Contrairement au droit français, le règlement communautaire ne contient aucune disposition spécifique concernant l'opposabilité des contrats de licence. L'article 87 § 2 du règlement n° 2100/94 du 27 juillet 1994 prévoit pourtant la possibilité d'inscription puisqu'il indique que le registre de la protection communautaire mentionne, « *sur demande, tout droit contractuel d'exploitation exclusive ou tout droit d'exploitation obligatoire comprenant les nom et adresse de la personne bénéficiaire du droit d'exploitation* ». En l'absence de disposition spécifique, il faut retenir que l'inscription du contrat de licence exclusive au registre de la protection communautaire n'est pas une condition nécessaire à l'opposabilité de ladite licence.

Cette inscription est cependant fortement recommandée compte tenu des dispositions de l'article 94 § 2 du même règlement communautaire qui fait dépendre le montant des condamnations prononcées à l'encontre du contrefacteur de la bonne ou mauvaise foi de ce dernier. Or, l'inscription de la licence exclusive peut avoir des conséquences sur ce point. La question est encore plus délicate s'agissant des contrats de licence non-exclusive. En effet, aucune disposition du règlement communautaire ne prévoit l'inscription des licences non exclusives au registre de la protection communautaire des obtentions végétales. La question est cependant d'un intérêt secondaire dans la mesure où le licencié non-exclusif n'a pas le pouvoir d'engager seul une action en contrefaçon (v. s^s n° 112.127).

SOUS-SECTION 3
MARQUES

112.161 Plan. Le demandeur à la saisie-contrefaçon doit avoir la capacité d'ester en justice (v. s^s n° 112.41). Il doit, en outre, disposer d'un droit sur la marque (§ 1) ; ce droit doit enfin être opposable aux tiers (§ 2).

§ 1.
Qualité pour requérir une saisie-contrefaçon en matière de marques

112.171 Propriétaire. Selon la formule consacrée, l'article L. 716-7 du code de la propriété intellectuelle lie la qualité pour requérir une saisie-contrefaçon à la qualité pour agir en contrefaçon, opérant ainsi un renvoi à l'article L. 716-5 du même code. L'article L. 716-5 du code de la propriété intellectuelle énonce que « *l'action civile en contrefaçon est engagée par le propriétaire de la marque* » et ne distingue pas selon le mode d'acquisition de la propriété de la marque (enregistrement de la marque, acquisition de la marque par contrat de cession, absorption à titre de fusion, apport en nature, apport partiel d'actif). Si le propriétaire d'une marque renommée est propriétaire d'une marque enregistrée et peut à ce titre agir en contrefaçon et requérir une saisie-contrefaçon, il est étonnant – peut-être plus encore après la réforme de 2007 puisque l'article L. 716-7 vise désormais plus précisément la description ou la saisie des « *produits ou services contrefaisants* » – que la Cour de cassation lui ait également ouvert cette possibilité en cas d'atteinte à sa marque renommée par usage en dehors du principe de spécialité puisque, dans une telle hypothèse, l'article L. 713-5 du code de la propriété intellectuelle parle de « *responsabilité civile* » et non pas, à proprement parler, de « *contrefaçon* »[1].

112.172 Copropriétaire. Une marque peut être déposée et enregistrée au nom de plusieurs personnes. Il s'agit alors d'une copropriété au sens commun et non juridique du terme, puisque le code de la propriété intellectuelle n'instaure aucun véritable régime de copropriété des marques. Juridiquement, les titulaires de la marque se trouvent alors sous le régime de l'indivision. En conséquence, il semble logique d'apprécier le droit d'agir en contrefaçon, et donc de demander préalablement une saisie-contrefaçon, selon les principes des articles 815-2 et 815-3 du code civil sur l'indivision. Certes, la cour d'appel de Paris, dans une décision du 24 mai 2000, a refusé d'analyser l'action en contrefaçon d'un co-indivisaire « *comme une mesure conservatoire que tout indivisaire peut prendre seul conformément à l'article 815-2 du code civil* » mais à raison de la circonstance toute particulière à l'espèce qui était que « *la société intimée ayant modifié sa dénomination sociale, il n'*[était] *pas démontré que les droits sur la marque étaient compromis* »[2]. Il serait donc possible d'en déduire *a contrario* que, dans les circonstances les plus courantes où la contrefaçon de marque reprochée à un tiers laisse craindre que les droits sur la marque soient compromis, il soit possible de qualifier l'action en contrefaçon d'un co-indivisaire de mesure conservatoire telle qu'envisagée par l'article 815-2 du code civil. Selon le droit commun de l'indivision, un indivisaire peut exercer seul les actions qui, outre les conditions tenant à l'existence d'un péril imminent et à l'absence d'atteinte au fond du droit des indivisaires, tendent à assurer la conservation juridique d'un bien indivis. Il est probable que la requête aux fins de saisie-contrefaçon dès lors qu'elle tend à constituer la preuve d'une contrefaçon – ce qui suppose bien l'existence d'un péril imminent –, en vue d'un éventuel procès au fond destiné à sanctionner la contrefaçon et à ainsi sauvegarder le droit indivis sur la marque, réponde couramment à cette définition de l'acte conservatoire que l'indivisaire peut requérir seul. Et il serait ainsi de principe que le copropriétaire du droit de marque puisse agir seul en contrefaçon et requérir préalablement une saisie-contrefaçon[3]. La meilleure solution néanmoins, pour éviter toute contestation à ce sujet, consiste à régler contractuellement la question entre les copropriétaires.

112.173 Titulaire d'une demande d'enregistrement. L'article L. 716-2 du code de la propriété intellectuelle, prévoyant que les faits antérieurs à la publication de la demande d'enregistrement ne peuvent être considérés comme portant atteinte à la marque, sauf notification au présumé contrefacteur, amène à considérer que la saisie-contrefaçon peut être sollicitée par le simple titulaire d'une demande d'enregistrement sous réserve de sa notification au présumé contrefacteur, ou de la publication de la demande d'enregistrement. La jurisprudence considère que, à défaut de respecter l'une ou l'autre de ces conditions, l'action en contrefaçon est infondée, puisque les faits sont réputés ne pas porter atteinte à la marque, et que la saisie-contrefaçon est nulle[4].

112.174 Le bénéficiaire d'un droit exclusif d'usage. Sous cette formule, l'article L. 716-5 du code de la propriété intellectuelle reconnaît encore au licencié exclusif de la marque française ou ayant effet en France[5] qualité pour faire procéder à une saisie-contrefaçon, à condition d'avoir auparavant vainement mis en demeure le titulaire de la marque d'agir lui-même en contrefaçon. La jurisprudence a eu l'occasion d'appliquer cette règle[6]. Ce même texte réserve toute « *stipulation contraire du contrat* », ce qui signifie que le contrat de licence peut interdire purement et simplement au licencié exclusif de requérir la saisie-contrefaçon[7] ou, au contraire, l'autoriser à requérir la saisie-contrefaçon sans avoir besoin de mettre en demeure le titulaire de la marque[8].

112.175 Licencié non exclusif. Le licencié simple d'une marque française n'a pas qualité, seul,

1. Com. 20 févr. 2007, n° 04-16.712, NP, *Propr. industr.* mai 2007, comm. 39, note crit. P. Tréfigny; *Propr. industr.* juin 2007, comm. 58, note approb. J. Larrieu.
2. Paris, 4e ch., 24 mai 2000, *PIBD* 2000, n° 705, III, 439.
3. EN CE SENS : F. Pollaud-Dulian, *La propriété industrielle*, Economica 2011, spéc. n° 1737, p. 1026; C. Verneret et P. Lenoir, « L'action en contrefaçon », *J.-Cl. Marques – Dessins et modèles*, fasc. 7540, 2007, spéc. n° 15, p. 4; P. Roubier, *Le droit de la propriété industrielle*, Sirey 1952, t. I, p. 139 – CONTRA : J. Schmidt-Szalewski, J.-L. Pierre, *Droit de la propriété industrielle*, Litec 4e éd., 2007, spéc. n° 605, p. 265; J. Passa, *Droit de la propriété industrielle*, t. I, LGDJ 2006, spéc. n° 416, p. 402.
4. Colmar, 13 mai 1994, *Ann. propr. ind.* 1995. 275 – TGI Lille, 16 juin 1994, *PIBD* 1994, n° 575, III, 513.
5. *A CONTRARIO,* Paris, 4e ch., sect. A, 25 mai 2005, RG n° 0 3/21687, *JurisData* n° 2005-272051.
6. Paris, 20 sept. 1996, *Gaz. Pal.*, Somm., 7-8 janv. 1998, 20.
7. POUR UN EXEMPLE de stipulation excluant la possibilité pour le licencié exclusif d'engager « *une quelconque action en justice* » et, par conséquent, lui retirant la possibilité de solliciter l'autorisation de pratiquer une saisie-contrefaçon : Montpellier, 5e ch., sect. A, 11 sept. 2006, RG n° 05/02575, *JurisData* n° 2006-330754.
8. POUR UN EXEMPLE d'une telle autorisation donnée au licencié exclusif de solliciter une saisie-contrefaçon : TGI Paris, 3e ch., 2e sect., 27 nov. 2009, RG n° 2008/15672, *PIBD* 2010, n° 915, III, 218.

pour faire pratiquer une saisie-contrefaçon de marque, par application *a contrario* de l'article L. 716-5 du code de la propriété intellectuelle. En revanche, la jurisprudence a précisé que la présence du licencié non exclusif aux côtés du propriétaire de la marque n'affecte pas la validité de la saisie-contrefaçon[1], comme le suggère d'ailleurs indirectement l'article L. 716-5 du code de la propriété intellectuelle qui prévoit la faculté générale du licencié à intervenir à l'instance en contrefaçon. La question peut se poser de savoir si le licencié simple pourrait se faire autoriser, contractuellement, à agir en contrefaçon et donc à requérir une saisie. La question ne semble pas avoir reçu de réponse jurisprudentielle tranchée.

112.176 Sanction. Le défaut de qualité ou de capacité du saisissant constitue un vice susceptible d'emporter la nullité de la saisie-contrefaçon[2].

112.177 Règles particulières en matière de marques communautaires. L'article 22 du règlement n° 207/2009 du 26 février 2009 indique que le titulaire de la marque communautaire peut agir en contrefaçon, et par voie de conséquence présenter une requête aux fins de saisie-contrefaçon. Le § 3 de l'article 22 indique ensuite que, en principe, un « *licencié ne peut engager une procédure relative à la contrefaçon d'une marque communautaire qu'avec le consentement du titulaire* », consentement spécial ou donné par avance dans le contrat de licence : « *sans préjudice des stipulations du contrat de licence* ». La volonté du titulaire de la marque peut donc donner qualité à agir au licencié même non exclusif. Par exception, le licencié exclusif peut agir en contrefaçon sans le consentement du titulaire, si, après mise en demeure, ce dernier n'agit pas lui-même en contrefaçon dans un délai approprié. Tel que l'article 22 § 3 est rédigé, il ne semble pas que le contrat de licence puisse exclure la possibilité qu'a le licencié exclusif d'agir en contrefaçon à la place du titulaire mis en demeure et défaillant. En effet, la réserve formulée au début du § 3 : « *sans préjudice des stipulations du contrat de licence* ») ne vient littéralement déroger qu'au principe selon lequel tout licencié ne peut normalement agir en contrefaçon qu'avec le consentement du titulaire et ne semble ainsi viser que l'hypothèse du contrat de licence qui autoriserait par avance et de manière générale le licencié exclusif ou non exclusif à agir en contrefaçon sans chercher à recueillir le consentement du titulaire. Enfin, il ne semble pas possible que le simple titulaire d'une demande d'enregistrement puisse requérir une saisie-contrefaçon. En effet, l'article 9 § 3 du règlement n° 207/2009 énonce que « *le droit conféré par la marque communautaire n'est opposable aux tiers qu'à compter de la publication de l'enregistrement de la marque* ». Ce n'est donc qu'à compter de la publication de l'enregistrement de la marque que son titulaire pourra agir en contrefaçon, et par conséquent présenter une requête aux fins de saisie-contrefaçon. La suite de l'article 9 § 3 le confirme en précisant que « *toutefois, une indemnité raisonnable peut être exigée pour des faits postérieurs à la publication d'une demande de marque communautaire qui, après la publication de l'enregistrement de la marque seraient interdits en vertu de celle-ci. Le tribunal saisi ne peut statuer au fond tant que l'enregistrement n'a pas été publié* ». Les faits postérieurs à la publication de la demande et antérieurs à la publication de l'enregistrement ne sont donc pas constitutifs d'une contrefaçon et n'ouvrent droit qu'à une « *indemnité raisonnable* ».

§ 2. Opposabilité des droits du requérant en matière de marques

112.181 Principe jurisprudentiel. Selon la jurisprudence dominante, le requérant doit avoir accompli les formalités nécessaires pour rendre son titre d'acquisition ou de licence opposable aux tiers. Selon cette jurisprudence, ces formalités ne sont pas seulement destinées à régler les conflits entre acquéreurs successifs. Elles constituent aussi une condition préalable à l'exercice des droits vis-à-vis des contrefacteurs.

112.182 Le principe. Comme en matière de brevets (v. s[s] n°s 112.91 s.) ou pour d'autres titres, l'article L. 714-7 du code de la propriété intellectuelle précise que « *toute transmission ou modification des droits attachés à une marque doit, pour être opposable aux tiers, être inscrite au registre national des marques* ». Il en découle, selon la jurisprudence, que le droit de marque n'est opposable à un tiers – notamment à un contrefacteur – par toute personne qui n'en est pas le déposant d'origine que sous réserve de publication au registre de son titre. Il s'agira aussi bien du titre translatif de propriété – acquisition de la marque, absorption de la société titulaire de la marque, apport à une société – que du titre conférant un simple droit d'exploitation. Cette règle s'applique à la matière de la saisie-contrefaçon puisque l'inopposabilité du titre en vertu duquel le demandeur agit se répercuterait sur sa qualité à demander l'autorisation de faire pratiquer une saisie[3].

1. TGI Paris, 6 avr. 1981, *PIBD* 1981. III. 208.
2. Paris, 27 mars 1985, *Ann. propr. ind.* 1986. 48 – TGI Paris, 3e ch., 2e sect., 6 avr. 2007, RG n° 2004/15727, *PIBD* 2007, n° 855, III, 427.
3. Com. 16 mai 1984, n° 82-13.277, *Bull. civ.* IV, n° 171; *RIPIA* 1985. 3 – TGI Bobigny, 22 févr. 1985, *RIPIA* 1985. 55.

Toutefois, depuis la loi n° 2008-776 du 4 août 2008 de modernisation de l'économie[1], l'alinéa 2 de l'article L. 714-7 du code de la propriété intellectuelle prévoit, par dérogation, que l'acte modifiant ou transmettant les droits est opposable, avant même son inscription au registre, aux tiers qui ont acquis des droits sur la marque après la date de cet acte, mais qui avaient connaissance de celui-ci lors de l'acquisition de ces droits. La jurisprudence, à l'instar de ce qu'elle a déjà fait en matière de brevet sur le fondement de l'alinéa 2 de l'article L. 613-9 (introduit par la loi n° 78-742 du 13 juillet 1978) (v. s[s] n° 112.102), étendra sans doute l'exception de connaissance acquise aux contrefacteurs. Des actes de cession ou de licence de marque seraient ainsi jugés opposables aux tiers avant leur inscription s'il est prouvé que ces tiers en ont eu connaissance avant cette inscription.

112.183 **Hypothèse de la simple demande d'enregistrement non publiée.** Ne peuvent être inscrits au registre national des marques les actes qui ne concernent qu'une simple demande d'enregistrement de marque non publiée. De fait, il paraît difficile pour le cessionnaire d'un simple dépôt de marque non encore publié d'obtenir l'autorisation de faire procéder à une saisie-contrefaçon. La gêne n'est cependant que momentanée puisque la publication de la demande se fait dans les six semaines du dépôt (CPI, art. R. 712-8).

112.184 **Renvoi.** Sur les autres questions concernant le moment de l'inscription et sa portée (v. s[s] n°s 112.91 s.) les règles en matière de brevets d'invention étant applicables, *mutatis mutandis*, en matière de marques.

112.185 **Marque communautaire.** En matière de marques communautaires, le régime est sensiblement identique. En effet, l'article 23 du règlement (CE) n° 207/2009 du 26 février 2009 dispose, notamment, que les transferts de propriété et les accords de licence ne sont opposables aux tiers qu'après leur inscription au registre. Toutefois, le texte prévoit deux dérogations. D'une part, le transfert de propriété ou l'accord de licence est opposable, avant même son inscription au registre, aux tiers qui ont acquis des droits sur la marque communautaire après la date de cet acte, mais qui avaient connaissance de celui-ci lors de l'acquisition de ces droits. D'autre part, le règlement précise, au deuxième paragraphe de l'article 23, que la formalité de l'inscription n'est pas nécessaire lorsque la marque communautaire est acquise « *par transfert de l'entreprise dans sa totalité ou par toute autre succession à titre universel* ». Si cette dérogation vise sans nul doute la cession de la marque à l'occasion d'une opération d'absorption par fusion de sociétés, elle ne s'applique probablement pas à un transfert de la marque à l'occasion d'une cession de fonds qui n'entraîne pas, en droit français, une cession à titre universel.

SOUS-SECTION 4

DESSINS ET MODÈLES

112.191 **Plan.** Outre la capacité d'ester en justice (v. s[s] n° 112.41), le demandeur à la saisie-contrefaçon doit disposer d'un droit sur le dessin ou modèle (§ 1). Les droits des personnes habilitées à agir doivent, de surcroît, être opposables aux tiers (§ 2).

§ 1. Qualité pour requérir une saisie-contrefaçon en matière de dessins et modèles

112.201 **Propriétaire du dessin ou modèle déposé.** Selon la formule consacrée, l'article L. 521-4 du code de la propriété intellectuelle lie la qualité pour requérir une saisie-contrefaçon à la qualité pour agir en contrefaçon, opérant ainsi un renvoi à l'article L. 521-2 du même code. L'article L. 521-2 du code de la propriété intellectuelle énonce que « *l'action civile en contrefaçon est exercée par le propriétaire du dessin ou modèle* » et ne distingue pas selon le mode d'acquisition de la propriété du dessin ou modèle (enregistrement, acquisition par contrat de cession, absorption à titre de fusion, apport en nature, apport partiel d'actif).

112.202 **Licencié, distributeur.** Il résulte de l'alinéa 2 de l'article L. 521-2 du code de la propriété intellectuelle que le « *bénéficiaire d'un droit exclusif d'exploitation* », c'est-à-dire le licencié exclusif, peut exercer l'action en contrefaçon (et par conséquent requérir la saisie-contrefaçon) si, après mise en demeure, le propriétaire du dessin ou modèle n'exerce pas cette action. Le même article réserve

1. L. n° 2008-776 du 4 août 2008 de modernisation de l'économie, *JO* 5 août 2008 – SUR CETTE LOI : C. Caron, « La propriété intellectuelle dans la loi de modernisation de l'économie », *JCP E* 2008, act. 397; *idem*, « La propriété intellectuelle dans la loi de modernisation de l'économie », *JCP G* 2008, act. 600; *idem*, « Pot-pourri de propriété intellectuelle : textes nouveaux et attendus », *Comm. com. électr.* oct. 2008, comm. 109; J.-P. Gasnier, « Loi de modernisation de l'économie et propriété intellectuelle », *Propr. industr.* nov. 2008, Focus 163; J. Azéma, « L'incidence de deux importantes lois récentes sur la propriété industrielle », *RLDA* déc. 2008, p. 17 s.; J.-C. Galloux, « Les dispositions de la loi n° 2008-776 du 4 août 2008 de modernisation de l'économie relatives à la propriété intellectuelle », *RTD com.* 2008. 720 s.; J. Raynard, « Droit des brevets et du savoir-faire industriel », *D.* 2009, pan. 453 ., spéc. 454.

l'effet de toute « *stipulation contraire du contrat de licence* », qui peut soit dispenser le licencié exclusif de la mise en demeure du propriétaire, soit lui interdire par avance d'exercer l'action en contrefaçon. En revanche, le licencié simple ne se voit reconnaître que la faculté d'intervenir à l'instance en contrefaçon engagée par le propriétaire du dessin ou modèle. N'ayant pas **qualité** à agir en contrefaçon, le licencié simple ne dispose donc pas de la qualité pour requérir la saisie-contrefaçon. Toutefois, il est permis de penser que, comme en matière de marques, une stipulation ad hoc du contrat de licence peut permettre un transfert au licencié simple du droit d'agir en contrefaçon (et par conséquent aussi de requérir la saisie-contrefaçon). En outre, rien n'empêche le licencié simple de s'associer à la requête aux fins de saisie-contrefaçon du titulaire des droits, la présence de celui-ci aux côtés du titulaire des droits n'étant pas de nature à vicier les opérations de saisie-contrefaçon ou l'ordonnance les ayant autorisées, sous la réserve que celui-ci justifie d'un intérêt propre à agir[1].

112.203 Règles particulières en matière de dessin ou modèle communautaire. La loi du 29 octobre 2007 a inséré dans le code de la propriété intellectuelle un nouveau chapitre consacré spécialement au contentieux des dessins ou modèles communautaires, dont l'article L. 522-1 prévoit expressément que toutes les dispositions du chapitre précédent consacré aux dessins ou modèles nationaux, et donc y compris la saisie-contrefaçon de l'article L. 521-4, « *sont applicables aux atteintes portées aux droits du propriétaire d'un dessin ou modèle communautaire* ». Les dessins ou modèles communautaires peuvent ainsi fonder une saisie-contrefaçon menée en France conformément aux règles de l'article L. 521-4 du code de la propriété intellectuelle.

La saisie-contrefaçon de l'article L. 521-4 est accessible en France à toutes les personnes auxquelles le règlement communautaire reconnaît qualité pour agir en contrefaçon d'un dessin ou modèle communautaire.

Il résulte de l'article 32 du règlement (CE) n° 6/2002 du 12 décembre 2001 que le titulaire du dessin ou modèle communautaire peut agir en contrefaçon et, par conséquent, requérir une saisie-contrefaçon. Il vise ainsi assurément le titulaire d'un dessin ou modèle communautaire enregistré (DMCE) mais certainement aussi le propriétaire d'un dessin ou modèle communautaire non enregistré (DMCNE) dès lors que ce dernier est protégé pendant une période de 3 ans à compter de la date à laquelle il a été divulgué au public pour la première fois au sein de la Communauté (Règl. n° 6/2002, art. 11).

Le § 3 de l'article 32 indique ensuite que, en principe, un « *licencié ne peut engager une procédure relative à la contrefaçon d'un dessin ou modèle communautaire qu'avec le consentement du titulaire* », consentement spécial ou donné par avance dans le contrat de licence (« *sans préjudice des stipulations du contrat de licence* »). La volonté du titulaire du dessin ou modèle communautaire (enregistré ou non, car la lettre de l'article 32 § 3 ne distingue pas[2]) peut donc donner qualité à agir au licencié même non exclusif.

Par exception, le licencié exclusif peut agir en contrefaçon sans le consentement du titulaire, si, après mise en demeure, ce dernier n'agit pas lui-même en contrefaçon dans un délai approprié. Tel que l'article 32 § 3 est rédigé, il ne semble pas que le contrat de licence puisse exclure la possibilité qu'a le licencié exclusif d'agir en contrefaçon à la place du titulaire mis en demeure et défaillant. En effet, la réserve formulée au début du § 3 (« *sans préjudice des stipulations du contrat de licence* ») ne vient littéralement déroger qu'au principe selon lequel tout licencié ne peut normalement agir en contrefaçon qu'avec le consentement du titulaire et ne semble ainsi viser que l'hypothèse du contrat de licence qui autoriserait par avance et de manière générale le licencié exclusif ou non exclusif à agir en contrefaçon sans chercher à recueillir le consentement du titulaire.

112.204 Dépôt international de modèle. Le titulaire d'un dépôt international de modèle à l'Organisation mondiale de la propriété intellectuelle visant la France peut agir en contrefaçon dans ce pays et donc solliciter l'autorisation d'y pratiquer une saisie-contrefaçon. En effet, l'article 4 § 2 de l'Arrangement de La Haye du 6 novembre 1925 concernant l'enregistrement international des dessins et modèles industriels prévoit que le dépôt international effectué au Bureau international de la propriété intellectuelle produit « *dans tous les pays contractants les mêmes effets que si les dessins ou modèles y avaient été directement déposés à la date du dépôt international* ».

§ 2.
Opposabilité des droits du requérant en matière de dessins et modèles

112.211 Principe jurisprudentiel. Selon la jurisprudence dominante, le requérant doit avoir

1. Paris, 4e ch., 25 sept. 1996, *PIBD* 1997, n° 624, III, 52.

2. CONTRA : D. Cohen, *Le droit des dessins et modèles*, 3e éd. Economica, 2009, spéc. nos 1649-1650, p. 450.

accompli les formalités nécessaires pour rendre son titre d'acquisition ou de licence opposable aux tiers. Selon cette jurisprudence, ces formalités ne sont pas seulement destinées à régler les conflits entre acquéreurs successifs. Elles constituent aussi une condition préalable à l'exercice des droits vis-à-vis des contrefacteurs.

112.212 Nécessité de l'inscription au registre national des dessins et modèles. Selon l'article L. 513-3 du code de la propriété intellectuelle, tout acte modifiant ou transmettant les droits attachés à un dessin ou modèle déposé n'est opposable aux tiers que s'il a été inscrit au registre national des dessins et modèles [1]. Ce principe connaît toutefois quelques dérogations.

Tout d'abord, la partie lésée peut, même avant la publicité du dépôt, solliciter l'autorisation de pratiquer une saisie-contrefaçon à l'encontre du tiers auquel la demande d'enregistrement a été notifiée (v. s^s n° 111.223).

Ensuite, depuis la loi n° 2008-776 du 4 août 2008 de modernisation de l'économie [2], l'alinéa 2 de l'article L. 513-3 prévoit, par dérogation, que l'acte modifiant ou transmettant les droits est opposable, avant même son inscription au registre, aux tiers qui ont acquis des droits sur le dessin ou modèle après la date de cet acte, mais qui avaient connaissance de celui-ci lors de l'acquisition de ces droits. Bien que cet alinéa 2 ne paraisse, à la lettre, concerner que les conflits entre acquéreurs successifs de droits, il reste à savoir si la jurisprudence, à l'instar de ce qu'elle a déjà fait en matière de brevet sur le fondement de l'alinéa 2 de l'article L. 613-9 (introduit par la loi n° 78-742 du 13 juillet 1978) (v. s^s n° 112.102), aura tendance à étendre l'exception de connaissance acquise aux contrefacteurs. Des actes de cession ou de licence de dessin ou modèle pourraient être ainsi jugés opposables aux tiers avant leur inscription s'il est prouvé que ces tiers en ont eu connaissance avant cette inscription.

112.213 Dessin ou modèle communautaire. En matière de dessin ou modèle communautaire, le régime est sensiblement identique. En effet, l'article 33 du règlement communautaire du 12 décembre 2001 dispose, notamment, que les transferts de propriété, et les accords de licence, portant sur des DMCE ne sont opposables aux tiers qu'après leur inscription au registre. Toutefois, le texte prévoit deux dérogations. D'une part, le transfert de propriété ou l'accord de licence est opposable, avant même son inscription au registre, aux tiers qui ont acquis des droits sur le DMCE après la date de cet acte, mais qui avaient connaissance de celui-ci lors de l'acquisition de ces droits. D'autre part, le règlement précise, au troisième paragraphe de l'article 33, que la formalité de l'inscription n'est pas nécessaire lorsque le DMCE ou un droit sur le DMCE est acquis « *par transfert de l'entreprise dans sa totalité ou par toute autre succession à titre universel* ». S'agissant en revanche des DMCNE, le paragraphe premier de l'article 33 renvoie la question de l'opposabilité aux tiers des actes juridiques tels que les transferts de propriété et les accords de licence, à la loi de l'État membre sur le territoire duquel le titulaire a son siège, domicile, ou à défaut un établissement.

SOUS-SECTION 5
TOPOGRAPHIES DE PRODUITS SEMI-CONDUCTEURS

112.221 Plan. Outre la capacité d'ester en justice (v. s^s n° 112.41), le demandeur à la saisie-contrefaçon doit disposer d'un droit sur la topographie (§ 1). Les droits des personnes habilitées à agir doivent, de surcroît, être opposables aux tiers (§ 2).

§ 1.
Qualité pour requérir une saisie-contrefaçon en matière de topographies de produits semi-conducteurs

112.231 Renvoi. Jusqu'à la loi n° 2007-1544 du 29 octobre 2007, la saisie-contrefaçon n'existait pas pour les topographies de produits semi-conducteurs. Cette lacune a été comblée grâce au nouvel article L. 622-7 du code de la propriété intellectuelle, qui désormais renvoie expressément à l'article L. 615-5 pour le mécanisme de la saisie-contrefaçon ainsi qu'à l'article L. 615-2 pour la liste des personnes ayant qualité à agir en contrefaçon et par conséquent à requérir une saisie-contrefaçon. Il convient donc de déterminer les règles de la saisie-contrefaçon en matière de topographies de produits semi-conducteurs par une application *mutatis mutandis* des dispositions qui organisent cette mesure probatoire en matière de brevets d'invention.

A.
Droit de propriété

112.241 Propriétaire. L'article L. 615-2 du code de la propriété intellectuelle énonce que « *L'action en contrefaçon est exercée par le propriétaire du brevet* » et ne distingue pas selon le mode d'acquisition de la propriété du brevet (dépôt de la demande

1. Paris, 4e ch., 28 mars 2001, *PIBD* 2001, n° 728, III, 509.
2. L. n° 2008-776 du 4 août 2008 de modernisation de l'économie, *JO* 5 août 2008.

de brevet, acquisition du brevet par contrat de cession, absorption à titre de fusion, apport en nature, apport partiel d'actif). Transposé à la protection des topographies de produits semi-conducteurs, ce texte signifie que la qualité à agir en contrefaçon, et par conséquent à requérir une saisie-contrefaçon, revient au titulaire des droits attachés à l'enregistrement de la topographie, peu importe qu'il s'agisse du titulaire initial, c'est-à-dire du créateur ou de son ayant cause auxquels appartient le droit au dépôt conformément à l'article L. 622-3 du code de la propriété intellectuelle, ou qu'il s'agisse d'un ayant droit auquel ces droits ont été transmis par un quelconque mode d'acquisition.

112.242 **Copropriétaire.** Aucune des dispositions des articles L. 622-1 à L. 622-7 du code de la propriété intellectuelle n'évoque la possibilité d'une copropriété des droits attachés à l'enregistrement de la topographie. L'article L. 622-7 renvoie certes à un certain nombre de dispositions du droit des brevets, mais pas à l'article L. 613-29 du même code qui met en place un régime de copropriété des droits de brevet, dérogatoire au droit commun. Il serait pourtant inexact d'en déduire l'impossibilité d'une copropriété des droits sur la topographie. En effet, l'article R. 622-6 du même code déclare applicable aux dépôts de topographies, notamment, l'article R. 612-2 dont l'alinéa 3 traite l'hypothèse d'une « *pluralité de demandeurs* », l'article R. 612-38 qui évoque le dépôt « *au nom de plusieurs personnes* » et l'article R. 613-45 qui envisage l'hypothèse où le droit « *appartient à plusieurs personnes* ». Appliqués *mutatis mutandis*, ces articles confirment qu'une topographie peut bien faire l'objet d'une titularité de droit partagée. En revanche, le silence des textes est absolu quant à la question de l'organisation de cette co-titularité des droits sur une topographie de produit semi-conducteur. Il peut sembler alors raisonnable, à défaut de règles spécifiques à la copropriété des droits sur la topographie d'un produit semi-conducteur dans le code de la propriété intellectuelle, de se tourner vers les règles du code civil sur l'indivision (C. civ., art. 815 s. et 1873-1 s.), à l'instar de ce qu'a décidé la jurisprudence en matière de marques [1].

Il ne fait pas de doute qu'un copropriétaire, comme tout propriétaire visé à l'article L. 615-2, a qualité pour agir en contrefaçon, et par conséquent pour requérir une saisie-contrefaçon. Mais se pose alors la question de savoir si un copropriétaire doit recueillir l'accord de tous les indivisaires ou peut requérir seul la saisie-contrefaçon, ce qui implique de qualifier la requête aux fins de saisie-contrefaçon respectivement soit d'acte d'administration, soit d'acte conservatoire. En effet, selon le droit commun de l'indivision, un indivisaire peut exercer seul les actions qui, outre les conditions tenant à l'existence d'un péril imminent et à l'absence d'atteinte au fond du droit des indivisaires, tendent à assurer la conservation juridique d'un bien indivis. Il est probable que la saisie-contrefaçon dès lors qu'elle tend à constituer la preuve d'une contrefaçon – ce qui suppose bien l'existence d'un péril imminent –, en vue d'un éventuel procès au fond destiné à sanctionner la contrefaçon et à ainsi sauvegarder le droit indivis sur la topographie, peut répondre à cette définition de l'acte conservatoire que l'indivisaire peut requérir seul.

1. Paris, 7 déc. 1989, *Ann. propr. ind.* 1990. 154 – Paris, 24 mai 2000, *PIBD* 2000, n° 705, III, 439.

B.

Titularité d'un dépôt non encore enregistré

112.251 **Actes postérieurs au dépôt et antérieurs à l'enregistrement.** Il résulte de l'article L. 622-6 du code de la propriété intellectuelle que le droit exclusif, dont le contenu est défini à l'article L. 622-5 du même code, prend effet au jour du dépôt. Or, l'article R. 622-3 indique que « *le bénéfice de la date de dépôt est acquis au déposant à la date de remise des pièces prévues à l'article* [R. 622-2] (...) *même si les pièces sont irrégulières en la forme* » (sous réserve que leur régularisation n'entraîne aucun changement dans la représentation de la topographie déposée). C'est dire qu'entre la date de remise des pièces et la date de l'enregistrement, il peut s'écouler un certain délai (le temps nécessaire à la régularisation des pièces) pendant lequel le déposant est néanmoins déjà en mesure d'agir en contrefaçon (CPI, art. L. 622-5 *in fine*) et de requérir une saisie-contrefaçon (v. s[s] n° 111.253).

C.

Droit de licence exclusive

112.261 **Principe de l'obligation de mise en demeure du titulaire des droits sur la topographie.** L'article L. 615-2 alinéa 2 du code de la propriété intellectuelle accorde au licencié exclusif d'un brevet d'invention la qualité pour agir en contrefaçon et, par conséquent, pour faire procéder à une saisie-contrefaçon, sous réserve cependant d'avoir auparavant vainement mis en demeure le propriétaire du brevet d'exercer lui-même cette action (« *le bénéficiaire d'un droit exclusif d'exploitation peut, sauf stipulation contraire du contrat de licence, exercer l'action en contrefaçon si, après mise en demeure, le propriétaire du brevet n'exerce pas cette action* »). Ce principe se transpose *mutatis mutandis* au profit du titulaire d'une licence exclusive sur les droits attachés à l'enregistrement d'une topographie.

112.262 Aménagements conventionnels. V. s^{s} n° 112.72.

112.263 Forme et contenu de la mise en demeure. V. s^{s} n° 112.73.

112.264 Obligation de justifier du respect de l'article L. 615-2. L'article R. 622-6 renvoie notamment à l'article R. 615-2 alinéa 3 du code de la propriété intellectuelle qui impose de joindre à la requête aux fins de saisie-contrefaçon la justification du respect de la condition de mise en demeure préalable posée par l'alinéa 2 de l'article L. 615-2 du code de la propriété intellectuelle.

D.
Droit de licence non exclusive

112.271 Inaptitude du licencié non-exclusif. V. s^{s} n° 112.81.

112.272 Titulaire d'une licence non contractuelle. L'article L. 622-7 du code de la propriété intellectuelle renvoie à une seule des licences non contractuelles mises en place en matière de brevets d'invention : la licence d'office de l'article L. 613-19 que l'État peut obtenir, à tout moment, pour les besoins de la défense nationale. Bien que cette licence d'office soit non-exclusive (v. CPI, art. L. 613-13), par exception au principe évoqué ci-dessus, l'article L. 615-2 alinéa 4 du code de la propriété intellectuelle, auquel renvoie également l'article L. 622-7, confère à son titulaire (l'État) le droit de faire procéder à une saisie-contrefaçon sous réserve d'une mise en demeure d'exercer l'action en contrefaçon adressée sans succès au titulaire des droits sur la topographie. La preuve du respect de cette condition de mise en demeure préalable doit être apportée lors de la présentation de la requête aux fins de saisie-contrefaçon.

§ 2.
Opposabilité des droits du requérant en matière de topographies de produits semi-conducteurs

A.
Principe de l'inscription obligatoire

112.281 Topographie enregistrée ou demande d'enregistrement d'une topographie. L'article L. 622-7 du code de la propriété intellectuelle, par renvoi à l'article L. 613-9 alinéa 1 du même code, indique que tous les actes transmettant ou modifiant les droits attachés à une demande de protection d'une topographie ou à l'enregistrement d'une topographie doivent, pour être opposables aux tiers, être inscrits sur un registre, le registre national des dépôts de topographies de produits semi-conducteurs, qui n'est autre qu'une section du registre national des brevets tenu par l'Institut national de la propriété industrielle.

112.282 Modifications devant être inscrites. V. s^{s} n° 112.95.

112.283 Modifications dont l'inscription est facultative. V. s^{s} n° 112.96.

112.284 Moment de l'inscription. V. s^{s} n° 112.97.

112.285 Irrecevabilité des tiers à s'immiscer dans les rapports juridiques entre les différents titulaires de droits. V. s^{s} n° 112.99.

112.286 Portée de l'inscription. V. s^{s} n° 112.99.

B.
Exception au principe de l'inscription obligatoire lorsque le tiers a connaissance de l'acte

112.291 Texte. L'article L. 622-7 du code de la propriété intellectuelle renvoie à L. 613-9 du même code dont l'alinéa 2 énonce que : *« Toutefois, avant son inscription, un acte est opposable aux tiers qui ont acquis des droits après la date de cet acte, mais qui avaient connaissance de celui-ci lors de l'acquisition de ces droits. »*

112.292 Jurisprudence. V. s^{s} n° 112.102.

SOUS-SECTION 6
INDICATIONS GÉOGRAPHIQUES

112.301 Spécificité des indications géographiques. À la différence des autres droits de propriété industrielle, les indications géographiques n'appartiennent pas à un titulaire enregistré mais peuvent être librement utilisées par tous les producteurs qui remplissent les conditions posées, par une décision judiciaire ou administrative (v. s^{s} n°s 111.271 s.), relativement à l'aire géographique de production et aux qualités et caractéristiques que doivent présenter les produits. C'est pourquoi, alors que l'article L. 722-4 du code de la propriété intellectuelle, selon le principe désormais commun, ouvre la voie de la saisie-contrefaçon à « *toute personne ayant qualité pour agir en vertu du présent titre* », c'est-à-dire agir pour une atteinte à une indication géographique, l'alinéa 1er de l'article L. 722-2 du même code énonce simplement que « *l'action civile pour atteinte à une indication géographique est exercée par toute personne autorisée à utiliser cette indication géographique* *ou tout organisme auquel la législation donne pour mission la défense des indications géographiques* ». Ces personnes devront naturellement également avoir la capacité d'ester en justice (v. s[s] n° 112.41). L'alinéa 2 de l'article L. 722-2 reconnaît à ces mêmes personnes la qualité « *à intervenir dans l'instance engagée par une autre partie pour atteinte à l'indication géographique* ».

SECTION 2
LE SAISI

112.311 Textes. La loi n° 2007-1544 du 29 octobre 2007 « *de lutte contre la contrefaçon* » a rassemblé les différents articles organisant la saisie-contrefaçon en matière de propriété industrielle autour d'une rédaction commune (CPI, art. L. 615-5, art. L. 521-4, art. L. 622-7, art. L. 623-27-1, art. L. 716-7, art. L. 722-4). Seules quelques infimes variations apparaissent d'un texte à l'autre, destinées à tenir compte des spécificités de chaque régime de protection, comme par exemple le fait que le droit des brevets d'invention protège non seulement des produits mais également des procédés. Au-delà de variations mineures, il apparaît que la saisie-contrefaçon en matière de propriété industrielle, dans ses grandes lignes, présente toujours un point commun : il peut être procédé à une saisie-contrefaçon « *en tout lieu* ».

112.312 Tout détenteur de preuve de la contrefaçon alléguée. Il ressort des textes précités qu'aucune disposition légale ne tend à réserver la saisie-contrefaçon au seul contrefacteur présumé et à exclure une saisie-contrefaçon à l'encontre d'un tiers non contrefacteur mais simplement détenteur de preuves de la contrefaçon. En effet, la saisie-contrefaçon est destinée à permettre au titulaire de droits de propriété industrielle de recueillir les preuves de la contrefaçon qu'il allègue. La saisie-contrefaçon peut donc être pratiquée en tous lieux où les preuves de la contrefaçon peuvent se trouver. Il n'est pas nécessaire que la personne à l'encontre de laquelle la saisie doit être pratiquée soit elle-même contrefacteur.

Ainsi, une saisie-contrefaçon effectuée dans les locaux de l'Agence du médicament (devenue en 1998, l'Agence française de sécurité sanitaire des produits de santé - AFSSAPS -) a été jugée valable, alors même que cette Agence n'était aucunement suspectée de contrefaçon mais qu'il s'agissait, pour le demandeur, d'obtenir des informations, utiles à la preuve de la contrefaçon qu'il alléguait, figurant dans le dossier de demande d'autorisation de mise sur le marché du médicament argué de contrefaçon [1]. De même, la cour d'appel de Paris a reconnu valable la saisie-contrefaçon pratiquée dans les locaux de la DDE du Calvados qui avait reçu, dans le cadre d'un appel d'offres relatif à l'aménagement d'un échangeur routier, des documents susceptibles de révéler une offre d'utilisation d'un procédé contrefaisant [2]. De même, la jurisprudence admet la saisie-contrefaçon pratiquée au greffe du tribunal des objets appréhendés lors d'une première saisie-contrefaçon annulée (sur cette question, v. s[s] n° 152.30). Dans le même sens, le tribunal de grande instance de Paris par jugement du 5 juin 1996 [3], confirmé par arrêt du 23 septembre 1998 [4] a déclaré valable une saisie-contrefaçon effectuée par l'huissier entre ses propres mains et portant sur des objets ayant fait l'objet d'un constat d'achat.

112.313 Organismes de droit privé ou de droit public. L'article L. 615-10 du code de la propriété intellectuelle, qui vise le cas des inventions exploitées par l'État pour les besoins de la défense nationale, admet le principe d'une saisie-contrefaçon à l'encontre de l'État (en prévoyant des aménagements afin de préserver le secret de la défense). Cette possibilité existe également relativement aux topographies de produits semi-conducteurs en raison du renvoi exprès qu'effectue l'article L. 622-7 du code de la propriété intellectuelle aux articles L. 613-19 et L. 615-10 du même code.

L'article L. 615-10 montre qu'une saisie-contrefaçon peut aussi bien être ordonnée à l'encontre d'une personne de droit privé qu'à l'encontre d'un organisme de droit public, tel qu'une administration, que cet organisme soit lui-même contrefacteur ou qu'il détienne seulement des preuves de la contrefaçon commise par un tiers.

112.314 Lieux. La saisie peut être autorisée dans tous les lieux où se trouve la preuve de la contrefaçon, la loi ne faisant aucune restriction, à savoir :

– une usine, un entrepôt, un magasin [5], un garage, un chantier, un site d'abattage, un centre d'essais, des bureaux... ;

1. TGI Bobigny, ch. 5, sect. 1, 13 déc. 1996, RG n° 17486/96 – TGI Bobigny, ch. 1, 24 févr. 1997, RG n° 361/97 – TGI Paris, 3e ch., 1re sect., 30 sept. 1998, RG n° 96/25285, *PIBD* 1999, n° 673, III, 133 – Paris, 4e ch., sect. A, 14 mars 2001, RG n° 1998/24199 – TGI Bobigny, 1re ch., sect. 5, 17 mars 2004, RG n° 03/02744 – TGI Paris, 3e ch., 2e sect., 2 juill. 2004, RG n° 02/18798, *PIBD* 2004, n° 796, III, 615 – Paris, 4e ch., sect. B, 30 juin 2006, RG n° 04/18890 – TGI Paris, 3e ch., 2e sect., 9 févr. 2007, RG n° 02/18798 – TGI Paris, 3e ch., 4e sect., 1er juin 2011, RG n° 11/07690 – TGI Paris, 3e ch., 3e sect., 8 juill. 2011, RG n° 11/08209 – Paris, pôle 1, ch. 3, 6 déc. 2011, RG n° 11/11455.
2. Paris, 4e ch., sect. A, 24 nov. 2004, RG n° 03/14212, *PIBD* 2005, n° 803, III, 131; *D.* 2005. 967, obs. Raynard; *Gaz. Pal.* 2006, jur. p. 5, note Le Tarnec.
3. TGI Paris, 3e ch., 5 juin 1996, *PIBD* 1996, n° 619, III, 515.
4. Paris, 4e ch. A, 23 sept. 1998, *PIBD* 1999, n° 671, III, 79.
5. TGI Paris, 3e ch., 4e sect., 27 janv. 2011, RG n° 2009/15874, *Jurinpi* D20110044; *PIBD* 2011, n° 940, III, 370.

– tous lieux publics tels que salons, foires, expositions... ;

– le domicile personnel du saisi... [1];

– le greffe du tribunal où se trouvent les objets provenant d'une précédente saisie... ;

– les locaux d'une administration... ;

– les propres locaux du requérant (voir notamment la saisie-contrefaçon opérée par la société Chanel, dans une de ses boutiques, d'une montre à sa marque qui lui avait été confiée pour réparation [2]) ;

– à bord d'un aéronef faisant escale sur le territoire français [3]; il est à noter toutefois que pareille saisie ne peut concerner que les marchandises transportées et non les navires et aéronefs eux-mêmes qui bénéficient, en matière de brevet, par application de l'article 5 *ter* de la Convention d'Union de Paris du 20 mars 1883, d'une sorte de privilège d'extraterritorialité; une règle semblable existe en matière de dessins et modèles nationaux (CPI, art. L. 513-7) et en matière de dessins ou modèles communautaires (règl. n° 6/2002 du 12 déc. 2001, art. 20 § 2).

1. Même si ce domicile se trouve dans une gendarmerie, TGI Paris, ch. civ. 3, 5 mars 2008, RG n° 07/02652.
2. TGI Paris, 3e ch., 3 mai 1990, *PIBD* 1990, n° 489, III, 686.
3. Com. 4 juill. 1995, n° 93-15.575, NP.

TITRE

12. L'ordonnance de saisie-contrefaçon

SECTION 0

ORIENTEUR

12.00 Plan du titre.

12.01 Textes applicables.

CPI, art. L. 332-4, L. 521-1, L. 521-3-1, L. 521-4, L. 521-6, L. 522-2, L. 615-3, L. 615-5, L. 615-17, L. 622-7, L. 623-27, L. 623-27-1, L. 623-31, L. 716-3, L. 716-6, L. 716-7, L. 722-3, L. 722-4, L. 722-8, R. 521-2, D. 521-6, R. 522-1, R. 615-2, R. 622-6, R. 623-51, R. 717-11, R. 716-2, D. 716-12, R. 722-2, D. 722-6, D. 631-1, D. 631-2.

C. pr. civ., art. 42, 145, 454, 456, 458, 459, 460, 493 à 498, 771, 774, 812, 813, 958.

COJ, art. L. 211-11, L. 211-11-1, R. 7-11-1-1, D. 211-5, D. 211-6, R. 211-7, D. 211-6-1.

Dir. n° 2004/48/CE du 29 avr. 2004, art. 2, 7.

CEDH, art. 6.1.

12.02 Jurisprudence citée.

* V. s^s n°s 121.02, 122.02 et 123.02.

12.09 Division. La juridiction compétente est déterminée par les dispositions relatives aux différents droits de propriété industrielle (chapitre 121). Au titre de la requête, seront présentées les mentions à prévoir (chapitre 122). Au titre de l'ordonnance, seront envisagés les pouvoirs du président (chapitre 123).

CHAPITRE

121. Juridiction compétente

SECTION 0

ORIENTEUR

121.00 **Plan du chapitre.**

Sect. 1 Compétence matérielle

Sect. 2 Compétence territoriale

121.01 **Textes applicables.**

* V. s^s n° 12.01

121.02 **Jurisprudence citée.**

> Compétence exclusive du président du tribunal de grande instance

• **TGI Lyon, 10e ch., 20 mars 1995,** *PIBD* 1995, n° 590, III, 310.

• **Civ. 3e, 17 nov. 1981,** n° 80-10.372, *Bull. civ.* III, n° 191; *Gaz. Pal.* 1982. 1.106, note Viatte; *RTD civ.* 1982. 463, obs. Normand, 474, obs. Perrot.

* V. s^s n° 121.21

> Compétence du président du tribunal de grande instance du lieu de la saisie-contrefaçon ou compétent pour connaître du fond

• **Civ. 2e, 18 nov. 1992,** n° 91-16.447, *Bull. civ.* II, n° 266; *JCP G* 1993. I, n° 3678, 10; *RTD civ.*, 1993, 648.

• **Civ. 2e, 30 avr. 2009,** n° 08-15.421, *Bull. civ.* II, n° 105; *Procédures* juill. 2009, comm. 224, obs. Perrot; *Dr et proc.* sept.-oct. 2009, Somm. 268, obs. Salati; *D.* 2009. 2321, note Pierre-Maurice.

* V. s^s n° 121.31

> Requête présentée à l'occasion d'une instance en cours

• **TGI Paris, réf., 5 mars 1984,** *Gaz. Pal.* 1984. 1.267.

• **Com. 26 oct. 1993,** n° 91-18.049, *Bull. civ.* IV, n° 357, *PIBD* 1994, n° 558, III, 22.

• **Com. 21 mars 1995,** n° 93-15.391, NP.

• **Paris, 4e ch. sect. A, 27 nov. 2002,** RG n° 2000/07234, *PIBD* 2003, n° 763, III, 234.

• **TGI Paris, 3e ch., 3e sect., 17 févr. 2004,** *PIBD* 2004, n° 787, III, 323.

• **TGI Paris, 3e ch., 2e sect., 9 juill. 2004,** *PIBD* 2004, n° 796, III, 610.

• **Paris, 4e ch., sect. A, 3 mai 2006,** *PIBD* 2006, n° 833, III, 479.

• **TGI Paris, 3e ch., 1re sect., 31 oct. 2006,** RG n° 02/16040, *Jurinpi* B20060197.

• **Paris, 14e ch., sect. B, 19 oct. 2007,** RG n° 07/06176, *JurisData* n° 2007-351511, *CCE* mai 2008, comm. n° 65, note Caron.

• **Com. 26 mars 2008,** n° 05-19.782, *Bull. civ.* IV, n° 70, *PIBD* 2008, n° 875, III, 340.

• **TGI Paris, 3e ch., 3e sect., 14 janv. 2009,** RG n° 07/11208.

• **Orléans, ch. com., 29 janv. 2009,** RG 2008/00454, *PIBD* 2009, n° 894, III, 964, *Jurinpi* M20090103, *Propr. intell.* oct. 2010, p. 991, obs. Sabatier.

• **Paris, 4e ch., sect. B, 29 mai 2009,** RG n° 07/13545.

• **Paris, pôle 1, ch. 2, 10 nov. 2009,** RG n° 2009/10917.

• **TGI Paris, 3e ch., 1re sect., 24 nov. 2009,** RG n° 07/03839, *Jurinpi* B20090175.

• **Cour de cassation belge, 8 mars 2010,** *Justel* n° F20100308-3, *I.R.-D.I.* 2010, p. 139, note L. Weynants, *Propr. industr.* 2011, Chron. 1, p. 23, note T. de Haan.

• **Com. 14 sept. 2010,** n° 09-16.854, *Bull. civ.* IV, n° 137; *PIBD* 2010, n° 931, III, 17; *RLDI* oct. 2010, n° 2106, p. 18.

• **TGI Paris, 3e ch., 1re sect., 15 nov. 2011,** RG n° 10/15560.

* V. s^s n° 121.33

>Saisies effectuées dans un lieu s'étendant sur le ressort de plusieurs tribunaux

• **TGI Paris, 3e ch., 24 mars 1983,** *PIBD* 1983, n° 330, III, 206.

• **TGI Paris, 3e ch., 26 avr. 1984,** *PIBD* 1984, n° 356, III, 256.

• **Civ. 2e, 5 mai 2011,** n° 10-20.435, P, *Procédures* 2011, comm. 221, note R. Perrot; *Propr. intell.* oct. 2011, p. 437, obs. de Haas.

* V. s^s n° 121.34

> Sanction

• **Paris, 4e ch., 25 sept. 1996,** *PIBD* 1997, n° 624, III, 52.

• **Nîmes, 2e ch., 8 mars 2001,** *PIBD* 2001, n° 725, III, 414.

• **TGI Paris, 3e ch., 2e sect., 3 déc. 2004,** RG n° 2003/09006, *PIBD* 2005, n° 805, III, 215.

• **TGI Bobigny, 1re ch., 7e sect., ord. réf., 7 sept. 2005,** RG n° 2002/01387, *PIBD* 2005, n° 817, III, 611.

• **TGI Paris, 3e ch., 3e sect., 5 oct. 2005,** RG n° 2003/12094, *PIBD* 2006, n° 821, III, 14.

• **TGI Paris, 3e ch., 1re sect., 23 oct. 2007,** *PIBD* 2008, n° 866, III, 32.

• **TGI Paris, 3e ch., 2e sect., 6 juill. 2007,** RG n° 06/02621, *PIBD* 2007, n° 861, III, 627; *Propr. industr.* oct. 2007, comm. 76, note Raynard.

• **TGI Paris, 3e ch., 3e sect., ord. JME, 12 mars 2008,** RG n° 07/11641.

• **TGI Paris, ch. civ. 3, 5 mars 2008,** RG n° 07/02652.

• **TGI Paris, 3e ch., 3e sect., 26 mars 2008,** RG n° 06/12601.

• **TGI Paris, 3e ch., 2e sect., 5 déc. 2008,** RG n° 2005/08703, *PIBD* 2009, n° 893, III, 929.

• **TGI Paris, 3e ch., 3e sect., 7 janv. 2009,** RG n° 2008/0016, *Jurinpi* B20090019, *PIBD* 2009, n° 894, III, 951.

• **TGI Paris, 3e ch., 3e sect., 14 janv. 2009,** RG n° 07/11208, *PIBD* 2009, n° 901, III, 1267, *Jurinpi* B20090030; *Propr. intell.* oct. 2009, p. 398, obs. de Haas.

• **TGI Paris, 3e ch., 3e sect., ord. JME, 6 mai 2009,** RG n° 08/16494, *Jurinpi* D20090063; *Propr. intell.* oct. 2009, p. 399, obs. de Haas.

• **TGI Strasbourg, 1re ch., 8 juin 2009,** RG n° 06/07439, *Jurinpi* B20090082.

• **TGI Paris, 3e ch., 4e sect., ord. JME, 17 sept. 2009,** RG n° 09/00778, *Jurinpi* B20090151.

• **TGI Paris, 3e ch., 2e sect., 27 nov. 2009,** RG n° 2008/15672, *PIBD* 2010, n° 915, III, 218.

• **TGI Paris, 3e ch., 2e sect., 1er oct. 2010,** RG 2008/16991, *Jurinpi* D20100245; *PIBD* 2011, n° 935, III, 201.

• **Aix-en-Provence, ch. 2, 2 févr. 2011,** RG n° 09/07185.

• **Toulouse, ch. 3, sect. 1, 21 juill. 2011,** RG n° 10/02634.

• **TGI Paris, 3e ch., 1re sect., 15 nov. 2011,** RG n° 10/15560.

* V. ss n° 121.36

121.11 Division. Il convient de distinguer la compétence matérielle et la compétence territoriale.

SECTION 1
COMPÉTENCE MATÉRIELLE

121.21 Compétence exclusive du président du tribunal de grande instance. Tous les articles organisant la saisie-contrefaçon en matière de propriété industrielle (CPI, art. L. 615-5, art. L. 521-4, art. L. 622-7, art. L. 623-27-1, art. L. 716-7, art. L. 722-4), dans leur rédaction commune, font dépendre la saisie-contrefaçon « *d'une ordonnance rendue sur requête par la juridiction civile compétente* ». Cette juridiction civile compétente est le tribunal de grande instance et, comme il s'agit d'une ordonnance sur requête, la compétence revient encore plus précisément au président du tribunal de grande instance :

– en matière de brevets d'invention, certificats d'utilité et certificats complémentaires de protection : l'article L. 615-17 du code de la propriété intellectuelle énonce que « *les actions civiles et les demandes relatives aux brevets d'invention, y compris lorsqu'elles portent également sur une question connexe de concurrence déloyale, sont exclusivement portées devant des tribunaux de grande instance, déterminés par voie réglementaire, à l'exception des recours formés contre les actes administratifs du ministre chargé de la propriété industrielle qui relèvent de la juridiction administrative* » (alinéa 1er). Cette compétence des présidents des tribunaux de grande instance est spécialement confirmée en matière de saisie-contrefaçon par l'article R. 615-2 du même code : « *La saisie, descriptive ou réelle, prévue à l'article L. 615-5 est ordonnée par le président d'un des tribunaux de grande instance énumérés à l'article D. 631-2, dans le ressort duquel les opérations doivent être effectuées* »;

– en matière de topographies de produits semi-conducteurs : l'article L. 622-7 du code de la propriété intellectuelle renvoie à l'article L. 615-17 du même code, étudié ci-dessus;

– en matière d'obtentions végétales : l'article L. 623-31 du code de la propriété intellectuelle énonce que « *les actions civiles et les demandes relatives aux obtentions végétales, y compris lorsqu'elles portent également sur une question connexe de concurrence déloyale, sont exclusivement portées devant des tribunaux de grande instance, dont le nombre ne peut être inférieur à dix, à l'exception des recours formés contre les actes administratifs ministériels, qui relèvent de la juridiction administrative* ». Cette compétence des présidents des tribunaux de grande instance est spécialement confirmée en matière de saisie-contrefaçon par l'article R. 623-51 du même code : « *la saisie, descriptive ou réelle, prévue à l'article L. 623-27-1 est ordonnée par le président de l'un des tribunaux de grande instance mentionnés à l'article D. 631-1, dans le ressort duquel les opérations doivent être effectuées* »;

– en matière de marques : l'article L. 716-3 du code de la propriété intellectuelle énonce que « *les actions civiles et les demandes relatives aux marques, y compris lorsqu'elles portent également sur une question connexe de concurrence déloyale, sont exclusivement portées devant des tribunaux de grande instance, déterminés par voie réglementaire* ». L'article R. 716-2 du même code énonce que « *La saisie, descriptive ou réelle, prévue à l'article L. 716-7 est ordonnée par le président du tribunal de grande instance compétent pour connaître du fond* »;

– en matière de marques communautaires : l'article L. 211-11 du code de l'organisation judiciaire énonce qu'« *un tribunal de grande instance spécialement désigné connaît des actions et demandes en matière de marques communautaires, dans les cas et conditions prévus par le code de la propriété intellectuelle* ». L'article R. 211-7 du même code précise que « *le tribunal de grande instance compétent pour connaître des actions en matière de marques, dessins et modèles communautaires, dans les cas et conditions prévus par le code de la propriété intellectuelle, est celui de Paris* »;

– en matière de dessins et modèles : l'article L. 521-3-1 du code de la propriété intellectuelle énonce que « *les actions civiles et les demandes relatives aux dessins et modèles, y compris lorsqu'elles portent également sur une question connexe de concurrence déloyale, sont exclusivement portées devant des tribunaux de grande instance, déterminés par voie réglementaire* ». L'article R. 521-2 du même code confirme et précise que « *la saisie, descriptive ou réelle, prévue à l'article L. 521-4 est ordonnée par le président du tribunal de grande instance compétent pour connaître du fond* »;

– en matière de dessins et modèles communautaires : l'article L. 211-11-1 du code de l'organisation judiciaire énonce que « *des tribunaux de grande instance spécialement désignés connaissent des actions et demandes en matière de dessins ou modèles communautaires, dans les cas et conditions prévus par le code de la propriété intellectuelle* ». L'article R. 522-1 du code de la propriété intellectuelle précise « *les actions et demandes en matière de dessins ou modèles communautaires prévues par l'article L. 522-2 sont portées devant les tribunaux de grande instance mentionnés à l'article R. 211-7 du code de l'organisation judiciaire* » et ce dernier article énonce lui-même : « *le tribunal de grande instance compétent pour connaître des actions en matière de marques, dessins et modèles communautaires, dans les cas et conditions prévus par le code de la propriété intellectuelle, est celui de Paris* »;

– en matière d'indications géographiques : l'article L. 722-8 du code de la propriété intellectuelle énonce que « *les actions civiles et les demandes relatives aux indications géographiques, y compris lorsqu'elles portent également sur une question connexe de concurrence déloyale, sont exclusivement portées devant des tribunaux de grande instance, déterminés par voie réglementaire* ». L'article R. 722-2 du même code confirme et précise que « *la saisie, descriptive ou réelle, prévue à l'article L. 722-4 est ordonnée par le président du tribunal de grande instance compétent pour connaître du fond* ».

Le président du tribunal de commerce est donc incompétent pour autoriser une saisie-contrefaçon. La règle doit être appliquée dans toute sa rigueur avec au besoin une requalification des faits. Ainsi des investigations dûment autorisées par le président du tribunal de commerce, en vertu des pouvoirs généraux relatifs aux ordonnances sur requête, doivent être annulées si elles correspondent en fait à une saisie-contrefaçon déguisée, dont l'autorisation doit être nécessairement accordée par le président du tribunal de grande instance[1].

De même, le juge de la mise en état est incompétent pour autoriser une saisie-contrefaçon, malgré sa compétence exclusive pour ordonner, à compter de sa désignation et jusqu'à son dessaisissement, « *toutes autres mesures provisoires, même conservatoires* », conformément à l'article 771 4e du code de procédure civile. En effet, les articles organisant la saisie-contrefaçon en matière de propriété industrielle (CPI, art. L. 615-5, art. L. 521-4, art. L. 622-7, art. L. 623-27-1, art. L. 716-7, art. L. 722-4), dans leur rédaction commune, font dépendre la saisie-contrefaçon « *d'une ordonnance rendue sur requête par la juridiction civile compétente* ». Et ce qui caractérise une ordonnance sur requête est son caractère non contradictoire. Or, l'article 774 du code de procédure civile exige que pour toute ordonnance rendue par le juge de la mise en état, les avocats soient « *entendus ou appelés* ». Ainsi, la troisième chambre civile de la Cour de cassation, le 17 novembre 1981, a affirmé, au visa de l'article 774 du code de procédure civile, que lorsque les circonstances exigent qu'une mesure ne soit pas prise contradictoirement, elle reste de la seule compétence du juge des requêtes et que, corrélativement, le juge de la mise en état ne peut être saisi par voie de requête[2]. La cour d'appel de Paris avait déjà décidé le 15 avril 1975 que l'article 774 du code de procédure civile était violé par le juge de la mise en état qui rendait l'ordonnance au pied d'une requête sans avoir entendu ni appelé les avocats à son audience[3]. Le juge de la mise en état étant ainsi incompétent pour rendre une ordonnance sur requête, non contradictoire, est donc spécialement incompétent pour rendre sur requête une ordonnance aux fins de saisie-contrefaçon.

SECTION 2
COMPÉTENCE TERRITORIALE

121.31 Compétence du président du tribunal de grande instance du lieu de la saisie-contrefaçon ou compétent pour connaître du fond. Alors

1. TGI Lyon, 10e ch., 20 mars 1995, *PIBD* 1995, n° 590, III, 310.
2. Civ. 3e, 17 nov. 1981, n° 80-10.372; *Bull. civ.* III, n° 191; *Gaz. Pal.* 1982. 1.106, note Viatte; *RTD civ.* 1982. 463, obs. Normand, 474, obs. Perrot.
3. Paris, 15 avr. 1975, *Gaz. Pal.* 1975. 2.750, note Viatte.

qu'avant la réforme opérée par la loi n° 2007-1544 du 29 octobre 2007, le magistrat territorialement compétent était toujours celui dans le ressort duquel les opérations de saisie-contrefaçon devaient être effectuées, cette règle générale a été remise en cause par le décret d'application n° 2008-624 du 27 juin 2008.

En effet, en matière de brevets, de topographies de produits semi-conducteurs et d'obtentions végétales, les articles R. 615-2, R. 622-6 et R. 623-51, continuent de donner compétence au président du tribunal de grande instance « *dans le ressort duquel les opérations doivent être effectuées* ». Tous les présidents des tribunaux de grande instance sont ainsi susceptibles d'être saisis en vue d'ordonner une saisie-contrefaçon si c'est dans leur ressort que les opérations de saisie-contrefaçon doivent se dérouler. Le président du tribunal de grande instance compétent parce que c'est dans son ressort que les opérations de saisie-contrefaçon doivent être effectuées n'est pas nécessairement celui du tribunal devant lequel doit être engagée l'action, sur le fond, en contrefaçon. En effet, dès lors que pour ordonner la saisie-contrefaçon la compétence revient au président du tribunal de grande instance dans le ressort duquel les opérations doivent se dérouler (peu importe qu'il s'agisse d'un tribunal de grande instance au ressort territorial normal ou élargi, v. s[s] n°s 121.32 s.), la saisie-contrefaçon peut être ainsi pratiquée dans un lieu autre que celui du domicile ou du siège des défendeurs potentiels à l'action au fond, ce domicile ou siège devant être pris en considération pour déterminer le tribunal de grande instance (à ressort territorial normal ou élargi) compétent pour statuer sur l'action au fond.

En revanche, en matière de dessins et modèles, de marques et d'indications géographiques, les articles R. 521-2, R. 716-2 et R. 722-2 attribuent désormais compétence pour ordonner la saisie-contrefaçon au président du tribunal de grande instance « compétent pour connaître du fond ». Mais c'est le cas également en matière de marque communautaire et de dessins ou modèles communautaires car si l'article R. 211-7 du code de l'organisation judiciaire accorde certes une compétence exclusive au seul TGI de Paris pour connaître des actions et demandes concernant ces deux titres communautaires, il n'en reste pas moins que, s'agissant spécialement de la saisie-contrefaçon, faute de dispositions propres à la saisie-contrefaçon fondée sur des titres communautaires, elle ne pourra être menée qu'en application respectivement des articles R. 716-2 et R. 521-2 qui donnent compétence au « président du tribunal de grande instance compétent pour connaître du fond ». Dans toutes ces hypothèses, la compétence pour ordonner la saisie-contrefaçon ne se distingue pas de la compétence pour statuer sur le fond, en contrefaçon. Certes, cette solution peut simplifier les démarches lorsqu'il est envisagé de réaliser des opérations de saisie-contrefaçon sur plusieurs sites relevant de ressort de tribunaux de grande instance différents. Il ne sera pas nécessaire de s'adresser à autant de tribunaux différents que de ressorts différents concernés par les opérations de saisie-contrefaçon puisque, au contraire, la compétence pour toutes ces opérations sera centralisée auprès d'une seule juridiction, celle compétente pour connaître du fond. Toutefois, il convient de souligner à nouveau que la saisie-contrefaçon a pour objectif précisément de collecter des informations sur une contrefaçon soupçonnée, mais nullement établie avec précision dans tous ses aspects, si bien qu'il sera parfois impossible, de déterminer, avant l'accomplissement de la saisie, le juge compétent au fond. Il serait ainsi souhaitable de revenir sur cette maladresse réglementaire[1]. La meilleure solution consisterait à confier la compétence pour autoriser la saisie-contrefaçon aussi bien au président du tribunal dans le ressort (spécialement élargi en matière de propriété industrielle voire de propriété intellectuelle) duquel les mesures doivent être accomplies qu'au président du tribunal compétent pour connaître du fond de l'affaire. Une telle solution rejoindrait l'évolution de la Cour de cassation sur la question de la compétence territoriale en matière d'ordonnances sur requête innommées, où il a finalement été donné une véritable option de compétence entre la juridiction qui serait celle compétente pour connaître de l'éventuelle instance au fond et la juridiction dans le ressort de laquelle les opérations doivent être exécutées[2]. Il peut être également noté au soutien de cette proposition qu'elle assure ainsi une option pragmatique et souple, selon les circonstances propres à chaque cas d'espèce. Si le requérant a d'avance une idée claire de la juridiction qui pourra être saisie au fond, il pourra s'adresser à cette juridiction qui est certainement la juridiction la plus proche du saisi, futur défendeur au fond, favorisant ainsi la possibilité pour le futur adversaire de contester la décision par le référé-rétractation et ainsi le retour de la contra-

1. ÉGAL[t] : Ch. de Haas, « La compétence juridictionnelle pour ordonner une saisie-contrefaçon », *Propr. intell.* juill. 2011, n° 40, p. 278 s., spéc. p. 280.
2. Civ. 2e, 18 nov. 1992, n° 91-16.447, *Bull. civ.* II, n° 266; *D.* 1993. 91, note Chartier; *JCP* 1993. I. 3678, obs. Cadiet; *RTD civ.* 1993. 648, obs. Perrot – Civ. 2e, 30 avr. 2009, n° 08-15.421, *Bull. civ.* II, n° 105; *Procédures* juill. 2009, comm. 224, obs. Perrot; *Dr et proc.* sept.-oct. 2009, Somm. 268, obs. Salati; *D.* 2009. 2321, note Pierre-Maurice – Civ. 2e, 5 mai 2011, n° 10-20.435, P, *Procédures* 2011, comm. 221, note R. Perrot; *Propr. intell.* oct. 2011, p. 437, obs. de Haas.

diction. En revanche, s'il n'est pas facile d'avoir d'avance une idée de la juridiction qui pourra être saisie du fond, l'autre branche de l'option sera alors très utile et justifiée.

121.32 Ressort territorial élargi de certains tribunaux de grande instance. Pour certains droits de propriété industrielle, le ressort territorial de quelques tribunaux de grande instance a été géographiquement considérablement élargi au détriment d'autres tribunaux de grande instance. L'idée est de restreindre le nombre de tribunaux de grande instance compétents pour statuer sur des litiges de propriété industrielle complexes, aux aspects techniques ou scientifiques très marqués. Se réalise ainsi une concentration de compétence au profit d'un nombre restreint de juridictions qui seront nécessairement confrontées à un nombre plus important de litiges et pourront utilement développer l'expertise technique ou scientifique particulièrement marquée nécessaire à la résolution de ces litiges. C'est le cas :

– en matière de brevets d'inventions, de certificats d'utilité, de certificats complémentaires de protection : l'article R. 615-2 du code de la propriété intellectuelle énonce : « *la saisie, descriptive ou réelle, prévue à l'article L. 615-5 est ordonnée par le président d'un des tribunaux de grande instance énumérés à l'article D. 631-2, dans le ressort duquel les opérations doivent être effectuées* » et, depuis les décrets n° 2009-1204 et n° 2009-1205 du 9 octobre 2009 [1], l'article D. 631-2 du même code précise, par renvoi à l'article D. 211-6 du code de l'organisation judiciaire que le tribunal de grande instance de Paris est exclusivement compétent;

– en matière de topographies de produits semi-conducteurs : l'article R. 622-6 du code de la propriété intellectuelle renvoie entre autres à l'article R. 615-2 du même code, cité ci-dessus et complété par l'article D. 631-2 qui renvoie lui-même à l'article D. 211-6 du code de l'organisation judiciaire et donne compétence exclusive également au tribunal de grande instance de Paris;

– en matière d'obtentions végétales (certificats français ou communautaires) : l'article R. 623-51 du code de la propriété intellectuelle énonce : « *la saisie, descriptive ou réelle, prévue à l'article L. 623-27-1 est ordonnée par le président de l'un des tribunaux de grande instance énumérés à l'article D. 631-1, dans le ressort duquel les opérations doivent être effectuées* ». L'article D. 631-1 du même code précise alors, par renvoi à l'article D. 211-5 du code de l'organisation judiciaire, que ce sont seulement dix tribunaux de grande instance déterminés (Marseille, Bordeaux, Strasbourg, Lille, Limoges, Lyon, Nancy, Paris, Rennes, Toulouse) qui sont ainsi compétents. Cette restriction à dix tribunaux de grande instance – et non à moins comme l'impliquerait le mouvement général de concentration de compétence en matière de propriété intellectuelle – a longtemps résulté d'une contrainte législative puisque l'article L. 623-31 du code de la propriété intellectuelle énonçait que « *les actions civiles et les demandes relatives aux obtentions végétales, y compris lorsqu'elles portent également sur une question connexe de concurrence déloyale, sont exclusivement portées devant des tribunaux de grande instance, dont le nombre ne peut être inférieur à dix, à l'exception des recours formés contre les actes administratifs ministériels, qui relèvent de la juridiction administrative* » (alinéa 1). Ce verrou législatif est en passe de disparaître puisque la loi n° 2011-1862 du 13 décembre 2011 relative à la répartition des contentieux et à l'allègement de certaines procédures juridictionnelles par son article 7, qui doit entrer en vigueur au 1er janvier 2013 supprime au premier alinéa de l'article L. 623-31 du code de la propriété intellectuelle, les mots : « *dont le nombre ne peut être inférieur à dix* ». Et l'idée serait ensuite de confier également le contentieux des obtentions végétales au seul tribunal de grande instance de Paris;

– en matière de dessins et modèles nationaux, de marques nationales et d'indications géographiques (nationales ou communautaires), les articles R. 521-2, R. 716-2 et R. 722-2 renvoient pour la saisie-contrefaçon au président du tribunal de grande instance compétent pour connaître du fond, or, depuis les décrets n° 2009-1204 et n° 2009-1205 du 9 octobre 2009, les articles L. 521-3-1, L. 716-3 et L. 722-8 renvoient respectivement aux nouveaux articles D. 521-6, D. 716-12 et D. 722-6 qui donnent, par renvoi à l'article D. 211-6-1 du code de l'organisation judiciaire, modifié par un décret n° 2010-1369 du 12 novembre 2010, une compétence exclusive à seulement dix tribunaux de grande instance déterminés (Bordeaux, Lille, Lyon, Marseille, Nanterre, Nancy, Paris, Rennes, Strasbourg, Fort-de-France);

– en matière de dessins et modèles communautaires ou de marques communautaires, les articles R. 522-1 et R. 717-11 renvoient pour les actions et demandes en ces matières à l'article R. 211-7 du code de l'organisation judiciaire qui donne une compétence exclusive au tribunal de grande ins-

1. Décr. n° 2009-1204, 9 oct. 2009 relatif à la spécialisation des juridictions en matière de propriété intellectuelle, *JO* n° 0236, 11 oct. 2009, texte n° 4; décr. n° 2009-1205, 9 oct. 2009 fixant le siège et le ressort des juridictions en matière de propriété intellectuelle, *JO* n° 0236, 11 oct. 2009, texte n° 5. Ces décrets sont entrés en vigueur le 1er novembre 2009; la juridiction saisie demeure compétente pour statuer sur les procédures introduites antérieurement à la date d'entrée en vigueur du décret.

tance de Paris (qui statue alors en tant que tribunal des dessins et modèles communautaires ou tribunal des marques communautaires).

121.33 Requête présentée à l'occasion d'une instance en cours. La jurisprudence a eu l'occasion de rappeler qu'aucune disposition n'interdit la mise en œuvre d'une mesure de saisie-contrefaçon en cours d'instance[1]. Une requête aux fins de saisie-contrefaçon présentée à l'occasion d'une instance en cours doit être présentée au président de la chambre du tribunal de grande instance à laquelle l'affaire a été distribuée ou au juge déjà saisi, conformément à l'article 812 alinéa 3 du code de procédure civile[2]. Cette règle résulte d'un arrêt de chambre commerciale de la Cour de cassation du 26 mars 2008[3] qui énonce que « *dès lors que la juridiction est saisie au fond, seul l'article 812 du code de procédure civile est applicable à l'exclusion de l'article L. 716-7 du code de la propriété intellectuelle* ». Contrairement à l'interprétation qu'en retiennent certains auteurs[4], cet arrêt n'entend pas, dès lors que l'instance est en cours, interdire le recours à la procédure de saisie-contrefaçon et renvoyer la recherche des preuves de la contrefaçon à la voie de la requête de l'alinéa 2 de l'article 812 du code de procédure civile. En effet, il convient de noter que la cour d'appel, dont la position a été approuvée par le rejet du pourvoi, avait bien pris soin d'écarter l'application de l'alinéa 2 de l'article 812 du code de procédure civile, de noter que la question qui lui était posée n'était « *pas celle des pouvoirs du juge des requêtes* » et que le juge des requêtes agissait ici « *sur le fondement des dispositions susmentionnée* (l'article L. 716-7 du code de la propriété intellectuelle) ». L'arrêt ne statue que sur le problème de la détermination du juge auquel la requête aux fins de saisie-contrefaçon doit être présentée[5].

Est-il même possible de dire que l'arrêt statue sur la détermination du juge compétent ? L'article 812 al. 3 du code de procédure civile est traditionnellement conçu comme ne posant pas une règle de compétence d'attribution mais une mesure d'administration judiciaire[6] **entre les différentes formations de jugement au sein d'une même juridiction, déjà saisie,** destinée à assurer la répartition des requêtes pour le bon ordre du service[7] dont l'inobservation n'est pas sanctionnée par la nullité[8] (sa violation ne peut justifier la rétractation de l'ordonnance autorisant la saisie-contrefaçon qu'à condition d'apporter la preuve que le titulaire des droits l'a obtenue dans des conditions abusives[9]). Lorsqu'une requête est présentée à l'occasion d'une instance en cours, l'article 813, alinéa 2 du code de procédure civile exige que la requête indique la juridiction déjà saisie (« *Si elle est présentée à l'occasion d'une instance, elle doit indiquer la juridiction saisie* ») et l'article 812, alinéa 3 du code de procédure civile, envisageant l'hypothèse où la requête est présentée devant la juridiction déjà saisie de l'instance, précise alors que cette requête doit être présentée « *au président de la chambre à laquelle l'affaire a été distribuée ou au juge déjà saisi* ». Il convient toutefois de noter qu'un nombre croissant de décisions appliquent l'article 812 alinéa 3 du code de procédure civile pour départa-

1. Com. 26 oct. 1993, n° 91-18.049, *Bull. civ.* IV, n° 357, *PIBD* 1994, n° 558, III, 22 – Com. 21 mars 1995, n° 93-15.391, NP – TGI Paris, 3e ch., 3e sect., 17 févr. 2004, *PIBD* 2004, n° 787, III, 323 – TGI Paris, 3e ch., 2e sect., 9 juill. 2004, *PIBD* 2004, n° 796, III, 610 – Paris, 4e ch., sect. A, 3 mai 2006, *PIBD* 2006, n° 833, III, 479 – Paris, 14e ch., sect. B, 19 oct. 2007, RG n° 07/06176, *Juris-Data* n° 2007-351511, *Comm. com. électr.* mai 2008, comm. n° 65, note Caron – UNE SOLUTION semblable est retenue en droit belge : Cour de cassation belge, 8 mars 2010, Justel n° F20100308-3, *I.R.-D.I.* 2010, p. 139, note L. Weynants, *Propr. industr.* 2011, Chron. 1, p. 23, note T. de Haan.
2. TGI Paris, 3e ch., 3e sect., 14 janv. 2009, RG n° 07/11208, *PIBD* 2009, n° 901, III, 1267, *Jurinpi* B20090030; *Propr. intell.* oct. 2009, p. 398, obs. de Haas – Orléans, ch. com., 29 janv. 2009, RG n° 2008/00454, *PIBD* 2009, n° 894, III, 964, *Jurinpi* M20090103, *Propr. intell.* oct. 2010, p. 991, obs. Sabatier.
3. Com. 26 mars 2008, n° 05-19.782, *Bull. civ.* IV, n° 70, *PIBD* 2008, n° 875, III, 340.
4. C. Caron, note sous Com. 26 mars 2008, *Comm. com. électr.* mai 2008, comm. 65; ÉGALt : la lecture critique de cet arrêt par X. Buffet Delmas d'Autane et L. Morelli, « De quelques évolutions importantes en matière de preuve de la contrefaçon », *Propr. industr.* nov. 2008, étude n° 24, p. 11 s.
5. EN CE SENS : T. Lancrenon, Com. 26 mars 2008, *D.* 2008. 2332; B. May et M. Liens, « Saisie-contrefaçon : deux ans de pratique après la loi de lutte contre la contrefaçon », *Propr. industr.* mai 2010, étude 8, spéc. nos 50-51; P. de Candé, J. Blanchard, « Pratique contentieuse – De la saisie-contrefaçon et des requêtes », *Comm. com. électr.* juin 2010, prat. 5.
6. S. Guinchard (dir.), *Droit et pratique de la procédure civile*, Dalloz Action 2009/2010, spéc. n° 331.381 – S. Pierre-Maurice, *Rép. pr. civ. Dalloz*, V° Ordonnance sur requête, mars 2011, spéc. n° 119 – X. Vuitton, *La juridiction du président*, Lexis Nexis, coll. Litec Professionnels, 2010, spéc. n° 476, p. 99.
7. TGI Paris, réf., 5 mars 1984, *Gaz. Pal.* 1984. 1.267 – Paris, 21 janv. 2000, *Bull. ch. avoués* 2000.3.95 – Paris, 4e ch. sect. A, 27 nov. 2002, RG n° 2000/07234, *PIBD* 2003, n° 763, III, 234 – TGI Paris, 3e ch., 1re sect., 31 oct. 2006, RG n° 02/16040, *Jurinpi* B20060197.
8. TGI Paris, réf., 5 mars 1984, *Gaz. Pal.* 1984. 1.267 – TGI Paris, 3e ch., 1re sect., 31 oct. 2006, RG n° 02/16040, *Jurinpi* B20060197 – Paris, 4e ch., sect. B, 29 mai 2009, RG n° 07/13545.
9. Com. 26 mars 2008, n° 05-19.782, *Bull. civ.* IV, n° 70, *PIBD* 2008, n° 875, III, 340 – TGI Paris, 3e ch., 3e sect., 14 janv. 2009, RG n° 07/11208, *PIBD* 2009, n° 901, III, 1267; *Jurinpi* B20090030; *Propr. intell.* oct. 2009, p. 398, obs. de Haas – TGI Paris, 3e ch., 1re sect., 15 nov. 2011, RG n° 10/15560.

ger la compétence de juridictions différentes [1], rompant avec cette idée traditionnelle que l'article 812, alinéa 3 n'est pas une règle de compétence territoriale mais une simple mesure d'administration judiciaire entre les différentes formations de jugement au sein d'une même juridiction, déjà saisie, destinée à assurer la répartition des requêtes pour le bon ordre du service.

Le 14 septembre 2010, la chambre commerciale de la Cour de cassation a eu l'occasion de préciser que, lorsqu'une requête aux fins de saisie-contrefaçon est présentée au cours de l'instance d'appel, le premier président est seul compétent pour ordonner sur requête cette mesure de saisie-contrefaçon conformément à l'article 958 du code de procédure civile [2].

121.34 Saisies effectuées dans un lieu s'étendant sur le ressort de plusieurs tribunaux. Dans certains cas, les opérations de saisie-contrefaçon doivent être réalisées sur plusieurs sites. En matière de brevets, de topographies de produits semi-conducteurs et d'obtentions végétales où la compétence pour ordonner une saisie-contrefaçon continue de revenir au président du tribunal de grande instance « *dans le ressort duquel les opérations doivent être effectuées* » (v. s[s] n° 121.31), si les sites de réalisation des futures opérations de saisie-contrefaçon relèvent du ressort de tribunaux de grande instance différents, il est alors nécessaire d'obtenir une ordonnance de chacun des présidents des tribunaux de grande instance compétents.

Certes, s'agissant spécialement des brevets et topographies de produits semi-conducteurs, la difficulté est réduite à néant du fait que le tribunal de grande instance de Paris voit son ressort territorial s'élargir à l'ensemble du territoire français (v. s[s] n° 121.32). Mais la question continue de se poser pour les obtentions végétales où dix tribunaux de grande instance peuvent être compétents. Il convient néanmoins de signaler un dernier développement de la jurisprudence de la Cour de cassation qui pourrait, peut-être, ouvrir une nouvelle possibilité. La deuxième chambre civile de la Cour de cassation, dans un arrêt du 5 mai 2011, a décidé que le juge saisi d'une demande tendant à ce que certaines investigations soient pratiquées en dehors du ressort territorial de son tribunal, était malgré tout compétent pour les ordonner dès lors que son tribunal était « *susceptible de connaître de l'éventuelle instance au fond* » et qu'étaient formées contre les différents codéfendeurs des « *demandes connexes tendant à conserver ou établir la preuve de faits similaires dont pourrait dépendre la solution d'un même litige* » [3]. En l'espèce, le président du tribunal de grande instance de Nanterre avait accueilli, par quatre ordonnances distinctes, une requête unique qui lui demandait de désigner des huissiers de justice en vue de la réalisation d'investigations tant au siège social d'une société qu'au domicile de trois personnes physiques. Or, par opposition au siège social et au domicile de deux des personnes physiques qui étaient bien situés dans le ressort du tribunal de grande instance de Nanterre, le domicile de la troisième personne physique se trouvait pourtant dans le ressort du tribunal de grande instance de Créteil. La cour d'appel de Versailles s'était appuyée sur l'incompétence territoriale du président du tribunal de grande instance de Nanterre à l'égard des mesures devant être mises en œuvre dans le ressort du tribunal de grande instance de Créteil, pour rétracter l'ordonnance concernant la personne physique domicilié dans ce dernier ressort. La Cour de cassation casse au motif « *qu'en statuant ainsi, alors que l'instance introduite par la requête unique de la société SQLI visait plusieurs personnes, dont certaines étaient domiciliées dans le ressort du tribunal de grande instance de Nanterre, susceptible de connaître de l'éventuelle instance au fond, et qu'étaient formées à leur encontre des demandes connexes tendant à conserver ou établir la preuve de faits similaires dont pourrait dépendre la solution d'un même litige* », la cour d'appel avait violé les articles 42, 145 et 493 du code de procédure civile. Cette solution, certes développée hors la propriété intellectuelle, ne pourrait-elle pas suggérer l'idée que le président d'un tribunal de grande instance, compétent pour ordonner la réalisation d'une saisie-contrefaçon dans son ressort, puisse également se déclarer compétent pour ordonner la réalisation d'autres opérations de saisie-contrefaçon en dehors de son ressort, dès lors que sa juridiction pourrait avoir à connaître de l'éventuelle instance au fond et qu'il existerait une connexité entre ces différentes opérations ? Il serait toutefois préférable de requérir et d'obtenir du président du tribunal de grande instance, à la compétence ainsi élargie, autant d'ordonnances distinctes que de ressorts de compétence territoriale d'huissiers compétents pour accomplir sur le terrain les opérations de saisie-contrefaçon [4].

1. TGI Paris, 3e ch., 3e sect., 14 janv. 2009, RG n° 07/11208, *PIBD* 2009, n° 901, III, 1267, *Jurinpi* B20090030; *Propr. intell.* oct. 2009, p. 398, obs. de Haas – Paris, pôle 1, ch. 2, 10 nov. 2009, RG n° 2009/10917 – TGI Paris, 3e ch., 1re sect., 24 nov. 2009, RG n° 07/03839, *Jurinpi* B20090175.
2. Com. 14 sept. 2010, n° 09-16.854, *Bull. civ.* IV, n° 137; *PIBD* 2010, n° 931, III, 17; *RLDI* oct. 2010, p. 18.
3. Civ. 2e, 5 mai 2011, n° 10-20.435, P, *Procédures* 2011, comm. 221, note R. Perrot; *Propr. intell.* oct. 2011, p. 437, obs. de Haas.
4. EN CE SENS : Ch. de Haas, « La compétence juridictionnelle pour ordonner une saisie-contrefaçon », *Propr. intell.* juill. 2011, n° 40, p. 278 s., spéc. p. 284.

Compte tenu des règles de compétence territoriale des huissiers de justice, désormais territorialement compétents pour le ressort du tribunal de grande instance de leur résidence[1], plusieurs de ces officiers ministériels devront également instrumenter.

Dans le cas particulier où un même site de saisie-contrefaçon se trouve à cheval sur plusieurs ressorts, la question se pose de savoir si plusieurs ordonnances doivent être obtenues. La jurisprudence a eu à statuer sur la validité d'une saisie-contrefaçon effectuée dans la partie du Parc des expositions de la porte de Versailles qui se trouve dans le département des Hauts-de-Seine en exécution d'une ordonnance du président du tribunal de grande instance de Paris. Le tribunal de grande instance de Paris a jugé que « *si aux termes de l'article 1er du décret du 15 février 1969, relatif à la procédure de saisie-contrefaçon en matière de brevets d'invention, la description détaillée, avec ou sans saisie, ne peut être ordonnée que par le président du tribunal de grande instance dans le ressort duquel les opérations doivent être effectuées, il y a lieu toutefois de considérer que l'on ne saurait dissocier chaque pavillon du Parc des expositions, celui-ci formant un tout; les pavillons n'ayant pas d'entité distincte doivent être rattachés au siège social à Paris, une telle solution se justifiant dans le cadre d'une bonne administration de la justice. On ne saurait concevoir, en effet, dans l'hypothèse où une société exposerait dans deux pavillons, l'un à Vanves et l'autre à Paris, qu'il y ait deux ordonnances et deux huissiers pour une saisie au Parc des expositions avec les conséquences que cela implique : contrariété de décisions, difficultés d'exécution* »[2]. Cette solution a été reprise par un jugement du tribunal de grande instance de Paris[3] dans une espèce portant également sur une saisie-contrefaçon pratiquée au Parc des expositions de la porte de Versailles : « *Ainsi qu'il l'a déjà jugé, le Parc des expositions de la ville de Paris est une entité dont on ne saurait retrancher l'un ou l'autre des bâtiments et dont il convient, au demeurant, de préciser que ceux-ci ne font pas l'objet d'un régime juridique ou administratif particulier mais sont soumis à une direction commune laquelle est confiée à une société d'exploitation dont le siège est à Paris. C'est donc à tort que les sociétés défenderesses, constatant que la saisie avait eu lieu dans une partie du Parc des expositions située sur le territoire de Vanves, en déduisaient, en application de l'article 56 de la loi de 1968 et de l'article 1er du décret du 15 février 1969 que la mesure de saisie litigieuse ne pouvait être ordonnée que par le président du tribunal de grande instance dans le ressort duquel les opérations étaient effectuées et était donc nulle. En conséquence, cette exception de nullité ne peut qu'être rejetée* » (solution non remise en cause par l'arrêt infirmatif)[4].

En revanche, en matière de dessins et modèles, marques et indications géographiques, la multiplicité des lieux de réalisation des futures opérations de saisie-contrefaçon n'obligera jamais à s'adresser à différents présidents de tribunaux de grande instance dans la mesure où le tribunal de grande instance territorialement compétent pour ordonner la saisie-contrefaçon est désormais (v. ss no 121.31) le tribunal de grande instance « *compétent pour connaître du fond* ». Cette centralisation de compétence au niveau des tribunaux n'empêchera toutefois pas de devoir ensuite, au stade de la réalisation des opérations de saisie-contrefaçon, faire appel à plusieurs huissiers si les sites de réalisation des futures opérations de saisie-contrefaçon relèvent du ressort de tribunaux de grande instance différents. En effet, un huissier n'est compétent pour instrumenter que dans le ressort du tribunal de grande instance de sa résidence[5].

121.35 Règles de compétence territoriale spéciales aux aéroports. Compte tenu de l'importance que peuvent revêtir les saisies-contrefaçon pratiquées lors de l'entrée de marchandises sur le territoire français (notamment à la suite d'une retenue en douane), il semble opportun de signaler que, par décret du 11 mai 1989, l'emprise de certains aérodromes qui s'étendent sur plusieurs ressorts de compétence a été rattachée à un seul et unique tribunal de grande instance. Le tableau I annexé au code de l'organisation judiciaire mentionne les juridictions dont la compétence territoriale est étendue à l'emprise d'aérodromes et celles dont le ressort a été réduit. À titre d'exemple, l'aérodrome de Paris-Orly relève de la compétence du tribunal de grande instance de Créteil et les aérodromes de Paris-Le-Bourget et de Roissy-Charles-de-Gaulle de celle du tribunal de grande instance de Bobigny.

121.36 Sanction. Si l'ordonnance autorisant la saisie-contrefaçon a été rendue par un magistrat incompétent (obtention de l'ordonnance dans des conditions irrégulières), il convient normalement d'en rechercher la rétractation (qui ne pourra être que totale) auprès du juge qui l'a rendue[6].

1. Décr. no 56-222, 29 févr. 1956, art. 5, tel que modifié par décr. no 2007-813, 11 mai 2007, en vigueur le 1er janv. 2009.
2. TGI Paris, 3e ch., 24 mars 1983, *PIBD* 1983, no 330, III, 206 – CONFIRMÉ PAR : Paris, 4e ch., 5 janv. 1988, *PIBD* 1988, no 435, III, 249 et *RD propr. ind.* 1989, no 21, 32.
3. TGI Paris, 3e ch., 26 avr. 1984, *PIBD* 1984, no 356, III, 256.
4. Paris, 4e ch., 25 oct. 1988, *PIBD* 1989, no 449, III, 66.
5. Art. 5, décret no 56-222 du 29 févr. 1956, tel que modifié par décr. no 2007-813, 11 mai 2007, en vigueur le 1er janv. 2009.
6. TGI Bobigny, 1re ch., 7e sect., ord. réf., 7 sept. 2005, RG no 2002/01387, *PIBD* 2005, no 817, III, 611.

Il ne convient pas en revanche d'en demander la nullité à un autre juge. En effet, il ne revient pas à un autre juge le pouvoir de prononcer la nullité de l'ordonnance car, comme l'ont rappelé plusieurs décisions, conformément à l'article 460 du code de procédure civile, « *la nullité d'un jugement ne peut être demandée que par les voies de recours prévues par la loi* » (qui codifie l'adage « *voies de nullité n'ont lieu contre les jugements* ») [1]. Or même si le référé-rétractation est un recours particulièrement atypique, il reste néanmoins la voie exclusive de contestation des ordonnances sur requête [2] en application des articles 496 et 497 du code de procédure civile. Dès lors qu'il s'agit de faire valoir une irrégularité grevant l'ordonnance et non pas une exécution défectueuse de cette dernière, le juge qui a statué sur la requête, saisi comme en matière de référé, a compétence exclusive [3] et il peut d'ailleurs être saisi « *même si le juge du fond est saisi de l'affaire* » (C. pr. civ., art. 497). Ainsi, si c'est au juge saisi du fond qu'il est demandé de constater une irrégularité affectant l'ordonnance, afin d'en déduire la nullité de la saisie-contrefaçon subséquente, il conviendrait normalement que ce juge saisi du fond surseoie à statuer, en renvoyant les parties devant le juge du référé-rétractation. En ce sens, le tribunal de grande instance de Paris, dans une décision rendue le 3 décembre 2004 en matière de constats d'huissier, alors que la nullité des constats était réclamée pour avoir été « *effectués en vertu d'une ordonnance nulle du fait de l'incompétence du vice-président du tribunal qui l'a rendue* », a répondu : « *Mais attendu qu'il appartient à la défenderesse de saisir par voie d'action la juridiction compétente pour connaître d'un recours contre l'ordonnance rendue sur requête; qu'en l'état le tribunal ne peut que constater qu'une ordonnance a été rendue le 10 mars 2003 et que cette ordonnance n'a pas été frappée de recours; qu'en conséquence les deux procès-verbaux d'huissier qui ont été établis le 10 mars 2003 en application de cette décision ne peuvent être attaqués pour ce motif* » [4]. Plus récemment, et plus spécifiquement dans le domaine de la saisie-contrefaçon, le tribunal de grande instance de Paris a déclaré irrecevable la demande en nullité de l'ordonnance de saisie-contrefaçon, formulée à raison de l'incompétence territoriale de son auteur, faute pour le défendeur d'avoir saisi en rétractation le magistrat ayant rendu la décision [5].

Le juge du fond ne pouvant pas sanctionner de lui-même l'irrégularité affectant l'ordonnance (« *voies de nullité n'ont lieu contre les jugements* »), il ne peut pas non plus prononcer pour ce seul motif la nullité de la saisie-contrefaçon réalisée en exécution de l'ordonnance non encore rétractée [6]. En revanche, il lui reste, le cas échéant, la possibilité de prononcer la nullité de la saisie-contrefaçon pour une irrégularité tenant aux conditions d'exécution de l'ordonnance. Ainsi, le 6 juillet 2007, le tribunal de grande instance de Paris a-t-il prononcé la nullité du procès-verbal de saisie-contrefaçon après avoir constaté l'incompétence du président ayant rendu l'ordonnance (obtention irrégulière de l'ordonnance) mais aussi une irrégularité dans la réalisation du procès-verbal de saisie qui ne distinguait pas suffisamment les constatations de l'huissier de celles des experts (exécution irrégulière de l'ordonnance) [7].

La jurisprudence ne respecte toutefois pas toujours ce schéma [8]. Ainsi, le 7 janvier 2009, le tribunal de grande instance de Paris a affirmé que le juge saisi du fond peut prononcer la nullité des opérations de saisie-contrefaçon réalisées en vertu d'une ordonnance rendue par un magistrat incompétent, peu important que cette ordonnance n'ait pas été rétractée par son auteur [9].

1. TGI Paris, 3e ch., 3e sect., ord. JME, 12 mars 2008, RG no 07/11641 – TGI Paris, 3e ch., 3e sect., ord. JME, 6 mai 2009, RG no 08/16494, *Jurinpi* D20090063, *PIBD* 2009, no 902, III, 1327; Propr. *intell.* oct. 2009, p. 399, obs. de Haas – TGI Strasbourg, 1re ch., 8 juin 2009, RG no 06/07439, *Jurinpi* B20090082 – V. déjà Nîmes, 2e ch., 8 mars 2001, *PIBD* 2001, no 725, III, 414 – TGI Paris, 3e ch., 4e sect., ord. JME, 17 sept. 2009, RG no 09/00778, *Jurinpi* B20090151.
2. X. Vuitton, *Ordonnance sur requête*, *J.-Cl. Procédure civ.*, fasc. 480, 2008, spéc. nos 56-57, p. 13-14 – S. Pierre-Maurice, *Rép. pr. civ. Dalloz*, V° Ordonnance sur requête, mars 2011, spéc. no 139, p. 25 – F. Jault-Seseke et Ch. Pigache note sous Civ. 1re, 13 juill. 2005, *Bull. civ.* I, no 334; *D.* 2006. Chron. 1779.
3. TGI Paris, 3e ch., 2e sect., 27 nov. 2009, RG no 2008/15672, *PIBD* 2010, no 915, III, 218 – TGI Paris, 3e ch., 2e sect., 5 déc. 2008, RG no 2005/08703, *PIBD* 2009, no 893, III, 929 – TGI Paris, 3e ch., 3e sect., 5 oct. 2005, RG no 2003/12094, *PIBD* 2006, no 821, III, 14.
4. TGI Paris, 3e ch., 2e sect., 3 déc. 2004, RG no 2003/09006, *PIBD* 2005, no 805, III, 215.
5. TGI Paris, 3e ch., 3e sect., 26 mars 2008, RG no 06/12601 – TGI Paris, ch. civ. 3, 5 mars 2008, RG no 07/02652.
6. EN CE SENS : TGI Paris, 3e ch., 2e sect., 1er oct. 2010, RG 2008/16991, *Jurinpi* D20100245; *PIBD* 2011, no 935, III, 201.
7. TGI Paris, 3e ch., 2e sect., 6 juill. 2007, RG no 06/02621, *PIBD* 2007, no 861, III, 627; *Propr. industr.* oct. 2007, comm. 76, note Raynard.
8. V. déjà en faveur bien que n'intéressant pas spécialement la question de la compétence du président ayant rendu l'ordonnance, Paris, 4e ch., 25 sept. 1996, *PIBD* 1997, no 624, III, 52, spéc. p. 53.
9. TGI Paris, 3e ch., 3e sect., 7 janv. 2009, RG no 2008/00116, *Jurinpi* B20090019, *PIBD* 2009, no 894, III, 951 – ÉGALt : TGI Paris, 3e ch., 1re sect., 23 oct. 2007, *PIBD* 2008, no 866, III, 32 – TGI Paris, 3e ch., 3e sect., 14 janv. 2009, RG no 07/11208, *PIBD* 2009, no 901, III, 1267; *Jurinpi* B20090030; *Propr. intell.* oct. 2009, p. 398, obs. de Haas – Aix-en-Provence, ch. 2, 2 févr. 2011, RG no 09/07185 – Toulouse, ch. 3, sect. 1, 21 juill. 2011, RG no 10/02634 – ÉGALt : TGI Paris, 3e ch., 1re sect., 15 nov. 2011, RG no 10/15560.

CHAPITRE
122. Requête

SECTION 0
Orienteur

122.00 **Plan du chapitre.**

Sect. 1 Présentation de la requête unilatérale
Sect. 2 Mentions nécessaires
Sous-sect. 1 Mentions concernant le requérant
Sous-sect. 2 Mentions concernant le saisi
Sous-sect. 3 Mentions concernant une éventuelle instance en cours
Sous-sect. 4 Mentions concernant les participants
Sect. 3 Dispositions concernant les modalités de la saisie-contrefaçon
Sous-sect. 1 Saisie descriptive
Sous-sect. 2 Saisie réelle
Sous-sect. 3 Saisie de documents
Sous-sect. 4 Pouvoirs de l'huissier
Sous-sect. 5 Règlement des difficultés de la saisie-contrefaçon
Sous-sect. 6 Constitution de garanties

122.01 **Textes applicables.**

* V. ss n° 12.01

122.02 **Jurisprudence citée.**

> **Ministère d'avocat**

• **Lyon, 1re ch., 14 mars 2002,** *Propr. industr.* 2003, comm. n° 54, obs. Kamina.

• **Civ. 2e, 24 févr. 2005,** n° 03-11.718, *Bull. civ.* II, n° 49, *D.* 2005. IR 735.

• **Com. 14 nov. 2006,** n° 04-14.865, NP.

• **Paris, 4e ch., sect. A, 12 sept. 2007,** RG n° 06/03557, *Jurinpi* B20070114.

* V. ss n° 122.21

> **Procédure non contradictoire**

• **Paris, 4e ch., 4 avr. 1991,** *PIBD* 1991, n° 507, III, 521.

* V. ss n° 122.22

> **Objet**

• **Paris, 4e ch. A, 17 mai 1995,** *Ann. propr. ind.* 1997. 65.

* V. ss n° 122.23

> **Identification du requérant**

• **TGI Paris, 3e ch., 1re sect., 12 juin 2007,** RG n° 04/05123, *Jurinpi* B20070107.

• **Paris, 4e ch., sect. A, 21 mars 2007,** RG n° 06/17919, *JurisData* n° 2007-328377; *Propr. intell.* oct. 2007, p. 478, obs. de Haas.

• **Com. 3 juin 2008,** n° 07-14.457, NP, *Propr. intell.* oct. 2008, p. 458, obs. de Haas.

• **TGI Paris, 3e ch., 1re sect., 30 sept. 2008,** RG n° 06/11319, *Jurinpi* B20080135.

• **Paris, pôle 5, ch. 1, 12 mai 2010,** RG n° 08/19543, *Jurinpi* B20100085.

• **Com. 14 déc. 2010,** n° 09-71.712, *Bull civ.* IV, n° 205.

• **Com. 7 juin 2011,** n° 10-23.515, NP.

* V. ss n° 122.31

> **Droits invoqués par le requérant**

• **Douai, 1re ch., 4 févr. 2002,** *Dossiers Propr. intell.* 2001, III et IV, n° 3, obs. Ch. Le Stanc; *Propr. industr.* 2002, comm. n° 40, obs. J. Raynard.

• **Paris, 4e ch., sect. B, 10 déc. 2004,** RG n° 02/03941, *PIBD* 2004, n° 802, III, 99; *Propr. intell.*, janv. 2005, p. 85, obs. Warustel; *D.* 2005. 966.

• **TGI Paris, 3e ch., 1re sect., 12 juin 2007,** RG n° 04/05123, *Jurinpi* B20070107.

• **Paris, 4e ch., sect. A, 3 déc. 2008,** n° 2007/13569, *PIBD* 2009, n° 892, III, 878, *Jurinpi* B20080166.

• **Paris, pôle 5, ch. 1, 8 juin 2011,** RG n° 2009/21321, *Jurinpi* D20110126, *PIBD* 2011, n° 948, III, 625.

* V. ss n° 122.32

> **Motivation**

• **TGI Bobigny, ord. réf., 14 oct. 1998,** RG n° 11490/98, inédit.

• **Douai, 1re ch., 4 févr. 2002,** *Dossiers Propr. intell.* 2001, III et IV, n° 3, obs. Ch. Le Stanc; *Propr. industr.* 2002, comm. n° 40, obs. J. Raynard.

• **TGI Paris, 3e ch., 3e sect. ord. réf., 18 oct. 2006,** *PIBD* 2007, n° 845, III, 82.

• **Aix-en-Provence, 2e ch., 16 nov. 2006,** RG n° 05/20598, *JurisData* n° 2006-327104.

• **Aix-en-Provence, 1re ch. C, 1er juill. 2010,** RG no 2010/00886, *Jurinpi* B20100121; *PIBD* 2010, no 925, III, 603.

* V. ss no 122.33

> Justificatifs à produire

• **TGI Paris, 13 mars 1996,** *Jurinpi* B19960042.

• **Nîmes, 14 sept. 1998,** *RD propr. int.* 1999, no 96, 43.

• **Com. 9 avr. 2002,** no 99-15.657, NP.

• **TGI Paris, 3e ch., 2e sect., 8 févr. 2008,** RG no 07/16191.

• **Civ. 2e, 11 févr. 2010,** no 08-21.469, *Bull. civ.* II, no 34; *Procédures* avr. 2010, comm. 112, note Perrot, *Propr. intell.* oct. 2010, p. 1013, obs. de Haas.

• **Civ. 1re, 20 oct. 2011,** no 10-19.615, NP.

* V. ss no 122.34

> Identification du saisi

• **Paris, 4e ch., 5 avr. 1979,** *PIBD* 1979, no 246, III, 392.

• **Lyon, 1re ch. civ., 22 mars 2007,** RG no 05/06557, *Juris-Data* no 2007-344073.

* V. ss no 122.41

> Lieu de la saisie

• **TGI Paris, 3e ch., 2 nov. 1994,** *PIBD* 1995, no 583, III, 107.

• **Nîmes, 14 sept. 1998,** *RD propr. int.* 1999, no 96, 43.

• **Lyon, aud. sol., 3 mai 1999,** *Dossiers Brevets* 1999, I, 1.

* V. ss no 122.42

> Dispositions des articles 494, alinéa 2 et 813, alinéa 2 du code de procédure civile

• **Paris, 4e ch., sect. A, 27 nov. 2002,** *Ann. propr. ind.* 2003. 30; *PIBD* 2003, no 763, III, 234.

* V. ss no 122.51

> Principe : identification des catégories de participants

• **Paris, 4e ch., 8 juill. 1993,** *PIBD* 1993, no 555, III, 673.

* V. ss no 122.61

> L'huissier de justice du choix du requérant

• **Civ. 2e, 8 sept. 2011,** no 10-23.115, P, *Procédures* nov. 2011, comm. 332, note Perrot.

* V. ss no 0.12

> Tous experts au choix du requérant

• **TGI Paris, 3e ch., 29 nov. 1984,** *PIBD* 1985, no 370, III, 1700.

• **TGI Paris, 3e ch., 12 sept. 1990,** *PIBD* 1991, no 491, III, 7.

• **Paris, 4e ch., 14 mars 1991,** *PIBD* 1991, no 506, III, 500; *RD propr. ind.* 1991, no 34, 20.

• **Paris, 15 janv. 1997,** *PIBD* 1997, no 639, III, 517.

• **TGI Paris, 3e ch., 2e sect., 1er oct. 2004,** RG no 03/05352, *Jurinpi* B20040157.

• **Com. 8 mars 2005,** no 03-15.871, *Bull. civ.* IV, no 53, p. 58; *D.* 2005, AJ, 838; *JCP E* 2005. II, no 648, p. 716, note Caron; *Comm. com. électr.* 2005, comm. 102, note Caron; *Propr. industr.* 2005, comm. 45, note Raynard.

• **TGI Paris, 3e ch., 2e sect. 22 déc. 2006,** *PIBD* 2007, no 848, III, 201.

• **TGI Paris, 3e ch., 1re sect., 30 mai 2007,** RG no 04/12557, *Jurinpi* B20070215.

• **TGI Paris, 3e ch., 1re sect., 24 oct. 2007,** RG no 01/18185.

* V. ss no 122.63

> Indépendance de l'expert

• **Civ. 1re, 6 juill. 2000,** nos 97-21.404, 97-22.141, 97-22.392, 97-22.430, *Bull. civ.* I, no 210, *Comm., com. électr.* 2000, comm. no 98, note Caron; *D.* 2001, jur. 370, note Véron; *JCP E* 2000, act. p. 1157; *JCP G* 2000. II. 10440, note H. C.; *LPA* 25 janv. 2001, p. 12, note Fougerat; *PIBD* 2001, no 714, III, 87.

• **TGI Paris, 3e ch., 2e sect., 12 oct. 2001,** RG no 99/21442, *RD propr. int.* 2002, no 136, p. 34.

• **TGI Paris, 3e ch., 3e sect., 11 déc. 2001,** RG no 00/03186, *Jurinpi* B20010244.

• **TGI Paris, 3e ch., 2e sect., 13 déc. 2002,** *Propr. industr.* 2003, comm. no 58.

• **Toulouse, 17 avr. 2003,** Ferco/Sotralu, *Comm. com. électr.* 2004, comm. 3, note Caron; *JCP E* 2004. II. 152, obs. Caron.

• **Toulouse, 17 avr. 2003,** RG no 2002/03575, Miniplus / Capitole Carton, inédit.

• **Com. 28 avr. 2004,** no 02-20.330, *Bull. civ.* IV, no 75, *D.* 2004. AJ 1671.

• **Rennes, 25 mai 2004,** *PIBD* 2004, no 796, III, 626; *Propr. intell.*, juill. 2004, p. 794, obs. Galloux, Gutmann et Warusfel.

• **TGI Paris, 3e ch., 2e sect., 2 juill. 2004,** RG no 02/18798, *PIBD* 2004, no 796, III, 615.

• **Paris, 4e ch., sect. B, 10 déc. 2004,** RG no 02/03941, *PIBD* 2004, no 802, III, 99; *Propr. intell.*, janv. 2005, p. 85, obs. Warusfel.

• **Com. 8 mars 2005,** no 03-15.871, *Bull. civ.* IV, no 53, p. 58; *D.* 2005, 12, AJ, 838; *JCP E* 2005. II, no 648, p. 716, note Caron; *Comm. com. électr.* 2005, comm. 102, note Caron; *Propr. industr.* 2005, comm. 45, note Raynard.

• **Paris, 4e ch., 20 avr. 2005,** *PIBD* 2005, no 812, III, 414.

• **TGI Paris, 3e ch., 1re sect., 5 oct. 2005,** RG no 03/11548, *Jurinpi* B20050229.

• **TGI Lille, 15 déc. 2005,** *PIBD* 2006, no 825, III, 165; *Propr. intell.* oct. 2006, p. 464, obs. de Haas.

• **TGI Paris, 3e ch., 2e sect., 27 avr. 2006,** 2 jugements, RG no 04/12418 et no 04/12420, *Jurinpi* B20060097.

• **Paris, 4e ch., sect. B, 30 juin 2006,** *PIBD* 2006, no 839, III, 685.

• **Paris, 4e ch., sect. B, 11 mai 2007,** *PIBD* 2007, no 856, III, 474.

• **TGI Paris, 3e ch., 3e sect., 11 juill. 2007,** *PIBD* 2007, no 862, III, 653.

• **TGI Paris, 3e ch., 1re sect., 24 oct. 2007,** RG no 01/18185.

• **TGI Paris, 3e ch., 2e sect., 15 févr. 2008,** RG no 06/05416.

• **TGI Paris, 3e ch., 2e sect., 13 juin 2008,** RG no 06/04322.

• **Paris, 4e ch., sect. A, 3 déc. 2008,** RG no 2007/13569, *PIBD* 2009, no 892, III, 878, *Jurinpi* B20080166.

• **TGI Paris, 3e ch., 3e sect., 30 sept. 2009,** RG no 07/16857, *Jurinpi* B20090157.

• **Douai, ch. 1, sect. 2, 25 févr. 2010,** RG no 08/08777.

* V. ss no 122.64

> **Force publique**

• **Paris, 4e ch., sect. B, 11 avr. 2008,** RG no 06/14920, *Jurinpi* B20080067.

* V. ss no 122.65

> **Le saisissant**

• **TGI Paris, 3e ch., 16 janv. 1989,** *PIBD* 1989, no 454, III, 220.

• **Paris, 4e ch., 14 mars 1991,** *PIBD* 1991, no 506, III, 500; *RD propr. ind.* 1991, no 34, 20.

• **TGI Paris, 3e ch., 8 juill. 1992,** *PIBD* 1992, no 534, III, 643.

• **TGI Paris, 3e ch., 3e sect., 15 oct. 2002,** *PIBD* 2003, no 763, III, 238; *RTD com.* 2004. 305, chron. Galloux.

• **TGI Paris, 3e ch., 3e sect., 25 févr. 2003,** RG no 01/12680, *Jurinpi* M20030131.

• **Com. 28 avr. 2004,** no 02-20.330, *Bull. civ.* IV, no 75, *D.* 2004. AJ 1671.

• **Paris, 4e ch., sect. B, 27 mai 2005,** RG no 03/05266, *Jurinpi* B20050075.

• **Paris, 4e ch., sect. B, 15 déc. 2006,** *PIBD* 2007, no 847, III, 180.

• **Com. 8 juill. 2008,** no 07-15.075, *Bull. civ.* IV, no 142, *PIBD* 2008, no 882, III, 559; *Propr. Industr.* 2010, comm. 27, note P. Vigand.

• **Lyon, ch. civ. 1 A, 2 juill. 2009,** RG no 08/06722, *Juris-Data* no 2009-022194.

• **Paris, pôle 5, ch. 2, 4 juin 2010,** RG no 2008/21745; *Jurinpi* M20100299; *PIBD* 2010, no 925, III, 620, *Propr. intell.* oct. 2010, p. 990, obs. Sabatier.

* V. ss no 122.66

> **L'avocat du saisissant**

• **TGI Paris, 3e ch., 23 févr. 1994,** *RD propr. int.* 1996, no 64, 27.

• **Paris, 4e ch. B, 6 juin 1997,** *RD propr. int.* 1997, no 77, 26.

• **Com. 18 avr. 2000,** Parfums Via Paris c/Kenzo et Tamaris, no 97-19.631, NP, *PIBD* 2000, no 700, III, 314.

• **Rennes, 2e ch. com., 10 janv. 2006,** *PIBD* 2006, no 826, III, 200; *Propr. intell.* oct. 2006, p. 464, obs. de Haas.

* V. ss no 122.67

> **Personnes interdites ou non autorisées**

• **Paris, 4e ch., 13 mars 1996,** *PIBD* 1996, no 612, III, 305.

• **TGI Paris, 3e ch., 1re sect., 30 mai 2007,** RG no 04/12557, *Jurinpi* B20070215.

* V. ss no 122.68

> **Objets à décrire**

• **Paris, 4e ch., sect. B, 24 oct. 2003,** *Gaz. Pal.*, 5-6 janv. 2005, p. 11.

• **Com. 4 déc. 2007,** no 06-11.496, NP, *Propr. industr.* 2008, comm. no 49, note Schmidt-Szalewski.

* V. ss no 122.82

> **Définition de la saisie réelle**

• **Com. 4 janv. 1985,** no 83-14.146, *Bull. civ.* IV, no 9, *Ann. propr. ind.* 1985. 237; *Dossiers Brevets* 1985, IV, 5.

• **Com. 19 déc. 2006,** no 05-14.431, *Bull. civ.* IV, no 265, *PIBD* 2007, no 846, III, 112.

• **Com. 20 mars 2007,** no 05-12.626, *Bull. civ.* IV, no 89, *PIBD* 2007, no 852, III, 321.

* V. ss no 122.91

> **Détenteur de preuve de la contrefaçon bénéficiant d'un droit de rétention**

• **Com. 26 oct. 1999,** no 96-20.488, *Bull. civ.* IV, no 185; *D.* 2000, jur. 365, note Marotte; *D.* 2000. Somm. 388, obs. Piedelièvre.

* V. ss no 122.95

> **Opportunité de prévoir dans l'ordonnance une expertise ou une analyse des produits saisis ?**

• **Paris, 4e ch., 7 févr. 1969,** *Ann. propr. ind.* 1969. 131.

• **Paris, 4e ch., 8 juill. 1972,** *Ann. propr. ind.* 1973. 341.

• **Civ. 2e, 10 juill. 1980,** no 79-11.727, *Bull. civ.* II, no 182.

• **Com. 26 oct. 1982,** no 81-11.323, *Bull. civ.* IV, no 327.

• **TGI Vienne, 18 mai 1990,** *PIBD* 1990, no 487, III, 602.

• **TGI Paris, 3e ch., 1re sect., 9 janv. 1991,** RG no 90/14465, *Jurinpi* B19910001.

• **Com. 17 mai 1994,** no 92-13.542, *Bull. civ.* IV, no 181.

• **Civ. 1re, 1er juill. 1997,** no 95-13.319, NP.

• **TGI Paris, 3e ch., 4 juill. 1997,** *PIBD* 1997, no 644, III, 639.

• **Paris, 4e ch. B, 5 juin 1998,** *RD propr. int.* 1998, no 89, 15.

• **TGI Paris, 3e ch., 4e sect., 26 nov. 2009,** RG no 09/00813, *PIBD* 2010, no 915, III, 195; *Jurinpi* B20090209.

* V. ss no 122.97

> **Textes**

• **Paris, pôle 5, ch. 2, 3 juin 2011,** RG no 10/08000, *Propr. intell.* oct. 2011, p. 441, obs. crit. de Haas.

• **TGI Paris, 3e ch., 1re sect., 3 nov. 2009,** RG no 09/15054, *Jurinpi* B20090174; *PIBD* 2010, no 909, III, 7.

* V. ss no 122.101

> **Documents établissant l'origine, la destination, l'importance de la contrefaçon**

• **Aix-en-Provence, 1er déc. 1976,** *Ann. propr. ind.* 1978. 293; *PIBD* 1977, no 186, III, 63.

• **TGI Paris, 3e ch., 30 sept. 1982,** *PIBD* 1982. 314, III, 263.

• **Com. 9 mars 1993,** no 91-15.211, NP, *PIBD* 1993, no 547, III, 412.

• **Paris, 4e ch., 8 juill. 1993,** *PIBD* 1993, no 555, III, 673.

• **TGI Paris, 3e ch., 30 juin 1994,** *PIBD* 1994, no 576, III, 527.

• **TGI Paris, 3e ch., 26 mai 1995,** *PIBD* 1995, no 595, III, 420.

• **TGI Paris, 3e ch., 2e sect., 13 mars 1998,** *RD propr. int.* 1998, no 85, 29.

• **Paris, 4e ch., sect. B, 6 févr. 2004,** *Propr. industr.*, 2004, comm. no 99, note P. Greffe; *Propr. intell.*, oct. 2004, p. 939, obs. de Haas.

• **Paris, 4e ch., sect. A, 8 sept. 2004,** *PIBD* 2004, no 797, III, 664; *Propr. industr.*, 2005, comm. no 9, note P. Greffe.

• **TGI Lille, 3 mai 2007,** RG no 04/02731; *Jurinpi* M20070243; *Propr. industr.* nov. 2008, spéc. p. 18, no 73, étude X. Buffet Delmas d'Autane et L. Morelli.

• **T. com. Marseille, 3 sept. 2007,** *Propr. industr.* nov. 2008, spéc. p. 17, n° 72, étude X. Buffet Delmas d'Autane et L. Morelli.

• **TGI Paris, 3e ch., 3e sect., 21 nov. 2007,** *PIBD* 2008, n° 868, III, 119.

• **TGI Paris, 3e ch., 1re sect., 3 nov. 2009,** RG n° 09/15054, *Jurinpi* B20090174.

• **Paris, pôle 1, ch. 2, 27 avr. 2011,** RG n° 11/02758.

* V. ss n° 122.103

> **Remarque sur la qualification de la saisie de documents par voie de photocopies**

• **Aix-en-Provence, 1er déc. 1976,** *Ann. propr. ind.* 1978. 293; *PIBD* 1977, n° 186, III, 63.

• **Paris, 3e ch., 10 mars 1994,** *PIBD* 1994, n° 569, III, 349.

• **Paris, pôle 1, ch. 4, 12 mars 2010,** RG n° 09/13381, *JurisData* n° 2010-002301.

* V. ss n° 122.105

> **Documents sans rapport avec la contrefaçon**

• **Paris, 4e ch., sect. B, 28 oct. 2005,** *PIBD* 2005, n° 821, III, 1; *Propr. intell.* oct. 2006, p. 464, obs. de Haas; *RTD com.* 2007. 75, chron. Galloux.

• **Paris, 4e ch., sect. A, 22 févr. 2006,** *PIBD* 2006, n° 831, III, 390; *Propr. intell. oct.* 2006, p. 464, obs. de Haas, *RTD com.* 2007. 75, chron. Galloux.

* V. ss n° 122.108

> **Principe de garantie facultative**

• **TGI Paris, 3e ch., 1re sect., ord. réf. rétract., 4 mai 2010,** RG n° 10/04663.

* V. ss n° 122.131

> **Pratique**

• **TGI Paris, 3e ch., 1re sect., ord. réf. rétract., 4 mai 2010,** RG n° 10/04663.

* V. ss n° 122.132

122.11 Division. Il convient de s'attacher à la présentation de la requête, aux mentions nécessaires ainsi qu'aux dispositions concernant les modalités de la saisie-contrefaçon.

SECTION 1
PRÉSENTATION DE LA REQUÊTE UNILATÉRALE

122.21 Ministère d'avocat. Les requêtes aux fins de saisie-contrefaçon, quel que soit le titre de propriété industrielle invoqué, ne peuvent être présentées que par un avocat du barreau du ressort du tribunal de grande instance dont l'autorisation du président est sollicitée, conformément au droit commun de la procédure civile (C. pr. civ., art. 813)[1]. Une ordonnance obtenue sur la base d'une requête présentée au président du tribunal de grande instance par un avocat extérieur au ressort du tribunal est entachée d'une irrégularité de fond entraînant sa nullité et celle des opérations de saisie subséquentes[2]. De même, la Cour de cassation a décidé que la requête aux fins de saisie-contrefaçon doit être signée par l'avocat du requérant[3] et que l'absence de signature de l'avocat postulant au pied de la requête est une irrégularité qui affecte d'une nullité de fond l'acte litigieux[4].

122.22 Procédure non contradictoire. La procédure d'ordonnance sur requête est non contradictoire. Le saisi n'est donc pas informé de la procédure antérieurement à la saisie elle-même, ce qui confère à la saisie-contrefaçon son efficacité[5].

122.23 Objet. La requête doit indiquer l'objet de la demande, à savoir les opérations pour lesquelles une autorisation est sollicitée; celles-ci ne doivent pas apparaître, en effet, uniquement dans le projet d'ordonnance qu'il est d'usage de joindre à la requête. Dans une espèce où tel était précisément le cas, la cour de Paris a retenu que l'indication de l'objet de la demande est une formalité substantielle dont l'inobservation constitue un vice de forme mais a rejeté l'exception de nullité au motif que les intimés n'établissaient ni même n'invoquaient l'existence d'un grief[6].

122.24 Formalisme. Conformément au droit commun des ordonnances sur requête, la requête aux fins de saisie-contrefaçon doit être présentée en double exemplaire, en application de l'article 494 alinéa 1 du code de procédure civile. Aucun texte n'exige qu'elle soit accompagnée d'un projet d'ordonnance destiné à la signature du président du tribunal de grande instance. En pratique, il est d'usage de joindre un tel projet.

SECTION 2
MENTIONS NÉCESSAIRES

SOUS-SECTION 1
MENTIONS CONCERNANT LE REQUÉRANT

122.31 Identification du requérant. La requête doit identifier le requérant personne physique par

1. Paris, 4e ch., sect. A, 12 sept. 2007, RG n° 06/03557, *Jurinpi* B20070114.
2. Paris, 9 juin 1993, *Gaz. Pal.* 1994, Somm., 382 – Lyon, 1re ch., 14 mars 2002, *Propr. industr.* 2003, comm. n° 54, obs. Kamina.
3. Com. 14 nov. 2006, n° 04-14.865, NP.
4. Civ. 2e, 24 févr. 2005, n° 03-11.718, *Bull. civ.* II, n° 49, *D.* 2005. IR 735 – CONTRA : Paris, 4e ch., sect. A, 12 sept. 2007, préc.
5. En matière de brevets : Paris, 4e ch., 4 avr. 1991, *PIBD* 1991, n° 507, III, 521 – TGI Paris, 3e ch., sect. 3, ord. réf., 20 mai 2011, RG n° 11/05099, l'obligation de loyauté propre à la procédure sur requête n'oblige pas le requérant à invoquer les moyens de défense possibles du saisi.
6. Paris, 4e ch. A, 17 mai 1995, *Ann. propr. ind.* 1997. 65.

ses nom, prénom, profession, domicile, nationalité, date et lieu de naissance. Lorsque le requérant est une personne morale, la requête doit indiquer sa forme, sa dénomination, son siège social et l'organe qui la représente[1]. Une requête commune peut être présentée par plusieurs demandeurs[2].

122.32 Droits invoqués par le requérant. Le requérant doit indiquer le ou les titres de propriété industrielle qu'il invoque au soutien de sa demande d'autorisation de saisie et les droits (propriété, licence) qui lui permettent de l'invoquer. Bien entendu, ces droits doivent être en vigueur et opposables (v. s^s n°s 111.11 s.). S'il n'est pas tenu de viser les revendications du brevet qu'il estime contrefaites puisque cette précision n'est exigée par aucun texte[3], il est tenu d'indiquer les caractéristiques qui permettront au saisi d'identifier avec suffisamment de précision l'objet exact de l'intervention de l'huissier[4]. Une requête commune peut être présentée par plusieurs demandeurs qui se fondent sur des titres de propriété industrielle différents, en l'espèce un brevet et un dessin ou modèle, à condition de bien préciser chacun des titres des demandeurs[5]. Plus récemment, une affaire a donné l'exemple de requêtes communes aux fins de saisie-contrefaçon présentées par trois personnes se prévalant de titres de propriété industrielle différents (droit de dessins et modèles invoqué par son titulaire, droit de marque invoqué par son titulaire et sa licenciée exclusive) mais également d'un droit de propriété littéraire et artistique (droit d'auteur invoqué encore par le titulaire du droit sur le modèle). La cour d'appel de Paris a confirmé la validité des opérations de saisie-contrefaçon après avoir notamment constaté que les requêtes « *indiquaient clairement au magistrat saisi* » le ou les titres revendiqués par chacun des demandeurs[6].

122.33 Motivation. La requête aux fins de saisie-contrefaçon doit être motivée en application de l'article 494 du code de procédure civile. En pratique, cette motivation est relativement succincte et se limite à la mention des atteintes alléguées. L'autorisation de saisie-contrefaçon n'est pas subordonnée à la production d'une preuve de la contrefaçon. Le requérant n'est en principe pas tenu d'établir, par un commencement de preuve, l'existence de la contrefaçon qu'il allègue puisque le but de la saisie-contrefaçon est précisément d'apporter cette preuve[7]. De plus, les opérations de saisies sont toujours diligentées sous sa responsabilité[8] et peuvent ouvrir droit à des dommages et intérêts en cas de procédure fautive ou abusive[9]. De ce point de vue, la loi n° 2007-1544 du 29 octobre 2007 n'a heureusement pas suivi la directive n° 2004/48/CE du 29 avril 2004 relative au respect des droits de propriété intellectuelle dont l'article 7 subordonnait l'ordonnance de mesures de conservation des preuves à la présentation par le requérant « *des éléments de preuve raisonnablement accessibles pour étayer ses allégations selon lesquelles il a été porté atteinte à son droit de propriété intellectuelle ou qu'une telle atteinte est imminente* ». Le législateur français a maintenu, sur ce point, le droit antérieur, plus

1. Le défaut de pouvoir du directeur général de représenter la société est une irrégularité de fond qui affecte la validité de la requête aux fins de saisie-contrefaçon et de l'assignation, Paris, 4e ch., sect. A, 21 mars 2007, RG n° 06/17919, *JurisData* n° 2007-328377; *Propr. intell.* oct. 2007, p. 478, obs. de Haas, pourvoi rejeté par Com. 3 juin 2008, n° 07-14.457, NP, *Propr. intell.* oct. 2008, p. 458, obs. de Haas – Ce défaut de pouvoir d'une personne figurant au procès comme représentant d'une personne morale est une irrégularité de fond, conformément à l'article 117 du code de procédure civile, mais ne revêt pas un caractère d'ordre public si bien que l'exception de nullité fondée dessus ne peut pas être relevée d'office par le juge, ne peut profiter qu'à la partie qui l'invoque, en l'espèce les seules sociétés Luna et Floria, à l'exclusion des autres sociétés impliquées dans la procédure, Com. 14 déc. 2010, n° 09-71.712, *Bull. civ.* IV, n° 205 – La désignation, dans la requête, du représentant de la société requérante en sa seule qualité de président du conseil d'administration et l'omission de sa qualité de directeur général est une simple irrégularité de forme qui, faute d'avoir causé grief, n'est pas sanctionnée, TGI Paris, 3e ch., 1re sect., 30 sept. 2008, RG n° 06/11319, *Jurinpi* B20080135, *PIBD* 2008, n° 885, III, 645; Paris, pôle 5, ch. 1, 12 mai 2010, RG n° 08/19543, *Jurinpi* B20100085; Com. 7 juin 2011, n° 10-23.515, NP.
2. TGI Paris, 3e ch., 1re sect., 12 juin 2007, RG n° 04/05123, *Jurinpi* B20070107 – LA SAISIE-CONTREFAÇON reste valable bien que certains des requérants soient dépourvus de qualité à agir, dès lors qu'au moins un des requérants a bien qualité à agir : Paris, 4e ch., sect. A, 9 mai 2007, RG n° 06/05543, *Propr. intell.* oct. 2007, p. 478, obs. de Haas.
3. Douai, 1re ch., 4 févr. 2002, *Dossiers Propr. intell.* 2001, III et IV, n° 3, obs. Ch. Le Stanc; *Propr. industr.* 2002, comm. n° 40, obs. J. Raynard – Paris, 4e ch., sect. A, 3 déc. 2008, RG n° 2007/13569, *PIBD* 2009, n° 892, III, 878, *Jurinpi* B20080166.
4. Paris, 4e ch., sect. B, 10 déc. 2004, RG n° 02/03941, *PIBD* 2004, n° 802, III, 99; *Propr. intell.* janv. 2005, p. 85, obs. Warusfel; *D.* 2005. 966.
5. TGI Paris, 3e ch., 1re sect., 12 juin 2007, RG n° 04/05123, *Jurinpi* B20070107.
6. Paris, pôle 5, ch. 1, 8 juin 2011, RG n° 2009/21321, *Jurinpi* D20110126, *PIBD* 2011, n° 948, III, 625.
7. Nîmes, 14 sept. 1998, *RD propr. int.* 1999, n° 96, 43 – TGI Bobigny, ord. réf., 14 oct. 1998, rôle n° 11490/98, inédit – Douai, 1re ch., 4 févr. 2002, *Propr. industr.* 2002, comm. n° 40 – TGI Paris, 3e ch., 3e sect. ord. réf., 18 oct. 2006, *PIBD* 2007, n° 845, III, 82 – Aix-en-Provence, 1re ch. C, 1er juill. 2010, RG n° 2010/00886, *Jurinpi* B20100121; *PIBD* 2010, n° 925, III, 603.
8. Aix-en-Provence, 2e ch., 16 nov. 2006, RG n° 05/20598, *JurisData* n° 2006-327104.
9. TGI Paris, 3e ch., 3e sect., ord. réf., 18 oct. 2006, préc.

favorable aux titulaires de droits, ce qu'il était en droit de faire conformément à l'article 2 § 1 de la directive. La saisie-contrefaçon doit rester efficace et l'une des finalités de la saisie-contrefaçon est précisément d'obtenir ces éléments de preuve.

122.34 Justificatifs à produire. La requête doit être accompagnée des pièces justificatives relatives au titre de propriété industrielle invoqué[1] et à la qualité du demandeur (v. titre 11). L'indication de ces pièces doit figurer dans la requête, en application du droit commun (C. pr. civ., art. 494)[2]. Mais cet article n'exige pas qu'un inventaire séparé des pièces visées dans la requête soit, en outre, annexé à celle-ci[3]. Pour ce qui concerne les brevets, une indication suffisamment précise de ces pièces résulte de l'indication de leurs références et de leur objet[4]; et le visa par l'ordonnance rendue au vu de la requête des « *pièces produites* » suffit à établir que les pièces indiquées ont été effectivement produites à l'appui de la requête[5]. L'ordonnance paraît susceptible d'annulation si le défendeur parvient à prouver que les pièces jointes à la requête étaient incomplètes[6].

SOUS-SECTION 2
MENTIONS CONCERNANT LE SAISI

122.41 Identification du saisi. La personne au préjudice de laquelle doit être effectuée la saisie-contrefaçon doit être identifiée dans la requête. Toutefois, l'identification précise de la personne juridique à l'encontre de laquelle vont être menées les opérations de saisie-contrefaçon n'est pas toujours possible à l'avance et ne pourra, quelquefois, être faite que par les opérations de saisie. La pratique admet donc parfaitement des requêtes visant « *un stand à l'enseigne N... dans tel salon professionnel* » ou encore « *un établissement à l'enseigne N..., à telle adresse* ». Ainsi, la cour d'appel de Lyon a reconnu valable la saisie-contrefaçon réalisée en exécution d'une ordonnance autorisant la saisie sur un stand du marché de la Croix-Rousse à Lyon[7]. De même, la cour de Paris a jugé que la saisie effectuée entre les mains d'un transporteur est valable, même si l'ordonnance ne le prévoyait pas expressément, dès lors que l'ordonnance avait un caractère général et ne limitait pas les personnes à l'encontre desquelles la saisie pouvait être pratiquée[8].

122.42 Lieu de la saisie. Le lieu de la saisie doit être indiqué dans la requête. En matière de brevets, de topographies de produits semi-conducteurs et d'obtentions végétales, la détermination du lieu de la saisie est même particulièrement importante puisque c'est en fonction de ce lieu que se détermine la compétence territoriale du tribunal de grande instance qui autorise la saisie-contrefaçon. En pratique, il est souvent demandé dans la requête que la saisie puisse être étendue à tous autres lieux où des faits contrefaisants pourraient être constatés, dès lors qu'ils se trouvent dans le ressort de compétence du tribunal de grande instance, ce qui permet notamment de couvrir les éventuels établissements secondaires exploités par le saisi et les locaux qu'il pourrait occuper. Il a été jugé que l'ordonnance, reprenant les termes de la requête autorisant la saisie chez X « *ou dans les locaux dans lesquels les opérations révéleraient des actes de contrefaçon* » est valable dès lors que cette extension demeure dans le ressort de compétence territoriale du tribunal de grande instance[9].

SOUS-SECTION 3
MENTIONS CONCERNANT UNE ÉVENTUELLE INSTANCE EN COURS

122.51 Dispositions des articles 494 alinéa 2 et 813 alinéa 2 du code de procédure civile. Une requête aux fins de saisie-contrefaçon présentée en cours d'instance doit être soumise au président du tribunal de grande instance dans le ressort duquel les opérations de saisie-contrefaçon doivent être effectuées (v. s^s^ nº 121.33). Les articles 494 alinéa 2 et 813 alinéa 2 du code de procédure civile disposent que la requête doit indiquer la juridiction saisie; cette règle n'est toutefois pas prescrite à peine de nullité[10].

SOUS-SECTION 4
MENTIONS CONCERNANT LES PARTICIPANTS

122.61 Principe : identification des catégories de participants. La requête doit énumérer l'ensemble des participants dont la présence est souhaitée

1. TGI Paris, 3e ch., sect. 2, 27 mai 2011, RG nº 11/04937, au stade de la requête, il n'est toutefois pas nécessaire de démontrer que la marque est exploitée.
2. Civ. 2e, 11 févr. 2010, nº 08-21.469, *Bull. civ.* II, nº 34; *Procédures* avr. 2010, comm. 112, note Perrot, *Propr. intell.* oct. 2010, p. 1013, obs. de Haas.
3. Nîmes, 14 sept. 1998, *RD propr. int.* 1999, nº 96, 43 – TGI Paris, 3e ch. 2e sect., 8 févr. 2008, RG nº 07/16191.
4. Com. 9 avr. 2002, nº 99-15.657, NP – TGI Paris, 3e ch. 2e sect., 8 févr. 2008, RG nº 07/16191, POUR UN EXEMPLE où la requête ne comportait aucune référence si bien que l'ordonnance a été rétractée.
5. Com. 9 avr. 2002, nº 99-15.657, NP.
6. TGI Paris, 13 mars 1996, *Jurinpi* B19960042.
7. Lyon, 1re ch. civ., 22 mars 2007, RG nº 05/06557, *Juris-Data* nº 2007-344073.
8. Paris, 4e ch., 5 avr. 1979, *PIBD* 1979, nº 246, III, 392.
9. TGI Paris, 3e ch., 2 nov. 1994, *PIBD* 1995, nº 583, III, 107 – Nîmes, 14 sept. 1998, *RD propr. int.* 1999, nº 96, 43 – Lyon, aud. sol., 3 mai 1999, *Dossiers Brevets* 1999, I, 1.
10. Paris, 4e ch., sect. A, 27 nov. 2002, *PIBD* 2003, nº 763, III, 234; *Ann. propr. ind.* 2003. 30.

(huissier de justice, représentants de la force publique, experts, photographes, etc.). La requête peut se contenter d'indiquer les catégories de participants. Il n'est pas nécessaire que ces personnes soient nominativement identifiées [1]. En pratique, l'identification trop précise de la personne accompagnant l'huissier est susceptible de créer des difficultés si cette dernière n'est pas disponible le jour des opérations et que l'huissier est accompagné d'une autre.

122.62 L'huissier de justice du choix du requérant. La saisie-contrefaçon en matière de propriété industrielle ne peut être effectuée que par un huissier de justice. Les articles L. 521-4 (dessins et modèles), L. 615-5 (brevets d'invention), L. 623-27-1 (certificats d'obtentions végétales), L. 716-7 (marques) et l'article L. 722-4 (indications géographiques) du code de la propriété intellectuelle, ainsi que l'article L. 622-7 du même code (topographies de produits semi-conducteurs) qui renvoie notamment à l'article L. 615-5, prévoient expressément que le choix de l'huissier instrumentaire revient au requérant (« *par tous huissiers* »). Il ne s'agit donc pas d'un huissier commis. Il n'est donc pas nécessaire que l'huissier soit nominativement identifié dans la requête ou l'ordonnance [2]. Au contraire, muni de l'ordonnance présidentielle, le requérant peut faire appel à tout huissier territorialement compétent. Certains magistrats, ayant sans doute à l'esprit les textes du code de procédure civile qui régissent les mesures d'instructions et, en particulier les constatations, désignent quelquefois l'huissier chargé d'effectuer la saisie-contrefaçon. Dans la mesure où les dispositions législatives spéciales laissent le choix au requérant, une telle pratique ne repose sur aucun fondement juridique. En outre, il résulte d'une décision de la Cour de cassation du 8 septembre 2011 que, même si l'ordonnance désigne nominativement un huissier, il n'est pas nécessaire de revenir devant le juge pour lui demander de supprimer cette désignation nominative puisque « *la décision qui désigne, pour son exécution, un huissier de justice n'a pas, sur ce point, autorité de la chose jugée* » [3]. Il reste ainsi possible, même en cette hypothèse, de faire exécuter l'ordonnance par n'importe quel huissier compétent de son choix.

122.63 Tous experts au choix du requérant. Les différents articles du code de la propriété intellectuelle relatifs à la saisie-contrefaçon en matière de propriété industrielle (v. la liste s^s n° 122.62) permettent expressément au requérant de faire procéder à la saisie-contrefaçon par tous huissiers « *assistés d'experts désignés par le demandeur* ». L'expert visé par ces textes n'est pas le mandataire de justice chargé d'une mission d'instruction par le juge, en vertu des articles 232 et suivants du code de procédure civile (« *Mesures d'instruction exécutées par un technicien* ») [4]. Le terme « *expert* » n'implique pas que cette personne soit inscrite sur une liste d'experts mais vise toute personne dont la présence peut être utile lors de la saisie-contrefaçon : conseil en propriété industrielle du requérant, photographe, serrurier, expert en mécanique, en électronique, en électricité, expert-comptable, informaticien [5], utilisateur [6], dessinateur chargé de relever le plan des objets saisis, architecte, spécialiste pour démonter et remonter la machine contrefaisante [7].

Si le requérant souhaite que l'huissier puisse être assisté d'un ou plusieurs hommes de l'art, il doit le prévoir dans sa requête. Même si l'assistance d'un expert n'est pas sollicitée dans la requête ou prévue dans l'ordonnance, son intervention n'est pour autant pas complètement exclue dès lors qu'il se contente de réaliser des actes que n'importe qui peut réaliser sans devoir y être autorisé par l'ordonnance : ainsi une juridiction a estimé que le conseil en propriété industrielle « *n'a pas assisté l'huissier en ce qu'il n'est nullement intervenu et s'est borné à recueillir les documents à la disposition du public sur le stand de la société* (saisie), *sa qualité étant dépourvue de toute incidence sur le déroulement des opérations* » [8].

Il n'est toutefois pas nécessaire que l'ordonnance désigne les experts nominativement, puisqu'ils sont choisis, comme l'huissier, par le requérant [9]. Il n'est pas davantage nécessaire de prévoir leur nombre exact qui n'est pas limité par la loi [10]. Il a également été jugé que l'huissier pouvait, sans y avoir été spécialement autorisé par l'ordonnance, être assisté par son clerc, l'huissier « *pouvant sans autorisation spéciale du juge se faire assister par tout membre*

1. Paris, 4e ch., 8 juill. 1993, *PIBD* 1993, n° 555, III, 673.
2. M. Foulon et Y. Strickler, « Le constat sur requête avant tout procès », *Dr. et proc.*, mars-avr. 2006, p. 71 s., spéc. p. 78, n° 33.
3. Civ. 2e, 8 sept. 2011, n° 10-23.115, P, *Procédures* nov. 2011, comm. 332, note Perrot.
4. Com. 8 mars 2005, n° 03-15.871, *Bull. civ.* IV, n° 53, p. 58; *D.* 2005, AJ, 838; *JCP E* 2005. II, n° 648, p. 716, note Caron; *Comm. com. électr.* 2005, comm. 102, note Caron; *Propr. industr.* 2005, comm. 45, note Raynard.
5. V., en matière de logiciels, Paris, 15 janv. 1997, *PIBD* 1997, n° 639, III, 517.
6. Il s'agissait en l'espèce d'un agriculteur, utilisateur du broyeur prétendument contrefait, TGI Paris, 3e ch., 2e sect., 1er oct. 2004, RG n° 03/05352, *Jurinpi* B20040157.
7. Paris, 4e ch., 14 mars 1991, *PIBD* 1991, n° 506, III, 500; *RD propr. ind.* 1991, n° 34, 20.
8. TGI Paris, 3e ch., 2e sect. 22 déc. 2006, *PIBD* 2007, n° 848, III, 201.
9. TGI Paris, 3e ch., 29 nov. 1984, *PIBD* 1985, n° 370, III, 170 – Nîmes, 14 sept. 1998, *RD propr. int.* 1999, n° 96, 43.
10. TGI Paris, 3e ch., 12 sept. 1990, *PIBD* 1991, n° 491, III, 7.

subordonné de son étude »[1]. En pratique, la présence d'un ou plusieurs experts peut être considérée comme indispensable dans toutes espèces où l'identification et la description des produits contrefaisants posent des difficultés.

122.64 Indépendance de l'expert. La Cour de cassation a décidé que le principe du droit à un procès équitable posé par l'article 6.1 de la Convention européenne de sauvegarde des droits de l'homme et des libertés fondamentales exige que l'expert choisi pour assister l'huissier instrumentaire ou le commissaire de police (pour une saisie en matière de propriété littéraire ou artistique) soit indépendant des parties[2]. Tel est le cas, par exemple, en matière d'obtentions végétales, d'un adjoint technique au GEVES (Groupe d'études et de contrôle des variétés et des semences) « *qui est sans lien de subordination direct avec la société requérante et qui exerce au surplus ses fonctions au sein d'un groupement d'intérêt public dont la structure juridique est censée garantir son indépendance et sa neutralité vis-à-vis de ses autorités de tutelle* »[3]. Tel n'est pas le cas, notamment, du préposé du saisissant, qui ne peut dès lors assister l'huissier, quand bien même il aurait été nommément désigné dans l'ordonnance pour ce faire[4].

La jurisprudence retient cependant à juste titre qu'un conseil en propriété industrielle[5], fût-il le conseil habituel du saisissant, et même le rédacteur du titre invoqué[6], doit être considéré comme indépendant des parties[7].

Deux décisions isolées de la cour d'appel de Toulouse[8] et une décision de la cour d'appel de Paris[9] avaient estimé que le conseil en propriété industrielle habituel du saisissant ne pouvait être considéré comme indépendant des parties. Ces décisions ne pouvaient être approuvées : l'expert chargé d'assister l'huissier qui procède à une saisie-contrefaçon n'est pas chargé par le juge d'une mission d'expertise au sens des articles 263 à 284-1 du code de procédure civile et il est inutile d'exiger de lui le même degré d'indépendance que d'un expert judiciaire; une indépendance relative est suffisante; or tout conseil en propriété industrielle, fût-il le conseil habituel du saisissant, est tenu à un devoir d'indépendance en vertu des règles déontologiques applicables à sa profession. La Cour de cassation, sur le pourvoi formé contre l'une de ces deux décisions, a cassé l'arrêt qui lui était soumis, retenant que « *le conseil en propriété industrielle, fût-il le conseil habituel de la partie saisissante, exerce une profession indépendante, dont le statut est compatible avec sa désignation en qualité d'expert du saisissant dans le cadre d'une saisie contrefaçon de marque, mission qui ne constitue pas une expertise au sens des articles 232 et suivants du nouveau code de procédure civile* »[10]. Cette décision,

1. TGI Paris, 3e ch., 1re sect., 30 mai 2007, RG no 04/12557, *Jurinpi* B20070215.
2. Civ. 1re, 6 juill. 2000, *PIBD* 2001, no 714, III, 87, *D.* 2001, jur. 370, note Véron; *Comm. com. électr.*, 2000, comm. no 98, note Caron; *LPA* 25 janv. 2001, p. 12, note Fougerat; *JCP G* 2000. II. 10440, note H.C. – DANS LE MÊME SENS, TGI Paris, 3e ch., 3e sect., 11 déc. 2001, RG no 00/03186, *Jurinpi* B20010244 – Douai, ch. 1, sect. 2, 25 févr. 2010, RG no 08/08777.
3. TGI Paris, 3e ch., 2e sect., 15 févr. 2008, RG no 06/05416 – TGI Paris, 3e ch., 2e sect., 13 juin 2008, RG no 06/04324 – TGI Paris, 3e ch., 2e sect., 13 juin 2008, RG no 06/04322.
4. Com. 28 avr. 2004, no 02-20.330, *Bull. civ.* IV, no 75, *PIBD* 2004, no 791, III, 431; *D.* 2004. AJ 1671; *Procédures*, juill. 2004, comm. no 162, note Croze; *Propr. intell.* juill. 2004, p. 793, obs. Galloux, Gutmann et Warusfel; *JCP G* 2004. II. 10171, note Caron; *Gaz. Pal.* 23-25 janv. 2005, p. 34, note Tellier-Loniewski et Mauriello; *Propr. industr.* 2005, comm. 45, note Raynard – TGI Paris, 3e ch., 1re sect., 24 oct. 2007, RG no 01/18185.
5. J.-P. Martin, « Indépendance des Conseils en Propriété Industrielle et Convention Européenne des Droits de l'Homme », *RD propr. int.*, no 174, août 2005, p. 9 s. – M.-H. Fabiani, « La saisie-contrefaçon », *Gaz. Pal.* 20-21 déc. 2006, p. 22 s., spéc. p. 23.
6. TGI Lille, 15 déc. 2005, *PIBD* 2006, no 825, III, 165; *Propr. intell.* oct. 2006, p. 464, obs. de Haas.
7. TGI Paris, 3e ch., 2e sect., 12 oct. 2001, RG no 99/21442, *RD propr. int.* 2002, no 136, p. 34 – TGI Paris, 3e ch., 2e sect., 13 déc. 2002, *Propr. industr.* 2003, comm. no 58 – Rennes, 25 mai 2004, *PIBD* 2004, no 796, III, 626; *Propr. intell.* juill. 2004, p. 794, obs. Galloux, Gutmann et Warusfel – TGI Paris, 3e ch., 2e sect., 2 juill. 2004, RG no 02/18798, *PIBD* 2004, no 796, III, 615 – Com. 8 mars 2005, no 03-15.871, *Bull. civ.* IV, no 53, p. 58; *Rapp. C. cass.* 2005, p. 337; *D.* 2005, AJ, 838; *JCP E* 2005. II, no 648, p. 716, note Caron; *Comm. com. électr.* 2005, comm. 102, note Caron; *Propr. industr.* 2005, comm. 45, note Raynard; *RLDA* 2006, no 361, note Lefèvre – Paris, 4e ch., 20 avr. 2005, *PIBD* 2005, no 812, III, 414 – TGI Paris, 3e ch., 1re sect., 5 oct. 2005, RG no 03/11548, *Jurinpi* B20050229 – TGI Paris, 3e ch., 2e sect., 27 avr. 2006, 2 jugements, RG no 04/12418 et no 04/12420, *Jurinpi* B20060097 – Paris, 4e ch., sect. B, 30 juin 2006, *PIBD* 2006, no 839, III, 685 – Paris, 4e ch., sect. B, 11 mai 2007, *PIBD* 2007, no 856, III, 47 – TGI Paris, 3e ch., 1re sect., 24 oct. 2007, RG no 01/18185 – TGI Paris, 3e ch., 2e sect., 15 févr. 2008, RG no 06/05416 – TGI Paris, 3e ch., 2e sect., 13 juin 2008, RG no 06/04324. – TGI Paris, 3e ch., 2e sect., 13 juin 2008, RG no 06/04322 – TGI Paris, 3e ch., 3e sect., 30 sept. 2009, RG no 07/16857, *Jurinpi* B20090157, *PIBD* 2010, no 909, III, 14 – P. Nuss, « Du choix de l'expert qui assiste l'huissier instrumentaire en matière de saisie-contrefaçon », *Propr. industr.* déc. 2005, étude 26.
8. Toulouse, 17 avr. 2003, Ferco/ Sotralu, *Comm. com. électr.* 2004, comm. 3, note Caron; *JCP E* 2004. II. 152, obs. Caron – Toulouse, 2e ch., 1re sect., 17 avr. 2003, RG no 2002/03575, Miniplus/ Capitole Carton, inédit.
9. Paris, 4e ch., sect. B, 10 déc. 2004, RG no 02/03941, *PIBD* 2004, no 802, III, 99; *Propr. intell.* janv. 2005, p. 85, obs. Warusfel.
10. Com. 8 mars 2005, no 03-15.871, *Bull. civ.* IV, no 53, p. 58; *D.* 2005, AJ, 838; *JCP E* 2005. II, no 648, p. 716, note Caron; *Comm. com. électr.* 2005, comm. 102, note Caron; *Propr. industr.* 2005, comm. 45, note Raynard.

parfaitement motivée et opportune, répond aux interrogations que les décisions précitées avaient pu faire naître.

La présence d'une ingénieur débutante, assistante du conseil en propriété industrielle, aux côtés de ce dernier lors des opérations de saisie, a donné lieu en première instance à une décision sévère, heureusement réformée sur ce point en appel. En effet, il avait été décidé en première instance que sa seule présence lors des opérations de saisie entraînait la nullité du procès-verbal de saisie-contrefaçon parce qu'il n'était pas démontré qu'elle était soumise aux mêmes règles déontologiques qui contraignent le conseil en propriété industrielle et fondent son indépendance professionnelle. Une telle décision était de nature à compliquer, voire à compromettre, la formation professionnelle pratique, sur le terrain, des collaborateurs débutants. Heureusement, de façon plus réaliste, il a été décidé en appel que sa seule présence passive - l'assistante n'étant nullement intervenue aux opérations de saisie et étant liée à son employeur, la société civile de conseils en propriété industrielle, par un contrat de travail la soumettant au secret professionnel et à une obligation de confidentialité - n'avait causé aucun grief à la partie saisie et le procès-verbal de saisie-contrefaçon n'encourait ainsi aucun grief de nullité[1].

122.65 **Force publique.** L'huissier peut être accompagné d'un représentant de la force publique même en l'absence de disposition expresse de l'ordonnance. En effet, la saisie-contrefaçon n'est autre que l'exécution d'une ordonnance sur requête. Or, la formule exécutoire apposée sur une telle ordonnance « *mande et ordonne [...] à tous commandants et officiers de la force publique de prêter main-forte lorsqu'ils en seront légalement requis* » (D. n° 47-1047, 12 juin 1947, art. 1er, v. s^s^ n° 132.53). Le requérant use très souvent de cette faculté, la présence d'un représentant de la force publique s'avérant, en pratique, avoir des vertus dissuasives et faciliter, par la même, l'exécution de la saisie-contrefaçon. La cour d'appel de Paris, dans un arrêt du 11 avril 2008, a rappelé que, au-delà des termes de l'ordonnance qui autorisait l'assistance, si nécessaire, d'un représentant de la force publique, « *cette assistance peut se manifester par la présence de plusieurs représentants de la force publique, si les circonstances l'exigent* »[2].

1. TGI Paris, 3e ch., 3e sect., 11 juill. 2007, *PIBD* 2007, n° 862, III, 653 – Paris, 4e ch., sect. A, 3 déc. 2008, RG n° 2007/13569, *PIBD* 2009, n° 892, III, 878, *Jurinpi* B20080166; *Propr. intell.* oct. 2009, p. 412, obs. Warusfel; *D.* 2010, pan. 465 s., spéc. 469, obs. J. Raynard.
2. Paris, 4e ch., sect. B, 11 avr. 2008, RG n° 06/14920, *Jurinpi* B20080067.

122.66 **Le saisissant.** Aucun des textes relatifs à la saisie-contrefaçon n'interdit au requérant de solliciter, dans sa requête, sa présence ou celle de parents ou de salariés. La présence du requérant ou de l'un de ses proches ou salariés a parfois été autorisée dans le passé[3]. Cependant, l'article 4 du décret n° 92-755 du 31 juillet 1992 instituant de nouvelles règles relatives aux procédures civiles d'exécution (DEVENU C. pr. civ. exe., art. R. 141-3) reprend la réserve déjà édictée par l'article 585 *in fine* de l'ancien code de procédure civile : « *La personne qui a requis une mesure d'exécution forcée ou une mesure conservatoire ne peut assister aux opérations d'exécution, si ce n'est avec l'autorisation du juge de l'exécution lorsque les modalités de l'appréhension l'exigent* »[4]. En outre, en matière de saisie-contrefaçon, la présence du requérant, de l'un de ses parents ou de ses salariés ou ancien salariés, est de nature à créer un risque d'atteinte aux secrets industriels et commerciaux du saisi, notamment si la mesure se déroule dans son entreprise (par opposition à un salon d'exposition ou tout lieu ne donnant pas accès aux secrets industriels et commerciaux du saisi). Enfin, le principe du droit à un procès équitable posé par l'article 6.1 de la Convention européenne des droits de l'homme impose la plus grande prudence dans le choix des participants à la saisie, et commande de ne pas prévoir la participation du saisissant aux opérations. Une décision a en effet annulé une saisie du seul fait que le requérant avait assisté aux opérations, sa seule présence nuisant à l'équilibre des parties[5]. La Cour de cassation a par ailleurs retenu que le salarié du saisissant, même nommément désigné dans l'ordonnance, ne saurait assister l'huissier sans qu'il en résulte une violation de l'article 6.1 de la Convention européenne des droits de l'homme[6]. C'est pourquoi la plupart des ordon-

3. Paris, 4e ch., 14 mars 1991, *RD propr. ind.* 1991, n° 34, 20; *PIBD* 1991, n° 506, III, 500 – confirmant TGI Paris, 3e ch., 16 janv. 1989, *PIBD* 1989, n° 454, III, 220 – TGI Paris, 3e ch., 8 juill. 1992, *PIBD* 1992, n° 534, III, 643 – Paris, 4e ch., sect. B, 15 déc. 2006, *PIBD* 2007, n° 847, III, 180.
4. « Le secret et les procédures juridictionnelles en matière de propriété industrielle » in *La propriété industrielle et le secret*, Coll. du CEIPI, n° 40, Litec, 1996, p. 63.
5. TGI Paris, 3e ch., 3e sect., 15 oct. 2002, *PIBD* 2003, n° 763, III, 238; *RTD com.* 2004. 305, chron. Galloux – CONFIRMÉ PAR : Paris, 4e ch., sect. B, 27 mai 2005, RG n° 03/05266, *Jurinpi* B20050075 – ÉGAL^t^ : TGI Paris, 3e ch., 3e sect., 25 févr. 2003, RG n° 01/12680, *Jurinpi* M20030131.
6. Com. 28 avr. 2004, n° 02-20.330, *Bull. civ.* IV, n° 75, *PIBD* 2004, n° 791, III, 431; *D.* 2004. AJ 1671; *Procédures*, juill. 2004, comm. n° 162, note Croze; *Propr. intell.* juill. 2004, p. 793, obs. Galloux, Gutmann et Warusfel; *JCP G* 2004. II. 10171, note Caron; *Gaz. Pal.* 23-25 janv. 2005, p. 34, note Tellier-Loniewski et Mauriello; *Propr. industr.* 2005, comm. 45, note Raynard.

nances excluent expressément la présence de salariés du requérant. Plus récemment, par une décision du 8 juillet 2008, la Cour de cassation a réitéré explicitement l'idée que « *ni le requérant, ni ses préposés, ne sont au nombre des personnes pouvant assister aux opérations de saisie-contrefaçon, peu important que le juge de la requête leur en ait donné l'autorisation* ».[1]

122.67 **L'avocat du saisissant.** Aucune disposition légale n'interdit formellement à l'avocat du saisissant d'assister aux opérations de saisie-contrefaçon. Il est néanmoins permis de se demander si sa présence n'est pas contraire au principe de son indépendance et aux règles déontologiques limitant ses contacts directs avec l'adversaire de son client. C'est ce qu'a considéré un jugement du tribunal de grande instance de Paris du 23 février 1994[2]. Dans cette espèce, l'ordonnance autorisait l'huissier instrumentaire à se faire assister par tout homme de l'art ou expert autres que les subordonnés du requérant et ne visait donc pas expressément la présence de l'avocat du requérant. La saisie-contrefaçon a été annulée au motif que cet avocat n'avait pas décliné sa qualité d'avocat lors de la saisie-contrefaçon et que cette réticence déloyale n'avait pas permis au saisi de joindre son propre conseil. Une même solution dans une affaire tout à fait semblable a été adoptée par la cour d'appel de Rennes, le 10 janvier 2006[3]. Dans une autre affaire, la Cour de cassation[4] a approuvé la cour d'appel de Paris[5] d'avoir énoncé que « *aucun texte ne prévoit que la qualité d'avocat interdit d'être désigné comme sachant* ». Il faut cependant mentionner que, dans cette espèce, la personne qui avait assisté l'huissier était « *précédemment conseil en marques (du saisissant)* », avait « *la qualité d'avocat depuis la fusion des professions intervenue en 1992* » et ne représentait pas le demandeur dans la procédure.

122.68 **Personnes interdites ou non expressément autorisées.** La requête peut aussi interdire la présence de certaines personnes lors des opérations de saisie-contrefaçon; si cette interdiction n'était pas respectée, il va de soi qu'elle constituerait une violation de l'ordonnance[6]. Dans une autre affaire, la présence d'une personne non autorisée par l'ordonnance, en l'espèce un serrurier, a été qualifiée d'irrégularité mais n'a pas entraîné la nullité des opérations de saisie au motif qu'il n'en était résulté aucun grief pour le saisi : « *la présence du serrurier n'avait pas été précisée dans l'ordonnance et la présence du serrurier est donc une irrégularité. Pour autant cette présence n'a généré aucun grief à la société Profilmar car les pièces saisies par l'huissier lui ont été spontanément remises par le chef d'atelier et par la comptable sans que le serrurier n'ait eu à intervenir ainsi qu'en atteste le procès-verbal dressé par* (l'huissier) »[7].

SECTION 3
DISPOSITIONS CONCERNANT LES MODALITÉS DE LA SAISIE-CONTREFAÇON

122.71 **Principe général.** La requête et l'ordonnance définissent limitativement les pouvoirs de l'huissier. Aussi, le requérant doit prévoir dans sa requête, de manière aussi exhaustive que possible, les actes qu'il souhaite que l'huissier soit autorisé à accomplir. Le requérant ajuste donc sa requête aux circonstances de l'espèce, en fonction des faits à constater et des éléments de preuve qu'il recherche.

122.72 **Division.** Il conviendra d'envisager successivement les mentions relatives à la saisie descriptive (sous-section 1), à la saisie réelle (sous-section 2), à la saisie de documents (sous-section 3), les pouvoirs de l'huissier (sous-section 4), le règlement des difficultés de la saisie (sous-section 5) et la constitution d'un cautionnement ou d'une garantie (sous-section 6).

SOUS-SECTION 1
SAISIE DESCRIPTIVE

122.81 **Notion de saisie descriptive.** Depuis la réforme réalisée par la loi n° 2007-1544 du 29 octobre 2007, les différents articles relatifs à la saisie-contrefaçon en matière de propriété industrielle, dans leur rédaction commune, indiquent que le président du tribunal de grande instance peut ordonner « *la description détaillée, avec ou sans prélèvement d'échantillons* » (CPI, art. L. 615-5, art. L. 521-4, art. L. 622-7, art. L. 623-27-1, art. L. 716-7, art. L. 722-4). Dans sa forme la plus simple, la saisie-contrefaçon, qui semble alors bien

1. Com. 8 juill. 2008, n° 07-15.075, *Bull. civ.* IV, n° 142, *PIBD* 2008, n° 882, III, 559; *Propr. industr.* 2010, comm. 27, note P. Vigand – EN CE SENS : Lyon, ch. civ. 1 A, 2 juill. 2009, RG n° 08/06722, *JurisData* n° 2009-022194 – Paris, pôle 5, ch. 2, 4 juin 2010, RG n° 2008/21745; *Jurinpi* M20100299; *PIBD* 2010, n° 925, III, 620, *Propr. intell.* oct. 2010, p. 990, obs. Sabatier.
2. TGI Paris, 3e ch., 23 févr. 1994, *RD propr. int.* 1996, n° 64, 27.
3. Rennes, 2e ch. com., 10 janv. 2006, *PIBD* 2006, n° 826, III, 200; *Propr. intell. oct. 2006,* p. 464, obs. De Haas.
4. Com. 18 avr. 2000, Parfums Via Paris / Kenzo et Tamaris, n° 97-19.631, NP, *PIBD* 2000, n° 700, III, 314.
5. Paris, 4e ch. B, 6 juin 1997, *RD propr. int.* 1997, n° 77.
6. Paris, 4e ch., 13 mars 1996, *PIBD* 1996, n° 612, III, 305, qui illustre les difficultés nées d'une rédaction se voulant trop précise d'un projet d'ordonnance.
7. TGI Paris, 3e ch., 1re sect., 30 mai 2007, RG n° 04/12557, *Jurinpi* B20070215.

improprement dénommée, consiste donc en une simple description des objets prétendus contrefaisants, sans aucune appréhension matérielle. Les objets demeurent alors aux mains du saisi qui peut librement en disposer. En revanche, si nécessaire, la description peut être corroborée par un « *prélèvement d'échantillons* » sans, pour autant, devenir, à proprement parler, une saisie réelle (v. s^s^ n° 122.91).

122.82 Objets à décrire. Le requérant indique, dans sa requête, ce que l'huissier pourra décrire :

– en matière de brevets, il pourra s'agir, selon l'objet du brevet, d'un produit (une machine, un appareil, une installation, un dispositif, un outil, la composition chimique d'un produit...) ou d'un procédé (le mode de fonctionnement d'une machine ou d'une installation, un procédé de fabrication, de traitement ou d'utilisation...) ;

– en matière de certificats d'obtention végétale, il s'agit des plantes ou parties de plante, des éléments de reproduction ou de multiplication argués de contrefaçon. Il est toutefois illusoire de croire qu'une simple description, non étayée par le prélèvement d'échantillons, puisse parvenir à établir la matérialité de la contrefaçon dès lors que la contrefaçon, en ce domaine, suppose un matériel biologique bien identifié d'un point de vue phénotypique (caractères apparents) mais aussi génotypique (caractères génétiques pas nécessairement tous apparents) qui ne peuvent être établis et comparés que par des analyses du matériel végétal et une mise en culture [1]. Une illustration de ce problème a été donnée dans une affaire tranchée par la chambre commerciale de la Cour de cassation le 4 décembre 2007. L'huissier n'avait saisi que des étiquettes et deux factures faisant état de l'achat de plants certifiés « *Charlotte* » (dénomination d'une variété de pommes de terre protégée), et aucun élément constitutif du matériel végétal argué de contrefaçon. La Cour de cassation a approuvé la cour d'appel qui avait « *constaté que l'huissier qui avait effectué les opérations de saisie-contrefaçon n'avait procédé à aucune saisie réelle ni à aucune description des plants vendus par les sociétés Greenval et Agrolon à la société Garrigues et revendus par cette dernière et estimé, dans l'exercice de son pouvoir d'appréciation des éléments de fait et de preuve, qu'il n'était pas établi que ces plants reproduisent les caractéristiques de la variété objet du certificat* » [2] ;

– en matière de marques, le requérant sollicitera la description du signe argué de contrefaçon et de son utilisation (produits le portant, services désignés...) ;

– en matière de dessins et modèles, le requérant sollicitera la description du dessin ou modèle argué de contrefaçon ;

– en matière de topographies de produits semi-conducteurs, le requérant sollicitera la description de toute reproduction de la topographie protégée ou de tout produit semi-conducteur l'incorporant ;

– en matière d'indications géographiques, le requérant sollicitera la description des produits portant indûment l'indication géographique ou des pratiques par lesquelles des personnes mettent l'indication géographique en relation avec des produits qui n'y ont pas droit.

122.83 Assistance d'un expert. La requête demande généralement que l'huissier soit autorisé à se faire assister de tous hommes de l'art du choix du requérant pour l'aider dans sa description et dont il enregistrera les explications (v. s^s^ n° 122.63).

122.84 Description des matériels et instruments. C'est manifestement par inadvertance que le législateur en 2007 n'a mentionné que la possibilité d'une saisie réelle, et non celle d'une simple description détaillée des matériels et instruments de la contrefaçon (v. s^s^ n° 122.93). Si le juge peut en ordonner la saisie réelle, il peut, à l'évidence, *a fortiori*, en ordonner simplement la description détaillée qui prête moins à conséquence et peut parfois amplement suffire à remplir la finalité probatoire de la saisie-contrefaçon. En ce sens, une proposition de loi « *tendant à renforcer la lutte contre la contrefaçon* », telle que modifiée le 12 juillet 2011 au Sénat, entend justement ajouter la précision, dans tous les articles relatifs à la saisie-contrefaçon, que l'huissier peut procéder à une simple description détaillée des matériels et instruments utilisés pour produire ou distribuer les contrefaçons (art. 17 à 29).

SOUS-SECTION 2
SAISIE RÉELLE

122.91 Définition de la saisie réelle. La saisie réelle consiste en une appréhension matérielle par l'huissier d'objets argués de contrefaçon.

Il faut souligner, d'une part, que la saisie réelle est désormais distincte de la description et que la démarcation qui peut être ainsi faite entre la « *saisie réelle* » et la « *description détaillée avec prélèvement d'échantillons* » tient respectivement à l'absence ou à la présence d'une description, à côté de l'appréhension matérielle d'un certain nombre d'objets prétendus contrefaisants. La seule description désormais nécessaire en cas de « *saisie réelle* » est celle nécessaire à l'identification des produits

1. Paris, 4e ch., sect. B, 24 oct. 2003, *Gaz. Pal.*, 5-6 janv. 2005, p. 11.
2. Com. 4 déc. 2007, n° 06-11.496, NP, *Propr. industr.* 2008, comm. n° 49, note Schmidt-Szalewski.

saisis. Par exemple, l'huissier décrira l'objet saisi, par l'indication de sa nature et de son éventuel numéro d'identification. Mais le texte n'oblige pas l'huissier à rentrer, par exemple, dans la description des caractéristiques du produit susceptibles de caractériser la contrefaçon.

D'autre part, cette appréhension matérielle ne peut porter que sur un nombre restreint d'objets car la saisie-contrefaçon n'a jamais qu'une finalité probatoire, comme l'atteste la lettre, par exemple, de l'article L. 615-5 du code de la propriété intellectuelle qui énonce tout d'abord que « *la contrefaçon peut être prouvée par tous moyens. À cet effet* [...] » et encore que « *La juridiction peut ordonner, aux mêmes fins probatoires,* [...] ». Cette finalité probatoire de la saisie réelle devrait ainsi en pratique lui interdire généralement de porter sur tout un stock[1] car la saisie réelle d'une multitude d'objets identiques n'apporte, du point de vue de la preuve de la contrefaçon, rien de plus que la saisie d'un seul de ces objets, et ne se justifie donc pas - ainsi que l'avait déjà décidé la Cour de cassation sous l'empire de la loi ancienne[2]. La saisie réelle non justifiée par sa finalité probatoire, comme celle de tout un stock de produits identiques, est à rechercher au titre des mesures provisoires et conservatoires, éventuellement sur requête, que la loi n° 2007-1544 du 29 octobre 2007, en transposant la directive n° 2004/48, a généralisé à toute la propriété industrielle (CPI, art. L. 521-6, L. 615-3, L. 622-7 qui renvoie à L. 615-3, L. 623-27, L. 716-6, L. 722-3), par exemple en matière de brevets à l'article L. 615-3 du code de la propriété intellectuelle[3].

Assez étrangement, le législateur n'a pas relevé l'incongruité qu'il y a à autoriser la « *saisie réelle des* [...] *procédés* » (CPI, art. L. 615-5) ou la « *saisie réelle des* [...] *services* » (CPI, art. L. 716-7) prétendus contrefaisants. Il ne peut pourtant être question d'appréhender matériellement quelque chose d'aussi immatériel qu'un procédé ou un service. Seuls pourront être réellement saisis des objets matériels se rapportant au procédé ou au service considéré, tels que des appareils qui mettent en œuvre le procédé, des modes d'emploi qui décrivent le procédé, des brochures publicitaires qui décrivent le service, etc.

Sous l'empire de la loi ancienne, dans un arrêt du 20 mars 2007, la Cour de cassation a énoncé que « *la saisie réelle s'entend de celle qui porte sur des produits ou procédés prétendument contrefaisants* », refusant implicitement cette qualification à la saisie des documents litigieux[4]. Lorsque la saisie porte sur des objets qui ne sont pas directement les objets contrefaisants (en l'espèce, les « *produits ou procédés prétendument contrefaisants* » du brevet) mais des objets qui contribuent à la preuve de l'activité contrefaisante (en l'espèce des documents publicitaires et des tarifs), la saisie n'est pas véritablement réelle. Il s'agit d'une saisie descriptive. En outre, les documents litigieux venaient compléter la description faite des objets argués de contrefaçon : « *outre la description des objets argués de contrefaçon, l'huissier de justice avait procédé à la saisie de documents publicitaires et de tarifs* ». La saisie de documents pourra être qualifiée, selon les cas, de saisie réelle lorsque le document est lui-même l'objet contrefaisant, le cœur de la contrefaçon - par exemple la saisie d'une brochure reproduisant la marque[5] - ou de saisie descriptive lorsque le document n'est pas en lui-même un objet contrefaisant mais un élément de preuve de l'activité contrefaisante.

122.92 Objets à saisir réellement. Le requérant indique les objets que l'huissier pourra saisir réellement :

- en matière de brevets de produit, il s'agira du produit couvert par le brevet (un objet, une machine, un appareil...) et, pour les brevets de procédé, la saisie peut également porter sur le produit obtenu par le procédé, puisque celui-ci est également couvert par le brevet. En revanche, il semble que le législateur de 2007 ait été maladroit en faisant état à l'article L. 615-5 de « *la saisie réelle des produits ou procédés prétendus contrefaisants* », car il est difficile d'imaginer comment saisir réellement un procédé en lui-même immatériel; il n'est matériellement possible de saisir que les objets qui ont permis la mise en œuvre du procédé breveté ou les produits qui en sont issus;

- en matière d'obtentions végétales, il s'agira de plantes ou de parties de plantes, d'éléments de reproduction ou de multiplication;

- en matière de marques, il s'agira des produits revêtus du signe contrefaisant;

1. EN CE SENS : J.-C. Galloux, « Les mesures probatoires, provisoires et conservatoires », *in* Dossier La lutte contre la contrefaçon, *D.* 2008. 711 s., spéc. 715 – J. Azéma, J.-C. Galloux, « La loi n° 2007-1544 du 29 octobre 2007 de lutte contre la contrefaçon », *RTD com.* 2008. 278 s., spéc. 285.
2. Com. 4 janv. 1985, n° 83-14.146, *Bull. civ.* IV, n° 9, *Dossiers Brevets* 1985, IV, 5, *Ann. propr. ind.* 1985. 237.
3. C. Casalonga, F.-X. Langlais, « Bilan de trois ans de mesures provisoires en droit des brevets », *JCP E*, Cahiers de droit de l'entreprise, 2010, n° 6, p. 34 s.
4. Com. 20 mars 2007, n° 05-12.626, *Bull. civ.* IV, n° 89, *PIBD* 2007, n° 852, III, 321.
5. EN CE SENS : Com. 19 déc. 2006, n° 05-14.431, *Bull. civ.* IV, n° 265, *PIBD* 2007, n° 846, III, 112 où la saisie des documents techniques et commerciaux portant la marque contrefaite a été analysée comme une saisie réelle et non descriptive.

– en matière de dessins et modèles, il s'agira des articles reproduisant les caractéristiques du modèle déposé;

– en matière de topographies de produits semi-conducteurs, il s'agira de toute reproduction de la topographie protégée ou de tout produit semi-conducteur l'incorporant;

– en matière d'indications géographiques, il s'agira des produits portant indûment l'indication géographique.

122.93 Élargissement de la saisie réelle aux matériels et instruments de la contrefaçon. La loi nº 2007-1544 du 29 octobre 2007 a élargi la portée de la saisie réelle en ajoutant dans tous les articles relatifs à la saisie-contrefaçon en matière de propriété industrielle un troisième alinéa qui autorise « *la saisie réelle des matériels et instruments* » qui ont permis la contrefaçon (produire les objets, fabriquer les produits, fournir les services, mettre en œuvre les procédés prétendus contrefaisants) ou sa diffusion (distribuer les produits ou objets prétendus contrefaisants). Il est ainsi possible de saisir réellement des objets qui ne sont pas en eux-mêmes le siège de la contrefaçon mais qui ont servi à la contrefaçon.

La référence expressément faite aux « *fins probatoires* » (al. 3) de la saisie réelle des matériels et instruments de la contrefaçon (en plus de la formule « *La contrefaçon peut être prouvée par tous moyens. À cet effet, ...* » al. 1er) laisse entendre que, comme en matière de saisie réelle des objets argués de contrefaçon (v. ss nº 122.91), la saisie réelle ne peut pas porter sur la totalité des matériels et instruments, car la saisie réelle d'une multitude d'objets identiques n'apporte, du point de vue de la preuve de la contrefaçon, rien de plus que la saisie d'un seul de ces matériels et instruments.

Si, en revanche, le sens de l'action n'est plus probatoire et si le requérant souhaite, en réalité, retirer au contrefacteur présumé les moyens matériels de sa production contrefaisante (matériels et instruments), pour prévenir l'atteinte imminente à ses droits ou empêcher la poursuite d'actes argués de contrefaçon, il devra se tourner vers les mesures provisoires ou conservatoires idoines qu'il est possible de solliciter du juge, en référé ou sur requête sur le fondement d'autres dispositions (CPI, art. L. 521-6, L. 615-3, L. 622-7 qui renvoie à L. 615-3, L. 623-27, L. 716-6, L. 722-3).

122.94 Paiement du prix des objets saisis. La requête précise le plus souvent que les objets seront saisis moyennant paiement de leur prix normal.

122.95 Détenteur de preuve de la contrefaçon bénéficiant d'un droit de rétention. La Cour de cassation a estimé qu'un commissionnaire de transport qui bénéficiait d'un droit de rétention sur les marchandises objet de la saisie ne pouvait l'invoquer pour s'opposer à la saisie réelle des marchandises contrefaisantes, le caractère illicite de telles marchandises interdisant leur commercialisation[1].

122.96 Destination des objets saisis réellement. Généralement, le requérant demande qu'une partie des objets saisis soit annexée au procès-verbal de saisie-contrefaçon pour lui être remis et que les autres soient déposés au greffe. Aucun texte n'oblige cependant à un dépôt au greffe. Celui-ci est quelques fois remplacé, par exemple dans le cas de produits dangereux ou nécessitant des précautions de conservation particulières, par un dépôt auprès d'une entreprise spécialisée, voire de l'huissier ou de l'avocat du requérant.

122.97 Opportunité de prévoir dans l'ordonnance une expertise ou une analyse des produits saisis ? L'appréciation du caractère contrefaisant des produits à saisir nécessitera souvent une analyse ou un examen par un laboratoire. Cette analyse doit-elle déjà être demandée au stade de la requête ? Cette question paraît appeler une réponse négative pour plusieurs raisons :

– en premier lieu, l'analyse qui serait prévue par l'ordonnance n'aurait pas la valeur d'une expertise judiciaire;

– en second lieu, il a été jugé que le président devait se borner à autoriser la saisie, que l'analyse prévue dans l'ordonnance « *n'était rien d'autre, par nature, qu'une mesure d'expertise ordonnée par l'autorité judiciaire hors du cadre fixé par la procédure de saisie* » et qu'elle devait donc être annulée pour avoir été ordonnée par une juridiction incompétente et pour ne pas avoir été soumise à la règle du contradictoire[2]. Notons une décision contraire[3], mentionnant, au soutien de la confirmation d'une ordonnance de référé désignant un expert, que « *l'analyse aurait pu être décidée par l'ordonnance autorisant la saisie* ».

Le fait de prévoir dans l'ordonnance une analyse des échantillons fait également courir le risque au saisissant, de voir le saisi demander en référé qu'il soit fait interdiction à l'accomplissement de cette analyse. Une ordonnance de référé du tribunal de grande instance de Vienne du 18 mai 1990[4] a fait droit à une telle demande d'interdiction au motif que l'analyse prévue dans l'ordonnance portait sur

1. Com. 26 oct. 1999, nº 96-20.488, *Bull. civ.* IV, nº 185; *D.* 2000, jur. 365, note Marotte, Somm., 388, obs. Piedelièvre.
2. Paris, 4e ch., 8 juill. 1972, *Ann. propr. ind.* 1973. 341.
3. Paris, 4e ch., 7 févr. 1969, *Ann. propr. ind.* 1969. 131.
4. TGI Vienne, 18 mai 1990, *PIBD* 1990, nº 487, III, 602.

un produit dont la composition était secrète et ne pourrait être ordonnée que par le tribunal saisi d'une instance au fond, afin d'être accomplie contradictoirement, sous contrôle de justice, dans des conditions assurant le respect des secrets de fabrication du saisi.

Il faut conclure qu'il n'existe aucun intérêt à demander, dès la requête, une analyse des produits saisis. Si le saisissant estime nécessaire de faire procéder à une expertise judiciaire, il est préférable qu'il sollicite cette dernière auprès du juge de la mise en état, dans le cadre de la procédure au fond qu'il aura engagée après l'exécution de la saisie-contrefaçon[1]. Le saisissant doit agir avec célérité pour solliciter cette expertise, si les produits saisis sont sujets à péremption ou s'il s'agit d'organismes vivants. Une demande en contrefaçon d'un certificat d'obtention végétale portant sur une variété de chrysanthème a ainsi été rejetée au motif que l'expertise sollicitée l'avait été treize mois après la saisie-contrefaçon et que « *pendant cet intervalle, les transferts et manipulations des plantes, sans que les intimés soient avisés et hors de leur présence, ont été multipliés, accumulant les risques d'altération de l'expression des caractères des plantes à examiner* ». La solution est d'autant plus sévère que les différents transferts des plants saisis avaient toujours été opérés en présence d'huissiers[2]. Dans les cas où le protocole d'analyse ou de mesure et les résultats d'analyse ou de mesure ne paraissent pas susceptibles de soulever de contestation sérieuse, le saisissant peut décider de faire procéder à une analyse unilatérale. En effet, plusieurs décisions de la Cour de cassation ont cassé des décisions d'appel qui avaient écarté des débats et refusé d'examiner des rapports régulièrement communiqués au motif qu'ils n'avaient pas été établis contradictoirement. La Cour de cassation rappelle, à ce sujet, qu'il appartient aux juges du fond d'apprécier la force probante des éléments de preuve qui leur sont soumis[3]. Dans le sillage de cette jurisprudence, un arrêt[4] a retenu que des consultations techniques, même établies en dehors de toute procédure contradictoire, peuvent être retenues par le juge si elles lui apparaissent pertinentes. Force est cependant de souligner que les rapports unilatéraux ont valeur de simple renseignement et non d'expertise judiciaire[5].

1. TGI Paris, 3e ch., 1re sect., 9 janv. 1991, RG no 90/14465, *Jurinpi* B19910001 – TGI Paris, 3e ch., 4 juill. 1997, *PIBD* 1997, no 644, III, 639.
2. Paris, 4e ch. B, 5 juin 1998, *RD propr. int.* 1998, no 89, 15.
3. Civ. 2e, 10 juill. 1980, no 79-11.727, *Bull. civ.* II, no 182 – Com. 26 oct. 1982, no 81-11.323, *Bull. civ.* IV, no 327 – Com. 17 mai 1994, no 92-13.542, *Bull. civ.* IV, no 181.
4. Paris, 4e ch. A, 23 févr. 1993, *Ann. propr. ind.* 1994. 76 – TGI Paris, 3e ch., 4e sect., 26 nov. 2009, RG no 09/00813.

122.98 **Sort des biens saisis réellement.** Le saisissant ne pouvant pas disposer des produits contrefaisants avant la fin du procès, il devra soit prévoir leur conservation par ses soins, soit demander que le saisi en soit constitué gardien, auquel cas le saisi ne peut en disposer sans commettre le délit de détournement d'objets saisis.

SOUS-SECTION 3
SAISIE DE DOCUMENTS

122.101 **Textes.** Depuis la réforme du 29 octobre 2007, tous les articles relatifs à la saisie-contrefaçon en matière de propriété industrielle autorisent expressément la saisie « *de tout document* [se] *rapportant* » à la contrefaçon. La généralité des termes employés est très appréciable. C'est en effet « *tout document* » qui peut être saisi dès lors qu'il se rapporte à la contrefaçon, ce qui n'est l'exigence que d'un lien entre le document et la contrefaçon. Une telle formulation englobe non seulement les documents qui permettent d'établir la **réalité** de la contrefaçon mais également les documents qui permettront d'établir **l'origine**, la **destination** ou **l'importance quantitative** de la contrefaçon[6]. De plus, la formulation retenue permet aussi d'envisager que la saisie-contrefaçon se réduise à cette seule saisie de documents se rapportant à la contrefaçon. Les textes ne subordonnent nullement la réalisation de la saisie des documents à l'accomplissement préalable d'une autre opération de saisie-contrefaçon telle que, par exemple, la constatation de la présence dans les lieux des objets argués de contrefaçon[7]. Si, en revanche, l'huissier ne trouve dans les lieux visités ni objets argués de contrefaçon, ni documents se rapportant à la contrefaçon, il ne doit pas chercher à préserver une certaine utilité à la saisie-contrefaçon à tout prix notamment en procédant à un interrogatoire des personnes présentes par des questions allant au-delà de ce qui est nécessaire à l'exécution de l'ordonnance (sur ce point, v. ss no 132.93) ou en apportant avec lui des pièces afin de provoquer des déclarations qu'il n'aurait pas obtenues spontanément du saisi et de son personnel (sauf à y avoir été autorisé expressément par l'ordonnance; sur ce point, v. ss no 132.95).

Ce faisant, la loi du 29 octobre 2007, d'une part, confirme une possibilité déjà reconnue, en matière

5. Civ. 1re, 1er juill. 1997, no 95-13.319, NP – TGI Paris, 3e ch., 4e sect., 26 nov. 2009, RG no 09/00813, *PIBD* 2010, no 915, III, 195; *Jurinpi* B20090209.
6. TGI Paris, 3e ch., 1re sect., 3 nov. 2009, RG no 09/15054, *Jurinpi* B20090174; *PIBD* 2010, no 909, III, 7.
7. Paris, pôle 5, ch. 2, 3 juin 2011, RG no 10/08000, *Propr. intell.* oct. 2011, p. 441, obs. de Haas.

de brevets d'invention, par l'ancien article L. 615-5 du code de la propriété intellectuelle – « *dans la même ordonnance, le président du tribunal peut autoriser l'huissier à procéder à toute constatation utile en vue d'établir l'origine, la consistance et l'étendue de la contrefaçon* » –, d'autre part, confirme une possibilité déjà admise par la jurisprudence dans le silence même des textes régissant la saisie-contrefaçon dans les autres domaines de la propriété industrielle (CPI, ancien art. L. 521-1 en matière de dessins et modèles, ancien art. L. 623-27 en matière d'obtentions végétales, ancien art. L. 716-7 en matière de marques) et, enfin, étend cette possibilité aux cas de saisie-contrefaçon nouvellement créés (CPI, art. L. 722-4 en matière d'indications géographiques, et art. L. 622-7 en matière de topographies de produits semi-conducteurs). Le décret d'application de la loi du 29 octobre 2007 confirme encore cette possibilité en insérant dans toutes les dispositions réglementaires relatives à la saisie-contrefaçon une même formule : « *Le président peut autoriser l'huissier à procéder à toute constatation utile en vue d'établir l'origine, la consistance et l'étendue de la contrefaçon* » (CPI, art. R. 521-2, al. 2, art. R. 615-2, al. 4, art. R. 623-51, al. 4, art. R. 716-2, al. 2, art. R. 722-2, al. 2).

122.102 Documents établissant la réalité de la contrefaçon. Le requérant doit énumérer, dans sa requête, les catégories de documents que l'huissier pourra saisir :

– en matière technique, il s'agira souvent non seulement de documents techniques mais aussi de documents commerciaux : fiches de fabrication, plans, protocole de mise en œuvre d'un procédé, notices, brochures, publications... Pour les produits objets d'une autorisation de mise sur le marché ou d'une homologation, il pourra s'agir d'un extrait du dossier d'autorisation de mise sur le marché ou d'homologation;

– en matière de marques, d'indications géographiques et de dessins et modèles, il s'agira, le plus souvent, de catalogues, de brochures, de notices.

122.103 Documents établissant l'origine, la destination, l'importance de la contrefaçon. Le requérant a le plus grand intérêt à demander au président d'autoriser l'huissier à inventorier les stocks de produits contrefaisants et à se faire présenter et à parapher ne varietur, à faire photographier, photocopier ou copier en deux exemplaires tous documents, correspondance ou pièces de comptabilité dont pourrait résulter la preuve de l'origine et de l'étendue de la contrefaçon alléguée, au besoin avec l'assistance d'un expert-comptable[1]. Tout d'abord, il arrive fréquemment que le requérant ignore l'origine des produits contrefaisants et fasse procéder à une saisie-contrefaçon à l'encontre d'un intermédiaire, tel qu'un distributeur. Dans ce cas de figure, il est capital, pour le saisissant, d'obtenir, dans le cadre de la saisie-contrefaçon, copie des documents commerciaux et comptables permettant d'établir la provenance des produits incriminés. Il arrive également que le requérant ignore la destination des produits contrefaisants et ne connaisse que leur fabricant. Dans cette hypothèse, il est important que la saisie-contrefaçon lui permette d'identifier les autres maillons de la chaîne de contrefaçon, tels que les distributeurs ou utilisateurs. Pour ce faire, le saisissant doit être en mesure de faire appréhender, par voie de photocopie, les bons de commande ou de livraison, les factures, les documents de transports, les documents douaniers... en possession du saisi. Par ailleurs, le requérant ne dispose en général d'aucun élément lui permettant d'établir la quantité de produits contrefaisants fabriqués, importés, offerts à la vente ou vendus. Or, en l'absence de preuve relative à la masse contrefaisante, le tribunal saisi au fond se trouve dans l'impossibilité d'évaluer le préjudice du saisissant et de lui accorder, au moins à titre de provision, une somme substantielle. Il est donc essentiel pour le requérant d'obtenir l'autorisation d'accéder aux documents commerciaux et comptables du saisi.

En ce sens Madame Sylvie Mandel, alors conseiller à la cour d'appel de Paris, déclarait à un colloque spécialisé : « *À ce sujet, il faut être particulièrement vigilant lors de la saisie-contrefaçon, laquelle permet d'appréhender des pièces susceptibles de déterminer l'importance de la masse contrefaisante (factures, commandes)* »[2].

Avant la réforme du 29 octobre 2007, en matière de brevets d'invention, l'article L. 615-5 du code de la propriété intellectuelle prévoyait expressément que « *le président du tribunal peut autoriser l'huissier à procéder à toute constatation utile en vue d'établir l'origine, la consistance et l'étendue de la contrefaçon* ». La jurisprudence en matière de brevets d'invention avait donc fourni de nombreux exemples où le requérant avait été autorisé à appréhender, sous forme de photocopies, tous documents relatifs à l'origine, à la destination et à l'étendue de la contrefaçon. La question de savoir si l'huissier pouvait être autorisé à appréhender des documents commerciaux et comptables était, le plus souvent, trai-

1. SUR LES DIFFICULTÉS créées par les technologies des réseaux qui permettent la tenue d'une comptabilité virtuelle, hors du siège social voire hors des frontières nationales, ainsi que sur les problèmes des « comptabilités inexistantes » : E. Albou, « Nouvelle loi de lutte contre la contrefaçon : la pratique de l'huissier de justice », *Gaz. Pal.* 2008. 2, doct. 3609.
2. *Gaz. Pal.* 12-13 juin 1996, p. 19.

tée dans le cadre de l'examen, par le juge du fond, d'une demande reconventionnelle en nullité de la saisie ou en dommages-intérêts pour une prétendue violation de secrets d'affaires. Dans ce contexte, de nombreuses décisions avaient retenu que le saisissant ne pouvait pas se voir reprocher d'avoir fait appréhender des documents commerciaux ou comptables dès lors que l'huissier n'avait pas excédé les limites fixées par l'ordonnance. Peuvent notamment être citées, les décisions suivantes : retenant que l'huissier n'avait commis aucune faute en relevant le numéro des factures, le type et le nombre des matériels argués de contrefaçon vendus, l'adresse et le nom des destinataires et le montant de la commande[1]; approuvant la cour d'appel pour avoir considéré que le breveté n'avait commis aucune faute en recueillant, lors de la saisie-contrefaçon, les noms des clients et le chiffre d'affaires du présumé contrefacteur[2]; refusant d'annuler une saisie-contrefaçon dans le cadre de laquelle l'huissier, assisté d'un expert-comptable, avait examiné des documents commerciaux, dont des bordereaux de livraison, au motif que rien ne permettait de considérer que la saisie ait dégénéré en manœuvre dolosive ou ait été détournée de son but[3]; affirmant que l'huissier n'avait dépassé les termes de l'ordonnance en recherchant et photocopiant des documents comptables sur l'origine et la provenance de la contrefaçon[4]; jugeant que l'huissier n'était pas sorti du cadre de sa mission en procédant à des investigations qui lui avaient permis de reproduire les quantités de marchandises livrées à sa clientèle et les lieux de livraison, l'huissier ayant, au demeurant, pris la précaution d'occulter les noms des clients et le montant des factures.

La réforme introduite par la loi du 29 octobre 2007, qui autorise la saisie de tout document se rapportant à la contrefaçon et non plus seulement toute « *constatation* » utile en vue d'établir l'origine, la consistance et l'étendue de la contrefaçon, consacre cette abondante jurisprudence[5] et disqualifie définitivement les quelques décisions qui avaient été plus réservées quant à la saisie par voie de photocopie de documents commerciaux et comptables[6]. À cet égard, il faut citer un arrêt de la cour d'appel d'Aix-en-Provence du 1er décembre 1976[7] faisant suite à une ordonnance de référé qui avait statué sur une demande de modification d'une ordonnance de saisie-contrefaçon. Cet arrêt a estimé que le juge des référés ne pouvait pas refuser au breveté de faire rechercher par huissier, dans la comptabilité et papiers commerciaux, tous renseignements concernant l'origine des éléments utilisés dans la fabrication des produits argués de contrefaçon, mais il a décidé que le saisissant pourrait seulement viser les livres et documents comptables sans en prendre copie. Il convient également de citer l'ordonnance de mise en état du tribunal de grande instance de Paris du 26 mai 1995[8] statuant sur une demande d'accès du saisissant à des documents appréhendés par voie de photocopie et placés, à la demande du saisi, sous enveloppe scellée. Cette ordonnance a considéré qu'il ne pouvait pas être reproché au saisissant d'avoir fait photocopier des documents comptables utiles pour la détermination de la masse contrefaisante mais a décidé que ces documents n'avaient pas à être remis au saisissant avant une décision au fond sur le bien fondé de ses demandes en contrefaçon.

Cette jurisprudence restrictive était critiquable en ce qu'elle ne prenait pas en compte la durée de la procédure au fond et l'intérêt pour le saisissant de pouvoir obtenir, dans le cadre de cette procédure, des dommages-intérêts en relation avec son préjudice, au moins à titre de provision à valoir sur le montant définitif à fixer après expertise. Le saisissant a également besoin de connaître l'ordre de grandeur de la masse contrefaisante au plus vite pour être en mesure d'apprécier au mieux l'enjeu du litige et rechercher, le cas échéant, une solution transactionnelle.

Avant la réforme du 29 octobre 2007, en matière d'obtentions végétales, de marques et de dessins et modèles, les textes étaient complètement silencieux et ne prévoyaient pas expressément, à la différence du droit des brevets d'invention, la possibilité de recueillir dans le cadre de la saisie-contrefaçon des preuves quant à l'origine et l'étendue de la contrefaçon. Mais, dans la mesure où le requérant éprouvait les mêmes difficultés de preuve en toute matière, les mêmes possibilités qu'en matière de brevets d'invention paraissaient devoir lui être

1. TGI Paris, 3e ch., 30 sept. 1982, *PIBD* 1982. 314, III, 263.
2. Com. 9 mars 1993, no 91-15.211, NP, *PIBD* 1993, no 547, III, 412.
3. Paris, 4e ch., 8 juill. 1993, *PIBD* 1993, no 555, III, 673.
4. TGI Paris, 3e ch., 30 juin 1994, *PIBD* 1994, no 576, III, 527.
5. TGI Paris, 3e ch., 1re sect., 3 nov. 2009, RG no 09/15054, *Jurinpi* B20090174; *PIBD* 2010, no 909, III, 7 – AUSSI : Paris, pôle 1, ch. 2, 27 avr. 2011, RG no 11/02758.
6. TGI Paris, 3e ch., 2e sect., 13 mars 1998, *RD propr. int.* 1998, no 85, 29 – TGI Lille, 3 mai 2007, RG no 04/02731; *Jurinpi* M20070243; *Propr. industr.* nov. 2008, spéc. p. 18, no 73, étude X. Buffet Delmas d'Autane et L. Morelli. – T. com. Marseille, 3 sept. 2007, *Propr. industr.* nov. 2008, étude no 24 spéc. p. 17, no 72, X. Buffet Delmas d'Autane et L. Morelli.
7. Aix-en-Provence, 1er déc. 1976, *PIBD* 1977, no 186, III, 63; *Ann. propr. ind.* 1978. 293.
8. TGI Paris, 3e ch., ord. JME, 26 mai 1995, *PIBD* 1995, no 595, III, 420.

accordées et la jurisprudence était déjà allée en ce sens[1].

122.104 Modalités de la saisie de documents. Le requérant demande généralement que l'huissier soit autorisé à saisir des documents soit réellement, soit sous forme de photographies, de photocopies ou de copies.

122.105 Remarque sur la qualification de la saisie de documents par voie de photocopie. Lorsque des documents sont saisis par voie de photocopie, l'exemplaire original reste en possession du saisi. En l'absence d'enlèvement physique, la saisie par voie de photocopie semble devoir être considérée comme une saisie descriptive. C'est ce qu'un arrêt de la cour d'Aix-en-Provence du 1er décembre 1976[2] a considéré en faisant référence à une saisie « *par description, à l'exclusion de toute saisie réelle inutile de divers documents,* [...] *en les faisant photocopier ou photographier, ce qui constitue la plus parfaite des descriptions possibles* ». Cette analyse est corroborée par les termes de l'article L. 332-4 du code de la propriété intellectuelle relatif aux logiciels, qui prévoit que la « *saisie-description* [...] *peut se concrétiser par une copie* »[3]. Cette solution ne paraît pas remise en cause par le jugement du tribunal de grande instance de Paris, 3e ch., du 10 mars 1994[4] qui a qualifié une saisie de documents par voie de photocopie de saisie réelle car, en cette espèce, l'huissier avait emporté les documents avec lui et les avait conservés pendant un délai non négligeable pour procéder à leur photocopie.

Toutefois, la question de la qualification de la saisie de documents par voie de photocopie n'a plus l'intérêt qu'elle avait auparavant. Avant la réforme du 29 octobre 2007, si les photocopies de documents étaient considérés comme une simple partie de la saisie descriptive, ils échappaient ainsi, en matière de brevets d'invention et de marques, à la nullité pour défaut d'assignation dans le délai légal qui n'affectait que la saisie réelle (au contraire, en matière d'obtentions végétales ou de dessins ou modèles, la nullité affectait tant la saisie réelle que la description). Désormais, tous les articles relatifs à la saisie-contrefaçon en propriété industrielle indiquent expressément que la nullité pour défaut d'assignation dans le délai affecte « *l'intégralité de la saisie, y compris la description* ». Toutefois, la qualification conserve un intérêt dans la mesure où, si la saisie est annulée pour une autre raison que le défaut d'assignation dans le délai prescrit, les photocopies de ces documents déposés au greffe ne pourront pas valablement faire l'objet d'une seconde saisie-contrefaçon pratiquée au greffe, contrairement aux pièces saisies réellement (sur cette question v. ss no 152.30).

122.106 Nombre d'exemplaires. Le requérant précisera le nombre d'exemplaires qu'il souhaite voir saisir réellement ou sous forme de photographies, de photocopies ou de copies.

122.107 Destination des exemplaires saisis. Généralement le requérant prévoit qu'un exemplaire sera annexé au procès-verbal de saisie-contrefaçon et les autres remis à lui-même ou déposés au greffe.

122.108 Documents sans rapport avec la contrefaçon. S'il s'avère finalement que certains des documents saisis sont sans rapport avec la contrefaçon, cette circonstance est-elle de nature à remettre en cause la validité de la saisie-contrefaçon ? La cour d'appel de Paris a répondu par la négative dans un arrêt du 22 février 2006 : « *à supposer que deux des documents saisis* [...] *soient sans rapport avec les actes argués de contrefaçon, leur saisie n'est pas de nature à vicier les opération de saisie-contrefaçon, comme l'ont relevé à juste titre les premiers juges* »[5]. De même, dans un arrêt du 25 octobre 2005, cette même cour a refusé d'annuler la saisie-contretaçon, sans accorder d'importance au fait que les documents comptables saisis incluaient également des renseignements sur des ventes étrangères à la contrefaçon, au motif que « *l'huissier ne* (pouvait) *faire de distinction à partir de comptes de résultat et de listings* »[6]. Cette solution doit être approuvée car, par définition, la saisie-contrefaçon est une mesure qui permet de saisir des éléments susceptibles de servir à la preuve de la contrefaçon et il n'est pas toujours aisé de se rendre compte, à chaud, durant la saisie qui peut se dérouler dans un climat tendu,

1. PAR EXEMPLE : TGI Paris, 3e ch., 3e sect., 21 nov. 2007, *PIBD* 2008, no 868, III, 119 – Paris, 4e ch., sect. B, 6 févr. 2004, *Propr. industr.* 2004, comm. no 99, note P. Greffe; *Propr. intell.* oct. 2004, p. 939, obs. de Haas – M.-H. Fabiani, « La saisie-contrefaçon », *Gaz. Pal.* 20-21 déc. 2006, p. 22 s., spéc. p. 23-24 – Paris, 4e ch., sect. A, 8 sept. 2004, *PIBD* 2004, no 797, III, 664; *Propr. industr.* 2005, comm. no 9, note P. Greffe.
2. Aix-en-Provence, 1er déc. 1976, *PIBD* 1977, no 186, III, 63; *Ann. propr. ind.* 1978. 293.
3. V. Paris, pôle 1, ch. 4, 12 mars 2010, RG no 09/13381, *JurisData* no 2010 002301, qui confirme l'opposition entre la saisie-réelle, non autorisée par l'ordonnance, et la description détaillée du logiciel concrétisée par deux copies des données informatiques ainsi décrites, autorisée par l'ordonnance et méconnue par l'huissier instrumentaire.
4. Paris, 3e ch., 10 mars 1994, *PIBD* 1994, no 569, III, 349.
5. Paris, 4e ch., sect. A, 22 févr. 2006, *PIBD* 2006, no 831, III, 390; *Propr. intell. oct.* 2006, p. 464, obs. de Haas; *RTD com.* 2007. 75, chron. Galloux.
6. Paris, 4e ch., sect. B, 28 oct. 2005, *PIBD* 2005, no 821, III, 1; *Propr. intell.* oct. 2006, p. 464, obs. de Haas; *RTD com.* 2007. 75, chron. Galloux.

du contenu et de l'utilité réelle de tel ou tel document qui *a priori* semble se rapporter à la contrefaçon. Il est ainsi inévitable que quelques documents puissent s'avérer ensuite sans rapport avec les actes de contrefaçon poursuivis et une telle circonstance ne doit pas remettre en cause la validité de la saisie-contrefaçon.

SOUS-SECTION 4
POUVOIRS DE L'HUISSIER

122.111 Dispositions classiques. Dans la mesure où les pouvoirs de l'huissier sont limitativement définis par l'ordonnance, le requérant devra indiquer dans sa requête tous les actes qu'il souhaite que l'huissier puisse accomplir :

– ouvrir ou faire ouvrir par tout serrurier toutes portes de locaux, de meubles meublants ou de véhicules se trouvant sur place;

– démonter ou faire démonter par tout technicien la machine contrefaisante;

– faire fonctionner, avec l'aide de tout technicien, la machine, l'appareil ou l'installation contrefaisante;

– se faire présenter et parapher ne varietur, faire photographier, photocopier ou copier en « *x* » exemplaires telle et telle catégorie de documents;

– emporter, si nécessaire, les pièces à copier afin de les reproduire en son étude;

– réaliser ou faire réaliser, au besoin avec le concours de techniciens, une édition sur papier ou une copie de données informatiques.

SOUS-SECTION 5
RÈGLEMENT DES DIFFICULTÉS DE LA SAISIE-CONTREFAÇON

122.121 Disposition classique. Généralement le requérant demande à ce qu'il soit procédé aux opérations de saisie-contrefaçon nonobstant toute opposition de la partie saisie et qu'il en soit référé au président en cas de difficulté, mais seulement après que les opérations de saisie autorisées auront été effectuées (v. s^s^ n° 131.38).

SOUS-SECTION 6
CONSTITUTION DE GARANTIES

122.131 Principe de garantie facultative. La loi du 29 octobre 2007 a supprimé le cautionnement obligatoire, auparavant imposé par l'ancien article L. 521-1 du code de la propriété intellectuelle à l'étranger qui requérait la saisie de dessins ou de modèles, pour généraliser parmi tous les droits de propriété industrielle l'idée de garanties facultatives. L'alinéa 4 des articles L. 615-5 (auquel renvoie également l'article L. 622-7), L. 521-4, L. 623-27-1, L. 716-7, L. 722-4 du code de la propriété intellectuelle dispose que l'autorisation de procéder à toute saisie, descriptive ou réelle (le texte vise « *l'exécution des mesures qu'elle* [la juridiction compétente] *ordonne* »[1]), peut être subordonnée par le président à « *la constitution par le demandeur de garanties destinées à assurer l'indemnisation éventuelle du défendeur si l'action en contrefaçon est ultérieurement jugée non fondée ou la saisie annulée* ». Cette garantie pourra prendre la forme d'une consignation ou d'un cautionnement destiné à garantir l'indemnisation du préjudice que le saisi pourrait subir en cas d'abus[2].

122.132 Pratique. En matière de saisie-description, un cautionnement peut être considéré comme exceptionnel. Il reste très rare même en matière de saisie réelle, notamment lorsque celle-ci porte sur un nombre réduit d'échantillons et que la requête prévoit le paiement du prix de ces échantillons. Le cautionnement n'aura, en réalité, de justification que dans le cas d'une saisie qui, bien que légitimée par une véritable finalité probatoire, peut, de fait, avoir un effet d'interdiction sur l'activité du prétendu contrefacteur. Ainsi, il est possible d'imaginer l'exemple de la saisie réelle d'un produit qui, certes, peut prouver la contrefaçon mais est également le seul prototype dont dispose le saisi, ou la saisie réelle d'un matériel ou d'un instrument, pouvant certes porter la preuve de la contrefaçon, mais indispensable à la poursuite de l'activité du saisi. La constitution d'une garantie a également été admise dans le cas où il était allégué que la saisie-contrefaçon n'avait pour but que de permettre au saisissant d'obtenir des renseignements commerciaux sur le saisi qu'il ne pourrait obtenir autrement[3].

1. Les anciens articles L. 716-7, en matière de marques, et R. 623-52, en matière d'obtentions végétales, ne prévoyaient la faculté d'une constitution de garanties qu'en cas de saisie réelle.
2. TGI Paris, 3e ch., 1re sect., ord. réf. rétract., 4 mai 2010, RG n° 10/04663 (garantie bancaire de 20 000 €).
3. TGI Paris, 3e ch., 1re sect., ord. réf. rétract., 4 mai 2010, RG n° 10/04663.

CHAPITRE

123. Ordonnance

123.01 **Textes applicables.**
* V. s[s] n° 12.01

123.02 **Jurisprudence citée.**

> **Mentions**

• **Paris, pôle 5, ch. 2, 18 juin 2010,** RG n° 09/16330, *Jurinpi* D20100131.

* V. s[s] n° 123.11

> **Pouvoirs du président du tribunal de grande instance**

• **Aix-en-Provence, 1er déc. 1976,** *Ann. propr. ind.* 1978. 293; *PIBD* 1977, n° 186, III, 63.

• **Com. 29 juin 1999,** n° 97-12.699, *Bull. civ.* IV, n° 138; *D.* 1999. IR 207; *Dossiers Brevets* 1999, III, 3; *JCP G* 1999. IV. 2578.

• **Douai, 1re ch., 4 févr. 2002,** *Dossiers Propr. intell.* 2001, III et IV, n° 3, obs. Ch. Le Stanc; *Propr. industr.* 2002, comm., n° 40, obs. J. Raynard.

* V. s[s] n° 123.12

> **Identification du magistrat signataire**

• **Civ. 2e, 5 avr. 1993,** 2 arrêts, *Bull. civ.* II, n° 144 et 149.

• **TGI Paris, 3e ch., 8 déc. 1993,** *Jurinpi* B19930184.

• **Civ. 2e, 5 juin 1996,** nos 93-13.542, 93-20.910, *Bull. civ.* II, n° 128; *JCP* 1996. IV. 1705.

• **Civ. 1re, 12 oct. 1999,** n° 97-19.997, *Bull. civ.* I, n° 263; *RTD civ.* 2000. 159, obs. Perrot.

• **Com. 21 mars 2000,** n° 97-18.914, NP, *PIBD* 2000, n° 701, III, 334.

• **Civ. 1re, 23 janv. 2001,** n° 98-13.267, NP.

• **Lyon, 1re ch., 19 sept. 2002,** *PIBD* 2003, n° 765, III, 281.

• **Paris, 4e ch., sect. A, 15 janv. 2003,** *PIBD* 2003, n° 768, III, 363.

• **Civ. 2e, 12 juin 2003,** n° 01-13.507, *Bull. civ.* II, n° 185; *D.* 2003. IR 1734; *Procédures* 2003. comm. 192, obs. Perrot.

• **Civ. 1re, 16 mars 2004,** n° 02-15.011, NP, *Expertises* 2004, n° 281, p. 190.

• **Civ. 1re, 11 oct. 2005,** n° 04-16.636, NP.

• **Civ. 2e, 20 oct. 2005,** n° 03-17.550, *Bull. civ.* II, n° 264.

• **Paris, 4e ch., sect. A, 22 févr. 2006,** *PIBD* 2006, n° 831, III, 390; *Propr. intell. oct.* 2006, p. 464, obs. de Haas, *RTD com.* 2007. 75, chron. Galloux.

• **Civ. 3e, 24 janv. 2007,** n° 06-14.244, *Bull. civ.* III, n° 9; *D.* 2007. AJ 585.

• **Paris, 14e ch., sect. B, 26 janv. 2007,** RG n° 06/11909, *JurisData* n° 2007-326384.

• **Paris, 4e ch., sect. A, 17 oct. 2007,** *PIBD* 2007, n° 864, III, 720.

• **Soc. 5 déc. 2007,** n° 06-40.603, NP, *Institut Pasteur*, *RTD civ.* 2008. 156, obs. Perrot.

• **Soc. 5 déc. 2007,** n° 06-41.807, NP, *Gobbo*, *RTD civ.* 2008. 156, obs. Perrot.

• **Crim. 22 sept. 2009,** n° 09-80.599, NP.

• **Cass. ch. mixte, 11 déc. 2009,** n° 08-13.643, *Bull. ch. mixte*, n° 3; *D.* 2010, chron. 520-521, obs. Vigneau.

* V. s[s] n° 123.13

> **Signature du greffier**

• **Civ. 1re, 17 juill. 1996,** nos 95-01.002, 95-01.004, *Bull. civ.* I, n° 328.

• **Civ. 2e, 17 mars 2005,** n° 02-14.514, *Bull. civ.* II, n° 72.

• **TGI Paris, 3e ch., 2e sect., 11 mars 2005,** *PIBD* 2005, n° 816, III, 570.

* V. s[s] n° 123.14

123.11 **Mentions.** L'ordonnance est soumise, pour sa rédaction, aux exigences des articles 454 et suivants du code de procédure civile. S'agissant spécialement des mentions destinées à permettre l'identification des parties, qui ne sont pas expressément exigées à peine de nullité par l'article 458 du code de procédure civile, il résulte de la jurisprudence de la Cour de cassation que leur absence ou leur inexactitude est une irrégularité formelle susceptible d'entraîner l'annulation de la décision si elle a causé grief. Il a ainsi été jugé que l'identification du saisi par son nom commercial et non par sa dénomination sociale exacte[1], ou l'absence de mention du siège social du requérant[2], constituent

1. TGI Paris, 4 déc. 1996, *Jurinpi* B19960201.
2. Paris, pôle 5, ch. 2, 18 juin 2010, RG n° 09/16330, *Jurinpi* D20100131 qui prend soin de noter que si le ▶

une irrégularité formelle soumise à la règle « *pas de nullité sans grief* ». L'ordonnance contient également les mentions relatives à la localisation de la saisie, ses intervenants et ses modalités.

123.12 Pouvoirs du président du tribunal de grande instance. Le président du tribunal de grande instance compétent n'a pas le pouvoir de refuser d'autoriser une saisie-description, si le requérant justifie de sa qualité. En effet, la loi confère au titulaire de droits de propriété industrielle un véritable droit de recueillir la preuve de la contrefaçon alléguée (v. dans les différents articles du code de la propriété intellectuelle, la formule « *toute personne ayant qualité pour agir en contrefaçon est en droit de faire procéder* [...] *soit à la description détaillée* [...] *soit à la saisie réelle...* »)[1]. Par contre, le président a le pouvoir de refuser toute mesure lui paraissant inutile à la collecte des preuves et de nature à porter une atteinte non justifiée au saisi, telle qu'une saisie réelle d'une étendue excessive. Le président contrôle donc les modalités de la saisie sollicitée. Il peut également ordonner la constitution d'une garantie – consignation ou cautionnement – s'il apparaît nécessaire de garantir la réparation du préjudice que la saisie pourrait causer. Le président peut également préciser, si nécessaire, un délai d'exécution de la saisie.

123.13 Identification du magistrat signataire. Le président du tribunal de grande instance, ou son délégataire, signataire de l'ordonnance doit être identifié. L'article 454 du code de procédure civile exige, en effet, que tout jugement fasse mention du « *nom des juges qui en ont délibéré* ». Il a été jugé que cette exigence était satisfaite dès lors que le juge pouvait être identifié par son cachet ou sa signature. Cette condition est naturellement jugée remplie si sa signature est lisible[2]. Si la signature est illisible, elle n'en demeure pas moins un élément permettant l'identification du juge signataire dès lors qu'il est possible d'établir, par tout autre moyen, à qui appartient la signature et ainsi de connaître indirectement l'identité de ce magistrat[3]. Il importe peu, en revanche, que la signature portée sur l'exemplaire de l'ordonnance produit lors des opérations de saisie par l'huissier instrumentaire soit illisible, si la signature portée sur l'exemplaire conservé au greffe, qui fait également foi, permet d'identifier le magistrat qui a rendu l'ordonnance[4]. La jurisprudence, en revanche, a été longtemps plus incertaine lorsqu'aucun nom n'est mentionné ou qu'une erreur matérielle affecte la mention relative au nom des juges. En effet, s'il résulte de l'article 458 du code de procédure civile que les prescriptions relatives à la mention du nom des juges doivent être observées à peine de nullité, l'article 459 du même code énonce également que « *l'omission ou l'inexactitude d'une mention destinée à établir la régularité du jugement ne peut entraîner la nullité de celui-ci s'il est établi par les pièces de la procédure, par le registre d'audience ou par tout autre moyen que les prescriptions légales ont été, en fait, observées* ». Mais l'article 459 est-il applicable lorsqu'il s'agit de la mention relative au nom des juges ? Les différentes chambres de la Cour de cassation ont rendu, à ce sujet, des décisions contradictoires, certaines admettant de réparer ce vice au vu, par exemple, du registre d'audience (thèse libérale)[5], d'autres considérant que ce vice ne peut être réparé, l'inobservation des prescriptions légales résultant de la décision elle-même (thèse rigoriste)[6]. La chambre mixte de la Cour de cassation, le 11 décembre 2009 a résolu la question en tranchant dans cette controverse jurisprudentielle en faveur de la thèse libérale : « *Aux termes de l'article 459 du code de procédure civile, l'inexactitude d'une mention destinée à établir la*

► siège social n'était certes pas mentionné dans l'ordonnance, néanmoins la requête signifiée au saisi portait indication du siège social du saisissant, laissant ainsi entendre qu'il n'en résultait aucun préjudice pour le saisi qui était en mesure de connaître le siège social du saisissant.

1. Aix-en-Provence, 1er déc. 1976, *PIBD* 1977, n° 186, III, 63; *Ann. propr. ind.* 1978. 293 – Com. 29 juin 1999, n° 97-12.699, *Bull. civ.* IV, n° 138; *JCP G* 1999. IV. 2578; *D.* 1999. IR 207; *Dossiers Brevets* 1999, III, 3 – Douai, 1re ch., 4 févr. 2002, *Propr. industr.* 2002, comm. n° 40.
2. TGI Paris, 3e ch., 8 déc. 1993, *Jurinpi* B19930184 – Com. 21 mars 2000, n° 97-18.914, NP, *PIBD* 2000, n° 701, III, 334.
3. Paris, 4e ch., sect. A, 15 janv. 2003, *PIBD* 2003, n° 768, III, 363; *RTD com.* 2004. 304, chron. Galloux – Paris, 4e ch., sect. A, 22 févr. 2006, *PIBD* 2006, n° 831, III, 390; *Propr. intell. oct.* 2006, p. 464, obs. de Haas; *RTD com.* 2007. 75, chron. Galloux – *A CONTRARIO,* si aucune pièce versée aux débats, ni les écritures ni les explications des parties, ne viennent pallier la signature illisible et l'absence d'indication du nom du scripteur, l'ordonnance est nulle, Crim. 22 sept. 2009, n° 09-80.599, NP.
4. Lyon, 1re ch., 19 sept. 2002, *PIBD* 2003, n° 765, III, 281; *Propr. industr.* 2003, comm. n° 47 – Paris, 4e ch., sect. A, 17 oct. 2007, *PIBD* 2008, n° 864, III, 720.
5. Soc. 5 déc. 2007, *Institut Pasteur, RTD civ.* 2008. 156, obs. Perrot – Civ. 1re, 12 oct. 1999, *Bull. civ.* I, n° 263; *RTD civ.* 2000. 159, obs. Perrot – Civ. 2e, 20 oct. 2005, n° 03-17.550, *Bull. civ.* II, n° 264 – Civ. 3e, 24 janv. 2007, *Bull. civ.* III, n° 9; *D.* 2007. AJ 585.
6. Soc. 5 déc. 2007, *Gobbo, RTD civ.* 2008. 156, obs. Perrot – Paris, 14e ch., sect. B, 26 janv. 2007, RG n° 06/11099, *JurisData* n° 2007-326384 – Civ. 1re, 16 mars 2004, n° 02-15.011, NP, *Expertises* 2004, n° 281, p. 190 – Civ. 1re, 23 janv. 2001, n° 98-13.267, NP – Civ. 2e, 5 avr. 1993, 2 arrêts, *Bull. civ.* II, n° 144 et 149 – Civ. 2e, 5 juin 1996, *JCP* 1996. IV. 1705 – Civ. 2e, 12 juin 2003, n° 01-13.507, *Bull. civ.* II, n° 185; *D.* 2003. IR 1734; *Procédures* 2003. comm. 192, obs. Perrot – Civ. 3e, 11 oct. 2005, n° 04-16.636, NP.

régularité du jugement ne peut entraîner la nullité de celui-ci s'il est établi par les pièces de la procédure, par le registre d'audience ou par tout autre moyen que les prescriptions légales ont été, en fait, observées »[1].

123.14 Signature du greffier. L'ordonnance sur requête aux fins de saisie-contrefaçon doit-elle, pour sa validité, être revêtue de la signature du greffier ? Il est vrai que l'article 456 du code de procédure civile, applicable aux ordonnances sur requête, prévoit que « *le jugement est signé par le président et par le secrétaire* » et que l'article 458 du code de procédure civile, ensuite, ajoute que « *ce qui est prescrit par...* [l'article] *456 doit être observé à peine de nullité* ». Toutefois, la Cour de cassation, confrontée à la question, a refusé de faire de l'absence de la signature du greffier une cause de nullité de l'ordonnance sur requête : « *l'ordonnance sur requête n'a pas, pour sa validité, à être signée par le greffier, eu égard aux circonstances dans lesquelles elle est rendue* »[2]; « *les ordonnances sur requête sont régies par les dispositions des articles 493 à 498 du nouveau code de procédure civile; Et attendu que l'arrêt retient à bon droit que l'ordonnance sur requête n'a pas pour sa validité à être signée par le greffier eu égard aux circonstances dans lesquelles elle est rendue* »[3].

La question qui se pose alors est de savoir si l'absence de signature du greffier n'est jamais une cause de nullité de l'ordonnance sur requête ou bien si la nullité ne doit être écartée que lorsque cette absence de signature trouve à s'expliquer par les circonstances de fait propres à chaque espèce.

La réponse résulte du raisonnement très détaillé qu'a développé le tribunal de grande instance de Paris dans un jugement du 11 mars 2005 :

« *Attendu que si, selon l'article R. 7-11-1-1 du code de l'organisation judiciaire, le juge est, dans les actes de la juridiction, toujours assisté du secrétaire de la juridiction, à moins que la loi n'en dispose autrement, il convient toutefois de relever que les ordonnances sur requête sont, en raison de leur nature, soumises à une procédure particulière;*

« *qu'en effet les articles 495 à 497 du nouveau code de procédure civile disposent respectivement que l'ordonnance sur requête est exécutoire au seul vu de la minute, que s'il est fait droit à la requête, tout intéressé peut en référer au juge qui a rendu l'ordonnance et que le juge a la faculté de modifier ou de rétracter celle-ci;*

« *qu'en outre l'article 498 dispose que « le double de l'ordonnance est conservé au secrétariat »;*

« *qu'il en résulte que l'ordonnance sur requête peut être rendue hors la présence et sans la signature du greffier auquel il incombe seulement d'en conserver le double, ce qui est d'ailleurs corroboré par le fait que l'article 494 in fine prévoit qu'en cas d'urgence, la requête peut être présentée au domicile du juge;*

« *qu'il s'ensuit que l'ordonnance du 3 mars 2004 est parfaitement valable ce qui implique le rejet des exceptions de nullité visant les actes subséquents* »[4].

Autrement dit, les ordonnances sur requête sont régies par les dispositions des articles 493 à 498 du code de procédure civile et toutes ces dispositions font qu'une ordonnance sur requête peut très bien être rendue et même exécutée sans qu'un greffier y soit associé et puisse trouver l'occasion d'apposer sa signature.

Dans ces conditions, il devient impossible de poser en condition générale de validité que l'ordonnance sur requête soit revêtue de la signature d'un greffier car une telle exigence contredirait les dispositions des articles 493 à 498 du code de procédure civile.

Enfin, il ne semble pas non plus judicieux de distinguer selon les circonstances de l'espèce (distinguer selon que le magistrat avait, en l'espèce, précisément rendu son ordonnance dans des circonstances expliquant l'absence de signature ou non) puisque de toute façon les articles 493 à 498 du code de procédure civile laissent au magistrat la faculté, si telle est sa volonté, de rendre une ordonnance sur requête qui sera exécutée sans qu'aucune signature d'un greffier soit nécessaire.

Il semble donc qu'il faut comprendre la formule de la Cour de cassation « *eu égard aux circonstances dans lesquelles elle est rendue* »[5] plus comme un renvoi à cette faculté qui est ainsi laissée au juge par les articles 493 à 498 du code de procédure civile plutôt que comme un renvoi aux faits précis de chaque espèce.

123.15 Voies de droit pour faire valoir la nullité de l'ordonnance. Sur la question de savoir si l'article 460 du code de procédure civile permet au tribunal saisi du procès au fond de prononcer la nullité de l'ordonnance autorisant la saisie-contrefaçon, v. ss nos 121.36 et 152.27.

1. Cass. ch. mixte, 11 déc. 2009, n° 08-13.643, *Bull. ch. mixte*, n° 3; *D.* 2010, Chr. p. 520-521, obs. Vigneau.
2. Civ. 1re, 17 juill. 1996, nos 95-01.002 et 95-01.004, *Bull. civ.* I, n° 328.
3. Civ. 2e, 17 mars 2005, n° 02-14.514, *Bull. civ.* II, n° 72.
4. TGI Paris, 3e ch., 2e sect., 11 mars 2005, *PIBD* 2005, n° 816, III, 570.
5. Civ. 2e, 17 mars 2005, n° 02-14.514, II, *Bull. civ.* II, n° 72.

TITRE

13. L'exécution de la saisie-contrefaçon et ses incidents

SECTION 0

ORIENTEUR

13.00 Plan du titre.

Chap. 131 Formalités préalables à l'exécution de la saisie-contrefaçon
Sect. 1 Principe de remise d'une copie de l'ordonnance
Sect. 2 Modalités de la remise d'une copie de l'ordonnance
Sect. 3 Sanction de l'inobservation de la formalité de remise de l'ordonnance

Chap. 132 Déroulement de la saisie-contrefaçon
Sect. 1 La saisie-contrefaçon doit être exécutée dans le respect des dispositions légales et de l'ordonnance
Sous-sect. 1 La saisie-contrefaçon doit être exécutée dans le respect des dispositions légales générales
Sous-sect. 2 La saisie-contrefaçon doit être exécutée dans le respect de l'ordonnance
Sect. 2 Modalités pratiques d'exécution de la saisie-contrefaçon
Sous-sect. 1 La saisie-contrefaçon doit être réalisée avec probité
Sous-sect. 2 Description
Sous-sect. 3 Saisie réelle
Sect. 3 Rédaction du procès-verbal de saisie-contrefaçon
Sous-sect. 1 Forme du procès-verbal de saisie-contrefaçon
Sous-sect. 2 Contenu du procès-verbal de saisie-contrefaçon

Chap. 133 Difficultés d'exécution
Sect. 1 Résistance du saisi
Sect. 2 Saisie de documents confidentiels

Chap. 134 Suites de la saisie-contrefaçon
Sect. 1 Remise d'une copie du procès-verbal au saisi
Sect. 2 Sort des pièces et documents saisis
Sect. 3 Mesures de nature à compléter la preuve des actes de contrefaçon
Sect. 4 Frais de la saisie-contrefaçon

Chap. 135 Épuisement des effets d'une ordonnance

13.01 Textes applicables.
CPI, art. L. 332-4, L. 521-4, L. 614-7, L. 614-9, L. 615-5, L. 615-10, L. 622-7, L. 623-27-1, L. 623-30, L. 716-7, L. 722-4, R. 521-2, R. 521-3, R. 521-5, R. 615-2, R. 615-2-1, R. 615-4, R. 622-6, R. 623-51, R. 623-51-1, R. 623-53-1, R. 716-5, R. 716-2, R. 716-3, R. 722-2, R. 722-3, R. 722-5.

C. pr. civ., art. 114, 119, 495, 497, 648, 655, 664, 680, 695.

C. pén., art. 413-11, 433-17.

L. 27 déc. 1923, art. 6.

L. 9 juill. 1991, art. 21.

13.02 Jurisprudence citée.
* V. ss nos 131.02, 132.02, 133.02, 134.02 et 135.02.

13.09 Division. Il convient d'examiner successivement les formalités préalables à l'exécution de la saisie-contrefaçon (chapitre 131), le déroulement de la saisie (chapitre 132), les difficultés d'exécution (chapitre 133) et les formalités postérieures à la saisie (chapitre 134).

CHAPITRE

131. Formalités préalables à l'exécution de la saisie-contrefaçon

SECTION 0 ORIENTEUR

131.00 **Plan du chapitre.**

131.01 **Textes applicables.**

* V. s^s n° 13.01

131.02 **Jurisprudence citée.**

> **Obligation de remise préalable**

• **Paris, pôle 5, ch. 2, 4 févr. 2011,** RG n° 09/22712.

• **Civ. 2e, 10 févr. 2011,** n° 10-13.894, *Bull. civ.* II, n° 36.

* V. s^s n° 131.21

> **Exception en matière de marques pour constater la substitution de produits**

• **Paris, 5 juill. 1974,** *PIBD* 1975, n° 140, III, 30.

* V. s^s n° 131.11

> **La remise effective de l'ordonnance est nécessaire**

• **TGI Lyon, 27 mai 1971,** *Ann. propr. ind.* 1971. 268.

• **Douai, 1re ch., 2 mai 1972,** *PIBD* 1972, n° 93, III, 304; *Ann. propr. ind.* 1972, n° 2, p. 7-19.

• **TGI Paris, 13 mars 1974,** *PIBD* 1974, n° 133, III, 327.

• **TGI Paris, 10 juill. 1974,** *PIBD* 1975, n° 142, III, 71.

• **TGI Marseille, 15 janv. 1975,** *PIBD* 1975, n° 152, III, 280.

• **Douai, 6 mai 1975,** *PIBD* 1975, n° 153, III, 298.

• **Paris, 31 mars 1977,** *Ann. propr. ind.* 1977. 179.

• **Paris, 9 mai 1977,** *PIBD* 1978, n° 210, III, 75.

• **TGI Paris, 25 oct. 1990,** *PIBD* 1991, n° 493, III, 79.

• **TGI Paris, 11 janv. 1995,** *PIBD* 1995, n° 586, III, 208.

• **Com. 3 janv. 1996,** n° 94-12.274, NP, *PIBD* 1996, n° 608, III, 173.

• **TGI Paris, 12 févr. 1997,** *PIBD* 1997, n° 632, III, 263.

• **TGI Paris, 3e ch., 2e sect., 12 mars 1997,** *PIBD* 1997, n° 636, III, 391.

• **Paris, 4e ch., sect. A, 20 mars 2002,** *Ann. propr. ind.* 2002. 177; *Gaz. Pal.* 2003, Somm., 452.

• **Paris, 4e ch., sect. B, 9 nov. 2007,** *PIBD* 2008, n° 868, III, 127.

• **TGI Paris, ch. civ. 3, 5 mars 2008,** RG n° 07/02652.

* V. s^s n° 131.31

> **La remise de la requête est également nécessaire**

• **Civ. 2e, 18 nov. 2004,** n° 02-20.713, *Bull. civ.* II, n° 499, *D.* 2004. IR, 3195; *JCP* 2004. IV. 3507; *RTD civ.* 2005. 185, obs. Perrot.

• **Paris, 4e ch., sect. A, 17 janv. 2007,** RG n° 06/01916, *Propr. intell.* oct. 2007, p. 481, obs. de Haas.

• **Paris, 4e ch., sect. B, 9 nov. 2007,** *PIBD* 2008, n° 868, III, 127.

• **TGI Paris, 3e ch., 2e sect., 12 févr. 2010,** RG n° 08/09753, *Jurinpi* B20100007, *PIBD* 2010, n° 919, III, 339.

• **TGI Paris, 3e ch., 1re sect., ord. réf., 5 mai 2010,** RG n° 10/01506.

• **Civ. 2e, 10 févr. 2011,** n° 10-13.894, *Bull. civ.* II, n° 36.

• **Civ. 2e, 6 déc. 2001,** n° 99-19.894, *Bull. civ.* II, n° 184, *RTD civ.* 2002. 362, obs. Perrot.

• **Civ. 2e, 10 janv. 2008,** n° 06-21.816, *Bull. civ.* II, n° 6, *Dr. et proc.* 2008, p. 155, obs. Salati, *Procédures* 2008, comm. 72, obs. Perrot.

* V. s^s n° 131.32

> **Le délai de la remise**

• **Paris, 4e ch., sect. A, 22 févr. 2006,** *PIBD* 2006, n° 831, III, 390; *Propr. intell. oct.* 2006, p. 464, obs. de Haas, *RTD com.* 2007. 75, chron. Galloux.

• **TGI Paris, 6 oct. 2009,** RG n° 2008/02618, *Jurinpi* M20090525, *PIBD* 2010, n° 909, III, 29.

• **TGI Paris, 3e ch., 2e sect., 7 mai 2010,** RG n° 08/15534.

• **TGI Paris, 3^e ch., sect. 2, 21 janv. 2011,** RG n° 09/12908, *Gaz. Pal.* 10 et 11 juin 2011, p. 42, obs. Bouchard; *Propr. intell.* oct. 2011, p. 441, obs. de Haas.

• **TGI Paris, 3^e ch., sect. 2, 8 avr. 2011,** RG n° 09/17730.

• **Paris, pôle 5, ch. 2, 3 juin 2011,** RG n° 10/08000, *Propr. intell.* oct. 2011, p. 441, obs. crit. de Haas.

• **Paris, pôle 5, ch. 1, 8 juin 2011,** RG n° 2009/21321, *Jurinpi* D20110126, *PIBD* 2011, n° 948, III, 625.

• **TGI Paris, 3e ch., 1re sect., 3 mai 2011,** RG no 2009/18441, *Jurinpi* B20110127.

• **TGI Paris, 3e ch., 1re sect., 22 nov. 2011,** RG no 09/18882.

* V. ss no 131.33

> **La remise doit être faite au détenteur des objets saisis**

• **Civ. 2e, 29 mai 1991,** no 90-10.711, NP, *RD propr. int.* 1993, no 50, 30.

• **Paris, 25 févr. 1992,** *Ann. propr. ind.* 1992. 178.

• **TGI Paris, 3e ch., 2e sect., 18 juin 2004,** *PIBD* 2004, no 795, III, 580.

• **TGI Lille, 1re ch., 15 mars 2007,** *PIBD* 2007, no 860, III, 597.

• **TGI Paris, ch. civ. 3, 5 mars 2008,** RG no 07/02652.

• **TGI Paris, 3e ch., 4e sect., 27 janv. 2011,** RG no 2009/15874, *Jurinpi* D20110044, *PIBD* 2011, no 940, III, 370.

* V. ss no 131.34

> **Hypothèse de la saisie à l'encontre d'un tiers**

• **TGI Paris, 5 juin 1996,** *PIBD* 1996, no 619, III, 515.

* V. ss no 131.35

> **Remise par acte séparé ou par un même acte ?**

• **Paris, 6 juill. 1983,** *PIBD* 1983, no 334, III, 267.

• **TGI Paris, 30 oct. 1987,** *PIBD* 1988, no 430, III, 124.

• **Paris, 23 oct. 1989,** *PIBD* 1990, no 474, III, 162.

• **TGI Paris, 24 oct. 1989,** *Dossiers Brevets* 1989, V, no 7.

• **Civ. 2e, 29 mai 1991,** no 90-10.711, NP, *RD propr. int.* 1993, no 50, 30.

• **Com. 3 janv. 1996,** no 94-12.274, NP, *PIBD* 1996, no 608, III, 173.

• **TGI Paris, 12 févr. 1997,** *PIBD* 1997, no 632, III, 263.

• **TGI Paris, 30 janv. 1998,** *PIBD* 1998, no 653, III, 244.

• **Paris, 11 févr. 1998,** *PIBD* 1998, no 654, III, 271.

• **Aix-en-Provence, ch. réunies, 12 févr. 1999,** *JCP E* 1999. I. 1631, obs. Greffe; *PIBD* 1999, no 678, III, 265; *RD propr. int.* 1999, no 98, p. 42.

* V. ss no 131.37

> **Mention des voies de recours**

• **TGI Paris, 7 avr. 1995,** *PIBD* 1995, no 593, III, 367.

• **TGI Paris, 3e ch., 2e sect., 12 mars 1997,** *PIBD* 1997, no 636, III, 391.

• **Paris, 4e ch., 25 mars 1998,** *PIBD* 1998, no 657, III, 351.

• **TGI Paris, 3e ch., 1re sect., 20 janv. 1999,** *RD propr. int.* 1999, no 96, 39.

• **TGI Paris, 3e ch., 1re sect., 10 nov. 1999,** *PIBD* 2000, no 699, III, 275.

• **Paris, 4e ch., sect. A, 18 déc. 2002,** *Gaz. Pal.* 2004, Somm. 629, J. no 3; *Propr. intell.* oct. 2004, p. 938, obs. de Haas.

• **Com. 14 janv. 2003,** no 01-01.759, NP, *Propr. intell.* oct. 2004, p. 938, obs. de Haas.

• **TGI Paris, 3e ch., 1re sect., 5 oct. 2005,** RG no 03/11548, *Jurinpi* B20050229.

• **Paris, 4e ch., sect. B, 11 avr. 2008,** RG no 06/14920, *Jurinpi* B20080067.

• **Paris, 4e ch., sect. A, 3 déc. 2008,** RG no 2007/13569, *PIBD* 2009, no 892, III, 878, *Jurinpi* B20080166.

• **Aix-en-Provence, 2e ch., 8 janv. 2009,** RG no 07/09844, *JurisData* no 2009-002210.

• **Paris, pôle 1, ch. 3, 9 mars 2010,** RG no 09/16885.

* V. ss no 131.38

> **Remise de l'acte constatant le dépôt du cautionnement**

• **TGI Paris, 3e ch., 16 déc. 1993,** *PIBD* 1994, no 564, III, 223; *RD propr. int.* 1994, no 53, 44.

* V. ss no 131.39

> **Le défaut de remise préalable est un vice de forme**

• **Lyon, 19 mars 1975,** *PIBD* 1975, no 157, III, 393.

• **Aix-en-Provence, 19 déc. 1975,** *PIBD* 1978, no 217, III, 249.

• **Paris, 13 avr. 1983,** *Dossiers Brevets* 1984, III, 1.

• **TGI Paris, 30 oct. 1987,** *PIBD* 1988, no 430, III, 124.

• **Paris, 24 oct. 1989,** *PIBD* 1990, no 472, III, 97.

• **Paris, 23 nov. 1989,** *PIBD* 1990, no 474, III, 162.

• **TGI Paris, 12 sept. 1990,** *PIBD* 1991, no 491, III, 7.

• **Civ. 2e, 29 mai 1991,** no 90-10.713, *Bull. civ.* II, no 162, *Ann. propr. ind.* 1991. 6.

• **TGI Paris, 2 nov. 1994,** *PIBD* 1995, no 583, III, 107.

• **TGI Paris, 11 janv. 1995,** *PIBD* 1995, no 586, III, 208.

• **TGI Paris, 5 juin 1996,** *PIBD* 1996, no 619, III, 515.

• **TGI Paris, 30 janv. 1998,** *PIBD* 1998, no 653, III, 244.

• **TGI Paris, 3e ch., 1re sect., 30 sept. 1998,** RG no 96/25285, *PIBD* 1999, no 673, III, 136.

• **TGI Paris, 3e ch., 1re sect., 20 janv. 1999,** *RD propr. int.* 1999, no 96, 39.

• **TGI Paris, 3e ch., 16 juin 2000,** *PIBD* 2000, no 710, III, 605.

• **Com. 25 avr. 2001,** no 98-19.503, NP, *PIBD* 2001, no 726, III, 428.

• **Paris, 4e ch., sect. B, 9 nov. 2007,** *PIBD* 2008, no 868, III, 127.

• **Paris, 4e ch., sect. A, 2 juill. 2008,** RG no 07/06442, *Jurinpi* B20080123.

• **TGI Strasbourg, 1re ch., 8 juin 2009,** RG no 06/07439, *Jurinpi* B20090082.

• **TGI Paris, 3e ch., 2e sect., 12 févr. 2010,** RG no 08/09753, *Jurinpi* B20100007, *PIBD* 2010, no 919, III, 339.

• **TGI Paris, 3e ch., 3e sect., 4 nov. 2011,** RG no 09/08869.

* V. ss no 131.41

> **Inexactitude concernant l'ordonnance dans l'acte de signification**

• **Paris, 4e ch., 7 juill. 1995,** *PIBD* 1995, no 597, III, 507.

• **TGI Paris, 3e ch., 1re sect., 12 juill. 2006,** RG no 02/10387.

* V. ss no 131.42

131.11 Importance capitale de la remise de l'ordonnance. La saisie-contrefaçon constitue une intrusion dans l'entreprise au préjudice de laquelle elle est réalisée. Il est donc apparu nécessaire que, avant qu'elle ne soit pratiquée, celui qui va en être l'objet soit informé des motifs qui justifient cette mesure et de l'étendue des investigations autorisées. C'est la raison d'être de la remise de l'ordonnance.

Les développements qui suivent envisagent le principe (section 1) et les modalités (section 2) de cette remise, puis les sanctions de l'inobservation de cette formalité (section 3).

SECTION 1
PRINCIPE DE REMISE D'UNE COPIE DE L'ORDONNANCE

131.21 Obligation de remise préalable. L'huissier instrumentaire doit nécessairement, à peine de nullité de la saisie et de dommages-intérêts contre lui, remettre aux détenteurs des objets saisis ou décrits une copie de l'ordonnance sur requête avant le déroulement des opérations de saisie-contrefaçon[1]. Cette règle est expressément prévue en matière de brevets d'invention (CPI, art. R. 615-2-1, al. 2, auquel renvoie l'article R. 622-6 en matière de topographies de produits semi-conducteurs), de dessins et modèles (CPI, art. R. 521-3, al. 2), de certificats d'obtention végétale (CPI, art. R. 623-51-1, al. 2), de marques (CPI, art. R. 716-3, al. 2) et d'indications géographiques (CPI, art. R. 722-3, al. 2). Ces articles spécifiques à la saisie-contrefaçon doivent être combinés avec l'article 495 alinéa 3 du code de procédure civile qui, s'agissant de l'exécution de toute ordonnance sur requête, exige que copie de la requête et de l'ordonnance soit « *laissée* » à la personne à laquelle elle est opposée (v. s[s] n° 131.32).

131.22 Exception en matière de marques pour constater la substitution de produits. L'article 37 du décret du 27 juillet 1965 avait prévu, en matière de marques, une exception au principe selon lequel l'ordonnance doit être remise par l'huissier instrumentaire avant ses opérations, afin de permettre à l'huissier de constater la substitution de produits ou de services. Dans ce cas, l'huissier pouvait se présenter incognito, comme un client ordinaire, et n'était tenu d'exhiber l'ordonnance qu'après la livraison du produit ou la fourniture de la prestation de service[2]. De même, si l'ordonnance autorisait plusieurs constatations de la substitution, l'huissier pouvait n'exhiber l'ordonnance qu'après la dernière livraison ou prestation de service. Cette disposition n'ayant pas été reprise dans le code de la propriété intellectuelle, la doctrine avait néanmoins admis que ces anciennes règles pouvaient toujours être appliquées. À l'occasion de la réforme introduite par la loi du 29 octobre 2007, le décret d'application a heureusement expressément confirmé les anciennes règles à l'article R. 716-3 alinéa 3 du code de la propriété intellectuelle : « *Toutefois, en matière de substitution de produits ou de services, l'huissier n'est tenu de donner copie de l'ordonnance* [...] *qu'après livraison des produits ou fourniture des services* ».

SECTION 2
MODALITÉS DE LA REMISE D'UNE COPIE DE L'ORDONNANCE

131.31 La remise effective de l'ordonnance est nécessaire. Par des décisions déjà anciennes, la jurisprudence a pu admettre qu'une simple « *communication* » d'une copie de l'ordonnance était suffisante en retenant que les saisis ont « *pris connaissance des termes de l'ordonnance les concernant avant que l'huissier ne procède à ses opérations* », ou que le délai de communication avait permis au saisi de recueillir des avis hiérarchiques avant le début des opérations[3]. Les tribunaux semblent maintenant tenir une position plus exigeante. Ainsi, une saisie a été annulée au motif que seul le salarié du saisi a eu connaissance de l'ordonnance sans qu'il ait pu requérir l'avis de ses supérieurs hiérarchiques[4]. De même, la simple lecture de l'ordonnance par l'huissier ne vaut pas remise d'une copie et ne saurait suffire[5]. Ainsi qu'il sera expliqué ultérieurement (v. s[s] n° 131.41), cette irrégularité n'entraîne la nullité du procès-verbal que si un grief est démontré. Les décisions précitées se sont d'ailleurs toutes attachées à démontrer que l'absence de remise préalable avait empêché le saisi de faire valoir ses droits lors des opérations de saisie ou de veiller au respect des termes de l'ordonnance. D'autres décisions ont cependant reconnu les saisies valables, malgré le défaut de remise, en raison de l'absence de grief[6].

1. POUR UN EXEMPLE d'opérations de saisie-contrefaçon annulées pour avoir été initiées par l'huissier avant même la signification de l'ordonnance ou de la requête au détenteur des objets saisis : Paris, pôle 5, ch. 2, 4 févr. 2011, RG n° 09/22712.
2. Paris, 5 juill. 1974, *PIBD* 1975, n° 140, III, 30.
3. Douai, 1re ch., 2 mai 1972, *PIBD* 1972, n° 93, III, 304; *Ann. propr. ind.* 1972, n° 2, p. 7-19 – Douai, 6 mai 1975, *PIBD* 1975, n° 153, III, 298.
4. TGI Paris, 13 mars 1974, *PIBD* 1974, n° 133, III, 327 – TGI Marseille, 15 janv. 1975, *PIBD* 1975, n° 152, III, 280 – TGI Paris, 25 oct. 1990, *PIBD* 1991, n° 493, III, 79.
5. TGI Lyon, 27 mai 1971, *Ann. propr. ind.* 1971. 268 – TGI Paris, 10 juill. 1974, *PIBD* 1975, n° 142, III, 71 – Paris, 31 mars 1977, *Ann. propr. ind.* 1977. 179 – TGI Paris, 25 oct. 1990, *PIBD* 1991, n° 493, III, 79 – Comp. TGI Paris, ch. civ. 3, 5 mars 2008, RG n° 07/02652, lecture de l'ordonnance au saisi accomplie par téléphone et remise régulière de l'ordonnance à la concubine du prétendu contrefacteur, à son arrivée au domicile commun.
6. Paris, 9 mai 1977, *PIBD* 1978, n° 210, III, 75 – TGI Paris, 11 janv. 1995, *PIBD* 1995, n° 586, III, 208 – Paris, 4e ch., sect. B, 9 nov. 2007, *PIBD* 2008, n° 868, III, 127.

Lorsque cette remise ressort du procès-verbal, elle vaut jusqu'à inscription de faux[1]. Lorsque le saisi ne comprend pas le français, il n'est pas nécessaire, pour la régularité des opérations, qu'une traduction de l'ordonnance lui soit remise[2].

131.32 La remise de la requête est également nécessaire. Les dispositions précitées du code de la propriété intellectuelle ne visent que la remise préalable de l'ordonnance. Il convient néanmoins de rappeler les dispositions de l'article 495 du code de procédure civile qui prévoient qu'une copie de la requête, comportant l'indication précise des pièces[3] (si la requête doit comporter l'indication des pièces invoquées, il n'est pour autant pas exigé de donner copie des pièces visées[4]), et de l'ordonnance doit être « *laissée* » à la personne à laquelle elle est opposée[5], ainsi que l'arrêt du 10 février 2011 de la deuxième chambre civile de la Cour de cassation qui énonce que « *le respect du principe de la contradiction qui fonde l'exigence posée à l'alinéa 3 de l'article 495 du code de procédure civile, requiert que copie de la requête et de l'ordonnance soit remise à la personne à laquelle elle est opposée antérieurement à l'exécution des mesures d'instruction qu'elle ordonne* »[6]. Il est permis de penser que cette « *personne à laquelle* (l'ordonnance) *est opposée* » sera en pratique également le « *détenteur des objets saisis ou décrits* » que visent, de leur côté, les articles spécifiques à la saisie-contrefaçon. Il convient de noter enfin que le défaut de remise de la copie de la requête, telle qu'exigée par l'article 495 alinéa 3 du code de procédure civile, est sanctionné de la même manière que le défaut de remise préalable de la copie de l'ordonnance, par la nullité des mesures accomplies en vertu de l'ordonnance[7], c'est-à-dire, dans notre cas, par la nullité du procès-verbal de saisie-contrefaçon.

131.33 Le délai de la remise. Dans la mesure où aucun des textes du code de la propriété intellectuelle ou du code de procédure civile n'imposent à l'huissier de respecter un quelconque délai entre la signification de l'ordonnance et de la requête et le début des opérations de saisie, rien n'empêche de faire suivre immédiatement la remise de l'ordonnance et de la requête de la réalisation de la saisie[8]. Il est d'usage, cependant, de laisser au saisi le temps de prendre connaissance de l'ordonnance et de prendre conseil (sans, pour autant, lui permettre de faire disparaître les preuves de la contrefaçon !).

131.34 La remise doit être faite au détenteur des objets saisis. Si la signification d'un acte ordinaire peut être faite à toute personne répondant pour le destinataire (C. pr. civ., art. 655), il n'en va pas de même pour la remise de l'ordonnance autorisant la saisie-contrefaçon. Cette dernière doit en effet être remise au détenteur lui-même des objets saisis ou décrits, c'est-à-dire à celui qui a un pouvoir de fait sur l'objet argué de contrefaçon[9], ou

1. Com. 3 janv. 1996, n° 94-12.274, NP, *PIBD* 1996, n° 608, III, 173 – TGI Paris, 12 févr. 1997, *PIBD* 1997, n° 632, III, 263 – TGI Paris, 3e ch., 2e sect., 12 mars 1997, *PIBD* 1997, n° 636, III, 391.
2. Paris, 4e ch., sect. A, 20 mars 2002, *Gaz. Pal.* 2003, Somm., 452; *Ann. propr. ind.* 2002. 177.
3. Civ. 2e, 18 nov. 2004, n° 02-20.713, *Bull. civ.* II, n° 499, *D.* 2004. IR, 3195; *JCP* 2004. IV. 3507; *RTD civ.* 2005. 185, obs. Perrot.
4. M. Foulon et Y. Strickler, « Le constat sur requête avant tout procès », *Dr. et proc.*, mars –avr. 2006, p. 71 s., spéc. p. 80, n° 40 – Paris, 4e ch., sect. A, 17 janv. 2007, RG n° 06/01916, *Propr. intell.* oct. 2007, p. 481, obs. de Haas – TGI Paris, 3e ch., 1re sect., ord. réf., 5 mai 2010, RG n° 10/01506.
5. Paris, 4e ch., sect. B, 9 nov. 2007, *PIBD* 2008, n° 868, III, 127 – TGI Paris, 3e ch., 2e sect., 12 févr. 2010, RG n° 08/09753, *Jurinpi* B20100007, *PIBD* 2010, n° 919, III, 345.
6. Civ. 2e, 10 févr. 2011, n° 10-13.894, *Bull. civ.* II, n° 36.
7. Civ. 2e, 6 déc. 2001, n° 99-19.894, *Bull. civ.* II, n° 184, *RTD civ.* 2002. 362, obs. Perrot – Civ. 2e, 10 janv. 2008, n° 06-21.816, *Bull. civ.* II, n° 6; *Dr. et proc.* 2008, p. 155, obs. Salati; *Procédures* 2008, comm. 72, obs. Perrot.
8. Paris, 4e ch., sect. A, 22 févr. 2006, *PIBD* 2006, n° 831, III, 390; *Propr. intell. oct.* 2006, p. 464, obs. de Haas; *RTD com.* 2007. 75, chron. Galloux – TGI Paris, 3e ch., 2e sect., 7 mai 2010, RG n° 08/15534; CONTRA : TGI Paris, 6 oct. 2009, RG n° 2008/02618, *Jurinpi* M20090525, *PIBD* 2010, n° 909, III, 29, critiquable car exigeant un délai raisonnable entre la remise de l'ordonnance et le début des opérations et estimant qu'un délai d'une minute n'est pas un délai raisonnable – TGI Paris, 3e ch., sect. 2, 21 janv. 2011, RG n° 09/12908, *Gaz. Pal.* 10 et 11 juin 2011, p. 42, obs. Bouchard; *Propr. intell.* oct. 2011, p. 441, obs. de Haas, considérant comme raisonnable un délai de 5 minutes pour un seul modèle – TGI Paris, 3e ch., sect. 2, 8 avr. 2011, RG n° 09/ 17730, considérant comme un délai raisonnable et suffisant un délai de 5 minutes pour 3 pages – Paris, pôle 5, ch. 2, 3 juin 2011, RG n° 10/08000, *Propr. intell.* oct. 2011, p. 441, obs. crit. de Haas, faisant peser la charge de la preuve, que le délai raisonnable n'a pas été respecté, sur celui qui s'en plaint – Paris, pôle 5, ch. 1, 8 juin 2011, RG n° 2009/21321, *Jurinpi* D20110126, *PIBD* 2011, n° 948, III, 625 considérant comme un délai raisonnable un délai de 25 minutes pour permettre au saisi de vérifier l'étendue des pouvoirs qui ont été conférés à l'huissier instrumentaire sans pour autant priver la mesure autorisée de toute utilité – TGI Paris, 3e ch., 1re sect., 22 nov. 2011, RG n° 09/18882, considérant comme suffisant un délai de 5 minutes – TGI Paris, 3e ch., 1re sect., 3 mai 2011, RG n° 2009/18441, *Jurinpi* B20110127.
9. TGI Paris, 3e ch., 2e sect., 18 juin 2004, *PIBD* 2004, n° 795, III, 580, une personne étrangère à la société saisie mais présente dans les locaux au moment des opérations de saisie-contrefaçon, ayant accepté de signer l'acte, apte à remettre des objets, de la documentation, à exposer le mode de fabrication du produit incriminé et à énoncer précisément les factures de commercialisation de ce produit, est détenteur des produits objets de ▶

encore un employé dont le travail est en relation avec cet objet[1]. En revanche, la signification de l'ordonnance à une employée de maison est nulle, faute d'avoir été faite au détenteur[2]. De même, une signification faite à une personne ne figurant pas sur la liste du personnel du saisi et n'exerçant pas un contrôle sur l'objet saisi est nulle[3]. Lorsque la personne saisie est une personne morale, la signification doit être faite au dirigeant ou à toute personne habilitée à recevoir la signification. L'huissier n'a cependant pas l'obligation de vérifier l'exactitude de la déclaration de la personne qui indique être habilitée[4].

131.35 Hypothèse de la saisie à l'encontre d'un tiers. Comme indiqué précédemment (v. s^s^ n° 112.312), la saisie n'est pas toujours pratiquée à l'encontre du contrefacteur. Elle peut au contraire être faite à l'encontre de toute personne se trouvant en possession d'informations relatives à la contrefaçon. Dans une telle hypothèse, l'huissier peut les appréhender sans qu'il soit nécessaire de remettre l'ordonnance au contrefacteur ou de le prévenir[5]. L'ordonnance doit alors être remise à la personne entre les mains de laquelle la saisie est réalisée.

131.36 Que faire en l'absence du détenteur des objets saisis ? L'absence du détenteur des objets saisis ne devrait pas faire obstacle à la saisie. La question se pose de la procédure à suivre lorsque l'objet se trouve dans les locaux du saisi mais que ce dernier est absent. Il est notamment possible de se demander si l'article 21 de la loi du 9 juillet 1991 sur les procédures civiles d'exécution est applicable en matière de saisie-contrefaçon : « *En l'absence de l'occupant du local ou si ce dernier refuse l'accès, l'huissier de justice chargé de l'exécution ne peut y pénétrer qu'en présence du maire de la commune, d'un conseiller municipal ou d'un fonctionnaire municipal délégué par le maire à cette fin, d'une autorité de police ou de gendarmerie, requis pour assister au déroulement des opérations ou, à défaut, de deux témoins majeurs qui ne sont au service ni du créancier, ni de l'huissier de justice chargé de l'exécution. Dans les mêmes conditions, il peut être procédé à l'ouverture des meubles* ». La prudence paraît cependant conseiller de s'y conformer.

131.37 Remise par acte séparé ou par un même acte ? La signification ne doit pas nécessairement être faite par un acte séparé du procès-verbal de saisie-contrefaçon. Dans le cas d'un acte unique, la preuve de la signification préalable est recherchée dans le texte du procès-verbal. C'est ainsi qu'ont été annulés les procès-verbaux indiquant « *copies des dites requête et ordonnance étant données avec le présent* » ou « *en vertu d'une ordonnance sur requête dont copie est donnée en tête des présentes* »[6]. Ce dernier arrêt a cependant été cassé[7]. Par contre, s'il ressort des termes du procès-verbal que l'ordonnance a été laissée en copie préalablement aux opérations de saisie-contrefaçon, le saisi ne saurait obtenir la nullité de la saisie pour défaut de signifi cation préalable sauf inscription de faux[8]. La Cour de cassation a jugé que la mention « *ladite ordonnance ayant été signifiée par acte de notre ministère ce jour* » implique une signification avant la saisie[9]. Il en va de même d'un procès-verbal portant mention de la remise « *en tête du présent* »[10]. La cour d'appel de Paris a reconnu valable un procès-verbal de saisie-contrefaçon qui « *mentionne expressément en dernière page que l'huissier instrumentaire a laissé copie tant de la requête et de l'ordonnance susvisée que du procès-verbal de saisie-contrefaçon* »[11]. Le nom de la personne à qui la copie de l'ordonnance a été remise doit figurer dans le procès-verbal de saisie-contrefaçon à défaut de signification par acte séparé[12]. En revanche, il n'est pas nécessaire que l'ordonnance soit annexée au procès-verbal de saisie-contrefaçon[13].

131.38 Mention des voies de recours. La question de savoir si la signification de l'ordonnance doit mentionner les voies de recours est discutée. L'article 680 du code de procédure civile exige que l'acte de notification d'un jugement à une partie indique de manière très apparente les voies de recours ouvertes contre ce jugement. Certes, le texte

► la saisie – Comp. TGI Paris, ch. civ. 3, 5 mars 2008, RG n° 07/02652, remise régulière à la concubine du prétendu contrefacteur, à son arrivée au domicile commun.

1. TGI Lille, 1re ch., 15 mars 2007, *PIBD* 2007, n° 860, III, 597.
2. Aix-en-Provence, 23 nov. 1979, *Ann. propr. ind.* 1981, n° 2, 328.
3. Paris, 25 févr. 1992, *Ann. propr. ind.* 1992. 178.
4. Civ. 2e, 29 mai 1991, n° 90-10.711, NP, *RD propr. int.* 1993, n° 50, 30 – TGI Lille, 1re ch., 15 mars 2007, *PIBD* 2007, n° 860, III, 597 – TGI Paris, 3e ch., 4e sect., 27 janv. 2011, RG n° 2009/15874, *Jurinpi* D20110044, *PIBD* 2011, n° 940, III, 370.
5. TGI Paris, 5 juin 1996, *PIBD* 1996, n° 619, III, 515.
6. TGI Paris, 30 oct. 1987, *PIBD* 1988, n° 430, III, 124 – TGI Paris, 24 oct. 1989, *Dossiers Brevets* 1989, V, n° 7 – Paris, 23 oct. 1989, *PIBD* 1990, n° 474, III, 162.
7. Civ. 2e, 29 mai 1991, n° 90-10.711, NP, *RD propr. int.* 1993, n° 50, 30.
8. Paris, 6 juill. 1983, *PIBD* 1983, n° 334, III, 267 – TGI Paris, 12 févr. 1997, *PIBD* 1997, n° 632, III, 263.
9. Com. 3 janv. 1996, n° 94-12.274, NP, *PIBD* 1996, n° 608, III, 173.
10. TGI Paris, 30 janv. 1998, *PIBD* 1998, n° 653, III, 244.
11. Paris, 4e ch. A, 11 févr. 1998, *PIBD* 1998, n° 654, III, 271 ; *RD propr. int.* 1998, n° 90, p. 16.
12. Paris, 18 févr. 1988, *Ann. propr. ind.* 1989. 227.
13. Aix-en-Provence, 12 févr. 1999, *JCP E* 1999. I. 1631, obs. Greffe ; *PIBD* 1999, n° 678, III, 265.

ne vise que « *le délai d'opposition, d'appel ou de pourvoi en cassation dans le cas où l'une de ces voies de recours est ouverte* », or, s'agissant d'une ordonnance sur requête, la voie de recours est le référé-rétractation de l'article 496 alinéa 2 du code de procédure civile selon lequel « *tout intéressé peut en référer au juge* ». Toutefois, dans la mesure où cette exigence de l'article 680 du code de procédure civile découle du souci du respect des droits de la défense et d'assurer l'information la plus complète possible des personnes intéressées par le jugement et spécialement des possibilités de critiquer la décision, la jurisprudence a tendance à interpréter la notion de « *jugement* » de manière générale comme toute décision de justice civile[1].

Elle a estimé à cet égard que les mentions portées dans l'ordonnance sont suffisantes lorsque celle-ci indique « *en cas de difficulté il nous en sera référé, mais seulement saisie préalablement faite* »[2]. La jurisprudence plus récente, dont un arrêt de la chambre commerciale de la Cour de cassation, estime que le défaut de mention de la voie de recours est une nullité de forme qui ne peut être prononcée en l'absence de grief[3].

131.39 Remise de l'acte constatant le dépôt du cautionnement. Lorsque le juge a subordonné la saisie à la constitution de garanties, ces garanties doivent être constituées avant qu'il ne soit procédé à la saisie. De plus, la copie de l'acte constatant la constitution de garanties doit être remise à la partie saisie, avant la saisie, à peine de nullité et de dommages-intérêts contre l'huissier[4]. Ainsi en disposent, dans le code de la propriété intellectuelle, l'article R. 615-2-1 (auquel renvoie l'article R. 622-6 en matière de topographies de produits semi-conducteurs) en matière de brevets d'invention, l'article R. 521-3 en matière de dessins et modèles, l'article R. 623-51-1 en matière de certificats d'obtention végétale, l'article R. 716-3 en matière de marques, et l'article R. 722-3 en matière d'indications géographiques.

SECTION 3
SANCTION DE L'INOBSERVATION DE LA FORMALITÉ DE REMISE DE L'ORDONNANCE

131.41 Le défaut de remise préalable est un vice de forme. Le défaut de remise préalable de l'ordonnance est une cause de nullité. Le régime de cette irrégularité a cependant évolué. La jurisprudence a dans un premier temps été hésitante, estimant tantôt que cette formalité constituait un vice de forme soumis aux dispositions de l'article 114 du code de procédure civile qui exige la preuve d'un grief pour que la nullité soit prononcée[5] et tantôt qu'il s'agissait d'un vice de fond entraînant la nullité de la saisie-contrefaçon sans qu'il soit nécessaire d'apporter la preuve d'un quelconque grief[6]. Une position plus claire s'est dégagée depuis un arrêt de la Cour de cassation de 1991 qui a estimé que le défaut de notification était un vice de forme impliquant la démonstration d'un grief[7]. Cette position a été adoptée par les juges du fond[8]. La Cour de cassation a réitéré cette position par un arrêt de cassa-

1. CONTRA : Aix-en-Provence, 2e ch., 8 janv. 2009, RG n° 07/09844, *JurisData* n° 2009-002210 qui retient strictement que l'article 680 du code de procédure civile parce qu'il parle de « *jugement* » ne peut s'appliquer à l'ordonnance sur requête rendue aux fins de saisie-contrefaçon qui ne constitue pas un jugement.
2. TGI Paris, 7 avr. 1995, *PIBD*, 1995, n° 593, III, 367 – TGI Paris, 3e ch., 2e sect., 12 mars 1997, *PIBD* 1997, n° 636, III, 391 – Paris, 4e ch. 25 mars 1998, *PIBD* 1998, n° 657, III, 351.
3. TGI Paris, 3e ch., 1re sect., 20 janv. 1999, *RD propr. int.* 1999, n° 96, 39 – TGI Paris, 3e ch., 1re sect., 10 nov. 1999, *PIBD* 2000, n° 699, III, 275 – Paris, 4e ch., sect. A, 18 déc. 2002, *Gaz. Pal.* 2004, Somm. 629, n° 3; *Propr. intell.* oct. 2004, p. 938, obs. de Haas – Com. 14 janv. 2003, n° 01-01.759, NP, *Propr. intell.* oct. 2004, p. 938, obs. de Haas – TGI Paris, 3e ch., 1re sect., 5 oct. 2005, RG n° 03/11548, *Jurinpi* B20050229 – Paris, 4e ch., sect. B, 11 avr. 2008, RG n° 06/14920, *Jurinpi* B20080067 – Paris, 4e ch., sect. A, 3 déc. 2008, RG n° 2007/13569, *PIBD* 2009, n° 892, III, 878, *Jurinpi* B20080166 – EN MATIÈRE de logiciels : Paris, pôle 1, ch. 3, 9 mars 2010, RG n° 09/16885 qui permet de souligner qu'en cette matière, la mention de l'article 496 alinéa 2 du code de procédure civile est une mention erronée des voies de recours car ce n'est pas la rétractation mais la mainlevée qui est possible; en l'espèce, le grief a été admis, le saisi ayant été privé de la possibilité de demander la mainlevée de la saisie; pour autant, la cour décide ensuite que la nullité de la signification qui ne mentionnait pas les voies de recours n'emporte pas la nullité du procès-verbal de saisie-contrefaçon.
4. TGI Paris, 3e ch., 16 déc. 1993, *PIBD* 1994, n° 564, III, 223; *RD propr. int.* 1994, n° 53, 44.
5. Lyon, 19 mars 1975, *PIBD* 1975, n° 157, III, 393 – Aix-en-Provence, 19 déc. 1975, *PIBD* 1978, n° 217, III, 249 – Paris, 13 avr. 1983, *Dossiers Brevets* 1984, III, 1.
6. TGI Paris, 30 oct. 1987, *PIBD* 1988, n° 430, III, 124 – Paris, 24 oct. 1989, *PIBD* 1990, n° 472, III, 97 – Paris, 23 nov. 1989, *PIBD* 1990, n° 474, III, 162 – TGI Paris, 12 sept. 1990, *PIBD* 1991, n° 491, III, 7.
7. Civ. 2e, 29 mai 1991, n° 90-10.713, *Bull. civ.* II, n° 162, *Ann. propr. ind.* 1991. 6.
8. TGI Paris, 2 nov. 1994, *PIBD* 1995, n° 583, III, 107 – TGI Paris, 11 janv. 1995, *PIBD* 1995, n° 586, III, 208 – TGI Paris, 5 juin 1996, *PIBD* 1996, n° 619, III, 515 – TGI Paris, 30 janv. 1998, *PIBD* 1998, n° 653, III, 244 – TGI Paris, 3e ch., 1re sect., 30 sept. 1998, RG n° 96/25285, *PIBD* 1999, n° 673, III, 133 – TGI Paris, 3e ch., 1re sect., 20 janv. 1999, *RD propr. int.* 1999, n° 96, 39 – TGI Paris, 3e ch., 16 juin 2000, *PIBD* 2000, n° 710, III, 605 – Paris, 4e ch., sect. A, 2 juill. 2008, RG n° 07/06442, *Jurinpi* B20080123 – TGI Strasbourg, 1re ch., 8 juin 2009, RG n° 06/07439, *Jurinpi* B20090082.

tion particulièrement net[1]. La partie qui invoque le défaut de remise préalable de l'ordonnance doit donc justifier du grief que cette omission lui a causé.

Semblablement, les décisions qui ont eu à se prononcer sur la sanction du défaut de remise de la requête ont décidé qu'il s'agissait d'un vice de forme, soumis au régime de nullité instauré par l'article 114 du code de procédure civile et donc à la démonstration d'un grief[2].

131.42 Inexactitude concernant l'ordonnance dans l'acte de signification. Il a été jugé qu'une inexactitude quant à la date de l'ordonnance dans l'acte de signification de l'huissier n'affecte pas la régularité de la signification préalable de l'ordonnance[3]. *A fortiori* une simple erreur matérielle dans l'intitulé de l'imprimé ayant servi à la signification de l'ordonnance – intitulé par erreur « *signification du procès-verbal* » – n'affecte pas non plus la régularité de la signification[4].

1. Com. 25 avr. 2001, n° 98-19.503, NP, *PIBD* 2001, n° 726, III, 428.
2. Paris, 4e ch., sect. B, 9 nov. 2007, *PIBD* 2008, n° 868, III, 127 – TGI Paris, 3e ch., 2e sect., 12 févr. 2010, RG n° 08/09753, *Jurinpi* B20100007, *PIBD* 2010, n° 919, III, 345 – TGI Paris, 3e ch., 3e sect., 4 nov. 2011, RG n° 09/08869.
3. Paris, 4e ch., 7 juill. 1995, *PIBD* 1995, n° 597, III, 507.
4. TGI Paris, 3e ch., 1re sect., 12 juill. 2006, RG n° 02/10387.

CHAPITRE

132. Déroulement de la saisie-contrefaçon

SECTION 0 ORIENTEUR

132.00 **Plan du chapitre.**

132.01 **Textes applicables.**

* V. s^s n° 13.01

132.02 **Jurisprudence citée.**

> Principe

- **Paris, 4e ch., sect. A, 5 avr. 2006,** *PIBD* 2006, n° 832, III, 420 ; *D.* 2007. 342, note J. Raynard.

* V. s^s n° 132.21

> Plan

- **Com. 14 sept. 2010,** n° 09-69.862, NP.

* V. s^s n° 132.41

> Exécution de la saisie par l'huissier

- **TGI Paris, 3e ch., 1re sect., 25 mars 1998,** *PIBD* 1998, n° 659, III, 402.
- **TGI Paris, 3e ch., 3e sect., 17 févr. 2004,** *PIBD* 2004, n° 787, III, 323.

* V. s^s n° 132.52

> Le représentant de la force publique

- **TGI Paris, 9 mars 1979,** *Dossiers Brevets* 1980, III, 209.
- **TGI Paris, 3e ch., 1re sect., 20 juill. 2006,** RG n° 03/04303, *Jurinpi* B20060156.

* V. s^s n° 132.53

> L'expert

- **Paris, 13 avr. 1983,** *Dossiers Brevets* 1984, III, 1.
- **Paris, 18 avr. 1984,** *PIBD* 1984, n° 355, III, 245.
- **TGI Lyon, 24 févr. 1987,** *Dossiers Brevets* 1987, II, 10 ; *PIBD* 1987. II. 248.
- **TGI Paris, 12 sept. 1990,** *PIBD* 1991, n° 491, III, 7.
- **Paris, 15 janv. 1997,** *PIBD* 1997, n° 639, III, 517.
- **Paris, 4e ch., sect. A, 5 nov. 2002,** *Comm., comm. électr.*, 2003, comm. n° 46.
- **TGI Paris, 3e ch., 2e sect., 7 févr. 2003,** RG n° 00/01594, *Jurinpi* B20030035.
- **TGI Paris, 3e ch., 2e sect., 2 juill. 2004,** RG n° 02/18798, *PIBD* 2004, n° 796, III, 615.
- **Paris, 4e ch., sect. A, 6 déc. 2006,** *PIBD* 2007, n° 848, III, 195 ; *Propr. intell.* avr. 2007, p. 233, obs. Warusfel.
- **Paris, 4e ch., sect. A, 5 avr. 2006,** *PIBD* 2006, n° 832, III, 420 ; *D.* 2007. 342, note J. Raynard.
- **Paris, 4e ch., sect. B, 8 déc. 2006,** RG n° 04/09342, *Jurinpi* B20060183.
- **Paris, 4e ch., sect. B, 21 déc. 2007,** *PIBD* 2008, n° 868, III, 105 ; *Propr. intell.* avr. 2008, p. 252, obs. Warusfel.
- **Com. 3 mars 2009,** n° 08-11.235, NP, *PIBD* 2009, n° 894, III, 943, *Jurinpi* B200090041.
- **Lyon, ch. civ. 1 A, 2 juill. 2009,** RG n° 08/06722, *Juris Data* n° 2009-022194.
- **Aix-en-Provence, 2e ch., 3 sept. 2009,** *Expertises*, déc. 2009, p. 425 s., obs. A. Le Carré, p. 421 s.
- **TGI Paris, 3e ch., 1re sect., 8 juin 2010,** RG n° 08/16283.

* V. s^s n° 132.54

> Le saisissant peut-il participer aux opérations de saisie-contrefaçon ?

• **TGI Paris, 3e ch., 16 janv. 1989,** *PIBD* 1989, no 454, III, 220.

• **Paris, 4e ch., 14 mars 1991,** *PIBD* 1991, no 506, III, 500 ; *RD propr. ind.* 1991, no 34, 20.

• **TGI Paris, 15 févr. 1991,** *PIBD* 1991, no 505, III, 478.

• **TGI Paris, 3e ch., 8 juill. 1992,** *PIBD* 1992, no 534, III, 643.

• **Com. 8 juill. 2008,** no 07-15.075, *Bull. civ.* IV, no 142, *PIBD* 2008, no 882, III, 559 ; *Propr. Industr.* 2010, comm. 27, note P. Vigand.

• **TGI Vienne, 27 mars 2007,** RG no 351/07.

• **Grenoble, 1re ch. corr., 3 juin 2008,** RG no 527.

• **Crim. 1er juill. 2009,** no 08-87.111, NP.

* V. ss no 132.56

> Le défaut d'autorisation est un vice de forme

• **Paris, 13 avr. 1983,** *PIBD* 1983, no 328, III, 177.

• **Paris, 18 avr. 1984,** *PIBD* 1984, no 355, III, 245.

• **Paris, 4e ch., 13 mars 1996,** *PIBD* 1996, no 612, III, 305.

* V. ss no 132.57

> Lieu de la saisie

• **Besançon, 25 mai 1977,** *PIBD* 1979, no 242, III, 297.

• **Paris, 29 oct. 1984,** *PIBD* 1985, no 375, III, 250.

• **Com. 14 mai 1991,** no 89-19.066, NP.

• **Civ. 2e, 29 mai 1991,** no 90-10.711, NP, *RD propr. int.* 1993, no 50, 30.

• **TGI Paris, 2 nov. 1994,** *PIBD* 1995, no 583, 107.

* V. ss no 132.61

> La personne saisie

• **TGI Paris, 7 oct. 1974,** *Dossiers Brevets* 1975, II, 4.

• **Paris, 25 févr. 1992,** *Ann. propr. ind.* 1992. 178.

• **Paris, 7 mai 1996,** *PIBD* 1996, no 617, III, 454.

• **Paris, 4e ch., sect. A, 28 mars 2007,** RG no 06/08645, *Jurinpi* D20070032 ; *JurisData* no 2007-332764 ; *Propr. intell.* oct. 2007, p. 479, obs. de Haas.

* V. ss no 132.62

> Les investigations doivent se limiter à la contrefaçon du droit invoqué

• **TGI Paris, 22 oct. 1975,** *Dossiers Brevets* 1977, III, 1 ; *PIBD* 1976, no 171, III, 250.

• **TGI Paris, 20 mars 1980,** *PIBD* 1980, no 264, III, 167.

• **TGI Paris, 28 nov. 1986,** *PIBD* 1987, no 409, III, 132.

• **Paris, 4e ch. A, 23 sept. 1998,** *PIBD* 1998, no 666, III, 587.

• **TGI Paris, 3e ch., 3e sect., ord. JME, 4 avr. 2007,** RG no 06/17811, *Jurinpi* B20070058.

• **Paris, 4e ch., sect. A, 27 juin 2007,** RG no 06/04072, *Jurinpi* B20070090.

• **Paris, pôle 5, ch. 2, 13 nov. 2009,** RG no 07/13890, *Jurinpi* B20090192.

* V. ss no 132.71

> L'huissier doit constater les actes de contrefaçon

• **TGI Paris, 13 juill. 1988,** *PIBD* 1988, no 446, III, 583.

• **Nancy, 13 sept. 1988,** *Dossiers Brevets* 1989, IV, 2 ; *RD propr. ind.* 1989, no 21, 61.

• **Paris, 4e ch. A, 7 oct. 1998,** *JCP E* 1999. I. 1631 ; *PIBD* 1999, no 667, III, 16 ; *RD propr. int.* 1999, no 97, p. 44.

• **TGI Paris, 3e ch., 2e sect., 12 oct. 2001,** RG no 99/21442, *RD propr. int.* 2002, no 136, p. 34.

• **TGI Paris, 3e ch., 2e sect., 11 mars 2005,** *PIBD* 2005, no 816, III, 570.

* V. ss no 132.91

> L'huissier peut poser toutes questions utiles à l'accomplissement de sa mission

• **Paris, 4 nov. 1992,** *PIBD* 1993, no 538, III, 111.

• **Paris, 15 janv. 1997,** *PIBD* 1997, no 639, III, 517.

• **TGI Paris, 3e ch., 2e sect., 7 févr. 2003,** RG no 00/01594, *Jurinpi* B20030035.

• **TGI Paris, 3e ch., 3e sect., 3 mars 2010,** RG no 09/00788.

• **TGI Paris, 3e ch., 1re sect., 9 mars 2010,** RG no 08/05791, *Jurinpi* B20100069, *PIBD* 2010, no 920, III, 385.

* V. ss no 132.92

> Mais l'huissier ne doit pas transformer la saisie-contrefaçon en enquête

• **Paris, 4e ch. A, 7 oct. 1998,** *JCP E* 1999. I. 1631 ; *PIBD* 1999, no 667, III, 16 ; *RD propr. int.* 1999, no 97, p. 44.

• **TGI Paris, 3e ch., 19 oct. 2001,** *PIBD* 2002, no 737, III, 123.

• **TGI Paris, 3e ch., 1re sect., 23 sept. 2003,** RG no 01/15750, *Jurinpi* D20030245.

• **TGI Paris, 3e ch., 3e sect., 17 févr. 2004,** *PIBD* 2004, no 787, III, 323.

• **Paris, 4e ch., sect. A, 15 déc. 2004,** RG no 03/10092, *PIBD* 2005, no 804, III, 162.

• **Paris, 4e ch., sect. B, 24 févr. 2006,** *PIBD* 2006, no 829, III, 332 ; *RTD com.* 2007. 75, chron. Galloux ; *Propr. intell.* oct. 2007, p. 480, obs. de Haas.

• **TGI Paris, 3e ch., 3e sect., 12 juill. 2006,** *PIBD* 2006, no 840, III, 726.

• **Paris, 4e ch., sect. B, 16 févr. 2007,** *PIBD* 2007, no 850, III, 265 ; *Propr. intell.* oct. 2007, p. 480, obs. de Haas.

• **Paris, 4e ch., sect. B, 30 mars 2007,** RG no 05/12257, *Jurinpi* D20070054 ; *JurisData* no 2007-333029 ; *Propr. intell.* oct. 2007, p. 480, obs. de Haas.

• **TGI Paris, 3e ch., 1re sect., 23 oct. 2007,** *PIBD* 2008, no 866, III, 32.

• **Paris, 4e ch., sect. A, 7 nov. 2007,** RG no 07/01713, *Jurinpi* D20070127, *Propr. intell.* oct. 2008, p. 451, obs. de Haas.

• **Orléans, ch. com., 29 janv. 2009,** RG 2008/00454, *PIBD* 2009, no 894, III, 964, *Jurinpi* M20090103, *Propr. intell.* oct. 2010, p. 991, obs. Sabatier.

• **TGI Strasbourg, 1re ch., 8 juin 2009,** RG no 06/07439, *Jurinpi* B20090082.

• **Paris, pôle 5, 2e ch., 6 nov. 2009,** RG no 08/21238, *Jurinpi* D20090142 ; *PIBD* 2010, no 913, III, 158, *Propr. intell.* oct. 2010, p. 1014, obs. de Candé.

• **Toulouse, 2e ch., 1re sect., 26 janv. 2011,** RG no 2009/00799, *Jurinpi* B20110005 ; *PIBD* 2011, no 937, III, 240.

* V. ss no 132.93

> L'huissier peut recueillir des explications du personnel du saisi

• **TGI Paris, 7 mai 1997,** *PIBD* 1997, n° 639, III, 500.

• **TGI Paris, 3e ch., 1re sect., 27 janv. 2009,** RG n° 2008/15962, *PIBD* 2009, n° 897, III, 1110.

* V. s^s n° 132.94

> Apport de pièces

• **Paris, 4 nov. 1992,** *PIBD* 1993, n° 538, III, 111.

• **TGI Paris, 3e ch., 2e sect., 28 juin 2000,** *RD propr. int.* 2002, n° 134, 9.

• **TGI Paris, 3e ch., 2e sect., 30 mai 2003,** *PIBD* 2003, n° 775, III, 571.

• **Paris, 4e ch., sect. A, 25 mai 2005,** RG n° 04/04748, *PIBD* 2005, n° 814, III, 485.

• **Paris, 4e ch., sect. A, 5 avr. 2006,** RG n° 05/10728, *PIBD* 2006, n° 832, III, 420.

• **TGI Paris, 3e ch., 2e sect., 21 déc. 2007,** *Jurinpi* D20070140.

• **Paris, 4e ch., sect. B, 28 nov. 2008,** RG n° 07/08497, *PIBD* 2009, n° 891, III, 872, *Jurinpi* D20080165.

• **Civ. 1re, 2 avr. 2009,** n° 08-10.656, *Bull. civ.* I, n° 73; *Jurinpi* D20090028, *PIBD* 2009, n° 896, III, 1077.

• **Com. 7 juill. 2009,** n° 08-18.598, *Bull. civ.* IV, n° 103; *Jurinpi* D20090083; *PIBD* 2009, n° 904, III, 1418.

• **Com. 29 sept. 2009,** n° 08-20.486, NP, *Jurinpi* D20090114; *PIBD* 2010, n° 910, III, 76.

• **TGI Paris, 3e ch., 4e sect., 10 juin 2010,** RG n° 09/09853; *JurisData* n° 2010-028661.

• **Com. 29 juin 2010,** n° 09-67.722, NP, *Jurinpi* M20100364, *PIBD* 2010, n° 925, III, 619, *Propr. intell.* oct. 2010, p. 989, obs. Sabatier.

• **TGI Paris, 3e ch., 4e sect., 27 janv. 2011,** RG n° 2009/15874, *Jurinpi* D20110044, *PIBD* 2011, n° 940, III, 370.

• **Paris, pôle 5, ch. 2, 28 janv. 2011,** RG n° 09/13170.

• **Paris, pôle 5, ch. 2, 4 févr. 2011,** RG n° 09/22712.

• **Paris, pôle 5, ch. 1, 16 févr. 2011,** RG n° 08/15900, *Jurinpi* D20110023.

* V. s^s n° 132.95

> La description des objets saisis par l'huissier et les constatations de l'homme de l'art

• **Paris, 7 mai 1975,** *PIBD* 1976, n° 163, III, 47.

• **Com. 29 mars 1977,** *PIBD* 1977, n° 200, III, 355.

• **TGI Paris, 16 juin 1986,** *PIBD* 1986, n° 402, III, 430.

• **TGI Lyon, 24 févr. 1987,** *Dossiers Brevets* 1987, II, 10.

• **Paris, 4e ch., 14 mars 1991,** *PIBD* 1991, n° 506, III, 500; *RD propr. ind.* 1991, n° 34, 20.

• **TGI Toulouse, 31 oct. 1996,** *PIBD* 1997, n° 626, III, 90.

• **Paris, 15 janv. 1997,** *PIBD* 1997, n° 639, III, 517.

• **TGI Paris, 3e ch., 1re sect., 20 janv. 1999,** *RD propr. int.* 1999, n° 96, 39.

• **Com. 6 avr. 1999,** n° 97-14.193, *Bull. civ.* IV, n° 78, *PIBD* 1999, n° 682, III, 343.

• **TGI Bordeaux, 1re ch., 23 nov. 1999,** *PIBD* 2000, n° 699, III, 280.

• **Com. 21 mars 2000,** n° 97-18.914, NP, *PIBD* 2000, n° 701, III, 334.

• **Paris, 1re ch., aud. sol., 13 sept. 2000,** *PIBD* 2001, n° 720, III, 258.

• **Com. 19 nov. 2002,** n° 00-15.203, NP, *PIBD* 2003, n° 761, III, 173; *Propr. industr.* 2003, comm., n° 66, note J. Raynard.

• **TGI Paris, 3e ch., 2e sect., 17 sept. 2004,** *PIBD* 2005, n° 799, III, 7.

• **Paris, 4e ch., sect. A, 15 déc. 2004,** RG n° 03/10092, *PIBD* 2005, n° 804, III, 162.

• **Paris, 4e ch., sect. B, 20 mai 2005,** *PIBD* 2005, n° 814, III, 493; *RTD com.* 2007. 75, chron. Galloux.

• **Paris, 4e ch., sect. B, 28 oct. 2005,** *PIBD* 2005, n° 821, III, 1; *Propr. intell.* oct. 2006, p. 464, obs. de Haas; *RTD com.* 2007. 75, chron. Galloux.

• **TGI Paris, 3e ch., 2e sect., 7 avr. 2006,** RG n° 04/07132, *Jurinpi* B20060074.

• **TGI Paris, 3e ch., 2e sect., 15 juin 2006,** *PIBD* 2006, n° 839, III, 694.

• **TGI Paris, 3e ch., 1re sect., 15 nov. 2006,** RG n° 03/17075.

• **TGI Paris, 3e ch., 3e sect., 6 déc. 2006,** RG n° 05/17995, *Jurinpi* B20060210.

• **TGI Paris, 3e ch., 3e sect., 13 déc. 2006,** *PIBD* 2007, n° 849, III, 239.

• **TGI Lille, 1re ch., 15 mars 2007,** *PIBD* 2007, n° 860, III, 597.

• **TGI Paris, 3e ch., 2e sect., 6 juill. 2007,** *PIBD* 2007, n° 861, III, 627; *Propr. industr.* oct. 2007, comm. 76, note Raynard.

• **Paris, 4e ch., sect. B, 28 sept. 2007,** RG n° 06/04101, *Jurinpi* B20070130.

• **TGI Paris, 3e ch., 1re sect., 24 oct. 2007,** RG n° 01/18185.

• **Paris, 4e ch., sect. A, 14 mai 2008,** RG n° 06/22487, *Jurinpi* B20080087.

• **Paris, 4e ch., sect. A, 2 juill. 2008,** RG n° 07/06442, *Jurinpi* B20080123.

• **TGI Paris, 3e ch., 1re sect., 5 mai 2009,** RG n° 2007/06254, *Jurinpi* B20090070; *PIBD* 2009, n° 900, III, 1205.

• **TGI Paris, 3e ch., 1re sect., 30 juin 2009,** RG n° 07/03182.

• **Paris, pôle 5, ch. 1, 23 sept. 2009,** RG n° 07/20590, *Jurinpi* B20090144.

• **TGI Paris, 3e ch., 3e sect., 30 sept. 2009,** RG n° 07/16857, *Jurinpi* B20090157.

• **Douai, ch. 1, sect. 2, 25 févr. 2010,** RG n° 08/08777.

• **TGI Paris, 3e ch., 3e sect., 3 mars 2010,** RG n° 09/00788.

• **Paris, pôle 5, ch. 2, 19 mars 2010,** RG n° 08/14724.

• **Bordeaux, ch. 1, sect. A, 24 mars 2011,** RG n° 09/01784.

• **Colmar, ch. 1, sect. A, 25 janv. 2011,** RG n° 08/00004, *JurisData* n° 2011-002287.

• **Paris, pôle 5, ch. 2, 17 juin 2011,** RG n° 09/09418.

• **TGI Paris, 3e ch., 4e sect., 20 oct. 2011,** RG n° 10/03294.

* V. s^s n° 132.101

> Force probante de la description et erreur de description

• **Paris, 1er juill. 1977,** *PIBD* 1978, n° 213, III, 187.

• **Nancy, 12 mars 1991,** *RD propr. ind.* 1991, n° 34, 30.

• **TGI Paris, 22 nov. 1996,** *PIBD* 1997, n° 628, III, 137.

• **TGI Paris, 3e ch., 2e sect., 13 mars 1998,** *RD propr. int.* 1998, n° 85, 29.

• **TGI Paris, 3e ch., 6 oct. 2000,** *PIBD* 2001, n° 713, III, 52.

• **TGI Paris, 3e ch., 3e sect., 28 sept. 2001,** RG n° 01/00035, *Jurinpi* B20010188.

• **TGI Paris, 3e ch., 1re sect., 20 juill. 2006,** RG n° 03/04303, *Jurinpi* B20060156.

• **TGI Paris, 3e ch., 3e sect., 3 mars 2010,** RG n° 09/00788.

* V. ss n° 132.102

> Informations comptables

• **Aix-en-Provence, 1er déc. 1976,** *Ann. propr. ind.* 1978. 293; *PIBD* 1977, n° 186, III, 63.

• **Paris, 4e ch., 8 juill. 1993,** *PIBD* 1993, n° 555, III, 673.

• **TGI Paris, 3e ch., 30 juin 1994,** *PIBD* 1994, n° 576, III, 527.

* V. ss n° 132.103

> Nombre d'échantillons pouvant être prélevés

• **Com. 29 mars 1977,** *PIBD* 1977, n° 200, III, 355.

• **TGI Paris, 8 janv. 1997,** *PIBD* n° 634, III, 352.

• **TGI Toulouse, 12 mars 1998,** *PIBD* 1998, n° 656, III, 321.

• **Aix-en-Provence, ch. réunies, 12 févr. 1999,** *JCP E* 1999. I. 1631, obs. Greffe; *PIBD* 1999, n° 678, III, 265; *RD propr. int.* 1999, n° 98, p. 42.

• **TGI Paris, 3e ch., 18 mai 1999,** *PIBD* 2000, n° 690, III, 31.

• **Paris, 4e ch., sect. B, 29 mars 2002,** *Ann. propr. ind.* 2002. 199.

• **TGI Paris, 3e ch., 1re sect., 30 sept. 2008,** RG n° 06/11319, *Jurinpi* B20080135.

* V. ss n° 132.104

> Définition de la saisie réelle

• **TGI Paris, 10 mars 1994,** *PIBD* 1994, n° 569, III, 349.

• **Paris, 4e ch. A, 20 déc. 2000,** *PIBD* 2001, n° 718, III, 203.

• **Com. 1er juill. 2003,** n° 01-10.807, *Bull. civ.* IV, n° 112.

• **Paris, pôle 1, ch. 4, 12 mars 2010,** RG n° 09/13381, *JurisData* n° 2010-002301.

* V. ss n° 132.111

> Conditions de la saisie réelle

• **TGI Paris, 1er avr. 1993,** *RD propr. int.* 1993, n° 46, 28.

• **TGI Paris, 3e ch., 19 janv. 1996,** *PIBD* 1996, n° 610, III, 262.

• **Com. 23 avr. 2003,** n° 01-14.945, NP, *Propr. intell.* oct. 2003, p. 413.

• **Com. 31 mai 2005,** n° 03-12.162, NP.

• **TGI Paris, 3e ch., 1re sect., 27 janv. 2009,** RG n° 2008/15962, *PIBD* 2009, n° 897, III, 1110.

* V. ss n° 132.112

> La description est-elle obligatoire en cas de saisie réelle ?

• **TGI Paris, 3e ch., 2e sect., 11 mai 2001,** RG n° 99/14493, *PIBD* 2002, n° 736, III, 71.

• **TGI Paris, 3e ch., 2e sect., 12 oct. 2001,** RG n° 99/21442, *RD propr. int.* 2002, n° 136, p. 34.

• **TGI Strasbourg, 1re ch., 8 juin 2009,** RG n° 06/07439, *Jurinpi* B20090082.

* V. ss n° 132.113

> Paiement du prix des objets saisis réellement

• **TGI Lyon, ord. réf., 29 août 1994,** *Dossiers Brevets* 1994, III, 5.

• **Paris, 4e ch., sect. B, 10 sept. 2004,** RG n° 2001/13732, *PIBD* 2004, n° 797, III, 640.

• **TGI Paris, 3e ch., 3e sect., 21 janv. 2009,** *RIPIA* 2009. 38.

• **TGI Paris, 3e ch., 3e sect., 3 mars 2010,** RG n° 09/00788.

* V. ss n° 132.114

> Le respect du droit commun

• **TGI Paris, 3e ch., 1re sect., 17 déc. 2003,** RG n° 2002/09300; *PIBD* 2004, n° 784, III, 214.

• **TGI Paris, 3e ch., 2e sect., 17 sept. 2004,** *PIBD* 2005, n° 799, III, 7.

• **TGI Lille, 1re ch., 15 mars 2007,** *PIBD* 2007, n° 860, III, 597.

* V. ss n° 132.132

> L'identité de l'huissier instrumentaire

• **TGI Paris, 3e ch., 2e sect., 12 mars 1997,** *PIBD* 1997, n° 636, III, 391.

• **Paris, 14e ch., 16 janv. 1998,** *PIBD* 1998. 653, III, 240.

• **TGI Paris, 3e ch., 30 janv. 1998,** *PIBD* 1998. III. 245.

• **TGI Paris, 3e ch., 1re sect., 30 sept. 1998,** RG n° 96/25285, *PIBD* 1999, n° 673, III, 133.

• **Com. 20 oct. 1998,** n° 95-15.804, *Bull. civ.* IV, n° 252, *RD propr. int.* 1999, n° 96, 37.

• **TGI Paris, 3e ch., 17 mars 1999,** *PIBD* 1999, n° 686, III, 489.

• **Paris, 4e ch., sect. A, 28 juin 2000,** *Ann. propr. ind.* p. 315.

• **Paris, 4e ch., sect. B, 23 mars 2001,** *Concurrence Actualité-Express* n° 328, 5 juill. 2001, p. 8.

• **Com. 23 avr. 2003,** n° 01-12.812, NP, *PIBD* 2003, n° 768, III, 361.

• **Paris, 4e ch., sect. A, 9 juin 2004,** *PIBD* 2004, n° 801, III, 95.

• **Com. 19 déc. 2006,** n° 05-14.431, *Bull. civ.* IV, n° 265, *PIBD* 2007, n° 846, III, 112.

• **Paris, pôle 5, ch. 2, 18 juin 2010,** RG n° 09/00152, *Propr. intell.* oct. 2010, p. 991, obs. Sabatier.

• **Paris, pôle 5, ch. 2, 6 mai 2011,** RG n° 10/05357, *Propr. intell.* oct. 2011, p. 440, obs. de Haas.

* V. ss n° 132.133

> L'identification des intervenants

• **Paris, 4e ch., sect. A, 1er févr. 2006,** *PIBD* 2006, n° 828, III, 298.

• **TGI Paris, 3e ch., 2e sect., 9 déc. 2011,** RG n° 09/17643.

* V. ss n° 132.142

> **L'identification des annexes**

• **Aix-en-Provence, ch. réunies, 12 févr. 1999,** *JCP E* 1999. I. 1631, obs. Greffe; *PIBD* 1999, n° 678, III, 265; *RD propr. int.* 1999, n° 98, p. 42.

• **Com. 6 avr. 1999,** n° 97-14.193, *Bull. civ.* IV, n° 78, *PIBD* 1999, n° 682, III, 343.

* V. s^s n° 132.143

> **La signature du saisi n'est pas nécessaire**

• **Paris, 29 janv. 1991,** *Ann. propr. ind.* 1991. 22.

* V. s^s n° 132.144

132.11 Division. La saisie-contrefaçon doit nécessairement être exécutée dans le respect des dispositions légales et de l'ordonnance (section 1). L'huissier instrumentaire doit accomplir sa mission (section 2) et rédiger un procès-verbal (section 3).

SECTION 1
LA SAISIE-CONTREFAÇON DOIT ÊTRE EXÉCUTÉE DANS LE RESPECT DES DISPOSITIONS LÉGALES ET DE L'ORDONNANCE

132.21 Principe. Comme l'a par exemple noté, en matière de brevet, un arrêt de la cour d'appel de Paris, « *la saisie-contrefaçon est une procédure exceptionnelle permettant à un breveté, avant tout procès contradictoire de pénétrer chez un concurrent, sans son accord afin d'y procéder à des investigations, des constatations, voire des saisies réelles tendant à apporter la preuve d'une contrefaçon alléguée, de sorte qu'elle doit être diligentée dans le respect le plus strict tant des dispositions légales que des termes de l'ordonnance sur requête qui l'autorise* »[1]. L'huissier doit respecter les dispositions légales générales relatives aux constats (sous-section 1). Il doit également respecter les termes de l'ordonnance (sous-section 2).

SOUS-SECTION 1
LA SAISIE-CONTREFAÇON DOIT ÊTRE EXÉCUTÉE DANS LE RESPECT DES DISPOSITIONS LÉGALES GÉNÉRALES

132.31 Date et heure de la saisie. L'huissier de justice doit respecter les dispositions de l'article 664 du code de procédure civile. La saisie-contrefaçon ne pourra donc être effectuée avant 6 heures et après 21 heures. La saisie doit donc débuter obligatoirement dans l'intervalle ainsi défini, mais elle peut se poursuivre régulièrement après 21 heures. Le même article 664 du code de procédure civile paraît empêcher de réaliser des saisies-contrefaçon les dimanches et jours fériés ou chômés.

1. Paris, 4e ch., sect. A, 5 avr. 2006, *PIBD* 2006, n° 832, III, 420; *D.* 2007. 342, note J. Raynard.

132.32 Dérogation possible. Comme l'indique *in fine* l'article 664 du code de procédure civile, l'ordonnance de saisie-contrefaçon peut cependant autoriser l'huissier de justice, si nécessaire (« *en cas de nécessité* »), à réaliser une saisie hors des heures précédemment indiquées ou un dimanche ou un jour férié ou chômé.

SOUS-SECTION 2
LA SAISIE-CONTREFAÇON DOIT ÊTRE EXÉCUTÉE DANS LE RESPECT DE L'ORDONNANCE

132.41 Plan. L'ordonnance détermine la nature et les modalités des opérations à réaliser. L'huissier instrumentaire doit donc veiller au respect de cette ordonnance[2] notamment en ce qui concerne les participants à la saisie (§ 1), la personne saisie et le lieu de la saisie (§ 2) et les actes de contrefaçon allégués (§ 3).

§ 1.
Personnes susceptibles de participer à la saisie-contrefaçon

132.51 Sommaire. Le maître d'œuvre des opérations de saisie est toujours l'huissier de justice qui peut être accompagné d'un expert, du représentant de la force publique, voire d'autres personnes.

132.52 Exécution de la saisie par l'huissier. En matière de propriété industrielle, la saisie doit être réalisée par un huissier de justice. En effet, même lorsqu'il est assisté, l'huissier de justice, et lui seul, procède à la saisie[3]. Comme indiqué précédemment, le choix de l'huissier de justice appartient au seul saisissant (v. s^s n° 122.62).

132.53 Le représentant de la force publique. La présence d'un représentant de la force publique est généralement prévue dans l'ordonnance (v. s^s n° 122.65). La question s'est posée de savoir si la présence non prévue dans l'ordonnance d'un commissaire de police entraîne la nullité de la saisie. La réponse est certainement négative. Dans une espèce

2. Commet un excès de pouvoir l'huissier de justice qui procède aux opérations de saisie-contrefaçon alors que l'ordonnance n'était pas exécutoire. L'ordonnance avait posé qu'elle ne serait exécutoire qu'après réception par la requérante du récépissé du cautionnement et remise d'une copie par l'huissier à la partie saisie, or l'huissier avait constaté que cette copie n'avait pas été remise; une telle violation des termes de l'ordonnance est une cause de nullité de fond de la saisie-contrefaçon, Com. 14 sept. 2010, n° 09-69.862, NP.
3. EN CE SENS : TGI Paris, 3e ch., 1re sect., 25 mars 1998, *PIBD* 1998, n° 659, III, 402 – TGI Paris, 3e ch., 3e sect., 17 févr. 2004, *PIBD* 2004, n° 787, III, 323.

où l'ordonnance n'avait autorisé l'assistance du commissaire de police qu'en cas de nécessité et où le commissaire était intervenu alors que cette nécessité n'était pas justifiée, il a été jugé qu'une telle présence ne pouvait entraîner la nullité de la saisie dès lors qu'il n'était justifié d'aucun grief[1]. C'est également ce qu'a retenu le tribunal de grande instance de Paris, dans une autre espèce, en expliquant que, en tout état de cause, si une difficulté d'exécution de l'ordonnance avait surgi, l'huissier aurait eu recours à la force publique laquelle lui aurait accordé son assistance[2]. Plus généralement, la présence des représentants de la force publique est certainement autorisée de droit par les dispositions générales relatives à l'exécution des décisions de justice (v. s^s n° 122.65).

132.54 L'expert. L'ordonnance autorise souvent l'huissier à se faire assister d'un expert (v. s^s n° 122.63). Lorsque c'est le cas et que celui-ci est indépendant des parties (v. s^s n° 122.64), la présence de ce dernier ne devrait pas poser de difficulté, sauf circonstances exceptionnelles où l'indépendance des experts vis-à-vis du requérant serait ultérieurement contestée[3] ou si l'expert outrepassait les limites de la mission qui lui a été confiée par l'ordonnance et qui est d'assister l'huissier dans la recherche technique de la preuve de la contrefaçon[4]. Par exemple, une saisie-contrefaçon a été annulée parce que le conseil en propriété industrielle avait directement interpellé le représentant de la société saisie - l'huissier instrumentaire se contentant d'enregistrer les questions du conseil et les réponses du saisi - outrepassant ainsi la mission d'assistance de l'huissier que l'ordonnance lui avait confiée[5]. Dans une autre affaire, aux faits très semblables - l'homme de l'art (conseil en propriété industrielle) ne s'était pas restreint à un rôle d'assistance de l'huissier sur des points techniques qui pouvaient lui échapper mais avait joué un rôle essentiel dans la conduite des opérations[6] si bien qu'il s'était produit une inversion des rôles, l'huissier s'étant borné à enregistrer, sur les points essentiels, les constatations du conseil –, la cour d'appel de Paris a précisé que cette violation des termes de l'ordonnance « *constitue une irrégularité de fond qui affecte les opérations dans leur ensemble et commande l'annulation du procès-verbal* »[7]. Dans un autre cas, l'expert a outrepassé sa « *mission restreinte "d'accompagnement"* » et d'assistance technique de l'huissier dans la recherche de la preuve en emportant les disques durs à son domicile, « *hors de toute contradiction* » et en se livrant à une « *étude/analyse des disques durs saisis* », actes qui n'étaient pas prévus dans l'ordonnance[8].

La jurisprudence n'annule cependant pas nécessairement les saisies au seul motif que l'huissier a été assisté d'un tiers non prévu dans l'ordonnance. La cour d'appel de Paris a par exemple estimé que la référence faite dans l'ordonnance à une précédente ordonnance désignant un homme de l'art était suffisante à constituer une autorisation à participer à une deuxième saisie[9]. L'huissier peut également se faire assister par plusieurs experts, dès lors que la formule employée est suffisamment générale pour permettre l'assistance de deux personnes[10], ou quand bien même le requérant aurait sollicité l'assistance d'un seul homme de l'art[11]. Dans le même ordre d'idées, une saisie a été reconnue valable lorsque l'ordonnance visait un conseil en propriété industrielle mais que l'expert qui a participé à la saisie n'était pas inscrit sur la liste des conseils[12]. Enfin, il a également été jugé que la présence non autorisée d'un conseil en propriété industrielle n'entraîne pas la nullité de la saisie dès lors que le défendeur ne fait valoir aucun grief et que la présence de l'expert n'a pas été contestée lors de la saisie[13].

132.55 Autres personnes. Comme indiqué précédemment (v. s^s n° 122.63), il est possible de prévoir que l'huissier sera assisté d'autres personnes comme, par exemple, un serrurier, un dessinateur, un photographe, un expert-comptable, un informaticien. La présence de ces personnes doit être auto-

1. TGI Paris, 3e ch., 1re sect., 20 juill. 2006, RG n° 03/04303, *Jurinpi* B20060156.
2. TGI Paris, 9 mars 1979, *Dossiers Brevets* 1980, III, 209.
3. Paris, 4e ch., sect. A, 5 nov. 2002, *Comm. com. électr.*, 2003, comm. n° 46.
4. TGI Paris, 3e ch., 2e sect., 2 juill. 2004, RG n° 02/18798, *PIBD* 2004, n° 796, III, 615.
5. Paris, 4e ch., sect. A, 5 avr. 2006, *PIBD* 2006, n° 832, III, 420 ; *D.* 2007. 342, note J. Raynard – TGI Paris, 3e ch., 2e sect., 7 févr. 2003, RG n° 00/01594, *Jurinpi* B20030035 – TGI Paris, 3e ch., 1re sect., 8 juin 2010, RG n° 08/16283.
6. Lyon, ch. civ. 1 A, 2 juill. 2009, RG n° 08/06722, *Juris-Data* n° 2009-022194.
7. Paris, 4e ch., sect. B, 21 déc. 2007, RG n° 2006/09254, *PIBD* 2008, n° 868, III, 105, *Jurinpi* B20070191 ; *Propr. intell.* avr. 2008, p. 252, obs. Warusfel; pourvoi rejeté par Com. 3 mars 2009, n° 08-11.235, NP, *PIBD* 2009, n° 894, III, 943, *Jurinpi* B200090041 ; *D.* 2010, pan. 465 s., spéc. 469, obs. J. Raynard – EN CE SENS DÉJÀ, Paris, 4e ch., sect. B, 8 déc. 2006, RG n° 04/09342, *Jurinpi* B20060183, *Ann. propr. ind.* 2011. 73.
8. Aix-en-Provence, 2e ch., 3 sept. 2009, *Expertises*, déc. 2009, p. 425 s., obs. A. Le Carré, p. 421 s.
9. Paris, 13 avr. 1983, *Dossiers Brevets* 1984, III, 1.
10. Paris, 4e ch., sect. A, 6 déc. 2006, *PIBD* 2007, n° 848, III, 195 ; *Propr. intell.* avr. 2007, p. 233, obs. Warusfel.
11. TGI Paris, 12 sept. 1990, *PIBD* 1991, n° 491, III, 7 – Paris, 15 janv. 1997, *PIBD* 1997, n° 639, III, 517.
12. TGI Lyon, 24 févr. 1987, *Dossiers Brevets* 1987, II, 10 ; *PIBD* 1987. II. 248.
13. Paris, 18 avr. 1984, *PIBD* 1984, n° 355, III, 245.

risée par l'ordonnance de saisie-contrefaçon. Lorsque tel n'est pas le cas, les explications données précédemment au sujet des experts doivent s'appliquer mutatis mutandis. En d'autres termes, la présence de tiers non autorisés n'entraînera l'annulation de la saisie que si un grief peut être invoqué par le saisi.

132.56 **Le saisissant peut-il participer aux opérations de saisie-contrefaçon ?** Il a été indiqué précédemment (v. s^s n° 122.66) que si la présence du requérant ou de l'un de ses proches ou salariés a autrefois été autorisée ou tolérée [1], la jurisprudence a évolué vers plus de rigueur et, pour respecter le principe du droit à un procès équitable et le secret des affaires, a fini par interdire la présence et la participation du saisissant, de ses proches ou salariés, lors des opérations de saisie-contrefaçon. Ainsi, le 8 juillet 2008, la Cour de cassation a décidé que « *ni le requérant, ni ses préposés, ne sont au nombre des personnes pouvant assister aux opérations de saisie-contrefaçon, peu important que le juge de la requête leur en ait donné l'autorisation* ».[2] Le saisissant, et ceux qui lui sont ainsi liés, auraient tort d'imaginer pouvoir contourner cette interdiction en dissimulant leur véritable identité lors des opérations de saisie. La jurisprudence a eu à connaître du cas d'un représentant légal des sociétés saisissantes qui s'était mensongèrement fait passer pour un conseil en propriété industrielle afin d'assister et de participer à l'accomplissement des opérations de saisie-contrefaçon dans les locaux d'une société concurrente. Une telle fraude a non seulement emporté la nullité de la saisie-contrefaçon mais également valu à son auteur une condamnation pénale (six mois d'emprisonnement avec sursis et 15 000 euros d'amende, outre 30 000 euros en réparation du préjudice des parties civiles) pour usage, sans droit, d'un titre attaché à une profession réglementée par l'autorité publique ou d'une qualité dont les conditions d'attribution sont fixées par l'autorité publique, fait prévu et réprimé par l'article 433-17 du code pénal [3].

132.57 **Le défaut d'autorisation est un vice de forme.** La jurisprudence dominante considère cette irrégularité comme un vice de forme, impliquant la démonstration d'un grief [4]. D'autres décisions ont annulé la saisie sans caractériser de grief [5].

§ 2. Personne saisie et lieu de la saisie-contrefaçon

132.61 **Lieu de la saisie.** La saisie est nulle si elle n'est pas pratiquée dans les locaux visés par l'ordonnance [6]. Lorsque l'ordonnance est libellée de façon plus large et autorise la saisie dans un certain territoire, celle-ci n'encourt la nullité que si elle est réalisée hors du territoire indiqué [7]. Une certaine souplesse est cependant nécessaire pour ne pas paralyser les opérations. Ainsi, une saisie-contrefaçon est valable lorsqu'elle se déroule dans les lieux visés par l'ordonnance, même si ceux-ci ne sont pas l'entière propriété de la personne visée à l'ordonnance [8]. De même, lorsque l'ordonnance autorise la saisie chez une personne identifiée « *ou dans les locaux dans lesquels les opérations révéleraient des actes de contrefaçon* », la poursuite de la saisie en de tels lieux est valable [9]. Enfin, une erreur matérielle s'étant manifestement glissée dans l'ordonnance au sujet de l'adresse où la saisie devait être faite, la saisie bien qu'effectuée à une adresse voisine est valable [10].

132.62 **La personne saisie.** La saisie est nulle si elle est opérée à l'encontre d'une personne non désignée dans l'ordonnance [11]. Cette jurisprudence témoigne d'une certaine sévérité puisque dans un cas particulier les saisies avaient été réalisées à l'encontre de sociétés portant des dénominations sociales très proches des sociétés à l'encontre desquelles les saisies avaient été autorisées et ce « *quelles qu'aient été les apparences qui ont pu tromper la saisissante* ». Une saisie a également été annulée pour avoir été pratiquée à l'encontre d'une personne physique et non à l'encontre de la personne morale, du même nom et située à la même adresse, seule visée dans l'ordonnance [12]. Cette décision a d'ailleurs considéré qu'il s'agissait d'une irrégula-

1. TGI Paris, 15 févr. 1991, *PIBD* 1991, n° 505, III, 478 – Paris, 4e ch., 14 mars 1991, *RD propr. ind.* 1991, n° 34, 20; *PIBD* 1991, n° 506, III, 500 – confirmant TGI Paris, 3e ch., 16 janv. 1989, *PIBD* 1989, n° 454, III, 220 – TGI Paris, 3e ch., 8 juill. 1992, *PIBD* 1992, n° 534, III, 643.
2. Com. 8 juill. 2008, n° 07-15.075, *Bull. civ.* IV, n° 142, *PIBD* 2008, n° 882, III, 559; *Propr. industr.* 2010, comm. 27, note P. Vigand.
3. Dans la même affaire, TGI Vienne, 27 mars 2007, RG n° 351/07; Grenoble, 1re ch. corr., 3 juin 2008, RG n° 527; Crim. 1er juill. 2009, n° 08-87.111, NP.
4. Paris, 13 avr. 1983, *PIBD* 1983, n° 328, III, 177 – Paris, 18 avr. 1984, *PIBD* 1984, n° 355, III, 245.
5. Paris, 4^e ch., 13 mars 1996, *PIBD* 1996, n° 612, III, 305.
6. Paris, 29 oct. 1984, *PIBD* 1985, n° 375, III, 256.
7. Besançon, 25 mai 1977, *PIBD* 1979, n° 242, III, 297.
8. Civ. 2e, 29 mai 1991, n° 90-10.711, NP, *RD propr. int.* 1993, n° 50, 30.
9. TGI Paris, 2 nov. 1994, *PIBD* 1995, n° 583, III, 107.
10. Com. 14 mai 1991, n° 89-19.066, NP.
11. TGI Paris, 7 oct. 1974, *Dossiers Brevets* 1975, II, 4 – Paris, 25 févr. 1992, *Ann. propr. ind.* 1992. 178 – TGI Paris, 21 janv. 1994, *RD propr. int.* 1994, n° 56, 37 – Paris, 4e ch., sect. A, 28 mars 2007, RG n° 06/08645, *Jurinpi* D20070032; *JurisData* n° 2007-332764; *Propr. intell.* oct. 2007, p. 479, obs. de Haas.
12. Paris, 7 mai 1996, *PIBD* 1996, n° 617, III, 454.

rité de fond. En pratique, une certaine souplesse est nécessaire, lorsqu'il est difficile pour le requérant de connaître l'identité exacte de la personne saisie. Il en va notamment ainsi lorsque plusieurs sociétés apparentées exercent une activité similaire en un lieu identique. Compte tenu de la jurisprudence précitée, le requérant devra prendre toute précaution pour libeller sa requête de manière aussi large que possible, pour permettre à l'huissier d'instrumenter à l'encontre de « *toute société exerçant à telle adresse et à telle enseigne* ».

§ 3. Actes de contrefaçon allégués

132.71 Les investigations doivent se limiter à la contrefaçon du droit invoqué. L'huissier ne saurait rechercher, ni même constater, la preuve de la contrefaçon de titres autres que ceux visés dans l'ordonnance de saisie-contrefaçon[1]. Il doit scrupuleusement accomplir sa mission telle qu'elle lui a été dictée par l'ordonnance et ne doit accomplir que des actes utiles à la preuve de la contrefaçon du droit invoqué au fondement de l'ordonnance. Peu importe que le requérant soit titulaire d'autres titres de propriété industrielle que ceux visés dans l'ordonnance.

En revanche, comme l'a décidé la cour d'appel de Paris, le 13 novembre 2009, une fois la saisie-contrefaçon régulièrement autorisée sur le fondement d'un titre de propriété industrielle et scrupuleusement réalisée en considération de ce titre de propriété industrielle, le procès-verbal de saisie-contrefaçon constitue un moyen de preuve de faits qui peuvent s'avérer aussi utiles à faire la preuve de la contrefaçon d'un autre titre de propriété industrielle[2]. Dans une telle hypothèse, sans qu'il y ait contradiction avec le principe sus-énoncé, le procès-verbal de saisie-contrefaçon établi sur le fondement d'un titre de propriété industrielle pourra aussi faire la preuve de la contrefaçon d'un autre titre de propriété industrielle.

L'huissier également peut accomplir tous les actes qui sont nécessaires à la constatation de la contrefaçon, même s'ils ne portent pas en eux-mêmes strictement et directement sur la contrefaçon visée par l'ordonnance. Ainsi, le tribunal de grande instance de Paris a refusé d'annuler la saisie-contrefaçon dont certains clichés photographiques démontraient la contrefaçon des revendications 3, 4 et 7 du brevet revendiqué alors que l'ordonnance avait visé la contrefaçon des revendications 8 et 9 du brevet car la dépendance existant entre ces revendications faisait que la preuve de la contrefaçon des revendications 8 et 9 imposait la preuve de la contrefaçon des revendications 1 à 7 : « *s'il est constant que l'huissier procédant à une opération de saisie-contrefaçon ne doit pas dépasser les limites posées par l'ordonnance judiciaire l'ayant autorisé pour ce faire, et cela à peine de nullité, il ressort qu'en l'espèce la limitation posée quant aux revendications arguées de contrefaçon était sans portée sur le pouvoir de l'huissier de réaliser des clichés photographiques, la dépendance de ces revendications 8 et 9 avec les revendications 1 à 7 imposant pour être contrefaites la preuve de la reproduction des caractéristiques de l'une quelconque de ces sept premières revendications* »[3].

1. TGI Paris, 22 oct. 1975, *PIBD* 1976, n° 171, III, 250 – TGI Paris, 20 mars 1980, *PIBD* 1980, n° 264, III, 167 – TGI Paris, 28 nov. 1986, *PIBD* 1987, n° 409, III, 132 – Paris, 4e ch. A, 23 sept. 1998, *PIBD* 1998, n° 666, III, 587 – Paris, 4e ch., sect. A, 27 juin 2007, RG n° 06/04072, *Jurinpi* B20070090.
2. Paris, pôle 5, ch. 2, 13 nov. 2009, RG n° 07/13890, *Jurinpi* B20090192.

SECTION 2 Modalités pratiques d'exécution de la saisie-contrefaçon

132.81 Division. Il convient de rappeler que la saisie-contrefaçon doit être réalisée avec probité (sous-section 1) avant d'indiquer les modalités pratiques d'une saisie-description (sous-section 2) et d'une saisie réelle (sous-section 3).

SOUS-SECTION 1 La saisie-contrefaçon doit être réalisée avec probité

132.91 L'huissier doit constater les actes de contrefaçon. L'huissier a pour principale mission de collecter des informations nécessaires à la preuve de la contrefaçon. C'est à cette tâche qu'il doit essentiellement s'atteler et il ne saurait donc lui être reproché de ne pas « *instruire tant à décharge qu'à charge* »[4]. Les différents textes du code de la propriété intellectuelle relatifs à la saisie-contrefaçon obligent l'huissier instrumentaire à procéder soit à une description détaillée soit à une saisie réelle des objets prétendus contrefaisants. Celui-ci ne peut donc pas se contenter d'enregistrer les déclarations équivoques du saisi[5], notamment

3. TGI Paris, 3e ch., 3e sect., ord. JME, 4 avr. 2007, RG n° 06/17811, *Jurinpi* B20070058.
4. Nancy, 13 sept. 1988, *Dossiers Brevets* 1989, IV, 2 ; *RD propr. ind.* 1989, n° 21, 61.
5. TGI Paris, 3e ch., 2e sect., 12 oct. 2001, RG n° 99/21442, *RD propr. int.* 2002, n° 136, p. 34.

lorsque la saisie est par ailleurs infructueuse[1]. En revanche, l'huissier n'a pas l'obligation de procéder à toutes les opérations autorisées[2].

132.92 L'huissier peut poser toutes questions utiles à l'accomplissement de sa mission. Quel que soit le contenu de l'ordonnance, l'huissier est en droit de poser les questions nécessaires à l'accomplissement de sa mission. C'est notamment ce qui a été jugé dans une affaire où les mentions relatives aux questions devant être posées par l'huissier de justice avaient été supprimées de l'ordonnance par le magistrat. La cour d'appel de Paris a, en effet, estimé que « *l'ordonnance prescrivant d'effectuer toutes recherches et constatations utiles, il est vain de croire que le juge qui avait autorisé la saisie ait entendu réduire l'huissier au silence* »[3]. Il semble également plus prudent que l'huissier prenne bien soin d'adopter un mode de rédaction relatant les questions qu'il a posé pour obtenir déclarations et interventions des personnes présentes sur les lieux de la saisie[4]. D'autres décisions confèrent cependant moins de pouvoirs à l'huissier instrumentaire et à l'expert qui l'accompagne[5].

132.93 Mais l'huissier ne doit pas transformer la saisie-contrefaçon en enquête. Un arrêt de la cour d'appel de Paris du 16 février 2007 a souligné que l'huissier pouvait poser des questions « *nécessaires à l'accomplissement de sa mission* », c'est-à-dire nécessaires à la réalisation de la saisie réelle ou de la saisie descriptive[6]. Mais l'huissier ne peut pas poser des questions que n'imposent pas les nécessités de la réalisation de la saisie-contrefaçon sans outrepasser les termes de sa mission, le procès-verbal de saisie-contrefaçon étant affecté d'une nullité partielle grevant les seules constatations réalisées grâce aux questions indues. En l'espèce, ce n'était pas tant le nombre de questions posées (vingt-quatre) que le fait que l'ordonnance n'avait pas donné à l'huissier mission d'enquêter sur le procédé, qui a posé problème. Réciproquement, un autre arrêt de la cour d'appel de Paris du 7 novembre 2007[7] fournit un exemple positif d'un cas où l'interpellation, à laquelle l'huissier avait procédé, a été jugée justifiée par les nécessités de la réalisation de la mission que lui a confié l'ordonnance[8] : si l'huissier avait interrogé les employés de la société, c'était précisément « *afin de se voir remettre des documents comptables permettant d'apprécier la masse contrefaisante* » alors que l'ordonnance de saisie-contrefaçon avait expressément habilité l'huissier a effectué « *toutes recherches et constatations utiles afin de découvrir l'origine et l'étendue de la contrefaçon invoquée* » et qu'il était ainsi « *compétent pour exercer toute investigation utile pour connaître le nombre d'exemplaires contrefaisant commercialisés par la société H & M* ». Un arrêt de la cour d'appel d'Orléans du 29 janvier 2009 fournit encore un autre exemple d'une interpellation justifiée « *au regard des nécessités de l'accomplissement de sa mission* »[9]. En l'espèce, l'huissier qui devait constater qu'une montgolfière contrefaisait la marque complexe enregistrée, avait d'abord bien pris soin de procéder à la description de la nacelle et du ballon (*cf.* le paragraphe ci-dessous), tel que ce dernier apparaissait alors qu'il était rangé dans un sac, avant de relater qu'il lui était impossible de le déplier en raison de son poids, et avait alors, en fait d'interrogations, présenté au gérant de la société saisie des clichés de cette montgolfière en vol qu'il avait lui-même pris quelques jours auparavant dans le cadre d'un procès-verbal de constat et recueilli de ce dernier l'indication qu'il s'agissait du même engin. La cour d'appel a jugé que cette façon de procéder était licite, au regard des nécessités de l'accomplissement de sa mission d'identifier la montgolfière, qu'elle était exempte de toute déloyauté, les documents présentés à l'huissier tels carnet de route et certificat d'assurance ayant d'ailleurs déjà révélé que l'appareil présent dans l'entreprise était bien cette montgolfière, « *de sorte que le propos recueilli ne constituait que la confirmation d'une vérité d'évidence évitant une lourde opération de dépliage du ballon* ».

En revanche, lorsqu'aucune saisie réelle ou saisie descriptive n'a pu être réalisée, c'est-à-dire lorsque la saisie-contrefaçon n'a pu se réaliser faute d'éléments matériels établissant la contrefaçon, l'huissier peut recueillir les déclarations faites par le saisi en réponse aux interpellations strictement néces-

1. Paris, 4e ch. A, 7 oct. 1998, *JCP E* 1999. I. 1631; *PIBD* 1999, n° 667, III, 16; *RD propr. int.* 1999, n° 97, p. 44.
2. TGI Paris, 13 juill. 1988, *PIBD* 1988, n° 446, III, 583 – TGI Paris, 3e ch., 2e sect., 11 mars 2005, *PIBD* 2005, n° 816, III, 570.
3. Paris, 15 janv. 1997, *PIBD* 1997, n° 639, III, 517 – DANS LE MÊME SENS, TGI Paris, 3e ch., 2e sect., 7 févr. 2003, RG n° 00/01594, *Jurinpi* B20030035.
4. TGI Paris, 3e ch., 3e sect., 3 mars 2010, RG n° 09/00788 – TGI Paris, 3e ch., 1re sect., 9 mars 2010, RG n° 08/05791, *Jurinpi* B20100069, *PIBD* 2010, n° 920, III, 385.
5. Paris, 4 nov. 1992, *PIBD* 1993, n° 538, III, 111.
6. Paris, 4e ch., sect. B, 16 févr. 2007, *PIBD* 2007, n° 850, III, 265; *Propr. intell.* oct. 2007, p. 480, obs. de Haas – qui confirme TGI Paris, 3e ch., 3e sect., 12 juill. 2006, *PIBD* 2006, n° 840, III, 726 – V. déjà TGI Paris, 3e ch., 3e sect., 17 févr. 2004, *PIBD* 2004, n° 787, III, 323.
7. Paris, 4e ch., sect. A, 7 nov. 2007, RG n° 07/01713, *Jurinpi* D20070127, *Propr. intell.* oct. 2008, p. 451, obs. de Haas.
8. ÉGALt : Toulouse, 2e ch., 1re sect., 26 janv. 2011, RG n° 2009/00799, *Jurinpi* B20110005; *PIBD* 2011, n° 937, III, 240.
9. Orléans, ch. com., 29 janv. 2009, RG 2008/00454, *PIBD* 2009, n° 894, III, 964; *Jurinpi* M20090103; *Propr. intell.* oct. 2010, p. 991, obs. Sabatier.

saires à l'exécution de l'ordonnance[1]. Mais il ne doit pas transformer la saisie-contrefaçon en interrogatoire. La saisie-contrefaçon est une procédure exceptionnelle permettant au titulaire d'un droit de pénétrer chez autrui mais qui ne confère pas à l'huissier ou aux personnes qui l'accompagnent un pouvoir d'enquête[2]. Il a ainsi été jugé que, en l'absence de toute preuve matérielle de la contrefaçon, l'huissier ne pouvait consigner les déclarations du saisi : admettre le contraire reviendrait à permettre à quiconque souhaitant faire entendre une personne suspectée de commettre des actes de contrefaçon de recueillir ses déclarations, voire ses aveux, en soutenant de mauvaise foi qu'elle détient des objets contrefaisants[3]. Une telle irrégularité serait une irrégularité de fond[4].

132.94 L'huissier peut recueillir des explications du personnel du saisi. Dans le cadre de la recherche d'informations, l'huissier de justice peut recueillir les observations du personnel du saisi[5]. Il n'est pas tenu de vérifier la compétence de la personne qui lui donne les explications[6].

132.95 Apport de pièces. Il est essentiel de respecter l'ordonnance telle qu'elle a été rédigée. Ainsi, il a été jugé à plusieurs reprises que l'huissier n'était pas en droit, à défaut d'autorisation dans l'ordonnance, d'apporter une pièce étrangère à la saisie destinée à provoquer des déclarations qu'il n'aurait pas obtenues spontanément du saisi et de son personnel[7]. Et la première chambre civile de la Cour de cassation dans un arrêt du 2 avril 2009 a précisé qu'il est nécessaire que l'ordonnance ait expressément et précisément autorisé l'huissier à produire certaines pièces pendant les opérations de saisie-contrefaçon, et qu'il ne suffisait pas, comme l'avait décidé l'arrêt d'appel censuré, que l'ordonnance ait simplement « *visé* » les pièces produites, en l'occurrence la paire de boucle d'oreille prétendument contrefaisante ainsi que le modèle original[8]. Cette solution a également été confirmée à plusieurs reprises par la chambre commerciale de la Cour de cassation[9]. Il convient donc de veiller particulièrement, dans les cas où il n'est pas certain que l'huissier trouvera sur place des objets contrefaisants, par exemple dans le cas d'articles saisonniers ou qui sont épuisés, à obtenir spécialement du juge l'autorisation de produire telle ou telle pièce lors des opérations de saisie-contrefaçon[10]. Un jugement du tribunal de grande instance de Paris du 27 janvier 2011 donne l'exemple d'une telle saisie-contrefaçon réalisée après présentation d'une pièce apportée

1. Paris, pôle 5, ch. 2, 6 nov. 2009, RG n° 08/21238, *Jurinpi* D20090142; *PIBD* 2010, n° 913, III, 158; *Propr. intell.* oct. 2010, p. 1014, obs. de Candé.
2. TGI Paris, 3e ch., 1re sect., 23 sept. 2003, RG n° 01/15750, *Jurinpi* D20030245 – Paris, 4e ch., sect. A, 15 déc. 2004, RG n° 03/10092, *PIBD* 2005, n° 804, III, 162.
3. Paris, 4e ch. A, 7 oct. 1998, *JCP E* 1999. I. 1631; *PIBD* 1999, n° 667, III, 16; *RD propr. int.* 1999, n° 97, p. 44 – TGI Paris, 3e ch., 19 oct. 2001, *PIBD* 2002, n° 737, III, 123 – même affaire, Paris, 4e ch., sect. B, 24 févr. 2006, *PIBD* 2006, n° 829, III, 332; *RTD com.* 2007. 75, chron. Galloux; *Propr. intell.* oct. 2007, p. 480, obs. de Haas – TGI Paris, 3e ch., 1re sect., 23 oct. 2007, *PIBD* 2008, n° 866, III, 32 – Paris, 4e ch., sect. B, 30 mars 2007, RG n° 05/12257, *Jurinpi* D20070054; *JurisData* n° 2007-333029; *Propr. intell.* oct. 2007, p. 480, obs. de Haas.
4. Paris, 3e ch., 1re sect., 23 oct. 2007, *PIBD* 2008, n° 866, III, 32 – TGI Strasbourg, 1re ch., 8 juin 2009, RG n° 06/07439, *Jurinpi* B20090082.
5. TGI Paris, 3e ch., 1re sect., 27 janv. 2009, RG n° 2008/15962, *PIBD* 2009, n° 897, III, 1110.
6. TGI Paris, 7 mai 1997, *PIBD* 1997, n° 639, III, 500.
7. Paris, 4 nov. 1992, *PIBD* 1993, n° 538, III, 111 – TGI Paris, 3e ch., 1re sect., 28 juin 2000, *RD propr. int.* 2002, n° 134, p. 9 – TGI Paris, 3e ch., 2e sect., 30 mai 2003, *PIBD* 2003, n° 775, III, 571; *RTD com.* 2004. 305, chron. Galloux – Paris, 4e ch., sect. A, 25 mai 2005, RG n° 04/04748, *PIBD* 2005, n° 814, III, 485, ce fait n'a néanmoins pas vicié le procès-verbal dans son ensemble, seul l'objet apporté et les déclarations provoquées grâce à lui ont été écartées, la description des bouchons saisis sur place conservant en revanche toute sa portée – Paris, 4e ch., sect. A, 5 avr. 2006, RG n° 05/10728, *PIBD* 2006, n° 832, III, 420; *D.* 2007. 342, note J. Raynard – TGI Paris, 3e ch., 2e sect., 21 déc. 2007, *Jurinpi* D20070140, cité par X. Buffet Delmas d'Autane et L. Morelli, « De quelques évolutions importantes en matière de preuve de la contrefaçon », *Propr. industr.* nov. 2008, étude n° 24, p. 11 s. – Paris, 4e ch., sect. B, 28 nov. 2008, RG n° 07/08497, *PIBD* 2009, n° 891, III, 872, *Jurinpi* D20080165 – TGI Paris, 3e ch., 4e sect., 10 juin 2010, RG n° 09/09853; *JurisData* n° 2010-028661 – Paris, pôle 5, ch. 2, 28 janv. 2011, RG n° 09/13170 – Paris, pôle 5, ch. 1, 16 févr. 2011, RG n° 08/15900, *Jurinpi* D20110023.
8. Civ. 1re, 2 avr. 2009, n° 08-10.656, *Bull. civ.* I, n° 73; *Jurinpi* D20090028, *PIBD* 2009, n° 896, III, 1077; *Propr. intell.* oct. 2009, p. 400, obs. de Haas.
9. Com. 7 juill. 2009, n° 08-18.598, *Bull. civ.* IV, n° 103; *Jurinpi* D20090083; *JurisData* n° 2009-049107; *PIBD* 2009, n° 904, III, 1418 – Com. 29 sept. 2009, n° 08-20.486, NP, *Jurinpi* D20090114; *PIBD* 2010, n° 910, III, 76, cassation de l'arrêt d'appel pour défaut de réponse aux conclusions selon lesquelles l'huissier n'avait pas le pouvoir d'apporter sur les lieux de la saisie le modèle 28103, qui n'avait pas été trouvé sur place, ainsi qu'il reconnaissait l'avoir fait; et la cour d'appel de renvoi a effectivement annulé le procès-verbal de saisie-contrefaçon au motif que l'huissier avait apporté sur place un modèle de sac pour recueillir les observations du vendeur alors que l'ordonnance ne l'y autorisait pas, Paris, pôle 5, ch. 2, 4 févr. 2011, RG n° 09/22712 – Com. 29 juin 2010, n° 09-67.722, NP, *Jurinpi* M20100364, *PIBD* 2010, n° 925, III, 619, *Propr. intell.* oct. 2010, p. 989, obs. Sabatier.
10. EN CE SENS : B. May et M. Liens, « Saisie-contrefaçon : deux ans de pratique après la loi de lutte contre la contrefaçon », *Propr. industr.* mai 2010, étude 8, spéc. nos 32 à 35.

par l'huissier sur l'autorisation expresse de l'ordonnance[1].

132.96 L'huissier ne peut refuser de retranscrire les contestations du saisi. Lorsque le saisi souhaite formuler des explications sur la contrefaçon alléguée, l'huissier doit les consigner.

132.97 La provocation de la contrefaçon. Il est courant de dire que la victime d'une prétendue contrefaçon ne doit pas provoquer elle-même la commission de la contrefaçon. Cette règle ne concerne toutefois que les cas où la soi-disant victime aurait commandité de toutes pièces la contrefaçon. Tel n'est pas le cas lorsque la victime se borne à s'assurer de la présence de la contrefaçon dans un lieu où il est possible de la constater. Il a ainsi été jugé que la saisie par huissier, auprès d'un commerçant, d'un objet portant illicitement une marque est valable, quand bien même cet objet avait été commandé préalablement à la saisie par le conseil du saisissant[2].

SOUS-SECTION 2
DESCRIPTION

132.101 La description des objets saisis par l'huissier et les constatations de l'homme de l'art. L'huissier doit en principe procéder lui-même à la description de l'objet argué de contrefaçon et, s'il peut y être aidé par un expert, il doit toujours veiller à bien faire apparaître l'origine des constatations et séparer ses constatations personnelles de celles de l'expert[3].

Lorsque l'objet argué de contrefaçon n'est pas techniquement complexe, certains juges sont particulièrement exigeants puisqu'ils refusent que l'huissier se contente de transcrire les constatations faites par l'expert, au motif que, dans une telle hypothèse, retranscrire les seules constatations de l'expert, sans constater soi-même, révèle une interversion des rôles. L'huissier aurait laissé l'expert prendre le pas dans la conduite des opérations de saisie-contrefaçon et n'aurait pas respecté la mission qui lui avait été confiée par l'ordonnance. Ainsi, il a été jugé que les produits ne présentant pas de technicité particulière rendant la tâche de l'huissier particulièrement délicate, le procès-verbal de saisie devait être déclaré nul lorsque l'huissier se contentait de reprendre les constatations de l'homme de l'art qui l'assistait, sans transcrire ses constatations personnelles[4].

Lorsque, en revanche, l'objet argué de contrefaçon est d'une technicité complexe, il n'est pas interdit à l'huissier de transcrire intégralement la description faite par l'homme de l'art qui l'assiste dès lors qu'il prend soin de distinguer, dans son procès-verbal, ses constatations personnelles des explications de l'expert[5]. La cour d'appel de Paris, dans un arrêt du 28 septembre 2007, a précisé que, si l'huissier n'a pas fait la distinction entre ses propres constatations et celles des personnes présentes lors de la saisie-contrefaçon, le procès-verbal de saisie est entaché d'une nullité de forme[6]. Une décision du tribunal de grande instance de Paris avait déjà estimé que cette irrégularité entraînait la nullité car elle causait un grief incontestable au saisi, en droit de se défendre face aux seules constatations de l'huissier, lequel ne peut justifier *a posteriori* de l'origine de ses déclarations[7]. Toutefois, plus récemment, dans un arrêt du 2 juillet 2008, la

1. TGI Paris, 3e ch., 4e sect., 27 janv. 2011, RG no 2009/15874, *Jurinpi* D20110044, *PIBD* 2011, no 940, III, 370 – également TGI Paris, 3e ch., sect. 4, 9 juin 2011, RG no 10/2722.
2. Paris, 4e ch., 15 avr. 1972, *Ann. propr. ind.* 1974. 295.
3. Paris, pôle 5, ch. 2, 19 mars 2010, RG no 08/14724 – TGI Paris, 3e ch., 4e sect., 20 oct. 2011, RG no 10/03294.
4. TGI Paris, 3e ch., 3e sect., 13 déc. 2006, *PIBD* 2007, no 849, III, 239 – TGI Paris, 3e ch., 1re sect., 30 juin 2009, RG no 07/03182; CONTRA : où l'absence de séparation entre constatations de l'huissier et explications de l'expert a pu être justifiée par la simplicité de la description, TGI Bordeaux, 1re ch., 23 nov. 1999, *PIBD* 2000, no 699, III, 280 – Paris, 4e ch., sect. B, 20 mai 2005, *PIBD* 2005, no 814, III, 493; *RTD com.* 2007. 75, chron. Galloux.
5. Com. 29 mars 1977, *PIBD* 1977, no 200, III, 355; décision de rejet sur Paris, 7 mai 1975, *PIBD* 1976, no 163, III, 47 – TGI Paris, 16 juin 1986, *PIBD* 1986, no 402, III, 430 – TGI Lyon, 24 févr. 1987, *Dossiers Brevets* 1987, II, 10 – TGI Toulouse, 31 oct. 1996, *PIBD* 1997, no 626, III, 90 – Paris, 15 janv. 1997, *PIBD* 1997, no 639, III, 517 – TGI Paris, 3e ch., 1re sect., 20 janv. 1999, *RD propr. int.* 1999, no 96, 39 – Com. 6 avr. 1999, no 97-14.193, *Bull. civ.* IV, no 78, *PIBD* 1999, no 682, III, 343 – Com. 21 mars 2000, no 97-18.914, NP, *PIBD* 2000, no 701, III, 334 – Paris, 1re ch., aud. sol., 13 sept. 2000, *PIBD* 2001, no 720, III, 258 – Paris, 4e ch., sect. A, 15 déc. 2004, RG no 03/10092, *PIBD* 2005, no 804, III, 162 – Paris, 4e ch., sect. B, 28 oct. 2005, *PIBD* 2005, no 821, III, 1; *Propr. intell.* oct. 2006, p. 464, obs. de Haas; *RTD com.* 2007. 75, chron. Galloux – TGI Paris, 3e ch., 2e sect., 7 avr. 2006, RG no 04/07132, *Jurinpi* B20060074 – TGI Paris, 3e ch., 3e sect., 6 déc. 2006, RG no 05/17995, *Jurinpi* B20060210 – TGI Paris, 3e ch., 1re sect., 24 oct. 2007, RG no 01/18185 – TGI Lille, 1re ch., 15 mars 2007, *PIBD* 2007, no 860, III, 597 – Paris, 4e ch., sect. A, 14 mai 2008, RG no 06/22487, *Jurinpi* B20080087 – Paris, pôle 5, ch. 1, 23 sept. 2009, RG no 07/20590, *Jurinpi* B20090144 – Colmar, ch. 1, sect. A, 25 janv. 2011, RG no 08/00004, *JurisData* no 2011-002287 – Bordeaux, ch. 1, sect. A, 24 mars 2011, RG no 09/01784.
6. Paris, 4e ch., sect. B, 28 sept. 2007, RG no 06/04101, *Jurinpi* B20070130.
7. TGI Paris, 3e ch., 1re sect., 15 nov. 2006, RG no 03/17075 – TGI Paris, 3e ch., 1re sect., 5 mai 2009, RG no 2007/06254, *Jurinpi* B20090070; *PIBD* 2009, no 900, III, 1205.

cour d'appel de Paris a, au contraire, qualifié cette insuffisante distinction entre les constatations de l'huissier et celles de l'expert d'« *irrégularité de fond* » et décidé que, « *conformément à l'article 119 du code de procédure civile, la nullité peut être prononcée sans qu'il y ait lieu à justifier d'un grief* » [1]. Comme il se doit, la nullité du procès-verbal n'a été que partielle, n'affectant que les constatations et non pas les photographies prises par l'huissier.

L'absence de séparation entre constatations personnelles de l'huissier et explications de l'expert a encore emporté la nullité du procès-verbal de saisie-contrefaçon lorsque la grande technicité des constatations présupposait des connaissances techniques poussées et révélait que ces constatations avaient été nécessairement réalisées avec le concours des experts [2]. Réciproquement, l'absence de séparation entre constatations de l'huissier et explications de l'expert a pu être justifiée par la simplicité de la description [3]. Il a par ailleurs été admis que le technicien consigne ses constatations techniques dans un rapport au lieu de les dicter à l'huissier [4]. L'hypothèse où les déclarations respectives de l'huissier et de l'expert ne sont pas clairement dissociées, doit être distinguée de celle où l'huissier, bien qu'assisté d'un expert, n'en rapporte aucun propos ou aucune remarque pour la simple raison que ce dernier n'est pas intervenu [5].

De même, l'huissier doit en principe saisir lui-même les documents qu'il juge utiles à la preuve de la contrefaçon; toutefois il a été admis qu'il confie temporairement les documents saisis à l'homme de l'art qui l'accompagne, dès lors que les opérations effectuées par celui-ci hors la surveillance de l'huissier étaient demeurées intégralement contrôlables par comparaison, en cas de besoin, à l'enveloppe identiquement composée et scellée que l'huissier avait conservée dans son coffre [6].

Il a également été précisé que la mission de description détaillée confiée à l'huissier l'autorisait à démonter les cartouches d'encre saisies pour faire état de ses constatations, et même si, par ailleurs, la mission de l'huissier s'étendait également au dépôt de ces cartouches auprès d'un centre technique qui après leur démontage en réaliserait également la description [7].

Il a également été jugé que l'absence de description physique de l'objet prétendu contrefaisant réalisée par l'huissier pouvait être palliée par les photographies prises par le photographe assistant l'huissier [8].

132.102 Force probante de la description et erreur de description. Les constatations effectuées personnellement par l'huissier de justice, valent jusqu'à inscription de faux (v. s[s] n°s 152.41 s.) [9]. Il n'en va pas de même de celles qui lui ont été dictées par l'homme de l'art, sans que l'huissier ait pu les vérifier [10]. Il convient donc d'engager la procédure d'inscription de faux lorsque l'huissier prétend décrire des objets qui, en réalité ne lui avaient pas été remis [11]. De même, lorsque des erreurs sont relevées dans la description de l'huissier, le saisi doit engager une procédure d'inscription de faux. Dans un tel cas, les tribunaux peuvent identifier les erreurs commises par l'huissier et les déclarer retirées du procès-verbal. Une telle procédure a été mise en œuvre par le tribunal de grande instance de Paris dans une affaire où il a été « *reproché à l'huissier d'avoir repris les revendications du brevet, et ce, sous la dictée d'un tiers, au lieu de procéder à des constatations personnelles, et d'avoir omis de signaler l'intervention du tiers* ». Le tribunal a précisé que « *en soi, la circonstance que l'huissier se fasse assister d'un homme de l'art qui le guide quant aux constatations utiles à opérer, et l'utilisation d'une terminologie identique à celle du brevet, ne sont pas stigmatisables et se justifient par le caractère technique des opérations. En revanche, et pour que les constatations de l'huissier revêtent la force probante attachée à l'acte authentique, il est impératif que l'huissier ait personnellement vérifié ce que l'homme de l'art lui a désigné* » [12]. De même, des constatations qui n'avaient matérielle-

1. Paris, 4e ch., sect. A, 2 juill. 2008, RG n° 07/06442, *Jurinpi* B20080123 – Douai, ch. 1, sect. 2, 25 févr. 2010, RG n° 08/08777.
2. TGI Paris, 3e ch., 2e sect., 6 juill. 2007, *PIBD* 2007, n° 861, III, 627 – TGI Paris, 3e ch., 1re sect., 5 mai 2009, RG n° 2007/06254, *Jurinpi* B20090070; *PIBD* 2009, n° 900, III, 1205.
3. TGI Bordeaux, 1re ch., 23 nov. 1999, *PIBD* 2000, n° 699, III, 280 – Paris, 4e ch., sect. B, 20 mai 2005, *PIBD* 2005, n° 814, III, 493; *RTD com.* 2007. 75, chron. Galloux – TGI Paris, 3[e] ch., 3[e] sect., 30 sept. 2009, RG n° 07/16857, *Jurinpi* B20090157, *PIBD* 2010, n° 909, III, 14 – TGI Paris, 3[e] ch., 3[e] sect., 3 mars 2010, RG n° 09/00788.
4. Paris, 14 mars 1991, *PIBD* 1991, n° 506, III, 500; *RD propr. ind.* 1991, n° 34, 20.
5. TGI Paris, 3e ch., 2e sect., 15 juin 2006, *PIBD* 2006, n° 839, III, 694.
6. Com. 19 nov. 2002, n° 00-15.203, NP, *PIBD* 2003, n° 761, III, 173; *Propr. industr.* 2003, comm. n° 66, note J. Raynard.
7. TGI Paris, 3e ch., 2e sect., 17 sept. 2004, *PIBD* 2005, n° 799, III, 7 – ÉGAL[t] : Paris, pôle 5, ch. 2, 17 juin 2011, RG n° 09/09418, dans l'hypothèse où l'ordonnance confiait à l'huissier la mission de décrire un objet après son démontage, l'absence de description de l'opération de démontage était sans incidence sur la validité des opérations.
8. TGI Paris, 3e ch., 1re sect., 24 oct. 2007, RG n° 01/18185.
9. TGI Paris, 3e ch., 1re sect., 20 juill. 2006, RG n° 03/04303, *Jurinpi* B20060156.
10. Paris, 1er juill. 1977, *PIBD* 1978, n° 213, III, 187.
11. Nancy, 12 mars 1991, *RD propr. ind.* 1991, n° 34, 30.
12. TGI Paris, 22 nov. 1996, *PIBD* 1997, n° 628, III, 137 – TGI Paris, 3e ch., 2e sect., 13 mars 1998, *RD propr. int.* 1998, n° 85, 29.

ment pas pu être opérées par l'huissier peuvent être retirées du procès-verbal de saisie-contrefaçon[1]. En revanche, de simples erreurs matérielles dans les libellés d'étiquettes de scellés ne justifient pas une inscription de faux[2].

132.103 Informations comptables. Depuis la réforme du 29 octobre 2007, tous les articles relatifs à la saisie-contrefaçon en matière de propriété industrielle (CPI, art. L. 615-5, art. L. 521-4, art. L. 622-7, art. L. 623-27-1, art. L. 716-7, art. L. 722-4) autorisent désormais expressément la saisie ou la description de tout document se « *rapportant* » à la contrefaçon, formule suffisamment générale pour englober les documents porteurs d'informations comptables. En outre, le décret n° 2008-624 du 27 juin 2008 a repris et également généralisé à la saisie-contrefaçon en matière de propriété industrielle (CPI, art. R. 521-2, R. 615-2, R. 622-6 qui renvoie à R. 615-2, R. 623-51, R. 716-2, R. 722-2), la formule auparavant réservée aux seuls brevets (ancien art. L. 615-5), selon laquelle le président du tribunal « *peut autoriser l'huissier à procéder à toute constatation utile en vue d'établir l'origine, la consistance et l'étendue de la contrefaçon* », dont la jurisprudence s'était inspirée pour admettre la possibilité pour l'huissier, accompagné ou non d'un expert-comptable, de rechercher des informations comptables du saisi[3]. Dans l'ensemble de ces décisions, les tribunaux se sont attachés à constater que les huissiers n'avaient pas commis d'abus lors d'opérations de recherches comptables (sur l'ensemble de la question v. s^s n°s 122.101 s.).

132.104 Nombre d'échantillons pouvant être prélevés. Le prélèvement d'échantillons ne remet pas en cause le caractère descriptif de la saisie (v. s^s n° 122.81), néanmoins ce prélèvement doit naturellement se faire dans les limites fixées par l'ordonnance. Ce principe doit être interprété avec la souplesse nécessaire à la pleine efficacité de la saisie. Il a ainsi été jugé que l'huissier autorisé à saisir deux exemplaires des produits contrefaisants pouvait valablement saisir deux exemplaires de chacun des modèles de produits contrefaisants trouvés sur les lieux[4]. Au surplus, il a été jugé que la saisie de trois catalogues commerciaux au lieu de deux est une erreur équivalant à une nullité de forme qui n'emporte pas la nullité du procès-verbal de saisie-contrefaçon dès lors qu'elle n'a causé aucun grief au saisi, ces documents commerciaux étant par nature distribués aux consommateurs[5]. Mais le tribunal de grande instance de Paris a annulé une saisie au motif que « *deux exemplaires des éléments techniques informatiques et juridiques ont été saisis alors que par un rajout manuscrit, le juge des requêtes n'avait autorisé qu'une copie* »[6]. Il faut dire que, dans l'affaire en question, les irrégularités avaient permis la remise d'un jeu de disquettes informatiques à un collaborateur salarié d'une société concurrente qui les avait fait analyser afin d'en étudier le contenu. À l'inverse, l'huissier autorisé à saisir deux exemplaires d'un produit contrefaisant peut valablement n'en saisir qu'un exemplaire[7].

SOUS-SECTION 3

SAISIE RÉELLE

132.111 Définition de la saisie réelle. La saisie réelle consiste en une appréhension matérielle par l'huissier d'objets argués de contrefaçon. La saisie réelle ne nécessite pas de description et elle se distingue ainsi de la « *description détaillée avec prélèvement d'échantillons* » (v. s^s n° 122.91). La question s'est posée de savoir si la photocopie de documents constitue une saisie réelle ou une simple description. Il semble que, dès lors que les documents photocopiés ou photographiés demeurent en possession du saisi, la photocopie ou photographie doit être assimilée à la description et non à une saisie réelle[8]. Cette interprétation est concordante avec l'intention du législateur qui indique en matière de logiciels que la saisie-description « *peut se concrétiser par une copie* » (CPI, art. L. 332-4)[9]. Il n'en demeure pas moins compréhensible que la qualification de saisie réelle ait été retenue dans une affaire où des documents jugés confidentiels avaient été appréhendés et emportés à son étude par l'huissier qui les avaient ensuite photocopiés et conservés plusieurs mois[10] (sur la qualification de la saisie de documents par voie de photocopies v. s^s n° 122.105).

1. TGI Paris, 3e ch., 6 oct. 2000, *PIBD* 2001, n° 713, III, 52 – TGI Paris, 3e ch., 3e sect., 3 mars 2010, RG n° 09/00788.
2. TGI Paris, 3e ch., 3e sect., 28 sept. 2001, RG n° 01/00035, *Jurinpi* B20080123.
3. Paris, 4e ch., 8 juill. 1993, *PIBD* 1993, n° 555, III, 673 – TGI Paris, 3e ch., 30 juin 1994, *PIBD* 1994, n° 576, III, 527 – Aix-en-Provence, 1er déc. 1976, *PIBD* 1977, n° 186, III, 63.
4. Com. 29 mars 1977, *PIBD* 1977, n° 200, III, 355 – Aix-en-Provence, 12 févr. 1999, *RD propr. int.* 1999, n° 98, p. 42.
5. TGI Paris, 3e ch., 1re sect., 30 sept. 2008, RG n° 06/11319, *Jurinpi* B20080135, *PIBD* 2008, n° 885, III, 645.
6. TGI Paris, 8 janv. 1997, *PIBD* n° 634, III, 352 – TGI Toulouse, 12 mars 1998, *PIBD* 1998, n° 656, III, 321.
7. TGI Paris, 3e ch., 18 mai 1999, *PIBD* 2000, n° 690, III, 31 – CONFIRMÉ PAR : Paris, 4e ch., sect. B, 29 mars 2002, *Ann. propr. ind.* 2002, 199.
8. Com. 1er juill. 2003, n° 01-10.807, *Bull. civ.* IV, n° 112, rejetant le pourvoi contre Paris, 4e ch., sect. A, 20 déc. 2000, *PIBD* 2001, n° 718, III, 203.
9. V. Paris, pôle 1, ch. 4, 12 mars 2010, RG n° 09/13381, *JurisData* n° 2010-002301, préc.
10. TGI Paris, 10 mars 1994, *PIBD* 1994, n° 569, III, 349.

132.112 Conditions de la saisie réelle. L'huissier ne peut procéder à une saisie réelle que si une telle mesure a été autorisée[1] et seulement pour les éléments qui ont été visés par l'ordonnance, à moins que des éléments n'aient été remis spontanément par le saisi à l'huissier de justice qui peut alors les annexer au procès-verbal[2]. Dans le cas où seule la saisie-description a été autorisée, l'huissier outrepasserait ses pouvoirs en procédant à une saisie réelle, ne serait-ce qu'en plaçant sous scellés les objets argués de contrefaçon, et la saisie réelle serait alors affectée d'une irrégularité de fond et serait nulle[3]. La Cour de cassation a précisé dans un arrêt du 31 mai 2005 que la saisie réelle d'objets et documents, non conforme à l'ordonnance qui n'avait autorisé qu'une saisie-description « *constituait une voie de fait* »[4]. De même, dans le cas où la pratique d'une saisie réelle est subordonnée à la réalisation d'une condition précise (en l'espèce « *dans le cas où l'accès au système informatique serait protégé par un code d'accès et ne serait pas donné par le cité à l'huissier* »), les objets saisis réellement sans qu'il soit établi que cette condition était réalisée doivent être restitués au saisi[5].

132.113 La description est-elle obligatoire en cas de saisie réelle ? Les différents articles du code de la propriété intellectuelle relatifs à la saisie-contrefaçon sont désormais libellés de manière identique et indiquent tous que l'huissier peut procéder « *soit à la description détaillée avec ou sans prélèvement d'échantillons, soit à la saisie réelle des* » objets prétendus contrefaisants « *ainsi que de tout document s'y rapportant* ». La saisie descriptive et la saisie réelle étant ainsi clairement présentées sous la forme d'une alternative, il est désormais évident qu'une description n'est pas obligatoire en cas de saisie réelle. Cette réforme rend ainsi caduque la jurisprudence[6] qui, sous l'empire du droit antérieur, exigeait la description même en cas de saisie réelle, en s'appuyant sur une lecture exigeante de l'ancienne rédaction des articles du code de la propriété intellectuelle consacrés à la saisie-contrefaçon en matière de dessins et modèles, de brevets et de certificats d'obtention végétale (qui visaient tous « *une description détaillée avec ou sans saisie réelle* »).

Il est d'ailleurs difficile d'imaginer quel grief l'absence de description causerait au saisi et, par conséquent, dans quelles conditions une saisie-contrefaçon pourrait être annulée au motif que l'huissier aurait négligé de décrire de manière détaillée l'objet saisi[7].

132.114 Paiement du prix des objets saisis réellement. Le saisissant doit payer le prix des objets saisis, ou au moins offrir d'en payer le prix, si c'est prévu par l'ordonnance[8]. Dans le silence de l'ordonnance, le saisissant n'est pas tenu de s'acquitter du prix des objets saisis. Il a notamment été jugé que le paiement du prix ne pouvait être imposé au saisissant lorsque le saisi ne l'a pas demandé lors des opérations de saisie[9]. Il a également été jugé que, si l'ordonnance n'exigeait pas un paiement immédiat, ce dernier pouvait être effectué simultanément ou postérieurement à la saisie[10].

SECTION 3
RÉDACTION DU PROCÈS-VERBAL DE SAISIE-CONTREFAÇON

132.121 Division. L'huissier doit rédiger un procès-verbal au cours des opérations de saisie-contrefaçon. Il convient d'examiner successivement la forme du procès-verbal (sous-section 1) et son contenu (sous-section 2).

SOUS-SECTION 1
FORME DU PROCÈS-VERBAL DE SAISIE-CONTREFAÇON

132.131 Le contentieux de la validité des procès-verbaux de saisie-contrefaçon est très développé. Force est de constater l'importance du contentieux de la validité des saisies-contrefaçon. Il s'agit en effet d'un moyen de défense très souvent invoqué dans le cadre des actions en contrefaçon dans le but d'obtenir l'annulation du procès-verbal et, par conséquent, la disparition des éléments de preuve de la contrefaçon. Les huissiers de justice doivent donc être très vigilants lors de la rédaction de ces actes, en raison de l'importance des enjeux. Il en va d'autant plus ainsi qu'une nouvelle saisie-

1. TGI Paris, 1er avr. 1993, *RD propr. int.* 1993, n° 46, 28.
2. TGI Paris, 3e ch., 1re sect., 27 janv. 2009, RG n° 2008/15962, *PIBD* 2009, n° 897, III, 1110.
3. TGI Paris, 3e ch., 19 janv. 1996, *PIBD* 1996, n° 610, III, 262.
4. Com. 31 mai 2005, n° 03-12.162, NP.
5. Com. 23 avr. 2003, n° 01-14.945, NP, *PIBD* 2003, n° 768, III, 362; *Propr. intell.* oct. 2003, p. 413; *RTD com.* 2004. 305, chron. Galloux.
6. TGI Paris, 3e ch., 2e sect., 11 mai 2001, RG n° 99/14493, *PIBD* 2002, n° 736, III, 71 – TGI Paris, 3e ch., 2e sect., 12 oct. 2001, RG n° 99/21442, *RD propr. int.* 2002, n° 136, p. 34 – TGI Strasbourg, 1re ch., 8 juin 2009, RG n° 06/07439, *Jurinpi* B20090082.
7. EN CE SENS DÉJÀ, Paris, 4e ch., sect. B, 10 sept. 2004, RG n° 2001/13732, *PIBD* 2004, n° 797, III, 640.
8. TGI Paris, 3e ch., 3e sect., 21 janv. 2009, *RIPIA* 2009. 38.
9. TGI Lyon, ord. réf., 29 août 1994, *Dossiers Brevets* 1994, III, 5.
10. TGI Paris, 3e ch., 3e sect., 3 mars 2010, RG n° 09/00788.

contrefaçon n'est pas toujours possible car la preuve de la contrefaçon peut avoir disparu.

132.132 Le respect du droit commun. Le procès-verbal de saisie-contrefaçon est un acte d'huissier traditionnel obéissant aux règles du code de procédure civile et notamment l'article 648 qui dispose que : « *Tout acte d'huissier de justice indique, indépendamment des mentions prescrites par ailleurs :*

« *1° sa date*[1];

« *2° a) si le requérant est une personne physique : ses nom, prénoms, profession, domicile, nationalité, date et lieu de naissance;*

« *b) si le requérant est une personne morale : sa forme, sa dénomination, son siège social et l'organe qui la représente légalement*[2]*;*

« *3° les nom, prénoms, demeure et signature de l'huissier de justice;*

« *4° si l'acte doit être signifié, les nom et domicile du destinataire, ou, s'il s'agit d'une personne morale, sa dénomination et son siège social.*

« *Ces mentions sont prescrites à peine de nullité* ».

En revanche, une simple erreur de plume telle que faire figurer sur la page de garde du procès-verbal le titre « *constat* » au lieu de « *procès-verbal de saisie-contrefaçon* » est sans portée sur la validité de l'acte[3].

132.133 L'identité de l'huissier instrumentaire. Un grief souvent invoqué à l'encontre des procès-verbaux de saisie-contrefaçon concerne l'identification de l'huissier instrumentaire ou, plus précisément, le cas où seul le nom de la société civile professionnelle d'huissiers apparaît sur l'acte sans mention de l'identité de l'huissier instrumentaire. Il convient, en effet, de préciser sur ce point que, en application des textes réglementant la profession d'huissier (art. 6, al. 2 de la loi du 27 décembre 1923, relative à la suppléance des huissiers blessés et à la création des clercs assermentés), un procès-verbal de saisie-contrefaçon ne peut être valablement établi que par un huissier et non par un clerc assermenté qui n'est habilité qu'à procéder à des significations. Un important courant jurisprudentiel non exclusivement limité aux procès-verbaux de saisie-contrefaçon tendait à reconnaître la validité de tels procès-verbaux :

– au motif que cette mention n'est pas exigée par l'article 648, 3° du code de procédure civile[4];

– au motif que « *il n'est pas contesté que les opérations ont été diligentées par un officier ministériel dûment mandaté pour ce faire, qu'aucune inscription de faux du procès-verbal n'a été engagée...* »[5];

– au motif que le nom de l'huissier se déduisait de la signature[6];

– au motif que « *si l'article 648 du C. pr. civ. impose, à peine de nullité, mention dans tout acte d'huissier des nom, prénom, demeure et signature de l'huissier, il apparaît que l'omission alléguée est une irrégularité purement formelle, étant acquis par ailleurs que l'acte a bien été signifié par l'un des huissiers associés membres de la SCP agissant dans son ressort territorial et identifiable par son paraphe; aux termes de l'article 114 alinéa 2 du C. pr. civ., la nullité pour vice de forme ne peut être prononcée qu'à charge pour l'adversaire qui l'invoque de prouver le grief que lui cause l'irrégularité même lorsqu'il s'agit d'une nullité substantielle ou d'ordre public* »[7].

Cependant, la Cour de cassation[8] a manifesté plus de sévérité en rejetant un pourvoi contre un arrêt de la cour d'appel de Lyon[9], qui avait annulé un procès-verbal de saisie-contrefaçon mentionnant seulement le nom de l'étude d'huissiers[10]. Cet arrêt de rejet retient que l'omission des nom et prénom de l'huissier instrumentaire ne peut pas être suppléée par l'indication, dans le procès-verbal de saisie-contrefaçon, de ce que l'huissier a décliné ses nom, prénom et qualité et que la Cour n'était pas tenue de vérifier, en se référant à des éléments de comparaison extérieurs à l'acte lui-même, si la signature portée sur l'acte était celle de l'huissier. La Cour de cassation a encore ultérieurement décidé que le procès-verbal de saisie-contrefaçon était nul dès lors que les nom et prénom de l'huissier instrumentaire ne résultaient d'aucune mention du procès-verbal, que ce dernier n'était revêtu que d'une signature illisible, si bien qu'il était impossible de vérifier l'identité de la personne physique l'ayant dressé[11].

1. TGI Paris, 3e ch., 1re sect., 17 déc. 2003, RG n° 2002/09300; *PIBD* 2004, n° 784, III, 214.
2. TGI Paris, 3e ch., 2e sect., 17 sept. 2004, *PIBD* 2005, n° 799, III, 7, l'assignation qui ne mentionne ni la forme sociale de la société, ni l'organe qui la représente légalement est affectée d'une irrégularité de forme qui n'emporte l'annulation de l'acte que si la requérante justifie de l'existence d'un grief, ce qui n'était pas le cas en l'espèce.
3. TGI Lille, 1re ch., 15 mars 2007, *PIBD* 2007, n° 860, III, 597.
4. Paris, 4e ch., 27 juin 1997, *Gaz. Pal.* 1998, Somm. 21.
5. TGI Paris, 3e ch., 30 janv. 1998, *PIBD* 1998. III. 245 – Paris, 14e ch., 16 janv. 1998, *PIBD* 1998. 653, III, 240.
6. TGI Paris, 3e ch., 2e sect., 12 mars 1997, *PIBD* 1997, n° 636, III, 391 – Paris, 14e ch., 16 janv. 1998, *PIBD* 1998, n° 653, III, 240.
7. TGI Paris, 3e ch., 1re sect., 30 sept. 1998, RG n° 96/25285, *PIBD* 1999, n° 673, III, 133.
8. Com. 20 oct. 1998, n° 95-15.804, *Bull. civ.* IV, n° 252, *RD propr. int.* 1999, n° 96, 37; *PIBD* 1999, n° 673, III, 131.
9. Lyon, 4 mai 1995, *Ann. propr. ind.* 1995. 302.
10. En ce sens égalt, Paris, pôle 5, ch. 2, 6 mai 2011, RG n° 10/05357, *Propr. intell.* oct. 2011, p. 440, obs. de Haas.
11. Com. 19 déc. 2006, n° 05-14.431, *Bull. civ.* IV, n° 265, *PIBD* 2007, n° 846, III, 112.

La Cour de cassation a aussi précisé, de manière explicite[1], que l'absence de mention des nom et prénom de l'huissier instrumentaire sur le procès-verbal de saisie-contrefaçon constitue une nullité de forme, ce qui oblige celui qui l'invoque, d'une part, à le faire avant toute défense au fond[2], d'autre part, à justifier d'un grief que lui cause l'irrégularité alléguée[3].

Cette position avait entre-temps été adoptée par les juges du fond[4] malgré quelques divergences[5] condamnées désormais par l'arrêt précité du 23 avril 2003.

SOUS-SECTION 2
CONTENU DU PROCÈS-VERBAL DE SAISIE-CONTREFAÇON

132.141 **Le procès-verbal doit relater le déroulement de la saisie.** Le procès-verbal doit relater les principales étapes de la saisie. L'huissier doit en effet consigner l'ensemble des démarches qu'il a effectuées dans le cadre de ses opérations[6].

132.142 **L'identification des intervenants.** Il est souhaitable que le procès-verbal de saisie-contrefaçon indique clairement l'identité de l'ensemble des personnes qui ont accompagné l'huissier. En effet, à défaut de cette indication, il n'est pas possible de savoir si l'ordonnance a bien été respectée. De même, il ne saurait être toléré que les personnes qui sont entrées avec l'huissier dans les locaux du saisi ne soient pas clairement identifiées. Toutefois, la cour d'appel de Paris a admis que l'omission dans le procès-verbal de la qualité de la personne accompagnant l'huissier puisse être réparée en cours de procédure[7].

132.143 **L'identification des annexes.** La Cour de cassation semble admettre qu'il n'est pas nécessaire que la prise de clichés photographiques soit mentionnée dans le corps du procès-verbal de saisie-contrefaçon s'il est établi par d'autres moyens que les photographies ont été prises lors de la saisie (par exemple par un constat d'huissier[8]).

Il n'est pas non plus nécessaire que la requête et l'ordonnance d'autorisation soient annexées au procès-verbal de saisie[9].

132.144 **La signature du saisi n'est pas nécessaire.** Il n'est pas indispensable à la validité de la saisie-contrefaçon que le procès-verbal soit signé par le saisi[10].

1. Com. 23 avr. 2003, n° 01-12.812, NP, *PIBD* 2003, n° 768, III, 361 qui casse Aix-en-Provence, 23 mars 2001, *PIBD* 2001, n° 724, III, 362.
2. Paris, 4e ch., sect. A, 9 juin 2004, *PIBD* 2004, n° 801, III, 95.
3. PAR EXEMPLE : Paris, pôle 5, ch. 2, 18 juin 2010, RG n° 09/00152, *Propr. intell.* oct. 2010, p. 991, obs. Sabatier – Paris, pôle 5, ch. 2, 6 mai 2011, RG n° 10/05357, *Propr. intell.* oct. 2011, p. 440, obs. de Haas.
4. Paris, 4e ch., sect. A, 28 juin 2000, *Ann. propr. ind.* 2000. 315.
5. TGI Paris, 3e ch., 17 mars 1999, *PIBD* 1999, n° 686, III, 489 – Paris, 4e ch., sect. B, 23 mars 2001, *Concurrence Actualité-Express* n° 328, 5 juill. 2001, p. 8.
6. TGI Paris, 3e ch., 2e sect., 9 déc. 2011, RG n° 09/17643.
7. Paris, 4e ch., sect. A, 1er févr. 2006, *PIBD* 2006, n° 828, III, 298.
8. Com. 6 avr. 1999, n° 97-14.193, *Bull. civ.* IV, n° 78, *PIBD* 1999, n° 682, III, 343.
9. Aix-en-Provence, ch. réunies, 12 févr. 1999, *PIBD* 1999, n° 678, III, 265.
10. Paris, 29 janv. 1991, *Ann. propr. ind.* 1991. 22.

CHAPITRE

133. Difficultés d'exécution

SECTION 0

ORIENTEUR

133.00 **Plan du chapitre.**

Sect. 1 Résistance du saisi

Sect. 2 Saisie de documents confidentiels

133.01 **Textes applicables.**

* V. s[s] n° 13.01

133.02 **Jurisprudence citée.**

> **Attitude du saisi et pouvoir de l'huissier**

• **TGI Paris, 3e ch., 29 mai 1987,** *RIPIA* 1987. 180.

* V. s[s] n° 133.11

> **Conséquence de la résistance du saisi**

• **Paris, 10 juin 1982,** *Dossiers Brevets* 1982, VI, 5.

* V. s[s] n° 133.12

> **Le principe de l'accès à l'ensemble des documents**

• **TGI Paris, 4 juill. 1997,** *PIBD* 1997, n° 644, III, 639.

• **Paris, 16 janv. 1998,** *PIBD* 1998, n° 653, III, 239.

• **TGI Lyon, ord. réf., 24 nov. 1988,** *Dossiers Brevets* 1988, V, 6.

• **TGI Paris, 3e ch., 2e sect., ord. JME, 9 nov. 2007,** RG n° 07/02200, *Jurinpi* B20070173.

• **TGI Paris, 3e ch., 3e sect., 3 mars 2010,** RG n° 09/00788.

• **Paris, pôle 1, ch. 3, 6 déc. 2011,** RG n° 11/11455.

* V. s[s] n° 133.22

> **Préservation des informations confidentielles par l'organisation d'une procédure d'expertise**

• **TGI Lyon, ord. réf. 24 nov. 1988,** *Dossiers Brevets* 1988, V, 6.

• **TGI Paris, ord. réf., 22 déc. 1989,** *PIBD* 1990, n° 473, III, 134.

• **TGI Bourgoin-Jallieu, 19 avr. 1994,** ord. réf., inédit.

• **TGI Paris, juge de la mise en état, 26 mai 1995,** *Dossiers Brevets* 1995, IV, 6.

• **TGI Nanterre, 11 déc. 1996,** n° BO : 96/03993.

• **TGI Bobigny, 13 déc. 1996,** RG n° 17486/96.

• **TGI Lyon, ord. réf., 11 mai 1998,** *PIBD* 1998, n° 662, III, 477.

• **Lyon, 1re ch., 23 sept. 1999,** *PIBD* 2000, n° 690, III, 29.

• **TGI Bobigny, 1re ch., sect. 5, 17 mars 2004,** RG n° 03/02744.

• **TGI Paris, 3e ch., 2e sect., 12 mai 2006,** RG n° 05/12994, *Jurinpi* B20060107.

• **TGI Paris, 3e ch., 3e sect. ord. réf., 18 oct. 2006,** *PIBD* 2007, n° 845, III, 82.

• **TGI Paris, 3e ch., 2e sect., ord. JME, 9 nov. 2007,** RG n° 07/02200, *Jurinpi* B20070173.

• **TGI Paris, 3e ch., 2e sect., ord. JME, 15 juin 2007,** *PIBD* 2007, n° 859, III, 558.

• **TGI Lyon, ord. réf., 15 sept. 2008,** RG n° 2008/01631.

• **TGI Paris, 3e ch., 3e sect., 3 mars 2010,** RG n° 09/00788.

• **TGI Paris, 3e ch., 1re sect., ord. réf. rétract., 4 mai 2010,** RG n° 10/04663.

• **Paris, pôle 1, ch. 3, 6 déc. 2011,** RG n° 11/11455.

* V. s[s] n° 133.23

> **Accès aux pièces jugées confidentielles**

• **TGI Vienne, ord. réf., 18 mai 1990,** *PIBD* 1990, n° 487, III, 602.

• **TGI Paris, ord. JME, 2 oct. 1997,** *RD propr. int.* 1998, n° 83, 11.

• **Paris, 16 janv. 1998,** *PIBD* 1998, n° 653, III, 239.

• **TGI Paris, 3e ch., 1re sect., 30 sept. 1998,** RG n° 96/25285, *PIBD* 1999, n° 673, III, 133.

• **TGI Paris, ord. réf., 24 nov. 1997,** *RD propr. int.* 1998, n° 83, 11, note Véron.

• **Paris, ord. 1er président, 26 juill. 1999,** *RD propr. int.* 2000, n° 111, p. 24.

• **TGI Paris, 31 oct. 2000,** RG n° 98/07627, *Jurinpi* B20000202.

• **TGI Paris, ord. JME, 11 juill. 2003,** RG n° 00/01594, *Jurinpi* B20030035.

• **TGI Paris, 3e ch., 2e sect., ord. JME, 15 juin 2007,** *PIBD* 2007, n° 859, III, 558.

• **Paris, 4e ch., sect. B, 30 janv. 2009,** RG n° 07/20826, *Jurinpi* B20090011.

• **TGI Paris, ord. 29 avr. 2009,** RG n° 08/09266, n° MI : 08/485.

* V. ss n° 133.24

> **Cas particulier des documents intéressant la défense nationale**

• **TGI Paris, 3e ch., 2e sect., 1er avr. 2005,** RG n° 02/18151.

• **Civ. 1re, 21 mars 2006,** n° 05-13.302, *Bull. civ.* I, n° 168, *CCE* mai 2006, comm. n° 78, note Caron; *Propr. intell. 2006*, n° 20, p. 352, obs. Warusfel; *D.* 2006. AJ 983, obs. Daleau; *Expertises*, juill. 2006, p. 269, note Lecardonnel; *Comm. com. électr.* 2006, comm. n° 78, note Caron; *RLDI* avr. 2006, p. 25.

* V. ss n° 133.25

133.03 Bibliographie

> **Saisie de documents confidentiels**

Véron, « Le secret dans les procédures juridictionnelles en matière de propriété industrielle » *in La propriété industrielle et le secret,* Coll. « CEIPI » n° 40, Litec 1996, p. 63; « Documents confidentiels appréhendés lors d'une saisie-contrefaçon », *RD propr. int.* 1998, n° 83, 11.

SECTION 1
RÉSISTANCE DU SAISI

133.11 Attitude du saisi et pouvoir de l'huissier. L'huissier peut se heurter à la résistance du saisi, soit que celui-ci refuse de lui ouvrir sa porte, soit qu'il refuse de lui fournir les documents demandés. L'huissier de justice est alors en droit de passer outre la résistance du saisi. En pratique, dans de telles hypothèses, la présence d'un agent de la force publique, voire d'un serrurier, sera des plus utiles. Il a été jugé que l'huissier peut requérir la force publique même si le texte de l'ordonnance ne le prévoit pas[1].

133.12 Conséquence de la résistance du saisi. La question s'est posée de savoir si la résistance du saisi pouvait être interprétée comme une preuve de culpabilité. La cour d'appel de Paris a répondu par l'affirmative, estimant que le refus de collaborer aux opérations de saisie pouvait constituer une présomption de culpabilité[2]. Une décision similaire a été rendue en matière d'obtentions végétales, l'attitude du saisi cherchant à égarer l'huissier et l'expert, chargés de rechercher l'origine d'un lot de rosiers, n'étant pas celle d'un détenteur de bonne foi[3].

1. TGI Paris, 3e ch., 29 mai 1987, *RIPIA* 1987. 180.
2. Paris, 10 juin 1982, *Dossiers Brevets* 1982, IV, 5.
3. TGI Paris, 8 janv. 1980, *PIBD* 1980, n° 260, III, 126.

SECTION 2
SAISIE DE DOCUMENTS CONFIDENTIELS

133.21 Énoncé du problème. La saisie-contrefaçon donne au saisissant des pouvoirs d'investigation nécessaires à la recherche de la matérialité et de l'étendue de la contrefaçon. Pour y parvenir, le saisissant doit avoir accès à tous les documents susceptibles de contribuer à la preuve, y compris ceux susceptibles d'être confidentiels. Les secrets commerciaux du saisi doivent néanmoins être préservés dans la mesure du possible. La difficulté réside donc dans la conciliation des droits du saisissant à obtenir la preuve de la contrefaçon et le respect des secrets du saisi.

133.22 Le principe de l'accès à l'ensemble des documents. Il est de principe constant que le saisissant doit avoir accès à tous les documents susceptibles de contribuer à la preuve de la contrefaçon, quand bien même ils seraient confidentiels[4]. En effet, il ne saurait être laissé à la seule latitude du saisi le soin de qualifier de confidentiels les documents saisis pour empêcher ainsi leur remise à l'huissier[5]. La saisie de documents contenant des informations confidentielles ne saurait donc être contestée lorsqu'il entrait dans la mission de l'huissier de les appréhender[6]. La contrepartie de ce principe est que le saisissant effectue les opérations sous son entière responsabilité. Toute divulgation d'éventuels secrets collectés lors d'une saisie pourra donc lui être reprochée[7].

133.23 Préservation des informations confidentielles par l'organisation d'une procédure d'expertise. Il arrive que le saisi demande que certaines précautions soient prises pour protéger des informations confidentielles. En pratique, il peut notamment demander à l'huissier instrumentaire de placer les documents saisis sous enveloppe scellée et de ne pas les remettre au saisissant[8]. Mais il

4. TGI Lyon, ord. réf. 24 nov. 1988, *Dossiers Brevets* 1988, V, 6 – TGI Paris, 3e ch., 2e sect., ord. JME, 9 nov. 2007, RG n° 07/02200, *Jurinpi* B20070173 – TGI Paris, 3e ch., 3e sect., 3 mars 2010, RG n° 09/00788 – Paris, pôle 1, ch. 3, 6 déc. 2011, RG n° 11/11455 – ON RETROUVE le même principe en droit belge : Bruxelles, 9e ch., 4 déc. 2009, 2009/AR/269, *Propr. industr.* 2011, Chron. 1, p. 24, obs. T. de Haan.
5. TGI Paris, 4 juill. 1997, *PIBD* 1997, n° 644, III, 639.
6. Paris, 16 janv. 1998, *PIBD* 1998, n° 653, III, 239 – Paris, pôle 1, ch. 3, 6 déc. 2011, RG n° 11/11455.
7. TGI Paris, 3e ch., 2e sect., ord. JME, 9 nov. 2007, RG n° 07/02200, *Jurinpi* B20070173.
8. PAR EXEMPLE : TGI Paris, 3e ch., 2e sect., 12 mai 2006, RG n° 05/12994, *Jurinpi* B20060107 – TGI Paris, 3e ch., 2e sect., ord. JME, 9 nov. 2007, RG n° 07/02200, *Jurinpi* B20070173 – TGI Paris, 3e ch., 2e sect., ord. JME, 15 juin 2007, *PIBD* 2007, n° 859, III, 558.

ne peut s'agir là que d'une mesure provisoire que le saisi ne peut pas espérer voir se prolonger indéfiniment car sinon « *la mesure de saisie-contrefaçon serait vidée de sens* »[1]. En effet, fondamentalement, le saisissant a droit à accéder aux documents saisis utiles pour la preuve de la contrefaçon, même s'ils sont confidentiels[2]. Le saisissant peut demander au juge la levée des scellés, voire le tri par un expert, pour accéder aux documents confidentiels saisis et utiles à la preuve de la contrefaçon. Le saisi a également la possibilité d'exercer un recours devant le juge qui a ordonné la saisie, soit pendant, soit à l'issue des opérations de saisie en vue de la protection de ses secrets de fabrication ou de ses secrets commerciaux. À condition que le saisi apporte des éléments susceptibles de justifier de la confidentialité des documents saisis[3], les tribunaux peuvent alors, notamment, désigner un expert avec mission de sélectionner les documents qui devront être tenus secrets envers le saisissant, et ceux qui pourront lui être communiqués[4]. Conformément au droit commun, le délai d'appel contre les ordonnances ordonnant une mesure de tri rendues en la forme des référés est de 15 jours[5].

Le décret d'application de la loi du 29 octobre 2007 consacre définitivement cette pratique en généralisant dans les différentes dispositions réglementaires relatives à la saisie-contrefaçon (CPI, art. R. 521-5, art. R. 615-4[6] - auquel renvoie l'article R. 622-6 en matière de topographies de produits semi-conducteurs -, art. R. 623-53-1, art. R. 716-5, art. R. 722-5) la formule suivante : « *Le président du tribunal de grande instance peut ordonner, au vu du procès-verbal de saisie, toute mesure pour compléter la preuve des actes de contrefaçon allégués. À la demande de la partie saisie agissant sans délai et justifiant d'un intérêt légitime, il peut également prendre toute mesure pour préserver la confidentialité de certains éléments* »[7]. Le saisi doit donc présenter rapidement sa demande, devant le juge ayant autorisé la saisie. Bien que le texte ne le mentionne pas explicitement, c'est en effet sans doute le président du tribunal ayant autorisé la saisie-contrefaçon qui est compétent : il semble difficilement concevable que le saisi doive s'adresser au juge du fond, qui peut n'être saisi qu'après la saisie-contrefaçon, pour préserver la confidentialité de documents qui auront pu, entre-temps, être remis au saisissant[8]. Et il a été précisé dans une ordonnance du 4 mai 2010 que cette demande formée par la partie saisie et visant à faire respecter la confidentialité alléguée de certaines pièces pouvait être soumise par requête au président du tribunal de grande instance ayant autorisé la saisie et donc traitée par lui de façon non contradictoire : « *L'organisation d'une audience contradictoire alors que les opérations de saisie se déroulaient et que l'huissier saisissant refusait de placer de lui-même sous séquestre les pièces prétendument confidentielles, aurait* de facto *priv[é] de tout effet le droit reconnu à la partie saisie par l'article R. 716-5 du code de la propriété intellectuelle d'autant que les mesures sollicitées par requête et acceptées par le président du tribunal étaient des mesures conservatoires qui permettaient la saisie des pièces mais également leur mise sous séquestre par l'huissier saisissant de sorte que les droits de chacune des parties soient respectés* »[9]. En l'espèce, l'intérêt légitime de la partie saisie, exigé par le texte réglementaire, a été bien caractérisé par le juge dans le fait que les sociétés saisies n'avaient « *pas fait qu'alléguer un quelconque secret des affaires mais* [avaient] *listé les pièces qui si elles étaient transmises en dehors de toute contrefaçon démontrée, leur causeraient un préjudice car elles contiennent les éléments de leur politique de prix, les prix d'achat négociés avec le producteur exclusif [...], les ristournes consenties et les fichiers clients* ».

Enfin, il se peut que la saisie-contrefaçon soit réalisée auprès d'un tiers saisi, c'est à dire un tiers qui n'est pas le prétendu contrefacteur mais est le détenteur d'éléments susceptibles de fournir la preuve de la contrefaçon alléguée, et que les éléments ainsi visés soient confidentiels. C'est le cas, par exemple, lorsque la saisie-contrefaçon est diligentée auprès de l'AFSSAPS (tiers saisi) afin de récupérer les dossiers d'AMM qui renferment des

1. TGI Paris, 3e ch., 2e sect., ord. JME, 9 nov. 2007, RG no 07/02200, *Jurinpi* B20070173.
2. TGI Bobigny, 1re ch., sect. 5, 17 mars 2004, RG no 03/02744.
3. TGI Paris, 3e ch., 3e sect. ord. réf., 18 oct. 2006, *PIBD* 2007, no 845, III, 82.
4. TGI Lyon, ord. réf., 24 nov. 1988, *Dossiers Brevets* 1988, V, 6 – TGI Paris, ord. réf., 22 déc. 1989, *PIBD* 1990, no 473, III, 134 – TGI Bourgoin-Jallieu, 19 avr. 1994, ord. réf., inédit – TGI Paris, 3e ch., ord. JME, 26 mai 1995, *Dossiers Brevets* 1995, IV, 6 – TGI Nanterre, ord. réf., 11 déc. 1996, RG no 96/03993, inédit – TGI Bobigny, ord. réf., 13 déc. 1996, RG no 17486/96, inédit – TGI Lyon, ord. réf., 11 mai 1998, *PIBD* 1998, no 662, III, 477 – TGI Paris, 3e ch., 2e sect., 12 mai 2006, RG no 05/12994, *Jurinpi* B20060107 – TGI Lyon, ord. réf., 15 sept. 2008, RG no 2008/01631.
5. Lyon, 1re ch., 23 sept. 1999, *PIBD* 2000, no 690, III, 29.
6. TGI Paris, 3e ch., 3e sect., 3 mars 2010, RG no 09/00788.
7. Déjà, la loi no 2004-199 du 25 février 2004 avait inséré cette même formule à l'ancien article R. 615-4 du code de la propriété intellectuelle et ainsi consacré la pratique s'agissant toutefois des seules saisies en matière de brevets d'invention, de certificats complémentaires de protection, de certificats d'utilité et de certificats d'addition.
8. EN CE SENS : TGI Paris, 3e ch., 1re sect., ord. réf. rétract., 4 mai 2010, RG no 10/04663.
9. TGI Paris, 3e ch., 1re sect., ord. réf. rétract., 4 mai 2010, RG no 10/04663.

informations confidentielles non seulement propres à l'auteur du dossier d'AMM voire encore propres au tiers fabricant du principe actif utilisé par l'auteur du dossier d'AMM. La saisie-contrefaçon étant ainsi réalisée entre les mains d'un tiers saisi qui peut ne pas avoir le réflexe de demander la mise en place de mesures propres à préserver la confidentialité des documents saisis, il convient d'assurer aux tiers à la saisie, auxquels la saisie-contrefaçon de leurs documents confidentiels peut préjudicier, la possibilité d'obtenir la mise en place des mesures propres à préserver la confidentialité des documents saisis. Notamment, par la voie du référé-rétractation, les tiers à la saisie, qui ont alors assurément un intérêt à agir (C. pr. civ., art. 496), peuvent, conformément à l'article 497 du code de procédure civile, demander au juge ayant rendu l'ordonnance sur requête de modifier son ordonnance pour que les documents saisis soient placés sous scellés dans l'attente d'une expertise de tri[1].

133.24 Accès aux pièces jugées confidentielles. Le régime de la communication des pièces diffère selon que cette communication est envisagée pendant les opérations d'expertise ou à l'issue de celles-ci.

Pendant les opérations d'expertise, la confidentialité des documents est maintenue de sorte que, généralement, seuls les conseils (conseils en propriété industrielle et avocats) du saisissant ont accès aux documents. Cette pratique a été reconnue conforme notamment au principe du contradictoire et ne viole pas les droits de la défense[2]. Il a été rappelé que les conseils en propriété industrielle et les avocats sont soumis à une obligation de confidentialité et qu'il ne saurait en conséquence être exigé un engagement de confidentialité de leur part[3]. Une décision isolée et critiquée a cependant interdit aux conseils du breveté l'accès à la table de tri[4]; les opérations d'expertise ainsi réalisées ont d'ailleurs été annulées, la sélection des documents par le seul expert, hors de la présence des conseils des parties, violant le principe du contradictoire[5].

À l'issue des opérations d'expertise, le principe général est celui de la remise au plaignant de tout document utile pour la preuve de la contrefaçon. Une décision isolée a limité cependant, à l'issue des opérations, la communication des documents utiles à la preuve de la contrefaçon aux seuls conseils (avocats et conseils en propriété industrielle, soumis les uns et les autres à des obligations de confidentialité) du saisissant, à l'exception de la partie elle-même[6].

Si des documents confidentiels et inutiles à la preuve de la contrefaçon ont été saisis, il pourra être fait interdiction au saisissant d'y accéder[7] ou de les utiliser[8] et ils seront restitués au saisi.

Le juge des référés peut également s'opposer à ce que les échantillons saisis soient remis au saisissant et ordonner le dépôt des objets saisis au greffe du tribunal, dans l'attente d'une expertise judiciaire[9]. Naturellement, lorsque des précautions ont été prises par le saisissant pour protéger le secret de fabrique du saisi, par exemple en autorisant la mise sous séquestre des documents saisis, le saisi ne peut invoquer la nullité de la saisie au motif que les documents appréhendés ne lui auraient pas été communiqués[10]. Et il a été décidé que le juge ayant rendu l'ordonnance, plaçant les documents saisis sous séquestre, et non le juge de la mise en état était compétent, conformément à l'article 497 du code de procédure civile, pour éventuellement ordonner la mainlevée de la mesure de séquestre[11].

133.25 Cas particulier des documents intéressant la défense nationale. Les articles L. 615-10 alinéa 2 (brevets d'invention), L. 622-7 (topographies de produits semi-conducteurs, par renvoi à l'article L. 615-10) et L. 623-30 alinéa 2 (certificats d'obtention végétale) du code de la propriété intellectuelle organisent une procédure particulière lorsque la saisie amènerait à compulser des documents comportant une classification de *sécurité de défense*. L'huissier doit en effet surseoir à la saisie qui sera remplacée par une expertise confiée à un expert, désigné par le président du tribunal de grande instance sur la demande de l'ayant droit (le titulaire du brevet, de la protection attachée à la topographie enregistrée ou du certificat d'obtention végétale) et agréé par le ministre de la Défense, et réalisée devant les représentants du ministre[12].

1. Paris, pôle 1, ch. 3, 6 déc. 2011, RG n° 11/11455.
2. Paris, ord. 1er président, 26 juill. 1999, *RD propr. int.* 2000, n° 111, p. 24 – TGI Paris, ord. 29 avr. 2009, RG n° 08/09266, n° MI : 08/485, v. B. Finas-Tronel et P. Véron, « Expertise, principe du contradictoire et secret des affaires », *Experts* déc. 2009, n° 87, p. 4 à 6.
3. TGI Paris, ord. JME, 11 juill. 2003, RG n° 00/01594, *Jurinpi* B20030035.
4. TGI Paris, ord. JME, 2 oct. 1997, *RD propr. int.* 1998, n° 83, 11, note Véron.
5. TGI Paris, 31 oct. 2000, RG n° 98/07627, *Jurinpi* B20000202.
6. TGI Paris, ord. réf., 24 nov. 1997, *RD propr. int.* 1998, n° 83, 11, note Véron.
7. TGI Paris, 3e ch., 2e sect., ord. JME, 15 juin 2007, *PIBD* 2007, n° 859, III, 558.
8. TGI Paris, 3e ch., 1re sect., 30 sept. 1998, RG n° 96/25285, *PIBD* 1999, n° 673, III, 133.
9. TGI Vienne, ord. réf., 18 mai 1990, *PIBD* 1990, n° 487, III, 602.
10. Paris, 16 janv. 1998, *PIBD* 1998, n° 653, III, 239.
11. Paris, 4e ch., sect. B, 30 janv. 2009, RG n° 0 7/20826, *Jurinpi* B20090011.
12. À défaut de remplir ces conditions – l'information du ministère de la défense et l'exécution des opérations expertales devant ses représentants – le rapport d'expertise est nul, TGI Paris, 3e ch., 2e sect., 1er avr. 2005, RG 2/18151.

Une telle procédure particulière doit-elle s'appliquer également en matière de marques ou de dessins et modèles ? *A priori* non, faute de semblables dispositions propres à ces matières. Toutefois, la Cour de cassation a considéré que, même en l'absence d'un texte semblable à l'article L. 615-10 ou L. 623-30, une procédure particulière de ce genre devait être également respectée, en l'espèce dans une affaire de contrefaçon de logiciel, dès lors que la saisie amenait l'huissier à compulser des documents comportant une classification de sécurité de défense. Au-delà des cas particuliers du droit des brevets (CPI, art. L. 615-10), des topographies de produits semi-conducteurs (CPI, art. L. 622-7) et des obtentions végétales (CPI, art. L. 623-30), la Cour de cassation a manifestement dégagé une règle générale du droit commun de la propriété intellectuelle : « *dès lors que le saisi prouve qu'il bénéficie d'une habilitation au « confidentiel défense » et qu'à l'occasion des opérations de saisie, des documents, informations, contrats ou brevets protégés par cette classification sont susceptibles d'apparaître à la vue du saisissant, l'officier public doit surseoir à opérer jusqu'à ce que le président du tribunal de grande instance ayant ordonné la saisie, s'il en est requis, ordonne une expertise confiée à des personnes agréées par le ministre de la Défense et devant ses représentants* ».

Pour fonder cette solution, la cour s'est appuyée sur le constat que « *l'article 413-11 du code pénal érige en délit correctionnel le fait pour toute personne non habilitée de reproduire ou porter à la connaissance d'une personne non qualifiée un renseignement, procédé, objet, document, donnée informatisée ou fichier qui présente le caractère d'un secret de la défense nationale* »[1]. Il convenait d'offrir à l'huissier exécutant la saisie-contrefaçon le moyen d'éviter de commettre cette infraction pénale.

Pour que ce principe général entre en application, la Cour de cassation exige que le saisi justifie de son habilitation au « *confidentiel défense* » – il est permis de penser qu'il en va ainsi *a fortiori* aussi pour les autres niveaux supérieurs de classification – et d'un simple risque de découvrir un document classifié lors de la saisie.

1. Civ. 1re, 21 mars 2006, n° 05-13.302, *Bull. civ.* I, n° 168, *Comm. com. électr.* mai 2006, comm. n° 78, note Caron; *Propr. intell. 2006*, n° 20, p. 352, obs. Warusfel; *D.* 2006. AJ 983, obs. Daleau; *Expertises*, juill. 2006, p. 269, note Lecardonnel; *Comm. com. électr.* 2006, comm. n° 78, note Caron; *RLDI* avr. 2006, p. 25.

CHAPITRE

134. Suites de la saisie-contrefaçon

SECTION 0

ORIENTEUR

134.00 **Plan du chapitre.**

134.01 **Textes applicables.**

* V. s^s n° 13.01

134.02 **Jurisprudence citée.**

> **Obligation**

• **TGI Paris, 3e ch., 3e sect., 12 mars 2008,** RG n° 06/15973, *Jurinpi* B20080062.

* V. s^s n° 134.21

> **Délai de la remise**

• **TGI Paris, 12 sept. 1990,** *PIBD* 1991, n° 491, III, 7.

• **TGI Paris, 25 oct. 1990,** *PIBD* 1991, n° 493, III, 79.

• **Paris, 4e ch., 14 mars 1991,** *PIBD* 1991, n° 506, III, 500; *RD propr. ind.* 1991, n° 34, 20.

* V. s^s n° 134.22

> **Sanction du défaut de remise**

• **TGI Strasbourg, 7 févr. 1989,** *PIBD* 1989, n° 460, III, 406.

• **TGI Paris, 12 sept. 1990,** *PIBD* 1991, n° 491, III, 7.

• **Paris, 4e ch., sect. A, 12 nov. 2003,** *PIBD* 2004, n° 782, III, 148; *Gaz. Pal.*, 5-6 janv. 2005, p. 10.

• **Rennes, 2e ch. com., 10 janv. 2006,** *PIBD* 2006, n° 826, III, 200; *Propr. intell. oct. 2006,* p. 464, obs. de Haas.

• **TGI Paris, 3^e ch., 3^e sect., 23 mai 2007,** RG n° 05/15960, *Jurinpi* B20070076.

• **TGI Paris, 3e ch., 3e sect., 12 mars 2008,** RG n° 06/15973, *Jurinpi* B20080062.

• **TGI Strasbourg, 1re ch., 8 juin 2009,** RG n° 06/07439, *Jurinpi* B20090082.

• **Paris, pôle 5, ch. 2, 3 juill. 2009,** RG n° 07/14011.

* V. s^s n° 134.23

> **La copie tient lieu d'original à celui qui l'a reçue**

• **Civ. 2e, 5 mai 1962,** *Bull. civ.* n° 411, 292.

• **Rennes, 25 oct. 1984,** *Gaz. Pal.* 84, jur. 793.

* V. s^s n° 134.24

> **Remise au saisissant**

• **TGI Paris, 3e ch., 1re sect., 21 mai 2007,** RG n° 03/04960, *Jurinpi* B20070109.

* V. s^s n° 134.32

> **Utilisation du procès-verbal de saisie-contrefaçon**

• **TGI Paris, 15 nov. 1982,** *PIBD* 1983, n° 322, III, 98.

• **TGI Paris, 30 avr. 1997,** *PIBD* 1997, n° 636, III, 385.

• **TGI Paris, ord. réf., 24 nov. 1997,** *RD propr. int.* 1998, n° 83, 11, note Véron.

• **TGI Paris, 3e ch., 30 sept. 1998,** RG n° 96/25285, *PIBD* 1999, n° 673, III, 133.

• **TGI Paris, juge de la mise en état, 14 mai 1999,** RG n° 98/21148, *Jurinpi* B19990125.

• **Paris, ord. 1er président, 26 juill. 1999,** *RD propr. int.* 2000, n° 111, p. 24.

• **TGI Paris, 3e ch., 3e sect., 23 mai 2007,** RG n° 05/15960, *Jurinpi* B20070076.

• **Douai, 1re ch., 2e sect., 9 mai 2007,** *PIBD* 2007, n° 858, III, 522.

• **Paris, pôle 5, ch. 2, 3 juill. 2009,** RG n° 07/14011.

* V. s^s n° 134.33

> **Ventilation des frais de saisie-contrefaçon entre dépens et frais irrépétibles**

• **TGI Paris, 3e ch., 3e sect., 7 oct. 2011,** 09/17245.

• **TGI Paris, 3e ch., 3e sect., 7 oct. 2011,** 09/17305.

• **TGI Paris, 3e ch., 3e sect., 7 oct. 2011,** RG n° 09/17446.

* V. s^s n° 134.51

134.11 **Division.** À l'issue de ses opérations, l'huissier instrumentaire doit remettre copie du procès-verbal au saisi. Il doit également, dans certains cas, déposer un exemplaire des objets ou pièces saisis au greffe du tribunal et en remettre un exemplaire au saisissant. Le procès-verbal de saisie-contrefaçon pourra être utilisé dans tout procès. Au vu du procès-verbal, le président du tribunal de grande instance peut ordonner des mesures destinées à compléter la preuve de la contrefaçon. Ces questions sont examinées ci-après. L'engagement du procès au fond fait l'objet d'un titre spécial (titre 14).

SECTION 1

REMISE D'UNE COPIE DU PROCÈS-VERBAL AU SAISI

134.21 Obligation. L'huissier instrumentaire doit remettre au détenteur une copie du procès-verbal de saisie-contrefaçon à l'issue de ses opérations. Cette obligation est désormais expressément prévue en toutes les matières de propriété industrielle : « *Copie doit être laissée aux mêmes détenteurs du procès-verbal de saisie* » (CPI, art. R. 521-3, al. 2, *in fine*, art. R. 615-2-1, al. 2, *in fine* auquel renvoie l'article R. 622-6 en matière de topographies de produits semi-conducteurs, art. R. 623-51-1, al. 2, *in fine*, art. R. 716-3, al. 2, *in fine*, art. R. 722-3, al. 2, *in fine*). Le respect de cette obligation peut être établi par une mention même du procès-verbal qui, émanant de l'huissier, vaut jusqu'à inscription de faux[1].

134.22 Délai de la remise. La copie du procès-verbal ne doit pas nécessairement être remise immédiatement à l'issue des opérations. Elle peut être adressée postérieurement à l'accomplissement de la saisie[2]. Il suffit en effet que le procès-verbal soit remis dans un délai raisonnable pour que le saisi puisse faire valoir ses droits éventuels. Il a également été jugé que le procès-verbal de saisie pouvait être valablement remis lors de l'assignation[3]. Une remise trop tardive pourrait entraîner l'annulation du procès-verbal.

134.23 Sanction du défaut de remise. Il est difficile de trouver au sein des décisions précitées la réponse au statut de la nullité pour défaut de remise du procès-verbal. Certaines décisions retiennent une erreur de fond[4], d'autres identifient des griefs sans toutefois le dire expressément[5] et enfin, d'autres, plus nombreuses, parlent de vice de forme[6].

134.24 La copie tient lieu d'original à celui qui l'a reçue. Force est de rappeler que la copie tient lieu d'original à celui qui l'a reçue. Cette copie doit donc comporter toutes les mentions de l'original. L'absence de mentions obligatoires sur la copie entraîne la nullité de l'acte[7].

SECTION 2

SORT DES PIÈCES ET DOCUMENTS SAISIS

134.31 Dépôt au greffe. Aucun texte n'impose le dépôt au greffe des objets saisis. Il est cependant d'usage que l'ordonnance prévoie le dépôt au greffe du tribunal d'un exemplaire des objets ou documents saisis afin de conserver un exemplaire témoin. Lorsque tel est le cas, cette prescription doit être respectée.

134.32 Remise au saisissant. En l'absence de prescriptions spécifiques contraires dans l'ordonnance, l'huissier peut remettre les pièces saisies au saisissant. Il a, par exemple, été décidé que la remise au saisissant n'était pas interdite dès lors qu'aucune mention de l'ordonnance n'exigeait la remise du bien saisi au greffe : « *aucun élément n'interdisait toutefois à l'huissier de remettre le prototype saisi* (au requérant), *aucune mention n'exigeant que ce prototype soit remis au greffe* »[8]. Au cas où le saisi aurait allégué la confidentialité des pièces saisies, demandé expressément que ces copies ne soient pas remises au saisissant et pris les initiatives procédurales nécessaires (v. s^s^ n° 133.23), l'huissier sera prudent de surseoir à la transmission des pièces au saisissant jusqu'à une décision de justice.

134.33 Utilisation du procès-verbal de saisie-contrefaçon. Dès lors que la saisie-contrefaçon a été suivie d'une assignation valable, elle pourra être utilisée librement comme mode de preuve, dans tout procès[9], y compris dans un procès autre que celui introduit par l'assignation consécutive à la

1. TGI Paris, 3e ch., 3e sect., 12 mars 2008, RG n° 06/15973, *Jurinpi* B20080062.
2. TGI Paris, 12 sept. 1990, *PIBD* 1991, n° 491, III, 7 – Paris, 14 mars 1991, *PIBD* 1991, n° 506, III, 500; *RD propr. ind.* 1991, n° 34, 20.
3. TGI Paris, 25 oct. 1990, *PIBD* 1991, n° 493, III, 79 – Paris, 14 mars 1991, *PIBD* 1991, n° 506, III, 500; *RD propr. ind.* 1991, n° 34, 20.
4. TGI Lyon, 27 mai 1971, *PIBD* 1972, n° 86, III, 200.
5. TGI Strasbourg, 7 févr. 1989, *PIBD* 1989, n° 460, III, 406 – Paris, 4e ch., sect. A, 12 nov. 2003, *PIBD* 2004, n° 782, III, 148; *Gaz. Pal.*, 5-6 janv. 2005, p. 10.
6. TGI Paris, 12 sept. 1990, *PIBD* 1991, n° 491, III, 7 – Rennes, 2e ch. com., 10 janv. 2006, *PIBD* 2006, n° 826, III, 200; *Propr. intell.* oct. 2006, p. 464, obs. de Haas – TGI Paris, 3e ch., 3e sect., 23 mai 2007, RG n° 05/15960, *Jurinpi* B20070076, CONFIRMÉ PAR : Paris, pôle 5, ch. 2, 3 juill. 2009, RG n° 07/14011 – TGI Paris, 3e ch., 3e sect., 12 mars 2008, RG n° 06/15973, *Jurinpi* B20080062 – TGI Strasbourg, 1re ch., 8 juin 2009, RG n° 06/07439, *Jurinpi* B20090082.
7. Rennes, 25 oct. 1984, *Gaz. Pal.* 84, J 793 – Civ. 2e, 5 mai 1962, *Bull. civ.* II, n° 411.
8. TGI Paris, 3e ch., 1re sect., 21 mai 2007, RG n° 03/04960, *Jurinpi* B20070109.
9. TGI Paris, 15 nov. 1982, *PIBD* 1983, n° 322, III, 98 – TGI Paris, 30 avr. 1997, *PIBD* 1997, n° 636, III, 385.

saisie-contrefaçon[1]. Rien ne paraît s'opposer non plus à ce qu'un procès-verbal de saisie-contrefaçon dressé en France pour prouver la contrefaçon d'un brevet français soit utilisé devant un tribunal étranger dans le cadre d'une procédure en contrefaçon d'un brevet étranger correspondant. Ainsi, une ordonnance, qui limitait l'accès des documents confidentiels aux seuls conseils (avocats et conseils en propriété industrielle) du saisissant, a ajouté que « *les autres documents pourront être librement échangés et seront dès lors à la disposition des personnes en charge des intérêts (du demandeur) sans qu'il soit possible de limiter leur emploi à la procédure initiée en France* »[2]; la restriction apportée à la communication des pièces confidentielles aux seuls conseils du saisissant, à l'exclusion de celui-ci lui-même, est critiquée (v. s[s] n° 133.24); il faut donc considérer que les documents saisis, même confidentiels, peuvent être utilisés dans les procédures étrangères; une décision s'est prononcée dans ce sens[3]. Sur ce point, la saisie-contrefaçon se distingue de la *discovery* (désormais *disclosure*) du droit anglais dans laquelle existe une obligation implicite de n'utiliser les documents obtenus que dans le seul cadre du procès pour lequel ils l'ont été (v. s[s] n° 332.11). Une décision isolée[4] a distingué :

– les documents utiles à la preuve de la contrefaçon mais contenant des informations confidentielles, dont elle a interdit l'usage dans des procédures étrangères avant qu'une décision reconnaissant la contrefaçon soit devenue définitive,

– les documents utiles à la preuve de la contrefaçon ne comportant pas de telles informations, dont elle n'a pas limité l'usage.

Une telle différence de traitement ne semble pas satisfaisante; en effet, d'une part, rien ne justifie de limiter l'utilisation de documents dont il est reconnu qu'ils sont utiles à la preuve de la contrefaçon, d'autre part, cette distinction ne permet pas de préserver la confidentialité, puisque les pièces sont communiquées au plaignant et que leur contenu sera discuté en audience publique; enfin, elle rallonge la durée des procédures étrangères.

134.34 Finalité exclusivement probatoire. Les pièces et documents saisis ne peuvent être exploités à d'autres fins que celle d'apporter la preuve de la contrefaçon. Le saisissant qui exploite les pièces et documents saisis pour favoriser son activité économique, détourne de manière abusive la procédure de saisie-contrefaçon et engage sa responsabilité[5].

SECTION 3

MESURES DE NATURE À COMPLÉTER LA PREUVE DES ACTES DE CONTREFAÇON

134.41 Toute mesure de nature à compléter la preuve des actes de contrefaçon. Le décret d'application de la loi du 29 octobre 2007 reprend une formule que la loi n° 2004-199 du 25 février 2004 avait introduite, en matière uniquement de brevets d'invention, de certificats complémentaires de protection, de certificats d'utilité et de certificats d'addition, à l'article R. 615-4 du code de la propriété intellectuelle et la généralise à l'ensemble des dispositions réglementaires relatives à la saisie-contrefaçon en matière de propriété industrielle (CPI, art. R. 521-5, art. R. 615-4 – auquel renvoie l'article R. 622-6 en matière de topographies de produits semi-conducteurs –, art. R. 623-53-1, art. R. 716-5, art. R. 722-5) : « *Le président du tribunal de grande instance peut ordonner, au vu du procès-verbal de saisie, toute mesure pour compléter la preuve des actes de contrefaçon allégués* »[6].

Ce texte permet de demander des mesures de nature à obtenir des preuves complémentaires. Bien que le texte ne le mentionne pas explicitement, il convient sans doute de s'adresser au président du tribunal ayant autorisé la saisie-contrefaçon. En effet, il s'agit du même juge que celui auquel le saisi peut demander sans délai d'ordonner des mesures préservant la confidentialité de certains éléments (v. s[s] n° 133.23), et il est difficilement concevable que le saisi doive s'adresser, pour ce faire, au juge du fond, qui peut n'être saisi qu'après la saisie-contrefaçon. Quant à la nature des mesures qui pourront être ainsi ordonnées, il pourrait s'agir, par exemple, d'une expertise en vue d'analyser les produits saisis ou encore de contraindre le défendeur à livrer des informations indisponibles au moment et sur les lieux de la saisie (comme l'origine des produits argués de contrefaçon). La connaissance de l'origine et la destination des produits contrefai-

1. TGI Paris, 3e ch., 3e sect., 23 mai 2007, RG n° 05/15960, *Jurinpi* B20070076 – CONFIRMÉ PAR : Paris, pôle 5, ch. 2, 3 juill. 2009, RG n° 07/14011.
2. TGI Paris, ord. réf., 24 nov. 1997, *RD propr. int.* 1998, n° 83, 11, note Véron.
3. TGI Paris, 3e ch., 1re sect., 30 sept. 1998, RG n° 96/25285, *PIBD* 1999, n° 673, III, 136.
4. Paris, ord. 1er président, 26 juill. 1999, *RD propr. int.* 2000, n° 111, p. 24, sur appel de TGI Paris, ord. JME, 14 mai 1999, RG n° 98/21148, *Jurinpi* B19990125.
5. Douai, 1re ch., 2e sect., 9 mai 2007, *PIBD* 2007, n° 858, III, 522.
6. Déjà, la loi n° 2004-199 du 25 février 2004 avait inséré cette même formule à l'ancien article R. 615-4 du code de la propriété intellectuelle et ainsi consacré la pratique s'agissant toutefois des seules saisies en matière de brevets d'invention, de certificats complémentaires de protection, de certificats d'utilité et de certificats d'addition.

sants est importante, en effet, dans l'identification exacte et exhaustive de l'activité contrefaisante ainsi que dans la détermination de la masse contrefaisante en vue de l'évaluation du préjudice (v. s^s n° 122.103).

SECTION 4
FRAIS DE LA SAISIE-CONTREFAÇON

134.51 Ventilation des frais de saisie-contrefaçon entre dépens et frais irrépétibles. Contrairement à ce qui a pu être soutenu par une jurisprudence minoritaire, il n'y a pas d'obstacle de principe à ce que les frais engendrés par la saisie-contrefaçon rentrent dans les dépens[1]. Ce sont bien des frais afférents à une instance et, même si aucune des catégories de frais limitativement énumérées à l'article 695 du code de procédure civile n'évoque littéralement les frais de la saisie-contrefaçon, ces catégories sont néanmoins suffisamment larges pour accueillir de nombreux frais engagées dans le cadre de la saisie-contrefaçon.

Ainsi, la première catégorie - les droits, taxes, redevances ou émoluments perçus par les secrétariats des juridictions ou l'administration des impôts - peut accueillir les droits d'enregistrement perçus à raison des actes d'huissier accomplis dans la procédure de saisie-contrefaçon; la deuxième catégorie - les frais de traduction imposés par la loi ou une convention - peut accueillir les frais générés par la traduction complète du brevet européen ou de la demande de brevet européen imposée par les articles L. 614-7 ou L. 614-9 du code de la propriété intellectuelle; la cinquième catégorie - les débours tarifiés - peut accueillir certaines dépenses tarifées et engagées par les avocats ou les huissiers dans le cadre de la saisie-contrefaçon comme par exemple les frais de transport ou les frais de correspondance; la sixième catégorie - les émoluments des officiers publics ou ministériels - peut accueillir la rémunération tarifée perçue par l'huissier à titre d'émoluments à l'occasion de l'accomplissement de la saisie-contrefaçon; la septième catégorie - la rémunération réglementée des avocats et droits de plaidoirie - peut accueillir la rémunération tarifée correspondant au travail de postulation de l'avocat à l'occasion de la saisie-contrefaçon ou les droits de plaidoirie de l'avocat.

De nombreux frais liés à la saisie-contrefaçon peuvent ainsi entrer dans les dépens si bien que la personne qui a engagé ces frais, et triomphé de la partie adverse sur la foi des preuves rapportées par la saisie-contrefaçon, pourra les récupérer. Quant aux autres frais, comme ceux liés à l'intervention de l'expert aux côtés de l'huissier instrumentaire, ils tombent dans la catégorie des frais irrépétibles que le juge a la possibilité, s'il le souhaite, de mettre à la charge de la partie perdante selon une proportion qu'il détermine[2].

1. N. Bouche, « Les frais de saisie-contrefaçon entrent-ils dans les dépens ? », *Propr. industr.* 2009, étude n° 13.

2. POUR UNE PRISE en considération de la nécessité de ventiler les frais afférents à la saisie-contrefaçon entre dépens et frais irrépétibles : Paris, 8 avr. 2011, RG n° 09/10298 : « *Que, s'agissant des dépens, le jugement sera réformé en ce qu'il y a inclus les frais afférents aux saisies-contrefaçon susceptibles de ressortir de frais non compris dans les dépens* » – TOUTEFOIS CONTRA : TGI Paris, 3e ch., 3e sect., 7 oct. 2011, RG nos 09/17245, 09/17305, 09/17446, qui, après avoir condamné la partie succombante à payer certaines sommes, précisent : « *ces sommes comprenant les frais de saisie contrefaçon qui ne constituent pas des dépens au sens de l'article 695 du code de procédure civile* ».

CHAPITRE

135. Épuisement des effets d'une ordonnance

135.01 **Textes applicables.**

* V. s[s] n° 13.01

135.02 **Jurisprudence citée.**

> Possibilité de réaliser une seule saisie

• **Civ. 2e, 1er juill. 1992,** n° 91-11.434, *Bull. civ.* II, n° 194.

• **TGI Paris, 1er juin 1988,** *PIBD* 1988, n° 443, III, 479.

• **TGI Toulouse, 12 mars 1998,** *PIBD* 1998, n° 656, III, 321.

• **Paris, 4e ch., sect. A, 28 févr. 2001,** *PIBD* 2001, n° 728, III, 512; *JCP E* 2002. I. 1043.

• **TGI Paris, 3e ch., 4e sect., 10 juin 2010,** RG n° 09/09853; *JurisData* n° 2010-028661.

• **TGI Paris, 1er avr. 2011,** RG n° 08/16795; *Gaz. Pal.* 9 et 10 déc. 2011, p. 45.

* V. s[s] n° 135.11

> Possibilité de suspendre les opérations de saisie

• **TGI Paris, 16 janv. 1989,** *PIBD* 1989, n° 454, III, 220.

• **TGI Paris, 25 oct. 1990,** *PIBD* 1991, n° 493, III, 79.

• **Paris, 4e ch., 14 mars 1991,** *PIBD* 1991, n° 506, III, 500; *RD propr. ind.* 1991, n° 34, 20.

• **TGI Paris, 10 mars 1994,** *PIBD* 1994, n° 569, III, 349.

• **Paris, 4e ch., sect. B, 15 mars 2002,** *Ann. propr. ind.* 2002. 348.

• **Com. 21 janv. 2004,** n° 02-14.525, NP, *PIBD* 2004, n° 784, III, 234; *Propr. intell.*, oct. 2004, p. 939, obs. de Haas.

• **TGI Paris, 3e ch., 1re sect., 12 juill. 2006,** RG n° 02/10387.

• **Orléans, ch. com., 29 janv. 2009,** RG 2008/00454, *PIBD* 2009, n° 894, III, 964, *Jurinpi* M20090103, *Propr. intell.* oct. 2010, p. 991, obs. Sabatier.

• **TGI Paris, 3e ch., 3e sect., 11 févr. 2011,** RG n° 09/16802, *Jurinpi* B20110064, *PIBD* 2011, n° 944, III, 488.

* V. s[s] n° 135.12

> Possibilité de se déplacer, voire de faire intervenir un second huissier

• **TGI Paris, 2 nov. 1994,** *PIBD* 1995, n° 583, III, 107.

• **TGI Paris, 3e ch., 2e sect., 1er oct. 2010,** RG 2008/16991, *Jurinpi* D20100245; *PIBD* 2011, n° 935, III, 201.

* V. s[s] n° 135.13

> L'huissier peut compléter son procès-verbal après la saisie

• **Paris, 1re ch., aud. sol., 13 sept. 2000,** *PIBD* 2001, n° 720, III, 258.

• **Paris, 4e ch., sect. A, 12 nov. 2003,** *PIBD* 2004, n° 782, III, 148; *Gaz. Pal.*, 5-6 janv. 2005, p. 10.

* V. s[s] n° 135.14

135.11 **Possibilité de réaliser une seule saisie.** Une ordonnance, sauf disposition contraire, ne permet de procéder qu'à une saisie, et une seule[1]. Le droit de réaliser une saisie est donc épuisé à l'issue de la saisie. Il en résulte que l'huissier ne peut retourner sur les lieux pour compléter ses recher-

1. TGI Paris, 1er juin 1988, *PIBD* 1988, n° 443, III, 479 – TGI Toulouse, 12 mars 1998, *PIBD* 1998, n° 656, III, 321 – Paris, 4e ch., sect. A, 28 févr. 2001, *PIBD* 2001, n° 728, III, 512; *JCP E* 2002. I. 1043 – TGI Paris, 3e ch., 4e sect., 10 juin 2010, RG n° 09/09853; *JurisData* n° 2010-028661, une même ordonnance ne peut permettre la réalisation simultanée de deux saisies-contrefaçon par deux huissiers différents, au motif, contestable en pratique, que l'un des deux huissiers instrumentaires ne pouvait être alors porteur de la minute ou de l'expédition revêtue de la formule exécutoire de l'ordonnance comme l'exigent les articles 495 et 502 du code de procédure civile (Civ. 2e, 1er juill. 1992, n° 91-11.434, *Bull. civ.* II, n° 194) – DANS LE MÊME SENS, TGI Paris, 1er avr. 2011, RG n° 08/16795; *Gaz. Pal.* 9 et 10 déc. 2011, p. 45, ce raisonnement fondé sur la seule simultanéité des significations de l'unique ordonnance et des opérations de saisie-contrefaçon peut sembler contestable car il n'est pas exclu pour autant, en pratique, qu'un huissier ait été porteur de la minute, original de l'ordonnance, et l'autre de la grosse, première copie revêtue de la formule exécutoire; sans compter qu'en l'espèce il y avait manifestement trois parties requérantes, or, conformément à l'article 465 du code de procédure civile, « *chacune des parties a la faculté de se faire délivrer une expédition revêtue de la formule exécutoire* » et il est également possible « *s'il y a un motif légitime* », à l'issue d'une procédure spéciale, d'obtenir une seconde copie exécutoire.

ches, s'il s'avère qu'il n'a pas collecté l'ensemble des informations souhaitées.

Naturellement, si une première ordonnance a épuisé ses effets avec la réalisation de la saisie, rien n'empêche de requérir, si besoin est, une nouvelle ordonnance pour procéder à une nouvelle saisie-contrefaçon. La Cour de cassation, dans un arrêt du 12 juillet 2005, a précisé « *qu'aucune disposition légale n'impose au propriétaire d'un brevet, qui sollicite par voie de requête, l'autorisation de faire procéder à une saisie-contrefaçon, d'informer le juge des précédentes saisies-contrefaçon auxquelles il a fait procéder* »[1]. Il reste toutefois, que, si la nouvelle saisie-contrefaçon se rapporte à une instance en cours, des règles spécifiques sont applicables (v. s[s] n° 121.33).

135.12 Possibilité de suspendre les opérations de saisie. L'épuisement des effets de l'ordonnance ne fait pas obstacle à la suspension des opérations de saisie lorsqu'elle s'avère nécessaire pour mener à bien la mission fixée dans l'ordonnance. La saisie peut alors se dérouler sur plusieurs jours si besoin est[2]. L'huissier doit cependant bien préciser qu'il « *suspend* » ses opérations et expliquer les raisons de cette suspension[3]. Si l'huissier déclare ses opérations closes, aucune autre saisie ne peut être réalisée sur le fondement de la même ordonnance[4] sauf à être entachée d'une nullité de fond[5]. La jurisprudence a également reconnu valable une saisie-contrefaçon réalisée en deux étapes, sans que l'huissier ait pris soin de suspendre ses opérations, lorsque c'est par la faute du saisi (qui avait coupé le courant) que l'huissier n'a pas pu mener à bien ses premières opérations[6]. La possibilité de réaliser la saisie sur plusieurs jours implique une succession d'actes d'exécution témoignant la volonté de poursuivre l'exécution de la saisie, malgré des difficultés ou la résistance du saisi. Tel n'est pas le cas lorsque les opérations matérielles se sont déroulées en un trait de temps, que l'huissier a clos son rapport et que, ultérieurement, le breveté s'est préoccupé de compléter la saisie par de nouvelles opérations[7].

135.13 Possibilité de se déplacer, voire de faire intervenir un second huissier. Les ordonnances de saisie-contrefaçon autorisent souvent la saisie en un lieu donné ainsi qu'en tout autre lieu où les opérations menées à l'encontre du présumé contrefacteur feraient apparaître la nécessité de se rendre, pourvu qu'ils soient dans le ressort du tribunal[8]. Dans de tels cas, l'huissier peut valablement se déplacer, sans nécessairement avoir à suspendre ses opérations[9], et, si c'est nécessaire pour des raisons de compétence territoriale, transmettre l'ordonnance à l'un de ses confrères territorialement compétent pour poursuivre la saisie en d'autres lieux. Le premier huissier doit alors constater avoir remis l'ordonnance en vue de la poursuite des opérations. Seul le deuxième huissier devra clore les opérations de saisie. Bien entendu, ceci n'est possible que si le second huissier officie également dans le ressort territorial du président du tribunal de grande instance ayant rendu l'ordonnance, sinon la saisie sera nulle[10].

135.14 L'huissier peut compléter son procès-verbal après la saisie. Il arrive que le saisi propose d'adresser à l'huissier de justice des documents complémentaires non disponibles le jour de la saisie. Dans une telle hypothèse, l'huissier pourra compléter son procès-verbal de saisie-contrefaçon par des procès-verbaux de constat de réception de documents. Il en va de même dans l'hypothèse où l'huissier prend des photographies lors de la saisie, mais qu'il ne dispose des tirages que plusieurs jours après[11].

135.15 Durée de validité d'une ordonnance. Aucun texte ne prévoit que la saisie-contrefaçon doit être opérée dans un délai déterminé par rapport à l'ordonnance qui l'autorise. Certains magistrats fixent un délai dans lequel la saisie-contrefaçon devra être réalisée. La sanction du non respect de cette prescription sera identique à celle du non respect de l'ordonnance, à savoir la nullité de la saisie.

1. Com. 12 juill. 2005, *PIBD* 2005, n° 815, III, 533.
2. TGI Paris, 16 janv. 1989, *PIBD* 1989, n° 454, III, 220.
3. TGI Paris, 3e ch., 1re sect., 12 juill. 2006, RG n° 02/10387.
4. TGI Paris, 25 oct. 1990, *PIBD* 1991, n° 493, III, 79 – Paris, 4e ch., sect. B, 15 mars 2002, *Ann. propr. ind.* 2002. 348 – Com. 21 janv. 2004, n° 02-14.525, NP, *PIBD* 2004, n° 784, III, 234; *Propr. intell.* oct. 2004, p. 939, obs. de Haas – Orléans, ch. com., 29 janv. 2009, RG n° 2008/00454, *PIBD* 2009, n° 894, III, 964, *Jurinpi* M20090103; *Propr. intell.* oct. 2010, p. 991, obs. Sabatier – TGI Paris, 3e ch., 3e sect., 11 févr. 2011, RG n° 09/16802, *Jurinpi* B20110064, *PIBD* 2011, n° 944, III, 488.
5. TGI Paris, 3e ch., 3e sect., 11 févr. 2011, RG n° 09/16802, *Jurinpi* B20110064; *PIBD* 2011, n° 944, III, 488.
6. Paris, 14 mars 1991, *PIBD* 1991, n° 506, III, 500; *RD propr. ind.* 1991, n° 34, 20.
7. TGI Paris, 3e ch., 10 mars 1994, *PIBD* 1994, n° 569, III, 349.
8. TGI Paris, 2 nov. 1994, *PIBD* 1995, n° 583, III, 107.
9. TGI Paris, 3e ch., 2e sect., 1er oct. 2010, RG n° 2008/16991, *Jurinpi* D20100245; *PIBD* 2011, n° 935, III, 201.
10. V. Lucien-Brun, « Les difficultés relatives à la saisie-contrefaçon et aux condamnations à la confiscation », in *Aspects actuels de la contrefaçon*, Librairies techniques, 1975, p. 155, 158.
11. Paris, 1re ch., aud. sol., 13 sept. 2000, *PIBD* 2001, n° 720, III, 258 – Paris, 4e ch., sect. A, 12 nov. 2003, *PIBD* 2004, n° 782, III, 148; *Gaz. Pal.*, 5-6 janv. 2005, p. 10.

TITRE

14. Le procès au fond dans le délai prescrit

SECTION 0

ORIENTEUR

14.00 Plan du titre.

14.01 Textes applicables.
CPI, art. L. 332-3, L. 332-4, L. 343-1, L. 521-1, L. 521-4, L. 615-5, L. 622-7, L. 623-27, L. 623-27-1, L. 716-7, L. 722-4, R. 521-4, R. 615-3, R. 623-50-1, R. 623-53, R. 716-4, R. 722-4.

C. pr. civ., art. 46, 54, 96, 97, 641, 642, 647-1, 653, 683 à 688, 750, 757, 791.

Règl. CE n° 1393/2007 du 13 nov. 2007, art. 1, 8, 9, 17.

Dir. n° 2004/48/CE du 29 avr. 2004, art. 2, 7.

14.02 Jurisprudence citée.
* V. ss nos 142.02, 143.02 et 144.02.

14.09 Division. En matière de propriété industrielle, la saisie-contrefaçon fait courir un délai pendant lequel le saisissant doit se pourvoir en contrefaçon. Il convient de présenter ce principe (chapitre 141), le mode de computation de ce délai (chapitre 142), les modalités de saisine de la juridiction (chapitre 143) ainsi que les sanctions encourues en cas de non respect (chapitre 144).

CHAPITRE

141. Obligation de poursuivre dans le délai prescrit

141.01 **Textes applicables.**

* V. ss n° 14.01

141.11 **Raison d'être du principe.** La saisie-contrefaçon offre au saisissant des pouvoirs d'investigation étendus qui ne doivent être utilisés que pour les besoins d'une procédure et non à des fins d'intimidation, voire d'espionnage industriel. Pour cette raison, la personne saisie ne doit pas être laissée dans le doute. La loi impose donc au saisissant de se pourvoir devant le tribunal dans un délai relativement bref, à peine de nullité. En effet, si la saisie a confirmé les craintes du titulaire des droits, ce dernier doit saisir la juridiction. Dans l'hypothèse inverse, si le saisissant décide de ne pas poursuivre, la saisie-contrefaçon ne doit plus produire aucun effet.

141.12 **Textes.** L'obligation du saisissant de se pourvoir au fond, par la voie civile ou pénale, dans le délai prescrit, est commune à tous les droits de propriété industrielle. Ce principe est formulé de manière identique à l'alinéa 5 des différents articles relatifs à la saisie-contrefaçon en matière de propriété industrielle (CPI, art. L. 615-5, art. L. 521-4, art. L. 622-7 – par renvoi à l'article L. 615-5 –, art. L. 623-27-1, art. L. 716-7, art. L. 722-4) : « *À défaut pour le demandeur de s'être pourvu au fond, par la voie civile ou pénale, dans un délai fixé par voie réglementaire, l'intégralité de la saisie, y compris la description, est annulée à la demande du saisi, sans que celui-ci ait à motiver sa demande et sans préjudice des dommages et intérêts qui peuvent être réclamés* ». La détermination du délai est renvoyée au règlement.

CHAPITRE

142. Délai pour poursuivre

142.01 **Textes applicables.**
* V. s[s] n° 14.01

142.02 **Jurisprudence citée.**

> Point de départ du délai

• **Com. 2 mai 1978,** n° 76-12.414, *Bull. civ.* IV, n° 121.

• **Com. 3 juin 2003,** n° 01-14.214, *Bull. civ.* IV, n° 91, *PIBD* 2003, n° 774, III, 557 ; *Propr. industr.* 2003, comm. n° 70, note Kamina ; *Propr. intell.* oct. 2004, p. 938, obs. de Haas.

• **Douai, 1re ch., sect. 2, 31 janv. 2006,** *PIBD* 2006, n° 826, III, 231.

* V. s[s] n° 142.12

> Règles de computation

• **Paris, 28 nov. 1977,** *Ann. propr. ind.* 1978. 60.

• **TGI Paris, 17 mars 1980,** *PIBD* 1980, n° 266, III, 188.

• **TGI Paris, 5 juill. 1995,** *PIBD* 1996, n° 617, III, 476.

• **TGI Paris, 3e ch., 1re sect., 9 sept. 2008,** *PIBD* 2008, n° 883, III, 591.

* V. s[s] n° 142.13

> Assignation hors délai

• **TGI Paris, 20 janv. 1984,** *Dossiers Brevets* 1984, V, 4.

• **Paris, 28 juin 1996,** *PIBD* 1996, n° 621, III, 583.

• **Com. 3 juin 2003,** n° 01-14.214, *Bull. civ.* IV, n° 91, *PIBD* 2003, n° 774, III, 557 ; *Propr. industr.* 2003, comm., n° 70, note Kamina.

* V. s[s] n° 142.14

142.11 **Détermination du délai : vingt jours ouvrables ou trente et un jours civils.** Le décret d'application de la loi n° 2007-1544 du 29 octobre 2007 a opté pour le délai que l'article 7 de la directive n° 2004/48 proposait aux États membres qui souhaitaient ne pas laisser le soin de fixer le délai à l'autorité judiciaire compétente : délai de « *vingt jours ouvrables ou de trente et un jours civils si ce délai est plus long, à compter du jour où est intervenue la saisie ou la description* ». Le décret d'application décline ce principe pour les différents droits de propriété industrielle (CPI, art. R. 521-4, art. R. 615-3, art. R. 716-4, art. R. 722-4)[1].

142.12 **Point de départ du délai.** L'assignation doit ainsi être signifiée dans le délai de vingt jours ouvrables, ou trente et un jours civils si ce délai est plus long, à compter du jour où est intervenue la saisie ou la description. Le point de départ est le jour du procès-verbal de saisie, c'est-à-dire le jour de la réalisation des opérations de saisie-contrefaçon, comme tel était le cas auparavant[2]. Mais les

1. Le domaine des obtentions végétales présente une singularité apparente en raison d'une double erreur dans la rédaction du décret d'application n° 2008-624 du 27 juin 2008. En effet, littéralement, c'est l'article R. 623-50-1 qui prévoit que « *le délai prévu au dernier alinéa de l'article L. 623-27-1* [qui régit la saisie-contrefaçon en matière d'obtentions végétales] *et imparti au demandeur pour se pourvoir au fond est de vingt jours ouvrables ou de trente et un jours civils si ce délai est plus long, à compter de la date de l'ordonnance* ». À première vue, le point de départ du délai serait donc dérogatoire par rapport aux autres droits de propriété industrielle. Toutefois, il faut remarquer également l'article R. 623-53 qui énonce « *le délai prévu au dernier alinéa de l'article L. 623-7-1* [article inexistant] *et imparti au demandeur pour se pourvoir au fond est de vingt jours ouvrables ou de trente et un jours civils si ce délai est plus long, à compter du jour où est intervenue la saisie ou la description* ». La référence à un article L. 623-7-1 inexistant, ainsi qu'à « *la saisie ou la description* » *in fine*, révèlent l'erreur de rédaction du décret. L'article R. 623-50-1 énonce le délai effectivement évoqué dans le dernier alinéa de l'article L. 623-27 relatif aux mesures provisoires et conservatoires. Tandis que l'article R. 623-53 fait en réalité référence à la saisie-contrefaçon de l'article L. 623-27-1. Et il apparaît ainsi, qu'assez logiquement, la volonté du pouvoir réglementaire a été d'aligner la computation du délai en matière de saisie-contrefaçon d'obtentions végétales sur le principe général de computation prévu pour tous les autres droits de propriété industrielle : « *vingt jours ouvrables ou de trente et un jours civils si ce délai est plus long, à compter du jour où est intervenue la saisie ou la description* ».
2. Com. 2 mai 1978, n° 76-12.414, *Bull. civ.* IV, n° 121 – Douai, 1re ch., sect. 2, 31 janv. 2006, *PIBD* 2006, n° 826, III, 231.

opérations de saisie-contrefaçon peuvent s'accomplir sur plusieurs jours et plusieurs saisies peuvent être pratiquées en vertu d'une même ordonnance. Dans le premier cas, lorsque les opérations de saisie se déroulent sur plusieurs jours, le point de départ doit être le dernier jour de la saisie, à savoir celui où l'huissier remet son procès-verbal (sur la notion de suspension de la saisie-contrefaçon, v. s[s] n° 135.12). Dans le second cas, bien que toutes issues d'une même ordonnance, chaque saisie-contrefaçon constitue une saisie distincte faisant courir le délai imposé au requérant pour se pourvoir au fond; une assignation délivrée après l'expiration du délai courant à partir des premières saisies réalisées n'évitera pas l'annulation de celles-ci, mais peut en revanche préserver la validité des dernières saisies réalisées pour lesquelles le délai n'est pas encore expiré[1].

142.13 **Règles de computation.** La computation se fait selon les règles ordinaires des articles 641 et 642 du code de procédure civile, à savoir :

– **début du délai :** le jour de la saisie-contrefaçon ne compte pas, le délai commence à courir le lendemain;

– **fin du délai :** vingtième jour ouvrable à 24 heures, ou trente et unième jour civil à 24 heures[2];

– **dérogation :** si le dernier jour est un samedi, dimanche, jour férié ou chômé, le délai est prorogé jusqu'au premier jour ouvrable suivant[3].

142.14 **Assignation hors délai.** Le non respect de ces règles, c'est-à-dire l'assignation hors délai, entraîne la nullité de la saisie sans qu'il soit nécessaire de justifier d'un grief[4] (pour les conséquences, v. s[s] n°s 144.11 s.).

1. Com. 3 juin 2003, n° 01-14.214, *Bull. civ.* IV, n° 91, *PIBD* 2003, n° 774, III, 557; *Propr. industr.* 2003, comm. n° 70, note Kamina; *Propr. intell.* oct. 2004, p. 938, obs. de Haas.
2. En théorie, le délai de vingt jours ouvrables peut parfois être plus long que celui de trente et un jours civils. Ce ne sera toutefois que très rare en pratique, en cas de cumuls de fêtes ou d'évènements exceptionnels, si bien que le praticien sera mieux avisé de ne retenir que le délai de trente et un jours civils qui est au surplus facile à décompter sur un calendrier.
3. Paris, 28 nov. 1977, *Ann. propr. ind.* 1978. 60 – TGI Paris, 17 mars 1980, *PIBD* 1980, n° 266, III, 188 – TGI Paris, 5 juill. 1995, *PIBD* 1996, n° 617, III, 476 – TGI Paris, 3e ch., 1re sect., 9 sept. 2008, *PIBD* 2008, n° 883, III, 591.
4. TGI Paris, 20 janv. 1984, *Dossiers Brevets* 1984, V, 4 – Paris, 28 juin 1996, *PIBD* 1996, n° 621, III, 583 – Com. 3 juin 2003, n° 01-14.214, *Bull. civ.* IV, n° 91, *PIBD* 2003, n° 774, III, 557; *Propr. industr.* 2003, comm. n° 70, note Kamina; *Propr. intell.* oct. 2004, p. 938, obs. de Haas.

CHAPITRE

143. Modalités de saisine de la juridiction

SECTION 0 ORIENTEUR

143.00 **Plan du chapitre.**

143.01 **Textes applicables.**

* V. s[s] n° 14.01

143.02 **Jurisprudence citée.**

> Assignation à destination d'un pays de l'Union européenne

• **TGI Paris, 3e ch., 2e sect., 5 déc. 2008,** RG n° 2005/08703, *PIBD* 2009, n° 893, III, 929.

• **TGI Paris, ord. réf., 19 août 2010,** RG n° 10/56889.

• **Com. 29 mars 2011,** n°s 09-16.330, 09-68.144, NP.

* V. s[s] n° 143.32

> Assignation à destination d'un pays hors Union européenne

• **TGI Paris, 3e ch., 4e sect., 29 oct. 2009,** RG n° 09/01738, *Jurinpi* B20090181.

* V. s[s] n° 143.33

> Observation préliminaire sur la régularité de l'assignation

• **TGI Paris, 16 mars 1978,** *PIBD* 1978, n° 224, III, 373.

• **TGI Paris, 3e ch., 17 mars 1983,** *PIBD* 1983, n° 330, III, 205.

• **Paris, 4e ch., 14 janv. 1985,** *PIBD* 1985, n° 369, III, 157.

• **TGI Paris, 3e ch., 4 oct. 1985,** *RDPI,* n° 4, avr. 1986, p. 55.

• **Paris, 4e ch., 19 févr. 1987,** *PIBD* 1987, n° 416, III, 288.

• **TGI Limoges, 1re ch., 20 avr. 1995,** RG n° 2181/93, *Jurinpi* B19950057.

• **TGI Toulouse, 31 oct. 1996,** *PIBD* 1997, n° 626, III, 90.

• **TGI Lille, 1re ch., 28 mai 1998,** *PIBD* 1998, n° 663, III, 510.

• **TGI Paris, 3e ch., 18 janv. 2000,** *PIBD* 2001, n° 716, III, 130.

• **TGI Paris, 3e ch., 2e sect., 3 nov. 2000,** RG n° 99/14430, inédit.

• **TGI Paris, 3e ch., 2e sect., 12 oct. 2001,** RG n° 99/21442, *RD propr. int.* 2002, n° 136, p. 34.

• **Paris, 4e ch., sect. A, 25 mai 2005,** RG n° 04/04748, *PIBD* 2005, n° 814, III, 485.

• **Civ. 1re, 26 mai 2011,** n° 10-14.495, P, *Propr. industr.* 2011, comm. 67, note Bouche, *JCP G* 2011, n° 748, note Croze et Fradin, *RTD civ.* 2011. 589, obs. Perrot; *Propr. intell.* oct. 2011, p. 438-439, obs. de Haas.

* V. s[s] n° 143.41

> Identification du défendeur

• **TGI Paris, 21 oct. 1982,** *PIBD* 1983. III. 59.

* V. s[s] n° 143.42

> Une demande de « validation » n'est pas nécessaire

• **Paris, 4e ch. A, 11 févr. 1998,** *PIBD* 1998, n° 654, III, 271; *RD propr. int.* 1998, n° 90, p. 16.

* V. s[s] n° 143.43

> Le défendeur n'est pas nécessairement le saisi

• **Lyon, 20 mars 1972,** *PIBD* 1973, n° 99, III, 55.

• **TGI Paris, 3e ch., 26 avr. 1975,** *PIBD* 1976, n° 163, III, 60.

• **TGI Paris, 2 juin 1986,** *PIBD* 1986, n° 400, III, 385.

• **Paris, 4e ch., 1er déc. 1988,** *Ann. propr. ind.* 1988. 292; *PIBD* 1989, n° 451, III, 135.

* V. s[s] n° 143.51

> Conséquences de l'absence d'assignation du saisi

• **Lyon, 20 mars 1972,** *PIBD* 1973, n° 99, III, 55.

* V. s[s] n° 143.52

>Pluralité de défendeurs

• **Lyon, 20 mars 1972,** *PIBD* 1973, n° 99, III, 55.

• **Rennes, 2e ch., 30 nov. 2010,** n° 09/06919, *Propr. industr.* 2011, comm. 38, note Bouche.

• **Com. 29 mars 2011,** n°s 09-16.330, 09-68.144, NP.

* V. ss n° 143.53

> **Tribunal saisi**

• **TGI Paris, 1er juin 1988,** *PIBD* 1988, n° 443, III, 479.

• **Paris, 14e ch., sect. A, 1er mars 2000,** *Comm. com. électr.* 2000, comm. p. 25.

• **Com. 7 mars 2000,** n° 97-20.885, *Bull. civ.* IV, n° 48, *Comm. com. électr.* 2000, comm. p. 25.

• **Bourges, ch. civ., 12 avr. 2007,** RG n° 06/01068, *JurisData* n° 2007-350913.

* V. ss n° 143.61

> **Tribunal compétent**

• **TGI Paris, 19 mars 1981,** *PIBD* 1981, n° 286, III, 186.

• **TGI Paris, 3e ch., 17 mars 1983,** *PIBD* 1983, n° 330, III, 205.

• **Limoges, 23 sept. 1985,** *PIBD* 1986. III. 70.

• **TGI Paris, 25 mars 1988,** *PIBD* n° 440, III, 385.

• **TGI Toulouse, 31 oct. 1996,** *PIBD* 1997, n° 626, III, 90.

• **Paris, 4e ch., 9 avr. 1999,** *PIBD* 2000, n° 699, III, 298.

• **Crim. 29 févr. 2000,** n° 99-82.048, *Bull. crim.* n° 88; *RTD com.*, 2000, 649.

• **Paris, 4e ch., sect. B, 14 juin 2002,** *PIBD* 2002, n° 751, III, 464; *Propr. intell.* 2002, n° 5, p. 74.

• **Cass. ch. mixte, 24 nov. 2006,** n° 04-18.610, *Bull. ch. mixte*, n° 11; *JCP G* 2007. II. 10058, note I. Pétel-Teyssié.

• **Douai, 1re ch., sect. 2, 12 févr. 2008,** *PIBD* 2008, n° 872, III, 239.

• **Bordeaux, Ch. civ. 1, sect. A, 8 avr. 2010,** RG n° 08/00476, *Jurinpi* D20100045.

* V. ss n° 143.62

> **Conséquences de l'extinction de l'instance engagée devant un tribunal compétent**

• **Paris, 4e ch., 11 déc. 1996,** *PIBD* 1997, n° 634, III, 349.

• **Paris, 4e ch., sect. A, 12 sept. 2001,** *PIBD* 2002, n° 736, III, 66.

• **Rennes, 2e ch., 30 nov. 2010,** n° 09/06919, *Propr. industr.* 2011, comm. 38, note Bouche.

• **TGI Paris, 3e ch., 2e sect., 2 juill. 2010,** RG n° 2008/00411, *Jurinpi* B20100148; *PIBD* 2010, n° 928, III, 731.

* V. ss n° 143.63

> **Assignation fondée sur les droits invoqués pour pratiquer la saisie-contrefaçon**

• **Paris, 4e ch., 24 nov. 2000,** *PIBD* 2001, n° 716, III, 149.

• **Paris, pôle 5, ch. 1, 8 juin 2011,** RG n° 2009/21321, *Jurinpi* D20110126, *PIBD* 2011, n° 948, III, 625.

* V. ss n° 143.71

> **Solution**

• **Paris, 26 mai 1994,** *PIBD* 1994, n° 574, III, 487; *RD propr. int.* 1995, n° 57, 54.

• **TGI Paris, 27 mai 1994,** *PIBD* 1994, n° 573, III, 459.

• **TGI Paris, 3e ch., 1re sect., 18 janv. 1995,** *PIBD* 1995, n° 587, III, 252; *RD propr. int.* 1995, n° 61, 35.

• **TGI Chalon-sur-Saône, 28 nov. 1995,** *PIBD* 1996, n° 605, III, 101.

• **T. com. Corbeil-Essonne, 26 janv. 1996,** *PIBD* 1996, n° 610, III, 268.

• **TGI Bordeaux, 15 avr. 1996,** *PIBD* 1996, n° 615, III, 401.

• **Paris, 28 juin 1996,** *PIBD* 1996, n° 621, III, 583.

• **TGI Paris, 3e ch., 2e sect., 7 févr. 1997,** *Ann. propr. ind.* 1997. 6.

• **TGI Paris, 3e ch., 12 févr. 1997,** *PIBD* 1997, n° 632, III, 263.

• **Rouen, 27 févr. 1997,** *PIBD* 1997. 631, III, 246.

• **TGI Paris, 19 sept. 1997,** *PIBD* 1997, n° 645 III, 4.

• **TGI Paris, 3e ch., 3e sect., 20 mars 1998,** *PIBD* 1998, n° 660, III, 443.

• **Paris, 4e ch., 8 avr. 1998,** *Gaz. Pal.* 11-13 oct. 1998, Somm. 13; *PIBD* 1998, n° 659, III, 419.

• **Toulouse, 2e ch., 1re sect., 18 janv. 1999,** RG n° 97/02133, *JurisData* n° 1999-041450.

• **Paris, 4e ch., 24 nov. 2000,** *PIBD* 2001, n° 716, III, 149.

• **Aix-en-Provence, 2e ch., 8 nov. 2005,** RG n° 02/17462, *JurisData* n° 2005-292647.

• **Paris, 4e ch., sect. B, 15 déc. 2006,** *PIBD* 2007, n° 847, III, 183.

* V. ss n° 143.82

> **La citation directe ou la plainte avec constitution de partie civile**

• **Crim. 17 juin 1986,** n° 85-90.313, *Bull. crim.* n° 208, *D.* 1987. Somm. 77, obs. J. Pradel.

• **TGI Angoulême, 20 avr. 1995,** *RD propr. int.* 1995, n° 58, 55.

• **Crim. 29 févr. 2000,** n° 99-82.048, *Bull. crim.* n° 88; *RTD com.* 2000. 649.

• **Crim. 24 juin 2008,** n° 07-86.271, NP.

* V. ss n° 143.101

> **Faut-il assigner à nouveau lorsque la saisie-contrefaçon est réalisée postérieurement à l'engagement d'une action ?**

• **Paris, 22 mai 1991,** *PIBD* 1991, n° 511, III, 663.

• **Com. 26 oct. 1993,** n° 91-18.049, *Bull. civ.* IV, n° 357, *PIBD* 1994, n° 558, III, 22.

• **TGI Paris, ord. JME, 4 sept. 2000,** RG n° 98/18966, *Jurinpi* B20000154.

• **TGI Paris, 3e ch., 2e sect., 9 juill. 2004,** RG n° 02/19049, *PIBD* 2004, n° 796, III, 610.

• **Paris, 14e ch., sect. B, 6 oct. 2006,** *PIBD* 2006, n° 842, III, 797.

• **TGI Paris, 3e ch., 1re sect., 31 oct. 2006,** RG n° 02/16040, *Jurinpi* B20060197.

• **TGI Paris, 3e ch., 3e sect., 12 mars 2008,** RG n° 06/15973, *Jurinpi* B20080062.

• **TGI Paris, 3e ch., 1re sect., 30 sept. 2008,** RG n° 06/11319, *Jurinpi* B20080135.

* V. ss n° 143.111

143.11 **Division.** Les textes exigent que le saisissant se pourvoie au fond dans le délai de vingt jours ouvrables ou trente et un jours civils. Dans la majorité des cas, le saisissant se pourvoira par une assignation devant un tribunal. Mais il existe également d'autres moyens de se pourvoir au fond.

SECTION 1
ASSIGNATION

143.21 **Annonce.** La date de délivrance de l'assignation n'est pas toujours facile à déterminer (sous-section 1). La saisie-contrefaçon ne peut être valable que si la juridiction est régulièrement saisie, ce qui signifie que l'assignation doit être régulière (sous-section 2). En outre, la question s'est posée de savoir si l'obligation de se pourvoir visait uniquement la délivrance de l'assignation ou si d'autres formalités devaient être accomplies (sous-section 3).

SOUS-SECTION 1
DÉTERMINATION DE LA DATE DE L'ASSIGNATION

143.31 **Assignation à destination d'un défendeur établi en France.** Dans le cas où le destinataire de l'assignation est établi en France, la date de l'assignation est celle portée par l'huissier en tête de son acte de délivrance.

143.32 **Assignation à destination d'un pays de l'Union européenne.** Lorsque, par exemple, l'assignation est destinée à une personne établie sur le territoire d'un autre État membre de l'Union européenne (y compris le Danemark qui a adhéré au règlement, faisant ainsi mentir la lettre de son article 1er), il faut rappeler l'application, depuis le 13 novembre 2008, du règlement (CE) nº 1393/2007 du 13 novembre 2007 relatif à la signification et à la notification dans les États membres des actes judiciaires et extrajudiciaires en matière civile ou commerciale[1]. Conformément à l'article 17 du règlement, les actes extrajudiciaires, tels que l'assignation, peuvent être transmis aux fins de signification dans un autre État membre conformément aux dispositions du règlement. Et plus précisément, selon le mécanisme mis en place par le règlement, l'assignation est transmise par l'huissier, entité d'origine française, à l'entité requise de l'autre État membre qui accuse réception et, dans les meilleurs délais et, en tout état de cause, dans un délai d'un mois à compter de la réception, procède ou fait procéder à la signification de l'assignation soit conformément à la loi de l'État membre requis, soit selon le mode particulier demandé par l'entité d'origine, sauf si ce mode est incompatible avec la législation de l'État membre requis. L'entité requise informe le destinataire de l'assignation, au moyen du formulaire type, qu'il peut refuser de recevoir l'acte à signifier au moment même de la signification ou en retournant l'acte à l'entité requise dans un délai d'une semaine, si l'acte n'est pas accompagné d'une traduction dans une langue qu'il comprend[2] ou dans la langue officielle ou l'une des langues officielles du lieu de signification. Si l'entité requise est informée que le destinataire refuse de recevoir l'acte, elle en informe immédiatement l'huissier entité d'origine et lui retourne la demande ainsi que les pièces dont la traduction est demandée. Il est alors possible de remédier à ce refus en signifiant à nouveau l'acte mais cette fois accompagné d'une traduction dans l'une des langues évoquées[3].

Quelle est alors la date à laquelle l'assignation a été signifiée ? La question est d'importance puisque cette date est le repère temporel pour apprécier si, comme l'exigent les différents articles du code de la propriété intellectuelle relatifs à la saisie-contrefaçon, le demandeur s'est pourvu au fond dans le délai de vingt jours ouvrables, ou trente et un jours civils si ce délai est plus long, à compter du jour où est intervenue la saisie ou la description.

Si le destinataire a accepté l'acte, il convient de se tourner vers l'article 9 § 2 du règlement qui vise l'hypothèse où conformément à la législation d'un État membre un acte doit être signifié dans un délai déterminé. Et dans une telle hypothèse, l'article 9 § 2 indique que la date de la signification à l'égard du requérant est celle fixée par la législation de cet État membre, soit dans notre cas le droit français

1. QUI A ABROGÉ le précédent règlement (CE) nº 1348/2000 du 29 mai 2000 entré en vigueur le 31 mai 2001 : J.-F. Sampieri-Marceau, « Les significations d'actes judiciaires et extrajudiciaires dans l'Union européenne », *D.* 2009. Chron. 1434 s.

2. POUR UNE ILLUSTRATION de cette hypothèse : TGI Paris, ord. réf., 19 août 2010, RG nº 10/56889, admettant la validité d'une signification en anglais faite à une société néerlandaise, dès lors que cette dernière appartient à un groupe pharmaceutique israélien et utilise l'anglais pour les nécessités de son activité.

3. LE DÉLAI compris entre le refus de l'assignation et l'expédition de l'assignation accompagnée de la traduction doit être raisonnable : Com. 29 mars 2011, nºs 09-16.330 et 09-68.144, NP, *PIBD* 2011, nº 940, III, 339, prolongeant ainsi l'interprétation (sous l'empire de l'ancien règlement nº 1348/2000) de la CJCE 8 nov. 2005, *Götz Leffler c. Berlin Chemie AG*, aff. C-443/03, point nº 64 : « *Lorsque l'entité d'origine est informée que le destinataire a refusé de recevoir l'acte pour défaut de traduction, après avoir, le cas échéant, entendu le requérant, il lui appartient, ainsi qu'il peut être déduit de l'article 4, paragraphe 1, du règlement, d'y remédier par l'envoi d'une traduction dans les meilleurs délais. À cet égard, ainsi que suggéré par les gouvernements néerlandais et portugais, un délai d'un mois à dater de la réception, par l'entité d'origine, de l'information relative au refus peut être considéré comme approprié mais ce délai pourra être apprécié selon les circonstances par le juge national. Il convient en effet de tenir compte, notamment, du fait que certains textes peuvent être d'une longueur inhabituelle ou qu'ils doivent être traduits dans une langue pour laquelle il existe peu de traducteurs disponibles* ».

qui retient « *la date d'expédition de l'acte par l'huissier de justice* » à l'entité requise. En effet, l'article 653 du code de procédure civile, s'il est l'article de base pour déterminer la date de la signification d'un acte d'huissier de justice, réserve l'article 647-1 qui s'agissant de la notification d'un acte extrajudiciaire à l'étranger notamment, retient « *à l'égard de celui qui y procède, la date d'expédition de l'acte par l'huissier de justice* ».

En revanche, si le destinataire a refusé de recevoir l'acte, il convient de se tourner vers l'article 8 § 3 qui indique que « *lorsque, conformément à la législation d'un État membre, un acte doit être signifié* [...] *dans un délai déterminé, la date à prendre en considération à l'égard du requérant est celle de la signification* [...] *de l'acte initial, fixée conformément à l'article 9, paragraphe 2* ». C'est dire que l'article 8 § 3 renvoie exactement à la même date que dans la première hypothèse, celle à laquelle l'assignation initiale, bien que refusée, a été expédiée par l'huissier de justice à l'entité requise. Seule importe la date d'expédition de la première signification, et dès lors qu'elle est intervenue dans le délai réglementaire, le demandeur pourra être assuré d'avoir ainsi satisfait à l'obligation que les textes du code de la propriété intellectuelle lui imposent et que la nullité de la saisie-contrefaçon ne pourra pas être demandée, même si le destinataire use de sa faculté de refuser de recevoir l'acte pour défaut de traduction si bien que la nouvelle signification accompagnée de la traduction est expédiée, quant à elle, hors délai[1].

143.33 Assignation à destination d'un pays hors Union européenne. Si le défendeur réside dans un pays lié à la France par une convention internationale (généralement bilatérale) sur le sujet (il y aurait plus de 35 pays ainsi liés à la France), il faut se tourner vers les dispositions de ce texte international : déjà pour déterminer la procédure à suivre (en général, la plupart de ces conventions excluent la remise à parquet et autorisent un envoi direct à l'autorité compétente pour la délivrance, par exemple la convention franco-monégasque permet d'adresser directement l'acte à signifier à l'huissier du pays où demeure le requis) et ensuite pour vérifier si la convention précise la loi qui permet de déterminer la date de la signification, voire détermine elle-même, matériellement, la date de la signification; sinon, l'article 647-1 du code de procédure civile gardera la priorité (il vise d'ailleurs les notifications ou significations « *à l'étranger* »), qui retient « *à l'égard de celui qui y procède, la date d'expédition de l'acte par l'huissier de justice* ».

Il faut noter aussi qu'il existe une convention de La Haye du 15 novembre 1965 qui lie, entre autres, la France et 59 autres États contractants au 22 septembre 2009. Il peut être trouvé sur le site de la Conférence de droit international privé de La Haye[2], le texte de la convention, la liste des États contractants mise à jour et différentes informations ponctuelles concernant chacun de ces États contractants, notamment le nom et l'adresse de l'autorité désignée pour la mise en œuvre de la convention, la question des traductions, etc. Mais la question spécifique de la date de signification n'est pas abordée en tant que telle dans la convention et c'est donc encore l'article 647-1 du code de procédure civile qui est la règle, comme l'illustre d'ailleurs un jugement du tribunal de grande instance de Paris du 29 octobre 2009[3].

Enfin, si le défendeur réside dans un pays qui n'est partie à aucun accord avec la France, ce sont les articles 683 à 688 du code de procédure civile qui s'appliquent (procédure de remise à parquet) et pour la question de la date de signification là encore l'article 647-1 du code de procédure civile joue.

SOUS-SECTION 2
L'ASSIGNATION DOIT ÊTRE VALABLE

143.41 Observation préliminaire sur la régularité de l'assignation. Naturellement, l'assignation doit être régulière pour que la saisie-contrefaçon soit valable. L'annulation de l'assignation entraîne, en effet, la nullité de la saisie-contrefaçon[4]. L'assignation doit respecter les dispositions du code de procédure civile, notamment l'obligation d'exposer les moyens[5].

De même, la caducité de l'assignation pourtant délivrée dans le délai prescrit mais non remise au greffe dans le délai de quatre mois prévu par l'article 757 du code de procédure civile, ou avant la date fixée pour l'audience (en cas de procédure à jour fixe) conformément à l'article 791 du code de

1. SOUS L'EMPIRE du règlement antérieur, la solution contraire paraissait extrêmement sévère si bien que l'on doit se réjouir de la modification apportée dans le nouveau règlement : TGI Paris, 3e ch., 2e sect., 5 déc. 2008, RG n° 2005/08703, *PIBD* 2009, n° 893, III, 929.

2. À l'adresse www.hcch.net
3. TGI Paris, 3e ch., 4e sect., 29 oct. 2009, RG n° 09/01738, *Jurinpi* B20090181.
4. SOUS L'EMPIRE du droit antérieur à la loi de 1968, Paris, 25 nov. 1900, *Ann. propr. ind.* 1901. 312 – T. corr. de la Seine, 7 mars 1903, *Ann. propr. ind.* 1903. 217.
5. TGI Paris, 3e ch., 17 mars 1983, *PIBD* 1983, n° 330, III, 205 – Paris, 4e ch., 14 janv. 1985, *PIBD* 1985, n° 369, III, 157 – TGI Paris, 3e ch., 4 oct. 1985, *RD propr. int.*, n° 4, avr. 1986, p. 55 – Paris, 4e ch., 19 févr. 1987, *PIBD* 1987, n° 416, III, 288 – TGI Limoges, 1re ch., 20 avr. 1995, RG n° 2181/93, *Jurinpi* B19950057 – TGI Toulouse, 31 oct. 1996, *PIBD* 1997, n° 626, III, 90.

procédure civile, entraîne la nullité de la saisie-contrefaçon[1].

Le demandeur doit, normalement, indiquer dans l'assignation les revendications du ou des brevets qu'il invoque et les caractéristiques des modèles sur lesquels il fonde sa demande. Toutefois ces précisions peuvent être apportées par voie de conclusions postérieures[2]. Bien entendu, lorsque toutes les revendications d'un brevet sont invoquées, il n'est pas nécessaire de les citer individuellement[3]. Enfin, dans les cas où la matérialité de la contrefaçon ne peut être établie qu'au prix d'analyses, chimiques par exemple, qui ne peuvent matériellement être menées à bien dans le délai prescrit, le demandeur peut valablement indiquer, dans son assignation, qu'il précisera quelles revendications sont contrefaites au vu du résultat de ces analyses[4].

143.42 Identification du défendeur. L'assignation doit être délivrée à l'encontre d'une personne ayant une existence légale. À défaut, l'assignation est nulle tout comme, par voie de conséquence, la saisie-contrefaçon[5]. S'il ne s'agit plus d'une nullité de plein droit, le saisi, qui doit demander la nullité, n'a toutefois pas à rapporter la preuve d'un grief. Il a toutefois été jugé qu'une assignation initialement dirigée contre une société inexistante, alors que la procédure a été régularisée sur ce point en cours d'instance, permet de reconnaître comme valable la saisie-contrefaçon[6].

143.43 Une demande de « *validation* » n'est pas nécessaire. La question a été posée de savoir s'il suffisait d'assigner au fond dans le délai prescrit ou si, en plus, la demande en justice devait s'accompagner d'une demande de validation de la procédure de saisie-contrefaçon. La jurisprudence a clairement répondu par la négative en indiquant qu'aucune disposition légale particulière n'exige du saisissant de solliciter la validation de la saisie-contrefaçon dans l'assignation introductive d'instance[7]. En réalité la pratique consistant à demander la « *validation* » de la saisie-contrefaçon semble être un vestige de l'époque où elle était considérée non seulement comme un mode de preuve, mais aussi comme le préalable nécessaire de la confiscation.

§ 1.
Assignation délivrée au contrefacteur

143.51 Le défendeur n'est pas nécessairement le saisi. Il n'est pas nécessaire d'assigner le saisi qui peut n'être qu'un simple utilisateur non coupable de contrefaçon, car de bonne foi[8]. Le demandeur peut donc assigner le saisi ou un tiers[9].

143.52 Conséquences de l'absence d'assignation du saisi. Le saisi qui n'a pas été assigné n'est pas à l'abri de poursuites ultérieures. En effet, la saisie-contrefaçon n'est pas nulle à l'égard du saisi si une assignation a été valablement délivrée à un tiers dans le délai légal[10]. Le saisi qui n'a pas été assigné n'est pas non plus victime d'une saisie abusive. En effet, la saisie ne devient pas abusive au seul motif qu'aucune action n'est engagée à l'encontre du saisi, voire même à l'encontre de quiconque. La saisie n'est abusive que si elle est réalisée dans des conditions fautives.

143.53 Pluralité de défendeurs. Il suffit qu'une assignation soit délivrée dans le délai légal pour éviter la nullité de la saisie-contrefaçon. En cas de pluralité de défendeurs, la saisie sera opposable à tous dès lors que l'assignation a été régulièrement délivrée à l'un d'eux. Un arrêt isolé rendu en matière de dessins et modèles[11] a cependant annulé une saisie-contrefaçon à l'égard d'une partie assignée après le délai légal. Cette décision ne semble pas devoir être approuvée, l'article L. 521-4 (ancien art. L. 521-1) n'imposant au demandeur-saisissant que de se pourvoir dans le délai prescrit, sans exiger l'assignation de l'ensemble des défendeurs[12].

1. TGI Paris, 16 mars 1978, *PIBD* 1978, n° 224, III, 373 – V. AUSSI, bien qu'en matière de droit d'auteur sur un logiciel, Civ. 1re, 26 mai 2011, n° 10-14.495, P, *Propr. industr.* 2011, comm. 67, note Bouche, *JCP G* 2011, n° 748, note Croze et Fradin, *RTD civ.* 2011. 589, obs. Perrot; *Propr. intell.* oct. 2011, p. 438-439, obs. de Haas.
2. TGI Lille, 1re ch., 28 mai 1998, *PIBD* 1998, n° 663, III, 510 – TGI Paris, 3e ch., 18 janv. 2000, *PIBD* 2001, n° 716, III, 130 – Paris, 4e ch., sect. A, 25 mai 2005, RG n° 04/04748, *PIBD* 2005, n° 814, III, 485.
3. TGI Paris, 3e ch., 2e sect., 12 oct. 2001, RG n° 99/21442, *RD propr. int.* 2002, n° 136, p. 34.
4. TGI Paris, 3e ch., 2e sect., 3 nov. 2000, rôle n° 99/14430, inédit.
5. TGI Paris, 21 oct. 1982, *PIBD* 1983. III. 59.
6. Paris, 4e ch., 4 mai 1988, *RIPIA* 1988. 73.
7. Paris, 4e ch. A, 11 févr. 1998, *PIBD* 1998, n° 654, III, 271; *RD propr. int.* 1998, n° 90, p. 16.
8. Paris, 4e ch., 1er déc. 1988, *PIBD* 1989, n° 451, III, 135.
9. Lyon, 20 mars 1972, *PIBD* 1973, n° 99, III, 55 – TGI Paris, 3e ch., 26 avr. 1975, *PIBD* 1976, n° 163, III, 60 – TGI Paris, 2 juin 1986, *PIBD* 1986, n° 400, III, 385 – Paris, 1er déc. 1988, *Ann. propr. ind.* 1988. 292.
10. Lyon, 20 mars 1972, *PIBD* 1972, n° 99, III, 55.
11. Toulouse, 2e ch., 1re sect., 10 nov. 1999, *JCP E* 2000. I. 1286, note Greffe.
12. EN CE SENS : Lyon, 20 mars 1972, *PIBD* 1972, n° 99, III, 55 – Rennes, ch. 2, 30 nov. 2010, n° 09/06919, *Propr. industr.* 2011, comm. 38, note Bouche – Com. 29 mars 2011, nos 09-16.330 et 09-68.144, NP, *PIBD* 2011, n° 940, III, 339.

§ 2.
Assignation devant un tribunal compétent

143.61 Tribunal saisi. Le tribunal compétent peut être un autre que celui dans le ressort territorial duquel la saisie a été réalisée[1]. Il est cependant fréquent de voir pratiquer des saisies-contrefaçon pour justifier la compétence territoriale de tel tribunal. En effet, le lieu de saisie étant, en règle générale, un lieu de la contrefaçon, c'est, au sens de l'article 46 du code de procédure civile, un lieu où le préjudice est causé. En outre, en cas de pluralité de défendeurs, le demandeur peut saisir la juridiction du lieu où demeure l'un d'eux[2].

143.62 Tribunal compétent. L'assignation doit, en principe, être délivrée devant le tribunal compétent matériellement et territorialement. Certains tribunaux devant lesquels une action en contrefaçon a été renvoyée par un premier tribunal qui s'était déclaré territorialement incompétent, ont en effet jugé que l'assignation délivrée devant un tribunal incompétent n'empêchait pas la nullité de la saisie-contrefaçon[3]. D'autres décisions ont également annulé la saisie (conformément à la jurisprudence de l'époque, en totalité ou seulement pour sa partie réelle) lorsque le demandeur a renoncé à sa procédure devant un tribunal premier saisi et assigné devant le tribunal compétent[4]. S'il ne s'agit plus d'une nullité de plein droit, le saisi, qui doit demander la nullité, n'a toutefois pas à rapporter la preuve d'un grief[5]. Il semble cependant possible de soutenir qu'il importe peu d'assigner devant un tribunal compétent puisque, en vertu des articles 96 et 97 du code de procédure civile, le juge qui se déclare incompétent désigne la juridiction qu'il estime compétente devant laquelle la procédure se poursuit. Ce n'est, en effet, que lorsque le juge estime que l'affaire relève de la compétence d'une juridiction répressive, administrative, arbitrale ou étrangère qu'il renvoie les parties à mieux se pourvoir. La doctrine et la jurisprudence rappellent d'ailleurs que la poursuite de la procédure signifie que tout se passe comme si le procès avait commencé au jour de l'assignation devant la juridiction incompétente de sorte qu'aucune prescription ou forclusion ne peut être invoquée[6]. Force est de constater que les décisions précitées qui ont annulé des saisies-contrefaçon au motif qu'un tribunal incompétent a été saisi, semblent avoir perdu de vue les dispositions des articles 96 et 97 du code de procédure civile. De plus, la Cour de cassation a également expliqué « *qu'aux termes de l'article 2246 du code civil, la citation en justice donnée même devant un juge incompétent interrompt la prescription; que les dispositions générales de ce texte sont applicables à tous les délais pour agir et à tous les cas d'incompétence* »[7]. Et la réforme de la prescription civile par la loi n° 2008-561 du 17 juin 2008 n'a pas remis en cause cette jurisprudence puisque le nouvel article 2241 du code civil énonce : « *La demande en justice, même en référé, interrompt le délai de prescription ainsi que le délai de forclusion. Il en est de même lorsqu'elle est portée devant une juridiction incompétente ou lorsque l'acte de saisine de la juridiction est annulé par l'effet d'un vice de procédure* ». C'est donc à juste titre que, par référence à l'article 97 du code de procédure civile, la cour d'appel de Douai dans un arrêt du 12 février 2008 a estimé que : « *La délivrance au saisi d'une assignation valable dans le délai de 15 jours de la saisie a pour effet d'ouvrir l'instance en contrefaçon, et en cas de saisine d'une juridiction incompétente, c'est la même instance qui se poursuit devant la juridiction déclarée compétente* »[8].

En matière pénale, il a été jugé que, en l'absence de fraude, la saisine d'un juge d'instruction incompétent, dans le délai prescrit, satisfaisait aux prescriptions de l'article L. 716-7 du code de la propriété intellectuelle[9].

143.63 Conséquences de l'extinction de l'instance engagée devant un tribunal compétent. Les tribunaux ont eu à examiner à plusieurs reprises les conséquences de l'extinction de l'instance engagée régulièrement dans le délai prescrit devant un tribunal compétent sur la validité de la saisie.

1. Bourges, ch. civ., 12 avr. 2007, RG n° 06/01068, *Juris-Data* n° 2007-350913.
2. TGI Paris, 1er juin 1988, *PIBD* 1988, n° 443, III, 479 – Com. 7 mars 2000, n° 97-20.885, *Bull. civ.* IV, n° 48, *Comm. com. électr.*, 2000, comm. p. 25 – Paris, 14e ch., sect. A, 1er mars 2000, *Comm. com. électr.*, 2000, comm. p. 25.
3. TGI Toulouse, 31 oct. 1996, *PIBD* 1997, n° 626, III, 90 – TGI Paris, 19 mars 1981, *PIBD* 1981, n° 286, III, 186 – TGI Paris, 25 mars 1988, *PIBD* 1988, n° 440, III, 385 – Paris, 4e ch., 9 avr. 1999, *PIBD* 2000, n° 699, III, 298 – et encore Bordeaux, Ch. civ. 1, sect. A, 8 avr. 2010, RG n° 08/00476, *Jurinpi* D20100045.
4. T. com. Limoges, 23 sept. 1985, *PIBD* 1986. III. 70 – Paris, 4e ch., sect. B, 14 juin 2002, *PIBD* 2002, n° 751, III, 464; *Propr. industr.* 2002, n° 5, p. 74.
5. TGI Paris, 17 mars 1983, *PIBD* 1983, n° 330, III, 205.
6. *J.-Cl. Procédure civile*, V° « *Demande en justice* », fasc. n° 126-6 n° 120 – Com. 2 juill. 1996, *RTD civ.* 1996. 982, obs. Perrot.
7. Cass. ch. mixte, 24 nov. 2006, n° 04-18.610, *Bull. ch. mixte*, n° 11; *JCP G* 2007. II. 10058, note I. Pétel-Teyssié.
8. Douai, 1re ch., sect. 2, 12 févr. 2008, *PIBD* 2008, n° 872, III, 239; *Propr. intell.* oct. 2008, p. 474, obs. J.-C. Galloux, qui infirme ainsi TGI Lille, 1re ch., sect. A, 20 oct. 2005, *PIBD* 2005, n° 820, III, 723, qui était conforme à la jurisprudence antérieure contraire.
9. Crim. 29 févr. 2000, n° 99-82.048, *Bull. crim.* n° 88; *RTD com.* 2000. 649, obs. Azéma.

Ils ont, à cet égard, jugé que le demandeur ne peut plus se prévaloir de la saisie, qui est nulle lorsque, après s'être régulièrement pourvu devant un tribunal compétent dans le délai prescrit, il se désiste ensuite de l'instance engagée dans le but de poursuivre l'action devant un autre tribunal également compétent[1].

Cette décision est discutable car le second tribunal avait été saisi avant que le demandeur se soit désisté de son instance, ce désistement d'instance étant en outre accompagné d'une déclaration stipulant le souhait de poursuivre l'action devant le second tribunal.

Le demandeur s'était donc pourvu devant un tribunal dans le délai prescrit et l'action n'a jamais été interrompue mais s'est poursuivie devant le premier puis le second tribunal.

Cette décision a été critiquée également au motif que le demandeur avait satisfait aux exigences légales puisque la première assignation avait commencé à produire tous ses effets[2].

Cette décision semble contraire à un autre arrêt de la cour d'appel de Paris qui a jugé que le demandeur est recevable à invoquer une saisie-contrefaçon suivie d'une action engagée dans le délai légal devant un tribunal compétent alors même que le tribunal a déclaré l'action en contrefaçon irrecevable, faute pour le demandeur d'avoir assigné tous les représentants du défendeur alors en redressement judiciaire, obligeant ainsi le demandeur à engager une nouvelle instance.

La cour de Paris a jugé que la saisie-contrefaçon avait bien été suivie d'une assignation au fond délivrée régulièrement dans le délai légal[3]. Dans le même sens, le tribunal de grande instance de Paris, dans une décision du 2 juillet 2010 a décidé que le fait que l'assignation, qui a été délivrée dans le délai, ait cessé ultérieurement de produire ses effets par la péremption de l'instance, est sans conséquence sur la validité de la saisie-contrefaçon[4].

Et plus récemment, la cour d'appel de Rennes a clairement décidé que « *la circonstance que la coopérative Agrico se soit, après transaction, désistée de l'instance initialement dirigée contre l'EARL Jegado n'est pas de nature à affecter la validité des opérations de saisie-contrefaçon, puisque ce désistement a pour effet de dessaisir le juge sans pour autant anéantir rétroactivement l'acte d'assignation et que, si la validité de la saisie-contrefaçon est conditionnée par l'introduction d'une action au fond, aucune disposition légale n'exige du saisissant qu'il obtienne la validation judiciaire de cette saisie, étant au surplus observé que la coopérative Agrico s'est désistée des demandes initialement formées contre l'EARL Jegado postérieurement à l'introduction de son action contre la société Pirotais* »[5].

§ 3.
Assignation en contrefaçon des droits invoqués pour pratiquer la saisie-contrefaçon

143.71 Assignation fondée sur les droits invoqués pour pratiquer la saisie-contrefaçon. La cour d'appel de Paris a décidé que l'assignation délivrée dans le délai légal devait s'entendre d'une assignation fondée sur les droits qui ont été invoqués pour obtenir l'autorisation de saisir. Elle a ainsi annulé des saisies-contrefaçon demandées sur le fondement de dépôts de modèles, au motif que l'assignation subséquente, qui avait bien été délivrée dans le délai légal, n'était fondée que sur les droits d'auteur correspondant aux modèles[6] (sur l'intérêt de fonder une saisie-contrefaçon à la fois sur les modèles déposés et sur les droits d'auteur correspondants, v. s[s] n° 213.22). Et réciproquement, la cour d'appel de Paris a précisé qu'il suffit que l'assignation délivrée dans le délai légal ait été fondée sur une partie au moins, et non pas forcément la totalité, des droits invoqués pour obtenir l'autorisation de saisir. En l'espèce, des requêtes communes aux fins de saisie-contrefaçon avaient été présentées par trois personnes respectivement titulaires de titres de propriété industrielle différents (droit de dessins et modèles invoqué par son titulaire, droit de marque invoqué par son titulaire et sa licenciée exclusive) mais également d'un titre de propriété littéraire et artistique (droit d'auteur invoqué encore par le titulaire du droit sur le modèle). La cour d'appel de Paris a décidé que le fait que la société titulaire de la marque n'ait pas cru devoir, au vu du résultat des saisies, assigner au fond en contrefaçon de marque n'était pas susceptible d'entacher de nullité les opérations de saisie-contrefaçon. Dès lors que l'assignation introductive d'instance, formée par les demandeurs, avait visé les droits d'auteur et de dessins et modèles qui fondaient également les requêtes, les opérations de saisie-contrefaçon demeuraient un élément de preuve valide de la prétendue contrefaçon (finalement non reconnue) de ces droits d'auteur et de dessins et modèles[7].

1. Paris, 12 sept. 2001, 4e ch., sect. A, *PIBD* 2002, n° 736, III, 66.
2. *J.-Cl. Brevet*, fasc. n° 4633, n° 29.
3. Paris, 4e ch., 11 déc. 1996, *PIBD* 1997, n° 634, III, 349.
4. TGI Paris, 3e ch., 2e sect., 2 juill. 2010, RG n° 2008/00411, *Jurinpi* B20100148; *PIBD* 2010, n° 928, III, 731.
5. Rennes, ch. 2, 30 nov. 2010, n° 09/06919, *Propr. industr.* 2011, comm. 38, note Bouche.
6. Paris, 4e ch., 24 nov. 2000, *PIBD* 2001, n° 716, III, 149.
7. Paris, pôle 5, ch. 1, 8 juin 2011, RG n° 2009/21321, *Jurinpi* D20110126; *PIBD* 2011, n° 948, III, 625.

SOUS-SECTION 3
REMISE DE L'ASSIGNATION AU GREFFE

143.81 Énoncé du problème. La question s'est jadis posée de savoir si seule la délivrance de l'assignation devait intervenir dans le délai légal ou s'il fallait aussi, dans ce délai, remettre l'assignation au greffe. La question portait donc sur l'interprétation de l'expression « *se pourvoir* » utilisée par le code de la propriété intellectuelle.

143.82 Solution. Une décision isolée a estimé que la remise de l'assignation au rôle du tribunal devait bien avoir lieu dans le délai prescrit[1]. Cette décision a été critiquée[2]. La jurisprudence et la doctrine considèrent en effet que seule l'assignation doit être délivrée dans le délai, la remise de l'assignation au greffe pouvant intervenir ultérieurement, dans le délai de quatre mois prévu par l'article 757 du code de procédure civile :

– en matière de brevets d'invention : « *en utilisant le verbe « se pourvoir » qui couvre indifféremment la délivrance d'une assignation devant la juridiction civile ou d'une citation devant la juridiction répressive, au lieu de « saisir », le législateur n'a pas entendu imposer au saisissant la condition supplémentaire prévue à l'article 757 du Nouveau code de procédure civile, pour parfaire la saisine du tribunal, à savoir la remise au greffe d'une copie de l'assignation. Les dispositions de l'article L. 615-5 alinéa 4 du code de la propriété intellectuelle ne dérogent donc pas à la règle générale édictée par l'article 54 du Nouveau code de procédure civile selon laquelle, l'instance est introduite par l'assignation* »[3];

– en matière de marques[4];

– en matière de dessins et modèles[5].

Cette solution s'explique par le fait que l'expression « *se pourvoir* » signifie « *en appeler à un juge* » et que l'acte d'en appeler à un juge se réalise par la délivrance d'une assignation, comme le précisent les règles du code de procédure civile et notamment les articles 53 et suivants ainsi que l'article 750 qui indiquent clairement que l'instance est introduite par l'assignation[6]. La solution doit s'imposer de la même façon pour l'ensemble des droits de propriété industrielle.

SECTION 2
AUTRES MODES DE SAISINE

143.91 Division. Même si l'essentiel du contentieux de la contrefaçon des droits de propriété industrielle se déroule, en pratique, devant le juge civil, la validité de la saisie-contrefaçon sera préservée par la mise en mouvement, en matière pénale, de l'action publique (sous-section 1). Mais elle peut également l'être par une demande additionnelle (sous-section 2).

SOUS-SECTION 1
MISE EN MOUVEMENT DE L'ACTION PUBLIQUE

143.101 La citation directe ou la plainte avec constitution de partie civile. Avant la réforme du 29 octobre 2007, les différents articles du code de la propriété intellectuelle faisaient obligation au saisissant « *de s'être pourvu devant le tribunal* » (CPI, anciens art. L. 615-5, L. 623-27) ou « *de s'être pourvu soit par la voie civile, soit par la voie correctionnelle* » (CPI, anciens art. L. 716-7, L. 521-1).

Dans ce contexte, il a toujours été admis que la délivrance d'une citation directe[7] répondait à cette obligation faite au saisissant de se pourvoir, dès lors que la citation directe met en mouvement l'action publique et saisit la juridiction de jugement, plus précisément en matière de contrefaçon, le tribunal correctionnel[8]. Le tribunal a l'obligation de statuer sur tous les faits dont il est saisi. C'est la date même de la citation directe qui doit être prise en considération pour vérifier si le saisissant a rempli son obliga-

1. TGI Paris, 3e ch., 1re sect., 18 janv. 1995, *PIBD* 1995, no 587, III, 252.
2. Véron, « Le délai de quinzaine imparti au saisissant pour "se pourvoir" devant le tribunal », *RD propr. int.* 1995, no 61, 35 – Mathély, *Ann. propr. ind.* 1997, no 1, 3.
3. TGI Bordeaux, 15 avr. 1996, *PIBD* 1996, no 615, III, 401 – Paris, 28 juin 1996, *PIBD* 1996, no 621, III, 584 – TGI Paris, 3e ch., 12 févr. 1997, *PIBD* 1997, no 632, III, 263 – TGI Paris, 19 sept. 1997, *PIBD* 1997, no 645, III, 4 – Paris, 4e ch., 24 nov. 2000, *PIBD* 2001, no 716, III, 149.
4. TGI Paris, 27 mai 1994, *PIBD* 1994, no 573, III, 459 – TGI Chalon-sur-Saône, 28 nov. 1995, *PIBD* 1996, no 605, III, 101 – TGI Paris, 3e ch., 2e sect., 8 nov. 1996, *Ann. propr. ind.* 1997. 6 – TGI Paris, 3e ch., 2e sect., 7 févr. 1997, *Ann. propr. ind.* 1997. 6 – Rouen, 27 févr. 1997, *PIBD* 1997. 631, III, 246 – Aix-en-Provence, 2e ch., 8 nov. 2005, RG no 02/17462, *JurisData* no 2005-292647.
5. Paris, 26 mai 1994, *PIBD* 1994, no 574, III, 487; *RD propr. int.* 1995, no 57, 54 – T. com. Corbeil-Essonne, 26 janv. 1996, *PIBD* 1996, no 610, III, 268 – TGI Paris, 3e ch., 3e sect., 20 mars 1998, *PIBD* 1998, no 660, III, 443 – Paris, 4e ch., 8 avr. 1998, *Gaz. Pal.* 11-13 oct. 1998, Somm. 13; *PIBD* 1998, no 659, III, 419 – Paris, 4e ch., 18 sept. 1998, *JCP E* 1999. I. 1632 – Toulouse, 18 janv. 1999, RG no 97/02133, *JurisData* no 1999-041450 – Paris, 4e ch., sect. B, 15 déc. 2006, *PIBD* 2007, no 847, III, 183.
6. J.-C. Galloux, note sous Douai, 1re ch., 12 févr. 2008, *Propr. intell.* oct. 2008, p. 474, spéc. p. 476.
7. PAR EXEMPLE : Crim. 24 juin 2008, no 07-86.271, NP.
8. La plainte simple, qui ne met pas en mouvement l'action publique, n'est pas suffisante pour permettre au saisissant de satisfaire à son obligation de se pourvoir au fond dans le délai prescrit.

tion dans le délai prescrit. La légère modification terminologique apportée par la loi du 29 octobre 2007 aux différents articles du code de la propriété intellectuelle relatifs à la saisie-contrefaçon, qui exigent désormais tous que le saisissant se soit « *pourvu au fond* », ne remet pas en cause cette solution.

La chambre criminelle de la Cour de cassation, dans une décision du 29 février 2000, a également reconnu cet effet à la plainte avec constitution de partie civile[1] qui met l'action publique en mouvement même si elle ne saisit pas la juridiction répressive de jugement mais uniquement le juge d'instruction[2]. Dans cette affaire, en matière de marques, la Cour de cassation a décidé que, les saisies-contrefaçon ayant été pratiquées le 5 novembre 1992, le saisissant par sa plainte avec constitution de partie civile déposée le 18 novembre 1992 auprès du doyen des juges d'instruction de Nanterre s'était bien pourvu dans le délai prescrit, avait bien satisfait ainsi « *aux dispositions de l'article L. 716-7* (ancien) *du code de la propriété intellectuelle en saisissant, dans le délai de quinzaine, un juge d'instruction, fût-il incompétent* » (en l'espèce la plainte aurait dû être déposée auprès du doyen des juges d'instruction de Bobigny). Il convient de noter également que la cour d'appel et la Cour de cassation, dans cette affaire, n'ont retenu pour la computation du délai que la date du dépôt de la plainte avec constitution de partie civile et non pas le jour du dépôt de la consignation fixée par le juge d'instruction (en l'espèce une ordonnance de consignation était intervenue le 17 décembre 1992). En effet, c'est au moment du dépôt de la plainte que l'action publique est mise en mouvement, sous réserve que la consignation soit versée dans le délai fixé par le juge d'instruction, cette consignation n'ayant pour effet que de rendre recevable la plainte avec constitution de partie civile à la date du dépôt de celle-ci dûment constaté par ordonnance[3]. *Mutatis mutandis*, une même solution avait déjà été admise par le tribunal de grande instance d'Angoulême le 20 avril 1995 en matière de retenue en douane : la plainte avec constitution de partie civile suffisait à considérer que le demandeur, conformément à l'exigence de l'ancien article L. 521-7 du code de la propriété intellectuelle, s'était pourvu par la voie correctionnelle dans le délai prescrit[4]. L'évolution terminologique réalisée par la réforme du 29 octobre 2007 ne semble pas devoir remettre en cause cette jurisprudence.

1. Crim. 29 févr. 2000, n° 99-82.048, *Bull. crim.* n° 88; *RTD com.* 2000. 649.
2. Paris, 3 févr. 1930, *Ann. propr. ind.* 1930. 111 – Colmar, 24 nov. 1952, *Ann. propr. ind.* 1952. 246.
3. Crim. 17 juin 1986, n° 85-90.313, *Bull. crim.* n° 208; *D.* 1987. Somm. 77, obs. J. Pradel.
4. TGI Angoulême, 20 avr. 1995, *RD propr. int.* 1995, n° 58, 55, note crit. Yves Marcellin.

Toutefois, il faut tenir compte également du fait que depuis la modification apportée à l'article 85 du code de procédure pénale par la loi n° 2007-291 du 5 mars 2007, la personne qui souhaite déposer une plainte avec constitution de partie civile doit au préalable se soumettre à une formalité supplémentaire, exigée depuis le 1er juillet 2007. Sa plainte avec constitution de partie civile ne sera en effet recevable qu'à la condition qu'elle ait d'abord déposé une plainte devant le procureur de la République ou un service de police et que le procureur lui ait fait savoir qu'il n'engagera pas lui-même les poursuites ou encore que trois mois se soient écoulés depuis la plainte au procureur ou l'envoi à celui-ci de copie de la plainte au service de police.

Le saisissant ne peut naturellement pas se satisfaire d'attendre l'écoulement des trois mois à compter de la plainte au procureur ou l'envoi à celui-ci de la copie de la plainte au service de police. Il laisserait sinon largement passer le délai d'action, délai préfix, fixé par voie réglementaire pour se pourvoir au fond. Il ne peut que souhaiter que le procureur lui fasse savoir au plus vite s'il compte ou non engager lui-même les poursuites. Tenant compte de cette contrainte, une circulaire ministérielle du 11 avril 2008[5] invite, en conséquence, les parquets, d'une part, à être « *vigilants aux éventuelles plaintes simples qui seraient déposées par des titulaires de droits ayant obtenu du juge civil l'ordonnance de mesures provisoires* » (au rang desquelles il est possible de compter la saisie-contrefaçon), et d'autre part, à « *procéder à leur examen rapide afin de permettre aux titulaires de droit de saisir le doyen des juges d'instruction dans le délai qui leur est imparti pour se pourvoir devant la juridiction du fond* ».

143.102 **Réforme à venir ?** Il est à craindre que l'invitation à la vigilance et à la diligence faite aux parquets, par la circulaire ministérielle du 11 avril 2008, ne soit pas en pratique une réponse nécessairement suffisante, une garantie suffisamment effective pour le saisissant de parvenir à se pourvoir au fond par la voie pénale de la plainte avec constitution de partie civile dans le respect du délai réglementaire. En effet, le parquet répond généralement après les brefs délais fixés. La citation directe ne semblant que peu adaptée à la complexité des affaires pénales de propriété intellectuelle (v. ss n° 143.101), les titulaires de droits de propriété intellectuelle souhaitant agir au pénal et confirmer leur saisie-contrefaçon se retrouvaient ainsi dans une impasse. C'est pourquoi il faut certainement

5. Circulaire de la DACG n° CRIM 08-10/G3 du 11 avril 2008 relative aux aspects pénaux de la loi n° 2007-1544 du 29 octobre 2007 de lutte contre la contrefaçon, *Bulletin officiel du ministère de la Justice*, 30 avr. 2008.

approuver la modification de rédaction envisagée par une proposition de loi « *tendant à renforcer la lutte contre la contrefaçon* », telle que modifiée le 12 juillet 2011 au Sénat. La formule légale proposée serait désormais la suivante : « *À défaut pour le demandeur, dans un délai fixé par voie réglementaire, soit de s'être pourvu au fond, par la voie civile ou pénale, soit d'avoir déposé une plainte devant le procureur de la République,*[...] ». La nouvelle formule légale proposée, en indiquant que l'exigence légale peut être satisfaite par le dépôt d'une plainte simple est déposée devant le procureur de la République dans le délai réglementaire, élimine le problème évoqué. Elle éviterait la sanction du non-respect de l'action au fond dans le délai réglementaire soit par la citation directe, soit par le dépôt d'une plainte simple devant le procureur de la République.

SOUS-SECTION 2
DEMANDE ADDITIONNELLE

143.111 Faut-il assigner à nouveau lorsque la saisie-contrefaçon est réalisée postérieurement à l'engagement d'une action ? La cour d'appel de Paris avait annulé une saisie-contrefaçon au motif qu'elle avait été réalisée postérieurement à l'engagement d'une action en contrefaçon[1]. En l'espèce, la requérante n'avait pas fait délivrer une nouvelle assignation mais avait fait notifier des conclusions additionnelles devant la cour d'appel qui connaissait de la procédure. Cette décision a été cassée par la Cour de cassation[2] et la solution est maintenant constante[3]. Il faut en tirer deux enseignements :

– une saisie-contrefaçon peut être réalisée alors même que l'action en contrefaçon a été engagée, en respectant les prescriptions particulières à cette situation (v. s^{s} n°s 121.33 et 122.51) ;

– dans une telle hypothèse, il n'est pas nécessaire de faire délivrer une nouvelle assignation, ni même de notifier et déposer des conclusions additionnelles dans le délai prescrit.

Pour prévenir toute difficulté, certains praticiens s'attachent à prendre des conclusions additionnelles, dans le délai prescrit, dans le cadre de la procédure pendante[4]. D'autres vont encore plus loin et font délivrer une assignation reprenant ces conclusions[5].

1. Paris, 22 mai 1991, *PIBD* 1991, n° 511, III, 663.
2. Com. 26 oct. 1993, n° 91-18.049, *Bull. civ.* IV, n° 357, *PIBD* 1994, n° 558, III, 22.
3. Par ex., TGI Paris, ord. JME, 4 sept. 2000, rôle n° 98/18966, *Jurinpi* B20000154 – TGI Paris, 3e ch., 1re sect., 31 oct. 2006, RG n° 02/16040, *Jurinpi* B20060197.
4. TGI Paris, 3e ch., 2e sect., 9 juill. 2004, RG n° 02/19049, *PIBD* 2004, n° 796, III, 610 – TGI Paris, 3e ch., 3e sect., 12 mars 2008, RG n° 06/15973, *Jurinpi* B20080062 – TGI Paris, 3e ch., 1re sect., 30 sept. 2008, RG n° 06/11319, *Jurinpi* B20080135, *PIBD* 2008, n° 885, III, 645.
5. Paris, 14e ch., sect. B, 6 oct. 2006, *PIBD* 2006, n° 842, III, 797.

CHAPITRE

144. Sanctions du défaut de poursuite

144.01 **Textes applicables.**
* V. s[s] n° 14.01

144.02 **Jurisprudence citée.**
> Nullité de la saisie
• **TGI Paris, 3e ch., 17 mars 1983,** *PIBD* 1983, n° 330, III, 205.
• **Paris, 28 juin 1996,** *PIBD* 1996, n° 621, III, 583.
• **Com. 3 juin 2003,** n° 01-14.214, *Bull. civ.* IV, n° 91, *PIBD* 2003, n° 774, III, 557; *Propr. industr.* 2003, comm. n° 70, note Kamina; *Propr. intell.* oct. 2004, p. 938, obs. de Haas.
* V. s[s] n° 144.11
> Nullité de la saisie descriptive et de la saisie réelle
• **Lyon, 26 janv. 1995,** Renevier/Mobilier International, RG n° 92/03664, *Jurinpi* D19950008.
• **Paris, 4e ch., 8 oct. 1997,** *PIBD* 1997, n° 646, III, 53; *RIPIA* 1998. 128.
• **Com. 8 févr. 2000,** n° 97-21.543, NP, *PIBD* 2000, n° 701, III, 338.
• **Paris, 4e ch., 13 oct. 2000,** *PIBD* 2001, n° 717, III, 167.
• **Rennes, 2e ch. com., 11 janv. 2005,** RG n° 03/06885, *Jurinpi* B20050226.
• **TGI Paris, 3e ch., 1re sect., 23 mars 2005,** RG n° 03/11511, *Jurinpi* M20050293.
• **TGI Paris, 3e ch., 3e sect., 29 juin 2005,** RG n° 03/03296, *Jurinpi* M20050436.
• **TGI Paris, 3e ch., 2e sect., ord. JME, 27 oct. 2006,** RG n° 04/15727, *Jurinpi* B20060172.
• **Aix-en-Provence, 2e ch., 23 nov. 2006,** RG n° 04/22452, *JurisData* n° 2006-326277.
• **Paris, 4e ch., sect. B, 29 juin 2007,** RG n° 04/01343, *Jurinpi* M20070345.
• **TGI Lyon, 10e ch., 15 juill. 2008,** RG n° 04/08410, *Jurinpi* B20080121.
• **TGI Paris, 3e ch., 1re sect., 30 sept. 2008,** RG n° 06/11319, *Jurinpi* B20080135, *PIBD* 2008, n° 885, III, 645.
• **Reims, ch. civ., 1re sect., 24 nov. 2008,** RG n° 07/02463, *Jurinpi* M20080796.
• **TGI Paris, 3e ch., 2e sect., 5 déc. 2008,** RG n° 05/08703, *Jurinpi* M20080791, *PIBD* 2009, n° 893, III, 929.
• **TGI Paris, 3e ch., 1re sect., 24 nov. 2009,** RG n° 07/03839, *Jurinpi* B20090175.
• **Lyon, 1re ch. civ., sect. A, 10 févr. 2011,** RG n° 2009/02092, *Jurinpi* M20110130, *PIBD* 2011, n° 939, III, 310.
• **Com. 7 juin 2011,** n° 10-19.742, P, *PIBD* 2011, n° 947, III, 578.
* V. s[s] n° 144.12
> La nullité de la saisie entraîne la nullité des autres constatations réalisées lors de la saisie
• **Com. 6 nov. 1990,** n° 88-15.436, NP, *Ann. propr. ind.* 1991. 7.
* V. s[s] n° 144.14

144.11 **Nullité de la saisie.** À défaut d'assignation valablement délivrée dans le délai prescrit, la saisie-contrefaçon est nulle. Il ne s'agit plus d'une nullité de plein droit, comme avant la réforme de 2007, mais le saisi, qui doit demander la nullité, n'a toutefois pas à motiver sa demande ou à rapporter la preuve d'un grief[1] et cette demande peut être formée pour la première fois en appel[2].

144.12 **Nullité de la saisie descriptive et de la saisie réelle.** Avant la loi du 29 octobre 2007, la jurisprudence considérait que seule la saisie réelle et non pas la simple saisie descriptive était nulle, à défaut de poursuite dans le délai prescrit (qui était à l'époque de quinze jours), en matière de brevets d'invention[3] et

1. TGI Paris, 17 mars 1983, *PIBD* 1983, n° 330, III, 205 – Paris, 28 juin 1996, *PIBD* 1996, n° 621, III, 583 – Com. 3 juin 2003, n° 01-14.214, *Bull. civ.* IV, n° 91, *PIBD* 2003, n° 774, III, 557; *Propr. industr.* 2003, comm. n° 70, note Kamina; *Propr. intell.* oct. 2004, p. 938, obs. de Haas.
2. Com. 3 juin 2003, préc.
3. TGI Paris, 12 mars 1993, *D.* 1993. Somm. 377 – Paris, 4e ch., 13 oct. 2000, *PIBD* 2001, n° 717, III, 167 – TGI Paris, 3e ch. 2e sect., ord. JME, 27 oct. 2006, RG n° 04/15727, *Jurinpi* B20060172 – Rennes, 2e ch. com., ▶

de marques[1], parce que les anciens articles L. 615-5 et L. 716-7 du code de la propriété intellectuelle indiquaient « *la saisie sera nulle* »[2]. La jurisprudence en revanche adoptait la solution inverse, d'une nullité affectant tant la saisie réelle que la saisie descriptive, en matière d'obtentions végétales et de dessins et modèles[3], où les anciens articles L. 623-27 et L. 521-1 prenaient le soin d'indiquer : « *la description ou la saisie est nulle* ». Depuis la réforme du 29 octobre 2007, les différents articles du code de la propriété intellectuelle relatifs à la saisie-contrefaçon en matière de propriété industrielle contiennent une même formule qui indique expressément que c'est « *l'intégralité de la saisie, y compris la description* » qui peut être annulée.

144.13 Nullité non automatique. Avant la loi du 29 octobre 2007, la nullité était acquise « *de plein droit* » du seul fait de l'absence d'action au fond à l'expiration du délai prescrit. La loi n° 2007-1544 a retiré à la nullité ce caractère automatique; la nullité doit désormais être sollicitée par le saisi, même si ce dernier n'a pas besoin de motiver sa demande : « *l'intégralité de la saisie, y compris la description, est annulée à la demande du saisi, sans que celui-ci ait à motiver sa demande et sans préjudice des dommages et intérêts qui peuvent être réclamés* ».

144.14 La nullité de la saisie entraîne la nullité des autres constatations réalisées lors de la saisie. Lorsque la saisie-contrefaçon est annulée, le juge ne peut tenir compte du rapport de l'expert qui a assisté l'huissier lors de la saisie-contrefaçon[4].

144.15 Réforme à venir ? La possibilité de demander la mainlevée de la saisie-contrefaçon. Il est à noter qu'une proposition de loi « *tendant à renforcer la lutte contre la contrefaçon* », telle que modifiée le 12 juillet 2011 au Sénat, entend modifier la sanction attachée au défaut d'action au fond dans le délai prescrit. La sanction serait désormais non plus la nullité de la saisie-contrefaçon mais la possibilité pour le saisi d'en demander mainlevée, généralisant ainsi à toute la propriété intellectuelle, la sanction qui n'existe à l'heure actuelle que pour le régime général des droits d'auteur et droits voisins [CPI, art. L. 332-3 (à l'exclusion des logiciels et bases de données, où l'article L. 332-4 actuel prévoit la nullité de la saisie)] et le droit *sui generis* des producteurs de bases de données [CPI, art. L. 343-1 (v. s^s n°s 213.21 s. et n°s 222.101 s.)]. À défaut donc d'action au fond dans le délai réglementaire, la mainlevée demandée entraînerait la cessation des effets réels de la saisie mais le procès-verbal de l'huissier demeurerait et pourrait quand même être invoqué dans la procédure, sauf à l'éliminer sur le fondement d'une éventuelle autre irrégularité, cause de nullité. Cette proposition de réforme dès lors qu'elle est plus favorable au titulaire de droit que ce qu'exige l'article 7 § 3 de la directive n° 2004/48 (« *les États membres veillent à ce que les mesures de conservation des preuves soient abrogées ou cessent de produire leurs effets d'une autre manière, à la demande du défendeur...* ») bénéficie de l'alinéa 1er de l'article 2 de la même directive qui réserve les « *moyens prévus ou pouvant être prévus dans la législation communautaire ou nationale, pour autant que ces moyens soient plus favorables aux titulaires de droits* » et doit être approuvée.

► 11 janv. 2005, RG n° 03/06885, *Jurinpi* B20050226 – TGI Lyon, 10e ch., 15 juill. 2008, RG n° 04/08410, *Jurinpi* B20080121 – TGI Paris, 3e ch., 1re sect., 30 sept. 2008, RG n° 06/11319, *Jurinpi* B20080135, *PIBD* 2008, n° 885, III, 645 – TGI Paris, 3e ch., 1re sect., 24 nov. 2009, RG n° 07/03839, *Jurinpi* B20090175.

1. Paris, 4e ch., 8 oct. 1997, *PIBD* 1997, n° 646, III, 53; *RIPIA* 1998. 128 – Com. 8 févr. 2000, n° 97-21.543, NP, *PIBD* 2000, n° 701, III, 338 – TGI Paris, 3e ch., 1re sect., 23 mars 2005, RG n° 03/11511, *Jurinpi* M20050293 – TGI Paris, 3e ch., 3e sect., 29 juin 2005, RG n° 03/03296, *Jurinpi* M20050436 – Paris, 4e ch., sect. B, 29 juin 2007, RG n° 04/01343, *Jurinpi* M20070345 – Reims, ch. civ., 1re sect., 24 nov. 2008, RG n° 07/02463, *Jurinpi* M20080796 – TGI Paris, 3e ch., 2e sect., 5 déc. 2008, RG n° 05/08703, *Jurinpi* M20080791, *PIBD* 2009, n° 893, III, 929 – POUR UNE APPLICATION de cette ancienne jurisprudence, jugée en l'espèce conforme à l'interprétation du droit national à la lumière de la directive non encore transposée : Lyon, 1re ch. civ., sect. A, 10 févr. 2011, RG n° 2009/02092, *Jurinpi* M20110130, *PIBD* 2011, n° 939, III, 310; on remarquera toutefois que, contrairement à ce qu'indique la décision, l'article 7 de la directive ne retient pas un délai plus long que le délai de quinzaine; il se contente de fixer un délai maximum puisqu'il exige uniquement un « délai **ne dépassant pas** vingt jours ouvrables ou trente et un jours civils si ce délai est plus long »; le délai de quinzaine était donc conforme à la directive et on ne peut pas dire, avec la décision, que la directive a retenu un délai plus long en corrélation avec une nullité plus complète de la saisie-contrefaçon; on préférera donc la solution inverse retenue par la Cour de cassation qui a décidé, par une interprétation du texte ancien à la lumière de la directive, que l'annulation pour défaut d'assignation dans le délai de quinzaine s'étendait à la description, Com. 7 juin 2011, n° 10-19.742, P, *PIBD* 2011, n° 947, III, 578.
2. Une partie de la doctrine critiquait cette jurisprudence, notamment en matière de brevets d'invention, considérant que l'article L. 615-5 était affecté, depuis la modification du libellé de l'article 56 de la loi du 2 janvier 1968 par la loi du 13 juillet 1978, d'une « *erreur de plume* » : Mathély, *Le nouveau droit français des brevets d'invention*, 350 – Mousseron et Schmidt, observations sur TGI Paris, 12 mars 1993, *D.* 1993. Somm., 377.
3. Lyon, 26 janv. 1995, Renevier c/ Mobilier International, RG 92/03664, *Jurinpi* D19950008 – Versailles, 3 déc. 1996, *Gaz. Pal.* 15 au 17 juin 1997, 14 – V. marquant clairement le contraste entre dessins ou modèles et marques, Aix-en-Provence, 2e ch., 23 nov. 2006, RG n° 04/22452, *JurisData* n° 2006-326277.
4. Com. 6 nov. 1990, n° 88-15.436, NP, *Ann. propr. ind.* 1991. 7.

TITRE

15. Le contentieux de la saisie-contrefaçon

SECTION 0

ORIENTEUR

15.00 Plan du titre.

15.01 Textes applicables.

CPI, art. L. 521-3-1, L. 615-17, L. 622-7, L. 623-31, L. 716-3, L. 722-8, R. 521-3, R. 615-2, R. 615-2-1, R. 622-6, R. 623-51-1, R. 716-3, R. 722-3.

COJ, art. L. 211-11.

C. pr. civ., art. 72, 73, 112 à 121, 306 à 313, 455, 460, 490, 493 à 498, 544, 545, 648 à 650, 711, 771, 950 à 953.

C. civ., art. 1382.

Ord. n° 45-2592 du 2 nov. 1945, art. 1er.

15.02 Jurisprudence citée.

* V. ss nos 151.02 et 152.02.

15.09 Division. Le contentieux de la saisie-contrefaçon peut être porté soit devant une juridiction autre que celle saisie de l'action en contrefaçon au fond (chapitre 151) soit devant le tribunal statuant au fond (chapitre 152).

CHAPITRE

151. Contentieux porté devant un juge autre que le juge du fond

SECTION 0 ORIENTEUR

151.00 Plan du chapitre.

151.01 Textes applicables.
* V. s^s n° 15.01

151.02 Jurisprudence citée.

> **Délai d'appel**

• **Civ. 2e, 16 mai 1990,** n° 89-10.243, *Bull. civ.* II, n° 105.
* V. s^s n° 151.24

> **Tout intéressé**

• **Paris, 14e ch., sect. A, 30 mai 2001,** RG n° 2000/17996.
• **Paris, pôle 1, ch. 3, 6 déc. 2011,** RG n° 11/11455.
* V. s^s n° 151.43

> **Droit commun**

• **Paris, pôle 1, ch. 2, 27 avr. 2011,** RG n° 11/02758.
* V. s^s n° 151.51

> **Pendant ou après la saisie-contrefaçon ?**

• **TGI Aix-en-Provence, ord. réf., 27 sept. 1995,** RG n° 9501745, inédit.
* V. s^s n° 151.61

> **Après la saisine du tribunal au fond**

• **Civ. 2e, 9 juill. 1997,** n° 95-12.580, *Bull. civ.* II, n° 231.
• **TGI Lyon, 11 mai 1998,** *RD propr. int.* 1998, n° 87, 26.
• **Lyon, 1re ch., 23 sept. 1999,** *PIBD* 2000, n° 690, III, 29.
• **TGI Paris, 3e ch., 2e sect., 27 juin 2008,** RG n° 07/00083.
* V. s^s n° 151.62

> **Le juge de la rétractation ne dispose pas du pouvoir d'annuler la saisie-contrefaçon**

• **Colmar, 27 juill. 1951,** *Ann. propr. ind.* 1951. 261.
• **Civ. 2e, 9 juill. 1997,** n° 95-12.580, *Bull. civ.* II, n° 231.
• **Nîmes, 14 sept. 1998,** *RD propr. int.* 1999, n° 96, 43.
• **Douai, 1re ch., 4 févr. 2002,** *Dossiers Propr. intell.* 2001, III et IV, n° 3, obs. Ch. Le Stanc; *Propr. industr.* 2002, comm. n° 40, obs. J. Raynard.
• **TGI Paris, ord. réf., 5 avr. 2006,** RG n° 06/04814, *Jurinpi* B20060055.
• **TGI Paris, 3e ch., 1re sect., 23 oct. 2007,** *PIBD* 2008, n° 866, III, 32.
• **Com. 9 juin 2009,** n° 08-12.139, NP.
• **TGI Paris, 3e ch., 3e sect., ord. réf., 8 juill. 2011,** (3 ordonnances) RG n°s 11/08209, 11/08210, 11/08211.
• **Paris, pôle 1, ch. 2, 27 avr. 2011,** RG n° 11/02758.
• **TGI Paris, 3e ch., 3e sect., ord. réf., 9 déc. 2011,** RG n° 11/14586.
* V. s^s n° 151.71

> **Rétractation**

• **Paris, 6 janv. 1932,** *Ann. propr. ind.* 1932. 291.
• **Com. 13 déc. 1994,** n° 92-20.704, NP, *PIBD* 1995, n° 583, III, 105.
• **TGI Paris, 3e ch., 3e sect., ord. réf., 9 déc. 2011,** RG n° 11/14586.
* V. s^s n° 151.71

> **Modification**

• **TGI Aix-en-Provence, ord. réf., 27 sept. 1995,** RG n° 9501745, inédit.
* V. s^s n° 151.73

> **Recours contre l'ordonnance**

• **Lyon, 1re ch., 23 sept. 1999,** *PIBD* 2000, n° 690, III, 29.
* V. s^s n° 151.81

> **Jurisprudence**

• **TGI Lille, ord. réf., 17 oct. 1996,** *PIBD* 1997, n° 625, III, 60.
* V. s^s n° 151.91

> **Demande en restitution du matériel saisi**
• **TGI Privas, ord. réf., 16 févr. 1989,** *Dossiers Brevets* 1989, I, 4.
* V. s[s] n° 151.101
> **Demande en dommages-intérêts pour saisie abusive**
• **Paris, 4e ch. A, 19 juin 1990,** *Ann. propr. ind.* 1990. 169; *RD propr. ind.* 1990, n° 32, 49.
• **Com. 30 juin 1992,** n° 90-17.782, *Bull. civ.* IV, n° 254.
• **T. com. Lyon, 8 avr. 1998,** RG n° 96J05671, inédit.
* V. s[s] n° 151.102

151.11 Division. Il convient de distinguer les possibilités d'appel à l'encontre de la décision du juge saisi de la requête aux fins de saisie-contrefaçon (section 1), les recours en rétractation ou en modification de l'ordonnance de saisie-contrefaçon (section 2), la possibilité pour le présumé contrefacteur de demander au juge des référés d'interdire au saisissant de procéder à de nouvelles saisies-contrefaçon (section 3) et, enfin, les actions dont le saisi dispose lorsque le saisissant ne fait pas suivre la saisie-contrefaçon d'une procédure en contrefaçon (section 4).

SECTION 1
APPEL

151.21 Article 496 alinéa 1 du code de procédure civile. « *S'il n'est pas fait droit à la requête, appel peut être interjeté à moins que l'ordonnance n'émane du premier président de la cour d'appel. Le délai d'appel est de quinze jours. L'appel est formé, instruit et jugé comme en matière gracieuse* ».

151.22 Un recours réservé au requérant dont la requête a été rejetée. Il résulte des termes de l'article 496 alinéa 1 du code de procédure civile que seul le requérant a la possibilité de relever appel, dans la seule hypothèse où sa requête est rejetée ou accueillie partiellement.

151.23 Un recours formé, instruit et jugé comme en matière gracieuse. La procédure d'appel en matière gracieuse fait l'objet des articles 950 à 953 du code de procédure civile qui prévoient notamment :

– une déclaration faite ou adressée par pli recommandé au secrétariat de la juridiction qui a rendu la décision, cette déclaration devant être faite par un avocat ou un avoué (C. pr. civ., art. 950);

– la possibilité, pour le juge, de réexaminer l'affaire – et de modifier ou de rétracter la décision – ou de la transmettre à la Cour (C. pr. civ., art. 952; le juge devant informer l'appelant, dans le délai d'un mois, de sa décision d'examiner à nouveau l'affaire ou de la transmettre à la Cour). Dans la mesure où, dans sa version du 28 décembre 1976, l'article 496 du code de procédure civile précise que l'appel est formé, instruit et jugé comme en matière gracieuse, le débat en appel devrait, en principe, continuer à se dérouler exclusivement entre le juge et le requérant, sans intervention du présumé contrefacteur.

Il s'agit d'un point primordial dans la mesure où, si le saisi potentiel avait connaissance de la requête déposée à son encontre, il ne manquerait pas de préparer la saisie-contrefaçon et de lui faire perdre son efficacité.

151.24 Délai d'appel. L'article 496 alinéa 1 du code de procédure civile indique que le délai d'appel est de quinze jours mais ne précise pas le point de départ de ce délai. Celui-ci commence à courir le jour où l'ordonnance est rendue, sauf à ce qu'il soit démontré que l'ordonnance n'a pas été remise au requérant le jour même de son prononcé[1].

SECTION 2
RECOURS EN RÉTRACTATION OU EN MODIFICATION DE L'ORDONNANCE

151.31 Textes. L'article 496 alinéa 2 du code de procédure civile dispose : « *S'il est fait droit à la requête, tout intéressé peut en référer au juge qui a rendu l'ordonnance* ». L'article 497 du même code précise : « *Le juge a la faculté de modifier ou de rétracter son ordonnance, même si le juge du fond est saisi de l'affaire* ».

SOUS-SECTION 1
AUTEUR DU RECOURS EN RÉTRACTATION OU EN MODIFICATION D'ORDONNANCE

151.41 Le saisi. Dans la plupart des cas, c'est le saisi qui prendra l'initiative d'une demande en rétractation ou en modification d'ordonnance, afin de solliciter des mesures nécessaires à la préservation de ses secrets industriels et commerciaux ou la mainlevée de la saisie (v. s[s] n°s 133.21 s.).

151.42 Le requérant. Le requérant peut également avoir à saisir le magistrat qui a rendu l'ordonnance s'il doit solliciter, pendant l'exécution de la saisie-contrefaçon, des mesures complémentaires (v. s[s] n° 151.74).

151.43 Tout intéressé. Il peut arriver qu'un tiers à la saisie-contrefaçon ait intérêt à solliciter la rétractation et la modification de l'ordonnance. La

1. Civ. 2e, 16 mai 1990, n° 89-10.243, *Bull. civ.* II, n° 105 – Limoges, 27 janv. 1992, *D.* 1993. Somm., 186, obs. Julien; *RTD civ.* 1993. 194, obs. Perrot.

cour d'appel de Paris, dans une décision du 30 mai 2001, a ainsi expliqué que le recours en rétractation est « *ouvert à tous ceux auxquels la mesure est opposée et qui subissent par sa justification ou son effet, un grief quelconque* »[1]. Ce peut être le cas du contrefacteur présumé lorsqu'une saisie-contrefaçon est pratiquée à l'encontre de l'un de ses partenaires industriels ou commerciaux ou, encore, le cas du fabricant du principe actif utilisé par le contrefacteur présumé lorsque la saisie-contrefaçon est pratiquée à l'encontre d'une administration comme l'AFSSAPS qui, dans ses dossiers d'AMM, détient des informations confidentielles sur le mode de fabrication de ce principe actif par le fabricant[2].

SOUS-SECTION 2
MAGISTRAT COMPÉTENT

§ 1.
Le juge qui a rendu l'ordonnance

151.51 **Droit commun.** Ainsi que l'article 496 alinéa 2 du code de procédure civile le prévoit expressément, la demande en rétractation ou en modification de l'ordonnance doit être soumise à l'auteur de l'ordonnance. La cour d'appel de Paris a eu l'occasion de le confirmer et de préciser également qu'il s'agit du « *juge qui a statué sur la requête (bien sûr fonctionnellement et non pas "en personne"), c'est-à-dire le président de la juridiction ou son délégué aux requêtes, qui statue alors "en référé" et non pas "en la forme des référés"* »[3].

§ 2.
Compétence dans le temps

151.61 **Pendant ou après la saisie-contrefaçon ?** La plupart des ordonnances de saisie-contrefaçon prévoient que le magistrat qui a rendu l'ordonnance ne pourra être saisi d'une difficulté qu'après l'exécution de la saisie-contrefaçon. Il est permis de se demander si les formules de ce type interdisent totalement au saisi de demander une rétractation ou une modification de l'ordonnance avant la fin des opérations de saisie-contrefaçon. En fait, il appartiendra d'abord à l'huissier d'apprécier la gravité de l'incident de saisie-contrefaçon et de décider ou non de surseoir à ses opérations, puis, dans ce dernier cas, au juge d'apprécier l'opportunité de statuer sur la difficulté pendant ou après l'exécution de la saisie-contrefaçon. L'intervention du juge avant la fin de la saisie-contrefaçon serait notamment justifiée dans l'hypothèse où les conditions de réalisation de la saisie-contrefaçon, telles que définies par l'ordonnance, créeraient un risque grave d'atteinte aux secrets industriels et commerciaux du saisi, par exemple du fait de la présence d'un salarié du requérant[4].

151.62 **Après la saisine du tribunal au fond.** L'article 497 du code de procédure civile prévoit expressément que le juge a la faculté de modifier ou de rétracter son ordonnance « *même si le juge du fond est saisi de l'affaire* ». Certains auteurs considèrent cependant que le recours en rétractation ne serait pas recevable lorsque le juge du fond est saisi. La jurisprudence semble néanmoins s'en tenir à la lettre de l'article 497 du code de procédure civile. Par arrêt du 9 juillet 1997, la Cour de cassation[5] a censuré un arrêt de la cour de Grenoble qui avait rejeté une demande de rétractation au motif qu'elle était fondée sur des moyens de nullité relevant du juge du fond et a énoncé qu'il appartenait à la cour de rechercher si les conditions prévues par les textes pour procéder à une saisie-contrefaçon étaient réunies. Il convient également de citer une ordonnance de référé du tribunal de grande instance de Lyon du 11 mai 1998 rejetant l'exception d'incompétence soulevée par le défendeur sur le fondement de la saisine du tribunal au fond[6].

SOUS-SECTION 3
POUVOIRS DU MAGISTRAT

151.71 **Le juge de la rétractation ne dispose pas du pouvoir d'annuler la saisie-contrefaçon.** Le rôle du juge des référés, saisi du référé-rétractation, consiste exclusivement à vérifier si, à la lumière d'un réexamen contradictoire et des explications apportées par le saisi, les conditions prévues par les textes pour autoriser la saisie-contrefaçon étaient réunies, réexaminer les conditions d'octroi de l'ordonnance de saisie-contrefaçon et la portée de cette dernière[7]. Le juge saisi d'une demande de rétractation n'est investi dans le cadre d'un débat contradictoire que

1. Paris, 14e ch., sect. A, 30 mai 2001, RG n° 2000/17996, la saisie-contrefaçon fondée sur le droit des marques (art. L. 716-7) avait été réalisée contre un objet déposé au Musée Rodin, tiers saisi.
2. Paris, pôle 1, ch. 3, 6 déc. 2011, RG n° 11/11455.
3. Paris, pôle 1, ch. 2, 27 avr. 2011, RG n° 11/02758.
4. TGI Aix-en-Provence, ord. réf., 27 sept. 1995, RG n° 9501745, inédit.
5. Civ. 2e, 9 juill. 1997, n° 95-12.580, *Bull. civ.* II, n° 231.
6. TGI Lyon, ord. réf., 11 mai 1998, *RD propr. int.* 1998, n° 87, 26 – ÉGALt : Lyon, 1re ch., 23 sept. 1999, *PIBD* 2000, n° 690, III, 29 – TGI Paris, 3e ch., 2e sect., 27 juin 2008, RG n° 07/00083.
7. Nîmes, 14 sept. 1998, *RD propr. int.* 1999, n° 96, 43 – TGI Paris, 3e ch., 3e sect., ord. réf., 9 déc. 2011, RG n° 11/14586.

dans la limite des pouvoirs appartenant à l'auteur de l'ordonnance[1]. Le juge des référés doit statuer lorsqu'il s'agit de dire si « *les conditions prévues par les textes pour procéder à une saisie-contrefaçon étaient réunies* » et ne peut pas s'en remettre au tribunal déjà saisi, au motif que celui-ci est juge de la validité de la saisie[2]. En revanche, le juge des référés, saisi du référé-rétractation n'est pas juge de la validité des opérations de saisie-contrefaçon réalisées sur la base de l'ordonnance ou juge de la validité du procès-verbal de saisie-contrefaçon[3], aussi les critiques formulées sur le déroulement de la saisie ne peuvent-elles pas fonder la rétractation[4].

151.72 Rétractation. Dans l'hypothèse où le saisi serait en mesure de démontrer que les conditions d'autorisation de la saisie-contrefaçon n'étaient pas remplies, l'ordonnance pourrait être rétractée purement et simplement : ainsi un arrêt de cour d'appel de Paris a rétracté une ordonnance rendue en faveur d'un propriétaire irrégulier[5] et un arrêt de la chambre commerciale de la Cour de cassation a rejeté le pourvoi contre un arrêt de la cour d'Aix-en-Provence qui avait rétracté l'ordonnance au motif que le saisi paraissait en droit, à titre de licencié, d'exploiter la technologie arguée de contrefaçon[6]. Une rétractation partielle semble également possible à l'exemple de ce qui a été décidé par le juge des référés du tribunal de grande instance dans une décision du 9 décembre 2011 : l'ordonnance ayant autorisé la saisie-contrefaçon sur le double fondement du droit d'auteur et du droit des dessins et modèles ne pouvait être rétractée (pour défaut d'intérêt à agir du requérant) qu'en ce qu'elle avait autorisé la saisie-contrefaçon sur le fondement du droit des dessins et modèles et non en ce qu'elle avait autorisé la saisie-contrefaçon sur le fondement du droit d'auteur (cette partie de l'ordonnance ne pouvait être remise en cause que par une demande de mainlevée, distincte de la demande de rétractation, dans un délai qui n'avait pas été respecté en l'espèce)[7].

1. Com. 9 juin 2009, n° 08-12.139, NP.
2. Civ. 2e, 9 juill. 1997, n° 95-12.580, *Bull. civ.* II, n° 231.
3. Paris, pôle 1, ch. 2, 27 avr. 2011, RG n° 11/02758.
4. Colmar, 27 juill. 1951, *Ann. propr. ind.* 1951. 261 – Douai, 1re ch., 4 févr. 2002, *PIBD* 2002, n° 741, III, 206 – TGI Paris, ord. réf., 5 avr. 2006, RG n° 06/04814, *Jurinpi* B20060055 – TGI Paris, 3e ch., 1re sect., 23 oct. 2007, *PIBD* 2008, n° 866, III, 32 – TGI Paris, 3e ch., 3e sect., ord. réf., 8 juill. 2011, (3 ordonnances) RG nos 11/08209, 11/08210, 11/08211.
5. Paris, 6 janv. 1932, *Ann. propr. ind.* 1932. 291, note Fernand-Jacq.
6. Com. 13 déc. 1994, n° 92-20.704, NP, *PIBD* 1995, n° 583, III, 105.
7. TGI Paris, 3e ch., 3e sect., ord. réf., 9 déc. 2011, RG n° 11/14586.

151.73 Modification. Le juge a le pouvoir de supprimer de l'ordonnance les dispositions qui s'avéreraient excessives. Tel serait le cas de dispositions excédant les limites prévues par les textes. Ce serait le cas d'une ordonnance autorisant la présence d'un salarié du requérant[8]. Le juge peut également révoquer l'autorisation de procéder à une saisie réelle dans le cas où celle-ci porterait un grave préjudice au saisi et ne serait pas indispensable au requérant[9].

151.74 Toutes mesures utiles. Le plus souvent, le saisi demande au juge des référés de prendre des mesures aux fins de préserver les documents et informations confidentiels et sans relation avec la contrefaçon alléguée. Si la saisie-contrefaçon est encore en cours d'exécution, le juge ordonne le placement des documents appréhendés sous enveloppe scellée et la remise de cette dernière à l'huissier instrumentaire. Que la saisie-contrefaçon soit ou non terminée, le juge désigne un expert aux fins de rechercher les documents confidentiels et sans relation avec la contrefaçon alléguée (v. ss nos 133.21 s.).

151.75 Tout complément utile. Rien ne paraît s'opposer à ce que le saisissant demande au magistrat d'ordonner des mesures complémentaires qui n'auraient pas été prévues dans l'ordonnance et s'avéreraient nécessaires lors du déroulement de la saisie, telles que la présence de personnes supplémentaires (informaticien, comptable, serrurier...), ou des constatations dans un lieu non couvert par l'ordonnance.

SOUS-SECTION 4
RECOURS

151.81 Recours contre l'ordonnance. L'ordonnance rendue à la suite d'un tel recours est une décision de référé; aux termes de l'article 490 du code de procédure civile, le délai de recours (appel) contre cette ordonnance est de quinze jours[10].

SECTION 3
DEMANDE EN RÉFÉRÉ D'INTERDICTION DE NOUVELLES SAISIES-CONTREFAÇON

151.91 Jurisprudence. Une ordonnance de référé du tribunal de grande instance de Lille du 17 octobre 1996[11] a fait interdiction au breveté, sous astreinte, de faire procéder à de nouvelles sai-

8. TGI Aix-en-Provence, ord. réf., 27 sept. 1995, RG n° 9501745, inédit.
9. Seine, ord. réf., 1er mai 1926, *Ann. propr. ind.* 1931. 134.
10. Lyon, 1re ch., 23 sept. 1999, *PIBD* 2000, n° 690, III, 29.
11. TGI Lille, 17 oct. 1996, *PIBD* 1997, n° 625, III, 60.

sies-contrefaçon et a ordonné la publication de l'ordonnance compte tenu de la publicité donnée à l'affaire. Cette ordonnance a relevé que le breveté avait déjà fait procéder à plusieurs saisies-contrefaçon avec saisie du matériel incriminé, sans que ces procès-verbaux rapportent la preuve d'une contrefaçon. Une telle solution ne peut être appliquée qu'à des cas extrêmes. En effet, elle aboutit, en se fondant sur la constatation que le breveté a, dans le passé, abusé de son droit, à lui interdire, *a priori*, de le faire valoir dans le futur, même à bon droit.

SECTION 4
RECOURS DU SAISI EN L'ABSENCE DE PROCÈS AU FOND

151.101 Demande en restitution des objets saisis réellement. Si le saisissant ne fait pas suivre la saisie-contrefaçon d'une assignation en contrefaçon, le saisi peut demander au juge des référés de constater la nullité de la saisie-contrefaçon, faute d'assignation dans le délai légal, et d'ordonner au saisissant de restituer les objets saisis réellement [1].

151.102 Demande en dommages-intérêts pour saisie abusive. Si le saisissant ne fait pas suivre la saisie-contrefaçon d'une assignation au fond, le saisi qui estimerait avoir fait l'objet d'une procédure abusive pourra engager une action principale en paiement de dommages-intérêts [2]. L'alinéa 5 des différents articles relatifs à la saisie-contrefaçon en matière de propriété industrielle précise ainsi que la saisie est annulée à la demande du saisi « *sans préjudice des dommages et intérêts qui peuvent être réclamés* ». Une telle action relève de la compétence du tribunal de grande instance; une ordonnance a ainsi rejeté l'exception d'incompétence soulevée par le saisissant en faveur du juge qui a rendu l'ordonnance; dans une autre espèce, le tribunal de commerce s'est déclaré incompétent pour statuer sur une demande de dommages-intérêts pour saisie abusive au motif que l'article L. 615-17 du code de la propriété intellectuelle attribue compétence exclusive au tribunal de grande instance pour connaître de ce contentieux [3] (pour les conditions de succès d'une demande de dommages-intérêts pour procédure abusive, v. s^s^ n°s 152.51 s.).

1. TGI Privas, ord. réf., 16 févr. 1989, *Dossiers Brevets* 1989, I, 4.
2. Paris, 4e ch. A, 19 juin 1990, *RD propr. ind.* 1990, n° 32, 49; *Ann. propr. ind.* 1990. 169; cassé par Com. 30 juin 1992, n° 90-17.782, *Bull. civ.* IV, n° 254.
3. T. com. Lyon, 8 avr. 1998, RG n° 96J05671, inédit.

CHAPITRE

152. Contentieux devant le juge du fond

SECTION 0

ORIENTEUR

152.00 Plan du chapitre.

Sect. 1 Contentieux de l'annulation

Sect. 2 Inscription de faux

Sect. 3 Contentieux de la réparation

152.01 Textes applicables.

* V. s^s n° 15.01

152.02 Jurisprudence citée.

> Sources de nullité du procès-verbal de saisie-contrefaçon

• **Paris, 4e ch. A, 7 oct. 1998,** *JCP E* 1999. I. 1631; *PIBD* 1999, n° 667, III, 16; *RD propr. int.* 1999, n° 97, p. 44.

• **TGI Paris, 3e ch., 3e sect., 17 févr. 2004,** *PIBD* 2004, n° 787, III, 323.

• **Paris, 4e ch., sect. B, 24 févr. 2006,** *PIBD* 2006, n° 829, III, 332; *RTD com.* 2007. 75, chron. Galloux; *Propr. intell.* oct. 2007, p. 480, obs. de Haas.

• **TGI Paris, 3e ch., 1re sect., 19 sept. 2006,** RG n° 03/12531.

• **TGI Paris, 3e ch., 3e sect., 22 nov. 2006,** RG n° 05/12094, *Jurinpi* B20060187.

• **TGI Paris, 3e ch., 3e sect., 18 févr. 2011,** RG n° 09/04302, *Jurinpi* M20110206; *PIBD* 2011, n° 941, III, 406.

• **Paris, pôle 5, ch. 1, 29 juin 2011,** RG n° 09/15755.

• **TGI Paris, 3e ch., 1re sect., 15 nov. 2011,** RG n° 10/15560.

* V. s^s n° 152.21

> Invocation des irrégularités

• **Com. 19 janv. 2010,** n° 08-18.732, NP.

• **Com. 14 sept. 2010,** n° 09-69.862, NP.

• **Com. 29 mars 2011,** n°s 09-16.330, 09-68.144, NP.

* V. s^s n° 152.24

> Juge compétent

• **TGI Paris, 3e ch., 2e sect., ord. JME, 27 oct. 2006,** RG n° 04/15727, *Jurinpi* B20060172.

• **TGI Paris, 3e ch., 1re sect., ord. JME, 29 nov. 2006,** RG n° 06/00626, *Jurinpi* B20060194.

• **TGI Paris, 3e ch., 3e sect., 6 déc. 2006,** RG n° 05/17995, *Jurinpi* B20060210.

• **TGI Paris, 3e ch., 1re sect., ord. JME, 10 janv. 2007,** RG n° 06/03290.

• **TGI Paris, 3e ch., 2e sect., ord. JME, 23 févr. 2007,** RG n° 06/05416.

• **Lyon, 1re ch. civ., 22 mars 2007,** RG n° 05/06557, *JurisData* n° 2007-344073.

• **TGI Paris, 3e ch., 2e sect., ord. JME, 30 mars 2007,** RG n° 06/02674, *Jurinpi* B20070051.

• **TGI Paris, 3e ch., 2e sect., 22 juin 2007,** RG n° 2005/18414; *Jurinpi* B20070101; *PIBD* 2007, n° 860, III, 588; *Propr. intell.* oct. 2007, p. 479, obs. de Haas.

• **Civ. 2e, 6 déc. 2007,** n°s 06-15.178, 07-13.964, *Bull. civ.* II, n° 263.

• **TGI Paris, 3e ch., 3e sect., 19 mars 2008,** *PIBD* 2008, n° 876, III, 356.

• **Paris, 4e ch., sect. A, 28 mai 2008,** RG n° 07/08970, *Jurinpi* D20080083.

• **TGI Paris, 3e ch., 2e sect., ord. JME, 11 juill. 2008,** RG n° 07/16007, *Jurinpi* B20080119.

• **Paris, 4e ch., sect. A, 13 mai 2009,** RG n° 07/10029.

• **Paris, pôle 5, ch. 1, 27 mai 2009,** RG n° 07/18957.

• **Paris, pôle 1, ch. 3, 9 mars 2010,** RG n° 09/16885.

• **TGI Paris, 3e ch., 3e sect., ord. JME, 12 mai 2010,** RG n° 09/10271.

• **TGI Paris, 3e ch., 4e sect., 10 juin 2010,** RG n° 09/09853; *JurisData* n° 2010-028661.

* V. s^s n° 152.25

> Rapport entre la rétractation et l'annulation de l'ordonnance

• **TGI Paris, 6 déc. 1996,** *PIBD* 1997, n° 629, III, 174.

• **Nîmes, 2e ch., 8 mars 2001,** *PIBD* 2001, n° 725, III, 414.

• **TGI Paris, 3e ch., 2e sect., 11 mars 2005,** RG n° 03/06498; *PIBD* 2005, n° 816, III, 570.

• **TGI Paris, 3e ch., 2e sect., 16 nov. 2007,** *Jurinpi* B20070176.

• **TGI Paris, 3e ch., 2e sect., 5 déc. 2008,** RG n° 05/08703, *Jurinpi* M20080791; *PIBD* 2009, n° 893, III, 929.

• **TGI Paris, 3e ch., 2e sect., 1er oct. 2010,** RG no 08/16991, *Jurinpi* D20100245; *PIBD* 2011, no 935, III, 201.

• **Toulouse, 2e ch., 1re sect., 26 janv. 2011,** RG no 09/00799, *Jurinpi* B20110005; *PIBD* 2011, no 937, III, 240.

• **Paris, pôle 5, ch. 2, 2 déc. 2011,** RG no 10/07016, *Jurinpi* M20110678; *PIBD* 2012, no 957, III, 161.

* V. ss no 152.26

> Portée de l'article 460 du code de procédure civile

• **TGI Paris, 3e ch., 3e sect., ord. JME, 12 mars 2008,** RG no 07/11641.

• **TGI Paris, 3e ch., 2e sect., 27 juin 2008,** RG no 07/00083.

• **TGI Paris, 3e ch., 3e sect., ord. JME, 6 mai 2009,** RG no 08/16494.

* V. ss no 152.27

> Conséquence de l'annulation du procès-verbal de saisie-contrefaçon

• **Req. 28 févr. 1933,** *Ann. propr. ind.* 1933. 144.

• **TGI Paris, 10 juill. 1974,** *PIBD* 1975, no 142, III, 71.

• **TGI Paris, 26 avr. 1975,** *PIBD* 1975, no 154, III, 328.

• **TGI Paris, 3e ch., 28 mai 1980,** *PIBD* 1980, no 268, III, 209.

• **Paris, 23 nov. 1989,** *PIBD* 1990, no 474, III, 162.

• **Com. 6 nov. 1990,** no 88-15.436, NP, *Ann. propr. ind.* 1991. 7.

• **TGI Paris, 11 janv. 1995,** *PIBD* 1995, no 586, III, 208.

• **Paris, 17 mai 1995,** *Ann. propr. ind.* 1997. 65.

• **Paris, 4e ch., 13 mars 1996,** *PIBD* 1996, no 612, III, 305.

• **Paris, 7 mai 1996,** *PIBD* 1996, no 617, III, 454.

• **TGI Paris, 31 mai 1996,** *PIBD* 1996, no 619, III, 518.

• **Paris, 4e ch., sect. A, 20 déc. 2006,** RG no 05/21165, *Jurinpi* D20060180; *JurisData* no 2006-325350.

• **Rennes, 27 févr. 2007,** RG no 06/02117, *JurisData* no 2007-33452.

• **Paris, 4e ch., sect. B, 30 mars 2007,** RG no 05/12257, *Jurinpi* D20070054; *JurisData* no 2007-333029; *Propr. intell.* oct. 2007, p. 480, obs. de Haas.

• **TGI Paris, 3e ch., 1re sect., 23 oct. 2007,** *PIBD* 2008, no 866, III, 32.

• **Paris, pôle 5, ch. 2, 28 mai 2010,** RG no 09/07803.

• **TGI Paris, 3e ch., 4e sect., 10 juin 2010,** RG no 09/09853; *JurisData* no 2010-028661.

• **Colmar, ch. 1, sect. A, 25 janv. 2011,** RG no 08/00004, *JurisData* no 2011-002287.

• **Paris, pôle 5, ch. 2, 6 mai 2011,** RG no 10/05357, *Propr. intell.* oct. 2011, p. 440, obs. de Haas.

• **Com. 20 sept. 2011,** no 10-19.284, NP.

* V. ss no 152.29

> Nouvelle saisie

• **Paris, 13 avr. 1983,** *Dossiers Brevets* 1984, III, 1.

• **Com. 3 oct. 1995,** no 93-20.445, *Bull. civ.* IV, no 217, *PIBD* 1995, no 600, III, 562.

• **Paris, 7 mai 1996,** *PIBD* 1996, no 617, III, 454.

• **TGI Paris, 5 juin 1996,** *PIBD* 1996, no 619, III, 515.

• **TGI Paris, 6 déc. 1996,** *PIBD* 1997, no 629, III, 174.

• **Paris, 4e ch. A, 23 sept. 1998,** *PIBD* 1999, no 671, III, 79.

• **Paris, 4e ch., 20 déc. 2000,** *PIBD* 2001, no 718, III, 203.

• **Com. 1er juill. 2003,** no 01-10.807, *Bull. civ.* IV, no 112, *RTD com.* 2004. 305, chron. Galloux.

• **Paris, 4e ch., sect. A, 22 févr. 2006,** RG no 2003/17607, *PIBD* 2006, no 831, III, 390.

• **TGI Paris, 3e ch., 2e sect., ord. JME, 24 mai 2006,** RG no 04/17031, *Jurinpi* B20060092.

• **TGI Paris, 3e ch., 3e sect., ord. JME, 21 juin 2006,** RG no 04/17031.

• **TGI Paris, 3e ch., 2e sect., 6 avr. 2007,** *PIBD* 2007, no 855, III, 427.

• **Com. 8 juill. 2008,** no 07-15.075, *Bull. civ.* IV, no 142, *PIBD* 2008, no 882, III, 559.

• **Paris, 4e ch., sect. B, 29 mai 2009,** RG no 07/13545.

• **Douai, ch. 1, sect. 2, 25 févr. 2010,** RG no 08/08777.

* V. ss no 152.30

> Compétence exclusive du tribunal de grande instance

• **TGI Paris, 3e ch., 3e sect., ord. JME, 3 juin 2011,** RG no 10/05501.

* V. ss no 152.42

> Domaine de l'inscription de faux

• **TGI Paris, 3e ch., 8 oct. 1987,** *PIBD* 1988, no 429, III, 101.

• **TGI Paris, 22 nov. 1996,** *PIBD* 1997, no 628, III, 137.

• **Rennes, 1re ch. A, 21 nov. 1995,** *PIBD* 1996, no 605, III, 95.

* V. ss no 152.44

> Retranscription des observations du technicien

• **TGI Rennes, 2e ch., 4 juill. 1994,** *PIBD* 1994, no 577, III, 566.

• **TGI Paris, 22 nov. 1996,** *PIBD* 1997, no 628, III, 137.

• **TGI Paris, 3e ch., 2e sect., 13 mars 1998,** *RD propr. int.* 1998, no 85, 29.

* V. ss no 152.45

> Fondement de l'inscription de faux

• **Nancy, 12 mars 1991,** *RD propr. ind.* 1991, no 34, 30.

• **Paris, 4e ch., 24 sept. 1991,** *RD propr. int.* 1992, no 41, 63.

* V. ss no 152.46

> Sanction

• **TGI Paris, 22 nov. 1996,** *PIBD* 1997, no 628, III, 137.

• **TGI Paris, 3e ch., 2e sect., 13 mars 1998,** *RD propr. int.* 1998, no 85, 29.

• **TGI Paris, 3e ch., 19 mars 1999,** *PIBD* 1999, no 685, III, 437.

• **TGI Paris, 3e ch., 2e sect., 31 oct. 2003,** *PIBD* 2004, no 782, III, 151.

* V. ss no 152.47

> Principe général

• **Com. 19 oct. 1999,** no 97-12.845, NP, *JCP E* 2000. I. 1286, note Greffe; *PIBD* 2000, no 690, III, 49.

• **Com. 11 mars 2003,** no 02-13.680, *Bull. civ.* IV, no 43, *PIBD* 2003, no 773, III, 508, *Propr. Intell.*, oct. 2004, p. 937, obs. de Haas.

• **Com. 8 févr. 2011,** no 09-69.684, NP.

• **Com. 20 sept. 2011,** no 10-19.443, P.

* V. ss no 152.51

> **Fondements des demandes en dommages-intérêts pour procédure abusive**

• **Paris, 4e ch., sect. B, 18 juin 2004,** *Gaz. Pal.* 5-6 janv. 2005, p. 2.

• **TGI Paris, 3e ch., 3e sect., 14 sept. 2005,** RG no 2003/17767 ; *PIBD* 2005, no 818, III, 653.

• **Paris, 4e ch., sect. B, 20 juin 2008,** RG no 07/04825, *Jurinpi* D20080081.

* V. ss no 152.53

> **Trouble commercial et atteinte à la réputation du saisi**

• **TGI Paris, 3e ch., 10 juill. 1974,** *PIBD* 1975, no 141, III, 51.

• **TGI Paris, 30 nov. 1977,** *PIBD* 1978, no 221, III, 339.

• **TGI Paris, 24 mars 1983,** *PIBD* 1983, no 330, III, 206.

• **TGI Paris, 28 juin 1983,** *Dossiers Brevets* 1984, II, 5.

• **TGI Paris, 3e ch., 24 mai 1984,** *PIBD* 1984, no 358, III, 292.

• **TGI Paris, 23 sept. 1992,** *PIBD* 1993, no 535, III, 8.

• **Paris, 4e ch., 13 mars 1996,** *PIBD* 1996, no 612, III, 299.

• **Com. 27 janv. 1998,** no 96-10.576, NP, *JCP E* 1998, chr. p. 1495.

• **Paris, 4e ch., sect. B, 20 juin 2008,** RG no 07/04825, *Jurinpi* D20080081.

• **Colmar, ch. civ. 1, sect. A, 29 juin 2010,** RG no 08/02201.

• **Paris, pôle 5, ch. 2, 14 janv. 2011,** RG no 09/02809.

• **Paris, pôle 5, ch. 2, 28 janv. 2011,** RG no 09/28550.

• **Paris, pôle 5, ch. 2, 25 févr. 2011,** RG no 09/22635.

* V. ss no 152.54

> **Détournement de secrets industriels et commerciaux**

• **TGI Paris, 22 oct. 1975,** *Dossiers Brevets* 1977, III, 1 ; *PIBD* 1976, no 171, III, 250.

• **TGI Paris, 30 sept. 1982,** *PIBD* 1982, no 314, III, 263.

• **Com. 9 mars 1993,** no 91-15.211, NP, *PIBD* 1993, no 547, III, 412.

• **Paris, 4e ch., 17 mai 1995,** *PIBD* 1995, no 592, III, 343.

• **TGI Paris, 3e ch., 26 mai 1995,** *PIBD* 1995, no 595, III, 420.

• **Com. 8 juill. 2008,** no 07-15.075, *Bull. civ.* IV, no 142, *PIBD* 2008, no 882, III, 559 ; *Propr. Industr.* 2010, comm. 27, note P. Vigand.

* V. ss no 152.55

> **Recommandation pour éviter le grief de captation de secrets industriels et commerciaux**

• **TGI Paris, 3e ch., 2e sect., 13 mars 1998,** *RD propr. int.* 1998, no 85, 29.

* V. ss no 152.56

> **Nombre injustifié de saisies-contrefaçon**

• **Paris, 20 mars 1971,** *Ann. propr. ind.* 1971. 111.

• **TGI Paris, 24 janv. 1980,** *PIBD* 1980, no 261, III, 133.

• **Com. 27 janv. 1998,** no 96-10.576, NP, *JCP E* 1998, Chron. 1495.

• **TGI Lyon, 31 mai 1999,** *PIBD* 1999, no 685, III, 439.

• **Paris, pôle 5, ch. 1, 12 oct. 2011,** RG no 2009/21698, *Jurinpi* B20110164 ; *PIBD* 2011, no 953, III, 9.

* V. ss no 152.58

> **Légèreté blâmable**

• **Com. 22 mai 1973,** no 71-13.912, *Bull. civ.* IV, no 181, *PIBD* 1974, no 120, III, 77.

• **TGI Paris, 3e ch., 26 mars 1975,** *PIBD* 1976, no 161, III, 9.

• **TGI Paris, 3e ch., 15 juin 1990,** *PIBD* 1990, no 486, III, 569.

• **Orléans, 10 juill. 2003,** *PIBD* 2003, no 773, III, 514 ; *Propr. intell.* oct. 2004, p. 937, obs. de Haas.

• **Paris, pôle 5, ch. 1, 2 févr. 2011,** RG no 09/13569.

* V. ss no 152.59

> **Le saisissant n'est responsable que de ses propres abus dans les opérations de saisie**

• **Paris, 4e ch. A, 19 juin 1990,** *Ann. propr. ind.* 1990. 169 ; *RD propr. ind.* 1990, no 32, 49.

• **Com. 30 juin 1992,** no 90-17.782, *Bull. civ.* IV, no 254.

• **Paris, pôle 5, ch. 1, 15 sept. 2010,** RG no 2009/06635.

* V. ss no 152.60

> **Irrégularités graves**

• **TGI Rennes, 28 févr. 1994,** *RIPIA* 1994, nos 175-176, 71.

* V. ss no 152.61

> **Méprise légitime**

• **Paris, 4e ch., 22 févr. 1982,** *PIBD* 1982, no 306, III, 162.

• **TGI Lille, 2e ch., 21 mai 1986,** *PIBD* 1986, no 398, III, 337.

• **TGI Paris, 3e ch., 30 oct. 1987,** *PIBD* 1988, no 430, III, 124.

• **TGI Paris, 3e ch., 4 avr. 1991,** *PIBD* 1991, no 507, III, 536.

• **TGI Paris, 3e ch., 8 juill. 1992,** *PIBD* 1992, no 534, III, 643.

• **TGI Paris, 3e ch., 30 juin 1994,** *PIBD* 1994, no 576, III, 527.

• **Aix-en-Provence, 29 avr. 1998,** *PIBD* 1998, no 661, III, 449.

• **Paris, pôle 5, ch. 2, 14 janv. 2011,** RG no 09/02809.

• **Paris, pôle 5, ch. 1, 2 févr. 2011,** RG no 09/13569.

• **Com. 20 sept. 2011,** no 10-19.443, P.

• **Paris, pôle 5, ch. 1, 12 oct. 2011,** RG no 09/21698.

* V. ss no 152.62

> **Montant des dommages-intérêts**

• **TGI Toulouse, 31 oct. 1996,** *PIBD* 1997, no 626, III, 90.

• **TGI Paris, 3e ch., 1re sect., 22 nov. 2000,** RG no 98/23255.

• **TGI Paris, 3e ch., 1re sect., 22 nov. 2000,** RG no 00/02524.

• **Paris, 3e ch., 3e sect., 18 juin 2002,** RG no 00/19109.

• **TGI Paris, 3e ch., 1re sect., 23 sept. 2003,** RG no 01/15750, *Jurinpi* B20030245.

• **TGI Paris, 3e ch., 3e sect., 17 févr. 2004,** RG no 02/06561.

• **TGI Paris, 3e ch., 2e sect., 30 avr. 2004,** RG no 01/19327.

• **TGI Paris, 3e ch., 3e sect., 23 mars 2005,** RG no 02/16042.

• **Paris, 4e ch., sect. B, 21 oct. 2005,** RG no 2003/20591, *PIBD* 2005, no 820, III, 743.

• **TGI Paris, 3e ch., 1re sect., 25 janv. 2006,** RG no 05/06294.
• **Paris, 4e ch., sect. A, 5 avr. 2006,** RG no 05/10728.
• **TGI Paris, 3e ch., 3e sect., 30 janv. 2008,** RG no 2004/17031, *PIBD* 2008, no 871, III, 207.
• **TGI Paris, 3e ch., 1re sect., 10 juin 2008,** RG no 04/12315.
• **TGI Paris, 3e ch., 3e sect., 7 janv. 2009,** RG no 2008/00116, *Jurinpi* B20090019, *PIBD* 2009, no 894, III, 951.
• **TGI Paris, 3e ch., 3e sect., 25 mars 2009,** RG no 07/12696.
• **TGI Paris, 3e ch., 4e sect., 30 sept. 2009,** RG no 09/04911.
• **Paris, pôle 5, ch. 1, 22 juin 2011,** RG no 09/24271.
* V. ss no 152.63

152.11 Division. Le tribunal saisi de l'action en contrefaçon au fond est compétent pour statuer sur les moyens de nullité du procès-verbal de saisie-contrefaçon (section 1), les demandes en inscription de faux à l'encontre du procès-verbal de saisie-contrefaçon (section 2) et les demandes en réparation (section 3).

SECTION 1
CONTENTIEUX DE L'ANNULATION

152.21 Sources de nullité du procès-verbal de saisie-contrefaçon. La nullité du procès-verbal de saisie-contrefaçon peut résulter de la nullité du titre de propriété intellectuelle qui a été invoqué à l'appui de la requête aux fins de saisie-contrefaçon[1] (AUSSI ss nos 111.71 et 111.221). Il convient toutefois de noter que, si la saisie-contrefaçon a été sollicitée sur le fondement de deux voire plusieurs titres de propriété intellectuelle, l'annulation postérieure de l'un voire de plusieurs de ces titres ne doit pas avoir pour effet d'affecter la saisie-contrefaçon qui demeure valable tant que l'un au moins de ces titres reste valable et peut ainsi servir de fondement à la saisie-contrefaçon pratiquée. C'est ainsi que la cour d'appel de Paris, le 29 juin 2011, a confirmé la validité de la saisie-contrefaçon qui avait été sollicitée et pratiquée sur le fondement de deux brevets d'invention dont l'un seulement avait été ensuite annulé[2].

La nullité du procès-verbal de saisie-contrefaçon peut aussi résulter de la rétractation de l'ordonnance de saisie-contrefaçon[3], de la nullité de l'assignation délivrée dans le délai légal ou d'irrégularités affectant le procès-verbal de saisie-contrefaçon lui-même. La nullité du procès-verbal de signification de l'ordonnance préalablement aux opérations de saisie ne devrait pas affecter la validité du procès-verbal de saisie s'il est prouvé que copie de l'ordonnance a bien été remise au détenteur des objets saisis ou décrits avant le déroulement des opérations de saisie. En effet, les articles R. 521-3, alinéa 2 (en matière de dessins et modèles), R. 615-2-1, alinéa 2 (en matière de brevets, applicable aux topographies de produits semi-conducteurs par renvoi de l'article R. 622-6), R. 623-51-1, alinéa 2 (en matière de certificats d'obtention végétale), R. 716-3, alinéa 2 (en matière de marques) et R. 722-3, al. 2 (en matière d'indications géographiques) du code de la propriété intellectuelle exigent seulement qu'il soit laissé copie de l'ordonnance avant l'exécution de la saisie-contrefaçon (v. ss nos 131.11 s.).

Mais la nullité du procès-verbal de saisie-contrefaçon peut également être prononcée en cas de détournement de la procédure de saisie-contrefaçon. Il a ainsi été jugé que, en l'absence de toute preuve matérielle de la contrefaçon, le saisissant ne pouvait faire consigner les déclarations du saisi : « *Admettre le contraire reviendrait à permettre à quiconque souhaitant faire entendre une personne suspectée de commettre des actes de contrefaçon de recueillir ses déclarations, voire ses aveux, en soutenant de mauvaise foi qu'elle détient des objets contrefaisants* »[4] (rendu en matière de droits d'auteur à propos d'une saisie-contrefaçon réalisée par un commissaire de police; à rapprocher de l'obligation qu'a l'huissier de constater les actes de contrefaçon : v. ss no 132.91). Dans un autre arrêt, la cour d'appel de Paris a précisé que « *la cause de nullité tirée de l'absence de saisie réelle ou descriptive affecte nécessairement le fond du procès-verbal de saisie-contrefaçon, de sorte qu'elle n'est pas soumise à la démonstration d'un grief* »[5]. En revanche, le fait que l'huissier n'ait pu saisir réellement aucun objet contrefaisant, ni partant procéder à leur description n'est pas une cause de nullité de la saisie qui a tout de même permis l'appréhension d'une facture et de catalogues et dont il n'est pas dit qu'elle se soit déroulée irrégulièrement ou hors les termes de l'ordonnance[6]. De même, l'absence d'exploitation de l'ensemble des éléments saisis n'est pas une cause de nullité[7].

1. TGI Paris, 3e ch., 3e sect., 22 nov. 2006, RG no 05/12094, *Jurinpi* B20060187 – TGI Paris, 3e ch., 1re sect., 15 nov. 2011, RG no 10/15560.
2. Paris, pôle 5, ch. 1, 29 juin 2011, RG no 09/15755.
3. TGI Paris, 3e ch., 3e sect., 18 févr. 2011, RG no 09/04302, *Jurinpi* M20110206; *PIBD* 2011, no 941, III, 406.
4. Paris, 4e ch. A, 7 oct. 1998, *JCP E* 1999. I. 1631; *PIBD* 1999, no 667, III, 16; *RD propr. int.* 1999, no 97, p. 44.
5. Paris, 4e ch., sect. B, 24 févr. 2006, *PIBD* 2006, no 829, III, 332; *RTD com.* 2007. 75, chron. Galloux.
6. TGI Paris, 3e ch., 1re sect., 19 sept. 2006, RG no 03/12531.
7. TGI Paris, 3e ch., 3e sect., 17 févr. 2004, *PIBD* 2004, no 787, III, 323.

152.22 **Causes de nullité.** Les causes de nullité, leur qualification en nullité de forme ou de fond et leur sanction ont été examinées dans le cadre des explications relatives au demandeur à la saisie, la requête, l'ordonnance, l'exécution de la saisie-contrefaçon et l'obligation d'assigner dans le délai de vingt jours ouvrables ou trente et un jours civils.

152.23 **Régime des irrégularités de forme et de fond.** Il suffit de rappeler que, conformément au droit commun, une irrégularité de forme est soumise à la règle « *pas de nullité sans grief* » de l'article 114 du code de procédure civile. Celui qui se prévaut d'une irrégularité de forme a donc la charge de préciser en quoi elle lui a causé un grief et de rapporter la preuve de ce grief et de sa relation avec le vice allégué. L'obligation de rapporter la preuve d'un grief vaut également pour l'inobservation de formalités substantielles ou d'ordre public. En revanche, en vertu de l'article 119 du code de procédure civile : « *Les exceptions de nullité fondées sur l'inobservation des règles de fond relatives aux actes de procédure doivent être accueillies sans que celui qui les invoque ait à justifier d'un grief et alors même que la nullité ne résulterait d'aucune disposition expresse* ». La jurisprudence assimile l'inobservation d'une règle d'organisation judiciaire à une irrégularité de fond.

152.24 **Invocation des irrégularités.** Les moyens de nullité du procès-verbal de saisie-contrefaçon étant des défenses au fond et non des exceptions de procédure ou, plus précisément, des exceptions de nullité, comme l'ont soutenu à tort quelques décisions, ils sont recevables en tout état de cause conformément à l'article 72 du code de procédure civile[1].

152.25 **Juge compétent.** Depuis l'entrée en vigueur du décret n° 2005-1678 du 28 décembre 2005, l'article 771, 1° du code de procédure civile donne une compétence exclusive au juge de la mise en état pour statuer sur les exceptions de procédure. Or, parmi ces exceptions de procédure, il faut compter, conformément aux articles 73 et suivants du code de procédure civile, les exceptions de nullité de fond ou de forme. La question s'est donc posée de savoir si les demandes en nullité de saisie-contrefaçon relevaient de la compétence du juge de la mise en état ou bien du tribunal saisi du fond. La saisie-contrefaçon est une mesure probatoire, un moyen de preuve, et non pas un acte de procédure si bien que la nullité d'une procédure de saisie-contrefaçon n'est pas une exception de procédure pour laquelle le juge de la mise en état a compétence exclusive mais une défense au fond[2]. Et la circonstance que les causes de nullité et le régime applicable à celles-ci soient définis par les articles 648 et suivants du code de procédure civile (la forme des actes d'huissier), dont l'article 649 qui renvoie aux dispositions des articles 112 à 121 du même code régissant la nullité des actes de procédure, n'a pas pour effet de modifier leur nature. Il appartient donc au tribunal statuant au fond d'apprécier la validité de la saisie-contrefaçon[3].

152.26 **Rapport entre la rétractation et l'annulation de l'ordonnance.** Certaines décisions rejetant un moyen de nullité dirigé contre l'ordonnance relèvent, à titre principal ou incident, que cette ordonnance n'a pas fait l'objet d'une demande en rétractation[4].

1. N. Bouche, « Quelle qualification pour le moyen de nullité de la saisie-contrefaçon ? », *Propr. industr.* févr. 2010, étude 3, p. 10-14 – Com. 19 janv. 2010, n° 08-18.732, NP, *RLDI* févr. 2010, n° 1883, p. 30, obs. L.C. – Com. 14 sept. 2010, n° 09-69.862, NP – Com. 29 mars 2011, n°s 09-16.330 et 09-68.144, NP, *PIBD* 2011, n° 940, III, 339.

2. N. Bouche, « Quelle qualification pour le moyen de nullité de la saisie-contrefaçon ? », *Propr. industr.* févr. 2010, étude 3, p. 10-14 – Com. 19 janv. 2010, n° 08-18.732, NP, *RLDI* févr. 2010, n° 1883, p. 30, obs. L.C. – Com. 14 sept. 2010, n° 09-69.862, NP – Com. 29 mars 2011, n°s 09-16.330 et 09-68.144, NP, *PIBD* 2011, n° 940, III, 339 – TGI Paris, 3e ch., 4e sect., 10 juin 2010, RG n° 09/09853; *JurisData* n° 2010-028661 – Paris, pôle 1, ch. 3, 9 mars 2010, RG n° 09/16885.

3. TGI Paris, 3^{e} ch., 2e sect., ord. JME, 27 oct. 2006, RG n° 04/15727, *Jurinpi* B20060172 – TGI Paris, 3e ch., 1re sect., ord. JME, 29 nov. 2006, RG n° 06/00626, *Jurinpi* B20060194 – TGI Paris, 3e ch., 1re sect., ord. JME, 10 janv. 2007, RG n° 06/03290 – TGI Paris, 3e ch., 2e sect., ord. JME, 23 févr 2007, RG n° 06/05416 – TGI Paris, 3e ch., 2e sect., ord. JME, 30 mars 2007, RG n° 06/02674, *Jurinpi* B20070051; *PIBD* 2007, n° 854, III, 383 – TGI Paris, ord. JME, 25 avr. 2007, *Propr. intell.* oct. 2007, p. 479, obs. de Haas – TGI Paris, 3e ch., 2e sect., 22 juin 2007, RG n° 2005/18414; *Jurinpi* B20070101; *PIBD* 2007, n° 860, III, 588; *Propr. intell.* oct. 2007, p. 479, obs. de Haas Lyon, 1re ch. civ., 22 mars 2007, RG n° 05/06557, *JurisData* n° 2007-344073 – TGI Paris, ord. JME, 11 juill. 2008, RG n° 07/16007, *Jurinpi* B20080119 – EN CE SENS : Civ. 2e, 6 déc. 2007, n°s 06-15.178 et 07-13.964, *Bull. civ.* II, n° 263 – CONTRA : TGI Paris, 3e ch., 3e sect., ord. JME, 6 déc. 2006, RG n° 05/17995, *Jurinpi* B20060210 et dans la même affaire TGI Paris, 3e ch., 3e sect., 19 mars 2008, *PIBD* 2008, n° 876, III, 356 – Montpellier, ord. JME, 22 août 2007, *Propr. intell.* oct. 2007, p. 479, obs. de Haas – Paris, 4e ch., sect. A, 28 mai 2008, RG n° 07/08970, *Jurinpi* D20080083 – Paris, 4e ch., sect. A, 13 mai 2009, RG n° 07/16629 – Paris, pôle 5, ch. 1, 27 mai 2009, RG n° 07/18957 – TGI Paris, 3e ch., 3e sect., ord. JME, 12 mai 2010, RG n° 09/10271.

4. TGI Paris, 3e ch., 6 déc. 1996, *PIBD* 1997, n° 629, III, 174 – TGI Paris, 3e ch., 19 juin 1996, *Jurinpi* B19960103 – Nîmes, 2e ch., 8 mars 2001, *PIBD* 2001, n° 725, III, 414 – TGI Paris, 3e ch., 2e sect., 11 mars 2005, RG n° 03/06498; *PIBD* 2005, n° 816, III, 570 – TGI Paris, 3e ch., 2e sect., 16 nov. 2007, *Jurinpi* B20070176.

Il faut rappeler que si une ordonnance obtenue dans des conditions irrégulières ou autorisant des mesures excessives doit faire l'objet d'un recours en rétractation, une ordonnance exécutée dans des conditions irrégulières ne peut donner lieu qu'à une demande de nullité du procès-verbal de saisie-contrefaçon. De nombreuses décisions rejettent donc la demande de nullité du procès-verbal de saisie-contrefaçon fondée sur la prétention que l'ordonnance a été obtenue dans des conditions irrégulières ou autorisant des mesures excessives, prétention qui ne pouvait relever que du recours en rétractation[1].

La nullité de l'ordonnance elle-même ne peut, quant à elle, être demandée que devant la cour d'appel.

152.27 Portée de l'article 460 du code de procédure civile. Le tribunal de grande instance de Paris dans une ordonnance du 12 mars 2008 a rappelé la portée de l'article 460 du code de procédure civile (« *La nullité d'un jugement ne peut être demandée que par les voies de recours prévues par la loi* »), qui codifie l'adage « *voies de nullité n'ont lieu contre les jugements* ». Cet article interdit au tribunal saisi du fond du procès d'annuler une ordonnance autorisant la saisie-contrefaçon (ce pouvoir n'appartient qu'à la cour d'appel saisie d'un recours contre cette ordonnance que son auteur aurait refusé de rétracter). En effet, conformément aux articles 493 à 498 du code de procédure civile, auxquels obéissent les ordonnances sur requête aux fins de saisie-contrefaçon, et notamment à l'article 496 qui dispose que « *s'il est fait droit à la requête, tout intéressé peut en référer au juge qui a rendu l'ordonnance* » et à l'article 497 qui énonce que « *le juge a la faculté de modifier ou de rétracter son ordonnance, même si le juge du fond est saisi de l'affaire* », il convient « *d'en solliciter la rétractation auprès du magistrat signataire qui est la voie de recours prévue par la loi* »[2].

152.28 Annulation totale ou partielle du procès-verbal de saisie-contrefaçon. Selon les causes de nullité, le procès-verbal de saisie-contrefaçon sera annulé en totalité ou en partie. Par exemple, à défaut d'assignation dans le délai légal, l'annulation affectera tant la saisie réelle que la saisie descriptive (v. s^{s} n° 144.12). Inversement, lorsque la saisie-contrefaçon porte sur plusieurs titres, dont certains seulement peuvent fonder une saisie-contrefaçon, l'annulation portera exclusivement sur la partie de la saisie-contrefaçon relative aux autres titres. En présence d'erreurs matérielles, notamment dans la description, l'annulation portera exclusivement sur les passages erronés du procès-verbal de saisie-contrefaçon (v. s^{s} n° 152.47).

152.29 Conséquence de l'annulation du procès-verbal de saisie-contrefaçon. La nullité de la saisie est sans conséquence sur la recevabilité de l'action en contrefaçon[3] mais la preuve de la contrefaçon devra être apportée par d'autres moyens[4]. La saisie annulée ne peut plus être utilisée, à quelque titre que ce soit[5]. L'annulation du procès-verbal de saisie-contrefaçon emporte impossibilité absolue de se prévaloir du contenu du procès-verbal et des pièces appréhendées lors de la saisie-contrefaçon[6]. La cour d'appel de Paris a ainsi réformé un jugement qui avait tenu compte d'un procès-verbal annulé au motif que, bien qu'inopérant pour apporter la preuve de la contrefaçon, « *il demeure valable comme simple acte d'huissier* »[7]. De même, le rapport rédigé par l'expert qui a assisté l'huissier lors des opérations de saisie-contrefaçon ne peut être utilisé pour apporter la preuve de la contrefaçon[8]. Si le demandeur en contrefaçon ne dispose pas d'autres moyens de preuve que le procès-verbal de saisie-contrefaçon, l'annulation de ce dernier entraînera

1. TGI Paris, 3e ch., 2e sect., 5 déc. 2008, RG n° 05/08703, *Jurinpi* M20080791; *PIBD* 2009, n° 893, III, 929 – TGI Paris, 3e ch., 2e sect., 1er oct. 2010, RG n° 08/16991, *Jurinpi* D20100245; *PIBD* 2011, n° 935, III, 201 – Toulouse, 2e ch., 1re sect., 26 janv. 2011, RG n° 09/00799, *Jurinpi* B20110005; *PIBD* 2011, n° 937, III, 240 – Paris, pôle 5, ch. 2, 2 déc. 2011, RG n° 10/07016, *Jurinpi* M20110678; *PIBD* 2012, n° 957, III, 161.
2. TGI Paris, 3e ch., 3e sect., ord. JME, 12 mars 2008, RG n° 07/11641 – TGI Paris, 3e ch., 2e sect., 27 juin 2008, RG n° 07/00083 – TGI Paris, 3e ch., 3e sect., ord. JME, 6 mai 2009, RG n° 08/16494, *PIBD* 2009, n° 902, III, 1327; *Propr. intell.* oct. 2009, p. 399, obs. de Haas.
3. Colmar, ch. 1, sect. A, 25 janv. 2011, RG n° 08/00004, *JurisData* n° 2011-002287 – Paris, pôle 5, ch. 2, 28 mai 2010, RG n° 09/07803.
4. TGI Lyon, 27 mai 1971, *Ann. propr. ind.* 1971. 268 – TGI Paris, 19 juin 1971, *PIBD* 1972. III. 40 – Paris, 4e ch., sect. A, 20 déc. 2006, RG n° 05/21165, *Jurinpi* D20060180; *JurisData* n° 2006-325350 – Rennes, 27 févr. 2007, RG n° 06/02117, *JurisData* n° 2007-33452 – Paris, 4e ch., sect. B, 30 mars 2007, RG n° 05/12257, *Jurinpi* D20070054; *JurisData* n° 2007-333029.
5. TGI Paris, 10 juill. 1974, *PIBD* 1975, n° 142, III, 71 – TGI Paris, 26 avr. 1975, *PIBD* 1975, n° 154, III, 329 – TGI Paris, 3e ch., 28 mai 1980, *PIBD* 1980, n° 268, III, 209 – Paris, 23 nov. 1989, *PIBD* 1990, n° 474, III, 162 – TGI Paris, 11 janv. 1995, *PIBD* 1995, n° 586, III, 208 – Paris, 17 mai 1995, *Ann. propr. ind.* 1997. 65 – Paris, 13 mars 1996, *PIBD* 1996, n° 612, III, 305 – Paris, 7 mai 1996, *PIBD* 1996, n° 617, III, 454 – TGI Paris, 31 mai 1996, *PIBD* 1996, n° 619, III, 518 – Paris, 4e ch., sect. A, 20 déc. 2006, préc.
6. TGI Paris, 3e ch., 1re sect., 23 oct. 2007, *PIBD* 2008, n° 866, III, 32 – Paris, pôle 5, ch. 2, 6 mai 2011, RG n° 10/05357, *Propr. intell.* oct. 2011, p. 440, obs. de Haas.
7. Paris, 24 mars 1993, *D.* 1993. IR 141.
8. Com. 6 nov. 1990, n° 88-15.436, NP, *Ann. propr. ind.* 1991. 7.

inéluctablement le rejet de la demande en contrefaçon, pour absence de preuve de la contrefaçon alléguée. Le défendeur peut également demander au tribunal d'ordonner la restitution des pièces saisies réellement[1], le saisissant pouvant, quant à lui, réclamer la restitution du prix versé ou de la consignation effectuée[2]. En revanche, l'annulation de la saisie-contrefaçon n'affecte ni la validité de l'assignation en contrefaçon, ni la recevabilité de l'action en contrefaçon[3]. C'est ce qu'illustre un arrêt du 28 mai 2010 de la cour d'appel de Paris qui, après avoir constaté que le jugement déféré en se contentant de prononcer l'annulation des saisies-contrefaçon et d'ordonner en conséquence la mainlevée des saisies-réelles et la destruction des copies des procès-verbaux des saisies-contrefaçon, avant d'inviter les parties à prendre des conclusions récapitulatives, n'avait pas tranché une partie du principal si bien que l'appel formé contre ce jugement était irrecevable en application des articles 544 et 545 du code de procédure civile[4].

152.30 Nouvelle saisie. Le saisissant peut faire réaliser une nouvelle saisie-contrefaçon pour pallier l'annulation d'une première saisie ou pour la compléter[5]. Cette solution ne présente pas toujours d'intérêt en pratique car le contrefacteur aura pu faire disparaître la preuve de la contrefaçon.

Est-il alors possible de saisir l'objet d'une première saisie-contrefaçon pour se prémunir de son éventuelle invalidité[6] ou pour en pallier l'annulation prononcée ? La jurisprudence traditionnelle distingue entre les objets et les documents puisqu'elle admet de saisir les objets déposés au greffe dans le cadre de la première saisie annulée[7] et déclare nulle, en revanche, la saisie par l'huissier de justice, dans sa propre étude[8] ou au greffe[9], du premier procès-verbal de saisie-contrefaçon annulé ou des copies ou photocopies annexées par l'huissier au procès-verbal. Cette solution contrastée semble parfaitement justifiée. En effet, dans la mesure où les copies ou photocopies font partie intégrante du procès-verbal de l'huissier auquel elles sont annexées, elles suivent le sort du procès-verbal lorsque la nullité de la première saisie-contrefaçon est prononcée. Tandis que les objets saisis réellement à l'occasion de la première saisie-contrefaçon annulée existent par eux-mêmes, survivent à l'annulation du procès-verbal et constituent toujours des pièces contrefaisantes qu'il peut être utile, voire indispensable, de saisir, même au greffe. En pratique, il arrivera fréquemment qu'il n'existe plus que les objets se trouvant au greffe qui puissent être saisis et servir à la preuve de la contrefaçon car, l'effet de surprise de la première saisie-contrefaçon étant passé, le contrefacteur averti aura généralement pris soin de faire disparaître tout autre élément de preuve.

Une saisie-contrefaçon peut être réalisée par l'huissier de justice entre ses propres mains et portant sur des produits ayant fait l'objet d'un constat d'achat[10].

De même, dans le cas où la première saisie n'est pas critiquée, rien ne s'oppose, évidemment, à ce que, si nécessaire, une seconde saisie-contrefaçon soit pratiquée sur les objets et les documents recueillis lors de la première saisie et déposée au greffe[11].

SECTION 2

INSCRIPTION DE FAUX

152.41 Textes. Dans la mesure où la procédure d'inscription de faux dirigée à l'encontre du procès-

1. Com. 20 sept. 2011, n° 10-19.284, NP, la saisie-contrefaçon étant nulle, les produits saisis ne pouvaient être remis aux sociétés saisissantes; en ordonnant la remise aux sociétés saisissantes des consoles ayant fait l'objet d'une saisie nulle, la cour d'appel a violé l'article L. 716-7 du code de la propriété intellectuelle.
2. Req. 28 févr. 1933, *Ann. propr. ind.* 1933. 144.
3. TGI Paris, 3e ch., 4e sect., 10 juin 2010, RG n° 09/09853; *JurisData* n° 2010-028661.
4. Paris, pôle 5, ch. 2, 28 mai 2010, RG n° 09/07803 – Colmar, ch. 1, sect. A, 25 janv. 2011, RG n° 08/00004, *JurisData* n° 2011-002287.
5. Com. 3 oct. 1995, n° 93-20.445, *Bull. civ.* IV, n° 217, *PIBD* 1995, n° 600, III, 562 – Com. 8 juill. 2008, n° 07-15.075, *Bull. civ.* IV, n° 142, *PIBD* 2008, n° 882, III, 559; *Propr. industr.* 2010, comm. 27, note P. Vigand.
6. POUR UN EXEMPLE d'une seconde saisie-contrefaçon, « de précaution », portant sur des objets et des pièces, au greffe, annexées au procès-verbal de la première saisie qui a finalement été validée : Paris, 4e ch., sect. A, 22 févr. 2006, RG n° 03/17607, *PIBD* 2006, n° 831, III, 390.
7. Douai, 2 févr. 1893, *Ann. propr. ind.* 1893. 149 – Paris, 7 mai 1996, *PIBD* 1996, n° 617, III, 454 – TGI Paris, 6 déc. 1996, *PIBD* 1997, n° 629, III, 174 – Douai, ch. 1, sect. 2, 25 févr. 2010, RG n° 08/08777 – CONTRA : mais critiquables, TGI Paris, 3e ch., 2e sect., ord. JME, 24 mai 2006, RG n° 04/17031, *Jurinpi* B20060092 et, encore dans la même affaire, TGI Paris, 3e ch. 3e sect., ord. JME, 21 juin 2006, RG n° 04/17031 – TGI Paris, 3e ch., 2e sect., 6 avr. 2007, *PIBD* 2007, n° 855, III, 427; *Propr. intell.* oct. 2007, p. 478, obs. de Haas – Paris, 4e ch., sect. B, 29 mai 2009, RG n° 07/13545.
8. Paris, 13 avr. 1983, *Dossiers Brevets* 1984, III, 1 – Paris, 7 mai 1996, *PIBD* 1996, n° 617, III, 454.
9. Paris, 4e ch., 20 déc. 2000, *PIBD* 2001, n° 718, III, 203, pourvoi rejeté par Com. 1er juill. 2003, n° 01-10.807, *Bull. civ.* IV, n° 112, *RTD com.* 2004. 305, chron. Galloux.
10. TGI Paris, 5 juin 1996, *PIBD* 1996, n° 619, III, 515; CONFIRMÉ PAR : Paris, 4e ch. A, 23 sept. 1998, *PIBD* 1999, n° 671, III, 79.
11. Paris, 4e ch., sect. A, 22 févr. 2006, RG n° 2003/17607, *PIBD* 2006, n° 831, III, 390.

verbal de saisie-contrefaçon sera engagée à l'initiative du défendeur en contrefaçon à titre de moyen de défense dans le cadre de l'action en contrefaçon, il s'agit d'une inscription de faux incidente régie par les articles 306 à 313 du code de procédure civile.

152.42 Compétence exclusive du tribunal de grande instance. Les actions en contrefaçon de droits de propriété industrielle relevant de la compétence exclusive du tribunal de grande instance (en matière de brevets d'invention, art. L. 615-17, auquel renvoie en matière de topographies de produits semi-conducteurs l'article L. 622-7; en matière de certificats d'obtention végétale, art. L. 623-31; en matière de marques, art. L. 716-3; en matière de dessins et modèles, art. L. 521-3-1 du code de la propriété intellectuelle; en matière d'indications géographiques, art. L. 722-8 du code de la propriété intellectuelle; en matière de marques communautaires et de dessins et modèles communautaires, art. L. 211-11 du code de l'organisation judiciaire), l'incident de faux sera examiné par le tribunal saisi du fond du litige[1].

152.43 Procédure. L'article 306 du code de procédure civile prévoit que l'inscription de faux est formée par acte, dûment motivé sous peine d'irrecevabilité, remis en double exemplaire au greffe par la partie ou son mandataire muni d'un pouvoir spécial. L'un de ces exemplaires, dûment daté et signé par le secrétaire-greffier, est restitué à la partie, aux fins d'être dénoncé au défendeur dans le mois de l'inscription.

152.44 Domaine de l'inscription de faux. Aux termes de l'article 1er de l'ordonnance n° 45-2592 du 2 novembre 1945 relatif au statut des huissiers tel que modifié par la loi n° 2010-1609 du 22 décembre 2010 relative à l'exécution des décisions de justice, aux conditions d'exercice de certaines professions réglementées et aux experts judiciaires, les constatations faites par l'huissier de justice, en matière civile « *font foi jusqu'à preuve contraire* », tandis qu'en matière pénale elles n'ont valeur que de « *simples renseignements* », que l'huissier intervienne commis par justice ou à la requête de particuliers. En matière de saisie-contrefaçon, où l'huissier agit en sa qualité en vertu d'une délégation de la loi et sur ordre du juge pour exécuter un acte entrant dans ses attributions[2], les énonciations du procès-verbal relatives à la matérialité de ce que l'huissier déclare avoir fait, vu ou entendu valent jusqu'à inscription de faux. En revanche, la présomption de vérité jusqu'à inscription de faux ne vaut pas pour les appréciations personnelles de l'huissier. Ces appréciations personnelles ne relèvent donc pas de la procédure d'inscription de faux et sont susceptibles de preuve contraire selon les modalités du droit commun[3].

152.45 Retranscription des observations du technicien. Il est fréquent que l'huissier instrumentaire ne prenne pas le soin de distinguer, dans son procès-verbal, les observations formulées par le technicien qui l'assiste généralement et ses constatations personnelles. Dans une espèce où le saisi arguait de ce fait à l'appui de son inscription de faux, il a été jugé que : « *Il sera préalablement relevé que si l'huissier n'a pas expressément indiqué qu'il notait sur les indications du conseil qui l'accompagnait, il a en revanche fait mention de sa présence, laquelle ne pouvait avoir d'autre objectif que d'éclairer l'officier sur la matérialité des constatations à faire. En conséquence, en soi, ce fait ne peut suffire à entacher de faux le procès-verbal* »[4].

Il a également été jugé, dans une espèce où le défendeur contestait la validité du procès-verbal de saisie-contrefaçon, indépendamment de toute inscription de faux, au motif que l'huissier s'était borné à relater les déclarations d'un expert sans effectuer de constatations personnelles : « *L'huissier instrumentaire, ayant été expressément autorisé à se faire assister d'un conseil en propriété industrielle par l'ordonnance le commettant, a relaté, en première page du procès-verbal de la saisie-contrefaçon, qu'il s'était rendu dans l'établissement exploité par (les défendeurs), et qu'il avait déclaré à ceux-ci qu'il allait, assisté de M. X, conseil en brevet, procéder à la constatation de la détention des produits argués de contrefaçon. De telles mentions suffisent à établir que l'huissier a personnellement réalisé les opérations dont il rend compte. La circonstance qu'il a pris en note la description technique que lui faisait l'expert de l'appareil litigieux n'affecte nullement la régularité du procès-verbal. La demande d'annulation de ce dernier sera donc rejetée* »[5].

Dans le même sens, il a été jugé : « *Attendu en premier lieu que chacun des huissiers a été dûment autorisé à se faire assister d'un expert; qu'il est constant que ces officiers ministériels ont personnellement réalisé les opérations dont ils rendent compte; que les*

1. EN CE SENS : TGI Paris, 3e ch., 3e sect., ord. JME, 3 juin 2011, RG n° 10/05501.
2. L'acte dressé par l'huissier est authentique à deux conditions : qu'il agisse « *en vertu d'une délégation de la loi* » et « *pour l'exécution d'un acte entrant dans ses attributions* », Civ., 25 juill. 1932, *S.* 1933, 1, 8, V. ce principe repris en matière de saisie-contrefaçon, Rennes, 1re ch. A, 21 nov. 1995, *PIBD* 1996, n° 605, III, 95.
3. TGI Paris, 3e ch., 8 oct. 1987, *PIBD* 1988, n° 429, III, 101 – TGI Paris, 3e ch., 22 nov. 1996, *PIBD* 1997, n° 628, III, 137.
4. TGI Paris, 3e ch., 22 nov. 1996, *PIBD* 1997, n° 628, III, 137.
5. TGI Rennes, 2e ch., 4 juill. 1994, *PIBD* 1994, n° 577, III, 566.

constatations qu'ils relatent soient faites avec le concours des experts et reprennent leur description technique n'est pas de nature en soi à affecter la régularité du procès-verbal » [1]. Il reste cependant souhaitable, pour éviter toute difficulté, que l'huissier instrumentaire cite les observations du technicien qui l'accompagne entre guillemets et consigne ses propres constatations, de manière à ce qu'il soit établi que l'huissier a vérifié la réalité des caractéristiques qu'il lui a été demandé de constater et des observations du technicien.

152.46 **Fondement de l'inscription de faux.** Le demandeur à l'inscription de faux doit apporter la preuve de ce que les constatations de l'huissier sont erronées. L'inscription de faux peut également être accueillie du seul fait que, compte tenu des circonstances, il est établi que l'huissier n'a pas pu constater ce qu'il a décrit dans son procès-verbal [2]. Ce raisonnement est également accueilli lorsque la force probante de certaines constatations est contestée indépendamment de toute inscription de faux (jugé ainsi dans un cas où certaines énonciations se rapportaient au fonctionnement des machines dans des configurations autres que celles mises en œuvre au moment de la saisie [3]).

152.47 **Sanction.** La jurisprudence tend à déterminer les erreurs figurant dans le procès-verbal de saisie-contrefaçon, les déclarer retirées et à confirmer la validité du reste du procès-verbal, dont la saisie réelle. [4]

SECTION 3
CONTENTIEUX DE LA RÉPARATION

152.51 **Principe général.** La saisie-contrefaçon constitue une mesure exorbitante en ce qu'elle permet à un titulaire de droits de propriété industrielle de faire procéder à des investigations dans les locaux du présumé contrefacteur aux fins d'obtenir la preuve de la contrefaçon alléguée. Il importe cependant que le saisissant s'abstienne de tout abus et utilise la procédure de saisie-contrefaçon avec mesure et discernement. La saisie-contrefaçon ne doit pas être détournée de sa finalité exclusivement probatoire. L'exercice, par le titulaire d'un droit de propriété industrielle, de son droit de procéder à une saisie-contrefaçon est apprécié au regard de l'article 1382 du code civil [5]. La Cour de cassation a précisé, dans un arrêt du 11 mars 2003, que la reconnaissance de la validité de la saisie-contrefaçon par le juge du fond écartait nécessairement toute faute dans la mise en œuvre de cette saisie [6].

152.52 **Statistiques.** Dans la plupart des procès en contrefaçon, le défendeur demande, à titre reconventionnel, la condamnation du demandeur en paiement de dommages-intérêts pour procédure abusive. Force est cependant de constater que ces rituelles demandes reconventionnelles prospèrent rarement. En matière de brevets d'invention, entre 1990 et 1999 devant le tribunal de grande instance de Paris, une telle demande reconventionnelle a été formée dans 212 affaires, pour être admise dans 38 cas seulement (soit un taux de réussite de l'ordre de 18 %) [7]. Entre 2000 et 2010, les magistrats du tribunal de grande instance de Paris, confrontés à un nombre croissant de demandes reconventionnelles, n'ont finalement accueilli que 35 des 378 demandes (soit un taux de réussite de 9 %).

152.53 **Fondements des demandes en dommages-intérêts pour procédure abusive.** Au soutien de leur demande reconventionnelle en dommages-intérêts pour procédure abusive, les défendeurs allèguent le plus souvent :

– un trouble commercial résultant de l'atteinte portée à leur réputation du fait de saisies-contrefaçon pratiquées soit en nombre excessif [8], notamment contre leurs clients, soit dans des conditions de nature à conférer une publicité anormale aux opérations [9];

– une captation de leurs secrets industriels et commerciaux;

1. TGI Paris, 3e ch., 2e sect., 13 mars 1998, *RD propr. int.* 1998, n° 85, 29.
2. Nancy, 1re ch., 12 mars 1991, *RD propr. ind.* 1991, n° 34, 30.
3. Paris, 4e ch., 24 sept. 1991, *RD propr. int.* 1992, n° 41, 63.
4. TGI Paris, 3e ch., 22 nov. 1996, *PIBD* 1997, n° 628, III, 137 – TGI Paris, 3e ch., 19 mars 1999, *PIBD* 1999, n° 685, III, 437 – DANS UNE ESPÈCE où le saisi contestait la force probante du procès-verbal de saisie-contrefaçon : TGI Paris, 3e ch., 2e sect., 13 mars 1998, *RD propr. int.* 1998, n° 85, 29 – DANS LE MÊME SENS : TGI Paris, 3e ch., 2e sect., 31 oct. 2003, *PIBD* 2004, n° 782, III, 151.
5. Com. 19 oct. 1999, n° 97-12.845, NP, *JCP E* 2000. I. 1286, note Greffe, *PIBD* 2000, n° 690, III, 49 – Com. 8 févr. 2011, n° 09-69.684, NP, qui casse l'arrêt d'appel qui n'avait pas caractérisé l'existence d'une faute pouvant être mise à la charge du saisissant – V. encore Com. 20 sept. 2011, n° 10-19.443, P.
6. Com. 11 mars 2003, n° 02-13.680, *Bull. civ.* IV, n° 43, *PIBD* 2003, n° 773, III, 508; *Propr. intell.* oct. 2004, p. 937, obs. de Haas.
7. P. Véron, « Le contentieux des brevets d'invention, étude statistique 1990-1999 », étude présentée aux journées de jurisprudence sur les brevets de la FNDE en 2001.
8. TGI Paris, 3e ch., 3e sect., 14 sept. 2005, RG n° 2003/17767; *PIBD* 2005, n° 818, III, 653.
9. Paris, 4e ch., sect. B, 20 juin 2008, RG n° 07/04825, *Jurinpi* D20080081.

– ou le fait que le saisissant ne pouvait se méprendre sur l'étendue de ses droits[1].

Ces griefs ne sont accueillis que dans les cas où ils sont réellement caractérisés et où le saisi peut établir un préjudice, comme exposé ci-après.

152.54 Trouble commercial et atteinte à la réputation du saisi. La plupart des décisions qui accueillent une demande en dommages-intérêts pour le trouble commercial causé par une saisie-contrefaçon relèvent des éléments de nature à caractériser un abus de droit, telle qu'une procédure engagée avec une légèreté blâmable ou un nombre injustifié de saisies-contrefaçon. C'est ainsi qu'un jugement du tribunal de grande instance de Paris du 24 mars 1983[2] a considéré qu'une saisie-contrefaçon diligentée au Salon International de la machine agricole avait causé un trouble commercial au défendeur, dans une espèce où le breveté avait déjà été débouté, en appel, d'actions sur le fondement des mêmes brevets et ne pouvait donc se méprendre de bonne foi sur le bien-fondé de ses demandes. De la même manière, un jugement du tribunal de grande instance de Paris du 28 juin 1983[3] a condamné le breveté à payer une somme de 20 000 francs (3 000 euros) à titre de dommages-intérêts en réparation de l'atteinte portée à la réputation du saisi par une saisie-contrefaçon pratiquée sur un salon en présence de la clientèle sur le fondement d'une demande de brevet ni publiée ni notifiée, ce qui constitue une erreur grossière. Une saisie en matière de marque a été jugée abusive car pratiquée lors d'un salon professionnel[4]; une autre l'a également été car faite dans le seul but de paralyser la vente du produit[5]. Un arrêt de la cour d'appel de Paris du 13 mars 1996[6] a condamné le demandeur à payer une somme de 50 000 francs (7 500 euros) à titre de dommages-intérêts, alors même qu'il lui donne largement satisfaction au fond, pour avoir pratiqué une quatrième saisie, sans nécessité, sur un salon. La cour retient que le demandeur disposait d'ores et déjà de tous les éléments de preuve nécessaires grâce à trois saisies préalablement pratiquées. Elle en déduit que la quatrième saisie pratiquée sur un salon ne pouvait pas avoir d'autre objet que de chercher à discréditer le saisi auprès des professionnels. La Cour de cassation a également approuvé une cour d'appel d'avoir sanctionné la multiplicité des saisies-contrefaçon[7]. Enfin, dans un arrêt du 20 juin 2008, la cour d'appel de Paris a condamné à 15 000 euros de dommages-intérêts la société titulaire d'un modèle qui avait porté atteinte à l'image du saisi en pratiquant abusivement une seconde saisie-contrefaçon, lors d'un important salon professionnel, alors que la première saisie-contrefaçon avait été utilisée dans une première instance qui avait pourtant conclu à l'absence de contrefaçon et qui avait été éteinte par la conclusion entre les litigants d'un protocole d'accord homologué par un jugement ayant acquis autorité de chose jugée[8]. En sens contraire, un jugement du tribunal de grande instance de Paris du 23 septembre 1992[9] déclare l'action en contrefaçon infondée mais rejette le grief fondé sur le fait que la saisie-contrefaçon avait été pratiquée sur un salon professionnel, un dimanche, jour de grande affluence, en retenant que la saisie-contrefaçon critiquée a été accomplie dans les limites fixées par l'ordonnance présidentielle. De même, la cour d'appel de Paris a refusé l'indemnisation du préjudice d'image allégué par le saisi, au motif, d'une part, que le déplacement de la force publique dans les locaux du saisi lors des opérations de saisie-contrefaçon ne pouvait être en soi considérée comme fautive dès lors qu'elle avait été autorisée par l'ordonnance sur requête, qu'elle se justifiait pour parer à une éventuelle obstruction et qu'elle n'avait donné lieu à aucun acte excédant les strictes nécessités de la saisie-contrefaçon et, d'autre part, que les opérations menées brièvement (de 9 heures 50 à 10 heures 20), dans les locaux de l'entreprise (et non point dans la sphère publique, tels un salon professionnel ou un lieu de distribution) auxquelles l'avocat du saisi n'avait opposé aucune objection hormis une réserve sur l'utilité de la force publique, ne caractérisaient pas non plus un préjudice d'image[10]. Un jugement du tribunal de grande instance de Paris du 10 juillet 1974[11] retient, pour déclarer non abusive une saisie-contrefaçon pratiquée sur un salon, que les opérations ont été accomplies avant les heures d'affluence et menées sans publicité particulière[12]. Un arrêt de la cour

1. PAR EXEMPLE : Paris, 4e ch., sect. B, 18 juin 2004, *Gaz. Pal.* 5-6 janv. 2005, p. 2.
2. TGI Paris, 24 mars 1983, *PIBD* 1983, n° 330, III, 206.
3. TGI Paris, 28 juin 1983, *Dossiers Brevets* 1984, II, 5.
4. TGI Paris, 3e ch., 24 mai 1984, *PIBD* 1984, n° 358, III, 292.
5. TGI Paris, 30 nov. 1977, *PIBD* 1978, n° 221, III, 339 – Dijon, 24 mars 1998, *BICC* n° 487, 15 févr. 1999, n° 210, p. 37.
6. Paris, 4e ch., 13 mars 1996, *PIBD* 1996, n° 612, III, 299.
7. Com. 27 janv. 1998, n° 96-10.576, *JCP E* 1998, chr. p. 1495.
8. Paris, 4e ch., sect. B, 20 juin 2008, RG n° 07/04825, *Jurinpi* D20080081.
9. TGI Paris, 23 sept. 1992, *PIBD* 1993, n° 535, III, 8.
10. Paris, pôle 5, ch. 2, 28 janv. 2011, RG n° 09/28550.
11. TGI Paris, 3e ch., 10 juill. 1974, *PIBD* 1975, n° 141, III, 51.
12. De même, pour une saisie-contrefaçon réalisée avec discrétion car le lendemain du dernier jour d'ouverture du salon, alors qu'il n'y avait plus de public et que les exposants procédaient au rangement de leurs stands, Colmar, ch. civ. 1, sect. A, 29 juin 2010, RG n° 08/02201 – Paris, pôle 5, ch. 2, 14 janv. 2011, RG n° 09/02809.

d'appel de Paris du 25 février 2011 attire également l'attention sur le fait que le préjudice commercial invoqué par le saisi doit naturellement être en relation de causalité avec la faute prétendue, selon les principes du droit commun de la responsabilité civile délictuelle. En l'espèce, outre l'absence de faute (la saisie-contrefaçon n'avait pas été entreprise avec une légèreté blâmable, le saisissant ayant pu se méprendre sur l'exacte portée de ses droits), la cour a noté que le préjudice commercial invoqué qui consistait en ce que le saisi avait annulé l'opération commerciale qu'il projetait de réitérer sur les points de vente de supermarchés était la seule conséquence de la décision que le saisi avait cru devoir prendre et non la conséquence de la saisie descriptive opérée[1].

152.55 Détournement de secrets industriels et commerciaux. L'étude de la jurisprudence montre que le grief de captation de savoir-faire n'est retenu que dans les rares cas où il est établi que le saisissant a profité de la saisie-contrefaçon pour accéder à des informations confidentielles sans relation avec la contrefaçon alléguée. C'est ainsi qu'un jugement du tribunal de grande instance de Paris du 22 octobre 1975[2] a condamné le breveté à des dommages-intérêts pour avoir saisi des éléments sortant clairement du champ du brevet. Il est à noter que le tribunal a estimé ne pas pouvoir faire interdiction à ce même breveté d'entreprendre la fabrication de produits susceptibles de mettre en œuvre les connaissances techniques dûment acquises. Plus récemment, dans un arrêt du 8 juillet 2008, la Cour de cassation a censuré, pour violation de l'article 455 du code de procédure civile, la décision de la cour d'appel qui avait rejeté la demande du saisi de dommages et intérêts en réparation du préjudice résultant des saisies-contrefaçon sans répondre à ses conclusions « *reprochant à l'ingénieur de la société* (saisissante), *qui avait participé à la saisie-contrefaçon pratiquée le 18 octobre 2001, d'avoir abusivement accédé au bureau d'études, au système informatique et à l'ensemble des ateliers, et d'avoir pu de la sorte prendre connaissance des secrets industriels de la société* (saisie), *lors même qu'aucun élément de nature à établir la contrefaçon recherchée n'avait été recueilli et que les saisissants s'étaient désistés de l'action en contrefaçon dans la perspective de laquelle les saisies avaient été autorisées* »[3]. Hormis les cas où l'étendue de la saisie est clairement excessive et préjudiciable au saisi, la jurisprudence rejette la demande en dommages-intérêts du saisi. C'est ainsi qu'un jugement du tribunal de grande instance de Paris du 30 septembre 1982[4] a retenu que l'huissier, qui était autorisé à « *consigner tous les renseignements et toutes les déclarations devant établir la nature, l'origine et l'importance de la contrefaçon prétendue* », n'a commis aucune faute et s'est borné à fournir au tribunal et à la victime de la contrefaçon les éléments permettant d'évaluer le préjudice subi en relevant le numéro des factures, le type et le nombre des matériels argués de contrefaçon vendus, l'adresse et le nom des destinataires et le montant de la commande. Dans le même sens, la Cour de cassation, chambre commerciale, par arrêt du 9 mars 1993[5] a rejeté un pourvoi contre un arrêt ayant retenu que le breveté n'avait commis aucune faute en recueillant, lors de la saisie-contrefaçon, les noms des clients et le chiffre d'affaires du présumé contrefacteur. Il convient également de citer un arrêt de la cour de Paris du 17 mai 1995[6] dans une affaire où les défendeurs sollicitaient une somme de 5 000 000 francs (750 000 euros), notamment à raison de la saisie d'un extrait d'une demande d'autorisation de mise sur le marché constituant un *know-how* secret. La Cour a rejeté ces demandes après avoir constaté que la saisie n'avait pas excédé les termes de l'ordonnance. Une ordonnance de mise en état du tribunal de grande instance de Paris du 26 mai 1995[7] a rejeté le grief de détournement de saisie formulé contre le breveté qui avait saisi des documents de nature à expliquer le contexte de la contrefaçon et son origine et à établir des faits connexes de concurrence déloyale étroitement liés à l'objet du brevet et aux circonstances de la contrefaçon. Il ressort de ces décisions rendues en matière de brevet d'invention que le saisissant peut légitimement recueillir tous les éléments en relation avec la contrefaçon, son origine, son étendue et les faits de concurrence déloyale qui seraient intimement liés à la contrefaçon.

152.56 Recommandation pour éviter le grief de captation de secrets industriels et commerciaux. Bien que la jurisprudence citée ci-dessus s'avère relativement souple, il est recommandé à l'huissier instrumentaire de veiller à n'appréhender que les éléments utiles au procès en contrefaçon. S'agissant, par exemple, des factures établies par le présumé contrefacteur, il est souhaitable que l'huissier instrumentaire en prenne photocopie en occultant le nom et l'adresse des clients – sauf à ce que ces

1. Paris, pôle 5, ch. 2, 25 févr. 2011, RG n° 09/22635.
2. TGI Paris, 22 oct. 1975, *PIBD* 1976, n° 171, III, 250; *Dossiers Brevets* 1977, III, 1.
3. Com. 8 juill. 2008, n° 07-15.075, *Bull. civ.* IV, n° 142, *PIBD* 2008, n° 882, III, 559; *Propr. industr.* 2010, comm. 27, note P. Vigand.
4. TGI Paris, 30 sept. 1982, *PIBD* 1982, n° 314, III, 263.
5. Com. 9 mars 1993, n° 91-15.211, NP, *PIBD* 1993, n° 547, III, 412.
6. Paris, 4e ch., 17 mai 1995, *PIBD* 1995, n° 592, III, 343.
7. TGI Paris, 3e ch., ord. JME, 26 mai 1995, *PIBD* 1995, n° 595, III, 420.

éléments présentent une utilité particulière pour le procès – et ne laisse apparaître que le numéro de code client et leur code postal ou leur ville : « *Attendu que la société (défenderesse) prétend que la saisie pratiquée à Colombes serait nulle aux motifs que l'huissier serait sorti du cadre de ses pouvoirs en procédant à des investigations qui lui ont permis de reproduire les quantités de marchandises livrées à sa clientèle et les lieux de livraison. Attendu cependant que ce moyen n'est nullement fondé au regard de la mission confiée à l'expert et de la précaution qui a été prise d'occulter le nom des clients de la société (défenderesse) et les montants des factures considérées* » [1].

152.57 Désorganisation de l'entreprise. La saisie auprès de quatre des plus grandes surfaces de Paris qui, de ce fait, avaient refusé de poursuivre la vente du produit, alors que la contrefaçon n'était pas fondée, a irrémédiablement causé la désorganisation de la société ayant conduit à sa liquidation. Le préjudice doit être réparé par la partie saisissante [2].

152.58 Nombre injustifié de saisies-contrefaçon. La jurisprudence tend à considérer que la multiplicité des saisies-contrefaçon constitue un abus si elles ne sont pas justifiées par la nécessité de rapporter la preuve d'éléments complémentaires. C'est ainsi qu'un arrêt de la cour d'appel de Paris du 20 mars 1971 [3] a condamné pour procédure abusive un breveté qui avait procédé à sept saisies-contrefaçon à l'encontre de revendeurs (v. également s[s] n° 152.54). Dans le même sens, un arrêt de la chambre commerciale de la Cour de cassation du 27 janvier 1998 [4] a rejeté un pourvoi formé à l'encontre un arrêt de la cour d'appel de Grenoble du 16 novembre 1995 qui avait condamné le titulaire de deux modèles déposés à payer une somme de 100 000 francs (15 000 euros) à titre de dommages-intérêts pour avoir fait procéder à plusieurs saisies-contrefaçon chez un client important du présumé contrefacteur et causé ainsi une baisse des ventes du produit incriminé (dans cette espèce, les modèles opposés avaient été déclarés non protégeables). En revanche, un jugement du tribunal de grande instance de Paris du 24 janvier 1980 [5] rejette toute critique à l'encontre d'une seconde saisie-contrefaçon apportant un complément de preuve à la société demanderesse, qui ne paraissait pas avoir agi malicieusement [6]. De même, un jugement du tribunal de grande instance de Lyon du 31 mai 1999 [7] a estimé que le demandeur n'avait pas abusé de son droit de faire procéder à une saisie-contrefaçon en faisant pratiquer deux saisies, retenant que « *en matière de propriété industrielle, il est souvent nécessaire de faire pratiquer simultanément plusieurs saisies-contrefaçon au préjudice des contrefacteurs potentiels pour éviter la disparition des éléments de preuve* ».

152.59 Légèreté blâmable. Certaines décisions ont retenu une faute à l'encontre du breveté qui a fait procéder à une saisie-contrefaçon sans pouvoir se méprendre sur l'étendue de ses droits [8]. C'est ainsi qu'un arrêt de la chambre commerciale de la Cour de cassation du 22 mai 1973 [9] approuve un arrêt ayant sanctionné le breveté qui a fait procéder à une saisie-contrefaçon alors qu'il avait divulgué l'invention avant le dépôt du brevet. Cette solution a été reprise dans un jugement du tribunal de grande instance de Paris du 26 mars 1975 [10]. Plus récemment, la cour d'appel d'Orléans a décidé que faire procéder à une saisie-contrefaçon à la suite d'un dépôt frauduleux de la marque – en parfaite connaissance de l'usage antérieur d'un tiers – est constitutif d'abus du droit d'agir en justice par l'intention de nuire que la procédure traduit [11].

152.60 Le saisissant n'est responsable que de ses propres abus dans les opérations de saisie. Pour que la responsabilité du saisissant soit retenue, sa faute doit être constituée. C'est ainsi que la Cour de cassation, chambre commerciale, par arrêt du 30 juin 1992 [12] a cassé un arrêt de la cour de Paris du 19 juin 1990 [13] qui avait condamné la société Parfums Christian Dior à payer une somme de 100 000 francs (15 000 euros) à titre de dommages-intérêts à raison d'une saisie-contrefaçon d'une durée de cinq heures, effectuée en présence de deux cars de policiers en uniforme ou en civil, avec contrôle d'identité du personnel de l'entreprise saisie qui n'avait pas permis d'établir d'actes de contrefaçon. La Cour de cassation a estimé que la cour de Paris n'avait pas valablement caractérisé

1. TGI Paris, 3e ch., 2e sect., 13 mars 1998, *RD propr. int.* 1998, n° 85, 29.
2. Com. 8 févr. 1983, *Gaz. Pal.* 1983, pan. 189.
3. Paris, 20 mars 1971, *Ann. propr. ind.* 1971. 111.
4. Com. 27 janv. 1998, n° 96-10.576, *JCP E* 1998, chr. p. 1495.
5. TGI Paris, 24 janv. 1980, *PIBD* 1980, n° 261, III, 133.
6. EN CE SENS ÉGAL[t], Paris, pôle 5, ch. 1, 12 oct. 2011, RG n° 2009/21698, *Jurinpi* B20110164; *PIBD* 2011, n° 953, III, 9.
7. TGI Lyon, 31 mai 1999, *PIBD* 1999, n° 685, III, 439.
8. *A CONTRARIO*, demandes indemnitaires rejetées faute de légèreté blâmable, Paris, pôle 5, ch. 1, 2 févr. 2011, RG n° 09/13569.
9. Com. 22 mai 1973, n° 71-13.912, *Bull. civ.* IV, n° 181, *PIBD* 1974, n° 120, III, 77.
10. TGI Paris, 3e ch., 26 mars 1975, PIBD 1976, n° 161, III, 9 – ÉGAL[t] : TGI Paris, 3e ch., 15 juin 1990, PIBD 1990, n° 486, III, 569 et v. s[s] n° 152.54.
11. Orléans, 10 juill. 2003, *PIBD* 2003, n° 773, III, 514; *Propr. intell.* oct. 2004, p. 937, obs. de Haas.
12. Com. 30 juin 1992, n° 90-17.782, *Bull. civ.* IV, n° 254.
13. Paris, 19 juin 1990, *RD propr. ind.* 1990, n° 32, 49; *Ann. propr. ind.* 1990. 169.

une faute à la charge du saisissant qui n'était pas maître des moyens mis en œuvre par le détenteur de la force publique. De même, la cour d'appel de Paris dans un arrêt du 15 septembre 2010 a estimé que les éventuels manquements de l'huissier et de l'expert, conseil en propriété industrielle, dans la réalisation de la saisie-contrefaçon ne pouvaient pas être imputés à faute au saisissant : « *À supposer que l'huissier de justice choisi par la société saisissante, assistée par ce conseil en propriété industrielle, ait outrepassé ses pouvoirs tels que limitativement définis par l'ordonnance autorisant la saisie ou n'ait pas valablement dirigé ses opérations, il n'est pas établi que ces faits puissent être imputés à faute à la société appelante ni que la saisie a été réalisée dans des circonstances révélatrices d'un comportement fautif de sa part* » [1].

152.61 Irrégularités graves. Le saisissant risque d'être condamné à des dommages-intérêts pour saisie abusive lorsque celle-ci comporte des irrégularités graves et préjudiciables au saisi. C'est ainsi qu'un jugement du tribunal de grande instance de Rennes du 28 février 1994 [2], en matière de droits d'auteur, a accueilli une demande reconventionnelle en dommages-intérêts dans une espèce où l'huissier avait été accompagné de deux salariés du saisissant dont la présence n'avait pas été autorisée et s'était fait remettre une liste de clients comprenant des personnes non destinataires des articles contrefaisants.

152.62 Méprise légitime. Un grand nombre de décisions déclarent que le breveté n'a pas abusé de son droit de faire procéder à une saisie-contrefaçon bien que son action soit déclarée irrecevable ou infondée [3] (« *Les défenderesses ne justifiaient pas que le breveté ait agi de mauvaise foi, par intention malicieuse ou par une erreur grossière équivalente au dol, qu'aussi longue et confuse qu'ait été la procédure, qu'aussi difficiles qu'en aient été les étapes, illustrées par les changements nombreux de conseils du demandeur, on ne voit là que l'expression exacerbée de la recherche de la reconnaissance d'un droit, fût-il erroné* ») [4]. La jurisprudence estime donc que l'échec de la procédure en contrefaçon ne peut pas, à elle seule, justifier la condamnation du breveté pour procédure abusive [5].

152.63 Montant des dommages-intérêts. Le montant des dommages-intérêts accordé pour saisie-contrefaçon abusive est très variable puisque, selon les espèces, il peut aller de 1 000 à 150 000 euros. Il convient toutefois de distinguer les décisions dans lesquelles le montant des dommages-intérêts accordés se rapporte exclusivement à la saisie-contrefaçon abusive [6] ou plus largement à un ensemble de comportements dont la saisie-contrefaçon abusive n'est qu'un élément [7].

1. Paris, pôle 5, ch. 1, 15 sept. 2010, RG n° 2009/06635.
2. TGI Rennes, 2e ch., 28 févr. 1994, *RIPIA* 1994. 71.
3. Paris, 4e ch., 22 févr. 1982, *PIBD* 1982, n° 306, III, 162 – TGI Lille, 2e ch., 21 mai 1986, *PIBD* 1986, n° 398, III, 337 – Paris, pôle 5, ch. 2, 14 janv. 2011, RG n° 09/02809.
4. TGI Paris, 3e ch., 30 oct. 1987, *PIBD* 1988, n° 430, III, 124 – TGI Paris, 3e ch., 4 avr. 1991, *PIBD* 1991, n° 507, III, 536 – TGI Paris, 3e ch., 8 juill. 1992, *PIBD* 1992, n° 534, III, 643 – TGI Paris, 3e ch., 30 juin 1994, *PIBD* 1994, n° 576, III, 527 – Aix-en-Provence, 29 avr. 1998, *PIBD* 1998, n° 661, III, 449 – Paris, pôle 5, ch. 1, 2 févr. 2011, RG n° 09/13569 – Paris, pôle 5, ch. 1, 12 oct. 2011, RG n° 09/21698.
5. Com. 20 sept. 2011, n° 10-19.443, P.
6. TGI Toulouse, 31 oct. 1996, *PIBD* 1997, n° 626, III, 90 (15 245 €) – TGI Paris, 3e ch., 1re sect., 22 nov. 2000, RG n° 98/23255 (15 245 €) – TGI Paris, 3e ch., 3e sect., 18 juin 2002, RG n° 00/19109 – TGI Paris, 3e ch., 1re sect., 23 sept. 2003, RG n° 01/15750, *Jurinpi* B20030245 (15 000 €) montant de dommages-intérêts augmenté à 50 000 € en appel, Paris, 4e ch., sect. A, 5 avr. 2006, RG n° 05/10728 – TGI Paris, 3e ch., 3e sect., 23 mars 2005, RG n° 02/16042 (150 000 € pour saisie-contrefaçon abusive et introduction d'une instance sur la base du procès-verbal de cette saisie) – Paris, 4e ch., sect. B, 21 oct. 2005, RG n° 2003/20591, *PIBD* 2005, n° 820, III, 743 (10 000 et 1 000 €) – TGI Paris, 3e ch., 1re sect., 25 janv. 2006, RG n° 05/06294 (20 000 €) – Paris, 4e ch. sect. A, 5 avr. 2006, RG n° 2005/10728, *PIBD* 2006, n° 832, III, 420 (50 000 €) – TGI Paris, 3e ch., 1re sect., 10 juin 2008, RG n° 04/12315 (20 000 €) – TGI Paris, 3e ch., 3e sect., 7 janv. 2009, RG n° 2008/00116, *Jurinpi* B20090019, *PIBD* 2009, n° 894, III, 951 (20 000 €), infirmé par Paris, pôle 5, ch. 1, 15 sept. 2010, RG n° 2009/06635 – TGI Paris, 3e ch., 4e sect., 30 sept. 2009, RG n° 09/04911 (10 000 €).
7. TGI Paris, 3e ch., 1re sect., 22 nov. 2000, RG n° 00/02524 (30 490 €) CONFIRMÉ PAR : Paris, 4e ch. sect. A, 29 mai 2002, RG n° 2001/05850, *PIBD* 2002, n° 752, III, 499 – TGI Paris, 3e ch., 3e sect., 17 févr. 2004, RG n° 02/06561 (100 000 €) CONFIRMÉ PAR : Paris, 4e ch., sect. B, 8 déc. 2006, RG n° 04/09342, *Jurinpi* B20060183, *Ann. propr. ind.* 2007. 73 – TGI Paris, 3e ch., 2e sect., 30 avr. 2004, RG n° 01/19327 (15 000 €) – TGI Paris, 3e ch., 3e sect., 30 janv. 2008, RG n° 2004/17031, *PIBD* 2008, n° 871, III, 207 (50 000 € pour la société et 150 000 € pour son principal client) – TGI Paris, 3e ch., 3e sect., 25 mars 2009, RG n° 07/12696 (100 000 €); CONFIRMÉ PAR : Paris, pôle 5, ch. 1, 22 juin 2011, RG n° 09/24271.

LIVRE

2. LA SAISIE-CONTREFAÇON EN MATIÈRE DE PROPRIÉTÉ LITTÉRAIRE ET ARTISTIQUE

SECTION 0

ORIENTEUR

2.00 **Plan du livre.**

Bibliographie.

Ouvrages généraux. Bertrand, *Droit d'auteur*, Dalloz Action, 2011-2012 – Caron, *Droit d'auteur et droits voisins*, Litec, 2006 – Colombet, *Propriété littéraire et artistique et droits voisins*, Précis Dalloz, 9e éd., 1999 – Edelman, *Droits d'auteur, droits voisins*, Dalloz, 1993 – Françon, *Cours de propriété littéraire, artistique et industrielle*, Litec, 1999 – Gautier, *Propriété littéraire et artistique*, 7e éd., PUF, 2010 – Lucas et Lucas, *Traité de la propriété littéraire et artistique*, 3e éd., Litec, 2006 – Lamy Informatique, 2004 – Pollaud-Dulian, *Droit d'auteur*, Economica, 2005 – Bitan, *Droits des créations immatérielles : logiciels, bases de données, autres œuvres sur le Web 2.0*, Lamy, coll. Axe Droit, 2010.

Ouvrages collectifs. *Rép. civ.* Dalloz, V° Propriété littéraire et artistique (1° Propriété des créateurs), Gaudrat, n° 562 s. – *Rép. proc. civ.* Dalloz, V° Saisie-contrefaçon, Nicod – *J.-Cl. Civil*, Annexes, Propriété littéraire et artistique, fasc. 1612, Contrefaçon. Preuve. Procédure. Sanction, Dreyer, nos 9 s.

2.08 **Introduction.** L'expression « *propriété littéraire et artistique* » est l'expression générique employée pour désigner la protection légale assurée par le droit d'auteur et les droits voisins du droit d'auteur. Le droit d'auteur est la protection légale, patrimoniale et morale, accordée aux auteurs des œuvres de l'esprit. Le domaine de protection est extrêmement vaste puisqu'il couvre toutes les œuvres de l'esprit : littérature, peinture, musique, mais également toutes les œuvres des arts appliqués (forme d'un objet industriel, emballage...) jusques et y compris les logiciels, que le législateur a rangés parmi les œuvres de l'esprit (CPI, art. L. 112-2, 13). Les droits voisins, quant à eux, désignent les prérogatives qui sont reconnues aux auxiliaires de la création littéraire et artistique, à ceux qui jouent un rôle d'intermédiaires entre l'œuvre et le public : les artistes-interprètes, les producteurs de phonogrammes et de vidéogrammes, les entreprises de communication audiovisuelle. Depuis la loi du 1er juillet 1998, il faut aussi ajouter au domaine de la propriété littéraire et artistique les producteurs de bases de données dans la mesure où ils bénéficient, outre la protection classique du droit d'auteur, d'une protection spécifique, assurée par un droit *sui generis* qui est formellement intégrée à la première partie du code de la propriété intellectuelle intitulée « *La propriété littéraire et artistique* ». La propriété littéraire et artistique se distingue de la propriété industrielle en ce qu'elle ne requiert ni dépôt, ni enregistrement. C'est ainsi que, par exemple, l'article L. 111-1 du code de la propriété intellectuelle prévoit que « *l'auteur d'une œuvre de l'esprit jouit sur cette œuvre, du seul fait de sa création, d'un droit de propriété incorporelle exclusif et opposable à tous* ». La saisie-contrefaçon en matière de propriété littéraire et artistique est historiquement issue de la loi des

19 et 24 juillet 1793, première loi sur le droit des auteurs d'œuvres de l'esprit.

2.09 Division. Il convient d'examiner la saisie-contrefaçon appliquée aux droits d'auteur et droits voisins (titre 21) pour ensuite s'attacher distinctement, à raison de leur spécificité au sein de la propriété littéraire et artistique, à la saisie-contrefaçon afférente aux logiciels et aux bases de données[1] (titre 22).

1. H. Bitan, « La saisie-contrefaçon de logiciels et de bases de données à l'aune de la loi du 29 octobre 2007 relative à la lutte contre la contrefaçon », *Comm. com. électr.* mars 2008, étude n° 7.

TITRE

21. La saisie-contrefaçon en matière de droits d'auteur et de droits voisins

SECTION 0

ORIENTEUR

21.00 **Plan du titre.**

21.01 **Textes applicables.**

* V. s[s] ann. 1.

CPI, art. L. 111-1, L. 111-4, L. 111-5, L. 113-1, L. 211-5, L. 212-2, L. 214-2, L. 311-2, L. 321-1, L. 331-1, L. 331-5, L. 331-11, L. 332-1 à L. 332-4, L. 336-2, L. 615-10, D. 331-1-1, R. 332-1 à R. 332-3, R. 521-4.

C. pr. civ., art. 495, 496, 497, 812, 958.

COJ, art. D. 211-6-1.

C. pén., art. 413-11.

Dir. n° 2004/48/CE du 29 avr. 2004, art. 2, 7.

CEDH, art. 6.1.

21.02 **Jurisprudence citée**

* V. s[s] n°s 211.02, 212.02 et 213.02.

21.09 **Division.** L'étude de la saisie-contrefaçon en matière de droit d'auteur implique d'examiner successivement ses conditions de fond (chapitre 211), ses modalités d'exécution (chapitre 212) et enfin ses suites (chapitre 213).

CHAPITRE

211. Conditions de fond de la saisie-contrefaçon

211.01 **Textes applicables.**
* V. s[s] n° 21.01

211.02 **Jurisprudence citée.**

> **Justificatifs à produire**

• **TGI Paris, 3e ch., 1re sect., ord. réf., 5 mai 2010,** RG n° 10/01506.
* V. s[s] n° 211.12

> **L'auteur, ses ayants droit, ses ayants cause; le titulaire du droit voisin**

• **Paris, 14 avr. 1976,** *PIBD* 1976, n° 179, III, 435.
• **Paris, 10 mars 1983,** *RIDA* 1983, n° 177, 105.
• **Paris, 1er mars 1984,** *PIBD* 1984, n° 351, III, 188.
• **TGI Paris, 20 mars 1984,** *PIBD* 1984, n° 354, III, 236.
• **Paris, 11 juill. 1991,** *RD propr. int.* 1991, n° 38, 78.
• **TGI Nanterre, 23 mars 1992,** *Expertises*, janvier 1993, 33.
• **Paris, 7 juill. 1994,** *PIBD* 1994, n° 576, III, 550.
• **TGI Le Havre, 1re ch., 19 déc. 1996,** *RIDA* 1997, p. 337.
• **Civ. 1re, 3 avr. 2001,** n° 99-15.691, NP, *PIBD* 2001, n° 728, III, 508; *Propr. intell.* 2002, n° 3, p. 70, obs. P. de Candé.
• **Crim. 24 févr. 2004,** n° 03-83.541, *Bull. crim.* n° 49.
• **Com. 20 juin 2006,** n° 04-20.776, *Bull. civ.* IV, n° 147.
• **TGI Paris, 3e ch., 1re sect., ord. réf., 5 mai 2010,** RG n° 10/01506.
• **Paris, pôle 5, ch. 2, 4 févr. 2011,** RG n° 09/20913.
• **Com. 6 oct. 2011,** n° 10-17.018, NP.
* V. s[s] n° 211.13

> **Exploitants, distributeurs**

• **TGI Paris, 17 juill. 1973,** *Ann. propr. ind.* 1977. 87.
• **Paris, 6 nov. 1975,** *Ann. propr. ind.* 1977. 87.
• **Paris, 16 juin 1976,** *D.* 1977, jur. 516.
• **Paris, 13 juill. 1982,** *PIBD* 1983, n° 316, III, 27.
• **Paris, 20 oct. 1988,** *Expertises* 1988, n° 111, 393.
• **Paris, 21 févr. 1990,** *PIBD* 1990, n° 485, III, 563.
• **Paris, 4e ch., sect. B, 13 déc. 1990,** *JurisData* n° 1990-025735.
• **Versailles, 14e ch., 13 nov. 1991,** *JurisData* n° 1991-050082.
• **Com. 24 mars 1992,** n° 90-15.713, NPT, *PIBD* 1992, n° 525, 379.
• **Paris, 4e ch., sect. B, 7 juill. 1994,** *JurisData* n° 1994-022387.
• **Paris, 23 mai 1995,** *PIBD* 1995, n° 594, III, 402.
• **Paris, 16 juin 1995,** *PIBD* 1995, n° 595, III, 436.
• **Paris, 4e ch., 4 déc. 1998,** *PIBD* 1999, n° 673, III, 160.
• **Rouen, 2e ch., 8 mars 2001,** *JurisData* n° 2001-169031.
• **Civ. 1re, 3 avr. 2001,** n° 99-15.691, NP, *PIBD* 2001, n° 728, III, 508; *Propr. intell.* 2002, n° 3, p. 70, obs. P. de Candé.
* V. s[s] n° 211.14

> **Organismes collectifs**

• **Civ. 1re, 10 févr. 1987,** n° 85-12.074, *Bull. civ.* I, n° 49.
* V. s[s] n° 211.15

> **Droits patrimoniaux**

• **Paris, 9 juin 1973,** *Ann. propr. ind.* 1974. 76.
• **Civ. 1re, 18 juill. 2000,** n° 98-15.851, *Bull. civ.* I, n° 225, *D.* 2001, jur. p. 541, note Dreyer; *JCP E* 2000, pan. p. 1688.
* V. s[s] n° 211.17

> **Droit moral**

• **Paris, 4e ch. A, 17 mai 1993,** *RD propr. int.* 1993, n° 49, 78.
* V. s[s] n° 211.18

211.11 **Nécessité d'invoquer un droit d'auteur ou un droit voisin.** Selon l'article L. 111-1 du code de la propriété intellectuelle, le droit d'auteur naît « *du seul fait de la création* », indépendamment de tout dépôt et de tout enregistrement. Il suffit donc, en pratique, d'invoquer une création pour solliciter l'autorisation de pratiquer une saisie-contrefaçon, conformément à l'article L. 332-1 du code de la propriété intellectuelle qui subordonne la saisie-contrefaçon « *à la demande de tout auteur d'une œuvre protégée par le livre Ier* [Le droit d'auteur] ».

Depuis le 22 juin 2004, date d'entrée en vigueur de la loi n° 2004-575 du 21 juin 2004 pour la confiance dans l'économie numérique, l'article L. 332-1, alinéa 3 du code de la propriété intellectuelle permet également aux titulaires de l'un des droits voisins définis au livre II de ce code (artistes-interprètes, producteurs de phonogrammes ou de vidéogrammes, entreprises de communication audiovisuelle) de faire pratiquer une saisie-contrefaçon. Dans la mesure où les droits voisins naissent également hors de tout dépôt ou enregistrement, il suffira aussi, en pratique, d'invoquer une réalisation telle qu'une interprétation, un phonogramme, un vidéogramme ou un programme audiovisuel pour solliciter l'autorisation de pratiquer une saisie-contrefaçon.

211.12 Justificatifs à produire. Il suffira au requérant de se prévaloir d'indices tendant à démontrer l'existence d'une création ou réalisation protégeable[1]. Il pourra s'agir de l'œuvre elle-même, de sa reproduction, de catalogues, de photographies, etc. Il peut être utile d'exhiber également des pièces attestant de la date de création (enveloppe Soleau, attestation, facture de commercialisation, etc.).

211.13 L'auteur, ses ayants droit, ses ayants cause; le titulaire du droit voisin. L'article L. 332-1 du code de la propriété intellectuelle réserve la saisie-contrefaçon à tout auteur d'une œuvre protégée par le livre Ier, ses ayants droit ou ayants cause, ainsi qu'aux titulaires de droits voisins. Par « *auteur* », il faut entendre le créateur de l'œuvre de l'esprit et titulaire initial du droit d'auteur. L'article L. 113-1 pose à cet égard une présomption simple selon laquelle « *la qualité d'auteur appartient, sauf preuve contraire, à celui ou à ceux sous le nom de qui l'œuvre est divulguée* »[2]. S'agissant spécialement d'une œuvre de collaboration, dès lors que la jurisprudence reconnaît à chaque coauteur la possibilité d'agir en contrefaçon (même si c'est en lui imposant de mettre en cause tous les autres coauteurs), il devrait être parallèlement reconnu à chaque coauteur la possibilité de solliciter une saisie-contrefaçon. Par « *ayants cause ou ayants droit* » de l'auteur, il faut entendre celui qui a recueilli une ou plusieurs des prérogatives patrimoniales du droit d'auteur, seules transmissibles à l'exclusion du droit moral, quelles que soient la forme et la nature de la transmission (cession totale ou partielle, licence, absorption de la société propriétaire, succession, etc.). En cas de cession partielle des droits d'exploitation de l'œuvre, le cédant reste recevable à agir en contrefaçon et donc à solliciter l'autorisation de pratiquer une saisie pour faire constater l'atteinte portée aux droits qu'il s'est réservés[3]. La jurisprudence semble favorable à l'action en contrefaçon du licencié[4], surtout lorsqu'il bénéficie d'une exclusivité[5]; cette solution semble pouvoir être étendue par analogie à la saisie-contrefaçon.

La transmission des droits doit être dûment établie[6]. Il a ainsi été jugé que le seul fait que l'auteur figure parmi les associés ne suffit pas à établir que la société soit l'ayant cause de l'auteur[7]. Toutefois, depuis quelques années, la Cour de cassation reconnaît une présomption de titularité au bénéfice du demandeur, personne physique ou morale, qui, sans protestation ni revendication de l'auteur, exploite, sous son nom, l'œuvre en cause : « *en l'absence de toute revendication du créateur, celui qui exploite un modèle sous son nom est présumé, par ces actes de possession et à l'encontre des personnes poursuivies en contrefaçon, titulaire de la propriété incorporelle de l'auteur* »[8].

De même, par « *titulaires de droits voisins* », il faut entendre non seulement le titulaire initial des droits, celui qui, à raison de sa réalisation, a été le premier investi du droit voisin par l'effet de la loi (l'artiste-interprète, le producteur du phonogramme ou du vidéogramme, l'entreprise de communication audiovisuelle), mais aussi ses ayants cause ou ayants droit qui ont, après lui, recueilli d'une manière quelconque les prérogatives patrimoniales attachées au droit voisin. Le licencié exclusif d'un droit voisin s'est également vu reconnaître la possibilité d'agir en contrefaçon[9].

1. *A CONTRARIO*, l'irrecevabilité de la requête en l'absence de preuve du travail de création, TGI Paris, 3e ch., 1re sect., ord. réf., 5 mai 2010, RG no 10/01506.
2. Paris, pôle 5, ch. 2, 4 févr. 2011, RG no 09/20913, même si étrangement la cour développe une autre partie de son raisonnement sur l'ancien article L. 521-1 du code de la propriété intellectuelle (dessins et modèles) qui semblait pourtant inapplicable en l'espèce, seule la protection du droit d'auteur ayant été revendiquée et d'ailleurs reconnue par la cour et non la protection des dessins et modèles, faute d'un quelconque enregistrement – TGI Paris, 3e ch., sect. 3, ord. réf., 20 mai 2011, RG no 11/05099, l'exploitation sous son nom suffit, sans devoir faire tout l'historique de la cession des droits, pour bénéficier de la présomption – *A CONTRARIO*, l'irrecevabilité de la requête si les conditions nécessaires au bénéfice de la présomption ne sont pas remplies, TGI Paris, 3e ch., 1re sect., ord. réf., 5 mai 2010, RG no 10/01506; Com. 6 oct. 2011, no 10-17.018, NP.
3. Paris, 13 juin 1988, *D.* 1990. Somm. com., 187.
4. Paris, 7 juill. 1994, *PIBD* 1994, no 576, III, 550.
5. Paris, 10 mars 1983, *RIDA* 1983, no 177, 105 – Paris, 11 juill. 1991, *RD propr. int.* 1991, no 38, 78 – TGI Nanterre, 23 mars 1992, *Expertises* janv. 1993, 33.
6. Paris, 14 avr. 1976, *PIBD* 1976, no 179, III, 435 – Paris, 10 mars 1983, *RIDA* 1983, no 177, 105 – TGI Paris, 20 mars 1984, *PIBD* 1984, no 354, III, 236 – TGI Nanterre, 23 mars 1992, *Expertises* janv. 1993, 33.
7. Paris, 1er mars 1984, *PIBD* 1984, no 351, III, 188.
8. Civ. 1re, 3 avr. 2001, no 99-15.691, NP, *PIBD* 2001, no 728, III, 508; *Propr. intell.* 2002, no 3, p. 70, obs. P. de Candé – ÉGALt : Crim. 24 févr. 2004, no 03-83.541, *Bull. crim.* no 49 – Com. 20 juin 2006, no 04-20.776, *Bull. civ.* IV, no 147.
9. TGI Le Havre, 1re ch., 19 déc. 1996, *RIDA* 1997, p. 337.

211.14 Exploitants, distributeurs. Le distributeur, même exclusif, dans la mesure où le contrat qu'il a conclu avec le titulaire ne lui transmet aucune des prérogatives patrimoniales constitutives du droit d'auteur, et le charge uniquement de la commercialisation des exemplaires de l'œuvre protégée, n'a pas qualité pour pratiquer une saisie-contrefaçon[1]. Il est possible de se demander néanmoins si le distributeur peut bénéficier de la présomption de titularité que, depuis quelques années, la Cour de cassation reconnaît à la personne physique ou morale, qui, sans protestation ni revendication de l'auteur, exploite, sous son nom, l'œuvre en cause (v. s[s] n° 211.13)[2].

211.15 Organismes collectifs. L'article L. 331-1 alinéa 2 du code de la propriété intellectuelle prévoit que les organismes de défense professionnelle régulièrement constitués ont qualité pour ester en justice pour la défense des intérêts dont ils ont statutairement la charge. L'article L. 321-1 alinéa 2 attribue la même qualité aux sociétés civiles de perception et de répartition des droits d'auteur et droits voisins. La jurisprudence a déduit de cette qualité pour ester en justice le pouvoir de ces organismes collectifs de demander la saisie-contrefaçon[3].

211.16 Œuvre divulguée à l'étranger. L'article L. 332-1 du code de la propriété intellectuelle réserve la saisie-contrefaçon aux auteurs d'une œuvre protégée par le livre Ier du code de la propriété intellectuelle. Ce dernier protège les œuvres divulguées pour la première fois en France. Il protège également les œuvres divulguées pour la première fois sur le territoire d'un État étranger, à condition que cet État assure aux œuvres divulguées pour la première fois en France une protection suffisante et efficace (CPI, art. L. 111-4)[4]. Il faut donc en conclure, à première vue, qu'en cas de non-réciprocité, constituée après consultation du ministre des Affaires étrangères, les œuvres divulguées pour la première fois à l'étranger « *ne bénéficient pas de la protection reconnue en matière de droit d'auteur par la législation française* » (CPI, art. L. 111-4) et ne permettent notamment pas le recours à la saisie-contrefaçon de l'article L. 332-1 du code de la propriété intellectuelle. Toutefois, il faut aussitôt remarquer que l'alinéa 2 de l'article L. 111-4 du code de la propriété intellectuelle écarte cette sanction pour certains attributs du droit moral : « *Toutefois, aucune atteinte ne peut être portée à l'intégrité ni à la paternité de ces œuvres* ». Or, la saisie-contrefaçon de l'article L. 332-1 est mobilisable pour la défense du droit moral (v. s[s] n° 211.18). Si bien que l'auteur d'une œuvre étrangère, divulguée pour la première fois dans un État n'assurant pas une protection réciproque, pourra tout de même avoir recours à la saisie-contrefaçon prévue par l'article L. 332-1 du code de la propriété intellectuelle, pour faire constater, en France, une atteinte à ces deux seules prérogatives extra-patrimoniales que sont le droit au respect de l'œuvre et le droit à la paternité.

La condition de réciprocité de l'article L. 111-4 est posée « *sous réserve des dispositions des conventions internationales auxquelles la France est partie* ». Il faut donc tenir compte également des conventions internationales qui accordent généralement d'emblée aux ressortissants des autres États contractants ou aux œuvres publiées pour la première fois sur le territoire d'un autre État contractant le bénéfice du traitement national, c'est-à-dire une assimilation aux nationaux français et donc le bénéfice de la protection reconnue en France aux auteurs par le code de la propriété intellectuelle. Parmi ces conventions se trouvent notamment la convention de Berne pour la protection des œuvres littéraires et artistiques du 9 septembre 1886, la convention de Genève du 6 septembre 1952 ou les accords ADPIC adoptés dans le cadre du GATT. Par exemple, la convention de Berne pour la protection des œuvres littéraires et artistiques du 9 septembre 1886, révisée, prévoit dans son article 5 alinéa 2, que les moyens de recours garantis à l'auteur pour sauvegarder ses

1. TGI Paris, 17 juill. 1973, CONFIRMÉ PAR : Paris, 6 nov. 1975; *Ann. propr. ind.* 1977. 87 – Paris, 16 juin 1976, *D.* 1977, J., p. 516 – Paris, 13 juill. 1982, *PIBD* 1983, n° 316, III, 27 (en matière de dessins et modèles) – Paris, 20 oct. 1988, *Expertises* 1988, n° 111, 393 – Paris, 21 févr. 1990, *PIBD* 1990, n° 485, III, 563 – SUR POURVOI : Com. 24 mars 1992, n° 90-15.713, NPT, *PIBD* 1992, n° 525, 379 – Paris, 4e ch., sect. B, 13 déc. 1990 – Versailles, 14e ch., 13 nov. 1991, *JurisData* n° 1991-050082 – Paris, 4e ch., sect. B, 7 juill. 1994, *JurisData* n° 1994-022387 – Paris, 23 mai 1995, *PIBD* 1995, n° 594, III, 402 – Paris, 16 juin 1995, *PIBD* 1995, n° 595, III, 436 – Paris, 4e ch., 4 déc. 1998, *PIBD* 1999, n° 673, III, 160 – Rouen, 2e ch., 8 mars 2001, *JurisData* n° 2001-169031.
2. Lucas et Lucas, *Traité de la propriété littéraire et artistique*, 3e éd. Litec 2006, spéc. n° 916, p. 639-640 – A. Bertrand, *Droit d'auteur*, Dalloz Action, 2011-2012, spéc. n° 103.32 – Civ. 1re, 3 avr. 2001, n° 99-15.691, NP, *PIBD* 2001, n° 728, III, 508.
3. Civ. 1re, 10 févr. 1987, n° 85-12.074, *Bull. civ.* I, n° 49; *Cah. dr. auteur* 1988, n° 3, 18 – V. N. Bouche, V° « Société civile de perception et de répartition des droits d'auteur et des droits voisins », *Rép. sociétés* Dalloz, sept. 2005, spéc. n°s 164 s.
4. UNE CONTROVERSE doctrinale existe pour savoir si la règle concerne seulement les œuvres d'auteurs étrangers (*cf.* Lucas et Lucas, *Traité de la propriété littéraire et artistique*, 3e éd. Litec 2006, spéc. n° 1137, p. 798) ou également les œuvres d'auteurs français (*cf.* Pollaud-Dulian, *Le droit d'auteur*, Economica 2005, spéc. n° 1359, p. 802).

droits se règlent exclusivement d'après la législation du pays où la protection est réclamée. Ainsi, l'auteur d'une œuvre créée à l'étranger pouvant se prévaloir des dispositions de la convention de Berne peut avoir recours à la saisie-contrefaçon prévue par l'article L. 332-1 du code de la propriété intellectuelle, pour faire constater, en France, une atteinte à ses droits.

Il faut toutefois mettre à part, parmi les œuvres protégées par le droit d'auteur, les logiciels qui font l'objet d'une règle de condition des étrangers spécifique énoncée à l'article L. 111-5 du code de la propriété intellectuelle (v. s^s n° 221.35).

En revanche, en matière de droits voisins, le législateur français n'a pas souhaité faire dépendre d'une condition de réciprocité, telle qu'en matière de droit d'auteur, la protection générale des individus (artistes-interprètes, producteurs, entreprises de communication audiovisuelle) ou réalisations (interprétation, phonogramme, vidéogramme, programme audiovisuel) affectés d'un élément d'extranéité. Si des discriminations ont certes été instituées contre les titulaires de droits voisins qui ne sont pas ressortissants d'un État membre de l'Union européenne (CPI, art. L. 211-5), contre les artistes-interprètes et les producteurs de phonogrammes dont les phonogrammes ont été fixés pour la première fois dans un État non membre de l'Union européenne (CPI, art. L. 214-2) et contre les artistes-interprètes, producteurs de phonogrammes ou de vidéogrammes dont les phonogrammes ou vidéogrammes ont été fixés pour la première fois dans un État non membre de l'Union européenne (CPI, art. L. 311-2), il ne s'agit jamais que de discriminations spéciales, ponctuelles, (calcul de la durée de protection, art. L. 211-5; rémunération équitable, art. L. 214-2; rémunération pour copie privée, art. L. 311-2) et qui n'intéressent jamais la saisie-contrefaçon (elles sont, de plus, soumises à la réserve des dispositions des conventions internationales, telle que notamment la convention de Rome du 26 octobre 1961 sur la protection des artistes-interprètes ou exécutants, des producteurs de phonogrammes et des organismes de radiodiffusion). S'agissant spécialement de l'accès à la saisie-contrefaçon en France, telle qu'organisée en matière de droits voisins par la loi française, il n'existe donc aucune restriction telle qu'une condition de réciprocité pour les étrangers à l'Union européenne ou les réalisations fixées hors de l'Union européenne.

211.17 **Droits patrimoniaux.** L'article L. 332-1 du code de la propriété intellectuelle, en ce qu'il évoque la saisie des exemplaires constituant une reproduction illicite de l'œuvre, autorise de manière évidente le recours à la saisie-contrefaçon pour faire constater la contrefaçon par reproduction. Mais le même article vise également implicitement la représentation de l'œuvre protégée, ce qui justifie aussi une saisie-contrefaçon dans ce cas. Ainsi, la saisie-contrefaçon est possible pour faire constater l'atteinte aux différents droits patrimoniaux[1]. En ce sens, la jurisprudence a admis le recours à la saisie-contrefaçon pour faire constater la violation du droit d'adaptation[2]. Encore faut-il que l'auteur se plaigne d'une véritable atteinte à son droit et ne se borne pas à prétendre que les œuvres incriminées ne sont qu'une « *vague imitation de son style* »[3]. De la même manière, la saisie-contrefaçon pourra être mobilisée pour la protection des droits patrimoniaux qui découlent des droits voisins.

211.18 **Droit moral.** La question de savoir si la saisie-contrefaçon est possible en cas de violation du droit moral de l'auteur a été controversée en doctrine. La jurisprudence l'a expressément admis au profit de l'auteur qui, après cession de ses droits patrimoniaux, garde qualité pour requérir la saisie d'objets qui porteraient atteinte à son droit moral[4]. De la même manière, la saisie-contrefaçon pourra être utilisée pour la protection du droit moral dont l'artiste interprète est investi en matière de droits voisins (CPI, art. L. 212-2, « *l'artiste-interprète a droit au respect de son nom, de sa qualité et de son interprétation* »).

1. H. Desbois, *Le droit d'auteur en France*, 3e éd. Dalloz 1978, spéc. n° 729.
2. Paris, 23 mars 1978, *Gaz. Pal.* 1978, Somm. 398.
3. Paris, 9 juin 1973, *D.* 1973. Somm. 99; *Ann. propr. ind.* 1974. 76 – SUR les limites de l'utilisation de la saisie-contrefaçon à l'encontre d'un tableau faussement signé d'un peintre célèbre mais ne constituant pas une reproduction illicite de l'une de ses œuvres v. Civ. 1re, 18 juill. 2000, n° 98-15.851, *Bull. civ.* I, n° 225, *D.* 2001, J., p. 541, note Dreyer; *JCP E* 2000, pan. p. 1688.
4. Paris, 4e ch. A, 17 mai 1993, *RD propr. int.* 1993, n° 49, 78.

CHAPITRE

212. Exécution de la saisie-contrefaçon

SECTION 0

ORIENTEUR

212.00 **Plan du chapitre.**

212.01 **Textes applicables.**

* V. s[s] n° 21.01

212.02 **Jurisprudence citée.**

> Indications à fournir dans la réquisition

• **Paris, 4e ch., 1er mars 1996,** *PIBD* 1996, n° 614, III, 381.

• **TGI Paris, 3e ch., 5 mars 1997,** *PIBD* 1997, n° 636, III, 417; *RD propr. int.* 1997, n° 74, 30.

* V. s[s] n° 212.41

> Compétence territoriale du commissaire de police

• **Lyon, 4e ch., 27 mai 1987,** *RIPIA* 85-87, 125.

• **Dijon, ch. corr., 12 janv. 1990,** *PIBD* 1990, n° 478, III, 342.

• **Crim. 19 mars 1997,** n° 96-85.213, *Bull. crim.* n° 113, p. 372.

• **Civ. 1re, 10 févr. 1998,** n° 96-11.729, *Bull. civ.* I, n° 56; *D.* 1998. Somm. 77; *JCP E* 2000. I. 79.

* V. s[s] n° 212.51

> Pouvoirs du commissaire de police

• **Versailles, 12e ch., 15 févr. 2001,** *JCP E* 2002. I. 1043.

* V. s[s] n° 212.52

> Déclarations de la partie saisie

• **Paris, 4e ch. A, 7 oct. 1998,** *JCP E* 1999. I. 1631; *PIBD* 1999, n° 667, III, 16; *RD propr. int.* 1999, n° 97, p. 44.

* V. s[s] n° 212.64

> Pouvoirs du président du tribunal de grande instance

• **Com. 4 janv. 1984,** n° 82-11.090, *Bull. civ.* IV, n° 6, *Ann. propr. ind.* 1984. 78; *Bull. civ.* IV, n° 6, 5; *JCP G* 1984. IV. 77.

• **Aix-en-Provence, ch. réunies, 12 févr. 1999,** *JCP E* 1999. I. 1631, obs. Greffe; *PIBD* 1999, n° 678, III, 265; *RD propr. int.* 1999, n° 98, p. 42.

• **Grenoble, 19 avr. 2000,** *JCP E* 2000. I. 1285, obs. Greffe.

• **Bourges, 1re ch. civ., 19 févr. 2001,** *Ann. propr. ind.* 2001. 263.

• **Douai, 1re ch. 2, 22 nov. 2005,** *Propr. intell.* oct. 2006, p. 465, obs. de Haas; *RTD com.* 2007. 75, chron. Galloux.

• **Versailles, 12e ch. 2, 25 nov. 2005,** *Propr. intell.* oct. 2006, p. 465, obs. de Haas; *RTD com.* 2007. 75, chron. Galloux.

• **Paris, 4e ch., sect. B, 22 févr. 2008,** RG n° 06/20458, *PIBD* 2008, n° 872, III, 266.

• **Paris, 4e ch., sect. B, 22 févr. 2008,** RG n° 06/18430, *Jurinpi* D20080016.

* V. s[s] n° 212.91

> Juridiction compétente pour examiner la requête

• **Com. 4 janv. 1984,** n° 82-11.090, *Bull. civ.* IV, n° 6, *Ann. propr. ind.* 1984. 78; *Bull. civ.* IV, n° 6, 5; *JCP G* 1984. IV. 77.

• **Civ. 2e, 18 nov. 1992,** n° 91-16.447, *Bull. civ.* II, n° 266; *JCP G* 1993. I, n° 3678, 10; *RTD civ.*, 1993, 648.

• **TGI Nanterre, ord. réf. 18 nov. 1996,** *BICC* 1er mars 1997, n° 234.

• **Paris, 4e ch., sect. A, 25 févr. 2009,** RG n° 07/17848, *Jurinpi* D20090021.

• **Com. 14 sept. 2010,** n° 09-16.854, *Bull. civ.* IV, n° 137; *PIBD* 2010, n° 931, III, 17; *RLDI* oct. 2010, n° 2106, p. 18.

* V. s[s] n° 212.101

> Exécution de la saisie

• **TGI Rennes, 28 févr. 1994,** *RIPIA* 1994, n°s 175-176, 71.

• **Civ. 2e, 6 déc. 2001,** n° 99-19.894, *Bull. civ.* II, n° 184, *RTD civ.* 2002. 362, obs. Perrot.

• **Civ. 2e, 10 janv. 2008,** n° 06-21.816, *Bull. civ.* II, n° 6, *Dr. et proc.* 2008, p. 155, obs. Salati, *Procédures* 2008, comm. 72, obs. Perrot.
* V. ss n° 212.104

> Cas particulier des documents intéressant la défense nationale

• **Civ. 1re, 21 mars 2006,** n° 05-13.302, *Bull. civ.* I, n° 168, *CCE* mai 2006, comm. n° 78, note Caron; *Propr. intell. 2006*, n° 20, p. 352, obs. Warusfel; *D.* 2006. AJ 983, obs. Daleau; *Expertises*, juill. 2006, p. 269, note Lecardonnel; *Comm. com. électr.* 2006, comm. n° 78, note Caron; *RLDI* avr. 2006, p. 25.
* V. ss n° 212.105

212.11 Division. L'article L. 332-1 du code de la propriété intellectuelle prévoit au premier chef la saisie-contrefaçon réalisée par le commissaire de police ou le juge d'instance (section 1). Ce n'est que dans un second temps que le texte prévoit la saisie-contrefaçon sur ordonnance du président du tribunal de grande instance (section 2).

212.12 Réforme à venir ? Il est à noter qu'une proposition de loi « *tendant à renforcer la lutte contre la contrefaçon* », telle que modifiée le 12 juillet 2011 au Sénat, entend faire disparaître cette dualité des modalités d'exécution de la saisie-contrefaçon (pour la saisie-contrefaçon en matière de droit d'auteur et de droits voisins - CPI, art. L. 332-1 -, de même que pour la saisie-contrefaçon en matière de logiciels - CPI, art. L. 332-4). Il est proposé de ne retenir que la seule voie de la saisie-contrefaçon sur ordonnance du président du tribunal de grande instance. De ce point de vue, le schéma procédural de la saisie-contrefaçon serait ainsi unifié pour toute la propriété intellectuelle.

SECTION 1
SAISIE-CONTREFAÇON PAR COMMISSAIRE DE POLICE OU JUGE D'INSTANCE

212.21 Textes. L'article L. 332-1 du code de la propriété intellectuelle prévoit la saisie-contrefaçon par le commissaire de police ou le juge d'instance dans les termes suivants : « *Les commissaires de police et, dans les lieux où il n'y a pas de commissaire de police, les juges d'instance, sont tenus, à la demande de tout auteur d'une œuvre protégée par le livre Ier, de ses ayants droit ou de ses ayants cause, de saisir les exemplaires constituant une reproduction illicite de cette œuvre ou tout exemplaire, produit, appareil, dispositif, composant ou moyen portant atteinte aux mesures techniques et aux informations mentionnées respectivement aux articles L. 331-5 et L. 331-11* ».

212.22 Procédure réservée au droit d'auteur. Il faut tout de suite souligner que l'article L. 332-1 du code de la propriété intellectuelle ne donne compétence au commissaire de police et, dans les lieux où il n'y a pas de commissaire de police, au juge d'instance, pour procéder à la saisie-contrefaçon, que sur « *demande de tout auteur d'une œuvre protégée par le livre Ier, de ses ayants droit ou de ses ayants cause* ». Or, l'œuvre protégée par le livre Ier du code de la propriété intellectuelle n'est que l'œuvre objet du droit d'auteur, à l'exclusion des réalisations couvertes par les droits voisins tels qu'énoncés dans le livre II du code de la propriété intellectuelle. Réciproquement, l'alinéa 3 de l'article L. 332-1 qui étend la saisie-contrefaçon à la défense des droits voisins, ne donne bien compétence qu'au « *président du tribunal de grande instance* », à l'exclusion de toute compétence du commissaire de police ou, à défaut, du juge d'instance.

212.23 Caractère obligatoire de la réquisition pour le commissaire de police ou le juge d'instance. À la différence de la saisie-contrefaçon pratiquée sur ordonnance du président du tribunal de grande instance (dans laquelle le magistrat dispose d'un certain pouvoir d'appréciation), la saisie-contrefaçon pratiquée par le commissaire de police ou le juge d'instance ne laisse à ceux-ci, d'un strict point de vue juridique, aucun pouvoir d'appréciation. L'article L. 332-1 du code de la propriété intellectuelle est, en effet, formel : ceux-ci « *sont tenus* » de saisir « *les exemplaires* ». C'est pourquoi la demande qui leur est adressée est dénommée « *réquisition* » et non « *requête* ».

212.24 Division. S'agissant du domaine des droits d'auteur, l'article L. 332-1 du code de la propriété intellectuelle donne compétence au commissaire de police (sous-section 1) et, dans les lieux où il n'y a pas de commissaire de police, au juge d'instance (sous-section 2) pour réaliser la saisie.

SOUS-SECTION 1
SAISIE-CONTREFAÇON PAR COMMISSAIRE

212.31 Plan. Il faut examiner, chronologiquement, la réquisition aux fins de saisie-contrefaçon (§ 1), l'intervention du commissaire de police (§ 2) et l'objet de la saisie (§ 3).

§ 1.
Réquisition aux fins de saisie-contrefaçon

212.41 Indications à fournir dans la réquisition. Le requérant a l'obligation de donner toutes indications utiles pour son identification, laquelle découle des principes généraux de la procédure civile. Les saisies-contrefaçon opérées par le commissaire de police en vertu des dispositions de l'article L. 332-1 du code de la propriété intellectuelle peuvent, en effet, être frappées de nullité pour vice de forme. Les principales causes de nullité concernent le requérant qui ne donne pas son identité de manière correcte ou complète : la jurisprudence exige néanmoins que ces carences causent un grief au saisi (pour un grief non causé[1]). La réquisition doit mentionner également le ou les droits invoqués en donnant toute indication nécessaire sur la création, sa date et son auteur. Elle précise enfin le lieu de la saisie. La jurisprudence rappelle régulièrement cette règle, notamment à l'occasion d'affaires où des juges ont refusé de déclarer nuls la réquisition du commissaire de police et ses procès-verbaux de saisie-contrefaçon :

« *Attendu, [...] qu'elles [les défenderesses] soutiennent que la requérante n'est pas suffisamment identifiée, tant sur la réquisition que sur les procès-verbaux de saisie. Mais attendu que la mention de la dénomination société Opex sur la réquisition et les procès-verbaux de saisie était suffisamment précise et ne laissait aucun doute sur l'identité de la requérante, l'indication du numéro de registre du commerce empêchant tout risque de confusion; que la demanderesse justifie, par la production des extraits de registre du commerce et du procès-verbal d'assemblée générale du 31 janvier 1992, de ce que la société Opex vient aux droits de la société Opérations Export et a modifié son siège social; qu'il n'y a donc pas lieu de déclarer nuls la réquisition et les procès-verbaux de saisie-contrefaçon* »[2].

« *Si l'article 66 de la loi du 11 mars 1957 (pas davantage que l'art. 10 de la loi du 12 mars 1952) ne prescrit pas à l'officier de police judiciaire procédant à une saisie en vertu de ce texte de faire figurer l'indication de la forme juridique et de l'adresse de la personne requérante dans son procès-verbal, l'obligation pour le demandeur d'une mesure coercitive, telle qu'une saisie, de donner toutes indications utiles pour son identification ressort des principes généraux de la procédure civile. Il est constant que la forme juridique et l'adresse de la société requérante ne figurant pas dans les procès-verbaux de saisie, la nullité en résultant est une nullité de forme qui, même pour une formalité substantielle ou d'ordre public, ne peut être prononcée qu'à charge par celui qui l'invoque de prouver le grief que lui cause l'irrégularité. Tel n'est pas le cas du saisi qui ne peut prétendre avoir ignoré l'identité du saisissant et subi de ce fait un dommage, dès lors que la requête en saisie-contrefaçon précisant la dénomination complète de la requérante, de telles indications ne pouvaient laisser aucun doute au saisi, professionnel averti dans le domaine des vêtements de sport qu'il crée et diffuse, sur l'identité du saisissant* »[3].

1. Paris, 4e ch. A, 27 févr. 1989, *D.* 1990. Somm. 59, obs. Colombet.
2. TGI Paris, 3e ch., 5 mars 1997, *PIBD* 1997, no 636, III, 417.

Pour une décision admettant, au contraire, la nullité (indépendamment de l'existence de tout grief) :

« *Considérant qu'il ressort du procès-verbal de police relatif à la saisie-contrefaçon, effectuée dans les locaux de la société Sunberg, que cette saisie a été opérée pour le compte de la société La Cotonnière d'Alsace, laquelle n'a pas d'existence juridique, puisqu'il est constant qu'il s'agit d'une simple enseigne sous laquelle M. E., prétendument titulaire des droits patrimoniaux d'auteur, exerçait le commerce en nom personnel, et à la requête de Mme Z., qui s'était présentée comme attachée commerciale de la société en cause, sans d'ailleurs justifier d'un pouvoir spécial; que le vice de fond affectant ainsi la saisie, insusceptible de régularisation ultérieure, entraîne sa nullité, indépendamment de l'existence de tout grief; qu'il sera donc fait droit à la demande de la société Sunberg de ce chef* »[4]

§ 2. Commissaire de police

212.51 Compétence territoriale du commissaire de police. Le commissaire de police ne peut pratiquer la saisie que dans la limite de sa compétence territoriale. Jadis, la jurisprudence donnait compétence aux commissaires de police dont la résidence administrative était située dans la commune où la saisie devait être effectuée[5]. Cette jurisprudence n'a plus cours et était déjà abandonnée par d'autres cours d'appel avant 1995 lorsque le commissaire en cause dépendait d'un service régional de police judiciaire (SRPJ) ou était rattaché à une direction de la police : « *Attendu que la saisie pratiquée le 1er avril 1985 à Roanne sur le fondement de l'article 66 de la loi du 11 mars 1957, l'a été par un commissaire de police du service régional de police judiciaire de Lyon dont la circonscription territoriale s'étend à l'arrondissement judiciaire de Roanne et que ledit commissaire de police avait qualité pour procéder à la saisie-contrefaçon; que l'exception de nullité de la saisie doit donc être rejetée* »[6].

Plus récemment, il a été rappelé « *que la notion de lieu* (visée par l'article L. 332-1 du code de la propriété intellectuelle) *désigne le ressort de compétence territoriale du commissaire et non la résidence administrative de celui-ci* » :

3. Paris, 4e ch. A, 27 févr. 1989, *D.* 1990. Somm. 59, obs. Colombet.
4. Paris, 4e ch., 1er mars 1996, *PIBD* 1996, no 614, III, 381.
5. Lyon, 4e ch., 27 mai 1987, *RIPIA* 85-87, 125 – Rennes, 13 déc. 1995, *Ann. propr. ind.* 1996. 112, 113.
6. Dijon, ch. des appels correctionnels, 12 janv. 1990, *PIBD* 1990, no 478, III, 342.

– pour un commissaire affecté à un service régional de police judiciaire, compétent pour l'ensemble du ressort de ce service[1];

– pour un commissaire affecté à la direction centrale de la police judiciaire, sous division anti-contrefaçon, compétent sur l'ensemble du territoire national[2].

212.52 Pouvoirs du commissaire de police. À la différence des présidents des tribunaux de grande instance autorisant la saisie-contrefaçon en matière de propriété industrielle, les commissaires de police ont des pouvoirs d'appréciation très limités. En effet, l'article L. 332-1 du code de la propriété intellectuelle disposant qu'ils sont tenus de saisir, il en résulte qu'ils n'ont pas à exiger du requérant qu'il justifie du bien-fondé des griefs qu'il invoque ou de l'opportunité de la procédure de saisie-contrefaçon qu'il entend engager. Tout au plus, le commissaire pourra-t-il être conduit à vérifier la régularité apparente du droit invoqué. En outre, il ne peut de lui-même décider de la nature et de la portée de la saisie, comme peut le faire un président du tribunal de grande instance. Il peut toutefois, s'il le juge utile, décider de se faire assister d'un homme de l'art, tout en veillant à ce qu'il n'en résulte aucun risque de débordement[3].

§ 3. Objet de la saisie-contrefaçon

212.61 Personnes et lieux identifiés dans la réquisition. La réquisition adressée à un commissaire de police aux fins de saisie-contrefaçon contre une personne déterminée ne l'habilite pas à procéder à des investigations contre une autre personne à une autre adresse[4].

212.62 Exemplaires contrefaisants. L'article L. 332-1 du code de la propriété intellectuelle prévoit que la saisie-contrefaçon peut porter sur « *les exemplaires* », c'est-à-dire tous les exemplaires contrefaisants. Il apparaît clairement ici que le droit d'auteur est le domaine où la saisie-contrefaçon a conservé, outre son caractère probatoire, son caractère d'interdiction provisoire. La saisie réelle peut parfaitement porter sur tout le stock contrefaisant. En pratique, cependant, le saisissant sera bien inspiré de ne requérir la saisie de tout le stock contrefaisant que s'il a toutes raisons de penser qu'il triomphera dans son procès au fond. Il s'expose, au cas contraire, à des dommages-intérêts.

212.63 Dispositifs portant atteinte aux mesures techniques. L'alinéa 1er de l'article L. 332-1 du code de la propriété intellectuelle ajoute, depuis la loi n° 2006-961 du 1er août 2006 (modifié par la loi 2009-669 du 12 juin 2009), que la saisie peut également porter, le cas échéant, sur « *tout exemplaire, produit, appareil, dispositif, composant ou moyen portant atteinte aux mesures techniques et aux informations mentionnées respectivement aux articles L. 331-5 et L. 331-11* ». L'article L. 331-5 vise les mesures techniques de protection, c'est-à-dire les dispositifs techniques destinés à empêcher ou à limiter les utilisations non autorisées par les titulaires d'un droit d'auteur ou d'un droit voisin du droit d'auteur d'une œuvre, autre qu'un logiciel, d'une interprétation, d'un phonogramme, d'un vidéogramme ou d'un programme. L'article L. 331-11 vise les mesures techniques d'informations, les dispositifs techniques destinés à donner sous une forme électronique une information sur le régime des droits (identification de l'objet ou du titulaire de droits, condition et modalités d'utilisation) afférents à une œuvre, autre qu'un logiciel, une interprétation, un phonogramme, un vidéogramme ou un programme.

212.64 Déclarations de la partie saisie. Le commissaire de police peut également procéder à l'audition des personnes se trouvant sur les lieux de la saisie et consigner leurs déclarations dans son procès-verbal. Toutefois, une telle audition n'est possible que si le commissaire de police a tout d'abord été en mesure de saisir réellement des exemplaires argués de contrefaçon ou toutes autres preuves matérielles de la contrefaçon, telles, notamment, des documents publicitaires, des catalogues, etc. À défaut, l'audition de la partie saisie constitue une irrégularité causant grief entraînant la nullité des opérations de saisie[5].

SOUS-SECTION 2 SAISIE-CONTREFAÇON PAR LE JUGE D'INSTANCE

212.71 Conditions. L'article L. 332-1 alinéa 1er prévoit la compétence subsidiaire du juge d'instance en cas d'absence de commissaire de police compétent dans le ressort concerné : « *Les commissaires de police et, dans les lieux où il n'y a pas de commissaire de police, les juges d'instance, sont tenus, à la demande de tout auteur d'une œuvre protégée par le livre Ier, de ses ayants droit ou de ses ayants cause, de*

1. Civ. 1re, 10 févr. 1998, n° 96-11.729, *Bull. civ.* I, n° 56; *D.* 1998. Somm. 77; *JCP E* 2000. I. 79.
2. Crim. 19 mars 1997, n° 96-85.213, *Bull. crim.* n° 113; *Ann. propr. ind.* 1998. 115.
3. Versailles, 12e ch., 15 févr. 2001, *JCP E* 2002. I. 1043.
4. Paris, 4e ch., sect. A, 9 juin 1999, *Gaz. Pal.* 15 avr. 2000, p. 14.
5. Paris, 4e ch. A, 7 oct. 1998, *JCP E* 1999. I. 1631; *PIBD* 1999, n° 667, III, 16; *RD propr. int.* 1999, n° 97, p. 44.

saisir les exemplaires constituant une reproduction illicite de cette œuvre ».

212.72 Domaine, mise en œuvre et recours. Il n'existe pas de différence significative entre la saisie-contrefaçon par le commissaire de police et celle par le juge d'instance (v. s^s^ n°s 212.51 s.).

SECTION 2
SAISIE-CONTREFAÇON SUR ORDONNANCE

212.81 Division. Il convient de préciser tout d'abord le domaine de la saisie-contrefaçon sur ordonnance (sous-section 1) puis sa mise en œuvre (sous-section 2).

SOUS-SECTION 1
DOMAINE DE LA SAISIE-CONTREFAÇON SUR ORDONNANCE

212.91 Pouvoirs du président du tribunal de grande instance. Le président du tribunal de grande instance dispose, dans le cadre de la saisie-contrefaçon, de plus larges pouvoirs que le commissaire de police ou le juge d'instance. Il peut ordonner un plus grand nombre de mesures et des mesures plus contraignantes qui révèlent que la saisie-contrefaçon en cette matière présente à la fois une finalité probatoire, commune à la saisie-contrefaçon en matière de propriété industrielle, mais aussi une finalité d'interdiction provisoire, étrangère à la saisie-contrefaçon en matière de propriété industrielle :

– la suspension de toute fabrication en cours tendant à la reproduction illicite d'une œuvre[1] ou à la réalisation d'une atteinte aux mesures techniques de protection ou d'information;

– la saisie, **quels que soient le jour et l'heure**, des exemplaires constituant une reproduction illicite de l'œuvre, déjà fabriqués ou en cours de fabrication, ou des exemplaires, produits, appareils, dispositifs, composants ou moyens, fabriqués ou en cours de fabrication, portant atteinte aux mesures techniques de protection ou d'information, des recettes réalisées, ainsi que des exemplaires illicitement utilisés; il peut également ordonner la saisie réelle des matériels et instruments utilisés pour produire ou distribuer illicitement les œuvres, ainsi que de tout document s'y rapportant;

– la saisie des recettes provenant de toute reproduction, représentation ou diffusion, par quelque moyen que ce soit, d'une œuvre de l'esprit, effectuée en violation des droits de l'auteur ou provenant d'une atteinte aux mesures techniques de protection ou d'information;

– la saisie réelle des œuvres illicites ou produits soupçonnés de porter atteinte à un droit d'auteur, ou leur remise entre les mains d'un tiers afin d'empêcher leur introduction ou leur circulation dans les circuits commerciaux.

Au lendemain de la loi n° 2004-475 du 21 juin 2004, l'ancien article L. 332-1 alinéa 2, 4° offrait également au président du tribunal de grande instance, dans le cadre de la procédure de saisie-contrefaçon, la possibilité d'ordonner : « *la suspension, par tout moyen, du contenu d'un service de communication au public en ligne portant atteinte à l'un des droits de l'auteur, y compris en ordonnant de cesser de stocker ce contenu ou, à défaut, de cesser d'en permettre l'accès* »; et le délai dans lequel la mainlevée ou le cantonnement des effets de cette mesure pouvaient être demandés par le défendeur était spécialement fixé par l'article R. 332-1 du code de la propriété intellectuelle à vingt jours ouvrables ou trente et un jours civils si ce délai était plus long. La loi n° 2009-669 du 12 juin 2009 favorisant la diffusion et la protection de la création sur internet[2], plus connue comme la loi Hadopi, a abrogé ce 4° de l'article L. 332-1. Pour autant, ce moyen de protection des auteurs et titulaires de droits voisins n'a pas disparu puisque désormais l'article L. 336-2 du code de la propriété intellectuelle habilite d'une manière générale – et pas spécialement dans le cadre de la procédure de saisie-contrefaçon – le tribunal de grande instance, « *statuant le cas échéant en la forme des référés* », « *en présence d'une atteinte à un droit d'auteur ou à un droit voisin occasionnée par le contenu d'un service de communication au public en ligne* », à ordonner « *toutes mesures propres à prévenir ou à faire cesser une telle atteinte à un droit d'auteur ou à un droit voisin, à l'encontre de toute personne susceptible de contribuer à y remédier* » « *à la demande des titulaires de droits sur les œuvres et objets protégés, de leurs ayants droit, des sociétés de perception et de répartition des droits visées à l'article L. 321-1 ou des organismes de défense professionnelle visés à l'article L. 331-1* ». Il est à noter que les pouvoirs du tribunal de grande instance sont même plus largement définis que ne l'étaient ceux du président du tribunal de grande instance, puisqu'il peut ordonner « *toutes mesures propres à prévenir ou à faire cesser* » l'atteinte. Mais en contrepartie, ce moyen de protection n'est accessible qu'à l'issue d'une procédure contradictoire, « *le cas échéant en la forme des référés* », et non plus sur requête[3].

1. POUR UN EXEMPLE de la mainlevée d'une telle saisie : Grenoble, 19 avr. 2000, *JCP E* 2000. I. 1285, obs. Greffe.

2. L. n° 2009-669, 12 juin 2009 favorisant la diffusion et la protection de la création sur internet, *JO* n° 0135, 13 juin 2009.
3. Ch. Alleaume, « Le projet de loi "Création et Internet" du 18 juin 2008 », *Propr. intell.* oct. 2008, p. 388 s., spéc. p. 392.

La question de savoir si la liste des mesures ainsi énumérées à l'article L. 332-1 du code de la propriété intellectuelle est seulement exemplative ou limitative, se pose en jurisprudence. Littéralement, aucun des termes de l'article L. 332-1 du code de propriété intellectuelle ne laisse entendre que la liste des mesures énumérées n'est qu'exemplative et non limitative, alors que le législateur sait d'habitude signifier le caractère exemplatif d'une telle liste par l'emploi, par exemple, de l'adverbe « *notamment* ». Au contraire, le 3e alinéa de l'article L. 332-1 qui indique, qu'en matière de droits voisins, le président peut ordonner les mesures énumérées aux 1° à 5° semble bien indiquer qu'il s'agit d'une liste limitative de mesures à la disposition du président. C'est d'ailleurs certainement pour cette raison que les cours d'appel de Douai et de Versailles ont décidé en 2005 [1] que la saisie des documents comptables, faute de faire partie de la liste des mesures de l'article L. 332-1, n'était pas possible, alors même qu'elle avait été admise par l'ordonnance autorisant la saisie-contrefaçon. En outre, depuis la réforme de 2007, la liste très précise et très détaillée des mesures de l'article L. 332-1 - dont la rédaction n'a été que peu modifiée par la loi du 29 octobre 2007 - présente un saisissant contraste avec les formules plus générales, rituelles, - refondues et harmonisées par la loi du 29 octobre 2007 - employées dans les différents articles régissant la saisie-contrefaçon en matière de propriété industrielle (CPI, art. L. 615-5, art. L. 521-4, art. L. 622-7, art. L. 623-27-1, art. L. 716-7, art. L. 722-4). Néanmoins, une telle solution serait lourde de conséquences, en pratique, car les investigations comptables sont tout aussi nécessaires qu'en propriété industrielle (v. ss no 122.103). Il est ainsi compréhensible que la cour d'appel de Paris ait décidé, dans un arrêt du 22 février 2008, que la liste des mesures que le président du tribunal de grande instance pouvait ordonner n'était pas exhaustive mais finalement exemplative : « *si ces dispositions énoncent parmi les mesures susceptibles d'être entreprises, la saisie des exemplaires des articles argués de contrefaçon, la suspension de leur fabrication ou encore la saisie des recettes procurées par la commercialisation litigieuse, **ces dispositions ne sauraient être interprétées comme excluant des opérations purement probatoires, telles que la description détaillée des articles litigieux et la copie des documents comptables, opérations qui peuvent en effet être ordonnées au visa de cet article*** (CPI, art. L. 332-1) » [2].

Les saisies réelles des exemplaires contrefaisants envisagées à l'article L. 332-1, dès lors qu'elles ne se voient pas attribuer un caractère exclusivement probatoire, peuvent porter sur tout le stock et avoir un impact équivalent à une mesure d'interdiction provisoire. Ce caractère est encore attesté par l'article L. 332-1 lorsqu'il envisage l'hypothèse où « *la saisie doit avoir pour effet de retarder ou de suspendre des représentations ou des exécutions publiques en cours ou déjà annoncées* ». Il s'agit là d'une différence notable avec le droit de la propriété industrielle où la saisie-contrefaçon ne se voit attribuer expressément qu'une finalité exclusivement probatoire. Il convient de rappeler toutefois que, en pratique, le saisissant sera bien inspiré de ne requérir la saisie de tout le stock contrefaisant que s'il a toutes raisons de penser qu'il triomphera dans son procès au fond. Il s'expose, au cas contraire, à des dommages-intérêts.

Ces larges pouvoirs du président du tribunal de grande instance expliquent que, même s'il est possible de saisir le commissaire de police (ou à défaut le juge d'instance), la saisie-contrefaçon par commissaire de police constituant le droit commun, il pourra néanmoins paraître préférable de solliciter la saisie-contrefaçon du président du tribunal de grande instance. La jurisprudence a ainsi admis depuis longtemps la possibilité d'avoir recours à une saisie-contrefaçon par huissier autorisée par ordonnance sur requête du président du tribunal de grande instance pour une « *simple* » saisie, qu'elle soit descriptive ou réelle [3]. La saisie-contrefaçon sur ordonnance est d'ailleurs couramment utilisée en pratique.

En revanche, la saisie-contrefaçon par ordonnance du président du tribunal de grande instance est la seule voie possible dans deux cas : d'une part, si la saisie doit avoir pour effet de retarder ou de suspendre des représentations ou des exécutions publiques en cours ou déjà annoncées (CPI, art. L. 332-1, al. 2); d'autre part, si la demande de saisie-contrefaçon est formée par un titulaire de droits voisins (CPI, art. L. 332-1, al. 3; il convient alors d'appliquer *mutatis mutandis* les dispositions prévues aux 1° à 5° du même article).

212.92 **Réforme à venir ?** Le problème posé par le caractère apparemment limitatif des mesures énumérées dans l'article L. 332-1 pourrait être surmonté grâce à la modification envisagée par une proposition de loi « *tendant à renforcer la lutte contre la contrefaçon* », telle que modifiée le 12 juillet

1. Douai, 1re ch. 2, 22 nov. 2005 et Versailles, 12e ch. 2, 25 nov. 2005, *Propr. intell.* oct. 2006, p. 465, obs. de Haas; *RTD com.* 2007. 75, chron. Galloux – v. déjà Bourges, 1re ch. civ., 19 févr. 2001, *Ann. propr. ind.* 2001. 263.

2. Paris, 4e ch., sect. B, 22 févr. 2008, RG no 06/20458, *PIBD* 2008, no 872, III, 266 – Paris, 4e ch., sect. B, 22 févr. 2008, RG no 06/18430, *Jurinpi* D20080016.

3. Com. 4 janv. 1984, no 82-11.090, *Bull. civ.* IV, no 6; *JCP G* 1984. IV. 77; *Ann. propr. ind.* 1984. 78 – Aix-en-Provence, 12 févr. 1999, *JCP E* 1999. I. 1631, obs. Greffe.

2011 au Sénat. En effet, l'article L. 332-1 réformé débuterait désormais par la formule générale, partagée par tous les articles du code de la propriété intellectuelle relatifs à la saisie-contrefaçon, qui énonce qu'il est possible d'obtenir la description détaillée avec ou sans prélèvement d'échantillons ou la saisie réelle des objets contrefaisants, des documents, matériels et instruments. Se retrouverait ensuite la liste limitative des mesures qui se trouvent déjà actuellement dans cet article (saisie des exemplaires, des recettes, suspension des représentations...). En revanche, disparaîtraient les termes qui, ailleurs, signalent la seule fin probatoire de la saisie-contrefaçon (« *aux mêmes fins probatoires* »). Cette rédaction serait la bienvenue car il deviendrait alors clair qu'il est possible de faire avec l'article L. 332-1, ce qu'il est possible de faire avec les autres articles relatifs à la saisie-contrefaçon « *probatoire* » mais encore en plus quelques mesures qui marquent toujours le caractère d'interdiction provisoire (classique) de la saisie-contrefaçon en propriété littéraire et artistique.

SOUS-SECTION 2

MISE EN ŒUVRE DE LA SAISIE-CONTREFAÇON SUR ORDONNANCE

212.101 Juridiction compétente pour examiner la requête. Par application des dispositions de l'article L. 332-1 du code de la propriété intellectuelle, le président du tribunal de grande instance est compétent pour ordonner une saisie par ministère d'huissier[1].

La compétence territoriale en matière d'ordonnance sur requête n'est définie par aucun texte, ni par l'article L. 332-1 du code de la propriété intellectuelle, ni par le code de procédure civile. C'est la jurisprudence qui a précisé que, sauf disposition légale contraire – ce qui est le cas – le juge territorialement compétent pour rendre une ordonnance sur requête est, selon les cas, le président de la juridiction saisie au fond ou celui compétent pour le lieu où la mesure demandée doit être exécutée[2].

Il faut néanmoins tenir compte de la concentration de compétence territoriale introduite dans le droit de la propriété littéraire et artistique, à l'instar de ce qui existait déjà en propriété industrielle, par les décrets n° 2009-1204 et n° 2009-1205 du 9 octobre 2009. Désormais, en matière de propriété littéraire et artistique, l'article L. 331-1 du code de la propriété intellectuelle (tel que réformé par la loi n° 2011-525 du 17 mai 2011 de simplification et d'amélioration de la qualité du droit) prévoit que « *les actions civiles et les demandes relatives à la propriété littéraire et artistique* », c'est-à-dire toute la propriété littéraire et artistique rassemblant tant le droit d'auteur que les droits voisins du droit d'auteur et le droit *sui generis* du producteur de bases de données, relèvent exclusivement « *des tribunaux de grande instance, déterminés par voie réglementaire* » et le nouvel article D. 331-1-1 renvoie à l'article D. 211-6-1 du code de l'organisation judiciaire, modifié par un décret n° 2010-1369 du 12 novembre 2010, et ainsi à une liste de dix tribunaux de grande instance déterminés (Bordeaux, Lille, Lyon, Marseille, Nanterre, Nancy, Paris, Rennes, Strasbourg, Fort-de-France)[3].

Avant tout procès, la compétence semble donc pouvoir revenir soit au président du tribunal de grande instance territorialement compétent pour le lieu d'exécution de la mesure[4] soit au président du tribunal de grande instance susceptible d'être compétent sur le fond. Une fois le procès au fond engagé et le tribunal de grande instance saisi, la requête doit être présentée au président de la chambre à laquelle l'affaire a été distribuée ou au juge déjà saisi[5] (C. pr.

1. Com. 4 janv. 1984, n° 82-11.090, *Bull. civ.* IV, n° 6; *JCP G* 1984. IV. 77; *Ann. propr. ind.* 1984. 78.
2. Civ. 2e, 18 nov. 1992, n° 91-16.447, *Bull. civ.* II, n° 266; *D.* 1993, J., p. 91, note Chartier; *JCP G* 1993. I, n° 3678, 10, obs. Cadiet; *RTD civ.* 1993. 648, obs. Perrot – Civ. 2e, 30 avr. 2009, n° 08-15.421, *Bull. civ.* II, n° 105; *Procédures* juill. 2009, comm. 224, obs. Perrot; *Dr et proc.* sept.-oct. 2009, Somm. 268, obs. Salati; *D.* 2009. 2321, note Pierre-Maurice – Civ. 2e, 5 mai 2011, n° 10-20.435, P, *Procédures* 2011, comm. 221, note Perrot; *Propr. intell.* oct. 2011, p. 437, obs. de Haas.
3. TOUTEFOIS CONTRA : Ch. de Haas, « La compétence juridictionnelle pour ordonner une saisie-contrefaçon », *Propr. intell.* juill. 2011, n° 40, p. 278 s., spéc. p. 280-281.
4. Paris, 4e ch., sect. A, 25 févr. 2009, RG n° 07/17848, *Jurinpi* D20090021.
5. La loi n° 2008-776 du 4 août 2008 a levé l'ambiguïté suscitée par la loi du 29 octobre 2007 quant aux juridictions matériellement compétentes pour statuer sur les contestations relatives au droit d'auteur et droits voisins; LA CONTROVERSE doctrinale au lendemain de la loi du 29 octobre 2007 : C. Caron, « La loi du 29 octobre 2007 dite "de lutte contre la contrefaçon" », *JCP G* 2007 I 205, spéc. n° 10, p. 28 – J.-M. Bruguière, P. Deprez, « De l'art et de la manière de bien faire les lois et de bien penser la compétence des juges en matière de propriété intellectuelle », *JCP E* 2007 Act. 565 – T. Azzi, « La loi du 29 octobre 2007 de lutte contre la contrefaçon – Présentation générale », *D.* 2008. 700 s., spéc. n° 34, p. 708 – BIEN QUE LE TRIBUNAL de commerce de Paris ait tenté de s'engouffrer dans la brèche ainsi créée : T. com. Paris, 15e ch., 3 juill. 2008, *D.* 2008. AJ 2076, celle-ci a été refermée par la loi du 4 août 2008 puisque la nouvelle rédaction de l'article L. 331-1 du code de la propriété intellectuelle accorde désormais clairement une compétence exclusive aux tribunaux de grande instance déterminés par voie réglementaire, *cf.* C. Caron, « La propriété intellectuelle dans la loi de modernisation de l'économie », *JCP E* 2008. Actualités n° 397.

civ., art. 812)[1], voire en instance d'appel au premier président de la cour d'appel (C. pr. civ., art. 958)[2].

212.102 **Requête.** Les dispositions générales relatives aux ordonnances sur requête devront être respectées (v. s[s] livre 1 : La saisie-contrefaçon en matière de propriété industrielle). Devront être jointes à la requête les pièces permettant d'établir l'existence de l'œuvre revendiquée (modèle lui-même, catalogue...) et la titularité du requérant sur les droits d'auteur ou droits voisins (factures de commercialisation, dépôt auprès d'un organisme professionnel ou d'un officier public (notaire, huissier), document établissant, le cas échéant, la cession des droits au profit du requérant (acte ou attestation de cession de droits, note d'honoraires du créateur...).

212.103 **Ordonnance.** Contrairement à la saisie par commissaire de police ou juge d'instance qui sont tenus de procéder à la saisie-contrefaçon lorsqu'ils en sont requis, le président du tribunal de grande instance dispose d'un pouvoir d'appréciation en particulier pour décider de l'étendue des mesures (simple saisie-descriptive, saisie réelle partielle, saisie réelle intégrale, saisie des recettes...). Il peut notamment ordonner la constitution préalable de garanties par le saisissant, telles par exemple qu'un cautionnement ou une consignation (CPI, art. L. 332-1, al. dernier). En cas de rejet total ou partiel de la requête, le requérant peut relever appel de l'ordonnance dans les quinze jours (C. pr. civ., art. 496).

212.104 **Exécution de la saisie.** La saisie-contrefaçon doit être exécutée par l'huissier déjà conformément aux termes de l'ordonnance (personne autorisée à assister l'huissier, étendue de la saisie). Ainsi, a été annulée la saisie-contrefaçon à laquelle ont participé deux salariés du requérant alors qu'ils n'y étaient pas autorisés par les termes de l'ordonnance[3]. La saisie-contrefaçon doit aussi être exécutée par l'huissier conformément aux règles générales d'exécution d'une ordonnance sur requête. À la différence de la saisie-contrefaçon en matière de propriété industrielle, aucune disposition relative à la saisie-contrefaçon en matière de propriété littéraire et artistique n'exige, à peine de nullité de la saisie, que l'huissier remette, préalablement à la réalisation des opérations de saisie, au détenteur des objets saisis ou décrits une copie de l'ordonnance. Il semble donc que, en matière de propriété littéraire et artistique, ne s'imposent à l'huissier dans l'exécution de l'ordonnance sur requête aux fins de saisie-contrefaçon que les exigences du droit commun de la procédure civile, celles de l'article 495 alinéa 3 du code de procédure civile : remettre, préalablement à la réalisation de la saisie-contrefaçon, une copie de la requête et de l'ordonnance à la personne à laquelle elle est opposée (v. *supra* s[s] n° 131.21). Et selon le droit commun de la procédure civile, le défaut de remise de la copie de la requête ou de l'ordonnance est sanctionné par la nullité des mesures accomplies en vertu de l'ordonnance[4], c'est-à-dire, dans notre cas, par la nullité du procès-verbal de saisie-contrefaçon.

212.105 **Cas particulier des documents intéressant la défense nationale.** À la différence de la propriété industrielle où les articles L. 615-10 alinéa 2 (brevets d'invention), L. 622-7 (topographies de produits semi-conducteurs, par renvoi à l'article L. 615-10) et L. 623-30 alinéa 2 (certificats d'obtention végétale) du code de la propriété intellectuelle organisent une procédure particulière (l'huissier doit surseoir à la saisie qui sera remplacée par une expertise confiée à un expert, désigné par le président du tribunal de grande instance sur la demande de l'ayant droit et agréé par le ministre de la défense, v. s[s] n° 133.25) lorsque la saisie amènerait à compulser des documents comportant une classification de *sécurité de défense*, aucun texte semblable n'existe en matière de droit d'auteur et de droits voisins. La Cour de cassation, le 21 mars 2006, a néanmoins décidé, dans une affaire de contrefaçon de logiciel, qu'une procédure particulière de ce genre devait être également respectée, la solution de l'article L. 615-10 devant s'appliquer au-delà du droit des brevets et appréhender ici la saisie-contrefaçon en matière de logiciels : « *dès lors que le saisi prouve qu'il bénéficie d'une habilitation au "confidentiel défense" et qu'à l'occasion des opérations de saisie, des documents, informations, contrats ou brevets protégés par cette classification sont susceptibles d'apparaître à la vue du saisissant, l'officier public doit surseoir à opérer jusqu'à ce que le président du tribunal de grande instance ayant ordonné la saisie, s'il en est requis, ordonne une expertise confiée à des personnes agréées par le ministre de la Défense et devant ses représentants* ». Pour fonder cette solution, la cour s'est appuyée sur le constat que « *l'article 413-11 du code pénal érige en délit correctionnel le fait pour toute personne non habilitée de reproduire ou porter à la connaissance d'une personne non qualifiée un rensei-*

1. TGI Nanterre, réf. 18 nov. 1996, *BICC* 1er mars 1997, n° 234.
2. Com. 14 sept. 2010, n° 09-16.854, *Bull. civ.* IV, n° 137 ; *PIBD* 2010, n° 931, III, 17 ; *RLDI* oct. 2010, p. 18.
3. TGI Rennes, 28 févr. 1994, *RIPIA* 1994. 71.
4. Civ. 2e, 6 déc. 2001, n° 99-19.894, *Bull. civ.* II, n° 184, *RTD civ.* 2002. 362, obs. Perrot – Civ. 2e, 10 janv. 2008, n° 06-21.816, *Bull. civ.* II, n° 6 ; *Dr. et proc.* 2008, p. 155, obs. Salati ; *Procédures* 2008, comm. 72, obs. Perrot.

gnement, procédé, objet, document, donnée informatisée ou fichier qui présente le caractère d'un secret de la défense nationale »[1]. Il convenait d'offrir à l'huissier, exécutant la saisie-contrefaçon, le moyen d'éviter de commettre cette infraction pénale. Faut-il étendre cette solution également au droit d'auteur et aux droits voisins ? Le fait que la Cour de cassation ait manifestement dégagé une règle générale commune à toute la propriété intellectuelle incite à y répondre affirmativement.

1. Civ. 1re, 21 mars 2006, n° 05-13.302, *Bull. civ.* I, n° 168, *Comm. com. électr.* mai 2006, comm. n° 78, note Caron ; *Propr. intell. 2006*, n° 20, p. 352, obs. Warusfel ; *D.* 2006. AJ 983, obs. Daleau ; *Expertises*, juill. 2006, p. 269, note Lecardonnel ; *Comm. Com. électr.* 2006, comm. n° 78, note Caron ; *RLDI* avr. 2006, p. 25.

CHAPITRE

213. Suites de la saisie-contrefaçon

SECTION 0 ORIENTEUR

213.00 **Plan du chapitre.**

213.01 **Textes applicables.**

* V. s[s] n° 21.01

213.02 **Jurisprudence citée.**

> L'absence de nullité de la saisie à défaut d'assignation ultérieure

• **Paris, 4 mars 1993,** *PIBD* 1993, n° 547, III, 435.

• **Paris, 6 juill. 1994,** *PIBD* 1994, n° 577, III, 586.

• **Paris, 10 janv. 1996,** *PIBD* 1996, n° 608, III, 201.

• **Civ. 1re, 23 janv. 1996,** n° 94-10.041, NP, *RIDA* 1996, n° 169, 345.

• **TGI Paris, 12 juin 1996,** *PIBD* 1996, n° 618, III, 506.

• **Paris, 4e ch., sect. B, 24 nov. 2006,** *PIBD* 2007, n° 844, III, 65.

• **Paris, 4e ch., sect. B, 22 févr. 2008,** RG n° 06/20458, *PIBD* 2008, n° 872, III, 266.

• **Paris, 4e ch., sect. A, 17 sept. 2008,** RG n° 07/07735, *Gaz. Pal.* 2008, Somm. 4179.

* V. s[s] n° 213.21

> Saisie demandée sur le double fondement d'un droit d'auteur et d'un modèle déposé

• **Com. 18 mai 1993,** n° 90-16.088, *Bull. civ.* IV, n° 198, *RD propr. int.* 1993, n° 49, 61.

• **Paris, 6 juill. 1994,** *PIBD* 1994, n° 577, III, 586.

• **TGI Paris, 12 juin 1996,** *PIBD* 1996, n° 618, III, 506.

• **Paris, 26 mars 1997,** *PIBD* 1997, n° 638, III, 477.

* V. s[s] n° 213.22

> Personnes recevables à solliciter la mainlevée ou le cantonnement de la saisie

• **TGI Paris, 3e ch., 5 mars 1997,** *PIBD* 1997, n° 636, III, 417; *RD propr. int.* 1997.

* V. s[s] n° 213.32

> Délai pour solliciter la mainlevée ou le cantonnement

• **Civ. 1re, 11 janv. 1977,** n° 75-12.870, *Bull. civ.* I, n° 22, *Ann. propr. ind.* 1978. 110; *Bull. civ.*, I, n° 22.

• **Civ. 1re, 21 mai 1990,** n° 88-19.469, *Bull. civ.* I, n° 116; *JCP G* 1990. IV. 276.

• **Versailles, ch. réunies, 18 mars 1992,** *JurisData* n° 1992-044629.

• **Com. 18 mai 1993,** n° 90-16.088, *Bull. civ.* IV, n° 198, *RD propr. int.* 1993, n° 49, 61.

• **Civ. 1re, 17 déc. 1996,** n° 94-21.496, NP.

• **Colmar, 1re ch., sect. A, 9 juin 1998,** *RD propr. int.* 2000, n° 109, p. 17.

• **TGI Paris, 3e ch., 3e sect., 8 nov. 2006,** RG n° 05/17004.

• **Paris, 14e ch., sect. B, 19 oct. 2007,** RG n° 07/06176, *JurisData* n° 2007-351511, *CCE* mai 2008, comm. n° 65, note Caron.

• **Civ. 1re, 6 mai 2010,** n° 08-15.897, *Bull. civ.* I, n° 104; *Propr. industr.* 2010, comm. 54, note Bouche; *CCE* 2010, comm. 71, note Caron; *Procédures* 2010, comm. 285, note Croze; *JCP G* 2010. 814, note Hugon; *JCP E* 2010. 1740, note Hugon; *Gaz. Pal.* 30 juin, 1er juill. 2010, p. 18-19; *Gaz. Pal.* 22, 23 oct. 2010, note Forgeron et Le Bris; *RLDI* juin 2010, p. 23, note L.C.

* V. s[s] n° 213.33

> Inapplicabilité de l'article 497 du code de procédure civile

• **Civ. 1re, 19 mai 1998,** n° 96-19.225, NP, *Expertises* 1998, 310.

• **Civ. 1re, 30 mai 2000,** n° 97-16.548, *Bull. civ.* I, n° 165, *Comm. com. électr.* juin 2001, p. 30; *JCP E* 2000, pan. rap. p. 1263; *PIBD* 2001, n° 714, III, 88.

• **Paris, 14e ch., sect. B, 19 oct. 2007,** RG n° 07/06176, *JurisData* n° 2007-351511, *CCE* mai 2008, comm. n° 65, note Caron.

• **TGI Paris, 3e ch., 3e sect., ord. réf., 9 déc. 2011,** RG n° 11/14586.

* V. s[s] n° 213.34

> Juridiction compétente

• **TGI Paris, 3e ch., 1re sect., ord. réf., 5 mai 2010,** RG no 10/01506.

• **TGI Paris, 3e ch., 1re sect., ord. réf., 28 mai 2010,** RG no 10/07411.

* V. ss no 213.35

> Pouvoirs du magistrat

• **Civ. 1re, 28 avr. 1982,** no 80-16.546, *Bull. civ.* I, no 152; *Gaz. Pal.* 1982. 2. pan. jur. 323; *RIDA* 1983, no 116, 176.

• **Paris, 21 avr. 1989,** *PIBD* 1990, no 471, III, 86.

• **Paris, 12 déc. 1989,** *RIDA* 1990, no 144, p. 211.

• **Civ. 1re, 4 avr. 1991,** no 89-17.586, NP.

• **TGI Paris, 3e ch., 1re sect., ord. réf., 5 mai 2010,** RG no 10/01506.

• **TGI Paris, 3e ch., 1re sect., ord. réf., 28 mai 2010,** RG no 10/07411.

* V. ss no 213.36

> Le juge de la mainlevée et du cantonnement de la saisie peut-il statuer sur une nullité éventuelle encourue par la saisie ?

• **Versailles, 14e ch., 13 nov. 1991,** *JurisData* no 1991-050082.

• **Paris, 4e ch., 25 sept. 1996,** *PIBD* 1997, no 624, III, 52.

• **Paris, 4e ch., sect. B, 28 nov. 2008,** RG no 07/08497, *PIBD* 2009, no 891, III, 872; *Jurinpi* D20080165.

* V. ss no 213.37

> Sources de nullité du procès-verbal de saisie-contrefaçon

• **Paris, 4e ch. A, 7 oct. 1998,** *JCP E* 1999. I. 1631; *PIBD* 1999, no 667, III, 16; *RD propr. int.* 1999, no 97, p. 44.

* V. ss no 213.41

213.11 Division. Il faut envisager les suites de la saisie-contrefaçon quant à la procédure au fond (section 1), la mainlevée et le cantonnement de la saisie (section 2), puis la nullité de la saisie (section 3).

SECTION 1
PROCÉDURE AU FOND

213.21 L'absence de nullité de la saisie à défaut d'assignation ultérieure. La saisie-contrefaçon en matière de propriété littéraire et artistique se distingue fondamentalement des saisies-contrefaçon en matière de propriété industrielle en ce que le requérant n'a aucune obligation d'assigner dans un délai précis pour éviter la caducité de la saisie[1]. Aucune nullité de la saisie n'est prévue à défaut d'assignation, même après le délai de vingt jours ouvrables, ou trente et un jours civils si ce délai est plus long, prévu par le nouvel article R. 332-2 du code de la propriété intellectuelle pour la demande de mainlevée ou de cantonnement de la saisie (jurisprudence constante)[2]. Se pose la question de savoir si le maintien de cette solution est possible dans le contexte de la directive CE no 2004/48 dont l'article 7 alinéa 3 prévoit que le non-respect du délai raisonnable dans lequel le demandeur doit se pourvoir au fond après la saisie doit être sanctionné par l'abrogation ou la cessation totale des effets de la saisie. Certains estiment que l'absence de nullité des saisies-contrefaçon de droit d'auteur à défaut d'assignation ultérieure viole la directive[3]. Mais il reste que, à défaut d'assignation dans le délai, le saisi ou le tiers saisi peut, sans condition de délai, demander la mainlevée de la saisie (v. ss no 213.33). De la sorte, cette disposition nationale, favorable au titulaire du droit de propriété intellectuelle, bénéficie sans doute de l'alinéa 1er de l'article 2 de la directive qui réserve les « *moyens prévus ou pouvant être prévus dans la législation communautaire ou nationale, pour autant que ces moyens soient plus favorables aux titulaires de droits* ».

213.22 Saisie demandée sur le double fondement d'un droit d'auteur et d'un modèle déposé. Du fait de la règle qui vient d'être exposée, le titulaire d'un modèle déposé peut avoir intérêt à pratiquer une saisie-contrefaçon tant sur le fondement de son dépôt de modèle que sur le fondement de son droit d'auteur (principe du cumul des protections en droit français). En effet, dans le cas où l'assignation n'aurait pas été délivrée dans le délai de vingt jours ouvrables, ou trente et un jours civils si ce délai est plus long (CPI, art. R. 521-4 et R. 332-2), la saisie-contrefaçon ordonnée sur le double fondement n'encourt pas la nullité[4]. Mais le demandeur ne peut plus poursuivre son action que sur le fondement du droit d'auteur[5].

1. Paris, 4e ch., sect. B, 24 nov. 2006, *PIBD* 2007, no 844, III, 65.
2. Paris, 4 mars 1993, *PIBD* 1993, no 547, III, 435 – Paris, 6 juill 1994, *PIBD* 1994, no 577, III, 586 – Paris, 10 janv. 1996, *PIBD* 1996, no 608, III, 201 – Civ. 1re, 23 janv. 1996, no 94-10.041, NP, *RIDA* 1996, no 169, 345 – TGI Paris, 12 juin 1996, *PIBD* 1996, no 618, III, 506 – Paris, 4e ch., sect. B, 22 févr. 2008, RG no 06/20458, *PIBD* 2008, no 872, III, 266 – Paris, 4e ch., sect. A, 17 sept. 2008, RG no 07/07735, *Gaz. Pal.* 2008, Somm. 4179, qui déclare par conséquent irrecevable la demande tendant exclusivement à voir « *valider* » la saisie-contrefaçon et non à statuer sur les faits de contrefaçon.
3. B. May et M. Liens, « Saisie-contrefaçon : deux ans de pratique après la loi de lutte contre la contrefaçon », *Propr. industr.* mai 2010, étude 8, spéc. nos 44 à 46.
4. Com. 18 mai 1993, no 90-16.088, *Bull. civ.* IV, no 198, *RD propr. int.* 1993, no 49, 61 – Paris, 6 juill. 1994, *PIBD* 1994, no 577, III, 586 – TGI Paris, 12 juin 1996, *PIBD* 1996, no 618, III, 506.
5. Paris, 26 mars 1997, *PIBD* 1997, no 638, III, 477.

SECTION 2
MAINLEVÉE ET CANTONNEMENT DE LA SAISIE-CONTREFAÇON

213.31 Cas d'application. Les articles L. 332-2 et L. 332-3 du code de la propriété intellectuelle prévoient la possibilité pour le saisi ou le tiers saisi de solliciter la mainlevée ou le cantonnement de la saisie. Ces mesures s'appliquent aux deux types de saisies. L'article L. 332-2 indique que la mainlevée peut permettre la reprise de la fabrication ou celle des représentations ou exécutions publiques, sous l'autorité d'un administrateur constitué séquestre, pour le compte de qui il appartiendra, des produits de cette fabrication ou de cette exploitation.

213.32 Personnes recevables à solliciter la mainlevée ou le cantonnement de la saisie. Le recours en mainlevée ou cantonnement de la saisie n'est ouvert qu'au saisi ou au tiers saisi, c'est-à-dire au propriétaire des biens saisis, ou celui entre les mains duquel la saisie a été pratiquée. Le fournisseur contrefacteur, après la vente des biens argués de contrefaçon, est donc irrecevable à solliciter la mainlevée ou le cantonnement de la saisie[1].

213.33 Délai pour solliciter la mainlevée ou le cantonnement. L'article L. 332-2 du code de la propriété intellectuelle renvoie à « *un délai fixé par voie réglementaire* ». Ce délai est « *de vingt jours ouvrable, ou de trente et un jours civils si ce délai est plus long, à compter, selon le cas, du jour de la signature du procès-verbal de la saisie prévue au premier alinéa de l'article L. 332-1 ou du jour de l'exécution de l'ordonnance prévue au même article* », d'après l'article R. 332-2 du même code.

Ce point de départ est différent du point de départ retenu dans la rédaction de l'article L. 332-2 antérieure à la réforme du 29 octobre 2007, tout au moins s'agissant de la saisie sur ordonnance. Le délai, alors de trente jours, courait à compter de la date du procès-verbal de saisie par commissaire de police ou juge d'instance ou de la date de l'ordonnance si la saisie avait été autorisée par ordonnance. Cette modification est heureuse car, comme l'avait fait remarquer la cour d'appel de Colmar, retenir la date de l'ordonnance permet au saisissant de priver le saisi de recours en mainlevée pour peu qu'il fasse pratiquer la saisie plus de vingt jours ouvrables, ou trente et un jours civils si ce délai est plus long, après l'ordonnance. Et la cour avait décidé que ce point de départ était contraire à l'article 6.1 de la Convention européenne de sauvegarde des droits de l'homme et des libertés fondamentales et que le texte devait s'interpréter comme faisant courir le délai de trente jours à compter de la signification de l'ordonnance[2]. Il est donc heureux que le décret ait profité de cette occasion de réforme pour retenir comme point de départ du délai l'exécution de l'ordonnance lorsque la saisie est autorisée par ordonnance du président du tribunal de grande instance.

La demande de mainlevée, formée dans le délai prescrit, reste recevable même après que le saisissant ait saisi le juge du fond[3].

Une fois le délai prescrit expiré, la demande de mainlevée ou de cantonnement est irrecevable[4], même si la saisie n'a pas été notifiée[5].

Toutefois, si le saisissant n'a pas lui-même engagé de procédure au fond en contrefaçon[6] dans un délai de « *vingt jours ouvrables ou de trente et un jours civils si ce délai est plus long, à compter, selon le cas, du jour de la signature du procès-verbal de la saisie prévue au premier alinéa de l'article L. 332-1 ou du jour de la date de l'ordonnance prévue au même article* », (CPI, art. R. 332-3), le saisi ou le tiers saisi peut, sans condition de délai, solliciter la mainlevée de la saisie auprès du président du tribunal, statuant en référé (CPI, art. L. 332-3). Lorsqu'il s'agit d'une saisie-contrefaçon pratiquée en vertu d'une ordonnance du président du tribunal de grande instance, c'est donc la date de cette ordonnance – et non celle du procès-verbal de saisie-contrefaçon[7] –

1. TGI Paris, 5 mars 1997, *PIBD* 1997, n° 636, III, 417; *RD propr. int.* 1997, n° 74, 30.

2. Colmar, 1re ch., sect. A, 9 juin 1998, *RD propr. int.* 2000, n° 109, p. 17.
3. Civ. 1re, 11 janv. 1977, n° 75-12.870, *Bull. civ.* I, n° 22; *Ann. propr. ind.* 1978. 110; *D.* 1977. IR 174 – Dijon, 24 mars 1998, *BICC* n° 487, 15 févr. 1999, n° 210, p 37.
4. Civ. 1re, 17 déc. 1996, n° 94-21.496, NP – Civ. 1re, 6 mai 2010, n° 08-15.897, *Bull. civ.* I, n° 104; *Propr. industr.* 2010, comm. 54, note Bouche; *Comm. com. électr.* 2010, comm. 71, note Caron; *Procédures* 2010, comm. 285, note Croze; *JCP G* 2010. 814, note Hugon; *JCP E* 2010. 1740, note Hugon; *Gaz. Pal.* 30 juin, 1er juill. 2010, p. 18-19; *Gaz. Pal.* 22, 23 oct. 2010, note Forgeron et Le Bris; *RLDI* juin 2010, p. 23, note L.C.
5. Versailles, ch. réunies, 18 mars 1992, *JurisData* n° 1992-044629 – Civ. 1re, 21 mai 1990, *Bull. civ.* I, n° 116; *JCP G* 1990. IV. 276.
6. Comme en matière de propriété industrielle (v. ss n° 143.111), les tribunaux semblent admettre de prendre en considération la date de la saisine du doyen des juges d'instruction par une plainte avec constitution de partie civile, et non pas nécessairement la saisine de la juridiction pénale de jugement, pour vérifier si, conformément à l'article L. 332-3, le saisissant a bien saisi la juridiction compétente dans le délai prescrit, IMPLICITEMENT : TGI Paris, 3e ch., 3e sect., 8 nov. 2006, RG n° 05/17004.
7. CONTRA : A. Le Carré, « L'harmonisation manquée de la procédure de saisie-contrefaçon », *Expertises* nov. 2008, p. 382 s., spéc. p. 383.

qui est prise en compte. La délivrance par le saisissant d'une assignation au fond, postérieurement à l'assignation en référé du saisi ou du tiers saisi, n'interrompt pas le cours de cette dernière procédure[1]. La saisine d'une juridiction incompétente interrompt le délai de vingt jours ouvrables, ou de trente et un jours civils, prévu par l'article R. 332-3 du code de la propriété intellectuelle[2]. Le point de référence pour apprécier si le saisissant s'est bien pourvu au fond dans le délai imparti est la date de délivrance de l'assignation et non pas la date de la remise de l'assignation au greffe[3]. Cette conclusion doit être retenue par analogie avec ce qui a été décidé en matière de propriété industrielle, en raison de la similitude des termes employés. En matière de propriété industrielle comme dans l'article R. 332-3, le délai prescrit est celui dans lequel le demandeur doit « *se pourvoir au fond* » (v. s^{s} n° 113.82).

213.34 Inapplicabilité de l'article 497 du code de procédure civile. La Cour de cassation a précisé que l'article 497 du code de procédure civile qui prescrit, en général, les modalités de rétractation d'une ordonnance sur requête est inapplicable aux saisies-contrefaçon de droit d'auteur[4] et de logiciel; la procédure de mainlevée d'une saisie-contrefaçon pratiquée en matière de propriété littéraire et artistique est une procédure spécifique régie par les seuls textes spéciaux du code de la propriété intellectuelle[5].

213.35 Juridiction compétente. Le juge compétent pour prononcer la mainlevée de la saisie ou pour en cantonner les effets est le président du tribunal de grande instance, selon les articles L. 332-2 et L. 332-3 du code de la propriété intellectuelle. Le texte ne précise pas s'il s'agit du magistrat ayant autorisé la saisie ou du président du tribunal de grande instance du siège du domicile du défendeur. Dans la mesure où les pouvoirs de ce juge des référés ressemblent beaucoup à ceux que possède le juge de la rétractation[6], même si l'article 497 du code de procédure civile ne s'applique pas (v. s^{s} n° 213.34), il semble néanmoins logique de s'inspirer des solutions du droit commun (C. pr. civ., art. 496 et 497) et de saisir le magistrat ayant autorisé la saisie. Des décisions récentes ont mis en œuvre cette solution : « *en matière de droit d'auteur, le juge ayant ordonné la saisie ne peut rétracter son ordonnance mais seulement prononcer la mainlevée ou le cantonnement de la saisie elle-même* »[7]. Le magistrat ayant autorisé la saisie est d'ailleurs le mieux à même de prononcer la mainlevée ou de cantonner les effets de la saisie pratiquée en exécution de son ordonnance au vu du débat contradictoire qui s'instaurera.

213.36 Pouvoirs du magistrat. Le président du tribunal, statuant en référé (CPI, art. L. 332-2 et L. 332-3), dispose d'un pouvoir d'appréciation pour maintenir en totalité la saisie[8], cantonner la saisie notamment à ce qui est nécessaire pour apporter la preuve de la contrefaçon alléguée[9], voire donner mainlevée de la saisie[10]. La différence de degré existant entre la mainlevée et le cantonnement a été ainsi décrite dans une ordonnance du 5 mai 2010 : « *Si les contestations élevées par le saisi sont retenues et telles que le juge n'aurait pas prononcer la saisie-contrefaçon, la mainlevée en sera prononcée; en revanche si seules les conséquences de la saisie-contrefaçon sont disproportionnées par rapport aux circonstances de l'espèce telles que rapportées par le saisi, seul le cantonnement sera prononcé* »[11]. Le président du tribunal peut encore autoriser la reprise de la fabrication ou celle des représentations ou exécutions publiques, sous l'autorité d'un administrateur constitué séquestre des produits de cette fabrication ou de cette exploitation (en application de l'article

1. Civ. 1re, 2 juill. 1981, *D.* 1982. IR 48.
2. SOUS L'EMPIRE du droit antérieur : Com. 18 mai 1993, n° 90-16.088, *Bull. civ.* IV, n° 198.
3. DÉJÀ EN CE SENS : sous l'empire du droit antérieur : Paris, 14e ch., sect. B, 19 oct. 2007, RG n° 07/06176, *JurisData* n° 2007-351511, *Comm. com. électr.* mai 2008, comm. n° 65, note Caron.
4. TGI Paris, 3e ch., 3e sect., ord. réf., 9 déc. 2011, RG n° 11/14586, qui retient que la demande de rétractation d'une ordonnance ayant autorisé la saisie-contrefaçon sur le double fondement du droit d'auteur et du droit des dessins et modèles ne peut viser l'ordonnance qu'en ce qu'elle a autorisé la saisie-contrefaçon sur le fondement du droit des dessins et modèles, la saisie ordonnée sur le fondement du droit d'auteur ne pouvant être remise en cause que dans le cadre d'une mainlevée, distincte de la rétractation.
5. Civ. 1re, 19 mai 1998, n° 96-19.225, NP, *Expertises* 1998, 310 – Civ. 1re, 30 mai 2000, n° 97-16.548, *Bull. civ.* I, n° 165, *PIBD* 2001, n° 714, III, 88; *JCP E* 2000, pan. rap. p. 1263; *Comm. com. électr.*, juin 2001, p. 30 – Paris, 14e ch., sect. B, 19 oct. 2007, RG n° 07/06176, *JurisData* n° 2007-351511, *Comm. com. électr.* mai 2008, comm. n° 65, note Caron – TGI Paris, 3e ch., sect. 3, ord. réf., 20 mai 2011, RG n° 11/05099.
6. M. Foulon et Y. Strickler, « Le constat sur requête avant tout procès », *Dr. et proc.*, mars-avr. 2006, p. 71 s., spéc. p. 84, n° 57.
7. TGI Paris, 3e ch., 1re sect., ord. réf., 5 mai 2010, RG n° 10/01506 – TGI Paris, 3e ch., 1re sect., ord. réf., 28 mai 2010, RG n° 10/07411.
8. Paris, 27 févr. 1989, *Cah. dr. auteur* 1989 n° 20, p. 21; *D.* 1990. Somm. 185, obs. Burst.
9. Paris, 21 avr. 1989, *PIBD* 1990, n° 471, III, 86 – sur pourvoi, Civ. 1re, 4 avr. 1991, n° 89-17.586, NP – Paris, 25 avr. 1989, *D.* 1990. Somm. 60.
10. Civ. 1re, 28 avr. 1982, n° 80-16.546, *Bull. civ.* I, n° 152; *RIDA* 1983, n° 116, 176; *Gaz. Pal.* 1982. 2. pan. jur. 323 – Paris, 16 mai 1989 *JurisData* n° 1989-022326.
11. TGI Paris, 3e ch., 1re sect., ord. réf., 5 mai 2010, RG n° 10/01506 – TGI Paris, 3e ch., 1re sect., ord. réf., 28 mai 2010, RG n° 10/07411.

L. 332-2 du code de la propriété intellectuelle, pour un exemple de séquestre[1]).

S'il est fait droit à la demande de mainlevée ou de cantonnement, le président du tribunal peut ordonner à la charge du demandeur la consignation d'une somme affectée à la garantie des dommages et intérêts auxquels l'auteur pourrait prétendre (CPI, art. L. 332-2, al. 2)[2].

213.37 Le juge de la mainlevée et du cantonnement de la saisie peut-il statuer sur une nullité éventuelle encourue par la saisie ? La cour d'appel de Versailles a estimé qu'il ne rentre pas dans les pouvoirs du juge des référés de prononcer la nullité des saisies qui relève du principal et ressort donc de la compétence du fond[3]. De son côté, la cour d'appel de Paris a précisé que le défaut de recours en rétractation de l'ordonnance autorisant la saisie ne prive pas le saisi de la faculté de se prévaloir, devant le juge du fond, de la nullité éventuelle des opérations de saisie-contrefaçon[4]. Certes, cette dernière décision a été rendue en matière de dessins et modèles, donc dans le cadre de la propriété industrielle où la rétractation de l'ordonnance est possible alors qu'en matière de propriété littéraire et artistique seuls la mainlevée ou le cantonnement de la saisie sont possibles mais par analogie il était possible d'en déduire que l'absence de recours en mainlevée ou cantonnement de la saisie ne constitue pas pour le saisi un obstacle pour contester devant le juge du fond la validité de la saisie. La cour d'appel de Paris l'a d'ailleurs expressément confirmé dans une décision du 28 novembre 2008[5].

SECTION 3

NULLITÉ DE LA SAISIE-CONTREFAÇON

213.41 Sources de nullité du procès-verbal de saisie-contrefaçon. La nullité du procès-verbal de saisie-contrefaçon peut résulter, notamment, de la mainlevée de la saisie-contrefaçon ou d'irrégularités affectant le procès-verbal de saisie-contrefaçon lui-même. Elle peut également être prononcée en cas de détournement de la procédure de saisie-contrefaçon. Il a ainsi été jugé que, en l'absence de toute preuve matérielle de la contrefaçon, le saisissant ne pouvait faire consigner les déclarations du saisi : admettre le contraire reviendrait à permettre à quiconque souhaitant faire entendre une personne suspectée de commettre des actes de contrefaçon de recueillir ses déclarations, voire ses aveux, en soutenant de mauvaise foi qu'elle détient des objets contrefaisants[6].

1. Paris, 12 déc. 1989, *RIDA* 1990 n° 144, p. 211.
2. Paris, 23 mars 1978, *Gaz. Pal.* 1978, Somm., 398.
3. Versailles, 14e ch., 13 nov. 1991, *JurisData* n° 1991-050082.
4. Paris, 4e ch., 25 sept. 1996, *PIBD* 1997, n° 624, III, 52.
5. Paris, 4e ch., sect. B, 28 nov. 2008, RG n° 07/08497, *PIBD* 2009, n° 891, III, 872, *Jurinpi* D20080165.
6. Paris, 4e ch. A, 7 oct. 1998, *JCP E* 1999. I. 1631; *PIBD* 1999, n° 667, III, 16; *RD propr. int.* 1999, n° 97, p. 44.

TITRE

22. La saisie-contrefaçon en matière de logiciels et de bases de données

SECTION 0
ORIENTEUR

22.00 **Plan du titre.**

22.01 **Textes applicables.**

CPI, art. L. 111-5, L. 112-2, L. 112-3, L. 113-9, L. 331-1, L. 332-1 à L. 332-3, L. 332-4, L. 341-1 à L. 343-7, L. 615-10, D. 331-1-1, R. 332-2 à R. 332-4.

C. pr. civ., art. 496, 497, 812, 958.

C. pr. civ. exe., art. R. 141-3 (ANCt D. nº 92-755, 31 juill. 1992, art. 4).

COJ, art. L. 211-10, D. 211-6-1.

C. pén., art. 413-11.

D. nº 47-1047 du 12 juin 1947, art. 1er.

Dir. nº 2004/48/CE du 29 avr. 2004, art. 7.

CEDH, art. 6.1.

22.02 **Jurisprudence citée.**

* V. ss nos 221.02 et 222.02.

CHAPITRE

221. Saisie-contrefaçon en matière de logiciels

SECTION 0

ORIENTEUR

221.00 **Plan du chapitre.**

Sect. 1 Généralités

Sect. 2 Conditions de fond de la saisie-contrefaçon

Sect. 3 Différents modes de saisie-contrefaçon

Sous-sect. 1 Saisie-contrefaçon autorisée par le président du tribunal de grande instance

Sous-sect. 2 Saisie-description par commissaire de police sans autorisation préalable

Sect. 4 Exécution de la saisie-contrefaçon et ses incidents

Sect. 5 Suites de la saisie-contrefaçon : obligation d'engager une procédure au fond

Sect. 6 Contentieux de la saisie-contrefaçon

221.01 **Textes applicables.**

* V. s^s n° 22.01

221.02 **Jurisprudence citée.**

> Le choix de la protection

• **Cass., ass. plén., 7 mars 1986,** n° 83-10.477, *Bull. civ. ass. plén.*, n° 3, *JCP G* 1986. II. 20631.

* V. s^s n° 221.22

> La saisie-contrefaçon en matière de logiciels

• **Paris, 4e ch., 23 avr. 1990,** *D.* 1991. Somm. 94; *PIBD* 1990. III, n° 482, III, 441.

* V. s^s n° 221.24

> Qualité requise

• **Versailles, 14e ch., 13 nov. 1991,** *JurisData* n° 1991-050082.

* V. s^s n° 221.31

> Existence d'un logiciel protégeable

• **Rouen, 10 juin 1992,** *Expertises* 1992, 393.

• **Paris, 28 janv. 1993,** *PIBD* 1993, n° 545, III, 368.

* V. s^s n° 221.33

> Extension du champ d'application

• **Civ. 1re, 25 janv. 2000,** n° 97-12.620, *Bull. civ.* I, n° 25; *Expertises*, oct. 2000, p. 312, note Viet; *Expertises*, janv. 2001, p. 19, note Panhaleux.

• **Civ. 1re, 20 janv. 2004,** n° 00-19.577, *Bull. civ.* I, n° 22; *RJDA* mai 2004, p. 474 s., note Bouche; *Propr. intell.* avr. 2004, p. 646, obs. Sirinelli; *JCP E* 2004, chr. 1770, p. 1925, obs. Sardain.

* V. s^s n° 221.34

> Compétence territoriale

• **Paris, 4e ch., sect. A, 25 févr. 2009,** RG n° 07/17848, *Jurinpi* D20090021.

• **Com. 14 sept. 2010,** n° 09-16.854, *Bull. civ.* IV, n° 137; *PIBD* 2010, n° 931, III, 17; *RLDI* oct. 2010, n° 2106, p. 18.

* V. s^s n° 221.52

> Étendue de la saisie-contrefaçon autorisée par le président du tribunal

• **Paris, 4e ch., 23 avr. 1990,** *D.* 1991. Somm. 94; *PIBD* 1990. III, n° 482, III, 441.

* V. s^s n° 221.53

> Personnes pouvant assister à la saisie

• **TGI Paris, 6 nov. 1992,** *PIBD* 1993, n° 540, III, 183.

• **Paris, 30 juin 1995,** *PIBD* 1995, n° 598, III, 532.

• **Paris, 15 janv. 1997,** *PIBD* 1997, n° 639, III, 517.

• **Civ. 1re, 2 déc. 1997,** n° 95-17.029, *Bull. civ.* I, n° 347; *D.* 1998. IR 21.

• **Civ. 1re, 6 juill. 2000,** n°s 97-21.404, 97-22.141, 97-22.392, 97-22.430, *Bull. civ.* I, n° 210, *Comm., com. électr.* 2000, comm. n° 98, note Caron; *D.* 2001, jur. 370, note Véron; *JCP E* 2000, act. p. 1157; *JCP G* 2000. II. 10440, note H. C.; *LPA* 25 janv. 2001, p. 12, note Fougerat *PIBD* 2001, n° 714, III, 87.

* V. s^s n° 221.55

> Pouvoirs de l'huissier ou du commissaire de police

• **Paris, 15 janv. 1997,** *PIBD* 1997, n° 639, III, 517.

• **Paris, 4e ch. A, 7 oct. 1998,** *JCP E* 1999. I. 1631; *PIBD* 1999, n° 667, III, 16; *RD propr. int.* 1999, n° 97, p. 44.

* V. s^s n° 221.56

> **Portée de la saisie**

• **Paris, 4e ch., 23 avr. 1990,** *D.* 1991. Somm. 94; *PIBD* 1990. III, n° 482, III, 441.

* V. ss n° 221.63

> **Application des règles générales des saisies-contrefaçon en matière de droits d'auteur**

• **Paris, 13e ch., 24 mars 1992,** *JurisData* n° 1992-020961.

* V. ss n° 221.71

> **Importance des constatations et des identifications par l'huissier**

• **Paris, 30 juin 1995,** *PIBD* 1995, n° 598, III, 532.

• **TGI Évreux, 19 juin 1998,** *Expertises* 1999, n° 229, p. 278.

* V. ss n° 221.72

> **Cas particulier des documents intéressant la défense nationale**

• **Civ. 1re, 21 mars 2006,** n° 05-13.302, *Bull. civ.* I, n° 168, *CCE* mai 2006, comm. n° 78, note Caron; *Propr. intell. 2006*, n° 20, p. 352, obs. Warusfel; *D.* 2006. AJ 983, obs. Daleau; *Expertises*, juill. 2006, p. 269, note Lecardonnel; *Comm. com. électr.* 2006, comm. n° 78, note Caron; *RLDI* avr. 2006, p. 25.

* V. ss n° 221.73

> **Texte**

• **Dijon, 5 mai 1992,** *JurisData* n° 1992-044410; *JCP E* 1993. I. 239.

• **Com. 23 mai 1995,** n° 93-17.923, NP.

• **Paris, 11 déc. 1996,** *RD propr. int.*, janv. 1997, 57.

• **Civ. 1re, 26 mai 2011,** n° 10-14.495, P, *Propr. industr.* 2011, comm. 67, note Bouche, *JCP G* 2011, n° 748, note Croze et Fradin, *RTD civ.* 2011. 589, obs. Perrot; *Propr. intell.* oct. 2011, p. 438-439, obs. de Haas.

* V. ss n° 221.81

> **Renvoi aux règles des saisies en matière de droits d'auteur**

• **Paris, 4e ch., 23 avr. 1990,** *D.* 1991. Somm. 94; *PIBD* 1990. III, n° 482, III, 441.

• **Rouen, 10 juin 1992,** *PIBD* 1992, n° 527, III, 413.

• **Paris, pôle 1, ch. 4, 12 mars 2010,** RG n° 09/13381, *JurisData* n° 2010-002301.

* V. ss n° 221.91

> **Inapplicabilité de l'article 497 du C. pr. civ.**

• **Civ. 1re, 19 mai 1998,** n° 96-19.225, NP, *Expertises* 1998, 310.

• **Civ. 1re, 30 mai 2000,** n° 97-16.548, *Bull. civ.* I, n° 165, *Comm. com. électr.* juin 2001, p. 30; *JCP E* 2000, pan. rap. p. 1263; *PIBD* 2001, n° 714, III, 88.

* V. ss n° 221.92

221.11 Division. Pour comprendre la spécificité de la saisie-contrefaçon en matière de logiciels, il importe de rappeler quelques généralités quant au mode de protection des programmes d'ordinateur (section 1). Ensuite, pourront être exposés les conditions préalables de la saisie-contrefaçon (section 2), les différents modes de saisie (section 3), les questions relatives à l'exécution de la saisie-contrefaçon et ses incidents (section 4), les suites de la saisie (section 5) et le contentieux de la saisie-contrefaçon (section 6).

SECTION 1
GÉNÉRALITÉS

221.21 Besoin de protection des logiciels. L'essor considérable de l'informatique a posé avec acuité, au début des années 1980, le problème de la protection juridique des programmes d'ordinateur. En effet, les activités de développement, d'édition et de distribution de logiciels constituaient, dès cette époque, une activité économique nouvelle et prometteuse, mais en même temps, une activité largement ouverte aux assauts des contrefacteurs, un logiciel étant, par nature, aisément duplicable, sans grands moyens.

221.22 Choix de la protection. La question de la protection des logiciels a, pendant de longues années, agité le débat doctrinal. Un mouvement général majoritaire s'est dessiné, tant en France qu'à l'étranger, pour considérer un logiciel comme une œuvre de l'esprit et pour, de ce fait, assurer sa protection par le régime du droit d'auteur. Cette solution, proposée en France par la jurisprudence des juges du fond, entérinée ensuite par la Cour de cassation par ses trois arrêts de principe du 7 mars 1986 [1], a été consacrée sur le plan législatif par la loi n° 85-660 du 3 juillet 1985.

221.23 Un régime mixte. La loi du 3 juillet 1985 a instauré, au profit des logiciels, un régime de protection mixte. D'un côté, les logiciels ont été intégrés parmi les œuvres de l'esprit énumérées à l'article 3 de l'ancienne loi du 11 mars 1957 – aujourd'hui l'article L. 112-2 du code de la propriété intellectuelle – bénéficiant de la protection du régime du droit d'auteur. D'un autre côté, compte tenu de la spécificité des logiciels, la loi du 3 juillet 1985 a prévu, pour les programmes d'ordinateur, un régime dérogatoire sur certaines questions particulières.

221.24 Saisie-contrefaçon en matière de logiciels. La question de la saisie-contrefaçon illustre bien la dualité du régime des logiciels. L'article 50 de la loi du 3 juillet 1985, transposé dans l'actuel code de la propriété intellectuelle sous l'article L. 332-4, instaure certaines règles particulières – notamment quant aux modalités de la saisie. Pour le reste, il convient de se référer au régime général de la saisie-contrefaçon en matière de droits d'auteur [2]. Le pré-

1. Cass., ass. plén., 7 mars 1986, n° 83-10.477, *Bull. civ.* ass. plén., n° 3, *JCP G* 1986. II. 20631.
2. Paris, 4e ch., 23 avr. 1990, *PIBD* 1990, n° 482, III, 441.

sent chapitre a donc pour objet d'insister sur les particularités de la saisie-contrefaçon en matière de logiciels. Pour les questions qu'il n'aborde pas, il convient de se rapporter au droit commun de la saisie-contrefaçon en matière de droit d'auteur, exposé au chapitre précédent.

SECTION 2
CONDITIONS DE FOND DE LA SAISIE-CONTREFAÇON

221.31 Qualité requise. Le dernier alinéa de l'article L. 332-4 du code de la propriété intellectuelle, visant la seule saisie-description par commissaire de police, indique que la saisie peut être demandée par « *tout titulaire de droits sur un logiciel* », c'est-à-dire par l'auteur du logiciel ou ses ayants droit ou ayants cause. La règle doit certainement être transposée à toutes saisies-contrefaçon de logiciels, et donc notamment à la saisie sur autorisation du président du tribunal. Il faut en effet se souvenir que l'article 47 de la loi du 3 juillet 1985, bien que non repris sous cette forme dans le code de la propriété intellectuelle, indiquait que constituait un usage illicite de logiciels « *toute utilisation non expressément autorisée par l'auteur ou ses ayants droit* ». La contrefaçon étant un usage non autorisé par l'auteur ou ses ayants droit ou ayants cause, ces derniers ont légitimement qualité pour agir en contrefaçon et donc, au préalable, faire procéder à une saisie-contrefaçon.

L'auteur du logiciel s'identifie sans difficulté, sauf à rappeler les règles particulières de dévolution en cas de logiciels créés par des salariés ou des agents publics (agents de l'État, des collectivités publiques et des établissements publics à caractère administratif) : le titulaire *ab initio* des droits patrimoniaux sur un logiciel créé par un salarié ou un agent public, dans l'exercice de ses fonctions ou d'après les instructions de son employeur, est l'employeur lui-même, sauf dispositions statutaires ou stipulations contraires (CPI, art. L. 113-9). S'agissant spécialement d'une œuvre de collaboration, dès lors que la jurisprudence reconnaît à chaque coauteur la possibilité d'agir en contrefaçon (même si c'est en lui imposant de mettre en cause tous les autres coauteurs), il devrait être parallèlement reconnu à chaque coauteur la possibilité de solliciter une saisie-contrefaçon. Par ayants droits ou ayants cause de l'auteur, il faut entendre celui qui a recueilli une ou plusieurs des prérogatives patrimoniales du droit d'auteur, seules transmissibles à l'exclusion du droit moral, quelles que soient la forme et la nature de la transmission (cession totale ou partielle, licence, absorption de la société propriétaire, succession, etc.). En cas de cession partielle des droits d'exploitation de l'œuvre, le cédant reste recevable à agir en contrefaçon et donc à solliciter l'autorisation de pratiquer une saisie pour faire constater l'atteinte portée aux droits qu'il s'est réservés [1]. La jurisprudence semble favorable à l'action en contrefaçon du licencié [2] surtout lorsqu'il bénéficie d'une exclusivité [3]; cette solution semble pouvoir être étendue par analogie à la saisie-contrefaçon. En revanche, le simple titulaire d'un droit d'usage et même le titulaire d'un droit de distribuer le logiciel ne peut être l'ayant droit de l'auteur. La jurisprudence a dénié la qualité pour requérir une saisie-contrefaçon au distributeur exclusif du logiciel [4].

221.32 Organismes collectifs. L'article L. 331-1 alinéa 2 du code de la propriété intellectuelle prévoit que les organismes de défense professionnelle régulièrement constitués ont qualité pour ester en justice pour la défense des intérêts dont ils ont statutairement la charge. La portée très large donnée à l'article L. 331-1 en son alinéa 1er (« *la propriété littéraire et artistique* ») indique que le principe posé au deuxième alinéa vaut également pour toute la propriété littéraire et artistique qui constitue la première partie du code de la propriété intellectuelle et vaut donc aussi pour les logiciels.

221.33 Existence d'un logiciel protégeable. Le requérant devra établir l'existence d'un logiciel. À défaut, l'autorisation de faire procéder à une saisie-contrefaçon peut être contestée [5]. Un logiciel étant protégé indépendamment de tout formalisme, la pratique suggère que le requérant à la saisie-contrefaçon établisse son droit, auprès du commissaire de police ou auprès du président du tribunal, en produisant un exemplaire de son logiciel – quel qu'en soit le support – et en fournissant, de préférence, des documents établissant sa date de création. Cette date sera établie, en fonction des cas, par le procès-verbal de dépôt à l'étude d'un huissier ou au rang d'un notaire, par une enveloppe Soleau, par des factures de cession de licence ou, de façon fréquente aujourd'hui, par le procès-verbal d'organismes professionnels organisant des procédures de dépôts officieux tels que l'Agence pour la protection des programmes (APP) [6].

1. Paris, 13 juin 1988, *D.* 1990. Somm. com., 187.
2. Paris, 7 juill. 1994, *PIBD* 1994, n° 576, III, 550.
3. Paris, 10 mars 1983, *RIDA* 1983, n° 177, 105 – Paris, 11 juill. 1991, *RD propr. int.* 1991, n° 38, 78 – TGI Nanterre, 23 mars 1992, *Expertises* janv. 1993, 33.
4. Versailles, 14e ch., 13 nov. 1991, *JurisData* n° 1991-050082 – Versailles, 14e ch., 13 déc. 1991, *JurisData* n° 1991-047847.
5. Paris, 28 janv. 1993, *PIBD* 1993, n° 545, III, 368.
6. Rouen, 10 juin 1992, *Expertises* 1992, 393.

La Cour de cassation a eu l'occasion de souligner que le champ d'application de l'article L. 332-4 se détermine par référence à l'œuvre originale qui est prétendue contrefaite et non pas par référence à l'objet de la saisie-contrefaçon. Ainsi les règles spécifiques de l'article L. 332-4 n'ont pas vocation à s'appliquer lorsque l'œuvre contrefaite est une œuvre littéraire, et même si la preuve de la contrefaçon se trouve dans un logiciel qui est l'objet de la saisie-contrefaçon[1].

221.34 Extension du champ d'application. L'article L. 332-4 du code de la propriété intellectuelle instaure un régime propre aux saisies-contrefaçon pratiquées en matière de logiciel. Un arrêt remarqué semble toutefois étendre le champ d'application de ce texte aux saisies qui portent sur des « *données originales contenues dans des fichiers informatiques* »[2]. Cette extension peut surprendre : des données originales contenues dans des fichiers informatiques ne constituent pas des « *logiciels* » au sens du texte.

221.35 Caractère indifférent de l'origine nationale ou étrangère du logiciel. L'article L. 332-1 du code de la propriété intellectuelle réserve la saisie-contrefaçon aux auteurs d'une œuvre protégée par le livre Ier du code de la propriété intellectuelle : pourra donc être le support d'une saisie-contrefaçon en France, le logiciel susceptible d'une protection en France au sens du livre Ier du code de la propriété intellectuelle. Conformément à l'article L. 111-5 du code de la propriété intellectuelle, l'auteur étranger d'un logiciel ne bénéficie de la protection reconnue en France aux auteurs de logiciels par le code de la propriété intellectuelle que sous condition de réciprocité, c'est-à-dire à condition que la loi de l'État étranger dont il est ressortissant ou sur le territoire duquel il a son domicile, siège social ou un établissement effectif accorde sa protection aux logiciels créés par les nationaux français et par les personnes ayant en France leur domicile ou un établissement effectif[3]. Cette condition de réciprocité est posée « *sous réserve des conventions internationales* » qui lient la France (par exemple la convention de Berne pour la protection des œuvres littéraires et artistiques du 9 septembre 1886, la convention de Genève du 6 septembre 1952 ou les accords ADPIC adoptés dans le cadre du GATT, art. 10) et qui accordent d'emblée aux ressortissants des autres États contractants ou aux œuvres publiées pour la première fois sur le territoire d'un autre État contractant le bénéficie du traitement national, c'est-à-dire une assimilation aux nationaux français et donc le bénéfice de la protection reconnue en France aux auteurs de logiciels par le code de la propriété intellectuelle.

SECTION 3
DIFFÉRENTS MODES DE SAISIE-CONTREFAÇON

221.41 Distinction. L'article L. 332-4 du code de la propriété intellectuelle instaure, en matière de logiciels, deux types de saisies différentes. Mais il s'agit d'un régime différent de celui prévu en matière de droits d'auteur (v. ss no 212.11). Le président du tribunal de grande instance peut, par voie d'ordonnance sur requête, autoriser une saisie-contrefaçon de logiciels (sous-section 1). Mais il est également possible de requérir le commissaire de police de procéder à une « *saisie-description* » (sous-section 2).

221.42 Réforme à venir ? Il est à noter qu'une proposition de loi « *tendant à renforcer la lutte contre la contrefaçon* », telle que modifiée le 12 juillet 2011 au Sénat, entend faire disparaître cette dualité des modalités d'exécution de la saisie-contrefaçon (pour la saisie-contrefaçon en matière de droit d'auteur et de droits voisins – CPI, art. L. 332-1 –, de même que pour la saisie-contrefaçon en matière de logiciels – CPI, art. L. 332-4). Il est proposé de ne retenir que la seule voie de la saisie-contrefaçon sur ordonnance du président du tribunal de grande instance. De ce point de vue, le schéma procédural de la saisie-contrefaçon serait ainsi unifié pour toute la propriété intellectuelle.

SOUS-SECTION 1
SAISIE-CONTREFAÇON AUTORISÉE PAR LE PRÉSIDENT DU TRIBUNAL DE GRANDE INSTANCE

221.51 Place de la saisie-contrefaçon autorisée par le président du tribunal de grande instance. Contrairement à l'article L. 332-1 du code de la propriété intellectuelle qui ne prévoit, en matière de droits d'auteur, la nécessité d'une autorisation spéciale du président du tribunal de grande instance que pour certaines mesures particulières, l'article L. 332-4 du code de la propriété intellectuelle dispose, de façon générale, que la saisie-contrefaçon de logiciels est exécutée en vertu d'une ordonnance sur requête du président du tribunal de grande instance. Placée en premier rang par l'article L. 332-4 du code de la propriété intellectuelle, la saisie-con-

1. Civ. 1re, 20 janv. 2004, no 00-19.577, *Bull. civ.* I, no 22 ; *RIDA* mai 2004, p. 474 s., note Bouche ; *Propr. intell.* avr. 2004, p. 646, obs. Sirinelli ; *JCP E* 2004, chr. 1770, p. 1925, obs. Sardain.
2. Civ. 1re, 25 janv. 2000, no 97-12.620, *Bull. civ.* I, no 25, *Expertises*, 2000, no 241, p. 312, note Viet et 2001, no 244, p. 19, note Panhaleux.
3. V. à ce propos *Lamy Informatique*, nos 112 s.

trefaçon autorisée par ordonnance sur requête doit être considérée comme la voie ordinaire, ou, en tout cas, comme la forme la plus aboutie de la saisie-contrefaçon de logiciels.

221.52 Compétence territoriale. Dans le silence du texte, il faut appliquer les règles ordinaires de compétence dégagées par la jurisprudence : la requête devra être présentée au président du tribunal de grande instance saisi au fond ou compétent pour le lieu où la saisie-contrefaçon demandée doit être exécutée (v. s[s] n° 212.101).

Il faut néanmoins tenir compte de la concentration de compétence territoriale introduite dans le droit de la propriété littéraire et artistique, à l'instar de ce qui existait déjà en propriété industrielle, par les décrets n° 2009-1204 et n° 2009-1205 du 9 octobre 2009. Désormais, en matière de propriété littéraire et artistique, l'article L. 331-1 du code de la propriété intellectuelle (tel que réformé par la loi n° 2011-525 du 17 mai 2011 de simplification et d'amélioration de la qualité du droit) prévoit que « *les actions civiles et les demandes relatives à la propriété littéraire et artistique* », c'est-à-dire toute la propriété littéraire et artistique rassemblant tant le droit d'auteur que les droits voisins du droit d'auteur et le droit *sui generis* du producteur de bases de données, relèvent exclusivement des tribunaux de grande instance et le nouvel article D. 331-1-1 renvoie à l'article D. 211-6-1 du code de l'organisation judiciaire, modifié par un décret n° 2010-1369 du 12 novembre 2010, et ainsi à une liste de dix tribunaux de grande instance déterminés (Bordeaux, Lille, Lyon, Marseille, Nanterre, Nancy, Paris, Rennes, Strasbourg, Fort-de-France).

Avant tout procès, le président du tribunal de grande instance territorialement compétent pour le lieu d'exécution de la mesure est donc compétent[1]. Une fois le procès au fond engagé et le tribunal de grande instance saisi, la requête doit être présentée au président de la chambre à laquelle l'affaire a été distribuée ou au juge déjà saisi[2] (C. pr. civ., art. 812)[3], voire en instance d'appel au premier président de la cour d'appel (C. pr. civ., art. 958)[4].

221.53 Étendue de la saisie-contrefaçon autorisée par le président du tribunal. L'article L. 332-4 du code de la propriété intellectuelle dispose que le président du tribunal « *peut ordonner la saisie réelle des objets réalisés ou fabriqués illicitement ainsi que celle des matériels et instruments utilisés pour produire ou distribuer illicitement un logiciel [...] ainsi que de tout document s'y rapportant* ».

Cette rédaction, issue de la loi du 29 octobre 2007 et conforme à la lettre de l'article 7 § 1 de la directive n° 2004/48, montre que le législateur s'est préoccupé de définir précisément les pouvoirs du président du tribunal de grande instance dans la détermination de l'étendue de la saisie-contrefaçon. Les mesures que le président peut ainsi autoriser en matière de contrefaçon de logiciel sont donc beaucoup plus restreintes que les mesures dont il dispose pour la contrefaçon de toute autre œuvre protégée par le droit d'auteur[5], conformément à l'article L. 332-1 al. 2, 1° à 5° du code de la propriété intellectuelle (v. s[s] n° 212.91). Cette précision apportée par le législateur en 2007 semble donc mettre à bas la solution retenue par la cour d'appel de Paris en 1990, selon laquelle l'ancien article L. 332-4 du code de la propriété intellectuelle n'édictait un régime particulier aux logiciels que pour les modalités de la saisie si bien que le président du tribunal conservait, même pour les logiciels, les pouvoirs très étendus que lui conférait le texte général de l'article L. 332-1 du code de la propriété intellectuelle, comme la suspension des reproductions, la saisie des recettes, etc.[6] S'il est ainsi impossible de prendre appui sur l'article L. 332-1, le président du tribunal, en pratique, pourra néanmoins ordonner des mesures telles que celles visées à l'article L. 332-1 pour procéder à des investigations complémentaires visant à établir l'origine, l'importance, la destination, les formes de

1. Paris, 4e ch., sect. A, 25 févr. 2009, RG n° 07/17848, *Jurinpi* D20090021.
2. La loi n° 2008-776 du 4 août 2008 a levé l'ambiguïté suscitée par la loi du 29 octobre 2007 quant aux juridictions matériellement compétentes pour statuer sur les contestations relatives au droit d'auteur et droits voisins ; LA CONTROVERSE doctrinale au lendemain de la loi du 29 octobre 2007 : C. Caron, « La loi du 29 octobre 2007 dite "de lutte contre la contrefaçon" », *JCP G* 2007 I 205, spéc. n° 10, p. 28 – J.-M. Bruguière, P. Deprez, « De l'art et de la manière de bien faire les lois et de bien penser la compétence des juges en matière de propriété intellectuelle », *JCP E* 2007 Act. 565 – T. Azzi, « La loi du 29 octobre 2007 de lutte contre la contrefaçon – Présentation générale », *D.* 2008. 700 s., spéc. n° 34, p. 708 – BIEN QUE LE TRIBUNAL DE COMMERCE de Paris ait tenté de s'engouffrer dans la brèche ainsi créée : T. com. Paris, 15e ch., 3 juill. 2008, *D.* 2008. AJ 2076, celle-ci a été refermée par la loi du 4 août 2008 puisque la nouvelle rédaction de l'article L. 331-1 du code de la propriété intellectuelle accorde désormais une claire compétence exclusive aux tribunaux de grande instance déterminés par voie réglementaire, *cf.* C. Caron, « La propriété intellectuelle dans la loi de modernisation de l'économie », *JCP E* 2008. Actualités n° 397.
3. TGI Nanterre, réf. 18 nov. 1996, *BICC* 1er mars 1997, n° 234.
4. Com. 14 sept. 2010, n° 09-16.854, *Bull. civ.* IV, n° 137 ; *PIBD* 2010, n° 931, III, 17 ; *RLDI* oct. 2010, p. 18.
5. L'article L. 332-1 est également conforme à la directive n° 2004/48, cette dernière autorisant, dans son article 2, les États membres à prévoir des règles « *plus favorables aux titulaires de droits* ».
6. Paris, 23 avr. 1990, *PIBD* 1990, n° 482, III, 441.

la contrefaçon. Il peut le faire en s'appuyant sur les textes généraux en matière de mesures d'instruction sur requête. Par ailleurs, l'article L. 332-4 ne prévoit pas que le président du tribunal de grande instance puisse exiger la constitution, préalable à la saisie-contrefaçon en matière de logiciels, de garanties par le saisissant, alors que cette prérogative est expressément évoquée à l'article L. 332-1 en matière de droit d'auteur et de droits voisins, à l'article L. 343-1 en matière de droit *sui generis* du producteur de bases de données, et dans les différents articles du code de la propriété intellectuelle relatifs à la saisie-contrefaçon en matière de propriété industrielle. L'article L. 332-4 constitue, de ce point de vue, une exception. Mais il est possible de prendre appui sur l'article 7 de la directive n° 2004/48, qui énonce que « *Les États membres veillent à ce que les mesures de conservation des preuves puissent être subordonnées à la constitution par le requérant d'une caution ou d'une garantie équivalente adéquate, destinée à assurer l'indemnisation de tout préjudice subi par le défendeur* », et à la lumière duquel les tribunaux français doivent interpréter leur droit national, pour étendre cette possibilité au domaine de la saisie-contrefaçon en matière de logiciels [1].

Le texte prévoyant expressément la saisie réelle, il faut considérer que, si le président du tribunal l'autorise, la saisie de tous les exemplaires du logiciel et des autres objets contrefaisants peut être effectuée. En effet, l'article L. 332-4 ne mentionne jamais le caractère exclusivement probatoire de la saisie-contrefaçon et, de plus, il intervient dans le domaine du droit d'auteur qui est le seul domaine où la saisie-contrefaçon a conservé également, outre son caractère probatoire, son caractère d'interdiction provisoire. Une saisie réelle des stocks d'exemplaires contrefaisants semble donc tout à fait envisageable.

Il est toutefois certain que la lettre de l'article L. 332-4 est maladroite et doit parfois être un peu dépassée. Ainsi, cet article n'indique pas littéralement que le président du tribunal de grande instance puisse ordonner la description de la prétendue contrefaçon. Seul l'alinéa 3 évoque la saisie-description diligentée par le commissaire de police sur réquisition privée du titulaire de droits sur le logiciel. Il convient néanmoins de reconnaître au président du tribunal le pouvoir d'ordonner la description de la prétendue contrefaçon de logiciel au motif d'une part que l'intervention du président du tribunal de grande instance signifie un contrôle de l'opportunité de la saisie demandée (alors que le commissaire de police requis est **tenu** de procéder à la saisie-description) et d'autre part qu'il n'y a pas de raison que le président du tribunal, dont l'intervention représente une garantie supplémentaire et qui dispose *a priori* de plus de pouvoirs que le commissaire de police requis, ne dispose pas d'un pouvoir dont le commissaire de police dispose. La saisie-description pourra se concrétiser par une copie, conformément au dernier alinéa de l'article L. 332-4 qui l'assimile à la saisie-description. La copie pourra se faire par tous moyens et sur tous supports tels que photocopies de listing d'instructions, copies sur support magnétique ou autre. La copie pourra concerner un exemplaire exécutable ou même les sources du logiciel.

221.54 Personnes habilitées à procéder à la saisie. Il s'agira, selon le deuxième alinéa de l'article L. 332-4 du code de la propriété intellectuelle, d'un huissier ou d'un commissaire de police. Si l'huissier est désigné pour procéder à la saisie-contrefaçon, il pourra néanmoins se faire assister de la force publique et donc, le cas échéant, d'un commissaire de police. Mais il faut bien distinguer la saisie-contrefaçon pratiquée par le commissaire de police, mandaté par ordonnance du président du tribunal de grande instance, de la simple saisie-description diligentée par le commissaire de police sur réquisition privée du titulaire de droits sur le logiciel, examinée plus loin. C'est ici une singularité de la saisie-contrefaçon en matière de logiciels que de pouvoir être exécutée par un commissaire de police agissant sur ordonnance du président du tribunal de grande instance.

221.55 Personnes pouvant assister à la saisie. L'article L. 332-4 alinéa 2 du code de la propriété intellectuelle, prévoit expressément la possibilité pour l'huissier ou le commissaire d'être assisté d'un expert désigné par le requérant [2]. Il sera préférable que la présence de l'expert soit prévue par l'ordonnance. L'ordonnance devra prévoir que l'expert soit choisi en dehors des salariés du requérant. Le non-respect de cette prescription est un motif de nullité de la saisie [3]. La Cour de cassation a récemment décidé que le principe du droit à un procès équitable exigeait que cet expert soit indépendant des parties [4]. Enfin, rien n'interdit *a priori*, au besoin au

1. EN CE SENS : H. Bitan, « La saisie-contrefaçon de logiciels et de bases de données à l'aune de la loi du 29 octobre 2007 relative à la lutte contre la contrefaçon », *Comm. com. électr.* mars 2008, étude n° 7, spéc. p. 15.

2. TGI Paris, 6 nov. 1992, *PIBD* 1993, n° 540, III, 183 – Paris, 15 janv. 1997, *PIBD* 1997, n° 639, III, 517.
3. Paris, 30 juin 1995, *PIBD* 1995, n° 598, III, 532 – Civ. 1re, 2 déc. 1997, n° 95-17.029, *Bull. civ.* I, n° 347, *D.* 1998. IR 21.
4. Civ. 1re, 6 juill. 2000, nos 97-21.404, 97-22.141, 97-22.392, 97-22.430, *Bull. civ.* I, n° 210, *PIBD* 2001, n° 714, III, 87 ; *D. affaires* 2001, J., p. 370, note Véron ; *Comm. com. électr.*, oct. 2000, p. 23, note Caron ; *LPA* 25 janv. 2001, p. 12, note Fougerat ; *JCP G* 2000. III. 10440, note H.C. ; *JCP E* 2000, Act. p. 1157.

visa des pouvoirs généraux conférés au président du tribunal de grande instance en matière de mesures d'instruction, que le magistrat prévoie, si elle lui est demandée, la présence d'un serrurier, d'un photographe si nécessaire.

221.56 Pouvoirs de l'huissier ou du commissaire de police. Outre l'exécution de la mission que leur assigne l'ordonnance du président du tribunal de grande instance, le commissaire de police et l'huissier peuvent-ils procéder à certaines mesures de leur propre chef ? Par analogie avec ce qui a été décidé dans le contexte de la saisie-contrefaçon en matière de droit d'auteur (CPI, art. L. 332-1), il semble que le commissaire de police peut également procéder à l'audition des personnes se trouvant sur les lieux de la saisie et consigner leurs déclarations spontanées dans son procès-verbal. Toutefois, une telle audition n'est possible que si le commissaire de police a tout d'abord été en mesure de saisir réellement des exemplaires argués de contrefaçon ou toutes autres preuves matérielles de la contrefaçon, telles, notamment, des documents publicitaires, des catalogues, etc. À défaut, l'audition de la partie saisie constitue une irrégularité causant grief entraînant la nullité des opérations de saisie[1]. Enfin, et même sans que l'ordonnance l'autorise expressément, l'huissier peut poser toute question utile à ses investigations[2].

SOUS-SECTION 2
SAISIE-DESCRIPTION PAR COMMISSAIRE DE POLICE SANS AUTORISATION PRÉALABLE

221.61 Absence d'autorisation. À l'instar de ce qui existe en matière de droits d'auteur, le commissaire de police peut, et même doit, procéder à une saisie, sur simple réquisition du titulaire de droits sur le logiciel – c'est-à-dire l'auteur du logiciel ou son ayant droit –, sans autorisation préalable du président du tribunal. Cette procédure est prévue par l'article L. 332-4 alinéa 4 du code de la propriété intellectuelle. Le requérant a l'obligation, conformément aux principes généraux de la procédure civile, de donner toutes indications utiles pour son identification : nom, prénom, profession, domicile, nationalité, date et lieu de naissance, s'il s'agit d'une personne physique; dénomination, forme juridique, siège social, organe qui la représente, s'il s'agit d'une personne morale. La réquisition doit mentionner également le ou les droits invoqués en donnant toute indication nécessaire sur la création, sa date et son auteur. Elle doit préciser enfin le lieu de la saisie. À défaut, les saisies-contrefaçon opérées par le commissaire de police peuvent être frappées de nullité pour vice de forme.

221.62 Personnes habilitées à procéder à la saisie. Dans ce cas, la saisie est pratiquée par les commissaires de police; par application *a contrario* de l'article L. 332-4 du code de la propriété intellectuelle, il convient de considérer que le juge d'instance – qui, à défaut de commissaire de police peut intervenir selon le régime général du droit d'auteur – n'a pas compétence pour les logiciels. Le commissaire de police ne peut pratiquer la saisie que dans la limite de sa compétence territoriale. À défaut de précision à ce sujet dans l'article L. 332-4, il peut sembler logique de raisonner par analogie avec ce qui a été décidé en matière de droit d'auteur où il est également possible de demander au commissaire de police de procéder à une saisie-contrefaçon. La compétence territoriale du commissaire de police s'étend au ressort du service auquel il est affecté et peu importe sa résidence administrative (v. s^s^ n° 212.51).

221.63 Portée de la saisie. Dans cette hypothèse, le commissaire de police, agissant sur simple réquisition sans autorisation juridictionnelle, voit ses pouvoirs limités à la simple saisie-description du logiciel contrefaisant[3]. Le texte dispose également, et c'est heureux compte tenu de la consistance d'un programme d'ordinateur, que la description peut se « *concrétiser* » par une copie du logiciel. Se retrouve ici cette idée que la saisie-description peut prendre déjà la forme d'une simple description mais également d'une copie ou photocopie dès lors que ce procédé n'emporte pas dessaisissement du saisi (v. s^s^ n° 122.105).

221.64 Intervention d'un expert. Si l'article L. 332-4 du code de la propriété intellectuelle indique clairement que (dans le cas de la saisie réalisée sur autorisation juridictionnelle) l'huissier ou le commissaire peuvent se faire assister d'un expert désigné par le requérant, tel n'est pas le cas pour la simple saisie-description opérée par commissaire de police. Faut-il, par raisonnement *a contrario*, considérer que l'assistance d'un expert serait illicite ? Comme l'affirment d'ailleurs des auteurs[4], il ne semble pas fondé d'opérer une distinction sur ce point entre les deux formes de saisie. Il semble même que la question résulte simplement d'une rédaction regrettable de l'article L. 332-4 du code de la propriété intellectuelle.

1. Paris, 4e ch. A, 7 oct. 1998, *JCP E* 1999. I. 1631; *PIBD* 1999, n° 667, III, 16; *RD propr. int.* 1999, n° 97, p. 44.
2. Paris, 15 janv. 1997, *PIBD* 1997, n° 639, III, 517.
3. Paris, 23 avr. 1990, *D.* 1991. Somm., 94; *PIBD* 1990, n° 482, III, 441.
4. *Lamy informatique*, 1997, n°s 155, 93 et 94.

SECTION 4
EXÉCUTION DE LA SAISIE-CONTREFAÇON ET SES INCIDENTS

221.71 **Application des règles générales des saisies-contrefaçon en matière de droits d'auteur.** Sauf incident lié aux particularités précédemment exposées, la matière des logiciels n'appelle pas d'observation particulière quant au déroulement de la saisie et quant à ses incidents. Il est simplement possible de citer une décision, sur laquelle la doctrine a émis un avis réservé[1] jugeant que la dénonciation de l'ordonnance aux détenteurs des biens saisis n'était pas nécessaire[2].

221.72 **Importance des constatations et des identifications par l'huissier.** En matière de logiciels, encore plus que dans d'autres domaines, l'huissier doit prendre un soin tout particulier à la constatation de certains faits (s'assurer au préalable que la cassette utilisée pour le chargement du logiciel saisi est vierge[3]), à l'identification des matériels (l'absence de scellés sur une cassette de jeux vidéo utilisée au cours des opérations de l'huissier prive le procès-verbal de tout effet probatoire[4]), ainsi qu'à la procédure de copie des fichiers (constitue une faute de l'huissier le fait de copier les fichiers saisis sur le disque dur de l'ordinateur du saisissant, permettant ainsi au saisissant de conserver une copie de l'ensemble des données saisies, alors que seule une saisie réelle avait été autorisée et non la remise des pièces et documents saisis au requérant[5]).

221.73 **Cas particulier des documents intéressant la défense nationale.** À la différence de la propriété industrielle où les articles L. 615-10 alinéa 2 (brevets d'invention), L. 622-7 (topographies de produits semi-conducteurs, par renvoi à l'article L. 615-10) et L. 623-30 alinéa 2 (certificats d'obtention végétale) du code de la propriété intellectuelle organisent une procédure particulière (l'huissier doit surseoir à la saisie qui sera remplacée par une expertise confiée à un expert, désigné par le président du tribunal de grande instance sur la demande de l'ayant droit et agréé par le ministre de la défense, v. s[s] n° 133.25) lorsque la saisie amènerait à compulser des documents comportant une classification de *sécurité de défense*, aucun texte semblable n'existe en matière de logiciels. La Cour de cassation, le 21 mars 2006, a néanmoins décidé, dans une affaire de contrefaçon de logiciel, qu'une procédure particulière de ce genre devait être également respectée, la solution de l'article L. 615-10 devant s'appliquer au-delà du droit des brevets et appréhender ici la saisie-contrefaçon en matière de logiciels : « *dès lors que le saisi prouve qu'il bénéficie d'une habilitation au « confidentiel défense » et qu'à l'occasion des opérations de saisie, des documents, informations, contrats ou brevets protégés par cette classification sont susceptibles d'apparaître à la vue du saisissant, l'officier public doit surseoir à opérer jusqu'à ce que le président du tribunal de grande instance ayant ordonné la saisie, s'il en est requis, ordonne une expertise confiée à des personnes agréées par le ministre de la Défense et devant ses représentants* ». Pour fonder cette solution, la cour s'est appuyée sur le constat que « *l'article 413-11 du code pénal érige en délit correctionnel le fait pour toute personne non habilitée de reproduire ou porter à la connaissance d'une personne non qualifiée un renseignement, procédé, objet, document, donnée informatisée ou fichier qui présente le caractère d'un secret de la défense nationale* »[6]. Il convenait d'offrir à l'huissier – la même chose devrait valoir pour le commissaire de police agissant sur ordonnance voire sur réquisition privée – exécutant la saisie-contrefaçon, le moyen d'éviter de commettre cette infraction pénale.

SECTION 5
SUITES DE LA SAISIE-CONTREFAÇON : OBLIGATION D'ENGAGER UNE PROCÉDURE AU FOND

221.81 **Texte.** L'article L. 332-4 du code de la propriété intellectuelle dispose que, à défaut d'assignation ou de citation dans le délai fixé par voie réglementaire, la saisie-contrefaçon est nulle[7]. La Cour de cassation a précisé, comme en matière de propriété industrielle (v. s[s] n° 144.11), qu'il s'agit alors d'une nullité de fond dont le prononcé n'est pas subordonné à la preuve d'un grief[8]. L'article R. 332-4 énonce que ce délai est de vingt jours

1. Vivant et Lucas, « Chronique Droit de l'Informatique », *JCP E* 1993. 239.
2. Paris, 13e ch., 24 mars 1992, *JurisData* n° 1992-020961.
3. Paris, 30 juin 1995, *PIBD* 1995, n° 598, III, 532.
4. Paris, 13 juill. 1993, *Gaz. Pal.*, pan. 1994, 49.
5. TGI Évreux, 19 juin 1998, *Expertises* 1999, n° 229, p. 278.
6. Civ. 1re, 21 mars 2006, n° 05-13.302, *Bull. civ.* I, n° 168, *Comm. com. électr.* mai 2006, comm. n° 78, note Caron; *Propr. intell.* 2006, n° 20, p. 352, obs. Warusfel; *D.* 2006. AJ 983, obs. Daleau; *Expertises*, juill. 2006, p. 269, note Lecardonnel; *Comm. Com. électr.* 2006, comm. n° 78, note Caron; *RLDI* avr. 2006, p. 25.
7. Dijon, 5 mai 1992, *JurisData* n° 1992-044410; *JCP E* 1993. I. 239 – Com. 23 mai 1995, n° 93-17.923, NP – Paris, 11 déc. 1996, *RD propr. int.*, janv. 1997, 57.
8. Civ. 1re, 26 mai 2011, n° 10-14.495, P, *Propr. industr.* 2011, comm. 67, note Bouche; *JCP G* 2011, n° 748, ▶

ouvrables ou trente et un jours civils si ce délai est plus long, à compter de la date de l'ordonnance (et non à compter de la date du procès-verbal de saisie-contrefaçon ou de saisie-description).

221.82 Contenu de l'obligation du saisissant. À peine de nullité, le saisissant doit, selon le texte de l'article L. 332-4, « *assigner* » ou « *citer* » – en fonction de la voie civile ou correctionnelle qu'il aura adoptée. Toutefois, l'article R. 332-4 précise que par l'assignation ou la citation, il faut entendre l'acte par lequel le demandeur se pourvoit au fond. Il en découle la conclusion que, comme en propriété industrielle, le point de référence pour apprécier si le requérant s'est bien pourvu dans le délai imparti est la date de délivrance de l'assignation, pour l'action au plan civil, ou la date de délivrance de la citation directe ou la date de la plainte avec constitution de partie civile, pour l'action au plan pénal. Indubitablement, seule compte la date de l'assignation ou de la citation, indépendamment de la date de la saisine du tribunal (v. s[s] n° 143.81). Il est à remarquer que le texte ne sanctionne le défaut d'assignation que dans le seul cas d'une « *saisie-contrefaçon* », ce qui exclurait le cas de la simple saisie-description par commissaire de police. Compte tenu de l'ambiguïté du texte, il semble toutefois préférable d'engager les poursuites dans le délai réglementaire, même s'il ne s'agit que d'une saisie-description par commissaire de police. Il résulte d'un arrêt rendu dans une espèce complexe que le saisissant doit assigner devant le tribunal étatique compétent, dans le délai prescrit, quand bien même les faits de contrefaçon auraient pu, compte tenu du contexte, relever d'une juridiction arbitrale[1].

SECTION 6
CONTENTIEUX DE LA SAISIE-CONTREFAÇON

221.91 Renvoi aux règles des saisies en matière de droits d'auteur. L'article L. 332-4 du code de la propriété intellectuelle ne prévoyant aucune disposition particulière pour la mainlevée, le cantonnement ou l'annulation d'une saisie en matière de logiciels, il convient à ce titre de se référer aux règles et à la jurisprudence applicable à la matière générale du droit d'auteur, sauf à prendre en compte les particularités précédemment citées. En ce sens, une décision confirme la mainlevée de la saisie au motif que l'huissier instrumentaire n'avait pas respecté les termes de l'ordonnance[2]. Une autre décision rappelle que, en matière de logiciels – selon le principe général – le juge des référés saisi d'un recours contre l'ordonnance autorisant la saisie ne peut en aucun cas se faire juge de la contrefaçon et ne peut nullement envisager la mainlevée de la saisie au seul motif qu'il n'y aurait pas, prétendument, contrefaçon[3]. En revanche, le président du tribunal, saisi d'une demande de mainlevée, peut, eu égard aux circonstances, aménager la portée de la saisie, notamment lorsque l'ordonnance d'origine a prévu une interdiction totale de vendre ou de reproduire le logiciel prétendument contrefaisant (pour un exemple de mainlevée partielle de la saisie réelle, en contrepartie de la mise en place d'une caution[4]).

221.92 Inapplicabilité de l'article 497 du code de procédure civile. La Cour de cassation a eu l'occasion de préciser que l'article 497 du code de procédure civile qui prescrit, en général, les modalités de rétractation d'une ordonnance sur requête est inapplicable aux saisies-contrefaçon de droit d'auteur et de logiciel; la procédure de mainlevée d'une saisie-contrefaçon est une procédure spécifique régie par les seuls textes spéciaux du code de la propriété intellectuelle. Cet arrêt apporte encore une précision qui mérite d'être soulignée : bien que le saisissant doive assigner, en matière de logiciels, dans le délai prescrit suivant la saisie (v. s[s] n° 221.82), une demande de mainlevée est irrecevable à l'expiration du délai prescrit, selon le régime général du droit d'auteur[5].

► note Croze et Fradin; *RTD civ.* 2011. 589, obs. Perrot; *Propr. intell.* oct. 2011, p. 438-439, obs. de Haas, le défaut d'assignation dans le délai réglementaire résultait en l'espèce de la caducité de l'assignation faute d'enrôlement avant la date fixée pour l'audience conformément à l'article 791 du code de procédure civile.

1. Com. 23 mai 1995, n° 93-17.923, NP.

2. Paris, pôle 1, ch. 4, 12 mars 2010, RG n° 09/13381, *JurisData* n° 2010-002301, l'ordonnance avait refusé la saisie-réelle et autorisait seulement l'huissier à faire une description détaillée du logiciel contrefaisant et à concrétiser cette description, comme l'autorise expressément l'article L. 332-4, par deux copies des données informatiques ainsi décrites, or l'huissier n'avait procédé à aucune description et avait saisi deux exemplaires dont il avait reproduit l'un en quatre autres copies supplémentaires, en son étude.
3. Rouen, 10 juin 1992, *PIBD* 1992, n° 527, III, 413.
4. Paris, 4e ch., 23 avr. 1990, *PIBD* 1990, n° 482, III, 441.
5. Civ. 1re, 19 mai 1998, n° 96-19.225, NP, *Expertises* 1998, 310 – DANS LE MÊME SENS : Civ. 1re, 30 mai 2000, n° 97-16.548, *Bull. civ.* I, n° 165, *PIBD* 2001, n° 714, III, 88; *JCP E* 2000, pan. rapide, p. 1263; *Comm. com. électr.*, juin 2001, comm. 61, note Le Stanc.

CHAPITRE

222. Saisie-contrefaçon en matière de bases de données

SECTION 0
ORIENTEUR

222.00 **Plan du chapitre.**

Sect. 1 Saisie-contrefaçon à raison de la contrefaçon du droit d'auteur
Sect. 2 Saisie-contrefaçon à raison de l'atteinte au droit *sui generis* du producteur d'une base de données
Sous-sect. 1 Conditions de fond de la saisie-contrefaçon
Sous-sect. 2 Exécution de la saisie-contrefaçon
§ 1. Juridiction compétente
§ 2. Domaine de la saisie-contrefaçon sur ordonnance
§ 3. Mise en œuvre de la saisie-contrefaçon sur ordonnance
Sous-sect. 3 Suites de la saisie-contrefaçon
§ 1. Procédure au fond
§ 2. Mainlevée et cantonnement de la saisie-contrefaçon
§ 3. Nullité de la saisie-contrefaçon

222.01 **Textes applicables.**
* V. ss n° 22.01

222.02 **Jurisprudence citée.**

> Compétence territoriale

• **Com. 14 sept. 2010,** n° 09-16.854, *Bull. civ.* IV, n° 137; *PIBD* 2010, n° 931, III, 17; *RLDI* oct. 2010, n° 2106, p. 18.
* V. ss n° 222.62

> Force publique

• **Paris, 4e ch., sect. B, 11 avr. 2008,** RG n° 06/14920, *Jurinpi* B20080067.
* V. ss n° 222.85

> Le saisissant

• **TGI Paris, 3e ch., 3e sect., 15 oct. 2002,** *PIBD* 2003, n° 763, III, 238; *RTD com.* 2004. 305, chron. Galloux.

• **TGI Paris, 3e ch., 3e sect., 25 févr. 2003,** RG n° 01/12680, *Jurinpi* M20030131.

• **Com. 28 avr. 2004,** n° 02-20.330, *Bull. civ.* IV, n° 75, *D.* 2004. AJ 1671.
* V. ss n° 222.86

> L'avocat du saisissant

• **TGI Paris, 3e ch., 23 févr. 1994,** *RD propr. int.* 1996, n° 64, 27.

• **Paris, 4e ch., 13 mars 1996,** *PIBD* 1996, n° 612, III, 305.

• **Paris, 4e ch. B, 6 juin 1997,** *RD propr. int.* 1997, n° 77, 26.

• **Com. 18 avr. 2000,** Parfums Via Paris c/Kenzo et Tamaris, n° 97-19.631, NP, *PIBD* 2000, n° 700, III, 314.

• **Rennes, 2e ch. com., 10 janv. 2006,** *PIBD* 2006, n° 826, III, 200; *Propr. intell. oct. 2006,* p. 464, obs. de Haas.
* V. ss n° 222.87

> Cas particulier des documents intéressant la défense nationale

• **Civ. 1re, 21 mars 2006,** n° 05-13.302, *Bull. civ.* I, n° 168, *CCE* mai 2006, comm. n° 78, note Caron; *Propr. intell. 2006*, n° 20, p. 352, obs. Warusfel; *D.* 2006. AJ 983, obs. Daleau; *Expertises*, juill. 2006, p. 269, note Lecardonnel; *Comm. com. électr.* 2006, comm. n° 78, note Caron; *RLDI* avr. 2006, p. 25.
* V. ss n° 222.89

> Délai pour solliciter la mainlevée ou le cantonnement

• **Civ. 1re, 11 janv. 1977,** n° 75-12.870, *Bull. civ.* I, n° 22, *Ann. propr. ind.* 1978. 110; *Bull. civ.*, I, n° 22.

• **Civ. 1re, 21 mai 1990,** n° 88-19.469, *Bull. civ.* I, n° 116; *JCP G* 1990. IV. 276.

• **Versailles, ch. réunies, 18 mars 1992,** *JurisData* n° 1992-044629.

• **Com. 18 mai 1993,** n° 90-16.088, *Bull. civ.* IV, n° 198, *RD propr. int.* 1993, n° 49, 61.

• **Civ. 1re, 17 déc. 1996,** n° 94-21.496, NP.
* V. ss n° 222.113

> Inapplicabilité de l'article 497 du code de procédure civile

• **Civ. 1re, 19 mai 1998,** n° 96-19.225, NP, *Expertises* 1998, 310.

• **Civ. 1re, 30 mai 2000,** n° 97-16.548, *Bull. civ.* I, n° 165, *Comm. com. électr.* juin 2001, p. 30; *JCP E* 2000, pan. rap. p. 1263; *PIBD* 2001, n° 714, III, 88.
* V. ss n° 222.114

> Le juge de la mainlevée et du cantonnement de la saisie peut-il statuer sur une nullité éventuelle encourue par la saisie ?

• **Versailles, 14e ch., 13 nov. 1991,** *JurisData* n° 1991-050082.

• **Paris, 4e ch., 25 sept. 1996,** *PIBD* 1997, n° 624, III, 52.

• **Paris, 4e ch., sect. B, 28 nov. 2008,** RG n° 07/08497, *PIBD* 2009, n° 891, III, 872, *Jurinpi* D20080165.

* V. ss n° 222.117

> Sources de nullité du procès-verbal de saisie-contrefaçon

• **Paris, 4e ch. A, 7 oct. 1998,** *JCP E* 1999. I. 1631 ; *PIBD* 1999, n° 667, III, 16 ; *RD propr. int.* 1999, n° 97, p. 44.

• **TGI Paris, 3e ch., 1re sect., 5 déc. 2007,** *PIBD* 2008, n° 869, III, 165.

* V. ss n° 222.121

222.11 Division. La base de données est définie au dernier alinéa de l'article L. 112-3 du code de la propriété intellectuelle comme étant « *un recueil d'œuvres, de données ou d'autres éléments indépendants, disposés de manière systématique ou méthodique, et individuellement accessibles par des moyens électroniques ou par tout autre moyen* ». Une base de données peut être, pour son créateur, le siège d'un droit d'auteur, dès lors qu'elle constitue en elle-même une création de forme originale. C'est ce qu'indique le même article L. 112-3 en rangeant les « *bases de données, qui, par le choix ou la disposition des matières, constituent des créations intellectuelles* » au côté des traductions, adaptations, transformations et autres arrangements qui jouissent de la protection du droit d'auteur sans préjudice du droit de l'auteur de l'œuvre originale. Mais une base de données peut être aussi, pour son producteur, à raison de son investissement financier, matériel ou humain et indépendamment de toute création et de toute originalité de la forme, le siège d'un droit *sui generis* (CPI, art. L. 341-1) [1]. La saisie-contrefaçon, en matière de bases de données, peut donc être réalisée soit à raison de la contrefaçon du droit d'auteur (section 1) portant sur une base de données originale (CPI, art. L. 332-4) soit à raison d'une violation du droit *sui generis* du producteur sur la base de données (CPI, art. L. 343-1) [2] (section 2), voire les deux.

SECTION 1
SAISIE-CONTREFAÇON À RAISON DE LA CONTREFAÇON DU DROIT D'AUTEUR

222.21 Renvoi. Le régime de la saisie-contrefaçon à raison de la violation du droit d'auteur portant sur une base de données est exactement identique à celui de la saisie-contrefaçon de logiciels puisqu'il est organisé par le même texte, à savoir l'article L. 332-4 du code de la propriété intellectuelle. Comme les logiciels, les bases de données bénéficient donc du régime général du droit d'auteur et marquent également leur spécificité en matière de la saisie-contrefaçon, les règles spécifiques concernant la saisie-contrefaçon de logiciels – examinées précédemment – étant transposées aux bases de données par l'effet de l'article L. 332-4 nouveau du code de la propriété intellectuelle. Il suffit donc de se référer *mutatis mutandis* à la section 1 du présent chapitre (v. ss nos 221.21 s.).

SECTION 2
SAISIE-CONTREFAÇON À RAISON DE L'ATTEINTE AU DROIT *SUI GENERIS* DU PRODUCTEUR D'UNE BASE DE DONNÉES

222.31 Rapprochements. L'article L. 343-1 du code de la propriété intellectuelle, tel qu'issu de la loi n° 2007-1544 du 29 octobre 2007, est formellement construit non pas à l'instar de l'article L. 332-1 du même code, qui régit la saisie-contrefaçon en matière de droit d'auteur, ni même de l'article L. 332-4, qui régit la saisie-contrefaçon en matière de logiciels, mais sur le modèle des différents articles qui régissent la saisie-contrefaçon en matière de propriété industrielle. En revanche, en envisageant de plus près les principes qui sont mis en œuvre dans le cadre de la saisie-contrefaçon pour la protection d'une base de données, il apparaît que le rapprochement doit alors être fait plutôt avec les règles de la saisie-contrefaçon en matière de droit d'auteur, et notamment quant aux suites de la saisie, conformément au dernier alinéa de l'article L. 343-1 qui renvoie expressément aux articles L. 332-2 et L. 332-3 du code de la propriété intellectuelle. En conséquence, pour combler les lacunes ou lever l'ambiguïté des dispositions de l'article L. 343-1, il semble plus indiqué de s'inspirer des

1. H. Bitan, « Le droit des bases de données – Entre droit d'auteur et droit *sui generis* », *Propr. intell.* avr. 2008, p. 164 s.

2. L'article L. 343-1 confirme expressément que la saisie-contrefaçon peut s'appliquer à la protection du droit *sui generis* du producteur sur sa base de données – ce que révélaient les travaux préparatoires de la loi du 1er juillet 1998 – MAIS LUI DONNE un régime autonome et bien distinct de celui de la saisie-contrefaçon réalisée sur le fondement de l'article L. 332-4, c'est-à-dire du droit d'auteur portant sur la base de données envisagée en tant qu'œuvre originale : H. Bitan, « La saisie-contrefaçon de logiciels et de bases de données à l'aune de la loi du 29 octobre 2007 relative à la lutte contre la contrefaçon », *Comm. com. électr.* mars 2008, étude n° 7, spéc. p. 13-14.

principes dégagés en matière de droit d'auteur qu'en matière de propriété industrielle.

222.32 Division. L'étude de la saisie-contrefaçon à raison de l'atteinte au droit *sui generis* du producteur d'une base de données implique d'examiner successivement ses conditions de fond (sous-section 1), ses modalités d'exécution (sous-section 2) et enfin ses suites (sous-section 3).

SOUS-SECTION 1
CONDITIONS DE FOND DE LA SAISIE-CONTREFAÇON

222.41 Nécessité d'invoquer une base de données et de démontrer un investissement substantiel. À l'instar du droit d'auteur et à la différence des droits de propriété industrielle, le droit *sui generis* du producteur de bases de données naît sans formalité administrative particulière, indépendamment de tout dépôt et de tout enregistrement, du seul fait de la réalisation d'un « *investissement substantiel* » dans « *la constitution, la vérification ou la présentation* » du contenu d'une base de données[1], le producteur de la base de données étant « *la personne qui* (a pris) *l'initiative et le risque des investissements correspondants* » (CPI, art. L. 341-1).

222.42 Justificatifs à produire. Le requérant devra se prévaloir d'indices tendant à démontrer l'existence d'une base de données. Il pourra s'agir de la base elle-même, de sa reproduction, de catalogues, de photographies, etc. Il peut être utile d'exhiber également des pièces attestant de la date de création (enveloppe Soleau, attestation, facture de commercialisation, etc.). Comme il doit également justifier d'un investissement, « *financier, matériel ou humain* », qui doit être « *substantiel* » dans la constitution, la vérification ou la présentation du contenu de la base de données, il devrait être amené, à cette fin, à produire des documents comptables pour établir l'investissement financier, des registres du personnel (liste et nombre des salariés affectés à la constitution et à la mise à jour de la base) pour établir l'investissement humain, ou des documents tels que des factures ou des registres de matériel afin d'établir l'investissement matériel (équipement acheté aux fins de la constitution de la base).

1. Selon la CJCE 9 nov. 2004, *The British Horseracing Board et a.*, 4 arrêts, *Comm. com. électr.* 2005, comm. 2, note Caron, « *la notion d'investissement lié à l'obtention du contenu d'une base de données* [...] *doit s'entendre comme désignant les moyens consacrés à la recherche d'éléments existants et à leur rassemblement dans ladite base. Elle ne comprend pas les moyens mis en œuvre pour la création des éléments constitutifs du contenu d'une base de données* ».

222.43 Le producteur, ses ayants cause et licenciés exclusifs. L'article L. 343-1 du code de la propriété intellectuelle réserve la saisie-contrefaçon à « *toute personne ayant qualité pour agir en vertu du présent titre* ». Cette formule, issue de la transposition de la directive n° 2004/48 par la loi du 29 octobre 2007, est, comme il a déjà été vu, la formule consacrée en matière de propriété industrielle (v. par exemple en matière de brevets d'invention, s[s] n° 111.22). Elle a été adoptée par le législateur afin de proclamer et de systématiser un lien logique entre la qualité pour agir en contrefaçon et la qualité pour présenter une requête aux fins de saisie-contrefaçon, et afin de simplifier la détermination des personnes pouvant requérir la saisie-contrefaçon en opérant par simple renvoi à la liste des personnes ayant qualité pour agir en contrefaçon. Mais, à la différence des articles relatifs à la propriété industrielle (v. par exemple en matière de brevets d'invention, l'article L. 615-2), les articles du code de la propriété intellectuelle relatifs au droit *sui generis* du producteur d'une base de données (CPI, art. L. 341-1 à L. 343-7) ne renferment aucune disposition spécialement consacrée à la définition des personnes pouvant agir en justice contre l'atteinte portée à ce droit exclusif. Toutefois, de l'article L. 342-1 alinéa 1er, qui détaille les droits dont dispose le producteur de bases de données, et de l'alinéa 2 du même article qui indique que « *ces droits peuvent être transmis ou cédés ou faire l'objet d'une licence* », il est possible de déduire que la qualité pour agir dans le cas d'une atteinte aux droits du producteur de bases de données revient au producteur lui-même, à ses ayants cause, auxquels un ou plusieurs de ces droits ont été « *transmis ou cédés* » par un procédé quelconque (cession totale, cession partielle, succession, absorption de la société titulaire, etc.) et aux licenciés. S'agissant des licenciés, il est permis de penser que la jurisprudence, à l'instar de ce qu'elle décide en matière de droit d'auteur, devrait tendre à réserver la qualité pour agir au licencié qui bénéficie d'une exclusivité (v. s[s] n° 211.13), afin de respecter ainsi le lien ébauché par l'alinéa 5 de l'article L. 343-1 entre la saisie-contrefaçon en matière de bases de données et la saisie-contrefaçon en matière de droit d'auteur (v. s[s] n° 222.31).

222.44 Organismes collectifs. L'article L. 331-1 alinéa 2 du code de la propriété intellectuelle prévoit que les organismes de défense professionnelle régulièrement constitués ont qualité pour ester en justice pour la défense des intérêts dont ils ont statutairement la charge. La portée très large donnée à l'article L. 331-1 en son alinéa 1er (« *la propriété littéraire et artistique* ») laisse supposer que le principe posé au deuxième alinéa vaut également pour toute la propriété littéraire et artistique qui constitue la première partie du code de la propriété intellectuelle et vaut donc aussi pour les bases de données.

222.45 **Condition des étrangers.** Conformément à l'article L. 341-2 du code de la propriété intellectuelle, le droit exclusif *sui generis* ne revient pas nécessairement à tout producteur d'une base de données.

Si le producteur de la base est une personne physique, il doit :

– être ressortissant d'un État membre de l'Union européenne ou d'un État partie à l'accord sur l'Espace économique européen, ou

– avoir sa résidence habituelle dans un tel État (CPI, art. L. 341-2 alinéa 1, 1°).

Si le producteur de la base est une personne morale, cette « *société ou entreprise* » doit :

– avoir été constituée en conformité avec la législation d'un État membre de l'Union européenne, et

– avoir son siège statutaire, son administration centrale ou son établissement principal à l'intérieur de la Communauté ou d'un État partie à l'accord sur l'Espace économique européen; néanmoins, si une telle société ou entreprise n'a que son siège statutaire sur le territoire d'un tel État, ses activités doivent, de plus, avoir un lien réel et continu avec l'économie de l'un d'entre eux (CPI, art. L. 341-2 alinéa 1, 2°).

À défaut de satisfaire à ces conditions, le producteur d'une base de données n'est admis à la protection *sui generis*, prévue par le code de la propriété intellectuelle aux articles L. 341-1 et suivants, que si un accord de réciprocité particulier a été conclu par le Conseil de l'Union européenne avec l'État dont il est ressortissant.

222.46 **Droits patrimoniaux.** Le droit *sui generis* du producteur de bases de données ne confère à ce dernier que des prérogatives patrimoniales à l'exclusion de toute prérogative extrapatrimoniale. Les droits patrimoniaux dont l'atteinte autorise le recours à la saisie-contrefaçon sont le droit d'interdire l'extraction et le droit d'interdire la réutilisation du contenu de la base. Le producteur peut, d'une part, interdire l'extraction par transfert permanent ou temporaire de la totalité ou d'une partie substantielle (qualitativement ou quantitativement) du contenu de la base sur un autre support, par tout moyen et sous quelque forme que ce soit. Il peut, d'autre part, interdire la réutilisation par la mise à disposition du public, de la totalité ou d'une partie substantielle (qualitativement ou quantitativement) du contenu de la base, quelle qu'en soit la forme (CPI, art. L. 342-1). Il peut enfin également interdire l'extraction ou la réutilisation d'une partie non substantielle (qualitativement ou quantitativement) du contenu de la base, lorsque cette opération est à la fois répétée et systématique et qu'elle excède manifestement les conditions d'utilisation normale de la base de données (CPI, art. L. 342-2).

SOUS-SECTION 2
EXÉCUTION DE LA SAISIE-CONTREFAÇON

222.51 **Division.** La saisie-contrefaçon à raison de l'atteinte au droit du producteur d'une base de données est une saisie-contrefaçon sur ordonnance. Il convient de préciser tout d'abord la juridiction compétente pour ordonner la saisie-contrefaçon (§ 1), le domaine de la saisie-contrefaçon sur ordonnance (§ 2) puis sa mise en œuvre (§ 3).

§ 1.
Juridiction compétente

222.61 **Compétence matérielle.** L'article L. 343-1 du code de la propriété intellectuelle prévoit que la saisie-contrefaçon peut être réalisée « *sur ordonnance sur requête par la juridiction civile compétente* ». Corrélativement, le nouvel article L. 211-10 du code de l'organisation judiciaire, tel qu'issu de la loi du 29 octobre 2007, énonce : « *Des tribunaux de grande instance spécialement désignés connaissent des actions en matière de propriété littéraire et artistique* [...] *dans les cas et conditions prévus par le code de la propriété intellectuelle* ». Au sein du code de la propriété intellectuelle, auquel il est ainsi renvoyé par l'article L. 211-10 du code de l'organisation judiciaire, il faut s'appuyer sur l'article L. 331-1 du code de la propriété intellectuelle qui, dans sa rédaction issue de la loi n° 2011-525 du 17 mai 2011 de simplification et d'amélioration de la qualité du droit, donne une compétence exclusive aux tribunaux de grande instance déterminés par voie réglementaire pour statuer sur « *Les actions civiles et les demandes relatives à la propriété littéraire et artistique* ». Or, les articles L. 341-1 et suivants, consacrés au droit *sui generis* du producteur de bases de données, étant formellement intégrés à la première partie du code de la propriété intellectuelle intitulée et consacrée à « *la propriété littéraire et artistique* », la juridiction civile compétente pour l'action aux fins de saisie-contrefaçon de l'article L. 343-1 doit donc être le seul tribunal de grande instance et plus précisément, s'agissant d'une ordonnance sur requête, le seul président du tribunal de grande instance.

222.62 **Compétence territoriale.** La compétence territoriale n'est pas définie par l'article L. 343-1 du code de la propriété intellectuelle. Il est donc permis de penser que, à l'instar de ce qu'a décidé la jurisprudence en matière de droit d'auteur, sauf disposition légale contraire – ce qui est le cas – le juge territorialement compétent pour rendre une ordonnance sur requête est, selon les cas, le président de la juridiction saisie au fond ou celui compétent pour le lieu où la mesure demandée doit être exécutée (v. s^s n° 212.101).

Il faut toutefois tenir compte de la concentration de compétence territoriale introduite dans le droit de la propriété littéraire et artistique, à l'instar de ce qui existait déjà en propriété industrielle, par les décrets n° 2009-1204 et n° 2009-1205 du 9 octobre 2009. Désormais, en matière de propriété littéraire et artistique, l'article L. 331-1 du code de la propriété intellectuelle (tel que réformé par la loi n° 2011-525 du 17 mai 2011 de simplification et d'amélioration de la qualité du droit) prévoit que « *les actions civiles et les demandes relatives à la propriété littéraire et artistique* », c'est-à-dire toute la propriété littéraire et artistique rassemblant tant le droit d'auteur que les droits voisins du droit d'auteur et le droit *sui generis* du producteur de bases de données, relèvent exclusivement des tribunaux de grande instance et le nouvel article D. 331-1-1 renvoie à l'article D. 211-6-1 du code de l'organisation judiciaire, modifié par un décret n° 2010-1369 du 12 novembre 2010, et ainsi à une liste de dix tribunaux de grande instance déterminés (Bordeaux, Lille, Lyon, Marseille, Nanterre, Nancy, Paris, Rennes, Strasbourg, Fort-de-France).

Avant tout procès, la compétence semble donc pouvoir revenir soit au président du tribunal de grande instance territorialement compétent pour le lieu d'exécution de la mesure, soit au président du tribunal de grande instance susceptible d'être compétent sur le fond. Une fois le procès au fond engagé et le tribunal de grande instance saisi, la requête doit être présentée au président de la chambre à laquelle l'affaire a été distribuée ou au juge déjà saisi[1] (C. pr. civ., art. 812)[2], voire, en instance d'appel, au premier président de la cour d'appel (C. pr. civ., art. 958)[3].

§ 2. Domaine de la saisie-contrefaçon sur ordonnance

222.71 Saisie sur ordonnance prévue par la loi. Le président du tribunal de grande instance dispose, dans le cadre de la saisie-contrefaçon, des pouvoirs qu'énumère l'article L. 343-1 du code de la propriété intellectuelle. Il peut ordonner :

– la description détaillée, avec ou sans prélèvement d'échantillons, des supports ou produits portant prétendument atteinte aux droits du producteur de bases de données, ou

– la saisie réelle des supports ou produits portant prétendument atteinte aux droits du producteur de bases de données ainsi que de tout document s'y rapportant, ou

– aux mêmes fins probatoires, la saisie réelle des matériels et instruments utilisés pour produire ou distribuer les supports ou produits portant prétendument atteinte aux droits du producteur de bases de données.

Les références expressément faites dans l'article L. 343-1 aux « *fins probatoires* » (al. 3) de la saisie-contrefaçon en matière de droit *sui generis* du producteur de bases de données (« *L'atteinte aux droits du producteur de bases de données peut être prouvée par tous moyens. À cet effet, ...* » al. 1er), ainsi que la possibilité donnée par l'article L. 343-2 à « *toute personne ayant qualité pour agir dans le cas d'une atteinte aux droits du producteur de bases de données* » d'obtenir en référé ou même sur requête « *toute mesure urgente destinée à prévenir une atteinte aux droits du producteur de bases de données ou à empêcher la poursuite d'actes portant prétendument atteinte à ceux-ci* », laissent entendre que, comme en matière de propriété industrielle (v. s^s n°s 122.91 et 122.93), la saisie réelle ne peut pas porter sur la totalité du stock (supports ou produits), la totalité des matériels et instruments, car la saisie réelle d'une multitude d'objets identiques n'apporte, du point de vue de la preuve de la contrefaçon, rien de plus que la saisie d'un seul de ces objets.

Si, en revanche, le sens de son action n'est plus probatoire et s'il s'agit en réalité de retirer au contrefacteur présumé les moyens matériels de sa production contrefaisante (matériels et instruments),

1. La loi n° 2008-776 du 4 août 2008 a levé l'ambiguïté suscitée par la loi du 29 octobre 2007 quant aux juridictions matériellement compétentes pour statuer sur les contestations relatives au droit d'auteur et droits voisins ; LA CONTROVERSE doctrinale au lendemain de la loi du 29 octobre 2007 : C. Caron, « La loi du 29 octobre 2007 dite "de lutte contre la contrefaçon" », *JCP G* 2007 I 205, spéc. n° 10, p. 28 – J.-M. Bruguière, P. Deprez, « De l'art et de la manière de bien faire les lois et de bien penser la compétence des juges en matière de propriété intellectuelle », *JCP E* 2007 Act. 565 – T. Azzi, « La loi du 29 octobre 2007 de lutte contre la contrefaçon – Présentation générale », *D.* 2008. 700 s., spéc. n° 34, p. 708 – BIEN QUE LE TRIBUNAL DE COMMERCE de Paris ait tenté de s'engouffrer dans la brèche ainsi créée : T. com. Paris, 15e ch., 3 juill. 2008, *D.* 2008. AJ 2076, celle-ci a été refermée par la loi du 4 août 2008 puisque la nouvelle rédaction de l'article L. 331-1 du code de la propriété intellectuelle accorde désormais une claire compétence exclusive aux tribunaux de grande instance déterminés par voie réglementaire, *cf.* C. Caron, « La propriété intellectuelle dans la loi de modernisation de l'économie », *JCP E* 2008. Actualités n° 397.
2. TGI Nanterre, réf. 18 nov. 1996, *BICC* 1er mars 1997, n° 234.
3. Com. 14 sept. 2010, n° 09-16.854, *Bull. civ.* IV, n° 137 ; *PIBD* 2010, n° 931, III, 17 ; *RLDI* oct. 2010, p. 18.

pour prévenir l'atteinte imminente à ses droits ou empêcher la poursuite d'actes argués de contrefaçon, il convient alors de se tourner vers les mesures provisoires ou conservatoires idoines qu'il est possible de solliciter du juge, en référé ou sur requête sur le fondement de l'article L. 343-2 du code de la propriété intellectuelle.

§ 3. Mise en œuvre de la saisie-contrefaçon sur ordonnance

222.81 Requête. Les dispositions générales relatives aux ordonnances sur requête devront être respectées (v. s[s] livre 1 : la saisie-contrefaçon en matière de propriété industrielle). Devront être jointes à la requête les pièces permettant d'établir l'existence de la base de données revendiquée et la qualité du requérant à présenter une requête aux fins de saisie-contrefaçon (v. s[s] n°s 222.42 s.).

222.82 Ordonnance. Comme en matière de propriété industrielle, dont les articles relatifs à la saisie-contrefaçon se rapprochent formellement le plus de l'article L. 343-1 du code de la propriété intellectuelle, le président dispose d'un pouvoir d'appréciation en particulier pour décider de l'étendue des mesures (simple saisie-descriptive, saisie réelle partielle, saisie réelle intégrale...). Le président peut notamment ordonner la constitution préalable de garanties par le saisissant, telles par exemple qu'un cautionnement ou une consignation, destinées à assurer l'indemnisation éventuelle du saisi si l'action engagée au fond pour atteinte au droit du producteur est ultérieurement jugée non fondée ou si la mainlevée de la saisie est prononcée. (CPI, art. L. 343-1, al. 4). En cas de rejet total ou partiel de la requête, le requérant peut relever appel de l'ordonnance dans les quinze jours (C. pr. civ., art. 496).

222.83 Exécution de la saisie par un huissier. La saisie-contrefaçon en matière d'atteinte au droit *sui generis* du producteur de bases de données ne peut être effectuée que par un huissier de justice. L'article L. 343-1 du code de la propriété intellectuelle reconnaît expressément à toute personne ayant qualité pour agir en violation du droit du producteur, le droit de « *faire procéder par tous huissiers* » à la saisie-contrefaçon. Cette formule indique que le choix de l'huissier instrumentaire revient au requérant. Il ne s'agit pas d'un huissier commis. Il n'est donc pas nécessaire que l'huissier soit nominativement identifié dans la requête ou l'ordonnance. Au contraire, muni de l'ordonnance présidentielle, le requérant peut faire appel à tout huissier territorialement compétent. La saisie-contrefaçon doit ensuite être exécutée par l'huissier conformément aux règles générales d'exécution d'une ordonnance sur requête (signification préalable de l'ordonnance, conformément à l'article 495 du code de procédure civile) et aux termes de l'ordonnance (personne autorisée à assister l'huissier, étendue de la saisie).

222.84 Tous experts au choix du requérant. L'article L. 343-1 du code de la propriété intellectuelle permet expressément au requérant de faire procéder à la saisie-contrefaçon par tous huissiers « *assistés d'experts désignés par le demandeur* ». L'expert visé n'est pas le mandataire de justice chargé d'une mission d'instruction par le juge, en vertu des articles 232 et suivants du code de procédure civile (« *Mesures d'instruction exécutées par un technicien* »). Le terme « *expert* » n'implique pas que cette personne soit inscrite sur une liste d'experts mais vise toute personne dont la présence peut être utile lors de la saisie-contrefaçon : conseil en propriété industrielle du requérant, photographe, serrurier, expert en électronique, expert-comptable, informaticien.

Si le requérant souhaite que l'huissier puisse être assisté d'un ou plusieurs hommes de l'art, il doit le prévoir dans sa requête. Mais il ne lui est pas nécessaire de les désigner nominativement, puisqu'ils sont choisis, comme l'huissier, par le requérant. Il n'est pas davantage nécessaire de prévoir leur nombre exact qui n'est pas limité par la loi. En pratique, la présence d'un ou plusieurs experts peut être considérée comme indispensable dans toutes espèces où l'identification et la description des objets contrefaisants posent des difficultés. Le problème de l'indépendance de l'expert se pose de la même manière qu'en propriété industrielle (v. s[s] n° 122.64).

222.85 Force publique. L'huissier peut être accompagné d'un représentant de la force publique même en l'absence de disposition expresse de l'ordonnance. En effet, la saisie-contrefaçon n'est autre que l'exécution d'une ordonnance sur requête. Or, la formule exécutoire apposée sur une telle ordonnance « *mande et ordonne [...] à tous commandants et officiers de la force publique de prêter main-forte lorsqu'ils en seront légalement requis* » (D. n° 47-1047, 12 juin 1947, art. 1er, v. s[s] n° 132.53). Le requérant use très souvent de cette faculté, la présence d'un représentant de la force publique s'avérant, en pratique, avoir des vertus dissuasives et faciliter, par la même, l'exécution de la saisie-contrefaçon. La cour d'appel de Paris, dans un arrêt du 11 avril 2008, a rappelé que, au-delà des termes de l'ordonnance qui autorisait l'assistance, si nécessaire, d'un représentant de la force publique,

« *cette assistance peut se manifester par la présence de plusieurs représentants de la force publique, si les circonstances l'exigent* »[1].

222.86 Le saisissant. L'article L. 343-1 n'interdit pas au requérant de solliciter, dans sa requête, sa présence ou celle de parents ou de salariés. Toutefois, l'article 4 du décret n° 92-755 du 31 juillet 1992 instituant de nouvelles règles relatives aux procédures civiles d'exécution (DEVENU C. pr. civ. exe., art. R. 141-3) reprend la réserve déjà édictée par l'article 585 *in fine* de l'ancien code de procédure civile : « *La personne qui a requis une mesure d'exécution forcée ou une mesure conservatoire ne peut assister aux opérations d'exécution, si ce n'est avec l'autorisation du juge de l'exécution lorsque les modalités de l'appréhension l'exigent* »[2]. En outre, en matière de saisie-contrefaçon, la présence du requérant, de l'un de ses parents ou de ses salariés ou ancien salariés, est de nature à créer un risque d'atteinte aux secrets industriels et commerciaux du saisi, notamment si la mesure se déroule dans son entreprise (par opposition à un salon d'exposition ou tout lieu ne donnant pas accès aux secrets industriels et commerciaux du saisi). Enfin, le principe du droit à un procès équitable posé par l'article 6.1 de la Convention européenne des droits de l'homme impose la plus grande prudence dans le choix des participants à la saisie, et commande de ne pas prévoir la participation du saisissant aux opérations. Une décision a en effet annulé une saisie du seul fait que le requérant avait assisté aux opérations, sa seule présence nuisant à l'équilibre des parties[3]. La Cour de cassation a par ailleurs retenu que le salarié du saisissant, même nommément désigné dans l'ordonnance, ne saurait assister l'huissier sans qu'il en résulte une violation de l'article 6.1 de la Convention européenne des droits de l'homme[4]. C'est pourquoi la plupart des ordonnances de saisie-contrefaçon excluent expressément la présence de salariés du requérant.

222.87 L'avocat du saisissant. Aucune disposition légale n'interdit formellement à l'avocat du saisissant d'assister aux opérations de saisie-contrefaçon. Il est néanmoins permis de se demander si sa présence n'est pas contraire au principe de son indépendance et aux règles déontologiques limitant ses contacts directs avec l'adversaire de son client. C'est ce qu'a considéré un jugement du tribunal de grande instance de Paris du 23 février 1994[5]. Dans cette espèce, l'ordonnance autorisait l'huissier instrumentaire à se faire assister par tout homme de l'art ou expert autres que les subordonnés du requérant et ne visait donc pas expressément la présence de l'avocat du requérant. La saisie-contrefaçon a été annulée au motif que cet avocat n'avait pas décliné sa qualité d'avocat lors de la saisie-contrefaçon et que cette réticence déloyale n'avait pas permis au saisi de joindre son propre conseil. Une même solution dans une affaire tout à fait semblable a été adoptée par la cour d'appel de Rennes, le 10 janvier 2006[6]. Dans une autre affaire, la Cour de cassation[7] a approuvé la cour d'appel de Paris[8] d'avoir énoncé que « *aucun texte ne prévoit que la qualité d'avocat interdit d'être désigné comme sachant* ». Il faut cependant mentionner que, dans cette espèce, la personne qui avait assisté l'huissier était « *précédemment conseil en marques (du saisissant)* », avait « *la qualité d'avocat depuis la fusion des professions intervenue en 1992* » et ne représentait pas le demandeur dans la procédure.

222.88 Personnes interdites. La requête peut aussi interdire la présence de certaines personnes lors des opérations de saisie-contrefaçon; si cette interdiction n'était pas respectée, il va de soi qu'elle constituerait une violation de l'ordonnance[9].

222.89 Cas particulier des documents intéressant la défense nationale. À la différence de la propriété industrielle où les articles L. 615-10 alinéa 2 (brevets d'invention), L. 622-7 (topographies de produits semi-conducteurs, par renvoi à l'article L. 615-10) et L. 623-30 alinéa 2 (certificats d'obtention végétale) du code de la propriété intellectuelle organisent une procédure particulière (l'huissier doit surseoir à la saisie qui sera remplacée par une expertise confiée à un expert, désigné par le prési-

1. Paris, 4e ch., sect. B, 11 avr. 2008, RG n° 06/14920, *Jurinpi* B20080067.
2. « Le secret et les procédures juridictionnelles en matière de propriété industrielle » in *La propriété industrielle et le secret*, Coll. du CEIPI, n° 40, Litec, 1996, p. 63.
3. TGI Paris, 3e ch., 3e sect., 15 oct. 2002, *PIBD* 2003, n° 763, III, 238; *RTD com.* 2004. 305, chron. Galloux – ÉGAL[t] : TGI Paris, 3e ch., 3e sect., 25 févr. 2003, RG n° 01/12680, *Jurinpi* M20030131.
4. Com. 28 avr. 2004, n° 02-20.330, *Bull. civ.* IV, n° 75, *PIBD* 2004, n° 791, III, 431; *D.* 2004. AJ 1671; *Procédures*, juill. 2004, comm. n° 162, note Croze; *Propr. intell.* juill. 2004, p. 793, obs. Galloux, Gutmann et Warusfel; *JCP G* 2004. II. 10171, note Caron; *Gaz. Pal.* 23-25 janv. 2005, p. 34, note Tellier-Loniewski et Mauriello; *Propr. industr.* 2005, comm. 45, note Raynard.
5. TGI Paris, 3e ch., 23 févr. 1994, *RD propr. int.* 1996, n° 64, 27.
6. Rennes, 2e ch. com., 10 janv. 2006, *PIBD* 2006, n° 826, III, 200; *Propr. intell.* oct. 2006, p. 464, obs. de Haas.
7. Com. 18 avr. 2000, Parfums Via Paris/ Kenzo et Tamaris, n° 97-19.631, NP, *PIBD* 2000, n° 700, III, 314.
8. Paris, 4e ch. B, 6 juin 1997, *RD propr. int.* 1997, n° 77.
9. Paris, 4e ch., 13 mars 1996, *PIBD* 1996, n° 612, III, 305, qui illustre les difficultés nées d'une rédaction se voulant trop précise d'un projet d'ordonnance.

dent du tribunal de grande instance sur la demande de l'ayant droit et agréé par le ministre de la défense, v. s[s] n° 133.25) lorsque la saisie amènerait à compulser des documents comportant une classification de *sécurité de défense*, aucun texte semblable n'existe en matière de propriété littéraire et artistique. La Cour de cassation, le 21 mars 2006, a néanmoins décidé, dans une affaire de contrefaçon de logiciel, qu'une procédure particulière de ce genre devait être également respectée, la solution de l'article L. 615-10 devant s'appliquer au-delà du droit des brevets et appréhender ici la saisie-contrefaçon en matière de logiciels : « *dès lors que le saisi prouve qu'il bénéficie d'une habilitation au « confidentiel défense » et qu'à l'occasion des opérations de saisie, des documents, informations, contrats ou brevets protégés par cette classification sont susceptibles d'apparaître à la vue du saisissant, l'officier public doit surseoir à opérer jusqu'à ce que le président du tribunal de grande instance ayant ordonné la saisie, s'il en est requis, ordonne une expertise confiée à des personnes agrées par le ministre de la Défense et devant ses représentants* ». Pour fonder cette solution, la cour s'est, à juste titre, appuyée sur le constat que « *l'article 413-11 du code pénal érige en délit correctionnel le fait pour toute personne non habilitée de reproduire ou porter à la connaissance d'une personne non qualifiée un renseignement, procédé, objet, document, donnée informatisée ou fichier qui présente le caractère d'un secret de la défense nationale* » [1]. Il convenait d'offrir à l'huissier, exécutant la saisie-contrefaçon, le moyen d'éviter de commettre cette infraction pénale. Faut-il étendre cette solution également au droit *sui generis* du producteur de bases de données ? Le fait que la Cour de cassation ait manifestement dégagé une règle générale commune à toute la propriété intellectuelle incite à y répondre affirmativement et, en pratique, il n'est pas exclu qu'une base de données renferme des informations relevant d'une classification de sécurité défense.

SOUS-SECTION 3
SUITES DE LA SAISIE-CONTREFAÇON

222.91 Division. Il faut envisager les suites de la saisie-contrefaçon quant à la procédure au fond (§ 1), la mainlevée et le cantonnement de la saisie (§ 2), puis la nullité de la saisie (§ 3).

1. Civ. 1re, 21 mars 2006, n° 05-13.302, *Bull. civ.* I, n° 168, *Comm. com. électr.* mai 2006, comm. n° 78, note Caron; *Propr. intell. 2006*, n° 20, p. 352, obs. Warusfel; *D.* 2006. AJ 983, obs. Daleau; *Expertises*, juill. 2006, p. 269, note Lecardonnel; *Comm. Com électr.* 2006, comm. n° 78, note Caron; *RLDI* avr. 2006, p. 25.

§ 1.
Procédure au fond

222.101 L'absence de nullité de la saisie à défaut d'assignation ultérieure. La saisie-contrefaçon à raison de l'atteinte au droit *sui generis* du producteur de bases de données se distingue fondamentalement des saisies-contrefaçon en matière de propriété industrielle, et se calque sur la saisie-contrefaçon en matière de droit d'auteur, en ce que le requérant n'a aucune obligation d'assigner dans un délai précis pour éviter la caducité de la saisie. Aucune nullité de la saisie n'est prévue à défaut d'assignation, même après le délai de vingt jours ouvrables, ou trente et un jours civils si ce délai est plus long, prévu par le nouvel article R. 332-2 du code de la propriété intellectuelle.

§ 2.
Mainlevée et cantonnement de la saisie-contrefaçon

222.111 Cas d'application. Les articles L. 332-2 et L. 332-3 du code de la propriété intellectuelle prévoient la possibilité pour le saisi ou le tiers saisi de solliciter la mainlevée ou le cantonnement de la saisie. Il faut néanmoins souligner que le dernier alinéa de l'article L. 343-1 ne renvoie aux articles L. 332-2 et L. 332-3 littéralement que relativement à la « *mainlevée* », aucune mention n'étant ici faite au cantonnement de la saisie. Faut-il en déduire que la loi du 29 octobre 2007 a refusé au juge compétent le pouvoir de cantonner la saisie notamment à ce qui est nécessaire pour apporter la preuve de la contrefaçon alléguée ? Il ne serait pourtant pas très logique que le juge qui dispose d'un large pouvoir d'appréciation pour décider de l'étendue des mesures ordonnées dans le cadre de la saisie-contrefaçon (v. s[s] n° 222.82), dispose ensuite du pouvoir de faire disparaître la saisie (mainlevée) et ne dispose pas du pouvoir, pourtant plus modéré, d'en simplement cantonner les effets. Afin d'offrir au juge la possibilité d'adopter la mesure la plus adaptée à la situation concrète de chaque saisie-contrefaçon, il peut sembler préférable de ne pas s'arrêter à une lecture trop littérale de l'article L. 343-1 du code de la propriété intellectuelle et d'admettre que le juge compétent dispose également du pouvoir de cantonner la saisie-contrefaçon.

222.112 Personnes recevables à solliciter la mainlevée ou le cantonnement de la saisie. Le recours en mainlevée ou cantonnement de la saisie n'est ouvert qu'au saisi ou au tiers saisi, c'est-à-dire au propriétaire des biens saisis, ou celui entre les mains duquel la saisie a été pratiquée. Le fournisseur contrefacteur, après la vente des biens argués de contrefaçon, est donc irrecevable à solliciter la mainlevée ou le cantonnement de la saisie.

222.113 Délai pour solliciter la mainlevée ou le cantonnement. L'article L. 332-2 du code de la propriété intellectuelle renvoie à « *un délai fixé par voie réglementaire* ». Ce délai est « *de vingt jours ouvrable, ou de trente et un jours civils si ce délai est plus long, à compter, selon le cas, du jour de la signature du procès-verbal de la saisie prévue au premier alinéa de l'article L. 332-1 ou du jour de l'exécution de l'ordonnance prévue au même article* », d'après l'article R. 332-2 du même code.

La seule difficulté tient au fait que ce dernier article précise le point de départ du délai s'agissant des saisies-contrefaçon en matière de droit d'auteur ou de droits voisins, par commissaire de police (« *premier alinéa de l'article L. 332-1* ») ou sur ordonnance du président du tribunal de grande instance (« *l'ordonnance prévue au même article* »), et ne précise ainsi pas spécialement le point de départ du délai s'agissant des saisies-contrefaçon à raison de l'atteinte au droit *sui generis* du producteur de bases de données. Il semblerait logique de profiter de l'analogie tracée, tout au moins sur ce plan, par le législateur avec les principes applicables à la saisie-contrefaçon en matière de droits d'auteur et de droits voisins (renvoi de l'article L. 343-2 *in fine* à l'article L. 332-2, lui-même complété par l'article R. 332-2) pour retenir comme point de départ du délai le jour de l'exécution de l'ordonnance puisque la saisie-contrefaçon à raison de l'atteinte au droit *sui generis* du producteur de bases de données est nécessairement autorisée par ordonnance du président du tribunal de grande instance.

La demande de mainlevée, formée dans le délai prescrit, reste recevable même après que le saisissant ait saisi le juge du fond[1].

Une fois le délai prescrit expiré, la demande de mainlevée ou de cantonnement est irrecevable[2], même si la saisie n'a pas été notifiée[3].

Toutefois, si le saisissant n'a pas lui-même engagé de procédure au fond en contrefaçon dans un délai de vingt jours ouvrables, ou de trente et un jours civils si ce délai est plus long, à compter de la saisie (CPI, art. R. 332-3; ici aussi le point de départ n'est pas précisé et il est possible alors de s'inspirer de la solution de l'ancien article L. 332-3 avant la réforme du 29 octobre 2007), le saisi ou le tiers saisi peut, sans condition de délai, solliciter la mainlevée de la saisie auprès du président du tribunal, statuant en référé (CPI, art. L. 332-3). La délivrance par le saisissant d'une assignation au fond, postérieurement à l'assignation en référé du saisi ou du tiers saisi, n'interrompt pas le cours de cette dernière procédure[4]. La saisine d'une juridiction incompétente interrompt le délai de vingt jours ouvrables, ou de trente et un jours civils, prévu par l'article R. 332-3 du code de la propriété intellectuelle[5].

222.114 Inapplicabilité de l'article 497 du code de procédure civile. La Cour de cassation a précisé que l'article 497 du code de procédure civile qui prescrit, en général, les modalités de rétractation d'une ordonnance sur requête est inapplicable aux saisies-contrefaçon de droit d'auteur et de logiciel; la mainlevée d'une saisie-contrefaçon pratiquée en matière de propriété littéraire et artistique est régie par les seuls textes spéciaux du code de la propriété intellectuelle[6]. Il est possible d'étendre l'enseignement de cet arrêt à la matière du droit *sui generis* du producteur de bases de données où l'article L. 343-1 *in fine* prévoit que « *la mainlevée de la saisie peut être prononcée selon les modalités prévues par les articles L. 332-2 et L. 332-3* ».

222.115 Juridiction compétente. Le juge compétent pour prononcer la mainlevée de la saisie ou pour en cantonner les effets est le président du tribunal de grande instance, selon les articles L. 332-2 et L. 332-3 du code de la propriété intellectuelle. Le texte ne précise pas s'il s'agit du magistrat ayant autorisé la saisie ou du président du tribunal de grande instance du siège du domicile du défendeur. Dans la mesure où les pouvoirs de ce juge des référés ressemblent beaucoup à ceux que possède le juge de la rétractation[7], même si l'article 497 du code de procédure civile ne s'applique pas (v. s[s] n° 213.34), il semble néanmoins logique de s'inspirer des solutions du droit commun (C. pr. civ., art. 496 et 497) et de saisir le magistrat ayant autorisé la saisie; il est d'ailleurs le mieux à même d'ordonner la mainlevée

1. Civ. 1re, 11 janv. 1977, n° 75-12.870, *Bull. civ.* I, n° 22; *Ann. propr. ind.* 1978. 110; *D.* 1977. IR 174 – Dijon, 24 mars 1998, *BICC* n° 487, 15 févr. 1999, n° 210, p. 37.
2. Versailles, ch. réunies, 18 mars 1992, *JurisData* n° 1992-044629 – Civ. 1re, 17 déc. 1996, n° 94-21.496, NP.
3. Civ. 1re, 21 mai 1990, n° 88-19.469, *Bull. civ.* I, n° 116; *JCP G* 1990. IV. 276.
4. Civ. 1re, 2 juill. 1981, *D.* 1982. IR 48.
5. SOUS L'EMPIRE du droit antérieur : Com. 18 mai 1993, n° 90-16.088, *Bull. civ.* IV, n° 198.
6. Civ. 1re, 19 mai 1998, n° 96-19.225, NP, *Expertises* 1998, 310 – Civ. 1re, 30 mai 2000, n° 97-16.548, *Bull. civ.* I, n° 165, *PIBD* 2001, n° 714, III, 88; *JCP E* 2000, pan. rap. p. 1263; *Comm. com. électr.*, juin 2001, p. 30.
7. M. Foulon et Y. Strickler, « Le constat sur requête avant tout procès », *Dr. et proc.*, mars-avr. 2006, p. 71 s., spéc. p. 84, n° 57.

ou le cantonnement de la saisie réalisée en exécution de son ordonnance au vu du débat contradictoire qui s'instaurera.

222.116 Pouvoirs du magistrat. Le président du tribunal, statuant en référé (CPI, art. L. 332-2 et 332-3), dispose d'un pouvoir d'appréciation pour maintenir en totalité la saisie ou en donner mainlevée. Il semble qu'il faille admettre que le juge a aussi le pouvoir de cantonner la saisie notamment à ce qui est nécessaire pour apporter la preuve de la contrefaçon alléguée (v. s[s] n° 222.111).

S'il est fait droit à la demande de mainlevée ou de cantonnement, le président du tribunal peut ordonner à la charge du demandeur la consignation d'une somme affectée à la garantie des dommages et intérêts auxquels le producteur de la base de données pourrait prétendre (CPI, art. L. 332-2, al. 2) [1].

Enfin, il faut préciser que, même si le saisissant n'a pas engagé de poursuite au fond dans le délai prescrit, la mainlevée de la saisie reste facultative (CPI, art. L. 332-3, « *mainlevée de cette saisie pourra être ordonnée* », art. L. 343-1 « *la mainlevée de la saisie peut être prononcée selon les modalités prévues par les articles L. 332-2 et L. 332-3* »).

222.117 Le juge de la mainlevée et du cantonnement de la saisie peut-il statuer sur une nullité éventuelle encourue par la saisie ? La cour d'appel de Versailles a estimé qu'il ne rentre pas dans les pouvoirs du juge des référés de prononcer la nullité des saisies qui relève du principal et ressort donc de la compétence du fond [2]. De son côté, la cour d'appel de Paris a précisé que le défaut de recours en rétractation de l'ordonnance autorisant la saisie ne prive pas le saisi de la faculté de se prévaloir, devant le juge du fond, de la nullité éventuelle des opérations de saisie-contrefaçon [3]. Certes, cette dernière décision a été rendue en matière de dessins et modèles, donc dans le cadre de la propriété industrielle où la rétractation de l'ordonnance est possible alors qu'en matière de propriété littéraire et artistique seuls la mainlevée ou le cantonnement de l'ordonnance sont possibles mais par analogie il était possible d'en déduire que l'absence de recours en mainlevée ou cantonnement de l'ordonnance ne constitue pas pour le saisi un obstacle pour contester devant le juge du fond la validité de la saisie. La cour d'appel de Paris l'a d'ailleurs expressément confirmé dans une décision du 28 novembre 2008 [4].

§ 3. Nullité de la saisie-contrefaçon

222.121 Sources de nullité du procès-verbal de saisie-contrefaçon. La nullité du procès-verbal de saisie-contrefaçon peut résulter, notamment, de la mainlevée de la saisie-contrefaçon ou d'irrégularités affectant le procès-verbal de saisie-contrefaçon lui-même. Elle peut également être prononcée en cas de détournement de la procédure de saisie-contrefaçon. Il a ainsi été jugé que, en l'absence de toute preuve matérielle de la contrefaçon, le saisissant ne pouvait faire consigner les déclarations du saisi : admettre le contraire reviendrait à permettre à quiconque souhaitant faire entendre une personne suspectée de commettre des actes de contrefaçon de recueillir ses déclarations, voire ses aveux, en soutenant de mauvaise foi qu'elle détient des objets contrefaisants [5]. En revanche, la nullité ne saurait résulter de la seule allégation par le saisi que les produits saisis sont des produits authentiques [6].

1. Paris, 23 mars 1978, *Gaz. Pal.* 1978, Somm., 398.
2. Versailles, 13 nov. 1991, *JurisData* n° 1991-050082.
3. Paris, 4e ch., 25 sept. 1996, *PIBD* 1997, n° 624, III, 52.
4. Paris, 4e ch., sect. B, 28 nov. 2008, RG n° 07/08497, *PIBD* 2009, n° 891, III, 872 ; *Jurinpi* D20080165.
5. Paris, 4e ch. A, 7 oct. 1998, *JCP E* 1999, I, 1631 ; *PIBD* 1999, n° 667, III, 16 ; *RD propr. int.* 1999, n° 97, p. 44.
6. TGI Paris, 3e ch., 1re sect., 5 déc. 2007, *PIBD* 2008, n° 869, III, 165.

LIVRE

3. LA SAISIE-CONTREFAÇON, PERSPECTIVE INTERNATIONALE

SECTION 0

ORIENTEUR

3.00 Plan du livre.

3.01 Textes applicables.

CPI, art. L. 335-10, L. 521-7, L. 521-14, L. 521-15, L. 522-1, L. 713-3, L. 716-8 à L. 716-10, L. 717-2.

Règl. CE n° 1383/2003 du 22 juill. 2003, art. 1 à 25.

C. douanes, art. 38, 428.

3.09 Division. Une saisie-contrefaçon est habituellement réalisée en France, sur le fondement d'un titre ayant effet en France, pour recueillir les éléments de preuve de la contrefaçon en France de ce titre français. C'est cette seule hypothèse qui a été envisagée dans les titres précédents. Il est toutefois possible de se demander si la saisie-contrefaçon peut être également réalisée en France sur le fondement d'un titre étranger, sans effet en France (titre 31), et, réciproquement, si elle peut l'être à l'étranger sur le fondement d'un titre français pour l'obtention des éléments de preuve de la contrefaçon de ce titre (titre 32). Il conviendra enfin d'évoquer la question connexe de l'exploitation internationale des éléments de preuve récoltés (titre 33).

TITRE

31. L'obtention en France des preuves d'une contrefaçon sur le fondement d'un titre étranger ?

SECTION 0

ORIENTEUR

31.00 **Plan du titre.**

31.01 **Textes applicables.**

CPI, art. L. 716-7.

C. pr. civ., art. 145, 493, 736 à 748, 812.

L. n° 68-678 du 26 juill. 1968, art. 1, 1 *bis*, 3.

Règl. CE n° 1206/2001 du 26 mai 2001, art. 1, 4, 10, 17.

31.02 **Jurisprudence citée.**

* V. s^s n°s 311.02 et 312.02.

31.09 **Division.** La saisie-contrefaçon, spécifiquement envisagée, ne semblant pas pouvoir être utilisée dans une telle hypothèse (chapitre 311), il conviendra de rechercher quels autres mécanismes sont à la disposition du titulaire du titre étranger qui cherche à recueillir en France des éléments de preuve susceptibles de lui être utiles dans sa lutte contre la contrefaçon de son titre (chapitre 312).

CHAPITRE

311. Obtention en France des preuves d'une contrefaçon sur le fondement d'un titre étranger : inapplicabilité de la saisie-contrefaçon

311.01 **Textes applicables.**
* V. s[s] n° 31.01

311.02 **Jurisprudence citée.**
> Territorialité des titres de propriété intellectuelle nationaux
• Trib. Arnhem (Pays-Bas), 1er juin 2007, aff. 156096/KG ZA 07-304.
• Crim. 9 sept. 2008, n° 07-87.281, NP.
* V. s[s] n° 311.11
> L'absence de contrefaçon, obstacle à la saisie-contrefaçon
• Cour de cassation de Belgique, 3 sept. 1999, Sanac c/ Variant System, *Pasicrisie belge*, 1999, I, 433.
• Paris, 4e ch., sect. B, 28 sept. 2007, RG n° 05/23159, *Jurinpi* B20070463.
* V. s[s] n° 311.12

311.11 **Territorialité des titres de propriété intellectuelle.** La saisie-contrefaçon, telle qu'organisée par les différentes dispositions du code de la propriété intellectuelle, est destinée à l'obtention en France des preuves d'une contrefaçon alléguée. Or, les actes de contrefaçon susceptibles d'être constatés ne peuvent être que des actes de contrefaçon d'un titre de propriété intellectuelle ayant effet en France car seul un tel titre peut être éventuellement contrefait en France.

La territorialité des titres de propriété intellectuelle nationaux est clairement et unanimement reconnue pour les titres de propriété industrielle au motif qu'ils sont des titres délivrés par l'État français à l'issue d'une procédure de dépôt ou d'enregistrement menée devant une administration spécialisée, l'INPI (pour les brevets[1], marques, dessins et modèles, topographies de produits semi-conducteurs), le Comité pour la protection des obtentions végétales (pour les certificats d'obtention végétale), l'INAO (pour les appellations d'origine).

Les titres communautaires, tels que la marque communautaire, les dessins et modèles communautaires, les indications géographiques communautaires et la protection communautaire des obtentions végétales, qui sont des titres unitaires valant sur l'ensemble du territoire de l'Union européenne, sont également territoriaux. Simplement, leur territorialité n'est plus strictement nationale mais élargie au territoire de l'Union européenne, au territoire formé par l'addition des territoires des vingt-sept États membres. Et, dans la mesure où un tel titre communautaire vaut sur le territoire français, comme il vaut également sur le territoire de tout autre État membre, des actes de contrefaçon de ce titre peuvent être commis sur le territoire français et, en conséquence, constatés par le biais de la saisie-contrefaçon du droit français (v. s[s] n°s 0.17, 111.131, 111.202, 111.241, 111.281).

Cette territorialité est moins unanimement reconnue s'agissant des droits de propriété littéraire et artistique qui naissent sans formalité, du seul fait de la création (droit d'auteur, droits voisins, droit *sui gene-*

1. Le brevet européen ne déroge pas à cette territorialité nationale dans la mesure où il consiste en un faisceau de brevets nationaux, autant que d'États membres désignés dans la demande, obtenus à l'issue d'une procédure centralisée, selon des critères de brevetabilité unifiés, auprès de l'Office européen des brevets.

ris du producteur d'une base de données). Il s'avère toutefois qu'elle est admise par la jurisprudence[1].

311.12 L'absence de contrefaçon, obstacle à la saisie-contrefaçon. Il ne paraît donc pas possible de recourir à la saisie-contrefaçon telle qu'organisée par le code de la propriété intellectuelle pour la preuve de la contrefaçon d'un titre étranger[2]. Ce titre étranger ne produisant aucun effet pour le territoire français, il ne peut y être contrefait et la saisie-contrefaçon qu'il s'agirait de mener pour trouver en France la preuve de la contrefaçon de ce titre étranger manquerait de son fondement nécessaire : un droit de propriété intellectuelle ayant effet en France. C'est à cette conclusion qu'est parvenue la cour d'appel de Paris dans un arrêt du 28 septembre 2007[3]. En l'espèce, la requête aux fins de saisie-contrefaçon avait été présentée et les opérations de saisie-contrefaçon opérées sur le fondement de deux marques françaises mais également de trois marques suisses, ces dernières ne bénéficiant pourtant, évidemment, d'aucune protection en France. La cour d'appel a relevé que la lettre de l'article L. 716-7 du code de la propriété intellectuelle, prévoyant en particulier la possibilité d'un recours « *à la voie correctionnelle* » pour se pourvoir dans le délai prescrit (à l'époque de quinze jours) et éviter la nullité de la saisie-contrefaçon, sous-entendait nécessairement qu'il ne pouvait servir qu'à la défense d'une demande d'enregistrement, d'une marque enregistrée ou de droits exclusifs d'exploitation français, qui seuls peuvent fonder une assignation au fond devant les juridictions françaises. Et, la cour d'appel après avoir constaté que l'amalgame irrégulièrement opéré dans la requête incriminée avait entraîné un risque de confusion, a fait droit à la demande d'annulation du procès-verbal de saisie-contrefaçon.

1. Crim. 9 sept. 2008, n° 07-87.281, NP.
2. POURTANT CONTRA : en Belgique, Bruxelles, 11 févr. 1977, *Journal des tribunaux,* 1977, 529 – Cour de cassation de Belgique, 3 sept. 1999, Sanac/Variant System, *Pasicrisie belge*, 1999, I, 433 – ÉGAL[t] CONTRA : aux Pays-Bas, Trib. Arnhem, 1er juin 2007, aff. 156096/KG ZA 07 304, autorisant une saisie description aux Pays-Bas, en application de l'article 1019 b du code de procédure civile néerlandais, pour recueillir des éléments de preuve destinés à être utilisés au fond dans une procédure de contrefaçon en Allemagne d'un brevet et d'un CCP allemands expirés.
3. Paris, 4e ch., sect. B, 28 sept. 2007, Scott Usa c. Bifratex, RG n° 05/23159, *Jurinpi* M20070463 – X. Buffet Delmas d'Autane, L. Morelli, « De quelques évolutions importantes en matière de preuve de la contrefaçon », *Propr. industr.* nov. 2008, étude n° 24.

CHAPITRE

312. Obtention en France des preuves d'une contrefaçon sur le fondement d'un titre étranger : autres mécanismes de preuve disponibles

SECTION 0

ORIENTEUR

312.00 **Plan du chapitre.**

312.01 **Textes applicables.**

* V. s^s^ n° 31.01

312.02 **Jurisprudence citée.**

> Recherche privée de preuves en France

• **TGI Nanterre, réf., 22 déc. 1993,** RG n° 93-4436, *JurisData* n° 1993-050136.

• **Paris, 1re ch., 18 sept. 2003,** RG n° 2002/18509.

• **Civ. 2e, 20 nov. 2003,** n° 01-15.633, NP.

• **T. com. Paris, 20 juill. 2005,** *JurisData* n° 2005-288978.

• **Paris, 9e ch., sect. B, 28 mars 2007,** RG n° 06/06272, *JurisData* n° 2007-332254.

• **Crim. 12 déc. 2007,** n° 07-83.228, *Bull. crim.* 2007, n° 309, *JCP E* 2008. 2016, note M. Danis, *Actualité juridique pénal*, n° 2/2008, p. 97-98.

• **TGI Paris, 3e ch., 2e sect., ord. JME, 4 sept. 2009,** RG n° 08/09863, *Jurinpi* M20090404; *PIBD* 2009, n° 905, III, 1444.

* V. s^s^ n° 312.21

> Sollicitation directe du juge du lieu de situation des éléments de preuve

• **Com. 11 avr. 1995,** n° 95-20.985, *Bull. civ.* IV, n° 121; *RD banc. et bourse* 1995, n° 49, p. 94, obs. Bonneau, *Gaz. Pal.* 16 mai 1996, Somm. V° Référés, obs. Croze et Morel, *Procédure*, sept. 1995, n° 225, obs. Croze.

• **Toulouse, 10 janv. 1996,** *BICC* n° 430, 15 juin 1996, n° 576, *JurisData* n° 1996-043322.

• **Civ. 2e, 23 sept. 2004,** *Bull. civ.* II, n° 428, *JCP G* 2005. I. 125, n° 9, obs. Serinet.

• **Paris, 4e ch., sect. B, 28 sept. 2007,** RG n° 05/23159, *Jurinpi* B20070463.

* V. s^s^ n° 312.41

> Commissions rogatoires

• **Paris, 1re ch., 18 sept. 2003,** RG n° 2002/18509.

* V. s^s^ n° 312.72

> Acception large de la notion d'acte d'instruction

• **Com. 11 avr. 1995,** n° 95-20.985, *Bull. civ.* IV, n° 121; *RD banc. et bourse* 1995, n° 49, p. 94, obs. Bonneau, *Gaz. Pal.* 16 mai 1996, Somm. V° Référés, obs. Croze et Morel, *Procédure*, sept. 1995, n° 225, obs. Croze.

• **Civ. 2e, 23 sept. 2004,** *Bull. civ.* II, n° 428, *JCP G* 2005. I. 125, n° 9, obs. Serinet.

* V. s^s^ n° 312.87

312.11 **Utilité de la preuve de faits commis en France.** Si la saisie-contrefaçon du droit français n'est ainsi pas susceptible d'être utilisée pour l'obtention en France d'éléments de preuve d'une prétendue contrefaçon d'un titre étranger, n'existe-t-il pas d'autres voies pour récupérer ces mêmes éléments de preuve situés en France ? En effet, qu'un titre étranger ne puisse être contrefait en France, ne retire pas pour autant tout intérêt à la preuve d'actes réalisés en France dans la perspective d'une sanction à l'étranger de la contrefaçon du titre étranger. Il peut parfois être utile à la victime d'une contrefaçon à l'étranger de prouver certains faits accomplis en France. Par exemple, le titulaire d'un droit de propriété intellectuelle ayant effet en Allemagne peut avoir intérêt à prouver que telle entreprise française exporte de France vers l'Allemagne, commettant ainsi, au passage de la frontière allemande, une contrefaçon de son droit allemand ; si ce titulaire veut faire condamner l'opérateur français en tant que contrefacteur par importation en Allemagne, la preuve de certains faits accomplis en France peut lui être d'un grand secours.

Si, en ce sens, le recueil en France d'éléments de preuve peut être utile pour l'établissement, à l'étranger, de la contrefaçon d'un titre étranger, il convient de se demander comment peut être menée cette recherche de preuves en France. Il est d'abord possible d'envisager de collecter directement en France les preuves qui s'y trouvent. Il apparaît toutefois qu'une telle recherche de preuves en France ne peut pas être menée sur une initiative purement privée et qu'il convient de passer par un relais judiciaire. Il faut alors demander à un juge étranger d'user de son pouvoir d'injonction judiciaire *in personam* tendant au transfert de preuves peut-être situées en France mais surtout détenues ou accessibles par la personne visée par une telle injonction[1].

SECTION 1
RECHERCHE PRIVÉE DE PREUVES EN FRANCE

312.21 Recherche privée de preuves en France. Il convient de rappeler qu'il n'est pas possible de mener des recherches purement privées de preuves en France aux fins d'une procédure étrangère, en raison de l'interdiction fulminée par la loi n° 68-678 du 26 juillet 1968[2] telle que modifiée par la loi n° 80-538 du 16 juillet 1980[3], et dont l'une des rares applications pratiques connues[4] est intervenue dans l'affaire Executive Life[5]. L'article 1 *bis* de la loi du 26 juillet 1968, sous réserve des traités ou accords internationaux[6] et des lois et règlements en vigueur, interdit « *à toute personne de demander, de rechercher ou de communiquer, par écrit, oralement ou sous toute autre forme, des documents ou renseignements d'ordre économique, commercial, industriel, financier ou technique tendant à la constitution de preuves en vue de procédures judiciaires ou administratives étrangères ou dans le cadre de celles-ci* ». L'interdiction est très générale puisqu'elle ne se restreint notamment pas à des informations particulièrement sensibles délivrées à des autorités publiques étrangères – contrairement à l'article 1er de la loi qui interdit « *à toute personne physique de nationalité française ou résidant habituellement sur le territoire français et à tout dirigeant, représentant, agent ou préposé d'une personne morale y ayant son siège ou un établissement de communiquer par écrit, oralement ou sous toute autre forme, en quelque lieu que ce soit, à des autorités publiques étrangères, les documents ou les renseignements d'ordre économique, commercial, industriel, financier ou technique dont la communication est de nature à porter atteinte à la souveraineté, à la sécurité, aux intérêts économiques essentiels de la France ou à l'ordre public, précisés par l'autorité administrative en tant que de besoin* » – mais vaut pour toute information quel qu'en soit le bénéficiaire. Et cette interdiction contraint toute personne, qui souhaite se constituer en France une preuve utile dans un cadre judiciaire étranger, à recourir à une forme quelconque de coopération judiciaire telle qu'organisée par un traité ou accord international ou par les lois et règlements français en vigueur, au premier rang desquels se trouvent les règles de la convention de La Haye du 18 mars 1970, du règlement (CE) n° 1206/2001 du 28 mai 2001 ou encore les règles du code de procédure civile par lesquelles cette personne peut solliciter du juge français l'accomplissement en France des mesures d'instructions nécessaires à

1. N. Meyer-Fabre, « L'obtention des preuves à l'étranger », *TCFDIP*, Années 2002-2003, 2003-2004, Pédone 2005, p. 199 s., spéc. p. 212-213.
2. L. n° 68-678, 26 juill. 1968 relative à la communication de documents et renseignements à des autorités étrangères dans le domaine du commerce maritime, *JO* 27 juill. 1968, p. 7267 – V. M. Névot, « La communication de renseignements économiques à l'étranger – Remarques sur la loi du 16 juillet 1980 », *Rev. crit. DIP* 1981. 421 s.
3. L. n° 80-538, 16 juill. 1980 relative à la communication de documents et renseignements d'ordre économique, commercial, industriel, financier ou technique à des personnes physiques ou morales étrangères, *JO* 17 juill. 1980, p. 1799 ; sur l'origine et pour un bilan de ces textes, *cf.* D. Barlow, « La loi du 26 juillet 1968 relative à la communication de documents et renseignements d'ordre économique : un état des lieux », *JCP E*, 2007, 2330 – SUR LES DIFFICULTÉS d'application et l'échec pratique de la loi : N. Meyer-Fabre, « L'obtention des preuves à l'étranger », *TCFDIP*, Années 2002-2003, 2003-2004, Pédone 2005, p. 199 s., spéc. p. 207-211.
4. TGI Nanterre, réf., 22 déc. 1993, *JurisData* n° 1993-050136 – Civ. 2e, 20 nov. 2003, n° 01-15.633, NP – T. com. Paris, 20 juill. 2005, *JurisData* n° 2005-288978.
5. Paris, 9e ch., sect. B, 28 mars 2007, RG n° 06/06272, *JurisData* n° 2007-332254 ; Crim. 12 déc. 2007, n° 07-83.228, *Bull. crim.* 2007, n° 309 ; *JCP E* 2008. 2016, note M. Danis ; *Actualité juridique pénal,* n° 2/2008, p. 97-98 ; Rev. crit. DIP 2008. 626 s., note Chilstein.
6. Paris, 1re ch., 18 sept. 2003, RG n° 2002/18509 qui a écarté l'article 1er *bis* de la loi du 26 juillet 1968 en raison des dispositions de la convention de La Haye du 18 mars 1970.

l'obtention des preuves utiles à une procédure étrangère en cours ou à venir. La sanction prévue pour la violation de cette interdiction est pénale, l'article 3 de la loi prévoyant que « *sans préjudice des peines plus lourdes prévues par la loi, toute infraction aux dispositions des articles 1er et 1er bis de la présente loi sera punie d'un emprisonnement de six mois et d'une amende de 18 000 euros ou de l'une de ces deux peines seulement* ». C'est d'ailleurs ce caractère d'infraction pénale qui contredit l'affirmation du juge de la mise en état du tribunal de grande instance de Paris, du 4 septembre 2009, selon laquelle l'article 1 *bis* de la loi du 26 juillet 1968 aurait, « *en application du principe de réciprocité* », « *vocation à s'appliquer* » au cas d'espèce où il était question d'obtenir auprès d'une société américaine des documents et informations aux fins d'une procédure judiciaire française[1]. Le principe de légalité des délits et des peines, principe constitutionnel, interdit au juge d'étendre, même par esprit de réciprocité, l'application d'un texte qui définit une incrimination et sa sanction pénale à des faits exactement inverses de ceux visés par ce texte.

312.22 **Réforme à venir ?** Le 22 novembre 2011 a été déposée devant l'Assemblée Nationale une proposition de loi visant à sanctionner la violation du secret des affaires et qui pourrait avoir pour effet de restreindre la portée de l'interdiction des recherches privées de preuves aux fins d'une procédure étrangère fulminée par la loi n° 68-678 du 26 juillet 1968. Comme indiqué ci-dessus, cette loi édicte à son article 1 *bis* une interdiction large qui vaut pour toute information d'ordre économique, commercial, industriel, financier ou technique. La proposition de loi entend ramener cette interdiction à des informations protégées pour un motif légitime, aux seules informations qui relèveraient d'un véritable secret des affaires.

SECTION 2
RECHERCHE JUDICIAIRE DE PREUVES EN FRANCE

312.31 **Division.** La recherche judiciaire de preuves en France peut s'enclencher naturellement par la sollicitation directe du juge français (sous-section 1) mais aussi par la sollicitation d'un juge étranger (sous-section 2).

SOUS-SECTION 1
SOLLICITATION DIRECTE DU JUGE FRANÇAIS

312.41 **Sollicitation directe du juge du lieu de situation des éléments de preuve.** La personne qui souhaite recueillir en France des éléments de preuve peut déjà saisir directement le juge français, juge du lieu de situation des preuves, afin de solliciter de lui, en référé ou sur requête, en application de l'article 145 du code de procédure civile, les « *mesures d'instruction légalement admissibles* », c'est-à-dire les mesures d'instruction énumérées et régies par les articles 179 à 284-1 du code de procédure civile, mais aussi, selon une jurisprudence établie[2], la production forcée de pièces, afin de conserver ou établir la preuve de faits situés en France et dont peut dépendre la solution d'un litige dans son pays étranger d'établissement. Et, dans une telle perspective, la saisie-contrefaçon n'est pas l'outil adéquat, car il ne s'agit pas de faire la preuve d'un acte qui serait une contrefaçon en France. Il s'agit de recueillir la preuve de faits juridiques utile pour la sanction de la contrefaçon à l'étranger d'un titre étranger. Il s'agira donc de recourir aux mécanismes généraux, non spécifiquement dédiés à la preuve d'une contrefaçon alléguée, mais disponibles pour la preuve de faits quelconques, comme le préconise la cour d'appel de Paris dans un arrêt du 28 septembre 2007[3]. La procédure spéciale qu'est la saisie-contrefaçon, propre aux droits de propriété intellectuelle ayant effet en France, étant inapplicable, les mécanismes généraux d'obtention des preuves retrouvent naturellement leur empire. Il sera donc permis de chercher à obtenir, sur le fondement de ces articles, des mesures qui représenteront, en pratique, un ersatz de saisie-contrefaçon sans que pareille démarche soit critiquable car il ne s'agira pas ici d'éluder les dispositions qui encadrent la saisie-contrefaçon (v. ss n° 0.13) mais au contraire de pallier l'inapplicabilité de ces dispositions à la situation particulière qu'est la recherche en France d'éléments utiles à la preuve d'une contrefaçon d'un titre étranger.

Dans les cas où, si le titre de propriété industrielle contrefait avait été un titre ayant effet en

1. TGI Paris, 3e ch., 2e sect., ord. JME, 4 sept. 2009, RG n° 08/09863, *Jurinpi* M20090404; *PIBD* 2009, n° 905, III, 1444.

2. Com. 11 avr. 1995, n° 92-20.985, *Bull. civ.* IV, n° 121; *RD banc. et bourse* 1995, n° 49, p. 94, obs. Bonneau; *Gaz. Pal.* 16 mai 1996, Somm. V° Référés, obs. Croze et Morel; *Procédure*, sept. 1995, n° 225, obs. Croze – Civ. 2e, 23 sept. 2004, *Bull. civ.* II, n° 428, *JCP G* 2005. I. 125, n° 9, obs. Serinet – Toulouse, 10 janv. 1996, *BICC* n° 430, 15 juin 1996, n° 576, *JurisData* n° 1996-043322 – V. S. Guinchard, F. Ferrand, C. Chainais, *Procédure civile – Droit interne et droit communautaire*, 29e éd., Précis Dalloz, 2008, spéc. nos 1171 et 1210.

3. Paris, 4e ch., sect. B, 28 sept. 2007, Scott Usa c. Bifratex, préc. : « *les mesures provisoires ou conservatoires se rapportant aux marques étrangères devant quant à elles être sollicitées sur le fondement non point des dispositions particulières de l'article L. 716-7 du code de la propriété intellectuelle, mais de celles des articles 493 et 812 du nouveau code de procédure civile, dont l'application n'a pas été envisagée en l'espèce* ».

France, une saisie-contrefaçon aurait été envisagée, il paraît donc possible d'organiser sur requête au président du tribunal de grande instance du lieu des constatations, une procédure de constat par huissier analogue en tous points, au plan pratique, à une saisie-contrefaçon.

Rien ne s'oppose à une telle solution hors du contexte de l'Union européenne, par exemple pour obtenir au profit d'un breveté américain la preuve de faits accomplis en France utiles à la preuve de la contrefaçon d'un brevet américain.

Mais la question a été posée de savoir si le droit de l'Union européenne et particulièrement le règlement (CE) n° 1206/2001 (v. s^s n° 312.81), par le mécanisme d'entraide judiciaire qu'il met en place, ferme ou non la voie à la saisine directe du juge d'un État membre.

SOUS-SECTION 2
SOLLICITATION DU JUGE ÉTRANGER

312.51 Voies disponibles. La personne qui souhaite recueillir en France des éléments de preuve peut également penser à saisir un juge étranger, notamment le juge du pays dont elle est ressortissante ou dans lequel elle est établie, afin d'obtenir indirectement, par son intermédiaire, le recueil d'éléments de preuve en France. Se pose alors la question de savoir si ce juge étranger peut ordonner librement cette recherche d'éléments de preuve en France. Certains auteurs répondent par la négative au motif que la recherche de preuves en France par des personnes privées (telles que des avocats) à la demande d'autorités judiciaires étrangères est considérée comme portant atteinte à la souveraineté française[1]. Quoi qu'il en soit, le juge étranger pourra assurément le faire par le biais des « *commissions rogatoires en provenance d'un État étranger* » telles que régies par les articles 736 à 748 du code de procédure civile, ou par le biais d'un mécanisme international d'entraide judiciaire tel qu'instauré par la convention de La Haye du 18 mars 1970 ou, à une échelle régionale, par le règlement (CE) n° 1206/2001 du 28 mai 2001.

§ 1.
Commissions rogatoires de droit commun

312.61 Commissions rogatoires de droit commun en provenance d'un État étranger. Le juge étranger peut adresser, conformément aux articles 736 à 748 du code de procédure civile, une commission rogatoire en France à une autorité judiciaire (voire à des agents diplomatiques ou consulaires étrangers en poste en France). Cette commission rogatoire étrangère passe d'abord par le ministère de la Justice qui, après vérification de sa régularité générale, la transmet au ministère public dans le ressort duquel elle doit être exécutée (C. pr. civ., art. 736). Ce dernier la fait parvenir aussitôt, aux fins d'exécution, à la juridiction compétente (C. pr. civ., art. 737).

312.62 Décision sur la commission rogatoire. Dès réception, la juridiction commise est tenue d'y déférer et de procéder aux opérations prescrites (C. pr. civ., art. 738). Par exception, le juge commis peut refuser d'exécuter la commission rogatoire s'il estime qu'elle ne rentre pas dans ses attributions (C. pr. civ., art. 743) ou en cas de transmission irrégulière (C. pr. civ., art. 745). Bien que les textes ne le prévoient pas expressément, il semblerait logique d'admettre que le juge commis puisse aussi refuser d'exécuter la commission rogatoire dont l'exécution porterait atteinte à l'ordre public[2]. Et il doit refuser de l'exécuter si elle est de nature à porter atteinte à la souveraineté ou à la sécurité de l'État français (C. pr. civ., art. 743). En revanche, l'article 742 du code de procédure civile interdit au juge commis de refuser d'exécuter une commission rogatoire au seul motif que la loi française revendique une compétence exclusive pour ses juridictions ou ne connaît pas de voie de droit répondant à l'objet de la demande portée devant la juridiction commettante ou n'admet pas le résultat auquel tend la commission rogatoire. La décision par laquelle le juge refuse d'exécuter la commission rogatoire doit être motivée (C. pr. civ., art. 746), est transmise à la juridiction commettante selon les mêmes voies que celles par lesquelles la commission rogatoire est parvenue à la juridiction requise (C. pr. civ., art. 747) et est susceptible d'un appel par les parties et le ministère public dans un délai de quinze jours (C. pr. civ., art. 746).

312.63 Exécution de la commission rogatoire. La commission rogatoire est exécutée par la juridiction commise ou le juge que le président de cette juridiction désigne à cet effet (C. pr. civ., art. 738). Elle est exécutée conformément à la loi française à moins que la juridiction étrangère n'ait demandé qu'il y soit procédé selon une forme particulière (C. pr. civ., art. 739). Les parties et leurs défenseurs, même étrangers, peuvent, sur autorisation du juge, poser des questions; celles-ci doivent être formulées ou traduites en langue française; il en est de même des réponses qui leur sont faites (C. pr. civ., art. 740). Si la demande en est faite dans la com-

1. B. Audit, L. d'Avout, Economica, 6e éd., *Droit international privé* 2010, spéc. n° 438.

2. B. Audit, L. d'Avout, préc., spéc. n° 439.

mission rogatoire, les questions et réponses sont intégralement transcrites ou enregistrées (C. pr. civ., art. 739 al. 2) : cette disposition a été introduite pour permettre de satisfaire les prescriptions en vigueur dans certains droits étrangers qui exigent un *verbatim record* des dépositions. Le juge commis est tenu d'informer la juridiction commettante qui en fait la demande des lieu, jour et heure auxquels il sera procédé à l'exécution de la commission rogatoire; le juge étranger commettant peut y assister (C. pr. civ., art. 741). Dans cette exécution de la commission rogatoire, les principes directeurs du procès doivent toujours être respectés (C. pr. civ., art. 744). L'exécution a lieu sans frais ni taxes (C. pr. civ., art. 748, al. 1er). Toutefois, les sommes dues aux témoins, aux experts, aux interprètes ainsi qu'à toute personne prêtant son concours à l'exécution de la commission rogatoire, ainsi que les frais découlant de l'application d'une forme particulière à la demande de la juridiction commettante, sont à la charge de l'autorité étrangère (C. pr. civ., art. 748, al. 2). Les personnes intéressées ou le ministère public peuvent demander au juge commis de rapporter les mesures qu'il a prises ou d'annuler les actes constatant l'exécution de la commission rogatoire (C. pr. civ., art. 743 al. 2 et 744). La décision par laquelle le juge commis annule les actes constatant l'exécution de la commission rogatoire, rapporte les mesures prises ou refuse de les rapporter, doit être motivée et est susceptible d'un appel par les parties et le ministère public dans un délai de quinze jours (C. pr. civ., art. 746). Enfin, les actes constatant l'exécution de la commission rogatoire sont transmis à la juridiction commettante selon les mêmes voies que celles par lesquelles la commission rogatoire est parvenue à la juridiction requise (C. pr. civ., art. 747).

§ 2.
Mécanismes d'obtention de preuves dans le cadre de la convention de La Haye du 18 mars 1970

312.71 Commissions rogatoires, agent diplomatiques ou consulaires, commissaires. Si le juge étranger appartient à un État partie à la convention de La Haye du 18 mars 1970 sur l'obtention des preuves à l'étranger en matière civile ou commerciale[1], il pourra ainsi, sur son fondement, demander, par commission rogatoire (art. 1 à 14), à l'autorité compétente d'un autre État contractant, telle que le juge français, d'accomplir un acte d'instruction afin d'obtenir des moyens de preuve destinés à être utilisés dans une procédure engagée ou future. Il pourra également demander l'obtention de preuve par des agents diplomatiques ou consulaires (art. 15 et 16) en poste en France ou par des « *commissaires* » (art. 17).

312.72 Commissions rogatoires. Pour les commissions rogatoires émanant d'une autorité judiciaire d'un autre État contractant, chaque État contractant désigne une autorité centrale chargée de les recevoir (en France, il s'agit du ministère de la Justice). La commission rogatoire doit formellement contenir un certain nombre d'éléments concernant les parties, l'affaire et les actes à accomplir. Elle contient en outre, le cas échéant, des éléments plus précis sur les personnes à entendre, les questions à poser, les documents ou objets à examiner... (art. 3). L'exécution d'une commission rogatoire ne peut être refusée, au fond, que dans la mesure où l'exécution, dans l'État requis, ne rentre pas dans les attributions du pouvoir judiciaire, ou l'État requis la juge de nature à porter atteinte à sa souveraineté ou à sa sécurité. L'exécution ne peut être refusée pour le seul motif que la loi de l'État requis revendique une compétence judiciaire exclusive dans l'affaire en cause ou ne connaît pas de voies de droit répondant à l'objet de la demande portée devant l'autorité requérante (art. 12). Si l'autorité centrale estime que les conditions de forme ou de fond, définies par la convention, ne sont pas respectées, elle doit en informer immédiatement l'autorité qui est à l'origine de la demande, en précisant les griefs articulés (art. 5). En cas d'incompétence de l'autorité requise, la commission rogatoire est transmise d'office et sans retard à l'autorité judiciaire compétente du même État (art. 6).

La commission rogatoire parvenue à l'autorité requise doit être exécutée d'urgence par celle-ci (art. 9, al. 3). Si elle l'a demandé, l'autorité requérante est informée directement de la date et du lieu où il sera procédé à la mesure demandée, afin que les parties intéressées et, le cas échéant, leurs représentants puissent y assister (art. 7). L'article 8 de la convention ouvre la possibilité à des magistrats de l'autorité requérante d'assister eux-mêmes à l'exécution de la commission rogatoire et la France a consenti à cette possibilité.

La commission rogatoire est exécutée selon les formes de l'État requis (art. 9) et en appliquant, en tant que de besoin, les moyens de contrainte appropriés et prévus par la loi interne de cet État (art. 10). L'autorité requérante peut toutefois avoir demandé à ce qu'il soit procédé suivant une forme

1. Y. Le Berre, E. Pataut, « La recherche de preuves en France au soutien des procédures étrangères au fond », *RDAI* 2004, p. 53 s., spéc. p. 62 s.; N. Meyer-Fabre, « L'obtention des preuves à l'étranger », *TCFDIP*, Années 2002-2003, 2003-2004, Pédone 2005, p. 199 s., spéc. p. 200-203.

spéciale, généralement celle connue du droit de l'autorité requérante. Il doit être déféré à cette demande à moins que celle-ci ne soit incompatible avec la loi de l'État requis, ou que son application ne soit pas possible, soit en raison des usages judiciaires de l'État requis, soit de difficultés pratiques (art. 9, al. 2). Il faut toutefois noter que l'article 23 de la convention autorise tout État contractant, au moment de la signature, de la ratification ou de l'adhésion, à déclarer qu'il n'exécutera pas les commissions rogatoires qui ont pour objet une procédure connue dans les États de *Common Law* sous le nom de « *pre-trial discovery of documents* »[1]. Cette procédure, aux États-Unis, permet d'obtenir, lors de la phase préparatoire aux audiences, la communication de documents en possession de l'adversaire et se prêtait à des abus consistant à exiger des documents n'ayant qu'un lien très lointain avec le litige (*fishing expedition*)[2]. La France avait initialement opté pour refuser l'exécution sur son territoire, conformément à l'article 23, des commissions rogatoires qui ont pour objet une procédure de « *pre-trial discovery of documents* » ne seront pas exécutées. Toutefois, par une modification en date du 19 janvier 1987 de la déclaration relative à l'article 23, la France ne s'oppose plus à l'exécution sur son territoire de cette procédure de « *pre-trial discovery of documents* » lorsque les documents demandés sont limitativement énumérés dans la commission rogatoire et ont un lien direct et précis avec l'objet du litige.

Par exception, la commission rogatoire n'est pas exécutée lorsque la personne qu'elle vise invoque une dispense ou une interdiction de déposer, établies soit par la loi de l'État requis, soit par la loi de l'État requérant et spécifiées dans la commission rogatoire ou, le cas échéant, attestées par l'autorité requérante à la demande de l'autorité requise (art. 11).

312.73 Agents diplomatiques et consulaires. S'agissant des agents diplomatiques et consulaires d'un État contractant, lorsque leur propre loi le prévoit, ils peuvent procéder, sans contrainte, sur le territoire d'un autre État contractant à des mesures de rassemblement des preuves qui ne peuvent viser que les ressortissants de l'État que représente l'agent et seulement aux fins d'une procédure effectivement engagée dans ce même État (art. 15, al. 1). Cette faculté peut toutefois être subordonnée à une autorisation demandée par l'agent ou l'autorité compétente de l'État que représente l'agent (art. 15, al. 2). Les agents diplomatiques et consulaires d'un État contractant peuvent également procéder à l'égard des ressortissants de l'État de l'exécution ou d'un État tiers si une autorité compétente désignée par l'État requis (en France, le ministère de la Justice) a donné son autorisation, soit d'une manière générale, soit pour chaque cas particulier, et s'ils respectent les conditions que l'autorité compétente a fixées dans l'autorisation (art. 16).

312.74 Commissaire. Un « *commissaire* » est toute personne régulièrement désignée à cet effet dans l'État d'origine. Il peut procéder, sans contrainte, sur le territoire d'un État contractant à tout acte d'instruction concernant une procédure engagée devant un tribunal d'un autre État contractant si une autorité compétente désignée par l'État de l'exécution (en France, le ministère de la Justice) a donné son autorisation, soit d'une manière générale, soit pour chaque cas particulier (option retenue par la France), et s'il respecte les conditions que l'autorité compétente a fixées dans l'autorisation (art. 17). La France a encadré cette possibilité des exigences suivantes[3] : les actes d'instruction devront avoir lieu exclusivement dans l'enceinte des ambassades ou des consulats; la date et l'heure des actes d'instruction devront être notifiées en temps utile au Service civil de l'entraide judiciaire internationale pour lui permettre de s'y faire représenter éventuellement; les actes d'instruction devront avoir lieu dans un local accessible au public; les personnes visées par l'acte d'instruction devront être régulièrement convoquées par acte officiel rédigé en français ou assorti d'une traduction en langue française, et cet acte mentionnera : a) que l'acte d'instruction auquel il est procédé est accompli conformément aux dispositions de la convention de La Haye du 18 mars 1970 sur l'obtention des preuves à l'étranger en matière civile ou commerciale, et s'insère dans le cadre d'une procédure judiciaire suivie devant une juridiction nommément désignée d'un État contractant; b) que la comparution est volontaire et que l'absence de comparution ne saurait entraîner dans l'État requérant de poursuites pénales; c) que les parties au procès, le cas échéant, sont consentantes et dans le cas contraire les motifs de leur opposition; d) que la personne visée par l'acte d'instruction peut se faire assister d'un avocat; e) que la personne visée par l'acte d'instruction peut invoquer une dispense ou une interdiction de déposer.

1. SUR LA RÉSERVE de l'article 23 : N. Meyer-Fabre, « L'obtention des preuves à l'étranger », *TCFDIP*, Années 2002-2003, 2003-2004, Pédone 2005, p. 199 s., spéc. p. 205-207 – Paris, 1re ch., 18 sept. 2003, RG n° 2002/18509.
2. B. Audit, L. d'Avout, préc., spéc. n° 431.
3. SUR L'APPRÉCIATION de ces exigences françaises : N. Meyer-Fabre, « L'obtention des preuves à l'étranger », *TCFDIP*, Années 2002-2003, 2003-2004, Pédone 2005, p. 199 s., spéc. p. 202.

312.75 Règles d'exécution communes aux agents diplomatiques ou consulaires et aux commissaires. L'agent diplomatique et consulaire ou le commissaire, peut procéder à tout acte d'instruction qui n'est pas incompatible avec la loi de l'État de l'exécution ou contraire à l'autorisation accordée en vertu desdits articles et recevoir, dans les mêmes conditions, une déposition sous serment ou avec affirmation (art. 21, a). À moins que la personne visée (qui peut se faire assister par un conseil, art. 20) par l'acte d'instruction ne soit ressortissante de l'État dans lequel la procédure est engagée, toute convocation à comparaître ou à participer à un acte d'instruction est rédigée dans la langue du lieu où l'acte d'instruction doit être accompli, ou accompagnée d'une traduction dans cette langue (art. 21, b). La convocation indique que la personne peut être assistée de son conseil, et, dans tout État qui n'a pas fait la déclaration prévue à l'article 18, qu'elle n'est pas tenue de comparaître ni de participer à l'acte d'instruction (art. 21, c). L'acte d'instruction peut être accompli suivant les formes prévues par la loi du tribunal devant lequel la procédure est engagée, à condition qu'elles ne soient pas interdites par la loi de l'État de l'exécution (art. 21, d). La personne visée par l'acte d'instruction peut invoquer les dispenses et interdictions sus-évoquées (art. 21, e). Le fait qu'un acte d'instruction n'ait pu être accompli en raison du refus d'une personne d'y participer, n'empêche pas qu'une commission rogatoire soit adressée ultérieurement pour le même acte (art. 22).

§ 3. Actes d'instruction dans le cadre du règlement du Conseil n° 1206/2001 du 28 mai 2001

312.81 Champ d'application. En revanche, dès lors que ce juge étranger est le juge d'un État membre de l'Union européenne (à l'exception toutefois du Danemark) qui souhaite recueillir une preuve située sur le territoire français, il convient alors d'appliquer le règlement (CE) n° 1206/2001 du 28 mai 2001 relatif à la coopération entre les juridictions des États membres dans le domaine de l'obtention des preuves en matière civile ou commerciale[1]. L'article 21 §1 du règlement énonce, en effet, que « *pour la matière couverte par son champ d'application, le présent règlement prévaut, dans les rapports entre les États membres qui y sont parties, sur les dispositions contenues dans des accords ou arrangements bilatéraux ou multilatéraux conclus par les États membres, et en particulier la convention de La Haye du 1er mars 1954 relative à la procédure civile et la convention de La Haye du 18 mars 1970 sur l'obtention des preuves à l'étranger en matière civile ou commerciale* ». Et il ne fait pas de doute que l'obtention de preuves relatives à des actes qui participeraient d'une activité de contrefaçon pourrait rentrer dans le champ matériel du règlement qui est applicable « *en matière civile ou commerciale* » (art. 1, § 1), tant que serait en cause la sanction civile et non la répression pénale de la contrefaçon.

312.82 Demande de la juridiction requérante à la juridiction compétente. Grâce à ce règlement, une juridiction d'un État membre de l'Union européenne (juridiction requérante) peut demander à une juridiction française (juridiction requise, qui est, en France, le tribunal de grande instance dans le ressort duquel la demande sera exécutée) de procéder à un acte d'instruction. L'acte d'instruction est exécuté, en principe, en application du droit de la juridiction requise mais la juridiction requérante peut également demander que l'acte d'instruction soit effectué selon « *une forme spéciale prévue par le droit de l'État dont elle relève* » (art. 10 § 3), ce que la juridiction requise peut toutefois refuser si la forme demandée n'est « *pas compatible avec le droit de l'État membre dont elle relève ou en raison de difficultés pratiques majeures* » (art. 10 § 3). L'article 10 § 4 du règlement prévoit que la juridiction requérante peut également demander à ce que l'acte d'instruction soit effectué selon des technologies modernes de communication (vidéoconférence, téléconférence). Il ne peut lui être opposé un refus qu'en raison d'une difficulté pratique majeure (l'absence de tels moyens dans une juridiction constitue une telle difficulté[2]).

312.83 Première possibilité : exécution de la mesure d'instruction selon le droit de la juridiction requise. La juridiction française peut être requise par la juridiction étrangère d'exécuter en France un acte d'instruction tel qu'il est prévu et organisé par le droit français, droit de la juridiction requise. Et, dans cette hypothèse, comme expliqué précédemment, cet acte d'instruction ne devrait pas

1. M. Olivier, « De l'exécution des mesures d'instruction ordonnées par le juge français; le principe de la territorialité et la nouvelle réglementation communautaire », *Gaz. Pal.* 2002. 2e sem., p. 1302 s. – C. Bruneau, « L'obtention des preuves en matière civile et commerciale au sein de l'Union européenne – Règlement CE n° 1206-2001 du Conseil du 28 mai 2001 », *JCP G* 2001. I 349 – B. Hess, « Nouvelles techniques de la coopération judiciaire transfrontière en Europe », *Rev. crit. DIP* 2003. 215-237 – Y. Le Berre, E. Pataut, « La recherche de preuves en France au soutien des procédures étrangères au fond », *RDAI* 2004, n° 1, p. 53 s. – N. Meyer-Fabre, « L'obtention des preuves à l'étranger », *TCFDIP* Années 2002-2003, 2003-2004, Pédone 2005, p. 199 s., spéc. p. 203-205 – L. Demeyre, « Commercial litigation in the European Union. A changing landscape », *RDAI* 2008, n° 4, p. 481 s.
2. Circ. JUSC0320881C, CIV/13/03, 1er janv. 2004, spéc. p. 5.

pouvoir être une saisie-contrefaçon telle qu'organisée par le code de la propriété intellectuelle, faute d'acte de contrefaçon commis sur le territoire français (l'acte de contrefaçon prétendu et pour lequel il est recherché des éléments de preuve en France, étant par hypothèse un acte de contrefaçon d'un titre ayant effet à l'étranger et non d'un titre ayant effet en France). Il devrait en revanche être possible, par une combinaison d'actes d'instruction non spécifiquement dédiés à la preuve de la contrefaçon mais utiles à la preuve de tout fait juridique (tels que par exemple audition de telle personne, examen de tels documents ou objets, production de telle pièce...), d'aboutir de fait, du point de vue de la preuve rapportée, à un résultat assez similaire à celui obtenu par le biais d'une saisie-contrefaçon.

312.84 Seconde possibilité : exécution de la mesure d'instruction selon le droit de la juridiction requérante. La juridiction française peut également être requise par la juridiction étrangère d'exécuter en France un acte d'instruction tel qu'il est prévu et organisé par le droit de l'État de cette dernière (« *forme spéciale* »). Il semble alors que cette forme spéciale puisse être la saisie-contrefaçon étrangère (telle qu'elle existe par exemple en droit belge ou italien), le mécanisme de preuve spécialement destiné dans ce droit étranger à rapporter la preuve d'une contrefaçon prétendue. En effet, Madame Kokott, avocat général près la CJCE, dans ses conclusions relatives à l'affaire *Tedesco*[1], a admis l'applicabilité du règlement CE n° 1206/2001 à une saisie-contrefaçon italienne (« *descrizione* », art. 128 code de la propriété intellectuelle italien) en l'espèce requise du juge britannique (juridiction requise) par le juge italien (juridiction requérante) : « *Des mesures de conservation et de recherche de preuves telles qu'une saisie-contrefaçon au sens des articles 128 et 130 du code italien de la propriété industrielle constituent des mesures d'instruction qui relèvent du champ d'application défini par l'article 1er du règlement (CE) n° 1206/2001 du Conseil, du 28 mai 2001, relatif à la coopération entre les juridictions des États membres dans le domaine de l'obtention des preuves en matière civile ou commerciale, que la juridiction d'un État membre doit exécuter à la demande de la juridiction d'un autre État membre pour autant qu'aucun motif de refus n'existe* »[2].

312.85 Forme et contenu de la demande. Conformément aux articles 4 et 10 du règlement, la forme et le contenu de la demande sont déterminés par la juridiction requérante. C'est donc celle-ci qui choisit le type d'acte d'instruction à ordonner et l'article 4 du règlement ainsi que le formulaire (A), que doit nécessairement utiliser toute demande, montrent bien qu'il est ainsi possible d'ordonner des actes d'instruction qui, en définitive, pourront utilement suppléer une saisie-contrefaçon.

312.86 Actes d'instruction. L'acte d'instruction demandé peut être tout d'abord une audition de témoins (art. 4, § 1, e; point 12.2 du formulaire A), il peut être également requis l'examen de documents ou d'objets (art. 4, § 1, f; point 12.3.1 et 12.3.2 du formulaire A), mais il peut être encore requis tout autre acte d'instruction. C'est ce que révèle la lettre de l'article 4 et du formulaire (A). L'article 4 § 1 du règlement exige que la demande indique « *d) l'acte d'instruction demandé; e) s'il s'agit d'une demande visant à l'audition d'une personne - les noms et adresse des personnes à entendre* [...]; *f) s'il s'agit d'une demande relative à un autre acte d'instruction, les pièces ou autres objets à examiner le cas échéant* ». Il ressort ainsi clairement de ces termes que tout acte d'instruction peut être demandé et qu'il doit alors être décrit. De même, le formulaire (A) à son point 12.1 sollicite la « *description de l'acte d'instruction à exécuter* », distinguant ainsi nettement « *l'acte d'instruction à exécuter* » de « *l'audition de témoins* », visée au point 12.2, et des examens de documents ou d'objets qui, visés aux points 12.3.1 et 12.3.2, forment la seule matière du point 12.3 intitulé : « *Autre acte d'instruction* ».

312.87 Acception large de la notion d'acte d'instruction. La seule définition que le règlement donne de la notion d'« *acte d'instruction* » est négative et se trouve à l'article 1er § 2 qui énonce : « *La demande ne doit pas viser à obtenir des moyens de preuve qui ne sont pas destinés à être utilisés dans une procédure judiciaire qui est engagée ou envisagée* ». Il est ainsi possible de penser que le règlement se rapporte à toutes les mesures qui ont en commun de conserver ou d'établir des éléments de preuve en vue de la solution d'un litige engagé ou envisagé.

Cette acception large est d'ailleurs confortée par le guide pratique sur le règlement n° 1206/2001[3] : « *La notion de "preuve" n'est pas définie dans le règlement. Elle englobe entre autres les auditions de témoins,*

1. La CJCE n'a malheureusement pas eu l'occasion de se prononcer dans cette affaire *Tedesco*. Le *tribunale civile di Genova* a constaté l'extinction de l'instance devant lui si bien que, les questions posées à titre préjudiciel à la CJCE étant devenues sans objet, la cour a ordonné la radiation de l'affaire, CJCE, ord., 27 sept. 2007, aff. C-175/06, *Alessandro Tedesco*, *Rec. CJCE* 2007, I, p. 7929.
2. Concl. av. gén. J. Kokott, 18 juill. 2007, ss aff. CJCE, ord., 27 sept. 2007, aff. C-175/06, *Alessandro Tedesco Rec. CJCE* 2007, I, p. 7929.
3. *Guide pratique pour l'application du règlement relatif à l'obtention des preuves*, spéc. n° 8, p. 6, disponible sur Internet à l'adresse suivante : http://ec.europa.eu/civiljustice/evidence/evidence_ec_guide_fr.pdf

des parties ou d'experts, la production de documents, les vérifications, l'établissement des faits ». Elle est confirmée par la doctrine majoritaire[1].

Ainsi l'acte d'instruction englobe certainement les « *mesures d'instruction* » dont le code de procédure civile donne la liste mais aussi les demandes de production forcée de pièces se trouvant entre les mains des parties ou de tiers, qui pourtant font formellement l'objet, dans le code de procédure civile, d'un sous-titre distinct de celui qui est consacré aux mesures d'instruction. Il faut d'ailleurs remarquer en ce sens que, en droit interne, la jurisprudence a étendu la procédure de l'article 145 du code de procédure civile (mesures d'instruction *in futurum*) aux demandes de production forcée de pièces, par requête ou en référé[2]. De plus, la convention de La Haye du 18 mars 1970 sur l'obtention des preuves à l'étranger en matière civile ou commerciale, dont s'est inspiré le règlement, a été appliquée à des demandes de pièces[3].

Il semble également possible que le règlement s'applique à une mesure d'instruction *in futurum*, conforme à l'article 145 du code de procédure civile, sollicitée du juge français par une juridiction requérante d'un autre État membre de l'Union européenne, car ce mode de preuve est destiné à être produit dans une procédure « envisagée », au sens de l'article 1er § 2 du règlement. Et il semble que c'est ainsi la procédure de l'article 145 du code de procédure civile non seulement en référé mais même sur requête qui peut être relayée par l'intermédiaire du règlement. Cette opinion s'appuie sur la rédaction même du formulaire (A). En effet, si l'article 4 § 1 ne vise certes que l'indication, dans la demande, des nom et adresse des « parties », le formulaire (A) permet bien au point 5 l'identification du « requérant/demandeur dans l'instance », au point 6 l'identification des « représentants du requérant/demandeur » et au point 7 l'identification du « défendeur dans l'instance »; ce qui laisse entendre que l'acte d'instruction sollicité peut venir en aide à un demandeur opposé à un défendeur dans une instance contradictoire (par exemple, le référé probatoire de l'article 145 C. pr. civ.) mais également à un requérant, instigateur d'une procédure unilatérale sur requête.

312.88 Exécution directe de l'acte d'instruction par la juridiction requérante. Pour mémoire, il convient encore de noter que le règlement (CE) nº 1206/2001 du 28 mai 2001 met aussi en place un mécanisme qui permet à la juridiction d'un État membre de procéder directement à un acte d'instruction dans un autre État membre (art. 1-1° (b) et art. 17 du règlement)[4]. Cette procédure est toutefois subordonnée à quelques conditions principales dont l'une fait qu'il est douteux que cette procédure puisse réellement avoir une utilité dans la collecte des preuves de la contrefaçon. En effet, l'exécution directe de l'acte d'instruction n'est possible que si elle peut avoir lieu sur une base volontaire, sans qu'il soit nécessaire de recourir à des mesures coercitives (art. 17 § 2). Cette condition retire pratiquement tout intérêt à cette procédure dans la perspective de la collecte des preuves de la contrefaçon, où il est toujours nécessaire de recourir à des mesures coercitives.

1. NOT. M.-L. Niboyet et D. Lebeau, « Regards croisés du processualiste et de l'internationaliste sur le règlement CE du 28 mai 2001 relatif à l'obtention des preuves civiles à l'étranger », *Gaz. Pal.* 2003. 1. Doctr. 221, spéc. p. 224; A. Nuyts, « Le règlement communautaire sur l'obtention des preuves : un instrument exclusif ? », *Rev. crit. DIP* 2007. 53, spéc. p. 75-76.
2. Com. 11 avr. 1995, nº 92-20.985, *Bull. civ.* IV, nº 121; *RD banc. et bourse* 1995, nº 49, p. 94, obs. Bonneau; *Gaz. Pal.* 16 mai 1996, Somm. V° Référés, obs. Croze et Morel; *Procédure*, sept. 1995, nº 225, obs. Croze – Civ. 2e, 23 sept. 2004, *Bull. civ.* II, nº 428, *JCP G* 2005. I. 125, nº 9, obs. Serinet – Toulouse, 10 janv. 1996, *BICC* nº 430, 15 juin 1996, nº 576, *JurisData* nº 1996-043322 – V. S. Guinchard, F. Ferrand, C. Chainais, *Procédure civile – Droit interne et droit communautaire*, 29e éd., Précis Dalloz, 2008, spéc. nos 1171 et 1210.
3. M.-L. Niboyet et D. Lebeau, préc., spéc. p. 224.
4. *Guide pratique pour l'application du règlement relatif à l'obtention des preuves*, préc., spéc. nº 55, p. 19.

TITRE

32. L'obtention de preuves à l'étranger de la contrefaçon d'un titre ayant effet en France ?

SECTION 0
ORIENTEUR

32.00 Plan du titre.

32.01 Textes applicables.

C. pr. civ., art. 733 à 735.

Règl. CE n° 1206/2001 du 28 mai 2001, art. 1er.

Règl. CE n° 207/2009 du 26 févr. 2009, art. 9.

32.02 Jurisprudence citée.

* V. ss nos 321.02 et 322.02.

32.09 Division. La saisie-contrefaçon, spécifiquement envisagée, ne semblant pas pouvoir être utilisée dans une telle hypothèse (chapitre 321), il conviendra de rechercher quels autres mécanismes sont à la disposition du titulaire du titre étranger qui cherche à recueillir en France des éléments de preuve susceptibles de lui être utiles dans sa lutte contre la contrefaçon de son titre (chapitre 322).

CHAPITRE

321. Obtention de preuves à l'étranger de la contrefaçon d'un titre ayant effet en France : inapplicabilité de la saisie-contrefaçon

321.01 **Textes applicables.**

* V. s[s] n° 32.01

321.02 **Jurisprudence citée.**

• **TGI Lille, 4 juin 1980,** *Dossiers Brevets* 1980, VI, n° 6.

• **Trib. Arnhem (Pays-Bas), 1er juin 2007,** aff. 156096/KG ZA 07-304.

* V. s[s] n° 321.11

321.11 **Territorialité des droits, obstacle à la saisie-contrefaçon.** En conséquence de la territorialité des droits de propriété intellectuelle, la contrefaçon d'un titre français ne peut avoir lieu qu'à raison d'actes accomplis sur le territoire français. Dès lors, les faits commis à l'étranger ne peuvent être qualifiés de contrefaçon d'un titre français et le mécanisme de la saisie-contrefaçon, qu'il s'agisse tant de la saisie-contrefaçon de droit français que de la saisie-contrefaçon d'un droit étranger[1], ne pourra pas trouver à s'appliquer à ces faits étrangers, faute d'une « *contrefaçon* » à constater.

La saisie-contrefaçon de droit français, telle qu'organisée par les différentes dispositions du code de la propriété intellectuelle, est destinée à l'obtention des preuves d'une contrefaçon alléguée. Or, les actes réalisés à l'étranger ne peuvent être la contrefaçon d'un titre français. De même, pour obtenir à l'étranger, la preuve de ces faits qui ne peuvent y être qualifiés de contrefaçon d'un titre français, il ne sera pas possible de recourir aux mécanismes étrangers équivalents de la saisie-contrefaçon dès lors que, par définition, ces mécanismes sont eux aussi spécialement destinés à la preuve de faits qui doivent être tenus pour des contrefaçons. Ainsi, par exemple, l'article 1019 b du code de procédure civile néerlandais, les articles 128 et 129 du code de la propriété industrielle italien, l'article 297 § 2 du code de procédure civile espagnol et les différentes dispositions des lois allemandes relatives aux divers droits de propriété intellectuelle (§ 140 c de la loi sur les brevets, PatG; § 24 c de la loi sur les modèles d'utilité, GebrauMG; § 19 a de la loi sur les marques, MarkenG; § 101 a de la loi sur le droit d'auteur, UrhG; § 46 a de la loi sur les dessins et modèles, GeschmMG; § 37 c de la loi sur les obtentions végétales, SortSchG; § 9 de la loi sur les semiconducteurs, HalbleiterlSchG), ne peuvent-ils tous servir qu'à la conservation des preuves de la contrefaçon d'un droit de propriété intellectuelle.

Ce point est illustré par une décision du tribunal de grande instance de Lille du 4 juin 1980[2]. Certes, l'angle juridique sous lequel le tribunal de grande instance de Lille a envisagé lui-même la question de la saisie-contrefaçon ne présente que peu d'intérêt (le tribunal s'est seulement demandé si la mesure pouvait constituer un acte d'instruction susceptible de provoquer l'interruption de la prescription de l'action en contrefaçon). Néanmoins, les faits relatés dans cette décision française illustrent bien que la territorialité des droits de propriété intellectuelle peut être la source d'un obstacle à la saisie-contrefaçon. Le juge des saisies du tribunal de première

1. TOUTEFOIS CONTRA : Trib. Arnhem, 1er juin 2007, aff. 156096/KG ZA 07-304, autorisant une saisie description aux Pays-Bas, en application de l'article 1019 b du code de procédure civile néerlandais, pour recueillir des éléments de preuve destinés à être utilisés au fond dans une procédure de contrefaçon en Allemagne d'un brevet et d'un CCP allemands expirés.

2. TGI Lille, 4 juin 1980, *Dossiers Brevets* 1980, VI, n° 6.

instance de Mons, en Belgique, avait, dans un premier temps, autorisé une saisie-contrefaçon en Belgique, selon la loi belge, alors pourtant que la société française requérante n'était titulaire que de deux brevets français et d'aucun brevet belge. Il s'était repris ensuite en rétractant partiellement son ordonnance au motif que l'article 1481 du code judiciaire belge, qui organisait la procédure de saisie-contrefaçon, ne pouvait trouver application que lorsqu'il s'agissait d'un brevet belge. Il avait déclaré fondée l'opposition de la société saisie, aux motifs qu'aucun acte de contrefaçon n'avait pu être commis en Belgique.

321.12 Territorialité des titres communautaires et saisie-contrefaçon. Les choses sont différentes lorsqu'il s'agit d'un titre de propriété industrielle communautaire, tel que la marque communautaire, le certificat communautaire d'obtention végétale, les indications géographiques communautaires ou les dessins et modèles communautaires. Ces titres ont effet en France comme sur le territoire de n'importe quel autre État membre de l'Union européenne. En conséquence, la contrefaçon de ce titre qui a effet en France – comme dans les autres État membre de l'Union – peut s'accomplir par des actes réalisés à l'étranger, sur le territoire d'un autre État membre de l'Union européenne. Parce que les titres communautaires relèvent d'une territorialité non plus strictement nationale mais élargie à la sphère de l'Union européenne, il sera parfaitement possible et justifié de solliciter à l'étranger, dans un autre pays de l'Union, une procédure de saisie-contrefaçon (le plus vraisemblablement selon le droit local, compte tenu de la règle de conflit de lois classique selon laquelle la procédure est régie *lege fori*) pour constituer la preuve des faits qui à l'étranger, dans cet autre pays de l'Union européenne, sont des faits de contrefaçon du titre communautaire, en vue éventuellement d'une action en contrefaçon menée au fond devant une juridiction française (en matière de certificat communautaire d'obtention végétale ou d'indication géographique communautaire) voire devant le tribunal des marques communautaires ou le tribunal des dessins ou modèles communautaires siégeant en France. La réciproque sera d'ailleurs tout aussi vraie. Il doit être possible de solliciter en France du président du tribunal de grande instance compétent une ordonnance aux fins de réalisation d'une saisie-contrefaçon destinée à constater des faits de contrefaçon commis en France d'un titre de propriété industrielle communautaire (en ce sens déjà, v. s[s] n°s 0.17, 111.131, 111.202, 111.241, 111.281) pour lesquels, ensuite, l'action en contrefaçon au fond sera éventuellement menée à l'étranger, dans un autre pays de l'Union européenne où ce titre est également valable.

321.13 Recherche à l'étranger d'éléments de preuve utiles à la sanction de la contrefaçon en France. L'exclusion du recours à la saisie-contrefaçon pour obtenir à l'étranger la preuve de faits qui ne peuvent être une contrefaçon d'un droit de propriété intellectuelle français, ne retire rien à l'intérêt que la preuve de ces faits étrangers peut avoir pour la sanction de la contrefaçon en France. Le titulaire d'un droit français de propriété intellectuelle peut parfois trouver à l'étranger des éléments qui, sans pouvoir être qualifiés sur place de contrefaçon, seront néanmoins utiles à la sanction de la contrefaçon en France. Encore une fois, les faits relatés par le tribunal de grande instance de Lille dans sa décision, déjà citée, du 4 juin 1980, en sont une bonne illustration[1]. La mesure exécutée en Belgique, malgré tout, avait conservé une utilité probatoire pour le titulaire français des deux brevets français. Le juge belge avait certes rétracté l'ordonnance en tant qu'elle visait à une saisie-contrefaçon mais avait toutefois maintenu la mesure exécutée en Belgique en tant que « *mesure conservatoire* » que le juge belge pouvait ordonner. Il avait donc autorisé le dépôt du rapport de l'expert (dans lequel ce dernier avait décrit les machines litigieuses et la machine de comparaison et relevé les points de similitude et les différences pouvant exister entre elles) en tant que mesure conservatoire qui permettait au titulaire des brevets français d'identifier l'auteur français de la contrefaçon fabriquée en France et ensuite commercialisée en Belgique : « *Il résulte des dispositions de l'ordonnance rendue le 13 juin 1977 par le juge des saisies du tribunal de première instance de Mons que sa précédente ordonnance n'est rétractée qu'en tant qu'elle visait la société des Plastiques de la Louve comme saisie-contrefaçon, mais maintenue en tant que mesure conservatoire que le juge belge peut ordonner même si une juridiction d'un autre État est compétente pour connaître du fond. La saisie-contrefaçon a donc été valablement ordonnée et exécutée en tant que mesure conservatoire tendant à établir la preuve de la contrefaçon* ».

De la même manière, le titulaire d'un droit communautaire de propriété industrielle peut espérer trouver hors du territoire de l'Union européenne des preuves d'une contrefaçon de son droit. Ainsi, par exemple, l'article 9 § 2 c) du règlement (CE) n° 207/2009 interdit-il d'importer des produits revêtus de la marque communautaire sans le consentement de son titulaire. Dans une telle hypothèse, il pourra être utile de prouver des faits qui, bien que survenus hors du territoire de l'Union, permettront de démontrer que telle personne est bien l'importateur dans l'Union des produits et, de

1. TGI Lille, 4 juin 1980, *Dossiers Brevets* 1980, VI, n° 6.

ce fait même, le contrefacteur de la marque communautaire.

Dans ces deux dernières hypothèses, il semblerait possible de demander au juge français d'user de son pouvoir d'injonction judiciaire *in personam* tendant au transfert de preuves peut-être situées à l'étranger mais surtout détenues ou accessibles par la personne visée par une telle injonction[1]. Il est également possible d'envisager de collecter directement à l'étranger, par une mesure d'instruction, les preuves qui s'y trouvent. Il faudra alors recourir aux autres mécanismes (généraux) de preuve disponibles à l'étranger.

1. N. Meyer-Fabre, « L'obtention des preuves à l'étranger », *TCFDIP*, Années 2002-2003, 2003-2004, Pédone 2005, p. 199 s., spéc. p. 213.

CHAPITRE

322. Obtention de preuves à l'étranger de la contrefaçon d'un titre ayant effet en France : autres mécanismes de preuve disponibles

SECTION 0
ORIENTEUR

322.00 Plan du chapitre.

322.01 Textes applicables.
* V. s[s] n° 32.01

322.02 Jurisprudence citée.
• **Paris, pôle 5, ch. 1, 29 juin 2011,** RG n° 09/15755.
* V. s[s] n° 322.41

322.11 Mécanismes de preuve généraux. Il s'agira donc de recourir à l'étranger aux mécanismes de preuve généraux, non spécifiquement dédiés à la preuve d'une contrefaçon alléguée, mais disponibles pour la preuve de faits quelconques.

SECTION 1
RECHERCHE PRIVÉE DE PREUVES À L'ÉTRANGER

322.21 Recherche privée de preuves à l'étranger. Il convient d'interroger le droit de chaque État étranger pour savoir déjà s'il autorise une telle recherche privée de preuves sur son territoire. Certains pays étrangers n'admettent pas la réalisation de recherche privée de preuves sur leur territoire. Ainsi, par exemple, l'Allemagne a fait connaître, dans le cadre de la convention de La Haye, son opposition au développement de telles pratiques sur son territoire en soutenant notamment que l'audition de témoins est une mission juridictionnelle qui doit être effectuée sous la supervision d'autorités judiciaires ou diplomatiques saisies conformément aux mécanismes d'entraide judiciaires applicables[1]. En revanche, d'autres pays admettent bien plus facilement la réalisation de recherches privées de preuves sur leur territoire, dans la mesure où c'est conforme à leur culture juridique. Il peut être ainsi schématiquement dressé une opposition entre les pays de tradition romano-germanique dans lesquels le juge veille à l'instruction de l'affaire et les pays de *common law* qui laissent la recherche des preuves à l'initiative privée des parties et de leurs avocats. Outre qu'il n'est parfois pas évident, dans certains pays étrangers, de tracer la frontière entre la collecte judiciaire des preuves et la recherche privée des preuves[2], se pose également la question de savoir si les mécanismes d'entraide judiciaire, tels que mis en place par la convention de La Haye du 18 mars 1970 ou par le règlement n° 1206/2001, excluent la collecte purement privée des preuves. Dans la mesure où ces deux textes se présentent explicitement comme des instruments de « *coopéra-*

1. A. Nuyts, préc., spéc. n° 22, p. 81.
2. À PROPOS de la pratique consistant pour les *solicitors* anglais à se déplacer pour recueillir des « *witness statements* » de la part de témoins localisés à l'étranger, et pour les avocats américains à organiser des séances privées d'audition de témoins en présence d'un « *court reporter* », chargé d'assurer une transcription intégrale des débats en vue d'être utilisée lors du procès : A. Nuyts, « Le règlement communautaire sur l'obtention des preuves : un instrument exclusif ? », *Rev. crit. DIP* 2007. 53 s., spéc. n° 22, p. 80-81.

tion judiciaire »[1] et portent en conséquence sur la recherche judiciaire des preuves, il ne semble pas possible, sur la base de ces instruments, de contraindre les parties à renoncer à une collecte de preuve purement privée[2].

SECTION 2
RECHERCHE JUDICIAIRE DE PREUVES À L'ÉTRANGER

322.31 Division. La recherche judiciaire de preuves à l'étranger peut s'enclencher naturellement par la sollicitation directe du juge étranger du lieu de situation des éléments de preuve (sous-section 1) mais aussi par la sollicitation d'un juge français pour que ce dernier mette en œuvre les mécanismes d'entraide judiciaire qui sont à sa disposition (sous-section 2).

SOUS-SECTION 1
SOLLICITATION DIRECTE DU JUGE ÉTRANGER

322.41 Sollicitation directe du juge du lieu de situation des éléments de preuve. La question préalable est ici celle du caractère exclusif ou non du système de coopération judiciaire mis en place par le Règlement CE n° 1206/2001. L'existence des mécanismes du règlement interdit-elle ou non à un particulier de les contourner et de saisir directement le juge étranger d'un autre État membre de l'Union européenne (hors le Danemark) pour lui demander l'obtention de preuves selon l'application de son droit local ?

Alors que la doctrine se partage[3], la cour d'appel de Paris, dans une décision du 29 juin 2011, s'est prononcée clairement en faveur du caractère non exclusif du mécanisme du règlement CE n° 1206/2001[4]. En l'espèce, une société suisse, se plaignant devant le tribunal de grande instance de Paris d'actes de contrefaçon commis en France d'un brevet européen lui appartenant, après avoir fait procéder à une saisie-contrefaçon sur la machine litigieuse alors qu'elle se trouvait en France, avait encore saisi directement le juge néerlandais pour obtenir de lui, selon son droit local, l'accomplissement d'une saisie conservatoire aux Pays-Bas où la machine avait finalement été transportée. Cette société suisse entendait utiliser les documents issus de cette saisie conservatoire néerlandaise devant le juge français afin notamment d'établir la matérialité de la contrefaçon reprochée au défendeur allemand. Ce dernier souhaitait, en revanche, que le juge français annule la saisie conservatoire néerlandaise. La cour d'appel de Paris a rejeté cette prétention en commençant par mettre en doute sa compétence pour annuler une décision d'une juridiction étrangère et, surtout, en décidant, contre l'argumentation de la société allemande, que le règlement CE n° 1206/2001 « *qui a pour objet (article 1er champ d'application) de prévoir, à seule fin de faciliter l'obtention des preuves, la possibilité pour un juge d'un État membre de demander « a) à la juridiction compétente d'un autre État membre de procéder à un acte d'instruction ou b) à procéder directement à un acte d'instruction dans un autre État membre », n'a pas pour effet d'interdire à la partie intéressée de faire procéder par elle-même à toute mesure d'instruction qu'elle estime utile à la conservation de ses droits dans un État étranger selon la loi de cet État* ».

À suivre l'opinion de la cour, il devrait être possible d'écarter les mécanismes du règlement pour procéder à la saisine directe du juge d'un autre État membre, juge du lieu de situation des preuves, et lui demander les mesures d'instruction prévues dans son droit.

À plus forte raison, il ne fait aucun doute qu'il est possible de saisir directement le juge étranger, juge du lieu de situation des preuves, afin de solliciter de lui les mesures d'instruction disponibles selon les règles de son droit national, lorsqu'il s'agit d'obtenir une preuve située sur le territoire d'un État non membre de l'Union européenne.

1. PAR EXEMPLE : l'intitulé même du règlement n° 1206/2001 relatif à la « *coopération entre les juridictions* » ou son considérant 1 qui évoque la « *coopération judiciaire* », ou encore le préambule de la convention de La Haye du 18 mars 1970 dans lequel les États signataires se déclarent « *soucieux d'accroître l'efficacité de la coopération judiciaire mutuelle en matière civile ou commerciale* » ainsi que l'article 1er qui ouvre le dispositif de la convention à « *l'autorité judiciaire d'un État contractant* ».
2. EN CE SENS : A. Nuyts, préc., spéc. n° 23, p. 81-82.
3. Pour le caractère exclusif, A. Nuyts, « Le règlement communautaire sur l'obtention des preuves : un instrument exclusif ? », *Rev. crit. DIP* 2007. 53 s., spéc. p. 83, exclusivité du règlement sauf à démontrer que la procédure européenne d'obtention des preuves à l'initiative du juge compétent au fond serait inefficace ou insuffisante pour assurer la protection des intérêts des justiciables; L. Demeyre, « Commercial litigating in the European Union. A changing landscape », *RDAI* 2008, n° 4, p. 481 s., spéc. p. 494-495, 504-505; B. Audit, L. d'Avout, *Droit international privé*, 6e éd., Economica, 2010, spéc. n° 435, p. 381-382. Contre le caractère exclusif, D. Lebeau et M.L. Niboyet, « Regards croisés du processualiste et de l'internationaliste sur le règlement CE du 28 mai 2001 relatif à l'obtention des preuves civiles à l'étranger », *Gaz. Pal.* 20 févr. 2003, n° 51, p. 6-19, spéc. note 19; A. Mourre, *Droit judiciaire privé européen des affaires*, Bruylant 2003, n° 787, p. 426; Y. Le Berre et E. Pataut, « La recherche de preuves en France au soutien de procédures étrangères au fond », *RDAI* 2004, n° 1, p. 53 s., spéc. p. 65-66;
4. Paris, pôle 5, ch. 1, 29 juin 2011, RG n° 09/15755.

322.42 ***Discovery américaine.*** S'agissant spécialement des États-Unis, il doit être fait mention[1] de l'article 1782 de l'*United States Code* (titre 28)[2] qui dispose que, sur requête de toute personne intéressée, un tribunal fédéral a le pouvoir d'enjoindre à une personne, qui réside ou se trouve dans son ressort territorial, d'apporter son témoignage ou de produire des documents ou des objets, non couverts par un « *privilege* » et destinés à être utilisés dans une procédure devant un tribunal étranger ou international. La Cour suprême des États-Unis, dans une décision de 2004, *Intel Corp. v. Advanced Micro Devices*, Inc.[3], a interprété très favorablement l'article 1782, réduisant les conditions à remplir pour accéder à cette procédure de discovery au service des procédures étrangères. Ainsi le « *tribunal étranger ou international* » recouvre jusqu'à la Commission des communautés européennes (affaire *Intel Corp. v. AMD*, où AMD avait porté plainte devant la Commission) ; la procédure devant le tribunal étranger ou international doit être raisonnablement envisageable, si elle n'est pas déjà pendante ou imminente. La demande peut être formée par un tribunal étranger ou international mais aussi par toute personne intéressée (personne partie à une procédure ou seulement intéressée à une procédure à laquelle elle n'est pas partie), contre une partie à la procédure étrangère mais aussi contre tout tiers qui n'y est pas partie. La Cour suprême dans sa décision *Intel Corp. v. AMD* a indiqué qu'il n'était pas nécessaire qu'une procédure équivalente existe dans le droit de la juridiction étrangère.

322.43 ***Discovery* – Modulation.** L'article 1782 de l'*United States Code* confère toutefois au juge la faculté de rendre une telle ordonnance et ne lui en fait pas l'obligation. Le juge dispose dans ce cadre d'un large pouvoir d'appréciation et peut, à sa discrétion, rejeter la requête, en restreindre l'effet ou la subordonner à des conditions. Ensuite, la personne à l'encontre de laquelle la mesure est ordonnée peut demander que l'ordonnance soit rétractée, rapportée ou modifiée. Elle peut démontrer que les conditions ne sont pas réunies. Elle peut faire valoir que la mesure sollicitée est importune ou excessivement onéreuse ou qu'elle n'aboutira pas à la production de preuves qui soient recevables. Si tel est le cas, le tribunal peut restreindre la mesure pour la rendre moins gênante, moins onéreuse ou moins ample.

322.44 ***Discovery* – Limites.** Lors de l'exécution de l'ordonnance, certains « *privileges* » légaux (par exemple un privilège protège la confidentialité des communications entre le client et son avocat aux fins d'obtenir un avis juridique, ainsi que les documents et les objets préparés par l'avocat ou son client en vue de la procédure) peuvent venir faire obstacle à la réception de certains témoignages, à la production de certains documents ou objets (Section 1782 (a) 2e al.)[4]. À part cette exception, la loi n'impose aucune limite à la discrétion du tribunal dans le choix du moyen de preuve. Il peut ordonner une mesure en totalité ou en partie conforme à la pratique ou à la procédure en vigueur dans le pays étranger ou devant le tribunal international. En revanche, s'il n'en est autrement disposé dans l'ordonnance, la mesure de *discovery* est conduite conformément aux règles de la procédure civile fédérale[5].

SOUS-SECTION 2
SOLLICITATION DU JUGE FRANÇAIS

322.51 **Voies disponibles.** La personne qui souhaite recueillir à l'étranger des éléments de preuve peut également penser à solliciter un juge français pour que ce dernier mette en œuvre les mécanismes d'entraide judiciaire qui sont à sa disposition. Le juge français peut alors s'adresser à une autorité étrangère par le biais des « *commissions rogatoires à destination d'un État étranger* » telles que régies par les articles 733 à 735 du code de procédure civile,

1. Outre la convention de La Haye du 18 mars 1970 à laquelle les États-Unis sont parties et la requête fondée sur le *Freedom of Information Act* (FOIA) qui permet d'obtenir des informations des agences gouvernementales américaines, sous réserve de leur confidentialité.
2. 28 U.S.C § 1782 : « *The district court of the district in which a person resides or is found may order him to give his testimony or statement or to produce a document or other thing for use in a proceeding in a foreign or international tribunal [...] upon the application of any interested person [...]* » ; SUR CE TEXTE : K. R. Adamo, R. L. Canala, S. M. Gerber, « Section 1782 – A Powerful Tool for Obtaining Discovery to Assist Foreign Litigation », *AIPLA Quaterly Journal*, Fall 2005, vol. 33, n° 4, p. 337 s. ; J. Griem, « A practical guide to patent trial discovery », *Managing Intellectual Property* June 2005, p. 45 s.
3. U.S. Supreme Court, 21 juin 2004, *Intel Corp. v. Advanced Micro Devices*, Inc. (02-572) 542 U.S. 241 (2004) 292 F. 3d 664 ; ÉGALt : S. Reese, « A wider net – Developments in disclosure and evidence collection », *Patent World* July/August 2005, n° 174, p. 27-29.
4. « *A person may not be compelled to give his testimony or statement or to produce a document or other thing in violation of any legally applicable privilege.* »
5. « *The order may prescribe the practice and procedure, which may be in whole or part the practice and procedure of the foreign country or the international tribunal, for taking the testimony or statement or producing the document or other thing. To the extent that the order does not prescribe otherwise, the testimony or statement shall be taken, and the document or other thing produced, in accordance with the Federal Rules of Civil Procedure.* »

ou par le biais d'un mécanisme international d'entraide judiciaire tel qu'instauré par la convention de La Haye du 18 mars 1970 ou, à une échelle régionale, par le règlement (CE) n° 1206/2001 du 28 mai 2001.

§ 1. Commissions rogatoires de droit commun

322.61 **Textes.** Les « *commissions rogatoires à destination d'un État étranger* » sont régies par les articles 733 à 735 du code de procédure civile.

322.62 **Envoi de la commission rogatoire.** La commission rogatoire à destination d'un État étranger doit nécessairement être formulée par un juge français qui peut le faire à la demande des parties ou d'office (C. pr. civ., art. 733). Le juge dispose d'un pouvoir discrétionnaire. La commission rogatoire peut être adressée à toute autorité judiciaire compétente de l'État étranger (en bénéficiant le cas échéant des moyens de contrainte prévus par la loi étrangère et que seule peut mettre en œuvre l'autorité publique locale[1]) ou aux autorités diplomatiques ou consulaires françaises présentes à l'étranger (avec l'avantage qu'elles ne peuvent refuser de déférer à la demande, sous réserve d'opposition de l'État étranger, qu'elles connaissent la loi française, que leur intervention est sans frais et ne nécessitera pas de traduction[2]) (C. pr. civ., art. 733). La commission rogatoire peut tendre à faire procéder dans un État étranger à des « *mesures d'instruction* » ainsi qu'à tous « *autres actes judiciaires* » (C. pr. civ., art. 733).

Le secrétaire de la juridiction commettante adresse une expédition de la décision donnant commission rogatoire, accompagnée d'une traduction établie à la diligence des parties, au ministère public (C. pr. civ., art. 734) qui la relaie au ministère de la Justice aux fins de transmission (C. pr. civ., art. 735).

322.63 **Exécution de la commission rogatoire.** L'exécution de la commission rogatoire est facultative pour les autorités étrangères visées et se réalise naturellement, par principe, en application des règles de la procédure étrangère. Toutefois, le juge français peut formuler le souhait que la commission rogatoire soit exécutée à l'étranger selon les formes de la loi française. Lorsque ce sont les autorités diplomatiques ou consulaires françaises qui exécutent la commission rogatoire, elles le font selon les formes de la loi française sans toutefois pouvoir exercer aucun acte de contrainte, même contre un ressortissant français.

§ 2. Convention de La Haye du 18 mars 1970

322.71 **Renvoi.** Pour la description des mécanismes de la convention de La Haye du 18 mars 1970, v. s[s] n°s 312.71 s.

§ 3. Règlement du Conseil n° 1206/2001 du 28 mai 2001

322.81 **Renvoi.** Pour la description des mécanismes du règlement n° 1206/2001 v. s[s] n°s 312.81 s.

1. B. Audit, L. d'Avout, préc., spéc. n° 436, p. 382.
2. *Ibidem*.

TITRE

33. L'exploitation internationale des éléments de preuve

SECTION 0

ORIENTEUR

33.00 Plan du titre.

33.02 Jurisprudence citée.

* V. s[s] n°s 331.01 et 332.01.

33.09 Division. Le problème sera envisagé sous ses deux aspects opposés : est-il possible d'utiliser à l'étranger les preuves tirées de la saisie-contrefaçon réalisée en France (chapitre 331) ? Est-il possible d'utiliser en France les preuves obtenues, notamment par un mécanisme de production obligatoire, à l'étranger (chapitre 332) ?

CHAPITRE

331. Utilisation à l'étranger des preuves tirées de la saisie-contrefaçon réalisée en France

331.01 **Jurisprudence citée.**

• **TGI Paris, 3e ch., 1re sect., 30 sept. 1998,** RG no 96/25285, *PIBD* 1999, no 673, III, 136.

• **TGI Paris, juge de la mise en état, 14 mai 1999,** RG no 98/21148, *Jurinpi* B19990125.

• **Paris, ord. 1er président, 26 juill. 1999,** *RD propr. int.* 2000, no 111, p. 24.

* V. ss no 331.11

331.11 **Positions jurisprudentielles.** Les preuves tirées de la saisie-contrefaçon réalisée en France sont utilisables à l'étranger[1]. C'est ce qui peut être déduit de l'autonomie du procès-verbal de saisie-contrefaçon valablement constitué en tant qu'élément de preuve, qui peut être utilisé largement, y compris dans un procès autre que celui introduit par l'assignation consécutive à la saisie-contrefaçon (v. ss no 134.33). C'est ce qui peut être déduit, par exemple, d'un jugement du tribunal de grande instance de Paris qui, le 30 septembre 1998, a laissé libre la société demanderesse d'exploiter, « *à ses risques et périls* », les documents et informations – autres que ceux confidentiels et inutiles à la preuve de la contrefaçon – issus des saisies-contrefaçon réalisées en France dans d'éventuelles actions en défense de ses droits engagées à l'étranger[2]. En revanche, une décision[3] a souhaité être plus prudente en décidant que le breveté pourrait « *faire usage des documents utiles à la preuve de la contrefaçon dans d'autres procédures l'opposant aux défenderesses tant en France qu'à l'étranger à l'exception de ceux contenant des informations confidentielles qui ne pourront être utilisés dans ces procédures qu'après que la décision de justice reconnaissant éventuellement le bien-fondé de la demande en contrefaçon aura pris force de chose jugée* ». Cette dernière solution est cependant critiquable en l'absence de tout fondement textuel alors surtout qu'il n'existe pas de raison de restreindre ainsi l'utilisation de documents jugés utiles à la preuve de la contrefaçon, la confidentialité des documents étant perdue dès lors que les documents ont été communiqués au saisissant et débattus au cours d'une audience publique.

1. PAR EXEMPLE : J. Bühling, « Obtaining evidence when preparing patent litigation », in *IP Value 2006 – Building and enforcing intellectual property value*, Globe White Page, 2006, p. 172 s., spéc. p. 173 qui indique qu'il est possible d'utiliser en Allemagne notamment les informations obtenues en France par le biais de la saisie-contrefaçon, le droit allemand n'imposant aucune limite à l'utilisation de telles informations.
2. TGI Paris, 3e ch., 1re sect., 30 sept. 1998, RG no 96/25285, *PIBD* 1999, no 673, III, 136.
3. TGI Paris, 3e ch., 2e sect., ord. JME, 14 mai 1999, RG no 98/21148 – DANS LA MÊME AFFAIRE : rejetant l'appel contre l'ordonnance, Paris, ord. réf., 26 juill. 1999, *RD propr. int.* mai 2000, no 111, p. 24.

CHAPITRE

332. Utilisation en France des preuves obtenues à l'étranger

332.01 **Jurisprudence citée.**

• **High Court of Justice, Chancery Division, Patents Court, 23 mars 2004,** Case n° HC 03 n°C0229, *Dendron GmbH, ev3 Limited, ev3 International Inc., ev3, Inc., Micro Therapeutics, Inc. v. The regents of the University of California, Boston Scientific Limited.*

* V. s^s n° 322.11

332.11 **Éléments à prendre en compte.** Les preuves obtenues à l'étranger, notamment par le biais d'un procédé de production obligatoire, sont-elles utilisables en France ? Du point de vue du droit français, rien ne semble faire obstacle à la production devant le juge français d'un élément de preuve tiré d'une procédure étrangère. Notamment s'agissant de la preuve de la contrefaçon, dès lors qu'il s'agit de prouver un fait juridique, le principe de la liberté de la preuve autorise à présenter au juge français tout élément de preuve susceptible de l'aider à former son intime conviction. Et dans ce contexte, les éléments de preuve constitués à l'étranger pourront, au minimum, constituer des indices ou présomptions du fait de l'homme. Tout jugement étranger a d'ailleurs d'emblée et sans condition un « *effet de preuve* », c'est-à-dire que le juge français peut s'appuyer sur la constatation de certains faits retenus par le juge étranger dans sa décision comme un élément de preuve, avec valeur d'indices ou de présomptions. En revanche, il reste toujours nécessaire de s'interroger du point de vue également du droit du pays de la procédure car dans certains droits (le droit anglais notamment) la production à l'étranger des preuves utilisées pour les besoins d'une procédure locale n'est pas possible sans engager sa responsabilité et dans d'autres droits le juge peut prendre la précaution d'interdire à l'avance toute utilisation des preuves obtenues au cours du procès dans toute procédure étrangère[1]. Si une telle circonstance ne change en rien à l'admissibilité de cet élément de preuve devant le juge français, il n'est néanmoins pas toujours négligeable pour la personne qui est tentée d'utiliser ainsi en France la preuve produite à l'étranger, de savoir qu'elle encourt de ce fait les sanctions de la violation de l'interdiction formulée par la loi étrangère ou le juge étranger.

S'agissant, par exemple, du droit anglais, de précieux enseignements peuvent être tirés de la décision rendue par la *High Court of Justice* (Laddie J), le 23 mars 2004, dans une affaire *Dendron*[2]. Il apparaît que, malgré la codification des *Civil Procedure Rules* (CPR), le principe dégagé précédemment par la jurisprudence a été maintenu : les éléments de preuve obtenus par un procédé de production obligatoire (tel que *disclosure, letter of request*...) ne peuvent pas faire l'objet d'un usage « *collatéral* », être utilisés dans des procédures étrangères parallèles (en l'espèce devant la Chambre de recours technique de l'OEB, les juridictions allemande et néerlandaise) sans l'autorisation de la personne à la source de cet élément de preuve ou l'autorisation de la juridiction qui en a ordonné la production (points 19 à 37 de la décision), la juridiction appréciant si des circonstances spéciales ou des raisons particulièrement fortes peuvent justifier cette autorisation (points 39 à 51 de la décision)[3]. En revanche, dès lors que la preuve a été produite en justice, elle peut être librement réutilisée, sauf précision contraire de la juridiction dans sa décision (point 27 de la décision).

1. AINSI, en droit allemand ou néerlandais, le juge peut interdire la réutilisation d'une preuve produite dans la procédure, notamment pour préserver le caractère secret de certaines informations.
2. High Court of Justice, Chancery Division, Patents Court, 23 mars 2004, Case N° : HC 03 N° C0229, *Dendron GmbH, ev3 Limited, ev3 International Inc., ev3, Inc., Micro Therapeutics, Inc. v. The regents of the University of California, Boston Scientific Limited.*
3. S. Reese, « A wider net – Developments in disclosure and evidence collection », *Patent World* July/August 2005, n° 174, p. 27-29.

LIVRE

4. LA RETENUE EN DOUANE DE MARCHANDISES CONTREFAISANTES

SECTION 0 ORIENTEUR

4.00 Plan du livre.

4.01 Textes applicables.

CPI, art. L. 335-10, L. 521-7, L. 521-14, L. 521-15, L. 522-1, L. 713-3, L. 716-8 à L. 716-10, L. 717-2.

Règl. CE n° 1383/2003 du 22 juill. 2003, art. 1 à 25.

C. douanes, art. 38, 428.

TFUE, art. 34.

4.02 Jurisprudence citée.

- **CJCE 6 avr. 2000,** n° C-383/98, *JCP E* 2000, pan. 729; [2000] *EIPR*, N-135.
- **CJCE 26 sept. 2000,** n° C-23/99.
- **CJCE 23 oct. 2003,** n° C-115/02.
- **Com. 31 mars 2004,** n° 00-10.901, *Bull. civ.* IV, n° 66.

* V. s^s n° 4.13

4.11 Rôle des douanes dans la lutte contre la contrefaçon. Les douanes, du fait de leur présence sur tout le territoire national et plus particulièrement sur les points stratégiques de passage des marchandises et des personnes (axes routiers, ports, aéroports, gares) jouent un rôle de première importance dans la lutte contre la contrefaçon. Elles disposent notamment, pour ce faire, de deux armes. La première de ces armes est la saisie douanière des marchandises de contrefaçon de marque. La contrefaçon de marque est un délit douanier et, en conséquence, les agents des douanes peuvent pratiquer une saisie à l'encontre de marchandises dont ils ont la certitude qu'elles constituent une reproduction ou une imitation d'une marque protégée au sens de l'article L. 713-3 du code de la propriété intellectuelle. La loi du 29 octobre 2007 a modifié l'article 428 du code des douanes ainsi que les articles L. 716-9 et L. 716-10 du code de la propriété intellectuelle, afin de supprimer l'expression « *sous tous régimes douaniers* ». Cette évolution vise à étendre la répression du délit douanier aux contrefaçons de marques constatées lors des « *transbordements* », c'est-à-dire lorsque les marchandises acheminées sur des plateformes aéroportuaires ne sont pas destinées au marché français ou communautaire mais sont stockées temporairement dans l'attente de leur réexpédition, par voie aérienne, vers leur destination finale en dehors de l'Union européenne (*marchandises tiers-tiers*). La loi du 29 octobre 2007 a également modifié l'article 38 du code des douanes afin de faire de la contrefaçon de dessins ou modèles (national ou communautaire), à l'instar de la contrefaçon de marque, une prohibition douanière à laquelle la saisie douanière est ainsi désormais applicable. Mais existe alors tout de même le risque d'une saisie douanière infondée, susceptible d'ouvrir droit à réparation pour sa victime, si bien que les agents des douanes préfèrent dans la plupart des cas commencer par mettre en œuvre une seconde arme, la retenue en douane.

4.12 Définition. La retenue en douane de marchandises arguées de contrefaçon est une mesure qui autorise les services douaniers à retenir des marchandises soupçonnées d'être contrefaisantes pendant une certaine période, pour permettre au titulaire des droits de vérifier l'origine des marchandises et, le cas échéant, de faire constater la contrefaçon, voire d'agir directement contre les responsables de cette atteinte. Cette mesure consiste, lors de la découverte par le service des douanes de marchandises soupçonnées de contrefaçon, soit à suspendre la mainlevée douanière de la marchandise lorsque celle-ci se trouve en situation de dédouanement, soit à la retenir dans les autres cas. La retenue en douane apporte des informations au titulaire des droits mais surtout elle lui donne le temps nécessaire pour faire constater les atteintes portées à ses droits. La retenue est en quelque sorte la salle d'attente de la saisie-contrefaçon.

Il existe à l'heure actuelle deux régimes distincts de retenue en douane, l'un de droit communautaire, l'autre de droit national, très proches par leurs mécanismes mais radicalement distincts par leur champ d'application respectif puisque le droit communautaire a vocation à s'appliquer aux marchandises qui franchissent la frontière extérieure de l'Union européenne pour y pénétrer ou en sortir, tandis que le droit national a vocation à s'appliquer aux marchandises qui franchissent non pas la frontière extérieure de la Communauté (pour y pénétrer ou en sortir) mais les frontières entre la France et les autres États membres de l'Union (pour circuler entre États membres). Le régime communautaire trouve toute sa réglementation dans des règlements communautaires qui s'intègrent en tant que tels dans le droit interne de chacun des États membres dont la France. Le régime national trouve sa réglementation dans différents articles législatifs et réglementaires du code de la propriété intellectuelle. Ces deux régimes se sont construits très progressivement.

4.13 Historique et textes. Des règlements communautaires ont introduit et progressivement généralisé la procédure de retenue en douane relativement aux différents droits de propriété intellectuelle et relativement aux seules marchandises déclarées aux autorités douanières pour leur « *mise en libre pratique* », c'est-à-dire importées dans la Communauté en provenance d'un pays étranger à la Communauté.

Ainsi, le règlement du Conseil n° 3842/86 du 1er décembre 1986 a mis sur pied la procédure de retenue en douane pour les « *marchandises de contrefaçon* », c'est-à-dire toute marchandise, en provenance d'un pays étranger à la Communauté, portant indûment une marque de fabrique ou de commerce identique ou similaire à une marque valablement enregistrée. Le règlement ne protégeait ainsi, par la retenue en douane, que les droits nationaux de marque (la marque communautaire ne devant voir le jour qu'en 1994). Ce règlement excluait également de son champ d'application les marchandises contenues dans des bagages personnels des voyageurs. Ce règlement nécessitait, pour entrer en application, que chaque État membre désigne l'autorité compétente chargée de surveiller les marchandises contrefaisantes. La France a mis en application ce règlement, par décret n° 87-1171 du 24 décembre 1987 en désignant l'administration douanière comme autorité compétente. Il a été complété par un règlement d'application de la Commission n° 3077/87 du 14 octobre 1987. L'application du règlement du 1er décembre 1986 a toutefois posé d'importantes difficultés pratiques car le règlement n'autorisait pas l'administration des douanes à lever le secret professionnel. Du fait de cette omission, le titulaire des droits était dans l'impossibilité d'engager une action en justice car, même lorsque des marchandises contrefaisantes étaient interceptées, les douanes ne pouvaient indiquer qui était l'expéditeur ou le destinataire des marchandises.

Ce premier texte a été remplacé par un nouveau règlement plus complet, le règlement du Conseil n° 3295/94 du 22 décembre 1994, complété par un règlement d'application de la Commission n° 1367/95 du 16 juin 1995. Il est entré en vigueur le 1er juillet 1995. Outre qu'il a facilité l'application de la retenue, notamment en autorisant la levée du secret professionnel douanier et en introduisant la possibilité pour les autorités douanières de procéder d'office à la retenue avant toute demande d'intervention du titulaire du droit contrefait, ce nouveau règlement a élargi le mécanisme de la retenue en douane. D'une part, il l'a étendu aux marchandises de contrefaçon qui portent atteinte à une marque communautaire, aux « *marchandises pirates* » – c'est-à-dire toute marchandise portant atteinte aux droits d'auteur et droits voisins ou aux dessins ou modèles enregistrés ou non, nationaux ou communautaires – et aux « *marchandises assimilées* » telles que les moules ou matrices servant à la fabrication de la marque contrefaite ou des marchandises portant une telle marque ou à la fabrication d'une marchandise pirate. D'autre part, le règlement n° 3295/94 s'est aussi donné pour objectif d'assurer une parfaite étanchéité de la frontière extérieure de la Communauté, les autorités douanières devant pouvoir appréhender l'ensemble des situations douanières dans lesquelles peuvent se trouver des marchandises portant atteinte à ces droits de propriété intellectuelle. Ainsi, les marchandises de contrefaçon et les marchandises pirates peuvent être retenues en douane lorsqu'elles sont importées dans la Communauté en provenance des pays tiers – et déclarées pour leur mise en libre pratique dans la Communauté ou placées sous un régime suspensif (suspension du payement de la dette douanière) tel que le transit ou l'entrepôt – mais également lorsqu'elles sont exportées (marchandises d'origine communautaire qui quittent définitivement le territoire de l'Union) ou réexportées (marchandises d'origine étrangère importées en Europe puis réexportées dans leur pays d'origine). La Cour de justice des Communautés européennes a précisé que ce règlement doit s'interpréter en ce sens qu'il s'applique lorsque des marchandises du type de celles qu'il décrit, importées d'un pays tiers, sont, au cours de leur transit vers un autre pays tiers, provisoirement immobilisées dans un État membre par les autorités douanières de cet État en vertu dudit règlement et à la demande du titulaire des droits qui invoque la violation de ses droits, que son siège se situe dans un État membre ou dans un pays tiers [1].

Le règlement du Conseil n° 241/1999 du 25 janvier 1999 [2], entré en vigueur le 1er juillet 1999, est alors intervenu pour modifier le règlement n° 3295/94 et étendre la retenue en douane à la défense de droits nouveaux (brevets nationaux, certificats complémentaires de protection pour les médicaments, tels que prévus par le règlement n° 469/2009, certificats complémentaires de protection pour les produits phytopharmaceutiques, tels que prévus par le règlement n° 1610/96), aux marchandises placées en zone franche ou entrepôt franc et aux marchandises qui n'ont pas encore été présentées aux autorités douanières ou qui ont été présentées mais pas encore approuvées par les autorités douanières (afin de permettre aux titulaires de droit d'agir dès l'introduction des marchandises dans la Communauté). Le règlement s'est aussi attaché à simplifier la procédure de demande de retenue en douane s'agissant particulièrement des marchandises portant atteinte à une marque communautaire : le titulaire d'une marque communautaire peut dorénavant par une seule demande obtenir non seulement l'intervention des autorités douanières de l'État membre dans lequel elle est présentée mais aussi l'intervention des autorités douanières d'un ou de plusieurs autres États membres (ce mécanisme sera étendu par le règlement suivant n° 1383/2003 aux autres titres communautaires : dessin ou modèle communautaire, protection communautaire d'une obtention végétale ou d'une appellation d'origine ou d'une indication géographique ou d'une désignation géographique protégée par la Communauté, art. 5 § 4).

Enfin, le règlement du Conseil n° 3295/94 du 22 décembre 1994 a été abrogé avec effet au 1er juillet 2004, date à laquelle il a été remplacé par le règlement du Conseil n° 1383/2003 du 22 juillet 2003, qui étend la retenue en douanes à la protection nationale et communautaire des obtentions végétales, aux appellations d'origine, indications géographiques et dénominations géographiques. Le règlement prévoit également la suppression de toute redevance devant être versée par le titulaire du droit dans le cadre de l'examen d'une demande d'intervention. Il permet en outre la communication au titulaire du droit d'informations plus détaillées sur les marchandises retenues, et la remise d'échantillons au titulaire du droit, aux fins d'analyse. Un autre élément important de la réforme se trouve dans la soi-disant « *procédure simplifiée* » de l'article 11 du règlement, qui permet, avec l'accord du titulaire du droit ainsi que du déclarant, détenteur ou propriétaire des marchandises soupçonnées de porter atteinte à un droit de propriété intellectuelle, aux autorités douanières de faire en sorte que ces marchandises soient abandonnées pour être détruites sous contrôle des douanes, sans qu'il soit nécessaire de déterminer s'il y a eu violation d'un droit de propriété intellectuelle (donc hors toute décision judiciaire statuant au fond). Toutefois, la procédure simplifiée ne peut s'appliquer que si les États membres l'ont prévue dans leur législation nationale, ce qui n'est pas le cas du droit français.

Parallèlement, inspiré par le modèle communautaire, le législateur français a introduit une procédure de retenue en douane applicable aux marchandises qui franchissent non pas la frontière extérieure de la Communauté (pour y pénétrer ou en sortir) mais les frontières entre la France et les autres États membres de l'Union (pour circuler entre États membres) et applicable à un nombre toutefois plus restreint de droits de propriété intellectuelle.

Le droit français s'est ainsi doté, en s'inspirant du règlement n° 3842/86, de son premier mécanisme de retenue en douane par la loi n° 91-7 du 4 janvier 1991 relative aux marques de fabrique, de commerce ou de service (art. 22 de la loi, qui deviendra plus tard l'article L. 716-8 du code de la propriété intellectuelle). Pour pallier une difficulté pratique qu'avait révélée l'application du règlement n° 3842/86 (v. *supra*), la loi n° 91-7, en son article 22, avait résolu la difficulté en autorisant expressément la levée du secret professionnel.

La loi n° 94-102 du 5 février 1994 a ensuite élargi le mécanisme aux droits d'auteur et droits voisins (CPI, art. L. 335-10) ainsi qu'aux dessins

1. CJCE 6 avr. 2000, n° C-383/98, *JCP E* 2000, pan. 729; [2000] *EIPR*, N-135.
2. Règl. (CE) n° 241/1999 du 25 janvier 1999, *JOCE* L 27 du 2 février 1999, p. 1-5.

ou modèles (CPI, ancien art. L. 521-7), préfigurant l'évolution du droit communautaire avec le règlement n° 3295/94.

C'est l'ordonnance n° 2001-670 du 25 juillet 2001 portant adaptation au droit communautaire du code de la propriété intellectuelle et du code des postes et télécommunications qui a étendu la protection de la retenue en douane aux marques communautaires (CPI, art. L. 717-2).

L'article 84 de la loi n° 2003-706 du 1er août 2003 a légèrement modifié la rédaction des différents articles du code de la propriété intellectuelle relatifs à la retenue en douane afin de retranscrire en droit interne une décision de la Cour de justice des Communautés européennes. Les articles L. 335-10, L. 521-7 et L. 716-8 du code de la propriété intellectuelle, tels que modifiés par la loi n° 2003-706 du 1er août 2003, ont précisé que la retenue ne peut pas porter sur « *les marchandises de statut communautaire, légalement fabriquées ou mises en libre pratique dans un État membre de la Communauté européenne et destinées, après avoir emprunté le territoire douanier tel que défini à l'article 1er du code des douanes, à être mises sur le marché d'un autre État membre de la Communauté européenne, pour y être légalement commercialisées* » (depuis l'entrée en vigueur au 1er décembre 2009 du Traité de Lisbonne, il faut lire les termes « *la Communauté européenne* » comme désignant « *l'Union européenne* »). Cette modification législative répondait à un arrêt de la Cour de justice des Communautés européennes du 26 septembre 2000 [1] constatant un manquement de la France sur ce point (dans son état précédent, la législation française permettait en effet de faire retenir de telles marchandises, ce qui constituait selon la Cour une mesure d'effet équivalent à une restriction quantitative à l'importation contraire à l'article 28 CE du traité).

Et c'est enfin la loi n° 2007-1544 du 29 octobre 2007 qui a étendu la retenue en douane aux dessins et modèles communautaires (CPI, art. L. 522-1) et ajouté une nouvelle précision pour retranscrire encore une autre décision de justice [2] : un arrêt de la Cour de cassation du 31 mars 2004 [3], faisant suite à un avis du 23 octobre 2003 de la Cour de justice des Communautés européennes saisie à titre préjudiciel [4], a décidé que la retenue ne pouvait pas non plus s'appliquer aux marchandises légalement fabriquées dans un autre État membre et destinées, après avoir transité par le territoire du premier État membre, à être mises sur le marché d'un pays tiers. Les articles L. 521-14, L. 716-8 (mais étrangement pas l'article L. 335-10) du code de la propriété intellectuelle ont ainsi été complétés d'un nouvel alinéa indiquant que la retenue en douane ne porte pas « *sur les marchandises de statut communautaire, légalement fabriquées ou légalement mises en libre pratique dans un autre État membre de la Communauté européenne, dans lequel elles ont été placées sous le régime du transit et qui sont destinées, après avoir transité sur le territoire douanier tel que défini à l'article 1er du code des douanes, à être exportées vers un État non membre de la Communauté européenne* » (depuis l'entrée en vigueur au 1er décembre 2009 du Traité de Lisbonne, il faut lire les termes « *la Communauté européenne* » comme désignant « *l'Union européenne* »). La loi de 2007 a encore innové en insérant dans le droit français un mécanisme de retenue en douane d'office, en dehors de toute demande du titulaire du droit (CPI, art. L. 521-15, et art. L. 716-8-1), directement inspiré du mécanisme du règlement communautaire. Le décret d'application de la loi du 29 octobre 2007, concernant notamment la question de la retenue en douane, a été adopté le 27 juin 2008 [5]. Malgré son évolution, le droit français n'offre toutefois la protection de la retenue en douane qu'à un nombre restreint de droits de propriété intellectuelle si bien qu'il contraste assez fortement avec le droit communautaire qui ouvre la protection de la retenue en douane à presque tous les droits nationaux et communautaires de propriété intellectuelle.

4.14 Les droits concernés par la retenue en douane. Le règlement communautaire n° 1383/2003, en son article 2, vise : 1° la marque nationale et la marque communautaire, 2° le droit d'auteur et les droits voisins nationaux (qui n'ont pas d'équivalent au niveau communautaire), 3° les dessins et modèles nationaux et communautaires (enregistrés ou non), 4° le brevet national, 5° les certificats complémentaires de protection de médi-

1. CJCE 26 sept. 2000, aff. C-23/99, *D.* 2000. AJ 440, la retenue en douane de marchandises suspectées de contrefaçon telle que prévue par le code de la propriété intellectuelle constitue une restriction à la libre circulation des marchandises lorsqu'elle concerne des marchandises légalement fabriquées dans un État membre de la Communauté européenne et destinées, après avoir transité en France, à être mises sur le marché d'un autre État membre où elles peuvent être légalement commercialisées.
2. I. Leroux, B. Martinet, « Transit de marchandises contrefaisantes : quelles actions depuis la loi du 29 octobre 2007 », *Propr. industr.* avr. 2009, étude n° 7, p. 11 s.
3. Com. 31 mars 2004, n° 00-10.901, *Bull. civ.* IV, n° 66; *PIBD* 2004, n° 790, III, 414; *D.* 2004. AJ 1239, obs. Daleau; *Propr. intell.* oct. 2004, p. 940, obs. de Haas.
4. CJCE 23 oct. 2003, n° C-115/02, *RTD eur.* 2004. 133, note Bonet; *Propr. industr.* 2004, comm. n° 23, note Folliart-Monguiral; *ibid.* 2004, comm. n° 24, note Kamina.
5. Décr. n° 2008-625, 27 juin 2008 modifiant le code de la propriété intellectuelle, *JO* n° 0151, 29 juin 2008, p. 10470, texte n° 6.

caments et de produits phytopharmaceutiques, 6° le certificat d'obtention végétale national et le certificat de protection communautaire des obtentions végétales, 7° les appellations d'origine et les indications géographiques nationales ainsi que les appellations d'origine protégée et les indications géographiques protégées (en application du règlement n° 510/2006 du 20 mars 2006) et 8° les dénominations géographiques nationales pour boissons spiritueuses (encadrées par le règlement CEE n° 1576/89 du Conseil). La retenue en douane communautaire ne peut donc pas être pratiquée sur le fondement de tous les droits de propriété intellectuelle. Échappe ainsi à la liste, le droit *sui generis* du producteur de bases de données qui, par son emplacement au sein de la première partie « La propriété littéraire et artistique », mais en dehors du livre II intitulé « Les droits voisins du droit d'auteur » n'est formellement pas intégré aux droits voisins. De même, l'intitulé du livre III, qui énonce les « Dispositions générales relatives au droit d'auteur, aux droits voisins et droits des producteurs de bases de données », n'assimile pas les droits du producteur de bases de données aux droits voisins. Échappe encore à la liste communautaire, la protection des topographies de produits semi-conducteurs.

Le droit positif national de la retenue en douane concerne : 1° le droit d'auteur et les droits voisins (CPI, art. L. 335-10), 2° les dessins et modèles déposés (CPI, art. L. 521-14) et les dessins ou modèles communautaires (CPI, art. L. 522-1 renvoyant aux dispositions du chapitre I dont fait partie notamment l'article L. 521-14 du même code), 3° les marques enregistrées nationales (CPI, art. L. 716-8) et les marques communautaires (CPI, art. L. 717-2 renvoyant entre autres à l'article L. 716-8). Corrélativement, la retenue en douane, en droit interne, n'est pas prévue pour la défense des certificats d'obtention végétale et des certificats de protection communautaire des variétés végétales, du brevet national, des topographies de produits semi-conducteurs, des appellations d'origine nationales ou communautaires, ou, enfin, du droit *sui generis* du producteur de bases de données.

Il est à noter qu'une proposition de loi « *tendant à renforcer la lutte contre la contrefaçon* », telle que modifiée le 12 juillet 2011 au Sénat, entend renforcer les moyens d'action des douanes en matière de protection de la propriété intellectuelle, notamment[1] en élargissant le mécanisme national de la retenue en douane (avec le choix systématique entre les deux procédures, à savoir sur demande préalable du titulaire du droit ou d'office) à tous les droits de propriété intellectuelle (droit d'auteur et droits voisins, dessins et modèles, brevets et CCP, certificats d'obtention végétale, marques, indications géographiques; ou presque tous les droits de propriété intellectuelle car, en l'état, la proposition de loi laisse ainsi dans l'ombre le sort du certificat d'utilité, du droit sur la topographie de produits semi-conducteurs et du droit *sui generis* du producteur de bases de données).

4.15 Les marchandises concernées par la retenue en douane. Le règlement communautaire n° 1383/2003, dans ses trois premiers articles, définit de manière très précise les marchandises qui peuvent faire l'objet de la retenue en douane communautaire. D'une manière générale, il s'agit des marchandises portant atteinte à l'un des droits de propriété intellectuelle protégés par le règlement. Toutefois, s'agissant des marchandises portant atteinte au droit de marque, afin de faire échec aux pratiques des contrefacteurs consistant à importer séparément le produit et les éléments matériels de marquage du produit, l'article 2 indique bien que les « *marchandises de contrefaçon* » comprennent les marchandises, y compris leur conditionnement, mais aussi « *tout signe de marque* », c'est-à-dire un logo, une étiquette, un autocollant, un prospectus, une notice d'utilisation, un document de garantie portant le signe en question, et encore les « *emballages portant les marques des marchandises de contrefaçon, présentés séparément* ». Sont également assimilés à des marchandises portant atteinte à un droit de propriété intellectuelle « *tout moule ou toute matrice spécifiquement conçus ou adaptés à la fabrication de telles marchandises, à condition que l'utilisation de ces moules ou matrices porte atteinte aux droits du titulaire* ».

En revanche, l'article 3 § 1 du règlement exclut du champ de la retenue en douane communautaire, les marchandises ayant déjà donné lieu à un épuisement du droit, ainsi que les marchandises fabriquées par un licencié en violation d'un contrat de licence. Et l'article 3 § 2 du règlement exclut les marchandises se trouvant dans les bagages personnels des voyageurs, à moins que les circonstances ne suggèrent un trafic commercial.

1. Outre une redéfinition de la contrefaçon des droits de propriété intellectuelle, pour y inclure expressément la contrefaçon sous toutes ses formes et sous tous les régimes et situations douanières – importation, exportation, transbordement et détention – afin de donner à la douane une base légale pour saisir et sanctionner en toutes hypothèses les marchandises contrefaisantes; et outre, encore, une nouvelle modification de l'article 38 du code des douanes afin de faire de la contrefaçon de tout droit de propriété intellectuelle (par une référence terminologique simple et générale aux « *marchandises contrefaisantes* ») et non plus seulement de la contrefaçon de marque ou de dessins ou modèles (national ou communautaire), une prohibition douanière à laquelle la saisie douanière est ainsi désormais applicable.

4.16 Division. Il convient d'examiner successivement les conditions préalables à la retenue (titre 41) et la procédure de retenue (titre 42).

TITRE

41. La condition préalable à la retenue : la demande d'intervention

SECTION 0

ORIENTEUR

41.00 Plan du titre.

41.01 Textes applicables.

CPI, art. L. 335-10, L. 521-14, L. 521-15, L. 521-16, L. 521-17, L. 716-8, L. 716-8-1, L. 716-8-2, L. 716-8-3, R. 335-1, R. 523-1, R. 716-1, R. 716-6.

Règl. CE n° 1383/2003 du 22 juill. 2003, art. 1 à 25.

Règl. CE n° 1891/2004 du 21 oct. 2004, art. 2.

C. douanes, art. 59 *bis*.

41.02 Jurisprudence citée.

* V. ss n° 411.02.

41.09 Division. Quel que soit le régime sous lequel la retenue en douane est réalisée, il est en principe nécessaire de présenter, au préalable, une demande d'intervention (chapitre 411). Il est toutefois possible, par exception, que l'administration douanière procède d'office à une retenue en douane, en l'absence même de toute demande d'intervention préalable (chapitre 412).

CHAPITRE

411. Principe de la demande d'intervention

411.01 **Textes applicables.**

* V. s[s] n° 41.01

411.02 **Jurisprudence citée.**

> Auteur de la demande d'intervention préalable

• **TGI Paris, 3e ch., 3e sect., 31 oct. 2007,** *PIBD* 2008, n° 865, III, 12.

* V. s[s] n° 411.12

> Les droits du demandeur doivent être opposables aux tiers

• **TGI Angoulême, 20 avr. 1995,** *RD propr. int.* 1995, n° 58, 55.

* V. s[s] n° 411.13

411.11 **Caractère obligatoire de la demande d'intervention préalable.** D'une manière générale, l'intervention des douanes n'a lieu que si le titulaire des droits a adressé préalablement une demande écrite d'intervention à l'autorité compétente. En France, il s'agit de la Direction générale des douanes, Bureau E 4, section de la propriété intellectuelle[1].

411.12 **Auteur de la demande d'intervention préalable.** L'article 2 § 2 du règlement communautaire n° 1383/2003 reconnaît au titulaire des droits de propriété intellectuelle énumérés à l'article 2 § 1, ainsi qu'à « *toute autre personne autorisée à utiliser* » ces droits ou à leur représentant, la possibilité de présenter une demande d'intervention.

Le droit français utilise des formules différentes selon les droits concernés :

– en matière de droit d'auteur (CPI, art. L. 335-10), seul le « *titulaire d'un droit d'auteur ou d'un droit voisin* » est visé; les licenciés exclusifs ne semblent donc pas être en mesure de demander la retenue douanière;

– en matière de marques de fabrique et de dessins et modèles (CPI, art. L. 716-8 et L. 521-14), la demande de retenue douanière peut émaner du « *propriétaire d'une marque enregistrée*[2] *ou du bénéficiaire d'un droit exclusif d'exploitation* », du « *propriétaire d'un dessin ou modèle déposé ou du bénéficiaire d'un droit exclusif d'exploitation* ». Force est de constater qu'il n'est pas fait obligation au licencié de mettre préalablement le titulaire des droits en demeure, à la différence de ce qui est requis pour l'engagement d'une action en contrefaçon ou pour une saisie-contrefaçon. Cependant, en pratique, compte tenu de la brièveté des délais qui vont lui être impartis, si le licencié exclusif envisage de réaliser une saisie-contrefaçon après avoir obtenu la retenue en douane, il sera bien avisé de mettre le titulaire des droits en demeure d'agir, avant que la retenue soit notifiée.

411.13 **Les droits du demandeur doivent être opposables aux tiers.** En tout état de cause, les droits du demandeur doivent être opposables aux tiers. En d'autres termes, selon la jurisprudence, le cessionnaire ou le titulaire d'un contrat de licence doivent avoir fait inscrire leurs droits aux registres concernés. Lorsque la retenue en douane a été demandée par une personne qui n'était pas habilitée à le faire, sa mainlevée doit être ordonnée[3].

1. Direction générale des douanes, Bureau E 4, section de la propriété intellectuelle, 8 rue de la Tour-des-Dames, F-75346 Paris Cedex 09, *cf.* Arrêté du 23 janv. 2006 fixant les modalités de présentation de la demande de retenue mentionnée aux articles R. 335-1, R. 521-1 et R. 716-1 du code de la propriété intellectuelle, *JO* n° 29 du 3 février 2006, p. 1814.

2. À DÉFAUT d'être enregistrée au jour de la demande de surveillance, il semble suffisant que la marque soit enregistrée au jour où le contrôle des douanes est intervenu : TGI Paris, 3e ch., 3e sect., 31 oct. 2007, *PIBD* 2008, n° 865, III, 12.

3. TGI Angoulême, 20 avr. 1995, *RD propr. int.* 1995, n° 58, 55, note Y. Marcellin.

411.14 Instruction de la demande par la Direction générale des douanes. La Direction générale des douanes vérifie tout d'abord que la demande du titulaire est accompagnée de tous les documents justificatifs et informations requis.

S'agissant de la retenue en douane de droit interne, la demande peut être présentée avant même l'entrée des marchandises arguées de contrefaçon sur le territoire français, et doivent alors être fournis les documents et les informations requis aux articles R. 716-6 (marques), R. 335-1 (droits d'auteur et voisins), R. 523-1 (dessins et modèles) du code de la propriété intellectuelle :

- 1° les noms et prénoms ou la dénomination sociale du demandeur, son domicile ou son siège social;

- 2° le cas échéant, le nom et l'adresse du mandataire et la justification de son mandat;

- 3° la qualité du demandeur au regard des droits qu'il invoque; le demandeur peut être le titulaire du droit d'auteur ou du droit voisin, ou, en matière de droit de marque et de dessins ou modèles, le titulaire du droit ou le bénéficiaire d'un droit exclusif d'exploitation (v. s[s] n° 411.12); s'il s'agit d'un licencié ou d'un cessionnaire, ce dernier devra apporter à l'administration douanière la preuve du contrat de licence ou de cession dont il tire ses droits ainsi que de son opposabilité aux tiers;

- 4° les justifications du droit de propriété intellectuelle revendiqué, conformément à l'exigence des articles L. 335-10, L. 521-14 et L. 716-8 du code de la propriété intellectuelle. Il faudra ainsi produire tous éléments permettant d'identifier l'œuvre ou la prestation contrefaites, en matière de droit d'auteur et droits voisins[1]. En matière de marques, l'article R. 716-6 4° du code de la propriété intellectuelle exige « *la désignation et le numéro d'enregistrement de la ou des marques dont la protection est demandée* ». Et en pratique, le service des douanes semble se contenter de l'acte d'enregistrement de la marque; il n'est donc pas théoriquement nécessaire de présenter, chaque année, un certificat d'identité. La marque concernée peut être une marque française, éventuellement issue d'un dépôt international ou une marque communautaire. En matière de dessins et modèles, avant le décret n° 2008-625 du 27 juin 2008[2], le texte de l'ancien article R. 521-1 exigeait à titre de preuve « *l'objet et le numéro national du dessin ou modèle concerné, accompagné d'un certificat d'identité délivré par l'Institut national de la propriété industrielle* ». Le nouvel article R. 523-1 du code de la propriété intellectuelle exige maintenant plus simplement « *la preuve de l'enregistrement ou du dépôt auprès de l'organisme compétent du ou des dessins et modèles dont la protection est demandée* ». Cette formule plus abstraite peut concerner non seulement les dessins et modèles nationaux mais également les dessins et modèles communautaires et il est permis d'espérer que, à l'instar de ce qui se passe en matière de marques, le service des douanes sera poussé par cette formule à se contenter simplement de l'acte d'enregistrement de la marque, sans qu'il soit nécessaire de présenter, chaque année, un certificat d'identité;

- 5° la description des marchandises authentiques ainsi que celle des marchandises arguées de contrefaçon dont la retenue est demandée;

- 6° l'ensemble des documents et informations permettant d'attester que les marchandises arguées de contrefaçon ne sont pas des marchandises sur lesquelles la retenue ne peut pas porter conformément aux derniers alinéas de l'article L. 521-14, c'est-à-dire des marchandises de statut communautaire, légalement fabriquées ou mises en libre pratique dans un État membre de l'Union européenne et destinées, après avoir emprunté le territoire douanier français, à être mises sur le marché d'un autre État membre de l'Union européenne pour y être légalement commercialisées, ou des marchandises de statut communautaire, légalement fabriquées ou légalement mises en libre pratique dans un autre État membre de l'Union européenne, dans lequel elles ont été placées sous le régime du transit et qui sont destinées, après avoir transité sur le territoire douanier français, à être exportées vers un État non membre de l'Union européenne.

S'agissant de la retenue en douane communautaire, doivent être fournis les documents et les informations requis à l'article 5 du règlement n° 1383/2003 du 22 juillet 2003 :

- une description technique précise et détaillée des marchandises (art. 5 § 5 i);

- les informations spécifiques dont le titulaire du droit pourrait disposer concernant la nature ou le type de fraude (art. 5 § 5 ii);

- les coordonnées de la personne de contact désignée par le titulaire du droit (art. 5 § 5 iii);

- la déclaration du demandeur par laquelle il accepte sa responsabilité envers les personnes concernées par la retenue en douane dans le cas où la procédure de retenue ne serait pas poursuivie à cause d'un acte ou d'une omission du titulaire du droit ou dans le cas où il serait établi par la suite que les marchandises en question ne portent pas atteinte à

1. Le service des douanes explique, par exemple, que cette preuve peut être apportée par un pli postal recommandé attestant de la date de création, une enveloppe Soleau déposée à l'Institut national de la propriété industrielle, un constat d'huissier, des catalogues, des revues, etc.
2. Décr. n° 2008-625, 27 juin 2008 modifiant le code de la propriété intellectuelle, *JO* 29 juin 2008.

un droit de propriété intellectuelle (art. 5 § 5 et art. 6);

– la justification établissant que le demandeur est titulaire du droit pour les marchandises en question (art. 5 § 5) et qui prend la forme pour les droits faisant l'objet d'un enregistrement ou, le cas échéant, d'un dépôt, d'une preuve de l'enregistrement par l'office concerné ou du dépôt (pour les appellations d'origine protégées et les indications géographiques protégées la preuve devra être apportée en outre que le titulaire du droit est le producteur ou le groupement), et pour le droit d'auteur, les droits voisins ou le droit relatif aux dessins et modèles non enregistrés ou non déposés, de tout moyen de preuve attestant de sa qualité d'auteur ou de titulaire originaire (règlement d'application n° 1891/2004 du 21 octobre 2004, art. 2);

– si la demande est formée sur la base d'un droit communautaire pour produire effet non seulement dans l'État membre dans lequel elle est formée mais également dans un ou plusieurs autres États membres, il faut indiquer le ou les États membres dans lesquels l'intervention des autorités douanières est sollicitée, ainsi que les coordonnées du titulaire du droit dans chacun des États membres concernés (art. 5 § 5);

– si la demande est formée non pas par le titulaire du droit mais par une personne autorisée à utiliser un droit de propriété intellectuelle, il faut justifier également du titre en vertu duquel cette personne est autorisée à utiliser le droit en question (Règl. n° 1891/2004, art. 2 § 2);

– si la demande est formée non pas par le titulaire du droit mais par un représentant du titulaire du droit ou de toute autre personne autorisée à utiliser le droit, il faut justifier également d'une preuve de son droit d'agir (Règl. n° 1891/2004, art. 2 § 3).

À défaut des informations obligatoires énumérées à l'article 5 § 5, le service douanier compétent peut décider de ne pas traiter la demande d'intervention; dans ce cas il motive sa décision et y joint des informations concernant la procédure de recours. La demande ne peut être réintroduite que si elle comporte tous les éléments d'information requis (Règl. n° 1383/2003, art. 5 § 8).

À titre indicatif, et s'ils les connaissent, les titulaires de droits communiquent les autres informations dont ils disposeraient, telles que (art. 5, § 5 a – h) :

– la valeur hors taxe de la marchandise originale sur le marché légal de l'État dans lequel la demande d'intervention a été introduite;

– l'endroit où se trouvent les marchandises ou le lieu de destination prévu;

– des précisions permettant d'identifier l'envoi ou les colis;

– la date d'arrivée ou de départ prévue des marchandises;

– le moyen de transport utilisé;

– l'identité du transporteur, de l'exportateur ou du détenteur des marchandises;

– le ou les pays de production et les itinéraires utilisés par les trafiquants;

– si elles sont connues, les différences techniques entre les marchandises authentiques et les marchandises suspectes.

La Direction générale des douanes instruit ensuite le dossier et informe le demandeur des suites qui lui sont réservées. En droit communautaire, l'administration doit informer le demandeur dans un délai de 30 jours ouvrables à compter de la réception de la demande (Règl. n° 1383/2003, art. 5 § 7). Si la décision est négative, elle doit être motivée.

411.15 Portée et durée de l'agrément. Si la demande d'intervention est acceptée, la Direction générale des douanes en informe aussitôt les services douaniers afin qu'ils débutent la surveillance. Cette autorisation d'intervention, selon le droit interne, est valable un an et peut être renouvelée (CPI, art. R. 335-1, R. 523-1, R. 716-6) autant de fois que nécessaire, sur simple lettre de reconduction. Il convient de préciser que la demande d'intervention est gratuite, de même que l'intervention de la douane. Selon le droit communautaire (Règl. n° 1383/2003, art. 8 § 1), l'autorisation d'intervention est valable pour une durée fixée par le service douanier, d'un an maximum, et prorogeable sur demande du titulaire du droit. Lorsque la retenue est envisagée sur le fondement d'une marque communautaire, d'un dessin ou modèle communautaire, d'un certificat d'obtention végétale communautaire, d'une appellation d'origine communautaire, d'une indication géographique ou d'une désignation géographique communautaires, la demande d'intervention peut viser à obtenir l'intervention, outre des autorités douanières de l'État membre dans lequel elle est présentée, l'intervention des autorités douanières d'un ou de plusieurs autres États membres, au choix du titulaire. Dans une telle hypothèse, l'autorisation d'intervention est valable pendant un an à compter de la date de l'adoption de la décision (Règl. n° 1383/2003, art. 8 § 3), prorogeable sur demande écrite du titulaire du droit au service qui a traité la demande initiale (Règl. n° 1383/2003, art. 8 § 2).

Si la demande d'intervention n'est pas acceptée, une retenue en douane d'office est, par exception, parfois possible.

CHAPITRE

412. Exception de la retenue en douane d'office

412.01 **Textes applicables.**

* V. s[s] n° 41.01

412.11 **Exception au principe de l'autorisation préalable.** La demande d'intervention doit en principe se faire préalablement à l'introduction des marchandises sur le territoire. Le régime communautaire et le droit interne depuis la loi du 29 octobre 2007 prévoient cependant la possibilité de mettre en œuvre une retenue anticipée, menée d'office par l'administration douanière, sans demande d'intervention préalable.

En effet, l'article 4 du règlement n° 1383/2003 prévoit que si, lors d'un contrôle, et avant qu'une demande de retenue n'ait été déposée ou acceptée, les services douaniers identifient des marchandises pour lesquelles il existe des motifs suffisants de soupçonner qu'il s'agit de marchandises portant atteinte à un droit de propriété intellectuelle, ils peuvent retenir ces marchandises. Ils devront alors notifier la retenue au titulaire des droits, pour peu qu'il soit connu, et la retenue en douane des marchandises pourra être maintenue pendant un délai de trois jours ouvrables à compter de la réception de la notification par le titulaire du droit ainsi que par le déclarant ou le détenteur, pour autant que ces derniers soient connus. Le titulaire du droit doit donc mettre à profit ces trois jours ouvrables pour présenter une demande d'intervention, auquel cas la procédure de retenue en douane classique débute.

Pour confirmer leurs soupçons, mais sans pour autant encore révéler l'existence d'une éventuelle infraction au titulaire du droit de propriété intellectuelle concerné, les autorités douanières peuvent, sans divulguer d'informations autres que celles portant sur le nombre d'objets réels ou supposés et sur leur nature, demander au titulaire du droit de leur fournir les informations dont elles pourraient avoir besoin (Règl. n° 1383/2003, art. 4 § 2).

S'agissant toujours d'une retenue en douane communautaire réalisée d'office, l'article L. 521-16 alinéa 1er, en matière de dessins et modèles, et l'article L. 716-8-2, alinéa 1er, du code de la propriété intellectuelle, en matière de marques, viennent préciser que les agents des douanes peuvent, par dérogation à leur obligation au secret professionnel prévue à l'article 59 *bis* du code des douanes, informer le propriétaire du dessin ou du modèle déposé ou de la marque enregistrée, ou le bénéficiaire du droit exclusif d'exploitation de la mise en œuvre de cette mesure et lui communiquer des informations portant sur la quantité des marchandises et leur nature.

En droit interne, en matière de dessins et modèles ou de marques, les articles L. 521-15 et L. 716-8-1 (étrangement pas l'article L. 335-10 en matière de droit d'auteur ou de droits voisins) prévoient un mécanisme similaire. « *En l'absence de demande écrite* » (faut-il donc en conclure que le mécanisme est exclu si une demande écrite a été déposée mais pas encore acceptée, contrairement à ce que prévoit le droit communautaire ?), l'administration des douanes peut, dans le cadre de ses contrôles, retenir une marchandise susceptible de porter atteinte à un dessin ou modèle déposé, à une marque enregistrée ou à un droit exclusif d'exploitation. La retenue est immédiatement notifiée au propriétaire du droit ou au bénéficiaire du droit exclusif d'exploitation, avec indication de la nature et la quantité réelle ou estimée des marchandises, ainsi qu'au procureur de la République. La mesure de retenue est levée de plein droit si le propriétaire du droit ou le bénéficiaire du droit exclusif d'exploitation n'a pas déposé la demande d'intervention dans un délai de trois jours ouvrables à compter de la notification de la retenue. Pendant ce même délai, le propriétaire de la marque enregistrée, du dessin ou modèle déposé, ou le bénéficiaire du droit exclusif d'exploitation peut, à sa demande ou à la demande de l'administration des douanes, inspecter les marchandises retenues (CPI, art. L. 521-17 al. 1er, et L. 716-8-3 al. 1er). Et lors du contrôle des marchandises retenues, l'administration des douanes peut prélever des échantillons. À la demande du propriétaire de la marque enregistré, du dessin ou modèle déposé, ou du bénéficiaire du droit exclusif d'exploitation, ces échantillons peuvent lui être remis aux seules fins d'analyse et en vue de faciliter les actions qu'il peut être amené à engager par la voie civile ou pénale (CPI, art. L. 521-17 al. 2, et L. 716-8-3 al. 2).

Cette retenue anticipée est donc possible même si aucune demande d'intervention n'a été déposée. Pendant ces trois jours, le titulaire du droit doit déposer une demande d'intervention et obtenir l'agrément de la Direction générale des douanes. Dès que l'agrément est donné, la procédure de retenue en douane traditionnelle débute.

TITRE

42. La procédure de retenue en douane

SECTION 0
ORIENTEUR

42.00 Plan du titre.

42.01 Textes applicables.
CPI, art. L. 332-1, L. 335-10, L. 521-14 à L. 521-18, L. 716-8 à L. 716-8-4, R. 335-1, R. 521-1, R. 523-3 à R. 523-6, R. 716-8 à R. 716-11.
C. douanes, art. 334.
C. pr. pén., art. 85.
D. n° 97-1195, 24 déc. 1997, art. 10.
Règl. CE n° 1383/2003 du 22 juill. 2003, art. 1 à 25.

42.02 Jurisprudence citée.
* V. ss nos 423.02 et 424.02.

42.09 Division. La procédure de retenue en douane se divise en trois étapes, à savoir :

– la recherche des marchandises par les douanes (chapitre 421),

– l'information du demandeur et la notification de la retenue (chapitre 422),

– les suites de la retenue (chapitre 423).

CHAPITRE

421. Recherche des marchandises contrefaisantes par les douanes

421.01 **Textes applicables.**
* V. s^{s} n° 42.01

421.11 **La recherche par les douanes.** Les services des douanes sont en possession de fiches d'information établies par la Direction générale des douanes et reprenant les informations contenues dans la demande d'intervention. Les services douaniers recherchent donc les marchandises lors de leurs contrôles habituels. Il leur est cependant possible d'agir sur instruction particulière du titulaire des droits informé de la contrefaçon.

CHAPITRE

422. Information du demandeur et notification de la retenue

422.01 **Textes applicables.**

* V. s[s] n° 42.01

422.11 **Consultation du titulaire des droits et réalisation de la retenue.** Dès que les services douaniers identifient des marchandises susceptibles de porter atteinte à un droit de propriété intellectuelle, ils en informent le titulaire des droits. Un véritable dialogue s'instaure alors entre le service des douanes et le demandeur qui doit confirmer la présomption de contrefaçon. L'article 9 du règlement n° 1383/2003 indique ainsi que le bureau de douane peut procéder à la retenue lorsqu'il constate, « *au besoin après consultation du demandeur* », que des marchandises sont soupçonnées de porter atteinte à un droit de propriété intellectuelle.

Si la présomption de contrefaçon se confirme dans ce dialogue avec le titulaire des droits, la retenue est opérée. Les autorités compétentes pour prononcer la mesure de retenue douanière de droit interne sont les agents des douanes selon les règles du code des douanes, conformément aux articles L. 521-18 et L. 716-8-4 du code de la propriété intellectuelle qui énoncent que : « *En vue de prononcer les mesures prévues aux articles L. 521-14 à L. 521-17* (ou L. 716-8 à L. 716-8-3), *les agents des douanes appliquent les pouvoirs qui leur sont dévolus par le code des douanes* ». Les autorités compétentes en France pour prendre les décisions administratives individuelles que sont les « *suspension de la mainlevée et retenue des marchandises prévues au 1 des articles 4 et 9 du règlement (CE) n° 1383/2003 du Conseil du 22 juillet 2003* », sont les directeurs interrégionaux, les chefs de service interrégional et les directeurs régionaux des douanes et droits indirects (Décret n° 97-1195 du 24 décembre 1997, art. 10, 2°, 2 *ter*[1]). L'article L. 521-16 II, en matière de dessins et modèles, et l'article L. 716-8-2 II du code de la propriété intellectuelle, en matière de marques, viennent préciser que les frais générés par la mise en œuvre d'une retenue communautaire sont à la charge du demandeur (propriétaire du dessin ou modèle déposé, de la marque enregistrée ou bénéficiaire du droit exclusif d'exploitation).

422.12 **Notification de la retenue.** Si le demandeur a confirmé que les marchandises suspectes ont tout lieu d'être des contrefaçons et s'il a été, en conséquence, procédé à la retenue, le service des douanes doit notifier officiellement la retenue.

En droit interne, le service douanier doit informer sans délai, de la retenue à laquelle il a procédé, le demandeur, le procureur de la République ainsi que le déclarant ou le détenteur des marchandises (CPI, art. L. 335-10 al. 2, L. 521-14 al. 2 et L. 716-8 al. 2).

En cas de retenue communautaire, le service douanier doit informer de cette mesure le titulaire du droit (entendu au sens large du titulaire, de toute personne autorisée à utiliser le droit, ou un représentant) ainsi que le déclarant ou le détenteur des marchandises (Règl. n° 1383/2003, art. 9 § 2).

Cette notification se fait dans la forme prévue à la demande d'intervention. C'est cette notification qui fait courir le délai de dix jours de la retenue.

422.13 **Délivrance d'informations essentielles.** Le service des douanes est alors libéré d'une partie de son secret professionnel vis-à-vis du demandeur, ce qui lui permet de lui communiquer un certain nombre d'informations essentielles, d'une part pour bien prendre connaissance de la nature et de l'ampleur des marchandises soupçonnées d'être contrefaisantes et retenues, d'autre part pour dispo-

1. Décr. n° 97-1195, 24 déc. 1997, art. 10, *JO* 27 déc. 1997, modifié par Décr. n° 2006-532, 11 mai 2006, art. 6, *JO* 12 mai 2006.

ser des informations nécessaires à l'exercice de l'action en contrefaçon.

En droit interne, pour permettre au demandeur de bien prendre connaissance de la nature et de l'ampleur des marchandises soupçonnées d'être contrefaisantes et retenues, sauf en matière de droit d'auteur et de droits voisins où rien de tel n'est prévu (CPI, art. L. 335-10), le service des douanes doit, en même temps qu'il notifie la retenue au demandeur, lui communiquer la nature et la quantité réelle ou estimée des marchandises retenues (CPI, L. 521-14 al. 3 et L. 716-8 al. 3). Pour permettre ensuite l'exercice de l'action au fond en contrefaçon, il est prévu que le demandeur peut obtenir de l'administration des douanes « *communication des nom et adresse de l'expéditeur, de l'importateur, du destinataire des marchandises retenues ou de leur détenteur, ainsi que de leur quantité, leur origine et leur provenance* » (CPI, L. 521-14 al. 6 et L. 716-8 al. 6). Cette demande d'information, telle que prévue aux articles L. 521-14 al. 6 et L. 716-8 al. 6, « *est adressée au directeur régional des douanes territorialement compétent selon des modalités fixées par arrêté du ministre chargé des douanes* » (CPI, R. 523-5 et R. 716-10). Une légère différence est encore à noter en matière de droit d'auteur et de droits voisins puisque l'alinéa 4 de l'article L. 335-10 permet au demandeur d'obtenir de l'administration des douanes « *communication des noms et adresses de l'expéditeur, de l'importateur et du destinataire des marchandises retenues, ou de leur détenteur, ainsi que de leur quantité* », omettant d'évoquer les informations relatives à l'origine ou la provenance des marchandises retenues.

En cas de retenue communautaire, l'article 9 § 2 du règlement n° 1383/2003 prévoit que le service douanier est habilité à communiquer la quantité réelle ou estimée, ainsi que la nature réelle ou supposée des marchandises retenues, au titulaire du droit mais aussi – ce qui va au-delà du droit interne – le déclarant ou le détenteur des marchandises (le texte de l'article 9 § 2 dispose en effet que le service douanier est habilité à « *leur* » communiquer ces informations, ce qui semble inclure non seulement le titulaire du droit mais aussi le déclarant ou le détenteur des marchandises). Et pour déterminer s'il y a eu violation d'un droit de propriété intellectuelle et permettre ensuite l'exercice de l'action au fond en contrefaçon, l'article 9 § 3 du même règlement ajoute que le bureau ou le service de douane qui a traité la demande communique au titulaire du droit, à sa demande et si elles sont connues, les coordonnées du destinataire, de l'expéditeur, du déclarant ou du détenteur des marchandises, l'origine et la provenance des marchandises retenues. Par origine, il faut entendre le lieu où les marchandises ont été fabriquées, tandis que par provenance, il faut entendre le lieu ou les lieux par où les marchandises sont passées. L'article L. 521-16 I alinéa 2, en matière de dessins et modèles, et l'article L. 716-8-2 I alinéa 2 du code de la propriété intellectuelle, en matière de marques, viennent préciser que les agents des douanes peuvent communiquer au propriétaire du dessin ou du modèle déposé ou de la marque enregistrée, ou au bénéficiaire du droit exclusif d'exploitation ces dernières informations, prévues par la réglementation communautaire et nécessaires pour déterminer s'il y a eu violation de son droit (Règl. n° 1383/2003, art. 9 § 3). Cette demande d'information, telle que prévue aux articles L. 521-16 I al. 2 (et non pas au II de l'article L. 521-16 auquel le texte de l'article R. 523-5 fait référence, par erreur) et L. 716-8-2 I al. 2 (et non pas au II de l'article L. 716-8-2 auquel le texte de l'article R. 716-10 fait référence, par erreur), « *est adressée au directeur régional des douanes territorialement compétent selon des modalités fixées par arrêté du ministre chargé des douanes* » (CPI, R. 523-5 et R. 716-10).

422.14 Inspection des marchandises et prélèvement d'échantillons. En droit interne, en matière de marques et de dessins ou modèles, à l'exclusion du droit d'auteur et des droits voisins, il est prévu que pendant le délai de toute retenue en douanes, qu'il s'agisse d'une retenue pratiquée d'office (v. s[s] n° 412.11) ou sur demande d'intervention, le propriétaire du dessin ou du modèle déposé, de marque enregistrée ou le bénéficiaire du droit exclusif d'exploitation peut, à sa demande ou à la demande de l'administration des douanes, inspecter les marchandises retenues (CPI, art. L. 521-17 al. 1er, et L. 716-8-3 al. 1er).

Et lors du contrôle des marchandises mises en retenue, l'administration des douanes peut prélever des échantillons qui pourront être remis, sur sa demande, au propriétaire du dessin ou du modèle déposé, de la marque enregistrée, ou au bénéficiaire du droit exclusif d'exploitation, aux seules fins d'analyse et en vue de faciliter les actions qu'il peut être amené à engager par la voie civile ou pénale (CPI, art. L. 521-17 al. 2, et L. 716-8-3 al. 2).

En cas de retenue communautaire, c'est l'article 9 § 3 alinéa 2 du règlement n° 1383/2003 qui octroie la possibilité d'inspecter les marchandises retenues « *au demandeur* » mais aussi « *aux personnes concernées* », c'est-à-dire y compris le propriétaire, le destinataire, l'expéditeur, le déclarant, le détenteur des marchandises – ce qui élargit considérablement l'accès au droit d'inspection comparé à la retenue en douane pratiquée sur le fondement du droit interne.

Et lors de l'examen des marchandises, le bureau des douanes peut prélever des échantillons et peut, dans le respect des règles en vigueur dans l'État membre concerné et, sur demande expresse du titulaire du droit, les remettre ou les transmettre à celui-ci mais aux seules fins d'analyse et pour faciliter la suite de la procédure. Lorsque les circonstances le permettent (ce qui n'est évidemment pas le cas lorsque les échantillons ont été détruits pour les besoins de leur analyse), et dans le respect, le cas échéant, de l'obligation qu'ont les autorités douanières de prélever des échantillons avant la destruction des marchandises (Régl. n° 1383/2003, art. 11 § 1 deuxième tiret), les échantillons devront être restitués dès la fin de l'analyse technique et, s'il y a lieu, avant la mainlevée des marchandises (marchandises en situation de dédouanement, déclarées pour leur mise en libre pratique, leur exportation ou leur réexportation) ou la fin de leur retenue (marchandises placées sous régime suspensif, en zone franche ou en entrepôt franc, en voie de réexportation moyennant notification). Toute analyse d'échantillons est effectuée sous l'unique responsabilité du titulaire du droit (Régl. n° 1383/2003, art. 9 § 3 *in fine*), c'est dire que ce dernier pourrait être condamné à des dommages et intérêts s'il perdait les échantillons ou les détruisait sans nécessité.

Les modalités pratiques de la réalisation des prélèvements d'échantillons ainsi que le sort de ces échantillons sont précisées par les articles R. 523-6 (dessins et modèles) et R. 716-11 (marques) du code de la propriété intellectuelle, qui régissent la question s'agissant tant de la saisie de droit interne que de la saisie communautaire réalisée en France.

422.15 Réalisation du prélèvement d'échantillons. Tout prélèvement d'échantillons est effectué par les agents des douanes ayant au moins le grade de contrôleur. Deux échantillons sont remis au propriétaire du dessin ou modèle déposé (ou de la marque enregistrée) ou au bénéficiaire du droit exclusif d'exploitation ou au représentant de l'un d'eux. Deux autres échantillons sont conservés par l'administration des douanes. Les quatre échantillons doivent être, autant que possible, identiques. Le prélèvement est réalisé en présence soit du propriétaire de la marchandise, soit du détenteur de celle-ci ou d'un représentant de l'un d'eux. Le propriétaire du dessin ou modèle déposé (ou de la marque enregistrée) ou le bénéficiaire du droit exclusif d'exploitation ou le représentant de l'un d'eux est également présent. En cas d'absence du propriétaire ou du détenteur de la marchandise ou d'un représentant de l'un d'eux, un témoin n'appartenant pas à l'administration des douanes est requis par deux agents des douanes ayant au moins le grade de contrôleur, pour assister au prélèvement. Si le propriétaire du dessin ou modèle déposé (ou de la marque enregistrée) ou le bénéficiaire du droit exclusif d'exploitation a demandé un prélèvement et n'est ni présent ni représenté après avoir été convoqué, aucun prélèvement n'est réalisé. Lorsqu'une marchandise ou un objet, en raison de son poids, de ses dimensions, de sa valeur, de sa nature ou de la trop faible quantité de produit, ne peut, sans inconvénient, faire l'objet d'un prélèvement de quatre échantillons, la marchandise ou l'objet est prélevé dans sa totalité et constitue un seul et unique échantillon qui est remis au propriétaire du dessin ou modèle déposé (ou de la marque enregistrée) ou au bénéficiaire du droit exclusif d'exploitation ou au représentant de l'un d'eux.

Tout prélèvement donne lieu à la rédaction d'un procès-verbal de constat au sens de l'article 334 du code des douanes. Le procès-verbal comporte, outre les mentions prévues par ce code, les mentions suivantes :

a) la date, l'heure et le lieu du prélèvement;

b) les nom, prénom ou raison sociale et adresse de toutes les personnes ayant assisté au prélèvement;

c) le cas échéant, mention du défaut ou du refus de la présence du propriétaire ou du détenteur de la marchandise ou du représentant de l'un d'eux;

d) un exposé succinct des circonstances dans lesquelles le prélèvement a été effectué;

e) l'identification exacte du ou des échantillons ainsi que la remise de l'échantillon ou de deux d'entre eux au propriétaire du dessin ou modèle déposé ou au bénéficiaire du droit exclusif d'exploitation ou au représentant de l'un d'entre eux, aux seules fins d'analyse et en vue de faciliter les actions qu'il peut être amené à engager par la voie civile ou pénale.

Les personnes présentes lors du prélèvement peuvent faire insérer au procès-verbal de constat toutes les déclarations qu'elles jugent utiles. Elles sont invitées à le signer. En cas de refus, mention en est portée sur le procès-verbal de constat. Une copie du procès-verbal de constat est remise à chaque personne présente lors du prélèvement.

422.16 Sort des échantillons. Tout échantillon prélevé est mis sous scellés. Ceux-ci doivent retenir une étiquette d'identification portant les mentions suivantes :

a) les nom, prénom ou raison sociale et adresse du propriétaire ou du détenteur de la marchandise;

b) le cas échéant, les nom, prénoms et adresse du témoin requis;

c) les nom, prénoms ou raison sociale et adresse du propriétaire du dessin ou modèle déposé (ou de la marque enregistrée) ou du bénéficiaire du droit exclusif d'exploitation ou du représentant de l'un d'eux auquel l'échantillon ou les échantillons sont remis;

d) la dénomination exacte de la marchandise;

e) la date, l'heure et le lieu du prélèvement;

f) le numéro d'ordre de chaque échantillon;

g) les nom, prénom et qualité de l'agent ayant effectué le prélèvement ainsi que sa signature.

L'administration des douanes conserve les échantillons qui lui sont attribués jusqu'au règlement de l'affaire. En fonction du résultat de l'action civile ou pénale engagée par le propriétaire du dessin ou modèle déposé (ou de la marque enregistrée) ou le bénéficiaire du droit exclusif d'exploitation, ils sont restitués soit à ces derniers, soit à leur détenteur ou à leur propriétaire ou à un représentant de l'un d'entre eux. Les échantillons détenus par le propriétaire du dessin ou modèle déposé (ou de la marque enregistrée) ou le bénéficiaire du droit exclusif d'exploitation ou le représentant de l'un d'entre eux sont restitués, le cas échéant, au détenteur ou au propriétaire de la marchandise ou à un représentant de l'un d'entre eux, sauf destruction des échantillons résultant de l'analyse prévue par l'article L. 521-17 ou par l'article L. 716-8-3.

CHAPITRE

423. Retenue des marchandises

423.01 **Textes applicables.**

* V. s[s] n° 42.01

423.02 **Jurisprudence citée.**

• **Paris, pôle 5, ch. 2, 2 déc. 2011,** RG n° 10/07016.

* V. s[s] n° 423.11

423.11 **Durée de la retenue.** En droit interne, le service des douanes ne peut retenir les marchandises contrefaisantes que pendant un délai de dix jours ouvrables qui court à compter de la notification de la retenue au requérant. Ce point de départ est important car il peut s'écouler plusieurs jours avant que la retenue ne soit officiellement notifiée par le service des douanes. Si à l'issue de ce délai, le demandeur n'a pas accompli les diligences attendues de lui (v. s[s] n°s 424.11 s.), la mesure de retenue est levée de plein droit (CPI, art. L. 335-10 al. 3, L. 521-14 al. 2 et L. 716-8 al. 2). En matière de marques et de dessins ou modèles, à l'exclusion encore du droit d'auteur, le délai est réduit à trois jours ouvrables lorsque les marchandises retenues sont des denrées périssables. En l'absence de définition des denrées périssables dans le code de la propriété intellectuelle et dans le règlement n° 1383/2003, la cour d'appel de Paris en a retenu la définition suivante : « *une denrée ne peut être tenue pour périssable que si, passé une date déterminée, elle est dépourvue de ses qualités substantielles* »[1]. Aucune prorogation du délai de dix ou trois jours ouvrables n'est possible.

En cas de retenue en douane communautaire (Règl. n° 1383/2003, art. 13 § 1), si dans un délai de dix jours ouvrables à compter de la réception de la notification de la retenue, le bureau de douane n'a pas été informé qu'une procédure a été engagée pour déterminer s'il y a eu contrefaçon ou que le titulaire du droit donnait son accord à la procédure simplifiée de destruction des marchandises sans jugement sur la contrefaçon, la mesure de retenue est levée, sous réserve que toutes les formalités douanières aient été accomplies. Ce délai peut être prorogé de dix jours ouvrables au maximum, « *dans des cas déterminés* », c'est-à-dire que les services douaniers disposent d'un pouvoir discrétionnaire pour accorder une seule et unique prorogation dans des cas appropriés, par exemple lorsque le délai initial de dix jours ouvrables est insuffisant pour accomplir toutes les formalités nécessaires à l'engagement de l'action en contrefaçon. Le délai est ici aussi réduit à trois jours ouvrables (non prorogeables) lorsque les marchandises retenues sont des denrées périssables (Règl. n° 1383/2003, art. 13 § 2).

423.12 **Indisponibilité des marchandises.** Pendant les dix ou trois jours, les marchandises sont indisponibles. Elles sont soit conservées par les services des douanes, dans les locaux de l'importateur, soit conduites dans l'enceinte douanière la plus proche, s'il s'agit de marchandises découvertes lors d'un contrôle de circulation sur le territoire.

423.13 **Frais de la retenue.** S'agissant de la retenue de droit interne, les articles L. 521-14 alinéa 5 et L. 716-8 alinéa 5 du code de la propriété intellectuelle, en matière de dessins ou modèles et de marques, prévoient que « *les frais liés à la mesure de retenue ou aux mesures conservatoires prononcées par la juridiction civile compétente sont à la charge du demandeur* ». S'agissant de la retenue communautaire, les articles L. 521-16 II et L. 716-8-2 II du même code prévoient que « *les frais générés par la mise en œuvre d'une retenue prévue par la réglementation communautaire en vigueur sont à la charge du propriétaire du dessin ou modèle déposé (ou du propriétaire de la marque enregistrée) ou du bénéficiaire du droit exclusif d'exploitation* ». Et les articles R. 523-4 et R. 716-9 du même code précisent que

1. Paris, pôle 5, ch. 2, 2 déc. 2011, RG n° 10/07016.

ces frais « *comprennent les dépenses de stockage et de manutention lorsque les marchandises retenues sont entreposées à titre onéreux dans des lieux ou locaux n'appartenant pas à l'administration des douanes. Les frais sont calculés en fonction d'un barème et exigibles selon une périodicité qui sont déterminés par un arrêté du ministre chargé des douanes. Les frais sont recouvrés par le comptable des douanes selon les mêmes règles et sous les mêmes garanties et privilèges qu'en matière de douanes* ».

CHAPITRE
424. Suites de la retenue

SECTION 0
ORIENTEUR

424.00 **Plan du chapitre.**

Sect. 1 Diligences devant être accomplies par le demandeur dans le délai imparti

Sect. 2 Sort des produits retenus

424.01 **Textes applicables.**

* V. s[s] n° 42.01

424.02 **Jurisprudence citée.**

> Diligences en droit interne – Diligences en droit communautaire

• **Paris, pôle 5, ch. 2, 2 déc. 2011,** RG n° 10/07016.

* V. s[s] n° 424.21

> Saisine directe des tribunaux

• **Toulouse, 2e ch., 26 janv. 1993,** *JCP G* 1993. IV. 194, n° 1624; *JurisData* n° 1993-040723.

• **TGI Angoulême, 20 avr. 1995,** *RD propr. int.* 1995, n° 58, 55.

* V. s[s] n° 424.23

> Demande de mainlevée des marchandises ou de levée de la retenue

• **Com. 13 janv. 1998,** n° 95-21.490, NP, *D. affaires* 1998. 964.

* V. s[s] n° 424.33

424.11 **Division.** Il convient d'examiner successivement les diligences que le demandeur doit effectuer avant que la levée de la retenue n'intervienne (section 1) et le sort des marchandises retenues (section 2).

SECTION 1
DILIGENCES DEVANT ÊTRE ACCOMPLIES PAR LE DEMANDEUR DANS LE DÉLAI IMPARTI

424.21 **Diligences en droit interne – Diligences en droit communautaire.**

En droit interne, pendant le délai imparti, le demandeur doit justifier auprès des services douaniers :

– « *soit de mesures conservatoires décidées par la juridiction civile compétente* »; il convient de signaler qu'en matière de droits d'auteur l'article L. 335-10 du code de la propriété intellectuelle vise plus précisément « *des mesures conservatoires prévues par l'article L. 332-1* », à savoir la saisie-contrefaçon par le commissaire de police, le juge d'instance ou le président du tribunal de grande instance. La cour d'appel de Paris a confirmé, en matière de marque (code de la propriété intellectuelle, art. L. 716-8), que la saisie-contrefaçon pouvait être une telle « *mesure conservatoire* » à accomplir dans le délai de dix jours ouvrable imparti pour éviter la levée de plein droit de la retenue en douane[1]. Les articles L. 521-14 alinéa 5 et L. 716-8 alinéa 5 du code de la propriété intellectuelle, en matière de dessins ou modèles et de marques, prévoient que « *les frais liés* [...] *aux mesures conservatoires prononcées par la juridiction civile compétente sont à la charge du demandeur* »;

– « *soit de s'être pourvu par la voie civile ou la voie correctionnelle et d'avoir constitué les garanties destinées à l'indemnisation éventuelle du détenteur des marchandises au cas où la contrefaçon ne serait pas ultérieurement reconnue* »; en matière de droit d'auteur, l'article L. 335-10 du code de la propriété intellectuelle semble employer une formule un peu plus large lorsqu'il parle des « *garanties requises pour couvrir sa responsabilité éventuelle* » (non restreinte au détenteur) au cas où la contrefaçon ne serait pas ultérieurement reconnue. En matière de dessins ou modèles et de marques, les articles R. 523-3 et R. 716-8 du code de la propriété intellectuelle précisent que « *les garanties qui peuvent être exigées du*

1. Paris, pôle 5, ch. 2, 2 déc. 2011, RG n° 10/07016.

demandeur [...] en vue d'indemniser, le cas échéant, le détenteur des marchandises sont fixées par l'autorité judiciaire ».

En cas de retenue communautaire, pendant le délai de dix jours, le demandeur doit informer les services douaniers :

– soit « *qu'une procédure visant à déterminer s'il y a eu violation d'un droit de propriété intellectuelle au regard du droit national a été engagée* »; conformément à l'article 10 du règlement n° 1 383/2003, le droit national à appliquer est le droit en vigueur dans l'État membre sur le territoire duquel les marchandises se trouvent,

– soit que, conformément à la procédure simplifiée de l'article 11 du règlement, les marchandises qui font l'objet de la retenue portent atteinte à un droit de propriété intellectuelle et que leur destruction reçoit l'accord du titulaire du droit, du déclarant, détenteur ou propriétaire des marchandises. Il faut toutefois rappeler que la procédure simplifiée ne peut s'appliquer que si les États membres l'ont prévue dans leur législation nationale, ce qui n'est pas le cas du droit français.

424.22 La saisie-contrefaçon. La saisie-contrefaçon réalisée dans le cadre d'une retenue en douane est une saisie-contrefaçon traditionnelle réalisée dans les locaux des services des douanes. Il appartient donc au demandeur de solliciter l'autorisation du président du tribunal de grande instance territorialement compétent ou, en matière de propriété littéraire et artistique, de requérir le commissaire de police ou le juge du tribunal d'instance. Sa tâche est facilitée par la connaissance des noms et adresses de tous les intervenants de la contrefaçon, à savoir, l'exportateur, l'importateur, le détenteur et le destinataire, ainsi que la quantité importée. La saisie est souvent nécessaire car la simple retenue apporte peu d'informations au titulaire des droits. En effet, les informations susceptibles d'être fournies par le service des douanes sont limitativement énumérées. La saisie-contrefaçon permet d'avoir accès à d'autres informations comme, par exemple, les photocopies de factures, les déclarations en douanes, les titres de transports. Elle permet surtout la saisie réelle qui, si elle ne doit avoir qu'un caractère probatoire en propriété industrielle (v. s^s n° 122.91) peut avoir également un caractère d'interdiction provisoire en matière de droit d'auteur (CPI, art. L. 332-1 et L. 332-4; v. ss nos 212.62, 212.91 et 221.53) et emporter, grâce à la saisie réelle des stocks, le blocage physique des marchandises.

424.23 Saisine directe des tribunaux. Le demandeur peut souhaiter se pourvoir directement devant les tribunaux. Le cas échéant, il a le choix entre se pourvoir devant le juge civil ou le juge répressif. Le terme « *se pourvoir* » rappelle celui utilisé dans les différents articles du code de la propriété intellectuelle concernant la saisie-contrefaçon en matière de propriété industrielle. Il doit donc s'interpréter comme désignant la délivrance de l'assignation ou de la citation directe dans le délai légal et n'implique pas que la mise au rôle soit effectuée dans ce délai (v. ss n° 143.82). Il convient de signaler une décision qui a retenu qu'une plainte avec constitution de partie civile est suffisante pour satisfaire à la condition de saisine des tribunaux exigée pour faire obstacle à la mainlevée de la retenue [1]. Si cette voie est choisie, le demandeur devra fournir au service des douanes, copie de l'assignation délivrée ou de la citation directe. La procédure se poursuivra ensuite de manière traditionnelle. Une remarque doit cependant être faite concernant la contestation de la validité des mesures de constatation réalisées. En effet, le juge civil n'est pas compétent pour apprécier la régularité des actes accomplis par l'administration des douanes, à moins qu'ils ne soient constitutifs d'une voie de fait [2].

424.24 Réforme à venir ? S'agissant de se pourvoir par « *la voie correctionnelle* », à l'instar de ce qui a été constaté pour la saisie-contrefaçon (v. ss n° 143.101), le système actuel ne permet guère au demandeur de trouver une solution praticable. La citation directe a certainement pour effet de saisir la juridiction de jugement et de satisfaire à l'exigence légale dès lors qu'elle est réalisée dans le délai imparti (de dix jours ouvrables, ou trois jours ouvrables s'il s'agit de denrées périssables) mais elle n'est pas toujours adaptée aux affaires pénales de propriété intellectuelle (v. ss n° 143.102). Quant à la plainte avec constitution de partie civile, qui a également pour effet de saisir la juridiction de jugement, la modification apportée à l'article 85 du code de procédure pénale par la loi n° 2007-291 du 5 mars 2007, a pour conséquence que la personne qui souhaite la déposer va placer son sort entre les mains du parquet. Ce n'est que si le parquet, comme l'y invite la circulaire ministérielle du 11 avril 2008, est vigilant et diligent et fait rapidement connaître qu'il n'engagera pas lui-même des poursuites, que le demandeur pourra espérer déposer dans le délai imparti sa plainte avec constitution de partie civile. Or, en pratique, il semble que le parquet réponde généralement après l'écoulement du très bref délai que le demandeur doit respecter. C'est pourquoi, afin de remédier à cette situation, il faut certainement approuver la modification de rédaction envisagée par une proposition de loi « *tendant à renforcer la lutte contre la contrefaçon* »,

1. TGI Angoulême, 20 avr. 1995, RD propr. int. 1995, n° 58, 55, note Y. Marcellin.
2. Toulouse, 2e ch., 26 janv. 1993, *JCP G* 1993. IV. 194, n° 1624; *JurisData* n° 1993-040723.

telle que modifiée le 12 juillet 2011 au Sénat. La formule légale (« *soit de s'être pourvu par la voie civile ou la voie correctionnelle et d'avoir constitué les garanties destinées à l'indemnisation éventuelle du détenteur des marchandises au cas où la contrefaçon ne serait pas ultérieurement reconnue* ») serait désormais complétée par la formule suivante : « *soit d'avoir déposé une plainte auprès du procureur de la République* ». La nouvelle formule légale proposée, en indiquant qu'il est possible de satisfaire à l'exigence légale dès lors qu'est déposée une plainte simple entre les mains du procureur de la République dans le délai imparti, élimine le problème évoqué. Désormais, s'agissant de la voie correctionnelle, la sanction de la mainlevée de la retenue pourrait être évitée soit par la citation directe (qui, en pratique, semble toutefois peu adaptée), soit par le dépôt d'une plainte simple entre les mains du procureur de la République.

SECTION 2
SORT DES PRODUITS RETENUS

424.31 Fin de la retenue en l'absence de diligences du demandeur. Si au-delà du délai imparti (v. s[s] n° 423.11) à compter de la notification de la retenue des marchandises, le titulaire n'apporte pas au service des douanes la preuve qu'il a accompli les formalités requises, la mainlevée de la retenue est accordée de plein droit. L'article 13 du règlement n° 1383/2003 rappelle que cette levée n'est possible que sous réserve que toutes les formalités douanières aient été accomplies.

424.32 Fin de la retenue en présence de diligences du demandeur. Si le demandeur a effectué les diligences requises dans le délai imparti, la mainlevée de la retenue n'est pas de droit. Les mesures conservatoires peuvent avoir prévu la saisie réelle des marchandises arguées de contrefaçon. Le cas échéant, les marchandises sont remises au demandeur. Si le demandeur n'a réalisé qu'une saisie-description, avec éventuellement prélèvement d'échantillons, les formalités douanières peuvent être effectuées pour les marchandises non saisies.

424.33 Demande de mainlevée des marchandises ou de levée de la retenue. Lorsque la retenue en douane a été effectuée en vertu du règlement communautaire, le déclarant, le propriétaire, l'importateur, le détenteur ou le destinataire des marchandises peut demander la mainlevée des marchandises ou la levée de la retenue des marchandises en question, moyennant le dépôt d'une garantie. La mainlevée des marchandises ou la levée de la retenue ne peut être prononcée que si le juge du fond compétent pour statuer sur la contrefaçon a été saisi, qu'aucune mesure provisoire n'a été accordée dans le délai imparti à compter de la notification de la retenue et que toutes les formalités douanières ont été accomplies (Régl. n° 1383/2003, art. 13). Les autorités compétentes en France pour prendre les décisions administratives individuelles que sont les « *mainlevée et levée de la retenue des marchandises prévues par les 1 des articles 13 et 14 du règlement (CE) n° 1383/2003 du Conseil du 22 juillet 2003* », étaient, conformément à l'article 4 2° du décret n° 2005-1298 du 20 octobre 2005[1], les directeurs régionaux des douanes et droits indirects. Toutefois, le décret n° 2006-532 du 11 mai 2006, dont l'article 10 a abrogé l'article 4 1° et 2° du décret n° 2005-1298, s'il a bien pensé à réintroduire le contenu de l'article 4 1° dans l'article 10 du décret n° 97-1195 (v. s[s] n° 422.11) a omis d'en faire de même avec le 2°, créant ainsi une lacune réglementaire. Il semble toutefois en pratique que les directeurs régionaux des douanes et droits indirects aient conservé leur compétence. La loi française ne prévoit aucune procédure de mainlevée. À son égard, seule l'existence d'une voie de fait ou la nécessité de mettre fin à un trouble manifestement illicite peuvent justifier l'intervention en référé du juge judiciaire pour prononcer la mainlevée d'une mesure de retenue en douanes de marchandises suspectées de contrefaçon[2].

1. Décr. n° 2005-1298, 20 oct. 2005 portant attribution de compétences dans le domaine de la lutte contre la contrefaçon, *JO* 21 oct. 2005, p. 16692.
2. Com. 13 janv. 1998, n° 95-21.490, NP, *D. affaires* 1998. 964.

LIVRE

5. EN DROIT COMPARÉ

SECTION 0

ORIENTEUR

5.00 **Plan du livre.**

TITRE

51. La saisie-description en Belgique

FERNAND DE VISSCHER
Avocat au barreau de Bruxelles
Cabinet Simont Braun

SECTION 0
ORIENTEUR

51.00 **Plan du titre.**

51.01 **Textes applicables.**

C. jud., art. 1031, 1034, 1369 *bis*/1, 1369 *bis*/3, 1369 *bis*/4, 1969 *bis*/6, 1369 *bis*/7, 1369 *bis*/9, 1369 *bis*/10, 1369 *ter*.

C. civ., art. 1382.

L. 30 juin 2004, art. 87.

Dir. nº 2004/48/CE, art. 7.

51.02 **Jurisprudence citée.**

* V. ss nos 511.02 à 515.02, 517.02

CHAPITRE

511. Belgique : cadre législatif et aperçu général

SECTION 0
ORIENTEUR

511.00 **Plan du chapitre.**

511.01 **Textes applicables.**

* V. s[s] n° 51.01

511.02 **Jurisprudence citée.**

> Accord ADPIC

• **Cass., 11 mai 2001,** *Pas.*, 2001, p. 839, n° 276

• **CJCE, 13 sept. 2001, aff. C-89/99,** *Schieving*.

* V. s[s] n° 511.12

> Directive 2004/48/CE

• **CJCE, 10 avr. 1984, aff. C-14/83,** *Rec.* 1984 p. 1891, *Von Colson et Kamann*.

• **CJCE, 10 nov. 2005, aff. C. 316/04**, *Rec.*, p. I-9759, *Stichting Zuid-Hollandse Milieufederatie*.

* V. s[s] n° 511.13

SECTION 1
CADRE LÉGISLATIF : D'HIER À AUJOURD'HUI

511.11 **Racines.** La saisie-contrefaçon française est assez connue par la doctrine et les praticiens même en dehors de ce pays.

La Belgique, très influencée au XIXe siècle par le droit français, y compris en matière de brevets et de droit d'auteur, a introduit une procédure semblable dans la loi sur les brevets d'invention du 24 mai 1854 et dans la loi sur le droit d'auteur du 22 mars 1886. La procédure se déroulait devant le président du tribunal civil et ne tendait généralement en pratique qu'à la description des objets prétendus contrefaits et à celle des instruments de la contrefaçon.

L'article 6 de la loi sur les brevets prévoyait certes la possibilité de faire défense au détenteur de se dessaisir desdits objets et instruments et l'article 29 de la loi sur le droit d'auteur permettait la saisie conservatoire des « deniers » relativement aux actes de contrefaçon donnant lieu à « recettes » (en pratique, les représentations théâtrales ou les concerts). Ces possibilités étaient cependant très peu utilisées. Depuis une bonne trentaine d'année, ce second type de mesures, allant au-delà de la simple description et généralement appelées « saisie réelle », au sens latin du terme (*in rem*), est de plus en plus utilisé.

La grande réforme judiciaire réalisée en Belgique par la loi du 10 octobre 1967, remplaçant le code (français) de procédure civile et de nombreuses lois en la matière, avait réuni dans un seul chapitre du nouveau code judiciaire les dispositions concernant la saisie-contrefaçon en matière de brevets et de droit d'auteur. Depuis lors, diverses lois ont étendu le champ d'application de cette procédure.

La doctrine et la jurisprudence en la matière se sont développées particulièrement en raison du recours de plus en plus fréquent des titulaires de droits à ce mode de preuve et des avantages des mesures dites « de saisie réelle »; celles-ci se sont développées à la suite de la délivrance de brevets européens dont l'apparence de validité est certainement plus solide que pour les brevets belges délivrés sans examen, ainsi qu'en raison du développement considérable des actes de piraterie des droits d'auteur et des droits voisins grâce aux techniques nouvelles de reproduction.

La procédure a donc deux objets : la description des objets argués de contrefaçon, des instruments de celle-ci et des documents y relatifs, d'une part, et des mesures visant à bloquer les activités du contrefacteur (« saisie réelle »), d'autre part.

La saisie-description n'est pas une procédure préalable ou concomitante obligée pour prouver la contrefaçon ni pour la faire constater et cesser. D'autres moyens de preuve et d'autres mesures conservatoires sont possibles.

511.12 Accord ADPIC. On sait que l'efficacité de cette procédure lui a valu d'être imposée aux États signataires du nouvel accord GATT de 1994 par son annexe 1C, intitulée « *Accord relatif aux aspects des droits de propriété intellectuelle qui touchent au commerce, y compris le commerce des marchandises de contrefaçon* », accord dit relatif aux ADPIC, ou, plus communément encore et selon l'abréviation anglaise, « *TRIPs* ».

En vertu de l'article 50 de cet accord, les États doivent instaurer une procédure de mesures provisoires rapides et efficaces pour sauvegarder des éléments de preuves relatifs à une contrefaçon prétendue et pour empêcher celle-ci de pénétrer le marché, y compris par une mesure unilatérale en un premier temps, la partie requérante étant tenue d'agir au fond dans un certain délai et encourant une responsabilité au cas où les mesures demandées ne sont pas maintenues ou si la décision sur le fond ne lui est pas favorable[1].

L'accord ADPIC n'a pas d'effet direct[2].

511.13 Directive 2004/48/CE. Au niveau européen, l'accord ADPIC a été transcrit dans la directive 2004/48/CE du Parlement européen et du Conseil du 29 avril 2004 relative au respect des droits de propriété intellectuelle[3].

Le législateur belge a transposé par les lois des 9 et 10 mai 2007[4] la plupart des aspects civils et judiciaires de cette directive.

Il apparaît de l'article 2 de la directive que celle-ci n'impose qu'un minimum et ne saurait être interprétée comme restreignant les moyens dont disposent déjà les titulaires de droits en vertu d'autres textes; le législateur national reste libre de leur en accorder d'autres à l'avenir.

Les mesures, procédures et réparations prévues par les États membres doivent, en vertu de l'article 3 :

- être nécessaires au respect des droits;
- être loyales et équitables;
- ne pas être inutilement complexes ou coûteuses;
- ne pas comporter de délais déraisonnables;
- ne pas entraîner de retards injustifiés;
- être « effectives »[5], proportionnées et dissuasives;
- éviter de faire obstacle au commerce légitime;
- offrir des sauvegardes contre leur usage abusif.

À première vue, ces prescrits constituent des principes généraux guidant le législateur plutôt que des dispositions requérant une transposition spécifique en droit national.

Ils n'en sont pas moins importants dans l'interprétation et l'application même des mesures nationales transposant la directive dès lors que cet article porte à charge des États une « obligation générale »[6] et qu'on ne voit pas pourquoi celle-ci se limiterait à l'action du législateur. Une directive oblige l'État membre dans toutes ses composantes, y compris les juridictions[7].

Notons que certains de ces principes ne seront pas toujours aisés à combiner, comme par exemple le souci de se doter de mesures « effectives » et dissuasives, sans pour autant ni dépasser le caractère « proportionné » requis ni faire obstacle au commerce légitime.

511.14 Transposition en Belgique. La transposition de la directive 2004/48 en Belgique a été l'œuvre des deux lois précitées :

- la loi du 9 mai 2007 relative aux aspects civils de la protection des droits de la propriété intellectuelle, entrée en vigueur le 10 mai 2007 et dont l'objet principal est d'harmoniser et de renforcer les sanctions de la contrefaçon des divers droits de propriété intellectuelle (à l'exception des marques ainsi que des dessins et modèles, matières réglées par la Convention Benelux en matière de propriété intellectuelle du 25 février 2005);

- la loi du 10 mai 2007 relative aux aspects de droit judiciaire de la protection des droits de propriété intellectuelle, loi qui opère une concentration territoriale des compétences en matière de pro-

1. Article 50 de l'accord ADPIC approuvé par la loi belge du 23 décembre 1994 (*Moniteur belge* du 23 janvier 1997); le texte est évidemment plus nuancé et détaillé que la synthèse que nous en donnons ici, toutefois suffisante pour notre propos.
2. Cass., 11 mai 2001, *Pas.*, 2001, p. 839, n° 276; CJCE 13 sept. 2001, aff. C-89/99, *Schieving*, points 31, 34, 35 et 55 spécialement, renvoyant aux arrêts des 16 juin 1998, *Hermès*, aff. C-53/96, et 14 déc. 2000, *Dior*, aff. jointes C-300/98 et C-392/98. AUSSI : CJCE 11 sept. 2007, *Merck genericos*, aff. C-431/05, *Rec.*, p. I-7001.
3. *JOUE*, 30 avr. 2004, p. 45 à 86 – rectificatif : *JOUE*, 2 juin 2004, p. 16 à 25.
4. L. 9 mai 2007 relative aux aspects civils de la protection des droits de propriété intellectuelle, *Moniteur belge* du 10 mai 2007, p. 25704 (v. également *Erratum* publié le 15 mai 2007, p. 26677) – L. 10 mai 2007 relative aux aspects de droit judiciaire de la protection des droits de propriété intellectuelle, *Moniteur belge* du 10 mai 2007, p. 25694 (v. également *Erratum* publié le 14 mai 2007, p. 26121).
5. Mauvaise traduction de « *effective* » en anglais; le texte néerlandais dit, plus correctement, « *doeltreffend* », l'allemand, « *wirksam* », l'italien, « *effetivi* ». Nous aurions traduit par « efficaces ».
6. Tel est le titre de l'article 3 de la directive.
7. CJCE, arrêt *Von Colson et Kamann,* 10 avr. 1984, aff. C-14/83, *Rec.* 1984 p. 1891, point 26; arrêt *Stichting Zuid-Hollandse Milieufederatie,* aff. C. 316/04, 10 nov. 2005, *Rec.*, p. I-9759, points 77 et 78.

priété intellectuelle ainsi qu'une redistribution des compétences d'attribution (compétences matérielles) entre le tribunal de première instance et le tribunal de commerce; l'autre objet principal de cette loi est la réforme de la saisie-description; elle élargit également quelque peu les possibilités du référé en matière de propriété intellectuelle.

Par ailleurs, une loi du 15 mai 2007 complète cette réforme sur le plan des sanctions pénales ainsi qu'en ce qui concerne les mesures en douane et les mesures que peuvent prendre certains officiers de police judiciaire et autres fonctionnaires et agents pour les recherches et les saisies provisoires en matière de contrefaçon[1].

SECTION 2
APERÇU GÉNÉRAL DE LA SAISIE-DESCRIPTION BELGE

511.21 Une procédure particulière en deux phases. La saisie-description, plus exactement la « saisie en matière de contrefaçon », relève donc désormais des « procédures particulières » en droit judiciaire belge.

Elle reste fondamentalement la même qu'auparavant, gardant, jusqu'à l'exécution de l'ordonnance, sa même nature de procédure unilatérale. Dès lors, la partie visée par les mesures demandées (c'est-à-dire qui sera « visitée » par l'expert et l'huissier) n'est pas partie intervenante et l'ordonnance ne lui sera donc pas notifiée par le greffe. La signification de l'ordonnance, prévue par l'article 1369 *bis*/1, § 6, nouveau du code judiciaire assure au profit de cette partie sa communication certaine, faisant d'ailleurs courir contre elle le délai de tierce opposition (art. 1034 du même code). C'est alors que s'ouvre la phase d'exécution et des recours.

La procédure comprend ainsi deux phases : en un premier temps, le dépôt de la requête et l'ordonnance[2], phase unilatérale, et, en un second temps, la signification de l'ordonnance, l'exécution par l'expert de la description ordonnée, les éventuelles mesures de saisie, la tierce opposition éventuelle.

511.22 Caractère unilatéral. Le caractère unilatéral de cette procédure introduite ainsi par requête et donnant au requérant un titre exécutoire par provision avec des conséquences parfois très lourdes pour la partie visée, relève du problème plus général dit de l'inversion du contentieux et commun à toutes ces procédures ayant ce caractère. Comme on le verra, un certain nombre de mécanismes pallient en large partie les difficultés et l'ensemble du système apparaît équilibré. La modération des plaideurs, le strict respect des conditions de la description et de la saisie réelle, la clairvoyance de l'expert et du juge à la lumière des principes généraux de la directive (*cf. supra*) ainsi que la responsabilité du saisissant doivent y contribuer, comme aussi à une difficulté propre à cette procédure : le respect de la confidentialité des affaires du saisi sans empêcher la collecte de tous les éléments pertinents pour juger de la contrefaçon.

Même si des retouches législatives s'avèrent nécessaires, le caractère unilatéral n'en reste pas moins absolument essentiel à l'efficacité de cette procédure; il a été clairement voulu par le législateur.

La question de la protection des informations confidentielles a fait l'objet, on le verra, de diverses dispositions dans la réforme de la saisie-description. Mais la question se pose aussi d'une manière plus générale dans le droit de la preuve, ce que l'article 6 de la directive invitait le législateur à régler au moins dans notre matière. Une protection quelque peu renforcée des éléments confidentiels a été assurée dans le cadre de la saisie-description par la loi du 10 mai 2007 mais le législateur n'a pas entendu régler cette question d'une manière plus générale.

1. Loi du 15 mai 2007 relative à la répression de la contrefaçon et de la piraterie de droits de propriété intellectuelle, *Moniteur belge* du 18 juillet 2007, p. 38.734.
2. Ainsi que, éventuellement, l'appel formé par le requérant à qui l'ordonnance n'accorde pas (tout) ce qu'il a demandé.

CHAPITRE

512. Belgique : personnes protégées, droits protégés, personnes visées

SECTION 0
ORIENTEUR

512.00 Plan du chapitre.

512.01 Textes applicables.

* V. s[s] n° 51.01

512.02 Jurisprudence citée.

> Saisie-description fondée sur un brevet européen

• **Civ. Gand (sais.), 7 déc. 2004,** *I.R.-D.I.* 2005, p. 285 à 296.

* V. s[s] n° 512.21

> Vérification *prima facie* de l'adéquation entre le droit revendiqué et la contrefaçon reprochée

• **Bruxelles, 6 avr. 2001,** *I.R.-D.I.* 2001, p. 306.

• **Gand, 1er déc. 2008,** *I.R.-D.I.*, 2009, p. 58.

* V. s[s] n° 512.23

> Exclusion du « know-how »

• **Gand, 1er déc. 2008,** *I.R.-D.I.*, 2009, p. 58.

* V. s[s] n° 512.23

> Personnes visées par la saisie-description

• **Cass., 29 nov. 1963,** *Pas*, 1964, I, p. 340.

• **Anvers, 21 janv. 1997,** inédit, n° 1996/EV/27 du rôle général.

• **Gand, 30 juin 1999,** inédit, n° 1999/EV/25 du rôle général.

* V. s[s] n° 512.31

SECTION 1
PERSONNES PROTÉGÉES

512.11 Personnes habilitées à demander la saisie-description. La nouvelle loi ouvre la procédure à tous ceux qui peuvent agir en contrefaçon de tout droit intellectuel, ce qui est plus large que l'ancienne notion de titularité.

Les personnes habilitées à agir en contrefaçon sont définies par les différentes lois particulières. On tiendra compte à cet égard de la loi du 9 mai 2007 relative aux aspects civils de la protection des droits de propriété intellectuelle. Agir en contrefaçon, c'est faire valoir le droit intellectuel en tant que droit exclusif, et donc agir aux fins de faire cesser un ou des actes portant atteinte à ce droit. L'habilitation d'autres personnes que le titulaire même du droit, varie selon la législation en cause; dans un cas, elle est même assez large puisque, en matière de droit d'auteur, l'action en cessation (art. 87 de la loi du 30 juin 1994) est ouverte à tout intéressé.

Nous nous attachons ici à quelques questions relatives aux personnes ayant qualité pour demander la saisie-description et à celle de la nature et de la portée du droit invoqué.

SECTION 2
DROITS PROTÉGÉS

512.21 Saisie-description fondée sur un brevet européen. La traduction d'un brevet européen dans une des langues nationales doit être déposée dans les trois mois à compter du jour de la publication de la mention de la délivrance du brevet, faute de quoi le brevet est réputé sans effet en Belgique. Selon le Juge des saisies de Gand [1], le brevet sort néanmoins ses pleins effets dès la publication de sa délivrance, de sorte que dès ce moment, et sans devoir attendre que la traduction soit déposée, le titulaire du brevet a la qualité pour introduire une procédure en saisie-description. Ce n'est que si le délai de trois mois est écoulé sans que la traduction ne soit déposée, qu'il perd cette qualité.

1. Civ. Gand (sais.), 7 déc. 2004, *I.R.-D.I.* 2005, p. 285 à 296.

512.22 Saisie-description fondée sur un titre étranger. La Cour de cassation a jugé que le texte de l'ancien article 1481 du code judiciaire n'excluait pas que le brevet visé par cet article soit un brevet étranger. Le maintien de ce principe sous l'empire des nouvelles dispositions légales ne devrait donner lieu à aucune mise en question, nous semble-t-il[1].

Cette solution ne nous paraît pas contraire à l'article 31 du règlement 44/2001, pas plus qu'elle ne l'était à l'article 24 de la Convention de Bruxelles. Cette disposition donne compétence à une juridiction d'un État membre pour connaître de mesures provisoires ou conservatoires telles que prévues par la loi nationale même si c'est une juridiction d'un autre État membre qui est compétente pour juger le litige sur le fond. Le caractère conservatoire de la description ne fait pas de doute[2].

Les mesures auxquelles le requérant pourra prétendre en Belgique sur la base d'un droit établi par une loi étrangère, seront nécessairement limitées à des mesures de description.

512.23 Vérification *prima facie* de l'adéquation entre le droit revendiqué et la contrefaçon reprochée. Même limitée à un examen *prima facie* du droit invoqué, la vérification de la requête peut s'attacher à la portée de ce droit au regard de la contrefaçon reprochée. La cour d'appel de Bruxelles a ainsi refusé d'accorder des mesures de description à une société qui invoquait un procédé, certes décrit dans une publication, mais non protégé par le dépôt d'un brevet[3]. S'il est possible que la description du procédé soit protégée par le droit d'auteur, l'exécution même du procédé ne constitue pas une infraction à ce droit d'auteur. Dès lors, le titulaire du droit d'auteur n'était, *in casu*, pas habilité à agir en contrefaçon.

512.24 Exclusion du « know-how ». La cour d'appel de Gand a rappelé qu'une procédure en saisie-description ne peut être intentée sur la base d'une violation de la protection d'un « *know-how* »[4], rejetant la thèse selon laquelle l'exclusion du « *know-how* » de la liste des droits énumérés à l'article 1369 *bis*/1 § 1 est contraire aux articles 6 et 7 de la directive 2004/48. Cette exclusion se justifie par la nature particulière du « *know-how* » et les autres moyens de protection de celui-ci.

1. Art. 1369 *bis*/7 du code judiciaire; *Doc. Parl. Chambre*, n°s 51-2943/001 et 51-2944/001, p. 56.
2. Même si une interprétation assez stricte de la notion de mesures provisoires ou conservatoires a été mise en œuvre dans un arrêt du 28 avril 2005 de la Cour de justice (aff. C-104/03, *Saint-Paul Dairy*, *Rec.*, p. I-3481), mais dans le contexte très particulier d'une demande d'audition d'un témoin dans le *seul* but d'apprécier l'opportunité d'une procédure au fond.
3. Bruxelles, 6 avr. 2001, *I.R.-D.I.* 2001, p. 306. DANS LE MÊME SENS, Gand, 1er déc. 2008, *I.R.-D.I.*, 2009, p. 58 : vérification *prima facie* de l'existence d'un droit d'auteur sur les éléments revendiqués (logiciels).
4. Gand, 1er déc. 2008, *I.R.-D.I.*, 2009, p. 58.

SECTION 3
PERSONNES VISÉES

512.31 Personnes visées par la saisie-description. Quant aux personnes visées, les nouvelles dispositions n'apportent aucune précision ni n'entendent modifier la solution, de sorte que la jurisprudence considère toujours que la saisie-description peut avoir lieu entre les mains du détenteur de l'objet présumé contrefait, peu importe qu'il en soit ou non le propriétaire et peu importe qu'il soit ou non le contrefacteur.

En pratique, une personne physique ou morale sera généralement identifiée dans la requête et dans l'ordonnance comme visée par les mesures sollicitées ou accordées. Cela n'est toutefois nécessaire ni dans la requête ni même dans l'ordonnance.

Sachant que la procédure a notamment pour but légal d'identifier le ou les contrefacteurs[5] et qu'il est souvent très difficile, parfois même impossible, de déterminer l'exploitant ou l'occupant des lieux, il n'y a pas d'objection à ce que la personne qui sera trouvée détentrice des lieux, objets ou documents à visiter et à décrire, ne soit pas identifiée. Elle le sera au moment de la signification.

Beaucoup de juges des saisies l'ont admis. Mais d'autres sont réticents; il nous paraît au contraire que, au vu des garanties légales et spécialement lorsque l'ordonnance prend soin de rappeler à l'expert l'article 1369 *bis*/6 du code judiciaire en vue de préserver la confidentialité due à ce qui ne relève pas du litige, le tiers, même non identifié, jouira d'une protection qui ne sera pas moins grande que celle due à un tiers identifié.

C'est en définitive le lien entre les soupçons de contrefaçon et le ou les tiers visés, identifiés ou non, qui est important. C'est bien la raison pour laquelle, à juste titre, deux arrêts, dans la ligne de beaucoup d'ordonnances antérieures, précisent que les tiers non identifiés seront les personnes trouvées en possession de produits accusés de contrefaçon ou de documents relatifs à la contrefaçon alléguée[6]. Au requérant ensuite, sous peine d'engager sa responsabilité, d'agir avec prudence en évitant de faire exécuter chez un tiers que rien n'indique être une telle personne, ou en arrêtant aussitôt les opérations si les soupçons s'avèrent controuvés.

5. Cass., 29 nov. 1963, *Pas*, 1964, I, p. 340.
6. Anvers, 21 janv. 1997, inédit, n° 1996/EV/27 du rôle général; Gand, 30 juin 1999, inédit, n° 1999/EV/25 du rôle général.

CHAPITRE

513. Belgique : conditions d'obtention d'une saisie-description

SECTION 0
ORIENTEUR

513.00 **Plan du chapitre.**

Sect. 1 Liste des conditions d'obtention d'une saisie-description

Sect. 2 Condition commune aux mesures de description et de saisie : validité *prima facie* du droit de propriété intellectuelle invoqué

Sect. 3 Condition propre aux mesures de description : indices d'une atteinte au droit de propriété intellectuelle en cause ou d'une menace d'une telle atteinte

Sect. 4 Condition propre aux mesures de saisie : l'atteinte au droit de propriété intellectuelle en cause ne peut être raisonnablement contestée

Sect. 5 Condition propre aux mesures de saisie : leur justification à l'issue d'une pondération des intérêts en présence

513.01 **Textes applicables.**

* V. s^s n° 51.01

513.02 **Jurisprudence citée.**

> Impact de la contestation du droit invoqué

• **Cass., 3 sept. 1999,** C960097N.

• **Civ. Bruxelles (sais.), 5 juill. 2002,** *I.R.-D.I.,* 2004, p. 173

• **Anvers, 29 sept. 2003,** *I.R.-D.I.* 2003, p. 256.

• **Anvers, 6 févr. 2008,** *I.R.-D.I.* 2008, p. 173.

• **Civ. Gand (sais.), 7 déc. 2004,** *I.R.-D.I.* 2005, p. 285.

• **Civ. Bruxelles (sais.), 16 juin 2004,** *I.R.-D.I.* 2004, p. 188.

• **Civ. Bruxelles, 7 déc. 1999,** *I.R.-D.I.*, 2000, p. 34

• **Civ. Gand, 29 juin 2004,** *AM*, 2005, p. 433, spéc. p. 435.

* V. s^s n° 513.22

> Une contrefaçon vraisemblable

• **Cass., 25 nov. 2011,** n° C. 10.0559.F, aff. *Adobe Systems et alii,* RG *J.L.M.B.* 2010, p. 1577.

• **Cass., 26 nov. 2009,** *Ineos*, aff. C. 08.0206.N.

• **Anvers, 6 févr. 2008,** *I.R.-D.I.* 2008, p. 173.

• **Bruxelles, 17 févr. 2009,** *I.R.-D.I.*, 2009, p. 181.

* V. s^s n° 513.31

> Une condition plus rigoureuse

• **Cass., 16 nov. 1984,** *Pas.*, 1985, I, p. 339, n° 172; *Ing.-Cons.*, 1985, p. 164 et note F. de Visscher.

• **Cass., 26 nov. 2009,** *Ineos*, aff. C. 08.0206.N

* V. s^s n° 513.41

> Renforcer le pouvoir d'appréciation du juge

• **Cass., 3 janv. 2002,** *Pas.*, p. 14, n° 5.

* V. s^s n° 513.51

> Diligence du titulaire

• **Civ. Gand (sais.), 30 août 2000,** *R.W.* 2001-2002, p. 461.

• **Mons, 17 nov. 1997,** *J.L.M.B.* 1998, p. 331.

* V. s^s n° 513.54

> Intérêt des tiers

• **Cass., 3 janv. 2002,** *R.W.* 2002-2003, p. 1056, *Pas.* 2002, I, p. 9.

• **Bruxelles, 18 déc. 1998,** *I.R.-D.I.* 1999, p. 65.

> Accès des produit au marché

• **Bruxelles, 4 déc. 2008,** n° 2008/KR/147, inédit.

• **Civ. Bruxelles (sais.), 13 juin 2003,** *I.R.-D.I.*, p. 275

* V. s^s n°s 513.55, 513.56

SECTION 1
LISTE DES CONDITIONS D'OBTENTION D'UNE SAISIE-DESCRIPTION

513.11 **Liste.** Les conditions d'obtention des mesures de description (art. 1369 *bis*/1, § 1 à 3 du code judiciaire) sont au nombre de deux (outre, bien évidemment, la qualité du requérant et la nature du droit invoqué). Il y a trois conditions d'obtention des mesures de saisie (même article, § 4 et 5).

La première est commune aux mesures de description et aux mesures de saisie : il faut que le droit de propriété intellectuelle dont la protection est ainsi demandée à titre conservatoire, soit valable *prima facie* (Section 2). L'octroi des mesures de description requiert aussi qu'il y ait des indices d'une atteinte au droit invoqué (Section 3). Quant à la « saisie réelle », elle est soumise à deux conditions qui lui sont propres. Tout d'abord, une telle mesure ne sera accordée que « *si l'atteinte au droit de propriété intellectuelle en cause ne peut être raisonnablement contestée* » (art. 1369 *bis*/1 § 5, al. 1, point 2) (Section 4). Ensuite, le magistrat vérifiera que « *après avoir fait une pondération des intérêts en présence, dont l'intérêt général, les faits et, le cas échéant, les pièces sur lesquelles le requérant se fonde, sont de nature à justifier raisonnablement la saisie tendant à la protection du droit invoqué* » (art. 1369 *bis*/1 § 5, al. 1, point 3) (Section 5). La célérité ou l'urgence n'est pas une condition d'obtention des mesures de saisie-description.

SECTION 2
CONDITION COMMUNE AUX MESURES DE DESCRIPTION ET DE SAISIE : VALIDITÉ *PRIMA FACIE* DU DROIT DE PROPRIÉTÉ INTELLECTUELLE INVOQUÉ

513.21 Une appréciation possiblement plus sévère pour les mesures de saisie. Cette condition est identique à celle qui était en vigueur sous l'ancienne loi; il suffisait que le requérant rendît vraisemblable le droit qu'il invoquait, ce droit ne devant être ni incontestable ni même incontesté.

Formellement, l'obtention des mesures de description et de saisie est aujourd'hui soumise à la même condition en ce qui concerne le degré d'examen par le juge de la validité du titre invoqué. Sous l'empire des anciennes dispositions, certaines juridictions appliquaient un contrôle plus strict de la validité *prima facie* du droit de propriété intellectuelle invoqué lorsqu'il s'agissait d'accorder des mesures de saisie que lorsqu'il s'agissait uniquement de mesures de description.

Le 25 mars 2005, la Cour de cassation a précisé l'objet de l'examen auquel le juge des saisies devait procéder lorsque lui était demandée l'autorisation de pratiquer des mesures dite de « saisie réelle ». Est-il requis que l'appréciation du droit dont la protection est invoquée, soit plus sévère pour accorder une saisie réelle que pour accorder une description ? Le pourvoi soutenait avec rigueur une réponse affirmative. La Cour le rejette comme manquant en droit[1].

Il était inévitable que le moyen fût rejeté dans le cadre très formel et rigoureusement logique de la procédure en cassation dès lors qu'il posait en droit et sans nuance l'exigence d'une appréciation différente des droits invoqués. À partir des textes légaux actuels, il aurait tout aussi peu de chances de prospérer.

Mais au-delà du texte actuel et de la lecture formaliste de l'ancien texte, adoptée par cet arrêt, l'équité et la logique du système plaident à coup sûr pour une appréciation plus sévère du droit invoqué lorsqu'il s'agit par la saisie réelle de le mettre provisoirement en œuvre.

La portée de l'arrêt nous paraît donc limitée : s'il est inexact en droit de prôner la *nécessité* d'une appréciation différente, cela n'en exclut pas la *possibilité*. Ainsi quelques décisions prononcées postérieurement à l'arrêt annoté révèlent-elles une appréciation différente du droit invoqué selon qu'il s'agit de statuer sur la demande de description ou celle de mesures de saisie réelle.

513.22 Impact de la contestation du droit invoqué. La contestation du droit invoqué par le requérant ne suffit généralement pas à refuser ou à rétracter l'autorisation d'une description; la jurisprudence l'a souvent affirmé en matière de brevets d'invention[2].

Ainsi le Juge des saisies de Bruxelles a-t-il estimé « *qu'il importe peu, par ailleurs, qu'une action en annulation du brevet européen [...] ait été introduite [...]. En effet, il n'appartient pas au Juge des saisies, à l'occasion du contrôle marginal qu'il exerce lors des opérations de saisie description, de se prononcer sur la validité du brevet. [...] En particulier, il n'est pas requis que le titre invoqué à l'appui d'une requête en saisie description ne fasse l'objet d'aucune procédure d'opposition ou d'annulation* »[3].

Malgré l'introduction d'une procédure d'opposition, le titulaire du brevet conserve en principe un droit *prima facie* valable[4]. Lorsqu'un recours est exercé contre une décision de la division d'opposition amendant une ou plusieurs revendications, la cour d'appel d'Anvers considère que l'effet suspensif de ce recours implique que dans l'attente d'une décision définitive quant à ce recours, le brevet à prendre en considération pour l'examen *prima facie* des droits invoqué soit le brevet non amendé[5].

Le juge des saisies de Gand rappelle en revanche que la requérante ne peut fonder une demande de saisie description sur une revendication qui a été

1. *Auteurs & Media*, 2008, p. 106 et obs. F. de Visscher et P. Bruwier.
2. Cass., 3 sept. 1999, C960097N, deuxième moyen, troisième branche. Précisons que, en l'espèce, il s'agissait de mesures de description.
3. Civ. Bruxelles (sais.), 5 juill. 2002, *I.R.-D.I.*, 2004, p. 173.
4. Anvers, 29 sept. 2003, *I.R.-D.I.* 2003, p. 256, spéc. p. 259.
5. Anvers, 6 févr. 2008, *I.R.-D.I.* 2008, p. 173, point 2.4.1.

refusée par l'Office européen des brevets[1]. La saisie-description doit se limiter aux revendications qui ont été acceptées.

Le juge appelé à se prononcer sur une requête en saisie-description dispose d'une marge d'appréciation plus importante en matière de droit d'auteur dès lors que les conditions de validité du droit d'auteur doivent être appréciées *in concreto*[2]. Même dans le cadre d'un examen *prima facie*, le juge devra au besoin procéder à un examen quelque peu détaillé des éléments présentés à l'appui de la contestation de l'originalité de l'œuvre invoquée[3].

SECTION 3
CONDITION PROPRE AUX MESURES DE DESCRIPTION : INDICES D'UNE ATTEINTE AU DROIT DE PROPRIÉTÉ INTELLECTUELLE EN CAUSE OU D'UNE MENACE D'UNE TELLE ATTEINTE

513.31 Une contrefaçon vraisemblable. Avant l'entrée en vigueur des nouvelles dispositions, la jurisprudence exigeait du requérant qu'il justifie de soupçons d'une atteinte effective à ses droits.

En vertu du nouvel article 1369 *bis*/1, § 3, 2), il faut mais il suffit qu'il « existe des indices selon lesquels il a été porté atteinte au droit de propriété intellectuelle en cause ou qu'il existe une menace d'une telle atteinte ».

Ces indices doivent être constatés au jour où le juge statue sur la requête; on ne saurait en justifier sur la base du rapport descriptif ou d'autres mesures d'exécution de l'ordonnance de saisie-description[4].

On remarquera que sont seulement requis des indices. Le but de la procédure étant précisément de vérifier s'il y a contrefaçon et de s'assurer une preuve circonstanciée de celle-ci, on ne peut pas exiger davantage du requérant que l'un ou l'autre élément justifiant à première vue ses soupçons de contrefaçon.

Encore faut-il des indices réels.

La cour d'appel d'Anvers avait retenu l'existence d'indices d'atteinte à un brevet (de procédé) en raison de l'opposition introduite par la partie visitée à l'encontre de ce brevet, et du fait que cette partie visitée était un concurrent direct du titulaire du brevet dans le secteur très particulier dans lequel le brevet était utilisé. La Cour faisait notamment référence à « *l'intimité dans laquelle le procédé de production s'effectue* », et au fait qu'il ne peut être exigé du requérant « une charge de la preuve plus sévère que ce qui est possible en pratique »[5]. Son arrêt a été cassé au motif que de tels indices doivent rendre vraisemblable qu'une contrefaçon puisse avoir lieu, que les faits avancés doivent être de nature, en les considérant à première vue, en eux-mêmes ou en relation entre eux, à faire soupçonner une contrefaçon ou la menace d'une contrefaçon, ce à quoi les constatations du juge d'appel ne suffisaient pas[6]. À notre estime, cette jurisprudence revient à exiger que la contrefaçon ne soit pas seulement possible au vu des circonstances; il faut que celles-ci la rendent vraisemblable, qu'elles justifient un soupçon.

La différence peut paraître ténue mais elle est réelle et utile.

En revanche, une fois établi le soupçon d'une contrefaçon (ou de la menace d'une contrefaçon), la condition ici examinée est remplie.

La cour d'appel de Bruxelles, après avoir rappelé que les mesures de description n'exigeaient pas de « *sérieux indices d'atteinte* », mais simplement la preuve d'indices d'atteinte *prima facie*, expose que « *la marge d'appréciation de la cour est limitée, vu que la saisie-description vise précisément à rassembler les preuves des prétendues atteintes* ». La cour ajoute que « *l'autorisation de procéder à une saisie-description ne doit être refusée au titulaire d'un droit intellectuel que s'il est certain que la mesure ne peut raisonnablement fournir aucune preuve d'atteintes* »[7].

513.32 Consistance de la contrefaçon vraisemblable. L'atteinte aux droits de la requérante s'apprécie en fonction du droit concerné. Quant à la question de savoir alors quels sont les actes considérés comme des atteintes, il est renvoyé aux différentes lois particulières.

S'il s'agit par exemple de droits d'auteur ou de droits sur des dessins ou modèles, le juge jouira d'un certain pouvoir d'appréciation au niveau de l'évaluation de l'emprunt des caractéristiques protégées.

Tant le requérant que la partie visitée appuieront souvent leurs points de vue par un rapport technique quant à l'existence ou non d'indices d'une atteinte aux droits découlant d'un brevet.

1. Civ. Gand (sais.), 7 déc. 2004, *I.R.-D.I.* 2005, p. 285, spéc. p. 293-295.
2. Civ. Bruxelles (sais.), 16 juin 2004, *I.R.-D.I.* 2004, p. 188, point 2.3.1.
3. V. PAR EX. l'examen fait par la cour d'appel de Bruxelles dans son long arrêt du 7 déc. 1999, *I.R.-D.I.*, 2000, p. 34. Le juge des saisies de Gand a été conduit dans un cas à considérer le modèle invoqué comme « manifestement non original » (29 juin 2004, *AM*, 2005, p. 433, spéc. p. 435, point 2.2.2.).
4. Cass., 25 nov. 2011, aff. *Adobe Systems et alii,* RG n° C. 10.0559.F, confirmant Mons, 26 avr. 2010, *JLMB* 2010, p. 1577.
5. Anvers, 6 févr. 2008, *I.R.-D.I.* 2008, p. 173, spéc. p. 180, point 2.5. (notre traduction).
6. Cass., 26 nov. 2009, *Ineos*, aff. C. 08.0206.N.
7. Bruxelles, 17 févr. 2009, *I.R.-D.I.*, 2009, p. 181, point 19 (notre traduction).

Dans le domaine pharmaceutique, il est courant que les parties utilisent comme moyen de preuve la notice d'un médicament lorsque cette notice fait apparaître une composition en apparence protégée par le brevet, ou l'autorisation de mise sur le marché d'un médicament.

SECTION 4
CONDITION PROPRE AUX MESURES DE SAISIE : L'ATTEINTE AU DROIT DE PROPRIÉTÉ INTELLECTUELLE EN CAUSE NE PEUT ÊTRE RAISONNABLEMENT CONTESTÉE

513.41 **Une condition plus rigoureuse.** La Cour de cassation a dit pour droit à propos des mesures de saisie, dans un arrêt du 16 novembre 1984, que le juge doit vérifier si le droit invoqué, les faits et les pièces invoquées « *sont de nature à justifier raisonnablement la saisie demandée* »[1]. La jurisprudence en avait déduit l'exigence d'une plus grande rigueur au sujet de l'atteinte au droit.

La loi du 10 mai 2007 donne à cette rigueur un statut autonome : une mesure de saisie ne sera accordée que « si l'atteinte au droit de propriété intellectuelle en cause ne peut être raisonnablement contestée » (art. 1369 *bis*/1 § 5, al. 1, point 2). Il s'y ajoutera encore la condition d'une justification des mesures de saisie au regard des intérêts en présence (v. *infra*).

Les travaux préparatoires fournissent des précisions utiles quant aux circonstances dans lesquelles ce critère est rempli : « *Il peut en être ainsi par exemple lorsque la requête s'appuie sur un rapport d'expertise unilatérale ou encore sur des jugements prononcés à l'étranger et concernant une atteinte identique au même droit de propriété intellectuelle. De simples soupçons de contrefaçon ne peuvent suffire. Le requérant doit disposer d'indices sérieux et concordants et la qualification juridique de contrefaçon ne peut être contestée* [...]. *Toutefois,* [...] *exiger du requérant qu'il apporte la preuve de la contrefaçon viderait la procédure de son sens* »[2].

De tels indices sérieux et concordants doivent donc être établis. On ne peut se contenter à cet égard d'affirmations générales ou vagues sans éléments relatifs à la partie visée et suffisamment précis quant à l'atteinte au droit invoqué. Faire état de celui-ci et ensuite de simples suppositions générales non étayées ne satisfait évidemment pas au prescrit légal. S'il suffit d'indices sérieux et concordants, encore faut-il les établir. L'arrêt précité de la Cour de cassation du 26 novembre 2009, qui exige un réel soupçon de contrefaçon pour que des mesures de description puissent être autorisées[3], conduit évidemment à davantage de rigueur encore pour autoriser des mesures de saisie réelle puisque le législateur a expressément voulu une appréciation plus stricte sur ce point.

513.42 **Produits en transit.** La première mise sur le marché de l'Espace économique européen de produits protégés par un droit de propriété intellectuelle ne peut se faire qu'avec l'accord du titulaire du droit. À défaut d'un tel accord, l'importation de produits « originaux » sur le territoire de l'EEE constitue une atteinte au sens de l'article 1369 *bis*/1, § 5, alinéa 1, point 2. Dans le cadre d'une saisie-description, l'absence d'une atteinte (où à tout le moins le caractère raisonnablement contestable de celle ci) a été soutenue au motif que les produits saisis, bien que se trouvant sur le territoire de l'EEE, n'étaient pas destinés au marché de l'EEE et bénéficiaient du régime douanier de transit. Sur le fond, la question fait l'objet de controverses[4]. Dans la procédure qui nous occupe, on s'est interrogé sur la charge et l'étendue de la preuve que ces produits se trouvent en transit. La question se pose en des termes identiques pour les produits qui ne sont pas originaux, mais destinés à des territoires auxquels ne s'étend pas le droit de propriété intellectuelle invoqué.

SECTION 5
CONDITION PROPRE AUX MESURES DE SAISIE : LEUR JUSTIFICATION À L'ISSUE D'UNE PONDÉRATION DES INTÉRÊTS EN PRÉSENCE

513.51 **Renforcer le pouvoir d'appréciation du juge.** La seconde condition d'obtention, propre aux mesures de saisie, tient à la vérification que « après avoir fait une pondération des intérêts en présence, dont l'intérêt général, les faits et, le cas échéant, les pièces sur lesquelles le requérant se fonde, sont de nature à justifier raisonnablement la saisie tendant à la protection du droit invoqué » (art. 1369 *bis*/1 § 5, al. 1, point 3). L'objet de cette condition est d'accorder au juge, lorsqu'il se penche sur une question aussi délicate que celle de mesures de saisie à opérer sur requête unilatérale, un large pou-

1. Cass., 16 nov. 1984, *Pas.*, 1985, I, p. 339, nº 172; *Ing.-Cons.*, 1985, p. 164 et note F. de Visscher.
2. *Doc. Parl. Chambre*, 51-2943 et 2944/001, p. 62.
3. Cass., 26 nov. 2009, *Ineos*, aff. C. 08.0206.N.
4. V. not. E. Cornu, O. Klimis, « L'arrêt *Diesel* de la Cour de Justice des Communautés européennes : le point sur le commerce transitoire de contrefaçons », *ICIP* 2007, p. 743-751, ainsi que le rapport belge pour l'AIPPI (question 208 à Buenos Aires) et la question préjudicielle posée à la Cour de justice dans l'affaire C-446/09.

voir discrétionnaire[1]. On sait qu'il peut, dans ce cadre, tenir compte de bien des éléments, y compris des intérêts de tiers[2]. Il doit motiver expressément sa décision d'accorder les mesures de saisie.

Comme expliqué ci-dessus, cette condition nous paraît autoriser le magistrat à exercer un contrôle plus strict de la validité *prima facie* du droit invoqué.

Le degré de certitude de l'atteinte sera également pris en compte. Le juge ordonnera en effet d'autant plus légitimement la saisie que sera élevée la probabilité que les produits soient, *in fine*, considérés comme contrefaisants.

513.52 Conséquences économiques. D'une manière générale, la jurisprudence ne se contente pas de constater qu'une partie subirait un préjudice financier en cas de saisie ou de levée de la saisie pour faire pencher la balance d'un côté ou de l'autre; le saisi aura toujours un intérêt financier à la levée des mesures complémentaires, et le saisissant considérera toujours que le maintien de ces mesures est de nature à limiter le préjudice qu'il allègue. Ce sont davantage les circonstances particulières à chaque affaire qui font prendre en considération les conséquences économiques de la saisie.

Ont été ainsi relevés de part et d'autre, mais pas toujours retenus :

- le risque important de perte définitive de parts de marché d'une des parties;

- le risque de faillite du saisi ou du saisissant;

- la perte de valeur des produits saisis en raison de leur nature;

- la capacité des parties à indemniser leur adversaire;

- le préjudice subi en raison de la durée anormalement longue de la procédure;

- le fait que la saisie d'un produit déterminé, fabriqué sur commande, empêche le saisi d'honorer ses engagements et l'expose au paiement d'indemnités contractuelles importantes;

- le préjudice découlant de l'atteinte à la réputation de la partie lésée;

- la circonstance que la saisie expose la partie visée au risque d'être exclue de divers marchés publics même pour des produits non litigieux;

- le niveau du risque d'un préjudice difficilement réparable en argent.

513.53 Préservation des preuves ? Le maintien des mesures de saisie a été justifié en matière informatique par la nécessité de la preuve de la contrefaçon et les difficultés pour le titulaire de préserver cette preuve.

Cette jurisprudence appelle les plus nettes réserves, non seulement quant aux mesures à ordonner, lesquelles ne peuvent dépasser ce que la loi autorise, mais aussi dans sa prémisse. Les mesures de saisie ne peuvent être autorisées que *si*, et *dans la mesure où*, elles assurent la protection du droit intellectuel invoqué, c'est-à-dire le respect du ou des droits exclusifs qu'il implique : l'interdiction aux tiers non autorisés de fabriquer, reproduire, vendre, utiliser, etc., selon la portée légale de chaque droit intellectuel concerné. Il ne s'agit pas de la préservation des preuves, ce qui relève des mesures de description, cadre dans lequel il est possible d'ordonner l'une ou l'autre mesure certes analogue à une saisie mais ayant seulement pour conséquence une indisponibilité *temporaire* parfois nécessaire à la description. Les mesures de saisie, limitativement énoncées par la loi, ne peuvent avoir pour but, ni dès lors pour justification, la préservation des preuves[3].

513.54 Diligence du titulaire. Le comportement du titulaire de droit est parfois pris en compte.

Là où les intérêts des parties méritent une égale considération, le manque de diligence dont fait preuve le titulaire pour l'introduction de la procédure, peut jouer en sa défaveur.

Le Juge des saisies de Gand constate à cet égard que le fait que le saisissant n'ait entrepris aucune action contre d'autres producteurs de produits supposés contrefaits, accrédite la thèse selon laquelle le dommage subi n'est pas irréparable[4].

Ce paramètre doit être appréhendé avec prudence. La cour d'appel de Mons a jugé que « *il y a lieu de considérer que l'opportunité des poursuites en matière de contrefaçon appartient au seul titulaire du brevet, celui-ci appréciant dès lors souverainement le moment le plus opportun pour agir en justice en vue de protéger ses droits; qu'ainsi, le contrefacteur éventuel ne peut invoquer l'absence de réaction antérieure du titulaire du brevet pour justifier la poursuite de ses agissements qui furent et demeureront culpeux en tout état de cause* »[5].

1. Les conditions ainsi énoncées rejoignent celles qui résultent de la jurisprudence de la Cour de cassation : v. L. de Gryse, « La Cour de cassation : gardienne des droits intellectuels ? », *J.T.*, 2007, p. 673-686, spéc. p. 677-679.
2. La prise en compte de l'intérêt des tiers est expressément mentionnée dans les travaux préparatoires : *Doc. Parl. Chambre*, 51-2943 et 2944/001, p. 63; v. Cass., 3 janv. 2002, *Pas.*, p. 14, n° 5.
3. Pour une discussion détaillée de cette question : F. de Visscher et P. Bruwier, *La saisie-description et sa réforme*, Bruxelles, Larcier, 2010, p. 48-21, n° 56.
4. Civ. Gand (sais.), 30 août 2000, *R.W.* 2001-2002, p. 461.
5. Mons, 17 nov. 1997, *J.L.M.B.* 1998, p. 331.

513.55 Intérêt des tiers. L'intérêt général et celui des tiers étaient déjà pris en compte par une partie de la jurisprudence avant l'entrée en vigueur de la loi du 10 mai 2007. Ainsi la Cour de cassation avait-elle décidé dans un arrêt du 3 janvier 2002 que « *le juge du fond apprécie souverainement en fait la nature de la saisie raisonnablement requise pour la préservation des droits du titulaire d'un brevet de médicament; qu'il n'est pas interdit au juge des saisies d'avoir égard dans cette appréciation à la santé publique* »[1].

Il ne suffit évidement pas que des tiers aient un intérêt à la levée de la saisie; encore faut-il à cette fin que les désavantages occasionnés à ces tiers soient « disproportionnés » par rapport aux avantages que procurent les mesures de saisie au requérant.

À cet égard, l'argument du prix moins élevé du produit litigieux a été rejeté par la cour d'appel de Bruxelles[2].

513.56 Accès des produits au marché. Le fait d'empêcher l'accès du produit saisi au marché ne constitue pas en soi un motif pour lever les mesures de saisie. Selon l'arrêt précité, « *le monopole, critiqué par* [le saisi], *et dont bénéficie effectivement* [le saisissant] *à l'égard du produit breveté, n'est en réalité rien d'autre que le monopole légal détenu par le titulaire de brevet par rapport au produit breveté en manière telle qu'accueillir ce moyen revient à nier l'existence même du droit à l'exploitation exclusive du produit breveté dans les limites de validité apparente de celui-ci* »[3].

Ceci étant, la balance des intérêts peut conduire le juge à limiter ou à lever les mesures de saisie dans le cas de certains produits. Ainsi dans une affaire concernant des produits d'une durabilité limitée (médicaments) et tenant compte du maintien par ailleurs de l'interdiction faite au saisi de mettre les produits sur le marché en Belgique, le juge des saisies de Bruxelles a autorisé le transfert des produits saisis dans des pays où le saisissant n'avait pas de droits de brevet[4]. Dans une autre affaire, mais où il s'agissait de produits durables et de la violation d'une marque *communautaire*, la cour d'appel de Bruxelles a refusé le retour des produits à leur fabricant coréen aux motifs du risque de les voir à nouveau sur le marché *européen* et de la prépondérance des intérêts du titulaire de la marque sur les inconvénients limités de la saisie[5].

513.57 Conditions imposées aux mesures de saisie. La balance des intérêts ne penche pas toujours clairement d'un côté ou de l'autre. Il n'est donc pas surprenant de constater que certains juges n'accordent les mesures de saisie qu'en les assortissant de conditions destinées à en atténuer les conséquences dommageables pour la personne visée.

1. Cass., 3 janv. 2002, *R.W.* 2002-2003, p. 1056, *Pas.* 2002, I, p. 9.
2. Bruxelles, 18 déc. 1998, *I.R.-D.I.* 1999, p. 65, point III. 2.B, b).
3. Bruxelles, 18 déc. 1998, *I.R.-D.I.* 1999, p. 65, point III. 2.B.
4. Civ. Bruxelles (saisies), 13 juin 2003, *I.R.-D.I.*, p. 275, spéc. p. 281 col. 2.
5. Arrêt du 4 déc. 2008, n° 2008/KR/147, inédit, points 10 à 13.

CHAPITRE

514. Belgique : quelques aspects de procédure

SECTION 0

ORIENTEUR

514.00 **Plan du chapitre.**

514.01 **Textes applicables.**
* V. s[s] n° 51.01

514.02 **Jurisprudence citée.**
> **Modification ou rétractation de l'ordonnance**
• **Liège, 19 déc. 1996,** *J.T.* 1997, p. 370.
• **Civ. Gand (sais.), 20 janv. 2004,** *I.R.-D.I.* 2004 p. 181.
* V. s[s] n° 514.24

SECTION 1

ORDONNANCE SUR REQUÊTE

514.11 **Procédure d'ordonnance sur requête.** La procédure de saisie en matière de contrefaçon est introduite par une requête unilatérale.

La nouvelle loi confirme par ailleurs que l'ordonnance doit être signifiée avant que les opérations ne débutent et que, si l'huissier rencontre une résistance, il procède selon le droit commun (art. 1369 *bis*/1 § 6 et 1369 *bis*/5).

Rien n'empêche le requérant de ne solliciter en un premier temps que des mesures de description, et d'attendre le résultat de ces mesures pour éventuellement requérir, de manière unilatérale, des mesures de saisie. Cette solution admise antérieurement est aujourd'hui expressément prévue par l'article 1369 *bis*/1, § 4, du code judiciaire.

514.12 **Mesures de saisie : possible introduction de la contradiction.** Si le requérant postule des mesures de saisie (art. 1369 *bis*/1, § 4), et *seulement* dans ce cas, le président peut recourir à une procédure particulière.

Aux termes de l'article 1369 *bis*/1, § 4, alinéa 2, qui introduit par là une curiosité procédurale dans une procédure qui n'en reste pas moins unilatérale, le président peut en effet décider d'entendre la partie visée par les mesures de saisie demandées. Il doit toutefois alors en informer *d'abord* le requérant, qui pourra soit renoncer à sa demande de mesures de saisie (le président statuera alors uniquement sur la demande de description; la procédure reste unilatérale) afin de préserver l'effet de surprise de cette procédure unilatérale, soit maintenir cette demande. Dans ce dernier cas et *seulement* dans ce dernier cas, et si le président persiste dans son intention, la personne visée est entendue en présence du requérant.

514.13 **Mesure provisoire.** Il convient de rappeler que l'ordonnance constitue, par la nature seulement probatoire (et éventuellement conservatoire) de la procédure, une décision provisoire, qui ne porte pas sur le fond du litige de contrefaçon et ne lie en aucune manière à cet égard le juge du fond. Ceci est d'autant plus évident que l'ordonnance est rendue sur requête unilatérale. Mais, même à défaut de tierce opposition ou même encore après décision contradictoire sur ce recours, les décisions prises n'en restent pas moins limitées à régler cette procédure. Il en résulte notamment qu'il n'y a rien à déduire sur le fond de la circonstance que le requérant n'aurait pas fait appel de l'ordonnance lui ayant refusé telle ou telle mesure, ou que la partie visée n'ait pas fait tierce opposition pour faire rectifier la mission de l'expert ou modifier une mesure de saisie réelle.

514.14 **Consignation ou garantie.** En vertu de l'article 1369 *bis*/3, § 1er, le juge peut décider que l'expédition de l'ordonnance ne sera délivrée que sur la preuve de la consignation par le requérant d'un montant déterminé. C'est d'ordinaire sous la forme d'un dépôt à la Caisse des dépôts et consignations que cette obligation est imposée. Mais une

« garantie équivalente adéquate » peut également être ordonnée.

Le montant de cette consignation sera fonction des circonstances de l'espèce. S'agissant d'assurer l'indemnisation éventuelle du préjudice pouvant être causé par la mesure accordée, le montant à consigner dépendra notamment de la solvabilité du requérant. Il incombe à la partie qui sollicite la consignation de démontrer le risque d'insolvabilité.

Ce montant peut être revu dans le cadre d'une procédure en tierce opposition; celle-ci peut aussi avoir pour objet d'en faire imposer une.

C'est le juge du fond et non le président du tribunal statuant sur la saisie en matière de contrefaçon qui se prononcera sur le remboursement éventuel de ce montant. Il en est débattu en relation avec l'indemnisation éventuelle de la partie lésée par la saisie lorsque celle-ci n'a pas de suite de la part du requérant ou est suivie par une décision au fond défavorable à celui-ci.

514.15 Exécution par provision. L'ordonnance est exécutoire par provision, nonobstant tout recours et sans caution, à moins que le juge n'en ait décidé autrement.

L'introduction d'une tierce opposition ne suffit pas à suspendre l'exécution provisoire de l'ordonnance de saisie-description, de sorte que l'expert peut poursuivre la mission qui lui a été assignée, jusqu'à ce que le juge en décide autrement s'il y a lieu.

Sur la demande de suspension de l'exécution, voyez ci-après.

L'exécution de l'ordonnance pourra être contrôlée par le juge ayant prononcé l'ordonnance : l'article 1369 *bis*/8 du code judiciaire le prévoit expressément.

514.16 Prévention des saisies-description – Pratique des « *Schutzschrift* ». Le caractère unilatéral de la procédure en saisie-description, s'il présente l'avantage d'assurer l'efficacité des mesures octroyées, constitue une entorse au principe du contradictoire, laquelle n'est pas sans danger pour la personne visée par les mesures. Certains ont dès lors tenté d'atténuer ces conséquences fâcheuses, soit en adressant préalablement et unilatéralement une lettre d'information de nature protectrice, ou « *Schutzschrift* », à la juridiction susceptible d'être saisie unilatéralement, soit en demandant dans le cadre d'une procédure contradictoire qu'il soit fait interdiction à leur adversaire d'introduire une procédure en saisie-description à leur encontre.

La pratique des « *Schutzschriften* » est inspirée de ce qui se fait en effet en Allemagne. Elle consiste, pour une personne qui craint d'être la cible d'une procédure unilatérale, à envoyer aux juridictions qui pourraient être saisies, un courrier reprenant les éléments dont elle estime que le juge saisi devrait tenir compte.

La légalité et l'opportunité de cette pratique prêtent assurément à discussion. Certes paraît-elle un moyen raisonnable et élégant de prévenir au moins en partie les inconvénients de « l'inversion du contentieux ». Mais elle introduit au détriment du requérant, et au contraire de ce que la loi a prévu, le risque d'une argumentation opposée sur laquelle il ne pourra s'expliquer, puisqu'il en ignore même l'existence, et qui pourra s'avérer tronquée, inexacte ou dépassée par des événements survenus entre temps. Cette pratique nouvelle reste incertaine à ce jour.

SECTION 2
RECOURS

514.21 Textes. Aux termes de l'article 1369 *bis*/1, § 7, du code judiciaire « l'ordonnance accordant ou refusant les mesures de description ou de saisie et l'ordonnance accordant ou refusant la rétractation de ces mesures sont soumises aux recours prévus aux articles 1031 à 1034 ».

514.22 Appel du requérant. Les dispositions relatives à l'appel trouvent donc à s'appliquer à la procédure de saisie-description. Le requérant insatisfait de ce qui lui est accordé, peut interjeter appel, et ce recours suivra, lui aussi, les règles de la procédure unilatérale.

514.23 Tierce opposition du saisi. La personne visée (ou tout autre tiers intéressé) devra, quant à elle, faire tierce opposition avant d'éventuellement interjeter appel d'une décision qu'elle estime lui être défavorable en suite de ce premier recours.

Une fois l'ordonnance signifiée, le saisi (ou tout autre tiers intéressé) peut former tierce opposition.

Le délai pour former ce recours est pour celui à qui l'ordonnance est signifiée, d'un mois à compter de cette signification.

L'introduction d'une tierce opposition ne suspend pas l'exécution provisoire de l'ordonnance de saisie-description. C'est ce qui pose tout le problème du caractère efficace de ce recours et du déséquilibre grave au détriment du saisi (et des autres tiers visés).

Mais, à son tour, la décision rendue sur la tierce opposition est également exécutoire par provision de sorte que la réformation des mesures initialement octroyées sort ses effets nonobstant l'éventuel appel introduit par le requérant.

L'exécution provisoire de l'ordonnance peut toutefois se voir contestée par la voie d'une demande de suspension.

La loi ne fixant pas de critère d'appréciation, le juge jouit d'un large pouvoir discrétionnaire lorsqu'il est amené à se prononcer sur une demande de suspension. On admet généralement qu'il tiendra compte de l'apparence de fondement de la tierce opposition et du préjudice difficilement réparable du tiers opposant si la suspension n'est pas ordonnée.

La jurisprudence à ce sujet dans notre matière ne suit pas toujours avec rigueur ce précepte. Mais celui-ci est jurisprudentiel seulement. Les rares décisions à ce sujet sont motivées de façon plutôt abstraite. Il nous semble que, à juste titre, les magistrats aient été sensibles à l'aspect irréversible, et donc potentiellement très préjudiciable, du dépôt du rapport et donc de la communication de son contenu et de ses annexes à la partie requérante originaire.

514.24 Modification ou rétractation de l'ordonnance. Il existe enfin un recours justifié par le changement des circonstances : selon le nouvel article 1369 *bis*/1 § 7, alinéa 2 du code judiciaire « *le saisi peut, en cas de changement de circonstances, requérir la modification ou la rétractation de l'ordonnance en citant à cette fin toutes les parties devant le juge qui a rendu l'ordonnance* ».

La recevabilité de ce recours, pour lequel aucun délai ne s'applique, est subordonnée à la condition que soient survenues des circonstances *nouvelles* [1]. Il s'agit d'établir que des circonstances *nouvelles* ont pour effet que les conditions d'octroi de l'ordonnance ne sont *plus* remplies.

1. Liège, 19 déc. 1996, *J.T.* 1997, p. 370; Civ. Gand (sais.), 20 janv. 2004, *I.R.-D.I.* 2004 p. 181.

CHAPITRE

515. Belgique : mesures de description

SECTION 0

ORIENTEUR

515.00 **Plan du chapitre.**

515.01 **Textes applicables.**

* V. s^s n° 51.01

515.02 **Jurisprudence citée.**

> Objets de la description

• **Civ. Gand (sais.), 7 déc. 2004,** *I.R.-D.I.* 2005, p. 285.

* V. s^s n° 515.11

> Mission de l'expert

• **Mons, 26 mars 2001,** *J.T.*, 2002, p. 170.

* V. s^s n° 515.21

> Lieu de la description

• **Cass., 29 nov. 1963,** *Pas.* 1964, I, p. 340, *J.T.*, 1964, p. 91.

* V. s^s n° 515.25

> Encadrement par le juge des conditions de la description

• **Prés. Comm. Bruxelles, 1er sept. 2009,** n° 76/2009, inédit.

• **Bruxelles, 4 déc. 2009,** *I.C.I.P.*, p. 513.

• **Anvers, 6 févr. 2008,** *I.R.-D.I.* 2008, p. 173.

* V. s^s n° 515.32

> Encadrement par le juge de la présence du requérant

• **Bruxelles, 8 juin 2007,** *I.C.I.P.*, p. 684.

* V. s^s n° 515.33

> Dépôt du rapport d'expertise

• **Bruxelles, 18 sept. 2001,** *R.W.* 2002-2003, p. 429.

• **Civ. Anvers, 29 févr. 2008,** *I.R.-D.I.* 2008, liv. 2, p. 184.

• **Prés. Comm. Gand, 23 mai 2008,** n° C/08/00038, inédit.

* V. s^s n° 515.51

> Nullité du rapport d'expertise

• **Prés. Comm. Gand, 23 mai 2008,** n° C/08/00038, inédit.

* V. s^s n° 515.51

SECTION 1

OBJETS DE LA DESCRIPTION : DÉCRIRE TOUT CE QUI EST PERTINENT POUR ÉTABLIR LA CONTREFAÇON PRÉTENDUE, SON ORIGINE, SA DESTINATION, SON AMPLEUR

515.11 **Objets de la description.** En vertu de l'article 1369 *bis*/1 § 1er du code judiciaire, la procédure permet de faire procéder par un expert judiciaire « à la description de tous les objets, éléments, documents ou procédés de nature à établir la contrefaçon prétendue ainsi que l'origine, la destination et l'ampleur de celle-ci ». Le paragraphe suivant explicite certaines mesures possibles.

Cette énumération n'est pas limitative; il peut s'agir de faits « immatériels » tels que l'exécution publique d'une œuvre musicale. Toutefois, seuls sont visés les éléments de nature à établir l'existence, l'origine, la destination et l'ampleur de la contrefaçon prétendue.

La mention de la détermination de l'ampleur de la contrefaçon comme objet des mesures de description implique un accès aux données comptables du contrefacteur supposé, à tout le moins en ce qui concerne ses ventes et ses achats; au stade d'une saisie-description, il serait généralement prématuré d'investiguer plus avant, et en particulier dans la structure de coût de la partie concernée. Les mentions par le texte légal de l'origine et de la destination justifient, à notre avis et conformément à l'efficacité recherchée par la directive 2004/48, que la mission de l'expert comprenne le relevé des fournisseurs et acheteurs dans la mesure où ceux-ci sont susceptibles d'être contrefacteurs eux-mêmes.

Les termes utilisés pour définir l'objet de la description sont donc plus généraux dans la nouvelle loi que dans l'ancienne. Toutefois, l'objet des mesures de description connaît des limites : « *Afin de prévenir tout abus, la description doit être limitée aux objets et faits qui concernent directement et exclusivement l'atteinte au droit de propriété intellectuelle invoqué par le requérant. À ce titre, l'expert doit s'assurer que les photocopies, photographies ou enregistrements ne contiennent pas d'éléments qui soient sans rapport avec la prétendue contrefaçon, son origine, sa destination ou son importance* »[1].

On trouve déjà, à propos d'un brevet de procédé, une application de ce qui précède, dans la décision rendue par le juge des saisies de Gand le 7 décembre 2004[2]. Il convient de rappeler qu'un brevet de procédé ne couvre, outre le procédé, que les produits issus *directement* du procédé. Le brevet en cause portait sur un procédé de clonage permettant de générer des « bibliothèques d'expression » dans le domaine des anticorps. Le juge des saisies a réformé l'ordonnance rendue initialement, au motif que celle-ci permettait la description de produits qui ne sont pas obtenus directement par le procédé breveté, mais qui font l'objet de manipulations ultérieures, sont isolés de la bibliothèque d'expressions ou y sont sélectionnés.

SECTION 2
DESCRIPTION PAR L'EXPERT

515.21 Mission de l'expert. Que doit faire l'expert que le juge désigne ? Il doit s'en tenir dans son rapport aux limites inhérentes à la nature légale de cette mission. Celle-ci est de décrire assurément *tout* ce qui sera pertinent ou utile au débat ultérieur à ce sujet (*cf. supra*), mais seulement de *décrire* et non d'apprécier, d'« estimer que », ou de donner un quelconque « avis » ou « opinion ». Aux termes des articles 1369 *bis* /1 et 6, la mission de l'expert n'est toujours, comme dans le passé, que de *décrire*.

Si l'expert dépasse le cadre de sa mission, le juge veillera à écarter les éléments d'appréciation et d'information qui ont résulté de ce dépassement[3].

515.22 Mesures de description par l'expert. L'article 1369 *bis*/1, § 2 expose plus avant les mesures de description envisageables : « Le président peut autoriser l'expert à prendre toutes mesures utiles à l'accomplissement de sa mission et dans les limites de celle-ci, et notamment prendre des extraits, copies, photocopies, photographies et enregistrements audiovisuels ainsi que se faire remettre des échantillons des biens soupçonnés de porter atteinte au droit de propriété intellectuelle dont la protection est invoquée et des matériels et instruments utilisés pour produire et/ou distribuer ces biens ainsi que les documents s'y rapportant ». Comme l'indique l'adverbe « notamment », cette énumération n'est pas limitative.

Les anciennes dispositions n'apportaient aucune précision quant à la manière dont le juge pouvait autoriser l'expert à procéder à la description. Toutefois, sous l'impulsion des praticiens, les modalités de l'exécution de la mission conférée à l'expert étaient généralement explicitées.

Ainsi, lorsque cela s'avérait souhaitable pour les besoins d'une description efficace, les juges des saisies précisaient que l'expert pourrait, par exemple, prendre des photographies, démonter et remonter les installations pertinentes à l'aide de moyens appropriés, ou encore prendre des copies des documents pertinents, au besoin en emportant les documents ou supports originaux et en les rapportant ultérieurement à la partie visitée. La prise d'échantillon était également parfois autorisée.

Toute cette jurisprudence reste assurément applicable.

Conformément à l'article 7, § 1, alinéa 1er de la directive, le juge pourra déterminer si cette description est effectuée avec ou sans prélèvement d'échantillons ; la pratique en est devenue courante même si, à l'heure actuelle, les techniques photographiques permettraient assez souvent de s'en dispenser.

515.23 Complexité de la tâche de l'expert. La multiplication des tâches de l'expert complique sa désignation. En effet, l'expert devra non seulement être capable de décrire les produits contrefaits, ce qui implique des connaissances techniques parfois variées, mais il devra également faire preuve de compétences comptables pour déterminer l'ampleur de la contrefaçon, et, très souvent, il lui faudra disposer de connaissances en informatique afin d'accéder à certaines informations.

D'autre part, les mesures de saisie-description doivent parfois être menées conjointement à plusieurs endroits différents afin d'obtenir des informations les plus complètes possibles tout en préservant l'effet de surprise.

Le nouvel article 1369 *bis*/1, § 1 prévoit la possibilité de désigner un ou plusieurs experts.

Il est ainsi fréquent également d'autoriser l'expert, lorsqu'il l'estime nécessaire, à se faire assister par

1. *Doc. Parl. Chambre*, 51-2943 et 2944/001, p. 58.
2. Civ. Gand (sais.), 7 déc. 2004, *I.R.-D.I.* 2005, p. 285.
3. *Doc. Parl.*, 51-2943 et 2944/001, p. 68 ; Mons, 26 mars 2001, *J.T.*, 2002, p. 170.

un ou plusieurs techniciens, photographes, réviseurs d'entreprise ou comptables, informaticiens, « ou autres experts », voire « tout tiers de son choix ».

515.24 Obligations et interdictions formulées au soutien de la mission de l'expert. L'analyse de la jurisprudence révèle une pratique consistant à assortir de plus en plus souvent les mesures de description de diverses obligations visant à assurer l'efficacité de ces mesures.

La mission de description dont est investi l'expert, implique en principe que ce dernier ait accès à certaines informations et certains documents détenus par la partie visitée. Dès lors le juge ordonne la plupart du temps à la partie visitée ou à toute personne détenant ces informations et documents de les remettre à l'expert.

Généralement, l'obligation ne porte que sur les informations ou documents spécifiquement désignés et réclamés par l'expert.

Une obligation de collaboration est parfois imposée. Elle sera générale ou spécifique.

L'obligation visant à assurer à l'expert l'accès aux informations est parfois plus précise. Ainsi certains juges ordonnent-ils de mettre à la disposition de l'expert tous les moyens nécessaires (mots de passe, codes d'accès, etc.) pour consulter les documents qui pourraient être enregistrés dans un système informatique, en assortissant généralement cette obligation d'une astreinte.

Adoptant une perspective inverse, certains juges privilégient l'interdiction d'entrave aux opérations de l'expert.

Il est admissible que, dans ce cadre même purement descriptif, le magistrat fasse défense par exemple de déplacer ou modifier une installation, des produits ou des documents, ou d'effacer ou de désactiver des programmes d'ordinateur, parce qu'il faudra à l'expert un certain temps pour tout décrire utilement mais ceci ne doit s'entendre, et donc s'exécuter, que dans les strictes limites nécessaires à la description.

Certains requérants, soucieux d'éviter des « fuites » préjudiciables à l'efficacité de la description, demandent et obtiennent des mesures restreignant ou interdisant les communications par la partie saisie au sujet de la procédure.

Toutes les obligations et interdictions faites à la partie visitée dans le cadre de la description sont susceptibles d'être assorties d'une astreinte.

515.25 Lieu de la description. Quant au lieu de la description, rappelons que la Cour de cassation a précisé, par un arrêt du 29 novembre 1963[1], « qu'il peut être procédé à la description [...] des objets prétendus contrefaits, qu'elle soit accompagnée ou non de saisie, en tout lieu où ces objets se trouvent, que ce soit chez le prétendu contrefacteur ou chez un tiers; [...] l'ordonnance portant cette autorisation doit, au préalable, être signifiée au saisi, c'est-à-dire au détenteur de ces objets, et non point au prétendu contrefacteur, qui peut encore être inconnu à ce moment et à l'identification duquel la mesure peut précisément tendre ».

Les nouvelles dispositions n'apportent aucune précision à cet égard ni n'entendent modifier la solution, de sorte que la jurisprudence considère toujours que la saisie-description peut avoir lieu entre les mains du détenteur de l'objet présumé contrefait, peu importe qu'il en soit ou non le propriétaire et peu importe qu'il soit ou non le contrefacteur.

SECTION 3
PROTECTION DES INFORMATIONS CONFIDENTIELLES

515.31 Vue d'ensemble. Les anciennes dispositions n'abordaient pas la question de la protection des éléments confidentiels.

Le législateur, lors de la refonte des dispositions concernant la saisie en matière de contrefaçon, a introduit des dispositions visant à la protection des éléments confidentiels, se conformant de la sorte à la directive 2004/48, en particulier à son article 7, § 1er. Les mécanismes de protection sont principalement de quatre ordres : le juge peut fixer certaines conditions en vue de la protection des éléments confidentiels (art. 1369 *bis*/1, § 3, al. 2), la présence du demandeur lors de l'exécution de l'ordonnance reste réglementée (art. 1369 *bis*/4), l'expert doit veiller à la sauvegarde des intérêts légitimes des parties visées (art. 1369 *bis*/6) et le requérant ne peut faire usage des éléments récoltés à cette occasion que dans le cadre d'une procédure (art. 1369 *bis*/7, § 2).

Comme on va le voir, défini par la loi et au besoin encadré de surcroît par les dispositions que peut prendre le juge à cet effet, le rôle de l'expert est très important. C'est à lui que revient la tâche de relever tout ce qui est pertinent pour le débat au fond, et seulement ce qui présente cette pertinence.

Complémentairement aux règles formulées par le code judiciaire à cet égard, c'est le droit commun de la responsabilité civile qui trouve à s'appliquer au requérant s'il commet une faute par violation de l'une de ces règles ou par défaut de prudence (abus de droit).

1. Cass., 29 nov. 1963, *Pas.* 1964, I, p. 340, *J.T.*, 1964, p. 91.

515.32 Encadrement par le juge des conditions de la description. Si les anciennes dispositions ne prévoyaient pas spécifiquement la fixation par le juge de mesures de protection des éléments confidentiels, cette préoccupation était déjà présente.

En vertu des nouvelles dispositions, l'ordonnance du président précisera les « conditions » auxquelles la description est soumise, notamment en vue d'assurer la protection des renseignements confidentiels (art. 1369 *bis*/1, § 3, al. 2). En réalité, les règles énoncées par ailleurs dans le texte légal sont déjà assez complètes et l'ordonnance peut y renvoyer au titre des conditions de la saisie. En pratique, beaucoup d'ordonnances se limitent à ce renvoi, explicitement ou implicitement.

Mais si les circonstances lui paraissent indiquer des conditions particulières, notamment au regard d'un risque d'espionnage industriel nonobstant le rôle neutre de l'expert et l'autorisation qu'il refuserait ou limiterait en ce qui concerne la présence du requérant, le magistrat énoncera l'une ou l'autre condition particulière utile. On constate que, le plus souvent, le juge entend se reposer sur l'expert mais il en sanctionne parfois les dérives.

Alors que la partie visitée postulait sur tierce opposition la limitation des mesures à certains produits, le président du tribunal de commerce de Bruxelles refuse de prononcer cette limitation au motif qu'il appartient à l'expert, après ses constatations, de décrire ou non les produits découverts selon qu'il estime ou non que ces produits sont susceptibles d'entrer dans le champ d'application du brevet dont la protection était invoquée[1].

La cour d'appel de Bruxelles fut saisie d'une demande visant à limiter les informations figurant dans le rapport d'expertise et à faire interdire l'utilisation de ces informations par la requérante originaire[2]. La cour relève que si l'expert peut avoir accès à tous les documents pertinents pour déterminer l'existence de faits de contrefaçon, leur ampleur, leur origine et leur destination, cela ne signifie pas pour autant qu'il puisse annexer tous ces documents à son rapport. Elle constate que les annexes du rapport contiennent notamment des informations concernant des procédés exposés dans la description et non dans les revendications du brevet invoqué, ainsi que des informations concernant des produits qui ne sont pas obtenus à l'aide du procédé breveté. En conséquence, elle ordonne à l'expert de supprimer toutes les pièces litigieuses annexées à son rapport, et elle fait interdiction sous peine d'astreinte à la requérante originaire d'utiliser de quelque manière et sous quelque forme que ce soit les informations reprises dans ces annexes, sauf dans la mesure où il s'agit d'informations reprises dans la partie descriptive du rapport d'expertise.

Bien qu'il ne s'agisse pas à proprement parler de « *conditions auxquelles la description est soumise* », soulignons encore dans un arrêt de la cour d'appel d'Anvers l'ordre que seuls pourront, en l'espèce, prendre connaissance du rapport d'expertise (outre la société visitée, ses conseils et les personnes de son choix) les juristes d'entreprise et les avocats (ainsi que le personnel de leurs bureaux respectifs) de la requérante originaire, les cours et tribunaux et les experts désignés[3].

515.33 Encadrement par le juge de la présence du requérant. La présence du demandeur, de ses « dépendants », et de ses conseillers est maintenant régie par l'article 1369 *bis*/4 nouveau du code judiciaire :

« *§ 1er. La partie requérante ne peut être présente ou représentée à la description que si elle y est expressément autorisée par le président. Dans son ordonnance, le président motive cette autorisation spécialement en rapport avec chacune des personnes ainsi autorisées, en tenant compte des circonstances de la cause, notamment de la protection des renseignements confidentiels.*

« *§ 2. Le président peut assujettir le droit d'être présent sur les lieux aux conditions qu'il détermine* ».

Ici encore, le législateur accorde au juge un large pouvoir discrétionnaire afin de trouver un équilibre dans le cadre de cette procédure unilatérale entre la recherche de la contrefaçon et la prévention de l'espionnage industriel.

Le représentant du requérant n'est pas nécessairement son avocat; cela peut être, par exemple, un conseil en brevets.

La technicité des produits et procédés à décrire ainsi que la nécessité de protéger les éléments confidentiels sont logiquement les deux considérations les plus souvent invoquées dans le cadre de l'application de l'article 1369 *bis*/4.

Certains juges assortissent l'autorisation d'être présent ou représenté de modalités particulières.

En cas de non-respect de ces dispositions par le requérant, la partie « visitée » aura assurément le droit de refuser l'entrée à toute personne non autorisée par l'ordonnance.

Le non-respect de ces dispositions n'entraînait pas la nullité des opérations et n'empêche pas la production du rapport de description[4], mais constitue une faute, susceptible de donner lieu à un paiement de dommages et intérêts en cas de préjudice

1. Prés. Comm. Bruxelles, 1er sept. 2009, inédit, n° 76/2009 du rôle, point 3.1.3.1.
2. Bruxelles, 4 déc. 2009, *I.C.I.P.*, p. 513, essentiellement les points 35 à 39 et le dispositif.
3. Anvers, 6 févr. 2008, *I.R.-D.I.* 2008, p. 173, au dispositif.
4. Bruxelles, 8 juin 2007, *I.C.I.P.*, p. 684, point 18.

subi par la partie visitée; cette solution est maintenue dans la loi nouvelle.

515.34 Obligation faite à l'expert de sauvegarder les intérêts des personnes visées. Si l'expert doit s'acquitter complètement de la mission de description dont le juge l'a investi, il doit aussi veiller à la sauvegarde des intérêts légitimes des parties visées (art. 1369 *bis*/6).

En effet, l'article 1369 *bis*/6 dispose que « sans porter préjudice au droit du requérant à la description, l'expert veille, tout au long des opérations de description et dans la rédaction de son rapport, à la sauvegarde des intérêts légitimes du prétendu contrefacteur et du détenteur des objets décrits, en particulier quant à la protection des renseignements confidentiels ».

La prise en compte de ces intérêts ne peut toutefois porter préjudice au droit du requérant à la description « de tout ce qui est pertinent pour établir la contrefaçon »[1]. À cet égard, les travaux préparatoires précisent encore également que : « La circonstance que la description risque de permettre au requérant de prendre connaissance de secrets ne peut constituer en tant que tel[2] un obstacle à la mission de l'expert. Ce qui est entreposé dans un endroit privé peut, par nature, être couvert par le secret. L'ordonnance du juge de[3] saisie en matière de contrefaçon a précisément pour but de permettre à l'expert de pénétrer dans ce lieu et d'accomplir les actes qui relèvent de l'objet de sa mission. », réserve étant faite de la responsabilité encourue par l'emploi à d'autres fins des éléments confidentiels recueillis.

Il y a donc un équilibre voulu par la loi et auquel l'expert, auxiliaire du juge, doit veiller : décrire tout ce qui est pertinent pour le débat sur la contrefaçon (et la recherche d'autres contrefacteurs), y compris ce que la partie visée estime être confidentiel, mais uniquement ce qui présente cette pertinence.

En cas de difficulté à ce sujet, il appartient au président du tribunal d'intervenir : sans remettre nécessairement en cause l'ordonnance elle-même ni donc devoir former tierce-opposition, la partie subissant la description saisira ce magistrat de cet incident d'exécution de l'ordonnance afin de faire limiter le rapport et ses annexes à ce qui est pertinent pour discuter de la contrefaçon reprochée.

515.35 Limite d'exploitation des éléments récoltés. Le souci du législateur de protéger la partie « visitée » sans pour autant faire obstacle aux mesures de description se concrétise enfin dans le nouvel article 1369 *bis*/7, § 2 : « *Ce rapport ainsi que toutes pièces, échantillons ou éléments d'information collectés à l'occasion des opérations de description sont confidentiels et ne peuvent être divulgués ou utilisés par le requérant ou son ayant-droit que dans le cadre d'une procédure, belge ou étrangère, au fond ou en référé, sans préjudice de l'application des dispositions des traités internationaux applicables en Belgique* ».

La limitation d'utilisation du rapport en vertu de l'article 1369 *bis*/7, § 2, est complétée par l'article 1369 *bis*/9, en vertu duquel, si une procédure au fond n'est pas introduite dans le délai imposé, le requérant ne peut faire usage du contenu du rapport ni le rendre public.

SECTION 4

APPLICATION DU DROIT COMMUN DE L'EXPERTISE ?

515.41 Ambiguïtés. Il se déduit de l'article 1369 *bis*/10 nouveau du code judiciaire, que le droit commun de l'expertise, à l'exception des articles 962 à 965, 973 alinéas 2 et 3, 978 et 985 du code judiciaire, est applicable à l'expertise ordonnée dans le cadre d'une procédure de saisie en matière de contrefaçon. Cette disposition sibylline et d'ailleurs dépourvue d'explication dans l'exposé des motifs, n'est pas sans susciter quelques difficultés.

Sur le plan formel, il convient de noter que les articles auxquels il est fait référence, ne sont pas ceux aujourd'hui en vigueur en vertu de la loi du 15 mai 2007 modifiant le code judiciaire en ce qui concerne l'expertise. Certaines dispositions ont été abrogées, d'autres, déplacées. C'est la première difficulté. Celle-ci n'est évidemment pas diminuée par une loi du 30 décembre 2009 portant des dispositions diverses en matière de justice (II)[4], ayant pour objet de « réparer » la loi du 15 mai 2007.

La seconde difficulté porte sur le fond : si l'idée directrice a été d'éviter l'application de certaines dispositions typiques des expertises contradictoires étant donné le caractère unilatéral de la procédure, l'exclusion ne paraît pas totale et les règles déclarées applicables requièrent une certaine adaptation. De plus, et ceci est en rapport avec la première difficulté, il n'est pas certain que le législateur ait voulu ici rendre applicable dans ses nouveautés un régime de l'expertise judiciaire qu'il n'a voté et sanctionné que plus tard.

1. *Doc. Parl. Chambre*, 51-2943 et 2944/001, p. 67.
2. Il faut lire « telle ».
3. Il faut sans doute lire « statuant sur une saisie ».
4. *Mon. belge*, 15 janv. 2010, p. 1893. V. not. à ce sujet : D. Mougenot et O. Mignolet, « La loi du 30 décembre 2009 "réparant" la procédure d'expertise judiciaire », *J.T.*, 2010, p. 201-213.

Une réforme législative fixant des règles autonomes et supprimant donc le renvoi au droit commun de l'expertise s'impose assurément.

Le cadre limité de notre présentation ne nous permet pas d'exposer en détail les solutions envisageables.

SECTION 5
LE RAPPORT D'EXPERTISE

515.51 Dépôt du rapport d'expertise. Les articles 1369 *bis*/1, § 3, alinéa 2 et 1369 *bis*/7, § 1 traitent du délai dans lequel le rapport doit être déposé au greffe du tribunal. C'est l'ordonnance qui doit fixer ce délai, en principe de deux mois au plus à compter de la signification.

Le non-respect du délai n'est pas expressément sanctionné. Il n'entraîne certainement ni la nullité du rapport ni l'écartement de celui-ci[1].

La simple introduction d'une tierce opposition ne suspend pas l'exécution des mesures, de sorte que sauf décision contraire, l'expert reste tenu de déposer son rapport dans le délai imparti[2]. Toutefois, il a été jugé que le président, statuant sur tierce opposition, peut décider avant dire droit que le dépôt du rapport d'expertise sera suspendu jusqu'au prononcé de sa décision contradictoire[3].

La mission d'expertise s'achève non pas lorsque le délai imparti à l'expert pour déposer son rapport est écoulé, mais lorsque l'expert dépose son rapport au greffe.

515.52 Nullité du rapport d'expertise. La nullité du rapport ne peut être prononcée que si la loi le prévoit. Jugé que seules l'absence du serment et la violation de la loi sur l'emploi des langues en matière judiciaire constituent des causes de nullité[4]. S'y ajoute l'absence de signature (art. 978, § 1er, al. 2, tel qu'introduit par la loi du 15 mai 2007).

1. Bruxelles, 18 sept. 2001, *R.W.* 2002-2003, p. 429.
2. Civ. Anvers, 29 févr. 2008, *I.R.-D.I.* 2008, liv. 2, p. 184, point 4.2 *in fine*.
3. Prés. Comm. Gand, 23 mai 2008, inédit, nº C/08/00038 du rôle.
4. Civ. Anvers, 29 févr. 2008, *I.R.-D.I.*, 2008, p. 184.

CHAPITRE

516. Belgique : mesures de saisie (« saisie réelle »)

516.01 Textes applicables.
* V. s[s] n° 51.01

516.11 Texte. Aux termes de l'article 1369 *bis*/1, § 4, alinéa 1, du code judiciaire :

« § 4. *S'il le juge nécessaire pour la protection du droit de propriété intellectuelle invoqué par le requérant et raisonnable compte tenu des circonstances propres à la cause, le président peut, le cas échéant par la même ordonnance ou par une ordonnance distincte, faire défense aux détenteurs d'objets contrefaisants, ou des matériels et instruments utilisés pour produire et/ou distribuer ces biens ainsi que les documents s'y rapportant, de s'en dessaisir, de les déplacer ou d'y apporter toute modification affectant leur fonctionnement. Il peut permettre de constituer gardien, de mettre les objets sous scellés et, s'il s'agit de faits qui donnent lieu à revenus, autoriser la saisie conservatoire de ceux-ci pour autant qu'ils apparaissent trouver leur origine directe dans la contrefaçon prétendue* ».

Dans la pratique, ces mesures de saisie sont généralement appelées « saisie réelle » (*in rem*), formule abrégée qui contraste facilement avec la description proprement dite.

516.12 Durée des mesures. Le but de ces mesures étant de limiter la diffusion des objets litigieux, elles restent d'application même après le dépôt du rapport, et, sauf si l'ordonnance en décide autrement, jusqu'à la décision au fond[1].

Il est logique qu'il n'en soit ainsi que jusqu'au moment où le fond du litige est jugé puisque l'autorité de la chose jugée prévaut par nature sur ce qui n'a été ordonné qu'à titre conservatoire et provisoire.

516.13 Mesures limitativement énumérées. L'objet et donc l'étendue des mesures de saisie doivent être bien compris. Comme dans l'ancien texte, le législateur a énoncé en termes précis ce que le juge peut ordonner, et il convient évidemment de s'y tenir. De même, dans l'exécution de l'ordonnance sur ce point, le requérant doit respecter ces limites légales et tant l'expert que l'huissier de justice doivent y veiller.

D'une part, la défense faite par le juge ne sera essentiellement que de se dessaisir, de déplacer ou de modifier. Il n'est pas question d'interdire d'encore produire, importer, utiliser ou détenir. D'autre part, les mesures ne peuvent porter que sur les objets contrefaisants[2].

Ces limites trouvent leur justification autant dans le caractère provisoire et conservatoire de ces mesures que dans l'équilibre voulu par la directive entre l'efficacité de la mesure et le respect du commerce légitime. De plus, ces mesures sont, faut-il le rappeler, une atteinte à la liberté de commerce et d'industrie, liberté consacrée notamment par un texte quasi-constitutionnel.

La loi n'autorise donc pas davantage.

La défense faite par le juge ne sera que de se dessaisir, de déplacer ou de modifier les objets visés par la loi, et seulement ceux en possession de la partie visitée au moment des opérations de saisie-description. Une telle défense ne peut, par son objet même, porter sur des objets qui ne sont pas encore en possession de la partie visée par ces mesures.

Il n'est pas question d'interdire d'encore produire, importer, utiliser ou détenir d'autres objets; si le requérant souhaite de telles mesures, libre à lui de les demander par une procédure en référé, en cessation ou au fond, et les deux premières éventuellement sur requête unilatérale si les conditions en sont remplies.

1. *Doc. Parl. Chambre*, 51-2943 et 2944/001, p. 60.

2. Ainsi que les matériels, instruments et documents tels que précisés par le nouveau texte légal.

Dans le cadre procédural ici étudié, seules les mesures énoncées par le texte sont permises : la défense rappelée ci-dessus et permettre de constituer gardien et de mettre sous scellés.

516.14 Objets des mesures. En vertu de l'alinéa 2 de l'ancien article 1481 du code judiciaire, le juge des saisies pouvait « faire défense aux détenteurs des objets contrefaits de s'en dessaisir, permettre de constituer gardien, de mettre les objets sous scellés et, s'il s'agit de faits qui donnent lieu à recette, autoriser la saisie conservatoire des deniers ». Les mesures de saisie ne pouvaient donc s'appliquer qu'aux objets contrefaits (on dit souvent aujourd'hui « contrefaisants »).

Quant à l'objet de la « saisie réelle », la nouvelle disposition (art. 1369 *bis*/1, § 4) étend les mesures possibles aux matériels et instruments utilisés pour produire et/ou distribuer les objets contrefaisants ainsi qu'aux documents s'y rapportant. Les objets contrefaisants sont ceux que le requérant aura incriminés de contrefaçon avec les éléments suffisants pour convaincre le président d'accorder de telles mesures (*cf. supra*). D'autres objets ne peuvent évidemment pas être visés, faute d'habilitation légale.

En ce qui concerne les installations informatiques, et plus particulièrement les contrefaçons reprochées de logiciels, la loi ne permet ainsi nulle part d'autoriser le requérant à faire bloquer l'emploi de la « copie pirate » alléguée, et encore moins à faire bloquer tout le système informatique de la partie visitée (en particulier tous les programmes sans rapport avec la copie pirate reprochée). Les mesures ne peuvent en effet porter que sur les objets contrefaisants et depuis le 1er novembre 2007, sur les matériels et instruments utilisés pour produire et/ou distribuer ces biens ainsi que les documents s'y rapportant.

Dans le secteur pharmaceutique, plusieurs titulaires de brevets ont tenté d'obtenir *de facto* l'interdiction de commercialiser certains médicaments, en ce compris les exemplaires de ces médicaments qui n'avaient pas été appréhendés lors de l'exécution des mesures octroyées. Ces requérants postulaient à cette fin la saisie du dossier d'enregistrement d'un ou plusieurs médicaments et/ou des autorisations de mise sur le marché. Semblables demandes se sont présentées sous diverses formes, et le contentieux relatif aux dossiers d'enregistrement a été vif.

S'il s'agit seulement de faire interdiction de se dessaisir de l'enregistrement (ou autorisation de mise sur le marché) du médicament ou de le déplacer, il n'y a pas de difficulté : une telle mesure relève de celles prévus par la loi nouvelle (art. 1369 *bis*/1, § 4, première phrase). L'ordonnance peut-elle faire interdiction d'*utiliser* l'enregistrement (ou autorisation de mise sur le marché) ? Pas davantage que pour tout autre objet la loi ne l'a-t-elle prévu. C'est aussi la raison pour laquelle, à supposer même que la balance des intérêts le justifie, il nous paraît que confier ces documents à un gardien ou les mettre sous scellés ne peut pas empêcher leur titulaire d'en faire pleinement usage, notamment vis-à-vis des autorités.

Sous l'empire de l'article 1481 alinéa 2 du code judiciaire, qui était même un peu plus restrictif encore que l'article 1369 *bis*/1, § 4 actuel du même code, quelques décisions se sont néanmoins montrées favorables à une indisponibilité étendue des documents d'enregistrement du médicament.

516.15 Saisie partielle. Les travaux préparatoires de la loi du 10 mai 2007 précisent que le président peut, dans certaines circonstances particulières, ordonner que les mesures de saisie ne seront pratiquées que sur une partie des objets argués de contrefaçon et des objets servant à les fabriquer[1]; c'est la balance des intérêts en présence qui pourra conduire à cette solution.

516.16 Saisie conservatoire des revenus de la contrefaçon. Signalons enfin que l'ancienne saisie conservatoire des « *deniers* » est conservée dans le nouveau régime (art. 1369 *bis*/1, § 4, *in fine*), mais elle a été adaptée. En effet, le but de l'ancienne disposition à ce sujet était de ne permettre la saisie que des recettes issues de la contrefaçon (en pratique, à l'origine, les recettes des représentations théâtrales faites sans l'autorisation des auteurs). Ces recettes étant difficiles à identifier, des abus consistant à permettre la saisie sur tous les comptes du contrefacteur présumé semblent avoir eu lieu. Dès lors, le nouveau régime précise qu'est uniquement permise la saisie des revenus qui trouvent leur origine directe dans la contrefaçon prétendue, cette saisie étant purement conservatoire (de la créance future en dommages-intérêts du requérant). Si un lien spécifique ne peut pas être constaté entre les avoirs du saisi et les activités arguées de contrefaçon, cette saisie ne pourra être pratiquée[2].

La mise en œuvre de cette saisie n'est pas organisée spécialement par la loi et elle s'avère difficile en pratique. Outre cette difficulté, il faut regretter aussi l'exigence légale de « l'origine directe » des revenus dans la contrefaçon.

L'article 1369 *bis*/1, § 4, *in fine*, s'applique sans préjudice du nouvel article 584, al. 4, 5° du code judiciaire qui permet, dans le cadre d'une procédure

1. *Doc. Parl.*, *Chambre*, 51-2943 et 2944/001, p. 61.
2. *Doc. Parl. Chambre*, 51-2943 et 2944/001, p. 60.

en référé, d'ordonner « *la saisie à titre conservatoire des biens mobiliers et immobiliers du contrefacteur supposé, et le cas échéant le blocage des comptes bancaires et des autres avoirs de ce dernier* ». Les conditions de cette mesure sont identiques à celles examinées à propos des mesures de saisie. Si les conditions en sont remplies, une requête unilatérale à cette fin est justifiée.

CHAPITRE

517. Belgique : rapports avec la procédure au fond

SECTION 0

ORIENTEUR

517.00 **Plan du chapitre.**

Sect. 1 L'obligation de poursuivre dans le délai prescrit

Sect. 2 Saisine de la juridiction

Sect. 3 Impact de la décision au fond sur la saisie-description

517.01 **Textes applicables.**

* V. s[s] n° 51.01

517.02 **Jurisprudence citée.**

> Délai pour poursuivre

• **Cass., 8 mars 2010,** aff. C. 08.0549. F, *Coface c. Infobase*

• **Gand, 13 oct. 2008,** *Ing.-Cons.* 2008, p. 837.

* V. s[s] n° 517.11

> Opposabilité du rapport d'expertise

• **Cass., 1er oct. 2009, aff. C. 08.0064.N**, *Limb. Rechtsl.*, 2010, p. 77, note B. Ponet.

* V. s[s] n° 517.21

> Assignation devant une juridiction étrangère

• **Cass., 3 sept. 1999,** *Ing.-Cons.* 1999, p. 603, *I.R.-D.I.* 2000. 71.

* V. s[s] n° 517.22

SECTION 1

L'OBLIGATION DE POURSUIVRE DANS LE DÉLAI PRESCRIT

517.11 **Texte.** L'article 1369 *bis*/9 traite du délai dans lequel une citation au fond doit intervenir à la suite d'une saisie-description pour que celle-ci voie ses effets prolongés :

« *Si dans le délai fixé par le président statuant sur une requête fondée sur l'article 1369 bis/1, ou, si un tel délai n'est pas mentionné, dans un délai ne dépassant pas vingt jours ouvrables ou trente et un jours, si ce délai est plus long suivant la réception du rapport envoyé conformément à l'article 1369 bis/7, § 1er, alinéa 2, la description n'est pas suivie d'une citation au fond devant une juridiction compétente, l'ordonnance cesse de plein droit ses effets et le requérant ne peut faire usage du contenu du rapport ou le rendre public, le tout sans préjudice de dommages et intérêts* ».

517.12 **Sanctions du défaut de poursuite.** L'interdiction d'utiliser le rapport découle de la loi elle-même, et elle peut être ordonnée par le juge du fond, éventuellement sous peine d'astreinte.

Elle ne signifie pas qu'après le délai fixé, toute action en contrefaçon, même relative aux faits concernés par la saisie-description, serait irrecevable ou non fondée. Il y a seulement que, à défaut de respect du délai, l'ordonnance n'a plus d'effet et le rapport ne peut aucunement être utilisé. L'action en contrefaçon s'en trouvera sans doute en pratique très affaiblie sur le plan probatoire mais elle n'en sera pas autrement affectée.

517.13 **Délai pour poursuivre.** La nouvelle disposition transpose les articles 7 § 3 et 9 § 5 de la directive 2004/48 qui prévoient soit un délai déterminé par le juge soit un délai (environ un mois, en pratique) « par défaut », sans toutefois fixer précisément le point de départ de ce délai. Le législateur belge a pris soin de fixer le point de départ du délai, tout en permettant au juge de fixer un autre point de départ. Le choix de la date de réception du rapport par le requérant est assurément logique et judicieux.

Rien n'empêche qu'une saisie-description ait lieu pendant une procédure au fond, solution admise auparavant et que rien n'empêche dans les nouveaux textes. La Cour de cassation l'a confirmé[1].

1. Cass., 8 mars 2010, *Coface c. Infobase*, aff. C. 08.0549. F.

Dans un tel cas, la requérante est dispensée de citer la partie visitée dans le mois[1].

SECTION 2
SAISINE DE LA JURIDICTION

517.21 Opposabilité du rapport d'expertise. Suffit-il de citer un seul contrefacteur dans le mois pour pouvoir ensuite utiliser le rapport contre quiconque ? La Cour de cassation semble répondre par la négative[2], mais nous pensons qu'il faut distinguer entre deux hypothèses : d'une part, celle où le tiers à qui on veut opposer le rapport, était identifiable par ce dernier (l'action en contrefaçon se fondera alors au moins en partie sur le rapport), auquel cas, faute d'avoir agi au fond contre ce tiers dans le délai, on ne pourra pas lui opposer le rapport, et, d'autre part, ce que l'arrêt ne paraît pas envisager, l'hypothèse où le tiers n'était pas identifiable par le rapport, auquel cas on pourra le lui opposer à condition que, par ailleurs, l'action au fond ait été introduite dans le délai.

517.22 Assignation devant une juridiction étrangère. La « juridiction compétente » pourra être une juridiction étrangère. La généralité de ces termes et la possibilité de faire décrire sur la base d'un droit étranger, ainsi que la primauté des règles internationales de compétence judiciaire viennent à l'appui de cette solution (AUSSI en ce sens les termes de l'art. 1369 *bis/7*, § 2 du code judiciaire). La solution était déjà admise[3].

SECTION 3
IMPACT DE LA DÉCISION AU FOND SUR LA SAISIE-DESCRIPTION

517.31 Incertitudes. L'impact sur la procédure en saisie-description de la décision ultérieure sur le fond est peu clair. Le juge du fond n'est pas le juge d'appel du juge de la saisie-description. Il ne peut donc purement et simplement réformer la décision de saisie-description. Toutefois, l'ordonnance en saisie-description n'a qu'une autorité très restreinte de chose jugée (nous préférons dire « de chose ordonnée »).

Un jugement au fond qui, au contraire de ce que pouvait donner à penser l'ordonnance de saisie-description, donne raison à la partie accusée de contrefaçon, constitue assurément une circonstance nouvelle au sens de l'article 1369 *bis*/1, § 7, alinéa 2, et justifiant la modification ou la rétractation de l'ordonnance.

À notre avis, la décision sur le fond, dès lors qu'elle a autorité de chose jugée, impose ses effets et il faut en tirer toutes les conséquences lorsque, comme dans l'hypothèse qui nous occupe ici, il est jugé qu'il n'y avait pas contrefaçon. C'est évidemment une circonstance nouvelle, même si la décision, en raison d'un recours ordinaire, n'a pas encore force de chose jugée. Le juge ayant prononcé l'ordonnance de saisie-description est compétent pour modifier ou rétracter celle-ci, et il doit le faire dans toute la mesure de ce qui a ainsi été jugé.

C'est en ce qui concerne les mesures de saisie que la question pose le plus de difficultés. La décision au fond devrait prendre soin de prononcer la mainlevée de ces mesures qui, ayant été une première mise en œuvre provisoire du droit exclusif invoqué, sont nécessairement contraires à la décision que ce droit n'était pas méconnu.

1. Gand, 13 oct. 2008, *Ing.-Cons.* 2008, p. 837, point 18.
2. Cass., 1er oct. 2009, aff. C. 08.0064.N, point III. 1 (notre traduction), *Limb. Rechtsl.*, 2010, p. 77 et note B. Ponet.
3. Cass., 3 sept. 1999, *Ing.-Cons.* 1999, p. 603, *I.R.-D.I.* 2000. 71.

CHAPITRE

518. Belgique : responsabilité du saisissant

518.01 **Textes applicables.**

* V. s[s] n° 51.01

518.02 **Jurisprudence citée.**

> Responsabilité objective dans le cadre d'un recours en réformation de la décision exécutée

• **Cass., 7 avr. 1995,** *Pas.*, p. 396.

• **Cass., 24 oct. 2003,** *Pas.*, p. 1702, n° 528.

• **Cass., 10 sept. 2004**, *Auteurs & Media*, 2008, p. 105 et note F. de Visscher, *I.R.-D.I.*, 2005, p. 62.

• **Cass., 11 mars 2005**, *Auteurs & Media*, 2005, p. 396, et note F. de Visscher; *I.R.-D.I.* 2005, p. 238; *Ing.-Cons.* 2005, p. 154; *J.L.M.B.* 2005 (abrégé), p. 1313.

* V. s[s] n° 518.12

> Autres cas – Responsabilté selon l'article 1382 du code civil

• **Cass., 10 sept. 2004**, *Auteurs & Media*, 2008, p. 105 et note F. de Visscher, *I.R.-D.I.*, 2005, p. 62.

• **Cass., 11 mars 2005**, *Auteurs & Media*, 2005, p. 396, et note F. de Visscher; *I.R.-D.I.* 2005, p. 238; *Ing.-Cons.* 2005, p. 154; *J.L.M.B.* 2005 (abrégé), p. 1313.

* V. s[s] n° 518.13

518.11 **Facteurs de risques propres à la saisie-description.** Les décisions provisoires et exécutoires par provision engendrent un risque d'exécution de mesures qui sont par la suite modifiées sur recours ou contredites par le juge du fond. Dans le cas de la procédure en saisie-description, ce risque se trouve accru essentiellement en raison de deux facteurs. D'une part, le juge prononce des mesures exécutoires sans connaître dans un premier temps l'argumentation de la personne visée par elles. D'autre part, le juge de la saisie-description ne se prononce qu'au provisoire, sur la base d'apparences de droit et d'une balance des intérêts, dans des affaires parfois très complexes, aux conséquences économiques importantes alors que le juge du fond pourra avoir une appréciation complètement différente de celle que le juge de la saisie-description a cru bon de formuler sur la base de l'examen qui lui est propre.

Les hypothèses qui nous préoccupent ici, ne comprennent pas celle où la partie qui s'estime préjudiciée, n'invoque pour seul fondement de sa demande qu'une faute extra-contractuelle consistant à avoir abusé de la procédure de saisie-description d'une manière ou d'une autre ou à avoir commis toute autre faute dans l'obtention ou l'exécution de l'ordonnance, mais sans s'appuyer ni sur une réformation ou rétractation de l'ordonnance ni sur une décision au fond faisant apparaître que la saisie-description n'était pas justifiée. Cette hypothèse-là relève du droit de la responsabilité aquilienne.

Il s'agit plus particulièrement ici des hypothèses découlant de l'exécution de mesures de description ou de saisie réelle lorsque ces mesures se trouvent par la suite modifiées à la demande de la partie visée ou d'un autre tiers, ou encore contredites par la décision du juge du fond.

Il convient de distinguer entre les différents cas de figure pouvant mener au retrait des mesures de description et de saisie :

– la réformation au cours d'une même procédure; c'est le cas d'une réformation sur tierce-opposition par le premier juge ou le juge d'appel;

– la modification ou rétractation en raison d'un changement de circonstances (art. 1369 *bis*/1, § 7, al. 2, du code judiciaire);

– les mesures sont contredites par une décision ultérieure au fond et qui se prononce, en tout ou en partie, en faveur de la partie saisie.

518.12 **Responsabilité objective dans le cadre d'un recours en réformation de la décision exécutée.** Lorsqu'une décision exécutoire fait l'objet d'une réformation à la suite d'un recours (tierce opposition, appel), l'article 1398, alinéa 2, du code judiciaire prévoit une responsabilité objective[1] dans le

1. Cass., 7 avr. 1995, *Pas.*, p. 396; Cass., 24 oct. 2003, *Pas.*, p. 1702, n° 528.

chef de la partie qui a procédé à l'exécution de cette décision. Cette disposition a un champ d'application limité. Ainsi ne s'applique-t-elle que dans le cadre de la procédure elle-même relative à la décision exécutée, c'est-à-dire par l'effet d'un recours proprement dit contre celle-ci, à l'exclusion d'une rétractation en raison d'un changement de circonstances ou d'une décision au fond en sens contraire[1].

518.13 Autres cas – Responsabilité selon l'article 1382 du code civil. La situation est différente en ce qui concerne le cas de la rétractation des mesures en raison d'un changement de circonstances, et celui de la décision au fond contraire à la décision de saisie-description. En particulier, la décision au fond peut contredire tout à fait les droits de la partie requérante en jugeant que son droit est nul, expiré ou non contrefait, ce qui, lorsque des mesures de saisie (« saisie réelle ») ont été accordées et exécutées, pose évidemment le problème de l'indemnisation du préjudice subi en raison de ces mesures ordonnées au provisoire alors qu'il a été jugé au fond que la partie requérante n'avait en réalité pas le droit de les obtenir.

Cette question ne faisait pas l'objet de dispositions spécifiques sous le régime antérieur à la loi du 10 mai 2007. Seul l'article 1382 du code civil pouvait être appliqué à cet égard, de sorte qu'une indemnisation ne pouvait être accordée que si la preuve d'une faute, d'un dommage et d'un lien causal entre cette faute et ce dommage était apportée. Selon la jurisprudence de la Cour de cassation, la réformation ou rétractation en raison de circonstances nouvelles ou le seul non-fondement de l'action au fond ne suffisait pas pour obtenir une telle indemnisation[2]. Cette solution a été critiquée au regard tant du droit civil que du droit judiciaire.

Désormais, l'article 1369 *bis*/3, § 2 dispose que « *Dans les cas où les mesures de description ou de saisie sont abrogées ou cessent d'être applicables en raison de toute action ou omission du requérant, ou dans les cas où il est constaté ultérieurement qu'il n'y a pas eu atteinte ou menace d'atteinte au droit de propriété intellectuelle en cause, le tribunal peut condamner le requérant, sur demande du défendeur, à verser à ce dernier un dédommagement approprié en réparation de tout dommage causé par ces mesures* ».

1. Cass., 11 mars 2005 et 10 sept. 2004, cités ci-après.
2. Concernant la rétractation de mesures en raison d'un changement de circonstances, v. Cass., 10 sept. 2004, *Auteurs & Media*, 2008, p. 105 et note F. de Visscher, *I.R.-D.I.*, 2005, p. 62. Pour le cas de la décision au fond contraire à la décision en saisie-description, v. Cass., 11 mars 2005, *Auteurs & Media*, 2005, p. 396, et note F. de Visscher; *I.R.-D.I.* 2005, p. 238; *Ing.-Cons.* 2005, p. 154; *J.L.M.B.* 2005 (abrégé), p. 1313.

L'indemnisation est donc possible dans trois hypothèses :

– les mesures de description ou de saisie font l'objet d'une rétractation ou d'une réformation;

– il y a extinction des mesures de description ou de saisie par le fait du requérant (ainsi en est-il en cas d'omission d'agir au fond dans le délai requis);

– il est constaté ultérieurement par le juge du fond qu'il n'y a pas eu atteinte ou menace d'atteinte au droit de propriété intellectuelle en cause.

Dans les hypothèses ainsi visées par l'article 1369 *bis*/3, § 2 du code judiciaire, le juge « *peut* » condamner à indemniser. Le législateur n'a pas précisé dans quels cas cette indemnisation serait accordée. Les travaux préparatoires sont lacunaires et confus sur ce point.

« *Le tribunal peut condamner...* » : cette « faculté » laissée au juge n'empêchera pas qu'il doive le faire dans certains cas où la loi va le lui imposer, en particulier l'article 1382 du code civil. En réalité, le mot « peut » est le reflet un peu maladroit de l'expression anglaise dans l'accord ADPIC (TRIPS) qui, s'adressant aux États, énonce que « *the judicial authorities shall have the authority to order...* », ce que la version française du traité a transposé en « *les autorités judiciaires seront habilitées à ordonner...* ». La directive 2004/48 énonce que les tribunaux « *sont habilités à ordonner...* ».

L'accord oblige[3] les États à prévoir une solution de ce genre et à la faire appliquer par les tribunaux. Mais il ne précise pas la ou les règles à prévoir. Pas davantage les textes n'obligent-ils à instaurer une responsabilité objective; l'obligation d'habiliter les tribunaux à indemniser n'emporte pas de soi une responsabilité objective.

En l'absence de directives concernant les règles selon lesquelles le juge « peut » accorder une indemnisation lorsqu'une des hypothèses de l'article 1369 *ter*, § 3, se présente, il y a lieu à notre avis, d'appliquer correctement l'article 1382 du code civil et de distinguer selon qu'il s'agit :

– de mesures de description seulement. La description étant une mesure probatoire, de droit en faveur d'un titulaire d'un droit intellectuel, la notion de faute doit en tenir compte. Dès lors, demander (et faire exécuter) de telles mesures n'est pas fautif en soi et ne peut entraîner une indemnisation qu'en cas de faute du requérant, c'est-à-dire en cas de violation de la loi organisant cette procédure ou du devoir général de prudence (même de bonne foi);

3. Le texte anglais porte en effet « *shall* » et il en est de même dans la directive (« ... *the judicial authorities shall have the authority to order...* »).

– de mesures de saisie. Dans ce cas, les mesures exécutées constituent une entrave aux activités de la partie visée, une mise en œuvre, même si elle n'est que conservatoire, d'un monopole, lui-même exception à la règle quasi-constitutionnelle de la liberté du commerce, exception qui n'est justifiable ici que par l'existence d'une atteinte à un droit. Dès lors, si une décision sur le fond vient à déclarer le droit invoqué inexistant, expiré ou non contrefait, il a nécessairement été jugé aussi que l'atteinte à la liberté de commerce du saisi a été commise sans droit et elle constitue de ce seul fait une violation de la loi, et donc nécessairement une faute obligeant à l'indemnisation du saisi. Dans les autres hypothèses qu'une telle décision sur le fond, la faute devrait s'apprécier au regard du devoir général de prudence.

La description constitue certes, elle aussi, une mesure contraignante pour celui qui la subit. Elle n'en reste pas moins seulement une mesure probatoire dont l'exécution, si elle est effectuée correctement (c'est-à-dire dans le strict respect des règles légales et sans aucun manquement au devoir général de prudence, ce qui dépendra des circonstances), ne comporte pas davantage d'inconvénients que les aléas inévitables de l'exercice d'une activité industrielle ou commerciale [1].

Ces solutions concordent sans difficulté avec l'équilibre recherché par l'accord ADPIC (TRIPS) et la directive 2004/48. Cette dernière, tout en imposant d'instaurer des mesures « effectives » et proportionnées, veut éviter les obstacles au commerce légitime et offrir des sauvegardes contre l'usage abusif de ces mesures.

1. L'on songe à bien des contrôles fiscaux ou sociaux qui, s'ils sont effectués légalement et sans faute (abus), n'entraînent pas la responsabilité civile de leurs auteurs.

ANNEXES

ANNEXE

1. Textes applicables

Textes applicables

CPI, art. L. 111-1, L. 111-4, L. 111-5, L. 112-2, L. 112-3, L. 113-1, L. 113-9, L. 211-5, L. 212-2, L. 214-2, L. 311-2, L. 321-1, L. 331-1, L. 331-5, L. 331-11, L. 332-1 à L. 332-4, L. 335-10, L. 336-2, L. 341-1, L. 341-2, L. 342-1, L. 342-2, L. 342-3, L. 342-3-1, L. 342-3-2, L. 342-4, L. 342-5, L. 343-1, L. 343-2, L. 343-3, L. 343-4, L. 343-5, L. 343-6, L. 343-7, L. 511-9, L. 512-1, L. 512-2, L. 513-1, L. 513-3, L. 513-7, L. 521-1, L. 521-2, L. 521-3-1, L. 521-4, L. 521-6, L. 521-7, L. 521-14 à L. 521-17, L. 521-18, L. 522-1, L. 522-2, L. 611-2, L. 611-5, L. 612-15, L. 612-21, L. 613-9, L. 613-11 à L. 613-19, L. 613-29 à L. 613-32, L. 614-7, L. 614-9, L. 614-11, L. 614-13 à L. 614-15, L. 615-2 à L. 615-6, L. 615-10, L. 615-17, L. 622-1, L. 622-3, L. 622-5 à L. 622-7, L. 623-1, L. 623-2, L. 623-14, L. 623-17, L. 623-18, L. 623-20, L. 623-22-1, L. 623-22-2, L. 623-22-3, L. 623-24 à L. 623-27-2, L. 623-30, L. 623-31, L. 713-3, L. 713-5, L. 714-7, L. 716-2, L. 716-3 à L. 716-10, L. 722-1 à L. 722-8. CPI, art. R. 332-1 à R. 332-4, R. 335-1, R. 512-4, R. 512-6, R. 512-10, R. 521-1 à R. 521-6, R. 522-1, R. 523-1, R. 523-3 à R. 523-6, R. 612-2, R. 612-38, R. 612-39, R. 613-45, R. 613-53 à R. 613-59, R. 614-11, R. 615-1 à R. 615-4, R. 622-2, R. 622-3, R. 622-6, R. 623-29, R. 623-42, R. 623-50-1 à R. 623-54, D. 631-1, D. 631-2, R. 712-8, R. 716-1 à R. 716-12, R. 717-11, R. 722-2 à R. 722-6.

C. consom., art. L. 115-2 à L. 115-15.

C. civ., art. 815 à 815-3, 1382, 1873-1, 2241, 2246.

C. pr. civ., art. 42, 46, 54, 72, 96, 97, 112 à 121, 145, 306 à 313, 454, 455, 458, 459, 460, 490, 493 à 498, 544 à 545, 641, 642, 647-1, 648 à 650, 653, 655, 664, 680 à 688, 695, 711, 733 à 748, 750,757, 771, 774, 791, 812, 813, 950 à 953, 958.

C. pr. civ. exe., art. R. 141-3 (ANC^t Décr. n° 92-755, art. 4).

COJ, art. L. 211-10, L. 211-11, L. 211-11-1, D. 211-5 à D. 211-6-1, R. 211-7, R. 7-11-1-1.

C. pén., art. 413-11, 433-17.

C. pr. pén., art. 85.

C. douanes, art. 38, 59 *bis*, 334, 428.

L. 27 déc. 1923, art. 6.

Ord. n° 45-2592, art. 1.

D. n° 47 1047, art. 1.

L. n° 68-678, art. 1, 1 *bis*, 2, 3.

L. n° 91-650, art. 21.

CEDH, art. 6.1.

TFUE, art. 34.

CBE, art. 64, 65, 67, 93, 99, 142.

Règl. CE n° 2100/94, art. 23, 24, 87, 92, 94 à 106.

Règl. CE n° 1239/95, art. 82.

Règl. CE n° 2868/95, règle 84.

Règl. CE n° 44/2001, art. 31.

Règl. CE n° 1206/2001, art. 1, 4, 10, 17.

Règl. CE n° 6/2002, art. 11, 19, 20, 32, 33, 88, 90, 93.

Règl. CE n° 2245/2002, art. 69.

Règl. CE n° 1383/2003, art. 1 à 25.

Règl. CE n° 1891/2004, art. 2.

Règl. CE n° 510/2006, art. 7.

Règl. CE n° 1393/2007, art. 1, 8, 9, 17.

Règl. CE n° 207/2009, art. 9, 22, 23, 94, 103.

Dir. n° 2004/48/CE, art. 2, 7.

C. jud. (Belgique), art. 1031, 1034, 1369 *bis*/1, 1369 *bis*/3, 1369 *bis*/4, 1369 *bis*/6, 1369 *bis*/7, 1369 *bis*/9, 1369 *bis*/10, 1369 *ter*.

C. civ. (Belgique), art. 1382

Code de la propriété intellectuelle

CPI, art. L. 111-1

L'auteur d'une œuvre de l'esprit jouit sur cette œuvre, du seul fait de sa création, d'un droit de propriété incorporelle exclusif et opposable à tous.

Ce droit comporte des attributs d'ordre intellectuel et moral ainsi que des attributs d'ordre patrimonial, qui sont déterminés par les livres Ier et III du présent code.

L'existence ou la conclusion d'un contrat de louage d'ouvrage ou de service par l'auteur d'une œuvre de l'esprit n'emporte pas dérogation à la jouissance du droit reconnu par le premier alinéa, sous réserve des exceptions prévues par le présent code. Sous les mêmes réserves, il n'est pas non plus dérogé à la jouissance de ce même droit lorsque l'auteur de l'œuvre de l'esprit est un agent de l'État, d'une collectivité territoriale, d'un établissement public à caractère administratif, d'une autorité administrative indépendante dotée de la personnalité morale ou de la Banque de France.

Les dispositions des articles L. 121-7-1 et L. 131-3-1 à L. 131-3-3 ne s'appliquent pas aux agents auteurs d'œuvres dont la divulgation n'est soumise, en vertu de leur statut ou des règles qui régissent leurs fonctions, à aucun contrôle préalable de l'autorité hiérarchique.

CPI, art. L. 111-4

Sous réserve des dispositions des conventions internationales auxquelles la France est partie, dans le cas où, après consultation du ministre des Affaires étrangères, il est constaté qu'un État n'assure pas aux œuvres divulguées pour la première fois en France sous quelque forme que ce soit une protection suffisante et efficace, les œuvres divulguées pour la première fois sur le territoire de cet État ne bénéficient pas de la protection reconnue en matière de droit d'auteur par la législation française.

Toutefois, aucune atteinte ne peut être portée à l'intégrité ni à la paternité de ces œuvres.

Dans l'hypothèse prévue à l'alinéa 1er ci-dessus, les droits d'auteur sont versés à des organismes d'intérêt général désignés par décret.

CPI, art. L. 111-5

Sous réserve des conventions internationales, les droits reconnus en France aux auteurs de logiciels par le présent code sont reconnus aux étrangers sous la condition que la loi de l'État dont ils sont les nationaux ou sur le territoire duquel ils ont leur domicile, leur siège social ou un établissement effectif accorde sa protection aux logiciels créés par les nationaux français et par les personnes ayant en France leur domicile ou un établissement effectif.

CPI, art. L. 112-2

Sont considérés notamment comme œuvres de l'esprit au sens du présent code :

1° les livres, brochures et autres écrits littéraires, artistiques et scientifiques;

2° les conférences, allocutions, sermons, plaidoiries et autres œuvres de même nature;

3° les œuvres dramatiques ou dramatico-musicales;

4° les œuvres chorégraphiques, les numéros et tours de cirque, les pantomimes, dont la mise en œuvre est fixée par écrit ou autrement;

5° les compositions musicales avec ou sans paroles;

6° les œuvres cinématographiques et autres œuvres consistant dans des séquences animées d'images, sonorisées ou non, dénommées ensemble œuvres audiovisuelles;

7° les œuvres de dessin, de peinture, d'architecture, de sculpture, de gravure, de lithographie;

8° les œuvres graphiques et typographiques;

9° les œuvres photographiques et celles réalisées à l'aide de techniques analogues à la photographie;

10° les œuvres des arts appliqués;

11° les illustrations, les cartes géographiques;

12° les plans, croquis et ouvrages plastiques relatifs à la géographie, à la topographie, à l'architecture et aux sciences;

13° les logiciels, y compris le matériel de conception préparatoire;

14° les créations des industries saisonnières de l'habillement et de la parure. Sont réputées industries saisonnières de l'habillement et de la parure les industries qui, en raison des exigences de la mode, renouvellent fréquemment la forme de leurs produits, et notamment la couture, la fourrure, la lingerie, la broderie, la mode, la chaussure, la ganterie, la maroquinerie, la fabrique de tissus de haute nouveauté ou spéciaux à la haute couture, les productions des paruriers et des bottiers et les fabriques de tissus d'ameublement.

CPI, art. L. 112-3

Les auteurs de traductions, d'adaptations, transformations ou arrangements des œuvres de l'esprit jouissent de la protection instituée par le présent code sans préjudice des droits de l'auteur de l'œuvre originale. Il en est de même des auteurs d'anthologies ou de recueils d'œuvres ou de données diverses, tels que les bases de données, qui, par le choix ou la disposition des matières, constituent des créations intellectuelles.

On entend par base de données un recueil d'œuvres, de données ou d'autres éléments indépendants, disposés de manière systématique ou méthodique, et individuellement accessibles par des moyens électroniques ou par tout autre moyen.

CPI, art. L. 113-1

La qualité d'auteur appartient, sauf preuve contraire, à celui ou à ceux sous le nom de qui l'œuvre est divulguée.

CPI, art. L. 113-9

Sauf dispositions statutaires ou stipulations contraires, les droits patrimoniaux sur les logiciels et leur documentation créés par un ou plusieurs employés dans l'exercice de leurs fonctions ou d'après les instructions de leur employeur sont dévolus à l'employeur qui est seul habilité à les exercer.

Toute contestation sur l'application du présent article est soumise au tribunal de grande instance du siège social de l'employeur.

Les dispositions du premier alinéa du présent article sont également applicables aux agents de l'État, des collectivités publiques et des établissements publics à caractère administratif.

CPI, art. L. 211-5

Sous réserve des dispositions des conventions internationales auxquelles la France est partie, les titulaires de droits voisins qui ne sont pas ressortissants d'un État membre de la Communauté européenne bénéficient de la durée de protection prévue dans le pays dont ils sont ressortissants sans que cette durée puisse excéder celle prévue à l'article L. 211-4.

CPI, art. L. 212-2

L'artiste-interprète a le droit au respect de son nom, de sa qualité et de son interprétation.

Ce droit inaliénable et imprescriptible est attaché à sa personne.

Il est transmissible à ses héritiers pour la protection de l'interprétation et de la mémoire du défunt.

CPI, art. L. 214-2

Sous réserve des conventions internationales, les droits à rémunération reconnus par les dispositions de l'article L. 214-1 sont répartis entre les artistes-interprètes et les producteurs de phonogrammes pour les phonogrammes fixés pour la première fois dans un État membre de la Communauté européenne.

CPI, art. L. 311-2

Sous réserve des conventions internationales, le droit à rémunération mentionné à l'article L. 214-1 et au premier alinéa de l'article L. 311-1 est réparti entre les auteurs, les artistes-interprètes, producteurs de phonogrammes ou de vidéogrammes pour les phonogrammes et vidéogrammes fixés pour la première fois dans un État membre de la Communauté européenne.

CPI, art. L. 321-1

Les sociétés de perception et de répartition des droits d'auteur et des droits des artistes-interprètes et des producteurs de phonogrammes et de vidéogrammes sont constituées sous forme de sociétés civiles.

Les associés doivent être des auteurs, des artistes-interprètes, des producteurs de phonogrammes ou de vidéogrammes, des éditeurs, ou leurs ayants droit. Ces sociétés civiles régulièrement constituées ont qualité pour ester en justice pour la défense des droits dont elles ont statutairement la charge.

Les actions en paiement des droits perçus par ces sociétés civiles se prescrivent par dix ans à compter de la date de leur perception, ce délai étant suspendu jusqu'à la date de leur mise en répartition.

CPI, art. L. 331-1

Les actions civiles et les demandes relatives à la propriété littéraire et artistique, y compris lorsqu'elles portent également sur une question connexe de concurrence déloyale, sont exclusivement portées devant des tribunaux de grande instance, déterminés par voie réglementaire.

Les organismes de défense professionnelle régulièrement constitués ont qualité pour ester en justice pour la défense des intérêts dont ils ont statutairement la charge.

Le bénéficiaire valablement investi à titre exclusif, conformément aux dispositions du livre II, d'un droit exclusif d'exploitation appartenant à un producteur de phonogrammes ou de vidéogrammes peut, sauf stipulation contraire du contrat de licence, exercer l'action en justice au titre de ce droit. L'exercice de l'action est notifié au producteur.

Les dispositions qui précèdent ne font pas obstacle au recours à l'arbitrage, dans les conditions prévues aux articles 2059 et 2060 du code civil.

CPI, art. L. 331-5

Les mesures techniques efficaces destinées à empêcher ou à limiter les utilisations non autorisées par les titulaires d'un droit d'auteur ou d'un droit voisin du droit d'auteur d'une œuvre, autre qu'un logiciel, d'une interprétation, d'un phonogramme, d'un vidéogramme ou d'un programme sont protégées dans les conditions prévues au présent titre.

On entend par mesure technique au sens du premier alinéa toute technologie, dispositif, composant qui, dans le cadre normal de son fonctionnement, accomplit la fonction prévue par cet alinéa. Ces mesures techniques sont réputées efficaces lorsqu'une utilisation visée au même alinéa est contrôlée par les titulaires de droits grâce à l'application d'un code d'accès, d'un procédé de protection tel que le cryptage, le brouillage ou toute autre transformation de l'objet de la protection ou d'un mécanisme de contrôle de la copie qui atteint cet objectif de protection.

Un protocole, un format, une méthode de cryptage, de brouillage ou de transformation ne constitue pas en tant que tel une mesure technique au sens du présent article.

Les mesures techniques ne doivent pas avoir pour effet d'empêcher la mise en œuvre effective de l'interopérabilité, dans le respect du droit d'auteur. Les fournisseurs de mesures techniques donnent l'accès aux informations essentielles à l'interopérabilité dans les conditions définies au 1° de l'article L. 331-31 et à l'article L. 331-32.

Les dispositions du présent chapitre ne remettent pas en cause la protection juridique résultant des articles 79-1 à 79-6 et de l'article 95 de la loi n° 86-1067 du 30 septembre 1986 relative à la liberté de communication.

Les mesures techniques ne peuvent s'opposer au libre usage de l'œuvre ou de l'objet protégé dans les limites des droits prévus par le présent code, ainsi que de ceux accordés par les détenteurs de droits.

Les dispositions du présent article s'appliquent sans préjudice des dispositions de l'article L. 122-6-1 du présent code.

CPI, art. L. 331-11

Les informations sous forme électronique concernant le régime des droits afférents à une œuvre, autre qu'un logiciel, une interprétation, un phonogramme, un vidéogramme ou un programme, sont protégées dans les conditions prévues au présent titre, lorsque l'un des éléments d'information, numéros ou codes est joint à la reproduction ou apparaît en relation avec la communication au public de l'œuvre, de l'interprétation, du phonogramme, du vidéogramme ou du programme qu'il concerne.

On entend par information sous forme électronique toute information fournie par un titulaire de droits qui permet d'identifier une œuvre, une interprétation, un phonogramme, un vidéogramme, un programme ou un titulaire de droit, toute information sur les conditions et modalités d'utilisation d'une œuvre, d'une interprétation, d'un phonogramme, d'un vidéogramme ou d'un programme, ainsi que tout numéro ou code représentant tout ou partie de ces informations.

CPI, art. L. 332-1

Les commissaires de police et, dans les lieux où il n'y a pas de commissaire de police, les juges d'instance, sont tenus, à la demande de tout auteur d'une œuvre protégée par le livre Ier, de ses ayants droit ou de ses ayants cause, de saisir les exemplaires constituant une reproduction illicite de cette œuvre ou tout exemplaire, produit, appareil, dispositif, composant ou moyen portant atteinte aux mesures techniques et aux informations mentionnées respectivement aux articles L. 331-5 et L. 331-11.

Si la saisie doit avoir pour effet de retarder ou de suspendre des représentations ou des exécutions publiques en cours ou déjà annoncées, une autorisation spéciale doit être obtenue du président du tribunal de grande instance, par ordonnance rendue sur requête. Le président du tribunal de grande instance peut également, dans la même forme, ordonner :

1° la suspension de toute fabrication en cours tendant à la reproduction illicite d'une œuvre ou à la réalisation d'une atteinte aux mesures techniques et aux informations mentionnées respectivement aux articles L. 331-5 et L. 331-11;

2° la saisie, quels que soient le jour et l'heure, des exemplaires constituant une reproduction illicite de l'œuvre, déjà fabriqués ou en cours de fabrication, ou des exemplaires, produits, appareils, dispositifs, composants ou moyens, fabriqués ou en cours de fabrication, portant atteinte aux mesures techniques et aux informations mentionnées respectivement aux articles L. 331-5 et L. 331-11, des recettes réalisées, ainsi que des exemplaires illicitement utilisés; il peut également ordonner la saisie réelle des matériels et instruments utilisés pour produire ou distribuer illicitement les œuvres, ainsi que de tout document s'y rapportant;

3° la saisie des recettes provenant de toute reproduction, représentation ou diffusion, par quelque moyen que ce soit, d'une œuvre de l'esprit, effectuée en violation des droits de l'auteur ou provenant d'une atteinte aux mesures techniques et aux informations mentionnées respectivement aux articles L. 331-5 et L. 331-11;

4° (abrogé par la loi n° 2009-669 du 12 juin 2009);

5° la saisie réelle des œuvres illicites ou produits soupçonnés de porter atteinte à un droit d'auteur, ou leur remise entre les mains d'un tiers afin d'empêcher leur introduction ou leur circulation dans les circuits commerciaux.

Le président du tribunal de grande instance peut, dans les mêmes formes, ordonner les mesures prévues aux 1° à 5° à la demande des titulaires de droits voisins définis au livre II.

Le président du tribunal de grande instance peut, dans les ordonnances prévues ci-dessus, ordonner la constitution préalable de garanties par le saisissant.

CPI, art. L. 332-2

Dans un délai fixé par voie réglementaire, le saisi ou le tiers saisi peuvent demander au président du tribunal de grande instance de prononcer la mainlevée de la saisie ou d'en cantonner les effets, ou encore d'autoriser la reprise de la fabrication ou celle des représentations ou exécutions publiques, sous l'autorité d'un administrateur constitué séquestre, pour le compte de qui il appartiendra, des produits de cette fabrication ou de cette exploitation.

Le président du tribunal de grande instance statuant en référé peut, s'il fait droit à la demande du saisi ou du tiers saisi, ordonner à la charge du demandeur la consignation d'une somme affectée à la garantie des dommages et intérêts auxquels l'auteur pourrait prétendre.

CPI, art. L. 332-3

Faute par le saisissant de saisir la juridiction compétente dans un délai fixé par voie réglementaire, mainlevée de cette saisie pourra être ordonnée à la demande du saisi ou du tiers saisi par le président du tribunal, statuant en référé.

CPI, art. L. 332-4

En matière de logiciels et de bases de données, la saisie-contrefaçon est exécutée en vertu d'une ordonnance rendue sur requête par le président du tribunal de grande instance. Le président peut ordonner la saisie réelle des objets réalisés ou fabriqués illicitement ainsi que celle des matériels et instruments utilisés pour produire ou distribuer illicitement un logiciel ou une base de données ainsi que de tout document s'y rapportant.

L'huissier instrumentaire ou le commissaire de police peut être assisté d'un expert désigné par le requérant.

À défaut d'assignation ou de citation dans un délai fixé par voie réglementaire, la saisie-contrefaçon est nulle.

En outre, les commissaires de police sont tenus, à la demande de tout titulaire de droits sur un logiciel ou sur une base de données, d'opérer une saisie-description du logiciel ou de la base de données contrefaisants, saisie-description qui peut se concrétiser par une copie.

CPI, art. L. 335-10

L'administration des douanes peut, sur demande écrite du titulaire d'un droit d'auteur ou d'un droit voisin, assortie de justifications de son droit dans les conditions prévues par décret en Conseil d'État, retenir dans le cadre de ses contrôles les marchandises que celui-ci prétend constituer une contrefaçon de ce droit.

Le procureur de la République, le demandeur, ainsi que le déclarant ou le détenteur des marchandises sont informés sans délai, par les services douaniers, de la retenue à laquelle ces derniers ont procédé.

La mesure de retenue est levée de plein droit à défaut pour le demandeur, dans le délai de dix jours ouvrables à compter de la notification de la retenue des marchandises, de justifier auprès des services douaniers :

– soit des mesures conservatoires prévues par l'article L. 332-1 ;

– soit de s'être pourvu par la voie civile ou la voie correctionnelle et d'avoir constitué les garanties requises pour couvrir sa responsabilité éventuelle au cas où la contrefaçon ne serait pas ultérieurement reconnue.

Aux fins de l'engagement des actions en justice visées à l'alinéa précédent, le demandeur peut obtenir de l'administration des douanes communication des noms et adresses de l'expéditeur, de l'importateur et du destinataire des marchandises retenues, ou de leur détenteur, ainsi que de leur quantité, nonobstant les dispositions de l'article 59 *bis* du code des douanes, relatif au secret professionnel auquel sont tenus les agents de l'administration des douanes.

La retenue mentionnée au premier alinéa ne porte pas sur les marchandises de statut communautaire, légalement fabriquées ou mises en libre pratique dans un État membre de la Communauté européenne et destinées, après avoir emprunté le territoire douanier tel que défini à l'article 1er du code des douanes, à être mises sur le marché d'un autre État membre de la Communauté européenne, pour y être légalement commercialisées.

CPI, art. L. 336-2

Les personnes dont l'activité est d'offrir un accès à des services de communication au public en ligne adressent, à leurs frais, aux utilisateurs de cet accès des messages de sensibilisation aux dangers du téléchargement et de la mise à disposition illicites pour la création artistique. Un décret en Conseil d'État détermine les modalités de diffusion de ces messages.

CPI, art. L. 341-1

Le producteur d'une base de données, entendu comme la personne qui prend l'initiative et le risque des investissements correspondants, bénéficie d'une protection du contenu de la base lorsque la constitution, la vérification ou la présentation de celui-ci atteste d'un investissement financier, matériel ou humain substantiel.

Cette protection est indépendante et s'exerce sans préjudice de celles résultant du droit d'auteur ou d'un autre droit sur la base de données ou un de ses éléments constitutifs.

CPI, art. L. 341-2

Sont admis au bénéfice du présent titre :

1° les producteurs de bases de données, ressortissants d'un État membre de la Communauté européenne ou *d'un État partie à l'accord sur l'Espace économique* européen, ou qui ont dans un tel État leur résidence habituelle ;

2° les sociétés ou entreprises constituées en conformité avec la législation d'un État membre et ayant leur siège statutaire, leur administration centrale ou leur établissement principal à l'intérieur de la Communauté ou d'un État partie à l'accord sur l'Espace économique européen ; néanmoins, si une telle société ou entreprise n'a que son siège statutaire sur le territoire d'un tel État, ses activités doivent avoir un lien réel et continu avec l'économie de l'un d'entre eux.

Les producteurs de bases de données qui ne satisfont pas aux conditions mentionnées ci-dessus sont admis à la protection prévue par le présent titre lorsqu'un accord particulier a été conclu avec l'État dont ils sont ressortissants par le Conseil de la Communauté européenne.

CPI, art. L. 342-1

Le producteur de bases de données a le droit d'interdire :

1° l'extraction, par transfert permanent ou temporaire de la totalité ou d'une partie qualitativement ou quantitativement substantielle du contenu d'une base de données sur un autre support, par tout moyen et sous toute forme que ce soit ;

2° la réutilisation, par la mise à la disposition du public de la totalité ou d'une partie qualitativement ou quantitativement substantielle du contenu de la base, quelle qu'en soit la forme.

Ces droits peuvent être transmis ou cédés ou faire l'objet d'une licence.

Le prêt public n'est pas un acte d'extraction ou de réutilisation.

CPI, art. L. 342-2

Le producteur peut également interdire l'extraction ou la réutilisation répétée et systématique de parties qualitativement ou quantitativement non substantielles du contenu de la base lorsque ces opérations excèdent manifestement les conditions d'utilisation normale de la base de données.

CPI, art. L. 342-3

Lorsqu'une base de données est mise à la disposition du public par le titulaire des droits, celui-ci ne peut interdire :

1° l'extraction ou la réutilisation d'une partie non substantielle, appréciée de façon qualitative ou quantitative, du contenu de la base, par la personne qui y a licitement accès ;

2° l'extraction à des fins privées d'une partie qualitativement ou quantitativement substantielle du contenu d'une base de données non électronique sous réserve du respect des droits d'auteur ou des droits voisins sur les œuvres ou éléments incorporés dans la base ;

3° l'extraction et la réutilisation d'une base de données dans les conditions définies aux deux premiers alinéas du 7° de l'article L. 122-5 ;

4° l'extraction et la réutilisation d'une partie substantielle, appréciée de façon qualitative ou quantitative, du contenu de la base, sous réserve des bases de données conçues à des fins pédagogiques et des bases de données réalisées pour une édition numérique de l'écrit, à des fins exclusives d'illustration dans le cadre de l'enseignement et de la recherche, à l'exclusion de toute activité ludique ou récréative, dès lors que le public auquel cette extraction et cette réutilisation sont destinées est composé majoritairement d'élèves, d'étudiants, d'enseignants ou de chercheurs directement concernés, que la source est indiquée, que l'utilisation de cette extraction et cette réutilisation ne donne lieu à aucune exploitation commerciale et qu'elle est compensée par une rémunération négociée sur une base forfaitaire.

Toute clause contraire au 1° ci-dessus est nulle.

Les exceptions énumérées par le présent article ne peuvent porter atteinte à l'exploitation normale de la base de données ni causer un préjudice injustifié aux intérêts légitimes du producteur de la base.

CPI, art. L. 342-3-1

Les mesures techniques efficaces au sens de l'article L. 331-5 qui sont propres à empêcher ou à limiter les utilisations d'une base de données que le producteur n'a pas autorisées en application de l'article L. 342-1 bénéficient de la protection prévue à l'article L. 335-4-1.

Les producteurs de bases de données qui recourent aux mesures techniques de protection mentionnées au premier alinéa prennent cependant les dispositions utiles pour que leur mise en œuvre ne prive pas les bénéficiaires des exceptions définies à l'article L. 342-3 de leur bénéfice effectif, suivant les conditions prévues aux articles L. 331-8 et suivants.

Tout différend relatif à la faculté de bénéficier des exceptions définies à l'article L. 342-3 qui implique une mesure technique visée au premier alinéa du présent article est soumis à l'Autorité de régulation des mesures techniques prévue à l'article L. 331-17.

CPI, art. L. 342-3-2

Les informations sous forme électronique relatives au régime des droits du producteur d'une base de données, au sens de l'article L. 331-22, bénéficient de la protection prévue à l'article L. 335-4-2.

CPI, art. L. 342-4

La première vente d'une copie matérielle d'une base de données dans le territoire d'un État membre de la Communauté européenne ou d'un État partie à l'accord sur l'Espace économique européen, par le titulaire du droit ou avec son consentement, épuise le droit de contrôler la revente de cette copie matérielle dans tous les États membres.

Toutefois, la transmission en ligne d'une base de données n'épuise pas le droit du producteur de contrôler la revente dans tous les États membres d'une copie matérielle de cette base ou d'une partie de celle-ci.

CPI, art. L. 342-5

Les droits prévus à l'article L. 342-1 prennent effet à compter de l'achèvement de la fabrication de la base de données. Ils expirent quinze ans après le 1er janvier de l'année civile qui suit celle de cet achèvement.

Lorsqu'une base de données a fait l'objet d'une mise à la disposition du public avant l'expiration de la période prévue à l'alinéa précédent, les droits expirent quinze ans après le 1er janvier de l'année civile suivant celle de cette première mise à disposition.

Toutefois, dans le cas où une base de données protégée fait l'objet d'un nouvel investissement substantiel, sa protection expire quinze ans après le 1er janvier de l'année civile suivant celle de ce nouvel investissement.

CPI, art. L. 343-1

L'atteinte aux droits du producteur de bases de données peut être prouvée par tous moyens.

À cet effet, toute personne ayant qualité pour agir en vertu du présent titre est en droit de faire procéder par tous huissiers, assistés par des experts désignés par le demandeur, sur ordonnance rendue sur requête par la juridiction civile compétente, soit à la description détaillée, avec ou sans prélèvement d'échantillons, des supports ou produits portant prétendument atteinte aux droits du producteur de bases de données, soit à la saisie réelle de ces supports ou produits ainsi que de tout document s'y rapportant.

La juridiction peut ordonner, aux mêmes fins probatoires, la saisie réelle des matériels et instruments utilisés pour produire ou distribuer les supports ou produits portant prétendument atteinte aux droits du producteur de bases de données.

Elle peut subordonner l'exécution des mesures qu'elle ordonne à la constitution par le demandeur de garanties destinées à assurer l'indemnisation éventuelle du défendeur si l'action engagée en vertu du présent titre est ultérieurement jugée non fondée ou si la mainlevée de la saisie est prononcée.

La mainlevée de la saisie peut être prononcée selon les modalités prévues par les articles L. 332-2 et L. 332-3.

CPI, art. L. 343-2

Toute personne ayant qualité pour agir dans le cas d'une atteinte aux droits du producteur de bases de données peut saisir en référé la juridiction civile compétente afin de voir ordonner, au besoin sous astreinte, à l'encontre du prétendu auteur de cette atteinte ou des intermédiaires dont il utilise les services, toute mesure urgente destinée à prévenir une atteinte aux droits du producteur de bases de données ou à empêcher la poursuite d'actes portant prétendument atteinte à ceux-ci. La juridiction civile compétente peut également ordonner toutes mesures urgentes sur requête lorsque les circonstances exigent que ces mesures ne soient pas prises contradictoirement, notamment lorsque tout retard serait de nature à causer un préjudice irréparable au demandeur. Saisie en référé ou sur requête, la juridiction ne peut ordonner les mesures demandées que si les éléments de preuve, raisonnablement accessibles au demandeur, rendent vraisemblable qu'il est porté atteinte à ses droits ou qu'une telle atteinte est imminente.

La juridiction peut interdire la poursuite des actes portant prétendument atteinte aux droits du producteur de bases de données, la subordonner à la constitution de garanties destinées à assurer l'indemnisation éventuelle du préjudice subi par le demandeur ou ordonner la saisie ou la remise entre les mains d'un tiers des produits soupçonnés de porter atteinte aux droits conférés par le titre, pour empêcher leur introduction ou leur circulation dans les circuits commerciaux.

Elle peut également accorder au demandeur une provision lorsque l'existence de son préjudice n'est pas sérieusement contestable.

Saisie en référé ou sur requête, la juridiction peut subordonner l'exécution des mesures qu'elle ordonne à la constitution par le demandeur de garanties destinées à assurer l'indemnisation éventuelle du défendeur si l'action engagée en vertu du présent titre est ultérieurement jugée non fondée ou les mesures annulées.

Lorsque les mesures prises pour faire cesser une atteinte aux droits du producteur de bases de données sont ordonnées avant l'engagement d'une action au fond, le demandeur doit se pourvoir, par la voie civile ou pénale, dans un délai fixé par voie réglementaire. À défaut, sur demande du défendeur et sans que celui-ci ait à motiver sa demande, les mesures ordonnées sont annulées, sans préjudice des dommages et intérêts qui peuvent être réclamés.

CPI, art. L. 343-3

Outre les procès-verbaux des officiers ou agents de police judiciaire, la preuve de la matérialité des infractions définies au présent chapitre peut résulter des constatations d'agents assermentés désignés par les organismes professionnels de producteurs. Ces agents sont agréés par le ministre chargé de la culture dans les mêmes conditions que celles prévues pour les agents visés à l'article L. 331-2.

CPI, art. L. 343-4

Est puni de trois ans d'emprisonnement et de 300 000 euros d'amende le fait de porter atteinte aux droits du producteur d'une base de données tels que définis à l'article L. 342-1. Lorsque le délit a été commis en bande organisée, les peines sont portées à cinq ans d'emprisonnement et à 500 000 euros d'amende.

CPI, art. L. 343-5

Les personnes physiques coupables de l'un des délits prévus au présent chapitre peuvent en outre être condamnées, à leurs frais, à retirer des circuits commerciaux les objets jugés contrefaisants et toute chose qui a servi ou était destinée à commettre l'infraction.

La juridiction peut ordonner la destruction aux frais du condamné ou la remise à la partie lésée des objets et choses retirés des circuits commerciaux ou confisqués, sans préjudice de tous dommages et intérêts.

Elle peut également ordonner, aux frais du condamné, l'affichage ou la diffusion du jugement prononçant la condamnation, dans les conditions et sous les peines prévues à l'article 131-35 du code pénal.

CPI, art. L. 343-6

Les personnes morales déclarées pénalement responsables dans les conditions prévues par l'article 121-2 du code pénal des délits prévus et réprimés au présent chapitre encourent :

1° l'amende, suivant les modalités prévues par l'article 131-38 du code pénal;

2° les peines mentionnées à l'article 131-39 du même code.

L'interdiction mentionnée au 2° de l'article 131-39 du même code porte sur l'activité dans l'exercice ou à l'occasion de l'exercice de laquelle l'infraction a été commise.

La juridiction peut ordonner la destruction aux frais du condamné ou la remise à la partie lésée des objets et choses retirés des circuits commerciaux ou confisqués, sans préjudice de tous dommages et intérêts.

CPI, art. L. 343-7

En cas de récidive des infractions définies à l'article L. 343-4 ou si le délinquant est ou a été lié à la partie lésée par convention, les peines encourues sont portées au double.

Les coupables peuvent, en outre, être privés pour un temps qui n'excédera pas cinq ans du droit d'élection et d'éligibilité pour les tribunaux de commerce, les chambres de commerce et d'industrie et les chambres de métiers, ainsi que pour les conseils de prud'hommes.

CPI, art. L. 511-9

La protection du dessin ou modèle conférée par les dispositions du présent livre s'acquiert par l'enregistrement. Elle est accordée au créateur ou à son ayant cause.

L'auteur de la demande d'enregistrement est, sauf preuve contraire, regardé comme le bénéficiaire de cette protection.

CPI, art. L. 512-1

La demande d'enregistrement est déposée, à peine de nullité, à l'Institut national de la propriété industrielle lorsque le déposant a son domicile ou son siège social à Paris ou hors de France.

Lorsque le déposant a son domicile ou son siège social en France en dehors de Paris, il peut, à son choix, déposer la demande d'enregistrement à l'Institut national de la propriété industrielle ou au greffe du tribunal de commerce ou, en l'absence de tribunal de commerce, au greffe de la juridiction statuant en matière commerciale.

Lorsque la demande d'enregistrement est déposée au greffe d'un tribunal, celui-ci la transmet à l'Institut national de la propriété industrielle.

CPI, art. L. 512-2

La demande d'enregistrement est présentée dans les formes et conditions prévues par le présent livre.

Elle comporte, à peine d'irrecevabilité, l'identification du déposant et une reproduction des dessins ou modèles dont la protection est demandée.

La demande d'enregistrement est rejetée s'il apparaît :

a) qu'elle n'est pas présentée dans les conditions et formes prescrites;

b) que sa publication est de nature à porter atteinte à l'ordre public ou aux bonnes mœurs.

Le rejet ne peut être prononcé sans que le déposant ait été préalablement invité, selon le cas, soit à régulariser la demande, soit à présenter ses observations.

Pour les dessins ou modèles relevant d'industries qui renouvellent fréquemment la forme et le décor de leurs produits, le dépôt peut être effectué sous une forme simplifiée dans des conditions fixées par décret en Conseil d'État. La déchéance des droits issus d'un tel dépôt est prononcée lorsque celui-ci n'a pas été, au plus tard six mois avant la date prévue pour sa publication, rendu conforme aux prescriptions générales fixées par ce décret.

CPI, art. L. 513-1

L'enregistrement produit ses effets, à compter de la date de dépôt de la demande, pour une période de cinq ans, qui peut être prorogée par périodes de cinq ans jusqu'à un maximum de vingt-cinq ans.

Les dessins ou modèles déposés avant le 1er octobre 2001 restent protégés, sans prorogation possible, pour une période de vingt-cinq ans à compter de leur date de dépôt. Les dessins ou modèles dont la protection a été prorogée, avant le 1er octobre 2001, pour une nouvelle période de vingt-cinq ans restent protégés jusqu'à l'expiration de cette période.

CPI, art. L. 513-3

Tout acte modifiant ou transmettant les droits attachés à un dessin ou modèle déposé n'est opposable aux tiers que s'il a été inscrit au registre national des dessins et modèles.

Toutefois, avant son inscription, un acte est opposable aux tiers qui ont acquis des droits après la date de cet acte mais qui avaient connaissance de celui-ci lors de l'acquisition de ces droits.

Le licencié, partie à un contrat de licence non inscrit sur le registre national ou international des dessins et modèles, est également recevable à intervenir dans l'instance en contrefaçon engagée par le propriétaire du dessin ou modèle afin d'obtenir la réparation du préjudice qui lui est propre.

CPI, art. L. 513-7

Les droits conférés par l'enregistrement d'un dessin ou modèle ne s'exercent pas :

a) sur des équipements installés à bord de navires ou d'aéronefs immatriculés dans un autre pays lorsqu'ils pénètrent temporairement sur le territoire français;

b) lors de l'importation en France de pièces détachées et d'accessoires pour la réparation de ces navires ou aéronefs ou à l'occasion de cette réparation.

CPI, art. L. 521-1

Toute atteinte portée aux droits du propriétaire d'un dessin ou modèle, tels qu'ils sont définis aux articles L. 513-4 à L. 513-8, constitue une contrefaçon engageant la responsabilité civile de son auteur.

Les faits postérieurs au dépôt, mais antérieurs à la publication de l'enregistrement du dessin ou modèle, ne peuvent être considérés comme ayant porté atteinte aux droits qui y sont attachés.

Toutefois, lorsqu'une copie de la demande d'enregistrement a été notifiée à une personne, la responsabilité de celle-ci peut être recherchée pour des faits postérieurs à cette notification même s'ils sont antérieurs à la publication de l'enregistrement.

CPI, art. L. 521-2

L'action civile en contrefaçon est exercée par le propriétaire du dessin ou modèle.

Toutefois, le bénéficiaire d'un droit exclusif d'exploitation peut, sauf stipulation contraire du contrat de licence, exercer l'action en contrefaçon si, après mise en demeure, le propriétaire du dessin ou modèle n'exerce pas cette action.

Toute partie à un contrat de licence est recevable à intervenir dans l'instance en contrefaçon engagée par une autre partie afin d'obtenir la réparation du préjudice qui lui est propre.

CPI, art. L. 521-3-1

Les actions civiles et les demandes relatives aux dessins et modèles, y compris lorsqu'elles portent également sur une question connexe de concurrence déloyale, sont exclusivement portées devant des tribunaux de grande instance, déterminés par voie réglementaire.

Les dispositions qui précèdent ne font pas obstacle au recours à l'arbitrage, dans les conditions prévues aux articles 2059 et 2060 du code civil.

CPI, art. L. 521-4

La contrefaçon peut être prouvée par tous moyens.

À cet effet, toute personne ayant qualité pour agir en contrefaçon est en droit de faire procéder en tout lieu et par tous huissiers, assistés d'experts désignés par le demandeur, en vertu d'une ordonnance rendue sur requête par la juridiction civile compétente, soit à la description détaillée, avec ou sans prélèvement d'échantillons, soit à la saisie réelle des objets prétendus contrefaisants ainsi que de tout document s'y rapportant.

La juridiction peut ordonner, aux mêmes fins probatoires, la saisie réelle des matériels et instruments utilisés pour produire ou distribuer les objets prétendus contrefaisants.

Elle peut subordonner l'exécution des mesures qu'elle ordonne à la constitution par le demandeur de garanties destinées à assurer l'indemnisation éventuelle du défendeur si l'action en contrefaçon est ultérieurement jugée non fondée ou la saisie annulée.

À défaut pour le demandeur de s'être pourvu au fond, par la voie civile ou pénale, dans un délai fixé par voie réglementaire, l'intégralité de la saisie, y compris la description, est annulée à la demande du saisi, sans que celui-ci ait à motiver sa demande et sans préjudice des dommages et intérêts qui peuvent être réclamés.

CPI, art. L. 521-6

Toute personne ayant qualité pour agir en contrefaçon peut saisir en référé la juridiction civile compétente afin de voir ordonner, au besoin sous astreinte, à l'encontre du prétendu contrefacteur ou des intermédiaires dont il utilise les services, toute mesure destinée à prévenir une atteinte imminente aux droits conférés par le titre ou à empêcher la poursuite d'actes argués de contrefaçon. La juridiction civile compétente peut également ordonner toutes mesures urgentes sur requête lorsque les circonstances exigent que ces mesures ne soient pas prises contradictoirement, notamment lorsque tout retard serait de nature à causer un préjudice irréparable au demandeur. Saisie en référé ou sur requête, la juridiction ne peut ordonner les mesures demandées que si les éléments de preuve, raisonnablement accessibles au demandeur, rendent vraisemblable qu'il est porté atteinte à ses droits ou qu'une telle atteinte est imminente.

La juridiction peut interdire la poursuite des actes argués de contrefaçon, la subordonner à la constitution de garanties destinées à assurer l'indemnisation éventuelle du demandeur ou ordonner la saisie ou la remise entre les mains d'un tiers des produits soupçonnés de porter atteinte aux droits conférés par le titre, pour empêcher leur introduction ou leur circulation dans les circuits commerciaux. Si le demandeur justifie de circonstances de nature à compromettre le recouvrement des dommages et intérêts, la juridiction peut ordonner la saisie conservatoire des biens mobiliers et immobiliers du prétendu contrefacteur, y compris le blocage de ses comptes bancaires et autres avoirs, conformément au droit commun. Pour déterminer les biens susceptibles de faire l'objet de la saisie, elle peut ordonner la communication des documents bancaires, financiers, comptables ou commerciaux ou l'accès aux informations pertinentes.

Elle peut également accorder au demandeur une provision lorsque l'existence de son préjudice n'est pas sérieusement contestable.

Saisie en référé ou sur requête, la juridiction peut subordonner l'exécution des mesures qu'elle ordonne à la constitution par le demandeur de garanties destinées à assurer l'indemnisation éventuelle du défendeur si l'action en contrefaçon est ultérieurement jugée non fondée ou les mesures annulées.

Lorsque les mesures prises pour faire cesser une atteinte aux droits sont ordonnées avant l'engagement d'une action au fond, le demandeur doit se pourvoir, par la voie civile ou pénale, dans un délai fixé par voie réglementaire. À défaut, sur demande du défendeur et sans que celui-ci ait à motiver sa demande, les mesures ordonnées sont annulées, sans préjudice des dommages et intérêts qui peuvent être réclamés.

CPI, art. L. 521-7

Pour fixer les dommages et intérêts, la juridiction prend en considération les conséquences économiques négatives, dont le manque à gagner, subies par la partie lésée, les bénéfices réalisés par le contrefacteur et le préjudice moral causé au titulaire des droits du fait de l'atteinte.

Toutefois, la juridiction peut, à titre d'alternative et sur demande de la partie lésée, allouer à titre de dommages et intérêts une somme forfaitaire qui ne peut être inférieure au montant des redevances ou droits qui auraient été dus si le contrefacteur avait demandé l'autorisation d'utiliser le droit auquel il a porté atteinte.

CPI, art. L. 521-14

En dehors des cas prévus par la réglementation communautaire en vigueur, l'administration des douanes peut, sur demande écrite du propriétaire d'un dessin ou d'un modèle déposé ou du bénéficiaire d'un droit exclusif d'exploitation, assortie des justifications de son droit, retenir dans le cadre de ses contrôles les marchandises que celui-ci prétend constituer une contrefaçon.

Le procureur de la République, le demandeur ainsi que le déclarant ou le détenteur des marchandises sont informés sans délai, par les services douaniers, de la retenue à laquelle ces derniers ont procédé.

Lors de l'information visée au deuxième alinéa, la nature et la quantité réelle ou estimée des marchandises sont communiquées au propriétaire du dessin ou du modèle déposé ou au bénéficiaire du droit exclusif d'exploitation, par dérogation à l'article 59 *bis* du code des douanes.

La mesure de retenue est levée de plein droit à défaut, pour le demandeur, dans le délai de dix jours ouvrables ou de trois jours ouvrables s'il s'agit de denrées périssables, à compter de la notification de la retenue des marchandises, de justifier auprès des services douaniers, soit de mesures conservatoires décidées par la juridiction civile compétente, soit de s'être pourvu par la voie civile ou la voie correctionnelle et d'avoir constitué les garanties destinées à l'indemnisation éventuelle du détenteur des marchandises au cas où la contrefaçon ne serait pas ultérieurement reconnue.

Les frais liés à la mesure de retenue ou aux mesures conservatoires prononcées par la juridiction civile compétente sont à la charge du demandeur.

Aux fins de l'engagement des actions en justice visées au quatrième alinéa, le demandeur peut obtenir de l'administration des douanes communication des nom et adresse de l'expéditeur, de l'importateur, du destinataire des marchandises retenues ou de leur détenteur, ainsi que de leur quantité, leur origine et leur provenance par dérogation à l'article 59 *bis* du code des douanes, relatif au secret professionnel auquel sont tenus les agents de l'administration des douanes.

La retenue mentionnée au premier alinéa ne porte pas :

– sur les marchandises de statut communautaire, légalement fabriquées ou mises en libre pratique dans un État membre de la Communauté européenne et destinées, après avoir emprunté le territoire douanier tel que défini à l'article 1er du code des douanes, à être mises sur le marché d'un autre État membre de la Communauté européenne pour y être légalement commercialisées;

– sur les marchandises de statut communautaire, légalement fabriquées ou légalement mises en libre pratique dans un autre État membre de la Communauté européenne, dans lequel elles ont été placées sous le régime du transit et qui sont destinées, après avoir transité sur le territoire douanier tel que défini à l'article 1er du code des douanes, à être exportées vers un État non membre de la Communauté européenne.

CPI, art. L. 521-15

En l'absence de demande écrite du propriétaire d'un dessin ou d'un modèle déposé ou du bénéficiaire d'un droit exclusif d'exploitation et en dehors des cas prévus par la réglementation communautaire en vigueur, l'administration des douanes peut, dans le cadre de ses contrôles, retenir une marchandise susceptible de porter atteinte à un dessin ou un modèle déposé ou à un droit exclusif d'exploitation.

Cette retenue est immédiatement notifiée au propriétaire du dessin ou du modèle déposé ou au bénéficiaire du droit exclusif d'exploitation. Le procureur de la République est également informé de ladite mesure.

Lors de la notification visée au deuxième alinéa, la nature et la quantité réelle ou estimée des marchandises est communiquée au propriétaire du dessin ou du modèle déposé ou au bénéficiaire du droit exclusif d'exploitation, par dérogation à l'article 59 *bis* du code des douanes.

La mesure de retenue est levée de plein droit si le propriétaire du dessin ou du modèle déposé ou si le bénéficiaire du droit exclusif d'exploitation n'a pas déposé la demande prévue par l'article L. 521-14 du présent code dans un délai de trois jours ouvrables à compter de la notification de la retenue visée au deuxième alinéa du présent article.

CPI, art. L. 521-16

I. Lorsque la retenue portant sur des marchandises soupçonnées de constituer une contrefaçon d'un dessin ou d'un modèle déposé, prévue par la réglementation communautaire en vigueur, est mise en œuvre avant qu'une demande d'intervention du propriétaire du dessin ou du modèle déposé ou du bénéficiaire du droit exclusif d'exploitation ait été déposée ou acceptée, les agents des douanes peuvent, par dérogation à l'article 59 *bis* du code des douanes, informer ce propriétaire ou ce bénéficiaire du droit exclusif d'exploitation de la mise en œuvre de cette mesure. Ils peuvent également lui communiquer des informations portant sur la quantité des marchandises et leur nature.

Lorsque la retenue portant sur des marchandises soupçonnées de constituer une contrefaçon de dessin ou modèle, prévue par la réglementation communautaire en vigueur, est mise en œuvre après qu'une demande d'intervention du propriétaire du dessin ou du modèle déposé ou du bénéficiaire d'un droit exclusif d'exploitation a été acceptée, les agents des douanes peuvent également communiquer à ce propriétaire ou à ce bénéficiaire les informations prévues par cette réglementation communautaire, nécessaires pour déterminer s'il y a eu violation de son droit.

II. Les frais générés par la mise en œuvre d'une retenue prévue par la réglementation communautaire en vigueur sont à la charge du propriétaire du dessin ou du modèle déposé ou du bénéficiaire du droit exclusif d'exploitation.

CPI, art. L. 521-17

Pendant le délai de la retenue visée aux articles L. 521-14 à L. 521-16, le propriétaire du dessin ou du modèle déposé ou le bénéficiaire du droit exclusif d'exploitation peut, à sa demande ou à la demande de l'administration des douanes, inspecter les marchandises retenues.

Lors du contrôle des marchandises mises en retenue, l'administration des douanes peut prélever des échantillons. À la demande du propriétaire du dessin ou du modèle déposé ou du bénéficiaire du droit exclusif d'exploitation, ces échantillons peuvent lui être remis aux seules fins d'analyse et en vue de faciliter les actions qu'il peut être amené à engager par la voie civile ou pénale.

CPI, art. L. 521-18

En vue de prononcer les mesures prévues aux articles L. 521-14 à L. 521-17, les agents des douanes appliquent les pouvoirs qui leur sont dévolus par le code des douanes.

CPI, art. L. 522-1

Les dispositions du chapitre Ier du présent titre sont applicables aux atteintes portées aux droits du propriétaire d'un dessin ou modèle communautaire.

CPI, art. L. 522-2

Un décret en Conseil d'État détermine le siège et le ressort des juridictions de première instance et d'appel qui sont compétentes pour connaître des actions et des demandes prévues à l'article 80 du règlement (CE) n° 6/2002 du Conseil, du 12 décembre 2001, sur les dessins ou modèles communautaires, y compris lorsque ces actions et demandes portent à la fois sur une question de dessins ou modèles et sur une question connexe de concurrence déloyale.

CPI, art. L. 611-2

Les titres de propriété industrielle protégeant les inventions sont :

1° les brevets d'invention, délivrés pour une durée de vingt ans à compter du jour du dépôt de la demande ;

2° les certificats d'utilité, délivrés pour une durée de six ans à compter du jour du dépôt de la demande ;

3° les certificats complémentaires de protection rattachés à un brevet dans les conditions prévues à l'article L. 611-3, prenant effet au terme légal du brevet auquel ils se rattachent pour une durée ne pouvant excéder sept ans à compter de ce terme et dix-sept ans à compter de la délivrance de l'autorisation de mise sur le marché mentionnée à ce même article.

Les dispositions du présent livre concernant les brevets sont applicables aux certificats d'utilité à l'exception de celles prévues aux articles L. 612-14, L. 612-15 et au premier alinéa de l'article L. 612-17. Elles le sont également aux certificats complémentaires de protection à l'exception de celles prévues aux articles L. 611-12, L. 612-1 à L. 612-10, L. 612-12 à L. 612-15, L. 612-17, L. 612-20, L. 613-1 et L. 613-25.

CPI, art. L. 611-5

Les certificats d'addition demandés antérieurement à l'entrée en vigueur de la loi n° 90-1052 du 26 novembre 1990 relative à la propriété industrielle restent soumis aux règles applicables à la date de leur demande.

Toutefois, l'exercice des droits en résultant est régi par les dispositions du présent livre.

CPI, art. L. 612-15

Le demandeur peut transformer sa demande de brevet en demande de certificat d'utilité dans des conditions fixées par voie réglementaire.

CPI, art. L. 612-21

L'Institut national de la propriété industrielle assure la publication, dans les conditions définies par décret en Conseil d'État, par mention au *Bulletin officiel de la propriété industrielle*, par mise à la disposition du public du texte intégral ou par diffusion grâce à une banque de données ou à la distribution du support informatique :

1° du dossier de toute demande d'un brevet ou d'un certificat d'utilité au terme d'un délai de dix-huit mois à compter de sa date de dépôt ou à compter de la date de priorité si une priorité a été revendiquée, ou, sur simple requête du demandeur, avant l'expiration de ce délai;

2° de toute demande d'un certificat complémentaire de protection, en annexe à la demande du brevet auquel le certificat se rattache, ou si cette dernière demande a déjà été publiée, dès son dépôt, avec l'indication dans ce cas du brevet auquel le certificat se rattache;

3° de tout acte de procédure subséquent;

4° de toute délivrance de l'un de ces titres;

5° des actes mentionnés à l'article L. 613-9;

6° de la date de l'autorisation mentionnée à l'article L. 611-3 avec l'indication du brevet correspondant.

CPI, art. L. 613-9

Tous les actes transmettant ou modifiant les droits attachés à une demande de brevet ou à un brevet doivent, pour être opposables aux tiers, être inscrits sur un registre, dit registre national des brevets, tenu par l'Institut national de la propriété industrielle.

Toutefois, avant son inscription, un acte est opposable aux tiers qui ont acquis des droits après la date de cet acte, mais qui avaient connaissance de celui-ci lors de l'acquisition de ces droits.

Le licencié, partie à un contrat de licence non inscrit sur le registre national des brevets, est également recevable à intervenir dans l'instance en contrefaçon engagée par le propriétaire du brevet afin d'obtenir la réparation du préjudice qui lui est propre.

CPI, art. L. 613-11

Toute personne de droit public ou privé peut, à l'expiration d'un délai de trois ans après la délivrance d'un brevet, ou de quatre ans à compter de la date du dépôt de la demande, obtenir une licence obligatoire de ce brevet, dans les conditions prévues aux articles suivants, si au moment de la requête, et sauf excuses légitimes le propriétaire du brevet ou son ayant cause :

a) n'a pas commencé à exploiter ou fait des préparatifs effectifs et sérieux pour exploiter l'invention objet du brevet sur le territoire d'un État membre de la Communauté économique européenne ou d'un autre État partie à l'accord sur l'Espace économique européen;

b) n'a pas commercialisé le produit objet du brevet en quantité suffisante pour satisfaire aux besoins du marché français.

Il en est de même lorsque l'exploitation prévue au a) ci-dessus ou la commercialisation prévue au b) ci-dessus a été abandonnée depuis plus de trois ans.

Pour l'application du présent article, l'importation de produits objets de brevets fabriqués dans un État partie à l'accord instituant l'Organisation mondiale du commerce est considérée comme une exploitation de ce brevet.

CPI, art. L. 613-12

La demande de licence obligatoire est formée auprès du tribunal de grande instance : elle doit être accompagnée de la justification que le demandeur n'a pu obtenir du propriétaire du brevet une licence d'exploitation et qu'il est en état d'exploiter l'invention de manière sérieuse et effective.

La licence obligatoire est accordée à des conditions déterminées, notamment quant à sa durée, son champ d'application et le montant des redevances auxquelles elle donne lieu.

Ces conditions peuvent être modifiées par décision du tribunal, à la requête du propriétaire ou du licencié.

CPI, art. L. 613-13

Les licences obligatoires et les licences d'office sont non exclusives. Les droits attachés à ces licences ne peuvent être transmis qu'avec le fonds de commerce, l'entreprise ou la partie de l'entreprise auquel ils sont attachés.

CPI, art. L. 613-14

Si le titulaire d'une licence obligatoire ne satisfait pas aux conditions auxquelles cette licence a été accordée, le propriétaire du brevet et, le cas échéant, les autres licenciés peuvent obtenir du tribunal le retrait de cette licence.

CPI, art. L. 613-15

Le titulaire d'un brevet portant atteinte à un brevet antérieur ne peut exploiter son brevet sans l'autorisation du titulaire du brevet antérieur; ledit titulaire ne peut exploiter le brevet postérieur sans l'autorisation du titulaire du brevet postérieur.

Lorsque le titulaire d'un brevet ne peut l'exploiter sans porter atteinte à un brevet antérieur dont un tiers est titulaire, le tribunal de grande instance peut lui accorder une licence d'exploitation du brevet antérieur dans la mesure nécessaire à l'exploitation du brevet dont il est titulaire et pour autant que cette invention constitue à l'égard du brevet antérieur un progrès technique important et présente un intérêt économique considérable.

La licence accordée au titulaire du brevet postérieur ne peut être transmise qu'avec ledit brevet.

Le titulaire du brevet antérieur obtient, sur demande présentée au tribunal, la concession d'une licence réciproque sur le brevet postérieur.

Les dispositions des articles L. 613-12 à L. 613-14 sont applicables.

CPI, art. L. 613-15-1

Lorsqu'un obtenteur ne peut obtenir ou exploiter un droit d'obtention végétale sans porter atteinte à un brevet antérieur, il peut demander la concession d'une licence de ce brevet dans la mesure où cette licence est nécessaire pour l'exploitation de la variété végétale à protéger et pour autant que la variété constitue à l'égard de l'invention revendiquée dans ce brevet un progrès technique important et présente un intérêt économique considérable.

Lorsqu'une telle licence est accordée, le titulaire du brevet obtient à des conditions équitables, sur demande présentée au tribunal, la concession d'une licence réciproque pour utiliser la variété protégée.

Les dispositions des articles L. 613-12 à L. 613-14 sont applicables.

CPI, art. L. 613-16

Si l'intérêt de la santé publique l'exige et à défaut d'accord amiable avec le titulaire du brevet, le ministre chargé de la propriété industrielle peut, sur la demande du ministre chargé de la santé publique, soumettre par arrêté au régime de la licence d'office, dans les conditions prévues à l'article L. 613-17, tout brevet délivré pour :

a) un médicament, un dispositif médical, un dispositif médical de diagnostic in vitro, un produit thérapeutique annexe;

b) leur procédé d'obtention, un produit nécessaire à leur obtention ou un procédé de fabrication d'un tel produit;

c) une méthode de diagnostic *ex vivo*.

Les brevets de ces produits, procédés ou méthodes de diagnostic ne peuvent être soumis au régime de la licence d'office dans l'intérêt de la santé publique que lorsque ces produits, ou des produits issus de ces procédés, ou ces méthodes sont mis à la disposition du public en quantité ou qualité insuffisantes ou à des prix anormalement élevés, ou lorsque le brevet est exploité dans des conditions contraires à l'intérêt de la santé publique ou constitutives de pratiques déclarées anticoncurrentielles à la suite d'une décision administrative ou juridictionnelle devenue définitive.

Lorsque la licence a pour but de remédier à une pratique déclarée anticoncurrentielle ou en cas d'urgence, le ministre chargé de la propriété industrielle n'est pas tenu de rechercher un accord amiable.

CPI, art. L. 613-17

Du jour de la publication de l'arrêté qui soumet le brevet au régime de la licence d'office, toute personne qualifiée peut demander au ministre chargé de la propriété industrielle l'octroi d'une licence d'exploitation. Cette licence est accordée par arrêté dudit ministre à des conditions déterminées, notamment quant à sa durée et son champ d'application, mais à l'exclusion des redevances auxquelles elle donne lieu.

Elle prend effet à la date de la notification de l'arrêté aux parties.

À défaut d'accord amiable approuvé par le ministre chargé de la propriété industrielle et le ministre chargé de la santé publique, le montant des redevances est fixé par le tribunal de grande instance.

CPI, art. L. 613-17-1

La demande d'une licence obligatoire, présentée en application du règlement (CE) n° 816/2006 du Parlement européen et du Conseil, du 17 mai 2006, concernant l'octroi de licences obligatoires pour des brevets visant la fabrication de produits pharmaceutiques destinés à l'exportation vers des pays connaissant des problèmes de santé publique, est adressée à l'autorité administrative. La licence est délivrée conformément aux conditions déterminées par l'article 10 de ce règlement. L'arrêté d'octroi de la licence fixe le montant des redevances dues.

La licence prend effet à la date la plus tardive à laquelle l'arrêté est notifié au demandeur et au titulaire du droit.

CPI, art. L. 613-17-2

Toute violation de l'interdiction prévue à l'article 13 du règlement (CE) n° 816/2006 du Parlement européen et du Conseil, du 17 mai 2006, précité et à l'article 2 du règlement (CE) n° 953/2003 du Conseil, du 26 mai 2003, visant à éviter le détournement vers des pays de l'Union européenne de certains médicaments essentiels constitue une contrefaçon punie des peines prévues à l'article L. 615-14 du présent code.

CPI, art. L. 613-18

Le ministre chargé de la propriété industrielle peut mettre en demeure les propriétaires de brevets d'invention autres que ceux visés à l'article L. 613-16 d'en entreprendre l'exploitation de manière à satisfaire aux besoins de l'économie nationale.

Si la mise en demeure n'a pas été suivie d'effet dans le délai d'un an et si l'absence d'exploitation ou l'insuffisance en qualité ou en quantité de l'exploitation entreprise porte gravement préjudice au développement économique et à l'intérêt public, les brevets, objets de la mise en demeure, peuvent être soumis au régime de licence d'office par décret en Conseil d'État.

Le ministre chargé de la propriété industrielle peut prolonger le délai d'un an prévu ci-dessus lorsque le titulaire du brevet justifie d'excuses légitimes et compatibles avec les exigences de l'économie nationale.

Du jour de la publication du décret qui soumet le brevet au régime de la licence d'office, toute personne qualifiée peut demander au ministre chargé de la propriété industrielle l'octroi d'une licence d'exploitation.

Cette licence est accordée par arrêté dudit ministre à des conditions déterminées quant à sa durée et son champ d'application, mais à l'exclusion des redevances auxquelles elle donne lieu. Elle prend effet à la date de notification de l'arrêté aux parties.

À défaut d'accord amiable, le montant des redevances est fixé par le tribunal de grande instance.

CPI, art. L. 613-19

L'État peut obtenir d'office, à tout moment, pour les besoins de la défense nationale, une licence pour l'exploitation d'une invention, objet d'une demande de brevet ou d'un brevet, que cette exploitation soit faite par lui-même ou pour son compte.

La licence d'office est accordée à la demande du ministre chargé de la défense par arrêté du ministre chargé de la propriété industrielle. Cet arrêté fixe les conditions de la licence à l'exclusion de celles relatives aux redevances auxquelles elle donne lieu.

La licence prend effet à la date de la demande de licence d'office.

À défaut d'accord amiable, le montant des redevances est fixé par le tribunal de grande instance. À tous les degrés de juridiction, les débats ont lieu en chambre du conseil.

CPI, art. L. 613-29

La copropriété d'une demande de brevet ou d'un brevet est régie par les dispositions suivantes :

a) chacun des copropriétaires peut exploiter l'invention à son profit, sauf à indemniser équitablement les autres copropriétaires qui n'exploitent pas personnellement l'invention ou qui n'ont pas concédé de licences d'exploitation. À défaut d'accord amiable, cette indemnité est fixée par le tribunal de grande instance;

b) chacun des copropriétaires peut agir en contrefaçon à son seul profit. Le copropriétaire qui agit en contrefaçon doit notifier l'assignation délivrée aux autres copropriétaires; il est sursis à statuer sur l'action tant qu'il n'est pas justifié de cette notification;

c) chacun des copropriétaires peut concéder à un tiers une licence d'exploitation non exclusive à son profit, sauf à indemniser équitablement les autres copropriétaires qui n'exploitent pas personnellement l'invention ou qui n'ont pas concédé de licence d'exploitation. À défaut d'accord amiable, cette indemnité est fixée par le tribunal de grande instance.

Toutefois, le projet de concession doit être notifié aux autres copropriétaires accompagné d'une offre de cession de la quote-part à un prix déterminé.

Dans un délai de trois mois suivant cette notification, l'un quelconque des copropriétaires peut s'opposer à la concession de licence à la condition d'acquérir la quote-part de celui qui désire accorder la licence.

À défaut d'accord dans le délai prévu à l'alinéa précédent, le prix est fixé par le tribunal de grande instance. Les parties disposent d'un délai d'un mois à compter de la notification du jugement ou, en cas d'appel, de l'arrêt, pour renoncer à la concession de la licence ou à l'achat de la part de copropriété sans préjudice des dommages-intérêts qui peuvent être dus; les dépens sont à la charge de la partie qui renonce;

d) une licence d'exploitation exclusive ne peut être accordée qu'avec l'accord de tous les copropriétaires ou par autorisation de justice;

e) chaque copropriétaire peut, à tout moment, céder sa quote-part. Les copropriétaires disposent d'un droit de préemption pendant un délai de trois mois à compter de la notification du projet de cession. À défaut d'accord sur le prix, celui-ci est fixé par le tribunal de grande instance. Les parties disposent d'un délai d'un mois à compter de la notification du jugement ou, en cas d'appel, de l'arrêt, pour renoncer à la vente ou à l'achat de la part de copropriété sans préjudice des dommages-intérêts qui peuvent être dus; les dépens sont à la charge de la partie qui renonce.

CPI, art. L. 613-30

Les articles 815 et suivants, les articles 1873-1 et suivants, ainsi que les articles 883 et suivants du code civil ne sont pas applicables à la copropriété d'une demande de brevet ou d'un brevet.

CPI, art. L. 613-31

Le copropriétaire d'une demande de brevet ou d'un brevet peut notifier aux autres copropriétaires qu'il abandonne à leur profit sa quote-part. À compter de l'inscription de cet abandon au registre national des brevets ou, lorsqu'il s'agit d'une demande de brevet non encore publiée, à compter de sa notification à l'Institut national de la propriété industrielle, ledit copropriétaire est déchargé de toutes obligations à l'égard des autres copropriétaires; ceux-ci se répartissent la quote-part abandonnée à proportion de leurs droits dans la copropriété, sauf convention contraire.

CPI, art. L. 613-32

Les dispositions des articles L. 613-29 à L. 613-31 s'appliquent en l'absence de stipulations contraires.

Les copropriétaires peuvent y déroger à tout moment par un règlement de copropriété.

CPI, art. L. 614-7

Le texte de la demande de brevet européen ou du brevet européen rédigé dans la langue de procédure devant l'Office européen des brevets créé par la convention de Munich est le texte qui fait foi.

En cas de litige relatif à un brevet européen dont le texte n'est pas rédigé en français, le titulaire du brevet fournit, à ses frais, à la demande du présumé contrefacteur ou à la demande de la juridiction compétente, une traduction complète du brevet en français.

CPI, art. L. 614-9

Les droits définis aux articles L. 613-3 à L. 613-7, L. 615-4 et L. 615-5 du présent code peuvent être exercés à compter de la date à laquelle une demande de brevet européen est publiée conformément aux dispositions de l'article 93 de la Convention de Munich.

Si la publication a été faite dans une langue autre que le français, les droits mentionnés à l'alinéa précédent ne peuvent être exercés qu'à compter de la date à laquelle une traduction en français des revendications a été publiée par l'Institut national de la propriété industrielle, sur réquisition du demandeur, dans les conditions fixées par décret en Conseil d'État, ou a été notifiée au contrefacteur présumé.

CPI, art. L. 614-11

L'inscription au registre européen des brevets des actes transmettant ou modifiant les droits attachés à une demande de brevet européen ou à un brevet européen rend ces actes opposables aux tiers.

CPI, art. L. 614-13

Dans la mesure où un brevet français couvre une invention pour laquelle un brevet européen a été délivré au même inventeur ou à son ayant cause avec la même date de dépôt ou de priorité, le brevet français cesse de produire ses effets soit à la date à laquelle le délai prévu pour la formation de l'opposition au brevet européen est expiré sans qu'une opposition ait été formée, soit à la date à laquelle la procédure d'opposition est close, le brevet européen ayant été maintenu.

Toutefois, lorsque le brevet français a été délivré à une date postérieure à l'une ou l'autre, selon le cas, de celles qui sont fixées à l'alinéa précédent, ce brevet ne produit pas d'effet.

L'extinction ou l'annulation ultérieure du brevet européen n'affecte pas les dispositions prévues au présent article.

CPI, art. L. 614-14

Une demande de brevet français ou un brevet français et une demande de brevet européen ou un brevet européen ayant la même date de dépôt ou la même date de priorité, couvrant la même invention et appartenant au même inventeur ou à son ayant cause, ne peuvent, pour les parties communes, faire l'objet indépendamment l'une de l'autre d'un transfert, gage, nantissement ou d'une concession de droits d'exploitation, à peine de nullité.

Par dérogation à l'article L. 613-9, le transfert ou la modification des droits attachés à la demande de brevet français ou au brevet français n'est rendu opposable aux tiers par son inscription au registre national des brevets que dans la mesure où le même transfert ou la même modification des droits attachés à la demande de brevet européen ou au brevet européen a été inscrit au registre européen des brevets.

La demande de brevet français ou le brevet français et le droit de priorité pour le dépôt d'une demande de brevet européen ne peuvent être transférés indépendamment l'un de l'autre.

CPI, art. L. 614-15

Le tribunal saisi d'une action en contrefaçon d'un brevet français qui couvre la même invention qu'un brevet européen demandé par le même inventeur ou délivré à celui-ci ou à son ayant cause avec la même date de priorité surseoit à statuer jusqu'à la date à laquelle le brevet français cesse de produire ses effets aux termes de l'article L. 614-13 ou jusqu'à la date à laquelle la demande de brevet européen est rejetée, retirée ou réputée retirée, ou le brevet européen révoqué.

Si l'action en contrefaçon a été engagée sur la base du seul brevet français, le demandeur peut, à la reprise de l'instance, poursuivre celle-ci en substituant le brevet européen au brevet français pour les faits postérieurs à la date à laquelle le brevet français cesse de produire ses effets et pour les parties communes.

Si une action en contrefaçon est intentée sur la base à la fois d'un brevet français et d'un brevet européen, ni les sanctions pénales ni les réparations civiles ne peuvent se cumuler.

Si l'action a été intentée sur la base de l'un seulement des deux brevets, une nouvelle action sur la base de l'autre brevet, pour les mêmes faits, ne peut être engagée par le même demandeur, à l'égard du même défendeur.

CPI, art. L. 615-2

L'action en contrefaçon est exercée par le propriétaire du brevet.

Toutefois, le bénéficiaire d'un droit exclusif d'exploitation peut, sauf stipulation contraire du contrat de licence, exercer l'action en contrefaçon si, après mise en demeure, le propriétaire du brevet n'exerce pas cette action.

Le breveté est recevable à intervenir dans l'instance en contrefaçon engagée par le licencié, conformément à l'alinéa précédent.

Le titulaire d'une licence obligatoire ou d'une licence d'office, mentionnées aux articles L. 613-11, L. 613-15, L. 613-17, L. 613-17-1 et L. 613-19, peut exercer l'action en contrefaçon si, après la mise en demeure, le propriétaire du brevet n'exerce pas cette action.

Tout licencié est recevable à intervenir dans l'instance en contrefaçon engagée par le breveté, afin d'obtenir la réparation du préjudice qui lui est propre.

CPI, art. L. 615-3

Toute personne ayant qualité pour agir en contrefaçon peut saisir en référé la juridiction civile compétente afin de voir ordonner, au besoin sous astreinte, à l'encontre du prétendu contrefacteur ou des intermédiaires dont il utilise les services, toute mesure destinée à prévenir une atteinte imminente aux droits conférés par le titre ou à empêcher la poursuite d'actes argués de contrefaçon. La juridiction civile compétente peut également ordonner toutes mesures urgentes sur requête lorsque les circonstances exigent que ces mesures ne soient pas prises contradictoirement, notamment lorsque tout retard serait de nature à causer un préjudice irréparable au demandeur. Saisie en référé ou sur requête, la juridiction ne peut ordonner les mesures demandées que si les éléments de preuve, raisonnablement accessibles au demandeur, rendent vraisemblable qu'il est porté atteinte à ses droits ou qu'une telle atteinte est imminente.

La juridiction peut interdire la poursuite des actes argués de contrefaçon, la subordonner à la constitution de garanties destinées à assurer l'indemnisation éventuelle du demandeur ou ordonner la saisie ou la remise entre les mains d'un tiers des produits soupçonnés de porter atteinte aux droits conférés par le titre, pour empêcher leur introduction ou leur circulation dans les circuits commerciaux. Si le demandeur justifie de circonstances de nature à compromettre le recouvrement des dommages et intérêts, la juridiction peut ordonner la saisie conservatoire des biens mobiliers et immobiliers du prétendu contrefacteur, y compris le blocage de ses comptes bancaires et autres avoirs, conformément au droit commun. Pour déterminer les biens susceptibles de faire l'objet de la saisie, elle peut ordonner la communication des documents bancaires, financiers, comptables ou commerciaux ou l'accès aux informations pertinentes.

Elle peut également accorder au demandeur une provision lorsque l'existence de son préjudice n'est pas sérieusement contestable.

Saisie en référé ou sur requête, la juridiction peut subordonner l'exécution des mesures qu'elle ordonne à la constitution par le demandeur de garanties destinées à assurer l'indemnisation éventuelle du défendeur si l'action en contrefaçon est ultérieurement jugée non fondée ou les mesures annulées.

Lorsque les mesures prises pour faire cesser une atteinte aux droits sont ordonnées avant l'engagement d'une action au fond, le demandeur doit se pourvoir, par la voie civile ou pénale, dans un délai fixé par voie réglementaire. À défaut, sur demande du défendeur et sans que celui-ci ait à motiver sa demande, les mesures ordonnées sont annulées, sans préjudice des dommages et intérêts qui peuvent être réclamés.

CPI, art. L. 615-4

Par exception aux dispositions de l'article L. 613-1, les faits antérieurs à la date à laquelle la demande de brevet a été rendue publique en vertu de l'article L. 612-21 ou à celle de la notification à tout tiers d'une copie certifiée de cette demande ne sont pas considérés comme ayant porté atteinte aux droits attachés au brevet.

Toutefois, entre la date visée à l'alinéa précédent et celle de la publication de la délivrance du brevet :

1° le brevet n'est opposable que dans la mesure où les revendications n'ont pas été étendues après la première de ces dates;

2° lorsque le brevet concerne l'utilisation d'un micro-organisme, il n'est opposable qu'à compter du jour où le micro-organisme est mis à la disposition du public.

Le tribunal saisi d'une action en contrefaçon sur le fondement d'une demande de brevet surseoit à statuer jusqu'à la délivrance du brevet.

CPI, art. L. 615-5

La contrefaçon peut être prouvée par tous moyens.

À cet effet, toute personne ayant qualité pour agir en contrefaçon est en droit de faire procéder en tout lieu et par tous huissiers, assistés d'experts désignés par le demandeur, en vertu d'une ordonnance rendue sur requête par la juridiction civile compétente, soit à la description détaillée, avec ou sans prélèvement d'échantillons, soit à la saisie réelle des produits ou procédés prétendus contrefaisants ainsi que de tout document s'y rapportant.

La juridiction peut ordonner, aux mêmes fins probatoires, la saisie réelle des matériels et instruments utilisés pour fabriquer ou distribuer les produits ou pour mettre en œuvre les procédés prétendus contrefaisants.

Elle peut subordonner l'exécution des mesures qu'elle ordonne à la constitution par le demandeur de garanties destinées à assurer l'indemnisation éventuelle du défendeur si l'action en contrefaçon est ultérieurement jugée non fondée ou la saisie annulée.

À défaut pour le demandeur de s'être pourvu au fond, par la voie civile ou pénale, dans un délai fixé par voie réglementaire, l'intégralité de la saisie, y compris la description, est annulée à la demande du saisi, sans que celui-ci ait à motiver sa demande et sans préjudice des dommages et intérêts qui peuvent être réclamés.

CPI, art. L. 615-5-2

Si la demande lui en est faite, la juridiction saisie d'une procédure civile prévue au présent titre peut ordonner, au besoin sous astreinte, afin de déterminer l'origine et les réseaux de distribution des produits ou procédés contrefaisants qui portent atteinte aux droits du demandeur, la production de tous documents ou informations détenus par le défendeur ou par toute personne qui a été trouvée en possession de produits contrefaisants ou mettant en œuvre des procédés contrefaisants ou qui fournit des services utilisés dans des activités de contrefaçon ou a été signalée comme intervenant dans la production, la fabrication ou la distribution de ces produits, la mise en œuvre de ces procédés ou la fourniture de ces services.

La production de documents ou d'informations peut être ordonnée s'il n'existe pas d'empêchement légitime.

Les documents ou informations recherchés portent sur :

a) les nom et adresse des producteurs, fabricants, distributeurs, fournisseurs et autres détenteurs antérieurs des produits, procédés ou services, ainsi que des grossistes destinataires et des détaillants;

b) les quantités produites, commercialisées, livrées, reçues ou commandées, ainsi que sur le prix obtenu pour les produits, procédés ou services en cause.

CPI, art. L. 615-6

Dans une instance en contrefaçon introduite en vertu d'une demande de certificat d'utilité, le demandeur devra produire un rapport de recherche établi dans les mêmes conditions que le rapport prévu à l'article L. 612-14.

CPI, art. L. 615-10

Lorsqu'une invention, objet d'une demande de brevet ou d'un brevet, est exploitée pour les besoins de la défense nationale par l'État ou ses fournisseurs, sous-traitants et titulaires de sous-commandes, sans qu'une licence d'exploitation leur ait été octroyée, l'action civile est portée devant la chambre du conseil du tribunal de grande instance. Celui-ci ne peut ordonner ni la cessation ou l'interruption de l'exploitation ni la confiscation prévue aux articles L. 615-3 et L. 615-7-1.

Si une expertise ou une description avec ou sans saisie réelle telle que prévue à l'article L. 615-5 est ordonnée par le président du tribunal, l'officier public commis doit surseoir à la saisie, à la description et à toute recherche dans les archives et documents de l'entreprise, si le contrat d'études ou de fabrication comporte une classification de sécurité de défense.

Il en est de même si les études ou fabrications sont exécutées dans un établissement des armées.

Le président du tribunal de grande instance peut, s'il en est requis par l'ayant droit, ordonner une expertise qui ne peut être effectuée que par des personnes agréées par le ministre chargé de la défense et devant ses représentants.

Les dispositions de l'article L. 615-4 ne sont pas applicables aux demandes de brevet exploité dans les conditions définies au présent article aussi longtemps que ces demandes sont soumises aux interdictions prévues par les articles L. 612-9 et L. 612-10. Une telle exploitation fait encourir de plein droit à ses auteurs la responsabilité définie au présent article.

CPI, art. L. 615-17

Les actions civiles et les demandes relatives aux brevets d'invention, y compris lorsqu'elles portent également sur une question connexe de concurrence déloyale, sont exclusivement portées devant des tribunaux de grande instance, déterminés par voie réglementaire, à l'exception des recours formés contre les actes administratifs du ministre chargé de la propriété industrielle qui relèvent de la juridiction administrative. Les dispositions qui précèdent ne font pas obstacle au recours à l'arbitrage, dans les conditions prévues aux articles 2059 et 2060 du code civil.

Les tribunaux de grande instance mentionnés au premier alinéa du présent article sont seuls compétents pour constater que le brevet français cesse de produire ses effets, en totalité ou en partie, dans les conditions prévues à l'article L. 614-13 du présent code.

CPI, art. L. 622-1

La topographie finale ou intermédiaire d'un produit semi-conducteur traduisant un effort intellectuel du créateur peut, à moins qu'elle ne soit courante, faire l'objet d'un dépôt conférant la protection prévue par le présent chapitre.

Ce dépôt ne peut intervenir ni plus de deux ans après que la topographie a fait l'objet d'une première exploitation commerciale en quelque lieu que ce soit ni plus de quinze ans après qu'elle a été fixée ou codée pour la première fois si elle n'a jamais été exploitée.

Est nul tout dépôt qui ne répond pas aux conditions prévues au présent article.

CPI, art. L. 622-3

Le droit au dépôt appartient au créateur ou à son ayant cause.

Si un dépôt a été effectué en violation des droits du créateur ou de son ayant cause, la personne lésée peut en revendiquer le bénéfice. L'action en revendication se prescrit par trois ans à compter de la publication du dépôt.

CPI, art. L. 622-5

Il est interdit à tout tiers :

– de reproduire la topographie protégée;

– d'exploiter commercialement ou importer à cette fin une telle reproduction ou tout produit semi-conducteur l'incorporant.

Cette interdiction ne s'étend pas :

– à la reproduction à des fins d'évaluation, d'analyse ou d'enseignement;

– à la création, à partir d'une telle analyse ou évaluation, d'une topographie distincte pouvant prétendre à la protection du présent chapitre.

L'interdiction ci-dessus n'est pas opposable à l'acquéreur de bonne foi d'un produit semi-conducteur.

Celui-ci est cependant redevable d'une juste indemnité s'il entend poursuivre l'exploitation commerciale du produit ainsi acquis.

Toute violation de l'interdiction prévue aux alinéas précédents constitue une contrefaçon engageant la responsabilité civile de son auteur.

CPI, art. L. 622-6

L'interdiction prévue à l'article précédent prend effet au jour du dépôt ou de la date de la première exploitation commerciale si elle est antérieure. Elle est acquise au titulaire de l'enregistrement jusqu'au terme de la dixième année civile qui suit.

Toutefois, devient sans effet tout enregistrement concernant une topographie qui n'a fait l'objet d'aucune exploitation dans un délai de quinze ans à compter de la date à laquelle elle a été fixée ou codée pour la première fois.

CPI, art. L. 622-7

Les articles L. 411-4, L. 411-5, L. 612-11, L. 613-8, L. 613-9, L. 613-19, L. 615-2, L. 615-3, L. 615-5, L. 615 5-2, L. 615-7, L. 615-7-1, L. 615-8, L. 615-10 et L. 615-17 sont applicables aux conditions et formes dans lesquelles :

– sont prises les décisions du directeur de l'Institut national de la propriété industrielle mentionnées au présent chapitre;

– peuvent être transmis, donnés en garantie ou saisis les droits attachés à l'enregistrement d'une topographie;

– est réglé le contentieux né du présent chapitre.

CPI, art. L. 623-1

Pour l'application du présent chapitre, constitue une « variété » un ensemble végétal d'un taxon botanique du rang le plus bas connu qui peut être :

1° défini par l'expression des caractères résultant d'un certain génotype ou d'une certaine combinaison de génotypes;

2° distingué de tout autre ensemble végétal par l'expression d'au moins un desdits caractères;

3° considéré comme une entité eu égard à son aptitude à être reproduit conforme.

CPI, art. L. 623-2

Pour l'application du présent chapitre, est appelée « obtention végétale » la variété nouvelle créée qui :

1° se distingue nettement de toute autre variété dont l'existence, à la date du dépôt de la demande, est notoirement connue;

2° est homogène, c'est-à-dire suffisamment uniforme dans ses caractères pertinents, sous réserve de la variation prévisible compte tenu des particularités de sa reproduction sexuée ou de sa multiplication végétative;

3° demeure stable, c'est-à-dire identique à sa définition initiale à la suite de ses reproductions ou multiplications successives ou, en cas de cycle particulier de reproduction ou de multiplication, à la fin de chaque cycle.

CPI, art. L. 623-14

Les demandes de certificats d'obtention végétale, les actes portant délivrance du certificat ainsi que tous actes transmettant ou modifiant les droits attachés à une demande de certificat ou à un certificat ne sont opposables aux tiers que s'ils ont été régulièrement publiés dans des conditions prévues par décret en Conseil d'État.

CPI, art. L. 623-17

Une variété indispensable à la vie humaine ou animale peut être soumise au régime de la licence d'office par décret en Conseil d'État ou, lorsqu'elle intéresse la santé publique, par arrêté conjoint du ministre de l'Agriculture et du ministre chargé de la santé publique.

CPI, art. L. 623-18

Du jour de la publication de l'arrêté qui soumet les certificats d'obtention au régime de la licence d'office, toute personne présentant des garanties techniques et professionnelles peut demander au ministre de l'Agriculture l'octroi d'une licence d'exploitation.

Cette licence ne peut être que non exclusive. Elle est accordée par arrêté du ministre de l'Agriculture à des conditions déterminées notamment quant à sa durée et son champ d'application, mais à l'exclusion des redevances auxquelles elle donne lieu.

Elle prend effet à la date de la notification de l'arrêté aux parties.

À défaut d'accord amiable, le montant des redevances est fixé par l'autorité judiciaire, déterminée conformément à l'article L. 623-31.

CPI, art. L. 623-20

L'État peut obtenir d'office, à tout moment, pour les besoins de la défense nationale une licence d'exploitation d'une variété végétale objet d'une demande de certificat ou d'un certificat d'obtention, que cette exploitation soit faite par lui-même ou pour son compte.

La licence d'office est accordée, à la demande du ministre chargé de la défense, par arrêté du ministre de l'Agriculture. Cet arrêté fixe les conditions de la licence à l'exclusion de celles qui sont relatives aux redevances auxquelles donne lieu son utilisation. La licence prend effet à la date de la demande de licence d'office.

À défaut d'accord amiable, le montant des redevances est fixé par l'autorité judiciaire, déterminée conformément à l'article L. 623-31.

CPI, art. L. 623-22-1

Lorsque le titulaire d'un brevet portant sur une invention biotechnologique ne peut exploiter celle-ci sans porter atteinte à un droit d'obtention végétale antérieur, il peut demander la concession d'une licence pour l'exploitation de la variété protégée par le droit d'obtention, pour autant que cette invention constitue à l'égard de la variété végétale un progrès technique important et présente un intérêt économique considérable. Le demandeur doit justifier qu'il n'a pu obtenir du titulaire du droit d'obtention une licence d'exploitation et qu'il est en état d'exploiter la variété de manière effective et sérieuse.

CPI, art. L. 623 22 2

La demande de licence prévue à l'article L. 623-22-1 est formée auprès du tribunal de grande instance.

La licence est non exclusive. Le tribunal détermine notamment sa durée, son champ d'application et le montant des redevances auxquelles elle donne lieu. Ces conditions peuvent être modifiées par décision du tribunal, à la demande du titulaire du droit ou de la licence.

Les droits attachés à cette licence ne peuvent être transmis qu'avec l'entreprise ou la partie de l'entreprise ou le fonds de commerce auquel ils sont attachés.

Lorsqu'une telle licence est accordée, le titulaire du droit d'obtention obtient à des conditions équitables, sur demande présentée au tribunal, la concession d'une licence réciproque pour utiliser l'invention protégée.

Si le titulaire d'une licence ne satisfait pas aux conditions auxquelles cette licence a été accordée, le titulaire du certificat d'obtention végétale et, le cas échéant, les autres licenciés peuvent obtenir du tribunal le retrait de cette licence.

CPI, art. L. 623-22-3

Toute personne de droit public ou de droit privé peut obtenir une licence obligatoire dans les conditions prévues au présent article et à l'article L. 623-22-4.

La demande de licence obligatoire est formée auprès du tribunal de grande instance du lieu de situation du titulaire du droit. Elle doit être accompagnée de la justification que :

1° le demandeur n'a pu obtenir une licence dans un délai d'un an à dater de sa demande auprès du titulaire du certificat;

2° qu'il est en état d'exploiter la variété de manière sérieuse et effective;

3° que la licence est d'intérêt public eu égard, notamment, à l'insuffisance notoire d'approvisionnement du marché agricole concerné par cette variété.

La demande de licence obligatoire peut être présentée, dans les conditions fixées aux deuxième à cinquième alinéas du présent article, par le titulaire du certificat délivré pour une variété essentiellement dérivée d'une variété protégée qui n'a pas pu obtenir du titulaire du certificat de la variété initiale les autorisations nécessaires à l'exploitation de sa propre variété.

Le titulaire du certificat protégeant la variété initiale peut obtenir, dans les mêmes conditions, une licence du certificat protégeant la variété essentiellement dérivée. La licence obligatoire est non exclusive. Le tribunal détermine notamment sa durée, son champ d'application et le montant des redevances auxquelles elle donne lieu.

Ces conditions peuvent être modifiées par le tribunal à la requête du titulaire ou du licencié.

Si le titulaire d'une licence obligatoire ne satisfait pas aux conditions auxquelles cette licence a été accordée, le titulaire du certificat d'obtention et, le cas échéant, les autres licenciés peuvent obtenir du tribunal le retrait de cette licence.

CPI, art. L. 623-24

Les dispositions des articles L. 613-8 et L. 613-29 à L. 613-32 sont applicables aux demandes de certificats d'obtention végétale et aux certificats d'obtention.

Il en est de même des articles L. 613-9, L. 613-21 et 613-24, l'organisme mentionné à l'article L. 412-1 étant substitué à l'Institut national de la propriété industrielle.

L'article L. 611-7 est également applicable aux certificats d'obtention végétale, les inventions y étant entendues comme les obtentions, les brevets comme les certificats d'obtention végétale et la commission de conciliation comme celle instituée par un décret spécifique au domaine particulier des obtentions végétales.

CPI, art. L. 623-25

Sous réserve des dispositions de l'article L. 623-24-1, toute atteinte volontaire portée aux droits du titulaire d'un certificat d'obtention végétale tels qu'ils sont définis à l'article L. 623-4 constitue une contrefaçon qui engage la responsabilité civile de son auteur. Au sens du présent article, sont également considérées comme une atteinte au droit du titulaire d'un certificat d'obtention végétale les utilisations incorrectes ou abusives de la dénomination de la variété qui fait l'objet d'un certificat d'obtention.

Le titulaire d'une licence d'office visée aux articles L. 623-17 et L. 623-20, le titulaire d'une licence obligatoire visée à l'article L. 623-22-3 et, sauf stipulation contraire, le bénéficiaire d'un droit exclusif d'exploitation peuvent exercer l'action prévue au premier alinéa du présent article si, après mise en demeure, le titulaire du certificat n'exerce pas cette action.

Le titulaire du certificat est recevable à intervenir à l'instance engagée par le licencié conformément à l'alinéa précédent.

Tout titulaire d'une licence est recevable à intervenir à l'instance engagée par le titulaire du certificat afin d'obtenir la réparation du préjudice qui lui est propre.

CPI, art. L. 623-26

Les faits antérieurs à la publication de la délivrance du certificat ne sont pas considérés comme ayant porté atteinte aux droits attachés au certificat. Pourront cependant être constatés et poursuivis les faits postérieurs à la notification au responsable présumé d'une copie conforme de la demande de certificat.

CPI, art. L. 623-27

Toute personne ayant qualité pour agir en contrefaçon peut saisir en référé la juridiction civile compétente afin de voir ordonner, au besoin sous astreinte, à l'encontre du prétendu contrefacteur ou des intermédiaires dont il utilise les services, toute mesure destinée à prévenir une atteinte imminente aux droits conférés par le titre ou à empêcher la poursuite d'actes argués de contrefaçon.

La juridiction civile compétente peut également ordonner toutes mesures urgentes sur requête lorsque les circonstances exigent que ces mesures ne soient pas prises contradictoirement, notamment lorsque tout retard serait de nature à causer un préjudice irréparable au demandeur.

Saisie en référé ou sur requête, la juridiction ne peut ordonner les mesures demandées que si les éléments de preuve, raisonnablement accessibles au demandeur, rendent vraisemblable qu'il est porté atteinte à ses droits ou qu'une telle atteinte est imminente.

La juridiction peut interdire la poursuite des actes argués de contrefaçon, la subordonner à la constitution de garanties destinées à assurer l'indemnisation éventuelle du demandeur ou ordonner la saisie ou la remise entre les mains d'un tiers des produits soupçonnés de porter atteinte aux droits conférés par le titre, pour empêcher leur introduction ou leur circulation dans les circuits commerciaux. Si le demandeur justifie de circonstances de nature à compromettre le recouvrement des dommages et intérêts, la juridiction peut ordonner la saisie conservatoire des biens mobiliers et immobiliers du prétendu contrefacteur, y compris le blocage de ses comptes bancaires et autres avoirs, conformément au droit commun. Pour déterminer les biens susceptibles de faire l'objet de la saisie, elle peut ordonner la communication des documents bancaires, financiers, comptables ou commerciaux ou l'accès aux informations pertinentes.

Elle peut également accorder au demandeur une provision lorsque l'existence de son préjudice n'est pas sérieusement contestable.

Saisie en référé ou sur requête, la juridiction peut subordonner l'exécution des mesures qu'elle ordonne à la constitution par le demandeur de garanties destinées à assurer l'indemnisation éventuelle du défendeur si l'action en contrefaçon est ultérieurement jugée non fondée ou les mesures annulées.

Lorsque les mesures prises pour faire cesser une atteinte aux droits sont ordonnées avant l'engagement d'une action au fond, le demandeur doit se pourvoir, par la voie civile ou pénale, dans un délai fixé par voie réglementaire. À défaut, sur demande du défendeur et sans que celui-ci ait à motiver sa demande, les mesures ordonnées sont annulées, sans préjudice des dommages et intérêts qui peuvent être réclamés.

CPI, art. L. 623-27-1

La contrefaçon peut être prouvée par tous moyens.

À cet effet, toute personne ayant qualité pour agir en contrefaçon est en droit de faire procéder en tout lieu et par tous huissiers, assistés d'experts désignés par le demandeur, en vertu d'une ordonnance rendue sur requête par la juridiction civile compétente, soit à la description détaillée, avec ou sans prélèvement d'échantillons, soit à la saisie réelle des objets prétendus contrefaisants ainsi que de tout document s'y rapportant.

La juridiction peut ordonner, aux mêmes fins probatoires, la saisie réelle des matériels et instruments utilisés pour produire ou distribuer les objets prétendus contrefaisants.

Elle peut subordonner l'exécution des mesures qu'elle ordonne à la constitution par le demandeur de garanties destinées à assurer l'indemnisation éventuelle du défendeur si l'action en contrefaçon est ultérieurement jugée non fondée ou la saisie annulée.

À défaut pour le demandeur de s'être pourvu au fond, par la voie civile ou pénale, dans un délai fixé par voie réglementaire, l'intégralité de la saisie, y compris la description, est annulée à la demande du saisi, sans que celui-ci ait à motiver sa demande et sans préjudice des dommages et intérêts qui peuvent être réclamés.

CPI, art. L. 623-27-2

Si la demande lui en est faite, la juridiction saisie d'une procédure civile prévue au présent titre peut ordonner, au besoin sous astreinte, afin de déterminer l'origine et les réseaux de distribution des produits contrefaisants qui portent atteinte aux droits du demandeur, la production de tous documents ou informations détenus par le défendeur ou par toute personne qui a été trouvée en possession de produits contrefaisants ou qui fournit des services utilisés dans des activités de contrefaçon ou encore qui a été signalée comme intervenant dans la production, la fabrication ou la distribution de ces produits ou la fourniture de ces services.

La production de documents ou d'informations peut être ordonnée s'il n'existe pas d'empêchement légitime.

Les documents ou informations recherchés portent sur :

a) les nom et adresse des producteurs, fabricants, distributeurs, fournisseurs et autres détenteurs antérieurs des produits ou services, ainsi que des grossistes destinataires et des détaillants;

b) les quantités produites, commercialisées, livrées, reçues ou commandées, ainsi que sur le prix obtenu pour les produits ou services en cause.

CPI, art. L. 623-30

Lorsqu'une variété objet d'une demande de certificat ou d'un certificat d'obtention est exploitée pour les besoins de la défense nationale par l'État ou ses fournisseurs, sous-traitants et titulaires de sous-commandes, sans qu'une licence d'exploitation leur ait été octroyée, la juridiction saisie ne peut ordonner ni la cessation ou l'interruption de l'exploitation, ni la confiscation prévue à l'article L. 623-28-1.

Si une expertise ou une description, avec ou sans saisie réelle, est ordonnée par le président de la juridiction saisie, l'officier public commis doit surseoir à la saisie, à la description et à toute recherche dans l'entreprise si le contrat d'études ou de reproduction ou de multiplication comporte une classification de sécurité de défense.

Il en est de même si les études, la reproduction, la multiplication sont effectuées dans un établissement des armées.

Le président de la juridiction saisie peut, s'il en est requis par l'ayant droit, ordonner une expertise qui ne peut être effectuée que par des personnes agréées par le ministre chargé de la défense et devant ses représentants.

Les dispositions de l'article L. 623-26 ne sont pas applicables aux demandes de certificat d'obtention végétale exploitées dans les conditions définies au présent article aussi longtemps que ces demandes sont soumises aux interdictions prévues par les articles L. 623-9 et L. 623-10.

Une telle exploitation fait encourir de plein droit à ses auteurs la responsabilité définie au présent article.

CPI, art. L. 623-31

Les actions civiles et les demandes relatives aux obtentions végétales, y compris lorsqu'elles portent également sur une question connexe de concurrence déloyale, sont exclusivement portées devant des tribunaux de grande instance, à l'exception des recours formés contre les actes administratifs ministériels, qui relèvent de la juridiction administrative.

La cour d'appel de Paris connaît directement des recours formés contre les décisions de l'organisme mentionné à l'article L. 412-1 prises en application du présent chapitre.

Les dispositions qui précèdent ne font pas obstacle au recours à l'arbitrage, dans les conditions prévues aux articles 2059 et 2060 du code civil.

CPI, art. L. 713-3

Sont interdits, sauf autorisation du propriétaire, s'il peut en résulter un risque de confusion dans l'esprit du public :

a) la reproduction, l'usage ou l'apposition d'une marque, ainsi que l'usage d'une marque reproduite, pour des produits ou services similaires à ceux désignés dans l'enregistrement;

b) l'imitation d'une marque et l'usage d'une marque imitée, pour des produits ou services identiques ou similaires à ceux désignés dans l'enregistrement.

CPI, art. L. 713-5

La reproduction ou l'imitation d'une marque jouissant d'une renommée pour des produits ou services non similaires à ceux désignés dans l'enregistrement engage la responsabilité civile de son auteur si elle est de nature à porter préjudice au propriétaire de la marque ou si cette reproduction ou imitation constitue une exploitation injustifiée de cette dernière.

Les dispositions de l'alinéa précédent sont applicables à la reproduction ou l'imitation d'une marque notoirement connue au sens de l'article 6 *bis* de la Convention de Paris pour la protection de la propriété industrielle précitée

CPI, art. L. 714-7

Toute transmission ou modification des droits attachés à une marque doit, pour être opposable aux tiers, être inscrite au registre national des marques.

Toutefois, avant son inscription, un acte est opposable aux tiers qui ont acquis des droits après la date de cet acte mais qui avaient connaissance de celui-ci lors de l'acquisition de ces droits.

Le licencié, partie à un contrat de licence non inscrit sur le registre national ou international des marques, est également recevable à intervenir dans l'instance en contrefaçon engagée par le propriétaire de la marque afin d'obtenir la réparation du préjudice qui lui est propre.

CPI, art. L. 716-2

Les faits antérieurs à la publication de la demande d'enregistrement de la marque ne peuvent être considérés comme ayant porté atteinte aux droits qui y sont attachés.

Cependant, pourront être constatés et poursuivis les faits postérieurs à la notification faite au présumé contrefacteur d'une copie de la demande d'enregistrement. Le tribunal saisi sursoit à statuer jusqu'à la publication de l'enregistrement.

CPI, art. L. 716-3

Les actions civiles et les demandes relatives aux marques, y compris lorsqu'elles portent également sur une question connexe de concurrence déloyale, sont exclusivement portées devant des tribunaux de grande instance, déterminés par voie réglementaire.

CPI, art. L. 716-4

Les dispositions de l'article L. 716-3 ne font pas obstacle au recours à l'arbitrage, dans les conditions prévues aux articles 2059 et 2060 du code civil.

CPI, art. L. 716-5

L'action civile en contrefaçon est engagée par le propriétaire de la marque. Toutefois, le bénéficiaire d'un droit exclusif d'exploitation peut agir en contrefaçon, sauf stipulation contraire du contrat si, après mise en demeure, le titulaire n'exerce pas ce droit.

Toute partie à un contrat de licence est recevable à intervenir dans l'instance en contrefaçon engagée par une autre partie afin d'obtenir la réparation du préjudice qui lui est propre.

L'action en contrefaçon se prescrit par trois ans.

Est irrecevable toute action en contrefaçon d'une marque postérieure enregistrée dont l'usage a été toléré pendant cinq ans, à moins que son dépôt n'ait été effectué de mauvaise foi. Toutefois, l'irrecevabilité est limitée aux seuls produits et services pour lesquels l'usage a été toléré.

CPI, art. L. 716-6

Toute personne ayant qualité pour agir en contrefaçon peut saisir en référé la juridiction civile compétente afin de voir ordonner, au besoin sous astreinte, à l'encontre du prétendu contrefacteur ou des intermédiaires dont il utilise les services, toute mesure destinée à prévenir une atteinte imminente aux droits conférés par le titre ou à empêcher la poursuite d'actes argués de contrefaçon. La juridiction civile compétente peut également ordonner toutes mesures urgentes sur requête lorsque les circonstances exigent que ces mesures ne soient pas prises contradictoirement, notamment lorsque tout retard serait de nature à causer un préjudice irréparable au demandeur. Saisie en référé ou sur requête, la juridiction ne peut ordonner les mesures demandées que si les éléments de preuve, raisonnablement accessibles au demandeur, rendent vraisemblable qu'il est porté atteinte à ses droits ou qu'une telle atteinte est imminente.

La juridiction peut interdire la poursuite des actes argués de contrefaçon, la subordonner à la constitution de garanties destinées à assurer l'indemnisation éventuelle du demandeur ou ordonner la saisie ou la remise entre les mains d'un tiers des produits soupçonnés de porter atteinte aux droits conférés par le titre, pour empêcher leur introduction ou leur circulation dans les circuits commerciaux. Si le demandeur justifie de circonstances de nature à compromettre le recouvrement des dommages et intérêts, la juridiction peut ordonner la saisie conservatoire des biens mobiliers et immobiliers du prétendu contrefacteur, y compris le blocage de ses comptes bancaires et autres avoirs, conformément au droit commun. Pour déterminer les biens susceptibles de faire l'objet de la saisie, elle peut ordonner la communication des documents bancaires, financiers, comptables ou commerciaux ou l'accès aux informations pertinentes.

Elle peut également accorder au demandeur une provision lorsque l'existence de son préjudice n'est pas sérieusement contestable.

Saisie en référé ou sur requête, la juridiction peut subordonner l'exécution des mesures qu'elle ordonne à la constitution par le demandeur de garanties destinées à assurer l'indemnisation éventuelle du défendeur si l'action en contrefaçon est ultérieurement jugée non fondée ou les mesures annulées.

Lorsque les mesures prises pour faire cesser une atteinte aux droits sont ordonnées avant l'engagement d'une action au fond, le demandeur doit se pourvoir, par la voie civile ou pénale, dans un délai fixé par voie réglementaire. À défaut, sur demande du défendeur et sans que celui-ci ait à motiver sa demande, les mesures ordonnées sont annulées, sans préjudice des dommages et intérêts qui peuvent être réclamés.

CPI, art. L. 716-7

La contrefaçon peut être prouvée par tous moyens.

À cet effet, toute personne ayant qualité pour agir en contrefaçon est en droit de faire procéder en tout lieu et par tous huissiers, assistés d'experts désignés par le demandeur, en vertu d'une ordonnance rendue sur requête par la juridiction civile compétente, soit à la description détaillée, avec ou sans prélèvement d'échantillons, soit à la saisie réelle des produits ou services prétendus contrefaisants ainsi que de tout document s'y rapportant.

La juridiction peut ordonner, aux mêmes fins probatoires, la saisie réelle des matériels et instruments utilisés pour fabriquer ou distribuer les produits ou fournir les services prétendus contrefaisants.

Elle peut subordonner l'exécution des mesures qu'elle ordonne à la constitution par le demandeur de garanties destinées à assurer l'indemnisation éventuelle du défendeur si l'action en contrefaçon est ultérieurement jugée non fondée ou la saisie annulée.

À défaut pour le demandeur de s'être pourvu au fond, par la voie civile ou pénale, dans un délai fixé par voie réglementaire, l'intégralité de la saisie, y compris la description, est annulée à la demande du saisi, sans que celui-ci ait à motiver sa demande et sans préjudice des dommages et intérêts qui peuvent être réclamés.

CPI, art. L. 716-7-1

Si la demande lui en est faite, la juridiction saisie d'une procédure civile prévue au présent titre peut ordonner, au besoin sous astreinte, afin de déterminer l'origine et les réseaux de distribution des produits contrefaisants qui portent atteinte aux droits du demandeur, la production de tous documents ou informations détenus par le défendeur ou par toute personne qui a été trouvée en possession de produits contrefaisants ou qui fournit des services utilisés dans des activités de contrefaçon ou encore qui a été signalée comme intervenant dans la production, la fabrication ou la distribution de ces produits ou la fourniture de ces services.

La production de documents ou d'informations peut être ordonnée s'il n'existe pas d'empêchement légitime.

Les documents ou informations recherchés portent sur :

a) Les nom et adresse des producteurs, fabricants, distributeurs, fournisseurs et autres détenteurs antérieurs des produits ou services, ainsi que des grossistes destinataires et des détaillants ;

b) Les quantités produites, commercialisées, livrées, reçues ou commandées, ainsi que sur le prix obtenu pour les produits ou services en cause.

CPI, art. L. 716-8

En dehors des cas prévus par la réglementation communautaire en vigueur, l'administration des douanes peut, sur demande écrite du propriétaire d'une marque enregistrée ou du bénéficiaire d'un droit exclusif d'exploitation, assortie des justifications de son droit, retenir dans le cadre de ses contrôles les marchandises que celui-ci prétend constituer une contrefaçon.

Le procureur de la République, le demandeur ainsi que le déclarant ou le détenteur des marchandises sont informés sans délai, par les services douaniers, de la retenue à laquelle ces derniers ont procédé.

Lors de l'information visée au deuxième alinéa, la nature et la quantité réelle ou estimée des marchandises sont communiquées au propriétaire de la marque enregistrée ou au bénéficiaire du droit exclusif d'exploitation, par dérogation à l'article 59 *bis* du code des douanes.

La mesure de retenue est levée de plein droit à défaut, pour le demandeur, dans le délai de dix jours ouvrables ou de trois jours ouvrables s'il s'agit de denrées périssables, à compter de la notification de la retenue des marchandises, de justifier auprès des services douaniers soit de mesures conservatoires décidées par la juridiction civile compétente, soit de s'être pourvu par la voie civile ou la voie correctionnelle et d'avoir constitué les garanties destinées à l'indemnisation éventuelle du détenteur des marchandises au cas où la contrefaçon ne serait pas ultérieurement reconnue.

Les frais liés à la mesure de retenue ou aux mesures conservatoires prononcées par la juridiction civile compétente sont à la charge du demandeur.

Aux fins de l'engagement des actions en justice visées au quatrième alinéa, le demandeur peut obtenir de l'administration des douanes communication des nom et adresse de l'expéditeur, de l'importateur, du destinataire des marchandises retenues ou de leur détenteur, ainsi que de leur quantité, leur origine et leur provenance par dérogation à l'article 59 *bis* du code des douanes, relatif au secret professionnel auquel sont tenus les agents de l'administration des douanes.

La retenue mentionnée au premier alinéa ne porte pas :

– sur les marchandises de statut communautaire, légalement fabriquées ou mises en libre pratique dans un État membre de la Communauté européenne et destinées, après avoir emprunté le territoire douanier tel que défini à l'article 1er du code des douanes, à être mises sur le marché d'un autre État membre de la Communauté européenne pour y être légalement commercialisées ;

– sur les marchandises de statut communautaire, légalement fabriquées ou légalement mises en libre pratique dans un autre État membre de la Communauté européenne, dans lequel elles ont été placées sous le régime du transit et qui sont destinées, après avoir transité sur le territoire douanier tel que défini à l'article 1er du code des douanes, à être exportées vers un État non membre de la Communauté européenne.

CPI, art. L. 716-8-1

En l'absence de demande écrite du propriétaire d'une marque enregistrée ou du bénéficiaire d'un droit exclusif d'exploitation et en dehors des cas prévus par la réglementation communautaire en vigueur, l'administration des douanes peut, dans le cadre de ses contrôles, retenir une marchandise susceptible de porter atteinte à une marque enregistrée ou à un droit exclusif d'exploitation.

Cette retenue est immédiatement notifiée au propriétaire de la marque enregistrée ou au bénéficiaire du droit exclusif d'exploitation. Le procureur de la République est également informé de ladite mesure.

Lors de la notification visée au deuxième alinéa, la nature et la quantité réelle ou estimée des marchandises est communiquée au propriétaire de la marque enregistrée ou au bénéficiaire du droit exclusif d'exploitation, par dérogation à l'article 59 *bis* du code des douanes.

La mesure de retenue est levée de plein droit si le propriétaire de la marque enregistrée ou le bénéficiaire du droit exclusif d'exploitation n'a pas déposé la demande prévue par l'article L. 716-8 du présent code dans un délai de trois jours ouvrables à compter de la notification de la retenue visée au deuxième alinéa du présent article.

CPI, art. L. 716-8-2

I. Lorsque la retenue portant sur des marchandises soupçonnées de constituer une contrefaçon d'une marque enregistrée, prévue par la réglementation communautaire en vigueur, est mise en œuvre avant qu'une demande d'intervention du propriétaire de la marque enregistrée ou du bénéficiaire d'un droit exclusif d'exploitation ait été déposée ou acceptée, les agents des douanes peuvent, par dérogation à l'article 59 *bis* du code des douanes, informer ce propriétaire ou ce bénéficiaire du droit exclusif d'exploitation de la mise en œuvre de cette mesure. Ils peuvent également lui communiquer des informations portant sur la quantité des marchandises et leur nature.

Lorsque la retenue portant sur des marchandises soupçonnées de constituer une contrefaçon de marque, prévue par la réglementation communautaire en vigueur, est mise en œuvre après qu'une demande d'intervention du propriétaire de la marque enregistrée ou du bénéficiaire d'un droit exclusif d'exploitation a été acceptée, les agents des douanes peuvent également communiquer à ce propriétaire ou à ce bénéficiaire les informations prévues par cette réglementation communautaire nécessaires pour déterminer s'il y a eu violation de son droit.

II. Les frais générés par la mise en œuvre d'une retenue prévue par la réglementation communautaire en vigueur sont à la charge du propriétaire de la marque enregistrée ou du bénéficiaire du droit exclusif d'exploitation.

CPI, art. L. 716-8-3

Pendant le délai de la retenue visée aux articles L. 716-8 à L. 716-8-2, le propriétaire de la marque enregistrée ou le bénéficiaire du droit exclusif d'exploitation peut, à sa demande ou à la demande de l'administration des douanes, inspecter les marchandises retenues.

Lors du contrôle des marchandises mises en retenue, l'administration des douanes peut prélever des échantillons. À la demande du propriétaire de la marque enregistrée ou du bénéficiaire du droit exclusif d'exploitation, ces échantillons peuvent lui être remis aux seules fins d'analyse et en vue de faciliter les actions qu'il peut être amené à engager par la voie civile ou pénale.

CPI, art. L. 716-8-4

En vue de prononcer les mesures prévues aux articles L. 716-8 à L. 716-8-3, les agents des douanes appliquent les pouvoirs qui leur sont dévolus par le code des douanes.

CPI, art. L. 716-8-5

Les conditions d'application des mesures prévues aux articles L. 716-8 à L. 716-8-4 sont définies par décret en Conseil d'État.

CPI, art. L. 716-8-6

Les officiers de police judiciaire peuvent procéder, dès la constatation des infractions prévues aux articles L. 716-9 et L. 716-10, à la saisie des produits fabriqués, importés, détenus, mis en vente, livrés ou fournis illicitement et des matériels spécialement installés en vue de tels agissements.

CPI, art. L. 716-9

Est puni de quatre ans d'emprisonnement et de 400 000 euros d'amende le fait pour toute personne, en vue de vendre, fournir, offrir à la vente ou louer des marchandises présentées sous une marque contrefaite :

a) d'importer, d'exporter, de réexporter ou de transborder des marchandises présentées sous une marque contrefaisante ;

b) de produire industriellement des marchandises présentées sous une marque contrefaisante ;

c) de donner des instructions ou des ordres pour la commission des actes visés aux a et b.

Lorsque les délits prévus au présent article ont été commis en bande organisée ou sur un réseau de communication au public en ligne ou lorsque les faits portent sur des marchandises dangereuses pour la santé, la sécurité de l'homme ou l'animal, les peines sont portées à cinq ans d'emprisonnement et à 500 000 euros d'amende.

CPI, art. L. 716-10

Est puni de trois ans d'emprisonnement et de 300 000 euros d'amende le fait pour toute personne :

a) de détenir sans motif légitime, d'importer ou d'exporter des marchandises présentées sous une marque contrefaisante ;

b) d'offrir à la vente ou de vendre des marchandises présentées sous une marque contrefaisante ;

c) de reproduire, d'imiter, d'utiliser, d'apposer, de supprimer, de modifier une marque, une marque collective ou une marque collective de certification en violation des droits conférés par son enregistrement et des interdictions qui découlent de celui-ci. L'infraction, prévue dans les conditions prévues au présent c, n'est pas constituée lorsqu'un logiciel d'aide à la prescription permet, si le prescripteur le décide, de prescrire en dénomination commune internationale, selon les règles de bonne pratique prévues à l'article L. 161-38 du code de la sécurité sociale ;

d) de sciemment livrer un produit ou fournir un service autre que celui qui lui est demandé sous une marque enregistrée.

L'infraction, dans les conditions prévues au d, n'est pas constituée en cas d'exercice par un pharmacien de la faculté de substitution prévue à l'article L. 5125-23 du code de la santé publique.

Lorsque les délits prévus aux a à d ont été commis en bande organisée ou sur un réseau de communication au public en ligne, les peines sont portées à cinq ans d'emprisonnement et à 500 000 euros d'amende.

CPI, art. L. 717-2

Les dispositions des articles L. 716-8 à L. 716-15 sont applicables aux atteintes portées au droit du propriétaire d'une marque communautaire.

CPI, art. L. 722-1

Toute atteinte portée à une indication géographique engage la responsabilité civile de son auteur.

Pour l'application du présent chapitre, on entend par « indication géographique » :

a) les appellations d'origine définies à l'article L. 115-1 du code de la consommation;

b) les appellations d'origine protégées et les indications géographiques protégées prévues par la réglementation communautaire relative à la protection des indications géographiques et des appellations d'origine des produits agricoles et des denrées alimentaires;

c) les noms des vins de qualité produits dans une région déterminée et les indications géographiques prévues par la réglementation communautaire portant organisation commune du marché vitivinicole;

d) les dénominations géographiques prévues par la réglementation communautaire établissant les règles générales relatives à la définition, à la désignation et à la présentation des boissons spiritueuses.

CPI, art. L. 722-2

L'action civile pour atteinte à une indication géographique est exercée par toute personne autorisée à utiliser cette indication géographique ou tout organisme auquel la législation donne pour mission la défense des indications géographiques.

Toute personne mentionnée au premier alinéa est recevable à intervenir dans l'instance engagée par une autre partie pour atteinte à l'indication géographique.

CPI, art. L. 722-3

Toute personne ayant qualité pour agir pour une atteinte à une indication géographique peut saisir en référé la juridiction civile compétente afin de voir ordonner, au besoin sous astreinte, à l'encontre du prétendu auteur de cette atteinte ou des intermédiaires dont il utilise les services, toute mesure destinée à prévenir une atteinte imminente à une indication géographique ou à empêcher la poursuite d'actes portant prétendument atteinte à celle-ci. La juridiction civile compétente peut également ordonner toutes mesures urgentes sur requête lorsque les circonstances exigent que ces mesures ne soient pas prises contradictoirement, notamment lorsque tout retard serait de nature à causer un préjudice irréparable au demandeur. Saisie en référé ou sur requête, la juridiction ne peut ordonner les mesures demandées que si les éléments de preuve, raisonnablement accessibles au demandeur, rendent vraisemblable qu'il est porté atteinte à une indication géographique ou qu'une telle atteinte est imminente.

La juridiction peut interdire la poursuite des actes portant prétendument atteinte à une indication géographique, la subordonner à la constitution de garanties destinées à assurer l'indemnisation éventuelle du demandeur ou ordonner la saisie ou la remise entre les mains d'un tiers des produits portant prétendument atteinte à une indication géographique, pour empêcher leur introduction ou leur circulation dans les circuits commerciaux. Si le demandeur justifie de circonstances de nature à compromettre le recouvrement des dommages et intérêts, la juridiction peut ordonner la saisie conservatoire des biens mobiliers et immobiliers du prétendu auteur de l'atteinte à l'indication géographique, y compris le blocage de ses comptes bancaires et autres avoirs, conformément au droit commun. Pour déterminer les biens susceptibles de faire l'objet de la saisie, elle peut ordonner la communication des documents bancaires, financiers, comptables ou commerciaux ou l'accès aux informations pertinentes.

Elle peut également accorder au demandeur une provision lorsque l'existence de son préjudice n'est pas sérieusement contestable.

Saisie en référé ou sur requête, la juridiction peut subordonner l'exécution des mesures qu'elle ordonne à la constitution par le demandeur de garanties destinées à assurer l'indemnisation éventuelle du défendeur si l'action pour atteinte à l'indication géographique est ultérieurement jugée non fondée ou les mesures annulées.

Lorsque les mesures prises pour faire cesser une atteinte à une indication géographique sont ordonnées avant l'engagement d'une action au fond, le demandeur doit se pourvoir, par la voie civile ou pénale, dans un délai fixé par voie réglementaire. À défaut, sur demande du défendeur et sans que celui-ci ait à motiver sa demande, les mesures ordonnées sont annulées, sans préjudice des dommages et intérêts qui peuvent être réclamés.

CPI, art. L. 722-4

L'atteinte à une indication géographique peut être prouvée par tous moyens.

À cet effet, toute personne ayant qualité pour agir en vertu du présent titre est en droit de faire procéder en tout lieu et par tous huissiers, assistés d'experts désignés par le demandeur, en vertu d'une ordonnance rendue sur requête par la juridiction civile compétente, soit à la description détaillée, avec ou sans prélèvement d'échantillons, soit à la saisie réelle des objets portant prétendument atteinte à une indication géographique ainsi que de tout document s'y rapportant.

La juridiction peut ordonner, aux mêmes fins probatoires, la saisie réelle des matériels et instruments utilisés pour produire ou distribuer les objets portant prétendument atteinte à une indication géographique.

Elle peut subordonner l'exécution des mesures qu'elle ordonne à la constitution par le demandeur de garanties destinées à assurer l'indemnisation éventuelle du défendeur si l'action engagée en vertu du présent titre est ultérieurement jugée non fondée ou la saisie annulée.

À défaut pour le demandeur de s'être pourvu au fond, par la voie civile ou pénale, dans un délai fixé par voie réglementaire, l'intégralité de la saisie, y compris la description, est annulée à la demande du saisi, sans que celui-ci ait à motiver sa demande et sans préjudice des dommages et intérêts qui peuvent être réclamés.

CPI, art. L. 722-5

Si la demande lui en est faite, la juridiction saisie d'une procédure civile prévue au présent chapitre peut ordonner, au besoin sous astreinte, afin de déterminer l'origine et les réseaux de distribution des produits, la production de tous documents ou informations détenus par le défendeur ou par toute personne qui a été trouvée en possession de produits portant atteinte à une indication géographique ou qui fournit des services utilisés dans des activités portant atteinte à une indication géographique ou encore qui a été signalée comme intervenant dans la production, la fabrication ou la distribution de ces produits ou la fourniture de ces services.

La production de documents ou d'informations peut être ordonnée s'il n'existe pas d'empêchement légitime.

Les documents ou informations recherchés portent sur :

a) les nom et adresse des producteurs, fabricants, distributeurs, fournisseurs et autres détenteurs antérieurs des produits ou services, ainsi que des grossistes destinataires et des détaillants ;

b) les quantités produites, commercialisées, livrées, reçues ou commandées, ainsi que sur le prix obtenu pour les produits ou services en cause.

CPI, art. L. 722-6

Pour fixer les dommages et intérêts, la juridiction prend en considération les conséquences économiques négatives, dont le manque à gagner, subies par la partie lésée, les bénéfices réalisés par l'auteur de l'atteinte à une indication géographique et le préjudice moral causé à la partie lésée du fait de l'atteinte.

Toutefois, la juridiction peut, à titre d'alternative et sur demande de la partie lésée, allouer à titre de dommages et intérêts une somme forfaitaire.

CPI, art. L. 722-7

En cas de condamnation civile pour atteinte à une indication géographique, la juridiction peut ordonner, à la demande de la partie lésée, que les produits reconnus comme portant atteinte à une indication géographique et les matériaux et instruments ayant principalement servi à leur création ou fabrication soient rappelés des circuits commerciaux, écartés définitivement de ces circuits, détruits ou confisqués au profit de la partie lésée.

La juridiction peut aussi ordonner toute mesure appropriée de publicité du jugement, notamment son affichage ou sa publication intégrale ou par extraits dans les journaux ou sur les services de communication au public en ligne qu'elle désigne, selon les modalités qu'elle précise.

Les mesures mentionnées aux deux premiers alinéas sont ordonnées aux frais de l'auteur de l'atteinte.

CPI, art. L. 722-8

Les actions civiles et les demandes relatives aux indications géographiques, y compris lorsqu'elles portent également sur une question connexe de concurrence déloyale, sont exclusivement portées devant des tribunaux de grande instance, déterminés par voie réglementaire.

Les dispositions qui précèdent ne font pas obstacle au recours à l'arbitrage, dans les conditions prévues aux articles 2059 et 2060 du code civil.

CPI, art. R. 332-1

Le délai prévu à la seconde phrase du 4° de l'article L. 332-1 est de vingt jours ouvrables ou de trente et un jours civils si ce délai est plus long, à compter du jour de l'exécution de l'ordonnance.

CPI, art. D. 331-1-1

Le siège et le ressort des tribunaux de grande instance ayant compétence exclusive pour connaître des actions en matière de propriété littéraire et artistique en application de l'article L. 331-1 du code de la propriété intellectuelle sont fixés conformément à l'article D. 211-6-1 du code de l'organisation judiciaire.

Siège et ressort des tribunaux de grande instance et des tribunaux de première instance compétents pour connaître des actions en matière de propriété littéraire et artistique, de dessins et modèles, de marques et d'indications géographiques (annexe de l'article D. 211-6-1)

Siège	Ressort
Bordeaux	Ressort des cours d'appel d'Agen, Bordeaux, Limoges, Pau et Toulouse
Lille	Ressort des cours d'appel d'Amiens, Douai, Reims et Rouen
Lyon	Ressort des cours d'appel de Chambéry, Grenoble, Lyon et Riom
Marseille	Ressort des cours d'appel d'Aix-en-Provence, Bastia, Montpellier et Nîmes
Nanterre	Ressort de la cour d'appel de Versailles
Nancy	Ressort des cours d'appel de Besançon, Dijon, Metz et Nancy
Paris	Ressort des cours d'appel de Bourges, Paris, Orléans, Nouméa, Papeete, Saint-Denis et du tribunal supérieur d'appel de Saint-Pierre
Rennes	Ressort des cours d'appel d'Angers, Caen, Poitiers et Rennes
Strasbourg	Ressort de la cour d'appel de Colmar
Fort-de-France	Ressort des cours d'appel de Basse-Terre et Fort-de-France

NOTA : Conformément au décret n° 2010-1369 du 12 novembre 2010, article 3, le tribunal de grande instance de Nancy demeure compétent pour statuer sur les procédures du ressort de la cour d'appel de Colmar introduites antérieurement à la date d'entrée en vigueur dudit décret.

CPI, art. R. 332-2

Le délai prévu au premier alinéa de l'article L. 332-2 est de vingt jours ouvrables ou de trente et un jours civils si ce délai est plus long, à compter, selon le cas, du jour de la signature du procès-verbal de la saisie prévue au premier alinéa de l'article L. 332-1 ou du jour de l'exécution de l'ordonnance prévue au même article.

CPI, art. R. 332-3

Le délai prévu à l'article L. 332-3 et imparti au demandeur pour se pourvoir au fond est de vingt jours ouvrables ou de trente et un jours civils si ce délai est plus long, à compter, selon le cas, du jour de la signature du procès-verbal de la saisie prévue au premier alinéa de l'article L. 332-1 ou de la date de l'ordonnance prévue au même article.

CPI, art. R. 332-4

Le délai prévu au troisième alinéa de l'article L. 332-4 et imparti au demandeur pour se pourvoir au fond est de vingt jours ouvrables ou de trente et un jours civils si ce délai est plus long, à compter de la date de l'ordonnance.

CPI, art. R. 335-1

I. La demande de retenue de marchandises par l'administration des douanes prévue à l'article L. 335-10 comporte :

1° les nom et prénoms ou la dénomination sociale du demandeur, son domicile ou son siège;

2° le cas échéant, le nom et l'adresse du mandataire et la justification de son mandat;

3° la qualité du demandeur au regard des droits qu'il invoque, attestée par tous moyens;

4° tous éléments permettant d'identifier l'œuvre ou la prestation contrefaites;

5° la description des marchandises arguées de contrefaçon dont la retenue est demandée;

6° l'ensemble des documents et informations permettant d'attester que les marchandises arguées de contrefaçon ne sont légalement ni fabriquées, ni mises en libre pratique non plus que commercialisées dans un autre État membre de la Communauté européenne.

II. La demande mentionnée au I peut être présentée à l'autorité administrative compétente préalablement à l'entrée des marchandises arguées de contrefaçon sur le territoire français. Dans ce cas, elle est valable un an et peut être renouvelée.

Les modalités de présentation de la demande sont précisées par arrêté du ministre chargé des douanes.

CPI, art. R. 512-4

Le dépôt sous forme simplifiée prévu à l'article L. 512-2, alinéa 5, comporte les pièces et indications énoncées à l'article R. 512-3. Toutefois, jusqu'à la renonciation à l'ajournement prévue à l'article R. 512-11, les reproductions graphiques ou photographiques des dessins ou modèles ne sont pas soumises aux exigences de présentation prévues au 2° de l'article R. 512-3, et le dépôt est assorti de la justification du paiement d'une redevance indépendante du nombre de reproductions.

Le bénéfice d'un dépôt sous forme simplifiée ne peut être demandé que lors du dépôt.

CPI, art. R. 512-6

À la réception du dépôt, sont mentionnés sur la déclaration : la date, le lieu et le numéro d'ordre de dépôt ou le numéro national prévu à l'article suivant. Un récépissé de dépôt est remis au déposant.

Lorsque le dépôt est effectué au greffe du tribunal de commerce ou du tribunal de grande instance en tenant lieu, les pièces du dépôt et le montant des redevances sont transmis sans délai à l'Institut national de la propriété industrielle par le greffier.

CPI, art. R. 512-10

Tout dépôt reconnu conforme est publié au *Bulletin officiel de la propriété industrielle*, sauf si le déposant a demandé lors du dépôt l'ajournement de cette publication à trois ans. L'ajournement de la publication ne peut porter que sur l'ensemble du dépôt. La publication n'intervient qu'au terme du délai de trois ans.

L'ajournement est de plein droit si le dépôt a été effectué sous forme simplifiée conformément à l'article R. 512-4.

Le déposant peut renoncer à tout moment à l'ajournement. Sauf lorsque le dépôt a été effectué sous forme simplifiée, la renonciation à l'ajournement de la publication ne peut porter que sur l'ensemble du dépôt.

À compter du jour de la publication prévue au premier alinéa, toute personne intéressée peut demander à prendre connaissance d'un dossier de dépôt de dessin ou modèle et obtenir à ses frais reproduction des pièces. L'institut peut subordonner l'usage de cette faculté à la justification d'un intérêt suffisant.

Toutefois, sont exclues de la communication au public les pièces non communiquées au déposant ainsi que celles qui comportent des données à caractère personnel ou sont relatives au secret des affaires.

CPI, art. R. 521-1

Le délai prévu au dernier alinéa de l'article L. 521-6 et imparti au demandeur pour se pourvoir au fond est de vingt jours ouvrables ou de trente et un jours civils si ce délai est plus long, à compter de la date de l'ordonnance.

CPI, art. R. 521-2

La saisie, descriptive ou réelle, prévue à l'article L. 521-4 est ordonnée par le président du tribunal de grande instance compétent pour connaître du fond.

Le président peut autoriser l'huissier à procéder à toute constatation utile en vue d'établir l'origine, la consistance et l'étendue de la contrefaçon.

CPI, art. R. 521-3

Lorsque le juge a subordonné la saisie à la constitution de garanties par le demandeur, celles-ci doivent être constituées avant qu'il soit procédé à la saisie.

À peine de nullité et de dommages-intérêts contre l'huissier, celui-ci doit, avant de procéder à la saisie, donner copie aux détenteurs des objets saisis ou décrits de l'ordonnance et, le cas échéant, de l'acte constatant la constitution de garanties. Copie doit être laissée aux mêmes détenteurs du procès-verbal de saisie.

CPI, art. R. 521-4

Le délai prévu au dernier alinéa de l'article L. 521-4 et imparti au demandeur pour se pourvoir au fond est de vingt jours ouvrables ou de trente et un jours civils si ce délai est plus long, à compter du jour où est intervenue la saisie ou la description.

CPI, art. R. 521-5

Le président du tribunal de grande instance peut ordonner, au vu du procès-verbal de saisie, toute mesure pour compléter la preuve des actes de contrefaçon allégués. À la demande de la partie saisie agissant sans délai et justifiant d'un intérêt légitime, il peut également prendre toute mesure pour préserver la confidentialité de certains éléments.

CPI, art. D. 521-6

Le siège et le ressort des tribunaux de grande instance ayant compétence exclusive pour connaître des actions en matière de dessins et modèles en application de l'article L. 521-3-1 du code de la propriété intellectuelle sont fixés conformément au tableau VI annexé à l'article D. 211-6-1 du code de l'organisation judiciaire.

Siège et ressort des tribunaux de grande instance et des tribunaux de première instance compétents pour connaître des actions en matière de propriété littéraire et artistique, de dessins et modèles, de marques et d'indications géographiques (annexe de l'article D. 211-6-1)

Siège	Ressort
Bordeaux	Ressort des cours d'appel d'Agen, Bordeaux, Limoges, Pau et Toulouse
Lille	Ressort des cours d'appel d'Amiens, Douai, Reims et Rouen
Lyon	Ressort des cours d'appel de Chambéry, Grenoble, Lyon et Riom
Marseille	Ressort des cours d'appel d'Aix-en-Provence, Bastia, Montpellier et Nîmes
Nanterre	Ressort de la cour d'appel de Versailles
Nancy	Ressort des cours d'appel de Besançon, Dijon, Metz et Nancy
Paris	Ressort des cours d'appel de Bourges, Paris, Orléans, Nouméa, Papeete, Saint-Denis et du tribunal supérieur d'appel de Saint-Pierre
Rennes	Ressort des cours d'appel d'Angers, Caen, Poitiers et Rennes
Strasbourg	Ressort de la cour d'appel de Colmar
Fort-de-France	Ressort des cours d'appel de Basse-Terre et Fort-de-France

NOTA : Conformément au décret n° 2010-1369 du 12 novembre 2010, article 3, le tribunal de grande instance de Nancy demeure compétent pour statuer sur les procédures du ressort de la cour d'appel de Colmar introduites antérieurement à la date d'entrée en vigueur dudit décret.

CPI, art. R. 522-1

Les actions et demandes en matière de dessins ou modèles communautaires prévues par l'article L. 522-2 sont portées devant les tribunaux de grande instance mentionnés à l'article R. 211-7 du code de l'organisation judiciaire.

CPI, art. R. 523-1

I. La demande de retenue prévue à l'article L. 521-14 comporte :

1° Les nom et prénom ou la dénomination sociale du demandeur, son domicile ou son siège social;

2° Le cas échéant, le nom et l'adresse du mandataire et la justification de son mandat;

3° La qualité du demandeur au regard des droits qu'il invoque;

4° La preuve de l'enregistrement ou du dépôt auprès de l'organisme compétent du ou des dessins et modèles dont la protection est demandée;

5° La description des marchandises authentiques ainsi que celle des marchandises arguées de contrefaçon dont la retenue est demandée;

6° L'ensemble des documents et informations permettant d'attester que les marchandises arguées de contrefaçon ne sont pas dans la situation décrite aux derniers alinéas de l'article L. 521-14.

La demande est adressée au ministre chargé des douanes. Elle peut être présentée avant même l'entrée des marchandises arguées de contrefaçon sur le territoire français. La décision d'acceptation de la demande a une durée de validité d'un an renouvelable sur demande de l'intéressé.

Les modalités de présentation de la demande sont précisées par arrêté du ministre chargé des douanes.

CPI, art. R. 523-3

Les garanties qui peuvent être exigées du demandeur en application du quatrième alinéa de l'article L. 521-14 en vue d'indemniser, le cas échéant, le détenteur des marchandises sont fixées par l'autorité judiciaire.

CPI, art. R. 523-4

Les frais mis à la charge du propriétaire du dessin ou modèle en application du cinquième alinéa de l'article L. 521-14 et du II de l'article L. 521-16 comprennent les dépenses de stockage et de manutention lorsque les marchandises retenues sont entreposées à titre onéreux dans des lieux ou locaux n'appartenant pas à l'administration des douanes.

Les frais sont calculés en fonction d'un barème et exigibles selon une périodicité qui sont déterminés par un arrêté du ministre chargé des douanes. Les frais sont recouvrés par le comptable des douanes selon les mêmes règles et sous les mêmes garanties et privilèges qu'en matière de douanes.

CPI, art. R. 523-5

La demande d'informations prévue au sixième alinéa de l'article L. 521-14, sixième alinéa et au II de l'article

L. 521-16 est adressée au directeur régional des douanes territorialement compétent selon des modalités fixées par arrêté du ministre chargé des douanes.

CPI, art. R. 523-6

I. Tout prélèvement d'échantillons est effectué, en application de l'article L. 521-17, par les agents des douanes ayant au moins le grade de contrôleur. Deux échantillons sont remis au propriétaire du dessin ou modèle déposé ou au bénéficiaire du droit exclusif d'exploitation ou au représentant de l'un d'eux. Deux autres échantillons sont conservés par l'administration des douanes.

Les quatre échantillons doivent être, autant que possible, identiques.

Le prélèvement est réalisé en présence soit du propriétaire de la marchandise, soit du détenteur de celle-ci ou d'un représentant de l'un d'eux. Le propriétaire du dessin ou modèle déposé ou le bénéficiaire du droit exclusif d'exploitation ou le représentant de l'un d'eux est également présent.

En cas d'absence du propriétaire ou du détenteur de la marchandise ou d'un représentant de l'un d'eux, un témoin n'appartenant pas à l'administration des douanes est requis par deux agents des douanes ayant au moins le grade de contrôleur, pour assister au prélèvement.

Si le propriétaire du dessin ou modèle déposé ou le bénéficiaire du droit exclusif d'exploitation a demandé un prélèvement et n'est ni présent ni représenté après avoir été convoqué, aucun prélèvement n'est réalisé.

Lorsqu'une marchandise ou un objet, en raison de son poids, de ses dimensions, de sa valeur, de sa nature ou de la trop faible quantité de produit, ne peut, sans inconvénient, faire l'objet d'un prélèvement de quatre échantillons, la marchandise ou l'objet est prélevé dans sa totalité et constitue un seul et unique échantillon qui est remis au propriétaire du dessin ou modèle déposé ou au bénéficiaire du droit exclusif d'exploitation ou au représentant de l'un d'eux.

II. Tout échantillon prélevé est mis sous scellés. Ceux-ci doivent retenir une étiquette d'identification portant les mentions suivantes :

a) les nom, prénom ou raison sociale et adresse du propriétaire ou du détenteur de la marchandise;

b) le cas échéant, les nom, prénoms et adresse du témoin requis;

c) les nom, prénoms ou raison sociale et adresse du propriétaire du dessin ou modèle déposé ou du bénéficiaire du droit exclusif d'exploitation ou du représentant de l'un d'eux auquel l'échantillon ou les échantillons sont remis;

d) la dénomination exacte de la marchandise;

e) la date, l'heure et le lieu du prélèvement;

f) le numéro d'ordre de chaque échantillon;

g) les nom, prénom et qualité de l'agent ayant effectué le prélèvement ainsi que sa signature.

III. Tout prélèvement donne lieu à la rédaction d'un procès-verbal de constat au sens de l'article 334 du code des douanes. Le procès-verbal comporte, outre les mentions prévues par ce code, les mentions suivantes :

a) la date, l'heure et le lieu du prélèvement;

b) les nom, prénom ou raison sociale et adresse de toutes les personnes ayant assisté au prélèvement;

c) le cas échéant, mention du défaut ou du refus de la présence du propriétaire ou du détenteur de la marchandise ou du représentant de l'un d'eux;

d) un exposé succinct des circonstances dans lesquelles le prélèvement a été effectué;

e) l'identification exacte du ou des échantillons ainsi que la remise de l'échantillon ou de deux d'entre eux au propriétaire du dessin ou modèle déposé ou au bénéficiaire du droit exclusif d'exploitation ou au représentant de l'un d'entre eux, aux seules fins d'analyse et en vue de faciliter les actions qu'il peut être amené à engager par la voie civile ou pénale.

Les personnes présentes lors du prélèvement peuvent faire insérer au procès-verbal de constat toutes les déclarations qu'elles jugent utiles. Elles sont invitées à le signer. En cas de refus, mention en est portée sur le procès-verbal de constat.

Une copie du procès-verbal de constat est remise à chaque personne présente lors du prélèvement.

IV. L'administration des douanes conserve les échantillons qui lui sont attribués jusqu'au règlement de l'affaire. En fonction du résultat de l'action civile ou pénale engagée par le propriétaire du dessin ou modèle déposé ou le bénéficiaire du droit exclusif d'exploitation, ils sont restitués soit à ces derniers, soit à leur détenteur ou à leur propriétaire ou à un représentant de l'un d'entre eux.

Les échantillons détenus par le propriétaire du dessin ou modèle déposé ou le bénéficiaire du droit exclusif d'exploitation ou le représentant de l'un d'entre eux sont restitués, le cas échéant, au détenteur ou au propriétaire de la marchandise ou à un représentant de l'un d'entre eux, sauf destruction des échantillons résultant de l'analyse prévue par l'article L. 521-17.

CPI, art. R. 612-2

Le dépôt peut être fait par le demandeur personnellement ou par un mandataire ayant son domicile, son siège ou un établissement dans un État membre de la Communauté européenne ou dans un État partie à l'accord sur l'Espace économique européen. Sous réserve des exceptions prévues aux articles L. 422-4 et L. 422-5, le mandataire, constitué pour le dépôt et pour l'accomplissement de tout acte subséquent relatif à la procédure de délivrance du brevet, à l'exception du simple paiement des redevances, doit avoir la qualité de conseil en propriété industrielle.

Les personnes physiques ou morales n'ayant pas leur domicile ou leur siège dans un État membre de la Communauté européenne ou dans un État partie à l'accord sur l'Espace économique européen doivent constituer un mandataire satisfaisant aux conditions prévues à l'alinéa précédent dans le délai de deux mois à compter de la date de réception de la notification qui leur est adressée à cet effet. En cas de pluralité de demandeurs, un mandataire commun doit être constitué. Si celui-ci n'est pas l'un des demandeurs, il doit satisfaire aux conditions prévues par le premier alinéa.

Sauf lorsqu'il a la qualité de conseil en propriété industrielle ou d'avocat, le mandataire doit joindre un pouvoir qui s'étend, sous réserve des dispositions des articles R. 612-38 et R. 613-45 et, sauf stipulation contraire, à tous les actes et à la réception de toutes les notifications prévus aux articles R. 611-15 à R. 611-20, R. 612-1 à R. 613-3, R. 613-45 à R. 613-65, R. 616-1 à R. 616-3 et R. 618-1 à R. 618-4. Le pouvoir est dispensé de légalisation.

CPI, art. R. 612-38

La demande de brevet peut être retirée à tout moment, par une déclaration écrite, jusqu'au paiement de la redevance de délivrance et d'impression du fascicule du brevet.

Cette déclaration ne peut viser qu'une seule demande. Elle est formulée par le demandeur ou par un mandataire, lequel, sauf s'il a la qualité de conseil en propriété industrielle ou d'avocat, doit joindre à la déclaration un pouvoir spécial de retrait.

Si la demande de brevet a été déposée au nom de plusieurs personnes, son retrait ne peut être effectué que s'il est requis par l'ensemble de celles-ci.

Si des droits réels, de gage ou de licence ont été inscrits au Registre national des brevets, la déclaration de retrait n'est recevable que si elle est accompagnée du consentement écrit des titulaires de ces droits.

Si la demande est retirée après publication au *Bulletin officiel de la propriété industrielle* de la mention prévue à l'article R. 612-39, le retrait est inscrit d'office au Registre national des brevets.

Dans tous les cas de retrait de la demande, un exemplaire de celle-ci est conservé par l'Institut national de la propriété industrielle.

CPI, art. R. 612-39

À l'expiration du délai de dix-huit mois prévu à l'article L. 612-21, ou à tout moment avant l'expiration de ce délai sur requête écrite du demandeur, mention est publiée au *Bulletin officiel de la propriété industrielle* que la demande de brevet est rendue publique.

À compter du jour de la publication prévue à l'alinéa précédent, toute personne peut prendre connaissance à l'Institut national de la propriété industrielle des pièces du dossier de la demande de brevet et en obtenir reproduction à ses frais. L'institut peut subordonner l'usage de cette faculté à la justification d'un intérêt suffisant.

Toute demande pour laquelle a été requis le bénéfice de la date de dépôt d'une ou plusieurs demandes antérieures dans les conditions prévues à l'article L. 612-3 est rendue publique dix-huit mois après la date de dépôt la plus ancienne dont elle bénéficie.

Toutefois, n'est pas rendue publique toute demande rejetée ou retirée avant le début des préparatifs techniques entrepris en vue de la publication à moins qu'il ne s'agisse d'une demande ayant donné lieu à une division.

Toute demande dont le bénéfice de la date de dépôt a été requis dans une demande ultérieure est rendue publique même si elle est retirée ou rejetée avant le début des préparatifs techniques à moins qu'il n'ait été renoncé, dans le même délai, à ce bénéfice.

CPI, art. R. 613-45

La requête en renonciation ou en limitation est faite par une déclaration écrite.

La requête doit, pour être recevable :

1° émaner du titulaire du brevet inscrit, au jour de la requête, sur le registre national des brevets, ou de son mandataire, lequel, sauf s'il a la qualité de conseil en propriété industrielle ou d'avocat, doit joindre à la requête un pouvoir spécial de renonciation ou de limitation.

Si le brevet appartient à plusieurs personnes, la renonciation ou la limitation ne peut être effectuée que si elle est requise par l'ensemble de celles-ci;

2° être accompagnée de la justification du paiement de la redevance prescrite;

3° ne viser qu'un seul brevet;

4° être accompagnée, si des droits réels, de gage ou de licence ont été inscrits au registre national des brevets, du consentement des titulaires de ces droits;

5° être accompagnée, lorsque la limitation est requise, du texte complet des revendications modifiées et, le cas échéant, de la description et des dessins tels que modifiés.

Si, lorsque la limitation est demandée, les revendications modifiées ne constituent pas une limitation par rapport aux revendications antérieures du brevet ou si elles ne sont pas conformes aux dispositions de l'article L. 612-6, notification motivée en est faite au demandeur. Un délai lui est imparti pour régulariser sa requête ou présenter des observations. À défaut de régularisation ou d'observations permettant de lever l'objection, la requête est rejetée par décision du directeur général de l'Institut national de la propriété industrielle.

Les renonciations et limitations sont inscrites au registre national des brevets. Un avis d'inscription est adressé à l'auteur de la renonciation ou de la limitation.

CPI, art. R. 613-53

Le registre national des brevets est tenu par l'Institut national de la propriété industrielle.

Y figurent, pour chaque demande de brevet ou brevet :

1° l'identification du demandeur, et les références de la demande de brevet ou du brevet, ainsi que les actes ultérieurs en affectant l'existence ou la portée;

2° les actes modifiant la propriété de la demande de brevet ou du brevet ou la jouissance des droits qui lui sont attachés; en cas de revendication de propriété : l'assignation correspondante ainsi que la suspension et la reprise de la procédure de délivrance;

3° les changements de nom, de forme juridique ou d'adresse ainsi que les rectifications d'erreurs matérielles affectant les inscriptions.

Aucune inscription n'est portée au registre tant que la demande de brevet n'est pas rendue publique dans les conditions prévues à l'article R. 612-39.

CPI, art. R. 613-54

Les indications mentionnées au 1° de l'article R. 613-53 sont inscrites à l'initiative de l'Institut national de la propriété industrielle ou, s'il s'agit d'une décision judiciaire, sur réquisition du greffier ou sur requête de l'une des parties.

Seules les décisions judiciaires définitives peuvent être inscrites au registre national des brevets.

CPI, art. R. 613-55

Les actes modifiant la propriété d'une demande de brevet ou d'un brevet ou la jouissance des droits qui lui sont attachés, tels que cession, concession d'un droit d'exploitation, constitution ou cession d'un droit de gage ou renonciation à ce droit, saisie, validation et mainlevée de saisie, sont inscrits à la demande de l'une des parties à l'acte, ou, s'il n'est pas partie à l'acte, du titulaire du dépôt au jour de cette demande.

Toutefois, un acte ne peut être inscrit que si la personne indiquée dans l'acte à inscrire comme étant le titulaire de la demande de brevet ou du brevet avant la modification résultant de l'acte est inscrite comme telle au registre national des brevets.

La demande comprend :

1° un bordereau de demande d'inscription ;

2° une copie ou un extrait de l'acte constatant la modification de la propriété ou de la jouissance ;

3° la justification du paiement de la redevance prescrite ;

4° s'il y a lieu, le pouvoir du mandataire, à moins qu'il n'ait la qualité de conseil en propriété industrielle ou d'avocat.

CPI, art. R. 613-56

Par dérogation au 2° de l'article R. 613-55, peut être produit avec la demande :

1° en cas de mutation par décès, copie de tout acte établissant le transfert, à la demande des héritiers ou légataires ;

2° en cas de transfert par suite de fusion, scission ou absorption : copie d'un extrait du registre du commerce et de sociétés à jour de la modification ;

3° sur justification de l'impossibilité matérielle de produire une copie : tout document établissant la modification de la propriété ou de la jouissance.

CPI, art. R. 613-57

Les changements de nom, de forme juridique, d'adresse et les rectifications d'erreurs matérielles sont inscrits à la demande du titulaire de la demande de brevet ou du brevet, qui doit être le titulaire inscrit au registre national des brevets. Toutefois, lorsque ces changements et rectifications portent sur un acte précédemment inscrit, la demande peut être présentée par toute partie à l'acte.

La demande comprend :

1° un bordereau de demande d'inscription ;

2° s'il y a lieu, le pouvoir du mandataire, à moins qu'il n'ait la qualité de conseil en propriété industrielle ou d'avocat ;

3° s'il s'agit d'une rectification d'erreur matérielle, la justification du paiement de la redevance prescrite.

L'institut peut exiger la justification de la réalité du changement dont l'inscription est sollicitée ou de l'erreur matérielle à rectifier.

CPI, art. R. 613-58

En cas de non-conformité d'une demande d'inscription, notification motivée en est faite au demandeur. Un délai lui est imparti pour régulariser sa demande ou présenter des observations. À défaut de régularisation ou d'observation permettant de lever l'objection, la demande est rejetée par décision du directeur général de l'Institut national de la propriété industrielle.

La notification peut être assortie d'une proposition de régularisation. Dans ce cas, cette proposition est réputée acceptée si le demandeur ne la conteste pas dans le délai qui lui est imparti.

CPI, art. R. 613-59

Toute inscription portée au Registre national des brevets fait l'objet d'une mention au Bulletin officiel de la propriété industrielle.

Toute personne intéressée peut obtenir de l'institut :

1° une reproduction des inscriptions portées au registre national des brevets ;

2° un certificat constatant qu'il n'existe pas d'inscription.

CPI, art. R. 614-11

La traduction des revendications de la demande de brevet européen mentionnée à l'article L. 614-9 est établie par le demandeur. Son texte est remis à l'Institut national de la propriété industrielle par le demandeur, accompagné d'une réquisition de publication et de la justification du paiement de la redevance exigible.

La réquisition de publicité est déclarée irrecevable si elle n'est pas accompagnée de la justification du paiement de la redevance.

Mention de la remise de la traduction des revendications est publiée au *Bulletin officiel de la propriété industrielle* dans le délai d'un mois à compter de la date à laquelle elle a été fournie. Cette mention comporte les indications nécessaires à l'identification de la demande de brevet.

À compter du jour de la publication de la mention mentionnée à l'alinéa précédent, toute personne peut prendre connaissance gratuitement à l'Institut national de la propriété industrielle du texte de la traduction et en obtenir reproduction à ses frais.

CPI, art. R. 615-1

Le délai prévu au dernier alinéa de l'article L. 615-3 et imparti au demandeur pour se pourvoir au fond est de vingt jours ouvrables ou de trente et un jours civils si ce délai est plus long, à compter de la date de l'ordonnance.

CPI, art. R. 615-2

La saisie, descriptive ou réelle, prévue au deuxième alinéa de l'article L. 615-5 est ordonnée par le président d'un des tribunaux de grande instance mentionnés à l'article D. 631-2, dans le ressort duquel les opérations doivent être effectuées.

L'ordonnance est rendue sur simple requête et sur la représentation soit du brevet, du certificat complémentaire de protection, du certificat d'utilité ou du certificat d'addition, soit, dans le cas prévu au premier alinéa de l'article L. 615-4, d'une copie certifiée conforme de la demande de brevet, de certificat complémentaire de protection, de certificat d'utilité ou de certificat d'addition. Dans ce dernier cas, le requérant doit justifier en outre que les conditions prévues à cet article sont remplies.

Si la requête est présentée par le concessionnaire d'un droit exclusif d'exploitation ou par le titulaire d'une licence octroyée en vertu des articles L. 613-11, L. 613-15, L. 613-17, L. 613-17-1 et L. 613-19, le requérant doit justifier que les conditions prescrites, selon le cas, par le deuxième ou le quatrième alinéa de l'article L. 615-2 sont remplies.

Le président peut autoriser l'huissier à procéder à toute constatation utile en vue d'établir l'origine, la consistance et l'étendue de la contrefaçon.

CPI, art. R. 615-2-1

Lorsque le juge a subordonné la saisie à la constitution de garanties par le demandeur, celles-ci doivent être constituées avant qu'il soit procédé à la saisie.

À peine de nullité et de dommages-intérêts contre l'huissier, celui-ci doit, avant de procéder à la saisie, donner copie aux détenteurs des objets saisis ou décrits de l'ordonnance et, le cas échéant, de l'acte constatant la constitution de garanties. Copie doit être laissée aux mêmes détenteurs du procès-verbal de saisie.

CPI, art. R. 615-3

Le délai prévu au dernier alinéa de l'article L. 615-5 et imparti au demandeur pour se pourvoir au fond est de vingt jours ouvrables ou de trente et un jours civils si ce délai est plus long, à compter du jour où est intervenue la saisie ou la description.

CPI, art. R. 615-4

Le président du tribunal peut ordonner, au vu du procès-verbal de saisie, toute mesure de nature à compléter la preuve des actes de contrefaçon allégués. À la demande de la partie saisie agissant sans délai et justifiant d'un intérêt légitime, il peut également prendre toute mesure pour préserver la confidentialité de certains éléments.

CPI, art. R. 622-2

Un dépôt ne peut porter que sur une seule topographie.

Il comprend :

1° une déclaration de dépôt contenant des renseignements suffisants pour identifier le déposant, la topographie et la date et le lieu de sa première exploitation ou, à défaut, la date à laquelle elle a été fixée ou codée pour la première fois;

2° une représentation graphique de la topographie, insérée dans un pli, dans laquelle ont été masquées les parties dont le déposant entend qu'elles ne soient pas communiquées aux tiers; cette représentation peut être accompagnée d'un support d'informations et de spécimens de produit incorporant la topographie;

3° la justification du paiement de la redevance.

Le modèle de la déclaration de dépôt ainsi que les spécifications matérielles auxquelles doivent répondre la représentation de la topographie et le pli dans lequel elle est insérée sont fixés par décision du directeur général de l'Institut national de la propriété industrielle.

CPI, art. R. 622-3

Le bénéfice de la date de dépôt est acquis au déposant à la date de remise des pièces prévues à l'article précédent. Ce bénéfice lui est acquis même si les pièces sont irrégulières en la forme, sous réserve que leur régularisation n'entraîne aucun changement dans la représentation de la topographie déposée.

En cas de non-conformité du dépôt ou d'irrégularité matérielle, notification est faite au déposant d'avoir à régulariser le dépôt dans un délai qui lui est imparti par le directeur général de l'Institut national de la propriété industrielle et qui ne saurait être inférieur à deux mois ou supérieur à quatre mois. À défaut de régularisation, le dépôt est rejeté.

Le dépôt, dès qu'il est reconnu conforme, est enregistré. L'enregistrement est notifié au déposant et mentionné au *Bulletin officiel de la propriété industrielle*.

CPI, art. R. 622-6

Les articles R. 411-19 à R. 411-26, R. 612-1 (2e alinéa), R. 612-2, R. 612-38, R. 613-45, R. 613-53 à R. 613-59, R. 615-1 à R. 615-4, et R. 618-1 à R. 618-3 sont applicables aux conditions dans lesquelles sont reçus les dépôts, transmis ou modifiés les droits qui y sont attachés, émises les notifications de l'Institut national de la propriété industrielle et réglé le contentieux.

Pour l'application des articles R. 613-53 à R. 613-59, le registre national visé auxdits articles comporte une section dite registre national des dépôts de topographies de produits semi-conducteurs. La première inscription prévue à l'article R. 613-53 porte sur le contenu de la déclaration de dépôt, complétée par les dates et références du dépôt et de son enregistrement.

CPI, art. R. 623-29

À partir du jour de la publication au Bulletin officiel, toute personne peut prendre connaissance au siège du comité du certificat d'obtention végétale tel qu'il est inscrit au registre national des certificats d'obtention végétale. Elle peut se faire délivrer à ses frais des extraits de registre. Elle peut également prendre connaissance des pièces du dossier relatives au dépôt, à la procédure d'examen ou en obtenir reproduction à ses frais et, d'une manière générale, recevoir toutes informations sur l'obtention dont il s'agit, sous réserve des mesures particulières susceptibles d'être décidées par le comité de la protection des obtentions végétales pour sauvegarder le droit de l'obtenteur sur les variétés dont la production commerciale exige l'emploi répété d'une ou plusieurs autres variétés.

CPI, art. R. 623-42

Il est délivré à tout requérant contre versement de la redevance exigible des reproductions des inscriptions complémentaires portées au registre national des certificats d'obtention végétale ou des certificats constatant qu'il n'existe pas d'inscription.

CPI, art. R. 623-50-1

Le délai prévu au dernier alinéa de l'article L. 623-27-1 et imparti au demandeur pour se pourvoir au fond est de vingt jours ouvrables ou de trente et un jours civils si ce délai est plus long, à compter de la date de l'ordonnance.

CPI, art. R. 623-51

La saisie, descriptive ou réelle, prévue à l'article L. 623-27-1 est ordonnée par le président de l'un des tribunaux de grande instance mentionnés à l'article D. 631-1, dans le ressort duquel les opérations doivent être effectuées.

L'ordonnance est rendue sur simple requête et sur la présentation du certificat d'obtention végétale, soit dans le cas prévu à l'article L. 623-26, d'une copie certifiée conforme de la demande de certificat d'obtention végétale. Dans ce dernier cas, le demandeur doit justifier en outre que les conditions prévues audit article L. 623-26 sont remplies.

Si la requête est présentée par le concessionnaire d'un droit exclusif d'exploitation ou par le titulaire d'une licence octroyée en vertu de l'article L. 623-18, le requérant doit justifier que les conditions de l'article L. 623-25 sont remplies.

Le président peut autoriser l'huissier à procéder à toute constatation utile en vue d'établir l'origine, la consistance et l'étendue de la contrefaçon.

CPI, art. R. 623-51-1

Lorsque le juge a subordonné la saisie à la constitution de garanties par le demandeur, celles-ci doivent être constituées avant qu'il soit procédé à la saisie.

À peine de nullité et de dommages-intérêts contre l'huissier, celui-ci doit, avant de procéder à la saisie, donner copie aux détenteurs des objets saisis ou décrits de l'ordonnance et, le cas échéant, de l'acte constatant la constitution des garanties. Copie doit être laissée aux mêmes détenteurs du procès-verbal de saisie.

CPI, art. R. 623-52

Lorsque la saisie réelle est ordonnée, le juge peut exiger du requérant un cautionnement qui doit être consigné avant qu'il soit procédé à la saisie. À peine de nullité et de dommages-intérêts contre l'huissier, celui-ci doit, avant de procéder à la saisie, donner aux détenteurs de plantes, parties de plantes ou éléments de reproduction ou de multiplication végétative de la variété considérée copie de l'ordonnance et, le cas échéant, de l'acte constatant le dépôt du cautionnement. Copie doit être laissée aux mêmes détenteurs du procès-verbal de saisie.

CPI, art. R. 623-53

Le délai prévu au dernier alinéa de l'article L. 623-7-1 et imparti au demandeur pour se pourvoir au fond est de vingt jours ouvrables ou de trente et un jours civils si ce délai est plus long, à compter du jour où est intervenue la saisie ou la description.

NOTA : Une anomalie s'est glissée dans la rédaction de l'article R. 623-53. Au lieu de « L. 623-7-1 »; il faut lire « L. 623-27-1 ».

CPI, art. R. 623-53-1

Le président du tribunal de grande instance peut ordonner, au vu du procès-verbal de saisie, toute mesure pour compléter la preuve des actes de contrefaçon allégués. À la demande de la partie saisie agissant sans délai et justifiant d'un intérêt légitime, il peut également prendre toute mesure pour préserver la confidentialité de certains éléments.

CPI, art. R. 623-54

Des arrêtés du ministre chargé de l'agriculture pris après avis du comité de la protection des obtentions végétales préciseront, en tant que de besoin, les conditions d'application de la présente section.

CPI, art. D. 631-1

Ainsi qu'il est dit à l'article D. 211-5 du code de l'organisation judiciaire, le siège et le ressort des tribunaux de grande instance appelés à connaître des actions en matière d'obtentions végétales en application de l'article L. 623-31 du code de la propriété intellectuelle sont fixés conformément au tableau V annexé au code de l'organisation judiciaire, ci-après reproduit :

Siège et ressort des tribunaux de grande instance compétents pour connaître des actions en matière d'obtentions végétales (annexe de l'article D. 211-5)

Siège	Ressort
Marseille	Ressort des cours d'appel d'Aix-en-Provence, Bastia et Nîmes
Bordeaux	Ressort des cours d'appel d'Agen, Bordeaux et Poitiers
Strasbourg	Ressort des cours d'appel de Colmar et Metz
Lille	Ressort des cours d'appel d'Amiens et Douai
Limoges	Ressort des cours d'appel de Bourges, Limoges et Riom
Lyon	Ressort des cours d'appel de Chambéry, Grenoble et Lyon
Nancy	Ressort des cours d'appel de Besançon, Dijon et Nancy
Paris	Ressort des cours d'appel de Basse-Terre, Cayenne, Fort-de-France, Nouméa, Orléans, Papeete, Paris, Reims, Rouen, Saint-Denis et Versailles, et du tribunal supérieur d'appel de Saint-Pierre
Rennes	Ressort des cours d'appel d'Angers, Caen et Rennes
Toulouse	Ressort des cours d'appel de Montpellier, Pau et Toulouse

CPI, art. D. 631-2

Le siège et le ressort des tribunaux de grande instance ayant compétence exclusive pour connaître des actions en matière de brevets d'invention, de certificats d'utilité, de certificats complémentaires de protection et de topographies de produits semi-conducteurs en application des articles L. 611-2, L. 615-17 et L. 622-7 du code de la propriété intellectuelle sont fixés conformément à l'article D. 211-6 du code de l'organisation judiciaire.

(COJ, art. D. 211-6 : le tribunal de grande instance ayant compétence exclusive pour connaître des actions en matière de brevets d'invention, de certificats d'utilité, de certificats complémentaires de protection et de topographies de produits semi-conducteurs, dans les cas et conditions prévus par le code de la propriété intellectuelle, est celui de Paris.)

CPI, art. R. 712-8

Tout dépôt reconnu recevable est publié au *Bulletin officiel de la propriété industrielle*, sauf s'il apparaît soit que sa présentation ne satisfait pas aux prescriptions techniques nécessaires pour permettre sa reproduction, soit que sa publication serait de nature à porter atteinte à l'ordre public ou aux bonnes mœurs.

La publication au Bulletin officiel intervient dans les six semaines qui suivent la réception du dépôt à l'Institut national de la propriété industrielle. Mention y est faite de la faculté ouverte à toute personne intéressée de formuler des observations dans un délai de deux mois et aux personnes mentionnées à l'article L. 712-4 de former dans ce même délai opposition à enregistrement.

CPI, art. R. 716-1

L'atteinte portée au droit du propriétaire de la marque constitue une contrefaçon engageant la responsabilité civile de son auteur. Constitue une atteinte aux droits de la marque la violation des interdictions prévues aux articles L. 713-2, L. 713-3 et L. 713-4.

CPI, art. R. 716-2

La saisie, descriptive ou réelle, prévue à l'article L. 716-7 est ordonnée par le président du tribunal de grande instance compétent pour connaître du fond.

Le président peut autoriser l'huissier à procéder à toute constatation utile en vue d'établir l'origine, la consistance et l'étendue de la contrefaçon.

CPI, art. R. 716-3

Lorsque le juge a subordonné la saisie à la constitution de garanties par le demandeur, celles-ci doivent être constituées avant qu'il soit procédé à la saisie.

À peine de nullité et de dommages-intérêts contre l'huissier, celui-ci doit, avant de procéder à la saisie, donner copie aux détenteurs des objets saisis ou décrits de l'ordonnance et, le cas échéant, de l'acte constatant la constitution de garanties. Copie doit être laissée aux mêmes détenteurs du procès-verbal de saisie.

Toutefois, en matière de substitution de produits ou de services, l'huissier n'est tenu de donner copie de l'ordonnance et de l'acte constatant la constitution de garantie qu'après livraison des produits ou fourniture des services.

CPI, art. R. 716-4

Le délai prévu au dernier alinéa de l'article L. 716-7 et imparti au demandeur pour se pourvoir au fond est de vingt jours ouvrables ou de trente et un jours civils si ce délai est plus long, à compter du jour où est intervenue la saisie ou la description.

CPI, art. R. 716-5

Le président du tribunal peut ordonner, au vu du procès-verbal de saisie, toute mesure pour compléter la preuve des actes de contrefaçon allégués. À la demande de la partie saisie agissant sans délai et justifiant d'un intérêt légitime, il peut également prendre toute mesure pour préserver la confidentialité de certains éléments.

CPI, art. R. 716-6

La demande de retenue prévue à l'article L. 716-8 comporte :

1° les nom et prénom ou la dénomination sociale du demandeur, son domicile ou son siège social;

2° le cas échéant, le nom et l'adresse du mandataire et la justification de son mandat;

3° la qualité du demandeur au regard des droits qu'il invoque;

4° la désignation et le numéro d'enregistrement de la ou des marques dont la protection est demandée;

5° la description des marchandises authentiques ainsi que celle des marchandises arguées de contrefaçon dont la retenue est demandée;

6° l'ensemble des documents et informations permettant d'attester que les marchandises arguées de contrefaçon ne sont pas dans la situation décrite aux derniers alinéas de l'article L. 716-8.

La demande est adressée au ministre chargé des douanes. Elle peut être présentée avant même l'entrée des marchandises arguées de contrefaçon sur le territoire français. La décision d'acceptation de la demande a une durée de validité d'un an renouvelable sur demande de l'intéressé.

Les modalités de présentation de la demande sont précisées par arrêté du ministre chargé des douanes.

CPI, art. R. 716-8

Les garanties qui peuvent être exigées du demandeur en application du quatrième alinéa de l'article L. 716-8 en vue d'indemniser, le cas échéant, le détenteur des marchandises sont fixées par l'autorité judiciaire.

CPI, art. R. 716-9

Les frais mis à la charge du propriétaire de la marque enregistrée en application du cinquième alinéa de l'article L. 716-8 et du II de l'article L. 716-8-2 comprennent les dépenses de stockage et de manutention lorsque les marchandises retenues sont entreposées à titre onéreux dans des lieux ou locaux n'appartenant pas à l'administration des douanes.

Les frais sont calculés en fonction d'un barème et exigibles selon une périodicité qui sont déterminés par un arrêté du ministre chargé des douanes. Les frais sont recouvrés par le comptable des douanes selon les mêmes règles et sous les mêmes garanties et privilèges qu'en matière de douanes.

CPI, art. R. 716-10

La demande d'information prévue au sixième alinéa de l'article L. 716-8 et au II de l'article L. 716-8-2 est adressée au directeur régional des douanes territorialement compétent selon des modalités fixées par arrêté du ministre chargé des douanes.

CPI, art. R. 716-11

I. Le prélèvement d'échantillons est effectué, en application de l'article L. 716-8-3, par les agents des douanes ayant au moins le grade de contrôleur. Deux échantillons sont remis au propriétaire de la marque enregistrée ou au bénéficiaire du droit exclusif d'exploitation ou au représentant de l'un d'entre eux. Deux autres échantillons sont conservés par l'administration des douanes. Les quatre échantillons doivent être, autant que possible, identiques.

Le prélèvement est réalisé en présence soit du propriétaire de la marchandise, soit du détenteur de celle-ci ou d'un représentant de l'un d'entre eux. Le propriétaire de la marque enregistrée ou le bénéficiaire du droit exclusif d'exploitation ou le représentant de l'un d'entre eux est également présent.

En cas d'absence du propriétaire ou du détenteur de la marchandise ou d'un représentant de l'un d'entre eux, un témoin n'appartenant pas à l'administration des douanes est requis par deux agents des douanes ayant au moins le grade de contrôleur pour assister au prélèvement.

Si le propriétaire de la marque enregistrée ou le bénéficiaire du droit exclusif d'exploitation ou le représentant de l'un d'entre eux n'est pas présent, aucun prélèvement n'est réalisé.

Lorsqu'une marchandise ou un objet, en raison de son poids, de ses dimensions, de sa valeur, de sa nature ou de la trop faible quantité de produit, ne peut, sans inconvénient, faire l'objet d'un prélèvement de quatre échantillons, la marchandise ou l'objet est prélevé dans sa totalité et constitue un seul et unique échantillon qui est remis au propriétaire de la marque enregistrée ou au bénéficiaire du droit exclusif d'exploitation ou au représentant de l'un d'eux.

II. Tout échantillon prélevé est mis sous scellés. Ceux-ci doivent retenir une étiquette d'identification portant les mentions suivantes :

a) les nom, prénom ou raison sociale et adresse du propriétaire ou du détenteur de la marchandise;

b) le cas échéant, les nom, prénoms et adresse du témoin requis;

c) les nom, prénom ou raison sociale et adresse du propriétaire de la marque enregistrée ou du bénéficiaire du droit exclusif d'exploitation ou du représentant de l'un d'entre eux auquel l'échantillon ou les échantillons sont remis;

d) la dénomination exacte de la marchandise;

e) la date, l'heure et le lieu du prélèvement;

f) le numéro d'ordre de chaque échantillon;

g) les nom, prénoms et qualité de l'agent ayant effectué le prélèvement ainsi que sa signature.

III. Tout prélèvement donne lieu à la rédaction d'un procès-verbal de constat au sens de l'article 334 du code des douanes. Le procès-verbal comporte, outre les mentions prévues par ce code, les mentions suivantes :

a) la date, l'heure et le lieu du prélèvement;

b) les noms, prénoms ou raison sociale et adresse de toutes les personnes ayant assisté au prélèvement;

c) le cas échéant, mention du défaut ou du refus de la présence du propriétaire, du détenteur de la marchandise ou du représentant de l'un d'entre eux;

d) un exposé succinct des circonstances dans lesquelles le prélèvement a été effectué;

e) l'identification exacte du ou des échantillons ainsi que la remise de l'échantillon ou de deux d'entre eux au propriétaire de la marque enregistrée ou au bénéficiaire du droit exclusif d'exploitation ou au représentant de l'un d'entre eux, aux seules fins d'analyse et en vue de faciliter les actions qu'il peut être amené à engager par la voie civile ou pénale.

Les personnes présentes lors du prélèvement peuvent faire insérer au procès-verbal de constat toutes les déclarations qu'elles jugent utiles. Elles sont invitées à le signer. En cas de refus, mention en est portée sur le procès-verbal de constat.

Une copie du procès-verbal de constat est remise à chaque personne présente lors du prélèvement.

IV. L'administration des douanes conserve les échantillons qui lui sont attribués jusqu'au règlement de l'affaire. En fonction du résultat de l'action civile ou pénale engagée par le propriétaire de la marque enregistrée ou le bénéficiaire du droit exclusif d'exploitation, ils sont restitués soit à ces derniers soit à leur détenteur ou à leur propriétaire ou à un représentant de l'un d'entre eux.

Les échantillons détenus par le propriétaire de la marque enregistrée ou le bénéficiaire du droit exclusif d'exploitation ou le représentant de l'un d'entre eux sont restitués, le cas échéant, au détenteur ou au propriétaire de la marchandise ou à un représentant de l'un d'entre eux, sauf destruction des échantillons résultant de l'analyse prévue par l'article L. 716-8-3.

CPI, art. D. 716-12

Le siège et le ressort des tribunaux de grande instance ayant compétence exclusive pour connaître des actions en matière de marques en application de l'article L. 716-3 du code de la propriété intellectuelle sont fixés conformément au tableau VI annexé à l'article D. 211-6-1 du code de l'organisation judiciaire.

Siège et ressort des tribunaux de grande instance et des tribunaux de première instance compétents pour connaître des actions en matière de propriété littéraire et artistique, de dessins et modèles, de marques et d'indications géographiques (annexe de l'article D. 211-6-1)

Siège	Ressort
Bordeaux	Ressort des cours d'appel d'Agen, Bordeaux, Limoges, Pau et Toulouse
Lille	Ressort des cours d'appel d'Amiens, Douai, Reims et Rouen
Lyon	Ressort des cours d'appel de Chambéry, Grenoble, Lyon et Riom
Marseille	Ressort des cours d'appel d'Aix-en-Provence, Bastia, Montpellier et Nîmes
Nanterre	Ressort de la cour d'appel de Versailles
Nancy	Ressort des cours d'appel de Besançon, Dijon, Metz et Nancy
Paris	Ressort des cours d'appel de Bourges, Paris, Orléans, Nouméa, Papeete, Saint-Denis et du tribunal supérieur d'appel de Saint-Pierre
Rennes	Ressort des cours d'appel d'Angers, Caen, Poitiers et Rennes
Strasbourg	Ressort de la cour d'appel de Colmar
Fort-de-France	Ressort des cours d'appel de Basse-Terre et Fort-de-France

NOTA : Conformément au décret n° 2010-1369 du 12 novembre 2010, article 3, le tribunal de grande instance de Nancy demeure compétent pour statuer sur les procédures du ressort de la cour d'appel de Colmar introduites antérieurement à la date d'entrée en vigueur dudit décret.

CPI, art. R. 717-11

Les actions et demandes en matière de marques communautaires prévues par l'article L. 717-4 sont portées devant les tribunaux de grande instance mentionnés à l'article R. 211-7 du code de l'organisation judiciaire.

CPI, art. R. 722-2

La saisie, descriptive ou réelle, prévue à l'article L. 722-4 est ordonnée par le président du tribunal de grande instance compétent pour connaître du fond.

Le président peut autoriser l'huissier à procéder à toute constatation utile en vue d'établir l'origine, la consistance et l'étendue de l'atteinte à une indication géographique.

CPI, art. R. 722-3

Lorsque le juge a subordonné la saisie à la constitution de garanties par le demandeur, celles-ci doivent être constituées avant qu'il soit procédé à la saisie.

À peine de nullité et de dommages-intérêts contre l'huissier, celui-ci doit, avant de procéder à la saisie, donner copie aux détenteurs des objets saisis ou décrits de l'ordonnance et, le cas échéant, de l'acte constatant la constitution de garanties. Copie doit être laissée aux mêmes détenteurs du procès-verbal de saisie.

CPI, art. R. 722-4

Le délai prévu au dernier alinéa de l'article L. 722-4 et imparti au demandeur pour se pourvoir au fond est de vingt jours ouvrables ou de trente et un jours civils si ce délai est plus long, à compter du jour où est intervenue la saisie ou la description.

CPI, art. R. 722-5

Le président du tribunal de grande instance peut ordonner, au vu du procès-verbal de saisie, toute mesure pour compléter la preuve des actes portant prétendument atteinte à une indication géographique. À la demande de la partie saisie agissant sans délai et justifiant d'un intérêt légitime, il peut également prendre toute mesure pour préserver la confidentialité de certains éléments.

CPI, art. D. 722-6

Le siège et le ressort des tribunaux de grande instance ayant compétence exclusive pour connaître des actions en matière d'indications géographiques en application de l'article L. 722-8 du code de la propriété intellectuelle sont fixés conformément au tableau VI annexé à l'article D. 211-6-1 du code de l'organisation judiciaire.

Siège et ressort des tribunaux de grande instance et des tribunaux de première instance compétents pour connaître des actions en matière de propriété littéraire et artistique, de dessins et modèles, de marques et d'indications géographiques (annexe de l'article D. 211-6-1)

Siège	Ressort
Bordeaux	Ressort des cours d'appel d'Agen, Bordeaux, Limoges, Pau et Toulouse
Lille	Ressort des cours d'appel d'Amiens, Douai, Reims et Rouen
Lyon	Ressort des cours d'appel de Chambéry, Grenoble, Lyon et Riom
Marseille	Ressort des cours d'appel d'Aix-en-Provence, Bastia, Montpellier et Nîmes
Nanterre	Ressort de la cour d'appel de Versailles
Nancy	Ressort des cours d'appel de Besançon, Dijon, Metz et Nancy
Paris	Ressort des cours d'appel de Bourges, Paris, Orléans, Nouméa, Papeete, Saint-Denis et du tribunal supérieur d'appel de Saint-Pierre
Rennes	Ressort des cours d'appel d'Angers, Caen, Poitiers et Rennes
Strasbourg	Ressort de la cour d'appel de Colmar
Fort-de-France	Ressort des cours d'appel de Basse-Terre et Fort-de-France

NOTA : Conformément au décret n° 2010-1369 du 12 novembre 2010, article 3, le tribunal de grande instance de Nancy demeure compétent pour statuer sur les procédures du ressort de la cour d'appel de Colmar introduites antérieurement à la date d'entrée en vigueur dudit décret.

Code de la consommation

C. consom., art. L. 115-2

À défaut de décision judiciaire définitive rendue sur le fond en application des articles L. 115-8 à L. 115-15, un décret en Conseil d'État peut délimiter l'aire géographique de production et déterminer les qualités ou caractères d'un produit portant une appellation d'origine en se fondant sur des usages locaux, loyaux et constants.

La publication de ce décret fait obstacle pour l'avenir à l'exercice de l'action prévue aux articles L. 115-8 à L. 115-15.

C. consom., art. L. 115-3

Le décret prévu à l'article L. 115-2 peut interdire de faire figurer, sur les produits autres que ceux bénéficiant de l'appellation d'origine ou sur les emballages qui les contiennent et les étiquettes, papiers de commerce et factures qui s'y réfèrent, toute indication pouvant provoquer une confusion sur l'origine des produits.

C. consom., art. L. 115-4

Le décret prévu à l'article L. 115-2 est pris après enquête publique réalisée conformément au code de l'expropriation pour cause d'utilité publique et consultation des groupements professionnels directement intéressés.

C. consom., art. L. 115-5

L'attribution d'une appellation d'origine contrôlée est soumise aux règles prévues par les articles L. 641-5, L. 641-6 et L. 641-7 du code rural et de la pêche maritime.

C. consom., art. L. 115-6

La protection des dénominations reconnues est notamment assurée par les articles L. 643-1 et L. 643-2 du code rural et de la pêche maritime.

C. consom., art. L. 115-7

Les dispositions transitoires relatives aux appellations d'origine en matière agricole et agro-alimentaire sont définies à l'article L. 641-9 du code rural et de la pêche maritime.

C. consom., art. L. 115-8

Toute personne qui prétendra qu'une appellation d'origine est appliquée, à son préjudice direct ou indirect et contre son droit, à un produit naturel ou fabriqué, contrairement à l'origine de ce produit, aura une action en justice pour faire interdire l'usage de cette appellation.

La même action appartiendra aux syndicats et associations régulièrement constitués, depuis six mois au moins, quant aux droits qu'ils ont pour objet de défendre.

Sur la base d'usages locaux, loyaux et constants, le juge pourra délimiter l'aire géographique de production et déterminer les qualités ou caractères du produit visé à l'alinéa premier.

C. consom., art. L. 115-9

La juridiction saisie d'une action exercée en vertu de l'article L. 115-8 peut connaître d'une action tendant à interdire de faire figurer, sur les produits autres que ceux bénéficiant de l'appellation d'origine ou sur les emballages qui les contiennent et les étiquettes, papiers de commerce et factures qui s'y réfèrent, toute indication pouvant provoquer une confusion sur l'origine des produits.

Cette action est ouverte même si l'aire géographique de production a été définitivement délimitée en application des articles L. 115-8 à L. 115-15.

C. consom., art. L. 115-10

L'action sera portée devant le tribunal de grande instance du lieu d'origine du produit dont l'appellation est contestée. La demande sera dispensée du préliminaire de conciliation et instruite et jugée selon la procédure à jour fixe.

C. consom., art. L. 115-11

Dans la huitaine de l'assignation, le demandeur devra faire insérer dans un journal d'annonces légales de l'arrondissement de son domicile, et aussi dans un journal d'annonces légales de l'arrondissement du tribunal saisi, une note succincte indiquant ses nom, prénoms, profession et domicile, les nom, prénoms et domicile de son représentant, ceux du défendeur et du représentant de celui-ci s'il a été constitué, et l'objet de la demande.

Les débats ne pourront commencer que quinze jours après la publication de la note prévue à l'alinéa précédent.

C. consom., art. L. 115-12

Toute personne, tout syndicat et association remplissant les conditions de durée et d'intérêt prévues à l'article L. 115-8 pourra intervenir dans l'instance.

C. consom., art. L. 115-13

Dans la huitaine de la notification de l'acte d'appel, l'appelant ou les appelants devront faire les insertions prévues à l'article L. 115-11.

Les débats ne pourront commencer devant la cour que quinze jours après ces insertions.

C. consom., art. L. 115-14

La Cour de cassation, saisie d'un pourvoi, sera compétente pour apprécier si les usages invoqués pour l'emploi d'une appellation d'origine possèdent tous les caractères légaux exigés par la présente section.

Le pourvoi sera suspensif.

C. consom., art. L. 115-15

Les jugements ou arrêts définitifs décideront à l'égard de tous les habitants et propriétaires de la même région, de la même commune, ou, le cas échéant, d'une partie de la même commune.

Code civil

C. civ., art. 815

Nul ne peut être contraint à demeurer dans l'indivision et le partage peut toujours être provoqué, à moins qu'il n'y ait été sursis par jugement ou convention.

C. civ., art. 815-1

Les indivisaires peuvent passer des conventions relatives à l'exercice de leurs droits indivis, conformément aux articles 1873-1 à 1873-18.

C. civ., art. 815-2

Tout indivisaire peut prendre les mesures nécessaires à la conservation des biens indivis même si elles ne présentent pas un caractère d'urgence.

Il peut employer à cet effet les fonds de l'indivision détenus par lui et il est réputé en avoir la libre disposition à l'égard des tiers.

À défaut de fonds de l'indivision, il peut obliger ses coïndivisaires à faire avec lui les dépenses nécessaires.

Lorsque des biens indivis sont grevés d'un usufruit, ces pouvoirs sont opposables à l'usufruitier dans la mesure où celui-ci est tenu des réparations.

C. civ., art. 815-3

Le ou les indivisaires titulaires d'au moins deux tiers des droits indivis peuvent, à cette majorité :

1° effectuer les actes d'administration relatifs aux biens indivis;

2° donner à l'un ou plusieurs des indivisaires ou à un tiers un mandat général d'administration;

3° vendre les meubles indivis pour payer les dettes et charges de l'indivision;

4° conclure et renouveler les baux autres que ceux portant sur un immeuble à usage agricole, commercial, industriel ou artisanal.

Ils sont tenus d'en informer les autres indivisaires. À défaut, les décisions prises sont inopposables à ces derniers.

Toutefois, le consentement de tous les indivisaires est requis pour effectuer tout acte qui ne ressortit pas à l'exploitation normale des biens indivis et pour effectuer tout acte de disposition autre que ceux visés au 3°.

Si un indivisaire prend en main la gestion des biens indivis, au su des autres et néanmoins sans opposition de leur part, il est censé avoir reçu un mandat tacite, couvrant les actes d'administration mais non les actes de disposition ni la conclusion ou le renouvellement des baux.

C. civ., art. 1382

Tout fait quelconque de l'homme, qui cause à autrui un dommage, oblige celui par la faute duquel il est arrivé à le réparer.

C. civ., art. 1873-1

Ceux qui ont des droits à exercer sur des biens indivis, à titre de propriétaires, de nus-propriétaires ou d'usufruitiers peuvent passer des conventions relatives à l'exercice de ces droits.

C. civ., art. 2241

La demande en justice, même en référé, interrompt le délai de prescription ainsi que le délai de forclusion.

Il en est de même lorsqu'elle est portée devant une juridiction incompétente ou lorsque l'acte de saisine de la juridiction est annulé par l'effet d'un vice de procédure.

C. civ., art. 2246

L'interpellation faite au débiteur principal ou sa reconnaissance interrompt le délai de prescription contre la caution.

Code de procédure civile

C. pr. civ., art. 42

La juridiction territorialement compétente est, sauf disposition contraire, celle du lieu où demeure le défendeur.

S'il y a plusieurs défendeurs, le demandeur saisit, à son choix, la juridiction du lieu où demeure l'un d'eux.

Si le défendeur n'a ni domicile ni résidence connus, le demandeur peut saisir la juridiction du lieu où il demeure ou celle de son choix s'il demeure à l'étranger.

C. pr. civ., art. 46

Le demandeur peut saisir à son choix, outre la juridiction du lieu où demeure le défendeur :

– en matière contractuelle, la juridiction du lieu de la livraison effective de la chose ou du lieu de l'exécution de la prestation de service;

– en matière délictuelle, la juridiction du lieu du fait dommageable ou celle dans le ressort de laquelle le dommage a été subi;

– en matière mixte, la juridiction du lieu où est situé l'immeuble;

– en matière d'aliments ou de contribution aux charges du mariage, la juridiction du lieu où demeure le créancier.

C. pr. civ., art. 54

Sous réserve des cas où l'instance est introduite par la présentation volontaire des parties devant le juge, la demande initiale est formée par assignation, par remise d'une requête conjointe au secrétariat de la juridiction ou par requête ou déclaration au secrétariat de la juridiction.

C. pr. civ., art. 72

Les défenses au fond peuvent être proposées en tout état de cause.

C. pr. civ., art. 96

Lorsque le juge estime que l'affaire relève de la compétence d'une juridiction répressive, administrative, arbitrale ou étrangère, il renvoie seulement les parties à mieux se pourvoir.

Dans tous les autres cas, le juge qui se déclare incompétent désigne la juridiction qu'il estime compétente. Cette désignation s'impose aux parties et au juge de renvoi.

C. pr. civ., art. 97

En cas de renvoi devant une juridiction désignée, le dossier de l'affaire lui est aussitôt transmis par le secrétariat, avec une copie de la décision de renvoi. Toutefois la transmission n'est faite qu'à défaut de contredit dans le délai, lorsque cette voie était ouverte contre la décision de renvoi.

Dès réception du dossier, les parties sont invitées par lettre recommandée avec demande d'avis de réception du secrétaire de la juridiction désignée à poursuivre l'instance et, s'il y a lieu, à constituer avocat ou avoué.

Lorsque devant celle-ci les parties sont tenues de se faire représenter, l'affaire est d'office radiée si aucune d'elles n'a constitué avocat ou avoué, selon le cas, dans le mois de l'avis qui leur a été donné.

Lorsque le renvoi est fait à la juridiction qui avait été primitivement saisie, l'instance se poursuit à la diligence du juge.

C. pr. civ., art. 112

La nullité des actes de procédure peut être invoquée au fur et à mesure de leur accomplissement; mais elle est couverte si celui qui l'invoque a, postérieurement à l'acte critiqué, fait valoir des défenses au fond ou opposé une fin de non-recevoir sans soulever la nullité.

C. pr. civ., art. 113

Tous les moyens de nullité contre des actes de procédure déjà faits doivent être invoqués simultanément à peine d'irrecevabilité de ceux qui ne l'auraient pas été.

C. pr. civ., art. 114

Aucun acte de procédure ne peut être déclaré nul pour vice de forme si la nullité n'en est pas expressément prévue par la loi, sauf en cas d'inobservation d'une formalité substantielle ou d'ordre public.

La nullité ne peut être prononcée qu'à charge pour l'adversaire qui l'invoque de prouver le grief que lui cause l'irrégularité, même lorsqu'il s'agit d'une formalité substantielle ou d'ordre public.

C. pr. civ., art. 115

La nullité est couverte par la régularisation ultérieure de l'acte si aucune forclusion n'est intervenue et si la régularisation ne laisse subsister aucun grief.

C. pr. civ., art. 116

La sanction de l'inobservation d'une formalité de procédure antérieure aux débats est soumise aux règles prévues à la présente sous-section.

C. pr. civ., art. 117

Constituent des irrégularités de fond affectant la validité de l'acte :

Le défaut de capacité d'ester en justice;

Le défaut de pouvoir d'une partie ou d'une personne figurant au procès comme représentant soit d'une personne morale, soit d'une personne atteinte d'une incapacité d'exercice;

Le défaut de capacité ou de pouvoir d'une personne assurant la représentation d'une partie en justice.

C. pr. civ., art. 118

Les exceptions de nullité fondées sur l'inobservation des règles de fond relatives aux actes de procédure peuvent être proposées en tout état de cause, sauf la possibilité pour le juge de condamner à des dommages-intérêts ceux qui se seraient abstenus, dans une intention dilatoire, de les soulever plus tôt.

C. pr. civ., art. 119

Les exceptions de nullité fondées sur l'inobservation des règles de fond relatives aux actes de procédure doivent être accueillies sans que celui qui les invoque ait à justifier d'un grief et alors même que la nullité ne résulterait d'aucune disposition expresse.

C. pr. civ., art. 120

Les exceptions de nullité fondées sur l'inobservation des règles de fond relatives aux actes de procédure doivent être relevées d'office lorsqu'elles ont un caractère d'ordre public.

Le juge peut relever d'office la nullité pour défaut de capacité d'ester en justice.

C. pr. civ., art. 121

Dans les cas où elle est susceptible d'être couverte, la nullité ne sera pas prononcée si sa cause a disparu au moment où le juge statue.

C. pr. civ., art. 145

S'il existe un motif légitime de conserver ou d'établir avant tout procès la preuve de faits dont pourrait dépendre la solution d'un litige, les mesures d'instruction légalement admissibles peuvent être ordonnées à la demande de tout intéressé, sur requête ou en référé.

C. pr. civ., art. 306

L'inscription de faux est formée par acte remis au greffe par la partie ou son mandataire muni d'un pouvoir spécial.

L'acte, établi en double exemplaire, doit, à peine d'irrecevabilité, articuler avec précision les moyens que la partie invoque pour établir le faux.

L'un des exemplaires est immédiatement versé au dossier de l'affaire et l'autre, daté et visé par le greffier, est restitué à la partie en vue de la dénonciation de l'inscription au défendeur.

La dénonciation doit être faite par notification entre avocats ou signification à la partie adverse dans le mois de l'inscription.

C. pr. civ., art. 307

Le juge se prononce sur le faux à moins qu'il ne puisse statuer sans tenir compte de la pièce arguée de faux.

Si l'acte argué de faux n'est relatif qu'à l'un des chefs de la demande, il peut être statué sur les autres.

C. pr. civ., art. 308

Il appartient au juge d'admettre ou de rejeter l'acte litigieux au vu des éléments dont il dispose.

S'il y a lieu le juge ordonne, sur le faux, toutes mesures d'instruction nécessaires et il est procédé comme en matière de vérification d'écriture.

C. pr. civ., art. 309

Le juge statue au vu des moyens articulés par les parties ou de ceux qu'il relèverait d'office.

C. pr. civ., art. 310

Le jugement qui déclare le faux est mentionné en marge de l'acte reconnu faux.

Il précise si les minutes des actes authentiques seront rétablies dans le dépôt d'où elles avaient été extraites ou seront conservées au greffe.

Il est sursis à l'exécution de ces prescriptions tant que le jugement n'est pas passé en force de chose jugée, ou jusqu'à l'acquiescement de la partie condamnée.

C. pr. civ., art. 311

En cas de renonciation ou de transaction sur l'inscription de faux, le ministère public peut requérir toutes les mesures propres à réserver l'exercice de poursuites pénales.

C. pr. civ., art. 312

Si des poursuites pénales sont engagées contre les auteurs ou complices du faux, il est sursis au jugement civil jusqu'à ce qu'il ait été statué au pénal, à moins que le principal puisse être jugé sans tenir compte de la pièce arguée de faux ou qu'il y ait eu, sur le faux, renonciation ou transaction.

C. pr. civ., art. 313

Si l'incident est soulevé devant une juridiction autre que le tribunal de grande instance ou la cour d'appel, il est sursis à statuer jusqu'au jugement sur le faux à moins que la pièce litigieuse ne soit écartée du débat lorsqu'il peut être statué au principal sans en tenir compte.

Il est procédé à l'inscription de faux comme il est dit aux articles 314 à 316. L'acte d'inscription de faux doit être remis au greffe du tribunal de grande instance dans le mois de la décision de sursis à statuer, faute de quoi il est passé outre à l'incident et l'acte litigieux est réputé reconnu entre les parties.

C. pr. civ., art. 454

Le jugement est rendu au nom du peuple français.

Il contient l'indication :

– de la juridiction dont il émane;

– du nom des juges qui en ont délibéré;

– de sa date;

– du nom du représentant du ministère public s'il a assisté aux débats;

– du nom du secrétaire;

– des nom, prénoms ou dénomination des parties ainsi que de leur domicile ou siège social;

– le cas échéant, du nom des avocats ou de toute personne ayant représenté ou assisté les parties;

– en matière gracieuse, du nom des personnes auxquelles il doit être notifié.

C. pr. civ., art. 455

Le jugement doit exposer succinctement les prétentions respectives des parties et leurs moyens. Cet exposé peut revêtir la forme d'un visa des conclusions des parties avec l'indication de leur date. Le jugement doit être motivé.

Il énonce la décision sous forme de dispositif.

C. pr. civ., art. 458

Ce qui est prescrit par les articles 447, 451, 454, en ce qui concerne la mention du nom des juges, 455 (alinéa 1) et 456 doit être observé à peine de nullité.

Toutefois, aucune nullité ne pourra être ultérieurement soulevée ou relevée d'office pour inobservation des formes prescrites aux articles 451 et 452 si elle n'a pas été invoquée au moment du prononcé du jugement par simples observations dont il est fait mention au registre d'audience.

C. pr. civ., art. 459

L'omission ou l'inexactitude d'une mention destinée à établir la régularité du jugement ne peut entraîner la nullité de celui-ci s'il est établi par les pièces de la procédure, par le registre d'audience ou par tout autre moyen que les prescriptions légales ont été, en fait, observées.

C. pr. civ., art. 460

La nullité d'un jugement ne peut être demandée que par les voies de recours prévues par la loi.

C. pr. civ., art. 490

L'ordonnance de référé peut être frappée d'appel à moins qu'elle n'émane du premier président de la cour d'appel ou qu'elle n'ait été rendue en dernier ressort en raison du montant ou de l'objet de la demande.

L'ordonnance rendue en dernier ressort par défaut est susceptible d'opposition.

Le délai d'appel ou d'opposition est de quinze jours.

C. pr. civ., art. 493

L'ordonnance sur requête est une décision provisoire rendue non contradictoirement dans les cas où le requérant est fondé à ne pas appeler de partie adverse.

C. pr. civ., art. 494

La requête est présentée en double exemplaire. Elle doit être motivée. Elle doit comporter l'indication précise des pièces invoquées.

Si elle est présentée à l'occasion d'une instance, elle doit indiquer la juridiction saisie.

En cas d'urgence, la requête peut être présentée au domicile du juge.

C. pr. civ., art. 495

L'ordonnance sur requête est motivée.

Elle est exécutoire au seul vu de la minute.

Copie de la requête et de l'ordonnance est laissée à la personne à laquelle elle est opposée.

C. pr. civ., art. 496

S'il n'est pas fait droit à la requête, appel peut être interjeté à moins que l'ordonnance n'émane du premier président de la cour d'appel. Le délai d'appel est de quinze jours. L'appel est formé, instruit et jugé comme en matière gracieuse.

S'il est fait droit à la requête, tout intéressé peut en référer au juge qui a rendu l'ordonnance.

C. pr. civ., art. 497

Le juge a la faculté de modifier ou de rétracter son ordonnance, même si le juge du fond est saisi de l'affaire.

C. pr. civ., art. 498

Le juge a la faculté de modifier ou de rétracter son ordonnance, même si le juge du fond est saisi de l'affaire.

C. pr. civ., art. 544

Les jugements qui tranchent dans leur dispositif une partie du principal et ordonnent une mesure d'instruction ou une mesure provisoire peuvent être immédiatement frappés d'appel comme les jugements qui tranchent tout le principal.

Il en est de même lorsque le jugement qui statue sur une exception de procédure, une fin de non-recevoir ou tout autre incident met fin à l'instance.

C. pr. civ., art. 545

Les autres jugements ne peuvent être frappés d'appel indépendamment des jugements sur le fond, que dans les cas spécifiés par la loi.

C. pr. civ., art. 641

Lorsqu'un délai est exprimé en jours, celui de l'acte, de l'événement, de la décision ou de la notification qui le fait courir ne compte pas.

Lorsqu'un délai est exprimé en mois ou en années, ce délai expire le jour du dernier mois ou de la dernière année qui porte le même quantième que le jour de l'acte, de l'événement, de la décision ou de la notification qui fait courir le délai. À défaut d'un quantième identique, le délai expire le dernier jour du mois.

Lorsqu'un délai est exprimé en mois et en jours, les mois sont d'abord décomptés, puis les jours.

C. pr. civ., art. 642

Tout délai expire le dernier jour à vingt-quatre heures.

Le délai qui expirerait normalement un samedi, un dimanche ou un jour férié ou chômé, est prorogé jusqu'au premier jour ouvrable suivant.

C. pr. civ., art. 647-1

La date de notification, y compris lorsqu'elle doit être faite dans un délai déterminé, d'un acte judiciaire ou extrajudiciaire, en Polynésie française, dans les îles Wallis et Futuna, en Nouvelle-Calédonie et dans les Terres australes et antarctiques françaises ainsi qu'à l'étranger est, à l'égard de celui qui y procède, la date d'expédition de l'acte par l'huissier de justice ou le greffe, ou, à défaut, la date de réception par le parquet compétent.

C. pr. civ., art. 648

Tout acte d'huissier de justice indique, indépendamment des mentions prescrites par ailleurs :

1. sa date;

2. a) si le requérant est une personne physique : ses nom, prénoms, profession, domicile, nationalité, date et lieu de naissance;

b) si le requérant est une personne morale : sa forme, sa dénomination, son siège social et l'organe qui la représente légalement;

3. les nom, prénoms, demeure et signature de l'huissier de justice;

4. si l'acte doit être signifié, les nom et domicile du destinataire, ou, s'il s'agit d'une personne morale, sa dénomination et son siège social.

Ces mentions sont prescrites à peine de nullité.

C. pr. civ., art. 649

La nullité des actes d'huissier de justice est régie par les dispositions qui gouvernent la nullité des actes de procédure.

C. pr. civ., art. 650

Les frais afférents aux actes inutiles sont à la charge des huissiers de justice qui les ont faits, sans préjudice des dommages-intérêts qui seraient réclamés. Il en est de même des frais afférents aux actes nuls par l'effet de leur faute.

C. pr. civ., art. 653

La date de la signification d'un acte d'huissier de justice, sous réserve de l'article 647-1, est celle du jour où elle est faite à personne, à domicile, à résidence ou, dans le cas mentionné à l'article 659, celle de l'établissement du procès-verbal.

C. pr. civ., art. 655

Si la signification à personne s'avère impossible, l'acte peut être délivré soit à domicile, soit, à défaut de domicile connu, à résidence.

L'huissier de justice doit relater dans l'acte les diligences qu'il a accomplies pour effectuer la signification à la personne de son destinataire et les circonstances caractérisant l'impossibilité d'une telle signification.

La copie peut être remise à toute personne présente au domicile ou à la résidence du destinataire.

La copie ne peut être laissée qu'à condition que la personne présente l'accepte et déclare ses nom, prénoms et qualité.

L'huissier de justice doit laisser, dans tous ces cas, au domicile ou à la résidence du destinataire, un avis de passage daté l'avertissant de la remise de la copie et mentionnant la nature de l'acte, le nom du requérant ainsi que les indications relatives à la personne à laquelle la copie a été remise.

C. pr. civ., art. 664

Aucune signification ne peut être faite avant six heures et après vingt-et-une heures, non plus que les dimanches, les jours fériés ou chômés, si ce n'est en vertu de la permission du juge en cas de nécessité.

C. pr. civ., art. 680

L'acte de notification d'un jugement à une partie doit indiquer de manière très apparente le délai d'opposition, d'appel ou de pourvoi en cassation dans le cas où l'une de ces voies de recours est ouverte, ainsi que les modalités selon lesquelles le recours peut être exercé; il indique, en outre, que l'auteur d'un recours abusif ou dilatoire peut être condamné à une amende civile et au paiement d'une indemnité à l'autre partie.

Lorsque le recours peut être formé sans le ministère d'un avoué ou d'un avocat et est assujetti à l'acquittement de la contribution pour l'aide juridique, l'acte de notification rappelle cette exigence, ainsi que l'irrecevabilité encourue en cas de non-respect et les modalités selon lesquelles la partie non représentée doit justifier de cet acquittement.

C. pr. civ., art. 681

La notification, même sans réserve, n'emporte pas acquiescement.

C. pr. civ., art. 682

La notification d'un jugement est valablement faite au domicile élu en France par la partie demeurant à l'étranger.

C. pr. civ., art. 683

Sous réserve de l'application des règlements communautaires et des traités internationaux, la transmission des actes judiciaires et extrajudiciaires à l'étranger est faite par voie de notification ou de signification internationales dans les conditions prévues par la présente sous-section.

C. pr. civ., art. 684

L'acte destiné à être notifié à une personne ayant sa résidence habituelle à l'étranger est remis au parquet, sauf dans les cas où un règlement communautaire ou un traité international autorise l'huissier de justice ou le greffe à transmettre directement cet acte à son destinataire ou à une autorité compétente de l'État de destination.

L'acte destiné à être notifié à un État étranger, à un agent diplomatique étranger en France ou à tout autre bénéficiaire de l'immunité de juridiction est remis au parquet et transmis par l'intermédiaire du ministre de la justice aux fins de signification par voie diplomatique, à moins qu'en vertu d'un règlement communautaire ou d'un traité international la transmission puisse être faite par une autre voie.

Le parquet auquel la remise doit être faite est, selon le cas, celui de la juridiction devant laquelle la demande est portée, celui de la juridiction qui a statué ou celui de la juridiction dans le ressort de laquelle demeure le requérant. S'il n'existe pas de parquet près la juridiction, l'acte est remis au parquet du tribunal de grande instance dans le ressort duquel cette juridiction a son siège.

C. pr. civ., art. 685

L'autorité chargée de la notification remet deux copies de l'acte au procureur de la République qui vise l'original.

Le procureur de la République fait parvenir sans délai les copies de l'acte au ministre de la Justice aux fins de transmission ou à l'autorité désignée en vertu du règlement communautaire ou du traité international applicable.

Il y joint une ordonnance du juge prescrivant la transmission de l'acte lorsque l'intervention du juge est exigée par le pays destinataire.

C. pr. civ., art. 686

À moins que la notification ait pu être faite par voie postale, l'autorité chargée de la notification doit, le jour même ou, au plus tard, le premier jour ouvrable suivant, expédier au destinataire, par lettre recommandée avec demande d'avis de réception, une copie certifiée conforme de l'acte notifié indiquant de manière très apparente qu'elle en constitue une simple copie.

C. pr. civ., art. 687

Le procureur de la République informe l'autorité requérante des diligences faites; il lui transmet, le cas échéant, tout procès-verbal ou récépissé constatant la remise de la copie de l'acte, pour être annexé au premier original. Si la notification a été requise par un huissier de justice, celui-ci tient ces documents à la disposition de la juridiction.

C. pr. civ., art. 688

S'il n'est pas établi que le destinataire d'un acte en a eu connaissance en temps utile, le juge saisi de l'affaire ne peut statuer au fond que si les conditions ci-après sont réunies :

1° l'acte a été transmis selon les modes prévus par les règlements communautaires ou les traités internationaux applicables ou, à défaut de ceux-ci, selon les prescriptions des articles 684 à 687;

2° un délai d'au moins six mois s'est écoulé depuis l'envoi de l'acte;

3° aucun justificatif de remise de l'acte n'a pu être obtenu nonobstant les démarches effectuées auprès des autorités compétentes de l'État où l'acte doit être remis.

Le juge peut prescrire d'office toutes diligences complémentaires, notamment donner commission rogatoire à toute autorité compétente aux fins de s'assurer que le destinataire a eu connaissance de l'acte et de l'informer des conséquences d'une abstention de sa part.

Toutefois, le juge peut ordonner immédiatement les mesures provisoires ou conservatoires nécessaires à la sauvegarde des droits du demandeur.

C. pr. civ., art. 695

Les dépens afférents aux instances, actes et procédures d'exécution comprennent :

1° les droits, taxes, redevances ou émoluments perçus par les secrétariats des juridictions ou l'administration des impôts à l'exception des droits, taxes et pénalités éventuellement dus sur les actes et titres produits à l'appui des prétentions des parties;

2° les frais de traduction des actes lorsque celle-ci est rendue nécessaire par la loi ou par un engagement international;

3° les indemnités des témoins;

4° la rémunération des techniciens;

5° les débours tarifés;

6° les émoluments des officiers publics ou ministériels;

7° la rémunération des avocats dans la mesure où elle est réglementée y compris les droits de plaidoirie;

8° les frais occasionnés par la notification d'un acte à l'étranger;

9° les frais d'interprétariat et de traduction rendus nécessaires par les mesures d'instruction effectuées à l'étranger à la demande des juridictions dans le cadre du règlement (CE) n° 1206/2001 du Conseil du 28 mai 2001 relatif à la coopération entre les juridictions des États membres dans le domaine de l'obtention des preuves en matière civile et commerciale;

10° les enquêtes sociales ordonnées en application des articles 1072, 1171 et 1221;

11° la rémunération de la personne désignée par le juge pour entendre le mineur, en application de l'article 388-1 du code civil.

C. pr. civ., art. 711

Le juge procède, même d'office, à tous les redressements nécessaires afin de rendre le compte conforme aux tarifs. Il mentionne, s'il y a lieu, les sommes déjà perçues à titre de provision.

C. pr. civ., art. 733

Le juge peut, à la demande des parties, ou d'office, faire procéder dans un État étranger aux mesures d'instruction ainsi qu'aux autres actes judiciaires qu'il estime nécessaires en donnant commission rogatoire soit à toute autorité judiciaire compétente de cet État, soit aux autorités diplomatiques ou consulaires françaises.

C. pr. civ., art. 734

Le secrétaire de la juridiction commettante adresse au ministère public une expédition de la décision donnant commission rogatoire accompagnée d'une traduction établie à la diligence des parties.

C. pr. civ., art. 735

Le ministère public fait aussitôt parvenir la commission rogatoire au ministre de la Justice aux fins de transmission, à moins qu'en vertu d'un traité la transmission puisse être faite directement à l'autorité étrangère.

C. pr. civ., art. 736

Le ministre de la justice transmet au ministère public dans le ressort duquel elles doivent être exécutées les commissions rogatoires qui lui sont adressées par les États étrangers.

C. pr. civ., art. 737

Le ministère public fait aussitôt parvenir la commission rogatoire à la juridiction compétente aux fins d'exécution.

C. pr. civ., art. 738

Dès réception de la commission rogatoire, il est procédé aux opérations prescrites à l'initiative de la juridiction commise ou du juge que le président de cette juridiction désigne à cet effet.

C. pr. civ., art. 739

La commission rogatoire est exécutée conformément à la loi française à moins que la juridiction étrangère n'ait demandé qu'il y soit procédé selon une forme particulière.

Si demande en est faite dans la commission rogatoire, les questions et les réponses sont intégralement transcrites ou enregistrées.

C. pr. civ., art. 740

Les parties et leurs défenseurs, même s'ils sont étrangers, peuvent, sur autorisation du juge, poser des questions; celles-ci doivent être formulées ou traduites en langue française; il en est de même des réponses qui leur sont faites.

C. pr. civ., art. 741

Le juge commis est tenu d'informer la juridiction commettante qui en fait la demande des lieu, jour et heure auxquels il sera procédé à l'exécution de la commission rogatoire; le juge étranger commettant peut y assister.

C. pr. civ., art. 742

Le juge ne peut pas refuser d'exécuter une commission rogatoire au seul motif que la loi française revendique une compétence exclusive, ou qu'elle ne connaît pas de voie de droit répondant à l'objet de la demande portée devant la juridiction commettante, ou qu'elle n'admet pas le résultat auquel tend la commission rogatoire.

C. pr. civ., art. 743

Le juge commis peut refuser, d'office ou à la demande de toute personne intéressée, l'exécution d'une commission rogatoire s'il estime qu'elle ne rentre pas dans ses attributions. Il doit la refuser si elle est de nature à porter atteinte à la souveraineté ou à la sécurité de l'État français.

Les personnes intéressées peuvent également, dans ces mêmes cas, demander au juge commis de rapporter les mesures qu'il a déjà prises et d'annuler les actes constatant l'exécution de la commission rogatoire.

C. pr. civ., art. 744

Le ministère public doit s'assurer du respect des principes directeurs du procès dans l'exécution des commissions rogatoires.

En cas de violation de ces principes, le ministère public ou la partie intéressée peut demander au juge commis de rapporter les mesures qu'il a prises ou d'annuler les actes constatant l'exécution de la commission rogatoire.

C. pr. civ., art. 745

Si la commission rogatoire a été transmise irrégulièrement, le juge commis peut d'office ou à la demande du ministère public refuser de l'exécuter; il peut également, à la demande du ministère public, rapporter les mesures qu'il a déjà prises et annuler les actes constatant l'exécution de la commission rogatoire.

C. pr. civ., art. 746

La décision par laquelle le juge refuse d'exécuter une commission rogatoire, annule les actes constatant son exécution, rapporte les mesures qu'il a prises, ou refuse de les rapporter, doit être motivée.

Les parties et le ministère public peuvent interjeter appel de la décision.

Le délai d'appel est de quinze jours; il n'est pas augmenté en raison des distances.

C. pr. civ., art. 747

Les actes constatant l'exécution de la commission rogatoire ou la décision par laquelle le juge refuse de l'exécuter, sont transmis à la juridiction commettante selon les mêmes voies que celles par lesquelles la commission rogatoire a été transmise à la juridiction requise.

C. pr. civ., art. 748

L'exécution des commissions rogatoires a lieu sans frais ni taxes.

Toutefois, les sommes dues aux témoins, aux experts, aux interprètes ainsi qu'à toute personne prêtant son concours à l'exécution de la commission rogatoire sont à la charge de l'autorité étrangère. Il en est de même des frais résultant de l'application d'une forme particulière de procéder à la demande de la juridiction commettante.

C. pr. civ., art. 750

La demande en justice est formée par assignation ou par remise au greffe d'une requête conjointe, sous réserve des cas dans lesquels le tribunal peut être saisi par simple requête ou par déclaration.

C. pr. civ., art. 757

Le tribunal est saisi, à la diligence de l'une ou l'autre partie, par la remise au greffe d'une copie de l'assignation.

Cette remise doit être faite dans les quatre mois de l'assignation, faute de quoi, celle-ci sera caduque.

La caducité est constatée d'office par ordonnance du président ou du juge saisi de l'affaire.

À défaut de remise, requête peut être présentée au président en vue de faire constater la caducité.

C. pr. civ., art. 771

Lorsque la demande est présentée postérieurement à sa désignation, le juge de la mise en état est, jusqu'à son dessaisissement, seul compétent, à l'exclusion de toute autre formation du tribunal, pour :

1. statuer sur les exceptions de procédure et sur les incidents mettant fin à l'instance; les parties ne sont plus recevables à soulever ces exceptions et incidents ultérieurement à moins qu'ils ne surviennent ou soient révélés postérieurement au dessaisissement du juge;

2. allouer une provision pour le procès;

3. accorder une provision au créancier lorsque l'existence de l'obligation n'est pas sérieusement contestable. Le juge de la mise en état peut subordonner l'exécution de sa décision à la constitution d'une garantie dans les conditions prévues aux articles 517 à 522;

4. ordonner toutes autres mesures provisoires, même conservatoires, à l'exception des saisies conservatoires et des hypothèques et nantissements provisoires, ainsi que modifier ou compléter, en cas de survenance d'un fait nouveau, les mesures qui auraient déjà été ordonnées;

5. ordonner, même d'office, toute mesure d'instruction.

C. pr. civ., art. 774

L'ordonnance est rendue, immédiatement s'il y a lieu, les avocats entendus ou appelés.

Les avocats sont convoqués par le juge à son audience.

En cas d'urgence, une partie peut, par notification entre avocats, inviter l'autre à se présenter devant le juge aux jour, heure et lieu fixés par celui-ci.

C. pr. civ., art. 791

Le tribunal est saisi par la remise d'une copie de l'assignation au greffe.

Cette remise doit être faite avant la date fixée pour l'audience faute de quoi l'assignation sera caduque.

La caducité est constatée d'office par ordonnance du président de la chambre à laquelle l'affaire est distribuée.

C. pr. civ., art. 812

Le président du tribunal est saisi par requête dans les cas spécifiés par la loi.

Il peut également ordonner sur requête toutes mesures urgentes lorsque les circonstances exigent qu'elles ne soient pas prises contradictoirement.

Les requêtes afférentes à une instance en cours sont présentées au président de la chambre à laquelle l'affaire a été distribuée ou au juge déjà saisi.

C. pr. civ., art. 813

La requête est présentée par un avocat, ou par un officier public ou ministériel dans les cas où ce dernier y est habilité par les dispositions en vigueur.

Si elle est présentée à l'occasion d'une instance, elle doit indiquer la juridiction saisie.

C. pr. civ., art. 950

L'appel contre une décision gracieuse est formé, par une déclaration faite ou adressée par pli recommandé au secrétariat de la juridiction qui a rendu la décision, par un avocat ou un avoué, ou un autre officier public ou ministériel dans les cas où ce dernier y est habilité par les dispositions en vigueur.

C. pr. civ., art. 952

Le juge peut, sur cette déclaration, modifier ou rétracter sa décision.

Dans le cas contraire, le secrétaire de la juridiction transmet sans délai au greffe de la cour le dossier de l'affaire avec la déclaration et une copie de la décision.

Le juge informe la partie dans le délai d'un mois de sa décision d'examiner à nouveau l'affaire ou de la transmettre à la cour.

C. pr. civ., art. 953

L'appel est instruit et jugé selon les règles applicables en matière gracieuse devant le tribunal de grande instance.

C. pr. civ., art. 958

Le premier président peut, au cours de l'instance d'appel, ordonner sur requête toutes mesures urgentes relatives à la sauvegarde des droits d'une partie ou d'un tiers lorsque les circonstances exigent qu'elles ne soient pas prises contradictoirement.

Code des procédures civiles d'exécution

C. pr. civ. exe., art. R. 141-3 (ANC[T] D. n° 92-755, 31 juill. 1992, art. 4)

La personne qui a requis une mesure d'exécution forcée ou une mesure conservatoire ne peut assister aux opérations d'exécution, si ce n'est avec l'autorisation du juge de l'exécution lorsque les modalités de l'appréhension l'exigent.

Code de l'organisation judiciaire

COJ, art. L. 211-10

Des tribunaux de grande instance spécialement désignés connaissent des actions en matière de propriété littéraire et artistique, de dessins et modèles, de brevets d'invention, de certificats d'utilité, de certificats complémentaires de protection, de topographies de produits semi-conducteurs, d'obtentions végétales et de marques, dans les cas et conditions prévus par le code de la propriété intellectuelle.

COJ, art. L. 211-11

Un tribunal de grande instance spécialement désigné connaît des actions et demandes en matière de marques communautaires, dans les cas et conditions prévus par le code de la propriété intellectuelle.

COJ, art. L. 211-11-1

Des tribunaux de grande instance spécialement désignés connaissent des actions et demandes en matière de dessins ou modèles communautaires, dans les cas et conditions prévus par le code de la propriété intellectuelle.

COJ, art. D. 211-5

Le siège et le ressort des tribunaux de grande instance compétents pour connaître des actions en matière d'obtentions végétales, dans les cas et conditions prévus par le code de la propriété intellectuelle, sont fixés conformément au tableau V annexé au présent code.

Le nombre de ces tribunaux ne peut être inférieur à dix.

COJ, art. D. 211-6

Le tribunal de grande instance ayant compétence exclusive pour connaître des actions en matière de brevets d'invention, de certificats d'utilité, de certificats complémentaires de protection et de topographies de produits semi-conducteurs, dans les cas et conditions prévus par le code de la propriété intellectuelle, est celui de Paris.

COJ, art. D. 211-6-1

Le siège et le ressort des tribunaux de grande instance ayant compétence exclusive pour connaître des actions en matière de propriété littéraire et artistique, de dessins et modèles, de marques et d'indications géographiques, dans les cas et conditions prévus par le code de la propriété intellectuelle, sont fixés conformément au tableau VI annexé au présent code.

COJ, art. R. 211-7

Le tribunal de grande instance compétent pour connaître des actions en matière de marques, dessins et modèles communautaires, dans les cas et conditions prévus par le code de la propriété intellectuelle, est celui de Paris.

COJ, art. R. 7-11-1-1 (abrogé au 5 juin 2008)

Le juge est, dans les actes de sa juridiction, toujours assisté du secrétaire de la juridiction, à moins que la loi n'en dispose autrement.

Code pénal

C. pén., art. 413-11

Est puni de cinq ans d'emprisonnement et de 75 000 euros d'amende le fait, par toute personne non visée à l'article 413-10 de :

1° s'assurer la possession, accéder à, ou prendre connaissance d'un procédé, objet, document, information, réseau informatique, donnée informatisée ou fichier qui présente le caractère d'un secret de la défense nationale;

2° détruire, soustraire ou reproduire, de quelque manière que ce soit, un tel procédé, objet, document, information, réseau informatique, donnée informatisée ou fichier;

3° porter à la connaissance du public ou d'une personne non qualifiée un tel procédé, objet, document, information, réseau informatique, donnée informatisée ou fichier.

C. pén., art. 433-17

L'usage, sans droit, d'un titre attaché à une profession réglementée par l'autorité publique ou d'un diplôme officiel ou d'une qualité dont les conditions d'attribution sont fixées par l'autorité publique est puni d'un an d'emprisonnement et de 15 000 euros d'amende.

Les personnes physiques ou morales coupables du délit prévu à la présente section encourent également la peine complémentaire suivante : interdiction de l'activité de prestataire de formation professionnelle continue au sens de l'article L. 6313-1 du code du travail pour une durée de cinq ans.

Code de procédure pénale

C. pr. pén., art. 85

Toute personne qui se prétend lésée par un crime ou un délit peut en portant plainte se constituer partie civile devant le juge d'instruction compétent en application des dispositions des articles 52, 52-1 et 706-42.

Toutefois, la plainte avec constitution de partie civile n'est recevable qu'à condition que la personne justifie soit que le procureur de la République lui a fait connaître, à la suite d'une plainte déposée devant lui ou un service de police judiciaire, qu'il n'engagera pas lui-même des poursuites, soit qu'un délai de trois mois s'est écoulé depuis qu'elle a déposé plainte devant ce magistrat, contre récépissé ou par lettre recommandée avec demande d'avis de réception, ou depuis qu'elle a adressé, selon les mêmes modalités, copie à ce magistrat de sa plainte déposée devant un service de police judiciaire. Cette condition de recevabilité n'est pas requise s'il s'agit d'un crime ou s'il s'agit d'un délit prévu par la loi du 29 juillet 1881 sur la liberté de la presse ou par les articles L. 86, L. 87, L. 91 à L. 100, L. 102 à L. 104, L. 106 à L. 108 et L. 113 du code électoral. La prescription de l'action publique est suspendue, au profit de la victime, du dépôt de la plainte jusqu'à la réponse du procureur de la République ou, au plus tard, une fois écoulé le délai de trois mois.

Lorsque la plainte avec constitution de partie civile est formée par une personne morale à but lucratif, elle n'est recevable qu'à condition que la personne morale justifie de ses ressources en joignant son bilan et son compte de résultat.

Code des douanes

C. douanes, art. 38

1. Pour l'application du présent code, sont considérées comme prohibées toutes marchandises dont l'importation ou l'exportation est interdite à quelque titre que ce soit, ou soumise à des restrictions, à des règles de qualité ou de conditionnement ou à des formalités particulières.

2. Lorsque l'importation ou l'exportation n'est permise que sur présentation d'une autorisation, licence, certificat, etc., la marchandise est prohibée si elle n'est pas accompagnée d'un titre régulier ou si elle est présentée sous le couvert d'un titre non applicable.

3. Tous titres portant autorisation d'importation ou d'exportation (licences ou autres titres analogues) ne peuvent, en aucun cas, faire l'objet d'un prêt, d'une vente, d'une cession et, d'une manière générale, d'une transaction quelconque de la part des titulaires auxquels ils ont été nominativement accordés.

4. Au titre des dispositions dérogatoires prévues à l'article 2 *bis*, les dispositions du présent article sont applicables aux marchandises relevant des articles 2, 3, 4, 5 et 19 de la loi n° 92-1477 du 31 décembre 1992 relative aux produits soumis à certaines restrictions de circulation et à la complémentarité entre les services de police, de gendarmerie et de douane aux substances classifiées en catégorie 1 par l'annexe I du règlement (CE) n° 273/2004 du Parlement européen et du Conseil du 11 février 2004 relatif aux précurseurs de drogues, aux marchandises visées à l'article L. 5132-9 du code de la santé publique, aux médicaments à usage humain visés à l'article L. 5124-13 du code de la santé publique, aux micro-organismes et aux toxines mentionnés à l'article L. 5139-1 du code de la santé publique, aux médicaments à usage vétérinaire mentionnés à l'article L. 5142-7 du code de la santé publique, aux marchandises présentées sous une marque contrefaisante ou incorporant un dessin ou modèle tel que mentionné à l'article L. 513-4 du code de la propriété intellectuelle et tel que visé par l'article 19 du règlement (CE) n° 6/2002 du Conseil, du 12 décembre 2001, sur les dessins ou modèles communautaires, ainsi qu'aux produits sanguins labiles et aux pâtes plasmatiques mentionnés au 1° et au 2° de l'article L. 1221-8 du même code, au sang, ses composants et ses produits dérivés à des fins scientifiques mentionnés à l'article L. 1221-12, aux organes, tissus et leurs dérivés, cellules, gamètes et tissus germinaux issus du corps humain ainsi qu'aux préparations de thérapie cellulaire et aux échantillons biologiques mentionnés aux articles L. 1235-1, L. 1243-1, L. 2141-11-1 et L. 1245-5 dudit code, aux tissus ou cellules embryonnaires ou fœtaux mentionnés à l'article L. 2151-6 du même code, aux sources artificielles et naturelles de radionucléides définies à l'article L. 1333-1 du code de la santé publique et relevant des articles L. 1333-2 et L. 1333-4 du même code et aux déchets définis à l'article L. 541-1-1 du code de l'environnement dont l'importation, l'exportation ou le transit sont régis par les articles L. 541-40 à L. 541-42-2 du même code, ainsi que par les décisions des autorités communautaires prises en application de ce règlement. Les dispositions du présent article s'appliquent également aux objets de toute nature comportant des images ou des représentations d'un mineur à caractère pornographique visées par l'article 227-23 du code pénal.

5. Au titre des dispositions dérogatoires prévues à l'article 2 *bis*, les dispositions du présent article sont également applicables aux marchandises soumises à des restrictions de circulation prévues soit par la réglementation communautaire, soit par les lois et règlements en vigueur, applicables aux échanges de certaines marchandises communautaires avec les autres États membres de la Communauté européenne. La liste des marchandises concernées est fixée par arrêté conjoint du ministre chargé des douanes et du ou des ministres concernés.

C. douanes, art. 59 *bis*

Sont tenus au secret professionnel, dans les conditions et sous les peines prévues à l'article 226-13 du code pénal, les agents des douanes ainsi que toutes personnes appelées à l'occasion de leurs fonctions ou de leurs attributions à exercer à quelque titre que ce soit des fonctions à l'administration centrale ou dans les services extérieurs des douanes ou à intervenir dans l'application de la législation des douanes.

C. douanes, art. 334

1. Les résultats des contrôles opérés dans les conditions prévues à l'article 65 ci-dessus et, d'une manière générale, ceux des enquêtes et interrogatoires effectués par les agents des douanes sont consignés dans les procès-verbaux de constat.

2. Ces procès-verbaux énoncent la date et le lieu des contrôles et des enquêtes effectués, la nature des constatations faites et des renseignements recueillis, la saisie des documents, s'il y a lieu, ainsi que les noms, qualité et résidence administrative des agents verbalisateurs.

Ils indiquent, en outre, que ceux chez qui l'enquête ou le contrôle a été effectué ont été informés de la date et du lieu de la rédaction de ce rapport et que sommation leur a été faite d'assister à cette rédaction; si ces personnes sont présentes à la rédaction, ils précisent que lecture leur en a été faite et qu'elles ont été interpellées de le signer.

C. douanes, art. 428

1. Est réputée importation ou exportation sans déclaration de marchandises prohibées toute infraction aux dispositions, soit législatives, soit réglementaires portant prohibition d'importation, d'exportation ou de réexportation ou bien subordonnant l'exportation ou la réexportation au paiement de droits, de taxes ou à l'accomplissement de formalités particulières lorsque la fraude a été faite ou tentée par les bureaux et qu'elle n'est pas spécialement réprimée par une autre disposition du présent code.

2. Dans le cas où les marchandises ayant été exportées par dérogation à une prohibition de sortie, à destination d'un pays déterminé, sont, après arrivée dans ce pays, réexpédiées sur un pays tiers, l'exportateur est passible des peines de l'exportation sans déclaration s'il est établi que cette réexpédition a été effectuée sur ses instructions, à son instigation ou avec sa complicité, ou encore s'il est démontré qu'il en a tiré profit ou qu'il avait connaissance de la réexpédition projetée au moment de l'exportation.

3. Les dispositions du 1 ci-dessus ne sont pas applicables aux infractions aux règles de qualité ou de conditionnement imposées à l'exportation.

Loi du 27 décembre 1923 relative à la suppléance des huissiers blessés et à la création des clercs assermentés

L. 27 déc. 1923, art. 6

Tous actes judiciaires et extrajudiciaires, à l'exception des procès-verbaux de constats et d'exécution et des ventes mobilières judiciaires ou volontaires, devront, à peine de nullité, être signifiés par huissiers ou par clercs assermentés.

Les procès-verbaux de constats et d'exécution et les ventes mobilières judiciaires ou volontaires resteront de la compétence exclusive des huissiers.

Les clercs assermentés pourront instrumenter dans le même ressort territorial que le titulaire de l'étude à laquelle ils sont attachés.

Les clercs assermentés, quoique attachés à une étude, pourront, avec l'assentiment de leurs patrons, suppléer tous autres huissiers sous la responsabilité de ces derniers.

Les huissiers pourront également se suppléer entre eux pour la délivrance des copies dans les limites et dans les formes applicables à la suppléance des clercs assermentés.

Dans les départements de Paris, des Hauts-de-Seine, de la Seine-Saint-Denis et du Val-de-Marne, les clercs assermentés bénéficieront de la compétence territoriale des études auxquelles ils sont attachés.

Ordonnance n° 45-2592 du 2 novembre 1945 relative au statut des huissiers

Ord. n° 45-2592, 2 nov. 1945, art. 1er

Les huissiers de justice sont les officiers ministériels qui ont seuls qualité pour signifier les actes et les exploits, faire les notifications prescrites par les lois et règlements lorsque le mode de notification n'a pas été précisé et ramener à exécution les décisions de justice, ainsi que les actes ou titres en forme exécutoire.

Les huissiers de justice peuvent en outre procéder au recouvrement amiable ou judiciaire de toutes créances et, dans les lieux où il n'est pas établi de commissaires-priseurs judiciaires, aux prisées et ventes publiques judiciaires ou volontaires de meubles et effets mobiliers corporels. Ils peuvent, commis par justice ou à la requête de particuliers, effectuer des constatations purement matérielles, exclusives de tout avis sur les conséquences de fait ou de droit qui peuvent en résulter. Sauf en matière pénale où elles ont valeur de simples renseignements, ces constatations font foi jusqu'à preuve contraire. Les huissiers de justice peuvent également accomplir les mesures conservatoires après l'ouverture d'une succession, dans les conditions prévues par le code de procédure civile.

Les huissiers audienciers assurent le service personnel près les cours et tribunaux.

Ils peuvent également exercer à titre accessoire certaines activités ou fonctions. La liste de ces activités et fonctions ainsi que les conditions dans lesquelles les intéressés sont autorisés à les exercer sont, sous réserve des lois spéciales, fixées par décret en Conseil d'État.

Décret n° 47-1047 du 12 juin 1947 relatif à la formule exécutoire

D. n° 47-1047 du 12 juin 1947, art. 1er

Les expéditions des arrêts, jugements, mandats de justice, ainsi que les grosses et expéditions des contrats et de tous les actes susceptibles d'exécution forcée, seront intitulées ainsi qu'il suit :

« République française

« "Au nom du peuple français", et terminées par la formule suivante :

« En conséquence, la République française mande et ordonne à tous huissiers de justice, sur ce requis, de mettre ledit arrêt (ou ledit jugement, etc.) à exécution, aux procureurs généraux et aux procureurs de la République près les tribunaux de grande instance d'y tenir la main, à tous commandants et officiers de la force publique de prêter main-forte lorsqu'ils en seront légalement requis.

« En foi de quoi, le présent arrêt (ou jugement, etc.) a été signé par... »

Loi n° 68-678 du 26 juin 1968 relative à la communication de documents et renseignements d'ordre économique, commercial, industriel, financier ou technique à des personnes physiques ou morales étrangères

L. n° 68-678 du 26 juin 1968, art. 1er

Sous réserve des traités ou accords internationaux, il est interdit à toute personne physique de nationalité française ou résidant habituellement sur le territoire français et à tout dirigeant, représentant, agent ou préposé d'une personne morale y ayant son siège ou un établissement de communiquer par écrit, oralement ou sous toute autre forme, en quelque lieu que ce soit, à des autorités publiques étrangères, les documents ou les renseignements d'ordre économique, commercial, industriel, financier ou technique dont la communication est de nature à porter atteinte à la souveraineté, à la sécurité, aux intérêts économiques essentiels de la France ou à l'ordre public, précisés par l'autorité administrative en tant que de besoin.

L. n° 68-678 du 26 juin 1968, art. 1 *bis*

Sous réserve des traités ou accords internationaux et des lois et règlements en vigueur, il est interdit à toute personne de demander, de rechercher ou de communiquer, par écrit, oralement ou sous toute autre forme, des documents ou renseignements d'ordre économique, commercial, industriel, financier ou technique tendant à la constitution de preuves en vue de procédures judiciaires ou administratives étrangères ou dans le cadre de celles-ci.

L. n° 68-678 du 26 juin 1968, art. 2

Les personnes visées aux articles 1er et 1er *bis* sont tenues d'informer sans délai le ministre compétent lorsqu'elles se trouvent saisies de toute demande concernant de telles communications.

L. n° 68-678 du 26 juin 1968, art. 3

Sans préjudice des peines plus lourdes prévues par la loi, toute infraction aux dispositions des articles 1er et 1er *bis* de la présente loi sera punie d'un emprisonnement de six mois et d'une amende de 18 000 euros ou de l'une de ces deux peines seulement.

Loi n° 91-650 du 9 juillet 1991 portant réforme des procédures civiles d'exécution

L. n° 91-650 du 9 juill. 1991, art. 21

En l'absence de l'occupant du local ou si ce dernier en refuse l'accès, l'huissier de justice chargé de l'exécution ne peut y pénétrer qu'en présence du maire de la commune, d'un conseiller municipal ou d'un fonctionnaire municipal délégué par le maire à cette fin, d'une autorité de police ou de gendarmerie, requis pour assister au déroulement des opérations ou, à défaut, de deux témoins majeurs qui ne sont au service ni du créancier, ni de l'huissier de justice chargé de l'exécution.

Dans les mêmes conditions, il peut être procédé à l'ouverture des meubles.

L'huissier de justice mandaté par le créancier poursuivant pour procéder à la description d'un immeuble faisant l'objet d'une saisie ne peut pénétrer dans les lieux occupés par un tiers en vertu d'un droit opposable au débiteur que sur autorisation préalable du juge de l'exécution, à défaut d'accord de l'occupant.

Convention européenne de sauvegarde des droits de l'homme et des libertés fondamentales

CEDH, art. 6.1 – Droit à un procès équitable

Toute personne a droit à ce que sa cause soit entendue équitablement, publiquement et dans un délai raisonnable, par un tribunal indépendant et impartial, établi par la loi, qui décidera, soit des contestations sur ses droits et obligations de caractère civil, soit du bien-fondé de toute accusation en matière pénale dirigée contre elle. Le jugement doit être rendu publiquement, mais l'accès de la salle d'audience peut être interdit à la presse et au public pendant la totalité ou une partie du procès dans l'intérêt de la moralité, de l'ordre public ou de la sécurité nationale dans une société démocratique, lorsque les intérêts des mineurs ou la protection de la vie privée des parties au procès l'exigent, ou dans la mesure jugée strictement nécessaire par le tribunal, lorsque dans des circonstances spéciales la publicité serait de nature à porter atteinte aux intérêts de la justice.

Traité sur le fonctionnement de l'Union européenne

TFUE, art. 34

Les restrictions quantitatives à l'importation ainsi que toutes mesures d'effet équivalent, sont interdites entre les États membres.

Convention sur la délivrance de brevets européens (convention sur le brevet européen) du 5 octobre 1973

CBE, art. 64 – Droits conférés par le brevet européen

(1) Sous réserve du paragraphe 2, le brevet européen confère à son titulaire, à compter de la date à laquelle la mention de sa délivrance est publiée au *Bulletin européen des brevets* et dans chacun des États contractants pour

lesquels il a été délivré, les mêmes droits que lui conférerait un brevet national délivré dans cet État.

(2) Si l'objet du brevet européen porte sur un procédé, les droits conférés par ce brevet s'étendent aux produits obtenus directement par ce procédé.

(3) Toute contrefaçon du brevet européen est appréciée conformément à la législation nationale.

CBE, art. 65 – Traduction du brevet européen

1. Tout État contractant peut prescrire, lorsque le brevet européen délivré, maintenu tel que modifié ou limité par l'Office européen des brevets n'est pas rédigé dans l'une de ses langues officielles, que le titulaire du brevet doit fournir à son service central de la propriété industrielle une traduction du brevet tel que délivré, modifié ou limité dans l'une de ses langues officielles, à son choix, ou, dans la mesure où cet État a imposé l'utilisation d'une langue officielle déterminée, dans cette dernière langue. La traduction doit être produite dans un délai de trois mois à compter de la date de publication au *Bulletin européen des brevets* de la mention de la délivrance du brevet européen ou de son maintien tel qu'il a été modifié, ou de sa limitation, à moins que l'État considéré n'accorde un délai plus long.

2. Tout État contractant qui a adopté des dispositions en vertu du paragraphe 1 peut prescrire que le titulaire du brevet acquitte, dans un délai fixé par cet État, tout ou partie des frais de publication de la traduction.

3. Tout État contractant peut prescrire que, si les dispositions adoptées en vertu des paragraphes 1 et 2 ne sont pas observées, le brevet européen est, dès l'origine, réputé sans effet dans cet État.

CBE, art. 67 – Droits conférés par la demande de brevet européen après sa publication

1. À compter de sa publication, la demande de brevet européen assure provisoirement au demandeur, dans les États contractants désignés dans la demande, la protection prévue à l'article 64.

2. Tout État contractant peut prévoir que la demande de brevet européen n'assure pas la protection prévue à l'article 64. Toutefois, la protection attachée à la publication de la demande de brevet européen ne peut être inférieure à celle que la législation de l'État considéré attache à la publication obligatoire des demandes de brevet national non examinées. En tout état de cause, chaque État contractant doit au moins prévoir qu'à partir de la publication de la demande de brevet européen, le demandeur peut exiger une indemnité raisonnable, fixée suivant les circonstances, de toute personne ayant exploité, dans cet État contractant, l'invention objet de la demande de brevet européen, dans des conditions qui, selon le droit national, mettraient en jeu sa responsabilité s'il s'agissait d'une contrefaçon d'un brevet national.

3. Tout État contractant qui n'a pas comme langue officielle la langue de la procédure peut prévoir que la protection provisoire visée aux paragraphes 1 et 2 n'est assurée qu'à partir de la date à laquelle une traduction des revendications, soit dans l'une des langues officielles de cet État, au choix du demandeur, soit, dans la mesure où l'État en question a imposé l'utilisation d'une langue officielle déterminée, dans cette dernière langue :

a) a été rendue accessible au public dans les conditions prévues par sa législation nationale, ou

b) a été remise à la personne exploitant, dans cet État, l'invention objet de la demande de brevet européen.

(4) Les effets de la demande de brevet européen prévus aux paragraphes 1 et 2 sont réputés nuls et non avenus lorsque la demande de brevet européen a été retirée, ou est réputée retirée, ou a été rejetée en vertu d'une décision passée en force de chose jugée. Il en est de même des effets de la demande de brevet européen dans un État contractant dont la désignation a été retirée ou est réputée retirée.

CBE, art. 93 – Publication de la demande de brevet européen

1. L'Office européen des brevets publie la demande de brevet européen dès que possible

a) après l'expiration d'un délai de dix-huit mois à compter de la date de dépôt ou, si une priorité a été revendiquée, à compter de la date de priorité ou

b) avant l'expiration de ce délai sur requête du demandeur.

2. La demande de brevet européen est publiée à la même date que le fascicule du brevet européen lorsque la décision relative à la délivrance du brevet européen prend effet avant l'expiration du délai visé au paragraphe 1 a).

CBE, art. 99 – Opposition

1. Dans un délai de neuf mois à compter de la publication de la mention de la délivrance du brevet européen au *Bulletin européen des brevets*, toute personne peut faire opposition à ce brevet auprès de l'Office européen des brevets, conformément au règlement d'exécution. L'opposition n'est réputée formée qu'après le paiement de la taxe d'opposition.

2. L'opposition au brevet européen affecte ce brevet dans tous les États contractants dans lesquels il produit ses effets.

3. Les opposants sont parties, avec le titulaire du brevet, à la procédure d'opposition.

4. Si une personne apporte la preuve que, dans un État contractant, elle est inscrite au registre des brevets, en vertu d'une décision passée en force de chose jugée, au lieu et place du titulaire précédent, elle est, sur requête, substituée à ce dernier pour ledit État. Nonobstant l'article 118, le titulaire précédent du brevet et la personne qui fait ainsi valoir ses droits ne sont pas considérés comme copropriétaires, à moins qu'ils ne demandent tous deux à l'être.

CBE, art. 142 – Brevet unitaire

1. Tout groupe d'États contractants qui, dans un accord particulier, a disposé que les brevets européens délivrés pour ces États auront un caractère unitaire sur l'ensemble de leurs territoires, peut prévoir que les brevets euro-

péens ne pourront être délivrés que conjointement pour tous ces États.

2. Les dispositions de la présente partie sont applicables lorsqu'un groupe d'États contractants a fait usage de la faculté visée au paragraphe 1.

Règl. CE n° 2100/94 du 27 juill. 1994 instituant un régime de protection communautaire des obtentions végétales

Règl. CE n° 2100/94, art. 23 – Transferts

1. La protection communautaire des obtentions végétales peut être transférée à un ou plusieurs ayants droit ou ayants cause.

2. Le transfert d'une protection communautaire des obtentions végétales par cession ne peut s'effectuer qu'en faveur d'ayants droit ou d'ayants cause qui remplissent les conditions énoncées aux articles 12 et 82. Il doit être fait par écrit et comporter la signature des parties au contrat, sauf lorsqu'il résulte d'une décision judiciaire ou de tout autre acte mettant fin à une procédure judiciaire. À défaut, il est frappé de nullité.

3. Sauf dispositions contraires de l'article 100, un transfert n'affecte pas les droits acquis par des tiers avant la date du transfert.

4. Un transfert n'a d'effet à l'égard de l'Office et n'est opposable aux tiers que sur production des preuves documentaires prévues par les modalités d'application et après son inscription au registre de la protection communautaire des obtentions végétales. Toutefois, un transfert qui ne fait pas encore l'objet d'une inscription est opposable aux tiers qui ont acquis des droits après la date du transfert, mais qui avaient connaissance de celui-ci lors de l'acquisition de ces droits.

Règl. CE n° 2100/94, art. 24 – Exécution forcée

Une protection communautaire des obtentions végétales peut faire l'objet de mesures d'exécution forcée et faire l'objet de mesures provisoires et conservatoires au sens de l'article 24 de la convention concernant la compétence judiciaire et l'exécution des décisions en matières civile et commerciale, signée à Lugano, le 16 septembre 1988, ci-après dénommée « convention de Lugano ».

Règl. CE n° 2100/94, art. 29 – Licences d'exploitation obligatoires

1. Une licence d'exploitation obligatoire est accordée par l'Office à une ou plusieurs personnes, lorsque cette personne ou ces personnes en font la demande, mais uniquement pour des raisons d'intérêt public et après consultation du conseil d'administration visé à l'article 36.

2. À la demande d'un État membre, de la Commission ou d'une organisation créée au niveau communautaire et enregistrée par la Commission, une licence d'exploitation obligatoire peut être accordée soit à une catégorie de personnes répondant à des conditions particulières, soit à toute personne dans un ou plusieurs États membres ou dans l'ensemble de la Communauté. Elle ne peut être accordée que pour des raisons d'intérêt public et avec l'accord du conseil d'administration.

3. Lors de l'octroi de la licence d'exploitation obligatoire, l'Office précise le type d'actes couverts et les conditions raisonnables à respecter, ainsi que les conditions particulières visées au paragraphe 2. Les conditions raisonnables tiennent compte des intérêts de tout titulaire d'une protection des obtentions végétales qui seraient affectés par l'octroi d'une licence obligatoire. Elles peuvent comporter une éventuelle limite de durée, le paiement d'une redevance appropriée à titre de rémunération équitable du titulaire et peuvent imposer à celui-ci certaines obligations qu'il est tenu de remplir pour assurer usage de la licence obligatoire.

4. À la fin de chaque année à compter de l'octroi de la licence d'exploitation obligatoire et dans la limite éventuelle de durée susmentionnée, chaque partie à la procédure peut demander que la décision relative à l'octroi de la licence obligatoire soit annulée ou modifiée. Le seul motif pouvant être invoqué à l'appui d'une telle demande est que les faits décisifs au moment de la décision antérieure se sont modifiés entre-temps.

5. Sur demande, la licence d'exploitation obligatoire est accordée au titulaire de la protection concernant une variété essentiellement dérivée si les critères énoncés au paragraphe 1 sont remplis. Les conditions raisonnables visées au paragraphe 3 comprennent le paiement d'une redevance appropriée à titre de rémunération équitable du titulaire de la variété initiale.

6. Le règlement d'application vise à l'article 114 peut citer certains cas à titre d'exemples de l'intérêt public mentionné au paragraphe 1 et préciser en outre les modalités d'application des paragraphes qui précèdent.

7. Les États membres ne peuvent accorder de licences d'exploitation obligatoires dans le cas d'une protection communautaire des obtentions végétales.

Règl. CE n° 2100/94, art. 87 – Tenue des registres

1. L'Office tient un registre des demandes de protection communautaire des obtentions végétales où sont portées les indications suivantes :

a) les demandes de protection communautaire des obtentions végétales avec mention du taxon, de la dénomination provisoire de la variété, de la date de dépôt, ainsi que des nom et adresse du demandeur, de l'obtenteur et de tout mandataire concerné;

b) tout cas de fin d'une procédure concernant des demandes de protection communautaire des obtentions végétales avec mention des données visées au point a);

c) les propositions de dénomination variétale;

d) les modifications relatives à la personne du titulaire ou de son mandataire;

e) sur demande, les mesures d'exécution forcée précitées aux articles 24 et 26.

2. L'Office tient un registre de la protection communautaire des obtentions végétales où sont portées après l'octroi d'une protection communautaire des obtentions végétales, les indications suivantes :

a) l'espèce et la dénomination de la variété;

b) la description officielle de la variété ou la mention des documents que possède l'Office et qui contiennent cette description officielle en tant que partie intégrante du registre ;

c) dans le cas de variétés nécessitant, pour la production de matériel, l'emploi répété de matériel de certains composants, la mention de ces composants;

d) les nom et adresse du titulaire, de l'obtenteur et de tout mandataire concerné ;

e) la date de début et d'extinction de la protection communautaire, ainsi que le motif de son extinction ;

f) sur demande, tout droit contractuel d'exploitation exclusive ou tout droit d'exploitation obligatoire, comprenant les nom et adresse de la personne bénéficiaire du droit d'exploitation ;

g) sur demande, toute mesure d'exécution forcée prévue à l'article 24;

h) si le titulaire d'une variété initiale et l'obtenteur d'une variété essentiellement dérivée de la variété initiale en font tous deux la demande, l'identification des variétés en tant que variétés initiales et essentiellement dérivées, y compris les dénominations variétales et les noms des parties concernées. Une demande adressée par une seule des parties concernées n'est suffisante que si elle a obtenu soit la reconnaissance incontestée de l'autre partie conformément à l'article 99, soit une décision finale ou un jugement définitif rendu conformément aux dispositions du présent règlement et comportant une identification des variétés concernées en tant que variétés initiales et essentiellement dérivées.

3. Tout autre détail, ou toute condition, relatif à l'inscription dans les deux registres peut être précisé dans le règlement d'application visé à l'article 114.

4. L'Office peut, en ce qui concerne le nombre et le type de caractères ou les expressions établies de ces caractères, adapter d'office et après avoir consulté le titulaire, la description officielle de la variété, si nécessaire, aux principes applicables à la description des variétés du taxon concerné, afin de rendre la description de la variété comparable aux descriptions d'autres variétés du taxon concerné.

Règl. CE nº 2100/94, art. 92 – Interdiction des protections cumulées

1. Toute variété faisant l'objet d'une protection communautaire des obtentions végétales ne peut faire l'objet d'une protection nationale des variétés végétales ni d'un brevet. Tout droit accordé contrairement à cette disposition est dépourvu d'effet.

2. Si, préalablement à l'octroi de la protection communautaire des obtentions végétales, le titulaire s'est vu accorder un autre titre de protection du type visé au paragraphe 1 pour la même variété, il ne peut invoquer les droits conférés par cette protection pour cette variété aussi longtemps que la protection communautaire est maintenue en vigueur.

Règl. CE nº 2001/94, art. 94 – Contrefaçon

1. Toute personne qui :

a) accomplit, sans y avoir été autorisée, un des actes visés à l'article 13 paragraphe 2 à l'égard d'une variété faisant l'objet d'une protection communautaire des obtentions végétales

ou

b) n'utilise pas correctement une dénomination variétale conformément à l'article 17 paragraphe 1 ou omet d'indiquer les informations nécessaires conformément à l'article 17 paragraphe 2

ou

c) utilise, contrairement à l'article 18 paragraphe 3, la dénomination variétale d'une variété faisant l'objet d'une protection communautaire des obtentions végétales ou une dénomination pouvant être confondue avec ladite dénomination peut faire l'objet d'une action, intentée par le titulaire, en cessation de la contrefaçon ou en versement d'une rémunération équitable ou à ce double titre.

2. Toute personne qui agit de propos délibéré ou par négligence est en outre tenue de réparer le préjudice subi par le titulaire. En cas de faute légère, le droit à réparation du titulaire peut être diminué en conséquence, sans être toutefois inférieur à l'avantage acquis par l'auteur de la contrefaçon du fait de cette contrefaçon.

Règl. CE nº 2100/94, art. 95 – Actes antérieurs à l'octroi de la protection communautaire des obtentions végétales

Le titulaire peut exiger une rémunération équitable de la part de toute personne ayant accompli, pendant la période comprise entre la publication de la demande de protection communautaire des obtentions végétales et l'octroi de ladite protection, un acte qui lui aurait été interdit après ladite période au titre de la protection communautaire.

Règl. CE nº 2100/94, art. 104 – Habilitation pour l'exercice de l'action en contrefaçon

1. L'action en contrefaçon peut être exercée par le titulaire. Un licencié peut exercer l'action en contrefaçon, sauf si cette possibilité a été expressément exclue par un accord avec le titulaire dans le cas d'une licence d'exploitation exclusive ou par l'Office conformément à l'article 29 ou à l'article 100 paragraphe 2.

2. Tout licencié a le droit d'intervenir dans l'instance en contrefaçon engagée par le titulaire, afin d'obtenir réparation du préjudice qu'il a subi.

Règl. CE nº 2100/94, art. 106 – Suspension de la procédure

1. Lorsque l'action en justice porte sur des droits au sens de l'article 98 paragraphe 4 et que la décision dépend de la question de savoir si la variété peut être protégée conformément à l'article 6, cette décision ne peut être rendue avant que l'Office ait statué sur la demande de protection communautaire des obtentions végétales.

2. Lorsque l'action en justice porte sur une protection communautaire des obtentions végétales déjà accordée, à propos de laquelle a été introduite une procédure en annulation ou en déchéance conformément à l'article 20 ou 21, la procédure peut être suspendue dans la mesure où la décision dépend de la validité de la protection communautaire des obtentions végétales.

Règl. CE n° 2100/94, art. 107 – Application de sanctions en cas de contrefaçon d'une protection communautaire des obtentions végétales

Les États membres prennent toutes les mesures nécessaires pour veiller à ce que les dispositions visant à sanctionner les cas de contrefaçon des droits nationaux soient applicables également aux cas de contrefaçon d'une protection communautaire des obtentions végétales.

Règl. CE n° 1239/95 du 31 mai 1995 établissant les règles d'exécution du règlement CE n° 2100/94 en ce qui concerne la procédure devant l'Office communautaire des variétés végétales

Règl. CE n° 1239/95, art. 82 – Inspection publique des registres

1. Les registres peuvent être consultés dans les locaux de l'Office.

2. Des extraits des registres sont délivrés à la demande de toute personne intéressée moyennant le paiement d'une taxe administrative.

3. Le président de l'Office peut organiser une inspection publique dans les locaux des agences nationales mandatées ou des services de l'Office créés conformément à l'article 30 paragraphe 4 du règlement de base.

Règl. CE n° 2868/95 du 13 déc. 1995 portant modalités d'application du règlement (CE) n° 40/94 du Conseil sur la marque communautaire

Règl. CE n° 2868/95, règle 84 – Registre des marques communautaires

1. Le registre des marques communautaires peut être tenu sous la forme d'une base de données électronique.

2. Sont inscrits au registre des marques communautaires :

a) la date du dépôt de la demande;

b) le numéro de dossier attribué à la demande;

c) la date de publication de la demande;

d) le nom, l'adresse et la nationalité du demandeur, ainsi que l'État sur le territoire duquel il a son domicile, son siège ou un établissement;

e) les nom et adresse professionnelle du représentant, dans la mesure où il ne s'agit pas d'un représentant désigné en vertu de l'article 88 paragraphe 3 première phrase du règlement; s'il y a plusieurs représentants, seuls sont inscrits les nom et adresse professionnelle du premier représentant cité, suivis des mots « et autres »; en cas de groupement de représentants, seuls sont inscrits les nom et adresse du groupement;

f) la reproduction de la marque, ainsi que les mentions relatives à sa nature, à moins qu'il ne s'agisse d'une marque relevant de la règle 3 paragraphe 1; en cas de demande d'enregistrement en couleur, la mention « en couleur » et l'indication de la couleur ou des couleurs dont la marque se compose; le cas échéant, une description de la marque;

g) la désignation par leur nom des produits et services, groupés par classe de la classification de Nice, chaque groupe étant précédé du numéro de la classe de cette classification à laquelle il appartient et présenté dans l'ordre de ladite classification;

h) des indications relatives à la revendication d'une priorité en vertu de l'article 30 du règlement;

i) des indications concernant la revendication d'une priorité d'exposition en vertu de l'article 33 du règlement;

j) des indications sur la revendication de l'ancienneté d'une marque antérieure enregistrée selon les termes de l'article 34 du règlement;

k) une déclaration selon laquelle, après l'usage qui en a été fait, la marque a acquis un caractère distinctif conformément à l'article 7 paragraphe 3 du règlement;

l) une déclaration du demandeur aux termes de laquelle il renonce à invoquer un droit exclusif sur un élément de la marque, conformément à l'article 38 paragraphe 2 du règlement;

m) la mention qu'il s'agit d'une marque collective;

n) la langue de dépôt de la demande ainsi que la deuxième langue indiquée par le demandeur dans sa demande, conformément à l'article 115 paragraphe 3 du règlement;

o) la date d'inscription de la marque au registre et le numéro d'enregistrement.

3. Sont également inscrits au registre des marques communautaires, avec à chaque fois la date d'enregistrement :

a) les modifications de nom, d'adresse ou de nationalité du titulaire d'une marque communautaire ou de l'État sur le territoire duquel il a son domicile, son siège ou un établissement;

b) toute modification du nom ou de l'adresse professionnelle du représentant, dans la mesure où il ne s'agit pas d'un représentant relevant de l'article 88 paragraphe 3 première phrase du règlement;

c) en cas de désignation d'un nouveau représentant, les nom et adresse professionnelle de ce dernier;

d) toute modification de la marque en vertu de l'article 48 du règlement et toute rectification d'erreurs ou de fautes;

e) la mention de la modification du règlement d'usage de la marque collective au sens de l'article 69 du règlement;

f) des indications sur la revendication de l'ancienneté d'une marque antérieure enregistrée selon l'article 34 du règlement, en vertu de l'article 35 du règlement;

g) tout transfert total ou partiel au sens de l'article 17 du règlement;

h) la constitution ou la cession d'un droit réel en vertu de l'article 19 du règlement et la nature du droit réel;

i) les mesures d'exécution forcée en application de l'article 20 du règlement, ainsi que les procédures de faillite ou les procédures analogues en vertu de l'article 21 du règlement;

j) l'octroi ou le transfert d'une licence au sens de l'article 22 du règlement, ainsi que, le cas échéant, le type de licence conformément à la règle 34;

k) le renouvellement d'un enregistrement au sens de l'article 47 du règlement et sa date de prise d'effet, ainsi que toute limitation en application de l'article 47 paragraphe 4 du règlement;

l) la mention relative à la date d'expiration de l'enregistrement au sens de l'article 47 du règlement;

m) la déclaration de renonciation, au sens de l'article 49 du règlement, par le titulaire de la marque;

n) la date de la présentation d'une demande en déchéance ou en nullité en vertu de l'article 55 du règlement ou d'une demande reconventionnelle en déchéance ou en nullité en vertu de l'article 96 paragraphe 4 du règlement;

o) la date et le contenu de la décision sur la demande en déchéance ou en nullité en vertu de l'article 56 paragraphe 6 du règlement ou sur la demande reconventionnelle en vertu de l'article 96 paragraphe 6 troisième phrase du règlement;

p) la mention de la réception d'une requête en transformation conformément à l'article 109 paragraphe 2 du règlement;

q) la radiation du nom du représentant inscrit conformément au paragraphe 2 point e) de la présente règle;

r) la radiation de l'ancienneté d'une marque nationale;

s) la modification ou la radiation des mentions visées aux points h), i) et j).

4. Le président de l'Office peut décider que les mentions autres que celles prévues aux paragraphes 2 et 3 seront inscrites au registre.

5. Toute modification apportée au registre est notifiée au titulaire de la marque.

6. L'Office délivre, sur requête et moyennant paiement d'une taxe, des extraits certifiés ou non certifiés conformes du registre.

Règl. CE n° 44/2001 du 22 déc. 2000 concernant la compétence judiciaire, la reconnaissance et l'exécution des décisions en matière civile et commerciale

Règl. CE n° 44/2001, art. 31

Les mesures provisoires ou conservatoires prévues par la loi d'un État membre peuvent être demandées aux autorités judiciaires de cet État, même si, en vertu du présent règlement, une juridiction d'un autre État membre est compétente pour connaître du fond.

Règl. CE n° 1206/2001 du 26 mai 2001 relatif à la coopération entre les juridictions des États membres dans le domaine de l'obtention des preuves en matière civile ou commerciale

Règl. CE n° 1206/2001, art. 1 – Champ d'application

1. Le présent règlement est applicable en matière civile ou commerciale, lorsqu'une juridiction d'un État membre, conformément aux dispositions de sa législation, demande :

a) à la juridiction compétente d'un autre État membre de procéder à un acte d'instruction ou

b) à procéder directement à un acte d'instruction dans un autre État membre.

2. La demande ne doit pas viser à obtenir des moyens de preuve qui ne sont pas destinés à être utilisés dans une procédure judiciaire qui est engagée ou envisagée.

3. Dans le présent règlement, les termes « État membre » désignent les États membres à l'exception du Danemark.

Règl. CE n° 1206/2001, art. 4 – Forme et contenu de la demande

1. La demande est établie au moyen du formulaire type A ou, le cas échéant, du formulaire type I figurant en annexe. Elle contient les indications suivantes :

a) la juridiction requérante et, le cas échéant, la juridiction requise;

b) les nom et adresse des parties et, le cas échéant, de leurs représentants;

c) la nature et l'objet de l'instance et un exposé sommaire des faits;

d) l'acte d'instruction demandé;

e) s'il s'agit d'une demande visant à l'audition d'une personne :

– les nom et adresse des personnes à entendre,

– les questions à poser aux personnes à entendre ou les faits sur lesquels elles doivent être entendues,

– le cas échéant, la mention d'un droit de refus de témoigner prévu par la législation de l'État membre dont relève la juridiction requérante,

– le cas échéant, la demande de déposition sous serment ou de déclaration sur l'honneur et, le cas échéant, l'indication de la forme spéciale à utiliser,

– le cas échéant, toute autre information jugée nécessaire par la juridiction requérante;

f) s'il s'agit d'une demande relative à un autre acte d'instruction, les pièces ou autres objets à examiner le cas échéant;

g) le cas échéant, la demande visée à l'article 10, paragraphes 3 et 4, et aux articles 11 et 12 ainsi que les renseignements nécessaires à l'application de ces dispositions;

2. La demande ainsi que toutes les pièces jointes à celle-ci sont dispensées de légalisation et de toute formalité équivalente.

3. Les pièces que la juridiction requérante estime nécessaire de joindre à la demande pour l'exécution de celle-ci doivent être accompagnées d'une traduction dans la langue dans laquelle la demande a été formulée.

Règl. CE n° 1206/2001, art. 10 – Dispositions générales relatives à l'exécution de la demande

1. La juridiction requise exécute la demande sans tarder et, au plus tard, dans les quatre-vingt-dix jours suivant la réception de la demande.

2. La juridiction requise exécute la demande conformément au droit de l'État membre dont cette juridiction relève.

3. La juridiction requérante peut demander que la demande soit exécutée selon une forme spéciale prévue par le droit de l'État membre dont elle relève, au moyen du formulaire type A figurant en annexe. La juridiction requise défère à cette demande, à moins que la forme demandée ne soit pas compatible avec le droit de l'État membre dont elle relève ou en raison de difficultés pratiques majeures. Si la juridiction requise, pour l'une des raisons susmentionnées, ne défère pas à la demande, elle en informe la juridiction requérante au moyen du formulaire type D figurant en annexe.

4. La juridiction requérante peut demander à la juridiction requise de recourir aux technologies de communication modernes pour procéder à l'acte d'instruction, en particulier à la vidéoconférence et à la téléconférence.

La juridiction requise défère à cette demande, à moins que cela ne soit incompatible avec le droit de l'État membre dont elle relève ou en raison de difficultés pratiques majeures.

Si la juridiction requise, pour l'une des raisons susmentionnées, ne défère pas à cette demande, elle en informe la juridiction requérante au moyen du formulaire type D figurant en annexe.

Si les moyens techniques visés ci-dessus ne sont pas accessibles dans la juridiction requérante ou dans la juridiction requise, les juridictions peuvent d'un commun accord les rendre disponibles.

Règl. CE n° 1206/2001, art. 17 – Forme et contenu de la demande

1. Lorsqu'une juridiction souhaite procéder directement à un acte d'instruction dans un autre État membre, elle présente une demande à l'organisme central ou à l'autorité compétente de cet État, visés à l'article 3, paragraphe 3, au moyen du formulaire type I figurant en annexe.

2. L'exécution directe de l'acte d'instruction n'est possible que si elle peut avoir lieu sur une base volontaire, sans qu'il soit nécessaire de recourir à des mesures coercitives.

Lorsque, dans le cadre de l'exécution directe d'un acte d'instruction, une personne est entendue, la juridiction requérante informe cette personne que l'acte sera exécuté sur une base volontaire.

3. L'acte d'instruction est exécuté par un magistrat ou par toute autre personne, par exemple un expert, désignés conformément au droit de l'État membre dont relève la juridiction requérante.

4. Dans un délai de trente jours à compter de la réception de la demande, l'organisme central ou l'autorité compétente de l'État membre requis indiquent à la juridiction requérante, au moyen du formulaire type J, s'il est déféré à cette demande et, le cas échéant, dans quelles conditions, conformément à la loi de l'État membre dont ils relèvent, l'acte doit être exécuté.

En particulier, l'organisme central ou l'autorité compétente peuvent charger une juridiction de l'État membre dont ils relèvent de participer à l'exécution de l'acte d'instruction afin de veiller à la bonne application du présent article et des conditions qui ont été fixées.

L'organisme central ou l'autorité compétente encouragent le recours aux technologies de communication, telles que la vidéoconférence et la téléconférence.

5. L'organisme central ou l'autorité compétente ne peuvent refuser l'exécution directe de la mesure d'instruction que si :

a) la demande sort du champ d'application du présent règlement tel que défini à l'article 1er, ou

b) la demande ne contient pas toutes les informations nécessaires en vertu de l'article 4, ou

c) l'exécution directe demandée est contraire aux principes fondamentaux du droit de l'État membre dont ils relèvent.

6. Sous réserve des conditions fixées conformément au paragraphe 4, la juridiction requérante exécute la demande conformément au droit de l'État membre dont elle relève.

Règl. CE n° 6/2002 du 12 déc. 2001 sur les dessins ou modèles communautaires

Règl. CE n° 6/2002, art. 11 – Durée de la protection du dessin ou modèle communautaire non enregistré

1. Un dessin ou modèle qui remplit les conditions énoncées dans la section 1 est protégé en qualité de dessin ou modèle communautaire non enregistré pendant une période de trois ans à compter de la date à laquelle le dessin ou modèle a été divulgué au public pour la première fois au sein de la Communauté.

2. Aux fins du paragraphe 1, un dessin ou modèle est réputé avoir été divulgué au public au sein de la Communauté s'il a été publié, exposé, utilisé dans le commerce ou rendu public de toute autre manière de telle sorte que, dans la pratique normale des affaires, ces faits pouvaient raisonnablement être connus des milieux spécialisés du secteur concerné, opérant dans la Communauté. Toutefois, le dessin ou modèle n'est pas réputé avoir été divulgué au public uniquement parce qu'il a été divulgué à un tiers à des conditions explicites ou implicites de secret.

Règl. CE n° 6/2002, art. 19 – Droits conférés par le dessin ou modèle communautaire

1. Le dessin ou modèle communautaire enregistré confère à son titulaire le droit exclusif de l'utiliser et d'interdire à tout tiers de l'utiliser sans son consentement. Par utilisation au sens de la présente disposition, on entend en particulier la fabrication, l'offre, la mise sur le marché, l'importation, l'exportation ou l'utilisation d'un produit dans lequel le dessin ou modèle est incorporé ou auquel celui-ci est appliqué, ou le stockage du produit à ces mêmes fins.

2. Le dessin ou modèle communautaire non enregistré ne confère cependant à son titulaire le droit d'interdire

les actes visés au paragraphe 1 que si l'utilisation contestée résulte d'une copie du dessin ou modèle protégé.

L'utilisation contestée n'est pas considérée comme résultant d'une copie du dessin ou modèle protégé si elle résulte d'un travail de création indépendant réalisé par un créateur dont on peut raisonnablement penser qu'il ne connaissait pas le dessin ou modèle divulgué par le titulaire.

3. Le paragraphe 2 s'applique également à un dessin ou modèle communautaire enregistré soumis à un ajournement de publication tant que les inscriptions pertinentes au registre et le dossier n'ont pas été divulgués au public conformément à l'article 50, paragraphe 4.

Règl. CE n° 6/2002, art. 20 – Limitation des droits conférés par le dessin ou modèle communautaire

1. Les droits conférés par un dessin ou modèle communautaire ne s'exercent pas à l'égard :

a) d'actes accomplis à titre privé et à des fins non commerciales;

b) d'actes accomplis à des fins expérimentales;

c) d'actes de reproduction à des fins d'illustration ou d'enseignement, pour autant que ces actes soient compatibles avec les pratiques commerciales loyales, ne portent pas indûment préjudice à l'exploitation normale du dessin ou modèle et que la source en soit indiquée.

2. En outre, les droits conférés par un dessin ou modèle communautaire ne s'exercent pas à l'égard :

a) des équipements à bord de navires ou d'aéronefs immatriculés dans un pays tiers, lorsqu'ils pénètrent temporairement sur le territoire de la Communauté;

b) de l'importation, dans la Communauté, de pièces détachées et d'accessoires aux fins de réparation de ces véhicules;

c) de l'exécution de réparations sur ces véhicules.

Règl. CE n° 6/2002, art. 32 – Licences

1. Le dessin ou modèle communautaire peut faire l'objet de licences pour tout ou partie de la Communauté. Les licences peuvent être exclusives ou non exclusives.

2. Sans préjudice d'éventuelles actions fondées sur le droit du contrat, le titulaire peut invoquer les droits conférés par le dessin ou modèle communautaire à l'encontre d'un licencié qui enfreint l'une des clauses du contrat de licence en ce qui concerne sa durée, la forme couverte par le dessin ou modèle, la gamme des produits pour lesquels la licence est octroyée et la qualité des produits fabriqués par le licencié.

3. Sans préjudice des stipulations du contrat de licence, le licencié ne peut engager une procédure relative à la contrefaçon d'un dessin ou modèle communautaire qu'avec le consentement du titulaire de celui-ci. Toutefois, le titulaire d'une licence exclusive peut engager une telle procédure si, après mise en demeure, le titulaire du dessin ou modèle communautaire n'agit pas lui-même en contrefaçon dans le délai approprié.

4. Tout licencié est recevable à intervenir dans l'instance en contrefaçon engagée par le titulaire du dessin ou modèle communautaire afin d'obtenir réparation du préjudice qui lui est propre.

5. Sur requête d'une des parties, l'octroi ou le transfert d'une licence de dessin ou modèle communautaire enregistré est inscrit au registre et publié.

Règl. CE n° 6/2002, art. 33 – Opposabilité aux tiers

1. L'opposabilité aux tiers des actes juridiques visés aux articles 28, 29, 30 et 32 est régie par la législation de l'État membre déterminé conformément à l'article 27.

2. Pour les dessins ou modèles communautaires enregistrés, les actes juridiques visés aux articles 28, 29 et 32 ne sont opposables aux tiers, dans tous les États membres, qu'après leur inscription au registre. Toutefois, avant son inscription, un tel acte est opposable aux tiers qui ont acquis des droits sur le dessin ou modèle communautaire enregistré après la date de cet acte, mais qui avaient connaissance de celui-ci lors de l'acquisition de ces droits.

3. Le paragraphe 2 n'est pas applicable à l'égard d'une personne qui acquiert le dessin ou modèle communautaire enregistré ou un droit sur le dessin ou modèle communautaire enregistré par transfert de l'entreprise dans sa totalité ou par toute autre succession à titre universel.

4. Jusqu'à l'entrée en vigueur dans les États membres de dispositions communes en matière d'insolvabilité, l'opposabilité aux tiers d'une procédure d'insolvabilité est régie par le droit de l'État membre où en premier lieu une telle procédure a été ouverte au sens de la loi nationale ou des réglementations applicables en la matière.

Règl. CE n° 6/2002, art. 88 – Droit applicable

1. Les tribunaux des dessins ou modèles communautaires appliquent les dispositions du présent règlement.

2. Pour toutes les questions qui n'entrent pas dans le champ d'application du présent règlement, le tribunal des dessins ou modèles communautaires applique son droit national, y compris son droit international privé.

3. À moins que le présent règlement n'en dispose autrement, le tribunal des dessins ou modèles communautaires applique les règles de procédure applicables au même type de procédures relatives à un enregistrement de dessin ou modèle dans l'État membre sur le territoire duquel ce tribunal est situé.

Règl. CE n° 6/2002, art. 90 – Mesures provisoires et conservatoires

1. Les mesures provisoires et conservatoires prévues par la loi d'un État membre à propos des dessins ou modèles nationaux peuvent être demandées, à propos d'un dessin ou modèle communautaire, aux autorités judiciaires, y compris les tribunaux des dessins ou modèles communautaires de cet État, même si en vertu du présent règlement une juridiction des dessins ou modèles communautaires d'un autre État membre est compétente pour connaître du fond.

2. Dans les procédures concernant des mesures provisoires et conservatoires, l'exception de nullité d'un dessin ou modèle communautaire soulevée par le défendeur autrement que par la voie d'une demande reconven-

tionnelle est recevable. L'article 85, paragraphe 2, s'applique *mutatis mutandis*.

3. Un tribunal des dessins ou modèles communautaires dont la compétence est fondée sur l'article 82, paragraphes 1, 2, 3 ou 4, est compétent pour ordonner des mesures provisoires ou conservatoires qui, sous réserve de toute procédure requise aux fins de la reconnaissance et de l'exécution conformément au titre III de la convention d'exécution, sont applicables sur le territoire de tout État membre. Cette compétence n'appartient à aucune autre juridiction.

Règl. CE n° 6/2002, art. 93 – Dispositions complémentaires concernant la compétence des tribunaux nationaux autres que les tribunaux des dessins ou modèles communautaires

1. Dans l'État membre dont les tribunaux sont compétents conformément à l'article 79, paragraphes 1 ou 4, les actions en matière de dessins ou modèles communautaires autres que celles visées à l'article 81 sont portées devant les tribunaux qui auraient compétence territoriale et d'attribution s'il s'agissait d'actions relatives aux enregistrements nationaux de dessins ou modèles dans l'État concerné.

2. Lorsque, en vertu de l'article 79, paragraphes 1 et 4, et du paragraphe 1 du présent article, aucun tribunal n'est compétent pour connaître d'une action relative à un dessin ou modèle communautaire autre que celles visées à l'article 81, cette action peut être portée devant les tribunaux de l'État membre sur le territoire duquel l'Office a son siège.

Règl. CE n° 2245/2002 du 21 oct. 2002 portant modalités d'application du règlement (CE) n° 6/2002 du Conseil sur les dessins ou modèles communautaires

Règl. CE n° 2245/2002, art. 69 – Registre des dessins ou modèles communautaires

1. Le registre peut être tenu sous la forme d'une base de données électronique.

2. Sont inscrits au registre :

a) la date du dépôt de la demande;

b) le numéro de dossier attribué à la demande et le numéro de dossier attribué à chaque dessin ou modèle individuel compris dans une demande multiple;

c) la date de publication de l'enregistrement;

d) le nom, l'adresse et la nationalité du demandeur, ainsi que l'État sur le territoire duquel il a son domicile, son siège ou un établissement;

e) le nom et l'adresse professionnelle du représentant, dans la mesure où il ne s'agit pas d'un employé désigné en tant que représentant conformément à l'article 77, paragraphe 3, premier alinéa, du règlement (CE) n° 6/2002; s'il y a plusieurs représentants, seuls sont inscrits les nom et adresse professionnelle du premier représentant cité, le nom étant suivi des mots « et al »; en cas de groupement de représentants, seuls sont inscrits les nom et adresse du groupement;

f) la représentation du dessin ou modèle;

g) la désignation par leur nom des produits, précédés des numéros des classes et sous-classes de la classification de Locarno et regroupés suivant celles-ci;

h) des indications relatives à la revendication d'une priorité en vertu de l'article 42 du règlement (CE) n° 6/2002;

i) des indications concernant la revendication d'une priorité d'exposition en vertu de l'article 44 du règlement (CE) n° 6/2002;

j) le cas échéant, la désignation du créateur ou de l'équipe de créateurs en vertu de l'article 18 du règlement (CE) n° 6/2002 ou une déclaration attestant que le créateur ou l'équipe de créateurs a renoncé au droit à être désigné;

k) la langue de dépôt de la demande ainsi que la deuxième langue indiquée par le demandeur dans sa demande, conformément à l'article 98, paragraphe 2, du règlement (CE) n° 6/2002;

l) la date d'inscription du dessin ou modèle au registre et le numéro d'enregistrement;

m) la mention de toute demande d'ajournement de la publication conformément à l'article 50, paragraphe 3, du règlement (CE) n° 6/2002, en précisant la date d'expiration de la période d'ajournement;

n) la mention du dépôt d'un spécimen en vertu de l'article 5;

o) la mention du dépôt d'une description en vertu de l'article 1er, paragraphe 2, point a).

3. Outre les inscriptions visées au paragraphe 2, sont également inscrits au registre, avec à chaque fois la date d'enregistrement :

a) les modifications de nom, d'adresse ou de nationalité du titulaire ou de l'État sur le territoire duquel il a son domicile, son siège ou un établissement;

b) toute modification du nom ou de l'adresse professionnelle du représentant, dans la mesure où il ne s'agit pas d'un représentant relevant de l'article 77, paragraphe 3, premier alinéa, du règlement (CE) n° 6/2002;

c) en cas de désignation d'un nouveau représentant, les nom et adresse professionnelle de celui-ci;

d) la mention qu'une demande multiple ou un enregistrement multiple a été divisé en demandes ou enregistrements séparés, conformément à l'article 37, paragraphe 4, du règlement (CE) n° 6/2002;

e) toute modification du dessin ou modèle conformément à l'article 25, paragraphe 6, du règlement (CE) n° 6/2002, y compris, s'il y a lieu, la référence à la renonciation faite ou à une décision judiciaire ou à une décision de l'Office prononçant la nullité partielle du dessin ou modèle et toute rectification d'erreurs ou de fautes conformément à l'article 20 du présent règlement;

f) toute demande en justice en vertu de l'article 15, paragraphe 1, du règlement (CE) n° 6/2002, en ce qui concerne un dessin ou modèle communautaire enregistré;

g) toute décision passée en force de chose jugée ou toute autre mesure mettant fin à la procédure, conformément à l'article 15, paragraphe 4, point b), du règlement (CE) n° 6/2002 relatif à la revendication ;

h) tout changement de propriété au sens de l'article 15, paragraphe 4, point c), du règlement (CE) n° 6/2002 ;

i) tout transfert au sens de l'article 28 du règlement (CE) n° 6/2002 ;

j) la constitution ou la cession d'un droit réel en vertu de l'article 29 du règlement (CE) n° 6/2002 et la nature du droit réel ;

k) les mesures d'exécution forcée en application de l'article 30 du règlement (CE) n° 6/2002, ainsi que les procédures d'insolvabilité en vertu de l'article 31 dudit règlement ;

l) l'octroi ou le transfert d'une licence au sens de l'article 16, paragraphe 2, ou de l'article 32 du règlement (CE) n° 6/2002, ainsi que, le cas échéant, le type de licence conformément à l'article 25 du présent règlement ;

m) le renouvellement d'un enregistrement au sens de l'article 13 du règlement (CE) n° 6/2002 et sa date de prise d'effet ;

n) la mention relative à la date d'expiration de l'enregistrement ;

o) la déclaration de renonciation totale ou partielle, au sens de l'article 51, paragraphes 1 et 3, du règlement (CE) n° 6/2002, par le titulaire ;

p) la date de la présentation de la demande ou d'une demande reconventionnelle en nullité en vertu, respectivement, de l'article 52 ou de l'article 86, paragraphe 2, du règlement (CE) n° 6/2002 ;

q) la date et le contenu de la décision sur la demande en nullité ou sur la demande reconventionnelle en nullité ou sur toute autre mesure mettant fin à la procédure en vertu, respectivement, de l'article 53 ou de l'article 86, paragraphe 4, du règlement (CE) n° 6/2002 ;

r) la mention, en vertu de l'article 50, paragraphe 4, du règlement (CE) n° 6/2002, que le dessin ou modèle communautaire enregistré est réputé ne pas avoir eu, dès l'origine, les effets mentionnés dans ledit règlement ;

s) la radiation du nom du représentant inscrit conformément au paragraphe 2, point e) ;

t) la modification ou la radiation des mentions visées aux points j), k) et l).

4. Le président de l'Office peut décider que les mentions autres que celles prévues aux paragraphes 2 et 3 seront inscrites au registre.

5. Toute modification apportée au registre est notifiée au titulaire.

6. Sous réserve de l'article 73, l'Office délivre, sur requête et moyennant paiement d'une taxe, des extraits certifiés ou non certifiés conformes du registre.

Règl. CE n° 1383/2003 du 22 juill. 2003 concernant l'intervention des autorités douanières à l'égard de marchandises soupçonnées de porter atteinte à certains droits de propriété intellectuelle ainsi que les mesures à prendre à l'égard de marchandises portant atteinte à certains droits de propriété intellectuelle

Règl. CE n° 1383/2003, article premier

1. Le présent règlement détermine les conditions d'intervention des autorités douanières lorsque des marchandises sont soupçonnées d'être des marchandises portant atteinte aux droits de propriété intellectuelle dans les situations suivantes :

a) quand elles sont déclarées pour la mise en libre pratique, l'exportation ou la réexportation conformément à l'article 61 du règlement (CEE) n° 2913/92 du Conseil du 12 octobre 1992 établissant le code des douanes communautaire ;

b) quand elles sont découvertes à l'occasion d'un contrôle de marchandises introduites sur le territoire douanier de la Communauté ou en sortant conformément aux articles 37 et 183 du règlement (CEE) n° 2913/92, placées sous un régime suspensif au sens de l'article 84, paragraphe 1, point a), dudit règlement, en voie de réexportation moyennant notification conformément à l'article 182, paragraphe 2, dudit règlement ou placées en zone franche ou en entrepôt franc au sens de l'article 166 dudit règlement.

2. Le présent règlement détermine également les mesures à prendre par les autorités compétentes lorsqu'il est établi que les marchandises visées au paragraphe 1 portent atteinte aux droits de propriété intellectuelle.

Règl. CE n° 1383/2003, art. 2

1. Aux fins du présent règlement, on entend par « marchandises portant atteinte à un droit de propriété intellectuelle » :

a) les « marchandises de contrefaçon », à savoir :

i) les marchandises, y compris leur conditionnement, sur lesquelles a été apposée sans autorisation une marque de fabrique ou de commerce identique à la marque de fabrique ou de commerce valablement enregistrée pour le même type de marchandises ou qui ne peut être distinguée dans ses aspects essentiels de cette marque de fabrique ou de commerce et qui, de ce fait, porte atteinte aux droits du titulaire de la marque en question, en vertu du droit communautaire et notamment du règlement (CE) n° 40/94 du Conseil du 20 décembre 1993 sur la marque communautaire ou en vertu du droit interne de l'État membre dans lequel la demande d'intervention des autorités douanières est introduite ;

ii) tout signe de marque (y compris un logo, une étiquette, un autocollant, un prospectus, une notice d'utilisation, un document de garantie portant le signe en question), même présenté séparément, dans les mêmes conditions que les marchandises visées au point i) ;

iii) les emballages portant les marques des marchandises de contrefaçon, présentés séparément, dans les mêmes conditions que celles prévues pour les marchandises visées au point i) ;

b) les « marchandises pirates », à savoir les marchandises qui sont, ou qui contiennent, des copies fabriquées sans le consentement du titulaire d'un droit d'auteur ou d'un droit voisin ou du titulaire d'un droit relatif au dessin ou modèle, enregistré ou non en droit national, ou d'une personne dûment autorisée par le titulaire dans le pays de production dans les cas où la réalisation de ces copies porte atteinte au droit en question en vertu du règlement (CE) n° 6/2002 du Conseil du 12 décembre 2001 sur les dessins ou modèles communautaires ou en vertu du droit interne de l'État membre dans lequel la demande d'intervention des autorités douanières est introduite;

c) les marchandises qui, dans l'État membre dans lequel la demande d'intervention des autorités douanières est introduite, portent atteinte :

i) à un brevet prévu par le droit interne de cet État membre;

ii) à un certificat complémentaire de protection, tel que prévu par le règlement (CEE) n° 1768/92 du Conseil ou par le règlement (CE) n° 1610/96 du Parlement européen et du Conseil;

iii) à un droit à la protection nationale des obtentions végétales selon le droit interne de cet État membre ou à un droit à la protection communautaire aux termes du règlement (CE) n° 2100/94 du Conseil;

iv) aux appellations d'origine et aux indications géographiques prévues par le droit interne de cet État membre ou par les règlements (CEE) n° 2081/92 et (CE) n° 1493/1999 du Conseil;

v) aux dénominations géographiques telles que prévues par le règlement (CEE) n° 1576/89 du Conseil.

2. Aux fins du présent règlement, on entend par « titulaire du droit » :

a) le titulaire d'une marque de fabrique ou de commerce, d'un droit d'auteur ou d'un droit voisin, d'un dessin ou modèle, d'un brevet, d'un certificat complémentaire de protection, d'un droit d'obtention végétale, d'une appellation d'origine protégée, d'une indication géographique protégée ou, d'une manière générale, d'un des droits visés au paragraphe 1, ou

b) toute autre personne autorisée à utiliser un des droits de propriété intellectuelle visés au point a) ou un représentant du titulaire du droit ou d'un utilisateur autorisé.

3. Sont assimilés à des marchandises portant atteinte à un droit de propriété intellectuelle tout moule ou toute matrice spécifiquement conçus ou adaptés à la fabrication de telles marchandises, à condition que l'utilisation de ces moules ou matrices porte atteinte aux droits du titulaire du droit en vertu du droit communautaire ou du droit interne de l'État membre dans lequel la demande d'intervention des autorités douanières est introduite.

Règl. CE n° 1383/2003, art. 3

1. Le présent règlement ne s'applique pas aux marchandises qui ont été revêtues d'une marque de fabrique ou de commerce avec le consentement du titulaire de cette marque, ou aux marchandises sur lesquelles apparaît une appellation d'origine protégée ou une indication géographique protégée, ou qui sont protégées par un brevet ou un certificat complémentaire de protection, par un droit d'auteur ou un droit voisin, par un droit relatif au dessin ou modèle ou par un droit à obtention végétale, et qui ont été fabriquées avec le consentement du titulaire du droit, mais qui se trouvent, sans le consentement de ce dernier, dans l'une des situations visées à l'article 1er, paragraphe 1.

Il ne s'applique pas non plus aux marchandises visées au premier alinéa et qui ont été fabriquées ou sont protégées par un autre droit de propriété intellectuelle visé à l'article 2, paragraphe 1, dans des conditions autres que celles convenues avec le titulaire des droits en question.

2. Dans les cas où des marchandises sans caractère commercial et entrant dans les limites de franchise douanière sont contenues dans les bagages personnels des voyageurs et où aucun élément matériel ne donne à penser que ces marchandises font partie d'un trafic commercial, les États membres considèrent que lesdites marchandises sont exclues du champ d'application du présent règlement.

Règl. CE n° 1383/2003, art. 4

1. Lorsque, au cours d'une intervention des autorités douanières, dans une des situations visées à l'article 1er, paragraphe 1, et avant qu'une demande du titulaire du droit ait été déposée ou acceptée, il existe des motifs suffisants de soupçonner que l'on se trouve en présence de marchandises portant atteinte à un droit de propriété intellectuelle, les autorités douanières peuvent suspendre la mainlevée ou procéder à la retenue de la marchandise pendant un délai de trois jours ouvrables à compter de la réception de la notification par le titulaire du droit ainsi que par le déclarant ou le détenteur, pour autant que ces derniers soient connus, afin de permettre au titulaire du droit d'introduire une demande d'intervention conformément à l'article 5.

2. Conformément aux règles en vigueur dans l'État membre concerné, les autorités douanières peuvent, sans divulguer d'informations autres que celles portant sur le nombre d'objets réels ou supposés et sur leur nature et avant d'informer le titulaire du droit de l'existence éventuelle d'une infraction, demander au titulaire du droit de leur fournir les informations dont elles pourraient avoir besoin pour confirmer leurs soupçons.

Règl. CE n° 1383/2003, art. 5

1. Dans chaque État membre, le titulaire du droit peut introduire auprès du service douanier compétent une demande écrite visant à obtenir son intervention lorsque des marchandises se trouvent dans l'une des situations visées à l'article 1er, paragraphe 1 (demande d'intervention).

2. Chaque État membre désigne le service douanier compétent pour recevoir et traiter les demandes d'intervention.

3. Lorsqu'il existe des systèmes électroniques d'échanges de données, les États membres encouragent les titulaires de droits à introduire leurs demandes par voie électronique.

4. Lorsque le demandeur est titulaire d'une marque communautaire, ou d'un dessin ou modèle communautaire, d'une protection communautaire d'une obten-

tion végétale ou d'une appellation d'origine ou d'une indication géographique ou d'une désignation géographique protégée par la Communauté, la demande d'intervention peut viser à obtenir, outre l'intervention des autorités douanières de l'État membre dans lequel elle est introduite, l'intervention des autorités douanières d'un ou de plusieurs autres États membres.

5. La demande d'intervention est rédigée sur un formulaire établi selon la procédure visée à l'article 21, paragraphe 2, et doit contenir toutes les informations nécessaires pour que les autorités douanières puissent reconnaître facilement les marchandises en question, et en particulier :

i) une description technique précise et détaillée des marchandises;

ii) les informations spécifiques dont le titulaire du droit pourrait disposer concernant la nature ou le type de fraude;

iii) les coordonnées de la personne de contact désignée par le titulaire du droit.

La demande d'intervention doit également contenir la déclaration du demandeur prévue à l'article 6 ainsi qu'une justification établissant que le demandeur est titulaire du droit pour les marchandises en question.

Dans le cas prévu au paragraphe 4, la demande d'intervention doit indiquer le ou les États membres dans lesquels l'intervention des autorités douanières est sollicitée, ainsi que les coordonnées du titulaire du droit dans chacun des États membres concernés.

À titre indicatif, et s'ils les connaissent, les titulaires de droits communiquent les autres informations dont ils disposeraient, telles que :

a) la valeur hors taxe de la marchandise originale sur le marché légal de l'État dans lequel la demande d'intervention a été introduite;

b) l'endroit où se trouvent les marchandises ou le lieu de destination prévu;

c) des précisions permettant d'identifier l'envoi ou les colis;

d) la date d'arrivée ou de départ prévue des marchandises;

e) le moyen de transport utilisé;

f) l'identité de l'importateur, de l'exportateur ou du détenteur des marchandises;

g) le ou les pays de production et les itinéraires utilisés par les trafiquants;

h) si elles sont connues, les différences techniques entre les marchandises authentiques et les marchandises suspectes.

6. Des précisions spécifiques au type de droit de propriété intellectuelle pour lequel la demande d'intervention a été introduite peuvent être également demandées.

7. Lorsqu'il reçoit une demande d'intervention, le service douanier compétent traite cette demande et informe par écrit le demandeur de sa décision dans un délai de trente jours ouvrables à compter de la réception de la demande.

Aucune redevance n'est exigée du titulaire du droit pour couvrir les frais administratifs occasionnés par le traitement de la demande.

8. Lorsque la demande ne contient pas les informations obligatoires énumérées au paragraphe 5, le service douanier compétent peut décider de ne pas traiter la demande d'intervention; dans ce cas, il motive sa décision et y joint des informations concernant la procédure de recours. La demande ne peut être réintroduite que si elle comporte tous les éléments d'information requis.

Règl. CE n° 1383/2003, art. 6

1. Les demandes d'intervention sont assorties d'une déclaration du titulaire du droit, qui peut être présentée soit par écrit soit par voie électronique, conformément à la législation nationale, par laquelle il accepte sa responsabilité envers les personnes concernées par une situation visée à l'article 1er, paragraphe 1, dans le cas où la procédure ouverte en application de l'article 9, paragraphe 1, ne serait pas poursuivie à cause d'un acte ou d'une omission du titulaire du droit ou dans le cas où il serait établi par la suite que les marchandises en question ne portent pas atteinte à un droit de propriété intellectuelle.

Dans cette déclaration, le titulaire du droit accepte également de supporter tous les frais exposés en vertu du présent règlement pour avoir maintenu les marchandises sous contrôle douanier en application de l'article 9 et, le cas échéant, de l'article 11.

2. Lorsque la demande d'intervention est introduite conformément à l'article 5, paragraphe 4, le titulaire du droit accepte dans la déclaration de fournir, à ses frais, toute traduction requise; cette déclaration est valable dans chacun des États membres dans lesquels la décision faisant droit à la demande est d'application.

Règl. CE n° 1383/2003, art. 7

Les articles 5 et 6 s'appliquent par analogie à toute demande de prorogation.

Règl. CE n° 1383/2003, art. 8

1. Lorsqu'il fait droit à la demande d'intervention, le service douanier compétent fixe la période pendant laquelle les autorités douanières doivent intervenir. Cette période ne peut dépasser un an. À l'expiration de la période en question et moyennant l'apurement préalable de toute dette dont le titulaire serait redevable dans le cadre du présent règlement, le service qui a pris la décision initiale peut, sur demande du titulaire du droit, proroger ladite période.

Le titulaire du droit informe le service douanier compétent visé à l'article 5, paragraphe 2, dans le cas où son droit ne serait plus valablement enregistré ou arriverait à expiration.

2. La décision faisant droit à la demande d'intervention du titulaire du droit est communiquée immédiatement aux bureaux de douane du ou des États membres susceptibles d'être concernés par des marchandises dont il est présumé dans la demande qu'elles portent atteinte à un droit de propriété intellectuelle.

Lorsqu'il est fait droit à une demande d'intervention introduite conformément à l'article 5, paragraphe 4, la période pendant laquelle les autorités douanières interviennent est fixée à un an; à l'expiration de la demande en question, le service qui a traité la demande initiale proroge cette période sur demande écrite du titulaire du droit. L'article 250, premier tiret, du règlement (CEE) n° 2913/92 s'applique par analogie à la décision faisant droit à cette demande ainsi qu'aux décisions la prorogeant ou l'abrogeant.

Lorsqu'il est fait droit à une demande d'intervention, il appartient au demandeur de transmettre cette décision, accompagnée de toute autre information utile et de toute traduction requise, au service douanier compétent du ou des États membres dans lesquels le demandeur a sollicité l'intervention des autorités douanières. Toutefois, avec l'accord du demandeur, cette transmission peut être effectuée directement par le service douanier qui a pris la décision.

À la demande des autorités douanières des États membres concernés, le demandeur fournit les informations supplémentaires nécessaires à l'exécution de ladite décision.

3. La période visée au paragraphe 2, deuxième alinéa, court à compter de la date de l'adoption de la décision faisant droit à la demande. Cette décision n'entrera en vigueur dans le ou les États membres qui en sont destinataires qu'à compter de la transmission visée au paragraphe 2, troisième alinéa, et lorsque le titulaire du droit aura effectué les formalités visées à l'article 6.

Cette décision est ensuite communiquée immédiatement aux bureaux de douane nationaux qui pourraient être appelés à traiter les marchandises soupçonnées de porter atteinte aux droits de propriété intellectuelle.

Le présent paragraphe s'applique par analogie à la décision de prorogation de la décision initiale.

Règl. CE n° 1383/2003, art. 9

1. Lorsqu'un bureau de douane auquel la décision faisant droit à la demande du titulaire du droit a été transmise en application de l'article 8 constate, au besoin après consultation du demandeur, que des marchandises se trouvant dans l'une des situations visées à l'article 1er, paragraphe 1, sont soupçonnées de porter atteinte à un droit de propriété intellectuelle couvert par cette décision, il suspend la mainlevée ou procède à la retenue desdites marchandises.

Le bureau de douane informe immédiatement le service douanier compétent qui a traité la demande d'intervention.

2. Le service douanier compétent ou le bureau de douane visé au paragraphe 1 informe de cette mesure le titulaire du droit ainsi que le déclarant ou le détenteur des marchandises au sens de l'article 38 du règlement (CEE) n° 2913/92 et est habilité à leur communiquer la quantité réelle ou estimée, ainsi que la nature réelle ou supposée des marchandises pour lesquelles la mainlevée a été suspendue ou qui ont été retenues, sans pour autant que la communication de cette information ne les oblige à procéder à la saisine de l'autorité compétente pour statuer au fond.

3. Pour déterminer s'il y a eu violation d'un droit de propriété intellectuelle au regard du droit interne de l'État membre, et conformément aux dispositions nationales relatives à la protection des données à caractère personnel, du secret commercial et industriel ainsi que du secret professionnel et administratif, le bureau de douane ou le service qui a traité la demande communique au titulaire du droit, à sa demande et si elles sont connues, les coordonnées du destinataire, de l'expéditeur, du déclarant ou du détenteur des marchandises, l'origine et la provenance des marchandises soupçonnées de porter atteinte à un droit de propriété intellectuelle.

Le bureau de douane donne au demandeur et aux personnes concernées par une des situations visées à l'article 1er, paragraphe 1, la possibilité d'inspecter les marchandises pour lesquelles l'octroi de la mainlevée est suspendu ou qui ont été retenues.

Lors de l'examen des marchandises, le bureau de douane peut prélever des échantillons et peut, dans le respect des règles en vigueur dans l'État membre concerné et, sur demande expresse du titulaire du droit, les remettre ou transmettre à celui-ci mais aux seules fins d'analyse et pour faciliter la suite de la procédure. Lorsque les circonstances le permettent, et dans le respect, le cas échéant, des exigences définies à l'article 11, paragraphe 1, deuxième tiret, les échantillons devront être restitués dès la fin de l'analyse technique et, s'il y a lieu, avant la mainlevée des marchandises ou la fin de leur retenue. Toute analyse d'échantillon est effectuée sous l'unique responsabilité du titulaire du droit.

Règl. CE n° 1383/2003, art. 10

Les dispositions de droit en vigueur dans l'État membre sur le territoire duquel les marchandises se trouvent dans l'une des situations visées à l'article 1er, paragraphe 1, sont applicables pour déterminer s'il y a eu violation d'un droit de propriété intellectuelle au regard du droit national.

Elles s'appliquent également en ce qui concerne la notification immédiate au service ou au bureau de douane visés à l'article 9, paragraphe 1, du fait que la procédure prévue à l'article 13 a été engagée, à moins que celle-ci n'ait été engagée par ce service ou ce bureau.

Règl. CE n° 1383/2003, art. 11

1. Lorsque des autorités douanières ont retenu des marchandises soupçonnées de porter atteinte à un droit de propriété intellectuelle, dans l'une des situations visées à l'article 1er, paragraphe 1, ou en ont suspendu la mainlevée, les États membres peuvent prévoir, conformément à leur législation nationale, une procédure simplifiée, à utiliser avec l'accord du titulaire du droit, qui permet aux autorités douanières de faire en sorte que ces marchandises soient abandonnées pour être détruites sous contrôle des douanes, sans qu'il soit nécessaire de déterminer s'il y a eu violation d'un droit de propriété intellectuelle au regard de la législation nationale. À cet effet, les États membres appliquent, dans le respect de leur législation nationale, les conditions suivantes :

– dans un délai de dix jours ouvrables, ou de trois jours ouvrables s'il s'agit de denrées périssables, à compter de la notification prévue à l'article 9, le titulaire du droit informe les autorités douanières par écrit que les marchandises qui font l'objet de la procédure portent atteinte à un droit de propriété intellectuelle visé à l'article 2, paragraphe 1, et fournit aux autorités douanières l'accord écrit du déclarant, du détenteur ou du propriétaire des marchandises selon lequel les marchandises sont abandonnées en vue de leur destruction. Avec l'accord des autorités douanières, cette information peut être communiquée directement aux douanes par le déclarant, le détenteur ou le propriétaire des marchandises. Cet accord est réputé accepté lorsque le déclarant, le détenteur ou le propriétaire des marchandises ne s'est pas expressément opposé à leur destruction dans le délai imparti. Lorsque les circonstances le justifient, ce délai peut être prorogé de dix jours ouvrables;

– sauf disposition contraire dans la législation nationale, la destruction se fait aux frais du titulaire du droit et sous sa responsabilité et elle est systématiquement précédée d'un prélèvement d'échantillons qui sont conservés par les autorités douanières de telle manière qu'ils puissent servir, si nécessaire, d'éléments de preuve recevables lors de procédures judiciaires dans l'État membre qui les exigerait.

2. Dans tous les autres cas, par exemple lorsque le déclarant, le détenteur ou le propriétaire s'oppose à la destruction des marchandises ou la remet en question, la procédure prévue à l'article 13 s'applique.

Règl. CE n° 1383/2003, art. 12

Le titulaire du droit qui reçoit les coordonnées mentionnées à l'article 9, paragraphe 3, premier alinéa, ne les utilise qu'aux seules fins prévues aux articles 10 et 11 ainsi qu'à l'article 13, paragraphe 1.

Toute autre utilisation, non permise par la législation nationale de l'État membre où s'est créée la situation, est susceptible, sur la base du droit de l'État membre dans lequel se trouvent les marchandises en question, d'engager la responsabilité civile du titulaire du droit et d'entraîner la suspension de la demande d'intervention pour la période de validité restant à courir avant son renouvellement, dans l'État membre où les faits se sont produits.

En cas de nouvelle violation de cette règle, le service douanier compétent peut refuser de renouveler la demande. Dans le cas d'une demande du type prévu à l'article 5, paragraphe 4, il doit en outre prévenir les autres États membres mentionnés sur le formulaire.

Règl. CE n° 1383/2003, art. 13

1. Si, dans un délai de dix jours ouvrables à compter de la réception de la notification de la suspension de la mainlevée ou de la retenue, le bureau de douane visé à l'article 9, paragraphe 1, n'a pas été informé qu'une procédure visant à déterminer s'il y a eu violation d'un droit de propriété intellectuelle au regard du droit national a été engagée conformément à l'article 10 ou n'a pas reçu l'accord du titulaire du droit prévu à l'article 11, paragraphe 1, le cas échéant, la mainlevée est octroyée, ou, selon le cas, la mesure de retenue est levée, sous réserve que toutes les formalités douanières aient été accomplies.

Dans des cas déterminés, ce délai peut être prorogé de dix jours ouvrables au maximum.

2. Si les marchandises soupçonnées de porter atteinte à un droit de propriété intellectuelle sont des marchandises périssables, le délai visé au paragraphe 1 est de trois jours ouvrables. Ce délai ne peut pas être prorogé.

Règl. CE n° 1383/2003, art. 14

1. Dans le cas de marchandises soupçonnées de porter atteinte à des dessins ou modèles, à des brevets, à des certificats complémentaires de protection ou à des droits relatifs aux obtentions végétales, le déclarant, le propriétaire, l'importateur, le détenteur ou le destinataire des marchandises a la faculté d'obtenir la mainlevée ou la levée de la retenue des marchandises en question moyennant le dépôt d'une garantie, à condition que :

a) le service ou le bureau de douane visés à l'article 9, paragraphe 1, ait été informé, conformément à l'article 13, paragraphe 1, de ce qu'une procédure a été engagée dans le délai prévu à l'article 13, paragraphe 1, visant à déterminer s'il y a eu violation d'un droit de propriété intellectuelle au regard du droit national;

b) avant l'expiration du délai prévu à l'article 13, paragraphe 1, l'autorité habilitée à cet effet n'ait pas ordonné de mesures conservatoires;

c) toutes les formalités douanières aient été accomplies.

2. La garantie prévue au paragraphe 1 doit être suffisante pour protéger les intérêts du titulaire du droit.

La constitution de cette garantie n'affecte pas les autres possibilités de recours du titulaire du droit.

Dans le cas où la procédure visant à déterminer s'il y a eu violation d'un droit de propriété intellectuelle au regard du droit national a été engagée autrement qu'à l'initiative du titulaire du dessin ou modèle, du brevet, du certificat complémentaire de protection ou du droit d'obtention végétale, la garantie est libérée si la personne engageant la procédure en question ne fait pas valoir son droit d'ester en justice dans un délai de vingt jours ouvrables à compter du jour où elle reçoit notification de la suspension de la mainlevée ou de la retenue.

Lorsque l'article 13, paragraphe 1, deuxième alinéa, s'applique, ce délai peut être porté à trente jours ouvrables au maximum.

Règl. CE n° 1383/2003, art. 15

Les conditions de stockage des marchandises pendant la suspension de la mainlevée ou la retenue sont déterminées par chaque État membre mais elles ne génèrent pas de frais pour les administrations douanières.

Règl. CE n° 1383/2003, art. 16

Les marchandises reconnues comme des marchandises portant atteinte à un droit de propriété intellectuelle au terme de la procédure prévue à l'article 9 ne peuvent être :

– introduites sur le territoire douanier de la Communauté,

– mises en libre pratique,

– retirées du territoire douanier de la Communauté,
– exportées,
– réexportées,
– placées sous un régime suspensif, ou
– placées en zone franche ou en entrepôt franc.

Règl. CE n° 1383/2003, art. 17

1. Sans préjudice des autres voies de recours ouvertes au titulaire du droit, les États membres prennent les mesures nécessaires pour permettre aux autorités compétentes :

a) selon les dispositions pertinentes du droit national, de détruire les marchandises reconnues comme portant atteinte à un droit de propriété intellectuelle ou de les épuiser hors des circuits commerciaux de manière à éviter de causer un préjudice au titulaire du droit, sans indemnisation d'aucune sorte et sauf disposition contraire prévue par le droit national, et sans frais aucun pour le Trésor public;

b) de prendre à l'égard de ces marchandises toute autre mesure ayant pour effet de priver effectivement les personnes concernées du profit économique de l'opération.

Sauf cas exceptionnel, le seul fait de retirer les marques qui ont été apposées sans autorisation sur les marchandises de contrefaçon n'est pas considéré comme ayant pour effet de priver effectivement les personnes concernées du profit économique de l'opération.

2. Les marchandises reconnues comme des marchandises portant atteinte à un droit de propriété intellectuelle peuvent être cédées gratuitement au Trésor public. Dans ce cas, le paragraphe 1, point a), s'applique.

Règl. CE n° 1383/2003, art. 18

Chaque État membre définit les sanctions applicables en cas de violation du présent règlement. Ces sanctions doivent avoir un caractère effectif, proportionné et dissuasif.

Règl. CE n° 1383/2003, art. 19

1. Sauf si cela est prévu par le droit interne de l'État membre dans lequel la demande est introduite ou, dans le cas d'une demande introduite en vertu de l'article 5, paragraphe 4, par la législation de l'État membre dans lequel les marchandises portant atteinte à un droit de propriété intellectuelle ne sont pas repérées par un bureau de douane, l'acceptation d'une demande ne confère pas au titulaire du droit un droit à indemnisation si les marchandises ne sont pas repérées par un bureau de douane et font l'objet d'une mainlevée ou si aucune mesure n'est prise pour les retenir conformément à l'article 9, paragraphe 1.

2. L'exercice, par un bureau de douane ou par une autre autorité dûment habilitée à cet effet, des compétences qui lui sont dévolues en matière de lutte contre les marchandises portant atteinte à un droit de propriété intellectuelle n'engage pas la responsabilité de ce bureau ou de cette autorité envers les personnes concernées par les situations visées à l'article 1er, paragraphe 1, ou les personnes affectées par les mesures prévues à l'article 4 pour les dommages subis par elles du fait de l'intervention de l'autorité, sauf lorsque cela est prévu par le droit interne de l'État membre dans lequel la demande est introduite ou, dans le cas d'une demande introduite en vertu de l'article 5, paragraphe 4, par la législation de l'État membre dans lequel a lieu la perte ou le dommage.

3. La responsabilité civile éventuelle du titulaire du droit est régie par le droit interne de l'État membre dans lequel les marchandises en question se trouvent dans l'une des situations visées à l'article 1er, paragraphe 1.

Règl. CE n° 1383/2003, art. 20

Les mesures nécessaires à l'exécution du présent règlement sont arrêtées conformément à la procédure visée à l'article 21, paragraphe 2.

Règl. CE n° 1383/2003, art. 21

1. La Commission est assistée par le comité du code des douanes.

2. Dans le cas où il est fait référence au présent paragraphe, les articles 4 et 7 de la décision 1999/468/CE s'appliquent.

La période prévue à l'article 4, paragraphe 3, de la décision 1999/468/CE, est fixée à trois mois.

Règl. CE n° 1383/2003, art. 22

Les États membres communiquent à la Commission toutes les informations utiles relatives à l'application du présent règlement.

La Commission transmet ces informations aux autres États membres.

Les dispositions du règlement (CE) n° 515/97 sont applicables par analogie.

Les modalités relatives à la procédure d'échange d'informations sont établies dans le cadre des mesures d'exécution conformément à la procédure visée à l'article 21, paragraphe 2.

Règl. CE n° 1383/2003, art. 23

La Commission, sur la base des informations visées à l'article 22, informe annuellement le Parlement européen et le Conseil concernant l'application du présent règlement. Ce rapport peut, le cas échéant, être accompagné d'une proposition de modification du règlement.

Règl. CE n° 1383/2003, art. 24

Le règlement (CEE) n° 3295/94 est abrogé avec effet au 1er juillet 2004.

Les références au règlement abrogé s'entendent comme étant faites au présent règlement.

Règl. CE n° 1383/2003, art. 25

Le présent règlement entre en vigueur le septième jour suivant celui de sa publication *au Journal officiel de l'Union européenne*.

Il est applicable à partir du 1er juillet 2004.

Règl. CE n° 1891/2004 du 21 oct. 2004 arrêtant les dispositions d'application du règlement (CE) n° 1383/2003 du Conseil concernant l'intervention des autorités douanières à l'égard de marchandises

soupçonnées de porter atteinte à certains droits de propriété intellectuelle ainsi que les mesures à prendre à l'égard de marchandises portant atteinte à certains droits de propriété intellectuelle

Règl. CE n° 1891/2004, art. 2

1. Lorsqu'une demande d'intervention au sens de l'article 5, paragraphe 1, du règlement de base est introduite par le titulaire du droit lui-même, la justification visée à l'article 5, paragraphe 5, deuxième alinéa, dudit règlement est la suivante :

a) pour les droits faisant l'objet d'un enregistrement ou, le cas échéant, d'un dépôt, une preuve de l'enregistrement par l'office concerné ou du dépôt;

b) pour le droit d'auteur, les droits voisins ou le droit relatif aux dessins et modèles non enregistrés ou non déposés, tout moyen de preuve attestant de sa qualité d'auteur ou de titulaire originaire.

Peut être considérée comme preuve, telle que prévue au premier alinéa, point a), une copie de l'enregistrement de base de données d'offices nationaux ou internationaux.

Pour les appellations d'origine protégées et les indications géographiques protégées, la preuve visée au premier alinéa, point a), comprend en outre la preuve que le titulaire du droit est le producteur ou le groupement et la preuve que l'appellation/l'indication a été enregistrée. Le présent alinéa s'applique *mutatis mutandis* pour les vins et les boissons spiritueuses.

2. Lorsque la demande d'intervention est introduite par toute autre personne autorisée à utiliser un des droits visés à l'article 2, paragraphe 1, du règlement de base, la justification est, outre les preuves visées au paragraphe 1 du présent article, le titre en vertu duquel la personne est autorisée à utiliser le droit en question.

3. Lorsque la demande d'intervention est introduite par un représentant du titulaire du droit ou de toute autre personne autorisée à utiliser un des droits visés à l'article 2, paragraphe 2, du règlement de base, la justification est, outre les preuves visées au paragraphe 1 du présent article, une preuve de son droit d'agir.

Le représentant visé au premier alinéa doit présenter la déclaration prévue à l'article 6 du règlement de base, signée par les personnes visées aux paragraphes 1 et 2, du présent article ou un titre en vertu duquel il est autorisé à supporter tous les frais consécutifs à l'intervention douanière en leur nom, conformément à l'article 6 du règlement de base.

Règl. CE n° 510/2006 du 20 mars 2006 relatif à la protection des indications géographiques et des appellations d'origine des produits agricoles et des denrées alimentaires

Règl. CE n° 510/2006, art. 7 – Opposition et décision sur l'enregistrement

1. Dans un délai de six mois à compter de la date de publication au *Journal officiel de l'Union européenne* prévue à l'article 6, paragraphe 2, premier alinéa, tout État membre ou pays tiers peut s'opposer à l'enregistrement envisagé par le dépôt auprès de la Commission d'une déclaration dûment motivée.

2. Toute personne physique ou morale ayant un intérêt légitime, établie ou résidant dans un État membre autre que celui qui a demandé l'enregistrement ou dans un pays tiers, peut également s'opposer à l'enregistrement envisagé, par le dépôt d'une déclaration dûment motivée.

Pour les personnes physiques ou morales établies ou résidant dans un État membre, cette déclaration est adressée audit État membre dans un délai permettant une opposition conformément au paragraphe 1.

Pour les personnes physiques ou morales établies ou résidant dans un pays tiers, cette déclaration est adressée à la Commission, soit directement, soit par l'intermédiaire des autorités du pays tiers concerné, dans le délai fixé au paragraphe 1.

3. Seules sont recevables les déclarations d'opposition parvenues à la Commission dans le délai fixé au paragraphe 1 qui :

a) soit démontrent que les conditions visées à l'article 2 ne sont pas remplies;

b) soit démontrent que l'enregistrement du nom proposé serait contraire à l'article 3, paragraphes 2, 3 et 4;

c) soit démontrent que l'enregistrement du nom proposé porterait préjudice à l'existence d'une dénomination totalement ou partiellement homonyme ou d'une marque de fabrique ou de commerce ou à l'existence de produits qui se trouvent légalement sur le marché depuis au moins cinq ans à la date de publication prévue à l'article 6, paragraphe 2;

d) soit précisent les éléments permettant de conclure que le nom dont l'enregistrement est demandé est générique au sens de l'article 3, paragraphe 1.

La Commission examine la recevabilité des oppositions.

Les critères visés au premier alinéa, points b), c) et d), sont appréciés par rapport au territoire de la Communauté, lequel s'entend exclusivement, pour ce qui concerne les droits de propriété intellectuelle, du ou des territoire(s) pour lequel/lesquels ces droits sont protégés.

4. Si la Commission ne reçoit aucune opposition recevable au sens du paragraphe 3, elle procède à l'enregistrement de la dénomination.

L'enregistrement fait l'objet d'une publication au Journal officiel de l'Union européenne.

5. Si une opposition est recevable au sens du paragraphe 3, la Commission invite les parties intéressées à procéder aux consultations appropriées.

Si un accord intervient entre les parties intéressées dans un délai de six mois, ces dernières notifient à la Commission tous les éléments ayant permis ledit accord, y compris l'avis du demandeur et celui de l'opposant. Si les éléments publiés en vertu de l'article 6, paragraphe 2, n'ont pas subi de modifications ou ont subi uniquement que des modifications mineures, à définir selon l'article 16, point h), la Commission procède conformément au paragraphe 4 du présent article. Dans le cas contraire, la Commission procède de nouveau à l'examen visé à l'article 6, paragraphe 1.

Si aucun accord n'intervient, la Commission arrête une décision conformément à la procédure prévue à l'article 15, paragraphe 2, en tenant compte des usages loyalement et traditionnellement pratiqués et des risques effectifs de confusion.

Cette décision est publiée au *Journal officiel de l'Union européenne*.

6. La Commission tient à jour un registre des appellations d'origine protégées et des indications géographiques protégées.

7. Les documents visés au présent article et transmis à la Commission sont rédigés dans une des langues officielles des institutions de l'Union européenne ou accompagnés d'une traduction certifiée conforme dans une de ces langues.

Règl. CE n° 1393/2007 du 13 nov. 2007 relatif à la signification et à la notification dans les États membres des actes judiciaires et extrajudiciaires en matière civile ou commerciale

Règl. CE n° 1393/2007, art. 1 – Champ d'application

1. Le présent règlement est applicable en matière civile et commerciale, lorsqu'un acte judiciaire ou extrajudiciaire doit être transmis d'un État membre à un autre pour y être signifié ou notifié. Il ne couvre notamment pas les matières fiscales, douanières ou administratives, ni la responsabilité de l'État pour des actes ou des omissions commis dans l'exercice de la puissance publique (« *acta jure imperii* »).

2. Le présent règlement ne s'applique pas lorsque l'adresse du destinataire de l'acte n'est pas connue.

3. Aux fins du présent règlement, on entend par « État membre », les États membres, à l'exception du Danemark.

Règl. CE n° 1393/2007, art. 8 – Refus de réception de l'acte

1. L'entité requise informe le destinataire, au moyen du formulaire type figurant à l'annexe II, qu'il peut refuser de recevoir l'acte à signifier ou à notifier, au moment de la signification ou de la notification ou en retournant l'acte à l'entité requise dans un délai d'une semaine, si celui-ci n'est pas rédigé ou accompagné d'une traduction dans l'une des langues suivantes :

a) une langue comprise du destinataire ou

b) la langue officielle de l'État membre requis ou, s'il existe plusieurs langues officielles dans cet État membre, la langue officielle ou l'une des langues officielles du lieu où il doit être procédé à la signification ou à la notification.

2. Si l'entité requise est informée que le destinataire refuse de recevoir l'acte conformément au paragraphe 1, elle en informe immédiatement l'entité d'origine au moyen de l'attestation prévue à l'article 10 et lui retourne la demande ainsi que les actes dont la traduction est demandée.

3. Si le destinataire a refusé de recevoir l'acte en vertu du paragraphe 1, il est possible de remédier à la situation qui en résulte en signifiant ou en notifiant au destinataire, conformément aux dispositions du présent règlement, l'acte accompagné d'une traduction dans l'une des langues visées au paragraphe 1. Dans ce cas, la date de signification ou de notification de l'acte est celle à laquelle l'acte accompagné de la traduction a été signifié ou notifié conformément à la législation de l'État membre requis. Toutefois, lorsque, conformément à la législation d'un État membre, un acte doit être signifié ou notifié dans un délai déterminé, la date à prendre en considération à l'égard du requérant est celle de la signification ou de la notification de l'acte initial, fixée conformément à l'article 9, paragraphe 2.

4. Les paragraphes 1, 2 et 3 s'appliquent également aux modes de transmission et de signification ou de notification d'actes judiciaires prévus à la section 2.

5. Aux fins du paragraphe 1, les agents diplomatiques ou consulaires, lorsque la signification ou la notification est effectuée conformément à l'article 13, ou l'autorité ou la personne, lorsque la signification ou la notification est effectuée conformément à l'article 14, informent le destinataire qu'il peut refuser de recevoir l'acte et que tout acte refusé doit être envoyé à ces agents ou à cette autorité ou personne, selon le cas.

Règl. CE n° 1393/2007, art. 9 – Date de la signification ou de la notification

1. Sans préjudice de l'article 8, la date de la signification ou de la notification d'un acte effectuée en application de l'article 7 est celle à laquelle l'acte a été signifié ou notifié conformément à la législation de l'État membre requis.

2. Toutefois, lorsque, conformément à la législation d'un État membre, un acte doit être signifié ou notifié dans un délai déterminé, la date à prendre en considération à l'égard du requérant est celle fixée par la législation de cet État membre.

3. Les paragraphes 1 et 2 s'appliquent également aux modes de transmission et de signification ou de notification d'actes judiciaires prévus à la section 2.

Règl. CE n° 1393/2007, art. 17 – Modalités d'application

Les mesures visant à modifier des éléments non essentiels du présent règlement et concernant la mise à jour ou la modification technique des formulaires types figurant aux annexes I et II sont arrêtées en conformité avec la procédure de réglementation avec contrôle visée à l'article 18, paragraphe 2.

Règl. CE n° 207/2009 du 26 févr. 2009 sur la marque communautaire

Règl. CE n° 207/2009, art. 9 – Droit conféré par la marque communautaire

1. La marque communautaire confère à son titulaire un droit exclusif. Le titulaire est habilité à interdire à tout

tiers, en l'absence de son consentement, de faire usage dans la vie des affaires :

a) d'un signe identique à la marque communautaire pour des produits ou des services identiques à ceux pour lesquels celle-ci est enregistrée;

b) d'un signe pour lequel, en raison de son identité ou de sa similitude avec la marque communautaire et en raison de l'identité ou de la similitude des produits ou des services couverts par la marque communautaire et le signe, il existe un risque de confusion dans l'esprit du public; le risque de confusion comprend le risque d'association entre le signe et la marque;

c) d'un signe identique ou similaire à la marque communautaire pour des produits ou des services qui ne sont pas similaires à ceux pour lesquels la marque communautaire est enregistrée, lorsque celle-ci jouit d'une renommée dans la Communauté et que l'usage du signe sans juste motif tire indûment profit du caractère distinctif ou de la renommée de la marque communautaire ou leur porte préjudice.

2. Il peut notamment être interdit, si les conditions énoncées au paragraphe 1 sont remplies :

a) d'apposer le signe sur les produits ou sur leur conditionnement;

b) d'offrir les produits ou de les mettre dans le commerce ou de les détenir à ces fins ou d'offrir ou de fournir des services sous le signe;

c) d'importer ou d'exporter les produits sous le signe;

d) d'utiliser le signe dans les papiers d'affaires et la publicité.

3. Le droit conféré par la marque communautaire n'est opposable aux tiers qu'à compter de la publication de l'enregistrement de la marque. Toutefois, une indemnité raisonnable peut être exigée pour des faits postérieurs à la publication d'une demande de marque communautaire qui, après la publication de l'enregistrement de la marque, seraient interdits en vertu de celle-ci. Le tribunal saisi ne peut statuer au fond tant que l'enregistrement n'a pas été publié.

Règl. CE n° 207/2009, art. 22 – Licence

1. La marque communautaire peut faire l'objet de licences pour tout ou partie des produits ou des services pour lesquels elle est enregistrée et pour tout ou partie de la Communauté. Les licences peuvent être exclusives ou non exclusives.

2. Le titulaire de la marque communautaire peut invoquer les droits conférés par cette marque à l'encontre d'un licencié qui enfreint l'une des clauses du contrat de licence en ce qui concerne :

a) sa durée;

b) la forme couverte par l'enregistrement sous laquelle la marque peut être utilisée;

c) la nature des produits ou des services pour lesquels la licence est octroyée;

d) le territoire sur lequel la marque peut être apposée; ou

e) la qualité des produits fabriqués ou des services fournis par le licencié.

3. Sans préjudice des stipulations du contrat de licence, le licencié ne peut engager une procédure relative à la contrefaçon d'une marque communautaire qu'avec le consentement du titulaire de celle-ci. Toutefois, le titulaire d'une licence exclusive peut engager une telle procédure si, après mise en demeure, le titulaire de la marque n'agit pas lui-même en contrefaçon dans un délai approprié.

4. Tout licencié est recevable à intervenir dans la procédure en contrefaçon engagée par le titulaire de la marque communautaire afin d'obtenir réparation du préjudice qui lui est propre.

5. Sur requête d'une des parties, l'octroi ou le transfert d'une licence de marque communautaire est inscrit au registre et publié.

Règl. CE n° 207/2009, art. 23 – Opposabilité aux tiers

Les actes juridiques concernant la marque communautaire visés aux articles 17, 19 et 22 ne sont opposables aux tiers dans tous les États membres qu'après leur inscription au registre. Toutefois, avant son inscription, un tel acte est opposable aux tiers qui ont acquis des droits sur la marque après la date de cet acte mais qui avaient connaissance de celui-ci lors de l'acquisition de ces droits.

2. Le paragraphe 1 n'est pas applicable à l'égard d'une personne qui acquiert la marque communautaire ou un droit sur la marque communautaire par transfert de l'entreprise dans sa totalité ou par toute autre succession à titre universel.

3. L'opposabilité aux tiers des actes juridiques visés à l'article 20 est régie par le droit de l'État membre déterminé en application de l'article 16.

4. Jusqu'à l'entrée en vigueur entre les États membres de dispositions communes en matière de faillite, l'opposabilité aux tiers d'une procédure de faillite ou de procédures analogues est réglée par le droit de l'État membre où en premier lieu une telle procédure a été ouverte au sens de la loi nationale ou des conventions applicables en la matière.

Règl. CE n° 207/2009, art. 94 – Application du règlement (CE) n° 44/2001

1. À moins que le présent règlement n'en dispose autrement, les dispositions du règlement (CE) n° 44/2001 sont applicables aux procédures concernant les marques communautaires et les demandes de marque communautaire ainsi qu'aux procédures concernant les actions simultanées ou successives menées sur la base de marques communautaires et de marques nationales.

2. En ce qui concerne les procédures résultant des actions et demandes visées à l'article 96 :

a) l'article 2, l'article 4, l'article 5, points 1, 3, 4 et 5, et l'article 31 du règlement (CE) n° 44/2001 ne sont pas applicables;

b) les articles 23 et 24 du règlement (CE) n° 44/2001 sont applicables dans les limites prévues à l'article 97, paragraphe 4, du présent règlement;

c) les dispositions du chapitre II du règlement (CE) nº 44/2001 qui s'appliquent aux personnes domiciliées dans un État membre s'appliquent également aux personnes qui ne sont pas domiciliées dans un État membre, mais qui y ont un établissement.

Règl. CE nº 207/2009, art. 103 – Mesures provisoires et conservatoires

1. Les mesures provisoires et conservatoires prévues par la loi d'un État membre à propos d'une marque nationale peuvent être demandées, à propos d'une marque communautaire ou d'une demande de marque communautaire, aux autorités judiciaires, y compris aux tribunaux des marques communautaires, de cet État, même si, en vertu du présent règlement, un tribunal des marques communautaires d'un autre État membre est compétent pour connaître du fond.

2. Un tribunal des marques communautaires dont la compétence est fondée sur l'article 97, paragraphes 1, 2, 3 ou 4, est compétent pour ordonner des mesures provisoires et conservatoires qui, sous réserve de toute procédure requise aux fins de la reconnaissance et de l'exécution conformément au titre III du règlement (CE) nº 44/2001, sont applicables sur le territoire de tout État membre. Cette compétence n'appartient à aucune autre juridiction.

Dir. nº 2004/48/CE du 29 avr. 2004 relative au respect des droits de propriété intellectuelle

Dir. nº 2004/48/CE, art. 2 – Champ d'application

1. Sans préjudice des moyens prévus ou pouvant être prévus dans la législation communautaire ou nationale, pour autant que ces moyens soient plus favorables aux titulaires de droits, les mesures, procédures et réparations prévues par la présente directive s'appliquent, conformément à l'article 3, à toute atteinte aux droits de propriété intellectuelle prévue par la législation communautaire et/ou la législation nationale de l'État membre concerné.

2. La présente directive est sans préjudice des dispositions particulières concernant le respect des droits et les exceptions prévues par la législation communautaire dans le domaine du droit d'auteur et des droits voisins du droit d'auteur et notamment par la directive 91/250/CEE, en particulier son article 7, ou par la directive 2001/29/CE, en particulier ses articles 2 à 6 et son article 8.

Dir. nº 2004/48/CE, art. 7 – Mesures de conservation des preuves

1. Avant même l'engagement d'une action au fond, les États membres veillent à ce que les autorités judiciaires compétentes puissent, sur requête d'une partie qui a présenté des éléments de preuve raisonnablement accessibles pour étayer ses allégations selon lesquelles il a été porté atteinte à son droit de propriété intellectuelle ou qu'une telle atteinte est imminente, ordonner des mesures provisoires rapides et efficaces pour conserver les éléments de preuve pertinents, au regard de l'atteinte alléguée, sous réserve que la protection des renseignements confidentiels soit assurée. De telles mesures peuvent inclure la description détaillée avec ou sans prélèvement d'échantillons, ou la saisie réelle des marchandises litigieuses et, dans les cas appropriés, des matériels et instruments utilisés pour produire et/ou distribuer ces marchandises ainsi que des documents s'y rapportant. Ces mesures sont prises, le cas échéant, sans que l'autre partie soit entendue, notamment lorsque tout retard est susceptible de causer un préjudice irréparable au titulaire du droit ou lorsqu'il existe un risque démontrable de destruction des éléments de preuve.

Dans les cas où les mesures de conservation des preuves sont adoptées sans que l'autre partie ait été entendue, les parties affectées en sont avisées, sans délai après l'exécution des mesures au plus tard. Une révision, y compris le droit d'être entendu, a lieu à la demande des parties affectées afin qu'il soit décidé, dans un délai raisonnable après la notification des mesures, si celles-ci sont modifiées, abrogées ou confirmées.

2. Les États membres veillent à ce que les mesures de conservation des preuves puissent être subordonnées à la constitution par le requérant d'une caution ou d'une garantie équivalente adéquate, destinée à assurer l'indemnisation de tout préjudice subi par le défendeur, conformément au paragraphe 4.

3. Les États membres veillent à ce que les mesures de conservation des preuves soient abrogées ou cessent de produire leurs effets d'une autre manière, à la demande du défendeur, sans préjudice des dommages-intérêts qui peuvent être réclamés, si le demandeur n'a pas engagé, dans un délai raisonnable, d'action conduisant à une décision au fond devant l'autorité judiciaire compétente, délai qui sera déterminé par l'autorité judiciaire ordonnant les mesures lorsque la législation de l'État membre le permet ou, en l'absence d'une telle détermination, dans un délai ne dépassant pas vingt jours ouvrables ou trente et un jours civils si ce délai est plus long.

4. Dans les cas où les mesures de conservation des preuves sont abrogées ou cessent d'être applicables en raison de toute action ou omission du demandeur, ou dans les cas où il est constaté ultérieurement qu'il n'y a pas eu atteinte ou menace d'atteinte à un droit de propriété intellectuelle, les autorités judiciaires sont habilitées à ordonner au demandeur, à la demande du défendeur, d'accorder à ce dernier un dédommagement approprié en réparation de tout dommage causé par ces mesures.

5. Les États membres peuvent prendre des mesures pour protéger l'identité des témoins.

Code judiciaire belge

C. jud., art. 1031

L'appel de l'ordonnance par le requérant ou par toute partie intervenante est formé dans le mois à partir de la notification, par une requête, conforme aux dispositions de l'article 1026 et déposée au greffe de la juridiction d'appel.

C. jud., art. 1034

L'article 1125 est applicable à l'apposition formée en vertu de l'article 1033. Celle-ci doit être formée dans le mois de la signification de la décision qui aura été faite à l'opposant.

C. jud., art. 1369 *bis*/1

§ 1er. Les personnes qui, aux termes d'une loi relative aux brevets d'invention, certificats complémentaires de protection, droit d'obtenteur, topographies de produits semi-conducteurs, dessins et modèles, marques, indications géographiques, appellations d'origine, droit d'auteur, droits voisins ou droit des producteurs de bases de données sont habilitées à agir en contrefaçon, peuvent, avec l'autorisation, obtenue sur requête, du président du tribunal de commerce et du président du tribunal de première instance, dans les matières qui sont respectivement de la compétence de ces tribunaux, faire procéder en tous lieux, par un ou plusieurs experts que désignera ce magistrat, à la description de tous les objets, éléments, documents ou procédés de nature à établir la contrefaçon prétendue ainsi que l'origine, la destination et l'ampleur de celle-ci.

§ 2. Le président peut autoriser l'expert à prendre toutes mesures utiles à l'accomplissement de sa mission et dans les limites de celle-ci, et notamment prendre des extraits, copies, photocopies, photographies et enregistrements audiovisuels ainsi que se faire remettre des échantillons des biens soupçonnés de porter atteinte au droit de propriété intellectuelle dont la protection est invoquée et des matériels et instruments utilisés pour produire et/ou distribuer ces biens ainsi que les documents s'y rapportant.

§ 3. Le président, statuant sur une requête visant à obtenir des mesures de description, examine :

1) si le droit de propriété intellectuelle dont la protection est invoquée est, selon toutes apparences, valable;

2) s'il existe des indices selon lesquels il a été porté atteinte au droit de propriété intellectuelle en cause ou qu'il existe une menace d'une telle atteinte.

L'ordonnance précise les conditions auxquelles la description est soumise, notamment en vue d'assurer la protection des renseignements confidentiels, et le délai dans lequel l'expert désigné dépose et envoie son rapport ainsi que, le cas échéant et par dérogation à l'article 1369 *bis*/7, les personnes autorisées à prendre connaissance de celuici. Sauf circonstances particulières expressément mentionnées dans l'ordonnance et justifiant un délai plus long, ce délai n'excède pas deux mois à dater de la signification de l'ordonnance.

§ 4. S'il le juge nécessaire pour la protection du droit de propriété intellectuelle invoqué par le requérant et raisonnable compte tenu des circonstances propres à la cause, le président peut, le cas échéant par la même ordonnance ou par une ordonnance distincte, faire défense aux détenteurs d'objets contrefaisants, ou des matériels et instruments utilisés pour produire et/ou distribuer ces biens ainsi que les documents s'y rapportant, de s'en dessaisir, de les déplacer ou d'y apporter toute modification affectant leur fonctionnement. Il peut permettre de constituer gardien, de mettre les objets sous scellés et, s'il s'agit de faits qui donnent lieu à revenus, autoriser la saisie conservatoire de ceux-ci pour autant qu'ils apparaissent trouver leur origine directe dans la contrefaçon prétendue.

Le président peut avant d'octroyer des mesures de saisie, entendre en chambre du conseil la personne visée par ces mesures, en présence du requérant. Dans ce cas, avant de convoquer cette personne, le président en informe le requérant qui peut alors renoncer à sa demande de mesures de saisie et limiter sa requête aux mesures de description. La personne visée par ces mesures est convoquée par un pli judiciaire auquel est jointe une copie de la requête. Le conseil du requérant est convoqué par simple pli.

§ 5. Le président, statuant sur une requête visant à obtenir, outre la description, des mesures de saisie, examine :

1) si le droit de propriété intellectuelle dont la protection est invoquée est, selon toutes apparences, valable;

2) si l'atteinte au droit de propriété intellectuelle en cause ne peut être raisonnablement contestée;

3) si, après avoir fait une pondération des intérêts en présence, dont l'intérêt général, les faits et, le cas échéant, les pièces sur lesquelles le requérant se fonde sont de nature à justifier raisonnablement la saisie tendant à la protection du droit invoqué.

L'ordonnance motive expressément la nécessité des mesures de saisie autorisées au regard des conditions posées par le présent paragraphe.

§ 6. L'ordonnance est signifiée avant l'ouverture des opérations de description et, le cas échéant, de saisie.

§ 7. L'ordonnance accordant ou refusant les mesures de description ou de saisie et l'ordonnance accordant ou refusant la rétractation de ces mesures sont soumises aux recours prévus aux articles 1031 à 1034.

Le saisi peut, en cas de changement de circonstances, requérir la modification ou la rétractation de l'ordonnance en citant à cette fin toutes les parties devant le juge qui a rendu l'ordonnance.

L'ordonnance de rétractation vaut mainlevée.

C. jud., art. 1369 *bis*/3

§ 1er. Le président peut imposer au requérant l'obligation de consigner un cautionnement convenable ou une garantie équivalente adéquate destiné à assurer l'indemnisation éventuelle de tout préjudice subi par le défendeur, conformément aux dispositions du § 2. Dans ce cas, l'expédition de l'ordonnance n'est délivrée que sur la preuve de la consignation faite.

§ 2. Dans les cas où les mesures de description ou de saisie sont abrogées ou cessent d'être applicables en raison de toute action ou omission du requérant, ou dans les cas où il est constaté ultérieurement qu'il n'y a pas eu atteinte ou menace d'atteinte au droit de propriété intellectuelle en cause, le tribunal peut condamner le requérant, sur demande du défendeur, à verser à ce dernier un dédommagement approprie en réparation de tout dommage causé par ces mesures.

C. jud., art. 1369 *bis*/4

§ 1er. La partie requérante ne peut être présente ou représentée à la description que si elle y est expressément autorisée par le président. Dans son ordonnance le président motive cette autorisation spécialement en rapport avec chacune des personnes ainsi autorisée, en tenant compte des circonstances de la cause, notamment de la protection des renseignements confidentiels.

§ 2. Le président peut assujettir le droit d'être présent sur les lieux aux conditions qu'il détermine.

C. jud., art. 1369 *bis*/6

Sans porter préjudice au droit du requérant à la description, l'expert veille, tout au long des opérations de description et dans la rédaction de son rapport, à la sauvegarde des intérêts légitimes du prétendu contrefacteur et du détenteur des objets décrits, en particulier quant à la protection des renseignements confidentiels.

C. jud., art. 1369 *bis*/7

§ 1er. Le rapport est déposé au greffe dans le délai fixé par l'ordonnance ou, à défaut, par l'article 1369 *bis*/1, § 3, alinéa 2.

Copie en est envoyée aussitôt par l'expert, par envoi recommandé, au requérant et au détenteur des objets décrits ainsi que, le cas échéant, au saisi.

§ 2. Ce rapport ainsi que toutes pièces, échantillons ou éléments d'information collectés à l'occasion des opérations de description sont confidentiels et ne peuvent être divulgués ou utilisés par le requérant ou son ayant-droit que dans le cadre d'une procédure, belge ou étrangère, au fond ou en référé, sans préjudice de l'application des dispositions des traités internationaux applicables en Belgique.

C. jud., art. 1369 *bis*/9

Si dans le délai fixé par le président statuant sur une requête fondée sur l'article 1369 *bis*/1, ou, si un tel délai n'est pas mentionné, dans un délai ne dépassant pas vingt jours ouvrables ou trente et un jours, si ce délai est plus long suivant la réception du rapport envoyé conformément à l'article 1369 *bis*/7, § 1er, alinéa 2, la description n'est pas suivie d'une citation au fond devant une juridiction compétente, l'ordonnance cesse de plein droit ses effets et le requérant ne peut faire usage du contenu du rapport ou le rendre public, le tout sans préjudice de dommages et intérêts.

C. jud., art. 1369 *bis*/10

Les articles 962 à 965, 973, alinéas 2 et 3, 978 et 985 ne s'appliquent pas à la procédure de saisie en matière de contrefaçon.

C. jud., art. 1369 *ter*

§ 1er. Dans le cas où il est fait application, par une personne pouvant agir en justice pour faire cesser un acte portant atteinte à un droit de propriété intellectuelle visé à l'article 1369 *bis*/1, de l'article 584 du Code judiciaire, les mesures provisoires seront abrogées ou cesseront de produire leurs effets, à la demande du défendeur, si le demandeur n'a pas engagé, dans un délai raisonnable, une action conduisant à une décision au fond devant une juridiction compétente, délai qui sera déterminé par l'autorité judiciaire ordonnant les mesures ou, en l'absence d'une telle détermination, dans un délai ne dépassant pas vingt jours ouvrables ou trente et un jours, si ce délai est plus long à compter de la signification de l'ordonnance.

§ 2. Le tribunal peut subordonner les mesures visées au § 1er à la constitution par le demandeur d'un cautionnement convenable ou d'une garantie équivalente adéquate destiné à assurer l'indemnisation éventuelle de tout préjudice subi par le défendeur, conformément aux dispositions du paragraphe 3.

§ 3. Dans les cas où les mesures provisoires sont abrogées ou cessent d'être applicables en raison de toute action ou omission du demandeur, ou dans les cas où il est constaté ultérieurement qu'il n'y a pas eu atteinte ou menace d'atteinte au droit de propriété intellectuelle en cause, le tribunal peut ordonner au demandeur, sur demande du défendeur, un dédommagement approprié en réparation de tout dommage causé par ces mesures.

Code civil belge

C. civ., art. 1382

Tout fait quelconque de l'homme, qui cause à autrui un dommage, oblige celui par la faute duquel il est arrivé, à le réparer.

ANNEXE

2. Jurisprudence citée

Les numéros précédés d'une flèche renvoient aux paragraphes sous lesquels la jurisprudence est citée.

▸ 0.12 Caractère facultatif de la saisie-contrefaçon

Paris, 3 mars 2004, *Propr. industr.* juill.-août 2004, comm. 65, note P. Greffe.

« Considérant que la société Bauer soutient, à tort, que les procès-verbaux dressés à la requête de la société Adidas seraient, sur le fondement de l'article 6 § 1 de la Convention européenne des droits de l'homme et des libertés fondamentales, nuls dès lors qu'au cours des opérations du constat d'achat du 4 août 1999, l'huissier instrumentaire était assisté d'un salarié de la société requérante et non d'un expert indépendant; qu'en effet la société intimée persévère à méconnaître la portée des dispositions de l'article L. 716-7 du code de la propriété intellectuelle qui, réglant exclusivement les opérations de saisie-contrefaçon, ne sont pas applicables à un constat d'achat ayant pour unique finalité de constater l'achat d'un produit dans un lieu déterminé; que ce constat ne saurait donc porter atteinte aux droits de la défense de la société intimée. »

Paris, 4e ch., sect. A, 18 mai 2005, RG n° 03/13550, *PIBD* 2005, n° 814, III, 496.

« Considérant que la société Faresin Building Division soulève la nullité du procès-verbal de constat dressé le 2 novembre 2003 sur son stand au Salon Batimat au motif que l'ordonnance sur requête permettant le constat a autorisé l'huissier à se faire assister par un expert, assistance qui n'était possible que dans le cadre spécifique de la saisie-contrefaçon prévue par l'article L. 615-5 du code de la propriété intellectuelle;

Considérant que par ordonnance sur requête du 31 octobre 2003, le délégataire du président du tribunal de grande instance de Paris a autorisé la société Peri à faire procéder par Maître X, huissier de justice à Paris, à toute constatation utile sur le stand de la société Faresin Building Division au Salon Batimat et à se faire assister en tant que de besoin pour l'aider dans sa description par tout homme de l'art et/ou expert autres que les subordonnés de la requérante, à savoir, compte tenu du caractère technique du dossier d'un ingénieur choisi par la requérante dont il enregistrera les explications sur les points qui échappent à sa compétence en distinguant nettement, dans les énonciations de son procès-verbal, celles résultant de ses constatations personnelles et celles qui lui sont dictées par l'homme de l'art et/ou l'expert qui l'assistent;

Que l'huissier instrumentaire mentionne dans le procès-verbal de constat dressé le 2 novembre 2003 :

Description effectuée à l'aide et sous la dictée de l'expert; contrôlée et vérifiée à chaque étape par mes soins;

Considérant que l'huissier instrumentaire n'a donc pas outrepassé les pouvoirs qui lui étaient attribués par l'ordonnance sur requête en s'adjoignant l'assistance d'un expert et en distinguant dans le procès-verbal qu'il a établi la description technique telle que dictée par cet expert, après vérification des données, de ses constatations personnelles;

Qu'il a en outre mentionné que la description de l'étai argué de contrefaçon était identique à celle consignée dans le procès-verbal de saisie-contrefaçon, dressé par son ministère le 9 novembre 2001;

Que le moyen de nullité soulevé par la société Faresin Building Division sera donc rejeté. »

Aix-en-Provence, 2e ch., 26 juin 2006, RG n° 04/10951, *JurisData,* n° 2006-305921; *Expertises* déc. 2007, p. 433 s.

« La contrefaçon étant un fait et non un acte juridique celle-ci se prouve par tous moyens et si la procédure spéciale de saisie-contrefaçon prévue aux articles L. 332-1 et suivants du code de la propriété intellectuelle tend à organiser ou faciliter cette preuve selon les circonstances du litige, elle n'est pas imposée à peine d'irrecevabilité de l'action. Aucune conséquence de droit ne peut ainsi être tirée de l'absence de mise en œuvre de cette procédure. Aucune cause de nullité n'affecte non plus les constatations opérées par l'huissier Babau commis par le président du tribunal de grande instance de Toulon et qui a été autorisé à ne pas décliner son identité ni signifier immédiatement l'ordonnance le désignant, à se faire assister par une personne de son choix et à agir comme un consommateur ordinaire. En effet, la lecture du constat établi en exécution de cette ordonnance montre qu'elle a été exécutée conformément à la mission prescrite et aucun élément ne permet de dire que l'huissier ait procédé à des investigations non autorisées. »

Com. 19 déc. 2006, n° 05-14.431, *Bull. civ.* IV, n° 265, *PIBD* 2007, n° 846, III, 112.

« Vu l'article 455 du nouveau code de procédure civile;

Attendu que pour rejeter l'action de la société Valigeria Roncato en contrefaçon de marque, l'arrêt retient que les procès-verbaux de saisie-contrefaçon ayant été annulés, cette société ne rapporte pas la preuve des faits de contrefaçon reprochés à la société Roncato;

Attendu qu'en s'abstenant d'examiner les autres éléments produits par le demandeur afin d'établir les faits de contrefaçon, qui se prouvent par tout moyen, la cour d'appel a méconnu les exigences du texte susvisé. »

Paris, 4e ch., sect. B, 22 déc. 2006, RG n° 06/11234, *Jurinpi* B20060204.

« Considérant que les appelantes critiquent en cause d'appel la validité du constat internet et de démontage du 25 juin 2004 dans la mesure où les constatations ont été effectuées par un clerc et non par l'huissier; que les manipulations d'accès au site internet et les opérations de démontage ont été réalisées par l'avocat de la société Mecaplast et constituent une saisie-contrefaçon déguisée;

Mais considérant que, comme le soulève la société Mecaplast, le constat répond aux conditions fixées par l'article 1 *bis* de l'ordonnance du 2 novembre 1945 dans la mesure où il est signé par un clerc et contresigné par un huissier de justice; que les manipulations effectuées par l'avocat de la société Mecaplast sont des opérations matérielles faisant l'objet de constatations de l'huissier ou du clerc; qu'au surplus, les appelantes ne contestent pas le contenu du site internet en cause; que le démontage réalisé par l'avocat de la société Mecaplast est également une opération matérielle susceptible de rapporter la preuve de la contrefaçon; que l'huissier n'a ni procédé à des mesures d'investigation dans des lieux non ouverts au public, ni requis de renseignements commerciaux et comptables, ni effectué une saisie réelle du produit litigieux;

Que par conséquent, la demande de nullité du constat internet et du démontage du 25 juin 2004 sera rejetée. »

Aix-en-Provence, 2e ch., 28 juin 2007, RG n° 05/23911, *JurisData*, n° 2007-345186.

« Les créations de Monsieur Murru, protégées par les enveloppes Soleau peu après la rupture avec l'association Féeries Urbaines, ont cependant été ultérieurement reprises par celle-ci pour partie. C'est donc avec raison que le tribunal de grande instance a retenu l'existence d'une contrefaçon, qui peut être prouvée par d'autres moyens qu'une saisie-contrefaçon contrairement à ce que soutient l'association Féeries Urbaines. »

Paris, 4e ch., sect. B, 28 sept. 2007, RG n° 05/11912, *Jurinpi* B20070129.

« Considérant que la société Fiesta soutient que les procès-verbaux de constat établis les 28 février et 13 mars 2006 sont nuls, les sociétés Valeo n'ayant pas formé de requête en saisie-contrefaçon pour obtenir la désignation d'un huissier et aucun expert n'ayant été désigné pour établir l'existence d'une contrefaçon; que, dans ces conditions, l'huissier requis directement par les sociétés Valeo ne présentait pas les garanties de neutralité voulues par la loi en la matière, en sorte qu'il en résulte une violation du droit à un procès équitable, étant ajouté que l'huissier n'a pas été assisté par un expert, ce qui constitue une autre cause d'irrégularité;

Considérant cependant qu'il n'y a pas eu de saisie réelle, ni même descriptive, mais seulement des constatations effectuées en vue d'entreprendre de démontrer l'existence de l'importation et de la commercialisation en France d'une deuxième et d'une troisième version, tenues pour illégitimes, des projecteurs litigieux; que rien n'obligeait l'huissier à se faire à cette occasion accompagner d'un expert; qu'il n'est pas démontré que l'établissement de telles constatations aurait porté atteinte au droit de la société Fiesta à bénéficier d'un procès équitable et que celle-ci n'établit aucune cause d'annulation des actes dont elle conteste la validité;

Que son moyen doit partant être rejeté ».

TGI Paris, 3e ch., 3e sect., 7 janv. 2009, RG n° 2006/15309, *Jurinpi* M20090086, *PIBD* 2009, n° 896, III, 1070.

« Les sociétés Google soutiennent que les procès-verbaux produits aux débats et dressés par les agents assermentés de l'Agence pour la Protection des Programmes à savoir, F., S. et M. sont nuls pour les motifs suivants : d'une part, ils ont été réalisés pour la constatation d'acte de contrefaçon de marque, matière pour laquelle, l'Agence pour la Protection des Programmes (APP) n'a pas de compétence légale, l'agrément du ministre de la Culture à l'APP concernant uniquement la constatation des infractions aux articles L. 335-2 et L. 335-5 du code de propriété intellectuelle; d'autre part, les constatations effectuées ne relèvent pas de l'objet social de l'APP qui est limité à la défense "des intérêts moraux et matériels des personnes physiques ou morales, auteurs de logiciels ou concepteurs de technologie de l'information" ni de la défense de l'intérêt de ses membres, les sociétés demanderesses n'étant pas membres de l'APP; enfin, l'offre de service de l'APP est contraire aux dispositions de l'article L. 442-7 du code de commerce qui interdit d'offrir (de façon habituelle) des produits à la vente, les vendre ou fournir des services si ces activités ne sont pas prévues par des statuts.

Si la compétence de l'Agence pour la Protection des programmes porte en application de l'article L. 331-2 du code de propriété intellectuelle sur la constatation des atteintes portées aux droits d'auteur et à des droits voisins, rien de s'oppose à ce que ses agents puissent également constater dans le cadre d'une activité accessoire des atteintes portées à d'autres droits de propriété intellectuelle, étant observé alors qu'il ne s'agit pas d'actes d'huissier relevant du régime des nullités instauré par le code de procédure civile ni de procès-verbaux ayant la même force probante que ceux des agents ou officiers de police judiciaire mais de simples constatations soumises à l'appréciation du tribunal.

Compte tenu des conditions d'objectivité et d'indépendance dont bénéficient les agents de l'APP ainsi que du parfait respect par ces derniers des vérifications techniques préalables nécessaires à toute constatation intervenant sur Internet, le tribunal considère que les procès-verbaux produits présentement aux débats constituent la preuve des faits, objet des constatations, faits dont les sociétés Google ne démontrent pas le caractère erroné, leur assertion à cet égard n'étant étayée par aucun élément. »

Crim. 13 janv. 2009, n° 08-84.088, *Bull. crim.* n° 13; *Comm. com. électr.* 2009, comm. 31, note C. Caron.

« Vu les articles 2, 9, 25 et 50 de la loi n° 78-17 du 6 janvier 1978 relative à l'informatique, aux fichiers et aux libertés, modifiée, ensemble les articles 226-19 et 226-23 du code pénal;

Attendu qu'il résulte de la combinaison de ces articles que constitue un traitement de données à caractère personnel relatives aux infractions toute opération automatisée ou tout ensemble d'opérations automatisées portant sur de telles données ainsi que toute opération non automatisée ou tout ensemble d'opérations non automatisées portant sur de telles données contenues ou appelées à figurer dans des fichiers;

Attendu qu'il appert de l'arrêt attaqué et des pièces de procédure que, le 4 janvier 2005, un agent assermenté de la société des auteurs, compositeurs et éditeurs de musique (SACEM) et de la société pour l'administration du droit de reproduction mécanique des auteurs, compositeurs et éditeurs (SDRM) a procédé, conformément à l'article L. 331-2 du code de la propriété intellectuelle, à la constatation d'actes de contrefaçon d'œuvres musicales commis sur le réseau internet, par téléchargement et mise à disposition d'œuvres protégées sans l'autorisation des titulaires des droits sur celles-ci; qu'à cet effet, en se livrant à des opérations que tout internaute peut effectuer, après avoir ouvert une session sur un logiciel de pair à pair et s'être connecté à un réseau, l'agent verbalisateur a lancé, sur internet, une requête portant sur une œuvre musicale du répertoire de la SACEM avant de sélectionner, dans la liste des nombreux résultats affichés, l'offre émanant d'un internaute puis de lire, dans la rubrique "parcourir l'hôte", son adresse IP (Internet Protocol) qui s'est affichée spontanément ainsi que le nombre total d'œuvres musicales mises à disposition des autres internautes dans le dossier de partage de l'internaute concerné; que l'agent a, ensuite, procédé, à titre d'échantillon, au téléchargement de dix-neuf de ces œuvres musicales, encodées au format Mp3, avant de déterminer les coordonnées du fournisseur d'accès correspondant à l'adresse IP susvisée et de s'assurer de l'exactitude de cette adresse; que, sur la base du procès-verbal ensuite dressé, la SACEM a porté plainte auprès des services de gendarmerie; que ces services ont, après autorisation du parquet, adressé une réquisition au fournisseur d'accès pour identifier l'abonné utilisant l'adresse IP relevée par l'agent assermenté; que les vérifications effectuées ont révélé que l'ordinateur portable de cet abonné était utilisé par Cyrille Y... qui a reconnu qu'il avait procédé au téléchargement de nombreuses œuvres musicales avant de les mettre à disposition d'autres internautes; que Cyrille Y..., poursuivi pour contrefaçon par reproduction d'une œuvre de l'esprit au mépris des droits de l'auteur, n'a pas comparu devant le tribunal;

Attendu que, par conclusions régulièrement déposées en cause d'appel, l'avocat du prévenu a, avant toute défense au fond, excipé de la nullité du procès-verbal de constat et de tous les actes subséquents en soutenant qu'il avait été identifié et donc son nom révélé, à cause de son adresse IP et du nom du fournisseur d'accès, c'est-à-dire par les informations recueillies par l'agent assermenté lors de ses sessions sur internet;

Attendu que, pour prononcer l'annulation sollicitée, renvoyer le prévenu des fins de la poursuite et débouter par voie de conséquences les parties civiles de toutes leurs demandes, l'arrêt prononce par les motifs repris au moyen;

Mais attendu qu'en se déterminant ainsi, alors que les constatations visuelles effectuées sur internet et les renseignements recueillis en exécution de l'article L. 331-2 du code de la propriété intellectuelle par un agent assermenté qui, sans recourir à un traitement préalable de surveillance automatisé, utilise un appareillage informatique et un logiciel de pair à pair, pour accéder manuellement, aux fins de téléchargement, à la liste des œuvres protégées irrégulièrement proposées sur la toile par un internaute, dont il se contente de relever l'adresse IP pour pouvoir localiser son fournisseur d'accès en vue de la découverte ultérieure de l'auteur des contrefaçons, rentrent dans les pouvoirs conférés à cet agent par la disposition précitée, et ne constituent pas un traitement de données à caractère personnel relatives à ces infractions, au sens des articles 2, 9 et 25 de la loi susvisée, la cour d'appel, qui n'a pas tiré les conséquences légales de ses propres constatations, a méconnu le sens et la portée des textes susvisés;

D'où il suit que la cassation est encourue. »

TGI Paris, 3e ch., 4e sect., 26 nov. 2009, RG n° 2009/00813, *PIBD* 2010, n° 915, III, 195; *Jurinpi* B20090209.

« En outre, la preuve en matière de contrefaçon de brevet peut être apportée par tous moyens tel qu'un rapport technique établi par un conseil en propriété industrielle. Le rapport du cabinet R. en date du 6 mars 2009 n'a valeur que de simple renseignement et n'est donc pas soumis aux formalités imposées à peine de nullité aux actes d'huissier. Il ne saurait donc être considéré, ainsi que le soutient la société défenderesse, comme n'ayant aucune valeur probante aux motifs qu'il n'a pas été établi dans le cadre des opérations de saisie-contrefaçon, en présence d'un huissier et de la société Far Group Europe. »

Limoges, ch. civ., 17 mars 2010, RG n° 2009/00136, *Jurinpi* M20100107, *PIBD* 2010, n° 921, III, 445.

« Attendu qu'aux termes de l'article 495 du code de procédure civile l'ordonnance sur requête est exécutoire au seul vu de la minute;

Que le caractère exécutoire de ce type de décision n'est donc pas subordonné à des modalités préalables de notification ou de signification mais autorise l'huissier de justice à mettre seul à exécution l'ordonnance sur requête dès lors qu'elle est signée du magistrat et qu'il en détient la minute, tant qu'elle n'a pas été rétractée;

Attendu que c'est l'alinéa 3 de cet article qui définit les règles d'information de la personne à laquelle est opposée l'exécution de l'ordonnance en imposant à l'huissier de lui remettre une copie de la requête et de l'ordonnance;

Que le respect de ces dispositions, qui garantissent les intérêts de celui qui subit la mesure en lui permettant notamment de s'assurer de sa légalité mais aussi d'apprécier l'opportunité d'exercer un recours, résulte en l'occurrence des énonciations du procès-verbal et ne sont pas contestées par M. Ferrière;

Que l'huissier, porteur de la minute, n'avait pas à la signifier ni à la présenter à M. Ferrière qui a eu connaissance de son contenu par la remise immédiate de sa copie;

Attendu que par ailleurs l'huissier de justice instrumentaire, Maître G., aux termes d'une attestation détaillée du 17 avril 2009, a confirmé qu'il était bien porteur de la minute de l'ordonnance l'ayant désigné pour effectuer les constatations;

Que M. Ferrière n'a jamais mis en doute la conformité de l'original de l'ordonnance à sa copie et n'a pas sollicité du greffe le double de cette ordonnance;

Attendu qu'au surplus M. Ferrière ne démontre pas l'existence du grief que lui aurait causé l'absence de présentation de la minute de l'ordonnance dès lors qu'il a immédiatement reçu sa copie conforme qui lui a permis d'en connaître l'exacte teneur et de la conserver et qu'il n'y a pas eu d'atteinte au principe du respect du contradictoire;

Qu'il n'a pas jugé utile d'exercer un recours devant le magistrat qui avait rendu l'ordonnance pour en obtenir sa rétractation;

Attendu que c'est donc à tort que les premiers juges ont annulé le procès-verbal en cause pour vice de forme;

Attendu que M. Ferrière excipe par ailleurs de la nullité pour vice de fond du procès-verbal de constat d'huissier en alléguant que son auteur avait outrepassé les pouvoirs et obligations attachés à sa fonction, notamment celle de loyauté, en usurpant d'une identité dans le seul but de provoquer une faute de sa part au moyen d'un stratagème qui ne pourrait pas être assimilé à un élément de preuve légalement admissible;

Mais attendu que la preuve de la contrefaçon peut être faite par tout moyen et notamment par de simples procès-verbaux de constat;

Attendu que le magistrat signataire de l'ordonnance avait expressément autorisé l'huissier de justice à ne pas décliner son identité et à ne pas signifier immédiatement l'ordonnance l'autorisant à procéder au constat mais seulement une fois l'achat de l'ordinateur et la remise du matériel effectués;

Attendu que l'huissier de justice s'est présenté le 20 mars 2007 à M. Ferrière comme un consommateur ordinaire, assisté d'une tierce personne présentée comme son épouse, Mme L., comptable de son étude et qu'il avait choisie en vertu de l'autorisation figurant dans l'ordonnance;

Attendu que l'efficacité du constat imposait de connaître le comportement de M. Ferrière face à un consommateur désireux d'acquérir du matériel informatique nécessitant l'utilisation de logiciels, ce qui rendait l'anonymat de l'huissier de justice indispensable durant la transaction, lors de l'enregistrement de la commande et jusqu'à la réception du matériel acquis;

Attendu que selon le compte rendu des constatations rédigé de manière détaillée par l'huissier de justice dans son procès-verbal il s'est contenté d'indiquer à M. Ferrière qu'ils désiraient acheter un ordinateur à usage familial, pour travailler, faire des jeux vidéo et "surfer" sur Internet;

Que c'est M. Ferrière qui a précisé, en réponse à une question sur la possibilité de travailler avec l'ordinateur dès sa réception, qu'il faudrait installer Word et Excel et a ajouté qu'il pourrait les installer sans licence, qu'il n'y avait aucun risque et que ce sont les licences qui augmentaient le prix du matériel;

Attendu qu'à aucun moment de cette conversation l'huissier de justice et son assistante n'ont demandé, suggéré ou même évoqué, la possibilité de bénéficier de logiciels gratuits, à plus forte raison contrefaits;

Que c'est spontanément que M. Ferrière leur a fait une proposition de cette nature qui reposait sur une logique commerciale (diminution du prix du matériel) et une pratique éprouvée (absence de risque pour les acquéreurs) dont il a vanté les mérites;

Attendu qu'un tel comportement de l'huissier de justice et de son assistante, rendu nécessaire par la nécessité de protéger les droits de la société Microsoft, n'a pas constitué un stratagème destiné à provoquer un comportement fautif de la part de M. Ferrière mais a placé ce dernier dans les conditions habituelles de l'exercice de son commerce face à des consommateurs ordinaires qui ne cherchaient pas à bénéficier d'une remise de prix grâce à des produits contrefaits;

Attendu que l'huissier de justice n'a pas procédé à l'insu de M. Ferrière mais a agi dans les limites de l'autorisation donnée par le magistrat signataire de l'ordonnance et dans le respect du principe de la loyauté dans l'obtention de la preuve;

Qu'il n'y a pas eu violation des dispositions de l'article 6 de la Convention européenne de Sauvegarde des Droits de l'Homme et des Libertés fondamentales;

Attendu qu'il n'y a donc pas lieu de faire droit à la demande d'annulation du procès verbal d'huissier pour vice de fond. »

Rennes, ch. 2, 23 mars 2010, RG n° 09/01645, *Juris-Data* n° 2010-009404.

« Les premiers juges ont, à la demande de la société Cuisines Danet, écarté des débats le constat de l'Agence de la protection des programmes (APP) en date du 14 janvier 2008, au motif que ses agents ne sont habilités à dresser procès-verbal que pour constater certains faits de contrefaçon d'œuvres de l'esprit étrangers à la présente affaire.

Si l'APP est en effet une association ayant pour objet de défendre les auteurs, éditeurs ou producteurs de programmes informatiques et d'œuvres numériques, et si ses agents sont, en vertu de L. 331-1 du code de la propriété intellectuelle, habilités à dresser des constats de contrefaçon de droits d'auteur mettant en œuvre des logiciels, il demeure qu'en matière de contrefaçon de marque, la preuve des actes invoqués peut être rapportée par tous moyens, de sorte que rien n'interdit à la partie qui s'en prétend victime de produire comme moyen de preuve un constat dressé sur sa demande par un agent de l'APP, quand bien même celui-ci serait intervenu dans un litige ne relevant pas du champ de compétence de l'agence.

Il sera simplement précisé que ce constat est soumis à la discussion des parties et qu'en l'espèce, la partie adverse est recevable à apporter la preuve contraire. »

TGI Paris, 3e ch., 2e sect., 1er oct. 2010, RG n° 2008/16991, *Jurinpi* D20100245; *PIBD* 2011, n° 935, III, 201; *Propr. intell.* oct. 2011, p. 436, obs. crit. de Haas.

« Attendu en revanche que les sociétés Établissements Jef et Santiago Pons Quintana font à juste titre observer, s'agissant du procès-verbal de constat réalisé sur Internet par Maître P. le 15 juillet 2008, que l'huissier ne s'est pas contenté de procéder à la description du site de vente en ligne exploité par la société Établissements Jef et du produit argué de contrefaçon, mais s'est livré à l'ouverture d'un compte client et à l'acquisition d'un modèle de chaussures qu'il a ensuite, dès réception, placé sous scellés le 21 juillet 2008, outrepassant ainsi les limites d'un constat d'achat pour opérer une saisie-contrefaçon sans y avoir été dûment autorisé selon les règles de l'article L. 332-1 du Code de la propriété intellectuelle qui sont d'application stricte, le fait que l'huissier ait indiqué sa qualité dans la rubrique "complément d'adresse" étant inopérant;

Qu'il suit que le procès-verbal de constat des 15 et 21 juillet 2008 réalisé sur le site internet de la société Établissements Jef doit être annulé. »

TGI Paris, 3e ch., 4e sect., 10 juin 2010, *Propr. industr.* 2011, comm. 34, note crit. Tréfigny-Goy; *Propr. intell.* oct. 2011, p. 436, obs. crit. de Haas.

« Il ressort du procès-verbal du 27 février 2008 que celui-ci a été dressé par Me X., huissier de justice à Paris, à la demande de la société Neuf qui désirait faire procéder au constat d'achat d'un blouson doté de deux fermetures à glissière en biais sur l'avant du vêtement et à la description de ce blouson acheté, pour la défense de ses droits et actions.

L'huissier instrumentaire a alors constaté que Are Sophie J. qui l'accompagnait, se rendait dans le magasin à l'enseigne H&M, 54 boulevard Haussmann à Paris et en ressortait avec un sac comportant l'inscription H&M contenant son achat qu'elle lui remettait. De retour à son étude, l'huissier de justice a annexé à son procès-verbal une photographie du blouson ainsi qu'une copie du ticket de caisse.

Il apparaît ainsi que les opérations de l'huissier de justice ont été effectuées aux fins d'établir l'existence d'une contrefaçon et ont abouti à la description détaillée du blouson litigieux de telle sorte qu'elles réalisent une saisie-descriptive telle que prévue par l'article L. 332-1 du code de la propriété intellectuelle sans que les règles édictées par cet article aient été respectées et en particulier sans que la société requérante ait obtenu l'autorisation préalable du juge.

Ainsi, l'acte réalisé en dehors du cadre légal doit être déclaré nul.

Il sera donc écarté des débats. »

▸ 0.13 Caractère exclusif de la saisie-contrefaçon : nullité des saisies-contrefaçon « déguisées »

TGI Lyon, 10e ch., 20 mars 1995, *PIBD* 1995, n° 590, III, 310.

« Que ces investigations dans un lieu privé, avec l'aide d'un représentant de la marque, pour rechercher des preuves, décrire des faits de contrefaçon, ne constitue pas un simple constat mais une véritable saisie-contrefaçon, qui ne pouvait être pratiquée que selon les modalités prévues par l'article L. 716-7 du code de la propriété intellectuelle, lequel donne compétence exclusive au président du tribunal de grande instance pour autoriser un huissier à constater une atteinte à un droit de marque. »

TGI Paris, 3e ch., 3e sect., 9 sept. 2003, *PIBD* 2004, n° 782, III, 178.

« Il est constant qu'un procès-verbal de constat dressé par un huissier n'est valable pour établir des actes de contrefaçon que si l'huissier instrumentaire se cantonne uniquement à son rôle de constatant.

En l'espèce, le tribunal relève :

– qu'il est établi par les attestations de MM. X, Y et Z présents lors des opérations de l'huissier au salon de Villepinte que ce dernier s'est présenté le 9 septembre 2000 en compagnie de M. T. sur le stand de la société Bisson Bruneel, a fait la visite complète de ce stand, a pris des photographies, a demandé à ce que soit décroché l'ensemble des rideaux puis a laissé M. T. discuter avec M. B.;

– que les opérations ainsi réalisées par l'huissier sont assimilables à une véritable saisie-contrefaçon qui aurait dû intervenir suivant les modalités de la procédure prévue par l'article L. 521-1 du code de la propriété intellectuelle et ne peuvent pas constituer un simple constat, l'huissier ne s'étant pas cantonné à une description des accroches litigieuses à partir des allées du salon, l'angle de prise de vue des photographies jointes à son "projet" de procès-verbal établissant qu'il s'est introduit sur le stand de la société défenderesse; [...]

L'article L. 521-1 du code de la propriété intellectuelle imposant des dispositions strictes pour opérer une saisie-contrefaçon et ce, pour respecter les droits de la défense et ces dispositions n'ayant pas été respectées, il y a lieu de prononcer la nullité du constat d'huissier du 9 septembre 2000 entaché de vices de fond. »

TGI Paris, 3e ch., 3e sect., ord. JME, 8 nov. 2006, RG nº 05/15516, *Jurinpi* B20060200.

« Attendu que la validité du procès-verbal précité est contestée au motif qu'il s'agirait d'une saisie-contrefaçon qui n'aurait pas été judiciairement autorisée. Attendu que la société Sofadi-Tiaso a demandé à l'un de ses clients habituels, la société Expoconcept de commander auprès de la société Fitart SAS Di Martino & C certains produits argués de contrefaçon.

Attendu que le 7 juin 2005, Maître Gérard Treiber, huissier de justice, mandaté par la société Sofadi-Tiaso s'est présenté dans les locaux de la société Expoconcept et de la société Gestion Financière Externaliser qui lui est liée, et avec leur accord, a pris livraison des colis, procédé à leur ouverture, décrit les matériels qu'ils contenaient et les a mis sous scellés.

Attendu qu'en agissant ainsi l'huissier de justice n'a pas usé des pouvoirs exorbitants propres à la saisie-contrefaçon s'étant borné à procéder à des constatations qui entrent dans sa mission générale.

Attendu qu'ainsi il n'y a pas lieu de prononcer la nullité du procès-verbal du 7 juin 2005. »

Paris, 14e ch., sect. B, 1er févr. 2008, RG nº 07/13483.

« Considérant, cependant, que M. Locko sollicite, ainsi qu'il ressort des termes de son assignation, que soit confiée à l'expert la mission suivante :

– se rendre sur les lieux et constater la présence du dispositif, objet de son invention;

– procéder à un relevé de l'identité de l'utilisateur de cette invention, des personnes utilisant cette invention ou travaillant avec ce procédé dans les lieux sus indiqués, notamment métro Auber – Opéra, Châtelet – Les Halles à Paris;

– se faire présenter tout contrat signé entre le propriétaire des lieux et ces personnes utilisatrices de ce dispositif;

– décrire la nature et la consistance de l'exploitation de ce dispositif, notamment la fréquence des spots publicitaires – leurs nature, marques et messages diffusés;

– déterminer la nature des contrats liant le propriétaire des lieux où est installé le dispositif et l'utilisateur de son invention;

– se faire communiquer le nom de l'exploitant de ce dispositif de son utilisateur et leur bénéficiaire;

– déterminer en les chiffrant les préjudices subis par lui, notamment financiers;

Que l'appelant bénéficiant de la procédure spéciale de saisie-contrefaçon prévue par l'article L. 615-5 alinéa 2 du code de la propriété intellectuelle pour apporter la preuve de la contrefaçon alleguée, ne justifie ainsi d'aucun motif légitime à lui substituer la voie ordinaire du référé expertise, par laquelle, d'une part, il s'exonère de la contrainte de saisir le juge du fond dans le délai imparti par l'alinéa 4 de cet article et, d'autre part, il prive les défenderesses de la possibilité d'opposer la nullité du brevet avant l'examen des actes argués de contrefaçon alors qu'il ressort des écritures de celles-ci qu'elles dénient toute validité à l'invention et que la société Publicis Groupe entend, en outre, se prévaloir de l'exception de possession personnelle antérieure;

Que, sans qu'il soit nécessaire d'examiner les moyens surabondants, il y a lieu, par ces motifs se substituant à ceux du premier juge, de confirmer l'ordonnance en ce qu'elle a rejeté la demande d'expertise. »

Nancy, 1re ch. civ., 4 févr. 2008, RG nº 05/01603, *JurisData* nº 2008-367786.

« Attendu sur la contrefaçon que la société TS1 ne peut évidemment se prévaloir des courriers qu'elle a elle-même établis; qu'elle produit deux constats d'huissiers dressés par Maîtres Bardy et Lavet les 23 décembre 2003 et 19 février 2004;

Que le procès-verbal de constat du 23 décembre 2003 concerne quatre portails de l'autoroute A 432; qu'il mentionne que les poteaux sont "conformes au descriptif et aux photographies annexées au brevet d'invention";

Que le procès-verbal de constat du 19 février 2004 concerne trois portails situés sur l'autoroute A 6 (PK 394, 300-394, 200-360, 92); que les portails sont photographiés et succinctement décrits; que ces documents dénués de toute pertinence ne sauraient établir la contrefaçon alléguée, étant rappelé que l'appelante invoque la revendication nº 1 du brevet rédigé en ces termes :

"Dispositif d'installation de portail, notamment pour autoroute, caractérisé par des poteaux cylindriques ayant la partie supérieure bouchée pour servir de support, des anneaux en acier pivotant autour des poteaux et profilé extérieur soudé sur anneaux.

L'anneau supérieur a la partie supérieure bouchée pour servir d'appui sur le poteau, des rondelles en plastique sont intercalées entre les deux parties acier pour diminuer le coefficient de friction.

La collerette en acier est soudée à 30 mm au-dessus de l'anneau inférieur pour éviter tout déboîtement du vantail.

Tous ces éléments sont assemblés par soudure uniquement."

Que d'autre part l'appelante se prévaut également d'un procès-verbal de constat établi le 14 juin 2005 par Monsieur Boulaye, expert dont l'appelante a requis les services en dehors de toute procédure judiciaire, et d'un complément à ce procès-verbal en date du 19 octobre 2006;

Que dans le premier de ces documents, l'expert privé indique que son intervention consiste à "compléter les constats d'huissiers par des explications techniques établissant la réalité (ou non) de la contrefaçon" de la revendication sus-indiquée; que dans ce "constat", de deux pages, l'expert privé qui a examiné les sept portails prétendus contrefaisants, conclut que ceux-ci sont des contrefaçons de cette revendication;

Que dans son complément, l'expert privé précise la contrefaçon par rapport au rapport aux termes de la revendication;

Mais attendu que d'une part il apparaît que cette combinaison de constats des huissiers et de l'expert privé constitue finalement une saisie-contrefaçon déguisée, effectuée en dehors de toute autorisation judiciaire et des formes légales prévues pour cette mesure et que d'autre part, outre leur nullité, ces pièces n'établissent ni l'origine de la fabrication par rapport à l'appelante, ni la date de celle-ci, ni l'utilisation en connaissance de cause par la SA PRR au sens de l'article L. 615-1 alinéa 3 du code de la propriété intellectuelle; que dans de telles conditions, force est finalement de constater que l'appelante échoue dans l'administration de la preuve qui lui incombe conformément aux dispositions de l'article L. 615-5 du code de la propriété intellectuelle; que cette carence ne saurait être palliée par la prescription d'une expertise. »

Chambéry, ch. com., 16 déc. 2008, RG n° 08/02310, *JurisData* n° 2008-008030.

« Que l'appelante est également fondée à faire valoir que la saisine du juge des référés de la juridiction commerciale, par voie de requête, sur le fondement de l'article 145 du code de procédure civile, procède d'un détournement volontaire par les sociétés requérantes de la procédure spécifique de saisie-contrefaçon, particulièrement encadrée et de portée limitée à la seule saisie du produit argué de contrefaçon, pour obtenir, à son insu, l'autorisation de procéder, au sein de ses services, à des mesures d'investigations de portée quasi-générale puisque s'étendant aux domaines industriel, commercial et administratif et susceptibles de ce fait de porter gravement atteinte à ses intérêts. »

TGI Paris, 3e ch., 4e sect., 30 avr. 2009, RG n° 2009/03662, *Jurinpi* M20090248; *PIBD* 2009, n° 900, III, 1243.

« Selon l'article L. 716-7 du code de la propriété intellectuelle, la saisie-contrefaçon consiste soit en la description détaillée avec ou sans prélèvement d'échantillons soit en la saisie réelle des produits ou services prétendument contrefaisants ainsi que de tout document s'y rapportant.

Par une ordonnance rendue au visa de l'article 145 du code de procédure civile, l'huissier de justice désigné a été autorisé à recueillir :

– les éléments d'identification de l'annonceur et du souscripteur du contrat de promotion Adwords;

– les informations sur la date d'entrée en vigueur et le terme des différents contrats souscrits, ainsi que la durée du référencement opéré au moyen du mot-clé Oalia;

– les informations sur le nombre de clics sur le lien commercial et l'importance du trafic généré sur le site internet de la société Opase à partir du lien commercial ainsi créé;

– les informations permettant de déterminer les mots-clés proposés par la société Google aux annonceurs;

– plus généralement, toutes informations relatives à l'utilisation du mot-clé Oalia et à son association à des liens commerciaux.

En exécution de cette ordonnance, l'huissier de justice désigné a établi un rapport dans lequel il déclare s'être rendu, le 10 mars 2008, dans les locaux de la société Google France, lui avoir exposé l'objet de sa mission et avoir reçu le 13 mars un courriel répondant à ses demandes.

Il est constant que l'huissier de justice n'a procédé à aucune saisie réelle. Par ailleurs, il ne ressort pas non plus du rapport de l'huissier de justice que celui-ci se soit livré à une description détaillée des services de la société Google utilisés par la société Opase alors que les opérations autorisées par l'ordonnance visaient à obtenir l'identité de l'annonceur, des informations sur les relations contractuelles unissant la société Opase à la société Google ainsi que des informations quantitatives sur l'usage du mot-clé Oalia.

Ainsi les opérations consistant à solliciter ces informations puis à constater leur réception, n'ont donné lieu à aucune saisie réelle ou descriptive de services ou produits argués de contrefaçon et elles ont valablement été réalisées en application de l'article 145 du code de procédure civile.

Par ailleurs, il y a lieu de constater que la mission de l'huissier de justice était limitée à la collecte d'informations toutes liées à l'emploi du mot-clé Oalia et qu'il ne lui était conféré aucun pouvoir général d'investigation et d'enquête de telle sorte que les opérations dont il a été chargé, constituaient effectivement des mesures d'instruction légalement admissibles telles que prévues par l'article 145 du code de procédure civile.

Enfin, dès lors que la société Google France a pris soin d'indiquer comment elle avait obtenu les informations qui lui étaient réclamées, elle a mis le tribunal en mesure d'apprécier leur crédibilité et il n'y a donc pas lieu d'écarter des débats les réponses qu'elle a apportées à l'huissier de justice au motif qu'elle n'a pas personnellement constaté les faits qu'elle mentionne.

Ainsi, les demandes de la société Opase tendant à voir déclarer nul le constat de l'huissier de justice et à écarter des débats tant son rapport de mission que les réponses apportées par la société Google France, doivent être rejetées, étant par ailleurs rappelé que d'une part le constat d'huissier de justice, fut-il réalisé sur autorisation du juge, vaut à titre de simple renseignement en application de l'article 1er de l'ordonnance n° 45-2592 du 2 novembre 1945 que d'autre part, la preuve de la contrefaçon s'effectue par tout moyen et qu'en l'espèce, le choix du mot-clé Oalia par la société Opase pour référencer son site internet dans le cadre du service Adwords de la société Google, n'est pas contesté. »

TGI Paris, 3e ch., 1re sect., 5 mai 2009, RG n° 2007/06254, *Jurinpi* B20090070; *PIBD* 2009, n° 900, III, 1205.

« La saisie-contrefaçon est une procédure exceptionnelle qui est attentatoire au principe de la concurrence et du secret des affaires et doit donc pour ces raisons être non seulement autorisée par un juge mais doit aussi respecter les dispositions légales spécifiques prévues par l'article L. 615-5 du code de propriété intellectuelle en matière de brevet.

Cet article, dans sa rédaction antérieure à la loi du 29 octobre 2007, donne la possibilité au propriétaire d'un brevet de faire procéder sur ordonnance du président du tribunal de grande instance du lieu de la contrefaçon présumée, par tous huissiers assistés d'experts de son choix à la description détaillée, avec ou sans saisie réelle, des produits ou procédés prétendus contrefaits. Dans la même ordonnance, le président du tribunal peut autoriser l'huissier à procéder à toute constatation utile en vue d'établir l'origine, la consistance et l'étendue de la contrefaçon.

En l'espèce, il apparaît que la société Cramaro Italia a dans la requête qu'elle a présentée au président du tribunal de grande instance d'Évry le 2 mai 2007 mentionné qu'elle avait déjà fait procéder à une saisie-contrefaçon à Lyon du produit argué de contrefaçon mais que si la saisie-contrefaçon opérée permet à la société Cramaro Italia d'avoir la preuve du dispositif argué de contrefaçon, cette saisie-contrefaçon ne permet pas à la société Cramaro Italia de déterminer les conditions et l'ampleur de la commercialisation du produit argué de contrefaçon par la société Evi Sarl.

L'ordonnance rendue a autorisé l'huissier à procéder à toutes vérifications et investigations afin de déterminer entre autres les conditions de production du dispositif argué de contrefaçon ainsi que la masse constituée par le dispositif argué de contrefaçon et l'huissier de justice a procédé à des opérations qu'il a relatées dans un procès-verbal intitulé procès-verbal de saisie-contrefaçon.

Il en résulte que ce sont bien des opérations de saisie-contrefaçon qui ont été diligentées le 14 mai 2007.

Or, celles-ci ne respectent pas les exigences légales en ce sens qu'elles ne visent pas les dispositions de l'article L. 615-5 du code de propriété intellectuelle et qu'elles ont été autorisées par le président du tribunal de grande instance d'Évry qui n'était pas compétent, en l'espèce, en application des dispositions de l'article L. 615-17 du code de la propriété intellectuelle.

En conséquence, la saisie-contrefaçon opérée le 14 mai 2007 est nulle et il convient d'ordonner la restitution des pièces saisies lors de ces opérations sous astreinte de 200 euros par jour de retard un mois à compter de la signification de la présente décision, la durée de l'astreinte étant limitée à 30 jours. »

TGI Paris, 3e ch., 1re sect., 8 juin 2010, RG n° 08/16283.

« Sur la validité des constats des 20 décembre 2006 et 18 janvier 2007.

Constat du 20 décembre 2006.

Le 20 décembre 2006, un constat a été dressé par Me Aymeric André au sein de l'hôtel Mercure Terminus Nord; l'huissier était autorisé à agir selon ordonnance présidentielle du 11 décembre 2006 rendue au visa de l'article 145 du code procédure civile et ce dans le but de vérifier si les actes de contrefaçon se poursuivaient dans cet hôtel depuis le 7 novembre 2003, date d'une précédente saisie-contrefaçon, et de connaître les autres sites résidentiels qui bénéficiaient de la prestation de Locatel en ce qui concerne l'accès à internet selon le procédé breveté de la société Micsystèmes; il pouvait se faire remettre les factures établies par Locatel depuis cette date.

Or, il ressort de la lecture du procès-verbal de constat du 20 décembre 2006 que l'huissier s'est fait remettre les factures mais également deux contrats des 3 avril 2006 et 19 octobre 2006 conclus avec la société Locatel France et non avec la société Locatel en liquidation judiciaire, qu'il a interrogé M. Vitounski, directeur de l'hôtel, sur le matériel en place et demandé à ce dernier de prendre attache avec la direction d'Accor afin de déterminer si les mesures avaient été prises pour faire cesser la contrefaçon.

Ainsi, il apparaît que l'huissier a outrepassé les pouvoirs qui lui avaient été conférés par l'ordonnance présidentielle du 11 décembre 2006 et a mené de véritables opérations de saisie-contrefaçon qui ne peuvent être fondées que sur les dispositions spécifiques de l'article L. 615-5 du code de la propriété intellectuelle.

Il ne pouvait pour ce faire se faire remettre ni les factures qui auraient été émises par la société Locatel France et non la société Locatel qui était alors en liquidation judiciaire comme l'indique la requête de la société Micsystèmes, ni les contrats documents non visés par l'ordonnance.

En fait, la mission qui lui était conférée et qui consistait à vérifier si les faits de contrefaçon allégués s'étaient poursuivis depuis la saisie-contrefaçon de 2003, ne pouvait être fondée que sur l'article spécifique relatif à la saisie-contrefaçon puisqu'il s'agissait de faire éventuellement une description des faits de contrefaçon ce qui est la première partie d'une telle mesure.

En conséquence, la société Micsystèmes ne pouvait solliciter une mesure de constat sur le fondement de l'article 145 du code procédure civile pour obtenir des mesures de saisie-contrefaçon qui ont été opérées sans fondement juridique.

Pour le reste, les demandes tendant à déterminer si d'autres sites bénéficiaient de l'accès à internet selon le procédé breveté de la société Micsystèmes dépassent le simple constat et entrent bien dans le domaine de la contrefaçon et notamment de l'étendue de celle-ci; ces mesures ne pouvaient elles aussi être autorisées que dans le cadre d'une saisie-contrefaçon sur le fondement de l'article L. 615-5 du code de la propriété intellectuelle de sorte que les opérations de constat du 20 décembre 2006 sont nulles.

Constat du 18 janvier 2007.

Le procès-verbal de constat du 18 janvier 2007 relate la description du procédé offert aux clients de l'hôtel de la Trémoille et a permis la saisie d'une notice explicative remise aux clients.

L'huissier était assisté d'un expert M. Paris.

Ainsi, il apparaît que l'huissier s'est là encore en réalité livré à la partie descriptive de la saisie-contrefaçon au regard du procédé breveté revendiqué par la société Micsystèmes et qu'il s'est même fait remettre des documents.

La présence de l'expert aux côtés de l'huissier démontre également qu'il s'agit d'opérations dépassant le simple constat.

En conséquence, il convient de prononcer la nullité de ce procès-verbal de constat puisque les opérations ne pouvaient être fondées que sur l'article L. 615-5 du code de la propriété intellectuelle et non sur l'article 145 du code procédure civile.

Ces deux procès-verbaux causent grief à la société Locatel France puisque d'une part, ils ne lui ont pas été notifiés dès leur exécution ce qui aurait dû être fait dans le cadre d'une saisie-contrefaçon dans la mesure où les documents saisis la mettaient en cause et non la société Locatel en liquidation judiciaire, et d'autre part, ils n'ont pas été suivis d'une assignation au fond dans le délai légal.

Enfin, le fondement choisi pour autoriser les saisies-contrefaçon étant erroné, les pouvoirs de l'huissier ne sont pas fondés de sorte que toutes les opérations relatées dans les deux procès-verbaux sont nulles. »

TGI Paris, 3e ch., 4e sect., 10 juin 2010, RG n° 09/09853; *JurisData* n° 2010-028661.

« Il ressort du procès-verbal du 27 février 2008 que celui-ci a été dressé par Maître X, huissier de justice à Paris, à la demande de la société Neuf qui désirait faire procéder au constat d'achat d'un blouson doté de deux fermetures à glissière en biais sur l'avant du vêtement et à la description de ce blouson acheté, pour la défense de ses droits et actions.

L'huissier instrumentaire a alors constaté que Madame Sophie Jacqueline qui l'accompagnait, se rendait dans le magasin à l'enseigne H&M 54 boulevard Haussmann à Paris et en ressortait avec un sac comportant l'inscription H&M contenant son achat qu'elle lui remettait. De retour à son étude, l'huissier de justice a effectué une description du blouson, y a apposé un scellé et a annexé à son procès-verbal une photographie du blouson ainsi qu'une copie du ticket de caisse.

Il apparaît ainsi que les opérations de l'huissier de justice ont été effectuées aux fins d'établir l'existence d'une contrefaçon et ont abouti à la description détaillée du blouson litigieux de telle sorte qu'elles réalisent une saisie-descriptive telle que prévue par l'article L. 332-1 du code de la propriété intellectuelle sans que les règles édictées par cet article ait été respectées et en particulier sans que la société requérante ait obtenu l'autorisation préalable du juge. »

Paris, pôle 5, ch. 2, 4 févr. 2011, RG n° 09/22712.

« Considérant qu'en ce qui concerne le procès-verbal de constat dressé le 2 avril 2003 au stand tenu par un commerçant sur un marché ouvert de l'avenue Président-Wilson à Paris (XVIe), la société LHC fait grief à l'huissier de s'être livré à une véritable enquête policière, allant même jusqu'à noter le numéro d'immatriculation du véhicule du vendeur, et d'avoir procédé à une description détaillée des deux exemplaires du sac, portant les références 28102 et 28103;

Mais considérant qu'il s'agit d'un simple constat d'achat dressé sur la voie publique, de deux exemplaires du modèle de sac incriminé, peu importe les références de ceux-ci;

Que la mention complémentaire d'un numéro d'immatriculation d'un véhicule et la description des sacs à laquelle l'huissier a cru bon se livrer, ne commandent pas de qualifier les opérations litigieuses de saisie-contrefaçon déguisée, comme le soutient l'appelante, dans la mesure où l'huissier n'a procédé ni à une interpellation du vendeur ni à une saisie des sacs litigieux. »

Paris, pôle 5, ch. 2, 11 mars 2011, RG n° 09/29067.

« Considérant que les appelants ont présenté le 6 février 2007 au président du tribunal de commerce de Paris une requête aux fins d'être autorisés à faire procéder à des opérations de constat dans le cadre des dispositions des articles 145 et suivant du code de procédure civile;

Considérant que le président a rendu le même jour une ordonnance autorisant l'huissier audiencier à se rendre au stand Dior des magasins Printemps Homme, 64 boulevard Haussmann, Paris 75009, avec mission de, notamment, procéder à toutes constatations relatives à la vente du produit en cause, de décrire et copier tout document relatif au modèle argué de contrefaçon, d'effectuer toutes recherches, notamment d'ordre comptable afin de découvrir l'étendue des faits incriminés et de se faire assister si nécessaire de la force publique;

Considérant qu'en exécution de cette ordonnance, l'huissier, dans son procès-verbal dit de constat du 13 février 2007, a procédé à des investigations lui permettant de relever la présence de divers tee-shirts sur les étagères du stand, de les décrire, de recueillir les observations du vendeur et de saisir le ticket de caisse qui lui fut remis;

Considérant que les opérations autorisées et effectuées, ne se sont donc pas limitées à la seule constatation de produits mis en vente, mais ont consisté en des opérations d'investigation de large portée et en la saisie d'un document de caisse, sur le fondement d'une contrefaçon alléguée des droits d'auteur dont les requérants se sont dits titulaires;

Que de telles opérations ne pouvaient être diligentées que dans le cadre d'une saisie-contrefaçon organisée par l'article L. 332-1 du code de la propriété intellectuelle et autorisée par le président du tribunal de grande instance de Paris;

Considérant que l'incompétence du président du tribunal de commerce de Paris pour prendre l'ordonnance litigieuse commande, en infirmant la décision des premiers juges sur ce point, de prononcer l'annulation de l'ordonnance du 6 février 2007 et avec elle, celle de l'ensemble des opérations effectuées en exécution de cette dernière. »

Paris, pôle 1, ch. 4, 28 oct. 2011, RG n° 10/19375.

« Considérant qu'en application de l'article 145 du code de procédure civile, s'il existe un motif légitime de conserver ou d'établir avant tout procès, la preuve de faits dont pourrait dépendre la solution d'un litige, les mesures d'instruction légalement admissibles peuvent être ordonnées à la demande de tout intéressé, par requête ou en référé;

Considérant que M. Lethiais estime être victime d'une contrefaçon de la part de la société Rivolier qui commercialise les pistolets fournis par la société allemande, Sauer & Soth et dont sont dotés les services de l'État;

Qu'il entend faire vérifier par l'expert la composition exacte de ces pistolets Sig Sauer qui lui seraient remis par le ministère de l'intérieur et de celui de la défense dont la société intimée observe, à juste titre, qu'ils ne sont pas appelés dans la cause;

Considérant que la mesure d'instruction s'apparente ainsi à une saisie-contrefaçon qui est une mesure exceptionnelle, de surcroît, encadrée par des dispositions strictes dans le souci du respect des droits de la défense;

Que la protection du secret de fabrication, voire du secret-défense opposée par la société intimée, exige que le requérant ne se dispense pas d'avoir recours à la procédure spéciale de constatation prévue en matière de brevet, par l'article L. 615-5 du code de la propriété intellectuelle qui précise, contrairement à l'expertise générale "*in futurum*", les conditions dans lesquelles doit se dérouler la mesure de saisie-contrefaçon ainsi que des garanties pour la partie saisie;

Considérant que, par ailleurs, le brevet dont M. Lethiais sollicite la protection a été annulé par le jugement prononcé le 10 mai 2011 par le tribunal de grande instance de Paris qui, certes, frappé d'appel, et donc non exécutoire, n'en est pas moins non dépourvu de l'autorité de la chose jugée;

Qu'ainsi en l'absence de motif légitime, la demande d'expertise doit être rejetée et l'ordonnance dont appel confirmée ».

▸ 0.14 Droit à l'information

TGI Paris, ord. réf., 12 déc. 2007, RG n° 07/59572, *Comm. com. électr.* nov. 2008, comm. n° 124, obs. C. Caron, *Propr. intell.* oct. 2008, p. 457, obs. C. de Haas

« Sur l'application de l'article 32 de la loi du 29 octobre 2007 et de l'article 145 du Nouveau code de procédure civile :

Selon l'article L. 331-1-2 nouvellement codifié par l'article 32 précité, si la demande lui est faite, la juridiction saisie d'une procédure civile prévue aux livres 1er, II et III de la première partie peut ordonner, au besoin sous astreinte, afin de déterminer l'origine et les réseaux de distribution des marchandises et services qui portent atteinte aux droits du demandeur, la production de tous documents ou informations détenues par le défendeur ou par toute personne qui a été trouvée en possession de telles marchandises ou fournissant de tels services ou a été signalée comme intervenant dans la production, la fabrication ou la distribution de ces marchandises ou la fournitures de ces services. La production de documents ou d'informations peut être ordonnée s'il n'existe pas d'empêchement légitime. Les documents recherchés portent sur : a) les nom et adresse des producteurs, fabricants, distributeurs, fournisseurs et autres détenteurs antérieurs de marchandises ou services ainsi que des grossistes destinataires et des détaillants; b) les quantités produites, commercialisées, livrées, reçues ou commandées ainsi que sur le prix obtenu pour les marchandises ou services en cause.

L'article 145 du Nouveau code de procédure civile quant à lui dispose que s'il existe un motif légitime de conserver ou d'établir avant tout procès la preuve des faits dont pourrait dépendre la solution d'un litige, les mesures d'instruction légalement admissibles peuvent être ordonnées à la demande de tout intéressé sur requête ou en référé.

Il y a lieu de rappeler à titre liminaire que la loi du 29 octobre 2007 a été prise pour transposer la directive n° 2004/48/CE du 29 avril 2004 relative au respect des droits de la propriété intellectuelle qui donne des instruments juridiques communs à l'ensemble des pays de l'Union européenne notamment pour lutter contre la contrefaçon.

Cette directive institue en son article 8 un droit à l'information des titulaires de droit afin de permettre à ceux-ci sous le contrôle du juge de pouvoir obtenir des informations sur les filières de contrefaçon.

Il ressort incontestablement d'une lecture stricte de l'article L. 331-1-2 du code de la propriété intellectuelle nouvellement codifié que celui-ci donne à la juridiction du fond saisie d'une action en contrefaçon de droits d'auteur la possibilité de mettre en œuvre ce droit d'information au profit des titulaires et a ainsi institué en cette matière une nouvelle mesure d'instruction.

Dès lors que l'article 145 précité permet d'obtenir par voie de référé ou de requête les mesures d'instruction légalement admissibles, le titulaire de droits d'auteur est recevable sur le fondement combiné de cet article et de l'article L. 331-1-2 du code de la propriété intellectuelle, à solliciter la production des pièces prévues dans cette dernière disposition.

Dans ces conditions, les demandes de M. Dreyfuss et de la société 1.0.9 de production de pièces sont recevables.

Les sociétés Benetton prétendent que compte tenu de leur notoriété et de leur assise financière, il n'y a aucun risque de dépérissement des preuves.

Le présent juge relève que lors des opérations de saisie-contrefaçon, les sociétés Benetton n'ont produit aucun élément comptable sur les commandes, les livraisons et les ventes; que dans la présente procédure, elles se contentent de fournir un tableau récapitulatif des ventes par modèle argué de contrefaçon sans aucun élément comptable à l'appui de cette pièce non certifiée.

S'il n'est pas contestable que les sociétés Benetton jouissent d'une assise financière telle qu'elles ne sauraient disparaître avant la fin de la procédure au fond en contrefaçon, il n'en demeure pas moins qu'elles n'ont fourni aucun élément sur l'origine de la contrefaçon ni sur l'étendue de celle-ci, le tableau produit n'étant le reflet que d'un état instantané des ventes des deux sacs argués de contrefaçon.

Afin de permettre à M. Dreyfuss et à la société 1.0.9 de déterminer le préjudice qu'ils ont subi du fait de l'atteinte à leurs droits d'auteur par la contrefaçon incriminée qui n'est pas sérieusement contestable au vu des pièces produites (les modèles opposés Billy et Robert présentant des caractéristiques originales incontestables, caractéristiques reprises ou imitées par les deux sacs Benetton référencés ci-dessus), il y a lieu de faire droit à la mesure de communication de pièces dans les conditions visées au présent dispositif ».

TGI Paris, 3e ch., 2e sect., ord. JME, 11 janv. 2008, RG no 06/17985, *Jurinpi* D20080013.

« Que le surplus des pièces réclamées, et notamment les justificatifs de livraison et de facturation dudit sac à tous les grossistes et détaillants situés sur le territoire français, ne saurait à ce stade faire l'objet d'une injonction de communication dès lors que le tribunal de céans n'a statué ni sur le caractère protégeable du modèle invoqué, qui fait l'objet de contestations de la part des défenderesses, ni sur la réalité de la contrefaçon alléquée, les dispositions de l'article 32 de la loi ne 2007-1544 du 29 octobre 2007 de lutte contre la contrefaçon n'instaurant sur ce point qu'une simple faculté laissée à l'appréciation souveraine du juge;

Attendu que la demande de production forcée de pièces sera donc rejetée ».

TGI Paris, 3e ch., 2e sect., ord. JME, 21 mars 2008, RG no 2006/09722, *PIBD* 2008, no 876, III, 380, *Propr. intell.* oct. 2008, p. 479, obs. J.-C. Galloux, *Comm. com. électr.* 2008, comm. 66, note Caron.

« Attendu que les sociétés CSA France et Hurton Kunert ne peuvent utilement conclure au débouté des demandes aux motifs que le recours aux dispositions de l'article L. 716-7-1 du code de la propriété intellectuelle suppose la contrefaçon établie en raison de l'emploi, par le législateur, des termes "produits contrefaisants" et "activités de contrefaçon";

Attendu, en effet, que le texte susvisé confère le droit d'ordonner la production des documents visés à "la juridiction saisie" d'une procédure civile relative aux marques de fabrique, de commerce, ou de services, sans réserver expressément à la seule formation ayant statué au fond compétence pour ce faire; qu'il vise, par ailleurs, les documents en possession du "défendeur" ou de "toute personne" impliquée dans le processus contrefaisant, et a pour but, notamment, de lutter contre les filières de contrefaçon et de permettre aux juges statuant au fond d'évaluer le préjudice subi et de prendre toutes mesures coercitives utiles, en créant une nouvelle mesure d'instruction;

Attendu, en toute hypothèse, que l'article 770 du code de procédure civile confère au juge de la mise en état "tous les pouvoirs nécessaires à la communication, à l'obtention et à la production des pièces";

Attendu que le Juge de la mise en état est donc compétent pour connaître des demandes de la société Textiles Well, sans qu'il y ait lieu, par ailleurs, à question préjudicielle. »

TGI Paris, 3e ch., 1re sect., ord. JME, 21 mars 2008, RG no 2006/09830.

« Pour ce qui est du droit d'information prévu dans la directive 2004/48, il constitue un droit nouveau qui n'existait pas dans la législation antérieure et il est transposé, pour ce qui est du droit des marques, dans l'article nouveau L. 716-7-1 du code de la propriété intellectuelle.

La rédaction de cet article est différente puisqu'il n'est pas fait état de "produits argués de contrefaçon" ou de "prétendu contrefacteur" comme dans l'article L. 716-6 nouveau du code de la propriété intellectuelle, mais de produits contrefaisants. Il est également précisé que la juridiction civile compétente pour statuer sur cette demande est la juridiction civile saisie d'une action en contrefaçon.

Ainsi, les termes même de cet article supposent que la contrefaçon doit avoir été jugée et qu'il n'existe plus de doute sur les atteintes alléguées.

Le droit d'information ne serait en conséquence qu'une demande additionnelle formée devant la juridiction du fond qui y ferait droit une fois la contrefaçon jugée. »

TGI Paris, 3e ch., 3e sect., ord. JME, 26 mars 2008, RG no 2007/07495, *Jurinpi* M20080179.

« En l'espèce, il existe des présomptions suffisantes pour établir que M. Benaïssa a commercialisé des produits contrefaisants (*cf.* : parfum Amor Amor contrefaisant acquis sur Ebay de "paupiette 81" pseudonyme de M. Benaïssa, avis négatifs des ebayeur dénonçant des produits contrefaits, approvisionnement auprès du commerce "aux bonnes affaires" lequel s'approvisionne en produits à vil prix) dans ces conditions il convient de faire droit aux demandes des sociétés demanderesses à l'encontre tant de M. Benais SA que des sociétés Ebay par l'intermédiaire desquelles les parfums contrefaisants ont été commercialisées, les modalités précisées au dispositif.

Il résulte du procès verbal de saisie que la contrefaçon ne s'est pas limitée à la seule vente du parfum Amor Amor acquis sur Ebay par les société demanderesses, les ventes ayant duré plusieurs mois, dès lors c'est à juste titre que les sociétés demanderesses demandent la production de documents concernant d'autres marques dont elles sont titulaires. »

TGI Paris, 3e ch., 2e sect., ord. JME, 18 avr 2008, RG no 2007/09543, *PIBD* 2008, no 878, III, 448.

« Qu'il convient de relever que l'article L. 716-7-1 du code de la propriété intellectuelle confère au titulaire de droits de propriété intellectuelle, dans le cadre d'une instance civile en contrefaçon, un droit d'information qui ne doit pas se confondre avec les pouvoirs spécifiquement octroyés au juge des référés ou des requêtes dans le cadre de l'article L. 716-6 du même code, dans sa rédaction issue de la loi no 2007-1544 du 29 octobre 2007;

Que dès lors, et contrairement à ce que prétendent les défendeurs, l'application de l'article L. 716-7-1 n'est nullement subordonnée à l'exigence de l'absence de contestation sérieuse, pas plus qu'à la démonstration par le demandeur de circonstances de nature à compromettre le recouvrement des dommages-intérêts, le juge saisi, soit en l'espèce le juge de la mise en état, devant cependant apprécier la demande de communication formulée au regard des éléments versés aux débats;

Que d'ailleurs, le juge de la mise en état tire également ses pouvoirs en la matière des dispositions de droit commun, l'article 770 du code de procédure civile lui donnant depuis 1965 la faculté d'exercer "tous les pouvoirs nécessaires à la communication, à l'obtention et à la production des pièces";

Qu'en revanche, les défendeurs soulignent à juste titre que l'application des ces dispositions est subordonnée à l'absence d'empêchement légitime;

Que cependant ils ne rapportent nullement la preuve, ni même n'allèguent, l'existence d'un tel empêchement;

Attendu qu'il y a lieu en conséquence, eu égard aux éléments versés aux débats à ce stade du dossier, de faire droit à la demande de production de pièces sollicitée, dans les limites et conditions énoncées au dispositif de la présente décision, et ce afin de permettre au demandeur de déterminer l'étendue des faits de contrefaçon allégués et d'évaluer le préjudice en résultant. »

TGI Paris, 3e ch., 2e sect., ord. JME, 6 juin 2008, RG n° 07/10181, *Propr. industr.* nov. 2008, comm. n° 89, p. 40.

« Attendu que la société Ana Mariana oppose à la demande de communication de pièces que l'application du texte susvisé suppose d'établir préalablement la réalité de la contrefaçon, de sorte que la mesure sollicitée ne saurait être ordonnée par le Juge de la mise en état sans préjudicier du fond;

Mais attendu que le texte susvisé confère le droit d'ordonner la production des documents visés à "*la juridiction saisie*" d'une procédure civile relative aux marques de fabrique, de commerce, ou de services, sans réserver expressément à la seule formation ayant statué au fond compétence pour ce faire; qu'il vise, par ailleurs, les documents en possession du "*défendeur*" ou de "*toute personne*" impliquée dans le processus contrefaisant, et a pour but, notamment, de lutter contre les filières de contrefaçon et de permettre aux juges statuant au fond d'évaluer le préjudice subi et de prendre toutes mesures coercitives utiles, en créant une nouvelle mesure d'instruction;

Attendu, en toute hypothèse, que l'article 770 du code de procédure civile confère au Juge de la mise en état "*tous les pouvoirs nécessaires à la communication, à l'obtention et à la production des pièces*";

Attendu que la société Ana Mariana prétend que la demande de déchéance de la marque invoquée qu'elle a formulée devant le juge du fond constitue un empêchement légitime au sens de l'article L. 716-7-1 du code de la propriété intellectuelle devant conduire le juge de la mise en état à rejeter la demande;

Mais attendu que les moyens de fond opposés à l'action en contrefaçon ne constituent pas un empêchement légitime au sens de l'article L. 716-7-1 du code de propriété intellectuelle; que l'obligation d'apporter son concours à la justice en vue de la manifestation de la vérité s'impose à tous; qu'elle conduit le juge de la mise en état à considérer que constitue un empêchement légitime, au sens l'article L. 716-7-1 du code de la propriété intellectuelle, toute règle de droit, tenant notamment au respect de la vie privée ou au secret professionnel, en application de laquelle la communication des documents recherchés, par leur détenteur, serait susceptible d'engager la responsabilité, civile ou pénale, de ce dernier;

Qu'il n'est en l'espèce justifié d'aucun obstacle de cette nature;

Attendu qu'il convient de permettre au tribunal de déterminer l'origine des produits litigieux, d'apprécier l'étendue de la contrefaçon si celle-ci est avérée et, enfin, d'évaluer le préjudice en résultant;

Que l'engagement pris lors de là saisie-contrefaçon, par un salarié de la société Ana Mariana, de communiquer des pièces justificatives dans les quarante huit heures n'a pas été honoré;

Qu'il a été déclaré, lors des opérations de saisie-contrefaçon, que les produits litigieux étaient fabriqués en Chine; que la facture produite par la société Ana Mariana permet néanmoins d'identifier le fournisseur de la société Ana Mariana;

Attendu, en revanche, que les pièces dores et déjà produites ne permettent pas, à elles seules, d'identifier le réseau de distribution des produits argués de contrefaçon, ou de déterminer les prix pratiqués auprès de l'ensemble des revendeurs, ainsi que le nombre exact et l'identité de ceux-ci;

Qu'il convient donc de faire droit à la demande de communication de pièces dans les limites fixées par le dispositif de la présente décision. »

TGI Paris, 3e ch., 3e sect., ord. JME, 25 juin 2008, RG n° 2008/06929, *PIBD* 2008, n° 882, III, 576.

« La société eBay France soutient également que la mise en œuvre de l'article L. 716-7-1 du code de propriété intellectuelle suppose qu'une décision sur le fond soit déjà intervenue puisque le texte se réfère à des "produits contrefaisants".

Il convient d'observer que l'article L. 716-7-1 du code de propriété intellectuelle dispose que : "si la demande lui en est faite, la juridiction saisie d'une procédure civile prévue au présent titre peut ordonner [...] afin de déterminer l'origine et les réseaux de distribution des produits contrefaisants qui portent atteinte aux droits du demandeur, la production de tous documents ou informations détenus [...] par toute personne [...] qui fournit des services utilisés dans les activités de contrefaçon [...]".

Il en résulte que ce texte vise "la juridiction saisie d'une procédure", ce qui englobe le juge de la mise en état. Par ailleurs, il y a lieu de noter que le juge de la mise en état est compétent en vertu de l'article 770 du code de procédure civile selon lequel "le juge de la mise en état compétent exerce tous les pouvoirs nécessaires à la communication, à l'obtention et à la production de pièce". Enfin, il apparaît que la compétence du juge de la mise en état se déduit de l'esprit de la loi du 29 octobre 2007 qui est dédiée à la lutte contre la contrefaçon. »

TGI Paris, 3e ch., 2e sect., ord. JME, 25 juin 2008, RG n° 2007/13929, *PIBD* 2008, n° 883, III, 607.

« Le présent juge relevant de ces éléments :

– que la contrefaçon n'est pas sérieusement contestable : le motif des chaussures Free Ness imite le signe de la marque figurative et les produits désignés sont identiques; en conséquence, le risque de confusion pour la clientèle moyennement attentive est certain;

– que la société Free Ness est de mauvaise foi puisqu'elle a prétendu n'avoir aucun élément comptable concernant ces chaussures contrefaisantes alors qu'elle a émis une facture et un bon de livraison auprès de la société Mazal pour ces modèles,

considère qu'il y a lieu de mettre en œuvre le droit à l'information prévu à l'article L. 716-7-1 du code de la propriété intellectuelle au profit de la société Céline dans les conditions définies au présent dispositif. »

TGI Paris, 3e ch., 2e sect., ord. JME, 10 oct. 2008, RG n° 2007/04623, *PIBD* 2008, n° 888, III, 778.

« Attendu que Monsieur Xia ne peut utilement conclure au rejet de la demande de communication de pièces au motif que le recours aux dispositions de l'article L. 716-7-1 du code de la propriété intellectuelle suppose la contrefaçon établie en raison de l'emploi, par le législateur, des termes "produits contrefaisants" et "activités de contrefaçon";

Attendu, en effet, que le texte susvisé confère le droit d'ordonner la production des documents visés à "la juridiction saisie" d'une procédure civile relative aux marques de fabrique, de commerce, ou de services, sans réserver expressément à la seule formation ayant statué au fond compétence pour ce faire; qu'il vise, par ailleurs, les documents en possession du "défendeur" ou de "toute personne" impliquée dans le processus contrefaisant, et a pour but, notamment, de lutter contre les filières de contrefaçon et de permettre aux juges statuant au fond d'évaluer le préjudice subi et de prendre toutes mesures coercitives utiles, en créant une nouvelle mesure d'instruction;

Attendu, en toute hypothèse, que l'article 770 du code de procédure civile confère au Juge de la mise en état "tous les pouvoirs nécessaires à la communication, à l'obtention et à la production des pièces";

Attendu, dès lors, que le juge de la mise en état peut faire droit aux demandes de la société Agatha Diffusion, à supposer qu'ils les jugent fondées, sans qu'il soit nécessaire que la contrefaçon ait été jugée avérée par la juridiction statuant au fond;

Attendu que la société Agatha Diffusion, agissant en contrefaçon, est recevable à formuler de telles demandes. »

TGI Paris, 3e ch., 1re sect., ord. JME, 12 nov. 2008, RG n° 2008/03028, *Jurinpi* B20080152, *PIBD* 2009, n° 888, III, 756.

« La rédaction de cet article fait référence à des articles "contrefaisants" et non pas "argués de contrefaçon" comme c'est le cas pour le texte qui prévoit les mesures conservatoires ou d'interdiction qui peuvent être demandées y compris de façon non contradictoire (*ex parte*) par voie de requête, ce qui laisse supposer que le tribunal doit avoir préalablement statué sur la réalité de la contrefaçon avant de pouvoir ordonner de telles mesures au visa de ce texte.

Par ailleurs, les dispositions de l'article 770 du code de procédure civile disposent que "le juge de la mise en état exerce tous les pouvoirs nécessaires à la communication, à l'obtention et à la production des pièces" et celles de l'article 771-5° du code de procédure civile donnent "pouvoir au juge de la mise en état d'ordonner même d'office toute mesure d'instruction".

Ainsi, sous le contrôle du juge de la mise en état qui évalue la nécessité et l'intérêt de la demande de production de pièces au regard de la vraisemblance de la contrefaçon alléguée, des pièces déjà réunies par le demandeur qui a la charge de la preuve dans le procès en contrefaçon et qui dispose déjà de la saisie-contrefaçon pour obtenir des pièces utiles à fonder ses prétentions, du respect du contradictoire qui reste un principe devant une juridiction saisie au fond et des dispositions de l'article 146 du code de procédure civile, les demandes de production de pièces et d'informations peuvent être accueillies devant le juge de la mise en état au visa des articles 770 et 771 du code de procédure civile.

En l'espèce, les parties sont opposées sur la mise en œuvre par la société Uponor dans la nouvelle bague en plastique utilisée pour guider le sertissage des revendications 1, 3, 9 du brevet Comap et ce depuis avril 2007 d'autant que la société Uponor indique exploiter son brevet EP 1 790 896 dont la validité n'est pas contestée par la société Comap.

La demande de production des pièces comptables de la société Uponor formée par la société Comap est donc totalement prématurée tant que le tribunal n'aura pas statué au fond sur la réalité de la contrefaçon ».

TGI Paris, 3e ch., 2e sect., ord. JME, 23 janv. 2009, RG n° 2008/06015, *Jurinpi* B20090026.

« Qu'en l'espèce, la société Levo AG invoque ces dispositions nouvelles pour solliciter la production forcée des documents et informations ci-dessus énumérés afin de déterminer l'origine et les réseaux de distributions du produit argué de contrefaçon;

Que contrairement à ce que prétend la défenderesse, l'application de l'article L. 615-5-2 du code de la propriété intellectuelle n'est nullement subordonnée à la démonstration par le demandeur de la contrefaçon;

Attendu, en effet, que le texte susvisé confère le droit d'ordonner la production des documents visés à "*la juridiction saisie*" d'une procédure civile relative aux marques de fabrique, de commerce, ou de services, sans réserver expressément à la seule formation ayant statué au fond compétence pour ce faire; qu'il vise, par ailleurs, les documents en possession du "*défendeur*" ou de "*toute personne*" impliquée dans le processus contrefaisant, et a pour but, notamment, de lutter contre la contrefaçon et de permettre aux juges statuant au fond d'évaluer le préjudice subi et de prendre toutes mesures coercitives utiles;

que d'ailleurs, le juge de la mise en état tire également ses pouvoirs en la matière des dispositions de droit commun, l'article 770 du code de procédure civile lui donnant depuis 1965 la faculté d'exercer "*tous les pouvoirs nécessaires à la communication, à l'obtention et à la production des pièces*";

Attendu pour le surplus qu'il n'appartient pas au juge de la mise en état d'apprécier le bien fondé de l'action au fond;

Attendu qu'il y a lieu en conséquence d'ordonner la communication par la société Invacare Poirier des pièces sollicitées, dans les conditions fixées au dispositif de la présente décision compte tenu de la résistance de la société défenderesse, afin de permettre au demandeur de déterminer l'origine et les réseaux de distribution du produit contrefaisant, étant précisé que la défenderesses a communiqué dans le cadre du présent incident, les coordonnées de son fournisseur la société Llyod Linden Inc établie à Taïwan. »

TGI Paris, 3e ch., 1re sect., ord. JME, 28 janv. 2009, RG nº 2008/04502, *Jurinpi* M20090067.

« L'article L. 716-7-1 du code de la propriété intellectuelle fait référence à des produits "contrefaisants" et non pas "argués contrefaisants" comme c'est le cas pour le texte qui prévoit les mesures conservatoires ou d'interdiction qui peuvent être demandées y compris de façon non contradictoire par voie de requête, ce qui laisse supposer que le tribunal doit avoir préalablement statué sur la réalité de la contrefaçon avant de pouvoir ordonner de telles mesures au visa de ce texte.

Le juge de la mise en état est compétent pour ordonner toute mesure d'instruction conformément à l'article 771 du code de procédure civile et exerce tous les pouvoirs nécessaires à la communication, à l'obtention et à la production des pièces. [...]

Au vu de ces elements, et les sociétés demanderesses disposant de la saisie-contrefaçon pour obtenir des pièces utiles à fonder leurs prétentions, notamment pour établir l'étendue de la contrefaçon dont la réalité est contestée, la demande de production des pièces comptables de la société Saint Germain Prestige apparaît prématurée tant que le tribunal n'aura pas statué au fond sur la réalité de la contrefaçon. »

TGI Paris, 3e ch., 2e sect., ord. JME, 3 avr. 2009, RG nº 2008/08681, *Jurinpi* M20090274; *PIBD* 2009, nº 901, III, 1282.

« Attendu qu'aucun de ces arguments ne constitue cependant une fin de non-recevoir au sens de l'article 122 du code de procédure civile; que la société Nikos, demanderesse à l'action en contrefaçon, est parfaitement recevable à se prévaloir, devant le juge de la mise en état, des dispositions de l'article L. 716-7-1 du code de la propriété intellectuelle. »

TGI Paris, 3e ch., 2e sect., ord. JME, 4 sept. 2009, RG nº 2008/09863, *Jurinpi* M20090404; *PIBD* 2009, nº 905, III, 1444.

« Attendu que les sociétés Juicy Couture Inc., L.C. Licensing Inc. et Liz Claiborne Cosmetics Inc. soulèvent liminairement l'incompétence du juge de la mise en état pour statuer sur une telle demande, faisant à cet égard valoir que seul le tribunal, après avoir statué sur la contrefaçon, est compétent pour l'examiner;

Mais attendu que l'article L. 716-7-1 du code de la propriété intellectuelle, dont les dispositions ont été ci-dessus rappelées, donne compétence à "la juridiction saisie d'une procédure civile prévue au présent titre" pour ordonner la production des pièces sollicitées au titre du droit à l'information qu'il consacre;

Qu'en l'absence de toute autre précision, une telle demande relève des pouvoirs conférés au juge de la mise en état, lequel est saisi de l'affaire jusqu'à la clôture de son instruction;

Que les sociétés Juicy Couture Inc., L.C. Licensing Inc. et Liz Claiborne Cosmetics Inc. soutiennent encore que la juridiction saisie ne peut ordonner la production de pièces qu'à compter du moment où les actes litigieux ont été définitivement jugés contrefaisants pour conclure, en l'absence de jugement au fond statuant sur la contrefaçon, à l'irrecevabilité d'une telle demande;

Qu'il convient cependant de rappeler que le texte susvisé est la transposition de l'article 8 de la directive 2004/48/CE du 29 avril 2004, imposant aux États membres de l'Union européenne de veiller à ce que, "dans le cadre d'une action relative à une atteinte à un droit de propriété intellectuelle et en réponse à une demande justifiée et proportionnée du requérant, les autorités judiciaires compétentes puissent ordonner que des informations sur l'origine et les réseaux de distribution des marchandises ou des services qui portent atteinte à un droit de propriété intellectuelle soient fournies" notamment par le contrevenant;

Qu'il confère le pouvoir d'ordonner la production des documents visés à "la juridiction saisie" d'une procédure civile relative aux marques de fabrique, de commerce ou de service, sans réserver expressément à la seule formation ayant statué au fond la compétence pour ce faire;

Que l'interprétation restrictive proposée par les défenderesses est en conséquence contraire sinon à la lettre, à tout le moins à l'esprit de ces dispositions issues de la loi de lutte contre la contrefaçon;

Que leur argumentation ne saurait donc prospérer. »

TGI Paris, 3e ch., 2e sect., ord. JME, 18 sept. 2009, RG nº 2008/09785, *Jurinpi* D20090105; *PIBD* 2009, nº 908, III, 1560.

« L'application de l'article L. 331-1-2 précité n'est nullement subordonnée à la démonstration par le demandeur de la contrefaçon;

Attendu, en effet, que le texte susvisé confère le droit d'ordonner la production des documents visés à "la juridiction saisie" d'une procédure civile relative aux marques de fabrique, de commerce, ou de services, ou de droits d'auteur, sans réserver expressément à la seule formation ayant statué au fond compétence pour ce faire; qu'il vise, par ailleurs, les documents en possession du "défendeur" ou de "toute personne" impliquée dans le processus contrefaisant, et a pour but, notamment, de lutter contre la contrefaçon et de permettre au juge statuant au fond d'évaluer le préjudice subi et de prendre toutes mesures coercitives utiles;

Que d'ailleurs, le juge de la mise en état tire également ses pouvoirs en la matière des dispositions de droit commun, seul fondement au demeurant expressément invoqué par les demandeurs, l'article 770 du code de procédure civile lui donnant depuis 1965 la faculté d'exercer tous les pouvoirs nécessaires à la communication, à l'obtention et à la production des pièces. »

Paris, pôle 1, ch. 1, 23 sept. 2009, RG n° 2009/06584, *Jurinpi* M20090514.

« Considérant, sur le second point, que le juge de la mise en état, saisi en l'espèce d'une demande tendant à voir ordonner la production de certains éléments de preuve sur le fondement de l'article L. 716-7-1 du code de la propriété intellectuelle, était, jusqu'à son dessaisissement et par application de l'article 771 du code de procédure civile, seul compétent pour ordonner une telle mesure; qu'en rejetant le moyen des sociétés défenderesses qui soutenaient qu'il n'entrait pas dans ses attributions de statuer sur cette demande, le juge de la mise en état n'a pas statué sur une exception de procédure – spécialement d'incompétence – au sens de l'article 776, alinéa 4, 2°, du code de procédure civile; que c'est donc par des motifs exacts, suffisants et pertinents que la cour adopte, que le conseiller de la mise en état a déclaré l'appel irrecevable; que l'ordonnance déférée sera en conséquence confirmée, sans qu'il soit nécessaire d'examiner le moyen d'irrecevabilité tiré par la société Textiles Well d'une prétendue nullité de forme de la déclaration d'appel. »

TGI Paris, 3e ch., 2e sect., ord. JME, 25 sept. 2009, RG n° 07/13634.

« La société défenderesse ne peut utilement conclure au débouté des demandes aux motifs que le recours à ces dispositions supposerait la contrefaçon établie en raison de l'emploi, par le législateur, des termes "produits contrefaisants" et "activité de contrefaçon", qu'elle oppose en particulier aux termes "produits ou procédés prétendument contrefaisants" utilisés dans l'article L. 615-5 qui traite de la saisie-contrefaçon.

En effet, une telle interprétation aurait pour effet de scinder systématiquement les litiges concernés en deux instances successives, la première pour juger ou non de la réalité de la contrefaçon, la seconde pour apprécier le préjudice subi et procéder aux réparations, alors que le texte susvisé a au contraire pour but de lutter le plus efficacement possible contre les filières de contrefaçon et de permettre aux juges statuant au fond d'évaluer le préjudice subi et de prendre toutes mesures coercitives utiles.

Contrairement à ce qui est soutenu, ce texte particulier ne déroge nullement aux textes généraux, en particulier les articles 11 et 770 du code de procédure civile, qui donnent au juge, spécialement au juge de la mise en état, le pouvoir d'ordonner la production de toute pièce utile.

Par ailleurs, il n'est pas allégué que cette production se heurterait en l'espèce à un cas d'empêchement légitime, le "secret commercial" et le "préjudice considérable" invoqués ne constituant pas un tel empêchement.

Enfin, il apparaît important, sans que cela soit "préjuger une décision du tribunal", de connaître l'origine des tentes litigieuses, et d'avoir une idée tant de la commercialisation de ces produits que du chiffre d'affaires généré par celle-ci.

Dès lors, il sera fait droit à la demande de production sollicitée dans les conditions fixées ci-dessous, étant précisé qu'il y a lieu de réserver les dépens, et que l'équité commande de ne pas faire application des dispositions de l'article 700 du code de procédure civile. »

TGI Paris, 3e ch., 4e sect., ord. JME, 29 oct. 2009, RG n° 09/06598, *Jurinpi* B20090180.

« Les dispositions de l'article L. 615-5-2 du code de la propriété intellectuelle accordent à la juridiction saisie le pouvoir d'ordonner, au besoin sous astreinte, la production de tous documents utiles à la détermination de l'origine et des réseaux de distribution des produits contrefaisants.

L'emploi des termes "produits contrefaisants" plutôt que des termes "argués de contrefaçon" utilisés dans cet article soulève une difficulté d'interprétation et pose la question de savoir si ce droit à l'information n'est ouvert qu'une fois l'existence de la contrefaçon constatée par une décision du juge du fond.

Pour interpréter ces textes donnant lieu à des décisions divergentes, il convient de se reporter aux règles de droit commun sur les pouvoirs du juge de la mise en état. Or, selon l'article 770 du code de procédure civile, le juge de la mise en état exerce tous les pouvoirs nécessaires à la communication, à l'obtention et à la production des pièces et, selon l'article 771-5°, il a le pouvoir d'ordonner, même d'office, toute mesure d'instruction.

Enfin pour ce qui concerne les produits qui auraient été fabriqués et commercialisés après les opérations de saisie-contrefaçon, force est encore de constater que la société Besins ne démontre pas que de tels actes aient perduré à la suite des opérations de saisie.

La société Besins ne démontre pas, à ce stade de la procédure, qu'elle est dans l'impossibilité d'obtenir les documents lui permettant d'appréhender l'étendue des faits reprochés aux sociétés défenderesses qui sont des sociétés concurrentes, et ses demandes n'apparaissent ni justifiées ni proportionnées par rapport à l'enjeu du litige.

En conséquence, la société Besins sera déboutée de l'ensemble de ses demandes. »

TGI Paris, 3e ch., 4e sect., ord. JME, 29 oct. 2009, RG n° 09/03827, *Jurinpi* D20090126, *PIBD* 2010, n° 911, III, 98.

« Selon les dispositions de l'article L. 331-1-2 du code de la propriété intellectuelle, si la demande lui en est faite, la juridiction saisie d'une procédure civile prévue aux livres Ier, II et III de la première partie peut ordonner, au besoin sous astreinte, afin de déterminer l'origine et les réseaux de distribution des marchandises et services qui portent atteinte aux droits du demandeur, la production de tous documents ou informations détenus par le défendeur ou par toute personne qui a été trouvée en possession de telles marchandises ou fournissant de tels services ou a été signalée comme intervenant dans la production, la fabrication ou la distribution de ces marchandises ou la fourniture de ces services.

L'emploi des termes "portent atteinte aux droits" plutôt que des termes "qui sont supposés porter atteinte aux droits" utilisés dans cet article soulève une difficulté d'interprétation et pose la question de savoir si ce droit à l'information n'est ouvert qu'une fois l'existence de la contrefaçon constatée par une décision du juge du fond.

Pour interpréter ces textes donnant lieu à des décisions divergentes, il convient de se reporter aux règles de droit commun sur les pouvoirs du juge de la mise en état. Or, selon l'article 770 du code de procédure civile, le juge de la mise en état exerce tous les pouvoirs nécessaires à la communication, à l'obtention et à la production des pièces et, selon l'article 771-5°, il a le pouvoir d'ordonner, même d'office, toute mesure d'instruction.

Ainsi, au regard des pouvoirs généraux reconnus au juge de la mise en état, il y a lieu d'admettre que celui-ci peut, comme la juridiction du fond, mettre en œuvre le droit à l'information organisé par les dispositions des articles du code de la propriété intellectuelle et ce, avant même le prononcé d'une décision sur la réalité de la contrefaçon. »

Paris, pôle 5, ch. 2, 6 nov. 2009, RG n° 08/21238, *Jurinpi* D20090142; *PIBD* 2010, n° 913, III, 158, *Propr. intell.* oct. 2010, p. 1014, obs. de Candé.

« Considérant que les appelantes font valoir que l'huissier instrumentaire ayant procédé de lui même à la description des modèles argués de contrefaçon alors que l'ordonnance du délégataire du président du tribunal de grande instance ne l'autorisait qu'à procéder à leur saisie réelle, le procès-verbal de saisie contrefaçon serait entaché d'une nullité de fond qui en commanderait l'annulation.

Mais considérant que l'ordonnance du délégataire du président en date du 12 septembre 2009 qui autorisait l'huissier par application de l'article L. 332-1 du code de la propriété intellectuelle à procéder à la saisie réelle du modèle argué de contrefaçon et à faire toute recherche pour déterminer l'origine et l'étendue de la contrefaçon alléguée, non seulement n'excluait pas mais impliquait nécessairement que l'huissier identifie le ou les modèles litigieux et relate par leur description précise, le choix qu'il opérait. Que le moyen n'est en conséquence pas fondé. »

TGI Paris, 3e ch., 4e sect., ord. JME, 26 nov. 2009, RG n° 09/05011.

« Les dispositions de l'article L. 615-5-2 du code de la propriété intellectuelle accordent à la juridiction saisie le pouvoir d'ordonner, au besoin sous astreinte, la production de tous documents utiles à la détermination de l'origine et des réseaux de distribution des produits contrefaisants.

L'emploi des termes "produits contrefaisants" plutôt que des termes "argués de contrefaçon" utilisés dans cet article soulève une difficulté d'interprétation et pose la question de savoir si ce droit à l'information n'est ouvert qu'une fois l'existence de la contrefaçon constatée par une décision du juge du fond.

Pour interpréter ces textes donnant lieu à des décisions divergentes, il convient de se reporter aux règles de droit commun sur les pouvoirs du juge de la mise en état. Or, selon l'article 770 du code de procédure civile, le juge de la mise en état exerce tous les pouvoirs nécessaires à la communication, à l'obtention et à la production des pièces et, selon l'article 771-5°, il a le pouvoir d'ordonner, même d'office, toute mesure d'instruction.

Ainsi, au regard des pouvoirs généraux reconnus au juge de la mise en état, il y a lieu d'admettre que celui-ci peut, comme la juridiction du fond, mettre en œuvre le droit à l'information organisé par les dispositions des articles du code de la propriété intellectuelle et ce, avant même le prononcé d'une décision sur la réalité de la contrefaçon.

Néanmoins, il convient de rappeler que le pouvoir du juge d'ordonner la production de pièces est laissé à son pouvoir discrétionnaire. En outre, ainsi que le rappellent les considérants 8 et 20 de la directive 2004/48 du 29 avril 2004 dont sont issues les dispositions précitées du code de la propriété intellectuelle, ces mesures doivent répondre à une demande justifiée et proportionnée du requérant, respecter les droits de la défense et être assorties de garanties nécessaires y compris la protection des renseignements confidentiels.

En conséquence, pour apprécier l'opportunité des demandes qui lui sont présentées, le juge de la mise en état prendra en considération les circonstances de l'espèce; les éléments versés aux débats et l'absence de décision au fond afin de ne pas porter une atteinte excessive aux intérêts du défendeur dont la responsabilité n'a pas été judiciairement établie. »

TGI Paris, 3e ch., 1re sect., ord. JME, 20 janv. 2010, RG n° 08/17921, *Gaz. Pal.* 18, 19 juin 2010, p. 45.

« L'article L. 331-1-2 du code de la propriété intellectuelle a vocation à s'appliquer lorsqu'il s'agit de déterminer l'origine et les réseaux de distribution des marchandises et services qui portent atteinte aux droits des demandeurs.

Or, en l'espèce, l'origine de la contrefaçon alléguée est connue puisque cette contrefaçon est reprochée à l'INA.

De plus, aucune saisie-contrefaçon n'a été réalisée par les demandeurs pour obtenir des éléments sur le montant du préjudice, de sorte que les conditions de l'article L. 331-1-2 du code de la propriété intellectuelle ne sont manifestement pas remplies et que la demande de communication de pièces fondée sur ce texte sera rejetée comme mal fondée. »

Paris, pôle 1, ch. 2, 17 févr. 2010, RG n° 2009/15065, *Jurinpi* M20100234; *PIBD* 2010, n° 921, III, 449.

« Aucun texte (alors que l'esprit de la loi est de donner au juge les moyens de lutter contre les contrefaçons) n'exige que le juge du provisoire – qui présente toutes les garanties d'un juge – soit contraint d'attendre une décision au fond sur l'existence de la contrefaçon, pour statuer sur ce droit d'information;

[...] il dispose ainsi des pouvoirs suffisants pour ordonner la production de pièces, permettant d'obtenir des informations sur les réseaux, sur la masse contrefaisante, sur l'étendue du préjudice, mais aussi de conforter les faits de contrefaçon ».

TGI Paris, 3e ch., 4e sect., ord. JME, 11 mars 2010, RG n° 2009/05634, *Jurinpi* D20100076.

« L'emploi des termes "portent atteinte aux droits" plutôt que des termes "qui sont supposés porter atteinte aux droits" utilisés dans cet article (art. L. 331-1-2 du code de la propriété intellectuelle) soulève une difficulté d'interprétation et pose la question de savoir si ce droit à l'information n'est ouvert qu'une fois l'existence de la contrefaçon constatée par une décision du juge du fond.

Pour interpréter ces textes donnant lieu à des décisions divergentes, il convient de se reporter aux règles de droit commun sur les pouvoirs du juge de la mise en état. Or, selon l'article 770 du code de procédure civile, le juge de la mise en état exerce tous les pouvoirs nécessaires à la communication, à l'obtention et à la production des pièces et, selon l'article 771-5°, il a le pouvoir d'ordonner, même d'office, toute mesure d'instruction.

Ainsi, au regard des pouvoirs généraux reconnus au juge de la mise en état, il y a lieu d'admettre que celui-ci peut, comme la juridiction du fond, mettre en œuvre le droit à l'information organisé par les dispositions des articles du code de la propriété intellectuelle et ce, avant même le prononcé d'une décision sur la réalité de la contrefaçon. »

Rennes, ch. 2, 23 mars 2010, RG n° 09/01645, *Juris-Data* n° 2010-009404.

« Les premiers juges ont, à la demande de la société Cuisines Danet, écarté des débats le constat de l'Agence de la protection des programmes (APP) en date du 14 janvier 2008, au motif que ses agents ne sont habilités à dresser procès-verbal que pour constater certains faits de contrefaçon d'œuvres de l'esprit étrangers à la présente affaire.

Si l'APP est en effet une association ayant pour objet de défendre les auteurs, éditeurs ou producteurs de programmes informatiques et d'œuvres numériques, et si ses agents sont, en vertu de l'article L. 331-1 du code de la propriété intellectuelle, habilités à dresser des constats de contrefaçon de droits d'auteur mettant en œuvre des logiciels, il demeure qu'en matière de contrefaçon de marque, la preuve des actes invoqués peut être rapportée par tous moyens, de sorte que rien n'interdit à la partie qui s'en prétend victime de produire comme moyen de preuve un constat dressé sur sa demande par un agent de l'APP, quand bien même celui-ci serait intervenu dans un litige ne relevant pas du champ de compétence de l'agence.

Il sera simplement précisé que ce constat est soumis à la discussion des parties et qu'en l'espèce, la partie adverse est recevable à apporter la preuve contraire. »

TGI Paris, 3e ch., 1re sect., ord. JME, 4 mai 2010, RG n° 2009/09978, *Jurinpi* D20100091; *PIBD* 2010, n° 924, III, 598.

« En l'espèce, la société demanderesse invoque les dispositions de l'article L. 521-5 du code de la propriété intellectuelle pour solliciter la production forcée de documents afin de recueillir des éléments tendant d'une part à établir que les modèles argués de contrefaçon ont été importés et d'autre part à déterminer l'importance du préjudice qu'elle prétend avoir subi.

Cet article dispose que "si la demande lui en est faite, la juridiction saisie d'une procédure civile prévue au présent titre peut ordonner, au besoin sous astreinte, afin de déterminer l'origine et les réseaux de distribution des produits contrefaisants qui portent atteinte aux droits du demandeur, la production de tous documents ou informations détenus par le défendeur ou par toute personne qui a été trouvée en possession de produits contrefaisants ou qui fournit des services utilisés dans des activités de contrefaçon ou encore qui a été signalée comme intervenant dans la production, la fabrication ou la distribution de ces produits ou la fourniture de ces services.

La production de documents ou d'informations peut être ordonnée s'il n'existe pas d'empêchement légitime.

Les documents ou informations recherchés portent sur :

a) les nom et adresse des producteurs, fabricants, distributeurs, fournisseurs et autres détenteurs antérieurs des produits ou services, ainsi que des grossistes destinataires et des détaillants;

b) les quantités produites, commercialisées, livrées, reçues ou commandées, ainsi que le prix obtenu pour les produits ou services en cause".

Cette disposition du code de la propriété intellectuelle est la transposition de l'article 8 de la directive 2004/48/CE du 29 avril 2004, imposant aux États membres de l'Union de veiller à ce que, "dans le cadre d'une action relative à une atteinte à un droit de propriété intellectuelle et en réponse à une demande juste et proportionnée du requérant, les autorités judiciaires compétentes puissent ordonner que des informations sur l'origine et les réseaux de distributions des marchandises ou des services qui portent atteinte à un droit de propriété intellectuelle soient fournies par le contrevenant."

Dès lors, ce texte a pour principale vocation de permettre au demandeur d'avoir accès à des informations sur l'origine et les réseaux de distributions des marchandises ou des services qui portent atteinte à son droit de propriété intellectuelle, et non à lui permettre d'apporter la preuve de l'existence d'importations, et partant de la matérialité de la contrefaçon, ni de chiffrer le préjudice qu'il estime avoir subi avant même d'établir la réalité de la contrefaçon.

Ainsi, la rédaction de l'article fait référence à des articles "contrefaisants" et non pas "argués de contrefaçon" comme c'est le cas pour le texte qui prévoit des mesures conservatoires ou d'interdiction qui peuvent être demandées y compris de façon non-contradictoire par voie de requête, ce qui laisse supposer que le tribunal doit avoir préalablement statué sur la réalité de la contrefaçon avant de pouvoir ordonner de telles mesures.

Il convient de relever qu'en l'espèce, la défenderesse conteste la protection des modèles en cause et, en conséquence, tout acte de contrefaçon. La réalité de la contrefaçon n'est donc, à ce stade des débats, ni établie, ni évidente et il appartiendra au tribunal de statuer sur ce point.

En outre, le fabricant des modèles litigieux est connu et la demande de production ne tend donc pas à déterminer l'origine et les réseaux de distribution.

En conséquence, la demande de production de pièces est mal fondée et doit être rejetée. »

TGI Paris, 3e ch., 1re sect., 8 juin 2010, RG n° 2008/16811, *Jurinpi* D20100190; *PIBD* 2010, n° 928, III, 752.

« Les sociétés défenderesses font valoir que l'article L. 332-1 du code de la propriété intellectuelle, sur le fondement duquel la requête en saisie-contrefaçon a été présentée, n'autorise le titulaire du droit d'auteur qu'à saisir les exemplaires constituant une reproduction illicite de l'œuvre arguée de contrefaçon, et que ce n'est que sur le fondement du droit à l'information tel que décrit à l'article L. 331-1-2 que la juridiction pourra, une fois qu'elle aura statué sur la question de la contrefaçon, autoriser le titulaire du droit à obtenir des informations concernant les quantités produites, commercialisées, livrées, reçues ou commandées, et sur les prix.

La société Dinh Van quant à elle rappelle que le droit à l'information a pour finalité première d'identifier l'origine et les réseaux de produits ou procédés contrefaisants et non de permettre l'évaluation du préjudice, peut être sollicité par voie de référé ou devant le juge de la mise en état, et n'interdit pas la possibilité de recueillir les informations commerciales et juridiques nécessaires lors d'une saisie-contrefaçon.

Elle soutient que l'article L. 332-1 du code de la propriété intellectuelle n'entre pas en concurrence avec cet article L. 331-1-2, que rien ne permet de soutenir que le législateur de 2007 ait voulu restreindre le champ d'application de l'article L. 332-1 du code de la propriété intellectuelle à la preuve de la matérialité de la contrefaçon et qu'admettre le contraire rendrait inefficace la procédure de saisie-contrefaçon.

Il ressort néanmoins de la lecture de ce texte dans sa nouvelle rédaction que l'huissier peut être autorisé à saisir "tout document" (2e de l'article L. 332-1) se rapportant aux matériels et instruments utilisés pour produire ou distribuer illicitement les œuvres ainsi que tout document s'y rapportant, sans qu'il soit précisé de quelle sorte de documents il s'agit de sorte que les documents comptables permettant d'évaluer l'étendue du préjudice résultant de la commercialisation de l'œuvre illicite peuvent être saisis lors des opérations de saisie-contrefaçon. Admettre le contraire serait ajouter au texte en limitant l'effet et l'intérêt de la saisie-contrefaçon, et contraire à la volonté du législateur qui était, en application de la directive (CE) n° 2004/48 du 29 avril 2004, de veiller au respect des droits de propriété intellectuelle et de lutter contre la contrefaçon.

Une telle interprétation de l'article L. 332-1 du code de la propriété intellectuelle n'est pas contraire aux dispositions de l'article L. 331-1-2 du même code qui a introduit dans notre législation le droit à l'information dans la mesure où celui-ci est un nouvel outil juridique donné au titulaire du droit pour obtenir des informations auxquelles il n'a pu avoir accès antérieurement, notamment par le biais de la saisie-contrefaçon, et où ce droit a uniquement pour objet de déterminer l'origine et les réseaux de distribution des produits ou procédés contrefaisants.

La saisie-contrefaçon et le droit à l'information doivent se compléter et permettre au titulaire de droit d'établir, avant tout procès pour la première et suite à une instance au fond pour le second, la matérialité de la contrefaçon, son étendue et son origine.

La société Dinh Van pouvait dès lors, sur le fondement de l'article L. 332-1 du code de la propriété intellectuelle, demander la saisie des documents étrangers à la matérialité de la contrefaçon et notamment les documents commerciaux et comptables détenus par la société Synalia.

En conséquence, la demande de nullité de l'ordonnance du 15 janvier 2008 et du procès-verbal de saisie-contrefaçon du 23 janvier 2008 est mal fondée et sera rejetée. »

Paris, pôle 5, ch. 2, 18 juin 2010, RG n° 09/16330, *Jurinpi* D20100131.

« Considérant que la société Sedef Dejean affirme que les opérations effectuées le 13 septembre 2007 sont nulles car d'une part, l'ordonnance du 13 septembre 2007 qui les autorise, porte la mention du nom de la requérante sans autre mention sur son identité et notamment sur son siège, d'autre part, l'huissier en procédant à des investigations sur les conditions de fabrication du modèle litigieux et en se faisant communiquer des factures de fabrication et de vente, aurait excédé le champ des mesures autorisées par l'article L. 332-1 du code de la propriété intellectuelle;

[...]

Considérant sur le second moyen, que l'article L. 332-1 du code de la propriété intellectuelle permet au juge d'autoriser la saisie réelle des produits argués de contrefaçon comme des matériels utilisés pour les fabriquer et les distribuer notamment;

Qu'il lui permet a fortiori d'autoriser des mesures de portée plus restreinte, limitées à la saisie-description des produits litigieux et d'autoriser le recueil auprès du saisi des informations comptables utiles à l'appréciation de l'importance de la commercialisation de ces produits;

Considérant dès lors, que les opérations de saisie-contrefaçon litigieuses qui sont conformes aux termes de l'ordonnance qui les a autorisées et dont la société Sedef Dejean n'a pas sollicité la rétractation, entrent dans le champ des mesures de l'article L. 332-1 du code de la propriété intellectuelle. »

TGI Paris, 3e ch., 1re sect., ord. JME, 2 nov. 2010, RG nº 09/14081.

« L'article L. 615-5-2 du code de la propriété intellectuelle dispose que : "si la demande lui en est faite, la juridiction saisie d'une procédure civile prévue au présent titre peut ordonner, au besoin sous astreinte, afin de déterminer l'origine et les réseaux de distribution des produits ou procédés contrefaisant qui portent atteinte aux droits du demandeur, la production de tous documents ou informations détenus par le défendeur ou par toute personne qui a été trouvée en possession de produits contrefaisant ou mettant en œuvre des procédés contrefaisant ou qui fournit des services utilisés dans des activités de contrefaçon ou a été signalée comme intervenant dans la production, la fabrication ou la distribution de ces produits, la mise en œuvre de ces procédés ou la fourniture de ces services.

La production de documents ou d'informations peut être ordonnée s'il n'existe pas d'empêchement légitime.

Les documents ou informations recherchés portent sur :

Les nom et adresse des producteurs, fabricants, distributeurs, fournisseurs et autres détenteurs antérieurs des produits, procédés ou services, ainsi que des grossistes destinataires et des détaillants;

Les quantités produites, commercialisées, livrées, reçues ou commandées, ainsi que sur le prix obtenu pour les produits, procédés ou services en cause".

Cette disposition du code de la propriété intellectuelle constitue la transposition de l'article 8 de la directive 2004/48/CE du 29 avril 2004 relative au respect des droits de propriété intellectuelle, imposant aux États membres de l'Union de veiller à ce que, "dans le cadre d'une action relative à une atteinte à un droit de propriété intellectuelle et en réponse à une demande juste et proportionnée du requérant, les autorités judiciaires compétentes puissent ordonner que des informations sur l'origine et les réseaux de distributions des marchandises ou des services qui portent atteinte à un droit de propriété intellectuelle soient fournies par le contrevenant".

Le droit d'information se trouve dans le chapitre II de la directive portant sur les "mesures, procédures et réparation" : la section 3 dudit chapitre est dédiée à ce droit d'information tandis que sa section 5 est consacrée aux "mesures résultant d'un jugement quant au fond". Le droit d'information constitue donc un dispositif autonome visant, comme l'indique le considérant 21, à assurer un niveau de protection élevé en obtenant des informations précises et les colégislateurs communautaires n'ont pas réservé ce dispositif aux juridictions du fond puisque la directive laisse aux États membres le soin de déterminer les "autorités judiciaires compétentes" et exige seulement que le droit d'information soit accordé dans le cadre d'une action relative à une atteinte à un droit de propriété intellectuelle.

Le législateur français n'a pas plus entendu exclure la compétence du juge de la mise en état en confiant à la "la juridiction saisie d'une procédure civile" la possibilité d'ordonner le droit d'information puisque le juge de la mise en état constitue une émanation de la juridiction saisie au fond et peut, comme elle, ordonner des mesures d'instruction.

Le droit d'information porte, en vertu de l'article 8 de la directive, sur des informations "sur l'origine et les réseaux de distributions des marchandises ou des services qui portent atteinte à un droit de propriété intellectuelle", ce que le législateur français a transposé par "produits ou procédés contrefaisants qui portent atteinte aux droits du demandeur". Si la loi fait référence aux produits contrefaisants, elle n'impose pas qu'il ait déjà été statué sur la contrefaçon, et donc l'existence d'un jugement au fond, pour que le droit d'information soit mis en œuvre.

En conséquence, le juge de la mise en état est compétent pour appliquer l'article L. 615-5-2 du code de la propriété intellectuelle. »

Paris, pôle 1, ch. 2, 27 avr. 2011, RG nº 11/02758.

« Considérant que le président du tribunal de grande instance saisi en référé sur le fondement de l'article L. 615-3 du code de la propriété intellectuelle, c'est-à-dire par voie contradictoire, dispose a fortiori des pouvoirs qui lui sont attribués par l'article L. 615-5 du même code lorsqu'il est saisi par requête, à savoir le pouvoir d'ordonner aussi la saisie de documents étrangers à la seule matérialité de la contrefaçon, autrement dit ceux concernant la masse contrefaisante;

Considérant en revanche que le "droit à l'information" prévu à l'article L. 615-5-2 du même code qui a pour finalité première de remonter les maillons occultes de la chaîne contrefaisante est réservé, comme l'expression "la juridiction saisie" l'indique, au juge saisi au fond;

Considérant que dans le cas d'espèce, seuls les points mentionnés aux § 13-5°/ a) et 13-6°/ d) relèvent du droit à l'information, les autres ne concernant que la recherche de la masse contrefaisante;

[...]

Par ces motifs

– Réforme la décision entreprise en ce qu'elle a ordonné les mesures visées ci-dessus aux § 13-5°/ a) et celles visées au § 13-6°/ d). »

TGI Paris, 3e ch., 3e sect., 3 juin 2011, RG nº 10/05501.

« En vertu de l'article L. 615-5-2 du code de la propriété intellectuelle, "si la demande lui en est faite, la juridiction saisie d'une procédure civile prévue au présent titre peut ordonner, au besoin sous astreinte, afin de déterminer l'origine et les réseaux de distribution des produits ou procédés contrefaisants qui portent atteinte aux droits du demandeur, la production de tous documents ou informations détenus par le défendeur ou par toute personne qui a été trouvée en possession de produits contrefaisants ou mettant en œuvre des procédés contrefaisants ou qui fournit des services utilisés dans des activités de contrefaçon ou a été signalée comme intervenant dans la production, la fabrication ou la distribution de ces produits, la mise en œuvre de ces procédés ou la fourniture de ces services.

La production de documents ou d'informations peut être ordonnée s'il n'existe pas d'empêchement légitime.

Les documents ou informations recherchés portent sur :

a) les nom et adresse des producteurs, fabricants, distributeurs, fournisseurs et autres détenteurs antérieurs des produits, procédés ou services, ainsi que des grossistes destinataires et des détaillants;

b) les quantités produites, commercialisées, livrées, reçues ou commandées, ainsi que sur le prix obtenu pour les produits, procédés ou services en cause".

Il résulte de ce texte spécial, qui prime sur les textes généraux de procédure civile, que le juge de la mise en état peut, sauf empêchement légitime, ordonner la production de tous documents ou informations portant notamment sur les quantités produites, commercialisées, livrées, reçues ou commandées ainsi que sur le prix obtenu pour les marchandises ou services en cause afin de déterminer l'origine et les réseaux de distribution des marchandises et services qui portent atteinte aux droits du demandeur, même avant toute décision au fond sur le bien-fondé de la demande en contrefaçon, mais ce pouvoir est néanmoins laissé à son appréciation, qui doit tenir compte des faits de l'espèce, de la nature de l'éventuelle contestation de la contrefaçon alléguée et de la proportionnalité des documents réclamés par rapport aux éléments versés au débat.

En l'espèce, la société Time Sport International sollicite de la société Uvex Sports et de la société Futurosport l'état détaillé et certifié par leur commissaire aux comptes des ventes et des achats des casques Uvex Shimano et Uvex Supersonic RS Lapierre visés par les procès-verbaux de saisie-contrefaçon à compter du 1er avril 2007.

Pour s'opposer à cette communication, la société Uvex Sports excipe de l'existence d'une contestation sur la validité du brevet en raison des différences existant entre la revendication n° 1 du brevet français et celle du brevet européen et soutient que la nullité du brevet européen est encourue en raison de la divulgation antérieure du casque "*Extreme folium*".

Cependant, l'examen des moyens et des pièces produites devant le juge de la mise en état, dont notamment deux arrêts rendus les 24 mars 2011 et 6 décembre 2010 par la cour d'appel de Bordeaux ayant reconnu la validité de la revendication litigieuse ne confèrent, à ce stade de la procédure, aucune évidence aux contestations ainsi formées, que seul le tribunal statuant au fond est compétent pour apprécier.

En outre, la société Uvex Sports excipe des inscriptions de faux inscrites à l'encontre des procès-verbaux de saisie-contrefaçon mais il appartiendra également au tribunal statuant au fond de se prononcer sur le bien fondé de cette procédure et sur la force probante des autres éléments produits au soutien de la demande de contrefaçon.

Toutefois, le droit à l'information défini à l'article précité est limité à la recherche de l'origine et des réseaux de distribution des produits contrefaisants et ne peut servir à établir l'ampleur du préjudice subi par la société demanderesse.

En effet, conformément à l'article 9 du code de procédure civile, il appartient à la société Time Sport International d'apporter les éléments permettant au tribunal d'apprécier tant le principe que le quantum de son préjudice, l'article visé ne pouvant servir à pallier la carence des parties dans l'administration de la preuve des faits qu'ils allèguent.

Toutes demandes relatives aux documents permettant de mesurer l'ampleur du préjudice subi par la demanderesse principale doivent donc être rejetées en ce qu'elles tendent à renverser la charge de la preuve qui lui incombe, étant relevé que celle-ci a pu procéder à la recherche de ces éléments de preuves dans le cadre de la procédure de saisie-contrefaçon diligentée à l'encontre de la société Futurosport, qui a d'ailleurs communiqué les éléments tels que sollicités par l'huissier. »

Com. 13 déc. 2011, n° 10-28.088, P.

« Attendu, selon l'arrêt attaqué (Lyon, 7 oct. 2010), que M. Tetaz, titulaire des marques françaises "Barnett" et "B. Barnett" enregistrées pour désigner en particulier des chaussures, et la société Barnett, qui les exploite, ont fait assigner les sociétés Puma France et Puma Retail AG (les sociétés Puma) en contrefaçon de marques et concurrence déloyale; qu'à l'occasion de cette procédure, M. Barnett et la société Barnett ont, sur le fondement de l'article L. 716-7-1 du code de la propriété intellectuelle, demandé au juge de la mise en état d'ordonner la production par les défendeurs de divers documents comptables; qu'il a été fait droit à cette demande par ordonnance de ce juge du 7 juin 2010;

Attendu que les sociétés Puma font grief à l'arrêt d'avoir déclaré irrecevable l'appel-nullité qu'elles avaient formé contre cette ordonnance, alors, selon le moyen :

1°/ *que seule peut être ordonnée, sur le fondement de l'article L. 716-7-1 du code de la propriété intellectuelle, la production de documents ou d'informations répondant à la finalité définie par ce texte, c'est-à-dire afin de "déterminer l'origine et les réseaux de distribution des produits contrefaisants qui portent atteinte aux droits du demandeur"; qu'en ordonnant, sur le fondement de ces dispositions, la production de documents sur les quantités de "chaussures de sport portant dans leur référence le terme "BARNETT"" achetées, en stock, ou vendues, ainsi que sur le chiffre d'affaires et la marge brute réalisés, quand la production de tels documents et informations ne pouvait permettre de déterminer l'origine et les réseaux de distribution des produits incriminés, le juge de la mise en état a détourné l'article L. 716-7-1 du code de la propriété intellectuelle de sa finalité; qu'en retenant néanmoins qu'il n'aurait commis aucun excès de pouvoir, la cour d'appel a violé l'article L. 716-7-1 du code de la propriété intellectuelle, tel qu'il doit s'interpréter au regard de l'article 8 de la directive (CE) nº 2004/48 du 29 avril 2004;*

2°/ que l'article L. 716-7-1 du code de la propriété intellectuelle permet au titulaire de droits de marque de solliciter, auprès de la juridiction saisie d'une action en contrefaçon, et afin de déterminer l'origine et les réseaux de distribution des "produits contrefaisants qui portent atteinte aux droits du demandeur", la production de documents ou informations détenus par le défendeur, ou par toute personne qui a été trouvée en possession de produits "contrefaisants" ou qui est impliquée dans la fourniture de services utilisés "dans des activités de contrefaçon"; qu'il résulte des termes mêmes de ce texte que le juge ne peut ordonner une telle mesure qu'après avoir statué au fond et retenu que la contrefaçon est établie; qu'en l'espèce, en retenant que le juge de la mise en état n'avait commis aucun excès de pouvoir en enjoignant, avant tout jugement sur la contrefaçon, aux sociétés Puma de produire un certain nombre de documents comptables, sur le fondement de l'article L. 716-7-1 du code de la propriété intellectuelle, la cour d'appel a violé ledit article, tel qu'il doit s'interpréter au regard de l'article 8 de la directive (CE) nº 2004/48 du 29 avril 2004;

3°/ que le juge national ne peut se fonder sur une interprétation d'une directive communautaire qui ne serait pas conforme au principe de proportionnalité; que ce principe impose de vérifier que la mesure est propre à garantir la réalisation de l'objectif poursuivi et qu'elle ne va pas au-delà de ce qui est nécessaire pour qu'il soit atteint; que méconnaît le principe de proportionnalité, et est, en conséquence, entachée d'un excès de pouvoir, la décision ordonnant la production forcée par le défendeur à une action en contrefaçon d'informations comptables et commerciales sur les quantités de produits, le chiffre d'affaires et la marge brute réalisés, avant même qu'il soit statué sur la réalité de la contrefaçon; qu'en décidant du contraire, la cour d'appel a consacré un excès de pouvoir et a violé ensemble et les articles L. 716-7-1 du code de la propriété intellectuelle, tel qu'il doit s'interpréter au regard de l'article 8 de la directive (CE) nº 2004/48, et l'article 5, paragraphe 4, du traité sur l'Union européenne;

4°/ que le secret des affaires est une composante essentielle du droit au respect de la vie privée; que constitue une atteinte disproportionnée au secret des affaires l'obligation faite au défendeur à une action en contrefaçon de divulguer à un tiers des documents ou informations se rapportant soit à l'organisation de son réseau de distribution, soit aux quantités de produits achetés, à l'état des stocks, à la marge brute et au chiffre d'affaires réalisés sur les produits argués de contrefaçon, alors même que le juge n'a pas statué au fond sur la contrefaçon; qu'en retenant que le juge de la mise en état n'aurait commis aucun excès de pouvoir, en ordonnant, avant tout jugement au fond sur la contrefaçon, la production par les sociétés Puma et de documents comptables sollicités par la société Barnett et M. Tetaz, la cour d'appel a violé ensemble l'article L. 716-1-7 du code de la propriété intellectuelle, ainsi que l'article 8 de la Convention de sauvegarde des droits de l'homme et des libertés fondamentales;

5°/ que toute personne a droit au respect de ses biens; que le principe général de la liberté d'entreprendre implique qu'une entreprise ne soit pas entravée, de manière injustifiée ou disproportionnée, dans l'exercice libre et paisible de ses activités commerciales; que porte une atteinte disproportionnée à ce droit le fait d'obliger au défendeur à une action en contrefaçon de révéler à un tiers des documents ou informations se rapportant soit à l'organisation de son réseau de distribution, soit aux quantités de produits achetés, à l'état des stocks, à la marge brute et au chiffre d'affaires réalisés sur les produits argués de contrefaçon, alors même que le juge n'a pas statué au fond sur la contrefaçon; qu'en retenant que le juge de la mise en état n'aurait commis aucun excès de pouvoir, en ordonnant, avant tout jugement au fond sur la contrefaçon, la production par les sociétés Puma de documents comptables sollicités par la société Barnett et M. Tetaz, la cour d'appel a violé l'article L. 716-1-7 du code de la propriété intellectuelle, ainsi que l'article 1er du Protocole additionnel de la Convention de sauvegarde des droits de l'homme et des libertés fondamentales et l'article 4 de la Déclaration des droits de l'homme et du citoyen de 1789;

6°/ que toute partie a droit à un procès équitable; qu'un tel droit n'est pas garanti lorsque le défendeur à une action en contrefaçon se voit forcé, avant même d'avoir été entendu au fond, de livrer des informations, par nature confidentielles, concernant le réseau de distribution du défendeur ou des données comptables sur les quantités, le chiffre d'affaire et la marge brute réalisés; qu'en retenant que le juge de la mise en état n'aurait commis aucun excès de pouvoir en enjoignant, sous astreinte, aux sociétés Puma de révéler à l'un de ses concurrents, avant même d'avoir statué au fond sur la contrefaçon, de telles informations, la cour d'appel a violé l'article 6 §1 de la Convention de sauvegarde des droits de l'homme et des libertés fondamentales;

7°/ que le pouvoir du juge civil d'ordonner la production des éléments de preuve détenus par une partie est limité par l'existence d'un empêchement légitime; que constitue une atteinte disproportionnée au secret des affaires et à la liberté d'entreprendre, l'obligation faite par le juge au défendeur à une action en contrefaçon de divulguer à un tiers des documents ou informations se rapportant soit à l'organisation de son réseau de distribution, soit aux quantités de produits achetés, à l'état des stocks, à la marge brute et au chiffre d'affaires réalisés sur les produits argués de contrefaçon, sans que soit même constaté le caractère apparemment sérieux de l'action en contrefaçon ou la vraisemblance de celle-ci; qu'une telle atteinte justifie l'existence d'un empêchement légitime; qu'en l'espèce, en retenant que le juge de la mise en état n'aurait commis aucun excès de pouvoir en ordonnant les mesures litigieuses, aux motifs que le pouvoir d'injonction du juge résulterait, au besoin des articles 132 et 770 du code de procédure civile, sans même constater que l'action en contrefaçon apparaissait sérieuse ou que la commission d'actes de contrefaçon était vraisemblable, la cour d'appel a violé ensemble les articles 11, 132 et 770 du code de procédure civile;

Mais attendu, en premier lieu, que les dispositions de l'article L. 716-7-1 du code de la propriété intellectuelle permettent au juge de la mise en état d'ordonner les mesures qu'il prévoit, avant toute décision sur la matérialité de la contrefaçon;

Attendu, en second lieu, que les griefs mis en œuvre par les première, quatrième, cinquième, sixième et septième branches ne sont pas de nature à caractériser un excès de pouvoir rendant recevable l'appel-nullité;

D'où il suit que le moyen n'est pas fondé. »

▸ 0.15 Qu'est-ce que la contrefaçon ?

Paris, 4e ch. A, 17 mai 1993, *RD propr. int.* 1993, n° 49, 78.

« Considérant que la société Oxo est mal fondée à soutenir que Isabelle Rodier était sans qualité pour diligenter le 29 mai 1990 une procédure de saisie-contrefaçon.

Considérant en effet que même si elle avait cédé à la société Suzanne Fontan ses droits de reproduction sur le dessin "Sous le signe de Neptune 2" pour une utilisation sur papiers peints et tissus puis à la société Robert le Héros pour toutes autres utilisations et supports, elle restait néanmoins en qualité d'auteur dudit dessin titulaire du droit moral.

Qu'à ce titre, elle avait qualité pour requérir la saisie d'objets qui constitueraient une contrefaçon de son œuvre.

Que le jugement doit donc être confirmé en ce qu'il a rejeté ce moyen. »

▸ 111.11 Division

Paris, pôle 5, ch. 1, 3 mars 2010, RG n° 07/14488.

« Le moyen tiré de la nullité de la saisie contrefaçon (pour absence d'opposabilité des droits du requérant à raison de l'expiration du monopole d'exploitation du titre de propriété industrielle) fondé sur l'inobservation d'une règle de fond peut être proposé postérieurement à une fin de non recevoir. L'irrecevabilité de ce moyen ne saurait en conséquence être admise, étant rappelé que l'article 74 du code de procédure civile invoqué ne fait pas obstacle à l'application de l'article 118 du même code.

Les premiers juges ont estimé que la possibilité de prouver les faits invoqués par voie de saisie-contrefaçon suppose que le titre soit en vigueur au moment où l'autorisation en est sollicitée, retenant en fait que la requérante n'a pu obtenir régulièrement l'autorisation de procéder à la saisie-contrefaçon et faisant droit à une exception au fond tirée d'une critique de l'ordonnance de saisie-contrefaçon ou de ses conditions d'obtention.

Or une ordonnance sur requête obtenue dans des conditions irrégulières ou autorisant des mesures excessives doit faire l'objet d'une procédure de rétractation (que l'intimée n'a pas cru devoir initier) et cette procédure relève de la compétence exclusive du juge qui l'a rendue, et non du tribunal statuant au fond, étant observé qu'il n'est pas contesté que la saisie a été diligentée dans le respect des dispositions de l'ordonnance sur requête qui a fait droit à la demande.

Un procès-verbal établi conformément à une décision qui n'a pas été déclarée irrégulière doit être considéré comme régulier et si sa nullité peut être poursuivie pour détournement de la procédure de saisie-contrefaçon, l'intimée ne peut valablement prétendre qu'une telle nullité se justifierait au motif que la saisie ne ferait preuve que des événements qui se sont déroulés au moment de son exécution et que les produits susceptibles être contrefaisants lorsque le titre était en cours de validité ne le sont plus après l'expiration de ce titre.

En effet, l'huissier de justice peut parfaitement déterminer la date à laquelle les objets qu'il décrit ont été fabriqués, stockés ou vendus, et trouver des documents de vente, ou des éléments tels des codes barres sur les produits permettant de dater rétroactivement un acte de contrefaçon.

Par ailleurs, il ne peut être admis, ainsi que l'a retenu le tribunal, que "la circonstance que l'action en contrefaçon puisse encore être engagée postérieurement à l'expiration du titre pour des faits antérieurs non couverts par la prescription est sans incidence sur la perte de la possibilité de faire la preuve de ces faits par voie de saisie-contrefaçon" alors qu'aucun élément ne permet de justifier qu'une personne qui conserve le droit de poursuivre des faits antérieurs à l'expiration d'un brevet soit privée d'un moyen de preuve pour les établir, ni qu'il serait indispensable que le monopole d'exploitation du brevet invoqué ne soit pas expiré au jour de la requête pour que la saisie-contrefaçon soit valable dans la mesure où le requérant entend obtenir la preuve de faits de contrefaçon commis à une époque où le brevet était opposable aux tiers.

En la cause, la société Deprat Jean a expressément précisé dans sa requête que le brevet présenté expirait le 28 juin 2005 et que la saisie était sollicitée aux fins "de confirmer la réalité [...] de la vente de produits argués de contrefaçon [...] vente constatée lors de la première saisie contrefaçon opérée le 24 juin 2005" (soit à une date où le brevet n'était pas encore expiré) et l'ordonnance rendue sur cette requête indique que la description et la saisie sont autorisées pour la preuve de la contrefaçon alléguée "antérieure au 29 juin 2005" (mention manuscrite).

Il résulte de l'ensemble de ces éléments d'appréciation que rien ne s'oppose à ce qu'il soit tenu compte le cas échéant d'éléments saisis le 1er juillet 2005, qui démontreraient la mise en œuvre de caractéristiques du brevet antérieurement à son expiration (survenue deux jours auparavant), même si par nature les dispositions relatives à la saisie contrefaçon sont d'interprétation stricte.

Le jugement du 6 juillet 2006 sera en conséquence infirmé en ce qu'il a annulé "la procédure de saisie-contrefaçon diligentée le 1er juillet 2005 sur le fondement d'une requête présentée le 29 juin 2005". »

Com. 14 déc. 2010, n° 09-72.946, *Bull. civ.* IV, n° 196; *Propr. industr.* 2011, comm. 22, note Raynard; *Propr. industr.* 2011, comm. 28, note Bouche; *CCE* 2011, comm. 19, note Caron; *Propr. intell.* avr. 2011, p. 247, obs. Warusfel.

« Vu les articles L. 615-2, L. 615-5 et R. 615-2 du code de la propriété intellectuelle dans leur rédaction applicable en l'espèce;

Attendu selon l'arrêt attaqué que la société Daiichi Sankyo, titulaire d'un certificat complémentaire de protection délivré le 26 août 1992 pour un médicament dont le principe actif est la pravastatine, expiré le 10 août 2006, arguant de ce que la société Sandoz avait lancé sur le marché dès juillet 2006 un générique de la pravastatine, a été autorisée par ordonnance rendue sur requête le 17 mars 2009 à faire procéder à une saisie-contrefaçon dans les locaux de cette société; que la société Sandoz a fait assigner la société Daiichi Sankyo devant le juge des référés en rétractation de cette ordonnance;

Attendu que pour infirmer l'ordonnance ayant rétracté l'autorisation donnée le 17 mars 2009 de procéder à une saisie-contrefaçon dans les locaux de la société Sandoz, l'arrêt retient que si la personne requérante doit communiquer dans sa requête les pièces justifiant du maintien en vigueur de ses droits pour la période pendant laquelle se sont déroulés les actes argués de contrefaçon, l'existence desdits droits au moment de la requête est indifférente si cette période n'est pas concernée par la demande;

Attendu qu'en statuant ainsi, alors que la faculté de procéder à une saisie-contrefaçon en matière de brevet ou de certificat complémentaire de protection n'est ouverte qu'aux personnes énumérées à l'article L. 615-2 du code de la propriété intellectuelle qui justifient non seulement de l'existence du titre sur lequel elles se fondent mais également de ce que celui-ci est toujours en vigueur à la date de présentation de la requête, la cour d'appel a violé les textes susvisés. »

▸ 111.41 Justificatifs à produire

Paris, 4e ch., sect. A, 12 mai 2004, *PIBD* 2004, n° 792, III, 470; *Ann. propr. ind.* 2/2004, p. 196.

« Considérant de sorte, que l'ordonnance ayant autorisé la saisie-contrefaçon sans que soit présenté le brevet argué de contrefaçon contrevient à ces dispositions légales (R. 615-1) [...] Que par voie de conséquence, l'ordonnance à fin de saisie rendue le 12 juillet 2001 est entachée de nullité, ainsi que les opérations de saisie-contrefaçon subséquentes pratiquées le 11 septembre 2001. »

Com. 29 janv. 2008, n° 07-14.709, *Bull. civ.* IV, n° 18, *PIBD* 2008, n° 871, III, 203.

« Attendu, selon l'arrêt attaqué (Paris, 2 février 2007), que la société par actions simplifiée Soulé protections surtensions (la SAS Soulé), arguant de la contrefaçon d'un brevet, a été autorisée par deux ordonnances rendues sur requête le 6 décembre 2005 à faire procéder à des saisies-contrefaçon dans les locaux de la société Citel 2CP; que cette dernière société a fait assigner la SAS Soulé, représentée par son mandataire ad hoc, et la société anonyme Soulé protection surtensions (la SA Soulé) devant le juge des référés en rétractation des deux ordonnances; que la SA Soulé, arguant de la contrefaçon du même brevet, a de nouveau été autorisée par deux ordonnances rendues sur requête le 17 janvier 2006 à faire procéder à des saisies-contrefaçon dans les locaux des sociétés Citel 2CP et Citel OVP; que ces dernières sociétés ont fait assigner la SA Soulé devant le juge des référés en rétractation de ces deux dernières ordonnances; que les instances en rétractation ont été jointes;

Sur le premier moyen :

Attendu que la société ABB France, venant aux droits de la SA Soulé, et la SAS Soulé font grief à l'arrêt d'avoir rétracté les ordonnances rendues le 6 décembre 2005 alors, selon le moyen, que la capacité d'ester en justice et la qualité à agir sont attachées à la personne, nonobstant les erreurs qui peuvent entacher sa désignation dans l'acte introductif d'instance; qu'ayant constaté que, dans les requêtes du 6 décembre 2005, les mentions relatives à la forme sociale et au numéro d'immatriculation au RCS de la société requérante étaient erronées, ce dont il se déduisait nécessairement qu'il s'agissait de la société anonyme Soulé protection surtensions, immatriculée au RCS sous le n° B 349 816 587, la cour d'appel, qui a néanmoins retenu, pour les rétracter, que les ordonnances du 6 décembre 2005 avaient été rendues à la requête de la société par actions simplifiée Soulé protection surtensions, immatriculée au RCS sous le n° B 428 273 502, laquelle était dépourvue de capacité d'ester en justice et de qualité à agir, n'a pas tiré les conséquences légales de ses propres constatations, violant les articles 114, 117 et 494 du nouveau code de procédure civile;

Mais attendu qu'après avoir relevé que les ordonnances du 6 décembre 2005 ont été rendues à la requête de la SAS Soulé, identifiée par sa dénomination, sa forme et son numéro d'immatriculation au registre du commerce et des sociétés, et que les sociétés Soulé font valoir que c'est à la suite d'une erreur purement matérielle dont elles sollicitent la rectification que la SAS Soulé a été mentionnée comme requérante, l'arrêt retient que l'erreur invoquée n'est pas une simple erreur matérielle sur le nom de la société mais une erreur substantielle sur l'immatriculation au registre du commerce et des sociétés ainsi que sur la forme sociale de la requérante, de sorte que, portant sur des éléments déterminant la qualité et la capacité pour agir, cette erreur n'est pas susceptible de rectification par la voie de l'article 462 du nouveau code de procédure civile; qu'en l'état de ces constatations et appréciations desquelles il résulte, non que les ordonnances litigieuses avaient été rendues à la requête de la SA Soulé, mais qu'elles l'avaient été, à la suite d'une erreur substantielle non susceptible de rectification, à la requête de la SAS Soulé, c'est à bon droit que la cour d'appel a statué comme elle a fait; que le moyen n'est pas fondé;

Et sur le second moyen :

Attendu que la société Abb France et la SAS Soulé font encore grief à l'arrêt d'avoir rétracté les ordonnances rendues le 17 janvier 2006 alors, selon le moyen :

1°/ que l'ordonnance autorisant une saisie-contrefaçon est rendue sur simple requête et sur la représentation du brevet; qu'en retenant, pour rétracter les ordonnances du 17 janvier 2006, que la nouvelle société Soulé aurait dû joindre à ses requêtes les pièces justifiant de "la chaîne des droits des titulaires successifs du brevet" et du "maintien du brevet en vigueur" par le paiement de la redevance annuelle, la cour d'appel, qui a ajouté à la loi une condition qu'elle ne comporte pas, a violé les articles R. 615-1 du code de la propriété intellectuelle et 494 du nouveau code de procédure civile;

2°/ que la requête aux fins de saisie-contrefaçon doit comporter l'indication des pièces invoquées, lesquelles doivent être jointes à ladite requête; que les requêtes du 17 janvier 2006 comportaient de manière précise les références des brevets litigieux et leur objet, et que les ordonnances rendues le même jour visaient "la requête qui précède et les pièces à l'appui"; qu'il en résultait que les brevets avaient été régulièrement produits à l'appui de la requête, conformément aux dispositions de l'article R. 615-1 du code de la propriété intellectuelle; qu'en jugeant le contraire, la cour d'appel a violé l'article 494 du nouveau code de procédure civile, ensemble le texte précité;

Mais attendu, d'une part, que la faculté de faire procéder à une saisie-contrefaçon en matière de brevet n'étant ouverte qu'aux personnes énumérées à l'article L. 615-5 du code de la propriété intellectuelle, il résulte de la combinaison de ce texte et des articles L. 613-9 et R. 615-1 du même code que le requérant est tenu, non seulement de présenter le brevet sur lequel il se fonde, mais aussi de justifier que ce titre est en vigueur et, s'il n'en est le propriétaire initial, qu'il est en droit d'en invoquer le bénéfice, en indiquant précisément, conformément à l'article 494 du nouveau code de procédure civile, les pièces invoquées à l'appui de sa requête;

Et attendu, d'autre part, que la cour d'appel n'a pas retenu que le brevet n'aurait pas été produit;

D'où il suit que le moyen manque en fait en sa seconde branche et n'est pas fondé pour le surplus;

Par ces motifs :

Rejette le pourvoi. »

▸ 111.12 Saisie-contrefaçon sur le fondement d'un brevet expiré

TGI Paris, 3e ch., 2e sect., 6 juill. 2006, *PIBD* 2006, n° 839, III, 692.

« Attendu que la société Zurfluh Feller oppose la nullité de cette saisie au motif qu'à la date de la requête en autorisation de saisie-contrefaçon, soit le 29 juin 2005, le brevet en cause, délivré le 28 juin 1985, était expiré; Attendu que les dispositions de l'article L. 615-5 du code de la propriété intellectuelle qui prévoient la possibilité pour le propriétaire d'un brevet de faire diligenter une procédure de saisie-contrefaçon sur autorisation du président du tribunal de grande instance, supposent que le titre soit en vigueur au moment où ladite autorisation est sollicitée; que la circonstance que l'action en contrefaçon puisse encore être engagée postérieurement à l'expiration du titre pour les faits antérieurs non couverts par la prescription est sans incidence sur la perte de la possibilité de faire la preuve de ces faits par voie de saisie-contrefaçon; Attendu qu'en conséquence, la saisie-contrefaçon dont s'agit doit être annulée. »

Paris, pôle 1, ch. 2, 18 nov. 2009, RG n° 09/10280.

« Considérant qu'il n'est pas contesté, et même reconnu par les parties, que les articles L. 615-5 et R. 615-1 du code de la propriété intellectuelle applicables au cas d'espèce sont ceux de la version issue de la loi 2007/1544 du 29 octobre 2007;

Considérant que "vingt arrêts ne valent pas une raison";

Considérant que l'arrêt de la chambre commerciale de la Cour de cassation du 29 janvier 2008 sur l'interprétation duquel les parties ont consacré de très longues explications a été rendu sur le fondement des articles susvisés dans leur rédaction antérieure à la loi susvisée; que quoi qu'il en soit, il résulte des articles du code de la propriété intellectuelle susvisé que le requérant est tenu de présenter le brevet sur lequel il se fonde, mais aussi de justifier que ce titre est en vigueur; que le présent litige se résume à la question de savoir à quelle époque le titre doit être en vigueur, à l'époque de la requête, comme le prétend Sandoz, ou à l'époque des faits allégués de contrefaçon, comme le soutient Sankyo;

Considérant que la mesure de l'article L. 615-5 alinéa 2 du code de la propriété intellectuelle est une mesure d'instruction *in futurum* destinée à éclairer le requérant – c'est-à-dire "toute personne ayant qualité pour agir en contrefaçon" – sur l'objet et l'étendue de la contrefaçon, en vue d'un procès futur, nécessairement entrepris, ici, dans le délai fixé par l'alinéa dernier dudit article; qu'il est donc logique que cette personne requérante, communique dans la requête de l'article 494 alinéa 1 du code de procédure civile, les pièces justifiant du maintien en vigueur de ses droits pour la période pendant laquelle se sont déroulés les actes argués de contrefaçon, l'existence desdits droits au moment de la requête étant indifférente si cette période n'est pas concernée par la demande;

Considérant que les parties reconnaissent que Sankyo était titulaire de ses droits jusqu'au 10 août 2006; que la requête explique avec les précisions nécessaires tous les faits tels que rappelés dans le présent arrêt et limite sa demande à la seule période pendant laquelle Sankyo était toujours titulaire de ses droits; que l'ordonnance limitait elle aussi la seule saisie de copie de documents (réclamée) à la seule période pendant laquelle Sankyo était titulaire de ses droits; qu'il n'y avait donc pas lieu de rétracter cette ordonnance; qu'il convient dans ces conditions d'infirmer l'ordonnance entreprise – et non pas de l'annuler – et statuant à nouveau de débouter Sandoz de sa demande de rétractation;

Considérant qu'il n'y a pas lieu de "valider les opérations de saisies", ni "d'ordonner la communication des documents saisis à Sankyo", cette communication étant la conséquence de l'ordonnance sur requête. »

Com. 14 déc. 2010, n° 09-72.946, *Bull. civ.* IV, n° 196; *Propr. industr.* 2011, comm. 22, note Raynard; *Propr. industr.* 2011, comm. 28, note Bouche; *CCE* 2011, comm. 19, note Caron; *Propr. intell.* avr. 2011, p. 247, obs. Warusfel.

« Vu les articles L. 615-2, L. 615-5 et R. 615-2 du code de la propriété intellectuelle dans leur rédaction applicable en l'espèce;

Attendu selon l'arrêt attaqué que la société Daiichi Sankyo, titulaire d'un certificat complémentaire de protection délivré le 26 août 1992 pour un médicament dont le principe actif est la pravastatine, expiré le 10 août 2006, arguant de ce que la société Sandoz avait lancé sur le marché dès juillet 2006 un générique de la pravastatine, a été autorisée par ordonnance rendue sur requête le 17 mars 2009 à faire procéder à une saisie-contrefaçon dans les locaux de cette société; que la société Sandoz a fait assigner la société Daiichi Sankyo devant le juge des référés en rétractation de cette ordonnance;

Attendu que pour infirmer l'ordonnance ayant rétracté l'autorisation donnée le 17 mars 2009 de procéder à une saisie-contrefaçon dans les locaux de la société Sandoz, l'arrêt retient que si la personne requérante doit communiquer dans sa requête les pièces justifiant du maintien en vigueur de ses droits pour la période pendant laquelle se sont déroulés les actes argués de contrefaçon, l'existence desdits droits au moment de la requête est indifférente si cette période n'est pas concernée par la demande;

Attendu qu'en statuant ainsi, alors que la faculté de procéder à une saisie-contrefaçon en matière de brevet ou de certificat complémentaire de protection n'est ouverte qu'aux personnes énumérées à l'article L. 615-2 du code de la propriété intellectuelle qui justifient non seulement de l'existence du titre sur lequel elles se fondent mais également de ce que celui-ci est toujours en vigueur à la date de présentation de la requête, la cour d'appel a violé les textes susvisés. »

TGI Paris, 3e ch., 3e sect., 8 avr. 2011, RG n° 11/02062, *Jurinpi* B20110126.

« En vertu de l'article 497 du code de procédure civile, le juge a la faculté de modifier ou de rétracter son ordonnance, même si le juge du fond est saisi de l'affaire.

Il ressort de la combinaison des articles L. 615-5 et R. 615-1 du code de la propriété intellectuelle que la faculté de faire procéder à une saisie-contrefaçon, mesure probatoire exorbitante du droit commun devant être dès lors appréciée de façon restrictive, suppose que le requérant soit titulaire d'un titre en vigueur au moment où l'autorisation de faire procéder à une telle mesure est sollicitée.

En l'espèce, il n'est pas contesté que les trois brevets européens EP 973, EP 540 et EP 824 n'étaient plus au jour du dépôt de la requête en saisie-contrefaçon en vigueur puisqu'expirés depuis le 29 mai 2010.

Cependant, il ressort des pièces versées aux débats que le brevet n° EP 532 était, quant à lui, toujours en vigueur au moment de la requête et qu'il n'expirera que le 27 juin 2011.

Il ressort également des pièces qu'est titulaire de ce brevet la société Institut für Rundfunktechnik GmbH et qu'a été concédée sur ce brevet une licence exclusive à une société américaine dénommée Audio MPEG, Inc. qui, elle-même, a accordé une sous-licence exclusive sur ce brevet à la société S.I.SV.E.L.

Il en résulte qu'étaient irrecevables à requérir l'autorisation de pratiquer une saisie-contrefaçon sur le fondement des brevets EP 973, EP 540 et EP 824, les sociétés France Telecom, TDF et Koninklijke Philips Electronics N.V. alors qu'étaient bien recevables à solliciter une telle autorisation la société Institut für Rundfunktechnik GmbH en tant que titulaire du brevet EP532 ainsi que les sociétés Audio MPEG, Inc. et S.I.SV.E.L. au vu des dispositions des articles L. 615-2 et L. 615-3 du code de la propriété intellectuelle.

En conséquence, il convient de rétracter partiellement les ordonnances autorisant les sociétés France Telecom, TDF et Koninklijke Philips Electronics N.V. à faire procéder à la saisie-contrefaçon dans les modalités prévues par l'ordonnance, l'ordonnance étant maintenue en ce qu'elle a autorisé les sociétés Institut für Rundfunktechnik GmbH AUDIO MPEG INC et Societa Italiana per lo Sviluppo dell'elettronica SPA (SISVEL) à y procéder.

S'agissant des brevets au visa desquels la saisie-contrefaçon a été autorisée, là encore, les ordonnances seront partiellement rétractées en ce qu'elles ont autorisé la saisie-contrefaçon au visa des brevets EP 973, EP 540 et EP 824 expirés et maintenues en ce qu'elles ont autorisé la saisie-contrefaçon sur la base du brevet EP 532.

Il est rappelé que le juge des requêtes saisi d'une demande de rétractation n'est pas juge de la validité des saisies-contrefaçon diligentées sur la base de ses ordonnances et l'éventuelle possibilité que lors des opérations, des produits ou documents saisis aient été sans lien avec le brevet susvisé est indifférente pour apprécier la validité de la requête et de l'ordonnance et ne pourra être appréciée qu'au fond au regard de la valeur probante des opérations de saisies. »

▸ 111.43 Effet de la limitation du brevet sur la saisie-contrefaçon ?

Lyon, 1re ch. civ. A, 13 juill. 2011, RG n° 2009/02302, *Jurinpi* B20110123; *PIBD* 2012, n° 955, III, 84.

« Comme mentionné dans la note d'observations jointe à la requête en limitation, la revendication 1 du brevet Lesage enregistré le 31 mars 2000 a été modifiée, l'objet de la revendication 4 du brevet délivré ayant été introduite dans la partie caractérisante de la revendication 1 avec substitution du terme "de manière à ce que" par le terme et que, l'ancienne partie caractérisante de la revendication 1 formant désormais le préambule de la revendication 1. Les termes "de manière à créer un moment de rappel qui s'oppose à l'enfoncement de la suspension" ont été introduits dans la nouvelle revendication 1, et la revendication 4 a été supprimée modifiant ainsi la numérotation des revendications de 1 à 5 seulement.

Par suite de l'effet rétroactif de cette limitation résultant de l'alinéa 3 de l'article L. 613-25, c'est le brevet limité qui constitue l'objet de l'action en nullité engagée et de la demande de protection.

Cette limitation n'a toutefois aucune incidence sur l'opposabilité aux sociétés Promiles et Décathlon de la saisie-contrefaçon opérée les 7 et 12 juin 2006 puisque, dans le cadre des dispositions de l'article L. 615-5 du CPI qui permettent au titulaire d'un brevet d'obtenir "une description détaillée" des produits argués de contrefaçon, le texte même des revendications du brevet ne peut influer sur les constatations et descriptions de l'huissier instrumentaire. »

▸ 111.52 Une demande publiée ou, à défaut, notifiée

TGI Paris, 28 juin 1983, *Dossiers Brevets* 1984, II, 5.

« Attendu en revanche que la société Mondelin fait à juste titre observer que Messieurs G. et E. n'étaient pas fondés à faire pratiquer une saisie-contrefaçon à son encontre, puisque selon l'article 55 de la loi précitée, "les faits antérieurs à la date à laquelle la demande de brevet a été rendue publique ou à celle de la notification d'une copie certifiée de cette demande ne sont pas considérés comme ayant porté atteinte aux droits attachés au brevet";

Attendu en effet que le titre invoqué par les saisissants ayant été déposé le 14 septembre 1981, le délai de dix-huit mois prévu par l'article 17 de la loi pour procéder à sa publication était loin d'être écoulé lors de la saisie et que par ailleurs, si les défendeurs déclarent avoir obtenu le 6 octobre 1981 l'autorisation de divulgation et d'exploitation prévue à l'article 25 de la loi, ils ne justifient d'aucune notification d'une copie de leur demande de brevet avant de pratiquer la saisie litigieuse. »

TGI Lille, 25 avr. 1984, *Dossiers Brevets* 1985, III, 2.

« L'article 1er du décret n° 69-190 du 13 février 1969 dispose que la saisie-contrefaçon est autorisée par ordonnance rendue sur simple requête et sur présentation, dans le cas prévu à l'article 55, premier alinéa, deuxième phrase, de la loi du 2 janvier 1968, d'une copie certifiée conforme de la demande de brevet. Dans ce dernier cas, le requérant doit justifier, en outre que les conditions prévues audit article 33 sont remplies.

L'article 55, premier alinéa, deuxième phrase, prévoit que pourront être poursuivis les faits antérieurs à la publication de la délivrance du brevet, mais postérieurs à la date à laquelle la demande de brevet a été rendue publique ou à la notification au présumé contrefacteur d'une copie certifiée conforme de cette demande.

Enfin, il ne peut être procédé à la saisie-contrefaçon que si l'établissement de l'avis documentaire sur nouveauté a été requis, ainsi qu'en dispose l'article 55, alinéa 2, de la même loi.

Il résulte de la combinaison de ces deux textes que dans le cas où le brevet n'a pas encore été délivré et cette délivrance publiée, la saisie-contrefaçon ne peut être effectuée qu'à la condition de réunir les conditions suivantes, lesquelles sont cumulatives :

– publication de la demande ou notification de la copie certifiée conforme au présumé contrefacteur, antérieurement à la saisie,

– réquisition de l'avis documentaire,

– présentation au président du tribunal de grande instance d'une copie certifiée conforme de la demande de brevet, lors de la demande d'autorisation de saisie-contrefaçon.

Il s'agit là de conditions substantielles qui doivent être scrupuleusement observées, car la procédure de saisie-contrefaçon porte atteinte à la liberté du commerce et de l'industrie, et a été strictement réglementée de ce fait. Notamment le texte de l'ordonnance doit viser la présentation de la copie certifiée conforme de la demande de brevet, afin de permettre de vérifier qu'elle a été rendue dans des conditions régulières, ou à tout le moins, il doit être fourni la preuve que cette copie a été produite. »

Bordeaux, 1re ch., 27 mai 1998, *PIBD* 1998, n° 663, III, 508.

« Mais attendu qu'aux termes de l'article L. 615-4 du code de la propriété industrielle, les faits antérieurs à la date à laquelle la demande de brevet a été rendue publique ne sont pas considérés comme ayant porté atteinte aux droits attachés au brevet, sauf dans l'hypothèse où la demande de brevet a fait l'objet d'une notification sous forme de copie certifiée.

Attendu que force est de constater qu'à la date du 25 juillet 1995, non seulement la demande de brevet de la société Isotub Coating n'avait pas été publiée, mais en outre n'avait pas été notifiée régulièrement sous forme de copie certifiée conforme par l'Institut national de la propriété industrielle.

Attendu encore qu'il résulte des dispositions des articles L. 615-3 et R. 615-1 du code de la propriété industrielle, qu'aucune saisie ne peut être valablement effectuée lorsque n'est invoquée qu'une demande de brevet non publiée et non notifiée régulièrement et préalablement.

Que la notification d'une copie officielle de brevet d'invention en date du 19 février 1996 n'a été faite que le 7 mai 1996 à la société Intertube.

Attendu que c'est donc à bon droit que le premier juge a estimé que la société Isotub était dépourvue de qualité pour agir en contrefaçon et que, dès lors, il convenait de constater l'irrégularité de l'ordonnance du 25 juillet 1995 autorisant la saisie-contrefaçon et, par voie de conséquence, la nullité du procès-verbal de saisie-contrefaçon des 3 et 4 août 1995. »

Paris, 4e ch. A, 25 avr. 2001, *Propr. industr.* 2002, comm. n° 41, obs. J. Raynard.

« Qu'il n'est donc pas établi que la notification de la copie certifiée des trois demandes de brevets, dont ni la date, ni l'heure ne sont mentionnées dans la requête, était effectuée préalablement à la présentation de la requête; que le requérant n'a ainsi pas justifié que cette condition était remplie, conformément à l'article R. 615-1 du code de la propriété intellectuelle;

Considérant que cette notification préalable constitue une condition impérative qui subordonne la validité de la procédure de saisie-contrefaçon, les faits antérieurs ne pouvant porter atteinte aux droits attachés au brevet;

Que la société Sicma ne justifiant pas avoir rempli cette formalité substantielle touchant à l'existence du droit d'agir en contrefaçon, l'ordonnance du 16 juin 1995 qui a autorisé la saisie-contrefaçon et par voie de conséquence le procès-verbal de saisie-contrefaçon dressé le 17 juin suivant doivent être annulés, sans que le saisi ait à rapporter la preuve d'un grief. »

▸ 111.54 Forme et contenu de la notification

TGI Toulouse, 31 oct. 1996, *PIBD* 1997, n° 626, III, 90.

« Il ne peut être retenu que la notification doive être faite par voie d'huissier, contrairement à ce que soutient la Sarl Albouy Équipements; aucun texte du code de la propriété intellectuelle ne l'impose, et les dispositions des articles 651 et suivants du Nouveau code de procédure civile, qui précisent seulement que la notification faite par acte d'huissier est une "signification", ne le justifient pas non plus, au contraire, puisqu'à s'en tenir au sens et à l'emploi précis des termes juridiques, le législateur n'a pas exigé la "signification" du titre de propriété industrielle; de la sorte, la notification par voie de lettre recommandée avec avis de réception est de nature à satisfaire à l'exigence légale.

Par contre, une simple copie ne satisfait pas aux exigences de la loi; l'exigence d'une copie certifiée de la demande de brevet a pour objet, non pas d'imposer une forme sans signification précise, mais de remplacer, par exception, les effets d'une publication qui est la règle. La publication permet à tout tiers de prendre connaissance intégrale de la demande, et, par voie de conséquence, d'apprécier l'étendue des droits en instance d'instruction et de protection. Il s'ensuit, pour produire les mêmes effets, que la notification individuelle doit être faite sur la base d'un document complet ce que seul peut certifier le directeur de l'Inpi. Ainsi que précisé précédemment, il n'est pas justifié de la production d'une telle copie, même postérieurement à la requête, de sorte que la Sarl Albouy Équipements n'a pas été mise en mesure d'apprécier valablement l'étendue des droits revendiqués. La certification est donc une formalité substantielle, dont l'absence recouvre un grief précis et majeur comme n'ayant pas mis le destinataire de la notification en mesure de connaître les droits revendiqués, et donc de les respecter. »

▸ 111.55 Cas d'une demande de brevet modifiée après sa publication ou sa notification

Nancy, 28 déc. 1982, *Ann. propr. ind.* 1982. 237.

« Attendu, tout d'abord, qu'il est admis que, si, comme en l'espèce, les revendications sont modifiées, les nouvelles revendications ne sont opposables au présumé contrefacteur à compter de la notification des revendications d'origine, que si la modification apportée aux premières revendications consiste en une restriction de celles ci;

Qu'au contraire, si la modification consiste dans une extension ou dans un changement de l'objet des revendications, les revendications nouvelles ne sont opposables au présumé contrefacteur qu'à partir du jour où elles lui sont notifiées;

Attendu qu'il y a également lieu de rappeler que, si, aux termes de l'article 28 de la loi du 2 janvier 1968, l'objet des revendications ne peut s'étendre au-delà de la description complétée, le cas échéant, par les dessins, en d'autres termes, si la description doit supporter les revendications, ce sont celles-ci qui précisent la portée du brevet, qui délimitent le monopole d'exploitation du breveté;

Attendu, enfin, que contrairement à ce que prétend soutenir la société DPH, le fait que la modification d'une revendication consiste en une précision apportée à la revendication d'origine, n'entraîne pas automatiquement l'opposabilité au présumé contrefacteur de la nouvelle revendication à la date de la notification de la première revendication, la précision pouvant être extensive. »

Com. 26 mars 1985, n° 83-12.290, *Bull. civ.* IV, n° 106, *PIBD* 1985, n° 375, III, 213.

Loin de constituer des extensions des revendications originaires, les revendications dont il s'agit présentement se bornent à y apporter des précisions, la revendication 5 précisant notamment les revendications 1 et 2, a pu décider que les revendications ajoutées au cours de la procédure d'avis documentaire étaient opposables au prétendu contrefacteur.

Paris, 4ᵉ ch., 3 nov. 1993, *PIBD* 1994, n° 559, III, 45.

« Considérant qu'il s'ensuit que, contrairement à ce que prétend la CEE, les revendications de la demande de brevet ne protègent pas un sac ne comportant qu'un seul trou.

Considérant que la revendication unique du brevet délivré, en mentionnant (ligne 25) "au moins un trou pour le passage d'une tige", a donc bien étendu le domaine de la protection, laquelle s'applique désormais à des sacs comportant un, deux, trois trous ou davantage.

Considérant que c'est donc à juste titre que la société Ponsac soutient que cette extension, postérieure à la saisie-contrefaçon, lui est inopposable en application de l'article 55 de la loi du 2 janvier 1968 modifiée. »

TGI Paris, 3ᵉ ch., 2ᵉ sect., 6 avr. 2007, *PIBD* 2007, n° 855, III, 427.

« Attendu que pour conclure à la nullité de la saisie-contrefaçon du 30 septembre 2004 les sociétés GTM et KLK font valoir que l'huissier instrumentaire n'a pas procédé à la notification des revendications modifiées de la demande de brevet français n° 2 843 551 avant de procéder aux opérations de saisie-contrefaçon en violation des termes de l'autorisation qui a été sollicitée et obtenue de Monsieur le Président du tribunal de grande instance de Toulouse; que les sociétés Railtech répliquent que la condition prévue par l'ordonnance était superflue et que son non respect constitue en tout état de cause une nullité de forme qui n'occasionne aucun grief à la société Vias;

Mais attendu que l'autorisation de pratiquer la saisie-contrefaçon litigieuse a été obtenue par la société Railtech International dans les termes de sa demande; que par ailleurs le motif de nullité invoqué ne peut concerner que la demande de brevet français déposée le 14 août 2002 et publiée sous le n° 2 843 551 qui a fait l'objet de modification par la société Railtech à la suite du rapport de recherches préliminaire, à l'exclusion du brevet européen 407 240 qui fondait également la requête et de la demande de brevet français 2 843 551 dans sa version publiée avec les anciennes revendications;

Attendu que la modification des revendications détermine l'étendue de la protection revendiquée; que la notification de ces revendications modifiées est dès lors une condition de l'action en contrefaçon qui ne peut être prouvée en son absence; qu'il s'agit d'une nullité de fond qui ne peut être couverte ultérieurement; qu'il y a lieu en conséquence d'annuler la saisie-contrefaçon du 30 septembre 2004 et les actes subséquents mais seulement en ce qu'ils concernent la preuve de la contrefaçon des revendications modifiées du brevet français n° 2 843 551. »

▸ 111.56 Conclusion sur les justificatifs à fournir pour une demande de brevet français

Com. 16 juill. 1991, n° 89-20.521, *Bull. civ.* IV, n° 260; *Dossiers Brevets* 1992, III, 5.

La production d'une copie certifiée conforme de la demande du brevet n'est pas exigée à l'appui de la demande en saisie-contrefaçon, lorsque celle-ci est fondée sur l'article 56 de la loi du 2 janvier 1968.

▸ 111.62 Principe de la substitution du brevet européen au brevet français

TGI Paris, 3e ch., 5 mai 1999, *PIBD* 2000, n° 689, III, 6.

« Qu'à cette date, la société Dacota et M. D., copropriétaires du brevet français, avaient obtenu délivrance du brevet européen n° EP 0 305 310 B1, publié le 7 janvier 1993, aucune opposition n'ayant été formée dans le délai de neuf mois prescrit par l'article 99 de la convention de Munich;

Que le brevet européen désignant la France couvre la même invention que celle pour laquelle le brevet français avait été délivré;

Qu'ainsi le dit brevet européen définitivement délivré à l'issue de ce délai, le 7 octobre 1993, le brevet français n° 2 618 990 a cessé de produire ses effets en application de l'article 614-13 du code de la propriété intellectuelle;

Attendu, en conséquence, qu'à la date du 15 septembre 1995, les requérants n'étaient plus propriétaires du brevet français visé dans leur requête;

que se trouvant sans droit du fait du brevet invoqué qui ne pouvait produire aucun effet, M. D. et la société Dacota n'ont pu régulièrement, ni obtenir autorisation, ni procéder à la saisie-contrefaçon quel qu'en soit le contenu : description ou saisie matérielle;

Que l'ordonnance obtenue sur le fondement de ce brevet, et la saisie-contrefaçon qui s'en est suivie, doivent être déclarées nulles pour irrégularité affectant le fond des actes. »

TGI Paris, 3e ch., 1re sect., 27 mars 2002, RG n° 96/25285, *Jurinpi* B20020099.

« Attendu que Aventis Pharma relève à juste titre que le mécanisme instauré par l'article L. 614-13 joue de plein droit et automatiquement, indépendamment de toute initiative du titulaire du brevet, la perte d'effet du brevet français à la date fixée par la loi étant simplement constatée par le tribunal en application de l'article L. 615-17 dernier alinéa à l'occasion généralement d'un litige et que l'interdiction édictée par l'article L. 614-14 du code de la propriété intellectuelle de céder indépendamment les parties communes des titres français et européen, ne trouve donc à s'appliquer que pendant la période de cumul des titres. »

Paris, pôle 5, ch. 2, 2 juill. 2010, RG n° 09/01000.

« Or considérant qu'à la date du 29 septembre 2000 marquant la fin du délai d'opposition au brevet européen EP 0 820 390, le brevet français n° 2 732 653 dont la priorité était revendiquée a cessé de produire ses effets en application des dispositions de l'article L. 614-13, alinéa premier, du code de la propriété intellectuelle par l'effet de la substitution du brevet européen toujours en vigueur; [...]

Considérant que les opérations de saisie-contrefaçon ayant été autorisées sur le fondement du brevet français n° 2 732 653 invoqué par la société Treves, c'est à juste titre que les procès-verbaux des 15, 16 et 20 juin 2006 ainsi que les actes de dénonciation ayant suivi ont été annulés par la décision entreprise qui a, par conséquent, justement ordonné à ladite société de restituer à la société Silac les pièces saisies dans ses locaux. »

▸ 111.64 Poursuite des procédures en contrefaçon en cas de renonciation à la partie française du brevet européen

TGI Paris, 3e ch., 21 déc. 1995, *PIBD* 1996, n° 609, III, 209.

« Rien n'interdit au breveté français de renoncer à la protection du titre européen, tant que le titre français est en vigueur.

En conséquence, la renonciation à la partie française du brevet européen, par laquelle le breveté entend revendiquer, exclusivement, en France, la protection du titre français, opposable aux tiers depuis le 25 juillet 1994, est valable. L'issue de l'opposition au brevet européen n'étant plus de nature à avoir d'incidences sur le titre français, les dispositions de l'article L. 614-15 du code de la propriété intellectuelle ne trouvent plus à s'appliquer. »

TGI Paris, ord. réf., 3e ch, 23 mai 1997, *PIBD* 1997, n° 637, III, 430.

« Attendu que le caractère sérieux d'une demande au fond suppose que les revendications, sur lesquelles elle est fondée, ont des chances sérieuses d'être reconnues valables par les juges du fond.

Attendu que les demandeurs ont agi au fond sur la base du seul brevet français, et non pas du brevet européen dont ils sont également titulaires; qu'il sera seulement indiqué que la délivrance de ce brevet, qui s'applique au même agent d'hygiène en hémodialyse, a fait l'objet d'une opposition, rejetée par l'OEB, puis d'un recours actuellement pendant devant la chambre des recours; que les raisons pour lesquelles la société L'Air Liquide a renoncé à la partie française de ce brevet européen sont indifférentes à la solution du litige. »

TGI Paris, 3e ch., 2e sect., 13 oct. 2000, RG n° 98/06779, *Jurinpi* B20000199.

« Attendu qu'il suit que, la demanderesse ayant valablement renoncé à la partie française du brevet 0 508 909, délivré mais frappé d'opposition, et à la demande divisionnaire 0 924 299, le moyen de l'obligation de surseoir à statuer par application des dispositions impératives de l'article L. 614-15 du code de la propriété intellectuelle n'est pas fondé. »

TGI Paris, 3e ch., 2e sect., 28 janv. 2005, RG n° 02/07076.

« Attendu que s'il est constant que la société Valeo Vision a déposé le 29 avril 1998 une demande de brevet européen visant la France sous le n° EP 98401047.0 et sous priorité du brevet français n° 97 05904, et que la délivrance de ce brevet a fait l'objet d'oppositions devant l'Office européen des brevets, il est justifié par la production de l'état des inscriptions au registre national des brevets, de la renonciation de la société Valeo Vision à la partie française de ce brevet européen;

Qu'il n'y a donc pas lieu de surseoir à statuer sur les demandes en contrefaçon relatives au brevet français n° 97 05904. »

TGI Paris, 3e ch., 1re sect., 3 mai 2006, RG n° 03/18792

« La Société Carrosserie Service et la Société Depo Auto Parts Ind. Co. Ltd sollicitent le sursis à statuer dans l'attente de l'instance pendante devant l'Office européen des brevets, en vertu des articles 377 et suivants du nouveau code de procédure civile, faisant valoir que la Société Valeo Vision a déposé le 29 avril 1998 sous le n° EP 98 401 047.0 une demande de brevet européen sous priorité du brevet français n° FR 97 05904 du 14 mai 1997 sur lequel elle fonde en partie la présente action et que cette demande fait l'objet d'une contestation actuellement pendante devant l'Office Européen des Brevets initiée par la société Aniel et par la société de droit taiwanais Tyc Brother Industrial Co Ltd.

S'il est exact que la Société Valeo Vision a déposé une demande de brevet européen visant la France sous priorité du brevet français n° 97 05904, objet du présent litige, et faisant l'objet d'une opposition, il apparaît cependant que la Société Valeo Vision justifie avoir renoncé à la partie française de ce brevet européen ainsi qu'en atteste l'inscription au registre national des brevets n° 139601 du 27 mai 2004.

Dès lors, la demande de sursis à statuer est devenue sans objet. »

TGI Paris, 3e ch., 2e sect., ord. JME, 27 oct. 2006, RG n° 05/10830.

« Attendu que selon les dispositions de l'article L. 614-15 du code de la propriété intellectuelle : "Le tribunal saisi d'une action en contrefaçon d'un brevet français qui couvre la même invention qu'un brevet européen demandé par le même inventeur ou délivré à celui-ci ou à son ayant cause avec la même date de priorité, surseoit à statuer jusqu'à la date à laquelle le brevet français cesse de produire ses effets aux termes de l'article L. 614-13 ou jusqu'à la date à laquelle la demande de brevet européen est rejetée, retirée ou réputée retirée, ou le brevet européen révoqué." ;

Attendu que les pièces versées aux débats montrent que la société CPRA a, ainsi que le lui permettent les dispositions de l'article 79 CBE, renoncé à la partie française de sa demande de brevet européen, dont il n'est pas contesté qu'elle couvre la même invention que ses brevets français tant de base que divisionnaire;

Qu'il suit de là que la demande de sursis à statuer est devenue sans objet. »

▸ 111.71 Avertissement : cas du brevet européen soumis à opposition; risque de sursis à statuer sur l'action en contrefaçon

TGI Rennes, 23 juin 1986, *PIBD* 1988, n° 437, III, 303.

En l'espèce, compte tenu de la procédure d'opposition dont font l'objet les deux brevets de la société Nijhuis on ne peut considérer ces brevets comme définitivement délivrés; dans ces conditions le sursis à statuer s'impose.

TGI Paris, 3e ch., 16 févr. 1989, *PIBD* 1989, n° 456, III, 288.

« Mais attendu qu'il n'appartient pas au tribunal d'apprécier la valeur de l'opposition formée contre un brevet.

Qu'il convient seulement d'estimer que toute opposition est susceptible d'être déclarée fondée et d'entraîner la révocation d'un brevet.

Que, dès lors, pour une bonne administration de la justice, il y a lieu de surseoir à statuer. »

TGI Paris, 3e ch., 22 mars 1989, *PIBD* 1989, n° 460, III, 402.

Le bien-fondé de l'action en contrefaçon est lié à la validité du brevet européen déposé le 11 mars 1983 et publié le 11 mars 1987 qui fait l'objet d'une opposition formée devant l'Office européen des brevets.

Il convient en conséquence de surseoir à statuer jusqu'à décision définitive rendue par l'Office européen des brevets.

TGI Paris, 3e ch., 20 avr. 1989, *PIBD* 1989, n° 462, III, 472.

Le tribunal, ayant constaté que la société Wavin justifiait avoir régulièrement interjeté appel de la décision de l'Office européen des brevets révoquant le brevet européen n° 0 064 321, décide qu'il convient de surseoir à statuer sur l'assignation délivrée le 5 mai 1988 en contrefaçon des revendications 1 à 7 et 14 du brevet européen n° 064 321 et 1 à 4 du brevet européen n° 092 885 jusqu'à la décision à intervenir de l'Office européen des brevets.

TGI Paris, 3e ch., 15 juin 1989, *PIBD* 1989, n° 465, III, 556.

« Que l'article 99 de la convention du 5 octobre 1973 sur la délivrance de brevet européen ne prévoit pas qu'il y a lieu, en l'espèce, de surseoir à statuer.

Mais attendu que ce texte précise en son alinéa 2 que l'opposition au brevet européen affecte ce brevet dans tous les États contractants dans lesquels il produit ses effets.

Attendu, par ailleurs, qu'en raison des oppositions dont il fait l'objet, le brevet en cause est susceptible d'être modifié dans ses revendications ou d'être révoqué.

Attendu, dès lors, qu'il ne pourrait plus servir de base à la présente action en contrefaçon.

Que pour une bonne administration de la justice, il convient en conséquence de surseoir à statuer. »

TGI Paris, 3e ch., 28 sept. 1989, *PIBD* 1990, n° 470, III, 43.

Le tribunal, par jugement contradictoire, surseoit à statuer sur les demandes de la société Syntex Inc jusqu'à ce que l'Office européen des brevets ait définitivement statué sur les oppositions dont est frappé le brevet européen 0 052 510.

TGI Paris, 3e ch., 17 déc. 1990, *PIBD* 1991, n° 501, III, 334.

« Attendu que la loi française du 30 juin 1977 qui a réglé l'application en France de la Convention de Munich n'a envisagé que le cas où la même invention était couverte par un brevet français et par un brevet européen désignant la France, et n'a pas réglé le cas de l'espèce où la demande est formée sur la base d'un seul brevet européen ne comportant pas de brevet français correspondant.

Qu'il s'ensuit que la loi française ne prévoit pas le sursis à statuer sur une action en contrefaçon d'un brevet européen jusqu'au rejet de l'opposition formée contre ce brevet devant l'Office européen des brevets.

Attendu cependant que le juge peut prononcer le sursis à statuer en vue d'une bonne administration de la justice.

Que dans le litige présent, les sociétés défenderesses se bornent à invoquer la procédure d'opposition qu'elles ont formée le 4 septembre 1990 devant l'Office européen des brevets à l'encontre du brevet n° 0 255 310 sans présenter d'argument de fait ou de droit à l'appui de cette action.

Attendu en conséquence qu'en l'absence d'éléments et de documents justifiant la nécessité de surseoir à statuer, il y a lieu de rejeter cette demande et de renvoyer les parties à s'expliquer sur le fond du litige. »

TGI Paris, 3e ch., 18 avr. 1991, *PIBD* 1991, n° 509, III, 603.

« Attendu que toute opposition est susceptible d'être déclarée fondée et d'entraîner la révocation d'un brevet ou une modification de ses revendications;

Qu'il n'appartient pas au tribunal d'apprécier le sérieux d'une opposition quand bien même d'autres pays s'octroieraient ce droit;

Que s'il est vrai que le sursis à statuer risque de priver le breveté de son droit exclusif d'exploitation, il n'en demeure pas moins que s'il était annulé ou modifié, il ne pourrait plus servir de base à l'action intentée;

Qu'en tout état de cause, au vu des documents fournis par la société ACS, le tribunal est en mesure de constater que MB n'a fait aucune diligence pour accélérer la procédure d'opposition. »

TGI Paris, 3e ch., 10 juill. 1991, *PIBD* 1992, n° 515, III, 67.

« Attendu qu'ainsi que le soutiennent les sociétés demanderesses, il est d'une bonne administration de la justice que les sociétés défenderesses présentent ces arguments de défense au fond devant le tribunal français saisi de l'action en contrefaçon sans qu'il soit nécessaire de surseoir à statuer dans l'attente de la décision de l'Office européen des brevets. »

TGI Paris, 3e ch., 19 déc. 1991, *PIBD* 1992, n° 523, III, 309.

« En droit la loi du 30 juin 1977 qui régit l'application de la Convention de Munich en France ne prévoit de sursis à statuer que dans l'hypothèse où la même invention est couverte par un brevet français et un brevet européen.

Il est cependant acquis que dans l'hypothèse où le brevet est annulé ou modifié, il ne pourrait plus servir de base à l'action en contrefaçon. »

TGI Paris, 3e ch., 2e sect., 1er avr. 1993, *RD propr. int.* 1993, n° 46, 28.

« Attendu, ainsi que le soutiennent les sociétés Monsanto, qu'aucun texte n'impose au juge saisi d'une demande en contrefaçon d'un brevet européen de surseoir à statuer jusqu'à ce que l'OEB ait statué sur les oppositions formulées;

Mais attendu que toute opposition est susceptible d'être déclarée fondée;

Qu'il n'appartient pas au tribunal d'en juger;

Que si dans son ordonnance du 11 juillet 1991, le juge des référés a dit que la revendication 1 du brevet européen 177478 avait des chances importantes d'être déclarée valable, les sociétés Monsanto ne peuvent s'en emparer pour plaider le rejet de la demande de sursis;

Attendu, en effet, que l'ordonnance de référé n'a pas, au principal, l'autorité de la chose jugée;

Que plus, dans le cadre de cette procédure du référé, la société Lilly France n'a pas soutenu qu'elle avait fait opposition devant l'OEB, le délai n'étant pas expiré;

Attendu que dans le cas où l'opposition aboutirait, celle-ci entraînerait la révocation des brevets en cause ou, à tout le moins une modification de leurs revendications;

Attendu que pour une bonne administration de la justice, il y a lieu de surseoir à statuer sur la validité des brevets en cause. »

TGI Paris, 3e ch., 28 avr. 1993, *PIBD* 1993, n° 550, III, 513.

« Attendu que cette procédure d'opposition n'a pas d'effet suspensif, qu'aucun texte n'impose de surseoir à statuer jusqu'à l'issue de celle-ci.

Attendu qu'eu égard à ces éléments et au fait qu'attendre l'issue de la procédure d'opposition, dont il n'est pas contesté qu'elle soit longue, aurait pour conséquence de priver le brevet européen de tout effet jusqu'à l'obsolescence du produit commercialisé à partir de l'invention, s'agissant d'un produit cosmétique, il n'y a pas lieu de faire droit à la demande de sursis à statuer. »

TGI Paris, 3e ch., 25 mars 1994, *PIBD* 1994, n° 570, III, 374.

« Il est acquis que le sursis à statuer n'est pas de droit en l'espèce, les conditions des articles 615 *in fine* ou 614-15 du code de la propriété intellectuelle n'étant nullement réunies.

Le tribunal doit, en conséquence, décider en fonction de l'intérêt d'une bonne administration de la justice, après avoir mesuré les inconvénients respectifs des deux options qui s'ouvrent à lui.

S'il est regrettable, comme le font observer les défenderesses, que les droits du breveté soient suspendus pendant la durée des recours, laissant ainsi aux contrefacteurs éventuels la possibilité de poursuivre leurs agissements, voire d'exercer de tels recours dans un but dilatoire, force est de constater qu'une décision du tribunal, qui prononcerait une condamnation sur la foi d'un brevet, finalement révoqué, aurait des conséquences particulièrement néfastes, en regard du crédit de la justice; une telle décision se verrait ainsi privée d'effectivité.

Outre les bouleversements matériels que ne manquerait pas de provoquer la caducité d'un jugement rendu dans ces conditions, il n'apparaît pas souhaitable qu'un tribunal prenne le risque, réel d'après les statistiques de l'OEB, de voir sa décision anéantie.

Un tel aléa est manifestement contraire à l'intérêt d'une bonne administration de la justice.

Dans cette optique, la solution de compromis, qui consisterait à ne pas assortir de l'exécution provisoire la condamnation éventuelle, reviendrait en réalité à rendre un jugement sous condition, ce qui n'apparaît pas davantage satisfaisant, étant tout de même observé que, dans les faits, une telle solution ne permet pas davantage au breveté de faire respecter ses droits.

Enfin, aucune analogie ne peut être faite, comme le suggèrent les demanderesses, entre l'action en nullité susceptible d'être intentée pendant 20 ans à l'encontre d'un brevet français et la procédure d'opposition, dont le délai pour agir est beaucoup plus court.

En conséquence, il sera fait droit à la demande de sursis à statuer. »

TGI Paris, 3e ch., 23 févr. 1995, *PIBD* 1995, n° 587, III, 243.

« Mais attendu qu'il demeure que les brevets invoqués font l'objet d'une procédure d'opposition dont le tribunal, qui n'en est pas saisi, ne saurait préjuger du sort. »

TGI Paris, 3e ch., 5 mai 1995, *PIBD* 1995, n° 595, III, 412.

« Aux termes de l'article L. 614-15, alinéa 1, du code de la propriété intellectuelle, le tribunal saisi d'une action en contrefaçon d'un brevet français qui couvre la même invention qu'un brevet européen demandé par un inventeur ou délivré à celui-ci avec la même priorité sursoit à statuer jusqu'à la date à laquelle le brevet cesse de produire ses effets aux termes de l'article L. 614-13 ou jusqu'à la date à laquelle la demande de brevet européen est rejetée, retirée ou réputée retirée ou le brevet européen révoqué.

En l'espèce, la demande de la société Comil est fondée sur un brevet français couvrant la même invention que le brevet européen délivré, mais actuellement objet de deux oppositions.

Le sursis à statuer sur l'action en contrefaçon est donc de droit. »

Paris, 4e ch., 17 mai 1995, *PIBD* 1995, n° 592, III, 343.

« Considérant que s'il n'appartient pas à la cour d'apprécier la valeur de l'opposition ainsi formée, il convient de rappeler que celle-ci est susceptible, si elle est déclarée fondée, de provoquer la révocation des brevets en cause ou la modification de leurs revendications, et d'affecter en conséquence la présente procédure.

Que la décision de sursis à statuer sera donc confirmée. »

TGI Paris, 3e ch., 2e sect., 12 mars 1997, *PIBD* 1997, n° 636, III, 391.

« Mais attendu que si le brevet européen fait l'objet d'une procédure d'opposition pendante devant l'OEB, ce titre ne désigne pas la France; que le juge français n'est pas lié par la décision administrative sur l'opposition, le brevet français étant indépendant du brevet européen.

Que la demande de sursis à statuer, qui aurait pour effet de retarder à l'excès la solution du présent litige, n'est donc pas justifiée. »

TGI Paris, 3e ch. 1re sect., 19 mars 1997, RG n° 95/20758, *Jurinpi* B19970052.

« Attendu, d'autre part, que l'audience de procédure orale devant la division d'opposition n'est pas fixée; que surseoir à statuer conduirait donc à retarder à l'excès la solution du litige et à priver ainsi de tout effet la délivrance des brevets européens;

Attendu qu'eu égard à ces éléments, il convient de rejeter la demande de sursis à statuer et de renvoyer la procédure devant le juge de la mise en état. »

Paris, 4e ch., 14 janv. 2000, *PIBD* 2000, n° 699, III, 273.

« Considérant, cela étant exposé, qu'il est constant que le sursis à statuer, en l'espèce, n'est pas de droit mais facultatif; que s'il n'appartient pas au juge français de se prononcer sur le bien-fondé de l'opposition qui relève de la compétence des instances de l'OEB, il lui incombe en revanche d'apprécier le sérieux de ce recours et ses chances de succès – à défaut de quoi l'opposition entraînerait un sursis à statuer sinon obligatoire, du moins systématique; qu'une telle solution serait contraire à l'esprit du système du brevet européen qui a prévu une procédure d'opposition après délivrance pendant le cours de laquelle le brevet est réputé valable; qu'elle apparaîtrait au surplus peu appropriée en pratique alors qu'il ressort de données non contestées produites par les appelantes que les deux tiers des brevets délivrés sont maintenus, purement et simplement ou sous une forme modifiée, après opposition;

Considérant que, dans le présent litige, la circonstance, relevée par le tribunal que Searle et Monsanto ont accepté le principe d'une limitation et d'une modification de la description et/ou des revendications de leur brevet EP 679 157 dans des procédures judiciaires parallèles aux Pays-Bas et en Grande-Bretagne ne suffit pas à établir que l'opposition a toutes chances d'aboutir à une révocation du brevet; que les appelantes soutiennent en effet que ces modifications se rapportent à des détails ou des compléments qui ne peuvent que renforcer leurs droits; qu'elles invoquent également l'opinion préliminaire de la division d'opposition, rendue au mois d'août dernier, qui estime infondés les griefs formulés par les opposants de manque de support des revendications par la demande initiale, d'absence d'activité inventive et d'insuffisance de description, mais retient partiellement le grief de défaut de nouveauté; qu'elles soutiennent – sans que les intimées répondent de manière précise sur ce point – que l'objection sur l'absence seulement partielle de nouveauté retenue dans l'opinion provisoire n'affecte pas la validité des revendications de leur brevet dans la mesure où elles couvrent le composé argué de contrefaçon;

Considérant que, dans ces conditions, il n'est pas démontré que l'opposition a de fortes chances d'aboutir à une révocation des revendications fondant l'action en contrefaçon; que le sursis à statuer – à plus forte raison en ce qu'il suspend l'instance jusqu'à l'issue définitive de la procédure d'opposition – apparaît inapproprié; que le jugement sera réformé. »

TGI Paris, 3e ch., 1re sect., ord. JME, 31 mai 2011, RG n° 10/16632.

« L'article L. 614-15 du code de la propriété intellectuelle prévoit que "le tribunal saisi d'une action en contrefaçon d'un brevet français qui couvre la même invention qu'un brevet européen demandé par le même inventeur ou délivré à celui-ci ou à son ayant cause avec la même date de priorité, surseoit à statuer jusqu'à la date à laquelle le brevet français cesse de produire ses effets aux termes de l'article L. 614-13 ou jusqu'à la date à laquelle la demande de brevet européen est rejetée, retirée ou réputée retirée, ou le brevet européen révoqué".

En l'espèce le brevets français n° 2.920.278 et européen n° EP 2.030.498 ont été délivrés respectivement les 11 mars 2011 et 22 décembre 2010 mais le délai d'opposition n'est pas encore expiré.

En conséquence, il convient d'ordonner le sursis à statuer sur l'action en contrefaçon initiée par la société Pellenc jusqu'à la date à laquelle le brevet français FR 2.920.278 cessera de produire ses effets aux termes de l'article L. 614-13 du code de la propriété intellectuelle ou jusqu'à la décision définitive de l'Office européen des brevets sur le maintien, la révocation ou la modification du brevet EP n° 2.030.498. »

TGI Paris, 3e ch., 1re sect., ord. JME, 31 mai 2011, RG n° 10/16631.

« L'article L. 614-15 du code de la propriété intellectuelle prévoit que "le tribunal saisi d'une action en contrefaçon d'un brevet français qui couvre la même invention qu'un brevet européen demandé par le même inventeur ou délivré à celui-ci ou à son ayant cause avec la même date de priorité, surseoit à statuer jusqu'à la date à laquelle le brevet français cesse de produire ses effets aux termes de l'article L. 614-13 ou jusqu'à la date à laquelle la demande de brevet européen est rejetée, retirée ou réputée retirée, ou le brevet européen révoqué".

En l'espèce les brevets français n° 2.920.278 et européen n° EP 2.030.498 ont été délivrés respectivement les 11 mars 2011 et 22 décembre 2010 mais une opposition à l'encontre du brevet européen a été formée par la société Grégoire.

En conséquence, il convient d'ordonner le sursis à statuer sur l'action en contrefaçon initiée par la société Pellenc jusqu'à la date à laquelle le brevet français FR 2.920.278 cessera de produire ses effets aux termes de l'article L. 614-13 du code de la propriété intellectuelle ou jusqu'à la décision définitive de l'Office européen des brevets sur le maintien, la révocation ou la modification du brevet EP n° 2.030.498. »

TGI Paris, 3e ch., 4e sect., ord. JME, 8 sept. 2011, RG n° 11/00993.

« Il est dans l'intérêt d'une bonne justice d'attendre le résultat de la procédure d'opposition concernant le brevet n° EP 1513674 B1 déposé par la SARL Packmat System, une action en contrefaçon ayant été engagée par elle contre les défendeurs sur la base notamment de ce brevet.

Les parties s'accordent par ailleurs sur l'intérêt d'ordonner le sursis à statuer de l'affaire.

Il y a donc lieu de surseoir à statuer dans l'attente de la décision définitive de l'Office européen des brevets dans le cadre de la procédure d'opposition concernant le brevet n° EP 1513674 B1déposé par la SARL Packmat System. »

TGI Paris, 3e ch., 4e sect., ord. JME, 8 sept. 2011, RG n° 09/16403.

« Dans un souci de bonne administration de la justice, il y a lieu de surseoir à statuer jusqu'à la fin de la procédure d'opposition devant l'Office européen des brevets. »

TGI Paris, 3e ch., 1re sect., 6 avr. 2010, RG no 09/04384.

« Vu l'article 378 du code de procédure civile,

Le sursis à statuer sur l'action en contrefaçon d'un brevet européen dans l'attente de l'issue de la procédure d'opposition devant l'OEB n'est pas de droit mais facultatif. S'il n'appartient pas au juge français de se prononcer sur le bien-fondé de l'opposition qui relève de la compétence de l'OEB, il lui incombe d'apprécier le sérieux de ce recours et ses chances de succès, ainsi que de l'intérêt, au vu de l'instance en contrefaçon dont il est saisi, de surseoir à statuer dans l'attente d'une décision définitive devant l'OEB.

En l'espèce, le brevet européen no 1 679 956 délivré le 31 décembre 2008 et appartenant à Monsieur Duke, demandeur à la présente instance en contrefaçon portant sur les revendications no 1, 2, 3, 6, 7, 8, 9, 12, 13 et 14 de son brevet, fait l'objet d'une procédure d'opposition devant l'OEB initiée notamment par une filiale de la société GEA Westfaliasurge GmbH.

Monsieur Duke indique demander à la Division d'opposition de l'OEB le maintien de son brevet sous une forme modifiée, ainsi qu'il résulte du fax du 16 février 2010 adressé à l'OEB exposant qu'il entend contester les procédures d'opposition sur le fondement de revendications modifiées. Dès lors, l'opposition pendante s'engage, dans l'hypothèse la plus favorable à Monsieur Duke, au maintien du brevet dont il est titulaire avec de nouvelles revendications. En conséquence, le débat devant l'OEB et les juridictions françaises ne porterait plus sur le même titre, ce qui exclut tout risque de contrariété des décisions.

L'opposition a dès lors de fortes chances d'aboutir à une révocation des revendications fondant l'action en contrefaçon, ce qui n'est pas sérieusement contesté par Monsieur Duke ainsi qu'en témoigne sa volonté de former des revendications modifiées, afin de "consolider son brevet vis à vis des arts antérieurs qui lui sont opposés".

Il convient d'évaluer le trouble causé à la partie titulaire du brevet et celui causé aux contrefacteurs allégués en cas de sursis ou de rejet de sursis de sorte que le trouble causé par la décision d'administration judiciaire cause proportionnellement le moins de préjudice possible.

Si le tribunal sursoit à statuer, Monsieur Duke attendra la délivrance d'un brevet européen avec des revendications modifiées et les sociétés GEA Westfaliasurge France et GEA Westfaliasurge GmbH ne pourront développer leur produit allégué de contrefaçon pendant plusieurs années, la procédure d'opposition venant de débuter, alors que celui-ci a un avenir prometteur, ainsi que l'atteste la délivrance de la médaille d'argent au concours organisé dans le cadre du SIMA.

Si le tribunal rejette la demande de sursis, Monsieur Duke devra exposer deux fois ses moyens de défense face à la demande de nullité de son brevet pour le cas où celui-ci serait délivré modifié et les sociétés GEA Westfaliasurge France et GEA Westfaliasurge GmbH verraient leurs demandes en nullité tranchées et leur situation au regard de la contrefaçon alléguée qualifiée juridiquement de sorte qu'elles sauraient clairement si elles peuvent commercialiser leur produit.

L'application du principe de proportionnalité amène à refuser la demande de sursis dans la mesure où nettement les avantages à refuser le sursis sont supérieurs à ceux tendant à l'accorder, d'autant que Monsieur Duke ne démontre pas la précarité de sa situation l'empêchant de se défendre à la fois devant l'OEB et les juridictions françaises.

Le sursis à statuer apparaît dès lors inapproprié et contraire à l'intérêt d'une bonne administration de la justice. Monsieur Duke sera donc débouté de sa demande de sursis à statuer. »

TGI Paris, 3e ch., 1re sect., 8 juin 2010, RG no 09/08871.

« Vu l'article 378 du code de procédure civile,

Le sursis à statuer sur l'action en contrefaçon d'un brevet européen dans l'attente de l'issue de la procédure d'opposition devant l'OEB n'est pas de droit mais facultatif. S'il n'appartient pas au juge français de se prononcer sur le bien-fondé de l'opposition qui relève de la compétence de l'OEB, il lui incombe d'apprécier le sérieux de ce recours et ses chances de succès, ainsi que de l'intérêt, au vu de l'instance en contrefaçon dont il est saisi, de surseoir à statuer dans l'attente d'une décision définitive devant l'OEB.

En l'espèce, la société Bauer Maschinen GmbH est titulaire du brevet EP 1.752.583 intitulé "Fraiseuse à rideau souterrain et procédé pour creuser des tranchées dans le sol" délivré le 3 décembre 2008 sous le no 1.752.583 et déposé le 27 novembre 2006 avec le bénéfice d'une demande de base du 15 janvier 2004 sous priorité d'une demande de brevet du 27 février 2003.

Le 19 août 2009, la société Soilmec S.p.A a formé opposition à ce brevet. Elle indique dans ses écritures que cette opposition tend à obtenir la nullité du brevet pour défaut d'activité inventive.

À l'appui de leur demande de sursis à statuer, les sociétés Soilmec produisent au débat un mémoire d'opposition en langue anglaise et deux brevets JP 8-177078 et JP 7-54334 en langue japonaise qui ne sont pas traduits en entier mais uniquement par un abrégé d'un paragraphe.

Lesdits brevets comportent des dessins et les sociétés Soilmec ont produit la traduction d'un paragraphe et traduiraient certains passages dans leurs conclusions.

Cependant, le mémoire d'opposition et les deux brevets invoqués au titre du défaut d'activité ne sont pas traduits en entier. Les traductions faites par les sociétés Soilmec dans leurs conclusions sont la reprise à l'identique de parties de la revendication 1 du brevet de la société Bauer ce qui les rend sujettes à caution. Des dessins accompagnés de traductions parcellaires ne permettent pas au tribunal de comprendre le domaine d'application de ces brevets, les problèmes qu'ils envisagent de résoudre et les solutions apportées. »

TGI Paris, 3e ch., 1re sect., 6 juill. 2010, RG no 08/10439.

« Aux termes de l'article 378 du code de procédure civile, la décision de sursis suspend le cours de l'instance pour le temps ou jusqu'à la survenance de l'événement qu'elle détermine.

Le sursis à statuer sur l'action en nullité et en contrefaçon d'un brevet européen dans l'attente de l'issue de la procédure d'opposition devant l'OEB n'est pas de droit mais facultatif. S'il n'appartient pas au juge français de se prononcer sur le bien-fondé de l'opposition qui relève de la compétence de l'OEB, il lui incombe d'apprécier le sérieux de ce recours et ses chances de succès, ainsi que de l'intérêt, au vu de l'instance en contrefaçon dont il est saisi, de surseoir à statuer dans l'attente d'une décision définitive devant l'OEB.

En l'espèce, les sociétés Ratiopharm ont fait assigner le 18 juillet 2008 la société Alza Corporation en nullité du brevet EP 1.381.352 avant de débuter la commercialisation en décembre 2008 de leur spécialité générique qui est arguée de contrefaçon dans le cadre de la présente instance.

Si les sociétés Ratiopharm ont nécessairement pris un risque en débutant la commercialisation de leur spécialité générique alors que le brevet de la société Alza Corporation est en vigueur, il demeure que ce brevet a été révoqué par la division d'opposition le 17 décembre 2009 notamment sur la demande des sociétés Ratiopharm qui dans une démarche cohérente ont formé dans le même temps une demande de nullité du brevet devant la juridiction française, que la société Alza Corporation ne précise pas ses propositions de modification dans le cadre du recours qu'elle a formé devant la chambre des Recours le 30 avril 2010, et que le brevet EP 1.381.352 tel que délivré demeure en vigueur compte tenu de l'effet suspensif du recours devant la chambre de recours de l'OEB.

L'allongement de la présente procédure aura nécessairement des conséquences économiques importantes pour les sociétés Ratiopharm qui commercialisent depuis plus d'un an et demi des produits argués de contrefaçon et à l'encontre desquelles les sociétés défenderesses sollicitent notamment l'indemnisation de leur préjudice.

Les sociétés Ratiopharm ont dès lors un intérêt légitime à ce qu'il soit statué rapidement sur la validité des revendications 1, 2, 5 à 18 et 21 de la partie française du brevet EP 1.381.352 et sur l'existence d'une contrefaçon.

Il convient également de relever que pendant près de deux ans de procédure devant la présente juridiction, les sociétés Alza Corporation, Janssen Pharmaceutica N.V. et Janssen Cilag S.A.S n'ont pas formé de demande de sursis à statuer dans l'attente de la décision de la division d'opposition alors que dès l'introduction de la demande le 18 juillet 2008, une procédure d'opposition était pendante devant l'OEB depuis le 14 juin 2007. Les sociétés défenderesses étaient ainsi prêtes à courir le risque que la présente juridiction statue sur la validité d'un brevet pouvant faire l'objet d'une modification voire d'une révocation.

Ce risque, qui avait été accepté par les sociétés défenderesses depuis le début de la présente procédure, est certes toujours présent du fait du recours formé devant la chambre des Recours mais, pour les motifs déjà exposés, il ne serait pas d'une bonne administration de la justice de suspendre le cours de la présente instance à une décision définitive sur l'opposition en cours devant l'OEB qui a déjà révoqué le brevet le 17 décembre 2009 et sans qu'il soit établi le caractère sérieux et non dilatoire du recours formé par la société Alza Corporation à l'encontre de cette décision.

Le fait que devant d'autres juridictions étrangères les sociétés Ratiopharm aient accepté voire demandé un sursis à statuer dans l'attente de l'issue définitive de la procédure d'opposition devant l'OEB ne saurait suffire à établir, en l'absence d'autres éléments propres à la présente procédure, l'intérêt du sursis à statuer.

Le sursis à statuer apparaît dès lors inapproprié et contraire à l'intérêt d'une bonne administration de la justice. Les sociétés Alza Corporation, Janssen Pharmaceutica N.V. et Janssen Cilag S.A.S seront donc déboutées de leur demande de sursis à statuer. »

TGI Paris, 3e ch., 4e sect., 7 juill. 2011, RG n° 10/08993.

« La société Sara Lee a lancé en avril 2010 des dosettes de café sous la marque "L'Or Espresso" compatibles avec les machines "Nespresso" qui sont commercialisées dans la grande distribution, notamment dans les magasins Casino.

Les sociétés Nestec et Nespresso font valoir que la fabrication des dosettes de café "L'Or Espresso" par la société Sara Lee et leur distribution par la société Casino constituent une contrefaçon par fourniture de moyens des brevets précités portant sur un dispositif pour l'extraction d'une capsule, par application de l'article L. 613-4 du code de la propriété intellectuelle.

Le brevet EP 2 103 236 précité fait l'objet de quatre oppositions de la part des sociétés Sara Lee, Casino, Ethical Coffee Company (ECC) et Beyers Koffie devant l'OEB.

Les sociétés Sara Lee et Casino soutiennent que le tribunal doit surseoir à statuer sur les demandes en contrefaçon du brevet précité dès lors que ce brevet pourra être révoqué, modifié ou maintenu à l'issue de la procédure d'opposition et que les droits qui y sont attachés ne seront établis de manière définitive qu'à l'expiration de cette procédure d'opposition.

Elles font valoir que les oppositions ont de sérieuses chances de prospérer et qu'elles ne sont pas fondées uniquement sur le défaut de nouveauté ou d'activité inventive du brevet EP 2 103 236 mais également sur son extension au-delà du contenu de la demande initiale et son insuffisance de description.

Cependant, force est de constater, d'une part, que les deux brevets invoqués ont été délivrés, que le brevet EP 1 646 305 n'a fait l'objet d'aucune opposition et qu'il est donc définitif et que le brevet EP 2 103 236 est réputé valable jusqu'à la décision faisant suite à l'opposition et qu'il confère à son titulaire le droit de poursuivre les actions en contrefaçon qui lui permettent d'en assurer la protection.

D'autre part, l'assignation délivrée par des sociétés demanderesses est en date du 11 juin 2010 et ce n'est que par conclusions des 12 janvier et 13 janvier 2011 que les défenderesses ont sollicité un sursis à statuer sans avoir présenté la moindre défense au fond ni demandé la nullité des titres invoqués alors même qu'un long renvoi leur avait été accordé à cette fin à l'audience de mise en état du 10 septembre 2010.

Par ailleurs, compte tenu des éléments fournis par les demanderesses sur le succès commercial des dosettes "compatibles Nespresso" actuellement commercialisées par la société Sara Lee sur le marché français, il apparaît d'une bonne administration de la justice de ne pas retarder les débats et de poursuivre l'instruction de l'affaire sur le fond.

Par conséquent, il n'y a pas lieu de faire droit aux demandes de sursis à statuer formées par les sociétés défenderesses. »

TGI Paris, 3e ch., 2e sect., 18 nov. 2011, RG n° 11/06308.

« Selon l'article L. 615-4 du code de la propriété intellectuelle, "le tribunal, saisi d'une action en contrefaçon sur le fondement d'une demande de brevet, surseoit à statuer jusqu'à la délivrance du brevet", ledit sursis à statuer étant donc de droit.

En l'espèce, il a été exposé que la société Ethical Coffee Company fonde la présente action en contrefaçon sur la demande de brevet européen n° 10 752 395.3/2 312 978.

Dès lors, il y a lieu d'ordonner le sursis sollicité, dans l'attente de l'éventuelle délivrance de ce brevet. »

▸ 111.82 Une demande publiée

Paris, 4e ch., sect. B, 19 oct. 2007, *PIBD* 2007, n° 864, III, 715.

« Considérant que l'article L. 614-9 du code de la propriété intellectuelle, relatif à l'effet en France des brevets européens énonce que le droit de faire procéder à des opérations de saisie-contrefaçon comme celui d'agir en contrefaçon peut-être exercé par le titulaire d'une demande de brevet dûment publiée; que l'article L. 615-4 du même code précise toutefois que le tribunal saisi d'une action en contrefaçon sur le fondement d'une demande de brevet doit surseoir à statuer jusqu'à la délivrance du brevet;

Qu'il suit que la société C. Van der Lely était en droit de faire procéder à des opérations de saisie comme elle le fit le 27 février 1997 et que la modification de la rédaction des revendications intervenue au cours de la procédure d'examen n'a pas eu pour effet d'invalider les opérations considérées ».

▸ 111.83 En cas de demande en langue étrangère, obligation de publication ou de notification préalable d'une traduction en langue française

Paris, 4e ch., sect. B, 15 sept. 2000, *Ann. propr. ind.* 2001. 8.

« Considérant que le brevet tel que délivré par l'Office européen des brevets comporte une description, des revendications et le cas échéant des dessins; que le texte qui doit donc faire l'objet d'une traduction lorsque le brevet n'est pas rédigé en français s'entend de la description et des revendications et que cette traduction doit porter, ainsi que l'exposent à juste titre les sociétés Apotex, sur la description et les revendications du brevet tel que délivré par l'Office; que toute autre traduction porterait atteinte à la sécurité des tiers et ne leur permettrait pas de prendre utilement connaissance de la portée du brevet délivré.

Considérant en conséquence qu'en déposant le 14 septembre 1989 à l'Inpi une traduction de la description et des 49 revendications de la demande initiale, alors que le brevet délivré par l'Office ne comporte que 15 revendications, Wellcome n'a pas satisfait à l'obligation de l'article L. 614-7 du code de la propriété intellectuelle. »

▸ 111.183 Cas de la simple demande d'enregistrement

TGI Lille, 16 juin 1994, *PIBD* 1994, n° 575, III, 513.

« Aux termes de l'article 25 de la loi du 31 décembre 1964 applicable en l'espèce, seul peut requérir la saisie le propriétaire de la marque, c'est-à-dire celui qui justifie de l'enregistrement de la marque ou notifie au présumé contrefacteur une copie certifiée de la demande d'enregistrement. »

▸ 111.202 Saisie-contrefaçon sur le fondement d'une marque communautaire

TGI Paris, 3e ch., 3e sect., 31 oct. 2007, *PIBD* 2008, n° 865, III, 12.

« L'article 92 du règlement CE du 20 décembre 1993 dispose que "les tribunaux des marques communautaires ont compétence exclusive :

a) pour toutes les actions en contrefaçon et – si la loi nationale les admet – en menace de contrefaçon d'une marque communautaire;

b) pour les actions en constatation de non-contrefaçon, si la loi nationale les admet,

c) pour les demandes reconventionnelles en déchéance ou en nullité de la marque communautaire visées à l'article 96";

L'article 99 dudit règlement dispose que "1° les mesures provisoires et conservatoires prévues par la loi d'un État membre à propos d'une marque nationale peuvent être demandées, à propos d'une marque communautaire ou d'une demande de marque communautaire, aux autorités judiciaires, y compris aux tribunaux des marques communautaires, de cet État, même si, en vertu du présent règlement un tribunal des marques communautaires d'un autre État membre est compétent pour connaître du fond".

Contrairement à ce que soutiennent les défenderesses une mesure de saisie-contrefaçon est une mesure provisoire et conservatoire qui peut être demandée en application de l'article précité à toute juridiction matériellement compétente suivant le droit national, cette disposition ne régissant pas exclusivement les conflits de compétence entre les tribunaux des marques communautaires d'États différents. Aussi en application des dispositions combinées des articles sus-visés, une mesure de saisie-contrefaçon peut être demandée au président de n'importe quel tribunal national territorialement compétent, puisqu'il ne s'agit pas d'une compétence exclusive du tribunal des marques communautaires.

Dans ces conditions, la saisie-contrefaçon ayant été pratiquée dans les locaux de la brigade de surveillance des douanes à Jarry, le président du tribunal de grande instance de Pointe-à-Pitre était territorialement compétent pour l'autoriser.

La demande de nullité de la procédure de saisie-contrefaçon de ce chef est en conséquence rejetée. »

TGI Paris, 3e ch., 3e sect., 10 juin 2009, RG n° 08/01051.

« Selon l'article 99 du Règlement (CE) 40/44 du 20 décembre 1993, *les mesures provisoires et conservatoires prévues par la loi d'un État membre à propos d'une marque nationale peuvent être demandées, à propos d'une marque communautaire ou d'une demande de marque communautaire, aux autorités judiciaires, y compris aux tribunaux des marques communautaires de cet État si, en vertu du présent règlement, un tribunal des marques communautaires d'un autre État membre est compétent pour connaître du fond*.

Si cette disposition permettait d'admettre que le président du tribunal de grande instance compétent selon les règles de droit commun (en l'espèce le lieu du fait dommageable) pouvait autoriser une saisie-contrefaçon en matière de marque communautaire, cette interprétation n'était possible que sous l'empire de l'article L. 716-7 du code de propriété intellectuelle issu de la Loi n° 91-7 du 4 janvier 1991 qui ne renvoyait pas à la compétence de la juridiction de fond.

Or, l'autorisation ayant été sollicitée le 11 décembre 2007, c'est l'article L. 716-7 du même code issu de la loi n° 2007-1544 du 29 octobre 2007 qui s'applique. Selon cette disposition, la saisie-contrefaçon doit s'opérer "*en vertu d'une ordonnance rendue sur requête par la juridiction compétente*". Cette juridiction étant en matière de marque communautaire, à titre exclusif, le tribunal de grande instance de Paris, le Président du tribunal de grande instance de Bobigny n'était pas compétent pour délivrer l'autorisation de saisie-contrefaçon à la société New Era qui fondait sa requête sur ses marques communautaires.

Cette interprétation est confortée aujourd'hui par les dispositions de l'article R. 716-2 du code de Propriété Intellectuelle, issu du Décret n° 2008-624 du 27 juin 2008 qui prévoit expressément que la saisie de l'article L. 716-7 du code de propriété intellectuelle est ordonnée par le président du tribunal de grande instance compétent pour connaître du fond.

Dès lors, les opérations de saisie-contrefaçon sont nulles, comme ayant été autorisé par un juge incompétent. »

▸ 111.221 Nécessité d'un dépôt

Com. 10 janv. 1995, n° 92-17.616, *Bull. civ.* IV, n° 9, p. 8, *Ann. propr. ind.* 1995. 321.

« Attendu que l'arrêt, par motifs propres et, sur ce point, adoptés, relève que la société La Méridienne a agi sur le fondement de la loi du 14 juillet 1909 qui ne concerne que les dessins et modèles ayant fait l'objet d'un dépôt;

que la cour d'appel, après avoir constaté que le modèle argué de contrefaçon n'avait pas été déposé, a décidé, à bon droit, que la saisie-contrefaçon effectuée à la demande de cette société était nulle. »

Paris, 4e ch., 12 mai 2000, *JCP E* 2000. I. 1286; *PIBD* 2000, n° 705, III, 451.

« Considérant que les modèles dont se prévaut Bonpoint n'ayant fait l'objet d'aucun dépôt et celle-ci ayant cependant sollicité du juge des requêtes le droit de faire pratiquer une saisie-contrefaçon sur le fondement de l'article L. 521-1 du code de la propriété intellectuelle, tout en s'abstenant au surplus de se pourvoir devant le tribunal dans le délai de quinzaine (la saisie ayant été pratiquée le 7 juillet 1997 et l'assignation délivrée le 1er août suivant), il s'ensuit que la saisie doit être annulée. »

▸ 111.223 Dessin ou modèle déposé mais non publié : nécessité d'une notification au présumé contrefacteur

TGI Paris, 3e ch., 3e sect., 9 juill. 2010, RG n° 2010/05636, *Jurinpi* D20100154, *PIBD* 2010, n° 929, III, 798.

« En vertu de l'article L. 521-1, alinéa 2 et 3 du code de la propriété intellectuelle "les faits postérieurs au dépôt, mais antérieurs à la publication de l'enregistrement du dessin ou modèle, ne peuvent être considérés comme ayant porté atteinte aux droits qui y sont attachés.

Toutefois, lorsqu'une copie de la demande d'enregistrement a été notifiée à une personne, la responsabilité de celle-ci peut être recherchée pour des faits postérieurs à cette notification, même s'ils sont antérieurs à la publication de l'enregistrement".

En l'espèce, il est établi que M. Jonathan Smadja a déposé une demande de dessin et modèle le 5 février 2010 visant un singe stylisé coiffé d'une casquette de côté avec l'inscription des lettres entrelacées "LA" et porteur d'un tee-shirt "I ♥ L.A.", avec au-dessus du singe l'inscription Los Angeles, en dessous dans un cartouche plissé "West Coast Style" et de part et d'autre de sa tête "Est... 1979".

Il est constant que cette demande n'a pas encore été publiée et que le 25 mars 2010, sans autre précision sur l'horaire, M. Smadja a fait signifier par huissier à la société Fee Red la demande d'enregistrement de dessin et modèle déposée à l'INPI et que le 25 mars 2010 à 9 h 40, l'huissier instrumentaire a procédé à la saisie-contrefaçon autorisée par le président du tribunal de grande instance de Paris le 18 mars 2010.

Cependant, conformément au texte précité, les faits argués de contrefaçon ne peuvent être considérés comme ayant porté atteinte aux droits qui sont attachés au dessin ou modèle déposé lorsqu'ils sont commis antérieurement à la publication du dépôt, à moins que le titulaire de droits ne notifie une copie de la demande. Dans ce cas, seuls les faits postérieurs à la notification peuvent porter atteinte aux droits du titulaire.

Or, en l'espèce, ainsi que le relève la société Fee Red dans ses conclusions, la notification des droits de M. Smadja a été faite le même jour que les opérations de saisie-contrefaçon, juste avant ou simultanément, alors d'une part que la notification d'une demande de dessin et modèle à un tiers a pour finalité de l'informer des droits du titulaire et d'autre part que la poursuite des faits portant atteinte aux droits du titulaire d'un dessin et modèle non publié ne caractérise la mauvaise foi du tiers que lorsqu'ils sont postérieurs à cette notification.

Il s'ensuit qu'un délai raisonnable doit nécessairement s'écouler entre la notification d'une demande de dessin et modèle et la poursuite des actes de contrefaçon pour caractériser la mauvaise foi et le tribunal considère qu'une notification simultanée à une saisie-contrefaçon ne remplit pas ces conditions, étant au surplus relevé en l'espèce qu'il ne ressort pas du procès-verbal de notification que celle-ci ait été effectuée antérieurement à la saisie et qu'en toute hypothèse, la notification n'a pas été faite au gérant de la société Fee Red mais à un vendeur M. R.

En outre, l'expert comptable de la société Fee Red a attesté que la société avait cessé toute commercialisation des modèles référencés 331 et 331V à compter du 25 mars 2010, jour de la notification de la demande de dessin et modèle.

Il s'ensuit qu'à défaut de délai suffisant entre la notification et la saisie-contrefaçon diligentée le 25 mars 2010 à 9 h 40 et en l'absence de poursuite des actes argués de contrefaçon postérieurement à la date de la notification, la preuve de la mauvaise foi de la société Fee Red n'est pas rapportée et en conséquence, sa responsabilité ne peut être recherchée au sens de l'article L. 521-1, alinéa 3 du code de la propriété intellectuelle.

M. Smadja sera donc débouté de ce chef, sans qu'il y ait lieu d'annuler les opérations de saisie-contrefaçon ni l'assignation à jour fixe, dès lors que M. Smadja était bien titulaire d'une demande de dessin et modèle au jour de l'autorisation de la saisie-contrefaçon. »

▸ 111.231 Dépôt international de modèle

Paris, 4e ch., 7 juill. 1994, *PIBD* 1994, n° 576, III, 550.

« Considérant que l'Arrangement de La Haye des 6 novembre 1925 et 2 juin 1934, dont se prévaut Jacquard pour opposer le dépôt international, stipule en son article 4-3 que "la publicité mentionnée en son article 3 sera considérée dans tous les pays contractants comme pleinement suffisante et aucune autre ne pourra être exigée du déposant, sous réserve des formalités à remplir pour l'exercice du droit conformément à la loi intérieure". »

TGI Paris, 3e ch., 1er déc. 1994, *PIBD* 1995, n° 583, III, 137.

« Attendu que l'article 7-1-a) de l'arrangement de La Haye dispose que "Tout dépôt enregistré au Bureau international produit dans chacun des États contractants désignés par le déposant dans sa demande, les mêmes effets que si toutes les formalités prévues par la loi nationale pour obtenir la protection avaient été remplies par le déposant et que si tous les actes administratifs prévus à cette fin avaient été accomplis par l'administration de cet État."

Attendu qu'il ressort clairement de ce texte, que la publicité donnée aux dessins et modèles internationaux se substitue à celle requise par la loi française, et qu'elle ouvre droit à la protection de ces derniers sur notre territoire. »

Paris, 4e ch., 23 janv. 1995, *PIBD* 1995, n° 586, III, 231.

« Qu'en disposant dans son article 7-1 a) : "Tout dépôt enregistré au Bureau international produit dans chacun des états contractants désignés par le déposant dans sa demande, les mêmes effets que si toutes les formalités prévues par la loi nationale pour obtenir la protection avaient été remplies par le déposant et que si tous les actes administratifs prévus à cette fin avaient été accomplis par l'administration de cet État", l'arrangement ainsi modifié ne requiert plus d'autre formalité de publicité, pour que le modèle puisse produire effet dans les États contractants expressément désignés, que celle résultant de l'enregistrement au Bureau International dudit dépôt.

Qu'il s'ensuit que la publication du dépôt au *Bulletin international* de l'OMPI est à elle seule suffisante à réaliser la publicité requise. »

Nîmes, 14 mai 1998, *PIBD* 1998, n° 662, III, 496.

« Attendu, dès lors, que la seule publication d'un dépôt au *Bulletin international* de l'OMPI n'est pas suffisante pour exercer l'action de l'article L. 521-2 du code de la propriété intellectuelle dès lors qu'il n'y a pas eu publication de ce dépôt par l'Inpi. »

Paris, pôle 5, ch. 2, 3 juin 2011, RG n° 10/09884, *PIBD* 2011, n° 945, III, 544.

« Considérant que la société Kenzo se prévaut du dépôt du dessin et modèle international intervenu le 26 mai 2000 sous le n° DM/ 05 2244; qu'elle expose en substance qu'en application des articles L. 513-1 alinéas 1 et 2 du code de la propriété intellectuelle son dépôt, effectué avant le 1er octobre 2001, reste protégé sans prorogation possible, pour une période de vingt-cinq ans à compter de la date du dépôt;

Qu'elle ajoute que l'arrangement de La Haye dispose en son article 11 § 2, que "si la législation d'un État prévoit pour les dessins ou modèles ayant fait l'objet d'un dépôt national, une protection dont la durée, avec ou sans renouvellement, est supérieure à dix ans, une protection d'une égale durée est accordée dans cet État sur la base du dépôt international et de ses renouvellements aux dessins ou modèles ayant fait l'objet d'un dépôt international sur la base de ce dernier dépôt";

Mais considérant que la société Kenzo se méprend sur la portée de ces textes dans la mesure où la durée des droits conférés par l'enregistrement d'un dessin ou modèle international est définie par l'Arrangement de La Haye qui en son article 10 énonce que "le dépôt international peut être renouvelé tous les cinq ans par le seul paiement [...] des taxes de renouvellement fixées par le Règlement"; que l'article 17 énonce encore que l'enregistrement international est effectué pour une période initiale de cinq ans à compter de l'enregistrement international et peut être renouvelé pour des périodes supérieures de cinq ans;

Que la durée de la protection accordée par un État contractant pour un dépôt national, n'est prise en considération que dans la mesure où cette durée serait supérieure à 15 ans (art. 17, b de l'Arrangement), ou de dix ans (art. 11 précité), mais sous la condition que l'enregistrement international soit renouvelé à échéance;

Considérant qu'il suit, que la société Kenzo qui ne prétend pas avoir procédé au renouvellement de l'enregistrement international de son modèle qui arrivait à expiration au 25 mai 2005, était sans droit pour solliciter les 23 et 27 octobre 2008 une ordonnance l'autorisant à faire procéder à des opérations de saisie-contrefaçon, rendue sur le seul fondement de ses droits prétendus de dessins et modèles;

Qu'il convient dès lors de déclarer la société Kenzo irrecevable à agir en contrefaçon de droits de dessin et modèle, d'annuler les ordonnances rendues les 23 et 27 octobre 2008 ainsi que les opérations de saisie-contrefaçon diligentées à Paris et à Angers le 30 octobre suivant. »

▸ 111.253 Justificatifs à produire

Com. 29 janv. 2008, n° 07-14.709, *Bull. civ.* IV, n° 18, *PIBD* 2008, n° 871, III, 203.

« Mais attendu, d'une part, que la faculté de faire procéder à une saisie-contrefaçon en matière de brevet n'étant ouverte qu'aux personnes énumérées à l'article L. 615-5 du code de la propriété intellectuelle, il résulte de la combinaison de ce texte et des articles L. 613-9 et R. 615-1 du même code que le requérant est tenu, non seulement de présenter le brevet sur lequel il se fonde, mais aussi de justifier que ce titre est en vigueur et, s'il n'en est le propriétaire initial, qu'il est en droit d'en invoquer le bénéfice, en indiquant précisément, conformément à l'article 494 du nouveau code de procédure civile, les pièces invoquées à l'appui de sa requête ».

▸ 111.272 Justificatifs à produire

TGI Paris, 3e ch., 1re sect., 27 janv. 2009, RG n° 2008/15962, *PIBD* 2009, n° 897, III, 1110.

« Selon l'article L. 722-2 du code de la propriété intellectuelle, l'action civile pour atteinte à une indication géographique est exercée par toute personne autorisée à utiliser cette indication géographique ou tout organisme auquel la législation donne pour mission la défense des indications géographiques.

Selon l'article L. 642-4 du code rural, l'Inao est un établissement public chargé de contribuer à la défense et la promotion des signes d'identification de la qualité et de l'origine tant en France qu'à l'étranger.

Il résulte suffisamment de ces dispositions que l'Inao a intérêt à agir en justice contre les personnes dont l'activité est susceptible de porter atteinte à une Aoc. Ses demandes doivent donc être déclarées recevables. »

▸ 112.31 Plan

Com. 29 janv. 2008, n° 07-14.709, *Bull. civ.* IV, n° 18, *PIBD* 2008, n° 871, III, 203; *Comm. com. électr.* 2008, comm. 34, note Caron; *Propr. intell.*, juill. 2008, p. 276, note Abello.

« Mais attendu qu'après avoir relevé que les ordonnances du 6 décembre 2005 ont été rendues à la requête de la SAS Soulé, identifiée par sa dénomination, sa forme et son numéro d'immatriculation au registre du commerce et des sociétés, et que les sociétés Soulé font valoir que c'est à la suite d'une erreur purement matérielle dont elles sollicitent la rectification que la SAS Soulé a été mentionnée comme requérante, l'arrêt retient que l'erreur invoquée n'est pas une simple erreur matérielle sur le nom de la société mais une erreur substantielle sur l'immatriculation au registre du commerce et des sociétés ainsi que sur la forme sociale de la requérante, de sorte que, portant sur des éléments déterminant la qualité et la capacité pour agir, cette erreur n'est pas susceptible de rectification par la voie de l'article 462 du nouveau code de procédure civile;

qu'en l'état de ces constatations et appréciations desquelles il résulte, non que les ordonnances litigieuses avaient été rendues à la requête de la SA Soulé, mais qu'elles l'avaient été, à la suite d'une erreur substantielle non susceptible de rectification, à la requête de la SAS Soulé, c'est à bon droit que la cour d'appel a statué comme elle a fait; que le moyen n'est pas fondé. »

▸ 112.41 Capacité d'ester en justice

TGI Paris, 10e ch. corr., 25 févr. 1977, *Ann. propr. ind.* 1978. 143.

« Attendu qu'il apparaît donc que la société Thermosol n'avait pas la personnalité juridique le 10 mars 1976, date de la requête en ordonnance de saisie-contrefaçon; qu'à cette époque la société Thermosol, faute de personnalité juridique, n'avait donc pas la possibilité d'ester en justice;

Attendu, en conséquence, qu'il convient donc de prononcer la nullité de l'ordonnance et de la saisie-contrefaçon, en date des 10 et 25 mars 1976 comme ayant été rendues au bénéfice d'une société qui, aux dates considérées, ne pouvait avoir la personnalité juridique. »

TGI Paris, ord. réf., 5 avr. 2006, RG n° 06/04814, *Jurinpi* B20060055.

« Il est constant que la SAS Soulé Protection Surtensions immatriculée au RCS de Lyon sous le numéro B 428 273 502 a été absorbée le 30 novembre 2004 par l'actuelle société Soulé Protection Surtensions immatriculée au RCS sous le numéro 349 816 587 que dès lors elle est depuis dépourvue d'existence légale et a été radiée du registre du commerce et des sociétés à compter du 30 novembre 2004 avec un effet rétroactif au 1er janvier 2004.

Il en résulte que cette société dépourvue de personnalité juridique n'avait pas la capacité à agir pour présenter une requête aux fins de saisie contrefaçon.

Selon l'article 462 du nouveau code de procédure civile les erreurs matérielles qui affectent un jugement peuvent toujours être réparées. Pour autant, il doit s'agir d'une erreur matérielle et non comme en l'espèce d'une erreur intellectuelle, en effet il ne s'agit pas seulement d'une erreur sur le nom d'une société mais d'une erreur portant sur la personne morale elle-même. Dans ces conditions, il n'y a pas lieu de faire droit à la demande de rectification présentée par les sociétés Soulé Protection Surtensions.

Les ordonnances autorisant un requérant qui n'a pas la capacité à agir en saisie-contrefaçon faute d'être titulaire des titres de propriété intellectuelle opposés, doivent être rétractées.

Il est rappelé que le juge de la rétractation n'a pas le pouvoir d'annuler son ordonnance et le procès verbal de saisie-contrefaçon. »

TGI Paris, 3e ch., 2e sect., 6 avr. 2007, *PIBD* 2007, n° 855, III, 427.

« Attendu qu'en l'espèce il n'est pas contesté que la société Railtech International (RCS 568 801 542) n'avait plus d'existence juridique au plus tard le 29 décembre 2004, pour avoir fait l'objet d'une fusion-absorption à compter le 12 novembre 2004 et avoir été radiée du RCS le 29 décembre suivant; que les sociétés demanderesses ne peuvent valablement soutenir que c'est en raison d'une erreur matérielle excusable que l'acte a été délivré au nom de la société dissoute, alors que l'erreur porte sur la personne même de la demanderesse et que le numéro d'immatriculation au registre du commerce est le seul moyen d'identifier la société dissoute de la société absorbante; que le défaut d'intérêt à agir des sociétés défenderesses de par l'existence d'une autre procédure est par ailleurs ici inopérant; qu'enfin il est constant que ne peut être couverte l'irrégularité d'une procédure tenant à l'inexistence de la personne morale qui agit en justice; Attendu dès lors que les saisies-contrefaçon opérées les 5 et 6 janvier 2005 ont été diligentées par une société dépourvue d'existence légale et non régulièrement représentée; qu'elles doivent en conséquence être annulées pour ce seul motif. »

▸ 112.51 Propriétaire

Colmar, ch. civ. 1, sect. A, 2 nov. 2010, RG n° 08/02966.

« Attendu qu'il est constant que la demande de brevet français déposée le 18 juillet 1995 mentionnait comme demandeur une "SARL Koro Marketing" ;

Attendu que la SARL Koro, qui justifie avoir simplement changé de dénomination sociale à l'occasion d'une assemblée générale extraordinaire du 29 décembre 1997, avec transfert de son siège dans un autre département, ce qui a justifié la radiation de l'inscription à son ancienne adresse et une réinscription à la nouvelle adresse, ne conteste évidemment pas n'avoir pu, le 18 juillet 1995, procéder au dépôt en son nom propre d'une demande de brevet français auprès de l'INPI, alors qu'elle n'était pas encore inscrite au RCS et qu'elle ne devait obtenir la personnalité morale qu'à compter du 1er août 1995;

Attendu qu'elle invoque par contre la régularisation provenant de la délivrance ultérieure du titre et, subsidiairement, celle résultant d'une reprise de l'engagement initial votée par l'associé unique en 2007;

Attendu cependant que la délivrance du brevet en date du 21 août 1998 ne pouvait couvrir le vice initial;

Attendu en effet que la société, qui n'existait pas encore à la date de dépôt de la demande de brevet, ne pouvait figurer comme demandeur au brevet ni sur l'acte de dépôt initial ni sur le brevet lui-même, délivré ultérieurement;

Attendu en outre que, dans les statuts enregistrés dès le 11 juillet 1995, soit avant le dépôt de la demande de brevet, il n'était pas mentionné qu'une telle formalité devait être effectuée par l'un ou l'autre des futurs associés (Coraud Alan, inventeur, ou son frère Coraud Roperzh, futur gérant) pour le compte de la société en cours de formation, et ce dans l'attente de l'immatriculation de la société; qu'il était au contraire énuméré un certain nombre d'actes à accomplir par le futur gérant, parmi lesquels ne figurait toutefois pas le dépôt de la demande de brevet;

Attendu en tout état de cause que ni la demande de brevet ni le brevet ne révèlent le nom d'une personne physique qui aurait déposé le brevet pour le compte de la société en voie de constitution, ce qui aurait permis, après immatriculation et acquisition de la personnalité morale, la reprise des engagements souscrits;

Attendu dans ces conditions que sont inapplicables les dispositions de l'article L. 210-6 du code de Commerce, qui prévoient que les personnes ayant agi au nom d'une société en formation avant qu'elle ait acquis la jouissance de la personnalité morale sont tenues solidairement et indéfiniment responsables des actes ainsi accomplis, à moins que la société, après avoir été régulièrement constituée et immatriculée, ne reprenne les engagements souscrits (qui sont alors réputés avoir été souscrits dès l'origine par la société);

Attendu que se trouve également dénuée de tout effet la prétendue "reprise" votée par l'associé unique lors d'une assemblée générale extraordinaire du 4 décembre 2007 (consécutivement à une cession de parts intervenue au profit de Monsieur Coraud Alan);

Attendu ainsi que ni la délivrance du brevet en 1998, ni la "reprise" votée par l'associé unique en 2007 n'ont permis de couvrir l'irrégularité qui frappait le dépôt de la demande de brevet du 18 juillet 1995;

Attendu en définitive que, le dépôt ayant été effectué par une société qui ne disposait pas de la personnalité morale, et les conditions pour une reprise conforme aux dispositions de l'article L. 210-6 du code civil n'étant pas remplies, la SARL Koro (anciennement Koro Marketing) ne pouvait pas se prévaloir de la titularité du brevet français n° 95 08920 et par conséquent d'un droit de protection sur celui-ci;

Attendu que cela suffit pour constater le défaut de qualité et d'intérêt de la SARL Koro à exercer une action en contrefaçon sur le fondement d'un brevet dont elle ne peut pas invoquer la titularité, et donc pour confirmer le jugement entrepris en ce qu'il a déclaré la demande irrecevable à cet égard;

Attendu que le surplus de l'argumentation développée par les intimées, notamment en ce qui concerne la nullité du brevet, ne présente plus d'intérêt; qu'en effet, comme l'a retenu le tribunal, l'irrecevabilité de l'action en contrefaçon du brevet rend sans objet la demande reconventionnelle des sociétés Ekkia et YKK France tendant à obtenir l'annulation du brevet; qu'au demeurant, la SAS Ekkia ne reprend sa demande reconventionnelle qu'à titre subsidiaire (page 13 de ses conclusions);

Attendu de même que l'annulation corrélative de la saisie-contrefaçon du 7 juillet 2005 devra être confirmée pour les mêmes motifs que ceux retenus plus haut. »

TGI Paris, 3ᵉ ch., 4ᵉ sect., 3 mars 2011, RG nº 09/02212.

« Ces deux saisies-contrefaçon ont été diligentées à la demande de la société Sanimat.

Cependant comme l'a relevé le jugement du 3 février 2009, les cessions du brevet français réalisées en 2005 étant nulles en raison de la violation de l'article L. 614-14 du code de la propriété intellectuelle, la société Sanimat, faute d'être devenue régulièrement titulaire du brevet en cause, n'avait pas qualité à agir en contrefaçon dudit brevet et les saisies-contrefaçon qu'elle a fait diligenter en 2007, doivent donc être déclarées nulles.

Dès lors, les éléments obtenus au cours de ces deux saisies ne peuvent être exploités de quelque manière que ce soit par la société Sanimat et ils doivent être écartés des débats. »

▸ 112.61 Nécessité d'une publication ou notification de la demande de brevet français

TGI Paris, 28 juin 1983, *Dossiers Brevets* 1984, II, 5.

« Attendu en revanche que la société Mondelin fait à juste titre observer que Messieurs G. et E. n'étaient pas fondés à faire pratiquer une saisie-contrefaçon à son encontre, puisque selon l'article 55 de la loi précitée, "les faits antérieurs à la date à laquelle la demande de brevet a été rendue publique ou à celle de la notification d'une copie certifiée de cette demande ne sont pas considérés comme ayant porté atteinte aux droits attachés au brevet";

Attendu en effet que le titre invoqué par les saisissants ayant été déposé le 14 septembre 1981, le délai de dix-huit mois prévu par l'article 17 de la loi pour procéder à sa publication était loin d'être écoulé lors de la saisie et que par ailleurs, si les défendeurs déclarent avoir obtenu le 6 octobre 1981 l'autorisation de divulgation et d'exploitation prévue à l'article 25 de la loi, ils ne justifient d'aucune notification d'une copie de leur demande de brevet avant de pratiquer la saisie litigieuse. »

TGI Lille, 25 avr. 1984, *Dossiers Brevets* 1985, III, 2.

« L'article 1ᵉʳ du décret nº 69-190 du 13 février 1969 dispose que la saisie-contrefaçon est autorisée par ordonnance rendue sur simple requête et sur présentation, dans le cas prévu à l'article 55, premier alinéa, deuxième phrase, de la loi du 2 janvier 1968, d'une copie certifiée conforme de la demande de brevet. Dans ce dernier cas, le requérant doit justifier, en outre que les conditions prévues audit article 33 sont remplies.

L'article 55, premier alinéa, deuxième phrase, prévoit que pourront être poursuivis les faits antérieurs à la publication de la délivrance du brevet, mais postérieurs à la date à laquelle la demande de brevet a été rendue publique ou à la notification au présumé contrefacteur d'une copie certifiée conforme de cette demande.

Enfin, il ne peut être procédé à la saisie-contrefaçon que si l'établissement de l'avis documentaire sur nouveauté a été requis, ainsi qu'en dispose l'article 55, alinéa 2, de la même loi.

Il résulte de la combinaison de ces deux textes que dans le cas où le brevet n'a pas encore été délivré et cette délivrance publiée, la saisie-contrefaçon ne peut être effectuée qu'à la condition de réunir les conditions suivantes, lesquelles sont cumulatives :

– publication de la demande ou notification de la copie certifiée conforme au présumé contrefacteur, antérieurement à la saisie,

– réquisition de l'avis documentaire,

– présentation au président du tribunal de grande instance d'une copie certifiée conforme de la demande de brevet, lors de la demande d'autorisation de saisie-contrefaçon.

Il s'agit là de conditions substantielles qui doivent être scrupuleusement observées, car la procédure de saisie-contrefaçon porte atteinte à la liberté du commerce et de l'industrie, et a été strictement réglementée de ce fait. Notamment le texte de l'ordonnance doit viser la présentation de la copie certifiée conforme de la demande de brevet, afin de permettre de vérifier qu'elle a été rendue dans des conditions régulières, ou à tout le moins, il doit être fourni la preuve que cette copie a été produite. »

Bordeaux, 1ʳᵉ ch., 27 mai 1998, *PIBD* 1998, nº 663, III, 508.

« Mais attendu qu'aux termes de l'article L. 615-4 du code de la propriété industrielle, les faits antérieurs à la date à laquelle la demande de brevet a été rendue publique ne sont pas considérés comme ayant porté atteinte aux droits attachés au brevet, sauf dans l'hypothèse où la demande de brevet a fait l'objet d'une notification sous forme de copie certifiée.

Attendu que force est de constater qu'à la date du 25 juillet 1995, non seulement la demande de brevet de la société Isotub Coating n'avait pas été publiée, mais en outre n'avait pas été notifiée régulièrement sous forme de copie certifiée conforme par l'Institut national de la propriété industrielle.

Attendu encore qu'il résulte des dispositions des articles L. 615-3 et R. 615-1 du code de la propriété industrielle, qu'aucune saisie ne peut être valablement effectuée lorsque n'est invoquée qu'une demande de brevet non publiée et non notifiée régulièrement et préalablement.

Que la notification d'une copie officielle de brevet d'invention en date du 19 février 1996 n'a été faite que le 7 mai 1996 à la société Intertube.

Attendu que c'est donc à bon droit que le premier juge a estimé que la société Isotub était dépourvue de qualité pour agir en contrefaçon et que, dès lors, il convenait de constater l'irrégularité de l'ordonnance du 25 juillet 1995 autorisant la saisie-contrefaçon et, par voie de conséquence, la nullité du procès-verbal de saisie-contrefaçon des 3 et 4 août 1995. »

Paris, 4e ch. A, 25 avr. 2001, *Propr. industr.* 2002, comm. n° 41, obs. J. Raynard.

« Qu'il n'est donc pas établi que la notification de la copie certifiée des trois demandes de brevets, dont ni la date, ni l'heure ne sont mentionnées dans la requête, était effectuée préalablement à la présentation de la requête; que le requérant n'a ainsi pas justifié que cette condition était remplie, conformément à l'article R. 615-1 du code de la propriété intellectuelle;

Considérant que cette notification préalable constitue une condition impérative qui subordonne la validité de la procédure de saisie-contrefaçon, les faits antérieurs ne pouvant porter atteinte aux droits attachés au brevet;

Que la société Sicma ne justifiant pas avoir rempli cette formalité substantielle touchant à l'existence du droit d'agir en contrefaçon, l'ordonnance du 16 juin 1995 qui a autorisé la saisie-contrefaçon et par voie de conséquence le procès-verbal de saisie-contrefaçon dressé le 17 juin suivant doivent être annulés, sans que le saisi ait à rapporter la preuve d'un grief. »

▸ 112.71 Principe de l'obligation de mise en demeure du breveté

Paris, 4e ch., sect. B, 15 févr. 2008, RG n° 06/06627, *Jurinpi* B20080017.

« Qu'il suit que lors des deux saisies contrefaçon pratiquées les 11 et 26 mai 2000, la société Eurofog ne disposait plus d'aucun droit sur les deux brevets qui lui avaient été donnés en licence, ce qu'elle ne pouvait ignorer depuis la notification du 12 mai 1999. »

▸ 112.72 Aménagements conventionnels

TGI Paris, 3e ch., 2e sect., 13 mars 1998, *RD propr. int.* 1998, n° 85, 29.

« Attendu qu'il résulte ainsi et à l'évidence, que non seulement les termes de l'article 10 du contrat ont été respectés mais encore ceux de l'article L. 615-2 du code de la propriété intellectuelle, lequel exige du licencié d'adresser une mise en demeure au breveté dans l'hypothèse d'une absence de réaction de celui-ci; qu'en l'espèce, le breveté ayant été invité à agir et ayant clairement fait connaître qu'il y renonçait, une mise en demeure aurait alors été dépourvue d'objet; qu'exiger du licencié en ce cas de justifier d'une mise en demeure serait ajouter au texte de l'article L. 615-2 du code de la propriété intellectuelle. »

TGI Paris, 3e ch., 2e sect., 28 juin 2000, *RD propr. int.* 2002, n° 134, 9

« Suivant contrat en date du 22 octobre 1990, inscrit au registre national des brevets le 25 janvier 1991 sous le n° 030295, Madame J. a consenti une licence exclusive d'exploitation dudit brevet à la société Cardis. [...]

Attendu que le fait que la saisie-contrefaçon ait été autorisée par ordonnance du président de ce tribunal en date du 20 novembre 1994 sur la requête non seulement de Madame J. mais encore de la société Cardis agissant à ses côtés, n'est pas de nature à vicier la procédure;

Que l'article L. 615-2 2e alinéa du code de la propriété intellectuelle est sans application en l'espèce. »

TGI Paris, 3e ch., 2e sect., 15 avr. 2005, RG n° 2004/04206, *PIBD* 2005, n° 816, III, 563.

« Attendu que les sociétés défenderesses soulèvent en premier lieu la nullité des opérations de saisie-contrefaçon faute pour la société Cobra SRL d'avoir qualité pour y faire procéder;

que les demanderesses répliquent que le contrat de licence concédé par la société Cobra Trade SA à la société Cobra SRL ayant été inscrit au registre national des brevets le 18 novembre 2004, les nullités invoquées ont été régularisées.

Mais attendu que la procédure de saisie-contrefaçon, qui constitue un mode de preuve facultatif de la contrefaçon, est une procédure autonome dès lors que l'ordonnance du président du tribunal de grande instance autorisant la saisie est épuisée par son exécution à l'encontre du contrefacteur présumé;

que le défaut de qualité à y faire procéder n'est donc pas susceptible de régularisation ultérieure.

Attendu qu'en application de l'article L. 615-5 du code de la propriété intellectuelle, le droit de faire procéder à la description détaillée, avec ou sans saisie réelle, des produits ou procédés prétendus contrefaits appartient au propriétaire d'une demande de brevet ou de certificat d'utilité, au propriétaire d'un brevet ou d'un certificat d'utilité, ou encore au concessionnaire d'un droit exclusif d'exploitation sous la condition prévue au deuxième alinéa de l'article L. 615-2, ainsi que, sous la condition prévue au quatrième alinéa de l'article L. 615-2, au titulaire d'une licence de droit, d'une licence obligatoire ou d'une licence d'office visées aux articles L. 613-10, L. 613-11, L. 613-15, L. 613-17 et L. 613.19.

Or attendu que si c'était bien la société Cobra SRL qui était titulaire de la demande de brevet européen intitulé Press-Stud, Druckknopf, Bouton-Pression lors de son dépôt, il n'est cependant pas contesté que c'est la société Cobra Trade SA qui en était devenue propriétaire par l'effet d'une cession intervenue selon contrat du 29 février 2000 dont l'inscription avait été sollicitée auprès de l'Office européen des brevets le 3 mars 2000, soit antérieurement à la délivrance du brevet n° EP 0 855 865 B 1 en date du 15 mars 2000;

qu'il importe dès lors peu que la délivrance de ce brevet dans sa version anglaise désigne encore la société Cobra SRL comme propriétaire, la traduction en langue française qui aurait dû être produite à l'appui des requêtes successivement présentées les 26 et 27 février 2004, mentionnant expressément la société Cobra Trade SA comme titulaire en conformité avec la situation susvisée.

Attendu en outre qu'en application de l'article L. 613-9 du code de la propriété intellectuelle, l'opposabilité aux tiers des actes transmettant ou modifiant les droits attachés à une demande de brevet ou à un brevet résulte de leur inscription au registre national des brevets;

qu'il s'ensuit que le contrat de licence – aux termes duquel avec le consentement expressément donné par la société Cobra Trade SA, la société Cobra SRL a le droit d'entreprendre de façon autonome toutes les initiatives judiciaires nécessaires pour défendre et protéger le brevet contre (les) actes de violation et/ou de contrefaçon – n'ayant été enregistré au registre national des brevets que le 18 novembre 2004, n'a pu régulariser le défaut de qualité à agir de la société Cobra SRL lors de la procédure de saisie-contrefaçon déjà achevée.

Attendu dans ces conditions que la société Cobra SRL n'avait pas, les 26 et 27 février 2004, qualité pour requérir du président du tribunal de grande instance de Bobigny, sur le fondement du brevet européen n° EP 0 855 865 B 1, les autorisations de pratiquer une saisie-contrefaçon à l'encontre respectivement des sociétés Bottonificio B.A.P. SpA et Morito Eure et pour les faire exécuter les jours mêmes.

Attendu en conséquence que lesdites opérations de saisie-contrefaçon sont nulles ce qui implique, sans qu'il soit nécessaire d'examiner les autres moyens de nullité, d'annuler les procès-verbaux des 26 et 27 février 2004 et d'ordonner la mainlevée des saisies réelles effectuées ainsi que la restitution aux sociétés défenderesses des pièces saisies à leur encontre. »

TGI Paris, 3e ch., 1re sect., 24 oct. 2007, RG n° 04/07778.

« L'article L. 615-2 du code de la propriété intellectuelle dispose : "*L'action en contrefaçon est exercée par le propriétaire du brevet. Toutefois, le bénéficiaire d'un droit exclusif d'exploitation peut, sauf stipulation contraire du contrat de licence, exercer l'action en contrefaçon si, après mise en demeure, le propriétaire du brevet n'exerce pas cette action*".

Les dispositions de l'article L. 615-2 du code de la propriété intellectuelle ont pour vocation de permettre à un licencié exclusif d'agir en lieu et place d'un titulaire de brevet inactif après l'avoir mis en demeure d'agir.

Ce texte évite à un licencié de pâtir de l'inaction du titulaire du brevet après lui avoir enjoint d'agir, en exerçant en ses lieu et place les droits issus des brevets qu'il exploite.

En l'espèce, la société Abertec est propriétaire des deux brevets européens sur lesquels l'action en contrefaçon est fondée, et la société Aber Instruments en est la licenciée exclusive.

La société Aber Instruments n'a pas mis en demeure la société Abertec d'agir, mais celle-ci a clairement exprimé son intention de ne pas agir et a autorisé explicitement par courrier du 19 avril sa licenciée à agir.

En conséquence, les dispositions de l'article L. 615-2 du code de la propriété intellectuelle ont été respectées puisque l'autorisation expresse donnée par la société Abertec à la société Aber Instruments, sa licenciée, dépasse la simple mise en demeure d'agir non suivie d'effet. »

▸ 112.81 Inaptitude du licencié non-exclusif

TGI Strasbourg, 7 févr. 1989, *PIBD* 1989, n° 460, III, 406.

« L'article 53, dernier alinéa de la loi du 2 janvier 1968 autorise tout licencié, même non exclusif, à intervenir dans l'instance en contrefaçon. S'il est vrai que dans l'état actuel du droit rien n'affine cette règle quant au moment à partir duquel l'intervention est recevable, l'intervention prévue n'est recevable que "dans l'instance". Or l'instance ne commence que par la saisine du tribunal (art. 53 du Nouveau code de procédure civile) : assignation ou demande introductive d'instance déposée au greffe. La saisie-contrefaçon étant par nature antérieure à la saisine du tribunal, la société Sireix ne pouvait, même aux côtés de M. S., ni requérir une autorisation de faire pratiquer une saisie-contrefaçon, ni la faire pratiquer. Ainsi la saisie est-elle nulle à son égard. »

TGI Paris, 3e ch., 2e sect., 12 févr. 2010, RG n° 2008/09753, *Jurinpi* B20100007, *PIBD* 2010, n° 919, III, 339.

« Attendu qu'aux termes de l'article L. 615-2 du code de la propriété intellectuelle, "l'action en contrefaçon est exercée par le propriétaire du brevet.

Toutefois, le bénéficiaire d'un droit exclusif d'exploitation peut, sauf stipulation contraire du contrat de licence, exercer l'action en contrefaçon si, après mise en demeure, le propriétaire du brevet n'exerce pas cette action.

[...]

Tout licencié est recevable à intervenir dans l'instance en contrefaçon engagée par le breveté afin d'obtenir réparation du préjudice qui lui est propre" ;

Que les sociétés Sol France et Vivisol France soutiennent qu'en application des ces dispositions, le licencié non exclusif est irrecevable à agir en contrefaçon, mais peut seulement intervenir à l'instance en contrefaçon engagée par le breveté dans le seul cadre d'une action en responsabilité civile visant à sanctionner le trouble dans la jouissance des droits qu'il détient en vertu du contrat de licence, et plus précisément d'une action en concurrence déloyale;

Que cependant, elles méconnaissent ainsi les termes clairs et dépourvus d'ambiguïté de l'article L. 615-2, alinéa 5 du code de la propriété intellectuelle qui permet expressément au licencié non exclusif – qui se distingue de celui qui commercialise les produits brevetés sans être titulaire d'une licence, lequel ne peut effectivement agir que sur le terrain de l'article 1382 du code civil – d'"intervenir" – que ce soit ou non concomitamment à l'introduction de l'action par le breveté – à "l'instance en contrefaçon", ce pour obtenir "réparation du préjudice qui lui est propre" ;

Que cette fin de non-recevoir sera donc pareillement rejetée. »

▸ 112.91 Principe jurisprudentiel

Paris, pôle 5, ch. 1, 5 oct. 2011, RG n° 09/02423.

« Considérant que les sociétés Waters Corporation et Waters SAS, invoquant les dispositions de l'article L. 613-9 du code de la propriété intellectuelle, soutiennent nouvellement en cause d'appel que la société Agilent Technologies Deutschland ne saurait prétendre à l'indemnisation de son préjudice pour la période du 29 octobre 1999 (date de la cession du brevet à partir de laquelle la société Hewlett-Packard GmbH n'est plus titulaire du brevet) au 21 août 2000 (date de la transcription de la cession à partir de laquelle les droits de la société cessionnaire sont opposables aux tiers);

Qu'elles soutiennent en conséquence que seules deux périodes pourront être retenues pour l'évaluation du préjudice : – celle allant du 28 septembre 1998 au 29 octobre 1999, – celle allant du 21 août 2000 au 29 juillet 2002;

Mais considérant qu'il a été précédemment retenu que la société Waters Corporation sera tenue de réparer le préjudice de contrefaçon à compter du 12 septembre 1997 et non à compter du 28 septembre 1998 ainsi qu'elle le demandait;

Considérant, pour le surplus, que la règle de l'opposabilité prévue à l'article précité ne saurait avoir pour effet de permettre au contrefacteur de contrefaire le brevet en toute impunité tant que la transcription de la cession n'est pas effectuée; qu'en toute hypothèse, les sociétés Waters ne sont pas fondées à se prévaloir de l'application de cette règle pour se soustraire à la réparation du préjudice pour la période du 29 octobre 1999 au 21 août 2000 alors même qu'elles ne contestent pas devoir réparation du préjudice pour la période antérieure, allant du 28 septembre 1998 au 29 octobre 1999; qu'enfin, il est constant que la société cessionnaire Agilent Technologies Deutschland vient aux droits de la société cédante Hewlett-Packard GmbH pour la période antérieure à la cession;

Qu'il s'ensuit que la demande des sociétés Waters est dénuée de pertinence. »

Paris, pôle 5, ch. 1, 21 oct. 2009, RG n° 08/04715.

« Considérant que l'article L. 613-9, alinéa 1er, du code de la propriété intellectuelle dispose : "Tous les actes transmettant ou modifiant les droits attachés à une demande de brevet ou à un brevet doivent, pour être opposables aux tiers, être inscrits sur un registre, dit registre national des brevets, tenu par l'Institut national de la propriété industrielle".

Considérant que ces dispositions ont pour effet de priver le titulaire d'un droit attaché à un brevet transmis ou modifié dont la transmission ou la modification n'aurait pas été inscrite au registre national des brevets de toute possibilité d'agir contre un tiers en lui opposant ce même droit, lequel, en d'autres termes, devrait être tenu pour seulement virtuel jusqu'à son inscription; que l'inopposabilité ainsi prévue se justifie par la nécessité d'inciter les titulaires de tels droits à procéder à l'inscription requise et satisfaire ainsi à la finalité d'intérêt général attachée à leur publicité;

Considérant qu'il n'y a pas lieu de distinguer, parmi les tiers visés par l'article L. 613-9 du code de la propriété intellectuelle, selon une discrimination que ce texte ne fait pas, entre ceux qui revendiquent pour eux-mêmes le droit du titulaire prétendu, ou ceux que ce dernier poursuit en contrefaçon en vertu de ce même droit;

Considérant que ABB France n'est donc pas fondée à soutenir que l'article L. 613-9 du code de la propriété intellectuelle "traite uniquement de l'opposabilité des transferts de droits sur [...] un brevet, entre les personnes prétendant avoir des droits concurrents sur ce titre"; qu'elle prétend vainement trouver des justifications à sa thèse en rapprochant la publicité requise par ce texte des règles existant en matière de publicité foncière – par nature étrangère à un système de publicité portant sur des droits incorporels – ou de celles applicables en matière de droits d'auteur – où, précisément, la contrefaçon n'est pas subordonnée à la publicité, qui n'existe pas, de ces mêmes droits; qu'elle se garde, en toute hypothèse, de pousser son raisonnement jusqu'à son terme et ne soutient pas qu'elle serait en droit d'opposer à un contrefacteur supposé un droit qui n'aurait fait l'objet d'aucune inscription;

Considérant en outre que les sociétés Citel et Indelec, assignées sur le fondement de la contrefaçon, ont qualité pour se défendre et intérêt à le faire en contestant l'opposabilité à leur égard tiers des droits dont se prévaut la société demanderesse; que c'est donc à juste titre que le tribunal a jugé ces sociétés recevables à invoquer les dispositions de l'article L. 613-9 du code de la propriété intellectuelle pour se défendre des prétentions de ABB France. »

TGI Paris, 3e ch., 3e sect., 7 janv. 2009, RG n° 2008/00116, *Jurinpi* B20090019, *PIBD* 2009, n° 894, III, 951.

« La société Like Mirror soutient que l'acte de cession en date du 26 juillet 2006 entre Itc et Omc n'a été publié à l'Inpi que le 23 juillet 2008. Elle invoque également la procédure collective dont a été l'objet la société Itc, cette dernière ayant été radiée du registre du commerce le 11 décembre 2007. Elle en déduit que la société Omc n'est pas propriétaire de la marque faute de justifier par un acte ayant date certaine de l'avoir acquise avant la radiation de la société cessionnaire.

Elle considère également que la cession est inopposable aux tiers avant le 23 juillet 2008 et que le constat d'huissier en date du 30 mai 2008, à la requête de la société Omc, est dépourvu de valeur et qu'aucune contrefaçon n'est démontrée depuis le 24 juillet 2008. Elle en conclut que la société Omc est irrecevable en ses demandes liées à la contrefaçon de marque.

Toutefois, outre que la nullité du contrat de cession en date du 26 juillet 2006 n'est pas expressément sollicitée par la société Like Mirror, celle-ci ne saurait être décidée par le tribunal en l'absence du mandataire liquidateur de la société Itc, cédant de la marque.

En conséquence, le tribunal ne peut que constater que la marque Mirolege a été cédée à la société Omc Olivier Mondin par acte en date du 26 juillet 2006 et que cette cession est opposable aux tiers à compter du 23 juillet 2008, date de son inscription au registre national des marques, et ce en application des dispositions de l'article L. 714-7 du code de la propriété intellectuelle.

La demande reconventionnelle de la société Omc Olivier Mondin en contrefaçon de marque ayant été formée dans des conclusions signifie marque juillet 2008, soit postérieurement à l'inscription de la cession au registre national des marques, celle-ci doit être considérée comme recevable à agir en contrefaçon. »

Paris, 4e ch., sect. A, 3 déc. 2008, RG n° 2007/13569, *Jurinpi* B20080166, *PIBD* 2009, n° 892, III, 878.

« Considérant que devant la Cour, la recevabilité à agir de la société CEDI, titulaire du brevet opposé, n'est plus contestée dès lors qu'il a été justifié du paiement des redevances annuelles;

Considérant en revanche, que la société Mile Dragic Production soulève dans le corps de ses conclusions (pages 14 et 15) l'irrecevabilité de l'action de la société Protecop pour défaut d'intérêt et de qualité à agir, prétention non reprise au dispositif de ses écritures;

Qu'elle fait valoir que le contrat de licence de brevet a été signé le 27 juin 2006, publié au registre national des brevets le 17 juillet 2006, soit postérieurement au procès-verbal de saisie-contrefaçon du 14 juin 2006;

Mais considérant, ainsi que l'a retenu le tribunal, qu'au visa de l'article L. 613-9 du code de la propriété intellectuelle, la société Protecop est recevable à agir pour les faits de contrefaçon allégués commis après le 17 juillet 2006, l'inscription intervenue à cette date rendant le contrat de licence opposable aux tiers. »

Paris, 4e ch., sect. A, 19 déc. 2007, RG n° 2006/07510, *PIBD* 2008, n° 870, III, 171.

« Considérant dès lors, que la publication au registre national des brevets de l'acte de transfert du brevet intervenue le 30 mai 2000 est irrégulière et n'a pas rendu la cession opposable aux tiers;

Qu'il s'ensuit, sans qu'il soit besoin d'examiner d'autres moyens soulevés par la société Systec Pos Technology, que la société Ronis est irrecevable à agir en contrefaçon sur le fondement du brevet européen dont elle se prévaut;

Que par voie de conséquence, les opérations de saisie-contrefaçon pratiquées le 21 et 22 janvier 1997, par une personne dépourvue du droit d'agir seront annulées et la décision déférée infirmée. »

TGI Paris, 3e ch., 1re sect., 21 nov. 2006, RG n° 2005/07419, *PIBD* 2007, n° 846, III, 101.

« En conséquence, il convient de considérer que les inscriptions figurant au registre européen des brevets et portant sur la cession des deux brevets EP 0608235 et EP 0690991 sont opposables à la société Diagnostica Stago et que la société Instrumentation Laboratory est recevable, en vertu de l'avenant n° 1 au contrat de licence, en sa demande en contrefaçon desdits brevets. »

Com. 31 oct. 2006, n° 05-11.149, *Bull. civ.* IV, n° 206; *PIBD* 2007, n° 843, III, 1.

« Attendu, selon l'arrêt attaqué, que la société Over foring, titulaire d'un brevet français délivré le 23 août 1996 couvrant un dispositif de fixation occipitale d'un casque de cycliste, ainsi que d'une demande de brevet européen portant sur la même invention, déposée sous priorité de ce brevet français le 9 mai 1995, et publiée le 22 novembre 1995, a cédé ses droits sur ces titres à la société Time sport international (la société Time sport) le 14 février 1997; que la cession du brevet français a été inscrite au registre national des brevets le 9 juillet 1997, celle des droits attachés à la demande de brevet européen au registre européen des brevets n'intervenant que par la suite, sur demande présentée le 29 octobre 1999; qu'entre-temps, la société Time sport a, le 15 juin 1998, présenté requête en saisie contrefaçon du brevet français à raison de faits reprochés à la société Euro Bell, devenue par la suite la société Fagerdala Pactuco, dont certains actifs ont été transmis à la société Bell sports Europe, aux droits de laquelle est à présent la société Bell sports;

que l'autorisation ainsi sollicitée a été accordée le 17 juin 1998, les opérations pratiquées le 23 juin 1998, et l'assignation au fond délivrée le 2 juillet 1998;

Sur le second moyen :

Attendu que la société Bell sports fait grief à l'arrêt d'avoir déclaré valable la revendication n° 9 du brevet n° 94.06014, alors, selon le moyen, qu'une invention est considérée comme impliquant une activité inventive si, pour un homme du métier, elle ne découle pas d'une manière évidente de l'état de la technique, lequel est constitué par tout ce qui a été rendu accessible au public avant le dépôt de la demande; qu'en se bornant à approuver l'appréciation portée par les premiers juges, cependant que le brevet US Dye était invoqué pour la première fois en appel et qu'il était longuement démontré en quoi sa combinaison avec le brevet Mickel détruisait l'activité inventive au regard d'un état de la technique incluant ce brevet, la cour d'appel a privé sa décision de base légale au regard des articles L. 611-11 et L. 611-14 du code de la propriété intellectuelle;

Mais attendu que la cour d'appel a cité le brevet US Dye 2846683 au rang des antériorités pertinentes, et en a apprécié l'effet, ainsi que celui des autres documents produits en défense à propos de l'état de l'art antérieur, en décidant qu'aucun d'entre eux ne combinait un dispositif de fixation tel que celui revendiqué par le brevet litigieux; que le moyen manque en fait;

Mais sur le premier moyen, pris en sa première branche :

Vu l'article L. 614-14, alinéa 2, du code de la propriété intellectuelle;

Attendu que, selon ce texte, par dérogation à l'article L. 613-9 du code de la propriété intellectuelle, le transfert ou la modification des droits attachés à la demande de brevet français ou au brevet français n'est rendu opposable aux tiers par son inscription au registre national des brevets que dans la mesure où le même transfert ou la même modification des droits attachés à la demande de brevet européen ou au brevet européen a été inscrit au registre européen des brevets;

Attendu que pour décider que la société Time sport avait qualité pour demander et faire pratiquer une saisie contrefaçon au mois de juin 1998, et déduire des seules constatations résultant de cette saisie la preuve des faits constitutifs de contrefaçon, l'arrêt retient que cette société était propriétaire du brevet français, dont la cession avait déjà été transcrite le 9 juillet 1997 ;

Attendu qu'en statuant ainsi, alors que l'effet de cette inscription était suspendu jusqu'à transcription de la demande de brevet européen ou du brevet européen au registre européen des brevets, la cour d'appel a violé le texte susvisé ;

Sur le moyen, pris en sa deuxième branche :

Vu l'article L. 615-5 du code de la propriété intellectuelle, ensemble l'article 53 du nouveau code de procédure civile ;

Attendu que pour statuer ainsi, la cour d'appel retient encore que l'action en contrefaçon a été rendue recevable par la disparition en cours d'instance du défaut de qualité de la société Time sport, résultant de la publication de la cession au registre européen des brevets, et que les opérations de saisie contrefaçon sont partie intégrante de l'action en contrefaçon ;

Attendu qu'en statuant ainsi, alors que l'instance en contrefaçon n'étant introduite que par la demande soumettant au juge cette prétention, les opérations antérieures de saisie contrefaçon n'en sont pas partie intégrante, la cour d'appel a violé les textes susvisés ;

Et sur le moyen, pris en sa troisième branche :

Vu les articles L. 615-5 et R. 615-1 du code de la propriété intellectuelle ;

Attendu que pour statuer ainsi, l'arrêt retient, enfin, que par bordereau du 30 juin 2003, la société Time sport a communiqué le justificatif de l'inscription à son profit du brevet européen, que son action en contrefaçon est recevable au regard des articles L. 613-9 du code de la propriété intellectuelle et 126 du nouveau code de procédure civile, et que cette action étant recevable, les opérations de saisie-contrefaçon sont régulières ;

Attendu qu'en statuant ainsi, alors qu'elle constatait qu'à la date de présentation de la requête en saisie-contrefaçon, la cession consentie à la société Time sport n'avait pas été publiée, ce dont il résultait que la régularisation ultérieure, qui rendait recevable son action en contrefaçon, était sans incidence sur son absence de qualité à requérir une saisie, faute d'opposabilité de ses droits aux tiers à la date de sa requête, la cour d'appel a violé les textes susvisés ;

Par ces motifs :

Casse et annule. »

TGI Paris, 3e ch., 3e sect., 18 nov. 2003, RG no 2001/06528, *PIBD* 2004, no 783, III, 188.

« Attendu que selon l'article L. 613-9 du code de la propriété intellectuelle tous les actes transmettant ou modifiant les droits attachés à une demande de brevet ou à un brevet doivent, pour être opposables aux tiers, être inscrits au registre national des brevets ;

Attendu qu'il est constant que la licence de brevet inscrite au registre national des brevets à la date de l'assignation était au bénéfice de la société Elring Klinger GmbH ; que le transfert de cette licence au profit de la société Elring Klinger AG n'a été transcrit audit registre que le 14 avril 2003 et n'est donc devenu opposable aux tiers qu'à compter de cette date ; qu'il s'en suit que la société Elring Klinger AG n'est recevable à demander réparation du préjudice dont elle se prévaut qu'à compter de celle-ci. »

Com. 11 janv. 2000, no 97-10.838, *Bull. civ.* IV, no 6, *PIBD* 2000, no 697, III, 217.

« Mais attendu que l'arrêt retient que la société Emsens qui, à la date de l'assignation, justifiait de sa qualité de licenciée exclusive par la production d'un contrat rendu opposable aux tiers par son inscription le 25 mars 1987, au registre national des brevets, était recevable à invoquer le préjudice causé par la contrefaçon alléguée qui lui était propre et à en réclamer réparation ; qu'il relève qu'elle a acquis avec effet rétroactif à la date du dépôt de la demande, la propriété et la jouissance exclusive du brevet, par acte publié au registre national des brevets, le 21 juillet 1994, qui stipulait le transfert à son profit du droit de poursuivre les faits de contrefaçon commis antérieurement à la conclusion du contrat ; qu'il résulte de ces constatations qu'ayant obtenu, après le jugement, par la cession du brevet et sa publication au registre national des brevets, la qualité de propriétaire et le droit de l'opposer aux tiers, la société Emsens était recevable en vertu des articles L. 615-2 du code de la propriété intellectuelle et 554 du nouveau code de procédure civile, à intervenir pour défendre ses droits en cette qualité devant la cour d'appel ; que, par ces motifs substitués à ceux critiqués au moyen, l'arrêt se trouve justifié ; d'où il suit que le moyen ne peut être accueilli. »

▸ 112.92 Brevet ou demande de brevet français

Com. 14 mars 2006, 03-16.872, NP, *PIBD* 2006, no 830, III, 347 ; *Propr. industr.*, juill.-août 2006, comm. 46, note Raynard.

« Vu l'article L. 613-9 du code de la propriété intellectuelle, ensemble l'article L. 236-3 du code de commerce ;

Attendu qu'aux termes du premier de ces textes tous les actes transmettant ou modifiant les droits attachés à un brevet doivent, pour être opposables aux tiers, être inscrits sur le registre national des brevets ; que selon le second de ces textes, la fusion entraîne la dissolution sans liquidation des sociétés qui disparaissent et la transmission universelle de leur patrimoine aux sociétés bénéficiaires, dans l'état où il se trouve à la date de réalisation définitive de l'opération ;

Attendu que pour déclarer la société Ronis recevable à agir à compter du 30 mai 2000, l'arrêt retient que la transmission du brevet invoqué a été rendue opposable aux tiers par la publication opérée le 30 mai 2000 au registre national des brevets, étant relevé que le traité de fusion prévoyait expressément que le représentant de la société absorbée interviendra à tout acte nécessaire pour faire toute déclaration utile et permettait ainsi, qu'au delà de la dissolution de la société absorbée, soit poursuivie en son nom l'exécution des opérations de fusion ;

Attendu qu'en statuant ainsi, alors que la demande de transcription avait été déposée par la société absorbée qui n'avait plus d'existence légale depuis 1991 et non par un représentant de celle-ci, la cour d'appel a violé les textes susvisés. »

Paris, 4e ch., sect. A, 19 déc. 2007, *PIBD* 2008, n° 870, III, 171, *Propr. industr.*, oct. 2008, comm. 73, note Raynard

« Considérant sur cette exception, que pour être opposable aux tiers la formalité d'inscription au registre national des brevets doit être valablement effectuée;

Considérant qu'il est établi et non contesté d'une part, que la société Ronis *(Ronis 1)* dissoute n'avait plus d'existence légale au jour de la demande d'inscription de l'acte de transfert du brevet et d'autre part, que cette transmission a été inscrite au registre national des brevets, sous le n° 003183, à la requête de Monsieur Dawidowicz, conseil en propriété industrielle, agissant au nom de la société Ronis *(Ronis I);*

Considérant que la société Ronis ne saurait valablement prétendre que la demande d'inscription a été, dans ces circonstances, régulièrement déposée par un représentant de la société dissoute et soutenir que l'inscription du transfert, portée au registre national des brevets par le directeur de l'INPI, qui n'a pas fait l'objet de recours, a permis aux tiers d'être informés de la cession du brevet;

Qu'en effet, force est de constater, peu important l'absence de recours administratif contre la décision d'inscription prise par le directeur de l'INPI qui n'a pas d'incidence sur le litige soumis à la cour, que les dispositions conventionnelles stipulées au traité de fusion, tenant compte de la dissolution de la société Ronis, qui ont prévu à l'article IX la possibilité pour *le représentant de la société absorbée d'intervenir à tout acte nécessaire pour faire toutes déclarations utiles,* notamment pour rendre opposable aux tiers la transmission des biens incorporels au-delà de la dissolution de la société absorbée, n'ont pas investi Monsieur Dawidowicz, conseil en propriété industrielle, de la qualité de mandataire post mortem de la société Ronis dissoute, le seul représentant nommément désigné comme tel dans le traité de fusion, étant Peter Bracher;

Considérant dès lors, que la publication au registre national des brevets de l'acte de transfert du brevet intervenue le 30 mai 2000, est irrégulière et n'a pas rendu la cession opposable aux tiers. »

▸ 112.93 Demande de brevet ou brevet européen

Com. 15 sept. 2009, n° 08-18.524, NP, *PIBD* 2009, n° 906, III, 1457; *Jurinpi* B20090138.

« Attendu que M. X... fait grief à l'arrêt (Bordeaux, 26 mai 2008) d'avoir déclaré recevable l'action en contrefaçon de brevet européen, intentée à son encontre par la société CM, alors, selon le moyen, qu'en application de l'article L. 614-11 du code de la propriété intellectuelle l'inscription au registre européen des brevets des actes transmettant ou modifiant les droits attachés à une demande de brevet européen ou à un brevet européen rend ces actes opposables aux tiers; qu'est irrecevable à agir en contrefaçon de brevet européen le cessionnaire du dit brevet qui n'a pas procédé à l'inscription du contrat de cession au registre européen; qu'en l'espèce, il résulte des termes de l'arrêt que la cession en date du 25 septembre 2003 du brevet européen délivré le 18 décembre 2002 n'a été inscrit qu'au registre national des brevets, mais non à l'inscription au registre européen des brevets; qu'en déclarant néanmoins recevable l'action en contrefaçon exercée par la société CM cessionnaire, la cour d'appel a violé l'article L. 614-11 du code de la propriété intellectuelle;

Mais attendu que la cession étant intervenue après délivrance du brevet européen et expiration du délai d'opposition, c'est à bon droit que la cour d'appel a retenu que l'inscription au registre national des brevets, seule possible, rendait cette cession opposable aux tiers; que le moyen n'est pas fondé. »

▸ 112.94 Cas où l'invention fait l'objet d'un brevet français et d'un brevet européen

Paris, 4e ch., 29 nov. 1995, *PIBD* 1996, n° 606, III, 109.

« Considérant qu'en application des dispositions de l'article 614-14 du code de la propriété intellectuelle, un tel transfert n'est opposable aux tiers par son inscription au registre national des brevets que dans la mesure où le même transfert a été inscrit au registre européen des brevets; que Tecmobat ne justifie que d'une inscription sur le registre national des brevets; que sa demande en contrefaçon est dès lors irrecevable. »

TGI Paris, 3e ch., 23 févr. 2000, *RD propr. int.* 2002, n° 137, p. 38.

« Attendu que si l'article L. 614-14 dispose en son deuxième alinéa que "par dérogation à l'article L. 613-9, le transfert ou la modification des droits attachés à la demande de brevet français ou au brevet français n'est rendu opposable aux tiers par son inscription au registre national des brevets que dans la mesure où le même transfert ou la même modification des droits attachés à la demande de brevet européen ou au brevet européen a été inscrit au registre européen des brevets" cette disposition a trait aux conditions d'opposabilité de la transmission des droits attachés au brevet français correspondant au brevet européen et non à la validité de la cession de ces titres;

Attendu que les transferts sont dès lors valables. »

Com. 31 oct. 2006, n° 05-11.149, *Bull. civ.* IV, n° 206; *PIBD* 2007, n° 843, III, 1.

« Vu l'article L. 614-14, alinéa 2, du code de la propriété Intellectuelle;

Attendu que, selon ce texte, par dérogation à l'article L. 613-9 du code de la propriété intellectuelle, le transfert ou la modification des droits attachés à la demande de brevet français ou au brevet français n'est rendu opposable aux tiers par son Inscription au registre national des brevets que dans la mesure où le même transfert ou la même modification des droits attachés à la demande de brevet européen ou au brevet européen a été inscrit au registre européen des brevets;

Attendu que pour décider que la société Time Sport avait qualité pour demander et faire pratiquer une saisie-contrefaçon au mois de juin 1998, et déduire des seules constatations résultant de cette saisie la preuve des faits constitutifs de contrefaçon, l'arrêt retient que cette société était propriétaire du brevet français, dont la cession avait déjà été transcrite le 9 juillet 1997;

Attendu qu'en statuant ainsi, alors que l'effet de cette inscription était suspendu jusqu'à transcription de la demande de brevet européen ou du brevet européen au registre européen des brevets, la cour d'appel a violé le texte susvisé. »

▸ 112.96 Modifications dont l'inscription est facultative

Paris, 4e ch., 5 févr. 1992, *PIBD* 1992, n° 524, III, 330.

« Qu'elle devait faire inscrire le contrat de licence au nom de Pepro indiqué par ce contrat, et qu'elle n'était pas tenue de faire publier ensuite son changement de dénomination, la loi n'imposant que la publication des modifications touchant la personne titulaire d'une licence. »

▸ 112.97 Moment de l'inscription

Paris, 4e ch. B, 31 oct. 1991, *Ann. propr. ind.* 1992. 144.

« Considérant qu'en vain Outinord invoque les dispositions de l'article 126 du C. pr. civ., l'irrecevabilité n'ayant pas disparu à la date du 2 avril 1987, date à laquelle il a été statué sur l'autorisation de saisie-contrefaçon ni à la date de la saisie-contrefaçon qui n'est pas un acte de la procédure de première instance que la saisie-contrefaçon sera annulée. »

Paris, 4e ch., sect. A, 29 mai 2002, RG n° 01/05850, *PIBD* 2002, n° 752, III, 499

« Qu'il s'ensuit que le jugement entrepris doit être confirmé en ce qu'il a déclaré la société Ronis recevable à agir en contrefaçon à compter de l'inscription au registre national des brevets, le 30 mai 2000. (…)

Considérant que les deux saisies-contrefaçon pratiquées les 25 et 26 janvier 2000, soit à des dates auxquelles la société Ronis ne pouvait opposer aux tiers aucun droit sur le brevet européen invoqué, doivent être annulées, comme l'ont à juste titre estimé les premiers juges. »

▸ 112.98 Irrecevabilité des tiers à s'immiscer dans les rapports juridiques entre les différents titulaires de droits

Paris, 4e ch., 15 mai 1985, *Ann. propr. ind.* 1987. 26.

« Considérant en effet que si l'acte de cession de la marque à Nestlé n'a été rendu opposable aux tiers que par son inscription au registre national des marques le 8 décembre 1980, ce contrat de cession est alors devenu opposable du fait de cette inscription notamment à l'Hôtel Negresco pour le contenu qui était le sien. »

Crim. 27 oct. 1987, n° 85-96.036, NP, *D.* 1988, Somm., 395.

« Attendu qu'examinant le contrat par lequel Roberts, créateur du modèle contrefait, a cédé ses droits pour la France, "sans aucune protestation des autres cessionnaires", à la société "CBS Loisirs" la juridiction d'appel, après avoir analysé les termes de ce document et souligné l'authenticité de celui-ci, énonce que "la durée de ce contrat et le prix de cession ne concernent nullement les tiers dès lors que le modèle et la marque ont été déposés; que Y… ne saurait donc prétendre que cette convention est nulle comme contraire aux dispositions légales, notamment à la loi de 1957, ni contester la propriété du droit qu'il a méconnu, le propriétaire apparent de l'œuvre contrefaite ne pouvant voir son droit contesté par un tiers qui ne jouit d'aucun droit sur l'objet déposé";

Attendu qu'en l'état de ces motifs la cour d'appel a souverainement apprécié la nature, les modalités et la valeur de la pièce soumise à son examen; qu'en outre la demanderesse est sans qualité pour critiquer des dispositions de l'arrêt concernant un coprévenu, qui, au demeurant, ne s'est pas pourvu; Qu'en conséquence le moyen ne peut être admis. »

TGI Paris, 3e ch., 15 juin 1990, *PIBD* 1990, n° 486, III, 569.

« Attendu que les sociétés Pharmuka et Rhône Poulenc Santé Propharm n'ont aucune qualité pour s'immiscer dans les rapports juridiques existant entre les sociétés Dropic et Choay.

Qu'en tout état de cause, la société Dropic justifie que les conditions suspensives prévues au contrat d'apport du 18 octobre 1983 ont été levées.

Que ce contrat a été confirmé par un contrat du 13 octobre 1986 inscrit le 20 octobre 1986 au registre national des brevets sous le n° 010693.

Qu'il s'ensuit qu'à la date du 9 octobre 1987, lorsque la société Dropic a présenté sa requête aux fins de saisie-contrefaçon, elle était propriétaire du brevet et cette qualité était opposable aux tiers; que, dès lors, il importe peu que le 18 février 1988 elle ait fait inscrire à l'Inpi le contrat d'apport du 18 octobre 1983.

Attendu que la condition de l'article 56 de la loi du 2 janvier 1968 modifiée ayant été ainsi remplie, ce moyen soulevé par les sociétés en défense doit être rejeté. »

Com. 6 nov. 1990, n° 88-18.007, *Bull. civ.* IV, n° 263, *PIBD* 1991, n° 502, III, 389.

« Mais attendu, en premier lieu, que les dispositions exceptionnelles édictées par les articles 31, alinéa 1er, et 2 de la loi du 11 mars 1957 et 3, alinéa 3, de la loi du 12 mars 1952 mais non par la loi du 14 juillet 1909, sont relatives à la preuve des contrats d'exploitation des droits patrimoniaux de l'auteur et ne concernant que les rapports de celui-ci et de son co-contractant; qu'elles sont ainsi étrangères à un litige opposant deux commerçants dont l'un se prétend cessionnaire d'un droit de propriété intellectuelle.

Attendu, en second lieu, que la loi du 14 juillet 1909, à la différence des lois sur les brevets d'inventions et sur les marques, n'a ni créé un registre national ni prescrit l'obligation d'un écrit pour les cessions des droits sur les modèles.

Qu'il s'ensuit que la cour d'appel, qui pour retenir l'antériorité du modèle de la société Marc Richard, s'est fondée sur une attestation du créateur de ce modèle précisant la date de la création et de la cession de ses droits à cette société, a légalement justifié sa décision du chef critiqué. »

Paris, 4e ch., 4 nov. 1992, *PIBD* 1993, n° 538, III, 111.

« Considérant qu'il sera remarqué que, tant pour le contrat d'apport de 1983 que pour le contrat de cession de 1986, les parties sont Choay SA, breveté, et Dropic; que contrairement à ce qu'affirment les intimées l'incompatibilité entre ces deux actes, par lesquels les parties ont d'un commun accord décidé de se transmettre tous les droits sur le brevet, n'est qu'apparente; que, dès lors que l'acte second en date, transférant les droits, avait été publié antérieurement à l'ordonnance autorisant la saisie-contrefaçon, les intimées ne sont pas fondées à invoquer les dispositions de l'article 56 précité pour demander l'annulation de la cession.

Qu'il n'appartient pas aux tribunaux de refuser d'appliquer une convention lorsqu'elle est claire et formelle; qu'avec pertinence le tribunal a noté que les tiers tels que les intimées, qui sont recevables à se prévaloir d'un défaut de publication au registre national des brevets, n'ont en revanche pas qualité pour s'immiscer dans les rapports juridiques entre Dropic et Choay SA dont les deux sociétés pouvaient seules décider souverainement. »

TGI Paris, 3e ch., 4 nov. 1992, *PIBD* 1993, n° 539, III, 180.

« Attendu que, dès lors que l'exigence de l'écrit constatant la cession d'un droit sur un dessin ou un modèle ne concerne que les parties à l'acte de cession, qu'elle reste étrangère aux rapports entre le cessionnaire qui agit en contrefaçon et le tiers poursuivi en contrefaçon; aucun formalisme particulier ne s'impose à un cessionnaire de droits de reproduction d'une œuvre de l'esprit. »

Paris, 21 juin 1994, *PIBD* 1994, n° 577, III, 583.

« Considérant, ceci exposé, que dès lors que pour chacune de ces références, Pierre et Meunier présente une attestation de M. S., responsable de la production dans cette entreprise, qui déclare avoir réalisé lui-même les modèles 6362, 6367 et leurs variantes 7316 et 7317, et avoir fait réaliser sous ses instructions le modèle 14475, des calques originaux, des fiches techniques, les factures de commercialisation et le catalogue du distributeur Quiniou, cet ensemble d'éléments concordants suffit à établir, en l'absence de réclamation du créateur, que Pierre et Meunier, qui diffuse ces modèles sous son nom, est titulaire de tous les droits d'exploitation, étant observé qu'il n'appartient pas au présumé contrefacteur de se substituer à l'auteur personne physique pour contester la réalité de la cession des droits; que le moyen n'est pas fondé. »

Com. 10 juin 1997, n° 95-15.862, NP.

« Vu les articles 1341 du code civil, ensemble l'article L. 131-3 du code de la propriété intellectuelle;

Attendu selon les énonciations de l'arrêt attaqué, que la société Hydro Research Systems (société HRS), soutenant être titulaire de droit de propriété industrielle sur la forme d'une coque de navire, a demandé qu'il soit procédé à une saisie-contrefaçon à l'encontre de la société Leroux et Lotz naval (société Lairrez);

Attendu que pour décider que la société HRS ne rapportait pas la preuve de la cession à son profit des droits de propriété industrielle invoqués à l'appui de sa demande de saisie-contrefaçon et rétracter l'ordonnance du juge des référés ayant ordonné cette mesure, l'arrêt énonce que "la société HRS s'appuie exclusivement dans ses écritures en cause d'appel sur une convention en date à Genève du 14 septembre 1994 et sur divers plans dont elle verse des photocopies aux débats; que la convention dénommée 'contrat de cession de droits patrimoniaux' n'obéit pas aux exigences des articles L. 131-3 et suivants du code de la propriété intellectuelle; qu'en outre, rédigée à Genève le 14 septembre 1994, elle ne fait état que de prétendues cessions toutes réalisées antérieurement entre 1976 et 1991, sans que l'intimée ne communique aux débats de conventions contemporaines à ces cessions";

Attendu qu'en statuant ainsi, alors qu'à l'égard de tiers, la preuve de la cession de droits intellectuels se fait par tous moyens, la cour d'appel a méconnu les exigences des textes susvisés. »

▸ 112.99 Portée de l'inscription

Com. 24 mai 1994, n° 92-14.435, *Bull. civ.* IV, n° 188.

« Attendu que, pour prononcer la nullité du procès-verbal de saisie-contrefaçon dressé à la requête de M. B., l'arrêt retient que M. B. avait perdu toute qualité pour agir en contrefaçon après l'acte de cession de la marque dont il était titulaire, "les parties à l'acte de cession n'ayant pas prévu de suspendre l'effet translatif de propriété jusqu'à la publication de celui-ci";

Attendu qu'en statuant ainsi, alors qu'elle avait relevé que la publication de l'acte de cession n'avait eu lieu que postérieurement à la saisie-contrefaçon, ce dont il résultait qu'à l'égard des tiers M. B., demeuré titulaire des marques litigieuses, était seul habilité à agir pour la protection de ce droit de propriété industrielle, la cour d'appel a violé le texte susvisé. »

Paris, 4e ch. A, 29 mai 1996, *PIBD* 1996, n° 618, III, 481.

« Considérant que si le même acte avait en revanche pour effet de conférer à l'acheteur la pleine propriété du brevet, l'exercice des prérogatives attachées à celui-ci n'en demeurait pas moins soumis aux dispositions de l'article 46 de la loi du 2 janvier 1968 (désormais article

L. 613-9 du code de la propriété intellectuelle) qui subordonnent la recevabilité de l'action du cessionnaire à la publication préalable de ses droits. »

Paris, 4e ch. A, 30 oct. 1996, *PIBD* 1997, nº 626, III, 78.

« Considérant que la société Emsens a acquis, avec effet rétroactif à la date de dépôt de la demande, la propriété de ce brevet, le 27 juin 1994, par un acte opposable aux tiers à compter du 21 juillet suivant, qui stipulait le transfert, à son profit, du droit de poursuivre non seulement les faits de contrefaçon postérieurs à la cession, mais, en outre, les faits commis antérieurement à la conclusion du contrat, dans la limite de la prescription.

Qu'elle ne peut donc invoquer, à l'appui de sa demande, que la qualité de titulaire du brevet, et non de licenciée. »

TGI Paris, 3e ch., 2e sect., 15 avr. 2005, *PIBD* 2005, nº 816, III, 563.

« Attendu en outre qu'en application de l'article L. 613-9 du code de la propriété intellectuelle, l'opposabilité aux tiers des actes transmettant ou modifiant les droits attachés à une demande de brevet ou à un brevet résulte de leur inscription au registre national des brevets;

Qu'il s'ensuit que le contrat de licence – aux termes duquel avec le consentement expressément donné par la société Cobra Trade SA, la société Cobra SRL a le droit d'entreprendre de façon autonome toutes les initiatives judiciaires nécessaires pour défendre et protéger le brevet contre (les) actes de violation et/ou de contrefaçon – n'ayant été enregistré au registre national des brevets que le 18 novembre 2004, n'a pu régulariser le défaut de qualité à agir de la société Cobra SRL lors de la procédure de saisie-contrefaçon déjà achevée.

Attendu dans ces conditions que la société Cobra SRL n'avait pas, les 26 et 27 février 2004, qualité pour requérir du président du tribunal de grande instance de Bobigny, sur le fondement du brevet européen nº EP 0 855 865 B 1, les autorisations de pratiquer une saisie-contrefaçon à l'encontre respectivement des sociétés Bottonificio B.A.P. SpA et Morito Eure et pour les faire exécuter les jours mêmes.

Attendu en conséquence que lesdites opérations de saisie-contrefaçon sont nulles ce qui implique, sans qu'il soit nécessaire d'examiner les autres moyens de nullité, d'annuler les procès-verbaux des 26 et 27 février 2004 et d'ordonner la mainlevée des saisies réelles effectuées ainsi que la restitution aux sociétés défenderesses des pièces saisies à leur encontre. »

TGI Toulouse, 1re ch., 19 janv. 2006, *PIBD* 2006, nº 827, III, 247.

« La société Réseaux SA expose :

– la société Eparcyl n'était plus propriétaire des brevets à la date des saisies, puisqu'elle avait cédé ses droits à la société Eparco Assainissement avec une clause de subrogation de tous ses droits et actions,

– en conséquence elle n'avait pas qualité pour pratiquer une saisie, ni pour assigner en contrefaçon,

– l'absence de publication à la date des saisies n'autorisait pas la société Eparcyl à pratiquer ces actes, la publication n'étant qu'une condition de l'opposabilité aux tiers et non pas de la validité du titre;

Vu les articles L. 615-5, L. 615-2 et R. 615-5 du code de la propriété intellectuelle.

L'article L. 615-5 permet au titulaire du brevet de faire procéder à une saisie-contrefaçon, sur ordonnance du président du tribunal de grande instance. Cette possibilité appartient au cessionnaire du brevet à partir du moment où la cession a été publiée au registre national des brevets.

L'inscription au RNB a pour effet de rendre la cession opposable aux tiers. Ainsi, pour la période comprise entre la cession et son inscription, le cédant dont les droits ne sont pas opposables aux tiers n'a pas qualité pour requérir et pratiquer une saisie-contrefaçon. La seule personne habilitée à agir en vue de la protection du droit de propriété intellectuelle est alors le cédant, propriétaire initial du brevet, il reste en effet à l'égard des tiers, le seul titulaire du brevet.

L'argumentation de la société Réseaux SA reviendrait en outre à priver de protection des droits de propriété intellectuelle pendant la période courant entre la cession et la publication de celle-ci. En l'espèce, lors des autorisations de saisies délivrées le 16 juillet 1999 et des actes de saisies du 4 août 1999 :

– les deux brevets avaient été cédés à la société Eparco Assainissement suivant contrat en date du 1er juin 1999 comportant effectivement une clause de subrogation générale;

– la cession n'avait pas encore été publiée au RNB, cette publication n'étant intervenue que le 30 janvier 2002.

La cession n'était donc pas opposable aux tiers que constituent les société Réseaux SA (anciennement Giesper Environnement) et société Entreprise Giesper SA La société Eparco Assainissement n'aurait donc pas eu qualité pour faire pratiquer des actes de saisies. C'est donc à juste titre que la société Eparcyl, seul titulaire à l'égard des tiers, du droit de se prévaloir et de protéger les brevets, a fait procéder, sur autorisations des présidents des tribunal de grande instance de Foix et Toulouse, à des saisies-contrefaçon. La demande en nullité de ces saisies sera donc rejetée. »

Paris, pôle 5, ch. 1, 21 oct. 2009, RG nº 08/04715.

« Considérant que les sociétés Citel, non plus que la société Indelec, ne contestent la validité des actes translatifs de propriété du brevet successifs; qu'elles font seulement valoir que, les conditions de forme des demandes d'inscription de ces actes n'ayant pas été exactement observées, soit par défaut de production d'un acte original, soit pour avoir été requises par un demandeur n'ayant pas – ou plus – qualité pour effectuer la formalité, soit encore par l'absence de désignation individualisée du brevet cédé, l'information que ces inscriptions donnent quant au propriétaire actuel du brevet ne suffirait pas à rendre opposable aux tiers les droits du titulaire actuel du brevet;

Considérant que l'article R. 613-53 du code de la propriété intellectuelle prévoit que figurent sur le registre national des brevets, "pour chaque demande de brevet ou brevet" : [...]

2°) Les actes modifiant la propriété de la demande de brevet ou du brevet ou la jouissance des droits qui lui sont attachés [...];

3°) Les changements de nom, de forme juridique ou d'adresse [...]";

Que les articles R. 613-55 et R. 613-56, d'une part, l'article R. 613-57, d'autre part, précisent, respectivement pour les inscriptions prévues au 2°) et au 3°) de l'article R. 613-53, par qui doivent être demandées ces inscriptions et les pièces à produire, tandis que l'article R. 613-58 prévoit, en cas de demande d'inscription incomplète ou non conforme non régularisée dans le délai imparti au demandeur, que le directeur général de l'Institut national de la propriété industrielle rejette la demande;

Considérant que l'éventuelle non conformité d'une demande d'inscription ne trouve ainsi d'autre sanction, le cas échéant, que dans son rejet par le directeur général de l'Institut national de la propriété industrielle; que ce rejet, qui entraîne l'absence d'inscription de l'acte, implique l'inopposabilité aux tiers du droit qui s'y rapporte;

Considérant, à supposer qu'une telle décision de rejet puisse être l'objet d'un recours éventuel du demandeur, qu'aucune disposition n'ouvre en revanche de recours aux tiers contre une inscription effective, laquelle remplit sa fonction dès lors qu'elle permet au public d'identifier la transmission ou la modification du droit;

Considérant en effet que les inscriptions visées au 2° et au 3° de l'article R. 613-53, qui n'ont d'autre finalité que l'information du public, n'ont pas pour objet de modifier une situation juridique et ne sont pas susceptibles de faire grief; qu'au demeurant, les recours contre les décisions du directeur général de l'Institut national de la propriété industrielle, lorsqu'ils sont ouverts, doivent être exercés, à peine d'irrecevabilité, dans le délai d'un mois et dans les formes prévues par les articles R. 411-20 et suivants du code de la propriété intellectuelle; que, ces conditions n'étant pas satisfaites en l'espèce, les sociétés Citel et Indelec sont en toute hypothèse irrecevables à poursuivre la nullité ou à contester la régularité, la validité ou l'effet à leur égard des inscriptions successives relatives au brevet en cause;

Considérant, en définitive, en l'état des inscriptions dont se prévaut ABB France telles que précédemment rappelées, d'où il résulte que cette société apparaît au registre national des brevets en qualité de titulaire des droits attachés au brevet délivré initialement à SME après les différents transferts intervenus, que les sociétés Citel et Indelec sont recevables, mais ne sont pas fondées, sur la prétendue nullité ou inefficacité de ces inscriptions, à contester l'opposabilité des droits de ABB France et la recevabilité de cette dernière à agir en contrefaçon à leur encontre. »

▸ 112.102 Jurisprudence

TGI Paris, 3e ch., 15 mai 1991, *PIBD* 1991, n° 510, III, 638.

« Attendu qu'il résulte de ces circonstances, que la société Huttenes Albertus France, filiale de la société Huttenes GmbH, ne pouvait ignorer l'existence du brevet Ashland, qu'elle connaissait en outre la qualité de licenciée de la société Ashland Avebene ainsi que cela résulte des termes d'une correspondance du 5 mai 1987, qu'à compter de cette date la société Ashland Avebene est recevable à agir en réparation du préjudice consécutif à des actes de contrefaçon de brevet en application de l'article 46 alinéa 3 de la loi de 1968 bien que sa licence n'ait été inscrite au registre des brevets que le 15 décembre 1988. »

Paris, 4e ch., sect. A, 10 mai 2000, RG n° 1998/27017, *Jurinpi* B20000079.

« Considérant que la société Oenoconcept soutient encore que la société Sameto Technifil en sa qualité de tiers contrefacteur de mauvaise foi ne saurait bénéficier de la protection de la loi;

Mais considérant que si à la suite du procès-verbal de saisie-contrefaçon du 10 juin 1993, la société Sameto Technifil était effectivement informée de ce que le GIE MCA lui opposerait les brevets n° 79 12443 et n° 84 05462, il n'en demeure pas moins que la société Oenoconcept ne démontre pas qu'à cette date, la société Sameto Technifil était informée des droits qu'elle détenait en vertu des contrats de sous licence et de licence pour exploiter ces brevets;

Qu'il s'ensuit qu'en l'absence d'autres éléments de preuve de cette connaissance, c'est à bon droit que le tribunal a jugé que la société Oenoconcept ne pouvait se prévaloir de droits pour la période antérieure au 1er avril 1994 en ce qui concerne les deux brevets n° 79 1243 3 et 84 95462 et qu'elle n'était recevable à solliciter une réparation que pour la période postérieure à la date susvisée. »

TGI Paris, 3e ch., 2e sect., 27 juin 2003, *PIBD* 2003, n° 775, III, 567.

« Attendu, enfin, que la société Kolys excipe du défaut d'inscription de la cession au registre national des brevets.

Attendu que cette formalité a pour but, aux termes de l'article L. 613-9 du code de la propriété intellectuelle, de rendre opposable la cession aux tiers; que le deuxième alinéa du texte précité dispose que "toutefois, avant son inscription, un acte est opposable aux tiers qui ont acquis des droits après la date de cet acte, mais qui avaient connaissance de celui-ci lors de l'acquisition de ces droits"; que la société Kolys qui a contracté avec Monsieur Lyonnard agissant en sa qualité de propriétaire du brevet n° 78 10880 avait nécessairement connaissance de cette qualité; qu'elle ne soutient d'ailleurs pas l'avoir ignorée mais prétend seulement aujourd'hui, pour échapper à une condamnation à des dommages-intérêts pour inexploitation du brevet, que Monsieur Lyonnard n'en a pas justifié. »

▸ 112.125 Aménagements conventionnels

TGI Paris, 3e ch., 1re sect., 10 janv. 2001, RG nº 99/3854.

« Attendu que la société Les Serres du Lodevois soutient que la société Renoard serait irrecevable à agir en contrefaçon aux motifs qu'étant licenciée de la société Jardinerie Vernet, elle devait avoir vainement mis en demeure cette dernière en qualité de titulaire du certificat d'obtention végétale invoqué, que le contrat de licence en son article 11 réserve la défense des droits exclusifs découlant dudit certificat à son titulaire;

Attendu que la variété végétale invoquée et protégée par le certificat d'obtention végétale délivré à la société Jardinerie Vernet, a fait l'objet d'un contrat de licence exclusive portant sur la production et la commercialisation de la variété "Ventôse" à la société Jacques Renoard notamment sur le territoire français pour une durée s'achevant au 1er septembre 2005; qu'il est clairement stipulé dans la convention du 4 avril 1995 portant licence exclusive que "*en cas de production ou commercialisation par un tiers non autorisé, la société Renoard et la société Jardinerie Vernet, défendront devant les tribunaux leurs droits liés au certificat d'obtention végétale et à la marque*" ; que ledit contrat de licence qui a été régulièrement enregistré près le Comité des obtentions végétales, au registre national et publié au bulletin officiel, est opposable aux tiers; qu'ainsi la société Renoard licenciée exclusive agissant aux côtés de la société Jardinerie Vernet, ne peut qu'être déclarée recevable à agir en contrefaçon de la variété "Ventôse" protégée, par application de l'article L. 623-25 du code de la propriété intellectuelle. »

▸ 112.171 Propriétaire

Com. 20 févr. 2007, nº 04-16.712, NP, *Propr. industr.* mai 2007, comm. 39, note crit. P. Tréfigny; *Propr. industr.* juin 2007, comm. 58, note approb. J. Larrieu.

« Mais attendu, d'une part, que les dispositions de l'article L. 716-7 du code de la propriété intellectuelle n'interdisant pas au titulaire d'une marque agissant sur le fondement de l'article L. 713-5 de ce code, de faire procéder à une saisie contrefaçon; Attendu, d'autre part, que la saisie a été effectuée conformément aux dispositions de l'ordonnance l'autorisant; D'où il suit que le moyen n'est pas fondé. »

▸ 112.172 Copropriétaire

Paris, 4e ch., 24 mai 2000, *PIBD* 2000, nº 705, III, 439.

« Considérant qu'à la date de l'acte introductif d'instance, Didier Rodde et Christian Mocquery étaient copropriétaires indivis de la marque "Inventor" ; que l'action en contrefaçon était donc soumise aux règles prévues par les articles 815 et suivants du code civil;

Que Didier Rodde ne rapporte pas la preuve que son co-indivisaire, Christian Mocquery, avait consenti à engager une action en contrefaçon et lui avait donné mandat d'agir en son nom;

Que les premiers juges ont à juste titre relevé que cette action ne saurait être analysée comme une mesure conservatoire, que tout indivisaire peut prendre seul conformément à l'article 815-2 du code civil, dès lors que la société intimée ayant modifié sa dénomination sociale, il n'est pas démontré que les droits sur la marque étaient compromis. »

▸ 112.173 Titulaire d'une demande d'enregistrement

TGI Lille, 16 juin 1994, *PIBD* 1994, nº 575, III, 513.

« La marque Sportman déposée par la société Sportman le 2 octobre 1990 a été enregistrée sous le nº 16/8240 et publiée au BOPI le 8 mars 1991.

Sur le fondement de cette marque la société Sportman a fait pratiquer le 12 novembre 1990 une saisie-contrefaçon au siège de la société Trois Suisses et a subséquemment délivré assignation. Le pouvait-elle ?

Aux termes de l'article 25 de la loi du 31 décembre 1964 applicable en l'espèce, seul peut requérir la saisie le propriétaire de la marque, c'est-à-dire celui qui justifie de l'enregistrement de la marque ou notifie au présumé contrefacteur une copie certifiée de la demande d'enregistrement.

En l'espèce, il ne ressort pas du dossier du dossier que la société Sportman ait procédé à cette notification.

Dès lors seule la date d'enregistrement et de publication au BOPI, soit le 8 mars 1991, doit être retenue et les faits antérieurs à cette date ne peuvent être examinés dans le cadre d'une action en contrefaçon. »

▸ 112.174 Le bénéficiaire d'un droit exclusif d'usage

Paris, 4e ch., sect. A, 25 mai 2005, RG nº 03/21687, *JurisData* nº 2005-272051.

« Que le 1er mars 2000, la société 3 P SA a déposé à l'INPI un formulaire d'inscription au registre national des marques d'une concession de licence de cette marque; Mais considérant que cette demande d'inscription administrative n'établit nullement que la société Cybergun, venant aux droits de la société 3 P SA, serait titulaire d'un droit exclusif d'exploitation sur la marque Colt déposée en France, alors que le seul contrat produit aux débats, de concession de licence précité du 28 janvier 2000, ne concerne que des marques américaines et ne vise aucunement la marque revendiquée nº 1506635;

Qu'il s'ensuit, sans qu'il soit besoin d'apprécier la validité de la marque Colt déposée en France, qu'il convient de constater que la société Cybergun, ne démontrant pas être titulaire d'un droit exclusif d'exploitation sur cette marque, est irrecevable à agir en contrefaçon et ne pouvait légitimement requérir une ordonnance sur requête afin d'être autorisée à faire pratiquer une saisie; Que par voie de conséquence, cette mesure de saisie doit être annulée. »

Montpellier, 5e ch., sect. A, 11 sept. 2006, RG no 05/02575, *JurisData* no 2006-330754.

« Attendu que si par un document intitulé contrat de distribution et de concession commerciale exclusive intéressant, d'une part, la société Dallingcrest Ltd représentée par Monsieur Jacques RUC, d'autre part, la société Ag'ness, contrat daté de l'année 2004 sans précision du jour et du mois, et non signé par la société Ag'ness, la société Dallingcrest lui a concédé le droit exclusif de commercialiser, distribuer et vendre les produits sous la marque Animale, du moins seule la société Dallingcrest a le droit de décider d'engager une quelconque action en justice et, au cas où, une telle action en justice serait engagée, de conduire et de mener ladite action à sa discrétion ;

Attendu que par ailleurs selon les termes de ce contrat, c'est la société Dallingcrest qui a concédé à la société Ag'ness le droit exclusif de commercialiser, distribuer et vendre les produits sous la marque Animale, alors qu'elle n'est pas la propriétaire de la marque, et que c'est Monsieur Jacques RUC qui en est seul propriétaire, peu important qu'il soit le représentant légal de la société Dallingcrest, une telle qualité ne pouvant conférer la propriété de la marque à cette société ; qu'en toute hypothèse de par les stipulations contractuelles (article 11 dernier alinéa du contrat) la société Ag'ness ne peut pas agir en contrefaçon, et ce tenant les dispositions de l'article L. 716-5, alinéa 1, du code de la propriété intellectuelle. »

TGI Paris, 3e ch., 2e sect., 27 nov. 2009, RG no 2008/15672, *PIBD* 2010, no 915, III, 218.

« Attendu que la société La Halle sollicite la nullité de la saisie-contrefaçon pratiquée le 6 octobre 2008 en vertu d'une ordonnance du président du tribunal de grande instance de Lille au motif que cette ordonnance a été rendue à la requête de la société Okaidi Sa, licenciée de la société ID Group, qui n'a pas qualité pour agir seule en contrefaçon de la marque 96 dont est titulaire la société ID Group ;

Mais attendu qu'en application de l'article 497 du code de procédure civile, la procédure de référé est seule ouverte à celui qui conteste les conditions dans lesquelles une ordonnance rendue sur requête a été rendue ;

qu'en tout état de cause, en l'espèce, la société Okaidi a justifié, par la production d'un contrat en date du 16 janvier 2006 et d'un procès-verbal de réunion du conseil d'administration de la société ID Group du 8 septembre 2008, que la société La Halle, poursuivie en contrefaçon ne saurait utilement contester, bénéficier en licence exclusive d'un droit d'exploitation des marques Okaidi, dont la marque no 04 3 299 262, ainsi que d'une autorisation à "solliciter une saisie-contrefaçon devant le tribunal de grande instance de Lille" ;

qu'il y lieu dès lors de rejeter le moyen. »

▸ 112.175 Licencié non exclusif

TGI Paris, 6 avr. 1981, *PIBD* 1981. III. 208.

En ce qui concerne la saisie-contrefaçon, la société Alberta licenciée n'avait pas qualité pour présenter une requête à cette fin, en application de l'article 25 de la loi du 31 décembre 1964 qui stipule que le propriétaire d'une marque est en droit de faire procéder par un huissier à la saisie. La saisie est cependant valable du moment qu'elle a été également faite à la requête du propriétaire des marques.

▸ 112.176 Sanction

TGI Paris, 3e ch., 2e sect., 6 avr. 2007, RG no 2004/15727, *PIBD* 2007, no 855, III, 427.

« Attendu qu'aux termes de l'article 649 du nouveau code de procédure civile, la nullité des actes d'huissier est régie par les dispositions qui gouvernent la nullité des actes de procédure ;

que l'article 117 du même code dispose que le défaut de capacité d'ester en justice constitue une irrégularité de fond affectant la validité de l'acte ;

Attendu qu'en l'espèce il n'est pas contesté que la société Railtech International (RCS 568 801 542) n'avait plus d'existence juridique au plus tard le 29 décembre 2004, pour avoir fait l'objet d'une fusion-absorption à compter du 12 novembre 2004 et avoir été radiée du RCS le 29 décembre suivant ;

que les sociétés demanderesses ne peuvent valablement soutenir que c'est en raison d'une erreur matérielle excusable que l'acte a été délivré au nom de la société dissoute, alors que l'erreur porte sur la personne même de la demanderesse et que le numéro d'immatriculation au registre du commerce est le seul moyen d'identifier la société dissoute de la société absorbante ;

que le défaut d'intérêt à agir des sociétés défenderesses de par l'existence d'une autre procédure est par ailleurs ici inopérant ;

qu'enfin il est constant que ne peut être couverte l'irrégularité d'une procédure tenant à l'inexistence de la personne morale qui agit en justice ;

Attendu dès lors que les saisies-contrefaçon opérées les 5 et 6 janvier 2005 ont été diligentées par une société dépourvue d'existence légale et non régulièrement représentée ; qu'elles doivent en conséquence être annulées pour ce seul motif étant observé en tout état de cause que l'ordonnance de mise en état du 20 octobre 2006 a annulé l'assignation du 12 janvier 2005 de sorte que le délai de quinze jours exigé par l'article L. 615-5 du code de la propriété intellectuelle n'a pas été respecté en ce qui concerne les mesures de saisie réelle. »

▸ 112.182 Le principe

Com. 16 mai 1984, no 82-13.277, *Bull. civ.* IV, no 171 ; *RIPIA* 1985. 3.

« Attendu, en second lieu, que d'une part, l'article 8 de la loi susvisée modifiée énonce que "l'enregistrement et la publication de la marque valablement déposée sont effectués par l'Institut national de la Propriété industrielle", que l'article 16 du décret d'application précise que la publication a lieu au *Bulletin officiel de la propriété industrielle*, que l'article 25 de la loi susvisée modifiée par la loi du 30 juin 1975 édicte que les faits antérieurs à la "publication" de la marque ne sont pas considérés comme ayant porté atteinte aux droits attachés à la marque sauf s'ils sont postérieurs à une "notification" de la demande d'enregistrement au contrefacteur prétendu; d'autre part, que l'article 37 du décret du 27 juillet 1965 modifié par le décret du 23 septembre 1976 prescrit que l'ordonnance permettant la saisie-contrefaçon est rendue sur justification soit de l'enregistrement de la marque, soit de la demande d'enregistrement et, dans ce dernier cas, de la notification; qu'en conséquence, l'arrêt a énoncé à bon droit qu'à défaut d'une telle notification, M. D. n'avait pas de droits de marque opposables aux tiers dans la période du 13 septembre 1978 au 6 juillet 1979 et que la saisie-contrefaçon autorisée le 4 janvier 1979 et effectuée le 6 avril 1979 était nulle; qu'ainsi, la cour d'appel, qui n'a pas estimé que la contrefaçon invoquée résultait de l'usage de la marque "Stericath" déposée le 18 décembre 1973, a légalement justifié sa décision. »

TGI Bobigny, 22 févr. 1985, *RIPIA* 1985. 55.

« Qu'à la date de la saisie-contrefaçon la société AAMV Michel Vassal ne bénéficiait d'aucun titre; qu'il y a lieu dans ces conditions de déclarer la demande de la dite société irrecevable, celle-ci ne justifiant d'aucun titre régulier lui permettant d'agir en justice. »

▸ 112.202 Licencié, distributeur

Paris, 4e ch., 25 sept. 1996, *PIBD* 1997, n° 624, III, 52.

« Considérant que s'il est exact que la société BBS est seule titulaire des droits de propriété incorporelle sur le modèle en cause et, par voie de conséquence, la seule recevable. à agir en contrefaçon, il n'en demeure pas moins que les faits de contrefaçon, s'ils viennent à être établis, constituent, pour la filiale française qui commercialise, en France, le modèle en cause, des faits de concurrence déloyale dont celle-ci est bien fondée de se plaindre.

Que si la société BBS France est irrecevable à agir en contrefaçon, sa présence aux côtés de la société mère, titulaire des droits incorporels, n'est pas de nature à vicier les opérations de saisie-contrefaçon ou l'ordonnance les ayant autorisées, la filiale ayant intérêt à agir aux côtés de la société BBS pour poursuivre le préjudice résultant pour elle de faits autrement qualifiés. »

▸ 112.212 Nécessité de l'inscription au registre national des dessins et modèles

Paris, 4e ch., 28 mars 2001, *PIBD* 2001, n° 728, III, 509.

« Considérant que si par contrat du 5 juin 1996, M. P. a cédé à la société Ronald Pineau ses droits de création et d'exploitation sur des modèles précisément dénommés à compter de leur création, cet acte n'a pas été inscrit au registre national des dessins et modèles; que la cession des droits attachés à ces modèles n'est donc pas opposable aux tiers conformément à l'article L. 512-4 du code de la propriété intellectuelle;

Qu'il s'ensuit que la société Ronald Pineau n'ayant pas qualité pour requérir et pratiquer une saisie-contrefaçon fondée sur les dispositions du livre V du code de la propriété intellectuelle, seul le déposant initial étant fondé à se prévaloir de droits sur les modèles invoqués, celle-ci doit être annulée. »

▸ 112.242 Copropriétaire

Paris, 4e ch., 24 mai 2000, *PIBD* 2000, n° 705, III, 439.

« Considérant qu'à la date de l'acte introductif d'instance, Didier Rodde et Christian Mocquery étaient copropriétaires indivis de la marque "Inventor"; que l'action en contrefaçon était donc soumise aux règles prévues par les articles 815 et suivants du code civil;

Que Didier Rodde ne rapporte pas la preuve que son co-indivisaire, Christian Mocquery, avait consenti à engager une action en contrefaçon et lui avait donné mandat d'agir en son nom;

Que les premiers juges ont à juste titre relevé que cette action ne saurait être analysée comme une mesure conservatoire, que tout indivisaire peut prendre seul conformément à l'article 815-2 du code civil, dès lors que la société intimée ayant modifié sa dénomination sociale, il n'est pas démontré que les droits sur la marque étaient compromis. »

▸ 112.312 Tout détenteur de preuve de la contrefaçon alléguée

TGI Paris, 3e ch., 5 juin 1996, *PIBD* 1996, n° 619, III, 515.

« Attendu que par ordonnance du 25 avril 1994, le président du tribunal de grande instance de Nanterre a expressément autorisé la demanderesse à faire procéder par Me R., huissier, à la saisie, entre ses propres mains, de trois paquets de couches culottes ayant fait l'objet du constat d'achat du 21 septembre 1993. Que les termes de cette ordonnance, dont il n'est pas soutenu qu'elle serait contraire aux textes applicables, ont été respectés. [...] Que l'exception de nullité soulevée sera en conséquence rejetée. »

TGI Bobigny, ch. 5, sect. 1, 13 déc. 1996, RG n° 17486/96.

« Suivant ordonnance sur requête du 6 décembre 1996 le président du tribunal de céans a autorisé la société Rhône Poulenc Rorer SA à pratiquer une saisie-contrefaçon à l'Agence française du médicament. »

TGI Bobigny, ch. 1, 24 févr. 1997, RG n° 361/97.

« Attendu que par ordonnance du 6 décembre 1996 la société Rhône Poulenc Rorer a fait procéder entre les mains de l'Agence du médicament, 143 boulevard Anatole-France à Saint-Denis (93200) à une saisie-contrefaçon du dossier d'autorisation de mise sur le marché d'une spécialité pharmaceutique Taxol de la société Bristol Myers Squibb. »

Paris, 4e ch. A, 23 sept. 1998, *PIBD* 1999, n° 671, III, 79.

« Que, se référant expressément au texte susvisé et se fondant sur l'autorisation délivrée par le magistrat territorialement compétent, en l'espèce le président du tribunal de grande instance de Nanterre, la société Peaudouce a fait effectuer, par l'huissier régulièrement désigné, à la description d'un paquet de couches à jeter saisi précédemment et conservé par devant Me R., en sa résidence d'Asnières.

Que ce faisant, il ne saurait lui être fait grief d'avoir outrepassé les droits que lui conféraient les dispositions de l'article L. 615-5 alinéa 2 du code de la propriété intellectuelle. »

TGI Paris, 3e ch., 30 sept. 1998, RG n° 96/25285, *PIBD* 1999, n° 673, III, 133.

« Attendu que selon l'interprétation que fait Bristol-Myers Squibb de l'article L. 615-5 du code de la propriété intellectuelle, le juge exclusivement compétent pour autoriser la saisie-contrefaçon serait, non seulement celui du lieu des opérations de saisie-contrefaçon désigné par les textes réglementaires, mais encore celui du lieu de la commission prétendue d'actes argués de contrefaçon;

Mais attendu qu'une telle interprétation ajoute au texte qui se borne à viser le "lieu de la contrefaçon présumée" et dénature l'esprit de la loi;

Attendu, en effet, que le lieu de la contrefaçon présumée, au sens de l'article L. 615-5 du code de la propriété intellectuelle, qui fixe de façon incidente la compétence du président du tribunal de grande instance clairement définie par l'article R. 615-4, ne peut s'entendre, sur le terrain de cette seule compétence et dans le respect de l'esprit de la loi, que du lieu où la matérialité de la contrefaçon présumée est susceptible d'être établie, à savoir le lieu où se trouvent les produits ou procédés prétendus contrefaits. »

Paris, 4e ch., sect. A, 14 mars 2001, RG n° 1998/24199.

« Après avoir fait pratiquer le 10 décembre 1996 des saisies-contrefaçon au siège et dans le centre de distribution de la société Bristol-Myers Squibb situés respectivement à Puteaux et à Fontenay sous Bois, à l'Agence du médicament devenue l'Agence française de sécurité sanitaire des produits de santé à Saint-Denis et à la Pharmacie centrale de l'assistance publique à Paris, la société Rhône Poulenc Rorer a assigné la société Bristol-Myers Squibb le 11 décembre 1996 devant le tribunal de grande instance de Paris. »

TGI Bobigny, 1re ch., sect. 5, 17 mars 2004, RG n° 03/02744.

« Attendu, en vertu des dispositions de l'article L. 615-5 du code de la propriété intellectuelle, que la saisie-contrefaçon donne au saisissant les pouvoirs d'investigation nécessaires à la recherche de la matérialité et de l'étendue de la contrefaçon; que pour y parvenir, le saisissant doit avoir accès à tous les documents susceptibles de contribuer à la preuve de la contrefaçon, y compris ceux à caractère confidentiels "*la description détaillée des produits ou procédés prétendus contrefaits*";

Attendu qu'il en découle que le caractère confidentiel des documents saisis est inopérant, le seul critère permettant le cas échéant d'ordonner des mesures conservatoires étant leur caractère utile ou non à la preuve de la contrefaçon;

Attendu qu'il est constant que les documents saisis lors des opérations effectuées dans les locaux de la société Chiesi étaient insuffisants pour apporter des éléments de preuve relatif au spectre infrarouge du mesylate de paroxetine du Divarius, et que ces éléments se trouvaient nécessairement dans le dossier d'AMM;

Attendu en conséquence que la saisie-contrefaçon dans les locaux de l'Afssaps était justifiée. »

TGI Paris, 3e ch., 2e sect., 2 juill. 2004, RG n° 02/18798, *PIBD* 2004, n° 796, III, 615.

« Attendu que la société Laboratoires Fournier soulève en outre la nullité de la saisie-contrefaçon pratiquée dans les locaux de l'Afssaps aux motifs que la détention d'un dossier d'autorisation de mise sur le marché d'une spécialité pharmaceutique ne constitue pas un acte de contrefaçon et que le président du tribunal de grande instance de Bobigny était dès lors incompétent pour autoriser ladite saisie.

Attendu qu'en application de l'article L. 615-5 du code de la propriété intellectuelle, le président du tribunal de grande instance compétent pour autoriser la saisie-contrefaçon est celui du lieu de la contrefaçon présumée;

que selon l'interprétation que fait la société Laboratoires Fournier de cet article, le juge exclusivement compétent pour autoriser la saisie-contrefaçon, serait celui du lieu de la commission prétendue d'actes argués de contrefaçon et non pas celui de tout lieu où il serait possible d'appréhender des preuves de la prétendue contrefaçon se trouvant chez des tiers.

Mais attendu qu'une telle interprétation ajoute au texte qui se borne à viser le lieu de la contrefaçon présumée et dénature l'esprit de la loi.

Attendu en effet que le lieu de la contrefaçon présumée au sens de l'article précité ne peut s'entendre que du lieu où la matérialité de la contrefaçon présumée est susceptible d'être établie, à savoir le lieu où se trouvent les produits et procédés prétendument contrefaisants et tout document relatif à leur fabrication ou à leur composition; que tel est le cas de l'Afssaps qui détient les dossiers d'autorisation de mise sur le marché des produits incriminés en l'espèce comportant les éléments relatifs notamment à la composition de ces derniers; que le président du tribunal de grande instance de Bobigny était donc bien compétent pour autoriser ladite saisie; que ce second moyen de nullité sera en conséquence également rejeté. »

Paris, 4e ch., sect. A, 24 nov. 2004, RG n° 03/14212, *PIBD* 2005, n° 803, III, 131; *D.* 2005. 967, obs. Raynard; *Gaz. Pal.* 2006, jur. p. 5, note Le Tarnec.

« Considérant qu'il ressort du procès-verbal de saisie-contrefaçon dressé le 1er mars 2001 que l'huissier instrumentaire a procédé à la saisie par voie de photocopies en deux exemplaires de six pièces que lui a remises Nicolas Puchalski, chef de la mission "Ouvrages d'art", au sein du service "Études et Grands travaux" de la DDE du Calvados;

Mais considérant que les premiers juges ont relevé à juste

titre que les faits incriminés consistant en une offre d'utilisation d'un procédé, dont il n'est pas contesté qu'il n'a pas été mis en œuvre, les opérations de saisie ne pouvaient porter que sur des documents écrits de nature à rapporter la preuve de cette offre; qu'ils en ont déduit à bon droit qu'en procédant à la saisie, sous forme de photocopie, l'huissier s'est conformé à l'exigence de description détaillée du procédé incriminé requise par l'article L. 615-5 du code de la propriété intellectuelle; Que le jugement entrepris doit donc être confirmé en ce qu'il a rejeté l'exception de nullité du procès-verbal de saisie-contrefaçon. »

Paris, 4e ch., sect. B, 30 juin 2006, RG n° 04/18890.

« Autorisée par deux ordonnances en date du 13 décembre 2002 rendues pour la première par le Président du tribunal de grande instance de Dijon et pour la seconde par le Président du tribunal de grande instance de Bobigny, elle a fait procéder à des opérations de saisie-contrefaçon en date du 17 décembre 2002, respectivement dans les locaux de la société Laboratoires Fournier et dans les locaux de l'Afssaps. »

TGI Paris, 3e ch., 2e sect., 9 févr. 2007, RG n° 02/18798.

« La société Ethypharm est propriétaire du brevet français n° 86 11 540 déposé le 8 août 1986 et intitulé "*Procédé de préparation d'un médicament à base de fénofibrate, médicament obtenu par ce procédé*". Ce brevet a été délivré le 5 mai 1989.

Estimant que le médicament commercialisé par la société Laboratoires Fournier sous la dénomination Lipanthil contrefaisait son brevet et autorisée par deux ordonnances du 13 décembre 2002, elle faisait procéder à des opérations de saisie-contrefaçon le 17 décembre 2002 dans les locaux de la société Fournier à Fontaines-les-Dijon et dans les locaux de l'Afssaps à Saint Denis. »

TGI Paris, 3e ch., 4e sect., 1er juin 2011, RG n° 11/07690.

« La société Astra Zeneca est titulaire des brevets européens 1 020 461 B1 portant sur le principe actif esomeprazole et 773 940 B2 portant sur le procédé d'obtention. Sur autorisation présidentielle obtenue le 17 mars 2011, elle a fait pratiquer trois saisies-contrefaçon dans différents locaux de la société Ethypharm le 21 mars 2011, puis une saisie-contrefaçon à l'Afssaps le 28 mars 2011. »

TGI Paris, 3e ch., 3e sect., 8 juill. 2011, RG n° 11/08209.

« La société Astra Zeneca a été autorisée par ordonnance présidentielle rendue le 4 avril 2011, à faire pratiquer une opération de saisie-contrefaçon dans les locaux de l'Afssaps. »

Paris, pôle 1, ch. 3, 6 déc. 2011, RG n° 11/11455.

« Considérant que la société Cipla, tiers à la saisie, estime être recevable à solliciter la rétractation de l'ordonnance ayant autorisé la saisie-contrefaçon dans les locaux de l'Afssaps sur le fondement des articles 496 alinéa 2 et 497 du code de procédure civile;

Considérant qu'elle considère que l'ordonnance qui a autorisé cette mesure méconnaît gravement les statuts et la mission de l'Afssaps, organisme de service public ainsi que la nature des documents qui pouvaient être appréhendés;

Considérant qu'elle souligne que pour les besoins de l'obtention de l'autorisation administrative, l'entreprise est tenue de dévoiler ses secrets de fabrication, de composition et d'élaboration du médicament et que l'agence est tenue au secret professionnel; qu'elle souligne que le saisissant dispose de toutes les informations confidentielles concernant les produits fabriqués par son concurrent sans que ce dernier ait été informé de la saisie; qu'elle ajoute que les documents font partie du dossier administratif d'autorisation de mise sur le marché dont fait partie le DMF (drug master file partie confidentielle du dossier d'AMM) et qu'à ce titre, ils sont régis par le droit administratif; qu'elle invoque l'article 6-II de la loi du 17 juillet 1978 qui prévoit que ne sont communicables qu'à l'intéressé les documents administratifs dont la communication porterait atteinte à la vie privée, au secret médical et au secret en matière commerciale et industrielle; que les documents saisis entrent dans cette dernière catégorie et ne peuvent être communiqués qu'après occultation des données confidentielles;

Considérant qu'elle estime qu'il existe une atteinte au secret des affaires tant en doit administratif qu'en droit civil et commercial; que sur le plan administratif, elle cite l'article 6-III de la loi précitée et sur le plan civil et commercial se réfère au principe du secret des affaires consacré par le droit privé et le droit communautaire;

Considérant qu'elle reproche à l'ordonnance d'avoir méconnu l'obligation de rechercher la conciliation des intérêts légitimes et protégés en présence; qu'elle considère que cette conciliation imposait la mise au secret des documents saisis, que l'urgence ne pouvait motiver la violation de la confidentialité des documents appréhendés et que le juge devait prendre des précautions; qu'elle ajoute qu'elle ne saurait avoir moins de droit que le saisi; qu'elle souligne qu'il a pu être saisi des documents ne pouvant être utiles dans le cadre de la procédure en saisie-contrefaçon et qu'aucun tri n'a pu être fait, les agents de l'Afssaps n'ayant pas compétence pour ce faire;

Considérant que la société Astra estime que la loi du 17 juillet 1978 est inapplicable *ratione materiae* et en toute hypothèse inadaptée à la question; qu'elle ajoute avoir utilisé les outils que le code de la propriété intellectuelle a adoptés pour lui permettre en urgence de démontrer la contrefaçon dont elle était victime; qu'elle souligne que la saisie a été opérée exclusivement sur les éléments relatifs au procédé de fabrication et au produit se rapportant à la contrefaçon des deux brevets européens; qu'elle relève que les opérations ont été faites en présence d'un pharmacien et d'un membre de l'Afssaps; que cet organisme a remis les documents sans estimer nécessaire de les mettre sous scellés; qu'elle ajoute que la société Cipla n'est pas fondée à se plaindre de ce que des documents confidentiels auraient été saisis à son préjudice dès lors qu'ils sont en relation avec la contrefaçon invoquée et que les documents sans rapport n'ont pas été saisis; qu'elle considère qu'elle est tout aussi mal fondée à réclamer une modification de l'ordonnance, l'article R. 615-4 du code de procédure civile ne pouvant s'appliquer à l'espèce;

Considérant qu'aux termes des articles 496 alinéa 2 et 497 du code de procédure civile, le juge qui a fait droit à la requête, a la faculté de modifier ou de rétracter son ordonnance et ce à la demande de tout intéressé;

Considérant qu'en l'espèce, l'ordonnance a été rendue à la demande de la société Astra en vue de procéder à une saisie-contrefaçon dans les locaux de l'Afssaps; que la société Cipla dont le DMF a été saisi à l'Afssaps a donc un intérêt à solliciter la rétractation ou la modification de l'ordonnance;

Considérant que la loi du 17 juillet 1978 a pour objet de régler les relations entre l'administration et le public; que ce texte institue un droit au profit des administrés d'obtenir la communication de documents administratifs;

Considérant que les dispositions de ce texte qui prévoient que lorsque les documents sont susceptibles de porter atteinte à la vie privée, au secret médical ou secret en matière commerciale et industrielle, ils sont occultés, ne privent pas d'effet les dispositions de l'article L. 615-5 du code de la propriété intellectuelle; que le titulaire d'un droit de propriété intellectuelle peut obtenir la preuve de faits de contrefaçon en recourant à une mesure de saisie-contrefaçon y compris portant sur des documents couverts par le secret des affaires;

Considérant qu'il convient de rappeler que le juge autorise une telle mesure et exerce un contrôle afin de garantir ce secret; qu'il n'existe pas de réserve sur le pouvoir du juge en la matière qui peut parfaitement ordonner cette mesure y compris au siège d'une autorité administrative;

Considérant que les dispositions de la loi du 17 juillet 1978 n'affectent pas les droits que les intéressés peuvent tirer de dispositions particulières comme en l'espèce celles relatives à la protection de la propriété intellectuelle ou industrielle;

Considérant que ce moyen est donc inopérant. »

▸ 112.314 Lieux

TGI Paris, 3e ch., 3 mai 1990, *PIBD* 1990, n° 489, III, 686.

« Constatant que la montre qui lui était confiée en dépôt comportait la reproduction de sa marque Chanel et les caractéristiques de son modèle sans toutefois provenir de sa production, la société Chanel, après y avoir été autorisée par ordonnance du président de ce tribunal en date du 3 juillet 1989, a fait procéder le lendemain dans sa boutique, alors que M. X s'y présentait pour reprendre sa montre, à la saisie-contrefaçon de celle-ci. »

Com. 4 juill. 1995, n° 93-15.575, NP.

« Mais attendu que l'arrêt a relevé que le brevet litigieux avait été déposé en France et que la serviette arguée de contrefaçon a été saisie à Nice, à bord d'un avion, en vertu d'une autorisation donnée par le président du tribunal de grande instance de cette ville; qu'ainsi la cour d'appel, qui a constaté qu'un acte de contrefaçon pouvait avoir été commis sur le territoire français, a, à bon droit, décidé que les juridictions françaises étaient compétentes pour en connaître; d'où il suit que le moyen n'est fondé en aucune de ses branches. »

TGI Paris, ch. civ. 3, 5 mars 2008, RG n° 07/02652.

« La société Lancôme et la société GA Modefine ont appris que sous le pseudonyme "philmax210" dont était titulaire M. Philippe Z... étaient commercialisés sur le site internet à l'adresse "ebay. fr" qui appartient à la société Ebay France des produits de parfumerie sous les marques précitées.

Suite à un constat d'achat, il apparaissait que l'eau de toilette livrée sous la marque "Acqua di Gio Giorgio Armani" était un faux en raison d'erreurs typographiques sur le conditionnement.

Suite à une opération de saisie-contrefaçon autorisée judiciairement et intervenue au domicile de M. Z... à Valenciennes, les sociétés Lancôme et GA Modefine l'ont assigné le 13 février 2007 en contrefaçon de marques et en concurrence déloyale.

[...]

Sur les deuxième et troisième motifs de nullité, le tribunal relève que le domicile de M. Z... est une gendarmerie et que l'huissier n'a pénétré dans l'appartement de celui-ci qu'à la suite de l'ouverture de la porte par le commandant qui a fait contacter immédiatement M. Z... en Guadeloupe; que l'huissier a alors donné lecture de l'ordonnance l'autorisant à procéder aux opérations de saisie à M. Z... par téléphone; que dans ces conditions l'absence de remise matérielle de l'acte au moment de la saisie ne saurait constituer une cause de nullité, étant relevé qu'une copie en a été remise à la concubine de M. Z..., Mme Nadège F... et ce, en application de l'article 655 du code de procédure civile dès l'arrivée de celle-ci sur les lieux; qu'enfin, aucun élément de preuve n'est apporté par M. Z... étayant son affirmation sur le caractère prémédité de la saisie-contrefaçon pendant son absence. »

TGI Paris, 3e ch., 4e sect., 27 janv. 2011, RG n° 2009/15874, *Jurinpi* D20110044, *PIBD* 2011, n° 940, III, 370.

« La société Ash fait valoir que la saisie est nulle d'une part parce que l'ordonnance a été signifiée à la boutique Ash qui n'existe pas comme entité juridique et, d'autre part, au motif que l'huissier instrumentaire a poursuivi ses opérations bien que la vendeuse lui ait indiqué qu'elle allait joindre son responsable.

Cependant, sur le premier point, il est acquis qu'une saisie peut être effectuée en tous lieux, notamment au sein d'un magasin, d'un entrepôt ou même d'un stand et que l'ordonnance susvisée avait autorisé l'huissier à se rendre dans la boutique Ash afin de procéder aux opérations de saisie-contrefaçon. »

▸ 121.21 Compétence exclusive du président du tribunal de grande instance

TGI Lyon, 10e ch., 20 mars 1995, *PIBD* 1995, no 590, III, 310.

« Que ces investigations dans un lieu privé, avec l'aide d'un représentant de la marque, pour rechercher des preuves, décrire des faits de contrefaçon, ne constitue pas un simple constat mais une véritable saisie-contrefaçon, qui ne pouvait être pratiquée que selon les modalités prévues par l'article L. 716-7 du code de la propriété intellectuelle, lequel donne compétence exclusive au président du tribunal de grande instance pour autoriser un huissier à constater une atteinte à un droit de marque.

Attendu que les opérations de saisie autorisées par le président du tribunal de commerce sont donc nulles. »

Civ. 3e, 17 nov. 1981, no 80-10.372; *Bull. civ.* III, no 191; *Gaz. Pal.* 1982. 1.106, note Viatte; *RTD civ.* 1982. 463, obs. Normand, 474, obs. Perrot

« Vu les articles 773, 774, et 958 du nouveau code de procédure civile; attendu qu'il résulte de ces textes que seul le premier président peut, au cours de l'instance d'appel, ordonner sur requête toutes mesures urgentes relatives à la sauvegarde des droits d'une partie lorsque les circonstances exigent qu'elles ne soient pas prises contradictoirement; attendu que, pour écarter des débats le procès-verbal dressé les 20 et 21 novembre 1978 par l'huissier de justice désigné par ordonnance du 25 octobre 1978 du premier président de la cour d'appel, à la requête de Mme X..., pour constater les conditions d'occupation de l'appartement donné à bail à Melle Y..., l'arrêt attaqué (Paris, 12 novembre 1979) retient qu'à cette époque la bailleresse avait relevé appel et qu'un conseiller de la mise en état ayant été désigné, celui-ci était seul compétent pour ordonner toutes mesures d'instruction; qu'en statuant ainsi, alors que les circonstances exigeaient que la décision de commettre l'huissier de justice ne soit pas prise contradictoirement, la cour d'appel a violé les textes susvisés. »

▸ 121.31 Compétence du président du tribunal de grande instance du lieu de la saisie-contrefaçon ou compétent pour connaître du fond

Civ. 2e, 18 nov. 1992, no 91-16.447, *Bull. civ.* II, no 266; *JCP G* 1993. I, no 3678, 10; *RTD civ.*, 1993, 648.

« Attendu que, sauf disposition légale contraire, le juge territorialement compétent pour rendre une ordonnance sur requête est le président de la juridiction saisie au fond ou celui du tribunal du lieu où la mesure demandée doit être exécutée. »

Civ. 2e, 30 avr. 2009, no 08-15.421, *Bull. civ.* II, no 105; *Procédures* juill. 2009, comm. 224, obs. Perrot; *Dr et proc.* sept.-oct. 2009, Somm. 268, obs. Salati; *D.* 2009. 2321, note Pierre-Maurice.

« Attendu, selon l'arrêt attaqué, que la société Acies ayant saisi par requête le président du tribunal de grande instance de Lyon d'une demande d'expertise *in futurum*, ce dernier a accueilli la demande et désigné plusieurs huissiers de justice avec mission de se rendre aux domiciles respectifs de M. X..., M. Y... et au siège social de la société Ilceos Consulting, tous situés à Lyon, et aux domiciles de M. Z... et de Mme A... à Paris;

Sur le premier moyen :

Attendu que M. Z..., M. Y..., M. X... et la société Ilceos Consulting font grief à l'arrêt de dire que le président du tribunal de grande instance de Lyon était compétent pour désigner des huissiers de justice afin d'exécuter des mesures ordonnées dans d'autres ressorts et de confirmer l'ordonnance de référé rendue le 4 septembre 2006 par le président du tribunal de grande instance de Lyon n'ayant que partiellement rétracté et modifié l'ordonnance sur requête du 26 janvier 2006, alors, selon le moyen, que le juge territorialement compétent pour rendre une ordonnance sur requête est le président de la juridiction saisie au fond ou celui du tribunal du lieu où la mesure demandée doit être exécutée; qu'en l'absence d'instance engagée au fond entre les parties, seul le juge du lieu d'exécution de la mesure sollicitée est compétent; qu'en l'espèce, aucune instance au fond n'était engagée entre les parties à la date de l'ordonnance du 26 janvier 2006, en sorte que le président du tribunal de grande instance de Lyon était incompétent territorialement pour ordonner des mesures d'instruction à Paris et à Saint-Marcel-en-Dombes; qu'en retenant au contraire la compétence territoriale du président du tribunal de grande instance de Lyon pour ordonner de telles mesures dans le ressort de ces juridictions, la cour d'appel a violé les articles 145, 493 et 812 du code de procédure civile;

Mais attendu qu'ayant relevé que l'une au moins des mesures sollicitées devait être exécutée dans le ressort du tribunal de grande instance de Lyon et que cette juridiction serait celle compétente pour connaître de l'éventuelle instance au fond, c'est à bon droit que l'arrêt retient que le président du tribunal de grande instance de Lyon était compétent pour les ordonner;

D'où il suit que le moyen n'est pas fondé. »

▸ 121.33 Requête présentée à l'occasion d'une instance en cours

TGI Paris, réf., 5 mars 1984, *Gaz. Pal.* 1984. 1.267.

« L'art. 812 nouv. C. pr. civ. ne pose pas une règle de compétence d'attribution au sein d'une même juridiction entre les différentes formations de jugement composant cette juridiction.

La règle qu'il fixe constitue une mesure d'administration judiciaire destinée à assurer la répartition des requêtes pour le bon ordre du service.

Aucune sanction n'assortit de nullité l'inobservation de cette règle. D'autre part, l'art. 812 du code de procédure civile doit se combiner avec les dispositions de l'art. R. 311-16 du code de l'organisation judiciaire, aux termes desquelles "le président (du tribunal) peut toujours présider une chambre quand il l'estime convenable".

Il en résulte que le président du tribunal ou le magistrat qu'il a spécialement délégué pour l'exercice des compétences relevant de la juridiction présidentielle (ordonnances sur requête et référés) peut répondre aux requêtes afférentes aux instances en cours devant telle ou telle chambre du tribunal, sans qu'il en résulte d'autre conséquence qu'une éventuelle rétractation en cas de fraude prouvée. »

Com. 26 oct. 1993, n° 91-18.049, *Bull. civ.* IV, n° 357, *PIBD* 1994, n° 558, III, 22

« Vu l'article 56 de la loi du 2 janvier 1968 et l'article 563 du nouveau code de procédure civile;

Attendu, selon l'arrêt déféré, que la société Caruelle, titulaire d'une demande de brevet, déposée le 14 décembre 1973, enregistrée sous le numéro 73 44 908, ayant pour objet un appareil "déchiqueteur pour déchets ménagers et industriels", et fabricant un broyeur distribué, de 1977 à 1982, par la société Galicier, a fait procéder à une saisie-contrefaçon les 21 octobre 1983, a, le 2 novembre 1983, assigné, en contrefaçon et concurrence déloyale, cette dernière société qui, à partir de 1983, a fabriqué et commercialisé un destructeur de déchets et qui a reconventionnellement demandé que le brevet soit déclaré nul; que la société Caruelle a, le 23 mai 1990, fait procéder à une nouvelle saisie-contrefaçon;

Attendu que pour prononcer la nullité de la saisie-contrefaçon effectuée le 23 mai 1990, l'arrêt énonce que la saisie-contrefaçon, mesure d'instruction destinée à servir au soutien de l'action en contrefaçon et strictement cantonnée au domaine ainsi fixé par le législateur, est sanctionnée d'une nullité absolue en l'absence d'une saisine de la juridiction dans le délai de 15 jours et constate que la saisie-contrefaçon litigieuse a été effectuée à une date postérieure à celle de l'assignation;

Attendu qu'en statuant ainsi alors que la saisie-contrefaçon a été autorisée après que l'instance devant les juges du fond était en cours, la cour d'appel a violé les textes susvisés. »

Com. 21 mars 1995, n° 93-15.391, NP.

« Attendu, en troisième lieu, que la cour d'appel énonçant qu'aucun texte n'interdit au demandeur en saisie contrefaçon de faire précéder sa demande de saisie d'une assignation au fond et que l'obligation légale faite au saisissant d'assigner au fond dans le délai de trente jours de la saisie a pour but de faire obstacle à une atteinte délibérée aux droits d'autrui, a fait l'exacte application de la loi. »

Paris, 4e ch. sect. A, 27 nov. 2002, RG n° 2000/07234, *PIBD* 2003, n° 763, III, 234.

« Considérant que la société Athem soutient que les procès verbaux de saisie contrefaçon du 5 mars 1996 seraient nuls au motif que les requêtes des 23 et 29 février 1996 visant à obtenir l'autorisation d'effectuer ces saisies n'indiquaient pas la procédure en cours, en méconnaissance des dispositions de l'article 494 du nouveau code de procédure civile;

Considérant que contrairement, aux allégations des appelants, cette exception de nullité à bien été soulevée "*in limine litis*" aux termes des conclusions signifiées par la société Athem, le 23 septembre 1996, suivant les écritures de Philippe Blanc-Beauregard du 20 mars 1996;

Considérant que, si aux termes des articles 494 al. 2 et 813 al. 2 du nouveau code de procédure civile, la requête présentée à l'occasion d'une instance en cours, doit indiquer la juridiction saisie, cette indication n'est pas prescrite à peine de nullité, d'autant que par ailleurs, l'article 812 alinéa 3 du même code, disposant que les requêtes afférentes à une instance en cours sont présentées au président de la chambre à laquelle l'affaire a été distribuée, ne pose pas une règle de compétence d'attribution mais une simple mesure d'administration judiciaire;

Qu'il s'ensuit que ce moyen doit être rejeté. »

TGI Paris, 3e ch., 3e sect., 17 févr. 2004, *PIBD* 2004, n° 787, III, 323.

« Aucune disposition légale n'interdit la mise en œuvre d'une mesure de saisie-contrefaçon en matière de brevet à titre probatoire en cours d'instance ni n'impose de mise en demeure préalable lorsque la saisie est opérée chez le fabricant du dispositif argué de contrefaçon. »

TGI Paris, 3e ch., 2e sect., 9 juill. 2004, *PIBD* 2004, n° 796, III, 610.

« Au regard du respect du délai de quinzaine

Attendu que ces opérations ont été diligentées en cours de procédure; que les dispositions de l'article L. 615-5 du code de la propriété intellectuelle n'imposaient, donc pas à M. Beuret de procéder à une nouvelle assignation mais lui commandaient de compléter ses demandes dans le délai de quinzaine, ce qu'il fit par voie de conclusions additionnelles signifiées le 28 octobre 2003;

Que le moyen sera dès lors rejeté. »

Paris, 4e ch., sect. A, 3 mai 2006, *PIBD* 2006, n° 833, III, 479.

« Considérant que la société Mec reproche à la société Beline des actes de concurrence déloyale pour avoir démarché ses clients et fait procéder dans ses locaux à une saisie-contrefaçon le 1er avril 2005, postérieurement à la décision entreprise. Mais considérant que la société Beline, arguant de la persistance d'actes de contrefaçon, a pu, sans comportement déloyal, pratiquer cette saisie-contrefaçon alors qu'elle a été dûment autorisée par ordonnance présidentielle du 30 mars 2005; que cette nouvelle instance est pendante devant le tribunal de commerce saisi par assignation du 29 avril 2005;

Qu'il n'est par ailleurs, démontré aucun acte de démarchage illicite imputable à la société Beline;

Que par voie de conséquence, la société Mec sera déboutée de ses demandes formées au titre de la concurrence déloyale. »

TGI Paris, 3e ch., 1re sect., 31 oct. 2006, RG n° 02/16040, *Jurinpi* B20060197.

« Il s'avère que la règle de l'article 812 alinéa 3 du nouveau code de procédure civile selon laquelle "les requêtes afférentes à une instance en cours sont présentées au président de la chambre à laquelle l'affaire a été distribuée ou au juge déjà saisi" n'est qu'une règle d'administration judiciaire destinée à assurer la répartition des requêtes pour le bon ordre du service et non une règle de compétence d'attribution, ne faisant en tout état de cause pas obstacle à l'application du texte spécial que constitue l'article L. 615-5 du code de la propriété intellectuelle en matière de saisie contrefaçon.

En conséquence, en application de l'article L. 615-5 du code de la propriété intellectuelle, le président du tribunal de grande instance de Villefranche-sur-Saône, tribunal du lieu de la contrefaçon présumée, était compétent pour autoriser la saisie-contrefaçon du 18 juin 2003, et ce alors même qu'une instance était en cours devant le tribunal de grande instance de Paris. »

Paris, 14e ch., sect. B, 19 oct. 2007, RG nº 07/06176, *JurisData* nº 2007-351511, *CCE* mai 2008, comm. nº 65, note Caron.

« Que, contrairement aux affirmations des appelants, une saisie-contrefaçon peut toujours être effectuée en cours de procédure à la requête d'une des parties au litige pour établir, soit que les faits de contrefaçon perdurent, soit l'étendue du préjudice subi. »

Com. 26 mars 2008, nº 05-19.782, *Bull. civ.* IV, nº 70, *PIBD* 2008, nº 875, III, 340.

« Mais attendu que, dès lors que la juridiction est saisie au fond, seul l'article 812 du code de procédure civile est applicable à l'exclusion de l'article L. 716-7 du code de la propriété intellectuelle;

Et attendu, qu'en constatant par motifs adoptés que la société Morgan avait omis de faire état de l'instance au fond, la cour d'appel a pu en déduire que l'autorisation de procéder à une saisie-contrefaçon avait été obtenue dans des conditions abusives. »

TGI Paris, 3e ch., 3e sect., 14 janv. 2009, RG nº 07/11208.

« Les sociétés Abbott soutiennent que la requête en saisie contrefaçon présentée par la société Evysio Medical Devices ULC au Président du tribunal de grande instance de Strasbourg le 10 mars 2008, alors que la présente instance était en cours devant le tribunal de grande instance de Paris depuis le 24 août 2007, l'a été devant un juge non compétent au sens de l'article 812 alinéa 3 du code de procédure civile et que l'ordonnance rendue par ce juge est donc nulle. Elles ajoutent que l'ordonnance étant atteinte de nullité le procès-verbal et les opérations de saisie-contrefaçon diligentées sont affectés du même vice.

L'article 812, alinéa 3, du code de procédure civile énonce que les requêtes afférentes à une instance en cours sont présentées au président de la chambre à laquelle l'affaire a été distribuée ou au juge déjà saisi.

Dès lors que la juridiction est saisie au fond, seul l'article 812 du code de procédure civile est applicable à l'exclusion des articles L. 615-5 et R. 615-1 devenu R. 615-2 du code de la propriété intellectuelle. À cet égard, peu importe que les dispositions du code de la propriété intellectuelle attribue compétence à un nombre restreint de tribunaux de grande instance pour autoriser de telles saisies, la compétence restreinte à certains tribunaux de grande instance étant la même pour la juridiction saisie au fond.

En l'espèce, l'action en déclaration de non contrefaçon introduite par les sociétés Abbott contre la société Evysio par assignation en date du 24 août 2007 a le même objet que l'action en contrefaçon, s'agissant de déterminer si le produit fabriqué et vendu par les sociétés Abbott porte atteinte aux droits conférés par les brevets dont est titulaire la société Evysio.

En conséquence, le tribunal de grande instance de Paris étant déjà saisi de l'affaire au fond à la date de la requête aux fins de saisie-contrefaçon, seul le président de la troisième chambre du tribunal de grande instance de Paris était compétent pour connaître de la requête en saisie-contrefaçon de la société Evysio.

Bien que l'article 496, troisième alinéa, du code de procédure civile prévoit que, s'il est fait droit à la requête, tout intéressé peur en référer au juge qui a rendu l'ordonnance, ces dispositions ne s'opposent nullement à ce que la juridiction saisie de l'affaire au fond apprécie la validité de la procédure de saisie contrefaçon.

Or, et contrairement à ce que soutient la société Evysio, la compétence attribuée à la juridiction déjà saisie de l'instance au fond pour autoriser les opérations de saisie-contrefaçon n'est pas une question de compétence territoriale. La société Evysio s'étant adressée à une juridiction autre que celle saisie de l'affaire au fond, il en résulte que l'autorisation de procéder à une saisie-contrefaçon a été obtenue dans des conditions abusives et la saisie-contrefaçon subséquente doit être annulée privant ainsi les constats et descriptions effectués par l'huissier de leur valeur probante. »

Orléans, ch. com., 29 janv. 2009, RG 2008/00454, *PIBD* 2009, nº 894, III, 964, *Jurinpi* M20090103, *Propr. intell.* oct. 2010, p. 991, obs. Sabatier.

« Et attendu que s'agissant du procès-verbal du 15 juin 2005, il est irrégulier pour avoir été dressé en vertu d'une autorisation obtenue du président de la juridiction alors qu'une fois introduite l'action en justice, ce qui était le cas puisque la société Montgolfières Nacelle & Coccinelle avait assigné au fond le 27 mai 2005, il ne pouvait plus être procédé que conformément aux prescriptions de l'article 812 alinéa 3 du code de procédure civile, en sollicitant l'autorisation auprès du président de la chambre de la juridiction à laquelle l'affaire avait été distribuée ou auprès du juge déjà saisi. »

Paris, 4e ch., sect. B, 29 mai 2009, RG nº 07/13545.

« Considérant que la société Morito conclut à la nullité de l'ordonnance du 14 juin 2005 du juge des requêtes du tribunal de grande instance de Paris qui a autorisé une mesure de saisie-contrefaçon alors que, la troisième chambre du tribunal de grande instance de Paris étant déjà saisie de l'affaire, seul le président de cette chambre était compétent pour ce faire en application du troisième alinéa de l'article 812 du code de procédure civile qui énonce que les requêtes afférentes à une instance en cours sont présentées au président de la chambre à laquelle l'affaire a été distribuée ou au juge déjà saisi.

Mais considérant que cette saisine n'est pas prescrite à peine de nullité de la décision rendue par le président du tribunal ou son délégataire;

que la demande en nullité de l'ordonnance du 14 juin 2005 sera, en conséquence, rejetée. »

Paris, pôle 1, ch. 2, 10 nov. 2009, RG n° 2009/10917.

« Considérant que la demande de rétractation d'une ordonnance sur requête, n'est pas un recours mais un retour opéré devant le même juge (le président qui statue en référé et non pas "comme en matière de référé") qui réexamine l'affaire à la lumière de la contradiction qui avait été temporairement mise en sommeil; qu'il résulte des articles 496 et 497 du code de procédure civile, qui règlent cette procédure, que seul le président qui a autorisé la mesure, est compétent pour connaître de cette rétractation sans condition de délai et, même si le juge du fond est saisi de l'affaire; qu'il est donc inopérant d'invoquer l'article 74 du code de procédure civile, en soutenant que "Daral a conclu au fond (tribunal de grande instance de Toulouse) préalablement à la saisine" au premier juge de l'instance litigieuse;

Sur la compétence du président du tribunal de grande instance de Paris

Considérant qu'il résulte des conclusions des parties que celles-ci se réfèrent l'une et l'autre aux textes du code de la propriété intellectuelle – et notamment à l'article R. 615-2 – dans leur version actuelle;

Considérant que si selon cet article R. 615-2, le président du tribunal de grande instance compétent pour ordonner la saisie prévue à l'article L. 615-5 alinéa 2 du même code, est celui dans le ressort duquel les opérations doivent être effectuées, il n'en demeure pas moins que dès lors que la juridiction est saisie au fond, l'article 812 alinéa 3 du code de procédure civile est applicable et que la requête en saisie-contrefaçon devait être présentée au président de la chambre à laquelle l'affaire avait été attribuée;

Considérant que c'est par une fiction procédurale que Gréhal soutient que la requête litigieuse n'était pas "afférente" (autrement dit ne se rapportait pas) à l'instance en contrefaçon pendante depuis le 17 septembre 2004 (*cf.* § 6) devant le tribunal de grande instance de Toulouse, et dans laquelle Daral était défendeur, alors que la nouvelle mesure réclamée concernait un autre acte de contrefaçon, à l'encontre de la même partie et qui était manifestement "afférente" à l'instance au fond en cours; que le président du tribunal de grande instance de Paris était donc incompétent pour connaître de cette requête; qu'il convenait conformément à l'article 96 alinéa 2 du code de procédure civile, de renvoyer le requérant – qui sollicite une mesure provisoire – devant le président de la première chambre du tribunal de grande instance de Toulouse. »

TGI Paris, 3e ch, 1re sect., 24 nov. 2009, RG n° 07/03839, *Jurinpi* B20090175.

« Les sociétés défenderesses font valoir que la saisie-contrefaçon réalisée le 28 novembre 2007 serait nulle pour avoir été autorisée par le président du tribunal de grande instance de Montpellier et non par le juge de la mise en état de la juridiction déjà saisie de l'affaire et ce au visa de l'article 812 du code de procédure civile. Elles ajoutent qu'en tout état de cause la société Pellenc n'a pas porté à la connaissance du magistrat l'existence de cette procédure déjà pendante.

La société Pellenc répond qu'elle a choisi de saisir le président du tribunal de grande instance de Montpellier car elle ne savait pas si les machines agricoles exposées à Montpellier étaient fabriquées par la société Établissements Robineau SARL en cause dans l'instance pendante devant le tribunal de grande instance de Paris et qu'il a fallu ces opérations de saisie-contrefaçon pour apporter cette preuve; elle pouvait encore moins le savoir que la société Établissements Robineau SARL avait toujours indiqué qu'il s'agissait d'un prototype.

Il ressort des pièces versées au débat et de la procédure suivie devant le tribunal de grande instance de Paris que la société Pellenc avait assigné la société Établissements Robineau SARL devant le tribunal de grande instance de Rennes puis de Paris à la suite de la saisie-contrefaçon réalisée le 25 juillet 2006 bien que le procès-verbal de saisie-contrefaçon cite nommément la société CNH mais que la société CNH France SA est intervenue volontairement par conclusions signifiées le 19 novembre 2007.

Ainsi, au jour de la requête en saisie-contrefaçon formée devant le tribunal de grande instance de Montpellier pour réaliser une saisie-contrefaçon sur le stand de la société CNH New Holland, la société Pellenc savait que la filiale de cette société était intervenue aux côtés de la société Établissements Robineau SARL.

S'agissant de la contrefaçon du même brevet sur le même de type de matériel agricole, la société Établissements Robineau SARL qui connaissait la présence de la société CNH France SA dans la procédure parisienne et donc la participation de cette société aux faits de contrefaçon reprochés, aurait dû saisir le juge de la mise en état sur le fondement de l'article 812 du code de procédure civile.

En effet, au visa de cet article, le président de la chambre déjà saisie ou le juge de la mise en état s'il a été désigné est le seul juge compétent pour statuer sur une telle demande.

La saisie-contrefaçon a donc été autorisée par un juge qui n'avait pas compétence pour ce faire et qui d'ailleurs n'a pas pu relever son incompétence puisque l'existence de la procédure pendante devant le tribunal de grande instance de Paris lui a été cachée de façon déloyale.

En conséquence, il convient d'annuler les opérations de saisie-contrefaçon réalisées sur autorisation d'un juge qui n'avait pas pouvoir de prendre cette décision. »

Cour de cassation belge, 8 mars 2010, *Justel* n° F20100308-3, *I.R-D.I* 2010, p. 139, note L. Weynants, *Propr. industr.* 2011, Chron. 1, p. 23, note T. de Haan.

« Sur le premier moyen :

Quant à la première branche :

En vertu de l'article 1369 *bis*/1, § 1er, du code judiciaire, les personnes habilitées à agir en contrefaçon peuvent, avec l'autorisation, obtenue sur requête, du président du tribunal de commerce ou du tribunal de première instance, faire procéder à la description de tous objets, éléments, documents ou procédés de nature à établir la contrefaçon prétendue ainsi que l'origine, la destination et l'ampleur de celle-ci.

L'arrêt énonce, d'une part, qu'"il ne peut être exclu [...] que [la demanderesse] tente en réalité de faire disparaître les indices d'une contrefaçon et non à expurger des données contrefaisantes et commette concomitamment de nouveaux actes de contrefaçon", que, "s'agissant [...] d'une base de données en ligne [...], chaque acte d'utilisation des données d'origine InfoBase est susceptible de constituer un nouvel acte de contrefaçon", qu'"il importe dès lors de vérifier quelle est la situation en 2008", et, d'autre part, que la défenderesse "ne dispose pas de la description des données, qu'elle qualifie de contrefaites, sous leur présentation actuelle [alors qu'] il ne peut être exclu que la [demanderesse] se fonde sur la nouvelle apparence de sa base de données, qu'elle affirme avoir modifiée, pour conclure à l'absence de contrefaçon" et que la mesure de saisie-description demandée "est également de nature à permettre à [la défenderesse] d'établir devant le juge du fond l'ampleur de la contrefaçon alléguée et du préjudice qui y est lié".

Il considère ainsi que la mesure d'expertise est demandée en vue d'établir, non l'inexécution par la demanderesse du jugement du 15 novembre 2006 constatant l'existence d'actes de contrefaçon, mais la commission par la demanderesse de nouveaux actes de contrefaçon constituant une atteinte actuelle aux droits de propriété intellectuelle de la défenderesse ainsi que l'ampleur de la contrefaçon alléguée et du préjudice qui y est lié.

L'arrêt en déduit légalement que le premier juge était compétent pour connaître de la demande de saisie-description.

Le moyen, en cette branche, ne peut être accueilli.

Quant à la deuxième branche :

Aucune des dispositions visées au moyen n'interdit au juge de faire droit à une demande de saisie-description, formée par requête unilatérale, portant sur de nouvelles contrefaçon ou permettant d'établir l'ampleur de la contrefaçon alléguée et du préjudice qui y est lié, dans le cas où, comme en l'espèce, une procédure au fond a déjà été intentée par la partie demanderesse et où un jugement, par ailleurs frappé d'appel, a déjà constaté l'existence de certaines contrefaçons.

Le moyen qui, en cette branche, soutient le contraire, manque en droit.

Quant à la troisième branche :

Le moyen qui, en cette branche, fait grief à l'arrêt de violer la foi due aux conclusions de la demanderesse mais omet d'invoquer la violation des articles 1319, 1320 et 1322 du code civil, est, dans cette mesure, comme le soutient la défenderesse, irrecevable.

Par les motifs reproduits en réponse à la première branche du moyen et par la considération que "c'est en vain que [la demanderesse] soutient que le président du tribunal de commerce n'était et n'est pas compétent pour statuer sur l'objet réel de [la] demande", l'arrêt répond aux conclusions de la demanderesse qui invoquait la compétence exclusive du juge de l'exécution dès lors qu'une décision au fond avait déjà été rendue constatant l'existence d'une contrefaçon.

Dans la mesure où il est recevable, le moyen, en cette branche, manque en fait.

Sur le second moyen :

Quant aux deux branches réunies :

L'arrêt considère que "c'est également vainement que [la demanderesse] reproche à [la défenderesse] de recourir abusivement à la procédure de saisie-description", que "le seul fait que [la défenderesse] dispose d'alternatives à la saisie-description ne fait pas en soi obstacle à cette mesure prévue par le code judiciaire ni ne la rend déloyale ou ne prive [la défenderesse] de son intérêt à agir" et qu'"au regard des éléments de la cause, il ne peut être conclu à un abus de droit ou à un détournement de la procédure".

Il considère, lors de l'examen des éléments de la cause, qu'il existe des indices suffisants d'une atteinte actuelle aux droits de propriété intellectuelle de la défenderesse, que l'intérêt à agir de celle-ci est toujours actuel et qu'il est légitime. Il relève plus particulièrement que "les accusations de [la demanderesse] d'espionnage industriel ne reposent [...] sur aucune preuve. Ni la taille de [la défenderesse] ni le nombre de saisies-descriptions, du reste autorisées par les juridictions saisies à cet effet, ne permettent de présumer de l'existence dans le chef de [la défenderesse] d'une telle politique", qu'"à l'origine, c'est [la défenderesse] qui se plaint d'être victime d'une contrefaçon de sa base de données" et que "la question du secret des affaires a été envisagée par le législateur [...] et sera examinée ci-après".

Il apprécie ainsi les intérêts en présence et recherche, compte tenu de toutes les circonstances de la cause, si, en introduisant sa demande de saisie-description par requête unilatérale, la défenderesse n'exerce pas son droit sans intérêt raisonnable et suffisant, d'une manière qui excéderait manifestement les limites de l'exercice normal de ses droits par une personne prudente et diligente.

Sur la base de cette appréciation qui gît en fait, l'arrêt, qui répond aux conclusions de la demanderesse qui soutenait que la défenderesse avait choisi la manière d'agir la plus dommageable pour autrui en demandant la désignation d'un expert au terme d'une procédure unilatérale, motive régulièrement et justifie légalement sa décision que la défenderesse n'a pas commis d'abus de droit.

Le moyen ne peut être accueilli.

Par ces motifs,

La Cour,

Rejette le pourvoi. »

Com. 14 sept. 2010, n° 09-16.854, *Bull. civ.* IV, n° 137; *PIBD* 2010, n° 931, III, 17; *RLDI* oct. 2010, n° 2106, p. 18.

« Vu les articles 812, alinéa 3, et 958 du code de procédure civile;

Attendu, selon l'ordonnance attaquée, que la société Milco, faisant grief à la société Jeca d'avoir commis des actes de contrefaçon des marques Mousserelle et Mousserelle aux Trois Saveurs dont elle est propriétaire, de contrefaçon artistique par reproduction d'une photographie du produit "Mousserelle aux Trois Saveurs" et d'actes de concurrence déloyale, a obtenu, par une ordonnance sur requête, du premier président, sur le fondement de l'article L. 716-7 du code de la propriété intellectuelle, l'autorisation de faire procéder dans les locaux de la société Jeca à la description détaillée et à la saisie réelle de la contrefaçon de marques alléguée et à la description des agissements constitutifs de la concurrence déloyale également alléguée;

Attendu que pour rétracter l'ordonnance qui avait autorisé la saisie-contrefaçon, l'ordonnance retient que, si l'article L. 716-7 du code de la propriété intellectuelle confère au président du tribunal de grande instance une compétence exclusive pour autoriser le titulaire d'une marque à faire procéder à la saisie des produits ou services dont il prétend qu'ils constituent la contrefaçon de sa marque, une requête aux fins de saisie-contrefaçon afférente à une instance en cours doit être présentée devant le président de la chambre à laquelle l'affaire a été distribuée en application des règles posées par l'article 812, alinéa 3, du code de procédure civile;

Attendu qu'en statuant ainsi, alors que les dispositions de l'article 812, alinéa 3, du code de procédure civile ne s'appliquent qu'aux requêtes déposées au cours de la procédure de première instance et qu'au cours de l'instance d'appel, le premier président est seul compétent pour ordonner sur requête une mesure de saisie-contrefaçon, la cour d'appel a violé les textes susvisés.

Par ces motifs, la Cour casse et annule l'ordonnance attaquée dans toutes ses dispositions, en conséquence renvoie l'affaire devant le premier président de la cour d'appel d'Orléans et, vu l'article 700 du code de procédure civile, condamne la société Jeca à payer à la société Milco la somme de 2 500 euros. »

TGI Paris, 3e ch, 1re sect., 15 nov. 2011, RG n° 10/ 15560.

« La société Manitou prétend également que les sociétés JC Bamford ont obtenu auprès du président du tribunal de grande instance de Rennes des ordonnances autorisant la saisie-contrefaçon tant dans les locaux de la société Aumont que dans les locaux de la société CNH alors qu'une instance était en cours devant le tribunal de grande instance de Paris; que les dispositions de l'article 812 du code de procédure civile auraient dû être appliquées.

Les sociétés JC Bamford répondent que les assignations du 24 février et 9 mars 2005 ne visaient que la société Manitou, que les sociétés Aumont et CNH, juridiquement indépendantes, n'étaient donc pas parties à cette affaire; que les requêtes aux fins de saisies-contrefaçon présentées le 9 mai 2011 au président du tribunal de grande instance de Rennes ne concernaient pas la société Manitou qui avait effectivement déjà été assignée, mais seulement les sociétés Aumont et CNH qui étaient alors étrangères à l'instance en cours, que le président du tribunal de grande instance de Rennes était donc parfaitement compétent pour les requêtes qui lui ont été présentées, que ce n'est qu'ensuite, pour une bonne administration de la justice que les différentes instances, alors indépendantes, ont été jointes par une ordonnance du 28 novembre 2005.

Elles ajoutent qu'en tout état de cause, seule une exception d'incompétence pourrait être retenue et non une nullité de l'ordonnance elle-même.

Or, il convient de constater que la société Aumont était une filiale de la société Manitou ce que les sociétés demanderesses ne sauraient contester ni prétendre ignorer et qu'en conséquence, elles recherchaient, lors du dépôt de la requête devant le président du tribunal de grande instance de Rennes, à démontrer le lien qui existait entre les sociétés et le réseau de distribution des produits argués de contrefaçon de sorte qu'elles devaient mettre en œuvre les dispositions de l'article 812 du code de procédure civile applicables aux litiges soumis aux tribunaux de grande instance.

Il importe peu que de façon artificielle les sociétés JC Bamford aient choisi de taire la procédure engagée devant le tribunal de grande instance de Paris au Président du tribunal de grande instance de Rennes et d'assigner par la suite la société Aumont au sein de laquelle les opérations de saisie-contrefaçon avaient eu lieu puisqu'ayant la maîtrise de la procédure, il leur appartient de respecter loyalement les règles de procédure et de ne pas les détourner sous des prétextes assez fallacieux.

Elles devaient donc, s'agissant de la contrefaçon du même brevet sur le même de type de matériel et connaissant le fait que la société Aumont était une filiale de la société Manitou, et donc la participation de cette société aux faits de contrefaçon reprochés, saisir le juge de la mise en état sur le fondement de l'article 812 du code de procédure civile.

La saisie-contrefaçon a donc été autorisée par un juge qui n'avait pas compétence pour ce faire et qui d'ailleurs n'a pas pu relever son incompétence puisque l'existence de la procédure pendante devant le tribunal de grande instance de Paris lui a été cachée de façon déloyale.

Ce moyen de défense ne constitue pas une exception d'incompétence mais bien une demande de nullité de l'ordonnance autorisant la saisie-contrefaçon au motif que celle-ci est prise par un juge n'ayant pas le pouvoir de prendre cette décision.

En conséquence, il convient d'annuler également sur ce fondement les opérations de saisie-contrefaçon réalisées au sein de la société Aumont le 18 mai 2005 sur autorisation d'un juge qui n'avait pas pouvoir de prendre cette décision. »

▸ 121.34 Saisies effectuées dans un lieu s'étendant sur le ressort de plusieurs tribunaux

TGI Paris, 3e ch., 24 mars 1983, *PIBD* 1983, n° 330, III, 206.

« Si aux termes de l'article 1er du décret du 15 février 1969, relatif à la procédure de saisie-contrefaçon en matière de brevets d'invention, la description détaillée, avec ou sans saisie, ne peut être ordonnée que par le président du tribunal de grande instance dans le ressort duquel les opérations doivent être effectuées, il y a lieu toutefois de considérer que l'on ne saurait dissocier chaque pavillon du Parc des expositions, celui-ci formant un tout; les pavillons n'ayant pas d'entité distincte doivent être rattachés au siège social à Paris, une telle solution se justifiant dans le cadre d'une bonne administration de la justice. On ne saurait concevoir, en effet, dans l'hypothèse où une société exposerait dans deux pavillons, l'un à Vanves et l'autre à Paris, qu'il y ait deux ordonnances et deux huissiers pour une saisie au Parc des expositions avec les conséquences que cela implique : contrariété de décisions, difficultés d'exécution. »

TGI Paris, 3e ch., 26 avr. 1984, *PIBD* 1984, n° 356, III, 256.

« Ainsi qu'il l'a déjà été jugé, le Parc des expositions de la ville de Paris est une entité dont on ne saurait retrancher l'un ou l'autre des bâtiments et dont il convient, au demeurant, de préciser que ceux-ci ne font pas l'objet d'un régime juridique ou administratif particulier mais sont soumis à une direction commune laquelle est confiée à une société d'exploitation dont le siège est à Paris.

C'est donc à tort que les sociétés défenderesses, constatant que la saisie avait eu lieu dans une partie du Parc des expositions située sur le territoire de Vanves, en déduisaient, en application de l'article 56 de la loi de 1968 et de l'article 1 du décret du 15 février 1969 que la mesure de saisie litigieuse ne pouvait être ordonnée que par le président du tribunal de grande instance dans le ressort duquel les opérations étaient effectuées et était donc nulle.

En conséquence, cette exception de nullité ne peut qu'être rejetée. »

Civ. 2e, 5 mai 2011, n° 10-20.435, P, *Procédures* 2011, comm. 221, note R. Perrot; *Propr. intell.* oct. 2011, p. 437, obs. de Haas.

« Sur le premier moyen, pris en ses trois premières branches :

Vu les articles 42, 145 et 493 du code de procédure civile;

Attendu, selon l'arrêt attaqué et les productions, qu'invoquant des actes de débauchage de ses salariés et de pillage de son savoir-faire qu'elle imputait à la société Alti (la société), ainsi qu'à MM. B..., de C... et A..., la société SQLI a saisi le président du tribunal de grande instance de Nanterre d'une requête unique tendant à la désignation d'huissiers de justice en vue de la réalisation d'investigations tant au siège social de cette société qu'aux domiciles des trois autres intéressés; que par quatre ordonnances distinctes, visant chacune l'un d'eux, la demande de la société SQLI a été accueillie;

Attendu que pour rétracter l'ordonnance concernant M. B... et annuler les actes d'exécution subséquents, l'arrêt retient que l'existence de quatre ordonnances distinctes fait obstacle à ce que le président du tribunal de grande instance de Nanterre retienne sa compétence territoriale pour ordonner des mesures devant être mises en œuvre au domicile de M. B..., sis dans le ressort du tribunal de grande instance de Créteil;

Qu'en statuant ainsi, alors que l'instance introduite par la requête unique de la société SQLI visait plusieurs personnes, dont certaines étaient domiciliées dans le ressort du tribunal de grande instance de Nanterre, susceptible de connaître de l'éventuelle instance au fond, et qu'étaient formées à leur encontre des demandes connexes tendant à conserver ou établir la preuve de faits similaires dont pourrait dépendre la solution d'un même litige, la cour d'appel a violé les textes susvisés;

Par ces motifs, et sans qu'il y ait lieu de statuer sur les autres griefs du pourvoi :

Casse et annule. »

▸ 121.36 Sanction

Paris, 4e ch., 25 sept. 1996, *PIBD* 1997, n° 624, III, 52.

« Considérant que le fait, pour la société Delta Mics, de n'avoir pas sollicité, dans les délais légaux, rétractation de l'ordonnance autorisant les sociétés BBS AG et BBS France à faire procéder à une saisie-contrefaçon, ne prive pas ladite société de la faculté de se prévaloir, devant le juge du fond, de la nullité de cette décision et des opérations subséquentes effectuées en son exécution. »

Nîmes, 2e ch., 8 mars 2001, *PIBD* 2001, n° 725, III, 414.

« L'ordonnance du 18 décembre 1997 autorisant la saisie-contrefaçon ne comporte nullement le nom du magistrat qui l'a signée, en violation de l'article 454 du nouveau code de procédure civile, disposition devant être observée à peine de nullité (article 458, alinéa 1 du même code).

Cependant, en application de l'article 460 du nouveau code de procédure civile, l'exception de nullité de cette ordonnance ne pouvait être invoquée que dans le cadre d'un recours, concernant ladite ordonnance, en l'espèce, la voie de rétractation (articles 496 et 497 du nouveau code de procédure civile).

Tel n'étant pas le cas en l'espèce, la SARL Coccinelle ne peut utilement arguer de la nullité de l'ordonnance en question. »

TGI Paris, 3e ch., 2e sect., 3 déc. 2004, RG n° 2003/09006, *PIBD* 2005, n° 805, III, 215.

« Attendu que la société Façonnable fait valoir que lesdits constats sont nuls et doivent être écartés des débats car effectués en vertu d'une ordonnance nulle du fait de l'incompétence du vice-président du tribunal qui l'a rendue et de la non-conformité de ladite ordonnance avec les termes de l'ordonnance de référé du 7 mars 2003;

Mais attendu qu'il appartient à la défenderesse de saisir par voie d'action la juridiction compétente pour connaître d'un recours contre l'ordonnance rendue sur requête; qu'en l'état le tribunal ne peut que constater qu'une ordonnance a été rendue le 10 mars 2003 et que cette ordonnance n'a pas été frappée de recours; qu'en conséquence les deux procès-verbaux d'huissier qui ont été établis le 10 mars 2003 en application de cette décision ne peuvent être attaqués pour ce motif. »

TGI Bobigny, 1re ch., 7e sect., ord. réf., 7 sept. 2005, RG n° 2002/01387, *PIBD* 2005, n° 817, III, 611

« Attendu qu'il y a lieu de constater que le tribunal de grande instance de Bobigny ne figure pas au nombre des 10 tribunaux de grande instance énumérés à l'article R. 631-1 du code de la propriété intellectuelle qui ont pouvoir d'ordonner une saisie-contrefaçon en matière de brevet d'invention;

Que, le président du tribunal de grande instance de Bobigny était donc incompétent *ratione materiae* pour rendre l'ordonnance du 21 février 2005;

Attendu donc que l'ordonnance sur requête du 21 février 2005 sera rétractée;

Que toute la procédure d'exécution subséquente sera annulée. »

TGI Paris, 3e ch., 3e sect., 5 oct. 2005, RG n° 2003/12094, *PIBD* 2006, n° 821, III, 14.

« Attendu cependant d'une part qu'en application des dispositions des articles 496 et 497 du nouveau code de procédure civile, l'ordonnance sur requête ne peut être modifiée ou rétractée que par le juge qui l'a rendue, même si le juge du fond est saisi de l'affaire; que les défenderesses ne sont donc pas recevables à contester ici les termes de l'ordonnance ayant autorisé la saisie au motif que cette décision permettait à l'huissier d'être assisté par le conseil en propriété industrielle de la société saisissante dès lors qu'elles n'ont pas jugé opportun d'en référer au magistrat compétent. »

TGI Paris, 3e ch., 1re sect., 23 oct. 2007, *PIBD* 2008, n° 866, III, 32.

« En conséquence, il convient de dire que les opérations de saisie-contrefaçon réalisées le 1er mars 2005 au sein du salon SIMA sont nulles pour avoir été diligentées en vertu d'une ordonnance rendue par un magistrat qui n'avait pas compétence pour le faire et qui a d'ailleurs rétracté son ordonnance le 21 septembre 2005.

Cette nullité frappe l'intégralité des opérations de saisie-contrefaçon effectuées au sein des différentes sociétés défenderesses et en conséquence, les pièces saisies, les descriptions faites et les photographies réalisées sont nulles et doivent être restituées aux sociétés défenderesses tel qu'il sera dit au dispositif.

Il importe peu que les photographies réalisées auraient pu l'être à partir des couloirs du salon sans autorisation d'un quelconque magistrat puisqu'en l'espèce, elles ont été prises dans le cadre de cette saisie-contrefaçon.

Aucun des éléments provenant de cette saisie ne peut être pris en compte dans la présente procédure et la société Gyrax ne peut s'en servir pour établir les faits de contrefaçon allégués ni dans le cadre de cette procédure ni dans aucune autre. »

TGI Paris, 3e ch., 2e sect., 6 juill. 2007, RG n° 06/02621, *PIBD* 2007, n° 861, III, 627; *Propr. industr.* oct. 2007, comm. 76, note Raynard.

« Que dès lors, conformément à la lettre de l'article R. 615-1 ancien du code de la propriété intellectuelle renvoyant expressément à l'article R. 631-1, le tribunal de grande instance de Rennes était seul compétent jusqu'au 3 mars 2007, date de promulgation dudit décret, pour autoriser la saisie-contrefaçon pratiquée dans les locaux des sociétés Ophta Ouest et Anteis France situés à Rennes;

Qu'il y a lieu en conséquence de déclarer nuls les procès-verbaux de saisie-contrefaçon dressés le 19 janvier 2006 par Maître N. et Maître D., Huissiers de justice associés à Rennes, agissant en vertu des ordonnances rendues le 4 janvier 2006 par le président du tribunal de grande Instance de Paris. »

TGI Paris, 3e ch., 3e sect., ord. JME, 12 mars 2008, RG n° 07/11641.

« La société Ateo sollicite la nullité de l'ordonnance ayant autorisé la saisie-contrefaçon au motif de l'incompétence du magistrat signataire.

Il convient de rappeler :

– que les ordonnances sur requête en saisie-contrefaçon obéissent aux dispositions des articles 493 à 498 du code de procédure civile et notamment à l'article 496 qui dispose que "*s'il est fait droit à la requête, tout intéressé peut en référé au juge qui a rendu l'ordonnance*" et à l'article 497 qui dit que "*le juge a la faculté de modifier ou de rétracter son ordonnance, même si le juge du fond est saisi de l'affaire*" ;

– que l'article 460 du même code prévoit que "*la nullité d'un jugement ne peut être demandée que par les voies de recours prévues par la loi*".

Aussi, dès lors que la société Ateo estime que l'ordonnance signée par le président du tribunal de grande instance d'Argentan est nulle comme ayant été délivrée par une juridiction incompétente, il lui appartient d'en solliciter la rétractation auprès du magistrat signataire qui est la voie de recours prévue par la loi.

La demande de nullité de la saisie-contrefaçon est en conséquence irrecevable. »

TGI Paris, ch. civ. 3, 5 mars 2008, RG n° 07/02652.

« Sur le premier motif, le tribunal relève que les ordonnances sur requête en saisie-contrefaçon obéissent aux dispositions des articles 493 à 498 du code de procédure civile et notamment à l'article 496 qui dit que "s'il est fait droit à la requête, tout intéressé peut en référer au juge qui a rendu l'ordonnance" et à l'article 497 qui dispose que "le juge a la faculté de modifier ou de rétracter son ordonnance, même si le juge du fond est saisi de l'affaire" ; que l'article 460 du même code prévoit que "la nullité d'un jugement ne peut être demandé que par les voies de recours prévues par la loi"; que dès lors, si M. Z... estime que l'ordonnance autorisant la saisie-contrefaçon est nulle, il lui appartient d'en demander la rétractation; qu'à défaut, sa demande de nullité est irrecevable, le tribunal au fond n'étant pas compétent. »

TGI Paris, 3e ch., 3e sect., 26 mars 2008, RG n° 06/12601.

« Sur la nullité de la saisie-contrefaçon

La société défenderesse soulève la nullité de la saisie-contrefaçon aux motifs que la saisie a été autorisée par le Président du tribunal de grande instance de Paris alors que celle-ci ayant été réalisée à Aubervilliers, seul le Président du tribunal de grande instance de Bobigny était compétent pour le faire; de plus le procès verbal vise une autorisation du président du tribunal de grande instance de Bobigny alors que c'est le président du tribunal de grande instance de Paris qui a délivré l'ordonnance.

Le tribunal observe qu'il résulte des dispositions combinées des articles 497 et 460 du code de procédure civile, que la seule voie ouverte à la contestation de la régularité de l'ordonnance de saisie-contrefaçon rendue par le vice-président délégué par le président du tribunal de grande instance de Paris était la rétractation. Dès lors, le défendeur qui s'est abstenu de saisir le magistrat ayant rendu la décision contestée en rétractation est irrecevable à agir au fond en nullité de l'ordonnance autorisant le saisie-contrefaçon en raison de son incompétence territoriale. »

TGI Paris, 3e ch., 2e sect., 5 déc. 2008, RG n° 2005/08703, *PIBD* 2009, n° 893, III, 929.

« Que toutefois, l'erreur avérée contenue tant dans la requête aux fins de saisie-contrefaçon que dans l'assignation subséquente ne saurait entraîner la nullité des opérations de saisie-contrefaçon dès lors que, un tel grief portant sur la titularité des droits de marques du requérant, il appartenait à la société NC Novitas Consultants Ltd d'une part d'agir par la voie du référé pour obtenir la rétractation de l'ordonnance ayant autorisé la saisie-contrefaçon conformément aux dispositions de l'article 497 du code de procédure civile, et d'autre part d'invoquer le défaut éventuel de qualité à agir de la société Samsung Corporation, demandeur à l'assignation, au demeurant désormais établie compte tenu des demandes nouvelles formulées sur le fondement des marques Samsung communautaire n° 00 0 506 873 et internationale n° 542299A dont cette dernière est titulaire. »

TGI Paris, 3e ch., 3e sect., 7 janv. 2009, RG n° 2008/0016, *Jurinpi* B20090019, *PIBD* 2009, n° 894, III, 951.

« En l'espèce, la requête présentée le 21 février 2007 au président du tribunal de grande instance de Versailles l'a été à une juridiction non compétente, ledit tribunal ne figurant pas dans la liste des tribunaux compétents en application des dispositions précitées.

Il en résulte que l'autorisation de procéder à une saisie contrefaçon a été obtenue auprès d'une juridiction non compétente et les opérations de saisie-contrefaçon subséquentes réalisées le 25 avril 2007 dans les locaux de la société Omc Olivier Mondin doivent être annulées privant ainsi les constats et descriptions effectués par l'huissier de leur valeur probante. »

TGI Paris, 3e ch, 3e sect., 14 janv. 2009, RG n° 07/11208, *PIBD* 2009, n° 901, III, 1267, *Jurinpi* B20090030; *Propr. intell.* oct. 2009, p. 398, obs. de Haas.

« Les sociétés Abbott soutiennent que la requête en saisie-contrefaçon présentée par la société Evysio Medical Devices Ulc au président du tribunal de grande instance de Strasbourg le 10 mars 2008, alors que la présente instance était en cours devant le tribunal de grande instance de Paris depuis le 24 août 2007, l'a été devant un juge non compétent au sens de l'article 812 alinéa 3 du code de procédure civile et que l'ordonnance rendue par ce juge est donc nulle. Elles ajoutent que l'ordonnance étant atteinte de nullité le procès-verbal et les opérations de saisie-contrefaçon diligentées sont affectés du même vice.

L'article 812, alinéa 3, du code de procédure civile énonce que les requêtes afférentes à une instance en cours sont présentées au président de la chambre à laquelle l'affaire a été distribuée ou au juge déjà saisi.

Dès lors que la juridiction est saisie au fond, seul l'article 812 du code de procédure civile est applicable à l'exclusion des articles L. 615-5 et R. 615-1 devenu R. 615-2 du code de la propriété intellectuelle. À cet égard, peu importe que les dispositions du code de la propriété intellectuelle attribue compétence à un nombre restreint de tribunaux de grande instance pour autoriser de telles saisies, la compétence restreinte à certains tribunaux de grande instance étant la même pour la juridiction saisie au fond.

En l'espèce, l'action en déclaration de non-contrefaçon introduite par les sociétés Abbott contre la société Evysio par assignation en date du 24 août 2007 a le même objet que l'action en contrefaçon, s'agissant de déterminer si le produit fabriqué et vendu par les sociétés Abbott porte atteinte aux droits conférés par les brevets dont est titulaire la société Evysio.

En conséquence, le tribunal de grande instance de Paris étant déjà saisi de l'affaire au fond à la date de la requête aux fins de saisie-contrefaçon, seul le président de la troisième chambre du tribunal de grande instance de Paris était compétent pour connaître de la requête en saisie-contrefaçon de la société Evysio.

Bien que l'article 496, troisième alinéa, du code de procédure civile prévoit que, s'il est fait droit à la requête, tout intéressé peur en référer au juge qui a rendu l'ordonnance, ces dispositions ne s'opposent nullement à ce que la juridiction saisie de l'affaire au fond apprécie la validité de la procédure de saisie-contrefaçon.

Or, et contrairement à ce que soutient la société Evysio, la compétence attribuée à la juridiction déjà saisie de l'instance au fond pour autoriser les opérations de saisie-contrefaçon n'est pas une question de compétence territoriale. La société Evysio s'étant adressée à une juridiction autre que celle saisie de l'affaire au fond, il en résulte que l'autorisation de procéder à une saisie-contrefaçon a été obtenue dans des conditions abusives et la saisie-contrefaçon subséquente doit être annulée privant ainsi les constats et descriptions effectués par l'huissier de leur valeur probante. »

TGI Paris, 3e ch., 3e sect., ord. JME, 6 mai 2009, RG nº 08/16494, *Jurinpi* D20090063; *Propr. intell.* oct. 2009, p. 399, obs. de Haas.

« Sur la recevabilité de la demande de nullité de l'ordonnance ayant autorisé la saisie-contrefaçon :

L'article 496 du code de procédure civile dispose que s'il n'est pas fait droit à la requête, appel peut être interjeté à moins que l'ordonnance n'émane du premier président de la cour d'appel. Le délai d'appel est de quinze jours. L'appel est formé, instruit et jugé comme en matière gracieuse. S'il est fait droit à la requête, tout intéressé peut en référer au juge qui a rendu l'ordonnance.

Dès lors que l'article 460 du même code impose que la nullité d'un jugement ne peut être demandée que par les voies de recours prévues par la loi, il ressort des dispositions claires de l'article 496 précité que seule la voie de la rétractation est ouverte à l'encontre d'une ordonnance sur requête ayant autorisé une saisie-contrefaçon comme en l'espèce.

Dans ces conditions, le présent juge de la mise en état est incompétent pour trancher de la demande de nullité de l'ordonnance du 13 août 2007. »

TGI Strasbourg, 1re ch., 8 juin 2009, RG nº 06/07439, *Jurinpi* B20090082.

« La nullité de l'ordonnance ayant autorisé la saisie-contrefaçon ne peut être prononcée que par la cour d'appel dans le cadre du recours exercé contre cette décision et non devant le tribunal statuant au fond sur l'action en contrefaçon.

Cette exception est donc irrecevable. »

TGI Paris, 3e ch., 4e sect., ord. JME, 17 sept. 2009, RG nº 09/00778, *Jurinpi* B20090151.

« Selon les articles R. 615-1 et R. 631-2 du code de la propriété intellectuelle, le président du tribunal de grande instance compétent pour ordonner une saisie-contrefaçon en matière de brevet, devant se dérouler dans le ressort de la cour d'appel d'Angers, est le président du tribunal de grande instance de Paris.

Cependant, l'ordonnance rendue le 26 février 2007 par le président du tribunal de grande instance du Mans n'a pas fait l'objet d'une demande en rétractation.

Or l'exception d'incompétence soulevée à l'encontre de cette décision, n'est pas recevable devant le tribunal de grande instance de Paris.

Aussi, il n'y a pas lieu de déclarer nulles les opérations de saisie réalisées le 28 février 2007 alors qu'elles ont été effectuées en exécution d'une décision qui n'a fait l'objet d'aucune contestation dans les formes prévues par le code de procédure civile. »

TGI Paris, 3e ch., 2e sect., 27 nov. 2009, RG nº 2008/15672, *PIBD* 2010, nº 915, III, 218.

« Attendu que la société La Halle sollicite la nullité de la saisie-contrefaçon pratiquée le 6 octobre 2008 en vertu d'une ordonnance du président du tribunal de grande instance de Lille au motif que cette ordonnance a été rendue à la requête de la société Okaidi SA, licenciée de la société ID Group, qui n'a pas qualité pour agir seule en contrefaçon de la marque 96 dont est titulaire la société ID Group;

Mais attendu qu'en application de l'article 497 du code de procédure civile, la procédure de référé est seule ouverte à celui qui conteste les conditions dans lesquelles une ordonnance rendue sur requête a été rendue;

qu'en tout état de cause, en l'espèce, la société Okaidi a justifié, par la production d'un contrat en date du 16 janvier 2006 et d'un procès-verbal de réunion du conseil d'administration de la société ID Group du 8 septembre 2008, que la société La Halle, poursuivie en contrefaçon ne saurait utilement contester, bénéficier en licence exclusive d'un droit d'exploitation des marques Okaidi, dont la marque nº 04 3 299 262, ainsi que d'une autorisation à "solliciter une saisie-contrefaçon devant le tribunal de grande instance de Lille";

qu'il y lieu dès lors de rejeter le moyen. »

TGI Paris, 3e ch., 2e sect., 1er oct. 2010, RG 2008/16991, *Jurinpi* D20100245; *PIBD* 2011, nº 935, III, 201.

« Attendu que la société Santiago Pons Quintana poursuit la nullité des procès-verbaux de saisie-contrefaçon des 3 et 18 juin 2008 et de constat sans autre précision aux motifs, d'une part que les opérations ont été diligentées par la société Tod's SpA sans qu'il soit possible de déterminer l'organe qui représente légalement cette société, et d'autre part que l'huissier instrumentaire a poursuivi ses opérations des boutiques aux sièges sociaux des sociétés François Pinet et orphée Club sans autorisation puisqu'il ne les a pas suspendues;

Attendu cependant que le premier moyen qui porte sur les conditions d'octroi de l'ordonnance de saisie-contrefaçon relevait de la procédure de référé rétractation expressément prévue par les dispositions des articles 496 et 497 du code de procédure civile ».

Aix-en-Provence, ch. 2, 2 févr. 2011, RG nº 09/07185.

« Alain Lange est recevable à contester la régularité de tous moyens de preuve apportés au soutien d'une prétention et donc à critiquer la régularité des différents procès-verbaux de saisie-contrefaçon et autres constats qui lui sont opposés. Selon l'article R. 631-1 du code de procédure civile, seul le tribunal de grande instance de Marseille est territorialement compétent pour connaître des actions en matière de brevet dans le ressort de la cour d'appel d'Aix-en-Provence. Les autorisations délivrées successivement par les présidents du tribunal de grande instance de Nice et du tribunal de commerce de Nice les 26 janvier et 11 mai 2006 sont donc nulles et par voie de conséquences les actes de saisie et constats opérés en exécution de ces décisions. En outre, l'intervention de R. Verdollin aux opérations de saisie du 6 mars 2006 en tant qu'assistant de l'huissier Vidry, alors que celui-ci était intéressé à la commercialisation des appareils mis en œuvre par Gabriel Sylvestre, est contraire à l'impartialité que requièrent des constatations produites au soutien d'une action en justice.

C'est donc à bon droit que le tribunal a prononcé la nullité de l'ensemble des procès-verbaux produits par des motifs pertinents que la Cour adopte. »

Toulouse, ch. 3, sect. 1, 21 juill. 2011, RG n° 10/02634.

« Le tribunal saisi de l'action en contrefaçon est seul compétent pour prononcer la nullité de la requête et de l'ordonnance autorisant la saisie.

Dès lors c'est à tort que le premier juge a dit qu'il ne lui appartenait pas de prononcer la nullité d'une décision rendue par une autre juridiction.

La saisie contrefaçon est une procédure exceptionnelle qui doit être autorisée par un juge et respecter les dispositions légales spécifiques prévues par l'article L. 615-5 du code de la propriété intellectuelle en matière de brevets.

Or en l'espèce les exigences légales n'ont pas été respectées puisque l'ordonnance a été rendue par le président du tribunal de grande instance de Cahors qui n'était pas compétent en application des articles L. 615-17 et D. 631-2 du code de la propriété intellectuelle.

En conséquence l'ordonnance et la saisie contrefaçon opérée en vertu de cette décision sont nulles.

L'ordonnance sera dans ces conditions infirmée. »

TGI Paris, 3e ch, 1re sect., 15 nov. 2011, RG n° 10/15560.

« La société Manitou prétend également que les sociétés JC Bamford ont obtenu auprès du président du tribunal de grande instance de Rennes des ordonnances autorisant la saisie-contrefaçon tant dans les locaux de la société Aumont que dans les locaux de la société CNH alors qu'une instance était en cours devant le tribunal de grande instance de Paris; que les dispositions de l'article 812 du code de procédure civile auraient dû être appliquées.

Les sociétés JC Bamford répondent que les assignations du 24 février et 9 mars 2005 ne visaient que la société Manitou, que les sociétés Aumont et CNH, juridiquement indépendantes, n'étaient donc pas parties à cette affaire; que les requêtes aux fins de saisies-contrefaçon présentées le 9 mai 2011 au président du tribunal de grande instance de Rennes ne concernaient pas la société Manitou qui avait effectivement déjà été assignée, mais seulement les sociétés Aumont et CNH qui étaient alors étrangères à l'instance en cours, que le président du tribunal de grande instance de Rennes était donc parfaitement compétent pour les requêtes qui lui ont été présentées, que ce n'est qu'ensuite, pour une bonne administration de la justice que les différentes instances, alors indépendantes, ont été jointes par une ordonnance du 28 novembre 2005.

Elles ajoutent qu'en tout état de cause, seule une exception d'incompétence pourrait être retenue et non une nullité de l'ordonnance elle-même.

Or, il convient de constater que la société Aumont était une filiale de la société Manitou ce que les sociétés demanderesses ne sauraient contester ni prétendre ignorer et qu'en conséquence, elles recherchaient, lors du dépôt de la requête devant le président du tribunal de grande instance de Rennes, à démontrer le lien qui existait entre les sociétés et le réseau de distribution des produits argués de contrefaçon de sorte qu'elles devaient mettre en œuvre les dispositions de l'article 812 du code de procédure civile applicables aux litiges soumis aux tribunaux de grande instance.

Il importe peu que de façon artificielle les sociétés JC Bamford aient choisi de taire la procédure engagée devant le tribunal de grande instance de Paris au président du tribunal de grande instance de Rennes et d'assigner par la suite la société Aumont au sein de laquelle les opérations de saisie-contrefaçon avaient eu lieu puisqu'ayant la maîtrise de la procédure, il leur appartient de respecter loyalement les règles de procédure et de ne pas les détourner sous des prétextes assez fallacieux.

Elles devaient donc, s'agissant de la contrefaçon du même brevet sur le même de type de matériel et connaissant le fait que la société Aumont était une filiale de la société Manitou, et donc la participation de cette société aux faits de contrefaçon reprochés, saisir le juge de la mise en état sur le fondement de l'article 812 du code de procédure civile.

La saisie-contrefaçon a donc été autorisée par un juge qui n'avait pas compétence pour ce faire et qui d'ailleurs n'a pas pu relever son incompétence puisque l'existence de la procédure pendante devant le tribunal de grande instance de Paris lui a été cachée de façon déloyale.

Ce moyen de défense ne constitue pas une exception d'incompétence mais bien une demande de nullité de l'ordonnance autorisant la saisie-contrefaçon au motif que celle-ci est prise par un juge n'ayant pas le pouvoir de prendre cette décision.

En conséquence, il convient d'annuler également sur ce fondement les opérations de saisie-contrefaçon réalisées au sein de la société Aumont le 18 mai 2005 sur autorisation d'un juge qui n'avait pas pouvoir de prendre cette décision. »

▸ 122.21 Ministère d'avocat

Lyon, 1re ch., 14 mars 2002, *Propr. industr.* 2003, comm. n° 54, obs. Kamina.

« [...] Attendu que [...] la requête déposée auprès du tribunal de grande instance de Villefranche-sur-Saône qui a été présentée à la fois par Me X avocat au barreau de Lyon et par Me Y avocat au barreau de Villefranche-sur-Saône, a été signée par le seul Me X, alors qu'il aurait dû être également signé par l'avocat postulant, Me Y; que ce fait est établi par la simple lecture comparative des pièces du dossier; que cette requête, qui ne respecte pas la règle de postulation des avocats, est irrégulière et nulle; que, en effet, le non respect des règles de postulation entache la requête en question d'une irrégularité de fond, entraînant la nullité de cette requête, sans qu'il soit nécessaire de justifier d'un grief, et, en conséquence, la nullité de l'ordonnance prise par le président du tribunal de grande instance de Villefranche-sur-Saône au pied de cette requête ainsi que celle des opérations de saisie subséquentes. »

Civ. 2e, 24 févr. 2005, n° 03-11.718, *Bull. civ.* II, n° 49, *D.* 2005. IR 735.

« Vu les articles 117 et 813 du nouveau code de procédure civile;

Attendu que, hors les cas où elle est présentée par un officier public ou ministériel, la requête est présentée au président du tribunal par un avocat postulant qui la signe;

Attendu, selon l'arrêt attaqué et les productions, que la société Atlog, sur le fondement des articles L. 332-1 et suivants du code de la propriété intellectuelle, a déposé une requête devant le président d'un tribunal de grande instance, aux fins de saisie de logiciels appartenant à la société Sig image; que l'ordonnance autorisant la saisie ayant été rendue, la société Sig image a saisi, en vue de la rétracter, la juridiction statuant en référé; que la société Atlog ayant fait appel de l'ordonnance de rétractation, l'intimée a soutenu que la procédure ayant abouti à l'ordonnance sur requête était nulle, la requête étant affectée d'une irrégularité de fond, pour n'avoir pas été présentée par un avocat postulant, celui indiqué dans la requête n'ayant ni signé ni déposé l'acte;

Attendu que pour rejeter l'exception de nullité, l'arrêt retient que l'absence de signature de l'avocat postulant au pied de la requête constitue une nullité de forme et que la société Sig image est irrecevable à la soulever pour la première fois en cause d'appel;

Qu'en statuant ainsi, alors qu'une telle irrégularité affectait d'une nullité de fond l'acte litigieux, dont les mentions ne pouvaient servir à établir la réalité de la postulation, la cour d'appel a violé les textes susvisés. »

Com. 14 nov. 2006, n° 04-14.865, NP.

« Vu les articles 813 et 815 du nouveau code de procédure civile;

Attendu, selon l'arrêt déféré, que la société ECL, qui concevait et fabriquait des appareils d'électronique médicale pour la rééducation, a déposé en 1992 et 1993 auprès de l'Institut national de la propriété industrielle, les marques ECL, Compact élite, Sat élite et Morpho thérapie; qu'après saisie-contrefaçon, M. X..., liquidateur judiciaire de cette société mise en liquidation judiciaire le 12 mars 1999, a fait assigner la société Electronic concept Lignon innovation (société ECLI) en contrefaçon de marques et en concurrence déloyale; que la société ECLI a reconventionnellement conclu à la nullité de la requête en saisie-contrefaçon, de l'ordonnance autorisant cette saisie et du procès-verbal établi à cet effet;

Attendu que pour rejeter la demande en annulation de la requête en saisie-contrefaçon dirigée à l'encontre de la société ECLI par le liquidateur judiciaire de la société ECL et de l'ordonnance subséquente, l'arrêt retient que si la requête n'est apparemment pas signée, force est de constater qu'aucun texte n'impose une telle signature dès lors que cette requête est présentée par un avocat postulant auprès de la juridiction saisie et que l'identification de ce dernier ne souffre aucune incertitude puisque son nom et son cachet figurent en tête de la requête;

Attendu qu'en statuant ainsi, alors que dans les procédures avec représentation obligatoire, les prétentions des parties et les moyens sur lesquels elles sont fondées sont formulées dans des écritures qui doivent être signées par l'avocat constitué, lequel a seul qualité pour représenter les parties et conclure en leur nom, la cour d'appel a violé les textes susvisés. »

Paris, 4e ch., sect. A, 12 sept. 2007, RG n° 06/03557, *Jurinpi* B20070114.

« Considérant que, dans ses dernières conclusions et après avoir conclu sur le fond, la société appelante invoque pour le première fois la nullité de l'ordonnance présidentielle ayant autorisé la saisie-contrefaçon et la nullité des opérations menées par l'huissier instrumentaire sur le fondement de cette ordonnance; que, au soutien de ce moyen de nullité, elle fait valoir que le président du tribunal de grande instance de Saint-Nazaire aurait statué "*ultra petita*" motif pris que la requête au vu de laquelle l'ordonnance a été rendue aurait été présentée par un avocat n'ayant pas qualité pour postuler devant cette juridiction;

[...]

Considérant, en second lieu, qu'il résulte de l'examen de la requête critiquée que celle-ci porte la mention de Me Dore, avocat au barreau de Saint-Nazaire, au domicile duquel a été domiciliée la société Bühler, requérante; que l'absence de signature alléguée de l'avocat ayant présenté ladite requête ne saurait être de nature à entraîner, par application du principe pas de nullité sans texte, celle de la requête; que, en tout état de cause, si cette absence de signature avait causé un grief à la société appelante celle-ci disposait, en application des dispositions de l'article 497 du nouveau code de procédure civile, de la possibilité de saisir le juge ayant rendu l'ordonnance critiquée. »

▸ 122.22 Procédure non contradictoire

Paris, 4e ch., 4 avr. 1991, *PIBD* 1991, n° 507, III, 521.

« Considérant que Sofrapel ne prétend pas que l'ordonnance autorisant la saisie ne lui a pas été notifiée avant la saisie contrefaçon, ce qui serait une nullité de fond, mais que la saisie a été autorisée sur une requête imprécise et ne lui a pas été notifiée suffisamment tôt pour qu'elle puisse intenter un référé en rétractation; que s'agissant de vices de forme, Sofrapel n'est pas recevable à les soulever pour la première fois en appel; qu'au surplus le premier grief manque en fait, la requête ayant visé les revendications 1, 2, et 3 du brevet, et le second en droit, puisque l'annonce d'une saisie-contrefaçon la priverait de toute efficacité et n'est, évidemment, imposée par aucun texte ou aucun principe. »

▸ 122.23 Objet

Paris, 4e ch. A, 17 mai 1995, *Ann. propr. ind.* 1997. 65.

« Considérant que le défaut d'indication d'objet de la demande est une irrégularité constitutive d'un vice de forme lequel justifie l'annulation de l'acte si l'inobservation relevée concerne une formalité substantielle ou d'ordre public, à charge pour la partie qui l'invoque de prouver le grief que lui cause l'irrégularité. »

▸ 122.31 Identification du requérant

TGI Paris, 3e ch., 1re sect., 12 juin 2007, RG n° 04/05123, *Jurinpi* B20070107.

« Attendu que la société défenderesse soulève la nullité de la requête, de l'ordonnance et de la saisie et ce aux motifs que les demandeurs disposent de titres différents et ne pouvaient donc saisir le Président du tribunal d'une requête globale;

Que force est de constater toutefois que chacun des titres des demandeurs et le fondement sur lequel ils agissent ont été précisés; que dès lors la requête et l'ordonnance sont parfaitement valables;

Que, par ailleurs, le fait que la saisie ait été effectuée au nom des trois demandeurs alors que seules les sociétés Protecop et Cedi ont été autorisées à pratiquer la saisie ne peut rendre nulle cette saisie qui reste valable en ce qui concerne les deux sociétés demanderesses. »

Paris, 4e ch., sect. A, 21 mars 2007, RG n° 06/17919, *JurisData* n° 2007-328377; *Propr. intell.* oct. 2007, p. 478, obs. de Haas.

« Que l'article 13-2 de ces statuts prévoit que *seul le président représente la société à l'égard des tiers*; que l'article 14 intitulé "Directeur général" dispose que *l'étendue et la durée des pouvoirs délégués au directeur général sont déterminés par les associés en accord avec le président*; Considérant que si le procès-verbal de l'assemblée générale extraordinaire du 24 décembre 2001 mentionne l'adoption d'une huitième résolution prévoyant d'attribuer à Laurent Gerbi, en qualité de directeur général, *les mêmes pouvoirs que le président tels qu'ils lui sont dévolus et selon les modalités prévues par l'article 13 des statuts*, cette disposition n'est pas reprise dans la mise à jour des statuts du 27 septembre 2002, publiée le 9 août 2004, comme l'exige l'article L. 227-6 alinéa 3 susvisé; Que la SAS Design Sportswear ne justifie donc pas, à l'égard des tiers, d'une délégation à son directeur général, Laurent Gerbi, du pouvoir de la représenter; Considérant que le défaut de pouvoir de Laurent Gerbi à représenter la SAS Design Sportswear constitue une irrégularité de fond qui affecte la validité de la requête afin de saisie-contrefaçon du 22 septembre 2005 et de l'assignation du 14 novembre 2005 de sorte que le jugement entrepris doit être confirmé en ce qu'il les a annulées. »

Com. 3 juin 2008, n° 07-14.457, NP, *Propr. intell.* oct. 2008, p. 458, obs. de Haas.

« Mais attendu qu'après avoir relevé qu'il ressortait respectivement des articles 13-2 et 14 des statuts mis à jour de la société, adoptés le 27 septembre 2002, et déposés au greffe du tribunal de commerce le 9 octobre 2004, que seul le président représente la société à l'égard des tiers et que l'étendue et la durée des pouvoirs délégués au directeur général sont déterminés par les associés en accord avec le président, l'arrêt retient que, si le procès-verbal de l'assemblée générale extraordinaire de la société, en date du 24 décembre 2001, mentionnait l'adoption d'une résolution prévoyant d'attribuer à M. X..., en qualité de directeur général, les mêmes pouvoirs que le président tels qu'ils lui sont dévolus et selon les modalités prévues par l'article 13 des statuts, cette disposition n'était pas reprise dans la mise à jour des statuts du 27 septembre 2002, comme l'exige l'alinéa 3 de l'article L. 227-6 du code de commerce, de sorte que la société ne justifiait pas, à l'égard des tiers, d'une délégation à son directeur général du pouvoir de la représenter; que par ces seuls motifs, la cour d'appel a déduit à bon droit que le défaut de pouvoir de M. X... à représenter la société constituait une irrégularité de fond affectant la validité de la requête en saisie-contrefaçon et de l'assignation; que le moyen n'est pas fondé. »

TGI Paris, 3e ch., 1re sect., 30 sept. 2008, RG n° 06/11319, *Jurinpi* B20080135.

« Cependant, les mentions portées sur les requêtes et les actes de signification indiquent que la société Dorel est représentée par son président du conseil d'administration alors qu'il aurait fallu indiquer qu'elle était représentée par le président du conseil d'administration qui exerce également les fonctions de directeur général; cette omission constitue une erreur puisque, si la représentation de la société Dorel France est conforme aux prescriptions légales, encore faut-il, dans les actes qui sont destinés à des tiers, indiquer les mentions qui permettent à ces tiers de vérifier la régularité de cette représentation.

Pour autant, cette omission ne constitue qu'une nullité de forme telle que prévue à l'article 114 du code de procédure civile.

Aucun grief n'est démontré ni même allégué par les sociétés Bebecar et, ce d'autant que le président du conseil d'administration de la société Dorel France exerce les fonctions de directeur général et avait donc tout pouvoir pour représenter la société dans une procédure judiciaire.

En conséquence, les demandes de nullité des requêtes et des ordonnances de saisie-contrefaçon des 11 juillet et 4 septembre 2006, des procès-verbaux de saisie-contrefaçon des 12 juillet et 4 septembre 2006, de la signification des ordonnances autorisant les saisies-contrefaçon et de la sommation en date du 17 juillet 2006 d'avoir à assister au dépôt au greffe du châssis de la poussette Rversus sont mal fondées et seront rejetées. »

Paris, pôle 5, ch. 1, 12 mai 2010, RG n° 08/19543, *Jurinpi* B20100085.

« Considérant que les sociétés Bebecar soutiennent que les requêtes en saisie-contrefaçon soumises au président du tribunal de grande instance de Paris le 12 juillet 2006 et le 4 septembre 2006 sont entachées d'une irrégularité de fond affectant, au sens des dispositions de l'article 117 du code de procédure civile, la validité de l'acte pour défaut de pouvoir de la personne agissant pour la société Dorel, que subséquemment, sont nuls sans régularisation possible, les ordonnances présidentielles rendues au visa de ces requêtes, les actes portant signification des ordonnances, les procès-verbaux de saisie-contrefaçon respectivement établis le 12 juillet 2006 et le

4 septembre 2006, la sommation d'avoir à assister au dépôt au greffe du châssis de la poussette Rversus saisi au cours des opérations du 12 juillet précédent;

Mais considérant que c'est par de justes motifs, que la cour adopte, que les premiers juges, ayant exactement observé que les requêtes contestées ont certes été présentées par la société Dorel France, société anonyme, "agissant poursuites et diligences de son président en exercice" et pertinemment relevé qu'en vertu des statuts de la société, le président du conseil d'administration, en la personne de Jean-Claude Jacomin, cumule ses fonctions avec celles de directeur général, lequel est habilité, selon la loi, à représenter la société dans ses rapports avec les tiers, ont retenu que l'omission de cette indication ne constitue qu'un vice de forme dont les sociétés Bebecar, dès lors qu'elles n'allèguent aucun grief, ne sont pas fondées à se prévaloir pour exciper de la nullité de l'acte;

Que le jugement doit être confirmé en ce qu'il a écarté les demandes de nullité visant l'ensemble des opérations de saisie-contrefaçon pour défaut de pouvoir. »

Com. 14 déc. 2010, n° 09-71.712, *Bull civ.* IV, n° 205.

« Vu les articles 117 et 120, alinéa 1er, du code de procédure civile;

Attendu qu'il résulte de ce texte que les exceptions de procédure fondées sur l'inobservation des règles de fond relatives aux actes de procédure ne doivent être relevées d'office que lorsqu'elles ont un caractère d'ordre public;

Attendu que l'arrêt prononce, sur la demande des seules sociétés Luna et Floria, la nullité de l'ensemble des requêtes aux fins de saisie-contrefaçon, des opérations de saisie subséquentes et des assignations;

Attendu qu'en statuant ainsi, alors que l'irrégularité de fond tenant au défaut de pouvoir d'une personne figurant au procès comme représentant d'une personne morale ne revêt pas un caractère d'ordre public et ne peut profiter qu'à la partie qui l'invoque, la cour d'appel a violé les textes susvisés. »

Com. 7 juin 2011, n° 10-23.515, NP.

« Attendu que les sociétés Bebecar UPC et Bebecar France font grief à l'arrêt de rejeter leurs demandes de nullité des requêtes et des ordonnances de saisie-contrefaçon des 11 juillet et 4 septembre 2006, des procès-verbaux de saisie-contrefaçon des 12 juillet et 4 septembre 2006, de la signification des ordonnances autorisant les saisies-contrefaçon et de la sommation en date du 17 juillet 2006, alors, selon le moyen, *que le défaut de pouvoir d'une personne assurant la représentation d'une partie en justice constitue une irrégularité de fond qui entache l'acte de nullité sans que celui qui l'invoque ait à justifier d'un grief; qu'en décidant que les actes critiqués, délivrés à la requête de la société Dorel, société anonyme à conseil d'administration, "agissant poursuites et diligences de son président en exercice", étaient affectés d'une simple nullité de forme qui ne pouvait être prononcée en l'absence d'un grief, quand ces actes relevaient exclusivement du pouvoir du directeur général de la société et que le défaut de pouvoir du président du conseil d'administration, ces deux fonctions fussent-elles réunies sur la tête d'une même personne physique, entachaient les actes critiqués d'une irrégularité de fond, de sorte que les sociétés Bebecar n'avaient pas à faire la preuve d'un grief, la cour d'appel a violé les articles 114, 117 et 119 du code de procédure civile, ensemble les articles L. 225-56 et L. 225-51 du code de commerce;*

Mais attendu qu'ayant relevé qu'en application des statuts de la société Dorel, le président du conseil d'administration cumulait ses fonctions avec celles de directeur général, la cour d'appel en a exactement déduit que le défaut de mention de ces dernières fonctions ne constituait qu'une irrégularité de forme; que le moyen n'est pas fondé. »

▸ 122.32 Droits invoqués par le requérant

Douai, 1re ch., 4 févr. 2002, *Dossiers Propr. intell.* 2001, III et IV, n° 3, obs. Ch. Le Stanc; *Propr. industr.* 2002, comm. n° 40, obs. J. Raynard.

« De ce chef, il ne saurait être reproché à la requête puis à l'ordonnance du 22 janvier 2001 de ne pas avoir visé les revendications du brevet; cette précision n'est réclamée par aucun texte.

En outre, le brevet invoqué à l'appui d'une saisie-contrefaçon est un titre publié, donc connu des tiers, y compris les revendications qui y sont contenues. »

Paris, 4e ch., sect. B, 10 déc. 2004, RG n° 02/03941, *PIBD* 2004, n° 802, III, 99; *Propr. intell.*, janv. 2005, p. 85, obs. Warusfel; *D.* 2005. 966.

« Mais considérant en réponse à la première cause de nullité, que la requête aux fins de saisie indique seulement que "la société Marketing Displays INC est propriétaire d'un brevet d'invention déposé en France le 13 juin 1984 délivré sous le n° 8409228 ayant pour titre `Dispositif d'affichage de placards publicitaires inviolable'"; que ni cette requête, ni l'ordonnance de saisie-contrefaçon ne permettaient dès lors au saisi d'identifier les caractéristiques précises du dispositif breveté et donc l'objet exact de l'intervention de l'huissier; qu'en effet, ce dernier a relevé dans son procès-verbal qu'il a été reçu par Mme Mazoyer, responsable juridique, laquelle lui a indiqué "que ce dispositif d'affichage figure sur plus de 400 points de vente", ce qui ne permet pas de savoir de quel dispositif il s'agit; que, dans ces conditions, ainsi que l'ont constaté les premiers juges, les prescriptions de l'article L. 615-5 du code de la propriété intellectuelle n'ont pas été respectées. »

TGI Paris, 3e ch., 1re sect., 12 juin 2007, RG n° 04/05123, *Jurinpi* B20070107.

« Attendu que la société défenderesse soulève la nullité de la requête, de l'ordonnance et de la saisie et ce aux motifs que les demandeurs disposent de titres différents et ne pouvaient donc saisir le président du tribunal d'une requête globale;

Que force est de constater toutefois que chacun des titres des demandeurs et le fondement sur lequel ils agissent ont été précisés; que dès lors la requête et l'ordonnance sont parfaitement valables;

Que, par ailleurs, le fait que la saisie ait été effectuée au nom des trois demandeurs alors que seules les sociétés Protecop et Cedi ont été autorisées à pratiquer la saisie ne peut rendre nulle cette saisie qui reste valable en ce qui concerne les deux sociétés demanderesses. »

Paris, 4e ch., sect. A, 3 déc. 2008, no 2007/13569, *PIBD* 2009, no 892, III, 878, *Jurinpi* B20080166.

« Considérant que la société Mile Dragic Production soutient que la requête en saisie-contrefaçon présentée le 14 juin 2006, serait entachée de nullité dès lors que la société Cedi n'aurait pas précisé les revendications du brevet estimées contrefaites;

Mais considérant que cette exigence n'est pas prescrite à peine de nullité de sorte, que ce moyen doit être rejeté. »

Paris, pôle 5, ch. 1, 8 juin 2011, RG no 2009/21321, *Jurinpi* D20110126, *PIBD* 2011, no 948, III, 625.

« Que la société BA&SH reproche, tout d'abord, aux appelants d'avoir invoqué des droits sur une marque correspondant au modèle invoqué pour ne revendiquer que des droits d'auteur et de dessins et modèles; que le seul fait que la société Notify Licensing, seule titulaire des marques revendiquées, se soit associée à Maurice Ohayon et à la société Cristal Denim pour obtenir l'autorisation de procéder à des saisies-contrefaçon et n'ait pas cru devoir, au vu du résultat de ces saisies, assigner au fond en contrefaçon de marque ne saurait entacher de nullité les opérations de saisie également fondées sur les droits d'auteur et de dessins et modèles, visés par l'assignation introductive d'instance;

qu'en effet, même s'il était amplement argué d'une atteinte au droit des marques de la société Notify Licensing et de son licencié la société Cristal Denim, les requêtes aux fins de saisie-contrefaçon indiquaient clairement au magistrat saisi que Maurice Ohayon était propriétaire d'un modèle déposé, actuellement revendiqué, et qu'il était reproché la reproduction d'éléments originaux; que ce moyen de nullité ne saurait, en conséquence, prospérer et la décision entreprise sera confirmée de ce chef. »

▸ 122.33 Motivation

TGI Bobigny, ord. réf., 14 oct. 1998, RG no 11490/98, inédit.

« Attendu, en l'espèce, qu'alors que le requérant n'a nulle obligation de justifier, même par un commencement de preuve ou par une présomption, de l'existence de la contrefaçon qu'il allègue puisque la procédure de saisie a précisément pour but de prouver la contrefaçon, son affirmation, d'ailleurs formulée sous sa responsabilité et à ses risques et périls, est suffisante que le grief d'absence de motivation de la requête est donc inopérant. »

Douai, 1re ch., 4 févr. 2002, *Dossiers Propr. intell.* 2001, III et IV, no 3, obs. Ch. Le Stanc; *Propr. industr.* 2002, comm. no 40, obs. J. Raynard.

« En effet, la saisie-contrefaçon est une mesure visée uniquement probatoire et dont le requérant n'a pas à donner de justificatif quelconque à sa requête, n'a pas à apporter de commencement de preuve de l'existence de la contrefaçon alléguée. »

TGI Paris, 3e ch., 3e sect. ord. réf., 18 oct. 2006, *PIBD* 2007, no 845, III, 82.

« Dès lors que la procédure de l'article L. 615-5 du code de la propriété intellectuelle est une mesure permettant de faire la preuve d'une contrefaçon avant tout litige au fond, le requérant n'est pas tenu d'apporter la preuve de la contrefaçon qu'il allègue étant rappelé que les opérations de saisie-contrefaçon sont toujours diligentées sous sa responsabilité et peuvent ouvrir droit à dommages et intérêts en cas de procédure fautive ou abusive. »

Aix-en-Provence, 2e ch., 16 nov. 2006, RG no 05/20598, *JurisData* no 2006-327104.

« Les saisies contrefaçons pratiquées sans droit par Monsieur Cavaye ont privé injustement Madame Haas et Monsieur Besnard pendant de nombreux mois de la libre disposition de leurs tee-shirts licitement acquis, ce qui les a empêchés de les vendre et d'en retirer un bénéfice. Ce préjudice sera indemnisé par la somme de 7 500,00 euros qui sera allouée à chacun d'eux. »

Aix-en-Provence, 1re ch. C, 1er juill. 2010, RG no 2010/00886, *Jurinpi* B20100121; *PIBD* 2010, no 925, III, 603.

« L'article L. 615-5 du code de la propriété intellectuelle, dans sa rédaction modifiée par la loi no 2007-1544 du 29 octobre 2007, relatif à la saisie-contrefaçon, n'a pas intégralement repris les termes de la directive CE no 2004/48 du 29 avril 2004, qui impose au requérant de présenter "des éléments de preuve raisonnablement accessibles pour étayer ses allégations selon lesquelles il a été porté atteinte à son droit de propriété intellectuelle".

Il dispose uniquement que toute personne ayant qualité pour agir en contrefaçon est en droit de faire procéder soit à la description détaillée, soit à la saisie réelle des produits ou procédés prétendus contrefaisants ainsi que tout document s'y rapportant.

Ces dispositions confirment donc que la saisie-contrefaçon est exclusivement une mesure probatoire susceptible d'être requise par toute personne qui a qualité à agir en contrefaçon. Ainsi, le requérant doit justifier du titre sur lequel il se fonde et le juge doit vérifier non seulement que ce titre est toujours en vigueur, mais aussi que le requérant est bien titulaire des droits qu'il invoque.

Par ailleurs, il n'appartient pas au demandeur à la rétractation (sic) de rapporter la preuve de la contrefaçon qu'il allègue. La simple vraisemblance de l'atteinte invoquée par le breveté suffit. »

▸ 122.34 Justificatifs à produire

TGI Paris, 13 mars 1996, *Jurinpi* B19960042.

« Procédure, actions en contrefaçon et en concurrence déloyale, exception, nullité des actes de saisie-contrefaçon non, preuve non rapportée par le premier défendeur de l'absence de la partie "revendications" dans la copie certifiée conforme du brevet litigieux jointe à la requête présentée au magistrat, documents versés à la présente procédure étant complets, régularisation immédiate par l'officier ministériel de sa saisie avec restitution d'un prototype de cyclone que l'ordonnance présidentielle ne l'autorisait pas à prendre, délai légal de quinzaine à compter de la saisie-contrefaçon ayant été respecté. »

Nîmes, 14 sept. 1998, *RD propr. int.* 1999, n° 96, 43.

« En l'espèce, la requête présentée le 1er décembre au président du tribunal de grande instance de Privas comportait l'indication précise des titres invoqués par chacun des requérants puisque pour chacun d'eux étaient énoncés et identifiés précisément par leurs numéros de référence, leur objet et leur date de demande, de délivrance ou de dépôt, les certificats et demandes de certificat d'obtention végétale ainsi que les marques déposées dont ils étaient respectivement titulaires. L'art. 494 du nouveau code de procédure civile n'exige pas qu'un inventaire séparé des pièces déjà visées précisément dans la requête soit en outre annexé à celle-ci. »

Com. 9 avr. 2002, n° 99-15.657, NP.

« Attendu, selon ces textes, que la requête aux fins de saisie-contrefaçon doit comporter l'indication précise des pièces invoquées, lesquelles doivent être jointes à ladite requête; [...]

Attendu que pour infirmer l'ordonnance de référé ayant rejeté la demande en rétractation de l'ordonnance sur requête et annuler celle-ci, l'arrêt retient que la requête ne comporte pas l'indication précise des pièces produites à son soutien et que la simple référence aux brevets indiqués ne permet pas d'affirmer que ceux-ci ont été effectivement soumis à l'appréciation du juge des requêtes;

Attendu qu'en statuant ainsi, alors qu'il résulte des productions que la requête comportait de manière précise les références des brevets et leur objet et que l'ordonnance rendue au vu de cette requête visait "les pièces produites", ce dont il résultait que les brevets avaient été régulièrement produits à l'appui de la requête, conformément aux dispositions de l'article R. 615 1 du code de la propriété intellectuelle, la cour d'appel a violé les textes susvisés. »

TGI Paris, 3e ch. 2e sect., 8 févr. 2008, RG n° 07/16191.

« Attendu qu'aux termes de l'article 494 du code de procédure civile, *la requête est présentée en double exemplaire. Elle doit être motivée. Elle doit comporter l'indication précise des pièces invoquées [...]*;

que l'article R. 615-1 du code de la propriété intellectuelle dispose quant à lui que [...] *l'ordonnance est rendue sur simple requête et sur la présentation soit du brevet [...]*;

Attendu que si aucune de ces dispositions n'exige qu'un inventaire séparé des pièces présentées soit annexé à la requête, le saisi doit cependant être en mesure de connaître les pièces qui ont été produites au soutien de la demande, lesquelles doivent porter sur l'existence du titre, la titularité des droits invoqués et le maintien en vigueur du brevet;

qu'en l'espèce la requête présentée le 10 novembre 2005 indique que la société GSG est "titulaire d'un brevet européen n° 1 232 830 déposé le 13 février 2002, publié le 21 août 2002 et délivré le 1er décembre 2004 dont le titre est *Procédé de fabrication des tringles d'entraînement pour unités de poignées pour cadres de fenêtres et appareil pour la mise en œuvre de ce procédé*. La traduction française de ce brevet européen a été remise à l'Institut national de propriété industrielle le 25 février 2005. Le brevet européen n° 1 232 830 est maintenu en vigueur par le paiement régulier des redevances annuelles. La société GSG International n'en a consenti ni cession ni licence";

que cette requête, qui ne comporte aucune référence, ne précise pas si la requérante a présenté au juge, non seulement le brevet sur lequel elle a fondé sa demande, mais aussi la preuve que ce titre était en vigueur à cette date et portait ses effets en France;

que ni la mention "Vu la requête qui précède et les pièces à l'appui" qui figure en tête de l'ordonnance, ni la production ultérieure des justificatifs dans le cadre de l'instance au fond ne peuvent régulariser cette irrégularité qui fait grief au saisi qui n'est pas en mesure d'avoir une connaissance précise des éléments sur lequel le juge s'est fondé;

qu'il y a lieu dès lors de faire droit à la demande de rétractation de l'ordonnance du 10 novembre 2005. »

Civ. 2e, 11 févr. 2010, n° 08-21.469, *Bull. civ.* II, n° 34; *Procédures* avr. 2010, comm. 112, note Perrot, *Propr. intell.* oct. 2010, p. 1013, obs. de Haas.

« Sur le moyen unique, pris en sa première branche :

Vu les articles 16 et 494 du code de procédure civile;

Attendu, selon l'arrêt attaqué, que M. Jean-François X... a demandé la rétractation de l'ordonnance sur requête par laquelle la société André X... et la société Les Petits-Fils de veuve Ambal avaient été autorisées à faire procéder, dans ses locaux, à un relevé détaillé de divers documents commerciaux, en soutenant que la requête ne comportait pas l'indication des pièces invoquées;

Attendu que pour rejeter la demande, l'arrêt retient que si la requête ne mentionne aucune pièce invoquée, les sociétés requérantes ont versé lors de l'instance en rétractation les pièces dont elles entendaient tirer parti afin de démontrer le bien-fondé de leurs prétentions, de sorte que le principe de la contradiction est respecté;

Qu'en statuant ainsi, alors que l'indication précise des pièces invoquées exigée par le second des textes susvisés, destinée à assurer le respect du principe de la contradiction, constitue une condition de la recevabilité de la requête, la cour d'appel a violé les textes susvisés;

Par ces motifs, et sans qu'il y ait lieu de statuer sur les autres branches du moyen :

Casse et annule. »

Civ. 1re, 20 oct. 2011, n° 10-19.615, NP.

« Vu les articles 16 et 494 du code de procédure civile;

Attendu que, sur sa requête aux fins de saisie-contrefaçon, la société "Sans aucun souci" a été autorisée, par ordonnance, à faire procéder à la saisie de chaussures pour enfants commercialisées par la société Asie Europe liaison office (société Aelo) auprès de distributeurs, ainsi que de tous documents afférents à leur fabrication et diffusion; que le juge des référés a rejeté la demande de rétractation de l'ordonnance, présentée par la société Aelo, en relevant qu'avait été ouverte devant lui l'enveloppe Soleau, mentionnée dans la requête et contenant des modèles protégés et revendiqués par la société "Sans aucun souci";

Attendu que, pour confirmer le rejet de la demande de rétractation de l'ordonnance autorisant la saisie-contrefaçon et de la demande de restitution des originaux saisis, présentée par la société Aelo, l'arrêt retient qu'à supposer qu'aucune pièce n'ait été produite devant le juge qui a signé la requête, la production et l'ouverture de l'enveloppe Soleau devant le juge des référés, au cours de l'instance en rétractation, permettaient de justifier l'ordonnance intervenue, en outre particulièrement motivée;

Qu'en statuant ainsi, alors que l'indication précise des pièces invoquées exigée par le second des textes susvisés, destinée à assurer le respect du principe de la contradiction, constitue une condition de la recevabilité de la requête et que ni celle-ci ni l'ordonnance autorisant la saisie-contrefaçon ne comportaient la précision que l'enveloppe Soleau avait été produite et son contenu révélé, la cour d'appel a violé les textes susvisés. »

▸ 122.41 Identification du saisi

Paris, 4e ch., 5 avr. 1979, *PIBD* 1979, n° 246, III, 392.

En effet les montres litigieuses ont bien été saisies après dédouanement sur le territoire national et l'huissier n'a pas outrepassé sa mission en opérant la saisie entre les mains du transporteur, car l'ordonnance avait un caractère général ne limitant pas les personnes entre les mains de qui la saisie pouvait être effectuée.

Lyon, 1re ch. civ., 22 mars 2007, RG n° 05/06557, *JurisData* n° 2007-344073.

« Attendu qu'en l'espèce l'ordonnance du 18 juin 2004 autorisant une saisie descriptive et réelle de sous-vêtements présentant les mêmes caractéristiques que le modèle Africa de la société Lejaby vendu sur un stand du marché de la Croix-Rousse à Lyon est suffisamment précise dans sa localisation pour ne pas encourir la nullité. »

▸ 122.42 Lieu de la saisie

TGI Paris, 3e ch., 2 nov. 1994, *PIBD* 1995, n° 583, III, 107.

« Attendu qu'aux termes de l'ordonnance du 28 février 1992, Impro a été autorisée à faire pratiquer une saisie-contrefaçon "à la maison de retraite sise [...] ou dans tous locaux dans lesquels les opérations relèveraient que des actes constitutifs de la contrefaçon alléguée sont commis [...]".

Que la mesure effectuée à la maison de retraite où se trouvait l'appareil argué de contrefaçon a révélé que l'acquisition en avait été réalisée par le centre hospitalier de Saint-Cloud dont dépend la maison de retraite, ce qui a été confirmé par les documents saisis visés au procès-verbal.

Que la situation géographique du centre hospitalier était compatible avec l'autorisation, s'agissant tant de la compétence du président du tribunal de grande instance de Nanterre que de celle de l'huissier saisissant des locaux mentionnés. »

Nîmes, 14 sept. 1998, *RD propr. int.* 1999, n° 96, 43.

« En autorisant la saisie-contrefaçon au préjudice de la société Luyton à Mauves (07) l'ordonnance a précisément désigné le lieu où la saisie devait être exécutée.

L'autorisation de la poursuivre en tous autres lieux du tribunal où elle se révélerait utile, se rattachait nécessairement à la précédente et permettait de la poursuivre sans désemparer en d'autres lieux du même ressort qui auraient pu être révélés à l'occasion des opérations pratiquées à Mauves. Le grief est dénué d'intérêt dès lors qu'elle a été exécutée qu'au lieu désigné dans l'autorisation. »

Lyon, aud. sol., 3 mai 1999, *Dossiers Brevets* 1999, I, 1.

« Attendu que contrairement aux dires de la société appelante la désignation de Pont de l'Isère, lieu où la saisie-contrefaçon devait être pratiquée, figure dans l'ordonnance et qu'il y est adjoint tous lieux situés dans le ressort du tribunal. »

▸ 122.51 Dispositions des articles 494, alinéa 2 et 813, alinéa 2 du code de procédure civile

Paris, 4e ch., sect. A, 27 nov. 2002, *Ann. propr. ind.* 2003. 30; *PIBD* 2003, n° 763, III, 234.

« Considérant que, si aux termes des articles 494 alinéa 2 et 813 alinéa 2 du Nouveau code de procédure civile, la requête présentée à l'occasion d'une instance en cours, doit indiquer la juridiction saisie, cette indication n'est pas prescrite à peine de nullité, d'autant que par ailleurs, l'article 812 alinéa 3 du même code, disposant que les requêtes afférentes à une instance en cours sont présentées au président de la chambre à laquelle l'affaire a été distribuée, ne pose pas une règle de compétence d'attribution mais une simple mesure d'administration judiciaire. »

▸ 122.61 Principe : identification des catégories de participants

Paris, 4e ch., 8 juill. 1993, *PIBD* 1993, n° 555, III, 673.

« Considérant que HGA ne soutient en appel qu'un seul moyen de nullité, à savoir que le procès-verbal de saisie-contrefaçon dressé le 17 novembre 1989 est entaché d'irrégularités graves, comme la présence de M. L. ne servait que de prétexte pour avoir accès à des informations d'ordre commercial, et celle de l'expert comptable M. C. qui a outrepassé les termes de l'ordonnance en examinant certains bordereaux de livraison sans rapport avec les termes de la mission qui lui était impartie.

Mais considérant que l'ordonnance autorisant la saisie-contrefaçon dont il s'agit rendue en date du 23 septembre précise : "Nous autorisons l'huissier instrumentaire à se faire assister pour l'aider dans sa description par tout homme de l'art ou expert ainsi que toute personne mandatée par la requérante."

Que M. L., muni d'un pouvoir, visé par l'huissier, a été régulièrement autorisé à assister aux opérations de saisie; qu'il en est de même de l'expert comptable, M. C.; que dès lors qu'il n'a été fait état d'aucun incident, ni comportement de leur part de nature à avoir fait dégénérer la saisie en manœuvre dolosive et l'avoir détournée de son but, il y a lieu, à la suite des premiers juges, de valider cette saisie-contrefaçon. »

▸ 122.62 L'huissier de justice du choix du requérant

Civ. 2e, 8 sept. 2011, no 10-23.115, P, *Procédures* nov. 2011, comm. 332, note Perrot.

« Attendu, selon l'arrêt attaqué (Paris, 2 juin 2010), que le président du tribunal de commerce a fait injonction à M. Belkdif de payer à la société CSF une certaine somme et dit que cette décision devait être signifiée par l'un des huissiers audienciers nominativement désigné dans son ordonnance; que la société CSF ayant fait signifier la décision par un autre huissier de justice que ceux désignés par l'ordonnance M. Belkdif a formé opposition; que la société CSF a alors invoqué la tardiveté du recours;

Sur le premier moyen : Attendu que M. Belkdif fait grief à l'arrêt de déclarer l'opposition irrecevable, comme formée hors délai, alors, selon le moyen que dès lors que le président du tribunal de commerce, dans son ordonnance du 21 novembre 2006, avait expressément disposé que "la présente ordonnance sera signifiée à l'initiative du demandeur au plus tard dans les six mois de sa date par l'un des huissiers audienciers ci-après désignés : SCP Philippe Duparc et Carole Duparc Crussard, Me Fabienne Chevrier de Sitter, SCP Bego et Van Kemmel et Me Rodet", la cour d'appel ne pouvait juger valable la signification faite par un autre huissier non commis, la SCP Lemarec et associés, sans méconnaître la chose jugée par le dispositif de l'ordonnance du 21 novembre 2006, et les articles 480 et 455 du code de procédure civile; Mais attendu que la partie qui signifie un acte a le choix de l'huissier de justice; Et attendu que la décision qui désigne, pour son exécution, un huissier de justice n'a pas, sur ce point, autorité de la chose jugée;

Attendu enfin, qu'ayant relevé que l'ordonnance portant injonction de payer avait été signifiée par un huissier de justice territorialement compétent, la cour d'appel a exactement retenu que la signification était régulière;

D'où il suit que le moyen ne peut être accueilli. »

▸ 122.63 Tous experts au choix du requérant

TGI Paris, 3e ch., 29 nov. 1984, *PIBD* 1985, no 370, III, 1700.

Il apparaît qu'en s'introduisant dans les locaux de la société Balmain Vendôme sans y être autorisé par l'ordonnance du 16 avril 1984, le PDG de la société Pierre Balmain a contrevenu aux prescriptions de celle-ci; en conséquence la saisie dont il s'agit doit être déclarée nulle.

TGI Paris, 3e ch., 12 sept. 1990, *PIBD* 1991, no 491, III, 7.

« Attendu que le moyen de nullité de la saisie, tiré de la présence de deux experts, n'est pas fondé dès lors que le nombre d'experts assistant le ou les huissiers n'est pas limité par la loi et ne peut être restreint par l'ordonnance autorisant la saisie. »

Paris, 4e ch., 14 mars 1991, *PIBD* 1991, no 506, III, 500; *RD propr. ind.* 1991, no 34, 20.

« Considérant que Messieurs Y et Z de l'entreprise Necchi étaient autorisés à assister l'huissier en vertu du paragraphe 9 de l'ordonnance; que leur rôle s'est borné à déballer le matériel, retirer la tôle de protection puis la remettre et remballer le matériel, intervention que la mauvaise volonté efficiente d'IEC rendait nécessaire; que les moyens de nullité des procès-verbaux ne peuvent donc prospérer. »

Paris, 15 janv. 1997, *PIBD* 1997, no 639, III, 517.

« Considérant que les sociétés VF Diffusion SNC et VF Boutiques SA font valoir qu'en violation des dispositions de l'article L. 332-4 alinéa 2 du code de la propriété intellectuelle, les saisies-contrefaçon ont eu lieu en présence de deux experts, soit un expert en propriété industrielle et un expert en informatique, et non d'un, comme le prévoit le texte susvisé.

Considérant que les huissiers, qui ont procédé aux saisies-contrefaçon effectuées dans les locaux de la société Stylmod et de la société Établissements André Silvain et Cie, étaient effectivement assistés l'un et l'autre d'un expert informaticien et d'une personne qualifiée d'"homme de l'art".

Mais considérant que l'ordonnance du 24 mars 1993 autorise expressément "chacun des huissiers instrumentaires à se faire accompagner, le cas échéant, par un mandataire de la requérante, homme de l'art pris en dehors de ses préposés, ainsi que par un expert informaticien inscrit en cette qualité sur une liste de cour d'appel".

Que, de surcroît, outre le fait, comme le souligne le tribunal, qu'il est usuel qu'un huissier se fasse assister de spécialistes en informatique pour opérer des saisies de logiciel, il n'est pas contesté que ledit expert n'est intervenu que sous son contrôle. »

TGI Paris, 3e ch., 2e sect., 1er oct. 2004, RG no 03/05352, *Jurinpi* B20040157.

« Attendu que, selon la défenderesse, la personne ayant assisté l'huissier pendant ses opérations, M. Bernard Guillaume, agriculteur, dûment autorisée par l'ordonnance du président du tribunal de grande instance de Bobigny en date du 26 février 2003, ne présentait pas les qualités d'expert requises par l'article L. 615-5 du code de la propriété intellectuelle et que, partant, l'ordonnance précitée devrait être annulée et, par voie de conséquence, les opérations de saisie-contrefaçon devraient l'être également;

Attendu toutefois qu'il est constant que l'ordonnance attaquée autorise l'huissier à se faire assister d'une personne dénommée Bernard Guillaume, dont l'intérêt de la présence est justifié par la considération qu'il s'agit de "*l'utilisateur d'un broyeur Belin*" ;

Attendu que l'article L. 615-5 précité autorise le titulaire d'un brevet à faire procéder à une saisie contrefaçon par "*tous huissiers assistés d'experts de son choix*" ;

Attendu qu'il s'agit dès lors non pas d'experts, judiciairement désignés pour éclairer le tribunal, mais de sachants destinés à assister l'huissier dans les opérations de description des produits ou machines argués de contrefaçon, étant observé qu'il incombe à l'huissier de faire le départ dans son procès-verbal entre ses constatations propres et les observations que la personne qui l'assiste a pu formuler;

Attendu en l'espèce que l'ordonnance querellée n'a pas méconnu les termes de l'article L. 615-5 en autorisant l'huissier à se faire assister de M. Bernard Guillaume; que les opérations de saisie-contrefaçon et le procès-verbal qui les relate n'ont pas davantage méconnu les exigences de ce texte. »

Com. 8 mars 2005, n° 03-15.871, *Bull. civ.* IV, n° 53, p. 58; *D.* 2005. AJ 838; *JCP E* 2005. II, n° 648, p. 716, note Caron; *Comm. com. électr.* 2005, comm. 102, note Caron; *Propr. industr.* 2005, comm. 45, note Raynard.

« Attendu qu'en statuant ainsi, alors que le conseil en propriété industrielle, fût-il le conseil habituel de la partie saisissante, exerce une profession indépendante, dont le statut est compatible avec sa désignation en qualité d'expert du saisissant dans le cadre d'une saisie contrefaçon de marque, mission qui ne constitue pas une expertise au sens des articles 232 et suivants du nouveau code de procédure civile, la cour d'appel a violé le premier des textes susvisés par fausse application, et le second par fausse interprétation. »

TGI Paris, 3e ch., 2e sect. 22 déc. 2006, *PIBD* 2007, n° 848, III, 201.

« Attendu que les sociétés Guidant et Abbott font valoir que l'huissier instrumentaire ayant dépassé le cadre de sa mission en ce qu'il était assisté par le conseil en propriété industrielle de la société requérante, lequel s'est fait remettre des catalogues, ce constat doit s'analyser en une saisie-contrefaçon non autorisée;

Mais attendu qu'il résulte des mentions de ce constat que ledit conseil n'a pas assisté l'huissier en ce qu'il n'est nullement intervenu et s'est borné à recueillir les documents à la disposition du public sur le stand de la société Guidant, sa qualité étant dépourvue de toute incidence sur le déroulement des opérations; qu'en conséquence, ce moyen de nullité n'est pas fondé. »

TGI Paris, 3e ch., 1re sect., 30 mai 2007, RG n° 04/12557, *Jurinpi* B20070215

« En l'espèce, la présence du serrurier n'avait pas été précisée dans l'ordonnance et la présence du serrurier est donc une irrégularité. Pour autant cette présence n'a généré aucun grief à la société Profilmar car les pièces saisies par l'huissier lui ont été spontanément remises par le chef d'atelier et par la comptable sans que le serrurier n'ait eu à intervenir ainsi qu'en atteste le procès-verbal dressé par Me Jorry.

Aucune irrégularité n'entache les opérations de saisie du fait de la présence du clerc auprès de Me Jorry, ce dernier pouvant sans autorisation spéciale du juge se faire assister par tout membre subordonné de son étude.

En conséquence, les opérations de saisie ne sont pas nulles du fait de la présence du serrurier ou du clerc d'huissier et la société Profilmar sera déboutée de sa fin de non-recevoir fondée sur cette nullité. »

TGI Paris, 3e ch., 1re sect., 24 oct. 2007, RG n° 01/18185.

« Il convient en effet de constater qu'aucune description physique du système de vidage ni du système d'accroché n'est effectuée par l'huissier mais que cette absence est palliée par la prise de nombreuses photographies qui montrent la benne, le système de fonctionnement du levier et la forme du système d'obturation.

En conséquence, l'huissier a bien rempli sa mission qui est de réaliser lui-même la saisie descriptive des objets en décrivant ce qu'il constate pour permettre aux parties puis au tribunal de comparer les objets décrits et les revendications alléguées. »

▸ 122.64 Indépendance de l'expert

Civ. 1re, 6 juill. 2000, nos 97-21.404, 97-22.141, 97-22.392, 97-22.430, *Bull. civ.* I, n° 210, *Comm., com. électr.* 2000, comm. n° 98, note Caron; *D.* 2001, jur. 370, note Véron; *JCP E* 2000, act. p. 1157; *JCP G* 2000. II. 10440, note H. C.; *LPA* 25 janv. 2001, p. 12, note Fougerat; *PIBD* 2001, n° 714, III, 87.

« Attendu que le droit à un procès équitable, consacré par le premier des textes susvisés, exige que l'expert mentionné par le second pour assister l'huissier instrumentaire ou le commissaire de police procédant à la saisie-contrefaçon d'un logiciel, soit indépendant des parties. »

TGI Paris, 3e ch., 2e sect., 12 oct. 2001, RG n° 99/21442, *RD propr. int.* 2002, n° 136, p. 34.

« Mais attendu que l'arrêt précité de la cour de cassation a été rendu en matière de saisie-contrefaçon de logiciels en application de l'article L. 332-4 du code de la propriété intellectuelle. Que si cette solution s'impose en raison de la spécificité de la matière et du texte applicable, elle ne saurait être généralisée et étendue à toute sorte de saisie-contrefaçon pratiquée sur le fondement de l'article L. 615-5 du code de la propriété intellectuelle.

Attendu par ailleurs que Monsieur H., conseil en propriété industrielle, ne peut être considéré comme se trouvant en position de subordination par rapport aux sociétés demanderesses, aucun obstacle ne s'opposant à ce qu'il soit choisi pour assister l'huissier par les parties à la requête desquelles les opérations de saisie-contrefaçon sont diligentées. [...]

Attendu en conséquence que la validité du procès-verbal dressé par Maître D. ne peut être mise en cause au regard des exigences de la Convention européenne de sauvegarde des droits de l'homme et des libertés fondamentales. »

TGI Paris, 3e ch., 3e sect., 11 déc. 2001, *RG* n° 00/03186, *Jurinpi* B20010244.

« Or en application des dispositions de l'article 6.1° de la Convention européenne de sauvegarde des droits de l'homme et des libertés fondamentales, le respect du droit à un procès équitable implique que l'expert ou le technicien intervenant pour assister l'huissier en application des dispositions des articles L. 332.1, L. 521.1 et L. 615.5 du code de la propriété intellectuelle, soit une personne indépendante des parties même si elle est librement choisie par le requérant.

En conséquence, et dès lors que l'impartialité des interventions techniques de personnes salariées des requérantes, est valablement mise en cause de par leur statut de préposés des sociétés requérantes ainsi que de par leur rôle actif d'assistants techniques aux opérations de saisie, il convient en application des dispositions de l'article 114 du Nouveau code de procédure civile de prononcer la nullité de l'ensemble des opérations de saisie-contrefaçon pratiquées le 4 février 2000 avec l'assistance de Messieurs R. et J., salariés de la société Dyson. »

TGI Paris, 3e ch., 2e sect., 13 déc. 2002, *Propr. industr.* 2003, comm. n° 58.

« Attendu qu'il n'incombait donc pas au conseil en propriété industrielle de faire œuvre d'expert, judiciairement désigné pour éclairer le tribunal, ce qu'il n'est pas; qu'en revanche, il lui était imparti d'assister l'huissier choisi par la requérante, dans la recherche technique de la preuve de la contrefaçon et ce, conformément aux règles qui régissent la profession de conseil en propriété industrielle; [...]

Attendu qu'il suit que ni le principe de la présence d'un conseil en propriété industrielle, fût-il le conseil habituel du requérant pour, assister l'huissier dans ses opérations, ni les conditions dans lesquelles ces opérations ont été retranscrites dans les procès-verbaux litigieux ne violent les prescriptions impératives de l'article 6-1 de la Convention de sauvegarde des droits de l'homme relatives à un procès équitable. »

Toulouse, 17 avr. 2003, Ferco/Sotralu, *Comm. com. électr.* 2004, comm. 3, note Caron; *JCP E* 2004. II. 152, obs. Caron.

« Or, il est de principe en droit interne qu'un expert, surtout lorsqu'il est désigné par le juge, est un professionnel dont l'impartialité et l'indépendance à l'égard des parties ne doivent pas pouvoir être mises en doute, ce qui, à l'évidence, quelle que puisse être la probité du technicien concerné, ne saurait être le cas s'il a par ailleurs, d'une manière ou d'une autre conseillé ou assisté l'une d'entre elles.

Il reste à cet égard à vérifier si la nature de la mission des deux conseils en propriété industrielle impose quelle soit confiée à un ou à des experts présentant les garanties ci-dessus rappelées : force est de constater qu'ainsi que l'y invitait la requête de la société Ferco, le président du tribunal a donné mission à l'huissier de justice désigné de se faire assister pour l'aider dans sa description des deux personnes proposées auxquelles il a par ailleurs été ordonné de conserver (au secret) les documents recueillis.

Même s'il résulte de ce qui précède que cette mission présente un caractère préparatoire et conservatoire, il ne peut échapper – et les multiples contestations par ailleurs soulevées en fait par la partie saisie en sont la preuve – que son déroulement, impliquant un certain tri et une certaine sélection des informations à apporter au juge, est susceptible d'influer sur la décision à intervenir au fond dans des conditions telles qu'elle s'apparente à une véritable expertise.

Il importe donc qu'elle soit effectuée par des techniciens présentant les garanties habituellement attendues d'un expert. »

Toulouse, 17 avr. 2003, RG n° 2002/03575, Miniplus / Capitole Carton, inédit.

« Attendu que c'est par une juste et exacte appréciation des éléments de la cause et par des motifs pertinents, qui doivent être adoptés, que le premier juge [...]

a relevé que l'affirmation de la société Capitole Location selon laquelle le cabinet Debay était le conseil personnel de la SA Miniplus n'était nullement démentie par cette dernière, et que d'ailleurs, cette affirmation était justifiée par les pièces produites aux débats, et notamment les demandes d'enregistrement des marques de la société Miniplus qui font en effet mention du cabinet Debay en qualité de mandataire du déposant, ainsi d'ailleurs que l'ensemble des documents se rapportant à ces demandes d'enregistrement;

a justement souligné que la lecture du procès-verbal de la saisie-contrefaçon réalisée le 11 juillet 2002 dans les locaux de la société Capitole Location révélait que M. D. était effectivement présent aux opérations et y avait pris une part active;

a, par voie de conséquence, justement considéré que ces seules données suffisaient à justifier la rétractation de l'ordonnance du 23 mai 2002 avec toutes les conséquences qu'une telle rétractation implique. »

Com. 28 avr. 2004, n° 02-20.330, *Bull. civ.* IV, n° 75, *D.* 2004. AJ 1671.

« Vu l'article 6-1 de la Convention européenne de sauvegarde des droits de l'homme et des libertés fondamentales, ensemble l'article L. 615-5 du code de la propriété intellectuelle [...]. Attendu qu'en statuant ainsi, alors qu'elle constatait que l'expert désigné était le préposé de l'une des parties saisissantes, ce dont il découlait qu'il n'en était pas indépendant, la cour d'appel a méconnu les exigences du premier des textes susvisés, et violé le second par fausse application. »

Rennes, 25 mai 2004, *PIBD* 2004, n° 796, III, 626; *Propr. intell.*, juill. 2004, p. 794, obs. Galloux, Gutmann et Warusfel.

« Considérant que le cabinet [...] Conseil en propriété industrielle est un cabinet indépendant; qu'il ne peut en conséquence, être considéré comme se trouvant en position de subordination par rapport à la société saisissante;

Que l'indépendance de l'expert choisi ne peut être mise en cause du seul fait qu'il soit intervenu dans un dépôt de marque au profit de la société [...] ni du fait qu'il soit rétribué pour son assistance dans une opération de saisie-contrefaçon;

Qu'il en résulte que la présence pour assister un huissier d'un membre du cabinet de conseil en propriété industrielle [...] fut-il le conseil habituel du requérant, ne viole pas les prescriptions impératives de l'article 6-1 de la Convention européenne des droits de l'homme relatif au procès équitable. »

TGI Paris, 3e ch., 2e sect., 2 juill. 2004, RG n° 02/18798, *PIBD* 2004, n° 796, III, 615.

« Attendu certes que le Cabinet X est le conseil en propriété industrielle habituel de la société Ethypharm; que cette situation n'est cependant pas à elle seule de nature à mettre en cause son indépendance dans l'exercice de sa mission. »

Paris, 4e ch., sect. B, 10 déc. 2004, RG n° 02/03941, *PIBD* 2004, n° 802, III, 99; *Propr. intell.*, janv. 2005, p. 85, obs. Warusfel.

« Qu'en outre, en ce qui concerne la seconde cause de nullité soulevée par l'intimée, le droit à un procès équitable consacré par l'article 6-3 de la Convention européenne de sauvegarde des droits de l'homme et des Libertés fondamentales exige que l'expert mentionné par l'article 615-5 du code de la propriété intellectuelle pour assister l'huissier instrumentaire procédant à la saisie-contrefaçon soit indépendant des parties; qu'en l'espèce, il apparaît que l'expert, M. Hud, qui a accompagné l'huissier dans ses opérations de saisie, est le conseil habituel en propriété industrielle de la société Marketing Displays; que dans ces conditions, cet expert ne peut être dit indépendant de la partie saisissante; que c'est à tort que les premiers juges ont estimé que l'indépendance de l'expert ne saurait s'appliquer qu'en matière de saisie-contrefaçon de logiciels en raison de la spécificité de la matière et du texte applicable;

Que ce procès-verbal sera annulé comme ne satisfaisant ni aux dispositions de l'article L. 615-5 du code de la propriété intellectuelle, ni à celles de l'article 6-1 de la Convention européenne de sauvegarde des droits de l'homme et des libertés fondamentales; que le jugement sera confirmé par substitution partielle de motifs en ce qu'il a constaté la nullité du procès-verbal de saisie-contrefaçon dressé le 9 décembre 1999 à 14 heures 50 par Maître Dailly, huissier de justice. »

Com. 8 mars 2005, n° 03-15.871, *Bull. civ.* IV, n° 53, p. 58; *D.* 2005. AJ 838; *JCP E* 2005. II, n° 648, p. 716, note Caron; *Comm. com. électr.* 2005, comm. 102, note Caron; *Propr. industr.* 2005, comm. 45, note Raynard.

« Attendu qu'en statuant ainsi, alors que le conseil en propriété industrielle, fût-il le conseil habituel de la partie saisissante, exerce une profession indépendante, dont le statut est compatible avec sa désignation en qualité d'expert du saisissant dans le cadre d'une saisie contrefaçon de marque, mission qui ne constitue pas une expertise au sens des articles 232 et suivants du nouveau code de procédure civile, la cour d'appel a violé le premier des textes susvisés par fausse application, et le second par fausse interprétation. »

Paris, 4e ch., 20 avr. 2005, *PIBD* 2005, n° 812, III, 414.

« Considérant sur le second grief, que la rédaction de la requête à fin de saisie-contrefaçon est ainsi libellée en son point 6) :

"Autoriser l'huissier instrumentaire à se faire assister pour l'aider dans la description par tout homme de l'art et/ou expert de son choix, autres que les subordonnés de la requérante, et, particulièrement un membre du Cabinet X, conseils en propriété industrielle, [...] dont il enregistrera les explications sur les points qui échappent à sa compétence, en distinguant nettement dans les énonciations de son procès-verbal celles résultant de ses constatations personnelles et celles qui lui sont dictées par l'homme de l'art et/ou l'expert qui l'assiste";

Que l'exclusion prévue au point 6) de la requête vise donc l'assistance d'un homme de l'art, qui serait le subordonné du saisissant;

Que l'ordonnance reprend cette disposition en son point 6), l'omission de la virgule entre la proposition et l'expression "particulièrement un membre du Cabinet X" relevant d'une pure erreur matérielle; qu'en effet, le conseil en propriété industrielle n'ayant pas la qualité de subordonné de la requérante, la disposition énoncée au point 6) de l'ordonnance sur requête ne peut donc être interprétée comme excluant le Cabinet X pour assister l'huissier instrumentaire dans sa mission;

Qu'en outre, le conseil en propriété industrielle, fût-il le conseil habituel de la partie saisissante, exerce une profession indépendante, dont le statut est compatible avec sa désignation en qualité d'expert du saisissant dans le cadre d'une saisie-contrefaçon, mission qui ne constitue pas une expertise au sens des articles 232 et suivants du nouveau code de procédure civile;

Que le second moyen de nullité sera donc rejeté. »

TGI Paris, 3e ch., 1re sect., 5 oct. 2005, RG n° 03/11548, *Jurinpi* B20050229.

« Il n'est pas contesté que l'acte de signification en date du 16 juillet 2003 de l'ordonnance du 2 juillet de la même année ne porte pas mention des voies de recours existant contre cette ordonnance. Cependant, cette omission constitue un vice de forme au sens de l'article 114 du nouveau code de procédure civile nécessitant de rapporter la preuve d'un grief causé par cette irrégularité. Or en l'espèce, l'ordonnance du 2 juillet 2003, dont la remise à la société des Établissements Grenier-Bolay n'est pas contestée, mentionnant *in fine "qu'en cas de difficulté, il nous en sera référé, mais seulement après accomplissement des opérations de saisie-contrefaçon et apposition des visas"* et l'introduction d'un référé rétractation n'étant soumise à aucune condition de délai, il apparaît que la Société des Établissements Grenier-Bolay n'a subi aucun préjudice de l'absence de mention des voies de recours dans l'acte de signification litigieux.

Par ailleurs, il est établi que la participation du conseil en propriété industrielle du requérant aux opérations de saisie, expressément autorisée en l'espèce par l'ordonnance du 2 juillet 2003, n'est pas contraire aux dispositions de l'article 6-1 de la Convention européenne de sauvegarde des droits de l'homme invoqué par la société défenderesse, dès lors que ce conseil qui doit être considéré comme exerçant une profession indépendante dont le statut est compatible avec sa désignation en qualité d'expert dans le cadre d'une saisie-contrefaçon, et ce d'autant que sa mission ne constitue pas une expertise au sens des articles 232 et suivants du nouveau code de procédure civile, n'a pas la qualité de préposé du saisissant. Or, dans le cas présent, la Société des Établissements Grenier-Bolay n'allègue pas que l'expert ayant assisté l'huissier instrumentaire ait la qualité de préposé de la société Mossalgue. »

TGI Lille, 15 déc. 2005, *PIBD* 2006, n° 825, III, 165; *Propr. intell.* oct. 2006, p. 464, obs. de Haas.

« La société Holin invoque comme moyen de nullité le fait que le conseil en propriété industrielle, rédacteur du brevet, était présent lors de la saisie-contrefaçon en date du 23 juillet 2002, aux côtés de l'huissier instrumentaire. Il apparaît toutefois que cette présence et le fait qu'il s'agisse du rédacteur du brevet n'est pas de nature à mettre en doute l'indépendance du conseil dans l'exercice de sa mission, laquelle était d'assister l'huissier pour l'aider dans sa description, à charge pour ce dernier d'enregistrer les points échappant à sa compétence tout en distinguant avec les constatations qu'il opérerait lui-même. Il n'apparaît pas du procès-verbal que ni le conseil en propriété industrielle ni l'huissier soient sortis de leur rôle respectif, ce procès-verbal ne faisant du reste état d'aucune déclaration du conseil en propriété industrielle. Il sera au surplus rappelé que les conseils en propriété industrielle dont la profession est régie par le code de la propriété intellectuelle, exercent leur profession avec dignité, conscience, indépendance et probité, dans le respect des lois et règlements régissant leur compagnie, que dans le cadre du présent procès-verbal, il ne peut être relevé que le conseil ait agi en contradiction avec les règles de sa profession, de sorte que les conditions de cette intervention ne peuvent violer les règles impératives de l'article 6-1 de la Convention européenne de sauvegarde des droits de l'homme et des libertés fondamentales, pas plus que le principe de cette intervention. Il convient dès lors de rejeter ce moyen de nullité soulevé *in limine litis.* »

TGI Paris, 3e ch., 2e sect., 27 avr. 2006, 2 jugements, RG n° 04/12418 et n° 04/12420, *Jurinpi* B20060097.

« La société Pharmapost soulève la nullité du procès verbal de saisie-contrefaçon du 19 juillet 2004 du fait de la présence aux côtés de l'huissier de Monsieur Derambure, conseil en propriété industrielle et mandataire de la société Rotanotice alors que l'ordonnance autorisant la saisie spécifiait que l'huissier "pouvait se faire assister par tout homme de l'art autre que les subordonnés de la requérante".

Cependant la seule présence d'un conseil en propriété industrielle aux côtés de l'huissier ne suffit pas à entacher le procès-verbal de saisie-contrefaçon de partialité quand bien même ce conseil, qui exerce une profession indépendante, aurait été le conseil habituel de la partie saisissante.

En l'espèce, il n'est pas démontré que Monsieur Derambure aurait eu une influence tendancieuse sur les constatations de l'huissier.

Il convient en conséquence de rejeter la demande de nullité du procès-verbal de saisie-contrefaçon. »

Paris, 4e ch., sect. B, 30 juin 2006, *PIBD* 2006, n° 839, III, 685.

« Considérant que le conseil en propriété industrielle, fût-il le conseil habituel de la partie saisissante, exerce une profession indépendante, dont le statut est compatible avec sa désignation en qualité d'expert du saisissant dans le cadre d'une saisie-contrefaçon, mission qui ne constitue pas une expertise au sens des articles 232 et suivants du nouveau code de procédure civile; que la cour relève à ce titre qu'il n'est pas contesté que les huissiers instrumentaires et les conseils en propriété industrielle, présents lors des opérations de saisie-contrefaçon, ne sont pas sortis du rôle qui leur avait été respectivement fixé par les ordonnances les ayant autorisés à procéder auxdites opérations de saisie. »

Paris, 4e ch., sect. B, 11 mai 2007, *PIBD* 2007, n° 856, III, 474.

« Considérant qu'il est soutenu par l'appelante que dès lors que le conseil habituel en propriété industrielle de la société Hesco était présent lors des opérations de saisie-contrefaçon et que le constat a été effectué à sa demande, le droit à un procès équitable consacré par l'article 6-1 de la Convention européenne des droits de l'homme n'a pas été respecté;

Mais considérant que le conseil en propriété industrielle, fût-il le conseil habituel de la partie saisissante, exerce, conformément aux dispositions de l'article R. 422-52 du code de la propriété intellectuelle, une profession indépendante dont le statut est compatible avec sa désignation en qualité d'expert du saisissant dans le cadre d'une saisie-contrefaçon, ou avec une intervention aux fins de constat; que cette seule qualité de conseil en propriété industrielle ne saurait caractériser le défaut d'un droit à un procès équitable au sens de l'article 6-1 de la Convention susvisée; que la demande en nullité du constat et de la saisie-contrefaçon sera rejetée. »

TGI Paris, 3e ch., 3e sect., 11 juill. 2007, *PIBD* 2007, n° 862, III, 653.

« S'il est conforme aux dispositions de l'article 6-1 de la Convention européenne de sauvegarde des droits de l'homme et des libertés fondamentales que l'homme de l'art qui accompagne l'huissier instrumentaire puisse être un conseil en propriété industrielle eu égard à l'indépendance professionnelle dont jouit ce professionnel en raison des règles déontologiques qui le contraignent, il n'en demeure pas moins que ce dernier n'est pas autorisé à se faire accompagner d'une assistante dont il n'est pas démontrée qu'elle est soumise aux mêmes règles.

En conséquence, la nullité des opérations de saisie-contrefaçon réalisée par [l'huissier] en infraction aux dispositions précitées doit être prononcée et le procès-verbal et les pièces saisies écarter des débats. »

TGI Paris, 3e ch., 1re sect., 24 oct. 2007, RG n° 01/ 18185.

« De la même façon, l'huissier pouvait se faire assister d'un ou plusieurs hommes de l'art appartenant au cabinet du conseil en propriété industrielle Degret. Il importe peu que le Cabinet Degret soit le conseil habituel des sociétés Secatol au regard de la régularité du procès-verbal de saisie-contrefaçon puisqu'il n'existe aucun lien de subordination entre la société demanderesse à la saisie et le conseil en propriété industrielle qui exerce dans le cadre d'une profession libérale; seule la présence d'un homme de l'art salarié de la société Secatol aux côtés de l'huissier constituerait une irrégularité de nature à vicier le procès-verbal de saisie-contrefaçon. »

TGI Paris, 3e ch., 2e sect., 15 févr. 2008, RG n° 06/ 05416.

« Qu'en l'espèce, la société Les Trois Chênes justifie que le GEVES a pour administrateurs l'Institut national de la recherche agronomique (INRA), le ministère en charge de l'agriculture et le Groupement national interprofessionnel des semences (GNIS) et que l'INRA assure par ailleurs, par le biais de sa Direction de l'innovation et des systèmes d'information, la tutelle de sa filiale Agri Obtentions;

Que cependant de tels éléments sont insuffisants à remettre en cause l'indépendance de Monsieur Bernard Le Pautremat, adjoint technique au GEVES, qui est sans lien de subordination direct avec la société requérante et qui exerce au surplus ses fonctions au sein d'un groupement d'intérêt public dont la structure juridique est censée garantir son indépendance et sa neutralité vis-à-vis de ses autorités de tutelle;

Que l'indépendance de Monsieur Olivier Labey, conseil en propriété industrielle au sein du Cabinet Regimbeau, dont il n'est pas contesté qu'il est le conseil habituel de l'INRA, mais dont il n'est ni démontré, ni même allégué qu'il soit le conseil habituel de la société Agri Obtentions, ne saurait pas plus être contestée dès lors que celui-ci exerce une profession indépendante dont le statut est compatible avec sa désignation en qualité d'expert dans le cadre d'une saisie-contrefaçon, mission qui ne constitue pas une expertise au sens des articles 232 et suivants du code de procédure civile;

Attendu que la demande en nullité de la procédure de saisie-contrefaçon sera donc rejetée. »

TGI Paris, 3e ch., 2e sect., 13 juin 2008, RG n° 06/ 04322.

« Qu'elle fait en premier lieu valoir que Monsieur Le Pautremat est le directeur de l'unité autonome du GEVES de Brion, émanation du GEVES, dont l'un des administrateurs est l'INRA, et dont la filiale INRA Transfert a pour président du conseil d'administration Monsieur Gérard Jacquin, par ailleurs président du conseil d'administration de la société Agri Obtentions;

Que cependant de tels éléments, bien qu'avérés, sont à eux-seuls insuffisants à remettre en cause l'indépendance de Monsieur Bernard Le Pautremat, qui est sans lien de subordination direct avec la société requérante et qui exerce au surplus ses fonctions au sein d'un groupement d'intérêt public dont la structure juridique est censée garantir son indépendance et sa neutralité vis-à-vis de ses autorités de tutelle. »

Paris, 4e ch., sect. A, 3 déc. 2008, RG n° 2007/13569, *PIBD* 2009, n° 892, III, 878, *Jurinpi* B20080166.

« Que la seule présence passive de Mademoiselle A. ingénieur débutante auprès de la société civile de conseils en propriété industrielle X, liée à cet employeur par un contrat de travail la soumettant au secret professionnel et à une obligation de confidentialité, n'est pas davantage contraire aux dispositions de la Convention européenne des droits de l'homme, dès lors qu'il n'est nullement soutenu que Mademoiselle A. serait intervenue aux opérations de saisie et qu'aucun grief n'est invoqué;

Que de sorte, infirmant la décision déférée, le procès-verbal de saisie-contrefaçon contesté n'encourt aucun grief de nullité. »

TGI Paris, 3e ch., 3e sect., 30 sept. 2009, RG n° 07/ 16857, *Jurinpi* B20090157.

« Il est constant qu'un conseil en propriété intellectuelle relevant d'une profession indépendante réglementée soumise au secret professionnel est habilité à participer à des opérations de saisie-contrefaçon en qualité d'expert, même si le requérant est un de ses clients.

Dès lors, le grief de défaut d'indépendance de M. V. H. ne peut être accueilli et ce d'autant que l'ordonnance du 9 novembre 2007 avait autorisé expressément sa présence aux opérations de saisie-contrefaçon.

Dans ces conditions, la saisie-contrefaçon est parfaitement valable. »

Douai, ch. 1, sect. 2, 25 févr. 2010, RG n° 08/08777.

« L'ordonnance du président du tribunal de grande instance de Valenciennes en date du 6 décembre 1995 autorisait les requérantes soit Madame Justamente et la SARL Cardis à faire procéder par tout huissier de leur choix, assisté de tout expert de leur choix… à la description du procédé utilisé pour la fermeture des produits incriminés et du matériel de fourniture destiné à la mise en œuvre du procédé breveté, ainsi qu'à la saisie réelle de deux exemplaires du produit incriminé;

L'huissier choisi par les requérants était accompagné par Monsieur Garin conseil en propriété industrielle, membre du cabinet Lavoix et Monsieur Petit Daniel, membre de la société CHD, agissant en qualité d'homme de l'art;

Il ressort des éléments du dossier que la société CHD a été licenciée exclusive du brevet français de Madame Justamente jusqu'au 12 octobre 1990; qu'ensuite ce fut la SA Cardis aux lieu et place de la société CHD; que la société CHD devenue OR-N-VI a absorbé la société Cardis aux termes d'une assemblée du 26 mai 1999 avec effet rétroactif au 1er janvier 1998;

En conséquence la société Smurfit Socar ne démontre pas qu'à l'époque de la procédure de saisie-contrefaçon la société CHD avait un lien de dépendance avec Madame Justamente et/ou la société Cardis ».

▸ 122.65 Force publique

Paris, 4e ch., sect. B, 11 avr. 2008, RG n° 06/14920, *Jurinpi* B20080067

« Considérant que l'appelante prétend par ailleurs que les termes de l'ordonnance n'auraient pas été respectés dans la mesure où l'huissier est intervenu le 4 février 2004 avec des gendarmes de la brigade locale ce qui a été perçu par le personnel comme un déploiement de forces incompréhensible et perturbateur, alors qu'il n'était autorisé à se faire assister, si nécessaire, que d'un représentant de la force publique;

Considérant toutefois qu'il était loisible à l'huissier de requérir l'assistance de la force publique avant même de signifier l'ordonnance au représentant de la partie saisie que cette assistance peut se manifester par la présence de plusieurs représentants de la force publique si les circonstances l'exigent; qu'en tout cas, rien ne vient établir en l'espèce que l'huissier est intervenu avec le déploiement de forces que conteste l'appelante, la mention figurant au procès verbal étant : "des gendarmes de la brigade de Coulanges La Vineuse préalablement requis en la personne de l'adjudant Bussière"; Qu'aucune violation des termes de l'ordonnance n'est donc caractérisée. »

▸ 122.66 Le saisissant

TGI Paris, 3e ch., 16 janv. 1989, *PIBD* 1989, n° 454, III, 220.

« Attendu qu'il est sans intérêt de connaître les liens éventuels de M. F. avec la société Necchi dès lors que l'ordonnance susmentionnée autorisait la présence de représentants du breveté sur les lieux de la saisie. »

Paris, 4e ch., 14 mars 1991, *PIBD* 1991, n° 506, III, 500; *RD propr. ind.* 1991, n° 34, 20.

« Considérant que Messieurs P. et L., de l'entreprise Necchi étaient autorisés à assister l'huissier en vertu du paragraphe 9 de l'ordonnance. »

TGI Paris, 3e ch., 8 juill. 1992, *PIBD* 1992, n° 534, III, 643.

« Attendu qu'aucun texte ne prévoit la nullité de l'acte d'huissier ainsi réalisé par une personne se trouvant liée à la société requérante, qu'il s'ensuit que, sans qu'il soit même nécessaire de rechercher si cette présence a ou non causé un grief à la société Lodi, ce moyen de nullité sera rejeté. »

TGI Paris, 3e ch., 3e sect., 15 oct. 2002, *PIBD* 2003, n° 763, III, 238; *RTD com.* 2004. 305, chron. Galloux.

« Conformément à l'article 6-1 de la Convention européenne de sauvegarde des droits de l'homme et des libertés fondamentales, les parties ont droit à un procès équitable.

En application de ce principe, il est constant que le breveté qui a requis une mesure de saisie-contrefaçon ne peut assister aux opérations d'exécution de celle-ci. En décider autrement reviendrait à porter atteinte à l'impartialité objective de ces opérations. Il importe peu qu'il ressorte du procès-verbal de saisie-contrefaçon que la présence du breveté a été sans incidence sur les constatations de l'huissier dès lors que par sa seule présence le breveté nuit à l'équilibre des parties dans la conduite de cette mesure probatoire. »

TGI Paris, 3e ch., 3e sect., 25 févr. 2003, RG n° 01/12680, *Jurinpi* M20030131.

« S'il est effectif qu'aucun texte relatif à la procédure de saisie-contrefaçon n'interdit au requérant d'une mesure de saisie-contrefaçon de solliciter l'autorisation d'assister aux opérations de saisie, il résulte néanmoins des dispositions de l'article 4 du décret n° 92-755 du 31 juillet 1992 instituant de nouvelles règles relatives aux procédures d'exécution, que le juge dispose de la faculté d'autoriser la présence du saisissant "lorsque les modalités de l'appréhension l'exigent", et des principes d'impartialité et d'indépendance édictées par l'article 6-1 de la Convention européenne des droits de l'homme que la participation du saisissant doit être strictement circonscrite. Or, en l'espèce, les requêtes présentées par la société Parfums Christian Dior et ayant donné lieu aux ordonnances litigieuses, ne font état d'aucune circonstance susceptible de nécessiter, au sens de l'article 4 du décret n° 92-755 du 31 juillet 1992, que des représentants de la requérante soient autorisés à assister aux opérations de saisie-contrefaçon, et la société Parfums Christian Dior ne précise pas davantage dans le cadre de la présente instance les motifs qui exigeaient une telle présence. Il est également constant, ainsi que le soutient la société Odéon, et contrairement à ce que suggère la société Parfums Christian Dior, qu'en autorisant l'huissier instrumentaire à "se faire assister dans ses descriptions et recherches par tout représentant, salarié ou non, de la requérante", les ordonnances querellées ont accordé aux représentants de la société saisissante un rôle, qui excédant très largement celui d'une présence passive et neutre, s'apparente à celui confié à l'homme de l'art; et les procès-verbaux de saisies-contrefaçon établis par les huissiers de justice ayant instrumenté témoignent au demeurant de la part active prise par les préposés de la société Parfums Christian Dior dans la direction, aux côtés de l'huissier instrumentaire, de certaines opérations de saisies-contrefaçon, telles celles du 21 juin 2001 lors desquelles l'un des représentants de la société Parfums Christian Dior a mené conjointement avec l'huissier de justice l'interrogatoire du représentant de la société STS.

En considération de l'ensemble de ces éléments, et après avoir rappelé qu'une mesure de saisie-contrefaçon est une mesure exorbitante du droit commun, sollicitée aux risques et périls du saisissant, puis observé que les exigences d'impartialité et d'indépendance qu'édicte l'article 6-1 de la Convention européenne des droits de l'homme sont incompatibles avec l'autorisation donnée au saisissant ou à ses préposés d'intervenir activement dans le déroulement d'une mesure de saisie-contrefaçon, enfin relevé que, nonobstant le délai écoulé entre la date des saisies-contrefaçon et l'engagement de la présente instance, lesdites saisies n'apparaissent guère pouvoir recevoir la qualification de simples saisies descriptives que leur prête la société Parfums Christian Dior, le tribunal considère que les ordonnances rendues les 1er février, 20 juin, 26 juin et 12 juillet 2001 contreviennent aux dispositions de l'article 6-1 de la Convention européenne des droits de l'homme. »

Com. 28 avr. 2004, nº 02-20.330, *Bull. civ.* IV, nº 75, *D.* 2004. AJ 1671.

« Vu l'article 6-1 de la Convention européenne de sauvegarde des droits de l'homme et des libertés fondamentales, ensemble l'article L. 615-5 du code de la propriété intellectuelle [...]. Attendu qu'en statuant ainsi, alors qu'elle constatait que l'expert désigné était le préposé de l'une des parties saisissantes, ce dont il découlait qu'il n'en était pas indépendant, la cour d'appel a méconnu les exigences du premier des textes susvisés, et violé le second par fausse application. »

Paris, 4e ch., sect. B, 27 mai 2005, RG nº 03/05266, *Jurinpi* B20050075.

« Considérant que M. Fortin estime que les premiers juges ont à tort prononcé la nullité du procès-verbal de saisie-contrefaçon; qu'en effet, selon lui, sa présence aux côtés de l'huissier ne saurait entacher de partialité le constat de Maître Corrihons qui vaut jusqu'à inscription de faux et que cet huissier s'est contenté de décrire avec précision les poignées des barres de crémone qu'il lui avait désignées; que les opérations étaient de surcroît effectuées sous le contrôle de M. Vernanchet, responsable au poste de garde des dockers de Normandie; qu'il souligne qu'il n'a fait qu'accompagner l'huissier et ne l'a à aucun moment assisté;

Considérant que dans l'ordonnance sur requête autorisant la saisie contrefaçon, le président du tribunal de grande instance du Havre avait mentionné "Autorisons l'huissier instrumentaire à se faire assister pour l'aider dans sa description par tous hommes de l'art et experts autres que les subordonnés de l'exposant..." ;

Considérant que la présence de M. Fortin, qui est le requérant lui-même, est contraire à ce qui avait été autorisé par le président du tribunal de grande instance du Havre et a ainsi rompu l'équilibre entre les parties; que, le tribunal a par des motifs pertinents que la cour adopte, de ce fait, annulé, à juste titre, le procès-verbal de saisie contrefaçon; que le jugement sera confirmé de ce chef »

Paris, 4e ch., sect. B, 15 déc. 2006, *PIBD* 2007, nº 847, III, 180.

« Considérant d'autre part, que Me Haucourt Vannier, es qualités, demande la nullité de la saisie-contrefaçon au motif que la présence d'une seconde personne, représentant la société Christian Dior Parfums est contraire au principe du procès équitable visé à l'article 6-1 de la CESDH;

Considérant cependant que ce représentant accompagnait l'huissier et n'était pas un expert l'assistant; que sa présence était prévue par l'ordonnance du 26 juin 2001 ayant autorisé la saisie-contrefaçon qui distinguait clairement la présence de l'expert indépendant de celle du représentant de la société Christian Dior, de sorte qu'il ne pouvait y avoir de confusion entre leurs rôles respectifs; qu'au demeurant, est inopérant le moyen pris de la circonstance, indifférente en la cause, que cette personne était salariée de la société requérante; Que dans ces conditions, le jugement sera confirmé en ce qu'il a validé les opérations de saisie-contrefaçon. »

Com. 8 juill. 2008, nº 07-15.075, *Bull. civ.* IV, nº 142, *PIBD* 2008, nº 882, III, 559; *Propr. Industr.* 2010, comm. 27, note P. Vigand.

« Attendu, selon l'arrêt attaqué, que MM. P. et B. X..., ainsi que les sociétés Newen France, Newen Inc. et The X... family ltd partnership ont fait pratiquer, sur le fondement d'un brevet dont ils sont respectivement titulaires et licenciés, une saisie-contrefaçon au préjudice de la société Machines Serdi; que l'ordonnance autorisant cette saisie ayant été rétractée, et les opérations effectuées sur son fondement annulées, les mêmes parties ont fait procéder, les 18 et 19 octobre 2001, à de nouvelles saisies-contrefaçon portant, pour la première d'entre elles, sur des éléments précédemment saisis lors des opérations annulées; qu'elles se sont désistées de l'action en contrefaçon de brevet qu'elles avaient engagée au fond, mais ont maintenu leur action parallèle en concurrence déloyale; que la société Machines Serdi les ont assignées en nullité des saisies et paiement de dommages-intérêts;

Sur le premier moyen :

Attendu que la société Machines Serdi fait grief à l'arrêt d'avoir rejeté sa demande tendant à l'annulation de la saisie-contrefaçon pratiquée le 18 octobre 2001, alors, selon le moyen :

1°/ que la nullité d'une saisie-contrefaçon s'étend à tous les éléments saisis ou recueillis à l'occasion de cette saisie, lesquels constituent les accessoires du procès-verbal de saisie annulé et se trouvent de la sorte privés de toute valeur probante; qu'aussi bien, une seconde saisie de ces mêmes éléments, fût-elle judiciairement autorisée, est elle-même entachée de nullité, peu important que la seconde saisie soit intervenue non pas avant mais immédiatement après la restitution des éléments irrégulièrement appréhendés à l'huissier du saisi; qu'en décidant le contraire, la cour viole l'article L. 615-5 du code de la propriété intellectuelle;

2°/ que le principe d'effectivité des droits, au nombre desquels figurent le droit d'agir en rétractation ou en annulation d'une saisie-contrefaçon irrégulièrement autorisée ou pratiquée, s'oppose à ce que le saisissant puisse valablement, à l'occasion d'une seconde saisie-contrefaçon, appréhender à nouveau les éléments recueillis lors d'une précédente saisie déclarée nulle, juste après les avoir restitués à l'huissier mandaté par le saisi, lesquels éléments ne se trouvent dans son étude que parce qu'ils viennent d'être restitués en suite de l'annulation de la première saisie; qu'en validant, dans de telles conditions, la saisie litigieuse, la cour d'appel viole de nouveau l'article L. 615-5 du code de la propriété intellectuelle, le principe d'effectivité des droits, ensemble la règle *fraus omnia corrumpit*;

Mais attendu que l'annulation d'une saisie n'implique pas l'interdiction, pour le titulaire du droit privatif, de faire pratiquer toute nouvelle mesure légalement admissible, et de procéder en conséquence à la réitération de la saisie annulée, sauf abus, qui ne saurait se déduire du seul caractère quasi immédiat de cette réitération; que le moyen n'est pas fondé;

Mais sur le deuxième moyen, pris en ses deux premières branches, et sur le troisième moyen, pris en ses deux premières branches, qui sont en mêmes termes :

Vu l'article L. 615-5 du code de la propriété intellectuelle;

Attendu que pour rejeter les demandes de la société Machines Serdi tendant à l'annulation des saisies-contrefaçon pratiquées le 18 octobre 2001, l'arrêt retient que MM. Y... et Z..., subordonnés de la société Newen, mais représentant, en fait, l'ensemble des saisissants, étaient autorisés à intervenir par les termes généraux de l'ordonnance, et qu'ils ne sont pas intervenus en qualité d'experts mais de représentants des sociétés requérantes;

Attendu qu'en statuant ainsi, alors que ni le requérant, ni ses préposés, ne sont au nombre des personnes pouvant assister aux opérations de saisie-contrefaçon, peu important que le juge de la requête leur en ait donné l'autorisation, la cour d'appel a violé le texte susvisé;

Sur le troisième moyen, pris en sa cinquième branche :

Vu l'article L. 615-5 du code de la propriété intellectuelle, ensemble l'article 455 du code de procédure civile;

Attendu que pour valider la seconde saisie du 18 octobre 2001, l'arrêt retient enfin que le préposé de la société Newen est intervenu comme représentant des requérants, et que, pour les motifs qui viennent d'être exposés plus haut, il convient de débouter la société Machines Serdi de sa demande de nullité des opérations de saisie-contrefaçon;

Attendu qu'en se déterminant ainsi, sans vérifier, comme elle y était invitée, si l'huissier avait lui-même exécuté les opérations de saisie-contrefaçon, la cour d'appel n'a pas donné de base légale à sa décision;

Et sur le quatrième moyen :

Vu l'article 455 du code de procédure civile;

Attendu que l'arrêt rejette la demande de la société Serdi tendant au paiement de dommages-intérêts en réparation du préjudice résultant des saisies-contrefaçon;

Attendu qu'en s'abstenant de répondre aux conclusions reprochant à l'ingénieur de la société Newen, qui avait participé à la saisie-contrefaçon pratiquée le 18 octobre 2001, d'avoir abusivement accédé au bureau d'études, au système informatique et à l'ensemble des ateliers, et d'avoir pu de la sorte prendre connaissance des secrets industriels de la société Serdi, lors même qu'aucun élément de nature à établir la contrefaçon recherchée n'avait été recueilli et que les saisissants s'étaient désistés de l'action en contrefaçon dans la perspective de laquelle les saisies avaient été autorisées, la cour d'appel n'a pas satisfait aux exigences du texte susvisé;

Par ces motifs, et sans qu'il y ait lieu de statuer sur les autres griefs :

Casse et annule. »

Lyon, ch. civ. 1 A, 2 juill. 2009, RG n° 08/06722, *Juris-Data* n° 2009-022194.

« Attendu que l'article L. 615-5 du code de la propriété intellectuelle dispose que toute personne ayant qualité pour agir en contrefaçon est en droit de faire procéder en tout lieu et par tous huissiers, assistés d'experts désignés par le demandeur, en vertu d'une ordonnance rendue sur requête par la juridiction civile compétente, soit à leur saisie descriptive, soit à une saisie réelle;

Attendu que la saisie contrefaçon étant une procédure exceptionnelle, les dispositions légales qui la régissent doivent être interprétées restrictivement; que ni le requérant ni ses préposés ne sont au nombre des personnes énoncées comme pouvant assister aux opérations de saisie contrefaçon;

Attendu qu'il résulte du procès-verbal de saisie contrefaçon dressé par Maître Jacques Plottier agissant à la requête de Messieurs Bruce et Pierre Harmand, des sociétés Newen Inc et Newen France et de The Harmand Family Limited Partnership que celui-ci était accompagné de Monsieur de Rossi directeur administratif de la société Newen et de Monsieur Chevalier directeur technique et qu'en leur présence il a procédé à la saisie réelle de photographies, plans et documents qui faisaient l'objet d'une restitution entre les mains de Maître Fournier huissier de justice à la Roche-sur-Foron à la suite d'une sommation délivrée le 20 juin 2001;

Attendu que dès lors cette saisie-contrefaçon effectuée par l'huissier en présence des deux salariés des sociétés requérantes ne respecte pas les dispositions de l'article L. 615-5 du code de la propriété intellectuelle;

Qu'il importe peu que dans son ordonnance rendue au pied d'une requête rédigée en termes généraux le président du tribunal de grande instance de Bonneville ait autorisé l'assistance d'un expert en brevet et la présence de requérants ou de leurs subordonnés en raison de la technicité du dossier;

Attendu que pour ce motif suffisant sans qu'il soit nécessaire de statuer sur la régularité de l'appréhension, lors de cette mesure, de documents annexés à une précédente saisie-contrefaçon déclarée nulle, il convient d'annuler la saisie-contrefaçon pratiquée le 18 octobre 2001 par Maître Plottier;

Attendu que la saisie-contrefaçon effectuée le même jour par Maître Jean-François Gaillard huissier de justice à Annecy au sein de l'établissement de la société "Machines Serdi" a été également pratiquée avec l'assistance de Monsieur Freddy Rossero, ingénieur de la société Newen et Denis Jarez informaticien; qu'en outre l'huissier de justice a précisé dans son procès-verbal que les investigations opérées dans le bureau d'études et dans les ateliers avaient été faites par Monsieur Jarez et Monsieur Rossero, en sa présence;

Attendu qu'ainsi cette saisie-contrefaçon effectuée avec un subordonné de la société Newen requérante lequel a lui-même procédé aux investigations alors que les opérations de saisie devaient être conduites par l'huissier est nulle comme contraire aux dispositions de l'article L. 615-5 du code de la propriété intellectuelle; qu'il convient également de réformer le jugement de ce chef. »

Paris, pôle 5, ch. 2, 4 juin 2010, RG n° 2008/21745; *Jurinpi* M20100299; *PIBD* 2010, n° 925, III, 620, *Propr. intell.* oct. 2010, p. 990, obs. Sabatier.

« Considérant que pour soulever la nullité du procès-verbal de saisie-contrefaçon du 14 février 2006, la société SCA Hygiène Products fait valoir, d'une part, que la présence, même autorisée, d'un salarié des requérantes est contraire au principe du droit à un procès équitable consacré par l'article 6-1 de la Convention européenne de sauvegarde des droits de l'homme et des libertés fondamentales, d'autre part, qu'en poursuivant ses investigations alors qu'il n'avait pu procéder à la saisie réelle des produits argués de contrefaçon, l'huissier instrumentaire a outrepassé sa mission et, enfin, que les sociétés requérantes ont fait preuve de déloyauté en procédant à un énoncé délibérément trompeur des produits et services objets de la marque, dans le but de dissimuler que cette dernière ne désigne pas les protège-slips.

Considérant qu'il sera relevé que la société SCA Hygiène Products ne reprend pas devant la Cour le moyen de nullité tiré de l'irrégularité prétendue de la signification de l'ordonnance ayant autorisé la saisie-contrefaçon et que les premiers juges ont à bon droit écarté.

Considérant, s'agissant du moyen tenant à la déloyauté dont auraient fait preuve les sociétés Paul Hartmann et Laboratoires Paul Hartmann dans l'énoncé de leurs droits lorsqu'elles ont requis l'autorisation de pratiquer une saisie-contrefaçon, qu'il convient de rappeler qu'était joint en pièce n° 2 annexée à la requête, le certificat d'enregistrement de la marque Confiance n° 1 701 380 dont est titulaire la société Paul Hartmann, ce dont il résulte que le délégataire du président du tribunal de grande instance de Bobigny avait une connaissance précise des produits désignés à l'enregistrement de la marque invoquée lorsqu'il a rendu l'ordonnance autorisant la saisie-contrefaçon; que ce moyen sera donc rejeté.

Mais considérant qu'il ressort du procès-verbal dressé le 14 février 2006 que l'huissier instrumentaire a effectué les opérations de saisie-contrefaçon assisté de M. X, directeur marketing de la SA Paul Hartmann, représentant les sociétés requérantes; que, ni le requérant ni ses préposés, fussent-ils autorisés comme en l'espèce, ne sont au nombre des personnes pouvant, conformément aux dispositions de l'article L. 716-7 du code de la propriété intellectuelle, assister aux opérations de saisie-contrefaçon; qu'aucun motif ne peut justifier la présence d'un salarié d'une des requérantes et l'absence de toute intervention active de sa part lors des opérations ne peut pas davantage couvrir la nullité des opérations encourue du seul fait de sa présence, sans que la société SCA Hygiène Products ait à justifier d'un grief;

Qu'il y a donc lieu, sans qu'il soit nécessaire d'examiner le moyen tiré de l'absence de saisie réelle des produits argués de contrefaçon, en infirmant la décision déférée de ce chef, d'annuler le procès-verbal de saisie-contrefaçon du 14 février 2006 et, par conséquent, d'écarter des débats les pièces et documents saisis par l'huissier lors des opérations. »

▸ 122.67 L'avocat du saisissant

TGI Paris, 3e ch., 23 févr. 1994, *RD propr. int.* 1996, n° 64, 27.

« Attendu qu'il est constant que l'expert ou l'homme de l'art dont l'assistance est autorisée par les ordonnances d'autorisation de saisies prises en application de l'article L. 716-7 du code de la propriété intellectuelle s'entendent comme toute personne pouvant apporter un concours utile à l'huissier.

Que rien n'interdit à un avocat mandaté par le requérant de participer à la saisie dès lors que la présence d'un homme de l'art a été expressément autorisée par l'ordonnance;

Que la présence de M. G. n'est donc pas de nature à vicier les opérations de saisie;

Mais attendu que les opérations de saisie-contrefaçon constituent des mesures exorbitantes du droit commun et l'autorisation donnée doit s'interpréter restrictivement quant aux conditions de son exercice;

Attendu qu'en l'espèce, M. G. n'a pas décliné sa qualité;

Attendu que cette réticence déloyale n'a pas permis au saisi de joindre son propre conseil;

Que cette abstention fautive causant grief au saisi, constitue une irrégularité grave viciant les opérations de saisie-contrefaçon;

Qu'il y a lieu de prononcer la nullité du procès-verbal de saisie-contrefaçon du 11 février 1993. »

Paris, 4e ch. B, 6 juin 1997, *RD propr. int.* 1997, n° 77, 26.

« Considérant que l'ordonnance autorisant la saisie-contrefaçon donnait la possibilité à l'huissier instrumentaire de se faire accompagner le cas échéant par un expert au choix de la requérante, pris en dehors de ses préposés; qu'en application de cette ordonnance, l'huissier s'est fait assister par M. S., précédemment conseil en marques de la société Kenzo et qui a la qualité d'avocat depuis la fusion des professions intervenue en 1992;

qu'aucun texte ne prévoit qu'une telle qualité interdise d'être désigné comme sachant, ce, d'autant plus que l'avocat assistant Kenzo et Tamaris dans la procédure n'était pas présent aux opérations de saisie-contrefaçon; qu'il s'ensuit qu'aucune atteinte n'a été portée aux droits de la défense; que la demande en nullité sera donc rejetée. »

Com. 18 avr. 2000, Parfums Via Paris c/Kenzo et Tamaris, n° 97-19.631, NP, *PIBD* 2000, n° 700, III, 314.

« Mais attendu qu'après avoir constaté que l'ordonnance autorisant la saisie-contrefaçon donnait la possibilité à l'huissier instrumentaire de se faire accompagner par un expert choisi par la requérante en dehors de ses préposés, l'arrêt relève que l'huissier s'est fait assister par M. S., précédemment conseil en marques de la société Kenzo, qui a la qualité d'avocat depuis la fusion des professions intervenue en 1992; qu'ayant relevé qu'aucun texte ne prévoit qu'une telle qualité interdit d'être désigné comme sachant, la cour d'appel a légalement justifié sa décision; d'où il suit que le moyen n'est pas fondé. »

Rennes, 2e ch. com., 10 janv. 2006, *PIBD* 2006, n° 826, III, 200; *Propr. intell. oct. 2006,* p. 464, obs. de Haas.

« Mais considérant qu'à l'occasion de ses opérations de saisie, l'huissier instrumentaire, qui était autorisé par l'ordonnance du président du tribunal de grande instance à se faire accompagner d'un expert s'est présenté à l'adresse professionnelle de Annick Poisson épouse Manceau "accompagné de Maître Z, expert requis"; Considérant que rien dans les textes n'interdit à une partie de se faire assister par son avocat agissant en qualité d'expert; que cependant il résulte de l'article 6-1 de la Convention européenne des droits de l'homme l'exigence d'un procès équitable qui s'oppose à ce que l'expert mandaté par une partie soit également son conseil, ce qui lui enlève le caractère d'indépendance exigé par cet article;

Considérant qu'en l'espèce Maître Z n'a pas décliné sa qualité d'avocat, ce qui est contraire à l'exigence de loyauté qui s'impose à un membre du barreau et qui relève de la déontologie; que ce comportement au surplus est contraire à l'exigence d'impartialité posée par l'article susvisé, quand bien même l'avocat aurait été mentionné, comme c'est le cas dans la signification de l'ordonnance ayant immédiatement précédé les opérations de saisie;

Qu'il convient en conséquence d'annuler le procès-verbal de saisie-contrefaçon établi le 10 avril 2001 par Maître Vau préjudice de Madame Manceau, étant observé qu'il n'est pas démontré que la présence aux opérations de saisie d'une tierce personne non autorisée, en l'espèce un jeune stagiaire, ait porté préjudice au saisi;

Considérant que le procès-verbal annulé sera dès lors écarté des débats. »

▸ 122.68 Personnes interdites ou non autorisées

Paris, 4e ch., 13 mars 1996, *PIBD* 1996, n° 612, III, 305.

« Considérant que le président du tribunal de grande instance de Paris, à qui requête a été préalablement présentée, en autorisant l'huissier instrumentaire à se faire assister d'un homme de l'art, a formellement précisé dans son ordonnance du 7 mai 1990 "homme de l'art qui ne soit pas au service de M. P. et plus particulièrement de X, conseil en brevets au cabinet Y [...]",

Qu'il résulte des énonciations du procès-verbal de saisie du 9 mars 1990 que l'huissier était assisté de M. X, conseil en brevet dont il est amplement établi qu'il exerce ses activités au sein du cabinet Y.

Que l'huissier précise, en page 2 de son acte, avoir procédé à la saisie par voie de description de [l'] appareil sur les indications de M. X.

Que les opérations effectuées ainsi, en violation flagrante des termes de l'ordonnance qui les a autorisées, sont nulles et de nul effet. »

TGI Paris, 3e ch., 1re sect., 30 mai 2007, RG n° 04/12557, *Jurinpi* B20070215.

« En l'espèce, la présence du serrurier n'avait pas été précisée dans l'ordonnance et la présence du serrurier est donc une irrégularité. Pour autant cette présence n'a généré aucun grief à la société Profilmar car les pièces saisies par l'huissier lui ont été spontanément remises par le chef d'atelier et par la comptable sans que le serrurier n'ait eu à intervenir ainsi qu'en atteste le procès-verbal dressé par Me Jorry.

Aucune irrégularité n'entache les opérations de saisie du fait de la présence du clerc auprès de Me Jorry, ce dernier pouvant sans autorisation spéciale du juge se faire assister par tout membre subordonné de son étude.

En conséquence, les opérations de saisie ne sont pas nulles du fait de la présence du serrurier ou du clerc d'huissier et la société Profilmar sera déboutée de sa fin de non recevoir fondée sur cette nullité. »

▸ 122.82 Objets à décrire

Paris, 4e ch., sect. B, 24 oct. 2003, *Gaz. Pal.*, 5-6 janv. 2005, p. 11.

« Considérant que le tribunal a débouté Renoard et Jardinerie Vernet de toutes leurs demandes, en relevant que les éléments apportés par elles constituaient de simples présomptions fondées sur des similitudes et que "s'il est indiqué dans le procès-verbal de saisie du 27 janvier 1999 que des ressemblances physiques permettent de rapprocher les variétés Leylandis cultivées par les Serres du Lodevois de la variété Ventose, il émane du même document que M. Bellion, homme de l'art, a déclaré qu'il était nécessaire de procéder à une observation de la croissance des deux variétés sur un certain laps de temps avant de procéder à des conclusions définitives et que ces constatations au bout de plusieurs mois n'ont pu s'effectuer du fait du décès de M. Bellion, et de la disparition des plants saisis"; que le tribunal a ajouté que dans un domaine dont la technicité n'est pas contestable, la contrefaçon ne saurait s'appuyer sur de simples constatations visuelles portant sur des similitudes entre de jeunes pousses; [...]

Considérant cela exposé que, comme le relèvent exactement les intimées, le procès-verbal du 11 janvier 2002 ne suffit pas à établir que les plants comparés avec ceux de Ventose proviennent bien des lots saisis; qu'en effet, l'huissier a constaté qu'un seul plant (photo 4) porterait une étiquette des Serres du Lodévois ; que toutefois, il n'existe aucune garantie de ce que cette étiquette aurait bien été apposée dès l'origine, l'huissier mentionnant par ailleurs que certaines étiquettes sont absentes, ou ont été, soit arrachées, soit endommagées et ne décrit pas un système d'étiquetage qui aurait pu assurer une identité parfaite ;

Considérant qu'en l'absence de certitude sur l'existence des plants saisis et ceux décrits par l'huissier, la cour ne peut retenir comme preuve de la contrefaçon les constatations relevées par cet huissier, le 11 janvier 2002 ;

Considérant qu'il n'existe par ailleurs aucune reconnaissance par les parties de ce que les plants qui ont fait l'objet de la saisie-contrefaçon en janvier 1999 auraient contrefait ceux de la variété Ventose, le protocole d'accord auquel se réfèrent les appelants mentionnant seulement que sont admises l'existence de similitudes (sans pour autant reconnaître que les similitudes porteraient sur les caractéristiques du certificat d'obtention végétale) ;

Considérant qu'enfin, comme l'avaient déjà relevé les premiers juges par des motifs pertinents que la cour fait siens, les premières constatations effectuées par l'huissier en 1999 n'étaient pas suffisantes pour déterminer l'existence d'une contrefaçon et qu'il était donc nécessaire de procéder à une mise en culture sur plusieurs années, devenue impossible du fait de la disparition des plants ; qu'en l'absence de nouveaux éléments déterminants puisque le procès-verbal du 11 janvier 2002 a été dit par la cour comme dénué de pertinence, le jugement sera confirmé, sans qu'il soit utile de procéder à la mesure d'instruction formée à titre subsidiaire, en l'absence de détermination des plants qui seraient encore dans la propriété Bellion et qui proviendraient de la saisie-contrefaçon de janvier 1999. »

Com. 4 déc. 2007, n° 06-11.496, NP, *Propr. industr.* 2008, comm. n° 49, note Schmidt-Szalewski.

« Attendu, selon l'arrêt attaqué (Toulouse, 24 nov. 2005), que les sociétés Germicopa et Sicasov, soutenant être titulaires, la première d'un certificat d'obtention végétale n° 01611 délivré le 9 octobre 1981 relatif à la variété de pommes de terre Charlotte, pour l'avoir acquis en 1996 des sociétés Unicopa et Clause, la seconde de contrats de licence d'exploitation exclusive de cette variété, ont assigné les sociétés Établissement Garrigues frères, Greenval AP et Agrolon en contrefaçon ;

Attendu que les sociétés Germicopa et Sicasov font grief à l'arrêt d'avoir rejeté leurs demandes, alors, selon le moyen, que selon l'article L. 623-3 du code de la propriété intellectuelle toute obtention végétale répondant aux conditions de l'article L. 623-1 du même code est "définie par une dénomination à laquelle correspondent une description et un exemplaire témoin conservé dans une collection" ; qu'en vertu de l'article L. 623-15 du même code le certificat d'obtention végétale désigne » l'obtention par une dénomination permettant sans confusion ni équivoque son identification » ; que l'obtention, objet d'un certificat, étant ainsi notamment définie par sa dénomination, les droits du titulaire portent de façon indissociable tant sur l'obtention visée que sur la dénomination qui la définit ; que toute atteinte à ces droits constitue une contrefaçon ; qu'en retenant en l'espèce qu'il n'était pas établi que les sociétés Garrigues, Greenval et Agrolon se soient rendus coupables de contrefaçon dès lors qu'il n'était pas certain que les plants qu'elles avaient importés, offerts en vente et vendus présentent les caractéristiques de la variété "Charlotte", tout en constatant que les plants incriminés avaient été importés, offerts à la vente et vendus sous la dénomination "Charlotte" par lesdites sociétés sans qu'elles aient au préalable obtenu l'accord du titulaire des droits exclusifs, la cour d'appel a violé les articles L. 623-3, L. 623-4, L. 623-15 et L. 623-25 du code de la propriété intellectuelle ;

Mais attendu que constitue un acte de contrefaçon toute atteinte portée au droit exclusif du titulaire du certificat d'obtention végétale de produire, introduire sur le territoire, vendre ou offrir en vente tout ou partie de la plante ou tous éléments de reproduction ou de multiplication végétale de la variété considérée et des variétés qui en sont issues par hybridation lorsque leur reproduction exige l'emploi répété de la variété initiale ;

Et attendu que la cour d'appel, qui a constaté que l'huissier qui avait effectué les opérations de saisie-contrefaçon n'avait procédé à aucune saisie réelle ni à aucune description des plants vendus par les sociétés Greenval et Agrolon à la société Garrigues et revendus par cette dernière et estimé, dans l'exercice de son pouvoir d'appréciation des éléments de fait et de preuve, qu'il n'était pas établi que ces plants reproduisent les caractéristiques de la variété objet du certificat, en a exactement déduit que les actes de contrefaçon n'étaient pas établis ; que le moyen n'est pas fondé ;

Par ces motifs :

Rejette le pourvoi. »

▸ 122.91 Définition de la saisie réelle

Com. 4 janv. 1985, n° 83-14.146, *Bull. civ.* IV, n° 9, *Ann. propr. ind.* 1985. 237 ; *Dossiers Brevets* 1985, IV, 5.

« Attendu que la description détaillée, avec ou sans saisie réelle prévue par ce texte, ne constitue qu'une mesure probatoire ;

Attendu que selon l'arrêt attaqué, sur le fondement des brevets d'invention 1 558 835 et 74 20822 relatifs à la fabrication des planchettes de balsa, la société de droit américain Baltek Corporation et sa filiale française la société Baltek ont présenté requête aux fins de faire pratiquer une saisie-contrefaçon de cartons de panneaux de balsa importés par la société Flexokore Corporation ;

Attendu qu'après avoir constaté que les sociétés Baltek avaient obtenu qu'il soit procédé à la description détaillée des objets prétendus contrefaits avec saisie réelle de deux échantillons, la cour d'appel a maintenu l'extension de la saisie réelle à l'ensemble des panneaux de balsa ;

Attendu qu'en statuant ainsi, en matière de brevets, alors qu'en vertu des dispositions de l'article 809 du Nouveau code de procédure civile il appartient au juge des référés compétent de prévenir un dommage imminent ou de faire cesser un trouble manifestement illicite résultant de la commercialisation d'objets prétendus contrefaits, la cour d'appel a méconnu le sens et la portée du texte précité. »

Com. 19 déc. 2006, n° 05-14.431, *Bull. civ.* IV, n° 265, *PIBD* 2007, n° 846, III, 112.

« Attendu, selon l'arrêt partiellement confirmatif attaqué, qu'après le décès d'Antonio X..., les sociétés X... et Valigeria X..., qu'il avait créées avec ses fils, ont convenu de confier à cette dernière la commercialisation en France des produits de la société X...; que cette collaboration commencée en 1985 a pris fin en 1996, les parties convenant alors d'un accord de non-concurrence venant à échéance le 31 décembre 2000; qu'étant titulaire, pour désigner des valises, malles et coffres de voyages, de la marque internationale "X...", n° 629.681, déposée le 10 janvier 1995, et désignant la France depuis le 3 décembre 1997, la société Valigeria X... a obtenu du président du tribunal de grande instance de Paris une ordonnance l'autorisant à faire procéder, au préjudice de la société X..., à la saisie par voie de description, au besoin par copie, photocopie, photographie ou tout autre moyen de reproduction de tous documents techniques et commerciaux, écrits ou dessins relatifs à la nature, à l'origine, à la destination et à l'étendue de la contrefaçon de marque;

qu'elle a obtenu du président du tribunal de grande instance de Nanterre une autre ordonnance autorisant une saisie-contrefaçon; que la cour d'appel a confirmé le jugement annulant les opérations de saisie-contrefaçon pratiquées le 28 janvier 2002 en exécution de ces ordonnances, et l'a réformé, en ce qu'il avait accueilli la demande reconventionnelle de la société X... en annulation de la partie française de l'enregistrement de la marque internationale "X...";

Sur le premier moyen du pourvoi incident de la société Valigeria X... :

Attendu que cette société fait grief à l'arrêt d'avoir annulé les opérations de saisie-contrefaçon pratiquée en vertu de l'ordonnance rendue par le président du tribunal de grande instance de Paris et d'avoir rejeté son action en contrefaçon, alors, selon le moyen :

1/ que l'huissier de justice chargé de pratiquer une saisie-contrefaçon descriptive peut valablement recueillir, au cours de l'exécution de cette mission, des documents que le saisi l'autorise à prendre; qu'à cet égard, l'huissier qui agit avec l'autorisation du saisi n'exerce pas de pouvoir coercitif et ne peut être regardé comme pratiquant une saisie réelle; que selon les propres constatations de l'arrêt, l'huissier instrumentaire avait constaté qu'il était dans "l'impossibilité factuelle de procéder à des photocopies des documents" et que le saisi "l'autorisait expressément à prendre deux exemplaires de chaque pièce constatée"; qu'en jugeant que l'huissier de justice aurait ainsi procédé à la "saisie réelle" de ces documents et outrepassé les pouvoirs qu'il avait de pratiquer une saisie descriptive, de sorte que la saisie-contrefaçon litigieuse aurait été entachée de nullité, la cour d'appel a violé l'article L. 716-7 du code de la propriété intellectuelle;

2/ que subsidiairement, si l'huissier de justice chargé de pratiquer une saisie-contrefaçon descriptive excède ses pouvoirs en pratiquant une saisie réelle, la nullité susceptible d'en résulter n'affecte que la saisie réelle et ne remet pas en cause la validité de la partie descriptive du procès-verbal de saisie, qui conserve sa valeur probante;

qu'en annulant la totalité de la mesure de saisie litigieuse, aux motifs que la société Valigeria X... avait été autorisée à faire pratiquer une saisie descriptive et que l'huissier instrumentaire aurait, en prenant "deux exemplaires de chaque pièce constatée", procédé à une saisie réelle et excédé ses pouvoirs, quand l'annulation pour ce motif de la saisie aurait dû être limitée à la saisie réelle, la cour d'appel a violé l'article L. 716-7 du code de la propriété intellectuelle;

3/ que si l'huissier de justice chargé de pratiquer une saisie-contrefaçon descriptive excède ses pouvoirs en pratiquant une saisie réelle, la nullité susceptible d'en résulter n'affecte que la saisie réelle et ne remet pas en cause la validité de la partie descriptive du procès-verbal de saisie, qui conserve sa valeur probante; qu'en jugeant que la preuve d'une contrefaçon n'aurait pu être faite, aux motifs que la société Valigeria X... avait été autorisée à faire pratiquer une saisie descriptive et que l'huissier instrumentaire aurait excédé ses pouvoirs en procédant à une saisie réelle nulle, sans se prononcer sur la partie descriptive du procès-verbal de saisie qui n'était pas affectée par la nullité de la saisie réelle, la cour d'appel a privé sa décision de base légale au regard de l'article L. 716-7 du code de la propriété intellectuelle;

Mais attendu, en premier lieu, qu'en constatant par motifs propres et adoptés que des documents avaient été remis à l'huissier à sa demande, la cour d'appel en a exactement déduit que celui-ci avait outrepassé les termes de sa mission. »

Com. 20 mars 2007, n° 05-12.626, *Bull. civ.* IV, n° 89, *PIBD* 2007, n° 852, III, 321.

« Attendu que la société Européenne de services fait grief à l'arrêt d'avoir refusé d'annuler un procès-verbal de saisie contrefaçon dressé le 29 mars 2000, alors, selon le moyen, qu'à défaut par le requérant de s'être pourvu devant le tribunal dans le délai de quinze jours, la saisie sera nulle de plein droit; qu'après avoir constaté que, outre la description des objets argués de contrefaçon, l'huissier de justice avait procédé à la saisie de documents publicitaires et de tarifs, la cour d'appel ne pouvait refuser de prononcer la nullité de la saisie réelle à laquelle avait procédé l'huissier, sans méconnaître la portée de ses constatations, en violation de l'article L. 615-5 du code de la propriété intellectuelle;

Mais attendu que la saisie réelle s'entend de celle qui porte sur des produits ou procédés prétendument contrefaisants; que le moyen n'est pas fondé. »

▸ **122.95 Détenteur de preuve de la contrefaçon bénéficiant d'un droit de rétention**

Com. 26 oct. 1999, n° 96-20.488, *Bull. civ.* IV, n° 185; *D.* 2000, jur. 365, note Marotte; *D.* 2000, Somm. 388, obs. Piedelièvre.

« Mais attendu que l'arrêt retient à bon droit que la société Ferrari Technotrans ne peut invoquer son droit de rétention sur les marchandises contrefaites, dès lors que leur caractère illicite interdit leur commercialisation que le moyen n'est pas fondé. »

▸ **122.97 Opportunité de prévoir dans l'ordonnance une expertise ou une analyse des produits saisis ?**

Paris, 4e ch., 7 févr. 1969, *Ann. propr. ind.* 1969. 131.

« Qu'en effet, comme [le premier juge] l'a justement relevé, l'analyse, confiée à l'expert, aurait pu être décidée par l'ordonnance autorisant la saisie. »

Paris, 4e ch., 8 juill. 1972, *Ann. propr. ind.* 1973. 341.

« Considérant que, si l'analyse à laquelle T. a procédé a été incluse dans une ordonnance qui devait, en vertu des règles impératives de compétence, se borner à autoriser la saisie prévue à l'article 56 de la loi du 2 janvier 1968, elle est étrangère en réalité, à la procédure qui y a été instituée; qu'en effet, selon ce texte, l'huissier qui opère la saisie peut sans doute être assisté d'experts choisis par le saisissant (et non désigné par le président du tribunal), mais ils n'ont d'autre rôle que d'aider l'officier ministériel dans une description qui peut exiger des connaissances techniques, mais qui doit toujours être consignée dans un procès-verbal dont copie doit être laissée aux détenteurs de l'objet saisi;

Considérant que dès lors les sociétés Chimique des Charbonnages de France et Haldor Topsoe ont pu opposer à bon droit à l'analyse en question, qui n'est rien d'autre, par nature, qu'une mesure d'expertise ordonnée par l'autorité judiciaire hors du cadre fixé par la procédure de saisie, le défaut de caractère contradictoire; que ce défaut suffit à retirer toute validité à une expertise qui, de toute façon et indépendamment de la question de la juridiction compétente pour l'ordonner, était obligatoirement soumise à la règle de la contradiction; d'où il suit que les premiers juges ont justement annulé les opérations qui ont été menées par l'expert T. sans que les parties aient été appelées ou présentes. »

Civ. 2e, 10 juill. 1980, n° 79-11.727, *Bull. civ.* II, n° 182.

« Attendu que, pour débouter les époux P. de leur demande, la cour d'appel énonce qu'il lui est impossible, sans violer les dispositions de l'article 16 du Nouveau code de procédure civile, de retenir à titre de preuves les deux documents produits par les demandeurs, au seul motif qu'ils n'avaient pas été établis contradictoirement; qu'il résulte, cependant, des productions que la société Totalgaz en avait reçu communication et qu'elle en avait discuté la valeur et la portée; d'où il suit que la cour d'appel n'a pas légalement justifié décision. »

Com. 26 oct. 1982, n° 81-11.323, *Bull. civ.* IV, n° 327.

« Attendu que pour écarter l'examen d'un avis technique dont la société Sauer Transmissions se prévalait pour dégager sa responsabilité mise en cause par la société Ateliers et Chantiers de l'Afrique Équatoriale (société Acae) et la faire supporter par la société Ugine Aciers, la cour d'appel a relevé que l'avis du technicien était intervenu sur la demande unilatérale de la société Sauer Transmissions et ne pouvait qu'être écarté des débats;

Attendu qu'en statuant ainsi, alors qu'il résulte des productions que la société Ugine Aciers avait été mise à même de débattre contradictoirement de l'avis qui lui avait été communiqué, la cour d'appel n'a pas légalement justifié sa décision. »

TGI Vienne, 18 mai 1990, *PIBD* 1990, n° 487, III, 602.

« C'est à bon droit que la société Piolat Industrie rappelle que les nécessités de la preuve de la contrefaçon alléguée peuvent justifier les prélèvements effectués mais que rien ne peut justifier que les échantillons saisis, dont composition est secrète, soient remis à la société requérante pour être analysée par elle. Il appartiendra ultérieurement au tribunal saisi d'une instance au fond d'apprécier si une expertise doit ou non être ordonnée afin de pouvoir procéder contradictoirement et sous contrôle de justice aux analyses nécessaires à la preuve de la contrefaçon alléguée. Cette expertise ayant lieu en respectant les secrets de fabrication de la société Piolat Industrie. »

TGI Paris, 3e ch., 1re sect., 9 janv. 1991, RG n° 90/14465, *Jurinpi* B19910001.

« Attendu que les parties s'accordent sur la nécessité de recourir à une mesure d'expertise technique des produits saisis, que le Directeur de l'ENSCP a été régulièrement consulté;

Attendu qu'il convient de nommer un expert, en application de l'article 771 du Nouveau code de procédure civile après consultation d'un des organismes prévus au décret du 10 juin 1965 relatif au choix des experts, avec la mission ci-après précisée dans le dispositif. »

Com. 17 mai 1994, n° 92-13.542, *Bull. civ.* IV, n° 181.

« Attendu qu'en statuant ainsi, alors qu'il ressort des pièces de la procédure que le rapport technique litigieux qui valait comme élément de preuve soumis à la libre discussion des parties, avait été régulièrement communiqué, la cour d'appel a violé les textes susvisés. »

Civ. 1re, 1er juill. 1997, n° 95-13.319, NP.

« Mais attendu que la cour d'appel, saisie par la société Infotel de la contestation du caractère contradictoire de la mesure ordonnée par le président du tribunal, a souverainement retenu que si la société Steria justifiait d'un motif légitime pour obtenir la communication des documents comptables de la société Infotel de nature à établir la preuve des droits revendiqués, l'analyse de ces documents aurait dû être faite contradictoirement

que la cour d'appel a ainsi légalement justifié sa décision de ne considérer le rapport d'expertise comptable établi en vertu des ordonnances contestées qu'à titre de simple renseignement, et non comme une expertise. »

TGI Paris, 3e ch., 4 juill. 1997, *PIBD* 1997, n° 644, III, 639.

« Cependant, la simple description des plastisols litigieux ne permet pas d'en déterminer la composition. Il ne peut être reproché à la société Serme de ne pas avoir préalablement fait procéder par un laboratoire spécialisé à une expertise non contradictoire. Seule, en effet, une expertise contradictoire des produits saisis permettra de déterminer s'ils sont composés, dans les proportions revendiquées par le brevet, d'une résine PVC et des mélanges revendiqués, et si plus généralement ils reproduisent les caractéristiques essentielles de l'invention. »

Paris, 4e ch. B, 5 juin 1998, *RD propr. int.* 1998, n° 89, 15.

« Considérant qu'il ressort de l'exposé des faits et de leur chronologie que Monsieur S. a attendu treize mois, du 12 novembre 1988 au 5 février 1990, pour solliciter la nomination d'un expert et faire procéder à la comparaison des plantes litigieuses; que pendant cet intervalle les transferts et manipulations des plantes, sans que les intimés soient avisés et hors de leur présence, ont été multipliés, accumulant les risques d'altération de l'expression des caractères des plantes à examiner;

Considérant que le tribunal doit en conséquence être approuvé d'avoir décidé que l'origine des produits examinés par l'expert n'avait pas été suffisamment établie pour permettre d'entériner ses conclusions. »

TGI Paris, 3e ch., 4e sect., 26 nov. 2009, RG n° 09/00813, *PIBD* 2010, n° 915, III, 195; *Jurinpi* B20090209.

« Selon procès-verbal de constat en date du 19 février 2009 dressé à la requête du Cabinet de conseils en propriété industrielle Regimbeau par Maître Noguier, huissier de justice à Paris, un colis a été adressé en Chronopost à Messieurs Leforestier et Gauchet de ce Cabinet de Conseils par la SCP BLSK sise à Tours, contient un pistolet de peinture SG 600 de la société Far Group Europe qui comporte sur la partie pulvérisation un scellé apposé par la SCP Bougetlaunay-Serreau-Kubas du 12.08.08, affaire Wagner c/ Far Group dont la photographie est jointe au procès-verbal et Monsieur Fabien Gauchet a procédé au démontage du pulvérisateur qui se compose d'un bidon translucide sur lequel sont indiquées des graduations, un logo avec une interdiction de pulvériser vers le haut, un anneau de couleur jaune, une buse de pulvérisation avec capuchon muni d'évents, un pointeau blanc avec ressort de compression à boudins.

Il ressort de l'ensemble de ces éléments à savoir la provenance du colis de la SCP d'huissiers BLSK, la description et les photographies de l'emballage comportant les mêmes références ainsi que celles du pistolet à peinture, la présence du scellé, que le pistolet à peinture analysé par le Cabinet Regimbeau est bien celui objet de la saisie-contrefaçon en date du 12 juin 2008, l'erreur de date dans le procès-verbal étant une simple erreur de plume. À cet égard, il convient de remarquer que la société Far Group indique dans ses écritures avoir dès juillet 2008 modifié certaines caractéristiques de son pistolet SG 600 (buse en laiton au lieu de buse en plastique) ce qui démontre bien que le pistolet saisi puis analysé est le même car comportant une buse en plastique.

En outre, la preuve en matière de contrefaçon de brevet peut être apportée par tous moyens tel qu'un rapport technique établi par un conseil en propriété industrielle. Le rapport du Cabinet Regimbeau en date du 6 mars 2009 n'a valeur que de simple renseignement et n'est donc pas soumis aux formalités imposées à peine de nullité aux actes d'huissier. Il ne saurait donc être considéré, ainsi que le soutient la société défenderesse, comme n'ayant aucune valeur probante aux motifs qu'il n'a pas été établi dans le cadre des opérations de saisie-contrefaçon, en présence d'un huissier et de la société Far Group Europe.

De même, la société Far Group Europe ne saurait arguer du défaut du respect du principe du contradictoire car, si elle n'a pas été présente lors de l'examen technique auquel a procédé le Cabinet Regimbeau, elle a eu connaissance de ce rapport en temps utile et a pu en débattre contradictoirement. »

▸ 122.101 Textes

Paris, pôle 5, ch. 2, 3 juin 2011, RG n° 10/08000, *Propr. intell.* oct. 2011, p. 441, obs. crit. de Haas.

« Considérant que la société Chaussea soutient, d'une part, que l'huissier n'a pas respecté un délai raisonnable entre la signification de l'ordonnance autorisant la saisie et les opérations de saisie de sorte que la personne chez qui était pratiquée la saisie n'a pas eu un temps suffisant pour connaître l'objet de la mission et, d'autre part, que l'huissier a procédé à la saisie des documents comptables sans avoir auparavant constaté la matérialité des faits de contrefaçon;

Mais considérant qu'aucun élément du dossier ne met en évidence que la personne chez qui était pratiquée la saisie n'aurait pas eu un temps suffisant pour connaître la mission de l'expert; qu'il n'est au surplus pas démontré en quoi cela aurait été cause d'un grief alors qu'il n'est pas soutenu que l'expert aurait outrepassé sa mission;

Considérant qu'en outre, par l'ordonnance de saisie-contrefaçon du 17 décembre 2008, la société Menport a été autorisée à faire constater la "fabrication, détention, mise en vente, vente et l'offre au public de tous articles reproduisant les modèles de chaussure de la société Menport" (dont les références étaient précisées) et à saisir tous documents comptables mais cette dernière mission n'était pas subordonnée à la constatation de la présence dans les lieux des objets argués de contrefaçon; qu'il ne peut en conséquence être reproché à l'huissier d'avoir procédé à la saisie de documents comptables dès lors qu'il n'avait pas été spécifié que la constatation de la matérialité des faits était un préalable nécessaire; que la demande en nullité sera rejetée. »

TGI Paris, 3e ch., 1re sect., 3 nov. 2009, RG no 09/15054, *Jurinpi* B20090174; *PIBD* 2010, no 909, III, 7.

« L'article L. 615-5 du code de la propriété intellectuelle a été modifié dans sa rédaction suite à la loi no 2007-1544 du 29 octobre 2007 dans la mesure où dorénavant l'huissier peut être autorisé à procéder à la saisie notamment de "*tout document s'y rapportant*" alors qu'avant il pouvait être autorisé à procéder à "*toute constatation utile en vue d'établir l'origine, la consistance et l'étendue de la contrefaçon*".

Il ressort néanmoins de la lecture de ce texte dans sa nouvelle rédaction que l'huissier peut être autorisé à saisir "*tout document*" se rapportant aux produits ou procédés prétendus contrefaisants, sans qu'il soit précisé qu'il s'agit uniquement des documents relatifs à la matérialité de la contrefaçon. Admettre le contraire serait ajouter au texte en limitant l'effet et l'intérêt de la saisie-contrefaçon, et contraire à la volonté du législateur qui était, en application de la directive (CE) no 2004/48 du 29 avril 2004, de veiller au respect des droits de propriété intellectuelle et de lutter contre la contrefaçon.

Une telle interprétation de l'article L. 615-5 du code de la propriété intellectuelle n'est pas contraire aux dispositions de l'article L. 615-5-2 du même code qui a introduit dans notre législation le droit à l'information dans la mesure où celui-ci est un nouvel outil juridique donné au titulaire du droit pour obtenir des informations auxquelles il n'a pu avoir accès antérieurement, notamment par le biais de la saisie-contrefaçon, et où ce droit a uniquement pour objet de déterminer l'origine et les réseaux de distribution des produits ou procédés contrefaisants.

La saisie-contrefaçon et le droit à l'information doivent se compléter et permettre au breveté d'établir, avant tout procès pour la première et suite à une instance au fond pour le second, la matérialité de la contrefaçon, son étendue et son origine.

La société Agritubel et Monsieur F pouvaient dès lors, sur le fondement de l'article L. 615-5 du code de la propriété intellectuelle, demander la saisie des documents étrangers à la matérialité de la contrefaçon. La société Angel sera déboutée de sa demande de rétractation de l'ordonnance du 22 septembre 2009.

Il ressort de la lecture du procès-verbal de saisie-contrefaçon du 29 septembre 2009 que l'huissier instrumentaire a saisi des factures, bons de commande, un extrait de la grille tarifaire, et un récapitulatif du chiffre d'affaires intéressant les produits prétendus contrefaisants en occultant les autres produits n'ayant rien à voir avec son intervention.

La circonstance que l'huissier ait d'abord obtenu ces renseignements commerciaux puis procédé à la description des produits argués de contrefaçon ne saurait établir un détournement de la procédure de saisie. La société Angel ne précise pas quel secret des affaires serait contenu dans ces documents. Elle sera en conséquence déboutée de sa demande de mise sous scellés des documents commerciaux saisis par l'huissier et d'interdiction pour la société Agritubel de faire état des renseignements commerciaux obtenus. »

▸ 122.103 Documents établissant l'origine, la destination, l'importance de la contrefaçon

Aix-en-Provence, 1er déc. 1976, *Ann. propr. ind.* 1978. 293; *PIBD* 1977, no 186, III, 63.

« Attendu par contre, en ce qui concerne les documents comptables, que leur saisie n'ayant pour objet que de déterminer l'importance de la contrefaçon et partant l'étendue du préjudice subi par le breveté, non seulement une saisie réelle mais même leur saisie-descriptive est inutile; qu'il suffit pour sauvegarder les droits du breveté d'autoriser un simple visa des livres et documents comptables, lequel, en raison du secret auquel sont tenus l'huissier et l'expert qui l'assiste empêchera le breveté de connaître à ce stade de la procédure les clients du prétendu contrefacteur. »

TGI Paris, 3e ch., 30 sept. 1982, *PIBD* 1982. 314, III, 263.

De même, c'est à tort que les sociétés défenderesses formulent un grief de saisie abusive. En effet, l'huissier qui a procédé à la saisie-contrefaçon et qui était autorisé à « consigner tous les renseignements et toutes les déclarations devant établir la nature, l'origine et l'importance de la contrefaçon prétendue », en se contentant de relever les numéros des factures, le type et le nombre des matériels argués de contrefaçon vendus, l'adresse et le nom des destinataires et le montant de la commande, n'a commis aucune faute et s'est borné à fournir au tribunal et à la victime de la contrefaçon des éléments permettant d'évaluer le préjudice subi.

Com. 9 mars 1993, no 91-15.211, NP, *PIBD* 1993, no 547, III, 412.

« Attendu qu'il est fait grief à l'arrêt d'avoir rejeté la demande de dommages et intérêts alors, selon le pourvoi, que ce faisant, la cour d'appel dénature purement et simplement les écritures de la société intimée qui fondait essentiellement sa demande reconventionnelle sur le fait que la saisie-contrefaçon avait été pratiquée de telle façon que des éléments totalement étrangers à la contrefaçon ont été portés à la connaissance des consorts H., qui ainsi ont pu connaître tous les secrets commerciaux d'un concurrent, et notamment les noms des clients et le chiffre d'affaires dudit concurrent, si bien qu'en rejetant ladite demande sur le fondement des motifs précités, la cour d'appel méconnaît les exigences de l'article 4 du Nouveau code de procédure civile.

Mais attendu que la cour d'appel, qui a décidé que la société TLP avait commis des actes de contrefaçon du brevet a pu retenir que les consorts H. n'avaient commis aucune faute en faisant procéder à une saisie-contrefaçon destinée à établir la réalité de cette contrefaçon et à la sauvegarde de leurs droits; d'où il suit que le moyen n'est pas fondé. »

Paris, 4e ch., 8 juill. 1993, *PIBD* 1993, no 555, III, 673.

« Que M. L., muni d'un pouvoir, visé par l'huissier, a été régulièrement autorisé à assister aux opérations de saisie; qu'il en est de même de l'expert-comptable, M. C.; que dès lors qu'il n'a été fait état d'aucun incident, ni comportement de leur part de nature à avoir fait dégénérer la saisie en manœuvre dolosive et l'avoir détournée de son but, il y a lieu, à la suite des premiers juges, de valider cette saisie-contrefaçon. »

TGI Paris, 3e ch., 30 juin 1994, *PIBD* 1994, n° 576, III, 527.

« Force est de constater qu'en absence de saisie réelle du briquet argué de contrefaçon, les opérations de saisie, en ce qu'elles se sont déroulées dans un établissement Pollyflame de la société Borsumij, laquelle ne conteste pas avoir pour enseigne Pollyflame, et en ce qu'elles ont porté, également, sur la photocopie de documents comptables, n'ont pas excédé les limites fixées par l'ordonnance du 30 juin 1992. »

TGI Paris, 3e ch., 26 mai 1995, *PIBD* 1995, n° 595, III, 420.

« Les documents appartenant à l'enveloppe "C" sont d'après l'expert, exclusivement de nature commerciale et concernent les machines PCR 1600 et 1200.

De tels documents, nécessaires pour déterminer la masse contrefaisante, au besoin après les précautions d'usage pour préserver le secret de certaines informations, n'ont, en revanche, pas à être communiqués au stade de l'appréciation de la contrefaçon. »

TGI Paris, 3e ch., 2e sect., 13 mars 1998, *RD propr. int.* 1998, n° 85, 29.

« Attendu que la société AD Classement prétend que la saisie pratiquée à Colombes serait nulle aux motifs que l'huissier serait sorti du cadre de ses pouvoirs en procédant à des investigations qui lui ont permis de reproduire les quantités de marchandises, livrées à sa clientèle et les lieux de livraison;

Attendu cependant que ce moyen n'est nullement fondé au regard de la mission confiée à l'expert et de la précaution qui a été prise d'occulter le nom des clients de la société Viquel et les montants des factures considérées. »

Paris, 4e ch., sect. B, 6 févr. 2004, *Propr. industr.*, 2004, comm. n° 99, note P. Greffe; *Propr. intell.*, oct. 2004, p. 939, obs. de Haas.

« Considérant qu'il est soutenu par Diramode, dans l'exposé de ses moyens, que la saisie-contrefaçon pratiquée le 19 décembre 1999 par le ministère de la SCP X serait affectée d'une nullité dans la mesure où ont été saisies des pièces comptables, alors que la saisie-contrefaçon doit être limitée à la préhension des exemplaires argués de contrefaçon et non pas à celle de documents qui ne servent pas à établir la matérialité de la contrefaçon mais l'importance du préjudice;

Mais considérant que d'une part, l'ordonnance sur requête avait autorisé la saisie de documents comptables, d'autre part, les documents en cause étaient relatifs à la vente des pantalons litigieux et non pas à des pièces extérieures au litige; qu'en outre, la matérialité de la contrefaçon porte nécessairement sur l'étendue de celle-ci, que cette demande sera en conséquence rejetée. »

Paris, 4e ch., sect. A, 8 sept. 2004, *PIBD* 2004, n° 797, III, 664; *Propr. industr.*, 2005, comm. n° 9, note P. Greffe.

« Considérant que la société Midest France soulève vainement la nullité du procès-verbal de saisie-contrefaçon au motif, selon elle, que l'huissier instrumentaire n'avait pas pour mission de se faire remettre des éléments comptables;

Qu'en effet, selon les termes de l'ordonnance du 13 septembre 2001, ayant autorisé cette saisie, ont été autorisées la recherche par l'huissier de toutes constatations notamment d'ordre comptable, afin de découvrir l'étendue et la provenance des imitations invoquées et la production de tous comptes et factures;

Que de sorte, la remise à l'huissier de la facture du 25 octobre 2000 portant sur l'acquisition de 250 pantalons BDU Advantage Camo USA, permettant d'établir la réalité et l'étendue de la contrefaçon, est parfaitement régulière. »

TGI Lille, 3 mai 2007, RG n° 04/02731; *Jurinpi* M20070243; *Propr. industr.* nov. 2008, spéc. p. 18, n° 73, étude X. Buffet Delmas d'Autane et L. Morelli.

« Aux termes de l'article L. 716-7 du code de la propriété intellectuelle, le titulaire d'une demande d'enregistrement, le propriétaire d'une marque enregistrée ou le bénéficiaire d'un droit exclusif d'exploitation est en droit de faire procéder en tout lieu par tout huissier assisté d'experts de son choix, en vertu d'une ordonnance du président du tribunal de grande instance rendue sur requête, soit à la description détaillée avec ou sans prélèvement d'échantillons, soit à la saisie réelle des produits ou des services qu'il prétend marqués, offerts à la vente, livrés ou fournis à son préjudice en violation de ses droits.

En l'espèce et par ordonnance de Monsieur le Président du tribunal de grande instance de Lille en date du 10 février 2004, Monsieur Nasrallah a été autorisé à faire procéder dans les locaux de la société Somewhere à la description et à la saisie réelle de chaque modèle de vêtement recouvert de la marque "Famous" et également "à la saisie par voie de description, et au besoin en prenant copie ou photocopie de toutes pièces de comptabilité, de tous livres et carnets de commande d'expédition, lettres et autres échanges de correspondances, factures et généralement de tous papiers et documents dont pourra résulter la preuve de la nature, de l'origine, de la destination et de l'étendue de la contrefaçon".

L'article L. 716-7 du code de la propriété intellectuelle susvisé prévoit de manière spéciale une procédure particulière de saisie-contrefaçon qui, mise en œuvre aux risques et périls du poursuivant, permet, hors de tout débat contradictoire, de s'introduire chez autrui sans son assentiment dans le but de procéder aux seules description et saisie de produits argués de contrefaçon. Le caractère coercitif et gravement attentatoire à la propriété privée de cette procédure justifie qu'elle doive demeurer exceptionnelle et strictement limitée aux prescriptions légales. À défaut, le risque est grand que, dans un monde des affaires de plus en plus concurrentiel, des requérants peu scrupuleux obtiennent grâce à une procédure rapide et non contradictoire permettant beaucoup de manipulations – puisque seul le demandeur fournit des informations qui la plupart du temps ne peuvent être contrôlées – d'obtenir à peu de frais des renseignements très précis sur le volume d'affaire, les prix d'achat, les fournisseurs, la marge... de leurs concurrents.

Si la Directive 2004/48/CE du Parlement européen et du Conseil du 29 avril 2004 prévoit dans le vingtième considérant de son préambule qu'"étant donné que la preuve est un élément capital pour l'établissement de l'atteinte aux droits de propriété intellectuelle, il convient de veiller à ce que des moyens de présenter, d'obtenir et de conserver les éléments de preuve existent effectivement", c'est pour ajouter immédiatement que : "Les procédures devraient respecter les droits de la défense et être assorties des garanties nécessaires, y compris la protection des renseignements confidentiels". De même si l'article 6-2 du même document prévoit qu'en cas "d'atteinte commise à l'échelle commerciale, les États membres prennent les mesures nécessaires pour permettre aux autorités judiciaires compétentes, le cas échéant, sur requête d'une partie, d'ordonner la communication de documents bancaires, financiers ou commerciaux, qui se trouvent sous le contrôle de la partie adverse", il précise également immédiatement que cela doit se faire "sous réserve que la protection des renseignements confidentiels soit assurée".

La procédure spéciale et dérogatoire de saisie-contrefaçon permet au demandeur d'obtenir rapidement, dans l'urgence, la preuve de la matérialité de la contrefaçon qu'il allègue. Cette première preuve obtenue et l'action engagée, le demandeur a la possibilité d'obtenir par incident, dans le cadre d'une procédure cette fois contradictoire, plus sûre et plus respectueuse des droits de la défense, communication de tout document comptable ou bancaire particulier nécessaire à l'établissement de l'étendue de la contrefaçon. Limiter la procédure dérogatoire de saisie contrefaçon aux seules prescriptions légales ne contrevient donc pas à l'esprit des textes ni aux directives supranationales mais permet de veiller au respect des droits de la défense, de la propriété privée et de la confidentialité des affaires.

Dans ces conditions, en se faisant autoriser à saisir, au cours d'une saisie contrefaçon fondée sur les dispositions de l'article L. 716-7 du code de la propriété intellectuelle, des documents comptables, des correspondances et autres factures, puis en se faisant remettre au cours des opérations de saisie-contrefaçon des factures et des états de ventes, Monsieur Nasrallah et son huissier instrumentaire ont contrevenu aux dispositions légales sus-citées. En conséquence, il convient d'annuler les opérations de saisie-contrefaçon en date du 9 mars 2004 ainsi que le procès-verbal décrivant ces opérations. »

T. com. Marseille, 3 sept. 2007, *Propr. industr.* nov. 2008, spéc. p. 17, n° 72, étude X. Buffet Delmas d'Autane et L. Morelli.

« En matière de droit d'auteur, la saisie-contrefaçon est limitée à l'appréhension des exemplaires argués de contrefaçon, à la suspension de la fabrication et éventuellement à la saisie des produits financiers générés par celle-ci; [...] que les opérations de saisie doivent être exécutées conformément aux prescriptions légales, d'application stricte s'agissant d'une mesure coercitive, sans pouvoir s'étendre à la communication ou à l'appréhension des documents comptables et commerciaux du saisi. »

TGI Paris, 3e ch., 3e sect., 21 nov. 2007, *PIBD* 2008, n° 868, III, 119.

« Le tribunal constate que l'ordonnance en date du 13 mai 2005 autorisait la société Décathlon à, d'une part faire procéder par tout huissier de justice de son choix à la saisie descriptive au besoin par photographie et à la saisie réelle de deux exemplaires de tout article comportant l'imitation de la marque figurative n° 3 171 804 et, d'autre part l'autorisait à faire effectuer par l'huissier toutes recherches et constatations utiles notamment d'ordre comptable, afin de découvrir l'étendue des faits incriminés, la provenance et la destination des produits litigieux, l'identité des auteurs des faits et au besoin à copier ou faire produire tous comptes, factures ou documents commerciaux, techniques et publicitaires. »

TGI Paris, 3e ch., 1re sect., 3 nov. 2009, RG n° 09/15054, *Jurinpi* B20090174.

« L'article L. 615-5 du code de la propriété intellectuelle a été modifié dans sa rédaction suite à la loi n° 2007-1544 du 29 octobre 2007 dans la mesure où dorénavant l'huissier peut être autorisé à procéder à la saisie notamment de *"tout document s'y rapportant"* alors qu'avant il pouvait être autorisé à procéder à *"toute constatation utile en vue d'établir l'origine, la consistance et l'étendue de la contrefaçon"*.

Il ressort néanmoins de la lecture de ce texte dans sa nouvelle rédaction que l'huissier peut être autorisé à saisir *"tout document"* se rapportant aux produits ou procédés prétendus contrefaisants, sans qu'il soit précisé qu'il s'agit uniquement des documents relatifs à la matérialité de la contrefaçon. Admettre le contraire serait ajouter au texte en limitant l'effet et l'intérêt de la saisie-contrefaçon, et contraire à la volonté du législateur qui était, en application de la directive (CE) n° 2004/48 du 29 avril 2004, de veiller au respect des droits de propriété intellectuelle et de lutter contre la contrefaçon.

Une telle interprétation de l'article L. 615-5 du code de la propriété intellectuelle n'est pas contraire aux dispositions de l'article L. 615-5-2 du même code qui a introduit dans notre législation le droit à l'information dans la mesure où celui-ci est un nouvel outil juridique donné au titulaire du droit pour obtenir des informations auxquelles il n'a pu avoir accès antérieurement, notamment par le biais de la saisie-contrefaçon, et où ce droit a uniquement pour objet de déterminer l'origine et les réseaux de distribution des produits ou procédés contrefaisants.

La saisie-contrefaçon et le droit à l'information doivent se compléter et permettre au breveté d'établir, avant tout procès pour la première et suite à une instance au fond pour le second, la matérialité de la contrefaçon, son étendue et son origine.

La société Agritubel et Monsieur F pouvaient dès lors, sur le fondement de l'article L. 615-5 du code de la propriété intellectuelle, demander la saisie des documents étrangers à la matérialité de la contrefaçon. La société Angel sera déboutée de sa demande de rétractation de l'ordonnance du 22 septembre 2009.

Il ressort de la lecture du procès-verbal de saisie-contrefaçon du 29 septembre 2009 que l'huissier instrumentaire a saisi des factures, bons de commande, un extrait de la grille tarifaire, et un récapitulatif du chiffre d'affaires intéressant les produits prétendus contrefaisants en occultant les autres produits n'ayant rien à voir avec son intervention.

La circonstance que l'huissier ait d'abord obtenu ces renseignements commerciaux puis procédé à la description des produits argués de contrefaçon ne saurait établir un détournement de la procédure de saisie. La société Angel ne précise pas quel secret des affaires serait contenu dans ces documents. Elle sera en conséquence déboutée de sa demande de mise sous scellés des documents commerciaux saisis par l'huissier et d'interdiction pour la société Agritubel de faire état des renseignements commerciaux obtenus. »

Paris, pôle 1, ch. 2, 27 avr. 2011, RG n° 11/02758.

« Considérant que le président du tribunal de grande instance saisi en référé sur le fondement de l'article L. 615-3 du code de la propriété intellectuelle, c'est-à-dire par voie contradictoire, dispose a fortiori des pouvoirs qui lui sont attribués par l'article L. 615-5 du même code lorsqu'il est saisi par requête, à savoir le pouvoir d'ordonner aussi la saisie de documents étrangers à la seule matérialité de la contrefaçon, autrement dit ceux concernant la masse contrefaisante. »

▸ 122.105 Remarque sur la qualification de la saisie de documents par voie de photocopies

Aix-en-Provence, 1er déc. 1976, *Ann. propr. ind.* 1978. 293; *PIBD* 1977, n° 186, III, 63.

« Que certes, il ne pouvait contraindre la société Sfer si elle s'y refusait, à faire devant l'huissier la démonstration du procédé par elle utilisé ou à en révéler le mécanisme, mais qu'il ne pouvait refuser de permettre à l'huissier de consigner les constatations qu'il aurait pu faire par ses propres moyens et surtout de saisir par description, à l'exclusion de toute saisie réelle inutile, les divers documents relatifs à ce procédé de fabrication en les faisant photocopier ou photographier, ce qui constitue la plus parfaite des descriptions possibles. »

Paris, 3e ch., 10 mars 1994, *PIBD* 1994, n° 569, III, 349.

« Il suit des faits rappelés ci-dessus que, dans le délai d'un mois imparti par l'ordonnance du 2 mars 1992, M. B. a fait matériellement appréhender les documents et données informatiques; qu'il en a ainsi privé la société Matra pendant le délai nécessaire à la reprographie, avant de les restituer; qu'une telle opération ne saurait s'analyser en une description, puisque l'appréhension matérielle, avec toute la gêne que cela entraîne pour le saisi, a été suivie d'une conservation des documents, tels que saisis, sans aucune description.

Une telle façon de faire ne correspond pas à la description qui échappe à la nullité édictée par l'article L. 615-5 du code de la propriété intellectuelle. »

Paris, pôle 1, ch. 4, 12 mars 2010, RG n° 09/13381, *JurisData* n° 2010-002301.

« Considérant que le premier juge a relevé que l'huissier de justice chargé d'effectuer la saisie-contrefaçon ne s'était livré à aucune description des différents logiciels copiés, puisqu'il s'était borné à indiquer la taille des fichiers par leur nombre d'octets, alors que la description des données informatiques constituait un préalable à leur copie selon les termes de l'ordonnance du 30 avril 2009 ayant autorisé la saisie; que pour ordonner la mainlevée de la saisie contrefaçon, il a ainsi retenu que cette saisie n'avait pas été effectuée conformément aux termes de l'ordonnance du 30 avril 2009;

Considérant que l'article L. 332-4 du code de la propriété intellectuelle dispose :

En matière de logiciels et de bases de données, la saisie-contrefaçon est exécutée en vertu d'une ordonnance rendue sur requête par le président du tribunal de grande instance. Le président autorise, s'il y a lieu, la saisie réelle. L'huissier instrumentaire ou le commissaire de police peut être assisté d'un expert désigné par le requérant. À défaut d'assignation ou de citation dans la quinzaine de la saisie, la saisie-contrefaçon est nulle. En outre, les commissaires de police sont tenus, à la demande de tout titulaire de droits sur un logiciel ou sur une base de données, d'opérer une saisie-description du logiciel ou de la base de données contrefaisants, saisie-description, qui peut se concrétiser par une copie;

Qu'en l'espèce, la saisie-contrefaçon ayant été judiciairement autorisée, il appartenait à l'huissier instrumentaire de se conformer aux dispositions de l'ordonnance l'ayant autorisée; Que l'ordonnance ainsi rendue à la requête de Monsieur Bullet l'autorisait à faire procéder par un huissier de son choix à la description détaillée du logiciel contenu dans la logibox n° 06-220001, des fichiers, codes sources,visuels, exécutables, fonctionnalités, structures et autres du logiciel exploité par Monsieur Arnaud Brunel dans toutes ses versions et du site internet www.Amarile.fr. constituant la contrefaçon du logiciel Amarile et à la copie en deux exemplaires des données informatiques décrites, ce qui implique que la description du logiciel devait être effectuée préalablement à la copie des données informatiques, comme l'a relevé le premier juge, également signataire de l'ordonnance du 30 avril 2009, et Monsieur Bullet n'est pas fondée à prétendre que l'huissier instrumentaire pouvait tout aussi bien procéder à la description des données informatiques ou procéder à leur copie;

Que, contrairement à ce qui est soutenu par l'appelant, cette exigence posée par le délégataire du président du tribunal, qui a autorisé la saisie contrefaçon, ne se heurte à aucune disposition de l'article L. 332-4 précité, notamment celle prévoyant que la saisie-description, opérée hors autorisation de justice par un commissaire de police à la demande d'un titulaire de droits sur un logiciel, peut se concrétiser par une copie;

Considérant que Monsieur Bullet ne démontre par aucun élément que la description des données informatiques par l'huissier instrumentaire, avant que celui-ci en prenne copie, était impossible; qu'il est d'ailleurs mal venu à exciper d'une telle impossibilité, alors que l'ordonnance ayant autorisé la saisie a repris les termes mêmes de la requête présentée par son conseil au délégataire du président du tribunal, honnis deux paragraphes relatifs à l'autorisation d'opérer une saisie réelle, laquelle a été refusée par le magistrat saisi;

Qu'en outre, même si la valeur probante de ce document est relative, la note technique établie à la demande de la société Amarile par Monsieur Saliba, expert judiciaire, à la suite de l'ouverture des scellés contenant les données informatiques copiées et restituées en exécution de l'ordonnance entreprise, fait ressortir que la description des fichiers, en les regroupant par type de présentation et par année était possible, ce d'autant plus que l'huissier instrumentaire était assisté d'un expert informatique;

Qu'au surplus et en tout état de cause, l'huissier chargé d'opérer la saisie était autorisé à procéder à la copie des données informatiques en deux exemplaires, l'un des deux devant être déposé au greffe du tribunal, mais non à effectuer ensuite en son cabinet au moins quatre copies supplémentaire sur CD Rom, copies qui ont été ensuite restituées en exécution de l'ordonnance déférée, comme cela ressort également de la note de Monsieur Saliba, qui a mis en évidence que le contenu de ces quatre CD Rom était identique, ce qui n'est pas contesté par l'appelant;

Qu'à cet égard, l'affirmation de principe de Monsieur Bullet, selon laquelle les copies ainsi faites par cet huissier seraient justifiées par la nécessité de respecter les normes déontologiques et les obligations attachées à son statut, n'est pas sérieusement étayée;

Qu'en procédant ainsi, l'huissier instrumentaire a excédé les limites de l'autorisation qui lui était donnée et, ce faisant, aggravé le risque d'atteinte à la confidentialité des données informatiques copiées;

Qu'en conséquence et, sans qu'il y ait lieu d'examiner les autres arguments invoqués par la société Amarile, l'ordonnance prononçant la mainlevée de la saisie doit être confirmée et Monsieur Bullet doit être débouté de ses demandes. »

▸ 122.128 Documents sans rapport avec la contrefaçon

Paris, 4e ch., sect. B, 28 oct. 2005, *PIBD* 2005, n° 821, III, 1; *Propr. intell.* oct. 2006, p. 464, obs. de Haas; *RTD com.* 2007. 75, chron. Galloux.

« Considérant enfin que l'huissier n'a pas outrepassé sa mission en saisissant des cartons d'emballage (l'ordonnance précisant que tous "prospectus, brochures, catalogues, notices, tarifs" relatifs à la contrefaçon pouvaient être saisis), ainsi que des documents comptables, même si ces derniers incluaient également des renseignements sur des ventes extérieures au litige, l'huissier ne pouvant faire de distinction à partir de comptes de résultat et de listings;

Considérant en conséquence que le jugement sera confirmé en ce qu'il a rejeté la demande en nullité de saisie-contrefaçon. »

Paris, 4e ch., sect. A, 22 févr. 2006, *PIBD* 2006, n° 831, III, 390; *Propr. intell. oct.* 2006, p. 464, obs. de Haas, *RTD com.* 2007. 75, chron. Galloux.

« Considérant qu'à supposer que deux des documents saisis, la notice "Leucoflex" et la notice "Maco Pharma Ouverture des Aiguilles", soient sans rapport avec les actes argués de contrefaçon, leur saisie n'est pas de nature à vicier les opérations de saisie-contrefaçon, comme l'ont relevé à juste titre les premiers juges; Que le jugement doit donc être confirmé en ce qu'il a rejeté l'exception de nullité de la saisie du 5 décembre 1997. »

▸ 122.131 Principe de garantie facultative

TGI Paris, 3e ch., 1re sect., ord. réf. rétract., 4 mai 2010, RG n° 10/04663.

« Les sociétés Mytilimer Production et Trad'Océan sollicitent la constitution d'une garantie sur le fondement de l'article L. 716-7 du code de la propriété intellectuelle afin d'assurer leur indemnisation éventuelle si l'action en contrefaçon était ultérieurement jugée non fondée au fond ou la saisie annulée.

Elles prétendent que le conseil en propriété intellectuelle a outrepassé son rôle et que ce moyen de nullité sera soulevé devant la juridiction du fond et que la société Connemara Seafoods Ltd n'a agi en contrefaçon de sa marque que dans le seul but d'obtenir des renseignements commerciaux qu'elle ne pourrait obtenir autrement, ce qui constitue un abus de son droit.

Au vu des éléments versés au débat et des circonstances du litige, il sera ordonné à la société Connemara Seafoods Ltd de constituer une garantie bancaire d'un montant de 20 000 euros afin d'assurer une éventuelle indemnisation des sociétés défenderesses en cas d'échec de son action en contrefaçon. »

▸ 122.132 Pratique

TGI Paris, 3e ch., 1re sect., ord. réf. rétract., 4 mai 2010, RG n° 10/04663.

« Les sociétés Mytilimer Production et Trad'Océan sollicitent la constitution d'une garantie sur le fondement de l'article L. 716-7 du code de la propriété intellectuelle afin d'assurer leur indemnisation éventuelle si l'action en contrefaçon était ultérieurement jugée non fondée au fond ou la saisie annulée.

Elles prétendent que le conseil en propriété intellectuelle a outrepassé son rôle et que ce moyen de nullité sera soulevé devant la juridiction du fond et que la société Connemara Seafoods Ltd n'a agi en contrefaçon de sa marque que dans le seul but d'obtenir des renseignements commerciaux qu'elle ne pourrait obtenir autrement, ce qui constitue un abus de son droit.

Au vu des éléments versés au débat et des circonstances du litige, il sera ordonné à la société Connemara Seafoods Ltd de constituer une garantie bancaire d'un montant de 20 000 euros afin d'assurer une éventuelle indemnisation des sociétés défenderesses en cas d'échec de son action en contrefaçon. »

▸ 123.11 Mentions

Paris, pôle 5, ch. 2, 18 juin 2010, RG n° 09/16330, *Jurinpi* D20100131.

« Considérant que la société Sedef Dejean affirme que les opérations effectuées le 13 septembre 2007 sont nulles car d'une part, l'ordonnance du 13 septembre 2007 qui les autorisa, porte la mention du nom de la requérante sans autre mention sur son identité et notamment sur son siège, d'autre part, l'huissier en procédant à des investigations sur les conditions de fabrication du modèle litigieux et en se faisant communiquer des factures de fabrication et de vente, aurait excédé le champ des mesures autorisées par l'article L. 332-1 du code de la propriété intellectuelle;

Considérant sur le premier moyen de nullité, que si aux termes de l'article 454 du code de procédure civile, le jugement doit mentionner les nom et prénom des parties ainsi que leur domicile ou siège social, l'absence en l'espèce de mention du siège social de la société Doll ne saurait affecter la validité de l'ordonnance du 13 septembre 2007, dans la mesure où cette précision n'est pas exigée à peine de nullité et que la requête dont il est constant qu'elle fut signifiée à l'intimée portait l'indication du siège et du capital social de la requérante. »

▸ 123.12 Pouvoirs du président du tribunal de grande instance

Aix-en-Provence, 1er déc. 1976, *Ann. propr. ind.* 1978. 293; *PIBD* 1977, n° 186, III, 63.

« Attendu que si le président du tribunal devant lequel le breveté justifie de l'existence de son titre, peut ou non suivant les circonstances autoriser une saisie réelle, il ne saurait refuser une saisie-descriptive; qu'il doit certes s'efforcer de sauvegarder les droits et intérêts d'un saisi dont la contrefaçon n'est pas en l'état démontrée, mais qu'il ne peut refuser au breveté de pratiquer dans les affaires du prétendu contrefacteur une intrusion nécessaire pour permettre à celui-ci d'établir la preuve de la contrefaçon alléguée. »

Com. 29 juin 1999, n° 97-12.699, *Bull. civ.* IV, n° 138; *D.* 1999. IR 207; *Dossiers Brevets* 1999, III, 3; *JCP G* 1999. IV. 2578.

« Mais attendu, d'une part, qu'ayant relevé qu'en vertu des textes du code de la propriété intellectuelle, le propriétaire d'une demande de brevet justifiant de son titre est en droit de faire procéder, sur ordonnance du président du tribunal de grande instance du lieu de la contrefaçon supposée, par tous huissiers assistés d'experts de son choix, à la description détaillée, avec ou sans saisie réelle des produits ou procédés prétendument contrefaits, l'ordonnance du président étant exécutoire par provision, le président pouvant néanmoins subordonner cette exécution à la consignation préalable d'une provision, l'arrêt en a exactement conclu que cette procédure destinée à procurer au titulaire du brevet les preuves permettant de faire sanctionner les atteintes portées à ses droits attribue au président du tribunal, tant quand il est saisi par la requête initiale que lorsqu'il statue sur une demande de rétractation formée en référé, le pouvoir de fixer les conditions et l'étendue de la saisie-contrefaçon, mais non celui de refuser l'autorisation d'y procéder qui lui a été demandée dans les formes et avec les justifications prévues par la loi. »

Douai, 1re ch., 4 févr. 2002, *Dossiers Propr. intell.* 2001, III et IV, n° 3, obs. Ch. Le Stanc; *Propr. industr.* 2002, comm., n° 40, obs. J. Raynard.

« En effet, la saisie-contrefaçon est une mesure visée uniquement probatoire et dont le requérant n'a pas à donner de justificatif quelconque à sa requête, n'a pas à apporter de commencement de preuve de l'existence de la contrefaçon alléguée.

Enfin, si le juge ne peut refuser l'autorisation de procéder à la saisie-contrefaçon qui lui a été réclamée dans les formes et avec les justificatifs prévus par la loi, soit titre de propriété industrielle invoqué, droits qui lui permettent de l'invoquer, il a le pouvoir et le devoir de fixer les conditions et l'étendue de la saisie-contrefaçon, de délimiter les pouvoirs de l'huissier, donc de contrôler les modalités de la saisie sollicitée qui ne doit pas porter une atteinte injustifiée aux saisis. »

▸ 123.13 Identification du magistrat signataire

Civ. 2e, 5 avr. 1993, 2 arrêts, *Bull. civ.* II, n° 144 et 149.

« Vu les articles 454 et 458 du nouveau code de procédure civile;

Attendu qu'en vertu de ces textes, les jugements qui ne mentionnent pas les noms des juges qui ont délibéré sont nuls; que l'article 459 du même code ne permet pas de réparer ce vice, l'inobservation des prescriptions légales résultant de la décision elle-même;

Attendu que l'ordonnance d'injonction de payer attaquée, revêtue de la formule exécutoire, rendue par le président d'un tribunal de commerce à la requête de la société Tribolle à l'encontre de M. et Mme X... et de la société à responsabilité limitée X..., ne comporte pas l'indication du nom du magistrat qui l'a rendue;

Que la production d'une attestation du greffier indiquant le nom du président qui avait signé l'ordonnance étant inopérante, il n'a pas été satisfait aux exigences des textes susvisés;

Vu l'article 627 du nouveau code de procédure civile;

Par ces motifs :

Casse et annule. »

« Sur le moyen unique :

Attendu, selon l'arrêt attaqué (Versailles, 21 mai 1991), que la société Plus international (la société) a été autorisée à prendre une inscription d'hypothèque sur un immeuble appartenant à Mme X..., par une ordonnance sur requête ne mentionnant pas le nom du juge qui l'avait rendue; que Mme X... a assigné la société en référé en invoquant la nullité de cette décision; qu'elle a interjeté appel de l'ordonnance du président du tribunal de commerce la déboutant de ses demandes;

Attendu qu'il est fait grief à l'arrêt d'avoir annulé l'ordonnance alors que, d'une part, la cour d'appel n'aurait pas répondu aux conclusions de la société qui soutenaient que l'article 458 du nouveau code de procédure civile n'est pas applicable aux ordonnances sur requête, et qu'en l'espèce, en application de l'article 459 de ce même code, une attestation du greffier démontrait que la décision était signée par le président, et alors que, d'autre part, à raison de cette attestation spécifique produite, la cour d'appel aurait violé le même article 459;

Mais attendu que l'article 458 du nouveau code de procédure civile s'applique aux ordonnances sur requête; qu'en vertu des articles 454 et 458 de ce même code, les jugements qui ne mentionnent pas les noms des juges qui ont délibéré sont nuls; que l'article 459 ne permet pas de réparer ce vice, l'inobservation des prescriptions légales résultant de la décision elle-même;

Que, dès lors, la cour d'appel, qui n'avait pas à répondre à des conclusions inopérantes, en constatant que la décision déférée ne mentionnait pas le nom du juge qui l'avait rendue, a, par ce seul motif, légalement justifié sa décision;

Par ces motifs :

rejette le pourvoi. »

TGI Paris, 3e ch., 8 déc. 1993, *Jurinpi* B19930184.

Nullité de la saisie-contrefaçon non, absence de mention du nom du président sur l'ordonnance autorisant la saisie, mais signature lisible au bas de l'ordonnance.

Civ. 2e, 5 juin 1996, nos 93-13.542, 93-20.910, *Bull. civ.* II, no 128; *JCP* 1996. IV. 1705.

« Vu l'article L. 213-1 du code de l'organisation judiciaire et les articles 454, 458, 459 et 462 du nouveau code de procédure civile;

Attendu que les arrêts de la cour d'appel sont rendus par trois magistrats au moins, président compris; que les jugements qui ne mentionnent pas le nom des juges sont nuls; que ce vice ne peut être réparé, l'inobservation des prescriptions légales résultant de la décision elle-même;

Attendu que l'arrêt du 21 octobre 1993 a rectifié l'arrêt du 4 février 1993 en énonçant que, selon le registre d'audience, deux conseillers siégeaient avec Mme Biot, lors des débats et du délibéré;

Qu'en se déterminant ainsi, alors que la procédure de rectification prévue à l'article 462 du nouveau code de procédure civile était, en l'espèce, inopérante, la cour d'appel a violé les textes susvisés. »

Civ. 1re, 12 oct. 1999, *Bull. civ.* I, no 263; *RTD civ.* 2000. 159, obs. Perrot.

« Attendu, selon les énonciations de l'arrêt attaqué (Nîmes, 29 juill. 1997) que la société SCEA Guichard Henri et fils, pour son exploitation agricole, était assurée contre le risque de grêle, par trois contrats d'assurance, auprès de la compagnie Abeille Assurances; qu'il était stipulé aux contrats que chaque année, l'exploitant agricole devait indiquer la valeur des récoltes à assurer afin de permettre à l'assureur de calculer les primes et que si aucun avenant d'assolement n'était établi, la prime serait calculée selon les termes de l'année précédente; qu'en 1995, l'assureur a assigné la société en paiement des primes pour l'année 1992, calculées selon les termes de l'année précédente; que la cour d'appel a fait droit à la demande;

Sur le premier moyen :

Attendu que la société Guichard Henri et fils lui reproche d'avoir ainsi statué, alors selon le moyen, qu'il résulte de l'article L. 213-1 du code de l'organisation judiciaire que les arrêts sont rendus par trois magistrats au moins et des articles 454 et 458 du nouveau code de procédure civile que les jugements qui ne mentionnent pas les noms des juges qui ont délibéré sont nuls; que l'arrêt attaqué mentionne qu'il a été rendu par M. Deltel, président et M. Favre, conseiller, magistrat rapporteur ayant tenu seul l'audience des plaidoiries; qu'ainsi l'arrêt attaqué n'a pas satisfait aux exigences des textes précités;

Mais attendu que si l'arrêt attaqué indique qu'il a été rendu par la cour d'appel composée du magistrat rapporteur, qui était M. Favre, et, en outre, de M. Deltel, président, et de M. Favre, conseiller, il résulte du rôle de l'audience signé du greffier et du président et certifié conforme par le greffier en chef que la cour d'appel était en réalité composée de M. Favre, conseiller rapporteur, de M. Deltel, président et de M. Eynard, conseiller; qu'ainsi, le moyen est inopérant au regard des textes précités. »

Com. 21 mars 2000, no 97-18.914, NP, *PIBD* 2000, no 701, III, 334.

« Mais attendu que la cour d'appel, qui a souverainement apprécié que le nom du magistrat ayant rendu l'ordonnance autorisant la saisie-contrefaçon se déduisait de la "signature parfaitement lisible de Mme A., président de la troisième chambre, première section du tribunal de grande instance de Paris", a pu statuer comme elle l'a fait; que le moyen n'est pas fondé. »

Civ. 1re, 23 janv. 2001, no 98-13.267, NP.

« Vu l'article 626 du nouveau code de procédure civile, ensemble les articles 454, 458, 459 et 462 du même code;

Attendu que, selon le premier de ces textes, si une affaire est renvoyée après cassation devant la même juridiction, celle-ci doit être composée d'autres magistrats, et qu'il ressort des autres textes que les prescriptions relatives à l'indication du nom des juges qui ont délibéré doivent être observées sous peine de nullité, de sorte que leur inobservation résultant de la décision elle-même ne peut être réparée;

Attendu que, par le second arrêt attaqué (Lyon, 7 déc. 1998), la cour d'appel a rectifié les énonciations relatives à la composition de la cour d'appel ayant rendu, sur renvoi après cassation, le premier arrêt attaqué (Lyon,

2 mars 1998), qui faisaient apparaître le nom de magistrats ayant participé au délibéré de l'arrêt cassé;

Qu'en se déterminant ainsi, alors que la procédure de rectification prévue à l'article 462 du nouveau code de procédure civile était, en l'espèce, inopérante, la cour d'appel a violé les textes susvisés. »

Lyon, 1re ch., 19 sept. 2002, *PIBD* 2003, nº 765, III, 281.

« Mais que devant la Cour les sociétés Seb et Calor produisent la copie de l'exemplaire de la même ordonnance conservée au secrétariat-greffe du tribunal de grande instance de Lille – copie non contestée par les sociétés intimées – où figure, à la suite de la mention "président du tribunal de grande instance de Lille", le nom de ce magistrat [...];

Que cet exemplaire de l'ordonnance faisant foi et peu important que l'exemplaire produit par l'huissier de justice lors des opérations de saisie n'ait pas porté cette mention, le moyen de nullité invoqué par les sociétés DPDO et consorts manque en fait;

Qu'en conséquence la saisie-contrefaçon exécutée en vertu de cette ordonnance n'est pas nulle et que le jugement doit être réformé sur ce point. »

Paris, 4e ch., sect. A, 15 janv. 2003, *PIBD* 2003, nº 768, III, 363.

« Considérant que l'article 459 du même code dispose que : "L'omission ou l'inexactitude d'une mention destinée à établir la régularité du jugement ne peut entraîner la nullité de celui-ci s'il est établi par les pièces de la procédure, par le registre d'audience ou par tout autre moyen que les prescriptions légales ont été, en fait, observées."

Considérant qu'il ressort de la lettre adressée le 23 avril 2001 par le président du tribunal de grande instance de Pau, après recherches faites dans les minutes déposées au greffe, que le magistrat signataire de l'ordonnance sur requête rendue le 24 janvier 1989 était M. L., président du tribunal, aujourd'hui décédé; qu'en outre, la signature est attribuée à ce magistrat par une secrétaire du greffe;

Que M. E., avocat, qui a présenté la requête litigieuse au président du tribunal de grande instance d'Évry le 11 juillet 1989, atteste qu'à cette date le magistrat en fonction à ce poste était M. C.;

Que les sociétés Woka et Chpolansky ne rapportent la preuve, dont la charge leur incombe, que les signatures illisibles apposées sur ces ordonnances ne sont pas celles des deux magistrats qui exerçaient les fonctions de président;

Que l'exception de nullité doit donc être rejetée, sans qu'il soit nécessaire d'examiner les autres moyens invoqués par la société Technogenia. »

Civ. 2e, 12 juin 2003, nº 01-13.507, *Bull. civ.* II, nº 185; *D.* 2003. IR 1734; *Procédures* 2003. comm. 192, obs. Perrot.

« Vu les articles 454 et 458 du nouveau code de procédure civile, ensemble l'article 459 du même code et l'article L. 213-1 du code de l'organisation judiciaire;

Attendu que les arrêts de la cour d'appel sont rendus par trois magistrats au moins, président compris; que les jugements qui ne mentionnent pas le nom des juges sont nuls; que ce vice ne peut être réparé, l'inobservation des prescriptions légales résultant de la décision elle-même;

Attendu que l'arrêt attaqué mentionne seulement, pour ce qui concerne la composition, que l'arrêt a été prononcé par Mme Marie-Paule Descard-Mazabraud, conseiller, et signé par Mme Chantal Mechiche, président de chambre;

D'où il suit que l'arrêt est nul. »

Civ. 1re, 16 mars 2004, nº 02-15.011, NP, *Expertises* 2004, nº 281, p. 190.

« Mais attendu qu'en vertu des articles 454 et 458 du C. pr. civ., les jugements qui ne mentionnent pas le nom des juges qui ont délibéré sont nuls; que l'article 458 dudit code s'applique aux ordonnances sur requête; qu'après avoir constaté que la décision déférée ne comportait pas le nom du juge qui l'a rendue, la cour d'appel a justement retenu que l'attestation de la greffière, certifiant postérieurement que cette ordonnance avait été rendue par le président du tribunal de grande instance, n'était pas de nature à réparer le vice qui l'affectait; que le moyen n'est pas fondé. »

Civ. 1re, 11 oct. 2005, nº 04-16.636, NP.

« Vu les articles 454 et 458 du nouveau code de procédure civile, ensemble, l'article L. 213.1 du code de l'organisation judiciaire;

Attendu que les arrêts de cour d'appel sont rendus par trois magistrats au moins; que les jugements qui ne mentionnent pas le nom des juges sont nuls; que ce vice ne peut être réparé, l'inobservation des prescriptions légales résultant de la décision elle-même;

Attendu que l'arrêt mentionne que Mme Burkel, conseiller rapporteur, a rendu compte des plaidoiries dans le délibéré de la cour composée de Mme Burkel, conseiller;

D'où il suit que l'arrêt est nul. »

Civ. 2e, 20 oct. 2005, nº 03-17.550, *Bull. civ.* II, nº 264

« Attendu que le syndicat fait grief à l'arrêt d'avoir été rendu, la cour d'appel étant composée de M. Alban Chaix, président, M. Daniel Clouet, conseiller rapporteur, Mme Odile Gulphe, conseiller, Mme Sabine Faivre, conseiller, alors selon le moyen, que pour le jugement des affaires devant être portées en chambre solennelle, ce qui est le cas lorsque la cour d'appel statue sur renvoi après cassation, les arrêts sont rendus par cinq magistrats au moins, président compris; qu'en l'état des énonciations ci-dessus, seuls quatre magistrats ont participé aux débats et délibéré de la cause, en violation des dispositions de l'article L. 212-2 du code de l'organisation judiciaire, ensemble de l'article 454 du nouveau code de procédure civile;

Mais attendu qu'aux termes de l'article 459 du nouveau code de procédure civile l'inexactitude d'une mention destinée à établir la régularité du jugement ne peut entraîner la nullité de celui-ci s'il est établi par les pièces de la procédure, par le registre d'audience ou par tout autre moyen que les prescriptions légales ont été, en fait, observées;

Et attendu que si l'arrêt mentionne la composition précitée, il ressort du rôle de l'audience, signé du greffier et du président et certifié conforme par le greffier en chef que la cour d'appel était en réalité composée de M. Alban Chaix, président, M. Daniel Clouet, conseiller rapporteur, Mme Odile Gulphe, conseiller, Mme Sabine Faivre, conseiller, et Mme Dubois, conseiller;

D'où il suit que le moyen n'est pas fondé. »

Paris, 4e ch., sect. A, 22 févr. 2006, *PIBD* 2006, n° 831, III, 390; *Propr. intell.* oct. 2006, p. 464, obs. de Haas, *RTD com.* 2007. 75, chron. Galloux.

« Considérant que la société Maco Pharma soulève, en premier lieu, la nullité de l'ordonnance sur requête du 26 novembre 1997 autorisant la saisie au motif qu'elle ne porte pas la mention du nom de son signataire, contrairement aux prescriptions des articles 454 et 458 du nouveau code de procédure civile;

Mais considérant que par des motifs pertinents que la Cour adopte, les premiers juges ont justement relevé que l'ordonnance litigieuse porte l'en-tête "Nous, président du tribunal de grande instance de Pontoise", que cette qualité est rappelée au dessus du paraphe du signataire et qu'elle est en outre corroborée par le sceau apposé sous la signature qui mentionne "Président du tribunal de grande instance de Pontoise";

Que ces mentions concordantes identifient donc le signataire de l'ordonnance comme étant le président du tribunal lui-même et non un délégataire dont l'identité serait ignorée. »

Civ. 3e, 24 janv. 2007, *Bull. civ.* III, n° 9; *D.* 2007. AJ 585.

« Sur le moyen unique :

Attendu, selon l'arrêt rectificatif attaqué (Pau, 27 mars 2006), que dans le litige opposant MM. X… aux consorts du Y… de B…, la cour d'appel composée de M. Zanghellini, Mme Robert et M. Gauthier a, par arrêt du 16 juin 2005, réformant le jugement entrepris, autorisé la cession du bail rural dont était titulaire Mme du Y… de B… à son fils Bertrand du Y… de B… à compter du 15 janvier 2004; que par requête du 21 septembre 2001, les consorts du Y… de B… ont demandé à la cour d'appel de rectifier l'arrêt rendu le 16 juin 2005 en ce qu'il y était indiqué que l'audience avait été tenue en présence de M. Gauthier, conseiller, alors que, comme chaque personne présente l'avait constaté, ce dernier avait quitté l'audience en déclarant qu'il ne pouvait y siéger dans la mesure où il avait, en première instance, présidé le tribunal paritaire des baux ruraux de Mont-de-Marsan;

Attendu qu'il est fait grief à l'arrêt de faire droit à cette requête, alors, selon le moyen :

1°/ que la procédure de rectification ne peut pas être utilisée pour rectifier une erreur dans les énonciations du jugement relatives à la composition de la juridiction; que, dès lors, en statuant comme elle l'a fait, la cour d'appel a procédé d'une violation de l'article 462 du nouveau code de procédure civile;

2°/ que la décision rectificative ne peut se fonder sur les souvenirs des membres de la juridiction; que le juge saisi d'une requête en rectification ne peut retenir des éléments nouveaux non produits lors de l'instruction du dossier ayant donné lieu à la décision soumise à rectification; que, dès lors, en statuant comme elle l'a fait, sans aucun égard pour le plumitif ou la feuille d'audience régulièrement communiqués et versés aux débats, et en se bornant à se fonder sur une indication, portée sur le dossier de l'affaire non communiquée aux parties, qui ne constituait pas un élément intrinsèque du dossier et qui tout au plus procédait d'une affirmation du rapporteur, M. Zanghellini qui avait assisté à l'audience, la cour d'appel n'a pas donné de base légale à sa décision au regard de l'article 462 du nouveau code de procédure civile;

Mais attendu qu'aucune disposition n'exclut que l'indication inexacte du nom d'un juge puisse être rectifiée dans les conditions prévues à l'article 462 du nouveau code de procédure civile; qu'ayant constaté que le dossier de l'affaire portait l'indication que M. Gauthier avait quitté l'audience pour ne pas connaître en appel d'un contentieux qu'il avait jugé en première instance, la cour d'appel, qui n'était pas tenue de procéder à une recherche que ses constatations rendaient inopérante, a déduit de cet élément matériel avéré que le nom de M. Gauthier figurait par erreur dans l'intitulé de l'arrêt;

D'où il suit que le moyen n'est pas fondé. »

Paris, 14e ch., sect. B, 26 janv. 2007, RG n° 06/11909, *JurisData* n° 2007-326384.

« Considérant qu'en vertu des articles 454 et 458 du nouveau code de procédure civile, les jugements qui ne mentionnent pas le nom des juges qui en ont délibéré sont nuls; que l'article 458 dudit code s'applique aux ordonnances sur requête; Qu'il importe peu que l'exemplaire original conservé au greffe du tribunal mentionne le nom du magistrat signataire, dès lors que la décision déférée, constituant le titre original exécutoire à partir de laquelle les opérations ont été effectuées à l'encontre des appelantes ne comporte pas le nom du juge qui l'a rendue et que le vice qui l'affecte n'est pas susceptible d'être réparé, l'inobservation des prescriptions légales résultant de la décision elle-même; Que le moyen de l'intimé tiré des dispositions de l'article 459 du nouveau code de procédure civile est donc inopérant. »

Paris, 4e ch., sect. A, 17 oct. 2007, *PIBD* 2007, n° 864, III, 720.

« Considérant que les articles 454 et 458 du nouveau code de procédure civile imposent, à peine de nullité sans que celui qui l'invoque ait à prouver un grief, que le jugement contienne le nom du juge qui le prononce; que cette obligation est applicable aux ordonnances sur requête et donc à l'ordonnance du 23 mai 2003 autorisant la société Lu France à faire procéder aux saisies;

Qu'en l'espèce, force est de constater qu'il résulte des pièces de la procédure produites aux débats que cette ordonnance respecte les dispositions légales précitées dès lors que le nom du juge qui l'a signée, M. X, faisant fonction de président du tribunal de grande instance de Quimper, est lisiblement indiqué par l'apposition d'un cachet sur la copie de l'ordonnance conservée au greffe, copie non contestée par les sociétés appelantes;

Que cet exemplaire faisant foi, il importe peu que sur la copie remise par l'huissier de justice le cachet portant mention du nom du juge soit difficilement lisible;

Qu'il s'ensuit que le tribunal a, à bon droit, rejeté la demande de nullité tant de l'ordonnance présidentielle ayant autorisé les opérations de saisie-contrefaçon que de l'ensemble des actes subséquents. »

Soc. 5 déc. 2007, n° 06-40.603, NP, *Institut Pasteur*, *RTD civ.* 2008. 156, obs. Perrot.

« Attendu, selon l'arrêt attaqué (Douai, 30 nov. 2005), que M. X... a été licencié pour motif économique par lettre du 31 octobre 2002 par l'Institut Pasteur de Lille qui l'employait en qualité de secrétaire général et de directeur des systèmes d'informations; que par arrêt infirmatif du 30 novembre 2005, la cour d'appel de Douai a déclaré le licenciement sans cause réelle et sérieuse, et a condamné l'employeur à payer au salarié des dommages-intérêts et à rembourser à l'ASSEDIC une fraction des allocations versées;

Attendu que l'Institut Pasteur fait grief à l'arrêt d'avoir été signé par un magistrat qui n'a ni assisté aux débats ni participé au délibéré alors que la décision qui n'est pas signée par le président – ni par aucun des magistrats – ayant participé aux débats et au délibéré est nulle; qu'en l'espèce, l'arrêt mentionne que la cour d'appel était composée lors des débats et du délibéré de M. Y... (président de chambre) et de MM. Z... et A... (conseillers) mais a été signé par "le président, M. B...", ce magistrat n'étant ni le président ni aucun des conseillers ayant participé aux débats et au délibéré; qu'en conséquence, l'arrêt qui a été signé par un président qui n'est aucun des magistrats ayant participé aux débats et au délibéré, est nul pour avoir méconnu les dispositions de l'article 456 du nouveau code de procédure civile; que la cassation de l'arrêt du 30 novembre 2005 entraînera par voie de conséquence la cassation de l'arrêt du 29 septembre 2006, portant rectification d'erreur matérielle;

Mais attendu qu'aux termes de l'article 459 du nouveau code de procédure civile l'inexactitude d'une mention destinée à établir la régularité du jugement ne peut entraîner la nullité de celui-ci s'il est établi par les pièces de la procédure, par le registre d'audience ou par tout autre moyen, que les prescriptions légales ont été, en fait, observées;

Et attendu que si le premier arrêt mentionne la composition précitée, il ressort du registre d'audience signé par le président et le greffier, ainsi que l'a constaté le second arrêt portant rectification de l'erreur matérielle survenue, que la cour d'appel était en réalité composée de M. B. B..., président et de C. Z... et H. A..., conseillers, de sorte que c'est à raison qu'elle a délibéré en cette composition et que l'arrêt a été signé de M. Méricq, président;

D'où il suit que le moyen n'est pas fondé. »

Soc. 5 déc. 2007, n° 06-41.807, NP, *Gobbo*, *RTD civ.* 2008. 156, obs. Perrot.

« Vu les articles 454 et 462 du nouveau code de procédure civile, ensemble les articles 458 et 459 du même code;

Attendu que les jugements qui ne mentionnent pas le nom des juges sont nuls; que ce vice ne peut être réparé, l'inobservation des prescriptions légales résultant de la décision elle-même;

Attendu que, par l'arrêt attaqué du 9 février 2006, la cour d'appel, saisie par requête, a ordonné la rectification de l'arrêt également attaqué que, dans le litige opposant M. X... à la société Wincanton Mondia, elle avait rendu le 15 décembre 2005 dans une composition présentée comme comprenant lors des débats et du délibéré, Mme Rastegar, président de chambre, Mme Y... et Mme B..., conseillers, en énonçant que c'est par suite d'une erreur matérielle que le nom de Mme B... avait figuré sur l'arrêt, alors que ce magistrat n'avait participé ni aux débats, ni au délibéré et que l'affaire avait été plaidée devant deux conseillers rapporteurs, Mmes Z... et Y... qui en avaient délibéré avec M. A..., désigné par ordonnance du premier président du 4 février 2005;

Qu'en se déterminant ainsi, alors que la procédure de rectification prévue à l'article 462 du nouveau code de procédure civile était en l'espèce inopérante, la cour d'appel a violé les textes susvisés;

Et attendu qu'il y a lieu dès lors d'annuler l'arrêt du 15 décembre 2005 qui mentionne inexactement le nom des juges qui l'ont rendu. »

Crim. 22 sept. 2009, n° 09-80.599, NP.

« Sur le moyen unique de cassation, pris de la violation des articles L. 521-4, L. 511-1, L. 511-9, L. 513-4, L. 521-5, L. 711-1, L. 712-1, L. 713-1, L. 716-1, L. 713-2, L. 715-1, L. 716-10, L. 716-11-2 du code de la propriété intellectuelle, 419-2 *ter*, 215, 215 *bis*, 215 *ter*, 38, 414, 423, 424, 425, 426, 427 du code des douanes, 454 et 458 du code de procédure civile, 591 et 593 du code de procédure pénale;

en ce que l'arrêt attaqué a constaté la nullité de l'ordonnance rendue sur requête le 31 octobre 2001 et autorisant une saisie-contrefaçon, déclaré la société Marck et Philippe X... non coupables des faits qui leur étaient reprochés, et débouté les sociétés Protecop et Compagnie européenne de développement industriel de toutes leurs demandes;

aux motifs que (...) l'ordonnance du 20 novembre 2001, qui a autorisé la saisie-contrefaçon, est établie sous la mention introductive : "nous, président" sans plus de précision permettant d'identifier son auteur et se termine par une signature illisible sans indication du nom du scripteur; qu'aucune mention de la décision ne permet de connaître le magistrat qui l'a rendue; qu'il ne ressort, par ailleurs, d'aucune pièce versée aux débats, ni des écritures des parties ni de leurs explications que l'ordonnance sur requête avait bien été signée par le président du tribunal de grande instance de Pontoise, plutôt que par un délégataire, de sorte que le nom du magistrat ne pouvait s'en inférer; qu'il s'ensuit qu'en vertu des articles 454 et 458 du code de procédure civile, la décision en cause est nulle; que la saisie-contrefaçon se trouve subséquemment nulle de sorte que ne peuvent être utilisés, pour fonder le présent arrêt, ni les gilets pare-coups, ni les jambières de protection, ni les manchettes pare-coups, ni les documents ayant fait l'objet de la saisie en cause; considérant qu'en conséquence, la cour se trouve dans l'impossibilité, tant de comparer les modèles en cause avec les contrefaçons saisies, que d'exploiter les auditions au cours desquelles les parties ont commenté ces éléments, que de tenir compte des correspondances passées entre la société Marck et la société Chakmate, dont le siège se trouve à Hong-Kong, qui établissent les conditions dans lesquelles les prévenus ont entendu utiliser les modèles dont se prévalent les parties civiles; que ni l'intervention de la police au cours du salon Milipol ni les auditions de police dans leur teneur strictement limitée à ce qui n'a pas trait aux objets saisis, ne permettent de démontrer que les éléments constitutifs de l'infraction sont réunis, et notamment de déterminer si les produits contrefaisant litigieux, qui n'ont fait l'objet d'aucun dépôt de marque mais seulement de modèles, correspondent à une copie servile ou quasi-servile reprenant les éléments caractéristiques de l'objet protégé qui reflètent une certaine originalité; qu'en particulier, est insuffisant à cet égard, le témoignage de Mme Y…, ancienne salariée de la société Marck, qui indique que Philippe X… a entendu copier les éléments "brevetés", puisque cette personne qui n'est pas nécessairement au fait de la législation sur les dessins et modèles, n'a pas relevé qu'il s'était agi de reprendre spécialement des éléments protégeables à titre de modèles des tenues en cause et a précisé que son employeur avait veillé à ménager des différences en vue d'échapper au grief de contrefaçon; qu'il s'ensuit que c'est à bon droit que les premiers juges ont relaxé les prévenus des fins de la poursuite; que, dès lors, le jugement sera confirmé en ce qu'il a débouté les parties civiles de leurs demandes […];

1°) alors que, en jugeant que l'ordonnance du 20 novembre 2001 n'aurait pas permis d'inférer le nom du magistrat qui l'avait rendue, aux motifs que cette ordonnance avait été "établie sous la mention introductive 'nous, président', sans plus de précision permettant d'identifier son auteur", qu'elle se terminait par "une signature illisible sans indication du nom du scripteur", et que les autres éléments du dossier n'auraient pas permis de s'assurer que ce signataire avait été le président du tribunal de grande instance de Pontoise, quand les mentions de l'ordonnance susvisée faisaient nécessairement présumer que cette décision avait bien été rendue par le président du tribunal de grande instance de Pontoise en personne, seul compétent pour autoriser une saisie-contrefaçon, la cour d'appel a violé les textes susvisés;

2°) alors que, les parties civiles reprochaient aux prévenus des actes de contrefaçon, en se fondant notamment sur des éléments de preuve recueillis après une intervention de la police au cours du "salon Minipol"; qu'elles invoquaient en particulier le témoignage de Mme Z…, qui avait déclaré : "en 2000, la société (Marck) m'a demandé de trouver des fournisseurs capables de développer une gamme de produits de maintien de l'ordre à destination de nos clients étrangers et similaires à ceux proposés par Protecop dans la gamme Robocop"; qu'en rejetant les demandes des parties civiles, sans s'expliquer sur le témoignage susvisé, la cour d'appel a entaché sa décision d'une insuffisance de motifs au regard des textes susvisés;

Attendu que le grief formulé par la première branche du moyen, qui se borne à reprendre l'argumentation que, par une motivation exempte d'insuffisance comme de contradiction, la cour d'appel a écartée à bon droit, n'est pas fondé;

Attendu que, par ailleurs, les énonciations de l'arrêt attaqué mettent la Cour de cassation en mesure de s'assurer que la cour d'appel a, sans insuffisance ni contradiction, et en répondant aux chefs péremptoires des conclusions dont elle était saisie, exposé les motifs pour lesquels elle a estimé que la preuve des infractions reprochées n'était pas rapportée à la charge des prévenus, en l'état des éléments soumis à son examen, et a ainsi justifié sa décision déboutant la partie civile de ses prétentions;

D'où il suit que le moyen, qui se borne à remettre en question l'appréciation souveraine, par les juges du fond, des faits et circonstances de la cause, ainsi que des éléments de preuve contradictoirement débattus, ne saurait être admis;

Et attendu que l'arrêt est régulier en la forme;

Rejette le pourvoi. »

Cass. ch. mixte, 11 déc. 2009, n° 08-13.643, *Bull. ch. mixte,* n° 3; *D.* 2010, Chr. p. 520-521, obs. Vigneau.

« Mais attendu qu'aux termes de l'article 459 du code de procédure civile, l'inexactitude d'une mention destinée à établir la régularité du jugement ne peut entraîner la nullité de celui-ci s'il est établi par les pièces de la procédure, par le registre d'audience ou par tout autre moyen que les prescriptions légales ont été, en fait, observées;

Et attendu que si l'arrêt ne mentionne, quant à la composition de la cour d'appel, que le nom de M. Yves Dubois, président, il ressort de l'extrait du registre d'audience, signé du greffier et du président, certifié conforme par le greffier en chef, que la cour d'appel était composée de M. Yves Dubois, président, Mme Isabelle Grandbarbe et M. Jean-Yves Frouin, conseillers;

D'où il suit que le moyen n'est pas fondé. »

▸ 123.14 Signature du greffier

Civ. 1re, 17 juill. 1996, n°s 95-01.002, 95-01.004, *Bull. civ.* I, n° 328.

« Attendu que la société X… représentée par Mme Z…, et cette dernière agissant en son nom personnel, ont saisi le premier président de la cour d'appel de Paris de requêtes aux fins d'être autorisées à prendre à partie Mme Y… juge au tribunal de commerce de Paris, à laquelle elles reprochaient d'avoir omis de les faire convoquer en vue de l'audience à l'issue de laquelle la liquidation judiciaire de la société a été prononcée par jugement du 21 mars 1994; que, par ordonnances des 24 février et 10 avril 1995, le premier président a rejeté ces requêtes;

Attendu que les demanderesses aux pourvois soutiennent, d'une part que les ordonnances sont nulles faute d'avoir été signées par le greffier, d'autre part, que l'ordonnance du 24 février 1995 a jugé à tort que la société X..., ayant été mise en liquidation judiciaire par arrêt du 15 novembre 1994 de la cour d'appel de Paris, n'était pas recevable à agir, le droit d'ester en justice n'appartenant qu'au liquidateur de cette société; qu'elles prétendent, enfin, que le fait de statuer sans qu'une partie ait été entendue et appelée constitue une faute lourde professionnelle par violation du principe de la contradiction et de l'article 6-1 de la Convention européenne de sauvegarde des droits de l'homme et des libertés fondamentales, justifiant la voie de la prise à partie sans que celle-ci soit subordonnée à l'impossibilité d'exercer un appel;

Mais attendu, d'une part, que l'ordonnance sur requête n'a pas, pour sa validité, à être signée par le greffier, eu égard aux circonstances dans lesquelles elle est rendue;

Attendu, d'autre part, que l'ordonnance du 24 février 1995 s'étant prononcée sur le fond du litige, le deuxième grief est inopérant;

Attendu, enfin, que les décisions attaquées ont relevé à bon droit que le défaut de convocation de la débitrice ne pouvait constituer une faute professionnelle lourde au sens de l'article 505 du code de procédure civile, laquelle s'entend d'une faute personnelle d'une extrême gravité ou témoignant d'une intention malicieuse, et ne pouvait donner lieu qu'à l'exercice d'une voie de recours, ce qui s'était produit en l'espèce, la cour d'appel ayant, par arrêt du 15 novembre 1994, annulé pour ce motif le jugement du 21 mars 1994, tout en prononçant, à son tour, la liquidation judiciaire de la société;

D'où il suit qu'aucun des griefs ne peut être accueilli. »

Civ. 2e, 17 mars 2005, n° 02-14.514, *Bull. civ.* II, n° 72.

« Attendu, selon l'arrêt attaqué (Paris, 27 févr. 2002), que par acte d'huissier de justice du 22 avril 1999, M. X..., qui avait été entendu par la cour d'assises de la Gironde en qualité de témoin, le 19 février 1998, dans le cadre du procès suivi contre M. Y..., du chef de complicité de crimes contre l'humanité, a fait assigner devant le tribunal de grande instance de Paris la société Albin-Michel en indemnisation du préjudice causé par la déformation de son témoignage dans l'ouvrage édité par cette société sous le titre "Le Procès de Maurice Y..."; que cette société a appelé en cause la société L'Ile des médias, qui avait réalisé la transcription de la sténotypie du procès; qu'estimant devoir démontrer l'inexactitude de la transcription de son témoignage par la production d'une cassette d'enregistrement audiovisuel du procès, M. X... a présenté requête au président du tribunal de grande instance de Paris qui, par ordonnance du 13 mars 2001, au visa de la loi du 11 juillet 1985 et du décret du 15 janvier 1986, a ordonné au ministère de la Culture, détenteur des cassettes d'enregistrement, de remettre la copie de la cassette correspondant au témoignage de M. X... afin de permettre d'en constater les termes; que la société L'Ile des médias a assigné en référé M. X... et la société Albin Michel aux fins de voir prononcer la nullité de l'ordonnance sur requête, qui ne comportait pas la signature du greffier, et subsidiairement d'en obtenir la rétractation;

Sur le moyen unique du pourvoi incident qui est préalable :

Attendu que la société L'Ile des médias fait grief à l'arrêt d'avoir refusé d'annuler l'ordonnance du 13 mars 2001, alors selon le moyen, que l'article 458 du nouveau code de procédure civile s'applique aux ordonnances sur requête si bien qu'en jugeant valable l'ordonnance du 13 mai 2001 tout en constatant que cette décision de justice n'avait pas été signée par le greffier, la cour d'appel a violé l'article 456 du nouveau code de procédure civile;

Mais attendu que les ordonnances sur requête sont régies par les dispositions des articles 493 à 498 du nouveau code de procédure civile;

Et attendu que l'arrêt retient à bon droit que l'ordonnance sur requête n'a pas pour sa validité à être signée par le greffier eu égard aux circonstances dans lesquelles elle est rendue;

D'où il suit que le moyen n'est pas fondé. »

TGI Paris, 3e ch., 2e sect., 11 mars 2005, *PIBD* 2005, n° 816, III, 570.

« Attendu que la société Rexam, après avoir observé que la société Valois n'avait pas mentionné dans sa requête aux fins de saisie-contrefaçon l'existence de l'instance en cours devant le tribunal de céans, soulève sur le fondement des articles R. 7-11-1-1 du code de l'organisation judiciaire, 456 et 458 du nouveau code de procédure civile la nullité de l'ordonnance rendue le 3 mars 2004 par la présidente du tribunal de grande instance d'Angers à défaut d'avoir été signée par le greffier;

qu'elle conclut dès lors à la nullité de tous les actes subséquents – procès-verbal de saisie-contrefaçon du 8 mars 2004, procès-verbal de dépôt au greffe en date du 8 mars 2004, procès-verbaux de constat dressés les 8 et 9 mars 2004 et rapport d'essai du Laboratoire National d'Essais du 13 avril 2004 –, sollicitant en conséquence le rejet des débats des pièces communiquées par la demanderesse sous les numéros 8 à 11 et 13 à 17;

Attendu qu'il convient au préalable de relever que la défenderesse n'a pas tiré de conséquence du défaut de mention relative à l'instance en cours; qu'en tout état de cause, n'ayant pas sollicité la rétractation de l'ordonnance précitée, elle ne peut en contester aujourd'hui la validité sur ce fondement.

Attendu que si, selon l'article R. 7-11-1-1 du code de l'organisation judiciaire, le juge est, dans les actes de la juridiction, toujours assisté du secrétaire de la juridiction, à moins que la loi n'en dispose autrement, il convient toutefois de relever que les ordonnances sur requête sont, en raison de leur nature, soumises à une procédure particulière;

qu'en effet les articles 495 à 497 du nouveau code de procédure civile disposent respectivement que l'ordonnance sur requête est exécutoire au seul vu de la minute, que s'il est fait droit à la requête, tout intéressé peut en référer au juge qui a rendu l'ordonnance et que le juge a la faculté de modifier ou de rétracter celle-ci;

qu'en outre l'article 498 dispose que le double de l'ordonnance est conservé au secrétariat;

qu'il en résulte que l'ordonnance sur requête peut être rendue hors la présence et sans la signature du greffier auquel il incombe seulement d'en conserver le double, ce qui est d'ailleurs corroboré par le fait que l'article 494 *in fine* prévoit qu'en cas d'urgence, la requête peut être présentée au domicile du juge;

qu'il s'ensuit que l'ordonnance du 3 mars 2004 est parfaitement valable ce qui implique le rejet des exceptions de nullité visant les actes subséquents. »

▸ 131.21 Obligation de remise préalable

Paris, pôle 5, ch. 2, 4 févr. 2011, RG n° 09/22712.

« Considérant que les intimés soutiennent que cette preuve est rapportée tant par le procès-verbal de saisie-contrefaçon en date du 7 avril 2003 que par le procès-verbal de constat en date du 2 avril 2003;

Considérant qu'en ce qui concerne les opérations de saisie-contrefaçon, la société LHC fait valoir que l'huissier n'avait pas le pouvoir d'apporter sur les lieux de la saisie le modèle 28103, qui n'avait pas été trouvé sur place; qu'elle ajoute que ses investigations ne pouvaient porter que sur les modèles 28101 et 28104 présentés à l'appui de la requête et que l'huissier n'a pas laissé au vendeur qui l'a accueilli, le temps de prendre connaissance de la requête et de l'ordonnance;

Considérant en effet qu'il résulte des termes du procès-verbal que l'huissier, avant même avoir signifié l'ordonnance, interpella le vendeur sur la contrefaçon alléguée puisqu'il indique : "*J'ai parlé à Mr Xiaofeng Lu, vendeur ainsi déclaré, qui m'a fait la réponse suivante : Les sacs vendus ici ne sont pas des contrefaçons des sacs Longchamp. Nous nous étions renseignés auprès de l'INPI*" ;

Qu'ensuite, après avoir donné connaissance des termes de l'ordonnance qui l'investissaient, il présenta à ce même vendeur un sac référencé 28103 pour recueillir ses observations et, constatant que cette référence n'était plus en stock, étendre ses opérations à d'autres références;

Que ce faisant, il a violé les termes de l'ordonnance, d'une part, en commençant ses opérations sans avoir au préalable dûment signifié la requête et, d'autre part, en apportant sur place un modèle de sac 28103 pour recueillir les observations du vendeur et commencer ses investigations alors que l'ordonnance ne l'autorisait qu'à saisir deux exemplaires du sac litigieux dans chacune des versions disponibles et à procéder à toute recherche utile;

Considérant que cette violation caractérisée des termes de l'ordonnance commande d'infirmer la décision entreprise et d'annuler l'ensemble des opérations de saisie-contrefaçon. »

Civ. 2e, 10 févr. 2011, n° 10-13.894, *Bull. civ.* II, n° 36.

« Vu les articles 495, alinéa 3, et 503 du code de procédure civile;

Attendu, selon l'arrêt attaqué, qu'invoquant des pratiques constitutives, selon elle, de concurrence déloyale qu'elle imputait à plusieurs sociétés exerçant la même activité qu'elle dans le secteur de la distribution au détail d'équipements optiques, la société Optical Center a obtenu du président d'un tribunal de grande instance, statuant sur requête, une ordonnance désignant un huissier de justice aux fins d'investigations et de constatations auprès d'opticiens exploitant des points de vente sous des enseignes concurrentes, notamment celle de la société Atol, et autorisant cet huissier de justice à ne faire état de l'ordonnance le commettant et fixant sa mission qu'une fois cette dernière accomplie;

Attendu que pour dire n'y avoir lieu à rétractation de l'ordonnance, l'arrêt retient que l'ordonnance sur requête autorise l'huissier de justice à agir dans l'anonymat et qu'aucun texte ne précise quand l'huissier de justice commis doit dévoiler son identité;

Qu'en statuant ainsi, alors, d'une part, que le respect du principe de la contradiction qui fonde l'exigence posée à l'alinéa 3 de l'article 495 du code de procédure civile, requiert que copie de la requête et de l'ordonnance soit remise à la personne à laquelle elle est opposée antérieurement à l'exécution des mesures d'instruction qu'elle ordonne et que, d'autre part, l'ordonnance ne peut être exécutée contre cette personne qu'après lui avoir été notifiée, la cour d'appel a violé les textes susvisés;

Par ces motifs, et sans qu'il y ait lieu de statuer sur les autres branches du moyen :

Casse et annule, dans toutes ses dispositions, l'arrêt rendu le 19 mai 2009, entre les parties, par la cour d'appel de Douai; remet, en conséquence, la cause et les parties dans l'état où elles se trouvaient avant ledit arrêt et, pour être fait droit, les renvoie devant la cour d'appel de Douai, autrement composée. »

▸ 131.22 Exception en matière de marques pour constater la substitution de produits

Paris, 5 juill. 1974, *PIBD* 1975, n° 140, III, 30.

Il ne saurait y avoir provocation de la part d'un huissier chargé par le président du tribunal de grande instance de procéder au constat de substitution d'un article vendu à la place d'un autre protégé par une marque déposée, dans le fait de se présenter comme un client et de demander à une vendeuse l'article argué de substitution, alors surtout qu'il était expressément autorisé par la décision judiciaire qui définissait sa mission à « n'exhiber l'ordonnance qu'après livraison du produit », ce qui implique nécessairement qu'il n'était pas tenu de révéler, dès l'abord, sa qualité.

▸ 131.31 La remise effective de l'ordonnance est nécessaire

TGI Lyon, 27 mai 1971, *Ann. propr. ind.* 1971. 268.

« Attendu que la lecture du procès-verbal dressé le 23 mars 1970, à la foire de Lyon, révèle que, si l'huissier a lu l'ordonnance le commettant, il n'en a pas laissé copie, et n'a pas davantage remis à la personne tenant le stand de la MAFAC copie de son procès-verbal; qu'il y a lieu, dès lors, d'en prononcer la nullité, étant toutefois observé que cette mesure est, en elle-même, sans incidence sur le fond du litige, la preuve de la contrefaçon alléguée pouvant être administrée par tous moyens. »

Douai, 1re ch., 2 mai 1972, *PIBD* 1972, n° 93, III, 304; *Ann. propr. ind.* 1972, n° 2, p. 7-19.

« Attendu, sur la régularité de la saisie, que le procès-verbal, qui en a été dressé le 7 novembre 1969, ne précise pas que copie de l'ordonnance qui l'autorisa ait été remise à la société saisie avant le commencement des opérations, comme l'exige, à peine de nullité de l'acte, l'article 2 § 2 du décret du 15 février 1969; qu'il résulte néanmoins des énonciations de cet exploit que la société A.N.F. reçut communication de cette ordonnance à 14 heures, prit connaissance de son contenu, réunit les avis hiérarchiques et techniques qui lui parurent nécessaires, de sorte que les opérations de saisie description ne commencèrent qu'à 17 heures 25;

Attendu que, compte tenu de ces circonstances, la communication de l'ordonnance préalablement à la saisie a constitué une formalité équipollente à la remise préalable de la copie et le délai d'intervention qui suivit a permis au saisi d'organiser la défense de ses intérêts les plus immédiats; qu'ainsi le vœu de la loi a été satisfait. »

TGI Paris, 13 mars 1974, *PIBD* 1974, n° 133, III, 327.

Tel n'est pas le cas en la présente espèce où un simple démonstrateur de la société défenderesse en contrefaçon a eu seulement connaissance de l'ordonnance et a donné son accord sans avoir eu la possibilité d'alerter ses supérieurs et de réunir tous avis utiles avant les opérations de saisie qui ont commencé aussitôt après cette prise de connaissance; il n'y a donc pas eu équivalence de la remise préalable de la copie de l'ordonnance.

TGI Paris, 10 juill. 1974, *PIBD* 1975, n° 142, III, 71

« Attendu que l'article 2 du décret du 15 février 1969 prévoit, en son paragraphe 2 : "à peine de nullité et de dommages-intérêts contre l'huissier, celui-ci doit, avant de procéder à la saisie, donner copie aux défendeurs des objets saisis ou décrits, de l'ordonnance [...]"; or attendu que dans son procès-verbal de saisie-contrefaçon, X., huissier-audiencier [...] déclare qu'assisté de Y, conseil en brevets, il s'est présenté au siège social de la société des Bouchons Couronne et précise "Parlant à M. Z., directeur administratif, à qui j'ai exposé le but de ma mission et à qui j'ai présenté l'ordonnance dont j'étais porteur, M. Z. nous a autorisés à procéder aux constatations prévues dans l'ordonnance et nous a conduits aux chaînes de fabrication où j'ai constaté les opérations de fabrication suivantes [...]";

Attendu qu'il n'est donc nullement indiqué que l'huissier ait remis une copie de l'ordonnance au représentant de la société saisie avant de commencer les opérations formalité qu'imposait cependant à peine de nullité le texte précité; qu'il apparaît qu'il s'est seulement contenté de présenter cette ordonnance au représentant de la société défenderesse. »

TGI Marseille, 15 janv. 1975, *PIBD* 1975, n° 152, III, 280

Dans le cas d'espèce, l'huissier s'étant contenté de « représenter » l'ordonnance à l'intéressé, cette représentation ne peut être considérée comme équivalent à la remise d'une copie laissée à la disposition du saisi pendant toute la durée des opérations, pour lui permettre d'en contrôler la régularité et d'assurer, en connaissance de cause, la défense de ses intérêts; admettre la thèse inverse reviendrait à vider de toute portée le texte invoqué.

Douai, 6 mai 1975, *PIBD* 1975, n° 153, III, 298.

Les saisies-contrefaçon opérées en l'espèce doivent être déclarées valables. En effet, si les procès-verbaux ne mentionnent pas la remise préalable d'une copie de l'ordonnance à la partie saisie, ils établissent que les saisis ont, à chaque fois, pris connaissance des termes de l'ordonnance les concernant avant que l'huissier ne procède à ses opérations; ils ont, en effet, disposé d'un temps laissé à leur discrétion pour prendre contact avec leur avocat et ils ont, de plus, approuvé d'une manière formelle (par signature du mari, présenté comme seul qualifié pour suivre les opérations) le schéma de l'appareil établi par l'ingénieur-conseil qui assistait l'huissier saisissant. Il en est d'autant plus ainsi en l'espèce, où les saisis, malgré diverses décisions antérieures, avaient poursuivi les fabrications litigieuses. Dans ce cas, la communication de l'ordonnance préalablement à la saisie (du 17 juin 1971) survenue postérieurement à ces décisions a constitué une formalité équipollente à la remise préalable de la copie prévue par le texte de l'article 2 du décret du 15 février 1969, l'économie de l'ordonnance autorisant la saisie n'étant pas foncièrement différente d'une sommation antérieure (5 août 1969) reçue par le défendeur.

Paris, 31 mars 1977, *Ann. propr. ind.* 1977. 179.

« Considérant que le décret n° 69-190 du 15 février 1969, relatif à la procédure de saisie-contrefaçon en matière d'invention, article 2, alinéa 2 dispose que l'huissier doit, avant de procéder à la saisie, donner copie de l'ordonnance au saisi, et ce à peine de nullité et de dommages-intérêts; qu'il n'est pas contesté qu'en l'espèce l'huissier s'est borné, avant d'opérer, à donner lecture de l'ordonnance; que dès lors la saisie-contrefaçon est nulle, alors d'ailleurs que cette irrégularité cause un évident grief au saisi, lequel n'est vraiment informé des conditions dans lesquelles est autorisée l'opération que si le texte de l'ordonnance est préalablement remis entre ses mains. »

Paris, 9 mai 1977, *PIBD* 1978, n° 210, III, 75.

« Mais considérant qu'aux termes de l'article 114 du Nouveau code de procédure civile, la nullité d'un acte de procédure pour vice de forme ne peut être prononcée qu'à charge pour l'adversaire qui l'invoque de prouver le grief que lui cause l'irrégularité, même lorsqu'il s'agit d'une formalité substantielle ou d'ordre public; que ce texte de procédure est applicable en la cause dès lors qu'il n'a point été statué définitivement à ce jour sur la validité de la saisie-contrefaçon,

Or considérant que la société Couronne ne produit aucun élément de preuve susceptible d'établir que la non remise de la copie de l'ordonnance autorisant la saisie-contrefaçon lui ait causé un grief quelconque ; que l'existence d'un grief ne saurait être présumée du seul fait que l'article 2 du décret du 15 février 1969 prévoit la remise de ladite copie ; qu'en conséquence la nullité de la saisie-contrefaçon ne peut être prononcée et qu'il convient d'infirmer les dispositions du jugement ayant statué à ce sujet. »

TGI Paris, 25 oct. 1990, *PIBD* 1991, n° 493, III, 79.

« Que le fait que l'huissier décline sa qualité ou qu'il exhibe le titre en vertu duquel il agit ne peuvent suppléer l'absence de signification de l'ordonnance.

Attendu que cette formalité étant essentielle, son omission entraîne la nullité de la saisie. »

TGI Paris, 11 janv. 1995, *PIBD* 1995, n° 586, III, 208.

« Que l'ordonnance autorisant la saisie n'ayant pas été remise au représentant de la société Holy-Dis, il ne pouvait en retenir la teneur exacte à la seule lecture faite par l'huissier, et s'opposer aux mesures outrepassant l'autorisation accordée par ladite ordonnance, en refusant la remise des disquettes.

Qu'il convient, en conséquence, de prononcer la nullité de la saisie-contrefaçon pratiquée le 13 avril 1993. »

Com. 3 janv. 1996, n° 94-12.274, NP, *PIBD* 1996, n° 608, III, 173.

« Mais attendu que la cour d'appel a retenu, à bon droit, que l'indication portée dans le procès-verbal de saisie indiquant que l'ordonnance avait été signifiée par acte du même jour, ce dont il résultait que l'huissier de justice avait, conformément aux dispositions de l'alinéa 2 de l'article 2 du décret du 15 février 1969, avant de procéder à la saisie, donné copie de l'ordonnance aux détenteurs des objets saisis ou décrits ; d'où il suit que le moyen n'est pas fondé. »

TGI Paris, 12 févr. 1997, *PIBD* 1997, n° 632, III, 263.

« Attendu que le procès-verbal querellé énonce "Je, M. P., huissier de justice associé, agissant en vertu d'une ordonnance afin de saisie-contrefaçon rendue sur requête par Monsieur le président du tribunal de grande instance de Bobigny, en date du 1er mars 1995, dont je vous signifie copie certifiée conforme en tête des présentes".

Que Me P. a ensuite mentionné à la main qu'il avait avant de procéder aux opérations de saisie, "préalablement signifié" l'ordonnance à M. G., responsable administratif des ventes.

Attendu que ces mentions, qui ne sont pas contradictoires, valent jusqu'à inscription de faux ; qu'un tel incident n'a pas été soulevé. »

TGI Paris, 3e ch., 2e sect., 12 mars 1997, *PIBD* 1997, n° 636, III, 391.

« Mais attendu qu'il est expressément mentionné dans les procès-verbaux de saisie-contrefaçon du 8 juillet et du 1er septembre 1993 que l'huissier instrumentaire a donné lecture de l'ordonnance aux détenteurs des produits saisis et leur en a laissé copie.

Que ce moyen sera donc rejeté. »

Paris, 4e ch., sect. A, 20 mars 2002, *Ann. propr. ind.* 2002. 177 ; *Gaz. Pal.* 2003, Somm., 452.

« C'est en vain qu'il est soutenu, par référence aux dispositions de l'article R. 615-2 du code de la propriété intellectuelle, que la formalité de remise préalable de l'ordonnance autorisant la saisie n'a pas été respectée en l'absence de traduction de celle-ci en langue anglaise, la personne présente sur le stand de la société intimée en France ne comprenant pas le français [...]. Il ressort des énonciations précises et circonstanciées de cet acte dont la société intimée ne remet pas en cause l'authenticité que son représentant a été à même de prendre connaissance des termes de l'ordonnance autorisant la saisie et d'en percevoir la portée. »

Paris, 4e ch., sect. B, 9 nov. 2007, *PIBD* 2008, n° 868, III, 127.

« Mais considérant que le procès-verbal doit comporter toutes les mentions nécessaires à la vérification de ce que les prescriptions de l'article 495 du nouveau code de procédure civile ont été scrupuleusement observées ; qu'ainsi, il ne saurait être sérieusement déduit de l'acceptation du saisi, une quelconque preuve que l'ordonnance lui aurait été signifiée ; que pareillement, il est à l'évidence indifférent que la requête puisse ne faire matériellement qu'un même document avec l'ordonnance, dès lors que la requête et l'ordonnance constituent deux actes juridiquement distincts dont l'article précité prévoit la remise de l'un et de l'autre au saisi pour lui permettre de faire valoir ses droits : que la mention comme en l'espèce, de la remise de l'ordonnance ne saurait donc attester de la remise de la requête ;

Que par ailleurs l'huissier doit nécessairement pour informer le saisi des pouvoirs dont il est investi par l'ordonnance sur requête, lui remettre une copie de celle-ci avant le déroulement des opérations de saisie-contrefaçon ; que tel n'a pas été le cas de l'espèce ;

Qu'enfin, il ne peut saisir que le nombre d'exemplaires de produits litigieux mentionné par l'ordonnance ;

Que l'inobservation de ces prescriptions n'est de nature à commander l'annulation des opérations critiquées que dans la mesure où le saisi justifie du grief qu'elle lui a causé ; que la société Oz qui ne justifie ni même ne fait état d'un grief, sera déboutée de sa demande tendant à voir annuler l'ensemble de ces opérations. »

TGI Paris, ch. civ. 3, 5 mars 2008, RG n° 07/02652.

« La société Lancôme et la société GA Modefine ont appris que sous le pseudonyme "philmax210" dont était titulaire M. Philippe Z... étaient commercialisés sur le site internet à l'adresse "ebay. fr" qui appartient à la société Ebay France des produits de parfumerie sous les marques précitées.

Suite à un constat d'achat, il apparaissait que l'eau de toilette livrée sous la marque "Acqua di Gio Giorgio Armani" était un faux en raison d'erreurs typographiques sur le conditionnement.

Suite à une opération de saisie-contrefaçon autorisée judiciairement et intervenue au domicile de M. Z... à Valenciennes, les sociétés Lancôme et GA Modefine l'ont assigné le 13 février 2007 en contrefaçon de marques et en concurrence déloyale.

[...]

Sur les deuxième et troisième motifs de nullité, le tribunal relève que le domicile de M. Z... est une gendarmerie et que l'huissier n'a pénétré dans l'appartement de celui-ci qu'à la suite de l'ouverture de la porte par le commandant qui a fait contacter immédiatement M. Z... en Guadeloupe; que l'huissier a alors donné lecture de l'ordonnance l'autorisant à procéder aux opérations de saisie à M. Z... par téléphone; que dans ces conditions l'absence de remise matérielle de l'acte au moment de la saisie ne saurait constituer une cause de nullité, étant relevé qu'une copie en a été remise à la concubine de M. Z..., Mme Nadège F... et ce, en application de l'article 655 du code de procédure civile dès l'arrivée de celle-ci sur les lieux; qu'enfin, aucun élément de preuve n'est apporté par M. Z... étayant son affirmation sur le caractère prémédité de la saisie-contrefaçon pendant son absence.

Dans ces conditions, le tribunal considère que les opérations de saisie-contrefaçon sont valables. »

▸ 131.32 La remise de la requête est également nécessaire

Civ. 2e, 18 nov. 2004, n° 02-20.713, *Bull. civ.* II, n° 499, *D.* 2004. IR, 3195; *JCP* 2004. IV. 3507; *RTD civ.* 2005. 185, obs. Perrot.

« Vu les articles 16 et 495 du nouveau code de procédure civile; Attendu que copie de la requête comportant l'indication précise des pièces invoquées et de l'ordonnance sur requête est laissée à la personne à laquelle elle est opposée. »

Paris, 4e ch., sect. A, 17 janv. 2007, RG n° 06/01916, *Propr. intell.* oct. 2007, p. 481, obs. de Haas.

« Considérant que la société Coquines soulève la nullité de la saisie-contrefaçon pratiquée le 11 octobre 2004 dans les locaux de la société Feeling, au visa de l'article 495 alinéa 3 du nouveau code de procédure civile, faute de dénonciation préalable des pièces mentionnées sur le bordereau joint à la requête;

Considérant qu'aux termes de l'article 495 alinéa 3 du nouveau code de procédure civile, *copie de la requête et de l'ordonnance est laissée à la personne à laquelle elle est opposée*;

Que ce texte a pour finalité le respect du principe de la contradiction;

Considérant, en l'espèce, qu'il ressort de l'acte de signification dressé le 11 octobre 2004 qu'une copie certifiée conforme de la requête et de l'ordonnance sur requête du 11 octobre 2004 ainsi que le bordereau des pièces jointes ont été remis au tiers saisi, la société Feeling;

Que s'il n'est pas contesté que les deux pièces jointes à la requête, à savoir le *modèle de chemisier (original) et la facture de commande dudit modèle* n'ont pas été signifiées simultanément à la requête, il n'est pas établi que ce défaut de communication des deux pièces, dont le tiers saisi connaissait la teneur par le bordereau qui lui a été remis, caractérise une atteinte au principe de la contradiction de sorte que la procédure subséquente n'encourt pas la nullité;

Que le grief formé par la société Coquines doit donc être rejeté. »

Paris, 4e ch., sect. B, 9 nov. 2007, *PIBD* 2008, n° 868, III, 127.

« Mais considérant que le procès-verbal doit comporter toutes les mentions nécessaires à la vérification de ce que les prescriptions de l'article 495 du nouveau code de procédure civile ont été scrupuleusement observées; qu'ainsi, il ne saurait être sérieusement déduit de l'acceptation du saisi, une quelconque preuve que l'ordonnance lui aurait été signifiée; que pareillement, il est à l'évidence indifférent que la requête puisse ne faire matériellement qu'un même document avec l'ordonnance, dès lors que la requête et l'ordonnance constituent deux actes juridiquement distincts dont l'article précité prévoit la remise de l'un et de l'autre au saisi pour lui permettre de faire valoir ses droits : que la mention comme en l'espèce, de la remise de l'ordonnance ne saurait donc attester de la remise de la requête;

Que par ailleurs l'huissier doit nécessairement pour informer le saisi des pouvoirs dont il est investi par l'ordonnance sur requête, lui remettre une copie de celle-ci avant le déroulement des opérations de saisie-contrefaçon; que tel n'a pas été le cas de l'espèce;

Qu'enfin, il ne peut saisir que le nombre d'exemplaires de produits litigieux mentionné par l'ordonnance;

Que l'inobservation de ces prescriptions n'est de nature à commander l'annulation des opérations critiquées que dans la mesure où le saisi justifie du grief qu'elle lui a causé; que la société Oz qui ne justifie ni même ne fait état d'un grief, sera déboutée de sa demande tendant à voir annuler l'ensemble de ces opérations. »

TGI Paris, 3e ch., 2e sect., 12 févr. 2010, RG n° 08/09753, *Jurinpi* B20100007, *PIBD* 2010, n° 919, III, 339.

« Attendu que pour contester la validité de la saisie-contrefaçon pratiquée au siège de la société Vivisol France, la société Cahouet fait en premier lieu valoir qu'il n'a pas été laissé à la société saisie de copie de la requête aux fins de saisie-contrefaçon en date du 9 juin 2008, seule l'ordonnance autorisant la saisie en date du même jour lui ayant été signifiée;

Que l'article 495, alinéa 3 du code de procédure civile prévoit en effet que "copie de la requête et de l'ordonnance est laissée à la personne à laquelle elle est opposée";

Or attendu qu'il résulte des énonciations du procès-verbal de signification d'ordonnance sur requête dressé le 11 juin 2008 par Maître Patrick S, Huissier de Justice associé à Melun, que ce dernier a seulement remis au représentant légal de la société Vivisol France une copie de l'ordonnance présidentielle, le nombre de pages visé au bas de l'acte (6 pages, soit 4 pages pour l'ordonnance et 2 pages pour l'acte de signification lui-même) venant d'ailleurs confirmer ces énonciations;

Que les sociétés Air Liquide ne sauraient soutenir qu'il résulterait du procès-verbal de saisie-contrefaçon du même jour que l'huissier instrumentaire aurait remis au saisi une copie de la requête aux fins de saisie-contrefaçon, alors même que les mentions qu'elles mettent en exergue dans leurs écritures démontrent uniquement la remise d'une copie de l'ordonnance, laquelle n'est au demeurant nullement discutée;

Que si elles font à bon droit valoir qu'une telle irrégularité, constitutive d'un vice de forme, est soumise au régime de nullité instauré par l'article 114 du code de procédure civile, et donc à la preuve d'un grief, il apparaît en l'espèce que le défaut de signification de la requête a nécessairement causé un préjudice à la société Vivisol France, qui n'a pu s'assurer de la réalité et de la portée des droits de propriété industrielle invoquée par la société Air Liquide Santé International et n'a pas été en mesure d'exercer en toute connaissance de cause les voies de recours à sa disposition;

Que le simple fait que l'huissier instrumentaire ait, comme il l'a lui-même indiqué dans l'acte et réaffirmé dans son courrier en date du 18 février 2009, "expliqué le but de [sa] mission" ne peut pallier cette carence faute de savoir quels éléments de fait et de droit ont précisément été portés à la connaissance du saisi;

Qu'il y a lieu dans ces conditions, et sans qu'il soit besoin d'examiner le second moyen de nullité soulevé en défense, de déclarer nul le procès-verbal de saisie-contrefaçon dressé le 11 juin 2008 dans les locaux de la société Vivisol France. »

TGI Paris, 3e ch., 1re sect., ord. réf., 5 mai 2010, RG n° 10/01506.

« L'huissier chargé d'effectuer les opérations de saisie-contrefaçon a pour obligation de signifier au saisi l'ordonnance autorisant cette saisie-contrefaçon mais aucunement les pièces qui ont soutenu la requête en saisie-contrefaçon. »

Civ. 2e, 10 févr. 2011, n° 10-13.894, *Bull. civ.* II, n° 36.

« Vu les articles 495, alinéa 3, et 503 du code de procédure civile;

Attendu, selon l'arrêt attaqué, qu'invoquant des pratiques constitutives, selon elle, de concurrence déloyale qu'elle imputait à plusieurs sociétés exerçant la même activité qu'elle dans le secteur de la distribution au détail d'équipements optiques, la société Optical Center a obtenu du président d'un tribunal de grande instance, statuant sur requête, une ordonnance désignant un huissier de justice aux fins d'investigations et de constatations auprès d'opticiens exploitant des points de vente sous des enseignes concurrentes, notamment celle de la société Atol, et autorisant cet huissier de justice à ne faire état de l'ordonnance le commettant et fixant sa mission qu'une fois cette dernière accomplie;

Attendu que pour dire n'y avoir lieu à rétractation de l'ordonnance, l'arrêt retient que l'ordonnance sur requête autorise l'huissier de justice à agir dans l'anonymat et qu'aucun texte ne précise quand l'huissier de justice commis doit dévoiler son identité;

Qu'en statuant ainsi, alors, d'une part, que le respect du principe de la contradiction qui fonde l'exigence posée à l'alinéa 3 de l'article 495 du code de procédure civile, requiert que copie de la requête et de l'ordonnance soit remise à la personne à laquelle elle est opposée antérieurement à l'exécution des mesures d'instruction qu'elle ordonne et que, d'autre part, l'ordonnance ne peut être exécutée contre cette personne qu'après lui avoir été notifiée, la cour d'appel a violé les textes susvisés;

Par ces motifs, et sans qu'il y ait lieu de statuer sur les autres branches du moyen :

Casse et annule, dans toutes ses dispositions, l'arrêt rendu le 19 mai 2009, entre les parties, par la cour d'appel de Douai; remet, en conséquence, la cause et les parties dans l'état où elles se trouvaient avant ledit arrêt et, pour être fait droit, les renvoie devant la cour d'appel de Douai, autrement composée. »

Civ. 2e, 6 déc. 2001, n° 99-19.894, *Bull. civ.* II, n° 184, *RTD civ.* 2002. 362, obs. Perrot.

« Attendu, selon l'arrêt attaqué (Paris, 2 sept. 1999), qu'à la suite d'un litige opposant Mlle X... à la SCP Berlioz pour la liquidation de droits d'associés, Mlle X... a été autorisée à faire pratiquer une saisie conservatoire entre les mains de la société UGGC; qu'elle a dénoncé la saisie à la SCP Berlioz qui a demandé au juge de l'exécution de la déclarer nulle;

Sur le premier moyen : [...];

Sur le deuxième moyen :

Attendu que Mlle X... reproche à l'arrêt d'avoir constaté la nullité de la dénonciation de la saisie, et la caducité de la saisie conservatoire, alors, selon le moyen :

1°/ qu'aux termes de l'article 236 du décret n° 92-755 du 31 juillet 1992, la saisie conservatoire est portée, dans un délai de huit jours à peine de caducité, à la connaissance du débiteur par acte d'huissier de justice lequel doit contenir, à peine de nullité "une copie de l'autorisation du juge ou du titre en vertu duquel la saisie a été pratiquée,..."; qu'ainsi, ce texte n'impose à l'huissier de remettre au créancier, à peine de nullité de l'exploit, que l'autorisation du juge de pratiquer la saisie, à l'exclusion de la requête elle-même; que dès lors, en prononçant la nullité de la dénonciation, effectuée le 9 avril 1998, de la saisie conservatoire autorisée par ordonnance du 3 avril 1998 pour ne pas comporter une copie de la requête elle-même au vu de laquelle le juge avait donné cette autorisation, la cour d'appel a ajouté au texte une exigence qu'il ne comporte pas et l'a ainsi violé par fausse application;

2°/ que l'article 495 du nouveau code de procédure civile, qui pose que l'ordonnance sur requête est exécutoire au seul vu de la minute prévoit seulement, sans assortir cette prescription d'aucune sanction, que copie de la requête et de l'ordonnance est laissée à la personne à laquelle elle est opposée; que dès lors, la cour d'appel ne pouvait, sans ajouter aux textes des conditions qu'ils ne comportent pas, décider qu'à peine de nullité, la dénonciation de la saisie conservatoire au saisi doit aussi comporter la requête au vu de laquelle l'ordonnance d'autorisation de saisie a été délivrée; qu'en statuant comme elle l'a fait, la cour d'appel a également violé par fausse application l'article 495 du nouveau code de procédure civile, ensemble l'article 114, alinéa 1er, dudit code et l'article 236 du décret du 31 juillet 1992;

3°/ que l'article 1er du décret du 31 juillet 1992 pose expressément que, "sauf dispositions contraires" les dispositions communes du livre Ier du nouveau code de procédure civile sont applicables devant le juge de l'exécution aux procédures civiles d'exécution, à l'exclusion des articles 484 à 492; que l'article 236 de ce décret, en ce qu'il prévoit que seule est signifiée au saisi la copie de l'autorisation donnée par le juge à la saisie conservatoire, constitue donc une disposition contraire à l'article 495 du code de procédure civile qui ne peut s'appliquer qu'aux requêtes ne se rapportant pas à une saisie conservatoire, et exclut donc que la copie de la requête elle-même soit comprise dans la signification à peine de nullité de celle-ci; qu'en décidant le contraire, la cour d'appel a également violé l'article 1er susvisé du décret du 31 juillet 1992;

4°/ que et subsidiairement, en vertu de l'alinéa 2 de l'article 114 du nouveau code de procédure civile, la nullité ne peut être prononcée qu'à charge pour la partie qui l'invoque de prouver le grief que lui cause l'irrégularité, même lorsqu'il s'agit d'une formalité substantielle ou d'ordre public; que par conséquent, à supposer que l'absence, dans la dénonciation de saisie effectuée par l'huissier, de la requête au vu de laquelle l'autorisation de saisie conservatoire a été accordée, eût pu être constitutive d'une cause de nullité de cette formalité entraînant la caducité de la saisie, la nullité n'aurait pu être prononcée qu'à la condition que l'omission eût été susceptible de causer un grief à la SCP Berlioz; qu'en l'espèce, l'ordonnance autorisant la saisie donnait "acte" à Mlle X... de ce qu'une procédure enrôlée sous le numéro RG 97/22120 était pendante devant la première chambre, section A de la cour d'appel de Paris aux fins de statuer sur les sommes qui étaient dues par la SCP Berlioz, ..., RCS Paris D 314 136 789; qu'il s'ensuit que l'omission par l'huissier de justice de signifier la requête en même temps que l'ordonnance y ayant fait droit et ayant autorisé la saisie n'avait pu causer aucun grief à la SCP Berlioz qui était appelante devant la juridiction du second degré; qu'en refusant de rechercher si la dénonciation prétendument irrégulière de la saisie à la SCP Berlioz avait pu lui causer un grief, la cour d'appel a violé l'article 114, alinéa 2, du nouveau code de procédure civile;

Mais attendu qu'en retenant par motifs adoptés, que l'article 236 du décret du 31 juillet 1992 aux termes duquel l'acte de dénonciation de la saisie conservatoire contient à peine de nullité une copie de l'autorisation du juge n'exclut pas l'application de l'article 495 du nouveau code de procédure civile mentionnant que copie de la requête et de l'ordonnance est laissée à la personne à laquelle elle est opposée, et que l'omission par l'huissier de justice de signifier la requête en même temps que l'autorisation du juge, justifiait l'annulation de la dénonciation de la saisie, la cour d'appel a fait une exacte application des dispositions légales susvisées. »

Civ. 2e, 10 janv. 2008, no 06-21.816, *Bull. civ.* II, no 6, *Dr. et proc.* 2008, p. 155, obs. Salati, *Procédures* 2008, comm. 72, obs. Perrot.

« Vu les articles 16 et 495, alinéa 3, du nouveau code de procédure civile;

Attendu que M. X... a assigné M. Y... en liquidation d'une astreinte prononcée par un juge de l'exécution pour l'exécution de travaux mis à la charge du défendeur;

Attendu que, pour limiter le montant de l'astreinte liquidée et dire n'y avoir lieu à fixation d'une nouvelle astreinte, l'arrêt retient qu'il résulte d'un procès-verbal de constat, établi par un huissier de justice désigné par ordonnance sur requête et communiqué aux débats, que M. Y... a exécuté ses obligations;

Qu'en statuant ainsi, alors qu'elle constatait que la requête et l'ordonnance n'avaient pas été laissées à M. X..., de telle sorte que les exigences de l'article 495 du nouveau code de procédure civile destinées à faire respecter le principe de la contradiction n'avaient pas été satisfaites, la cour d'appel a violé les textes susvisés. »

▸ 131.33 Le délai de la remise

Paris, 4e ch., sect. A, 22 févr. 2006, *PIBD* 2006, no 831, III, 390; *Propr. intell. oct.* 2006, p. 464, obs. de Haas, *RTD com.* 2007. 75, chron. Galloux.

« Considérant que la société Maco Pharma fait valoir, en deuxième lieu, que la simple remise de l'ordonnance au saisi, immédiatement suivie de la saisie, ne satisfait pas à l'exigence de signification; Mais considérant que la société Maco Pharma ne conteste ni que l'ordonnance autorisant la saisie-contrefaçon a été remise à Madame Philippe, directrice du Centre de Transfusion Sanguine, préalablement aux opérations de saisie, ni qu'il lui en a été laissée copie, conformément à l'article R. 615-2 alinéa 2 du code de la propriété intellectuelle; que ce texte n'impose aucun délai à l'huissier instrumentaire entre la signification de l'ordonnance et le début des opérations de saisie; qu'il n'est pas établi, au surplus que Madame P., représentant l'Établissement de Transfusion Sanguine, n'était pas à même de percevoir la portée de l'ordonnance; qu'elle reconnaît d'ailleurs, dans une attestation établie le 16 février 1998, ne pas avoir pris le temps de lire cette ordonnance. »

TGI Paris, 6 oct. 2009, RG no 2008/02618, *Jurinpi* M20090525, *PIBD* 2010, no 909, III, 29.

« Les sociétés Guccio Gucci SpA et Gucci France font valoir que l'huissier a l'obligation de signifier l'ordonnance seulement au détenteur des objets saisis et non au contrefacteur présumé, qu'aucun texte n'impose de délai minimum ou raisonnable entre la signification de l'ordonnance et le début des opérations de saisie, que la société Bijoux Hohl ne précise pas le grief que lui aurait causé la prétendue nullité, et que l'huissier n'a pas outrepassé sa mission en saisissant des bijoux sur lesquels sont reproduits un mors de cheval ou une moitié de mors de cheval.

La société Bijoux Hohl fait valoir que l'huissier n'a pas respecté l'obligation de signification préalable de l'ordonnance au saisi avant toute opération dans un délai raisonnable, ce qui l'a privé de la possibilité d'exercer ses droits, et que l'huissier a outrepassé la mission qui lui avait été confiée par l'ordonnance du 16 janvier 2008 dans la mesure où il a saisi des pièces qui sont produites à l'appui de l'action en contrefaçon de la seule marque française n° 93 466 769 qui ne figure ni dans la requête ni dans l'ordonnance.

En application des dispositions de l'article 495 du code de procédure civile, l'huissier instrumentaire doit nécessairement remettre aux détenteurs des objets saisis, une copie de l'ordonnance sur requête avant le déroulement des opérations de saisie-contrefaçon. Elle doit être remise au détenteur lui-même des objets saisis, c'est-à-dire à celui qui a un pouvoir de fait sur l'objet argué de contrefaçon.

Si aucun texte ne détermine expressément de délai entre la remise de l'ordonnance et le début des opérations de saisie-contrefaçon, il doit exister un délai raisonnable entre ces deux événements afin que la remise préalable de l'ordonnance permette au saisi d'être informé des motifs justifiant la mesure de saisie-contrefaçon et de l'étendue des investigations autorisées.

En l'espèce, il ressort du procès-verbal des opérations de saisie-contrefaçon qui se sont déroulées le 18 janvier 2008 de 10 h 46 à 12 h 30 au Bureau des contributions indirectes de la direction interrégionale des douanes d'Île-de-France et de la signification du procès-verbal de saisie-contrefaçon, que la requête et l'ordonnance aux fins de saisie-contrefaçon rendue le 16 janvier 2008 ont été signifiées à Monsieur Olivier L., inspecteur régional au BCI, préalablement aux opérations de saisie-contrefaçon à 10 h 45. L'huissier a dès lors valablement remis au BCI, détenteur des objets saisis, une copie de la requête et de l'ordonnance du 16 janvier 2008, sans qu'il soit nécessaire de la remettre dans le même temps au présumé contrefacteur ou de le prévenir. Ce motif de nullité du procès-verbal de saisie-contrefaçon du 18 janvier 2008 dans les locaux du BCI sera rejeté.

Sur le procès-verbal des opérations de saisie-contrefaçon qui se sont déroulées le 18 janvier 2008 de 15 h 21 à 18 h 30 dans les locaux de la société d'exploitation Bijoux Hohl, l'huissier instrumentaire a indiqué avoir signifié la requête et l'ordonnance rendue le 16 janvier 2008, par acte distinct, avant de dresser le procès-verbal de saisie-contrefaçon. Les parties s'accordent pour dire que l'ordonnance a été signifiée au représentant de la société Bijoux Hohl à 15 h 20.

Un délai d'une minute entre la signification de l'ordonnance à la société Bijoux Hohl et le début des opérations de saisie-contrefaçon ne saurait constituer un délai raisonnable dans la mesure où il ne permet pas au saisi de prendre connaissance des motifs justifiant cette mesure et de l'étendue des investigations autorisées. Admettre qu'un tel délai puisse être qualifié de raisonnable aurait comme conséquence de vider de son sens la remise préalable de l'ordonnance au saisi. Ce défaut de remise préalable a causé un grief au représentant de la société Bijoux Hohl qui n'a pas pu s'assurer de la portée de l'ordonnance et de la régularité des opérations de saisie-contrefaçon, et ainsi faire valoir ses droits de la défense.

Il convient donc d'annuler le procès-verbal de saisie-contrefaçon du 18 janvier 2008 de 15 h 21 à 18 h 30 dans les locaux de la société Bijoux Hohl. »

TGI Paris, 3e ch., 2e sect., 7 mai 2010, RG n° 08/15534.

« Que pour en solliciter la nullité, la société Sempa fait en premier lieu valoir que l'huissier instrumentaire a signifié la requête et l'ordonnance autorisant la saisie-contrefaçon deux minutes seulement avant le début de ses opérations, un tel laps de temps ne constituant pas selon elle un délai raisonnable permettant au saisi d'exercer en connaissance de cause ses droits de la défense ;

Que cependant, outre le fait que l'article 495 du code de procédure civile prévoit seulement la remise préalable de la requête et de l'ordonnance sans déterminer de délai entre cette remise et le début des opérations, il convient de relever que le délai de deux minutes laissé au salarié de la société Sempa présent sur le stand peut en l'espèce être qualifié de raisonnable dès lors que ces opérations font suite aux deux constats précédemment diligentés et que la société défenderesse avait connaissance depuis plusieurs mois des reproches formulés à son encontre par la société Zumex ;

Qu'un tel moyen sera donc rejeté. »

TGI Paris, 3e ch., sect. 2, 21 janv. 2011, RG n° 09/12908, *Gaz. Pal.* 10 et 11 juin 2011, p. 42, obs. Bouchard ; *Propr. intell.* oct. 2011, p. 441, obs. de Haas.

« Que cependant, un tel délai de cinq minutes doit en l'espèce être considéré comme raisonnable dès lors que le requérant y exposait ses droits sur un seul modèle – à savoir le modèle "tunisien" – et que, de la même manière, un unique modèle – le modèle référencé "TAMA-3 *TER*" – était incriminé, les sociétés saisies ayant ainsi pu, même dans ce temps limité, prendre connaissance des motifs justifiant la mesure de saisie-contrefaçon et de l'étendue des investigations autorisées. »

TGI Paris, 3e ch., sect. 2, 8 avr. 2011, RG n° 09/17730.

« La société Delalande Peche invoque la nullité des opérations de saisie-contrefaçon.

Elle fait valoir en premier lieu que, alors que l'article 495 du code de procédure civile impose à l'huissier instrumentaire de remettre au détenteur des objets saisis une copie de la requête et de l'ordonnance ayant autorisé la saisie-contrefaçon, préalablement à son déroulement, et qu'il doit s'écouler un délai raisonnable entre cette remise et le début des opérations, pour que le saisi puisse être efficacement informé des motifs justifiant la mise en œuvre de cette mesure, il ne s'est écoulé que cinq minutes entre le moment où elle a pris connaissance de l'ordonnance sur requête et le début des opérations de saisie-contrefaçon dans ses locaux.

Cependant, ainsi que le soutient le demandeur, un délai de cinq minutes pour prendre connaissance du contenu d'une ordonnance de trois pages apparaît raisonnable, de sorte que le moyen sera rejeté. »

Paris, pôle 5, ch. 2, 3 juin 2011, RG n° 10/08000, *Propr. intell.* oct. 2011, p. 441, obs. crit. de Haas.

« Considérant que la société Chaussea soutient, d'une part, que l'huissier n'a pas respecté un délai raisonnable entre la signification de l'ordonnance autorisant la saisie et les opérations de saisie de sorte que la personne chez qui était pratiquée la saisie n'a pas eu un temps suffisant pour connaître l'objet de la mission et, d'autre part, que l'huissier a procédé à la saisie des documents comptables sans avoir auparavant constaté la matérialité des faits de contrefaçon ;

Mais considérant qu'aucun élément du dossier ne met en évidence que la personne chez qui était pratiquée la saisie n'aurait pas eu un temps suffisant pour connaître la mission de l'expert; qu'il n'est au surplus pas démontré en quoi cela aurait été cause d'un grief alors qu'il n'est pas soutenu que l'expert aurait outrepassé sa mission. »

Paris, pôle 5, ch. 1, 8 juin 2011, RG n° 2009/21321, *Jurinpi* D20110126, *PIBD* 2011, n° 948, III, 625.

« Que la société BA&SH invoque également, en cause d'appel, le non-respect d'un délai raisonnable entre la signification des ordonnances ayant autorisé la saisie, avant son déroulement le 17 janvier 2008 au sein de son entrepôt et de son siège social; que ce délai doit permettre au saisi de vérifier l'étendue des pouvoirs qui ont été conférés à l'huissier instrumentaire sans pour autant priver la mesure autorisée de toute utilité; qu'en l'espèce la dirigeante de la société a été en mesure de joindre son avocat, qui lui a demandé de faxer l'ordonnance, préalablement à toutes recherches de l'huissier (Me N.) "après 25 minutes d'attente", délai suffisant pour opérer les vérifications nécessaires; qu'il n'est par ailleurs pas établi que la signification concomitante à l'autre saisie pratiquée dans l'entrepôt a pu causer grief alors que l'interlocutrice de l'huissier (Me B.), qui n'était pas en mesure de le renseigner, a pu appeler la responsable de la société, dans les locaux de laquelle se trouvait l'autre huissier instrumentaire et que les investigations n'ont débuté qu'ensuite de cet entretien; que ce moyen sera dès lors également rejeté. »

TGI Paris, 3e ch., 1re sect., 3 mai 2011, RG n° 2009/18441, *Jurinpi* B20110127.

« En application des dispositions de l'article 495 du code de procédure civile, l'huissier instrumentaire doit nécessairement remettre aux détenteurs des objets saisis, une copie de l'ordonnance sur requête avant le déroulement des opérations de saisie-contrefaçon. Elle doit être remise au détenteur lui-même des objets saisis, c'est-à-dire à celui qui a un pouvoir de fait sur l'objet argué de contrefaçon.

Si aucun texte ne détermine expressément de délai entre la remise de l'ordonnance et le début des opérations de saisie-contrefaçon, il doit exister un délai raisonnable entre ces deux événements afin que la remise préalable de l'ordonnance permette au saisi d'être informé des motifs justifiant la mesure de saisie-contrefaçon et de l'étendue des investigations autorisées.

En l'espèce, le 27 octobre 2009, l'huissier instrumentaire a signifié à Monsieur Jean-René Beauvais, PDG de la société Visserie service, le brevet FR. 054 à 10 h 30, puis l'ordonnance autorisant les opérations de saisie-contrefaçon à 10 h 32 et a commencé les opérations de saisie-contrefaçon à 10 h 37 pour les clore à 11 h 36.

La remise du brevet FR. 01.13654 a été faite afin de mettre en connaissance de cause la société Visserie service.

Un délai de cinq minutes entre la signification de l'ordonnance et le début des opérations de saisie-contrefaçon constitue un délai raisonnable dans la mesure où il permet au saisi de prendre connaissance des motifs justifiant cette mesure et de l'étendue des investigations autorisées, ce qui n'a d'ailleurs pas été contesté par le représentant de la société Visserie service pendant les opérations de saisie.

Il convient donc de rejeter ce motif de nullité du procès-verbal de saisie-contrefaçon dressé le 27 octobre 2009 et de le déclarer valable. »

TGI Paris, 3e ch., 1re sect., 22 nov. 2011, RG n° 09/18882.

« La société DIT International et la société Splast soutiennent que le procès-verbal de saisie-contrefaçon dressé par la SCP Papillon Lesueur, huissier de justice, en date du 5 novembre 2009, serait nul au motif que l'ordonnance autorisant la saisie-contrefaçon aurait été signifiée à 14 heures 35 tandis que le procès-verbal de saisie-contrefaçon mentionnerait un commencement des opérations de saisie-contrefaçon à 14 heures 40.

La Société DIT International considère que ce délai de 5 minutes serait bref et ne lui aurait pas permis de prendre connaissance des termes de l'ordonnance et ce d'autant qu'elle aurait été remise à une secrétaire.

La société AZ International et la société Filmop contestent que la société DIT International n'ait pas eu le temps de comprendre l'étendue des opérations de saisie-contrefaçon qui allaient se dérouler dans leurs locaux et rappellent que l'huissier a donné tout le temps nécessaire à Mme Peiffer pour comprendre les opérations envisagées et pour en référer à sa direction.

La saisie-contrefaçon est un moyen de preuve auquel une partie ne peut avoir accès qu'après autorisation donnée sur requête par le juge délégué par le président du tribunal de grande instance compétent.

Il ne s'agit pas d'un acte de procédure puisque la saisie-contrefaçon n'est pas un acte préalable indispensable à la mise en œuvre d'une procédure en contrefaçon, sous peine de nullité de celle-ci.

Néanmoins par application de l'article 175 du code de procédure civile, cette mesure d'instruction est soumise aux dispositions qui régissent les actes de procédure.

En l'espèce, il s'agit d'une nullité de forme telle que prévue à l'article 114 du code de procédure civile de sorte que la société DIT International doit rapporter la preuve d'un grief.

Il ressort du procès-verbal de signification de l'ordonnance sur requête autorisant les opérations de saisie-contrefaçon que cette signification a été faite à Madame Peiffer Danièle, laquelle a déclaré être habilitée à recevoir un tel acte; que Maître Lesueur, huissier de justice, a proposé à Madame Peiffer d'appeler sa direction en raison de l'absence du directeur au sein de l'entreprise; que Madame Peiffer a effectivement téléphoné à son directeur qui n'a soulevé aucune objection sur la réalisation des opérations de saisie-contrefaçon et lui a donné pour instruction de ne s'y opposer en aucun cas.

Par ailleurs, la société DIT International a parfaitement pris connaissance, même dans ce délai de 5 minutes, des termes de l'ordonnance.

En effet, le délai de 5 minutes a été suffisant pour permettre à la société DIT International de lire la requête et l'ordonnance du 16 octobre 2009 qui lui ont été précédemment signifiées à 14 heures 35 et ce d'autant que Maître Lesueur a, avant même de débuter ses opérations, donné lui-même lecture de la requête et de l'ordonnance du16 octobre 2009.

Aucune irrégularité n'a été commise par l'huissier instrumentaire de sorte que la société DIT International sera déboutée de sa demande de nullité des opérations de saisie-contrefaçon. »

▸ 131.34 La remise doit être faite au détenteur des objets saisis

Civ. 2e, 29 mai 1991, n° 90-10.711, NP, *RD propr. int.* 1993, n° 50, 30.

« Qu'en se déterminant ainsi, alors que, d'une part il résulte des mentions de l'acte de signification faisant foi jusqu'à inscription de faux que la copie a été remise à M. V. s'étant déclaré gérant de la société Euratlantic à l'huissier qui n'avait pas l'obligation de vérifier l'exactitude de cette déclaration, la cour d'appel a violé les textes susvisés. »

Paris, 25 févr. 1992, *Ann. propr. ind.* 1992. 178.

« Considérant que selon les dispositions de l'article 2 § 2 du décret du 15 février 1989 l'huissier doit préalablement à la saisie donner copie de l'ordonnance l'autorisant aux détenteurs des objets saisis ou décrits et qu'il doit laisser copie aux mêmes détenteurs du procès-verbal de saisie.

Considérant qu'en l'espèce copie de l'ordonnance a été donnée à M. R., préparateur, rencontré sur la terrasse entre le bâtiment 4 et le bâtiment 8.

Or considérant que M. R. ne peut être qualifié de détenteur au sens de l'article susvisé.

Que la formalité de la remise préalable de l'ordonnance ayant pour but de permettre au saisi d'avoir connaissance des raisons d'être de la mesure, de savoir l'étendue et la limite de ses obligations, les droits conférés au breveté, il est nécessaire que la personne à qui l'acte est remis ait un pouvoir sur la chose arguée de contrefaçon.

Or considérant que même si M. R. a été rencontré sur la terrasse où était exposé le camion litigieux, il résulte du registre du personnel produit par M. L. que M. R. n'y figure pas; que ses relations avec le locataire du stand où se trouvait le camion ou le propriétaire dudit camion ne sont pas établies.

Que dès lors il n'est pas démontré qu'il ait été habilité à exercer un contrôle sur le véhicule ou la garde de celui-ci.

Considérant au surplus qu'il convient d'observer que ses opérations de saisie terminées l'huissier n'a pas remis copie du procès-verbal à M. R. mais à M. L. qui est intervenu au cours de la saisie.

Considérant dans ces conditions que ces seuls motifs suffisent à prononcer la nullité du procès-verbal de saisie-contrefaçon du 11 octobre 1986. »

TGI Paris, 3e ch., 2e sect., 18 juin 2004, *PIBD* 2004, n° 795, III, 580.

« Attendu que la remise à la société Carbotech de l'ordonnance rendue le 12 juillet 1999 par le président du tribunal de grande instance de Montpellier ayant autorisé les opérations de saisie-contrefaçon a été signifiée à Madame B, épouse du gérant; que la société Carbotech fait valoir que cette dernière n'a et ne faisait pas partie de son personnel et qu'elle n'exerce aucune activité de contrôle en son sein; que Madame B ne saurait donc être considérée comme détenteur des objets saisis au sens de l'article R. 615-2 alinéa 2 susvisé; qu'elle ajoute qu'il ne saurait non plus être tiré argument de ce que Madame B a répondu aux questions de l'huissier instrumentaire alors que celui-ci, étant accompagné de deux représentants de la force publique, Madame B "pouvait difficilement résister à l'interrogatoire auquel elle était soumise".

Mais attendu que force est de constater que Madame B, dont il est prétendu qu'elle n'aurait aucune activité dans ladite société, se trouvait dans les locaux de cette dernière et qu'elle a accepté de signer l'acte de signification; qu'il convient par ailleurs de relever qu'elle était parfaitement en mesure de remettre des tenons ainsi que la documentation pour en permettre la saisie réelle par l'huissier, d'exposer à celui-ci le mode de fabrication du produit incriminé et d'énoncer précisément les factures de commercialisation de ce produit, alors qu'il n'est nullement établi qu'elle ait été soumise à des pressions.

Attendu dans ces conditions que Madame B doit être considérée comme détenteur des produits objets de la saisie au sens des dispositions susvisées; que cet argument au soutien de la nullité de la saisie-contrefaçon sera donc rejeté. »

TGI Lille, 1re ch., 15 mars 2007, *PIBD* 2007, n° 860, III, 597.

« En l'espèce, et d'une part, l'erreur de plume de l'huissier qui, sur la page de garde de son procès-verbal a laissé figurer le terme "constat" au lieu de le remplacer par les termes "procès-verbal de saisie-contrefaçon" est sans portée sur la validité de l'acte.

D'autre part, il résulte du procès-verbal de signification d'ordonnance sur requête produit en pièce n° 6 par la société Ugitech qu'en l'absence d'un représentant de la direction de la société Creafibres, l'ordonnance autorisant la saisie-contrefaçon a été signifiée à Monsieur X, employé de ladite entreprise qui s'est déclaré "habilité à recevoir l'acte". L'huissier qui n'avait pas à contrôler cette déclaration d'habilitation a pu valablement signifier l'ordonnance à cet employé qui, par la suite, a permis à l'huissier d'accéder aux produits argués de contrefaçon en fournissant de nombreuses explications sur l'origine et l'utilisation de ces produits ce qui démontre qu'il avait alors, de fait, un certain pouvoir de contrôle sur les objets saisis.

Il résulte par ailleurs du même procès verbal de signification, qui fait foi jusqu'à inscription de faux, que l'huissier a bien envoyé la lettre simple prévue à l'article 658 du nouveau code de procédure civile.

Enfin, la lecture du procès-verbal de saisie-contrefaçon permet de constater que l'huissier a effectué personnellement un certain nombre de constatations, que ces constatations personnelles de l'huissier sont clairement distinguées et isolées des déclarations et explications qu'il a pu recevoir du conseiller en propriété industrielle et/ou de Monsieur X, employé de l'entreprise Creafibres. Dans ces conditions, la société Ugitech ne justifie pas de l'existence d'un quelconque motif de nullité de la saisie-contrefaçon. »

TGI Paris, ch. civ. 3, 5 mars 2008, RG n° 07/02652.

« La société Lancôme et la société GA Modefine ont appris que sous le pseudonyme "philmax210" dont était titulaire M. Philippe Z... étaient commercialisés sur le site internet à l'adresse "ebay. fr" qui appartient à la société Ebay France des produits de parfumerie sous les marques précitées.

Suite à un constat d'achat, il apparaissait que l'eau de toilette livrée sous la marque "Acqua di Gio Giorgio Armani" était un faux en raison d'erreurs typographiques sur le conditionnement.

Suite à une opération de saisie-contrefaçon autorisée judiciairement et intervenue au domicile de M. Z... à Valenciennes, les sociétés Lancôme et GA Modefine l'ont assigné le 13 février 2007 en contrefaçon de marques et en concurrence déloyale.

[...]

Sur les deuxième et troisième motifs de nullité, le tribunal relève que le domicile de M. Z... est une gendarmerie et que l'huissier n'a pénétré dans l'appartement de celui-ci qu'à la suite de l'ouverture de la porte par le commandant qui a fait contacter immédiatement M. Z... en Guadeloupe; que l'huissier a alors donné lecture de l'ordonnance l'autorisant à procéder aux opérations de saisie à M. Z... par téléphone; que dans ces conditions l'absence de remise matérielle de l'acte au moment de la saisie ne saurait constituer une cause de nullité, étant relevé qu'une copie en a été remise à la concubine de M. Z..., Mme Nadège F... et ce, en application de l'article 655 du code de procédure civile dès l'arrivée de celle-ci sur les lieux; qu'enfin, aucun élément de preuve n'est apporté par M. Z... étayant son affirmation sur le caractère prémédité de la saisie-contrefaçon pendant son absence.

Dans ces conditions, le tribunal considère que les opérations de saisie-contrefaçon sont valables. »

TGI Paris, 3e ch., 4e sect., 27 janv. 2011, RG n° 2009/15874, *Jurinpi* D20110044, *PIBD* 2011, n° 940, III, 370.

« La société Ash fait valoir que la saisie est nulle d'une part parce que l'ordonnance a été signifiée à la boutique Ash qui n'existe pas comme entité juridique et, d'autre part, au motif que l'huissier instrumentaire a poursuivi ses opérations bien que la vendeuse lui ait indiqué qu'elle allait joindre son responsable.

[...]

Sur le second point, il est constant que Mme R. a déclaré à l'huissier qu'elle était habilitée à recevoir copie de l'ordonnance et que l'huissier n'était pas tenu de vérifier l'exactitude de cette déclaration. »

▸ 131.35 Hypothèse de la saisie à l'encontre d'un tiers

TGI Paris, 5 juin 1996, *PIBD* 1996, n° 619, III, 515.

« Qu'aucun texte n'impose que la saisie ait lieu en présence du saisi.

Que le détenteur des objets saisis étant l'huissier lui-même, le moyen tiré du défaut de signification préalable de l'ordonnance autorisant la saisie est inopérant. »

▸ 131.37 Remise par acte séparé ou par un même acte ?

Paris, 6 juill. 1983, *PIBD* 1983, n° 334, III, 267.

« Qu'il résulte des mentions ainsi rappelées que l'ordonnance autorisant la saisie avait bien été signifiée préalablement aux opérations de saisie proprement dites;

Qu'il importe peu, à cet égard, qu'il n'apparaisse pas que l'huissier aurait signifié par acte distinct l'ordonnance qui l'a autorisé à procéder à la saisie-contrefaçon;

Que l'article 2 du décret du 15 février 1969 n'impose en effet nullement qu'il soit procédé à la signification de l'ordonnance autorisant la saisie par un acte séparé;

Qu'il suffit, aux termes de cet article 2, qu'il soit donné copie au détenteur des objets saisis ou décrits de l'ordonnance ayant autorisé la saisie, et ce avant de procéder à la saisie;

Que, dans ces conditions, c'est à juste raison que le tribunal a jugé que le procès-verbal de saisie-contrefaçon du 25 juillet 1975 a été régulièrement dressé. »

TGI Paris, 30 oct. 1987, *PIBD* 1988, n° 430, III, 124.

« Attendu que la signification de l'ordonnance et celle du procès-verbal de saisie-contrefaçon portent la même date (26 sept. 1985).

Que la signification de l'ordonnance ne mentionne pas qu'elle est antérieure à la saisie-contrefaçon.

Que le procès-verbal de saisie-contrefaçon, qui est nécessairement signifié après la saisie, mentionne : "copies desdites requête et ordonnance étant données avec le présent".

Attendu que le texte du procès-verbal ne fournissant aucune autre précision, le tribunal ne peut établir que la signification de l'ordonnance a été faite préalablement à ce procès-verbal, les attestations fournies par la société Pocachard tendant à prouver que l'ordonnance a bien été signifiée préalablement, doivent être rejetées. »

Paris, 23 oct. 1989, *PIBD* 1990, n° 474, III, 162.

« Considérant qu'il résulte des termes précités "pour signification desquelles copies certifiées conformes par moi sont laissées en tête du présent procès-verbal, [...]" qu'ainsi que le soutient la société Payan Industrie l'huissier n'a pas remis au saisi avant de procéder aux opérations de saisie-contrefaçon une copie de l'ordonnance du 22 décembre 1983 l'autorisant à instrumenter. »

TGI Paris, 24 oct. 1989, *Dossiers Brevets* 1989, V, n° 7.

« Considérant qu'il ressort seulement du procès-verbal de la saisie que l'huissier dit agir "en vertu d'une ordonnance sur requête dont copie est donnée en tête des présentes" ;

Que les appelantes observent non sans pertinence que la copie du procès-verbal ne pouvait être remise au saisi qu'après le déroulement des opérations de saisie et peuvent en déduire que l'ordonnance remise en même temps a été signifiée postérieurement aux opérations de saisie;

Considérant que les prescriptions de l'article 2 alinéa 2 du décret n'ont pas été respectées et qu'il s'ensuit la nullité du procès-verbal de saisie-contrefaçon. »

Civ. 2e, 29 mai 1991, n° 90-10.711, NP, *RD propr. int.* 1993, n° 50, 30.

« Qu'en se déterminant ainsi, alors que, d'une part il résulte des mentions de l'acte de signification faisant foi jusqu'à inscription de faux que la copie a été remise à M. V. s'étant déclaré gérant de la société Euratlantic à l'huissier qui n'avait pas l'obligation de vérifier l'exactitude de cette déclaration, la cour d'appel a violé les textes susvisés. »

Com. 3 janv. 1996, n° 94-12.274, NP, *PIBD* 1996, n° 608, III, 173.

« Mais attendu que la cour d'appel a retenu, à bon droit que l'indication portée dans le procès-verbal de saisie indiquant que l'ordonnance avait été signifiée par acte du même jour, ce dont il résultait que l'huissier de justice avait, conformément aux dispositions de l'alinéa 2 de l'article 2 du décret du 15 février 1969, avant de procéder à la saisie, donné copie de l'ordonnance aux détenteurs des objets saisis ou décrits; d'où il suit que le moyen n'est pas fondé. »

TGI Paris, 12 févr. 1997, *PIBD* 1997, n° 632, III, 263.

« Que Me P. a ensuite mentionné à la main qu'il avait, avant de procéder aux opérations de saisie, "préalablement signifié" l'ordonnance à M. G., responsable administratif des ventes. Attendu que ces mentions, qui ne sont pas contradictoires, valent jusqu'à inscription de faux; qu'un tel incident n'a pas été soulevé. »

TGI Paris, 30 janv. 1998, *PIBD* 1998, n° 653, III, 244.

« Attendu que le tribunal observe que l'article R. 615-2 du code de la propriété intellectuelle n'impose pas la signification de l'ordonnance mais la remise d'une copie de celle-ci dans le cas d'une saisie réelle. Attendu que le tribunal constate que le procès-verbal de saisie-contrefaçon mentionne que la copie de l'ordonnance du président du tribunal de grande instance de Marseille a été donnée "en tête du présent" ; que ce moyen doit être rejeté. »

Paris, 11 févr. 1998, *PIBD* 1998, n° 654, III, 271.

« Mais considérant que le procès-verbal de saisie-contrefaçon du 1er avril 1994 mentionne expressément en dernière page que l'huissier instrumentaire a laissé copie tant de la requête et de l'ordonnance susvisée que du procès-verbal de saisie-contrefaçon, de telle sorte qu'en l'absence de contestation par la procédure de l'inscription de faux, les dispositions contenues à l'article 495 du Nouveau code de procédure civile qui prévoient que copie de la requête et de l'ordonnance doit être laissée à la personne à laquelle elle est exposée sont présumées avoir été scrupuleusement respectées, et que par conséquent le moyen tiré de l'absence de dénonciation de la procédure de saisie-contrefaçon avant l'assignation invoqué par les sociétés intimées doit également être rejeté. »

Aix-en-Provence, ch. réunies, 12 févr. 1999, *JCP E* 1999. I. 1631, obs. Greffe; *PIBD* 1999, n° 678, III, 265; *RD propr. int.* 1999, n° 98, p. 42.

« Madame T., comme les sociétés Diana Vicenza, DAMC et "Bois et Fils", ont eu connaissance dans le cours de la procédure, tant de la requête présentée au président du tribunal de grande instance, que de la description des sacs sur lesquels portait l'autorisation de saisie, et nulle règle ne prescrit que ces documents soient annexés au procès-verbal de saisie, d'où il suit que le moyen, inopérant, manque en fait. »

▸ 131.38 Mention des voies de recours

TGI Paris, 7 avr. 1995, *PIBD* 1995, n° 593, III, 367.

« Mais attendu que l'ordonnance autorisant la saisie-contrefaçon mentionne "[...] et qu'en cas de difficulté, il nous en sera référé, mais seulement saisie préalablement faite".

Attendu que cette disposition répond aux prescriptions de l'article 496, alinéa 2, du Nouveau code de procédure civile. Attendu que les copies de la requête et de l'ordonnance ayant été laissées à la société Biomat préalablement aux opérations de saisie, celle-ci se trouvait parfaitement informée de la possibilité qu'elle avait de saisir le juge qui a autorisé la saisie.

Qu'il s'ensuit que ce premier moyen n'est pas fondé et sera rejeté. »

TGI Paris, 3e ch., 2e sect., 12 mars 1997, *PIBD* 1997, n° 636, III, 391.

« Mais attendu que les ordonnances sur requête, dont les détenteurs des produits saisis ont reçu copie, mentionnent la possibilité d'en référer au magistrat en cas de difficulté.

Attendu que cette disposition répond aux prescriptions de l'article 496 alinéa 2 du Nouveau code de procédure civile. »

Paris, 4e ch. 25 mars 1998, *PIBD* 1998, n° 657, III, 351.

« Considérant, certes, alors que l'article 496 alinéa 2 du Nouveau code de procédure civile énonce que "s'il est fait droit à la requête, tout intéressé peut en référer au juge qui a rendu l'ordonnance", que l'acte de Me X, huissier de justice, ne précise pas cette faculté.

Mais considérant que cette omission constituant un vice de forme au sens de l'article 114 du Nouveau code de procédure civile, la société Bausch et Lomb se doit de rapporter la preuve que l'irrégularité affectant l'acte lui fait grief. »

TGI Paris, 3e ch. 1re sect., 20 janv. 1999, *RD propr. int.* 1999, n° 96, 39.

« Que l'article 496 dispose que s'il est fait droit à la requête, tout intéressé peut en référer au juge qui a rendu l'ordonnance;

Attendu que l'absence de mention de cette faculté dans l'ordonnance autorisant la saisie-contrefaçon ou dans l'acte d'huissier établissant la matérialité de la notification préalable, l'ordonnance devant, sous peine de nullité, par application de l'article R. 615-2 du code de la propriété intellectuelle être remise en copie par l'huissier avant qu'il ne procède à la saisie, ne peut être qu'un vice de forme au sens des articles 112 et suivants du code de la propriété intellectuelle. »

TGI Paris, 3e ch., 1re sect., 10 nov. 1999, *PIBD* 2000, n° 699, III, 275.

« Attendu que la société Sodirel reproche à l'acte de signification de l'ordonnance ayant autorisé la saisie-contrefaçon de ne mentionner ni les délais ni les modalités de voie de recours contre cette ordonnance, en violation des dispositions de l'article 680 du Nouveau code de procédure civile; [...]

Attendu que l'irrégularité dont se plaint la société Sodirel est un vice de forme n'entraînant la nullité de l'acte comportant cette irrégularité que sur justification d'un grief. »

Paris, 4e ch., sect. A, 18 déc. 2002, *Gaz. Pal.* 2004, Somm. 629, J. n° 3; *Propr. intell.* oct. 2004, p. 938, obs. de Haas.

« Si l'acte de signification de l'ordonnance ne mentionne pas expressément les voies de recours ouvertes à la société appelante, celle-ci ne rapporte pas la preuve que l'absence de cette mention lui a causé grief alors que l'ordonnance signifiée prévoit la faculté d'en référer en cas de difficulté. »

Com. 14 janv. 2003, n° 01-01.759, NP, *Propr. intell.* oct. 2004, p. 938, obs. de Haas.

« Attendu que les sociétés Cave et Testard font grief à l'arrêt d'avoir rejeté leur demande tendant à l'annulation de l'acte de notification de l'ordonnance sur requête du 9 octobre 1996, du procès-verbal de saisie contrefaçon du même jour, et de l'ensemble de la procédure subséquente, alors, selon le moyen :

1/ que tout acte de notification d'un jugement doit indiquer la voie de recours ouverte contre ce jugement et les modalités d'exercice de cette voie de recours, l'absence de ces mentions entachant l'acte d'une nullité qui n'est pas soumise à la preuve d'un grief; qu'ayant constaté que l'acte de notification de l'ordonnance autorisant la saisie contrefaçon ne comportait pas la mention selon laquelle le destinataire de l'acte avait la possibilité d'en référer au juge ayant autorisé la saisie, aux fins de modification ou de rétractation de l'ordonnance, la cour d'appel ne pouvait refuser de prononcer la nullité de cette notification et de la procédure subséquente, faute par les sociétés exposantes de rapporter la preuve d'un grief, sans violer les articles 117, 680, 693, 694 du nouveau code de procédure civile et L. 521-1 du code de la propriété intellectuelle;

2/ que le grief causé aux sociétés exposantes par l'absence de mention selon laquelle elles avaient la possibilité d'en référer au juge ayant autorisé la saisie, aux fins de modification ou de rétractation de l'ordonnance, tenait à ce que ces sociétés, comme elles le soutenaient, avaient été privées de la possibilité de s'opposer *ab initio* à la saisie contrefaçon et en évitant que la société X... appréhende et conserve par-devers elle des informations comptables et commerciales concernant la société Cave; que pour juger néanmoins que les sociétés Cave et Testard et compagnie ne justifiaient pas du grief que leur avait causé l'irrégularité, la cour d'appel a énoncé, sans procéder à aucune réfutation du moyen qui précède, qu'elles conservaient la possibilité d'exercer un recours en rétractation, alors même que le juge du fond se trouvait saisi, ce qu'elles s'étaient abstenues de faire; qu'en statuant de la sorte, la cour d'appel a, en tout état de cause, privé sa décision de toute base légale au regard des articles 117, 680, 693, 694 du nouveau code de procédure civile et L. 521-1 du code de la propriété intellectuelle;

Mais attendu qu'ayant exactement énoncé qu'il incombait aux sociétés Cave et Testard de rapporter la preuve du grief que leur causait l'absence de mention du recours utile dans l'acte de signification, la cour d'appel a légalement justifié sa décision d'écarter la preuve d'un tel grief en relevant que ces sociétés s'étaient abstenues d'exercer ce recours après avoir eu connaissance de son existence; que le moyen n'est fondé en aucune de ses branches. »

TGI Paris, 3e ch., 1re sect., 5 oct. 2005, RG n° 03/11548, *Jurinpi* B20050229.

« Il n'est pas contesté que l'acte de signification en date du 16 juillet 2003 de l'ordonnance du 2 juillet de la même année ne porte pas mention des voies de recours existant contre cette ordonnance. Cependant, cette omission constitue un vice de forme au sens de l'article 114 du nouveau code de procédure civile nécessitant de rapporter la preuve d'un grief causé par cette irrégularité. Or en l'espèce, l'ordonnance du 2 juillet 2003, dont la remise à la société des Établissements Grenier-Bolay n'est pas contestée, mentionnant *in fine "qu'en cas de difficulté, il nous en sera référé, mais seulement après accomplissement des opérations de saisie contrefaçon et apposition des visas"* et l'introduction d'un référé rétractation n'étant soumise à aucune condition de délai, il apparaît que la société des Établissements Grenier-Bolay n'a subi aucun préjudice de l'absence de mention des voies de recours dans l'acte de signification litigieux.

Par ailleurs, il est établi que la participation du conseil en propriété industrielle du requérant aux opérations de saisie, expressément autorisée en l'espèce par l'ordonnance du 2 juillet 2003, n'est pas contraire aux dispositions de l'article 6-1 de la Convention européenne de sauvegarde des droits de l'homme invoqué par la société défenderesse, dès lors que ce conseil qui doit être considéré comme exerçant une profession indépendante dont le statut est compatible avec sa désignation en qualité d'expert dans le cadre d'une saisie contrefaçon, et ce d'autant que sa mission ne constitue pas une expertise au sens des articles 232 et suivants du nouveau code de procédure civile, n'a pas la qualité de préposé du saisissant. Or, dans le cas présent, la société des Établissements Grenier-Bolay n'allègue pas que l'expert ayant assisté l'huissier instrumentaire ait la qualité de préposé de la société Mossalgue. »

Paris, 4e ch., sect. B, 11 avr. 2008, RG n° 06/14920, *Jurinpi* B20080067.

« Considérant par ailleurs que l'acte de signification de l'ordonnance du président que l'huissier remit au responsable des achats de la société Delta-Ohm ne mentionnant pas les voies de recours offertes au saisi, l'appelante conclut à la nullité du procès verbal pour violation des dispositions de l'article 680 du code de procédure civile;

Que l'intimée fait valoir en réplique que les mentions relatives au recours dont pouvait être frappée l'ordonnance étaient mentionnées dans le corps de celle-ci et qu'elles étaient suffisantes à l'information du saisi qui, ayant toute latitude pour agir en rétractation de l'ordonnance sur le fondement des articles 496 et 497 du code de procédure civile, ne peut exciper d'aucun grief; Considérant toutefois que l'article 680 précité énonce que l'acte de notification "doit indiquer de manière apparente le délai d'opposition, d'appel ou de pourvoi en cassation dans le cas où l'une de ces voies de recours est ouverte etc.";

Que s'agissant en l'espèce d'une ordonnance sur requête, la référence à l'alinéa 2 de l'article 496 du même code, selon lequel "tout intéressé peut en référer au juge qui a rendu l'ordonnance" s'imposait pour informer le saisi de cette voie de recours particulière qui lui était offerte d'agir en référé rétractation;

Que cette exigence n'a nullement était satisfaite puis que la seule référence à des voies de recours figure au pied de l'ordonnance elle même, dans les termes suivants : "la requérante offrant de nous en saisir en cas de difficultés, mais seulement après les opérations de saisie effectuées et les visas apposés" formule lapidaire qui laissait la partie saisie dans l'ignorance des voies procédurales dont elle disposait;

Considérant cependant que cette irrégularité de forme ne peut affecter la validité des opérations litigieuses que si le saisi justifie d'un grief, ce que ne fait pas l'appelante qui se borne à exciper, en termes généraux, des conditions tapageuses de l'exécution de la saisie et des informations sus mentionnées prétendument dissimulées, moyens qu'il lui était en effet loisible de soulever à tout moment devant le magistrat compétent en application des articles 496 et 497 dudit code, ce qu'elle ne fit pas;

Que les premiers juges ont donc à bon droit rejeté la demande d'annulation des opérations de saisie-contrefaçon. »

Paris, 4e ch., sect. A, 3 déc. 2008, RG n° 2007/13569, *PIBD* 2009, n° 892, III, 878, *Jurinpi* B20080166.

« Considérant que la société Mile Dragic Production ne saurait davantage soulever la nullité du procès-verbal de saisie au motif, selon elle, qu'elle n'aurait pas eu connaissance des voies de recours dont elle pouvait disposer;

Que la mention de voies de recours n'est pas exigée par les dispositions de l'article R. 615-2 précitées, l'ordonnance autorisant la saisie-contrefaçon relevant pour le surplus du régime général des ordonnances sur requêtes défini par les articles 493 et suivants du code de procédure civile, dont l'article 496 qui dispose que tout intéressé peut en référer au juge qui a rendu l'ordonnance;

Que l'introduction d'un référé n'est soumise à aucune condition de délai, de sorte que le défaut de mention des voies de recours ne saurait être qu'un vice de forme et qu'en l'espèce, la société Mile Dragic Production ne justifie d'aucun grief. »

Aix-en-Provence, 2e ch., 8 janv. 2009, RG n° 07/09844, *JurisData* n° 2009-002210.

« La demande en nullité d'un procès-verbal de saisie-contrefaçon ne constitue pas une exception de procédure qui à peine d'irrecevabilité doit être soulevée avant toute défense au fond ou fin de non-recevoir, mais une défense au fond qui peut être proposée en tout état de cause dans la mesure où ce procès-verbal constitue une preuve de la contrefaçon. C'est donc à tort que le tribunal de commerce a qualifié la demande ci-dessus d'exception de procédure et l'a déclarée irrecevable.

L'article 680 du code de procédure civile invoqué par la S.A.R.L. Karma et par la S.A.S. Distribution Casino France concerne "l'acte de notification d'un jugement" alors que l'ordonnance du 20 septembre 2005 autorisant la saisie-contrefaçon contre elles ne constitue pas un jugement.

De plus l'article L. 332-2 alinéa 1 du code de la propriété intellectuelle, qui prévoit la possibilité pour le saisi de demander au président du tribunal de grande instance "de prononcer la mainlevée de la saisie ou d'en cantonner les effets, ou encore d'autoriser la reprise de la fabrication ou celle des représentations ou exécutions publiques", n'oblige nullement l'ordonnance autorisant cette saisie-contrefaçon à mentionner cette possibilité.

En outre l'ordonnance critiquée n'est qu'une déclinaison de l'ordonnance sur requête de droit commun régie par les articles 493 à 498 du code de procédure civile; or ces derniers précisent :

– article 496 alinéa 2 : S'il est fait droit à la requête, tout intéressé peut en référer au juge qui a rendu l'ordonnance;

– article 497 : Le juge a la faculté de modifier ou de rétracter son ordonnance [...]

La S.A.R.L. Karma comme la S.A.S. Distribution Casino France pouvaient donc, même sans mention spécifique dans l'ordonnance du 20 septembre 2005, demander au président du tribunal de grande instance de Marseille auteur de cette décision d'intervenir à nouveau pour la rétracter ou la modifier ou la limiter. C'est donc également à bon droit que le tribunal de commerce a refusé d'annuler la procédure de saisie-contrefaçon réalisée contre ces deux sociétés. »

Paris, pôle 1, ch. 3, 9 mars 2010, RG n° 09/16885.

« Considérant que la société Referencement.com sollicite, en premier lieu, de voir prononcer la nullité de l'acte de signification de l'ordonnance rendue sur requête le 14 janvier 2009, aux motifs que, d'une part, l'acte d'huissier comporte mention d'une voie de recours erronée, que d'autre part, l'huissier n'a pas porté à sa connaissance les pièces annexées à la requête, et qu'enfin ni la requête, ni l'ordonnance, ni les pièces n'ont été dénoncées à M. Hassine;

Considérant que la mention d'une voie de recours erronée n'emporte nullité de l'acte de signification qu'à la condition que la société Referencement.com prouve le grief que lui a causé cette irrégularité;

Considérant que la cour d'appel de Paris, saisie du recours dirigé contre l'ordonnance de rétractation, a, par arrêt du 28 avril 2009, infirmé l'ordonnance de rétractation et déclaré la société Referencement.com irrecevable en sa demande de rétractation de l'ordonnance autorisant la saisie-contrefaçon; que l'arrêt précise dans ses motifs que "la référence erronée de l'huissier aux dispositions de l'article 496, alinéa 2 du code de procédure civile lors de la signification de la requête et de l'ordonnance du 14 janvier 2009 est sans incidence et ne peut servir à justifier la demande de rétractation formée devant le président ayant rendu cette ordonnance";

Considérant que la société Referencement.com a donc subi un grief en ayant été privée de la possibilité de demander la mainlevée de la saisie dans les trente jours de la date du procès-verbal, comme le prescrit l'article L. 332-2 du code de la propriété intellectuelle;

Considérant que l'acte de signification de l'ordonnance étant déclaré nul, il n'y a pas lieu de statuer sur les autres demandes de nullité du même acte;

Considérant que la société Referencement.com conclut que la nullité de l'acte de signification emporte nullité du procès-verbal de saisie-contrefaçon;

Mais considérant que la mention erronée de la voie de recours contre l'ordonnance autorisant la saisie-contrefaçon n'emporte pas nullité du procès-verbal de saisie-contrefaçon, dès lors que celui-ci a été exécuté au vu d'une décision de justice régulièrement rendue. »

▸ 131.39 Remise de l'acte constatant le dépôt du cautionnement

TGI Paris, 3ᵉ ch., 16 déc. 1993, *PIBD* 1994, n° 564, III, 223; *RD propr. int.* 1994, n° 53, 44.

« Attendu qu'en l'espèce, il est acquis, d'une part que la copie de l'acte constatant le dépôt du cautionnement n'a pas été laissée ou signifiée au saisi, d'autre part, que la copie de l'ordonnance autorisant la saisie, régulièrement signifiée, ne comportait pas l'indication du montant du cautionnement préalable obligatoire.

Attendu que s'il est vrai qu'en droit, en vertu de l'article 114 du Nouveau code de procédure civile, la nullité d'un acte de procédure ne peut être prononcée qu'à charge pour l'adversaire qui l'invoque de prouver le grief que lui cause l'irrégularité, même lorsqu'il s'agit d'une formalité substantielle ou d'ordre public, il apparaît en l'espèce que l'irrégularité tenant à l'absence d'une remise d'une copie de l'acte constatant le dépôt du cautionnement a mis le saisi dans l'incapacité d'invoquer valablement le non-respect d'une ordonnance dont la copie incomplète lui était remise, ainsi que celui de dispositions légales.

Qu'en effet, il n'est pas établi que le cautionnement imposé aux étrangers par l'article 12 de la loi du 14 juillet 1909 ait été consigné par la société Chopard France préalablement aux opérations d'expertise.

Attendu que l'irrégularité de forme alléguée fait grief.

Qu'elle est sanctionnée par la nullité de la saisie-contrefaçon. »

▸ 131.41 Le défaut de remise préalable est un vice de forme

Lyon, 19 mars 1975, *PIBD* 1975, n° 157, III, 393.

Dès lors qu'une société, arguant de la nullité de la saisie-contrefaçon en raison du défaut de remise au contrefacteur de la copie de l'ordonnance autorisant la saisie-contrefaçon, conformément à l'article 2, par. 2 du décret du 15 février 1969, n'invoque pas le moindre dommage résultant de l'inobservation de cette formalité (qui a d'ailleurs été accomplie par la suite par la communication de la copie placée par l'huissier en tête de son procès-verbal), la nullité ne peut être prononcée, en l'absence de grief, conformément à l'art. 53, par. 2 du décret du 20 juillet 1972 qui dispose que « la nullité ne peut être prononcée qu'à charge pour l'adversaire qui l'invoque de prouver le grief que lui cause l'irrégularité, même lorsqu'il s'agit d'une formalité substantielle et d'ordre public ».

Aix-en-Provence, 19 déc. 1975, *PIBD* 1978, n° 217, III, 249.

Le tribunal de grande instance de Marseille a justement estimé que la saisie pratiquée était nulle faute par l'huissier d'avoir préalablement à ses opérations remis copie au détenteur des objets argués de contrefaçon de l'ordonnance présidentielle le commettant; en effet, cette remise, prescrite par l'alinéa 2 de l'article 2 du décret du 15 février 1969 est une formalité substantielle, exigée à peine de nullité de la saisie réalisée, que celle-ci soit une saisie réelle ou une saisie-descriptive; ayant pour but de permettre au détenteur des objets saisis ou décrits de connaître exactement la mission confiée à l'huissier et d'en contrôler l'accomplissement régulier, son omission fait nécessairement grief en empêchant ce détenteur de réaliser ce contrôle et de faire valoir ses moyens de défense à moins que comme dans l'affaire soumise à la cour de Douai qu'invoque l'appelante une « formalité équipollente à la remise préalable de la copie ait permis au saisi d'organiser la défense de ses intérêts les plus immédiats et qu'ainsi le vœu de la loi ait été satisfait »; en l'espèce la cour de Douai avait en effet relevé que le détenteur des objets argués de contrefaçon avait reçu communication de l'ordonnance à 14 heures, avait pris connaissance de son contenu, avait réuni les avis hiérarchiques et techniques qui lui avaient paru nécessaires avant que la saisie commence à 17 h 25; tel n'est pas le cas de la saisie litigieuse où l'huissier après avoir « exhibé » son ordonnance a commencé aussitôt ses opérations et n'a remis la copie de l'ordonnance qu'en fin de celles-ci, remise postérieure qui à l'évidence ne peut valoir régularisation d'une remise exigée préalablement au début des opérations.

Paris, 13 avr. 1983, *Dossiers Brevets* 1984, III, 1.

« Or considérant que l'obligation de la remise de la copie de l'ordonnance avant les opérations de saisie au détenteur des objets concernés est une formalité substantielle qui a pour but de permettre à celui-ci de vérifier en pleine connaissance de cause la mission de l'huissier, de contrôler au cours des opérations de celui-ci que l'officier ministériel ne dépasse pas le cadre de cette mission et, le cas échéant, de s'opposer à toute opération qui n'y serait pas prévue, [...]

Considérant que l'absence de cette formalité substantielle faisant grief au saisi du seul fait qu'elle ne lui permet pas de vérifier en pleine connaissance de cause la régularité des opérations de saisie avant le début de celles-ci, pendant leur déroulement et non pas seulement après qu'elles ont été terminées, il s'ensuit que la saisie doit être déclarée nulle en application de l'article 2 § 2 du décret du 15 février 1969. »

TGI Paris, 30 oct. 1987, *PIBD* 1988, n° 430, III, 124.

« Mais, attendu que la signification de l'ordonnance autorisant la saisie-contrefaçon étant un acte à accomplir, constitue une règle de fond.

Attendu, qu'au terme de l'article 119 du code de procédure civile, les exceptions de nullité fondées sur l'inobservation des règles de fond relatives aux actes de procédure peuvent être proposées en tout état de cause au terme de l'article 119, celui qu'il invoque n'a à justifier d'aucun grief. »

Paris, 24 oct. 1989, *PIBD* 1990, n° 472, III, 97.

« Qu'en effet la signification préalable est une formalité essentielle expressément prévue par le texte susvisé qui met fin à la procédure non contradictoire de la requête et permet au saisi d'avoir une connaissance précise de la demande formée à son encontre et de l'ordonnance, de savoir l'étendue et la limite de ses obligations ainsi que les précautions prévues dans son intérêt.

Qu'en l'absence de signification préalable le saisi n'a pu connaître exactement la mission confiée à l'huissier, en contrôler l'exécution et faire valoir ses moyens de défense.

Que cette irrégularité est d'une particulière gravité.

Qu'en conséquence la jurisprudence considère que l'obligation imposée à l'huissier conditionnant l'exercice d'un principe général du droit, son omission constitue non une nullité de forme mais une nullité de fond qui, selon les dispositions de l'article 119 du Nouveau code de procédure civile, ne nécessite pas que celui qui l'invoque ait à justifier d'un grief. »

Paris, 23 nov. 1989, *PIBD* 1990, n° 474, III, 162.

« Considérant qu'il s'ensuit que l'inobservation de cette disposition cause nécessairement un grief au détenteur de l'objet saisi obligé en ce cas de subir passivement les opérations de saisie (et par voie de conséquence au présumé contrefacteur) de sorte qu'en tout état de cause la société ASM ne peut se prévaloir utilement de l'article 114 § 2 du Nouveau code de procédure civile; que, de surcroît, la condition prévue par l'alinéa 2 de l'article 2 du décret du 15 février 1969 doit s'analyser en une condition de fond soumise non aux dispositions de l'article 114 du Nouveau code de procédure civile mais à celles des articles 117 et suivants du même code. »

TGI Paris, 12 sept. 1990, *PIBD* 1991, n° 491, III, 7.

La signification préalable de l'ordonnance rendue sur requête par le juge constitue une règle de droit qui conditionne l'exercice du droit de saisie et dont l'omission constitue non une nullité de forme, mais une nullité de fond.

Civ. 2e, 29 mai 1991, n° 90-10.713, *Bull. civ.* II, n° 162, *Ann. propr. ind.* 1991. 6.

« Vu les articles 2 du décret n° 69-190 du 15 février 1969, 114, 117, 455 et 458 du nouveau code de procédure civile;

Attendu que, pour déclarer nulle la procédure de saisie-contrefaçon diligentée par la SA Appareillage et matériels de servitudes (AMS) à l'encontre de la SA Payan industries et de M. X..., ès qualités de syndic au règlement judiciaire de cette société, l'arrêt infirmatif attaqué se borne à énoncer que la condition de remise au détenteur de l'objet saisi, préalablement à l'exécution de la saisie-contrefaçon, de la copie de l'ordonnance autorisant ladite saisie-contrefaçon a pour objet de permettre au détenteur saisi de vérifier avant tout début d'exécution la régularité de la mission de l'huissier, de connaître exactement cette mission, de contrôler au cours des opérations que l'huissier instrumentaire et ceux qui l'assistent ne dépassent pas le cadre de cette mission et, le cas échéant, de s'opposer à toutes opérations non autorisées, qu'il s'ensuit que l'inobservation de cette disposition cause nécessairement un grief au détenteur de l'objet saisi, obligé, en ce cas, de subir passivement les opérations de saisie et, par voie de conséquence, au présumé contrefacteur, de sorte que la société AMS ne peut se prévaloir de l'article 114, alinéa 2, du nouveau code de procédure civile; que, de surcroît, la condition prévue par l'alinéa 2 de l'article 2 du décret du 15 février 1969 susvisé doit s'analyser en une condition de fond soumise, non pas aux dispositions de l'article 114 du nouveau code de procédure civile, mais à celles des articles 117 et suivants du même code;

Attendu que l'omission de la formalité prévue par l'article 2 susvisé ne constitue pas une nullité de fond;

Et attendu qu'en se déterminant par une énonciation générale et imprécise ne constituant pas une motivation permettant à la Cour de cassation d'exercer son contrôle sur l'existence d'un grief, la cour d'appel n'a pas justifié légalement sa décision. »

TGI Paris, 2 nov. 1994, *PIBD* 1995, n° 583, III, 107.

« Attendu, au surplus, qu'il est constant que l'omission d'une signification préalable d'ordonnance, en la matière, ne doit pas être considérée comme une nullité de fond, mais comme une nullité de forme. »

TGI Paris, 11 janv. 1995, *PIBD* 1995, n° 586, III, 208.

« Attendu que la remise préalable au saisi de l'ordonnance autorisant la saisie-contrefaçon est exigée, à peine de nullité de la saisie; que la nullité ne peut être prononcée qu'à charge pour celui qui l'invoque de prouver le grief que lui cause cette irrégularité. »

TGI Paris, 5 juin 1996, *PIBD* 1996, n° 619, III, 515.

« Qu'en tout état de cause, ce défaut de signification n'est une cause de nullité du procès-verbal de saisie qu'à charge pour celui qui l'invoque de justifier d'un grief. »

TGI Paris, 30 janv. 1998, *PIBD* 1998, n° 653, III, 244.

« Attendu que les moyens de nullité soulevés par la société Scat sont inopérants; qu'au demeurant, s'agissant de nullités de forme, elle n'avait pas précisé quel aurait été le grief par elle subi du fait des éventuelles irrégularités commises, ainsi que l'exigent les dispositions de l'article 114 du C. pr. civ. »

TGI Paris, 3e ch., 1re sect., 30 sept. 1998, RG n° 96/25285, *PIBD* 1999, n° 673, III, 136.

« Attendu qu'aux termes de l'article R. 615-2 du code de la propriété intellectuelle, à peine de nullité et de dommages-intérêts contre l'huissier, celui-ci doit avant de procéder à la saisie, donner copie aux détenteurs des objets saisis ou décrits de l'ordonnance;

Attendu qu'il est de principe que l'omission de cette formalité ne constitue pas une nullité de fond;

Que cependant Bristol-Myers Squibb n'allègue aucun grief. »

TGI Paris, 3e ch. 1re sect., 20 janv. 1999, *RD propr. int.* 1999, n° 96, 39.

« Attendu que s'agissant de l'exception de nullité de l'acte de signification préalable à la saisie, force est de constater, outre le fait que cette signification n'est pas en elle-même nécessaire, seule la remise préalable d'une copie de l'ordonnance, en l'espèce non contestée, l'étant, que l'introduction d'un référé rétractation n'est soumise à aucune condition de délai et que les défenderesses n'ont subi aucun préjudice du fait du vice de forme qu'elles allèguent; qu'en l'absence de grief, l'exception de nullité de l'acte de signification préalable sera rejetée. »

TGI Paris, 3e ch., 16 juin 2000, *PIBD* 2000, n° 710, III, 605.

« Attendu que le défaut de remise au gérant de la société saisie de la copie de l'ordonnance constitue une nullité de forme, au sens de l'article 112 du nouveau code de procédure civile, nullité couverte par les défenses au fond présentées par la société Mont Roucous sans la soulever. »

Com. 25 avr. 2001, n° 98-19.503, NP, *PIBD* 2001, n° 726, III, 428.

« Vu les articles R. 615-2 du code de la propriété intellectuelle et 112 du Nouveau code de procédure civile;

Attendu qu'aux termes du premier de ces textes, lorsque la saisie réelle est ordonnée, l'huissier doit, à peine de nullité, avant de procéder à la saisie, donner copie de l'ordonnance aux détenteurs des objets saisis ou décrits;

Attendu que l'omission de cette formalité constitue une nullité de forme qui doit être soulevée avant toute défense au fond. »

Paris, 4e ch., sect. B, 9 nov. 2007, *PIBD* 2008, n° 868, III, 127.

« Mais considérant que le procès-verbal doit comporter toutes les mentions nécessaires à la vérification de ce que les prescriptions de l'article 495 du nouveau code de procédure civile ont été scrupuleusement observées; qu'ainsi, il ne saurait être sérieusement déduit de l'acceptation du saisi, une quelconque preuve que l'ordonnance lui aurait été signifiée; que pareillement, il est à l'évidence indifférent que la requête puisse ne faire matériellement qu'un même document avec l'ordonnance, dès lors que la requête et l'ordonnance constituent deux actes juridiquement distincts dont l'article précité prévoit la remise de l'un et de l'autre au saisi pour lui permettre de faire valoir ses droits : que la mention comme en l'espèce, de la remise de l'ordonnance ne saurait donc attester de la remise de la requête;

Que par ailleurs l'huissier doit nécessairement pour informer le saisi des pouvoirs dont il est investi par l'ordonnance sur requête, lui remettre une copie de celle-ci avant le déroulement des opérations de saisie-contrefaçon; que tel n'a pas été le cas de l'espèce;

Qu'enfin, il ne peut saisir que le nombre d'exemplaires de produits litigieux mentionné par l'ordonnance;

Que l'inobservation de ces prescriptions n'est de nature à commander l'annulation des opérations critiquées que dans la mesure où le saisi justifie du grief qu'elle lui a causé; que la société Oz qui ne justifie ni même ne fait état d'un grief, sera déboutée de sa demande tendant à voir annuler l'ensemble de ces opérations. »

Paris, 4e ch., sect. A, 2 juill. 2008, RG n° 07/06442, *Jurinpi* B20080123.

« Considérant que les sociétés Jyde Agencements et Jyde Productions soulèvent également la nullité de la saisie-contrefaçon du 6 avril 2007, exposant que l'huissier a commencé les opérations de saisie avant toute signification valable;

Mais considérant qu'il ressort de la lecture du procès-verbal de saisie que l'huissier a procédé à 10 h 30 à la signification de l'ordonnance présidentielle du 3 avril 2007, que seule l'obstruction des sociétés Jyde Agencements et Jyde Productions a amené l'huissier à signifier à nouveau cette ordonnance à 12 h 50;

Qu'en tout état de cause, à supposer l'existence d'une irrégularité de forme, dès lors que l'huissier n'a procédé aux opérations de saisie contrefaçon qu'après la seconde signification, les sociétés intimées ne démontrent aucun grief;

Que l'exception de nullité soulevée doit être rejetée. »

TGI Strasbourg, 1re ch., 8 juin 2009, RG n° 06/07439, *Jurinpi* B20090082.

« Conformément au droit commun, les nullités pour vice de forme doivent être soulevées "*in limine litis*" avant toute défense au fond ou fin de non recevoir (articles 74 et 112 du code de procédure civile).

Tel est le cas de celles tirées du défaut

– de remise préalable de la requête et de l'ordonnance à une personne habilitée. »

TGI Paris, 3e ch., 2e sect., 12 févr. 2010, RG n° 08/09753, *Jurinpi* B20100007, *PIBD* 2010, n° 919, III, 339.

« Attendu que pour contester la validité de la saisie-contrefaçon pratiquée au siège de la société Vivisol France, la société Cahouet fait en premier lieu valoir qu'il n'a pas été laissé à la société saisie de copie de la requête aux fins de saisie-contrefaçon en date du 9 juin 2008, seule l'ordonnance autorisant la saisie en date du même jour lui ayant été signifiée;

Que l'article 495, alinéa 3 du code de procédure civile prévoit en effet que "copie de la requête et de l'ordonnance est laissée à la personne à laquelle elle est opposée";

Or attendu qu'il résulte des énonciations du procès-verbal de signification d'ordonnance sur requête dressé le 11 juin 2008 par Maître Patrick S, huissier de justice associé à Melun, que ce dernier a seulement remis au représentant légal de la société Vivisol France une copie de l'ordonnance présidentielle, le nombre de pages visé au bas de l'acte (6 pages, soit 4 pages pour l'ordonnance et 2 pages pour l'acte de signification lui-même) venant d'ailleurs confirmer ces énonciations;

Que les sociétés Air Liquide ne sauraient soutenir qu'il résulterait du procès-verbal de saisie-contrefaçon du même jour que l'huissier instrumentaire aurait remis au saisi une copie de la requête aux fins de saisie-contrefaçon, alors même que les mentions qu'elles mettent en exergue dans leurs écritures démontrent uniquement la remise d'une copie de l'ordonnance, laquelle n'est au demeurant nullement discutée;

Que si elles font à bon droit valoir qu'une telle irrégularité, constitutive d'un vice de forme, est soumise au régime de nullité instauré par l'article 114 du code de procédure civile, et donc à la preuve d'un grief, il apparaît en l'espèce que le défaut de signification de la requête a nécessairement causé un préjudice à la société Vivisol France, qui n'a pu s'assurer de la réalité et de la portée des droits de propriété industrielle invoquée par la société Air Liquide Santé International et n'a pas été en mesure d'exercer en toute connaissance de cause les voies de recours à sa disposition;

Que le simple fait que l'huissier instrumentaire ait, comme il l'a lui-même indiqué dans l'acte et réaffirmé dans son courrier en date du 18 février 2009, "expliqué le but de (sa) mission" ne peut pallier cette carence faute de savoir quels éléments de fait et de droit ont précisément été portés à la connaissance du saisi;

Qu'il y a lieu dans ces conditions, et sans qu'il soit besoin d'examiner le second moyen de nullité soulevé en défense, de déclarer nul le procès-verbal de saisie-contrefaçon dressé le 11 juin 2008 dans les locaux de la société Vivisol France. »

TGI Paris, 3e ch., 3e sect., 4 nov. 2011, RG n° 09/08869.

« L'irrégularité tirée de l'absence de signification est constitutive d'un vice de forme, soumise au régime de nullité instauré par l'article 114 du code de procédure civile, et donc à la preuve d'un grief.

En l'espèce, le défaut de signification de la requête a nécessairement causé un préjudice aux sociétés présumées contrefactrices qui n'ont pu s'assurer de la réalité et de la portée des droits de propriété industrielle invoqués par la société Zodiac et ont *de facto* été privées de leur possibilité d'exercer les voies de recours à leur disposition. »

▸ 131.42 Inexactitude concernant l'ordonnance dans l'acte de signification

Paris, 4e ch., 7 juill. 1995, *PIBD* 1995, n° 597, III, 507.

« Considérant que l'erreur de date affectant l'ordonnance n'a pu causer aucun grief à la SPFMBP, l'indication de date n'ayant pas en l'occurrence pour effet de faire courir un délai; que la simple allégation de l'impossibilité qui en serait résultée pour l'intéressé, comme des autres irrégularités invoquées, d'avoir une "défense appropriée" n'est étayée par aucune justification que la saisie-contrefaçon sera donc reconnue valable, les irrégularités de forme invoquées n'ayant entraîné aucun préjudice. »

TGI Paris, 3e ch., 1re sect., 12 juill. 2006, RG n° 02/10387.

« Le fait que les modalités de la signification à M. Lelaidier aient été rédigées sur un imprimé intitulé "signification du procès-verbal" ne constitue qu'une erreur matérielle, puisque cet imprimé a servi à fixer les modalités de la signification de l'ordonnance et qu'il est joint à l'acte intitulé "Signification d'une décision de justice".

En conséquence, cette simple erreur d'intitulé dans l'intitulé de l'imprimé ayant servi à noter les coordonnées de la personne qui s'est vu remettre la décision de justice sur le site de Toulouse ne constitue pas une nullité puisque la signification de la décision a bien été effectuée. »

▸ 132.21 Principe

Paris, 4e ch., sect. A, 5 avr. 2006, *PIBD* 2006, n° 832, III, 420; *D.* 2007. 342, note J. Raynard.

« Considérant que la société Acome soulève la nullité de la saisie-contrefaçon faisant valoir que l'huissier et le conseil en propriété industrielle ont outrepassé les termes de l'ordonnance en procédant à des interrogatoires, en provoquant des déclarations et en présentant des documents ne figurant pas parmi les pièces jointes à l'appui de la requête;

Que la société Silec Câble réplique que les irrégularités incriminées par la société intimée résultent de ses propres fautes, d'une obstruction et d'un défaut de coopération de sa part;

Considérant que la saisie-contrefaçon est une procédure exceptionnelle permettant à un breveté, avant tout procès contradictoire de pénétrer chez un concurrent sans son accord, afin d'y procéder à des investigations, des constatations, voire des saisies réelles tendant à apporter la preuve d'une contrefaçon alléguée, de sorte qu'elle doit être diligentée dans le respect le plus strict tant des dispositions légales que des termes de l'ordonnance sur requête qui l'autorise;

Considérant que l'ordonnance rendue le 11 septembre 2001 par le président du tribunal de grande instance d'Avranches autorisait l'huissier à procéder à la saisie par voie de description, à la saisie réelle en cinq exemplaires moyennant paiement de leur prix, des câbles argués de contrefaçon, à la saisie réelle ou sous forme de photographies, de photocopies en deux exemplaires des documents techniques, informatiques, commerciaux, publicitaires, comptables, ainsi qu'à inspecter, faire fonctionner, démonter, manipuler les câbles incriminés de contrefaçon (1°-§ 5); qu'il était en outre autorisé à se faire assister par un ou plusieurs conseils en propriété industrielle [...] dont il enregistrera les explications;

Considérant qu'il ressort de la lecture des pages 2 à 6 du procès-verbal de saisie-contrefaçon que, d'une part, M. L, conseil en propriété industrielle, a mené les opérations de saisie en interpellant directement M. R., le représentant de la société Acome, l'huissier instrumentaire enregistrant les questions du conseil et les réponses du saisi, de sorte que son rôle a outrepassé la mission d'assistance qui lui était confiée par l'ordonnance; que, d'autre part, l'huissier instrumentaire et le conseil en propriété industrielle ont présenté à M. R. deux documents étrangers à la procédure, qui n'avaient été ni visés dans les pièces jointes à la requête aux fins de saisie, ni appréhendés sur le lieu de la saisie, et l'ont interrogé sur leur contenu; que cette initiative contrevient également aux termes de l'ordonnance sur requête;

Que la société Silec Câble oppose vainement le défaut de coopération, voire l'obstruction de la société Sagem, pour justifier ces irrégularités alors que l'huissier instrumentaire n'a fait état des difficultés rencontrées que plus d'un an après la saisie et qu'il lui appartenait d'en référer au magistrat ayant rendu l'ordonnance, comme prévu au paragraphe 4;

Que la violation renouvelée des termes de l'ordonnance sur requête constitue une irrégularité de fond qui affecte la régularité des opérations de saisie-contrefaçon; que conformément à l'article 119 du nouveau code de procédure civile, la nullité peut être prononcée sans que la société Acome ait à justifier d'un grief;

que l'annulation prononcée prive la société Silec Câble de la faculté de se prévaloir des pièces appréhendées lors de la saisie;

Que le jugement entrepris doit donc être confirmé sur ce point. »

▸ 132.41 Plan

Com. 14 sept. 2010, n° 09-69.862, NP.

« Sur le moyen unique :

Attendu, selon l'arrêt attaqué (Nancy, 29 juin 2009) que se prévalant de ses droits sur un brevet européen n° 0300945B2 délivré le 2 décembre 1992 et portant sur un appareil automatique pour le nettoyage de une ou plusieurs pièces à main de dentisterie ou de turbines, la société Micro mega après avoir fait pratiquer saisie-contrefaçon le 20 mars 2000 chez un chirurgien dentiste, a assigné la société W & H France en contrefaçon de plusieurs des revendications de la partie française de son brevet; que ce brevet a été cédé à la société Micro mega international manufactures, la société Micro mega en devenant licenciée;

Attendu que la société Micro mega et la société Micro mega international manufactures (les sociétés Micro mega) font grief à l'arrêt d'avoir annulé un procès-verbal de saisie contrefaçon établi à leur requête et, en conséquence, de les avoir déboutées de leurs demandes tendant à voir déclarer la société W & H France coupable de contrefaçon du brevet européen dont elles sont titulaires, à lui voir interdire la poursuite des agissements contrefaisants, et à voir ordonner la confiscation en vue de leur destruction de l'intégralité des produits contrefaisants, alors, selon le moyen :

1°/ que dans le cas où l'huissier de justice omet de remettre à la partie saisie les documents dont elle doit recevoir copie préalablement à la saisie-contrefaçon, notamment celle de l'acte constatant le dépôt de cautionnement, cette omission constitue une nullité de forme qui doit être soulevée avant toute défense au fond; qu'en retenant cependant que, après avoir défendu au fond, la partie saisie pouvait valablement poursuivre la nullité de la saisie-contrefaçon litigieuse, invoquée au titre de l'omission par l'huissier de la formalité de remise préalable du récépissé de cautionnement, la cour d'appel a violé l'article R. 615-2 du code de la propriété "industrielle" (intellectuelle) dans sa rédaction applicable à l'espèce;

2°/ qu'en toute hypothèse, le défaut de remise à la partie saisie des documents dont elle doit recevoir copie préalablement à la saisie-contrefaçon n'entraîne la nullité qu'à charge pour cette partie d'établir un grief; qu'en l'espèce, l'huissier de justice chargé de procéder à la saisie-contrefaçon litigieuse ayant omis de remettre la copie du récépissé de cautionnement à la partie saisie, l'omission de cette formalité n'entraînait la nullité de la saisie qu'à charge pour cette partie d'établir un grief; qu'en décidant le contraire, la cour d'appel a violé l'article 114 du code de procédure civile et l'article R. 615-2 du code de la propriété "industrielle" dans sa rédaction applicable à l'espèce;

Mais attendu, d'une part, qu'un acte de saisie-contrefaçon étant un simple acte probatoire antérieur à la procédure de contrefaçon qui n'est introduite que par la demande en contrefaçon, c'est à bon droit que la cour d'appel a retenu que sa nullité, qui constitue un moyen de défense au fond, pouvait être invoquée à tout moment de la procédure;

Attendu, d'autre part, que l'arrêt relève que l'ordonnance autorisant la saisie-contrefaçon avait expressément fixé à 10 000 francs "le montant du cautionnement tel que visé par les dispositions de l'article L. 521-1 du code de la propriété intellectuelle" et dit qu'elle ne serait exécutoire qu'après réception par la requérante du récépissé dudit cautionnement et la remise d'une copie par l'huissier à la partie saisie; qu'il constate que cette copie n'a pas été remise; qu'il résulte de ces énonciations et constatations qu'en procédant aux opérations de saisie-contrefaçon, alors que l'ordonnance n'était pas exécutoire, l'huissier de justice a commis un excès de pouvoir; qu'une telle violation des termes de l'ordonnance ayant pour effet d'affecter la validité de la saisie-contrefaçon au fond, c'est à bon droit que la cour d'appel en a prononcé la nullité sans que les sociétés Micro mega aient à justifier d'un grief;

D'où il suit que le moyen n'est fondé en aucune de ses branches. »

▸ 132.52 Exécution de la saisie par l'huissier

TGI Paris, 3e ch., 1re sect., 25 mars 1998, *PIBD* 1998, n° 659, III, 402.

« Attendu, par ailleurs, qu'il ne résulte pas des énonciations du procès-verbal que l'huissier n'ait pas conduit lui-même ces opérations.

Que la mention selon laquelle M. B. et Mlle G. auraient prélevé des pièces émane non de l'huissier mais du saisi.

Que l'huissier indique, pour sa part, que toutes les opérations ont été faites entièrement sous son contrôle.

Qu'il n'est pas démontré par les défendeurs que les conseils en brevet, dont la présence avait été prévue dans l'ordonnance autorisant la saisie, aient dépassé les limites de leur rôle.

Que le procès-verbal de saisie-contrefaçon est donc valable. »

TGI Paris, 3e ch., 3e sect., 17 févr. 2004, *PIBD* 2004, n° 787, III, 323.

« En revanche, il est constant que l'autorisation judiciaire donnée à l'huissier opérant une saisie-contrefaçon en application de l'article L. 615-5 du code de la propriété intellectuelle ne confère pas à celui-ci une mission d'enquête; que cette même disposition légale ne prévoit la présence à ses côtés d'un expert que pour l'assister dans la description des procédés ou produits prétendument contrefaits. »

▸ 132.53 Le représentant de la force publique

TGI Paris, 9 mars 1979, *Dossiers Brevets* 1980, III, 209.

« Attendu que M. A. conclut d'abord à la nullité du procès-verbal au motif que, contrairement aux dispositions formelles de l'ordonnance rendue le 20 janvier 1977 par le président du tribunal de grande instance d'Aix-en-Provence, la mention de l'autorisation étant rayée, l'huissier instrumentaire s'est fait assister d'un commissaire de police;

Mais attendu que M. A. ne se prévaut pas du moindre préjudice ayant pu découler de la présence du représentant de l'ordre aux côtés de l'huissier instrumentaire qu'il y a lieu d'observer, par ailleurs, que si une difficulté d'exécution de l'ordonnance avait surgi en raison de la résistance de M. A., M. F. aurait eu recours à la force publique et que le magistrat lui aurait alors accordé son assistance. »

TGI Paris, 3e ch., 1re sect., 20 juill. 2006, RG n° 03/04303, *Jurinpi* B20060156.

« Attendu que force en effet est d'observer que si le juge ayant autorisé la saisie a prévu l'assistance du commissaire de police compétent, il n'a toutefois prévu cette présence qu'en cas de nécessité; que cette nécessité n'est absolument pas justifiée en la présente espèce; que toutefois une telle présence, dès lors qu'il n'est justifié d'aucun grief, ne peut entraîner *ipso facto* la nullité de la saisie »

▸ 132.54 L'expert

Paris, 13 avr. 1983, *Dossiers Brevets* 1984, III, 1.

« Considérant que Magic relève avec pertinence que si le président du tribunal est tenu d'accorder l'autorisation, sur les justifications exigées par l'article 1er du décret du 15 février 1969, il est maître de déterminer les conditions de la saisie;

Qu'ainsi, il peut refuser toute saisie réelle ou encore autoriser l'assistance d'homme de l'art; que la saisie effectuée hors des conditions autorisées par son ordonnance est nulle;

Mais considérant qu'en l'espèce l'assistance de l'homme de l'art était autorisée puisqu'elle découle des références expressément faites par l'ordonnance du 7 avril 1975 à l'ordonnance du 7 juin 1974 laquelle autorisait l'assistance de l'huissier par un homme de l'art. »

Paris, 18 avr. 1984, *PIBD* 1984, n° 355, III, 245.

« S'il est vrai que le président du tribunal de grande instance a omis d'autoriser la société Tilt à faire assister d'un expert de son choix l'huissier instrumentaire conformément aux dispositions de l'article 25 de la loi 31 décembre 1964, la violation alléguée de l'article 37 du décret du 27 juillet 1965 n'est pas prévue par cet article à peine de nullité et n'entre pas dans la catégorie des irrégularités énumérées par l'article 117 du Nouveau code de procédure civile – il ne s'agit donc que d'un vice de forme pour lequel il appartient à la société Levi Strauss d'établir qu'il lui a causé grief. »

Or, on peut observer que M. S., conseil en propriété industrielle de la société Tilt, n'était pas un préposé de cette société et qu'il n'est intervenu au cours des opérations que sous le contrôle de l'huissier de justice et sans que les représentants de la société Levi Strauss protestent contre sa présence et ses interventions. Ainsi la société Levi Strauss qui ne rapporte pas la preuve que l'irrégularité invoquée lui ait causé un grief doit être déboutée de sa demande en nullité de la saisie-contrefaçon. »

TGI Lyon, 24 févr. 1987, *Dossiers Brevets* 1987, II, 10; *PIBD* 1987. II. 248.

« Mais attendu qu'il convient de relever que M. F. est diplômé en brevet d'invention et enseignant en propriété industrielle; que sa compétence technique paraît donc être équivalente à celle d'un conseil en brevet; qu'elle n'est en tous cas pas contestée par le défendeur qui ne soulève pas la moindre critique contre la description faite à l'huissier saisissant; qu'ainsi le simple fait que le technicien n'ait pas le titre de conseil en brevet ne paraît pas suffisant pour constituer une irrégularité substantielle et en tout état de cause n'est la source d'aucun préjudice pour le défendeur; qu'il convient par conséquent de rejeter cette exception de nullité également mal fondée. »

TGI Paris, 12 sept. 1990, *PIBD* 1991, n° 491, III, 7.

« Mais attendu que l'article 56 de la loi de 1968 dispose, qu'il peut être procédé à la saisie-contrefaçon "par huissiers assistés d'experts" du choix du requérant.

Qu'il s'ensuit que, bien que la société Fasseta ait dans sa requête sollicité l'assistance d'un seul homme de l'art l'huissier choisi par elle pouvait légalement se faire assister de plusieurs experts.

Attendu que l'ordonnance rendue conformément à la requête n'invoque aucun motif propre aux circonstances de la cause imposant la présence d'un expert unique, si l'huissier en se faisant assister par deux conseils en brevet a méconnu les termes de l'ordonnance du 5 mai 1986, il a cependant respecté les dispositions de l'art 56 de la loi de 1968. »

Paris, 15 janv. 1997, *PIBD* 1997, n° 639, III, 517.

« Considérant que les sociétés VF Diffusion SNC et VF Boutiques SA font valoir qu'en violation des dispositions de l'article L. 332-4 alinéa 2 du code de la propriété intellectuelle, les saisies-contrefaçon ont eu lieu en présence de deux experts, soit un expert en propriété industrielle et un expert en informatique, et non d'un, comme le prévoit le texte susvisé. [...]

Mais considérant que l'ordonnance du 24 mars 1993 autorise expressément "chacun des huissiers instrumentaires à se faire accompagner, le cas échéant par un mandataire de la requérante, homme de l'art pris en dehors de ses préposés ainsi que par un expert informaticien inscrit en cette qualité sur une liste de cour d'appel".

Que, de surcroît outre le fait comme le souligne le tribunal, qu'il est usuel qu'un huissier se fasse assister de spécialistes en informatique pour opérer des saisies de logiciel, il n'est pas contesté que ledit expert n'est intervenu que sous son contrôle.

Qu'enfin, les appelantes, qui n'ont pas protesté contre sa présence, n'apportent la preuve d'aucun grief qui en résulterait pour elles. »

Paris, 4e ch., sect. A, 5 nov. 2002, *Comm., comm. électr.*, 2003, comm. n° 46.

« Qu'en remettant à l'homme de l'art, dont la présence avait simplement été autorisée pour faciliter les opérations de copie au moment de la saisie, un exemplaire de ces copies aux fins d'analyse, l'huissier a manifestement excédé les pouvoirs que lui conférait l'ordonnance;

Que Monsieur A., homme de l'art mandaté, ne pouvait, en raison des termes clairs et précis de l'ordonnance limitant ses pouvoirs à une simple mission technique d'assistance de l'huissier au moment des opérations de saisie, se croire valablement investi d'une mission d'analyse à laquelle il a procédé de façon non contradictoire et dont les résultats ont été directement remis au saisissant et complétés à la demande de celui-ci dans une deuxième attestation;

Que le grief causé aux parties saisies est d'autant plus grave que l'homme de l'art mandaté, salarié d'une société directement concurrente, ne présentait pas les gages d'impartialité requis en pareil cas. »

TGI Paris, 3e ch., 2e sect., 7 févr. 2003, RG n° 00/01594, *Jurinpi* B20030035.

« Attendu que le conseil en propriété industrielle n'était pas habilité à poser des questions aux personnes présentes; qu'en interrogeant le gérant de la société Chiralsep, il a outrepassé ses pouvoirs tels qu'ils ont été fixés par le président du tribunal de grande instance du Havre; qu'il apparaît ainsi que les opérations de saisie-contrefaçon n'ont pas été réalisées dans le strict respect des prescriptions de l'ordonnance ayant autorisé la saisie-contrefaçon; qu'en raison du caractère exorbitant du droit commun de la saisie-contrefaçon, les dispositions de l'ordonnance autorisant cette mesure doivent être strictement interprétées; qu'il suit que la nullité de la saisie-contrefaçon effectuée le 8 décembre 1999 doit être prononcée sans qu'il soit nécessaire d'examiner le caractère tardif de la remise du procès-verbal de saisie-contrefaçon. »

TGI Paris, 3e ch., 2e sect., 2 juill. 2004, RG no 02/18798, *PIBD* 2004, no 796, III, 615.

« Attendu que l'assistance apportée à l'huissier pour l'aider dans sa description, l'était à charge pour ce dernier d'enregistrer les explications sur les points qui échappent à sa compétence en distinguant nettement dans les énonciations de son procès-verbal, celles résultant de ses constatations personnelles et celles qui lui sont dictées par les hommes de l'art et/ou experts qui l'assistent;

qu'il n'incombait donc pas au conseil en propriété industrielle de faire œuvre d'expert, judiciairement désigné pour éclairer le tribunal, ce qu'il n'est pas; que la mission qui lui était impartie était d'assister l'huissier instrumentaire dans la recherche technique de la preuve de la contrefaçon et ce, conformément aux règles qui régissent sa profession. »

Paris, 4e ch., sect. A, 6 déc. 2006, *PIBD* 2007, no 848, III, 195; *Propr. intell.* avr. 2007, p. 233, obs. Warusfel.

« Considérant qu'il est reproché à l'huissier de s'être fait assister de deux personnes, alors, selon la société Sagem Communication, que l'ordonnance autorisant la saisie-contrefaçon n'aurait prévu qu'un seul homme de l'art et/ou expert; Mais considérant que cette formulation visant tout homme de l'art et expert est suffisamment générale pour permettre l'assistance de deux personnes. »

Paris, 4e ch., sect. A, 5 avr. 2006, *PIBD* 2006, no 832, III, 420; *D.* 2007. 342, note J. Raynard.

« Considérant qu'il ressort de la lecture des pages 2 à 6 du procès-verbal de saisie-contrefaçon que, d'une part, M. L, conseil en propriété industrielle, a mené les opérations de saisie en interpellant directement M. R., le représentant de la société Acome, l'huissier instrumentaire enregistrant les questions du conseil et les réponses du saisi, de sorte que son rôle a outrepassé la mission d'assistance qui lui était confiée par l'ordonnance; que, d'autre part, l'huissier instrumentaire et le conseil en propriété industrielle ont présenté à M.R. deux documents étrangers à là procédure, qui n'avaient été ni visés dans les pièces jointes à la requête aux fins de saisie, ni appréhendés sur le lieu de la saisie, et l'ont interrogé sur leur contenu; que cette initiative contrevient également aux termes de l'ordonnance sur requête;

Que la société Silec Câble oppose vainement le défaut de coopération, voire l'obstruction de la société Sagem, pour justifier ces irrégularités alors que l'huissier instrumentaire n'a fait état des difficultés rencontrées que plus d'un an après la saisie et qu'il lui appartenait d'en référer au magistrat ayant rendu l'ordonnance, comme prévu au paragraphe 4;

Que la violation renouvelée des termes de l'ordonnance sur requête constitue une irrégularité de fond qui affecte la régularité des opérations de saisie-contrefaçon; que conformément à l'article 119 du nouveau code de procédure civile, la nullité peut être prononcée sans que la société Acome ait à justifier d'un grief; que l'annulation prononcée prive la société Silec Câble de la faculté de se prévaloir des pièces appréhendées lors de la saisie. »

Paris, 4e ch., sect. B, 8 déc. 2006, RG no 04/09342, *Jurinpi* B20060183.

« Qu'en tout état de cause, la nullité incriminée n'affectant en réalité pas la forme mais portant sur le fond, ne nécessite pas, pour être prononcée, la preuve d'un grief, et que la méconnaissance des termes de la mission doit être sanctionnée par l'annulation de la saisie, sans qu'il s'avère envisageable d'opérer une distinction entre certains de ses éléments, que l'appelante s'abstient au demeurant de désigner avec précision. »

Paris, 4e ch., sect. B, 21 déc. 2007, *PIBD* 2008, no 868, III, 105; *Propr. intell.* avr. 2008, p. 252, obs. Warusfel.

« Considérant cependant que, selon l'ordonnance du président du tribunal de grande instance de Paris, en date du 19 juillet 2004, l'huissier a été autorisé "à se faire assister par tout homme de l'art pour l'assister dans sa mission" ; que le conseil en propriété industrielle, comme le révèle la lecture du procès-verbal de saisie-contrefaçon, ne s'est toutefois pas limité à une mission d'assistance pour éclairer celui-ci sur des points techniques qui pouvaient lui échapper, mais a joué un rôle essentiel dans la conduite des opérations puisque non seulement il a directement demandé au directeur général de la société Pharmapost de produire des factures, mais encore, il a fourni à l'huissier une longue description orale du procédé de fabrication des notices répondant aux observations du représentant de la société Pharmapost et produisant un dessin qu'il avait lui même fait dans des conditions ignorées, pour illustrer sa démonstration.

Considérant que si l'huissier a repris à son compte la description effectuée par le conseil ("je confirme la description de la machine et de son procédé, dans son état et son fonctionnement, telle que décrite par le conseil"), il demeure que le procès-verbal repose pour l'essentiel sur les propres constatations du conseil, illustrées par un dessin effectué par ses soins et annexé au procès-verbal, et n'est que l'expression de l'inversion des rôles qui s'est produite pendant les opérations de saisie au cours desquelles l'huissier s'est borné à enregistrer, sur les points essentiels, les constatations du conseil;

Que la violation ainsi commise des termes de l'ordonnance précitée, constitue une irrégularité de fond qui affecte les opérations dans leur ensemble et commande l'annulation du procès-verbal. »

Com. 3 mars 2009, no 08-11.235, NP, *PIBD* 2009, no 894, III, 943, *Jurinpi* B200090041.

« Mais attendu que la cour d'appel, qui a relevé, par une interprétation des termes ambigus du procès-verbal de constat, exclusive de dénaturation, que l'expert avait demandé directement au saisi de produire des factures, qu'il avait répondu aux observations de ce dernier, et produit pour illustrer sa démonstration un dessin qu'il avait lui-même fait dans des conditions ignorées, et qui avait été annexé au procès-verbal, a pu en déduire qu'il ne s'était pas limité à assister l'huissier dans ses opérations, et que la saisie-contrefaçon devait être annulée. »

Lyon, ch. civ. 1 A, 2 juill. 2009, RG n° 08/06722, *Juris-Data* n° 2009-022194.

« Attendu que la saisie contrefaçon effectuée le même jour par Maître Jean-François Gaillard huissier de justice à Annecy au sein de l'établissement de la Société "Machines Serdi" a été également pratiquée avec l'assistance de Monsieur Freddy Rossera, ingénieur de la Société Newen et Denis Jarez informaticien; qu'en outre l'huissier de justice a précisé dans son procès-verbal que les investigations opérées dans le bureau d'études et dans les ateliers avaient été faites par Monsieur Jarez et Monsieur Rossera, en sa présence;

Attendu qu'ainsi cette saisie contrefaçon effectuée avec un subordonné de la société Newen requérante lequel a lui-même procédé aux investigations alors que les opérations de saisie devaient être conduites par l'huissier est nulle comme contraire aux dispositions de l'article L. 615-5 du code de la propriété intellectuelle; qu'il convient également de réformer le jugement de ce chef. »

Aix-en-Provence, 2e ch., 3 sept. 2009, *Expertises*, déc. 2009, p. 425 s., obs. A. Le Carré, p. 421 s.

« Attendu que l'ordonnance sur requête rendue au visa des articles L. 332-1 et L. 332-4 du code de la propriété intellectuelle autorisait l'huissier notamment à "procéder à la description de tous les objets comportant une contrefaçon des sites internet, logiciels, bases de données et données dont la société Octéa est l'auteur", à "saisir le ou les ordinateurs de façon à effectuer une copie du ou des disques durs et ainsi que les archives..." et à "se faire accompagner de tout expert informatique du choix du requérant (la société Octéa) à savoir Monsieur L.", expert judiciaire;

Que l'ordonnance ne prévoyait pas que l'expert requis par la société Octéa procède au domicile de l'expert, hors de toute contradiction, à une analyse des disques durs, ce que Monsieur L. a fait, en consignant dans un volumineux rapport dit "d'expertise" de 98 pages principalement de constatations techniques, non assorties véritablement de commentaires techniques ou de conclusions argumentées;

Que l'expert au sens de l'article L. 332-4 alinéa 2 du code de la propriété intellectuelle chargé d'assister le saisissant au moment de la saisie-contrefaçon a outrepassé la mission restreinte "d'accompagnement" de la société Octéa qui lui était confiée en se livrant à une étude/analyse des disques durs saisis;

Que le procès-verbal de saisie-contrefaçon dressé, le 14 septembre 2005, concernant les opérations de saisie au domicile de Richard L. et le "rapport d'expertise" de Monsieur L. doivent donc être annulés. »

TGI Paris, 3e ch, 1re sect., 8 juin 2010, RG n° 08/16283.

« La société Locatel France soutient que la saisie-contrefaçon du 2 octobre 2008 qui s'est déroulée au sein de ses locaux, serait nulle au motif que Maître Plumel, huissier, n'aurait pas constaté lui-même tous les éléments décrits dans son procès-verbal, qu'il aurait délégué une partie des constatations à MM. Pontet Bernard et Akdogan, conseils en propriété intellectuelle, experts assistant l'huissier.

La société Micsystemes répond que l'huissier a relaté les faits tels qu'ils s'étaient déroulés et qu'aucun renversement de la direction de la saisie-contrefaçon n'est établie.

Le procès-verbal de saisie-contrefaçon est rédigé comme suit : "pour cerner la question il a été décidé d'aller dans le showroom de la société où j'ai rencontré M. David Chevenement, directeur marketing, et M. Jean-Claude Nardot, responsable du bureau d'études...

Dans ce showroom les 2 ingénieurs conseil interrogent le directeur marketing pour connaître parmi les divers systèmes proposés les technologues utilisées.

Une des technologies retenue par les ingénieurs conseils est la suivante que je reproduis selon leurs termes et sous contrôle de tous les participants de la société Locatel France et ce de façon contradictoire.

Suit la description du matériel et du procédé."

Ainsi, il apparaît que l'ensemble des propos relatés dans le procès-verbal de saisie-contrefaçon sont exclusivement ceux des deux conseils en propriété intellectuelle qui ont dès le début mené les opérations en interrogeant le directeur marketing et posé les questions aux trois personnes de la société Locatel France qui étaient présents sur les lieux Mme Paumet, responsable juridique, M. David Chevenement, directeur marketing, et M. Jean-Claude Nardot, responsable du bureau d'études; que l'huissier n'a eu pour mission que d'authentifier les propos tenus par les conseils en propriété intellectuelle devant le personnel de la société Locatel France.

Ce faisant, les opérations de saisie ont été menées par les deux ingénieurs en propriété intellectuelle et non par l'huissier de justice désigné en sa qualité d'auxiliaire de justice pour mener des opérations intrusives mais dans le respect des dispositions du code procédure civile et du code de la propriété intellectuelle et de la Convention Européenne de Sauvegarde des Droits de l'Homme qui imposent le principe d'un procès équitable et une certaine égalité entre les parties, principe dont l'effectivité doit être assurée par l'huissier. »

▸ 132.56 Le saisissant peut-il participer aux opérations de saisie-contrefaçon ?

TGI Paris, 3e ch., 16 janv. 1989, *PIBD* 1989, n° 454, III, 220.

« Attendu qu'il est sans intérêt de connaître les liens éventuels de M. F. avec la société Necchi dès lors que l'ordonnance susmentionnée autorisait la présence de représentants du breveté sur les lieux de la saisie. »

Paris, 4e ch., 14 mars 1991, *PIBD* 1991, n° 506, III, 500; *RD propr. ind.* 1991, n° 34, 20.

« Considérant que Messieurs P. et L., de l'entreprise Necchi étaient autorisés à assister l'huissier en vertu du paragraphe 9 de l'ordonnance. »

TGI Paris, 15 févr. 1991, *PIBD* 1991, n° 505, III, 478.

« Cependant, le tribunal relève que l'ordonnance du 23 septembre 1989 autorisant la saisie, a expressément prévu que l'huissier instrumentaire pourrait se faire assister par toute personne mandatée par la requérante. Par suite la seule qualité de M. L., mari de la requérante, dès lors qu'il n'est fait état d'aucun incident, ni comportement de sa part de nature à avoir fait dégénérer la saisie en manœuvre dolosive ou frauduleuse ou de l'avoir détournée de son but, ne saurait suffire à vicier les opérations de saisie. »

TGI Paris, 3e ch., 8 juill. 1992, *PIBD* 1992, n° 534, III, 643.

« Attendu qu'aucun texte ne prévoit la nullité de l'acte d'huissier ainsi réalisé par une personne se trouvant liée à la société requérante, qu'il s'ensuit que, sans qu'il soit même nécessaire de rechercher si cette présence a ou non causé un grief à la société Lodi, ce moyen de nullité sera rejeté. »

Com. 8 juill. 2008, n° 07-15.075, *Bull. civ.* IV, n° 142, *PIBD* 2008, n° 882, III, 559; *Propr. Industr.* 2010, comm. 27, note P. Vigand.

« Attendu, selon l'arrêt attaqué, que MM. P. et B. X..., ainsi que les sociétés Newen France, Newen Inc. et The X... family ltd partnership ont fait pratiquer, sur le fondement d'un brevet dont ils sont respectivement titulaires et licenciés, une saisie-contrefaçon au préjudice de la société Machines Serdi; que l'ordonnance autorisant cette saisie ayant été rétractée, et les opérations effectuées sur son fondement annulées, les mêmes parties ont fait procéder, les 18 et 19 octobre 2001, à de nouvelles saisies-contrefaçon portant, pour la première d'entre elles, sur des éléments précédemment saisis lors des opérations annulées; qu'elles se sont désistées de l'action en contrefaçon de brevet qu'elles avaient engagée au fond, mais ont maintenu leur action parallèle en concurrence déloyale; que la société Machines Serdi les ont assignées en nullité des saisies et paiement de dommages-intérêts;

Sur le premier moyen :

Attendu que la société Machines Serdi fait grief à l'arrêt d'avoir rejeté sa demande tendant à l'annulation de la saisie-contrefaçon pratiquée le 18 octobre 2001, alors, selon le moyen :

1°/ que la nullité d'une saisie-contrefaçon s'étend à tous les éléments saisis ou recueillis à l'occasion de cette saisie, lesquels constituent les accessoires du procès-verbal de saisie annulé et se trouvent de la sorte privés de toute valeur probante; qu'aussi bien, une seconde saisie de ces mêmes éléments, fût-elle judiciairement autorisée, est elle-même entachée de nullité, peu important que la seconde saisie soit intervenue non pas avant mais immédiatement après la restitution des éléments irrégulièrement appréhendés à l'huissier du saisi; qu'en décidant le contraire, la cour viole l'article L. 615-5 du code de la propriété intellectuelle,

2°/ que le principe d'effectivité des droits, au nombre desquels figurent le droit d'agir en rétractation ou en annulation d'une saisie-contrefaçon irrégulièrement autorisée ou pratiquée, s'oppose à ce que le saisissant puisse valablement, à l'occasion d'une seconde saisie-contrefaçon, appréhender à nouveau les éléments recueillis lors d'une précédente saisie déclarée nulle, juste après les avoir restitués à l'huissier mandaté par le saisi, lesquels éléments ne se trouvent dans son étude que parce qu'ils viennent d'être restitués en suite de l'annulation de la première saisie; qu'en validant, dans de telles conditions, la saisie litigieuse, la cour d'appel viole de nouveau l'article L. 615-5 du code de la propriété intellectuelle, le principe d'effectivité des droits, ensemble la règle *fraus omnia corrumpit*;

Mais attendu que l'annulation d'une saisie n'implique pas l'interdiction, pour le titulaire du droit privatif, de faire pratiquer toute nouvelle mesure légalement admissible, et de procéder en conséquence à la réitération de la saisie annulée, sauf abus, qui ne saurait se déduire du seul caractère quasi immédiat de cette réitération; que le moyen n'est pas fondé;

Mais sur le deuxième moyen, pris en ses deux premières branches, et sur le troisième moyen, pris en ses deux premières branches, qui sont en mêmes termes :

Vu l'article L. 615-5 du code de la propriété intellectuelle;

Attendu que pour rejeter les demandes de la société Machines Serdi tendant à l'annulation des saisies-contrefaçon pratiquées le 18 octobre 2001, l'arrêt retient que MM. Y... et Z..., subordonnés de la société Newen, mais représentant, en fait, l'ensemble des saisissants, étaient autorisés à intervenir par les termes généraux de l'ordonnance, et qu'ils ne sont pas intervenus en qualité d'experts mais de représentants des sociétés requérantes;

Attendu qu'en statuant ainsi, alors que ni le requérant, ni ses préposés, ne sont au nombre des personnes pouvant assister aux opérations de saisie-contrefaçon, peu important que le juge de la requête leur en ait donné l'autorisation, la cour d'appel a violé le texte susvisé;

Sur le troisième moyen, pris en sa cinquième branche :

Vu l'article L. 615-5 du code de la propriété intellectuelle, ensemble l'article 455 du code de procédure civile;

Attendu que pour valider la seconde saisie du 18 octobre 2001, l'arrêt retient enfin que le préposé de la société Newen est intervenu comme représentant des requérants, et que, pour les motifs qui viennent d'être exposés plus haut, il convient de débouter la société Machines Serdi de sa demande de nullité des opérations de saisie-contrefaçon;

Attendu qu'en se déterminant ainsi, sans vérifier, comme elle y était invitée, si l'huissier avait lui-même exécuté les opérations de saisie-contrefaçon, la cour d'appel n'a pas donné de base légale à sa décision;

Et sur le quatrième moyen :

Vu l'article 455 du code de procédure civile;

Attendu que l'arrêt rejette la demande de la société Serdi tendant au paiement de dommages-intérêts en réparation du préjudice résultant des saisies-contrefaçon;

Attendu qu'en s'abstenant de répondre aux conclusions reprochant à l'ingénieur de la société Newen, qui avait participé à la saisie-contrefaçon pratiquée le 18 octobre 2001, d'avoir abusivement accédé au bureau d'études, au système informatique et à l'ensemble des ateliers, et d'avoir pu de la sorte prendre connaissance des secrets industriels de la société Serdi, lors même qu'aucun élément de nature à établir la contrefaçon recherchée n'avait été recueilli et que les saisissants s'étaient désistés de l'action en contrefaçon dans la perspective de laquelle les saisies avaient été autorisées, la cour d'appel n'a pas satisfait aux exigences du texte susvisé;

Par ces motifs, et sans qu'il y ait lieu de statuer sur les autres griefs :

Casse et annule. »

TGI Vienne, 27 mars 2007, RG n° 351/07.

« Attendu que les Sociétés ME parties civiles reprochent à Monsieur S. d'avoir participé à des opérations de saisie contrefaçon pratiquées par un huissier de justice dans les locaux de la société ME à Vienne, en prétendant être conseil en propriété industrielle chargé d'assister l'huissier dans sa mission et en agissant comme tel alors que Monsieur S. est le président des principaux concurrents des sociétés ME et d'avoir indiqué à l'huissier pour l'établissement des procès-verbaux de saisie contrefaçon une fausse identité, commettant ainsi un faux intellectuel;

Attendu que Monsieur S. conteste les infractions qui lui sont reprochées indiquant avoir été pris involontairement dans un enchaînement de situations alors qu'au départ personne ne lui avait réclamé son identité;

Attendu que par ordonnance du 24 novembre 2003, le président du tribunal de grande instance de Vienne a autorisé la société SCRAP, représentée par Monsieur S. directeur général délégué, ainsi que la société Financière de Gestion et la société Standard Industrie, également représentées par Monsieur X, à faire procéder à des saisies-contrefaçon dans les locaux de la société Martin Europe, l'huissier étant autorisé à se faire assister par un ou plusieurs experts et par tout conseil en propriété industrielle;

Attendu que les opérations de saisie contrefaçon ont eu lieu le 3 décembre 2003, en présence de Mme D., responsable du service client au sein de la Société ME sur le site de Vienne, l'huissier mentionnant dans ses deux procès-verbaux avoir été assisté de Monsieur T. Jean-Louis, conseil en propriété industrielle à Nantes, Monsieur D. Frédéric conseil en propriété industrielle à Nantes et Monsieur B., officier de police judiciaire au commissariat de Vienne;

Attendu qu'il s'est avéré par la suite, après vérification par Mme D. sur le site internet de la société Standard Industrie, que la personne présente lors des opérations de saisie et mentionnée dans les procès-verbaux sous l'identité de Frédéric D. était en réalité Monsieur X, représentant légal des sociétés saisissantes;

Attendu que l'huissier ayant instrumenté Maître M., a dans un premier temps, dans un courrier au Procureur de la République en date du 22 décembre 2003, déposé plainte notamment à l'encontre de Monsieur S. en indiquant que le 3 décembre au matin, Monsieur T. était arrivé à son étude, accompagné d'une personne qu'il lui avait présentée comme étant son associé, Monsieur D. Frédéric, et que tous trois s'étaient rendus d'abord au commissariat où elle avait fait les présentations avec le lieutenant de police, puis sur le site de la société saisie où elle avait alors décliné auprès de Madame D. son identité et l'identité des personnes qui l'accompagnaient;

Attendu qu'entendue par les services de police le 23 mars 2004, Maître M. affirmait alors que chacun des conseils en propriété industrielle s'était présenté à elle; l'un comme étant Jean Louis T., l'autre comme Frédéric D., qu'elle ajoutait dans une troisième audition en février 2005 que tout au long de l'opération Monsieur T. s'était adressé à Monsieur S. par le nom de D.;

Attendu que Monsieur T. déclarait que Monsieur S. était venu le chercher, à l'improviste, à la gare, se proposant de l'emmener chez l'huissier; qu'il précisait qu'étant arrivés en retard, il s'était présenté à l'huissier comme étant "Le Cabinet D. et T." ce qui avait peut-être laissé croire que son accompagnateur était Monsieur D. et qu'ils étaient partis rapidement chercher le lieutenant de police, sans que, dans la précipitation, il ait présenté Monsieur S.; qu'il ajoutait qu'arrivés à destination, il avait accompagné Maître M. ainsi que le lieutenant de police, sans prêter attention à Monsieur S. qui aurait dû rester dehors car faisant partie de la société saisissante et que ce n'est qu'après avoir commencé ses opérations de recherche des objets contrefaits qu'il a constaté la présence de Monsieur S. et s'est dit "dans son for intérieur qu'ils seraient gênés pour valider la saisie contrefaçon";

Qu'il précisait qu'il avait par la suite sermonné Monsieur S. qui lui avait alors dit "j'ai fait une deuxième bêtise, lorsque l'huissier m'a demandé si j'étais Monsieur D., j'ai répondu oui";

Attendu que Monsieur T. affirmait qu'à aucun moment, il n'avait entendu Monsieur S. se faire passer pour Monsieur D.;

Attendu que les déclarations fluctuantes de Maître M. contredites au demeurant par celles de Monsieur T., ne permettent pas de retenir qu'a son arrivée à l'étude le 3 décembre 2003 au matin, Monsieur S. s'est lui-même présenté à l'huissier comme étant Monsieur D., conseil en propriété industrielle; que par la suite, pendant les opérations de saisie, Monsieur S. ne s'est pas personnellement prévalu, auprès du lieutenant de police ou de Madame D., du titre de conseil en propriété industrielle;

Qu'en effet, notamment c'est Maître M. qui s'est adressé aux différents interlocuteurs et aucun élément probant n'établit que Monsieur S. a remis à Madame D. la carte de visite dont elle fait état, lui même contestant absolument son écriture;

Attendu qu'il est certes anormal que Monsieur S. ait assisté aux opérations de saisie-contrefaçon, lesquelles au demeurant sont devenues de ce fait, pour lui, inexploitables;

Qu'il est également tout à fait regrettable que Monsieur S. ait cru bon d'éloigner le responsable technique du site de Vienne en lui aménageant un rendez-vous à Paris; que toutefois, si cette dernière attitude révèle un manque de loyauté dans les relations dans un contexte commercial difficile, le tribunal constate que la présence de Monsieur S. aux opérations de saisie a été rendue possible en raison du peu de vigilance de l'huissier, qui ne s'est pas assuré de l'identité de chacun et a ainsi favorisé l'installation d'une situation ambiguë, et non d'un acte avéré positif d'usurpation de la part du prévenu;

Attendu que par la suite, la seule réponse laconique faite à l'huissier, au moment de la rédaction du procès-verbal, résultant à l'évidence plus d'une réaction irréfléchie face à une situation incongrue que de l'intention coupable d'utiliser un titre en connaissance de cause, est insuffisante pour caractériser le délit d'usurpation de titre attaché à une profession réglementée;

Attendu que les mêmes observations, s'agissant de l'infraction de faux, conduisent à constater que n'est pas démontrée chez Monsieur S. une volonté coupable de tromper les tiers, étant noté qu'il appartenait à l'huissier de faire toutes diligences pour vérifier l'identité des personnes qu'il mentionnait à l'acte;

Attendu que Monsieur S. sera donc relaxé de toutes les infractions qui lui sont reprochées. »

Grenoble, 1re ch. corr., 3 juin 2008, RG n° 527

« Attendu que le titre de conseil en propriété industrielle dont s'est prévalu Hervé S. en se faisant passer pour Frédéric D. associé de Jean-Louis T., est attaché à une profession réglementée par l'autorité publique au sens de l'article 433-17 du code pénal; qu'il a fait usage de ce titre, qui seul lui permettait d'assister aux opérations de saisie-contrefaçon, en prenant l'identité de Frédéric D. qui est conseil en propriété industrielle et en ayant un rôle actif au cours de ces opérations;

Attendu que les conclusions du prévenu tendent, dans leurs chefs péremptoires, à faire reconnaître l'absence d'élément intentionnel; qu'Hervé S. a déclaré aux enquêteurs :

– "*Je ne me souviens plus si c'est l'huissier ou le fonctionnaire de Police qui a dit : 'On y va'. Dans la continuité de cette question ils sont rentrés dans les bureaux de l'entreprise, je les ai suivis sans penser que je n'avais pas à le faire et à y entrer moi aussi. [.]*

– Je le répète, j'ai suivi le mouvement inconsciemment sans sur le moment me rendre compte de la gravité de ce que je faisais. [...]

– Pour en terminer, je réitère que je n'ai pas voulu sciemment usurper l'identité de qui que ce soit pour m'introduire illégalement dans la société

– Tout ce qui s'est passé, est survenu par un enchaînement de situations involontaire de ma part et desquelles je n'ai pu me retirer au moment où celles-ci se produisaient. [...]"

Mais attendu qu'Hervé S. savait que les ordonnances du président du tribunal de grande instance de Vienne rendues sur des requêtes que lui-même avait présentées à ce magistrat au nom des sociétés et ne l'avaient pas personnellement autorisé à assister l'huissier dans ses opérations de saisie-contrefaçon; que sur les circonstances de sa présence aux côtés de Jean-Louis T., Hervé S. a déclaré :

"*... À cette époque-là, je me trouvais à Lyon pour raisons professionnelles. Le 3 décembre 2003, jour où la saisie en contrefaçon devait être faite en la société j'ai proposé à Monsieur Jean-Louis T. ingénieur en brevets du cabinet situé à Nantes de le prendre à la gare de Lyon et de le conduire en voiture jusqu'à Vienne où il avait rendez-vous avec l'huissier devant opérer la saisie...*

... Moi-même en l'accompagnant à Vienne, j'étais curieux de visualiser l'importance de l'implantation de la filiale française de la société "dont je me proposais d'aller voir sur place les extérieurs..."

Que, pour sa part, Jean-Louis T. a déclaré : "*J'ai été contacté par M Hervé S. Le 3 décembre 2003, je me suis rendu à Vienne par le train de Lyon pour procéder aux deux saisies-contrefaçon au sein de la société située à Vienne. En gare de Lyon, j'ai trouvé, à ma surprise, M. S. qui m'a proposé de m'emmener chez l'huissier.*";

Attendu que Christian D. a déclaré :

"*... Concernant les faits du 3 décembre 2003, je précise que je n'étais pas présent sur le site de Vienne, le jour où a été effectué la saisie contrefaçon...*

... Quelques jours avant, fin novembre 2003, j'avais reçu un appel de M Jean-Philippe Q., le directeur général de notre concurrent m'avait proposé de se rencontrer début décembre afin de discuter de nos relations commerciales 'tendues'. J'ai accepté après en avoir référé au président du groupe...

... C'est M. Q. qui a fixé la date de notre rendez-vous. Il m'a proposé le 3 décembre 2003 à 11 heures au restaurant Le Train Bleu situé gare de Lyon à Paris...

Je me suis donc rendu au rendez-vous. J'ai rencontré M. Q. qui était accompagné de son conseiller financier. Nous avons discuté des relations entre nos sociétés...

... Au cours de la conversation, j'ai reçu un appel sur mon portable de mon épouse Mme D. qui exerce la fonction de responsable service clientèle sur le site de Vienne. Elle m'a informé qu'une saisie-contrefaçon à la demande de SI était en cours dans nos locaux de Vienne...

... J'ai interrogé M. Q. sur cet événement. Il m'a confirmé que cela avait été fait à la demande de sa société. J'ai mis fin à notre entretien, et je suis rentré sur Vienne...

Il est évident que le rendez-vous qui m'a été fixé à Paris le 3 décembre 2003, l'a été dans le but de m'empêcher d'être présent sur le site de Vienne au moment de la saisie-contrefaçon. J'étais en effet le seul à connaître physiquement M Hervé S...

Je précise que notre société a subi un préjudice commercial. En effet, notre principal concurrent a pu avoir accès par cette manœuvre frauduleuse, à des documents commerciaux et techniques confidentiels, ainsi qu'à des fichiers clients.";

Attendu qu'il résulte de ces éléments que c'est en toute connaissance de cause qu'Hervé S. a utilisé le titre protégé de conseil en propriété industrielle;

Attendu qu'il convient, en conséquence, d'infirmer le jugement déféré et de déclarer le prévenu coupable du délit et réprimé par l'article 433-17 du code pénal.

Sur le faux en écriture publique :

Attendu que le fait pour Hervé S. de s'être présenté sous l'identité de Frédéric D. et en qualité de conseil en propriété industrielle, identité et qualité reprises par l'huissier de justice dans les procès-verbaux de saisie-contrefaçon qu'elle a établis le 3 décembre 2003, est visé dans la citation introductive d'instance comme constituant le délit de "faux en écriture publique" ou une tentative de ce délit;

Mais attendu qu'en prenant faussement la qualité de conseil en propriété industrielle lors des opérations de saisie-contrefaçon, le prévenu a fait une fausse déclaration qui n'affecte pas la substance des procès-verbaux en cause mais qui est seulement de nature à entraîner la nullité desdites opérations; qu'il y a lieu, pour ce motif, de confirmer la décision de relaxe prise au bénéfice du prévenu en ce qui concerne l'infraction de faux qui lui est reprochée. »

Crim. 1er juill. 2009, n° 08-87.111, NP.

« Sur le premier moyen de cassation, pris de la violation des articles 2, 3, 459 et 593 du code de procédure pénale, 433-17 du code pénal, défaut de motifs, manque de base légale;

« en ce que la cour d'appel a déclaré Hervé X... coupable du délit d'usurpation de titre;

aux motifs que la détermination de la personne qui, sur la carte de visite de Jean-Louis Y..., remise à Valérie Z..., a porté la mention manuscrite : '+ A... B...' n'est pas nécessaire à la manifestation de la vérité; qu'il est en effet établi, par d'autres éléments que Hervé X... s'est bien présenté comme étant A... B...; que Hervé X... a lui-même reconnu qu'à la question de l'huissier de justice qui lui demandait s'il était A... B..., il avait répondu par l'affirmative; que, dans les deux procès-verbaux qu'elle a établis, Me Messina-Usai a précisé qu'elle était assistée notamment de 'B... A..., conseil en propriété industrielle à Nantes' et qu'elle avait décliné son identité et 'celle des personnes l'accompagnant'; [...]; que Me Messina-Usai a indiqué aux enquêteurs : L'opération a été fixée au 3 décembre 2003 vers 10 heures; que, ce même jour, vers 9 heures 30, se sont présentées à notre étude deux personnes; que l'une s'est présentée comme étant Jean-Louis Y... et la seconde comme étant 'B... A..., tous deux ingénieurs-conseils en propriété industrielle' [...]; que l'huissier de justice a encore déclaré que, pendant toute la durée des opérations de saisie-contrefaçon qui se sont prolongées pendant plus de cinq heures, le conseil en propriété industrielle Jean-Louis Y... s'était adressé 'à Hervé X... par le nom de B...'; qu'eu égard à ces éléments, desquels il résulte que Hervé X... s'est bien présenté comme étant A... B..., conseil en propriété industrielle et a pris une part active aux opérations de saisie-contrefaçon; [...]; que le titre de conseil en propriété industrielle dont s'est prévalu Hervé X... en se faisant passer pour A... B..., associé de Jean-Louis Y..., est attaché à une profession réglementée par l'autorité publique au sens de l'article 433-17 du code pénal; qu'il a fait usage de ce titre, qui seul lui permettait d'assister aux opérations de saisie-contrefaçon, en prenant l'identité de A... B... qui est conseil en propriété industrielle et en ayant un rôle actif au cours de ces opérations; [...]; mais que Hervé X... savait que les ordonnances du président du tribunal de grande instance de Vienne rendue sur des requêtes que lui-même avait présentées à ce magistrat au nom des sociétés SCRAP, Standard industrie et Société financière de gestion, ne l'avaient pas personnellement autorisé à assister l'huissier dans ses opérations de saisie-contrefaçon (...); qu'il résulte de ces éléments que c'est en toute connaissance de cause qu'Hervé X... a utilisé le titre protégé de conseil en propriété industrielle;

1°) alors que l'usage sans droit d'un titre d'une profession réglementée doit nécessairement émaner de la personne à laquelle on reproche une usurpation de titre; qu'à l'inverse, l'usurpation de titre n'est pas constituée lorsque c'est un tiers qui a faussement présenté une personne sous un titre qui n'était pas le sien; qu'en déduisant l'usage sans droit du titre de conseil en propriété industrielle par Hervé X... du fait que Jean-Louis Y... s'était adressé à Hervé X... par le nom de A... B..., conseil en propriété industrielle, la cour d'appel, qui a statué par un motif inopérant, n'a pas donné de base légale à sa décision au regard des textes susvisés;

2°) alors qu'en déduisant encore l'usage sans droit du titre de conseil en propriété industrielle par Hervé X... du fait qu'il avait participé aux opérations de saisie-contrefaçon, la cour d'appel, qui a statué par un motif inopérant, n'a pas donné de base légale à sa décision au regard des textes précités »;

Sur le second moyen de cassation, pris de la violation des articles 2, 3, 459 et 593 du code de procédure pénale, 1382 du code civil, défaut de motifs, manque de base légale;

"en ce que la cour d'appel a condamné Hervé X... à payer aux sociétés Martin Engineering GmbH et Martin Engineering Compagny des dommages et intérêts d'un montant de 30 000 euros;

aux motifs qu'au soutien de leurs prétentions, elles font valoir que le délit d'usurpation a permis à Hervé X..., dirigeant de l'un de leurs principaux concurrents, de visiter à sa guise leur établissement de Vienne, de consulter et d'obtenir des copies de nombreux documents techniques et comptables confidentiels, notamment les fichiers des clients, la comptabilité et des maquettes de futurs produits; que l'infraction dont le prévenu est reconnu coupable a causé directement aux parties civiles un préjudice personnel qui, eu égard aux éléments d'appréciation fournis et contradictoirement débattus, doit être évalué à la somme de 30 000 euros;

alors que toute décision de justice doit être motivée, l'insuffisance de motifs équivalant à leur absence; qu'en se bornant à affirmer que les sociétés Martin Engineering GmbH et Martin Engineering Compagny avaient subi un préjudice personnel, sans préciser quels préjudices elles avaient subi du fait de l'infraction qui était reprochée à Hervé X..., la cour d'appel a privé sa décision de tous motifs";

Les moyens étant réunis;

Attendu que les énonciations de l'arrêt attaqué mettent la Cour de cassation en mesure de s'assurer que la cour d'appel a, sans insuffisance ni contradiction, répondu aux chefs péremptoires des conclusions dont elle était saisie et caractérisé en tous ses éléments, tant matériels qu'intentionnel, le délit dont elle a déclaré le prévenu coupable, et a ainsi justifié l'allocation, au profit des parties civiles, de l'indemnité propre à réparer le préjudice en découlant;

D'où il suit que les moyens, qui se bornent à remettre en question l'appréciation souveraine, par les juges du fond, des faits et circonstances de la cause, ainsi que des éléments de preuve contradictoirement débattus, ne sauraient être admis;

Et attendu que l'arrêt est régulier en la forme;

Rejette le pourvoi. »

▸ 132.57 Le défaut d'autorisation est un vice de forme

Paris, 13 avr. 1983, *PIBD* 1983, n° 328, III, 177.

Constatant sur la deuxième action en contrefaçon de brevet introduite par la société Kautex Werk, après réquisition de l'avis documentaire, que les éléments de preuve fournis à l'appui de ses prétentions par cette société étaient constitués de deux procès-verbaux de saisie nuls, le premier pour avoir été lui-même dressé alors que l'avis documentaire n'avait pas été encore requis, en contravention donc avec les dispositions de l'article 55 alinéa 2 de la loi du 2 janvier 1968, le second pour ne réaliser qu'une suite aux opérations du premier déclaré nul, la cour d'appel a décidé de rejeter la demande.

Paris, 18 avr. 1984, *PIBD* 1984, n° 355, III, 245.

« S'il est vrai que le président du tribunal de grande instance a omis d'autoriser la société Tilt à faire assister d'un expert de son choix l'huissier instrumentaire conformément aux dispositions de l'article 25 de la loi 31 décembre 1964, la violation alléguée de l'article 37 du décret du 27 juillet 1965 n'est pas prévue par cet article à peine de nullité et n'entre pas dans la catégorie des irrégularités énumérées par l'article 117 du Nouveau code de procédure civile – il ne s'agit donc que d'un vice de forme pour lequel il appartient à la société Levi Strauss d'établir qu'il lui a causé grief. »

Or, on peut observer que M. S., conseil en propriété industrielle de la société Tilt, n'était pas un préposé de cette société et qu'il n'est intervenu au cours des opérations que sous le contrôle de l'huissier de justice et sans que les représentants de la société Levi Strauss protestent contre sa présence et ses interventions. Ainsi la société Levi Strauss qui ne rapporte pas la preuve que l'irrégularité invoquée lui ait causé un grief doit être déboutée de sa demande en nullité de la saisie-contrefaçon.

Paris, 4e ch., 13 mars 1996, *PIBD* 1996, n° 612, III, 305.

« Considérant que le président du tribunal de grande instance de Paris, à qui requête a été préalablement présentée, en autorisant l'huissier instrumentaire à se faire assister d'un homme de l'art, a formellement précisé dans son ordonnance du 7 mai 1990 "homme de l'art qui ne soit pas au service de M. P. et plus particulièrement de X, conseil en brevets au cabinet Y [...]".

Qu'il résulte des énonciations du procès-verbal de saisie du 9 mars 1990 que l'huissier était assisté de M. X, conseil en brevet, dont il est amplement établi qu'il exerce ses activités au sein du cabinet Y.

Que l'huissier précise, en page 2 de son acte, avoir procédé à la saisie par voie de description de [l'] appareil sur les indications de M. X.

Que les opérations effectuées ainsi, en violation flagrante des termes de l'ordonnance qui les a autorisées, sont nulles et de nul effet. »

▸ 132.61 Lieu de la saisie

Besançon, 25 mai 1977, *PIBD* 1979, n° 242, III, 297.

S'il est vrai qu'une saisie-contrefaçon est nulle dans la mesure où elle a été pratiquée hors du territoire prévu par l'ordonnance autorisant la saisie, il ne s'ensuit pas pour autant que cette nullité fasse obstacle à ce que la Cour se réfère aux objets régulièrement saisis et autres éléments du dossier pour apprécier la contrefaçon.

Paris, 29 oct. 1984, *PIBD* 1985, n° 375, III, 250.

Il apparaît qu'en s'introduisant dans les locaux de la société Balmain Vendôme sans y être autorisé par l'ordonnance du 16 avril 1984, le PDG de la société Pierre Balmain a contrevenu aux prescriptions de celle-ci; en conséquence la saisie dont il s'agit doit être déclarée nulle.

Com. 14 mai 1991, n° 89-19.066, NP.

« Qu'ayant ainsi fait apparaître qu'en dépit de l'erreur matérielle affectant l'ordonnance autorisant la saisie-contrefaçon, il n'existait aucune incertitude quant au lieu où cette saisie devait être effectuée, la cour d'appel a pu décider que l'huissier de justice chargé d'y procéder n'avait pas outrepassé ses pouvoirs. »

Civ. 2e, 29 mai 1991, n° 90-10.711, NP, *RD propr. int.* 1993, n° 50, 30.

« Attendu que, pour déclarer nulle la saisie-contrefaçon opérée par la société Rautureau Apple Shoes à l'encontre de la société Euratlantic, l'arrêt attaqué retient que l'acte de signification de la décision ordonnant la saisie est nul, la copie ayant été remise à M. V., qualifié à tort de gérant de la société Euratlantic, et que, contrairement aux indications du procès-verbal de saisie, celle-ci a été opérée dans un des établissements de la société Vigneron et de la société Euratlantic

Qu'en se déterminant ainsi, alors que, d'une part il résulte des mentions de l'acte de signification faisant foi jusqu'à inscription de faux que la copie a été remise à M. V. s'étant déclaré gérant de la société Euratlantic à l'huissier qui n'avait pas l'obligation de vérifier l'exactitude de cette déclaration, et alors que, d'autre part, il résulte du procès-verbal de saisie que celle-ci a été opérée au lieu désigné par les ordonnances l'autorisant, la cour d'appel a violé les textes susvisés. »

TGI Paris, 2 nov. 1994, *PIBD* 1995, n° 583, 107.

« Attendu qu'aux termes de l'ordonnance du 28 février 1992, Impro a été autorisée à faire pratiquer une saisie-contrefaçon "à la maison de retraite sise [...] ou dans tous locaux dans lesquels les opérations relèveraient que des actes constitutifs de la contrefaçon alléguée sont commis [...]".

Que la mesure effectuée à la maison de retraite où se trouvait l'appareil argué de contrefaçon a révélé que l'acquisition en avait été réalisée par le centre hospitalier de Saint-Cloud dont dépend la maison de retraite, ce qui a été confirmé par les documents saisis visés au procès-verbal.

Que la situation géographique du centre hospitalier était compatible avec l'autorisation, s'agissant tant de la compétence du président du tribunal de grande instance de Nanterre que de celle de l'huissier saisissant des locaux mentionnés. »

▸ 132.62 La personne saisie

TGI Paris, 7 oct. 1974, *Dossiers Brevets* 1975, II, 4.

« Attendu en tout état de cause que l'ordonnance du 24 avril 1972 n'autorisant la saisie qu'à l'égard de la société Oxymétal Finishing Europe (ou International) ne permettait pas de l'effectuer sur le stand de la société Oxymétal France et ce quelles qu'aient été les apparences qui ont pu tromper la saisissante. »

Paris, 25 févr. 1992, *Ann. propr. ind.* 1992. 178.

« Considérant que la saisie a été effectuée à l'encontre de la SA Libner Engineering alors que l'ordonnance autorisait la société Tautliner à faire dresser procès-verbal à l'encontre de la société d'Exploitation des Carrosseries Libner, société distincte, ayant son siège social à Saint-Lin 79420 et non à Saint-Maixent 79400. »

Paris, 7 mai 1996, *PIBD* 1996, n° 617, III, 454.

« Considérant, ceci exposé, qu'il est constant qu'alors que l'ordonnance du 7 mars 1990 autorisait M. B. à faire procéder à une saisie-contrefaçon à l'encontre de la société Royer au 611, Salon de la machine agricole, Porte de Versailles, celle-ci a été diligentée sur le même lieu, mais à l'encontre de M. R., personne physique.

Considérant que l'ordonnance en date du 7 mars 1990 a expressément défini les conditions de la saisie, et notamment identifié la personne à l'encontre de laquelle elle pouvait être pratiquée.

Que M. B. ne pouvait, en exécution de cette ordonnance, faire diligenter une saisie-contrefaçon à l'encontre de M. R., personne physique.

Que les premiers juges ont justement retenu que la violation d'une des conditions définies à l'ordonnance institue une irrégularité de fond affectant la validité du procès-verbal de saisie-contrefaçon, indépendamment de tout grief. »

Paris, 4e ch., sect. A, 28 mars 2007, RG n° 06/08645, *Jurinpi* D20070032; *JurisData* n° 2007-332764; *Propr. intell.* oct. 2007, p. 479, obs. de Haas.

« Considérant que la saisie-contrefaçon prévue à l'article L. 332-1 du code de la propriété intellectuelle constituant une mesure exorbitante, qui permet hors tout débat contradictoire, de pénétrer chez autrui sans son assentiment, afin de recueillir la preuve de faits de contrefaçon, l'ordonnance qui l'autorise doit être interprétée restrictivement;

Considérant que l'ordonnance en date du 1er février 2005, rendue au vu de la requête présentée par la société Prim'style, autorisait cette dernière à faire procéder à une saisie-contrefaçon à l'encontre de la société Antic Line [...], sur son stand au Salon Maison et Objets à Villepinte;

Considérant qu'il est constant que la saisie a été diligentée sur le même lieu mais sur le stand de la société La Mine du Pin, personne morale non visée dans l'ordonnance sur requête; qu'en effet, la facture d'un montant de 68,23 euros TTC émise à l'ordre de l'huissier instrumentaire contre paiement des trois articles saisis porte l'en-tête de la société Mine du Pin; qu'il en est de même des documents complémentaires adressés postérieurement à l'huissier;

Que si le procès-verbal mentionne que l'ordonnance a été signifiée à la société Antic Line, *parlant à Monsieur Thierry Comez, gérant ainsi déclaré*, les opérations litigieuses ont bien eu lieu sur le stand de la société La Mine du Pin et non sur celui de la société Antic Line, seule visée dans l'ordonnance;

Que l'identité de dirigeant des deux sociétés est inopérante, dès lors qu'il ressort de l'extrait Kbis du registre du commerce et des sociétés produit aux débats qu'il s'agit de personnes morales distinctes, seule la société La Mine du Pin exerçant une activité de vente au détail de meubles, la société Antic Line ayant pour objet l'administration d'entreprises; que si la facture d'achat remise à l'huissier comporte la mention "Antic Line Créations", la société y est bien dénommée "SARL La Mine du Pin"; qu'il en est de même dans la correspondance datée du 9 février 2005 de sorte que les documents remis sont exempts de toute ambiguïté sur l'identité de la personne morale présente sur le stand;

Qu'il s'ensuit que la violation d'une des modalités essentielles d'exécution prévues dans l'ordonnance sur requête, en ce qu'elle vise la personne saisie, constitue une irrégularité de fond qui affecte la validité de la saisie-contrefaçon, sans qu'il y ait lieu de justifier d'un grief;

Qu'il convient donc, infirmant le jugement entrepris, de prononcer la nullité de la saisie-contrefaçon du 1er février 2005. »

▸ 132.71 Les investigations doivent se limiter à la contrefaçon du droit invoqué

TGI Paris, 22 oct. 1975, *Dossiers Brevets* 1977, III, 1; *PIBD* 1976, n° 171, III, 250.

« Attendu, en revanche, qu'il n'apparaît pas que pouvait être utile pour établir la contrefaçon, la saisie par photocopie des documents concernant non l'alkylation, mais les phases suivantes de traitement de l'alkylat, notamment transfert de celui-ci dans le laveur-décanteur, lavage, neutralisation et stabilisation, stockage et transfert de l'alkylat stabilisé et ce quant à l'appareillage, les manipulations, les schémas, les feuilles de marche et d'analyse correspondantes, puisque les caractéristiques revendiquées comme contrefaisantes n'avaient trait ni directement, ni indirectement, à ce traitement de l'alkylat;

Attendu qu'il s'ensuit que la saisie de ces pièces qui ne concernaient pas l'alkylation était abusive dans la mesure où elles pouvaient être séparées matériellement des autres. »

TGI Paris, 20 mars 1980, *PIBD* 1980, n° 264, III, 167.

La saisie-contrefaçon pratiquée, en l'espèce, ne saurait être validée, le breveté s'étant trompé et ayant fait porter la saisie sur un matériel différent du matériel dont la saisie avait été autorisée pour établir la contrefaçon d'un autre brevet, le brevet visé dans l'assignation étant le brevet n° 1 539 902 et non le brevet d'invention, appartenant, lui aussi, à la société des Bennes Marrel et portant le n° 1 543 515.

TGI Paris, 28 nov. 1986, *PIBD* 1987, n° 409, III, 132.

« Attendu que la procédure de saisie-contrefaçon qui est une procédure présentant un caractère exorbitant du droit commun, justifie que les pouvoirs d'investigation de l'huissier soient strictement délimités par les termes de l'ordonnance.

Que l'huissier, autorisé à rechercher les éléments susceptibles d'établir la preuve de la contrefaçon d'un brevet, ne saurait étendre de lui-même sa mission du seul fait que la société requérante est également titulaire de deux autres demandes de brevet, et rechercher les éléments susceptibles d'établir une contrefaçon complémentaire.

Qu'il importe peu que la société requérante ait signifié ses demandes de brevet dans la mesure où celles-ci ne sont pas visées dans l'ordonnance autorisant la saisie, laquelle doit obligatoirement être notifiée au préalable au saisi.

Or, attendu qu'en l'espèce, la société Van der Lely n'avait mentionné dans sa requête que le brevet n° 70 30686 [...]

Or, attendu qu'il résulte du procès-verbal de saisie que si l'huissier a décrit dans un premier temps la herse rotative exposée par la société Maschio, il a ensuite, assisté du conseil en brevets de la société Van der Lely, effectué des relevés ayant trait aux lames portées par les rotors qu'il a reproduits sur des plans préparés à l'avance.

Que la structure des lames fait l'objet précisément de la demande de brevet n° 81 17920 non visée dans la requête.

Que ce faisant, l'huissier a donc excédé ses pouvoirs. »

Paris, 4e ch. A, 23 sept. 1998, *PIBD* 1998, n° 666, III, 587.

« Considérant que la procédure de saisie-contrefaçon, qui est une procédure présentant un caractère exorbitant du droit commun, justifie que les pouvoirs d'investigation de l'huissier soient strictement délimités par les termes de l'ordonnance.

Que l'huissier autorisé à rechercher les éléments susceptibles d'établir la preuve de la contrefaçon de deux modèles ne saurait étendre de lui-même sa mission, du seul fait que la société requérante est également titulaire d'un troisième modèle, et rechercher les éléments qui établiraient une contrefaçon complémentaire.

Or, considérant qu'en l'espèce, les sociétés Oakley ne s'étaient prévalues dans leur requête que des droits de la société Oakley Inc. sur les modèles M-Frame et Razor Blades, n'avaient présenté au magistrat que les modèles déposés à l'Institut national de la propriété industrielle sous les n°s 88 6891 et 90 5756 et n'avaient incriminé que le modèle vendu par la société Royal Plastic sous la référence Ultima.

Que le délégataire du président du tribunal de grande instance de Paris, visant cette requête et les pièces présentées, a autorisé la société Oakley Inc. à faire procéder à une saisie d'une copie du modèle "Ultima".

Or, considérant qu'il résulte du procès-verbal de saisie que l'huissier a saisi, outre une paire de lunettes référencée 4153 CBS (Ultima), une paire de lunettes référencée 143.

Que ce dernier modèle serait, selon les propres affirmations des intimées, une contrefaçon du modèle Blades. Considérant qu'en saisissant ce modèle, l'huissier a donc outrepassé ses pouvoirs. »

TGI Paris, 3e ch., 3e sect., ord. JME, 4 avr. 2007, RG n° 06/17811, *Jurinpi* B20070058.

« S'il est constant que l'huissier procédant à une opération de saisie-contrefaçon ne doit pas dépasser les limites posées par l'ordonnance judiciaire l'ayant autorisé pour ce faire, et cela à peine de nullité, il ressort qu'en l'espèce la limitation posée quant aux revendications arguées de contrefaçon était sans portée sur le pouvoir de l'huissier de réaliser des clichés photographiques, la dépendance de ces revendications 8 et 9 avec les revendications 1 à 7 imposant pour être contrefaites la preuve de la reproduction des caractéristiques de l'une quelconque de ces sept premières revendications. Dans ces conditions, le moyen de nullité est rejeté. »

Paris, 4e ch., sect. A, 27 juin 2007, RG n° 06/04072, *Jurinpi* B20070090.

« Considérant force est de constater, peu important que Michel Javey se soit pourvu dans le délai légal imposé par l'article L. 615-5 du code de la propriété intellectuelle, que cette obligation doit s'entendre d'une poursuite fondée sur les droits invoqués pour obtenir l'autorisation de saisir, ce qui n'est pas le cas en l'espèce, la requête afin de saisie portant sur le titre n° 9614837 et non pas sur le brevet n° 9715829;

Considérant par ailleurs, que les dispositifs contestés "XRPN" étant sans conteste différents de ceux référencés "XRP", l'huissier n'était nullement autorisé à les saisir par voie de description, ni à saisir réellement les notices et brochures;

Qu'en procédant à cette saisie, l'huissier a outrepassé les termes de l'ordonnance présidentielle,

Que de sorte, cette saisie-contrefaçon diligentée sans autorisation préalable doit être annulée. »

Paris, pôle 5, ch. 2, 13 nov. 2009, RG n° 07/13890, *Jurinpi* B20090192

« Considérant que les appelantes soutiennent en substance que l'annulation des opérations de saisie contrefaçon s'impose car, alors que la société Ferton était autorisée par l'ordonnance du délégataire du président du tribunal de grande instance de Paris à n'effectuer qu'une saisie-contrefaçon pour relever les atteintes qui auraient été portées à son modèle déposé et donc à ne s'attacher qu'à la description de l'apparence du produit "Easyjet pro", l'intimée a effectué une saisie-contrefaçon réelle et descriptive du dispositif de l'appareil sans que le brevet en cause ne fût présenté au magistrat; que l'huissier aurait ainsi excédé les tenues de sa mission.

Considérant ceci rappelé que l'ordonnance en date du 25 novembre 2005 a autorisé l'huissier à saisir par voie de description, dessins et photographies, tout produit reproduisant ou imitant les caractéristiques du modèle en cause et à saisir réellement deux exemplaires de ces produits.

Considérant qu'en exécution de cette ordonnance, l'huissier a procédé le 25 novembre 2005, à une description précise de l'appareil "exposé sur le stand easyjet pro" tenu par la société Surgytech au salon de l'Association dentaire française; qu'il a notamment décrit l'apparence du matériel argué de contrefaçon et s'est attaché à ouvrir la sphère centrale dont la partie supérieure est transparente pour décrire la présence de deux conduits et leur situation par rapport au centre de la sphère.

Considérant qu'il n'a pas décrit le fonctionnement de cet appareil mais simplement son apparence externe et interne étant observé que s'il a procédé à l'ouverture de la sphère, c'est pour en décrire l'intérieur qui transparaissait au travers d'une coque translucide; qu'il a noté les explications que lui a données la personne qui tenait le stand sur le fonctionnement de la buse.

Considérant qu'il suit que l'huissier instrumentaire a procédé à une description complète de l'appareil en limitant ses constatations à la description de l'apparence de l'appareil et en s'attachant comme il le devait, à décrire le dispositif interne qui est visible à l'œil nu; que les explications que lui donna la personne qui tenait le stand, au demeurant assez sommaires, sur la mise en œuvre de l'appareil, ne sauraient invalider les opérations de l'huissier et la description qu'il a faite à partir de ses constatations personnelles et conformément à l'ordonnance précité.

Considérant, dès lors, que les premiers juges ont rejeté à bon droit la demande d'annulation du procès verbal de saisie contrefaçon.

Considérant en revanche que la preuve de la contrefaçon pouvant être rapportée par tout moyen comme l'énonce l'article L. 615-5 du code de la propriété intellectuelle, il est parfaitement loisible à l'intimée de se prévaloir des constatations et énonciations contenues dans ce procès-verbal de saisie contrefaçon établi sur le fondement du Livre V pour établir la contrefaçon des revendications du brevet européen qu'elle allègue. »

▸ 132.91 L'huissier doit constater les actes de contrefaçon

TGI Paris, 13 juill. 1988, *PIBD* 1988, n° 446, III, 583.

Par ailleurs, celui qui procède à une saisie est, dans la limite des droits qui lui sont accordés par les magistrats des requêtes, libre d'utiliser tous les moyens autorisés pour procéder à la saisie ou de n'en utiliser que partiellement; en l'espèce, la société TSE était en droit de ne pas estimer utile de prendre des photographies de la baignoire contestée et il n'existe de ce fait aucune irrégularité.

Nancy, 13 sept. 1988, *Dossiers Brevets* 1989, IV, 2; *RD propr. ind.* 1989, n° 21, 61.

« Qu'ainsi l'huissier était chargé d'une mission orientée vers la recherche des preuves de la contrefaçon et non vers celle des preuves de l'absence de contrefaçon, la production des documents utiles à la contestation étant à la charge des défendeurs. »

Paris, 4e ch. A, 7 oct. 1998, *JCP E* 1999. I. 1631; *PIBD* 1999, n° 667, III, 16; *RD propr. int.* 1999, n° 97, p. 44.

« Considérant que le commissaire de police requis, comme il a été ci-dessus évoqué, n'a pas été en mesure de saisir réellement, dans les locaux de la société Pourchet, des exemplaires argués de contrefaçon. Qu'en l'absence de saisie des modèles litigieux ou de toutes preuves matérielles, telles notamment documents publicitaires, catalogues, etc., qui aurait justifié le droit de procéder à l'audition spontanée des personnes se trouvant sur les lieux de la saisie, il ne pouvait consigner les déclarations.

Qu'admettre le contraire reviendrait à permettre à quiconque souhaite faire entendre une personne suspectée de commettre des actes de contrefaçon à son encontre de soutenir avec mauvaise foi que ladite personne détient des objets contrefaisants dans le seul but de requérir un commissaire de police, non pas pour qu'il soit procédé à une saisie qu'elle sait vouée à l'échec, mais essentiellement afin d'obtenir des déclarations, voire des aveux qui lui permettront de se réserver irrégulièrement des moyens de preuve pour ensuite engager, sur la foi du procès-verbal qui les contient, une procédure judiciaire. »

TGI Paris, 3e ch., 2e sect., 12 oct. 2001, RG n° 99/21442, *RD propr. int.* 2002, n° 136, p. 34.

« Mais attendu que le procès-verbal de saisie, bien que dressé avec l'assistance d'un conseil en propriété industrielle, ne comporte aucune description des produits prétendument contrefaits, ni cliché photographique en dépit de l'autorisation donnée dans l'ordonnance permettant la saisie.

Que l'huissier de justice s'est borné à reproduire les déclarations de Madame M., responsable juridique rencontrée au siège de la société relais H, et selon laquelle "ce dispositif d'affichage figure sur plus de 400 points de vente" sans que soit fournie aucune précision permettant d'identifier le dispositif considéré avec certitude.

Attendu dès lors qu'il n'a pas été satisfait aux prescriptions de l'article L. 615-5 du code de la propriété intellectuelle qui imposent une "description détaillée, avec ou sans saisie réelle, des produits ou procédés prétendus contrefaits". Qu'il y a donc lieu de constater la nullité du procès-verbal de saisie-contrefaçon dressé le 9 décembre 1999 à 14 heures 50 par Maître D., huissier de justice. »

TGI Paris, 3e ch., 2e sect., 11 mars 2005, *PIBD* 2005, nº 816, III, 570.

« Attendu que la saisie-contrefaçon est une procédure exorbitante de droit commun permettant au breveté, avant tout procès au fond contradictoire, de pénétrer chez autrui sans son assentiment afin d'y procéder à des investigations, des constatations voire des saisies réelles tendant à apporter la preuve de la contrefaçon alléguée sans que le saisi ait la faculté de s'opposer au déroulement des opérations;

Qu'il suit que les autorisations données par le président dans l'ordonnance rendue à la requête du breveté doivent être strictement interprétées, ce qui implique d'en respecter les limites mais n'oblige nullement à les exécuter dans leur intégralité.

Attendu qu'aux termes de son ordonnance du 8 avril 2003, le président du tribunal de grande instance de Dieppe a autorisé, outre la saisie réelle contre paiement de leur prix de vingt exemplaires de chaque embout poussoir argué de contrefaçon et, en deux exemplaires, de tout document technique, commercial, comptable ou publicitaire susceptible d'établir la nature la contrefaçon alléguée, la saisie par voie de description, de dessins, de photocopies et/ou de photographies de tout élément ou composant des embouts poussoirs argués de contrefaçon que l'huissier instrumentaire, après avoir notamment précisé que l'un des exemplaires des documents saisis devra être annexé au procès-verbal, a procédé aux saisies réelles autorisées en se faisant remettre par monsieur Philippe Gisselaire, directeur industriel de la société Rexam, d'une part des embouts poussoirs type 4095 et 5560 – dont il a été dispensé de payer le prix – et d'autre part le catalogue 2000, les plans de l'embout 4095 nº TD AA7116, de l'embout 5560 nº BE 03 G037 et de l'embout 4345 nº TD AA 1840 ainsi que des pièces comptables;

Que s'il est exactement indiqué sur l'acte proprement dit qu'il comporte quatre feuilles, il convient de constater qu'il est joint, en annexe au second original du procès-verbal de saisie-contrefaçon du 10 avril 2003, l'un des exemplaires des plans et pièces comptables susvisés tandis que les embouts poussoirs et catalogues ont été déposés au greffe du tribunal de Dieppe;

Que le fait que l'huissier n'ait finalement pas procédé à la description détaillée n'est donc pas de nature à entacher ses opérations de nullité. »

▸ 132.92 L'huissier peut poser toutes questions utiles à l'accomplissement de sa mission

Paris, 4 nov. 1992, *PIBD* 1993, nº 538, III, 111.

« Considérant que l'ordonnance comportait une mission classique autorisant l'huissier, qui pouvait être assisté d'un homme de l'art, à effectuer une description, à saisir quelques échantillons contre paiement du prix, à prendre connaissance de tous documents relatifs à la contrefaçon qui seraient trouvés sur les lieux de la saisie et éventuellement à les décrire ou copier ou photographier, à saisir tous emballages, brochures, catalogues, à faire toutes recherches et constatations utiles pour établir la contrefaçon, à consigner les déclarations des répondants et toutes paroles prononcées au cours des opérations.

Considérant que l'huissier n'avait donc pas une mission d'enquête; que l'homme de l'art n'était pas plus habilité pour poser des questions aux personnes rencontrées; que néanmoins l'homme de l'art, ainsi qu'il résulte du procès-verbal, a interrogé, au moins à deux reprises, le directeur juridique pour savoir quelle était la société qui avait fabriqué le médicament et qui avait obtenu l'autorisation de mise sur le marché, outrepassant ainsi la mission confiée par le président. »

Paris, 15 janv. 1997, *PIBD* 1997, nº 639, III, 517.

« Considérant que les appelantes allèguent que Me X aurait outrepassé les pouvoirs qu'il tenait de l'ordonnance du 24 mars 1993, notamment en posant aux représentants de la société Stylmod de nombreuses questions alors que la mention relative à celles-ci avait été purement et simplement supprimée de l'ordonnance par le magistrat saisi.

Mais considérant que la société Chantelle leur oppose à juste titre que si la suppression de ladite mention visait l'autorisation de "poser toutes questions", l'huissier commis n'en demeurait pas moins, à l'évidence, autorisé à poser les questions nécessaires à l'accomplissement de sa mission.

Que les premiers juges ont pertinemment observé que l'ordonnance prescrivant d'effectuer toutes recherches et constatations utiles, il était vain de croire que le juge qui avait autorisé la saisie ait entendu réduire l'huissier au silence. »

TGI Paris, 3e ch., 2e sect., 7 févr. 2003, RG nº 00/01594, *Jurinpi* B20030035.

« Attendu, en premier lieu, qu'il est expressément prévu dans l'ordonnance précitée que l'huissier était autorisé à consigner les déclarations des répondants; que le terme "répondants" ne trouve à s'appliquer que dans le cadre de questions posées par un interlocuteur, en l'espèce l'huissier instrumentaire; que, de même, découle-t-il *a contrario* de la restriction apportée par l'ordonnance, à savoir l'abstention de "toute interpellation qui ne soit pas nécessaire à l'accomplissement de sa mission", qu'étaient autorisées les interpellations nécessaires pour mener à bien sa mission. »

TGI Paris, 3e ch., 3e sect., 3 mars 2010, RG nº 09/00788.

« La société Nomisma reproche à l'huissier de n'avoir pas retranscrit fidèlement les opérations de saisie-contrefaçon puisqu'il n'a pas précisé les questions qu'il aurait posé à M. Jamet pour obtenir ses déclarations et interventions.

Le tribunal relève que le mode de relation du déroulements des opérations de saisies contrefaçon adopté par l'huissier, qui ne détaille pas les questions posées, fait apparaître une participation spontanée de M. Jamet, PDG de la société Nomisma quant à ses différentes déclarations relatives à la fabrication et à la commercialisation des monnayeurs argués de contrefaçon.

Par ailleurs, l'huissier précise : "je choisis parmi les appareils précédemment constatés (monnayeur) prévus à la vente et qui fonctionnent. Sur ce monnayeur je peux lire écrit au feutre effaçable sur le haut du capot du monnayeur Go5. La fiche de ce monnayeur a été précédemment saisie réellement (annexe I). Le monnayeur est relié électriquement puis mis sous tension par M. Jamet. Puis M. Jamet a actionné un bouton poussoir. Cet appareil est normalement relié à un calculateur extérieur pour la gestion des comptes clients des pièces de monnaie. M. Jamet m'indique que le dispositif de reconnaissance des pièces de monnaie se trouve à l'intérieur du monnayeur. M. Jamet introduit un *quater* (pièce américaine) dans une cavité située en façade avant partie basse du monnayeur [...]." Cette rédaction laisse penser que M. Jamet a spontanément mis en service le monnayeur.

Il est exact que ce mode de rédaction, qui ne fait pas apparaître les questions et les sollicitations de l'huissier est critiquable, pour autant, cette rédaction n'affecte pas la validité des opérations relatées dont la réalité n'est d'ailleurs pas mise en cause : c'est bien M. Jamet qui est l'auteur des déclarations que l'huissier lui attribue et c'est bien lui qui a mis en route le monnayeur choisi par l'huissier. Dès lors, il n'y a pas lieu d'annuler pour ce motif le procès verbal litigieux. »

TGI Paris, 3e ch., 1re sect., 9 mars 2010, RG n° 08/05791, *Jurinpi* B20100069, *PIBD* 2010, n° 920, III, 385.

« Les sociétés défenderesses soutiennent que la saisie-contrefaçon du 31 mars 2008 serait nulle au motif que Me Emmanuelle Josse Taillandier, huissier de justice, n'a pas retranscrit toutes les paroles dites pendant les opérations et a posé des questions au personnel présent sur place dépassant sa mission pour la saisie-contrefaçon effectuée au siège social de la société Acentic.

La société Acentic verse au débat les attestations de trois de ses salariés Mme Vialleton, responsable comptable et financier, M. Pejoux responsable du support technique et M. Mion responsable commercial, pour établir que les conseils en propriété intellectuelle sont intervenus dès le début des opérations de saisie-contrefaçon et sans aucune raison, ont tenté d'impressionner les participants à ces opérations par leurs affirmations sur les risques de contrefaçon.

La société Micsystemes répond que les attestations ne sont pas conformes à l'article 202 du code procédure civile et sont faites sur le même modèle par des salariés de la société défenderesse; elle ajoute que l'attestation délivrée par Me Josse Taillandier le 5 mai 2009 démontre qu'elle n'a pas apporté de pièces supplémentaires à celles autorisées par l'ordonnance autorisant la saisie-contrefaçon, qu'elle a noté les réponses utiles à l'exécution de sa mission et n'a pu noter tous les échanges intervenus entre six personnes parlant parfois en même temps.

S'il est vrai que les attestations fournies par les salariés de la société Acentic ne répondent pas aux formes de l'article 202 du code procédure civile, cet argument est inopérant puisque de toute façon, il s'agit de salariés qui sont nécessairement dans un lien de subordination avec la société Acentic; cependant, les opérations de saisie-contrefaçon ayant précisément eu lieu au siège social de la société Acentic et en présence de ces trois personnes citées par Me Josse Taillandier, elles sont les seules à pouvoir préciser ce qu'elles ont vécu et la façon dont la saisie-contrefaçon s'est déroulée.

Leurs attestations sont d'ailleurs corroborées par l'attestation de Me Josse Taillandier qui indique avoir distingué les questions posées par elle-même et celles posées par les conseils en propriété intellectuelle, n'avoir pu retranscrire la totalité des échanges et avoir fait reformuler la phrase dite par les employés de la société Acentic, au besoin avec l'aide de MM. Pontet et Legrand.

En conséquence, il sera tenu compte des attestations faites par Mme Vialleton, M. Pejoux et M. Mion à titre de simple information et dans la mesure où elles coïncident avec l'attestation de l'huissier de justice.

Il ressort de la lecture du procès-verbal des opérations de saisie-contrefaçon effectuées le 31 mars 2008 qu'aucune des questions posées par l'huissier de justice elle-même ou par les conseils en propriété intellectuelle n'est transcrite de sorte que le tribunal ne peut pas distinguer entre les interventions de l'une et des autres et est amené à penser que M. Pejoux a spontanément donné toutes les indications mentionnées par l'huissier ce qui des dires mêmes de cette dernière est faux.

L'attestation de Me Josse Taillandier démontre qu'elle ne maîtrisait aucunement les opérations de saisie-contrefaçon car six personnes parlaient en même temps; qu'elle n'a donc pas su imposer son autorité de sorte que chacun intervienne à son tour, qu'elle puisse prendre en note les interventions de chacun, les questions posées en identifiant les auteurs des questions et les réponses apportées avec les distinctions et les évolutions possibles entre une réponse spontanée et une réponse à une question précise.

Ainsi, le procès-verbal de saisie-contrefaçon ne reflète pas fidèlement les opérations telles qu'elles se sont passées et telles que l'huissier aurait dû les retranscrire, le tribunal ne pouvant dans le procès-verbal lui-même trouver les questions de l'huissier, des conseils en propriété intellectuelle, apprécier la pertinence des questions et par voie de conséquence des réponses.

De ce seul fait et sans qu'il soit utile de statuer sur l'intervention menaçante ou non des conseils en propriété intellectuelle, l'ensemble des opérations de saisie-contrefaçon du 31 mars 2008 sera annulé ainsi que les pièces remises à cette occasion et les photographies prises pour les mêmes raisons que celles explicitées plus haut et afin de garantir à toutes les parties à chacun un procès équitable devant les juridictions françaises en faisant en sorte que seul l'huissier contrôle ses mesures de saisie-contrefaçon autorisées par le juge. »

▸ 132.93 Mais l'huissier ne doit pas transformer la saisie-contrefaçon en enquête

Paris, 4e ch. A, 7 oct. 1998, *JCP E* 1999. I. 1631 ; *PIBD* 1999, no 667, III, 16 ; *RD propr. int.* 1999, no 97, p. 44.

« Qu'en l'absence de saisie des modèles litigieux ou de toutes preuves matérielles telles notamment documents publicitaires, catalogues etc. […] qui aurait justifié le droit de procéder à l'audition spontanée des personnes se trouvant sur les lieux de la saisie, il ne pouvait consigner les déclarations.

Qu'admettre le contraire reviendrait à permettre à quiconque souhaite faire entendre une personne suspectée de commettre des actes de contrefaçon à son encontre de soutenir avec mauvaise foi que ladite personne détient des objets contrefaisants dans le seul but de requérir un commissaire de police, non pas pour qu'il soit procédé à une saisie qu'elle sait vouée à l'échec, mais essentiellement afin d'obtenir des déclarations, voire des aveux qui lui permettront de se réserver irrégulièrement des moyens de preuve pour ensuite engager, sur la foi du procès-verbal qui les contient, une procédure judiciaire. »

TGI Paris, 3e ch., 19 oct. 2001, *PIBD* 2002, no 737, III, 123.

« Attendu qu'en l'absence de description ou de saisie réelle, l'huissier de justice ne pouvait consigner les déclarations du collaborateur du Crédit Lyonnais, celles-ci, en dépit de leur caractère évasif, n'ayant manifestement pas un caractère spontané.

Attendu qu'en décider autrement reviendrait à permettre à quiconque souhaite faire entendre une personne suspectée de commettre des actes de contrefaçon de diligenter une procédure de saisie-contrefaçon aux seules fins d'obtenir irrégulièrement des déclarations, voire des aveux, pour introduire ultérieurement une procédure judiciaire sur la foi du procès-verbal qui les contient. »

TGI Paris, 3e ch., 1re sect., 23 sept. 2003, RG no 01/15750, *Jurinpi* D20030245.

« Attendu que la saisie-contrefaçon est une procédure exceptionnelle permettant au breveté, avant tout débat contradictoire, de pénétrer chez un concurrent sans son accord afin d'y procéder à des saisies, qu'il s'ensuit que les dispositions légales et l'autorisation données doivent être interprétées restrictivement ; que l'ordonnance comportait une mission classique autorisant l'huissier notamment à saisir des articles argués de contrefaçon, à prendre connaissance de tous documents relatifs à la contrefaçon ; que s'il était autorisé à démonter, faire démonter les objets argués de contrefaçon, sa mission n'était pas une mission d'enquête mais de constatations, qu'il n'était pas plus habilité à faire poser des questions directement par le conseil en propriété industrielle, l'homme de l'art ayant pour seule fonction d'aider l'huissier dans sa description et de lui fournir les explications techniques nécessaires à ce stade, que l'huissier et l'homme de l'art, enfin, n'étaient pas autorisés à apporter des documents afin d'interroger les personnes présentes, le rôle de l'huissier devant se cantonner aux documents trouvés chez le saisi. »

TGI Paris, 3e ch., 3e sect., 17 févr. 2004, *PIBD* 2004, no 787, III, 323.

« Les sociétés Adhersis soutiennent la nullité des opérations de saisie-contrefaçon réalisées dès lors que la saisie pratiquée n'avait aucun caractère probatoire, a été opérée sans mise en demeure préalable plus d'un an après l'introduction de la présente instance et sans que ses résultats n'aient été présentement exploités.

Les sociétés Adhersis ajoutent qu'en réalité cette saisie avait pour objectif de procéder à la saisie réelle du logiciel livré par la société Adhersis, logiciel qui ne pouvait bénéficier de la protection du brevet en cause, les logiciels n'étant pas brevetables.

Enfin, les sociétés Adhersis disent que les opérations de saisie-contrefaçon sont nulles car l'expert a outrepassé la mission qui lui était dévolue en interrogeant directement le saisi.

Le tribunal relevant :

– qu'aucune disposition légale n'interdit la mise en œuvre d'une mesure de saisie-contrefaçon en matière de brevet à titre probatoire en cours d'instance ni n'impose de mise en demeure préalable lorsque la saisie est opérée chez le fabricant du dispositif argué de contrefaçon ;

– que l'absence d'exploitation de l'ensemble des éléments saisis n'est pas une cause de nullité, la société France Télécom justifiant ses demandes en contrefaçon par les pièces saisies ;

– que la saisie réelle du logiciel n'a été autorisée qu'aux fins de vérifier la mise en œuvre des moyens argués de contrefaçon ;

– que le brevet en cause protégeant notamment dans sa revendication 8 un ensemble de fonctionnalités du système de sauvegarde et leur enchaînement, la contrefaçon alléguée de cette revendication ne peut être appréhendée qu'à travers le fonctionnement du ou des logiciels installés sur le système informatique fabriqués, vendus ou loués par les défenderesses ;

considère que ces moyens de nullité de la saisie-contrefaçon ne sont pas fondés.

En revanche, il est constant que l'autorisation judiciaire donnée à l'huissier opérant une saisie-contrefaçon en application de l'article L. 615-5 du code de la propriété intellectuelle ne confère pas à celui-ci une mission d'enquête ; que cette même disposition légale ne prévoit la présence à ses côtés d'un expert que pour l'assister dans la description des procédés ou produits prétendument contrefaits.

Il ressort du procès-verbal du 10 mars 2003 que M. A, conseil en propriété industrielle, assistant Maître X, huissier, dans les opérations de saisie-contrefaçon a interrogé à deux reprises le saisi en ces termes : "quelle est la part de la télésauvegarde dans le chiffre d'affaires total des sociétés Adhersis ?" et "quelle est la date de début de la vente du service de sauvegarde par les sociétés Adhersis avec copie de la première facture ?".

Ces questions ne se rapportant pas à la description du dispositif et du procédé Backupia, objet de la saisie, le tribunal considère que l'homme de l'art qui assistait l'huissier a outrepassé la mission confiée par le président à ce dernier et en conséquence que les opérations de saisie doivent être annulées et les pièces et logiciels saisis écartés des débats et restitués aux sociétés défenderesses, le vice affectant la procédure étant une cause de nullité ne nécessitant pas la preuve d'un grief. »

Paris, 4ᵉ ch., sect. A, 15 déc. 2004, RG n° 03/10092, *PIBD* 2005, n° 804, III, 162.

« Qu'en l'espèce, selon les termes de l'ordonnance rendue sur requête par le président du tribunal de grande instance de Bobigny le 30 mai 2001, l'huissier instrumentaire a été autorisé à se faire accompagner d'un homme de l'art de son choix et notamment de Monsieur Didier Martin, conseil en propriété industrielle, [...] Considérant d'une part, qu'il résulte de la lecture du procès verbal de saisie contrefaçon (page 5) que Monsieur Martin, sans y être autorisé, a procédé au démontage d'une poignée de l'autocuiseur, s'est livré à un interrogatoire des personnes présentes lors de la saisie en ces termes : "*Pouvez-vous nous communiquer la liste des modèles contenant le système de sécurité argué de contrefaçon ?*" ;

[...] Considérant que le caractère technique des constatations à opérer n'excuse pas l'intervention et les interpellations non autorisées de l'homme de l'art, lesquelles constituent des irrégularités de fond, de sorte que le tribunal a justement prononcé la nullité des opérations de saisie-contrefaçon »

Paris, 4ᵉ ch., sect. B, 24 févr. 2006, *PIBD* 2006, n° 829, III, 332; *RTD com.* 2007. 75, chron. Galloux; *Propr. intell.* oct. 2007, p. 480, obs. de Haas.

« Considérant que le procès-verbal de saisie-contrefaçon dressé en date du 15 septembre 2000 par Maître X, huissier de justice, dans les locaux de la société Crédit Lyonnais ne contient ni saisie réelle ni description du sac argué de contrefaçon; que l'huissier a uniquement recueilli les déclarations de Monsieur Z, responsable du pôle communication des services de la direction des achats, qui a indiqué avoir "déjà vu des gens de la maison avec ce sac"; que cet employé de la société Crédit Lyonnais a remis à l'huissier instrumentaire le catalogue de la collection 1999 des articles promotionnels de la société dans lequel ne figurait pas le sac litigieux;

Qu'ainsi que l'a relevé à juste titre le tribunal, il ne résulte d'aucune mention du procès-verbal que le sac argué de contrefaçon ait été effectivement présenté à cet employé ni que l'huissier ait donné connaissance au saisi des pièces annexées à la requête aux fins de saisie-contrefaçon, lesquelles comprenaient notamment un sac cartable Chapelier et le sac argué de contrefaçon;

Que c'est dès lors à bon droit que les premiers juges ont pu décider qu'en l'absence de description ou de saisie réelle, l'huissier instrumentaire ne pouvait consigner les déclarations du collaborateur de la société Crédit Lyonnais, celles-ci n'ayant manifestement pas un caractère spontané;

Que la cause de nullité tirée de l'absence de saisie réelle ou descriptive affecte nécessairement le fond du procès-verbal de saisie-contrefaçon, de sorte qu'elle n'est pas soumise à la démonstration d'un grief. »

TGI Paris, 3ᵉ ch., 3ᵉ sect., 12 juill. 2006, *PIBD* 2006, n° 840, III, 726.

« Le paragraphe 2 de l'article L. 615-5 du code de propriété intellectuelle dispose que il (le propriétaire du brevet) est par ailleurs en droit de faire procéder, sur ordonnance du président du tribunal de grande instance du lieu de la contrefaçon présumée, par tous huissiers assistés d'expert de son choix, à la description détaillée avec ou sans saisie réelle, des produits ou procédés prétendus contrefaits... Dans la même ordonnance, le président du tribunal peut autoriser l'huissier à procéder à toute constatation utile en vue d'établir l'origine, la consistance et l'étendue de la contrefaçon.

Il est constant que si l'article précité permet à l'huissier de poser des questions utiles pour l'accomplissement de sa mission de saisie descriptive et/ou réelle des objets argués de contrefaçon, il ne donne pas à l'huissier instrumentaire un pouvoir d'enquête et ne lui permet pas de procéder à un véritable interrogatoire visant à obtenir du "saisi" des aveux quant à la contrefaçon.

En l'espèce, il y a lieu de relever que les revendications 11 et 12 du brevet européen EP 0 620 781 B1 dont il est reproché à la société Interver Sécurité la contrefaçon concerne un procédé de fabrication de l'élément de protection thermique, objet de la revendication 1 (un verre).

En posant 24 questions relatives à la composition du verre saisi, à son référencement, à son procédé de fabrication, à la période sur laquelle s'est réalisée celle-ci, à l'étendue de la commercialisation du verre, l'huissier a outrepassé les termes de sa mission, les réponses attendues visant à faire reconnaître par le "saisi" l'existence d'une contrefaçon.

Il y a lieu de relever que la nature des revendications dont la contrefaçon est alléguée ne saurait autoriser un tel interrogatoire, l'article L. 615-5-1 du code de propriété intellectuelle prévoyant une procédure particulière pour faire la preuve d'une contrefaçon portant sur un procédé.

Un acte de procédure ne pouvant faire l'objet d'une annulation partielle, il y a lieu d'annuler l'ensemble des opérations de saisie-contrefaçon réalisées et de dire que les pièces et documents saisis seront restitués à la société Interver Sécurité.

L'équité commande d'allouer à la société défenderesse la somme de 6 000 euros en application de l'article 700 du nouveau code de procédure civile.

Par ces motifs, le juge de la mise en état prononce, en application de l'article 112 du nouveau code de procédure civile, la nullité du procès-verbal de saisie-contrefaçon du 23 janvier 2006 et renvoie l'affaire à une date ultérieure pour conclusions au fond de la société Interver Sécurité. »

Paris, 4e ch., sect. B, 16 févr. 2007, *PIBD* 2007, n° 850, III, 265; *Propr. intell.* oct. 2007, p. 480, obs. de Haas.

« Considérant que la société Interver sollicite la confirmation de l'ordonnance en ce qu'elle a prononcé la nullité du procès-verbal de saisie-contrefaçon, celle-ci ayant été effectuée au mépris des dispositions de l'article L. 615-5 du code de la propriété intellectuelle et en outrepassant les termes de la mission qui avait été donnée à l'huissier saisissant;

Qu'elle considère que l'article L. 615-5 du code de la propriété intellectuelle ne prévoit en rien que l'huissier puisse poser des questions au saisi ou à ses salariés pour obtenir des réponses à des problèmes techniques ou comptables;

Considérant en effet que la saisie-contrefaçon est une procédure exceptionnelle qui ne confère pas à l'huissier ou aux personnes qui l'accompagnent un pouvoir d'enquête; que si le président du tribunal de grande Instance de Strasbourg, dans son ordonnance en date du 19 janvier 2006 autorise l'huissier à poser les questions nécessaires à l'accomplissement de sa mission, il ne donne pas à l'huissier Instrumentaire le pouvoir de poser des questions relatives au procédé;

Qu'en conséquence, l'huissier, en posant vingt-quatre questions relatives à la composition du verre saisi, à son référencement, à son procédé de fabrication, à la période sur laquelle s'est réalisée celle-ci, à l'étendue de la commercialisation du verre, a outrepassé les termes de sa mission; que l'ordonnance sera confirmée sur ce point. »

Paris, 4e ch., sect. B, 30 mars 2007, RG n° 05/12257, *Jurinpi* D20070054; *JurisData* n° 2007-333029; *Propr. intell.* oct. 2007, p. 480, obs. de Haas.

« Considérant que, l'huissier n'a toutefois pas été autorisé à apporter des modèles argués de contrefaçon afin d'interroger les personnes présentes sur l'origine de ces produits;

Qu'il ressort du procès-verbal du 11 mars 2003 que l'huissier n'a procédé à aucune constatation alors que sa mission était en premier lieu de rechercher dans les locaux s'il existait des produits argués de contrefaçon, mais a recueilli immédiatement les déclarations de la personne présente; que de ces déclarations, il se déduit que des pantalons ont été présentés au saisi alors qu'il n'y avait pas été autorisé et que cette présentation a eu pour objet de provoquer des déclarations qui n'auraient pu être obtenues spontanément; qu'en effet, l'huissier devait soit décrire les objets contrefaisants, soit procéder à une saisie réelle, ce qui n'a pas eu lieu, aucun produit ne se trouvant dans les locaux, (ce qu'il a, au surplus, omis de constater); que cette manière de procéder constitue une grave irrégularité, l'huissier étant allé au-delà de sa mission en présentant des objets qui ne provenaient pas du lieu dans lequel était autorisée la saisie; que cette irrégularité cause nécessairement un grief aux sociétés poursuivies en contrefaçon dès lors que des documents saisis leur sont opposés dans la présente procédure;

Considérant que le procès-verbal de saisie-contrefaçon sera en conséquence annulé, sans qu'il soit nécessaire d'examiner le bien fondé des autres motifs de nullité invoqués. »

TGI Paris, 3e ch., 1re sect., 23 oct. 2007, *PIBD* 2008, n° 866, III, 32.

« En l'espèce, à défaut d'avoir procédé à une saisie descriptive et éventuellement à une saisie réelle de matériel, de plans ou de documents, l'huissier doit s'abstenir de toute interpellation des personnes présentes sur place; les déclarations des personnes sur place n'ont pour but que de préciser une constatation effectuée par l'huissier, ce qui n'a pas été le cas.

(...) L'irrégularité qui affecte les opérations de saisie est une nullité de fond et en conséquence, le procès-verbal dressé le 29 septembre 2005 sera déclaré nul. »

Paris, 4e ch., sect. A, 7 nov. 2007, RG n° 07/01713, *Jurinpi* D20070127, *Propr. intell.* oct. 2008, p. 451, obs. de Haas.

« Considérant que la société H&M prétend, en premier lieu, que les investigations seraient subordonnées, à peine de nullité, à la découverte préalable d'objets argués de contrefaçon;

Mais considérant qu'il ressort de l'ordonnance de saisie-contrefaçon que l'huissier instrumentaire était expressément habilité à effectuer "toutes recherches et constatations utiles afin de découvrir l'origine et l'étendue de la contrefaçon invoquée"; qu'il était donc compétent pour exercer toute investigation utile pour connaître le nombre d'exemplaires contrefaisants commercialisés par la société H&M, notamment en interrogeant les employés de la société afin de se voir remettre des documents comptables permettant d'apprécier la masse contrefaisante. »

Orléans, ch. com., 29 janv. 2009, RG 2008/00454, *PIBD* 2009, n° 894, III, 964, *Jurinpi* M20090103, *Propr. intell.* oct. 2010, p. 991, obs. Sabatier.

« Attendu que le procès-verbal de saisie-contrefaçon dressé le 12 mai 2005 n'a pas à être écarté des débats comme irrégulier; attendu en effet que l'ordonnance du 27 avril 2005 autorisant le recours à cette mesure prescrivait seulement à l'huissier de s'abstenir d'interpellations autres que nécessaires à l'accomplissement de sa mission et non pas de toute interpellation; que plus généralement, il n'est pas interdit à l'huissier de poser des questions strictement nécessaires à la mise en œuvre de la saisie–contrefaçon; qu'en l'espèce, l'huissier M.C. a bien procédé, comme il en avait reçu mission, à la description de la nacelle et du ballon de la montgolfière dont il a avisé la présence dans les locaux de la société Aérocom Montgolfière à Onzain; qu'ayant constaté que le ballon rangé dans un sac était rouge vif et noir et assemblé par des piqûres machine et l'ayant photographié, il a relaté ne pouvoir le déplier en raison de son poids et, en fait d'interrogations, s'est contenté de présenter au gérant d'Aérocom Montgolfière des clichés de la montgolfière F-Gpox en vol qu'il avait pris lui-même quelques jours auparavant dans le cadre d'un procès-verbal de constat, et de recueillir de l'intéressé l'indication qu'il s'agissait du même engin; qu'au regard des nécessités de l'accomplissement de sa mission d'identifier la montgolfière, cette façon de procéder était licite; qu'elle était exempte de toute déloyauté, les documents présentés à l'huissier tels carnet de route et certificat d'assurance ayant d'ailleurs déjà révélé que l'appareil présent dans l'entreprise était bien cette montgolfière F-Gpox de sorte que le propos recueilli ne constituait que la confirmation d'une vérité d'évidence évitant une lourde opération de dépliage du ballon; que l'intimée ne prouve ni ne prétend avoir éprouvé le moindre grief du fait du recueil de cette déclaration; que dans ces conditions, la saisie-contrefaçon n'a revêtu aucun caractère irrégulier; que le jugement sera donc infirmé sur ce point. »

TGI Strasbourg, 1re ch., 8 juin 2009, RG n° 06/07439, *Jurinpi* B20090082.

« En revanche, constituent des nullités pour vice de fond pouvant être soulevées à tout moment et sans qu'il soit besoin de justifier d'un grief (article 118 du code de procédure civile) :

– le non respect par l'huissier saisissant de son devoir de loyauté et de probité,

– le dépassement par l'huissier de sa mission.

La saisie-contrefaçon prévue par l'article L. 615-5 étant une procédure exceptionnelle permettant à la partie lésée, avant tout procès contradictoire, de pénétrer chez autrui sans son assentiment afin d'y procéder à des investigations, des constatations, voire des saisies réelles tendant à apporter la preuve de la contrefaçon alléguée sans que le saisi ait la faculté de s'opposer au déroulement des opérations, les dispositions légales en la matière et les autorisations données par le président dans l'ordonnance rendue à la requête de la partie prétendument lésée doivent être interprétées strictement et leur méconnaissance sanctionnée par la nullité de la saisie.

En l'espèce, Maître W n'a trouvé sur les lieux de ses opérations aucune information sur la composition du produit OmniPORTER® (paragraphe 6.2 de son procès-verbal).

Dès lors, il ne pouvait pas interpeller les salariés présents sur la composition chimique de ce produit, ce d'autant plus qu'il savait que Valérie R, directeur financier, Téo C, responsable logistique, François K, responsable communication, Valérie D, acheteur des produits aux U.S.A. et au Canada et Jean-Georges O, agent logistique, n'avaient pas les compétences techniques requises pour se prononcer sur cette question.

N'ayant pas eu de réponse à sa question relative à la composition chimique du produit argué de contrefaçon et n'ayant, de ce fait, procédé à aucune description des produits saisis réellement, il ne pouvait pas davantage questionner et consigner les déclarations de Madame D et de Monsieur O (paragraphe 7.2.1) de manière à leur faire dire que l'OmniPORTER® "*a été créé pour remplacer le produit JetPEI devenu indisponible*" et leur faire reconnaître "*qu'il s'agit du même produit et qu'il est vendu comme tel*" afin de laisser présumer, au seul vu de leurs déclarations ainsi consignées alors qu'aucune analyse chimique n'avait encore démontré que l'OmniPORTER® mettait en œuvre l'une ou l'autre des revendications brevetées, qu'il s'agissait en fait d'un produit parfaitement identique au JetPEI, d'une simple copie de celui-ci, et tenter ainsi d'obtenir des "*aveux*" de contrefaçon de la part de personnes au service de la société MP Biomedicals justifiant, à posteriori, la saisie réelle des produits qu'il venait d'effectuer.

En procédant de la sorte alors que l'ordonnance du président de ce tribunal en date du 9 novembre 2006, ne l'avait autorisé qu'à rechercher et constater l'offre à la livraison, la livraison et la vente de "*réactifs de transfection, et en particulier d'un produit nommé OmniPORTER®, qui reproduisent les caractéristiques essentielles du polymère calionique décrit dans les revendications du brevet d'invention français n° 94 08735, et ce dans les locaux de la société MP Biomedicals... ainsi que dans tout autre lieu dans le ressort du tribunal de céans dans lesquels les opérations de saisie révéleraient que des actes constitutifs de contrefaçon sont commis*", l'huissier instrumentaire a excédé le cadre de sa mission.

Il convient en conséquence de prononcer la nullité du procès-verbal qu'il a dressé de ses opérations le 17 novembre 2006. »

Paris, pôle 5, ch. 2, 6 nov. 2009, RG n° 08/21238, *Jurinpi* D20090142; *PIBD* 2010, n° 913, III, 158, *Propr. intell.* oct. 2010, p. 1014, obs. de Candé.

« Mais considérant sur le premier moyen, que l'ordonnance en date du 18 septembre rendue sur le fondement de l'article L. 332-1 du code de la propriété intellectuelle, autorisait l'huissier à "consigner non seulement les déclarations des répondants mais encore toutes paroles prononcées au cours de ses opérations, en s'abstenant de toute interprétation qui ne soit pas nécessaire à l'accomplissement de sa mission".

Considérant que c'est précisément ce que fit l'huissier, lequel s'est borné après avoir exposé l'objet de son intervention, à recueillir les déclarations du gérant qui lui a précisé "aussitôt avoir vendu" les sacs litigieux et lui a remis les factures qui émanaient d'une société de droit chinois;

Qu'il n'est pas soutenu qu'il aurait procédé à des interpellations autres que celles qui étaient strictement nécessaires à l'exécution de l'ordonnance;

Que l'absence de saisie réelle ne lui interdisait nullement de recueillir les observations que le gérant lui fit spontanément. »

Toulouse, 2e ch., 1re sect., 26 janv. 2011, RG n° 2009/00799, *Jurinpi* B20110005; *PIBD* 2011, n° 937, III, 240.

« Pour solliciter la nullité de l'opération menée le 19 juin 2007 dans ses locaux, la Sarl Mobilfroid invoque un dépassement des pouvoirs de l'huissier de justice en soutenant qu'il a procédé à un véritable interrogatoire du saisi.

Cependant, comme l'a relevé le tribunal de grande instance, la Sarl Mobilfroid n'a pas demandé la rétractation de l'ordonnance au président du tribunal de grande instance qui l'avait signée sur requête alors qu'elle autorisait l'huissier désigné à consigner les déclarations des répondants et de toute parole énoncée au cours de l'exécution de la saisie-contrefaçon ainsi qu'à faire d'une façon générale toute recherche et constatation utile dans le but de découvrir la nature, l'origine, la destination et l'étendue de la contrefaçon et à dresser procès-verbal de tous les renseignements utiles. En interrogeant le dirigeant de la Sarl Mobilfroid, l'huissier de justice n'a pas outrepassé ses pouvoirs, tels que définis dans l'ordonnance non contestée. En effet, l'ordonnance a employé le terme de répondant ce qui implique nécessairement que des questions sont posées et des réponses apportées.

Il convient donc de rejeter la demande de nullité présentée par la Sarl Mobilfroid. »

▸ 132.94 L'huissier peut recueillir des explications du personnel du saisi

TGI Paris, 7 mai 1997, *PIBD* 1997, n° 639, III, 500.

« Attendu que la société Babson Bros soutient que l'huissier chargé de la saisie-contrefaçon n'a pas rempli la mission qui lui était confiée et s'est borné à recueillir les déclarations de M. G. qui n'était pas compétent sur le plan technique.

Attendu que l'huissier a pris des photographies permettant de visualiser l'appareil incriminé et a obtenu de M. G. la documentation proposée à la clientèle; que ces pièces suffisent à la description du matériel litigieux; qu'elles n'ont pas été contestées dans le cadre du litige.

Attendu que ces éléments ont été complétés par les explications de M. G.; que celui-ci a indiqué le fonctionnement de l'appareil qui n'est pas contredit par les conclusions ultérieures de la défenderesse; que les compétences techniques de celui-ci ne peuvent être mises en cause alors même qu'il était chargé de présenter à la clientèle le fonctionnement de l'appareil.

Attendu qu'en conséquence, il n'existe aucun motif de nullité du procès-verbal de saisie-contrefaçon dressé par M^e^ X le 2 mars 1993. »

TGI Paris, 3e ch., 1re sect., 27 janv. 2009, RG n° 2008/15962, *PIBD* 2009, n° 897, III, 1110.

« L'ordonnance du 15 octobre 2008 a également autorisé l'huissier de justice à consigner les déclarations des répondants et toutes paroles prononcées au cours des opérations tout en s'abstenant d'interpellations autres que celles nécessaires à l'accomplissement de sa mission.

L'huissier de justice a transcrit les déclarations de L. D. selon lesquelles "si des cartons de Cham'alal sont en cours de livraison, il s'engage à les faire rapatrier et à m'en communiquer l'inventaire précis. Monsieur D. a donné instruction à ses collaborateurs de retirer ce produit de la vente et de le stocker dans l'attente de la décision du tribunal".

Les propos recueillis qui se rapportent à la distribution des produits litigieux et sont de nature à établir l'étendue de la contrefaçon, constituent des déclarations que l'huissier de justice pouvait valablement recueillir dans le cadre de la mission qui lui avait été confiée.

Ainsi, l'huissier de justice a accompli ses opérations en respectant les dispositions de l'ordonnance du 15 octobre 2008 et la saisie doit donc être déclarée régulière. »

▸ 132.95 Apport de pièces

Paris, 4 nov. 1992, *PIBD* 1993, n° 538, III, 111.

« Considérant d'autre part que l'huissier et l'homme de l'art n'étaient pas autorisés à apporter un document afin d'interroger les personnes présentes sur le contenu de ce tableau ni à l'annexer au procès-verbal; qu'à supposer en effet que ce tableau apporté par l'homme de l'art ait eu un rapport avec la contrefaçon, il s'agissait d'une pièce étrangère à la saisie-contrefaçon; que son introduction constitue encore une violation de la mission, d'autant plus grave qu'elle avait pour objet de provoquer des déclarations qui n'auraient pu être obtenues spontanément des personnes présentes; que le caractère technique des constatations à opérer n'excuse pas une provocation et des interpellations non nécessaires à l'exécution de la mission, qui constituent de très graves irrégularités de fond qui, ainsi que le tribunal l'a à bon droit décidé, vicient dans son ensemble la saisie-contrefaçon, étant observé que, si l'article 10 du code civil introduit un certain "droit à la preuve", il ne dispense pas les plaideurs d'un comportement loyal et du respect dû aux décisions de justice. »

TGI Paris, 3e ch., 2e sect., 28 juin 2000, *RD propr. int.* 2002, n° 134, 9.

« Que rien ne permettait par ailleurs à l'huissier d'introduire dans la procédure des pièces dont il est acquis qu'elles ont été préconstituées par l'expert et qui apparaissent en outre à l'examen comparé du couvercle dessiné en figure 1 par l'expert et du couvercle saisi présenté au tribunal ne pas correspondre à la réalité des faits à constater. »

TGI Paris, 3e ch., 2e sect., 30 mai 2003, *PIBD* 2003, n° 775, III, 571.

« Qu'en ayant respectivement apporté des pièces en vue de les présenter au personnel et recueilli leurs déclarations au vu de ces pièces, l'homme de l'art et l'huissier instrumentaire ont outrepassé les pouvoirs tels qu'ils avaient été fixés par le président du tribunal de grande instance de Dole. »

Paris, 4e ch., sect. A, 25 mai 2005, RG n° 04/04748, *PIBD* 2005, n° 814, III, 485.

« Considérant que l'ordonnance sur requête du 13 décembre 2001 autorisait la société L & M Services à faire procéder par l'huissier de son choix à la constatation et à la description détaillée du dispositif de bouchage et des procédés de fabrication argués de contrefaçon et à la saisie réelle de deux exemplaires de chacun des produits réalisés selon ces procédés, moyennant le paiement de leur prix;

Qu'il s'ensuit que l'huissier n'était pas habilité à apporter un objet étranger à la saisie, en l'espèce le flacon en plastique de marque "Amora", afin d'interroger le représentant du saisi sur la provenance du bouchon obturant ce flacon; que cette violation de la mission qui lui était confiée lui a permis de provoquer des déclarations qui n'auraient pu être obtenues spontanément;

Que toutefois, ces mentions ne vicient pas le procès-verbal de saisie dans son ensemble; qu'en effet, la rédaction du procès-verbal permet de distinguer la description par l'huissier du bouchon préalablement placé sous scellé et les déclarations faites sur sommation par M. Gally, de la description des bouchons saisis dans les locaux de la société Bericap; qu'en outre, les photographies annexées au procès-verbal sont accompagnées des légendes suivantes : "verseur saisi réellement par mes soins sur le tapis roulant de la machine... et décrit dans le procès-verbal page 3 lignes 19 à 24" ; que les bouchons saisis sur place et décrits sont donc parfaitement identifiables;

Qu'il convient donc de retirer du procès-verbal de saisie-contrefaçon les passages relatifs à la description du bouchon, obturant le flacon placé sous scellé avant le début des opérations, et aux déclarations provoquées de M. Gally, retranscrits de la page 2 § 5 à la page 3 § 3. »

Paris, 4e ch., sect. A, 5 avr. 2006, RG n° 05/10728, *PIBD* 2006, n° 832, III, 420.

« Que, d'autre part, l'huissier instrumentaire et le conseil en propriété industrielle ont présenté à M.R. deux documents étrangers à la procédure, qui n'avaient été ni visés dans les pièces jointes à la requête aux fins de saisie, ni appréhendés sur le lieu de la saisie, et l'ont interrogé sur leur contenu; que cette initiative contrevient également aux termes de l'ordonnance sur requête;

Que la société Silec Câble oppose vainement le défaut de coopération, voire l'obstruction de la société Sagem, pour justifier ces irrégularités alors que l'huissier instrumentaire n'a fait état des difficultés rencontrées que plus d'un an après la saisie et qu'il lui appartenait d'en référer au magistrat ayant rendu l'ordonnance, comme prévu au paragraphe 4;

Que la violation renouvelée des termes de l'ordonnance sur requête constitue une irrégularité de fond qui affecte la régularité des opérations de saisie contrefaçon. »

TGI Paris, 3e ch., 2e sect., 21 déc. 2007, *Jurinpi* D20070140.

« Attendu que pour soulever la nullité de la saisie-contrefaçon pratiquée le 10 février 2006, la société Deux Mille Vingt Six fait valoir que [...] l'huissier instrumentaire qui a présenté à son directeur financier Monsieur Franck Azoulay les modèles argués de contrefaçon sans y être autorisé et sans que l'origine desdits modèles ne soit établie, n'a procédé à aucune saisie descriptive ou réelle des produits incriminés [...];

Attendu qu'il n'est pas contesté que l'huissier a présenté à Monsieur Franck Azoulay, qui s'est déclaré être le directeur financier de la société Deux Mille Vingt Six, deux modèles de vêtements argués de contrefaçon; que cette initiative qui n'avait pas été expressément autorisée par l'ordonnance présidentielle, alors que les dispositions relatives à la procédure de saisie-contrefaçon doivent s'interpréter de façon stricte, a fait grief au saisi qui a répondu à l'interpellation de l'huissier; qu'il y a donc lieu de prononcer la nullité du procès-verbal de saisie-contrefaçon du 10 février 2006 pour ce motif. »

Paris, 4e ch., sect. B, 28 nov. 2008, RG n° 07/08497, *PIBD* 2009, n° 891, III, 872, *Jurinpi* D20080165.

« Considérant qu'il est constant que la saisie-contrefaçon, procédure non contradictoire doit être pratiquée dans la stricte mesure des prescriptions légales; qu'elle a pour objet de recueillir des éléments matériels de nature à établir l'existence de faits de contrefaçon allégués, et au vu de ces éléments matériels recueillir les déclarations des personnes chez qui la saisie a été pratiquée mais ne saurait au vu de documents préconstitués, et pour lesquels le président signataire de l'ordonnance n'a donné aucune autorisation, avoir pour but de recueillir des informations avant d'avoir précisé si des objets litigieux se trouvaient dans les lieux;

Considérant qu'en l'espèce, l'huissier a, alors que l'ordonnance ne comportait aucune autorisation sur ce point, présenté au saisi un catalogue et a recueilli les déclarations de la personne présente au vu de ce catalogue, sans vérifier au préalable l'existence d'éléments matériels relatifs à la contrefaçon alléguée; que, d'ailleurs, aucun sac n'a été trouvé; que, ce faisant, l'huissier est sorti de son rôle de constatant et a outrepassé les pouvoirs conférés par l'ordonnance puisqu'il a obtenu, au vu du catalogue, des déclarations de la personne présente qu'il n'aurait pu obtenir spontanément, faisant ainsi grief au saisi; que de ce fait le procès-verbal de saisie doit être annulé et qu'il ne pourra, par voie de conséquence, être tenu compte des déclarations et saisies de documents mentionnés sur le procès-verbal; que le jugement sera sur ce point infirmé. »

Civ. 1re, 2 avr. 2009, n° 08-10.656, *Bull. civ.* I, n° 73; *Jurinpi* D20090028, *PIBD* 2009, n° 896, III, 1077.

« Vu l'article L. 332-1 du code de la propriété intellectuelle;

Attendu que pour écarter l'exception de nullité des opérations de saisie-contrefaçon et du procès-verbal dressé à leur occasion, le 29 mars 2005, l'arrêt relève qu'il ressort de l'ordonnance de saisie-contrefaçon que l'huissier instrumentaire était expressément habilité à effectuer "toutes recherches et constatations utiles afin de découvrir l'origine et l'étendue de la contrefaçon invoquée" ; qu'il était donc compétent pour exercer toute investigation utile pour connaître le nombre d'exemplaires contrefaisants commercialisés par la société H&M, notamment en interrogeant les employés de la société afin de se voir remettre des documents comptables permettant d'apprécier la masse contrefaisante; que si l'huissier n'est pas autorisé à apporter sur les lieux de la saisie des objets étrangers à celle-ci, c'est-à-dire dépourvus de lien avec la mission tel n'est pas le cas en l'espèce puisque l'huissier instrumentaire a introduit dans les locaux de la société H&M la paire de boucles d'oreilles prétendument contrefaisante ainsi que le modèle original; que ces objets visés dans l'ordonnance de saisie-contrefaçon ne constituent pas des objets étrangers à la mission de l'huissier; que ce dernier était donc parfaitement autorisé à s'en munir; qu'en mentionnant dans son procès-verbal les trois points contestés par M. X..., directeur juridique de la société H&M, l'huissier instrumentaire s'est borné à retranscrire les déclarations de ce dernier dont il n'est pas démontré qu'ils aient été dénaturés;

Qu'en statuant ainsi, quand en l'absence de découverte préalable sur les lieux de la saisie d'objets argués de contrefaçon, l'huissier instrumentaire ne pouvait, sans y avoir été expressément et précisément autorisé, produire aux personnes présentes ceux des objets visés par l'ordonnance afin de recueillir leurs déclarations spontanées quant aux actes argués de contrefaçon, de sorte qu'en procédant comme il a fait, l'huissier instrumentaire a excédé les limites de sa mission, la cour d'appel en validant les opérations a violé le texte susvisé. »

Com. 7 juill. 2009, n° 08-18.598, *Bull. civ.* IV, n° 103; *Jurinpi* D20090083; *PIBD* 2009, n° 904, III, 1418.

« Attendu que pour rejeter la demande de nullité des opérations de saisie-contrefaçon, l'arrêt retient qu'en recevant la déclaration spontanée de Mme X..., gérante de la société Coccinelle, et en saisissant réellement les deux documents remis par elle, spontanément également, l'huissier instrumentaire n'a pas outrepassé sa mission;

Attendu qu'en statuant ainsi, alors qu'en l'absence de découverte préalable sur les lieux de la saisie d'objets argués de contrefaçon, l'huissier instrumentaire ne pouvait, sans y avoir été expressément et précisément autorisé, produire aux personnes présentes ceux des objets visés par l'ordonnance afin de recueillir leurs déclarations spontanées quant aux actes argués de contrefaçon, de sorte qu'en procédant comme il a fait, l'huissier instrumentaire a excédé les limites de sa mission, la cour d'appel en validant les opérations a violé le texte susvisé (L. 332-1 code de la propriété intellectuelle). »

Com. 29 sept. 2009, n° 08-20.486, NP, *Jurinpi* D20090114; *PIBD* 2010, n° 910, III, 76.

« Vu l'article 455 du code de procédure civile;

Attendu que pour décider que la société Maroquinerie LHC avait commis des actes de contrefaçon, l'arrêt se borne à constater que, selon l'ordonnance autorisant la saisie-contrefaçon, l'huissier avait notamment pour mission de saisir deux exemplaires du sac litigieux dans chacune de ses versions disponibles, et en déduit qu'il était habilité à appréhender les sacs argués de contrefaçon sous trois références différentes;

Attendu qu'en se déterminant ainsi, sans répondre aux conclusions de la société Maroquinerie LHC faisant valoir que l'huissier n'avait pas le pouvoir d'apporter sur les lieux de la saisie le modèle 28103, qui n'avait pas été trouvé sur place, ainsi qu'il reconnaissait l'avoir fait, et soutenant que ses investigations ne pouvaient porter que sur les modèles 28101 et 28104 présentés à l'appui de la requête en autorisation de saisie-contrefaçon, la cour d'appel n'a pas satisfait aux exigences du texte susvisé. »

TGI Paris, 3e ch., 4e sect., 10 juin 2010, RG n° 09/09853; *JurisData* n° 2010-028661.

« En outre, il ressort des deux procès-verbaux de saisie-contrefaçon dressés le 15 mai 2009 susvisés que les huissiers n'ont découvert sur les lieux des saisies aucun article argué de contrefaçon mais ont recueilli des déclarations des personnes présentes sur les objets argués de contrefaçon en décrivant le blouson en cause ou en présentant le modèle argué de contrefaçon.

Si l'ordonnance présidentielle précitée autorisait l'huissier à présenter au saisi les pièces annexées à la présente requête et notamment le modèle original et celui argué de contrefaçon, celle-ci n'autorisait pas l'huissier, en l'absence de découverte préalable sur les lieux de la saisie d'objets argués de contrefaçon, de recueillir les déclarations spontanées des personnes présentes quant aux actes argués de contrefaçon.

En procédant comme ils l'ont fait, les huissiers instrumentaires ont excédé les limites de leur mission.

Au vu de l'ensemble de ces éléments, il convient d'annuler les procès-verbaux de saisie-contrefaçon dressés le 15 mai 2009. »

Com. 29 juin 2010, n° 09-67.722, NP, *Jurinpi* M20100364, *PIBD* 2010, n° 925, III, 619, *Propr. intell.* oct. 2010, p. 989, obs. Sabatier.

« Vu l'article L. 716-7 du code de la propriété intellectuelle;

Attendu, selon l'arrêt attaqué, que la société Jean Chatel diffusion, titulaire de la marque "Jean Chatel" enregistrée sous le numéro 123 073 pour désigner les articles de chemiserie, a fait pratiquer saisie contrefaçon dans des locaux commerciaux exploités par la société Distribution Casino France, puis a agi à l'encontre de cette dernière en contrefaçon, en lui reprochant d'avoir commercialisé des chemises portant la marque "Pierre Chatel", ainsi que contre la société Barel France, pour avoir déposé cette marque et en avoir revêtu les produits litigieux;

Attendu que pour rejeter la demande de nullité des opérations de saisie-contrefaçon, retenir des actes de contrefaçon de la marque "Jean Chatel", annuler la marque "Pierre Chatel" et prononcer diverses mesures réparatrices, l'arrêt relève qu'il ressort de l'ordonnance autorisant la saisie que l'huissier instrumentaire était habilité à faire toute recherche et constatation utile dans le but de découvrir la nature, l'origine et l'étendue de la contrefaçon; qu'il retient que si cet huissier n'était pas autorisé à apporter, sur les lieux de la saisie, des objets étrangers à celle-ci, c'est-à-dire dépourvus de lien avec sa mission, tel n'est pas le cas en l'espèce dès lors qu'il a introduit dans les locaux du magasin une chemise griffée "Pierre C", cet objet et sa facture d'achat, visés dans l'ordonnance de saisie contrefaçon, ne constituant pas des objets étrangers à la mission de l'huissier, qui était autorisé à s'en munir et était habilité à exercer toutes investigations utiles notamment en interrogeant les représentants de la société Distribution Casino France et en se faisant remettre des documents comptables permettant d'apprécier les quantités fournies;

Attendu qu'en statuant ainsi, alors qu'en l'absence de découverte préalable sur les lieux de la saisie d'objets argués de contrefaçon, l'huissier instrumentaire ne pouvait, sans y avoir été expressément et précisément autorisé, produire aux personnes présentes ceux des objets visés par l'ordonnance afin de recueillir leurs déclarations spontanées quant aux actes argués de contrefaçon, de sorte qu'en procédant comme il a fait, l'huissier a excédé les limites de sa mission, la cour d'appel, en validant les opérations, a violé le texte susvisé. »

TGI Paris, 3e ch., 4e sect., 27 janv. 2011, RG nº 2009/15874, *Jurinpi* D20110044, *PIBD* 2011, nº 940, III, 370.

« La société Ash demande la nullité de la saisie motif que l'huissier a recueilli les observations de M. S. sans avoir découvert sur les lieux de la saisie et au préalable les chaussures arguées de contrefaçon.

Cependant, la société Dior fait valoir à juste titre que les ordonnances susvisées l'ont expressément autorisée à présenter aux fins d'identification la sandale litigieuse acquise le 8 septembre dans la boutique Ash afin de procéder aux opérations d'expertise et à consigner les déclarations des répondants et toutes paroles prononcées au cours des opérations de saisie.

Par conséquent, l'huissier instrumentaire n'a pas outrepassé les termes de sa mission et il convient de débouter également de la société Ash de sa demande de nullité du procès-verbal de saisie du 22 septembre 2009. »

Paris, pôle 5, ch. 2, 28 janv. 2011, RG nº 09/13170.

« Considérant que l'huissier instrumentaire a réalisé ses opérations le 29 mars 2005 dans les locaux de la société H&M en apportant le modèle prétendument contrefaisant et le modèle original pour les présenter aux personnes présentes et recueillir leurs observations;

Considérant qu'en procédant de la sorte alors que l'ordonnance qui fixait l'objet et les limites de sa mission ne l'avait pas expressément autorisé à produire ces modèles fussent-ils visés et décrits par l'ordonnance, l'huissier a excédé les limites de sa mission;

Que ses opérations seront en conséquence annulées. »

Paris, pôle 5, ch. 2, 4 févr. 2011, RG nº 09/22712.

« Considérant que les intimés soutiennent que cette preuve est rapportée tant par le procès-verbal de saisie-contrefaçon en date du 7 avril 2003 que par le procès-verbal de constat en date du 2 avril 2003;

Considérant qu'en ce qui concerne les opérations de saisie-contrefaçon, la société LHC fait valoir que l'huissier n'avait pas le pouvoir d'apporter sur les lieux de la saisie le modèle 28103, qui n'avait pas été trouvé sur place; qu'elle ajoute que ses investigations ne pouvaient porter que sur les modèles 28101 et 28104 présentés à l'appui de la requête et que l'huissier n'a pas laissé au vendeur qui l'a accueilli, le temps de prendre connaissance de la requête et de l'ordonnance;

Considérant en effet qu'il résulte des termes du procès-verbal que l'huissier, avant même avoir signifié l'ordonnance, interpella le vendeur sur la contrefaçon alléguée puisqu'il indique : *"J'ai parlé à Mr Xiaofeng Lu, vendeur ainsi déclaré, qui m'a fait la réponse suivante : les sacs vendus ici ne sont pas des contrefaçons des sacs Longchamp. Nous nous étions renseignés auprès de l'INPI"* ;

Qu'ensuite, après avoir donné connaissance des termes de l'ordonnance qui l'investissaient, il présenta à ce même vendeur un sac référencé 28103 pour recueillir ses observations et, constatant que cette référence n'était plus en stock, étendre ses opérations à d'autres références;

Que ce faisant, il a violé les termes de l'ordonnance, d'une part, en commençant ses opérations sans avoir au préalable dûment signifié la requête et, d'autre part, en apportant sur place un modèle de sac 28103 pour recueillir les observations du vendeur et commencer ses investigations alors que l'ordonnance ne l'autorisait qu'à saisir deux exemplaires du sac litigieux dans chacune des versions disponibles et à procéder à toute recherche utile;

Considérant que cette violation caractérisée des termes de l'ordonnance commande d'infirmer la décision entreprise et d'annuler l'ensemble des opérations de saisie-contrefaçon. »

Paris, pôle 5, ch. 1, 16 févr. 2011, RG nº 08/15900, *Jurinpi* D20110023.

« Considérant que la société EFT a obtenu le 15 novembre 2006 au visa de l'article L. 332-1 du code de la propriété intellectuelle l'autorisation de faire procéder à une saisie ainsi qu'à faire effectuer toutes recherches et constatations utiles afin de découvrir l'origine et l'étendue des faits incriminés et consigner *"les déclarations des répondants et toutes paroles prononcées [...] en s'abstenant cependant d'interpellations autres que celles strictement nécessaires à l'accomplissement de sa mission"* ;

Que l'huissier de justice a signifié cette autorisation le 29 novembre 2006, présenté "le modèle" et "la facture" à la vendeuse qui a précisé "que ce modèle a bien une étiquette de la maison et [...] est conformément à la facture un modèle de sa maison", puis vainement procédé à ses recherches de l'article argué de contrefaçon, vérifié les factures et bons de livraison (annexant une facture et un bon de livraison portant une référence "D 106") et présenté l'article (qui n'a pas été trouvé lors des opérations de saisie) au responsable du magasin qui l'a reconnu indiquant "que cet article est acheté en Chine" ;

Que s'il peut être admis que l'huissier instrumentaire n'a fait que "réintroduire" dans les locaux de la saisie l'article argué de contrefaçon visé dans la requête, précédemment acquis dans le même magasin selon constat d'un autre officier ministériel quoique le procès-verbal de saisie ne le précise pas, il ne s'agit pas d'un vêtement par lui découvert sur les lieux de la saisie préalablement à ses opérations; que l'huissier ne pouvait dès lors, faute d'y avoir été expressément et précisément autorisé, valablement produire aux personnes présentes un tel article pour recueillir leurs déclarations spontanées quant aux faits reprochés avant toute tentative de saisie de vêtements présumés contrefaisants ou de documents les reproduisant; que son droit de procéder à l'audition de personnes présentes sur les faits reprochés n'était ainsi pas justifié;

Qu'au surplus l'autorisation de saisie sollicitée ne visait pas explicitement la recherche de documents sur une parka "référencée D 106", référence apparaissant sur la facture annexée au procès verbal de constat précité; que l'huissier ne pouvait ainsi régulièrement obtenir des documents correspondant à cette référence alors qu'il n'avait trouvé sur les lieux aucun article portant une telle référence, laquelle figurait seulement sur l'article par lui réintroduit dans la boutique;

Qu'en réalité l'huissier a excédé les limites de sa mission, ce qui justifie la demande de nullité des opérations diligentées le 29 novembre 2006 et l'infirmation sur ce point de la décision entreprise, étant rappelé que l'absence de recours en rétractation ne constitue pas un obstacle pour contester devant le juge du fond la validité d'une saisie-contrefaçon en matière de propriété intellectuelle. »

▸ 132.101 La description des objets saisis par l'huissier et les constatations de l'homme de l'art

Paris, 7 mai 1975, *PIBD* 1976, n° 163, III, 47.

La loi prévoit la possibilité d'autoriser le demandeur à la saisie de faire assister l'huissier par un homme de l'art au courant de la technique et capable de discerner les objets susceptibles de constituer une contrefaçon des brevets en cause et il est normal que l'huissier adopte les termes utilisés par celui-ci et consigne les caractéristiques qui lui ont ainsi été indiquées; Il est alors inopérant qu'un terme plutôt qu'un autre (ex. : « bag de cuisson », membrane) ait été employé, dès lors qu'il ne peut y avoir de doute sur l'objet saisi : un vulcanisat obtenu par un procédé susceptible de constituer une contrefaçon du procédé du saisissant et du produit fabriqué par ce procédé. Il en est d'autant plus ainsi, en l'espèce, où les objets à saisir et saisis ont été identifiés par l'indication de leurs structures, fonction et usage.

Com. 29 mars 1977, *PIBD* 1977, n° 200, III, 355.

C'est, d'autre part, à bon droit que cette même cour d'appel a jugé que la société Michelin n'était pas fondée à se plaindre de ce que la description des objets argués de contrefaçon ait été l'œuvre du technicien, dont l'huissier était régulièrement assisté, dès lors que ce dernier a eu soin, dans son procès-verbal, de distinguer les dires de l'homme de l'art et ses constatations personnelles.

TGI Paris, 16 juin 1986, *PIBD* 1986, n° 402, III, 430.

Mais l'article 56 de la loi du 2 janvier 1968 modifiée, prévoit que l'huissier peut se faire assister d'experts de son choix et l'ordonnance précitée du 15 juin 1984 l'autorisait à se faire assister de « tous hommes de l'art qui ne soient pas au service de la société requérante et, en particulier, de tous conseils en brevets d'invention ».

Contrairement à ce qu'a soutenu la société N. Schlumberger, M. X s'est borné à assister l'huissier dans sa mission en lui fournissant les explications nécessaires sur la structure de la machine incriminée.

L'huissier a pu, au fur et à mesure, en contrôler l'exactitude avant de les consigner dans son procès-verbal et ce, quelle que soit la rédaction de celui-ci, puisqu'il a ensuite demandé au responsable du stand de faire fonctionner la machine et a décrit le fonctionnement de celle-ci.

Il n'est ni démontré, ni même allégué, que M. X est au service de la société Durand, quand bien même celle-ci l'aurait rémunéré, comme le prétend la société Schlumberger, pour assister l'huissier;

Il s'ensuit que le moyen de nullité soulevé par cette société n'est pas fondé et doit être rejeté.

TGI Lyon, 24 févr. 1987, *Dossiers Brevets* 1987, II, 10.

« Qu'il n'est pas interdit à l'huissier de retranscrire intégralement la description technique faite par le technicien qui l'assiste régulièrement dans ses opérations, dès lors qu'il prend le soin comme en l'espèce de le préciser; qu'il est évident que les propres constatations de l'huissier seront d'autant plus limitées et succinctes que les objets ou procédés en cause seront complexes techniquement. »

Paris, 4e ch., 14 mars 1991, *PIBD* 1991, n° 506, III, 500; *RD propr. ind.* 1991, n° 34, 20.

« Considérant que le fait par l'homme de l'art, au lieu de dicter à l'huissier ses constatations techniques, de les porter dans un rapport écrit n'est pas irrégulier en l'absence de toute prescription légale à ce sujet et ne peut préjudicier à IEC; qu'en effet dans l'un et l'autre cas, il s'agit de constatations qui ne sont pas celles de l'huissier, effectuées sans contradiction, et non pas d'une expertise judiciaire contradictoire. »

TGI Toulouse, 31 oct. 1996, *PIBD* 1997, n° 626, III, 90.

« L'huissier mentionne plusieurs faits dans son procès-verbal :

– il relate purement et simplement les déclarations de M. H., technicien autorisé à l'accompagner; il ne mentionne aucunement les constatations qu'il a pu faire personnellement; en cela, le procès-verbal est certainement irrégulier, le technicien ne pouvant avoir mission que d'assistance, et non de faire seul les constatations;

– de même, c'est en dehors des termes de la mission que lui avait confiée le président du tribunal que l'huissier a cru pouvoir demander à M. A. de "retirer ce matériel de la vente et de toute exposition tant que l'affaire n'est pas solutionnée sur le fond";

– par contre, l'huissier précise avoir pris des photographies et joint des documents publicitaires, éléments qui pouvaient valablement servir pour valoir constatation de leur contenu – à vrai dire partiellement exploitables au fond seulement.

Ainsi, le procès-verbal n'était annulable par son contenu que partiellement. »

Paris, 15 janv. 1997, *PIBD* 1997, n° 639, III, 517.

« Mais considérant que les procès-verbaux de saisie-contrefaçon révèlent que les deux huissiers se sont fait présenter les systèmes informatiques en cause, ont fait fonctionner les ordinateurs dans les termes de l'ordonnance, ont requis copies de toutes données susceptibles d'intéresser leur mission, ont visé et paraphé les originaux des documents en cours et placé sous scellés les photocopies et les disquettes saisies.

Qu'ils ont, d'autre part, demandé à l'expert et à l'homme de l'art qui les accompagnaient de faire toutes constatations, observations et déclarations utiles, et relaté les investigations ainsi effectuées sous leur contrôle.

Qu'enfin, ils ont pris soin de distinguer, lors de la rédaction des procès-verbaux, les dires des experts de leurs constatations personnelles.

Qu'ils ont ainsi exactement rempli leur mission, étant au surplus observé que les appelantes ne démontrent pas le préjudice que leur aurait infligé le grief allégué. »

TGI Paris, 3e ch. 1re sect., 20 janv. 1999, *RD propr. int.* 1999, n° 96, 39.

« Attendu que bien plus, s'il est acquis que l'huissier de justice a recueilli certaines déclarations de M. S., ingénieur technico-commercial de la société CEIA International, et d'un "Monsieur M." dont la qualité n'est pas précisée mais dont on doit admettre qu'il est l'un des salariés de la société CEIA International, le procès-verbal de saisie-contrefaçon ne permet pas de savoir quelle a été précisément l'ampleur des déclarations de ces salariés et relativement à quel appareil;

Qu'en effet, l'huissier de justice n'indique pas les questions qu'il a posées et les réponses faites à chacune qu'il ne fait pas le départ entre les opérations et constatations qu'il a personnellement faites et qui seules font foi jusqu'à inscription de faux et les déclarations du conseil en propriété industrielle de la demanderesse d'une part, celles de Messieurs S. et M. d'autre part. »

Com. 6 avr. 1999, n° 97-14.193, *Bull. civ.* IV, n° 78, *PIBD* 1999, n° 682, III, 343.

« Vu l'article L. 615-5 du code de la propriété intellectuelle;

Attendu que pour déclarer nul le procès-verbal de contrefaçon et rejeter l'action en contrefaçon de la société, l'arrêt qui constate que l'huissier s'est contenté, pour la description d'un appareil à laquelle il pouvait, au moins dans ses principales lignes, procéder par lui-même dont c'était la mission, de retranscrire les déclarations de l'expert dépêché par la MAF retient que ce technicien l'a intégralement guidé dans ses opérations et que le procès-verbal viole directement les prescriptions légales et ne présente aucune garantie d'impartialité;

Attendu qu'en statuant ainsi, alors qu'il n'est pas interdit à l'huissier de transcrire intégralement, lors de la saisie, la description technique faite par le technicien qui l'assiste régulièrement dans ses opérations dès lors qu'il prend soin, comme en l'espèce, de le préciser et sous réserve qu'il vérifie, sur objection des détenteurs des objets décrits, l'exactitude de points de fait énoncés par le technicien ou, si une telle vérification lui apparaît impossible, qu'il mentionne l'objection dans son procès-verbal en précisant pourquoi il n'a pu procéder à la vérification, la cour d'appel a violé le texte susvisé. »

TGI Bordeaux, 1re ch., 23 nov. 1999, *PIBD* 2000, n° 699, III, 280.

« Dans son procès-verbal, la description faite par l'huissier des objets saisis est la suivante :

"Nous constatons la présence de :

– 34 casques vélo 'IN3' Bell (avec maintien occipital par sangles en boucle);

– 1 casque vélo 'Vertigo VR1' Bell (avec maintien occipital par appui articulé en'T'renversé)."

Cette description, dans sa simplicité, pouvait à l'évidence être faite par l'huissier lui-même, et n'a pas nécessité d'explications particulières du conseil en propriété industrielle qui l'accompagnait, ce qui suffit à justifier le défaut de toute précision à cet égard dans le PV, dont la demande de nullité n'est donc pas fondée et sera rejetée. »

Com. 21 mars 2000, n° 97-18.914, NP, *PIBD* 2000, n° 701, III, 334.

« Mais attendu que l'arrêt retient que seul le troisième paragraphe du procès-verbal de saisie-contrefaçon reproduit les constatations effectuées par l'homme de l'art accompagnant l'huissier et que ces constatations, faites en présence du représentant de la société Extenzo qui a signé le procès-verbal, ont été citées entre guillemets pour les distinguer de celles de l'huissier que c'est à bon droit, que la cour d'appel a rejeté l'exception de nullité du procès-verbal de saisie, dès lors qu'il n'est pas interdit à l'huissier de transcrire la description technique faite par l'homme de l'art qui l'assiste régulièrement dans ses opérations; que le moyen n'est pas fondé. »

Paris, 1re ch., aud. sol., 13 sept. 2000, *PIBD* 2001, n° 720, III, 258.

« Que ce texte n'interdit pas à l'huissier assisté d'un homme de l'art de transcrire dans leur intégralité les constatations techniques faites par ce dernier au cours des opérations de saisie, dès lors qu'il le précise dans son procès-verbal de manière à ce qu'elles puissent être distinguées de celles qu'il a personnellement effectuées et qu'il vérifie leur exactitude sur objection des autres participants. »

Com. 19 nov. 2002, n° 00-15.203, NP, *PIBD* 2003, n° 761, III, 173; *Propr. industr.* 2003, comm., n° 66, note J. Raynard.

« Attendu, en deuxième lieu, qu'ayant retenu que les opérations faites hors la surveillance personnelle constante de l'huissier demeuraient intégralement contrôlables par référence, en cas de besoin, à l'enveloppe identiquement composée et scellée, demeurée dans son coffre, la cour d'appel a légalement justifié sa décision. »

TGI Paris, 3e ch., 2e sect., 17 sept. 2004, *PIBD* 2005, no 799, III, 7.

« Mais attendu, comme le relève la demanderesse, que l'ordonnance autorisait l'huissier à procéder à "la description détaillée des cartouches d'encre pour imprimantes incriminées..." ; que cette description détaillée le conduisait nécessairement à procéder au démontage desdites cartouches pour, comme le lui prescrivait l'ordonnance, faire état de ses constatations;

Attendu que le fait que la mission donnée à l'huissier s'étende au dépôt au Centre technique des industries mécaniques (CETIM) des cartouches d'encre pour imprimantes saisies afin que le CETIM procède, après démontage, à la description des cartouches n'a pas pour effet de restreindre la mission donnée à l'huissier relative à la description détaillée desdites cartouches. »

Paris, 4e ch., sect. A, 15 déc. 2004, RG no 03/10092, *PIBD* 2005, no 804, III, 162.

« Qu'en l'espèce, selon les termes de l'ordonnance rendue sur requête par le président du tribunal de grande instance de Bobigny le 30 mai 2001, l'huissier instrumentaire a été autorisé à se faire accompagner d'un homme de l'art de son choix et notamment de Monsieur Didier Martin, conseil en propriété industrielle, ... dont "*il enregistrera les explications techniques en prenant soin de les distinguer de ses propres constatations*" ;

Que si l'article L. 615-5 du code de la propriété intellectuelle n'interdit pas à l'huissier assisté d'un homme de l'art de transcrire dans leur intégralité les constatations techniques faites par ce dernier au cours des opérations de saisie, il n'en demeure pas moins qu'il doit préciser dans son procès verbal celles qu'il a personnellement effectuées et vérifier l'exactitude des points de fait énoncés par le technicien;

Considérant d'une part, qu'il résulte de la lecture du procès verbal de saisie contrefaçon (page 5) que Monsieur Martin, sans y être autorisé, a procédé au démontage d'une poignée de l'autocuiseur, s'est livré à un interrogatoire des personnes présentes lors de la saisie en ces termes : "*Pouvez-vous nous communiquer la liste des modèles contenant le système de sécurité argué de contrefaçon*" ;

Que d'autre part, la rédaction de ce procès verbal (pages 6, 7, 8) :

"*M.Hallioua me déclare,*

Me remet,

Question de Monsieur Didier Martin...

Monsieur Martin me fait constater..."

manifeste un style impersonnel qui ne permet nullement de savoir si les descriptions des produits argués de contrefaçon sont rapportées par des constatations personnelles de l'huissier ou sont seulement enregistrées, sans vérification sur objection du détenteur des objets saisis, des explications de l'homme de l'art l'assistant, de sorte qu'elles ne sont pas identifiables;

Qu'enfin, il doit être relevé qu'à la demande de la partie saisie, l'huissier a consigné à la fin de son procès verbal que "*Monsieur Martin a utilisé les caractéristiques du brevet SEB pour décrire l'appareil argué de contrefaçon*" ;

Considérant que le caractère technique des constatations à opérer n'excuse pas l'intervention et les interpellations non autorisées de l'homme de l'art, lesquelles constituent des irrégularités de fond, de sorte que le tribunal a justement prononcé la nullité des opérations de saisie contrefaçon. »

Paris, 4e ch., sect. B, 20 mai 2005, *PIBD* 2005, no 814, III, 493; *RTD com.* 2007. 75, chron. Galloux.

« Que l'huissier instrumentaire a consigné dans le procès-verbal qu'il a dressé, au paragraphe 5/, qu'aucune observation n'avait été faite, tout en précisant, au paragraphe 6/ C), "Monsieur Laget Jean-Loup nous a assisté pendant toute la durée des opérations sur tous les aspects techniques de la description du matériel saisi" ; que, malgré la contradiction apparente de la rédaction du procès-verbal litigieux, il apparaît néanmoins à la lecture de cet acte que l'huissier a procédé personnellement à la description du matériel saisi; Qu'en effet, ainsi que l'a justement relevé le tribunal, il ressort du procès-verbal qu'aucun vocabulaire technique particulier n'est employé, mais qu'au contraire, la description établie, qui relève d'un simple examen visuel du matériel saisi ou de mesures à la portée d'un non technicien, ne procède pas d'une technicité nécessitant la reprise d'une description dictée par un expert; que l'emploi de la première personne du pluriel, pour relater les opérations de saisie, ne permet pas de remettre en cause le fait que les vérifications consignées sont personnelles à l'huissier, pas plus que le fait qu'il ait mentionné avoir été accompagné de l'expert pendant toute la durée des opérations de saisie; qu'en toute hypothèse, cette circonstance ne saurait avoir aucune incidence sur la validité du procès-verbal de saisie-contrefaçon; que le jugement sera donc confirmé sur ce point. »

Paris, 4e ch., sect. B, 28 oct. 2005, *PIBD* 2005, no 821, III, 1; *Propr. intell.* oct. 2006, p. 464, obs. de Haas; *RTD com.* 2007. 75, chron. Galloux.

« Mais considérant que la mission conférée à l'huissier suivant l'ordonnance du 28 novembre 1995 l'autorisait à "se faire assister pour l'aider dans sa description par tout homme de l'art ou expert autres que les subordonnés du requérant dont il enregistrera les explications sur les points qui échappent à sa compétence en distinguant nettement, dans les énonciations de son procès-verbal, celles résultant de ses constatations personnelles et celles qui lui sont dictées par l'homme de l'art ou l'expert qui l'assistent" et "à faire toutes recherches et constatations utiles à fin de découvrir l'étendue et la provenance de la contrefaçon, consigner les déclarations des répondants et toutes paroles énoncées au cours des opérations, mais en s'abstenant de toutes interpellations autres que celles nécessaires à l'accomplissement de sa mission" ;

Qu'au regard de cette mission, il ne peut être fait aucun reproche à l'huissier qui a énoncé dans son procès-verbal ses constatations personnelles et les déclarations effectuées par les parties présentes, aucun élément ne permettant de dire qu'il aurait procédé à des interpellations allant au-delà de son rôle de constatant. »

TGI Paris, 3e ch., 2e sect., 7 avr. 2006, RG n° 04/07132, *Jurinpi* B20060074.

« Mais attendu qu'aux termes de l'ordonnance précité l'huissier était autorisé *à se faire assister, pour l'aider dans sa mission par un ou plusieurs experts choisis par la requérante en dehors de ses salariés, dont il enregistrera les explications et les points qui échappent à sa compétence, en distinguant nettement, dans les énonciations de son procès verbal, celles résultant de ses constatations personnelles de celles qui lui seront dictées par l'expert*;

Que force est de constater que Maître X assisté de Monsieur Y, conseil en propriété industrielle, lors des opérations de saisie-contrefaçon du 20 avril 2004 effectuées dans les locaux de l'établissement secondaire de la société Axiohm de Puiseaux, commence toutes ses phrases dans son procès verbal par "*je constate. Monsieur Y déclare. Monsieur Z (représentant la société Axiohm) déclare, je procède. Monsieur Y procède. Monsieur Y demande et Monsieur Y prend des photographies*" ; qu'il a donc parfaitement distingué ses propres constatations de celles du conseil en propriété industrielle qui l'assistait. »

TGI Paris, 3e ch., 2e sect., 15 juin 2006, *PIBD* 2006, n° 839, III, 694.

« Il ressort par ailleurs du procès verbal de saisie que l'huissier instrumentaire était accompagné de Monsieur L., conseil en propriété industrielle. À aucun moment de son procès verbal l'huissier n'identifie les propos ou remarques de Monsieur L. Cependant, aucun élément ne laisse penser que ce dernier serait intervenu. Il n'y a en conséquence pas lieu d'annuler le procès verbal pour ce motif. »

TGI Paris, 3e ch., 1re sect., 15 nov. 2006, RG n° 03/17075.

« Attendu que, par contre, force est de constater que l'huissier n'a pas fait la distinction entre ses propres constatations et celles des personnes présentes lors de la saisie; que cette omission cause un grief incontestable à la société défenderesse, laquelle était en droit de se défendre face aux seules constatations de l'huissier, lequel ne peut a posteriori justifier de l'origine de ses déclarations; que dès lors le procès-verbal de saisie est nul. »

TGI Paris, 3e ch., 3e sect., 6 déc. 2006, RG n° 05/17995, *Jurinpi* B20060210.

« La société Link prétend en substance que dans le procès-verbal de saisie-contrefaçon, il ne peut être distingué entre les constatations de l'homme de l'art et celles personnelles de l'huissier, ce dernier s'étant contenté de reproduire sur 4 pages les propos de M. Perin, homme de l'art. Le présent juge relève que dans le procès-verbal attaqué, l'huissier distingue bien entre les actions et déclarations de l'homme de l'art (M. Perin examine les documents remis par les salariés de Sogea, demande d'en photocopier quelques-uns et fait lecture à l'huissier des passages de certains documents que ce dernier recopie) et les actions de l'huissier. »

TGI Paris, 3e ch., 3e sect., 13 déc. 2006, *PIBD* 2007, n° 849, III, 239.

« Attendu qu'il est reproché au procès-verbal de saisie contrefaçon dressé le 13 septembre 2006 par Maître Xavier Avalle ne de pas distinguer les énonciations des hommes de l'art, Messieurs François Tanty et Nicolas Cardon, assistant l'huissier des constatations personnelles de ce dernier, lequel n'aurait pas mené les opérations de saisie-contrefaçon. Attendu que s'agissant du produit référencé "JS 50", sa description commence par l'énonciation "Monsieur Tanty me déclare que le rayonnage comporte 4 colonnes d'angle à savoir..." et ne permet pas de savoir si l'huissier a bien constaté la véracité des déclarations de Monsieur François Tanty.

Attendu que concernant le produit référencé "JS 75" la description commence ainsi "Monsieur Tanty me déclare que le modèle exposé se compose de 2 racks mis bout à bout de même profondeur. Le rack de gauche étant plus large que le rack de droite. Je constate que le rack de droite comporte 2 colonnes de droite, d'une part, et 2 colonnes de gauche, d'autre part, qu'il partage avec le rack de gauche. Chaque colonne présente une forme similaire à celle du modèle précédemment décrit avec une section transversale en forme générale de U, un dos pourvu de 2 rangées d'évidements pour l'accrochage des longerons et 2 ailes latérales présentant des retours pourvus d'évidements supplémentaires pour l'accrochage d'éléments de rayonnage de la partie du rack en libre service.

Les retours sont terminés par des rebords définissant des fentes longitudinales dans lesquelles sont engagées les traverses formant le treillis métallique des montants du rack. Le système de fixation des longerons est similaire au modèle argué de contrefaçon".

Attendu qu'en procédant ainsi par référence à la description du premier produit laquelle a été effectuée par le conseil en propriété intellectuelle sans vérification de l'huissier, ce dernier n'a pas respecté les termes de sa mission qui était de mener les opérations de saisie contrefaçon et de rapporter ses constatations personnelles en les distinguant clairement des énonciations de ses assistants étant de plus relevé que les produits ne présentaient pas de technicité particulière rendant la tache de l'huissier particulièrement délicate.

Attendu en conséquence qu'il convient de constater la nullité du procès-verbal de saisie-contrefaçon dressé le 13 septembre 2006 par Maître Xavier Avalle, huissier de justice. »

TGI Lille, 1re ch., 15 mars 2007, *PIBD* 2007, n° 860, III, 597.

« En l'espèce, et d'une part, l'erreur de plume de l'huissier qui, sur la page de garde de son procès-verbal a laissé figurer le terme "constat" au lieu de le remplacer par les termes "procès verbal de saisie-contrefaçon" est sans portée sur la validité de l'acte.

D'autre part, il résulte du procès-verbal de signification d'ordonnance sur requête produit en pièce n° 6 par la société Ugitech qu'en l'absence d'un représentant de la direction de la société Creafibres, l'ordonnance autorisant la saisie-contrefaçon a été signifiée à Monsieur X, employé de ladite entreprise qui s'est déclaré "habilité à recevoir l'acte". L'huissier qui n'avait pas à contrôler cette déclaration d'habilitation a pu valablement signifier l'ordonnance à cet employé qui, par la suite, a permis à l'huissier d'accéder aux produits argués de contrefaçon en fournissant de nombreuses explications sur l'origine et l'utilisation de ces produits ce qui démontre qu'il avait alors, de fait, un certain pouvoir de contrôle sur les objets saisis.

Il résulte par ailleurs du même procès verbal de signification, qui fait foi jusqu'à inscription de faux, que l'huissier a bien envoyé la lettre simple prévue à l'article 658 du nouveau code de procédure civile.

Enfin, la lecture du procès-verbal de saisie-contrefaçon permet de constater que l'huissier a effectué personnellement un certain nombre de constatations, que ces constatations personnelles de l'huissier sont clairement distinguées et isolées des déclarations et explications qu'il a pu recevoir du conseiller en propriété industrielle et/ou de Monsieur X, employé de l'entreprise Creafibres. Dans ces conditions, la société Ugitech ne justifie pas de l'existence d'un quelconque motif de nullité de la saisie-contrefaçon. »

TGI Paris, 3e ch., 2e sect., 6 juill. 2007, *PIBD* 2007, n° 861, III, 627; *Propr. industr.* oct. 2007, comm. 76, note Raynard.

« Qu'il résulte des énonciations des procès-verbaux litigieux que les huissiers instrumentaires ont procédé, tant dans les locaux de la société Anteis France que dans ceux de la société Ophta Ouest, à un examen d'abord visuel puis au microscope des implants argués de contrefaçon;

Qu'ils ont l'un et l'autre précisé que la lentille présentait une partie optique circulaire ainsi que deux haptiques en forme de bras et, après utilisation du microscope, ils ont relevé une "marche avec une arête" au niveau du raccordement entre partie optique et partie haptique;

Que de telles constatations, qui présupposent des connaissances techniques dans le domaine spécifique considéré ainsi qu'une connaissance approfondie de l'invention brevetée, ont nécessairement été réalisées avec le concours des conseils en propriété industrielle les assistant lors des opérations de saisie, sans qu'il puisse être valablement soutenu que ceux-ci se seraient bornés à leur fournir le microscope;

Que les huissiers instrumentaires n'ont cependant pas pris le soin de distinguer dans leurs procès-verbaux leurs constatations personnelles des explications apportés par les experts, contrevenant ainsi aux prescriptions du paragraphe 3 des ordonnances autorisant la saisie selon lesquelles l'huissier est autorisé "à se faire assister d'hommes de l'art [...] dont il notera les explications sur les points qui échappent à sa compétence".

Attendu qu'il convient en conséquence de déclarer nuls les procès-verbaux de saisie-contrefaçon dressés le 19 janvier 2006 par Maître N. et Maître D., huissiers de justice associés à Rennes, agissant en vertu des ordonnances rendues le 13 janvier 2006 par le président du tribunal de grande instance de Rennes. »

Paris, 4e ch., sect. B, 28 sept. 2007, RG n° 06/04101, *Jurinpi* B20070130.

« Que le vice invoqué consistant dans le fait que l'huissier instrumentaire n'aurait procédé de lui-même à aucune constatation des faits de contrefaçon et s'en serait remis exclusivement à l'expert au mépris des termes de l'ordonnance autorisant la saisie-contrefaçon n'entre pas dans les cas ci-dessus énumérés; que ce motif relève en conséquence d'une nullité de forme qui consiste dans le non respect d'une règle formelle de rédaction de l'acte;

Considérant qu'aux termes de l'article 112 du nouveau code de procédure civile, la nullité pour vice de forme doit être formulée avant toute défense au fond; que tel n'a pas été le cas en l'espèce, la nullité en cause ayant été soulevée par la société Schäfer dans son troisième jeu de conclusions après avoir conclu sur le fond dans ses écritures d'appel des 25 novembre 2002 et 28 mai 2004; que cette exception de nullité n'est en conséquence pas recevable. »

TGI Paris, 3e ch., 1re sect., 24 oct. 2007, RG n° 01/18185.

« Dans sa rédaction du procès-verbal de saisie-contrefaçon, Me Nicolas n'a pas différencié les propos de M. Degret de ses propres constatations puisqu'il est dit :

"sur interpellation de notre part, M. Degret, expert, me décrit la benne dont s'agit et dont nous vérifions l'exactitude à savoir : *la benne se compose de...*"

S'il faut comprendre que les constatations relatées après l'expression à savoir sont celles de l'huissier, il n'est pas permis au tribunal de connaître les propos de M. Degret et de les différencier des constatations de l'huissier si bien qu'en réalité, il apparaît que la saisie descriptive a été réalisée par M. Degret et non par l'huissier qui a perdu le contrôle des opérations pour n'être qu'un assistant du conseil en propriété industrielle alors que l'huissier doit rester seul maître de ses opérations de saisie et ne se faire qu'assister par le conseil en propriété industrielle.

Cette irrégularité grave qui vicie toutes les opérations de saisie ne peut que conduire à prononcer la nullité de la saisie-contrefaçon du 20 décembre 2002. »

Paris, 4e ch., sect. A, 14 mai 2008, RG n° 06/22487, *Jurinpi* B20080087.

« Considérant que lors des opérations de saisie diligentées le 27 octobre 2003, d'une part, l'huissier instrumentaire était assisté de Dominique Ory, représentant la société Saeat Fluvita, d'autre part, était présent Philippe Plan, gérant de la société Clinipro; Que les termes employés à trois reprises au procès-verbal de saisie : "*Il m'est indiqué"* et notamment "*Il m'est indiqué que chacun des tubes est rempli de gaz. Chacun des tubes est relié par un élément conducteur*", ne permettent pas de distinguer les constatations personnelles de l'huissier instrumentaire de celles qui ont pu lui être dictées par l'homme de l'art qui l'assistait ou encore des déclarations effectuées par le saisi, de sorte qu'elles sont équivoques sur la personne du constatant. »

Paris, 4e ch., sect. A, 2 juill. 2008, RG n° 07/06442, *Jurinpi* B20080123.

« Qu'il s'ensuit que le procès-verbal ne permet pas de distinguer les constatations personnelles de l'huissier instrumentaire de celles qui ont pu être dictées par l'homme de l'art qui l'assistait, de sorte qu'il est équivoque sur la personne du déclarant;

Que la saisie-contrefaçon est une procédure exceptionnelle permettant à un breveté, avant tout procès contradictoire, de pénétrer chez un concurrent afin d'y procéder à des constatations tendant à apporter la preuve de la contrefaçon alléguée, de sorte qu'elle doit être diligentée dans le respect le plus strict des dispositions légales et des termes de l'ordonnance sur requête qui l'autorise;

Que force est de constater que l'huissier instrumentaire n'a pas respecté les termes de sa mission qui était de rapporter ses constatations personnelles en les distinguant clairement de celles de l'homme de l'art l'assistant, de sorte que cette irrégularité de fond affecte la validité des opérations de saisie-contrefaçon; que conformément à l'article 119 du code de procédure civile, la nullité peut être prononcée sans qu'il y ait lieu à justifier d'un grief;

Que cependant, l'annulation prononcée ne prive pas Ulrich Bohnacker de se prévaloir des photographies prises par l'huissier, de sorte qu'exemptes de toute critique ces pièces seront maintenues aux débats;

Que réformant la décision déférée sur ce point, la nullité du procès-verbal de saisie-contrefaçon sera partielle. »

TGI Paris, 3e ch., 1re sect., 5 mai 2009, RG n° 2007/06254, *Jurinpi* B20090070; *PIBD* 2009, n° 900, III, 1205.

« L'emploi d'une terminologie spécifiquement technique laisse penser que la constatation a été faite non par l'huissier lui-même mais par l'expert qui a suggéré à l'huissier de mentionner cette constatation, d'autant plus que l'huissier se doit de mentionner ce qu'il voit et non pas ce qu'il ne voit pas, surtout lorsqu'il s'agit d'un système technique très particulier.

Il en résulte que l'absence d'un dispositif tel que le tirant central sur le moyen à câble a été nécessairement mentionné par l'expert technique et non par l'huissier de justice. Dès lors, l'incertitude quant à l'identité de celui qui a constaté ce qui est mentionné dans le procès-verbal, huissier ou expert, affecte l'ensemble des mentions du procès-verbal de l'huissier et ne permet pas au tribunal de vérifier que l'huissier a conservé la maîtrise des opérations de saisie et a bien agi en qualité d'huissier instrumentaire.

Cette absence de distinction entre les constatations de l'huissier et les déclarations de l'expert dans le procès-verbal de constat, porte nécessairement grief à la société Evi Sarl, dans la mesure où la force probante des unes n'est pas celle des autres, les constatations de l'huissier de justice valant jusqu'à inscription de faux contrairement à celles de l'expert.

De fait, c'est à juste titre que la société Evi Sarl a sollicité la nullité du procès-verbal des opérations de saisie-contrefaçon pratiquée le 20 avril 2007. »

TGI Paris, 3e ch., 1re sect., 30 juin 2009, RG n° 07/03182.

« Il ressort de la lecture du procès-verbal de saisie-contrefaçon que Monsieur Bernard Pontet, expert technique, conseil en propriété industrielle, ne s'est toutefois pas limité à une mission d'assistance pour éclairer l'huissier sur des points techniques qui pouvaient lui échapper, mais a joué un rôle essentiel dans la conduite des opérations puisqu'il a fourni à l'huissier une longue description orale des produits argués de contrefaçon, sans que l'huissier ne fasse aucune autre constatation ni description.

S'il a distingué les déclarations faites par Monsieur Pontet, celles faites par Madame Chainey et ses constatations, l'huissier n'a réalisé aucune description du produit argué de contrefaçon qui n'est pas d'une complexité technique telle qu'il ne pouvait y procéder. Le procès-verbal repose pour l'essentiel sur les propres constatations du conseil en propriété industrielle et révèle l'inversion des rôles qui s'est produite pendant les opérations de saisie au cours desquelles l'huissier s'est borné à enregistrer les déclarations de Monsieur Pontet et de Madame Chainey.

La violation ainsi commise des termes de l'ordonnance précitée, constitue une irrégularité de fond qui affecte les opérations dans leur ensemble et commande l'annulation du procès-verbal de saisie-contrefaçon. »

Paris, pôle 5, ch. 1, 23 sept. 2009, RG n° 07/20590, *Jurinpi* B20090144.

« Considérant que la société Birdie, sur le constat que, pour décrire les catalogues Ikéa objets de la saisie contrefaçon, l'huissier instrumentaire emploie des expressions telles que "bandes de renforcement" ou "pincées entre les bandes de renforcement", termes éloignés du langage usuel, mais relèvent d'une discussion propre aux caractérisations du brevet, en déduit que ces parties descriptives lui ont été dictées par l'expert qui l'accompagnait, de sorte que le procès-verbal doit être annulé;

Mais considérant que la circonstance que la description de certains éléments de la reliure emprunte à la terminologie du brevet, dès lors, ainsi que le tribunal l'a exactement relevé, que l'huissier a pris soin de distinguer ses propres constatations des précisions apportées par le conseil en propriété intellectuelle en présence duquel il procédait, est sans incidence sur la réalité et la valeur probante des constatations, que le moyen n'est pas fondé. »

TGI Paris, 3e ch., 3e sect., 30 sept. 2009, RG n° 07/16857, *Jurinpi* B20090157.

« Il est constant qu'en application de l'article L. 615 du code de propriété intellectuelle, l'huissier doit procéder personnellement aux opérations de saisie-contrefaçon, l'assistance d'un expert n'étant là que lorsque la technicité de l'invention est telle que l'huissier ne peut décrire seul ce qu'il constate.

En l'espèce, il y a lieu de remarquer :

* que les brevets en cause portent sur des inventions qui ne nécessitent pas l'emploi d'un vocabulaire particulier ni ne relèvent d'une haute technicité;

* que le contenu du procès-verbal démontre que l'huissier a été actif dans l'opération de saisie : il décrit très précisément le déroulement de celle-ci ainsi que les interventions des participants; notamment il a noté en page 6 l'intervention de M. Vander H qui lui a signalé le "R" porté sur l'une des pièces et a également mentionné à plusieurs reprises les propos de M. G, gérant de la société TP SL;

* que la circonstance que l'huissier a utilisé le vocabulaire du brevet pour décrire la pièce litigieuse ne saurait démontrer qu'il n'a pas procédé à des constatations personnelles dès lors d'une part que l'huissier indique dans un courrier produit aux débats qu'il avait préalablement pris connaissance du brevet et d'autre part que le vocabulaire utilisé, simple par ailleurs, était le seul susceptible de rendre compte de la structure de la pièce ainsi que cela ressort des photographies produites en annexe;

* que la rature portant sur le terme "ailes" remplacé par "L" ne prouve pas non plus que l'huissier a écrit sous la dictée du conseil en propriété industrielle, les photographies démontrant que la pièce litigieuse comporte des ailes ou joues, chacune d'entre elle étant en forme de "L"; qu'aussi la confusion de l'huissier entre ces deux termes est parfaitement compréhensible.

En conséquence, ce grief portant sur les opérations de saisie-contrefaçon n'est pas fondé. »

Douai, ch. 1, sect. 2, 25 févr. 2010, RG n° 08/08777.

« L'huissier a annexé au procès-verbal du 4 janvier 1996 trois pages de dessins censés représenter le conteneur et le couvercle, dont il ne précise pas l'origine;

Il ressort de la comparaison avec les autres procès-verbaux de saisie-contrefaçon établis à la demande de Madame Justamente et de la société Cardis courant 1995 à Ivry, Strasbourg, Avranches, que des dessins quasiment identiques sont également joints à ces procès-verbaux, même tracé, même graphisme...;

Il s'ensuit que ces croquis n'ont pas été dressés par l'huissier de justice pendant ses opérations mais ont été pré-constitués et remis à l'huissier à l'occasion de la saisie;

Et il ressort de la lecture du procès-verbal que l'huissier de justice a mêlé dans la rédaction de son acte ses propres constatations à la description des dessins en question en effectuant sa propre description des objets contrefaisants et du procédé en cause en se référent auxdits dessins; ainsi on peut y lire : "la première opération consiste à monter le carton qui sera appelé conteneur et référencé n° 3 dans les trois pages de dessins annexés... La seconde opération consiste à rabattre successivement vers l'intérieur les 2 pans supérieurs référencés (30) et (31) et qui sont séparés par une bande (32) du reste des faces du conteneur (figure 2)";

Alors que seules les constatations faites par l'huissier ont force probante jusqu'à inscription de faux, l'absence de distinction par l'huissier entre ses constatations personnelles et les éléments qui lui ont été remis constitue une irrégularité de fond qui entache le procès-verbal de saisie-contrefaçon mais seulement en sa partie consacrée à la saisie descriptive qui sera déclarée nulle;

Par contre l'huissier était autorisé à saisir deux cartons; cette saisie réelle n'est pas affectée par l'irrégularité ci-dessus caractérisée, et sa validité n'est pas autrement remise en cause. »

TGI Paris, 3e ch., 3e sect., 3 mars 2010, RG n° 09/00788.

« La société Nomisma reproche également à l'huissier de n'avoir pas distingué les constatations qu'il a effectuées par lui-même des constatations qui ont du être le résultat des interventions du conseil en propriété industrielle qui l'accompagnait et qui sont mises en évidence par l'emploi, pour décrire le produit argué de contrefaçon, de termes de nature technique ou dont la proximité est recherchée avec ceux du brevet invoqué ("disque circulaire [...] denté à sa périphérie", "déflecteur", "racleur en forme de lame").

Le tribunal observe que s'il est souhaitable que l'huissier distingue les constatations qu'il fait personnellement de celles qui lui sont dictées par les conseils en propriété intellectuelle qui assistent à la saisie, encore faut-il que les termes utilisés révèlent une technicité telle que seul un homme du métier pourrait les employer.

En l'espèce, il convient d'observer que les expressions retranscrites ci-dessus se trouvent toutes dans le dictionnaire "Petit Larousse illustré". Dès lors, l'emploi de ces termes n'établit pas, en soi, que l'huissier n'a pas fait ces constatations par lui même et qu'elles lui auraient été dictées par un conseil en propriété intellectuelle. »

Paris, pôle 5, ch. 2, 19 mars 2010, RG n° 08/14724.

« Considérant que la société Zumex soulève la nullité du procès-verbal de saisie-contrefaçon du 8 novembre 2006 sur lequel le tribunal s'est appuyé pour retenir la contrefaçon de cinq des revendications opposées au motif que l'huissier se borne à retranscrire les constatations du conseil en propriété industrielle, Monsieur Schouller, qui l'accompagne.

Considérant que ce procès-verbal est rédigé dans ces termes : "Sur le stand situé [...] est exposée une centrifugeuse de marque Zumex. Il m'est déclaré que cette machine est le modèle Sunnyland Z. Elle est composée d'un corps massif avec un réservoir à l'arrière. L'ensemble comporte un couvercle et un robinet sur la face avant. Le couvercle comporte une goulotte dans laquelle vient se placer un poussoir."

Monsieur Schouller me déclare, après que le couvercle ait été démonté que :

"L'embase de la centrifugeuse supporte une trémie de forme conique qui est tronqué par un fond plat en forme de disque. La surface du fond est pourvue de picots formant une râpe. La trémie est couplée au moteur rotatif de sorte qu'elle peut être entraînée en rotation. La goulotte comporte un fût supérieur qui s'étend au-dessus du couvercle ainsi qu'un fût inférieur qui s'étend au-dessous du couvercle. La paroi intérieure du fût inférieur est pourvue de quatre nervures diamétralement opposées deux à deux. L'une des nervures qui est de plus grande dimension radiale présente une forme à peu près rectangulaire alors que les trois autres nervures de plus faible dimension ont une forme arrondie. Le fût inférieur de la goulotte débouche de façon légèrement décalée par rapport au centre de la râpe, laquelle est circulaire vient comme le fût inférieur lors de la mise en œuvre de la centrifugeuse. Le fruit est repoussé vers la périphérie extérieure de la goulotte, la grande nervure ayant tendance à bloquer le fruit dans sa rotation.

Le poussoir est cylindrique et possède une périphérie lisse et un fond échancré maintenant le fruit en position contre la râpe.

Le poussoir possède une longueur légèrement inférieure à la hauteur totale de la goulotte. Dans sa partie basse le poussoir s'étend au voisinage des nervures, sans cependant entrer en contact avec ces dernières. On peut noter que le poussoir est libre en rotation dans la goulotte. Après mesure, je constate que le diamètre intérieur du fût supérieur est plus petit que le diamètre intérieur du fût intérieur".

Monsieur Schouller me précise que les "picots de la râpe sont disposés en forme d'escargot dans la partie centrale ce qui induit une plus grande densité de picots dans la partie centrale".

Considérant que l'huissier a ainsi distingué ses propres constatations de celles du conseil en propriété industrielle en les lui attribuant nommément; que cette précaution qui permet de faire le départ entre les constatations de chacun conduit à rejeter la demande en nullité du procès-verbal. »

Bordeaux, ch. 1, sect. A, 24 mars 2011, RG n° 09/01784.

« Il résulte de la lecture des dispositions de l'article L. 615-5 du code de la propriété intellectuelle, que l'huissier désigné pour procéder à l'établissement d'un procès-verbal de saisie-contrefaçon par décision judiciaire peut être assisté d'experts désignés par le requérant et dispose d'un libre choix en ce qui concerne la spécialisation de ceux-ci.

L'huissier doit procéder lui-même à la description de l'objet saisi argué de contrefaçon. Il ne lui est cependant pas interdit ainsi que l'a souligné à bon droit le tribunal de transcrire également dans son intégralité la description faite par les experts régulièrement désignés qui l'assistent sous réserve toutefois dans cette hypothèse de distinguer dans le cadre de la rédaction du procès verbal ses constatations personnelles de celles des experts.

Pour établir un manquement à ce principe de nature à affecter la validité de la saisie-contrefaçon, il est fait état des termes choisis pour la description des casques qui présentent une proximité manifeste et recherchée avec les termes du brevet européen EP 0682885 qui ne pouvaient émaner que des experts. Néanmoins cette interprétation subjective ne peut suffire en l'absence d'autres éléments à rapporter la preuve du bien fondé de ces assertions dès lors que le professionnalisme des huissiers instrumentaires qui ont réitéré la rédaction de tels procès-verbaux de saisie-contrefaçon à maintes reprises à la requête de la société Time Sport International ont manifestement acquis des connaissances spécifiques et une parfaite approche des données du dossier qu'ils ont su utiliser sans qu'il puisse être établi qu'ils aient pu s'emparer de descriptions émanant des experts les ayant assistés dont ils n'auraient pas indiqué les auteurs dans le procès-verbal litigieux. »

Colmar, ch. 1, sect. A, 25 janv. 2011, RG n° 08/00004, *JurisData* n° 2011-002287.

« Attendu que les sociétés D. Équipement et Cartonnage de Colmar soutiennent que le procès-verbal de saisie-contrefaçon du 27 mars 1995 est nul dès lors que l'huissier de justice n'a pas distingué entre ses constatations personnelles et les explications techniques du conseil en propriété industrielle qui l'accompagnait et que ses constatations ont été faites en référence à un dessin préexistant;

Attendu, certes, que Me G. a annexé à son procès-verbal cinq croquis représentant le conteneur et son couvercle, objets de la description, ou des parties de ceux-ci, qu'il n'a manifestement pas établis puisque des dessins identiques ont été annexés à des procès-verbaux de saisie-contrefaçon dressés par d'autres officiers ministériels à la requête de Mme J. et de la société Cardis dans des établissements hospitaliers d'Ivry-sur-Seine, de Valenciennes et d'Avranches (annexes n° 7, 8 et 9 des appelantes);

Mais attendu qu'il a procédé à une description précise des diverses phases de l'opération d'emballage exécutée sous ses yeux par l'agent de la clinique Bethesda et du conteneur utilisé; que la circonstance qu'il ait, compte tenu du caractère technique des opérations, utilisé une terminologie particulière, reprise dans les procès-verbaux précités de saisie-contrefaçon, et jugé opportun de se référer aux schémas qui lui avaient été remis par M. K., le conseil en propriété intellectuelle qui l'accompagnait, est en elle-même insuffisante pour affirmer qu'il n'a pas personnellement constaté les informations portées dans le procès-verbal et qu'il s'est contenté de retranscrire les déclarations de l'expert; que d'ailleurs, à aucun moment, les sociétés D. Équipement et Cartonnage de Colmar ne prétendent que la description faite par Me G. serait inexacte ou même tendancieuse;

Attendu, dans ces conditions, que c'est à juste titre que les premiers juges ont retenu que le procès-verbal de saisie-contrefaçon du 27 mars 1995 est régulier au regard de l'article L. 615-5 du code de la propriété intellectuelle; que la saisie descriptive effectuée le 28 octobre 1998 sur la base d'un des conteneurs saisis le 27 mars 1995 et de son couvercle n'appelle pas davantage une quelconque critique; que ces deux procès-verbaux peuvent être utilement invoqués par les intimés comme mode de preuve de la contrefaçon alléguée. »

Paris, pôle 5, ch. 2, 17 juin 2011, RG n° 09/09418.

« Considérant que la mission fixée à l'huissier instrumentaire par l'ordonnance du président du tribunal de grande instance de Paris en date du 7 juin 2006, consistait à décrire la structure du bloqueur argué de contrefaçon après avoir procédé à son démontage;

Considérant que, contrairement à l'affirmation des intimées qui ne prétendent nullement que l'huissier aurait manqué à sa mission en omettant de décrire telle ou telle pièce, l'absence dans le procès-verbal, de description de l'opération de démontage du boîtier est sans incidence sur la validité des opérations;

Qu'il en va de même du moyen tiré de la difficulté de décrire à l'œil nu les pièces en cause, moyen que leur seule contemplation suffit à écarter, ou encore du moyen tiré d'une prétendue reprise littérale des revendications, que la seule lecture de la description faite par l'huissier permet de rejeter. »

TGI Paris,3e ch., 4e sect., 20 oct. 2011, RG n° 10/03294.

« La SAS Matel Group conteste la validité du procès-verbal de saisie-contrefaçon du 28 janvier 2010 sur le fondement de l'article 117 du code de procédure civile, au motif que l'huissier de justice n'avait eu qu'un rôle secondaire aux côtés des conseils en propriété industrielle qui l'accompagnaient lors de la saisie.

Or, il convient de relever que tout au long de la saisie, l'huissier de justice ponctue l'ensemble de ses constatations par les éléments suivants "je peux constater" (3 fois), "j'observe" (2 fois), "je peux relever", "j'observe", "je précise", "je peux remarquer", "je peux observer", "je ne peux observer que" pour 2 pages de procès-verbal de constat.

Par ailleurs, les interventions des deux conseils en propriété industrielle sont très clairement relatées par l'huissier de justice, lorsqu'il indique "Monsieur Levallois me fait remarquer", "Après découpe par Monsieur Levallois", et enfin "Monsieur Levallois a meulé".

Il indique également quelles ont été les interventions de Monsieur Gabay, le représentant de la SAS Matel Group.

Il n'est donc fait aucun doute sur les rôles respectifs des uns et des autres au cours des opérations de saisie-contrefaçon, et il est établie que l'huissier de justice avait eu un rôle prépondérant dans ses constatations personnelles et que les conseils en propriété industrielle n'avaient eu qu'un rôle accessoire et s'étaient cantonnés à découper ou à meuler les objets saisis et avaient à une reprise fait observer un point à l'huissier, ce qui est noté par l'huissier et est autorisé dans le cadre de ce type de saisie.

La question du vocabulaire technique utilisé par moment par l'huissier dans ses constatations est dans ces conditions inopérante dans le cas d'espèce.

Dès lors, il n'est pas démontré que l'huissier n'avait pas procédé lui-même aux constatations ni qu'il existait une éventuelle incertitude quant à l'identité de celui qui avait procédé aux constatations.

En conséquence, il y a lieu de rejeter le moyen de nullité soulevé au titre de la nullité du procès-verbal de saisie-contrefaçon du 28 janvier 2010. »

▸ 132.102 Force probante de la description et erreur de description

Paris, 1er juill. 1977, *PIBD* 1978, n° 213, III, 187.

En ce qui concerne le brevet n° 1 541 592, il faut noter que même dans l'hypothèse où celui-ci est valable la contrefaçon ne peut être constatée en raison notamment des déficiences du procès-verbal de saisie. En effet, la force probante jusqu'à inscription de faux ne s'attache qu'à ce que l'huissier a constaté lui-même et non aux constatations de l'homme de l'art seulement transcrites par l'officier ministériel.

Nancy, 12 mars 1991, *RD propr. ind.* 1991, n° 34, 30.

« Qu'il n'a pas pu se référer d'autre part au dessin n° 2 figurant sur le sachet saisi, ledit sachet ne lui ayant été remis qu'après qu'il ait effectué ses constatations ainsi que l'indique la chronologie du procès-verbal;

Qu'ainsi les constatations rapportées au procès-verbal de saisie-contrefaçon n'ont pu être opérées par l'huissier lui-même et que dès lors l'inscription de faux incidente formée par les sociétés Duhalle et Delatour est bien fondée; qu'il sera fait droit à leurs demandes. »

TGI Paris, 22 nov. 1996, *PIBD* 1997, n° 628, III, 137.

« Il est reproché à l'huissier d'avoir repris les revendications du brevet, et ce, sous la dictée d'un tiers, au lieu de procéder à des constatations personnelles, et d'avoir omis de signaler l'intervention du tiers.

En soi, la circonstance que l'huissier se fasse assister d'un homme de l'art qui le guide quant aux constatations utiles à opérer, et l'utilisation d'une terminologie identique à celle du brevet ne sont pas stigmatisables, et se justifient par le caractère technique des opérations.

En revanche, et pour que les constatations de l'huissier revêtent la force probante attachée à l'acte authentique, il est impératif que l'huissier ait personnellement vérifié ce que l'homme de l'art lui a désigné. »

TGI Paris, 3e ch., 2e sect., 13 mars 1998, *RD propr. int.* 1998, n° 85, 29.

« Attendu en premier lieu que chacun des huissiers a été dûment autorisé à se faire assister d'un expert; qu'il est constant que ces officiers ministériels ont personnellement réalisé les opérations dont ils rendent compte; que les constatations qu'ils relatent soient faites avec le concours des experts et reprennent leur description technique n'est pas de nature en soi à affecter la régularité du procès-verbal. »

TGI Paris, 3e ch., 6 oct. 2000, *PIBD* 2001, n° 713, III, 52.

« Attendu que l'ensemble des constatations incriminées, rapportées au procès-verbal de saisie-contrefaçon, n'ayant pu être opérées par l'huissier lui-même, l'inscription de faux incidente formée par la société Broyeurs Bugnot est bien fondée; qu'il y sera fait droit. »

TGI Paris, 3e ch., 3e sect., 28 sept. 2001, RG n° 01/00035, *Jurinpi* B20010188.

« Technogenia reconnaît que sur l'étiquette d'un produit déposé au greffe du tribunal de grande instance d'Angers le 23 avril 1999 par Me P., huissier de justice, il est mentionné "8512 diamètre 10 mm" et non "8112 diamètre 6,5 mm" comme cela est pourtant indiqué dans le procès-verbal de saisie-contrefaçon. [...]

Cette erreur matérielle manifeste qui n'affecte pas le procès-verbal de saisie-contrefaçon ni le procès-verbal de dépôt au greffe puisqu'il vient d'être démontré que leurs énonciations attaquées sont vraies, conduit à rejeter l'incident d'inscription de faux et à dire que la mention portant l'erreur signifie en réalité "8112 diamètre 6,5 mm". »

TGI Paris, 3e ch., 1re sect., 20 juill. 2006, RG n° 03/04303, *Jurinpi* B20060156.

« Attendu que la société Marianne Innovation demande au tribunal de déclarer nul le dit procès-verbal de saisie et ce pour différents motifs; Qu'elle reproche en premier lieu à l'huissier ayant pratiqué la saisie d'avoir fait pression sur une de ses associées pour que cette dernière établisse une facture relative au matériel saisi; qu'elle produit en ce sens diverses attestations; qu'il convient d'observer toutefois que le procès verbal fait foi jusqu'à inscription de faux, que force est de constater qu'aucune inscription de faux n'a été formée par la société Marianne Innovation. »

TGI Paris, 3e ch., 3e sect., 3 mars 2010, RG n° 09/00788.

« La société Nomisma reproche également à l'huissier d'avoir indiqué "sous le couvercle dudit monnayeur se trouve un disque de forme circulaire qui tourne sur un axe central à l'aide d'un moteur électrique" alors que la présence d'un tel moteur n'a en aucune manière pu être constatée par l'huissier en l'absence de toute ouverture, à ce moment de la saisie de l'appareil argué de contrefaçon.

Bien que le tribunal relève que l'huissier qui avait précédemment décrit la mise sous tension de l'appareil pouvait sans aucune connaissance technique supposer que la rotation du disque qu'il constatait était due à la présence d'un moteur électrique, il est exact que l'huissier a excédé ses pouvoirs en évoquant un moteur électrique qu'il ne pouvait pas voir.

Pour autant, cet élément qui relève plutôt de la procédure d'inscription de faux qui n'a pas été introduite, n'entraîne pas la nullité de l'ensemble du procès verbal de saisie contrefaçon, mais retire uniquement toute force probatoire à un élément (présence du moteur électrique) que l'huissier n'a pas par lui-même constaté.

Dans ces conditions, il n'a pas lieu de prononcer la nullité du procès verbal de saisie contrefaçon. »

▸ 132.103 Informations comptables

Aix-en-Provence, 1er déc. 1976, *Ann. propr. ind.* 1978. 293; *PIBD* 1977, n° 186, III, 63.

« Attendu que pas davantage le magistrat des référés ne pouvait refuser au breveté de faire rechercher par huissier dans la comptabilité et papiers commerciaux tous renseignements concernant l'origine des éléments utilisés dans la fabrication des produits argués de contrefaçon. »

Paris, 4e ch., 8 juill. 1993, *PIBD* 1993, n° 555, III, 673.

« Considérant que HGA ne soutient en appel qu'un seul moyen de nullité, à savoir que le procès verbal de saisie-contrefaçon dressé le 17 novembre 1989 est entaché d'irrégularités graves, comme la présence de M. L. qui ne servait que de prétexte pour avoir accès à des informations d'ordre commercial, et celle de l'expert comptable M. C. qui a outrepassé les termes de l'ordonnance en examinant certains bordereaux de livraison sans rapport avec les termes de la mission qui lui était impartie.

Mais considérant que l'ordonnance autorisant la saisie-contrefaçon dont s'agit, rendue en date du 23 septembre 1984, précise : "Autorisons l'huissier instrumentaire à se faire assister pour l'aider dans sa description par tout homme de l'art et/ou expert ainsi que toute personne mandatée par la requérante".

Que M. L., muni d'un pouvoir, visé par l'huissier, avait été régulièrement autorisé à assister aux opérations de saisie; qu'il en est de même de l'expert comptable, M. C.; que dès lors qu'il n'a été fait état d'aucun incident, ni comportement de leur part de nature à avoir fait dégénérer la saisie en manœuvre dolosive et l'avoir détournée de son but, il y a lieu, à la suite des premiers juges, de valider cette saisie-contrefaçon. »

TGI Paris, 3e ch., 30 juin 1994, *PIBD* 1994, n° 576, III, 527.

« Force est de constater qu'en absence de saisie réelle du briquet argué de contrefaçon, les opérations de saisie, en ce qu'elles se sont déroulées dans un établissement Pollyflame de la société Borsumij, laquelle ne conteste pas avoir pour enseigne Pollyflame, et en ce qu'elles ont porté, également, sur la photocopie de documents comptables, n'ont pas excédé les limites fixées par l'ordonnance du 30 juin 1992. »

▸ 132.104 Nombre d'échantillons pouvant être prélevés

Com. 29 mars 1977, *PIBD* 1977, n° 200, III, 355.

Enfin, ayant relevé que l'ordonnance du président du tribunal autorisait la saisie réelle, en deux exemplaires, « des sacs de vulcanisation argués de contrefaçon », elle a pu estimer que l'huissier n'avait pas dépassé les limites de cette autorisation en saisissant deux exemplaires de chacun des trois modèles de sacs de vulcanisation trouvés dans l'usine Michelin, ni lui ni l'homme de l'art n'étant en mesure d'apprécier si les vulcanisats étaient les mêmes, dès lors que leurs dimensions étaient différentes.

TGI Paris, 8 janv. 1997, *PIBD* n° 634, III, 352.

« Mais attendu, d'une part, qu'en procédant à la saisie de deux exemplaires des éléments techniques, informatiques et juridiques, alors que par un rajout manuscrit, le juge des requêtes n'avait autorisé qu'une copie, l'huissier instrumentaire a outrepassé la mission qui lui était confiée.

Que, d'autre part il n'a déposé au greffe correctionnel qu'un exemplaire des disquettes et documents saisis et non l'ensemble des éléments appréhendés, comme prévu au point 3 de l'ordonnance.

Attendu que ces irrégularités causent grief aux sociétés défenderesses; qu'en effet, elles ont permis la remise d'un jeu de disquettes à M. A., collaborateur salarié d'une société concurrente; que ce dernier, dont la mission consistait, aux termes de l'ordonnance sur requête, "pour faciliter et accélérer les investigations" de l'huissier "à tirer des copies des disquettes, disques durs, programmes [...]", a analysé et comparé les programmes informatiques saisis. »

TGI Toulouse, 12 mars 1998, *PIBD* 1998, n° 656, III, 321.

« Si l'ordonnance du 25 avril 1996 autorisait l'huissier de justice à procéder à la saisie description des produits ou procédés suspects de contrefaçon dans les locaux de l'hôpital Purpan et de la SA Newmedic international, l'huissier n'a été autorisé à saisir réellement qu'un seul exemplaire des objets argués de contrefaçon pour être déposé au greffe aux fins de toute expertise ou examen ultérieur qui s'avérerait nécessaire.

Or, il ressort du procès-verbal de saisie-contrefaçon du 2 mai 1996 que M^e^ X, huissier de justice, a saisi :

– dans un premier temps, à l'hôpital Purpan, "un chargeur Nicad, un audio Impur Selector, un *speech processor* Spectra 22, un Cochlear Implant, un accessoire kit et un Headset",

– dans un second temps, au siège de la SA Newmedic International, les mêmes éléments, outre un "*plug back* Euro".

L'huissier est ensuite retourné à l'hôpital Purpan où il a restitué le matériel au service du Professeur F., et c'est le matériel saisi auprès de la SA Newmedic qui a été déposé au greffe du tribunal d'instance de Toulouse.

Il en résulte que le matériel actuellement déposé au greffe a été saisi auprès de la SA Newmedic International alors que l'huissier avait épuisé son droit de saisie réelle lors de la saisie pratiquée auprès de l'hôpital Purpan.

La violation d'une des conditions définies à l'ordonnance constituant une irrégularité de fond qui affecte la validité du procès-verbal de saisie-contrefaçon indépendamment de tout grief, il y a lieu de prononcer la nullité du procès-verbal de saisie-contrefaçon du 2 mai 1996 et d'ordonner la levée des scellés et la restitution du matériel saisi à la SA Newmedic International. »

Aix-en-Provence, ch. réunies, 12 févr. 1999, *JCP E* 1999. I. 1631, obs. Greffe; *PIBD* 1999, n° 678, III, 265; *RD propr. int.* 1999, n° 98, p. 42.

« L'ordonnance l'habilitait en effet à "procéder à la saisie réelle en deux exemplaires de tous modèles de sac à mains susceptibles de constituer une contrefaçon du modèle de sac ci-dessus décrit".

Il en découle que l'huissier pouvait pratiquer une saisie en deux exemplaires de chacun des modèles pouvant correspondre à cette désignation, sans limitation du nombre de ces modèles, d'une part, et sans risque d'arbitraire, d'autre part, son appréciation personnelle ne s'exerçant que dans les termes de la description ainsi visée et se trouvant en toute hypothèse soumise à un débat contradictoire sur le fond. »

TGI Paris, 3e ch., 18 mai 1999, *PIBD* 2000, n° 690, III, 31.

« Attendu que l'ordonnance afin de saisie-contrefaçon en date du 3 décembre 1996 a autorisé "l'huissier instrumentaire à saisir réellement en deux exemplaires une paire de chaussures ou de bottes [...]".

Attendu que l'huissier a procédé à la saisie d'une paire de bottes et non de deux; que, toutefois, conformément à l'adage selon lequel "qui peut le plus, peut le moins", le fait de ne saisir qu'une paire de bottes n'est pas susceptible d'entraîner l'annulation des opérations de saisie; que seul le demandeur à la saisie peut subir un préjudice de ce chef dans la mesure où il ne dispose que d'une paire de bottes à titre de preuve de l'éventuelle contrefaçon alléguée. »

Paris, 4e ch., sect. B, 29 mars 2002, *Ann. propr. ind.* 2002. 199

« Mais considérant qu'en l'absence de toute argumentation nouvelle en appel, la Cour ne peut qu'adopter les motifs pertinents des premiers juges qui ont rejeté cette demande en retenant que :

– le fait de procéder à la saisie d'une paire de bottes n'entraînait nullement la nullité de la saisie puisque l'huissier n'avait pas outrepassé ses pouvoirs et que cette saisie limitée ne pouvait porter préjudice qu'au titulaire du brevet qui disposait ainsi d'un nombre restreint d'objets pouvant être examinés dans le cadre d'une expertise [...] »

TGI Paris, 3e ch., 1re sect., 30 sept. 2008, RG n° 06/11319, *Jurinpi* B20080135.

« Le fait de saisir 3 catalogues au lieu de 2 catalogues est une erreur équivalant à une nullité de forme; s'agissant de documents commerciaux librement disponibles, les sociétés Bebecar doivent établir la preuve d'un grief généré par cette saisie supplémentaire d'un catalogue; or, en raison même de ce que ces documents sont distribués aux consommateurs, les sociétés saisies ne démontrent subir aucun grief du fait que la saisie a porté sur 3 catalogues au lieu de 2.

À supposer même que la saisie des catalogues eût été fautive, seule cette saisie réelle de documents commerciaux serait annulée mais le reste du procès-verbal de saisie, en ce compris la saisie descriptive et la saisie des deux châssis de poussettes, resterait valable et régulière.

Il convient de rejeter la demande de nullité du procès-verbal de saisie-contrefaçon du 12 juillet 2006 fondée sur la saisie des catalogues comme mal fondée. »

▸ 132.111 Définition de la saisie réelle

TGI Paris, 10 mars 1994, *PIBD* 1994, n° 569, III, 349.

« Il suit des faits rappelés ci-dessus que, dans le délai d'un mois imparti par l'ordonnance du 2 mars 1992, M. B. a fait matériellement appréhender les documents et données informatiques; qu'il en a ainsi privé la société Matra pendant le délai nécessaire à la reprographie, avant de les restituer; qu'une telle opération ne saurait s'analyser en une description, puisque l'appréhension matérielle, avec toute la gêne que cela entraîne pour le saisi, a été suivie d'une conservation des documents, tels que saisis, sans aucune description.

Une telle façon de faire ne correspond pas à la description qui échappe à la nullité édictée par l'article L. 615-5 du code de la propriété intellectuelle.

En conséquence, les opérations de saisie diligentées à l'encontre de la société Matra Marconi Space seront déclarées nulles en application de l'article L. 615-5 du code de la propriété intellectuelle. »

Paris, 4e ch. A, 20 déc. 2000, *PIBD* 2001, n° 718, III, 203.

« Considérant, sur le second point, qu'il est constant que Gérard Barkats a fait pratiquer, le 21 avril 1994, une saisie-contrefaçon sur les copies et photocopies de pièces et documents déposées au greffe du tribunal de grande instance de Paris, les 16 et 23 juin 1993, dans le cadre d'une précédente saisie qui a été déclarée nulle;

Considérant que si le breveté a effectivement la faculté, sur la base de faits nouveaux, de faire pratiquer au greffe une nouvelle saisie sur les objets contrefaisants saisis réellement lors d'une première saisie nulle et déposés au greffe, il ne saurait en être de même si la seconde saisie porte, comme en l'espèce, sur des copies ou photocopies de pièces et documents, réalisées par l'huissier lors des premières opérations annulées dans leur intégralité, et qui, annexés au procès-verbal de l'huissier dont elles font partie intégrante, se trouvent elles-mêmes invalidées par une décision judiciaire ayant autorité et force de chose jugée qui ne peut plus être remise en cause; qu'il importe donc peu que cette décision ait qualifié, à tort ou à raison, la saisie annulée de saisie-réelle;

Que la saisie-contrefaçon du 21 avril 1994 doit en conséquence être annulée. »

Com. 1er juill. 2003, n° 01-10.807, *Bull. civ.* IV, n° 112.

« Attendu que M. X... fait grief à l'arrêt d'avoir annulé les opérations de saisie-contrefaçon du 21 avril 1994, alors, selon le moyen :

1/ que les copies et photocopies de documents effectuées par l'huissier pour en opérer la saisie réelle dans le cadre d'opérations de saisies-contrefaçon, copies qui ont été déposées au greffe du tribunal et dont la restitution a été ordonnée – la suite de l'annulation des saisies-contrefaçon, ne se trouvent pas invalidées par suite de cette annulation, qui ne porte que sur les constats et descriptions opérés par l'huissier; qu'en retenant le contraire, la cour d'appel a violé l'article L. 615-5 du code de la propriété intellectuelle;

2/ que le jugement du 10 mars 1994, qui a prononcé la nullité des saisies-contrefaçon effectuées les 6 décembre 1991 et 5 mars 1992, ayant, d'une part, jugé qu'il s'agissait de saisies réelles, et, d'autre part, ordonné la restitution et non la destruction des documents saisis, la cour d'appel, qui a retenu que ces documents feraient partie intégrante du procès-verbal de l'huissier et se trouveraient invalidés par l'annulation des opérations de saisie, a méconnu l'autorité de chose jugée attachée au jugement précité en violation de l'article 1351 du code civil;

Mais attendu, d'une part, que la nullité d'une saisie privant les constats et descriptions effectués par l'huissier de leur valeur probante, la cour d'appel a décidé à bon droit que de telles constatations, alors même qu'elles résultent de photocopies effectuées par cet huissier, sont en pareil cas dépourvues d'une telle valeur;

Et attendu, d'autre part, que l'autorité de chose jugée attachée aux chefs du jugement du 10 mars 1994, qualifiant une saisie de réelle, prononçant sa nullité et ordonnant la restitution des documents saisis à cette occasion, ne confère pas une valeur probante propre aux photocopies de documents recueillis lors de la saisie annulée;

D'où il suit que le moyen n'est fondé en aucune de ses deux branches. »

Paris, pôle 1, ch. 4, 12 mars 2010, RG n° 09/13381, *JurisData* n° 2010-002301.

« Considérant que le premier juge a relevé que l'huissier de justice chargé d'effectuer la saisie-contrefaçon ne s'était livré à aucune description des différents logiciels copiés, puisqu'il s'était borné à indiquer la taille des fichiers par leur nombre d'octets, alors que la description des données informatiques constituait un préalable à leur copie selon les termes de l'ordonnance du 30 avril 2009 ayant autorisé la saisie; que pour ordonner la mainlevée de la saisie-contrefaçon, il a ainsi retenu que cette saisie n'avait pas été effectuée conformément aux termes de l'ordonnance du 30 avril 2009;

Considérant que l'article L. 332-4 du code de la propriété intellectuelle dispose :

En matière de logiciels et de bases de données, la saisie-contrefaçon est exécutée en vertu d'une ordonnance rendue sur requête par le président du tribunal de grande instance. Le président autorise, s'il y a lieu, la saisie réelle. L'huissier instrumentaire ou le commissaire de police peut être assisté d'un expert désigné par le requérant. À défaut d'assignation ou de citation dans la quinzaine de la saisie, la saisie contrefaçon est nulle. En outre, les commissaires de police sont tenus, à la demande de tout titulaire de droits sur un logiciel ou sur une base de données, d'opérer une saisie-description du logiciel ou de la base de données contrefaisants, saisie-description, qui peut se concrétiser par une copie;

Qu'en l'espèce, la saisie-contrefaçon ayant été judiciairement autorisée, il appartenait à l'huissier instrumentaire de se conformer aux dispositions de l'ordonnance l'ayant autorisée; Que l'ordonnance ainsi rendue à la requête de Monsieur Bullet l'autorisait à faire procéder par un huissier de son choix à la description détaillée du logiciel contenu dans la logibox n° 06-220001, des fichiers, codes sources,visuels, exécutables, fonctionnalités, structures et autres du logiciel exploité par Monsieur Arnaud Brunel dans toutes ses versions et du site internet www.Amarile.fr constituant la contrefaçon du logiciel Amarile et à la copie en deux exemplaires des données informatiques décrites, ce qui implique que la description du logiciel devait être effectuée préalablement à la copie des données informatiques, comme l'a relevé le premier juge, également signataire de l'ordonnance du 30 avril 2009, et Monsieur Bullet n'est pas fondé à prétendre que l'huissier instrumentaire pouvait tout aussi bien procéder à la description des données informatiques ou procéder à leur copie;

Que, contrairement à ce qui est soutenu par l'appelant, cette exigence posée par le délégataire du président du tribunal, qui a autorisé la saisie contrefaçon, ne se heurte à aucune disposition de l'article L. 332-4 précité, notamment celle prévoyant que la saisie-description, opérée hors autorisation de justice par un commissaire de police à la demande d'un titulaire de droits sur un logiciel, peut se concrétiser par une copie;

Considérant que Monsieur Bullet ne démontre par aucun élément que la desciption des données informatiques par l'huissier instrumentaire, avant que celui-ci en prenne copie, était impossible; qu'il est d'ailleurs mal venu à exciper d'une telle impossibilité, alors que l'ordonnance ayant autorisé la saisie a repris les termes mêmes de la requête présentée par son conseil au délégataire du président du tribunal, honnis deux paragraphes relatifs à l'autorisation d'opérer une saisie réelle, laquelle a été refusée par le magistrat saisi;

Qu'en outre, même si la valeur probante de ce document est relative, la note technique établie à la demande de la société Amarile par Monsieur Saliba, expert judiciaire, à la suite de l'ouverture des scellés contenant les données informatiques copiées et restituées en exécution de l'ordonnance entreprise, fait ressortir que la description des fichiers, en les regroupant par type de présentation et par année était possible, ce d'autant plus que l'huissier instrumentaire était assisté d'un expert informatique;

Qu'au surplus et en tout état de cause, l'huissier chargé d'opérer la saisie était autorisé à procéder à la copie des données informatiques en deux exemplaires, l'un des deux devant être déposé au greffe du tribunal, mais non à effectuer ensuite en son cabinet au moins quatre copies supplémentaire sur CD Rom, copies qui ont été ensuite restituées en exécution de l'ordonnance déférée, comme cela ressort également de la note de Monsieur Saliba, qui a mis en évidence que le contenu de ces quatre CD Rom était identique, ce qui n'est pas contesté par l'appelant;

Qu'à cet égard, l'affirmation de principe de Monsieur Bullet, selon laquelle les copies ainsi faites par cet huissier seraient justifiées par la nécessité de respecter les normes déontologiques et les obligations attachées à son statut, n'est pas sérieusement étayée;

Qu'en procédant ainsi, l'huissier instrumentaire a excédé les limites de l'autorisation qui lui était donnée et, ce faisant, aggravé le risque d'atteinte à la confidentialité des données informatiques copiées;

Qu'en conséquence et, sans qu'il y ait lieu d'examiner les autres arguments invoqués par la société Amarile, l'ordonnance prononçant la mainlevée de la saisie doit être confirmée et Monsieur Bullet doit être débouté de ses demandes. »

▸ 132.112 Conditions de la saisie réelle

TGI Paris, 1er avr. 1993, *RD propr. int.* 1993, n° 46, 28.

« Attendu que les requêtes en saisie-contrefaçon présentées par la société Monsanto tant au président du tribunal de grande instance de Strasbourg qu'à celui du tribunal de grande instance de Nanterre les 29 et 30 avril 1991 n'indiquent aucune opération de saisie à pratiquer;

Attendu qu'un projet de requête ne peut pallier cette insuffisance; attendu que l'article 56 de la loi du 2 janvier 1968 modifiée dispose que la personne habilitée est en droit de faire procéder à la description détaillée, avec ou sans saisie réelle des objets argués de contrefaçon. Qu'il suit de là que la saisie réelle a un caractère facultatif et n'est pas obligatoire;

Que, dès lors, cette saisie n'étant pas de plein droit, elle ne peut être ordonnée, que si elle a été demandée;

Attendu que les requêtes aux fins de saisie-contrefaçon précitées n'indiquant aucune opération de saisie à pratiquer, les procès-verbaux de saisies pratiquées le 7 mai 1991 sont nuls. »

TGI Paris, 3e ch., 19 janv. 1996, *PIBD* 1996, n° 610, III, 262.

« Attendu, par ailleurs, que les demandeurs ont été autorisés, par ordonnance en date du 5 mai 1994, sur le fondement de l'article L. 521-1 du code de la propriété intellectuelle, à faire procéder à une description détaillée, sans saisie réelle, du lit relevable incriminé.

Attendu qu'à l'occasion de ses opérations, des 6 et 9 mai 1994, Me G. a décrit et photographié le lit argué de contrefaçon, puis y a apposé les scellés, plaçant ainsi le meuble sous main de justice et constituant les sociétés Griffon gardiennes de fait.

Que l'huissier instrumentaire a procédé, en conséquence, a une saisie réelle que rien ne justifiait et qui n'a pas été judiciairement autorisée.

Qu'il a outrepassé ses pouvoirs.

Que la saisie réelle, pratiquée sans autorisation du juge et dès lors affectée d'une irrégularité de fond, sera déclarée nulle; que la mainlevée en sera ordonnée. »

Com. 23 avr. 2003, n° 01-14.945, NP, *Propr. intell.* oct. 2003, p. 413.

« Mais attendu que l'arrêt relève, par motifs propres et adoptés, qu'il n'est pas établi que M. Z. avait refusé l'accès de son système informatique ou n'avait pas communiqué le code d'accès à des documents protégés et qu'il résulte du procès-verbal d'huissier que c'est uniquement en raison de la découverte d'un grand nombre de documents qu'il est apparu nécessaire de saisir le disque dur; qu'il retient que cette saisie a été réalisée dans des circonstances pour lesquelles l'autorisation n'avait pas été donnée, la nécessité de procéder à une restauration du disque, dont certaines données avaient été effacées, au moyen d'un logiciel approprié ne pouvant être assimilé au refus de communication d'un code d'accès. »

Com. 31 mai 2005, n° 03-12.162, NP.

« Attendu que M. Y... fait grief à l'arrêt de l'avoir condamné à verser à la société Flexone Actipole *in solidum* avec M. X... une provision de 10 000 francs, alors, selon le moyen :

1) que la cour d'appel qui octroie une provision sur le préjudice subi du fait de la saisie, sans préciser en quoi il consisterait, tout en notant que la détérioration des moules saisis ne peut être imputé à un défaut de manipulation et qu'aucun élément ne permet d'évaluer si l'absence de ces moules a créé un préjudice, a privé sa décision de base légale au regard de l'article 809, alinéa 2, du nouveau code de procédure civile;

2) que la cour d'appel qui a fixé arbitrairement à 10 000 francs le montant de la créance après avoir reconnu qu'elle ne dispose d'aucun élément permettant de chiffrer le préjudice, n'a pas caractérisé le fait que le montant de la provision n'excéderait pas le montant non contestable de l'obligation, et a privé sa décision de base légale au regard de l'article 809, alinéa 2, du nouveau code de procédure civile;

Mais attendu, d'une part, que la cour d'appel, après avoir retenu que la saisie réelle des objets et des documents, non conforme à l'ordonnance autorisant la saisie-contrefaçon, constituait une voie de fait qui justifiait leur restitution, a, par une appréciation souveraine, fixé à titre provisionnel le préjudice résultant de l'enlèvement irrégulier de ces objets et documents;

Attendu, d'autre part, que le moyen, pris en sa première branche manque en fait, la cour d'appel ayant rejeté ce chef de préjudice;

D'où il suit que le moyen n'est pas fondé. »

TGI Paris, 3e ch., 1re sect., 27 janv. 2009, RG n° 2008/15962, *PIBD* 2009, n° 897, III, 1110.

« L'ordonnance rendue le 15 octobre 2008 sur le fondement de l'article L. 722-4 du code de la propriété intellectuelle, a autorisé l'huissier de justice à procéder à la saisie réelle de tout document se rapportant aux produits portant prétendument atteinte à l'Aoc Champagne et à se faire remettre ou prendre copie de tous documents comptables et publicitaires relatifs aux bouteilles litigieuses.

L'huissier de justice a annexé à son procès-verbal un contrat de conformité halal pour la fabrication de boissons sans alcool délivré par l'Institut musulman des viandes et de l'agroalimentaire ainsi que le rapport d'analyse du taux d'alcool effectué à la demande de la société Rothwell Properties Ltd (annexes 6 et 7), qui ne figurent pas dans la liste des documents que l'huissier de justice était autorisé à appréhender.

Cependant, il ressort des énonciations du procès-verbal que ces pièces ont été remises spontanément et volontairement à l'huissier de justice par L. D. directeur financier des Établissements Haudecoeur. Ainsi, ces documents ayant été versés à la procédure en dehors de toute demande et investigation de l'huissier de justice, leur présence en annexe du procès-verbal ne suffit pas à caractériser un dépassement de sa mission. »

▸ 132.113 La description est-elle obligatoire en cas de saisie réelle ?

TGI Paris, 3e ch., 2e sect., 11 mai 2001, RG n° 99/14493, *PIBD* 2002, n° 736, III, 71.

« Attendu que, aux termes des dispositions de l'article L. 615.5 du code de la propriété intellectuelle, le propriétaire d'un brevet peut faire procéder à "la description détaillée, avec ou sans saisie réelle des produits ou procédés prétendus contrefaits" ;

Que l'huissier instrumentaire doit donc décrire de façon détaillée l'objet argué de contrefaçon;

Que l'article 114 du nouveau code de procédure civile exige que l'irrégularité d'un acte de procédure fasse grief pour que le tribunal puisse prononcer la nullité;

Attendu que le moyen invoqué par la défenderesse est inopérant, s'agissant des saisies-contrefaçon pratiquées le 20 juillet 1999 au cours desquelles aucun produit argué de contrefaçon ne lui a été présenté;

Attendu que s'agissant de la saisie-contrefaçon pratiquée sur le port de Fos-sur-mer, si l'huissier n'a pas procédé, en contravention aux dispositions légales susmentionnées, à la description des articles argués de contrefaçon, la société Evenpiast ne peut sérieusement soutenir que cette irrégularité lui serait préjudiciable; qu'en effet, les produits saisis ont été clairement identifiés et placés sous sauvegarde de justice;

que le scellé n° 001212 a été produit aux débats; que la société Evenpiast sait donc parfaitement quels sont les éléments argués de contrefaçon;

Attendu que l'exception de nullité doit être écartée pour l'ensemble des saisies-contrefaçon pratiquées par la demanderesse. »

TGI Paris, 3e ch., 2e sect., 12 oct. 2001, RG n° 99/21442, *RD propr. int.* 2002, n° 136, p. 34.

« Mais attendu que le procès-verbal de saisie, bien que dressé avec l'assistance d'un conseil en propriété industrielle, ne comporte aucune description des produits prétendument contrefaits, ni cliché photographique en dépit de l'autorisation donnée dans l'ordonnance permettant la saisie.

Que l'huissier de justice s'est borné à reproduire les déclarations de Madame Mazoyer, responsable juridique rencontrée au siège de la société relais H, et selon laquelle "ce dispositif d'affichage figure sur plus de 400 points de vente" sans que soit fournie aucune précision permettant d'identifier le dispositif considéré avec certitude.

Attendu dès lors qu'il n'a pas été satisfait aux prescriptions de l'article L. 615-5 du code de la propriété intellectuelle qui imposent une "description détaillée, avec ou sans saisie réelle, des produits ou procédés prétendus contrefaits". Qu'il y a donc lieu de constater la nullité du procès-verbal de saisie-contrefaçon dressé le 9 décembre 1999 à 14 heures 50 par Maître Dailly, huissier de justice. »

TGI Strasbourg, 1re ch., 8 juin 2009, RG n° 06/07439, *Jurinpi* B20090082.

« Conformément au droit commun, les nullités pour vice de forme doivent être soulevées "*in limine litis*" avant toute défense au fond ou fin de non recevoir (articles 74 et 112 du code de procédure civile).

Tel est le cas de celles tirées du défaut :

– de remise préalable de la requête et de l'ordonnance à une personne habilitée,

– de description détaillée des objets argués de contrefaçon,

– de remise du procès verbal de saisie à l'issue des opérations. »

▸ 132.114 Paiement du prix des objets saisis réellement

TGI Lyon, ord. réf., 29 août 1994, *Dossiers Brevets* 1994, III, 5.

« Attendu que la société Serf invoque l'usage constant de payer la valeur de ce qui est réellement saisi; qu'en réalité le juge qui autorise la saisie réelle garde toute faculté de décider que le requérant devra ou non en supporter le coût;

qu'en l'espèce l'huissier instrumentaire a établi une attestation – qui garde toute sa valeur même si elle ne figure pas dans le procès-verbal – selon laquelle les échantillons de prothèses réellement saisis de taille hors du commun et donc pratiquement invendables, avaient été remis gracieusement par le responsable de la société Serf; que cette attestation est corroborée par les déclarations des conseils en propriété industrielle qui assistaient l'huissier dans ses opérations;

Qu'il apparaît manifeste que la société Serf n'a subi aucun préjudice du fait de cette saisie; Qu'il n'y a donc pas lieu de faire droit à la demande de payement de la société Serf. »

Paris, 4e ch., sect. B, 10 sept. 2004, RG n° 2001/13732, *PIBD* 2004, n° 797, III, 640.

« Considérant que l'appelante soutient que les procès-verbaux de saisie-contrefaçon sont nuls pour absence de description des produits argués de contrefaçon; que le tribunal a admis cette absence de description mais qu'il a relevé que cette dernière n'avait causé aucun grief à l'appelante;

Que la société Evenplast soutient que le grief résulte du fait qu'elle était dans l'impossibilité de connaître précisément, à la lecture du procès-verbal de saisie-contrefaçon, quels étaient les reproches qui lui étaient faits et ainsi était dans l'impossibilité de préparer utilement sa défense;

Mais considérant, ainsi que l'ont relevé les premiers juges, que les produits saisis ont été clairement identifiés, placés sous sauvegarde de justice et le scellé n° 00 1212 produit aux débats; que la société Evenplast savait dès lors quels étaient les éléments argués de contrefaçon;

Que les procès-verbaux de saisie-contrefaçon sont par conséquent valides; que le jugement sera confirmé en ce qu'il a rejeté l'exception de nullité. »

TGI Paris, 3e ch., 3e sect., 21 janv. 2009, *RIPIA* 2009. 38.

« L'ordonnance sur requête précitée a autorisé l'huissier instrumentaire à procéder à la saisie réelle en deux exemplaires, contre paiement ou offre de paiement de leur prix au tarif normal du modèle référence "chancelière évolutive".

Or, dans le cadre des opérations de saisie, l'huissier instrumentaire a saisi deux exemplaires des chancelières en cause sans qu'il soit fait mention au procès-verbal qu'il se soit acquitté du prix ou même qu'il ait offert de le payer. L'huissier ayant agi en violation des prévisions de l'ordonnance, les dispositions relatives à la procédure de saisie-contrefaçon devant s'interpréter de façon stricte, il y a lieu de prononcer la nullité du procès-verbal de saisie-contrefaçon en date du 15 février 2008. »

TGI Paris, 3e ch., 3e sect., 3 mars 2010, RG n° 09/00788.

« La société Nomisma relève que l'ordonnance autorisant la saisie-contrefaçon prévoyait que la saisie-réelle si elle avait lieu, donnerait lieu au paiement du prix et qu'en l'espèce il n'y a pas eu règlement immédiat dudit prix.

En l'espèce, l'huissier indique dans son procès verbal : "je procède à la saisie réelle de l'exemplaire ayant été décrit dans la présente procédure contre paiement du prix d'achat. La société Nomisma me remet une facture correspondante à cet achat que j'annexe au présent procès-verbal (Annexe 7)".

La société Ascom reconnaît dans ces dernières conclusions qu'en fait l'huissier a adressé à la société Nomisma le 6 février 2009, le chèque de règlement de cette facture d'un montant de 7176 euros, ce qui "correspond à un délai normal de règlement d'un paiement d'un matériel de cette valeur".

Le tribunal constate que l'objet saisi a bien été réglé, qu'il importe peu que le règlement ait été effectué simultanément à la saisie ou postérieurement à celle-ci, l'ordonnance n'exigeant pas un paiement immédiat, que dès lors le grief n'est pas fondé. »

▸ 132.132 Le respect du droit commun

TGI Paris, 3e ch., 1re sect., 17 déc. 2003, RG n° 2002/09300; *PIBD* 2004, n° 784, III, 214.

« Qu'il convient de noter, toutefois, comme le souligne la société défenderesse, que le procès verbal remis aux parties, le jour de la saisie, n'est pas daté, portant seulement la mention de l'année 1999;

Attendu que la remise postérieure d'un procès-verbal tapé à la machine, daté du 9 juin 1999, ne saurait s'opposer au procès-verbal remis aux parties, le jour de la saisie, qui seul doit être pris en compte;

Attendu qu'en application de l'article 648 du nouveau code de procédure civile, tout acte d'huissier doit indiquer sa date, que cette mention est prescrite à peine de nullité;

Que, du fait de l'absence de date, la société défenderesse ne peut vérifier si l'assignation a été délivrée dans la quinzaine de la saisie; qu'il ne peut être sérieusement exigé du saisi de déduire la date du procès-verbal d'autres éléments;

Que le constat de saisie-contrefaçon est préalable, dans la présente procédure, à l'introduction de la procédure;

Que la date constitue, en la présente espèce, une formalité substantielle; que, à titre superfétatoire, son omission ne peut que porter grief au saisi, au vu de l'importance que peut revêtir un procès-verbal de saisie-contrefaçon;

Attendu qu'au vu de l'ensemble de ces éléments, il convient de déclarer nul ledit procès-verbal. »

TGI Paris, 3e ch., 2e sect., 17 sept. 2004, *PIBD* 2005, n° 799, III, 7.

« Attendu que la nullité de l'assignation est poursuivie sur le fondement des articles 56 et 648-2°-b) du nouveau code de procédure civile au motif qu'elle ne mentionnerait ni la forme sociale de la société Seiko, ni l'organe qui la représente légalement;

Attendu en effet que l'assignation mentionne seulement la dénomination sociale de la demanderesse, le fait qu'il s'agit d'une société de droit japonais, l'adresse du siège social et la formule d'usage "agissant poursuite et diligences de ses représentants légaux", sans préciser la forme sociale de la demanderesse ni son organe de représentation;

Attendu qu'il n'a donc pas été satisfait aux exigences de l'article 648-2°-b) du nouveau code de procédure civile, prescrites à peine de nullité; que, cependant, pour que ces omissions emportent l'annulation de l'acte, encore faut-il que la requérante justifie de l'existence d'un grief;

Attendu que tel n'est pas le cas en l'espèce puisqu'elle se borne à faire état d'éventuelles difficultés qu'elle pourrait rencontrer lors de la signification du jugement et qu'en tous cas, la demanderesse a, dans ses écritures, apporté les précisions requises;

Que le moyen tendant à l'annulation de l'assignation sera donc rejeté. »

TGI Lille, 1re ch., 15 mars 2007, *PIBD* 2007, n° 860, III, 597.

« En l'espèce, et d'une part, l'erreur de plume de l'huissier qui, sur la page de garde de son procès-verbal a laissé figurer le terme "constat" au lieu de le remplacer par les termes "procès verbal de saisie-contrefaçon" est sans portée sur la validité de l'acte.

D'autre part, il résulte du procès verbal de signification d'ordonnance sur requête produit en pièce n° 6 par la société Ugitech qu'en l'absence d'un représentant de la direction de la société Creafibres, l'ordonnance autorisant la saisie-contrefaçon a été signifiée à Monsieur X, employé de ladite entreprise qui s'est déclaré "habilité à recevoir l'acte". L'huissier qui n'avait pas à contrôler cette déclaration d'habilitation a pu valablement signifier l'ordonnance à cet employé qui, par la suite, a permis à l'huissier d'accéder aux produits argués de contrefaçon en fournissant de nombreuses explications sur l'origine et l'utilisation de ces produits ce qui démontre qu'il avait alors, de fait, un certain pouvoir de contrôle sur les objets saisis.

Il résulte par ailleurs du même procès-verbal de signification, qui fait foi jusqu'à inscription de faux, que l'huissier a bien envoyé la lettre simple prévue à l'article 658 du nouveau code de procédure civile.

Enfin, la lecture du procès-verbal de saisie-contrefaçon permet de constater que l'huissier a effectué personnellement un certain nombre de constatations, que ces constatations personnelles de l'huissier sont clairement distinguées et isolées des déclarations et explications qu'il a pu recevoir du conseiller en propriété industrielle et/ou de Monsieur X, employé de l'entreprise Creafibres. Dans ces conditions, la société Ugitech ne justifie pas de l'existence d'un quelconque motif de nullité de la saisie-contrefaçon. »

▸ 132.133 L'identité de l'huissier instrumentaire

TGI Paris, 3e ch., 2e sect., 12 mars 1997, *PIBD* 1997, n° 636, III, 391.

« Attendu que les défenderesses font valoir, enfin, que les indications portées sur le procès-verbal de saisie-contrefaçon du 8 juillet 1993 ne permettent pas d'identifier l'huissier qui a établi l'acte.

Mais attendu que si le procès-verbal porte la mention "Je soussigné société civile professionnelle Papillon Francis – Papillon Guy [...]", l'huissier qui a dressé l'acte peut être identifié par sa signature composée des initiales G. P. Que ce moyen non fondé sera rejeté. »

Paris, 14e ch., 16 janv. 1998, *PIBD* 1998. 653, III, 240.

« Considérant encore qu'il est sans conséquence sur la validité du procès-verbal de saisie que le nom de l'huissier instrumentaire y soit porté par l'indication : "M. G. et M. M., huissiers de justice associés, Société civile professionnelle, etc." sans que celui des deux huissiers intervenus ne soit clairement identifié;

Qu'en effet, la signature apposée sur le cachet de l'étude permet l'individualisation et donne toute garantie à cet égard. »

TGI Paris, 3e ch., 30 janv. 1998, *PIBD* 1998. III. 245.

« Attendu que la société Scat considère qu'il n'est pas fait mention de l'identité de la personne à qui la lecture de l'ordonnance a été faite, pas plus qu'il n'est précisé le nom de l'huissier instrumentaire.

Attendu que le tribunal note que la signification de l'acte a été faite à M. D., directeur administratif et financier de la société Scat; qu'il n'existe aucune ambiguïté sur ce point.

Attendu qu'enfin, s'il n'est fait mention que de l'étude d'huissiers au début de l'acte de saisie, il n'est pas contesté que les opérations ont été diligentées par un officier ministériel dûment mandaté pour ce faire; qu'aucune procédure d'inscription de faux du procès-verbal n'a été engagée; qu'au demeurant, il ressort de la signification de l'acte que l'huissier est Me M. qui a régulièrement et lisiblement signé l'acte. »

TGI Paris, 3e ch., 1re sect., 30 sept. 1998, RG n° 96/ 25285, *PIBD* 1999, n° 673, III, 133.

« Attendu que si l'article 646 du C. pr. civ. impose à peine de nullité mention dans tout acte d'huissier des nom, prénom, demeure et signature de l'huissier, il apparaît que l'omission alléguée est une irrégularité purement formelle, étant acquis par ailleurs que l'acte a bien été signifié par l'un des huissiers associés membres de la SCP Michel Senges, Marc Baroni et Philippe Marcireau agissant dans son ressort territorial et identifiable par son paraphe;

Attendu qu'aux termes de l'article 114 alinéa 2 du C. pr. civ., la nullité pour vice de forme ne peut être prononcée qu'à charge pour l'adversaire qui l'invoque de prouver le grief que lui cause l'irrégularité même lorsqu'il s'agit d'une nullité substantielle ou d'ordre public. »

Com. 20 oct. 1998, n° 95-15.804, *Bull. civ.* IV, n° 252, *RD propr. int.* 1999, n° 96, 37.

« Mais attendu, en premier lieu, que chaque associé d'une société civile professionnelle, qui exerce les fonctions d'huissier de justice au nom de la société, a lui-même la qualité d'huissier de justice et qu'aux termes de l'article 45, alinéa 2, du décret n° 69-1274 du 31 décembre 1969, chaque associé, dans tous les actes dressés par lui, indique son titre d'huissier de justice et sa qualité d'associé; qu'il s'ensuit que dans les actes établis par une société civile professionnelle doivent figurer, à peine de nullité, en vertu de l'article 648-3° du Nouveau code de procédure civile, les nom, prénoms, qualité d'associé et la signature de l'huissier de justice qui a instrumenté, ainsi que la mention de la société dont il est membre et l'adresse du siège de cette société; que le moyen n'est pas fondé;

Attendu, en deuxième lieu, que l'arrêt retient que la mention selon laquelle la personne physique qui avait procédé à l'acte avait déclaré ses nom, prénoms et qualité, ne comportait aucune autre précision, et qu'elle ne pouvait dès lors suppléer l'absence des indications exigées par l'article 648-3° du Nouveau code de procédure civile; que le moyen n'est pas fondé;

Et attendu enfin que la cour d'appel, non tenue de vérifier si la signature portée sur l'acte était celle de M. M. en se référant à des éléments de comparaison extérieurs à l'acte lui-même, n'avait pas à répondre à des conclusions inopérantes;

D'où il suit que le moyen ne peut être accueilli. »

TGI Paris, 3e ch., 17 mars 1999, *PIBD* 1999, n° 686, III, 489.

« Attendu qu'en l'espèce, le procès-verbal du 12 février 1997 porte la mention "société civile professionnelle Jean-Luc Régnier Jean-Marie Diridollou huissiers de justice associés [...] l'un d'eux soussigné", sans que rien ne permette d'identifier l'huissier qui a instrumenté, la signature étant illisible;

Attendu que cet acte doit donc être déclaré nul, sans que la défenderesse ait à justifier d'un grief, l'impossibilité d'identifier la personne ayant procédé à l'acte constituant non une irrégularité de forme, mais une irrégularité de fond régie par l'article 117 du Nouveau code de procédure civile. »

Paris, 4e ch., sect. A, 28 juin 2000, *Ann. propr. ind.* p. 315.

« Considérant que si l'article 648-3 du Nouveau code de procédure civile impose également que tout acte d'huissier doit comporter les nom, prénoms, demeure, qualité d'associé et signature de l'huissier de justice qui a instrumenté, le défaut de l'une de ces mentions n'est sanctionné par la nullité de l'acte que si celui qui l'invoque démontre, conformément à l'alinéa 2 de l'article 114 du Nouveau code de procédure civile, le grief que lui cause l'irrégularité, même s'il s'agit d'une formalité substantielle ou d'ordre public. »

Paris, 4e ch., sect. B, 23 mars 2001, *Concurrence Actualité-Express* n° 328, 5 juill. 2001, p. 8.

« Qu'il résulte de ces dispositions que la mention du nom de l'huissier, permettant de s'assurer de sa qualité, doit figurer dans le procès-verbal de saisie-contrefaçon – qui ne peut d'ailleurs être dressé que par un huissier et non par un clerc assermenté; que la mention du nom de celui qui a instrumenté faisant défaut dans le procès-verbal invoqué, il ne saurait être remédié à l'irrégularité affectant cet acte authentique, par la présence d'un cachet apposé sur un acte différent. »

Com. 23 avr. 2003, n° 01-12.812, NP, *PIBD* 2003, n° 768, III, 361.

« Attendu qu'en statuant ainsi, alors qu'en l'absence de toute disposition dérogatoire prévue par le code de la propriété intellectuelle, l'absence de mention des nom et prénom de l'huissier instrumentaire associé d'une société civile professionnelle n'entre pas dans les irrégularités de fond limitativement énumérées par l'article 117 du Nouveau code de procédure civile, la cour d'appel qui a annulé un acte entaché d'un vice de forme, alors que les sociétés Sormaf et Eltete avaient invoqué cette exception après avoir conclu au fond, a violé les textes susvisés. »

Paris, 4e ch., sect. A, 9 juin 2004, *PIBD* 2004, n° 801, III, 95.

« Considérant que Christian Mocquery soulève /a nullité de la saisie-contrefaçon pratiquée le 4 décembre 2000 à son domicile et au siège de la société Exacod, 100 avenue Kléber à Paris XVIe au motif que n'y figurent pas les nom, prénom, la qualité d'associé et la signature de l'huissier de justice qui a instrumenté;

Mais considérant que les premiers juges, après avoir observé que la société Exacod et Christian Mocquery n'ont soulevé cette exception dans leurs écritures signifiées le 19 février 2002 qu'après avoir conclu au fond dans leurs précédentes conclusions, ont à juste titre relevé, au visa de l'article 649 du nouveau code de procédure civile, que la nullité des actes d'huissier de justice est régie par les dispositions qui gouvernent la nullité des actes de procédure et que celle-ci doit être soulevée avant toute défense au fond ; qu'ils ont donc justement déclaré irrecevable l'exception de nullité soulevée par la société Exacod et Christian Mocquery, à nouveau soumise à la Cour par ce dernier ;

Que le jugement entrepris sera donc confirmé sur ce point. »

Com. 19 déc. 2006, n° 05-14.431, *Bull. civ.* IV, n° 265, *PIBD* 2007, n° 846, III, 112.

« Mais attendu qu'ayant constaté que la mention des nom et prénom de l'huissier instrumentaire ne résultait d'aucune des énonciations du procès-verbal contesté, qui n'était revêtu que d'une signature illisible, la cour d'appel n'a pas dénaturé cet acte en retenant qu'il était impossible de vérifier l'identité de la personne physique l'ayant dressé ; que le moyen n'est pas fondé. »

Paris, pôle 5, ch. 2, 18 juin 2010, RG n° 09/00152, *Propr. intell.* oct. 2010, p. 991, obs. Sabatier.

« Considérant que pour conclure à la nullité dudit procès-verbal, M. Chane Yook prétend en outre devant la cour que ce dernier ne comporte pas de date, ni la signature de l'huissier instrumentaire et qu'il a été délivré à Olympia Sport qui n'a pas d'existence légale.

Considérant qu'au soutien de cette prétention, l'appelant communique en pièce n° 2 l'acte de dénonciation du procès-verbal de saisie-contrefaçon signifié le 12 février 2007 ; que cette pièce est, certes, incomplète comme le souligne la société Nike dans la mesure où elle ne comprend que seize pages alors que l'huissier a mentionné que cet acte comportait dix-neuf feuilles ; que, toutefois, la comparaison du procès-verbal de saisie-contrefaçon qu'il inclut avec le second original démontre qu'en dépit du caractère incomplet de l'acte du 12 février 2007, le procès-verbal de saisie-contrefaçon dont le nombre de pages n'est pas indiqué, y figure dans son intégralité, étant observé que les quatorze pages jointes au second original – sans qu'il soit précisé qu'elles y sont annexées – ne peuvent correspondre aux trois pages manquantes de l'acte du 12 février et que l'intimée n'a pas elle-même produit aux fins de comparaison le second original de ce dernier qu'elle détient pourtant ;

Qu'il n'y a donc pas lieu d'écarter des débats cette pièce qui permet de constater que la copie du procès-verbal dressé le 6 février 2007, remis à M. Chane Yook le 12 février, n'est pas daté, ne comporte pas la signature de l'huissier instrumentaire et qu'elle mentionne que l'acte a été signifié à "Olympia Sport" sans autre précision ; que, dès lors que ces mentions prescrites à peine de nullité par l'article 648 du code de procédure civile font défaut, cette copie est entachée d'irrégularité, peu important que le second original ne présente pas de telles omissions.

Considérant, toutefois, que les irrégularités dénoncées constituent des vices de forme qui n'emportent nullité de l'acte qu'à la condition qu'elles causent un grief à celui qui les invoque ;

Que la première page de l'acte de dénonciation du procès-verbal de saisie-contrefaçon mentionne que ce dernier a été "dressé par acte de mon Ministère en date du 6 février 2007" et l'huissier instrumentaire relate sur ledit procès-verbal de saisie-contrefaçon qu'"à 12 heures 17, Monsieur Raymond Chane Yook, gérant de la SARL Olympia Sport nous rejoint. Nous lui déclarons nos noms, prénoms, qualités et l'objet de notre mission. Nous lui indiquons aussi les démarches que nous venons de faire avec Monsieur Laurent Wan Hoï le responsable du magasin" ; que l'appelant n'ayant pu se méprendre sur la date des opérations de saisie-contrefaçon auxquelles il a en partie participé, ne justifie pas d'un grief résultant du défaut d'indication de cette date sur la copie du procès-verbal qui en a été dressé ;

Que, par ailleurs, s'agissant de l'absence de signature, l'en-tête du procès-verbal mentionne que les opérations ont été diligentées par "Jean-Pierre Michel, huissier de justice associé, membre d'une société civile professionnelle titulaire d'un Office d'huissier de justice à la résidence de Saint-Denis (...)" et la dernière page comporte le cachet de la "SCP J.-P. Michel huissier de justice associé – St-Denis-Réunion" ; que M. Chane Yook ne démontre pas ni même n'allègue le grief que lui aurait causé l'omission relevée alors que ces éléments suffisent à identifier l'huissier instrumentaire nonobstant le défaut d'apposition de sa signature ;

Qu'enfin, M. Chane Yook ne démontre pas davantage, ni même n'allègue, le grief qui résulterait pour lui de l'établissement du procès-verbal de saisie-contrefaçon à l'encontre de "Olympia Sport [...] et [...]" alors que l'appellation "Olympia Sport" constitue l'enseigne et le nom commercial sous lesquels il exploite son entreprise en nom personnel.

Considérant, dans ces conditions, que les irrégularités relevées sur la copie du procès-verbal du 6 février 2007 n'ont pu entacher de nullité cet acte ; qu'il n'y a donc pas lieu d'annuler les opérations de saisie-contrefaçon ni d'ordonner, par conséquent, la restitution des pièces appréhendées dans ce cadre. »

Paris, pôle 5, ch. 2, 6 mai 2011, RG n° 10/05357, *Propr. intell.* oct. 2011, p. 440, obs. de Haas.

« Considérant que les intimés, formant appel incident, réfutent les motifs du jugement qui a annulé le procès-verbal de saisie-contrefaçon du fait de l'absence de mention permettant d'identifier la personne qui a procédé à l'acte, considérée comme une grave irrégularité causant grief ;

Qu'ils soutiennent que ce grief n'est que prétendu dès lors que l'identité de l'huissier y est indiquée, qu'il a décliné son identité au saisi préalablement à la saisie en présentant sa carte professionnelle et que l'acte de signification de l'ordonnance dont il est fait mention contenait bien le seul nom et la signature de Maître Gros ;

Que l'appelante rétorque que l'acte de saisie-contrefaçon ne contient que le nom de la SCP d'huissiers et qu'elle n'a pu vérifier l'identité de l'huissier, si tant est que c'en fût un, qu'aucune mention n'indique qu'il se soit présenté ou ait présenté sa carte professionnelle, que l'on ne peut rien déduire de l'acte de signification de l'ordonnance autorisant la saisie qui, au surplus, n'est pas datée, et que cette nullité de forme lui cause grief dans le cadre d'une mesure qui investit un tiers du pouvoir exorbitant de pénétrer dans des lieux privés et d'accéder à des documents commerciaux;

Qu'elle fait, en outre, valoir que la signification de l'ordonnance autorisant la saisie effectuée le 27 septembre 2007 est tardive puisqu'elle porte la date du 3 octobre 2007 et contrevient aux dispositions de l'article 495 alinéa 3 du code de procédure civile selon lequel une copie de la requête et de l'ordonnance est laissée à la personne à laquelle elle est opposée;

Considérant, ceci exposé, qu'il résulte des dispositions combinées de l'article 116 alinéa 4 du décret du 31 décembre 1969 réglementant la profession d'huissier, 648. 3° et 114 alinéa 2 du code de procédure civile, que chaque associé d'une société civile professionnelle d'huissiers, dans tous les actes dressés par lui, doit indiquer son titre d'huissier de justice et sa qualité d'associé, qu'à peine de nullité, il doit préciser ses nom, prénom, demeure et porter sa signature et qu'il appartient à celui qui invoque cette nullité de prouver le grief que lui cause l'irrégularité;

Qu'en l'espèce, il ressort de l'examen du procès-verbal litigieux qu'il a été établi par "la SCP Jean-Gabriel Gros et Odile Dunaud, huissiers de justice à Créteil [...] soussigné par l'un d'eux" sans indiquer l'identité de l'huissier instrumentaire, que l'acte ne supporte que la signature du saisi représenté par son PDG, Monsieur Maubon, "requis de signer", et que si l'acte contient la mention préimprimée "à qui j'ai signifié préalablement, par acte séparé, l'ordonnance sus-énoncée", force est de relever que l'acte de signification, qui n'est pas davantage explicité dans l'acte, lui est postérieur de six jours puisque signifié (à personne morale) le 3 octobre 2007;

Que les intimés ne peuvent, dans ces conditions, nier que l'acte est entaché d'une irrégularité formelle; qu'ils ne peuvent, non plus, prétendre que cette omission n'a pas porté atteinte aux intérêts de la société Dresco qui n'a pas été en mesure d'identifier son interlocuteur et de s'assurer de la régularité de la mesure de saisie dont elle faisait l'objet;

Que c'est, par conséquent, à bon droit que les premiers juges ont annulé les opérations de contrefaçon. »

▸ 132.142 L'identification des intervenants

Paris, 4e ch., sect. A, 1er févr. 2006, *PIBD* 2006, nº 828, III, 298.

« Considérant que, au soutien de sa demande en nullité, la société Orjas fait valoir, en premier lieu, que si dans son procès-verbal de saisie l'huissier de justice, désigné par ordonnance présidentielle du 20 septembre 2000, a mentionné qu'il était accompagné de Fabienne Champeaux, il s'est abstenu de préciser la qualité de cette dernière, de sorte que ce défaut de mention lui causerait un grief dès lors qu'il ne lui était pas possible de vérifier si les termes de l'ordonnance précitée, qui autorisait l'huissier à se faire assister de tout homme de l'art, pris en dehors des salariés de la requérante, étaient respectés;

Mais considérant que cette omission a été réparée puisqu'il a été justifié, en cours de procédure devant le tribunal, de l'identité et de la qualité de Fabienne Champeaux, conseil en propriété industrielle;

Que les premiers juges ont donc justement retenu que les termes de l'ordonnance du 20 septembre 2000 ayant été respectés, la société Orjas ne justifiait d'aucun grief, de sorte que ce moyen a été, à bon droit, écarté »

TGI Paris, 3e ch., 2e sect., 9 déc. 2011, RG nº 09/17643.

« En l'espèce, il ressort de l'examen de la pièce 31 de la demanderesse correspondant aux annexes du procès-verbal du 29 octobre 2009 que certaines pages des documents qui y sont annexées, ne figurent pas dans la liste des documents tels que décrits en page 8 du procès-verbal de saisie-contrefaçon. En outre, il n'existe pas de liste détaillée permettant de distinguer les documents saisis de ceux placés sous scellés. Enfin, les clichés photographiques pris pendant les opérations de saisie n'ont pas été joints au procès-verbal, l'objet et le nombre de ces clichés n'étant pas même indiqués.

Il apparaît pourtant à la lecture du procès-verbal qu'avant de clôturer ses opérations, l'huissier de justice a indiqué en page 10 avoir réalisé divers clichés photographiques et qu'il a précisé qu'ils "*seront annexés à l'original minute et au second original du présent*".

Or, outre le fait que l'huissier instrumentaire ne donne aucune information dans le procès-verbal de saisie quant à la nature et l'objet des photographies qu'il aurait réalisées, ces clichés n'ont pas été joints à son acte.

La société Bioagency qui ne conteste pas l'existence de ces photographies, reconnaît que ces captations n'ont pas été annexées au procès-verbal et qu'elles n'ont pas non plus été remises à la société Innate Pharma.

Ultérieurement, des photographies ont été communiquées au conseil de la société Innate Pharma mais seulement le 7 juillet 2011 et par un courrier du conseil de la société Bioagency.

Mais comme le relève à juste titre la société défenderesse, rien ne permet de dire que ces clichés correspondent à ceux pris lors de l'intervention du 29 octobre 2009, l'huissier n'en donnant pas de description dans le procès-verbal et n'en ayant dressé aucune liste.

C'est ainsi que les photographies attribuées à l'huissier du 7 juillet 2011 comportent des flacons sortis de congélateurs et des classeurs. Or, l'huissier qui liste en page 6 de son procès-verbal les flacons présents dans un congélateur, n'en donne pas une description complète et conforme aux photographies dont il serait l'auteur puisqu'il omet d'indiquer la date visible sur ces flacons, à savoir l'année 2007 (photos des pages 1 à 4), 2005 (photos des pages 5 à 9) et 2008 (photos des pages 10 et 11) ainsi que les mentions sur les étiquettes, soit "not for human use" pour les photos des pages 3 et 4 et "for laboratory use only" pour les photos des pages 5, 6 et 7 et ce, alors que ces informations présentent un intérêt évident quant aux périodes d'utilisation du composé objet du brevet et sa destination.

Il ressort de l'ensemble de ces éléments que l'huissier instrumentaire s'est abstenu de consigner ou d'annexer dans son procès-verbal l'intégralité des renseignements et documents recueillis lors des opérations de saisie contrefaçon de sorte que la société Innate Pharma n'a pas été mise en mesure d'organiser utilement sa défense, étant dans l'ignorance de la nature et de l'étendue des documents saisis et n'a donc pas pu exercer pleinement ses droits. »

▸ 132.143 L'identification des annexes

Aix-en-Provence, ch. réunies, 12 févr. 1999, *JCP E* 1999. I. 1631, obs. Greffe; *PIBD* 1999, n° 678, III, 265; *RD propr. int.* 1999, n° 98, p. 42.

« Madame T., comme les sociétés Diana Vicenza, DAMC et "Bois et Fils", ont eu connaissance dans le cours de la procédure, tant de la requête présentée au président du tribunal de grande instance, que de la description des sacs sur lesquels portait l'autorisation de saisie, et nulle règle ne prescrit que ces documents soient annexés au procès-verbal de saisie, d'où il suit que le moyen, inopérant, manque en fait. »

Com. 6 avr. 1999, n° 97-14.193, *Bull. civ.* IV, n° 78, *PIBD* 1999, n° 682, III, 343.

« Attendu qu'en statuant ainsi, sans répondre aux conclusions de la société MAF faisant état d'un constat de l'huissier, postérieur à la saisie, affirmant que lesdites photographies étaient celles qu'il avait prises lors de la saisie et dont il avait conservé les négatifs, la cour d'appel a violé le texte susvisé. »

▸ 132.144 La signature du saisi n'est pas nécessaire

Paris, 29 janv. 1991, *Ann. propr. ind.* 1991. 22.

« Mais considérant qu'il doit être observé que la signature du procès-verbal par un représentant de la partie saisie n'est pas obligatoire, et que la société appelante ne prétend pas que les propos rapportés par l'huissier n'ont pas été tenus par son salarié et ne demande pas la nullité de la saisie; que les contestations qu'elle émet à ce sujet ne sauraient donc être retenues. »

▸ 133.11 Attitude du saisi et pouvoir de l'huissier

TGI Paris, 3e ch., 29 mai 1987, *RIPIA* 1987. 180.

« Attendu d'autre part que si le texte de l'ordonnance n'autorise pas expressément l'huissier à se faire assister du commissaire de police territorialement compétent, il convient cependant de relever que celle-ci est revêtue de la formule exécutoire laquelle habilite l'huissier à requérir la force publique;

Que ce moyen n'est donc pas davantage fondé. »

▸ 133.12 Conséquence de la résistance du saisi

Paris, 10 juin 1982, *Dossiers Brevets* 1982, VI, 5.

« Considérant que Farid s'est abstenu de fournir quelque indication que ce soit sur la structure exacte du mécanisme dissimulé par les chapes et ce en dépit du principe posé par l'article 10 du code civil en vertu duquel chacun est tenu d'apporter son concours à la justice en vue de la manifestation de la vérité; que sa carence, ainsi que les éléments de la description ci-dessus reproduite faite par l'ingénieur conseil et les renseignements tirés par la cour de l'examen de la photographie constituent un faisceau de présomptions graves, précises et concordantes constituant la preuve que la benne litigieuse reproduit les caractéristiques essentielles ci-dessus définies dans les revendications 1 et 4 du brevet Bennes Marrel; que la contrefaçon de ce brevet est établie à la charge de Farid. »

▸ 133.22 Le principe de l'accès à l'ensemble des documents

TGI Paris, 4 juill. 1997, *PIBD* 1997, n° 644, III, 639.

« En application de l'article L. 615-5 du code de la propriété intellectuelle, le saisissant doit avoir accès à tous les documents susceptibles de contribuer à la preuve de la contrefaçon, et uniquement à ceux-là.

Il ne saurait, sous prétexte de confidentialité, être laissé à la seule latitude du saisi le soin de qualifier de confidentiels ou non les documents trouvés dans son usine. »

Paris, 16 janv. 1998, *PIBD* 1998, n° 653, III, 239.

« Considérant que la saisie de ces pièces s'avère donc justifiée au regard de la mission autorisée, d'autant plus que le 7° de la mission donnait à l'huissier la possibilité de "saisir réellement [...] tout prospectus, brochure, fiche de fabrication, catalogue, notice, tarif, ordre de fabrication, etc. d'où pourrait résulter la preuve de la contrefaçon et de son origine".

Considérant que les sociétés appelantes ne peuvent soutenir valablement que la saisie-contrefaçon aurait violé leurs propres secrets de fabrication, notamment pour le procédé de pelliculage et de séchage des comprimés litigieux, alors que l'huissier intervenu a limité ses opérations à la mission qui lui était définie, laquelle lui permettait de décrire, copier ou saisir effectivement tous éléments en rapport avec la Trimétazidine GNR 20 mg. »

TGI Lyon, ord. réf., 24 nov. 1988, *Dossiers Brevets* 1988, V, 6.

« Qu'il est certain en fait que la divulgation de secrets de recherche ou de fabrication appréhendés à l'occasion d'une saisie et étrangers à la preuve de la contrefaçon prétendue constituerait pour leur titulaire un préjudice irrémédiable qu'il appartient au juge des référés de prévenir;

Qu'il est non moins certain que telle divulgation ne saurait être justifiée par le seul fait qu'elle ait trouvé l'occasion de sa survenance dans l'exécution d'un ordonnance juridictionnelle autorisant la saisie-contrefaçon, en vertu du principe selon lequel tout droit trouve sa limite dans l'abus qui en peut être fait;

Qu'en l'espèce, l'ordonnance du 4 novembre 1988, nous réservait d'ailleurs la connaissance des incidents de saisie tel en l'espèce;

Attendu qu'il ne saurait toutefois être question de laisser à la seule latitude du saisi le soin de qualifier de confidentiels ou non les documents trouvés en ses murs, sauf à priver le titulaire du brevet de son droit organisé par la loi d'aménager la preuve de la contrefaçon notamment par l'effet de la saisie réelle ou descriptive;

Qu'en l'espèce, il est indubitable que les représentants qualifiés de RPA et Pepro ont veillé et obtenu de conserver par devers eux certains documents que l'huissier se proposait de saisir;

Qu'il n'en demeure pas moins que les mêmes ont protesté de ce que, nonobstant, certaines informations confidentielles étrangères à la preuve de la contrefaçon demeuraient subsister dans les documents saisis;

Attendu qu'il s'en suit que la solution du litige commande qu'il soit procédé, sous le sceau de la confidentialité, à l'examen par un homme de l'art, tiers aux débats, sous notre contrôle et avec l'assistance des conseils en propriété industrielle du choix des parties, de l'ensemble des pièces et à la distinction consécutive des documents nécessaires à la preuve d'avec ceux confidentiels qui lui sont étrangers;

Que préalablement donc, l'interdiction aux actuels dépositaires des documents saisis s'impose, de s'en dessaisir. »

TGI Paris, 3e ch., 2e sect., ord. JME, 9 nov. 2007, RG no 07/02200, *Jurinpi* B20070173.

« Attendu que sans qu'il y ait lieu de se prononcer sur le caractère ou non confidentiel des documents en cause, il convient de rappeler que la mesure de saisie-contrefaçon donne au saisissant les pouvoirs d'investigation nécessaires à la recherche de la matérialité et de l'étendue de la contrefaçon qu'il allègue et qu'à cette fin, celui-ci doit avoir accès à tous les documents susceptibles de contribuer à en rapporter la preuve, quand bien même ils seraient confidentiels;

(...) Que la saisie des pièces litigieuses, même confidentielles, ne saurait dès lors être contestée;

Que la mesure de saisie-contrefaçon serait vidée de sens si la mesure de séquestre n'était pas levée, privant ainsi la société Insitu Systems de tout accès à la totalité des documents saisis.

Attendu qu'il y a lieu en conséquence d'ordonner la remise de ces pièces par l'huissier instrumentaire à la société Insitu System, étant toutefois ici précisé que toute divulgation d'éventuels secrets collectés est susceptible d'engager la responsabilité de cette dernière. »

TGI Paris, 3e ch., 3e sect., 3 mars 2010, RG no 09/00788.

« La société Nomisma relève également que l'huissier a saisi des documents confidentiels alors que l'ordonnance n'autorisait pas la saisie de tels documents.

Le tribunal relève que tous les documents saisis figurant en annexe au procès-verbal de saisie-contrefaçon sont revêtus d'un tampon "confidentiel". La lecture du procès verbal révèle que l'huissier a noté "M. Jamet m'indique ses plus grandes réticences quant à la communication de [ses] tarifs, documents qui pourraient être communiqués à [ses] concurrents" et plus loin : "il est à noter qu'un tampon confidentiel a été déposé sur tous les documents saisis réellement excepté sur le plan d'équipement lors des opérations de saisies-contrefaçon".

Le tribunal constate que les annexes 2 à 4 portent des cachets "confidentiel" à l'encre rouge alors que l'annexe 5 porte un tampon "confidentiel" noir, la société Nomisma en déduit que l'huissier a donc saisi un document préalablement classé comme confidentiel alors qu'il n'y était pas autorisé.

Le tribunal note que l'huissier avait pour mission notamment de procéder à la saisie réelle de tous "prospectus, brochures, plans, plaquettes commerciales, catalogues, notices, bons de commandes de livraison, tarifs, factures de vente et d'achat [...] d'où pourraient résulter la preuve de l'origine et de l'étendue des faits allégués".

Dès lors, l'huissier a respecté la mission qui lui était confiée en saisissant les documents litigieux (tarifs, factures et plans) bien qu'un tampon confidentiel ait été apposé sur eux. Si la société Nomisma souhaitait voir protéger la confidentialité de certains des documents saisis, il lui appartenait conformément à l'article R. 615-4 du code de la propriété intellectuelle de saisir sans délai le président du tribunal de grande instance de Paris afin que celui-ci prennent toute mesure pour préserver la confidentialité de certains éléments. En toute hypothèse, cette saisie de document n'entraîne pas la nullité du procès verbal de saisie contrefaçon. »

Paris, pôle 1, ch. 3, 6 déc. 2011, RG no 11/11455.

« Considérant qu'en l'espèce, l'ordonnance sur requête a autorisé la société Astra à faire procéder par huissier à "la saisie réelle ou par voie de photocopie ou de photographie en deux exemplaires du ou des dossiers d'AMM des spécialités pharmaceutiques à base d'ésoméprazole dont la société Ethypharm est titulaire en particulier des modules 1, 2 et 3 notamment le DMF partie ouverte et fermée ainsi que toute variation de ce ou ces dossiers d'AMM et si cela s'avérait nécessaire à la saisie réelle des parties correspondantes des dossiers d'AMM ainsi que toute variation de ce ou ces dossiers d'AMM des spécialités pharmaceutiques à base d'ésoméprazole indiquant parmi les fabricants la société Ethypharm";

Considérant que la partie fermée du DMF contient des informations confidentielles relatives au savoir-faire du laboratoire et doivent à ce titre être protégées par le secret des affaires;

Considérant qu'il n'est pas contesté que le saisissant doit avoir accès à tous les documents et informations susceptibles de lui permettre d'établir la contrefaçon qu'il allègue;

Considérant que la partie fermée du DMF contient des informations confidentielles relatives au savoir-faire du laboratoire et doivent à ce titre être protégées par le secret des affaires;

Considérant qu'il n'est pas contesté que le saisissant doit avoir accès à tous les documents et informations susceptibles de lui permettre d'établir la contrefaçon qu'il allègue;

Considérant qu'il n'est pas nié que le DMF qui porte sur le mode de fabrication de la substance active a un lien direct avec les faits de contrefaçon du procédé de fabrication, objet du brevet invoqué par la société Astra;

Considérant qu'en l'espèce, il ressort de la requête que le produit argué de contrefaçon devait être de manière imminente mis sur le marché et que l'urgence était invoquée pour justifier la demande de saisie-contrefaçon dans les locaux de l'AFFSAPS qui pouvait détenir le dossier d'AMM susceptible de fournir des éléments de nature à démontrer l'existence de la contrefaçon alléguée; que, par ailleurs, des saisies-contrefaçon avaient été opérées dans les locaux de la société Ethypharm qui avait indiqué que le procédé de fabrication du principe actif propre au fabricant n'était pas divulgué;

Considérant en conséquence, que la saisie-contrefaçon dans les locaux de l'AFFSAPS pouvait être ordonnée et qu'il n'y pas lieu à rétractation de ladite ordonnance. »

▸ 133.23 Préservation des informations confidentielles par l'organisation d'une procédure d'expertise

TGI Lyon, ord. réf. 24 nov. 1988, *Dossiers Brevets* 1988, V, 6.

« Qu'il est certain en fait que la divulgation de secrets de recherche ou de fabrication appréhendés à l'occasion d'une saisie et étrangers à la preuve de la contrefaçon prétendue constituerait pour leur titulaire un préjudice irrémédiable qu'il appartient au juge des référés de prévenir;

Qu'il est non moins certain que telle divulgation ne saurait être justifiée par le seul fait qu'elle ait trouvé l'occasion de sa survenance dans l'exécution d'un ordonnance juridictionnelle autorisant la saisie-contrefaçon, en vertu du principe selon lequel tout droit trouve sa limite dans l'abus qui en peut être fait;

Qu'en l'espèce, l'ordonnance du 4 novembre 1988, nous réservait d'ailleurs la connaissance des incidents de saisie tel en l'espèce;

Attendu qu'il ne saurait toutefois être question de laisser à la seule latitude du saisi le soin de qualifier de confidentiels ou non les documents trouvés en ses murs, sauf à priver le titulaire du brevet de son droit organisé par la loi d'aménager la preuve de la contrefaçon notamment par l'effet de la saisie réelle ou descriptive;

Qu'en l'espèce, il est indubitable que les représentants qualifiés de RPA et Pepro ont veillé et obtenu de conserver par devers eux certains documents que l'huissier se proposait de saisir;

Qu'il n'en demeure pas moins que les mêmes ont protesté de ce que, nonobstant, certaines informations confidentielles étrangères à la preuve de la contrefaçon demeuraient subsister dans les documents saisis;

Attendu qu'il s'en suit que la solution du litige commande qu'il soit procédé, sous le sceau de la confidentialité, à l'examen par un homme de l'art, tiers aux débats, sous notre contrôle et avec l'assistance des conseils en propriété industrielle du choix des parties, de l'ensemble des pièces et à la distinction consécutive des documents nécessaires à la preuve d'avec ceux confidentiels qui lui sont étrangers;

Que préalablement donc, l'interdiction aux actuels dépositaires des documents saisis s'impose, de s'en dessaisir. »

TGI Paris, ord. réf., 22 déc. 1989, *PIBD* 1990, n° 473, III, 134.

« Attendu qu'afin de mettre un terme à la difficulté d'exécution de notre ordonnance du 21 novembre 1989, il convient de désigner un expert avec mission d'examiner sous le sceau de la confidentialité les documents placés sous enveloppes scellées par Me X et de fournir tous renseignements de nature à permettre au tribunal de distinguer les documents nécessaires à la preuve de la contrefaçon du brevet Nissam d'avec ceux qui apparaissent étrangers à cette preuve. »

TGI Bourgoin-Jallieu, 19 avr. 1994, ord. réf., inédit.

« Attendu que la désignation d'un expert ne porte pas atteinte aux droits du breveté de faire la preuve par tous moyens de la contrefaçon dont il se prétend victime; que la solution du litige commande qu'il soit procédé, sous le sceau de la confidentialité à la désignation d'un expert chargé d'examiner les pièces saisies et d'opérer la distinction entre les documents nécessaires à la preuve et ceux confidentiels qui lui sont étrangers;

Que la SCP Bayard et Alphand, dépositaire des documents saisis, devra les conserver par devers elle et ne les remettre qu'à l'expert désigné. »

TGI Paris, juge de la mise en état, 26 mai 1995, *Dossiers Brevets* 1995, IV, 6.

« L'expert a expliqué en effet, avoir retenu les critères de sélection, en fonction des termes de la mission que lui ont confiée les parties; c'est-à-dire d'extraire les documents "nécessaires à établir l'existence de la contrefaçon et qui sont liés à l'objet du brevet invoqué". »

TGI Nanterre, 11 déc. 1996, n° BO : 96/03993.

« Désignons en qualité d'expert Monsieur G. [...], avec mission de :

1 – recueillir les explications des parties et des conseils en brevet de leur choix respectif;

2 – se faire remettre l'ensemble des documents saisis le 10 décembre 1996, comme dit dessus;

3 – conserver à l'endroit de tous tiers, et notamment la société Rhône-Poulenc Rorer SA la connaissance qu'il aura du contenu de ces documents;

4 – rechercher ceux de ces documents qui contenant des renseignements de nature confidentielle ne sont pour

autant pas susceptibles de venir au soutien de la preuve de la contrefaçon alléguée. »

TGI Bobigny, 13 déc. 1996, RG n° 17486/96.

« Le demandeur excipe du caractère éminemment confidentiel des marchés relatifs à la production objet de la mesure de saisie, qu'il est nécessaire de conserver.

Le défendeur demande qu'il lui soit donné acte qu'il a entre les mains les pièces saisies et déclare ne pas s'opposer à la désignation d'un expert afin notamment de rechercher les documents qui contiennent des renseignements de nature confidentielle et ne sont pas susceptibles de venir au soutien de la preuve.

Attendu que vu l'accord des parties et la nécessité de conserver un caractère confidentiel aux pièces qui ne viennent pas au soutien de la preuve, objet de la saisie, il y a lieu de recourir à une mesure d'instruction. »

TGI Lyon, ord. réf., 11 mai 1998, *PIBD* 1998, n° 662, III, 477.

« Il est évidemment nécessaire d'éviter que la saisie-contrefaçon diligentée par la société Rhône Poulenc Agrochimie soit de nature à causer un préjudice irrémédiable à la société Monsanto, en permettant la divulgation d'informations secrètes sur des gènes autres que celui argué de contrefaçon. Mais cette nécessité ne doit pas pour autant priver la société Rhône Poulenc Agrochimie de son droit d'accéder aux preuves de la contrefaçon.

Par conséquent, afin de préserver les intérêts de chacune des parties, il convient de désigner un expert qui aura pour mission de rechercher dans les documents saisis et dans le procès-verbal de saisie-contrefaçon les informations de nature confidentielle qui ne sont pas nécessaires à la preuve de la contrefaçon, et celles de nature confidentielle nécessaires à la preuve de la contrefaçon. Pendant les opérations d'expertise, les documents confidentiels ne seront accessibles qu'aux avocats des parties et à leurs conseils en propriété industrielle, tenus à une obligation de confidentialité. À l'issue des opérations d'expertise, la société Rhône Poulenc Agrochimie pourra avoir accès aux documents confidentiels, dès lors qu'ils ont été classés comme nécessaires à la preuve de la saisie-contrefaçon. »

Lyon, 1re ch., 23 sept. 1999, *PIBD* 2000, n° 690, III, 29.

« Attendu que l'ordonnance du 11 mai 1998 a été rendue en la forme des référés, le président du tribunal ayant été saisi par la société Rhône Poulenc Agro d'une difficulté d'exécution de l'ordonnance sur requête rendue le 13 janvier 1998 qui avait autorisé la saisie-contrefaçon. [...]

Attendu que, dans ces conditions, cette ordonnance rendue dans le cadre des articles 496 et 497 du Nouveau code de procédure civile est une ordonnance de référé susceptible d'appel dans le délai de quinze jours. »

TGI Bobigny, 1re ch., sect. 5, 17 mars 2004, RG n° 03/02744.

« Attendu, en vertu des dispositions de l'article L. 615-5 du code de la propriété intellectuelle, que la saisie-contrefaçon donne au saisissant les pouvoirs d'investigation nécessaires à la recherche de la matérialité et de l'étendue de la contrefaçon; que pour y parvenir, le saisissant doit avoir accès à tous les documents susceptibles de contribuer à la preuve de la contrefaçon, y compris ceux à caractère confidentiels : "*la description détaillée des produits ou procédés prétendus contrefaits*";

Attendu qu'il en découle que le caractère confidentiel des documents saisis est inopérant, le seul critère permettant le cas échéant d'ordonner des mesures conservatoires étant leur caractère utile ou non à la preuve de la contrefaçon;

Attendu qu'il est constant que les documents saisis lors des opérations effectuées dans les locaux de la société Chiesi étaient insuffisants pour apporter des éléments de preuve relatif au spectre infrarouge du mesylate de paroxetine du Divarius, et que ces éléments se trouvaient nécessairement dans le dossier d'AMM;

Attendu en conséquence que la saisie-contrefaçon dans les locaux de l'Afssaps était justifiée. »

TGI Paris, 3e ch., 2e sect., 12 mai 2006, RG n° 05/12994, *Jurinpi* B20060107.

« Par ordonnance rendue le 14 février 2005 par Madame la Vice Présidente du tribunal de grande instance de Lyon, la société Glaxo Group Limited a fait pratiquer le 24 mars 2005 une saisie-contrefaçon au siège de la société Merck Génériques à Lyon [...]. Lors des opérations de saisie l'huissier instrumentaire a saisi des boîtes de céfuroxime Merck et un dossier d'AMM. La société Merck a demandé à l'huissier de ne pas communiquer le dossier d'AMM pour des raisons de confidentialité. C'est ainsi que l'huissier a placé sous scellés deux exemplaires des éléments [...] du dossier d'AMM. [...] les sociétés Glaxo Group Limited et Laboratoires Glaxosmithkline demandent au juge de constater que la société Merck Génériques s'oppose à la communication du dossier d'AMM et des boîtes de céfuroxime Merck saisis par l'huissier et de désigner un expert aux fins de se faire remettre les documents saisis précités et de rechercher si ces documents sont susceptibles de venir au soutien de l'action en contrefaçon. [...] Les sociétés Merck Génériques et Qualimed ont signifié leurs conclusions le 22 mars 2006. Elles ne s'opposent pas à la désignation d'un expert mais souhaitent qu'il soit indiqué dans l'ordonnance que l'expert procédera à l'ouverture des enveloppes et à l'examen des documents en la seule présence des conseils des parties et hors la présence de tout représentant des sociétés en cause. »

TGI Paris, 3e ch., 3e sect. ord. réf., 18 oct. 2006, *PIBD* 2007, n° 845, III, 82.

« S'agissant du secret des affaires également opposé, il y a lieu de relever qu'aucune pièce n'est produite de nature à laisser supposer que les échantillons saisis relèvent d'une telle confidentialité et ce d'autant que lors des opérations de saisie aucune réserve de ce chef n'a été soulevée par les représentants de la société Odyssée. Le simple curriculum vitae du dirigeant de cette société est insuffisant pour apporter une telle preuve. »

TGI Paris, 3e ch., 2e sect., ord. JME, 9 nov. 2007, RG nº 07/02200, *Jurinpi* B20070173.

« Que Monsieur Guigne et son conseil ont requis l'huissier de demeurer séquestre de l'ensemble de ces documents ainsi que du contrat de licence qu'ils se sont engagés à lui communiquer sous 48 heures;

Que la société Insitu Systems sollicite dans le cadre du présent incident la remise de ces pièces à son profit, faisant valoir qu'elle a le plus grand intérêt à pouvoir les consulter et en avoir copie afin de voir constater l'existence, l'étendue et la matérialité des actes de contrefaçon invoqués et afin d'obtenir le respect de ses droits, faire cesser de tels actes et en demander réparation. »

TGI Paris, 3e ch., 2e sect., ord. JME, 15 juin 2007, *PIBD* 2007, nº 859, III, 558.

« Qu'au cours des opérations de saisie, le directeur général de la société Advestigo lui a indiqué que les deux contrats intitulés "contrat de prestations de services" conclus le 7 février 2005 entre la société Advestigo et la Sacem et la SDRM d'une part, et entre la société Advestigo et la SCPP d'autre part, sont des éléments confidentiels;

Que l'huissier a donc procédé à la mise sous scellés des deux contrats en cause, qui ont été déposés le 22 juillet 2005 auprès du greffe des scellés du tribunal de grande instance de Paris. »

TGI Lyon, ord. réf., 15 sept. 2008, RG nº 2008/01631.

« Sur la demande de communication du manuel d'utilisation :

Il n'appartient pas au juge de se substituer aux parties et de rechercher si l'une d'entre elles a besoin, pour se constituer une preuve, d'obtenir communication de tel ou tel document. Le juge doit simplement s'assurer que le motif est légitime et qu'il n'existe pas de risque de détournement de procédure et d'accès à des secrets.

S'agissant du document permettant d'utiliser l'appareil argué de contrefaçon, la communication à la société Xpar Vision BV apparaît légitime d'autant que la société MSC ne précise pas les informations confidentielles qu'il contiendrait et que ce document est destiné à des clients pour l'usage de l'appareil, ce qui ne nécessite certainement pas l'accès à son savoir-faire.

Afin d'éviter tout risque et par précaution, la communication se fera, après un tri par voie d'expertise, dans les conditions prévues au dispositif. »

TGI Paris, 3e ch., 3e sect., 3 mars 2010, RG nº 09/00788.

« La société Nomisma relève également que l'huissier a saisi des documents confidentiels alors que l'ordonnance n'autorisait pas la saisie de tels documents.

Le tribunal relève que tous les documents saisis figurant en annexe au procès-verbal de saisie-contrefaçon sont revêtus d'un tampon "confidentiel". La lecture du procès verbal révèle que l'huissier a noté "M. Jamet m'indique ses plus grandes réticences quant à la communication de [ses] tarifs, documents qui pourraient être communiqués à [ses] concurrents" et plus loin : "il est à noter qu'un tampon confidentiel a été déposé sur tous les documents saisis réellement excepté sur le plan d'équipement lors des opérations de saisies contrefaçon".

Le tribunal constate que les annexes 2 à 4 portent des cachets "confidentiel" à l'encre rouge alors que l'annexe 5 porte un tampon "confidentiel" noir, la société Nomisma en déduit que l'huissier a donc saisi un document préalablement classé comme confidentiel alors qu'il n'y était pas autorisé.

Le tribunal note que l'huissier avait pour mission notamment de procéder à la saisie réelle de tous "prospectus, brochures, plans, plaquettes commerciales, catalogues, notices, bons de commandes de livraison, tarifs, factures de vente et d'achat [...] d'où pourraient résulter la preuve de l'origine et de l'étendue des faits allégués".

Dès lors, l'huissier a respecté la mission qui lui était confiée en saisissant les documents litigieux (tarifs, factures et plans) bien qu'un tampon confidentiel ait été apposé sur eux. Si la société Nomisma souhaitait voir protéger la confidentialité de certains des documents saisis, il lui appartenait conformément à l'article R. 615-4 du code de la propriété intellectuelle de saisir sans délai le président du tribunal de grande instance de Paris afin que celui-ci prennent toute mesure pour préserver la confidentialité de certains éléments. En toute hypothèse, cette saisie de document n'entraîne pas la nullité du procès-verbal de saisie-contrefaçon. »

TGI Paris, 3e ch., 1re sect., ord. réf. rétract., 4 mai 2010, RG nº 10/04663.

« L'article R. [716-5] du code de la propriété intellectuelle dispose : "À la demande de la partie saisie agissant sans délai et justifiant d'un intérêt légitime, il (le président du tribunal) peut également prendre toute mesure pour préserver la confidentialité de certains éléments."

Cet article issu du décret du 27 juin 2008 ouvre à la partie saisie la possibilité de faire entendre sa voix dans la procédure *ex partes* qu'est la saisie-contrefaçon et il ne prévoit aucunement que le juge doive rendre sa décision à l'issue d'une procédure contradictoire.

L'objet même de cet article est de rendre la procédure de saisie-contrefaçon plus respectueuse des droits de la défense et de rendre plus proportionnée la mesure de saisie-contrefaçon tout en garantissant aux saisissant de pouvoir accéder aux éléments de preuve ou au moins de les figer.

En conséquence, la requête formée par la partie saisie à savoir les sociétés Mytilimer Production et Trad'Océan pouvait être soumise de façon non contradictoire au président du tribunal afin de permettre au saisi de voir respecter la confidentialité alléguée de certaines pièces.

L'organisation d'une audience contradictoire alors que les opérations de saisie se déroulaient et que l'huissier saisissant refusait de placer de lui-même sous séquestre les pièces prétendument confidentielles, aurait *de facto* priver de tout effet le droit reconnu à la partie saisie par l'article R. 716-5 du code de la propriété intellectuelle d'autant que les mesures sollicitées par requête et acceptées par le président du tribunal étaient des mesures conservatoires qui permettaient la saisie des pièces mais également leur mise sous séquestre par l'huissier saisissant de sorte que les droits de chacune des parties soient respectés.

La saisie-contrefaçon a en effet pour objet de conserver les éléments de preuve pertinents au regard de l'atteinte alléguée mais sous réserve que la protection des renseignements confidentiels soit assurée et non de permettre un accès direct à ces preuves tant que le litige relatif à la contrefaçon n'a pas été jugé.

En conséquence ce premier moyen sera rejeté. »

Paris, pôle 1, ch. 3, 6 déc. 2011, RG n° 11/11455.

« Considérant qu'en l'espèce, l'ordonnance sur requête a autorisé la société Astra à faire procéder par huissier à "la saisie réelle ou par voie de photocopie ou de photographie en deux exemplaires du ou des dossiers d'AMM des spécialités pharmaceutiques à base d'ésoméprazole dont la société Ethypharm est titulaire en particulier des modules 1, 2 et 3 notamment le DMF partie ouverte et fermée ainsi que toute variation de ce ou ces dossiers d'AMM et si cela s'avérait nécessaire à la saisie réelle des parties correspondantes des dossiers d'AMM ainsi que toute variation de ce ou ces dossiers d'AMM des spécialités pharmaceutiques à base d'ésoméprazole indiquant parmi les fabricants la société Ethypharm" ;

Considérant que la partie fermée du DMF contient des informations confidentielles relatives au savoir-faire du laboratoire et doivent à ce titre être protégées par le secret des affaires;

Considérant qu'il n'est pas contesté que le saisissant doit avoir accès à tous les documents et informations susceptibles de lui permettre d'établir la contrefaçon qu'il allègue;

Considérant qu'il n'est pas nié que le DMF qui porte sur le mode de fabrication de la substance active a un lien direct avec les faits de contrefaçon du procédé de fabrication, objet du brevet invoqué par la société Astra;

Considérant qu'en l'espèce, il ressort de la requête que le produit argué de contrefaçon devait être de manière imminente mis sur le marché et que l'urgence était invoquée pour justifier la demande de saisie-contrefaçon dans les locaux de l'AFFSAPS qui pouvait détenir le dossier d'AMM susceptible de fournir des éléments de nature à démontrer l'existence de la contrefaçon alléguée; que, par ailleurs, des saisies-contrefaçon avaient été opérées dans les locaux de la société Ethypharm qui avait indiqué que le procédé de fabrication du principe actif propre au fabricant n'était pas divulgué;

Considérant en conséquence, que la saisie-contrefaçon dans les locaux de l'AFFSAPS pouvait être ordonnée et qu'il n'y pas lieu à rétractation de ladite ordonnance;

Considérant que la société Cipla peut demander que l'ordonnance soit néanmoins aménagée pour garantir la confidentialité des documents saisis; que cette demande est fondée sur l'article 497 du code de procédure civile et les dispositions de l'article R. 615-4 du code de la propriété intellectuelle ne sont pas applicables dès lors que la société Cipla n'était pas la partie chez qui la saisie-contrefaçon était opérée;

Considérant, toutefois, que si le saisissant doit avoir accès aux documents susceptibles de contribuer à la preuve de la contrefaçon, il ne doit avoir accès qu'à ceux-là; qu'il convient de prendre toute mesure à cette fin alors que les opérations ont lieu chez un tiers au litige, en dehors de la présence du principal intéressé; qu'il y a lieu de se soucier du respect de la confidentialité des données saisies;

Considérant qu'il convient de concilier les intérêts contradictoires des parties, la recherche d'éléments de preuve de la contrefaçon et la protection de données confidentielles; qu'il faut veiller à la proportionnalité des mesures prises avec la nécessaire protection de la confidentialité;

Considérant qu'aux termes de l'ordonnance, l'AFFSAPS ne pouvait que déférer à la demande qui lui était faite; qu'elle ne disposait d'aucun motif pour s'y opposer pas plus qu'elle ne pouvait demander le placement sous scellés de documents relatifs à un dossier AMM déposé par Cipla;

Considérant que les opérations de saisie ont été diligentées par l'huissier accompagné de Mme Ulhmann, conseil en propriété industrielle et M. Caen, conseil en propriété industrielle; que, même si ceux-ci présentent un garantie de compétence quant à la compréhension des documents relatifs aux brevets et ne sont pas les conseils habituels de la société Astra, ils ont néanmoins été désignés à sa demande ainsi que le révèle la requête et sont donc rémunérés par celle-ci; que, sur place, les responsables juridiques et pharmaciens appelés à présenter les documents requis n'ont pas compétence pour faire un tri dans l'intérêt de l'intéressé ni à apprécier ce qui ressort de la confidentialité invocable par celui-ci;

Considérant que les personnes responsables de l'AFFSAPS ont seulement veillé à fournir les pièces visées à l'ordonnance, qu'elles n'étaient pas habilitées à faire un tri dans les documents remis à l'huissier au nom de la société Cipla ni à en solliciter la mise sous scellés;

Considérant que ces documents à caractère confidentiel pouvaient donc être portés à la connaissance de tiers et la société Cipla, absente des opérations qui ne se déroulaient pas dans ses locaux, n'en a pas eu connaissance immédiatement et n'a pas pu veiller à la confidentialité qui devait être attachée à ceux-ci;

Considérant que l'urgence à démontrer la contrefaçon ne s'opposait pas à la mesure de mise sous scellés des documents dès lors que la société Astra a attendu deux mois pour assigner en interdiction la société Ethypharm à la suite des saisies-contrefaçon et qu'elle a tardé à faire appel de l'ordonnance du 10 juin 2011 ne formalisant celui-ci que le 7 septembre 2011, qu'elle n'a en outre pas fait appel de la décision de référé du 5 juillet 2011 l'ayant déboutée de l'ensemble de ses demandes formées sur le brevet EP 984957B1;

Considérant qu'au surplus, elle s'est vue dans l'obligation de solliciter une telle mesure pour les documents objets des saisies-contrefaçon opérées chez Ethypharm qui, elle, avait demandé leur placement sous scellés;

Considérant dès lors que la proportionnalité qui doit exister entre la mesure prise et les nécessités d'obtenir une preuve de la contrefaçon conduisent à modifier l'ordonnance entreprise et à dire que les documents saisis dans les locaux de l'AFFSAPS doivent être placés sous scellés dans l'attente d'une demande de la société Astra aux fins d'expertise de ceux-ci ou d'examen contradictoire devant le juge en présence de la partie concernée à savoir la société Cipla;

Considérant qu'il découle de cette modification que la société Astra ne saurait divulguer les informations recueillies dans le cadre de la saisie-contrefaçon sauf à engager sa responsabilité; que la divulgation éventuelle des documents confidentiels pourra entraîner la mise en cause de sa responsabilité et la condamnation à des dommages intérêts si un préjudice a été subi par la société Cipla; que la demande d'interdiction de se dessaisir des documents appréhendés par la société Astra devient inutile du fait de la modification de l'ordonnance entreprise. »

▸ 133.24 Accès aux pièces jugées confidentielles

TGI Vienne, ord. réf., 18 mai 1990, *PIBD* 1990, n° 487, III, 602.

« C'est à bon droit que la société Piolat Industrie rappelle que les nécessités de la preuve de la contrefaçon alléguée peuvent justifier les prélèvements effectués mais que rien ne peut justifier que les échantillons saisis, dont la composition est secrète, soient remis à la société requérante pour être analysée par elle. Il appartiendra ultérieurement au tribunal saisi d'une instance au fond d'apprécier si une expertise doit ou non être ordonnée afin de pouvoir procéder contradictoirement et sous contrôle de justice aux analyses nécessaires à la preuve de la contrefaçon alléguée. Cette expertise ayant lieu en respectant les secrets de fabrication de la société Piolat Industrie. »

TGI Paris, ord. JME, 2 oct. 1997, *RD propr. int.* 1998, n° 83, 11.

« Attendu que l'expert a une obligation de probité et d'impartialité dans l'exécution de ses opérations; que la qualité et la rigueur du tri opéré par l'expert entre les pièces confidentielles et celles qui ne le sont pas n'ont pas lieu d'être mises en doute;

Attendu qu'admettre la présence des conseils en propriété industrielle à ces opérations de tri de pièces reviendrait à vider celles-ci de tout caractère protecteur de la confidentialité desdites pièces; que les conseils sont mandatés par les parties et doivent de ce fait en vertu des dispositions générales du code civil faire rapport à leurs mandants; qu'ils seraient donc amenés à communiquer à ceux-ci la teneur de tous les documents examinés y compris ceux pouvant être qualifiés de confidentiels;

Attendu que le demandeur ne saurait tirer argument de l'absence de respect du principe du contradictoire de ce fait;

Attendu qu'en effet, le tribunal ne statuera sur les demandes présentées par Monsieur B. qu'à partir des pièces non confidentielles communiquées et discutées entre les parties; que le principe du contradictoire sera ainsi pleinement respecté. »

Paris, 16 janv. 1998, *PIBD* 1998, n° 653, III, 239.

« Considérant que les sociétés appelantes allèguent aussi vainement que les éléments saisis à Nanterre, au siège social de GNR-Pharma, ne sont pas produits en totalité car toujours placés sous séquestre chez l'huissier saisissant, en raison de l'atteinte au secret de fabrique; qu'en effet, elles ne peuvent à la fois demander la préservation de ce secret et se plaindre qu'il soit respecté par la non production de certains éléments saisis; qu'il suffit en l'espèce que des éléments pertinents soient produits à partir des autres pièces saisies. »

TGI Paris, 3e ch., 1re sect., 30 sept. 1998, RG n° 96/25285, *PIBD* 1999, n° 673, III, 133.

« Attendu que rien ne s'oppose à ce qu'il soit fait droit en tant que de besoin à la demande d'interdiction de Bristol-Myers Squibb mais seulement en ce qu'elle porte sur les documents et informations, visés au dispositif, qui sont listés dans les rapports des 23 et 28 avril 1997 de M. G., expert désigné en référé, comme étant confidentiels et inutiles à la preuve de la contrefaçon alléguée et que Rhône-Poulenc offre du reste de restituer. »

TGI Paris, ord. réf., 24 nov. 1997, *RD propr. int.* 1998, n° 83, 11, note Véron.

« Afin de préserver l'éventuel caractère confidentiel des pièces saisies, l'expert ouvrira l'enveloppe et fera le tri des documents en présence des avocats des parties et du conseil en propriété industrielle de chacune d'elles dont l'identité devra être communiquée avant la première réunion d'expertise à l'expert et aux parties, toutes ces personnes étant tenues à une obligation de confidentialité.

Si des documents retenus par l'expert comme étant nécessaires à la preuve de la contrefaçon alléguée, présentent un caractère confidentiel, seules les personnes énoncées précédemment pourront y avoir accès sans qu'il soit nécessaire d'ordonner une astreinte. »

Paris, ord. 1er président, 26 juill. 1999, *RD propr. int.* 2000, n° 111, p. 24.

« Attendu que le fait par le premier juge d'avoir imparti à l'expert judiciaire de n'ouvrir l'enveloppe scellée contenant les documents saisis qu'en la seule présence des avocats et des conseils en propriété industrielle de chacune des parties et d'avoir également réservé à ces mêmes personnes l'accès aux documents litigieux durant l'expertise – et d'en avoir par conséquent écarté les consultants dont la société Quickturn revendiquait la présence, notamment en la personne de l'expert allemand M. E. – ne saurait constituer une atteinte au caractère contradictoire des débats ou une violation des droits de la défense tels que prévus par les articles 16, 19, 161 du Nouveau code de procédure civile et l'article 6 de la Convention européenne de sauvegarde des droits de l'homme et des libertés fondamentales. »

TGI Paris, 31 oct. 2000, RG n° 98/07627, *Jurinpi* B20000202.

« Le tribunal relève qu'en l'espèce le tri des éléments pertinents au regard de la contrefaçon alléguée a été effectué hors la présence des conseils des parties; que cette sélection non contradictoire a privé celles-ci de la possibilité de discuter tant des critères de sélection de l'expert que de leur application concrète; que le caractère confidentiel des documents saisis ne sauraient, sans vider la mesure d'administration de la preuve de l'article 615-5 de son efficacité, faire échapper leur examen au principe du contradictoire même si celui-ci doit être aménagé pour éviter toute utilisation des informations recueillies à des fins étrangères à la preuve de la contrefaçon.

Aussi, le tribunal estime que la violation du principe du contradictoire dans l'examen des documents pertinents a vicié la sélection des documents effectuée par l'expert M. G. Celui-ci ayant établi son rapport à partir des documents non contradictoirement sélectionnés, il y a lieu de prononcer la nullité des opérations d'expertise et d'écarter des débats le rapport ainsi réalisé. »

TGI Paris, ord. JME, 11 juill. 2003, RG n° 00/01594, *Jurinpi* B20030035.

« Attendu que le déroulement des opérations d'expertise se fera en présence des seuls avocats des parties et de leurs conseils en propriété industrielle dont il convient de rappeler que ces derniers sont tenus à une obligation de confidentialité et qu'il n'y a pas lieu dès lors d'ordonner la remise d'engagement de leur part de respecter ce à quoi ils sont tenus de par leurs règles professionnelles; [...]

Attendu qu'aucun engagement de confidentialité ne saurait être davantage exigé des avocats de la société demanderesse. »

TGI Paris, 3e ch., 2e sect., ord. JME, 15 juin 2007, *PIBD* 2007, n° 859, III, 558.

« Attendu que la société demanderesse fait valoir au soutien de sa demande de communication que les contrats conclus le 7 février 2005 lui sont utiles à la démonstration de la contrefaçon ainsi qu'à la détermination de son préjudice;

Qu'il ressort cependant de ses dernières conclusions au fond qu'elle s'appuie sur le procès-verbal de saisie-contrefaçon du 6 juillet 2005 pour rapporter la preuve de la contrefaçon des revendications 1, 2, 4, 5, 6, 7, 8, 9, 11, 12 et 13 du brevet divisionnaire n° 05 03354 et qu'elle n'a pas jugé utile jusqu'au 22 mars 2007, soit plus de vingt mois après son acte introductif d'instance, de solliciter la communication des contrats litigieux pour compléter son argumentation;

Que par ailleurs, la demanderesse évalue précisément son préjudice à la somme de 4 486 700 euros au titre tant des pertes subies que des gains manqués et ne justifie pas dans quelle mesure la communication des contrats en cause lui permettrait d'affiner cette évaluation.

Attendu que compte tenu de l'ensemble de ces éléments, et eu égard aux différents intérêts en présence, il y a lieu de rejeter la demande de la société Co-Peer-Right Agency tendant à voir autoriser la communication à son profit d'une copie de chacun des deux contrats de prestations de service. »

Paris, 4e ch., sect. B, 30 janv. 2009, RG n° 07/20826, *Jurinpi* B20090011.

« Considérant que la société Insitu Systems désirant avoir accès aux documents placés sous séquestre aux fins d'établir la preuve de la contrefaçon devait saisir à nouveau le juge ayant autorisé la saisie-contrefaçon aux fins de voir modifier les termes de l'ordonnance en application de l'article 497 du code de procédure civile et, si elle l'estimait nécessaire, lui soumettre les difficultés d'exécution relatives aux documents dont la mise sous séquestre n'avait pas été prévue par l'ordonnance; que la société Many Players pouvait quant à elle solliciter de ce magistrat toute mesure pour préserver la confidentialité de certains éléments comme le prévoit l'article R. 615-1 du code de la propriété intellectuelle;

qu'il suit que le juge de la mise en état n'était pas compétent pour statuer sur la demande de mainlevée du séquestre au regard des articles R. 615-4 du code de la propriété intellectuelle et 497 du code de procédure civile. »

TGI Paris, ord. 29 avr. 2009, RG n° 08/09266, n° MI : 08/485.

« Aux termes de l'article L. 615-5-2 du code de la propriété intellectuelle, "si la demande lui en est faite, la juridiction saisie d'une procédure civile prévue au présent titre peut ordonner, au besoin sous astreinte, afin de déterminer l'origine et les réseaux de distribution des produits contrefaisants qui portent atteinte aux droits du demandeur, la production de tous documents ou informations détenus par le défendeur ou par toute personne qui a été trouvée en possession de produits contrefaisants ou mettant en œuvre des produits contrefaisants ou qui fournit des services utilisés dans des activités de contrefaçon ou a été signalée comme intervenant dans la production, la fabrication ou la distribution de ces produits, la mise en œuvre de ces procédés ou la fourniture de ces services.

La production de documents ou d'informations peut être ordonnée s'il n'existe pas d'empêchement légitime Les documents ou informations recherchés portent sur :

– Les nom et adresse des producteurs, fabricants, distributeurs, fournisseurs et autres détenteurs antérieurs des produits et procédés ou services, ainsi que des grossistes destinataires et détaillants

– Les quantités produites, commercialisées, livrées, reçues ou commandées, ainsi que sur les produits, procédés ou service en cause."

En l'espèce, les sociétés d'Usinage de Tubes pour l'électricité et Groupe Arnould invoquent ces dispositions pour solliciter la production forcée des documents et informations afin de déterminer l'importance du préjudice qu'elles prétendent avoir subi;

Il convient de rappeler que l'article L. 615-5-2 du code de la propriété intellectuelle est la transposition de la directive 2004/48/CE du 29 avril 2004, imposant aux

États membres de l'Union Européenne de veiller à ce que, "dans le cadre d'une action relative à une atteinte à un droit de propriété intellectuelle et en réponse à une demande juste et proportionnée du requérant, les autorités judiciaires compétentes puissent ordonner que des informations sur l'origine et les réseaux de distributions des marchandises ou des services qui portent atteinte à un droit de propriété intellectuelle soient fournies" notamment par le contrevenant;

Dès lors, ce texte a pour principale vocation de permettre au demandeur d'avoir accès à des informations sur l'origine et les réseaux de distributions des marchandises ou des services qui portent atteinte à son droit de propriété intellectuelle, non à lui permettre de chiffrer le préjudice qu'il estime avoir subi avant même d'établir la réalité de la contrefaçon;

Cela est d'autant plus vrai que la rédaction de l'article fait référence à des articles "contrefaisants" et non pas "argués de contrefaçon" comme c'est le cas pour le texte qui prévoit des mesures conservatoires ou d'interdiction qui peuvent être demandées y compris de façon non contradictoire par voie de requête, ce qui laisse supposer que le tribunal doit avoir préalablement statué sur la réalité de la contrefaçon avant de pouvoir ordonner de telles mesures;

Il est à noter qu'en l'espèce, la défenderesse conteste tout acte de contrefaçon et demande reconventionnellement la nullité du brevet des demanderesses, la réalité de la contrefaçon n'est donc pas, à ce stade des débats, établie.

Enfin l'article L. 615-5-2 du code de la propriété intellectuelle prévoit que "la production de documents ou d'informations peut être ordonnée s'il n'existe pas d'empêchement légitime".

Ce texte rappelle le souci constant que le juge doit avoir lors de l'exercice de cette faculté d'apprécier l'opportunité des demandes et de prendre en compte les intérêts en présence.

En l'espèce, les informations sollicitées, si elles ne relèvent pas du secret des affaires, font état d'un usage prématuré du droit à l'information, d'autant plus que les parties sont strictement concurrentes, ce qui constitue un empêchement légitime à la production de ces informations en cours de procédure car elle permettrait alors la révélation de tout le circuit de distribution de la société défenderesse au prétexte d'évaluer un préjudice hypothétique à ce stade de la procédure;

Enfin, si l'article 770 du code de procédure civile permet au juge de la mise en état d'ordonner la communication de pièces, il convient de rappeler que le texte spécial prime sur le texte général et qu'au surplus, cet article donne une faculté au juge qui doit apprécier l'opportunité et la nécessité d'une telle production, en l'espèce, il a été démontré qu'une telle demande était prématurée alors que le débat sur la contrefaçon n'avait pas été tranché et que ce débat concerne deux sociétés concurrentes.

Enfin, au surplus, il est à noter que les demanderesses n'ont pas jugé nécessaire lors de la saisie-contrefaçon qu'elles ont fait réaliser par huissier sur autorisation du président du TGI de demander la communication d'éléments comptables.

En conséquence, la demande de production des pièces des demanderesses doit être rejetée. »

▸ 133.25 Cas particulier des documents intéressant la défense nationale

TGI Paris, 3e ch., 2e sect., 1er avr. 2005, RG n° 02/18151.

« Attendu ceci étant rappelé, qu'aux termes de l'article L. 615-10 du code de la propriété intellectuelle, "*lorsqu'une invention, objet d'une demande de brevet ou d'un brevet, est exploitée pour les besoins de la Défense Nationale par l'État ou ses fournisseurs... le président du tribunal de grande instance peut, s'il en est requis par l'ayant droit, ordonner une expertise qui ne peut être effectuée que par des personnes agréées par le ministre de la Défense et devant ses représentants...*";

Attendu qu'il est constant et d'ailleurs non contesté, que les dispositions précitées subordonne la validité des opérations d'expertise entreprises dans ce cadre, à une double condition dont la satisfaction présente un caractère impératif;

Attendu, en l'espèce que les parties conviennent que la nature de l'invention couverte par le brevet considéré entre dans le champ de l'article L. 615-10 précité;

Attendu que force est dès lors de constater qu'aucune des deux exigences précitées n'a été satisfaite puisque, d'une part l'extension de mission confiée à M. Blanc-Talon et consistant à saisir les appareils litigieux pour les examiner en un autre lieu, n'a pas été portée à la connaissance du ministère de la Défense et, surtout, les opérations d'expertise ne se sont pas déroulées devant les représentants de celui-ci;

Attendu que ces deux erreurs se confortent car elles aboutissent l'une et l'autre à soustraire à la connaissance dudit Ministère, des opérations expertales portant sur des matériels dont il est d'ailleurs propriétaire ou du moins detenteur;

Attendu qu'il est indifférent que M. Blanc-Talon puisse être membre de la Direction Générale de l'Armement, cette seule considération ne lui donnant pas qualité pour représenter le ministère, d'autant que sa désignation comme expert est incompatible avec un mandat de représentation de l'institution propriétaire ou détentrice des appareils expertisés;

Attendu que le caractère impératif des dispositions de l'article L. 615-10 est rappelé par leur rédaction même ("*une expertise qui ne peut être effectuée que par...*");

Attendu que leur inobservation commande dès lors de prononcer l'annulation du rapport d'expertise de M. Blanc-Talon. »

Civ. 1re, 21 mars 2006, n° 05-13.302, *Bull. civ.* I, n° 168, *CCE* mai 2006, comm. n° 78, note Caron; *Propr. intell. 2006*, n° 20, p. 352, obs. Warusfel; *D.* 2006. AJ 983, obs. Daleau; *Expertises*, juill. 2006,

p. 269, note Lecardonnel; *Comm. com. électr.* 2006, comm. n° 78, note Caron; *RLDI* avr. 2006, p. 25.

« Mais attendu que l'arrêt énonce à bon droit que, dès lors que le saisi prouve qu'il bénéficie d'une habilitation au "confidentiel défense" et qu'à l'occasion des opérations de saisie, des documents, informations contrats ou brevets protégés par cette classification sont susceptibles d'apparaître à la vue du saisissant, l'officier public doit surseoir à opérer jusqu'à ce que le président du tribunal de grande instance ayant ordonné la saisie, s'il en est requis, ordonne une expertise confiée à des personnes agréées par le ministre chargé de la défense et devant ses représentants; que ainsi qu'observé par le mémoire en défense, l'article 413-11 du code pénal érige en délit correctionnel le fait pour toute personne non habilitée de reproduire ou porter à la connaissance d'une personne non qualifiée un renseignement, procédé, objet, document, donnée informatisée ou fichier qui présente le caractère d'un secret de la défense nationale; que le moyen n'est donc pas fondé. »

▸ 134.21 Obligation

TGI Paris, 3e ch., 3e sect., 12 mars 2008, RG n° 06/15973, *Jurinpi* B20080062.

« Cette société sollicite la nullité de la saisie-contrefaçon réalisée à son siège pour non-respect de l'article R. 615-2 alinéa 2 du code de Propriété Intellectuelle qui prévoit que l'huissier instrumentaire d'une saisie-contrefaçon doit laisser copie au saisi du procès-verbal de saisie.

Le tribunal relève que dans le procès-verbal dressé le 25 octobre 2006 par Maître Safar, huissier au siège de la Scadif, celui-ci mentionne *in fine "de ce que dessus j'ai dressé le présent procès-verbal pour servir et valoir ce que de droit duquel j'ai remis copie à M. Canzi Pascal, sous enveloppe fermée en parlant comme dessus, ne portant d'un côté que les nom et adresse de la partie et de l'autre le cachet de mon Étude apposé sur la fermeture du pli"*.

Cette mention de l'huissier valant jusqu'à inscription de faux, le grief formé à l'encontre de cette saisie-contrefaçon n'est pas fondé et celle-ci est valable. »

▸ 134.22 Délai de la remise

TGI Paris, 12 sept. 1990, *PIBD* 1991, n° 491, III, 7.

« Attendu que si la signification préalable de l'ordonnance rendue sur requête par le juge constitue une règle de droit qui conditionne l'exercice du droit de saisie et dont l'omission constitue non une nullité de forme, mais une nullité de fond, il n'en est pas de même de la formalité relative à la remise du procès-verbal au détenteur des objets saisis.

Attendu en effet que la loi de 1968 ne prescrit pas la remise immédiate de ce document, qu'il suffit que le détenteur ait connaissance dans un délai raisonnable des constatations décrites par l'huissier afin d'en référer au magistrat ayant ordonné la saisie au cas où l'huissier n'aurait pas respecté les prescriptions de l'ordonnance. »

TGI Paris, 25 oct. 1990, *PIBD* 1991, n° 493, III, 79.

« Attendu que si l'alinéa 2 de l'article 2 du décret précité prévoit qu'une copie du procès-verbal doit être laissée au saisi, par contre, ce texte ne précise pas si cette copie doit être remise dès la fin des opérations ou si elle peut être signifiée plus tard.

Attendu que devant le silence de la loi, il convient de dire que l'assignation en contrefaçon, en date du 19 novembre 1988 vaut signification régulière du procès-verbal de saisie du 7 novembre 1988. »

Paris, 4e ch., 14 mars 1991, *PIBD* 1991, n° 506, III, 500; *RD propr. ind.* 1991, n° 34, 20.

« Considérant que la remise immédiate d'une copie du procès-verbal de la saisie-contrefaçon n'est pas exigée par l'article 2 alinéa 2 du décret d'application;

Qu'IEC ne peut donc faire grief à Necchi de n'avoir adressé la copie des deux procès-verbaux que le 3 février 1987 ainsi qu'il résulte du procès-verbal du 3 février 1987. »

▸ 134.23 Sanction du défaut de remise

TGI Strasbourg, 7 févr. 1989, *PIBD* 1989, n° 460, III, 406.

La société EF fait aussi valoir que le procès-verbal de saisie ne lui a été signifié que le 17 avril pour des opérations s'étant déroulées le 10 avril, et qu'ainsi il faut annuler le procès-verbal lui-même.

L'article 2 du décret du 15 février 1969 stipule qu'« à peine de nullité [...] l'huissier [...] doit, avant de procéder à la saisie, donner copie aux détenteurs des objets saisis ou décrits de l'ordonnance [...]. Copie doit être laissée aux mêmes détenteurs du procès-verbal de saisie. »

L'huissier doit laisser copie de son procès-verbal, immédiatement après ses opérations de saisie ou description. Tel est bien le sens grammatical de la phrase. Mais il existe en outre une justification : il faut que le saisi ait la possibilité de critiquer ce procès-verbal tant qu'il est encore « frais ». Si le procès-verbal n'était pas laissé immédiatement, aucune limite dans le temps ne pourrait être fixée et ce document pourrait être signifié seulement en cours de procédure, à supposer que la saisie soit même suivie d'une instance.

Admettre que le procès-verbal puisse être signifié tardivement, revient à accroître les dangers de la saisie-contrefaçon, dangers que le législateur a voulu limiter.

Le tribunal annule donc le procès-verbal dressé par Me X, le 10 avril 1985 et signifié le 17 avril 1985.

TGI Paris, 12 sept. 1990, *PIBD* 1991, n° 491, III, 7.

« Attendu que si la signification préalable de l'ordonnance rendue sur requête par le juge constitue une règle de droit qui conditionne l'exercice du droit de saisie et dont l'omission constitue non une nullité de forme, mais une nullité de fond, il n'en est pas de même de la formalité relative à la remise du procès-verbal au détenteur des objets saisis.

Attendu en effet que la loi de 1968 ne prescrit pas la remise immédiate de ce document, qu'il suffit que le détenteur ait connaissance dans un délai raisonnable des constatations décrites par l'huissier afin d'en référer au magistrat ayant ordonné la saisie au cas où l'huissier n'aurait pas respecté les prescriptions de l'ordonnance. »

Paris, 4e ch., sect. A, 12 nov. 2003, *PIBD* 2004, n° 782, III, 148; *Gaz. Pal.*, 5-6 janv. 2005, p. 10.

« Mais considérant que les premiers juges ont relevé à bon droit que l'article R. 615-2 du code de la propriété intellectuelle n'exige pas à peine de nullité la remise de la copie du procès-verbal de saisie au détenteur des objets saisis ou décrits dès l'achèvement de la saisie; que la société Tournadre ne conteste pas que les photographies lui ont été communiquées postérieurement et ne justifie, ni même n'allègue avoir subi un quelconque grief du fait d'une remise tardive des clichés photographiques. »

Rennes, 2e ch. com., 10 janv. 2006, *PIBD* 2006, n° 826, III, 200; *Propr. intell. oct. 2006,* p. 464, obs. de Haas.

« Que par ailleurs quand bien même une copie du procès-verbal de saisie n'aurait pas été laissée sur place, il ne s'agit là que d'une nullité de forme dont il n'est pas démontré qu'elle ait causé un dommage au saisi (la société Setalg) étant observé que la mauvaise qualité de la copie versée au dossier ne permet pas à la Cour de vérifier si cette formalité a bien été accomplie comme l'affirme la société appelante. »

TGI Paris, 3e ch., 3e sect., 23 mai 2007, RG n° 05/15960, *Jurinpi* B20070076.

« L'article R. 615-2 alinéa 2 du code de propriété intellectuelle dispose que *à peine de nullité et de dommages et intérêts contre l'huissier, celui-ci doit, avant de procéder à la saisie, donner copie au détenteur des objets saisis et décrits de l'ordonnance et le cas échéant de l'acte constatant le dépôt de cautionnement. Copie doit être laissé au même détenteur du procès-verbal de saisie.*

La société CTI prétend que les opérations de saisie-contrefaçon du 24 septembre 2003 seraient nulles car l'huissier n'aurait pas respecté l'obligation de remise du PV à l'issue des opérations qu'il a réalisées.

Ainsi que le relève justement la société CTI, la nullité prévue par la disposition réglementaire précitée est une nullité de forme qui relève de l'article 114 du nouveau code de procédure civile qui dispose que *la nullité ne peut être prononcée qu'à charge pour l'adversaire qui l'invoque de prouver le grief que lui cause l'irrégularité même lorsqu'il s'agit d'une formalité substantielle ou d'ordre public.*

En l'espèce, le tribunal relève que les opérations de saisie-contrefaçon ont été suivies d'une assignation en contrefaçon à l'encontre de la société CTI en date du 8 octobre 2003; que dans le cadre de cette instance, cette société CTI n'a formulé aucune réclamation à l'encontre desdites saisies; que dès lors, elle ne peut aujourd'hui prétendre subir un quelconque grief du fait de la nullité qu'elle allègue, la production de ce PV à l'appui d'une demande en contrefaçon sur deux nouveaux brevets ne pouvant constituer un grief au sens de l'article 114 précité, celui-ci devant s'apprécier au regard de l'acte de procédure incriminé lui-même et non des conditions de sa production. »

TGI Paris, 3e ch., 3e sect., 12 mars 2008, RG n° 06/15973, *Jurinpi* B20080062.

« Cette société sollicite la nullité de la saisie-contrefaçon pour le même motif que celui précédemment exposé.

Le tribunal relève qu'aucune indication ne figure dans le procès-verbal de saisie-contrefaçon dressé le 25 octobre 2006 permettant de vérifier qu'une copie de cet acte a été remis au saisi.

Cette carence ne saurait être suppléée par l'écrit du 2 août 2007 de Maître Martin, huissier par lequel celui-ci certifie avoir remis une copie du procès-verbal à Madame Russel, juriste à la fin des opérations.

Toutefois, il est constant que l'omission de la remise d'une copie du procès-verbal de saisie-contrefaçon au saisi constitue une nullité de forme et que dès lors la société Scamark doit justifier d'un grief pour que celle-ci soit prononcée en application de l'article 114 du code de procédure civile.Or, dans ses écritures, la société Scamark n'articule aucun grief sa demande de nullité est en conséquence rejetée. »

TGI Strasbourg, 1re ch., 8 juin 2009, RG n° 06/07439, *Jurinpi* B20090082.

« 2-4-1) Sur les nullités pour vice de forme.

Conformément au droit commun, les nullités pour vice de forme doivent être soulevées "*in limine litis*" avant toute défense au fond ou fin de non recevoir (articles 74 et 112 du code de procédure civile).

Tel est le cas de celles tirées du défaut :

– de remise préalable de la requête et de l'ordonnance à une personne habilitée,

– de description détaillée des objets argués de contrefaçon,

– de remise du procès-verbal de saisie à l'issue des opérations. »

Paris, pôle 5, ch. 2, 3 juill. 2009, RG n° 07/14011.

« Considérant que la CTI reprend l'argumentation soutenue en première instance selon laquelle les saisies-contrefaçon sur lesquelles se fonde la société Tami pour agir en contrefaçon ne peuvent être invoquées dès lors qu'elles ont été effectuées dans le cadre d'une autre procédure sur un brevet autre que ceux présentement opposés; qu'elle conclut également à la nullité des procès-verbaux de saisie;

Qu'elle expose, en effet :

– d'une part, que l'huissier ne justifie pas avoir laissé copie de son procès verbal à l'issue de ses opérations en violation des dispositions de l'article R. 615-2 alinéa 2 du code de la propriété intellectuelle, qu'il s'agit d'une nullité de fond, qui n'exige pas la preuve d'un grief, qu'au surplus, elle a bien subi un grief puisqu'elle n'a pu connaître immédiatement le contenu du procès-verbal de saisie-contrefaçon et n'a donc pas été en mesure de le critiquer en temps utile [...];

Mais considérant que c'est par des motifs pertinents que la cour fait siens que les premiers juges ont écarté ces demandes en relevant que le défaut de dénonciation du procès-verbal de saisie contrefaçon constituait une nullité de forme qui suppose l'existence d'un grief, ce qui en l'espèce n'était nullement démontré [...] ».

▸ 134.24 La copie tient lieu d'original à celui qui l'a reçue

Civ. 2e, 5 mai 1962, *Bull. civ.* n° 411, 292.

« Attendu que la copie d'un exploit tient lieu d'original à celui qui l'a reçue; qu'une copie non datée ne peut faire la preuve de la date à laquelle l'acte a été signifié; qu'en raison du caractère substantiel de cette prescription, qui échappe à l'application de l'article 715 du code de procédure civile, la nullité de l'exploit devait être prononcée, sans qu'il y ait lieu de rechercher si elle avait eu ou non pour effet de nuire aux intérêts de la défense. »

Rennes, 25 oct. 1984, *Gaz. Pal.* 84, jur. 793.

« Considérant qu'il ressort des documents régulièrement versés aux débats que l'original de l'acte intitulé assignation à comparaître devant le tribunal de commerce délivré à la requête de J. T. porte la date du 15 décembre 1980, l'audience étant prévue pour le 9 février 1981; que la copie du même acte détenue par l'appelante ne comporte en revanche aucune date relative à sa remise;

Considérant, en droit, que la copie tient lieu d'original pour celui qui la reçoit; que par application de l'art. 648 du nouveau code de procédure civile, l'absence de date sur cette copie constitue une cause de nullité, même si la mention en est régulièrement portée sur l'original. »

▸ 134.32 Remise au saisissant

TGI Paris, 3e ch., 1re sect., 21 mai 2007, RG n° 03/04960, *Jurinpi* B20070109.

« Que s'il ne peut être contesté que le prototype saisi a été envoyé par monsieur Briese en Allemagne pour une autre procédure – ce qui en soi est contestable – et a été endommagé lors de ce transport, que si Monsieur Briese a effectivement détourné la procédure de saisie contrefaçon pour une autre procédure, aucun élément n'interdisait toutefois à l'huissier de remettre le prototype saisi à Monsieur Briese, aucune mention n'exigeant que ce prototype soit remis au Greffe; Que dès lors la saisie ne peut être déclarée nulle, la détérioration du prototype saisi ne pouvant justifier à elle seule la nullité de la saisie-contrefaçon. »

▸ 134.33 Utilisation du procès-verbal de saisie-contrefaçon

TGI Paris, 15 nov. 1982, *PIBD* 1983, n° 322, III, 98.

Doit être déclarée valable, en l'absence de toute irrégularité, la saisie-contrefaçon des casiers litigieux effectuée à la demande de M. B.

Contrairement aux allégations de la société Armor, cette saisie a été suivie d'une assignation régulière qui se réfère expressément aux motifs de la requête à fin de saisie-contrefaçon dont signification avait été faite simultanément à la défenderesse.

Une seconde assignation ayant été effectuée en vertu d'une seconde saisie-contrefaçon régulière, les deux procès-verbaux successifs peuvent donc être invoqués par demandeur à l'appui de son action en contrefaçon.

TGI Paris, 30 avr. 1997, *PIBD* 1997, n° 636, III, 385

« Attendu que la défenderesse soutient que ce procès-verbal, dressé le 24 juin 1994, dans les locaux de la société Marne et Champagne, à la requête de la société Sameto Technifil, dans le cadre d'une instance en contrefaçon d'un autre brevet, serait nul en application des dispositions de l'article L. 615-5 du code de la propriété intellectuelle, le demandeur ne s'étant pas pourvu dans le délai de quinze jours de la saisie.

Mais attendu que [...] le demandeur à la saisie-contrefaçon s'était bien pourvu dans le délai imposé par l'article L. 615-5 du code de la propriété intellectuelle que la saisie-contrefaçon [...] n'a pas lieu d'être annulée.

Attendu, par ailleurs, que la preuve de la contrefaçon peut, aux termes du même article, être rapportée par tout moyen; que les demanderesses peuvent donc se prévaloir des énonciations de ce procès-verbal pour établir les actes de contrefaçon qu'elles invoquent. »

TGI Paris, ord. réf., 24 nov. 1997, *RD propr. int.* 1998, n° 83, 11, note Véron.

« Afin de préserver l'éventuel caractère confidentiel des pièces saisies, l'expert ouvrira l'enveloppe et fera le tri des documents en présence des avocats des parties et du conseil en propriété industrielle de chacune d'elles dont l'identité devra être communiquée avant la première réunion d'expertise à l'expert et aux parties, toutes ces personnes étant tenues à une obligation de confidentialité.

Si des documents retenus par l'expert comme étant nécessaires à la preuve de la contrefaçon alléguée, présentent un caractère confidentiel, seules les personnes énoncées précédemment pourront y avoir accès sans qu'il soit nécessaire d'ordonner une astreinte.

Les autres documents pourront être librement échangés et seront dès lors à la disposition des personnes en charge des intérêts de Searle et Monsanto sans qu'il soit possible de limiter leur emploi à la procédure initiée en France.

En effet, il ne saurait être question de priver les défenderesses de leur droit, organisé par la loi, d'aménager la preuve de la contrefaçon alléguée par la saisie autorisée le 22 octobre 1997. »

TGI Paris, 3e ch., 30 sept. 1998, RG n° 96/25285, *PIBD* 1999, n° 673, III, 133.

« Attendu qu'il n'appartient pas, pour le surplus, à ce tribunal d'autoriser Rhône-Poulenc Rorer à exploiter les autres documents et informations saisis, ce qu'elle est libre de faire à ses risques et périls, connaissance étant prise de la demande en dommages et intérêts que Bristol-Myers Squibb s'est réservée de former. »

TGI Paris, juge de la mise en état, 14 mai 1999, RG n° 98/21148, *Jurinpi* B19990125.

« Attendu que le breveté pourra, après le dépôt du rapport d'expertise, faire usage des documents utiles à la preuve de la contrefaçon dans d'autres procédures l'opposant aux défenderesses tant en France qu'à l'étranger à l'exception de ceux contenant des informations confidentielles qui ne pourront être utilisées dans ces procédures qu'après que la décision de justice reconnaissant éventuellement le bien-fondé de la demande en contrefaçon aura pris force de chose jugée. »

Paris, ord. 1er président, 26 juill. 1999, *RD propr. int.* 2000, n° 111, p. 24.

« Attendu que, saisi par la société de droit US Quickturn Design Systems Inc. aux fins de désignation d'un expert chargé de procéder [...] au tri des documents placés sous scellés à la demande de la société Meta Systems lors d'une saisie-contrefaçon effectuée sur requête de Quickturn dans les locaux de cette société les 6, 7 et 8 octobre 1998, le juge de la mise en état de la 3e chambre du tribunal de grande Instance de Paris a, par ordonnance du 14 mai 1999, ordonné une expertise [...]; et a notamment dit :

– que les documents non confidentiels susceptibles d'établir la preuve de la contrefaçon pourront être librement utilisés par les parties dans le cadre de procédures, présentes ou à venir, opposant lesdites parties en France ou à l'étranger;

– que les documents nécessaires à la preuve de la contrefaçon mais contenant des informations confidentielles ne pourront être utilisés à l'occasion d'autres procédures françaises ou étrangères opposant les mêmes parties, qu'après qu'une décision de justice ayant reconnu éventuellement le bien-fondé de la demande en contrefaçon aura pris force de chose jugée. »

TGI Paris, 3e ch., 3e sect., 23 mai 2007, RG n° 05/15960, *Jurinpi* B20070076.

« La société CTI prétend que ces PV lui sont inopposables dès lors que les opérations de saisie-contrefaçon n'ont pas été pratiquées sur le fondement des brevets, aujourd'hui en cause. Il est constant que le procès-verbal de saisie-contrefaçon et ses annexes dûment suivis d'une assignation valable constitue un moyen de preuve qui peut être librement utilisé dans tout procès autre que celui introduit par ladite assignation. Dans ces conditions, les PV des saisies-contrefaçon réalisées à Aies et à Saint-Maurice-de-Beynost peuvent être présentement produits, une assignation ayant été réalisée dans le délai de quinzaine prévu par la loi. De même, il importe peu que cette assignation ait été délivrée sur le fondement d'un autre brevet que ceux présentement en cause, le délai de quinzaine permettant de valider les opérations de saisie-contrefaçon devant s'effectuer sur le même fondement juridique que celui sur lequel a été délivrée l'autorisation judiciaire, ce qui le cas en l'espèce.

Dans ces conditions, le tribunal considère que les procès-verbaux de saisie-contrefaçon opposés sont valables et peuvent être produits dans la présente procédure. »

Douai, 1re ch., 2e sect., 9 mai 2007, *PIBD* 2007, n° 858, III, 522.

« La société SAT sollicite l'indemnisation du préjudice que lui occasionne l'utilisation par la SMCA de plans saisis lors de la saisie-contrefaçon opérée le 24 octobre 2001 dans les locaux de la société Faurecia (ex Allibert), découverte à la faveur d'un appel d'offres lancé en janvier 2004 par SMCA pour la construction d'un four de cuisson de "slush moulding", qui établissent, selon elle, la reproduction servile de ses plans.

[...]

Sur sommation interpellative du 27 avril 2004, la société Ateliers Michaud & Compagnie a remis à SAT le dossier d'appel d'offres transmis le 15 janvier 2004 par SMCA pour la fabrication d'un four de cuisson "slush moulding" et les trois plans relatifs au four de préchauffage, au four de stabilisation et au bras 4 taxés par SMCA le 27 janvier 2004.

La Cour constate qu'Ils sont la reproduction servile des plans A3-119 933, 119 929 et 119 928 photocopiés le 24 octobre 2001 par l'huissier chargé de la saisie-contrefaçon opérée dans les locaux de la société Faurecia.

[...]

La société SAT est, dès lors, fondée à voir indemniser le préjudice que lui cause l'utilisation par SMCA de plans industriels qu'il lui était interdit d'exploiter à des fins autres que celle de son action en contrefaçon. »

Paris, pôle 5, ch. 2, 3 juill. 2009, RG n° 07/14011.

« Considérant que la CTI reprend l'argumentation soutenue en première instance selon laquelle les saisies-contrefaçon sur lesquelles se fonde la société Tami pour agir en contrefaçon ne peuvent être invoquées dès lors qu'elles ont été effectuées dans le cadre d'une autre procédure sur un brevet autre que ceux présentement opposés; qu'elle conclut également à la nullité des procès-verbaux de saisie;

Qu'elle expose, en effet :

– d'une part, que l'huissier ne justifie pas avoir laissé copie de son procès-verbal à l'issue de ses opérations en violation des dispositions de l'article R. 615-2 alinéa 2 du code de la propriété intellectuelle, qu'il s'agit d'une nullité de fond, qui n'exige pas la preuve d'un grief, qu'au surplus, elle a bien subi un grief puisqu'elle n'a pu connaître immédiatement le contenu du procès-verbal de saisie-contrefaçon et n'a donc pas été en mesure de le critiquer en temps utile,

d'autre part, qu'une mesure de saisie-contrefaçon, "spécialement brutale et invasive pour le saisi, ne peut tendre qu'a rapporter la preuve de la contrefaçon du titre de propriété industrielle allégué et que toute opération de saisie ne visant pas à cette fin ne saurait valablement fonder une action en contrefaçon", qu'en infraction avec les dispositions de l'article L. 615-5 dernier alinéa du code de la propriété intellectuelle, ces saisies n'ont pas été suivies dans le délai de quinzaine d'une assignation en contrefaçon au visa des deux brevets allégués, qu'elles encourent donc l'annulation de plein droit, et qu'en raison de l'arrêt de la cour du 24 mars 2006 qui a transmis à la société Novasep la propriété du brevet support des saisies en cause, la société Tami n'avait rétroactivement aucun droit légitime à agir en contrefaçon ni donc davantage qualité à effectuer des saisies sur ce titre;

Mais considérant que c'est par des motifs pertinents que la cour fait siens que les premiers juges ont écarté ces demandes en relevant que le défaut de dénonciation du procès-verbal de saisie-contrefaçon constituait une nullité de forme qui suppose l'existence d'un grief, ce qui en l'espèce n'était nullement démontré, et que rien n'interdisait à une partie de se prévaloir de constatations relevées dans une autre procédure dès lors que les opérations de saisie-contrefaçon n'avaient pas été annulées; que l'argument selon lequel la dénonciation dans le délai de quinzaine des opérations de saisie n'a pas été effectuée est inopérant, la dénonciation ayant eu lieu régulièrement dans le cadre de la précédente procédure; que le fait que la société Novasep ait en définitive été considérée comme étant titulaire du brevet, support des saisies-contrefaçon, n'a pas pour effet de rendre caduques les opérations en cause et les constatations régulièrement relevées; que le jugement sera donc confirmé de ce chef. »

▸ 134.51 Ventilation des frais de saisie-contrefaçon entre dépens et frais irrépétibles

TGI Paris, 3e ch., 3e sect., 7 oct. 2011, 09/17245.

« Partie perdante, la société Nexwin sera condamnée aux dépens et à indemniser les sociétés Valeo des frais que celles-ci ont dû exposer pour faire valoir leurs droits à hauteur de 5.000 euros chacune, ces sommes comprenant les frais de saisie-contrefaçon qui ne constituent pas des dépens au sens de l'article 695 du code de procédure civile. »

TGI Paris, 3e ch., 3e sect., 7 oct. 2011, 09/17305.

« Partie perdante, la société Zhejiang Wandyuan Vehicle-fittings Co Ltd sera condamnée aux dépens et à indemniser les sociétés Valeo des frais que celles-ci ont dû exposer pour faire valoir leurs droits à hauteur de 5 000 euros chacune, ces sommes comprenant les frais de saisie contrefaçon qui ne constituent pas des dépens au sens de l'article 695 du code de procédure civile. »

TGI Paris, 3e ch., 3e sect., 7 oct. 2011, RG nº 09/17446.

« Partie perdante, la société Wenling Yonghang Auto Parts Corp. Ltd sera condamnée aux dépens et à indemniser les sociétés Valeo des frais que celles-ci ont dû exposer pour faire valoir leurs droits à hauteur de 5 000 euros chacune, ces sommes comprenant les frais de saisie-contrefaçon qui ne constituent pas des dépens au sens de l'article 695 du code de procédure civile. »

▸ 135.11 Possibilité de réaliser une seule saisie

Civ. 2e, 1er juill. 1992, nº 91-11.434, *Bull. civ.* II, nº 194.

« Sur le moyen unique :

Vu les articles 502, 495 du nouveau code de procédure civile, ensemble 826 du code de procédure civile.

Attendu que l'ordonnance sur requête ne peut être exécutée qu'au vu de la minute ou d'une expédition revêtue de la formule exécutoire;

Attendu, selon l'arrêt infirmatif attaqué, que la Société industrielle d'électricité métallurgie (la SIEM) a mandaté M. X..., huissier de justice, à l'effet de procéder à une saisie-revendication en lui remettant une copie certifiée conforme par son avocat d'une ordonnance du président d'un tribunal de grande instance rendue sur requête, l'autorisant à pratiquer cette saisie; que M. X... n'ayant pas opéré la saisie-revendication en objectant qu'il ne lui était pas possible de la faire "sans être porteur de la grosse" et qu'il ne pouvait se contenter d'une ordonnance non revêtue de la formule exécutoire, la SIEM l'a assigné en paiement de dommages-intérêts;

Attendu que, pour accueillir cette demande, l'arrêt retient qu'aucun texte n'exige que l'huissier, lorsqu'il dresse un procès-verbal de saisie-revendication, soit porteur de la minute de l'ordonnance sur requête autorisant cette mesure, qu'il suffit de signifier, en tête du procès-verbal, la copie de l'ordonnance sur requête;

En quoi la cour d'appel a violé les textes susvisés. »

TGI Paris, 1er juin 1988, *PIBD* 1988, nº 443, III, 479.

Il est constant, tant en doctrine qu'en jurisprudence, que les effets produits par l'ordonnance sont épuisés par l'exécution de la saisie autorisée; le titulaire du brevet est donc sans droit à faire procéder à une nouvelle saisie en vertu de la même ordonnance.

Il s'ensuit, qu'en l'espèce, les sociétés demanderesses ont épuisé les effets de l'ordonnance du 22 octobre 1980 en pratiquant une saisie le 4 novembre 1980 et ne pouvaient réitérer, en se référant à cette ordonnance, une nouvelle saisie; il en résulte que les saisies pratiquées le 10 décembre 1980 sont nulles et ne peuvent avoir de caractère probant.

TGI Toulouse, 12 mars 1998, *PIBD* 1998, nº 656, III, 321.

« Il est en outre de principe que les effets produits par l'ordonnance sont épuisés par l'exécution de la saisie autorisée et que le titulaire du brevet est sans droit à faire procéder à une nouvelle saisie en vertu de la même ordonnance.

Si l'ordonnance du 25 avril 1996 autorisait l'huissier de justice à procéder à la saisie description des produits ou procédés suspects de contrefaçon dans les locaux de l'hôpital Purpan et de la SA Newmedic international, l'huissier n'a été autorisé à saisir réellement qu'un seul exemplaire des objets argués de contrefaçon pour être déposé au greffe aux fins de toute expertise ou examen ultérieur qui s'avérerait nécessaire.

Or, il ressort du procès-verbal de saisie-contrefaçon du 2 mai 1996 que M^e X, huissier de justice, a saisi :

– dans un premier temps, à l'hôpital Purpan, "un chargeur Nicad, un audio Impur Selector, un *speech processor* Spectra 22, un Cochlear Implant, un accessoire kit et un Headset",

– dans un second temps, au siège de la SA Newmedic International, les mêmes éléments, outre un "*plug back* Euro".

L'huissier est ensuite retourné à l'hôpital Purpan où il a restitué le matériel au service du Professeur F., et c'est le matériel saisi auprès de la SA Newmedic qui a été déposé au greffe du tribunal d'instance de Toulouse.

Il en résulte que le matériel actuellement déposé au greffe a été saisi auprès de la SA Newmedic International alors que l'huissier avait épuisé son droit de saisie réelle lors de la saisie pratiquée auprès de l'hôpital Purpan.

La violation d'une des conditions définies à l'ordonnance constituant une irrégularité de fond qui affecte la validité du procès-verbal de saisie-contrefaçon indépendamment de tout grief, il y a lieu de prononcer la nullité du procès-verbal de saisie-contrefaçon du 2 mai 1996 et d'ordonner la levée des scellés et la restitution du matériel saisi à la SA Newmedic International. »

Paris, 4e ch., sect. A, 28 févr. 2001, *PIBD* 2001, n° 728, III, 512; *JCP E* 2002. I. 1043.

« Considérant que la société Martial Viahero ne critique pas les dispositions du jugement entrepris qui ont annulé la saisie pratiquée le 14 septembre 1995;

Considérant que Nin Li Ming soutient que les opérations de saisie pratiquées les 9 et 20 décembre 1996 sont nulles et de nul effet; qu'il observe, d'une part, que l'ordonnance sur requête du 20 novembre 1996 a autorisé la société Martial Viahero à pratiquer une seule saisie qui a été effectuée le 9 décembre 1996 et que les effets de l'ordonnance étant épuisés, une seconde saisie ne pouvait être pratiquée, au même endroit, le 20 décembre suivant; que d'autre part, l'ordonnance sur requête du 20 novembre 1996 n'a pas été signifiée préalablement aux opérations de saisie;

Considérant que si l'ordonnance sur requête du 20 novembre 1996 autorise la société Martial Viahero à faire procéder à la saisie réelle en deux exemplaires contre paiement de leur prix des trois modèles de sacs argués de contrefaçon, au magasin "Look Yellow" exploité par Nin Li Ming, 22 rue du Renard à Paris 4e ainsi que dans tous autres locaux situés dans le ressort du tribunal de grande instance de Paris dans lesquels la contrefaçon invoquée pourra être constatée, l'épuisement des effets de l'ordonnance a été réalisé par les opérations de saisie pratiquées le 9 décembre 1996 à l'adresse visée ci-dessus et dans un autre magasin exploité par Nin Li Ming, 84, rue Saint Martin à Paris 4e; que le fait que, contrairement à ses engagements, Nin Li Ming n'ait pas remis à l'huissier instrumentaire les pièces comptables, ne peut justifier le recours à une nouvelle saisie de modèles argués de contrefaçon dans les mêmes locaux, le 20 décembre suivant;

Que cette saisie pratiquée le 20 décembre 1996 doit donc être déclarée nulle. »

TGI Paris, 3e ch., 4e sect., 10 juin 2010, RG n° 09/09853; *JurisData* n° 2010-028661.

« Il ressort des procès-verbaux de saisie-contrefaçon versés aux débats que, sur la base de la même Ordonnance en date du 11 mai 2009 autorisant la saisie, la société Neuf a fait concomitamment procéder le 15 mai 2009 à deux saisies-contrefaçon par deux huissiers différents, soit Maître [occulté], huissier de justice à Paris, au siège parisien de la société H&M, [occulté] arrondissement de Paris et Maître [occulté] huissier de justice à Paris, dans le magasin H&M [occulté] dans le [occulté] arrondissement de Paris.

Or, ainsi que le fait pertinemment remarquer la société H&M, la simultanéité des opérations de saisie empêchait l'un des huissiers instrumentaires d'être porteur de la minute ou de l'expédition revêtue de la formule exécutoire de l'ordonnance et ce en contravention avec les articles 495 et 503 du code de procédure civile. »

TGI Paris, 1er avr. 2011, RG n° 08/16795; *Gaz. Pal.* 9 et 10 déc. 2011, p. 45.

« La société Zara France soulève la nullité de l'ensemble des saisies au motif que l'huissier instrumentaire, autorisé par une ordonnance unique du président du tribunal de grande instance de Paris, ne pouvait pas diligenter plusieurs saisies sans suspendre ses opérations. Elle estime en outre que les deux saisies réalisées le 10 octobre 2008 dans deux endroits différents avec 44 minutes d'écart sont en fait des saisies simultanées et que l'huissier instrumentaire de la deuxième saisie ne pouvait pas être porteur de la minute de l'ordonnance présidentielle. Elle invoque en outre diverses irrégularités des procès-verbaux et conclut à la nullité de fond de ces actes.

Les demanderesses font valoir que l'ordonnance a autorisé la réalisation de plusieurs opérations de saisies en plusieurs lieux, que plusieurs huissiers d'une même SCP peuvent agir pour le compte de celle-ci ce qui préserve le caractère unitaire de la saisie et que le caractère prétendument simultané de deux saisies n'est pas démontré. Elles contestent les prétendues irrégularités et considèrent que seule une nullité de forme serait encourue mais qu'en l'absence de grief établi, elle ne pourrait être prononcée.

Il convient au préalable de rappeler qu'un procès-verbal de saisie-contrefaçon constitue un moyen de preuve dont la nullité ne constitue pas une fin de non-recevoir au sens du code de procédure civile et n'entraîne pas l'extinction de la procédure ni ne la rend irrégulière mais a pour effet le rejet des prétentions du demandeur, si aucun autre moyen de preuve n'est fourni aux débats.

Par application des articles 649, 114 et 119 du code de procédure civile, la nullité des actes d'huissier de justice est régie par les dispositions qui gouvernent la nullité des actes de procédure; aucun acte de procédure ne peut être déclaré nul pour vice de forme si la nullité n'en est pas expressément prévue par la loi, sauf en cas d'inobservation d'une formalité substantielle ou d'ordre public; les exceptions de nullité fondées sur l'inobservation des règles de fond relatives aux actes de procédure doivent être accueillies sans que celui qui les invoque ait à justifier d'un grief et alors même que la nullité ne résulterait d'aucune disposition expresse.

En l'espèce, l'ordonnance présidentielle du 10 octobre 2008 autorisait expressément Mme Vanessa Bruno et la société Solune – Vanessa Bruno à faire procéder par tout huissier de justice de leur choix, à la description et à la saisie réelle des produits argués de contrefaçon au siège social et dans plusieurs établissements précisément énumérés parmi lesquels Zara – Galeries Lafayette Haussmann et Zara – Opéra.

C'est donc dans le respect des termes de l'ordonnance que l'huissier instrumentaire s'est rendu dans ces trois lieux pour y procéder à des saisies-contrefaçon distinctes et autonomes, dans le cadre d'une même autorisation valant pour différentes opérations de saisie, étant relevé à toutes fins qu'aucune clôture des opérations n'a été prononcée par l'huissier entre chaque saisie.

Sur la réalisation de deux saisies simultanées en deux lieux distincts, le tribunal constate que la première saisie a été effectuée le 10 octobre 2008 à 16 h 01 au sein du magasin Zara – Galeries Lafayette Haussmann et que la seconde est intervenue le 10 octobre 2008 à 16 h 45 au sein du magasin Zara Opéra. Cependant, le tribunal relève que la signification de l'ordonnance d'autorisation est intervenue dans chacun des lieux le même jour à 16 heures, donc au même moment en deux lieux distincts.

Il s'ensuit que la simultanéité des significations de l'unique ordonnance d'autorisation a nécessairement rendue impossible, lors de l'une des deux opérations, la présentation de la minute de l'ordonnance et ce, en contravention avec les articles 495 et 503 du code de procédure civile, selon lesquels l'ordonnance d'autorisation de la saisie-contrefaçon n'est exécutoire qu'au seul vu de la minute.

Par conséquent, dès lors qu'il est établi en l'espèce qu'un des deux huissiers instrumentaires était dépourvu de la minute, sans que le tribunal soit en mesure de déterminer lequel, il y a lieu d'annuler les deux procès-verbaux litigieux dressés le 10 octobre 2008 pour défaut de pouvoir de l'huissier, à défaut pour celui des deux huissiers qui a procédé aux opérations minute en main de le prouver, la charge de la preuve incombant à ce titre à celui qui s'en prévaut. »

▸ 135.12 Possibilité de suspendre les opérations de saisie

TGI Paris, 16 janv. 1989, *PIBD* 1989, n° 454, III, 220.

« Attendu qu'aucun de ces arguments ne peut être retenu dès lors que l'ordonnance du 29 janvier 1987, autorisant la société Necchi à procéder à une saisie description et à une saisie réelle de tous… dispositifs offerts à la clientèle, mis dans le commerce, utilisés ou détenus par les sociétés Union Special et Ideal Equipement Company dans le ressort du tribunal de Paris, n'imposait nullement à l'huissier de procéder à la saisie sans discontinuer, dans la même journée, qu'elle prescrivait seulement de procéder dans un délai de 2 mois de son prononcé; faute d'avoir obtenu spontanément des représentants des sociétés Union Special et Ideal Equipement Company le 30 janvier la remise du dispositif prétendument contrefait, l'huissier se devait de poursuivre ses opérations afin de mener à bien sa mission telle que fixée par l'ordonnance présidentielle qui prévoyait notamment de décrire et saisir réellement 2 exemplaires du coupe-fil en cause; qu'il résulte des énonciations du procès-verbal que les saisies ont fait obstacle au déroulement normal des opérations de saisie en refusant de démonter la machine et en coupant la lumière, de telle sorte que l'huissier a été contraint de faire intervenir le commissaire de police; que nonobstant la présence de cet officier de police, l'huissier n'a pu décrire complètement le dispositif incriminé et en particulier la structure et la fonction de la lame inférieure; qu'en tout état de cause, la saisie réelle qu'il avait reçu mission d'effectuer, n'a pu être réalisée lors de ses premières opérations que ces circonstances rendaient nécessaire la poursuite des investigations de l'huissier; que celui-ci a donc agi dans les limites des pouvoirs que l'ordonnance du 29 janvier 1987 lui avait confiés et sans les outrepasser en effectuant des opérations de saisie le 31 janvier 1987. […]

Mais attendu que les énonciations du procès-verbal du 31 janvier démontrent que l'huissier n'avait pas rempli la mission dont le président de ce tribunal l'avait chargé; que compte tenu de l'obstruction de la société Ideal Equipement Company, en l'absence de techniciens pour ouvrir la machine et d'un homme de l'art pour aider l'huissier dans sa description, celui-ci n'avait pu décrire complètement le coupe-fil argué de contrefaçon et ne l'avait pas réellement saisi; que, dès lors qu'il procédait dans le délai de 2 mois qui lui était imparti et, dans des lieux dépendant du ressort du tribunal de Paris, l'huissier était autorisé par l'ordonnance du 29 janvier 1987 à pratiquer le 3 février 1987 de nouvelles investigations.

Attendu qu'il est inexact de prétendre que l'ordonnance du 29 janvier 1987 visait exclusivement le Salon Vetimat alors qu'il était prescrit à l'article 1 de l'ordonnance de faire procéder à la description des matériels "dans tous locaux […] et notamment sur le stand du Salon Vetimat sis dans le ressort du tribunal de Paris et dépendant des sociétés Union Special et Ideal Equipement Company ou dans lesquels les opérations révéleraient que des actes de contrefaçon sont commis"; qu'une telle formulation permettait à l'huissier d'instrumenter dans d'autres lieux que le Salon Vetimat; que ce procès-verbal du 3 février 1987 dressé après la fermeture dudit Salon n'est pas entaché de nullité pour ce motif. »

TGI Paris, 25 oct. 1990, *PIBD* 1991, n° 493, III, 79.

En ce qui concerne les saisies-contrefaçon en date des 7 et 9 novembre 1988, la société TSO fait valoir en particulier que l'huissier a déclaré avoir clos ses opérations le 7 novembre 1988 et qu'il avait donc « épuisé » l'autorisation qui lui avait été conférée et qu'il ne pouvait, dès lors, reprendre ses opérations deux jours plus tard.

En effet, le tribunal relève que l'huissier ne s'explique pas sur la nécessité de la reprise de ses opérations et que M. G. n'a pas répliqué à ce moyen de nullité. Il déclare, en conséquence, que les constatations effectuées le 9 novembre 1988 sont donc nulles, « l'huissier ayant épuisé l'autorisation qui lui avait été conférée par ordonnance du 21 octobre 1988. »

Paris, 4e ch., 14 mars 1991, *PIBD* 1991, n° 506, III, 500; *RD propr. ind.* 1991, n° 34, 20.

« Considérant, ceci étant exposé, et sur le premier point en litige, qu'il est singulièrement audacieux de la part d'IEC d'oser tirer argument des conséquences normales de l'obstruction opposée par ses représentants à l'exécution d'une décision de justice assortie de l'exécution provisoire sur minute, obstruction qui a été poursuivie jusqu'à la voie de fait (coupure du courant) et qui, en d'autres lieux, eut valu à son ou ses auteurs un séjour en prison;

Qu'en effet l'opposition d'IEC, qui ne reposait cependant sur aucun moyen valable, a contraint l'huissier chargé par Necchi d'exécuter l'ordonnance du 29 janvier 1987 à se faire assister, comme il y était autorisé, par un homme de l'art indépendant de Necchi et à compléter, dans le même lieu, le 3 février 1987, les constatations élémentaires commencées les 30 et 31 janvier de 1987; qu'il n'y a donc pas eu nouvelle saisie-contrefaçon mais continuation de celle-ci. »

TGI Paris, 10 mars 1994, *PIBD* 1994, n° 569, III, 349.

« Par ailleurs, pour considérer que l'ordonnance du 5 décembre 1991 autorisant la saisie-contrefaçon n'a pas épuisé ses effets, encore faut-il qu'il y ait une succession d'actes d'exécution ou une volonté de poursuivre l'exécution de la saisie malgré la mauvaise volonté des saisis.

En l'espèce, les opérations matérielles de saisie se sont déroulées en un trait de temps, le 6 décembre 1991, et l'huissier a clos son procès-verbal. »

Paris, 4e ch., sect. B, 15 mars 2002, *Ann. propr. ind.* 2002. 348.

« Qu'en l'espèce après s'être rendu, le 15 septembre 1998, dans les locaux de [...], avoir effectué diverses constatations et avoir procédé à la saisie réelle d'une facture, l'huissier de justice a – non pas suspendu ses opérations avant de les reprendre ensuite au siège social de Pier Import Europe, [...] – mais a clôturé son procès-verbal; qu'il ne pouvait, dès lors, reprendre ses opérations sept jours plus tard, le 22 septembre 1998, sans nouvelle autorisation, serait-ce pour se rendre au dit siège social. »

Com. 21 janv. 2004, n° 02-14.525, NP, *PIBD* 2004, n° 784, III, 234; *Propr. intell.*, oct. 2004, p. 939, obs. de Haas.

« Vu l'article L. 332-1 du code de la propriété intellectuelle;

Attendu que pour annuler "le procès-verbal de saisie contrefaçon dressé les 15 et 22 septembre 1998", l'arrêt retient que l'ordonnance d'autorisation ne valant que pour une seule saisie, et l'huissier de justice ayant clôturé son procès-verbal le 15 septembre 1998, il ne pouvait reprendre ses opérations, le 22 septembre 1998, sans nouvelle autorisation;

Attendu qu'en se déterminant ainsi, après avoir décidé que les opérations successivement retracées par les procès-verbaux correspondaient à des saisies distinctes, la cour d'appel, en annulant la première de ces saisies en raison d'un vice n'atteignant que la seconde, n'a pas donné de base légale à sa décision. »

TGI Paris, 3e ch., 1re sect., 12 juill. 2006, RG n° 02/10387.

« L'huissier n'a pu effectuer les opérations de saisie dans la même journée puisque les documents relatifs au stock physique et la moyenne des 2 produits par emballages livrés, ainsi que le nombre de bouteilles K05 et K15 qui ont été fabriquées pour la société AGA Médical et le bon de commande de ces produits ne pouvaient être fournis que le lendemain; qu'il a clairement indiqué que les opérations de saisie-contrefaçon étaient suspendues dans son acte dressé le 19 juin, qu'il a transformé le procès-verbal de saisie-contrefaçon en procès-verbal de sursis, qu'il s'est transporté à nouveau dans les locaux de la société Aga Médical le 20 juin 2002, pour terminer les opérations de saisie, à savoir se faire remettre les documents que la société défenderesse s'était spontanément engagée à fournir et qu'il a clos ses opérations sur la remise des documents. En conséquence, l'huissier n'a pas réalisé deux saisies-contrefaçon à partir d'une seule ordonnance mais a bien réalisé ses opérations de saisie sur la signification de l'ordonnance du 18 juin 2002 en les commençant le 19 juin 2002 après avoir régulièrement signifié l'ordonnance, puis les a suspendues pour les reprendre le lendemain, mais pour se voir remettre les documents que la société AGA Médical s'était engagée à remettre, que les suites des opérations de saisie n'ont pas dépassé ce qui avait été décrit dans le procès-verbal du 19 juin 2002 et qu'aucune nullité n'est donc encourue de ce fait. »

Orléans, ch. com., 29 janv. 2009, RG 2008/00454, *PIBD* 2009, n° 894, III, 964, *Jurinpi* M20090103, *Propr. intell.* oct. 2010, p. 991, obs. Sabatier.

« Attendu en effet, s'agissant de celui dressé le 23 mai 2005, que l'huissier agissant en vertu de l'ordonnance du 27 avril 2005 ayant achevé la rédaction de son procès-verbal du 12 mai par l'indication "*telles sont mes opérations de saisie-contrefaçon*" aussitôt suivie de la mention "*mes constatations étant clôturées, nous nous sommes retirés à 16 h 30*", il avait épuisé les effets de l'autorisation de justice et ne pouvait reprendre des opérations de saisie-contrefaçon sans autorisation nouvelle et distincte; que la circonstance que des opérations puissent valablement être suspendues pour reprendre en un autre temps ou un autre lieu est indifférente en la cause, où l'huissier instrumentaire n'avait pas suspendu mais bien clos ses opérations le 12 mai 2005, de sorte qu'il ne pouvait les poursuivre ultérieurement en vertu de la même ordonnance. »

TGI Paris, 3e ch., 3e sect., 11 févr. 2011, RG n° 09/16802, *Jurinpi* B20110064, *PIBD* 2011, n° 944, III, 488.

« Après avoir clôturé ses opérations sur le stand de la société Case à 12 h 30, l'huissier instrumentaire s'est rendu sur le stand de la société Stoll à 13 h 10 pour procéder à une seconde saisie-contrefaçon, en vertu de l'ordonnance d'autorisation rendue le 17 septembre 2009 par le président du tribunal de grande instance de Paris.

Il ressort des termes de l'ordonnance présidentielle que la société Mailleux était autorisée à faire procéder par tout huissier de son choix à la description du produit contrefaisant ou de tout autre produit susceptible de contrefaire ses brevets sur le stand Case ou sur le stand Stoll ou sur les deux.

La société Stoll soutient à juste titre qu'en ayant procédé à la description du produit sur le stand Case et en clôturant ses opérations, l'huissier a épuisé les effets de l'ordonnance d'autorisation et qu'il ne pouvait dès lors procéder à la saisie de brochures sur le stand Stoll.

La saisie sur le stand de la société Stoll ayant été effectuée sans autorisation valable au mépris des dispositions de l'article L. 615-5 du code de la propriété intellectuelle, elle est dès lors entachée d'une nullité de fond et il convient d'annuler le procès-verbal de saisie-contrefaçon dressé le 18 septembre 2009 par Maître B sur le stand de la société Stoll, étant observé que ce procès-verbal, qui n'est pas versé aux débats par le demandeur, est produit par la défenderesse.

Il y a lieu d'ordonner la restitution à la société défenderesse des pièces saisies, en l'espèce deux plaquettes publicitaires et un tarif public, sous astreinte de 50 euros par jour de retard à l'expiration d'un délai d'un mois suivant la signification de la présente décision. »

▸ 135.13 Possibilité de se déplacer, voire de faire intervenir un second huissier

TGI Paris, 2 nov. 1994, *PIBD* 1995, n° 583, III, 107.

« Attendu qu'aux termes de l'ordonnance du 28 février 1992, Impro a été autorisée à faire pratiquer une saisie-contrefaçon "à la maison de retraite sise [...] ou dans tous locaux dans lesquels les opérations relèveraient que des actes constitutifs de la contrefaçon alléguée sont commis [...]".

Que la mesure effectuée à la maison de retraite où se trouvait l'appareil argué de contrefaçon a révélé que l'acquisition en avait été réalisée par le centre hospitalier de Saint-Cloud dont dépend la maison de retraite, ce qui a été confirmé par les documents saisis visés au procès-verbal.

Que la situation géographique du centre hospitalier était compatible avec l'autorisation, s'agissant tant de la compétence du président du tribunal de grande instance de Nanterre que de celle de l'huissier saisissant des locaux mentionnés. »

TGI Paris, 3e ch., 2e sect., 1er oct. 2010, RG 2008/16991, *Jurinpi* D20100245; *PIBD* 2011, n° 935, III, 201.

« Attendu que la société Santiago Pons Quintana poursuit la nullité des procès-verbaux de saisie-contrefaçon des 3 et 18 juin 2008 et de constat sans autre précision aux motifs, d'une part que les opérations ont été diligentées par la société Tod's SpA sans qu'il soit possible de déterminer l'organe qui représente légalement cette société, et d'autre part que l'huissier instrumentaire a poursuivi ses opérations des boutiques aux sièges sociaux des sociétés François Pinet et orphée Club sans autorisation puisqu'il ne les a pas suspendues; [...]

Attendu que par ailleurs il résulte des termes des ordonnances des 30 mai et 16 juin 2008 que la société Tod's a été autorisée à faire procéder par tout huissier de son choix à la saisie réelle en deux exemplaires, contre paiement du prix au tarif normal, et à la description de tous produits reproduisant les caractéristiques du modèle Tod's Dee Fibbietta argué de contrefaçon, d'une part au magasin François Pinet sis 1 boulevard de la Madeleine à Paris Ier ainsi qu'à son siège social situé 6 avenue d'Iéna à Paris XVIe, et d'autre part au magasin Via Venise exploité par la société orphée Club et sis 109, rue Saint Dominique à Paris VIIe ainsi qu'à son siège social déclaré, mais non avéré, sis 50, rue du Four à Paris VIe et d'une manière générale dans tous autres locaux en dépendant, sis dans le ressort du tribunal et dans lesquels les opérations révéleraient que des actes constitutifs de contrefaçon sont susceptibles d'être commis;

Qu'il suit que le second moyen de nullité invoqué ne peut pas plus prospérer, l'huissier instrumentaire ayant été expressément autorisé à diligenter ses opérations en plusieurs lieux sans avoir à suspendre ses opérations, lesquelles ont d'ailleurs été expressément poursuivies selon les indications portées sur les procès-verbaux. »

▸ 135.14 L'huissier peut compléter son procès-verbal après la saisie

Paris, 1re ch., aud. sol., 13 sept. 2000, *PIBD* 2001, n° 720, III, 258.

« Que par acte du 30 avril 1993, il a signifié aux tiers saisis un jeu de tirages des dix photographies réalisées lors de l'établissement du procès-verbal du 29 avril; [...] Qu'il ressort de l'examen de ces pièces que ces photographies ont bien été réalisées par l'huissier instrumentaire lors des opérations de saisie-contrefaçon du 29 avril 1993; qu'il n'y a donc pas lieu de les écarter des débats. »

Paris, 4e ch., sect. A, 12 nov. 2003, *PIBD* 2004, n° 782, III, 148; *Gaz. Pal.*, 5-6 janv. 2005, p. 10.

« Mais considérant que les premiers juges ont relevé à bon droit que l'article R. 615-2 du code de la propriété intellectuelle n'exige pas à peine de nullité la remise de la copie du procès-verbal de saisie au détenteur des objets saisis ou décrits dès l'achèvement de la saisie; que la société Tournadre ne conteste pas que les photographies lui ont été communiquées postérieurement et ne justifie, ni même n'allègue avoir subi un quelconque grief du fait d'une remise tardive des clichés photographiques. »

▸ 142.12 Point de départ du délai

Com. 2 mai 1978, n° 76-12.414, *Bull. civ.* IV, n° 121.

« Attendu, qu'en statuant ainsi, alors que le point de départ du délai imparti n'était pas le dépôt des objets saisis au greffe, mais le 9 mars 1967, date du procès-verbal de saisie, la cour d'appel a violé le texte susvisé. »

Com. 3 juin 2003, n° 01-14.214, *Bull. civ.* IV, n° 91, *PIBD* 2003, n° 774, III, 557; *Propr. industr.* 2003, comm. n° 70, note Kamina; *Propr. intell.* oct. 2004, p. 938, obs. de Haas.

« Vu l'article L. 521-1 du code de la propriété intellectuelle, et les articles 74 et 112 du nouveau code de procédure civile;

Attendu que, pour confirmer le jugement ayant "validé" la saisie du 10 janvier 1997 en retenant que l'exception n'était pas recevable, conformément aux articles 74 et 112 du nouveau code de procédure civile, la cour d'appel énonce que la procédure devant le tribunal de commerce étant orale, l'exception de nullité pouvait être soulevée jusqu'à l'audience, et que les sociétés défenderesses, qui n'ont pas soulevé *in limine litis* devant les premiers juges l'exception qu'elles opposent, sont désormais irrecevables à contester la validité des saisies-contrefaçon;

Attendu qu'en statuant ainsi, alors que l'inobservation du délai de procédure fixé à l'article L. 521-1 du code de la propriété intellectuelle ne constitue, ni un vice de forme auquel serait applicable l'article 112 du nouveau code de procédure civile, ni une exception de procédure entrant dans les prévisions de l'article 74 de ce code, la cour d'appel a violé les deux derniers textes précités par fausse application. »

Douai, 1re ch., sect. 2, 31 janv. 2006, *PIBD* 2006, n° 826, III, 231.

« Par application de l'article L. 521-1 du code de la propriété intellectuelle, la partie lésée peut faire procéder par tous huissiers à la description détaillée, avec ou sans saisie, des objets ou instruments incriminés, en vertu d'une ordonnance rendue par le président du tribunal de grande instance dans le ressort duquel les opérations devront être effectuées, sur simple requête et production du certificat de dépôt.

À défaut pour le requérant de s'être pourvu, soit par la voie civile, soit par la voie correctionnelle dans le délai de quinzaine, la description est nulle de plein droit, sans préjudice des dommages et intérêts.

En l'espèce, l'assignation à comparaître devant le tribunal de grande instance de Béthune destinée à la SRL Evoluzione, société de droit italien, dont le siège social est à Milan, a été délivrée au parquet le 12 octobre 2000, conformément aux dispositions de l'article 684 du nouveau code de procédure civile.

Moins de quinze jours se sont écoulés entre la date des procès-verbaux de saisie-contrefaçon, dressés respectivement les 27 septembre 2000 et 3 octobre 2000, et la saisine du tribunal de grande instance de Béthune.

Il ne peut dès lors être fait droit à l'exception de nullité tirée du non respect des délais légaux, soulevée par la SRL Evoluzione. »

▸ 142.13 Règles de computation

Paris, 28 nov. 1977, *Ann. propr. ind.* 1978. 60.

« Considérant aussi que la première saisie-contrefaçon est intervenue le 23 novembre 1973 et que le délai prévu à l'article 3 du décret du 15 février 1969 expirait donc normalement le 8 décembre suivant; que, toutefois, le 8 décembre 1973 étant un samedi, le délai s'est trouvé prorogé jusqu'au lundi 10 décembre que l'assignation ayant été délivrée ce jour-là, c'est donc à tort que la société Altulor a prétendu que le délai n'avait pas été respecté. »

TGI Paris, 17 mars 1980, *PIBD* 1980, n° 266, III, 188.

Cependant, conformément aux dispositions de l'article 641 du nouveau code de procédure civile, le 13 octobre ne doit pas être compté dans le délai de quinzaine qui expirait le samedi 28 octobre 1978 et selon l'article 642 du même code, « le délai qui expire un samedi, un dimanche ou un jour férié est prorogé jusqu'au premier jour ouvrable suivant »; dès lors les demandeurs ont pu valablement assigner le lundi 30 octobre 1978 à la suite de la saisie-contrefaçon pratiquée le 13 octobre précédent. En conséquence, cette saisie ayant été régulièrement suivie d'une assignation dans le délai prescrit, doit être déclarée valable.

TGI Paris, 5 juill. 1995, *PIBD* 1996, n° 617, III, 476.

« Attendu qu'en application de l'article 641 du nouveau code de procédure civile, lorsqu'un délai est exprimé, comme en l'espèce, en jours, celui de l'acte, qui le fait courir, ne compte pas.

Qu'en application de l'article 642 du nouveau code de procédure civile, tout délai expire le dernier jour à vingt-quatre heures; le délai qui expirerait normalement un samedi, un dimanche ou un jour férié ou chômé, est prorogé jusqu'au premier jour ouvrable suivant.

Attendu que le délai de quinzaine, visé à l'article L. 521 du code de la propriété intellectuelle, a donc commencé, en l'espèce, à courir le samedi 30 juillet 1994 jusqu'au samedi 13 août, et s'est prorogé, conformément aux dispositions de l'alinéa 2 de l'article 642 du Nouveau code de procédure civile, jusqu'au mardi 16 août 1994.

Qu'il s'ensuit que l'assignation, délivrée et placée le 16 août 1994, l'a été dans les délais requis; que la demande nullité à ce titre infondée doit être rejetée. »

TGI Paris, 3e ch., 1re sect., 9 sept. 2008, *PIBD* 2008, n° 883, III, 591.

« L'article L. 615-5 du code de la propriété intellectuelle qui prévoit le régime de la saisie-contrefaçon, précise en son dernier alinéa qu'à défaut par le requérant de s'être pourvu devant le tribunal dans un délai de quinze jours, la saisie sera nulle de plein droit sans préjudice d'éventuels dommages-intérêts.

En application des articles 640, 641 et 642 du code de procédure civile, lorsqu'un acte doit être accompli avant l'expiration d'un délai, celui-ci a pour origine la date de l'acte, de l'événement, de la décision ou de la notification qui le fait courir et lorsque ce délai est exprimé en jours, celui de cet acte, de cet événement, de cette décision ou de cette notification ne compte pas. Tout délai expire le dernier jour à 24 heures, et si ce jour est un samedi, dimanche ou un jour férié ou chômé, le délai est prorogé jusqu'au premier jour ouvrable suivant.

En l'espèce, la saisie-contrefaçon a été effectuée le vendredi 19 mai 2006. Le délai pour se pourvoir devant un tribunal aurait donc dû expirer le samedi 3 juin, et a donc été prorogé au mardi 6 juin 2006, le lundi 5 juin étant férié (Pentecôte).

Les sociétés demanderesses avaient donc jusqu'au 6 juin à 24 heures pour assigner le défendeur, ce qui fut le cas, le procès-verbal de recherches infructueuses étant daté du 6 juin 2006.

En conséquence, la procédure de saisie-contrefaçon est valable, les demanderesses ayant respecté les prescriptions de l'article L. 615-5 du code de la propriété intellectuelle. »

▸ 142.14 Assignation hors délai

TGI Paris, 20 janv. 1984, *Dossiers Brevets* 1984, V, 4.

« Attendu que si l'article 56 de la loi du 2 janvier 1968 reconnaît au propriétaire d'un brevet le droit de faire procéder sur ordonnance du président du tribunal de grande instance, par tous huissiers de son choix à la description détaillée des objets prétendus contrefaits, il précise qu'à défaut par le requérant de s'être pourvu devant le tribunal dans le délai prescrit, la description ou saisie est nulle de plein droit. »

Paris, 28 juin 1996, *PIBD* 1996, n° 621, III, 583.

« Considérant qu'il résulte des dispositions combinées de l'article 56 alinéa 2 de la loi du 2 janvier 1968 et de l'article 3 du décret du 15 février 1969, applicables en l'espèce, qu'à défaut pour le requérant de se pourvoir devant le tribunal dans le délai de 15 jours, la saisie-contrefaçon est nulle de plein droit; que cette règle d'organisation judiciaire, sanctionnée par la nullité, même en l'absence de grief démontré, a pour objet d'empêcher qu'il puisse être fait un usage intempestif de la saisie-contrefaçon; qu'il y a donc lieu d'annuler le procès-verbal de la saisie-contrefaçon pratiquée le 3 octobre 1990. »

Com. 3 juin 2003, n° 01-14.214, *Bull. civ.* IV, n° 91, *PIBD* 2003, n° 774, III, 557; *Propr. industr.* 2003, comm., n° 70, note Kamina.

« Attendu qu'en statuant ainsi, alors que l'inobservation du délai de procédure fixé à l'article L. 521-1 du code de la propriété intellectuelle ne constitue, ni un vice de forme auquel serait applicable l'article 112 du Nouveau code de procédure civile, ni une exception de procédure entrant dans les prévisions de l'article 74 de ce code, la cour d'appel a violé les deux derniers textes précités par fausse application. »

▸ 143.32 Assignation à destination d'un pays de l'Union européenne

TGI Paris, 3e ch., 2e sect., 5 déc. 2008, RG n° 2005/08703, *PIBD* 2009, n° 893, III, 929.

« Que les demanderesses opposent que l'assignation au fond devant le tribunal de grande instance de Paris a été adressée à l'entité requise chypriote, conformément à l'article 9-2 du règlement (CE) n° 1348/2000 le 2 juin 2005, soit quatorze jours après les opérations de saisie-contrefaçon, et que ce n'est que parce que la société NC Novitas Consultants Ltd a refusé de recevoir l'assignation au motif que celle-ci n'était pas accompagnée d'une traduction en langue grecque que l'acte a été notifié le 24 octobre 2005 une seconde fois à l'entité requise chypriote, la défenderesse ayant cette fois accepté l'acte et constitué avocat; [...] »

TGI Paris, ord. réf., 19 août 2010, RG n° 10/56889.

« Le 28 juillet 2010, l'huissier de justice a adressé à l'autorité néerlandaise désignée à cet effet, la demande d'assignation en référé de la société Teva pharma bv. L'autorité requise a reçu cette demande le 30 juillet 2010 et a procédé à la signification requise le 9 août 2010. La société Teva pharma bv a refusé l'acte en raison de la langue utilisée : l'Anglais au lieu du Néerlandais.

Selon l'article 8 du règlement communautaire 1393/2007 du 13 novembre 2007, le destinataire de l'acte peut le refuser si celui-ci n'est pas rédigé dans une langue qu'il comprend ou dans la langue officielle de l'État membre requis.

Il ressort de ces dispositions que l'acte à signifier à la société Teva pharma bv ne devait pas nécessairement être rédigée en néerlandais mais pouvait être rédigée dans une autre langue dès lors qu'elle était comprise par l'intéressée.

En l'espèce la société Teva pharma bv qui fait partie d'un groupe pharmaceutique israélien et utilise la langue anglaise pour les nécessités de son activité, ne prétend pas ne pas la comprendre.

Ainsi la remise d'une assignation rédigée en langue anglaise était valable et la signification de l'assignation en justice a donc été régulièrement effectuée le 28 juillet 2010. Le fait que sa délivrance effective soit intervenue le 9 août 2010 n'est pas de nature à affecter la validité de la procédure dès lors que les circonstances établissent que la défenderesse a été en mesure de faire assurer sa défense dans des conditions satisfaisantes.

Enfin, l'assignation a été délivrée sur autorisation du délégué du président du tribunal de grande instance de Paris selon les conditions de l'article 485 al. 2 du code de procédure civile. Ce texte spécial est distinct des dispositions relatives aux ordonnances sur requête et ne renvoie pas à l'article 494 du code de procédure civile. Dès lors l'absence de requête écrite ne remet pas en cause la validité de l'autorisation accordée.

Ainsi, la société Teva pharma bv a-t-elle été régulièrement assignée devant le juge des référés du tribunal de grande instance de Paris. »

Com. 29 mars 2011, nos 09-16.330, 09-68.144, NP.

« Attendu, d'autre part, que par motifs adoptés, la cour d'appel a souverainement apprécié, après avoir procédé à la recherche prétendument omise, que le délai, compris entre le refus de l'assignation par la société Talleres Tort SL et l'expédition de l'assignation, justifié par la traduction, était raisonnable. »

▸ 143.33 Assignation à destination d'un pays hors Union européenne

TGI Paris, 3e ch., 4e sect., 29 oct. 2009, RG n° 09/01738, *Jurinpi* B20090181.

« Selon les dispositions du dernier alinéa de l'article L. 615-5 du code de la propriété intellectuelle, à défaut pour le demandeur de s'être pourvu au fond, par la voie civile ou pénale, dans un délai fixé par voie réglementaire, l'intégralité de la saisie y compris la description est annulée à la demande du saisi sans que celui-ci ait à motiver sa demande et sans préjudice des dommages et intérêts qui peuvent être réclamés.

L'article R. 615-3 du même code précise que le délai prévu à l'article L. 615-5, quatrième alinéa, et imparti au requérant pour se pourvoir devant le tribunal est de quinze jours à compter du jour où la saisie ou la description est intervenue.

En l'espèce, la saisie-contrefaçon est intervenue le 17 octobre 2007 et le délai de quinze jours expire donc le 2 novembre 2007 à 24 heures en application des articles 640 et suivants du code de procédure civile.

Ainsi qu'il ressort du second original de l'acte, la société défenderesse étant une société russe, l'assignation, accompagnée de sa traduction, a été adressée par l'huissier instrumentaire, en application de l'article 5 de la convention de La Haye en date du 15 novembre 1965, à l'autorité compétente de la fédération de Russie, soit le ministère de la Justice, le 29 octobre 2007 et reçue par cette dernière le 7 novembre suivant.

En conséquence, et en application des dispositions de l'article 647-1 du code de procédure civile selon lesquelles la date de notification d'un acte judiciaire ou extrajudiciaire à l'étranger est, à l'égard de celui qui y procède, la date de l'expédition de l'acte par l'huissier de justice ou le greffe ou, à défaut, la date de réception par le parquet compétent, il y a lieu de retenir la date du 29 octobre 2007 comme date de notification de l'assignation en justice et de considérer que la société Robert B s'est bien pourvue devant le tribunal dans une délai de quinze jours à compter du jour de la saisie contrefaçon.

Le moyen de nullité de la saisie-contrefaçon de la société XOPC sera en conséquence rejeté. »

▸ 143.41 Observation préliminaire sur la régularité de l'assignation

TGI Paris, 16 mars 1978, *PIBD* 1978, n° 224, III, 373.

En application de l'article 56 de la loi du 2 janvier 1968, le tribunal ne saurait valider la saisie qui a été pratiquée en l'espèce, le requérant ne s'étant pas pourvu devant le tribunal dans le délai prescrit. La saisie est, en effet, une mesure préparatoire dont la raison d'être est une poursuite judiciaire qui, en l'occurrence n'a pas été exercée puisque l'assignation qui aurait dû normalement la déclencher est devenue caduque.

C'est donc à tort que les sociétés demanderesses soutiennent, en l'espèce, que l'assignation était régulière en elle-même et que la caducité qui a pu l'affecter par la suite ne saurait avoir pour effet d'entraîner rétroactivement la nullité de la saisie pratiquée le 8 juillet 1975, laquelle s'est trouvée régulièrement validée par l'assignation du 23 juillet suivant. Il en est ainsi parce que, contrairement aux dispositions de l'article 757 du code de procédure civile, elles n'ont remis au secrétariat-greffe la copie de l'assignation que plus de quatre mois après cette date, soit le 17 décembre 1975.

TGI Paris, 3e ch., 17 mars 1983, *PIBD* 1983, n° 330, III, 205.

« Attendu qu'aux termes de l'article 56 du Nouveau code de procédure civile, "l'assignation contient à peine de nullité [...] l'objet de la demande avec un exposé des moyens" ;

Mais attendu que l'absence d'un exposé des moyens n'étant pas prévue par l'article 117 du Nouveau code de procédure civile qui énonce limitativement les irrégularités de fonds affectant la validité d'un acte de procédure, elle constitue une irrégularité de forme ;

Attendu, sur ce point, que l'article 114 du Nouveau code de procédure civile précise qu'aucun acte de procédure ne peut être déclaré nul pour vice de forme qu'à charge pour celui qui l'invoque de prouver le grief que lui cause l'irrégularité, même lorsqu'il s'agit d'une formalité substantielle ou d'ordre public [...] ;

Attendu que la motivation plus que succincte contenue dans la requête et l'assignation ne constitue pas un exposé des moyens au sens de l'article 56 du Nouveau code de procédure civile ;

Attendu que dans ses écritures ultérieures, la société Licensing ne fournit pas davantage de précisions ;

Que l'assignation délivrée présente donc une irrégularité. »

Paris, 4e ch., 14 janv. 1985, *PIBD* 1985, n° 369, III, 157.

« Considérant que les premiers juges ont estimé qu'aucun moyen n'était invoqué dans le corps de l'assignation ; que, d'autre part, la requête présentée aux fins de saisie-contrefaçon ne formulait aucune revendication et ne précisait pas en quoi les produits saisis seraient contrefaisants ; que le brevet invoqué comportait dix-sept revendications et qu'il n'était pas possible de savoir auxquelles se référait Licensing où quelles caractéristiques du brevet auraient été reproduites par les objets saisis ; que l'assignation était donc nulle et qu'il y avait donc lieu de prononcer cette nullité ainsi que, par voie de conséquence, celle de la saisie-contrefaçon. »

TGI Paris, 3e ch., 4 oct. 1985, *RDPI,* n° 4, avr. 1986, p. 55.

« Attendu que les sociétés qui ont soulevé ce moyen font valoir que l'assignation doit être déclarée nulle en application de l'article 56 du nouveau code de procédure civile car la société FP Licensing se prévaut d'un brevet sans mentionner. »

Paris, 4e ch., 19 févr. 1987, *PIBD* 1987, n° 416, III, 288.

À admettre même qu'il puisse être suppléé à un défaut d'exposé des moyens dans l'assignation par la signification concomitante à cette assignation, de la requête en saisie-contrefaçon, encore faut-il non seulement qu'il existe dans le corps de l'assignation comme c'est le cas en l'espèce un renvoi exprès à cette requête mais également que cette requête :

1°/ expose précisément les moyens de la demande en faisant mention des revendications qui, parmi celles nombreuses (17) et différentes du brevet, sont opposées à l'adversaire;

2°/ permette aux défenderesses de connaître en quoi les produits sont contrefaisants.

Ces deux dernières conditions ne sont pas remplies en l'espèce, la requête se bornant à faire état :

1°/ de l'existence du brevet, de son titre, et d'articles de mise en garde parus dans la presse professionnelle sans même relater la date et le contenu de ces textes;

2°/ de la mise en vente d'articles reproduisant les caractéristiques de ce brevet.

De surcroît, le procès-verbal de saisie-contrefaçon du 9 avril 1980 est également muet sur ces deux points.

C'est à juste titre que les premiers juges ont ainsi déclaré l'assignation irrégulière.

TGI Limoges, 1re ch., 20 avr. 1995, RG n° 2181/93, *Jurinpi* B19950057.

« Attendu qu'en l'espèce, aux termes de l'assignation délivrée le 27 octobre 1993, assignation qui a pour objet principal une action en contrefaçon sur le fondement des articles L. 6131 et suivants et L. 614-7 et suivants du code de la propriété intellectuelle, Monsieur M. se borne à faire état de ce que la société Prefac Génie Civil "fabrique, offre en vente et vend des ouvrages d'art et des ouvrages hydrauliques en mettant en œuvre des procédés couverts par les brevets précités" à savoir :

– d'une part, le brevet français n° 83 10181 déposé le 20 juin 1983, publié sous le n° 2 547 607;

– d'autre part, le brevet européen n° 0 244 890;

Attendu qu'au soutien de cette action en contrefaçon, Monsieur M. n'articule aucun fait suffisamment précis permettant de caractériser les ressemblances existant entre les éléments contenus dans la revendication et les produits ou systèmes de montage argués de contrefaçon;

Que cette omission ou cette imprécision générale est de nature à faire grief dans la mesure où il est constant qu'en matière de brevet d'invention, la contrefaçon s'apprécie en fonction des ressemblances et non par les différences constatables;

Attendu qu'il est par ailleurs utile d'observer que dans le cadre de réclamations antérieures à la présente assignation, la société Prefac Génie Civil avait expressément demandé à Monsieur M. de préciser la nature des actes de contrefaçon allégués au regard du contenu des revendications protégées;

Attendu qu'il y a donc lieu de prononcer la nullité de l'assignation en contrefaçon en date du 27 octobre 1993 et par voie de conséquence, la nullité du procès-verbal de saisie-contrefaçon en date du 13 octobre 1993. »

TGI Toulouse, 31 oct. 1996, *PIBD* 1997, n° 626, III, 90.

« De même, l'assignation encourait la nullité sur le fondement des dispositions de l'article 56 du Nouveau code de procédure civile, faute de contenir l'exposé des moyens. Ni la requête, dont les motifs sont visés dans ladite assignation, ni, par la suite, aucune écriture de la partie demanderesse, même par simple référence à un rapport technique officieux, n'ont jamais précisé quelle(s) revendication(s) étai(en)t exactement contrefaite(s) par la Sarl Albouy Équipements, ni en quoi ni comment elles l'auraient été, mettant cette dernière hors d'état de savoir exactement ce qui lui est reproché, et ainsi de présenter une défense adaptée. La procédure engagée par la Sarl Bayle encourt donc effectivement la nullité sur de nombreux chefs. »

TGI Lille, 1re ch., 28 mai 1998, *PIBD* 1998, n° 663, III, 510.

« Aux termes de l'article 56 du Nouveau code de procédure civile l'assignation contient, à peine de nullité, l'objet de la demande avec un exposé des moyens.

Les revendications délimitant l'étendue de la protection sollicitée par le propriétaire du brevet, le demandeur a l'obligation d'indiquer, dans l'assignation, la ou les revendications qu'il entend opposer.

En l'espèce, la SA Les Robinets Presto, d'une part, n'a pas précisé dans son assignation introductive d'instance quelles revendications de son brevet 77 35147 elle entendait opposer et, d'autre part, a invoqué la revendication 5 de son brevet 77 15494, alors que ce brevet n'en comporte que 2.

Ces irrégularités manifestes ont cependant été couvertes ultérieurement par les conclusions de la SA Presto signifiées le 28 février et le 5 mars 1996, par lesquelles la SA Presto a précisé les revendications opposées pour chacun de ses brevets.

L'article 115 du Nouveau code de procédure civile dispose que la nullité est couverte par la régularisation ultérieure de l'acte, si aucune forclusion n'est intervenue et si la régularisation ne laisse subsister aucun grief.

L'action en contrefaçon n'étant pas enfermée dans un délai de forclusion et la régularisation intervenue en l'espèce ne laissant subsister aucun grief, il convient de constater que la nullité de l'acte introductif d'instance, en date du 8 décembre 1993, a été couverte par les conclusions postérieures du demandeur. »

TGI Paris, 3e ch., 18 janv. 2000, *PIBD* 2001, n° 716, III, 130.

« L'article 56 précité dispose que l'assignation doit contenir, à peine de nullité, notamment l'objet de la demande avec un exposé des moyens. Il est constant que le cas de nullité prévu par ce texte relève du régime des vices de forme qui, conformément aux articles 114 et 115 du Nouveau code de procédure civile nécessite, pour son application, la démonstration d'un grief consécutif à l'irrégularité alléguée et dont les vices peuvent faire l'objet ultérieurement d'une régularisation.

En l'espèce, le tribunal relève que dans l'acte introductif d'instance, la société Aérazur a précisé qu'elle poursuivait les sociétés défenderesses :

en contrefaçon de son brevet 95-11360 pour l'offre à la vente des combinaisons, objet des saisies effectuées le 23 février 1998 dans les locaux de la société Transaco et qui reproduisent les revendications 1 à 9 de celui-ci,

en contrefaçon des modèles n°s 96 1184 et 95 1947 dont elle est titulaire,

en concurrence déloyale s'agissant de la société Transaco pour la commission par cette dernière d'un certain nombre d'actes détaillés dans l'acte.

Si effectivement l'assignation précitée n'indiquait pas les caractéristiques revendiquées par les modèles opposés, cette précision a été apportée dans les écritures de la société demanderesse en date du 1er octobre 1999 auxquelles les défenderesses ont répondu de façon détaillée dans leurs dernières écritures.

Dans ces conditions, il apparaît que les dispositions de l'article 56 du Nouveau code de procédure civile ont été respectées en ce qui concerne l'action en contrefaçon de brevet (les revendications du brevet opposées étant précisées ainsi que les objets contrefaisants) et en concurrence déloyale (les faits reprochés étant détaillés) et que l'absence de moyens développés à l'appui de la demande en contrefaçon de modèles a été régularisée ultérieurement dans des conditions qui ont permis le respect du principe du contradictoire.

Le moyen d'irrecevabilité est en conséquence rejeté. »

TGI Paris, 3e ch., 2e sect., 3 nov. 2000, RG n° 99/14430, inédit.

« Attendu qu'elle indiquait en outre, qu'elle se réservait de "préciser, après analyse des produits, les revendications de ses brevets effectivement contrefaites" ;

Attendu que la société Technogenia a mentionné, dans ses écritures ultérieures la teneur des revendications de ses brevets et a, à nouveau, indiqué que l'analyse des produits saisis, dont elle réclamait l'examen contradictoire par un expert désigné par le tribunal, était nécessaire pour qu'elle puisse préciser les revendications de ses brevets effectivement contrefaites;

Attendu que les brevets invoqués ayant trait à la composition d'une baguette de soudage et plus spécialement à ses constituants (particules de carbure de tungstène, éléments à effet plastifiant, liant organique, etc.), la société Technogenia ne pouvait apporter plus de précision dans son assignation sur l'identification des revendications qu'elle estimait contrefaites.

Que l'exception de nullité de l'assignation ne peut être accueillie. »

TGI Paris, 3e ch., 2e sect., 12 oct. 2001, RG n° 99/21442, *RD propr. int.* 2002, n° 136, p. 34.

« Que dès lors que toutes les revendications sont arguées de contrefaçon, il n'était pas nécessaire d'en rappeler le détail dans le corps de l'acte introductif d'instance, le brevet litigieux ayant été porté à la connaissance du saisi lors des opérations de saisie-contrefaçon dont il n'est pas discuté qu'elles ont été régulièrement précédées de la notification de l'ordonnance du 28 octobre 1999 et de la requête présentée au président du tribunal, à laquelle était joint le brevet litigieux.

Attendu en conséquence que l'assignation délivrée le 17 décembre à l'encontre de la société Landimat doit être déclarée régulière. »

Paris, 4e ch., sect. A, 25 mai 2005, RG n° 04/04748, *PIBD* 2005, n° 814, III, 485.

« Considérant que la société Bericap invoque, en troisième lieu, la nullité de l'assignation au motif qu'elle est dépourvue d'exposé des moyens de fait et que l'éventuelle régularisation n'est intervenue qu'après le délai de quinzaine prescrit par l'article L. 615-5 du code de la propriété intellectuelle;

Mais considérant que, par des motifs pertinents que la cour adopte, les premiers juges ont relevé à juste titre que, d'une part, l'assignation contient le titre et les revendications opposées, décrit les caractéristiques de l'invention et fonde les faits de contrefaçon reprochés sur le procès-verbal de saisie-contrefaçon du 17 décembre 2001, d'autre part, les sociétés L & M Services et Procap Messia ont développé leur argumentation dans des conclusions signifiées le 10 juin 2003 de sorte que la nullité alléguée a été couverte par la régularisation ultérieure de l'acte;

Que la société Bericap invoque vainement la forclusion résultant de l'article L. 615-5 du code de la propriété intellectuelle alors que l'assignation a bien été délivrée dans le délai requis et que rien ne s'oppose à sa régularisation ultérieure. »

Civ. 1re, 26 mai 2011, n° 10-14.495, P, *Propr. industr.* 2011, comm. 67, note Bouche, *JCP G* 2011, n° 748, note Croze et Fradin, *RTD civ.* 2011. 589, obs. Perrot; *Propr. intell.* oct. 2011, p. 438-439, obs. de Haas.

« Vu les articles L. 332-4 du code de la propriété intellectuelle, ensemble les articles 73, 112 et 117 du code de procédure civile;

Attendu que pour infirmer le jugement qui avait prononcé l'annulation des opérations de saisie-contrefaçon pratiquées le 3 mars 2006 en raison notamment du non respect par la société DAT de la délivrance de l'assignation au fond dans le délai légal de quinze jours, la cour d'appel a énoncé que la seconde assignation étant intervenue "aux fins et sur les suites" de la première, la nullité de la saisie n'était pas encourue, d'autant que la société Lacour Concept ne justifiait d'aucun grief;

Qu'en statuant ainsi, quand la première assignation était devenue caduque avant que ne fût délivrée la seconde, en sorte que la saisie-contrefaçon litigieuse était entachée d'une nullité de fond dont le prononcé n'était pas subordonné à la preuve d'un grief, la cour d'appel a violé les textes susvisés. »

▸ 143.42 Identification du défendeur

TGI Paris, 21 oct. 1982, *PIBD* 1983. III. 59.

Il n'est pas discuté, en effet, que les trois magasins « Monoprix », assignés sous le nom d'« Établissements Monoprix, SARL », n'ont pas de personnalité juridique et qu'ils sont gérés par les trois sociétés intervenantes.

Il résulte de cette situation que la société Licensing a assigné trois entités sans existence juridique qui n'ont pas la capacité d'ester en justice. Elle aurait pu éviter cette triple erreur, avant de faire délivrer les assignations, en se renseignant, soit au registre du commerce, soit au moyen d'une sommation interpellative.

Aucun jugement ne pourra, en conséquence, être exécuté contre une « SARL Établissements Monoprix » et sans qu'il soit besoin, pour les sociétés intervenantes de justifier d'un préjudice, elles doivent être déclarées bien fondées en leur exception en nullité des assignations.

Tel est le cas, en l'espèce, alors qu'aucune régularisation de la procédure n'a été effectuée.

▸ 143.43 Une demande de « validation » n'est pas nécessaire

Paris, 4e ch. A, 11 févr. 1998, *PIBD* 1998, n° 654, III, 271 ; *RD propr. int.* 1998, n° 90, p. 16.

« Qu'elles font grief précisément à l'association intimée pour solliciter la nullité de toute la procédure de n'avoir pas dans son assignation du 14 avril 1994 demandé la validation de la saisie contrefaçon du 1er avril 1994, alors que selon elles, n'étant qu'une mesure provisoire non contradictoire, une telle demande doit être contenue dans l'acte introductif d'instance.

Mais considérant que la contrefaçon ou toute atteinte à une marque est un fait qui peut être établi par tous moyens.

Que si la procédure de saisie-contrefaçon constitue un moyen de preuve légalement aménagé, aucune disposition légale particulière n'exige du saisissant de solliciter sa validation dans l'assignation introductive d'instance. »

▸ 143.51 Le défendeur n'est pas nécessairement le saisi

Lyon, 20 mars 1972, *PIBD* 1973, n° 99, III, 55.

Elle est également valable, dès lors que l'article 56 de la loi du 2 janvier 1968, qui prévoit la nullité de la saisie à défaut d'avoir été suivie dans les 15 jours de l'assignation du saisi, n'exige pas que le requérant soit tenu d'assigner directement le saisi lui-même mais que la seule obligation qui lui est imposée est de se pourvoir devant le tribunal dans le délai prescrit, ce qui est le cas en l'espèce.

TGI Paris, 3e ch., 26 avr. 1975, *PIBD* 1976, n° 163, III, 60.

Est recevable l'action en contrefaçon engagée contre le seul titulaire de la marque critiquée.

L'assignation ayant été délivrée dans le délai de quinzaine de la saisie, est valable bien que le saisi revendeur n'ait pas été assigné. La saisie ayant, pour objet de permettre au saisissant d'obtenir une preuve de la contrefaçon et de son origine, n'entraîne aucune obligation pour celui-ci d'assigner nécessairement le saisi lui-même. C'est au fabricant que s'adresse au premier chef le grief de contrefaçon et, en conséquence, il peut être le seul valablement assigné, dès lors qu'il l'a été dans le délai légal, la loi du 31 décembre 1964 n'obligeant pas le saisissant à agir nécessairement contre la partie saisie.

TGI Paris, 2 juin 1986, *PIBD* 1986, n° 400, III, 385.

Les sociétés défenderesses demandent tout d'abord de prononcer la nullité des procès-verbaux de saisie dressés dans les locaux de la société « Centre Général Déchet Recyclage », en faisant valoir qu'ils n'ont pas été suivis d'une assignation délivrée au saisi dans le délai de quinzaine, conformément aux prescriptions de l'article 56 de la loi du 2 janvier 1968.

Mais il n'est nullement précisé dans ce texte que l'assignation doive être délivrée à la personne chez qui a été dressé le procès-verbal de saisie et que la nullité de ce procès-verbal n'est encourue que si le requérant s'est abstenu de « se pourvoir devant le tribunal dans le délai prescrit ».

La saisie ayant révélé que la société « Déchet Recyclage » n'était qu'un simple utilisateur et que le matériel incriminé lui avait été vendu par la société « Paris Sud Hydraulique », après avoir été fabriqué par la société Guima, la société Saphem était parfaitement fondée à ne poursuivre que ces deux sociétés, comme ayant participé activement à la contrefaçon alléguée.

L'assignation qui leur a été délivrée ayant été régulièrement signifiée dans le délai de quinzaine qui a suivi les procès-verbaux des 19 et 21 septembre 1984, le moyen de nullité invoqué par les défenderesses ne peut qu'être rejeté.

Paris, 4e ch., 1er déc. 1988, *Ann. propr. ind.* 1988. 292 ; *PIBD* 1989, n° 451, III, 135.

« Considérant, ceci étant exposé qu'ainsi que l'ont à bon droit relevé les premiers juges la loi n'impose pas d'assigner le saisi mais de se pourvoir dans le délai prévu par le décret d'application ; que certes la saisie-contrefaçon a été dirigée contre la société Centre Général Déchets Recyclage qui, en tant que détenteur du matériel incriminé de contrefaçon pouvait selon l'article 51 de la loi du 2 janvier 1968, être un contrefacteur à la condition que ces faits d'utilisation aient été commis en connaissance de cause ; que toutefois les saisies-contrefaçon n'ayant pas établi que cette société détenait et/ou utilisait le matériel en connaissance de son caractère contrefaisant et ayant montré au contraire que le matériel portait une plaque de constructeur au nom de Guima (procès-verbal du 19 septembre 1984 page 1) et que la facture des opérations de montage était émise par Paris Sud Hydraulique (procès-verbal du 21 septembre 1984 page 2) ce qui impliquait que ces deux sociétés réalisaient elles-mêmes la mise en œuvre de l'invention et pouvaient être considérées comme des contrefacteurs directs, responsables de plein droit c'est à juste titre que, dans le délai de quinze jours (assignations des 1er et 2 octobre 1984)

Saphem les a attraites devant le tribunal compétent; qu'une assignation du détenteur du matériel eût au surplus en l'espèce exposé Saphem à une demande reconventionnelle indemnitaire justifiée dans son principe; que Saphem s'étant valablement pourvue dans le délai légal, la demande en nullité n'est pas fondée. »

▸ 143.52 Conséquences de l'absence d'assignation du saisi

Lyon, 20 mars 1972, *PIBD* 1973, n° 99, III, 55.

Elle est également valable, dès lors que l'article 56 de la loi du 2 janvier 1968, qui prévoit la nullité de la saisie à défaut d'avoir été suivie dans les 15 jours de l'assignation du saisi, n'exige pas que le requérant soit tenu d'assigner directement le saisi lui-même mais que la seule obligation qui lui est imposée est de se pourvoir devant le tribunal dans le délai prescrit, ce qui est le cas en l'espèce.

▸ 143.53 Pluralité de défendeurs

Lyon, 20 mars 1972, *PIBD* 1973, n° 99, III, 55.

Elle est également valable, dès lors que l'article 56 de la loi du 2 janvier 1968, qui prévoit la nullité de la saisie à défaut d'avoir été suivie dans les 15 jours de l'assignation du saisi, n'exige pas que le requérant soit tenu d'assigner directement le saisi lui-même mais que la seule obligation qui lui est imposée est de se pourvoir devant le tribunal dans le délai prescrit, ce qui est le cas en l'espèce;

L'assignation qui contient d'abord mention que l'ordonnance sur requête et le procès-verbal ont été signifiés et laissés en copie entière aux défendeurs, puis l'indication qu'il leur est reproché d'avoir contrefait les trois brevets dont les numéros sont donnés, est valable dès lors qu'elle correspond aux exigences de l'article 61 du code de procédure civile comme contenant les indications suffisantes pour délimiter les termes du litige.

Rennes, ch. 2, 30 nov. 2010, n° 09/06919, *Propr. industr.* 2011, comm. 38, note Bouche.

« Sur la validité de la saisie-contrefaçon

La société Pirotais excipe de la nullité des opérations de saisie-contrefaçon effectuées le 27 février 2007 dans ses locaux, en ce qu'elles n'auraient pas été suivies d'une assignation dans les 15 jours en violation des dispositions des articles L. 623-27 et R. 623-53 du code de la propriété intellectuelle, dans leur rédaction applicable à la cause.

Pourtant, il résulte de ces textes que l'obligation qui est faite au requérant à la saisie-contrefaçon de se pourvoir dans le délai de quinzaine est respectée dès lors qu'est délivrée, dans ce délai, une assignation au fond à l'encontre de l'un quelconque des contrefacteurs que les opérations de saisie ont permis d'identifier, peu important que celui-ci ne fût pas le saisi.

Par ailleurs, l'assignation délivrée à ce tiers ne met pas les autres contrefacteurs à l'abri de poursuites ultérieures, dès lors que les opérations de saisie-contrefaçon ont bien été validées par une assignation délivrée dans le délai de quinzaine et que, la preuve de la contrefaçon étant libre, le procès-verbal de saisie-contrefaçon et les pièces saisies peuvent être produits contre tous les autres contrefacteurs, peu important que ceux-ci n'aient pas été eux-mêmes assignés dans ce délai réglementaire.

En conséquence, l'assignation délivrée le 13 mars 2007 à l'EARL Jegado, dans le délai de quinze jours suivant la saisie-contrefaçon du 27 février 2007, a permis de valider ces opérations, de sorte que, bien qu'assignée le 10 mai 2007 après l'expiration de ce délai, la société Pirotais n'est pas fondée à solliciter l'annulation du procès-verbal de saisie et ses annexes, invoquées par la coopérative Agrico comme preuve de la contrefaçon de ses droits d'obtention végétale.

À cet égard, la circonstance que la coopérative Agrico se soit, après transaction, désistée de l'instance initialement dirigée contre l'EARL Jegado n'est pas de nature à affecter la validité des opérations de saisie-contrefaçon, puisque ce désistement a pour effet de dessaisir le juge sans pour autant anéantir rétroactivement l'acte d'assignation et que, si la validité de la saisie-contrefaçon est conditionnée par l'introduction d'une action au fond, aucune disposition légale n'exige du saisissant qu'il obtienne la validation judiciaire de cette saisie, étant au surplus observé que la coopérative Agrico s'est désistée des demandes initialement formées contre l'EARL Jegado postérieurement à l'introduction de son action contre la société Pirotais.

Les premiers juges ont donc à juste titre rejeté l'exception de nullité des opérations de saisie contrefaçon du 27 février 2007. »

Com. 29 mars 2011, n°s 09-16.330, 09-68.144, NP.

« Attendu, selon l'arrêt attaqué (Paris, 27 mai 2009), qu'après avoir fait procéder à une saisie-contrefaçon à l'encontre de M. Moulet, qui commercialise des matériels agricoles, M. Schulze Heuling, titulaire d'un certificat d'utilité n° 99.15633 déposé le 10 décembre 1999 auprès de l'INPI sous priorité d'un modèle d'utilité allemand déposé le 18 décembre 1998 portant sur un éparpilleur de balle pour moissonneuse-batteuse, a, par acte du 9 mai 2005, assigné en contrefaçon M. Moulet et la société de droit espagnol Talleres Tort SL, fabricante de matériels agricoles, laquelle a refusé la citation arrivée en Espagne le 12 mai 2005 et portée à sa connaissance le 16 mai 2005; que la traduction de la citation a été remise à cette société le 28 février 2006; que la société Heuling Maschinenbau GmbH & Co KG, licenciée exclusive du certificat d'utilité, est intervenue à l'instance;

Sur le premier moyen du n° F 09-.68.144 :

Attendu que la société Talleres Tort SL fait grief à l'arrêt de rejeter sa demande tendant à dire que la saisie réelle de documents, et par voie de conséquence, l'assignation que lui a délivrée M. Schulze Heuling étaient nulles pour défaut d'assignation dans la quinzaine ou dans le mois de la saisie-contrefaçon, alors, selon le moyen :

1°/ que l'inobservation du délai de procédure fixé par l'article L. 615-5, alinéa 4, du code de la propriété intellectuelle ne constitue ni un vice de forme auquel serait applicable l'article 112 du code de procédure civile, ni une exception de procédure entrant dans les prévisions de l'article 74 de ce code; qu'en décidant que la demande de nullité de la saisie était irrecevable parce qu'elle n'avait pas été soulevée in limine litis, la cour d'appel a violé ensemble les articles 74 et 112 du code de procédure civile par fausse application et l'article L. 615-5 du code de la propriété intellectuelle;

2°/ que seule la délivrance d'une traduction de l'assignation dans la langue officielle de l'État membre requis ou dans une langue intelligible pour son destinataire dans les meilleurs délais de la signification permet de satisfaire aux exigences des articles L. 615-5, alinéa 4, du code de la propriété intellectuelle et des articles 8 et 9 du règlement n° 1348/2000 du Conseil du 29 mai 2000; que dès lors, en considérant au cas d'espèce que seule la date de la signification de l'assignation importait et que la traduction était intervenue dans un délai raisonnable, sans rechercher, comme elle y était pourtant invitée, si la production d'une traduction plus de deux mois après le refus d'une assignation qui devait intervenir dans les quinze jours avait été effectuée dans les meilleurs délais au regard du délai initial, les juges du fond ont privé leur décision de base légale au regard des textes susvisés;

3°/ qu'enfin la saisie réelle est caractérisée lorsque l'huissier de justice, avant de photocopier des documents, les appréhende et les emporte avec lui pour les faire reproduire avant de les restituer; qu'en décidant le contraire, les juges du fond ont violé l'article L. 615-5 du code de la propriété intellectuelle;

Mais attendu, d'une part, qu'ayant constaté que M. Schulze Heuling s'est régulièrement pourvu devant le tribunal dans le délai de quinzaine après la saisie-contrefaçon, la cour d'appel a, abstraction faite du motif de droit erroné mais surabondant critiqué par la première branche, justifié le rejet de la demande d'annulation de la saisie-contrefaçon et, par voie de conséquence, de l'assignation;

Attendu, d'autre part, que par motifs adoptés, la cour d'appel a souverainement apprécié, après avoir procédé à la recherche prétendument omise, que le délai, compris entre le refus de l'assignation par la société Talleres Tort SL et l'expédition de l'assignation, justifié par la traduction, était raisonnable;

Attendu, enfin, qu'il ne résulte ni du procès-verbal de saisie-contrefaçon, ni de l'arrêt que l'huissier aurait appréhendé les documents et les aurait emportés avec lui pour les faire reproduire avant de les restituer;

D'où il suit que le moyen, qui manque en fait en sa troisième branche, n'est pas fondé pour le surplus. »

▸ 143.61 Tribunal saisi

TGI Paris, 1er juin 1988, *PIBD* 1988, n° 443, III, 479.

Les Laboratoires Sarget et le docteur P. ont soutenu que les demanderesses n'ont attrait dans la cause les Établissements Bourely, domiciliés à Paris, que pour justifier la compétence territoriale de ce tribunal alors que le lieu principal de la contrefaçon alléguée se trouve sur le ressort du tribunal de grande instance de Bordeaux.

Toutefois, la saisie pratiquée à Paris a révélé, des faits susceptibles d'être retenus au titre d'actes de contrefaçon, que des faits dommageables ont été ainsi commis à Paris; en conséquence, et conformément, tant aux dispositions de l'article 46 du Nouveau code de procédure civile que celles de l'article 42 du même code qui, en cas de pluralité de défendeurs, laisse le choix au demandeur de saisir la juridiction du lieu où demeure l'un d'eux, ce tribunal a été valablement saisi.

Paris, 14e ch., sect. A, 1er mars 2000, *Comm. com. électr.* 2000, comm. p. 25.

« Considérant que lorsqu'une infraction aux droits de propriété industrielle ou un acte de concurrence déloyale a été commis par une diffusion sur le réseau Internet, le fait dommageable se produit en tous lieux où les informations litigieuses ont été mises à la disposition des utilisateurs éventuels du site. »

Com. 7 mars 2000, n° 97-20.885, *Bull. civ.* IV, n° 48, *Comm. com. électr.* 2000, comm. p. 25.

« Mais attendu qu'ayant constaté que le service télématique, dont le code d'appel est litigieux, était accessible à Paris, c'est à bon droit que la cour d'appel en a déduit que le dommage ayant été subi dans cette ville, le tribunal de grande instance de Paris était compétent, peu important que le fait dommageable se soit également produit dans le ressort d'autres tribunaux, fût-ce sur l'ensemble du territoire national, d'où il suit que le moyen n'est fondé en aucune de ses deux branches. »

Bourges, ch. civ., 12 avr. 2007, RG n° 06/01068, *Juris-Data* n° 2007-350913.

« Qu'en effet si l'article L. 521-1 du code de la propriété intellectuelle, dans son alinéa 1, prévoit la saisine exclusive du président du tribunal dans le ressort duquel la saisie des objets incriminés doit être pratiquée, il fixe, dans son dernier alinéa, l'obligation du requérant, à peine de nullité, de se pourvoir, dans le délai de quinzaine, soit par la voie civile, soit par la voie correctionnelle, mais sans prescrire la saisine de la juridiction dans le ressort de laquelle s'est opérée la saisie; Qu'aucun autre texte n'attribue compétence exclusive au tribunal du lieu de la saisie-contrefaçon pour connaître de l'instance en validité. »

▸ 143.62 Tribunal compétent

TGI Paris, 19 mars 1981, *PIBD* 1981, n° 286, III, 186.

Une assignation devant un tribunal territorialement incompétent ne pouvant avoir aucun effet, la société Industrielle Bertrand Faure en assignant la seule société Monneret devant le tribunal de Paris, territorialement incompétent pour connaître d'une telle demande, ainsi qu'il a été décidé ce jour par jugement séparé n'a pas respecté les dispositions de l'article 56 précité. Il s'ensuit que la saisie du 11 janvier 1977 est nulle.

TGI Paris, 3e ch., 17 mars 1983, *PIBD* 1983, n° 330, III, 205.

« Attendu qu'une assignation devant un tribunal territorialement incompétent ne pouvant avoir aucun effet, la société Licensing en assignant la société Auchan Hypermarché, en réalité société Samu devant le tribunal de grande instance de Créteil, territorialement incompétent pour connaître d'une demande en contrefaçon de brevet n'a pas respecté les dispositions de l'article 56 précité;

Attendu qu'il s'agit d'une nullité de plein droit; que le saisi n'a pas à rapporter la preuve d'un grief. »

Limoges, 23 sept. 1985, *PIBD* 1986. III. 70.

À la suite d'un procès-verbal de saisie-contrefaçon en date du 5 décembre 1983, la société des Établissements Mérigous a assigné le 14 décembre 1983 devant le tribunal de grande instance la société Usine Céramique d'Ambazac pour la voir déclarer contrefacteur d'un modèle déposé par elle-même au Conseil des Prud'hommes de Limoges le 27 octobre 1978.

La société Usine Céramique d'Ambazac a aussitôt soulevé l'incompétence de cette juridiction civile. La société Mérigous n'a pas répondu à cette exception mais a renoncé à sa procédure.

C'est seulement le 18 septembre 1984 que la société des Établissements Mérigous a assigné à nouveau la société Usine Céramique d'Ambazac devant le tribunal de commerce de Limoges.

Or, aux termes de l'article 12 de la loi du 14 juillet 1909, à défaut par le requérant de s'être pourvu devant le tribunal compétent dans le délai de quinze jours à compter du procès-verbal de saisie, la description ou la saisie sont nulles de plein droit.

La deuxième assignation des Établissements Mérigous n'ayant pas été délivrée dans les quinze jours de la saisie-contrefaçon, cette société ne peut invoquer les dispositions de l'article 2246 du code civil et sa précédente assignation devant le tribunal de grande instance puisqu'elle a retiré son action devant cette juridiction prétendument incompétente.

En conséquence, le procès-verbal de saisie-contrefaçon, dressé le 5 décembre 1983 par M. X. huissier de justice à Limoges, est déclaré nul. La restitution des plaques saisies est ordonnée.

TGI Paris, 25 mars 1988, *PIBD* n° 440, III, 385.

Le breveté doit saisir le tribunal compétent; une assignation devant un tribunal incompétent ne saurait avoir d'effet.

En l'espèce, l'assignation portée devant le tribunal de grande instance de Créteil, incompétent, ne peut produire aucun effet et en conséquence interrompre le délai de rigueur de quinze jours.

Il s'ensuit que la saisie du 10 novembre 1983 est nulle; il s'agit d'une nullité de plein droit et le saisi n'a pas à justifier d'un grief.

TGI Toulouse, 31 oct. 1996, *PIBD* 1997, n° 626, III, 90.

« L'auteur de la saisie disposait d'un délai de 15 jours pour agir au fond devant le tribunal. Il a saisi, dans ce délai, une juridiction incompétente. Une telle assignation n'a pas réalisé la saisine du tribunal au sens de l'article L. 615-5 dernier alinéa du code de la propriété intellectuelle. La saisie est donc également nulle de plein droit sur ce fondement, en vertu des dispositions expresses de ce texte. »

Paris, 4e ch., 9 avr. 1999, *PIBD* 2000, n° 699, III, 298.

« Considérant qu'il résulte des pièces produites que le 21 septembre 1994, Yves Saint Laurent a fait assigner Maxi's devant le tribunal de grande instance de Nanterre, incompétent ratione materiae pour connaître du litige, cette assignation n'ayant pas été placée; qu'une autre assignation a ensuite été délivrée devant le tribunal de commerce de Nanterre, le 26 septembre 1994, soit dix neuf jours après la saisie-contrefaçon du 7 septembre 1994; qu'enfin, Yves Saint Laurent a sollicité du tribunal de commerce de Nanterre de se déclarer incompétent au profit du tribunal de commerce de Paris et qu'un jugement en date du 14 février 1995 a renvoyé la cause devant le tribunal de commerce de Paris;

Considérant qu'une assignation devant un tribunal incompétent ne pouvant avoir aucun effet, Yves Saint Laurent n'a pas satisfait à l'obligation d'assigner dans le délai de quinzaine prévu par les dispositions de l'article L. 521-1 du code de la propriété intellectuelle; que la saisie du 7 septembre 1994 est donc nulle, ledit article ne faisant au surplus aucune distinction quant aux conséquences de la nullité entre saisie descriptive et saisie réelle. »

Crim. 29 févr. 2000, n° 99-82.048, *Bull. crim.* n° 88; *RTD com.*, 2000, 649.

« Attendu qu'en l'état de ces énonciations, et dès lors que le requérant, en l'absence de fraude, satisfait aux dispositions de l'article L. 716-7 du code de la propriété intellectuelle en saisissant, dans le délai de quinzaine, un juge d'instruction, fût-il incompétent, la cour d'appel a justifié sa décision. »

Paris, 4e ch., sect. B, 14 juin 2002, *PIBD* 2002, n° 751, III, 464; *Propr. intell.* 2002, n° 5, p. 74.

Se prévalant de son brevet, la société Fors France a fait pratiquer une saisie-contrefaçon dans les locaux de la société Actron (actuellement Checkpoint), puis l'a assignée en contrefaçon devant le tribunal de grande instance de Nanterre.

La société Action ayant soulevé l'incompétence du tribunal de Nanterre au profit du tribunal de grande instance de Paris, la société Fors France l'a réassignée devant le tribunal de grande instance de Paris en contrefaçon des revendications 1, 2, 3, 6 et 7 du brevet et en concurrence déloyale. [...]

« Mais considérant que, c'est par un parfait raisonnement que la Cour approuve, que les premiers juges ont estimé que l'article L. 615-5 du code de la propriété intellectuelle susvisé devait être interprété strictement et a, en conséquence, retenu que seule la saisie réelle devait être annulée, le requérant pouvant invoquer la description et les documents annexes au procès-verbal de saisie. »

Cass. ch. mixte, 24 nov. 2006, n° 04-18.610, *Bull. ch. mixte*, n° 11; *JCP G* 2007. II. 10058, note I. Pétel-Teyssié.

« Attendu, selon l'arrêt attaqué (Colmar, 26 mai 2004), que par acte du 12 décembre 2000, les époux Y..., qui avaient acquis le 17 décembre 1999 de M. X... un lot de copropriété d'une superficie réelle inférieure de plus de

5 % à celle exprimée dans l'acte de vente, ont attrait le vendeur devant le tribunal d'instance afin d'obtenir sa condamnation au paiement d'une somme "proportionnelle à la moindre mesure"; que par jugement du 23 mars 2001, le tribunal saisi s'est déclaré incompétent à raison de la valeur du litige et a renvoyé la cause devant le tribunal de grande instance;

Attendu que M. X... fait grief à l'arrêt de déclarer l'action recevable, alors, selon le moyen, que l'action en diminution du prix introduite devant une juridiction incompétente n'est recevable que si celle-ci renvoie la cause devant la juridiction compétente avant l'écoulement du délai d'un an à compter de l'acte authentique d'acquisition; qu'en l'espèce il était constant que l'action introduite par les époux Y... le 12 décembre 2000 avait été dirigée à tort devant le tribunal d'instance de Mulhouse, lequel a renvoyé la cause devant le tribunal de grande instance de Mulhouse par un jugement du 23 mars 2001; qu'en l'état de ce jugement intervenu postérieurement à l'expiration du délai d'un an ayant couru à compter du 17 décembre 1999, date de l'acquisition, et à défaut pour les époux Y... d'avoir entre-temps régularisé une nouvelle assignation en temps utile, l'action en diminution du prix était irrecevable; qu'en décidant l'inverse, la cour d'appel a violé les articles 46 de la loi du 10 juillet 1965, 96 et 97 du nouveau code de procédure civile;

Mais attendu qu'aux termes de l'article 2246 du code civil, la citation en justice donnée même devant un juge incompétent interrompt la prescription; que les dispositions générales de ce texte sont applicables à tous les délais pour agir et à tous les cas d'incompétence; qu'ayant relevé que l'instance avait été engagée par la saisine du tribunal d'instance dans le délai prévu par l'article 46 de la loi du 10 juillet 1965, la cour d'appel en a exactement déduit que l'action était recevable;

D'où il suit que le moyen n'est pas fondé. »

Douai, 1re ch., sect. 2, 12 févr. 2008, *PIBD* 2008, n° 872, III, 239.

« Les intimées ont soulevé la nullité de la saisie-contrefaçon en application de l'article L. 615-5 dernier alinéa du code de la propriété intellectuelle. Les sociétés Legrand ont fait assigner les sociétés Debflex et Ingelec par actes du 12 et 19 juillet 2000 devant le tribunal de grande instance de Limoges. Le juge de la mise en état au tribunal de grande instance de Limoges, saisi par la société Debflex, prononçait l'incompétence territoriale du tribunal de grande instance de Limoges pour connaître de l'action en contrefaçon de brevet et en concurrence déloyale initiée par les sociétés Legrand, au profit du tribunal de grande instance de Lille, auquel était transmis le dossier, conformément à l'article 97 du nouveau code de procédure civile.

Le dernier alinéa de l'article L. 615-5 du code de la propriété intellectuelle exige du requérant à la saisie-contrefaçon de se pourvoir dans le délai de 15 jours de la saisie, sous peine de nullité. La délivrance au saisi d'une assignation valable dans le délai de 15 jours de la saisie a pour effet d'ouvrir l'instance en contrefaçon, et en cas de saisine d'une juridiction incompétente, c'est la même instance qui se poursuit devant la juridiction déclarée compétente.

En conséquence, l'assignation délivrée dans les 15 jours aux sociétés Debflex et Ingelec a validé les opérations de saisie-contrefaçon et par voie de conséquence les actes postérieurs. »

Bordeaux, Ch. civ. 1, sect. A, 8 avr. 2010, RG n° 08/00476, *Jurinpi* D20100045.

« Aux termes de l'article L. 716-7 du code de la propriété intellectuelle, à défaut par le demandeur de s'être pourvu au fond par la voie civile dans le délai de quinze jours à compter de la saisie contrefaçon autorisée par ordonnance, l'intégralité de la saisie est annulée à la demande du saisi sans que celui-ci ait à motiver sa demande et sans préjudice des dommages et intérêts qui peuvent être réclamés.

En l'espèce la saisine initiale du tribunal de commerce par les demandeurs du fait de son incompétence *ratione materiae* n'a pu interrompre utilement le délai précité de quinzaine.

En conséquence, dès lors que la saisine du tribunal de grande instance seule conforme aux dispositions impératives de l'article L. 716-3 du code de la propriété intellectuelle, n'est intervenue que le 20 décembre 2004 alors que la première saisie contrefaçon a été pratiquée au supermarché Champion de Léon, le 14 septembre 2004, c'est à bon droit que le tribunal a prononcé l'annulation de l'ensemble des saisies contrefaçons litigieuses.

L'annulation conformément au texte précité s'étend également à la description des objets saisis, de telle sorte que la cour tout comme le tribunal l'a décidé à bon droit antérieurement, ne pourra poursuivre l'examen des prétentions des parties que sur une photographie couleur du jouet "boîte à meuh" sous blister commercialisé par la société Potentier et d'un jouet similaire commercialisé sous blister par la société Cofalu Kim'Play ainsi que d'autres "boîtes à meuh" vendues par des entreprises concurrentes, et de toutes pièces complémentaires régulièrement produites en cause d'appel ».

▸ 143.63 Conséquences de l'extinction de l'instance engagée devant un tribunal compétent

Paris, 4e ch., 11 déc. 1996, *PIBD* 1997, n° 634, III, 349.

« Considérant que la société France Développement Informatique [...] expose que si M. L. a, le 8 juin 1990, fait délivrer une assignation tendant à voir valider la saisie-contrefaçon par lui pratiquée le 29 mai précédent, un jugement du 12 septembre 1991 a déclaré son action irrecevable, en l'absence d'un appel en cause de la société Logitec.

Qu'elle fait grief au jugement déféré d'avoir, après réassignation aux mêmes fins en date du 19 décembre 1991, écarté l'application à la procédure des dispositions de l'article 2247 du code civil aux termes duquel "si l'assignation est nulle par défaut de forme [...] ou si la demande est rejetée, l'interruption est regardée comme non avenue". [...]

Qu'il convient de rappeler, en tout état de cause, que si, aux termes de l'article 50 de la loi du 3 juillet 1985, en matière de logiciels, à défaut d'assignation dans la quinzaine de la saisie, la saisie-contrefaçon est nulle, il ne saurait être contesté que M. L. a, sur une saisie-contrefaçon pratiquée le 29 mai 1990, saisi le 8 juin suivant la juridiction compétente d'une assignation au fond, délivrée régulièrement dans le délai légal.

Que les premiers juges en ont exactement déduit que la saisie-contrefaçon était valable. »

Paris, 4e ch., sect. A, 12 sept. 2001, *PIBD* 2002, no 736, III, 66.

« Considérant, en l'espèce, que les saisies pratiquées le 21 mai 1996 sur fondement de ces deux textes par les sociétés l'Air Liquide, Chemoxal et Seppic, dûment autorisées par ordonnances du président du tribunal de grande instance de Lyon, ont été suivies, le 5 juin 1996, d'une assignation au fond devant le tribunal de grande instance de Lyon, réitérée le 28 juin 1996;

Que les parties demanderesses se sont toutefois désistées de leur instance dans le courant du mois de septembre 1996;

Que ce désistement d'instance, accepté par les parties défenderesses et constaté par ordonnance du juge de la mise en état du tribunal de grande instance de Lyon, le 30 septembre 1996, a eu pour résultat d'anéantir les effets de l'assignation introductive d'instance et de celle délivrée à sa suite;

Que les sociétés demanderesses, qui ne peuvent plus se prévaloir de l'assignation aux effets de laquelle elles ont renoncé, sont réputées ne pas s'être pourvues devant le tribunal;

Que l'instance engagée de façon autonome devant le tribunal de grande instance de Paris ne peut avoir pour effet de valider les saisies-contrefaçon pratiquées dans la région lyonnaise, annulées par l'effet du désistement;

Que la nullité de plein droit édictée par les articles L. 615-5 et L. 716-7 du code de la propriété intellectuelle n'affectant toutefois les opérations de saisie, à l'exception de la description, les sociétés l'Air Liquide, Chemoxal et Seppic sont donc bien fondées à se prévaloir, pour leur partie descriptive, des procès-verbaux dressés par l'huissier le 21 mai 1996, y compris devant le tribunal de grande instance de Paris, lequel est compétent à connaître des faits de contrefaçon qui ont été commis pour partie dans son ressort. »

Rennes, ch. 2, 30 nov. 2010, no 09/06919, *Propr. industr.* 2011, comm. 38, note Bouche.

« Sur la validité de la saisie-contrefaçon

La société Pirotais excipe de la nullité des opérations de saisie contrefaçon effectuées le 27 février 2007 dans ses locaux, en ce qu'elles n'auraient pas été suivies d'une assignation dans les 15 jours en violation des dispositions des articles L. 623-27 et R. 623-53 du code de la propriété intellectuelle, dans leur rédaction applicable à la cause.

Pourtant, il résulte de ces textes que l'obligation qui est faite au requérant à la saisie-contrefaçon de se pourvoir dans le délai de quinzaine est respectée dès lors qu'est délivrée, dans ce délai, une assignation au fond à l'encontre de l'un quelconque des contrefacteurs que les opérations de saisie ont permis d'identifier, peu important que celui-ci ne fût pas le saisi.

Par ailleurs, l'assignation délivrée à ce tiers ne met pas les autres contrefacteurs à l'abri de poursuites ultérieures, dès lors que les opérations de saisie-contrefaçon ont bien été validées par une assignation délivrée dans le délai de quinzaine et que, la preuve de la contrefaçon étant libre, le procès-verbal de saisie-contrefaçon et les pièces saisies peuvent être produits contre tous les autres contrefacteurs, peu important que ceux-ci n'aient pas été eux-mêmes assignés dans ce délai réglementaire.

En conséquence, l'assignation délivrée le 13 mars 2007 à l'EARL Jegado, dans le délai de quinze jours suivant la saisie-contrefaçon du 27 février 2007, a permis de valider ces opérations, de sorte que, bien qu'assignée le 10 mai 2007 après l'expiration de ce délai, la société Pirotais n'est pas fondée à solliciter l'annulation du procès-verbal de saisie et ses annexes, invoquées par la coopérative Agrico comme preuve de la contrefaçon de ses droits d'obtention végétale.

À cet égard, la circonstance que la coopérative Agrico se soit, après transaction, désistée de l'instance initialement dirigée contre l'EARL Jegado n'est pas de nature à affecter la validité des opérations de saisie-contrefaçon, puisque ce désistement a pour effet de dessaisir le juge sans pour autant anéantir rétroactivement l'acte d'assignation et que, si la validité de la saisie-contrefaçon est conditionnée par l'introduction d'une action au fond, aucune disposition légale n'exige du saisissant qu'il obtienne la validation judiciaire de cette saisie, étant au surplus observé que la coopérative Agrico s'est désistée des demandes initialement formées contre l'EARL Jegado postérieurement à l'introduction de son action contre la société Pirotais.

Les premiers juges ont donc à juste titre rejeté l'exception de nullité des operations de saisie contrefaçon du 27 février 2007. »

TGI Paris, 3e ch., 2e sect., 2 juill. 2010, RG no 2008/00411, *Jurinpi* B20100148; *PIBD* 2010, no 928, III, 731.

« La société Normalu soutient que la saisie-contrefaçon, dont les opérations se sont déroulées le 10 novembre 1999, serait nulle car, même si elle a été suivie d'une assignation dans le délai de quinzaine alors en vigueur, elle n'a pas été validée par l'assignation du 23 novembre 1999 puisque l'instance initiée par cet acte a été jugée périmée par ordonnance du 25 janvier 2008.

Cependant, outre que, ainsi qu'il a été relevé ci-dessus, cette ordonnance n'a pas été produite, il apparaît que la saisie-contrefaçon a bien été suivie, dans le délai exigé par l'article L. 615-5 applicable à l'époque des faits, par une assignation contre laquelle aucun motif de nullité n'a été invoqué, la circonstance que cette assignation ait cessé ultérieurement de produire ses effets par la péremption éventuellement intervenue étant sans conséquence sur sa validité.

Dès lors, la demande tendant à l'annulation du procès-verbal de saisie-contrefaçon sera rejetée. »

▸ 143.71 Assignation fondée sur les droits invoqués pour pratiquer la saisie-contrefaçon

Paris, 4e ch., 24 nov. 2000, *PIBD* 2001, n° 716, III, 149.

« Il convient de relever que si la computation du délai de quinze jours prévu à l'article L. 521-1 ne doit effectivement prendre en considération, comme le tribunal l'a dit, que la seule date de délivrance des assignations, l'obligation de poursuivre dans le délai de quinzaine, qui a pour objet que ne soit détournée de ses finalités une mesure offrant au saisissant des pouvoirs d'investigation exceptionnellement énergiques, doit s'entendre d'une poursuite fondée sur les droits qui ont été invoqués pour obtenir l'autorisation de saisir; qu'en l'espèce, IMR, qui s'est prévalue pour obtenir cette autorisation de modèles déposés qu'elle a expressément renoncé à invoquer dans les assignations délivrées un mois plus tard, n'apparaît pas s'être pourvue sur le fondement que commandait la mesure qu'elle avait au préalable sollicitée; que par réformation du jugement les saisies-contrefaçon seront en conséquence annulées. »

Paris, pôle 5, ch. 1, 8 juin 2011, RG n° 2009/21321, *Jurinpi* D20110126, *PIBD* 2011, n° 948, III, 625.

« Que la société BA&SH reproche, tout d'abord, aux appelants d'avoir invoqué des droits sur une marque correspondant au modèle invoqué pour ne revendiquer que des droits d'auteur et de dessins et modèles; que le seul fait que la société Notify Licensing, seule titulaire des marques revendiquées, se soit associée à Maurice Ohayon et à la société Cristal Denim pour obtenir l'autorisation de procéder à des saisies-contrefaçon et n'ait pas cru devoir, au vu du résultat de ces saisies, assigner au fond en contrefaçon de marque ne saurait entacher de nullité les opérations de saisie également fondées sur les droits d'auteur et de dessins et modèles, visés par l'assignation introductive d'instance;

qu'en effet, même s'il était amplement argué d'une atteinte au droit des marques de la société Notify Licensing et de son licencié la société Cristal Denim, les requêtes aux fins de saisie-contrefaçon indiquaient clairement au magistrat saisi que Maurice Ohayon était propriétaire d'un modèle déposé, actuellement revendiqué, et qu'il était reproché la reproduction d'éléments originaux; que ce moyen de nullité ne saurait, en conséquence, prospérer et la décision entreprise sera confirmée de ce chef. »

▸ 143.82 Solution

Paris, 26 mai 1994, *PIBD* 1994, n° 574, III, 487; *RD propr. int.* 1995, n° 57, 54.

« Considérant, cela exposé, que l'article 12 de la loi du 14 juillet 1909 dispose qu'à défaut par le requérant de s'être pourvu, soit par la voie civile, soit par la voie correctionnelle, dans le délai de quinzaine, la description ou saisie est nulle de plein droit.

Considérant qu'en l'espèce, l'assignation, qui constitue l'acte introductif d'instance, a été délivrée dans le délai de quinzaine; qu'il ne peut être tiré argument du défaut de remise de la copie de l'assignation au greffe du tribunal de commerce, conformément aux dispositions de l'article 857 du Nouveau code de procédure civile, pour en conclure que le requérant ne s'est pas valablement pourvu devant le tribunal; qu'en effet, le défaut d'une telle remise n'est pas sanctionné devant le tribunal de commerce, à la différence de la procédure devant le tribunal de grande instance qui prévoit la caducité, à défaut de remise dans le délai de 4 mois de la signification de l'acte; qu'il s'ensuit que les saisies-contrefaçon, suivies d'une assignation régulière devant la juridiction compétente dans le délai de l'article 12 du texte susvisé, sont valables; que la décision sera infirmée de ce chef. »

TGI Paris, 27 mai 1994, *PIBD* 1994, n° 573, III, 459.

« En droit à défaut pour le requérant de s'être pourvu soit par la voie civile, soit par la voie correctionnelle, dans le délai de quinzaine, la saisie est nulle de plein droit.

En l'espèce, la saisie-contrefaçon a été effectuée le 29 juillet 1993, l'assignation a été délivrée le 13 août 1993, soit dans le délai de 15 jours compte tenu de la computation légale des délais, mais n'a été placée au greffe du tribunal que le 17 septembre 1993.

Mais la société DDKA, excipant de l'article 757 du Nouveau code de procédure civile, selon lequel le tribunal est saisi par la remise de l'assignation au greffe du tribunal prétend que le délai de quinzaine s'apprécie au regard de la date de cette remise et non à la date de l'assignation.

Toutefois, il convient de relever qu'en application de cet article, la remise doit être faite dans les 4 mois de l'assignation sous peine de caducité.

En l'absence d'autre précision de l'article L. 716-7 du code de la propriété intellectuelle, l'on doit admettre que la condition de "s'être pourvu [...] dans le délai de quinzaine" ne saurait s'interpréter dans un sens qui ajoute une condition supplémentaire au texte : celle d'exiger que ce délai soit également vérifié en regard de la saisine proprement dite du tribunal (laquelle, d'ailleurs, aux termes mêmes de l'article 757 du Nouveau code de procédure civile, peut être réalisée à l'initiative du défendeur), dès lors bien évidemment que cette saisine intervient dans le délai de 4 mois prévu.

La saisie-contrefaçon demeure valable. »

TGI Paris, 3e ch., 1re sect., 18 janv. 1995, *PIBD* 1995, n° 587, III, 252; *RD propr. int.* 1995, n° 61, 35.

« Attendu que l'article L. 716-7 du code de la propriété intellectuelle prévoit "[...] le propriétaire d'une marque enregistrée [...] est en droit de faire procéder en tout lieu par tout huissier assisté d'experts de son choix, en vertu d'une ordonnance du président du tribunal de grande instance rendue sur requête, soit à la description détaillée avec ou sans prélèvement d'échantillons, soit à la saisie réelle des produits ou des services qu'il prétend marqués offerts à la vente [...] en violation de ses droits; [...] À défaut pour le requérant de s'être pourvu soit par la voie civile, soit par la voie correctionnelle, dans le délai de quinzaine, la saisie est nulle de plein droit [...]".

Attendu que s'agissant d'un délai de forclusion, la date à prendre en considération pour apprécier ce délai; est celle du dépôt de l'assignation au greffe, qui, aux termes de l'article 757 du C. pr. civ. saisit celui-ci, et non comme le soutient à tort, la demanderesse la date de la signification de cette assignation. »

TGI Chalon-sur-Saône, 28 nov. 1995, *PIBD* 1996, n° 605, III, 101.

« Attendu qu'en l'absence d'autre précision de l'article L. 716-7 du code précité, l'on doit admettre que la condition de "s'être pourvu [...] dans le délai de quinzaine" ne saurait s'interpréter dans un sens qui ajoute une condition supplémentaire au texte et déroge aux règles du Nouveau code de procédure civile; qu'elle ne peut donc signifier l'obligation d'avoir, dans ce délai, à délivrer l'assignation et à en remettre une copie au greffe. »

T. com. Corbeil-Essonne, 26 janv. 1996, *PIBD* 1996, n° 610, III, 268.

« Attendu que l'assignation, qui constitue l'acte introductif d'instance, a été délivré dans le délai de quinzaine requis par l'article L. 521-1 du code de la propriété intellectuelle, il ne peut être tiré argument du défaut de remise de la copie de l'assignation au greffe du tribunal de commerce conformément aux dispositions de l'article 857 du C. pr. civ. pour en conclure que la société Samm ne s'est pas valablement pourvue devant le tribunal. »

TGI Bordeaux, 15 avr. 1996, *PIBD* 1996, n° 615, III, 401.

« Attendu qu'aux termes de l'article 56 de la loi du 2 janvier 1968, la saisie est nulle de plein droit si le requérant ne s'est pas pourvu devant le tribunal dans le délai prescrit; que l'article 3 du décret du 15 février 1969 a fixé ce délai à quinze jours à compter du jour où la saisie a été effectuée.

Attendu que si, dans les domaines juridiques différents, la jurisprudence a parfois exigé une mise au rôle dans le délai fixé par les textes, c'est seulement dans les hypothèses où la loi imposait la saisine du tribunal dans un délai déterminé, seule la mise au rôle ayant cet effet de saisine; qu'en revanche, en matière de saisie-contrefaçon, comme dans la majorité des cas où un délai bref est accordé par la loi à un justiciable pour agir en justice, la jurisprudence exige seulement la délivrance, dans le délai fixé, d'une assignation introductive d'instance, assignation qui peut dès lors être mise au rôle dans le délai de quatre mois prévu par l'article 757 du Nouveau code de procédure civile.

Attendu qu'en l'espèce, l'assignation ayant été délivrée le 30 novembre 1993, soit moins de quinze jours après la saisie du 16 novembre 1993, l'exception de nullité de la saisie-contrefaçon soulevée par Europe Caoutchouc sera rejetée. »

Paris, 28 juin 1996, *PIBD* 1996, n° 621, III, 583.

« Considérant qu'il résulte des dispositions combinées de l'article 56 alinéa 2 de la loi du 2 janvier 1968 et de l'article 3 du décret du 15 février 1969, applicables en l'espèce, qu'à défaut pour le requérant de se pourvoir devant le tribunal dans le délai de 15 jours, la saisie-contrefaçon est nulle de plein droit; que cette règle d'organisation judiciaire, sanctionnée par la nullité, même en l'absence de grief démontré, a pour objet d'empêcher qu'il puisse être fait un usage intempestif de la saisie-contrefaçon; qu'il y a donc lieu d'annuler le procès-verbal de la saisie-contrefaçon pratiquée le 3 octobre 1990. »

TGI Paris, 3e ch., 2e sect., 7 févr. 1997, *Ann. propr. ind.* 1997. 6.

« Attendu que force est de constater que, dans le cadre de l'article L. 716-7 du code de la propriété intellectuelle, le législateur n'a pas imposé au saisissant de "saisir" le tribunal, c'est-à-dire de remettre au secrétariat-greffe la copie de son assignation, mais de "se pourvoir" dans les quinze jours de la saisie. »

TGI Paris, 3e ch., 12 févr. 1997, *PIBD* 1997, n° 632, III, 263.

« Mais attendu qu'en utilisant le verbe "se pourvoir", qui couvre indifféremment la délivrance d'une assignation devant la juridiction civile ou d'une citation devant la juridiction répressive, au lieu de "saisir", le législateur n'a pas entendu imposer au saisissant la condition supplémentaire prévue à l'article 757 du Nouveau code de procédure civile, pour parfaire la saisine du tribunal, à savoir la remise au greffe d'une copie de l'assignation. »

Rouen, 27 févr. 1997, *PIBD* 1997. 631, III, 246.

« Qu'en réalité, l'obligation faite au titulaire de la marque de "s'être pourvu, soit par la voie civile, soit par la voie correctionnelle dans le délai de quinzaine" ne peut concerner que la saisie réelle des produits argués de contrefaçon, qui a été par ailleurs pratiquée.

Attendu toutefois qu'il a été satisfait à cette obligation, dès lors que l'assignation a été délivrée moins de quinze jours après; qu'ainsi, c'est pour l'ensemble de la saisie-contrefaçon que doit être écarté le moyen qu'invoque la société Les Chiffonniers d'Eureka Fripe.

Qu'il sera à cet égard observé que l'on ne saurait, sans ajouter à la loi, suivre l'intéressée dans son affirmation selon laquelle le délai de quinze jours s'imposerait, non seulement pour la délivrance de l'assignation ayant pour effet d'introduire l'instance (C. pr. civ., art. 53), mais également pour sa remise au greffe, emportant saisine de la juridiction (C. pr. civ., art. 757).

Que d'ailleurs, le législateur n'a pas manqué d'employer une terminologie adaptée, lorsqu'il a entendu exiger une telle saisine (*cf.* notamment : art. L. 716-6 du code, relatif aux mesures d'interdiction provisoire); qu'il apparaît en outre que la limitation du délai de quinzaine à la délivrance de l'assignation, répond suffisamment aux préoccupations à l'origine dudit délai, soit : ne pas laisser perdurer les effets d'une mesure essentiellement provisoire et permettre à la partie saisie d'être rapidement fixée sur son maintien. »

TGI Paris, 19 sept. 1997, *PIBD* 1997, n° 645 III, 4.

« En utilisant le verbe "se pourvoir" qui vise la délivrance d'une assignation devant la juridiction civile, et non le terme "saisir", qui vise la remise au secrétariat-greffe d'une copie de l'assignation, le législateur n'a pas entendu imposer au saisissant la condition supplémentaire de saisine du tribunal dans le délai de quinzaine.

La saisie-contrefaçon ayant été effectuée le 20 septembre 1994 et l'assignation délivrée le 4 octobre 1994, les dispositions de l'article L. 615-5 du code de la propriété intellectuelle ont été respectées. La société CKD doit être déboutée de sa demande tendant à la nullité de la saisie-contrefaçon. »

TGI Paris, 3e ch., 3e sect., 20 mars 1998, *PIBD* 1998, n° 660, III, 443.

« Attendu que les dispositions du texte précité ont donc été respectées; qu'en effet, le texte indique que la partie doit s'être pourvue en justice, c'est-à-dire doit avoir fait délivrer ses assignations en vue de la saisine du tribunal; que cela ne signifie pas que lesdits actes d'assignation doivent être placés au rôle du tribunal. »

Paris, 4e ch., 8 avr. 1998, *Gaz. Pal.* 11-13 oct. 1998, Somm. 13; *PIBD* 1998, n° 659, III, 419.

« Considérant qu'en l'espèce, la saisie-contrefaçon a été effectuée le 29 septembre 1994, et l'assignation délivrée le 10 octobre 1994 et placée le 27 octobre suivant.

Considérant qu'il ne saurait être déduit du texte susvisé que le requérant a l'obligation de remettre, dans le délai de quinzaine de la saisie, une copie de l'assignation au greffe du tribunal de grande instance ou de commerce.

Qu'il suffit de faire délivrer une assignation dans ce délai.

Qu'en effet, si le législateur avait entendu exiger du saisissant qu'il place son assignation au greffe dans le délai de quinzaine dans les conditions de l'article 757 du Nouveau code de procédure civile, il aurait employé le terme "saisi", comme il l'a fait en matière de référé-interdiction pour les brevets et les marques (CPI, art. L. 615-3 et L. 716-6). »

Toulouse, 2e ch., 1re sect., 18 janv. 1999, RG n° 97/02133, *JurisData* n° 1999-041450.

« Attendu qu'aux termes de l'article L. 521-1 du code de la propriété intellectuelle, à défaut pour le requérant de s'être pourvu soit par la voie civile soit par la voie correctionnelle dans le délai de quinzaine, la saisie est nulle de plein droit;

Attendu qu'en soutenant que cette exigence devrait s'entendre de la saisine de la juridiction, et comme imposant donc la remise de l'assignation au greffe dans le délai de quinzaine, la SARL Carayon ajoute au texte une condition qui n'y est pas inscrite;

Attendu en effet qu'aux termes des articles 53, 54 et 55 du nouveau code de procédure civile, l'assignation est l'instrument de la demande initiale en justice, qui introduit l'instance;

que, dans la mesure où elle est délivrée dans le délai, elle satisfait donc à elle seule aux prescriptions de l'article L. 521-1;

Attendu que cette interprétation n'a pas, contrairement à ce qui est soutenu, pour effet de neutraliser l'exigence légale d'un très bref délai dès lors que, devant le tribunal de commerce (article 857 du nouveau code de procédure civile) comme devant le tribunal de grande instance (article 757 du nouveau code de procédure civile), la saisine de la juridiction peut être effectuée par remise au greffe d'une copie de l'assignation à la diligence de l'une ou l'autre des parties, de sorte que la partie qui se penserait victime d'une saisie abusive est parfaitement à même de le faire juger effectivement sans autre diligence que cette remise de copie au greffe;

Attendu que le moyen de nullité n'est pas fondé et doit être rejeté. »

Paris, 4e ch., 24 nov. 2000, *PIBD* 2001, n° 716, III, 149.

« Considérant que les intimées poursuivant la réformation du jugement de ce chef, il convient de relever que si la computation du délai de quinze jours prévu à l'article L. 521-1 ne doit effectivement prendre en considération, comme le tribunal l'a dit, que la seule date de délivrance des assignations, […]. »

Aix-en-Provence, 2e ch., 8 nov. 2005, RG n° 02/17402, *JurisData* n° 2005-292647.

« L'article L. 716-7 alinéa 3 du code de la propriété intellectuelle dispose : "*À défaut pour le requérant* [à une saisie en contrefaçon] *de s'être pourvu […] par la voie civile […] dans le délai de quinzaine, la saisie est nulle de plein droit […]*". Ce délai de quinzaine s'applique à la délivrance de l'assignation, mais pas à l'enrôlement de celle-ci. Le jugement sera donc confirmé pour avoir décidé que Monsieur Serge Gaultier avait respecté ce texte en assignant le 3 décembre 1999 soit dans la quinzaine de la saisie-contrefaçon du 19 novembre précédent, peu important que l'enrôlement n'ait eu lieu que le 29 décembre suivant. »

Paris, 4e ch., sect. B, 15 déc. 2006, *PIBD* 2007, n° 847, III, 183.

« Considérant que la société Comercial Salgar reprenant les exceptions de nullité soutenues en première instance, expose que l'assignation en date du 20 février 2002, à défaut de mention d'une élection de domicile en France, doit être annulée et qu'en conséquence, la société Hansgrohe AG ne s'est pas pourvue dans le délai de quinzaine de la saisie-contrefaçon, la seule assignation valable en date du 14 mars 2002 n'ayant été placée au rôle que le 19 mars 2002;

Qu'elle ajoute que l'absence d'indication d'une élection de domicile était bien cause d'un grief dans la mesure où elle aurait été contrainte de signifier des actes à l'étranger et que l'assignation du 20 février 2002 n'a jamais été enrôlée;

Considérant que ce dernier argument tenant à l'absence de placement de l'assignation du 20 février 2002 est dénué de pertinence dès lors qu'il résulte des documents mis aux débats que cette assignation a été placée en même temps que l'assignation du 14 mars 2002; qu'en outre, il n'est pas davantage expliqué en quoi la signification des actes à l'étranger aurait été à l'origine d'un grief;

Considérant qu'aucun argument nouveau autre que ceux ci-dessus exposés n'étant invoqué, la Cour, faisant siens les motifs des premiers juges, retient :

– que l'irrégularité contenue dans l'assignation du 20 février 2002, tenant au défaut de mention d'une élection de domicile ne faisait pas grief, et avait, au surplus, été rectifiée par l'assignation délivrée "sur et aux fins" le 14 mars 2002, contenant élection de domicile;

– qu'en conséquence, il n'y a pas lieu d'ordonner la nullité de l'assignation du 20 février 2002,

– que la saisie-contrefaçon pratiquée le 7 février 2002 était régulière, l'assignation du 20 février 2002 ayant été délivrée dans le délai de quinzaine du procès-verbal de saisie-contrefaçon, l'article L. 521-1 du code de la propriété intellectuelle exigeant non pas de placer l'affaire au rôle du greffe dans ce délai, mais seulement de se "pourvoir" dans ce délai;

Que le jugement du 29 novembre 2002 sera en conséquence confirmé. »

▸ 143.101 La citation directe ou la plainte avec constitution de partie civile

Crim. 17 juin 1986, n° 85-90.313, *Bull. crim.* n° 208, *D.* 1987, Somm. 77, obs. J. Pradel.

« Vu l'article 575 alinéa 2-1° du code de procédure pénale;

Sur le moyen unique de cassation, pris de la violation des articles 26 de la Constitution du 4 octobre 1958, 2, 3, 85 et 593 du code de procédure pénale, ensemble 575-1° du même code, défaut de motifs et manque de base légale;

"en ce que l'arrêt confirmatif attaqué a décidé n'y avoir lieu à informer sur les faits énoncés dans la plainte avec constitution de partie civile déposée par Alain X..., à l'encontre de Laurent Y..., député du Val-de-Marne, du chef de coups et blessures volontaires;

"aux motifs que le 19 octobre 1983, date du versement de la consignation, le Parlement était en session et qu'aucune autorisation de l'Assemblée nationale, dont Y... est membre, ne figurait à la procédure;

"alors que, s'agissant des poursuites, l'inviolabilité parlementaire est temporaire et limitée à la durée des sessions; en revanche, pendant l'intersession, les poursuites peuvent être librement exercées contre un parlementaire; que le juge d'instruction saisi d'une plainte avec constitution de partie civile est obligé d'informer; qu'en conséquence, saisi par la plainte avec constitution de partie civile de Alain X..., le juge d'instruction avait l'obligation, pendant l'intersession qui s'étendait du 22 décembre 1983 au 2 avril 1984, d'ouvrir une instruction à l'encontre de Laurent Y...";

Vu lesdits articles, ensemble les articles 1er, alinéa 2 et 88, alinéa 1 du code de procédure pénale;

Attendu que le versement au greffe de la somme présumée nécessaire pour les frais de la procédure, dans le délai fixé par le juge d'instruction, a pour effet de rendre recevable la plainte avec constitution de partie civile à la date du dépôt de celle-ci dûment constaté par ordonnance; qu'il s'en suit que c'est à cette même date que l'action publique est mise en mouvement et qu'il convient de se placer pour apprécier la légalité de la poursuite;

Attendu qu'il appert de l'arrêt attaqué et des pièces de la procédure que X... Alain a adressé le 14 juin 1983 au juge d'instruction au tribunal de grande instance de Créteil une plainte dans laquelle il énonçait sa volonté formelle de se constituer partie civile contre Y... Laurent, député du Val-de-Marne et maire de Créteil, pour des faits qualifiés de coups et blessures volontaires ayant entraîné une incapacité de travail personnel supérieure à huit jours; que le juge d'instruction ayant communiqué cette plainte au procureur de la République, celui-ci a, en application de l'article 681 du code de procédure pénale, présenté requête à la chambre criminelle de la Cour de cassation laquelle, par arrêt du 20 août 1983, a dit qu'il n'y avait pas lieu de désigner une juridiction, aux termes des dispositions de l'article L. 115 du code électoral;

Attendu que, par ordonnance du 29 septembre 1983, le juge d'instruction a fixé le montant de la somme à consigner au greffe comme présumée nécessaire pour les frais de la procédure et imparti un délai d'un mois à compter de la signification pour y procéder;

Que le 19 octobre 1983 X... a effectué ladite consignation;

Que, par ordonnance du 19 avril 1984, le juge d'instruction a dit n'y avoir lieu à informer contre Y... en application des dispositions de l'article 26 de la Constitution du 4 octobre 1958;

Que, par l'arrêt attaqué, la chambre d'accusation saisie par l'appel de la partie civile a confirmé l'ordonnance entreprise en énonçant que l'action publique avait été mise en mouvement le 19 octobre 1983, date du versement de la consignation, c'est-à-dire à un moment où, conformément à l'article 28 de la Constitution, le Parlement était en session, ce qui interdisait toute poursuite contre Y..., député, en l'absence d'autorisation de l'Assemblée nationale;

Mais attendu qu'en statuant ainsi, la chambre d'accusation a méconnu le sens et la portée du principe ci-dessus rappelé;

D'où il suit que la cassation est encourue de ce chef. »

TGI Angoulême, 20 avr. 1995, *RD propr. int.* 1995, n° 58, 55.

« Attendu que l'article L. 521-7 du code de la propriété intellectuelle dispose, certes, que "la mesure retenue est levée de plein droit, à défaut pour le demandeur, dans un délai de 10 jours à compter de la notification de la retenue, de justifier auprès du Service des Douanes :

– soit de mesures conservatoires décidées par le président du tribunal de grande instance,

– soit de s'être pourvu par la voie civile ou correctionnelle" ;

Que toutefois, aucune disposition spécifique du code de la propriété intellectuelle ne définissant la forme à employer pour saisir la juridiction répressive en matière de contrefaçon de dessins et modèles, il faut en déduire que, comme toute victime d'un délit, celui qui se prétend lésé par des agissements constitutifs de contrefaçon dispose concurremment pour agir par la voie pénale, soit de la citation directe, soit de la plainte avec constitution de partie civile;

Que dès lors, il y a lieu de considérer que la société France Euro Agro, à laquelle la retenue douanière avait été notifiée le 8 mars 1995 et qui a déposé plainte avec constitution de partie civile devant le Doyen des juges d'Instruction du tribunal de grande instance d'Angoulême le 15 mars 1995, s'est régulièrement pourvue devant par la voie correctionnelle avant l'expiration du délai légal de 10 jours prévu par l'article ci-dessus énoncé; que la mainlevée ne saurait donc être ordonnée sur cette base. »

Crim. 29 févr. 2000, n° 99-82.048, *Bull. crim.* n° 88; *RTD com.* 2000. 649.

« Attendu qu'en l'état de ces énonciations, et dès lors que le requérant, en l'absence de fraude, satisfait aux dispositions de l'article L. 716-7 du code de la propriété intellectuelle en saisissant, dans le délai de quinzaine, un juge d'instruction, fût-il incompétent, la cour d'appel a justifié sa décision. »

Crim. 24 juin 2008, n° 07-86.271, NP.

« que la citation délivrée le 4 novembre 2004 à Rémi X... et à la société Auto Sud Marché, intervenue dans le délai de quinzaine prévu aux articles L. 521-1 et L. 716-7 du code de propriété intellectuelle, n'étant entachée d'aucune nullité et de surcroît la société Renault ayant validé ses opérations de saisie-contrefaçon en faisant délivrer le 4 novembre 2004 à la société Allo Auto Service et à son représentant Marc Y... une citation dans ledit délai de quinze jours, alors que le fait de valider les opérations de saisie-contrefaçon à l'égard de la société Allo Auto Service, la personne morale saisie, a suffi pour que les opérations de saisie-contrefaçon dans leur globalité soient valables, les procès-verbaux de saisie-contrefaçon en date des 20 et 29 octobre 2004 sont réguliers. »

▸ 143.111 Faut-il assigner à nouveau lorsque la saisie-contrefaçon est réalisée postérieurement à l'engagement d'une action ?

Paris, 22 mai 1991, *PIBD* 1991, n° 511, III, 663.

« Considérant qu'il résulte des dispositions combinées de l'article 56 § 2 de la loi du 2 janvier 1966 et de l'article 3 du décret du 15 février 1969 qu'à défaut pour le saisissant de se pourvoir devant le tribunal dans le délai de quinze jours, la saisie-contrefaçon est nulle de plein droit.

Que cette règle d'organisation judiciaire, sanctionnée la nullité, même en l'absence de grief démontré, a pour objet d'empêcher qu'il puisse être fait un usage intempestif de la saisie-contrefaçon; qu'elle doit être appliquée rigoureusement.

Qu'il s'évince de la lettre des textes que la mesure d'instruction particulièrement énergique que constitue la saisie-contrefaçon a été conçue pour être mise en œuvre avant le procès en contrefaçon; qu'il ne saurait sans risques d'abus, être toléré qu'elle puisse être réitérée après l'assignation. »

Com. 26 oct. 1993, n° 91-18.049, *Bull. civ.* IV, n° 357, *PIBD* 1994, n° 558, III, 22.

« Attendu que pour prononcer la nullité de la saisie-contrefaçon effectuée le 23 mai 1990, l'arrêt énonce que la saisie-contrefaçon, mesure d'instruction destinée à servir au soutien de l'action en contrefaçon et strictement cantonnée au domaine ainsi fixé par le législateur, est sanctionnée d'une nullité absolue en l'absence d'une saisine de la juridiction dans le délai de quinze jours et constate que la saisie-contrefaçon litigieuse a été effectuée à une date postérieure à celle de l'assignation.

Attendu qu'en statuant ainsi, alors que la saisie-contrefaçon a été autorisée après que l'instance devant les juges du fond était en cours, la cour d'appel a violé les textes susvisés. »

TGI Paris, ord. JME, 4 sept. 2000, RG n° 98/18966, *Jurinpi* B20000154.

« Mais attendu qu'il est de principe que le saisissant n'est pas tenu de délivrer une nouvelle assignation lorsque la saisie-contrefaçon a été autorisée et pratiquée alors que l'instance devant les juges du fond était en cours, sans qu'il y ait lieu de distinguer s'il s'agit d'une saisie descriptive ou d'une saisie réelle; [...] que la saisie-contrefaçon du 22 avril 1999, destinée à permettre de rapporter la preuve de la poursuite par les défenderesses des actes argués de contrefaçon, n'avait dès lors pas à être suivie d'une nouvelle assignation dans un quelconque délai. »

TGI Paris, 3e ch., 2e sect., 9 juill. 2004, RG n° 02/19049, *PIBD* 2004, n° 796, III, 610.

« Attendu que ces opérations ont été diligentées en cours de procédure; que les dispositions de l'article L. 615-5 du code de la propriété intellectuelle n'imposaient, donc pas à M. Beuret de procéder à une nouvelle assignation mais lui commandaient de compléter ses demandes dans le délai de quinzaine, ce qu'il fit par voie de conclusions additionnelles signifiées le 28 octobre 2003. »

Paris, 14e ch., sect. B, 6 oct. 2006, *PIBD* 2006, n° 842, III, 797.

« Mais considérant que, si les dispositions de l'article L. 615-5 susvisé n'imposent pas la délivrance d'une nouvelle assignation lorsque les opérations de saisie-contrefaçon se sont déroulées postérieurement à l'introduction de l'action au fond, rien ne l'interdit, cependant, pour éviter toute difficulté de ce chef quant à la validité desdites opérations. »

TGI Paris, 3e ch., 1re sect., 31 oct. 2006, RG n° 02/16040, *Jurinpi* B20060197.

« Il résulte des éléments du dossier qu'à la suite de la saisie contrefaçon du 10 octobre 2002, ce tribunal a été saisi par assignation des 23 et 24 octobre 2002, soit dans le délai de quinzaine requis au dernier alinéa de l'article L. 615-5 du code de la propriété intellectuelle; qu'une nouvelle saisie-contrefaçon a été réalisée en cours de procédure, autorisée par le président du tribunal de grande instance de Villefranche-sur-Saône, tribunal du lieu de la contrefaçon présumée, et que seules des conclusions additionnelles de la Société Alliora signifiées le 2 juillet 2003 ont suivi la saisie contrefaçon du 18 juin 2003.

Il s'avère que la règle de l'article 812 alinéa 3 du nouveau code de procédure civile selon laquelle "les requêtes afférentes à une instance en cours sont présentées au président de la chambre à laquelle l'affaire a été distribuée ou au juge déjà saisi" n'est qu'une règle d'administration judiciaire destinée à assurer la répartition des requêtes pour le bon ordre du service et non une règle de compétence d'attribution, ne faisant en tout état de cause pas obstacle à l'application du texte spécial que constitue l'article L. 615-5 du code de la propriété intellectuelle en matière de saisie contrefaçon.

En conséquence, en application de l'article L. 615-5 du code de la propriété intellectuelle, le président du tribunal de grande instance de Villefranche-sur-Saône, tribunal du lieu de la contrefaçon présumée, était compétent pour autoriser la saisie-contrefaçon du 18 juin 2003, et ce alors même qu'une instance était en cours devant le tribunal de grande instance de Paris.

Par ailleurs, l'action en contrefaçon étant déjà engagée au fond lorsque la saisie du 18 juin 2003 a été autorisée, la société Alliora n'avait pas à faire délivrer une seconde assignation puisque l'obligation d'assigner à quinzaine, destinée à permettre au saisi d'être fixé rapidement sur les intentions du saisissant et d'empêcher celui-ci de faire pression sur le saisi par la menace d'un procès, était d'ores et déjà satisfaite. »

TGI Paris, 3e ch., 3e sect., 12 mars 2008, RG n° 06/15973, *Jurinpi* B20080062.

« Si l'article L. 615-5 dernier alinéa prévoit qu'à *défaut pour le requérant de s'être pourvu devant le tribunal dans un délai de quinze jours, la saisie sera nulle de plein droit, sans préjudice d'éventuels dommages et intérêts,* il est constant que lorsque la saisie-contrefaçon intervient alors qu'une procédure portant sur la contrefaçon du même brevet par le même demandeur est pendante, la saisine du tribunal peut s'effectuer par simples conclusions dans le délai de quinzaine suivant la saisie.

En l'espèce, la saisie-contrefaçon a eu lieu le 14 novembre 2006 et la société PGI a saisi le tribunal par des conclusions du 29 novembre 2006 qui font état expressément de cette opération qui a permis de constater que "37440 boîtes de produit 'Clair antipoussière'" ont été réceptionnées par la société Kapa Reynolds dans les locaux de la société Mazet Lille SA » (sic).

Dans ces conditions, les dispositions de l'article L. 615-5 du code de propriété intellectuelle ont été respectées et la saisie-contrefaçon opérée au siège de la société Mazet Lille est valable. »

TGI Paris, 3e ch., 1re sect., 30 sept. 2008, RG n° 06/11319, *Jurinpi* B20080135.

« L'article L. 615-5 du code de la propriété intellectuelle dispose : "À défaut pour le requérant de s'être pourvu devant le tribunal dans le délai de 15 jours, la saisie sera nulle de plein droit, sans préjudice d'éventuels dommages et intérêts."

Lorsqu'une saisie-contrefaçon est réalisée alors qu'une juridiction est déjà saisie du litige, il appartient à la partie saisissante de prendre des conclusions additionnelles dans le délai de 15 jours suivant la saisie.

Or la société Dorel France n'a pas signifié de conclusions additionnelles dans le délai de 15 jours suivant la saisie, puisque les conclusions signifiées après la saisie du 4 septembre 2006 datent du 14 novembre 2007.

En conséquence, la saisie réelle des documents et pièces appréhendés au cours de cette saisie est nulle; seule reste valable la saisie descriptive réalisée par l'huissier le 4 septembre 2006. »

▸ 144.11 Nullité de la saisie

TGI Paris, 3e ch., 17 mars 1983, *PIBD* 1983, n° 330, III, 205.

« Que le législateur a prévu ce délai de quinze jours pour éviter que l'activité de la partie saisie soit paralysée par une saisie ainsi que pour pallier les manœuvres dilatoires;

Qu'il s'ensuit que la saisie pratiquée le 23 mai 1980 est nulle. »

Paris, 28 juin 1996, *PIBD* 1996, n° 621, III, 583.

« Considérant qu'il résulte des dispositions combinées de l'article 56 alinéa 2 de la loi du 2 janvier 1968 et de l'article 3 du décret du 15 février 1969, applicables en l'espèce, qu'à défaut pour le requérant de se pourvoir devant le tribunal dans le délai de 15 jours, la saisie-contrefaçon est nulle de plein droit; que cette règle d'organisation judiciaire, sanctionnée par la nullité, même en l'absence de grief démontré, a pour objet d'empêcher qu'il puisse être fait un usage intempestif de la saisie-contrefaçon; qu'il y a donc lieu d'annuler le procès-verbal de la saisie-contrefaçon pratiquée le 3 octobre 1990. »

Com. 3 juin 2003, n° 01-14.214, *Bull. civ.* IV, n° 91, *PIBD* 2003, n° 774, III, 557; *Propr. industr.* 2003, comm. n° 70, note Kamina; *Propr. intell.* oct. 2004, p. 938, obs. de Haas.

« Vu l'article L. 521-1 du code de la propriété intellectuelle, et les articles 74 et 112 du nouveau code de procédure civile;

Attendu que, pour confirmer le jugement ayant "validé" la saisie du 10 janvier 1997 en retenant que l'exception n'était pas recevable, conformément aux articles 74 et 112 du nouveau code de procédure civile, la cour d'appel énonce que la procédure devant le tribunal de commerce étant orale, l'exception de nullité pouvait être soulevée jusqu'à l'audience, et que les sociétés défenderesses, qui n'ont pas soulevé *in limine litis* devant les premiers juges l'exception qu'elles opposent, sont désormais irrecevables à contester la validité des saisies-contrefaçons;

Attendu qu'en statuant ainsi, alors que l'inobservation du délai de procédure fixé à l'article L. 521-1 du code de la propriété intellectuelle ne constitue, ni un vice de forme auquel serait applicable l'article 112 du nouveau code de procédure civile, ni une exception de procédure entrant dans les prévisions de l'article 74 de ce code, la cour d'appel a violé les deux derniers textes précités par fausse application. »

▸ 144.12 Nullité de la saisie descriptive et de la saisie réelle

Lyon, 26 janv. 1995, Renevier/Mobilier International, RG n° 92/03664, *Jurinpi* D19950008.

« Attendu qu'il convient de confirmer le jugement déféré en ce que faisant une juste application de l'article 12 dernier alinéa de la loi du 14 juillet 1909, il a prononcé la nullité de la saisie-contrefaçon, à défaut par le requérant d'avoir intenté son action au fond dans les quinze jours. »

Paris, 4e ch., 8 oct. 1997, *PIBD* 1997, n° 646, III, 53; *RIPIA* 1998. 128.

« Considérant que la société Van Cleef et Arpels allègue que les dispositions de l'article L. 716-7 du code de la propriété intellectuelle ne s'appliquent qu'à la saisie réelle et non pas à la partie descriptive du procès-verbal de saisie-contrefaçon et que la nullité en cause ne peut être prononcée en l'absence de preuve d'un grief.

Considérant que le texte susvisé après avoir mentionné que le titulaire d'une marque enregistrée est en droit de faire procéder en vertu d'une ordonnance sur requête soit à la description détaillée avec ou sans prélèvement d'échantillons soit à la saisie réelle des produits ou services qu'il prétend démarqués, offerts à la vente, livrés ou fournis à son préjudice en violation de ses droits, dispose qu'à défaut pour le requérant de s'être pourvu par la voie civile ou correctionnelle dans le délai de quinzaine, la saisie est nulle de plein droit.

Qu'en l'espèce si la saisie-contrefaçon a été effectuée le 6 janvier 1994, l'assignation n'est intervenue que les 3 et 9 février suivants.

Considérant que si l'omission d'une formalité essentielle emporte nullité, même en dehors de tout grief porté à la défense, les termes de l'article L. 716-7 du code de la propriété intellectuelle réservent cette sanction à la seule saisie et non pas à la description des produits en cause.

Qu'il en résulte que cette dernière demeure valablement invoquée par l'appelante. »

Com. 8 févr. 2000, n° 97-21.543, NP, *PIBD* 2000, n° 701, III, 338.

« Mais attendu que c'est à bon droit que la cour d'appel a retenu que le texte susvisé réservait la nullité pour défaut d'assignation dans le délai de quinzaine à compter de la saisie-contrefaçon à la seule saisie et non pas à la description des produits en cause; d'où il suit que le moyen n'est pas fondé. »

Paris, 4e ch., 13 oct. 2000, *PIBD* 2001, n° 717, III, 167.

« Que le texte de l'article susvisé fait donc une distinction entre la saisie description et la saisie réelle, et que l'obligation de se pourvoir dans un délai de quinze jours ne vise que l'hypothèse dans laquelle il a été procédé à une saisie réelle; que si le procès-verbal de saisie-contrefaçon n'est que descriptif, le défaut de respect d'un délai de quinze jours n'est pas sanctionné par la nullité. »

Rennes, 2e ch. com., 11 janv. 2005, RG n° 03/06885, *Jurinpi* B20050226.

« Considérant que la société Européenne de Services soutient que la saisie-contrefaçon serait nulle au motif que conformément aux dispositions de l'article L. 615-5 du code de la propriété intellectuelle, l'assignation n'aurait pas été délivrée dans le délai prescrit par cet article;

Que toutefois s'agissant d'une sanction, le dernier alinéa de l'article précité est d'interprétation stricte; qu'il s'ensuit que la nullité n'affecte que les mesures de saisie réelle et non les saisies descriptives comme en l'espèce, ce que reconnaît par ailleurs l'appelante;

Qu'il ne peut pas davantage être soutenu que la saisie est réelle du seul fait de l'annexion au procès-verbal de document publicitaire ou de tarif qui ne sont pas l'objet breveté, les photographies, quant à elles ne font que corroborer la description faite par l'huissier;

Qu'il en résulte que la procédure de saisie-contrefaçon n'encourt pas la nullité. »

TGI Paris, 3e ch., 1re sect., 23 mars 2005, RG n° 03/11511, *Jurinpi* M20050293.

« Attendu qu'après autorisation donnée le 24 avril 2003 par le président du tribunal de grande instance de Tours, Maître Jean-Paul L., huissier de justice à Tours (37), a dressé le 15 mai 2003 un procès-verbal de saisie-contrefaçon converti en procès-verbal de carence au siège social de la société Vet Tours Affaires à Chambray Les Tours (37); que, contrairement aux dispositions de l'article L. 716-7 du code de la propriété intellectuelle, la société Adelmar AG n'a pas assigné la société Vet Tours Affaires dans le délai de 15 jours puisque l'acte introductif d'instance a été délivré le 11 juillet 2003; que toutefois la demande de nullité est sans objet puisque ce procès-verbal ne comporte aucune saisie réelle. »

TGI Paris, 3e ch., 3e sect., 29 juin 2005, RG n° 03/03296, *Jurinpi* M20050436.

« Attendu que la nullité est poursuivie sur le fondement des dispositions de l'article L. 716-7 du code de la propriété intellectuelle au motif que la saisine du tribunal n'est pas intervenue dans un délai de quinze jours;

Attendu qu'il est de principe que la nullité encourue ne porte que sur la saisie réelle et non sur la partie descriptive des produits en cause; qu'en l'espèce, il n'a été procédé qu'à une description, en sorte que le moyen n'est pas fondé.

Attendu qu'en tout état de cause le moyen soulevé ne concerne pas la troisième saisie-contrefaçon diligentée le 8 septembre 2003, alors que l'instance était déjà engagée. »

TGI Paris, 3e ch. 2e sect., ord. JME, 27 oct. 2006, RG n° 04/15727, *Jurinpi* B20060172.

« Attendu que la nullité des procès verbaux de saisie-contrefaçon, à la supposer fondée, n'aurait pas pour effet de mettre fin à l'instance, le tribunal restant en tout état de cause saisi des mêmes faits entre les mêmes parties par l'assignation du 13 octobre 2004; que par ailleurs le défaut d'assignation dans le délai de quinze jours de la saisie contrefaçon n'entraîne que la nullité de la saisie réelle et non de la partie descriptive de l'acte de saisie. »

Aix-en-Provence, 2e ch., 23 nov. 2006, RG n° 04/22452, *JurisData* n° 2006-326277.

« Que d'ailleurs l'un des procès-verbaux de saisie-contrefaçon, celui concernant la saisie-contrefaçon effectuée, le 1er septembre 1999, à Pont à Mousson, mentionne l'article L. 521-1 du code de la propriété intellectuelle; que selon ledit article relatif aux contentieux afférent aux dessins ou modèles, la saisie-contrefaçon peut être opérée, à la requête de la partie lésée pour "faire procéder à la description détaillée, avec ou sans saisie, des objets ou instruments incriminés" et "à défaut par le requérant de s'être pourvu dans le délai de quinzaine, la description ou saisie est nulle de plein droit"; que Monsieur Alain Couffinhal et la SARL Eleven ont fait délivrer une assignation au fond, le 4 octobre 1999; qu'il y a donc lieu, sans avoir à distinguer, comme les appelants y invitent, à tort, sur le fondement de l'article L. 615-5 du code de la propriété intellectuelle applicable aux actions civiles en matière de brevets, entre saisie réelle et saisie-description, de constater la nullité de plein droit des saisies-contrefaçon en ce qu'elles concernent les modèles de flacons; que l'action en contrefaçon des modèles de flacons n'est étayée par aucune pièce autre que celles obtenues par les saisies-contrefaçon annulées;

Attendu, par contre, que les deux saisies-contrefaçon pratiquées sur le fondement de l'article L. 716-7 du code de la propriété intellectuelle en vue de la défense des atteintes portées aux droits du propriétaire ou/et de l'exploitant de la marque, sont valides dès lors qu'elles ne tendaient pas à la saisie réelle de l'ensemble des produits argués de contrefaçon d'une marque afin d'en interdire ou suspendre leur commercialisation, mais tendaient seulement à leur description et dès lors que l'obligation de se pourvoir dans le délai de quinzaine ne vise que l'hypothèse de la saisie réelle. »

Paris, 4e ch., sect. B, 29 juin 2007, RG n° 04/01343, *Jurinpi* M20070345.

« Considérant que les premiers juges ont prononcé la nullité de la saisie réelle opérée suivant procès-verbal du 17 septembre 2003 au motif que la société Marc Michel a été assignée plus de trois mois après les opérations de saisie, alors que selon les dispositions de l'article L. 716-17 du code de la propriété intellectuelle le saisissant doit, à peine de nullité, se pourvoir devant le tribunal dans le délai de quinze jours; qu'ils ont dit en revanche que seule la saisie réelle se trouvait frappée par cette nullité, le défaut d'action dans le délai de quinzaine n'entraînant pas la nullité de la description des produits effectuée par l'huissier, laquelle pouvait donc valablement être invoquée à titre de preuve, étant ajouté que la saisie-contrefaçon n'est qu'une mesure facultative et que la contrefaçon qui peut se prouver par tous moyens est en l'espèce établie par les justificatifs produits;

Considérant que la société Marc Michel sollicite à nouveau le prononcé de la nullité de la saisie réelle; que la société Balenciaga résiste à cette prétention en faisant valoir que le stock litigieux n'a pas été confisqué et qu'un seul exemplaire de sac a été placé sous scellé, avec la facture de son achat, le tout étant, en vue d'en illustrer le contenu, annexé au procès-verbal de description;

Mais considérant que la saisie dont il s'agit a été descriptive et réelle, le nombre d'éléments saisis étant indifférent, et que le délai fixé aux termes de l'article susvisé a été dépassé, en conséquence de quoi le tribunal, dont la décision doit à cet égard être confirmée, a légitimement prononcé la nullité de la saisie réelle;

Et considérant aussi que la société Marc Michel indique dans ses écritures que la décision déférée est, en ce qu'elle a retenu la validité de la saisie descriptive, éminemment contestable, sans néanmoins s'expliquer avec précision à ce sujet; qu'elle ne démontre en tout cas pas ce qui commanderait de modifier la décision de validation prise en première instance, et qu'il convient partant de confirmer. »

TGI Lyon, 10e ch., 15 juill. 2008, RG n° 04/08410, *Jurinpi* B20080121.

« Toutefois, la nullité pour défaut d'assignation dans le délai de quinze jours à compter de la saisie-contrefaçon n'est réservée qu'à la seule saisie réelle et non pas à la description du produit en cause de sorte que la description des produits X1 set et M2 set contenus dans le procès-verbal de saisie-contrefaçon restent opposables à la défenderesse. »

TGI Paris, 3e ch., 1re sect., 30 sept. 2008, RG n° 06/11319, *Jurinpi* B20080135, *PIBD* 2008, n° 885, III, 645.

« L'article L. 615-5 du code de la propriété intellectuelle dispose : "À défaut pour le requérant de s'être pourvu devant le tribunal dans le délai de 15 jours, la saisie sera nulle de plein droit, sans préjudice d'éventuels dommages et intérêts."

Lorsqu'une saisie-contrefaçon est réalisée alors qu'une juridiction est déjà saisie du litige, il appartient à la partie saisissante de prendre des conclusions additionnelles dans le délai de 15 jours suivant la saisie.

Or la société Dorel France n'a pas signifié de conclusions additionnelles dans le délai de 15 jours suivant la saisie, puisque les conclusions signifiées après la saisie du 4 septembre 2006 datent du 14 novembre 2007.

En conséquence, la saisie réelle des documents et pièces appréhendés au cours de cette saisie est nulle; seule reste valable la saisie descriptive réalisée par l'huissier le 4 septembre 2006.

Les clichés qui ont été pris lors de cette saisie du 4 septembre 2006 ont été joints au procès-verbal et dénoncés aux sociétés Bébécar sans être revêtus du cachet de l'huissier; l'huissier appose son cachet et sa signature sur toutes les pages annexées et numérotées de façon à en authentifier la provenance.

Le fait que le cachet et la signature de l'huissier ne sont pas portées sur les photographies est une nullité de forme qui peut être couverte à tout moment; par la communication au débat du premier original du procès-verbal de saisie-contrefaçon identique en tout point au second original, la société Dorel France a couvert l'irrégularité soulevée.

En conséquence, il convient d'annuler la saisie réelle des documents opérée lors de la saisie-contrefaçon du 4 septembre 2006 et de déclarer valable la saisie descriptive effectuée par l'huissier, complétée par la prise des 9 photographies annexées au procès-verbal. »

Reims, ch. civ., 1re sect., 24 nov. 2008, RG n° 07/02463, *Jurinpi* M20080796.

« En l'absence d'assignation dans les 15 jours suivant la saisie conformément aux dispositions de l'article L. 716-7 précité, cet acte probatoire est nul de plein droit, la nullité n'affectant pas toutefois la description des produits. »

TGI Paris, 3e ch., 2e sect., 5 déc. 2008, RG n° 05/08703, *Jurinpi* M20080791, *PIBD* 2009, n° 893, III, 929.

« Qu'il y a lieu en conséquence, en application des dispositions du dernier alinéa de l'article L. 716-7 ancien ci-dessus rappelées, de prononcer la nullité de la saisie opérée le 19 mai 2005 dans les locaux des douanes de Corbeil-Evry, étant toutefois précisé que, ainsi que le relèvent justement les demanderesses, la nullité s'applique conformément à la jurisprudence applicable sous l'empire de la loi ancienne à la seule saisie, et non à la description. »

TGI Paris, 3e ch., 1re sect., 24 nov. 2009, RG n° 07/03839, *Jurinpi* B20090175.

« La saisie-contrefaçon du 25 juillet 2006 ayant été opérée avant l'entrée en vigueur de la loi du 29 octobre 2007, la nullité de la saisie-contrefaçon ne s'applique qu'à la saisie réelle et non à la saisie descriptive qui comprend les photographies prises par l'huissier, ainsi que l'avait défini la jurisprudence applicable sous l'empire de cette loi du 4 janvier 2001 ».

Lyon, 1re ch. civ., sect. A, 10 févr. 2011, RG n° 2009/02092, *Jurinpi* M20110130, *PIBD* 2011, n° 939, III, 310.

« Une saisie-contrefaçon a été pratiquée le 11 mai 2006; l'assignation a été délivrée le 29 mai 2006, après l'expiration du délai fixé par l'article L. 716-7 du code de la propriété intellectuelle en sa rédaction applicable en la cause.

En cette rédaction, ce texte réservait la nullité pour défaut d'assignation dans le délai de quinzaine à compter de la saisie-contrefaçon à la seule saisie et non pas à la description des produits en cause.

Certes, la directive du 29 avril 2004 ayant été publiée au *JOUE* du 30 avril 2004, elle est entrée en vigueur le 21 mai, conformément à son article 21, et, de surcroît, le délai fixé pour sa transposition était expiré à la date de l'assignation.

Il en résulte que la juridiction nationale est tenue, dans toute la mesure du possible, d'interpréter le droit national, même en ses dispositions antérieures, à la lumière du texte et de la finalité de la directive pour atteindre le résultat visé par celle-ci.

En l'occurrence, si l'article 7 du texte communautaire prévoit désormais que, faute d'assignation au fond dans le délai prévu, toutes les mesures de saisie, y compris descriptives, sont caduques, il ménage un délai d'assignation plus long que celui du texte national et qui aurait ici été observé, s'il avait été applicable de sorte qu'il existe un rapport d'équilibre entre ce délai, désormais plus long, et la sanction de son inobservation, plus sévère.

Dans ces conditions, limiter la sanction de l'inobservation du délai de quinzaine à la seule nullité des actes de saisie et non aux éléments probatoires recueillis à cette occasion n'est pas contraire à la finalité de la directive.

Ces opérations sont valables, puisque, comme l'a exposé le tribunal, elles se bornent à recueillir les déclarations du responsable du site concerné. »

Com. 7 juin 2011, n° 10-19.742, P, *PIBD* 2011, n° 947, III, 578.

« Attendu que M. Potentier et la société Potentier font grief à l'arrêt de déclarer nulles les trois saisies-contrefaçon pratiquées les 14, 24 et 27 septembre 2004 respectivement au supermarché Champion de Léon, à l'entreprise FDG Sud Aquitaine à Saint-Paul-lès-Dax et à l'entreprise Cofalu Kim'play à Bordeaux, en considérant que cette nullité s'étendait à la description des objets saisis, alors, selon le moyen, *qu'aux termes de l'article L. 716-7, alinéa 3, du code de la propriété intellectuelle, dans sa rédaction applicable en l'espèce, antérieure à la loi n° 2007-1544 du 29 octobre 2007, "à défaut pour le requérant de s'être pourvu soit par la voie civile, soit par la voie correctionnelle dans le délai de quinzaine, la saisie est nulle de plein droit, sans préjudice des dommages-intérêts qui peuvent être réclamés"; que, bien que ce texte réserve la nullité à la seule saisie et non pas à la description des produits en cause, la cour d'appel a, au contraire, retenu que l'annulation prononcée pour défaut d'assignation dans le délai de quinzaine s'étendait également à la description des objets saisis; qu'en statuant ainsi, sans réserver le sort des constatations descriptives de l'huissier, qui n'étaient pas affectées par l'annulation prononcée en application de l'article L. 716-7 du code de la propriété intellectuelle, dans sa version applicable en l'espèce, la cour d'appel a violé le texte précité;*

Mais attendu qu'ayant constaté que M. Potentier et la société Potentier avaient été autorisés à faire pratiquer des saisies-contrefaçon et qu'ils ne s'étaient pas pourvus dans le délai de quinze jours, la cour d'appel a décidé à bon droit que l'annulation pour défaut d'assignation dans le délai de quinzaine à compter de la saisie-contrefaçon s'étendait à la description des produits en cause ; que le moyen n'est pas fondé. »

▸ 144.14 La nullité de la saisie entraîne la nullité des autres constatations réalisées lors de la saisie

Com. 6 nov. 1990, n° 88-15.436, NP, *Ann. propr. ind.* 1991. 7.

« Attendu qu'après avoir constaté que la saisie-contrefaçon avait été effectuée le 14 janvier 1982 et l'assignation délivrée le 10 mai 1984, avoir exactement prononcé la nullité de cette saisie, faute de citation devant le tribunal dans le délai de quinze jours [...] la cour d'appel retient le rapport de l'expert ayant assisté l'huissier commis aux fins de contrefaçon, pour décider que cette transmission "est réalisée suivant le principe et les conditions définies dans le brevet" et qu'il en résulte une contrefaçon ;

Attendu qu'en se fondant ainsi sur le seul rapport de l'expert, la cour d'appel a violé les textes susvisés. »

▸ 151.42 Délai d'appel

Civ. 2e, 16 mai 1990, n° 89-10.243, *Bull. civ.* II, n° 105.

« Mais attendu que, dès lors qu'il n'y avait pas lieu à exécution de l'ordonnance, qui avait rejeté la requête, ni, en l'absence de partie adverse, à sa notification, le délai de recours, n'étant pas démontré que la minute de cette ordonnance n'ait pas été délivrée lors de son prononcé, avait commencé à courir dès la date de l'ordonnance. »

▸ 151.43 Tout intéressé

Paris, 14e ch., sect. A, 30 mai 2001, RG n° 2000/17996.

« Considérant que pour contester l'intérêt à agir du musée Rodin, Guy X... fait valoir que la reproduction en bronze faisant l'objet de la saisie n'appartient pas au musée, que celui-ci est étranger au litige susceptible d'opposer le requérant au propriétaire du bronze, la Galerie Sda Antiquités, que le requérant se prévaut en outre de droits sur des marques de fabrique auxquelles le musée Rodin est totalement étranger, que le droit moral dont dispose le musée sur les œuvres du sculpteur Rodin est inopérant à l'égard des marques de fabrique revendiquées par le requérant sur la Fonderie Rudier, qu'il s'agit de droits distincts qui ne peuvent être confondus, que le musée ne peut être considéré comme tiers saisi ni justifier d'un préjudice ;

Considérant cependant que même si le musée Rodin n'est pas propriétaire de l'épreuve en bronze "Eustache de Saint-Pierre" qui lui a été confiée au mois de décembre 1999 pour examen par la société Christie's France, cette circonstance ne saurait le priver de tout intérêt à agir en rétractation de l'ordonnance contestée, ce recours étant ouvert à tous ceux auxquels la mesure est opposée et qui subissent, par sa justification ou son effet, un grief quelconque ;

Considérant que dans le délai fixé par l'article L. 716-7 du code de la propriété intellectuelle, Guy X... a déposé entre les mains du doyen des juges d'instruction auprès du tribunal de grande instance de Paris une plainte avec constitution de partie civile visant notamment les délits de contrefaçon de marque, recel, faux et usage de faux en raison, selon la plainte, de l'écoulement sur le marché de l'art de "faux bronzes aux marques Rudier" ; qu'il expose, au sujet de l'objet intitulé "Eustache de Saint-Pierre" qui comporterait frauduleusement la marque "Alexis Rudier Fondeur Paris", que ce bronze est "un faux grossier", qu'il aurait été remis "pour des raisons obscures" par John et Joe C..., associés de la société Sda Antiquités, à Dominique D..., représentant du département des œuvres impressionnistes et post-impressionnistes de Christie's France, que "de façon encore plus curieuse" Dominique D... l'a déposé pour le compte de John et Joe C... au musée Rodin, ancien employeur de Dominique D... et de "de façon encore plus étrange, le musée Rodin a conservé cette pièce jusqu'au jour de sa saisie sans que l'on sache à quel titre cette conservation a eu lieu" ; [...]

Considérant que contrairement à ce que soutient Guy X... dans ses écritures, cette plainte ne concerne pas seulement les associés nommément cités de la société Sda Antiquités et un salarié de la société Christie's France ; qu'elle vise tout aussi explicitement le musée Rodin, clairement accusé de participer à l'écoulement d'une œuvre contrefaisante, le plaignant ajoutant à cet égard que la détention, la transmission d'un tel objet et l'office d'intermédiaire dans sa transmission sont constitutifs du délit de recel de contrefaçon ;

Considérant que la saisie-contrefaçon n'étant qu'un préalable de la procédure au fond tendant à la répression de l'infraction dont elle constitue un moyen de preuve, le musée Rodin a un intérêt légitime à instaurer un débat contradictoire sur cette saisie, pour contester les droits qui lui sont opposés, la mise en cause dont elle fait l'objet et la mesure destinée à la corroborer ; qu'en outre la défense du droit moral attaché aux œuvres de Rodin l'autorise à intervenir dans un débat qui, au-delà de la simple contrefaçon des marques Rudier, associe directement le nom du sculpteur à la diffusion d'une œuvre qui constituerait un "faux grossier" ; que le président du tribunal de grande instance a dès lors déclaré à juste titre recevable les demandes du musée. »

Paris, pôle 1, ch. 3, 6 déc. 2011, RG n° 11/11455.

« Considérant qu'aux termes des articles 496 alinéa 2 et 497 du code de procédure civile, le juge qui a fait droit à la requête, a la faculté de modifier ou de rétracter son ordonnance et ce à la demande de tout intéressé ;

Considérant qu'en l'espèce, l'ordonnance a été rendue à la demande de la société ASTRA en vue de procéder à une saisie-contrefaçon dans les locaux de l'AFFSAPS ; que la société CIPLA dont le DMF a été saisi à l'AFFSAPS a donc un intérêt à solliciter la rétractation ou la modification de l'ordonnance. »

▸ 151.51 Droit commun

Paris, pôle 1, ch. 2, 27 avr. 2011, RG n° 11/02758.

« Considérant que le juge de la rétractation est le juge qui a statué sur la requête (bien sur fonctionnellement et non pas "en personne") c'est-à-dire le président de la juridiction ou son délégué aux requêtes, qui statue alors "en référé" et non pas "en la forme des référés" comme soutenu faussement par le premier juge;

Considérant qu'au moment où la cour statue, les sociétés Carrefour ont saisi le premier juge (§ 16) le 18 février 2011 de cette rétractation et ne sont donc plus recevables à le faire devant la cour ni à contester les effets desdites ordonnances sur requêtes; qu'il n'entre pas dans les pouvoirs du juge des référés de se prononcer sur la nullité des procès-verbaux, fruits desdites ordonnances. »

▸ 151.61 Pendant ou après la saisie-contrefaçon ?

TGI Aix-en-Provence, ord. réf., 27 sept. 1995, RG n° 9501745, inédit.

« Attendu que le juge des Référés, s'il ne peut rétracter l'ordonnance autorisant la saisie que lorsque les conditions imposées par la loi ne sont pas remplies, ce qui n'est pas le cas en l'espèce, peut en revanche imposer des conditions de précaution dans l'exécution de la saisie et notamment prendre toutes mesures tendant à éviter la divulgation de secrets de recherche de fabrication appréhendés à l'occasion de la saisie et étrangers à la preuve de la contrefaçon prétendue. »

▸ 151.62 Après la saisine du tribunal au fond

Civ. 2e, 9 juill. 1997, n° 95-12.580, *Bull. civ.* II, n° 231.

« Attendu que le juge saisi d'une demande de rétractation d'une ordonnance autorisant une saisie-contrefaçon, est investi dans le cadre d'un débat contradictoire, même si le juge du fond est saisi de l'affaire, des pouvoirs appartenant à l'auteur de l'ordonnance;

Attendu, selon l'arrêt confirmatif attaqué, que la SCEA Pépinières Jean Luyton (la SCEA) a demandé au président d'un tribunal de grande instance de rétracter l'ordonnance par laquelle il avait autorisé les établissements Jean-Pierre Darnaud et d'autres requérants à pratiquer une saisie-contrefaçon à l'encontre de la SCEA;

Attendu que pour rejeter cette demande, l'arrêt, après avoir constaté que l'appelant soutenait que les requérants n'avaient pas produit toutes les justifications nécessaires pour la protection des droits qu'ils invoquaient et que la mission confiée à l'huissier de justice instrumentaire excédait les limites prévues par les textes, retient qu'une telle demande portant sur les conditions de la saisie-contrefaçon pouvait entraîner l'annulation de la mesure et relevait du juge du fond;

Qu'en statuant ainsi, alors qu'il lui appartenait de rechercher, comme elle y était invitée, si les conditions prévues par les textes pour procéder à une saisie-contrefaçon étaient réunies, la cour d'appel a violé les textes susvisés. »

TGI Lyon, 11 mai 1998, *RD propr. int.* 1998, n° 87, 26.

« La société Monsanto n'a pas formé un recours en rétractation de l'ordonnance ayant autorisé la saisie-contrefaçon, ni demandé la confirmation ou la modification de l'accord conclu au cours des opérations d'expertise ensuite de l'incident qu'elle avait soulevé. Elle s'est contentée des mesures conservatoires adoptées qui préservent totalement ses intérêts et paralysent son adversaire.

C'est pourquoi la société Rhône Poulenc Agrochimie est contrainte de demander leur mainlevée puisque tout accès aux documents et informations nécessaires à la preuve de la contrefaçon de ses brevets lui est interdit.

Il s'agit donc bien encore d'une difficulté d'exécution de la saisie-contrefaçon justifiant la compétence du juge ayant autorisé la saisie. »

Lyon, 1re ch., 23 sept. 1999, *PIBD* 2000, n° 690, III, 29.

« Attendu, dès lors, que le président du tribunal était investi des pouvoirs appartenant à l'auteur de l'ordonnance pour organiser les modalités de réalisation de cette saisie afin de concilier les impératifs de respect du caractère probatoire de la mesure utile à la société Rhône Poulenc Agro et celui de la confidentialité, dont la société Monsanto France pouvait légitimement se prévaloir;

que, conformément à l'article 497 du nouveau code de procédure civile, la saisine préalable du juge du fond ne le privait pas de cette faculté de modifier sa précédente ordonnance. »

TGI Paris, 3e ch., 2e sect., 27 juin 2008, RG n° 07/00083.

« Attendu que Monsieur Giancarlo Y... affirme que le demandeur n'a pas justifié de sa qualité de représentant de la succession de Monsieur Raymond X... lors de la présentation au président du tribunal de grande instance de Paris de sa requête aux fins de saisie-contrefaçon, l'attestation notariée jointe à l'appui de ladite requête ne permettant ni d'établir que la succession a été acceptée par l'ensemble des cinq héritiers, ni que ces derniers en aient confié à Monsieur Giancarlo Y... la représentation;

Que se fondant sur les dispositions des articles 117 et suivants du code de procédure civile et estimant que Monsieur Giancarlo Y... est dépourvu tant de qualité à agir que de capacité à ester en justice au nom de la succession, il entend voir prononcer la nullité de l'ordonnance rendue le 26 octobre 2006 et du procès-verbal de saisie-contrefaçon dressé le 27 octobre 2006, ainsi que la nullité de l'assignation délivrée le 27 novembre 2006 en ce qu'elle se fonde principalement sur le procès-verbal litigieux;

Que cependant, s'agissant de l'ordonnance ayant autorisé la saisie-contrefaçon et du procès-verbal subséquent, une telle demande relevait, compte tenu du chef de nullité invoqué, de la procédure du référé rétractation régie par les articles 496 et 497 du code de procédure civile et ne saurait dès lors être examinée par le tribunal statuant au fond. »

▸ 151.71 Le juge de la rétractation ne dispose pas du pouvoir d'annuler la saisie-contrefaçon

Colmar, 27 juill. 1951, *Ann. propr. ind.* 1951. 261.

« Vu l'article 47 de la loi du 5 juillet 1844 autorisant les propriétaires de brevet à faire procéder à la saisie des objets prétendus contrefaits en vertu d'une ordonnance du président du tribunal civil;

Attendu que la doctrine et la jurisprudence, en interprétant cette disposition, ont désigné les juridictions appelées à contrôler l'exercice de ce droit de saisie et ont fixé leur compétence respective; que la saisie autorisée par voie de juridiction gracieuse peut donner lieu à un cantonnement obtenu par la voie du référé; mais qu'on ne pourrait, par cette voie, obtenir une annulation ou une levée de la saisie, mesures préjudiciant au principal. »

Civ. 2e, 9 juill. 1997, n° 95-12.580, *Bull. civ.* II, n° 231.

« Attendu que le juge saisi d'une demande de rétractation d'une ordonnance autorisant une saisie-contrefaçon, est investi dans le cadre d'un débat contradictoire, même si le juge du fond est saisi de l'affaire, des pouvoirs appartenant à l'auteur de l'ordonnance;

Attendu, selon l'arrêt confirmatif attaqué, que la SCEA Pépinières Jean Luyton (la SCEA) a demandé au président d'un tribunal de grande instance de rétracter l'ordonnance par laquelle il avait autorisé les établissements Jean-Pierre Darnaud et d'autres requérants à pratiquer une saisie-contrefaçon à l'encontre de la SCEA;

Attendu que pour rejeter cette demande, l'arrêt, après avoir constaté que l'appelant soutenait que les requérants n'avaient pas produit toutes les justifications nécessaires pour la protection des droits qu'ils invoquaient et que la mission confiée à l'huissier de justice instrumentaire excédait les limites prévues par les textes, retient qu'une telle demande portant sur les conditions de la saisie-contrefaçon pouvait entraîner l'annulation de la mesure et relevait du juge du fond;

Qu'en statuant ainsi, alors qu'il lui appartenait de rechercher, comme elle y était invitée, si les conditions prévues par les textes pour procéder à une saisie-contrefaçon étaient réunies, la cour d'appel a violé les textes susvisés. »

Nîmes, 14 sept. 1998, *RD propr. int.* 1999, n° 96, 43.

« Saisi d'une demande en rétractation d'une ordonnance sur requête autorisant une saisie-contrefaçon, le président du tribunal de grande instance, qui, par application des dispositions de l'art. 497 du Nouveau code de procédure civile, reste compétent pour rétracter son ordonnance même si le juge du fond est saisi de l'affaire, doit alors apprécier contradictoirement si les conditions prévues pour procéder à une saisie-contrefaçon, qui n'est que l'un des modes de preuve admis pour la prouver, étaient réunies mais il n'a pas le pouvoir de se prononcer sur la validité des opérations des saisie ultérieurement pratiquées, ni apprécier a posteriori le bien-fondé de la saisie elle-même au regard des droits dont la protection était invoquée lors du dépôt de requête. Cette appréciation relève du pouvoir du juge du fond saisi de l'action en contrefaçon. »

Douai, 1re ch., 4 févr. 2002, *Dossiers Propr. intell.* 2001, III et IV, n° 3, obs. Ch. Le Stanc; *Propr. industr.* 2002, comm. n° 40, obs. J. Raynard.

« D'autre part, l'instance en rétractation a pour seul objet de soumettre à la vérification d'un débat contradictoire les mesures initialement ordonnées.

En conséquence, la société Dow France ne saurait asseoir les moyens qu'elle développe à l'encontre de l'ordonnance du 22 janvier 2001 par les critiques formulées sur le déroulement de la saisie-contrefaçon qui échappent à la compétence du juge de la saisie. »

TGI Paris, ord. réf., 5 avr. 2006, RG n° 06/04814, *Jurinpi* B20060055.

« Il est constant que la SAS Soule Protection Surtensions immatriculée au RCS de Lyon sous le numéro B 428 273 502 a été absorbée le 30 novembre 2004 par l'actuelle société Soule Protection Surtensions immatriculée au RCS sous le numéro 349 816 587 que dès lors elle est depuis dépourvue d'existence légale et a été radiée du registre du commerce et des sociétés à compter du 30 novembre 2004 avec un effet rétroactif au 1er janvier 2004.

Il en résulte que cette société dépourvue de personnalité juridique n'avait pas la capacité à agir pour présenter une requête aux fins de saisie-contrefaçon.

Selon l'article 462 du nouveau code de procédure civile les erreurs matérielles qui affectent un jugement peuvent toujours être réparées. Pour autant, il doit s'agir d'une erreur matérielle et non comme en l'espèce d'une erreur intellectuelle, en effet il ne s'agit pas seulement d'une erreur sur le nom d'une société mais d'une erreur portant sur la personne morale elle-même. Dans ces conditions, il n'y a pas lieu de faire droit à la demande de rectification présentée par les sociétés Soule Protection Surtensions.

Les ordonnances autorisant un requérant qui n'a pas la capacité à agir en saisie-contrefaçon faute d'être titulaire des titres de propriété intellectuelle opposés, doivent être rétractées.

Il est rappelé que le juge de la rétractation n'a pas le pouvoir d'annuler son ordonnance et le procès verbal de saisie-contrefaçon. »

TGI Paris, 3e ch., 1re sect., 23 oct. 2007, *PIBD* 2008, n° 866, III, 32.

« Il importe peu que le président du tribunal de grande instance de Bobigny ait non seulement rétracté son ordonnance mais également annulé les opérations de saisie; les sociétés défenderesses sont recevables à demander au tribunal de grande instance de Paris, compétent pour statuer sur le litige s'élevant à propos des brevets, de leurs éventuelles contrefaçons et des opérations de saisie diligentées aux fins d'en administrer la preuve, de statuer sur la validité des opérations de saisie diligentées par M. L. le 1er mars 2005 au salon Sima qui se tenait à Villepinte. »

Com. 9 juin 2009, n° 08-12.139, NP.

« Vu les articles 496, alinéa 2, et 497 du code de procédure civile;

Attendu, selon l'arrêt attaqué, que le juge des requêtes du tribunal de grande instance de Strasbourg a dit n'y avoir lieu à rétractation d'ordonnances autorisant la demande de la société de droit allemand Puma AG Rudolf Dassler sport et de la société Puma France (les sociétés Puma) des saisies-contrefaçon dans trois magasins appartenant à la société Auchan France ;

Attendu que pour confirmer cette décision, l'arrêt retient qu'il n'entrait pas dans les pouvoirs du juge saisi d'une demande de rétractation d'une ordonnance autorisant des saisies-contrefaçon de rechercher si les mesures ordonnées violaient le principe d'épuisement du droit des marques ;

Attendu qu'en statuant ainsi, alors que le juge saisi d'une demande de rétractation d'une ordonnance ayant autorisé une saisie-contrefaçon est investi des attributions du juge qui l'a rendue et doit, après débat contradictoire, statuer sur les mérites de la requête, la cour d'appel a violé les textes susvisés. »

TGI Paris, 3e ch., 3e sect., ord. réf., 8 juill. 2011, (3 ordonnances) RG n° 11/08209, 11/08210, 11/08211.

« Le juge saisi d'une demande de rétractation n'est investi dans le cadre d'un débat contradictoire que dans la limite des pouvoirs appartenant à l'auteur de l'ordonnance. Il lui appartient de rechercher si les conditions prévues par les textes pour procéder à la saisie-contrefaçon étaient réunies.

La société Teva Santé fait valoir qu'en présentant quatre brevets européens au soutien de sa requête en date du 4 avril 2011, la société Astra Zeneca a adopté un comportement déloyal en amoncelant les titres de propriété industrielle afin de faire croire au magistrat que la mesure de saisie-contrefaçon était particulièrement justifiée et autorisait des atteintes conséquentes à la vie privée et au secret des affaires alors qu'elle savait pertinemment que le médicament Inexium, qui contenait de l'esoméprazole magnésium dihydraté, n'était manifestement pas contrefaisant des brevets EP 0 984 957 et EP 1 273 584 portant sur du sel de magnésium du trihydrate de Soméprazole.

Elle en déduit que grâce à cette manipulation, la saisissante a pu avoir accès à des documents totalement étrangers à la procédure en contrefaçon intentée au fond uniquement sur le brevet EP 1 020 461 et en particulier à la partie de la DMF fermée de l'autorisation de mise sur le marché.

Cependant, la société Astra Zeneca fait valoir à juste titre qu'elle était titulaire des quatre brevets invoqués au soutien de sa requête au jour de celle-ci et qu'elle a eu connaissance, à la fin du mois de mars 2011, de la commercialisation en France de produits génériques de son médicament Inexium, parmi lesquels figurent ceux de la société Teva.

La multiplicité des titres invoqués au soutien de la requête, dont la requérante précise qu'ils sont tous mis en œuvre dans le médicament Inexium, ne saurait constituer un acte déloyal, alors que la saisie-contrefaçon est une mesure probatoire ayant pour objectif de recueillir les preuves de la matérialité et de l'étendue de la prétendue contrefaçon des titres dont le requérant est titulaire.

Enfin, les conditions de l'action en contrefaçon intentée ultérieurement devant le juge du fond sont indifférentes pour apprécier les conditions d'octroi de l'ordonnance de saisie-contrefaçon dès lors que l'action résulte des éléments découverts, ou non, lors des opérations de saisie, autorisées par l'ordonnance attaquée, à la date de laquelle il convient de se placer pour statuer sur la rétractation sollicitée.

Il est rappelé que le juge des requêtes saisi d'une demande de rétractation n'est pas juge de la validité des saisies-contrefaçon diligentées sur la base de ses ordonnances et l'éventuelle possibilité que lors des opérations, des produits ou documents saisis aient été sans lien avec le brevet fondant la demande subséquente en contrefaçon est indifférente pour apprécier la validité de la requête et de l'ordonnance et ne pourra être appréciée qu'au fond au regard de la valeur probante des opérations de saisies.

Il y a donc lieu de rejeter la demande de rétractation de l'ordonnance de ce chef. »

Paris, pôle 1, ch. 2, 27 avr. 2011, RG n° 11/02758.

« Considérant que le juge de la rétractation est le juge qui a statué sur la requête (bien sur fonctionnellement et non pas "en personne") c'est-à-dire le président de la juridiction ou son délégué aux requêtes, qui statue alors "en référé" et non pas "en la forme des référés" comme soutenu faussement par le premier juge ;

Considérant qu'au moment où la cour statue, les sociétés Carrefour ont saisi le premier juge (§ 16) le 18 février 2011 de cette rétractation et ne sont donc plus recevables à le faire devant la cour ni à contester les effets desdites ordonnances sur requêtes ; qu'il n'entre pas dans les pouvoirs du juge des référés de se prononcer sur la nullité des procès-verbaux, fruits desdites ordonnances. »

TGI Paris, 3e ch., 3e sect., ord. réf., 9 déc. 2011, RG n° 11/14586.

« Le pouvoir du juge dans le cadre d'une demande de rétractation se limite à examiner à nouveau, mais de manière contradictoire, les conditions ayant donné lieu à l'autorisation judiciaire de procéder à la saisie, étant précisé que le bien-fondé de la mesure ordonnée doit se trouver dans la requête initiale et les pièces qui y sont jointes. »

▸ 151.72 Rétractation

Paris, 6 janv. 1932, *Ann. propr. ind.* 1932. 291.

« Considérant que le droit de poursuivre en contrefaçon et de faire procéder à la saisie d'objets prétendus contrefaits n'appartient, aux termes de l'article 47 de la loi du 5 juillet 1844, qu'au propriétaire du brevet ;

Considérant que le brevet n° 705 593 a été délivré au sieur S., que M. P. de V. ne justifie et ne paraît avoir justifié devant le président du tribunal d'aucune cession régulière dudit brevet ;

Que c'est, par suite, à tort et contrairement aux dispositions de l'article 47 précité, que l'autorisation de pratiquer la saisie-contrefaçon lui a été accordée. »

Com. 13 déc. 1994, n° 92-20.704, NP, *PIBD* 1995, n° 583, III, 105.

« Mais attendu que l'arrêt relève, d'un côté, que M. R. n'établit pas la preuve que la condition d'un chiffre d'affaires minimum n'ait pas été remplie, et d'un autre côté, que si la demande de brevet enregistrée sous le n° 89 02202 a été déposée après la conclusion du contrat de licence exclusive concédée à la société ARA, ne peut pas, pour cette raison, être incluse dans ledit contrat, il n'en existe pas moins une contestation sérieuse résultant de ce que le contrat prévoit que le licencié est en droit de bénéficier de tous les perfectionnements et extensions que M. R. pouvait apporter aux brevets donnés en licence; qu'à partir de ces constatations, la cour d'appel a pu décider qu'il existait une contestation sérieuse sur le droit d'exploitation du titre de propriété industrielle litigieux, et en déduire que l'ordonnance de saisie-contrefaçon devait être rétractée; d'où il suit que le moyen n'est fondé en aucune de ses branches. »

TGI Paris, 3e ch., 3e sect., ord. réf., 9 déc. 2011, RG n° 11/14586.

« Le pouvoir du juge dans le cadre d'une demande de rétractation se limite à examiner à nouveau, mais de manière contradictoire, les conditions ayant donné lieu à l'autorisation judiciaire de procéder à la saisie, étant précisé que le bien-fondé de la mesure ordonnée doit se trouver dans la requête initiale et les pièces qui y sont jointes.

En l'espèce, dans sa requête, la société Sans Arcidet fait mention d'un dépôt à l'INPI d'un modèle le 1er septembre 2005. Elle indique aujourd'hui dans ses écritures que celui-ci n'a pas fait l'objet d'un enregistrement, si bien qu'elle n'est titulaire d'aucun droit sur ce fondement.

La requête fait aussi référence à un modèle communautaire enregistré sous le numéro 001746506 le 24 août 2010 et la pièce 4 produite à l'appui de la requête porte sur "enregistrement aux dessins et modèles communautaires".

L'ordonnance ayant autorisé la saisie-contrefaçon n'a pas été rendue sur la base du règlement 6/2002 du 12 décembre 2001 sur les dessins et modèles communautaires.

Par ailleurs, le certificat de l'OHMI communiqué par la société Sans Arcidet dans le cadre de la présente procédure porte le numéro 0017465504 (pièce 5-3 et 5-4), donc un numéro différent de celui mentionné dans la requête.

La société Sans Arcidet s'abstient de verser au débat les pièces telles que numérotées lors de la requête et produites au juge des requêtes, si bien qu'elle ne rapporte pas la preuve que ce certificat a bien été produit, alors qu'elle visait dans sa requête un certificat portant sur un modèle différent, numéro 001746506.

En conséquence, il n'est pas établi qu'au jour de la requête, la société Sans Arcidet a rapporté la preuve d'être titulaire d'un modèle communautaire. En l'absence d'intérêt à agir sur la base du droit des dessins et modèles, il convient de prononcer la rétractation de l'ordonnance du 11 juillet 2011 en ce qu'elle a été rendue sur le fondement du droit des dessins et modèles. »

▸ 151.73 Modification

TGI Aix-en-Provence, ord. réf., 27 sept. 1995, RG n° 9501745, inédit.

« Que pour permettre aux parties de fournir au tribunal saisi du fond de l'affaire tout renseignement de nature à permettre de distinguer les documents nécessaires à la preuve de la contrefaçon d'avec ceux qui apparaissent étrangers à cette preuve et pour éviter la divulgation de secrets de recherche de fabrication étrangers à la preuve de la contrefaçon, il convient de désigner un expert qui aura pour mission d'examiner sous le sceau de la confidentialité les documents et échantillons placés sous enveloppes scellées par l'huissier et ce en présence exclusivement des parties, de leurs conseils respectifs et de M. D. et de fournir les éléments utiles à la solution du litige [...]

Disons que M. C. ne pourra circuler librement dans les locaux de la société mais sera appelé à la diligence de l'huissier saisissant pour donner son avis en sa qualité de technicien. »

▸ 151.81 Recours contre l'ordonnance

Lyon, 1re ch., 23 sept. 1999, *PIBD* 2000, n° 690, III, 29.

« Attendu que l'ordonnance du 11 mai 1998 a été rendue en la forme des référés, le président du tribunal ayant été saisi par la société Rhône Poulenc Agro d'une difficulté d'exécution de l'ordonnance sur requête rendue le 13 janvier 1998 qui avait autorisé la saisie-contrefaçon. [...]

Attendu que, dans ces conditions, cette ordonnance rendue dans le cadre des articles 496 et 497 du Nouveau code de procédure civile est une ordonnance de référé susceptible d'appel dans le délai de quinze jours. »

▸ 151.91 Jurisprudence

TGI Lille, ord. réf., 17 oct. 1996, *PIBD* 1997, n° 625, III, 60.

« Attendu que sur la vue des pièces présentées par le demandeur, il apparaît clairement que se développe un trouble commercial qui, provoqué à la fois par les saisies-contrefaçon répétées pratiquées par la SA Air Sensor et par un dénigrement commercial avéré, est de nature à provoquer un dommage considérable au moment de la plus forte période de vente des matériels de chauffe concernés.

Attendu, en outre, que des procès-verbaux de saisie, et contrairement à l'objet des ordonnances signées par les présidents des TGI requis, il ne ressort nullement la constatation de la contrefaçon alléguée; que dans ces conditions, en pratiquer de nouvelles le serait au mépris du droit et constituerait un abus de droit.

Attendu, au surplus, que de nouvelles saisies-contrefaçon le seraient aux risques et périls de leur imitateur et que manifestement, celui-ci ne justifie nullement avoir la capacité financière de les assumer.

Attendu, enfin, que le tribunal de grande instance, par les assignations des 14 et 19 août 1996, est régulièrement saisi à l'encontre de la SA DTN France et la SARL PVG France, lesquelles sont les deux commercialisateurs au premier degré en France des matériels concernés; que des matériels ont déjà été saisis par la SA Air Sensor afin d'appuyer ses demandes; que dès lors, toute autre saisie-contrefaçon serait constitutive d'un abus de droit et qu'elle tomberait sous le coup de l'article 873 du C. pr. civ., causant à la SA DTN France et la SARL PVG France un trouble manifestement illicite.

Qu'il convient, en conséquence, de dire que toute autre saisie serait constitutive d'un acte de concurrence déloyale, et d'interdire toute nouvelle saisie-contrefaçon, et ce à compter de la signification de la présente ordonnance et sous astreinte de 100 000 F par infraction constatée sur le fondement du brevet européen n° 473563-9187001301, qui, au demeurant, a fait l'objet d'une opposition régulièrement dénoncée en date du 7-05-96 par la SA DTN France. »

▸ 151.101 Demande en restitution du matériel saisi

TGI Privas, ord. réf., 16 févr. 1989, *Dossiers Brevets* 1989, I, 4.

« Attendu qu'au vu des textes prévoyant une nullité de plein droit il n'y a aucune difficulté sérieuse quant au fond;

Qu'ainsi le juge des référés se trouve compétent;

Qu'en outre, il y a urgence à faire cesser le trouble causé par l'impossibilité d'utilisation de la machine et des plans, et donc d'ordonner la restitution desdits plans en la possession du greffier contre décharge de ce jour, et la mainlevée de la saisie sur la machine par le bris des scellés;

Qu'il y a lieu d'ordonner également la restitution des clichés, photos, par l'huissier, celui-ci ayant omis de les remettre, et au saisi, et au tribunal. »

▸ 151.102 Demande en dommages-intérêts pour saisie abusive

Paris, 4e ch. A, 19 juin 1990, *Ann. propr. ind.* 1990. 169; *RD propr. ind.* 1990, n° 32, 49.

« Considérant qu'un tel déploiement de forces de police, pour de simples opérations de saisie-contrefaçon, accompagné d'un contrôle strict des personnes et d'une importante perquisition, ce pendant plusieurs heures, étant de nature à jeter une suspicion particulière sur la société qui en était l'objet, la faisant apparaître comme l'auteur de faits gravement perturbateurs de l'ordre public alors qu'il s'agissait seulement de faire constater l'atteinte éventuellement portée aux droits privatifs de Dior par un de ses concurrents;

Considérant que Dior ne peut s'exonérer de toute responsabilité dans une opération dont le déroulement a été gravement préjudiciable à Prestige alors que c'est elle qui l'a sollicitée, qu'elle a été réalisée par son mandataire qui se devait de procéder selon les règles habituelles de discrétion et que par son représentant, Monsieur G., présent, elle pouvait s'opposer à toutes initiatives inutiles ou excessives;

Que les abus commis doivent être sanctionnés, étant observé que le préjudice est d'autant plus important que les affirmations de détention de produits contrefaisant n'ont en rien été établies. »

Com. 30 juin 1992, n° 90-17.782, *Bull. civ.* IV, n° 254.

« Attendu que pour accueillir la demande, l'arrêt, après avoir relevé que si l'ordonnance ayant autorisé la saisie-contrefaçon prévoyait que l'huissier pourrait se faire assister par un commissaire de police et un mandataire de la société Dior, celle-ci demeurait responsable des conditions dans lesquelles s'opérait la saisie-contrefaçon sous la conduite de l'huissier qu'elle-même avait choisi et qui était son mandataire, retient que la présence de deux cars de policiers en uniforme ou en civil et le contrôle d'identité de membres du personnel faisaient apparaître le caractère manifestement excessif des opérations de saisie con trefaçon par rapport à l'objet même de la mesure;

Attendu qu'en statuant ainsi, par des motifs impropres à caractériser une faute pouvant être mise à la charge de la société Dior, la cour d'appel a violé le texte susvisé. »

T. com. Lyon, 8 avr. 1998, RG n° 96J05671, inédit.

« Attendu que l'action de la société MBA est basée sur le fondement de l'article 1382 et suivants du code civil, mais qu'elle a son origine dans une procédure de protection de brevet d'invention;

Attendu que la société AMP Développement soulève l'incompétence du tribunal de céans au profit du tribunal de grande instance de Lyon;

Attendu que, en application de l'article L. 615-17 du code de la propriété intellectuelle, l'ensemble du contentieux relatif aux brevets d'invention est attribué aux tribunaux de grande instance;

Attendu que l'exception a été soulevée avant toute défense au fond et qu'elle est recevable;

Attendu qu'ainsi le tribunal se déclare incompétent au profit du tribunal de grande instance de Lyon. »

▸ 152.21 Sources de nullité du procès-verbal de saisie-contrefaçon

Paris, 4e ch. A, 7 oct. 1998, *JCP E* 1999. I. 1631; *PIBD* 1999, n° 667, III, 16; *RD propr. int.* 1999, n° 97, p. 44.

« Considérant que le commissaire de police requis, comme il a été ci-dessus évoqué, n'a pas été en mesure de saisir réellement, dans les locaux de la société Pourchet, des exemplaires argués de contrefaçon. Qu'en l'absence de saisie des modèles litigieux ou de toutes preuves matérielles, telles notamment documents publicitaires, catalogues, etc., qui aurait justifié le droit de procéder à l'audition spontanée des personnes se trouvant sur les lieux de la saisie, il ne pouvait consigner les déclarations.

Qu'admettre le contraire reviendrait à permettre à quiconque souhaite faire entendre une personne suspectée de commettre des actes de contrefaçon à son encontre de soutenir avec mauvaise foi que ladite personne détient des objets contrefaisants, dans le seul but de requérir un commissaire de police, non pas pour qu'il soit procédé à une saisie qu'elle sait vouée à l'échec, mais essentiellement afin d'obtenir des déclarations, voire des aveux qui lui permettront de se réserver irrégulièrement des moyens de preuve pour ensuite engager, sur la foi du procès-verbal qui les contient, une procédure judiciaire. »

TGI Paris, 3e ch., 3e sect., 17 févr. 2004, *PIBD* 2004, n° 787, III, 323.

« L'absence d'exploitation de l'ensemble des éléments saisis n'est pas une cause de nullité, la société France Télécom justifiant ses demandes en contrefaçon par les pièces saisies. »

Paris, 4e ch., sect. B, 24 févr. 2006, *PIBD* 2006, n° 829, III, 332; *RTD com.* 2007. 75, chron. Galloux; *Propr. intell.* oct. 2007, p. 480, obs. de Haas.

« Considérant que le procès-verbal de saisie-contrefaçon dressé en date du 15 septembre 2000 par Maître X, huissier de justice, dans les locaux de la société Crédit Lyonnais ne contient ni saisie réelle ni description du sac argué de contrefaçon; que l'huissier a uniquement recueilli les déclarations de Monsieur Z, responsable du pôle communication des services de la direction des achats, qui a indiqué avoir "déjà vu des gens de la maison avec ce sac"; que cet employé de la société Crédit Lyonnais a remis à l'huissier instrumentaire le catalogue de la collection 1999 des articles promotionnels de la société dans lequel ne figurait pas le sac litigieux;

Qu'ainsi que l'a relevé à juste titre le tribunal, il ne résulte d'aucune mention du procès-verbal que le sac argué de contrefaçon ait été effectivement présenté à cet employé ni que l'huissier ait donné connaissance au saisi des pièces annexées à la requête aux fins de saisie-contrefaçon, lesquelles comprenaient notamment un sac cartable Chapelier et le sac argué de contrefaçon;

Que c'est dès lors à bon droit que les premiers juges ont pu décider qu'en l'absence de description ou de saisie réelle, l'huissier instrumentaire ne pouvait consigner les déclarations du collaborateur de la société Crédit Lyonnais, celles-ci n'ayant manifestement pas un caractère spontané;

Que la cause de nullité tirée de l'absence de saisie réelle ou descriptive affecte nécessairement le fond du procès-verbal de saisie-contrefaçon, de sorte qu'elle n'est pas soumise à la démonstration d'un grief. »

TGI Paris, 3e ch., 1re sect., 19 sept. 2006, RG n° 03/12531.

« Il apparaît que la Société Facom a reçu l'autorisation de procéder à une saisie contrefaçon au lieu où la matérialité de la contrefaçon présumée était susceptible d'être établie, soit au siège social de la Société Foir'Fouille dont le catalogue présentait les objets argués de contrefaçon. Le fait que l'huissier n'ait pu saisir réellement aucun tournevis, puisqu'il n'y en avait pas dans les locaux, ni partant procéder à leur description n'est pas une cause de nullité de la saisie dont par ailleurs il n'est pas dit qu'elle se soit déroulée irrégulièrement ou hors les termes de l'ordonnance, étant observé que cette mesure a tout de même permis l'appréhension d'une facture et de catalogues. »

TGI Paris, 3e ch., 3e sect., 22 nov. 2006, RG n° 05/12094, *Jurinpi* B20060187.

« Attendu que les opérations de saisie-contrefaçon ayant été diligentées sur le fondement de revendications d'un brevet dont il vient d'être dit qu'elles sont nulles, elles sont de ce seul fait entachées de nullité sans qu'il soit besoin d'examiner les autre griefs qui ont pu être articulés à leur encontre. »

TGI Paris, 3e ch., 3e sect., 18 févr. 2011, RG n° 09/04302, *Jurinpi* M20110206; *PIBD* 2011, n° 941, III, 406.

« Il est constant que l'ordonnance rendue par le président du tribunal de grande instance de Paris le 15 juillet 2008 autorisant une saisie-contrefaçon au siège de la société Éditions Montparnasse a été rétractée par décision de la cour d'appel de Paris rendue le 14 avril 2010 pour non respect des règles procédurales de la saisie-contrefaçon.

Il s'ensuit que le procès-verbal dressé le 29 juillet 2008 a été réalisé sans autorisation valable au mépris des dispositions de l'article L. 716-7 du code de la propriété intellectuelle et qu'il est dès lors entaché d'une nullité de fond.

Il convient en conséquence d'annuler le procès-verbal de saisie-contrefaçon dressé le 29 juillet 2008 par Maître A. et les saisies de pièces effectuées en exécution d'une ordonnance irrégulière.

Contrairement aux allégations du demandeur, cette nullité interdit nécessairement aux parties de se prévaloir des chiffres dont la communication a été obtenue dans le cadre de la procédure de saisie-contrefaçon annulée et il y a lieu d'écarter des débats ces éléments comptables. »

Paris, pôle 5, ch. 1, 29 juin 2011, RG n° 09/15755.

« Considérant que la société Heidelberg Postpress reprend telle que développée devant le tribunal son exception de nullité de la saisie-contrefaçon en expliquant que celle-ci a été demandée par la société Bobst sur la base de deux brevets dont l'un, annulé par la suite, doit être regardé comme n'ayant jamais existé, ce qui serait de nature, selon elle, à retirer rétroactivement tout fondement valide à la saisie-contrefaçon, la circonstance que le second brevet subsiste n'étant d'aucune conséquence dès lors que la saisie-contrefaçon, initialement fondée sur les deux titres, doit être tenue pour indivisible;

Mais considérant, comme l'a retenu à juste titre le tribunal, que la saisie-contrefaçon a été régulièrement pratiquée sur la base de deux titres alors valides et que l'annulation postérieure de l'un des deux brevets invoqués n'a pas pour effet d'affecter la saisie-contrefaçon qui demeure valide, en toute hypothèse, en ce qu'elle est fondée sur le second brevet au titre duquel il n'est pas contesté que la société Bobst est recevable à agir en contrefaçon;

Que le jugement entrepris sera en conséquence confirmé en ce qu'il a rejeté l'exception de nullité de la saisie contrefaçon. »

TGI Paris, 3e ch, 1re sect., 15 nov. 2011, RG no 10/15560.

« La société Manitou et la société CNH demandent la nullité des saisies-contrefaçon pratiquée dans ses locaux au motif que le brevet EP no 1 157 963 ayant été révoqué, ses saisies ont été pratiquées sans titre.

Les sociétés JC Bamford ne s'opposent pas à cette demande.

Le brevet EP 1 157 963 étant nul suite à la décision de l'OEB du 8 octobre 2010, les saisies-contrefaçon réalisées les 24 février et 18 mai 2005 l'ont été sur le fondement d'un titre qui n'existe plus au jour du jugement de sorte qu'elles doivent être annulées pour avoir été effectuées au vu d'un brevet nul ce qui prive les sociétés demanderesses de toute qualité à solliciter des saisies. »

▸ 152.24 Invocation des irrégularités

Com. 19 janv. 2010, no 08-18.732, NP.

Vu l'article L. 521-1 du code de la propriété intellectuelle dans sa rédaction applicable en la cause, et les articles 74, 112 et 563 du code de procédure civile;

Attendu, selon l'arrêt attaqué, que dans le cadre de travaux réalisés par la société SPIE SCGPM sous la maîtrise d'œuvre des sociétés d'architectes Arkhitekton et DGLA, le lot concernant la menuiserie a été sous-traité à la société Fily'ing, qui l'a elle-même sous-traité à la société Moinet menuiserie agencement, devenue la société Vert habitat; que cette dernière a commandé à la société Mollibois des travaux de gravure de panneaux de bois qu'elle lui a fournis; que, se prévalant de droits privatifs sur un modèle de panneau gravé « Fold 31010 », la société Marotte a fait procéder à deux saisies-contrefaçon successives, le 5 octobre et le 28 octobre 2004, puis a assigné les participants à l'opération de construction en contrefaçon de ce modèle;

Attendu que pour déclarer irrecevables les demandes de la société Mollibois tendant à l'annulation des procès-verbaux de saisie-contrefaçon des 5 octobre 2004 et 28 octobre 2004 établis à la requête de la société Marotte, l'arrêt retient que ce moyen, qui constitue une exception de procédure, aurait dû être soulevé *in limine litis*, la demande en nullité de ces procédures ne constituant pas une fin de non-recevoir soumise aux dispositions des articles 122 et suivants du code de procédure civile, mais une exception de nullité qui, en tant que telle, devait, en application des dispositions des articles 74 et 112 du même code, être soulevée avant toute défense au fond; que, relevant encore que la société Mollibois n'avait, devant le tribunal, invoqué que des moyens tirés du fond de l'affaire et en aucun cas contesté la validité de procédures liées aux opérations de saisie-contrefaçon, l'arrêt décide que ce moyen sera déclaré irrecevable;

Attendu qu'en statuant ainsi, alors que le moyen de nullité d'une saisie contrefaçon, laquelle est un acte probatoire antérieur à la procédure de contrefaçon qui n'est introduite que par la demande en contrefaçon, ne constitue pas une exception de procédure au sens de l'article 73 du code de procédure civile, la cour d'appel a violé les textes susvisés. »

Com. 14 sept. 2010, no 09-69.862, NP.

« Mais attendu, d'une part, qu'un acte de saisie-contrefaçon étant un simple acte probatoire antérieur à la procédure de contrefaçon qui n'est introduite que par la demande en contrefaçon, c'est à bon droit que la cour d'appel a retenu que sa nullité, qui constitue un moyen de défense au fond, pouvait être invoquée à tout moment de la procédure. »

Com. 29 mars 2011, nos 09-16.330, 09-68.144, NP.

« Attendu, selon l'arrêt attaqué (Paris, 27 mai 2009), qu'après avoir fait procéder à une saisie-contrefaçon à l'encontre de M. Moulet, qui commercialise des matériels agricoles, M. Schulze Heuling, titulaire d'un certificat d'utilité no 99 15633 déposé le 10 décembre 1999 auprès de l'INPI sous priorité d'un modèle d'utilité allemand déposé le 18 décembre 1998 portant sur un éparpilleur de balle pour moissonneuse-batteuse, a, par acte du 9 mai 2005, assigné en contrefaçon M. Moulet et la société de droit espagnol Talleres Tort SL, fabricante de matériels agricoles, laquelle a refusé la citation arrivée en Espagne le 12 mai 2005 et portée à sa connaissance le 16 mai 2005; que la traduction de la citation a été remise à cette société le 28 février 2006; que la société Heuling Maschinenbau GmbH & Co KG, licenciée exclusive du certificat d'utilité, est intervenue à l'instance;

Sur le premier moyen du pourvoi no F 09-68.144.

Attendu que la société Talleres Tort SL fait grief à l'arrêt de rejeter sa demande tendant à dire que la saisie réelle de documents, et par voie de conséquence, l'assignation que lui a délivrée M. Schulze Heuling étaient nulles pour défaut d'assignation dans la quinzaine ou dans le mois de la saisie-contrefaçon, alors, selon le moyen :

1°/ que l'inobservation du délai de procédure fixé par l'article L. 615-5, alinéa 4, du code de la propriété intellectuelle ne constitue ni un vice de forme auquel serait applicable l'article 112 du code de procédure civile, ni une exception de procédure entrant dans les prévisions de l'article 74 de ce code; qu'en décidant que la demande de nullité de la saisie était irrecevable parce qu'elle n'avait pas été soulevée *in limine litis*, la cour d'appel a violé ensemble les articles 74 et 112 du code de procédure civile par fausse application et l'article L. 615-5 du code de la propriété intellectuelle; [...]

Mais attendu, d'une part, qu'ayant constaté que M. Schulze Heuling s'est régulièrement pourvu devant le tribunal dans le délai de quinzaine après la saisie-contrefaçon, la cour d'appel a, abstraction faite du motif de droit erroné mais surabondant critiqué par la première branche, justifié le rejet de la demande d'annulation de la saisie-contrefaçon et, par voie de conséquence, de l'assignation; [...]

D'où il suit que le moyen, qui manque en fait en sa troisième branche, n'est pas fondé pour le surplus. »

▸ 152.25 Juge compétent

TGI Paris, 3e ch. 2e sect., ord. JME, 27 oct. 2006, RG nº 04/15727, *Jurinpi* B20060172.

« Attendu qu'aux termes de l'article 771 du nouveau code de procédure civile en vigueur depuis le 1er mars 2006 le juge de la mise en état est, jusqu'à son dessaisissement, seul compétent, à l'exclusion de toute autre formation du tribunal, pour statuer sur les exceptions de procédure et sur les incidents mettant fin à l'instance. Les parties ne sont plus recevables à soulever ces exceptions et incidents ultérieurement, à moins qu'ils ne surviennent ou ne soient révélés postérieurement au dessaisissement du juge;

Que selon l'article 73 du même code, constitue une exception de procédure tout moyen qui tend soit à faire déclarer la procédure irrégulière ou éteinte, soit à en suspendre le cours;

I – Sur la nullité des procès verbaux de saisie-contrefaçon

Attendu que la nullité des procès verbaux de saisie-contrefaçon, à la supposer fondée, n'aurait pas pour effet de mettre fin à l'instance, le tribunal restant en tout état de cause saisi des mêmes faits entre les mêmes parties par l'assignation du 13 octobre 2004; que par ailleurs le défaut d'assignation dans le délai de quinze jours de la saisie-contrefaçon n'entraîne que la nullité de la saisie réelle et non de la partie descriptive de l'acte de saisie;

Que la société GTM ne peut donc soutenir la compétence exclusive du juge de la mise en état en analysant sa demande comme un incident susceptible de mettre fin à l'instance;

Attendu que la demande de nullité d'un constat ou d'une procédure de saisie-contrefaçon, lesquels ont pour objet d'établir la matérialité des faits incriminés et sont des moyens de preuve, ne constitue pas davantage une exception de procédure;

Que la circonstance que leurs causes de nullité et le régime applicable à celles-ci soient définis par les articles 648 et suivants du nouveau code de procédure civile, lesquels renvoient aux dispositions des articles 112 à 121 du même code qui régissent la nullité des actes de procédure, n'a pas pour effet de modifier leur nature même;

Qu'en conséquence, il appartient au tribunal statuant au fond d'apprécier la validité et la force probante de ces actes;

Attendu qu'il y a lieu en conséquence de se déclarer incompétent et de renvoyer la cause et les parties devant le tribunal saisi pour statuer sur la validité des procès verbaux de saisie-contrefaçon. »

TGI Paris, 3e ch., 1re sect., ord. JME, 29 nov. 2006, RG nº 06/00626, *Jurinpi* B20060194.

« La question de la compétence du juge de la mise en état de ce chef ayant été soumise aux parties lors des renvois ayant précédé l'audience de plaidoirie de l'incident, la société Siepa a fait valoir que le décret du 28 décembre 2005 entré en vigueur le 1er mars 2006 imposait que les exceptions de procédures soient soulevées exclusivement devant le juge de la mise en état, à peine d'irrecevabilité, et que l'exception de nullité de la saisie contrefaçon constituait une telle exception.

Il résulte des termes de l'article 771 du nouveau code de procédure civile que "lorsque la demande est présentée postérieurement à sa désignation, le juge de la mise en état est, jusqu'à son dessaisissement, seul compétent, à l'exclusion de toute autre formation du tribunal, pour statuer sur les exceptions de procédure", étant récemment précisé que "les parties ne sont plus recevables à soulever ces exceptions et incidents ultérieurement à moins qu'ils ne surviennent ou soient révélés postérieurement au dessaisissement du juge".

L'article 73 du nouveau code de procédure civile qui ouvre le chapitre relatif aux "exceptions de procédure" dispose que "constitue une exception de procédure tout moyen qui tend soit à faire déclarer la procédure irrégulière ou éteinte, soit à en suspendre le cours".

Sont ensuite énoncées dans ce chapitre au titre des exceptions de procédure les exceptions d'incompétence, les exceptions de litispendance et de connexité, les exceptions dilatoires et les exceptions de nullité.

Par exception de nullité, il convient d'entendre, au regard des articles 112 et suivants du nouveau code de procédure civile, non pas toutes les nullités mais celles ayant trait aux "actes de procédure" lesquels peuvent être définis comme des actes soumis à certaines formes, effectués par un auxiliaire de justice ou un plaideur, destinés à entamer, alimenter, suspendre ou arrêter une instance.

En l'espèce, il est sollicité la nullité de la saisie-contrefaçon pratiquée le 23 décembre 2005. Il ressort de l'article L. 615-5 alinéa 1 du code de la propriété intellectuelle que le propriétaire d'un brevet a la possibilité de faire la preuve par tous moyens de la contrefaçon dont il se prétend victime. L'alinéa 2 du même article poursuit en conférant à celui-ci la faculté de faire procéder, sur ordonnance du président du tribunal de grande instance du lieu de la contrefaçon présumée, à la description détaillée, avec ou sans saisie réelle, des produits ou procédés prétendus contrefaits. La saisie contrefaçon constitue donc une mesure essentiellement probatoire.

S'agissant d'un élément de preuve qui n'entre pas dans le champ des exceptions de procédure définies à l'article 73 du nouveau code de procédure civile, il convient de se déclarer incompétent au profit de la juridiction du fond pour statuer sur la demande de nullité de la saisie contrefaçon du 23 décembre 2005 formée par les sociétés Norauto et Siepa. »

TGI Paris, 3e ch., 3e sect., 6 déc. 2006, RG nº 05/17995, *Jurinpi* B20060210.

« L'article 771 du nouveau code de procédure civile tel que modifié par le décret nº 2005-1678 du 28 décembre 2005 attribue compétence exclusive au juge de la mise en état pour statuer sur les exceptions de procédure et sur les incidents mettant fin à l'instance.

Il est constant que :

– le décret n° 2005-1678 du 28 décembre 2005 a pour objectif d'accélérer le règlement des procédures en faisant trancher par le juge de la mise en état dès la saisine de ce dernier en début d'instruction de l'affaire, les vices pouvant les affecter;

– la nullité des procès-verbaux de saisie-contrefaçon a toujours été prononcée au visa des articles 112 et suivants du nouveau code de procédure civile qui figurent dans le chapitre II du nouveau code de procédure civile intitulé "les exceptions de procédure";

– l'effet de cette nullité est de déclarer la procédure autorisée par le président du tribunal de grande instance en application de l'article L. 615-5 du code de la propriété intellectuelle irrégulière et d'écarter des débats les procès-verbaux ainsi annulés et les documents et pièces saisies;

– ces procédures de contrefaçon autorisées judiciairement sont obligatoirement intégrées à une procédure au fond, l'introduction de celle-ci étant imposée sous peine de nullité de plein droit de la saisie.

Aussi au vu de ces éléments, le présent Juge considère qu'il est compétent pour trancher de la validité des saisies-contrefaçon opérées en application de l'article L. 615-5 précité. »

TGI Paris, 3e ch., 1re sect., ord. JME, 10 janv. 2007, RG n° 06/03290.

« L'article 771.1 du nouveau code de procédure civile donne compétence exclusive au juge de la mise en état pour statuer sur les incidents de procédure et sur les incidents mettant fin à l'instance, à moins qu'ils ne surviennent ou ne soient révélés que postérieurement au dessaisissement du juge.

Les exceptions de procédure sont définies au chapitre II du nouveau code de procédure civile et sont constituées des exceptions de compétence (section I), des exceptions de litispendance et de connexité (section II), des exceptions dilatoires (section III) des exceptions de nullité section IV).

Les incidents d'instance sont eux définis au titre XI du nouveau code de procédure civile et les incidents mettant fin à l'instance plus précisément au chapitre IV; ce sont la préemption d'instance (section I), le désistement d'instance (section II), la caducité de la citation (section III), et l'acquiescement (section IV).

La société Narbonne Accessoires soutient que le procès-verbal de saisie-contrefaçon est un acte de procédure et que sa nullité doit être examinée par le juge de la mise en état.

Si le nouveau code de procédure civile ne définit pas précisément l'acte de procédure, la lecture des articles 112 et suivants du même code consacrés à la nullité de forme ou de fond de ces actes, permet de dire qu'il s'agit d'une formalité de procédure et liste comme acte de procédure un acte d'avocat à avocat, un acte d'avoué à avoué, une assignation et des conclusions.

Ainsi est un acte de procédure toute formalité nécessaire au déroulement de la procédure.

Le procès-verbal de saisie-contrefaçon n'est pas un acte nécessaire à une action en contrefaçon qui peut très bien être initiée sans cet acte, ce qui est d'ailleurs le cas en l'espèce, la saisie-contrefaçon ayant eu lieu après la délivrance de l'assignation, ou qui peut très bien se poursuivre sans qu'aucune saisie-contrefaçon n'ait lieu si les moyens de preuve réunies par le demandeur à la contrefaçon sont suffisants.

En effet, la saisie-contrefaçon n'est qu'un moyen de preuve particulier dans son organisation et sa mise en œuvre, qui requiert l'autorisation d'un président de tribunal de grande instance et la présence d'un huissier pour son exécution.

S'agissant d'un simple moyen de preuve, il n'est pas nécessaire au déroulement de l'action en contrefaçon même si son utilité est souvent cruciale, et ne peut être qualifié d'acte de procédure.

En conséquence, la saisie-contrefaçon n'étant pas un acte de procédure mais un moyen de preuve, il n'appartient pas au juge de la mise en état de statuer sur la nullité de cet acte; la compétence du tribunal de grande instance reste entière sur ce point.

Le juge de la mise en état ne peut que se déclarer incompétent pour statuer sur la demande de nullité de la saisie-contrefaçon réalisée le 14 septembre 2006 dans les locaux de la société Narbonne Accessoires et renvoyer les parties à saisir le tribunal de grande instance de ce chef. »

TGI Paris, 3e ch., 2e sect., ord. JME, 23 févr. 2007, RG n° 06/05116.

« Attendu qu'aux termes des dispositions de l'article 771 du Nouveau code de procédure civile dans sa rédaction issue du décret n° 2005-1678 du 28 décembre 2005, le juge de la mise en état est, jusqu'à son dessaisissement, seul compétent pour statuer sur les exceptions de procédure et les incidents mettant fin à l'instance, les parties n'étant plus recevables à soulever ces exceptions et incident ultérieurement;

Attendu que selon l'article 73 du même code : "Constituent des exceptions de procédure tout moyen qui tend soit à faire déclarer la procédure irrégulière ou éteinte, soit à en suspendre le cours";

Attendu que la demande de nullité d'une procédure de saisie-contrefaçon ne constitue pas une exception de procédure; qu'en effet, cet acte d'huissier, qui a pour objet d'établir la matérialité des griefs articulés par la demanderesse à l'instance, est un moyen de rapporter la preuve des actes illicites allégués;

Attendu que la circonstance que les causes de nullité des actes d'huissier et le régime applicable à celles-ci soit définis par les articles 648 et suivants du nouveau code de procédure civile, lesquels renvoient aux dispositions des articles 112 à 121 du même code qui régissent la nullité des actes de procédure, n'a pas pour effet de modifier leur nature même;

Qu'en conséquence, il appartient au tribunal statuant au fond du droit d'apprécier la validité et la force probante de cet acte et non au juge de la mise en état, auquel l'article 771-1 du nouveau code de procédure civile ne confère pouvoir qu'en ce qui concerne le lien d'instance et non l'existence ou le bien fondé de l'action;

Qu'en conséquence, il y a lieu de nous déclarer incompétent au profit du juge du fond. »

Lyon, 1re ch. civ., 22 mars 2007, RG n° 05/06557, *JurisData* n° 2007-344073.

« Attendu que la validité de la saisie-contrefaçon, mesure d'instruction opérée à titre probatoire, relève de l'appréciation du juge du fond et non pas du juge de la mise en état. »

TGI Paris, 3e ch., 2e sect., ord. JME, 30 mars 2007, RG n° 06/02674, *Jurinpi* B20070051.

« Attendu que selon les dispositions de l'article 771 du Nouveau code de procédure civile, dans sa rédaction issue du décret 2005-1678 du 28 décembre 2005, la compétence exclusive du juge de la mise en état porte sur les exceptions de procédure et les incidents mettant fin à l'instance;

Attendu que les procès-verbaux de constat et de saisie-contrefaçon ne constituent pas des actes de procédure au sens de ce texte mais des moyens de preuve touchant au fond du droit;

Qu'ils ne relèvent donc pas des pouvoirs dévolus au juge de la mise en état, le tribunal ayant seul compétence pour statuer sur la validité et la pertinence des moyens de preuve qui lui sont soumis;

Qu'en conséquence, il n'y a pas lieu à incident de procédure de ce chef. »

TGI Paris, 3e ch., 2e sect., 22 juin 2007, RG n° 2005/18414; *Jurinpi* B20070101; *PIBD* 2007, n° 860, III, 588; *Propr. intell.* oct. 2007, p. 479, obs. de Haas.

« Attendu que la société Ferton soulève l'irrecevabilité de l'action en nullité des opérations de saisie-contrefaçon du 25 novembre 2005 formée par les défenderesses au motif qu'en application des dispositions de l'article 771 du nouveau code de procédure civile, seul le juge de la mise en état serait compétent pour connaître d'une telle demande; que les défenderesses répliquent que la nullité qu'elle soulève affecte non la forme mais le fond de l'acte de saisie-contrefaçon, qu'au surplus ses premières conclusions contenant une exception de nullité du procès-verbal de saisie-contrefaçon, en date du 3 mai 2006, ont été adressées au tribunal dont fait partie le juge de la mise en état;

Attendu qu'en application de l'article 771-1 du nouveau code de procédure civile dans sa rédaction issue du décret du 28 décembre 2005, en application depuis le 1er mars 2006, le juge de la mise en état est seul compétent pour statuer sur les exceptions de procédure et les incidents mettant fin à l'instance; que la nullité du procès-verbal de saisie-contrefaçon et des opérations subséquentes, à la supposer fondée, n'aurait pas pour effet de mettre fin à l'instance, le tribunal ayant toujours la possibilité d'apprécier d'autres moyens de preuve de la contrefaçon alléguée;

Que la société Ferton ne peut donc soutenir la compétence exclusive du juge de la mise en état en analysant la demande de nullité du procès-verbal de saisie-contrefaçon et des opérations de saisie comme un incident susceptible de mettre fin à l'instance; que par ailleurs la demande de nullité du procès-verbal de saisie-contrefaçon et des opérations de saisie, qui a pour objet d'établir la matérialité des faits incriminés et constitue un moyen de preuve, ne constitue pas davantage une exception de procédure;

Qu'en conséquence, il appartient bien au tribunal d'apprécier la validité et la force probante de l'acte, et l'exception d'irrecevabilité de la demande de nullité du procès-verbal établi le 25 novembre 2005 par Maître X, huissier de justice à Paris sera rejetée;

Attendu qu'il convient dès lors d'apprécier la validité de cet acte au regard des griefs invoqués. »

Civ. 2e, 6 déc. 2007, nos 06-15.178, 07-13.964, *Bull. civ.* II, n° 263.

« Attendu que la SCP soutient que le pourvoi formé par la banque contre l'arrêt du 1er mars 2006 est irrecevable, aux motifs que cet arrêt a simplement rejeté une exception de nullité et sursis à statuer sur les autres demandes, sans mettre fin à l'instance;

Mais attendu qu'ayant rejeté "l'exception" de nullité de l'acte de saisie, l'arrêt, qui n'a pas statué sur une exception de procédure, a tranché dans son dispositif une partie du principal; qu'il s'ensuit que le pourvoi est recevable. »

TGI Paris, 3e ch., 3e sect., 19 mars 2008, *PIBD* 2008, n° 876, III, 356.

« Le juge de la mise en état dans son ordonnance du 6 décembre 2006 ayant statué en application de l'article 771 du code de procédure civile, sur les demandes maintenues dans le dispositif des dernières conclusions de la société Link portant sur la nullité des opérations de saisie-contrefaçon et l'incompétence de la juridiction saisie, ces demandes sont irrecevables, le tribunal n'étant pas la juridiction d'appel des ordonnances du juge de la mise en état dont la compétence est exclusive pour trancher des exceptions de procédure et des exceptions d'incompétence. »

Paris, 4e ch., sect. A, 28 mai 2008, RG n° 07/08970, *Jurinpi* D20080083.

« Considérant que, pour s'opposer à la demande en nullité des procédures de saisie-contrefaçon formée par la société Mollibois, la société Marotte invoque, à bon droit, le moyen tiré de son irrecevabilité au motif que ce moyen qui constitue une exception de procédure, aurait du être soulevé *in limine litis*;

Qu'en effet, la demande en nullité de ces procédures ne constitue pas une fin de non-recevoir soumise aux dispositions des articles 122 et suivants du code de procédure civile, mais effectivement une exception de nullité qui, en tant que telle, devait, en application des dispositions des articles 74 et 112 du même code, être soulevée avant toute défense au fond;

Or considérant qu'il résulte de la procédure de première instance et d'appel que la société Mollibois n'a, devant le tribunal, invoqué que des moyens tirés du fond de l'affaire et en aucun cas contesté la validité des procédures liées aux opérations de saisie-contrefaçon;

Que ce moyen sera donc déclaré irrecevable. »

TGI Paris, 3e ch., 2e sect., ord. JME, 11 juill. 2008, RG n° 07/16007, *Jurinpi* B20080119.

« Attendu qu'aux termes de l'article 771 du nouveau code de procédure civile en vigueur depuis le 1er mars 2006, "le juge de la mise en état est, jusqu'à son dessaisissement, seul compétent, à l'exclusion de toute autre formation du tribunal, pour statuer sur les exceptions de procédure et sur les incidents mettant fin à l'instance, Les parties ne sont plus recevables à soulever ces exceptions et incidents ultérieurement, à moins qu'ils ne surviennent ou ne soient révélés postérieurement au dessaisissement du juge";

Que selon l'article 73 du même code, "constitue une exception de procédure tout moyen qui tend soit à faire déclarer la procédure irrégulière ou éteinte, soit à en suspendre le cours";

Attendu que la demande d'annulation de l'ensemble des saisies-contrefaçon pratiquées les 19 et 31 octobre 2007, qui ont pour objet d'établir la matérialité des faits incriminés et sont des moyens de preuve, ne constitue pas un incident susceptible de mettre fin à l'instance, pas plus qu'elle ne s'analyse en une exception de procédure;

Que son examen ne relève donc pas des pouvoirs dévolus au juge de la mise en état, le tribunal ayant seul compétence pour statuer sur la validité et la pertinence des moyens de preuve qui lui sont soumis. »

Paris, 4e ch., sect. A, 13 mai 2009, RG n° 07/16629.

« Considérant que la société Siebenmann soulève, pour la première fois devant la Cour, la nullité du procès-verbal de saisie contrefaçon;

Mais considérant que la société CSP Diffusion, pour s'opposer à cette demande, invoque, à bon droit, le moyen tiré de son irrecevabilité au motif qu'il constitue une exception de procédure qui aurait dû être soulevée *in limine litis*;

Qu'en effet, la demande en nullité de ces procédures ne constitue pas une fin de non-recevoir soumise aux dispositions des articles 122 et suivants du code de procédure civile, mais effectivement une exception de nullité qui, en tant que telle, devait, en application des dispositions des articles 74 et 112 du même code, être soulevée avant toute défense au fond;

Or considérant qu'il résulte de la procédure de première instance et d'appel que la société Siebenmann n'a, devant le tribunal, invoqué que des moyens tirés du fond de l'affaire et en aucun cas contesté la validité des procédures liées aux opérations de saisie contrefaçon;

Que ce moyen sera donc déclaré irrecevable. »

Paris, pôle 5, ch. 1, 27 mai 2009, RG n° 07/18957.

« Considérant que la société Talleres Tort SL soulève la nullité de la procédure de saisie contrefaçon exposant que l'assignation qu'elle a reçue ne lui a pas été délivrée dans le délai imparti par l'article 615-5 du code de la propriété intellectuelle qui dispose, dans sa rédaction antérieure à la loi du 29 octobre 2007, qu'à défaut par le requérant de s'être pourvu devant le tribunal dans le délai de quinze jours, la saisie sera nulle de plein droit, sans préjudice d'éventuels dommages et intérêts;

Mais considérant que Ulrich Schulze Heuling et la société Heuling Maschinenbau GmbH & Co KG invoquent, à bon droit, le moyen tiré de l'irrecevabilité de cette exception de procédure qui aurait du être soulevée *in limine litis*;

Qu'en effet, la demande en nullité de cette procédure ne constitue pas une fin de non-recevoir soumise aux dispositions des articles 122 et suivants du code de procédure civile, mais effectivement une exception de nullité qui, en tant que telle, devait être, en application des dispositions des articles 74 et 112 du même code, être soulevée avant toute défense au fond;

Or considérant qu'il résulte de la procédure de première instance que la société Talleres Tort SL a conclu le 11 octobre 2006 en avançant une défense au fond, sans contester la validité des procédures liées aux opérations de saisie-contrefaçon;

Que ce moyen est donc irrecevable, étant observé au surplus que Ulrich Schulze Heuling a assigné Hervé Moulet le 9 mai 2005, de sorte qu'il s'est régulièrement pourvu devant le tribunal dans le délai de quinzaine. »

Paris, pôle 1, ch. 3, 9 mars 2010, RG n° 09/16885.

« Considérant que la société Referencement.com soulève, en second lieu, de voir prononcer la nullité du procès-verbal de saisie-contrefaçon pour ne pas faire apparaître de manière évidente, par le recours à des guillemets, les constatations de l'huissier par rapport aux déclarations des experts et pour ne pas la mettre en mesure de vérifier que les supports magnétiques utilisés pour effectuer les copies avaient fait l'objet d'un formatage démontrant qu'ils étaient vierges de toute utilisation;

Considérant que la société Infomedia soulève à bon droit l'incompétence du juge de la mise en état pour statuer sur ces demandes; que si l'article 771 du code de procédure civile donne compétence au juge de la mise en état pour statuer sur les exceptions de procédure, les demandes de nullité relatives à la rédaction et à la validité du procès-verbal et à la validité de la saisie elle-même relèvent du fond et non de la compétence du juge de la mise en état;

Considérant en conséquence que l'ordonnance déférée doit être infirmée. »

TGI Paris, 3e ch., 3e sect., ord. JME, 12 mai 2010, RG n° 09/10271.

« Le juge de la mise en état est compétent pour statuer sur les exceptions de procédure et sur les incidents mettant fin à l'instance en application de l'article 771 du code de procédure civile.

Les exceptions de procédure sont énumérées au chapitre II du Titre V du code de procédure civile et au titre "Les moyens de défense".

Il s'agit des exceptions d'incompétence, des exceptions de litispendance et de connexité, des exceptions dilatoires et des exceptions de nullité qui sont des moyens qui tendent soit à faire déclarer la procédure irrégulière ou éteinte soit à en suspendre le cours.

Les incidents d'instance sont énumérés au Titre XI du code de procédure civile, il s'agit de la jonction et disjonction d'instances, de l'interruption de l'instance, de la suspension d'instance et de l'extinction de l'instance.

En l'espèce, les défendeurs demandent l'annulation des saisies-contrefaçon des 6 mai 2008 et 26 mai 2009.

Le moyen de nullité d'une saisie-contrefaçon, laquelle est un acte probatoire antérieur à la procédure de contrefaçon qui n'est introduite que par la demande en contrefaçon, ne constitue ni une exception de procédure ni un incident qui met fin à l'instance au sens de l'article 73 du code de procédure civile.

En conséquence, le juge de la mise en état ne peut connaître de ces demandes et par voie de conséquence des demandes de mainlevée de ces saisies qui seront tranchées avec l'ensemble des demandes par la juridiction du fond. »

TGI Paris, 3e ch., 4e sect., 10 juin 2010, RG nº 09/09853; *JurisData* nº 2010-028661.

« La contestation de la validité de la saisie-contrefaçon constitue non une exception de procédure définie à l'article 73 du code de procédure civile mais un moyen de défense au fond qui n'a pas à être soulevé *in limine litis.* »

▸ 152.26 Rapport entre la rétractation et l'annulation de l'ordonnance

TGI Paris, 6 déc. 1996, *PIBD* 1997, nº 629, III, 174.

« Attendu, par ailleurs, qu'il était loisible au CNES de solliciter la rétractation de l'ordonnance du 8 avril 1994 par laquelle M. B. a été autorisé à procéder à la saisie critiquée, ce qu'il ne fit pas. »

Nîmes, 2e ch., 8 mars 2001, *PIBD* 2001, nº 725, III, 414.

« L'ordonnance du 18 décembre 1997 autorisant la saisie-contrefaçon ne comporte nullement le nom du magistrat qui l'a signée, en violation de l'article 454 du nouveau code de procédure civile, disposition devant être observée à peine de nullité (article 458, alinéa 1 du même code).

Cependant, en application de l'article 460 du nouveau code de procédure civile, l'exception de nullité de cette ordonnance ne pouvait être invoquée que dans le cadre d'un recours, concernant ladite ordonnance, en l'espèce, la voie de rétractation (articles 496 et 497 du nouveau code de procédure civile).

Tel n'étant pas le cas en l'espèce, la SARL Coccinelle ne peut utilement arguer de la nullité de l'ordonnance en question. »

TGI Paris, 3e ch., 2e sect., 11 mars 2005, RG nº 03/06498; *PIBD* 2005, nº 816, III, 570.

« Attendu qu'il convient au préalable de relever que la défenderesse n'a pas tiré de conséquence du défaut de mention relative à l'instance en cours; qu'en tout état de cause, n'ayant pas sollicité la rétractation de l'ordonnance précitée, elle ne peut en contester aujourd'hui la validité sur ce fondement. »

TGI Paris, 3e ch., 2e sect., 16 nov. 2007, *Jurinpi* B20070176.

« Sur la nullité des procès-verbaux de saisie-contrefaçon

Attendu que les sociétés défenderesses font grief à la société Alcon d'avoir présenté devant les présidents des tribunaux de grande instance de Paris et de Lyon des requêtes aux fins d'être autorisée à procéder à une saisie-contrefaçon dans leurs locaux en se contentant d'exposer que celles-ci détenaient, fabriquaient ou commercialisaient des produits mettant en oeuvre les caractéristiques de son brevet, mais sans le démontrer nullement, en n'indiquant pas avec précision au magistrat les pièces sur lesquelles ses requêtes étaient fondées, la pièce intitulée "brochure Rhex and Bio" n'ayant apparemment pas été communiquée au juge des requêtes, et enfin en dissimulant à ce dernier l'existence de la procédure d'appel dans l'instance l'opposant à la société Laboratoires de Contactologie Appliquée, qui fragilisait à l'évidence ses droits;

Qu'elles concluent à la nullité des ordonnances autorisant la saisie contrefaçon rendues le 9 novembre 2005, estimant que le consentement du juge des requêtes a été surpris aux moyens de dissimulations;

Attendu cependant que de tels griefs relèvent d'une action en référé rétractation des ordonnances ayant autorisé les saisies-contrefaçon, laquelle n'a pas été diligentée en l'espèce;

Que la société Alcon oppose en tout état de cause à juste titre qu'une telle demande en annulation des opérations de saisie-contrefaçon est devenue sans objet, dès lors que la société demanderesse n'a pas entendu maintenir à l'encontre des sociétés Cornéal son action en contrefaçon des revendications 1, 2, 4 et 6 du brevet européen nº 0705095 dont elle est titulaire, et dans la mesure où la procédure de saisie-contrefaçon diligentée par la société Alcon avait pour seul objet de rapporter la preuve de la contrefaçon ainsi alléguée. »

TGI Paris, 3e ch., 2e sect., 5 déc. 2008, RG nº 05/08703, *Jurinpi* M20080791; *PIBD* 2009, nº 893, III, 929.

« Que toutefois, l'erreur avérée contenue tant dans la requête aux fins de saisie-contrefaçon que dans l'assignation subséquente ne saurait entraîner la nullité des opérations de saisie-contrefaçon dès lors que, un tel grief portant sur la titularité des droits de marques du requérant, il appartenait à la société NC Novitas Consultants Ltd d'une part d'agir par la voie du référé pour obtenir la rétractation de l'ordonnance ayant autorisé la saisie-contrefaçon conformément aux dispositions de l'article 497 du code de procédure civile, et d'autre part d'invoquer le défaut éventuel de qualité à agir de la société Samsung Corporation, demandeur à l'assignation, au demeurant désormais établie compte tenu des demandes nouvelles formulées sur le fondement des marques SAMSUNG communautaire nº 00 0 506 873 et internationale nº 542299A dont cette dernière est titulaire. »

TGI Paris, 3e ch., 2e sect., 1er oct. 2010, RG n° 08/16991, *Jurinpi* D20100245; *PIBD* 2011, n° 935, III, 201.

« Attendu que la société Santiago Pons Quintana poursuit la nullité des procès-verbaux de saisie-contrefaçon des 3 et 18 juin 2008 et de constat sans autre précision aux motifs, d'une part que les opérations ont été diligentées par la société Tod's SpA sans qu'il soit possible de déterminer l'organe qui représente légalement cette société, et d'autre part que l'huissier instrumentaire a poursuivi ses opérations des boutiques aux sièges sociaux des sociétés François Pinet et orphée Club sans autorisation puisqu'il ne les a pas suspendues;

Attendu cependant que le premier moyen qui porte sur les conditions d'octroi de l'ordonnance de saisie-contrefaçon relevait de la procédure de référé rétractation expressément prévue par les dispositions des articles 496 et 497 du code de procédure civile. »

Toulouse, 2e ch., 1re sect., 26 janv. 2011, RG n° 09/00799, *Jurinpi* B20110005; *PIBD* 2011, n° 937, III, 240.

« Pour solliciter la nullité de l'opération menée le 19 juin 2007 dans ses locaux, la Sarl Mobilfroid invoque un dépassement des pouvoirs de l'huissier de justice en soutenant qu'il a procédé à un véritable interrogatoire du saisi.

Cependant, comme l'a relevé le tribunal de grande instance, la Sarl Mobilfroid n'a pas demandé la rétractation de l'ordonnance au président du tribunal de grande instance qui l'avait signée sur requête alors qu'elle autorisait l'huissier désigné à consigner les déclarations des répondants et de toute parole énoncée au cours de l'exécution de la saisie-contrefaçon ainsi qu'à faire d'une façon générale toute recherche et constatation utile dans le but de découvrir la nature, l'origine, la destination et l'étendue de la contrefaçon et à dresser procès-verbal de tous les renseignements utiles. En interrogeant le dirigeant de la Sarl Mobilfroid, l'huissier de justice n'a pas outrepassé ses pouvoirs, tels que définis dans l'ordonnance non contestée. En effet, l'ordonnance a employé le terme de répondant ce qui implique nécessairement que des questions sont posées et des réponses apportées.

Il convient donc de rejeter la demande de nullité présentée par la Sarl Mobilfroid. »

Paris, pôle 5, ch. 2, 2 déc. 2011, RG n° 10/07016, *Jurinpi* M20110678; *PIBD* 2012, n° 957, III, 161.

« Que, par ailleurs, comme l'a relevé à juste titre le tribunal, que l'autorisation de remettre les échantillons à la société Coca-Cola relevait, à la supposer critiquable, de la procédure de référé-rétractation, laquelle n'a pas été utilisée. »

▸ 152.27 Portée de l'article 460 du code de procédure civile

TGI Paris, 3e ch., 3e sect., ord. JME, 12 mars 2008, RG n° 07/11641.

« La société Ateo sollicite la nullité de l'ordonnance ayant autorisé la saisie-contrefaçon au motif de l'incompétence du magistrat signataire.

Il convient de rappeler :

– que les ordonnances sur requête en saisie-contrefaçon obéissent aux dispositions des articles 493 à 498 du code de procédure civile et notamment à l'article 496 qui dispose que "*s'il est fait droit à la requête, tout intéressé peut en référer au juge qui a rendu l'ordonnance*" et à l'article 497 qui dit que "*le juge a la faculté de modifier ou de rétracter son ordonnance, même si le juge du fond est saisi de l'affaire*" ;

– que l'article 460 du même code prévoit que la nullité d'un jugement ne peut être demandé que par les voies de recours prévues par la loi.

Aussi, dès lors que la société Ateo estime que l'ordonnance signée par le président du tribunal de grande instance d'Argentan est nulle comme ayant été délivrée par une juridiction incompétente, il lui appartient d'en solliciter la rétractation auprès du magistrat signataire qui est la voie de recours prévue par la loi.

La demande de nullité de la saisie-contrefaçon est en conséquence irrecevable. »

TGI Paris, 3e ch., 2e sect., 27 juin 2008, RG n° 07/00083.

« Attendu que Monsieur Giancarlo Y... affirme que le demandeur n'a pas justifié de sa qualité de représentant de la succession de Monsieur Raymond X... lors de la présentation au président du tribunal de grande instance de Paris de sa requête aux fins de saisie-contrefaçon, l'attestation notariée jointe à l'appui de ladite requête ne permettant ni d'établir que la succession a été acceptée par l'ensemble des cinq héritiers, ni que ces derniers en aient confié à Monsieur Giancarlo Y... la représentation;

Que se fondant sur les dispositions des articles 117 et suivants du code de procédure civile et estimant que Monsieur Giancarlo Y... est dépourvu tant de qualité à agir que de capacité à ester en justice au nom de la succession, il entend voir prononcer la nullité de l'ordonnance rendue le 26 octobre 2006 et du procès-verbal de saisie-contrefaçon dressé le 27 octobre 2006, ainsi que la nullité de l'assignation délivrée le 27 novembre 2006 en ce qu'elle se fonde principalement sur le procès-verbal litigieux;

Que cependant, s'agissant de l'ordonnance ayant autorisé la saisie-contrefaçon et du procès-verbal subséquent, une telle demande relevait, compte tenu du chef de nullité invoqué, de la procédure du référé rétractation régie par les articles 496 et 497 du code de procédure civile et ne saurait dès lors être examinée par le tribunal statuant au fond. »

TGI Paris, 3e ch., 3e sect., ord. JME, 6 mai 2009, RG n° 08/16494.

« L'article 496 du code de procédure civile dispose que s'il n'est pas fait droit à la requête, appel peut être interjeté à moins que l'ordonnance n'émane du premier président de la cour d'appel. Le délai d'appel est de quinze jours. L'appel est formé, instruit et jugé comme en matière gracieuse. S'il est fait droit à la requête, tout intéressé peut en référer au juge qui a rendu l'ordonnance.

Dès lors que l'article 460 du même code impose que la nullité d'un jugement ne peut être demandée que par les voies de recours prévues par la Loi, il ressort des dispositions claires de l'article 496 précité, que seule la voie de la rétractation est ouverte à l'encontre d'une ordonnance sur requête ayant autorisé une saisie-contrefaçon comme en l'espèce.

Dans ces conditions, le présent juge de la mise en état est incompétent pour trancher de la demande de nullité de l'ordonnance du 13 août 2007. »

▸ 152.29 Conséquence de l'annulation du procès-verbal de saisie-contrefaçon

Req. 28 févr. 1933, *Ann. propr. ind.* 1933. 144.

« Attendu que la saisie réelle de la voiture d'enfant litigieuse, pratiquée à l'encontre de M. G., ayant été accompagnée de la remise, faite à M. G. par M. D., le saisissant, d'une somme de 59 francs représentant la valeur de l'objet saisi, le pourvoi fait grief à l'arrêt d'avoir, en annulant la saisie, décidé que l'objet saisi ne serait remis à M. G. que contre restitution préalable de la somme qui lui avait été versée, alors qu'aucun droit de rétention n'existait en faveur de l'auteur de la saisie et que celui-ci n'en avait pas demandé le bénéfice;

Mais attendu que la remise en possession de M. G. de l'objet saisi impliquait nécessairement la restitution par lui de la somme qu'il avait touchée comme prix de cet objet; que les conclusions de M. D. tendant au maintien de la saisie contenaient implicitement une demande de restitution de la somme versée pour le cas où la saisie ne serait pas maintenue;

Qu'en décidant, dans ces conditions, que la somme de 59 francs payée par M. D. lui serait restituée préalablement à la remise à M. G. de l'objet saisi, l'arrêt attaqué, loin de violer les textes visés au moyen, en a fait, au contraire, une exacte application. »

TGI Paris, 10 juill. 1974, *PIBD* 1975, n° 142, III, 71.

La saisie-contrefaçon étant nulle, la société demanderesse ne peut établir l'existence de la contrefaçon par le procès-verbal de cette saisie et les bouchons et documents saisis. Ladite société ne pouvant non plus faire preuve par la présentation à l'audience, de bouchons dont il n'est pas établi qu'ils aient été fabriqués par la défenderesse, il n'y a pas lieu de rechercher si les objets saisis reproduisent la combinaison brevetée, ce que conteste la société défenderesse.

TGI Paris, 26 avr. 1975, *PIBD* 1975, n° 154, III, 328.

Le décret du 15 février 1969, dans son article 2, impose à peine de nullité et même de dommages-intérêts contre l'huissier instrumentaire, la remise de la copie de l'ordonnance avant de commencer ses opérations de saisie; la suppression de cette formalité substantielle porte en effet grief au saisi par le seul fait qu'elle ne lui permet pas de vérifier en pleine connaissance de cause la légalité des opérations de saisie non seulement avant mais aussi pendant le déroulement de celles-ci.

Tel est le cas en l'espèce où les procès-verbaux ne peuvent être utilisés comme preuve à l'appui de l'action en contrefaçon.

TGI Paris, 3ᵉ ch., 28 mai 1980, *PIBD* 1980, n° 268, III, 209.

La société Kautex Werke ne pouvant utiliser les éléments des procès-verbaux de saisie-contrefaçon des 11 juin 1974 et 23 juillet 1975 pour faire preuve de la contrefaçon alléguée et, en l'absence de tous autres éléments probants, la machine incriminée n'étant, de surcroît, plus en France, il y a lieu de dire ladite société mal fondée en son action en contrefaçon.

Paris, 23 nov. 1989, *PIBD* 1990, n° 474, III, 162.

« Considérant que si la saisie-contrefaçon ne constituant pas un moyen de preuve obligatoire de la contrefaçon, la nullité de saisie est sans incidence sur la validité ou non de la procédure en contrefaçon, intentée par la société ASM, et si donc la société Payan Industrie n'est pas fondée à solliciter comme elle le fait la nullité de ladite procédure, il n'en demeure pas moins qu'à défaut de production de moyens de preuve autre que le procès-verbal de saisie et les notices et schémas annexés à ce procès-verbal déclaré nul la société ASM ne peut qu'être déboutée de ses demandes, ainsi que le sollicite implicitement la société Payan Industrie en concluant à l'absence de preuve de contrefaçon. »

Com. 6 nov. 1990, n° 88-15.436, NP, *Ann. propr. ind.* 1991. 7.

« Attendu qu'après avoir constaté que la saisie-contrefaçon avait été effectuée le 14 janvier 1982 et l'assignation délivrée le 10 mai 1984, avoir exactement prononcé la nullité de cette saisie, faute de citation devant le tribunal dans le délai de quinze jours [...] la cour d'appel retient le rapport de l'expert ayant assisté l'huissier commis aux fins de contrefaçon, pour décider que cette transmission "est réalisée suivant le principe et les conditions définies dans le brevet" et qu'il en résulte une contrefaçon;

Attendu qu'en se fondant ainsi sur le seul rapport de l'expert, la cour d'appel a violé les textes susvisés. »

TGI Paris, 11 janv. 1995, *PIBD* 1995, n° 586, III, 208.

« Attendu que M. C. fonde son action en contrefaçon sur les seuls renseignements obtenus à l'occasion de la saisie-contrefaçon;

Qu'en l'absence d'autres éléments de preuve, il sera débouté de sa demande. »

Paris, 17 mai 1995, *Ann. propr. ind.* 1997. 65.

« Mais considérant, outre le fait que la demande en annulation de la procédure susvisée est rejetée, que la saisie qui n'est qu'un moyen de preuve et nullement le préliminaire obligé de l'instance, est sans influence sur la régularité de l'assignation. »

Paris, 4ᵉ ch., 13 mars 1996, *PIBD* 1996, n° 612, III, 305.

« Que les opérations effectuées ainsi, en violation flagrante des termes de l'ordonnance qui les a autorisées, sont nulles et de nul effet. »

Paris, 7 mai 1996, *PIBD* 1996, n° 617, III, 454.

« Considérant que le procès-verbal du 9 mars 1990 étant nul, cette nullité vicie l'acte *ab initio*, et aucun effet ne peut être donnée à la saisie d'un tel procès-verbal même autorisée par ordonnance. »

TGI Paris, 31 mai 1996, *PIBD* 1996, n° 619, III, 518.

« Les moyens, tenant à la nullité du procès-verbal destiné à rapporter la preuve de la contrefaçon, n'ont aucune incidence sur la régularité de l'assignation.

En effet la sanction encourue réside dans la nullité de l'acte et n'interfère que sur la preuve de la contrefaçon, qui peut être rapportée par tous autres moyens. En conséquence, préalablement à la question de la preuve de la contrefaçon, le tribunal doit examiner la validité du brevet, dont il est également saisi. »

Paris, 4e ch., sect. A, 20 déc. 2006, RG n° 05/21165, *Jurinpi* D20060180 ; *JurisData* n° 2006-325350.

« Considérant qu'aux termes de l'article L. 521-1 du même code, à défaut par le requérant de s'être pourvu soit par la voie civile, soit par la voie correctionnelle, dans le délai de quinzaine, la description ou la saisie est nulle de plein droit ; Considérant en l'espèce, qu'il est constant d'une part, que la société Shyde a fait procéder à la mesure de saisie-contrefaçon le 21 novembre 2003, et que d'autre part, elle ne s'est pourvue devant le tribunal que le 26 décembre 2003, de sorte que le délai légal imparti n'ayant pas été respecté, force est de constater, à l'instar du tribunal, que cette mesure est nulle de plein droit, Que les robes et factures produites saisies par l'huissier lors des opérations de saisie-contrefaçon, doivent être écartées des débats, dès lors que cette mesure est annulée ; Considérant que la contrefaçon pouvant se prouver par tous moyens, la nullité d'une saisie-contrefaçon n'empêche pas l'action de prospérer si la contrefaçon est établie par d'autres éléments probants ; Mais considérant qu'en l'espèce, force est de constater que la société Shyde ne verse aux débats aucun document permettant d'établir la contrefaçon, notamment par un constat d'achat ; Considérant par voie de conséquence, que la société Shyde sera déboutée de l'intégralité de ses demandes au titre de la contrefaçon et de la concurrence déloyale. »

Rennes, 27 févr. 2007, RG n° 06/02117, *JurisData* n° 2007-33452.

« Les constatations opérées lors de la saisie ne peuvent être retenues en raison de la nullité de la saisie. Cette dernière n'étant qu'un mode de preuve de la contrefaçon alléguée, il aurait été parfaitement loisible à la société Jury Édition et à Henri Lamartine de proposer à la cour d'autres éléments établissant le bien-fondé de leurs demandes. Force est de constater cependant qu'aucun élément n'établit la matérialité de la reproduction et de l'usage par l'intimée des modèles déposés par Henri Lamartine. »

Paris, 4e ch., sect. B, 30 mars 2007, RG n° 05/12257, *Jurinpi* D20070054 ; *JurisData* n° 2007-333029 ; *Propr. intell.* oct. 2007, p. 480, obs. de Haas.

« Considérant que, contrairement à ce que soutient la société New Show Room, les documents saisis dans le cadre de cette procédure annulée ne sauraient être retenus comme fait juridique, le défaut de contestation sur l'exactitude de leur contenu étant en l'espèce inopérant puisque la demande en annulation du procès-verbal rendait inutile toute discussion sur ce point. »

TGI Paris, 3e ch., 1re sect., 23 oct. 2007, *PIBD* 2008, n° 866, III, 32.

« En conséquence, il convient de dire que les opérations de saisie-contrefaçon réalisées le 1er mars 2005 au sein du salon SIMA sont nulles pour avoir été diligentées en vertu d'une ordonnance rendue par un magistrat qui n'avait pas compétence pour le faire et qui a d'ailleurs rétracté son ordonnance le 21 septembre 2005.

Cette nullité frappe l'intégralité des opérations de saisie-contrefaçon effectuées au sein des différentes sociétés défenderesses et en conséquence, les pièces saisies, les descriptions faites et les photographies réalisées sont nulles et doivent être restituées aux sociétés défenderesses tel qu'il sera dit au dispositif.

Il importe peu que les photographies réalisées auraient pu l'être à partir des couloirs du salon sans autorisation d'un quelconque magistrat puisqu'en l'espèce, elles ont été prises dans le cadre de cette saisie-contrefaçon.

Aucun des éléments provenant de cette saisie ne peut être pris en compte dans la présente procédure et la société Gyrax ne peut s'en servir pour établir les faits de contrefaçon allégués ni dans le cadre de cette procédure ni dans aucune autre. »

Paris, pôle 5, ch. 2, 28 mai 2010, RG n° 09/07803.

« Considérant que selon les termes de l'article 544 du code de procédure civile, les jugements qui tranchent dans leur dispositif une partie du principal et ordonnent une mesure provisoire ou une mesure d'expertise, peuvent être immédiatement frappés d'appel ; qu'il en est de même lorsque le jugement qui statue sur une exception de procédure ou une fin de non recevoir met fin à l'instance ; que l'article 545 ajoute que les autres jugements ne peuvent être frappés d'appel indépendamment du fond, que dans les cas prévus par la loi ;

Considérant qu'en l'espèce, le jugement déféré s'est limité à l'appréciation de la validité des opérations de saisie-contrefaçon et, tirant la conséquence des annulations qu'il prononçait, a ordonné la mainlevée des saisies réelles et la destruction des copies des procès verbaux des saisies-contrefaçon annulées, avant d'inviter les parties à prendre des conclusions récapitulatives ;

Considérant que la question est donc de savoir s'il a, ce faisant, tranché une partie du principal ;

Considérant qu'il sera tout d'abord observé à cet égard qu'en appelant les parties à prendre leurs écritures récapitulatives au fond, les premiers juges n'ont pas entendu porté un jugement sur le fond des demandes mais seulement sur la régularité des saisies probatoires ;

Qu'en effet, l'action au fond est une action en contrefaçon de diverses revendications de deux brevets à laquelle il est opposé par voie reconventionnelle, une demande en nullité et une contestation de la matérialité des actes incriminés; que le tribunal ne s'est prononcé aucunement sur le bien fondé de telles prétentions;

Considérant que le principal au sens de l'article 544 du code de procédure civile s'entend, de ce qui constitue, pour chaque partie, l'objet du litige, objet que reflètent leurs demandes respectives;

Considérant que quand bien même la décision est-elle ici de nature à affecter la preuve de la matérialité des actes incriminés, il demeure que cette preuve peut être rapportée par tout moyen et que le tribunal ne s'est aucunement prononcé sur la validité et la portée des titres ni sur le bien fondé de l'action en contrefaçon, mais a limité et circonscrit, par les annulations qu'il a prononcées, le nombre des preuves admissibles;

Que l'appel formé par Railtech d'une décision qui ne tranche donc pas une partie du principal est dès lors irrecevable. »

TGI Paris, 3e ch., 4e sect., 10 juin 2010, RG n° 09/09853; *JurisData* n° 2010-028661.

« Il convient tout d'abord de préciser que la saisie-contrefaçon est un moyen de preuve de la contrefaçon et sa nullité n'entraîne pas l'extinction de la procédure ni ne la rend irrégulière mais a pour effet le rejet des prétentions du demandeur si aucun autre moyen de preuve n'est fourni aux débats. »

Colmar, ch. 1, sect. A, 25 janv. 2011, RG n° 08/00004, *JurisData* n° 2011-002287.

« Attendu que les sociétés D. Équipement et Cartonnage de Colmar soutiennent que "les demandes formées par les héritiers de Mme J. et la société OR-N-VI, au titre de l'action en contrefaçon qu'ils ont engagée, sont irrecevables en raison de la nullité des procès-verbaux dressés les 27 mars 1995 et 28 octobre 1998"; que la saisie-contrefaçon n'étant qu'une mesure probatoire, la recevabilité de l'action en contrefaçon ne dépend pas de la régularité des procès-verbaux dressés par Me G.; que ce premier moyen sera rejeté. »

Paris, pôle 5, ch. 2, 6 mai 2011, RG n° 10/05357, *Propr. intell.* oct. 2011, p. 440, obs. de Haas.

« Considérant qu'alors que l'appelante fait en outre valoir que l'action en contrefaçon des intimés ne peut être étayée, comme en a jugé le tribunal, par la production du catalogue Dresco trouvé sur les lieux de la saisie par l'huissier indiquant : "*la recherche est effectuée par rapport aux images du catalogue Dresco*" puis, au terme de ses opérations : "*je prends un exemplaire des catalogues et les factures sur lesquelles j'ai annoté annexes 1 à 3*", les intimés se bornent à affirmer que ce catalogue des collections hiver 2007-2008 qu'ils produisent en pièce 9 a valeur probatoire;

Mais considérant que l'annulation du procès-verbal de saisie-contrefaçon a pour conséquence de priver celui à la requête duquel il a été dressé de la possibilité de se prévaloir de son contenu et des pièces appréhendées lors des opérations de saisie-contrefaçon;

Que les intimés ne peuvent, dès lors, rapporter la preuve des faits de contrefaçon qu'ils dénoncent au moyen du contenu de ce catalogue. »

Com. 20 sept. 2011, n° 10-19.284, NP.

« Vu l'article L. 716-7 du code de la propriété intellectuelle;

Attendu que pour ordonner la remise des neuf consoles aux sociétés Sony, l'arrêt relève qu'elles avaient été retenues par l'administration des douanes;

Attendu qu'en statuant ainsi, alors qu'elle avait constaté que la saisie-contrefaçon était nulle, la cour d'appel, qui n'a pas tiré les conséquences légales de ses constatations, a violé le texte susvisé. »

▸ 152.34 Nouvelle saisie

Paris, 13 avr. 1983, *Dossiers Brevets* 1984, III, 1.

« Considérant en effet que la saisie réelle ne pouvant produire aucun effet, les photographies et autres documents qui en sont les annexes et dont la mise sous main de justice ne résulte que de ce procès-verbal nul, ne peuvent être pris en considération et constituer une preuve valable de la contrefaçon poursuivie dans la seconde procédure;

Considérant que la deuxième saisie de ce procès-verbal nul est pour ce motif également nulle. »

Com. 3 oct. 1995, n° 93-20.445, *Bull. civ.* IV, n° 217, *PIBD* 1995, n° 600, III, 562.

« Attendu que, pour rejeter la demande de la société Nintendo tendant à l'interdiction de l'usage de ses marques par la société Kaytel, l'arrêt énonce que "le fait qu'une saisie-contrefaçon pratiquée dans les locaux de la direction régionale des enquêtes douanières, le 5 mai 1992, donc au cours de l'instance d'appel, ait permis d'appréhender un lot de cassettes '31 en 1' dont le caractère contrefaisant aurait, selon l'intimée, été établi de façon indiscutable ne saurait suppléer l'insuffisance des preuves fournies dans la présente procédure";

Attendu qu'en statuant ainsi, alors que le procès-verbal de la saisie-contrefaçon autorisée au cours de l'instance a été produit à titre de preuve dans ladite instance, la cour d'appel a violé les textes susvisés. »

Paris, 7 mai 1996, *PIBD* 1996, n° 617, III, 454.

« Considérant que le procès-verbal du 9 mars 1990 étant nul, cette nullité vicie l'acte *ab initio*, et aucun effet ne peut être donnée à la saisie d'un tel procès-verbal même autorisée par ordonnance.

Qu'il appartenait à M. B., après y avoir été autorisé par ordonnance, de faire procéder soit à la saisie des objets qui auraient été déposés au greffe, soit à une nouvelle saisie-contrefaçon entièrement distincte de la première.

Que le procès-verbal de saisie-contrefaçon du 26 avril 1990 sera donc annulé. »

TGI Paris, 5 juin 1996, *PIBD* 1996, n° 619, III, 515.

« Attendu que par ordonnance du 25 avril 1994, le président du tribunal de grande instance de Nanterre a expressément autorisé la demanderesse à faire procéder par Me R., huissier, à la saisie, entre ses propres mains, de trois paquets de couches-culottes ayant fait l'objet du constat d'achat du 21 septembre 1993. Que les termes de cette ordonnance, dont il n'est pas soutenu qu'elle serait contraire aux textes applicables, ont été respectés. [...] Que l'exception de nullité soulevée sera en conséquence rejetée. »

TGI Paris, 6 déc. 1996, *PIBD* 1997, n° 629, III, 174.

« Attendu que contrairement à ce qu'avance le CNES, la nullité des saisies pratiquées au CNES et chez Matra Marconi Space, prononcée par jugement définitif de notre tribunal, n'a aucunement pour effet d'interdire au saisissant de solliciter l'autorisation de procéder à une nouvelle saisie, quel que soit le lieu où se trouvent les pièces à saisir;

Qu'en effet, dès lors que le titulaire du brevet invoque la survenance de faits nouveaux consistant comme en l'espèce, en de nouveaux actes présumés de contrefaçon sur le mérite desquels il n'a jamais été statué, la nullité d'une saisie ne fait pas obstacle à une nouvelle saisie des mêmes documents, dûment autorisée par une ordonnance du président du tribunal. »

Paris, 4e ch. A, 23 sept. 1998, *PIBD* 1999, n° 671, III, 79.

« Considérant que l'article L. 615-5 alinéa 2 du code de la propriété intellectuelle autorise le propriétaire d'un brevet à "faire procéder sur ordonnance du président du tribunal de grande instance du lieu de la contrefaçon présumée, par tous huissiers assistés d'experts de son choix, à la description détaillée, avec ou sans saisie réelle, des produits prétendus contrefaits".

Qu'en l'espèce, il est établi et au demeurant non contesté que la société Prod'hygia, qui ne remet pas en cause la validité du procès-verbal de constat d'achat, que des produits litigieux étaient offerts à la vente à Colombes (Hauts-de-Seine).

Que, se référant expressément au texte susvisé et se fondant sur l'autorisation délivrée par le magistrat territorialement compétent, en l'espèce le président du tribunal de grande instance de Nanterre, la société Peaudouce a fait effectuer, par l'huissier régulièrement désigné, à la description d'un paquet de couches à jeter saisi précédemment et conservé par devant Me R., en sa résidence d'Asnières.

Que ce faisant, il ne saurait lui être fait grief d'avoir outrepassé les droits que lui conféraient les dispositions de l'article L. 615-5 alinéa 2 du code de la propriété intellectuelle.

Qu'en conséquence, les premiers juges ont rejeté à juste titre l'exception de nullité soulevée. »

Paris, 4e ch., 20 déc. 2000, *PIBD* 2001, n° 718, III, 203.

« Considérant que si le breveté a effectivement la faculté sur la base de faits nouveaux, de faire pratiquer au greffe une nouvelle saisie sur les objets contrefaisants saisis réellement lors d'une première saisie nulle et déposés au greffe, il ne saurait en être de même si la seconde saisie porte, comme en l'espèce, sur des copies ou photocopies de pièces et documents, réalisées par l'huissier lors des premières opérations annulées dans leur intégralité, et qui, annexées au procès-verbal de l'huissier dont elles font partie intégrante, se trouvent elles-mêmes invalidées par une décision judiciaire ayant autorité et force de chose jugée qui ne peut plus être remise en cause; qu'il importe donc peu que cette décision ait qualifié, à tort ou à raison, la saisie annulée de saisie réelle;

Que la saisie-contrefaçon du 21 avril 1994 doit en conséquence être annulée. »

Com. 1er juill. 2003, n° 01-10.807, *Bull. civ.* IV, n° 112, *RTD com.* 2004. 305, chron. Galloux.

« Que l'autorité de chose jugée attachée aux chefs du jugement du 10 mars 1994, qualifiant une saisie de réelle, prononçant sa nullité et ordonnant la restitution des documents saisis à cette occasion, ne confère pas une valeur probante propre aux photocopies de documents recueillis lors de la saisie annulée. »

Paris, 4e ch., sect. A, 22 févr. 2006, RG n° 2003/17607, *PIBD* 2006, n° 831, III, 390.

« Considérant que la première saisie n'étant pas invalidée, la société Asahi pouvait valablement opérer une seconde saisie-contrefaçon sur les produits et pièces annexés au premier procès-verbal et déposés au greffe;

Qu'il convient donc de débouter la société Maco Pharma de sa demande d'annulation de cette saisie. »

TGI Paris, 3e ch. 2e sect., ord. JME, 24 mai 2006, RG n° 04/17031, *Jurinpi* B20060092.

« Dès lors que la saisie-contrefaçon du 9 janvier 2006 a porté sur des éléments obtenus par le biais de saisies-contrefaçon n'ayant pas été autorisées (ordonnance précitée rétractant les autorisations données par le magistrat, délégataire du président du tribunal de grande instance de Paris), le présent juge ne peut que constater sa nullité, la présence matérielle des objets saisis au greffe s'inscrivant dans le cadre des procédures annulées et la nouvelle saisie n'ayant pour objectif que de faire revivre ces procédures viciées. »

TGI Paris, 3e ch. 3e sect., ord. JME, 21 juin 2006, RG n° 04/17031.

« Dès lors que la saisie-contrefaçon du 9 janvier 2006 a porté sur des éléments obtenus par le biais de saisies-contrefaçon n'ayant pas été autorisées (ordonnance précitée rétractant les autorisations données par le magistrat, délégataire du président du tribunal de grande instance de Paris), le présent juge ne peut que constater sa nullité, la présence matérielle des objets saisis au greffe s'inscrivant dans le cadre des procédures annulées et la nouvelle saisie n'ayant pour objectif que de faire revivre ces procédures viciées. »

TGI Paris, 3e ch., 2e sect., 6 avr. 2007, *PIBD* 2007, n° 855, III, 427.

« Attendu que la saisie du 5 janvier 2005 a été annulée par la présente décision; que les objets et documents litigieux sur lesquels a porté la saisie postérieure du

27 septembre 2006 étaient donc légitimement au greffe à la date où cette dernière a été pratiquée; que la saisie du 27 septembre 2006 n'est donc pas nulle du seul fait de l'annulation de la saisie précédente; qu'en revanche la saisie annulée ne peut laisser subsister aucun effet et les objets et documents sur lesquels elle a porté sont réputés ne jamais avoir été en possession du greffe ou de l'huissier instrumentaire; qu'elle ne peut en conséquence apporter la preuve de la contrefaçon alléguée et doit être annulée pour ce seul motif sans qu'il soit besoin d'apprécier plus avant les autres moyens de nullité invoqués. »

Com. 8 juill. 2008, n° 07-15.075, *Bull. civ.* IV, n° 142, *PIBD* 2008, n° 882, III, 559.

« Mais attendu que l'annulation d'une saisie n'implique pas l'interdiction, pour le titulaire du droit privatif, de faire pratiquer toute nouvelle mesure légalement admissible, et de procéder en conséquence à la réitération de la saisie annulée, sauf abus, qui ne saurait se déduire du seul caractère quasi immédiat de cette réitération; que le moyen n'est pas fondé. »

Paris, 4e ch., sect. B, 29 mai 2009, RG n° 07/13545.

« Considérant que la société Morito fait valoir que la saisie-contrefaçon du 26 février 2004 ayant été annulée par jugement du tribunal de grande instance de Paris du 15 avril 2005, la saisie-contrefaçon effectuée au greffe du tribunal de grande instance de Bobigny les 17 et 28 juin 2005 doit être annulée; qu'elle réclame la restitution sous astreinte des objets saisis réellement.

Considérant qu'une saisie-contrefaçon annulée est réputée ne pas avoir été pratiquée et les pièces saisies réellement sont de même réputées ne pas l'avoir été; qu'il en résulte que les pièces issues de la saisie-contrefaçon annulée et déposées au greffe du tribunal de grande instance de Bobigny ne pouvaient donner lieu à une nouvelle saisie-contrefaçon;

Qu'il y a lieu, dès lors, d'annuler le procès-verbal de saisie-contrefaçon des 17 et 28 juin 2005;

Qu'en revanche, la société Morito sera déboutée de sa demande en restitution des objets saisis réellement lors des opérations litigieuses, ces objets appartenant à la société Bottonificio qui n'en sollicite pas la remise. »

Douai, ch. 1, sect. 2, 25 févr. 2010, RG n° 08/08777.

« Par voie de conséquence il n'y a pas lieu à annulation de la saisie contrefaçon en date du 28 juillet 1999, du seul fait qu'elle ait été réalisée à partir d'un emballage appréhendé lors de la saisie-contrefaçon du 4 janvier 1996, étant relevé qu'aucune autre cause de nullité n'est invoquée. »

▸ 152.42 Compétence exclusive du tribunal de grande instance

TGI Paris, 3e ch., 3e sect., ord. JME, 3 juin 2011, RG n° 10/05501.

« Par actes en date du 18 octobre 2010, la société Uvex Sports a formé une inscription de faux à l'encontre des procès-verbaux de saisie-contrefaçon dressés le 11 mars 2010 par Maître Faure, huissier de justice à Poitiers, dans les locaux du magasin Futurosport à l'enseigne Intersport pour le premier et dans le magasin "Culture vélos" exploité par la société Amibition à Chasseneuil du Poitou.

Par conclusions d'incident formé le 18 octobre 2010, la société Uvex Sports demande au juge de la mise en état de surseoir à statuer dans l'attente de la décision à intervenir à la suite des procédures d'inscription de faux et de condamner la société Time Sport International aux dépens.

[...]

Sur la demande de sursis à statuer

Il est constant que la demande de sursis à statuer formée en application de l'article 378 du code de procédure civile nécessite une appréciation des faits de l'espèce au regard d'une bonne administration de la justice, ce qui relève de la compétence du tribunal saisi au fond. Il convient dès lors de déclarer le juge de la mise en état incompétent au profit du tribunal pour statuer sur cette demande de sursis à statuer dans l'attente de la décision à intervenir à la suite des inscriptions de faux régularisées par la société Uvex Sports contre les procès-verbaux de saisie-contrefaçon dressés par Maître Faure le 11 mars 2010. »

▸ 152.44 Domaine de l'inscription de faux

TGI Paris, 3e ch., 8 oct. 1987, *PIBD* 1988, n° 429, III, 101.

« Ceci exposé, l'indication faite par l'huissier selon laquelle le platelage pourrait s'incurver du fait de sa flexibilité constitue non pas une constatation mais une appréciation personnelle pour laquelle la preuve contraire peut être rapportée sans que soit nécessaire la procédure d'inscription de faux. »

TGI Paris, 22 nov. 1996, *PIBD* 1997, n° 628, III, 137.

« Comme l'a observé la société Schutz Werke, l'huissier a noté l'opinion divergente du saisi quant au caractère arqué.

En conséquence, et du fait de cette divergence, la constatation de l'huissier perd de sa précision et de sa valeur probante, et sur ce point il n'est pas nécessaire de l'inscrire en faux, le juge de la contrefaçon ayant à arbitrer, entre les deux appréciations. »

Rennes, 1re ch. A, 21 nov. 1995, *PIBD* 1996, n° 605, III, 95.

« Que les procès-verbaux de saisie-contrefaçon, dressés par de tels officiers ministériels en vertu d'une délégation expresse de la loi et d'une décision de justice dûment notifiée, font foi jusqu'à inscription de faux des constatations personnelles qui y sont mentionnées par leurs rédacteurs. »

▸ 152.45 Retranscription des observations du technicien

TGI Rennes, 2e ch., 4 juill. 1994, *PIBD* 1994, n° 577, III, 566.

« L'huissier instrumentaire, ayant été expressément autorisé à se faire assister d'un conseil en propriété industrielle par l'ordonnance le commettant, a relaté, en première page du procès-verbal de la saisie-contrefaçon, qu'il s'était rendu dans l'établissement exploité par MM. C. [...], et qu'il avait déclaré à ceux-ci qu'il allait assisté de M. A., conseil en brevet, procéder à la constatation de la détention des produits argués de contrefaçon. De telles mentions suffisent à établir que l'huissier a personnellement réalisé les opérations dont il rend compte. La circonstance qu'il a pris en note la description technique que lui faisait l'expert de l'appareil litigieux n'affecte nullement la régularité du procès-verbal. La demande d'annulation de ce dernier sera donc rejetée. »

TGI Paris, 22 nov. 1996, *PIBD* 1997, n° 628, III, 137.

« Il sera préalablement relevé que si l'huissier n'a pas expressément indiqué qu'il notait sur les indications du conseil qui l'accompagnait, il a en revanche fait mention de sa présence, laquelle ne pouvait avoir d'autre objectif que d'éclairer l'officier sur la matérialité des constatations à faire.

En conséquence, en soi, ce fait ne peut suffire à entacher de faux le procès-verbal. »

TGI Paris, 3e ch., 2e sect., 13 mars 1998, *RD propr. int.* 1998, n° 85, 29.

« Attendu en premier lieu que chacun des huissiers a été dûment autorisé à se faire assister d'un expert; qu'il est constant que ces officiers ministériels ont personnellement réalisé les opérations dont ils rendent compte; que les constatations qu'ils relatent soient faites avec le concours des experts et reprennent leur description technique n'est pas de nature en soi à affecter la régularité du procès-verbal. »

▸ 152.46 Fondement de l'inscription de faux

Nancy, 12 mars 1991, *RD propr. ind.* 1991, n° 34, 30.

« Attendu que l'huissier saisissant ne disposant pas de bouteille et n'ayant pas effectué l'opération de bouchage au moyen du dispositif allégué de contrefaçon, n'a pu constater par lui même ce qu'il a décrit dans son procès-verbal;

Que même si le positionnement de l'extracteur pour retirer le bouchon par traction n'est pas exclusif d'une éventuelle fonction complémentaire d'étirement longitudinal dudit bouchon, l'huissier ne pouvait nullement constater l'étirement du bouchon;

Qu'il a seulement pu constater l'existence d'une partie lisse faisant suite à la partie filetée de l'extracteur, ainsi que d'un espace entre l'épaulement de cet extracteur et la collerette du bouchon, mais que cela ne pouvait lui permettre d'en déduire et a fortiori de constater un étirement longitudinal du bouchon avec une poussée sur le fond de celui-ci;

Qu'il n'a pas pu se référer d'autre part au dessin n° 2 figurant sur le sachet saisi, ledit sachet ne lui ayant été remis qu'après qu'il ait effectué ses constatations ainsi que l'indique la chronologie du procès-verbal;

Qu'ainsi les constatations rapportées au procès-verbal de saisie-contrefaçon n'ont pu être opérées par l'huissier lui-même et que dès lors l'inscription de faux incidente formée par les sociétés Duhalle et Delatour est bien fondée; qu'il sera fait droit à leurs demandes. »

Paris, 4e ch., 24 sept. 1991, *RD propr. int.* 1992, n° 41, 63.

« Qu'il va de soi en revanche que certaines énonciations des procès-verbaux qui sont présentées par les officiers ministériels comme résultant de leurs déductions, et qui se rapportent au fonctionnement des machines dans des configurations autres que celles qui étaient mises en œuvre au moment des saisies, sont à juste titre critiquées par Dubus comme excédant la compétence des huissiers; qu'elles n'ont d'ailleurs pas été mentionnées ci-dessus et ne seront pas retenues par la Cour. »

▸ 152.47 Sanction

TGI Paris, 22 nov. 1996, *PIBD* 1997, n° 628, III, 137.

« Les constatations erronées seront retirées du procès-verbal.

Ces erreurs lors de la description de la cuve ne sont pas de nature à entacher de nullité la saisie réelle des deux cuves, régulièrement effectuée, dans les limites de l'ordonnance autorisant la saisie-contrefaçon.

En conséquence, saisi d'une inscription de faux à l'encontre du procès-verbal de la saisie-description, le tribunal ne constate aucun fait de nature à retentir sur la validité de la saisie réelle, et ne saurait ordonner que les cuves saisies soient écartées.

Par ces motifs, le tribunal dit que les passages suivants, ne correspondant pas à des constatations exactes, devront être retirés du procès-verbal de saisie description du 5 décembre 1995. »

TGI Paris, 3e ch., 2e sect., 13 mars 1998, *RD propr. int.* 1998, n° 85, 29.

« Attendu que ces erreurs ne sont pas de nature à entacher de nullité les procès-verbaux considérés mais à vider de force probante les passages comportant des erreurs d'expressions. »

TGI Paris, 3e ch., 19 mars 1999, *PIBD* 1999, n° 685, III, 437.

« Les termes "plane" et "parallèlement à cette dernière" sont donc inexacts.

Ces deux constatations erronées doivent être retirées du procès-verbal.

La société Maco Pharma n'incrimine aucune autre constatation de l'huissier. Ce dernier a, lors des opérations de saisie-contrefaçon, effectué des photographies qui permettent de rectifier les inexactitudes relevées dans la description de la machine Optipress.

La société Maco Pharma n'est, par conséquent, pas fondée à soutenir que l'huissier a fait preuve d'un comportement "déloyal" qui devrait conduire à déclarer l'acte faux dans son intégralité. Elle sera déboutée de ce chef de demande. »

TGI Paris, 3e ch., 2e sect., 31 oct. 2003, *PIBD* 2004, n° 782, III, 151.

« Attendu qu'en ce qui concerne les inexactitudes relevées par les défenderesses relatives à l'extension abusive au modèle 513 des constatations effectuées sur l'exemplaire découpé du modèle 519, le tribunal ne peut qu'observer que les défenderesses n'ont pas estimé que ces inexactitudes justifiaient une action en inscription de faux alors même qu'il s'agit de constatations faites par l'huissier en exécution de l'ordonnance qui a fixé le cadre de ses opérations;

Attendu, toutefois, que les sociétés demanderesses ne contestent pas la réalité des dites inexactitudes mais soutiennent qu'elles sont dénuées de portée dans le présent litige car elles n'ont pas trait à des éléments objets des revendications opposées;

Mais attendu que la réalité des inexactitudes relevées sur la portée desquelles, dans le présent litige, les parties sont cependant contraires, commande de les retirer du procès-verbal. »

▸ 152.51 Principe général

Com. 19 oct. 1999, n° 97-12.845, NP, *JCP E* 2000. I. 1286, note Greffe; *PIBD* 2000, n° 690, III, 49.

« Mais attendu que toute personne qui procède à une saisie-contrefaçon le fait à ses risques et périls et doit dès lors répondre de tous les dommages qui pourraient s'ensuivre si, bien que fondée, elle a lieu dans des conditions abusives ou s'il y a été procédé sur un titre de propriété industrielle qui se révèle être sans valeur; qu'ayant constaté que la saisie à laquelle la société Agor a fait procéder dans un stand que la société DCA tenait dans les magasins du Printemps a provoqué l'interdiction faite à la société DCA de poursuivre dans ces locaux la vente du modèle litigieux jusqu'à ce qu'il soit statué sur ses droits également, la cour d'appel a justifié sa décision de l'en faire indemniser par l'auteur de la saisie injustifiée; que le moyen n'est pas fondé. »

Com. 11 mars 2003, n° 02-13.680, *Bull. civ.* IV, n° 43, *PIBD* 2003, n° 773, III, 508, *Propr. Intell.*, oct. 2004, p. 937, obs. de Haas.

« Attendu que la société BMO machines outils fait enfin grief à l'arrêt d'avoir rejeté sa demande tendant au versement de dommages-intérêts pour saisie contrefaçon abusive, alors, selon le moyen, que, dans ses conclusions d'appel, la société BMO sollicitait des dommages-intérêts en raison du caractère inutile et vexatoire de la saisie contrefaçon pratiquée, lors du salon le plus important de la profession, bien que l'usage par elle de la marque Boutillon machines outils était aussi notoire qu'incontesté, qu'en rejetant cette demande de dommages et intérêts sans donner aucun motif de nature à justifier sa décision à cet égard, la cour d'appel a violé l'article 455 du nouveau code de procédure civile;

Mais attendu qu'ayant "validé" la saisie-contrefaçon, la cour d'appel a nécessairement écarté toute faute relative à la mise en œuvre de cette saisie, et ainsi satisfait aux exigences du texte cité au moyen »

Com. 8 févr. 2011, n° 09-69.684, NP.

« Vu l'article 1382 du code civil;

Attendu, selon l'arrêt attaqué, que M. Lesage titulaire d'un brevet français portant sur un système de suspension arrière de cycles, en particulier de vélocipèdes, et sa licenciée exclusive, la société Cycles Lapierre ont, après avoir fait procéder à une saisie-contrefaçon au salon du cycle, assigné la société José Alvarez, lui reprochant de commercialiser un modèle de vélocipède qui reproduirait plusieurs des revendications de ce brevet; que la société José Alvarez a formé une demande reconventionnelle en paiement de dommages-intérêts au titre de l'arrêt de commercialisation du vélocipède argué de contrefaçon; que la société José Alvarez a été mise en liquidation judiciaire et Mme Dumousseau désignée en qualité de liquidateur judiciaire;

Attendu que pour condamner la société Cycles Lapierre et M. Lesage à payer à Mme Dumousseau ès qualités la somme de 80 000 euros à titre de dommage-intérêts, l'arrêt, après avoir retenu que les vélocipèdes incriminés ne constituaient pas une contrefaçon des revendications du brevet de M. Lesage, se borne à retenir que les déclarations faites par le "concepteur" de la gamme des vélocipèdes litigieux, M. Taillefer, lors d'un entretien dans le magazine "byke" d'avril 2006, permettent d'imputer au procès la décision de substituer de nouveaux modèles aux modèles litigieux et qu'en conséquence la société José Alvarez est bien fondée à solliciter la réparation du préjudice qu'elle a subi;

Attendu qu'en se déterminant par de tels motifs, qui ne caractérisent pas l'existence d'une faute pouvant être mise à la charge de la société Cycles Lapierre et de M. Lesage, la cour d'appel n'a pas donné de base légale à sa décision. »

Com. 20 sept. 2011, n° 10-19.443, P.

« Vu l'article 1382 du code civil;

Attendu que pour condamner la société Asterop à verser à la société Géo concept des dommages-intérêts, l'arrêt retient qu'elle a cru pouvoir faire procéder à des opérations de saisie-contrefaçon au siège de Géo concept, alors que les droits dont elle pouvait se prévaloir ne légitimaient pas ces opérations et que leur caractère abusif appelait la condamnation de la société Asterop;

Attendu qu'en statuant ainsi, alors qu'une saisie-contrefaçon ne fait pas peser sur son auteur une responsabilité objective du seul fait qu'elle se révèle injustifiée, la cour d'appel a violé l'article susvisé. »

▸ 152.53 Fondements des demandes en dommages-intérêts pour procédure abusive

Paris, 4e ch., sect. B, 18 juin 2004, *Gaz. Pal.* 5-6 janv. 2005, p. 2.

« Considérant que la société DTN France prétend que les procédures de saisie-contrefaçon étaient dénuées de caractère sérieux; qu'elles n'ont été entreprises que dans le but, qui d'ailleurs a été atteint, de lui nuire et ont présenté un caractère abusif;

Considérant toutefois que, comme l'a exactement relevé le tribunal, l'existence de l'intention de nuire alléguée ne peut s'inférer que de la connaissance qu'auraient eu le breveté et son licencié exclusif soit de l'invalidité du titre, soit de l'absence de tout acte de contrefaçon et ce dès le moment où les procédures de saisie-contrefaçon ont été engagées; qu'une telle connaissance n'étant en l'espèce nullement démontrée, ni l'abus dénoncé établi, c'est à bon droit que les prétentions reconventionnelles de l'appelante ont été rejetées en première instance. »

TGI Paris, 3e ch., 3e sect., 14 sept. 2005, RG n° 2003/17767; *PIBD* 2005, n° 818, III, 653.

« Il est constant que l'exercice d'une action en justice ne dégénère en abus pouvant donner naissance à une demande en dommages et intérêts que dans le cas de malice, de mauvaise foi ou d'erreur grossière équipollente au dol.

Le tribunal relève que :

– les saisies-contrefaçon diligentées par la société Bacou-Dalloz se sont déroulées quasiment simultanément le même jour le 4 novembre 2003 et qu'il ne saurait ainsi être reproché à cette société d'avoir réalisé une saisie-contrefaçon au salon Batimat dans le seul dessein de nuire aux défenderesses;

– les opérations de mesure d'extension des harnais et sangles étaient prévues dans l'ordonnance judiciaire autorisant la saisie-contrefaçon au salon Batimat;

– il ne résulte d'aucun d'élément de preuve que cette analyse des harnais ait été faite dans des conditions nuisant à l'image des défenderesses, le directeur des ventes présent sur le stand n'ayant émis aucune observation à cet égard.

Dans ces conditions, le tribunal considère que l'intention de nuire ou la mauvaise foi de la société Bacou-Dalloz n'est pas établie. »

Paris, 4e ch., sect. B, 20 juin 2008, RG n° 07/04825, *Jurinpi* D20080081.

« Qu'il n'en reste pas moins que la seconde saisie, portant sur le modèle Caterina, intervenue quelques semaines à peine après que la société Saverglass eut accepté les termes du jugement ayant décidé qu'il ne contrefaisait pas son modèle Fidji a été réalisée au cours d'une manifestation bénéficiant d'un grand renom chez les fabricants et marchands et connaissant une fréquentation très importante, et que l'intervention de l'huissier, que cette société avait provoquée à dessein alors qu'elle ne pouvait ignorer que, même si elle avait été dûment autorisée, elle ne se justifiait en réalité pas eu égard au protocole d'accord qui venait d'être régularisé, a causé à la société Bruni un préjudice consistant en une atteinte à son image;

Que ce dommage a été évalué par le tribunal à un degré trop important et que les éléments du dossier font apparaître que la somme de 15 000 euros suffit à le réparer. »

▸ 152.54 Trouble commercial et atteinte à la réputation du saisi

TGI Paris, 3e ch., 10 juill. 1974, *PIBD* 1975, n° 141, III, 51.

Ne sauraient être taxées d'abusives, les procédures de saisie engagées par les demandeurs. Il ne peut, en effet, être fait grief aux demandeurs d'avoir eu recours à une saisie-contrefaçon qui leur donnait des garanties de preuve les plus efficaces pour la démonstration d'une éventuelle contrefaçon, s'agissant surtout d'un matériel de classement ou de rangement soumis à de fréquents changements de modèles. Il n'est pas établi en outre, que les opérations qui ont commencé, ainsi que le relèvent les attestations fournies par les défenderesses, à une heure où, seuls, des exposants se trouvaient au SICOB et se sont poursuivies avant l'affluence de la clientèle, paraissent avoir été menées dans le renfort de publicité allégué par lesdites défenderesses.

TGI Paris, 30 nov. 1977, *PIBD* 1978, n° 221, III, 339.

M. N. est bien fondé à soutenir que la saisie pratiquée en l'espèce et réalisée plusieurs mois après la fin des pourparlers et en pleine période des fêtes de fin d'année avait essentiellement comme but de paralyser la vente de son jouet au Bazar de l'Hôtel de Ville.

En faisant pratiquer cette saisie alors qu'elle n'avait pas saisi le tribunal du litige comme elle en avait la possibilité, la société Gay Play a commis une grave imprudence, causant à M. N. un préjudice dont elle lui doit réparation.

TGI Paris, 24 mars 1983, *PIBD* 1983, n° 330, III, 206.

La société Van der Lely qui avait déjà engagé des procédures en contrefaçon des brevets n° 76 19890 et 70 30686 contre d'autres sociétés avait été déboutée en première et deuxième instance de ses demandes en contrefaçon.

Par conséquent, en introduisant la présente instance, elle a « pris un risque certain », elle ne pouvait se méprendre de bonne foi sur le bien fondé de ses demandes.

En outre, la saisie-contrefaçon, diligentée au Salon International de la machine agricole, « a causé un trouble commercial certain » aux sociétés défenderesses.

La demande reconventionnelle en dommages-intérêts des sociétés défenderesses en contrefaçon est donc fondée.

TGI Paris, 28 juin 1983, *Dossiers Brevets* 1984, II, 5.

« Attendu que la société Mondelin sollicite la somme de 100 000 francs à titre de dommages-intérêts, en faisant valoir que la saisie litigieuse ayant été pratiquée dans le cadre du Salon Batimat en présence de la clientèle, a porté atteinte à sa réputation commerciale; qu'elle produits en ce sens trois attestations émanant de ses représentants qui soulignent l'effet néfaste de cette saisie sur la poursuite de l'exposition;

Attendu que la demanderesse fait en outre observer que l'huissier a relevé dans son procès-verbal le nom et l'adresse des clients figurant sur des bons de commande, permettant ainsi aux défendeurs, exerçant une activité concurrente dans le cadre d'une société de fait Lasmea de détourner sa propre clientèle à leur profit;

Attendu que Messieurs G. et E. soutiennent pour leur part subir un préjudice du fait des agissements de la société Mondelin en versant aux débats une lettre d'un de leurs clients se plaignant d'avoir trouvé auprès de cette société des règles identiques à celles faisant l'objet de leur demande de brevet à un prix nettement inférieur;

Mais attendu qu'il a été vu plus haut que les défendeurs n'ayant pas notifié à la société Mondelin le titre dont ils se prévalent, ne peuvent en l'état lui reprocher le moindre acte de contrefaçon; que dès lors la saisie pratiquée à son encontre étant dépourvue de tout fondement, la société Mondelin est bien fondée à leur demander réparation du préjudice par elle subi du fait de l'atteinte portée à sa réputation;

Attendu que toutefois, eu égard aux diverses circonstances de la cause, il convient de limiter à la somme de 20 000 francs le montant des dommages-intérêts sollicités. »

TGI Paris, 3e ch., 24 mai 1984, *PIBD* 1984, n° 358, III, 292.

Par ailleurs, les saisies-contrefaçon pratiquées, en dépit de ce fait et notamment dans le cadre d'un salon d'exposition ont causé à la société défenderesse un dommage dont elle peut à juste titre demander réparation.

TGI Paris, 23 sept. 1992, *PIBD* 1993, n° 535, III, 8.

« Attendu que la société Dunlop Slazenger reproche en second lieu à la société Skis Rossignol d'avoir fait pratiquer une saisie-contrefaçon au Salon professionnel des articles de sport, un dimanche, jour de grande affluence, de façon à jeter un discrédit sur une société concurrente.

Mais attendu que la société Skis Rossignol, qui a fait pratiquer la saisie-contrefaçon critiquée dans les limites fixées par l'ordonnance présidentielle, n'a commis aucun abus de droits; que la demande reconventionnelle n'est pas fondée et sera rejetée. »

Paris, 4e ch., 13 mars 1996, *PIBD* 1996, n° 612, III, 299.

« Considérant, ceci exposé, qu'il convient de rappeler que la saisie-contrefaçon n'est qu'un moyen de preuve de la contrefaçon et se doit de n'être que cela.

Que même si elle n'est pratiquée qu'avec une autorisation préalable de justice, le propriétaire d'un brevet doit user de cette procédure exorbitante du droit commun; dans la mesure où elle est autorisée unilatéralement, de bonne foi et sans intention malveillante.

Considérant qu'en l'espèce, il apparaît que Lerc avait déjà fait procéder, le 10 avril 1992, à trois saisie-contrefaçon : l'une au siège des Fonderies de Bretagne à Saint-Malo, les deux autres au siège social de Jardouy à Rungis ainsi que dans son usine de production à Douchy.

Que la première lui avait permis de prendre connaissance de plans, des commandes de pièces passées par Jardouy pour la fabrication des mâts argués de contrefaçon, et de photographier l'outillage utilisé par les Fonderies de Bretagne pour fabriquer ces pièces.

Qu'a l'occasion de la deuxième, l'huissier a photocopié des bons de livraison de la société Fonderies de Bretagne et des factures de cette société, ainsi que des factures adressées par Jardouy à plusieurs de ses clients, dont Thomson, pour la fourniture de mâts LVJT, et saisi une plaquette commerciale et un prospectus relatif notamment à ces mâts.

Qu'enfin, lors de la troisième, l'huissier a photographié les différents éléments du mât argué de contrefaçon, photocopié plusieurs plans et bons de commande de mâts, et s'est fait remettre une brochure publicitaire et une notice technique.

Considérant, en conséquence, qu'après ces trois saisies, Lerc était en possession de tous les éléments de preuve lui permettant de démontrer que Jardouy fabriquait et commercialisait les mâts contrefaisants.

Qu'elle n'avait donc nullement besoin de faire procéder à une quatrième saisie-contrefaçon pour établir que les mâts étaient offerts à la vente.

Que, dans ces conditions, en faisant pratiquer, le 25 juin 1992, une quatrième saisie-contrefaçon, au Salon international Euro Satory du Bourget, sur le stand d'exposition de la société Alcatel, client de Jardouy, Lerc a manifestement cherché à discréditer publiquement l'appelante auprès des professionnels, observation étant faite que celle-ci commercialise d'autres produits que les mâts incriminés.

Qu'un tel comportement est constitutif d'abus de droit et que Jardouy est bien fondée à solliciter réparation du préjudice par elle subi de ce fait.

Qu'eu égard aux circonstances dans lesquelles s'est déroulée cette saisie-contrefaçon, il convient d'allouer à Jardouy la somme de 50 000 F en réparation de son préjudice.

Considérant, en revanche, que les appelants sont mal fondés à soutenir que les saisies pratiquées à Douchy et Rungis ont excédé les termes des ordonnances rendues.

Considérant, en effet, que les huissiers, ayant été autorisés à : prendre photographies du mât argué de contrefaçon et des éléments le constituant, à rechercher, à viser un variateur, à prendre toutes photographies ou photocopies de tous les documents techniques, plans, cahiers d'ateliers, cahiers des charges, documents commerciaux et financiers, permettant d'établir la consistance, la destination et l'étendue de la contrefaçon alléguée, pouvaient, sans excéder les termes des ordonnances, photographier toutes les pièces utilisées pour le montage et la fixation des mâts, et photocopier des commandes ou factures relatives à ceux-ci.

Que les appelants ne démontrent pas que les huissiers aient pris connaissance de pièces ou documents commerciaux concernant d'autres matériels.

Considérant, enfin, que Jardouy, succombant pour l'essentiel, ne saurait qualifier d'abusive la procédure diligentée à son encontre.

Par ces motifs, la cour, confirme, par substitution de motifs, le jugement.

Y ajoutant, elle condamne la société Lerc à payer à la société Jardouy et à Me Baronnie, ès qualité, la somme de

50 000 F à titre de dommages-intérêts pour saisie abusive, et condamne ceux-ci à payer à la société Lerc la somme supplémentaire de 50 000 F en application de l'article 700 du nouveau code de procédure civile. »

Com. 27 janv. 1998, n° 96-10.576, NP, *JCP E* 1998, chr. p. 1495.

« Et sur les deuxième et troisième moyens, ces moyens étant réunis :

Attendu que M. Y... fait grief à l'arrêt de l'avoir condamné au paiement de dommages-intérêts aux sociétés Val kit et Créations du Val-de-Saône, alors, selon le pourvoi, d'une part, que le fait pour le créateur d'un modèle déposé et enregistré par l'INPI de procéder à une saisie-contrefaçon sur le fondement de la loi du 14 juillet 1909 n'est pas constitutive d'une faute génératrice de responsabilité dès lors qu'il ne met pas en œuvre un procédé déloyal; qu'en s'abstenant de relever à son encontre l'existence d'un procédé déloyal constitutif d'une faute de nature à engager sa responsabilité à l'égard de la société Créations Val-de-Saône, la cour d'appel a privé sa décision de base légale au regard des articles 1382 et suivants du code civil; et alors, d'autre part, que le fait pour le créateur d'un modèle déposé et enregistré à l'INPI de procéder à une saisie-contrefaçon sur le fondement de la loi du 14 juillet 1909 n'est pas constitutive d'une faute génératrice de responsabilité dès lors qu'il ne met pas en œuvre un procédé déloyal; qu'en s'abstenant de relever à son encontre l'existence d'un procédé déloyal constitutif d'une faute de nature à engager sa responsabilité à l'égard de la société Val kit, la cour d'appel a privé sa décision de base légale au regard des articles 1382 et suivants du code civil;

Mais attendu qu'en retenant la multiplicité des saisies-contrefaçons opérées par M. Y..., notamment chez un client important et la baisse des ventes concernant le modèle argué de contrefaçon en résultant, la cour d'appel a justifié légalement l'existence d'une faute sans avoir à rechercher si M. Y... avait usé d'un procédé déloyal; d'où il suit que les moyens ne sont pas fondés. »

Paris, 4e ch., sect. B, 20 juin 2008, RG n° 07/04825, *Jurinpi* D20080081.

« Qu'il n'en reste pas moins que la seconde saisie, portant sur le modèle Caterina, intervenue quelques semaines à peine après que la société Saverglass eut accepté les termes du jugement ayant décidé qu'il ne contrefaisait pas son modèle Fidji a été réalisée au cours d'une manifestation bénéficiant d'un grand renom chez les fabricants et marchands et connaissant une fréquentation très importante, et que l'intervention de l'huissier, que cette société avait provoquée à dessein alors qu'elle ne pouvait ignorer que, même si elle avait été dûment autorisée, elle ne se justifiait en réalité pas eu égard au protocole d'accord qui venait d'être régularisé, a causé à la société Bruni un préjudice consistant en une atteinte à son image;

Que ce dommage a été évalué par le tribunal à un degré trop important et que les éléments du dossier font apparaître que la somme de 15 000 euros suffit à le réparer. »

Colmar, ch. civ. 1, sect. A, 29 juin 2010, RG n° 08/02201.

« Attendu en second lieu que la Société Ero Geratebau Gmbh évoque les circonstances dans lesquelles est intervenue la saisie-contrefaçon du 21 août 2000, se plaignant notamment de la publicité négative dont elle aurait été victime à travers cette opération "volontairement" entreprise par la partie adverse à l'occasion de la Foire aux Vins de Colmar; qu'elle a également mis en avant les conditions dans lesquelles cette opération de saisie avait été effectuée par un huissier de justice, en présence à la fois du gérant de la SARL Binger France et de l'inventeur du brevet, ayant précisément amené les premiers juges à prononcer l'annulation de la saisie descriptive opérée;

Attendu cependant que, comme cela a déjà été souligné, cette annulation n'a plus grand intérêt au stade actuel de la procédure; qu'il en est d'ailleurs de même de l'invalidation du second procès-verbal d'huissier dressé, à la demande de Monsieur Andelfinger, en date du 16 juin 2006;

Attendu certes que, ainsi que le souligne la Société Ero Geratebau Gmbh, il est de jurisprudence que toute personne qui procède à une saisie-contrefaçon le fait à ses risques et périls et doit dès lors répondre de tous les dommages qui pourraient s'ensuivre si elle a eu lieu dans des conditions abusives ou s'il y a été procédé sur un titre de propriété industrielle qui se révèle sans valeur (Cass. com. 19/10/1999);

Attendu cependant que, en l'occurrence, la saisie-contrefaçon ne paraît pas être intervenue dans des conditions abusives; qu'en effet, il est constant que cette opération n'a pas eu lieu à l'occasion de l'ouverture de la Foire aux vins de Colmar, mais le lendemain du dernier jour d'ouverture, alors qu'il n'y avait plus de public et que les exposants procédaient au rangement de leurs stands; qu'au surplus, le matériel en cause a été transporté dans une tente louée par la SARL Binger France, par conséquent à l'abri des regards ou d'oreilles indiscrètes; qu'enfin il est acquis aux débats que la machine "saisie" a en fait été immédiatement réglée par la SARL Binger France et les consorts Andelfinger, ce qui a d'ailleurs permis son transfert immédiat entre les mains de ces derniers, sans véritable opposition de la Société Ero Geratebau Gmbh;

Attendu que l'opération s'est donc faite avec suffisamment de discrétion et dans un certain esprit de consensus, de sorte qu'aucun grief ne saurait être opposé à cet égard à la partie adverse; qu'en tout état de cause, aucune intention de nuire n'est caractérisée. »

Paris, pôle 5, ch. 2, 14 janv. 2011, RG n° 09/02809.

« Considérant que la société Saverglass, titulaire de droits exclusifs sur la bouteille Axel, a pu se méprendre sur l'exacte portée de ceux-ci en incriminant la bouteille Contessa, sans que l'action engagée dans le cadre de la présente instance puisse être imputée à une intention de nuire;

Qu'il en va de même de la saisie-contrefaçon dont la société Bruni n'établit pas que les conditions dans lesquelles elle a été opérée aient affecté son image et sa réputation auprès de la clientèle présente au salon ».

Paris, pôle 5, ch. 2, 28 janv. 2011, RG n° 09/28550.

« Considérant que l'intimée poursuit l'indemnisation du préjudice d'image que lui a causé, tant sur le site de Rungis où elle est implantée qu'auprès de ses partenaires commerciaux, le déplacement de la force publique dans les locaux lors des opérations de saisie-contrefaçon et verse, pour attester de leurs circonstances, des éléments de preuve dont les premiers juges ont relevé la carence;

Que les critiques, ci-avant évoquées, formulées par l'appelante à l'encontre des attestations émanant d'un fournisseur et des membres du personnel présents sur les lieux lors de ces opérations portent sur le fait qu'elles ont été établies plus de deux ans après ces opérations, avec une imprécision sur leur date, dans une version modifiée mais supportant la même date que les attestations des mêmes rédacteurs précédemment communiquées (dont elle avait relevé les irrégularités) et qu'elles ont "manifestement" été écrites sous la dictée de la société Citterio;

Que l'appelante ne conteste, toutefois, pas la présence ainsi attestée de la force publique à l'origine du trouble dont la société Citterio demande réparation, mention du nom du commissaire présent sur les lieux étant d'ailleurs portée sur le procès-verbal de saisie-contrefaçon dressé le 15 octobre 2008;

Que cette présence, sans qu'il soit, par ailleurs, établi qu'aient été commis des actes excédant les strictes nécessités de la saisie-contrefaçon, ne peut, en soi, être considérée comme fautive, l'appelante se prévalant à juste titre du fait que l'ordonnance sur requête rendue le 26 septembre 2008 autorisait cette assistance et que celle-ci se justifiait pour parer à une éventuelle obstruction;

Que le préjudice d'image qui en serait résulté n'est pas davantage démontré alors qu'il ressort de ce procès-verbal que les opérations se sont déroulées brièvement (de 9 heures 50 à 10 heures 20), dans les locaux de l'entreprise (et non point dans la sphère publique, tels un salon professionnel ou un lieu de distribution) et que l'avocat de l'intimée, joint par téléphone, n'a pas formulé d'objections sur cette mesure, hormis une réserve sur l'utilité de la force publique;

Que le jugement qui a rejeté la demande sera, par conséquent, confirmé ».

Paris, pôle 5, ch. 2, 25 févr. 2011, RG n° 09/22635.

« Considérant que la société Lestra a pu se méprendre sur l'exacte portée de ses droits;

Que la saisie-contrefaçon à laquelle elle a fait procéder était fondée sur des droits de marque dont elle est titulaire et n'a pas été entreprise avec une légèreté blâmable;

Que la société Dodo ne justifie d'aucun préjudice causé par les conditions dans lesquelles les opérations ont été menées;

Qu'en revanche, elle précise qu'à la suite des opérations de saisie-contrefaçon, elle a annulé toute l'opération commerciale qu'elle projetait de réitérer sur les points de vente des magasins Auchan;

Mais considérant que ce préjudice, à le supposer démontré ce que les pièces produites n'établissent pas, est la conséquence du choix que la société Dodo a cru devoir faire et n'est pas la conséquence de la saisie descriptive opérée en sorte que la demande reconventionnelle sera également rejetée. »

▸ 152.55 Détournement de secrets industriels et commerciaux

TGI Paris, 22 oct. 1975, *Dossiers Brevets* 1977, III, 1; *PIBD* 1976, n° 171, III, 250.

« Attendu que les pièces relatives au procédé d'alkylation, qu'il s'agisse de l'appareillage, des manipulations, des schémas ou des feuilles de marche et d'analyse correspondants forment un tout qui ne peut être dissocié et doit être considéré dans son ensemble pour apporter la preuve de l'existence de la contrefaçon, que des renseignements utiles à cet effet pouvaient être puisés dans ceux de ces éléments qui ne concernaient pas directement les caractéristiques revendiquées dans le brevet et qu'il en était de même pour les fiches d'analyse des produits obtenus;

Attendu qu'il en résulte que la saisie par photocopie des documents ayant trait au procédé d'alkylation de la société FOS n'était pas abusive et qu'en conséquence aucune faute dommageable ne peut être retenue contre la société HGD, si cette saisie a pu ainsi connaître l'ingénieur et le savoir faire de son adversaire dans le domaine de l'alkylation;

Attendu, en revanche, qu'il n'apparaît pas que pouvait être utile pour établir la contrefaçon, la saisie par photocopie des documents concernant non l'alkylation, mais les phases suivantes de traitement de l'alkylat, notamment transfert de celui-ci dans un laveur-décanteur, lavage, neutralisation et stabilisation, stockage et transfert de l'alkylat stabilisé et ce quant à l'appareillage, les manipulations, les schémas, les feuilles de marche et d'analyse correspondantes, puisque les caractéristiques revendiquées comme contrefaisantes n'avaient trait, ni directement, ni indirectement, à ce traitement de l'alkylat;

Attendu qu'il s'ensuit que la saisie de ces pièces qui ne concernaient pas l'alkylation était abusive dans la mesure où elles pouvaient être séparées matériellement des autres;

Mais attendu qu'une telle interdiction ne peut être prononcée pour la seule raison que la société HGD connaîtrait le procédé de fabrication de ces produits par la société FOS; qu'en effet, elle serait contraire au principe de la liberté du commerce et en outre de nature à porter atteinte au droit qu'à la société HGD d'exploiter le procédé enseigné par son brevet n° 1 384 659 pour la fabrication desdits produits. »

TGI Paris, 30 sept. 1982, *PIBD* 1982, n° 314, III, 263.

De même, c'est à tort que les sociétés défenderesses formulent un grief de saisie abusive. En effet, l'huissier qui a procédé à la saisie-contrefaçon et qui était autorisé à « consigner tous les renseignements et toutes les déclarations devant établir la nature, l'origine et l'importance de la contrefaçon prétendue », en se contentant de relever les numéros des factures, le type et le nombre des matériels argués de contrefaçon vendus, l'adresse et le nom des destinataires et le montant de la commande, n'a commis aucune faute et s'est borné à fournir au tribunal et à la victime de la contrefaçon des éléments permettant d'évaluer le préjudice subi.

Com. 9 mars 1993, n° 91-15.211, NP, *PIBD* 1993, n° 547, III, 412.

« Attendu qu'il est fait grief à l'arrêt d'avoir rejeté la demande de dommages et intérêts alors, selon le pourvoi, que ce faisant, la cour d'appel dénature purement et simplement les écritures de la société intimée qui fondait essentiellement sa demande reconventionnelle sur le fait que la saisie-contrefaçon avait été pratiquée de telle façon que des éléments totalement étrangers à la contrefaçon ont été portés à la connaissance des consorts H., qui ainsi ont pu connaître tous les secrets commerciaux d'un concurrent et notamment les noms des clients et le chiffre d'affaires dudit concurrent, si bien qu'en rejetant ladite demande sur le fondement des motifs précités, la cour d'appel méconnaît les exigences de l'article 4 du Nouveau code de procédure civile.

Mais attendu que la cour d'appel, qui a décidé que la société TLP avait commis des actes de contrefaçon du brevet, a pu retenir que les consorts H. n'avaient commis aucune faute en faisant procéder à une saisie-contrefaçon destinée à établir la réalité de cette contrefaçon et à la sauvegarde de leurs droits; d'où il suit que le moyen n'est pas fondé. »

Paris, 4e ch., 17 mai 1995, *PIBD* 1995, n° 592, III, 343.

« Considérant que les intimées allèguent qu'il y aurait eu détournement de la procédure de saisie-contrefaçon aux fins de captation de leur savoir-faire et qu'un tel comportement, constitutif de concurrence déloyale, justifierait l'attribution d'une somme de cinq millions de francs à titre de dommages et intérêts.

Qu'elles précisent que "de parfaite mauvaise foi et de façon déloyale, les sociétés Monsanto ont saisi certaines parties de la demande d'AMM pour la Somidobove réalisée par la société Lilly France, qui constituent un *know how* secret, le dossier fabricant et le document intitulé 'utilisation de l'urée recueilli lors de la fabrication de la Somatotropine bovine en vrac'."

Mais considérant que les ordonnances des 29 et 30 avril 1991 ont autorisé la société Monsanto Company à effectuer la saisie réelle d'échantillons et de documents relatifs aux "compositions contenant une substance dénommée notamment Somatotropine bovine, Somatotrophine bovine, BST et/ou Somidobove et, plus particulièrement, du produit référencé par un numéro de code comportant notamment les chiffres AH 250 ou vendu ou destiné à être vendu notamment sous la dénomination Potiflex (R) et/ou Elanco HH 250".

Or, considérant que les saisies pratiquées ont porté sur :

– quatre boîtes d'Optiflex 320, d'Elanco HH 02355 contenant des seringues de 320 mg de Somatotropine bovine (Somidobove) obtenue par recombinaison d'ADM, deux documents de fabrication portant une formule unitaire à base de Somidobove stérile, quatre seringues Optiflex F OA 09 contenant 640 mg de Somidobove, trois attestations de vente, trois factures dont une, émise par la société Dista Products, concernant la livraison de 14 kg 204 g de matière active Somidobove (PV établi le 7 mai 1991 à Fegersheim),

– une lettre du 12 novembre 1987 adressée par la société Lilly France au ministère des Affaires sociales et de la Solidarité nationale, concernant une demande d'autorisation de mise sur le marché d'un produit vétérinaire dénommé Somidobove, un dossier AMM relatif à ce produit, un dossier fabricant concernant la Somidobove 540 mg, des documents tous relatifs à des compléments de demande d'AMM, à des essais BST en France, à l'appellation "Somatotropine" ou "Somatotrophine", à l'importation ou à l'exportation du produit, à des coupures de presse sur la BST (PV du 7 mai 1991 à Saint-Cloud).

Que le caractère abusif desdites saisies n'apparaissant ainsi nullement établi, la demande en dommages et intérêts pour concurrence déloyale sera rejetée. »

TGI Paris, 3e ch., 26 mai 1995, *PIBD* 1995, n° 595, III, 420.

« Dès lors que ces documents, saisis dans les limites de l'ordonnance du 3 mai 1993, ne sont pas confidentiels comme il a été dit, leur exploitation, dans le cadre d'une action dont l'objet principal est la contrefaçon du brevet pour établir, aussi, des faits connexes de concurrence déloyale, étroitement liés à l'objet du brevet, et aux circonstances de sa contrefaçon, ne constitue pas un détournement de la procédure de saisie-contrefaçon, régulièrement initiée pour établir des faits de contrefaçon sur la base de l'ordonnance du 3 mai 1993.

En conséquence, il sera fait droit à la demande de la société MTB de communication des pièces de l'enveloppe B, les documents contenus n'étant pas confidentiels et renfermant des informations de nature à éclairer, tant sur les conditions de la contrefaçon que sur celles superposées d'une concurrence déloyale, relative aux pompes objet du brevet. »

Com. 8 juill. 2008, n° 07-15.075, *Bull. civ.* IV, n° 142, *PIBD* 2008, n° 882, III, 559; *Propr. Industr.* 2010, comm. 27, note P. Vigand.

« Attendu, selon l'arrêt attaqué, que MM. P. et B. X..., ainsi que les sociétés Newen France, Newen Inc. et The X... family ltd partnership ont fait pratiquer, sur le fondement d'un brevet dont ils sont respectivement titulaires et licenciés, une saisie-contrefaçon au préjudice de la société Machines Serdi; que l'ordonnance autorisant cette saisie ayant été rétractée, et les opérations effectuées sur son fondement annulées, les mêmes parties ont fait procéder, les 18 et 19 octobre 2001, à de nouvelles saisies-contrefaçon portant, pour la première d'entre elles, sur des éléments précédemment saisis lors des opérations annulées; qu'elles se sont désistées de l'action en contrefaçon de brevet qu'elles avaient engagée au fond, mais ont maintenu leur action parallèle en concurrence déloyale; que la société Machines Serdi les ont assignées en nullité des saisies et paiement de dommages-intérêts;

Sur le premier moyen :

Attendu que la société Machines Serdi fait grief à l'arrêt d'avoir rejeté sa demande tendant à l'annulation de la saisie-contrefaçon pratiquée le 18 octobre 2001, alors, selon le moyen :

1°/ que la nullité d'une saisie-contrefaçon s'étend à tous les éléments saisis ou recueillis à l'occasion de cette saisie, lesquels constituent les accessoires du procès-verbal de saisie annulé et se trouvent de la sorte privés de toute valeur probante; qu'aussi bien, une seconde saisie de ces mêmes éléments, fût-elle judiciairement autorisée, est elle-même entachée de nullité, peu important que la seconde saisie soit intervenue non pas avant mais immédiatement après la restitution des éléments irrégulièrement appréhendés à l'huissier du saisi; qu'en décidant le contraire, la cour viole l'article L. 615-5 du code de la propriété intellectuelle;

2°/ que le principe d'effectivité des droits, au nombre desquels figurent le droit d'agir en rétractation ou en annulation d'une saisie-contrefaçon irrégulièrement autorisée ou pratiquée, s'oppose à ce que le saisissant puisse valablement, à l'occasion d'une seconde saisie-contrefaçon, appréhender à nouveau les éléments recueillis lors d'une précédente saisie déclarée nulle, juste après les avoir restitués à l'huissier mandaté par le saisi, lesquels éléments ne se trouvent dans son étude que parce qu'ils viennent d'être restitués en suite de l'annulation de la première saisie; qu'en validant, dans de telles conditions, la saisie litigieuse, la cour d'appel viole de nouveau l'article L. 615-5 du code de la propriété intellectuelle, le principe d'effectivité des droits, ensemble la règle *fraus omnia corrumpit*;

Mais attendu que l'annulation d'une saisie n'implique pas l'interdiction, pour le titulaire du droit privatif, de faire pratiquer toute nouvelle mesure légalement admissible, et de procéder en conséquence à la réitération de la saisie annulée, sauf abus, qui ne saurait se déduire du seul caractère quasi immédiat de cette réitération; que le moyen n'est pas fondé;

Mais sur le deuxième moyen, pris en ses deux premières branches, et sur le troisième moyen, pris en ses deux premières branches, qui sont en mêmes termes :

Vu l'article L. 615-5 du code de la propriété intellectuelle;

Attendu que pour rejeter les demandes de la société Machines Serdi tendant à l'annulation des saisies-contrefaçon pratiquées le 18 octobre 2001, l'arrêt retient que MM. Y... et Z..., subordonnés de la société Newen, mais représentant, en fait, l'ensemble des saisissants, étaient autorisés à intervenir par les termes généraux de l'ordonnance, et qu'ils ne sont pas intervenus en qualité d'experts mais de représentants des sociétés requérantes;

Attendu qu'en statuant ainsi, alors que ni le requérant, ni ses préposés, ne sont au nombre des personnes pouvant assister aux opérations de saisie-contrefaçon, peu important que le juge de la requête leur en ait donné l'autorisation, la cour d'appel a violé le texte susvisé;

Sur le troisième moyen, pris en sa cinquième branche :

Vu l'article L. 615-5 du code de la propriété intellectuelle, ensemble l'article 455 du code de procédure civile;

Attendu que pour valider la seconde saisie du 18 octobre 2001, l'arrêt retient enfin que le préposé de la société Newen est intervenu comme représentant des requérants, et que, pour les motifs qui viennent d'être exposés plus haut, il convient de débouter la société Machines Serdi de sa demande de nullité des opérations de saisie-contrefaçon;

Attendu qu'en se déterminant ainsi, sans vérifier, comme elle y était invitée, si l'huissier avait lui-même exécuté les opérations de saisie-contrefaçon, la cour d'appel n'a pas donné de base légale à sa décision;

Et sur le quatrième moyen :

Vu l'article 455 du code de procédure civile;

Attendu que l'arrêt rejette la demande de la société Serdi tendant au paiement de dommages-intérêts en réparation du préjudice résultant des saisies-contrefaçon;

Attendu qu'en s'abstenant de répondre aux conclusions reprochant à l'ingénieur de la société Newen, qui avait participé à la saisie-contrefaçon pratiquée le 18 octobre 2001, d'avoir abusivement accédé au bureau d'études, au système informatique et à l'ensemble des ateliers, et d'avoir pu de la sorte prendre connaissance des secrets industriels de la société Serdi, lors même qu'aucun élément de nature à établir la contrefaçon recherchée n'avait été recueilli et que les saisissants s'étaient désistés de l'action en contrefaçon dans la perspective de laquelle les saisies avaient été autorisées, la cour d'appel n'a pas satisfait aux exigences du texte susvisé;

Par ces motifs, et sans qu'il y ait lieu de statuer sur les autres griefs :

Casse et annule. »

▸ 152.56 Recommandation pour éviter le grief de captation de secrets industriels et commerciaux

TGI Paris, 3e ch., 2e sect., 13 mars 1998, *RD propr. int.* 1998, n° 85, 29.

« Attendu que la société AD Classement prétend que la saisie pratiquée à Colombes serait nulle aux motifs que l'huissier serait sorti du cadre de ses pouvoirs en procédant à des investigations qui lui ont permis de reproduire les quantités de marchandises livrées à sa clientèle et les lieux de livraison;

Attendu cependant que ce moyen n'est nullement fondé au regard de la mission confiée à l'expert et de la précaution qui a été prise d'occulter le nom des clients de la société Viquel et les montants des factures considérées. »

▸ 152.58 Nombre injustifié de saisies-contrefaçon

Paris, 20 mars 1971, *Ann. propr. ind.* 1971. 111.

« Considérant que si la société Grip Ben a pu se méprendre sur la valeur de son brevet, elle n'a pas pu ne pas apercevoir les différences essentielles qui séparent les objets saisis des crampons décrits dans ce document; qu'elle n'en a pas moins multiplié des saisies à tout le moins téméraires et intenté des actions que dans ces conditions on doit tenir pour abusives; qu'il convient donc de confirmer la décision des premiers juges sur le montant de l'indemnité réclamée de ce chef par certains des défenseurs en première instance. »

TGI Paris, 24 janv. 1980, *PIBD* 1980, n° 261, III, 133.

Quant à la seconde saisie qui permettait un examen du matériel contrefaisant lui-même, saisie à laquelle il a été procédé dans des conditions qui ne sont pas autrement critiquées, elle apportait un complément de preuve à la société demanderesse qui ne paraît pas avoir agi malicieusement.

Com. 27 janv. 1998, n° 96-10.576, NP, *JCP E* 1998, Chron. p. 1495.

« Mais attendu qu'en retenant la multiplicité des saisies-contrefaçon opérées par M. L., notamment chez un client important et la baisse des ventes concernant le modèle argué de contrefaçon en résultant, la cour d'appel a justifié légalement l'existence d'une faute sans avoir à rechercher si M. L. avait usé d'un procédé déloyal. »

TGI Lyon, 31 mai 1999, *PIBD* 1999, n° 685, III, 439.

« Attendu en effet qu'en matière de propriété industrielle, il est souvent nécessaire de faire pratiquer simultanément plusieurs saisies-contrefaçon au préjudice des contrefacteurs potentiels pour éviter la disparition des éléments de preuve. »

Paris, pôle 5, ch. 1, 12 oct. 2011, RG n° 2009/21698, *Jurinpi* B20110164; *PIBD* 2011, n° 953, III, 9.

« Considérant que la société Sioen reproche à la société Paul Boyé un abus de procédure pour avoir fait diligenter successivement deux saisies-contrefaçon en 2004 et 2008 et pour être intervenue auprès du député de l'Hérault pour que ce dernier pose une question au Ministre de la défense relative à la délocalisation du marché en cause;

Mais considérant qu'il ne peut être reproché à la société Paul Boyé d'avoir fait procéder, avec l'autorisation préalable du président du tribunal de grande instance compétent, aux voies de droit destinées à lui permettre de recueillir, conformément aux prévisions de la loi, les moyens de preuve nécessaires pour engager une action en contrefaçon de son brevet; que, par ailleurs, la société Paul Boyé ne peut se voir imputer à faute l'exercice par un parlementaire, sous forme d'une question écrite, de ses prérogatives dans le cadre du contrôle de l'action gouvernementale;

Considérant qu'il n'apparaît pas que la société Paul Boyé, dans le cadre du présent litige, aurait abusé du droit d'agir en justice en tentant de défendre les droits de propriété intellectuelle se rapportant au brevet qui lui avait été délivré; qu'il n'est au demeurant pas démontré que le préjudice invoqué par la société Sioen, à savoir l'attribution à la société Paul Boyé d'un marché de fourniture de vêtements de combat qu'elle comptait obtenir, serait en relation de causalité avec le prétendu abus de procédure allégué;

Considérant, en définitive, que le jugement entrepris sera confirmé, sauf en ce qu'il a jugé fondée la demande de dommages-intérêts formée par la société Sioen au titre de la procédure abusive. »

▸ 152.59 Légèreté blâmable

Com. 22 mai 1973, n° 71-13.912, *Bull. civ.* IV, n° 181, *PIBD* 1974, n° 120, III, 77.

Une cour d'appel est fondée à retenir une faute à l'égard d'une société qui a fait procéder à des saisies-contrefaçon et a exercé une action en contrefaçon de brevet, dès lors que depuis la publicité donnée à l'essai de son appareil, cette société ne pouvait méconnaître la nullité du brevet qu'elle allait faire prendre.

TGI Paris, 3e ch., 26 mars 1975, *PIBD* 1976, n° 161, III, 9.

La société Europe Vibration, qui ne pouvait ignorer la gravité des mesures de saisies-contrefaçon effectuées par elle à l'encontre de la société ADV, alors surtout que l'une des saisies était effectuée chez un tiers, devait s'assurer auparavant de la réalité du droit invoqué la nullité du brevet alléguée résultant, non d'une erreur sur la validité du procédé breveté, mais de la divulgation effectuée par elle, la société Europe Vibration a, sans conteste, commis une faute en se prévalant du brevet en cause pour faire opérer la saisie.

TGI Paris, 3e ch., 15 juin 1990, *PIBD* 1990, n° 486, III, 569.

« Qu'il s'ensuit qu'à la date du 9 octobre 1987, lorsque la société Dropic a présenté sa requête aux fins de saisie-contrefaçon, elle était propriétaire du brevet et cette qualité était opposable aux tiers; que, dès lors, il importe peu que le 18 février 1988 elle ait fait inscrire à l'INPI le contrat d'apport du 18 octobre 1983. »

Orléans, 10 juill. 2003, *PIBD* 2003, n° 773, III, 514; *Propr. intell.* oct. 2004, p. 937, obs. de Haas.

« Attendu, en ce qui concerne les dommages-intérêts, que le fait, pour la société Europ-Arm, qui connaissait parfaitement l'usage que M. Chapuis faisait du signe distinctif "Chambord", de l'assigner en contrefaçon de marque, après avoir frauduleusement déposé celle-ci et fait procéder, en plein salon "Game Fair", au Château de Chambord, pendant une manifestation de prestige particulièrement renommée chez les fabricants et marchands d'armes de chasse, à une saisie-contrefaçon, est constitutif d'un abus du droit d'agir en justice, par l'intention de nuire que la procédure traduit sans fondement; que cette procédure est à l'origine pour M. Pierre Chapuis d'un préjudice, à tout le moins moral, dont la cour a les éléments suffisants pour fixer l'indemnisation à la somme de 5 000 euros. »

Paris, pôle 5, ch. 1, 2 févr. 2011, RG n° 09/13569.

« Considérant que les premiers juges ont par des motifs pertinents que la cour approuve, fait une exacte appréciation des faits de la cause et du droit des parties, en rejetant la demande de dommages et intérêts de la société Scalp pour procédure abusive;

Qu'il sera ajouté que le tribunal a visé à ce titre tant l'instance en contrefaçon que la saisie-contrefaçon, pour laquelle la société Scalp paraît actuellement former une demande distincte invoquant un préjudice commercial et industriel de ce chef;

Que seule une faute dans l'obtention de l'autorisation de saisir ou dans son exécution serait susceptible de justifier, le cas échéant, la réparation d'un préjudice qui en serait résulté; que l'existence d'une telle faute n'est nullement rapportée alors que les premiers juges ont justement relevé que la société Scalp ne démontrait pas que la société Licef a agi de mauvaise foi;

Qu'aucune légèreté blâmable de nature à fonder les demandes indemnitaires de la société Scalp ne s'avère en réalité suffisamment caractérisée, étant relevé que la mesure, justifiée, d'interdiction de reproduction de la formule saisie, prononcée en première instance est de nature à exclure toute utilisation indue de cette dernière, sans qu'il y ait lieu à prononcer d'astreinte. »

▸ 152.60 Le saisissant n'est responsable que de ses propres abus dans les opérations de saisie

Paris, 4e ch. A, 19 juin 1990, *Ann. propr. ind.* 1990. 169; *RD propr. ind.* 1990, n° 32, 49.

« Considérant qu'un tel déploiement de forces de police, pour de simples opérations de saisie-contrefaçon, accompagné d'un contrôle strict des personnes et d'une importante perquisition, ce pendant plusieurs heures, étant de nature à jeter une suspicion particulière sur la société qui en était l'objet, la faisant apparaître comme l'auteur de faits gravement perturbateurs de l'ordre public alors qu'il s'agissait seulement de faire constater l'atteinte éventuellement portée aux droits privatifs de Dior par un de ses concurrents;

Considérant que Dior ne peut s'exonérer de toute responsabilité dans une opération dont le déroulement a été gravement préjudiciable à Prestige alors que c'est elle qui l'a sollicitée, qu'elle a été réalisée par son mandataire qui se devait de procéder selon les règles habituelles de discrétion et que par son représentant, Monsieur G., présent, elle pouvait s'opposer à toutes initiatives inutiles ou excessives;

Que les abus commis doivent être sanctionnés, étant observé que le préjudice est d'autant plus important que les affirmations de détention de produits contrefaisant n'ont en rien été établies. »

Com. 30 juin 1992, n° 90-17.782, *Bull. civ.* IV, n° 254.

« Attendu que pour accueillir la demande, l'arrêt, après avoir relevé que si l'ordonnance ayant autorisé la saisie-contrefaçon prévoyait que l'huissier pourrait se faire assister par un commissaire de police et un mandataire de la société Dior, celle-ci demeurait responsable des conditions dans lesquelles s'opérait la saisie-contrefaçon sous la conduite de l'huissier qu'elle-même avait choisi et qui était son mandataire, retient que la présence de deux cars de policiers en uniforme ou en civil et le contrôle d'identité de membres du personnel faisaient apparaître le caractère manifestement excessif des opérations de saisie-contrefaçon par rapport à l'objet même de la mesure;

Attendu qu'en statuant ainsi, par des motifs impropres à caractériser une faute pouvant être mise à la charge de la société Dior, la cour d'appel a violé le texte susvisé. »

Paris, pôle 5, ch. 1, 15 sept. 2010, RG n° 2009/06635.

« La saisie contrefaçon en matière industrielle est destinée à procurer la preuve de la contrefaçon du titre protégeant l'invention et l'exercice, par le titulaire d'un brevet, de son droit de procéder à une telle saisie doit être apprécié au regard de l'article 1382 du code civil.

En l'espèce, les premier juges, après avoir relevé qu'il "ressort du procès-verbal de saisie contrefaçon [...] que l'huissier instrumentaire a reproduit [...] les noms et lieux de résidence des clients et fournisseurs de la société OMC Olivier Mondin figurant sur les devis qui lui ont été remis ainsi que des mentions afférentes à des factures (numéro, nom de la société et montant) et a saisi un CD comportant les factures 2007", ont estimé qu'en "procédant ainsi l'huissier instrumentaire, assisté du conseil en propriété industrielle de la société Like Mirror, a clairement outrepassé l'autorisation conférée par l'ordonnance" autorisant la saisie "et a mis à la disposition de la société requérante des informations comptables de la société saisie dont elle ne devait pas avoir connaissance, sauf autorisation du juge de la mise en état ou du juge des référés obtenue dans le cadre d'une procédure contradictoire", et que ces agissements "qui s'inscrivent dans un contexte conflictuel ancien dû à la rupture d'un partenariat commercial constitue une faute ayant causé un préjudice à la société OMC".

Certes le saisissant effectue les opérations de saisie sous son entière responsabilité et le procès verbal de saisie, tel que produit aux débats et dont il ne peut être sérieusement considéré (contrairement au CD saisi que l'huissier indiquait avoir conservé selon courrier du 2 mai 2007), que la saisissante n'en a pas eu connaissance, comporte des indications sur des clients et fournisseurs de la société saisie ainsi que sur six factures d'avril 2007.

Toutefois, il n'est nullement démontré que la société Like Mirror soit à l'origine des mentions reprochées alors au contraire, qu'elle a demandé dans sa requête aux fins d'autorisation de saisie que la copie des pièces comptables saisies soient conservées au secret jusqu'à ce qu'il soit statué sur leur communication.

Il n'est pas plus établi qu'elle ait tenté d'utiliser ces informations pour des besoins autres que ceux de la procédure, étant relevé que l'intimée n'invoque aucun préjudice commercial mais seulement un préjudice moral et une perte de chance à raison du temps consacré à sa défense, étant précisé que les frais exposés pour celle-ci ont fait l'objet d'une condamnation distincte au titre de l'article 700 du code de procédure civile.

En particulier, il n'est pas prouvé que le nom du fournisseur du film permettant la fabrication des miroirs de la société OMC indiqué par un de ses préposés lors de la saisie ait été abusivement recherché, même s'il était susceptible de relever du secret des affaires, et il n'est par ailleurs pas dénié que depuis la saisie l'appelante n'a jamais essayé de se rapprocher de ce fournisseur.

Par ailleurs, le conseil en propriété industrielle, visé dans l'ordonnance autorisant la saisie et qui a assisté l'huissier instrumentaire ne saurait être considéré comme dépendant de la société Like Mirror même s'il peut apparaître comme exposant l'ensemble des constatations techniques faites, et s'il a, selon le préposé de la société OMC présent lors de la saisie, "sorti" pour l'huissier des classeurs de la société saisie "qui étaient posés en apparence sur une étagère".

En effet, ces éléments sont insuffisants à remettre en cause l'indépendance de ce technicien, même si la société saisissante ne conteste pas qu'il s'agisse de son conseil habituel, compte tenu des obligations déontologiques de sa profession dès lors qu'il n'est pas le préposé de la société appelante, et ne peut ainsi être considéré comme étant dans un lien de subordination directe avec celle-ci ne garantissant pas le droit à un procès équitable de la société saisie.

À supposer que l'huissier de justice choisi par la société saisissante, assistée par ce conseil en propriété industrielle, ait outrepassé ses pouvoirs tels que limitativement définis par l'ordonnance autorisant la saisie ou n'ait pas valablement dirigé ses opérations, il n'est pas établi que ces faits puissent être imputés à faute à la société appelante ni que la saisie a été réalisée dans des circonstances révélatrices d'un comportement fautif de sa part.

Il ne peut en réalité être considéré que l'appelante ait entendu collecter déloyalement des informations confidentielles ou nuire à l'intimée, étant ajouté que s'il est allégué que la société Like Mirror a diffusé de fausses informations auprès de la clientèle d'OMC en vue de la dénigrer aucune pièce ne permet d'accréditer une telle assertion.

Certes, les parties sont en situation de concurrence après avoir entretenu des relations contractuelles et mis fin à un différend les ayant opposé, mais ce contexte ne peut à lui seul caractériser l'abus de procédure, pas plus que l'échec de la procédure de saisie contrefaçon, même si la saisie a été annulée et l'action au fond déclarée infondée.

Si la saisie a pu révéler que l'intimée utilisait pour la fabrication de ses miroirs un appareil chauffant de rétractation autre que celui qui caractériserait le brevet européen de l'appelante et si celle-ci s'en est rapporté à justice en première instance au vu notamment du procès-verbal de saisie (p. 20 sur 24 des conclusions de première instance du 26 septembre 2008), n'a pas interjeté appel du chef de la contrefaçon et admet avoir mal apprécié la portée de ses droits (p. 13 de ses conclusions d'appel), les éléments du dossier sont insuffisants pour considérer qu'elle avait nécessairement dès l'origine connaissance de l'inutilité ou du mal fondé d'une procédure de saisie-contrefaçon et n'a agi que dans l'intention de nuire à un concurrent.

En revanche, il résulte de l'emploi même du conditionnel dans ses écritures de première instance que la société Like Mirror ne pouvait ignorer que la contrefaçon "éventuelle" qu'elle invoquait devant les premiers juges n'était pas caractérisée. Pour autant il n'est pas établi que la poursuite de ce chef de son action devant le tribunal en de telles conditions a présenté un caractère réellement infamant ou déstabilisant à l'égard de la société OMC ni qu'elle a pu lui causer un préjudice distinct des frais de procédure pris en compte par le tribunal.

La décision entreprise sera en conséquence infirmée en ce qu'elle a condamné la société Like Mirror à payer à la société OMC des dommages et intérêts pour procédure abusive. »

▸ 152.71 Irrégularités graves

TGI Rennes, 28 févr. 1994, *RIPIA* 1994, n°s 175-176, 71.

« Les conditions dans lesquelles a été réalisée cette saisie-contrefaçon apparaissent fautives à deux égards. D'une part, alors qu'ils n'y étaient pas autorisés par les termes de l'ordonnance, deux salariés de la société Scania ont pénétré dans les locaux de la société DTO en compagnie de l'huissier instrumentaire. Cette intrusion illicite par des personnes qui ne sont pas tenues au secret professionnel comporte des risques de détournement d'informations confidentielles étrangères à l'éventuelle contrefaçon et constitue une faute.

D'autre part, procédure d'une exceptionnelle gravité, la saisie-contrefaçon doit tendre exclusivement à réunir les éléments de preuve de la contrefaçon elle-même. En l'espèce, l'huissier instrumentaire s'est fait communiquer la liste des clients de la société DTO, dans laquelle se trouvaient comprises des entreprises qui n'étaient pas destinataires du catalogue des pièces de rechange adaptables sur les véhicules et qui pour certaines n'étaient même pas utilisatrices des véhicules de cette marque. Ce détournement des objectifs de la saisie engage également la responsabilité civile des sociétés demanderesses et l'annulation des opérations de saisie-contrefaçon. »

▸ 152.72 Méprise légitime

Paris, 4e ch., 22 févr. 1982, *PIBD* 1982, n° 306, III, 162.

Doit être déclarée non fondée la demande de la société Bellot en dommages-intérêts pour saisie-contrefaçon abusive.

En effet, le premier procès-verbal du 20 novembre 1976 régulièrement établi en vertu d'une ordonnance du tribunal constate des faits qui, contrairement à ce qui est allégué, sont susceptibles de fonder une action en contrefaçon : il indique notamment que la société Bellot ne prévoit la fabrication qu'en cas d'éventuelle commande et il comporte des photographies et une description de la maquette litigieuse. La cour ajoute que les demandeurs ont pu légitimement se méprendre sur la portée de leurs droits.

TGI Lille, 2e ch., 21 mai 1986, *PIBD* 1986, n° 398, III, 337.

Par ailleurs, les défenderesses ne justifient pas que M. C. ait agi de mauvaise foi, par intention malicieuse ou par une erreur grossière équivalente au dol, qu'aussi longue et confuse qu'ait été la procédure, qu'aussi difficiles qu'en aient été les étapes, illustrées par les changements nombreux de conseils du demandeur, on ne voit là que l'expression exacerbée de la recherche de la reconnaissance d'un droit, fût-il erroné. Il apparaît que les rapports commerciaux ayant existé entre les parties et leurs conclusions ont pu motiver, à défaut de les justifier, les soupçons du demandeur. Les défenderesses doivent donc être déboutées de leurs demandes de dommages-intérêts.

TGI Paris, 3e ch., 30 oct. 1987, *PIBD* 1988, n° 430, III, 124.

La société Pocachard et la société Mapem ont pu se méprendre de bonne foi sur l'étendue de leurs droits. Dès lors, les sociétés Briel et Steca doivent être déboutées de leurs demandes en dommages-intérêts.

TGI Paris, 3e ch., 4 avr. 1991, *PIBD* 1991, n° 507, III, 536.

« Attendu que la société Bobard a pu, de bonne foi, se méprendre sur l'étendue de ses droits; que, dès lors, la demande en dommages-intérêts de la société Vititrac pour procédure abusive sera rejetée. »

TGI Paris, 3e ch., 8 juill. 1992, *PIBD* 1992, n° 534, III, 643.

« Attendu que la société Lodi invoque le préjudice subi du fait des saisies-contrefaçon pratiquées.

Mais attendu que seules deux saisies ont été réalisées, l'une au siège de la société Lodi a été infructueuse, l'autre à Rouen.

Que la société Lodi ne fait pas la preuve d'une perte de clientèle résultant des saisies pratiquées.

Attendu qu'en outre, la société CGI a pu se méprendre de bonne foi sur la portée de ses droits.

Qu'il s'ensuit que la société Lodi sera déboutée de sa demande en dommages-intérêts. »

TGI Paris, 3e ch., 30 juin 1994, *PIBD* 1994, n° 576, III, 527.

« Dans ce contexte, M. F. a pu se méprendre sur l'étendue de ses droits et le comportement de la défenderesse; sa demande actuelle ne procède pas d'un abus de droit. »

Aix-en-Provence, 29 avr. 1998, *PIBD* 1998, n° 661, III, 419.

« Attendu, sur le prétendu caractère abusif de la saisie-contrefaçon, que l'article 613-3 du code de la propriété intellectuelle prohibe, à défaut de consentement du propriétaire du brevet, la fabrication, l'offre, la mise dans le commerce, l'utilisation ou l'importation ou détention aux fins précitées du produit objet du brevet; que dans sa requête du 13 novembre 1996, la société CDN a fait référence à l'accord de vente exclusive des produits objets du brevet et de ses soupçons quant à la vente desdits produits à la "société Verdissimo" par le canal d'une société Biocare limited qui a son siège social à la même adresse que la société Tecflor et dont le directeur général est le fils du vice-président du conseil de surveillance de la société intimée; que ces éléments de fait, qui ne sont pas contestés, étant de nature à accréditer l'hypothèse de la détention par la société SEVS de roses sublimées importées en violation des droits du propriétaire du brevet mis en œuvre pour leur conservation, il n'apparaît pas que celui-ci ait commis un quelconque abus de droit en sollicitant l'application des dispositions de l'article L. 615-5 du code de la propriété intellectuelle; qu'il n'est par ailleurs pas démontré, ni même allégué, que les diligences de l'huissier n'ont pas été empreintes de la mesure que doit observer tout officier ministériel dans l'accomplissement d'une mission par nature nécessairement inquisitoriale; qu'enfin, il n'est pas établi que la saisie litigieuse ait eu un quelconque retentissement et pour conséquence de porter atteinte à la réputation professionnelle de la société saisie; que le jugement entrepris doit ainsi être également confirmé en ce qu'il a débouté la société SEVS de sa demande reconventionnelle en dommages et intérêts. »

Paris, pôle 5, ch. 2, 14 janv. 2011, RG n° 09/02809.

« Considérant que la société Saverglass, titulaire de droits exclusifs sur la bouteille Axel, a pu se méprendre sur l'exacte portée de ceux-ci en incriminant la bouteille Contessa, sans que l'action engagée dans le cadre de la présente instance puisse être imputée à une intention de nuire;

Qu'il en va de même de la saisie-contrefaçon dont la société Bruni n'établit pas que les conditions dans lesquelles elle a été opérée aient affecté son image et sa réputation auprès de la clientèle présente au salon. »

Paris, pôle 5, ch. 1, 2 févr. 2011, RG n° 09/13569.

« Qu'il sera ajouté que le tribunal a visé à ce titre tant l'instance en contrefaçon que la saisie-contrefaçon, pour laquelle la société Scalp paraît actuellement former une demande distincte invoquant un préjudice commercial et industriel de ce chef;

Que seule une faute dans l'obtention de l'autorisation de saisir ou dans son exécution serait susceptible de justifier, le cas échéant, la réparation d'un préjudice qui en serait résulté; que l'existence d'une telle faute n'est nullement rapportée alors que les premiers juges ont justement relevé que la société Scalp ne démontrait pas que la société Licef a agi de mauvaise foi;

Qu'aucune légèreté blâmable de nature à fonder les demandes indemnitaires de la société Scalp ne s'avère en réalité suffisamment caractérisée, étant relevé que la mesure, justifiée, d'interdiction de reproduction de la formule saisie, prononcée en première instance est de nature à exclure toute utilisation indue de cette dernière, sans qu'il y ait lieu à prononcer d'astreinte. »

Com. 20 sept. 2011, n° 10-19.443, P.

« Vu l'article 1382 du code civil;

Attendu que pour condamner la société Asterop à verser à la société Géo concept des dommages-intérêts, l'arrêt retient qu'elle a cru pouvoir faire procéder à des opérations de saisie-contrefaçon au siège de Géo concept, alors que les droits dont elle pouvait se prévaloir ne légitimaient pas ces opérations et que leur caractère abusif appelait la condamnation de la société Asterop;

Attendu qu'en statuant ainsi, alors qu'une saisie-contrefaçon ne fait pas peser sur son auteur une responsabilité objective du seul fait qu'elle se révèle injustifiée, la cour d'appel a violé l'article susvisé. »

Paris, pôle 5, ch. 2, 12 oct. 2011, RG n° 09/21698.

« Considérant que la société Sioen reproche à la société Paul Boyé un abus de procédure pour avoir fait diligenter successivement deux saisies-contrefaçon en 2004 et 2008 et pour être intervenue auprès du député de l'Hérault pour que ce dernier pose une question au ministre de la Défense relative à la délocalisation du marché en cause;

Mais considérant qu'il ne peut être reproché à la société Paul Boyé d'avoir fait procéder, avec l'autorisation préalable du président du tribunal de grande instance compétent, aux voies de droit destinées à lui permettre de recueillir, conformément aux prévisions de la loi, les moyens de preuve nécessaires pour engager une action en contrefaçon de son brevet; que, par ailleurs, la société Paul Boyé ne peut se voir imputer à faute l'exercice par un parlementaire, sous forme d'une question écrite, de ses prérogatives dans le cadre du contrôle de l'action gouvernementale;

Considérant qu'il n'apparaît pas que la société Paul Boyé, dans le cadre du présent litige, aurait abusé du droit d'agir en justice en tentant de défendre les droits de propriété intellectuelle se rapportant au brevet qui lui avait été délivré; qu'il n'est au demeurant pas démontré que le préjudice invoqué par la société Sioen, à savoir l'attribution à la société Paul Boyé d'un marché de fourniture de vêtements de combat qu'elle comptait obtenir, serait en relation de causalité avec le prétendu abus de procédure allégué;

Considérant, en définitive, que le jugement entrepris sera confirmé, sauf en ce qu'il a jugé fondée la demande de dommages-intérêts formée par la société Sioen au titre de la procédure abusive. »

▸ 152.73 Montant des dommages-intérêts

TGI Toulouse, 31 oct. 1996, *PIBD* 1997, n° 626, III, 90.

Sur le caractère abusif de la procédure :

« Celui-ci est amplement démontré par le nombre important d'irrégularités constatées dans l'accomplissement de la procédure, mais également par l'abstention du demandeur à défendre même la validité de son titre, dont la nouveauté est intégralement détruite par l'une seule des antériorités relevées par le rapport de recherche, ancienne de près de trente ans lors du dépôt de la demande.

Les règles de la propriété industrielle n'ont pas pour objet de servir de manœuvres en vue de l'appropriation du marché d'un produit. La violation répétée de ses prescriptions et leur détournement sont bien de nature à occasionner un préjudice à la Sarl Albouy Équipements qui est fondée à en demander réparation. Il suffit en effet de relever le caractère public des opérations de saisie-contrefaçon, diligentées à l'occasion d'une foire exposition, et ainsi de façon préjudiciable à la réputation de la Sarl Albouy Équipements, mais également l'excès de pouvoir auxquelles elles ont donné lieu, pour établir précisément et certainement l'existence de ce préjudice.

Il sera en conséquence fait droit à la demande de la Sarl Albouy Équipements, sauf à la réduire à la mesure d'une atteinte essentiellement de principe, celle-ci n'alléguant pas avoir perdu des marchés du fait de ces agissements et donc pas subi un préjudice économique mesurable.

À ce titre, une indemnité de 100 000 F sera allouée à la Sarl Albouy Équipements. »

TGI Paris, 3e ch., 1re sect., 22 nov. 2000, RG n° 98/23255.

« Attendu que les défendeurs sollicitent réparation du préjudice qui leur est causé par une deuxième saisie-contrefaçon, pratiquée le 15 mars, et selon eux abusive, six personnes ayant envahi les locaux de la société Palga, ce qui n'était pas nécessaire, et l'expert choisi par l'huissier s'étant livré à un interrogatoire des personnes présentes; qu'ils reprochent à l'expert d'avoir fait mettre sous scellés des pièces apportées par lui; qu'ils ajoutent que l'huissier a mentionné dans son procès-verbal la présence d'un prototype en cours d'étude, sans lien avec le litige, et a ainsi fourni à leur principal concurrent des informations sur leur projets;

Attendu que les demandeurs répliquent que l'expert s'est contenté de demander des précisions sur des informations fournies à l'huissier, et de montrer des notices ou brochures commerciales, présentant l'appareil argué de contrefaçon, afin de le faire reconnaître par le saisi; qu'ils estiment que les indications de référence mentionnées ne portent aucune atteinte à un quelconque secret de fabrique;

Attendu, cela étant exposé, que le président du tribunal de grande instance d'Avignon a, le 14 mars 2000, autorisé Michel Emsens à faire procéder à une saisie-contrefaçon dans les locaux de la société Palga International;

que l'huissier a procédé à ses opérations le 20 mars 2000;

qu'il s'est fait assister, comme l'ordonnance l'y autorisait, du commissaire de police, et de deux membres du cabinet Laurent et Charras, conseil en propriété industrielle;

qu'il ressort toutefois des énonciations du procès-verbal de saisie-contrefaçon que le conseil, Monsieur Thivillier, a apporté avec lui deux prospectus; qu'il les a présentés à Madame Dolle, lui demandant à deux reprises : "Fabriquez-vous cette machine"; qu'il a ensuite interrogé Monsieur Dolle, auquel il a posé une série de questions, se livrant à une véritable enquête; que l'huissier a annexé au procès-verbal de saisie-contrefaçon les prospectus apportés par le conseil;

Attendu que l'homme de l'art a pour seule fonction d'aider l'huissier dans sa description, et de lui fournir les explications techniques nécessaires à ce stade; qu'en apportant avec lui des documents aux fins d'interroger les personnes rencontrées, il est sorti du cadre de ses fonctions, et a commis une irrégularité grave;

Attendu que l'huissier a par ailleurs mentionné dans son procès-verbal la présence d'une machine "en phase de recherche développement"; que tout en indiquant qu'elle ne comportait pas de système d'embrochage, il a précisé, alors que le saisi lui avait indiqué qu'elle était couverte par le secret, qu'il s'agissait d'une saucisserie, et en a relevé les références; qu'en fournissant ces indications, inutiles dès lors qu'il avait constaté qu'il s'agissait d'une machine sans lien avec les brevets invoqués, l'huissier a commis une faute;

Attendu que la saisie pratiquée est donc abusive; Attendu que Michel Emsens sera condamné à payer à la société Palga International la somme de 100 000 francs en réparation de son préjudice. »

TGI Paris, 3e ch., 1re sect., 22 nov. 2000, RG n° 00/02524.

« Attendu qu'il échet d'allouer à la Société Ateliers Réunis Caddie la somme de 200 000 F (deux cent mille francs) dont le dommage est certes plus limité en raison du fait que la vente de ses chariots n'est pas exclusivement liée au consigneurs Variloc de la société Systec, mais compte tenu de ce qu'elle a par ailleurs subi les conséquences d'une mesure de saisie abusive diligentée par la société Ronis laquelle était ici aussi sans droit opposable à son égard. »

Paris, 3e ch., 3e sect., 18 juin 2002, RG n° 00/19109.

« Le tribunal relève des procès-verbaux de saisie-contrefaçon que :

– la première saisie-contrefaçon opérée par la société Beumer sur le stand du salon "Emballage 2000" de la société Thimon ne pouvait pas démontrer la contrefaçon puisque l'huissier a relevé que la bande initiale de 20 cm qu'il a examinée ne mesurait plus que 17 cm après que la housse a été mise en œuvre selon la machine Thimon;

– malgré tout, la société Beumer deux jours plus tard a réalisé une seconde saisie-contrefaçon au cours de laquelle l'huissier a procédé à une série d'opérations visant à démontrer l'étirage longitudinal dans le sens vertical d'au moins 5 % avant que le film ne soit tiré pardessus la charge placée sur une palette;

– que là encore les résultats obtenus étaient contestables puisque d'une part M. Dalsace, expert amiable qui a réalisé les mêmes mesures en utilisant la même palette et le film qui ont servi à l'huissier a trouvé les mêmes données chiffrées mais n'a pu en déduire les mêmes résultats : un étirage transversal identique sur un tronçon de gaine isolé et sur une bande de même largeur repérée sur une housse de 2 mètres totalement arisée et plissée sur le cadre-magasin soudée sur la partie supérieure ne subissant pas la même déformation;

– qu'enfin la machine Thimon est dépourvue de tout moyen permettant un étirage vertical, affirmation de M. Dalsace que ne contredit aucune constatation contraire de l'huissier.

Dans ces conditions, le tribunal considère que l'action engagée par la société Beumer à l'encontre de la société Thimon était abusive, les résultats des deux saisies-contrefaçon étant insuffisants pour démontrer la contrefaçon de son brevet. Ces opérations ayant eu un impact négatif sur l'image de la société Thimon vis-à-vis de la clientèle fréquentant le salon Emballage 2000, une somme de 30 000 euros à titre de dommages et intérêts est allouée en réparation à la société Thimon. »

TGI Paris, 3e ch. 1re sect., 23 sept. 2003, RG n° 01/15750, *Jurinpi* B20030245.

« Que, par contre, ont été saisies et non seulement visées des pièces qui constituent des informations concernant les clients de la société Acome, pièces qui ont été restituées sur décision du président du tribunal de grande instance d'Avranches;

Que cette saisie a causé incontestablement à la société Acome un préjudice qu'il convient de réparer par la somme de 15 000 euros à titre de dommages-intérêts. »

TGI Paris, 3e ch., 3e sect., 17 févr. 2004, RG n° 02/06561.

« Les société Adhersis soutiennent que la société France Telecom a cherché par l'engagement et les conditions de poursuite de cette procédure et alors qu'elle avait engagé des pourparlers visant à obtenir une licence du brevet présentement opposé, à déstabiliser une jeune entreprise leader dans un secteur qui constitue l'un des vecteurs privilégiés du développement de l'équipement des petites et moyennes entreprises en moyens de communication à haut débit.

Il y a lieu de relever que :

– la présente action a été introduite le 12 février 2002 par la société France Telecom,

– le 27 février 2002, la société France Telecom formalisait une proposition commerciale de licence du brevet en cause à la société Adhersis suite à des négociations engagées fin 2001,

– le 8 avril 2002, la société Adhersis acceptait cette proposition,

– le 9 juillet 2002, la société France Telecom conditionnait la signature du contrat à l'accord du copropriétaire,

– le 25 novembre 2002, la société France Telecom considérait que son offre était caduque,

– fin mars 2003, la société France Telecom faisait procéder à une saisie-contrefaçon dans les locaux d'une des agences de la société Adhersis alors qu'elle était en possession des éléments lui permettant de constater que la solution Backupia ne reproduisait pas les caractéristiques de son invention.

Au vu de ces éléments, le tribunal considère que la société France Telecom a introduit et maintenu la présente procédure de mauvaise foi pour faire pression sur un concurrent, obtenir des informations comptables sur l'activité de ce dernier et ce, alors que d'une part dès le départ, elle était à même de vérifier que la solution Backupia ne reproduisait pas son brevet ni n'était identique aux caractéristiques du brevet Rietsch et que d'autre part elle avait en face d'elle une société de bonne foi dont d'ailleurs elle était le partenaire dans d'autres activités commerciales et qui était prête à signer avec elle un accord de licence.

Ce comportement délibérément fautif a causé un préjudice certain aux défenderesses tenant à la désorganisation de leur activité; aussi, il y a lieu de leur allouer la somme de 100 000 euros à titre de dommages et intérêts et de les autoriser à publier le dispositif de la présente décision dans les conditions définies ci-après. Enfin, compte tenu des frais exposés pour leur défense une indemnité de 30 000 euros leur sera allouée en application de l'article 700 du nouveau code de procédure civile, cette somme étant prise en charge par la seule société France Telecom. »

TGI Paris, 3e ch., 2e sect., 30 avr. 2004, RG no 01/ 19327.

« Attendu que la requête en saisie-contrefaçon a été présentée par la société Spade qui n'avait pas qualité à agir et sur la base des titres dont il a ci-dessus été relevé qu'ils n'avaient pas d'effets en France;

que de la même manière, ce n'est que selon bordereau du 20 mai 2003, soit 18 mois après l'introduction de l'instance au fond, que le brevet français a été communiqué;

qu'enfin, les demandeurs ont fait preuve d'un acharnement dans leur action alors qu'ils ne pouvaient se méprendre quant à l'étendue de leurs droits eu égard aux essais comparatifs sur les ancres marines régulièrement publiés dans les revues spécialisées;

que l'abus de procédure est ainsi caractérisé en l'espèce.

Attendu en outre que la défenderesse n'est pas démentie lorsqu'elle indique qu'il ressort des extraits provenant du forum juridique/nautique animé sur le site Internet *sailtheworld.com* que Monsieur Poiraud, écrivant sous un pseudonyme, a publiquement dénoncé les agissements de la société MPI désignée comme contrefacteur;

que ces envois de courriels s'étant produits alors qu'aucune décision de justice n'était intervenue tant sur la contrefaçon que sur la validité du brevet invoqué, constituent dès lors un dénigrement contraire aux usages loyaux du commerce engageant la responsabilité de leur auteur agissant tant personnellement qu'en sa qualité de gérant de la société Spade.

Attendu que le préjudice qui est résulté pour la société MPI tant de l'abus de procédure que des actes de dénigrement sera justement indemnisé à hauteur de la somme globale de 15 000 euros. »

TGI Paris, 3e ch., 3e sect., 23 mars 2005, RG no 02/ 16042.

« Le tribunal relève qu'alors qu'elle connaissait parfaitement l'existence du fabricant concurrent qui fournissait la société Renault en têtes de rodage puisqu'elle avait déjà fait procéder à une saisie-contrefaçon le 23 décembre 1998 au détriment de la société Exrod, la société AMDP n'a pas hésité à réaliser de nouveau une saisie-contrefaçon chez ce même client et a engagé une action en saisie-contrefaçon sur la seule base des constatations de l'huissier qui permettaient difficilement de vérifier les caractéristiques des têtes de rodage décrite étant relevé qu'aucune saisie réelle n'a été pratiquée.

Cette saisie-contrefaçon chez un client commun qui a permis à la société AMDP d'appréhender des documents de son concurrent sans rapport avec la contrefaçon et l'introduction de la présente action sur la base du simple procès-verbal de saisie constitue des actions abusives et des actes de concurrence déloyale à l'encontre de la société Exrod.

Compte-tenu des éléments produits par la société Exrod, le tribunal considère que le préjudice subi par cette dernière sera justement réparé par l'allocation d'une indemnité de 150 000 euros qui sera supportée par les deux demanderesses, la société Smot s'étant associée aux demandes de la société AMDP.

[...]

Dit que ces mêmes sociétés en faisant pratiquer une saisie-contrefaçon dans l'usine Renault de Cuny le 19 septembre 2000 et en introduisant la présente instance sur la base du procès-verbal de cette saisie ont commis un abus de droit et des actes de concurrence déloyale au détriment de la société AMDP,

Condamne in solidum les sociétés AMDP et la société Smot à payer à la société Exrod la somme de 150 000 euros à titre de dommages et intérêts et celle de 20 000 euros en application de l'article 700 du nouveau code de procédure civile. »

Paris, 4e ch., sect. B, 21 oct. 2005, RG no 2003/20591, *PIBD* 2005, no 820, III, 743.

« Considérant que la société Button fait grief aux premiers juges de l'avoir condamnée à payer des dommages et intérêts aux sociétés Truffaut, Botanic et AJS, ayant jugé qu'elle avait agi avec légèreté et de manière fautive; qu'elle estime, en effet, notamment qu'elle n'a à aucun moment demandé une saisie portant sur un modèle "dalmatien" ; que la présence d'un commissaire de police lors des opérations de saisie ne lui est pas directement imputable étant laissée à l'appréciation de l'huissier et qu'il ne peut lui être davantage reproché de ne pas avoir mis en demeure préalablement les sociétés qu'elle poursuivait;

Considérant, toutefois, que c'est par des motifs pertinents que la cour fait siens que les premiers juges ont retenu que les saisies-contrefaçon avaient inclus de manière non justifiée des bottes à tête de dalmatien alors qu'il est constant que la société Button n'avait déposé aucun modèle et que, de ce fait, les sociétés poursuivies avaient subi un préjudice; qu'en outre, la cour doit relever que la poursuite en contrefaçon du modèle "canard" a été introduite avec légèreté dans la mesure où les représentations étaient très différentes; que c'est donc de manière justifiée que les premiers juges ont retenu que la société Button avait agi avec une grande légèreté fautive qui avait généré un préjudice puisque les sociétés poursuivies ont arrêté la commercialisation de l'ensemble des modèles visés;

Considérant, cependant, que le préjudice subi par les sociétés Truffaut, Botanic et AJS ne saurait avoir l'importance estimée par les premiers juges; que, notamment, la société Ais ne peut être suivie lorsqu'elle prétend n'avoir pu continuer la commercialisation de bottes à tête d'animal, qu'il lui était, en effet, possible de commercialiser des produits représentant d'autres animaux; qu'il convient en conséquence de réduire le montant des dommages et intérêts et d'allouer à la société Ais la somme de 10 000 euros, et à chacune des sociétés suivantes Truffaut et Botanic la somme de 1 000 euros;

Considérant qu'en appel, la société Oxadis forme une demande en paiement de dommages et intérêts pour procédure et appel abusifs; qu'à son égard, il sera également relevé que la saisie-contrefaçon visait également des bottes "dalmatien" alors que la société Button ne détenait aucun droit sur ce modèle; qu'ainsi cette dernière a également agi avec une légèreté fautive à son égard qui justifie que lui soit allouée la somme de 1 000 euros à titre de dommages et intérêts. »

TGI Paris, 3e ch. 1re sect., 25 janv. 2006, RG n° 05/06294.

« Les 14 et 19 mars 2002, Monsieur Henri Guenoun a fait effectuer sur le fondement du brevet n° 92 00379 deux saisies-contrefaçon chez deux clients de la société Du Pont de Nemours France, la société Stéphane Kelian et la société CKEF, alors qu'il n'ignorait pas la précarité de ses droits puisque la nullité de son brevet avait été prononcée par jugement de ce tribunal du 18 mars 1999 et que l'issue de l'appel qu'il avait interjeté était imminente, l'arrêt ayant été rendu quelques jours plus tard le 29 mars 2002.

En conséquence, il convient de considérer que ces saisies ont été pratiquées à des fins vexatoires et constituent un abus de droit manifeste ayant causé un préjudice à la société Du Pont de Nemours France dans ses relations commerciales.

Monsieur Henri Guenoun sera condamné à verser de ce chef à la Société Du Pont de Nemours France la somme de 20 000 euros à titre de dommages et intérêts. »

Paris, 4e ch., sect. A, 5 avr. 2006, RG n° 05/10728.

« Considérant que la société Silec n'a pu de bonne foi se méprendre sur la portée du brevet qui a fait l'objet d'un examen approfondi devant l'OEB; qu'en outre, en pratiquant une saisie-contrefaçon, en violation des dispositions légales applicables, elle a cherché à accéder à des informations non publiques sur un concurrent et lui a causé un trouble commercial indéniable qui sera réparé par l'allocation d'une indemnité de 50 000 euros. »

TGI Paris, 3e ch., 3e sect., 30 janv. 2008, RG n° 2004/17031, *PIBD* 2008, n° 871, III, 207.

« Les sociétés Citel sollicitent la condamnation de la société ABB à lui payer la somme de 150 000 euros pour procédure abusive et concurrence déloyale.

La société Indelec sollicite la condamnation de la société ABB à lui payer la somme de 150 000 euros pour procédure abusive.

Le tribunal relève que la société Citel est une petite entreprise et que la société ABB France avait souhaité opérer des rapprochements avec cette dernière après avoir engagé la présente action, que la société demanderesse a également mis en cause la société Indelec qui est un client important de la société Citel mais un client parmi d'autres, qu'elle a notamment fait effectuer une saisie-contrefaçon en juillet 2005 dans les locaux de la société Indelec alors que la première saisie effectuée chez Citel n'est intervenue qu'en décembre 2005, qu'une deuxième saisie contrefaçon a eu lieu en janvier 2006 dans les locaux de la société Indelec et qu'enfin plusieurs assignations ont été annulées de même que les saisies-contrefaçon.

De fait la société Indelec a été contrainte de déréférencer les produits argués de contrefaçon qu'elle proposait dans son catalogue et de les remplacer par d'autres produits.

Ce comportement de la société ABB France dénote de sa part une volonté de nuire à la société Citel en utilisant notamment le moyen de pression que constitue la menace de condamnation en contrefaçon de l'un de ses principaux clients et ce, dans le but clair de l'absorber.

Il en est résulté un préjudice commercial certain ainsi qu'un préjudice d'image que le tribunal estime pour les sociétés Citel à la somme de 150 000 euros et pour la société Indelec à la somme de 50 000 euros. »

TGI Paris, 3e ch., 1re sect., 10 juin 2008, RG n° 04/12315.

« La société Halberg Précision Cusset indique que la société Llaza l'a privée de vente de ses sangles à différents fabricants de stores à la suite des saisies-contrefaçon réalisées en 2004 et a donc généré un important manque à gagner du fait de ces procédures.

Il convient de rappeler que la société Llaza ne pouvait pas se méprendre sur le fait qu'une autre société avait conçu et réalisé les embouts pour lesquels elle revendiquait la titularité des droits de brevet;

En effet, elle avait mandaté un tiers M. Rivière pour qu'il fasse concevoir et réaliser des prototypes d'embouts de sangles, qu'elle a reçu par l'intermédiaire de ce même M. Rivière, un plan portant le cartouche de la société Applifil et des photographies, que les modifications qu'elle a demandées d'apporter au projet, ne sont pas suffisantes pour faire d'elle le seul créateur de l'embout; qu'elle ne verse au débat aucun élément de recherche provenant de ses services.

La société Halberg Précision Cusset n'a à aucun moment travaillé comme sous-traitant de la société Llaza et aucun accord de confidentialité d'usage quand une société d'études et de recherches travaille pour une autre société donneuse d'ordre n'est versé au débat et ni même allégué.

En conséquence, en faisant pratiquer au sein de la société qui a au moins participé à égalité à la création de cet embout, une saisie-contrefaçon et en l'assignant dans le but de lui interdire de fabriquer et de vendre les sangles à d'autres storistes, la société Llaza dont l'activité n'est pas exposée devant le tribunal, a commis un abus d'ester en justice à l'encontre de la société Halberg Précision Cusset, abus qui a généré un préjudice commercial résultant d'un manque à gagner.

Vu les circonstances de l'espèce, il sera alloué à la société Halberg Précision Cusset la somme de 20 000 euros à titre de dommages et intérêts pour procédure abusive. »

TGI Paris, 3e ch., 3e sect., 7 janv. 2009, RG n° 2008/ 00116, *Jurinpi* B20090019, *PIBD* 2009, n° 894, III, 951.

« Selon la société OMC Olivier Mondin, la mauvaise foi évidente avec laquelle la société Like Mirror a mené les opérations de saisie-contrefaçon, demandée devant un juge non compétent, et pour laquelle aucune consignation n'a été versée au préalable, justifie que Like Mirror soit condamnée pour procédure abusive. De plus, selon elle, le "vol" d'informations constitue un préjudice concurrentiel.

Il résulte de l'ordonnance en date du 21 février 2007 autorisant la saisie-contrefaçon que l'huissier instrumentaire était autorisé à saisir réellement ou en copie, en deux exemplaire, tous prospectus, brochures, catalogues, notices, tarifs, d'où pourrait résulter la preuve de la contrefaçon, de sa provenance ou origine et de son étendue, un exemplaire de ces objets étant remis à la requérante et l'autre déposé au greffe du tribunal ainsi qu'à décrire, et au besoin, à copier ou reproduire toutes pièces de comptabilité, tous livres comptables pouvant établir la preuve, l'origine et l'étendue de la contrefaçon, à charge pour l'huissier instrumentaire de conserver les copies des pièces comptables de telle façon qu'elles soient conservées au secret jusqu'à ce que le juge de la mise en état ou le juge des référés statue sur leur communication au requérant.

Il ressort du procès-verbal de saisie-contrefaçon en date du 25 avril 2007 que l'huissier instrumentaire a reproduit dans son procès-verbal les noms et lieux de résidence des clients et fournisseurs de la société OMC Olivier Mondin figurant sur les devis qui lui ont été remis ainsi que des mentions afférentes à des factures (numéro, nom de la société et montant) et a saisi un CD comportant les factures 2007. En procédant ainsi, l'huissier instrumentaire, assisté du conseil en propriété industrielle de la société Like Mirror, a clairement outrepassé l'autorisation conférée par l'ordonnance précitée et a mis à la disposition de la société requérante des informations comptables de la société saisie dont elle ne devait pas avoir connaissance, sauf autorisation du juge de la mise en état ou du juge des référés obtenue dans le cadre d'une procédure contradictoire.

Ces agissements qui s'inscrivent dans un contexte conflictuel ancien dû à la rupture d'un partenariat commercial, constituent une faute ayant causé un préjudice à la société OMC Olivier Mondin qu'il convient de réparer par l'allocation de la somme de 20 000 euros à titre de dommages et intérêts.

La société Like Mirror est en conséquence condamnée à payer cette somme à la société OMC Olivier Mondin. »

TGI Paris, 3e ch., 3e sect., 25 mars 2009, RG n° 07/ 12696.

« Il est constant que l'exercice d'une action en justice ne dégénère en abus pouvant donner naissance à une demande en dommages et intérêts que dans le cas de malice, de mauvaise foi ou d'erreur grossière équipollente au dol.

Il y a lieu de relever que :

– la société Vetrotech Saint-Gobain a fait procéder à une saisie-contrefaçon dans des conditions inhabituelles : présence de trois conseils en propriété industrielle et vingt-quatre questions posées par l'huissier; cette procédure qui s'est apparentée à une perquisition a conduit le juge de la mise en état puis la cour d'appel à écarter des débats les réponses, les questions ayant été posées hors de sa mission par l'huissier instrumentaire;

– la société Vetrotech Saint-Gobain a maintenu sa procédure en contrefaçon alors qu'il apparaissait de ses propres analyses que les vitrages Interver saisis ne présentaient pas la teneur en eau prévue à la revendication 1 de son brevet.

Au vu de ces éléments, le tribunal considère que tant la procédure de saisie-contrefaçon qui a permis à la société Vetrotech d'obtenir une série de renseignements sur le procédé de fabrication de la société Interver qui est une concurrente directe que le maintien de la présente procédure constituent de la part de la demanderesse des abus de droit en application de l'article 1382 du code civil au détriment de la société Interver.

Eu égard au préjudice commercial certain supporté par la société Interver, une indemnité de 100 000 euros lui est allouée de ce chef. »

TGI Paris, 3e ch., 4e sect., 30 sept. 2009, RG n° 09/ 04911.

« La société François Inglese fait valoir que l'autorisation de faire procéder à une saisie-contrefaçon dans ses locaux a été obtenue par les demanderesses de manière abusive et que les conditions d'exécution de la saisie-contrefaçon opérée le 18 janvier 2008 ont été affectées de vices graves. Elle estime avoir subi un préjudice qu'elle évalue à la somme de 60 000 euros.

Il ressort des pièces versées aux débats que par ordonnance en date du 13 décembre 2007 du président du tribunal de grande instance du Puy-en-Velay, les sociétés Iordo Belgrano et FTI ont été autorisées à faire procéder à la saisie descriptive et réelle d'autant d'exemplaires qu'elles désirent des produits contrefaisants vendus par la société François Inglese et qu'a également été autorisée la présence lors de la saisie d'un représentant des requérants.

Il apparaît que la requête en saisie contrefaçon présentée sur le fondement du droit des brevets et des dessins et modèles n'était pas accompagnée de la justification des droits des requérantes sur le brevet.

En outre, il résulte du procès-verbal de saisie-contrefaçon en date du 18 janvier 2008 au siège social de la société François Inglese que l'huissier était assisté de Monsieur Alain Claudet responsable de produit attaché à la société Tordo Belgrano. Cette dernière irrégularité a été à l'origine de l'ordonnance de référé rétractation en date du 22 octobre 2008.

En conséquence, il apparaît que les opérations de saisie ont permis aux sociétés demanderesses de prendre connaissance dans des conditions illicites d'éléments comptables de la société François Inglese des factures et la liste des extraits de compte tiers ayant été saisis.

Le préjudice subi par la société François Inglese, à la suite de cette saisie irrégulière, sera évalué à la somme de 10 000 euros. »

Paris, pôle 5, ch. 1, 22 juin 2011, RG n° 09/24271.

« Considérant que c'est par une exacte appréciation des circonstances de la cause et des règles de droit applicables que le tribunal, par des motifs exacts, suffisants et pertinents que la cour fait siens, a notamment tiré les conséquences appropriées de la nullité partielle de la saisie-contrefaçon prononcée par cette cour en raison des investigations illicites auxquelles elle a servi de prétexte; que les premiers juges ont exactement mesuré le préjudice commercial subi par la société Interver du fait que cette procédure a permis à la société Vetrotech, sa concurrente, d'obtenir indûment des informations sur ses procédés de fabrication. »

▸ 211.12 Justificatifs à produire

TGI Paris, 3e ch., 1re sect., ord. réf., 5 mai 2010, RG n° 10/01506.

« La société La Bovida prétend que la société ECF ne démontre pas être titulaire des droits d'auteur sur la gamme de couverts "style 180" et qu'en conséquence, elle n'était pas recevable à demander cette saisie-contrefaçon.

La société ECF fait valoir qu'elle n'a fait que demander à l'entreprise chinoise de fabriquer la gamme de couvert "style 180" dessinée par un de ses salariés, M. Gloria, embauché en 2006 par la société demanderesse; qu'elle est bien l'auteur de cette gamme de couverts qui a été divulguée sous son nom comme en atteste le catalogue Chomette Favor spécial collectivités pour l'année 2006.

Il apparaît que la société ECF ne verse au débat aucun dessin de création des couverts qu'elle aurait adressés à la société chinoise pour fabrication, que seules sont produites des factures attestant de la fabrication par une entreprise chinoise des couverts style 180 et de leur achat par la société ECF.

La société défenderesse qui prétend que la société La Bovida a embauché l'auteur des couverts M. Gloria et aurait utilisé ses œuvres, ne produit aucun élément sur le travail de création de ce dernier. »

▸ 211.13 L'auteur, ses ayants droit, ses ayants cause; le titulaire du droit voisin

Paris, 14 avr. 1976, *PIBD* 1976, n° 179, III, 435.

Est recevable une action en contrefaçon introduite à la fois par le cédant et par le cessionnaire de deux modèles de fauteuil et de chaise, alors que ladite cession est antérieure à la saisie. L'insignifiance du prix convenu au contrat ne saurait porter atteinte à la validité d'une cession non contestée par les contractants alors surtout que ceux-ci travaillent depuis de nombreuses années en collaboration. Le dépôt du modèle de fauteuil par le cessionnaire antérieurement à l'acte de cession ne permet pas davantage de conclure à l'irrecevabilité de l'action en contrefaçon, ce dernier ayant pu être précédé d'un accord verbal.

Paris, 10 mars 1983, *RIDA* 1983, n° 177, 105.

« Qu'ainsi s'expliquent les termes de l'article 10, alinéa 2 susvisé par lesquels le cédant constitue le cessionnaire mandataire (*"Attorney"*) à l'effet, aux frais et débours de celui-ci, d'agir de toute manière légale qu'il estimera nécessaire pour prévenir toute atteinte à ses droits sur le film;

Qu'une telle stipulation, si elle peut apparaître comme surabondante dans notre système juridique, ne peut s'entendre que comme confirmant la volonté des parties d'investir Shelltrie de tous les pouvoirs nécessaires au bon exercice de son droit d'exploitation. »

Paris, 1er mars 1984, *PIBD* 1984, n° 351, III, 188.

La société Lansa France n'établit pas sa qualité d'ayant cause de M. B. Le fait que M. B. figure parmi les associés de la société Lansa France ne saurait lui conférer une telle qualité.

Cette société n'apporte pas davantage la preuve de la qualité de distributeur exclusif des porte-clés litigieux qu'elle invoque. Elle n'est donc pas recevable en son action en contrefaçon.

TGI Paris, 20 mars 1984, *PIBD* 1984, n° 354, III, 236.

Le contrat du 2 novembre 1971 produit par la société Cinec n'est qu'un contrat de distribution et ne comporte aucune cession à son profit des créations de Mme K.;

Dès lors, cette société ne pouvant se prévaloir d'aucun droit de propriété artistique sur le modèle invoqué, n'a aucune qualité pour agir en contrefaçon et doit être déclarée irrecevable en son action.

Paris, 11 juill. 1991, *RD propr. int.* 1991, n° 38, 78.

« Considérant que les articles 30 et 36 du Traité de Rome ne sauraient directement atteindre de nullité absolue le contrat d'exploitation des modèles par Cassina; que simplement si leur application s'oppose à ce que soient déclarés contrefaisants les actes d'importation et de commercialisation de produits semblables à ceux fabriqués par Cassina, ils rendraient ce contrat inopposable aux personnes poursuivies;

Considérant ainsi, sous réserve de ce qui sera jugé quant à la nature des œuvres; qu'il convient en l'état de considérer les demandes en contrefaçon comme étant toutes recevables. »

TGI Nanterre, 23 mars 1992, *Expertises*, janvier 1993, 33.

« Attendu en définitive que Gamex a reçu de Cerit, qui en était propriétaire, les droits d'exploitation du logiciel CE 2000 version 2, qui lui permettent, comme l'a jugé l'arrêt de la cour de Versailles du 28 avril 1989, de poursuivre en contrefaçon. »

Paris, 7 juill. 1994, *PIBD* 1994, n° 576, III, 550.

« Considérant qu'il n'est pas discuté qu'au jour de la saisie, date des contrefaçons invoquées, Jacquard exploitait commercialement, sous son nom, le modèle de torchon Vigne; qu'en l'absence de toute revendication de la part de tierces personnes physiques ou morales, ces actes de commercialisation sont de nature à faire présumer, à l'égard de tiers contrefacteurs, que Jacquard était titulaire sur ces œuvres, quelle que fût leur qualification, du droit de propriété incorporelle de l'auteur.

Considérant qu'au surplus, Jacquard démontre, en produisant le contrat de licence et une lettre en date du 27 novembre 1985 émanant de la Colonial Williamsburg Foundation, que ce dessin a été créé par M. K., à partir de dessins d'art traditionnel américain appartenant à la Colonial Williamsburg Foundation, laquelle a concédé ses droits d'exploitation notamment de ce dessin à Jacquard, par contrat de licence en date du 1er août 1984;

Qu'il s'ensuit que la demande en contrefaçon de ce dessin sur le fondement de la loi du 11 mars 1957 est recevable. »

TGI Le Havre, 1re ch., 19 déc. 1996, *RIDA* 1997, p. 337.

« Que M. Richard Constant, en sa qualité de secrétaire général de Polygram International Limited, atteste, dans deux attestations régulières en la forme au regard des dispositions des articles 200 et suivants du nouveau code de procédure civile, que "*la société Polygram International Music BV a concédé, en application d'un contrat d'échange de répertoire, une licence exclusive pour le territoire français de la partie française des marques internationales A et M, Island et Polydor, aux fins de reproduction sur phonogrammes de commerce*", et que "*Polygram SA est le licencié exclusif pour la France, en application d'un contrat d'échange de répertoire, des enregistrements dont Island Records Limited et A et M Records Incorporation sont les producteurs*".

Attendu qu'il résulte de ces documents que toutes les demanderesses justifient soit de la protection des marques ou des phonogrammes qu'elles invoquent soit, pour ce qui est de la société Polygram SA, du contrat de licence exclusive dont elle se prévaut;

Qu'à la fois leur qualité et leur intérêt à agir sont, par suite, établis et qu'il y a lieu de déclarer leur demande recevable. »

Civ. 1re, 3 avr. 2001, n° 99-15.691, NP, *PIBD* 2001, n° 728, III, 508; *Propr. intell.* 2002, n° 3, p. 70, obs. P. de Candé.

« Mais attendu que, en l'absence de toute revendication du créateur, celui qui exploite un modèle sous son nom est présumé, par ces actes de possession et à l'encontre des personnes poursuivies en contrefaçon, titulaire de la propriété incorporelle de l'auteur; que l'arrêt, qui relève une commercialisation des modèles litigieux par la société Bill Tornade antérieure à leur achat par la société Baram, a ainsi légalement justifié sa décision. »

Crim. 24 févr. 2004, n° 03-83.541, *Bull. crim.* n° 49.

« Vu l'article L. 113-5 du code de la propriété intellectuelle;

Attendu qu'il résulte de ce texte qu'en l'absence de revendication de l'auteur, l'exploitation de l'œuvre par une personne morale sous son nom fait présumer, à l'égard des tiers recherchés pour contrefaçon, que cette personne est titulaire, sur l'œuvre, qu'elle soit ou non collective, du droit de propriété incorporelle de l'auteur;

Attendu qu'après avoir condamné Haissam Y…, gérant de la société Hélios, du chef de contrefaçon, pour avoir reproduit et diffusé, sans autorisation, trois modèles de lunettes créés par Jean-Paul X…, salarié de la société du même nom, l'arrêt attaqué déclare irrecevable la constitution de partie civile de celle-ci, au motif que le contrat de travail la liant au créateur ne prévoit que la cession des droits de reproduction et de représentation des modèles de vêtements dont Jean-Paul X… est l'auteur;

Mais attendu qu'en statuant ainsi, en l'absence de revendication de l'auteur et alors que la société Jean-Paul X… exploite les modèles originaux de lunettes sous son nom, la cour d'appel a méconnu le principe ci-dessus rappelé. »

Com. 20 juin 2006, n° 04-20.776, *Bull. civ.* IV, n° 147.

« Vu l'article L. 113-5 du code de la propriété intellectuelle;

Attendu qu'en l'absence de revendication du ou des auteurs, l'exploitation d'une œuvre par une personne morale sous son nom fait présumer, à l'égard des tiers recherchés pour contrefaçon, que cette personne est titulaire sur l'œuvre, qu'elle soit collective ou non, du droit de propriété incorporelle de l'auteur;

Attendu que pour dire irrecevable l'action en contrefaçon de la société Céline, l'arrêt relève, par motifs propres et adoptés, que la présomption de titularité dont cette dernière se prévaut ne saurait être retenue dès lors qu'elle suppose l'absence de revendication de l'auteur de la création, ce qui n'est pas le cas de Mme X…, qui argue de son droit moral, que la société Céline avait le choix des moyens ayant conduit à la fixation de l'objet du litige, que dès lors qu'elle prétend tenir ses droits de Mme X…, elle ne peut être déclarée recevable à agir qu'à la condition que celle-ci justifie de ses propres droits en prouvant sa qualité d'auteur des modèles litigieux, qu'il n'est pas démontré que Mme X... a créé les deux modèles de ceinture, que sa présence aux débats ne saurait être regardée comme constitutive d'une telle preuve, et que la création des ceintures litigieuses par Mme X... n'étant pas établie, la société Céline est irrecevable à faire valoir les droits patrimoniaux qu'elle tient des actes de cession;

Attendu qu'en statuant ainsi, alors qu'il n'était pas contesté que la société Céline exploitait les modèles sous son nom et que Mme X... ne faisait valoir aucune revendication contre elle, de sorte que cette société était présumée titulaire, à l'encontre des tiers poursuivis en contrefaçon, de droits indépendants de la réalité de la cession, comme de la présence de l'auteur aux débats ou du bien fondé de sa revendication personnelle au titre du droit moral, la cour d'appel a violé le texte susvisé. »

TGI Paris, 3e ch., 1re sect., ord. réf., 5 mai 2010, RG n° 10/01506.

« Enfin, il ressort des pièces versées au débat que la gamme "Style 180" a été divulguée sous le nom de la société Chomette Favor qui est une société différente de la société ECF et qui n'est pas intervenue dans la requête de saisie-contrefaçon.

Ainsi les conditions pour que la société ECF puisse bénéficier de la présomption de titularité des droits d'auteur, preuves de la création au sein de l'entreprise et divulgation au nom de cette même entreprise, ne sont pas remplies de sorte qu'elle n'avait pas qualité pour agir en saisie-contrefaçon. »

Paris, pôle 5, ch. 2, 4 févr. 2011, RG n° 09/20913.

« Considérant que la société JEM appelante soutient que cette saisie encourt la nullité au double motif que l'huissier instrumentaire ne lui a remis qu'une copie de l'ordonnance sur requête qui autorisait cet acte, en méconnaissance des dispositions de l'article 503 du code de procédure civile qui lui imposait de présenter l'original de la minute de ladite ordonnance et que, par ailleurs, l'huissier a agi en vertu d'une ordonnance présentée à la seule requête de la société Delphine Pariente alors que Madame Delphine Pariente se présente comme la créatrice du modèle revendiqué;

Qu'en réplique, les intimées font d'abord valoir que l'article 503 invoqué n'a pas vocation à trouver application, que l'huissier n'était pas tenu de se dessaisir de ses originaux, que la copie authentifiée par l'huissier fait foi jusqu'à inscription de faux, que la société JEM a, lors des opérations, reconnu les actes de contrefaçon et est mal venue à venir contester la mesure et, sur le second moyen, qu'il est constant qu'elle commercialise le sac litigieux et bénéficie, partant, d'une présomption de titularité des droits sur le modèle revendiqué;

Considérant, sur le premier moyen, qu'en vertu de l'article L. 521-1 alinéa 3 du code de la propriété intellectuelle en ses dispositions alors applicables et qui a vocation à régir spécialement la matière, l'huissier instrumentaire est tenu de remettre aux détenteurs des objets saisis une copie de l'ordonnance sur requête;

Qu'il est justifié, en l'espèce, de la notification, le 24 février 2004 à 14 heures 40, à Monsieur Cohen, se présentant comme le gérant de la SARL JEM, de l'ordonnance sur requête rendue le 16 février 2004 (pièce 90 des intimées); qu'il en est, en outre, fait mention dans le procès-verbal de saisie-contrefaçon daté du 24 février 2004 à 14 heures 42, en sorte que la société JEM n'est pas fondée en ce moyen;

Qu'elle ne l'est pas davantage en son second moyen, dès lors qu'en l'absence de revendication de l'auteur, l'exploitation d'un modèle sous son nom par une personne morale de façon non équivoque fait présumer à l'égard des personnes poursuivies de la titularité des droits de l'auteur sur l'œuvre et qu'au surplus elle agit conjointement avec Madame Delphine Pariente en poursuivant, respectivement, la réparation de leurs préjudices patrimonial et extra-patrimonial;

Qu'il en résulte qu'en l'absence de démonstration d'une irrégularité affectant la saisie-contrefaçon telle que pratiquée, la société JEM n'est pas fondée à en poursuivre l'annulation et que le jugement, qui a rejeté la demande dans une formulation globale, doit être confirmé sur ce point. »

Com. 6 oct. 2011, n° 10-17.018, NP.

« Attendu, selon l'arrêt attaqué (Douai, 25 févr. 2010), que reprochant à la société Auchan d'avoir commis à leur égard des actes de contrefaçon et de concurrence déloyale en vendant des maillots de bain contrefaisant des modèles commercialisés sous la marque Vilebrequin, les sociétés TRB international (ci-après TRB) et Lobst ont recherché sa responsabilité;

Sur le premier moyen :

Attendu qu'il est fait grief à l'arrêt d'avoir déclaré irrecevable la société TRB en son action en contrefaçon fondée sur les articles L. 113-1 et L. 113-5 du code de la propriété intellectuelle, et en conséquence d'avoir annulé les cinq procès-verbaux de saisies contrefaçon et de l'avoir condamnée à verser, *in solidum* avec la société Lobst, la somme de 5 000 euros à la société Damatex et 5 000 euros à la société Auchan alors, selon le moyen :

1°/ qu'en l'absence de revendication du ou des auteurs, l'exploitation d'une œuvre par une personne morale fait présumer, à l'égard des tiers recherchés pour contrefaçon, que cette personne est titulaire sur l'œuvre, qu'elle soit collective ou non, du droit de propriété incorporelle de l'auteur; que bénéficie notamment de cette présomption jurisprudentielle de titularité des droits d'auteur, la société personne morale propriétaire de la marque sous le nom de laquelle le produit contrefait est commercialisé; qu'en l'espèce, il résulte des termes de l'arrêt que la société TRB établissait être titulaire de la marque "Vilebrequin" sous laquelle les produits contrefaits, tels le modèle poulpe, étaient commercialisés; qu'en refusant de lui accorder le bénéfice de la présomption de titularité, la cour d'appel a violé les articles L. 113-1 et L. 113-5 du code de la propriété intellectuelle;

2°/ que lorsqu'une pièce est visée par un bordereau annexé aux conclusions et que la partie adverse ne conteste pas en avoir reçu communication, le juge ne peut, sans encourir le grief de dénaturation dudit bordereau, retenir que la dite pièce n'aurait pas été produite; qu'en l'espèce, il résulte du bordereau de communication de la société TRB international, nullement contesté par les sociétés Auchan et Damatex, que la société TRB avait bien communiqué et produit en pièces 14.1, 14.2 et 14.3 les factures à son nom des rouleaux d'impression des modèles contrefaits; que dès lors en affirmant que la société TRB ne produisait pas de factures, la cour d'appel a violé ensemble l'article 1134 du code civil et 16 du code de procédure civile;

Mais attendu que la présomption de titularité des droits d'exploitation dont peut se prévaloir à l'égard des tiers poursuivis en contrefaçon la personne qui commercialise sous son nom un objet protégé par le droit d'auteur, suppose, pour être utilement invoquée, que soit rapportée la preuve d'actes d'exploitation; que la cour d'appel a constaté que la société TRB ne produisait ni factures ni aucun autre élément de preuve propres à établir l'accomplissement par elle-même d'actes d'exploitation des modèles prétendument contrefaits; qu'elle a ainsi légalement justifié sa décision de ce chef; que le moyen n'est pas fondé;

Et attendu qu'il n'y a pas lieu de statuer sur le second moyen qui n'est pas de nature à permettre l'admission du pourvoi;

Par ces motifs :

Rejette le pourvoi. »

▸ 211.14 Exploitants, distributeurs

TGI Paris, 17 juill. 1973, *Ann. propr. ind.* 1977. 87.

« Attendu que celle-ci prétendument "licenciée", ne justifie ni de cette qualité, ni de rien d'analogue telle qu'une cession de droits patrimoniaux d'auteur ou un louage de modèle, ce qui d'ailleurs ne conférerait nullement à la locataire la faculté d'agir contre les tiers;

Que l'action est dès lors, sous quelque aspect qu'on l'examine, radicalement irrecevable. »

Paris, 6 nov. 1975, *Ann. propr. ind.* 1977. 87.

« Considérant que c'est encore avec raison et par des motifs qui méritent approbation, que les premiers juges ont déclaré irrecevable l'action de la société Normalu, en tant que simple licenciée de la société Syma System. »

Paris, 16 juin 1976, *D.* 1977, jur. 516.

« Considérant que la Société Sign n'a jamais prétendu être l'auteur des dessins dont elle demande la protection, ni être cessionnaire du droit de reproduction ou du droit d'édition;

Considérant en revanche qu'elle a fondé son droit à invoquer la loi de 1957, sur le fait qu'elle a reçu de l'auteur la concession de l'exclusivité de la vente en France et qu'ainsi elle en est l'ayant droit;

Mais considérant que seul le titulaire du droit peut poursuivre et que le licencié ou concessionnaire, même exclusif, n'a pas la disposition de l'action en contrefaçon et qu'ainsi la société Sign ne peut tirer son droit de l'exercer du fait que, le 31 mai 1973, la société Perma Trans Products l'a habilitée à protéger et défendre les droits relatifs aux dessins Roach;

Considérant qu'il s'ensuit que la société Sign n'est pas fondée en son action et ses demandes du chef de la loi de 1957. »

Paris, 13 juill. 1982, *PIBD* 1983, n° 316, III, 27.

« Considérant que l'action en contrefaçon d'un modèle déposé bénéficiant de la loi du 14 juillet 1909 appartient au titulaire du droit sur ce modèle;

Qu'il résulte de l'article 12 autorisant la saisie-contrefaçon par la "partie lésée" que celle-ci est uniquement le propriétaire – déposant ou cessionnaire – du modèle puisqu'elle doit pour y être autorisée produire le certificat de dépôt. »

Paris, 20 oct. 1988, *Expertises* 1988, n° 111, 393.

« Considérant qu'il est constant et au demeurant reconnu par les appelantes que LCE, qui n'est pas titulaire des droits de l'auteur sur les œuvres en cause, a obtenu d'Ashton-Tate l'exclusivité de leur distribution en France;

Qu'à ce dernier titre, elle est fondée, par référence à l'article 1382 du code civil, à réclamer réparation de tout acte fautif de nature à entraver la commercialisation des logiciels Ashton-Tate et à entamer les profits escomptés d'une situation de monopole qui ne lui a pas été concédée sans contrepartie. »

Paris, 21 févr. 1990, *PIBD* 1990, n° 485, III, 563.

« Considérant que la société Mattel France, qui reconnaît que seule la société Mattel Inc est investie des droits d'auteur sur les poupées Barbie, étant titulaire de trois certificats de copyright, ne justifie d'aucune cession du droit d'exploitation et/ou de reproduction à son profit.

Qu'il importe peu qu'elle soit, comme elle l'allègue sans pour autant en justifier, le distributeur exclusif des poupées Mattel pour la France ou filiale à 99,9 % de Mattel Inc, laquelle constitue une société distincte ayant sa personnalité propre.

Considérant que c'est donc à bon droit que les premiers juges ont déclaré que la société Mattel France était irrecevable à agir sur le fondement de la loi du 11 mars 1957.

Considérant qu'il s'ensuit que les saisies-contrefaçon diligentées à la requête d'une personne dépourvue de tout droit doivent être annulées. »

Paris, 4e ch., sect. B, 13 déc. 1990, *JurisData* n° 1990-025735.

« Considérant qu'il convient donc, au vu du document ci-avant cité, rédigé par un américain qui peut n'avoir pas une parfaite connaissance de la langue française et du droit français de la propriété littéraire et artistique, de l'interpréter de façon à lui donner un sens compatible avec les circonstances de fait de sa rédaction et d'y voir, comme le soutient Midwest, une confirmation du droit concédé par Avirex Usa à sa filiale française, de commercialiser son modèle; qu'il suit de là qu'Avirex France qui n'a pas établi être titulaire des droits d'auteur sur le blouson 2609 n'a pas qualité pour agir en contrefaçon et doit donc être déclarée irrecevable à agir de ce chef. »

Versailles, 14e ch., 13 nov. 1991, *JurisData* n° 1991-050082.

« Considérant que la société Qint pour revendiquer son droit à agir en contrefaçon du logiciel DSQ se prévaut du contrat du 3 février 1989 amendé le 26 avril 1990 par lequel elle est devenue cessionnaire exclusive pour la France des droits d'exploitation de ce logiciel; qu'à cet égard, elle souligne qu'elle n'est pas un simple distributeur mais fait fonction d'éditeur et paie à I.T.I. des droits d'auteur sur chaque copie du logiciel DSQ vendu en France;

Mais considérant que le contrat du 3 février 1989 et son amendement du 26 avril 1990 ne confèrent à la société Qint qu'un droit de distribution exclusive; qu'aucune stipulation contractuelle n'attribue à la société Qint un droit de reproduction ».

Com. 24 mars 1992, n° 90-15.713, NPT, *PIBD* 1992, n° 525, 379.

« Mais attendu que la cour d'appel, après avoir énoncé à bon droit que seul l'auteur d'une œuvre ou le cessionnaire des droits d'exploitation a qualité pour agir en contrefaçon sur le fondement de la loi du 11 mars 1957 et rappelé que les sociétés Famosa et Jalec contestaient le droit à agir de la société Mattel France qui prétendait être titulaire d'une licence de distribution exclusive des modèles litigieux, a, sans méconnaître l'objet du litige, ni le principe de la contradiction, puisque la qualité pour agir de la société Mattel France était en cause, relevé que cette société ne justifiait pas de la cession à son profit du droit d'exploitation ou de reproduction par la société Mattel Inc. dont elle ne contestait pas qu'elle était titulaire du droit d'auteur sur ces modèles; d'où il suit que le moyen n'est fondé en aucune de ses branches. »

Paris, 4e ch., sect. B, 7 juill. 1994, *JurisData* n° 1994-022387.

« Considérant cependant que les intimés se prévalent à juste titre de ce que les contrats d'exploitation mis aux débats [...] témoignent de ce que la société Image Bank France n'est aucunement cessionnaire des droits patrimoniaux des auteurs. [...]

Considérant que la société Image Bank France, dénuée de droit propre, n'avait donc pas qualité pour agir à titre personnel; que sa demande est donc irrecevable. »

Paris, 23 mai 1995, *PIBD* 1995, n° 594, III, 402.

« Considérant, ceci exposé, que par lettre en date du 10 janvier 1989 établie en français, le représentant de la société Kasuga précise que Pier Import a l'exclusivité, pour la France, de la vente de la vaisselle au décor Ara dont Kasuga et Ceraglas sont propriétaires exclusifs, et qui a fait l'objet d'un dépôt au Japon le 21 juin.

Qu'il est précisé que cette exclusivité est consentie à Pier Import pour une durée de 5 ans à compter du 1er janvier 1989 et que, dans l'hypothèse d'une concurrence déloyale ou d'une contrefaçon en France, Kasuga l'a mandatée pour exercer, à ses frais, toutes actions destinées à protéger ce modèle, étant ajouté que les indemnités qui pourraient être allouées lui resteraient acquises.

Considérant que si cet acte confère à Pier Import la distribution exclusive pour la France de la vaisselle comportant le décor objet du dépôt susvisé, il n'en demeure pas moins que celle-ci ne bénéficie d'aucune cession des droits d'exploitation sur ce modèle.

Or, considérant que selon les dispositions de la loi du 11 mars 1957, codifiées sous les articles L. 111-1 et suivants du code de la propriété intellectuelle, seul l'auteur du modèle ou le cessionnaire des droits a qualité pour agir en contrefaçon.

Que dans ces conditions, si Pier Import a intérêt à agir pour faire sanctionner les actes litigieux qui auraient été commis par Department Store, en revanche elle n'a pas qualité pour agir en contrefaçon sur le fondement de l'article L. 122-4 du code de la propriété intellectuelle. »

Paris, 16 juin 1995, *PIBD* 1995, n° 595, III, 436.

« Considérant que les sociétés Garden Party et Prince Philippe peuvent donc invoquer leur qualité de licenciées pour l'exploitation des droits patrimoniaux de l'auteur, sans se voir opposer un défaut quelconque de publicité; que si cette qualité ne leur confère pas celle d'agir en contrefaçon, elles peuvent néanmoins réclamer réparation des actes incriminés à ce titre sur le fondement de la concurrence déloyale; que l'action en contrefaçon demeure réservée à M. Ktorza pour l'atteinte à son droit moral et le préjudice pécuniaire entraîné par la diminution de ses redevances.

Considérant qu'il s'ensuit encore que c'est à tort que la société Miss Elda invoque la nullité de la saisie-contrefaçon, au motif prétendu de l'absence de qualité pour agir des demandeurs, cette saisie ayant en effet été effectuée à la requête de M. Ktorza. »

Paris, 4e ch., 4 déc. 1998, *PIBD* 1999, n° 673, III, 160.

« Considérant qu'il résulte du contrat conclu entre Royal Doulton et M. F. qu'il n'a été cédé aucun droit d'auteur à celle-ci, le contrat précisant qu'elle acquérait seulement "le droit exclusif d'utiliser le nom, les dessins et les représentations visuelles" de la concédante que si aucune disposition contractuelle ne réserve à Royal Doulton, contrairement à ce que soutient G & C, le droit d'agir en justice, en cas d'atteinte aux droits concédés, il est constant que le licencié, qui n'est pas investi de droits d'auteur (le contrat ayant d'ailleurs disposé expressément – art. VI ii – que M. F. ne "prétendrait pas avoir de droits sur les copyrights" de Royal Doulton), n'a pas qualité pour agir en contrefaçon que le jugement sera réformé en ce qu'il a déclaré M. F. recevable dans son action de ce chef; que la saisie-contrefaçon diligentée par M. F. sera en conséquence annulée. »

Rouen, 2e ch., 8 mars 2001, *JurisData* n° 2001-169031.

« Que s'agissant de la qualité à agir de la société Fotogram Stone il est constant que seul le titulaire des droits d'auteur sur l'œuvre dont la protection est revendiquée ou un cessionnaire régulièrement investi desdits droits peut être admis à agir en contrefaçon; qu'à cet effet la société Fotogram Stone qui se présente comme une filiale du groupe Tony Stone Images verse aux débats une convention conclue le 9 novembre 1990 entre la société Tony Stone Worldwide/Chicago et Corner Stone Industries dont monsieur Fisher est le responsable et actionnaire, aux termes de laquelle la société Corner Stone Industries ayant l'exclusivité des droits de reproduction et de la commercialisation des photographies de monsieur Fisher donnait mandat à la société Tony Stone Worldwide pour ce faire;

Mais attendu qu'il résulte de l'article 2.7 de la convention que rien dans le présent contrat ne sera interprété directement ou indirectement comme constituant une cession à TSW de tout droit d'auteur ou copyright, titre de propriété ou intérêt sur les images. Toutes les images resteront la propriété de monsieur Fisher; qu'il s'en déduit que les droits d'auteur de monsieur Fisher qui n'ont pas été cédés, à la différence de ses droits de reproduction en vue d'une campagne de publicité déterminée, restent sa propriété et que la société Fotogram Stone est irrecevable, pour défaut de qualité à agir, en ses demandes dans la mesure où elles portent sur la protection des droits d'auteur appartenant à monsieur Fisher seul. »

Civ. 1re, 3 avr. 2001, n° 99-15.691, NP, *PIBD* 2001, n° 728, III, 508; *Propr. intell.* 2002, n° 3, p. 70, obs. P. de Candé.

« Attendu que la société Baram fait grief à l'arrêt attaqué (Lyon, 8 avr. 1999) d'avoir dit recevables les saisies et assignation en contrefaçon de vêtements diligentées à son encontre par la société Bill Tornade les 16 juin et 27 juillet 1993, alors, selon le moyen, qu'une personne morale ne peut être présumée titulaire des droits d'auteur sur une œuvre du seul fait de sa divulgation dès lors qu'est rapportée la preuve contraire, et que l'arrêt attaqué constate que la société demanderesse en contrefaçon n'en était devenue cessionnaire que le 16 décembre 1993;

Mais attendu que, en l'absence de toute revendication du créateur, celui qui exploite un modèle sous son nom est présumé, par ces actes de possession et à l'encontre des personnes poursuivies en contrefaçon, titulaire de la propriété incorporelle de l'auteur; que l'arrêt, qui relève une commercialisation des modèles litigieux par la société Bill Tornade antérieure à leur achat par la société Baram, a ainsi légalement justifié sa décision. »

▸ 211.15 Organismes collectifs

Civ. 1re, 10 févr. 1987, n° 85-12.074, *Bull. civ.* I, n° 49.

« Mais attendu qu'en reconnaissant aux organismes professionnels d'auteurs tels que la SACEM, visés à l'alinéa 2 de l'article 43 de la loi du 11 mars 1957, la "qualité pour ester en justice pour la défense des intérêts dont ils ont statutairement la charge", l'alinéa 2 de l'article 65 de ladite loi leur a notamment donné le pouvoir de demander la saisie-contrefaçon prévue et organisée par les articles 66 et suivants du même texte, lorsque les œuvres appartenant à leur répertoire sont représentées sans leur consentement; que le moyen doit donc être écarté. »

▸ 211.17 Droits patrimoniaux

Paris, 9 juin 1973, *Ann. propr. ind.* 1974. 76.

« Considérant qu'en l'espèce, M. de C. n'a jamais allégué que les deux tableaux litigieux reproduisaient deux de ses œuvres originales; que dans sa requête du 24 mai 1972, il s'est borné à soutenir qu'il n'était pas l'auteur de ces tableaux lesquels ne constituaient, selon lui, "qu'une vague imitation de son style"; que, dans ces conditions, il ne pouvait se fonder sur l'article 66 susvisé pour obtenir la saisie des toiles prétendues fausses. »

Civ. 1re, 18 juill. 2000, n° 98-15.851, *Bull. civ.* I, n° 225, *D.* 2001, jur. p. 541, note Dreyer; *JCP E* 2000, pan. p. 1688.

« Attendu que M. F. fait grief à l'arrêt attaqué (Aix-en-Provence, 26 mars 1998) d'avoir annulé la saisie-contrefaçon pratiquée à sa requête et portant sur une peinture assortie de la signature apocryphe de M. U., au motif que la saisie, ayant pour effet de suspendre l'exposition du tableau en vue de sa vente, aurait dû recueillir l'autorisation spéciale du président du tribunal de grande instance, alors que l'exposition d'une œuvre picturale ne constitue pas la représentation ou l'exécution publiques visées par l'article L. 332-1 du code de la propriété intellectuelle, qui aurait ainsi été faussement appliqué;

Mais attendu que la cour d'appel, qui a retenu que le tableau litigieux n'était pas une reproduction illicite d'une œuvre de M. U., a décidé, à bon droit, que la saisie-contrefaçon exigeait l'autorisation du président du tribunal de grande instance; que le moyen n'est pas fondé. »

▸ 211.18 Droit moral

Paris, 4e ch. A, 17 mai 1993, *RD propr. int.* 1993, n° 49, 78.

« Considérant en effet que même si elle avait cédé à la société Suzanne Fontan ses droits de reproduction sur le dessin "Sous le signe de Neptune 2" pour une utilisation sur papiers peints et tissus puis à la société Robert le Héros pour toutes autres utilisations et supports, elle restait néanmoins en qualité d'auteur dudit dessin titulaire du droit moral. »

▸ 212.41 Indications à fournir dans la réquisition

Paris, 4e ch., 1er mars 1996, *PIBD* 1996, n° 614, III, 381.

« Considérant qu'il ressort du procès-verbal de police relatif à la saisie-contrefaçon, effectuée dans les locaux de la société Sunberg, que cette saisie a été opérée pour le compte de la société La Cotonnière d'Alsace, laquelle n'a pas d'existence juridique, puisqu'il est constant qu'il s'agit d'une simple enseigne sous laquelle M. E., prétendument titulaire des droits patrimoniaux d'auteur, exerçait le commerce en nom personnel, et à la requête de Mme Z., qui s'était présentée comme attachée commerciale de la société en cause, sans d'ailleurs justifier d'un pouvoir spécial; que le vice de fond affectant ainsi la saisie, insusceptible de régularisation ultérieure, entraîne sa nullité, indépendamment de l'existence de tout grief; qu'il sera donc fait droit à la demande de la société Sunberg de ce chef. »

TGI Paris, 3e ch., 5 mars 1997, *PIBD* 1997, n° 636, III, 417; *RD propr. int.* 1997, n° 74, 30.

« Attendu, sur le premier point, qu'elles soutiennent que la requérante n'est pas suffisamment identifiée, tant sur la réquisition que sur les procès-verbaux de saisie.

Mais attendu que la mention de la dénomination société Opex sur la réquisition et les procès-verbaux de saisie était suffisamment précise et ne laissait aucun doute sur l'identité de la requérante, l'indication du numéro de registre du commerce empêchant tout risque de confusion; que la demanderesse justifie, par la production des extraits de registre du commerce et du procès-verbal d'assemblée générale du 31 janvier 1992, de ce que la société Opex vient aux droits de la société Opérations Export et a modifié son siège social; qu'il n'y a donc pas lieu de déclarer nuls la réquisition et les procès-verbaux de saisie-contrefaçon. »

▸ 212.51 Compétence territoriale du commissaire de police

Lyon, 4e ch., 27 mai 1987, *RIPIA* 85-87, 125.

« Attendu que la saisie-contrefaçon à la suite de laquelle le tribunal correctionnel de Roanne a été saisi par voie de citation directe a été faite le 1er avril 1985 par M. M., commissaire de police du Service régional de police judiciaire de Lyon, ayant sa résidence dans cette ville; que, alléguant que l'article 66 de la loi du 11 mars 1957 dispose que la saisie doit être faite par le commissaire de police du lieu, le prévenu prétend que le commissaire M. M. était territorialement incompétent;

Mais attendu que les officiers de police judiciaire du Service régional de police judiciaire ont compétence dans toute la circonscription territoriale de leur service; que le service régional de police judiciaire de Lyon a compétence sur l'ensemble des ressorts des cours d'appel de Lyon, Grenoble et Chambéry, et donc sur l'arrondissement judiciaire de Roanne; que l'article 66 susvisé, qui donne compétence, d'une manière générale, aux commissaires de police, et, dans les lieux où il n'y en a pas, aux juges d'instance pour procéder aux saisies, se réfère implicitement mais nécessairement aux règles normales de compétence territoriale de ces fonctionnaires; que tout commissaire de police territorialement compétent a donc qualité pour procéder à la saisie-contrefaçon; que l'exception de nullité de la saisie doit donc être rejetée. »

Dijon, ch. corr., 12 janv. 1990, *PIBD* 1990, n° 478, III, 342.

« Attendu que la saisie pratiquée le 1er avril 1985 à Roanne sur le fondement de l'article 66 de la loi du 11 mars 1957, l'a été par un commissaire de police du service régional de police judiciaire de Lyon dont la circonscription territoriale s'étend à l'arrondissement judiciaire de Roanne et que ledit commissaire de police avait qualité pour procéder à la saisie-contrefaçon que l'exception de nullité de la saisie doit donc être rejetée. »

Crim. 19 mars 1997, n° 96-85.213, *Bull. crim.* n° 113, p. 372.

« Attendu que M. B. a demandé à la chambre d'accusation d'annuler la saisie-contrefaçon du 17 octobre 1994 et l'ensemble de la procédure subséquente, au motif que le commissaire de police qui l'a effectuée n'était pas compétent;

Que, pour rejeter cette demande, l'arrêt attaqué, après avoir rappelé qu'aux termes de l'article L. 332-1 du code de la propriété intellectuelle, les commissaires de police et, dans les lieux où il n'y a pas de commissaire de police, les juges d'instance sont tenus, à la demande de tout auteur d'une œuvre protégée par le livre 1er, de saisir les exemplaires constituant une reproduction illicite de cette œuvre, relève que la saisie a été exécutée à Meung-sur-Loire (Loiret) par le commissaire P., affecté à la Direction centrale de la police judiciaire, sous-division anti-contrefaçon, qui a compétence sur l'ensemble du territoire national;

Que les juges ajoutent que la notion de lieu, visée dans le texte précité, désigne le ressort de compétence territoriale du commissaire et non la résidence administrative de celui-ci;

Attendu qu'en prononçant ainsi la chambre d'accusation a fait l'exacte application de l'article L. 332-1 du code de la propriété intellectuelle. »

Civ. 1re, 10 févr. 1998, n° 96-11.729, *Bull. civ.* I, n° 56; *D.* 1998, Somm. 77; *JCP E* 2000. I. 79.

« Sur le moyen unique :

Vu l'article L. 332-1 du code de la propriété intellectuelle;

Attendu qu'aux termes de ce texte, les commissaires de police et, dans les lieux où il n'y a pas de commissaire de police, les juges d'instance, sont tenus, à la demande de tout auteur d'une œuvre protégée, de saisir les exemplaires constituant une reproduction illicite de cette œuvre; que la notion de lieu visée dans ce texte désigne le ressort de compétence territoriale du commissaire et non sa résidence administrative, de sorte que le commissaire de police affecté à un service régional de police judiciaire est compétent pour réaliser une saisie-contrefaçon sur l'ensemble du ressort de ce service;

Attendu que, pour annuler la saisie-contrefaçon d'éléments de carrosserie fabriqués par la société Holger Diederichs Karosserieteile, pratiquée dans le Morbihan par un commissaire de police dépendant du service régional de police judiciaire de Rennes, l'arrêt attaqué retient que, lorsqu'aucun commissaire de police n'a sa résidence dans la commune où doit être pratiquée la saisie, le juge d'instance est compétent, à l'exclusion d'un commissaire de police dépendant du service régional de police judiciaire, la saisie, requise par une personne privée, n'étant pas un acte de police judiciaire au sens de l'article 18 du code de procédure pénale;

En quoi la cour d'appel a méconnu le texte susvisé. »

▸ 212.52 Pouvoirs du commissaire de police

Versailles, 12e ch., 15 févr. 2001, *JCP E* 2002. I. 1043.

« L'article L. 332-1 du code de la propriété intellectuelle n'interdisait nullement à ce fonctionnaire de se faire assister d'un expert ou d'un technicien s'il le jugeait utile, une telle assistance pouvant d'ailleurs s'avérer souhaitable pour l'efficacité de la mesure, n'entraînant en aucun cas transfert de compétence, la procédure ne restant pas moins diligentée par lui seul sous sa responsabilité [...]. Tout au plus, le commissaire devait veiller à ce qu'il n'en résulte aucun risque de débordement, les règles de déontologie auxquelles sont astreints les conseils en propriété industrielle dans l'exercice de leurs fonctions constituant à cet égard une garantie suffisante. »

▸ 212.64 Déclarations de la partie saisie

Paris, 4e ch. A, 7 oct. 1998, *JCP E* 1999. I. 1631 ; *PIBD* 1999, n° 667, III, 16 ; *RD propr. int.* 1999, n° 97, p. 44.

« Considérant que le commissaire de police requis, comme il a été ci-dessus évoqué, n'a pas été en mesure de saisir réellement, dans les locaux de la société Pourchet, des exemplaires argués de contrefaçon. Qu'en l'absence de saisie des modèles litigieux ou de toutes preuves matérielles, telles notamment documents publicitaires, catalogues, etc., qui aurait justifié le droit de procéder à l'audition spontanée des personnes se trouvant sur les lieux de la saisie, il ne pouvait consigner les déclarations.

Qu'admettre le contraire reviendrait à permettre à quiconque souhaite faire entendre une personne suspectée de commettre des actes de contrefaçon à son encontre de soutenir avec mauvaise foi que ladite personne détient des objets contrefaisants, dans le seul but de requérir un commissaire de police, non pas pour qu'ils soit procédé à une saisie qu'elle sait vouée à l'échec, mais essentiellement afin d'obtenir des déclarations, voire des aveux qui lui permettront de se réserver irrégulièrement des moyens de preuve pour ensuite engager, sur la foi du procès-verbal qui les contient, une procédure judiciaire.

Que la saisie-contrefaçon prévue par l'article L. 332-1 du code de la propriété intellectuelle doit demeurer une procédure exceptionnelle mise en œuvre aux risques et périls du poursuivant, destinée à permettre, avant tout débat contradictoire, de s'introduire chez autrui sans son assentiment, dans le but de procéder à la seule saisie des exemplaires constituant, comme en l'espèce, une reproduction illicite du sac litigieux.

Considérant que cette irrégularité de procédure, qui cause grief à la société Pourchet dans la mesure où les déclarations recueillies n'ont pas été précédées par la saisie réelle d'objet contrefaisant, justifie la demande de nullité formée par la société appelante. »

▸ 212.91 Pouvoirs du président du tribunal de grande instance

Com. 4 janv. 1984, n° 82-11.090, *Bull. civ.* IV, n° 6, *Ann. propr. ind.* 1984. 78 ; *Bull. civ.* IV, n° 6, 5 ; *JCP G* 1984. IV. 77.

« Mais attendu que la cour d'appel a estimé à bon droit que l'alinéa 3 de l'article 66 de la loi du 11 mars 1957 donne au président du tribunal de grande instance une compétence générale qui lui permet d'ordonner la saisie par voie d'huissier ; qu'ainsi le moyen n'est pas fondé. »

Aix-en-Provence, ch. réunies, 12 févr. 1999, *JCP E* 1999. I. 1631, obs. Greffe ; *PIBD* 1999, n° 678, III, 265 ; *RD propr. int.* 1999, n° 98, p. 42.

« L'article 66 alinéa 3 de la loi du 11 mars 1957 (article L. 332-1 du code de la propriété intellectuelle) confère au président du tribunal de grande instance une compétence générale lui permettant d'ordonner une saisie-contrefaçon par voie d'huissier, de sorte que le moyen tiré du fait qu'une telle saisie ne pourrait être opérée que par le juge d'instance ou par le commissaire de police n'est pas fondé. »

Grenoble, 19 avr. 2000, *JCP E* 2000. I. 1285, obs. Greffe.

« [...] en conséquence, vu l'incertitude sur la réalité, la nature et l'étendue des droits allégués, soit au titre de la protection légale des dessins et modèles, soit au titre des droits d'auteur, vu la gravité de la mesure d'interdiction de fabriquer ordonnée dans le cadre d'une procédure de saisie-contrefaçon, laquelle est initiée sur simple requête et a un objet essentiellement probatoire et sans qu'il y ait lieu de se livrer à une comparaison détaillée des coupelles produites de part et d'autre, il y a lieu d'ordonner la suspension de la mesure d'interdiction de fabriquer les produits argués de contrefaçon prescrite par l'ordonnance du 26 novembre 1999. »

Bourges, 1re ch. civ., 19 févr. 2001, *Ann. propr. ind.* 2001. 263.

« En matière de droit d'auteur, la saisie-contrefaçon est limitée à l'appréhension des exemplaires argués de contrefaçon, à la suspension de la fabrication et éventuellement à la saisie des produits financiers générés par celle-ci.

En revanche, la saisie-contrefaçon ne saurait permettre au saisissant d'obtenir la communication de documents comptables et commerciaux du saisi.

L'appréhension de tels documents n'aurait pour objet que de déterminer l'importance de la contrefaçon alors que la saisie-contrefaçon ne doit servir qu'à rapporter la preuve de la matérialité de la contrefaçon. »

Douai, 1re ch. 2, 22 nov. 2005, *Propr. intell.* oct. 2006, p. 465, obs. de Haas ; *RTD com.* 2007. 75, chron. Galloux.

« La saisie-contrefaçon devait être soumise aux règles de l'article (L) 332-1 qui la limite à l'appréhension des exemplaires argués de contrefaçon, à la suspension de la fabrication et éventuellement, à la saisie des produits financiers générés par la reproduction illicite de l'œuvre. »

Versailles, 12e ch. 2, 25 nov. 2005, *Propr. intell.* oct. 2006, p. 465, obs. de Haas ; *RTD com.* 2007. 75, chron. Galloux.

« La saisie-contrefaçon en matière de droit d'auteur est limitée par l'article L. 332-1 du code de la propriété intellectuelle, à l'appréhension des exemplaires argués de contrefaçon, à la suspension de la fabrication et, éventuellement, à la saisie des produits financiers générés par celle-ci, contrairement à celle prescrite dans le domaine des brevets qui offrent au président du tribunal de grande instance la faculté d'autoriser également l'huissier à procéder à toute constatation utile en vue d'établir l'origine, la consistance et l'étendue de la contrefaçon. »

Paris, 4e ch., sect. B, 22 févr. 2008, RG n° 06/20458, *PIBD* 2008, n° 872, III, 266.

« Considérant toutefois que l'ordonnance a été rendue au visa de l'article L. 332-1 du code de la propriété intellectuelle, qui régit en effet les opérations de saisie-contrefaçon diligentées à la demande de tout auteur d'une œuvre protégée par le livre I; Que si ces dispositions énoncent parmi les mesures susceptibles d'être entreprises, la saisie des exemplaires des articles argués de contrefaçon, la suspension de leur fabrication ou encore la saisie des recettes procurées par la commercialisation litigieuse, ces dispositions ne sauraient être interprétées comme excluant des opérations purement probatoires, telles que la description détaillée des articles litigieux et la copie des documents comptables, opérations qui peuvent en effet être ordonnées au visa de cet article;

Qu'en l'espèce, les opérations contestées ont été expressément autorisées par l'ordonnance du 13 mars 2006 rendue par le président du tribunal de grande instance lequel dispose d'une compétence générale en application de l'article L. 332-1 alinéa 2 du code de la propriété intellectuelle;

Considérant par ailleurs que cet article n'impose pas l'obligation de saisir la juridiction du fond sous peine de nullité des opérations réalisées; que les délais dont font état les articles suivants sont relatifs à l'engagement de la procédure de mainlevée;

Que la demande d'annulation des opérations de saisie-contrefaçon sera dès lors rejetée. »

Paris, 4e ch., sect. B, 22 févr. 2008, RG n° 06/18430, *Jurinpi* D20080016.

« Que point davantage devant la cour qu'elle ne l'avait fait devant le tribunal la société Camaïeu ne démontre en quoi les autorisations qui lui ont été accordées aux termes des ordonnances respectivement rendues les 8 et 14 septembre 2004 par les présidents des tribunaux de grande instance de Paris et de Lille seraient entachées de nullité, la saisie-contrefaçon ayant des fonctions à la fois probatoires et conservatoires et la mission conférée aux huissiers d'avoir non seulement à saisir les produits litigieux, mais encore à effectuer toutes recherches et constatations utiles en vue de découvrir l'origine et l'étendue de la contrefaçon reprochée ne présentant rien de reprochable, s'agissant du rassemblement et de la conservation légalement admissibles d'éléments de preuve, opérations qui ne sont pas exclues du champ de l'article L. 332-1 du code de la propriété intellectuelle. »

▸ 212.101 Juridiction compétente pour examiner la requête

Com. 4 janv. 1984, n° 82-11.090, *Bull. civ.* IV, n° 6, *Ann. propr. ind.* 1984. 78; *Bull. civ.* IV, n° 6, 5; *JCP G* 1984. IV. 77.

« Mais attendu que la cour d'appel a estimé à bon droit que l'alinéa 3 de l'article 66 de la loi du 11 mars 1957 donne au président du tribunal de grande instance une compétence générale qui lui permet d'ordonner la saisie par voie d'huissier; qu'ainsi le moyen n'est pas fondé. »

Civ. 2e, 18 nov. 1992, n° 91-16.447, *Bull. civ.* II, n° 266; *JCP G* 1993. I, n° 3678, 10; *RTD civ.*, 1993, 648.

« Attendu que, sauf disposition légale contraire, le juge territorialement compétent pour rendre une ordonnance sur requête est le président de la juridiction saisie au fond ou celui du tribunal du lieu où la mesure demandée doit être exécutée. »

TGI Nanterre, ord. réf. 18 nov. 1996, *BICC* 1er mars 1997, n° 234.

À défaut de disposition spéciale comme en matière de brevets, de marques ou de dessins et modèles, la compétence du juge habilité à délivrer sur requête une ordonnance autorisant une saisie-contrefaçon en matière de droit d'auteur obéit au droit commun.

Dès lors et par application de l'article 812 du Nouveau code de procédure civile, la requête en saisie-contrefaçon doit être présentée, lorsqu'il existe une instance pendante, au juge déjà saisi et non au juge dans le ressort territorial duquel la saisie doit être opérée.

Paris, 4e ch., sect. A, 25 févr. 2009, RG n° 07/17848, *Jurinpi* D20090021.

« Considérant que devant la Cour, la société appelante prétend soulever *à titre liminaire* la nullité des opérations de saisie-contrefaçon du 30 janvier 2006 motif pris qu'elles auraient été autorisées par le président du tribunal de grande instance de Bobigny, incompétent au regard des dispositions des articles R. 615-1 et R. 631-1 du code de la propriété intellectuelle au profit du président du tribunal de grande instance de Paris;

Mais considérant que les dispositions invoquées, applicables aux opérations de saisie-contrefaçon en matière de brevets d'invention, sont inopérantes dans le cas de l'espèce où le demandeur à l'instance se prévaut des droits de l'auteur institués aux livres I et III du code précité ainsi que des droits de dessins et modèles conférés au livre V du même code de sorte que sa requête en saisie-contrefaçon a été régulièrement soumise au visa des articles L. 332-1 et L. 521-1 au président du tribunal de grande instance de Bobigny dans le ressort duquel devait être réalisée la mesure sollicitée;

Qu'il s'ensuit que la demande tendant à voir constater la nullité du procès-verbal de saisie-contrefaçon doit être rejetée. »

Com. 14 sept. 2010, n° 09-16.854, *Bull. civ.* IV, n° 137; *PIBD* 2010, n° 931, III, 17; *RLDI* oct. 2010, n° 2106, p. 18.

« Vu les articles 812, alinéa 3, et 958 du code de procédure civile;

Attendu, selon l'ordonnance attaquée, que la société Milco, faisant grief à la société Jeca d'avoir commis des actes de contrefaçon des marques Mousserelle et Mousserelle aux Trois Saveurs dont elle est propriétaire, de contrefaçon artistique par reproduction d'une photographie du produit "Mousserelle aux Trois Saveurs" et d'actes de concurrence déloyale, a obtenu, par une ordonnance sur requête, du premier président, sur le fondement de l'article L. 716-7 du code de la propriété intellectuelle, l'autorisation de faire procéder dans les locaux de la société Jeca à la description détaillée et à la saisie réelle de la contrefaçon de marques alléguée et à la description des agissements constitutifs de la concurrence déloyale également alléguée;

Attendu que pour rétracter l'ordonnance qui avait autorisé la saisie-contrefaçon, l'ordonnance retient que, si l'article L. 716-7 du code de la propriété intellectuelle confère au président du tribunal de grande instance une compétence exclusive pour autoriser le titulaire d'une marque à faire procéder à la saisie des produits ou services dont il prétend qu'ils constituent la contrefaçon de sa marque, une requête aux fins de saisie-contrefaçon afférente à une instance en cours doit être présentée devant le président de la chambre à laquelle l'affaire a été distribuée en application des règles posées par l'article 812, alinéa 3, du code de procédure civile;

Attendu qu'en statuant ainsi, alors que les dispositions de l'article 812, alinéa 3, du code de procédure civile ne s'appliquent qu'aux requêtes déposées au cours de la procédure de première instance et qu'au cours de l'instance d'appel, le premier président est seul compétent pour ordonner sur requête une mesure de saisie-contrefaçon, la cour d'appel a violé les textes susvisés.

Par ces motifs, la cour casse et annule l'ordonnance attaquée dans toutes ses dispositions, en conséquence renvoie l'affaire devant le premier président de la cour d'appel d'Orléans et, vu l'article 700 du code de procédure civile, condamne la société Jeca à payer à la société Milco la somme de 2 500 euros. »

▸ 212.104 Exécution de la saisie

TGI Rennes, 28 févr. 1994, *RIPIA* 1994, n°s 175-176, 71.

« Les conditions dans lesquelles a été réalisée cette saisie-contrefaçon apparaissent fautives à deux égards. D'une part, alors qu'ils n'y étaient pas autorisés par les termes de l'ordonnance, deux salariés de la société Scania ont pénétré dans les locaux de la société DTO en compagnie de l'huissier instrumentaire. Cette intrusion illicite par des personnes qui ne sont pas tenues au secret professionnel comporte des risques de détournement d'informations confidentielles étrangères à l'éventuelle contrefaçon et constitue une faute. »

Civ. 2e, 6 déc. 2001, n° 99-19.894, *Bull. civ.* II, n° 184, *RTD civ.* 2002. 362, obs. Perrot.

« Attendu, selon l'arrêt attaqué (Paris, 2 sept. 1999), qu'à la suite d'un litige opposant Mlle X… à la SCP Berlioz pour la liquidation de droits d'associés, Mlle X… a été autorisée à faire pratiquer une saisie conservatoire entre les mains de la société UGGC ; qu'elle a dénoncé la saisie à la SCP Berlioz qui a demandé au juge de l'exécution de la déclarer nulle;

[…]

Sur le deuxième moyen :

Attendu que Mlle X… reproche à l'arrêt d'avoir constaté la nullité de la dénonciation de la saisie, et la caducité de la saisie conservatoire, alors, selon le moyen :

1°/ qu'aux termes de l'article 236 du décret n° 92-755 du 31 juillet 1992, la saisie conservatoire est portée, dans un délai de huit jours à peine de caducité, à la connaissance du débiteur par acte d'huissier de justice lequel doit contenir, à peine de nullité "une copie de l'autorisation du juge ou du titre en vertu duquel la saisie a été pratiquée, …" ; qu'ainsi, ce texte n'impose à l'huissier de remettre au créancier, à peine de nullité de l'exploit, que l'autorisation du juge de pratiquer la saisie, à l'exclusion de la requête elle-même; que dès lors, en prononçant la nullité de la dénonciation, effectuée le 9 avril 1998, de la saisie conservatoire autorisée par ordonnance du 3 avril 1998 pour ne pas comporter une copie de la requête elle-même au vu de laquelle le juge avait donné cette autorisation, la cour d'appel a ajouté au texte une exigence qu'il ne comporte pas et l'a ainsi violé par fausse application;

2°/ que l'article 495 du nouveau code de procédure civile, qui pose que l'ordonnance sur requête est exécutoire au seul vu de la minute prévoit seulement, sans assortir cette prescription d'aucune sanction, que copie de la requête et de l'ordonnance est laissée à la personne à laquelle elle est opposée; que dès lors, la cour d'appel ne pouvait, sans ajouter aux textes des conditions qu'ils ne comportent pas, décider qu'à peine de nullité, la dénonciation de la saisie conservatoire au saisi doit aussi comporter la requête au vu de laquelle l'ordonnance d'autorisation de saisie a été délivrée; qu'en statuant comme elle l'a fait, la cour d'appel a également violé par fausse application l'article 495 du nouveau code de procédure civile, ensemble l'article 114, alinéa 1er, dudit code et l'article 236 du décret du 31 juillet 1992;

3°/ que l'article 1er du décret du 31 juillet 1992 pose expressément que, "sauf dispositions contraires" les dispositions communes du livre Ier du nouveau code de procédure civile sont applicables devant le juge de l'exécution aux procédures civiles d'exécution, à l'exclusion des articles 484 à 492; que l'article 236 de ce décret, en ce qu'il prévoit que seule est signifiée au saisi la copie de l'autorisation donnée par le juge à la saisie conservatoire, constitue donc une disposition contraire à l'article 495 du code de procédure civile qui ne peut s'appliquer qu'aux requêtes ne se rapportant pas à une saisie conservatoire, et exclut donc que la copie de la requête elle-même soit comprise dans la signification à peine de nullité de celle-ci; qu'en décidant le contraire, la cour d'appel a également violé l'article 1er susvisé du décret du 31 juillet 1992;

4°/ que et subsidiairement, en vertu de l'alinéa 2 de l'article 114 du nouveau code de procédure civile, la nullité ne peut être prononcée qu'à charge pour la partie qui l'invoque de prouver le grief que lui cause l'irrégularité, même lorsqu'il s'agit d'une formalité substantielle ou d'ordre public; que par conséquent, à supposer que l'absence, dans la dénonciation de saisie effectuée par l'huissier, de la requête au vu de laquelle l'autorisation de saisie conservatoire a été accordée, eût pu être constitutive d'une cause de nullité de cette formalité entraînant la caducité de la saisie, la nullité n'aurait pu être prononcée qu'à la condition que l'omission eût été susceptible de causer un grief à la SCP Berlioz; qu'en l'espèce, l'ordonnance autorisant la saisie donnait "acte" à Mlle X... de ce qu'une procédure enrôlée sous le numéro RG 97/22120 était pendante devant la première chambre, section A de la cour d'appel de Paris aux fins de statuer sur les sommes qui étaient dues par la SCP Berlioz, ..., RCS Paris D 314 136 789; qu'il s'ensuit que l'omission par l'huissier de justice de signifier la requête en même temps que l'ordonnance y ayant fait droit et ayant autorisé la saisie n'avait pu causer aucun grief à la SCP Berlioz qui était appelante devant la juridiction du second degré; qu'en refusant de rechercher si la dénonciation prétendument irrégulière de la saisie à la SCP Berlioz avait pu lui causer un grief, la cour d'appel a violé l'article 114, alinéa 2, du nouveau code de procédure civile;

Mais attendu qu'en retenant par motifs adoptés, que l'article 236 du décret du 31 juillet 1992 aux termes duquel l'acte de dénonciation de la saisie conservatoire contient à peine de nullité une copie de l'autorisation du juge n'exclut pas l'application de l'article 495 du nouveau code de procédure civile mentionnant que copie de la requête et de l'ordonnance est laissée à la personne à laquelle elle est opposée, et que l'omission par l'huissier de justice de signifier la requête en même temps que l'autorisation du juge, justifiait l'annulation de la dénonciation de la saisie, la cour d'appel a fait une exacte application des dispositions légales susvisées. »

Civ. 2e, 10 janv. 2008, n° 06-21.816, *Bull. civ.* II, n° 6, *Dr. et proc.* 2008, p. 155, obs. Salati, *Procédures* 2008, comm. 72, obs. Perrot.

« Vu les articles 16 et 495, alinéa 3, du nouveau code de procédure civile.

Attendu que M. X... a assigné M. Y... en liquidation d'une astreinte prononcée par un juge de l'exécution pour l'exécution de travaux mis à la charge du défendeur;

Attendu que, pour limiter le montant de l'astreinte liquidée et dire n'y avoir lieu à fixation d'une nouvelle astreinte, l'arrêt retient qu'il résulte d'un procès-verbal de constat, établi par un huissier de justice désigné par ordonnance sur requête et communiqué aux débats, que M. Y... a exécuté ses obligations;

Qu'en statuant ainsi, alors qu'elle constatait que la requête et l'ordonnance n'avaient pas été laissées à M. X..., de telle sorte que les exigences de l'article 495 du nouveau code de procédure civile destinées à faire respecter le principe de la contradiction n'avaient pas été satisfaites, la cour d'appel a violé les textes susvisés. »

▸ 212.105 Cas particulier des documents intéressant la défense nationale

Civ. 1re, 21 mars 2006, n° 05-13.302, *Bull. civ.* I, n° 168, *CCE* mai 2006, comm. n° 78, note Caron; *Propr. intell. 2006*, n° 20, p. 352, obs. Warusfel; *D.* 2006. AJ 983, obs. Daleau; *Expertises*, juill. 2006, p. 269, note Lecardonnel; *Comm. com. électr.* 2006, comm. n° 78, note Caron; *RLDI* avr. 2006, p. 25.

« Mais attendu que l'arrêt énonce à bon droit que, dès lors que le saisi prouve qu'il bénéficie d'une habilitation au "confidentiel défense" et qu'à l'occasion des opérations de saisie, des documents, informations contrats ou brevets protégés par cette classification sont susceptibles d'apparaître à la vue du saisissant, l'officier public doit surseoir à opérer jusqu'à ce que le président du tribunal de grande instance ayant ordonné la saisie, s'il en est requis, ordonne une expertise confiée à des personnes agréées par le ministre chargé de la défense et devant ses représentants; que ainsi qu'observé par le mémoire en défense, l'article 413-11 du code pénal érige en délit correctionnel le fait pour toute personne non habilitée de reproduire ou porter à la connaissance d'une personne non qualifiée un renseignement, procédé, objet, document, donnée informatisée ou fichier qui présente le caractère d'un secret de la défense nationale; que le moyen n'est donc pas fondé. »

▸ 213.21 L'absence de nullité de la saisie à défaut d'assignation ultérieure

Paris, 4 mars 1993, *PIBD* 1993, n° 547, III, 435.

« Considérant que cette société reprend l'argumentation développée devant les premiers juges soutenant que l'assignation qui n'a pas été délivrée dans le délai de quinzaine du procès-verbal de saisie-contrefaçon est nulle.

Considérant que c'est à tort que la société Ober soulève ce moyen, dès lors que la saisie a été pratiquée non pas sur le fondement de la loi du 14 juillet 1909 mais sur le fondement de la loi du 31 mars 1957; qu'aux termes de l'article 67 de cette loi (actuellement L. 332-2 du code de la propriété industrielle), la saisie doit être dénoncée dans le délai de trente jours; que l'impact de ce délai n'entraîne pas la nullité de la saisie mais seulement autorise le saisi à en demander la mainlevée au président du tribunal de grande instance, que ce moyen de nullité sera donc rejeté. »

Paris, 6 juill. 1994, *PIBD* 1994, n° 577, III, 586.

« Mais considérant qu'il résulte de la procédure de saisie-contrefaçon que M. N. a requis le commissaire de police sur le fondement de l'article 66 de la loi du 11 mars 1957, en invoquant ses droits sur un modèle de peignoir protégeable par les dispositions de cette loi.

Que ce texte n'imposant aucun délai à peine de nullité du procès-verbal pour assigner, mais autorisant simplement le saisi à demander mainlevée de la saisie ou d'en cantonner les effets dans les trente jours de la date du procès-verbal de saisie, il importe peu que M. N. ait attendu le 19 décembre 1991 pour assigner Plastitemple en contrefaçon. »

Paris, 10 janv. 1996, *PIBD* 1996, n° 608, III, 201.

« Mais considérant que M. M. réplique, à juste titre, qu'aucune disposition ne prévoit, en matière de propriété littéraire et artistique, un délai impératif, à compter de la saisie-contrefaçon, pour saisir au fond le tribunal d'une action en contrefaçon.

Que le saisi ou le tiers saisi peut simplement demander, dans les trente jours de la date du procès-verbal de saisie, au président du tribunal de grande instance d'en prononcer la mainlevée ou d'en cantonner les effets, et ce, en application de l'article L. 332-2 du code de la propriété intellectuelle.

Qu'en conséquence, M. M. n'encourt aucune sanction quant à la validité de la saisie, en ayant laissé passer le délai de trente jours.

Que ce moyen n'est donc pas fondé. »

Civ. 1re, 23 janv. 1996, n° 94-10.041, NP, *RIDA* 1996, n° 169, 345.

« Mais attendu qu'aux termes de l'article L. 332-3 du code de la propriété intellectuelle, le défaut de saisine de la juridiction compétente dans le délai de trente jours ouvre au juge des référés la simple faculté d'ordonner la mainlevée, "sans que ce texte édicte une quelconque caducité". »

TGI Paris, 12 juin 1996, *PIBD* 1996, n° 618, III, 506.

« Attendu que, sur le fondement du droit d'auteur, l'article L. 332-1 du code de la propriété intellectuelle n'impose pas de délai pour assigner en contrefaçon d'une œuvre de l'esprit, ce qu'admet Garbep. [...] Qu'ainsi, les saisies-contrefaçon pratiquées les 16 octobre 1993 et 23 novembre 1993, sur le fondement du droit d'auteur, ne sont pas entachées de nullité. »

Paris, 4e ch., sect. B, 24 nov. 2006, *PIBD* 2007, n° 844, III, 65.

« Considérant que la société Maghill invoque à nouveau devant la Cour la nullité de la saisie-contrefaçon qui n'a pas été admise par le tribunal;

Qu'à cet égard, elle indique en premier lieu que le délai de quinze jours entre la date de la saisie, soit le 17 décembre 2002 et la délivrance de l'assignation le 20 janvier 2003 n'a pas été respecté, en sorte que la saisie est nulle en application des dispositions de l'article L. 521-1 du code de la propriété intellectuelle; qu'elle conteste l'argumentation du tribunal selon laquelle la société Lancaster ayant entendu en l'espèce se prévaloir des dispositions des articles L. 332-1 et suivants du code de la propriété intellectuelle, aucun délai ne lui était imposé, car selon elle cette société a précisément fait choix de se prévaloir d'une protection au titre des dessins et modèles et fait d'ailleurs état d'un modèle déposé;

Considérant toutefois que la requête en saisie-contrefaçon était fondée sur les dispositions de l'article L. 332-1 du code de la propriété intellectuelle, applicables aux faits de la cause, en laquelle se trouve invoquée une atteinte aux droits d'auteur, d'où il suit que le moyen n'est pas fondé. »

Paris, 4e ch., sect. B, 22 févr. 2008, RG n° 06/20458, *PIBD* 2008, n° 872, III, 266.

« Considérant toutefois que l'ordonnance a été rendue au visa de l'article L. 332-1 du code de la propriété intellectuelle, qui régit en effet les opérations de saisie-contrefaçon diligentées à la demande de tout auteur d'une œuvre protégée par le livre I; Que si ces dispositions énoncent parmi les mesures susceptibles d'être entreprises, la saisie des exemplaires des articles argués de contrefaçon, la suspension de leur fabrication ou encore la saisie des recettes procurées par la commercialisation litigieuse, ces dispositions ne sauraient être interprétées comme excluant des opérations purement probatoires, telles que la description détaillée des articles litigieux et la copie des documents comptables, opérations qui peuvent en effet être ordonnées au visa de cet article; Qu'en l'espèce, les opérations contestées ont été expressément autorisées par l'ordonnance du 13 mars 2006 rendue par le président du tribunal de grande instance lequel dispose d'une compétence générale en application de l'article L. 332-1 alinéa 2 du code de la propriété intellectuelle; Considérant par ailleurs que cet article n'impose pas l'obligation de saisir la juridiction du fond sous peine de nullité des opérations réalisées, que les délais dont font état les articles suivants sont relatifs à l'engagement de la procédure de mainlevée; Que la demande d'annulation des opérations de saisie-contrefaçon sera dès lors rejetée. »

Paris, 4e ch., sect. A, 17 sept. 2008, RG n° 07/07735, *Gaz. Pal.* 2008, Somm. 4179.

« Si l'article L. 332-3 du code de la propriété intellectuelle dispose que, faute pour le saisissant de saisir la juridiction compétente dans les trente jours de la saisie, mainlevée de cette saisie pourra être ordonnée à la demande du saisi ou du tiers saisi par le président du tribunal statuant en référé, il n'en demeure pas moins que ces dispositions légales, ainsi que l'a retenu le tribunal, par des motifs pertinents adoptés par la cour, ne subordonnent pas la validité de la saisie à l'introduction d'une instance mais prévoient que le saisi ou le tiers saisi pourra, par voie de référé, solliciter sa mainlevée.

Contrairement à ce que soutient le requérant, l'action au fond prévue par les dispositions de l'article L. 332-3 s'entend d'une action tendant à voir juger les faits de contrefaçon à l'origine de la saisie, qu'il s'agisse d'une action civile ou d'une action pénale.

De sorte que le requérant ne justifie d'aucun intérêt à obtenir de la juridiction civile une décision de validité de la saisie, qui n'est prévue par aucun texte et présente un caractère purement déclaratoire.

Par voie de conséquence, la décision déférée, qui a déclaré le requérant irrecevable en sa demande tendant exclusivement à voir valider la saisie-contrefaçon et non à statuer sur des faits de contrefaçon mérite d'être confirmée. »

▸ 213.22 Saisie demandée sur le double fondement d'un droit d'auteur et d'un modèle déposé

Com. 18 mai 1993, n° 90-16.088, *Bull. civ.* IV, n° 198, *RD propr. int.* 1993, n° 49, 61.

« Mais attendu que la cour d'appel après avoir rappelé que la saisie-contrefaçon demandée par la Ste Jeanne

Arthes avait été faite sur le fondement cumulé des lois du 14 juillet 1909 et du 11 mars 1957, a retenu à juste titre, que le délai pour saisir la juridiction compétente était de trente jours à compter de la date du procès-verbal de saisie-contrefaçon, et que la citation en justice, donnée même devant un juge éventuellement incompétent interrompait la prescription dès lors que les textes précités ne désignaient pas de manière non équivoque la juridiction compétente; d'où il suit que le moyen n'est fondé en aucune de ses branches. »

Paris, 6 juill. 1994, *PIBD* 1994, n° 577, III, 586.

« Considérant, par ailleurs, que, dans son exploit introductif d'instance, M. N. se fonde, à titre principal, sur les dispositions des lois du 11 mars 1957, 12 mars 1952 et 14 juillet 1909.

Que l'article 2 de la loi du 11 mars 1957 (article L. 112-1 du code de la propriété intellectuelle) énonçant que ses dispositions protègent les droits des auteurs sur toutes les œuvres de l'esprit, quels qu'en soient le genre, la forme d'expression, le mérite ou la destination, sans qu'on ait à se préoccuper de leur caractéristique artistique, il en résulte que le créateur d'un modèle déposé est en droit d'invoquer la protection cumulative des lois de 1957, 1909 et 1952, lorsqu'il s'agit au surplus d'une création de l'industrie saisonnière de l'habillement.

Considérant, en conséquence, que le jugement doit être confirmé en ce qu'il a dit que Plastitemple était mal fondée en sa demande en nullité du procès-verbal de saisie. »

TGI Paris, 12 juin 1996, *PIBD* 1996, n° 618, III, 506.

« Attendu que Garbep soutient que ces deux saisies-contrefaçon, effectuées sur le fondement du droit des dessins et modèles, selon l'article L. 521-1 du code de la propriété intellectuelle, et du droit d'auteur, selon l'article L. 332-1 du code de la propriété intellectuelle, sont nulles pour défaut d'assignation dans les délais requis ou normaux. [...] Attendu que, sur le fondement du droit d'auteur, l'article L. 332-1 du code de la propriété intellectuelle n'impose pas de délai pour assigner en contrefaçon d'une œuvre de l'esprit, ce qu'admet Garbep. Attendu que, sur le fondement du droit des dessins et modèles, le délai de quinze jours, instauré par l'article L. 521-1 du code de la propriété intellectuelle, à peine de nullité de la saisie, n'est en l'espèce pas respecté. [...] Qu'ainsi, les saisies-contrefaçon pratiquées les 16 octobre 1993 et 23 novembre 1993, sur le fondement du droit d'auteur, ne sont pas entachées de nullité. »

Paris, 26 mars 1997, *PIBD* 1997, n° 638, III, 477.

« Mais considérant qu'en l'espèce, si M. C. et la société Terzani ont visé, dans leur requête afin de saisie-contrefaçon, tant les dispositions des articles L. 332-1 et suivants que L. 521-1 et suivants du code de la propriété intellectuelle, il résulte de la lecture de l'ordonnance (p. 1, 2e §) que la saisie-contrefaçon a été autorisée sous le visa des articles L. 332-1 et suivants du code de la propriété intellectuelle, L. 121-1 et suivants du code de la propriété intellectuelle et 425 et suivants du code pénal.

Que l'article L. 521-1 du code de la propriété intellectuelle n'est pas visé par l'ordonnance, qui seule a permis à l'huissier de procéder à la saisie et a défini les pouvoirs conférés à l'huissier.

Qu'il s'ensuit que la saisie ayant été pratiquée le 12 janvier 1993 sur le fondement des textes régissant le droit d'auteur et non sur ceux relatifs aux modèles déposés, MM. C. et T. n'étaient pas tenus de se pourvoir dans le délai de quinzaine.

Qu'il suffisait, comme cela a été fait, d'assigner au fond dans le délai de 30 jours de l'ordonnance autorisant la saisie, observation étant faite que le non respect de ce délai n'est pas sanctionné par la nullité de la saisie.

Que le jugement doit donc être confirmé en ce qu'il a débouté la société Masca de sa demande en nullité de la saisie-contrefaçon.

Mais considérant que M. C. se fondant sur cette saisie pour établir la contrefaçon, il en résulte que son action en contrefaçon n'est recevable que sur le fondement du livre I du code de la propriété intellectuelle. »

▸ 213.32 Personnes recevables à solliciter la mainlevée ou le cantonnement de la saisie

TGI Paris, 3e ch., 5 mars 1997, *PIBD* 1997, n° 636, III, 417; *RD propr. int.* 1997.

« Attendu que la possibilité de demander la mainlevée de la saisie est ouverte par l'article L. 332-2 du code de la propriété intellectuelle au saisi ou au tiers saisi; qu'en l'espèce les défenderesses n'établissent pas qu'elles avaient conservé la propriété des montres vendues; que si les factures comportent bien une clause de réserve de propriété jusqu'au paiement intégral du prix, il n'est pas justifié de la date à laquelle ce paiement est intervenu; que les défenderesses qui n'avaient ni la qualité de saisi, ni celle de tiers saisi, ne pouvaient donc exercer le recours prévu par ce texte; que ce moyen de nullité est en conséquence inopérant. »

▸ 213.33 Délai pour solliciter la mainlevée ou le cantonnement

Civ. 1re, 11 janv. 1977, n° 75-12.870, *Bull. civ.* I, n° 22, *Ann. propr. ind.* 1978. 110; *Bull. civ.*, I, n° 22.

« Mais attendu qu'en vertu de l'article 67 de la loi du 11 mars 1957, le saisi ou le tiers saisi peuvent demander au président du tribunal de grande instance statuant en référé la mainlevée de la saisie-contrefaçon dans le délai de trente jours sans que la saisine du juge du fond les prive de cette faculté. »

Civ. 1re, 21 mai 1990, n° 88-19.469, *Bull. civ.* I, n° 116; *JCP G* 1990. IV. 276.

« Attendu que le délai de trente jours ouvert par le second de ces textes au saisi et au tiers saisi pour demander au juge des référés la mainlevée d'une saisie-contrefaçon court à compter de la date du procès-verbal de la saisie ou, le cas échéant, de la date de l'ordonnance autorisant la saisie;

Attendu que pour déclarer recevable la demande de M. G. en mainlevée d'une saisie-contrefaçon pratiquée le 12 juin 1987 à la requête de Mme G., alors qu'il n'avait formulé cette demande que le 16 juillet 1987, l'arrêt énonce qu'il était nécessaire de notifier cette saisie à M. G., qui doit en conséquence être relevé de la forclusion encourue;

Qu'en faisant ainsi échec à cette forclusion pour une cause non prévue par la loi, la cour d'appel a violé les textes susvisés. »

Versailles, ch. réunies, 18 mars 1992, *JurisData* n° 1992-044629.

« Considérant que l'article 66 de la loi du 11 mars 1957 permet que soit ordonné à l'insu de tout détenteur et à la demande de tout auteur d'une œuvre protégée par ladite loi ou par ses ayants-droit la saisie d'un exemplaire constituant une reproduction illicite de cette œuvre, étant observé que la saisie n'est pas subordonnée à la preuve préalable de la contrefaçon, la seule obligation imposée au saisissant étant celle d'avoir à saisir dans un certain délai la juridiction du fond compétente, puisqu'aussi bien l'article 68 de la même loi précise : "Faute par le saisissant de saisir la juridiction compétente dans les trente jours de la saisie, mainlevée de cette saisie pourra être ordonnée à la demande du saisi ou du tiers saisi par le président du tribunal statuant en référé";

Considérant que force est de constater qu'en l'espèce, comme l'a relevé à juste titre le premier juge, la juridiction du fond a bien été saisie, le 2 juillet 1987, par Mme Giacometti, soit dans les trente jours de la saisie-contrefaçon intervenue le 12 juin 1987;

Considérant que les articles 643, 651 et 683 du nouveau code de procédure civile invoqués par M. Gruber sont des textes généraux relatifs, le premier, à la computation des délais, notamment quand une formalité doit être accomplie avant l'expiration d'un délai, lorsque celuici a pour origine la date de la notification qui le fait courir, le deuxième, à la forme des notifications, le troisième, aux règles particulières des notifications à l'étranger; que ces textes ne sauraient être utilement invoqués que dans l'hypothèse où une notification doit obligatoirement être opérée; que tel n'est pas le cas en l'espèce, l'article 67 de la loi du 11 mars 1957 prévoyant expressément, comme l'a souligné la Cour de cassation dans l'arrêt susvisé, que le délai de trente jours, ouvert au saisi et au tiers-saisi pour demander la mainlevée d'une saisie-contrefaçon, court à compter de la date du procès-verbal de la saisie ou, le cas échéant, de la date de l'ordonnance autorisant la saisie; qu'il convient, en effet, de rappeler que l'article 67 de ladite loi dispose : "Dans les trente jours de la date du procès-verbal de la saisie prévue à l'alinéa 1er de l'article 68 ou de la date de l'ordonnance prévue au même article, le saisi ou le tiers saisi peuvent demander au président du tribunal de grande instance de prononcer la mainlevée de la saisie"; qu'il apparaît que ce texte est clair et non sujet à interprétation, l'expression "dans les trente jours de la date du procès-verbal de la saisie" ne pouvant être interprétée comme signifiant dans les trente jours de la notification du procès-verbal de la saisie. »

Com. 18 mai 1993, n° 90-16.088, *Bull. civ.* IV, n° 198, *RD propr. int.* 1993, n° 49, 61.

« Mais attendu que la cour d'appel après avoir rappelé que la saisie-contrefaçon demandée par la société Jeanne Arthes avait été faite sur le fondement cumulé des lois du 14 juillet 1909 et du 11 mars 1957, a retenu à juste titre, que le délai pour saisir la juridiction compétente était de trente jours à compter de la date du procès-verbal de saisie-contrefaçon, et que la citation en justice, donnée même devant un juge éventuellement incompétent interrompait la prescription dès lors que les textes précités ne désignaient pas de manière non équivoque la juridiction compétente; d'où il suit que le moyen n'est fondé en aucune de ses branches. »

Civ. 1re, 17 déc. 1996, n° 94-21.496, NP.

« Mais attendu que la cour d'appel a exactement énoncé que le délai de trente jours édicté par l'article L. 332-2 du code de la propriété intellectuelle avait, en l'espèce, commencé à courir le 20 octobre 1993, date de l'ordonnance autorisant la société Europe Style à y faire procéder, de sorte que l'assignation du 25 novembre 1993 était tardive. »

Colmar, 1re ch., sect. A, 9 juin 1998, *RD propr. int.* 2000, n° 109, p. 17.

« Qu'ainsi l'application stricte des dispositions de l'article L. 332-3 du code de la propriété intellectuelle conduit à faire courir un délai de recours à l'encontre d'une personne qui n'a pas connaissance de la décision qui lui fait grief, le requérant étant lui-même libre de déterminer la date à laquelle il signifiera cette décision au requis.

Qu'une telle solution contrevient aux dispositions de l'article 6 de la Convention européenne des droits de l'homme prévoyant que "toute personne a droit à ce que sa cause soit entendue équitablement, publiquement et dans un délai raisonnable [...]";

Qu'il y a lieu par voie de conséquence de dire que le délai de trente jours prévu par les dispositions de l'article L. 332-2 du code de la propriété intellectuelle ne pouvait courir en réalité que du jour de signification de l'ordonnance. »

TGI Paris, 3e ch., 3e sect., 8 nov. 2006, RG n° 05/17004.

« Attendu que les sociétés demanderesses ayant saisi le doyen des juges d'instruction dans le délai légal de 30 jours, elles n'ont plus dès lors d'intérêt légitime à faire déclarer bonne et valable la saisie-contrefaçon qu'elles ont pratiquée étant observé que le tiers saisi ne dispose plus de recours spécifique contre celle-ci passé ce délai, sauf à la critiquer devant le juge répressif selon les règles propres à l'administration de la preuve pénale et que surabondamment l'autonomie de l'instance pénale qui tient le civil en l'état s'oppose au jugement civil déclaratoire tel que sollicité. Attendu en conséquence que les sociétés demanderesses, ayant saisi dans le délai légal le juge pénal, sont irrecevables à agir au civil en validation de saisie-contrefaçon, faute d'intérêt légitime. »

Paris, 14e ch., sect. B, 19 oct. 2007, RG n° 07/06176, *JurisData* n° 2007-351511, *CCE* mai 2008, comm. n° 65, note Caron.

« Considérant que, la saisie ayant été autorisée par le président du tribunal de grande instance, la demande de mainlevée ou de cantonnement doit, en application de l'article L. 332-2 du code de la propriété intellectuelle, être formée "*dans les trente jours (...) de la date de* [cette] *ordonnance*"; que, toutefois, si le saisissant n'a pas saisi la juridiction compétente dans les trente jours de la saisie, aucune condition de délai n'est requise en application de l'article L. 332-3 du même code;

Que ce serait ajouter au texte que d'exiger, non seulement la délivrance de l'assignation dans le délai précité, mais également le placement devant le tribunal dans ce délai, alors que la remise de l'assignation peut être effectuée, selon l'article 857 alinéa 2 du nouveau code de procédure civile applicable à la procédure devant le tribunal de commerce (et non pas 757 propre au tribunal de grande instance comme indiqué à tort dans les écritures), jusqu'à huit jours au plus tard avant la date de l'audience;

Que ce serait également ajouter au texte que d'exiger la notification de l'ordonnance ayant autorisé la saisie, de sorte que le fait que l'acte de signification de ladite ordonnance ait visé les articles 496 et 497 du nouveau code de procédure civile comme voies de recours est sans incidence sur la présente procédure. »

Civ. 1re, 6 mai 2010, n° 08-15.897, *Bull. civ.* I, n° 104; *Propr. industr.* 2010, comm. 54, note Bouche; *CCE* 2010, comm. 71, note Caron; *Procédures* 2010, comm. 285, note Croze; *JCP G* 2010. 814, note Hugon; *JCP E* 2010. 1740, note Hugon; *Gaz. Pal.* 30 juin, 1er juill. 2010, p. 18-19; *Gaz. Pal.* 22, 23 oct. 2010, note Forgeron et Le Bris; *RLDI* juin 2010, p. 23, note L.C.

« Vu l'article L. 332-2 du code de la propriété intellectuelle dans sa rédaction applicable aux faits de la cause;

Attendu que par ordonnance sur requête du 3 août 2005 du président du tribunal de grande instance d'Orléans, la société Atys a été autorisée à faire pratiquer une saisie-contrefaçon de logiciels dans les locaux de la société Parfums Christian Dior à Saint-Jean-de-Braye; qu'après avoir fait procéder auxdites opérations, le 21 septembre 2005, la société Atys a, par acte du 3 octobre 2005, saisi le tribunal de grande instance de Montpellier d'une action au fond en contrefaçon et en concurrence déloyale, à l'encontre des sociétés Parfums Christian Dior, Parfums Givenchy et Lami industrie ainsi que de MM.

Z..., X... et Y...; que M. A..., mandataire liquidateur de la société Atys, est intervenu volontairement à l'instance; que pour s'opposer à la demande, les défendeurs ont invoqué la nullité de la saisie-contrefaçon, faisant valoir que la requête en autorisation était affectée d'une nullité de fond à défaut d'avoir été signée par l'avocat postulant;

Attendu que pour rejeter l'exception de nullité, l'arrêt retient que, par application du texte susvisé, les contestations relatives à l'ordonnance autorisant la contrefaçon doivent être portées devant le juge qui l'a rendue; qu'en l'espèce, la contestation concernant la validité de la requête et de l'ordonnance subséquente ne pouvait être soumise qu'au juge d'Orléans;

Qu'en statuant ainsi, alors qu'à l'expiration du délai imparti par ce texte, pour demander la mainlevée de la mesure de saisie, la contestation relative à la validité de la requête au vu de laquelle a été autorisée la saisie-contrefaçon relève du pouvoir exclusif de la juridiction ».

▸ 213.34 Inapplicabilité de l'article 497 du code de procédure civile

Civ. 1re, 19 mai 1998, n° 96-19.225, NP, *Expertises* 1998, 310.

« Mais attendu que l'article 497 du nouveau code de procédure civile qui prévoit de modifier ou de rétracter l'ordonnance sur requête, est sans application en matière de saisie-contrefaçon soumise au seul code de la propriété intellectuelle. »

Civ. 1re, 30 mai 2000, n° 97-16.548, *Bull. civ.* I, n° 165, *Comm. com. électr.* juin 2001, p. 30; *JCP E* 2000, pan. rap. p. 1263; *PIBD* 2001, n° 714, III, 88.

« Attendu que la procédure de rétractation de l'ordonnance sur requête est sans application en matière de saisie-contrefaçon soumise au seul code de la propriété intellectuelle;

Attendu que la cour d'appel, qui a accueilli la demande des sociétés Horo quartz et Horo quartz systèmes, tendant à la rétractation d'une ordonnance sur requête ayant autorisé la saisie-contrefaçon d'un logiciel, alors que la voie de recours prévue par l'article L. 332-2 précité est la demande de mainlevée ou de cantonnement de la saisie, a violé les textes susvisés. »

Paris, 14e ch., sect. B, 19 oct. 2007, RG n° 07/06176, *JurisData* n° 2007-351511, *CCE* mai 2008, comm. n° 65, note Caron.

« Considérant, en effet, que l'ordonnance du 30 mars 2005 a été rendue au visa de l'article L. 332-1 du code de la propriété intellectuelle;

Que, contrairement aux affirmations des appelants, une saisie-contrefaçon peut toujours être effectuée en cours de procédure à la requête d'une des parties au litige pour établir, soit que les faits de contrefaçon perdurent, soit l'étendue du préjudice subi;

Que l'article 497 du nouveau code de procédure civile, qui prévoit la faculté de modifier ou de rétracter l'ordonnance sur requête, est sans application en matière de saisie-contrefaçon soumise au seul code de la propriété intellectuelle;

Qu'il s'ensuit que la demande de rétractation est irrecevable ».

TGI Paris, 3e ch., 3e sect., ord. réf., 9 déc. 2011, RG n° 11/14586.

« Il convient de relever que la société Michael Kors ne formule qu'une demande de rétractation de l'ordonnance ayant autorisé la saisie-contrefaçon sur le double fondement du droit d'auteur et du droit des dessins et modèles.

Or, une saisie ordonnée sur le fondement du droit d'auteur et au visa de l'article L. 332-1 du code de la propriété intellectuelle ne peut être remise en cause devant le président du tribunal de grande instance que dans le cadre d'une mainlevée, en vertu de l'article L. 332-2 du code de la propriété intellectuelle qui dispose que : "Dans un délai fixé par voie réglementaire, le saisi ou le tiers saisi peuvent demander au président du tribunal de grande instance de prononcer la mainlevée de la saisie ou d'en cantonner les effets, ou encore d'autoriser la reprise de la fabrication ou celle des représentations ou exécutions publiques, sous l'autorité d'un administrateur constitué séquestre, pour le compte de qui il appartiendra, des produits de cette fabrication ou de cette exploitation". Par ailleurs, cette demande de mainlevée ne peut intervenir que dans le délai fixé à l'article R. 332-2 du même code, soit 20 jours ouvrables ou 31 jours civils à compter de la signature du procès-verbal de saisie.

Dès lors, en l'espèce, la demande de rétraction ne peut viser l'ordonnance qu'en ce qu'elle a autorisé la saisie-contrefaçon sur le fondement du droit des dessins et modèles et il n'y a pas lieu, en l'absence de demande de mainlevée, de statuer sur le bien fondé de l'ordonnance au vu du droit d'auteur. »

▸ 213.35 Juridiction compétente

TGI Paris, 3e ch., 1re sect., ord. réf., 5 mai 2010, RG n° 10/01506.

« Ainsi en matière de droit d'auteur, le juge ayant ordonné la saisie ne peut rétracter son ordonnance mais seulement prononcer la mainlevée ou le cantonnement de la saisie elle-même.

Néanmoins, la demande de mainlevée formée de la saisie par la société La Bovida a pour effet de réintroduire le contradictoire dans la procédure ex partes qu'est la saisie-contrefaçon et de demander au juge ayant autorisé la saisie-contrefaçon, comme en matière de rétractation, de statuer à nouveau sur les mérites de la requête au vu des éléments apportés par le saisi et des contestations élevées.

Si les contestations élevées par le saisi sont retenues et telles que le juge n'aurait pas prononcer la saisie-contrefaçon, la mainlevée en sera prononcée; en revanche si seules les conséquences de la saisie-contrefaçon sont disproportionnées par rapport aux circonstances de l'espèce telles que rapportées par le saisi, seul le cantonnement sera prononcé;

Ainsi, et contrairement à ce que soutient la société ECF, la recevabilité même de la requête est un bien un moyen qui peut être soulevé dans une demande de mainlevée de la saisie-contrefaçon. »

TGI Paris, 3e ch., 1re sect., ord. réf., 28 mai 2010, RG n° 10/07411.

« Ainsi en matière de droit d'auteur, le juge ayant ordonné la saisie ne peut rétracter son ordonnance mais seulement prononcer la mainlevée ou le cantonnement de la saisie elle-même.

Néanmoins, la demande de mainlevée formée de la saisie par la société Guerlain a pour effet de réintroduire le contradictoire dans la procédure ex partes qu'est la saisie-contrefaçon et de demander au juge ayant autorisé la saisie-contrefaçon, comme en matière de rétractation, de statuer à nouveau sur les mérites de la requête au vu des éléments apportés par le saisi et des contestations élevées.

Si les contestations élevées par le saisi sont retenues et telles que le juge n'aurait pas prononcer la saisie-contrefaçon, la mainlevée en sera prononcée; en revanche si seules les conséquences de la saisie-contrefaçon sont disproportionnées par rapport aux circonstances de l'espèce telles que rapportées par le saisi, seul le cantonnement sera prononcé. »

▸ 213.36 Pouvoirs du magistrat

Civ. 1re, 28 avr. 1982, n° 80-16.546, *Bull. civ.* I, n° 152; *Gaz. Pal.* 1982. 2. pan. jur. 323; *RIDA* 1983, n° 116, 176.

« Attendu que l'arrêt est encore critiqué pour avoir statué par un motif hypothétique, en énonçant que la société Vidéo Concept "pouvait" être propriétaire de certaines des cassettes saisies, et d'avoir violé, par refus d'application, l'article 67 de la loi du 11 mars 1957, en se bornant, pour ordonner la mainlevée de la saisie, à relever que les saisis alléguaient ne pas avoir utilisé les cassettes pour les reproduire, sans procéder, comme le texte précité l'aurait exigé, à un examen d'ensemble de l'exploitation des œuvres litigieuses pour déterminer si les conditions prévues par la loi étaient réunies;

Mais attendu que la cour d'appel ne s'est pas fondée sur les seules allégations de la société Vidéo Concept, mais a retenu que la saisie litigieuse interdisait à cette société, ainsi qu'à la société Films 44 et à la société Vidéo Public Édition, toute exploitation, et notamment celle des droits dont elle était régulièrement cessionnaire dans le secteur non du grand public et que ne lui contestait pas la société Vidéo Club de France; qu'en outre, il existait une contestation sérieuse sur la propriété de certaines des cassettes saisies, la société Vidéo Concept soutenant les avoir achetées à la société Vidéo Club de France; qu'ainsi, sans statuer par des motifs hypothétiques, la cour d'appel, qui, pour ne pas préjudicier au principal, ne pouvait que relever l'existence d'une contestation sur la propriété des cassettes litigieuses, a légalement justifié sa décision au regard des dispositions de l'article 67 de la loi du 11 mars 1957. »

Paris, 21 avr. 1989, *PIBD* 1990, n° 471, III, 86.

« Considérant que les pouvoirs conférés par l'article 67 de la loi du 11 mars 1957 à la Cour statuant en référé, lui donnait nécessairement le droit sans toutefois pouvoir préjudicier au principal, d'examiner si la saisie porte sur une reproduction illicite de l'œuvre, objet de la protection légale, et si la procédure engagée répond aux conditions essentielles de la loi. »

Paris, 12 déc. 1989, *RIDA* 1990, n° 144, p. 211.

« Considérant que les craintes exprimées par la société EMI Songs France de voir la société BM Productions et M. L. disposer sans pouvoir les reproduire le cas échéant, des fonds portés à leurs comptes par la Sacem, à titre de redevances sur la chanson litigieuse, justifient, qu'en raison de l'urgence requise par la situation, soient ordonnées, en référé, les mesures propres à garantir les intérêts de l'appelante, sans toutefois compromettre la poursuivre de l'activité de la société intimée;

Considérant que pour assurer la conservation de ces fonds jusqu'à ce qu'il soit définitivement statué sur la propriété des droits incorporels sur la pièce musicale arguée de contrefaçon, il y a lieu d'ordonner selon les modalités précisées au dispositif du présent arrêt, le séquestre partiel des sommes encaissées à ce titre par la Sacem. »

Civ. 1re, 4 avr. 1991, n° 89-17.586, NP.

« Attendu que la société "Télétechnique moderne" (CTM) fait grief à l'arrêt attaqué (Paris, 21 avr. 1989), statuant en référé, d'avoir cantonné aux mesures strictement probatoires une saisie-contrefaçon ordonnée sur sa requête; [...]

Mais attendu que, saisie par application de l'article 67, et non de l'article 68, de la loi du 11 mars 1957, la juridiction des référés a constaté que, dans ses divers éléments, la forme du modèle litigieux répondait à des nécessités techniques liées au résultat fonctionnel recherché et qu'elle a pu en déduire, dans la limite de ses pouvoirs et sans inverser la charge de la preuve, que la société CTM n'établissait pas de façon non sérieusement contestable que ce modèle constituait une œuvre protégée par la loi du 11 mars 1957, et en particulier par son article 66 [...] »

TGI Paris, 3e ch., 1re sect., ord. réf., 5 mai 2010, RG n° 10/01506.

« Ainsi en matière de droit d'auteur, le juge ayant ordonné la saisie ne peut rétracter son ordonnance mais seulement prononcer la mainlevée ou le cantonnement de la saisie elle-même.

Néanmoins, la demande de mainlevée formée de la saisie par la société La Bovida a pour effet de réintroduire le contradictoire dans la procédure *ex partes* qu'est la saisie-contrefaçon et de demander au juge ayant autorisé la saisie-contrefaçon, comme en matière de rétractation, de statuer à nouveau sur les mérites de la requête au vu des éléments apportés par le saisi et des contestations élevées.

Si les contestations élevées par le saisi sont retenues et telles que le juge n'aurait pas prononcer la saisie-contrefaçon, la mainlevée en sera prononcée; en revanche si seules les conséquences de la saisie-contrefaçon sont disproportionnées par rapport aux circonstances de l'espèce telles que rapportées par le saisi, seul le cantonnement sera prononcé;

Ainsi, et contrairement à ce que soutient la société ECF, la recevabilité même de la requête est bien un moyen qui peut être soulevé dans une demande de mainlevée de la saisie-contrefaçon. »

TGI Paris, 3e ch., 1re sect., ord. réf., 28 mai 2010, RG n° 10/07411.

« Ainsi en matière de droit d'auteur, le juge ayant ordonné la saisie ne peut rétracter son ordonnance mais seulement prononcer la mainlevée ou le cantonnement de la saisie elle-même.

Néanmoins, la demande de mainlevée formée de la saisie par la société Guerlain a pour effet de réintroduire le contradictoire dans la procédure *ex partes* qu'est la saisie-contrefaçon et de demander au juge ayant autorisé la saisie-contrefaçon, comme en matière de rétractation, de statuer à nouveau sur les mérites de la requête au vu des éléments apportés par le saisi et des contestations élevées.

Si les contestations élevées par le saisi sont retenues et telles que le juge n'aurait pas prononcer la saisie-contrefaçon, la mainlevée en sera prononcée; en revanche si seules les conséquences de la saisie-contrefaçon sont disproportionnées par rapport aux circonstances de l'espèce telles que rapportées par le saisi, seul le cantonnement sera prononcé. »

▸ 213.37 Le juge de la mainlevée et du cantonnement de la saisie peut-il statuer sur une nullité éventuelle encourue par la saisie ?

Versailles, 14e ch., 13 nov. 1991, *JurisData* n° 1991-050082.

« Mais considérant que si, en vertu de l'article 67 de la loi du 11 mars 1957, le président du tribunal de grande instance statuant en la forme des référés peut dans les trente jours de la date du procès-verbal de la saisie, et même si le juge du fond est saisi, prononcer la mainlevée de la saisie, en cantonner les effets ou encore autoriser la reprise et la fabrication, ce texte ne donne pas le pouvoir au juge des référés de prononcer la nullité des saisies; que si le juge des référés dans le cadre de sa compétence générale prévue par les articles 808 et suivants du Nouveau code de procédure civile peut également, notamment, ordonner une mainlevée de la saisie, ou toutes mesures provisoires ou conservatoires, en retenant son irrégularité flagrante, pour faire cesser le trouble manifestement illicite qu'elle cause, il ne peut pour autant prononcer sa nullité qui relève du principal et du juge du fond. »

Paris, 4e ch., 25 sept. 1996, *PIBD* 1997, n° 624, III, 52.

« Considérant que le fait, pour la société Delta Mics, de n'avoir pas sollicité, dans les délais légaux, rétractation de l'ordonnance autorisant les sociétés BBS AG et BBS France à faire procéder à une saisie-contrefaçon, ne prive pas ladite société de la faculté de se prévaloir, devant le juge du fond, de la nullité de cette décision et des opérations subséquentes effectuées en son exécution. »

Paris, 4e ch., sect. B, 28 nov. 2008, RG n° 07/08497, *PIBD* 2009, n° 891, III, 872; *Jurinpi* D20080165.

« Considérant cela exposé que, contrairement à ce qu'ont retenu les premiers juges, l'absence de demande en mainlevée ou en cantonnement de la saisie-contrefaçon prévue par l'article L. 332-2 du code de la propriété intellectuelle ne prive pas le saisi d'invoquer au fond des moyens de nullité des opérations de saisie. »

▸ 213.41 Sources de nullité du procès-verbal de saisie-contrefaçon

Paris, 4e ch. A, 7 oct. 1998, *JCP E* 1999. I. 1631; *PIBD* 1999, n° 667, III, 16; *RD propr. int.* 1999, n° 97, p. 44.

« Considérant que le commissaire de police requis, comme il a été ci-dessus évoqué, n'a pas été en mesure de saisir réellement, dans les locaux de la société Pourchet, des exemplaires argués de contrefaçon. Qu'en l'absence de saisie des modèles litigieux ou de toutes preuves matérielles, telles notamment documents publicitaires, catalogues, etc., qui aurait justifié le droit de procéder à l'audition spontanée des personnes se trouvant sur les lieux de la saisie, il ne pouvait consigner les déclarations.

Qu'admettre le contraire reviendrait à permettre à quiconque souhaite faire entendre une personne suspectée de commettre des actes de contrefaçon à son encontre de soutenir avec mauvaise foi que ladite personne détient des objets contrefaisants dans le seul but de requérir un Commissaire de police, non pas pour qu'il soit procédé à une saisie qu'elle sait vouée à l'échec, mais essentiellement afin d'obtenir des déclarations, voire des aveux qui lui permettront de se réserver irrégulièrement des moyens de preuve pour ensuite engager, sur la foi du procès-verbal qui les contient, une procédure judiciaire. »

▸ 221.22 Le choix de la protection

Cass., ass. plén., 7 mars 1986, n° 83-10.477, *Bull. ass. plén.*, n° 3, *JCP G* 1986. II. 20631.

« Mais attendu, en premier lieu, qu'après avoir, par motifs adoptés, justement relevé que le caractère scientifique des programmes informatiques n'était pas un obstacle à leur protection par le droit d'auteur, et exactement retenu qu'il y a lieu de voir dans l'organigramme la composition du logiciel, et dans les instructions rédigées, quelle qu'en soit la forme de fixation, son expression, la cour d'appel a ainsi fait ressortir que le programme d'ordinateur ne constitue pas une simple méthode, et que sa protection doit être examinée dans son ensemble. »

▸ 221.24 La saisie-contrefaçon en matière de logiciels

Paris, 4e ch., 23 avr. 1990, *D.* 1991, Somm. 94; *PIBD* 1990. III, n° 482, III, 441.

« Considérant que si en raison de la technicité particulière de cette matière, la loi a subordonné la saisie réelle à l'autorisation d'un magistrat tandis que pour la saisie descriptive le commissaire de police peut être directement requis, il n'est pas dérogé aux pouvoirs donnés par l'article 66 de la loi de 1957 au président du tribunal qui peut ordonner la suspension de toute fabrication en cours, ordonner la saisie des exemplaires constituant une reproduction illicite de l'œuvre, la saisie des recettes provenant de toute reproduction, représentation ou diffusion par quelque moyen que ce soit d'une œuvre de l'esprit y compris les logiciels pour lesquels aucune exception n'a été stipulée. »

▸ 221.31 Qualité requise

Versailles, 14e ch., 13 nov. 1991, *JurisData* n° 1991-050082.

« Considérant que la société Qint pour revendiquer son droit à agir en contrefaçon du logiciel DSQ se prévaut du contrat du 3 février 1989 amendé le 26 avril 1990 par lequel elle est devenue cessionnaire exclusive pour la France des droits d'exploitation de ce logiciel; qu'à cet égard, elle souligne qu'elle n'est pas un simple distributeur mais fait fonction d'éditeur et paie à I.T.I. des droits d'auteur sur chaque copie du logiciel DSQ vendu en France;

Mais considérant que le contrat du 3 février 1989 et son amendement du 26 avril 1990 ne confèrent à la société Qint qu'un droit de distribution exclusive; qu'aucune stipulation contractuelle n'attribue à la société Qint un droit de reproduction. »

▸ 221.33 Existence d'un logiciel protégeable

Rouen, 10 juin 1992, *Expertises* 1992, 393.

« Attendu qu'en matière de propriété littéraire et artistique, la protection de la loi est acquise au créateur sans formalité de dépôt ou d'enregistrement, du seul fait de sa création; qu'en l'espèce, APV Baker a suffisamment justifié de sa qualité en produisant une documentation technique et publicitaire sur ses réalisations en matière d'automatisme, ainsi qu'une attestation de dépôt de son logiciel Paracode à l'Agence pour la Protection des Programmes. »

Paris, 28 janv. 1993, *PIBD* 1993, n° 545, III, 368.

« Considérant que, manifestement, il n'a été donné au magistrat saisi en première instance, et de la requête et de l'affaire en référé, aucune explication orale à ce sujet, puisque l'on ne trouve aucune indication sur la possibilité effective de tels droits de création au profit de M. M. ni dans la première, ni dans la seconde ordonnance; qu'on ignore donc absolument quel est le logiciel pour la protection duquel des saisies-contrefaçon ont été autorisées, puis l'autorisation rétractée. »

▸ 221.34 Extension du champ d'application

Civ. 1re, 25 janv. 2000, n° 97-12.620, *Bull. civ.* I, n° 25, *Expertises*, oct. 2000, p. 312, note Viet; *Expertises*, janv. 2001, p. 19, note Panhaleux.

« Mais attendu qu'après avoir retenu que la saisie avait été demandée et autorisée sur le fondement de l'article

L. 122-4 du code de la propriété intellectuelle, Chantelle invoquant la contrefaçon de données originales contenues dans des fichiers informatiques, la cour d'appel a justement décidé que la saisie portant sur de telles données devait être mise en œuvre selon les modalités spécialement prévues en matière de logiciels par l'article L. 332-4. »

Civ. 1re, 20 janv. 2004, n° 00-19.577, *Bull. civ.* I, n° 22; *RJDA* mai 2004, p. 474 s., note Bouche; *Propr. intell.* avr. 2004, p. 646, obs. Sirinelli; *JCP E* 2004, chr. 1770, p. 1925, obs. Sardain.

« Attendu que trois serveurs minitel de la société Jet télématique ont reproduit des passages du "Dictionnaire permanent conventions collectives" (le dictionnaire), édité par la société Éditions législatives, aujourd'hui Éditions Lefèbvre-Sarrut; que la société Le serveur administratif et M. X..., son directeur de publication, ont été condamnés *in solidum* à lui payer des dommages-intérêts pour contrefaçon; que la décision a été rendue opposable à la société Jet télématique, devenue Jet on line, et à la société France télécom, tenue de procéder aux déconnexions nécessaires;

Sur le premier moyen du pourvoi principal et le deuxième moyen du pourvoi incident, pris chacun en leurs deux branches, tels qu'exposés aux mémoires en demande et reproduits en annexe :

Attendu que l'arrêt retient exactement que l'article L. 332-4 du code de la propriété intellectuelle, dans sa rédaction antérieure à la loi du 1er juillet 1998, n'est pas applicable à une procédure dont l'objet n'était pas la contrefaçon d'un logiciel dont la protection serait recherchée mais celle d'écrits figurant dans un ouvrage publié, et relève que la requête et l'ordonnance d'autorisation visaient globalement les articles L. 232-1 et suivants du code de la propriété intellectuelle; qu'il ne pouvait donc que valider la saisie-contrefaçon de disquettes informatiques effectuée le 7 décembre 1995 dans les locaux de la société Jet télématique, et suivie de l'assignation au fond de la société Le Serveur administratif et de M. X... le 5 janvier 1996; d'où il suit que le grief est inopérant. »

▸ 221.52 Compétence territoriale

Paris, 4e ch., sect. A, 25 févr. 2009, RG n° 07/17848, *Jurinpi* D20090021.

« Considérant que devant la cour, la société appelante prétend soulever *à titre liminaire* la nullité des opérations de saisie-contrefaçon du 30 janvier 2006 motif pris qu'elles auraient été autorisées par le président du tribunal de grande instance de Bobigny, incompétent au regard des dispositions des articles R. 615-1 et R. 631-1 du code de la propriété intellectuelle au profit du président du tribunal de grande instance de Paris;

Mais considérant que les dispositions invoquées, applicables aux opérations de saisie contrefaçon en matière de brevets d'invention, sont inopérantes dans le cas de l'espèce ou le demandeur à l'instance se prévaut des droits de l'auteur institués aux livres I et III du code précité ainsi que des droits de dessins et modèles conférés au livre V du même code de sorte que sa requête en saisie-contrefaçon a été régulièrement soumise au visa des articles L. 332-1 et L. 521-1 au président du tribunal de grande instance de Bobigny dans le ressort duquel devait être réalisée la mesure sollicitée;

Qu'il s'ensuit que la demande tendant à voir constater la nullité du procès-verbal de saisie-contrefaçon doit être rejetée. »

Com. 14 sept. 2010, n° 09-16.854, *Bull. civ.* IV, n° 137; *PIBD* 2010, n° 931, III, 17; *RLDI* oct. 2010, n° 2106, p. 18.

« Vu les articles 812, alinéa 3, et 958 du code de procédure civile;

Attendu, selon l'ordonnance attaquée, que la société Milco, faisant grief à la société Jeca d'avoir commis des actes de contrefaçon des marques Mousserelle et Mousserelle aux Trois Saveurs dont elle est propriétaire, de contrefaçon artistique par reproduction d'une photographie du produit "Mousserelle aux Trois Saveurs" et d'actes de concurrence déloyale, a obtenu, par une ordonnance sur requête, du premier président, sur le fondement de l'article L. 716-7 du code de la propriété intellectuelle, l'autorisation de faire procéder dans les locaux de la société Jeca à la description détaillée et à la saisie réelle de la contrefaçon de marques alléguée et à la description des agissements constitutifs de la concurrence déloyale également alléguée;

Attendu que pour rétracter l'ordonnance qui avait autorisé la saisie-contrefaçon, l'ordonnance retient que, si l'article L. 716-7 du code de la propriété intellectuelle confère au président du tribunal de grande instance une compétence exclusive pour autoriser le titulaire d'une marque à faire procéder à la saisie des produits ou services dont il prétend qu'ils constituent la contrefaçon de sa marque, une requête aux fins de saisie-contrefaçon afférente à une instance en cours doit être présentée devant le président de la chambre à laquelle l'affaire a été distribuée en application des règles posées par l'article 812, alinéa 3, du code de procédure civile;

Attendu qu'en statuant ainsi, alors que les dispositions de l'article 812, alinéa 3, du code de procédure civile ne s'appliquent qu'aux requêtes déposées au cours de la procédure de première instance et qu'au cours de l'instance d'appel, le premier président est seul compétent pour ordonner sur requête une mesure de saisie-contrefaçon, la cour d'appel a violé les textes susvisés.

Par ces motifs, la Cour casse et annule l'ordonnance attaquée dans toutes ses dispositions, en conséquence renvoie l'affaire devant le premier président de la cour d'appel d'Orléans et, vu l'article 700 du code de procédure civile, condamne la société Jeca à payer à la société Milco la somme de 2 500 euros. »

▸ 221.53 Étendue de la saisie-contrefaçon autorisée par le président du tribunal

Paris, 4e ch., 23 avr. 1990, *D.* 1991, Somm. 94; *PIBD* 1990. III, n° 482, III, 441.

« Considérant que si en raison de la technicité particulière de cette matière, la loi a subordonné la saisie réelle à l'autorisation d'un magistrat tandis que pour la saisie descriptive le commissaire de police peut être directement requis, il n'est pas dérogé aux pouvoirs donnés par l'article 66 de la loi de 1957 au président du tribunal qui peut ordonner la suspension de toute fabrication en cours, ordonner la saisie des exemplaires constituant une reproduction illicite de l'œuvre, la saisie des recettes provenant de toute reproduction, représentation ou diffusion par quelque moyen que ce soit d'une œuvre de l'esprit y compris les logiciels pour lesquels aucune exception n'a été stipulée. »

▸ 221.55 Personnes pouvant assister à la saisie

TGI Paris, 6 nov. 1992, *PIBD* 1993, n° 540, III, 183.

« Attendu qu'au terme de l'article 50 de la loi du 3 juillet 1985, "le commissaire de police peut être assisté d'un expert désigné par le requérant". »

Paris, 30 juin 1995, *PIBD* 1995, n° 598, III, 532.

« Considérant que les limites imposées par le juge, au choix de l'expert, répondent au souci de garantir l'impartialité des constatations opérées et de lever ainsi toute suspicion à leur sujet; que l'expert doit être indépendant des parties, étant observé que la prohibition édictée à l'égard du salarié doit, a fortiori, s'étendre au président de l'association en cause, partie à l'instance, et dont il est le représentant légal.

Considérant que le non-respect de cette formalité substantielle entache de nullité les deux saisies susvisées. »

Paris, 15 janv. 1997, *PIBD* 1997, n° 639, III, 517.

« Considérant que les sociétés VF Diffusion SNC et VF Boutiques SA font valoir qu'en violation des dispositions de l'article L. 332-4 alinéa 2 du code de la propriété intellectuelle, les saisies-contrefaçon ont eu lieu en présence de deux experts, soit un expert en propriété industrielle et un expert en informatique, et non d'un, comme le prévoit le texte susvisé. [...]

Mais considérant que l'ordonnance du 24 mars 1993 autorise expressément "chacun des huissiers instrumentaires à se faire accompagner, le cas échéant par un mandataire de la requérante, homme de l'art pris en dehors de ses préposés ainsi que par un expert informaticien inscrit en cette qualité sur une liste de cour d'appel".

Que, de surcroît outre le fait comme le souligne le tribunal, qu'il est usuel qu'un huissier se fasse assister de spécialistes en informatique pour opérer des saisies de logiciel, il n'est pas contesté que ledit expert n'est intervenu que sous son contrôle.

Qu'enfin, les appelantes, qui n'ont pas protesté contre sa présence, n'apportent la preuve d'aucun grief qui en résulterait pour elles. »

Civ. 1re, 2 déc. 1997, n° 95-17.029, *Bull. civ.* I, n° 347; *D.* 1998. IR 21.

« Attendu que le juge qui autorise une saisie-contrefaçon de logiciels peut, pour l'application de l'article L. 332-4 du code de la propriété intellectuelle, préciser que l'expert choisi pour assister l'huissier de justice instrumentaire ou le commissaire de police sera désigné par le requérant en dehors de ses salariés;

Et attendu que les juges du second degré ont souverainement estimé qu'en l'espèce la désignation des experts ne répondait pas à l'exigence d'indépendance ainsi légitimement édictée;

Que la décision attaquée est légalement justifiée. »

Civ. 1re, 6 juill. 2000, nos 97-21.404, 97-22.141, 97-22.392, 97-22.430, *Bull. civ.* I, n° 210, *Comm., com. électr.* 2000, comm. n° 98, note Caron; *D.* 2001, jur. 370, note Véron; *JCP E* 2000, act. p. 1157; *JCP G* 2000. II. 10440, note H. C.; *LPA* 25 janv. 2001, p. 12, note Fougerat *PIBD* 2001, n° 714, III, 87.

« Attendu que le droit à un procès équitable, consacré par le premier des textes susvisés, exige que l'expert mentionné par le second pour assister l'huissier instrumentaire ou le commissaire de police procédant à la saisie-contrefaçon d'un logiciel, soit indépendant des parties. »

▸ 221.56 Pouvoirs de l'huissier ou du commissaire de police

Paris, 15 janv. 1997, *PIBD* 1997, n° 639, III, 517.

« Considérant que les appelantes allèguent que Me X aurait outrepassé les pouvoirs qu'il tenait de l'ordonnance du 24 mars 1993, notamment en posant aux représentants de la société Stylmod de nombreuses questions alors que la mention relative à celles-ci avait été purement et simplement supprimée de l'ordonnance par le magistrat saisi.

Mais considérant que la société Chantelle leur oppose à juste titre que si la suppression de ladite mention visait l'autorisation de "poser toutes questions", l'huissier commis n'en demeurait pas moins, à l'évidence, autorisé à poser les questions nécessaires à l'accomplissement de sa mission.

Que les premiers juges ont pertinemment observé que l'ordonnance prescrivant d'effectuer toutes recherches et constatations utiles, il était vain de croire que le juge qui avait autorisé la saisie ait entendu réduire l'huissier au silence. »

Paris, 4e ch. A, 7 oct. 1998, *JCP E* 1999. I. 1631; *PIBD* 1999, n° 667, III, 16; *RD propr. int.* 1999, n° 97, p. 44.

« Considérant que le commissaire de police requis, comme il a été ci-dessus évoqué, n'a pas été en mesure de saisir réellement, dans les locaux de la société Pourchet, des exemplaires argués de contrefaçon. Qu'en l'absence de saisie des modèles litigieux ou de toutes preuves matérielles, telles notamment documents publicitaires, catalogues, etc., qui aurait justifié le droit de procéder à l'audition spontanée des personnes se trouvant sur les lieux de la saisie, il ne pouvait consigner les déclarations.

Qu'admettre le contraire reviendrait à permettre à quiconque souhaite faire entendre une personne suspectée de commettre des actes de contrefaçon à son encontre de soutenir avec mauvaise foi que ladite personne détient des objets contrefaisants dans le seul but de requérir un commissaire de police, non pas pour qu'il soit procédé à une saisie qu'elle sait vouée à l'échec, mais essentiellement afin d'obtenir des déclarations, voire des aveux qui lui permettront de se réserver irrégulièrement des moyens de preuve pour ensuite engager, sur la foi du procès-verbal qui les contient, une procédure judiciaire. »

▸ 221.63 Portée de la saisie

Paris, 4e ch., 23 avr. 1990, *D.* 1991, Somm. 94; *PIBD* 1990. III, n° 482, III, 441.

« Que le titre V de cette loi comporte les dispositions particulières relatives aux logiciels tant en ce qui concerne la qualité d'auteur que l'exercice des droits, leur durée ou encore la rémunération forfaitaire de la cession des droits et précise en son article 50 qu'en "matière de logiciels la saisie-contrefaçon est exécutée en vertu d'une ordonnance rendue sur requête par le président du tribunal de grande instance qui autorise s'il y a lieu la saisie-réelle", saisie qui, à peine de nullité, doit être suivie d'une assignation dans le délai de quinzaine, qu'en outre les commissaires de police sont tenus, à la demande de tout auteur d'un logiciel protégé par cette loi, d'opérer une saisie-description du logiciel contrefaisant.

Considérant que l'article 50 de la loi de 1985 ne concerne que les modalités de saisie et non les pouvoirs que le président du tribunal tient de l'article 66 alinéa 3 de la loi de 1957. »

▸ 221.71 Application des règles générales des saisies-contrefaçon en matière de droits d'auteur

Paris, 13e ch., 24 mars 1992, *JurisData* n° 1992-020961.

« Considérant que c'est également par des motifs pertinents que la Cour adopte que le tribunal a rejeté cette deuxième exception.

Considérant, en effet, que les logiciels sont soumis à un régime spécifique de protection dont les modalités sont définies au titre V de la loi du 3 juillet 1985; qu'il y a lieu, dès lors, d'appliquer en l'espèce l'article 50 de cette loi relatif à la saisie-contrefaçon en matière de logiciels qui ne prévoit pas qu'une copie de l'ordonnance du président du tribunal de grande instance doive être délivrée au détenteur des objets saisis.

Considérant qu'il convient ainsi de confirmer, sur le rejet des exceptions de nullité présentées par le prévenu, la décision entreprise. »

▸ 221.72 Importance des constatations et des identifications par l'huissier

Paris, 30 juin 1995, *PIBD* 1995, n° 598, III, 532.

« Considérant que les appelants invoquent la nullité des procès-verbaux de saisie faisant observer, d'une part, que les experts qui ont assisté les commissaires de police étaient, au mépris des termes des ordonnances autorisant ces saisies, l'un salarié de l'APP, l'autre son président, et, d'autre part, qu'il ne ressort pas de la lecture desdits procès-verbaux que les supports magnétiques utilisés pour effectuer les sauvegardes aient fait l'objet préalablement d'un formatage démontrant qu'ils étaient vierges de toute inscription. »

TGI Évreux, 19 juin 1998, *Expertises* 1999, n° 229, p. 278.

« Attendu qu'en permettant ainsi à Monsieur K. de conserver sur le disque dur de son ordinateur personnel l'ensemble des logiciels objets de la saisie, alors que l'ordonnance du 19 août 1994 n'autorisait qu'une saisie réelle ou par copie des logiciels incriminés et nullement leur mise à disposition du saisissant, Maître T. a commis une faute. »

▸ 221.73 Cas particulier des documents intéressant la défense nationale

Civ. 1re, 21 mars 2006, n° 05-13.302, *Bull. civ.* I, n° 168, *CCE* mai 2006, comm. n° 78, note Caron; *Propr. intell. 2006*, n° 20, p. 352, obs. Warusfel; *D.* 2006. AJ 983, obs. Daleau; *Expertises*, juill. 2006, p. 269, note Lecardonnel; *Comm. com. électr.* 2006, comm. n° 78, note Caron; *RLDI* avr. 2006, p. 25.

« Mais attendu que l'arrêt énonce à bon droit que, dès lors que le saisi prouve qu'il bénéficie d'une habilitation au "confidentiel défense" et qu'à l'occasion des opérations de saisie, des documents, informations contrats ou brevets protégés par cette classification sont susceptibles d'apparaître à la vue du saisissant, l'officier public doit surseoir à opérer jusqu'à ce que le président du tribunal de grande instance ayant ordonné la saisie, s'il en est requis, ordonne une expertise confiée à des personnes agréées par le ministre chargé de la défense et devant ses représentants; que ainsi qu'observé par le mémoire en défense, l'article 413-11 du code pénal érige en délit correctionnel le fait pour toute personne non habilitée de reproduire ou porter à la connaissance d'une personne non qualifiée un renseignement, procédé, objet, document, donnée informatisée ou fichier qui présente le caractère d'un secret de la défense nationale; que le moyen n'est donc pas fondé. »

▸ 221.81 Texte

Dijon, 5 mai 1992, *JurisData* n° 1992-044410; *JCP E* 1993. I. 239.

« Sur la validité de la première saisie-contrefaçon pratiquée le 27 octobre 1989;

Attendu que les premiers juges ont retenu à bon droit que l'assignation du 18 décembre 1989 ayant été délivrée plus de quinze jours après la saisie-contrefaçon opérée le 27 octobre 1989, cette dernière était nulle par application de l'article 50 de la loi du 3 juillet 1985 relative à la protection des droits d'auteur sur les logiciels; [...]

Sur la validité de la saisie-contrefaçon réalisée le 5 décembre 1989;

Attendu que cette saisie a été suivie de l'assignation délivrée le 18 décembre 1989, donc dans le délai de quinzaine imparti par l'article 50 de la loi du 3 juillet 1985;

Attendu que ce texte dont l'inobservation est sanctionnée par la nullité de la saisie doit être interprété restrictivement;

Attendu que les premiers juges ont exactement relevé que cet article 50 n'exige pas le placement ou l'enrôlement de l'affaire au greffe du tribunal dans le délai de quinzaine, mais seulement la délivrance de l'assignation ou de la citation à la partie adverse avant l'expiration dudit délai;

Attendu certes que l'article 68 de la loi du 11 mars 1957 sur la propriété littéraire et artistique permet au saisi de demander la mainlevée de la mesure conservatoire si la juridiction n'a pas été saisi dans le délai de trente jours, mais les dispositions de ce texte spécifique relatif à la procédure de mainlevée de saisie ne sauraient être étendues aux conditions d'annulation de cette même saisie, telles qu'énoncées différemment par l'article 50 de la loi du 3 juillet 1985;

Attendu au demeurant que la présente procédure a été enrôlée au greffe du tribunal de grande instance de Chaumont le 27 décembre 1989, donc dans le mois de la saisie et qu'aucune demande de mainlevée n'a été présentée au juge des référés compétent; que la décision entreprise sera donc également confirmée de ce chef. »

Com. 23 mai 1995, n° 93-17.923, NP.

« Mais attendu que la cour d'appel a également relevé, par motifs adoptés, non critiqués, que les faits reprochés à la société Texel informatique ressortissaient au domaine de la contrefaçon, qu'en matière de logiciels, la saisie-contrefaçon autorisée et réalisée devait être suivie d'une assignation ou citation dans la quinzaine, sous peine d'annulation, que cette procédure judiciaire dérogatoire du droit commun s'imposait à toute action en contrefaçon, excluant la possibilité pour les parties de fixer elles-mêmes une autre voie, fût-ce par convention signée entre elles; que, par ces seuls motifs, l'arrêt se trouve justifié; que le moyen ne peut être accueilli. »

Paris, 11 déc. 1996, *RD propr. int.*, janv. 1997, 57.

« Qu'il convient de rappeler en tout état de cause que si, aux termes de l'article 50 de la loi du 3 juillet 1985, en matière de logiciels, à défaut d'assignation dans la quinzaine de la saisie, la saisie-contrefaçon est nulle, il ne saurait être contesté que M. L. a, sur une saisie-contrefaçon pratiquée le 29 mai 1990, saisi le 8 juin suivant la juridiction compétente d'une assignation au fond, délivrée régulièrement dans le délai légal. »

Civ. 1re, 26 mai 2011, n° 10-14.495, P, *Propr. industr.* 2011, comm. 67, note Bouche, *JCP G* 2011, n° 748, note Croze et Fradin, *RTD civ.* 2011. 589, obs. Perrot; *Propr. intell.* oct. 2011, p. 438-439, obs. de Haas.

« Vu les articles L. 332-4 du code de la propriété intellectuelle, ensemble les articles 73, 112 et 117 du code de procédure civile;

Attendu que pour infirmer le jugement qui avait prononcé l'annulation des opérations de saisie-contrefaçon pratiquées le 3 mars 2006 en raison notamment du non respect par la société DAT de la délivrance de l'assignation au fond dans le délai légal de quinze jours, la cour d'appel a énoncé que la seconde assignation étant intervenue "aux fins et sur les suites" de la première, la nullité de la saisie n'était pas encourue, d'autant que la société Lacour Concept ne justifiait d'aucun grief;

Qu'en statuant ainsi, quand la première assignation était devenue caduque avant que ne fût délivrée la seconde, en sorte que la saisie-contrefaçon litigieuse était entachée d'une nullité de fond dont le prononcé n'était pas subordonné à la preuve d'un grief, la cour d'appel a violé les textes susvisés. »

▸ 221.91 Renvoi aux règles des saisies en matière de droits d'auteur

Paris, 4e ch., 23 avr. 1990, *D.* 1991, Somm. 94; *PIBD* 1990. III, n° 482, III, 441.

« Considérant que dans ces conditions le maintien des mesures de saisie réelle et d'interdiction ordonnées sur requête et maintenues par l'ordonnance déférée aurait pour conséquence de provoquer la paralysie totale, voire la disparition, de la société Faster alors que la contrefaçon reprochée fait l'objet de procédures tant en France qu'aux USA où sont domiciliés les fabricants, conséquence manifestement excessive dès lors qu'une procédure de saisie-contrefaçon n'a pas pour objet de neutraliser un concurrent dont la faute n'est pas encore établie; qu'en l'espèce l'atteinte aux droits du saisissant n'est pas constitutive d'un trouble manifestement illicite; qu'il convient donc, réformant l'ordonnance de référé entreprise, de dire qu'il n'y a lieu au maintien des mesures de saisie réelle et d'interdiction des logiciels incriminés. »

Rouen, 10 juin 1992, *PIBD* 1992, n° 527, III, 413.

« Attendu que les sociétés Apil ne sauraient être admises à déplacer le débat en sollicitant la rétractation de l'ordonnance pour des motifs tenant à la réalité de la contrefaçon alléguée et sur lesquels il appartient au seul juge du fond de se prononcer. »

Paris, pôle 1, ch. 4, 12 mars 2010, RG n° 09/13381, *JurisData* n° 2010-002301.

« Considérant que le premier juge a relevé que l'huissier de justice chargé d'effectuer la saisie-contrefaçon ne s'était livré à aucune description des différents logiciels copiés, puisqu'il s'était borné à indiquer la taille des fichiers par leur nombre d'octets, alors que la description des données informatiques constituait un préalable à leur copie selon les termes de l'ordonnance du 30 avril 2009 ayant autorisé la saisie; que pour ordonner la mainlevée de la saisie contrefaçon, il a ainsi retenu que cette saisie n'avait pas été effectuée conformément aux termes de l'ordonnance du 30 avril 2009;

Considérant que l'article L. 332-4 du code de la propriété intellectuelle dispose :

En matière de logiciels et de bases de données, la saisie-contrefaçon est exécutée en vertu d'une ordonnance rendue sur requête par le président du tribunal de grande instance. Le président autorise, s'il y a lieu, la saisie réelle. L'huissier instrumentaire ou le commissaire de police peut être assisté d'un expert désigné par le requérant. À défaut d'assignation ou de citation dans la quinzaine de la saisie, la saisie-contrefaçon est nulle. En outre, les commissaires de police sont tenus, à la demande de tout titulaire de droits sur un logiciel ou sur une base de données, d'opérer une saisie-description du logiciel ou de la base de données contrefaisants, saisie-description, qui peut se concrétiser par une copie;

Qu'en l'espèce, la saisie-contrefaçon ayant été judiciairement autorisée, il appartenait à l'huissier instrumentaire de se conformer aux dispositions de l'ordonnance l'ayant autorisée; Que l'ordonnance ainsi rendue à la requête de Monsieur Bullet l'autorisait à faire procéder par un huissier de son choix à la description détaillée du logiciel contenu dans la logibox n° 06-220001, des fichiers, codes sources visuels, exécutables, fonctionnalités, structures et autres du logiciel exploité par Monsieur Arnaud Brunel dans toutes ses versions et du site internet www.Amarile.fr constituant la contrefaçon du logiciel Amarile et à la copie en deux exemplaires des données informatiques décrites, ce qui implique que la description du logiciel devait être effectuée préalablement à la copie des données informatiques, comme l'a relevé le premier juge, également signataire de l'ordonnance du 30 avril 2009, et Monsieur Bullet n'est pas fondée à prétendre que l'huissier instrumentaire pouvait tout aussi bien procéder à la description des données informatiques ou procéder à leur copie;

Que, contrairement à ce qui est soutenu par l'appelant, cette exigence posée par le délégataire du président du tribunal, qui a autorisé la saisie-contrefaçon, ne se heurte à aucune disposition de l'article L. 332-4 précité, notamment celle prévoyant que la saisie-description, opérée hors autorisation de justice par un commissaire de police à la demande d'un titulaire de droits sur un logiciel, peut se concrétiser par une copie;

Considérant que Monsieur Bullet ne démontre par aucun élément que la desciption des données informatiques par l'huissier instrumentaire, avant que celui-ci en prenne copie, était impossible; qu'il est d'ailleurs mal venu à exciper d'une telle impossibilité, alors que l'ordonnance ayant autorisé la saisie a repris les termes mêmes de la requête présentée par son conseil au délégataire du président du tribunal, honnis deux paragraphes relatifs à l'autorisation d'opérer une saisie-réelle, laquelle a été refusée par le magistrat saisi;

Qu'en outre, même si la valeur probante de ce document est relative, la note technique établie à la demande de la société Amarile par Monsieur Saliba, expert judiciaire, à la suite de l'ouverture des scellés contenant les données informatiques copiées et restituées en exécution de l'ordonnance entreprise, fait ressortir que la description des fichiers, en les regroupant par type de présentation et par année était possible, ce d'autant plus que l'huissier instrumentaire était assisté d'un expert informatique;

Qu'au surplus et en tout état de cause, l'huissier chargé d'opérer la saisie était autorisé à procéder à la copie des données informatiques en deux exemplaires, l'un des deux devant être déposé au greffe du tribunal, mais non à effectuer ensuite en son cabinet au moins quatre copies supplémentaire sur CD Rom, copies qui ont été ensuite restituées en exécution de l'ordonnance déférée, comme cela ressort également de la note de Monsieur Saliba, qui a mis en évidence que le contenu de ces quatre CD Rom était identique, ce qui n'est pas contesté par l'appelant;

Qu'à cet égard, l'affirmation de principe de Monsieur Bullet, selon laquelle les copies ainsi faites par cet huissier seraient justifiées par la nécessité de respecter les normes déontologiques et les obligations attachées à son statut, n'est pas sérieusement étayée;

Qu'en procédant ainsi, l'huissier instrumentaire a excédé les limites de l'autorisation qui lui était donnée et, ce faisant, aggravé le risque d'atteinte à la confidentialité des données informatiques copiées;

Qu'en conséquence et, sans qu'il y ait lieu d'examiner les autres arguments invoqués par la société Amarile, l'ordonnance prononçant la mainlevée de la saisie doit être confirmée et Monsieur Bullet doit être débouté de ses demandes. »

▸ 221.92 Inapplicabilité de l'article 497 du C. pr. civ.

Civ. 1re, 19 mai 1998, n° 96-19.225, NP, *Expertises* 1998, 310.

« Mais attendu que l'article 497 du Nouveau code de procédure civile qui prévoit de modifier ou de rétracter l'ordonnance sur requête, est sans application en matière de saisie-contrefaçon soumise au seul code de la propriété intellectuelle. »

Civ. 1re, 30 mai 2000, n° 97-16.548, *Bull. civ.* I, n° 165, *Comm. com. électr.* juin 2001, p. 30; *JCP E* 2000, pan. rap. p. 1263; *PIBD* 2001, n° 714, III, 88.

« Attendu que la procédure de rétractation de l'ordonnance sur requête est sans application en matière de saisie-contrefaçon soumise au seul code de la propriété intellectuelle;

Attendu que la cour d'appel, qui a accueilli la demande des sociétés Horo quartz et Horo quartz systèmes, tendant à la rétractation d'une ordonnance sur requête ayant autorisé la saisie-contrefaçon d'un logiciel, alors que la voie de recours prévue par l'article L. 332-2 précité est la demande de mainlevée ou de cantonnement de la saisie, a violé les textes susvisés. »

▸ 222.62 Compétence territoriale

Com. 14 sept. 2010, n° 09-16.854, *Bull. civ.* IV, n° 137; *PIBD* 2010, n° 931, III, 17; *RLDI* oct. 2010, n° 2106, p. 18.

« Vu les articles 812, alinéa 3, et 958 du code de procédure civile;

Attendu, selon l'ordonnance attaquée, que la société Milco, faisant grief à la société Jeca d'avoir commis des actes de contrefaçon des marques Mousserelle et Mousserelle aux Trois Saveurs dont elle est propriétaire, de contrefaçon artistique par reproduction d'une photographie du produit "Mousserelle aux Trois Saveurs" et d'actes de concurrence déloyale, a obtenu, par une ordonnance sur requête, du premier président, sur le fondement de l'article L. 716-7 du code de la propriété intellectuelle, l'autorisation de faire procéder dans les locaux de la société Jeca à la description détaillée et à la saisie réelle de la contrefaçon de marques alléguée et à la description des agissements constitutifs de la concurrence déloyale également alléguée;

Attendu que pour rétracter l'ordonnance qui avait autorisé la saisie-contrefaçon, l'ordonnance retient que, si l'article L. 716-7 du code de la propriété intellectuelle confère au président du tribunal de grande instance une compétence exclusive pour autoriser le titulaire d'une marque à faire procéder à la saisie des produits ou services dont il prétend qu'ils constituent la contrefaçon de sa marque, une requête aux fins de saisie-contrefaçon afférente à une instance en cours doit être présentée devant le président de la chambre à laquelle l'affaire a été distribuée en application des règles posées par l'article 812, alinéa 3, du code de procédure civile;

Attendu qu'en statuant ainsi, alors que les dispositions de l'article 812, alinéa 3, du code de procédure civile ne s'appliquent qu'aux requêtes déposées au cours de la procédure de première instance et qu'au cours de l'instance d'appel, le premier président est seul compétent pour ordonner sur requête une mesure de saisie-contrefaçon, la cour d'appel a violé les textes susvisés.

Par ces motifs, la Cour casse et annule l'ordonnance attaquée dans toutes ses dispositions, en conséquence renvoie l'affaire devant le premier président de la cour d'appel d'Orléans et, vu l'article 700 du code de procédure civile, condamne la société Jeca à payer à la société Milco la somme de 2 500 euros. »

▸ 222.85 Force publique

Paris, 4e ch., sect. B, 11 avr. 2008, RG n° 06/14920, *Jurinpi* B20080067.

« Considérant que l'appelante prétend par ailleurs que les termes de l'ordonnance n'auraient pas été respectés dans la mesure où l'huissier est intervenu le 4 février 2004 avec des gendarmes de la brigade locale ce qui a été perçu par le personnel comme un déploiement de forces incompréhensible et perturbateur, alors qu'il n'était autorisé à se faire assister, si nécessaire, que d'un représentant de la force publique;

Considérant toutefois qu'il était loisible à l'huissier de requérir l'assistance de la force publique avant même de signifier l'ordonnance au représentant de la partie saisie; que cette assistance peut se manifester par la présence de plusieurs représentants de la force publique si les circonstances l'exigent; qu'en tout cas, rien ne vient établir en l'espèce que l'huissier est intervenu avec le déploiement de forces que conteste l'appelante, la mention figurant au procès-verbal étant :"des gendarmes de la brigade de Coulanges-La-Vineuse préalablement requis en la personne de l'adjudant Bussière"; Qu'aucune violation des termes de l'ordonnance n'est donc caractérisée. »

▸ 222.86 Le saisissant

TGI Paris, 3e ch., 3e sect., 15 oct. 2002, *PIBD* 2003, n° 763, III, 238; *RTD com.* 2004. 305, chron. Galloux.

« Conformément à l'article 6-1 de la Convention européenne de sauvegarde des droits de l'homme et des libertés fondamentales, les parties ont droit à un procès équitable.

En application de ce principe, il est constant que le breveté qui a requis une mesure de saisie-contrefaçon ne peut assister aux opérations d'exécution de celle-ci. En décider autrement reviendrait à porter atteinte à l'impartialité objective de ces opérations. Il importe peu qu'il ressorte du procès-verbal de saisie-contrefaçon que la présence du breveté a été sans incidence sur les constatations de l'huissier dès lors que par sa seule présence le breveté nuit à l'équilibre des parties dans la conduite de cette mesure probatoire. »

TGI Paris, 3e ch., 3e sect., 25 févr. 2003, RG n° 01/12680, *Jurinpi* M20030131.

« S'il est effectif qu'aucun texte relatif à la procédure de saisie-contrefaçon n'interdit au requérant d'une mesure de saisie-contrefaçon de solliciter l'autorisation d'assister aux opérations de saisie, il résulte néanmoins des dispositions de l'article 4 du décret n° 92-755 du 31 juillet 1992 instituant de nouvelles règles relatives aux procédures d'exécution, que le juge dispose de la faculté d'autoriser la présence du saisissant "lorsque les modalités de l'appréhension l'exigent", et des principes d'impartialité et d'indépendance édictées par l'article 6-1 de la Convention européenne des droits de l'homme que la participation du saisissant doit être strictement circonscrite. Or, en l'espèce, les requêtes présentées par la société Parfums Christian Dior et ayant donné lieu aux ordonnances litigieuses, ne font état d'aucune circonstance susceptible de nécessiter, au sens de l'article 4 du décret n° 92-755 du 31 juillet 1992, que des représentants de la requérante soient autorisés à assister aux opérations de saisie-contrefaçon, et la société Parfums Christian Dior ne précise pas davantage dans le cadre de la présente instance les motifs qui exigeaient une telle présence. Il est également constant, ainsi que le soutient la société Odéon, et contrairement à ce que suggère la société Parfums Christian Dior, qu'en autorisant l'huissier instrumentaire à "se faire assister dans ses descriptions et recherches par tout représentant, salarié ou non, de la requérante", les ordonnances querellées ont accordé aux représentants de la société saisissante un rôle, qui excédant très largement celui d'une présence passive et neutre, s'apparente à celui confié à l'homme de l'art; et les procès-verbaux de saisies-contrefaçon établis par les huissiers de justice ayant instrumenté témoignent au demeurant de la part active prise par les préposés de la société Parfums Christian Dior dans la direction, aux côtés de l'huissier instrumentaire, de certaines opérations de saisies-contrefaçon, telles celles du 21 juin 2001 lors desquelles l'un des représentants de la société Parfums Christian Dior a mené conjointement avec l'huissier de justice l'interrogatoire du représentant de la société STS.

En considération de l'ensemble de ces éléments, et après avoir rappelé qu'une mesure de saisie-contrefaçon est une mesure exorbitante du droit commun, sollicitée aux risques et périls du saisissant, puis observé que les exigences d'impartialité et d'indépendance qu'édicte l'article 6-1 de la Convention européenne des droits de l'homme sont incompatibles avec l'autorisation donnée au saisissant ou à ses préposés d'intervenir activement dans le déroulement d'une mesure de saisie-contrefaçon, enfin relevé que, nonobstant le délai écoulé entre la date des saisies-contrefaçon et l'engagement de la présente instance, lesdites saisies n'apparaissent guère pouvoir recevoir la qualification de simples saisies descriptives que leur prête la société Parfums Christian Dior, le tribunal considère que les ordonnances rendues les 1er février, 20 juin, 26 juin et 12 juillet 2001 contreviennent aux dispositions de l'article 6-1 de la Convention européenne des droits de l'homme. »

Com. 28 avr. 2004, n° 02-20.330, *Bull. civ.* IV, n° 75, *D.* 2004. AJ 1671.

« Vu l'article 6-1 de la Convention européenne de sauvegarde des droits de l'homme et des libertés fondamentales, ensemble l'article L. 615-5 du code de la propriété intellectuelle [...]. Attendu qu'en statuant ainsi, alors qu'elle constatait que l'expert désigné était le préposé de l'une des parties saisissantes, ce dont il découlait qu'il n'en était pas indépendant, la cour d'appel a méconnu les exigences du premier des textes susvisés, et violé le second par fausse application. »

▸ 222.87 L'avocat du saisissant

TGI Paris, 3e ch., 23 févr. 1994, *RD propr. int.* 1996, n° 64, 27.

« Attendu qu'il est constant que l'expert ou l'homme de l'art dont l'assistance est autorisée par les ordonnances d'autorisation de saisies prises en application de l'article L. 716-7 du code de la propriété intellectuelle s'entendent comme toute personne pouvant apporter un concours utile à l'huissier.

Que rien n'interdit à un avocat mandaté par le requérant de participer à la saisie dès lors que la présence d'un homme de l'art a été expressément autorisée par l'ordonnance;

Que la présence de M. G. n'est donc pas de nature à vicier les opérations de saisie;

Mais attendu que les opérations de saisie-contrefaçon constituent des mesures exorbitantes du droit commun et l'autorisation donnée doit s'interpréter restrictivement quant aux conditions de son exercice;

Attendu qu'en l'espèce, M. G. n'a pas décliné sa qualité;

Attendu que cette réticence déloyale n'a pas permis au saisi de joindre son propre conseil;

Que cette abstention fautive causant grief au saisi, constitue une irrégularité grave viciant les opérations de saisie-contrefaçon;

Qu'il y a lieu de prononcer la nullité du procès-verbal de saisie-contrefaçon du 11 février 1993. »

Paris, 4e ch., 13 mars 1996, *PIBD* 1996, n° 612, III, 305.

« Considérant que le président du tribunal de grande instance de Paris, à qui requête a été préalablement présentée, en autorisant l'huissier instrumentaire à se faire assister d'un homme de l'art, a formellement précisé dans son ordonnance du 7 mai 1990 "homme de l'art qui ne soit pas au service de M. P. et plus particulièrement de X, conseil en brevets au cabinet Y [...]".

Qu'il résulte des énonciations du procès-verbal de saisie du 9 mars 1990 que l'huissier était assisté de M. X, conseil en brevet dont il est amplement établi qu'il exerce ses activités au sein du cabinet Y.

Que l'huissier précise, en page 2 de son acte, avoir procédé à la saisie par voie de description de [l']appareil sur les indications de M. X.

Que les opérations effectuées ainsi, en violation flagrante des termes de l'ordonnance qui les a autorisées, sont nulles et de nul effet. »

Paris, 4e ch. B, 6 juin 1997, *RD propr. int.* 1997, n° 77, 26.

« Considérant que l'ordonnance autorisant la saisie-contrefaçon donnait la possibilité à l'huissier instrumentaire de se faire accompagner le cas échéant par un expert au choix de la requérante, pris en dehors de ses préposés; qu'en application de cette ordonnance, l'huissier s'est fait assister par M. S., précédemment conseil en marques de la société Kenzo et qui a la qualité d'avocat depuis la fusion des professions intervenue en 1992;

Qu'aucun texte ne prévoit qu'une telle qualité interdise d'être désigné comme sachant, ce, d'autant plus que l'avocat assistant Kenzo et Tamaris dans la procédure n'était pas présent aux opérations de saisie-contrefaçon; qu'il s'ensuit qu'aucune atteinte n'a été portée aux droits de la défense; que la demande en nullité sera donc rejetée. »

Com. 18 avr. 2000, Parfums Via Paris c/Kenzo et Tamaris, n° 97-19.631, NP, *PIBD* 2000, n° 700, III, 314.

« Mais attendu qu'après avoir constaté que l'ordonnance autorisant la saisie-contrefaçon donnait la possibilité à l'huissier instrumentaire de se faire accompagner par un expert choisi par la requérante en dehors de ses préposés, l'arrêt relève que l'huissier s'est fait assister par M. S., précédemment conseil en marques de la société Kenzo, qui a la qualité d'avocat depuis la fusion des professions intervenue en 1992;; qu'ayant relevé qu'aucun texte ne prévoit qu'une telle qualité interdit d'être désigné comme sachant, la cour d'appel a légalement justifié sa décision; d'où il suit que le moyen n'est pas fondé. »

Rennes, 2e ch. com., 10 janv. 2006, *PIBD* 2006, n° 826, III, 200; *Propr. intell. oct. 2006,* p. 464, obs. de Haas.

« Mais considérant qu'à l'occasion de ses opérations de saisie, l'huissier instrumentaire, qui était autorisé par l'ordonnance du président du tribunal de grande instance à se faire accompagner d'un expert s'est présenté à l'adresse professionnelle de Annick Poisson épouse Manceau "accompagné de Maître Z, expert : requis"; Considérant que rien dans les textes n'interdit à une partie de se faire assister par son avocat agissant en qualité d'expert; que cependant il résulte de l'article 6-1 de la Convention européenne des droits de l'homme l'exigence d'un procès équitable qui s'oppose à ce que l'expert mandaté par une partie soit également son conseil, ce qui lui enlève le caractère d'indépendance exigé par cet article;

Considérant qu'en l'espèce Maître Z n'a pas décliné sa qualité d'avocat, ce qui est contraire à l'exigence de loyauté qui s'impose à un membre du barreau et qui relève de la déontologie; que ce comportement au surplus est contraire à l'exigence d'impartialité posée par l'article sus-visé, quand bien même l'avocat aurait été mentionné, comme c'est le cas dans la signification de l'ordonnance ayant immédiatement précédé les opérations de saisie;

Qu'il convient en conséquence d'annuler le procès-verbal de saisie-contrefaçon établi le 10 avril 2001 par Maître V. au préjudice de Madame Manceau, étant observé qu'il n'est pas démontré que la presence aux opérations de saisie d'une tierce personne non autorisée, en l'espèce un jeune stagiaire, ait porté préjudice au saisi;

Considérant que le procès-verbal annulé sera dès lors écarté des débats. »

▸ 222.89 Cas particulier des documents intéressant la défense nationale

Civ. 1re, 21 mars 2006, n° 05-13.302, *Bull. civ.* I, n° 168, *CCE* mai 2006, comm. n° 78, note Caron; *Propr. intell. 2006*, n° 20, p. 352, obs. Warusfel; *D.* 2006. AJ 983, obs. Daleau; *Expertises*, juill. 2006, p. 269, note Lecardonnel; *Comm. com. électr.* 2006, comm. n° 78, note Caron; *RLDI* avr. 2006, p. 25.

« Mais attendu que l'arrêt énonce à bon droit que, dès lors que le saisi prouve qu'il bénéficie d'une habilitation au "confidentiel défense" et qu'à l'occasion des opérations de saisie, des documents, informations contrats ou brevets protégés par cette classification sont susceptibles d'apparaître à la vue du saisissant, l'officier public doit surseoir à opérer jusqu'à ce que le président du tribunal de grande instance ayant ordonné la saisie, s'il en est requis, ordonne une expertise confiée à des personnes agréées par le ministre chargé de la défense et devant ses représentants; que ainsi qu'observé par le mémoire en défense, l'article 413-11 du code pénal érige en délit correctionnel le fait pour toute personne non habilitée de reproduire ou porter à la connaissance d'une personne non qualifiée un renseignement, procédé, objet, document, donnée informatisée ou fichier qui présente le caractère d'un secret de la défense nationale; que le moyen n'est donc pas fondé. »

▸ 222.113 Délai pour solliciter la mainlevée ou le cantonnement

Civ. 1re, 11 janv. 1977, n° 75-12.870, *Bull. civ.* I, n° 22, *Ann. propr. ind.* 1978. 110; *Bull. civ.*, I, n° 22.

« Mais attendu qu'en vertu de l'article 67 de la loi du 11 mars 1957, le saisi ou le tiers saisi peuvent demander au président du tribunal de grande instance statuant en référé la mainlevée de la saisie-contrefaçon dans le délai de trente jours sans que la saisine du juge du fond les prive de cette faculté. »

Civ. 1re, 21 mai 1990, n° 88-19.469, *Bull. civ.* I, n° 116; *JCP G* 1990. IV. 276.

« Attendu que le délai de trente jours ouvert par le second de ces textes au saisi et au tiers saisi pour demander au juge des référés la mainlevée d'une saisie-contrefaçon court à compter de la date du procès-verbal de la saisie ou, le cas échéant, de la date de l'ordonnance autorisant la saisie;

Attendu que pour déclarer recevable la demande de M. G. en mainlevée d'une saisie-contrefaçon pratiquée le 12 juin 1987 à la requête de Mme G., alors qu'il n'avait formulé cette demande que le 16 juillet 1987, l'arrêt énonce qu'il était nécessaire de notifier cette saisie à M. G., qui doit en conséquence être relevé de la forclusion encourue;

Qu'en faisant ainsi échec à cette forclusion pour une cause non prévue par la loi, la cour d'appel a violé les textes susvisés. »

Versailles, ch. réunies, 18 mars 1992, *JurisData* n° 1992-044629.

« Considérant que l'article 66 de la loi du 11 mars 1957 permet que soit ordonné à l'insu de tout détenteur et à la demande de tout auteur d'une œuvre protégée par ladite loi ou par ses ayants droit la saisie d'un exemplaire constituant une reproduction illicite de cette œuvre, étant observé que la saisie n'est pas subordonnée à la preuve préalable de la contrefaçon, la seule obligation imposée au saisissant étant celle d'avoir à saisir dans un certain délai la juridiction du fond compétente, puisqu'aussi bien l'article 68 de la même loi précise : "Faute par le saisissant de saisir la juridiction compétente dans les trente jours de la saisie, mainlevée de cette saisie pourra être ordonnée à la demande du saisi ou du tiers saisi par le président du tribunal statuant en référé" ;

Considérant que force est de constater qu'en l'espèce, comme l'a relevé à juste titre le premier juge, la juridiction du fond a bien été saisie, le 2 juillet 1987, par Mme Giacometti, soit dans les trente jours de la saisie-contrefaçon intervenue le 12 juin 1987;

Considérant que les articles 643, 651 et 683 du nouveau code de procédure civile invoqués par M. Gruber sont des textes généraux relatifs, le premier, à la computation des délais, notamment quand une formalité doit être accomplie avant l'expiration d'un délai, lorsque celui-ci a pour origine la date de la notification qui le fait courir, le deuxième, à la forme des notifications, le troisième, aux règles particulières des notifications à l'étranger; que ces textes ne sauraient être utilement invoqués que dans l'hypothèse où une notification doit obligatoirement être opérée; que tel n'est pas le cas en l'espèce, l'article 67 de la loi du 11 mars 1957 prévoyant expressément, comme l'a souligné la Cour de cassation dans l'arrêt susvisé, que le délai de trente jours, ouvert au saisi et au tiers-saisi pour demander la mainlevée d'une saisie-contrefaçon, court à compter de la date du procès-verbal de la saisie ou, le cas échéant, de la date de l'ordonnance autorisant la saisie; qu'il convient, en effet, de rappeler que l'article 67 de ladite loi dispose : "Dans les trente jours de la date du procès-verbal de la saisie prévue à l'alinéa 1er de l'article 68 ou de la date de l'ordonnance prévue au même article, le saisi ou le tiers saisi peuvent demander au président du tribunal de grande instance de prononcer la mainlevée de la saisie"; qu'il apparaît que ce texte est clair et non sujet à interprétation, l'expression "dans les trente jours de la date du procès-verbal de la saisie" ne pouvant être interprétée comme signifiant dans les trente jours de la notification du procès-verbal de la saisie. »

Com. 18 mai 1993, n° 90-16.088, *Bull. civ.* IV, n° 198, *RD propr. int.* 1993, n° 49, 61.

« Mais attendu que la cour d'appel après avoir rappelé que la saisie-contrefaçon demandée par la société Jeanne Arthes avait été faite sur le fondement cumulé des lois du 14 juillet 1909 et du 11 mars 1957, a retenu à juste titre, que le délai pour saisir la juridiction compétente était de trente jours à compter de la date du procès-verbal de saisie-contrefaçon, et que la citation en justice, donnée même devant un juge éventuellement incompétent interrompait la prescription dès lors que les textes précités ne désignaient pas de manière non équivoque la juridiction compétente; d'où il suit que le moyen n'est fondé en aucune de ses branches. »

Civ. 1re, 17 déc. 1996, n° 94-21.496, NP.

« Mais attendu que la cour d'appel a exactement énoncé que le délai de trente jours édicté par l'article L. 332-2 du code de la propriété intellectuelle avait, en l'espèce, commencé à courir le 20 octobre 1993, date de l'ordonnance autorisant la société Europe Style à y faire procéder, de sorte que l'assignation du 25 novembre 1993 était tardive. »

▸ 222.114 Inapplicabilité de l'article 497 du code de procédure civile

Civ. 1re, 19 mai 1998, n° 96-19.225, NP, *Expertises* 1998, 310.

« Mais attendu que l'article 497 du nouveau code de procédure civile qui prévoit de modifier ou de rétracter l'ordonnance sur requête, est sans application en matière de saisie-contrefaçon soumise au seul code de la propriété intellectuelle. »

Civ. 1re, 30 mai 2000, n° 97-16.548, *Bull. civ.* I, n° 165, *Comm. com. électr.* juin 2001, p. 30; *JCP E* 2000, pan. rap. p. 1263; *PIBD* 2001, n° 714, III, 88.

« Attendu que la procédure de rétractation de l'ordonnance sur requête est sans application en matière de saisie-contrefaçon soumise au seul code de la propriété intellectuelle;

Attendu que la cour d'appel, qui a accueilli la demande des sociétés Horo quartz et Horo quartz systèmes, tendant à la rétractation d'une ordonnance sur requête ayant autorisé la saisie-contrefaçon d'un logiciel, alors que la voie de recours prévue par l'article L. 332-2 précité est la demande de mainlevée ou de cantonnement de la saisie, a violé les textes susvisés. »

▸ 222.117 Le juge de la mainlevée et du cantonnement de la saisie peut-il statuer sur une nullité éventuelle encourue par la saisie ?

Versailles, 14e ch., 13 nov. 1991, *JurisData* n° 1991-050082.

« Mais considérant que si, en vertu de l'article 67 de la loi du 11 mars 1957, le président du tribunal de grande instance statuant en la forme des référés peut dans les trente jours de la date du procès-verbal de la saisie, et même si le juge du fond est saisi, prononcer la mainlevée de la saisie, en cantonner les effets ou encore autoriser la reprise et la fabrication, ce texte ne donne pas le pouvoir au juge des référés de prononcer la nullité des saisies; que si le juge des référés dans le cadre de sa compétence générale prévue par les articles 808 et suivants du Nouveau code de procédure civile peut également, notamment, ordonner une mainlevée de la saisie, ou toutes mesures provisoires ou conservatoires, en retenant son irrégularité flagrante, pour faire cesser le trouble manifestement illicite qu'elle cause, il ne peut pour autant prononcer sa nullité qui relève du principal et du juge du fond. »

Paris, 4e ch., 25 sept. 1996, *PIBD* 1997, n° 624, III, 52.

« Considérant que le fait, pour la société Delta Mics, de n'avoir pas sollicité, dans les délais légaux, rétractation de l'ordonnance autorisant les sociétés BBS AG et BBS France à faire procéder à une saisie-contrefaçon, ne prive pas ladite société de la faculté de se prévaloir, devant le juge du fond, de la nullité de cette décision et des opérations subséquentes effectuées en son exécution. »

Paris, 4e ch., sect. B, 28 nov. 2008, RG n° 07/08497, *PIBD* 2009, n° 891, III, 872, *Jurinpi* D20080165.

« Considérant cela exposé que, contrairement à ce qu'ont retenu les premiers juges, l'absence de demande en mainlevée ou en cantonnement de la saisie-contrefaçon prévue par l'article L. 332-2 du code de la propriété intellectuelle ne prive pas le saisi d'invoquer au fond des moyens de nullité des opérations de saisie ».

▸ 222.121 Sources de nullité du procès-verbal de saisie-contrefaçon

Paris, 4e ch. A, 7 oct. 1998, *JCP E* 1999. I. 1631; *PIBD* 1999, n° 667, III, 16; *RD propr. int.* 1999, n° 97, p. 44.

« Considérant que le commissaire de police requis, comme il a été ci-dessus évoqué, n'a pas été en mesure de saisir réellement, dans les locaux de la société Pourchet, des exemplaires argués de contrefaçon. Qu'en l'absence de saisie des modèles litigieux ou de toutes preuves matérielles, telles notamment documents publicitaires, catalogues, etc., qui aurait justifié le droit de procéder à l'audition spontanée des personnes se trouvant sur les lieux de la saisie, il ne pouvait consigner les déclarations.

Qu'admettre le contraire reviendrait à permettre à quiconque souhaite faire entendre une personne suspectée de commettre des actes de contrefaçon à son encontre de soutenir avec mauvaise foi que ladite personne détient des objets contrefaisants dans le seul but de requérir un commissaire de police, non pas pour qu'il soit procédé à une saisie qu'elle sait vouée à l'échec, mais essentiellement afin d'obtenir des déclarations, voire des aveux qui lui permettront de se réserver irrégulièrement des moyens de preuve pour ensuite engager, sur la foi du procès-verbal qui les contient, une procédure judiciaire. »

TGI Paris, 3e ch., 1re sect., 5 déc. 2007, *PIBD* 2008, nº 869, III, 165.

« Attendu que M. Coudari sollicite en premier lieu la nullité de la retenue en douane et de la saisie-contrefaçon et ce aux motifs qu'il s'agirait de produits authentiques; Que la question de déterminer si les produits saisis sont des produits authentiques ou non relèvent du débat au fond; que dès lors, faute d'autre motivation, les retenues en douane et la procédure de saisie-contrefaçon ne peuvent qu'être déclarées régulières en la forme. »

▸ 311.11 Territorialité des titres de propriété intellectuelle nationaux

Trib. Arnhem (Pays-Bas), 1er juin 2007, aff. 156096 / KG ZA 07-304.

« 4.2 The farthest reaching purport has the question of whether the leave to make an attachment before judgment for the purposes of evidence, as well as (to cause) the making of a detailed description, could have been granted under Title 15 DCCP [Dutch Code of Civil Procedure].

It concerns the question whether for the enforcement in Germany of a German patent right (meanwhile expired) (having number EP 0 034 432) (founded on the European Patent Convention of 5 October 1973) and the SPC founded on it) in the Netherlands Astellas is allowed to use the options offered in Article 1019 *et seq.* DCCP for obtaining evidence against a company established in the Netherlands of allegedly committed patent infringement by that company in Germany. According to Synthon this question must be answered to the negative, because Article 1019 DCCP lists exhaustively which intellectual property rights fall within the scope of Title 15 DCCP. This article lays down :

"This title applies to the enforcement of intellectual property rights under the Copyright Act 1912, the Act on neighboring rights, the Databank Act, the Patent Act 1995, the Benelux Convention concerning intellectual property (trademarks and drawings or designs), the Act holding rules concerning the protection of original topographies of semi-conductor products, the Act on Seeds and Plants 2005, procedures under articles 5 and 5a Trade Name Act, to procedures concerning geographical names under Article 13a Agricultural Quality Act and to enforcement of rights of intellectual property under Regulation (EC) N°. 40/94 of the Council of 20 December 1993 concerning the Community Trademark (OJEC 1994, L11), Regulation (EC) N°. 2100/94 of the Council of 27 July 1994 concerning Community Breeder's Law (OJEC L227) and Regulation (EC) N°. 6/2002 of the Council of 12 December 2001 concerning Community Designs (OJEC 2002, L3)."

4.3 In the view of Synthon it results from this that articles 1019 *et seq.* DCCP can only be applicable for the enforcement in the Netherlands of intellectual property rights acquired under these regulations in/for the Netherlands. That it must always concern national rights which are enforced under national law is also implicated by the Explanatory Memorandum (Dutch Parliament, 2005-2006, N°. 3) where it is stated inter alia :

"Finally court proceedings by reason of infringements of rights resulting from registration of industrial property rights based on international conventions are also governed by title 15. They are not explicitly stated in Article 1019, because here it concerns international registrations which create individual national rights which are enforced under national law. In this one should think of rights which result from registrations under the Convention concerning the grant of European patents of 5 October 1973 (...)."

4.4 Neither Article 1019 DCCP nor Parliamentary History compel, however, to draw the conclusion that in a case like the present one (as described above in 4.2) the provisions of Article 1019 *et seq.* DCCP cannot apply. In the first place this would not honor the purpose and effectiveness of the Enforcement Directive (Directive 2004/48/EC of the European Parliament and the Council of the European Union of 29 April 2004 concerning the enforcement of intellectual property rights), on which it is said inter alia in the Parliamentary History (DP 2005-2006, N°. 3) :

"The Directive aims at harmonizing the enforcement of intellectual property rights in order to allow to effectively fight infringement of intellectual property rights in general and large-scale counterfeit and piracy in particular. Infringements are more and more of a cross-border nature and differences in national enforcement rules are prejudicial to the internal market and complicate fighting infringement effectively."

and in recitals 7 and 8 of the Directive itself :

"(7) It emerges from the consultations held by the Commission on this question that, in the Member States, and despite the TRIPS Agreement, there are still major disparities as regards the means of enforcing intellectual property rights. For instance, the arrangements for applying provisional measures, which are used in particular to preserve evidence, the calculation of damages, or the arrangements for applying injunctions, vary widely from one Member State to another. In some Member States, there are no measures, procedures and remedies such as the right of information and the recall, at the infringer's expense, of the infringing goods placed on the market.

(8) The disparities between the systems of the Member States as regards the means of enforcing intellectual property rights are prejudicial to the proper functioning of the Internal Market and make it impossible to ensure that intellectual property rights enjoy an equivalent level of protection throughout the Community. This situation does not promote free movement within the internal market or create an environment conducive to healthy competition."

4.5 With all this it cannot be reconciled at all that in case of cross-border infringements in a case like the present one for enforcement in a member state the (enforcement) options for carrying out the Enforcement Directive offered in the national legislation of another member state cannot be used.

4.6 Moreover such a restricted view like that of Synthon is not in line with the EEC Treaty and the EEC Regulation and the system of international jurisdiction laid down in it. For instance Article 31 of the EEX Regulation lays down :

"*Application may be made to the courts of a Member State for such provisional, including protective, measures as may be available under the law of that State, even if, under this Regulation, the courts of another Member State have jurisdiction as to the substance of the matter.*"

Said provision is almost identical to Article 24 EEX Treaty. The option to ask protective measures in a member state, despite the (exclusive) jurisdiction of another forum in another member state for the procedure on the merits, apparently intends to guarantee an effective legal protection and this is exactly the essence here and which would be prejudiced in the view of Synthon. Its stand would involve that in a case like the present one Astellas would have to ask a German court for protective measures (assuming that they have been included in German legislation for the enforcement of the Enforcement Directive) and with a leave obtained there it would not be able to takes measures in the Netherlands after possibly having to obtain an *exequatur* from a Dutch court for its enforcement of the protective measures. This would be time-consuming and impractical and would be detrimental to the purpose of the Enforcement Directive.

4.7 The above leads to the conclusion that the leave to carry out an attachment before judgment for the purposes of evidence, as well as (to cause) to make a detailed description, could be granted under Title 15 DCCP. »

Crim. 9 sept. 2008, n° 07-87.281, NP.

« Sur le moyen unique de cassation pris de la violation des articles L. 121-8, L. 122-4, L. 335-2, L. 335-3 du code de la propriété intellectuelle, 5, alinéa 2, de la Convention d'union de Berne, 113-2 et 113-7 du code pénal, 593 et 689 du code de procédure pénale, défaut de motifs et manque de base légale;

"en ce que l'arrêt attaqué a déclaré Giuliano X...coupable des faits de contrefaçon qui lui étaient reprochés;

"aux motifs que, "sur l'exception d'incompétence, Giuliano X... a soulevé l'incompétence des juridictions françaises au motif qu'aucun élément constitutif du délit de contrefaçon qui lui est reproché n'a été réalisé en France et que la seule partie civile est de nationalité italienne; qu'il résulte de l'article 113-7 du code pénal que la loi pénale française est applicable à tout délit puni d'emprisonnement commis par un Français ou par un étranger hors du territoire de la république lorsque la victime est de nationalité française au moment de l'infraction et de l'article 113-8 du même code que, dans les cas prévus aux articles 113-6 et 113-7, la poursuite des délits ne peut être exercée qu'à la requête du ministère public et qu'elle doit être précédée d'une plainte de la victime; or, en l'espèce, la société éditrice du journal Le Monde est une personne morale de nationalité française, le fait qu'elle se soit désistée de sa plainte ne saurait avoir de conséquences sur la mise en œuvre de l'action publique par le ministère public à la suite de la plainte des deux victimes; qu'en outre, aux termes de l'article 113-2 du code pénal, la loi pénale française est applicable à toute infraction dès lors qu'un de ses éléments constitutifs a eu lieu sur le territoire de la République; que l'article publié sur le site Internet du journal est visible par tous les internautes, les pages du quotidien étant téléchargeables en format "pdf" et donc consultables en France ainsi que le démontre le scellé numéro 2 qui établit que le 20 octobre 2003, Marc Y... a procédé à une consultation du site Internet du journal italien (www. ilfoglio.it) concernant les articles parus dans le numéro daté du 19 octobre 2003; que, contrairement à ce qui est soutenu par le prévenu, en matière de contrefaçon sur le réseau Internet est compétente la juridiction dans le ressort de laquelle il est possible d'avoir accès au site litigieux; que, par ailleurs, la contrefaçon prévue et réprimée par les articles L. 335-2 et suivants du code de la propriété littéraire et artistique se constitue non seulement par le fait matériel de la reproduction d'une œuvre de l'esprit et l'absence de bonne foi mais aussi par l'atteinte portée aux droits de l'auteur tels qu'ils sont définis et réglementés par la loi; que, dès lors, elle est réputée commise sur le territoire de la République lorsque, bien que l'œuvre protégée ait été reproduite à l'étranger, l'atteinte portée aux droits de l'auteur a eu lieu en France, ce qui est le cas en l'espèce; qu'en conséquence, la loi pénale française est applicable et les juridictions françaises compétentes; qu'il y a lieu, dès lors, de confirmer le jugement en ce qu'il a rejeté l'exception d'incompétence soulevée par le prévenu (*cf.* arrêt pp. 7 et 8);

"et aux motifs éventuellement adoptés que "sur la compétence de la juridiction française : il ressort de l'article 113-7 du code pénal que lorsque la victime est française, la loi française est également applicable à tout délit commis hors du territoire de la République; qu'en l'occurrence, l'une des victimes, la société éditrice du Monde, est une personne morale de nationalité française; que son désistement de partie civile ne saurait avoir de conséquence sur la mise en œuvre de l'action publique; qu'aux termes de l'article 113-2 du code pénal, la loi pénale est applicable à toute infraction commise sur le territoire français; qu'en l'espèce, l'ordonnance de renvoi vise la parution datée du 9 octobre 2003 de l'édition papier et de l'édition électronique du quotidien Il Foglio;

qu'il est constant que le journal a été diffusé en France, ainsi que le rapporte le conseil du prévenu, et qu'en tout état de cause, la version Internet a été accessible en France; qu'il y a lieu, dès lors, de rejeter les exceptions d'incompétence" (*cf.* jugement, p. 4);

"alors que, d'une part, le juge pénal français qui ne peut appliquer la loi étrangère n'est compétent que si la loi française est applicable; que l'étendue de la protection ainsi que les moyens de recours garantis à l'auteur pour sauvegarder ses droits se règlent d'après la loi du pays où se sont produits les agissements incriminés; que la loi française n'incrimine ainsi que les faits de contrefaçon commis sur le territoire français; que la reproduction et la diffusion non autorisées par son auteur d'une œuvre sur un site Internet ne constitue pas un acte de contrefaçon commis sur le territoire français pour la seule raison que le site est accessible en France; qu'il faut encore que ce site présente un lien de rattachement suffisamment étroit avec ce pays en visant le public situé en France; qu'en retenant, en l'espèce, qu'en matière de contrefaçon sur le réseau Internet est compétente la juridiction pénale dans le ressort de laquelle il est possible d'avoir accès au site litigieux, sans rechercher, comme elle y était invitée, si, alors même qu'il était accessible au public situé sur le territoire français, le site du journal Il Foglio, sur lequel avait été diffusé l'article litigieux, était destiné à ce public et s'il présentait dès lors un rattachement suffisamment étroit avec la France, la cour d'appel n'a pas légalement caractérisé l'existence de faits de contrefaçon commis sur le territoire français pouvant justifier la compétence des juridictions pénales françaises;

"alors que, d'autre part, tout jugement doit être motivé; qu'en l'espèce, dans ses conclusions d'appel, Giuliano X... faisait valoir que le journal Il Foglio n'est pas diffusé en France, et soulignait qu'Antonio Z... lui-même ne le contestait pas; qu'en affirmant, par motifs éventuellement adoptés des premiers juges, "qu'il est constant que le journal a été diffusé en France, ainsi que le rapporte le conseil du prévenu", sans préciser les éléments de preuve sur lesquels elle fondait ce fait prétendument constant ni s'expliquer sur les conclusions de Giuliano X... le contestant, la cour d'appel a entaché sa décision de défaut de motifs;

"alors, enfin, que l'article 113-7 du code pénal constitue une loi de compétence internationale et non une loi d'incrimination; que son application nécessite donc que la loi pénale française sanctionne les faits incriminés et poursuivis; que la loi française n'incrimine que les faits de contrefaçon d'une œuvre de l'esprit commis sur le territoire français; qu'en retenant, néanmoins, en l'espèce que les juridictions pénales françaises étaient compétentes pour connaître des agissements incriminés pour contrefaçon d'une œuvre de l'esprit dès lors qu'une des victimes était une personne morale de droit français, sans qu'importe que lesdits agissements aient ou non été commis sur le territoire français, la cour d'appel n'a pas légalement justifié sa décision";

Vu l'article 593 du code de procédure pénale;

Attendu que tout jugement ou arrêt doit comporter les motifs propres à justifier la décision et répondre aux chefs péremptoires des conclusions des parties; que l'insuffisance ou la contradiction des motifs équivaut à leur absence;

Attendu qu'il résulte de l'arrêt attaqué et des pièces de procédure que, sur plainte avec constitution de partie civile du journal Le Monde et à la requête du ministère public, Giuliano X..., de nationalité italienne, a été renvoyé devant le tribunal correctionnel pour avoir, à Paris et à Milan, sur le territoire italien et sur le territoire français, le 9 octobre 2003 et courant octobre 2003, sans l'accord de l'auteur, Antonio Z..., de même nationalité, et sans l'accord du journal français Le Monde, éditeur exclusif, d'une part, reproduit, dans la parution datée du 9 octobre des éditions papier et électronique du quotidien italien Il Foglio, un texte destiné à l'exclusivité du journal Le Monde intitulé "Fatwa à l'italienne" et ce, dans le cadre d'un article intitulé "*Antonio Z... sostiene che l'Elefantino vuole ammazarlo*" (Antonio Z... soutient que l'Éléphanteau veut le tuer), d'autre part, diffusé cet article en tous points de distribution des éditions papier et électronique du même quotidien; qu'Antonio Z... a demandé réparation de son préjudice; que le tribunal, qui a rejeté l'exception d'incompétence des juridictions françaises opposée par le prévenu, a déclaré celui-ci coupable des faits reprochés et a prononcé sur les intérêts civils;

Attendu que, pour confirmer le jugement, l'arrêt prononce par les motifs repris au moyen;

Mais attendu qu'en se déterminant ainsi sans répondre aux conclusions du prévenu qui, pour contester la compétence des juridictions françaises, faisait valoir que le journal, dans lequel l'article avait été publié en Italie, n'était pas diffusé en France dans sa version papier et que le site internet, accessible à partir de l'adresse www. ilfoglio.it, était exclusivement rédigé en langue italienne et n'était pas destiné au public du territoire français, aucune commande du quotidien ne pouvant être effectuée à partir du territoire français, la cour d'appel, à qui il appartenait de vérifier si les faits avaient été commis en France dès lors que la perpétration de la contrefaçon sur le territoire français est un élément constitutif de cette infraction, n'a pas justifié sa décision;

D'où il suit que la cassation est encourue. »

▸ 311.12 L'absence de contrefaçon, obstacle à la saisie-contrefaçon

Cour de cassation de Belgique, 3 sept. 1999, Sanac c/ Variant System, *Pasicrisie belge*, 1999, I, 433.

« Attendu qu'en vertu de l'article 1481 du code judiciaire, les possesseurs de brevets peuvent, avec l'autorisation du juge, faire procéder à la description des appareils, machines et tous objets et procédés, prétendus contrefaits, ainsi que des plans, documents, calculs, écrits de nature à établir la contrefaçon prétendue et des ustensiles qui ont directement servi à la fabrication incriminée;

Que cette procédure est régie par le code judiciaire et non par la loi du 28 mars 1984 sur les brevets d'invention;

Que le texte de l'article précité n'exclut pas que le brevet visé par cet article soit un brevet étranger;

Que, si les brevets ne sont valables que dans les limites du territoire de l'État qui les a octroyés, les mesures conservatoires de droit visant plus spécialement la protection des modalités de preuve par le possesseur du brevet ne sont pas soumises aux mêmes restrictions ; [...]

Qu'effectivement, l'article 24 de la Convention entre les États membres de la communauté économique européenne concernant la compétence judiciaire et l'exécution des décisions en matière civile et commerciale prévoit de toute évidence la possibilité d'introduire des demandes tendant à obtenir la prise de mesures conservatoires ainsi que des demandes relatives au fond devant les juges de deux ou de plusieurs États membres. »

Paris, 4e ch., sect. B, 28 sept. 2007, RG n° 05/23159, *Jurinpi* B20070463.

« Mais considérant que la requête du 16 septembre 2003 est fondée sur les dispositions de l'article L. 716-7 du code de la propriété intellectuelle, dont il résulte notamment qu'à défaut pour le requérant de s'être pourvu soit par la voie civile, soit par la voie correctionnelle dans le délai de quinzaine, la saisie est nulle de plein droit ; qu'il n'est pas prétendu qu'un tel système, qui prévoit en particulier la possibilité d'un recours à "la voie correctionnelle" existerait dans tous les États membres, en sorte que seuls sont susceptibles d'être légitimement visés dans la requête fondée sur le texte susvisé les demandes d'enregistrement, marques enregistrées ou droits exclusifs d'exploitation, en vertu desquels l'assignation au fond peut être délivrée devant les juridictions françaises, les mesures provisoires ou conservatoires se rapportant aux marques étrangères devant quant à elles être sollicitées sur le fondement non point des dispositions particulières de l'article L. 716-7 du code de la propriété intellectuelle, mais de celles des articles 493 et 812 du nouveau code de procédure civile, dont l'application n'a pas été envisagée en l'espèce ;

Que l'amalgame irrégulièrement opéré dans la requête incriminée à laquelle il a été fait droit a entraîné un manifeste risque de confusion, étant ajouté que la société Scott Usa déclare qu'elle avait visé les trois marques suisses dans sa requête en date du 16 décembre 2003 en vue d'obtenir des renseignements sur la contrefaçon en Suisse des marques suisses, faits qui ne permettaient pas de requérir en France des mesures provisoires ;

Que, dans ces conditions, il convient de faire droit à la demande d'annulation de la requête, de l'ordonnance et du procès-verbal de saisie subséquent. »

▸ 312.21 Recherche privée de preuves en France

TGI Nanterre, réf., 22 déc. 1993, RG n° 93-4436, *Juris-Data* n° 1993-050136.

« Attendu qu'il résulte des écritures et des débats à la barre que l'objet du présent litige tend pour Monsieur Gemayel à obtenir la production de documents, pour les motifs précités, afin de témoigner devant une commission parlementaire libanaise et à intenter des actions fondées sur la diffamation ou le dénigrement en France et au Liban ainsi qu'une éventuelle instance contre la société SOFRANTEM ;

Attendu qu'aux termes de l'article 145 du nouveau code de procédure civile "s'il existe un motif légitime de conserver ou d'établir avant tout procès la preuve de faits dont pourrait dépendre la solution d'un litige, les mesures d'instruction légalement admissibles peuvent être ordonnées à la demande de tout intéressé, sur requête ou en référé" ;

Qu'ainsi il appartient à Monsieur Gemayel d'établir et de déterminer le cadre et les limites d'une éventuelle saisine, sur le plan civil, du juge du fond ;

Attendu que le recours à l'article 145 du nouveau code de procédure civile ne saurait être destiné à fournir à Monsieur Gemayel tous documents utiles lui permettant de témoigner devant une instance non judiciaire, à savoir une commission parlementaire ou d'intenter une action devant une juridiction libanaise dès lors que les dispositions de la loi du 26 juillet 1968, modifiées par celles du 16 juillet 1980, interdisent, comme en l'espèce, la divulgation de renseignements d'ordre économique, commercial, industriel, financier ou technique en vue d'une procédure judiciaire étrangère et qu'au surplus l'autorité judiciaire libanaise compétente aurait la faculté, le cas échéant, d'utiliser la procédure de la commission rogatoire internationale prévue par les articles 733 et suivants du nouveau code de procédure civile ;

Attendu que le recours à l'article 145 du nouveau code de procédure civile ne saurait également être destiné à permettre à Monsieur Gemayel de rechercher un fondement juridique pour une éventuelle demande en justice ultérieure devant un tribunal français à l'encontre d'organes de presse susceptibles d'être impliqués, laquelle est actuellement non déterminée ;

Qu'en effet, la seule pièce versée aux débats en ce sens est un article de l'hebdomadaire "Le Canard Enchainé", en date du 19 mai 1993, lequel ne peut être à l'origine d'une action fondée sur la loi du 29 juillet 1881, en raison de son évidente prescription, ou même sur les dispositions de l'article 1382 du code civil dès lors qu'il appartiendrait essentiellement au défendeur de justifier la réalité des faits évoqués ;

Attendu enfin, que le recours à l'article 145 du nouveau code de procédure civile, ne saurait non plus être destiné à fournir à Monsieur Gemayel tous éléments de preuve dans la perspective d'une instance à l'encontre de la société SOFRANTEM dans la mesure où le demandeur lui-même n'évoque que la possibilité d'une instance contre cette société ;

Qu'il s'ensuit que la demande de Monsieur Gemayel sera rejetée. »

Paris, 1re ch., 18 sept. 2003, RG n° 2002/18509.

« Considérant que contrairement à ce que prétend M. Ladreit de Lacharrière la transmission aux États-Unis des documents demandés n'est pas contraire à l'article 1 *bis* de la loi du 26 juillet 1968 sur la communication de documents et de renseignements d'ordre économique, commercial, industriel, financier ou technique à des personnes physiques ou morales étrangères dès lors que ledit article interdit une telle communication "sous réserve des traités ou accords internationaux"; qu'en l'espèce, la prohibition est écartée en raison des dispositions de la Convention de la Haye signée par la France et les États-Unis;

Considérant que M. Ladreit de Lacharrière allègue que l'exécution de la commission rogatoire conduirait à un détournement illicite de "la Convention eu égard au risque important qui existe de voir utiliser les documents sollicités dans le cadre de procédures pénales conduites aux États-Unis, aucune garantie n'exist(ant) que les documents communiqués dans la présente affaire sous le couvert de la Convention de la Haye ne soient pas utilisés dans la procédure pénale aux États-Unis";

Considérant que les documents sont exclusivement sollicités dans le cadre d'une procédure civile; que dès lors qu'il existe un lien direct et précis entre le litige et les pièces réclamées, la commission rogatoire ne sert pas à détourner le mécanisme mis en œuvre par la Convention pour l'obtention de pièces en matière civile ou commerciale; que dans ces conditions l'existence d'un détournement illicite de la Convention en vue d'obtenir des éléments susceptibles de constituer des éléments pénaux à charge n'est pas établie;

Considérant que M. Ladreit de Lacharrière oppose à l'exécution de la Convention le droit, consacré par l'article 6 § 1 de la CEDH, à ne pas être contraint à témoigner contre soi-même, en faisant valoir qu'il est hautement probable que les documents communiqués dans le cadre de la commission rogatoire soient rendus publics ou exploités par les autorités en charge de la procédure pénale et que la Convention de la Haye soit transformée illicitement "en un véhicule de *discovery* criminelle" permettant de contourner les règles restrictives de la coopération judiciaire internationale en matière pénale; qu'en l'espèce le commissaire ne poursuit nullement l'obtention de données en vue d'une procédure pénale et la communication de pièces n'étant pas destinée à l'autorité californienne ou américaine chargée des poursuites en matière pénale, M. Ladreit de Lacharrière ne peut prétendre que l'exécution de la commission rogatoire contribue à sa propre incrimination; qu'au surplus alors que des poursuites pénales sont déjà engagées dans cette affaire au niveau fédéral comme le rappelle M. Ladreit de Lacharrière, ce dernier ne s'est pas vu notifier le reproche d'avoir commis une infraction pénale par la justice américaine; que le fait que la presse ou que Gary F., l'un des avocats du Commissaire aux Assurances, procèdent à un amalgame de ces procédures ne démontre pas que M. Ladreit de Lacharrière est susceptible de faire l'objet d'investigations, d'autant que selon les articles de presse dont il se fait l'écho la procédure pénale était déjà sur le point d'aboutir il y a plusieurs mois; que par suite il ne démontre pas que la commission rogatoire à fins de remise des documents s'inscrit en violation des garanties offertes par la CEDH; que la commission rogatoire ne porte donc pas atteinte aux principes fondamentaux du procès équitable inhérents l'article 6 § 1 de la CEDH;

Considérant que M. Ladreit de Lacharrière soutient enfin que l'exécution de la commission rogatoire entraînerait une violation des protections accordées par la Constitution américaine et porterait atteinte à son droit affirmé par le 5e amendement;

Que selon l'article 11 de la Convention, la commission rogatoire n'est pas exécutée pour autant que la personne qu'elle vise invoque une dispense ou une interdiction de déposer établies :

– soit par la loi de l'État requis,

– soit par la loi de l'État requérant et spécifiées dans la commission rogatoire ou, le cas échéant, attestées par l'autorité requérante à la demande de l'autorité requise;

Considérant que le juge américain ayant d'ores et déjà précisé l'étendue des garanties auxquelles a droit l'appelant, la demande d'avis à ce juge est sans objet; qu'en effet le juge californien a expressément spécifié dans la commission rogatoire les privilèges du droit américain auxquels M. Ladreit de Lacharrière peut se référer pour faire objection à la production de documents; qu'aucune dispense ou interdiction de déposer au regard du 5e amendement de la Constitution américaine n'y est mentionnée; qu'au demeurant l'appelant n'explique pas en quoi la transmission des documents contribuerait à sa propre accusation à défaut de toute procédure pénale à son encontre;

Considérant qu'il convient de condamner M. Ladreit de Lacharrière à payer au Commissaire aux Assurances de l'État de Californie la somme de 15 000 euros au titre de l'article 700 du nouveau code de procédure civile. »

Civ. 2e, 20 nov. 2003, n° 01-15.633, NP.

« Attendu, selon l'arrêt attaqué (Versailles, 16 mai 2001), qu'un président de tribunal de commerce ayant ordonné sur le fondement de l'article 145 du nouveau code de procédure civile, la communication par la société Renault à la société Broadhurst Investment Ltd, toutes deux actionnaires de la société roumaine Dacia, d'un certain nombre de documents commerciaux, comptables et financiers concernant les relations entre la société Renault et la société Dacia, la société Renault a sollicité la rétractation de cette décision rendue sur requête; que le président du tribunal de commerce ayant accueilli la demande de rétractation, la société Broadhurst Investment a relevé appel;

Attendu que la société Broadhurst Investment fait grief à l'arrêt d'avoir confirmé l'ordonnance, alors, selon le moyen :

1/ que le motif légitime, au sens de l'article 145 du nouveau code de procédure civile, d'ordonner une mesure d'instruction in futurum ne doit pas s'apprécier au regard du ou des fondements juridiques de l'action que la partie demanderesse envisage d'engager; qu'il suffit que l'objet et le fondement de l'action future soient caractérisés, le juge ne pouvant se déterminer au vu des mérites de cette action; qu'en se fondant cependant sur la recevabilité prétendument douteuse de l'action en responsabilité délictuelle qu'elle envisage d'engager en France contre la société Renault pour retenir que les mesures d'instruction in futurum ne reposaient pas sur un motif légitime, la cour d'appel a commis un excès de pouvoir en violation de l'article précité;

2/ qu'aucun principe n'interdit au juge des référés d'ordonner une mesure d'instruction qui pourrait être utile dans le cadre d'un contentieux à engager à l'étranger dès lors que ladite mesure d'instruction présente un lien avec le for quant à sa réalisation; qu'en décidant le contraire au motif inopérant pris de l'article 1 *bis* de la loi du 16 juillet 1980 relative à "la communication de documents et renseignements d'ordre économique, commercial ou technique à des personnes physiques ou morales étrangères", qui n'avait pas pour objet ou pour effet de restreindre les pouvoirs juridictionnels du juge des référés, la cour d'appel a derechef violé les dispositions de l'article 145 du nouveau code de procédure civile;

Mais attendu qu'abstraction faite de la référence surabondante à l'article 1 *bis* de la loi du 16 juillet 1980, c'est dans l'exercice de son pouvoir souverain que la cour d'appel, qui a procédé à la recherche de l'existence d'un motif légitime au sens de l'article 145 du nouveau code de procédure civile, a statué comme elle l'a fait. »

T. com. Paris, 20 juill. 2005, *JurisData* n° 2005-288978.

« Sur la communication ordonnée

Attendu que la mesure litigieuse se heurte aux dispositions de l'article 511-33 du code monétaire et financier qui dispose que le respect du secret professionnel est une obligation à laquelle sont tenus les dirigeants et employés des établissements de crédit, que ces dispositions sont d'ordre public, qu'elles recouvrent les informations relatives aux opérations faites avec la banque, opérations de crédit, souscriptions de garanties au profit de la banque, informations relatives au secret des affaires;

Attendu que la mesure litigieuse se heurte également aux dispositions de l'article 1 *bis* de la loi du 26 juillet 1968, modifiée par la loi du 16 juillet 1980, qui, sous réserve des traités et accords internationaux et des lois et règlements en vigueur, interdit à toute personne de communiquer par écrit oralement ou sous toute autre forme des documents ou renseignements d'ordre économique, commercial, industriel, financier ou technique tendant à la constitution de preuves en vue de procédures judiciaires ou administratives étrangères ou dans le cadre de celles-ci, que ces dispositions sont sanctionnées par des peines répressives puisque l'article 3 de la loi du 26 juillet 1968, prévoit, sans préjudice de peines plus lourdes, des sanctions pénales d'amende et d'emprisonnement auxquelles s'exposerait tout contrevenant;

Attendu que les dispositions de ces articles constituent des règles d'ordre public économique et financier;

Attendu que l'article 1 *bis* de la loi du 26 juillet 1968, précise que l'interdiction de communication est édictée sous réserve des conventions internationales qui organiseraient la coopération internationale entre les juges aux fins de production des pièces, que la Convention de la Haye constitue l'instrument juridique commun qui s'impose au juge des deux pays; sa mise en jeu aurait permis au juge français d'exercer un contrôle de légalité de la mesure litigieuse au regard de l'ordre public français; en ne recourant pas à cette convention, le juge américain contraint le juge français à intervenir dans cette procédure;

Attendu que Kensington oppose à Trafigura la clause 21.5 du contrat de financement à recours limité (*Limited Recourse Financing Facility*) BNP Paribas/Trafigura, qui autorise BNP Paribas à communiquer toute information au sujet des emprunteurs ainsi que tout document relatif à l'opération qui serait requis en vertu de toute loi ou règlement applicable;

Attendu que cette clause doit être invoquée dans l'intérêt de celui, qui renonce au secret bancaire, ce qui n'est pas le cas en l'espèce;

Attendu qu'en tout état de cause, cette autorisation est soumise par ce même article à la condition que la personne qui reçoit l'information ait conclu un accord de confidentialité, qu'un engagement de cette nature souscrit par Kensington n'est pas rapporté au tribunal;

Le tribunal dira que la décision du 1er mai 2005 en ce qu'elle ordonne la production de pièces et documents en contravention avec les dispositions légales précitées est contraire à l'ordre public économique et financier français. »

Paris, 9e ch., sect. B, 28 mars 2007, RG n° 06/06272, *JurisData* n° 2007-332254.

« Considérant, référence étant faite aux énonciations du jugement déféré, qu'il est reproché à Maître Christopher A., correspondant en France de Gary F., avocat américain en charge de la procédure civile engagée aux USA par le commissaire aux assurances de l'État de Californie contre, notamment, la Mutuelle d'assurance artisanale de France (MAAF), relative aux conditions de la reprise de la société de droit américain Executive life d'avoir, pour les fins de cette procédure et hors les règles consacrées par la convention de La Haye du 18 mars 1970 sur l'obtention des preuves à l'étranger en matière civile et commerciale, tenté d'obtenir de M. Jean-Claude L., ex-administrateur de cette mutuelle, "des renseignements d'ordre économique, commercial, industriel, financier ou technique, tendant à la constitution de preuves";

Considérant qu'il résulte, en effet, du courrier adressé le 21 décembre 2000 par Jean-Claude L. à Christopher A., en réaction à un entretien antérieur, que cet avocat a sollicité son interlocuteur de lui fournir des indications sur la manière dont les décisions du conseil d'administration de la MAAF avaient été prises à l'époque du rachat d'Executive life, alléguant que "les membres du conseil d'administration n'avaient pas été bien informés... qu'il n'avait pas été débattu de la question et que les décisions auraient été prises dans les couloirs";

Qu'ayant ainsi "prêché le faux pour savoir le vrai". Christopher A. s'est vu répondre par M. L. que celui-ci n'avait "jamais pris de décision dans les couloirs dans tous les conseils d'administration auxquels [il] avai[t] participé";

Qu'il a, de cette manière, obtenu, ou en tout cas tenté d'obtenir, la preuve que les administrateurs de la MAAF avaient pris leur décision en pleine connaissance de cause;

Que, contrairement à ce qu'il soutient, Christopher A. ne s'est donc pas contenté d'approcher, de manière neutre, des personnes dont le témoignage aurait pu être ultérieurement sollicité dans le cadre d'une procédure conforme aux dispositions du chapitre 2 de la convention de La Haye, qui autorise la recherche de preuves par un agent diplomatique ou un commissaire indépendant mandaté par la juridiction étrangère, sous réserve de l'accord de l'autorité compétente désignée par l'État de l'exécution;

Qu'il a recherché, alors qu'il était dépourvu de tout mandat autorisé au sens de cette convention, des informations dont le caractère économique, commercial ou financier est avéré, et qui tendaient à la constitution de preuves, dès lors qu'elles étaient susceptibles de justifier la désignation de M. L. comme témoin à charge dans la procédure pendante devant la juridiction californienne et d'orienter son interrogatoire ultérieur;

Que l'infraction à l'article 1er *bis* de la loi n° 68-678 du 26 juillet 1968, modifiée par la loi n° 80-538 du 16 juillet 1980 est établie;

Que, contrairement à ce que soutient Christopher A. cette incrimination, qui vise à limiter les abus pouvant être commis dans la recherche de la preuve, ne constitue pas "une entrave disproportionnée aux droits de la défense"; que l'exercice de ces droits est assuré par les garanties attachées aux procédures instaurées par la convention de La Haye;

Que Christopher A. sera déclaré coupable du délit visé à la prévention. »

Crim. 12 déc. 2007, n° 07-83.228, *Bull. crim.* 2007, n° 309, *JCP E* 2008. 2016, note M. Danis, *Actualité juridique pénal*, n° 2/2008, p. 97-98.

« Les moyens étant réunis;

Attendu qu'il résulte de l'arrêt attaqué et des pièces de procédure que le tribunal fédéral de Californie, saisi d'un litige portant sur les conditions de la reprise de la société d'assurance vie nord-américaine Executive Life et opposant le commissaire aux assurances de cet État à la société Mutuelle d'assurance artisanale de France (MAAF), a délivré, notamment en avril et décembre 2000, des commissions rogatoires civiles internationales tendant à la communication, par cette dernière société, de documents se rapportant au litige, selon les modalités définies par la convention de La Haye du 18 mars 1970; que Chritopher X..., avocat correspondant en France de l'avocat nord-américain du commissaire aux assurances, a, à la fin de l'année 2000, contacté Jean-Claude Y..., ancien administrateur de la MAAF, pour obtenir des renseignements sur les conditions dans lesquelles avaient été prises les décisions du conseil d'administration de cette société à l'époque du rachat d'Executive Life, alléguant que "les membres du conseil d'administration n'avaient pas été bien informés... qu'il n'avait pas été débattu de la question et que les décisions auraient été prises dans les couloirs"; qu'au terme d'une information judiciaire, ouverte sur plainte avec constitution de partie civile de la MAAF, Christopher X... a été renvoyé devant le tribunal pour avoir demandé ou recherché des renseignements d'ordre économique, commercial, industriel, financier ou technique tendant à la constitution de preuves en vue de procédures judiciaires ou administratives étrangères, faits prévus et réprimés par les articles 1 *bis* et 3 de la loi du 26 juillet 1968, modifiée;

Attendu que, pour déclarer le prévenu coupable de cette infraction, l'arrêt énonce que celui-ci ne s'est pas contenté d'approcher, de manière neutre, des personnes dont le témoignage aurait pu être ultérieurement sollicité conformément aux dispositions de la Convention de la Haye, mais a obtenu, ou, en tout cas tenté d'obtenir, la preuve que les administrateurs de la MAAF avaient pris leur décision en pleine connaissance de cause; que les juges ajoutent qu'en agissant ainsi, Christopher X... a recherché, alors qu'il était dépourvu de tout mandat autorisé au sens de la convention précitée, des informations à caractère économique, commercial ou financier tendant à la constitution de preuves, susceptibles de justifier la désignation de la personne approchée comme témoin à charge dans la procédure suivie devant la juridiction californienne et d'orienter son interrogatoire ultérieur; qu'ils relèvent, enfin, que, contrairement à ce que soutient le prévenu, l'incrimination, qui vise à limiter les abus pouvant être commis dans la recherche de la preuve, ne constitue pas une entrave disproportionnée aux droits de la défense, dont l'exercice est assuré par les garanties attachées aux procédures instaurées par la convention de La Haye;

Attendu qu'en l'état de ces énonciations, d'où il résulte que les renseignements recherchés sur les circonstances dans lesquelles le conseil d'administration de la MAAF a pris ses décisions sur le rachat de la société Executive Life sont d'ordre économique, financier ou commercial et tendent à la constitution de preuves dans une procédure judiciaire étrangère, la cour d'appel, qui a répondu aux arguments péremptoires des conclusions, a justifié sa décision, sans méconnaître les textes conventionnels invoqués;

D'où il suit que les moyens doivent être écartés;

Et attendu que l'arrêt est régulier en la forme. »

TGI Paris, 3e ch., 2e sect., ord. JME, 4 sept. 2009, RG n° 08/09863, *Jurinpi* M20090404; *PIBD* 2009, n° 905, III, 1444.

« Qu'enfin, les sociétés Juicy Couture Inc., L.C. Licensing Inc. et Liz Claiborne Cosmetics Inc. se prévalent des dispositions de l'article 1 *bis* de la loi 68-678 du 26 juillet 1968 et du principe de réciprocité pour soutenir qu'étant de nationalité américaine, elles sont dans l'obligation, en l'absence d'un traité international spécifique entre la France et les États-Unis, de ne pas communiquer, en dehors de leur pays, de documents d'ordre économique, commercial, financier ou technique tendant à la constitution de preuves dans la présente affaire;

Qu'il convient de rappeler que l'article 1 *bis* de la loi du 26 juillet 1968 relative à la communication de documents et renseignements d'ordre économique, commercial, industriel, financier ou technique à des personnes physiques ou morales étrangères prévoit que "sous réserve des traités ou accords internationaux et des lois et règlements en vigueur, il est interdit à toute personne de demander, de rechercher ou de communiquer, par écrit, oralement ou sous toute autre forme, des documents ou renseignements d'ordre économique, commercial, industriel, financier ou technique tendant à la constitution de preuves en vue de procédures judiciaires ou administratives étrangères ou dans le cadre de celles-ci";

Que si ce texte institue une interdiction de communication des documents tendant à la constitution de preuves en vue des procédures judiciaires ou administratives étrangères ou dans le cadre de celles-ci et que, en application du principe de réciprocité, il a vocation à s'appliquer au cas d'espèce, une telle interdiction n'est édictée, ainsi que le souligne justement la demanderesse, que "sous réserve des traités ou accords internationaux et des lois et règlements en cours";

Or, attendu que l'article L. 716-7-1 du code de la propriété intellectuelle permet justement au juge national d'ordonner la production de tous documents ou informations par le défendeur, quel qu'il soit, lequel dès lors ne peut se prévaloir des dispositions de l'article 1 *bis* de la loi du 26 juillet 1968 pour s'y soustraire;

Que si les défenderesses font à bon droit valoir que l'article 1er de la convention de La Haye du 18 mars 1970 sur l'obtention de preuves à l'étranger en matière civile et commerciale dispose que "l'autorité judiciaire d'un État contractant peut, conformément aux dispositions de sa législation, demander par commission rogatoire à l'autorité compétente d'un autre État contractant de faire tout acte d'instruction, ainsi que d'autres actes judiciaires", ce texte instaure une simple faculté à laquelle il n'apparaît pas nécessaire de recourir en l'état dans le cadre de la présente instance;

Attendu qu'il y a lieu compte tenu de l'ensemble de ces éléments de déclarer le juge de la mise en état compétent pour examiner la demande de production de pièces fondée sur l'article L. 716-7-1 du code de la propriété intellectuelle formée par la société Lancôme et de déclarer une telle demande recevable. »

▸ 312.41 Sollicitation directe du juge du lieu de situation des éléments de preuve

Com. 11 avr. 1995, n° 92-20.985, *Bull. civ.* IV, n° 121; *RD banc. et bourse* 1995, n° 49, p. 94, obs. Bonneau, *Gaz. Pal.* 16 mai 1996, Somm. V° Référés, obs. Croze et Morel, *Procédure*, sept. 1995, n° 225, obs. Croze.

« Attendu, selon l'arrêt attaqué (Bordeaux, 9 oct. 1992), que le représentant des créanciers et l'administrateur du redressement judiciaire de la société Sur les quais ont, dans la perspective d'un procès en responsabilité, demandé au président du tribunal de commerce, statuant en référé, d'ordonner, sur le fondement de l'article 145 du nouveau code de procédure civile, que leur soit remis le dossier interne afférent au concours que le Crédit Lyonnais a consenti à la société, notamment les procès-verbaux des comités de crédit, les études bilancielles, notes de service et d'une façon générale tout ce qui se rapporte aux opérations de crédit considérées; que le président du tribunal a accueilli la demande;

Sur le premier moyen, pris en ses cinq branches :

Attendu que le Crédit Lyonnais fait grief à l'arrêt d'avoir confirmé l'ordonnance, alors, selon le pourvoi, d'une part, que le nouveau code de procédure civile ne range sous la rubrique "les mesures d'instruction" que les vérifications personnelles du juge (article 179 à 183), la comparution personnelle des parties (articles 184 à 198), les déclarations des tiers (articles 199 à 231) et les mesures d'instruction exécutées par un technicien (articles 232 à 284-1), sans y inclure la communication de pièces entre les parties ou l'obtention des pièces détenues par un tiers (articles 132 à 142) qui, en revanche, sous la rubrique "les pièces", font l'objet de dispositions particulières et étrangères à la réglementation des mesures d'instruction; qu'il en résulte que la communication ou la production forcée de pièces ne sont pas des "mesures d'instruction légalement admissibles" pouvant être ordonnées en référé avant tout procès, sur le fondement de l'article 145 du code, dont la cour d'appel a fait en conséquence une fausse application; alors, d'autre part, que la communication ou la production forcée de pièces ne peuvent, par nature, être au nombre des mesures d'instruction prévues à l'article 145 du nouveau code de procédure civile; qu'en effet les mesures envisagées par ce texte sont destinées à conserver ou à établir des preuves, dans le but de permettre la solution d'un litige éventuel; que la communication ou la production forcée des pièces ont un objet différent, car elles portent sur des pièces existantes et non sur des preuves à constituer; que leur but est également différent, dès lors qu'elles ont pour fin d'assurer le respect du principe du contradictoire entre les parties à un procès et l'information du juge et non de sauvegarder ou d'établir des preuves; qu'en conséquence, c'est à tort et au prix, derechef, d'une fausse application de l'article 145 du nouveau code de procédure civile, que la cour d'appel a cru pouvoir ordonner, sur le fondement des dispositions de ce texte, la communication forcée de pièces, hors de tout procès; alors, en outre qu'il ressort des termes des articles 138 et 142 du nouveau code de procédure civile que l'obtention ou la production de pièces détenues par un tiers ou une partie ne peuvent être demandées et ordonnées que "dans le cours d'une instance"; qu'en conséquence, ces mesures ne sauraient être prescrites en référé sur le fondement de l'article 145 du même code, qui ne s'applique, selon ses propres termes, qu'avant tout procès; qu'en ordonnant au Crédit Lyonnais de communiquer des pièces à l'administrateur judiciaire, bien qu'aucun procès n'eût été intenté entre eux, la cour d'appel a violé tout à la fois les dispositions de l'article 145 et celles des articles 138 et 142 du nouveau code de procédure civile; alors, au surplus, qu'il résulte des dispositions des articles 138 à 142 susvisés du nouveau code de procédure civile que les pièces communiquées entre les parties ou dont le juge peut ordonner l'obtention d'un tiers ou la production sont ensuite soumises à la libre discussion des parties, dans le cours de l'instance; que l'article 145 du même code ne pouvant s'appliquer qu'en dehors de tout procès et n'assurant pas ainsi cette nécessaire possibilité de discuter les pièces produites et, partant, le respect du principe du contradictoire, la communication ou la production forcée de pièces ne peuvent être ordonnées sur ce fondement, sans violer à nouveau et par fausse application les dispositions dudit article 145 et de l'article 16 du nouveau code de procédure civile et méconnaître le principe de la contradiction; et alors, enfin, que le droit au procès équitable conféré à toute personne par l'article 6 de la Convention européenne de sauvegarde des droits de l'homme implique que nul ne puisse être condamné à fournir des preuves contre lui-même, de telle sorte qu'en enjoignant au Crédit Lyonnais de communiquer, en dehors de tout procès des documents internes à l'administrateur judiciaire, la cour d'appel a en outre violé les dispositions de l'article 6 de la Convention européenne de sauvegarde des droits de l'homme;

Mais attendu qu'ayant, à bon droit, énoncé qu'il entre dans les pouvoirs du juge des référés, saisi sur le fondement de l'article 145 du nouveau code de procédure civile, d'ordonner, aux conditions prévues par ce texte, une communication de pièces, c'est sans violer les dispositions de l'article 6 de la Convention européenne de sauvegarde des droits de l'homme et des libertés fondamentales, que la cour d'appel a apprécié la légitimité des motifs invoqués par l'administrateur judiciaire et le représentant des créanciers au soutien de leur demande de communication, avant tout procès, de documents internes à la banque de nature à établir que celle-ci, tenue d'apporter son concours à cette mesure d'instruction, avait soutenu abusivement l'entreprise en difficulté; que le moyen n'est fondé en aucune de ses branches. »

Toulouse, 10 janv. 1996, *BICC* n° 430, 15 juin 1996, n° 576, *JurisData* n° 1996-043322.

« Attendu que comme l'a fait justement remarquer le syndicat intimé, l'ordonnance sur requête litigieuse a été prise sur le fondement de l'article 145 du nouveau code de procédure civile; que l'expression "les mesures d'instruction" mentionnées dans cet article, a un sens juridique plus large que celle qui constitue le sous-titre II du titre VII du livre 1er du nouveau code de procédure civile, et inclut les mesures de l'article 142 du même code. »

Civ. 2e, 23 sept. 2004, *Bull. civ.* II, n° 428, *JCP G* 2005. I. 125, n° 9, obs. Serinet.

« Attendu, selon l'arrêt confirmatif attaqué (Versailles, 10 avr. 2002) qu'un incendie, qui avait pris naissance sur un véhicule Volvo, ayant eu lieu dans le tunnel du Mont-Blanc, la société Allianz vie assurances, aux droits de laquelle vient la compagnie AGF IART, a demandé à un juge des référés d'ordonner une expertise sur le fondement de l'article 145 du nouveau code de procédure civile; que le collège d'experts désigné s'étant heurté à des difficultés dans l'accomplissement de sa mission, le juge chargé du contrôle des expertises a ordonné, sous astreinte, à la société Volvo Trucks France de communiquer aux experts différentes pièces; que la société Volvo Trucks France, la société Volvo Truck Corporation et la société Volvo Europe Truck NV ont interjeté appel de cette ordonnance;

Sur le premier moyen :

Attendu que le moyen fait grief à l'arrêt d'avoir fait injonction à la société Volvo Trucks France de communiquer aux experts les pièces visées dans le dispositif de l'ordonnance de première instance, et ce à peine d'astreinte, alors, selon le moyen :

1/ qu'en considérant globalement que les pièces sollicitées étaient pertinentes au regard de la mission des experts, laquelle aurait permis de rechercher si des tracteurs du même type que le FH12 D12A 420 Globe-trotter XL avaient subi des incidents et avaient été modifiés, sans analyser même sommairement la pertinence de chacune des pièces sollicitées, la cour d'appel a privé sa décision de base légale au regard de l'article 145 du nouveau code de procédure civile;

2/ que dans ses écritures d'appel, la société Volvo Trucks France faisait valoir que la liste des principales modifications apportées sur le moteur D12A, les commentaires en français sur ses principales modifications et leur utilité, la communication d'un ou plusieurs éclatés du moteur D12C, avaient d'ores et déjà été communiqués aux experts; qu'en s'abstenant de répondre à ce moyen, la cour d'appel a violé l'article 455 du nouveau code de procédure civile;

3/ qu'en statuant ainsi, sans prendre en considération les intérêts de la société Volvo Trucks France, laquelle faisait valoir que certaines des pièces sollicitées n'étaient pas pertinentes et que la méthode employée procédait d'un audit de l'ensemble des incidents rencontrés sur la flotte dans le seul but de dresser un inventaire statistique des causes possibles d'incendies sans que soit démontré qu'un seul de ces antécédents ait pu avoir un rapport quelconque avec une constatation objective préalablement effectuée sur l'épave du tracteur actuellement placé sous scellés, la cour d'appel a privé sa décision de base légale au regard de l'article 145 du nouveau code de procédure civile;

Mais attendu que le juge chargé du contrôle des expertises est tenu de veiller, en application des articles 11 et 275 du nouveau code de procédure civile, à ce que les parties apportent leur concours aux mesures d'instruction et remettent sans délai aux experts les pièces nécessaires à l'accomplissement de leur mission; qu'après avoir rappelé la mission des experts et précisé qu'il leur appartenait non seulement d'examiner le tracteur qui avait pris feu mais aussi de rechercher si des véhicules de même type avaient subi des incidents et si des corrections techniques avaient été apportées pour y remédier, c'est dans l'exercice de son pouvoir souverain d'appréciation que la cour d'appel, qui n'avait pas à suivre les parties dans le détail de leur argumentation, a retenu la pertinence des demandes de communication portant sur des documents très précis, en relation directe avec le contenu de la mission;

Et attendu qu'ayant relevé, par motifs adoptés, que la communication de pièces effectuées par "le groupe

Volvo" ne correspondait pas à la demande des experts, la cour d'appel a répondu aux conclusions;

D'où il suit que le moyen n'est pas fondé. »

Paris, 4e ch., sect. B, 28 sept. 2007, RG nº 05/23159, *Jurinpi* B20070463.

« Mais considérant que la requête du 16 septembre 2003 est fondée sur les dispositions de l'article L. 716-7 du code de la propriété intellectuelle, dont il résulte notamment qu'à défaut pour le requérant de s'être pourvu soit par la voie civile, soit par la voie correctionnelle dans le délai de quinzaine, la saisie est nulle de plein droit; qu'il n'est pas prétendu qu'un tel système, qui prévoit en particulier la possibilité d'un recours à "la voie correctionnelle" existerait dans tous les États membres, en sorte que seuls sont susceptibles d'être légitimement visés dans la requête fondée sur le texte susvisé les demandes d'enregistrement, marques enregistrées ou droits exclusifs d'exploitation, en vertu desquels l'assignation au fond peut être délivrée devant les juridictions françaises, les mesures provisoires ou conservatoires se rapportant aux marques étrangères devant quant à elles être sollicitées sur le fondement non point des dispositions particulières de l'article L. 716-7 du code de la propriété intellectuelle, mais de celles des articles 493 et 812 du nouveau code de procédure civile, dont l'application n'a pas été envisagée en l'espèce;

Que l'amalgame irrégulièrement opéré dans la requête incriminée à laquelle il a été fait droit a entraîné un manifeste risque de confusion, étant ajouté que la société Scott USA déclare qu'elle avait visé les trois marques suisses dans sa requête en date du 16 décembre 2003 en vue d'obtenir des renseignements sur la contrefaçon en Suisse des marques suisses, faits qui ne permettaient pas de requérir en France des mesures provisoires;

Que, dans ces conditions, il convient de faire droit à la demande d'annulation de la requête, de l'ordonnance et du procès-verbal de saisie subséquent. »

▸ 312.72 Commissions rogatoires

Paris, 1re ch., 18 sept. 2003, RG nº 2002/18509.

« Considérant que la Convention de la Haye du 18 mars 1970 signée par la France et les États Unis sur l'obtention de preuves à l'étranger en matière civile ou commerciale a pour objet de "faciliter la transmission et l'exécution des commissions rogatoires" avec le souci "d'accroître l'efficacité de la coopération judiciaire mutuelle en matière civile ou commerciale";

Qu'aux termes de son article 23 "tout État contractant peut, au moment de la signature, de la ratification ou de l'adhésion, déclarer qu'il n'exécute pas les commissions rogatoires qui ont pour objet une procédure connue dans les États du Common Law sous le nom de "*pre-trial discovery of documents*";

Que par déclaration du 30 juillet 1974 le gouvernement français a précisé que par application de l'article 23 de la Convention les commissions rogatoires ayant pour objet l'exécution de cette procédure ne seraient pas exécutées; que cette réserve a été modifiée par la déclaration du 24 décembre 1989 selon laquelle "la déclaration faite par le gouvernement de la République française conformément à l'article 23 relatif aux commissions rogatoires qui ont pour objet une procédure connue dans les États de Common Law sous le nom de '*pre-trial discovery*' ne s'applique pas lorsque les documents demandés sont limitativement énumérés dans la commission rogatoire et ont un lien direct et précis avec le litige";

Considérant que M. Ladreit de Lacharrière soutient que la liste des documents dont la communication est sollicitée qui est la reprise de la demande du Commissaire aux Assurances de l'État de Californie, est excessivement large, et que ces pièces n'ont pas de lien direct et précis avec le litige, lequel n'est pas exposé dans la commission rogatoire, de sorte qu'elle ne répond pas aux conditions de la Convention;

Considérant qu'est annexée à la commission rogatoire (Annexe A) une liste des documents dont la communication est demandée à M. Ladreit de Lacharrière; que la décision contient un exposé des faits du litige ainsi que les thèses des parties en présence, notamment celle des défendeurs, selon lesquels Altus n'a jamais détenu ni contrôlé Aurora et New California;

Considérant que le commissaire n'ayant pas les documents en sa possession, une description exacte de la pièce réclamée ne peut être exigée de lui; qu'au sens de la réserve française, l'énumération des documents est limitative dès lors que ces derniers sont identifiés avec un degré raisonnable de spécificité en fonction d'un certain nombre de critères tels que leur date, leur nature ou leur auteur;

Qu'en l'espèce le juge de l'État requérant a, dans la commission rogatoire et son annexe qui lui fait suite –peu important qu'il s'agisse de la reprise des réclamations du requérant – dressé la liste des pièces sollicitées, indiquant (page 12) que "la période considérée pour l'ensemble de ces demandes est sauf stipulations contraires, la période du 1er janvier 1990 à nos jours"; que selon M. Ladreit de Lacharrière "la description des faits par la commission rogatoire ne porte que sur quatre années pertinentes : 1991 à 1995"; que cependant l'ensemble des pièces réclamées ne vise pas exclusivement la période de 1990 à 2002 puisque pour certains documents la période considérée est plus brève, s'étendant de 1991 à 1996, notamment ceux relatifs à une position de contrôle d'influence ou de supervision occupée par le Crédit Lyonnais ou Altus vis-à-vis de New California et Aurora, des procès verbaux des conseils d'administration ou du comité de direction du Crédit Lyonnais d'Altus et de leurs affiliés; qu'ainsi la commission rogatoire comporte des précisions temporelles suffisantes;

Que la liste des documents dont la remise est réclamée est divisée en plusieurs rubriques sous lesquelles se trouvent énumérés les documents sollicités par événement; que la circonstance que certaines pièces soient réclamées sous plusieurs rubriques tient seulement à la méthode de présentation des demandes, une même pièce pouvant servir de preuve à plusieurs titres;

Considérant qu'ainsi que le rappelle la commission rogatoire, le Commissaire aux Assurances de l'État de Californie prétend que les défendeurs ont secrètement conclu et mis en œuvre "un complot visant à obtenir l'attribution des actifs d'ELIC par le biais de contrat de portage destinés à dissimuler l'identité de la partie détenant et contrôlant réellement ces actifs" l'accord de portage ayant permis aux acquéreurs de s'assurer le contrôle des sociétés Aurora et New California, qui heurte les lois californiennes et fédérales; que si l'opération juridique de cession des actifs et des activités d'assurance d'ELIC par le Commissaire aux Assurances s'est déroulée dans une période de temps définie, les faits frauduleux qui sont, selon lui, à l'origine de l'adjudication peuvent transparaître dans des actes accomplis antérieurement et postérieurement à la cession litigieuse par les différentes sociétés intervenantes;

Qu'ainsi le fait que la période soit plus large que l'opération juridique de cession proprement dite ne prouve pas que les documents requis sont étrangers au litige;

Qu'en requérant les documents liés à une position de contrôle d'influence ou de supervision occupée par le Crédit Lyonnais ou Altus vis-à-vis d'Aurora et de New California, la décision américaine a, contrairement à ce qu'affirme M. Ladreit de Lacharrière, expliqué en quoi les documents auraient une portée pertinente dans l'instance pendante aux États-Unis, dans la mesure où, même si M. Ladreit de Lacharrière s'élève contre les accusations portées à son encontre, il ne conteste pas sérieusement avoir contrôlé indirectement la Financière du Pacifique, société appartenant au groupement d'assurances; qu'au demeurant l'appelant est désormais partie à la procédure engagée par le Commissaire aux Assurances en vertu de l'assignation qui lui a été délivrée le 31 juillet 2002, la seconde affaire ayant été jointe à la première par le juge américain, selon les dires de l'appelant;

Considérant, par suite, que la commission rogatoire répond aux exigences de la convention ».

▸ 312.87 Acception large de la notion d'acte d'instruction

Com. 11 avr. 1995, *RD banc. et bourse* 1995, n° 49, p. 94, obs. Bonneau, *Gaz. Pal.* 16 mai 1996, Somm. V° Référés, obs. Croze et Morel, *Procédure*, sept. 1995, n° 225, obs. Croze.

« Attendu, selon l'arrêt attaqué (Bordeaux, 9 oct. 1992), que le représentant des créanciers et l'administrateur du redressement judiciaire de la société Sur les quais ont, dans la perspective d'un procès en responsabilité, demandé au président du tribunal de commerce, statuant en référé, d'ordonner, sur le fondement de l'article 145 du nouveau code de procédure civile, que leur soit remis le dossier interne afférent au concours que le Crédit Lyonnais a consenti à la société, notamment les procès-verbaux des comités de crédit, les études bilantielles, notes de service et d'une façon générale tout ce qui se rapporte aux opérations de crédit considérées; que le président du tribunal a accueilli la demande;

Sur le premier moyen, pris en ses cinq branches :

Attendu que le Crédit Lyonnais fait grief à l'arrêt d'avoir confirmé l'ordonnance, alors, selon le pourvoi, d'une part, que le nouveau code de procédure civile ne range sous la rubrique "les mesures d'instruction" que les vérifications personnelles du juge (article 179 à 183), la comparution personnelle des parties (articles 184 à 198), les déclarations des tiers (articles 199 à 231) et les mesures d'instruction exécutées par un technicien (articles 232 à 284-1), sans y inclure la communication de pièces entre les parties ou l'obtention des pièces détenues par un tiers (articles 132 à 142) qui, en revanche, sous la rubrique "les pièces", font l'objet de dispositions particulières et étrangères à la réglementation des mesures d'instruction; qu'il en résulte que la communication ou la production forcée de pièces ne sont pas des "mesures d'instruction légalement admissibles" pouvant être ordonnées en référé avant tout procès, sur le fondement de l'article 145 du code, dont la cour d'appel a fait en conséquence une fausse application; alors, d'autre part, que la communication ou la production forcée de pièces ne peuvent, par nature, être au nombre des mesures d'instruction prévues à l'article 145 du nouveau code de procédure civile; qu'en effet les mesures envisagées par ce texte sont destinées à conserver ou à établir des preuves, dans le but de permettre la solution d'un litige éventuel; que la communication ou la production forcée des pièces ont un objet différent, car elles portent sur des pièces existantes et non sur des preuves à constituer; que leur but est également différent, dès lors qu'elles ont pour fin d'assurer le respect du principe du contradictoire entre les parties à un procès et l'information du juge et non de sauvegarder ou d'établir des preuves; qu'en conséquence, c'est à tort et au prix, derechef, d'une fausse application de l'article 145 du nouveau code de procédure civile, que la cour d'appel a cru pouvoir ordonner, sur le fondement des dispositions de ce texte, la communication forcée de pièces, hors de tout procès; alors, en outre qu'il ressort des termes des articles 138 et 142 du nouveau code de procédure civile que l'obtention ou la production de pièces détenues par un tiers ou une partie ne peuvent être demandées et ordonnées que "dans le cours d'une instance"; qu'en conséquence, ces mesures ne sauraient être prescrites en référé sur le fondement de l'article 145 du même code, qui ne s'applique, selon ses propres termes, qu'avant tout procès; qu'en ordonnant au Crédit Lyonnais de communiquer des pièces à l'administrateur judiciaire, bien qu'aucun procès n'eût été intenté entre eux, la cour d'appel a violé tout à la fois les dispositions de l'article 145 et celles des articles 138 et 142 du nouveau code de procédure civile; alors, au surplus, qu'il résulte des dispositions des articles 138 à 142 susvisés du nouveau code de procédure civile que les pièces communiquées entre les parties ou dont le juge peut ordonner l'obtention d'un tiers ou la production sont ensuite soumises à la libre discussion des parties, dans le cours de l'instance; que l'article 145 du même code ne pouvant s'appliquer qu'en dehors de tout procès et n'assurant pas ainsi cette nécessaire possibilité de discuter les pièces produites et, partant, le respect du principe du contradictoire, la communication ou la production forcée de pièces ne peuvent être ordonnées sur ce fondement, sans violer à nouveau et par fausse application les dispositions dudit article 145 et de l'article 16 du nouveau code de procédure civile et méconnaître le principe de la contradiction; et alors, enfin, que le droit au procès équitable conféré à toute personne par l'article 6 de la Convention européenne de sauvegarde des droits de l'homme implique que nul ne puisse être condamné à fournir des preuves contre lui-même, de telle sorte qu'en enjoignant au Crédit Lyonnais de communiquer, en dehors de tout procès des documents internes à l'administrateur judiciaire, la cour d'appel a en outre violé les dispositions de l'article 6 de la Convention européenne de sauvegarde des droits de l'homme;

Mais attendu qu'ayant, à bon droit, énoncé qu'il entre dans les pouvoirs du juge des référés, saisi sur le fondement de l'article 145 du nouveau code de procédure civile, d'ordonner, aux conditions prévues par ce texte, une communication de pièces, c'est sans violer les dispositions de l'article 6 de la Convention européenne de sauvegarde des droits de l'homme et des libertés fondamentales, que la cour d'appel a apprécié la légitimité des motifs invoqués par l'administrateur judiciaire et le représentant des créanciers au soutien de leur demande de communication, avant tout procès, de documents internes à la banque de nature à établir que celle-ci, tenue d'apporter son concours à cette mesure d'instruction, avait soutenu abusivement l'entreprise en difficulté; que le moyen n'est fondé en aucune de ses branches. »

Civ. 2e, 23 sept. 2004, *Bull. civ.* II, n° 428, *JCP G* 2005. I. 125, n° 9, obs. Serinet.

« Attendu, selon l'arrêt confirmatif attaqué (Versailles, 10 avr. 2002) qu'un incendie, qui avait pris naissance sur un véhicule Volvo, ayant eu lieu dans le tunnel du Mont-Blanc, la société Allianz vie assurances, aux droits de laquelle vient la compagnie AGF IART, a demandé à un juge des référés d'ordonner une expertise sur le fondement de l'article 145 du nouveau code de procédure civile; que le collège d'experts désigné s'étant heurté à des difficultés dans l'accomplissement de sa mission, le juge chargé du contrôle des expertises a ordonné, sous astreinte, à la société Volvo Trucks France de communiquer aux experts différentes pièces; que la société Volvo Trucks France, la société Volvo Truck Corporation et la société Volvo Europe Truck NV ont interjeté appel de cette ordonnance;

Sur le premier moyen :

Attendu que le moyen fait grief à l'arrêt d'avoir fait injonction à la société Volvo Trucks France de communiquer aux experts les pièces visées dans le dispositif de l'ordonnance de première instance, et ce à peine d'astreinte, alors, selon le moyen :

1/ qu'en considérant globalement que les pièces sollicitées étaient pertinentes au regard de la mission des experts, laquelle aurait permis de rechercher si des tracteurs du même type que le FH12 D12A 420 Globe-trotter XL avaient subi des incidents et avaient été modifiés, sans analyser même sommairement la pertinence de chacune des pièces sollicitées, la cour d'appel a privé sa décision de base légale au regard de l'article 145 du nouveau code de procédure civile;

2/ que dans ses écritures d'appel, la société Volvo Trucks France faisait valoir que la liste des principales modifications apportées sur le moteur D12A, les commentaires en français sur ses principales modifications et leur utilité, la communication d'un ou plusieurs éclatés du moteur D12C, avaient d'ores et déjà été communiqués aux experts; qu'en s'abstenant de répondre à ce moyen, la cour d'appel a violé l'article 455 du nouveau code de procédure civile;

3/ qu'en statuant ainsi, sans prendre en considération les intérêts de la société Volvo Trucks France, laquelle faisait valoir que certaines des pièces sollicitées n'étaient pas pertinentes et que la méthode employée procédait d'un audit de l'ensemble des incidents rencontrés sur la flotte dans le seul but de dresser un inventaire statistique des causes possibles d'incendies sans que soit démontré qu'un seul de ces antécédents ait pu avoir un rapport quelconque avec une constatation objective préalablement effectuée sur l'épave du tracteur actuellement placé sous scellés, la cour d'appel a privé sa décision de base légale au regard de l'article 145 du nouveau code de procédure civile;

Mais attendu que le juge chargé du contrôle des expertises est tenu de veiller, en application des articles 11 et 275 du nouveau code de procédure civile, à ce que les parties apportent leur concours aux mesures d'instruction et remettent sans délai aux experts les pièces nécessaires à l'accomplissement de leur mission; qu'après avoir rappelé la mission des experts et précisé qu'il leur appartenait non seulement d'examiner le tracteur qui avait pris feu mais aussi de rechercher si des véhicules de même type avaient subi des incidents et si des corrections techniques avaient été apportées pour y remédier, c'est dans l'exercice de son pouvoir souverain d'appréciation que la cour d'appel, qui n'avait pas à suivre les parties dans le détail de leur argumentation, a retenu la pertinence des demandes de communication portant sur des documents très précis, en relation directe avec le contenu de la mission;

Et attendu qu'ayant relevé, par motifs adoptés, que la communication de pièces effectuées par "le groupe Volvo" ne correspondait pas à la demande des experts, la cour d'appel a répondu aux conclusions;

D'où il suit que le moyen n'est pas fondé. »

▸ 321.11 Territorialité des droits, obstacle à la saisie-contrefaçon de droit français

TGI Lille, 4 juin 1980, *Dossiers Brevets* 1980, VI, n° 6.

Il résulte des dispositions de l'ordonnance rendue le 13 juin 1977 par le juge des saisies du tribunal de première instance de Mons que sa précédente ordonnance n'est rétractée qu'en tant qu'elle visait la société des Plastiques de la Louve comme saisie-contrefaçon, mais maintenue en tant que mesure conservatoire que le juge belge peut ordonner même si une juridiction d'un autre État est compétente pour connaître du fond. La saisie-contrefaçon a donc été valablement ordonnée et exécutée en tant que mesure conservatoire tendant à établir la preuve de la contrefaçon.

Trib. Arnhem (Pays-Bas), 1er juin 2007, aff. 156096/ KG ZA 07-304.

« 4.2 The farthest reaching purport has the question of whether the leave to make an attachment before judgment for the purposes of evidence, as well as (to cause) the making of a detailed description, could have been granted under Title 15 DCCP [Dutch Code of Civil Procedure].

It concerns the question whether for the enforcement in Germany of a German patent right (meanwhile expired) (having number EP 0 034 432) (founded on the European Patent Convention of 5 October 1973) and the SPC founded on it) in the Netherlands Astellas is allowed to use the options offered in Article 1019 *et seq.* DCCP for obtaining evidence against a company established in the Netherlands of allegedly committed patent infringement by that company in Germany. According to Synthon this question must be answered to the negative, because Article 1019 DCCP lists exhaustively which intellectual property rights fall within the scope of Title 15 DCCP. This article lays down :

"This title applies to the enforcement of intellectual property rights under the Copyright Act 1912, the Act on neighboring rights, the Databank Act, the Patent Act 1995, the Benelux Convention concerning intellectual property (trademarks and drawings or designs), the Act holding rules concerning the protection of original topographies of semi-conductor products, the Act on Seeds and Plants 2005, procedures under articles 5 and 5a Trade Name Act, to procedures concerning geographical names under Article 13a Agricultural Quality Act and to enforcement of rights of intellectual property under Regulation (EC) N°. 40/94 of the Council of 20 December 1993 concerning the Community Trademark (OJEC 1994, L11), Regulation (EC) N°. 2100/94 of the Council of 27 July 1994 concerning Community Breeder's Law (OJEC L227) and Regulation (EC) N°. 6/2002 of the Council of 12 December 2001 concerning Community Designs (OJEC 2002, L3)."

4.3 In the view of Synthon it results from this that articles 1019 *et seq.* DCCP can only be applicable for the enforcement in the Netherlands of intellectual property rights acquired under these regulations in/for the Netherlands. That it must always concern national rights which are enforced under national law is also implicated by the Explanatory Memorandum (Dutch Parliament, 2005-2006, N°. 3) where it is stated inter alia :

"Finally court proceedings by reason of infringements of rights resulting from registration of industrial property rights based on international conventions are also governed by title 15. They are not explicitly stated in Article 1019, because here it concerns international registrations which create individual national rights which are enforced under national law. In this one should think of rights which result from registrations under the Convention concerning the grant of European patents of 5 October 1973 (...)."

4.4 Neither Article 1019 DCCP nor Parliamentary History compel, however, to draw the conclusion that in a case like the present one (as described above in 4.2) the provisions of Article 1019 *et seq.* DCCP cannot apply. In the first place this would not honor the purpose and effectiveness of the Enforcement Directive (Directive 2004/48/EC of the European Parliament and the Council of the European Union of 29 April 2004 concerning the enforcement of intellectual property rights), on which it is said inter alia in the Parliamentary History (DP 2005-2006, N°. 3) :

"The Directive aims at harmonizing the enforcement of intellectual property rights in order to allow to effectively fight infringement of intellectual property rights in general and large-scale counterfeit and piracy in particular. Infringements are more and more of a cross-border nature and differences in national enforcement rules are prejudicial to the internal market and complicate fighting infringement effectively."

and in recitals 7 and 8 of the Directive itself :

"(7) It emerges from the consultations held by the Commission on this question that, in the Member States, and despite the TRIPS Agreement, there are still major disparities as regards the means of enforcing intellectual property rights. For instance, the arrangements for applying provisional measures, which are used in particular to preserve evidence, the calculation of damages, or the arrangements for applying injunctions, vary widely from one Member State to another. In some Member States, there are no measures, procedures and remedies such as the right of information and the recall, at the infringer's expense, of the infringing goods placed on the market.

(8) The disparities between the systems of the Member States as regards the means of enforcing intellectual property rights are prejudicial to the proper functioning of the Internal Market and make it impossible to ensure that intellectual property rights enjoy an equivalent level of protection throughout the Community. This situation does not promote free movement within the internal market or create an environment conducive to healthy competition."

4.5 With all this it cannot be reconciled at all that in case of cross-border infringements in a case like the present one for enforcement in a member state the (enforcement) options for carrying out the Enforcement Directive offered in the national legislation of another member state cannot be used.

4.6 Moreover such a restricted view like that of Synthon is not in line with the EEC Treaty and the EEC Regulation and the system of international jurisdiction laid down in it. For instance Article 31 of the EEX Regulation lays down :

"Application may be made to the courts of a Member State for such provisional, including protective, measures as may be available under the law of that State, even if, under this Regulation, the courts of another Member State have jurisdiction as to the substance of the matter."

Said provision is almost identical to Article 24 EEX Treaty. The option to ask protective measures in a member state, despite the (exclusive) jurisdiction of another forum in another member state for the procedure on the merits, apparently intends to guarantee an effective legal protection and this is exactly the essence here and which would be prejudiced in the view of Synthon. Its stand would involve that in a case like the present one Astellas would have to ask a German court for protective measures (assuming that they have been included in German legislation for the enforcement of the Enforcement Directive) and with a leave obtained there it would not be able to takes measures in the Netherlands after possibly having to obtain an *exequatur* from a Dutch court for its enforcement of the protective measures. This would be time-consuming and impractical and would be detrimental to the purpose of the Enforcement Directive.

4.7 The above leads to the conclusion that the leave to carry out an attachment before judgment for the purposes of evidence, as well as (to cause) to make a detailed description, could be granted under Title 15 DCCP. »

▸ 322.41 Sollicitation directe du juge du lieu de situation des éléments de preuves

Paris, pôle 5, ch. 1, 29 juin 2011, RG n° 09/15755.

« Que, surabondamment, la société Bobst a fait procéder, le 21 mai 2010 à une saisie conservatoire aux Pays-Bas, où la machine avait été transportée à la suite de la saisie-contrefaçon, qui a permis de montrer que celle-ci était munie d'un capteur de type KA958 fabriqué par la société Leuze Electronic identique à celui qui équipe ses propres machines, ce qui achève de ruiner la thèse de la société Heidelberg Postpress quant à une prétendue différence entre la nature et la fonction du capteur de sa machine et celles du capteur décrit dans la revendication 1 du brevet EP 1.170.228;

Considérant, à cet égard, que la société Heidelberg Postpress, qui ne demande pas expressément à la cour d'écarter des débats les documents saisis le 21 mai 2010 produits aux débats en exécution de l'ordonnance du conseiller de la mise en état du 1er mars 2011 statuant sur un incident de communication de ces pièces, lui demande cependant de déclarer nulle cette saisie conservatoire que, selon elle, le juge néerlandais n'était pas compétent pour autoriser dès lors que cette opération, qui n'était que le prolongement de la saisie-contrefaçon du 17 décembre 2007, ne pouvait être demandée que par le premier président de cette cour, saisie du litige, en application du règlement CE n° 1206/2001 relatif à la coopération entre les juridictions des États membres dans le domaine de l'obtention des preuves en matière civile et commerciale;

Mais considérant, à supposer que la cour soit compétente pour annuler une décision d'une juridiction étrangère, que le règlement invoqué, qui a pour objet (article 1er *champ d'application*) de prévoir, à seule fin de faciliter l'obtention des preuves, la possibilité pour un juge d'un État membre de demander "a) à la juridiction compétente d'un autre État membre de procéder à un acte d'instruction ou b) à procéder directement à un acte d'instruction dans un autre État membre", n'a pas pour effet d'interdire à la partie intéressée de faire procéder par elle-même à toute mesure d'instruction qu'elle estime utile à la conservation de ses droits dans un État étranger selon la loi de cet État. »

▸ 331.11 Positions jurisprudentielles

TGI Paris, 3e ch., 1re sect., 30 sept. 1998, RG n° 96/25285, *PIBD* 1999, n° 673, III, 136.

« Attendu qu'il n'appartient pas, pour le surplus, à ce tribunal d'autoriser Rhône-Poulenc Rorer à exploiter les autres documents et informations saisis, ce qu'elle est libre de faire à ses risques et périls, connaissance étant prise de la demande en dommages et intérêts que Bristol-Myers Squibb s'est réservée de former. »

TGI Paris, juge de la mise en état, 14 mai 1999, RG n° 98/21148, *Jurinpi* B19990125.

« Attendu que le breveté pourra, après le dépôt du rapport d'expertise, faire usage des documents utiles à la preuve de la contrefaçon dans d'autres procédures l'opposant aux défenderesses tant en France qu'à l'étranger à l'exception de ceux contenant des informations confidentielles qui ne pourront être utilisées dans ces procédures qu'après que la décision de justice reconnaissant éventuellement le bien-fondé de la demande en contrefaçon aura pris force de chose jugée. »

Paris, ord. 1er président, 26 juill. 1999, *RD propr. int.* 2000, n° 111, p. 24.

« Attendu que, saisi par la société de droit US Quickturn Design Systems Inc. aux fins de désignation d'un expert chargé de procéder [...] au tri des documents placés sous scellés à la demande de la société Meta Systems lors d'une saisie-contrefaçon effectuée sur requête de Quickturn dans les locaux de cette société les 6, 7 et 8 octobre 1998, le juge de la mise en état de la 3e chambre du tribunal de grande instance de Paris a, par ordonnance du 14 mai 1999, ordonné une expertise [...]; et a notamment dit :

que les documents non confidentiels susceptibles d'établir la preuve de la contrefaçon pourront être librement utilisés par les parties dans le cadre de procédures, présentes ou à venir, opposant lesdites parties en France ou à l'étranger;

– que les documents nécessaires à la preuve de la contrefaçon mais contenant des informations confidentielles ne pourront être utilisés à l'occasion d'autres procédures françaises ou étrangères opposant les mêmes parties, qu'après qu'une décision de justice ayant reconnu éventuellement le bien-fondé de la demande en contrefaçon aura pris force de chose jugée. »

▸ 4.13 Historique et textes

CJCE 6 avr. 2000, n° C-383/98, *JCP E* 2000, pan. 729; [2000] *EIPR*, N-135.

« L'article 1er du règlement (CE) n° 3295/94 du Conseil du 22 décembre 1994, fixant des mesures en vue d'interdire la mise en libre pratique, l'exportation, la réexportation et le placement sous un régime suspensif des marchandises de contrefaçon et des marchandises pirates, doit être interprété en ce sens qu'il s'applique lorsque des marchandises, du type de celles décrites dans le règlement n° 3295/94, importées d'un pays tiers sont, au cours de leur transit vers un autre pays tiers, provisoirement immobilisées dans un État membre par les autorités douanières de cet État en vertu dudit règlement et à la demande de la société titulaire des droits qui invoque la violation de ses droits et dont le siège se situe dans un pays tiers. »

CJCE 26 sept. 2000, n° C-23/99.

« En mettant en œuvre, sur le fondement du code de la propriété intellectuelle, des procédures de retenue par les autorités douanières dirigées contre des marchandises légalement fabriquées dans un État membre de la Communauté européenne et destinées, après avoir transité par le territoire français, à être mises sur le marché d'un autre État membre, où elles peuvent être légalement commercialisées, la République française a manqué aux obligations qui lui incombent en vertu de l'article 30 du traité CE (devenu, après modification, article 28 CE). »

CJCE 23 oct. 2003, n° C-115/02.

« L'article 28 CE doit être interprété en ce sens qu'il s'oppose à la mise en œuvre, en application d'une législation d'un État membre en matière de propriété intellectuelle, des procédures de retenue par les autorités douanières dirigées contre des marchandises légalement fabriquées dans un autre État membre et destinées, après avoir transité par le territoire du premier État membre, à être mises sur le marché d'un pays tiers. »

Com. 31 mars 2004, n° 00-10.901, *Bull. civ.* IV, n° 66.

« Mais attendu que la Cour de Justice des Communautés européennes, saisie à titre préjudiciel par arrêt de cette chambre du 26 mars 2002, a dit pour droit (CJCE 23/10/2003, aff. C 115/02) que l'article 28 CE doit être interprété en ce sens qu'il s'oppose à la mise en œuvre, en application d'une législation d'un État membre en matière de propriété intellectuelle, des procédures de retenue par les autorités douanières dirigées contre des marchandises légalement fabriquées dans un autre État membre et destinées, après avoir transité par le territoire du premier État membre, à être mises sur le marché d'un pays tiers; qu'elle a précisé que l'opération de transit ne constituant pas une mise sur le marché, une mesure de retenue en douane, telle que celle opérée par l'administration des Douanes, ne saurait être justifiée par des raisons de protection de la propriété industrielle et commerciale au sens de l'article 30 CE; que par ces motifs de pur droit l'arrêt se trouve justifié. »

▸ 411.12 Auteur de la demande d'intervention préalable

TGI Paris, 3e ch., 3e sect., 31 oct. 2007, *PIBD* 2008, n° 865, III, 12.

« Les sociétés défenderesses soutiennent que la retenue serait irrégulière aux motifs d'une part que la marque communautaire Psp n'était pas enregistrée au jour de la demande de surveillance, ni au jour de la demande de renouvellement et que d'autre part elle aurait été demandée par une société qui n'était pas titulaire d'un droit d'usage exclusif.

Il est constant que la marque PSP n'était pas enregistrée au moment de la demande de surveillance; cependant elle était enregistrée le 5 mai 2006, au moment où le contrôle des Douanes est intervenu. Dès lors, la retenue douanière a été opérée régulièrement. »

▸ 411.13 Les droits du demandeur doivent être opposables aux tiers

TGI Angoulême, 20 avr. 1995, *RD propr. int.* 1995, n° 58, 55.

« Attendu que l'article L. 521-7 du CPI dispose, certes, que "la mesure retenue est levée de plein droit, à défaut pour le demandeur, dans un délai de 10 jours à compter de la notification de la retenue, de justifier auprès du Service des Douanes :

– soit de mesures conservatoires décidées par le président du tribunal de grande instance,

– soit de s'être pourvu par la voie civile ou correctionnelle";

Que toutefois, aucune disposition spécifique du code de la propriété intellectuelle ne définissant la forme à employer pour saisir la juridiction répressive en matière de contrefaçon de dessins et modèles, il faut en déduire que, comme toute victime d'un délit, celui qui se prétend lésé par des agissements constitutifs de contrefaçon dispose concurremment pour agir par la voie pénale, soit de la citation directe, soit de la plainte avec constitution de partie civile;

Que dès lors, il y a lieu de considérer que la société France Euro Agro, à laquelle la retenue douanière avait été notifiée le 8 mars 1995 et qui a déposé plainte avec constitution de partie civile devant le Doyen des juges d'instruction du tribunal de grande instance d'Angoulême le 15 mars 1995, s'est régulièrement pourvue devant par la voie correctionnelle avant l'expiration du délai légal de 10 jours prévu par l'article ci-dessus énoncé; que la mainlevée ne saurait donc être ordonnée sur cette base. »

▸ 423.11 Durée de la retenue

Paris, pôle 5, ch. 2, 2 déc. 2011, RG n° 10/07016.

« Considérant que les sociétés Intersales et Les Halles du Sud contestent la validité de la procédure douanière au motif que les bouteilles de soda saisies dans leurs locaux constituent des denrées périssables, comme perdant leurs qualités au-delà de la date figurant sur l'étiquetage et qui ne doivent pas être confondues avec les denrées très périssables au sens de l'article R. 112-9, 5° du code de la consommation, présentant un danger microbien passée une certaine date; que, conformément à l'article L. 716-8, alinéa 4, du code de la propriété intellectuelle, la société Coca-Cola devait donc soit faire procéder à des mesures conservatoires, soit se pourvoir devant le juge civil ou pénal dans le délai de trois jours de la notification de la retenue douanière; que, faute pour cette société d'avoir respecté ce délai, les retenues douanières sont illicites et, en conséquence, les procédures subséquentes en contrefaçon nulles;

Mais considérant qu'en l'absence de définition légale, que ne donnent ni l'article L. 716-8 susvisé, ni le règlement CE n° 1383/2003, une denrée ne peut être tenue pour périssable que si, passé une date déterminée, elle est dépourvue de ses qualités substantielles;

Or considérant que les boissons "Coca-Cola" et "Coca-Cola Light" au-delà de la date optimale de consommation figurant sur les bouteilles, conservent leurs qualités essentielles et ne peuvent être tenues pour détériorées, ne sont pas des denrées périssables, d'où il suit que le moyen d'une nullité de la retenue douanière pour défaut de respect du délai de trois jours n'est pas fondé;

Que la retenue douanière a été validée par ailleurs par la saisie-contrefaçon effectuée dans le délai de dix jours. »

▸ 424.21 Diligences en droit interne – Diligences en droit communautaire

Paris, pôle 5, ch. 2, 2 déc. 2011, RG n° 10/07016.

« Considérant que les sociétés Intersales et Les Halles du Sud contestent la validité de la procédure douanière au motif que les bouteilles de soda saisies dans leurs locaux constituent des denrées périssables, comme perdant leurs qualités au-delà de la date figurant sur l'étiquetage et qui ne doivent pas être confondues avec les denrées très périssables au sens de l'article R. 112-9, 5° du code de la consommation, présentant un danger microbien passée une certaine date; que, conformément à l'article L. 716-8, alinéa 4, du code de la propriété intellectuelle, la société Coca-Cola devait donc soit faire procéder à des mesures conservatoires, soit se pourvoir devant le juge civil ou pénal dans le délai de trois jours de la notification de la retenue douanière; que, faute pour cette société d'avoir respecté ce délai, les retenues douanières sont illicites et, en conséquence, les procédures subséquentes en contrefaçon nulles;

Mais considérant qu'en l'absence de définition légale, que ne donnent ni l'article L. 716-8 susvisé, ni le règlement CE n° 1383/2003, une denrée ne peut être tenue pour périssable que si, passé une date déterminée, elle est dépourvue de ses qualités substantielles;

Or considérant que les boissons "Coca-Cola" et "Coca-Cola Light" au-delà de la date optimale de consommation figurant sur les bouteilles, conservent leurs qualités essentielles et ne peuvent être tenues pour détériorées, ne sont pas des denrées périssables, d'où il suit que le moyen d'une nullité de la retenue douanière pour défaut de respect du délai de trois jours n'est pas fondé;

Que la retenue douanière a été validée par ailleurs par la saisie-contrefaçon effectuée dans le délai de dix jours. »

▸ 424.23 Saisine directe des tribunaux

Toulouse, 2e ch., 26 janv. 1993, *JCP G* 1993. IV. 194, n° 1624; *JurisData* n° 1993-040723.

« Sur la validité de la saisie-contrefaçon

Attendu qu'il est soutenu par l'appelante que la procédure suivie par la Sté Louis Vuitton est entachée de nullité au motif que le règlement CEE n° 3842/86 visé dans la requête aux fins de saisie-contrefaçon n'est pas applicable lorsqu'il s'agit, comme en l'espèce, d'une opération de transit communautaire.

Mais attendu d'une part que les juridictions civiles n'ont pas qualité pour apprécier la régularité des actes accomplis par l'administration des douanes à moins qu'ils ne soient constitutifs d'une voie de fait.

Et attendu d'autre part que la circulation de la marchandise contrefaisante sur le territoire français, fut-ce sous le régime du transit, constitue une atteinte au droit de propriétaire de la marque, et elle doit être réprimée quel que soit le régime qui lui est applicable conformément aux principes, régissant la protection de ce droit.

Attendu que, pour le surplus, la procédure de saisie contrefaçon n'est en elle-même entachée d'aucune irrégularité, et qu'elle a été pratiquée conformément aux dispositions de la loi du 31 décembre 1964, et du décret du 27 juillet 1965 ».

TGI Angoulême, 20 avr. 1995, *RD propr. int.* 1995, n° 58, 55.

« Attendu que l'article L. 521-7 du CPI dispose, certes, que "la mesure retenue est levée de plein droit, à défaut pour le demandeur, dans un délai de 10 jours à compter de la notification de la retenue, de justifier auprès du Service des douanes :

– soit de mesures conservatoires décidées par le président du tribunal de grande instance,

– soit de s'être pourvu par la voie civile ou correctionnelle";

que toutefois, aucune disposition spécifique du code de la propriété intellectuelle ne définissant la forme à employer pour saisir la juridiction répressive en matière de contrefaçon de dessins et modèles, il faut en déduire que, comme toute victime d'un délit, celui qui se prétend lésé par des agissements constitutifs de contrefaçon dispose concurremment pour agir par la voie pénale, soit de la citation directe, soit de la plainte avec constitution de partie civile;

que dès lors, il y a lieu de considérer que la société France Euro Agro, à laquelle la retenue douanière avait été notifiée le 8 mars 1995 et qui a déposé plainte avec constitution de partie civile devant le Doyen des juges d'Instruction du tribunal de grande instance d'Angoulême le 15 mars 1995, s'est régulièrement pourvue devant par la voie correctionnelle avant l'expiration du délai légal de 10 jours prévu par l'article ci-dessus énoncé; que la mainlevée ne saurait donc être ordonnée sur cette base. »

▸ 424.33 Demande de mainlevée des marchandises ou de levée de la retenue

Com. 13 janv. 1998, n° 95-21.490, NP, *D. affaires* 1998. 964.

« Attendu que la société Melrose fait grief à l'arrêt d'avoir rejeté sa demande de mainlevée immédiate de la mesure administrative de rétention douanière et de saisie-contrefaçon des marchandises alors, selon le pourvoi, d'une part, que dans tous les cas d'urgence, le président du tribunal de grande instance peut ordonner en référé toutes les mesures que justifie l'existence d'un différend; qu'il résulte des constatations de l'arrêt que les marchandises vendues à la société Emporio Bijani ont été payées; [...] et alors, enfin, que le juge des référés peut ordonner toutes les mesures que justifie l'existence d'un différend; que la cour d'appel a constaté que les marchandises litigieuses faisaient l'objet d'une rétention en douane en raison du différend opposant les parties sur la destination finale de ces marchandises; que la cour d'appel, saisie sur le fondement de l'article 808 du Nouveau code de procédure civile, a refusé d'ordonner la mesure sollicitée au motif qu'elle se heurtait à une contestation sérieuse; qu'en statuant ainsi sans rechercher si la mainlevée de la rétention en douane de ces marchandises n'était pas précisément justifiée par l'existence du différend opposant les parties, la cour d'appel a privé sa décision de base légale au regard du texte susvisé;

Mais attendu [...] que la cour d'appel, qui, en retenant des faits soumis à la discussion des parties, n'a pas méconnu les termes du litige et qui a procédé à la recherche prétendument omise, a pu décider que la demande de mainlevée était irrecevable en l'absence de voie de fait ou de trouble manifestement illicite. »

Principales abréviations utilisées

a.	Et autre(s)
A. min.	Arrêté ministériel
al.	Alinéa
ann.	Annexe
Ann. propr. ind.	*Annales de la propriété industrielle, artistique et littéraire*
app.	Appendice
art.	Article
BOPI	*Bulletin officiel de la propriété industrielle*
Bull. civ.	*Bulletin des arrêts de la Cour de cassation (chambres civiles)*
Bull. crim.	*Bulletin des arrêts de la Cour de cassation (chambre criminelle)*
BICC	*Bulletin d'information de la Cour de cassation*
C. civ.	code civil
C. jur.	code judiciaire belge
C. pr. civ.	code de procédure civile
Cah. dr. auteur	*Cahiers du droit d'auteur*
Cah. dr. entr.	*Cahiers du droit de l'entreprise*
Cass.	Cour de cassation belge
cf.	*Confer*
ch.	Chambre
CJCE	Cour de justice des Communautés européennes
CJUE	Cour de justice de l'Union européenne
COJ	code de l'organisation judiciaire
concl.	Conclusion
Conv. EDH	Convention européenne de sauvegarde des droits de l'homme et des libertés fondamentales
CPI	code de la propriété intellectuelle
D.	*Dalloz (Recueil)*
D. affaires	*Dalloz Affaires*
déc.	Décembre
Dict. perm.	*Dictionnaires permanents (Éditions législatives)*
dpt	Département
Dr. et proc.	*Droit et procédures*
éd.	Édition
eod. loc.	*Eodem loco*
É^{ts}	Établissements
Expertises	*Expertises des systèmes d'informations*
fasc.	Fascicule
févr.	Février
Gaz. Pal.	*Gazette du Palais*
ibid.	*Ibidem*
id.	*Idem*
Inpi	Institut national de la propriété industrielle
I.R.-D.I.	*Intellectuele rechten – Droits intellectuels*
J.-Cl.	*Juris-Classeur (Encyclopédies)*
janv.	Janvier
JCP E	*Juris-Classeur périodique – Édition Entreprises et affaires*
JCP G	*Juris-Classeur périodique – Édition générale*

JDI	*Journal du droit international (Clunet)*
JOCE	*Journal officiel des Communautés européennes*
Joly	*Dictionnaire Joly*
JOOEB	*Journal officiel de l'Office européen des brevets*
juill.	Juillet
Jurinpi	*Jurinpi* (banque de données du droit de la propriété intellectuelle)
Lamy Droit commercial, Droit économique…	*Lamy (ouvrage à refonte annuelle et feuillets mobiles)*
loc. cit.	*Loco citato*
LPA	*Petites affiches (Les)*
n°	Numéro
nos	Numéros
nov.	Novembre
NP	arrêt non publié au *Bulletin des arrêts de la Cour de cassation*
NPT	arrêt non publié au *Bulletin des arrêts de la Cour de cassation* mais titré
oct.	Octobre
OEB	Office européen des brevets
OHMI	Office de l'harmonisation dans le marché intérieur
OMPI	Organisation mondiale de la propriété industrielle
op. cit.	*Opere citato*
ord.	Ordonnance
p.	Page
P.	arrêt en attente de publication au *Bulletin des arrêts de la Cour de cassation*
P.V.	Procès-verbal
PIBD	*Propriété industrielle, bulletin documentaire*
proc. gén.	Procureur général
proc. Rép.	Procureur de la république
Propr. industr.	*Propriété industrielle*
Propr. intell.	*Propriétés intellectuelles*
RD propr. ind.	*Revue du droit de la propriété industrielle*
RD propr. int.	*Revue du droit de la propriété intellectuelle*
Rép. civ. Dalloz	*Dalloz (Encyclopédie)*
RIPIA	*Revue internationale de la propriété industrielle et artistique*
RIDA	*Revue internationale du droit d'auteur*
RLDI	*Revue Lamy Droits de l'immatériel*
RTD civ.	*Revue trimestrielle de droit civil*
RTD com.	*Revue trimestrielle de droit commercial et de droit économique*
s.	Et suivants
S.	*Sirey*
SA	Société anonyme
SARL	Société à responsabilité limitée
sept.	Septembre
Somm.	Sommaire
Sté	Société
suppl.	Supplément
t.	Tome
tabl.	Tableau
TGI	Tribunal de grande instance
TI	Tribunal d'instance
UE	Union européenne
v	Versus
Vis	*Verbis*
V°	*Verbo*
vol.	Volume

Index thématique alphabétique

Les chiffres renvoient aux numéros des paragraphes.

Les mots ou groupes de mots en caractères gras constituent les entrées « principales » de l'index thématique. Les mots ou groupes de mots en caractères maigres et précédés d'un tiret en constituent les entrées « secondaires ». Ceux précédés d'une puce en constituent les entrées « tertiaires ».

S

PHOTOCOMPOSITION
SCM • Toulouse

707925 - (I) - Am 60 g - DESK - (JOE)
Achevé d'imprimer en novembre 2012 sur les presses de l'Imprimerie CHIRAT
42540 Saint-Just-la-Pendue
Dépôt légal novembre 2012 - N° 201210.0093

Imprimé en France